CÓDIGO PENAL
Comentado

DOUTRINA E JURISPRUDÊNCIA

CÓDIGO PENAL

Comentado

DOUTRINA E JURISPRUDÊNCIA

COORDENADORES

Mauricio Schaun Jalil
Vicente Greco Filho

PREFÁCIO

Dr. René Ariel Dotti

Acacio Miranda da Silva Filho
Adriana Filizzola D'Urso
Adriano Ricardo Claro
Alceu Corrêa Junior
Alberto Zacharias Toron
Alexandre Augusto Patara
Ana Paula Jorge
André Boiani e Azevedo
André Luís Callegari
André Mauro Lacerda Azevedo
Antônio Cláudio Mariz de Oliveira
Artur de Brito Gueiros Souza
Christiano Fragoso
Daniel Morimoto
Édson Luís Baldan
Ela Wiecko Volkmer de Castilho
Fausto Martin De Sanctis
Fernando José da Costa
Gabriel Dalla Favera de Oliveira
Gabriel Habib
Gamil Föppel El Hireche
Heidi Rosa Florêncio Neves
Helio Narvaez
Janaina Conceição Paschoal
José Carlos Cosenzo
José Eduardo Leonel Ferreira
José Maria de Castro Panoeiro
José Renato Nalini
Juliana Garcia Belloque
Juliano Fernandes Escoura
Leonardo Henriques da Silva
Luis Mileo
Luiz Flávio Borges D'Urso
Márcio Schlee Gomes
Mariângela Gama de Magalhães Gomes
Mauricio Schaun Jalil
Plínio Antônio Britto Gentil
Priscila Pamela C. Santos
Rafael Francisco Marcondes de Moraes
Renato Marques Martins
Ricardo Takamune
Rodrigo Senzi Ribeiro de Mendonça
Rogério Alcazar
Sergei Cobra Arbex
Tiago Antonio Salvador
Vicente Greco Filho

7ª EDIÇÃO
revisada e atualizada

manole

PRODUÇÃO EDITORIAL: Retroflexo Serviços Editoriais
CAPA: Ricardo Yoshiaki Nitta Rodrigues
IMAGEM DA CAPA: istockphoto
PROJETO GRÁFICO: Departamento Editorial da Editora Manole

CIP-Brasil. Catalogação na publicação
Sindicato Nacional dos Editores de Livros, RJ

C61
7.ed.

Código penal comentado : doutrina e jurisprudência / coordenação Mauricio Schaun Jalil, Vicente Greco Filho. - 7. ed. - Barueri [SP] : Manole, 2025.
24 cm.

Inclui bibliografia e índice
ISBN: 9788520461938

1. Brasil. [Código penal (1940)]. 2. Direito penal - Brasil. I. Jalil, Mauricio Schaun. II. Greco Filho, Vicente.

24-94438 CDU: 343.2(81)

Gabriela Faray Ferreira Lopes - Bibliotecária - CRB-7/6643

1ª edição – 2016; 2ª edição – 2019; 3ª edição – 2020;
4ª edição – 2021; 5ª edição – 2022; 6ª edição – 2023; 7ª edição – 2025

Data de fechamento desta edição: 28.11.2024.

Editora Manole Ltda.
Alameda Rio Negro, 967 – CJ 717
Tamboré – Barueri – SP – Brasil
CEP: 06454-000
Fone: (11) 4196-6000
www.manole.com.br | https://atendimento.manole.com.br/

Impresso no Brasil | *Printed in Brazil*

Esta obra é dedicada a Angela Schaun (05.02.1955 – 30.01.2016).

"A esperança tem duas filhas lindas: a indignação e a coragem.
A indignação nos ensina a não aceitar as coisas como estão;
a coragem a mudá-las."
(Agostinho de Hipona, o "Santo Agostinho" – 354-430)

COORDENADORES

Mauricio Schaun Jalil
Advogado. Pós-graduado em Direito Penal pela Escola Paulista da Magistratura – EPM. Pós-graduado em Direito Penal Econômico e Europeu pela Universidade de Coimbra – Portugal. Mestre em Direito Penal pela Faculdade de Direito da Universidade de São Paulo – FDUSP. Membro da Comissão de Direito Penal e Processo Penal do Instituto dos Advogados de São Paulo – IASP. Membro da Comissão de Direito Criminal da Ordem dos Advogados do Brasil – Seção São Paulo – OAB/SP. Membro da Comissão de Política Criminal e Penitenciária da OAB/SP. Membro do Comitê de Ética em Pesquisa da Secretaria de Administração Penitenciária de São Paulo. Procurador do município. Professor universitário.

Vicente Greco Filho
Graduado, Doutor, Livre-Docente e Titular em Direito pela Faculdade de Direito da Universidade de São Paulo – FDUSP. Procurador de Justiça do Ministério Público do Estado de São Paulo. Membro da Procuradoria-Geral de Justiça do Estado de São Paulo e Professor Titular da FDUSP. Tem experiência na área de Direito com ênfase em Direito Penal, atuando principalmente nos seguintes temas: Direito Penal, Tóxicos, Lei Antitóxicos, Direito Processual Penal e Direito Processual Civil.

AUTORES

Acacio Miranda da Silva Filho
Advogado criminalista. Mestre em Direito Penal pela Universidade de Granada, Espanha. Pós-graduado em Teoria do Delito pela Universidade de Salamanca, Espanha, em Direito Penal Econômico pela Universidade de Coimbra, Portugal, e em Direito Penal Econômico pela Universidad Castilla-La Mancha, Espanha. Especialista em Processo Penal pela Escola Paulista da Magistratura – EPM e em Direito Penal pela Escola Superior do Ministério Público de São Paulo – ESMP/SP. Tem extensão em Ciências Criminais pela Universidade de Göttingen, Alemanha. Professor do Complexo Educacional FMU, da Federal Concursos, do GETUSSP, da PUC/MG/Poços e do EBRADI.

Adriana Filizzola D'Urso
Advogada criminalista, graduada em Direito pela Pontifícia Universidade Católica de São Paulo (PUC/SP), pós-graduada em Direito Penal Econômico e Europeu pela Faculdade de Direito da Universidade de Coimbra (Portugal) e em Ciências Criminais e Dogmática Penal Alemã pela Georg-August-Universität Göttingen (Alemanha), Mestre e Doutoranda em Direito Penal pela Universidade de Salamanca (Espanha), Diretora da Comissão Brasileira das Advogadas Criminalistas da Associa-

ção Brasileira dos Advogados Criminalistas (ABRACrim), Membro da Comunidade de Juristas da Língua Portuguesa (CJLP), Membro do Instituto Brasileiro de Ciências Criminais (IBCCrim), Membro da Associação Brasileira das Mulheres de Carreira Jurídica (ABMCJ).

Adriano Ricardo Claro
Procurador de Justiça. Mestre em Direito Penal pela Faculdade de Direito da Universidade de São Paulo – FDUSP. Especialista em Interesses Difusos e Coletivos pela Escola Superior do Ministério Público de São Paulo – ESMP/SP. Ex-coordenador da pós-graduação da ESMP/SP. Professor universitário e de cursos preparatórios para concursos.

Alceu Corrêa Junior
Juiz de Direito. Doutor em Direito Penal pela Faculdade de Direito da Universidade de São Paulo – FDUSP. Mestre em Direito Penal pela Universidade Estadual Paulista – Unesp. Especialista em Direito Penal pela Universidade de Salamanca, Espanha – USAL. Professor do Centro Universitário de Rio Preto – Unirp e da Escola Paulista da Magistratura – EPM.

Alberto Zacharias Toron
Advogado. Mestre e Doutor em Direito Penal pela Faculdade de Direito da Universidade de São Paulo – FDUSP. Professor licenciado de Direito Penal da Pontifícia Universidade Católica de São Paulo – PUC/SP. Conselheiro por São Paulo no Conselho Federal da Ordem dos Advogados do Brasil – OAB em Brasília e Secretário-geral Adjunto do Conselho Federal da OAB. Presidente da Comissão Nacional de Prerrogativas da OAB. Vice-presidente da Comissão Nacional de Defesa e Valorização da Advocacia. Membro efetivo da Comissão de Estudo da Reforma do Processo Penal e da Lei de Execuções Penais e da Comissão de Estudo e Edição de Provimento para o Preenchimento dos Cargos de Representante da OAB no Conselho Nacional de Justiça – CNJ e no Conselho Nacional do Ministério Público – CNMP. É o relator, perante o Conselho Pleno da OAB, das proposições legislativas que integram o chamado pacote antiviolência, aprovado, em caráter terminativo, pela Comissão de Constituição, Justiça e Cidadania do Senado Federal. Foi, também, presidente do Instituto Brasileiro de Ciências Criminais e do Conselho Estadual de Entorpecentes.

Alexandre Augusto Patara
Advogado. Doutorando em Direito Penal pela Faculdade de Direito da Universidade Museo Social Argentino de Buenos Aires. Pós-graduado em Direito Penal Econômico Europeu pela Faculdade de Direito da Universidade de Coimbra – Portugal. Pós-graduado em Direito Penal pelas Faculdades Metropolitanas Unidas – FMU. Professor universitário. Autor de obras jurídicas. Terceiro colocado no Prêmio Jabuti do ano de 2009, na Categoria Direito. Membro de diversas Comissões na OAB/SP.

Ana Paula Jorge
Advogada. Mestre em Direito pelo Centro Universitário Toledo de Araçatuba. Professora universitária de Direito Penal e Direito Processual Penal. Autora de obras jurídicas.

André Boiani e Azevedo
Advogado criminalista. Mestre em Direito Penal pela Pontifícia Universidade Católica de São Paulo – PUC/SP. Professor de Direito Penal e Direito Processual Penal nos cursos de graduação em Direito da Universidade Presbiteriana Mackenzie e da Universidade Paulista – Unip. Professor em diversos cursos de especialização em Direito. Membro da Comissão de Direito Penal Econômico da Ordem dos Advogados do Brasil, Seção São Paulo – OAB/SP.

André Luís Callegari
Advogado. Doutor em Derecho Publico y Filosofia Juridica pela Universidad Autónoma de Madrid. É doutor *honoris causa* pela Universi-

dad Autónoma de Tlaxcala no México e pelo Centro Universitario del Valle de Teotihuacan, no México. Atualmente é professor visitante da Universidad Autónoma de Madrid. Vice-presidente acadêmico do Instituto Iberoamericano de Derecho Penal, professor visitante do Centro Universitario del Valle de Teotihuacan, professor visitante da Universidad Externado de Colombia, professor adjunto da Universidade do Vale do Rio dos Sinos. Foi Coordenador Executivo do curso de Direito da Universidade do Vale do Rio dos Sinos e do programa de pós-graduação em Direito da Unisinos. Autor de diversos livros e artigos jurídicos.

André Mauro Lacerda Azevedo
Promotor de Justiça. Mestre em Direito Constitucional pela Universidade Federal do Rio Grande do Norte. Especialista em Direito Penal e Criminologia pela Universidade Potiguar – UNP. Doutor em Ciências Jurídico-Criminais pela Universidade de Lisboa, Portugal.

Antônio Cláudio Mariz de Oliveira
Advogado. Mestre em Processo Civil pela Pontifícia Universidade Católica de São Paulo – PUC/SP. Ex-secretário do Estado da Justiça e da Segurança Pública de São Paulo. Ex-presidente da Ordem dos Advogados do Brasil – Seção São Paulo (por duas gestões) e Presidente do Conselho Nacional de Política Criminal e Previdenciária. Conferencista, palestrante e autor de obras jurídicas.

Artur de Brito Gueiros Souza
Professor Titular de Direito Penal da Universidade do Estado do Rio de Janeiro (UERJ). Editor-chefe da Revista Científica do CPJM, possui graduação em Direito pela UERJ, mestrado em Ciências Jurídicas pela PUC/RJ (1997), doutorado em Direito Penal pela USP (2006) e pós-doutorado em Direito Penal Econômico pela Universidade de Coimbra (2016). Coordenador do Centro de Pesquisa em Crimes Empresariais e *Compliance* Prof. João Marcello de Araujo Jr. (CPJM) da UERJ. Membro do Ministério Público Federal (MPF), ocupando o cargo de Procurador-Chefe da Procuradoria Regional da República na 2ª Região. Tem experiência na área de Direito Penal, atuando principalmente nos seguintes temas: Direito Penal, Direito Penal Econômico e Criminal *Compliance*, Criminologia econômica e Direito Penal Internacional.

Christiano Fragoso
Professor Adjunto de Direito Penal da Faculdade de Direito da Universidade do Estado do Rio de Janeiro – UERJ. Doutor pela UERJ e Mestre pela Cândido Mendes em Direito Penal. Advogado.

Daniel Morimoto
Advogado. Mestre em Direito Penal pela Faculdade de Direito da Universidade de São Paulo – FDUSP. Membro da Comissão de Direito Criminal da Ordem dos Advogados do Brasil – Seção de São Paulo – OAB/SP. Professor universitário.

Édson Luís Baldan
Doutor e Mestre em Direito Penal pela Pontifícia Universidade Católica de São Paulo – PUC/SP. Pós-graduado em Criminologia pela Universidade de Leicester, Inglaterra. Especialista em Direito Constitucional pela Universidade de Pisa, Itália. Especialista em Direito Penal pela Escola Superior do Ministério Público de São Paulo (ESMP/SP). Pós-graduado em Direito Penal pela Universidade de Salamanca, Espanha. Pós-graduado em Justiça Internacional pela Universidade Castilla-La Mancha, Espanha. Possui Cursos de Extensão em Métodos Legais pela Universidade de Cambridge, Inglaterra, em Direito da União Europeia pela London School of Economics and Political Science, Inglaterra, e em Segurança Comunitária pelo Instituto Internacional Histadrut, de Israel. Professor convidado da Faculdade

de Direito da Universidade de Brasília – UnB e Professor de Direito Penal e Criminologia da PUC/SP. Pesquisador livre do Instituto de Criminologia da Universidade de Cambridge, Inglaterra. Membro da Sociedade Britânica de Criminologia.

Ela Wiecko Volkmer de Castilho
Subprocuradora-geral da República. Professora de Direito Penal da Universidade de Brasília – UnB. Doutora em Direito Penal pela Universidade Federal de Santa Catarina – UFSC.

Fausto Martin De Sanctis
Desembargador Federal. Professor de Direito Penal. Doutor em Direito Penal pela Faculdade de Direito da Universidade de São Paulo – FDUSP. Foi Juiz Federal Titular da 6ª Vara Criminal Federal da Subseção Judiciária de São Paulo, especializada em Crimes Contra o Sistema Financeiro Nacional e em Lavagem de Valores de 30.08.2004 a 28.01.2011. Autor de obras jurídicas.

Fernando José da Costa
Advogado. Conselheiro estadual da Ordem dos Advogados do Brasil – Seção São Paulo – OAB/SP. Mestre e Doutor em Direito Penal pela Faculdade de Direito da Universidade de São Paulo – FDUSP. Professor convidado do curso de Direito Empresarial da Fundação Getulio Vargas (GVlaw). Doutorando em Direito Penal Econômico pela Facoltà di Giurisprudenza de Sassari – Itália. Professor do curso de bacharelado em Direito na Fundação Armando Alvares Penteado – Faap. Agraciado pela indicação como membro da Société Internationale de Defense Sociale pour une Politique Criminelle Humaniste - SIDS – International Society of Social Defence and Humane Criminal Policy – ISSD. Autor de obras jurídicas.

Gabriel Dalla Favera de Oliveira
Procurador da República. Graduado e mestre em Direito Público pela Universidade Federal da Bahia (UFBA). Pós-graduado em Ciências Criminais por Juspodivm-Faculdade Baiana de Direito. Professor em cursos de graduação e pós-graduação.

Gabriel Habib
Mestre em Ciências Jurídico-Criminais pela Faculdade de Direito da Universidade de Lisboa – Portugal. Pós-graduado em Direito Penal Econômico pelo Instituto de Direito Penal Econômico e Europeu da Faculdade de Direito da Universidade de Coimbra – Portugal. Professor da pós-graduação da FGV – Fundação Getulio Vargas. Professor da Escola da Magistratura do Estado do Rio de Janeiro – EMERJ. Professor da Escola da Magistratura Federal do Paraná – ESMAFE. Professor da Fundação Escola da Defensoria Pública do Estado do Rio de Janeiro – FESUDEPERJ. Professor do Curso Forum/RJ. Defensor Público Federal.

Gamil Föppel El Hireche
Advogado. Doutor em Direito Penal Econômico pela Universidade Federal de Pernambuco – UFPE. Mestre em Direito Penal pela Universidade Federal da Bahia – UFBA. Membro da Comissão de Juristas nomeados pelo Senado Federal para a elaboração do Projeto de Reforma do Código Penal. Detentor da Medalha do Mérito Legislativo, outorgada pela Câmara dos Deputados. Professor adjunto de Direito Penal e de Direito Processual Penal da UFBA. Coordenador da pós-graduação em Ciências Criminais do JusPODIVM/BA e do CICLO/SE. Professor da Faculdade Baiana de Direito. Professor da Escola da Magistratura da Bahia e de Pernambuco. Professor da Escola Superior da Advocacia da Bahia e de São Paulo. Professor do Espaço Jurídico, do Praetorium, do JusPODIVM e da rede LFG. Professor dos cursos de pós-graduação da UFPE, UFBA e UFPA.

Heidi Rosa Florêncio Neves
Advogada criminalista. Mestre e doutora em Direito Penal pela Faculdade de Direito da Univer-

sidade de São Paulo. Pós-graduada em Direito Penal Econômico e Direitos Fundamentais pela Faculdade de Direito de Coimbra (em parceria com o IBCCrim). Pós-graduada em Direito Penal – Parte Geral – pela Universidade de Salamanca. Professora universitária. Presidente da Comissão de Direito Penal e Diretora Cultural do Instituto dos Advogados de São Paulo.

Helio Narvaez
Juiz de Direito titular da Oitava Vara Criminal do Foro Central, Barra Funda, em São Paulo. Ex-Delegado de Polícia da Corregedoria da Polícia Civil do Estado de São Paulo. Graduado pela Faculdade de Direito da Universidade de São Paulo – FDUSP. Professor convidado da Escola Paulista da Magistratura – EPM e da Escola Judicial dos Servidores – EJUS. Ex-professor do curso jurídico FMB nas disciplinas Direito Penal e Direito Constitucional, no período compreendido de março de 2006 a dezembro de 2015. Ex-professor dos cursos preparatórios Depol, especializado na carreira de Delegado de Polícia, e Central de Concursos.

Janaina Conceição Paschoal
Advogada. Livre-docente e doutora em Direito Penal pela Faculdade de Direito da Universidade de São Paulo – FDUSP. Professora-associada de Direito Penal da FDUSP. Autora, entre outros trabalhos, dos livros *Constituição, criminalização e direito penal mínimo*, publicado em 2003, e *Direito penal*: Parte Geral, 2ª edição, de 2015, pela Editora Manole.

José Carlos Cosenzo
Promotor de Justiça. Ex-presidente da Associação Nacional dos Membros do Ministério Público – CONAMP – biênios 2006/2008 e 2008/2010 e da Associação Paulista do Ministério Público – APMP – biênios 2000/2002 e 2003/2004. Ex-coordenador Geral dos Grupos de Estudos do Ministério Público do Estado de São Paulo. Professor universitário.

José Eduardo Leonel Ferreira
Juiz Federal Convocado pelo Tribunal Regional Federal – TRF – 3ª Região. Mestre em Direito Processual Penal pela Pontifícia Universidade Católica de São Paulo – PUC/SP. Doutor em Direito Penal pela Faculdade de Direito da Universidade de São Paulo – FDUSP. Promotor de Justiça entre 1994 e 1999.

José Maria de Castro Panoeiro
Doutor em Direito Penal pela Universidade do Estado do Rio de Janeiro (2020). Mestre em Direito Penal pela Universidade do Estado do Rio de Janeiro (2013). Membro do Ministério Público Federal (2004-presente) com atuação na área criminal (2004). Pesquisador do Centro de Pesquisas João Marcelo de Araújo Júnior em Crimes Empresariais e *Compliance* (CPJM-UERJ). Professor de Direito Penal dos cursos de Pós-Graduação *lato sensu* do CEPED/UERJ, da PUC-RJ (Ciências Criminais), da Pós-Graduação da UNIDOMBOSCO, da Escola da Magistratura do Estado do Rio de Janeiro e da Escola e de Administração Judiciária (ESAJ-TJRJ). Instrutor da Escola Superior do Ministério Público da União (ESMPU). Tem experiência na área de Direito Penal, Direito Penal Econômico e Processual Penal.

José Renato Nalini
Presidente do Tribunal de Justiça de São Paulo (biênio 2014/2015). Desembargador do Tribunal de Justiça de São Paulo – TJSP. Ex-corregedor-geral de Justiça – biênio 2012/2013. Ex-presidente do Tribunal de Alçada Criminal de São Paulo – TACrimSP. Ex-promotor de Justiça. Mestre e Doutor em Direito Constitucional pela Faculdade de Direito da Universidade de São Paulo – FDUSP. Professor universitário. Autor de obras jurídicas.

Juliana Garcia Belloque
Defensora Pública do Estado de São Paulo. Professora universitária. Mestre e doutora em

Processo Penal pela Faculdade de Direito da Universidade de São Paulo – FDUSP. Membro da Comissão de Juristas nomeados pelo Senado Federal para a elaboração do Projeto de Reforma do Código Penal.

Juliano Fernandes Escoura
Advogado da União. Mestre em Direito pela Universidade de Ribeirão Preto/SP. Professor universitário.

Leonardo Henriques da Silva
Advogado. Mestre e Doutorando em Direito Penal pela Faculdade de Direito da Universidade de São Paulo – FDUSP. Pós-graduado em Direito Penal Econômico e em Direitos Fundamentais pela Universidade de Coimbra – Portugal. Especialista em Direito Penal e em Direito Público pela Escola Superior do Ministério Público – ESMP/SP. Professor do Complexo Educacional FMU e da Universidade Paulista – Unip.

Luis Mileo
Promotor de Justiça. Mestre em Direito Penal pela Faculdade de Direito da Universidade de São Paulo – FDUSP. Professor universitário. Autor de obras jurídicas.

Luiz Flávio Borges D'Urso
Advogado criminalista, Mestre e Doutor em Direito Penal pela Faculdade de Direito da Universidade de São Paulo – FDUSP, pós-graduado em Direito Penal pela Faculdade de Direito Castilla-La Mancha (Espanha), Conselheiro Federal da Ordem dos Advogados do Brasil por duas gestões, Membro Honorário Vitalício da Ordem dos Advogados do Brasil – Seção de São Paulo – OAB/SP, da qual foi Presidente por três gestões (2004-2012), Presidente de Honra da Associação Brasileira dos Advogados Criminalistas – ABRACrim, Presidente de Honra da Academia Brasileira de Direito Criminal – ABDCrim, Professor *Honoris Causa* da Faculdade de Direito da FMU.

Márcio Schlee Gomes
Promotor de Justiça/RS. Mestre em Ciências Jurídico-Criminais pela Faculdade de Direito da Universidade de Lisboa. Especialista em Direito Constitucional pela Fundação Escola Superior do MPRS. Professor de Direito Penal e Processo Penal na Faculdade Anhanguera do Rio Grande/RS. Foi membro-auxiliar do Conselho Nacional do Ministério Público (2010-2011) junto à Estratégia Nacional de Segurança Pública.

Mariângela Gama de Magalhães Gomes
Advogada. Mestre, Doutora e Livre-Docente em Direito Penal pela Faculdade de Direito da Universidade de São Paulo – FDUSP. Professora-associada do Departamento de Direito Penal, Medicina Forense e Criminologia da FDUSP. Presidente do Instituto Brasileiro de Ciências Criminais – IBCCrim.

Mauricio Schaun Jalil
Advogado. Pós-graduado em Direito Penal pela Escola Paulista da Magistratura – EPM. Pós-graduado em Direito Penal Econômico e Europeu pela Universidade de Coimbra – Portugal. Mestre em Direito Penal pela Faculdade de Direito da Universidade de São Paulo – FDUSP. Membro da Comissão de Direito Penal e Processo Penal do Instituto dos Advogados de São Paulo – IASP. Membro da Comissão de Direito Criminal da Ordem dos Advogados do Brasil – Seção São Paulo – OAB/SP. Membro da Comissão de Política Criminal e Penitenciária da OAB/SP. Membro do Comitê de Ética em Pesquisa da Secretaria de Administração Penitenciária de São Paulo. Professor universitário.

Plínio Antônio Britto Gentil
Professor universitário de Direitos Humanos na Pontifícia Universidade Católica de São Paulo – PUC/SP e Direito Penal na Universidade Paulista – Unip. Doutor em Direito pela

PUC/SP e em Fundamentos da Educação pela Universidade Federal de São Carlos – UFSCar. Membro do Grupo de Pesquisa "Educação e Direito" da UFSCar. Procurador de Justiça. Filiado ao Coletivo "Por um MP Transformador".

Priscila Pamela C. Santos
Advogada criminal. Pós-graduada em Direito Penal pela Escola Superior da Advocacia e em Direito Penal Econômico pela Faculdade de Direito da Fundação Getulio Vargas (FGV). Curso de extensão pela Faculdade de Direito da Universidade de São Paulo (FDUSP).

Rafael Francisco Marcondes de Moraes
Doutor e mestre em Direito Processual Penal pela Universidade de São Paulo (USP). Graduado pela Faculdade de Direito de Sorocaba (FADI). Professor da Academia de Polícia "Dr. Coriolano Nogueira Cobra" (ACADEPOL). Delegado de Polícia do Estado de São Paulo.

Renato Marques Martins
Advogado. Pós-graduado em Direito Penal pelo Instituto Luiz Flávio Gomes. Membro do Instituto de Defesa do Direito de Defesa. Foi Coordenador da Comissão de Direitos e Prerrogativas da Ordem dos Advogados do Brasil – Seção São Paulo – OAB/SP.

Ricardo Takamune
Advogado. Membro da Comissão de Direitos e Prerrogativas da Ordem dos Advogados do Brasil – Seção São Paulo – OAB/SP.

Rodrigo Senzi Ribeiro de Mendonça
Advogado. Mestre em Processo Penal pela Pontifícia Universidade Católica de São Paulo – PUC/SP. Especialista em Direito Penal Econômico pela Fundação Getulio Vargas e pela Universidade de Coimbra, Portugal, e em Direito de Defesa do Consumidor pela PUC/SP.

Rogério Alcazar
Juiz de Direito em São Paulo. Especialista em Direito Penal pela Escola Paulista da Magistratura. Professor de Direito Penal do Complexo Jurídico Damásio de Jesus.

Sergei Cobra Arbex
Advogado. Ex-secretário-geral da Ordem dos Advogados do Brasil – Seção São Paulo – OAB/SP. Ex-Presidente da Comissão de Direitos e Prerrogativas da OAB/SP. Professor de Direito Penal da Fundação Armando Alvares Penteado – Faap.

Tiago Antonio Salvador
Delegado de Polícia no Estado de São Paulo. Especialista em Direito Penal e Direito Processual Penal pela Escola Paulista de Direito (EPD). Professor concursado da Academia de Polícia "Dr. Coriolano Nogueira Cobra". Professor de Direito Penal e Direito Processual Penal da Universidade Anhanguera – Unidade Vila Mariana. Professor de Gestão de Pessoas na Academia de Polícia. Membro de banca de concurso público – Vunesp. Membro do Conselho Editorial da Revista *Arquivos da Polícia Civil*. Membro do Instituto Brasileiro de Ciências Criminais (IBCCrim). Palestrante e autor de obras jurídicas.

Vicente Greco Filho
Graduado, Doutor, Livre-Docente e Titular em Direito pela Faculdade de Direito da Universidade de São Paulo – FDUSP. Procurador de Justiça do Ministério Público do Estado de São Paulo. Membro da Procuradoria-Geral de Justiça do Estado de São Paulo e Professor Titular da FDUSP. Tem experiência na área de Direito com ênfase em Direito Penal, atuando principalmente nos seguintes temas: Direito Penal, Tóxicos, Lei Antitóxicos, Direito Processual Penal e Direito Processual Civil.

SUMÁRIO

ÍNDICE DOS COMENTÁRIOS

APRESENTAÇÃO À 7ª EDIÇÃO

A obra chega a sua 7ª edição, com a sistemática já conhecida e contemplando as alterações legislativas oriundas das Leis ns. 14.562/2023 (art. 311, *caput*, §§ 1º a 4º, inclusive a pena cominada), 14.717/2023 (art. 121, § 2º, VI), 14.811/2024 (arts. 121, § 2º-B, III, e 146-A), 14.967/2024 (art. 183-A), 14.994/2024 (arts. 92, II, §§ 1º e 2º, 121-A, 129, §§ 9º e 13º, 141, § 3º, e 147, §§ 1º e 2º) e 15.035/2024 (art. 234-B, §§ 1º, 2º e 3º).

Os Coordenadores, novembro de 2024.

PREFÁCIO

Quando o Professor **Mauricio S. Jalil** distinguiu-me com o convite para prefaciar uma coletânea de comentários ao Código Penal, pensei inicialmente tratar-se de trabalho produzido por penalistas reunidos em torno de uma mesma área ou instituição de trabalhos acadêmicos. Ao ser esclarecido que a obra seria escrita por profissionais do foro criminal como Magistrados, membros do Ministério Público, Advogados e Defensores Públicos, cresceu o meu interesse em conhecer os textos, diante da singularidade do projeto editorial. Muito embora os autores sejam portadores de títulos acadêmicos de diversas origens e muitos exerçam a docência universitária em variados cursos jurídicos, a característica essencial da obra é a produção de textos analíticos resultantes do exercício habitual dos profissionais do Direito em comunhão com as reivindicações individuais ou coletivas da sociedade. Assim, com método didático e clareza de exposição, os elementos do sistema jurídico-penal, isto é, os fatos, os valores e as normas estão sendo esculpidos no cenário multifacetado da condição humana materializada pelos dramas e pelas tragédias do cotidiano criminal.

A propósito, o imortal filósofo e humanista **Norberto Bobbio,** em sua brilhante *Prefazione* ao excepcional livro *Direito e razão,* de **Luigi Ferrajoli** – que estabelece as linhas mestras de uma *Teoria do Garantismo Penal* –, observa muito bem que o jurista não pode ser "*un freddo e distaccato commmentatore delle leggi vigenti*" (p. XIV).

Em meu entendimento, o papel reservado ao verdadeiro jurista jamais deve se traduzir no vício arraigado de repetir as palavras da lei sob a máscara de interpretação que não deve ser apenas literal (*gramatical*), mas uma *composição* que considere outros elementos: *lógico, sistemático, histórico, sociológico, teleológico* e *comparativo*, na medida em que um ou mais sejam necessários para se entender a *voluntas legis.* Tratando-se de exegese da norma em um Estado Democrático de Direito, o intérprete tem, ainda, de trabalhar com o *elemento crítico.* E assim deve fazê-lo sob a perspectiva de uma *dogmática realista* considerada núcleo característico da ciência penal que deve ajustar as suas normas às exigências da coletividade sem perder de vista a condição humana de seus membros. E, retornando a **Bobbio**: "*La parte critica, ripeto, non è meno importante diquella costruttiva: l'una e l'altra si sorregno e si giustificano a vicenda*".

• • •

Na síntese magistral de **Clóvis Beviláqua**, "interpretar a lei é revelar o pensamento que anima as suas palavras" (*Teoria geral do direito civil*, p.37). Com efeito, o processo intelectual de compreender e transmitir a finalidade das normas jurídicas deve ser simples e direto, sem rebuços de linguagem ou salamaleques dogmáticos. Precisa ser singelo como as petições que reivindicam direitos e interesses de fácil demonstração e de sumária prova. O Código Civil português contém um modelo perfeito para a exegese, como declara o art. 9º:

> **1.** A interpretação não deve cingir-se à letra da lei, mas reconstituir a partir dos textos o pensamento legislativo, tendo sobretudo em conta a unidade do sistema jurídico, as circunstâncias em que a lei foi elaborada e as condições específicas do tempo em que é aplicada. **2.** Não pode, porém, ser considerado pelo intérprete o pensamento legislativo que não tenha na lei um mínimo de correspondência verbal, ainda que imperfeitamente expresso. **3.** Na fixação do sentido e do alcance da lei, o intérprete presumirá que o legislador consagrou as soluções mais acertadas e soube exprimir o seu pensamento em termos adequados.

O antigo brocardo *in claris non fit interpretatio* não prevalece nos dias correntes em face da prolixidade de muitas normas penais e da deficiência de redação de seus preceitos, fenômenos ocorrentes com certa frequência em um país que, como o nosso, mantém uma inflação legiferante. A propósito, **Cesare Beccaria** (1738-1794) sustentava que o magistrado criminal não tem o direito de interpretar a lei pela simples razão de que não é legislador: "*non v'è cosa piú periculosa di quell'assioma comune che bisogna consultare lo spirito della legge*" (*Dei delitti e delle pene*, *§ IV*). É certo que o iluminado humanista assim pensava porque, ao tempo da edição de seu livro imortal (1764), as leis eram escritas em latim, impossibilitando o seu conhecimento pelo povo, e a interpretação, naquela circunstância, constituía uma sementeira de abusos e um rotineiro instrumento de opressão à vida, à liberdade e a outros bens dos indivíduos. Em outra parte de seu *Dei delitti e delle pene*, o **Marquês de Beccaria** deplorava a obscuridade das leis. E dizia que se a interpretação arbitrária das leis é um mal, também o é a sua obscuridade, pois precisam ser interpretadas. Vale repetir suas incisivas palavras:

> Enquanto o texto das leis não for um livro familiar, uma espécie de catecismo, enquanto forem escritas numa língua morta e ignorada do povo, e enquanto forem solenemente conservadas como misteriosos oráculos, o cidadão que não puder julgar por si mesmo as consequências que devem ter os seus próprios atos sobre a sua liberdade e os seus bens, ficará na dependência de um pequeno número de homens depositários e intérpretes das leis (*Dos delitos e das penas, § V*).

A natureza publicística do processo penal indica que o seu conteúdo é um "assunto da comunidade jurídica" na certeira afirmação de **Figueiredo Dias** em *Direito processual penal* (I/116). Segue-se a conclusão de que a hermenêutica não é monopólio do juiz e do jurista, mas uma relevante tarefa a envolver todos os protagonistas da ação penal e, de modo geral, os cidadãos na medida em que certos princípios e regras da codificação relacionem-se com seus direitos e garantias fundamentais declarados na Constituição. O Ministério Público e a Advocacia constituem funções essenciais à Justiça, como já foi dito. A compreensão da norma penal é a primeira atividade intelectual que antecede a sua aplicação pelos patronos das partes e pelo juiz. Em tese apresentada na III Conferência Nacional da

OAB (Recife, 1968), **Seabra Fagundes**, referindo-se ao tempo em que exerceu o cargo de Desembargador no Rio Grande do Norte, observou muito bem:

> No plano da advocacia forense, o trabalho interpretativo do advogado, que busca os textos para adequá-los às situações concretas, armando o contraditório, constitui, anonimamente, o alicerce de todas as grandes conquistas pretorianas. É ele que, com o levantamento da legislação aplicável e o debate em torno de quantas dúvidas por ela sejam suscitadas, habilita o juiz a traçar as grandes diretrizes jurisprudenciais. Tudo quanto de ousado a jurisprudência oferece, freando, corrigindo, completando ou alargando o direito escrito, principiou, obscuramente, nas iniciais, nas contestações, nas razões dos advogados ("As imperfeições da elaboração legislativa e o exercício da advocacia", em *Revista de Direito Público*. São Paulo: RT, abr.-jun. 1969, p. 117).

Na intimidade de seus gabinetes privados ou nos espaços públicos que ocupam em suas corporações, nos juízos e nos tribunais, os membros do *parquet* e os advogados peticionam a aplicação da lei penal nos casos concretos. E nas atividades junto aos respectivos conselhos deontológicos, nos procedimentos disciplinares e em outras áreas de sua *jurisdição* administrativa, eles aplicam princípios e regras do Direito Administrativo Penal, cuja natureza, conteúdo e finalidades se harmonizam com muitos princípios do Direito Penal objetivo. Tais tarefas judiciais e extrajudiciais implicam, como é evidente, a necessidade de análise das normas penais puras ou de conteúdo misto.

O *Código Penal comentado – doutrina e jurisprudência,* produzido nessa perspectiva democrática de opiniões de diversos autores de profissões jurídicas, analisa o conteúdo e o objetivo de cada preceito. O critério bipartido da arquitetura normativa (Parte Geral – Parte Especial) é fielmente mantido conforme a tradição legislativa francesa, a partir do Código de 1791 e aprimorado com o Código de Napoleão (1810). O respectivo projeto (1804) recebeu a influência da Revolução Francesa, como registra **Jiménez de Asúa:**

> *Después de la "Declaración de los derechos del hombre", las leyes punitivas toman nuevo rumbo. Ya en ella se establecen principios penales y procesales, en garantía de los derechos del individuo, que pasan bien pronto a todos los Códigos y Procedimientos del mundo* (*Tratado de Derecho Penal,* Buenos Aires, 1964, I/315).

Em muitas passagens, os comentários dos *militantes forenses* são ancorados por precedentes de casos julgados. Esse reforço exegético mostra a face visível da jurisprudência que consiste, literalmente, na sabedoria com que se interpreta e aplica o Direito. O vocábulo deriva do latim (*jurisprudentia*) e é composto pelas palavras *ius* (Direito, ciência do Direito) e *prudentia* (sabedoria).

Mas não se trata de uma jurisprudência abarrotada de citações acacianas e muito menos de recitativos de aranhóis jurídicos, tão a gosto daqueles modelos de judicatura vigorosamente reprovados por **Nélson Hungria,** ao tomar posse no cargo de Desembargador no Tribunal de Apelação do Distrito Federal (Rio de Janeiro) em 16 de junho de 1944, *in verbis*:

> O juiz que, para demonstração de ser a linha reta o caminho mais curto entre dois pontos, cita desde Euclides até os geômetras da quarta dimensão, acaba perdendo a crença em si mesmo e a coragem de pensar por conta própria. Dele jamais se poderá esperar uma solução

> pretoriana, um milímetro de avanço na evolução do direito, o mais insignificante esforço de adaptação das leis. O juiz deve ter alguma coisa de pelicano. A vida é variedade infinita e nunca lhe assentam com irrepreensível justeza as roupas feitas da lei e os figurinos da doutrina. Se o juiz não dá de si, para dizer o direito em face da diversidade de cada caso, a sua justiça será a do leito de Procusto: ao invés de medir-se com os fatos, estes é que terão de medir-se com ela.
>
> Da mesma tribo do juiz técnico-apriorístico é o juiz fetichista da jurisprudência. Este é o juiz-burocrata, o juiz de fichário e catálogo, o juiz colecionador de arestos segundo a ordem alfabética dos assuntos. É o juiz que se põe genuflexo diante dos repertórios jurisprudenciais, como se fossem livros sagrados de uma religião cabalística. Para ele, a jurisprudência é o direito imutável e eterno: segreda-se dentro dela como anacoreta na sua gruta, indiferente às aventuras do mundo. Será inútil tentar demovê-lo dos seus ângulos habituais. Contra a própria evidência do erro, ele antepõe, enfileirados cronologicamente, uma dúzia ou mais de acórdãos, e tranquilo, sem fisgadas de consciência, repete o ominoso brocardo: *error communis facit jus*. À força de se impregnar de doutrina e jurisprudência, o juiz despersonaliza-se. Reduz sua função ao humilde papel de esponja, que só restitui a água que absorve. Constrói no seu espírito uma parede de apriorismos e preconceitos jurídicos que lhe tapam as janelas para a vida (*Revista Forense*, ago. 1944, p. 573).

Mas a jurisprudência que traduz a sensibilidade, a cultura, a independência e o bom senso do magistrado é completamente outra. É a que existe para cumprir fielmente um dos preceitos da tríade fundamental do Direito Romano, o *suum cuique tribuere*, dando para cada um a justiça merecida. Esse deve ser o reflexo permanente da atuação do bom juiz que, além de aplicar a norma melhor afeiçoada ao caso sob julgamento, demonstra a sua virtude para colaborar para a missão recriadora do próprio Direito. A propósito, **Miguel Reale** afirma que "O ato de julgar não se reduz a uma atitude passiva diante dos textos legais, mas implica notável margem de poder criador" e salienta que a jurisprudência muitas vezes inova em matéria jurídica

> estabelecendo normas que não se contêm estritamente na lei, mas resultam de uma construção obtida graças à conexão de dispositivos, até então considerados separadamente, ou, ao contrário, mediante a separação de preceitos por largo tempo unidos entre si. Nessas oportunidades o juiz compõe para o caso concreto uma norma que vem completar o sistema objetivo do Direito (*Lições preliminares de Direito,* p. 168).

E é para essa nobre modalidade da jurisprudência que contribuem decisivamente os trabalhadores da *infantaria do direito*, ou seja, os Promotores e Procuradores de Justiça, os Advogados e os Defensores Públicos, no exercício de atividades essenciais à função jurisdicional do Estado: *Da mihi factum, dabo tibi jus.* Os primeiros devem cumprir obrigações institucionais e legais de proteção da ordem jurídica, do regime democrático e dos interesses sociais e individuais indisponíveis; os segundos, com os deveres de igual dimensão normativa, são indispensáveis à administração da justiça porque, no seu ministério privado, prestam serviço público e exercem função social; e os demais, além de lutar em favor dos marginalizados sociais e dos demais excluídos do testamento de Adão, têm a iluminada e generosa incumbência de honrar e fazer cumprir os Direitos Humanos, declarados nas tábuas da Civilização e da Cultura.

É, pois, com a matéria bruta da infração criminal, resultante do caleidoscópio das circunstâncias e dos motivos, dos mistérios da alma e das tentações da mente que o trio de atores – o acusador, o defensor e o julgador – interpretam seus papéis no teatro da vida para, restaurando o fato e seus personagens, apontar a culpa ou reconhecer a inocência. Em suas considerações sobre o delito e o delinquente eles assumem as partes de um triângulo escaleno ao enxergar e avaliar o mesmo objeto, porém com os olhos, as perspectivas e as sensações distintas. Na famosa peça de teatro *Così è (se vi pare)*, em nossa língua *Assim é se lhe parece* e na tradução em Portugal, *A cada um sua verdade*, **Luigi Pirandello** (1867-1936) trata o tema da verdade como contraste entre realidade e fantasia, um confronto entre o verdadeiro e o falso para negar que a realidade objetiva possa ser interpretada de modo unívoco.

Piero Calamandrei (1889-1956), em sua clássica obra, *Elogio dei giudice scritto da un avvocato*, conta que numa galeria de Londres há um famoso quadro do pintor Champaigne, em que o **Cardeal Richelieu** é retratado em três poses diferentes: no centro da tela é visto de frente, nos dois lados é retratado de perfil, olhando para a figura central. E comenta que o modelo é um só, mas na tela parecem conversar três pessoas diferentes, a tal ponto que é diferente a expressão cortante das duas meias faces laterais e, ainda mais, o caráter tranquilo que resulta, no retrato do centro, da síntese dos dois perfis. E arremata: "assim é no processo. Os advogados indagam a verdade de perfil, cada um aguçando o olhar por seu lado; somente o juiz, que está sentado no centro, o encara, sereno, de frente". Logo mais adiante, no mesmo capítulo (VI), o imortal jurista, jornalista, político e professor demonstra, com um simples exemplo, a verdade de sua afirmação:

> Ponham dois pintores diante de uma mesma paisagem, um ao lado do outro, cada um com seu cavalete, e voltem uma hora depois para ver o que cada um traçou em sua tela. Verão duas paisagens absolutamente diferentes, a ponto de parecer impossível que o modelo tenha sido o mesmo. Dir-se-ia, nesse caso, que um dos dois traiu a verdade?

Em síntese, o *Código Penal comentado – doutrina e jurisprudência* que agora vem à luz, constitui a síntese feita pelos próprios aplicadores da lei na incessante e diuturna obra em busca da Justiça, essa misteriosa personagem recolhida na argila da fé e esculpida pelo cinzel da esperança.

RENÉ ARIEL DOTTI

LISTA DE ABREVIATURAS E SIGLAS

Ação resc.: ação rescisória
ACR: ação criminal
ADCT: Ato das Disposições Constitucionais Transitórias
ADIn: Ação direta de inconstitucionalidade
ADPF: Arguição de descumprimento de preceito fundamental
Ag. Reg.: agravo regimental
AI: agravo de instrumento
AP: ação penal
Ap. Crim: apelação criminal
Câm.: Câmara
Câm. de Dir. Com.: Câmara de Direito Comercial
Câm. de Dir. Priv.: Câmara de Direito Privado
Câm. de Dir. Públ.: Câmara de Direito Público
c/c: combinado com
CC: Código Civil
CC/1916: Código Civil de 1916 (Lei n. 3.071/1916)
CC/2002: Código Civil de 2002 (Lei n. 10.406/2002)
CC n.: conflito de competência n.
CCom: Código Comercial (Lei n. 556/1850)
CDC: Código de Defesa do Consumidor (Lei n. 8.078/90)
CEJ: Centro de Estudos Judiciários
CF: Constituição Federal
CJF: Conselho da Justiça Federal
CLT: Consolidação das Leis do Trabalho (DL n. 5.452/43)
CP: Código Penal (Decreto-lei n. 2.848/40)
CPC/73: Lei n. 5.869/73
CPC/2015: Lei n. 13.105/2015
CPM: Código Penal Militar (DL n. 1.001/69)
CPP: Código de Processo Penal (DL n. 3.689/41)
CPPM: Código de Processo Penal Militar (DL n. 1.002/69)
CR: Constituição da República
CSMSP: Conselho Superior da Magistratura do Estado de São Paulo
CTB: Código de Trânsito Brasileiro (Lei n. 9.503/97)
CTN: Código Tributário Nacional (Lei n. 5.172/66)
c/ rev.: com revisão
DEJT: *Diário eletrônico da Justiça do Trabalho*
Des.: desembargador
DJ: *Diário da Justiça*
DJe: *Diário da Justiça eletrônico*
DL: decreto-lei
DOU: *Diário Oficial da União*
EAOAB: Estatuto da Advocacia e da OAB (Lei n. 8.906/94)
EC: Emenda Constitucional
ECA: Estatuto da Criança e do Adolescente (Lei n. 8.069/90)
EIRELI: empresa individual de responsabilidade limitada
Emb. de diverg.: embargos de divergência
Emb. decl.: embargos declaratórios
Emb. infring.: embargos infringentes

EREsp: embargos de divergência no recurso especial
HC: *habeas corpus*
IN: instrução normativa
IPTU: Imposto Predial e Territorial Urbano
j.: julgado
JEC: Juizado Especial Cível
JECC: Juizados Especiais Cíveis e Criminais
LC: lei complementar
LICP: Lei de introdução ao Código Penal (DL n. 3.914/41)
LINDB: Lei de introdução às normas do Direito Brasileiro (DL n. 4.657/42)
Loman: Lei Orgânica da Magistratura Nacional (LC n. 35/79)
Lomp: Lei Orgânica do Ministério Público (Lei n. 8.625/93)
LRP: Lei de Registros Públicos (Lei n. 6.015/73)
MC: medida cautelar
Min.: Ministro(a)
MP: Ministério Público
MP n.: Medida Provisória n.
MS: mandado de segurança
n.: número
ONU: Organização das Nações Unidas
p.: página
PL: projeto de lei
Proc.: processo
Prov.: provimento
r.: referido(a)
R.: Região
RE: recurso extraordinário
Rec.: recurso
Rec. Crime: recurso crime
Rec. inom.: recurso inominado
Reex. necess.: reexame necessário
rel.: relator(a)
Res.: resolução
RESE: recurso criminal em sentido estrito
REsp: recurso especial
RO: recurso ordinário
RR: recurso de revista
RSE: recurso em sentido estrito
S.: seção
SE: sentença estrangeira
SEC: sentença estrangeira contestada
segs.: seguintes
s/ rev.: sem revisão
STF: Supremo Tribunal Federal
STJ: Superior Tribunal de Justiça
T.: turma
TACrim: Tribunal de Alçada Criminal
T. Crim.: turma criminal
T. Espec.: turma especializada
T. Rec. Crim.: Turma(s) Recursal(is) Criminal(is)
TFR: Tribunal Federal de Recursos
TJMG: Tribunal de Justiça de Minas Gerais
TJRS: Tribunal de Justiça do Rio Grande do Sul
T. Rec.: turma recursal
TST: Tribunal Superior do Trabalho
v.: *vide*
v. g.: *verbi gratia*
v.m.: voto da maioria
v.u.: votação unânime

DECRETO-LEI N. 3.914, DE 09 DE DEZEMBRO DE 1941

Lei de Introdução ao Código Penal (Decreto-lei n. 2.848, de 07 de dezembro de 1940) e à Lei das Contravenções Penais (Decreto-lei n. 3.688, de 03 de outubro de 1941).

O Presidente da República, usando da atribuição que lhe confere o art. 180 da Constituição, decreta:

Art. 1º Considera-se crime a infração penal a que a lei comina pena de reclusão ou de detenção, quer isoladamente, quer alternativa ou cumulativamente com a pena de multa; contravenção, a infração penal a que a lei comina, isoladamente, pena de prisão simples ou de multa, ou ambas, alternativa ou cumulativamente.

Art. 2º Quem incorrer em falência será punido:

Artigo prejudicado pela Lei n. 11.101, de 09.02.2005.

I – se fraudulenta a falência, com a pena de reclusão, por 2 (dois) a 6 (seis) anos;

II – se culposa, com a pena de detenção, por 6 (seis) meses a 3 (três) anos.

Art. 3º Os fatos definidos como crimes no Código Florestal, quando não compreendidos em disposição do Código Penal, passam a constituir contravenções, punidas com a pena de prisão simples, por 3 (três) meses a 1 (um) ano, ou de multa, de um conto de réis a dez contos de réis, ou com ambas as penas, cumulativamente.

Artigo prejudicado pela revogação do Código Florestal, DL n. 23.793, de 23.01.1934.

Veja Lei n. 12.651, de 25.05.2012, o atual Código Florestal.

Art. 4º Quem cometer contravenção prevista no Código Florestal será punido com pena de prisão simples, por 15 (quinze) dias a 3 (três) meses, ou de multa, de duzentos mil-réis a cinco contos de réis, ou com ambas as penas, cumulativamente.

Veja notas do art. 3º.

Art. 5º Os fatos definidos como crimes no Código de Pesca (Decreto-lei n. 794, de 19 de outubro de 1938) passam a constituir contravenções, punidas com a pena de prisão simples, por 3 (três) meses a 1 (um) ano, ou de multa, de quinhentos mil-réis a dez contos de réis, ou com ambas as penas, cumulativamente.

O DL n. 794, de 19.10.1938, foi revogado pelo DL n. 221, de 28.02.1967 (Código de Pesca). Veja Lei n. 11.959, de 29.06.2009, que atualmente trata da matéria.

Art. 6º Quem, depois de punido administrativamente por infração da legislação especial sobre a caça, praticar qualquer infração definida na mesma legislação, ficará sujeito à pena de prisão simples, por 15 (quinze) dias a 3 (três) meses.

Veja Lei n. 5.197, de 03.01.1967 (Código de Caça).

Art. 7º No caso do art. 71 do Código de Menores (Decreto n. 17.943-A, de 12 de outubro de 1927), o juiz determinará a internação do menor em seção especial de escola de reforma.

Artigo prejudicado pela revogação do Decreto n. 17.943-A, de 12.10.1927 (Código de Menores).

Veja ECA.

§ 1º A internação durará, no mínimo, 3 (três) anos.

§ 2º Se o menor completar 21 (vinte e um) anos, sem que tenha sido revogada a medida de internação, será transferido para colônia agrícola ou para instituto de trabalho, de reeducação ou de ensino profissional, ou seção especial de outro estabelecimento, à disposição do juiz criminal.

Veja art. 121, § 5º, ECA.

§ 3º Aplicar-se-á, quanto à revogação da medida, o disposto no Código Penal sobre a revogação de medida de segurança.

Art. 8º As interdições permanentes, previstas na legislação especial como efeito de sentença condenatória, durarão pelo tempo de 20 (vinte) anos.

Veja arts. 10 e 11 deste DL.

Art. 9º As interdições permanentes, impostas em sentença condenatória passada em julgado, ou desta decorrentes, de acordo com a Consolidação das Leis Penais, durarão pelo prazo máximo estabelecido no Código Penal para a espécie correspondente.

Veja arts. 10 e 11 deste DL.

Parágrafo único. Aplicar-se-á o disposto neste artigo às interdições temporárias com prazo de duração superior ao limite máximo fixado no Código Penal.

Art. 10. O disposto nos arts. 8º e 9º não se aplica às interdições que, segundo o Código Penal, podem consistir em incapacidades permanentes.

Art. 11. Observar-se-á, quanto ao prazo de duração das interdições, nos casos dos arts. 8º e 9º, o disposto no art. 72 do Código Penal, no que for aplicável.

Não há dispositivo na redação atual da Parte Geral que corresponda ao antigo art. 72, CP.

Veja arts. 91 a 95, CP.

Art. 12. Quando, por fato cometido antes da vigência do Código Penal, se tiver de pronunciar condenação, de acordo com a lei anterior, atender-se-á ao seguinte:

I – a pena de prisão celular, ou de prisão com trabalho, será substituída pela de reclusão, ou de detenção, se uma destas for a pena cominada para o mesmo fato pelo Código Penal;

II – a pena de prisão celular ou de prisão com trabalho será substituída pela de prisão simples, se o fato estiver definido como contravenção na lei anterior, ou na Lei das Contravenções Penais.

Art. 13. A pena de prisão celular ou de prisão com trabalho imposta em sentença irrecorrível, ainda que já iniciada a execução, será convertida em reclusão, detenção ou prisão simples, de conformidade com as normas prescritas no artigo anterior.

Veja art. 14 deste DL.

Art. 14. A pena convertida em prisão simples, em virtude do art. 409 da Consolidação das Leis Penais, será convertida em reclusão, detenção ou prisão simples, segundo o disposto no art. 13, desde que o condenado possa ser recolhido a estabelecimento destinado à execução da pena resultante da conversão.

Parágrafo único. Abstrair-se-á, no caso de conversão, do aumento que tiver sido aplicado, de acordo com o disposto no art. 409, *in fine*, da Consolidação das Leis Penais.

Art. 15. A substituição ou conversão da pena, na forma desta Lei, não impedirá a suspensão condicional, se a lei anterior não a excluía.

Art. 16. Se, em virtude da substituição da pena, for imposta a de detenção ou a de prisão simples, por tempo superior a 1 (um) ano e que não exceda de 2 (dois), o juiz poderá conceder a suspensão condicional da pena, desde que reunidas as demais condições exigidas pelo art. 57 do Código Penal.

A referência atual do antigo art. 57 na nova Parte Geral do CP é o art. 77 e segs.

Art. 17. Aplicar-se-á o disposto no art. 81, § 1º, II e III, do Código Penal, aos indivíduos recolhidos a manicômio judiciário ou a outro estabelecimento em virtude do disposto no art. 29, 1ª parte, da Consolidação das Leis Penais.

A referência atual do antigo art. 81, § 1º, II e III, na nova Parte Geral do CP é o art. 96 e segs.

Art. 18. As condenações anteriores serão levadas em conta para determinação da reincidência em relação a fato praticado depois de entrar em vigor o Código Penal.

Art. 19. O juiz aplicará o disposto no art. 2º, parágrafo único, *in fine*, do Código Penal, nos seguintes casos:

I – se o Código ou a Lei das Contravenções Penais cominar para o fato pena de multa, isoladamente, e na sentença tiver sido imposta pena privativa de liberdade;

II – se o Código ou a Lei das Contravenções cominar para o fato pena privativa de liberdade por tempo inferior ao da pena cominada na lei aplicada pela sentença.

Parágrafo único. Em nenhum caso, porém, o juiz reduzirá a pena abaixo do limite que fixaria se pronunciasse condenação de acordo com o Código Penal.

Art. 20. Não poderá ser promovida ação pública por fato praticado antes da vigência do Código Penal:

I – quando, pela lei anterior, somente cabia ação privada;

II – quando, ao contrário do que dispunha a lei anterior, o Código Penal só admite ação privada.

Parágrafo único. O prazo estabelecido no art. 105 do Código Penal correrá, na hipótese do n. II:

A referência atual do antigo art. 105 na nova Parte Geral do CP é o art. 103.

a) de 1º de janeiro de 1942, se o ofendido sabia, anteriormente, quem era o autor do fato;

b) no caso contrário, do dia em que vier a saber quem é o autor do fato.

Art. 21. Nos casos em que o Código Penal exige representação, sem esta não poderá ser intentada ação pública por fato praticado antes de 1º de janeiro de 1942; prosseguindo-se, entretanto, na que tiver sido anteriormente iniciada, haja ou não representação.

Parágrafo único. Atender-se-á, no que for aplicável, ao disposto no parágrafo único do artigo anterior.

Art. 22. Onde não houver estabelecimento adequado para a execução de medida de segurança detentiva estabelecida no art. 88, § 1º, III, do Código Penal, aplicar-se-á a de liberdade vigiada, até que seja criado aquele estabelecimento ou adotada qualquer das providências previstas no art. 89, e seu parágrafo, do mesmo Código.

A referência atual do antigo art. 88 na nova Parte Geral do CP é o art. 96 e segs.

Parágrafo único. Enquanto não existir estabelecimento adequado, as medidas detentivas estabelecidas no art. 88, § 1º, I e II, do Código Penal, poderão ser executadas em seções especiais de manicômio comum, asilo ou casa de saúde.

A referência atual do antigo art. 88 na nova Parte Geral do CP é o art. 96 e segs.

Art. 23. Onde não houver estabelecimento adequado ou adaptado à execução das penas de reclusão, detenção ou prisão, poderão estas ser cumpridas em prisão comum.

Art. 24. Não se aplicará o disposto no art. 79, II, do Código Penal a indivíduo que, antes de 1º de janeiro de 1942, tenha sido absolvido por sentença passada em julgado.

Não há correspondente do antigo art. 79 na nova Parte Geral do CP.

Art. 25. A medida de segurança aplicável ao condenado que, a 1º de janeiro de 1942, ainda não tenha cumprido a pena, é a liberdade vigiada.

Art. 26. A presente Lei não se aplica aos crimes referidos no art. 360 do Código Penal, salvo os de falência.

Art. 27. Esta Lei entrará em vigor em 1º de janeiro de 1942; revogadas as disposições em contrário.

Rio de Janeiro, 09 de dezembro de 1941;
120º da Independência e 53º da República.

GETÚLIO VARGAS

ÍNDICE SISTEMÁTICO DO CÓDIGO PENAL

PARTE GERAL

Título I
Da Aplicação da Lei Penal

Título II
Do Crime

Título III
Da Imputabilidade Penal

Título IV
Do Concurso de Pessoas

Título V
Das Penas

Título VI
Das Medidas de Segurança

Título VII
Da Ação Penal

Título VIII
Da Extinção da Punibilidade

PARTE ESPECIAL

Título I
Dos Crimes Contra a Pessoa

Título II
Dos Crimes Contra o Patrimônio

Título III
Dos Crimes Contra a Propriedade Imaterial

DECRETO-LEI N. 2.848, DE 7 DE DEZEMBRO DE 1940

Código Penal.

O PRESIDENTE DA REPÚBLICA, usando da atribuição que lhe confere o art. 180 da Constituição, decreta a seguinte Lei:

Refere-se à CF/37.

CÓDIGO PENAL PARTE GERAL

Todos os dispositivos da Parte Geral tiveram sua redação dada pela Lei n. 7.209, de 11 de julho de 1984. Apenas as modificações posteriores a essa Lei estão registradas.

TÍTULO I DA APLICAÇÃO DA LEI PENAL

Anterioridade da lei

Art. 1º Não há crime sem lei anterior que o defina. Não há pena sem prévia cominação legal.

1. COMENTÁRIO

1.1. Notas introdutórias

Crime é um *ilícito penal*. Ou seja: o fato social que contraria o ordenamento constitui um *ilícito jurídico* e sua expressão mais grave é o *ilícito penal*. O homem não vive senão sob o comando de regras. Os romanos já afirmavam: *ubi societas, ibi jus*. O conceito de delito foi gerado pelo positivismo científico, inimigo de qualquer conotação filosófica, psicológica ou sociológica. Destacam-se Von Liszt e Beling como elaboradores do conceito clássico de delito, consubstanciado em ação corporal a produzir resultado. Uma concepção objetiva e clara é também singela. Com a evolução do pensamento científico, acrescentou-se à ação e ao resultado a culpabilidade.

No Brasil, a LICP (DL n. 3.914/41) define como crime "a infração penal a que a lei comina pena de reclusão ou de detenção, quer isoladamente, quer alternativa ou cumulativamente com a pena de multa". Como contravenção, "a infração penal a que a lei comina, isoladamente, a pena de prisão simples ou de multa, ou ambas, alternativa ou cumulativamente" (art. 1º).

O CP vigente não define crime. No período clássico, quatro elementos estruturais foram considerados essenciais à configuração de crime: *ação*, *tipicidade*, *antijuridicidade* e *culpabilidade*. A *ação* é um conceito naturalista, de essência objetiva. A *tipicidade*, considerada indício da antijuridicidade, exterioriza os contornos fáticos da ação delitiva. A *antijuridicidade* é um elemento objetivo, valorativo e formal. Implica *juízo de desvalor*, feito pelo ordenamento, em relação a determinada ação típica. Por fim, a *culpabilidade* constitui o *aspecto subjetivo do crime*, a exprimir o vínculo psicológico entre o agente e o fato. O grau de intensidade do nexo vai derivar em formas delitivas dolosas ou culposas.

A conceituação de crime foi sofrendo mutações no período que se denomina *neoclássico*. A *ação*, elo conceitual mais frágil, deixava a descoberto o *crime omissivo*, o *crime culposo* e a *tentativa*. A *tipicidade* ganhou o acréscimo dos *elementos normativos*, assim como o reconhecimento de *elementos subjetivos do tipo*. A antijuridicidade, de mera *contradição formal* com a norma jurídica, impregnou-se de imprescindível aferição da danosidade social.

1.2. Princípio da legalidade

A exigência de lei que tipifique o crime consubstancia o chamado *princípio da legalidade*. Seu teor é inscrito no pacto federativo (art. 5º, XXXIX, CF) e reproduzido no art. 1º do CP. Sua origem está na Magna Carta Inglesa de 1215, que a nobreza britânica exigiu a João Sem-Terra e foi consolidado na Revolução Francesa, embora René Ariel Dotti revele, com argúcia, que a precedência desse princípio repousa, com segurança, nos *Decretos da Cúria de Leon*, que compõem a Carta Magna Leonesa, outorgada por Dom Alfonso, rei de Leão e Galícia, em 1188. Ele significa a vedação de retroatividade da lei penal, a inviabilidade de previsão de crime ou pena por outra fonte que não a lei em sentido próprio, impede a analogia gravosa em matéria penal[1] e qualquer incriminação que escape à estrita definição legal. O princípio da legalidade é também conhecido como *princípio da reserva legal*, e não subsiste interesse em definir tais expressões, que podem ser utilizadas de forma intercambiável.

Recorda René Ariel Dotti que "é da tradição legislativa brasileira que o princípio da anterioridade da lei penal conste do primeiro artigo dos códigos penais. O Código Criminal do Império brasileiro (1830) declarava: 'Não haverá crime ou delito (palavras sinônimas neste Código) sem uma lei anterior que o qualifique'. O CP da Primeira República (1890) assim dispunha: 'Ninguém poderá ser punido por fato que não tenha sido anteriormente qualificado crime, nem com penas que não estejam previamente estabelecidas'. E a Consolidação das Leis Penais (1932) mantinha essa última redação" (DOTTI, René Ariel. *Curso de direito penal*: Parte Geral, 2012, p. 132).

É importante mencionar a previsão desse direito nas declarações de direito do século XVIII (como a Constituição dos Estados Unidos da América, de 1787, em seu art. 1º, seção 10, e a própria Constituição Francesa de 1793), dos séculos XIX e XX, como o Código Penal Francês, de 1810, em seu art. 4º, a Constituição Espanhola de 1876, em seu art. 16, a Constituição Mexicana de 1917, em seu art. 15, a Constituição de Weimar de 1919, em seu art. 116, a Constituição da Itália, de 1947, no art. 25, § 2º, a Declaração Universal dos Direitos Humanos de 1947, em seu art. 11, § 2º, a Convenção de Salvaguarda dos Direitos do Homem e das Liberdades Fundamentais, de Roma, realizada em 1950, por meio de seu art. 7º, e, por fim, a Convenção Americana sobre Direitos Humanos, de São José da Costa Rica, realizada em 1969, por seu art. 9º.

Não se pode olvidar que o princípio da legalidade exerceu, ao longo da história, uma função de racionalização do poder estatal, cujo arbítrio, a partir dele, sofreu importante delimitação. Ao soberano, nesse sentido, não mais era permitido aplicar penalidade divorciada de uma hipótese tipificada, textualmente expressa em lei. Isso representou uma das dimensões dos direitos fundamentais de primeira geração, alicerçados na noção de liberdade negativa (ou não intervenção) e dirigidas à limitação do poder do Estado.

Significativa doutrina se debruçou a compreender o lugar da legalidade na teoria do Direito. Luigi Ferrajoli, por exemplo, legou a contribuição fundamental, com a obra *Diritto e ragione: teoria del garantismo penale* (*Direito e razão*: teoria do garantismo penal). Ao cotejar, em sua fundamentação epistemológica, sejam os elementos convencionalistas-cognoscitivistas como os elementos substancialistas-decisionistas, Ferrajoli aproveita tanto a noção de que a produção legislativa e a decisão judicial devem se ancorar na racionalidade, em vez de se vincularem ao princípio da autoridade, quanto a assertiva de que a persecução penal deverá se basear na análise daquilo que pode ser comprovado pela acusação e na contestação por parte da defesa. Raciocínio que reduz o papel de valorações ligadas à diferenciação entre os sujeitos.

Em outras palavras, os juízes devem permanecer adstritos àquilo que Ferrajoli chama de "estrita legalidade", enquanto os legisladores precisam respeitar a dimensão factual no âmbito da tarefa legislativa, de modo que os sujeitos sejam punidos por aquilo que cometeram, previamente entendido como fato delituoso, e não por seus atributos inatos, *status* ou condição subjetiva. Note-se que essa definição recorre a outro cânone iluminista, qual seja, a igualdade.

Esse é o conteúdo semântico, princípio da taxatividade da norma incriminadora, que se opõe, por sua natureza, aos chamados "tipos penais abertos", ou seja, aqueles em que a determinação da ilicitude e da transgressão normativa subme-

1 A analogia *in bonam partem* é admitida, conforme preleciona Guilherme de Souza Nucci: "[...] sabendo-se constituir o princípio da legalidade um escudo protetor do indivíduo frente aos eventuais abusos do Estado, pode-se abrir a exceção para a utilização da analogia, quando em benefício do réu: a denominada analogia *in bonam partem*. Eventual lacuna pode ser suprida para resolver um impasse que, na essência, representaria desfavor ao acusado" (*Tratado jurisprudencial e doutrinário*: direito penal, Parte Geral, 2011, v. I, p. 25).

tem-se à apreciação do juiz. É o caso dos crimes culposos, dos crimes comissivos por omissão (cuja adequação típica não prescinde da transgressão do dever de evitar o resultado) e dos crimes cuja conceituação de ilicitude inclui expressões como "contra a vontade expressa ou tácita de quem de direito" (art. 150, CP), "indevidamente" (art. 151, CP), "sem justa causa" (arts. 153 e 154, CP), "sem consentimento de quem de direito" (art. 164, CP), "sem a necessária autorização" (art. 20, Lei n. 6.453/77).

Na lição de Dimitri Dimoulis e Leonardo Martins, essa é a hipótese abarcada pelo legislador originário de 1988, afinal, no *caput* do art. 5º, "encontra-se um direito garantido a 'todos': 'todos são iguais perante a lei, sem distinção de qualquer natureza'. Isto significa que qualquer pessoa submetida 'a aplicação da lei por qualquer autoridade brasileira tem o direito de ver esta lei aplicada sem nenhuma discriminação fundamentada, por exemplo, em critérios como o sexo, a cor da pele, a nacionalidade, a idade ou condição penal" (DIMOULIS, Dimitri; MARTINS, Leonardo. *Teoria geral dos direitos fundamentais*, 2008, p. 82),[2] o que ganha especial ênfase em matéria penal, cuja incidência pode culminar em limitação de direito de especialíssima relevância: a liberdade.

1.3. Princípio da irretroatividade da lei penal mais severa

Incluído no art. 1º do CP, vigora no Brasil o princípio da *irretroatividade da lei penal* mais severa. O constituinte admitiu expressamente a aplicação retroativa da lei penal mais benigna (art. 5º, XL, CF). A inserção desse princípio no ordenamento é consequência do longevo comando romano *tempus regit actum*. Não haveria segurança jurídica se a lei pudesse incidir sobre condutas passadas, permitindo que atos juridicamente irrelevantes viessem posteriormente a ser considerados crimes.

Corolário do princípio da legalidade, ao menos na dimensão histórica, a irretroatividade da lei penal representa, de igual forma, uma racionalização do poder do Estado, na medida em que ninguém pode ser punido por fato reconhecido como crime somente após sua prática e, principalmente, se esse reconhecimento representar situação punitiva mais desfavorável ao acusado.

2 Por evidente que não se está a se alinhar, com isso, às críticas formuladas contra os diplomas legais que versam sobre ações afirmativas, dirigidas às populações que historicamente se encontram em situação de vulnerabilidade.

1.4. Princípio da subsidiariedade

O princípio da subsidiariedade pertence a um contexto mais amplo, no qual estão inseridos os meios de se debelar um conflito aparente de normas penais. A existência de tal hipótese de conflito se dá na presença de determinados elementos, que são: a unidade do fato, a pluralidade de normas e a possibilidade de múltipla incidência normativa, e a efetiva aplicação de apenas uma dentre aquelas de possível aplicação.

São meios para solucionar esses casos, para além da subsidiariedade, os princípios da especialidade, alternatividade e da consunção.

O princípio da subsidiariedade, ou critério da subsidiariedade, como prefere René Ariel Dotti, é aplicado quando uma norma que define crime de menor gravidade encontra-se abrangida pela norma que fornece os contornos do crime mais grave, dentro do contexto fático de uma determinada hipótese de incidência. Pode ser considerado um critério de valoração jurídica, tal como se depreende do exemplo derivado da inteligência do art. 307 do CP, que dispõe: "Atribuir-se ou atribuir a terceiro falsa identidade para obter vantagem, em proveito próprio ou alheio, ou para causar dano a outrem: Pena – detenção, de 3 (três) meses a 1 (um) ano, ou multa, se o fato não constitui elemento de crime mais grave", como no caso do estelionato facilitado pela apresentação de identidade falsa, a fim de induzir a vítima a erro (art. 171, CP).

A doutrina divide o critério da subsidiariedade em duas modalidades: expressa e tácita. A primeira ocorre quando a própria lei penal determina a cláusula de reserva, por meio de expressões como "se o fato não constitui crime mais grave" (arts. 132 e 307), "[se o agente] não quis o resultado [morte], nem assumiu o risco de produzi-lo" (art. 129, § 3º) ou "se o fato não constitui crime" (art. 21, LCP).

A segunda, por sua vez, verifica-se quando, implicitamente, uma figura dotada de tipicidade atua como circunstância legal para a configuração de outra figura típica, de maior gravidade.

De acordo com René Ariel Dotti, "Em tal caso, as circunstâncias elementares de um tipo de ilícito estão contidas em outro, ou como essenciais ou como acidentais, sem que a lei, expressamente, declare o caráter subsidiário de uma norma em relação a outra. Seguem-se os exemplos recolhidos por Damásio de Jesus (na obra *Direito penal*, 1/98): a) o crime de dano é subsidiário do crime de furto pela destruição ou rompimento de obstáculo para a subtração da coisa (CP, art. 163, c/c art. 155, § 4º, I); b) a ameaça é crime facultativo do constrangimento ilegal (CP, art. 147, c/c art. 146); c) o constrangimento ilegal (CP, art. 146) é subsidiário de todos os delitos que têm como meio executivo a *vis absoluta* e a *vis compulsiva*, como o aborto da pessoa coagida, a violação do domicílio qualificada, a extorsão, o dano qualificado e o estupro (CP, arts. 126, parágrafo único, 150, *caput* e § 1º, 158, 163, parágrafo único, I, e 213)" (DOTTI, René Ariel. Op. cit., *passim*).

2. JURISPRUDÊNCIA

2.1. Julgados

Princípio da irretroatividade da lei penal mais severa

Do voto do Ministro Maurício Corrêa:

"Dois postulados fundamentais do direito penal devem ser aplicados na solução da controvérsia: o da reserva legal e o que veda a analogia *in malam partem*. Pelo primeiro a conduta só é ilícita se houver lei anterior que assim a defina; o segundo proíbe a adequação típica por semelhança entre fatos, sendo este, portanto, consectário lógico daquele. Ora, tratando-se de normas incriminadoras, ou o fato bem é típico ou atípico; nesse campo não pode haver lacunas na lei, sendo de abstrair, desse modo, a possibilidade de enquadrar como típica uma conduta pela aplicação da analogia, do costume e dos princípios gerais de direito. Nesse sentido, dentre tantas, a doutrina de Nelson Hungria" (*Comentários ao Código Penal*, 6.ed., Forense, 1980, v.I, t.I, p.21-2).

Do voto do Ministro Gilmar Mendes:

"Um fato apenas pode ser punido quando a respectiva punibilidade haja sido legalmente fixada antes da sua prática. Não podemos ocupar-nos agora com o esclarecimento desta regra sob todos os seus aspectos. Para fins da presente indagação a sua importância reside em que, segundo ela, ninguém pode ser punido simplesmente por ser merecedor da pena de acordo com as nossas convicções morais ou mesmo segundo a 'sã consciência do povo', porque praticou uma 'ordinarice' ou um 'fato repugnante', porque é um 'canalha', ou um 'patife' – mas só o pode ser quando tenha preenchido os requisitos daquela punição descritos no 'tipo (hipótese) legal' de uma lei penal [...] (extraído da obra de Engisch, Karl, *Introdução ao pensamento jurídico*", Lisboa, Calouste Gulbenkian, 1996, p.79-81).

Mais adiante:

"A esse respeito, Zaffaroni e Pierangeli são enfáticos: 'Se por analogia, em direito penal, entende-se completar o texto legal de maneira a estendê-lo para proibir o que a lei não proíbe, considerando antijurídico o que a lei justifica, ou reprovável o que ela não reprova, ou, em geral, punível o que não é por ela penalizado, baseando a conclusão em que proíbe, não justifica ou reprova condutas similares, este procedimento de interpretação é absolutamente vedado no campo da elaboração científico-jurídica do direito penal. E assim é porque somente a lei do Estado pode resolver em que casos este tem ingerência ressocializadora afetando com a pena os bens jurídicos do criminalizado, sendo vedado ao juiz 'completar' as hipóteses legais. Como o direito penal é um sistema descontínuo, a própria segurança jurídica, que determina ao juiz o recurso à analogia no direito civil exige aqui que se abstenha de semelhante procedimento" (Zaffaroni, Eugenio Raúl; Pierangeli, José Henrique. *Manual de direito penal brasileiro*, São Paulo, RT, 2004, p.168). (STF, Inq. n. 1.145-2/PB, rel. Min. Gilmar Mendes, j. 28.04.2003)

Princípio da legalidade

Habeas corpus. Dosimetria penal. Quantidade de entorpecentes. Legitimidade para elevação da pena base. Aplicação parcial de lei posterior, na parte em que beneficia o réu. Inviabilidade. Ordem denegada. 1. É legítimo o aumento da pena base com fundamento na elevada quantidade de entorpecente encontrada em poder da paciente. 2. Não é permitida, nem mesmo para beneficiar o réu, a combinação de dispositivos de leis diversas, criando uma terceira norma não estabelecida pelo legislador, sob pena de violação aos princípios da legalidade, da anterioridade da lei penal (art. 1º do CP) e da separação de poderes. 3. Ordem denegada. (STF, *HC* n. 96.844/MS, 2ª T., rel. Min. Joaquim Barbosa, j. 04.12.2009)

Habeas corpus. Princípio da legalidade penal. Tipicidade penal. Justiça material. Juízo de adequação de condutas formalmente criminosas, porém materialmente insignificantes. Significância penal. Conceito constitucional. Diretrizes de aplicabilidade do princípio da insignificância penal. Ordem denegada. 1. O tema da insignificância penal diz respeito à chamada "legalidade penal", expressamente positivada como ato-condição da descrição de determinada conduta humana como crime, e, nessa medida, passível de apenamento estatal, tudo conforme a regra que se extrai do inciso XXXIX do art. 5º da CF, *ipsis litteris*: "não há crime sem lei anterior que o defina, nem pena sem prévia cominação legal". É que a norma criminalizante (seja ela proibitiva, seja impositiva de condutas) opera, ela mesma, como instrumento de calibração entre o poder persecutório-punitivo do Estado e a liberdade individual. 2. A norma legal que descreve o delito e comina a respectiva pena atua por modo necessariamente binário, no sentido de que, se, por um lado, consubstancia o poder estatal de interferência na liberdade individual, também se traduz na garantia de que os eventuais arroubos legislativos de irrazoabilidade e desproporcionalidade se expõem a controle jurisdicional. Donde a política criminal-legislativa do Estado sempre comportar mediação judicial, inclusive quanto ao chamado "crime de bagatela" ou "postulado da insignificância penal" da conduta desse ou daquele agente. Com o que o tema da significância penal confirma que o "devido processo legal" a que se reporta a CF no inciso LIII do art. 5º é de ser interpretado como um devido processo legal substantivo ou material. Não meramente formal. 3. Reiteradas vezes o STF debateu o tema da insignificância penal. Oportunidades em que me posicionei pelo reconhecimento da insignificância penal como expressão de um necessário juízo de razoabilidade e proporcionalidade de condutas que, embora formalmente encaixadas no molde legal-punitivo, materialmente escapam desse encaixe. E escapam desse molde simplesmente formal, por exigência mesma da própria justiça material enquanto valor ou bem coletivo que a nossa CF prestigia desde o seu principiológico preâmbulo. Justiça como valor, a se concretizar mediante uma certa dosagem de razoabilidade e proporcionalidade na concretização dos valores da liberdade, igualdade, segurança, bem-estar, desenvolvimento etc. Com o que a justiça somente se realiza na medida em que os outros valores positivos se realizem por um modo peculiarmente razoável e proporcional. Equivale a dizer: a justiça não tem como se incorporar, sozinha, à concreta situação das protagonizações humanas, exatamente por ser ela a própria resultante de uma certa cota de razoabilidade e proporcionalidade na historicização de valores positivos (os mencionados princípios da liberdade, da igualdade, da segurança, bem-estar, desenvolvimento etc.). Donde a compreensão de que falar do valor da justiça é falar dos outros valores que dela venham a se impregnar por se dotarem de um certo *quantum* de ponderabilidade, se por este último termo (ponderabilidade) englobarmos a razoabilidade e a proporcionalidade no seu processo de concreta incidência. Assim como falar dos outros valores é reconhecê-los como justos na medida em que permeados desse efetivo *quantum* de ponderabilidade (mescla de razoabilidade e proporcionalidade, torna-se a dizer). Tudo enlaçado por um modo sinérgico, no sentido de que o juízo de ponderabilidade implica o mais harmonioso emprego do pensamento e do sentimento do julgador na avaliação da conduta do agente, em face do seu subjetivado histórico de vida e da objetividade da sua concreta conduta alegadamente delitiva. 4. É nessa perspectiva de concreção do valor da justiça que se pode compreender o tema da insignificância penal como um princípio implícito de direito constitucional e, simultaneamente, de direito criminal. Pelo que é possível extrair do ordenamento jurídico brasileiro a premissa de que toda conduta penalmente típica só é penalmente típica porque significante, de alguma forma, para a sociedade e a própria vítima. É falar: em tema de política criminal, a CF pressupõe lesão significante a interesses e valores (os chamados "bens jurídicos") por ela avaliados como dignos de proteção normativa. Daí por que ela, Constituição, explicitamente trabalha com dois extremos em matéria de política criminal: os crimes de máximo potencial ofensivo (entre os quais os chamados delitos hediondos e os que lhe sejam equiparados, de parelha com os crimes de natureza jurídica imprescritível) e as infrações de pequeno potencial ofensivo (inciso I do art. 98 da CF). Mesmo remetendo à conformação legislativa ordinária a descrição dos crimes hediondos, bem como daqueles de pequeno potencial de ofensividade. 5. Ao prever, por exemplo, a categoria de infrações de menor potencial ofensivo (inciso I do art. 98), a CF logicamente nega a significância penal de tudo que ficar aquém desse potencial, de logo rotulado de "menor"; ou seja, quando a CF concebe a categoria das infrações de menor potencial ofensivo, parece mesmo que o faz na perspectiva de uma conduta atenuadamente danosa para a vítima e a sociedade, é certo, mas ainda assim em grau suficiente de lesividade para justificar uma reação estatal punitiva. Pelo que estabelece um vínculo operacional direto entre o efetivo dano ao bem jurídico tutelado, por menor que seja, e a necessidade de uma resposta punitiva do Estado. 6. *A contrario sensu*, o dano que subjaz à categoria da insignificância penal não caracteriza, materialmente, sequer lesão de pequena monta; ou seja, trata-se de ofensividade factualmente nula, porquanto abaixo até mesmo da concepção constitucional de dano menor. Donde sua categorização como penalmente atípica. 7. O desafio do intérprete da norma é encontrar aqueles vetores que levem ao juízo da não significância penal da conduta. Vetores que decolam de uma leitura pluridimensional da figura da adequação típica, principiando pelo ângulo do agente; quero dizer: da perspectiva do agente, a conduta penalmente insignificante deve revelar muito mais uma extrema carência material do que uma firme intenção e menos ainda toda uma crônica de vida delituosa. Pelo que o reconhecimento da irrelevância penal da ação ou omissão formalmente delituosa passa a depender de uma ambiência factual reveladora da extrema vulnerabilidade social do suposto autor do fato. Até porque, sendo o indivíduo uma realidade única ou insimilar, irrepetível mesmo na sua condição de microcosmo ou de um universo à parte, todo instituto de direito penal que se lhe aplique há de exibir o timbre da personalização. Logo, tudo tem que ser personalizado na concreta aplicação do direito constitucional-penal (sobretudo os institutos da pena e da prisão), pois é a própria Constituição que se deseja assim orteguianamente aplicada (na linha do "Eu sou eu e as minhas circunstâncias", como luminosamente enunciou Ortega Y Gasset). 8. Já do ângulo da vítima, o exame da relevância ou irrelevância penal deve atentar para o seu peculiarmente reduzido sentimento de perda por efeito da conduta do agente, a ponto de não experimentar revoltante sensação de impunidade ante a não incidência da norma penal que, a princípio, lhe favorecia. Espécie da mais consentida desreificação ou autoapeamento de situação jurídico-subjetiva. Sem que estejamos a incluir nesse vetor aquelas situações atinentes aos bens de valoração apenas no psiquismo da vítima, porquanto de valor tão somente sentimental (uma bijuteria que pertenceu a importante familiar falecido ou muito admirado, por exemplo). 9. Sob o prisma dos meios e modos de realização da conduta, não se pode reconhecer como irrelevante a ação que se manifesta mediante o emprego de violência ou ameaça à integridade física, ou moral, tanto da vítima quanto de terceiros. É dizer: os meios e modos de execução da ação formalmente delitiva não podem consistir em atentado à vida, à saúde, à integridade física, nem à dignidade de qualquer pessoa. Reversamente, sinaliza infração de bagatela ou penalmente insignificante aquela que, além de não se fazer acompanhar do *modus procedendi* que estamos a denunciar como intolerável, revela um atabalhoamento ou amadorismo tal na sua execução que antecipa a sua própria frustração; isto é, já antecipa a sua marcante propensão para a forma não mais que tentada de infração penal, porque, no fundo, ditadas por um impulso tão episódico quanto revelador de extrema carência econômica do agente. 10. Do ângulo da repressão estatal, a aplicação do princípio da não significância penal é de se dar num contexto empírico de óbvia desnecessidade do poder punitivo do Estado. Situações em que a imposição de uma pena se autoevidencie como tão despropositada que até mesmo a pena mínima de privação liberdade, ou sua conversão em restritiva de direitos, já significa um desbordamento de qualquer ideia de proporcionalidade. 11. Por fim, e invertendo um pouco a visão até hoje prevalecente na doutrina e na jurisprudência brasileiras acerca do furto e demais crimes contra o patrimônio, o reconhecimento da atipicidade material da conduta há de levar em consideração o preço ou a expressão financeira do objeto do delito. Ou seja: o objeto material dos delitos patrimoniais é de ser conversível em pecúnia, e, nessa medida, apto a provocar efetivo desfalque ou redução do patrimônio da vítima. Reversamente há de propiciar algum enriquecimento do agente. Enriquecimento sem causa, lógico, apto à estimulação de recidiva e à formação do juízo malsão de que "o crime compensa". É dizer, o objeto material do delito há de exibir algum conteúdo econômico, seja para efetivamente desfalcar ou reduzir o patrimônio da vítima, seja para ampliar o acervo de bens do agente. 12. As presentes diretivas de aplicabilidade do princípio da insignificância penal não são mais que diretivas mesmas ou vetores de ponderabilidade. Logo, admitem acréscimos, supressões e adaptações ante o caso concreto, como se expõe até mesmo à exclusão, nesses mesmos casos empíricos (por exemplo, nos crimes propriamente militares de posse de entorpecentes e nos delitos de falsificação da moeda nacional, exatamente como assentado pelo Plenário do STF no *HC* n. 103.684 e por esta Segunda Turma no *HC* n. 97.220, ambos da relatoria do Ministro Ayres Britto). 13. No caso, nada obstante a reduzida expressividade financeira dos bens objeto da tentativa de furto, o reconhecimento da insignificância material da conduta increpada ao paciente servia muito mais como um nocivo estímulo ao cometimento de novos delitos do que propriamente uma injustificada mobilização do Poder Judiciário. 14. Ordem denegada. (STF, *HC* n. 111.017/RS, 2ª T., rel. Min. Ayres Britto, j. 07.02.2012)

A irretroatividade e a prescrição [...] A irretroatividade das regras jurídicas em geral, como regra, é absolutamente imprescindível. Podemos dizer que a irretroatividade das normas jurídicas, como princípio, é o mínimo que se pode pretender em matéria de segurança. Se as normas jurídicas em geral pudessem retroagir a insegurança seria absoluta. [...] Poder-se-á argumentar alegando que a Súmula, diversamente do que ocorre com a lei, não inova no ordenamento. Seria semelhante à lei simplesmente interpretativa. E como simples interpretação da lei existente produziria efeitos para o passado. Quanto às questões remanescentes, consoante já destacado na decisão agravada, a jurisprudência desta Corte é uníssona no sentido de que a verificação de ofensa aos princípios da legalidade, do livre acesso à justiça, do devido processo legal, da ampla defesa, do contraditório e da motivação das decisões judiciais, bem como aos limites da coisa julgada, quando dependente do reexame prévio de normas infraconstitucionais, revela ofensa indireta ou reflexa à Constituição Federal, o que, por si só, não desafia a instância extraordinária. (STF, Ag. Reg. no RE n. 1.166.500/SP, 1ª T., rel. Min. Luiz Fux j. 19.11.2018)

[...] 2. A afronta aos princípios da legalidade e da irretroatividade, caso ocorresse, seria indireta ou reflexa, o que é insuficiente para amparar o recurso extraordinário. 3. Incidência das Súmulas ns. 279, 636 e 280 do STF. 4. Agravo regimental a que se nega provimento. (STF, Ag. Reg. no RE com Ag. n. 937.364/DF, 2ª T., rel. Min. Dias Toffoli, j. 30.09.2016)

Demais disso, a matéria relativa à irretroatividade da lei penal (art. 5º, XL, da CF), quando *sub judice* a controvérsia, implica a análise da legislação infraconstitucional aplicável à espécie (Leis ns. 9.605/98 e 12.651/2012), o que se revela inviável em sede de recurso extraordinário, por configurar ofensa indireta à CF. Nesse sentido, ARE n. 933.936-Ag. Reg., rel. Min. Cármen Lúcia, 2ª T., *DJe* 15.03.2016, ARE n. 878.799-Ag. Reg., rel. Min. Teori Zavascki, 2ª T., *DJe* 20/10/2015. (STF, Ag. Reg. no RE com Ag. n. 1.052.676/DF, 1ª T., rel. Min. Luiz Fux, j. 29.09.2017)

Com efeito, reitero o consignado na decisão embargada, no sentido de que o tribunal de origem decidiu a controvérsia acerca da composição da base de cálculo do ICMS, bem como da ausência de afronta aos princípios da anterioridade e da irretroatividade, no caso dos autos, com base na legislação infraconstitucional aplicável à espécie, bem como na análise do acervo fático-probatório. Nesses termos, a ofensa à Constituição, se existente, seria reflexa ou indireta, o que inviabiliza o processamento do presente recurso. (STF, Emb. Decl. no Ag. Reg. no RE com Ag. n. 1.202.073/MS, 2ª T., rel. Min. Gilmar Mendes, j. 25.10.2019)

[...] 2. Em se tratando de fatos criminosos ocorridos em 10.09.2007 (cf. *notitia criminis*, Item 4, e-STJ, fl. 11), ou seja, antes do advento das modificações legislativas determinadas pela Lei n. 12.015/2009, o caso deve ser avaliado sob a perspectiva da antiga redação do art. 225 do CP. É que os anteriormente denominados crimes contra os costumes estavam subordinados, em regra, ao rito da ação penal privada, nos termos do *caput* do art. 225 do CP, excepcionadas as hipóteses previstas nos incisos I e II do § 1º daquele dispositivo legal. A partir do novo regramento, contudo, a ação penal pública passou a regular a dinâmica processual para os crimes cometidos contra a dignidade sexual. Portanto, ao menos no tocante à natureza da ação penal cabível, impõe-se reconhecer o impacto desfavorável na situação jurídico-penal dos acusados, uma vez que foram suprimidos institutos com intenso conteúdo penal relacionados à ação privada, como a decadência, a renúncia, o perdão e a perempção, causas extintivas de punibilidade previstas nos incisos IV e V do art. 107 do CP (cf. Guilherme de Souza Nucci. *Crimes contra a dignidade sexual*. 3.ed. São Paulo: Editora Revista dos Tribunais, 2012). A referida alteração submete-se, pois, ao princípio geral da irretroatividade da lei penal mais grave, disposto no art. 5º, XL, da CF: "a lei penal não retroagirá, salvo para beneficiar o réu. (STF, *HC* n. 123.971/DF, Plenário, rel. Min. Teori Zavascki, red. do acórdão Min. Roberto Barroso, j. 25.02.2016)

Lei. Aplicação no tempo. Tributo. Irretroatividade. Lei regedora de tributo há de ser editada em certo exercício, para observância no subsequente. Balanço. Correção. Conforme salientado pela melhor doutrina – Geraldo Ataliba e Roque Antônio Carraza –, o princípio da irretroatividade da norma há de ser perquirido e preservado no âmbito da eficácia, dos resultados provocados pelas leis. Fatos anteriores à Lei n. 7.799/89, a demonstração financeira tal como resultante da lei revogada – n. 7.730, de 31 de janeiro de 1989 –, não podem ser apanhados por diploma a eles posterior, sob pena de solapar o sistema voltado à preservação da segurança jurídica. (STF, RE n. 188.083/PR, Plenário, rel. Min. Marco Aurélio, j. 05.08.2015)

[...] 5. A irretroatividade figura como matéria atrelada à aplicação da lei penal no tempo, ato normativo idôneo a inovar a ordem jurídica, descabendo atribuir ultratividade a compreensões jurisprudenciais cujo objeto não tenha reflexo na compreensão da ilicitude das condutas. Na espécie, o debate cinge-se ao plano processual, sem reflexo, direto, na existência ou intensidade do direito de punir, mas, tão somente, no momento de punir. (STF, Medida Cautelar na Ação Decl. de Constitucionalidade n. 43/DF, Plenário, rel. Min. Marco Aurélio Mello, j. 05.10.2016)

O que cumpre perquirir é se, adotado o mecanismo previsto no art. 30 da Lei n. 7.799/89, tem-se observado o próprio tributo, como previsto na Carta da República e, mais do que isso, se respeitados os princípios da irretroatividade, da isonomia e da capacidade contributiva. É essa a questão que se coloca e que está a merecer o crivo desta Corte, sob pena de afastar-se a almejada segurança jurídica. (STF, RE n. 208.526/RS, Plenário, rel. Min. Marco Aurélio Mello, j. 20.11.2013)

Não há direito à pura e simples imutabilidade do regime jurídico de tributação. O contribuinte não tem assegurada expectativa de que a partilha da competência tributária não seja modificada pelo poder constituinte originário ou pelo derivado, se respeitadas as regras da irretroatividade e da anterioridade. Conceitos jurídicos relativos aos critérios materiais admissíveis pelo texto constitucional não se transferem ontologicamente para as reformas. (STF, RE n. 439.796/PR, Plenário, rel. Min. Joaquim Barbosa, j. 06.11.2013)

O direito fundamental inserto no art. 5º, II (princípio da legalidade) e XXXVI (princípio da irretroatividade da lei – *tempus regit actum*), o qual veda que haja a retroação legislativa para alcançar fatos jurígenos ocorridos anteriormente à sua vigência, qualificado pela inexistência de imposição legal anterior que conferisse certeza, exigibilidade e liquidez de dívida das operadoras de plano de saúde, converge para que o marco jurígeno seja o atendimento prestado na rede pública, cujo custo visa a ser ressarcido pelo SUS. (STF, RE n. 597.064/RJ, Plenário, rel. Min. Gilmar Mendes, j. 07.02.2018)

[...] 5. Aplica-se a regra da anterioridade nonagesimal, instituída pelo § 6º, do art. 195, da CF, em função de seu caráter de contribuição destinada ao financiamento do sistema de seguridade social. Isto, aliás, já foi observado pelo § 1º do art. 72 das disposições transitórias. 6. Os recursos carregados para o Fundo de Estabilização Fiscal pela EC n. 10/96, inclusive os oriundos da parcela do PIS, têm aplicação prioritária no custeio de ações governamentais destinadas a atender a necessidades condizentes com os objetivos da Seguridade Social fixados no art. 194, *caput*, do Texto Constitucional, pelo que não perdeu a contribuição para o PIS, em razão dessa Emenda, a sua natureza de contribuição social, para transformar-se em imposto novo, sujeito à observância do art. 154, I, da mesma Constituição. 7. Havendo dita Emenda restabelecido para o período de 01.01.1996 a 30.06.1997, o aumento de alíquota para 0,75% e a alteração da base de cálculo anteriormente introduzidos pela Emenda Constitucional de Revisão n. 01/94, para vigorar apenas até 31.12.1995, está sujeita à observância do princípio da anterioridade nonagesimal, estabelecido no art. 195, § 6º, da Carta Constitucional, revelando-se inconstitucional exigência da exação PIS nos moldes ali estabelecidos no período de 01.01.1996 a 03.06.1996. 8. Considerando que a Emenda Constitucional n. 10/96 foi publicada em 07.03.1996 e pretendeu retroagir para alcançar fatos ocorridos em janeiro do mesmo ano, flagrante sua inconstitucionalidade, por violar o art. 195, § 6º, da Carta Magna. 9. O art. 60, § 4º, inciso IV, da CF prevê a impossibilidade de ser objeto de deliberação a proposta de emenda constitucional tendente a abolir direito ou garantia individual. O princípio da anterioridade, que no caso das contribuições sociais, é o de 90 dias, art. 195, § 6º, da Carta Constitucional, não pode ser abolido, nem sequer por Emenda Constitucional. (STF, Repercussão geral no RE n. 578.846/SP, Plenário, rel. Min. Dias Toffoli, j. 20.06.2013)

Lei penal no tempo

Art. 2º Ninguém pode ser punido por fato que lei posterior deixa de considerar crime, cessando em virtude dela a execução e os efeitos penais da sentença condenatória.

Parágrafo único. A lei posterior, que de qualquer modo favorecer o agente, aplica-se aos fatos anteriores, ainda que decididos por sentença condenatória transitada em julgado.

1. COMENTÁRIO

A lei penal, como todas as outras, obedece à normatização basilar prevista na Lei de Introdução às normas do Direito Brasileiro (LINDB – Lei n. 12.376/2010), começando a vigorar em todo o país 45 dias depois de oficialmente publicada, salvo disposição contrária, permanecendo em vigor até que outra a modifique ou revogue (arts. 1º e 2º, DL n. 4.657/42). Nos países estrangeiros, porém, a obrigatoriedade da lei brasileira, quando admitida, inicia-se três meses depois de oficialmente publicada (art. 1º, § 1º, DL n. 4.657/42).

Assim, a norma penal rege, em regra, fatos praticados durante sua vigência (*tempus regit actum*), sendo vedada, inclusive constitucionalmente (art. 5º, XL), a sua respectiva retroação para abranger infrações ocorridas antes de começar a vigorar em nosso país, salvo para beneficiar o réu. Nem mesmo as leis penais interpretativa e corretiva – as quais se fundamentam na necessidade de esclarecimento, interpretação ou explicitação do conteúdo de uma norma (a primeira) e retificação de determinado trecho ou integralidade do texto de determinada norma (a segunda) – poderão ter seus efeitos retroagidos em prejuízo do investigado, réu ou condenado. A lei processual penal, por sua vez, a partir de sua vigência, é imediatamente aplicável aos inquéritos e processos já em andamento, ainda que desfavorável ao investigado, réu ou condenado, somente retroagindo em dois casos, conforme o art. 2º da Lei de Introdução ao Código de Processo Penal (LICPP – DL n. 3.931/41): a) fiança; e b) prisão preventiva (extensível às demais prisões cautelares). Excepcionalmente, poderá produzir efeito ultra-ativo na hipótese em que, uma vez iniciado o prazo, inclusive o estabelecido para a interposição de recurso, será regulado pela lei anterior, se esta não prescrever prazo menor do que o fixado na lei posterior cuja vigência se inicia quando ainda não expirado aquele prazo (art. 3º, DL n. 3.931/41).

1.1. Extra-atividade da lei penal – os fenômenos da retroatividade e ultra-atividade

A retroatividade ou ultra-atividade da lei penal só é admissível em favor do autor do delito, aplicável, inclusive, em fase de execução criminal, ou seja, aceitar-se-á a adoção excepcional dos efeitos de determinada norma de natureza penal caso esta, de qualquer maneira, beneficie o agente que está sendo ou será alvo da *persecutio criminis* ou, ainda, cumpre sua pena. Em razão disso, são proibidas – em razão da ultra-atividade da lei penal – a *novatio legis in pejus* (nova lei que prejudique o réu – *lex gravior*)[3] e a *novatio legis* incriminadora (nova lei que tipifique criminalmente fato antes permitido pelo ordenamento).

Por outro lado, são aceitas – com fundamento na retroatividade – a *novatio legis in mellius* (art. 2º, § 1º, sobre nova lei que beneficie o réu, melhorando sua situação penal anterior – *lex mitior*) e a *abolitio criminis* (art. 2º, *caput*, que descriminaliza determinada conduta antes objeto da norma penal incriminadora[4]). Enquanto o processo tramitar, competirá ao juízo a que estiver submetido à análise da aplicação da lei mais benigna,[5] porém, após o trânsito em julgado, de acordo com o enunciado da Súmula n. 711 do STF, competirá ao juízo das execuções. Portanto, a depender do caso concreto, admitir-se-ão

3 Quanto à medida de segurança, alguns autores com os quais não concordamos defendem a inaplicabilidade da irretroatividade da *lex gravior*, quando presente o estado de periculosidade do inimputável (periculosidade subjetiva), exigindo respostas mais eficazes, ainda que mais gravosas. Nesse sentido: HUNGRIA, Nélson. *Comentários ao Código Penal*, 1958, v. I, t. II, p. 123; BRUNO, Aníbal. *Direito penal*: Parte Geral, 1959, v. I, t. I, p. 258-9; GRECO, Rogério. *Curso de direito penal*: Parte Geral, v. I, p. 119; TOLEDO, Francisco de Assis. *Princípios básicos de direito penal*, p. 41-2, *apud* GRECO, Rogério. Ibidem. A medida de segurança é sanção penal e, em nosso entender, sujeita-se também aos princípios constitucionais relacionados com o direito penal, entre eles, o da irretroatividade; aliás, conforme entendimento da maioria da doutrina atual e dos próprios STF e STJ, os quais, em analogia a esse raciocínio, entendem que se aplicam às medidas de segurança os prazos prescricionais previstos no CP (analogia do art. 109, CP). Destacamos também as seguintes decisões: STF, *HC* n. 97.621/RS, 2ª T., rel. Min. Cezar Peluso, j. 02.06.2009; STJ, *HC* n. 59.764/SP, 6ª T., rel. Min. Og Fernandes, j. 25.05.2010; precedentes: *HC* n. 41.744/SP, *DJ* 20.06.2005; REsp n. 1.103.071/RS, *DJe* 29.03.2010; *HC* n. 85.755/MG, *DJe* 24.11.2008. Define-se, inclusive, um prazo máximo de internação (analogia ao art. 75, CP); eis que, caso contrário, a internação de prazo indefinido configuraria verdadeira prisão perpétua, vedada constitucionalmente no art. 5º, XLVII, *b*, além de ferir os princípios também constitucionais da dignidade da pessoa humana, da isonomia, da liberdade, entre outros (arts. 1º, III, e 5º, *caput*). STF, *HC* n. 107.432/RS, 1ª T., rel. Min. Ricardo Lewandowski, j. 24.05.2011; precedentes do mesmo tribunal: *HC* n. 84.078/MG, *DJe* 26.02.2010; *HC* n. 98.166/MG, *DJe* 18.06.2009; *HC* n. 90.226/SP, *DJe* 14.05.2009. STJ, *HC* n. 226.014/SP, 5ª T., rel. Min. Laurita Vaz, j. 19.04.2012; precedentes do mesmo tribunal: *HC* n. 125.342/RS, rel. Min. Maria Thereza de Assis Moura, j. 19.11.2009; *HC* n. 103.429/SP, *DJe* 23.03.2009; *HC* n. 148.976/PR, 5ª T., rel. Min. Laurita Vaz, *DJe* 26.06.2010; REsp n. 1.111.820/RS, *DJe* 13.10.2009; *HC* n. 126.738/RS, *DJe* 07.12.2009. Contraria, pois, a regra de internação enquanto o inimputável apresentar periculosidade.

4 Por exemplo, a Lei n. 11.106/2005, a qual descriminalizou os crimes de sedução e adultério, previstos, anteriormente, nos arts. 217 e 240, respectivamente. A *abolitio criminis* é uma causa extintiva de punibilidade (art. 107, III, CP), a qual exclui todos os efeitos penais (tanto principais, como a medida de segurança e a pena, como os secundários, como a reincidência, os maus antecedentes, o lançamento do nome do réu no rol dos culpados etc.) decorrentes do ilícito praticado; todavia, subsistirão os efeitos extrapenais de caráter secundário, ou seja, as consequências civis advindas do seu ato, então delituoso, como a necessidade de reparar os danos causados (art. 91, I), o confisco (art. 91, II), a perda de cargo/função públicas ou mandato eletivo (92, I), a perda do poder familiar – o termo "pátrio poder" foi substituído no art. 1.697, *d*, do CC/2002 –, tutela e curatela (art. 92, II). A *abolitio criminis temporalis* (temporária) é identificada nas hipóteses em que, por determinado lapso temporal, a tipicidade de certa conduta fica suspensa, tornando-a, portanto, regular e aceita pelo ordenamento jurídico, inviabilizando, assim, sua punição. Destacamos, nesse sentido, a Lei n. 12.663/2012, a Lei Geral da Copa, que dispõe medidas acerca da Copa das Confederações Fifa de 2013 e Copa no Mundo Fifa de 2014 e da Jornada Mundial da Juventude de 2013, definindo em seu art. 68, § 1º, a descriminalização temporária durante a realização dos torneios esportivos do mencionado no art. 13-A, II, da Lei n. 10.671/2003, o Estatuto do Torcedor, norma esta que proíbe a venda de bebidas alcoólicas e outras substâncias que possam gerar ou possibilitar a prática de violência dentro dos estádios de futebol. Apresentamos, ainda, outros dois casos recentes na legislação reconhecidos por decisões de nossos tribunais superiores: a) posse irregular de arma de fogo seja de uso permitido ou restrito (arts. 12 e 16 do Estatuto do Desarmamento, Lei n. 10.826/2003, com redação dada pela Lei n. 13.964/2019) – tal conduta foi considerada permitida, por determinado prazo, eis que o art. 30 do mesmo diploma autorizava possuidores e proprietários de arma de fogo a solicitar o registro do armamento até 31.12.2008, regularizando, pois, sua situação (referido prazo foi prorrogado, depois, para 31.12.2009, pelo art. 20, Lei n. 11.922/2009) – *v.* STJ, *HC* n. 100.561/MT, 6ª T., rel. Min. Maria Thereza de Assis Moura, j. 05.05.2009, e STJ, REsp n. 804.830/PA, 5ª T., rel. Min. Felix Fischer, j. 17.08.2006. Neste caso, a doutrina e jurisprudência caracterizam, também, a ocorrência da *vacatio legis* indireta, isto é, quando a lei define em seu texto, no próprio corpo, um período para sua aplicabilidade por inteiro ou de determinada norma além daquela prevista, normalmente, como início de vigência da própria lei; b) consumo, porte e tráfico de entorpecente relacionado com a substância cloreto de etila, usada no popularmente conhecido "lança-perfume" (arts. 12 e 16, Lei n. 6.368/76, já revogada) – tendo em vista que a Resolução da Anvisa n. 104 fora publicada no dia 07.12.2000 pelo então presidente daquela agência reguladora, retirando o cloreto de etila, substância até então proibida, da Lista F2 (lista das substâncias psicotrópicas de uso proscrito no Brasil, da Portaria SVS/MS n. 344, de 12.05.1998) para incluí-lo na Lista D2 (lista de insumos utilizados como precursores para fabricação e síntese de entorpecentes e/ou psicotrópicos). Contudo, após oito dias e inúmeras polêmicas, a mesma resolução foi republicada pela Diretoria Colegiada do mesmo órgão, desta vez inserindo a referida substância entre as consideradas proscritas, retornando-se, pois, sua proibição (STF, *HC* n. 94.397/BA, 2ª T., rel. Min. Cezar Peluso, j. 09.03.2010).

5 Inclusive pelo Tribunal, em sede de ação originária ou recurso, ainda que, por exemplo, a *lex mitior* ou a *abolitio criminis* não seja objeto da lide ou do inconformismo, pois, por se tratar de matéria de natureza pública, sujeitar-se-á à análise *ex officio*.

os fenômenos da retroatividade e da ultra-atividade, ambos em favor do réu.

1.2. Interpretação da lei penal, combinação de leis em benefício do réu e criação de uma "terceira" norma

O tema voltou a ser objeto de acirradas discussões após o advento da Lei n. 11.343/2006 (Lei Antidrogas), a qual define, em seu art. 33, § 4º, causa de diminuição de pena mais favorável aos réus ou condenados sob a égide da revogada Lei n. 6.368/76.

Não obstante ter sido admitida a retroação da norma penal benéfica mencionada,[6] ficou assentado, em apertada decisão do Plenário do STF, em sede de recurso submetido a repercussão geral, que "[...] 3. A discussão em torno da possibilidade ou da impossibilidade de mesclar leis que antagonicamente se sucedem no tempo (para que dessa combinação se chegue a um terceiro modelo jurídico-positivo) é de se deslocar do campo da lei para o campo da norma; isto é, não se trata de admitir ou não a mesclagem de leis que se sucedem no tempo, mas de aceitar ou não a combinação de normas penais que se friccionem no tempo quanto aos respectivos comandos. 4. O que a Lei das Leis rechaça é a possibilidade de mistura entre duas normas penais que se contraponham, no tempo, sobre o mesmo instituto ou figura de direito. Situação em que há de se fazer uma escolha, e essa escolha tem que recair é sobre a inteireza da norma comparativamente mais benéfica. Vedando-se, por conseguinte, a fragmentação material do instituto, que não pode ser regulado, em parte, pela regra mais nova e de mais forte compleição benéfica, e, de outra parte, pelo que a regra mais velha contenha de mais benfazejo [...]" (STF, RE n. 596.152, Pleno, rel. p/ ac. Min. Ayres Britto, j. 13.10.2011).

No final do ano de 2013, o mesmo tema (combinação de leis) retornou à pauta da nossa Corte Suprema sendo, novamente, rechaçado (STF, RE n. 600.817/MS, Repercussão Geral, Pleno, rel. Min. Ricardo Lewandowski, j. 07.11.2013). Portanto, nossa Corte Máxima afastou a hipótese de combinação de leis penais para fins de beneficiar o réu.[7]

1.3. Retroatividade da lei híbrida ou mista

A lei é considerada híbrida caso disponha tanto de matéria penal como processual penal,[8] daí seu caráter misto (p. ex.: perdão, renúncia, perempção, decadência, todos institutos que, apesar de estarem previstos no CPP, são também causas extintivas de punibilidade previstas no CP). Se o aspecto penal da lei for benéfico ao réu, a norma retroagirá por inteiro (inclusive seu aspecto processual penal, ou seja, inadmissível a cisão da norma, prevalecendo o aspecto penal).

Um exemplo acerca da retroatividade autorizada dessa espécie normativa é a Lei n. 12.403/2011, a qual introduziu em nosso ordenamento uma nova sistemática relativa às medidas cautelares alternativas à prisão (ver arts. 319 e segs., CPP). Sem dúvida a alteração legislativa promovida, apesar de ter ocorrido na legislação processual penal, revela inegável caráter material, isto é, penal, pois introduziu novas medidas restritivas alternativas à prisão as quais interferem no *status libertatis* da pessoa, portanto, poderá retroagir para aplicar a fatos ocorridos antes de sua vigência para fins de confirmar o caráter excepcional do aprisionamento cautelar.

Outro exemplo provém da Lei n. 9.099/95 (Lei dos Juizados Especiais), a qual dispõe também de aspectos processuais penais e penais, definindo ritualística especial aos crimes de menor potencial ofensivo e àqueles cuja pena mínima seja igual ou inferior a um ano,[9] possibilitando, res-

6 Esse entendimento encontra-se hoje pacificado em nossos tribunais, mesmo porque o art. 33, § 4º, representa norma de caráter preponderantemente penal, e, sendo mais benéfica, aplica-se aos processos independentemente da fase em que se encontrem, em grau de recurso ou já em sede de execução penal, conforme leitura sistemática de nosso ordenamento (art. 5º, XL, CF; art. 2º, parágrafo único, CP; e art. 66, I, LEP).

7 O STJ posiciona-se da mesma maneira (*v. HC* n. 120.979/MG, 6ª T., rel. Min. Maria Thereza de Assis Moura, j. 22.03.2011; *HC* n. 153.701/MG, 5ª T., rel. Min. Arnaldo Esteves Lima, j. 15.04.2010; REsp n. 1.111.719/SP, 5ª T., rel. Min. Laurita Vaz, j. 17.09.2009), muito embora existam decisões do mesmo tribunal (*HC* n. 81.028/SP, 6ª T., rel. Min. Og Fernandes, j. 28.02.2011; REsp n. 1.111.719/SP, 5ª T., rel. Min. Laurita Vaz, j. 17.09.2009; *HC* n. 101.836, 5ª T., rel. Min. Jorge Mussi, j. 04.08.2008), de outros tribunais (TJDF, Rec. de Ag. n. 20120020002659, 1ª T. Crim., rel. Des. Mario Machado, j. 29.03.2012) e do próprio STF (*HC* n. 95.435, 1ª T., rel. Min. Ellen Gracie, rel. p/ ac. Min. Cezar Peluso, j. 07.11.2008) em sentido contrário, ou seja, admitindo a combinação de leis penais em favor do réu.

8 Esta espécie é denominada, ainda, "lei processual penal material", diferindo da lei processual penal pura ou propriamente dita, pois aquela engloba aspecto penal em seu preceito.

9 Arts. 61 e 89 da referida lei. O próprio art. 91 da mesma lei, o qual exige a representação da vítima nos crimes em que, antes de sua vigência, eram de ação penal pública incondicionada, também possui caráter despenalizador, portanto benéfico, aplicando-se aos casos anteriores à própria lei em ques-

pectivamente a tais casos, o benefício da transação penal e da suspensão condicional do processo, medidas de inegável caráter despenalizador.

Por outro lado, como exemplo de impossibilidade de retroação dos efeitos de uma norma mista, apontamos o art. 2º da Lei n. 12.015/2009, que alterou o art. 225 do CP, sujeitando os crimes sexuais definidos entre os arts. 213 e 218 do CP à representação (antes da alteração legislativa, eram submetidos a ação penal privada). A referida mudança no texto do CP prejudicou os autores de delitos praticados antes da respectiva vigência de referida norma, isso porque não só extinguiu, em tais casos, a aplicação de institutos os quais poderiam gerar a extinção da punibilidade do agente (decadência, renúncia, perdão e perempção), bem como é notório que, em muitos casos, a vítima não promove a *persecutio criminis*, gerando, assim, a ausência de punição ao infrator. Portanto, inegável o caráter negativo de tal norma para os interesses do réu.

1.4. Ultra-atividade da lei penal intermitente e princípio da insignificância

O princípio da insignificância é aplicável à lei penal intermitente; contudo, deverá ser observada a valoração social, o conteúdo axiológico da norma, a reduzida ou não violação do seu preceito proibitivo, no momento em que o delito fora praticado, ou seja, a conduta deve ser insignificante no exato instante em que o crime foi cometido, ainda que, em razão do caráter ultra-ativo daquela norma, o julgamento seja realizado posteriormente sob o enfoque de outro panorama ou contexto político-social.

1.5. Ultra-atividade da lei penal intermitente e norma penal em branco

"O assunto é profundamente controvertido, não apenas na doutrina indígena, mas também na alienígena. Enquanto, por exemplo, Manzini se manifesta contra a retroatividade da norma complementar benéfica, Asúa apoia a tese oposta. Diga-se o mesmo da jurisprudência dos tribunais. Entre nós, a matéria tem sido frequentemente ventilada, tendo-se em vista as chamadas tabelas de preço, nos crimes contra a economia popular. Ditas tabelas estão sendo continuamente modificadas, elevando-se cada vez mais o custo e, dessarte, podendo favorecer os que transgrediram quando fixavam preços inferiores aos que elas virão a marcar antes do julgamento. Nélson Hungria e José Frederico Marques opinam pela irretroatividade, enquanto Basileu Garcia sustenta opinião contrária. É difícil apresentar argumentos novos, tão debatida é a questão e diante da excelência das razões já expostas. O autor de *Instituições de direito penal*, entre outros exemplos, cita o art. 269 (omissão de notificação de doença), perguntando se seria lícito punir um médico que deixou de denunciar moléstia tida como contagiosa, quando posteriormente os responsáveis pela saúde pública reconhecem não ter aquela doença dito caráter. Por seu turno, pergunta o autor do *Curso de direito penal* se se devia declarar extinta a punibilidade de um motorista que fora condenado por imprudência, visto dirigir na contramão, quando o regulamento posterior dispôs ser esta a mão de direção. Pronunciamo-nos, em princípio, pela irretroatividade [...]" (NORONHA, Edgard Magalhães. *Direito penal*: Parte Geral, 1991, v. I, p. 79).

Para evitar ou ao menos reduzir a problemática acerca da ultra-atividade da lei penal intermitente, Luiz Flávio Gomes propõe os seguintes critérios a serem utilizados:

a) critério da continuidade normativo-típica: "[...] se a modificação significar rompimento da continuidade normativo-típica *in concreto* (exclusão de uma droga – da maconha, *v. g.* – da lista de substâncias proibidas; exclusão de uma doença considerada contagiosa etc.) dá-se *abolitio criminis*. [...] Diante da descontinuidade normativo-típica *in concreto*, conclui-se que o fato foi excluído do direito penal. A modificação posterior beneficia o réu e retroage (porque se trata de uma hipótese de *abolitio criminis*) [...]";[10]

b) critério da excepcionalidade ou não do complemento normativo: "De outro lado, se a mudança não afetar a continuidade normativo-típica *in concreto* (leia-se: a tipicidade e a antijuridicidade), impõe-se considerar cada caso concreto e verificar se o complemento é ou não excepcional. Exemplo: alteração da tabela de preços nos

tão (nesse sentido, aliás, o entendimento do STF: Inq. n. 1.055-QO/AM, Pleno, rel. Min. Celso de Mello, j. 23.04.1996).

10 Assim, em decorrência desse critério, para alguns princípios da continuidade normativo-típica, não ocorrerá *abolitio criminis* se determinado tipo penal for revogado para ceder lugar a outra conduta delituosa posteriormente definida em norma penal incriminadora diversa a qual abarca os mesmos elementos normativos, subjetivos e objetivos então definidos naquela norma não mais existente no ordenamento jurídico.

crimes contra a economia popular (art. 2º, VI, da Lei n. 1.521/51). Era proibido vender determinada mercadoria por preço acima de R$ 10,00. O comerciante vendeu-a por R$ 15,00. Depois a nova tabela (no mês seguinte, *v. g.*) passou a mencionar R$ 20,00. Essa mudança retroage em benefício do réu? Não. [...] O crime consiste em vender mercadoria acima do tabelado, não acima de R$ 10,00. Não desapareceu a continuidade normativo-típica muito menos a antijuridicidade do fato. O fato continua proibido. De outro lado, considera-se ademais que o complemento modificado possuía natureza excepcional, sendo regido pelo art. 3º do CP [...]" (GOMES, Luiz Flávio; MOLINA, Antonio García-Pablos. *Direito penal*: Parte Geral, 2009, v. II, p. 81).

Referido jurista contempla, ainda, a hipótese de ser revogada a lei principal, mas permanecer em vigor a norma penal em branco que a completou, assim, esclarecendo: "[...] o complemento normativo sem a descrição típica principal não conta com nenhuma eficácia prática. A revogação da lei principal constitui *abolitio criminis*" (ibidem, p. 82).

1.6. Anistia e perdão judicial são aplicáveis a leis intermitentes?

A resposta é positiva, pois os institutos em questão representam causas extintivas de punibilidade (art. 107, II e IX, CP), as quais revelam o inequívoco intento político-criminal por parte do chefe do Executivo em desconsiderar os efeitos e as consequências de determinado delito praticado sob a égide de alguma lei temporária ou excepcional, afastando, pois, o interesse estatal na punição. Como bem observa Sebastián Soler: "Consequentemente, exceto por razões políticas, a lei temporária irá abranger todos os crimes cometidos durante a sua validade, e seus efeitos mais gravosos podem ser ultra-ativos, a menos que expressamente revogada por outra lei ou a correção deles por meio de anistia geral ou perdão" (*Derecho penal argentino*, 1999, v. 1, p. 262-3).

1.7. *Vacatio legis* e aplicação imediata da norma penal mais benéfica

Como esclarece Paulo José da Costa Jr., "a lei, em período de *vacatio*, não deixa de ser lei posterior, devendo, pois, ser aplicada desde logo, se mais favorável ao réu" (COSTA JR., Paulo José da. *Comentários ao Código Penal*, 2002, p. 6). Luiz Vicente Cernicchiaro, em valiosa lição, assim se manifesta: "Na *vacatio legis,* a lei carece de vigência. Em outras palavras, ainda não compõe (materialmente) o ordenamento jurídico. A Lei de Introdução às normas do Direito Brasileiro (LINDB) estatui no art. 1º que, salvo disposição contrária, a lei começa a vigorar em todo o País quarenta e cinco dias depois de oficialmente publicada. O Direito é uno. Os setores dogmáticos, entretanto, evidenciam características próprias. O direito penal não se confunde com o direito civil. Mais pelos princípios do que pelas leis. O raciocínio, logicamente, também é distinto. A CR, tradicionalmente, registra a chamada (tecnicamente, imprópria) retroatividade benéfica da lei penal (art. 5º, XL). Aplica-se sempre a lei mais favorável ao réu. Também aqui deve ser entendida a teleologia da norma. Cumpre sacrificar o aspecto meramente literal. O enunciado do tipo é feito pelo Estado através de lei em sentido formal. Só assim, gera efeito. Na *vacatio legis*, a elaboração da lei foi escorreita. Nenhum vício a macula. Apenas o tempo fixado ainda está em curso. Ideologicamente, contudo, há formal e solene declaração de aplicar a lei penal mais favorável. Não faz sentido, por isso, por mero apego à letra do texto, aguardar a respectiva fluência. O argumento de, nesse meio-tempo, a lei poder ser revogada (aconteceu com o CP de 1969) não influi no raciocínio. O comando da Constituição é incondicional, no sentido de beneficiar. [...] Recorde-se ainda. A *vacatio legis* busca, antes da vigência, favorecer a pessoa, a fim de não ser surpreendida com a nova disciplina. Seria contrassenso deixar de aplicar, imediatamente, lei que se destina a favorecer. No caso em comento: por que esperar sessenta dias para início de vigência, se no segundo mês haverá a nova disciplina!? Seria manter a lei mais rigorosa durante esse tempo e, escoado o prazo, de ofício, conferir o novo tratamento. Sem dúvida, evidente exemplo de raciocínio de aplicação formal da lei, escorada apenas no sentido gramatical do texto legal! Apesar de aproximar-se o século XXI! A elaboração da lei pode apresentar vício de procedimento. Evidenciar-se inconstitucional. Em outras palavras, o texto exterioriza a posição oficial (representa a sociedade), todavia, de maneira legislativamente defeituosa. Significa, porém, a diretriz a ser adotada nesse setor. Evidente, o raciocínio é válido quando a norma posterior for mais favorável. Materialmente, ocorre *abolitio criminis*, ou foi amenizado, de qualquer modo, o tratamento até então em vigor. O tema ganha amplo espaço na literatura italiana e a Corte Constitucional decidiu que, no caso, se está de frente a um conflito entre interesse individual e *favor liberta-*

tis e o interesse da tutela da comunidade" (CERNICCHIARO, Luiz Vicente. Vacatio legis: lei penal inconstitucional. *Boletim do Instituto Brasileiro de Ciências Criminais*, São Paulo, n. 35, p. 16, nov./1995).

De fato, inexiste razão para desconsiderarmos o conteúdo benéfico de determinada norma penal, cujo vigor se dará em poucos dias, para não autorizar a aplicação imediata de seus efeitos, sobretudo àqueles que, de qualquer forma, possam atingir a liberdade pessoal do réu ou condenado.

1.8. Alteração da jurisprudência e efeito retroativo

A jurisprudência como fonte do Direito reflete – sobretudo nos dias de hoje, com o incremento das súmulas e das normas que forçam o respeito ao entendimento consolidado pelos tribunais superiores – a dinâmica e os anseios atuais de nossa sociedade. A modificação de determinado entendimento jurisprudencial cujo conteúdo de qualquer maneira beneficie o réu ou condenado, portanto, deve produzir efeitos retroativos aptos a influenciar a sua situação processual, que poderá ser questionada pela via do *habeas corpus* ou de algum recurso porventura tempestivo, ou ainda pela própria revisão criminal. Como exemplo, destacamos a mudança jurisprudencial ocorrida nos casos em que se aplicava a causa de aumento mesmo quando utilizada arma de brinquedo, nos crimes de roubo (Súmula n. 174 do STJ),[11] revogada a partir do julgamento do REsp n. 213.054/SP (em 24.10.2001).

2. JURISPRUDÊNCIA

2.1. Súmulas

Súmula n. 611, STF: "Transitada em julgado a sentença condenatória, compete ao juízo das execuções a aplicação de lei mais benigna".

Súmula n. 711, STF: "A lei penal mais grave aplica-se ao crime continuado, ou ao crime permanente, se sua vigência é anterior à cessação da continuidade ou da permanência".

2.2. Julgados

Irretroatividade da lei penal – *novatio legis in pejus* – inadmissibilidade

Processo penal. *Habeas corpus* substitutivo de recurso ordinário. Orientação do STF: não conhecimento. Patente ilegalidade. Concessão de ofício. Violação ao princípio da legalidade penal. Aplicação imediata de norma processual penal material. [...] 2. *In casu*, o constrangimento é flagrante, tendo em vista que, diante de norma processual penal material, a disciplinar aspecto sensivelmente ligado ao *jus puniendi* – natureza da ação penal –, pretendeu-se aplicar o primado *tempus regit actum*, art. 2º do CPP, a quebrantar a garantia inserta no CP, de que a *lex gravior* somente incide para fatos posteriores à sua edição. Como, indevidamente, o *parquet* ofereceu denúncia, em caso em que cabível queixa, e, transposto o prazo decadencial de seis meses para o ajuizamento desta, tem-se como fulminada a persecução penal. 3. Ordem não conhecida, expedido *habeas corpus* de ofício para trancar a Ação Penal n. 2009.001.245923-5, em trâmite perante a 28ª Vara Criminal da Comarca da Capital/RJ. (STJ, *HC* n. 182.714/RJ, 6ª T., rel. Min. Maria Thereza de Assis Moura, j. 19.11.2012)

Recurso especial. Penal. Crime de tráfico ilícito de entorpecentes. Condenação pelo art. 12, *caput*, c/c o art. 18, I, da Lei n. 6.368/76. Causa especial de diminuição de pena do art. 33, § 4º, da Lei n. 11.343/2006. Requisitos. Comprovação de que o réu integrava organização criminosa. Verbete sumular n. 7 deste STJ. Princípio da retroatividade da lei penal mais benéfica. Aferição no caso concreto. Inaplicabilidade da lei nova. Delação premiada. Ausência de cumprimento dos requisitos legais. Alegação de violação ao art. 18, I, da Lei n. 6.368/76. Não ocorrência. Incidência da majorante da internacionalização. Transporte de substância entorpecente para o exterior. Inobservância do art. 33, § 2º, *c*, do CP. Pena-base no mínimo legal. Fixação de regime mais gravoso. Inadmissibilidade. Substituição da pena. Possibilidade. [...] 7. Verificado que o crime de tráfico ilícito de entorpecentes foi cometido sob a égide da Lei n. 6.368/76, a previsão constante da Lei n. 11.464/2007, a qual estabelece o cumprimento da pena privativa de liberdade em regime inicial fechado, independentemente do *quantum* de pena aplicado, por ser, no particular, mais gravosa, não pode retroagir em prejuízo do Réu, devendo incidir os critérios estabelecidos pelo art. 33, § 2º, do CP. [...] 10. Recurso parcialmente conhecido e, nessa extensão, parcialmente provido, para assegurar ao recorrente o direito de aguardar em liberdade o trânsito em julgado da condenação, bem como estabelecer o regime inicial aberto para o cumprimento da pena reclusiva, mediante as condições a serem estabelecidas pelo Juízo das Execuções, o qual também deverá proceder ao exame dos requisitos necessários para o benefício da substituição da pena privativa de liberdade pela restritiva de direitos. (STJ, REsp n. 1.111.719/SP, 5ª T., rel. Min. Laurita Vaz, j. 17.09.2009)

---

11 A qual considera que, no crime de roubo, a intimidação feita com arma de brinquedo autoriza o aumento de pena.

Retroatividade da lei penal benéfica – *novatio legis in mellius*

Turma deferiu *habeas corpus* em que condenado pelos delitos previstos nos arts. 213 e 214, na forma do art. 69, todos do CP, pleiteava o reconhecimento da continuidade delitiva entre os crimes de estupro e atentado violento ao pudor. Observou-se, inicialmente, que, com o advento da Lei n. 12.015/2009, que promovera alterações no Título VI do CP, o debate adquirira nova relevância, na medida em que ocorrera a unificação dos antigos arts. 213 e 214 em um tipo único [CP, art. 213: "Constranger alguém, mediante violência ou grave ameaça, a ter conjunção carnal ou a praticar ou permitir que com ele se pratique outro ato libidinoso: (Redação dada pela Lei n. 12.015, de 2009)."]. Nesse diapasão, por reputar constituir a Lei n. 12.015/2009 norma penal mais benéfica, assentou-se que se deveria aplicá-la retroativamente ao caso, nos termos do art. 5º, XL, da CF, e do art. 2º, parágrafo único, do CP. (STF, *HC* n. 86.110/SP, 2ª T., rel. Min. Gilmar Mendes, j. 02.03.2010)

Habeas corpus. Tráfico de entorpecentes. Associação eventual (art. 18, III, da Lei n. 6.368/76). Norma não existente na nova legislação de tóxicos. *Abolitio criminis.* Retroatividade da lei penal mais benéfica. Novel legislação que se encontrava em vigor à data do julgamento. Coação ilegal verificada. Exclusão da majorante que se faz devida. Sanção redimensionada. 1. Vigindo em nosso ordenamento jurídico o princípio da retroatividade da lei penal mais benéfica, constitui constrangimento ilegal a manutenção de aumento de reprimenda em razão da incidência da causa especial de majoração relativa à associação eventual para o tráfico, em virtude da ausência de previsão do contido no art. 18, III, da Lei n. 6.368/76 pela nova Lei de Drogas. [...] 4. Ordem parcialmente concedida tão somente para afastar do decreto condenatório a majorante prevista no art. 18, III, da antiga Lei de Tóxicos, reduzindo-se, consequentemente, a pena do paciente Joel Souza Pereira para 3 (três) anos de reclusão e pagamento de 10 (dez) dias-multa, por violação ao art. 12, *caput*, da Lei n. 6.368/76. (STJ, *HC* n. 148.416/SP, 5ª T., rel. Min. Jorge Mussi, j. 20.09.2010)

Habeas corpus. Tráfico de drogas. Crime cometido na vigência da Lei n. 6.368/76. Aplicação da causa de diminuição da pena prevista na Lei n. 11.343/2006. Possibilidade. Observância do princípio constitucional da retroatividade da norma mais benéfica. 1. Na linha do entendimento prevalente na Sexta Turma desta Corte, em observância ao princípio constitucional da retroatividade da norma penal mais benéfica, é possível a aplicação retroativa da causa de diminuição prevista no art. 33, § 4º, da Lei n. 11.343/2006 aos crimes cometidos na vigência da Lei n. 6.368/76. 2. Considerando o preenchimento dos requisitos legais; a ausência de circunstâncias judiciais desfavoráveis; e a apreensão de pequena quantidade de entorpecente – aproximadamente 11 g de maconha – é viável a incidência da redutora no patamar máximo. 3. Ordem concedida para, aplicando a causa de diminuição prevista no art. 33, § 4º, da Lei n. 11.343/2006, reduzir as penas recaídas sobre os pacientes, fixando-as, definitivamente, em 1 (um) ano de reclusão, a ser cumprida em regime aberto, mais pagamento de 16 (dezesseis) dias-multa. (STJ, *HC* n. 113.451/RS, 6ª T., rel. Min. Maria Thereza de Assis Moura, rel. p/ ac. Min. Og Fernandes, j. 22.02.2010)

Constitucional. Penal. *Habeas corpus.* Tráfico de drogas. Atenuante da confissão espontânea. Crime praticado sob a égide da Lei n. 6.368/76. Redução do art. 33, § 4º, da Lei n. 11.343/2006. *Novatio legis in mellius*. Retroatividade. Imperativo constitucional. Ordem concedida para aplicar sobre a reprimenda do art. 12 da Lei n. 6.368/76 a atenuante da confissão espontânea e a causa de diminuição de pena do art. 33, § 4º, da Lei n. 11.343/2006. 1. A atenuante da confissão espontânea deve ser reconhecida em favor da agente do crime quando o fato de ela ter dito que transportava a droga consigo influi na sua condenação e é utilizado como prova. 2. É imperativa a aplicação retroativa da causa de diminuição de pena contida no § 4º do art. 33 da Lei n. 11.343/2006 feita sob a pena cominada na Lei n. 6.368/76, em obediência aos comandos constitucional e legal existentes nesse sentido. Precedentes. 3. Não constitui uma terceira lei a conjugação da Lei n. 6.368/76 com o § 4º da Lei n. 11.343/2006, não havendo óbice a essa solução, por se tratar de dispositivo benéfico ao réu e dentro do princípio que assegura a retroatividade da norma penal, constituindo-se solução transitória a ser aplicada ao caso concreto. 4. Ordem concedida para aplicar sobre a pena a atenuante da confissão espontânea e, retroativamente, a causa especial de diminuição do art. 33, § 4º, da Lei n. 11.343/2006 sobre a pena do crime do art. 12 da Lei n. 6.368/76. (STJ, *HC* n. 112.538/RJ, 6ª T., rel. Des. Jane Silva (convocada do TJMG), j. 19.12.2008)

Ultra-atividade da lei penal

Penal. Processual penal. *Habeas corpus.* Decisão proferida por relator em recurso especial. Ausência de coação praticada por tribunal. Não conhecimento da impetração. Crimes contra os costumes. Casamento do agente com a vítima. Extinção da punibilidade. Ordem concedida de ofício. I – Como a decisão impugnada foi proferida monocraticamente pelo Relator, o pleito não pode ser conhecido, sob pena de indevida supressão de instância e de extravasamento dos limites de competência do STF descritos no art. 102 da CF, que pressupõe seja a coação praticada por Tribunal. II – Crime contra os costumes praticado em data anterior ao advento da Lei n. 11.106/2005, que revogou o inciso VII do art. 107 do CP, o qual previa, como causa de extinção da punibilidade, o casamento do opressor com a vítima. Ultra-atividade da norma mais benéfica ao réu. III – *Habeas corpus* não conhecido. IV – Ordem concedida de ofício para declarar a extinção da punibilidade do agente e determinar a expedição de contramandado de prisão ou, caso esta já tenha sido efetuada, o competente alvará de soltura clausulado. (STF, *HC* n. 100.882, 1ª T., rel. Min. Ricardo Lewandowski, j. 25.05.2010)

***Abolitio criminis* – princípio da continuidade normativo-típica**

Habeas corpus. Estupro e atentado violento ao pudor. Dosimetria. Art. 16 da Lei n. 6.368/76. Descriminalização da conduta. Não ocorrência. Mera despenalização. Subsistência da condenação anterior para fins de reincidência. Ilegalidade não demonstrada nesse ponto. 1. Com o advento da nova Lei de Drogas, não houve descriminalização da conduta de porte de substância entorpecente para consumo pessoal, mas mera despenalização. Precedentes do STF e deste Superior Tribunal. 2. Verificado que os fatos antes disciplinados no art. 16 da Lei n. 6.368/76 não deixaram de ser crime, já que o advento da Lei n. 11.343/2006 não implicou *abolitio criminis* dessa conduta, e constatando-se a existência de uma condenação anterior transitada em julgado em desfavor do paciente pelo cometimento desse delito, inviável acoimar de ilegal a consideração da sua condição de reincidente. Semi-imputabilidade. Almejado reconhecimento. Matéria não apreciada pelo tribunal de origem. Supressão de instância. *Writ* não conhecido nesse ponto. 1. Inviável a análise, diretamente por esta Corte Superior de Justiça, do almejado reconhecimento da semi-imputabilidade do paciente, sob pena de incidir-se na vedada supressão de instância, tendo em vista que essa questão não foi apreciada pelo Tribunal de origem. 2. *Habeas corpus* parcialmente conhecido e, nessa extensão, denegada a ordem. (STJ, *HC* n. 163.287/SP, 5ª T., rel. Jorge Mussi, j. 28.06.2011)

Lei penal no tempo e combinação de dispositivos – 1

É vedada a incidência da causa de diminuição do art. 33, § 4º, da Lei n. 11.343/2006 ("§ 4º Nos delitos definidos no *caput* e no § 1º deste artigo, as penas poderão ser reduzidas de um sexto a dois terços, desde que o agente seja primário, de bons antecedentes, não se dedique às atividades criminosas nem integre organização criminosa"), combinada com as penas previstas na Lei n. 6.368/76, no tocante a crimes praticados durante a vigência desta norma. Essa a conclusão do Plenário que, por maioria, proveu parcialmente recurso extraordinário para determinar o retorno dos autos à origem, instância na qual deverá ser realizada a dosimetria de acordo com cada uma das leis, para aplicar-se, na íntegra, a legislação mais favorável ao réu. Prevaleceu o voto do Ministro Ricardo Lewandowski, relator. Inicialmente, o relator frisou que o núcleo teleológico do princípio da retroatividade da lei penal mais benigna consistiria na estrita prevalência da *lex mitior*, de observância obrigatória, para aplicação em casos pretéritos. Afirmou que se trataria de garantia fundamental, prevista no art. 5º, XL, da CF e que estaria albergada pelo Pacto de São José da Costa Rica (art. 9º). Frisou que a Constituição disporia apenas que a lei penal deveria retroagir para beneficiar o réu, mas não faria menção sobre a incidência do postulado para autorizar que algumas partes de diversas leis pudessem ser aplicadas separadamente para favorecer o acusado. (STF, RE n. 600.817/MS, Plenário, rel. Min. Ricardo Lewandowski, j. 07.11.2013, *Informativo* n. 727, Repercussão Geral)

Lei penal no tempo e combinação de dispositivos – 2

O relator destacou que o caso em exame diferenciar-se-ia da simples aplicação do princípio da retroatividade da lei penal mais benéfica, pois pretendida a combinação do *caput* do art. 12 da Lei n. 6.368/76 com a causa de diminuição do art. 33, § 4º, da Lei n. 11.343/2006. Explicou que a lei anterior estabelecera, para o delito de tráfico, pena em abstrato de 3 a 15 anos de reclusão, mas a norma atual cominara, para o mesmo crime, reprimenda de 5 a 15 anos de reclusão. Assim, este diploma impusera punição mais severa para o delito, mas consagrara, em seu art. 33, § 4º, causa especial de diminuição a beneficiar o agente primário, de bons antecedentes, não dedicado a atividade criminosa e não integrante de organização criminosa. Concluiu, no ponto, que o legislador teria procurado diferenciar o traficante organizado do traficante eventual. Observou, entretanto, que essa causa de diminuição de pena viera acompanhada de outra mudança, no sentido de aumentar consideravelmente a pena mínima para o delito. Assim, haveria correlação entre o aumento da pena-base e a inserção da minorante. (STF, RE n. 600.817/MS, Plenário, rel. Min. Ricardo Lewandowski, j. 07.11.2013, *Informativo* n. 727, Repercussão Geral)

Lei penal no tempo e combinação de dispositivos – 3

O relator considerou não caber ao julgador aplicar isoladamente a pena mínima prevista na lei antiga em combinação com a novel causa de diminuição, que teria sido prevista para incidir sobre pena-base mais severa. Acresceu que a minorante representaria benefício para os que tivessem praticado crime de tráfico sob a vigência da lei anterior. Porém, para que isso ocorresse, dever-se-ia considerar a pena-base nos termos da Lei n. 11.343/2006. Não seria lícito, portanto, combinar a pena mínima de uma norma com a minorante de outra, criada para incidir sobre pena-base maior. Ressaltou que, ao assim proceder, o juiz criaria nova lei e atuaria como legislador positivo. Embora o crime fosse o mesmo, a combinação de dosimetrias implicaria uma sanção diversa da previamente estabelecida pelo legislador, seja sob o enfoque da lei antiga, seja sob a ótica da lei nova. Destacou precedentes da Corte a corroborar esse entendimento. Vislumbrou, ainda, situação absurda provocada por essa combinação, a significar que o delito de tráfico poderia ser punido com reprimenda de até um ano de reclusão, semelhante às sanções cominadas a crimes de menor potencial ofensivo. Ponderou que, na dúvida sobre qual o diploma que seria mais benéfico em determinada hipótese, caberia ao juiz analisar o caso concreto para verificar qual a lei que, aplicada integralmente, seria mais favorável ao réu. (STF, RE n. 600.817/MS, Plenário, rel. Min. Ricardo Lewandowski, j. 07.11.2013, *Informativo* n. 727, Repercussão Geral)

Lei penal no tempo e combinação de dispositivos – 4
O Ministro Luiz Fux acrescentou que o CPM contém norma que serviria de norte interpretativo para solucionar a questão, em seu art. 2º, § 2º ("§ 2º Para se reconhecer qual a mais favorável, a lei posterior e a anterior devem ser consideradas separadamente, cada qual no conjunto de suas normas aplicáveis ao fato"). Vencida a Ministra Rosa Weber e os Ministros Dias Toffoli, Gilmar Mendes e Celso de Mello, que proviam o recurso. Consideravam cabível a retroação da norma penal nos aspectos em que beneficiaria o réu, sem que isso implicasse a criação de terceira lei. Ressaltavam que a minorante não existia na legislação pretérita e, por seu ineditismo, constituiria lei nova mais benéfica, razão pela qual deveria retroagir. Nesse caso, adequar a causa especial de diminuição à pena prevista na lei antiga não significaria combinar normas, porque o juiz, ao assim agir, somente movimentar-se-ia dentro dos quadros legais para integrar o princípio da retroatividade da lei mais benéfica. Vencido, também, parcialmente, o Ministro Marco Aurélio, que desprovia o recurso, por considerar que o caso diria respeito apenas à inadmissível mesclagem de normas, sem que se pretendesse relegar ao juízo de origem a definição da lei a ser aplicada. (STF, RE n. 600.817/MS, rel. Min. Ricardo Lewandowski, Plenário, j. 07.11.2013, *Informativo* n. 727, Repercussão Geral)

Recurso extraordinário. Constitucional. Penal. Tráfico de entorpecentes. Causa de diminuição de pena, instituída pelo § 4º do art. 33 da Lei n. 11.343/2006. Figura do pequeno traficante. Projeção da garantia da individualização da pena (inciso XLVI do art. 5º da CF/88). Conflito intertemporal de leis penais. Aplicação aos condenados sob a vigência da Lei n. 6.368/76. Possibilidade. Princípio da retroatividade da lei penal mais benéfica (inciso XL do art. 5º da Carta Magna). Máxima eficácia da Constituição. Retroatividade alusiva à norma jurídico-positiva. Ineditismo da minorante. Ausência de contraposição à normação anterior. Combinação de leis. Inocorrência. Empate na votação. Decisão mais favorável ao recorrido. Recurso desprovido. 1. A regra constitucional de retroação da lei penal mais benéfica (inciso XL do art. 5º) é exigente de interpretação elástica ou tecnicamente "generosa". 2. Para conferir o máximo de eficácia ao inciso XL do seu art. 5º, a Constituição não se refere à lei penal como um todo unitário de normas jurídicas, mas se reporta, isto sim, a cada norma que se veicule por dispositivo embutido em qualquer diploma legal. Com o que a retroatividade benigna opera de pronto, não por mérito da lei em que inserida a regra penal mais favorável, porém por mérito da Constituição mesma. 3. A discussão em torno da possibilidade ou da impossibilidade de mesclar leis que antagonicamente se sucedem no tempo (para que dessa combinação se chegue a um terceiro modelo jurídico-positivo) é de se deslocar do campo da lei para o campo da norma; isto é, não se trata de admitir ou não a mesclagem de leis que se sucedem no tempo, mas de aceitar ou não a combinação de normas penais que se friccionem no tempo quanto aos respectivos comandos. 4. O que a Lei das Leis rechaça é a possibilidade de mistura entre duas normas penais que se contraponham, no tempo, sobre o mesmo instituto ou figura de direito. Situação em que há de se fazer uma escolha, e essa escolha tem que recair é sobre a inteireza da norma comparativamente mais benéfica. Vedando-se, por conseguinte, a fragmentação material do instituto, que não pode ser regulado, em parte, pela regra mais nova e de mais forte compleição benéfica, e, de outra parte, pelo que a regra mais velha contenha de mais benfazejo. 5. A Constituição da República proclama é a retroatividade dessa ou daquela figura de direito que, veiculada por norma penal temporalmente mais nova, se revele ainda mais benfazeja do que a norma igualmente penal até então vigente. Caso contrário, ou seja, se a norma penal mais nova consubstanciar política criminal de maior severidade, o que prospera é a vedação da retroatividade. 6. A retroatividade da lei penal mais benfazeja ganha clareza cognitiva à luz das figuras constitucionais da ultra-atividade e da retroatividade, não de uma determinada lei penal em sua inteireza, mas de uma particularizada norma penal com seu específico instituto.

Isto na acepção de que, ali onde a norma penal mais antiga for também a mais benéfica, o que deve incidir é o fenômeno da ultra-atividade; ou seja, essa norma penal mais antiga decai da sua atividade eficacial, porquanto inoperante para reger casos futuros, mas adquire instantaneamente o atributo da ultra-atividade quanto aos fatos e pessoas por ela regidos ao tempo daquela sua originária atividade eficacial. Mas ali onde a norma penal mais nova se revelar mais favorável, o que toma corpo é o fenômeno da retroatividade do respectivo comando. Com o que ultra-atividade (da velha norma) e retroatividade (da regra mais recente) não podem ocupar o mesmo espaço de incidência. Uma figura é repelente da outra, sob pena de embaralhamento de antagônicos regimes jurídicos de um só e mesmo instituto ou figura de direito. 7. Atento a esses marcos interpretativos, hauridos diretamente da Carta Magna, o § 4º do art. 33 da Lei n. 11.343/2006 outra coisa não fez senão erigir quatro vetores à categoria de causa de diminuição de pena para favorecer a figura do pequeno traficante. Minorante, essa, não objeto de normação anterior. E que, assim ineditamente positivada, o foi para melhor servir à garantia constitucional da individualização da reprimenda penal (inciso XLVI do art. 5º da CF/88). 8. O tipo penal ou delito em si do tráfico de entorpecentes já figurava no art. 12 da Lei n. 6.368/76, de modo que o ineditismo regratório se deu tão somente quanto à pena mínima de reclusão, que subiu de 3 (três) para 5 (cinco) anos. Afora pequenas alterações redacionais, tudo o mais se manteve substancialmente intacto. 9. No plano do agravamento da pena de reclusão, a regra mais nova não tem como retroincidir. Sendo (como de fato é) constitutiva de política criminal mais drástica, a nova regra cede espaço ao comando da norma penal de maior teor de benignidade, que é justamente aquela mais recuada no tempo: o art. 12 da Lei n. 6.368/76, a incidir por ultra-atividade. O novidadeiro instituto da minorante, que, por força mesma do seu ineditismo, não se contrapondo a nenhuma anterior regra penal, incide tão imediata quanto solitariamente, nos exatos termos do inciso XL do art. 5º da CF. 10. Recurso extraordinário desprovido. (STF, RE n. 596.152, Pleno, rel. p/ ac. Min. Ayres Britto, j. 13.10.2011)

[...] 1. Consolidou-se no STF e no STJ o entendimento de que é inviável a conjugação de leis penais benéficas, dado que tal implicaria espécie de criação de terceira norma, com a violação do primado da separação dos Poderes. Assim, diante de condenação por fato ocorrido sob a égide da Lei n. 6.368/76, buscando-se a incidência da minorante do § 4º do art. 33 da Lei n. 11.343/2006, o mais apropriado é determinar-se ao juiz das execuções que realize o redimensionamento da pena, promovendo-se a incidência do redutor sobre a reprimenda calculada a partir do preceito secundário do art. 33 da nova Lei de Drogas. 2. Ordem concedida, em menor extensão, a fim de determinar que o juízo das execuções penais redimensione a pena, fazendo incidir o redutor do § 4º do art. 33 da Lei n. 11.343/2006 sobre a pena edificada a partir do preceito secundário previsto no *caput* de tal comando. (STJ, *HC* n. 120.979/MG, 6ª T., rel. Min. Maria Thereza de Assis Moura, j. 22.03.2011, *DJe* 11.04.2011)

Combinação de leis – criação de uma "terceira" lei favorável ao réu – inadmissibilidade

É possível a combinação de leis para aplicar as normas mais favoráveis ao réu. Os princípios da irretroatividade da lei mais grave e da retroatividade da lei mais benigna autorizam a fusão, sempre que a norma sucessiva beneficiar o réu. Assim, cabe a redução do § 4º do art. 33 da Lei n. 11.343/2006, ainda que o acusado tenha sido denunciado na vigência da Lei n. 6.368/76. (TJDF, Rec. de Ag. n. 20120020002659, 1ª T. Crim., rel. Des. Mario Machado, j. 29.03.2012)

Lei penal híbrida – impossibilidade de cisão

Recurso especial. Suspensão do processo e da prescrição. Art. 366. Aplicação. Impossibilidade de cisão. A norma do art. 366 do CPP, introduzida pela Lei n. 9.271/96, apesar da sua natureza híbrida, processual e material, não comporta aplicação dividida, mesmo que para beneficiar o réu. Recurso provido para impedir a aplicação repartida do art. 366 do CPP. (STJ, REsp n. 598.079/RS, 5ª T., rel. Min. Jose Arnaldo da Fonseca, j. 28.09.2004)

Lei penal híbrida – juizados especiais criminais – aplicação retroativa

O Pleno do STF, ao resolver questão de ordem por mim suscitada, firmou orientação que admite a aplicabilidade, aos procedimentos penais instaurados nesta Corte, da norma inscrita nos arts. 88 e 91 da Lei n. 9.099/95 (fls. 76): "Procedimentos penais originários (inquéritos e ações penais) instaurados perante o STF. Crime de lesões corporais leves e de lesões culposas. Aplicabilidade da Lei n. 9.099/95 (arts. 88 e 91). A exigência legal de representação do ofendido nas hipóteses de crimes de lesões corporais leves e de lesões culposas reveste-se de caráter penalmente benéfico e torna consequentemente extensíveis aos procedimentos penais originários instaurados perante o STF os preceitos inscritos nos arts. 88 e 91 da Lei n. 9.099/95. O âmbito de incidência das normas legais em referência – que consagram inequívoco programa estatal de despenalização, compatível com os fundamentos ético-jurídicos que informam os postulados do direito penal mínimo, subjacentes à Lei n. 9.099/95 – ultrapassa os limites formais e orgânicos dos Juizados Especiais Criminais, projetando-se sobre procedimentos penais instaurados perante outros órgãos judiciários ou tribunais, eis que a ausência de representação do ofendido qualifica-se como causa extintiva da punibilidade, com consequente reflexo sobre a pretensão punitiva do Estado. (STF, Inq. n. 1.055/AM, Pleno, rel. Min. Celso de Mello, j. 19.05.1997)

Mendicância – *abolitio criminis*

A 1ª Turma concedeu, de ofício, *habeas corpus* para trancar ação penal instaurada contra o paciente, pela suposta prática do crime de corrupção de menor (Lei n. 8.069/90, art. 244-B) e da contravenção penal de mendicância (DL n. 3.688/41, art. 60). A defesa sustentava a *abolitio criminis* da imputação feita ao paciente, razão pela qual estaria extinta a punibilidade. Não obstante reconhecendo que a tese não teria sido aventada perante o STJ e que sua análise implicaria supressão de instância, considerou-se a particularidade do caso. Aduziu-se que o fato pelo qual estaria o paciente sendo processado seria corrupção de menores para a prática de mendicância. Entretanto, a partir da análise do art. 244-B do ECA, reputou-se que, para a consumação do delito nele previsto, far-se-ia necessário que o agente corrompesse ou facilitasse a corrupção de menor, com ele praticando infração penal ou induzindo-o a praticá-la. Assim, tendo em conta a revogação do art. 60 da LCP pela Lei n. 11.983/2009, concluiu-se que a conduta do acusado não seria típica, visto que a mendicância perdera o *status* de infração penal. (STF, *HC* n. 103.787/MG, 1ª T., rel. Min. Ricardo Lewandowski, j. 26.10.2010)

Abolitio criminis temporária

Ação penal. Tráfico de entorpecentes. Comercialização de "lança-perfume". Edição válida da resolução Anvisa n. 104/2000. Retirada do cloreto de etila da lista de substâncias psicotrópicas de uso proscrito. *Abolitio criminis*. Republicação da resolução. Irrelevância. Retroatividade da lei penal mais benéfica. *HC* concedido. A edição, por autoridade competente e de acordo com as disposições regimentais, da Resolução Anvisa n. 104, de 07.12.2000, retirou o cloreto de etila da lista de substâncias psicotrópicas de uso proscrito durante a sua vigência, tornando atípicos o uso e tráfico da substância até a nova edição da Resolução, e extinguindo a punibilidade dos fatos ocorridos antes da primeira portaria, nos termos do art. 5º, XL, da CF. A Turma deferiu *habeas corpus* para declarar extinta a punibilidade de denunciado pela suposta prática do delito de tráfico ilícito de substância entorpecente (Lei n. 6.368/76, art. 12) em razão de ter sido flagrado, em 18.02.1998, comercializando frascos de cloreto de etila (lança-perfume). Tratava-se de *writ* em que se discutia a ocorrência, ou não, de *abolitio criminis* quanto ao cloreto de etila ante a edição de resolução da Agência Nacional de Vigilância Sanitária (Anvisa) que, 8 dias após o haver excluído da lista de substâncias entorpecentes, novamente o incluíra em tal listagem. Inicialmente, assinalou-se que o Brasil adota o sistema de enumeração legal das substâncias entorpecentes para a complementação do tipo penal em branco relativo ao tráfico de entorpecentes. Acrescentou-se que o art. 36 da Lei n. 6.368/76 (vigente à época dos fatos) determinava fossem consideradas entorpecentes, ou capazes de determinar dependência física ou psíquica, as substâncias que assim tivessem sido especificadas em lei ou ato do Serviço Nacional de Fiscalização da Medicina e Farmácia do Ministério da Saúde – sucedida pela Anvisa. Consignou-se que o problema surgira com a Resolução Anvisa RDC n. 104, de 07.12.2000, que retirara o cloreto de etila da Lista F2 – lista das substâncias psicotrópicas de uso proscrito no Brasil, da Portaria SVS/MS n. 344, de 12.05.1998 – para incluí-lo na Lista D2 – lista de insumos utilizados como precursores para fabricação e síntese de entorpecentes e/ou psicotrópicos. Ocorre que aquela primeira resolução fora editada pelo diretor-presidente da Anvisa, *ad referendum* da diretoria colegiada (Decreto n. 3.029/99, art. 13, IV), não sendo tal ato referendado, o que ensejara a reedição da Resolução n. 104, cujo novo texto inserira o cloreto de etila na lista de substâncias psicotrópicas (15.12.2000). Aduziu-se que o fato de a primeira versão da Resolução Anvisa RDC n. 104 não ter sido posteriormente referendada pelo órgão colegiado não lhe afastaria a vigência entre sua publicação no *Diário Oficial da União* (*DOU*) e a realização da sessão plenária, uma vez que não se cuidaria de ato administrativo complexo, e sim de ato simples, mas com caráter precário, decorrente da vontade de um único órgão – Diretoria da Anvisa –, representado, excepcionalmente, por seu diretor-presidente. Salientou-se que o propósito da norma regimental do citado órgão seria assegurar ao diretor-presidente a vigência imediata do ato, nas hipóteses em que aguardar a reunião do órgão colegiado lhes pudesse fulminar a utilidade. Por conseguinte, assentou-se que, sendo formalmente válida, a resolução editada pelo diretor-presidente produzira efeitos até a republicação, com texto absolutamente diverso. Repeliu-se a fundamentação da decisão impugnada no sentido de que faltaria ao ato praticado pelo diretor-presidente o requisito de urgência, dado que a mera leitura do preâmbulo da resolução confirmaria a presença desse pressuposto e que a primeira edição da resolução não fora objeto de impugnação judicial, não tendo sua legalidade diretamente questionada. Assim, diante da repercussão do ato administrativo na tipicidade penal e, em homenagem ao princípio da legalidade penal, considerou-se que a manutenção do ato seria menos prejudicial ao interesse público do que a sua invalidação. Rejeitou-se, também, a ocorrência de erro material, corrigido pela nova edição da resolução, a qual significara, para efeitos do art. 12 da Lei n. 6.368/76, conferir novo sentido à expressão "substância entorpecente ou que determine dependência física ou psíquica, sem autorização ou em desacordo com determinação legal ou regulamentar", elemento da norma penal incriminadora. Concluiu-se que atribuir eficácia retroativa à nova redação da Resolução Anvisa RDC n. 104 – que tornou a definir o cloreto de etila como substância psicotrópica – representaria flagrante violação ao art. 5º, XL, da CF. Em suma, assentou-se que, a partir de 07.12.2000 até 15.12.2000, o consumo, o porte ou o tráfico da aludida substância já não seriam alcançados pela Lei de Drogas e, tendo em conta a disposição da lei constitucional mais benéfica, que se deveria julgar extinta a punibilidade dos agentes que praticaram quaisquer daquelas condutas antes de 07.12.2000. (STF, *HC* n. 94.397/BA, 2ª T., rel. Min. Cezar Peluso, j. 09.03.2010)

Penal. Processual penal. *Habeas corpus.* 1. Crime de posse de armas. Crime cometido na vigência da Lei n. 9.437/97. *Vacatio legis.* Aplicação retroativa. Possibilidade. Extinção da punibilidade. 2. Crime de receptação. Trancamento da ação penal. Falta de prova da origem ilícita dos bens. Alegações que dependem de aprofundada incursão no conjunto probatório. Matéria de mérito. *Habeas corpus.* Meio incompatível. 3. Ordem concedida em parte. 1. Esta Corte já firmou entendimento no sentido de que a *vacatio legis* estabelecida pelos arts. 30 e 32 da Lei n. 10.826/2003, para a regularização das armas dos seus proprietários e possuidores, é reconhecida hipótese de *abolitio criminis temporalis* e aplica-se retroativamente aos delitos de posse de arma praticados sob a vigência da Lei n. 9.437/97. 2. O *habeas corpus* não se presta a uma aprofundada incursão no conjunto probatório, de molde a constatar a inocorrência do crime antecedente ao de receptação. Matéria probatória e a ser analisada em sede de apelação, já interposta. 3. Ordem concedida, em parte, apenas para declarar extinta a punibilidade do paciente relativamente ao crime previsto no art. 10, § 2º, da Lei n. 9.437/97, mantendo, todavia, a imputação pelo crime de receptação. (STJ, *HC* n. 100.561/MT, 6ª T., rel. Min. Maria Thereza de Assis Moura, j. 05.05.2009)

Penal. Recurso especial. Art. 10, §§ 2º e 4º, da Lei n. 9.437/97. Trancamento da ação penal. Arts. 30, 31 e 32, do Estatuto do Desarmamento. Posse ilegal de arma de fogo. Fato anterior ao início do prazo para a regularização da arma. I – A Lei n. 10.826/2003, em seus arts. 30 a 32, estipulou um prazo para que os possuidores de arma de fogo regularizassem sua situação ou entregassem a arma para a Polícia Federal. Dessa maneira, até que findasse tal prazo, que se iniciou em 23.12.2003 e que teve seu termo final prorrogado até 23.10.2005 (cf. MP n. 253/2005, convertida na Lei n. 11.191/2005), ninguém poderia ser processado por possuir arma de fogo. II – A nova lei, ao menos no que tange aos prazos dos arts. 30 a 32, que a doutrina chama de *abolitio criminis* temporária ou de *vacatio legis* indireta ou até mesmo de anistia, deve retroagir, uma vez que mais benéfica para o réu. (Ap. n. 394/RN, Corte Especial, rel. p/ ac. Min. José Delgado, j. 15.03.2006). III – O período de indiferença penal (*lex mitior*), desvinculado para os casos ali ocorridos, dado o texto legal, alcança situações anteriores idênticas. A permissão ou oportunização da regularização funcionaria como incentivo e não como uma obrigação ou determinação vinculada. A incriminação (já, agora, com a *novatio legis in peius*) só vale para os fatos posteriores ao período da "suspensão". Recurso especial desprovido. (STJ, REsp n. 804.830/PA, 5ª T., rel. Min. Felix Fischer, j. 17.08.2006)

Vacatio legis e aplicação imediata da norma penal mais benéfica

Entendo que a nova lei deva ser levada em conta pelas decisões judiciais desde logo, apesar da *vacatio legis*, pois estamos diante de norma de direito processual e material, que haverá de retroagir. Não me parece razoável manter a prisão apenas até o encerramento do prazo de *vacatio legis*, o que há de ocorrer no próximo dia seis de julho de 2011. (TJRS, *HC* n. 70.042.523.530, 6ª Câm. Crim., rel. Des. João Batista Marques Tovo, j. 09.06.2011)

Lei excepcional ou temporária

Art. 3º A lei excepcional ou temporária, embora decorrido o período de sua duração ou cessadas as circunstâncias que a determinaram, aplica-se ao fato praticado durante sua vigência.

1. COMENTÁRIO

A norma cuida das leis intermitentes, as quais vigem por determinado período[12] ou em razão de determinadas circunstâncias anormais ou

12 Lei temporária – define de forma específica os dias de início e término, exemplos: Lei n. 9.100/95, cuja vigência foi até outubro de 1996, e Lei n. 12.663/2012, a famosa Lei Geral da Copa, que dispõe medidas acerca da Copa das Confederações Fifa de 2013 e Copa do Mundo Fifa de 2014 e a Jornada Mundial da Juventude de 2013 , definindo entre seus arts. 30 a 33 tipos penais temporários cuja vigência expirar-se-á em 31.12.2014, conforme o art. 36 da mesma lei.

emergenciais.[13] Apesar de, a princípio, caracterizarem matérias previamente limitadas no tempo, o que poderia frustrar as suas sanções futuras em razão de expedientes procrastinatórios, produz efeitos ultra-ativos, isto é, a eficácia de tais leis se prolonga no tempo, mesmo após suas respectivas vigências, para conferir legalidade aos atos jurídicos praticados, evitando, assim, o sentimento de inocuidade do seu texto, o esvaziamento da proibição prevista e a impunidade dos delitos praticados sob sua égide.[14] O caráter ultra-ativo das leis intermitentes, pois, faz parte de sua própria essência; quanto a isso, valiosas são as lições de Nélson Hungria: "Seria rematado absurdo que as leis temporária ou excepcionais se convertessem em fonte de iniquidade, e, mais que absurdo seria supinamente ridículo que, de antemão, estivessem destinadas ao desprestígio ou à ineficácia. O direito penal não é jogo de disparate" (*Comentários ao Código Penal*, 1958, v. I, t. II, p. 129).

Dita ultra-atividade, pois, apresenta hipótese legal extraordinária em que é autorizada a não aplicação dos princípios penais comentados anteriormente, ou seja, são aplicadas, ainda que venha a surgir lei posterior mais benéfica. Ressaltamos, porém, que na sucessão de leis penais intermitentes do mesmo grau hierárquico, que versem sobre o mesmo fato ou tenham a mesma finalidade, aplica-se à retroatividade benéfica. São leis autorrevogáveis, pois extinguem após cessados os prazos previamente definidos ou circunstâncias autorizadoras, independentemente de outra lei que as revoguem.[15]

1.1. Norma penal em branco de conteúdo ultra-ativo

A norma penal em branco é aquela cujo complemento advém de outro ato normativo.[16] Divide-se em: a) norma penal em branco imprópria, homogênea ou em sentido amplo – a complementação realizada por ato normativo da mesma esfera hierárquica (p. ex.: o art. 237 do CP dispõe acerca do conhecimento prévio de impedimento, porém, a lista dos impedimentos matrimoniais está no art. 1.521, CC); b) norma penal em branco própria, heterogênea ou em sentido estrito – neste caso, a complementação é proveniente de ato normativo de esfera hierárquica diferente, subdividindo-se esta espécie, ainda, em homovitelinas (o complemento encontra-se no mesmo diploma legal; p. ex.: art. 312, cuja circunstância elementar integrante do tipo encontra-se definida no art. 327, ambas as normas do CP) e heterovitelinas (complemento previsto em diploma legal diverso; p. ex.: art. 33, Lei n. 11.343/2006 – lei ordinária – tráfico ilícito de substâncias entorpecentes, e a lista completa das substâncias proscritas está na Portaria n. 344/98 e suas respectivas atualizações promovidas pela Agência Nacional de Vigilância Sanitária (Anvisa), autarquia especial vinculada ao Ministério da Saúde).

Se o conteúdo dessa norma penal em branco for materialmente mais favorável ao agente e disciplinar situação anormal, retroagirá, ainda que seja revogada (p. ex.: tabela de preços nos crimes contra a ordem econômica – e Portaria Interministerial n. 295/99). Por outro lado, se complemento foi criado em uma situação de absoluta normalidade, a sua revogação caracteriza *abolitio criminis* (p. ex.: o caso do cloreto de etila – *vide* comentário ao art. 2º).

13 Lei excepcional – exemplos: guerra, calamidade pública, estado de sítio.

14 Quanto à constitucionalidade dos efeitos ultra-ativos da lei intermitente, ela é admitida, pois os aspectos tempo ou situação anormal são integrantes do próprio tipo penal, e a questão envolve, assim, a própria tipicidade da norma; ausentes tais elementos essenciais à concretude e aplicação da própria norma, o fato não será considerado típico, deixa de existir, retornando a norma anterior a qual poderá estabelecer proibição ou permissão, contudo, aplicável a situações diversas. Caso uma nova lei ordinária posterior defina condições mais favoráveis ao agente, essa norma não será aplicada, mesmo porque tratará de aspectos e elementos diversos; a situação típica é diferente, portanto, essa nova lei não terá o condão de alterar a concepção jurídica, o estado jurídico do crime praticado sob a vigência da lei intermitente. Assim, a regra constitucional acerca da retroatividade benigna não será, excepcionalmente e de forma legítima, desrespeitada. Em sentido contrário, postulando pela inconstitucionalidade do preceito previsto no art. 3º, posicionam-se Eugenio R. Zaffaroni et al. (*Direito penal brasileiro*, 2003, v. I, p. 217) e Rogério Greco (*Curso de direito penal*: Parte Geral, 2012, v. I, p. 114).

15 "Não se destinando à vigência temporária, a lei terá vigor até que outra a modifique ou revogue" (art. 2º, LINDB, DL n. 4.657/42, com redação dada pela Lei n. 12.376/2010).

16 Norma penal em branco inversa ou ao avesso é aquela cujo complemento normativo relaciona-se com a sanção penal, o preceito secundário (p. ex., na Lei n. 2.889/56, em que os tipos penais relacionados com genocídio não definem pena, socorrendo-se de outras normas penais, por exemplo, o homicídio qualificado, art. 121, § 2º, CP), ao contrário do que ocorre em geral com a norma integrante, a qual se relaciona com o conteúdo da proibição, preceito primário.

2. JURISPRUDÊNCIA

2.1. Julgados

[...] As normas penais em branco, portanto, são as que têm o tipo incompleto. A descrição das elementares do crime tem de ser complementada por outra disposição legal, já existente ou futura. A enumeração do tipo mantém deliberadamente uma lacuna, que outro dispositivo legal virá integrar. Há um comando ou proibição, formulado de maneira genérica ao qual só a disposição integradora dará a configuração específica. Na norma penal em branco há o preceito principal, enquanto a norma integradora contém um complemento necessário. Costuma-se distinguir as normas penais em branco entre as de complementação homóloga e heteróloga. As de complementação homóloga (ou em sentido amplo) são aquelas em que a norma complementar é outra lei (em sentido formal), ou seja, é oriunda da mesma instância legislativa que a norma principal. Estas normas se subdividem em homovitelinas e heterovitelinas. As normas penais em branco de complementação homóloga homovitelina são aquelas cuja norma complementar é do mesmo ramo do direito que a principal, ou seja, a lei penal será complementada por outra lei penal. Exemplo desse tipo é o art. 338 do CP (Reingresso de extrangeiro expulso), que é complementado pelo art. 5º, § 1º, do CP (define a extensão do território nacional para efeitos penais). As normas penais em branco de complementação homóloga heterovitelina têm suas respectivas normas complementares oriundas de outro ramo do direito. É o caso, por exemplo, do art. 178 do CP (Emissão irregular de conhecimento de depósito ou *warrant*), que é complementado pelas normas (comerciais) disciplinadoras desse título de crédito. Já as normas penais em branco de complementação heteróloga (ou em sentido estrito) são aquelas cuja complementação advém de outra instância legislativa, como as portarias, regulamentos, resoluções etc. Como exemplo, pode-se citar o art. 268 do CP (Infração de medida sanitária preventiva), que é complementado por regulamentação do Ministério da Saúde [...]. (STJ, RHC n. 63.446-ES, 5ª T., rel. Min. Felix Fisher, trecho do voto, j. 09.08.2016, *DJe* 20.02.2017)

Tempo do crime

Art. 4º Considera-se praticado o crime no momento da ação ou omissão, ainda que outro seja o momento do resultado.

---

1. COMENTÁRIO

Adotamos a teoria da atividade,[17] segundo a qual considera-se o instante do crime aquele em que foi praticada a ação ou ocorreu a omissão, ainda que em outro momento tenha ocorrido o resultado. Essa regra influencia, sobremaneira, na culpabilidade do agente e, portanto, nas consequências penais de sua conduta.[18] Como exemplo, se um menor de 18 anos desfere tiro em uma determinada pessoa a qual é hospitalizada e, após algumas semanas, vem a falecer, ainda que na fatídica data (falecimento) aquele agente já tenha completado 18 anos, não será processado sob o rito especial do júri previsto no CPP, muito menos será penalizado pelas sanções previstas no art. 121 do CP. Tendo em vista que, na ocasião do fato, era menor de 18 anos, sujeitar-se-á a regras e medidas socioeducativas específicas (*vide* art. 228, CF; art. 27, CP; e art. 104, Lei n. 8.069/90). Posicionamento semelhante aplica-se àquele agente que desfruta de *foro privilegiado* na ocasião em que praticar o ato doloso, também nesse caso não se sujeitará à ritualística especial do júri, mas sim a regras e procedimentos próprios do tribunal competente para julgá-lo (p. ex.: membros do Congresso Nacional são julgados perante o STF – art. 102, I, *b*, CF), isso é claro, se na ocasião do julgamento permanecer com a prerrogativa em questão (*vide* os julgamentos do STF na AP n. 536 e AP n. 634). Da mesma forma, ao considerarmos as circunstâncias agravantes e atenuantes, algumas delas, em especial, poderão ou não ser aplicadas no caso concreto, a depender do momento em que fora praticada a infração penal: reincidência (art. 61, I, CP – o agente já deverá ter sido condenado com o respectivo trânsito em julgado); contra cônjuge (art. 61, II, *e*, se o agente estiver separado apenas de fato, incidirá a majorante em questão); com abuso de autoridade ou prevalecendo-se de relações domésticas, de coabitação ou de hospitalidade, ou com violência contra a mulher na forma da lei específica (art. 61, II, *f*); com abuso de poder ou violação de dever inerente a cargo, ofício, ministério ou profissão (art. 61, II, *g*); contra criança, maior de 60 anos, enfermo ou gestante (art. 61, II, *h*); quan-

---

17 Existem, ainda, outras teorias sobre o tema: a) teoria do resultado: o delito é praticado no momento em que ocorre seu resultado, aplicando-se a lei vigente; b) teoria mista ou da ubiquidade: o momento do crime poderá ser o da ação ou do resultado, porém difere da teoria adotada no Brasil (teoria da atividade), eis que poderão ser aplicadas tanto a lei vigente no momento da ação como aquela do momento do resultado.

18 Pois deverá ser considerado o exato momento da ação típica para descobrir se o agente tinha ou não capacidade de entender o caráter ilícito de sua conduta e determinar-se diante da mesma ou era menor de 18 anos (imputabilidade penal, arts. 26 e 27, CP).

do o ofendido estava sob a imediata proteção da autoridade (art. 61, II, *i*); em estado de embriaguez preordenada (art. 61, II, *l*); ser o agente menor de 21 anos na data do fato (art. 65, I – muito embora, para alguns, trate-se de norma revogada tacitamente em razão da redução da maioridade civil para 18 anos, *ex vi* do art. 5º, CC); procurado, por sua espontânea vontade e com eficiência, logo após o crime, evitar-lhe ou minorar-lhe as consequências (art. 65, III, *b*); cometido o crime sob coação a que podia resistir, ou em cumprimento de ordem de autoridade superior, ou sob a influência de violenta emoção, provocada por ato injusto da vítima (art. 65, III, *c*); cometido o crime sob a influência de multidão em tumulto, se não o provocou (art. 65, III, *e*).

1.1. Momento do crime nos delitos permanentes e continuados

O entendimento da Súmula n. 611 do STF (*v.* no tópico Súmulas a seguir) também é aplicado aos crimes habituais. Portanto, excepcionalmente em tais casos, será aplicada a lei vigente no momento em que a conduta criminosa cessar, ainda que mais grave ou prejudicial ao agente.

2. JURISPRUDÊNCIA

2.1. Súmulas

Súmula n. 611, STF: "A lei penal mais grave aplica-se ao crime continuado ou ao crime permanente, se a sua vigência é anterior à cessação da continuidade ou da permanência".

2.2. Julgados

Tempo do crime – consumação do delito – lei de regência

Retificação na guia de recolhimento prisional do paciente. Consumação do delito. Momento em que cessa a sua permanência. Decisão do juiz das execuções. Equívoco quanto à data de consumação do delito. Extensão de seus efeitos. Impossibilidade. 1. A consumação do delito é regida pela lei em vigor no momento em que cessa a sua permanência. 2. Considerando que a data tomada pelo Juízo das execuções como aquela em que o delito teria sido cometido foi equivocada, não se pode estender os efeitos da referida decisão ao paciente e nem a nenhum outro correú, sob a justificativa de aplicação do princípio da isonomia. 3. Ordem denegada. (STJ, *HC* n. 202.048/RN, 6ª T., rel. Min. Sebastião Reis Jr., rel. p/ ac. Min. Og Fernandes, j. 01.08.2012)

Territorialidade

Art. 5º Aplica-se a lei brasileira, sem prejuízo de convenções, tratados e regras de direito internacional, ao crime cometido no território nacional.

§ 1º Para os efeitos penais, consideram-se como extensão do território nacional as embarcações e aeronaves brasileiras, de natureza pública ou a serviço do governo brasileiro onde quer que se encontrem, bem como as aeronaves e as embarcações brasileiras, mercantes ou de propriedade privada, que se achem, respectivamente, no espaço aéreo correspondente ou em alto-mar.

§ 2º É também aplicável a lei brasileira aos crimes praticados a bordo de aeronaves ou embarcações estrangeiras de propriedade privada, achando-se aquelas em pouso no território nacional ou em voo no espaço aéreo correspondente, e estas em porto ou mar territorial do Brasil.

1. COMENTÁRIO

Soberania, segundo Celso Ribeiro Bastos "[...] se constitui na supremacia do poder dentro da ordem interna e no fato de, perante a ordem externa, só encontrar Estados de igual poder. Esta situação é a consagração, na ordem interna, do princípio da subordinação, com o Estado no ápice da pirâmide, e, na ordem internacional, do princípio da coordenação. Ter, portanto, a soberania como fundamento do Estado brasileiro significa que dentro do nosso território não se admitirá força outra que não a dos poderes juridicamente constituídos, não podendo qualquer agente estranho à Nação intervir nos seus negócios" (*Curso de direito constitucional*, 2002, p. 24). Figura como um dos elementos integrantes do conceito de Estado, significa a capacidade de impor, dentro do território nacional, sua autoridade plena, definindo comandos, normas e leis a serem seguidas por sua população, as quais deverão ser respeitadas também pelos outros Estados. A noção deste importante instituto político – que figura como fundamento do Estado Democrático de Direito (art. 1º, I, CF), princípio que rege as relações internacionais de nosso país (art. 4º, I, III e V, CF) e também princípio da ordem econômica (art. 170, I, CF) – orienta não só a atuação do governo no âmbito interno como também no âmbito externo; representa, pois, elemento comum entre todos os Estados, eis que membros da comunidade internacional.

O Código adota o princípio da territorialidade, contudo, de forma temperada ou mitigada, eis que respeita pactos, acordos, tratados e convenções internacionais, cujas normas deverão ser observadas e aplicadas no território brasileiro, a partir de sua internalização em nosso ordenamento jurídico.[19] Nas imortais lições de Nélson Hungria, "[...] o Código criou um temperamento à impenetrabilidade do direito interno ou à exclusividade da ordem jurídica do Estado sobre o seu território, permitindo e reconhecendo, em determinados casos, a validez da lei de outro estado" (*Comentários ao Código Penal*, 1959, v. I, t. I, p. 41). Portanto, em determinadas situações, a lei penal brasileira não será aplicada, mesmo que o crime seja praticado no território nacional, cedendo lugar a alguma norma especial no âmbito do direito internacional.

1.1. Território nacional

Abrange o espaço terrestre (solo, subsolo, plataforma continental),[20] marítimo (mares interiores, baías, golfos, zona contígua, zona econômica de exploração exclusiva, mar territorial – exerce soberania, pois, até as 200 milhas marítimas a partir da linha que serve de base para se medir o mar territorial),[21] fluvial (águas interiores, rios, lagos, inclusive os fronteiriços ou limítrofes – ficam na divisa de dois países – ou sucessivos – transpassam por dois ou mais países) ou aéreo correspondente.[22]

1.1.1. Território nacional por extensão

Por ficção jurídica (por isso também denominado território *ficto*), as embarcações (de pequeno e grande porte) e aeronaves brasileiras, públicas ou privadas a serviço do governo brasileiro são consideradas extensão do território nacional, vigorando nossas leis penais, pois, independentemente do local onde estejam; mas se a embarcação ou aeronave for de natureza mercante ou privada (sem estar servindo aos interesses do governo brasileiro), só serão aplicadas as leis penais brasileiras se estiverem em alto-mar ou no espa-

19 Após a assinatura do Tratado, este diploma internacional deverá ser submetido a um processo de internalização. O Presidente submeterá ao Congresso Nacional, por meio de Mensagem (contendo a Exposição de Motivos, elaborada pelo Ministro das Relações Exteriores, e o respectivo tratado). No Congresso, o texto será encaminhado às comissões competentes, sendo votado em cada casa legislativa em turno único, e deverá ser aprovado por maioria absoluta dos seus membros, art. 47, CF (em caso de tratado relacionado com direitos humanos, será incorporado ao ordenamento nacional sob o rito específico, nos termos do art. 45, § 3º, CF). Após aprovação tanto na Câmara como no Senado, o Presidente desta última casa emitirá um decreto legislativo e o encaminhará ao Presidente da República, o qual poderá ou não ratificá-lo (ato discricionário). Caso ratifique, concluirá o processo de incorporação ao ordenamento nacional por intermédio de promulgação, ordenando, via decreto, a publicação do texto e a sua respectiva execução em nosso território.

20 O solo possui seu respectivo limite geograficamente demarcado. A plataforma continental constitui o prolongamento natural até 200 milhas marítimas da linha base (mar territorial).

21 O mar territorial compreende as 12 milhas marítimas de largura, "[...] medidas a partir da linha de baixa-mar do litoral continental e insular brasileiro, tal como indicada nas cartas náuticas de grande escala, reconhecidas oficialmente pelo Brasil (art. 1º, Lei n. 8.617/93). A zona contígua corresponde das 12 às 24 milhas, e a zona de exploração exclusiva, das 12 às 200 milhas.

22 O Brasil adota a teoria da soberania sobre a coluna atmosférica, de acordo com o teor do art. 11, Lei n. 7.565/66 (CBA), exercendo "completa e exclusiva soberania sobre o espaço aéreo acima de seu território e mar territorial". Quanto ao espaço cósmico, inclusive a lua e demais corpos celestes, o Brasil é signatário do Tratado sobre Princípios Reguladores das Atividades dos Estados na Exploração e Uso do Espaço Cósmico, inclusive a Lua e demais Corpos Celestes (1967, introduzido definitivamente em nosso ordenamento pelo Decreto n. 64.362/69). De acordo com o art. I de tal diploma, "poderá ser explorado e utilizado livremente por todos os Estados sem qualquer discriminação em condições de igualdade e em conformidade com o direito internacional, devendo haver liberdade de acesso a todas as regiões dos corpos celestes". A teor do art. II, "o espaço cósmico, inclusive a Lua e demais corpos celestes, não poderá ser objeto de apropriação nacional por proclamação de soberania, por uso ou ocupação, nem por qualquer outro meio". A lei penal brasileira, no entanto, não será aplicada, conforme esclarecido no Tratado, em respeito à manutenção das boas relações internacionais – "as atividades dos Estados partes deste Tratado relativas à exploração e uso do espaço cósmico, inclusive da lua e demais corpos celestes, deverão efetuar-se em conformidade com o direito internacional, inclusive a Carta das Nações Unidas, com a finalidade de manter a paz e a segurança internacional e de favorecer a cooperação e a compreensão internacionais" (art. III) –, pois os signatários "se comprometem a não colocar em órbita objeto portador de armas nucleares ou de qualquer outro tipo de armas ou de qualquer outro tipo de armas de destruição em massa, a não instalar tais armas sobre os corpos celestes e a não colocar tais armas, de nenhuma maneira, no espaço cósmico. Todos os Estados-partes do Tratado utilizarão a Lua e os demais corpos celestes exclusivamente para fins pacíficos. Estarão proibidos nos corpos celestes o estabelecimento de bases, instalações e fortificações militares, os ensaios de armas de qualquer tipo e a execução de manobras militares. Não se proíbe a utilização de pessoal militar para fins de pesquisas científicas para qualquer outro fim pacífico. Não se proíbe, do mesmo modo, a utilização de qualquer equipamento ou instalação necessária à exploração pacífica da Lua e demais corpos celestes" (art. IV).

ço aéreo correspondente; portanto, estas últimas, se ancoradas ou navegando em mar territorial de outro país, em pouso ou sobrevoando também espaço aéreo pertencente ao outro Estado, sujeitam-se às leis respectivas.

1.1.2. Embarcações e aeronaves estrangeiras de propriedade privada

Se as embarcações estiverem ancoradas, em porto ou mar territorial e, por outro lado, as aeronaves sobrevoarem o espaço aéreo ou pousarem, em ambos os casos no território nacional, vige, da mesma forma, o princípio da territorialidade.

1.2. Imunidades consulares e diplomáticas[23]

Algumas normas específicas excepcionam a regra geral acerca da territorialidade; assim, em determinadas hipóteses ocorrerá verdadeira intraterritorialidade, ou seja, o direito interno admitirá a aplicabilidade de normas decorrentes de outros países, vigorando, pois, o princípio da territorialidade temperada. Essas imunidades caracterizam-se como causa de exclusão de jurisdição, pois inaplicável a jurisdição brasileira em relação a atos praticados por determinadas pessoas que representam outros países no território nacional, configurando, portanto, verdadeira "impossibilidade jurídica" de aplicação da lei brasileira, pois "[...] não haverá jurisdição onde o Estado-juiz não dispõe de capacidade para impor, em caráter compulsório, a observância de seus comandos e determinações. *Nulla jurisdictio sine imperio*" (STF, *HC* n. 102.041-MC/SP, rel. Min. Celso de Mello, j. 18.12.2009). Referida imunidade, no entanto, não isenta seu beneficiário de eventual responsabilização pelos seus atos no Estado acreditante, se porventura houver previsão para tanto em seu país de origem.

Fundamentam as imunidades em questão a *teoria da função*, segundo a qual diplomatas e cônsules, por defenderem os interesses dos Estados que representam, não podem ser submetidos a coação de qualquer espécie (*v.* art. 31, Decreto n. 56.435/65, e art. 43, Decreto n. 61.078/67). Essa é a razão pela qual tais imunidades não podem ser renunciadas pelas pessoas beneficiárias, somente os Estados podem renunciar a imunidade do agente diplomático ou consular (art. 32, Decreto n. 56.435/65; e art. 45, Decreto n. 61.078/67).[24]

1.2.1. Imunidades diplomáticas

De acordo com a Convenção de Viena sobre Relações Diplomáticas (1961),[25] os membros do pessoal da missão (diplomatas, funcionários administrativos e técnicos) e os respectivos familiares de todos eles (desde que com eles convivam e dependam economicamente, e não sejam nacionais nem tenham residência permanente no Estado acreditado) possuem imunidade penal; no Brasil, poderão, contudo, responder pela lei penal do seu país de origem – ver arts. 29, 31 e 37, Decreto n. 56.435/65.[26] Tratam-se de imunidades absolutas,[27] porém, os membros da missão deve-

23 São invioláveis os locais, arquivos, documentos, a residência (somente do chefe da missão diplomática), a bagagem, os veículos, as comunicações, todos das missões, bem como, pessoalmente, diplomatas e cônsules. Ressaltamos, contudo, que os funcionários consulares poderão ser presos em razão da prática de crime grave e em decorrência de decisão de autoridade judiciária competente (arts. 22, 24, 27, 29 e 30, Decreto n. 56.435/65; e arts. 27, 31, 33, 35, 41 e 43, Decreto n. 61.078/67).

24 Embaixadas e consulados (e demais espaços ocupados pelas missões) fazem parte do território brasileiro, apenas desfrutam de imunidade de jurisdição quanto à aplicabilidade da lei brasileira.

25 Incorporada ao ordenamento jurídico nacional pelo Decreto n. 56.435/65.

26 Também desfrutam de tal imunidade os funcionários das organizações internacionais (p. ex.: ONU), quando estiverem a exercer suas regulares funções, e os chefes de Estado estrangeiro e respectiva comitiva, quando em visita ao país anfitrião. Nos termos do art. 37, "os membros do pessoal de serviço da Missão, que não sejam nacionais do Estado acreditado nem nele tenham residência permanente, gozarão de imunidades quanto aos atos praticados no exercício de suas funções, de isenção de impostos e taxas sobre os salários que perceberem pelos seus serviços e da isenção prevista no art. 33". Portanto, os funcionários de serviço gozam de imunidade relativa, pois esta somente atinge os atos praticados no exercício de suas funções. O chefe da missão é a pessoa encarregada pelo Estado acreditante de agir nessa qualidade (art. 1º, *a*, Decreto n. 56.435/65) – Estado acreditante é o país de origem da missão, e Estado acreditado é aquele que permite a instalação e exercícios das missões diplomáticas e consulares em seu território. Chefe da missão divide-se em três categorias: a) embaixadores ou núncios, acreditados perante chefes de Estado, e outros chefes de missões de categoria equivalente; b) enviados, ministros ou internúncios, acreditados perante chefe de Estado; c) encarregados de negócios, creditados perante ministros das relações exteriores (art. 14).

27 De acordo com o art. 8º do Decreto n. 56.435/65, os membros do pessoal diplomático (diplomatas) deverão ter, a princípio, a mesma nacionalidade do Estado acreditante, ou seja, não é regra impositiva, mas mera faculdade. O agente diplomático (tanto o chefe da missão como o membro da missão pessoal diplomática) nacional do próprio Estado acreditado, isto é, nascido no território nacional em que estiver localizada a missão diplomática ou nele tiver residência permanente, gozará da imunidade de jurisdição e de inviolabilidade apenas quanto aos atos oficiais praticados no desempenho de suas funções, a não ser que o próprio Estado acreditado outorgue imu-

rão respeitar as leis e os regulamentos do Estado acreditado. Têm também o dever de não se imiscuir nos assuntos internos do referido Estado (art. 41, Decreto n. 56.435/65), ou seja, a imunidade em questão não legitima o desrespeito e descumprimento do ordenamento jurídico nacional. Aliás, se as leis nacionais forem violadas de forma grave e reiterada, o Estado acreditado pode declarar *persona non grata*, comunicando ao Estado acreditante que o membro da missão é indesejável, requisitando sua retirada e, caso não o faça, o Estado acreditado não reconhecerá, pois, qualquer imunidade e, consequentemente, poderá julgá-lo pela infração penal cometida.[28]

Essas imunidades têm início a partir do momento em que o membro da missão entrar no território do Estado acreditado para assumir o seu posto ou, no caso de já se encontrar no referido território, desde que a sua nomeação tenha sido notificada ao Ministério das Relações Exteriores ou ao Ministério em que se tenha convindo. Quando terminarem as funções diplomáticas que exerce, as imunidades cessarão normalmente no momento em que essa pessoa deixar o país ou quando transcorrido um prazo razoável que lhe tenha sido concedido para tal fim, mas perdurarão até esse momento mesmo em caso de conflito armado. Todavia a imunidade subsiste no que diz respeito aos atos praticados por tal pessoal no exercício de suas funções como membro da missão (art. 39, Decreto n. 56.435/65). Se porventura um membro da missão vier a falecer, os membros de sua família continuarão no gozo dos privilégios e imunidades a que têm direito até a expiração de um prazo razoável que lhes permita deixar o território do Estado acreditado (mesmo artigo mencionado).

O pessoal do serviço, isto é, as pessoas encarregadas dos serviços domésticos da própria missão, que não sejam nacionais do Estado acreditado nem nele tenham residência permanente, desfrutam de imunidades somente no que tange às suas funções (art. 37, Decreto n. 56.435/65). Os criados particulares dos membros da missão (pessoa do serviço doméstico, pessoal, de um membro da missão que não seja empregado do Estado acreditante), que não sejam nacionais do Estado acreditado nem nele tenham residência permanente, só gozarão de privilégios e imunidades na medida reconhecida pelo referido Estado.

1.2.2. Imunidades consulares

Os membros da missão consular[29] (chefe da repartição consular, demais funcionários e empregados consulares), por sua vez, gozam de imunidade relativa, eis que podem ser presos preventivamente pela prática de crime grave, bem como em virtude de decisão condenatória (exceto, neste último caso, se os atos praticados forem relativos às suas funções), desde que a ordem constritiva de liberdade seja emanada, por óbvio, pela autoridade judiciária competente[30] (arts. 41 e 43,

nidade ou inviolabilidade, em razão de suas leis internas. Os demais membros do pessoal da missão e os criados particulares, que também sejam nacionais do Estado acreditado ou nele tenham a sua residência permanente, gozarão apenas dos privilégios e imunidades que lhes forem reconhecidos pelo referido Estado (art. 38, Decreto n. 56.435/65).

28 Como ensina Francisco Rezek: "a imunidade não impede a polícia local de investigar crime, preparando a informação sobre a qual se presume que a justiça do Estado de origem processará o agente beneficiado pelo privilégio diplomático" (*Direito internacional público*, 2006, p. 172). É importante esclarecer que o agente diplomático que seja nacional do Estado acreditado ou tenha residência permanente gozará da imunidade de jurisdição e de inviolabilidade apenas quanto aos atos oficiais praticados no desempenho de suas funções (a não ser que o próprio Estado acreditado conceda alguma outra imunidade/privilégio). Os demais membros do pessoal da missão e os criados particulares, nas mesmas condições, gozarão apenas dos privilégios e imunidades que lhes forem reconhecidos pelo referido Estado (art. 38, Decreto n. 56.435/65).

29 Os chefes da repartição consular dividem-se nas seguintes categorias (art. 9º, Decreto n. 61.078/67): a) cônsules-gerais; b) cônsules; c) vice-cônsules; d) agentes consulares. O funcionário consular é toda pessoa, inclusive o chefe da repartição consular, encarregada nesta qualidade do exercício de funções consulares, podendo ser de carreira ou honorário (art. 1º, Decreto n. 61.078/67). O empregado consular é o que realiza os serviços técnicos e administrativos (mesmo artigo mencionado).

30 *V.* nesse sentido a decisão do STF nos autos do *HC* n. 81.158/RJ, de relatoria do Min. Ilmar Galvão, j. 14.05.2002. Os funcionários consulares são obrigados a comparecer perante as autoridades competentes. Todavia, as diligências serão conduzidas com as deferências devidas à sua posição oficial e, exceto no caso de prisão preventiva em decorrência da prática de crime grave, de maneira que perturbe o menos possível o exercício das funções consulares. Ressaltamos, porém, que, embora possam ser chamados a depor como testemunhas no decorrer de um processo judiciário ou administrativo (exceto sobre fatos relacionados com o exercício de suas funções e à exibição de correspondência e documentos oficiais que a elas se refiram), poderão recusar-se a depor, também, na qualidade de peritos sobre as leis do Estado que envia; na hipótese de se recusarem a fazê-lo, nenhuma medida coercitiva ou qualquer outra sanção ser-lhes-á aplicada. A autoridade que solicitar o testemunho deverá evitar que o funcionário consular seja perturbado no exercício de suas funções. Poderá tomar o depoimento do funcionário consular em seu domicílio ou na repartição consular, ou aceitar sua declaração por escrito, sempre que for possível (*v.* arts. 41 e 44). Na hipótese de prisão preventiva

Decreto n. 61.078/67). As imunidades são extensíveis aos membros das respectivas famílias e os membros de seu pessoal privado – pessoa empregada exclusivamente no serviço particular de um membro da repartição consular (art. 53, Decreto n. 61.078/67).

Tais imunidades iniciar-se-ão desde o momento em que o membro ingresse no território do Estado receptor para chegar a seu posto, ou, se ele já se encontrar nesse território, desde o momento em que assumir suas funções na repartição consular. Quando o membro da repartição consular terminar suas funções, cessarão suas imunidades, normalmente na primeira das datas seguintes: no momento em que a referida pessoa abandonar o território do Estado receptor ou na expiração de um prazo razoável que lhe será concedido para este fim, subsistindo, contudo, até esse momento, mesmo no caso de conflito armado (art. 53, Decreto n. 61.078/67).[31] Contudo, ainda que perca a imunidade, quanto aos atos praticados no exercício das suas funções (entre eles os de relevância penal), a imunidade de jurisdição subsistirá indefinidamente.

Os membros do pessoal de serviço (pessoa empregada no serviço doméstico de uma repartição consular) não desfrutam de imunidade alguma.

Os cônsules honorários têm imunidade ainda mais restrita: somente no que concerne ao exercício regular de suas funções. Todavia a imunidade não se estende aos membros da família de funcionário ou empregado, ambos consulares, de repartição consular dirigida por funcionário consular honorário (arts. 43 e 58, Decreto n. 61.078/67). As regras referentes a *persona non grata* também aqui se aplicam (art. 23, Decreto n. 61.078/67).

1.3. Imunidades parlamentares

Previstas no art. 53 da CF e, em razão do princípio da simetria (ou paralelismo das formas), reproduzida nas Constituições estaduais, conferindo as mesmas imunidades a deputados estaduais. São verdadeiras prerrogativas em razão do cargo exercido (mandato popular), caracterizando-se em causa de exclusão de crime. Subdividem-se em:

a) imunidade penal, absoluta, material ou inviolabilidade: a qual permite a senadores e deputados[32] exprimirem livremente, dentro da casa legislativa,[33] suas ideias, pensamentos e palavras, não respondendo por crimes envolvendo a exteriorização de opinião ou críticas. Tal imunidade alcança, inclusive, a responsabilidade civil por tais atos;

b) imunidade processual, relativa ou formal: esta se caracteriza em duas vertentes, em primeiro lugar pela impossibilidade de prisão em flagrante, nos seus exatos contornos, admitindo-se, porém, na hipótese de crime inafiançável, ressaltando que, após formalizada, os autos de tal modalidade de aprisionamento cautelar serão remetidos para a casa legislativa respectiva, a qual decidirá pelo voto aberto (nominal) de seus representantes se mantém ou não a prisão, ressalvando que somente a maioria relativa, isto é, maioria dos presentes àquela votação, poderá autorizar a continuidade da prisão; em segundo lugar, para iniciar a ação penal a denúncia ou queixa será endereçada ao STF (senadores e deputados federais, art. 53, § 4º, CF) ou ao tribunal competente (deputados estaduais, previsão na Constituição estadual específica) e este órgão colegiado comunicará a casa legislativa respectiva, sendo que qualquer partido com representação naquela legislatura poderá solicitar a suspensão do processo até o término do mandato (se o crime for cometido antes da diplomação, o processo tramitará

---

de um membro do pessoal consular ou de instauração de processo penal contra ele, o Estado receptor deverá notificar imediatamente o chefe da repartição consular. Se este último for o objeto de tais medidas, o Estado receptor levará o fato ao conhecimento do Estado que enviar, por via diplomática (*v.* art. 42).

31 No caso de membros da família e membros de seu pessoal privado, a imunidade inicia a partir da última das seguintes datas: aquela a partir da qual o membro da repartição consular começa a desfrutar de sua imunidade, a data de sua entrada no território do Estado receptor ou a data em que se tornarem membros da referida família ou do referido pessoal privado. Cessará no momento em que abandonar o território do Estado receptor ou na expiração de um prazo razoável que lhe será concedido para este fim, subsistindo, contudo, até esse momento, mesmo no caso de conflito armado ou, ainda, no momento em que deixarem de pertencer à família de um membro da repartição consular ou de estar a seu serviço. Entretanto, quando essas pessoas se dispuserem a deixar o Estado receptor dentro de um prazo razoável, seus privilégios e imunidades subsistirão até o momento de sua partida.

32 Também vereadores gozam de tal prerrogativa, mas no exercício de sua função e nos limites territoriais do município pelo qual foi eleito (art. 29, VIII, CF). Não detêm foro privilegiado algum.

33 Se fora da casa legislativa, as palavras, opiniões ou manifestações de pensamento consideradas criminosas devem guardar relação com o regular exercício do mandato.

normalmente, sem a necessidade de comunicar à casa legislativa).[34]

O parlamentar não pode renunciar às imunidades mencionadas, eis que estas não decorrem de privilégio pessoal, mas são prerrogativas relacionadas ao exercício do mandato popular, na verdade, pertencente à respectiva casa legislativa.[35] As imunidades, no entanto, poderão ser suspensas, durante o estado de sítio, por voto de 2/3 dos membros da casa legislativa, em caso de atos praticados fora do recinto do Congresso ou Assembleia os quais estejam atrapalhando o cumprimento da medida extrema, o estado de sítio (art. 53, § 8º, CF). A imunidade tem início com a diplomação e, para o STF, o suplente não é titular. No caso de parlamentar afastado para exercer cargo (p. ex.: atuar na função de ministro de Estado), mesmo mantido o mandato, também não terá a imunidade em questão.[36]

1.4. Imunidade do chefe do Executivo (presidente e governador)

O Presidente da República desfruta de inviolabilidade de prisão, a qual somente poderá ocorrer após a condenação (art. 86, § 3º, CF). Para responder a ação penal, é necessária a prévia autorização da Câmara dos Deputados, se crime ou contravenção comum (somente prática delituosa referente ao exercício ou que guarde relação com as suas funções presidenciais, portanto é uma imunidade relativa ou temporária, pois qualquer outro crime ou contravenção antes ou durante o mandato poderá ser processado e, assim, não caracteriza imunidade material/absoluta) ou de responsabilidade (ação penal popular ou *impeachment*), neste último caso a iniciativa é autorizada a qualquer cidadão, mas é necessária prévia autorização da Câmara e o julgamento será realizado pelo Senado, sob a presidência do Presidente do STF.

O governador do estado e do Distrito Federal possui apenas a prerrogativa relacionada com a ação penal mencionada, cuja autorização prévia é submetida à Assembleia Legislativa (a competência para os julgamentos é do STJ). Todas as Constituições estaduais que previam a inviolabilidade de prisão foram declaradas inconstitucionais pelo STF. Os governadores são julgados perante o STJ. Prefeitos não desfrutam de imunidade ou inviolabilidade alguma, no entanto, em razão de prerrogativa de função são julgados perante o tribunal competente.

2. JURISPRUDÊNCIA

2.1. Julgados

Imunidade de jurisdição

Internacional e constitucional. Processual civil. Recurso ordinário. Art. 105, II, *c*, da CF. Cabível. Impetração contra ato consular estrangeiro. Negativa de visto. Imunidade de jurisdição. Art. 43, 1º, da Convenção de Viena sobre Relações Consulares. Decreto n. 61.078, de 26.07.1967. Não cabimento do *writ*. [...] 3. As autoridades consulares possuem imunidade de jurisdição, de acordo com o art. 43, 1º, da Convenção de Viena sobre Relações Consulares: "os funcionários consulares e os empregados consulares não estão sujeitos à jurisdição das autoridades judiciárias e administrativas do Estado receptor pelos atos realizados no exercício das funções consulares". 4. Não é cabível a impetração contra autoridade consular estrangeira por negativa de visto de entrada, pelo que está consignado no art. 43, 1º, da Convenção de Viena sobre Relações Consulares, promulgada por meio do Decreto n. 61.078, de 26.07.1967. Recurso ordinário improvido. (STJ, RO n. 126/SP, rel. Min. Humberto Martins, j. 02.08.2012)

Imunidade diplomática

Sabemos que no exercício da jurisdição [...] rege-se ordinariamente pelo princípio da territorialidade, a significar que há situações, pessoas, órgãos ou instituições imunes à incidência do poder jurisdicional dos magistrados e Tribunais brasileiros. Na realidade, e ressalvadas as hipóteses previstas em tratados, convenções e regras de direito internacional, os órgãos integrantes

34 Vale lembrar que, de acordo com o art. 53, § 6º, deputados e senadores não são obrigados a testemunhar sobre informações recebidas ou prestadas em função do exercício do mandato, nem sobre as pessoas que lhes confiaram ou deles receberam informações.

35 STF, Inq. n. 725/RJ, rel. Min. Ellen Gracie, j. 08.05.2002. No mesmo sentido, STF, *HC* n. 78.093/AM, rel. Min. Octavio Gallotti, j. 11.12.1998; Inq. n. 510/DF, rel. Celso de Mello, Pleno, j. 19.04.1991. Todavia é importante salientarmos que a prerrogativa de foro persiste, ainda que o congressista esteja afastado para exercer cargo no Poder Executivo (STF, Inq. n. 1.070/TO, rel. Min. Sepúlveda Pertence, j. 06.09.2001; Inq. n. 780/TO, Pleno, rel. Min. Moreira Alves, j. 11.06.1996; Inq. n. 777-QO/TO, Pleno, rel. Min. Moreira Alves, j. 01.10.1993), bem como a possibilidade de esse mesmo congressista ser submetido a procedimento disciplinar em razão, por exemplo, de prática contrária ao decoro parlamentar (STF, MS n. 25.579-0-MC/DF, Pleno, rel. Min. Sepúlveda Pertence, rel. p/ ac. Min. Joaquim Barbosa, j. 19.10.2005).

36 O STF firmou entendimento acerca de que o parlamentar afastado para exercer algum cargo no âmbito do Poder Executivo perde, enquanto perdurar a função exercida extraordinariamente, as imunidades material e formal (Inq. n. 2021/DF, Pleno, rel. Min. Celso de Mello, j. 19.11.2003; Inq. n. 617/RR, Pleno, rel. Min. Celso de Mello, j. 24.06.2002; Inq. n. 681-QO/SP, Pleno, rel. Min. Celso de Mello, j. 08.03.1994).

do Poder Judiciário acham-se delimitados, quanto ao exercício da atividade jurisdicional, pelo conceito – que é eminentemente jurídico – de território, de tal modo que a prática de jurisdição, por efeito de autolimitação imposta pelo próprio legislador doméstico de cada estado nacional, submete-se, em regra, ao âmbito de validade especial do ordenamento positivo interno [...]. (STF, *HC* n. 102.041-MC/SP, rel. Min. Celso de Mello, j. 18.12.2009)

Imunidade consular

Penal e processual penal. Indícios de autoria e materialidade delitivas. Direito internacional. Convenção de Viena sobre relações consulares. Funcionário consular: imunidade relativa. *Habeas corpus*. Renúncia da imunidade pelo Estado acreditante. Exercício da soberania. Jurisdição do Estado acreditado. Obediência à norma *par in parem non habet imperium*. Inconsistência do pleito. 1. A Convenção de Viena de 1963 autoriza a instauração de procedimentos penais contra funcionários consulares (art. 41), estabelecendo, todavia, diretrizes com a finalidade de que não sejam prejudicadas as suas funções consulares. 2. *In casu*, na condição de Cônsul-Geral do Estado de El Salvador, não foram violados os direitos assegurados ao paciente pela Convenção de Viena de 1963, tendo sido tomadas todas as providências pertinentes a esse fim. 3. Devidamente informado, o Estado de El Salvador, exercendo a sua soberania, retirou os privilégios e imunidades do ora paciente (com base no art. 45 da Convenção de Viena de 1963), não havendo que se falar em imunidade em vigor. 4. O direito à imunidade não deve ser aplicado de forma automática pelo Estado acreditado, diante da circunstância de que pode haver a renúncia quanto a ela, justificando-se a suspensão do processo até que o Estado acreditante se manifeste quanto o seu direito à imunidade jurisdicional ou pela renúncia a essa prerrogativa. 5. Foram observadas as formalidades legais para o recebimento da denúncia, não tendo sido demonstrados, de plano, motivos que possibilitem o trancamento da Ação Penal n. 2007.34.00.032890-1/DF. 6. Constrangimento ilegal inocorrente. Ordem denegada. (TRF-1, *HC* n. 2009.01.00.045158-6/DF, 4ª T., rel. Des. Fed. conv. Hilton Queiroz, j. 14.09.2009)

Imunidades parlamentares. Liberdade de expressão ilimitada. Impossibilidade

[...] A previsão constitucional do Estado Democrático de Direito consagra a obrigatoriedade do País ser regido por normas democráticas, com observância da Separação de Poderes, bem como vincula a todos, especialmente as autoridades públicas, ao absoluto respeito aos direitos e garantias fundamentais, com a finalidade de afastamento de qualquer tendência ao autoritarismo e concentração de poder. O autor das condutas é reiterante na prática criminosa, pois está sendo investigado em inquérito policial nesta Corte, a pedido da PGR, por ter se associado com o intuito de modificar o regime vigente e o Estado de Direito, através de estruturas e financiamentos destinados à mobilização e incitação da população à subversão da ordem política e social, bem como criando animosidades entre as Forças Armadas e as instituições. A Constituição Federal não permite a propagação de ideias contrárias à ordem constitucional e ao Estado Democrático (CF, arts. 5º, XLIV; 34, III e IV), nem tampouco a realização de manifestações nas redes sociais visando o rompimento do Estado de Direito, com a extinção das cláusulas pétreas constitucionais – Separação de Poderes (CF, art. 60, § 4º), com a consequente instalação do arbítrio. A liberdade de expressão e o pluralismo de ideias são valores estruturantes do sistema democrático. A livre discussão, a ampla participação política e o princípio democrático estão interligados com a liberdade de expressão tendo por objeto não somente a proteção de pensamentos e ideias, mas também opiniões, crenças, realização de juízo de valor e críticas a agentes públicos, no sentido de garantir a real participação dos cidadãos na vida coletiva. Dessa maneira, tanto são inconstitucionais as condutas e manifestações que tenham a nítida finalidade de controlar ou mesmo aniquilar a força do pensamento crítico, indispensável ao regime democrático; quanto aquelas que pretendam destruí-lo, juntamente com suas instituições republicanas; pregando a violência, o arbítrio, o desrespeito à Separação de Poderes e aos direitos fundamentais, em suma, pleiteando a tirania, o arbítrio, a violência e a quebra dos princípios republicanos [...] Relembre-se que, considera-se em flagrante delito aquele que está cometendo a ação penal, ou ainda acabou de cometê-la. Na presente hipótese, verifica-se que o parlamentar Daniel Silveira, ao postar e permitir a divulgação do referido vídeo, que repiso, permanece disponível nas redes sociais, encontra-se em infração permanente e consequentemente em flagrante delito, o que permite a consumação de sua prisão em flagrante. Ressalte-se, ainda, que a prática das referidas condutas criminosas atenta diretamente contra a ordem constitucional e o Estado Democrático; apresentando, portanto, todos os requisitos para que, nos termos do art. 312 do Código de Processo Penal, fosse decretada a prisão preventiva; tornando, consequentemente, essa prática delitiva insuscetível de fiança, na exata previsão do art. 324, IV, do CPP ("Art. 324. Não será, igualmente, concedida fiança: IV – quando presentes os motivos que autorizam a decretação da prisão preventiva). Configura-se, portanto, a possibilidade constitucional de prisão em flagrante de parlamentar pela prática de crime inafiançável, nos termos do § 2º do art. 53 da Constituição Federal [...]"). (STF, Inq. n. 4.781/DF, Plenário, Min. Alexandre de Moraes, d. m., j. 16.02.2021)

Imunidade material parlamentar

De acordo com a peça acusatória, o parlamentar, durante palestra, teria se manifestado, de modo negativo e discriminatório, sobre quilombolas, indígenas, refugiados, mulheres e LGBTs (lésbicas, gays, bissexuais, travestis, transexuais e transgêneros) (*Informativo* n. 913). O colegiado entendeu não configurado o conteúdo discriminatório das declarações do acusado, as quais, além de se inserirem na liberdade de expressão prevista no art. 5º, I, da CF, estão cobertas pela imunidade parlamentar, a que se refere o art. 53 da CF. A turma reconheceu a vinculação das manifestações apresentadas na palestra com pronunciamen-tos do parlamentar na Câmara dos Deputados. Concluiu que, comprovado o nexo de causalidade entre o veiculado e o mandato, tem-se a imunidade parlamentar. As declarações, ainda que dadas fora das dependências do Congresso Nacional e, eventualmente, sujeitas à censura moral, quando retratam o exercício do cargo eletivo, a atuação do congressista, estão cobertas pela imunidade parlamentar e implicam na exclusão da tipicidade. (STF, Inq. n. 4.694/DF, 1ª T., rel. Min. Marco Aurélio, j. 11.09.2018, *Informativo* n. 915)

A manifestação parlamentar do querelado guardou nexo de causalidade com o exercício da atividade legislativa, não havendo justa causa para a deflagração da ação penal de iniciativa privada. Aliás, a imunidade parlamentar em seu sentido material, decorrente de manifestações proferidas no exercício do mandato, ou em razão deste, constitui prerrogativa institucional assegurada aos membros do Poder Legislativo, com vista a garantir-lhes o independente exercício de suas funções. [...] É sabido que a imunidade material parlamentar exclui a tipicidade do fato praticado pelo deputado ou senador consistente na manifestação, escrita ou falada, exigindo-se apenas que ocorra no exercício da função. [...] o STF já firmou orientação no sentido de que o relator pode determinar o arquivamento dos autos quando as supostas manifestações ofensivas estiverem acobertadas pela imunidade parlamentar material. (STF, Pet. n. 4.934, rel. Min. Dias Toffoli, j. 25.09.2012, dec. monocr.)

Direito constitucional, penal e processual penal. Denúncia apresentada, pela Procuradoria-Geral da República, contra senador, perante o STF. Imputação de crime de difamação praticado contra secretário de estado, mediante representação deste. Imunidade parlamentar (material) (art. 53, § 1º, da CF). Questão de ordem. 1. Foi como Senador da República, na representação do Estado do Paraná, que o denunciado formulou as críticas à Secretaria de Segurança daquela unidade da Federação. Mesmo consideradas ofensivas à honra do Secretário, que representou ao Ministério Público Federal, para o oferecimento de denúncia, estaria o parlamentar coberto pela imunidade material de que já tratava o art. 53, § 1º, da CF. Sobretudo, após o advento da EC n. 35, de 20.12.2001, que a estendeu a quaisquer opiniões, palavras e votos, proferidos pelo parlamentar, obviamente nessa condição. 2. De qualquer maneira, a punibilidade estaria extinta, desde 17.03.2002, como demonstrou o parecer da Procuradoria-Geral da República. 3. Em tais circunstâncias, o Plenário resolve a Questão de Ordem, determinando o arquivamento dos autos. 4. Decisão unânime. (STF, Inq. n. 1.594-QO/DF, Pleno, rel. Min. Sydney Sanches, j. 01.08.2002)

I. Recurso extraordinário: prazo de interposição: suspensão pelas férias forenses. II. Recurso extraordinário: decisão interlocutória que resolve a questão constitucional controvertida: acórdão que, provendo apelação de sentença que extinguira o processo por entender incidente o art. 53, *caput*, da Constituição, assenta o contrário e determina a sequência do processo: RE cabível. III. Recurso extraordinário: cabimento: inaplicabilidade da Súmula n. 279, quando se cuida de rever a qualificação jurídica de fatos incontroversos e não de discutir-lhes a realidade ou as circunstâncias. IV. Imunidade parlamentar material (CF, art. 53): âmbito de abrangência e eficácia. 1. Na interpretação do art. 53 da Constituição – que suprimiu a cláusula restritiva do âmbito material da garantia –, o STF tem seguido linha intermediária que, de um lado, se recusa a fazer da imunidade material um privilégio pessoal do político que detenha um mandato, mas, de outro, atende às justas ponderações daqueles que, já sob os regimes anteriores, realçavam como a restrição da inviolabilidade aos atos de estrito e formal exercício do mandato deixava ao desabrigo da garantia manifestações que o contexto do século dominado pela comunicação de massas tornou um prolongamento necessário da atividade parlamentar: para o Tribunal, a inviolabilidade alcança toda manifestação do congressista onde se possa identificar um laço de implicação recíproca entre o ato praticado, ainda que fora do estrito exercício do mandato, e a qualidade de mandatário político do agente. 2. Esse liame é de reconhecer-se na espécie, na qual o encaminhamento ao Ministério Público de *notitia criminis* contra autoridades judiciais e administrativas por suspeita de práticas ilícitas em prejuízo de uma autarquia federal – posto não constitua exercício do mandato parlamentar *stricto sensu*, quando feito por uma Deputada, notoriamente empenhada no assunto, guarda inequívoca relação de pertinência com o poder de controle do Parlamento sobre a administração da União. 3. A imunidade parlamentar material se estende à divulgação pela imprensa, por iniciativa do congressista ou de terceiros, do fato coberto pela inviolabilidade. 4. A inviolabilidade parlamentar elide não apenas a criminalidade ou a imputabilidade criminal do parlamentar, mas também a sua responsabilidade civil por danos oriundos da manifestação coberta pela imunidade ou pela divulgação dela: é conclusão assente, na doutrina nacional e estrangeira, por quanto se tem ocupado especificamente do tema. (STF, RE n. 210.917/RJ, Pleno, rel. Min. Sepúlveda Pertence, j. 12.08.1998)

Imunidade parlamentar elide a responsabilização civil

Imunidade parlamentar material: ofensa irrogada em plenário, independente de conexão com o mandato, elide a responsabilidade civil por dano moral. Precedente: RE n. 210.917, j. 12.08.1992, rel. Min. Sepúlveda Pertence, *RTJ* 177/1.375. (STF, RE n. 463.671-Ag. Reg., 1ª T., rel. Min. Sepúlveda Pertence, j. 19.06.2007). No mesmo sentido: STF, RE n. 577.785-Ag. Reg., 1ª T., rel. Min. Ricardo Lewandowski, j. 01.02.2011; STF, AI n. 681.629-Ag. Reg., 2ª T., rel. Min. Joaquim Barbosa, j. 19.10.2010.

Imunidade parlamentar – inadmissibilidade – congressista afastado para concorrer a cargo eletivo

A garantia constitucional da imunidade parlamentar em sentido material (CF, art. 53, *caput*) – destinada a viabilizar a prática independente, pelo membro do Congresso Nacional, do mandato legislativo de que é titular – não se estende ao congressista, quando, na condição de candidato a qualquer cargo eletivo, vem a ofender, moralmente, a honra de terceira pessoa, inclusive a de outros candidatos, em pronunciamento motivado por finalidade exclusivamente eleitoral, que não guarda qualquer conexão com o exercício das funções congressuais (STF, Inq. n. 1.400-QO, Pleno, rel. Min. Celso de Mello, j. 04.12.2002). No mesmo sentido: STF, RE c/ Ag. n. 674.093, rel. Min. Gilmar Mendes, j. 20.03.2012, decisão monocrática; STF, AI n. 657.235-ED, 2ª T., rel. Min. Joaquim Barbosa, j. 07.12.2010; STF, Pet. n. 4.444, rel. Min. Celso de Mello, j. 28.10.2008, decisão monocrática.

Imunidade formal parlamentar

Operação Navalha. Inquérito n. 544/BA, do STJ. Prisão em flagrante. Situação de flagrância não verificada. Ausência no decreto cautelar da exposição detalhada de situação concreta que ensejasse o flagrante. Ao momento da prisão em flagrante, o paciente não foi surpreendido em situação que fizesse supor a associação para o fim da continuidade de cometimento de crimes. Paciente que não exerce mais o cargo de secretário de Agricultura, Pecuária e Abastecimento do Distrito Federal, nem o mandato de deputado distrital. Mesmo com a superação da ausência de indicação de elementos concretos que configurassem o flagrante, não subsistiriam fundamentos para justificar a prisão do paciente até a presente data, nos termos do art. 310, parágrafo único, do CPP. Incidência do óbice do art. 53, § 2º, da CF, à época dos fatos. Situação de constrangimento ilegal apta a ensejar o deferimento da ordem. Ordem deferida para afastar a decretação de prisão em flagrante do paciente nos autos do Inquérito n. 544/BA, em curso perante o STJ. (STF, *HC* n. 91.435, 2ª T., rel. Min. Gilmar Mendes, j. 01.04.2008)

Imunidade parlamentar: abolição da licença prévia pela EC n. 35/2001: aplicabilidade imediata e consequente retomada do curso da prescrição. 1. A licença prévia da sua Casa para a instauração ou a sequência de processo penal contra os membros do Congresso Nacional, como exigida pelo texto originário do art. 53, § 1º, da Constituição configurava condição de procedibilidade, instituto de natureza processual, a qual, enquanto não implementada, representava empecilho ao exercício da jurisdição sobre o fato e acarretava, por conseguinte, a suspensão do curso da prescrição, conforme o primitivo art. 53, § 2º, da Lei Fundamental. 2. Da natureza meramente processual do instituto, resulta que a abolição pela EC n. 35/2001 de tal condicionamento da instauração ou do curso do processo é de aplicabilidade imediata, independentemente da indagação sobre a eficácia temporal das emendas à Constituição: em consequência, desde a publicação da EC n. 35/2001, tornou-se prejudicado o pedido de licença pendente de apreciação pela Câmara competente ou sem efeito a sua denegação, se já deliberada, devendo prosseguir o feito do ponto em que paralisado. 3. Da remoção do empecilho à instauração ou à sequência do processo contra o membro do Congresso Nacional, decorre retomar o seu curso, desde a publicação da EC n. 35/2001, a prescrição anteriormente suspensa. (STF, Inq. n. 1.566-QO/AC, Pleno, rel. Min. Sepúlveda Pertence, j. 18.02.2002)

Imunidade parlamentar formal – Ação Penal n. 470 (Julgamento do "Mensalão")

O Plenário concluiu julgamento de ação penal movida, pelo MPF, contra diversos acusados pela suposta prática de esquema a envolver crimes de peculato, lavagem de dinheiro, corrupção ativa, gestão fraudulenta e outras fraudes – *v.* Informativos 673 a 685 e 687 a 692. Inicialmente, decidiu-se que, uma vez transitado em julgado o processo: a) por unanimidade, ficam suspensos os direitos políticos de todos os réus ora condenados, com base no art. 15, III, da CF [...] e; b) por maioria, fica decretada a perda de mandato eletivo dos atuais deputados federais acusados na presente ação penal, nos termos do art. 55, VI e § 3º, da CF [...]. Assinalou-se que as hipóteses de perda ou suspensão de direitos políticos seriam taxativas (CF, art. 15) e que o Poder Legislativo poderia decretar a perda de mandato de deputado federal ou senador, com fundamento em perda ou suspensão de direitos políticos, bem assim em condenação criminal transitada em julgado (CF, art. 55, IV e VI). Ressaltou-se que esta previsão constitucional estaria vinculada aos casos em que a sentença condenatória não tivesse decretado perda de mandato, haja vista não estarem presentes os requisitos legais (CP, art. 92), ou por ter sido proferida anteriormente à expedição do diploma, com o trânsito em julgado ocorrente em momento posterior. Afastou-se, na espécie, a incidência de juízo político, nos moldes do procedimento previsto no art. 55 da CF, uma vez que a perda de mandato eletivo seria efeito irreversível da sentença condenatória. Consignou-se, ademais, a possibilidade de suspensão do processo, com o advento da EC n. 35/2001, para evitar que o parlamentar fosse submetido à perseguição política. Entretanto, não ocorrida a suspensão, o feito seguiria trâmite regular. Frisou-se que esses réus teriam cometido crimes contra a administração pública quando no exercício do cargo, a revelar conduta incompatível com o exercício de mandato eletivo. O Min. Celso de Mello acresceu que a reserva constitucional do Parlamento, fundada no art. 55, § 2º, da CF, aplicar-se-ia a condenações criminais que não envolvessem delitos apenados com sanções superiores a quatro anos ou que, embora inferiores a este patamar, não dissessem respeito a infrações cujo tipo penal contivesse como elementar ato de improbidade administrativa. Destacou competir à Casa a que pertencesse o congressista meramente declarar o fato extintivo já reconhecido e integrado ao próprio título condenatório. Asseverou que a deliberação da Suprema Corte, manifestada em decisão revestida de coisa julgada em sentido material, deveria prevalecer em detrimento de reações corporativas ou suscetibilidades partidárias, estas no sentido de que não se devesse cumprir decisão do STF. Sublinhou que as partes poderiam valer-se dos meios processuais destinados a provocar eventual reexame da matéria, e que caberia ao Supremo – incumbido pela própria Assembleia Constituinte – o monopólio da última palavra em matéria de interpretação da Constituição. Aduziu que transgressão à autoridade da coisa julgada afetaria o próprio significado da ordem democrática, fundamento da República. Registrou que possível interpretação desfavorável de normas jurídicas pelos tribunais não poderia ser invocada pelo Executivo ou Legislativo como ato ofensivo ao princípio da separação de Poderes, sob pena de usurpação das atribuições cometidas ao Judiciário. [...] Houve unanimidade no sentido da decretação da perda de mandato eletivo do réu, que atualmente exerce mandato de prefeito, ausente controvérsia acerca da incidência do art. 55, IV e § 2º, da CF. (STF, AP n. 470, Pleno, rel. Min. Joaquim Barbosa, j. 17.12.2012)

Imunidade parlamentar – afastamento do cargo

Mandado de segurança. Medida liminar. Decisão do colegiado. Possibilidade. Mandato parlamentar. Tramitação e processamento de representação por quebra de decoro parlamentar. Deputado federal licenciado e investido no cargo de ministro de Estado. Liminar indeferida. [...] 3. O membro do Congresso Nacional que se licencia do mandato para investir-se no cargo de Ministro de Estado não perde os laços que o unem, organicamente, ao Parlamento (CF, art. 56, I). Consequentemente, continua a subsistir em seu favor a garantia constitucional da prerrogativa de foro em matéria penal (Inq.-QO n. 777-3/TO, rel. Min. Moreira Alves, *DJ* 01.10.1993), bem como a faculdade de optar pela remuneração do mandato (CF, art. 56, § 3º). Da mesma forma, ainda que licenciado, cumpre-lhe guardar estrita observância às vedações e incompatibilidades inerentes ao estatuto constitucional do congressista, assim como às exigências ético-jurídicas que a Constituição (CF, art. 55, § 1º) e os regimentos internos das casas legislativas estabelecem como elementos caracterizadores do decoro parlamentar. 4. Não obstante, o princípio da separação e independência dos Poderes e os mecanismos de interferência recíproca que lhe são inerentes impedem, em princípio, que a Câmara a que pertença o parlamentar o submeta, quando licenciado nas condições supramencionadas, a processo de perda do mandato, em virtude de atos por ele praticados que tenham estrita vinculação com a função exercida no Poder Executivo (CF, art. 87, parágrafo único, incisos I, II, III e IV), uma vez que a Constituição prevê modalidade específica de responsabilização política para os membros do Poder Executivo (CF, arts. 85, 86 e 102, I, *c*). 5. Na hipótese dos autos, contudo, embora afastado do exercício do mandato parlamentar, o Impetrante foi acusado de haver usado de sua influência para levantar fundos junto a bancos "com a finalidade de pagar parlamentares para que, na Câmara dos Deputados, votassem projetos em favor do Governo" (Representação n. 38/2005, formulada pelo PTB). (STFMS n. 25.579-MC, Pleno, rel. Min. Sepúlveda Pertence, rel. p/ ac. Min. Joaquim Barbosa, j. 19.10.2005)

Imunidade parlamentar material – nexo de causalidade

Imunidade parlamentar em sentido material (inviolabilidade). Superveniência da EC n. 35/2001. Âmbito de incidência. Necessidade de que os "delitos de opinião" tenham sido cometidos no exercício do mandato legislativo ou em razão dele. Indispensabilidade da existência desse nexo de implicação recíproca. Conexão ocorrente na espécie. Pedido de arquivamento deferido. A garantia constitucional da imunidade parlamentar em sentido material (CF, art. 53, *caput*), que representa um instrumento vital destinado a viabilizar o exercício independente do mandato representativo, somente protege o membro do Congresso Nacional, qualquer que seja o âmbito espacial (*locus*) em que este exerça a liberdade de opinião – ainda que fora do recinto da própria Casa legislativa –, desde que as suas manifestações guardem conexão com o desempenho da função legislativa (prática *in officio*) ou tenham sido proferidas em razão dela (prática *propter officium*), não obstante a superveniente promulgação da EC n. 35/2001, que não ampliou, em sede penal, a abrangência tutelar da cláusula de inviolabilidade. A prerrogativa indisponível da imunidade material – que constitui garantia inerente ao desempenho da função parlamentar (não traduzindo, por isso mesmo, qualquer privilégio de ordem pessoal) – não se estende a palavras, nem a manifestações do congressista, que nenhuma relação tenham com o exercício do mandato legislativo. É que a cláusula constitucional da inviolabilidade (CF, art. 53, *caput*), para legitimamente proteger o parlamentar, supõe que exista o necessário nexo de implicação recíproca entre as declarações moralmente ofensivas, de um lado, e a prática inerente ao ofício congressional, de outro. Doutrina. Precedentes [...]. Mostra-se correta a promoção do Ministério Público Federal, pois, como se sabe, a cláusula inscrita no art. 53, *caput*, da CR, na redação dada pela EC n. 35/2001, exclui, na hipótese nela referida, a própria natureza delituosa do fato, que, de outro modo, tratando-se do cidadão comum, qualificar-se-ia como crime contra a honra, consoante acentua o magistério da doutrina (José Afonso da Silva, *Curso de direito constitucional positivo*, p. 532, item n. 15, 20.ed., 2002, Malheiros; Celso Ribeiro Bastos, *Comentários à Constituição do Brasil*, v. 4, t. I/187, 1995, Saraiva; Luiz Flávio Gomes, "Imunidades Parlamentares: Nova Disciplina Jurídica da Inviolabilidade Penal, das Imunidades e das Prerrogativas Parlamentares (EC n. 35/01)", in *Juizados Criminais Federais, seus reflexos nos Juizados Estaduais e outros estudos*, p. 94-7, item n. 4.9, 2002, RT; Uadi Lammêgo Bulos, *Constituição Federal anotada*, p. 705-7, 4.ed. 2002, Saraiva, *v. g.*). Se é certo, portanto, que a garantia constitucional da imunidade parlamentar em sentido material representa importante prerrogativa de ordem institucional, não é menos exato que a Carta da República somente legitima a sua invocação, quando o membro do Congresso Nacional, no exercício do mandato – ou em razão deste – proferir palavras ou expender opiniões que possam assumir qualificação jurídico-penal no plano dos denominados "delitos de opinião". Impõe-se registrar, desse modo, presente esse contexto, que o exercício do mandato atua como verdadeiro suposto constitucional, apto a legitimar a invocação dessa especial prerrogativa jurídica, destinada a proteger, por suas "opiniões, palavras e votos", o membro do Congresso Nacional, independentemente do *locus* em que proferidas as expressões eventualmente contumeliosas. É por essa razão que a jurisprudência constitucional do STF tem destacado o caráter essencial do exercício do mandato parlamentar, para o efeito de legitimar-se a invocação da prerrogativa institucional assegurada, em favor dos membros do Poder Legislativo da União, pelo art. 53, *caput*, da Carta Política, sempre enfatizando, nas várias decisões que proferiu – quer antes, quer depois da promulgação da EC n. 35/2001 –, que a proteção resultante da garantia da imunidade em sentido material somente alcança o congressista (Deputado Federal ou Senador da República) nas hipóteses em que as palavras e opiniões por ele expendidas o tenham sido no exercício do mandato ou em razão deste (Inq. n. 1.775/PR (Ag. Reg.), rel. Min. Nelson Jobim, Pleno), de tal modo que cessará essa especial tutela de caráter político-jurídico, sempre que deixar de existir, entre as declarações moralmente ofensivas, de um lado, e a prática inerente ao ofício legislativo, de outro, o necessário nexo de causalidade. (*RTJ* 104/441, rel. Min. Aldir Passarinho; *RTJ* 112/481, rel. Min. Soares Muñoz; *RTJ* 129/970, rel. Min. Sepúlveda Pertence; *RTJ* 135/509, rel. Min. Celso de Mello; *RTJ* 141/406, rel. Min. Célio Borja; *RTJ* 155/396-7, rel. Min. Celso de Mello; *RTJ* 166/844, rel. Min. Carlos Velloso; *RTJ* 167/180, rel. Min. Francisco Rezek; *RTJ* 169/969, rel. Min. Celso de Mello; Inq. n. 810-QO/DF, rel. Min. Néri da Silveira). Cabe assinalar que a teleologia inerente à cláusula de inviolabilidade prevista no art. 53, *caput*, da CR revela a preocupação do constituinte de dispensar efetiva proteção ao congressista, em ordem a permitir-lhe, no desempenho das múltiplas funções que compõem o ofício parlamentar, o amplo exercício da liberdade de expressão, qualquer que seja o âmbito espacial em que concretamente se manifeste (*RTJ* 133/90), ainda que fora do recinto da própria Casa legislativa (*RTJ* 131/1.039; *RTJ* 135/509-10; *RT* 648/318), desde que – cumpre insistir – as afirmações e os pronunciamentos emanados do membro do Poder Legislativo da União guardem conexão com o desempenho do mandato (prática *in officio*) ou tenham sido proferidos em razão dele (prática *propter officium*), conforme esta Suprema Corte tem assinalado em diversas decisões (*RTJ* 155/396-7, rel. Min. Celso de Mello, Pleno, *v. g.*). Esse entendimento jurisprudencial mostra-se fiel à *mens constitutionis*, que reconhece, a propósito do tema, que o instituto da imunidade parlamentar em sentido material existe para viabilizar o exercício independente do mandato representativo, revelando-se, por isso mesmo, garantia inerente ao congressista que se encontre no pleno desempenho da atividade legislativa (Pontes de Miranda, *Comentários à Constituição de 1967 com a Emenda n. 1 de 1969*, tomo III/10 e 43, 2.ed., 1970, RT; João Barbalho, *Constituição Federal Brasileira*, p. 64, edição fac-similar, 1992, Senado Federal; Pinto Ferreira, *Comentários à Constituição Brasileira*, v. 2/625, 1990, Saraiva; José Cretella Júnior, *Comentários à Constituição de 1988*, v. V/2.624-2.625, item n. 204, 1991, Forense Universitária; Michel Temer, *Elementos de direito constitucional*, p. 129-30, item n. 5, 18.ed., 2002, Malheiros, *v. g.*). O fato irrecusável é um só: a garantia da imunidade parlamentar representa um instrumento vital destinado a tornar mais efetiva a independência do congressista no exercício do mandato (Pedro Aleixo, *Imunidades parlamentares*, p. 59-65, 1961, Belo Horizonte; Celso Ribeiro Bastos, *Comentários à Constituição do Brasil*, v. 4, tomo I/187, 1995, Saraiva; René Ariel Dotti, *Curso de direito penal*: Parte Geral, p. 398, item n. 25, 2001, Forense), razão por que não se justifica a outorga dessa especial prerrogativa ao legislador, quando eventualmente afastado do desempenho da representação política (*RTJ* 99/477, rel. Min. Djaci Falcão; *RTJ* 99/487, rel. Min. Néri Da Silveira; *RTJ* 129/970, rel. Min. Sepúlveda Pertence; *RTJ* 131/1.039, rel. Min. Octavio Gallotti; *RTJ* 166/133, rel. Min. Nelson Jobim; *RTJ* 167/29, rel. Min. Néri da Silveira; Inq. n. 681/SP, rel. Min. Celso de Mello; Inq. n. 810/DF, rel. Min. Néri da Silveira; Inq. n. 874/BA (Ag. Reg.), rel. Min. Carlos Velloso; Pet. n. 1.113/DF, rel. Min. Celso de Mello, *DJU* 26.02.1996). Impende registrar, ainda, por necessário, que, não obstante a nova fórmula redacional inscrita no art. 53, *caput*, da Constituição, resultante da promulgação da EC n. 35/2001, a garantia da inviolabilidade, que decorre da cláusula de imunidade parlamentar em sentido material, não se mostra absoluta – na realidade, inexistem direitos absolutos em nosso sistema normativo, como já o proclamou o Plenário desta Suprema Corte (*RTJ* 173/805-10, 807, rel. Min. Celso de Mello) –, nem se estende a qualquer declaração do congressista, pois o alcance normativo do preceito constitucional em referência abrange, unicamente, as manifestações vinculadas ao exercício do mandato legislativo ou feitas em razão deste, tal como adverte, em correto magistério, Michel Temer (*Elementos de direito constitucional*, p. 129, item n. 5, 18.ed., 2002, Malheiros): "A inviolabilidade diz respeito à emissão de opiniões, palavras e votos. Opiniões e palavras que, ditas por qualquer pessoa, podem caracterizar atitude delituosa, mas que assim não se configuram quando pronunciadas por parlamentar. Sempre, porém, quando tal pronunciamento se der no exercício do mandato. Quer dizer: o parlamentar, diante do Direito, pode agir como cidadão comum ou como titular de mandato. Agindo na primeira qualidade não é coberto pela inviolabilidade. A inviolabilidade está ligada à ideia de exercício de mandato. Opiniões, palavras e votos proferidos sem nenhuma relação com o desempenho do mandato representativo não são alcançados pela inviolabilidade." Essa mesma orientação – que se projeta na autorizada lição de Damásio E. de Jesus (*Direito penal*: Parte Geral, v. 1/684, item n. 8, 24.ed., 2001, Saraiva), Fernando Capez (*Curso de processo penal*, p. 53-4, item n. 6.2, 7.ed., 2001, Saraiva), Álvaro Mayrink da Costa (*Direito penal*: Parte Geral, v. I, tomo I/488, item n. 12, 6.ed. 1998, Forense), Uadi Lammêgo Bulos (*Constituição Federal anotada*, p. 705-7, 4.ed. 2002, Saraiva), Celso Ribeiro Bastos (*Comentários à Constituição do Brasil*, v. 4, t. I/187, 1995, Saraiva), Alexandre de Moraes (*Constituição do Brasil interpretada*, p. 1.016-7, item n. 53.2, 2002, Atlas), Luiz Alberto David Araujo/Vidal Serrano Nunes Junior (*Curso de direito constitucional*, p. 297, item n. 3, 6.ed. 2002, Saraiva) e Heleno Cláudio Fragoso (*Lições de direito penal*: Parte Geral, p. 130, item n. 113, 12.ed. 1990, Forense, *v. g.*) – foi exposta, em lapidar abordagem do tema, por Raul Machado Horta (*Estudos de direito constitucional*, p. 597-600, item n. 3, 1995, Del Rey), que assim analisou a matéria ora em exame: "[...] É necessário fixar, todavia, que a inviolabilidade, como exprime o Direito Constitucional Brasileiro [...], está vinculada ao exercício do mandato ou das funções legislativas. E deve ser interpretada tendo em vista sua finalidade primordial, qual seja, a de assegurar a independência do Poder Legislativo e o livre exercício do mandato [...]. O Parlamentar fica sujeito à aplicação do direito comum se o ato praticado não é motivado pelo exercício da função [...]. A inviolabilidade preserva apenas os atos de exercício das funções parlamentares ou conexas com elas, e não os outros. É garantia da função e não é privilégio da pessoa [...]. A inviolabilidade é imunidade de fundo. A opinião e o voto perdem qualificação penal, quando proferidos no exercício do mandato legislativo [...]." Como precedentemente referido, esta Suprema Corte, já sob a égide da EC n. 35/2001, teve o ensejo de advertir que a cláusula constitucional da inviolabilidade continua a restringir-se, mesmo no que se refere aos aspectos penais, às manifestações do pensamento exteriorizadas, pelo parlamentar, no contexto do exercício do mandato legislativo, ou em razão deste, de tal modo que a prerrogativa da imunidade parlamentar em sentido material não protegerá o congressista naqueles casos em que as imputações moralmente ofensivas se apresentarem completamente desvinculadas do desempenho de qualquer das atribuições inerentes ao ofício congressual (Inq. n. 1.710-QO/SP, rel. Min. Sydney Sanches, Pleno). Essa decisão plenária está resumida em valiosa publicação desta Corte (*Informativo/STF*), editada por servidores cuja excelente atuação merece o reconhecimento daqueles que atuam na área jurídica: "O Tribunal, apreciando queixa-crime ajuizada contra deputado federal, inicialmente, pronunciou-se no sentido de que a imunidade material dos deputados e senadores, prevista na nova redação dada pela Emenda Constitucional n. 35/2001 ao art. 53 da CF, abrange as opiniões, palavras e votos proferidos em virtude da condição de parlamentar, não alcançando as manifestações sobre matéria alheia ao exercício do mandato [...]. Com esse entendimento, o Tribunal afastou a possibilidade de enquadramento da espécie na imunidade material, por se tratar de fatos imputados a parlamentar relativos à divergência interna de um escritório de advocacia, com manifestações do querelante e do querelado pela imprensa, fatos esses que não têm a mais remota relação com o exercício do mandato. [...]." (*Informativo/STF* n. 258, de 25.02 a 01.03.2002). Essa, porém, não é a situação registrada nos presentes autos, eis que – tal como expressamente reconhecido pelo Ministério Público – a entrevista jornalística dada pelo congressista ora indiciado guarda conexão com o exercício do mandato legislativo (fls. 76). Desse modo, e considerando, sobretudo, a promoção da douta Procuradoria-Geral da República – que não vislumbrou, na espécie, ante as razões expostas, a existência de qualquer delito suscetível de persecução penal –, defiro o pedido de arquivamento, que, formulado pelo eminente Chefe do Ministério Público da União (fls. 74/76), qualifica-se como postulação de acolhimento irrecusável, segundo a jurisprudência firmada por esta Suprema Corte (*RTJ* 57/155; *RTJ* 69/6; *RTJ* 73/1; *RTJ* 116/7, *v. g.*). Arquivem-se, em consequência, os autos do presente Inquérito (Lei n. 8.038/90, art. 3º, I). (STF, Inq. n. 617-RR, Pleno, rel. Min. Celso de Mello, j. 24.06.2002)

Não assiste a prerrogativa da imunidade processual ao Deputado Estadual, licenciado, à época do fato, para o exercício do cargo de Secretário de Estado (cf. Inq. n. 104, *RTJ* 99/487), mesmo havendo, após, reassumido o desempenho do mandato (cf. Inq. n. 105, *RTJ* 99/487). (STF, *HC* n. 78.093/AM, rel. Min. Octavio Gallotti, j. 11.12.1998)

Imunidade parlamentar – irrenunciabilidade

[...] o instituto da imunidade parlamentar atua, no contexto normativo delineado por nossa Constituição, como condição e garantia de independência do Poder Legislativo, seu real destinatário, em face dos outros Poderes do Estado. Estende-se ao congressista, embora não constitua uma prerrogativa de ordem subjetiva deste. Trata-se de prerrogativa de caráter institucional inerente ao Poder Legislativo, que só é conferida ao parlamentar *ratione muneris*, em função do cargo e do mandato que exerce. É por essa razão que não se reconhece ao congressista, em tema de imunidade parlamentar, a faculdade de a ela renunciar. Trata-se de garantia institucional deferida ao Congresso Nacional. O congressista, isoladamente considerado, não tem, sobre a garantia da imunidade, qualquer poder de disposição. (STF, Inq. n. 510/DF, Pleno, rel. Min Celso de Mello, j. 19.04.1991)

Vereador – imunidade

Constitucional. Vereador. Imunidade material. CF, art. 29, VIII. Responsabilidade civil. I – Imunidade material dos vereadores por suas palavras e votos no exercício do mandato, no município e nos limites dos interesses municipais e à pertinência para com o mandato. II – Precedentes do STF: RE n. 140.867/MS; *HC* n. 75.621/PR, rel. Min. Moreira Alves, *DJ* 27.03.1998; RHC n. 78.026/ES, rel. Min. Octavio Gallotti, j. 03.11.1998. III – A inviolabilidade parlamentar alcança, também, o campo da responsabilidade civil. Precedente do STF: RE n. 210.917/RJ, Plenário, rel. Min. Sepúlveda Pertence, 12.08.1998. IV – RE conhecido e provido. (STF, RE n. 220.687/MG, rel. Min. Carlos Velloso, j. 13.04.1999)

Imunidade judiciária

Habeas corpus. Advogado denunciado por calúnia e difamação. Supostas ofensas proferidas contra membro do Ministério Público no desempenho de suas funções. Perseguição antissemita. Art. 20 da Lei n. 7.716/89. Declaração genérica. Ausência de individualização da suposta conduta criminosa atribuída ao sujeito passivo. Falta de justa causa. 1. O crime de perseguição antissemita encontra-se tipificado no art. 20 da Lei n. 7.716/89, cuja conduta consiste em "praticar, induzir ou incitar discriminação ou preconceito de raça, cor, etnia, religião ou procedência nacional". 2. Todavia, não se depreende das declarações atribuídas ao paciente a necessária individualização da suposta conduta criminosa imputada ao sujeito passivo, circunstância que impede a caracterização do crime de calúnia, para o qual se exige a falsa imputação de fato determinado, concreto e previsto no ordenamento jurídico como crime. (STJ, *HC* n. 99.789/RJ, 5ª T., rel. Min. Jorge Mussi, j. 06.10.2009)

Difamação. Imunidade material contida no art. 7º, § 2º, do Estatuto da OAB (Lei n. 8.906/94). Divulgação de fatos infamantes à honra objetiva da vítima. Inexistência. Ordem parcialmente concedida. 1. As expressões utilizadas pelo advogado no exercício de suas funções não constituem injúria ou difamação, já que abarcados pela imunidade prevista no art. 7º, § 2º, da Lei n. 8.906/94, sendo certo que eventuais excessos estão sujeitos à sanções disciplinares a serem aplicadas pela OAB. 2. Demonstrado que a alegada perseguição antissemita seria a causa da má-vontade atribuída pelo paciente ao promotor de justiça, afasta-se a possibilidade de persecução criminal acerca de eventual crime de difamação, já que para a sua caracterização se faz necessária a divulgação de fatos infamantes à honra objetiva de determinada pessoa. 3. Ordem concedida. (STJ, *HC* n. 99.789/RJ, 5ª T., rel. Min. Jorge Mussi, j. 08.02.2010)

Imunidade judiciária – afronta à lei – inadmissibilidade

Recurso ordinário em *habeas corpus*. Penal e processual penal. Crimes de injúria e difamação supostamente praticados por advogado contra perito judicial. Aferição da ausência de dolo específico. Impropriedade da via eleita. Dilação probatória. Conduta criminosa que não está amparada na imunidade judiciária do causídico. Precedentes desta corte. Recurso desprovido. 1. A teor do entendimento pacífico desta Corte, o trancamento da ação penal pela via do *habeas corpus* é medida de exceção, que só é admissível quando emerge dos autos, de forma inequívoca, a inocência do acusado, a atipicidade da conduta ou a extinção da punibilidade, circunstâncias essas, no caso, não evidenciadas de plano. Precedentes. 2. A queixa-crime narra suficientemente os supostos crimes contra a honra, bem como a respectiva autoria, com indícios suficientes para a deflagração da persecução penal, sendo impossível na presente via adentrar na seara probatória para se saber se houve ou não o dolo, se a conduta foi ou não praticada com o propósito de injuriar e difamar, se foram ou não excedidos os limites do regular exercício da profissão etc. 3. Não há como, em juízo sumário e sem o devido processo legal, inocentar o Recorrente das acusações, adiantando prematuramente o exame do mérito da ação penal. Precedentes. 4. A imunidade profissional do advogado, como é cediço, não é estabelecida como garantia plena e irrestrita a ponto de acobertar-se eventual comportamento afrontoso à dignidade e à lei. Precedentes desta Corte e do STF. 5. Recurso desprovido. (STJ, RHC n. 30.266/RS, 5ª T., rel. Min. Laurita Vaz, j. 17.04.2012)

Lugar do crime

Art. 6º Considera-se praticado o crime no lugar em que ocorreu a ação ou omissão, no todo ou em parte, bem como onde se produziu ou deveria produzir-se o resultado.

1. COMENTÁRIO

A redação da norma contempla a aplicação da *teoria da ubiquidade* (unitária ou mista),[37] assim o crime será punido no lugar em que foi praticado (*ibi poena plectendum ubi facinus admissum*) ou então, na eventual hipótese de o resultado ter sido produzido em local diverso da ação ou omissão delituosa, também este último espaço físico poderá ser considerado para fins de se definir o lugar do crime.

Essa norma é de suma importância, mesmo porque determinará qual o juízo competente, isto é, o órgão judicial dotado de jurisdição para apreciar e julgar determinados casos concretos, evitando-se ou, ao menos, reduzindo as hipóteses concretas de conflitos negativos/positivos de jurisdição e conflitos internacionais de jurisdição (como nas hipóteses, cada vez mais comuns, de crimes a distância, em que a conduta é realizada em determinado país e o resultado, em outro).

2. JURISPRUDÊNCIA

2.1. Julgados

Crime iniciado no território nacional

Processual penal. *Habeas corpus*. Aplicação da lei brasileira. Competência jurisdicional. Crime iniciado em território nacional. Sequestro ocorrido em terra. Impossibilidade de reexame probatório. Condução da vítima

37 Eis as outras teorias adotadas em ordenamentos diversos ou apresentadas pela doutrina: a) teoria da atividade ou da ação: o lugar do crime é aquele onde foi praticada a ação ou omissão ilícita; b) teoria do resultado ou do efeito: importa para definição do lugar, aquele onde foi produzido o resultado típico; c) teoria da intenção: considera o lugar em que o agente intentava cometer o crime, ainda que o resultado delituoso tenha ocorrido em local diverso; d) teoria do efeito intermédio ou do efeito mais próximo: a atividade executiva do agente alcança a vítima ou o bem jurídico tutelado; e) teoria da longa mão ou da ação a distância: mescla a teoria da atividade com a do efeito intermédio, desconsiderando, assim, o lugar onde ocorreu o resultado típico; f) teoria limitada da ubiquidade: conjugação das teorias da atividade e do resultado, importante, pois, tanto o lugar da ação como o do resultado, mas despreza o efeito intermediário, isto é, o lugar em que o resultado não tenha se concretizado por completo, mas apenas em parte. Essa é a razão pela qual, no Brasil, essa teoria foi rejeitada, aproveitando-se a teoria da ubiquidade (mista ou unitária), pois nesta considera-se o crime uma unidade; portanto, em todo e qualquer instante, cada ato deve ser objeto de análise penal.

para território estrangeiro em aeronave. Princípio da territorialidade. Lugar do crime. Teoria da ubiquidade. Irrelevância quanto ao eventual processamento criminal pela justiça paraguaia. Competência da justiça estadual. Ordem denegada. 1. Aplica-se a lei brasileira ao caso, tendo em vista o princípio da territorialidade e a teoria da ubiquidade consagrados na lei penal. 2. Consta da sentença condenatória que o início da prática delitiva ocorreu nas dependências do aeroporto de Tupã/SP, cuja tese contrária exigiria exame profundo do acervo fático-probatório, incabível em sede de *habeas corpus*, sendo assegurado ao acusado o reexame das provas quando do julgamento de recurso de apelação eventualmente interposto, instrumento processual adequado para tal fim. 3. Afasta-se a competência da Justiça Federal, pela não ocorrência de quaisquer das hipóteses previstas no art. 109 da CF, mormente pela não configuração de crime cometido a bordo de aeronave. 4. Não existe qualquer óbice legal para a eventual duplicidade de julgamento pelas autoridades judiciárias brasileira e paraguaia, tendo em vista a regra constante do art. 8º do CP. 5. Ordem denegada. (STJ, *HC* n. 41.892/SP, 5ª T., rel. Min. Arnaldo Esteves Lima, j. 02.06.2005)

Crime praticado em diversas comarcas

Habeas corpus. Competência. Lugar da consumação do delito. Art. 6º do CP. Teoria da ubiquidade. Pedido de extensão. Subjetividade. Ordem denegada. 1. O art. 6º do CP ("Considera-se praticado o crime no lugar em que ocorreu a ação ou omissão, no todo ou em parte, bem como onde se produziu ou deveria produzir-se o resultado") agasalha, no tocante à definição do lugar do crime, a teoria da ubiquidade ou mista, para considerar como local do crime, tanto o da ação, do *iter*, quanto aquele onde se produziu o resultado lesivo. 2. No caso, ainda que a suposta ação tenha se iniciado na jurisdição do DF, o resultado lesivo, consistente no efetivo vazamento de informações e frustração de diligências/investigações policiais em curso, foi produzido no Amapá. Além disso, foi o Juízo Federal da Seção Judiciária do Amapá que primeiro tomou conhecimento do caso. 3. A situação de cada investigado é individual, devendo ser examinada em feito próprio – o que já está sendo feito – em face da subjetividade inerente a cada um. 4. Ordem denegada. (TRF-1, *HC* n. 15.914, AP n. 0015914-27.2009.4.01.0000, 3ª T., rel. Des. Fed. Carlos Olavo, j. 27.04.2010)

Conflito negativo de competência. Foros regionais em uma mesma comarca. Lugar do crime. O lugar do crime é fixado pela teoria da ubiquidade, na forma do art. 6º do CP, a qual é norteadora do art. 70 do CPP. Se dois foros regionais podem, em face dessas regras, ser igualmente competentes, aquele em que for distribuído o feito torna-se prevento, na forma dos arts. 75 e 83 do CPP. Conflito negativo de competência acolhido. (TJRS, Conflito de Jurisdição n. 70.048.553.911, 2ª Câm. Crim., rel. Des. Lizete Andreis Sebben, j. 21.06.2012)

Extraterritorialidade

Art. 7º Ficam sujeitos à lei brasileira, embora cometidos no estrangeiro:

I – os crimes:

***a)* contra a vida ou a liberdade do Presidente da República;**

***b)* contra o patrimônio ou a fé pública da União, do Distrito Federal, de Estado, de Território, de Município, de empresa pública, sociedade de economia mista, autarquia ou fundação instituída pelo Poder Público;**

***c)* contra a administração pública, por quem está a seu serviço;**

***d)* de genocídio, quando o agente for brasileiro ou domiciliado no Brasil;**

II – os crimes:

***a)* que, por tratado ou convenção, o Brasil se obrigou a reprimir;**

***b)* praticados por brasileiro;**

***c)* praticados em aeronaves ou embarcações brasileiras, mercantes ou de propriedade privada, quando em território estrangeiro e aí não sejam julgados.**

§ 1º Nos casos do inciso I, o agente é punido segundo a lei brasileira, ainda que absolvido ou condenado no estrangeiro.

§ 2º Nos casos do inciso II, a aplicação da lei brasileira depende do concurso das seguintes condições:

***a)* entrar o agente no território nacional;**

***b)* ser o fato punível também no país em que foi praticado;**

***c)* estar o crime incluído entre aqueles pelos quais a lei brasileira autoriza a extradição;**

***d)* não ter sido o agente absolvido no estrangeiro ou não ter aí cumprido a pena;**

***e)* não ter sido o agente perdoado no estrangeiro ou, por outro motivo, não estar extinta a punibilidade, segundo a lei mais favorável.**

§ 3º A lei brasileira aplica-se também ao crime cometido por estrangeiro contra brasileiro fora do Brasil, se, reunidas as condições previstas no parágrafo anterior:

***a)* não foi pedida ou foi negada a extradição;**

***b)* houve requisição do Ministro da Justiça.**

1. COMENTÁRIO

1.1. Princípios

A norma em questão prevê hipóteses em que, excepcionalmente, aplicar-se-á a lei penal brasileira, ainda que fora dos limites territoriais de nosso país, permitindo e legitimando o exercício da pretensão punitiva mesmo em relação a fatos criminosos[38] ocorridos no estrangeiro. Os seguintes princípios são adotados:

a) princípio da defesa, da proteção ou real (art. 7º, I e § 3º): aplica-se a lei penal do país cujo bem jurídico protegido fora violado ou ameaçado, como exemplo, no caso de um assalto a agência da Caixa Econômica Federal (empresa pública brasileira) localizada na cidade de Chicago/EUA, o Brasil terá interesse legítimo em exercer sua pretensão punitiva.

b) princípio da justiça penal universal, da justiça cosmopolita ou universalidade da justiça (art. 7º, II, *a* e *d*[39]): assim, o agente se submeterá à lei penal do país onde se encontre, não importando sua nacionalidade, o bem jurídico tutelado e o local onde ocorrera a ofensa penal.

c) princípio da nacionalidade ou personalidade (art. 7º, II, *b*): subdivide-se em princípio da personalidade ativa, isto é, a lei penal brasileira será aplicada em face ao nacional que praticar crime no estrangeiro, independentemente da nacionalidade da vítima, e princípio da personalidade passiva, neste caso, também praticado por brasileiro fora de nosso país; é necessário que o bem jurídico tutelado seja do Estado brasileiro ou de algum cidadão de nosso país.

d) princípio da representação, do pavilhão, da bandeira (art. 7º, II, *c*): relacionado com o território brasileiro por ficção jurídica, ou seja, as aeronaves e embarcações brasileiras (que estiverem com bandeira brasileira ou matriculadas no registro competente em nosso país), mercantes ou de propriedade privada, quando em território estrangeiro e lá não sejam julgadas ou, ainda, quando estiverem em alto-mar ou no espaço aéreo correspondente.

1.2. Extraterritorialidade incondicionada

Por questões inequívocas e de caráter absoluto, relacionadas com a soberania nacional, o agente (não importa sua nacionalidade) que praticar crime inserido em quaisquer das hipóteses mencionadas no art. 7º, I, deverá ser processado conforme os ditames legais brasileiros, ainda que tenha sido absolvido, condenado ou, por qualquer razão, tiver extinta sua punibilidade de acordo com a legislação penal do país em cujo território o delito fora cometido.

1.3. Extraterritorialidade condicionada

Previstas no inciso II do artigo em comento, são hipóteses legais em que o Brasil também terá interesse na punição do criminoso, todavia deverá observar algumas condições, o que nos força a admitir que em determinadas hipóteses concretas nosso ordenamento será aplicado de forma subsidiária, conferindo, pois, menor interesse na punição se compararmos com o inciso anterior.

1.3.1. Condições de aplicabilidade

Eis as condições que deverão ser preenchidas de forma conjunta, isto é, cumulativa para aplicação da legislação penal brasileira: a) entrar o agen-

38 O princípio da extraterritorialidade não é aplicável às contravenções penais, em razão de vedação expressa (art. 2º, LCP – DL n. 3.688/41).

39 A doutrina diverge quanto ao enquadramento da alínea *d* (art. 7º, II) como hipótese deste princípio, visto que para uns trata-se de aplicação do princípio da personalidade (ativa) e, para outros, do princípio da defesa. A prática de genocídio é rechaçada em nosso ordenamento, inicialmente, pela própria Constituição, pois figura como objetivo da nossa República a vedação de quaisquer formas de discriminação (art. 3º, CF), e como princípios a serem seguidos quanto às relações internacionais o repúdio a tal prática (art. 4º, CF), e ainda para tutelar direito fundamental considera a prática de racismo (uma das formas e ilegítimo objeto do genocídio) crime inafiançável imprescritível (art. 5º, XLI e XLII, CF). Na legislação penal especial, a Lei n. 2.889/56 (recepcionada pela Constituição) define genocídio como a intenção de destruir, no todo ou em parte, grupo nacional étnico nacional ou religioso, especificando condutas as quais configurarão tal espécie delituosa: a) matar membros do grupo; b) causar lesão grave à integridade física ou mental de membros do grupo; c) submeter intencionalmente o grupo a condições de existência capazes de ocasionar-lhe a destruição física total ou parcial; d) adotar medidas destinadas a impedir os nascimentos no seio do grupo; e) efetuar a transferência forçada de crianças do grupo para outro grupo. A Lei dos Crimes Hediondos permite o enquadramento de determinada forma de genocídio – matar alguém na forma qualificada – como crime hediondo (art. 1º, I, Lei n. 8.072/90). Na esfera do direito penal internacional, mais precisamente no âmbito do Tribunal Penal Internacional (corte à qual o Brasil se submete, *v.* Decreto n. 4.388/2002), o art. 6º do Estatuto de Roma prevê o genocídio como qualquer um dos atos que a seguir se enumeram, praticado com intenção de destruir, no todo ou em parte, um grupo nacional, étnico, racial ou religioso, enquanto tal: a) homicídio de membros do grupo; b) ofensas graves à integridade física ou mental de membros do grupo; c) sujeição intencional do grupo a condições de vida com vista a provocar a sua destruição física, total ou parcial; d) imposição de medidas destinadas a impedir nascimentos no seio do grupo; e) transferência, à força, de crianças do grupo para outro grupo.

te no território nacional; b) ser o fato punível também no país em que foi praticado; c) estar o crime incluído entre aqueles pelos quais a lei brasileira autoriza a extradição; d) não ter sido o agente absolvido no estrangeiro ou não ter aí cumprido a pena; e) não ter sido o agente perdoado no estrangeiro ou, por outro motivo, não estar extinta a punibilidade, segundo a lei mais favorável.

1.4. Extraterritorialidade hipercondicionada

Quando o brasileiro for vítima de crime contra si cometido no exterior por estrangeiro (art. 7º, § 3º), o Brasil também terá interesse na punição do agente, porém atendidas não só as condições expostas no subitem 1.3.1, como também as a seguir descritas.

1.4.1. Condições de aplicabilidade

Para a aplicação da norma prevista no § 3º da norma em comento, é necessária a conjugação de dois requisitos: a) não ter sido pedida ou for negada a extradição; b) houver requisição do Ministro da Justiça.[40]

1.4.2. Repatriação, deportação, expulsão e extradição

Repatriação, deportação, expulsão são institutos previstos, respectivamente, nos arts. 49, 50 a 53 e 54 a 60, todos da Lei de Migração (Lei n. 13.445/2017), cujo objetivo comum é a retirada compulsória do estrangeiro do território nacional. Essas três medidas serão efetivadas para o país de nacionalidade ou de procedência do migrante ou do visitante, ou para outro país que o aceite, em observância aos tratados de que o País seja parte, salientando-se, contudo, que não se procederá à repatriação, à deportação ou à expulsão de nenhum indivíduo quando subsistirem razões para acreditar que a medida poderá colocar em risco sua vida, sua integridade pessoal ou sua liberdade seja ameaçada por motivo de etnia, religião, nacionalidade, pertinência a grupo social ou opinião política, ou ainda, não sofrerão essas medidas se o indivíduo for beneficiário de proteção ao apátrida, refúgio ou asilo político enquanto houver processo de reconhecimento de sua condição pendente no País (*v.* arts. 179 a 181 do Decreto n. 9.199/2017). A repatriação consiste em medida administrativa de devolução de pessoa em situação de impedimento ao país de procedência ou de nacionalidade, e será feita imediata comunicação do ato fundamentado de repatriação à empresa transportadora e à autoridade consular do país de procedência ou de nacionalidade do migrante ou do visitante, ou a quem o representa. A deportação consiste na retirada do território brasileiro do estrangeiro que nele tenha entrado clandestinamente ou nele permaneça em situação de irregularidade legal, se do país não se retirar voluntariamente dentro do prazo que lhe for fixado ou, então, não seja regularizada, no prazo, sua situação migratória. Trata-se de ato praticado pela Polícia Federal. Não se procederá a deportação se essa medida implicar extradição não admitida pela lei brasileira. Após sair compulsoriamente do nosso país, o estrangeiro poderá regressar de forma regular. A expulsão deve ser precedida de Inquérito Policial de Expulsão, conjugada com impedimento de reingresso por prazo determinado do imigrante ou do visitante com sentença condenatória transitada em julgado pela prática de: I – nos termos definidos pelo Estatuto de Roma do Tribunal Penal Internacional, de 1998, promulgado pelo Decreto n. 4.388/2002: *a)* crime de genocídio; *b)* crime contra a humanidade; *c)* crime de guerra; ou *d)* crime de agressão; ou II – crime comum doloso passível de pena privativa de liberdade, consideradas a gravidade e as possibilidades de ressocialização no território nacional. Não será expulso o estrangeiro que tenha cônjuge brasileiro, de quem não esteja separado de direito ou de fato, ou filho brasileiro sob sua guarda e manutenção econômica (art. 193 do Decreto n. 9.199/2017): I – a medida configurar extradição não admitida pela lei brasileira; II – o expulsando: *a)* tiver filho brasileiro que esteja sob a sua guarda ou dependência econômica ou socioafetiva ou tiver pessoa brasileira sob a sua tutela; *b)* tiver cônjuge ou companheiro residente no País, sem discriminação alguma, reconhecido judicial ou legalmente; *c)* tiver ingressado no País antes de completar os doze anos de idade, desde que resida, desde então, no País; ou *d)* seja pessoa com mais de setenta anos que resida no País há mais de dez anos, considerados a gravidade e o fundamento da expulsão. A extradição é ato privativo do Presiden-

40 A requisição do Ministro da Justiça é ato administrativo de natureza discricionária, também necessário para fins de legitimar o início da *persecutio criminis*, nos casos de ação penal pública condicionada à requisição do Ministro da Justiça (art. 100, § 1º, CP; e art. 24, CPP), figurando como verdadeira condição de procedibilidade, por exemplo, no caso de crime contra a honra do Presidente da República (art. 145, parágrafo único, CP).

te da República, embora seja submetida a análise prévia pelo STF acerca de sua admissibilidade, pela qual um Estado faz a entrega, para fins de ser processado ou para a execução de uma pena, de um indivíduo acusado ou reconhecido culpável de uma infração cometida fora de seu território, a outro Estado que o reclama e que é competente para julgá-lo e puni-lo (*vide* arts. 81 e segs. da Lei de Migração – 13.445/2017). Tal medida de cooperação jurídica internacional poderá ser embasada em tratado ou pedido de reciprocidade. Poderá ser passiva (quando governo estrangeiro solicitar) ou ativa (quando o governo brasileiro solicitar). Não será concedida: I – se tratar de brasileiro nato; II – quando o fato que está à base do pedido não for crime no Brasil ou no Estado requerente; III – nos casos em que o Brasil for competente, segundo suas leis, para julgar o crime imputado ao extraditando; IV – se a pena imposta pela lei brasileira para o crime for inferior a dois anos; V – no caso em que o extraditando estiver respondendo a processo ou já houver sido condenado ou absolvido no Brasil pelo mesmo fato em que se funda o pedido de extradição; VI – quando estiver extinta a punibilidade pela prescrição de acordo com a lei brasileira ou a do Estado requerente; VII – se for pedida com base em crime político ou de opinião, mas essa exceção não impedirá a extradição quando o fato constituir, principalmente, infração à lei penal comum ou o crime comum, conexo ao delito político, constituir o fato principal; VIII – se o extraditando tiver de responder, no Estado requerente, perante um Tribunal ou Juízo de Exceção; IX – se o extraditando for beneficiário de refúgio ou asilo territorial.

2. JURISPRUDÊNCIA

2.1. Julgados

Extraterritorialidade incondicionada. Princípio da justiça universal

Constitucional. Processual penal. Penal. Competência. Art. 109, V, da CF. Art. 6º e art. 7º, II, *a*, do CP. Art. 241, *caput*, do ECA. Dec. n. 5.007/2004. "Crime a distância." Extraterritorialidade condicionada da lei penal brasileira. Publicação de fotos lascivas de menores na internet. Sítio de origem alemã. Provedor (*internet protocol*) de nacionalidade brasileira. Subsunção ao art. 241 do ECA. Competência da justiça federal. Recurso ministerial provido. I – Extraterritorialidade condicionada da lei penal brasileira (art. 7º, II, *a*, do CP) concernente ao Princípio da Justiça Universal ou Cosmopolita. Aplicação concomitante da Teoria da Ubiquidade em relação ao lugar do crime eis que delito de execução transnacional (art. 6º, CP). II – A execução e consumação ocorreu através da Internet, englobando, ao menos, dois países: Brasil e Alemanha. Fato que, aliado à existência de acordo internacional tratando do tema, conduz à competência da Justiça Federal para processamento e julgamento do feito. III – Crime instrumentalmente conexo à rede telemática, considerando-se a utilização da rede mundial de computadores para consecução da prática criminosa (delito informático impróprio). IV – A conduta ora *sub examen* amolda-se perfeitamente no preceito primário do art. 241 do ECA, eis que há subsunção integral da conduta ao preceito primário do tipo mencionado. V – A previsão de combate internacional à pornografia de menores, prevista em decreto, encontra, em seara legislativa interna, consonância e arrimo no delito previsto no art. 241 do ECA, antes e depois da redação dada pela Lei n. 10.764/2003 (*lex certa*). (TRF-3, Rec. Crim. n. 48.936/SP, 2ª T., rel. Des. Cecília Melo, j. 15.10.2004)

Extraterritorialidade incondicionada. Princípio da nacionalidade

Habeas corpus. Penal e processual penal. Competência. Homicídio cuja execução se iniciou no Brasil e o resultado se ultimou no exterior. Princípio da extraterritorialidade. Competência da Justiça Federal. 1. O crime cometido, no estrangeiro, contra brasileiro ou por brasileiro, é da competência da Justiça Brasileira e, nesta, da Justiça Federal, a teor da norma inserta no inciso IV do art. 109 da CF, por força dos princípios da personalidade e da defesa, que, ao lado do princípio da justiça universal, informam a extraterritorialidade da lei penal brasileira (CP, art. 7º, II, *b*, e § 3º) e são, em *ultima ratio*, expressões da necessidade do Estado de proteger e tutelar, de modo especial, certos bens e interesses. O atendimento dessa necessidade é, precisamente, o que produz o interesse da União, em detrimento do qual o crime cometido, no estrangeiro, contra ou por brasileiro é também praticado. 2. Por igual, compete à Justiça Federal julgar os crimes "previstos em tratado ou convenção internacional, quando, iniciada a execução no País, o resultado tenha ou devesse ter ocorrido no estrangeiro, ou reciprocamente" (CF, art. 109, V). 3. Julgados já os executores do homicídio, a competência para o julgamento do mandante, quando questionada isoladamente, resta insulada no tema da continência. 4. Ordem denegada. (STJ, *HC* n. 18.307/MT, 6ª T., rel. Min. Hamilton Carvalhido, j. 18.04.2002)

Extraterritorialidade incondicionada. Conflito negativo de competência

Conflito negativo de competência. Homicídios qualificados. Crimes perpetrados por brasileiro, juntamente com estrangeiros, na cidade de Rivera – República Oriental do Uruguai. Região fronteiriça. Vítimas. Policiais civis brasileiros. Residentes em Santana do Livramento/RS. Extraterritorialidade. Agente brasileiro, que ingressou no país. Último domicílio. Cidade de Ribeirão Preto/SP. O *iter criminis* ocorreu no estrangeiro. 1. Os crimes em análise teriam sido cometidos por brasileiro, juntamente com uruguaios, na cidade de Rivera – República Oriental do Uruguai, que faz fronteira com o Brasil. 2. Aplica-se a extraterritorialidade prevista no art. 7º, II, *b*, e § 2º, *a*, do CP, se o crime foi praticado por brasileiro no estrangeiro e, posteriormente, o agente ingressou em território nacional. 3. Nos termos do art. 88 do CPP, sendo a cidade de Ribeirão Preto/SP o último domicílio do indiciado, é patente a competência do Juízo da Capital do Estado de São Paulo. 4. Afasta-se a competência da Justiça Federal, tendo em vista a inexistência de qualquer hipótese prevista no art. 109 da Carta da República, principalmente, porque todo o *iter criminis* dos homicídios ocorreu no estrangeiro. 5. Conflito conhecido para declarar a competência de uma das Varas do Júri da Comarca de São Paulo/SP. (STJ, CC n. 104.342/SP, 3ª S., rel. Min. Laurita Vaz, j. 26.08.2009)

Ameaças de ex-namorado à mulher via Facebook. Crime a distância. Internacionalidade configurada

Encontrando-se o suposto autor das ameaças em território estrangeiro, uma vez que não se tem notícia do seu ingresso no país, tem-se um possível crime a distância, tendo em vista que as ameaças foram praticadas nos EUA, mas a suposta vítima teria tomado conhecimento do seu teor no Brasil. (STJ, CC n. 150.712/SP, 6ª T., rel. Min. Joel Ilan Paciornik, p. u., j. 10.10.2018, *DJe* 19.10.2018)

Pena cumprida no estrangeiro

Art. 8º A pena cumprida no estrangeiro atenua a pena imposta no Brasil pelo mesmo crime, quando diversas, ou nela é computada, quando idênticas.

1. COMENTÁRIO

Privilegia o princípio do *ne bis in idem*, ou seja, veda a duplicidade de repressão, em seus integrais contornos, pelo mesmo fato criminoso. Permite-se, assim, na hipótese de penas idênticas (diversidade apenas de caráter *quantitativo*) em que a reprimenda estrangeira seja computada na sanção imposta pela condenação no Brasil. Se as reprimendas forem diversas (diversidade de caráter *qualitativo*), será atenuada na condenação brasileira a pena já cumprida no estrangeiro, aumentando a tarefa do julgador, o qual deverá realizar, ao seu livre-arbítrio, a definição do grau e forma da minoração obrigatória definida nesta norma.

2. JURISPRUDÊNCIA

2.1. Julgados

Art. 8º – aplicabilidade

Penal. Processual penal. Tráfico internacional de entorpecentes em associação para o tráfico. Crime de financiamento do tráfico. Caráter de permanência. *Societas sceleris.* Delitos cometidos no Brasil. Competência. Atos cometidos no lugar da infração. Rota que passa pelo território nacional. Aplicação da lei brasileira. Teoria mista da ubiquidade. Prevento. Procedimento de quebra de sigilo. Litispendência. Não ocorrência. Denegação da ordem. [...] 11. O art. 8º do CP prevê que a pena cumprida no estrangeiro atenua ou é computada na mesma pena imposta no Brasil, motivo pelo qual, se houver reconhecimento de que o paciente respondeu pelos mesmos crimes no Brasil e Uruguai, a regra afasta dupla apenação. 12. Ordem denegada. (TRF-3ª Região, *HC* n. 2011.03.00.010341-6/SP, 5ª T., rel. Juiz Fed. conv. Luiz Stefanini, j. 27.06.2011)

Penal e processual penal. Pena cumprida no estrangeiro. Cômputo no Brasil. Prescrição. Saldo da pena. Impossibilidade. Contagem do prazo prescricional. Termo inicial. Livramento condicional. Cálculo da pena. 1. "A pena cumprida no estrangeiro atenua a pena imposta no Brasil pelo mesmo crime, quando diversas, ou nela é computada, quando idênticas" (CP, art. 8º). No caso, o recorrido cumpriu pena de 12 (doze) anos de reclusão em Portugal, e havia sido condenado, pela mesma conduta, a 14 (quatorze) anos de reclusão no Brasil, com o que lhe resta cumprir, ainda, 2 (dois) anos de reclusão neste último país. 2. A prescrição depois de transitar em julgado a sentença condenatória regula-se pela pena aplicada (art. 110, CP), e não segundo o restante (saldo) da pena por cumprir, hipótese restrita aos casos de evasão do condenado ou de revogação do livramento condicional (CP, art. 13). 3. Para o cálculo da prescrição, deve ser contado como termo inicial não a data de início do gozo de livramento condicional, mas sim a data de seu término, e deve ser considerado que, na execução da pena em concurso de infrações, executar-se-á primeiro a pena mais grave (CP, art. 76). 4. Não cabe rediscutir a pena definitivamente imposta no Brasil, calculada na conformidade do art. 68 do CP. 5. Recurso em sentido estrito parcialmente provido. (TRF-1ª Região, Rec. Crim. n. 5.371/AM, Proc. n. 2005.32.00.005371-8, 3ª T., rel. Des. Fed. Olindo Menezes, j. 26.06.2006)

Eficácia de sentença estrangeira

Art. 9º A sentença estrangeira, quando a aplicação da lei brasileira produz na espécie as mesmas consequências, pode ser homologada no Brasil para:

I – obrigar o condenado à reparação do dano, a restituições e a outros efeitos civis;

II – sujeitá-lo a medida de segurança.

Parágrafo único. A homologação depende:

***a)* para os efeitos previstos no inciso I, de pedido da parte interessada;**

***b)* para os outros efeitos, da existência de tratado de extradição com o país de cuja autoridade judiciária emanou a sentença, ou, na falta de tratado, de requisição do Ministro da Justiça.**

1. COMENTÁRIO

A sentença penal estrangeira, após homologada, representa título executivo judicial (art. 515, CPC), no entanto, tem sua aplicabilidade, eficácia, reduzida em nosso país, isso porque, a princípio, só poderá acarretar duas consequências: a) reparação do dano, restituições e outros efeitos civis (obrigações e sanções de caráter privado, art. 9º, I, CP – necessário neste caso o requerimento da parte interessada); e b) imposição de medida de segurança (art. 9º, II, CP – se existir tratado de extradição, deverá ser precedida de requisição do Procurador-Geral da República, caso inexista tratado, requisição do ministro da Justiça).[41]

O procedimento de homologação[42] será processado perante o STJ (art. 105, I, *i*, CF), observando-se os arts. 216-A e segs. do Regimento Interno desse Tribunal (RISTJ),[43] os arts. 961 e segs. do CPC e os arts. 789 e segs. do CPP. Deve ser respeitado o princípio da simetria, isto é, para conferir eficácia à decisão estrangeira em nosso país é necessário que a legislação desse país reconheça, da mesma forma, a aplicabilidade de sentença brasileira, nas mesmas circunstâncias e permitindo as mesmas consequências (art. 788, CPP).

De acordo com o art. 15 da Lei de Introdução às normas do Direito Brasileiro (LINDB), a sentença estrangeira será executada em nosso país, se presentes os seguintes requisitos: a) tiver sido proferida por juiz competente; b) terem sido as partes citadas ou haver-se legalmente verificado a revelia; c) ter passado em julgado e estar revestida das formalidades necessárias para a execução no lugar em que foi proferida; d) estar traduzida por intérprete autorizado. O último requisito não é mais ter sido homologado perante o STF, previsto na redação original do DL n. 4.657/42, isso porque a Constituição de 1988 alterou essa competência para atribuí-la ao STJ, conforme mencionado antes. Não se admite a homologação de sentença estrangeira que ofenda a soberania nacional, a dignidade da pessoa humana e/ou ordem pública (*v.* art. 17, LINDB, e art. 216-F, RISTJ). O art. 216-D do RISTJ também exige que a sentença estrangeira: "I – tenha sido proferida por autoridade competente; II – contenha elementos que comprovem terem sido as partes regularmente citadas ou ter sido legalmente verificada a revelia; III – tenha transitado em julgado".

Após a publicação da Lei n. 13.445/2017 (Lei de Migração), iniciaram-se as discussões envolvendo o alcance da aplicabilidade do artigo em comento, isso porque a regra prevista no art. 100, dessa Lei introduziu em nosso ordenamento o instituto da "transferência de execução da pena" (TEP), possibilitando a executoriedade de reprimenda privativa de liberdade, por exem-plo, em nosso país, desde que presentes, cumulativamente, os seguintes requisitos: a) o condenado em território estrangeiro for nacional ou tiver residência habitual ou vínculo pessoal no Brasil; b) a sentença tiver transitado em julgado; c) a duração da condenação a cumprir ou que restar para cumprir for de, pelo menos, um ano, na data de apresentação do pedido ao Estado da condenação; d)

41 Outros efeitos, no entanto, por representarem consequências lógicas de uma sentença condenatória, são aceitos independentemente de homologação, destacando-se os seguintes exemplos: a detração penal (art. 42, CP) e o reconhecimento da reincidência (art. 63, CP).

42 A sentença estrangeira deverá atender, inicialmente, os seguintes requisitos indispensáveis: I – estar revestida das formalidades externas necessárias, segundo a legislação do país de origem; II – haver sido proferida por juiz competente, mediante citação regular, segundo a mesma legislação; III – ter passado em julgado; IV – estar devidamente autenticada por cônsul brasileiro; V – estar acompanhada de tradução, feita por tradutor público (art. 5º, Resolução n. 9; e art. 788, CPP). Não será homologada a sentença que ofender a soberania nacional, a ordem pública e os bons costumes (art. 17, DL n. 4.657/42). Após homologação, a sentença estrangeira será executada, por meio de carta de sentença, no juízo federal competente (arts. 965, CPC, e 216-N, Regimento Interno do STJ).

43 Em regra é a Presidência do STJ quem examinará o pedido de transferência de execução de pena (art. 216-A, RISTJ); porém, se houver contestação ao pedido de homologação, o processo será distribuído para apreciação da Corte Especial (art. 216-K).

o fato que originou a condenação constituir infração penal perante a lei de ambas as partes; e) houver tratado ou promessa de reciprocidade.

Para que seja efetivada essa medida, é necessário que o pedido seja formulado por via diplomática ou por autoridades centrais, ou seja, órgãos institucionais técnico-especializados encarregados de receber e transmitir pedidos de cooperação jurídica internacional. O objetivo é, pois, definir um ponto único de contato para fins de eficácia e celeridade. No Brasil, por exemplo, quem desempenha essa função é, majoritariamente, o Ministério da Justiça e Segurança Pública (Departamento de Recuperação de Ativos e Cooperação Jurídica Internacional - DRCI), mas também são legitimados, a depender dos casos, a Procuradoria Geral da República (Secretaria de Cooperação Jurídica Internacional - SCI) e a Secretaria de Direitos Humanos da Presidência da República (Autoridade Central Administrativa Federal - ACAF).[44]

Questão controvertida ocorre nos casos de brasileiros natos, ou seja, originários do Brasil (diferentemente dos naturalizados), pois encontraria, em tese, para alguns, vedação constitucional e legal pela análise conjunta do art. 5º, LI, da CF (proíbe a extradição de brasileiros natos), art. 84, I, da Lei de Migração (prevê a mesma vedação descrita antes), bem como do próprio art. 100, *caput*, da mesma lei (cuja redação autorizaria a transferência da execução "nas hipóteses em que couber solicitação de extradição executória", portanto apenas de estrangeiros ou brasi-leiros naturalizados).

Discordamos, no entanto, desse entendimento. Ora nosso Código Penal é de 1942, a Reforma da "Parte Geral" desse estatuto é de 1984, assim, outros tempos vigoravam; atualmente a cooperação jurídica internacional possui estatura e aplicabilidade não imaginada antes, por isso forçosos reconhecermos que as concepções clássicas relacionadas à aplicabilidade das normas penais, ainda que estrangeiras, em nosso território, bem como da própria soberania jurisdicional devem ser mitigadas, sobretudo com o incremento de Tratados multilaterais e bilaterais (que celebram, entre outros, os princípios da reciprocidade e especialidade de suas normas), inclusive em matérias penais e processuais penais, visando o apoio e interdependência entre as nações mundiais para coibir e punir atos delituosos, impedindo a tão criticada impunidade. Ora, o que a Constituição proíbe é a extradição de brasileiro nato, da mesma forma que a Lei n. 13.445/2017 o faz em relação não só à própria extradição, mas também à expulsão e à deportação, porém, na hipótese alvo de questionamento, o brasileiro nato não sairá do território nacional, cumprirá a pena em nosso país, de acordo com as regras de execução previstas em nossa lei. O art. 100, parágrafo único, esclarece que a transferência executória da pena pode coexistir com o estatuído no próprio art. 9º do CP, o que nos permite concluir que o art. 100 da Lei n. 13.445/2017, além de ser norma especial, é posterior, devendo ser aplicada especificamente aos casos ali abrangidos. Vladimir Aras apresenta outros dois argumentos interessantes e favoráveis à possibilidade ora defendida: 1) o art. 100 da Lei de Migração é aplicado, alternativa-mente, quando o Estado pretendente objetiva a extradição "executória" (pretensão de cumprir a pena no exterior a residente no Brasil); 2) por que um Estado recorreria ao instituto da TEP se pode solicitar, desde logo, a extradição (brasileiro naturalizado e estrangeiro), ou seja, obteria o preso para executar sua pena, em seu território? Assim, perderia a lógica e o sentido da própria norma; 3) diversos tratados seguem esta lógica da "alternatividade" (aplicação da TEP no lugar da extradição; a lei brasileira, portanto, adota esse modelo internacional de cooperação. O STJ, aliás, já decidiu nesse sentido no HDE n. 5.175, rel. Min. Humberto Martins, então presidente desse tribunal em decisão monocrática, publicada no *DJe* 22.04.2021. Merecendo destaque, ainda as seguintes decisões do mesmo tribunal: AR n. 7.287/DF, rel. Min. Herman Benjamin, d.m., *DJe* 09.09.2022; HDE n. 4.035, rel. Min. João Otávio de Noronha, d.m., *DJe* 22.06.2020; HDE n. 2.093, rel. Min. João Otávio de Noronha, d.m., *DJe* 27.02.2020.

2. JURISPRUDÊNCIA

2.1. Julgado

Homologação da sentença estrangeira – art. 9º

Homologação de sentença penal estrangeira. Agravo regimental. Prescrição da pena. Aplicação ao caso do

44 Destacamos o seguinte quadro de Autoridades Centrais estrangeiras em relação aos principais Acordos de Cooperação Jurídica em Matéria Penal (MLAT) – extraído do *site* do Tribunal de Justiça do Estado do Paraná: https://www.tjpr.jus.br/cooperacao-juridica-internacio-nal?p_p_id=101_INSTANCE_bm9CY1K7KsZF&p_p_lifecycle=0&p_p_state=normal&p_p_mode=view&p_p_col_id=column-1&p_p_col_pos=1&p_p_col_count=2&a_page_anchor=56327000#:~:text=Autoridades%20Centrais%20Brasileiras,Humanos%20da%20Presid%C3%AAncia%20da%20Rep%C3%BAblica. Acesso em: 20.03.2023.

art. 9º do CP brasileiro. Nos termos do art. 9º do CP brasileiro, a sentença estrangeira, quando a aplicação da lei brasileira produz na espécie as mesmas consequências, pode ser homologada para obrigar o condenado à reparação do dano e a outros efeitos civis. A prescrição da pena não é causa suficiente para fins de homologação de sentença penal estrangeira. Agravo regimental improvido. (STJ, Ag. Reg. na SE n. 3.395/ES, Corte Especial, rel. Min. César Asfor Rocha, j. 03.12.2008)

Execução de pena estrangeira para fins penais – brasileiro nato – possibilidade

[...] Verifica-se que a homologação de sentença estrangeira, para viabilizar a transferência da execução da pena, é devida quando atendidos os pressupostos estabelecidos no art. 100 da Lei n. 13.445/2017, quais sejam: a) o condenado em território estrangeiro for nacional ou tiver residência habitual ou vínculo pessoal no Brasil; b) a sentença tiver transitado em julgado; c) a duração da condenação a cumprir ou que restar para cumprir for de, pelo menos, 1 (um) ano, na data de apresentação do pedido ao Estado da condenação; d) o fato que originou a condenação constituir infração penal perante a lei de ambas as partes; [...] e f) houver tratado ou promessa de reciprocidade. No caso, como bem salientado pelo *parquet*, verifica-se que o condenado é nacional e tem residência do Brasil (fls. 57-58), a decisão estrangeira transitou em julgado (fl. 49), a duração da condenação a cumprir é de 4 (quatro) anos de prisão efetiva (fls. 10-46), os fatos que originaram a condenação constituem infração penal perante a lei brasileira (arts. 148 e 157 do CP) e há tratado firmado entre o Brasil e Portugal, promulgado no Brasil pelo Decreto n. 8.049/2013, além da promessa de reciprocidade. Ante o exposto, acolho o parecer de fls. 88-90, determino a reautuação do presente feito como Homologação de Sentença Estrangeira e, tendo em vista o preenchimento dos requisitos legais, homologo o referido título judicial proferido no âmbito do Processo n. 1.593/12.5 GACSC pelo Tribunal Judicial da Comarca de Lisboa Oeste – Juízo Local Criminal de Sintra, com a consequente transferência da execução da pena imposta ao brasileiro [...]. (HDE n. 5.175, rel. Min. Humberto Martins, d.m., *DJe* 22.04.2021)

Contagem de prazo

Art. 10. O dia do começo inclui-se no cômputo do prazo. Contam-se os dias, os meses e os anos pelo calendário comum.

---

1. COMENTÁRIO

O dia do início (*dies a quo*), ou dia em que ocorreu o crime, será considerado, desprezando-se, todavia, o dia do final (*dies ad quem*), ou último dia.[45] Os prazos penais são fatais e improrrogáveis, ou seja, eventual prazo cuja data final recaia em sábado, domingo ou feriado, não se prorroga para o primeiro dia útil (como ocorre, por exemplo, com os prazos processuais penais). Assim, um alvará de soltura expedido na sexta-feira deverá ser cumprido imediatamente, não se justificando a manutenção da pessoa presa até a segunda-feira, sob nenhum pretexto burocrático, nem, menos ainda, por razões de segurança, muito embora, na prática, infelizmente, em inúmeras oportunidades isso não ocorra.

Para se identificar um prazo como de natureza penal (e não processual penal), deve ser analisado se de alguma forma ele influencia no *jus puniendi*. Assim, os prazos tanto da prescrição como da decadência, por exemplo, são considerados penais, pois, ainda que indiretamente, influenciam na punibilidade do agente. O calendário comum utilizado é o gregoriano[46] (o qual prevê um ano bissexto, com 366 dias, a cada quatro anos). Se, por exemplo, considerarmos um mês de prazo, sua contagem será definida a partir de determinado dia de início deste mesmo mês até a véspera do mesmo dia no mês subsequente, excluindo este último dia do vencimento.

2. JURISPRUDÊNCIA

2.1. Julgado

Prazo penal – contagem

Penal e processual penal. Ação penal originária. Difamação e injúria. Queixa. Prazo decadencial. Extinção da punibilidade *ex vi* art. 103 c/c art. 107, IV, ambos do CP. Oferecimento fora do prazo de seis meses. Contagem do lapso temporal nos termos do art. 10 do CP. Como regra, o prazo da decadência é de 6 (seis) meses e, tratando-se de causa de extinção da punibilidade, o prazo tem natureza penal, devendo ser contado nos termos do art. 10 do CP e não de acordo com o art. 798, § 1º, do CPP, quer di-

---

45 A norma processual penal dispõe de forma diversa: despreza-se o dia do início e computa-se o último dia (art. 396, CPP); exemplo: uma intimação para o réu apresentar defesa preliminar (10 dias), caso seja intimado na quarta-feira, seu prazo iniciará no dia seguinte, quinta-feira.

46 Introduzido pelo Papa Gregório XIII, em 24.02.1582 e utilizado na maioria dos países, define que cada mês poderá ter 28 a 31 dias, e o ano, 365 dias (366 em caso de ano bissexto, no entanto, os anos seculares só são considerados bissextos se forem divisíveis por 400, assim, a diferença, atraso de três dias em cada quatrocentos anos, observada no então calendário juliano, anterior ao atual, desaparece), é utilizado como parâmetro para demarcar o ano civil.

zer, inclui-se no cômputo do prazo o *dies a quo*. Assim, tendo em vista que ambas as queixas foram oferecidas quando já esgotado o prazo legal, há que se reconhecer a extinção da punibilidade do querelado em razão da decadência. Queixas rejeitadas. (STJ, AP n. 562/MS, Corte Especial, rel. Min. Fernando Gonçalves, j. 02.06.2010)

Frações não computáveis da pena

Art. 11. Desprezam-se, nas penas privativas de liberdade e nas restritivas de direitos, as frações de dia, e, na pena de multa, as frações de cruzeiro.

1. COMENTÁRIO

As horas, as quais representam frações de dia, não serão observadas para aplicação da pena privativa de liberdade e restritiva de direitos, portanto, tais reprimendas não serão aplicadas de forma fracionada; exemplos: 60 dias e 15 horas, mas, tão somente, em número de dias. Da mesma forma, caso tenha ocorrido um crime as 20h00 e, em razão do flagrante o seu agente permanecer preso, futuramente, em caso de condenação, para fins de detração, será considerada o dia completo da lavratura do flagrante, como se ele tivesse sido preso nos primeiros minutos do mesmo dia, pouco importando o fato de, na verdade, ele ter ficado preso por apenas poucas horas naquele mesmo dia. Quanto à pena de multa, as frações de real,[47] ou seja, os centavos, são também desconsideradas.

2. JURISPRUDÊNCIA

2.1. Súmulas

Súmula n. 171, STJ: "Cominadas cumulativamente, em lei especial, penas privativas de liberdade e pecuniária, é defeso a substituição da prisão por multa".

Legislação especial

Art. 12. As regras gerais deste Código aplicam-se aos fatos incriminados por lei especial, se esta não dispuser de modo diverso.

1. COMENTÁRIO

As normas previstas na Parte Geral do Código aplicar-se-ão, também, à legislação penal especial, e, em caso de conflito aparente de normas, resolver-se-ão pelo princípio da especialidade (*lex specialis derogat lex generali*). Assim, se determinada lei extravagante dispuser sobre algum tema, instituto, de modo diverso, será considerada para fins de aplicação, isso porque tal lei conterá não só os elementos fundamentais previstos na norma geral, mas também elementos caracterizadores, especializadores, outros, os quais a distinguem, por exemplo: arts. 61 e 65 (agravantes e atenuantes), art. 44 (regras para substituição da pena privativa de liberdade por restritiva de direitos), arts. 77 e segs. (regra referente à possibilidade de concessão de *sursis*). Aliás, em regra, ao final de cada diploma especial, existe uma previsão acerca da aplicação subsidiária das normas previstas no CP.[48]

2. JURISPRUDÊNCIA

2.1. Julgado

Art. 12 – aplicabilidade

Penal. Lei dos Agrotóxicos. Art. 15. Transportar. Princípio da especialidade. Materialidade e autoria. Responde pela prática do delito insculpido no art. 15 da Lei n. 7.802/89 quem transporta agrotóxicos, em desobediência à legislação pertinente, e não pelo crime do art. 56 da Lei n. 9.605/98, em razão do princípio da especialidade. (TRF-4ª Região, Ap. Crim. n. 6.545/RS, Proc. n. 2006.71.04.006545-0, 8ª T., rel. Des. Artur César de Souza, 09.07.2008)

47 A MP n. 542, de 30.06.1994, convalidada pela Lei n. 9.069, de 30.06.1995, transformou o cruzeiro, unidade do sistema monetário até então existente, em real, mantendo-se sua fração originária, o centavo.

48 Exemplos: art. 92, Lei n. 9.099/95 (Lei dos Juizados Especiais); art. 61, Lei n. 8.078/90 (CDC).

TÍTULO II
DO CRIME

Relação de causalidade

Art. 13. O resultado, de que depende a existência do crime, somente é imputável a quem lhe deu causa. Considera-se causa a ação ou omissão sem a qual o resultado não teria ocorrido.

Superveniência de causa independente

§ 1º A superveniência de causa relativamente independente exclui a imputação quando, por si só, produziu o resultado; os fatos anteriores, entretanto, imputam-se a quem os praticou.

Relevância da omissão

§ 2º A omissão é penalmente relevante quando o omitente devia e podia agir para evitar o resultado. O dever de agir incumbe a quem:

***a)* tenha por lei obrigação de cuidado, proteção ou vigilância;**

***b)* de outra forma, assumiu a responsabilidade de impedir o resultado;**

***c)* com seu comportamento anterior, criou o risco da ocorrência do resultado.**

1. COMENTÁRIO

1.1. Posição central do art. 13 do CP no ordenamento jurídico-penal brasileiro

O art. 13 do CP desempenha papel central na legislação, haja vista funcionar como alicerce da atribuição de responsabilidade por um determinado resultado criminoso.

Com efeito, antes de avaliar se uma determinada ação é típica, se é antijurídica e se é culpável, pergunta-se se entre referida ação e o resultado considerado criminoso houve alguma ligação, algum liame – em resumo, nexo de causalidade.

A busca pelo nexo de causalidade entre ação e resultado acabou ficando estigmatizada, haja vista o fato de, em vários casos concretos, a constatação de referido nexo ter sido tomada como suficiente para a atribuição de responsabilidade penal.

De fato, a exacerbação da teoria causal da ação, inerente à chamada teoria clássica do delito, muitas vezes retirou da verificação do nexo de causalidade a condição de primeiro passo para a atribuição de responsabilidade penal, para conferir-lhe o *status* de único passo para essa imputação.

Assim, a fim de condenar alguém pelo homicídio culposo de outrem na condução de um veículo, bastaria verificar se o agente era o condutor e se a morte se deu em razão da batida do carro no corpo da vítima. Constatando-se que a morte ocorreu em decorrência da colisão, nenhuma alegação seria suficiente para afastar a atribuição de responsabilidade penal ao agente.

Essa perspectiva reducionista, que resume a verificação da responsabilidade penal ao nexo causal, costuma se revelar na frase "a materialidade está presente no laudo de folhas", muito comum às sentenças condenatórias.

Por óbvio, tal reducionismo resta equivocado, sendo evidente que a verificação do nexo causal deve ser sucedida da análise da presença de outros elementos imprescindíveis à atribuição de responsabilidade penal.

Assim, uma vez constatado o nexo causal entre a ação e o resultado, cumpre checar se está presente o elemento subjetivo que, à luz da teoria final da ação, complementa a tipicidade, se não está presente alguma excludente de antijuridicidade, se seria exigível conduta diversa etc.

Ocorre que, dado o estigma criado em torno dessa hegemonia do nexo causal, ou da materialidade, mesmo no bojo do finalismo, findou-se caminhando para o outro extremo, sobretudo após a popularização da teoria da imputação objetiva.

Inerente à chamada sociedade do risco, a teoria da imputação objetiva está diretamente relacionada à criação, ao incremento (aumento) e à não diminuição do risco. Tal teoria também está atrelada à análise da esfera de proteção da norma e à autocolocação em risco.

A princípio, ela serviria como uma verificação a mais no momento de atribuição de responsabilidade penal. Após checar se uma determinada ação acarretou um resultado, com base na imputação objetiva, deveria se verificar se, além de dar causa ao resultado, os critérios de imputação estariam presentes.

Assim, na hipótese de um homicídio culposo na condução de um veículo, além de checar se o abalroar do carro teria levado à morte, seria preciso checar se a vítima não teria se lançado na frente do veículo (autocolocação em risco), se a vítima não estava cruzando uma estrada de alta velocidade quando havia uma passarela a poucos metros do local, encontrando-se, portanto, fora da esfera de proteção da norma e assim por diante.

Nessa perspectiva, a teoria da imputação objetiva passaria a ser verdadeira teoria de desimputação.

No entanto, com o fortalecimento da ideia de sociedade de risco, paulatinamente, a imputação objetiva deixa de ser uma etapa complementar na aferição da atribuição de responsabilidade penal e passa a ser a única teoria a nortear tal atribuição. A criação do risco toma o lugar do nexo de causalidade; em outras palavras, criar o risco passa a ser o nexo de causalidade.

A hegemonia da imputação objetiva está diretamente relacionada à concepção de que, em uma sociedade tecnológica, o apertar de um botão pode levar ao fim do mundo, e de que, portanto, não se pode mais aguardar o advento do fim (dano) para punir, fazendo-se necessário coibir qualquer pretensão de se apertar o botão.

Se a sociedade é de risco, o dano é o próprio risco e não há mais que se questionar acerca do resultado.

De certa forma, esse movimento explica o porquê de a pena cominada para alguém que dirige embriagado ser superior à de quem atropela e fere um pedestre e tão próxima à de quem atropela e mata.

Com efeito, quando o Código de Trânsito, em seu art. 303, comina pena de 6 meses a 2 anos a quem pratica lesão corporal na direção de veículo automotor enquanto, em seu art. 306, comina pena de 6 meses a 3 anos a quem dirige sob a influência de álcool, a mensagem que passa é a de que o risco é mais reprovável que o dano.

É a exacerbação do risco, tão coerente com a sociedade do risco, que faz com que os discursos de ódio sejam refutados de forma ainda mais entusiástica que os próprios crimes de dano. Também é essa valorização do risco às sociedades futuras que leva autoridades a escreverem em peças forenses que poluir um rio é mais grave que matar uma pessoa.

O risco faz com que um ser inexistente (futuro) e uma sociedade em potencial sejam mais importantes que o aqui e o agora, não sendo incomuns sequer manifestações no sentido de que, na sociedade tecnológica, a culpa resta ainda mais reprovável que o dolo.

A ideia seria a seguinte: quando alguém desfere um tiro em outra pessoa, matando-a, o dano está limitado àquele ser, àquela história, a um número reduzido de indivíduos que sofrerão a perda; por outro lado, quando um farmacêutico erra na produção de um remédio, e esse remédio gera o risco de lesionar ou mesmo matar os consumidores, há uma gama indefinida de pessoas potencialmente prejudicadas. É como se, para a sociedade, essa segunda situação fosse, em si, mais danosa.

Trabalhar com o critério do risco, na filosofia e/ou na sociologia, inclusive para compreender essa sociedade tecnológica, resta bastante razoável; inovações como o computador e a internet, que não param de se modificar, alteram a forma de vida das pessoas nas searas mais inesperadas. Hoje, não é incomum encontrar pessoas que têm dificuldade para se relacionar, inclusive sexualmente, por estarem viciadas em interações virtuais. É o universo virtual tomando o lugar do real.

A própria criminalização, punição e rejeição à pornografia infantil virtual, rejeição esta muitas vezes maior que a existente diante de uma verdadeira agressão sexual, mostra o quanto o risco tem sido tomado como mais danoso que o dano.

Apesar de constatar esse quadro e também de constatar as consequências dele para o direito penal, seja na fase da elaboração da norma, seja no momento de sua aplicação, entendemos, em uma atitude um tanto quanto quixotesca, que o direito penal não pode se perder da missão de proteger aquilo que é palpável e, por consequência, não pode abrir mão, em hipótese alguma, da verificação do efetivo nexo de causalidade entre uma ação humana e um resultado, por maior que tenha sido o risco criado por essa mesma ação.

Se não é adequado parar em uma análise meramente causal, pois a causa, como já dito, é apenas o primeiro passo para a atribuição de responsabilidade penal, também não é aceitável abrir mão da busca de um liame entre uma ação humana e um determinado resultado desvalioso, por maior que tenha sido o risco criado, ou incrementado, pelo agente.

Dessa forma, mesmo nos auspícios da sociedade de risco, entendemos que o art. 13 do CP constitui verdadeiro e insubstituível alicerce no processo de atribuição de responsabilidade por um crime.

Daí, por mais que seja inadmissível condenar alguém apenas com base no laudo pericial, como se o perito tornasse o magistrado uma peça meramente decorativa, é muito importante zelar para que o nexo causal seja perquirido, que os exames periciais sejam feitos com excelência, que o local do fato seja correta e seriamente preservado, tudo com o fim de garantir que o causador de um determinado resultado, e somente ele, presentes os demais requisitos para atribuição de responsabilidade penal, responderá.

Em janeiro de 2013, foi veiculada a notícia de instauração de um inquérito policial para apurar a suposta prática de crime de humilhação de idoso, ou mesmo de homicídio culposo, por parte de uma atriz que teria reclamado dos serviços de um motorista, que, pelo nervosismo, teria passado mal, vindo a falecer.[1] A atriz foi investigada, prestou depoimento e, em seguida, o inquérito foi arquivado.

É evidente que a mera instauração de um inquérito não tem a mesma importância de um acórdão, eventualmente, condenando alguém em situação correlata; entretanto, serve para evidenciar o quanto é perigoso descuidar do nexo de causalidade entre ação e resultado. Afinal, não é possível admitir que as ações corriqueiras da vida (reclamar de um serviço mal executado, demitir um funcionário, desmanchar um noivado, pedir o divórcio, dentre outras) possam caracterizar ilícito penal.

Eventuais dissabores causados aos outros podem implicar arrependimento, remorso, sofrimento moral, mas não responsabilidade penal. Fosse assim, todos estaríamos impedidos de viver, pois as relações humanas são conflituosas e o direito penal é – e deve ser – subsidiário.

Dessa forma, seja a título de dolo, seja a título de culpa, jamais uma pessoa poderia responder pela morte da outra, por lhe ter causado sofrimento, ou nervosismo, que veio a desencadear um enfarte.

Por mais que se possa estabelecer um nexo moral, jamais será possível demonstrar um nexo material, pois ninguém pode afirmar, com certeza, que o enfarte, o derrame ou mesmo o câncer não surgiriam, mesmo que o dissabor não tivesse se verificado.

Se a situação se revela complexa quanto às ações, resta ainda mais problemática no que tange às omissões. A dificuldade reside no fato de ser muito mais difícil, se não impossível, garantir, com absoluta certeza, que a ação omitida evitaria o resultado indesejado.

Com efeito, se Tício desfere um tiro contra Caio e, imediatamente, Caio vem a falecer em razão dos ferimentos causados, não há muitas dúvidas acerca da existência de nexo causal. Poderão haver discussões referentes a eventuais excludentes de antijuridicidade, legítima defesa, por exemplo, ou quanto ao elemento subjetivo (dolo/culpa), mas o fato de a morte ter sido causada pelo tiro é certa.

Por outro lado, quando uma criança cai da janela de um apartamento, sem que ninguém a tenha empurrado, pode-se afirmar que a queda levou à morte, mas não se pode dizer, com certeza, que a morte não teria ocorrido se uma tela houvesse sido instalada, se alguém estivesse na companhia da criança no momento da queda, ou mesmo que o fato não teria se verificado se uma cadeira não tivesse sido deixada perto da janela.

1.2. Causa relativamente independente

É comum ler que, no Brasil, adota-se a teoria da equivalência das condições, segundo a qual consideram-se causas de um determinado resultado criminoso todas as condições sem as quais o resultado não teria se verificado.

Com efeito, essa é a mensagem trazida pela última parte do art. 13, *caput*, do CP, que reza: "considera-se causa a ação ou omissão sem a qual o resultado não teria ocorrido".

Ocorre que, seguindo-se tal dispositivo fielmente, até mesmo as condutas mais remotas poderiam ser tomadas como causa de um determinado crime. Justamente com o objetivo de limitar a atribuição de responsabilidade criminal, no § 1º do art. 13, o legislador pátrio toma o cuidado de prever, expressamente, que "a superveniência de causa relativamente independente exclui a imputação quando, por si só, produziu o resultado; os fatos anteriores, entretanto, imputam-se a quem os praticou".

Pense-se no seguinte caso hipotético: Caio desfere um golpe de faca em Tício, que por força das lesões precisa ser levado a um hospital. Ocorre que, no caminho do hospital, a ambulância é abalroada por um caminhão conduzido por um motorista embriagado. Em virtude do acidente, Tício vem a falecer.

Se não houvesse o § 1º do art. 13, poder-se-ia pretender atribuir a morte de Tício a Caio. O raciocínio seria o seguinte: se Caio não tivesse lesionado Tício com a faca, ele não precisaria ser socorrido pela ambulância e, por óbvio, não teria sido atingido pelo caminhão conduzido pelo motorista alcoolizado; por conseguinte, Caio deve responder pela morte de Tício.

Em termos morais, o raciocínio está correto. No entanto, sob o aspecto jurídico, o acidente de veículo que veio a matar Tício é independente do golpe de faca. Dessa forma, Caio não responde-

1 Disponível em: http://natelinha.uol.com.br/noticias/2013/01/17/zeze-polessa-devera-ser-investigada-apos-morte-de-motorista-094512.php.

rá pela morte de Tício, mas somente pelas lesões que lhe causou.

No exemplo hipotético, apenas o motorista poderá ser responsabilizado pelo homicídio culposo de Tício.

Em resumo, é preciso verificar a causa mais próxima, a causa direta do resultado desvalioso e, por isso, proibido.

Não fosse assim, uma infinidade de ações e omissões neutras, ou seja, não consideradas ilícitas em si, poderiam ensejar responsabilidade penal.

Muitos autores sentem a necessidade de recorrer à teoria da imputação objetiva, para afastar a atribuição de responsabilidade penal para quem realizou uma ação neutra, como vender veneno para ratos a alguém que, posteriormente, vem a utilizar esse veneno para matar o cônjuge.

No entanto, mesmo sem se recorrer à teoria da imputação objetiva, trabalhando-se apenas com a letra da lei, resta evidente que constituiria abuso pretender responsabilizar o vendedor do veneno pela morte da pessoa que vem a ser envenenada. A teoria da causalidade, sem qualquer socorro da imputação objetiva, é mais que suficiente para afastar qualquer pretensão de responsabilidade criminal.

Aliás, mesmo que a ação anterior seja proibida por outros ramos do Direito, ou até mesmo criminosa, pela teoria da causalidade adotada pelo CP, resta impossível pretender responsabilizar o autor da ação anterior, pelo crime perpetrado posteriormente por outrem.

Explica-se: como todos sabem, vender cocaína é crime. Se alguém vender cocaína a uma pessoa que vem a usar o produto para envenenar e matar uma terceira pessoa, por óbvio, o vendedor da droga responderá apenas pelo tráfico e não pelo homicídio, passível de ser imputado apenas a seu autor imediato. E não é preciso lançar mão da teoria da imputação objetiva para chegar a essa conclusão óbvia.

Um cenário diverso, ou seja, responsabilizar o traficante pela morte, somente seria possível se se demonstrasse existir um conluio entre o fornecedor da droga e o sujeito que a usa para envenenar o terceiro, pois aí estar-se-ia diante da unidade de desígnios, que caracteriza o concurso de agentes.

1.3. Nexo de causalidade na omissão

O nexo causal, na omissão, é normativo, ou seja, trata-se de um liame construído e não de um vínculo objetivo, passível de ser apreendido materialmente ou pericialmente.

Essa natureza normativa do nexo de causalidade nas omissões deve implicar (nem sempre implica) maior rigor na atribuição de responsabilidade penal em tais circunstâncias.

A doutrina ensina que há crimes omissivos próprios e crimes omissivos impróprios, estes também conhecidos como crimes comissivos por omissão.

Apesar de haver vários critérios para diferenciar essas duas modalidades, trabalha-se majoritariamente com o critério tipológico, que parece mais adequado.

Segundo tal critério, quando o legislador já prevê um crime, tipificando um comportamento omissivo, está-se diante de um crime omissivo próprio, pois a própria omissão é o crime. O exemplo clássico é a omissão de socorro.

Por outro lado, quando o crime é previsto como uma ação, punindo-se determinadas pessoas a título de omissão, está-se diante de um crime omissivo impróprio, ou dos crimes comissivos por omissão. Esta última denominação significa que um crime normalmente praticado na forma ativa pode ensejar responsabilização na modalidade omissiva.

É este tipo de crime omissivo (impróprio) que interessa nesta oportunidade. De fato, no art. 13, § 2º, o legislador pátrio diz que "a omissão é penalmente relevante quando o omitente devia e podia agir para evitar o resultado", determinando que o dever de agir incumbe a quem tem por lei a obrigação de cuidado, proteção ou vigilância; de outra forma assumiu a responsabilidade de impedir o resultado; ou com seu comportamento anterior, criou o risco da ocorrência do resultado.

A pessoa que se encontra em uma dessas situações é conhecida como garantidor, ou garante.

Assim, se um banhista qualquer vê uma pessoa se afogando e não faz nada, ou seja, nem tenta salvá-la, nem busca ajuda de quem tem condições para socorrer, esse banhista responderá pelo crime de omissão de socorro, que é um crime omissivo próprio.

No entanto, se a cena é presenciada por alguém que se encontra em posição de garantidor (um salva-vidas, a mãe, a babá), não mais se estará diante de mera omissão de socorro, mas sim perante um homicídio por omissão.

Percebe-se que, apesar de o crime de homicídio ser previsto na modalidade ativa (matar alguém), o resultado "morte" pode ser atribuído àquele que nada fez, desde que se encontre em posição de garantidor.

Para alguém que testemunhe a cena, as condutas dos dois expectadores, perante o afogamento do banhista, são idênticas. Ambos ficaram imóveis, do lado de fora da piscina, assistindo à "vítima" se debater até a morte.

No entanto, sendo o expectador um terceiro completamente alheio ao banhista, o máximo que se lhe poderia atribuir seria o crime de omissão de socorro. Já, se se tratar do pai da vítima, ele poderá responder por homicídio por omissão.

Em tese de livre-docência, procuramos demonstrar que até em razão de a responsabilidade penal a título de comissão por omissão constituir uma verdadeira exceção ao princípio da legalidade, deve-se ser ainda mais cauteloso em sua atribuição do que se é relativamente aos crimes por ação (PASCHOAL, Janaina Conceição. *Ingerência indevida*: os crimes comissivos por omissão e o controle pela punição do não fazer, 2011).

Em resumo, da mesma forma que constatar que um disparo de arma de fogo levou à morte de alguém implica o primeiro passo na atribuição de responsabilidade, checar se um garantidor deixou de intervir para evitar um resultado danoso constitui a primeira etapa na responsabilização penal. Após tal verificação, como ocorre com os crimes ativos, faz-se necessário checar o elemento subjetivo, ou seja, se ao se omitir o garantidor buscava o resultado que deveria ter sido evitado.

Assim, mesmo havendo um garantidor que deixa de agir para impedir um resultado e mesmo advindo o resultado, resta preciso avaliar todos os outros elementos que integram o crime.

Por mais curioso que pareça, os doutrinadores são muito menos exigentes ao atribuírem responsabilidade penal por omissão, do que ao responsabilizarem alguém por ação. E essa pouca exigência ocorre tanto em uma perspectiva tradicional, na qual o elemento subjetivo é praticamente presumido quando se está diante de omissões, como na perspectiva chamada moderna, quando se passa a trabalhar com o critério da não diminuição do risco.

Com efeito, dada a chegada avassaladora da teoria da imputação objetiva no direito penal, deixa-se de perguntar se uma determinada ação não realizada por parte do garantidor teria evitado o resultado, passando-se a indagar se essa mesma ação teria reduzido o risco de o resultado advir.

Em outras palavras, pelas concepções consideradas modernas, responde pelo crime comissivo por omissão quem deixa de diminuir o risco de ocorrência do resultado.

O raciocínio é mais ou menos o seguinte: como é impossível ter certeza de que uma determinada ação realmente evitaria o resultado, ou seja, que a instalação de tela de proteção evitaria que a criança caísse da janela, em vez de trabalhar com um critério de certeza, ou quase certeza, passa-se a checar se a instalação da tela teria diminuído o risco da queda. Se sim, o omitente responde pelo crime; se não teria diminuído, não responde.

Se a substituição da teoria da causalidade pela teoria da imputação objetiva, em sede de ação, já se revela deletéria, tem-se que, em termos de omissão, essa teoria se mostra ainda mais inconsistente, pois, uma vez ocorrida a desgraça, sempre é possível imaginar uma conduta que poderia ter diminuído o risco do resultado.

De fato, se uma criança morre durante uma aula de natação, podem ser imaginadas infinitas medidas que teriam evitado essa morte. No limite, se os pais não a tivessem matriculado no curso de natação, ela não teria morrido, pelo menos não dessa forma.

Em um contexto de nexo de causalidade normativo, em que a mera não diminuição do risco já se mostra suficiente para a atribuição de culpa penal, retira-se do acusado qualquer potencialidade de defesa.

Por não ser justo, a nosso ver, tratar o omitente com maior rigor que o agente, ou exigir menos para caracterizar a responsabilidade penal por omissão que por ação, traz-se à colação parte das conclusões desposadas na tese de livre-docência anteriormente citada, a qual buscou refrear o ímpeto com que a atribuição de responsabilidade penal por omissão vem crescendo: "Nos crimes omissivos impróprios, o nexo de causalidade somente se completa quando há um resultado, uma omissão, um garantidor com capacidade e possibilidade de ação, bem como quando a ação omitida certamente evitaria o resultado; o Direito só pode exigir que o garantidor aja visando evitar o resultado e não que efetivamente o evite, pois não há dever de heroísmo; considera-se garantidor quem, por lei, tem o dever de zelar pelo garantido, ou assumiu o compromisso de o fazer, sendo certo que esta posição deve ser sempre interpretada restritivamente; [...] a imputação objetiva não pode substituir o nexo de causalidade; resta desproporcional, em sede de crimes comissivos por omissão, adotar o critério da não diminuição do risco, em prejuízo da quase certeza" (PASCHOAL, op. cit., 2011, p. 199-200).

Entre as medidas sugeridas com o fim de restringir a atribuição de responsabilidade penal por omissão, encontra-se a previsão específica (tipo a tipo) da possibilidade dessa responsabilidade, tal qual ocorre com os crimes culposos, bem como a retirada, da parte geral, da posição de garantidor decorrente da ingerência, prevista no art. 13, § 2º, *c*, do CP.

O apego ao nexo de causalidade, seja nos crimes praticados por ação, seja nos crimes praticados por omissão, implica prezar o princípio da legalidade e buscar conter o natural arbítrio estatal.

Afinal, não há nada mais propício a um Estado interventor do que abrir mão da necessidade de provar um liame entre a conduta do indivíduo e o resultado delituoso e permitir a punição pelo que não se fez.

As pessoas podem ser obrigadas a não praticar o mal, mas é muito complicado quando, a qualquer tempo, podem ser punidas pelo bem não feito, mormente quando a ação omitida não vem claramente prevista em um dispositivo de lei.

Dada a relevância que o nexo causal possui para a efetivação de um direito penal mínimo, reitera-se o papel central do art. 13 do CP, no ordenamento jurídico brasileiro.

Com efeito, graças a esse dispositivo, apesar das teorias consideradas modernas e, somente por isso, melhores, ainda se faz necessário buscar uma estreita relação entre a conduta de um indivíduo e o resultado proibido, com o fim de considerá-lo autor de um determinado delito, sendo certo que, como já dito, tal vínculo não basta para atribuir-se responsabilidade penal.

Por força do disposto no art. 13, não basta que alguém crie, aumente, ou deixe de diminuir o risco de advir um resultado, para ser criminalmente responsabilizado; faz-se necessário que realmente seu comportamento cause o resultado, o que será afastado, nos termos do art. 13, § 1º, do CP, quando acarretado por causa relativamente independente, mais um corolário do direito penal reduzido ao último caso.

Encerra-se aduzindo que não é pelo fato de haver desvios na aplicação do art. 13 do CP que se legitimará a tendência de dispensar sua observância.

2. JURISPRUDÊNCIA

2.1. Julgados

Nexo de causalidade. Conduta omissiva

[...] O cerne da controvérsia cinge-se à fixação do nexo de causalidade entre a conduta omissiva dos atuais recorridos e o resultado naturalístico morte. 2. A despeito da *quaestio* relativa à existência do nexo causal entre a omissão e o resultado, é prudente a admissão do nexo de causalidade, *in casu*, para a adequada tipificação dos crimes omissivos. 3. Os operadores do Direito que entendem não haver nexo de causalidade entre a omissão e o resultado baseiam-se na ideia clássico-helênica de que do nada, nada pode vir. Entrementes, trata-se de um argumento insatisfatório e que esbarra na dificuldade de descaracterizar a própria existência dos crimes omissivos, incontestes quanto à sua presença no ordenamento jurídico pátrio (art. 13, § 2º, do CP). 4. A jurisprudência do STJ e a do STF convergem em relação à aceitação do princípio da confiança para excluir a tipicidade penal. 5. Da análise da doutrina e da jurisprudência, não restam dúvidas de que são inadequadas as soluções apoiadas exclusivamente no estabelecimento de um nexo de causalidade objetivo entre conduta e resultado e na simples existência do próprio resultado, que são características necessárias, mas não suficientes, para se estabelecer o fato típico. 6. Desconstituir a conclusão a que chegaram as instâncias ordinárias, na forma pretendida pelos ora recorrentes – ocorrência de omissão flagrante dos atuais recorridos, que provocou a morte da vítima –, implica necessariamente a incursão no conjunto probatório dos autos, revelando-se inadequada a análise da pretensão recursal, em função do óbice da Súmula n. 7/STJ. 7. Na via especial, o STJ não é sucedâneo das instâncias ordinárias, sobretudo quando envolvida, para a resolução da controvérsia, a apreciação do acervo de provas dos autos, o que é incabível em tema de recurso especial, a teor da Súmula n. 7/STJ. 8. Recurso especial não conhecido. (STJ, REsp n. 1.115.641, 6ª T., rel. Min. Sebastião Reis Jr., j. 27.03.2012, *DJ* 09.05.2012)

Nexo de causalidade. Causa imediata

[...] Não incide a Súmula n. 7 do STJ quando os fatos delineados pelas instâncias ordinárias se revelarem incontroversos, de modo a permitir, na via especial, uma nova valoração jurídica, com a correta aplicação do Direito ao caso concreto. 2. Não há a configuração do crime de lesão corporal seguida de morte se a conduta do agente não foi a causa imediata do resultado morte, estando ausente o necessário nexo de causalidade. 3. Agravo regimental provido. Sentença restabelecida. [...] É possível a desclassificação do crime de lesão corporal seguida de morte para lesão corporal simples na hipótese em que o laudo pericial não apontou haver liame entre as lesões provocadas pelo réu e a morte, indicando como *causa mortis* uma doença congênita apresentada pela vítima, condição clínica da qual sequer tinha conhecimento, pois não há configuração do crime de lesão corporal seguida de morte se a conduta do agente não foi a causa imediata do resultado morte, inexistindo o necessário nexo de causalidade. (STJ, Ag. Reg. no REsp n. 1.094.758, 6ª T., rel. Min. Sebastião Reis Júnior, j. 01.03.2012, *DJ* 15.10.2012)

Nexo de causalidade. Causa imediata. Culpa genericamente atribuída

Apelação. Homicídio culposo. Culpa genericamente atribuída a todas as acusadas, porque "não estavam presentes" quando do acidente. Inexistência de prova de qual delas devia estar no local, e evidente despropósito de exigir (tratando-se de casa de repouso onde diversas pessoas demandavam cuidado) que todas ali estivessem, até mesmo a dentista, também condenada. Motivo bastante (independentemente dos demais, explicitados no acórdão) para a absolvição. Recurso das defesas provido, prejudicado o do Ministério Público, rejeitadas as preliminares. (TJSP, 10ª Câm. Crim., Ap. n. 0005174-58.2007.8.26.0482, rel. Des. Francisco Bruno, j. 13.12.2012)

Nexo de causalidade. Causa imediata. *Animus delicti*

Apelação. Crimes contra o patrimônio. Furto tentado. Absolvição imperativa. Impossível, pelas provas produzidas nos autos, determinar a existência ou não de *animus furandi* na conduta do recorrente. Descabido, da mesma forma, presumir-se qual o objeto (se fosse o caso) que o réu pretendia subtrair ou mesmo se havia algo a ser subtraído de dentro da casa da vítima. O Direito brasileiro não adota a teoria da imputação objetiva, não havendo falar em se punir a intenção sem que esteja concretamente presente objeto juridicamente protegido. Portanto, a conduta do recorrente caracterizaria, no máximo, em tese, o crime de violação de domicílio (art. 150 do CP). Contudo, não havendo imputação contra o réu nesse sentido, tampouco tendo sido adotada a providência prevista no art. 384 do CPP (*mutatio libelli*) – vedada neste grau de jurisdição – inviável a sua condenação por esse crime, sob pena de afronta à garantia constitucional da mais ampla defesa (art. 5º, LV, da CF). Apelação provida. Por maioria. (TJRS, Ap. Crim. n. 70.050.261.924, 7ª Câm., rel. Des. José Conrado Kurtz de Souza, j. 29.11.2012)

Art. 14. Diz-se o crime:

Crime consumado

I – consumado, quando nele se reúnem todos os elementos de sua definição legal;

Tentativa

II – tentado, quando, iniciada a execução, não se consuma por circunstâncias alheias à vontade do agente.

Pena de tentativa

Parágrafo único. Salvo disposição em contrário, pune-se a tentativa com a pena correspondente ao crime consumado, diminuída de um a dois terços.

---

1. COMENTÁRIO

1.1. Crime consumado

1.1.1. *Iter criminis*. Caminho do crime

Intervalo fático-cronológico existente entre a fase interna (fase de cogitação) e externa (exteriorização do intento por intermédio de atos preparatórios, executivos e consumativos).[2]

A fase inicial (cogitação) não é punida – *cogitationis poenam nemo patitur.*[3] No direito penal brasileiro, a partir dos atos preparatórios o agente poderá incorrer em crime,[4] sendo, pois, responsabilizado por sua conduta.

1.2. Crime tentado

O Código adotou a teoria objetiva/realística/dualista, ou seja, para configuração de um crime é necessário haver não só a exteriorização da vontade, mas sobretudo o início ou a realização, ao menos parcialmente, de qualquer dos verbos descritos na norma penal sancionatária.[5]

---

2 A fase interna, conforme esclarecido, caracteriza-se pela cogitação, revelada no íntimo do agente, o qual idealiza, em sua mente, o propósito criminoso. A fase externa se inicia com os atos preparatórios (preparação), aos quais corresponde toda e qualquer ação, exterior, relacionada à prática do tipo penal, embora não corresponda ao início da execução. Como regra geral, tais atos não são puníveis, a não ser que encerrem, em si mesmos, determinada conduta típica, como exemplo, o art. 25 de LCP – DL n. 3.688/41. A execução se dá com o início da prática de qualquer núcleo verbal previsto no tipo, ou seja, o tipo penal objetivo começa a ser realizado. Distinguem-se atos preparatórios de atos executivos, eis que estes se destinam à realização do tipo, isto é, revelam o início da execução. A consumação é a etapa seguinte, quando são praticados todos os elementos do fato típico; caso o agente não consiga concluir o núcleo (verbo) previsto na norma penal, estará configurada a tentativa, proporcionando a redução de sua pena. O exaurimento é o momento posterior à realização do crime, não sendo necessário, para fins de configuração, mas sim quanto ao grau de reprovabilidade, valoração da conduta do agente, para fins de aplicação da pena.

3 Máxima do jurista romano Eneo Domitius Ulpianus (150-223 d.C.). A cogitação externada a terceiros, no entanto, poderá, em si, enquadrar-se em determinado fato típico, como exemplo, a ameaça, arts. 147 e 286, ambos do CP.

4 Exemplo é a conduta delituosa do art. 291, CP, petrechos para falsificação de moeda.

5 Excepcionalmente adota-se a teoria subjetiva, segundo a qual basta a exteriorização da vontade do agente para configuração da tentativa. Tais hipóteses são os denominados crimes de atentado ou empreendimento cujas penas são iguais para forma tentada ou consumada. Exemplos: arts. 352 do CP e 309

Se o agente sequer atingiu, nem mesmo em parte, o núcleo do tipo, sua conduta não será penalmente responsabilizada; ao contrário, se iniciou de forma objetiva, concreta, o seu intento através da conduta incriminada, será punido.

Na tentativa (*conatus*), assim, o elemento subjetivo previsto na norma resta configurado, todavia, o elemento objetivo, o núcleo verbal, a conduta criminosa, não, eis que o agente apenas iniciou de forma concreta e objetiva sua realização, não a concluindo por circunstâncias alheias à sua vontade, razão pela qual se denomina tipo incompleto. O critério para definição da forma tentada é, pois, o formal, segundo o qual o ato jurídico, para ser penalmente imputado ao agente, deve dirigir-se, de forma inequívoca, à realização do núcleo do tipo, iniciando sua execução.

A pena aplicável à tentativa será reduzida, adotando-se o critério de quanto maior a aproximação do resultado, menor será a fração respectiva para reduzir-se a reprimenda. Trata-se de criação doutrinária e jurisprudencial, portanto, não prevista em qualquer disposição legal.

1.2.1. Tentativa. Espécies

a) Tentativa perfeita (acabada ou crime falho) – o agente pratica todos os atos (descritos no tipo) necessários para alcançar o seu intento criminoso, mas, por circunstâncias alheias à sua vontade, o resultado pretendido não se consuma.

b) Tentativa imperfeita (inacabada) – neste caso o agente não pratica todos os atos necessários para alcançar o seu intento, pois é impedido, durante o *iter criminis*, de continuar com seu propósito criminoso.

c) Tentativa branca – a ação praticada não ofende, alcança o corpo da vítima.

d) Tentativa cruenta – ao contrário da tentativa branca, nesta modalidade a vítima é atingida.

e) Tentativa idônea – o agente dispõe de todos os meios necessários para alcançar o seu intento, o resultado criminoso, mas tal não ocorre por circunstâncias alheias à sua vontade.

f) Tentativa inidônea (crime impossível) – o agente utiliza-se de um meio absolutamente ineficaz ou impróprio para atingir o resultado pretendido, por isso esta modalidade é também conhecida como crime impossível. Difere da tentativa perfeita, pois nesta espécie o agente se vale de um meio apto para alcançar o resultado desejado, enquanto naquela o meio é ineficaz ou impróprio, por isso o resultado é absolutamente impossível.

1.2.2. Crimes que não admitem tentativa

Alguns crimes, por suas características específicas, não admitem a forma tentada. São eles: a) **crimes culposos** (pois neste caso o agente não pretende o resultado, portanto, não há que se falar em tentativa de algo em que não se pretendia a sua consumação); b) **preterdolosos** (o resultado só ocorre a título de culpa, ou seja, também não foi pretendido pelo agente, por isso responderá apenas por culpa, se previsto no tipo penal, não por dolo); c) **unissubsistentes** (consuma-se com a prática e um único ato[6], exemplo, injúria verbal, art. 138, CP); d) **habituais** (a configuração ocorre com a prática de atos reiterados, e não um só ato); e) **omissivos próprios** (basta a omissão para o resultado ser alcançado); f) **de atentado** (neste caso é punida a tentativa da mesma forma que o crime é consumado, ou seja, é inadmissível a tentativa da tentativa); g) **contravenções penais** (por força legal – art. 4º, LCP – Decreto-lei n. 3.688/41); h) **de mera conduta** (para consumação, basta a ação ser iniciada).

1.3. Outras classificações e espécies de crime

a) Quanto ao resultado[7] – crime material (exige o resultado naturalístico); crime formal/consumação antecipada/resultado cortado (embora exista previsão do resultado naturalístico, não necessita que este ocorra para sua configuração, basta a prática da ação para consumar-se, sendo o resultado mero exaurimento); crime de mera conduta/simples atividade (nem mesmo prevê o re-

do Código Eleitoral – Lei n. 4.737/65. Alguns autores, no entanto, defendem que, em razão de existirem exceções em algumas hipóteses em que se pune, da mesma forma, o crime tentado e consumado, conforme esclarecido, o direito penal brasileiro adotou a teoria objetiva, mas de forma temperada (nesse sentido: GRECO, Rogério. *Curso de direito penal*: Parte Geral, 2009, v. 1, p. 263).

6 Difere-se do plurissubsistente em que é necessária a realização de mais de um ato para sua configuração. Nesse caso admite-se a forma tentada.

7 Crime de duplo resultado material é aquele em que a ação do agente se desdobra em dois resultados distintos, os quais representam a lesão de um mesmo tipo penal, como exemplo o art. 171, CP, estelionato, em que o autor lesa o patrimônio da vítima e obtém para si vantagem ilícita. Crime qualificado pelo resultado é aquele em que o legislador define o tipo fundamental e, especificamente, estabelece conduta mais grave com a respectiva reprimenda estabelecida em limites maiores, em razão de o resultado qualificador apresentar violação mais severa que a conduta prevista no *caput* do artigo; como exemplo são os crimes qualificados descritos nos arts. 121 e 157, entre outros, todos do CP.

sultado para sua ocorrência, a lei descreve apenas a ação incriminada consumando-se o crime no momento em que a conduta é realizada; p. ex.: o crime de violação de domicílio – art. 150, CP).

b) Quanto ao bem jurídico tutelado – crime uniofensivo (atinge apenas um bem jurídico; p. ex.: art. 140) e pluriofensivo (necessária a ofensa de mais de um bem jurídico; p. ex.: art. 158, em que são violados não só o patrimônio, mas também a liberdade individual da vítima).

c) Quanto à lesividade ao bem jurídico tutelado – crime de dano (efetiva lesão ao bem jurídico protegido); crime de perigo (probabilidade de lesão), dividindo-se este em perigo concreto (exige a comprovação do risco ao bem jurídico tutelado), abstrato/presumido/ficto (não exige a comprovação; ao contrário, há uma presunção legal de que a conduta delituosa em si gera o perigo proibido pela norma); individual (perigo contra pessoa ou grupo de pessoas certo, determinado); coletivo/comum (perigo contra pessoas indeterminadas).

d) Quanto ao sujeito – crime comum (praticado por qualquer pessoa); próprio (exige qualidade especial do sujeito ativo,[8] subdivide-se em puro quando é necessário que o sujeito apontado no tipo pratique a conduta descrita, senão deixará de ser crime, e impuro, segundo o qual, se não praticado pelo agente descrito no tipo configurará outro crime); crime de mão própria/atuação pessoal/conduta infungível (deve ser praticado pessoalmente pelo agente descrito no tipo, por isso não admite coautoria, mas sim mera participação; p. ex.: o falso testemunho, art. 342, CP[9]); crime vago (o sujeito passivo é destituído de personalidade jurídica, ou seja, a vítima é indeterminada, a coletividade; p. ex.: crimes ambientais – Lei n. 9.605/98); crime de dupla subjetividade passiva (duas vítimas; p. ex.: violação de correspondência, art. 151, CP, em que as vítimas são remetente e destinatário).

e) Quanto ao número de sujeitos – crime monossubjetivo/unilateral/concurso eventual (necessária apenas uma pessoa para sua prática); plurissubjetivo/plurilateral/concurso necessário (ao contrário, necessita mais de uma pessoa; subdivide-se em bilateral/encontro de condutas, quando o crime exige um encontro frontal das condutas praticadas por cada agente (p. ex.: bigamia, art. 235, CP), e coletivo, subespécie na qual a doutrina faz, ainda, mas uma distinção entre o coletivo de condutas cortadas, em que uma conduta se direciona contra a outra (p. ex.: rixa, art. 137, CP), e, por fim, o coletivo de condutas paralelas, em que as diversas condutas são produzidas lado a lado, paralelamente (p. ex.: formação de quadrilha, art. 288, CP) e o multitudinário (praticado por uma multidão, em tumulto, de forma espontânea; p. ex.: dano, art. 163, CP).

f) Quanto ao momento da execução – crime instantâneo[10] (o momento consumativo é determinado, definido; p. ex.: furto, art. 155, CP, a consumação é imediata, ocorre quando a *res furtiva* é extraída da esfera de vigilância da vítima); crime permanente (conduta e consumação se prolongam no tempo em razão da vontade do agente; p. ex.: sequestro, art. 148, CP); crime instantâneo de efeito permanente (difere do anterior, pois neste caso o crime se consuma de forma imediata, todavia as consequências, efeitos produzidos, permanecem no tempo contra a vontade do seu agente; p. ex.: estelionato previdenciário, art. 171, § 3º, CP).

g) Quanto à forma de execução – crime de forma livre (configura-se por intermédio de qualquer meio) e de forma vinculada (sua prática exige forma e modo especial de execução; p. ex.: curandeirismo, art. 284, CP).

h) Quanto à necessidade de perícia para sua constatação – crime transeunte (não deixa vestígios, portanto, desnecessária a perícia) e crime não transeunte (*delicta facti permanentis*, deixa vestígios e se faz necessário, pois, o exame pericial).

i) Quanto ao número de verbos/condutas no tipo penal – crime de ação única (apenas um verbo descrito na norma penal); crime composto/plurinuclear/de conteúdo variado/de ação múltipla (o tipo penal prevê diversas condutas, subdivide-se em misto alternativo – a transgressão

---

8 Crime bipróprio exige qualidade especial tanto do sujeito ativo quanto do passivo; p. ex. infanticídio, art. 123, CP.

9 As figuras do coautor e partícipe nos crimes de mão própria ainda geram calorosas discussões. Salienta-se, porém, que existem precedentes no STF em que se admitem tanto coautoria como participação no crime de falso testemunho, sobretudo se for considerada a participação moral, realizada por meio da instigação ou induzimento à prática do delito. *V.* RHC n. 81.327/SP, 1ª T., rel. Min. Ellen Gracie, j. 11.12.2001. A 6ª Turma do STJ entende que o art. 342 não admite nem coautoria nem participação, pois quando a testemunha pratica o falso, configura o art. 342 e, se o advogado a auxiliar, por exemplo, pratica o crime do art. 343.

10 Crime a prazo é aquele em que depende do decurso do tempo para sua caracterização; p. ex.: lesão corporal grave, art. 129, § 1º, CP, em que é necessário aguardar determinado período para constatar, efetivamente, a seriedade e consequências da vítima, em virtude da ofensa praticada contra sua integridade física.

de mais de um verbo, conduta, no mesmo contexto fático, representa crime único, p. ex.: tráfico de entorpecentes, art. 33, Lei n. 11.343/2006; misto cumulativo – exige a prática de mais de um verbo para sua configuração, p. ex.: ocultar recém-nascido ou substituí-lo, suprimindo ou alterando direito inerente a estado civil, art. 242, CP; e misto acumulado[11] – a prática de mais de uma conduta caracteriza concurso material; p. ex.: dar parto alheio como próprio; registrar como seu o filho de outrem, também art. 242, CP).

j) Quanto à ação do agente – crime comissivo (configurado em razão da prática de uma conduta positiva, isto é, uma ação por parte do agente) e crime omissivo, que se subdivide em próprio/puro, quando uma ação negativa é descrita no tipo penal, contudo, trata-se de norma penal preceptiva, ou seja, o legislador ambiciona determinado comportamento por parte do agente para que não incorra em crime, assim omite-se em uma ação esperada, descumpre-se um comando jurídico que impõe uma conduta positiva, p. ex.: omissão de socorro, art. 135, CP; crime omissivo impróprio/impuro/comissivo por omissão, neste caso há uma violação de um dever – dever de agir – imposto a determinadas pessoas denominadas e garante do bem jurídico, proporcionando, assim, o resultado delituoso. Descreve, pois, uma conduta **positiva**, é norma penal proibitiva, ou seja, se o garante descumprir seu dever jurídico de agir de forma específica, incorrerá em crime. O art. 13, § 2º, do CP, define aquelas pessoas que respondem como garante do bem jurídico: a) quem tem por lei a obrigação de cuidado, vigilância ou proteção; b) quem de outra forma assumiu a responsabilidade de impedir o resultado; c) aquele que por sua conduta anterior criou o risco da ocorrência do resultado lesivo.

l) Quanto ao local da ação – crime de espaço mínimo (conduta e resultado ocorrem no mesmo local) e crime plurilocal (a conduta é realizada em determinado local e o resultado em local diverso, ambos no mesmo país), de espaço máximo/a distância (a conduta é realizada em determinado país e o resultado em outro).

m) Quanto à inter-relação com outros crimes – crime principal (independe da prática de outro crime para sua consumação), acessório/parasitário (depende da prática de outro crime, p. ex.: art. 180, CP), e subsidiário (configurado somente na hipótese em que outro delito, mais grave, não restar caracterizado – art. 132 em relação ao art. 121, ambos do CP).

n) Quanto ao elemento subjetivo – doloso e culposo (ambos objetos do comentário ao art. 18).

o) Outras espécies de crimes – de ímpeto/curto-circuito (é o delito repentino, ou seja, sem premeditação alguma por parte do agente); gratuito (sem motivação alguma); fútil (difere do anterior pois neste existe motivação, apesar de diminuta); putativo (a ilicitude do fato existe apenas na imaginação do agente, isto é, não existe no mundo real e, assim, é irrelevante penalmente); de ensaio/de experiência (caracterizado pela atuação do agente provocador, que instiga alguém a cometer outro crime); progressivo/de passagem (o crime anterior corresponde a etapa necessária para o crime final, p. ex.: furto antecedido de violação de domicílio, arts. 151 e 155, ambos do CP); continuado (caracterizado quando o agente, mediante mais de uma ação/omissão, pratica dois ou mais crimes da mesma espécie e, pelas condições de tempo, lugar, maneira de execução e outras semelhantes, devem os subsequentes ser havidos como continuação do primeiro – art. 71, CP); conexo (apesar de ser distinto e autônomo, deve ser considerado em relação a outro delito para verificar se, no caso concreto, existe alguma correlação entre eles para fins de definição de competência jurisdicional – arts. 76, II, e 79, ambos do CPP –, como exemplo a qualificadora que exige do agente a especial intenção de assegurar a impunidade do crime – art. 157, § 1º, CP); hediondo (previsto na Lei n. 8.072/90 – espécie que não tem uma definição conceitual específica, inclusive, diante das diferenças existentes entre os crimes assim definidos, os quais, no entanto, guardam uma característica em comum: a gravidade); político (praticado com propósitos inconformistas de cunho político para subverter a ordem legalmente instituída na forma de determinado; aberrante (*aberratio ictus* – ocorre, na verdade, um erro no momento da execução, o agente re-

11 Difere do delito de acumulação, em que a conduta em si, analisada individualmente, é de pouca lesividade, aparentemente inócua, embora criminalmente típica, mas cumulativamente considerada, ou seja, sua reiteração, perpetrada por inúmeras pessoas, por exemplo, representa séria lesão ao bem jurídico tutelado. Destaca-se tal hipótese em muitos crimes ambientais (Lei dos Crimes Ambientais – Lei n. 9.605/98) em que o meio ambiente, bem jurídico coletivo protegido, muitas vezes pode não vir a ser violado por determinada conduta individual, mas deve ser analisado sob um espectro macro e numa perspectiva futura, legitimando sua proteção pela norma penal.

presenta corretamente a vítima, mas por erro/acidente no uso dos meios executivos, será atingida vítima diversa, levando-se em conta, porém, as qualidades da pessoa visada; se ambas a pessoas, a visada e a acidental, vierem a ser lesadas, ocorrerá concurso formal – arts. 20, § 3º, 70 e 73, todos do CP); impossível (descrito no art. 17, CP); qualificado (tendo em vista a maior gravidade da conduta em relação ao tipo fundamental, em razão dos meios empregados, sua intencionalidade e o resultado atingido, o legislador estabelece limites próprios para definição de sua pena – art. 155, § 4º, CP); e privilegiado (em razão de determinadas circunstâncias, peculiaridades do caso concreto ou condições especiais do agente, impõe-se redução de sua pena, ante o baixo grau de reprovabilidade – art. 155, § 2º, CP); mutilado/de dois atos/de vários atos (o agente pratica determinada conduta criminosa, prevista em tipo específico, representando etapa inicial, mas sua intenção é, na verdade, a realização de outro crime); organizado (apesar de não existir uma conceituação legal no direito brasileiro do que vem a ser "crime organizado", a doutrina e jurisprudência quase que unânimes passaram a utilizar a mesma definição de organização criminosa prevista no art. 1º, § 1º, da Lei n. 12.850/2013: "associação de 4 (quatro) ou mais pessoas estruturalmente ordenada e caracterizada pela divisão de tarefas, ainda que informalmente, com objetivo de obter, direta ou indiretamente, vantagem de qualquer natureza, mediante a prática de infrações penais cujas penas máximas sejam superiores a 4 (quatro) anos, ou que sejam de caráter transnacional"; complexo (corresponde à junção de tipos penais diversos; o exemplo clássico é o roubo, art. 157, CP, que representa a união da conduta de subtrair coisa alheia móvel e ameaçar gravemente, ações previstas, de forma individual, respectivamente, no furto e na ameaça, arts. 147 e 155, ambos do CP, os quais foram unidos pelo legislador para fins de definir o roubo, art. 157, CP); de convicção/expressão interna (incongruência entre a convicção interna do agente com o ato externado, a conduta delituosa, p. ex.: art. 342, CP, em que a testemunha sabe de algo, mas revela uma coisa diversa); de tendência/intenção especial (exige um elemento anímico especial, uma intenção específica que transcende o resultado típico, isto é, o objetivo do agente não é necessariamente a prática do crime, mas satisfazer seu interesse específico que poderá ou não se enquadrar em algum tipo penal, p. ex.: art. 218, *caput*, CP – a expressão "satisfazer a lascívia de outrem" demonstra que a pessoa disposta a realizar tal intento poderá ou não cometer o crime mencionado para alcançar o resultado desejado); de ocasião (delito perpetrado por influência de fatores ambientais, p. ex.: forte emoção, injusta provocação da vítima, art. 121, § 1º, CP).

2. JURISPRUDÊNCIA

A jurisprudência pertinente aos crimes consumados e tentados já estão inseridas na Parte Especial deste Código. Destacam-se, assim, alguns julgados.

2.1. Julgados

Tentativa. *Iter criminis*. Cálculo da pena. Teoria objetiva

Agravo regimental no agravo em recurso especial. Adulteração de sinal de veículo automotor. Dosimetria. Tentativa. Redução inversamente proporcional ao *iter criminis* percorrido. 1. A legislação penal brasileira, no que se refere à tentativa, adotou a teoria objetiva, o que significa que a pena a ser aplicada depende do maior ou menor distanciamento da consumação. Nessa perspectiva, quanto mais distante o réu ficar do resultado, maior será a diminuição de pena daí decorrente, de modo que, nas chamadas tentativas brancas, aquelas em que o bem jurídico tutelado pelo tipo penal não chega a ser diretamente atingido, usualmente se aplica a redução de 2/3 (dois terços) [...]. (STJ, Ag. Reg. no AREsp n. 788.887/SP, 5ª T., rel. Min. Jorge Mussi, j. 16.10.2018, *DJe* 12.11.2018)

Tentativa inidônea. Crime impossível. Sistema de vigilância

Tentativa de furto. Estabelecimento comercial. Sistema de vigilância. Crime impossível. Inocorrência. Precedentes do STJ. Decisão mantida por seus próprios fundamentos. 1. Conforme jurisprudência desta Corte, o fato da acusada estar sendo vigiada, por sistema de segurança do estabelecimento comercial, não impede, por inteiro, a consumação do delito patrimonial, afastando-se, portanto, a figura do crime impossível. 2. Agravo regimental a que se nega provimento. (STJ, Ag. Reg. no REsp n. 1.132.592/MG, 5ª T., rel. Min. Jorge Mussi, j. 20.09.2011)

Desistência voluntária e arrependimento eficaz

Art. 15. O agente que, voluntariamente, desiste de prosseguir na execução ou impede que

o resultado se produza, só responde pelos atos já praticados.

1. COMENTÁRIO

1.1. Conceito

A desistência voluntária, também chamada de tentativa abandonada, ocorre quando o agente desiste voluntariamente de prosseguir na conduta, ou seja, desiste de continuar praticando os atos executórios da infração penal. A desistência é voluntária, segundo Frank, quando ocorre independentemente de impedimentos obrigatórios, ou seja, quando o agente diz a si mesmo: "posso prosseguir, mas não quero"; por outro lado, é involuntária quando diz: "quero prosseguir, mas não posso".[12] Na conhecida descrição de Franz von Liszt, é a "ponte de ouro" que o direito penal estende para a retirada oportuna do agente. A desistência voluntária não é admitida nos crimes unissubsistentes, nos quais a conduta é constituída por um só ato e não pode ser fracionada, pois esse único ato já configura o delito e inviabiliza a desistência.

O arrependimento eficaz ocorre quando o agente procura voluntariamente impedir a produção do resultado, após a conclusão dos atos executórios. O arrependimento eficaz só é possível na hipótese do agente que realiza todos os atos de execução, enquanto a desistência voluntária pode ser verificada apenas antes de o agente concluir a fase de execução. O arrependimento eficaz só é possível nos chamados crimes materiais, cuja consumação depende de resultado naturalístico, pois é necessário que o agente impeça "que o resultado se produza".

A desistência voluntária e o arrependimento eficaz não se confundem com a tentativa, pois nesta o evento deixa de ocorrer por circunstâncias alheias à vontade do agente, seja antes da fase de execução (tentativa imperfeita ou inacabada) ou depois dela (tentativa perfeita ou acabada). Na desistência voluntária e no arrependimento posterior, por outro lado, o agente voluntariamente desiste de produzir o resultado ou atua para evitar a consumação.

1.2. Natureza jurídica

A natureza jurídica da desistência voluntária e do arrependimento eficaz é controvertida na doutrina, o que motiva o surgimento de três correntes principais com seus respectivos defensores: causa de exclusão da tipicidade, causa de exclusão da culpabilidade e causa pessoal de exclusão da punibilidade.

Segundo os defensores da primeira,[13] a desistência voluntária e o arrependimento eficaz excluem o dolo da conduta e caracterizam excludentes de tipicidade, pois os atos de execução realizados não se ajustam direta ou indiretamente ao tipo penal. Em outras palavras, os atos de execução não caracterizam o crime consumado porque o agente desiste de prosseguir ou se arrepende e evita o resultado, bem como não caracterizam o crime tentado porque a norma de extensão do art. 14, II, do CP (tipicidade indireta) exige circunstâncias alheias à vontade do agente.

Outra corrente sustenta que caracterizam excludentes de culpabilidade na medida em que a interrupção da execução e a evitação do resultado dispensam a reprovação social, ou seja, afastam a culpabilidade pelo fato.

Por fim, diversos autores[14] defendem que a desistência voluntária e o arrependimento eficaz configuram causas pessoais de exclusão da punibilidade não elencadas no art. 107 do CP. De acordo com essa corrente – a qual sustenta a invalidade das teorias da atipicidade e da inculpabilidade –, a ordem jurídica concede um benefício ao agente que desiste ou se arrepende por motivo de política criminal, isto é, para premiar o agente que não consumou a infração penal.

A discussão teórica sobre a natureza jurídica da desistência voluntária e do arrependimento eficaz tem relevância prática no caso de infração penal praticada em concurso de pessoas. Adotada a primeira posição (excludente de tipicidade), a desistência ou o arrependimento do autor executor beneficiam o partícipe, ainda que este não tenha aderido à excludente, porém a desistência ou o arrependimento do partícipe não beneficiam o autor, o que se revela coerente com a acessoriedade da participação. Por outro lado, adotada a última corrente (excludente pessoal de punibilidade), a desistência ou o arrependimen-

12 WELZEL, Hans. *Derecho penal aleman*, 1997, p. 233.

13 MARQUES, José Frederico. *Tratado de direito penal*, 1997, v. II, p. 387; BITENCOURT, Cezar Roberto. *Manual de direito penal*: Parte Geral, 2020, v. 1, p. 562; ZAFFARONI, Eugenio Raúl; PIERANGELI, José Henrique. *Manual de direito penal brasileiro*: Parte Geral, 2008, v. I, p. 608.

14 HUNGRIA, Nélson. *Comentários ao Código Penal*, 1949, v. I, p. 265-6; FRANCO, Alberto Silva; STOCO, Rui (coords.). *Código Penal e sua interpretação: doutrina e jurisprudência*, 2007, p. 137.

to do autor não alcançam o partícipe em face da natureza pessoal da excludente, o que por vezes pode acarretar responsabilidade objetiva do partícipe, que responde por um crime que sequer chegou a ser tentado pelo autor.

Diante do exposto, parece que razão assiste a Eugenio Raúl Zaffaroni e José Henrique Pierangeli[15] quando optam pela teoria da exclusão da tipicidade, que também possibilita a solução do problema no nível da teoria do delito. Segundo o exemplo dos autores referidos, portanto, o inimputável que desiste após iniciada a conduta deve ser absolvido por ausência de tipicidade.

Ressalte-se, nesse sentido, que o regramento normativo da desistência voluntária e do arrependimento eficaz no CP situa-se no âmbito da teoria do crime, juntamente com dispositivos referentes à tipicidade, e não na teoria das consequências jurídicas da infração penal (teoria da pena).

1.3. Requisitos

A doutrina costuma destacar dois requisitos necessários à desistência voluntária: o momento objetivo da interrupção dos atos de execução e o momento subjetivo da desistência voluntária. Em relação ao momento objetivo, não é preciso que o agente desista definitivamente dos atos de execução, mas apenas que em determinado momento abandone concretamente a prática destes, ainda que planeje prosseguir com a conduta posteriormente.[16] O que importa, portanto, é a concreta (objetiva) interrupção dos atos executórios antes da consumação e não o abandono definitivo da intenção criminosa.

Quanto ao momento subjetivo, a desistência do agente deve ser voluntária, ainda que não espontânea. Assim, a desistência voluntária se verifica mesmo quando o agente interrompe a execução dos atos executórios para atender ao pedido de alguém, por exemplo da própria vítima. Voluntária é a desistência livre, sem coação física ou moral; espontânea é a desistência praticada a partir de uma ideia original do agente e não sugerida por outra pessoa.[17]

Não é necessário que o agente desista por motivos nobres ou éticos (piedade, remorso, despertada repugnância pelo crime) ou por motivos subalternos, egoísticos (covardia, medo, receio de descoberta, decepção com o proveito do crime).[18] Além disso, a desistência só é voluntária se a consumação ainda pode ser alcançada pelo agente. Assim, não há desistência voluntária quando o método escolhido pelo agente falha e não há, na situação concreta, possibilidade de consumar a infração de outra forma (tentativa fracassada).

Em relação ao arrependimento eficaz também é possível apontar dois requisitos, um objetivo (eficácia) e outro subjetivo (voluntariedade). A ação deve ser eficaz para impedir a produção do resultado, bem como deve ser voluntária, ainda que não espontânea. Assim, se o resultado não for impedido direta ou indiretamente pelo agente, há consumação; se for impedido por outra pessoa ou circunstância, há tentativa. Interessante é a questão do agente arrependido que pede ajuda à polícia ou ao médico para evitar o resultado: se o agente colabora decisivamente para evitar o resultado, ainda que mediante auxílio de terceira pessoa, não parece haver motivo para exclusão do benefício legal.

De qualquer forma, o agente responde pelos atos já praticados até o momento da desistência, desde que estes caracterizem uma infração penal, conforme estabelecido na parte final do dispositivo legal comentado. Parte da doutrina denomina tentativa qualificada a desistência do agente depois da prática de atos executórios que, por si só, caracterizam infração penal.

1.4. Tentativa qualificada

No momento em que ocorre a desistência voluntária ou o arrependimento eficaz, alguns atos puníveis podem ter sido consumados. Nesse caso, o crime originalmente pretendido pelo agente não se caracteriza, pois há exclusão da tipicidade, mas o agente deve responder pelos atos já praticados, desde que configurem crimes autônomos já consumados.

15 Op. cit., 2008, v. I, p. 608.

16 Guilherme de Souza Nucci esclarece que há diferença entre *adiamento* da execução e *pausa* na execução, ou seja, "quando o agente suspende a execução, aguardando momento mais propício para concluir o delito, com nítida proximidade de nexo temporal", concluindo que nesse caso o agente surpreendido durante a *pausa* deve responder por tentativa (*Manual de direito penal*: Parte Geral, Parte Especial, 2012, p. 347).

17 BITENCOURT, op. cit., 2020, v. I, p. 560-1. Por outro lado, Guilherme de Souza Nucci sustenta que agir espontaneamente significa "uma vontade sincera, fruto do mais íntimo desejo do agente" (op. cit., p. 351).

18 FRANCO; STOCO (coords.), op. cit., 2007, p.140.

1.5. Desistência voluntária e arrependimento eficaz no crime de terrorismo

A Lei n. 13.260/2016, que dispõe sobre o terrorismo, estabelece uma hipótese específica de incidência da desistência voluntária e do arrependimento eficaz. Com efeito, o diploma legal mencionado criminaliza os atos preparatórios de terrorismo (art. 5º) e estabelece no art. 10, de forma expressa, a incidência do art. 15 do Código Penal nesse caso. Assim, por disposição legal expressa, é possível reconhecer a desistência voluntária e o arrependimento eficaz no crime de terrorismo do art. 5º da Lei n. 13.260/2016, mesmo antes de iniciados os atos de execução, o que não é possível nos demais crimes em geral.

2. JURISPRUDÊNCIA

2.1. Julgados

Desistência voluntária. Natureza jurídica. Crime militar

Habeas corpus. Penal militar. Tentativa de roubo (CPM, art. 242, § 2º, I e II). Militar que, ao ser reconhecido por sentinela de quem pretendia furtar um fuzil, empreendeu fuga sem que o crime houvesse se consumado. Pretensão ao reconhecimento da figura da desistência voluntária (CPM, art. 31). Não ocorrência. Existência de circunstância externa alheia à vontade do agente que o levou a acreditar na impossibilidade de consumação da infração. Tentativa imperfeita reconhecida. Ordem denegada. 1. A desistência voluntária deve ser interpretada como "causa pessoal de exclusão da punibilidade", situação que afasta a punibilidade do agente, mas não a tipicidade do crime ou a culpabilidade. 2. No caso, o roubo não se consumou porque, após subjugar a sentinela e exigir a entrega do armamento que ele e seu comparsa pretendiam subtrair, foi o paciente reconhecido pela vítima, momento em que empreendeu fuga do local sem que houvesse a efetiva subtração da *res*. 3. O crime não se consumou por circunstância alheia à vontade do agente, que, assustando-se com o fato de haver sido reconhecido, empreendeu fuga. 4. No caso, houve tentativa falha, tendo o delito deixado de se consumar com base em impedimento íntimo do agente, que, mesmo podendo prosseguir na empreitada, acreditou não ser possível fazê-lo. 5. Não há, no caso, interferência de elemento externo que impedisse a consumação, mas impedimento interno, na mente do próprio roubador, que o levou a concluir pela impossibilidade de prosseguir na empreitada delitiva. Precedente. 6. Ordem denegada. (STF, *HC* n. 115.215/SP, 1ª T., rel. Min. Dias Toffoli, j. 04.06.2013)

Desistência voluntária. Tentativa de homicídio. Competência do Júri

Pronúncia. Homicídio qualificado tentado. Aventada ocorrência de desistência voluntária. Pretendida desclassificação para o delito de lesões corporais. Análise aprofundada do conjunto fático-probatório. Impossibilidade. Competência do conselho de sentença. Ausência de constrangimento ilegal. 1. O exame da insurgência exposta na impetração, no que tange à pretendida desclassificação do delito, demanda aprofundada revolvimento do conjunto probatório, vedado na via estreita do *mandamus*, já que para que seja reconhecida a desistência voluntária, faz-se necessária uma análise minuciosa da conduta do paciente. 2. Afirmar se o agente teria ou não voluntariamente desistido da prática do crime de homicídio é questão que deve ser analisada pela Corte Popular, juiz natural da causa, de acordo com a narrativa dos fatos constantes da denúncia e com o auxílio do conjunto fático-probatório produzido no âmbito do devido processo legal. 3. *Habeas corpus* não conhecido. (STJ, *HC* n. 276.257/PE, 5ª T., rel. Min. Jorge Mussi, j. 13.05.2014)

Desistência voluntária e arrependimento eficaz. Tentativa

Processual penal. *Habeas corpus*. Homicídio qualificado. Violação ao art. 155 do CPP. Supressão de instância. Decote de qualificadora. Impossibilidade. Desclassificação e desistência voluntária. Inviabilidade na via eleita. Óbice ao revolvimento fático-comprobatório. *Writ* não conhecido. [...] 4. O fato de haver indícios de que os agentes não conseguiram a consumação do delito por circunstâncias alheias às suas vontades torna inviável o reconhecimento da desistência voluntária. Ademais, a Corte de origem pontuou que o meio utilizado pelo paciente para o intento delituoso (disparo de arma de fogo) é incompatível com a ausência de *animus necandi*, não havendo falar em desclassificação da conduta. Assim, para infirmar tais conclusões seria necessário reexame detido do conjunto fático-probatório dos autos, o que não se revela possível na via do *habeas corpus*. 5. *Habeas corpus* não conhecido. (STJ, *HC* n. 402.617/RS, 5ª T., rel. Min. Ribeiro Dantas, j. 07.08.2018, *DJe* 15.08.2018)

Arrependimento posterior

Art. 16. Nos crimes cometidos sem violência ou grave ameaça à pessoa, reparado o dano ou restituída a coisa, até o recebimento da denúncia ou da queixa, por ato voluntário do agente, a pena será reduzida de um a dois terços.

---

1. COMENTÁRIO

1.1. Conceito e natureza jurídica

Trata-se de uma causa de diminuição de pena que favorece o agente que, depois de praticar uma infração penal sem violência ou grave ameaça, voluntariamente repara o dano ou restitui a coisa dentro de um limite temporal, ou seja, até o recebimento da petição acusatória (denúncia ou queixa). Essa causa de diminuição incide na terceira fase da dosimetria da pena privativa de liberdade e atende a motivos de política criminal, ou seja, pretende estimular a reparação dos danos causados com o delito.

Em relação à extensão do benefício, o arrependimento posterior alcança tanto os crimes patrimoniais como aqueles delitos com efeitos patrimoniais. Assim, a causa de diminuição pode ser aplicada em caso de reparação do dano moral, mas é inaplicável aos delitos que não produzem danos a serem reparados ou coisas a serem restituídas.

O arrependimento *posterior* não se confunde com o arrependimento *eficaz*, pois o primeiro se verifica apenas sobre as consequências do delito, enquanto o segundo impede a própria consumação do tipo penal. Não há se falar, portanto, em exclusão do dolo ou da tipicidade no caso do arrependimento posterior.

A natureza jurídica dos institutos também é diversa, o que auxilia na diferenciação mencionada. Com efeito, o arrependimento posterior é uma causa geral de diminuição de pena, enquanto o arrependimento eficaz é causa excludente de tipicidade (ou excludente de punibilidade para parte da doutrina). Nesse sentido, tratando-se de causa de redução de pena, o arrependimento posterior deveria estar previsto no CP juntamente com as demais regras relativas à sanção penal (Título V da Parte Geral) e não com as regras atinentes ao crime.

1.2. Requisitos

O arrependimento posterior e a consequente redução de pena dependem da verificação dos seguintes requisitos: crime sem violência ou grave ameaça à pessoa, reparação do dano ou restituição da coisa, limite temporal da reparação ou restituição e voluntariedade.

1.2.1. Crime sem violência ou grave ameaça contra pessoa

O crime deve ser praticado sem o emprego de violência ou grave ameaça contra pessoa. A expressão "violência ou grave ameaça" costuma ser apontada como redundante, já que a grave ameaça está abrangida pela palavra violência (moral). Entretanto, ao utilizar a referida fórmula o dispositivo legal comentado contempla apenas a violência física e moral, excluindo a violência presumida e a imprópria, ou seja, aquela em que o agente reduz a capacidade de resistência da vítima por meios indiretos (p. ex., colocar droga na bebida para subtrair algo ou abusar sexualmente da vítima).

Além disso, a restrição legal refere-se apenas aos delitos dolosos, ou seja, os delitos culposos que envolvem violência contra pessoa (p. ex., lesão corporal culposa de trânsito) são compatíveis com o arrependimento posterior.

1.2.2. Reparação do dano ou restituição da coisa

O agente deve reparar o dano causado com o crime ou restituir a coisa subtraída ou apropriada. A reparação do dano deve ser integral, e não apenas parcial, mas a avaliação da integralidade fica por conta da própria vítima, que pode inclusive renunciar à reparação total. A reparação integral inclui juros moratórios, lucros cessantes e eventual dano moral. Ressalte-se que a reparação apenas do dano moral não é suficiente para a incidência do benefício legal, salvo quando não há dano material a ser ressarcido.

Assim como a reparação do dano deve ser integral, a restituição da coisa danificada não é suficiente para que a pena seja reduzida. Nesse caso, da mesma forma, cabe à vítima avaliar a necessidade de indenização complementar ou eventual satisfação com a coisa restituída.

A recusa injustificada do ofendido, que se nega a receber a indenização ou a restituição da coisa sem motivo justo, não pode impedir o reconhecimento da causa de redução de pena, facultando-se ao agente o uso dos meios legais disponíveis (p. ex.: consignação em pagamento).

Parte da doutrina considera a existência de efeito patrimonial um requisito autônomo do arrependimento posterior.[19] No entanto, o dispositivo legal não restringe a redução da pena aos crimes patrimoniais de forma expressa e, além disso, não parece incompatível com delitos causadores de danos exclusivamente morais, como os delitos contra a honra.

19 NUCCI, Guilherme de Souza. *Manual de direito penal*: Parte Geral, Parte Especial, 2012, p. 353.

1.2.3. Limite temporal para a reparação ou restituição: até o recebimento da denúncia ou da queixa

A reparação do dano ou a restituição da coisa devem ser efetivadas até a data da decisão judicial que recebe formalmente a peça acusatória (denúncia ou queixa). A reparação ou restituição realizadas após o recebimento da denúncia ou da queixa impedem a redução da pena nos termos do art. 16 do CP, mas podem ser consideradas a título de atenuantes genéricas (art. 65, III, *b*, CP).

Ressalte-se, no entanto, que a lei excepciona expressamente essa regra no caso do peculato culposo, em que a reparação do dano, mesmo após o recebimento da denúncia, também extingue a punibilidade se efetivada até o trânsito em julgado da sentença (art. 312, § 3º, CP).

1.2.4. Voluntariedade da reparação ou da restituição

Além de integral, a reparação do dano ou a restituição devem ser voluntárias, ou seja, o agente deve praticar o ato de reparar ou de restituir de forma voluntária, sem coação. Nesse sentido, a reparação ou a restituição não podem ser efetivadas por terceira pessoa (p. ex.: genitores do réu), a não ser que esta esteja representando o agente. No arrependimento posterior também não se exige a espontaneidade, mas apenas a voluntariedade.

1.3. Critério para redução da pena

A redução da pena é obrigatória quando reconhecida a ocorrência do arrependimento posterior. Assim, a pena deve ser reduzida de 1/3 a 2/3 quando o arrependimento posterior for reconhecido.

Os critérios de redução indicados pela doutrina relacionam-se, de uma forma ou de outra, com o ressarcimento do dano ou com a devolução da coisa: quanto mais completo o ressarcimento, maior a redução da pena; quanto mais rápido o ressarcimento ou a devolução, maior a redução da pena. O critério da celeridade no ressarcimento ou na devolução parece ser o mais correto, tendo em vista que a finalidade da regra é exatamente incentivar o infrator a eliminar de imediato o prejuízo causado à vítima.

1.4. Arrependimento posterior e jurisprudência do STF

Nos termos da Súmula n. 554 do STF, e sua combinação com a Súmula n. 246 do STF, o pagamento do "cheque sem fundo" (art. 171, § 2º, VI, CP) após o recebimento da denúncia não obsta o prosseguimento da ação penal, o que permitia concluir pela atipicidade do fato em caso de pagamento anterior ao recebimento da denúncia. O mesmo entendimento passou a ser aplicado ao crime de apropriação indébita em caso de restituição da coisa antes do recebimento da denúncia. Com o advento da Reforma Penal de 1984 (Lei n. 7.209/84), que inseriu no CP o arrependimento posterior como causa de redução de pena, parte da doutrina passou a sustentar a inutilidade das súmulas referidas, tendo em vista que as situações nelas previstas estariam abrangidas e reguladas diversamente pelo art. 16 do estatuto penal. De fato, o pagamento posterior ao fato já ocorrido (ainda que anterior à denúncia) não elimina a fraude ou o dolo da conduta, motivo pelo qual não há falar em exclusão de tipicidade ou óbice ao prosseguimento da ação penal, mas sim em redução de pena.

Alberto Silva Franco sustenta a "convivência do art. 16 do Código Penal com a diretriz jurisprudencial do STF (Súmula n. 554)" em algumas hipóteses concretas relativas ao delito de fraude no pagamento por meio de cheque. Nesse sentido, o autor aponta a inexistência de fraude quando o cheque não é emitido como ordem de pagamento à vista (p. ex., cheque em garantia de dívida), o que autoriza o reconhecimento da atipicidade.[20]

Ressalte-se que a Súmula n. 246 do STF reconhece inclusive que a ausência de fraude descaracteriza o crime de emissão de cheque sem fundos (art. 171, § 2º, VI, CP). Assim, o pagamento do cheque emitido em garantia de dívida obsta o prosseguimento da ação penal por falta de justa causa, desde que efetuado antes do recebimento da denúncia (Súmula n. 554, STF). Em caso de estelionato com cheque furtado (art. 171, *caput*, CP), porém, o pagamento antes do recebimento da denúncia pode caracterizar arrependimento posterior, mas não obsta o prosseguimento da ação penal, já que as súmulas mencionadas se referem ao estelionato com cheque sem fundos e sem a existência de fraude.

1.5. Arrependimento posterior e concurso de agentes

Embora a exigência da voluntariedade revele um caráter pessoal (subjetivo), o entendimento

20 FRANCO, Alberto Silva; STOCO, Rui (coords.). *Código Penal e sua interpretação*: doutrina e jurisprudência, 2007, p. 143.

jurisprudencial majoritário é o de que prevalece no arrependimento posterior a objetividade da reparação do dano ou da restituição da coisa, até mesmo em razão da finalidade da norma que é a de favorecer a vítima. Portanto, tratando-se de causa objetiva de redução de pena, a reparação do dano ou a restituição da coisa por um dos agentes em concurso aproveita aos demais, ou seja, todos os corréus devem ser beneficiados com a redução da pena.

2. JURISPRUDÊNCIA

2.1. Súmulas

Súmula n. 246, STF: "Comprovado não ter havido fraude, não se configura o crime de emissão de cheque sem fundos".

Súmula n. 554, STF: "O pagamento de cheque emitido sem provisão de fundos, após o recebimento da denúncia, não obsta ao prosseguimento da ação penal".

2.2. Julgados

Arrependimento posterior. Critério de redução

Pena. Causa de diminuição. Arrependimento posterior. Art. 16 do CP. Alcance. A norma do art. 16 do CP direciona à gradação da diminuição da pena de um a dois terços presente a extensão do ato reparador do agente. (STF, *HC* n. 98.658/PR, 1ª T., rel. Min. Cármen Lúcia, rel. p/ acórdão Min. Marco Aurélio, j. 09.11.2010)

Habeas corpus substituto de recurso próprio. Inadequação da via eleita. Furto qualificado. Arrependimento posterior. Pleito de aumento da fração. Impossibilidade. Fração de 1/3 devidamente fundamentada. Substituição da pena privativa de liberdade por duas restritivas de direitos. Pleito por uma restritiva e uma multa. Tema não debatido na corte de origem. Supressão de instância. Execução provisória das penas restritivas de direitos. Impossibilidade. Necessidade de aguardar o trânsito em julgado da condenação. Precedentes STF e STJ. *Habeas corpus* não conhecido. Ordem concedida de ofício. [...] 2. Nos termos da jurisprudência desta Corte Superior de Justiça, a incidência do instituto do arrependimento posterior pressupõe a integral reparação do dano antes do recebimento da denúncia, cuja fração de diminuição de pena será fixada de acordo com o aspecto temporal entre a prática do ilícito e a conduta voluntária do agente em restituir à vítima o seu prejuízo (Ag. Reg. no REsp n. 1.262.608/BA, rel. Min. Jorge Mussi). 3. No caso, em relação a fração em razão do arrependimento posterior, houve fundamento para a não aplicação da fração em 2/3, pois a restituição aconteceu somente depois que a acusada foi interpelada pela vítima e ameaçada de ser entregue à polícia caso não houvesse a devolução do dinheiro. Dessa forma, havendo fundamentação, não há se falar em constrangimento ilegal [...]. (STJ, *HC* n. 414.229/SC, 5ª T., rel. Min. Reynaldo Soares da Fonseca, j. 05.10.2017, *DJe* 16.10.2017)

Recurso especial. Processo penal. Inquirição de testemunhas. Inversão. Nulidade relativa. Superveniência da Lei n. 11.719/2008. Nova citação. Descabimento. Interrogatório por carta precatória. Indeferimento. Concentração dos atos processuais. Arrependimento posterior. Reparação integral do dano. [...] 5. A causa de diminuição de pena relativa ao art. 16 do CP (arrependimento posterior) somente tem aplicação se houver a integral reparação do dano ou a restituição da coisa antes do recebimento da denúncia, variando o índice de redução da pena em função da maior ou menor celeridade no ressarcimento do prejuízo à vítima. (STJ, REsp n. 1.302.566/RS, 6ª T., rel. Min. Maria Thereza de Assis Moura, j. 27.06.2014)

Arrependimento posterior. Reparação do dano ou restituição da coisa. Limite temporal

Habeas corpus. Direito penal. Apropriação indébita. Atenuante da reparação do dano. Pena-base fixada no mínimo legal. Impossibilidade de valoração. Arrependimento posterior. Inocorrência. Pena restritiva de direito. *Sursis* penal não aplicável. Ordem não conhecida. [...] 3. Quando a restituição do bem à vítima ocorrer após o recebimento da denúncia ou queixa, não se aplica a causa de diminuição do arrependimento posterior. No caso em tela, a quantia apropriada indevidamente foi restituída após o recebimento da denúncia [...]. (STF, *HC* n. 99.803/RJ, 2ª T., rel. Min. Ellen Gracie, j. 22.06.2010)

Arrependimento posterior. Reparação do dano. Voluntariedade. Integralidade

Penal. Processo penal. Receptação e associação criminosa. Dosimetria. Arrependimento posterior. Sugestão do agente público. Voluntariedade caracterizada. Possibilidade de redução na terceira etapa da dosimetria. Pena-base do crime de associação criminosa. Inidoneidade dos fundamentos utilizados para justificar o incremento da sanção inicial. Pleito não deduzido na inicial do *mandamus*. Inovação recursal. Agravo parcialmente conhecido e, nessa extensão, provido. 1. Estando caracterizada a voluntariedade do ato, é possível o reconhecimento da figura do arrependimento posterior, ainda que não tenha ocorrido de forma espontânea. 2. Inviável a análise da fundamentação utilizada pela Corte *a quo* para justificar o incremento da pena-base do crime de associação criminosa, tendo em vista que tal pleito não foi aduzido na inicial do *mandamus*, caracterizando indevida inovação recursal. 3. Agravo regimental parcialmente conhecido e, nessa extensão, provido. (STJ, Ag. Reg. no *HC* n. 436.253/AC, 6ª T., rel. Min. Nefi Cordeiro, j. 02.10.2018, *DJe* 16.10.2018)

Habeas corpus. Penal e processual penal. Crime de estelionato. Prescrição. Não ocorrência. Tese de atipicidade da conduta. Inaplicabilidade da Súmula n. 554 da Suprema Corte. Minorante do arrependimento posterior. Voluntariedade não caracterizada. Necessidade de ação civil de reparação de danos. Ordem denegada. [...] 3. O entendimento desta Corte é no sentido de que a minorante do ressarcimento posterior do dano, prevista no art. 16 do CP, deve observar a voluntariedade do acusado e o integral ressarcimento do prejuízo. No caso dos autos, as vítimas ajuizaram ação de reparação de danos na esfera cível, o que afasta a voluntariedade do agente. Precedentes. 4. Ordem denegada. (STJ, *HC* n. 156.424/SP, 5ª T., rel. Min. Laurita Vaz, j. 20.09.2011)

Arrependimento posterior. Reparação do dano decorrente de cheque furtado

Direito penal. Ressarcimento de dano decorrente de emissão de cheque furtado. Não configura óbice ao prosseguimento da ação penal – mas, sim, causa de diminuição de pena (art. 16 do CP) – o ressarcimento integral e voluntário, antes do recebimento da denúncia, do dano decorrente de estelionato praticado mediante a emissão de cheque furtado sem provisão de fundos. De fato, a conduta do agente que emite cheque que chegou ilicitamente ao seu poder configura o ilícito previsto no *caput* do art. 171 do CP, e não em seu § 2º, VI. Assim, tipificada a conduta como estelionato na sua forma fundamental, o fato de ter o paciente ressarcido o prejuízo à vítima antes do recebimento da denúncia não impede a ação penal, não havendo falar, pois, em incidência do disposto na Súmula n. 554 do STF, que se restringe ao estelionato na modalidade de emissão de cheques sem suficiente provisão de fundos, prevista no art. 171, § 2º, VI, do CP. A propósito, se no curso da ação penal ficar devidamente comprovado o ressarcimento integral do dano à vítima antes do recebimento da peça de acusação, esse fato pode servir como causa de diminuição de pena, nos termos do previsto no art. 16 do CP. Precedentes citados: RHC n. 29.970/SP, 5ª T., *DJe* 03.02.2014; e *HC* n. 61.928/SP, 5ª T., *DJ* 19.11.2007. (STJ, *HC* n. 280.089/SP, rel. Min. Jorge Mussi, j. 18.02.2014, *Informativo* n. 537)

Arrependimento posterior. Concurso de agentes

Ação penal. Conselheiro de tribunal de contas estadual. Peculato-desvio. Art. 312, *caput*, do CP. Emissão de passagens aéreas sem finalidade pública. Preliminar. Incompetência absoluta. Efetividade e racionalidade do sistema penal. Credibilidade da Justiça. Prorrogação da competência. Hipótese excepcional. Encerramento da instrução. Concurso de agentes. Participação. Art. 29 do CP. Inépcia da denúncia. Ausência de prejuízo. Preliminar. Rejeição. Isonomia. Princípio da indivisibilidade. Ação penal pública. Não submissão. Efeito extensivo. Art. 580 do CPP. Questão objetiva. Inexistência. Preliminar. Rejeição. Tipicidade. Configuração. Dolo natural. Finalismo. Elemento especial do injusto. Desvio em proveito próprio ou alheio. Má-fé. Irrelevância. Peculato culposo. Art. 312, § 2º, do CP. Desclassificação. Impossibilidade. Participação. Cumplicidade. Acordo prévio de vontades. Desnecessidade. Antijuridicidade. Exercício regular de um direito. Aplicação sistemática do ordenamento. Não ocorrência. Arrependimento posterior. Art. 16 do CP. Reparação do dano por terceiros. Possibilidade. Voluntariedade. Presença. Crime continuado. Art. 71, *caput*, do CP. Situações homogêneas. Pena. Substituição por restritiva de direitos. Interdição temporária. Art. 47, I, do CP. Efeito secundário da condenação. Perda do cargo. Interpretação restritiva. [...] 11. Embora somente no peculato culposo o ressarcimento do dano seja capaz de excluir a punibilidade, a restituição dos valores ao erário no peculato desvio pode configurar o arrependimento posterior. 12. A causa de diminuição de pena do arrependimento posterior pode incidir nos crimes cometidos sem violência ou grave ameaça à pessoa quando houver a reparação integral, voluntária e tempestiva do dano, mesmo que realizada por terceiros, por se tratar de circunstância objetiva que se estende a todos os coautores ou partícipes do crime [...]. (STJ, AP n. 629/RO, Corte Especial, rel. Min. Nancy Andrighi, j. 28.06.2018, *DJe* 10.08.2018)

Crime impossível

Art. 17. Não se pune a tentativa quando, por ineficácia absoluta do meio ou por absoluta impropriedade do objeto, é impossível consumar-se o crime.

---

1. COMENTÁRIO

1.1. Conceito e natureza jurídica

Crime impossível, quase crime ou tentativa inidônea (impossível, inútil, inadequada ou irreal) é a conduta não punível em razão da ineficácia absoluta do meio empregado pelo agente ou da impropriedade absoluta do objeto contra o qual o agente dirigiu sua conduta. Assim, enquanto no crime tentado (tentativa) o resultado é sempre possível e, portanto, a conduta é punível, no crime impossível (tentativa inidônea) a consumação é impossível e a conduta é impunível.

Em relação à natureza jurídica, o crime impossível constitui figura atípica, pois está ausente um dos elementos essenciais do tipo (p. ex., falta uma pessoa viva para uma tentativa de homicídio) e, portanto, o agente não inicia a execução da figura típica. Pode-se dizer, portanto, que o crime impossível constitui uma causa excludente da tipicidade.

Entretanto, existem divergências na doutrina quanto aos fundamentos da não punição do crime impossível. Segundo a teoria objetiva (pura), o crime impossível é impunível em razão da ausência objetiva de risco ao bem jurídico, independentemente da intenção do agente ou do grau de incapacidade da ação. O crime tentado deve ser punido porque produz um perigo objetivo para o bem jurídico tutelado, o que não ocorre no crime impossível em face da incapacidade da ação para produzir o resultado. Alberto Silva Franco ressalta, porém, que a teoria objetiva pura prestigia apenas o desvalor do resultado, desprezando o desvalor da ação, que também é relevante para o ordenamento jurídico penal.[21]

Por outro lado, a teoria objetiva temperada ou moderada parte do mesmo pressuposto de que o crime impossível é impunível porque a conduta não gera risco ao bem jurídico tutelado. Contudo, acrescenta que isso só ocorre quando o meio empregado na tentativa é absolutamente ineficaz ou o objeto é absolutamente impróprio para a produção do resultado. Assim, se o meio é relativamente ineficaz ou o objeto é relativamente impróprio, há tentativa idônea, ou seja, punível.

É certo que a teoria objetiva temperada também não escapa de críticas, mormente em razão da evidente dificuldade para distinguir, na essência ou em abstrato (*ex ante factum*), a idoneidade absoluta da relativa. A análise da inidoneidade do meio e do objeto, portanto, deveria ser feita sempre diante das circunstâncias do fato concreto (*ex post factum*), bem como do conhecimento que o agente tenha dessa situação (caráter subjetivo).

Em oposição à teoria objetiva, a teoria subjetiva recomenda a punição de toda tentativa, seja idônea ou inidônea para produzir o resultado, com fundamento na intenção criminosa do agente. A teoria sintomática também sustenta a punição de toda tentativa, mesmo que inidônea para produzir o resultado (crime impossível), quando a conduta revelar a periculosidade do agente. Estas duas últimas teorias não se sustentam, seja pela injustificada punição de uma conduta sequer perigosa para o bem jurídico (teoria subjetiva), seja pela também indevida punição do agente independentemente do fato praticado (sintomática).

De acordo com as teorias expostas, o CP parece ter considerado a teoria objetiva temperada ou moderada ao estabelecer a impunidade do crime impossível.

1.2. Requisitos

A caracterização do crime impossível exige a presença de um dos seguintes requisitos: ineficácia absoluta do meio ou absoluta impropriedade do objeto. Meio absolutamente ineficaz é aquele que, por sua própria natureza, é incapaz de produzir o resultado pretendido (p. ex., utilizar água como veneno); meio relativamente ineficaz é aquele normalmente apto para produzir o resultado, mas que se tornou incapaz pela forma como foi empregado (p. ex., veneno em dose ínfima e insuficiente). Objeto absolutamente impróprio é aquele que não existe ou que não possui os atributos necessários para viabilizar a consumação (p. ex., cadáver como vítima de homicídio); objeto relativamente impróprio é aquele que existe e possui os atributos necessários, mas não se encontra onde deveria ou algum elemento acidental do objeto impede a consumação (p. ex., disparos sobre o leito abandonado pouco antes pela vítima ou objeto metálico que desvia o projétil).

Conforme mencionado, a inidoneidade relativa do meio ou do objeto não exclui a tipicidade do fato que, portanto, deve ser punido a título de tentativa. Além disso, a ineficácia do meio ou a impropriedade do objeto devem ser analisadas no caso concreto (*ex post factum*), mormente em relação ao meio empregado pelo agente que, em alguns casos, pode ser essencialmente ineficaz e mesmo assim produzir o resultado em face de uma peculiar condição da vítima (p. ex., tentativa de homicídio com arma de brinquedo contra vítima cardíaca).

1.3. Crime impossível e crime putativo

Não se pode confundir o crime impossível com o crime putativo (ou imaginário). No primeiro caso, a conduta é impunível porque o agente acredita erroneamente que o meio empregado é eficaz ou que o objeto atacado é adequado para produzir o resultado. Por outro lado, no crime putativo o agente incide em erro sobre a existên-

21 FRANCO, Alberto Silva; STOCO, Rui (coords.). *Código Penal e sua interpretação*: doutrina e jurisprudência, 2007, p. 151.

cia da proibição, ou seja, sobre a própria tipicidade do fato. Trata-se de um erro de proibição invertido, pois o agente imagina que seja criminosa uma conduta permitida.

Assim, é possível distinguir as duas figuras, pois o erro no crime impossível incide sobre a existência de uma característica objetiva do tipo (relativa ao meio ou ao objeto), enquanto no crime putativo incide sobre a existência da norma proibitiva. Além disso, o crime impossível também não se confunde com a figura do erro de tipo, tendo em vista que nesse último caso inexiste dolo na conduta do agente, ao contrário do que ocorre no crime impossível.

Não obstante as diferenças apontadas, o delito putativo ou imaginário também se caracteriza como fato atípico e, portanto, não punível.

1.4. Crime impossível e jurisprudência do STF: flagrante provocado ou preparado

Flagrante *provocado* ou *preparado* é aquele em que o agente provocador induz o suposto delinquente a praticar uma infração penal e, ao mesmo tempo, cria as condições necessárias para impedir sua consumação. Nesse caso, o autor é levado pelo agente provocador à prática do delito, que a doutrina também denomina crime de experiência, de ocasião ou de ensaio. Nos termos da Súmula n. 145 do STF, não há crime quando a preparação do flagrante pela polícia impossibilita a consumação. Trata-se, portanto, de crime impossível e que não é punível (fato atípico).[22]

Da mesma forma, a conduta do agente provocador é, em regra, impunível por ausência de dolo, mormente quando o provocado não consegue consumar o delito. Consumado o delito pelo provocado, o agente provocador pode responder pelo crime a título de culpa, se houver previsão legal, ou até mesmo por dolo eventual.

No caso do tráfico de drogas, que é delito permanente e de ação múltipla (ou de conteúdo variado), a provocação ou preparação da venda da droga pelo traficante ao policial não elimina o crime já consumado anteriormente (p. ex., transportar ou trazer consigo). Por outro lado, haverá crime impossível se a droga for adquirida pelo agente após este ser induzido pela ação policial.

O flagrante provocado ou preparado não se confunde com o flagrante *esperado*, ou seja, quando a polícia obtém a notícia de um crime futuro e se prepara para impedir sua consumação, sem interferir na conduta do agente. Não há participação do agente provocador e a iniciativa é exclusiva do agente delinquente que, por circunstâncias alheias à sua vontade (ação policial), não consegue efetivar a consumação. Assim, não há falar em crime impossível na hipótese do flagrante esperado, mas sim em crime tentado.

Também não se pode confundir o flagrante provocado com o flagrante *forjado*, que ocorre quando as provas de um delito são criadas e produzidas pelos próprios agentes policiais. Não há crime no flagrante forjado, e o responsável pela farsa deve responder pelo abuso de autoridade.

1.5. Crime impossível e crime de furto sob vigilância

Muito se discute sobre a possibilidade de consumação do furto em locais vigiados com câmeras e profissionais de segurança (p. ex., supermercados). Prevalece na jurisprudência o entendimento de que a existência de sistemas de vigilância eletrônica ou pessoal (fiscais) não basta para inviabilizar de forma absoluta a conduta criminosa de furto. A questão, porém, deve ser analisada no caso concreto (*ex post factum*), diante das circunstâncias apresentadas: se a vigilância é permanente e o agente é seguido constantemente, até ser abordado pelos seguranças do estabelecimento, a consumação nunca foi viável e a hipótese é de crime impossível por ineficácia absoluta do meio empregado; se o agente escapa da vigilância permanente e consegue sair do estabelecimento com a *res furtiva*, a consumação passou a ser possível e o agente, abordado em seguida, responde pela tentativa.

Por outro lado, sistemas de alarme em residências ou em veículos não são suficientes para impossibilitar de forma absoluta a consumação do furto.

1.6. Crime impossível e falsificação grosseira

No caso de falsificação grosseira de documento, a jurisprudência parece mais tranquila quanto à ineficácia do meio empregado. Assim, a falsificação grosseira de documentos na prática de estelionato pode tornar impossível a consumação e caracterizar o crime impossível por absoluta ineficácia do meio. O mesmo pode ocorrer em relação ao crime de uso de documento falso

22 Cleber Masson entende o flagrante provocado como espécie de "crime putativo por obra do agente provocador" (crime de ensaio ou crime de experiência). Cf. MASSON, Cleber. *Código Penal comentado*, 2021, p. 161.

(art. 304 do CP) ou mesmo aos casos de falsidade documental (arts. 296 e segs., CP).[23]

2. JURISPRUDÊNCIA

2.1. Súmulas

Súmula n. 145, STF: "Não há crime quando a preparação do flagrante pela polícia torna impossível a sua consumação".

Súmula n. 567, STJ: "Sistema de vigilância realizado por monitoramento eletrônico ou por existência de segurança no interior de estabelecimento comercial, por si só, não torna impossível a configuração do crime de furto".

2.2. Julgados

Crime impossível. Furto sob vigilância

Habeas corpus. Penal. Furto. Paciente monitorada por sistema eletrônico de vigilância. Crime impossível. Não caracterização. Princípio da insignificância. Não incidência. Valor dos bens subtraídos. Ausência de inexpressividade da lesão. Distinção entre furto insignificante e furto privilegiado. Ordem denegada. 1. Na hipótese em que o sistema de vigilância não inviabiliza, mas apenas dificulta a consumação do crime de furto, não há que falar na incidência do instituto do crime impossível por ineficácia absoluta do meio (CP, art. 17). Precedentes [...]. (STF, *HC* n. 120.083/SC, 2ª T., rel. Min. Teori Zavascki, j. 03.06.2014)

Habeas corpus. Penal. Tentativa de furto de roupas avaliadas em R$ 227,80. Alegação de crime impossível e de incidência do princípio da insignificância: inviabilidade. *Habeas corpus* denegado. [...] 5. Havendo possibilidade, ainda que remota, de burlar a vigilância exercida sobre a coisa e, por conseguinte, de ofender o bem jurídico tutelado pela norma penal, não se configura o crime impossível. Precedentes. 6. Ordem denegada. (STF, *HC* n. 110.975/RS, 1ª T., rel. Min. Cármen Lúcia, j. 22.05.2012)

Recurso especial representativo de controvérsia. Rito previsto no art. 543-C do CPC. Direito penal. Furto no interior de estabelecimento comercial. Existência de segurança e de vigilância eletrônica. Crime impossível. Incapacidade relativa do meio empregado. Tentativa idônea. Recurso provido. 1. Recurso especial processado sob o rito previsto no art. 543-C, § 2º, do CPC, c/c o art. 3º do CPP, e na Resolução n. 8/2008 do STJ. Tese: A existência de sistema de segurança ou de vigilância eletrônica não torna impossível, por si só, o crime de furto cometido no interior de estabelecimento comercial. 2. Embora os sistemas eletrônicos de vigilância e de segurança tenham por objetivo a evitação de furtos, sua eficiência apenas minimiza as perdas dos comerciantes, visto que não impedem, de modo absoluto, a ocorrência de subtrações no interior de estabelecimentos comerciais. Assim, não se pode afirmar, em um juízo normativo de perigo potencial, que o equipamento funcionará normalmente, que haverá vigilante a observar todas as câmeras durante todo o tempo, que as devidas providências de abordagem do agente serão adotadas após a constatação do ilícito etc. 3. Conquanto se possa crer, sob a perspectiva do que normalmente acontece em situações tais, que na maior parte dos casos não logrará o agente consumar a subtração de produtos subtraídos do interior do estabelecimento comercial provido de mecanismos de vigilância e de segurança, sempre haverá o risco de que tais providências, por qualquer motivo, não frustrem a ação delitiva. 4. Somente se configura a hipótese de delito impossível quando, na dicção do art. 17 do Código Penal, "por ineficácia absoluta do meio ou por absoluta impropriedade do objeto, é impossível consumar-se o crime". 5. Na espécie, embora remota a possibilidade de consumação do furto iniciado pelas recorridas no interior do mercado, o meio empregado por elas não era absolutamente inidôneo para o fim colimado previamente, não sendo absurdo supor que, a despeito do monitoramento da ação delitiva, as recorridas, ou uma delas, lograssem, por exemplo, fugir, ou mesmo, na perseguição, inutilizar ou perder alguns dos bens furtados, hipóteses em que se teria por aperfeiçoado o crime de furto. 6. Recurso especial representativo de controvérsia provido para: a) reconhecer que é relativa a inidoneidade da tentativa de furto em estabelecimento comercial dotado de segurança e de vigilância eletrônica e, por consequência, afastar a alegada hipótese de crime impossível; b) julgar contrariados, pelo acórdão impugnado, os arts. 14, II, e 17, ambos do Código Penal; c) determinar que o Tribunal de Justiça estadual prossiga no julgamento de mérito da apelação. (STJ, Recurso repetitivo, Pesquisa de Temas Repetitivos: Tema n. 924, REsp n. 1.385.621/MG, 3ª S., rel. Min. Rogerio Schietti Cruz, j. 27.05.2015, DJe 02.06.2015)

Crime impossível. Falsificação grosseira

Habeas corpus. Penal. Moeda falsa. Falsificação grosseira. Princípio da insignificância. Conduta atípica. Ordem concedida. 1. O crime de moeda falsa exige, para sua configuração, que a falsificação não seja grosseira. A moeda falsificada há de ser apta à circulação como se verdadeira fosse. 2. Se a falsificação for grosseira a ponto de não ser hábil a ludibriar terceiros, não há crime de estelionato. 3. A apreensão de nota falsa com valor

23 SHECAIRA, Sérgio Salomão. *Estudos de direito penal II*, 2010, v. II, p. 87-97.

de cinco reais, em meio a outras notas verdadeiras, nas circunstâncias fáticas da presente impetração, não cria lesão considerável ao bem jurídico tutelado, de maneira que a conduta do paciente é atípica. 4. *Habeas corpus* deferido, para trancar a ação penal em que o paciente figura como réu. (STF, *HC* n. 83.526/CE, 1ª T., rel. Min. Joaquim Barbosa, j. 16.03.2004)

Penal. *Habeas corpus*. Arts. 298 e 304 do Código Penal. Trancamento. Atipicidade. Crime impossível. Contrafação grosseira. Não ocorrência. Fraude apta a ludibriar terceiros. Revolvimento fático-probatório. Impossibilidade. Substituição da pena privativa de liberdade. Exigência de fundamentação para a escolha da sanção substitutiva. Conversão por multa. Possibilidade. Pena inferior a um ano e circunstâncias judiciais favoráveis. Ordem parcialmente concedida. 1. Somente haverá crime impossível no crime de falso, por absoluta impropriedade do objeto material, quando a contrafação for a tal ponto grosseira que não seja apta a ludibriar a atenção de terceiros. 2. No caso dos autos, em que fora apresentado atestado médico rasurado, constando datas divergentes em dois dos campos preenchidos, a falsidade somente pôde ser corroborada após a realização de perícia grafotécnica, ressaltando as instâncias de origem a aptidão do material para enganar o homem comum, não se cogitando a hipótese de falsidade grosseira. Para se concluir em sentido diverso, seria indispensável o revolvimento do arcabouço fático-probatório, providência incabível no veio restrito e mandamental do *habeas corpus* [...]. (STJ, *HC* n. 417.383/SP, 6ª T., rel. Min. Maria Thereza de Assis Moura, j. 12.12.2017, *DJe* 19.12.2017)

Habeas corpus. Uso de documento falso. Falsificação grosseira. Adulteração percebida à primeira vista. Atipicidade da conduta. Desnecessidade de dilação probatória. Coação ilegal configurada. Ordem concedida. 1. O reconhecimento da atipicidade da conduta, pela via mandamental, é medida excepcional, só admitida quando restar provada inequivocamente e sem a necessidade de uma incursão aprofundada na seara probatória dos autos. 2. O deslinde do presente feito não perpassa pela necessidade de se vislumbrar o conjunto fático-probatório, pois definido pelas instâncias ordinárias que o *falsum* era realmente grosseiro, incapaz de ludibriar qualquer pessoa comum e principalmente os agentes da fiscalização de trânsito. 3. Esta Corte de Justiça, seguindo a jurisprudência do Pretório Excelso, firmou o entendimento de que a mera falsificação grosseira de documento, afasta o delito previsto no art. 304 do CP (Precedentes STJ). 4. *In casu*, constatada que a adulteração da carteira de habilitação foi detectada à primeira vista, numa simples análise do documento, não se pode falar em tipicidade da conduta, tendo em vista que o objeto do ilícito em apreço era inapto a atingir o bem jurídico tutelado pela norma penal incriminadora, qual seja, a fé pública. 5. Ordem concedida para, reconhecendo a atipicidade da conduta, restaurar a sentença absolutória. (STJ, *HC* n. 182.000/SP, 5ª T., rel. Min. Jorge Mussi, j. 09.08.2011)

Crime impossível. Declaração de imposto e análise do Fisco

Penal e processual penal. *Habeas corpus*. Falsidade ideológica. Crime impossível. Não caracterização. Ordem denegada. 1. A caracterização do crime impossível pressupõe a absoluta ineficácia do meio empregado ou a absoluta impropriedade do objeto, de modo que o bem juridicamente tutelado não sofra qualquer lesão ou ameaça de lesão. Precedentes: *HC* n. 116.090, 2ª T., rel. Min. Cármen Lúcia, *DJe* 02.04.2014; RHC n. 118.456, 1ª T., rel. Min. Luiz Fux, *DJe* 18.10.2013; *HC* n. 113.593, 2ª T., rel. Min. Cármen Lúcia, *DJe* 17.04.2013; *HC* n. 114.745, 1ª T., rel. Min. Luiz Fux, *DJe* 01.04.2013; *HC* n. 110.975, rel. Min. Cármen Lúcia, *DJe* 01.08.2012. 2. *In casu*, consoante destacou o STJ, "a posterior análise da declaração do imposto de renda pela Receita Federal não impede de maneira absoluta a consumação do crime. Aliás, os autos revelam que o ente público desconhecia a prática do crime, mesmo havendo a corré apresentado previamente, à Receita Federal, uma declaração de isento. O ilícito somente foi revelado porque, ao receber cobrança de multa por atraso na entrega da falsa declaração, ela declarou na Delegacia da Receita Federal de Santa Maria/RS, que o documento havia sido apresentado por terceiro em seu nome, de forma fraudulenta". 3. A prova do dolo e, por conseguinte, o acolhimento da tese de que o paciente não tinha conhecimento da falsidade dos documentos apresentados demandaria o revolvimento do conjunto fático-probatório, inviável na via do *habeas corpus*. 4. Ordem denegada. (STF, *HC* n. 121.945/RS, 1ª T., rel. Min. Luiz Fux, j. 27.05.2014)

Art. 18. Diz-se o crime:

Crime doloso

I – doloso, quando o agente quis o resultado ou assumiu o risco de produzi-lo;

Crime culposo

II – culposo, quando o agente deu causa ao resultado por imprudência, negligência ou imperícia.

Parágrafo único. Salvo os casos expressos em lei, ninguém pode ser punido por fato previsto como crime, senão quando o pratica dolosamente.

---

1. COMENTÁRIO

1.1. Tipicidade

Tipicidade pode ser definida como a correspondência exata ou a adequação perfeita entre o caso concreto (fato da vida real) e a descrição contida na norma penal incriminadora (tipo penal), produzindo o fato típico. A tipicidade é, em regra, direta (adequação típica imediata), porém pode haver tipicidade indireta (adequação típica mediata, por extensão ou ampliada), ou seja, quando o fato se encaixa em uma norma penal incriminadora por meio de uma outra norma (p. ex., art. 14, CP – tentativa; art. 29, CP – concurso de agentes).

A doutrina discute também a necessidade de um juízo de tipicidade material, além da tipicidade meramente formal, ou seja, a conduta deve lesar o bem jurídico tutelado de forma efetiva e significativa para que o fato seja típico. A conduta que se amolda ao tipo legal mas não lesa o bem jurídico deve ser considerada atípica. Assim, o conhecido exemplo do furo na orelha de uma criança para colocação de brincos não caracteriza lesão corporal, pois a conduta é socialmente aceita e, portanto, considerada não lesiva da integridade física. Há, no exemplo, tipicidade formal, mas não tipicidade material.

Nesse contexto, Eugenio Raúl Zaffaroni e José Henrique Pierangeli sustentam que o juízo de tipicidade sobre o fato exige "a comprovação de uma tipicidade conglobante, consistente na averiguação da proibição através da indagação do alcance proibitivo da norma (antinormatividade), não considerada isoladamente, e sim conglobada na ordem normativa".[24] Segundo os autores referidos, a "tipicidade conglobante é um corretivo da tipicidade legal", pois exclui a tipicidade de condutas apenas aparentemente proibidas, como no caso do oficial de justiça que, ao cumprir uma ordem judicial de penhora e sequestro de um bem, subtrai coisa alheia móvel para outrem (art. 155, *caput*, CP), mas não tem sua conduta alcançada pela proibição "não furtarás". A tipicidade conglobante se aproxima da noção de tipicidade material, mas não se identifica com esta.

A tipicidade exerce duas funções fundamentais. A primeira é a função de garantia, ou seja, de aperfeiçoamento do princípio da legalidade, pois garante que a pessoa não seja punida se o fato não estiver descrito na lei penal como típico. A segunda é a função de indiciar a ilicitude ou antijuridicidade do fato, ou seja, se o fato é típico, será também, a princípio, por presunção *juris tantum*, antijurídico ou ilícito (salvo em caso de excludente da ilicitude). Fala-se, portanto, em tipo indiciário.

Em se tratando da relação entre tipicidade e antijuridicidade, parte da doutrina questiona a primeira como indício da segunda, sustentando que o tipo abrange em sua descrição as causas de justificação (teoria dos elementos negativos do tipo), ou seja, a tipicidade contém a antijuridicidade. Nessa perspectiva, o juízo de tipicidade deve ser feito juntamente com a análise de eventuais causas excludentes da antijuridicidade e, somente em caso de ausência dessas, o fato será típico (tipo-total de injusto). Entretanto, a teoria recebe críticas entre autores nacionais e estrangeiros,[25] mormente pela inutilidade prática da união entre tipicidade e antijuridicidade.

1.1.1. Bem jurídico

O bem jurídico penalmente tutelado pode ser definido como interesse da pessoa ou da sociedade que o legislador penal reconhece como valioso e merecedor de especial proteção do Estado.

A doutrina discute o conceito de bem jurídico e sua importância na teoria do crime.[26] De qualquer forma, a maioria dos autores reconhece a importância e o papel fundamental do bem jurídico para a teoria do tipo e, consequentemente, para o juízo de tipicidade. Com efeito, se o tipo penal representa a proteção estatal de um interesse socialmente relevante, a conduta típica deve sempre afetar um bem jurídico.[27]

1.1.2. Excludentes da tipicidade

Algumas circunstâncias impedem a adequação típica do fato à norma, ou seja, retiram o fato do âmbito da tipicidade. Assim, fala-se em causas excludentes da tipicidade.

As excludentes da tipicidade podem ser legais ou supralegais, dependendo da previsão expressa ou não na legislação. Portanto, as excludentes

24 *Manual de direito penal brasileiro*: Parte Geral, 2008, v. 1, p. 396.

25 TAVARES, Juarez. *Teoria do injusto penal*, 2000, p. 166-7; ZAFFARONI; PIERANGELI, op. cit., 2008, v. I, p. 392-3

26 ZAFFARONI; PIERANGELI, op. cit., 2008, v. I, p. 399

27 Altamente discutível na doutrina a possibilidade de existir crime sem lesão ou perigo de lesão a um bem jurídico. Cf. DIAS, Jorge de Figueiredo. *Direito penal*: Parte Geral. Questões fundamentais: a doutrina geral do crime, 2007, t. I, p. 133-54.

legais afastam a tipicidade em virtude de expressa determinação legal, enquanto as excludentes supralegais produzem o mesmo efeito apesar da inexistência de disposição legal expressa nesse sentido.

Entre as excludentes legais pode ser mencionado o crime impossível (art. 17, CP), previsto na Parte Geral do CP, bem como a intervenção médica justificada pelo perigo de vida e coação para impedir suicídio (art. 146, § 3º, I e II, CP), previstas na Parte Especial. O erro de tipo (art. 20, *caput*, CP) exclui o dolo da conduta e, consequentemente, afasta também a tipicidade do fato, embora permita a punição a título de culpa na hipótese de erro inescusável e previsão legal da figura culposa.

Os princípios da insignificância e da adequação social representam exemplos de excludentes supralegais da tipicidade.

De acordo com o princípio da insignificância (crime de bagatela), o caráter subsidiário do direito penal condiciona sua atuação como *ultima ratio* do sistema punitivo e, portanto, desautoriza a punição de lesões insignificantes a bens jurídicos. Nesse sentido, o princípio da insignificância complementa a ideia da insuficiência da tipicidade meramente formal para caracterização do crime (tipicidade material). Além disso, o princípio da insignificância também está fundamentado na exigência de proporcionalidade entre a pena aplicada e a gravidade do delito, o que justifica a ausência de punição, mormente com pena privativa de liberdade, em caso de afetação mínima do bem jurídico.

Guilherme de Souza Nucci aponta três regras a serem seguidas na aplicação do princípio da insignificância: valor do bem jurídico no caso concreto (p. ex., objeto residencial com pequeno valor pode ser significativo para a vítima pobre), visão global da lesão ao bem jurídico (p. ex., múltiplas lesões mínimas ou múltipla reincidência impedem o reconhecimento da insignificância) e valor social de bens jurídicos imateriais (p. ex., corrupção por pequeno valor é incompatível com a moralidade administrativa e impede a aplicação da insignificância).[28] Por outro lado, a jurisprudência do STF exige os seguintes requisitos para o reconhecimento do princípio da insignificância: a) ofensividade mínima da conduta ao bem jurídico tutelado; b) reduzido grau de reprovabilidade; c) inexpressividade da lesão; d) nenhuma periculosidade social.[29]

Ressalte-se que tanto a doutrina como a jurisprudência hesitam e apresentam divergências quanto ao reconhecimento da insignificância nos crimes de drogas ou tóxicos.

Por fim, o princípio da adequação social também é mencionado como excludente de tipicidade (supralegal) em razão da aceitação e aprovação da conduta pela sociedade, o que justifica a não punição do agente. Eugenio Raúl Zaffaroni e José Henrique Pierangeli,[30] porém, criticam a teoria da adequação social por sua amplitude e diferenciam-na da tipicidade conglobante. Segundo os autores, ambas funcionam como corretivo da tipicidade legal, mas a adequação social o faz por meio da ética social material, enquanto a tipicidade conglobante se apresenta como uma concepção normativa.

1.2. Tipo penal

Tipo penal é a descrição legal de uma conduta proibida, ou seja, é a descrição abstrata do fato punível. Em outras palavras, o tipo penal pode ser definido formalmente como um modelo legal abstrato de comportamento proibido. Materialmente, o tipo penal representa uma valoração ético-social que pode ser identificada na escolha do bem jurídico protegido e também na eleição do comportamento proibido.

O tipo penal deve ser elaborado de forma clara e precisa, indicando qual é a conduta vedada, quem pode ser autor e vítima e quais os objetos do crime (bem jurídico protegido e eventual objeto material).

A doutrina costuma identificar no tipo penal uma parte objetiva e outra subjetiva. A primeira é denominada *tipo objetivo* ou aspecto objetivo do tipo e é formada por elementos descritivos e normativos, que não apresentam relação com aspectos internos do agente. Por outro lado, a segunda parte é chamada de *tipo subjetivo* ou aspecto subjetivo do tipo e é formada por elementos do tipo ligados à vontade e à intenção do agente, os quais podem estar implícitos (p. ex., dolo) ou explícitos (p. ex., culpa).

28 *Manual de direito penal*. Parte Geral: Parte Especial, 2012, p. 233-4

29 STF, *HC* n. 120.083/SC, rel. Min. Teori Zavascki, j. 03.06.2014. Da mesma forma no STJ, *HC* n. 238.714/SP, rel. Min. Maria Thereza de Assis Moura, j. 16.08.2012.

30 Op. cit., 2008, v. I, p. 485-6

O tipo penal pode ser doloso (tipo doloso) ou culposo (tipo culposo), dependendo da característica subjetiva da conduta. A descrição do tipo doloso, porém é diferente da descrição do tipo culposo, pois enquanto no doloso a referência ao dolo não é necessária, na descrição do tipo culposo deve haver referência expressa à culpa (art. 18, parágrafo único, CP).

De modo geral, a estrutura do tipo penal é formada pelo título (*nomen iuris*), seguido dos preceitos primário (descrição da conduta) e secundário (sanção penal). Assim, enquanto a conduta é descrita no preceito primário, a pena é cominada no preceito secundário do tipo penal. Os elementos formadores do tipo, porém, devem ser analisados separadamente.

1.2.1. Elementos do tipo

O tipo penal é formado essencialmente pelos elementos descritivos da conduta proibida, mas também pode conter elementos normativos. Ressalte-se que os elementos descritivos e normativos possuem natureza objetiva, ou seja, não se referem ao psiquismo do agente e, desse modo, podem ser identificados independentemente de investigação sobre a intenção do agente. Assim, os elementos do tipo podem ser divididos em objetivos (descritivos e normativos) e subjetivos. De qualquer forma, a ausência no fato da vida real de qualquer dos elementos do tipo (descritivos, normativos ou subjetivos), desde que exigidos pelo tipo legal, acarreta a atipicidade do fato.

Os *elementos descritivos* são os componentes necessários à compreensão da proibição e que podem ser percebidos pelos sentidos humanos, como os que indicam qual é a conduta vedada (verbo núcleo do tipo), quem pode ser autor ou vítima (sujeitos ativo e passivo), bem como eventual pessoa ou coisa sobre a qual recai fisicamente a conduta (objeto material). Além disso, os elementos descritivos podem também se referir às circunstâncias do fato punível, exigindo circunstâncias de tempo, lugar, modo, ocasião ou meio. Assim, o tipo penal previsto no art. 121 do CP (homicídio) é composto apenas de um verbo (matar) e um objeto material (alguém), enquanto aquele previsto no art. 123 do CP (infanticídio) contém também a exigência de tempo ("durante o parto ou logo após").

Os *elementos normativos* do tipo referem-se, em regra, à antijuridicidade, ou seja, expressões que representam um juízo de valor inserido no tipo penal. Os elementos normativos, presentes nos tipos dolosos e nos culposos, apresentam-se sob a forma de expressões que se referem diretamente à antijuridicidade ("indevidamente" nos arts. 151, § 1º, II, e 162, CP; "indevida" no art. 316, CP; "sem justa causa" nos arts. 153, 154, 244, 246 e 248, CP; "sem permissão legal" no art. 292, CP; "fraudulentamente" no art. 177, CP) ou sob a forma de termos jurídicos ("documento" nos arts. 297 a 299; "funcionário público" nos arts. 312, 331 e 333, CP) ou extrajurídicos ("obsceno" nos arts. 233 e 234, CP; "decoro" no art. 140 do CP). Nesse sentido, a culpa pode ser considerada um elemento normativo do tipo culposo, pois o termo "culposo" representa um juízo de valor do legislador sobre determinada conduta do agente (p. ex., art. 121, § 3º, do CP: "se o homicídio é culposo").[31]

Por fim, os *elementos subjetivos* do tipo referem-se ao estado psicológico do agente, ou seja, são as características ou circunstâncias subjetivas do agente incluídas no tipo penal.[32] Nesse sentido, o dolo (vontade dirigida ao fim ilícito) e a culpa (vontade dirigida a fim diverso do resultado ilícito previsível), também se caracterizam como elementos subjetivos inseridos no tipo penal, de forma implícita ou explícita.[33]

No tipo doloso o elemento subjetivo geral é o dolo, isto é, a vontade consciente de realizar a conduta descrita em um tipo penal. O dolo, por motivos metodológicos, deve ser analisado juntamente com o tipo doloso. No entanto, outros elementos subjetivos específicos ou especiais distintos do dolo (elementos subjetivos especiais do tipo ou elementos subjetivos do injusto) podem estar contidos no tipo penal, de forma explícita ou implícita, ou seja, o tipo penal pode exigir, expressamente ou não, determinadas características subjetivas específicas para sua configuração. A doutrina clássica denomina o elemento subjetivo geral de dolo genérico e os elementos subje-

31 BITENCOURT, op. cit., 2020, v. I, p. 392.

32 Nas edições anteriores havia aqui uma afirmação, baseada na natureza normativa da culpa, de que os elementos subjetivos estão presentes apenas nos tipos dolosos. No entanto, reconsideramos essa ideia para admitir também o caráter subjetivo da culpa. Além disso, já reconhecíamos um "tipo subjetivo" no crime culposo, o que parece mais coerente com a posição agora adotada.

33 Guilherme de Souza Nucci afirma que o dolo e a culpa, para o finalismo, são elementos subjetivos do crime inseridos no fato típico e, assim, também fazem parte do tipo implícita ou explicitamente (op. cit., 2012, p. 201).

tivos específicos exigidos por alguns tipos penais, como uma finalidade específica ou uma motivação especial, de dolo específico.

O tipo penal, portanto, pode mencionar expressamente uma finalidade especial do agente que pratica a conduta para obter, além da realização do tipo, um certo resultado (*delitos de intenção*) ou pode exigir implicitamente um ânimo ou tendência subjetiva do agente (*delitos de tendência*). Podem ser citados os seguintes exemplos de delitos de intenção, com os respectivos elementos subjetivos específicos do tipo: art. 134 ("para ocultar desonra própria"), art. 159 ("com o fim obter, para si ou para outrem, qualquer vantagem") e art. 155 ("para si ou para outrem"), todos do CP. Ressalte-se que nos delitos de intenção o tipo menciona expressamente o elemento subjetivo especial, mas não exige a ocorrência do resultado buscado pelo agente, ou seja, não é necessário que o agente consiga efetivamente ocultar a desonra no caso da exposição ou abandono de recém-nascido (por isso também denominam-se delitos de resultado cortado). E como exemplo dos delitos de tendência os seguintes: arts. 138 a 140 do CP (implicitamente exigido o propósito de ofender ou macular a honra) e art. 212 do CP (implicitamente o propósito de ultrajar ou profanar o cadáver ou suas cinzas). Aqui, porém, não se exige que a conduta busque um resultado além do tipo, mas sim que o agente tenha uma motivação especial não descrita no tipo.

Além disso, alguns tipos penais podem exigir expressamente outras características subjetivas especiais, como o estado de consciência a respeito de determinada circunstância inscrita no tipo (art. 180, CP – "coisa que sabe ser produto de crime" – e art. 339, CP – "de que o sabe inocente"), motivos especiais de agir ou momentos especiais de ânimo na realização da conduta (art. 121, § 2º, I e II, CP – "por outro motivo torpe" e "por motivo fútil" – e art. 122, § 3º, I, CP – "por motivo egoístico, torpe ou fútil").

1.2.2. Classificação dos tipos penais

A doutrina costuma classificar os tipos penais de acordo com as diversas modalidades técnico-legislativas adotadas. De fato, os tipos penais podem ser formados por meio de diferentes técnicas legislativas e, consequentemente, apresentarão características diversas.

De início, é possível identificar tipos penais *legais* e tipos penais *judiciais*. Os tipos penais legais são aqueles criados, modificados ou suprimidos pelo legislador; os tipos judiciais podem ser formados pelo juiz, com a utilização da analogia. O sistema dos tipos judiciais, porém, é vedado pela ordem jurídica brasileira em face da preponderância do princípio da legalidade.

O tipo penal pode ser *fechado* ou *aberto*. O tipo fechado é aquele formado apenas de elementos descritivos (objetivos) e o tipo aberto é formado também por elementos normativos ou subjetivos. O crime de homicídio (art. 121, *caput*, CP) é exemplo de tipo fechado, enquanto os tipos culposos, de modo geral, podem ser citados como tipos abertos que não descrevem a forma da conduta culposa ou mesmo a espécie de culpa, embora exista exceção (art. 180, § 3º, CP).[34] No mesmo sentido, parte da doutrina menciona que o tipo penal pode ser anormal (tipicidade anormal) ou normal (tipicidade normal), ou seja, com ou sem elementos normativos além dos elementos descritivos.[35]

O tipo penal também pode ser *básico* (fundamental) ou *derivado* (equiparado, qualificado ou privilegiado). O primeiro é aquele que descreve a conduta punível com todos seus elementos constitutivos e, em regra, encontra-se prevista no *caput* do dispositivo legal correspondente (p. ex., homicídio simples – art. 121, *caput*, CP). O segundo é o tipo que contém outras circunstâncias envolvidas na prática do delito e que podem implicar mudança na cominação da sanção penal, aumentando-a ou diminuindo-a (p. ex., homicídio qualificado e homicídio privilegiado – art. 121, §§ 1º e 2º, CP).

Além disso, o tipo penal pode ser considerado *simples* ou *misto*, dependendo do número de condutas previstas no mesmo tipo. Simples é o tipo que contém apenas uma conduta representada, em regra, por um único verbo (p. ex., art. 155, *caput*, CP). Misto é o tipo que contém duas ou mais condutas normalmente representadas por dois ou mais verbos. O tipo penal misto subdivide-se em *alternativo* e *cumulativo*: alternativo quando a prática de uma ou várias das condutas previstas no tipo acarretam punição por um único delito (art. 271, CP); cumulativo quando a prática de duas ou mais das condutas pre-

34 NUCCI, op. cit., 2012, p. 201.

35 BITENCOURT, op. cit., 2020, v. I, p. 368. Guilherme de Souza Nucci aparentemente equipara o tipo anormal ao tipo aberto, descrevendo ambos como sendo tipos nos quais se inserem elementos normativos ou subjetivos, tornando-os passíveis de interpretação e valoração para que sejam aplicados adequadamente (op. cit., 2012, p. 201 e 205).

vistas no tipo produzem a punição de cada delito, em concurso material (art. 208, CP).

1.3. Tipo doloso

O tipo de crime doloso ou simplesmente crime doloso é aquele que contém o dolo como elemento subjetivo geral e implícito, além dos demais elementos objetivos. O dolo, portanto, é o elemento subjetivo identificador do tipo doloso.

É possível identificar no tipo doloso aspectos objetivos e subjetivos, ou seja, uma parte objetiva e outra subjetiva. Em outras palavras, um tipo objetivo e um tipo subjetivo.

No tipo objetivo encontram-se o autor da conduta (individualizado ou não), a conduta (ação ou omissão), o resultado e o nexo causal ou relação de causalidade. Assim, a lei descreve no tipo uma ação ou omissão que, praticada por um sujeito, produz (nexo causal) um determinado resultado.

Por outro lado, o tipo subjetivo ou aspecto subjetivo do tipo doloso é formado pelo dolo e, eventualmente, por elementos subjetivos específicos ou especiais do tipo. Os elementos subjetivos específicos do tipo, também chamados de dolo específico pela doutrina tradicional, foram analisados juntamente com os demais elementos do tipo penal.

1.3.1. Conceito de dolo

Dolo é a vontade consciente de praticar a conduta típica prevista na lei penal, ou seja, vontade de realizar o tipo objetivo. Dois elementos se destacam nesse conceito: vontade (elemento volitivo) e consciência (elemento cognitivo ou intelectual). A vontade refere-se ao resultado e abrange também a conduta (ação ou omissão) e o nexo causal, mas não se confunde com a motivação psicológica da conduta. A consciência (previsão ou representação) também abrange todos os elementos essenciais do tipo, sejam descritivos, normativos ou subjetivos. Contudo, segundo a concepção finalista adotada em diversos aspectos pelo CP, a consciência abrange apenas os elementos que integram o tipo objetivo e não a ilicitude do fato. Em outras palavras, o discernimento sobre o caráter ilícito do fato, ou seja, o conhecimento da ilicitude ou antijuridicidade não faz parte do dolo (dolo natural), mas sim da culpabilidade e, portanto, deve ser questionado em momento posterior ao juízo de tipicidade, no âmbito da culpabilidade. A conduta pode ser dolosa, ainda que não culpável (o que não significa dizer que há crime sem culpabilidade), já que o dolo faz parte do tipo (subjetivo) e não da culpabilidade.

Historicamente, porém, algumas teorias divergiram sobre o conceito de dolo. Segundo a *teoria da vontade*, o dolo é a vontade de produzir o resultado. A consciência do fato não é negada, mas destaca-se a vontade dirigida ao resultado. Nos termos da *teoria da representação*, o dolo está presente quando há previsão (representação subjetiva) do resultado, ou seja, a consciência do agente sobre a possibilidade do resultado. Por outro lado, a *teoria do consentimento ou assentimento* sustenta que também há dolo quando o agente consente com o resultado. Desse modo, o dolo também se verifica quando a vontade, embora não diretamente dirigida ao resultado, consente ou assume o risco de sua produção. Ao que parece, o CP adotou duas teorias sobre o dolo, ou seja, a teoria da vontade em relação ao dolo direto e a teoria do consentimento quanto ao dolo eventual.[36]

O dolo possui algumas características, entre as quais a atualidade (dolo presente no momento da conduta e não antes ou depois dela) e a potencialidade de influenciar o resultado (possibilidade concreta de influir no curso causal). Além disso, o dolo se caracteriza como um fenômeno interno (subjetivo) do agente, mas que pode ser demonstrado no caso concreto por meio da prova das circunstâncias ligadas ao agente.[37]

O dolo, portanto, é o núcleo fundamental da parte subjetiva (tipo subjetivo) do tipo doloso, e sua ausência acarreta a atipicidade da conduta. Assim, o dolo deve abranger todos os elementos objetivos do tipo penal e, quando isso não ocorre, incide a figura do erro de tipo (art. 20, *caput*, CP), que exclui o dolo e a tipicidade do fato.

Ressalte-se que o CP estabeleceu o dolo como regra geral, ou seja, que o todo tipo penal é, em regra, doloso (art. 18, parágrafo único, CP). O tipo culposo é uma exceção que deve estar prevista expressamente na lei.

---

36 BITENCOURT, op. cit., 2020, v. I, p. 376.

37 Segundo a *teoria dos indicadores externos* de Hassemer, o dolo é uma decisão a favor do injusto e um fato interno (subjetivo) não observável. Assim, o dolo só pode ser investigado com a ajuda de elementos indicadores externos, os quais se encontram em três níveis: a situação perigosa ao bem jurídico; a percepção do agente sobre o perigo ao bem jurídico; e a decisão a favor da ação perigosa, atacando o bem jurídico (HASSEMER, Winfried. *Persona, mundo y responsabilidad*: bases para una teoría de la imputación en derecho penal, 1999, p. 78-84).

1.3.2. Espécies de dolo

A doutrina distingue várias espécies de dolo, tendo em vista a necessidade de abrangência dos elementos do tipo pela vontade. Contudo, a lei penal não distingue as espécies de dolo para fins de tipificação ou mesmo de aplicação da pena, embora seja possível considerar a intensidade do dolo na avaliação da personalidade do agente para fixação da pena-base (art. 59, *caput*, CP).

O dolo *direto* (art. 18, I, 1ª parte, CP) é a vontade do agente dirigida especificamente a um determinado resultado típico, abrangendo também os meios empregados. Denomina-se também dolo imediato ou dolo direto de primeiro grau. Além disso, o dolo direto pode ser classificado como dolo direto de segundo grau (dolo necessário ou dolo mediato), quando os efeitos colaterais não perseguidos pelo agente são incluídos na vontade como necessários para a realização do objetivo principal (p. ex., matar uma pessoa determinada em local público mediante uso de explosivos).

O dolo *indireto* ou *eventual* (art. 18, I, 2ª parte, CP) é a vontade do agente dirigida a um certo resultado, admitindo e aceitando conscientemente a ocorrência de um outro resultado provável, mas não desejado. O dolo eventual também depende de vontade e consciência, ou seja, deve haver uma certa relação de vontade entre o agente e o resultado. O dolo indireto ou eventual não se confunde com o dolo direto de segundo grau, pois neste caso o agente inclui o resultado colateral em sua vontade, considerando-o necessário para a realização do resultado principal; no dolo eventual o agente não deseja o resultado, embora seja indiferente à sua ocorrência.

A doutrina tradicional subdivide o dolo em *genérico* e *específico*. Assim, o primeiro seria a vontade de praticar a conduta típica, sem nenhuma finalidade especial, enquanto o segundo seria exatamente a finalidade ou intenção específica que complementa a vontade do agente. A doutrina atual, de forma mais adequada à teoria finalista, utiliza o termo *dolo* somente para designar o dolo genérico, denominando o dolo específico de *elemento subjetivo específico do tipo* (ou elemento subjetivo do injusto).

Outras classificações do dolo podem ser mencionadas: a) dolo *alternativo* (agente quer um ou outro resultado, p. ex., ferir ou matar) ou dolo *cumulativo* (agente deseja dois resultados, p. ex., ferir e matar); b) dolo *de dano/lesão* (agente quer ou assume o risco de lesionar o bem jurídico) ou dolo *de perigo* (agente quer ou assume o risco de colocar em perigo o bem jurídico); c) dolo *geral* (agente realiza a conduta capaz de produzir o resultado, mas acreditando que este já se consumou, pratica nova conduta com fim diverso que, de fato, concretiza o resultado). O dolo geral também é chamado de erro sucessivo ou *aberratio causae*. É o caso do agente que desfere golpes de faca na vítima e, acreditando-a morta, joga o corpo no rio para esconder o fato, porém a morte se dá por afogamento. O agente deve responder por um homicídio doloso (dolo geral) e não por tentativa de homicídio seguida de homicídio culposo.[38]

Além disso, parte da doutrina classifica o dolo como *atual*, *antecedente* ou *subsequente*. Atual é o dolo que existe no momento da conduta, enquanto antecedente é aquele existente antes mesmo da conduta e subsequente o que existe após a conduta. No entanto, o dolo que se verifica apenas antes ou depois da conduta não é suficiente para caracterizar a responsabilidade criminal do agente, pois a vontade desvinculada de atos executórios se mostra irrelevante para o direito penal. Assim, uma vez considerada a atualidade como característica essencial do dolo, somente o dolo atual se apresenta compatível com a responsabilização criminal do agente.[39]

1.3.3. Dolo indireto ou eventual nos crimes de trânsito

A jurisprudência, de forma majoritária, admite a possibilidade de dolo eventual em crimes graves de trânsito quando as circunstâncias concretas (p. ex., participação em racha de veículos ou excesso de velocidade em estado de embriaguez) indicam a indiferença do agente para com a vida ou a integridade física alheia. Considera-se que as campanhas educativas sobre os riscos de conduzir o veículo em tais circunstâncias são suficientes para alertar os motoristas sobre a existência de proibição legal dessa forma de direção.

38 MARQUES, José Frederico. *Tratado de direito penal*, 1997, v. II, p. 334-5; ZAFFARONI; PIERANGELI, op. cit., 2008, v. I, p. 423.

39 Cleber Masson apresenta uma classificação semelhante, mas com outra interpretação. Com efeito, o autor classifica o dolo como antecedente (ou inicial ou preordenado), atual (ou concomitante) e subsequente (ou sucessivo). No entanto, esclarece que antecedente é o dolo que existe desde o início da execução do crime, atual é aquele em que persiste a vontade do agente durante o desenvolvimento dos atos executórios e subsequente é o dolo que se verifica quando o agente, depois de iniciar uma ação de boa-fé, passa a agir de forma ilícita ou, ainda, quando conhece a ilicitude posteriormente e não age para evitar suas consequências (MASSON, op. cit., 2021, p. 167).

Assim, se o motorista insiste em dirigir de forma perigosa e contrária às regras legais, demonstra claramente que não se importa com o resultado lesivo, devendo responder pelo crime doloso (dolo eventual).

1.4. Tipo culposo

O tipo de crime culposo ou simplesmente crime culposo é excepcional em relação ao tipo doloso, ou seja, o tipo culposo depende de previsão expressa na lei (art. 18, parágrafo único, CP). Assim, o tipo culposo é aquele em que a lei expressamente estabelece a punição a título de culpa. Além disso, o tipo culposo geralmente é um tipo penal aberto, que não descreve a forma da conduta culposa e, portanto, depende de complementação judicial com a utilização de outra norma que revele qual é o cuidado devido ou a ser observado (excepcionalmente será um tipo fechado, como, p. ex., o art. 180, § 3º, do CP).

Também é possível identificar no tipo culposo aspectos objetivos (tipo objetivo) e subjetivos (tipo subjetivo), embora não devam ser considerados separadamente no caso concreto, pois a própria configuração do tipo objetivo (violação do dever de cuidado) depende da verificação do tipo subjetivo (finalidade e previsibilidade).[40] Daí a doutrina em geral preferir analisar os elementos do tipo culposo de forma conjunta. Antes, porém, é preciso discutir o conceito e a natureza jurídica da culpa.

1.4.1. Conceito de culpa

A culpa é a violação voluntária de um dever de cuidado na realização de uma conduta, com finalidade em geral lícita, que produz um resultado ilícito previsível, mas não desejado pelo agente. Em outras palavras, a culpa pode ser entendida simplesmente como violação voluntária do dever de cuidado por meio de imprudência, negligência ou imperícia.

O CP não define a culpa, limitando-se a estabelecer que a conduta é culposa quando o agente causa o resultado por imprudência, negligência e imperícia (art. 18, II, CP). A distinção legal entre as *modalidades de culpa* não interfere na caracterização do delito culposo, mas a jurisprudência exige que a peça acusatória descreva a conduta culposa, indicando em que consiste a imprudência, a negligência ou a imperícia, sob pena de inépcia.

Assim, *imprudência* é a ação (caráter comissivo) precipitada, arriscada ou perigosa, ou seja, agir sem o devido cuidado (p. ex., brincar com arma de fogo carregada; conduzir veículo em velocidade incompatível com o local); *negligência* é a omissão, a inércia psíquica, a indiferença (p. ex., deixar arma de fogo ao alcance de criança; deixar de providenciar no veículo o reparo de equipamentos essenciais ao tráfego) e *imperícia* é a falta de conhecimentos teóricos e práticos no exercício de profissão, arte ou ofício (p. ex., médico que comete erro grosseiro; motorista profissional que pratica manobra desastrada e irregular).

A imperícia é considerada imprudência quando a atividade não é regulada por lei ou não exige conhecimentos técnicos específicos. Além disso, a imperícia não se confunde com o erro profissional (ou erro escusável), pois este se caracteriza quando o profissional, utilizando as técnicas da profissão no atual estágio da ciência, toma uma decisão ou adota conclusão equivocada (p. ex., médico que, utilizando os conhecimentos normais da medicina, chega a diagnóstico equivocado). O erro profissional é atípico, mas pode ser questionado no âmbito civil.

Ressalte-se que o CPM apresenta uma definição mais completa ao estabelecer que crime culposo ocorre "quando o agente, deixando de empregar a cautela, atenção, ou diligência ordinária, ou especial, a que estava obrigado em face das circunstâncias, não prevê o resultado que podia prever ou, prevendo-o, supõe levianamente que não se realizaria ou que poderia evitá-lo" (art. 33, II, CPM).

A natureza jurídica da culpa é objeto de divergência doutrinária, pois alguns autores destacam apenas sua natureza normativa,[41] em face do necessário juízo de valor sobre a relação entre a vontade do agente e o resultado produzido para verificar se houve inobservância de um dever de cuidado, enquanto outros sustentam que a culpa também apresenta um caráter subjetivo (previsibilidade).[42]

40 ZAFFARONI; PIERANGELI, op. cit., p. 443-4.

41 BITENCOURT, op. cit., 2020, v. I, p. 392; PRADO, Luiz Regis. *Comentários ao Código Penal*: doutrina: jurisprudência selecionada: conexões lógicas com os vários ramos do direito, 2007, p. 104.

42 Guilherme de Souza Nucci afirma que a culpa é um elemento subjetivo do crime culposo, mas acrescenta que sua natureza é de elemento psicológico-normativo (op. cit., 2012, p. 242). Fernando Galvão, por sua vez, sustenta que a culpa é um

1.4.2. Elementos do tipo culposo

O tipo culposo, assim como o tipo doloso, possui elementos objetivos (tipo objetivo) e subjetivos (tipo subjetivo).[43] Assim, é possível identificar também no tipo objetivo culposo a conduta voluntária, o resultado involuntário e o nexo de causalidade entre eles, bem como no tipo subjetivo culposo a finalidade da conduta, embora não dirigida ao resultado típico. No entanto, alguns elementos específicos dos tipos culposos devem ser analisados: violação do dever de cuidado (tipo objetivo) e previsibilidade (tipo subjetivo).

A *violação do dever objetivo de cuidado* é o elemento central do tipo culposo, caracterizando-se como elemento normativo do tipo objetivo culposo. O dever objetivo de cuidado é o comportamento exigido de todos os que vivem em sociedade, e o agente viola esse dever quando pratica uma conduta descuidada e arriscada, ou seja, imprudente, negligente ou com imperícia. Os deveres de cuidado podem estar estabelecidos na lei ou nas normas sociais e devem ser avaliados no caso concreto, de acordo com a situação jurídica e social de cada pessoa.

As dificuldades que surgem na avaliação dos casos concretos são geralmente resolvidas pelo chamado *princípio da confiança*, segundo o qual o agente não viola o dever de cuidado quando, ao realizar uma conduta, confia que a outra pessoa se comportará conforme o dever de cuidado respectivo, salvo se houver razão para acreditar no contrário.

A *previsibilidade* é outro elemento essencial do tipo culposo e faz parte do tipo subjetivo do crime culposo. Trata-se da possibilidade de conhecer o perigo que a conduta produz para os bens jurídicos, bem como do possível resultado correspondente. Assim, a conduta é atípica se o resultado era imprevisível para o agente, seja porque seus conhecimentos não eram suficientes para prever o resultado, seja porque se encontrava em erro invencível ou escusável de tipo.

A doutrina majoritária sustenta que no âmbito da tipicidade a previsibilidade deve ser aferida objetivamente (previsibilidade objetiva), ou seja, a possibilidade ou capacidade de prever o resultado deve ser analisada em face de uma pessoa inteligente e da experiência comum à época, dadas as circunstâncias do caso concreto. Essa previsibilidade objetiva (elemento subjetivo aferido por critério objetivo) deve ser considerada do ponto de vista do observador, por exemplo, do juiz no processo, e não do ponto de vista do agente. Por outro lado, a previsibilidade subjetiva deve ser analisada em um segundo momento, na culpabilidade (exigibilidade de conduta diversa), quando as características pessoais do agente podem definir se o mesmo tinha ou não condição de prever o resultado.

Eugenio Raúl Zaffaroni e José Henrique Pierangeli,[44] por outro lado, também classificam a previsibilidade como um componente subjetivo do tipo culposo, ou seja, integrante do tipo subjetivo culposo. Entretanto, sustentam os autores que "a previsibilidade deve ser estabelecida de acordo com a capacidade de previsão de cada indivíduo", sem que se possa recorrer a fórmulas de termo médio ou critério de normalidade.

1.4.3. Espécies de culpa

A doutrina distingue a culpa consciente e a culpa inconsciente, bem como a culpa própria e a culpa imprópria.

A culpa *inconsciente* é a regra geral do tipo culposo, ou seja, o agente não prevê o que era previsível. Na culpa consciente (com previsão), porém, o agente prevê o resultado, mas confia que este não ocorrerá, pois não o deseja. É conhecido o exemplo do caçador que vê um amigo ao lado de um animal e confia em sua pontaria, porém atira e atinge o amigo, respondendo pelo resultado por culpa consciente. Nesse caso, o agente não agiria se soubesse que o resultado fatalmente aconteceria.

A culpa *consciente* não se confunde com o dolo eventual, embora sejam figuras semelhantes em alguns aspectos. Assim, em ambos os casos o resultado é previsto, mas não desejado diretamente pelo agente. A diferença fundamental deve ser encontrada na vontade do agente que, no dolo

---

elemento normativo do tipo que integra o tipo subjetivo (ROCHA, Fernando A. N. Galvão da. *Direito penal*: curso completo. Parte Geral, 2007, p. 182).

43 ZAFFARONI; PIERANGELI, op. cit., 2008, v. I, p. 440-6. Por outro lado, Cezar Roberto Bitencourt afirma que o injusto culposo não contém o chamado tipo subjetivo e, embora reconheça um certo componente subjetivo no tipo culposo, não tem sentido dividir o tipo penal em objetivo e subjetivo, pois "a relevância da ação é aferida através de um juízo comparativo entre a conduta realizada e aquela que era imposta pelo dever objetivo de cuidado", "sendo irrelevante a relação volitiva final para a realidade normativa" (BITENCOURT, op. cit., 2020, p. 392).

44 Op. cit., 2008, p. 445.

eventual, admite e aceita a ocorrência do resultado. Não obstante, a vontade do agente (aspecto interno e subjetivo) deve ser buscada por meio da investigação das circunstâncias do caso concreto. Em outras palavras, no dolo eventual o agente realizaria a conduta mesmo tendo certeza da ocorrência do resultado, ou seja, assume o risco porque não se importa com o resultado; na culpa consciente o agente não realizaria a conduta se soubesse com certeza da ocorrência do resultado. Em relação aos delitos graves de trânsito (homicídio e lesão corporal culposos, arts. 302 e 303, CTB), a doutrina e a jurisprudência apresentam divergências sobre a possibilidade de punição a título de dolo eventual em caso de motorista em excesso de velocidade, embriagado ou participando de disputa entre veículos (racha).[45]

A culpa *própria* é a culpa comum, ou seja, o agente causa o resultado por inobservância do dever de cuidado. Por outro lado, a culpa *imprópria* (por extensão, equiparação ou assimilação) ocorre quando o agente realiza uma conduta dolosa por erro vencível ou inescusável e a lei, em face do erro que motivou a conduta, estabelece punição a título de culpa, desde que exista previsão expressa do crime culposo correspondente (p. ex., art. 20, *caput*, CP). O caçador que atira e mata uma pessoa acreditando ser um animal responde pelo homicídio culposo em face do erro vencível ou inescusável (art. 20, § 1º, CP). De acordo com o caso concreto, se o erro é invencível ou escusável, há exclusão da tipicidade por ausência de dolo e de culpa, ou seja, não subsiste sequer a culpa imprópria.

1.4.4. Graus de culpa e culpa presumida

O grau ou intensidade da culpa não interfere no juízo de tipicidade, ou seja, a gradação da culpa (leve ou grave) é irrelevante para a configuração da infração penal. No entanto, há jurisprudência reconhecendo a exclusão da tipicidade em caso de culpa levíssima ou insignificante. Ressalte-se que o grau de culpa pode ser considerado no momento judicial da individualização da pena (art. 59, CP).

Além disso, a culpa não pode ser presumida, ou seja, a culpa deve ser sempre comprovada. Assim, não é possível presumir a culpa do condutor de veículo sem habilitação que se envolve em acidente de trânsito e causa lesões corporais na vítima. A culpa do condutor em relação às lesões deve ser efetivamente demonstrada, sem prejuízo das sanções administrativas e penais pela ausência de habilitação.

1.4.5. Concorrência e compensação de culpas

A concorrência de culpas não interfere na responsabilidade dos agentes, que respondem individualmente pelo resultado produzido. A concorrência de culpas ocorre quando o resultado culposo é causado por duas ou mais pessoas, sem que exista ligação psicológica entre elas. Assim, por exemplo, há concorrência de culpas na hipótese de colisão de dois veículos causando a morte de uma terceira pessoa.

Não é caso de concurso de pessoas, pois não há ligação psicológica entre os agentes. No entanto, a doutrina denomina a concorrência de culpas também como "autoria colateral" em crime culposo ou "coautoria sem ligação psicológica".

Da mesma forma, eventual comportamento imprudente da vítima em um delito culposo não pode ser considerado para descaracterizar a responsabilidade penal do agente, isto é, não existe a possibilidade de compensação de culpas. Além disso, a conduta imprudente da vítima que produz um resultado típico em relação ao agente também é suscetível de punição, ou seja, ambos serão agressores e ofendidos para fins penais.

Por outro lado, a culpa da vítima deve ser considerada no momento judicial de aplicação da pena, diante da expressa previsão legal nesse sentido (art. 59, CP – comportamento da vítima). Não se pode olvidar, ainda, que a compensação de culpas pode ser realizada no âmbito da responsabilidade civil.

1.4.6. Concurso de agentes e tentativa no crime culposo

O crime culposo é compatível com o concurso de agentes, ou seja, é possível que o fato culposo seja causado por mais de uma pessoa. Entretanto, José Henrique Pierangeli esclarece que não é possível admitir a figura da participação no delito culposo, inexistindo qualquer diferença entre autor e partícipe no crime culposo, já que todos os agentes são causadores do resultado, ainda que tenham contribuído apenas moralmente (instigação).[46] Assim, no caso do homicídio cul-

45 SHECAIRA, Sérgio Salomão. *Estudos de direito penal*, 2007, p. 107-10; NUCCI, op. cit., 2012, p. 239-40.

46 *Escritos jurídico-penais*, 1992, p. 77-9.

poso de trânsito causado pelo motorista que, influenciado pelo passageiro, acelera ao ultrapassar um sinal de parada obrigatória e atinge a vítima, ambos devem ser considerados causadores do resultado morte e autores do delito.

Por outro lado, o crime culposo não admite a tentativa, pois o resultado é involuntário e só ocorre por conta de um defeito na programação da causalidade.

1.5. Dolo e culpa nas contravenções penais

A LCP (DL n. 3.688/41) estabelece em seu art. 3º que a ação ou a omissão voluntária basta para a caracterização da contravenção, exigindo dolo ou culpa apenas nas hipóteses em que a lei condiciona a esses elementos algum efeito jurídico específico.

O diploma legal referido (LCP) foi influenciado pela teoria causalista da conduta que posiciona o dolo e a culpa no âmbito da culpabilidade e não na tipicidade, incluindo no conceito de dolo (dolo normativo) a consciência da ilicitude. Contudo, o conceito de dolo na concepção finalista (dolo natural) identifica-se com a conduta voluntária exigida pelo art. 3º da LCP. Nos termos da teoria finalista, portanto, há que se reconhecer a inexistência de diferença substancial entre o tipo subjetivo do crime e o da contravenção.

2. JURISPRUDÊNCIA

2.1. Súmulas

Súmula n. 589, STJ: "É inaplicável o princípio da insignificância nos crimes ou contravenções penais praticados contra a mulher no âmbito das relações domésticas".

Súmula n. 599, STJ: "O princípio da insignificância é inaplicável aos crimes contra a administração pública".

Súmula n. 606, STJ: "Não se aplica o princípio da insignificância a casos de transmissão clandestina de sinal de internet via radiofrequência, que caracteriza o fato típico previsto no art. 183 da Lei n. 9.472/1997".

2.2. Julgados

Tipicidade. Tipicidade material. Princípio da insignificância

Agravo regimental no *habeas corpus*. Penal e processual penal. Crime de furto e de falsa identidade. Arts. 155 e 307 do Código Penal. Inaplicação do princípio da insignificância. Inexistência de teratologia. Reiteração delitiva comprovada. Revolvimento do conjunto fático-probatório. Inadmissibilidade na via eleita. Inexistência de constrangimento ilegal. Agravo regimental desprovido. 1. O princípio da insignificância incide quando presentes, cumulativamente, as seguintes condições objetivas: (a) mínima ofensividade da conduta do agente, (b) nenhuma periculosidade social da ação, (c) grau reduzido de reprovabilidade do comportamento, e (d) inexpressividade da lesão jurídica provocada. 2. *In casu*, o recorrente foi condenado à pena de 1 (um) ano de reclusão e 3 (três) meses de detenção, em regime inicial semiaberto, bem como ao pagamento de 10 (dez) dias-multa, em razão da prática dos crimes tipificados nos arts. 155 e 307 do Código Penal. 3. O princípio da bagatela é afastado quando comprovada a contumácia na prática delitiva. Precedentes: *HC* n. 123.199-Ag. Reg., 1ª T., rel. Min. Roberto Barroso, *DJe* 13.03.2017, *HC* n. 115.672, 2ª T., rel. Min. Ricardo Lewandowski, *DJe* 21.05.2013, *HC* n. 133.566, 2ª T., rel. Min. Cármen Lúcia, *DJe* 12.05.2016, ARE n. 849.776-Ag. Reg., 1ª T., rel. Min. Roberto Barroso, *DJe* 12.03.2015, *HC* n. 120.662, 2ª T., rel. Min. Teori Zavascki, *DJe* 21.08.2014, *HC* n. 120.438, 1ª T., rel. Min. Rosa Weber, *DJe* 12.03.2014, *HC* n. 118.686, 1ª T., rel. Min. Luiz Fux, *DJe* 04.12.2013, *HC* n. 112.597, 2ª T., rel. Min. Cármen Lúcia, *DJe* 10.12.2012. 4. O *habeas corpus* é ação inadequada para a valoração e exame minucioso do acervo fático probatório engendrado nos autos. 5. A reiteração dos argumentos trazidos pelo agravante na petição inicial da impetração é insuscetível de modificar a decisão agravada. Precedentes: *HC* n. 136.071-Ag. Reg., 2ª T., rel. Min. Ricardo Lewandowski, *DJe* 09.05.2017; *HC* n. 122.904-Ag. Reg., 1ª T., rel. Min. Edson Fachin, *DJe* 17.05.2016; RHC n. 124.487-Ag. Reg., 1ª T., rel. Min. Roberto Barroso, *DJe* 01.07.2015. 6. Agravo regimental desprovido. (STF, *HC* n. 158.828 Ag. Reg./MG, 1ª T., rel. Min. Luiz Fux, j. 05.10.2018)

Penal. *Habeas corpus*. Decisão monocrática que deu provimento ao recurso especial interposto no Superior Tribunal de Justiça. Supressão de instância. Impetração não conhecida. Flagrante ilegalidade. Crime de descaminho. Valor sonegado inferior ao fixado no art. 20 da Lei n. 10.522/2002, atualizado pelas Portarias ns. 75/2012 e 130/2012 do Ministério da Fazenda. Retroatividade da norma mais benéfica. Princípio da insignificância. Aplicabilidade. Precedentes. Ordem concedida de ofício. [...] III – Nos termos da jurisprudência deste Tribunal, o princípio da insignificância deve ser aplicado ao delito de descaminho quando o valor sonegado for inferior ao estabelecido no art. 20 da Lei n. 10.522/2002, atualizado pelas Portarias n. 75/2012 e n. 130/2012 do Ministério da Fazenda, que, por se tratarem de normas mais benéficas ao réu, devem ser imediatamente aplicadas, consoante o disposto no art. 5º, XL, da Carta Magna. IV – *Habeas corpus* não conhecido. V – Ordem concedida para restabelecer a sentença de primeiro grau, que reconheceu a incidência do princípio da insignificância e absolveu sumariamente os ora pacientes, com fundamento no art. 397, III, do CPP. (STF, *HC* n. 123.032/PR, 2ª T., rel. Min. Ricardo Lewandowski, j. 05.08.2014)

V. no art. 18 as seguintes decisões: STF, *HC* n. 110.975/RS, 1ª T., rel. Min. Cármen Lúcia, j. 22.05.2012; STJ, *HC* n. 238.714/SP, 6ª T., rel. Min. Maria Thereza de Assis Moura, j. 16.08.2012.

Recurso especial afetado ao rito dos repetitivos para fins de revisão do Tema n. 157. Aplicação do princípio da insignificância aos crimes tributários federais e de descaminho, cujo débito não exceda R$ 10.000,00 (dez mil reais). Art. 20 da Lei n. 10.522/2002. Entendimento que destoa da orientação consolidada no STF, que tem reconhecido a atipicidade material com base no parâmetro fixado nas Portarias ns. 75 e 130/MF – R$ 20.000,00 (vinte mil reais). Adequação. 1. Considerando os princípios da segurança jurídica, da proteção da confiança e da isonomia, deve ser revisto o entendimento firmado, pelo julgamento, sob o rito dos repetitivos, do REsp n. 1.112.748/TO – Tema n. 157, de forma a adequá-lo ao entendimento externado pela Suprema Corte, o qual tem considerado o parâmetro fixado nas Portarias ns. 75 e 130/MF – R$ 20.000,00 (vinte mil reais) para aplicação do princípio da insignificância aos crimes tributários federais e de descaminho. 2. Assim, a tese fixada passa a ser a seguinte: incide o princípio da insignificância aos crimes tributários federais e de descaminho quando o débito tributário verificado não ultrapassar o limite de R$ 20.000,00 (vinte mil reais), a teor do disposto no art. 20 da Lei n. 10.522/2002, com as atualizações efetivadas pelas Portarias ns. 75 e 130, ambas do Ministério da Fazenda. 3. Recurso especial provido para cassar o acórdão proferido no julgamento do Recurso em Sentido Estrito n. 0000196-17.2015.4.01.3803/MG, restabelecendo a decisão do Juízo da 2ª Vara Federal de Uberlândia – SJ/MG, que rejeitou a denúncia ofertada em desfavor do recorrente pela suposta prática do crime previsto no art. 334 do Código Penal, ante a atipicidade material da conduta (princípio da insignificância). Tema n. 157 modificado nos termos da tese ora fixada. (STJ, Recurso Repetitivo, Pesquisa de Temas Repetitivos: Tema n. 157, REsp n. 1.709.029/MG, 3ª S., rel. Min. Sebastião Reis Júnior, j. 28.02.2018, *DJe* 04.04.2018)

Tipicidade. Tipicidade conglobante. Princípio da insignificância

Habeas corpus. Penal. Furto. Paciente monitorada por sistema eletrônico de vigilância. Crime impossível. Não caracterização. Princípio da insignificância. Não incidência. Valor dos bens subtraídos. Ausência de inexpressividade da lesão. Distinção entre furto insignificante e furto privilegiado. Ordem denegada. 1. Na hipótese em que o sistema de vigilância não inviabiliza, mas apenas dificulta a consumação do crime de furto, não há que falar na incidência do instituto do crime impossível por ineficácia absoluta do meio (CP, art. 17). Precedentes. 2. Segundo a jurisprudência do STF, para se caracterizar hipótese de aplicação do denominado "princípio da insignificância" e, assim, afastar a recriminação penal, é indispensável que a conduta do agente seja marcada por ofensividade mínima ao bem jurídico tutelado, reduzido grau de reprovabilidade, inexpressividade da lesão e nenhuma periculosidade social. 3. Nesse sentido, a aferição da insignificância como requisito negativo da tipicidade envolve um juízo de tipicidade conglobante, muito mais abrangente que a simples expressão do resultado da conduta. Importa investigar o desvalor da ação criminosa em seu sentido amplo, de modo a impedir que, a pretexto da insignificância apenas do resultado material, acabe desvirtuado o objetivo a que visou o legislador quando formulou a tipificação legal. Assim, há de se considerar que "a insignificância só pode surgir à luz da finalidade geral que dá sentido à ordem normativa" (Zaffaroni), levando em conta também que o próprio legislador já considerou hipóteses de irrelevância penal, por ele erigidas, não para excluir a tipicidade, mas para mitigar a pena ou a persecução penal. 4. Num juízo de tipicidade conglobante, que envolve não apenas o resultado material da conduta, mas o seu significado social mais amplo, certamente não se pode admitir a aplicação do princípio da insignificância indiscriminadamente. Nesse contexto, é necessário distinguir o "furto insignificante" daquele referente à subtração de bem de pequeno valor, de modo a não estimular a prática de condutas criminosas e obstar a aplicação da figura do "furto privilegiado", previsto no art. 155, § 2°, do CP. 5. No caso, o valor dos bens subtraídos não pode ser considerado ínfimo de modo a caracterizar a conduta como minimamente ofensiva. Conforme destacou o STJ, "os bens subtraídos foram avaliados em R$ 225,00, aproximadamente 65% do valor do salário mínimo vigente à época dos fatos (R$ 350,00), não havendo que se falar em irrelevância da conduta". Precedentes. 6. Ordem denegada. (STF, *HC* n. 120.083/SC, 2ª T., rel. Min. Teori Zavascki, j. 03.06.2014)

Tipicidade. Elementos do tipo. Elemento subjetivo específico do tipo (dolo específico)

Ação penal. Ex-prefeito municipal. Atual deputado federal. Dispensa irregular de licitação (art. 89, *caput*, Lei n. 8.666/93). Dolo. Ausência. Atipicidade. Ação penal improcedente. [...] 2. As imputações feitas na denúncia aos ora denunciados foram de, na condição de prefeito municipal e de secretária de economia e finanças do município, haverem acolhido indevidamente a inexigibilidade de procedimento licitatório para a contratação de serviços em favor da Prefeitura Municipal de Santos/SP. 3. Não se verifica a existência de indícios de vontade livre e conscientemente dirigida por parte dos denunciados de superarem a necessidade de realização da licitação. Pressupõe o tipo, além do necessário dolo simples (vontade consciente e livre de contratar independentemente da realização de prévio procedimento licitatório), a intenção de produzir um prejuízo aos cofres públicos por meio do afastamento indevido da licitação. 4. A incidência da norma que se extrai do art. 89, *caput*, da Lei n. 8.666/93 depende da presença de um claro elemento subjetivo do agente político: a vontade livre e consciente (dolo) de lesar o Erário, pois é assim que se garante a necessária distinção entre atos próprios do cotidiano político-administrativo e atos que revelam o cometimento de ilícitos penais. A ausência de indícios da presença do dolo específico do delito, com o reconhecimento de atipicidade da conduta dos agentes denunciados, já foi reconhecida pela Suprema Corte (Inq. n. 2.646/RN, Pleno, rel. Min. Ayres Britto, *DJe* 07.05.2010). 5. Denúncia rejeitada. Ação penal julgada improcedente. (STF, Inq. n. 2.616/SP, Pleno, rel. Min. Dias Toffoli, j. 29.05.2014)

Penal e processo penal. *Habeas corpus*. Dispensa irregular de licitação (art. 89 da Lei n. 8.666/93). Atipicidade. Imprescindibilidade de dolo específico e de prejuízo ao erário. Quesitos demonstrados. Condenação fundamentada. Ordem denegada. 1. O Superior Tribunal de Justiça consolidou o entendimento de que para a configuração do crime de dispensa ou inexigibilidade de licitação fora das hipóteses legais – art. 89 da Lei n. 8.666/93 –, exige-se a presença do dolo específico de causar dano ao erário e do efetivo prejuízo à Administração Pública. 2. No presente caso, não obstante as instâncias de origem tenham afirmado ser desnecessária a demonstração do dolo específico e do prejuízo ao erário, ambos os quesitos foram devidamente demonstrados na sentença e no acórdão de apelação, com fundamento nas provas documentais e testemunhais, não havendo, portanto, em se falar em atipicidade da conduta. 3. Descabido rever a conclusão da sentença e do acórdão condenatório, de ter sido indevidamente dispensada licitação, notadamente pela impossibilidade da terceirização dos serviços e pela simulação através de terceira pessoa jurídica criada para superar obstáculo formal da anterior, por importar em indevida revaloração fática, descabida na via do *habeas corpus*. 4. *Habeas corpus* denegado. (STJ, *HC* n. 452.323/SP, 6ª T., rel. Min. Nefi Cordeiro, j. 04.09.2018, *DJe* 12.09.2018)

Penal e processual penal. *Habeas corpus*. Apropriação indébita previdenciária (art. 168, § 1º, I, do CP). Elemento subjetivo do tipo. Dolo específico. Não exigência. Precária condição financeira da empresa. Não comprovação. Excludente de culpabilidade. Inexigibilidade de conduta diversa. Inaplicabilidade. Ordem denegada. 1. O crime de apropriação indébita previdenciária exige apenas "a demonstração do dolo genérico, sendo dispensável um especial fim de agir, conhecido como *animus rem sibi habendi* (a intenção de ter a coisa para si). Assim como ocorre quanto ao delito de apropriação indébita previdenciária, o elemento subjetivo animador da conduta típica do crime de sonegação de contribuição previdenciária é o dolo genérico, consistente na intenção de concretizar a evasão tributária" (Ação Penal n. 516, Plenário, rel. Min. Ayres Britto, *DJe* 20.09.2011). [...]. (STF, *HC* n. 113.418/PB, 2ª T., rel. Min. Luiz Fux, j. 24.09.2013)

Crime culposo. Modalidades de culpa. Imperícia. Atividade não profissional

Processual penal. *Habeas corpus* substitutivo de recurso ordinário. Homicídio qualificado. Nulidade de julgamento. Tese defensiva subsidiária de crime culposo. Quesito formulado acerca da culpa na modalidade imprudência. Ausência de quesitos obrigatórios de culpa nas modalidades imperícia e negligência. Conduta comissiva. Ausência de exercício de profissão, arte ou ofício. Quesitos não obrigatórios. Ausência de alegação no momento oportuno. Preclusão temporal. Ordem denegada. 1. Há consumação do crime culposo quando o agente atua com inobservância das regras básicas de atenção e cautela, necessárias ao convívio social. 2. A negligência está configurada quando o agente assume atitude passiva, por descuido ou desatenção, diante de uma situação que demanda ação. Há, portanto, conduta culposa omissiva. 3. A imprudência ocorre quando há um comportamento sem a devida cautela, isto é, há uma atividade positiva e descuidada. 4. A imperícia decorre de uma inaptidão, de uma falta de habilidade para realizar uma profissão, arte ou ofício. 5. *In casu*, a defesa adotou como tese principal a negativa de autoria dos fatos e, subsidiariamente, a ocorrência de crime culposo diante da ausência do dolo, consumado ante um disparo acidental. 6. Restou configurada no caso concreto uma conduta comissiva, praticada em circunstância fora de uma profissão, arte ou ofício. [...] 9. No caso, não caberia, por lógica fático-jurídica, indagar-se a respeito da imperícia, uma vez que o agente não atuou no exercício de profissão, arte ou ofício, ou ainda negligência, tendo em vista que restou caracterizada conduta comissiva e não omissão de cautela [...]. (STJ, *HC* n. 100.089/SP, 5ª T., rel. Min. Arnaldo Esteves Lima, j. 15.06.2010)

Crime culposo. Modalidades de culpa. Denúncia. Descrição da conduta culposa

Processo penal. *Habeas corpus*. Lesão corporal culposa. Inépcia da denúncia. Falta de indicação da conduta culposa. Justa causa. I – Se a *imputatio facti*, em eventual crime culposo, não descreve em que consistiu a negligência ou a imperícia, então a denúncia é inepta, dada a inobservância ao disposto no art. 41 do CPP. A exordial acusatória deve narrar a forma concreta em que aconteceu a infração ao dever de cuidado. II – Não se reconhece falta de justa causa se o fato pode ensejar uma reconstituição juridicamente relevante. *Writ* concedido, reconhecida a inépcia da denúncia. (STJ, *HC* n. 8.682/PE, 5ª T., rel. Min. Felix Fischer, j. 11.05.1999)

Homicídio no trânsito. Embriaguez. Dolo eventual. Culpa consciente

Agravo regimental em *habeas corpus*. Homicídio doloso (art. 121, *caput*, do Código Penal). Crime cometido na condução de veículo automotor. Dolo eventual. Pretendida desclassificação para o delito previsto no art. 302 do Código de Trânsito Brasileiro. Exame do elemento volitivo. Inviabilidade. 1. Enquanto no dolo eventual o agente tolera a produção do resultado, tanto faz que ocorra ou não; na culpa consciente, ao contrário, o agente não assume o risco nem ele lhe é indiferente. Presente essa controvérsia a respeito do elemento subjetivo, na lição de NELSON HUNGRIA, não é possível pesquisá-lo no "foro íntimo" do agente, tem-se de inferi-lo das circunstâncias do fato externo. 2. Os autos evidenciam, neste juízo sumário, que a imputação atribuída ao agravante não resultou da aplicação aleatória do dolo eventual. Indicou-se, com efeito, as circunstâncias especiais do caso, notadamente a embriaguez, o excesso de velocidade e a ultrapassagem de semáforo com sinal desfavorável em local movimentado, a indicar a anormalidade da ação, do que defluiu a aparente desconsideração, falta de respeito ou indiferença para com o resultado lesivo. 3. O quadro de circunstâncias descrito não permite identificar qualquer vício apto a justificar, neste momento e nesta estreita via processual, a desclassificação da figura incriminadora. Caberá ao Tribunal do Júri auferir a existência do elemento subjetivo do tipo (dolo ou culpa), pois diretamente ligado ao contexto fático da prática delituosa. 4. Agravo regimental a que se nega provimento. (STF, *HC* n. 160.500 Ag. Reg./SP, 1ª T., rel. Min. Alexandre de Moraes, j. 28.09.2018)

Penal. *Habeas corpus*. Tribunal do júri. Pronúncia por homicídio qualificado a título de dolo eventual. Desclassificação para homicídio culposo na direção de veículo automotor. Embriaguez alcoólica. *Actio libera in causa*. Ausência de comprovação do elemento volitivo. Revaloração dos fatos que não se confunde com revolvimento do conjunto fático-probatório. Ordem concedida. 1. A classificação do delito como doloso, implicando pena sobremodo onerosa e influindo na liberdade de ir e vir, mercê de alterar o procedimento da persecução penal em lesão à cláusula do *due process of law*, é reformável pela via do *habeas corpus*. 2. O homicídio na forma culposa na direção de veículo automotor (art. 302, *caput*, do CTB) prevalece se a capitulação atribuída ao fato como homicídio doloso decorre de mera presunção ante a embriaguez alcoólica eventual. 3. A embriaguez alcoólica que conduz à responsabilização a título doloso é apenas a preordenada, comprovando-se que o agente se embebedou para praticar o ilícito ou assumir o risco de produzi-lo. 4. *In casu*, do exame da descrição dos fatos empregada nas razões de decidir da sentença e do acórdão do TJSP, não restou demonstrado que o paciente tenha ingerido bebidas alcoólicas no afã de produzir o resultado morte. 5. A doutrina clássica revela a virtude da sua justeza ao asseverar que "O anteprojeto Hungria e os modelos em que se inspirava resolviam muito melhor o assunto. O art. 31 e §§ 1º e 2º estabeleciam: A embriaguez pelo álcool ou substância de efeitos análogos, ainda quando completa, não exclui a responsabilidade, salvo quando fortuita ou involuntária. § 1º Se a embriaguez foi intencionalmente procurada para a prática do crime, o agente é punível a título de dolo; § 2º Se, embora não preordenada, a embriaguez é voluntária e completa e o agente previu e podia prever que, em tal estado, poderia vir a cometer crime, a pena é aplicável a título de culpa, se a este título é punível o fato". (Guilherme Souza Nucci, *Código Penal Comentado*, 5. ed. rev. atual. e ampl. – São Paulo: RT, 2005, p. 243). 6. A revaloração jurídica dos fatos postos nas instâncias inferiores não se confunde com o revolvimento do conjunto fático-probatório. Precedentes: *HC* n. 96.820/SP, rel. Min. Luiz Fux, j. 28.06.2011; RE n. 99.590, rel. Min. Alfredo Buzaid, *DJ* 06.04.1984; RE n. 122.011, rel. Min. Moreira Alves, *DJ* 17.08.1990. 7. A Lei n. 11.275/2006 não se aplica ao caso em exame, porquanto não se revela *lex mitior*, mas, ao revés, previu causa de aumento de pena para o crime *sub judice* e em tese praticado, configurado como homicídio culposo na direção de veículo automotor (art. 302, *caput*, do CTB). 8. Concessão da ordem para desclassificar a conduta imputada ao paciente para homicídio culposo na direção de veículo automotor (art. 302, *caput*, do CTB), determinando a remessa dos autos à Vara Criminal da Comarca de Guariba/SP. (STF, *HC* n.

107.801/SP, 1ª T., rel. Min. Cármen Lúcia, rel. p/ acórdão Min. Luiz Fux, j. 06.09.2011)

Agravação pelo resultado

Art. 19. Pelo resultado que agrava especialmente a pena, só responde o agente que o houver causado ao menos culposamente.

1. COMENTÁRIO

1.1. Conceito

A regra contida nesse dispositivo legal refere-se ao princípio da culpabilidade, especialmente em relação à exigência de responsabilidade subjetiva no campo do direito penal e à proibição da responsabilidade penal objetiva. Reafirma-se a culpabilidade como pressuposto da pena, ou seja, não há pena sem culpabilidade. Assim, o agente só responde por um resultado mais grave que a conduta pretendida quando o tiver causado dolosa ou culposamente, não respondendo pelo caso fortuito e imprevisível, ainda que exista nexo de causalidade (física) entre a conduta e o resultado qualificador.

A doutrina chama de *crime qualificado pelo resultado* aquele que tem a pena aumentada pela ocorrência de um evento objetivamente mais grave, também ligado ao fato-base física e subjetivamente (dolo ou culpa). É o caso do roubo seguido de morte ou latrocínio (art. 157, § 3º, 2ª parte, CP). Por outro lado, *crime preterdoloso* (ou preterintencional) é aquele praticado com dolo na conduta antecedente e culpa na consequente, produzindo uma lesão homogênea em relação ao bem jurídico, mas quantitativamente excedente (p. ex., art. 129, § 3º, CP).

Alguns autores identificam o crime qualificado pelo resultado com o crime preterdoloso (ou preterintencional), enquanto outros distinguem claramente as figuras referidas. Parece mais correto considerar o crime preterdoloso como espécie do gênero crime qualificado pelo resultado, já que ambos são formados pela ocorrência de um evento qualificador da conduta inicial.

1.2. O nexo subjetivo entre o fato-base e o resultado qualificador

De modo geral, os crimes qualificados pelo resultado, incluindo os preterdolosos, podem ser praticados por meio de duas condutas dolosas (dolo antecedente e dolo consequente), duas condutas culposas (culpa antecedente e culpa consequente) ou uma conduta dolosa e outra culposa (dolo antecedente e culpa consequente). Esta última hipótese refere-se especificamente ao crime preterdoloso (dolo/culpa).

Entretanto, não é possível a existência de uma conduta culposa seguida de um resultado doloso (nesse caso, haverá concurso de crimes), bem como é incompatível a existência de dolo de perigo antecedente seguido de dolo de dano em relação ao resultado consequente.[47]

Alguns tipos penais admitem mais de uma possibilidade de realização, como duas condutas dolosas ou uma dolosa e outra culposa (p. ex., arts. 157, § 3º, e 158, §§ 2º e 3º, CP), enquanto outros tipos exigem duas condutas dolosas (p. ex., art. 155, § 5º, CP), duas culposas (art. 258, 2ª parte, c/c art. 250, § 2º, CP) ou uma dolosa e outra culposa (art. 129, § 3º, CP).

Há divergência na doutrina e na jurisprudência em relação a alguns tipos penais, como é o caso do estupro seguido de morte (art. 213, § 2º, CP). A maioria entende que o delito mencionado é exclusivamente preterdoloso e, por isso, só pode ser praticado mediante uma conduta antecedente dolosa e outra culposa causadora da morte, ou seja, se o resultado mais grave (morte) é produzido dolosamente o agente deve responder por dois delitos diferentes (estupro e homicídio qualificado). No entanto, ao contrário do que ocorre com a lesão corporal seguida de morte (art. 129, § 3º, CP), o art. 213, § 2º, não exclui expressamente a possibilidade de punição do resultado mais grave quando produzido por conduta dolosa, o que autoriza o entendimento de que o estupro seguido de morte também é compatível com o resultado doloso.

2. JURISPRUDÊNCIA

2.1. Julgados

Crime qualificado pelo resultado. Vedação da responsabilidade objetiva

Penal e processual penal. Recurso especial. Tentativa de roubo e lesões corporais. Tentativa de roubo qualificado. I – Por força do disposto no parágrafo único do art. 18 e no art. 19, ambos do CP, a responsabilidade penal, mesmo nos crimes qualificados pelo resultado, não pode ser objetiva (princípio da culpabilidade). II – Se, em relação ao resultado mais grave, não ocorreu dolo ou culpa, ele não pode ser atribuído ao acusado. O reexame do suporte fático sobre o asseverado caso

47 NUCCI, Guilherme de Souza. *Manual de direito penal*: Parte Geral, Parte Especial, 2012, p. 254.

fortuito, implicaria, no feito, em vedado reexame de *quaestio facti* (Súmula n. 7, STJ). III – Admitindo-se a possibilidade, em certos casos, na linha da dicção de parte da doutrina, da *conatus* em crimes preterdolosos (*v. g.*, quando a ação realiza culposamente o resultado mais grave e não perfaz totalmente a forma básica do delito), tal não alcançaria a hipótese em que o evento mais grave, a par de incompleto, se realiza acidentalmente (sem afirmação, sequer, de culpa). IV – O dissídio pretoriano calcado em hipóteses diversas não preenche o exigido nos arts. 255 do RISTJ e 541 do CPC c/c o art. 3º do CPP. Recurso não conhecido. (STJ, REsp n. 285.560/SP, 5ª T., rel. Min. Felix Fischer, j. 11.06.2002)

Crime preterdoloso. Circunstâncias agravantes. Compatibilidade

Penal e processual penal. Agravos regimentais no agravo em recurso especial. Agravante genérica. Compatibilidade com crime preterdoloso. Precedentes. Omissão do acórdão proferido pelo Tribunal de origem. Negativa de prestação jurisdicional. Inocorrência. Agravos regimentais improvidos. 1. No crime preterdoloso, espécie de delito qualificado pelo resultado, é possível a incidência de agravante genérica prevista no art. 61 do Código Penal. Precedente. (Ag. Reg. no AREsp n. 499.488/SC, 6ª T., rel. Min. Rogerio Schietti Cruz, j. 04.04.2017, *DJe* 17.04.2017.) 2. Não há violação dos arts. 619 e 620 do CPP, quando o Tribunal de origem enfrenta as questões relevantes ao deslinde da controvérsia, adotando, contudo, solução jurídica contrária aos interesses da parte. 3. Agravos regimentais improvidos. (STJ, Ag. Int. no AREsp n. 1.074.503/SP, 6ª T., rel. Min. Nefi Cordeiro, j. 18.09.2018, *DJe* 25.09.2018)

Erro sobre elementos do tipo

Art. 20. O erro sobre elemento constitutivo do tipo legal de crime exclui o dolo, mas permite a punição por crime culposo, se previsto em lei.

Descriminantes putativas

§ 1º É isento de pena quem, por erro plenamente justificado pelas circunstâncias, supõe situação de fato que, se existisse, tornaria a ação legítima. Não há isenção de pena quando o erro deriva de culpa e o fato é punível como crime culposo.

Erro determinado por terceiro

§ 2º Responde pelo crime o terceiro que determina o erro.

Erro sobre a pessoa

§ 3º O erro quanto à pessoa contra a qual o crime é praticado não isenta de pena. Não se consideram, neste caso, as condições ou qualidades da vítima, senão as da pessoa contra quem o agente queria praticar o crime.

1. COMENTÁRIO

1.1. Conceito de erro

Quando se fala em erro, está sendo feita referência à falsa noção sobre o objeto do conhecimento; é diferente da ignorância, caracterizada pela ausência de qualquer ideia acerca do objeto. Enquanto o erro é um estado positivo do agente frente à determinada circunstância, a ignorância é um estado negativo (ASSIS TOLEDO, Francisco de. *Do erro no direito penal*, 1977, p. 3; PRADO, Luiz Regis. *Curso de direito penal brasileiro*, v. 1, 2011, p. 490). Assim, por exemplo, se o sujeito visualiza um espantalho no meio de uma plantação e imagina que se trata de um agricultor, há um claro erro quanto ao que se vê; não se pode dizer, contudo, que haja ignorância quanto à existência do espantalho. Importante observar que se o sujeito sabe que erra ou da possibilidade de errar, não é mais possível falar em erro. No caso acima, se há dúvida quanto ao fato de o objeto avistado ser homem ou espantalho, não estamos diante de um erro para o direito penal; em outras palavras, não se pode estar ou permanecer em erro voluntariamente.

1.2. O erro de tipo e suas consequências

O *caput* do art. 20 faz referência expressa ao erro sobre elemento constitutivo do tipo legal de crime, o que caracteriza o erro de tipo. Sua ocorrência pressupõe a falsa percepção do agente em relação a um ou mais elementos essenciais da figura descrita na legislação penal. Não significa, necessariamente, que o erro deva incidir sobre um elemento fático, como o objeto ou o instrumento do crime; o engano também pode se dar frente a elementos normativos (tais como a qualificação de uma pessoa ou a quem pertence determinado objeto) ou sobre o conteúdo de portaria que complemente norma penal em branco, por exemplo.[48] Quando o agente se encontra numa situação de erro de tipo, não se pode falar que houve dolo em relação ao comportamento praticado. Assim, se alguém pega, por engano, o guarda-chuva alheio e o leva para casa, não há que se falar na existência de dolo quanto à prática da subtração de coi-

48 A esse respeito, cabe assinalar a diferenciação entre erro de tipo e erro de fato – prevista anteriormente em nosso ordenamento jurídico –, já que esta recai exclusivamente sobre circunstâncias fáticas (ASSIS TOLEDO, op. cit., 1977, p. 23).

sa alheia móvel (furto). Temos, daí, a regra segundo a qual o erro de tipo sempre exclui o dolo, independentemente de ser evitável ou não.

Outra regra ensinada por Assis Toledo é no sentido de que, enquanto dolo e erro são fenômenos que reciprocamente se excluem, erro de tipo e culpa *stricto sensu* andam de mãos dadas. Assim, tendo em vista a própria redação do *caput* do art. 20, caso a conduta praticada tenha sua punição prevista a título de culpa, poderá o agente ser punido dessa forma. Se retomarmos o exemplo acima, a pessoa que carregou o guarda-chuva alheio poderia ser punida por furto culposo, caso essa modalidade estivesse prevista no ordenamento jurídico; como não há tal previsão, a conduta resta impunível (ASSIS TOLEDO, op. cit., 1977, p. 51).

Importante ratificar que o erro de tipo exclui o dolo somente quando se der frente a elemento essencial da estrutura típica; caso o erro verse sobre elemento acidental, não há que se falar em exclusão do elemento volitivo da ação. Caso o erro se dê sobre a pessoa em relação a quem recai a ação, ou ainda sobre o processo causal, a infração não deixa de ser caracterizada. A primeira hipótese será analisada a seguir (item 1.5); a segunda diz respeito àqueles casos em que a causalidade se desenvolve de maneira diversa da prevista, embora o resultado seja igualmente alcançado. É o que aconteceria se A, com o intuito de matar B, o empurrasse num barranco e, embora não morresse na queda – conforme previsto –, B morresse horas depois afogado num rio que havia ali embaixo.

Questão aparentemente mais delicada diz respeito ao erro quanto à existência de circunstâncias qualificadoras, agravantes ou causas de aumento de pena. A dúvida pode existir tendo em vista que, da própria definição de erro de tipo, decorre que o engano deve se dar em relação a elementos essenciais da descrição legal e as circunstâncias elencadas são comumente referidas como elementos não essenciais do tipo. Ocorre, entretanto, que os elementos constitutivos das circunstâncias tornam-se imprescindíveis para a sua caracterização, ou seja, são essenciais em relação a elas (SPENA, Alessandro. "Accidentalia delicti? Le circostanze nella struttura del reato". *Rivista Italiana di Diritto e Procedura Penale*, 2009, p. 639). Por exemplo, para o homicídio ser considerado qualificado pelo emprego de veneno (art. 121, § 2º, III, CP) e tenha sua pena cominada entre doze e trinta anos de reclusão, é necessário que o agente tenha obrado dolosamente em relação ao meio utilizado; caso tenha ocorrido erro quanto a esse elemento da circunstância qualificadora, o dolo quanto à tal circunstância deve ser excluído, mas não quanto ao tipo básico ou fundamental.

1.3. Descriminantes putativas

Trata-se, aqui, da hipótese em que o agente imagina estar concretamente diante de fatos que, se de fato estivessem presentes, autorizariam a prática de conduta descrita como ilícito penal. Seria o caso do sujeito que vê o inimigo que lhe prometera vingança aproximar-se e fazer o movimento de tirar uma arma da cintura; diante desse fato, justificado pelo aparente perigo iminente de ser morto, o referido sujeito reage atirando contra o pé de seu inimigo, que sofre lesão corporal leve. Ainda que posteriormente venha a ser apurado que o inimigo não portava arma e que iria tirar da cintura um bilhete endereçado ao autor do disparo, claro é que este se encontrava plenamente justificado pelas circunstâncias, que o levaram a supor situação de fato que, se existisse, tornaria a ação legítima.

Para compreender a natureza de tal erro, é necessário atentar para o fato de que o CP de 1940 reformado pela (Lei n. 7.209/84), em sua Exposição de Motivos, adotou a Teoria Limitada da Culpabilidade, o que acarreta importantes consequências na esfera do erro sobre circunstâncias fáticas que tornariam legítima a ação. Diferentemente da Teoria Extrema da Culpabilidade, que faria qualquer hipótese de erro sobre causa de justificação caracterizar erro de proibição, segundo a Teoria Limitada, o erro descrito no art. 20, § 1º, do CP, é erro de tipo; nada mais é senão erro sobre um fato que vem a excluir o dolo (erro de tipo permissivo) (ASSIS TOLEDO, op. cit., 1977, p. 22). Para melhor compreender a solução teórica, deve-se partir do pressuposto de que normas incriminadoras e permissivas formam um todo, são dois lados da mesma moeda, razão pela qual o erro sobre circunstância que faria ocorrer a situação de legítima defesa, por exemplo, é um erro sobre o tipo global (REALE JR., Miguel. *Instituições de direito penal*: Parte Geral, v. I, 2002, p. 203).[49]

---

49 De maneira diferente, sustenta Prado que o juízo de tipicidade antecede o de ilicitude, sendo forçoso concluir que a conduta deve passar por um duplo filtro: num primeiro momento, analisa-se sua relevância penal (tipicidade) e, poste-

De toda forma, para que o erro reste configurado, a situação imaginada deve trazer inteiramente os elementos da figura legal permissiva, assim como se daria caso a excludente de ilicitude de fato existisse. E apenas para que não reste dúvida: não se está diante de situação justificada, mas exclui-se o dolo por erro de tipo. Por fim, resta observar que, assim como se dá em relação ao disposto no *caput* do art. 20, se o erro for inevitável, isenta-se o agente de pena, ao passo que, se for evitável, o fato será punível como crime culposo, se houver previsão legal.

1.4. Erro determinado por terceiro

Quando o erro for determinado por outra pessoa, duas situações distintas são possíveis. Se o erro for insuperável, prevalece o erro em relação ao agente levado ao engano e o terceiro responde pela infração; se o erro for evitável, o agente enganado responde pelo delito na forma culposa, desde que prevista em lei.

1.5. Erro sobre a pessoa

O erro sobre a pessoa é um caso de erro quanto a elemento acidental do tipo, de modo que o dolo quanto à prática da infração não chega a ser descaracterizado, embora prevaleça a intenção inicial do agente de praticar a conduta contra pessoa diferente daquela que foi efetivamente ofendida (PRADO, op. cit., 1977, p. 497). Em outras palavras: se A tem a intenção de matar B e acaba matando C porque são fisicamente semelhantes, o erro quanto à pessoa não descaracteriza o dolo de praticar um homicídio; ao contrário, o crime doloso está caracterizado e o ordenamento jurídico reprova igualmente a destruição do bem jurídico vida pertencente a B ou C. A segunda parte do § 3º do art. 20, no entanto, faz a ressalva de que, neste caso, devem ser consideradas as condições ou qualidades da pessoa contra quem o agente queria praticar o crime, e não as da vítima. Isso significa, portanto, que se a intenção de A era matar seu pai e acaba matando um desconhecido, em sua pena será considerado tal fato, e incidirá a circunstância agravante prevista no art. 61, II, *e*, do CP, ainda que efetivamente não tenha praticado o crime contra ascendente.

Deve ser feita aqui a diferenciação entre o erro descrito no § 3º do art. 20 e aquele descrito no art. 73 do CP, conhecido como *aberratio ictus*. No segundo caso, o erro do agente não versa sobre quem seja seu alvo, mas agindo contra quem corretamente quer atingir, erra ao executar o ato, de modo que atinge terceira pessoa. Embora a solução jurídica para as duas hipóteses seja a mesma (em ambos os casos o agente responde pelo crime como se praticado contra a pessoa realmente visada), são situações de fato claramente diversas.

2. JURISPRUDÊNCIA

2.1. Julgados

Caracterização do erro de tipo

Apelação criminal. Crimes contra o patrimônio. Furto. Alegação que ensejaria o reconhecimento de erro de tipo. Dúvida sobre o dolo dos agentes. Ausência de oitiva da vítima em juízo. Absolvição. Tendo os réus afirmado que carregaram a motocicleta, colocando-a no interior de uma "Kombi", pois acreditavam tratar-se de um frete, e não tendo sido realizada a inquirição da vítima – única que presenciou o fato – em juízo, milita em favor dos réus a dúvida sobre a existência de dolo em seu agir. Caso em que, acaso verídica a versão dos acusados, presente estaria o erro de tipo na espécie, porquanto os mesmos teriam carregado a motocicleta sem consciência de que se tratava de bem móvel alheio e de que o estavam a subtrair. Diante da desistência da acusação quanto à oitiva da vítima em juízo, o que seria imprescindível para detalhar a forma do carregamento e, por conseguinte, permitir a certeza sobre a consciência da ilicitude, impõe-se a absolvição dos réus diante da fundada dúvida sobre a consciência dos elementos constitutivos do tipo penal. Apelações defensivas providas. (TJRS, Ap. Crim. n. 70.043.249.515, 7ª Câm. Crim., rel. Des. José Conrado Kurtz de Souza, j. 01.09.2011)

Apelação criminal. Estelionato. Erro de tipo. Art. 20 do CP. Exclusão do dolo como elemento subjetivo do crime. Atipicidade penal, na inexistência de previsão culposa para a modalidade. Dúvida sincera na palavra dos apelados, corroborada pela prova, quanto ao fato de desconhecerem que cobravam doações a favor de entidade beneficente e que eram desviadas em prejuízo dos doadores e donatário, por aquele a quem entregavam os valores cobrados, e que supunham ser legítimo representante da sociedade beneficente. Alegações dos apelados convincentes, porque harmônicas, persistentes e verossímeis com o acervo probatório. Sentença absolutória impecável, como de igual fundamentação o parecer da ilustrada Procuradoria de Justiça. Desprovimento do recurso ministerial. (TJRJ, Ap. Crim. n. 0223058-

---

riormente, sua conformidade ou contradição com o ordenamento jurídico. Diante disso, "o erro sobre os pressupostos fáticos das causas de justificação não deveria excluir o dolo, e sim receber o mesmo tratamento conferido ao erro de proibição" (PRADO, op. cit., 2011, v. 1, p. 494-5).

94.2010.8.19.0001, 1ª Câm. Crim., rel. Des. Antonio Carlos Bitencourt, j. 04.06.2012)

Acusado condenado pela prática do delito tipificado no art. 304, do CP, à reprimenda de 2 (dois) anos de reclusão e 10 (dez) dias-multa, no valor mínimo legal, a ser cumprida em regime aberto, sendo a pena privativa de liberdade substituída por restritiva de direitos, consubstanciada em prestação de serviços à comunidade e ao pagamento de 1 (uma) multa na mesma razão e quantidade da acima aplicada. Recurso defensivo pleiteando a absolvição, por atipicidade, em razão da ausência de dolo na sua conduta. Subsidiariamente, pleiteou a aplicação da atenuante da confissão. 1. Consta nos autos que o denunciado foi detido por policiais militares, porque fez uso de Carteira Nacional de Habilitação falsa. 2. A defesa postulou a absolvição, dizendo que o acusado acreditava que o documento fosse legítimo, pois procurou um despachante junto ao DETRAN para adquirir uma CNH categoria "E", que lhe possibilitasse trabalhar como motorista de caminhão. Argumentou, ainda, que a carteira – conforme laudo técnico – poderia enganar qualquer pessoa que não fosse perita no assunto, como se autêntica fosse. 3. Com um exame simples da instrução probatória, extrai-se que o apelante confirmou as versões apresentadas na fase de inquérito, confessando ter obtido a Carteira de um despachante, porém, sempre afirmou não ter conhecimento da inidoneidade da CNH. 4. A meu sentir temos prova de que o documento é falso, mas não temos evidências de que o acusado conhecesse este vício, tendo incorrido em erro de tipo. Este tipo de erro exclui dolo e culpa se invencível e o dolo se vencível. Não temos esse crime na modalidade culposa, impondo-se a absolvição do apelante. 5. Recurso conhecido e provido, absolvendo-se o acusado, nos termos do art. 386, III, do CPP. (TJRJ, Ap. n. 0387191-90.2009.8.19.0001, 5ª Câm. Crim., rel. Des. Cairo Ítalo Franca David, j. 17.11.2011)

Crime ambiental. Art. 39 da Lei n. 9.605/98. Cortar árvores em floresta. Ignorância do acusado quanto a elementar "floresta considerada de preservação permanente". Dolo inexistente. Art. 54. Poluição. Atipicidade. Ausência de prova do dano à saúde humana. Absolvição mantida. Extraindo-se dos autos que o acusado tinha total ignorância de que a área de onde cortou uma árvore era de preservação permanente, resta demonstrado o erro de tipo, previsto no art. 20 do CP, impondo a absolvição do agente, por inexistir dolo em sua conduta, bem como não haver previsão, para o caso, de tipo culposo. Para a caracterização do delito previsto no art. 54 da Lei n. 9.605/98, deve ser produzida prova de que a poluição efetivamente causou ou poderia causar danos à saúde humana. (TJMG, Ap. Crim. n. 1.0322.09.006676-0/001, 7ª Câm. Crim., rel. Des. Duarte de Paula, j. 06.12.2012)

Apelação. Estupro de vulnerável. Materialidade e autoria comprovadas. Incerteza, porém, quanto à ciência do réu acerca da idade da vítima, que fato incontroverso aparentava mais de catorze anos de idade. Impossibilidade de reconhecer sequer o dolo eventual. Absolvição decretada. (TJSP, Ap. n. 0000066-29.2012.8.26.0270, 10ª Câm. de Dir. Crim., rel. Des. Francisco Bruno, j. 31.01.2013).

Não caracterização do erro de tipo

Violação de direito autoral. Prova. Erro de tipo. Apenamento. Pena de multa. Comprovada a exposição à venda, com intuito de lucro, de produtos reproduzidos com violação de direito autoral, está caracterizada a prática do delito previsto no art. 184, § 2º, do CP. Erro de tipo inaceitável diante da evidência da falsificação dos CDs e DVDs, perceptível por qualquer indivíduo, com um mínimo de discernimento. Réu que, inclusive, admitiu ter conhecimento de que os produtos expostos à venda em seu estabelecimento eram inautênticos e que tal prática era crime. Não se exige a comercialização efetiva para que reste configurada a violação a direitos autorais, bastando que o apelante tenha exposto à venda o material falsificado. Pena alternativa de prestação de serviços à comunidade que respeitou o que dispõe o art. 46, § 3º, do CP. O juiz não pode deixar de aplicar na sentença condenatória a pena pecuniária prevista cumulativamente no tipo penal. Pena que não viola o princípio da não-transcendência, não encontrando na pobreza, outrossim, causa legal de sua isenção. Apelo não provido, com confirmação e transcrição da sentença. (TJRS, Ap. Crim. n. 70.042.581.595, 4ª Câm. Crim., rel. Des. Marcelo Bandeira Pereira, j. 02.06.2011).

Descriminantes putativas

Apelação-crime. Lesão corporal grave. Condenação mantida. Legítima defesa putativa. Não demonstração. Apesar de o réu ter suscitado a tese de legítima defesa putativa, alegando, em síntese, que teria desferido uma facada no ofendido, com quem recém havia tido uma contenda, por acreditar que este teria ido até seu veículo buscar uma arma de fogo, algumas circunstâncias obstam o reconhecimento da referida excludente de ilicitude, como por exemplo: 1) ele ter se dirigido, armado com uma faca, após ter passado a noite em um churrasco, no qual ingeriu bebida alcoólica, até um bar localizado em frente a um salão onde se encerrava uma festividade; e 2) ele ter ido ao encalço do ofendido mesmo após afastar-se da briga, ou seja, atravessou a avenida, muniu-se da faca que havia ocultado nas proximidades e, percebendo que a vítima procurava algo em seu carro, atravessou novamente a avenida, até onde estava a vítima (que estava abaixada e de costas) e desferiu-lhe um golpe na região lombar. *Ex positis*, em que pese em um primeiro momento estar aparentemente desenhada a excludente de ilicitude invocada, uma análise mais atenta das circunstâncias que circundaram o fato tem o condão de elidi-la, razão pela qual é impositiva a manutenção da condenação emitida em primeiro grau. Apenamento. Redução da basilar. Inviabilidade. A basilar foi fixada em um ano e seis meses de reclusão, em razão de o condenado ostentar uma condenação definitiva com trânsito em julgado posterior à data do fato *sub judice*, pela prática dos crimes de furto e lesão corporal. Assim, não há que se falar em ausência de fundamentação da sentença no tocante à análise dos vetores do art. 59 da Lei Substantiva Penal para o aumento da pena-base. Ademais, o castigo básico determinado mostrou-se suficiente e necessário à repressão e prevenção da conduta em estudo, levando-se em conta a gravidade do fato. Apelo improvido. (TJRS, Ap. Crim. n. 70.042.884.049, 1ª Câm. Crim., rel. Des. Marco Antônio Ribeiro de Oliveira, j. 28.09.2011)

Apelação criminal. Ameaça e porte de arma de fogo de uso permitido. Sentença condenatória. Recurso defensivo pleiteando a absolvição do apelante por atipicidade da conduta, sustentando legítima defesa putativa, pleiteando subsidiariamente o reconhecimento da absorção do crime de porte de arma de fogo de uso permitido pelo delito de ameaça, aplicando-se o princípio da consunção. [...] Porte ilegal de arma de fogo de uso permitido. Legítima defesa putativa. Inocorrência. Conquanto o recorrente afirme que sua esposa estava sendo ameaçada pelas vítimas, certo é que no momento em que estava portando a arma não se constatou a presença de qualquer agressão contra a sua pessoa ou contra sua companheira, seja injusta, atual, ou iminente. Portanto, incabível o pleito absolutório. Provimento parcial ao recurso tão somente para absolver o apelante da imputação referente ao crime de ameaça, mantendo no mais a r. sentença impugnada. (TJRJ, Ap. n. 0055590-79.2010.8.19.0042, 2ª Câm. Crim., rel. Des. Leony Maria Grivet Pinto, j. 21.11.2012)

Apelação criminal. Lesão corporal seguida de morte. Recurso defensivo contra a sentença que condenou o apelante pela prática do crime previsto no art. 129, § 3º, do CP à pena de 4 (quatro) anos de reclusão. Pretende-se a absolvição em razão da legítima defesa putativa. Subsidiariamente, requer a condenação por homicídio culposo, bem como a substituição da pena privativa de liberdade por restritiva de direitos. Materialidade comprovada através do Auto de Exame Cadavérico. Autoria, igualmente, demonstrada através da prova oral coligida aos autos. Depoimentos das testemunhas que presenciaram os fatos. Legítima defesa putativa. Impossibilidade. O recorrente, motorista de um ônibus, ao parar o veículo em cima da faixa de pedestres deixou vários transeuntes irritados, dentre eles a vítima, que se dirigiu à porta do ônibus questionando o comportamento do motorista. Nesse momento, o apelante abriu a porta e a atingiu com um chute na região peitoral. Em decorrência da agressão, ela caiu e bateu com a cabeça no meio-fio, o que causou sua morte. Insubsistente a versão de que o apelante empurrou a vítima, porque supôs que estaria portando uma arma. O apelante de forma deliberada abriu a porta do ônibus e levantou-se da cadeira para agredir a vítima. O modo de atuar do recorrente, ao atingir o ofendido, pessoa idosa com 65 anos de idade, demonstra que sua intenção não era a de repelir uma injusta agressão iminente, que por erro supôs que aconteceria. [...] Recurso defensivo conhecido e desprovido, com a manutenção integral da sentença guerreada. (TJRJ, Ap. n. 0030942-35.2009.8.19.0021, 7ª Câm. Crim., rel. Des. Márcia Perrini Bodart, j. 07.02.2012)

Penal. Recurso do Ministério Público. Pleito de reforma da decisão que absolveu sumariamente o réu. Inviabilidade. Recurso não provido. Aquele que age supondo estar diante de agressão injusta contra si próprio e sua família, repelindo-a com um único disparo de arma de fogo, incorre na figura da legítima defesa putativa. Em hipótese que tal, a conduta do apelado se justifica pela ilegalidade da diligência de busca e apreensão realizada em sua residência, porquanto os policiais arrombaram o portão à míngua de solicitação de entrada ou de qualquer resistência. (TJDFT, Ap. n. 20080110943375, 1ª T. Crim., rel. Des. Romão C. Oliveira, j. 29.03.2012)

Apelação criminal. Júri. Homicídio simples. Legítima defesa putativa. Absolvição. Decisão contrária à prova dos autos. Inexistência. Recurso não provido. 1. Acerca da legítima defesa putativa, sabe-se que este se revela instituto que exige, para sua configuração, um equívoco acerca de um dos elementos objetivos da legítima defesa. Ou seja, na legítima defesa putativa, o indivíduo imagina estar em legítima defesa, reagindo contra uma agressão inexistente. Trata-se de discriminante putativa: há erro quanto à existência de uma justificante. 2. Exige-se, para se caracterizar a legítima defesa, que concorram, simultaneamente, a agressão injusta, atual ou iminente; direito próprio ou alheio; meios necessários usados moderadamente; e o chamado *animus defendendi*. 3. Além da desproporção entre a ação em cotejo e as alegadas injustas agressões e ameaças noticiadas, porém não demonstradas, o réu também não comprovou ter agido com *animus defendendi*, sendo vedado ao mesmo se escusar da responsabilidade que lhe é inerente sob o pretexto de ter agido em legítima defesa. (TJMG, Ap. Crim. n. 1.0392.09.014535-1/001, 1ª Câm. Crim., rel. Des. Walter Luiz, j. 20.11.2012).

Erro determinado por terceiro

Parto suposto. Supressão ou alteração de direito inerente ao estado civil de recém-nascido. Cometem o crime previsto no art. 242, *caput*, do CP, os agentes que registram como seu o filho de outrem. Condenação mantida. Erro de tipo determinado por terceiros. São isentas de pena a rés que, por erro determinado por terceiros, plenamente justificado pelas circunstâncias, supõem situação de fato que, se existisse, tornaria a ação legítima. Sentença confirmada. "Não se extrai do conjunto probatório que as rés tinham conhecimento que a criança não era filha de Osmar e de Maria S. e, por conseguinte, que o seu nascimento não ocorreu na residência do casal. Pelo contrário, todas as provas convergem na demonstração de que, encontrando as acusadas na via pública, Osmar contou a elas fato não verdadeiro e as induziu a testemunharem neste sentido, o que fizerem [*sic*] em ato de mera ajuda a pessoa conhecida. Tem-se que, diante da situação que a elas foi exposta por Osmar, Cátia e Lourdes tiveram uma falsa percepção da realidade, ou seja, acreditavam ser verdadeira a declaração lançada no registro público, incorrendo em erro sobre uma das elementares do tipo penal, erro esse que por ser vencível, evitável por qualquer pessoa através da busca de outras e mais precisas informações, traz como consequência jurídica a exclusão do elemento subjetivo (dolo) e do elemento subjetivo específico do tipo penal em comento (vontade de alterar a verdade sobre fato juridicamente relevante e criar obrigação). Afastado o dolo da conduta, a condenação só se torna possível se houver previsão legal expressa da punição do fato a título de culpa (art. 20, *caput*, do CP). Uma vez que inexiste tipo penal incriminador da falsidade ideológica culposa no CP Brasileiro, a absolvição de Cátia K. e de Lourdes M. M. é caminho a ser trilhado [...]. (TJRS, Ap. Crim. n. 70.033.385.758, 4ª Câm. Crim., rel. Des. Constantino Lisbôa de Azevedo, j. 17.02.2011)

Penal. Processo penal. Frustração de direito assegurado por lei trabalhista. Art. 203 do CP. Transação penal (art. 76 da Lei n. 9.099/95). Nulidade. Erro determinado por terceiro. [...] Incorre em erro determinado por terceiro o agente que descumpre decisão judicial carecedora de interpretação, por orientação de profissional técnico (advogado). A conduta, nesta hipótese, é atípica, cabendo a absolvição do acusado. "O primeiro ponto a ser considerado é que a sentença trabalhista proferida na ação civil pública proposta nada disse acerca da extensão territorial da coisa julgada, devendo-se, em relação aos contratos anteriores ao despacho proferido ulteriormente (que esclareceu a questão), considerar atípica a conduta, por exercício regular de um direito. Nesse ponto, aliás, deve-se dizer que os contratos celebrados anteriormente à referida decisão não foram considerados pelo magistrado sentenciante – desta ação criminal. Com efeito, dispondo o art. 16 da Lei n. 7.347/85 que a 'sentença civil fará coisa julgada *erga omnes*, nos limites da competência territorial do órgão prolator...', para a incriminação da conduta seria preciso que a sentença tivesse se manifestado expressamente sobre a possibilidade de sua aplicação fora dos limites territoriais abrangidos pela Vara do Trabalho de Erechim. Como isso não ocorreu, a conduta, por estar amparada na lei, não pode sofrer censura criminal. O problema é que, mesmo depois do esclarecimento feito pelo magistrado trabalhista no despacho mencionado (de que a sentença compreendia qualquer contrato firmado, ainda que fora da jurisdição de Erechim), o réu ainda celebrou, em nome da Cooperativa, pelo menos mais dois contratos – conforme dá conta a sentença (fls. 783). Aqui já não mais se poderia falar em exercício regular de um direito. A partir do momento em que ficou definitivamente esclarecida a matéria relativa ao alcance da decisão proferida, não mais se poderia invocar, como fundamento de defesa, a redação inequívoca do art. 16 da Lei n. 7.347/85, afastada que foi por obra de interpretação levada a efeito pelo órgão competente. A absolvição pretendida, no entanto, encontra fundamento na regra do art. 20, § 3º, do CP (erro determinado por terceiro). É que, depondo como testemunha de defesa, a Dra. Adriana de Azevedo Peixoto, advogada da Cooperativa ao tempo dos fatos narrados na denúncia, afirmou o seguinte à magistrada que a interpelava: Baseados no que a própria lei diz, que em se cuidando de uma ação civil pública, considerando o fato de que pela lei, os limites da coisa julgada na ação civil pública restringem-se à competência territorial do juiz que exarou a decisão, a cooperativa foi orientada a exatamente não estabelecer qualquer sorte de relação cooperado-cooperativa com terceiros dentro da jurisdição de cooperados de Erechim, sem ser na forma celetista (fls. 687/8). Diante dos termos da orientação recebida, pode-se perfeitamente admitir que o réu julgasse possível continuar celebrando contratos de modo contrário aos termos da sentença naquelas cidades não abrangidas pela jurisdição da Vara Trabalhista – Lajeado e Foz do Iguaçu (fl. 789). Não é caso de se pensar que alguém possa invocar a escusa (de erro provocado por terceiro) sob a alegação de que cometeu um crime qualquer porque foi induzido a fazê-lo por um advogado. Não é isso. O que ocorre é que a interpretação do comando da sentença (ou, mais precisamente, do despacho que esclareceu a sua parte dispositiva) dependia da *intermediação* de um profissional técnico (o advogado). De uma pessoa que contrata um advogado não se pode exigir que não lhe ouça as recomendações relativas à causa que patrocina". (TRF-4ª Região, Ap. Crim. n. 200371040184188, 8ª T., rel. Des. Federal Paulo Afonso Brum Vaz, j. 03.05.2006)

Erro quanto à pessoa

Recurso em sentido estrito. Preliminar. Razões. Ausência. Ampla defesa. Pronúncia. Erro quanto à pessoa. Pena. Isenção. 1. Em nome do princípio da ampla defesa é de ser conhecido o recurso em sentido estrito, mesmo na ausência das razões recursais, desde que interposto em tempo hábil. 2. O erro quanto à pessoa contra a qual o crime é cometido não isenta de pena, respondendo o agente como se tivesse praticado o crime contra a pessoa que queria atingir (art. 20, § 3º, do CP). [Do voto do Relator:] "[...] relata Manoel U. que o recorrente concentrou os disparos em Paulo G., que julgava ser Altelor. Basta ver o depoimento de Manoel: [...] o réu saiu de trás de uma capoeira e gritou 'para aí rapaz' e atirou. A distância foi de 3 a 4 metros. Não sabe em quem ele mirou porque o réu estava em suas costas, mas atingiu Paulinho. O réu deu 4 disparos. Dois tiros atingiram Paulinho. Paulinho caiu, levantou-se e saiu correndo. Com Paulinho caído, ele continuava dando tiros. O réu não deu mais tiros, pois escapei e também Paulinho. Quando Paulinho levantou e saiu correndo, ele atirou de novo deu o terceiro e quarto tiro. Depois, quando correram o Paulinho foi para um lado e o depoente para outro. Atirou na direção de Paulinho e não na direção do depoente (fl. 57 v). [...] Com efeito, restando evidente o objetivo da ação delituosa, esta não se estende ao acompanhante da pessoa visada, ainda que por erro, pelo simples fato de estar presente, se nada sofreu além de um susto e o risco do autor errar o alvo, o que não aconteceu. A impronúncia, pois, se impõe quanto a esse segundo fato, tendo como vítima Manoel U. No que se refere ao primeiro fato, é mantida a sentença, vez que o erro quanto à pessoa contra a qual o crime é cometido não isenta de pena. Responde o agente como se tivesse praticado o crime contra a pessoa que queria atingir (art. 20, § 3º, do CP)". (TJRS, Rec. em Sentido Estrito n. 70.004.374.575, 3ª Câm. Crim., rel. Des. Danúbio Edon Franco, j. 27.06.2002)

3. OBSERVAÇÕES

Com relação ao erro sobre o dever de evitar o resultado (quanto à posição de garante), Assis Toledo esclarece que as situações concretas precisam ser devidamente diferenciadas. Assim, quando o erro se dá frente aos pressupostos fáticos da posição de garante ou quanto à possível ocorrência do resultado, ocorre erro de tipo excludente do dolo; por outro lado, quando o garante, por negligência, não se informa sobre a real situação de perigo, há erro resultante de culpa, o que acarreta a ocorrência de crime culposo; finalmente, se o garante erra sobre a própria existência do dever de evitar o resultado, tem lugar o erro de mandamento, modalidade de erro de proibição, que será analisado no item a seguir (ASSIS TOLEDO, op. cit., 1977, p. 64-5).

Erro sobre a ilicitude do fato

Art. 21. O desconhecimento da lei é inescusável. O erro sobre a ilicitude do fato, se inevitável, isenta de pena; se evitável, poderá diminuí-la de um sexto a um terço.

Parágrafo único. Considera-se evitável o erro se o agente atua ou se omite sem a consciência da ilicitude do fato, quando lhe era possível, nas circunstâncias, ter ou atingir essa consciência.

1. COMENTÁRIO

A ilicitude é uma relação de contrariedade que se estabelece entre uma conduta concreta, da vida real, e o ordenamento jurídico. Como lembra Assis Toledo, a falta de consciência da ilicitude não pode ser apenas a errada compreensão do fato ou da lei, mas deve ser necessariamente a errada compreensão de um *plus*, que é a relação de contrariedade entre o fato concreto e o ordenamento jurídico (*Do erro no direito penal*, 1977, p. 64-5).

Assim como se dá nos casos de erro de tipo, somente é possível falar em erro de proibição se ao agente não é possível formar o juízo de que a ação é proibida, pois, se tem a possibilidade de conhecer a injustiça de sua ação, esta deve ser punida. Em outras palavras: se há possibilidade de conhecer o contraste entre ação e ordenamento, não há erro de proibição. É possível sintetizar o erro de proibição como hipótese de falta de consciência da ilicitude; não deve ser censurado o autor de um ilícito penal quando, devido à impossibilidade de conhecer o injusto de sua ação, cometeu o fato sem se dar conta de estar infringindo alguma proibição (ibidem, 1977, p. 64-5). Tal desconhecimento do injusto, por sua vez, não é sinônimo de desconhecimento da lei. Já foi observado que o erro de proibição diz respeito à relação de contrariedade entre o fato e a norma, o que torna prescindível o conhecimento da norma em si. É que se o agente, mesmo desconhecendo o teor da lei, atua com uma "consciência profana" do injusto, apreende-se que tinha consciência de que sua conduta era contrária ao ordenamento, motivo pelo qual não se pode falar em ausência de consciência da ilicitude. Da mesma forma, caso o agente não possua referida consciência profana, mas lhe seja fácil adquiri-la, tenha dúvida e deixe propositalmente de se informar acerca de tal contrariedade, ou não tenha procurado se informar para o exercício de atividades regulamentadas, não há que se falar em erro de proibição e, consequentemente, exclusão da sua culpabilidade (ibidem, 1977, p. 64-5). Caso o erro de proibição seja considerado inescusável ou evitável, o agente não terá excluída sua culpabilidade; nessa hipótese, responde pelo crime na sua forma dolosa.

2. JURISPRUDÊNCIA

2.1. Julgados

Erro de proibição inevitável

Inquérito. Denúncia. Art. 350 do Código Eleitoral. Denunciado que subscreveu nova prestação de contas em substituição a documento anteriormente apresentado perante a justiça eleitoral, ao invés de providenciar sua retificação. Ausência de dolo. Atipicidade reconhecida. Erro de proibição igualmente verificado. Ausência de justa causa. Denúncia rejeitada. 1. Para que ocorra o crime, o sujeito ativo deve estar consciente de que está praticando o falso ideológico, segundo a descrição da norma. O elemento subjetivo está na intenção livre de falsificar, com perfeita noção da reprovabilidade do ato. 2. Interpretou o denunciado a norma proibitiva que concerne diretamente ao fato, tomando seu comportamento como permitido e aprovado pelo Direito, em evidente ocorrência de erro de proibição (CP, art. 21). 3. Denúncia rejeitada. Do voto do Relator: "O denunciado, que é médico por formação, foi, inegavelmente, induzido a erro sobre a ilicitude do fato por terceiros, que, no afã de regularizar pendência na prestação de contas do PMDB perante o TRE/MG naquele exercício, informaram-lhe que seria necessário o refazimento da escrita contábil em novos livros para esse fim registrados, bem como a apresentação de nova prestação de contas, em substituição aos documentos anteriormente apresentados à Corte Eleitoral. Ao fazê-lo, considerando a ausência de dolo na conduta do denunciado, como destaquei anteriormente, vê-se que ele igualmente interpretou de forma equivocada a norma proibitiva concernente diretamente ao fato, tomando seu comportamento como permitido e aprovado pelo Direito, em evidente ocorrência de erro de proibição (CP, art. 21). [...] Destaco, assim, que deve ser entendido inexistir necessidade de recomposição do mundo da vida diante de certas condutas que, em si, embora formalmente típicas, não significam a violação de um bem jurídico penal. Nesse último aspecto, está o conceito de justa causa mais intimamente ligado à denominada 'tipicidade conglobante', tal como definida por Zaffaroni, e não à 'tipicidade aparente', entendida como mera repetição do enunciado legal, fazendo-se, assim, necessária uma revisão da existência de justa causa em situações como essas, nas quais a verdadeira pena é o processo e a submissão à jurisdição. Tenho, portanto, que diante da formação profissional do denunciado e das informações que lhe foram erroneamente repassadas pelo corpo técnico da agremiação partidária por ele dirigida, que o erro, na espécie, deva, também, ser tido como invencível, a isentá-lo de possível pena, de molde a, da minha óptica, por esse motivo, igualmente, falecer, por essas razões, justa causa para o prosseguimento da ação penal para apuração do fato imputado ao denunciado". (STF, Inq. n. 2.559, Pleno, rel. Min. Dias Toffoli, j. 18.08.2011)

Apelação criminal. Tráfico internacional de entorpecentes. Direito de recorrer em liberdade. Prejudicado. Folhas de coca. "Coincola – produtos naturais" "Vino de Coca-Coincoca" "Mama-Coca" produtos livremente comercializados na Bolívia como produtos naturais. Erro de proibição. Caracterizado. Réu absolvido. I – O apelante foi surpreendido, quando desembarcava de um voo proveniente de Santa Cruz de La Sierra/Bolívia, com destino a Salvador, trazendo consigo: três sacos plásticos com folhas de coca, sete sacos plásticos, com as inscrições "Coincola-Produtos Naturais", 48 sacos plásticos com as inscrições "Coincoca-Produtos Naturais", um frasco plástico contendo a inscrição "Vino de Coca-Coincoca", e dois com as inscrições "Mama-Coca". A materialidade do delito restou demonstrada pelo laudo de exame em substância (fls. 14/16), que atestou a presença dos alcaloides cocaína e benzoilecgonina na composição de todos os produtos enviados. II – O apelante atuou em erro de proibição direto, que se dá na hipótese em que o agente atua na plena convicção, embora errada, de que sua ação não está proibida pela ordem jurídica. Trata-se de erro invencível, haja vista acreditar, sinceramente, que sua conduta não contrariava o ordenamento jurídico, pois ao passar pela Bolívia, como turista, adquiriu produtos "naturais", comercializados livremente nas farmácias do país. IV [*sic*] – A defesa não só alegou como também juntou prova de que os produtos que o apelante trazia em sua mala são considerados produtos naturais e de livre comercialização, no país em que foram comprados (Bolívia). Constam dos autos prospectos impressos dos referidos produtos, com o nome dos distribuidores, endereço e telefone, no país em que são comercializados. V – Além das provas dos autos, tais fatos são de notório conhecimento, porquanto publicado na mídia internacional que a folha de coca é comumente utilizada em países como o Peru e a Bolívia, em que pessoas as consomem fazendo chá ou mascando-as; inclusive, foi amplamente divulgado que o próprio presidente da Bolívia, Evo Morales, já fora a uma reunião da ONU mascando folha de coca, para postular sua retirada da lista de entorpecentes, constante da Convenção de Viena de 1961. VI – Está claro nos autos que o apelante atuou em erro de proibição inevitável, que exclui a culpabilidade e o isenta de pena, por inexistência de potencial conhecimento da ilicitude, nos termos do art. 21 do CP, razão pela qual deve ser absolvido, com fundamento no art. 386, VI, do CPP. VII – Recurso provido para absolver o réu. (TRF-3ª Região, Ap. Crim. n. 199961190003178, 1ª T., rel. Des. Federal José Lunardelli, j. 23.08.2011).

Processual penal e penal. Crime contra as telecomunicações. Art. 183 da Lei n. 9.472/97. Lei n. 9.612/98 inaplicável ao caso. Materialidade e autoria comprovadas. Erro de proibição escusável. Isenção de pena. Apelação provida. I – Foi limitada a revogação da Lei n. 4.117/62, operada pelo art. 215 desta nova Lei n. 9.472/97, aplicando-se o novo tipo penal do art. 183 apenas aos serviços de telecomunicações, visto que o art. 215 expressamente exclui a revogação quanto aos serviços de radiodifusão, uma vez que estes continuaram sendo regulados pela antiga Lei n. 4.117/62, obviamente incluindo-se aí o tipo penal do art. 70; II – No que tange à Lei n. 9.612/98, não há que se falar que revogou a Lei n. 9.472/97. Como visto, esta última dispõe sobre telecomunicações, enquanto a Lei n. 9.612/98 instituiu os serviços de radiodifusão comunitária, ou seja, não guarda qualquer relação com a lei de 1997, restando inaplicável ao caso dos autos; III – Diante das provas coligidas, é possível concluir que o apelante não tinha conhecimento de que era necessária autorização da Anatel para utilizar o equipamento de telefonia que adquiriu livremente pela internet; IV – Há depoimento do fiscal da Anatel atestando que não haveria como o acusado saber que operava um aparelho em frequência proibida, porquanto a real frequência do equipamento só pode ser medida por um aparelho específico; V – Uma vez caracterizado o erro de proibição escusável, a absolvição é medida que se impõe. (TRF-3ª Região, Ap. Crim. n. 200660000071925, 2ª T., rel. Des. Fed. Cotrim Guimarães, j. 15.02.2011)

Penal. Estelionato. Seguro-desemprego. Pescador artesanal. Lei n. 10.779/2003. Implementação de requisito. Atipicidade. Erro de proibição. Configuração. 1. Somente com o advento da Lei n. 10.779/2003, passou a ser obrigatória, para a concessão do seguro-desemprego no período de defeso, a comprovação da ausência de "outra fonte de renda diversa da decorrente da atividade pesqueira". Na hipótese de o requisito não existir à época dos primeiros fatos descritos na denúncia, é de rigor o reconhecimento da atipicidade da conduta. 2. Incide em erro de proibição inevitável o agente que não conhece da implementação de requisito legal para a concessão de seguro-desemprego de pescador que, durante os primeiros anos em que recebeu o benefício, não era exigido. (TRF-4ª Região, Ap. Crim. n. 2007.72.16.000349-1, 8ª T., rel. Des. Fed. Paulo Afonso Brum Vaz, j. 07.04.2010)

Penal. Atividade clandestina de telecomunicações. Art. 183 da Lei n. 9.472/97. Telefone sem fio de longo alcance. Uso privado. Absolvição sumária. Erro de proibição invencível. Precedentes. Aplicabilidade. Apelação improvida. I – É de ser reconhecido o erro de proibição, quanto ao uso de telefone sem fio, de longo alcance, diante do seu comércio sem restrições, através da internet, bem como pelo desconhecimento técnico, pelo acusado, de que, pela sua frequência, o uso seria passível de autorização prévia pela Anatel. II – Apelação improvida. (TRF-5ª Região, Ap. Crim. n. 200981000003851, 4ª T., rel. Des. Fed. Margarida Cantarelli, j. 07.02.2012)

Apelação crime. Crimes contra o patrimônio. Apropriação indébita. Erro de proibição. Absolvição. Verificou-se que o réu, que vive dentro de uma reserva indígena e foi acusado de se apropriar indebitamente de bem pertencente à comunidade, agiu assim porque acreditava ser prática comum de cada membro do grupo tomar posse de uma unidade daquele referido bem. Tratava-se, no caso, de uma carroça, sendo que eram concedidas várias deste tipo por programa do governo estadual para a comunidade, para o exercício de atividades rurais. Ademais, o acusado tomou o bem para vender e comprar outro da mesma espécie, o que era autorizado pelos membros do grupo indígena, desde que cientificassem o presidente deste grupo, procedimento que o réu não adotou por não pensar ser necessário. Assim, configurado está o erro de proibição, por ausência da consciência do acusado sobre a ilicitude do fato, excluindo-se a culpabilidade e, consequentemente, o caráter criminoso da conduta. Apelo provido. (TJRS, Ap. Crim. n. 70.044.678.613, 5ª Câm. Crim., rel. Des. Diógenes Vicente Hassan Ribeiro, j. 23.05.2012)

Erro de proibição evitável

Apelação-crime. Saúde e meio ambiente. Agrotóxicos. Destinação ilegal de resíduos e embalagens vazias. Crime formal e de perigo abstrato. Condenação mantida. Prova suficiente. Erro de proibição evitável. Redução da pena. Tipicidade da conduta. Crime formal e de perigo abstrato. [...] Prova oral segura quanto à materialidade e autoria do crime na pessoa do réu, que confessou ter descartado as embalagens vazias de agrotóxicos no córrego que passa nos fundos de sua residência. Confissão corroborada pela prova testemunhal. Erro de proibição evitável. As circunstâncias do caso reveladas pela prova produzida no curso do processo permitem concluir que o agente não possuía consciência atual da ilicitude de sua conduta. Tais circunstâncias, contudo, demonstram que o réu tinha condições de saber que sua conduta era contrária a normas elementares que regem a convivência comum. E se tinha potencial consciência da ilicitude do fato, não faz jus à isenção da pena (pela exclusão da culpabilidade), mas tão-somente à sua redução, pela aplicação da minorante descrita no art. 21 do CP, última parte. [...] Dosimetria da pena. Readequação. Pena-base fixada no mínimo legal, assim mantida a provisória, não obstante o reconhecimento da confissão espontânea, nos termos da decisão recorrida. Na terceira fase, operada a redução de 1/3, diante do reconhecimento do erro de proibição evitável. Pena definitiva reduzida para 1 (um) ano e 4 (quatro) meses de reclusão. Mantidas as demais disposições sentenciais. Apelo defensivo parcialmente provido. (TJRS, Ap. Crim. n. 70.033.430.505, 8ª Câm. Crim., rel. Des. Dálvio Leite Dias Teixeira, j. 18.05.2011)

Incorre nas iras do art. 273, §§ 1º e 1º-B, do CP, aquele que tem em depósito, para fins de venda, produto terapêutico de procedência ignorada e de marca desconhecida, sem as características de identidade e qualidade admitidas para a sua comercialização, que, no caso, está sujeita a controle especial pelo Ministério da Saúde em razão da presença de substância anorexígena (Femproporex). Se o agente atuou sem consciência da ilicitude do fato, mas lhe era possível ter ou atingir esse conhecimento no caso concreto, por se tratar de pessoa esclarecida e que exerce atividade (comercialização de medicamentos) regulamentada por lei, é de se conceder a causa de diminuição da pena, por erro de proibição evitável (art. 21, parágrafo único, do CP). V.V. Comprovada, nos autos, a existência de erro de proibição inevitável e sendo esta causa de exclusão da culpabilidade na conformidade do art. 21 do CP, impõe-se a absolvição nos termos do art. 386, VI, do CPP (Des. Herbert Carneiro). (TJMG, Ap. Crim. n. 1.0428.09.014141-0/001, 4ª Câm. Crim., rel. Des. Júlio Cezar Guttierrez, j. 10.08.2011)

Penal. Processo penal. Sentença condenatória. Recursos das partes. Arts. 4º, *caput*, em concurso formal com o art. 5º, *caput*, e art. 17, *caput*, todos da Lei n. 7.492/86, arts. 299 e 71, ambos do CP. Preliminares de inépcia da denúncia, violações à ampla defesa, ao princípio do juiz natural e ao contraditório afastadas. Constitucionalidade do art. 4º da Lei n. 7.492/86. Consunção do art. 5º pelo art. 4º da lei. Erro de proibição não reconhecido. Regime inicial semiaberto para o cumprimento da pena. Recrudescimento. Somente autorizado ante fundamentação idônea. Sentença parcialmente reformada. [...] VII – Para que se reconheça o erro de proibição do art. 21 do CP, necessário que desponte nos autos a impossibilidade do autor de fato típico e antijurídico de conhecer a norma jurídica violada, o que não se verifica, eis que o que se exige não é uma consciência induvidosa da ilicitude, pois se assim o fosse, somente os sábios operadores do direito a teriam, o que se exige é uma potencial consciência, que decorre necessariamente do conjunto de valores culturais, éticos e morais de cada indivíduo. (TRF-2ª Região, Ap. Crim. n. 200350010140915, 2ª T. Espec., rel. Des. Fed. Messod Azulay Neto, j. 13.11.2012)

Penal. Processo penal. Crime ambiental. Art. 63 da Lei n. 9.605/98. Crime contra o ordenamento urbano e o patrimônio cultural. Materialidade e autoria comprovadas. Perícia. Desnecessidade se provadas por outros meios. Prescrição. Impossibilidade de declaração antes do trânsito em julgado da sentença condenatória. [...] 7. Em sede de direito ambiental, a doutrina se posiciona no sentido de que o erro de proibição guarda estrita relação com o dever de informar-se, mormente quando se trata de determinadas funções ocupadas por indivíduos específicos. Assim sendo, sabendo-se que a legislação ambiental é ampla, devido a quantidade de atos normativos a que se referem às leis penais em branco, foram elaborados critérios facilitadores de como saber se o suposto desconhecimento da norma é, em determinado caso, escusável. No caso dos autos, restou cabalmente demonstrado ter sido promovida alteração do aspecto dos referidos imóveis, que recebe especial tutela da legislação, bem como que o autor do fato tinha o dever de se informar e que teria sido fácil para ele obter essa consciência com pouco esforço de inteligência e com os conhecimentos hauridos da vida comunitária de seu próprio meio, já que fazia parte do Poder Legislativo Municipal. (TRF-2ª Região, Ap. Crim. n. 201051060009370, 2ª T. Espec., rel. Des. Fed. Messod Azulay Neto, j. 06.12.2011)

Penal. Apelação. Obtenção fraudulenta de seguro-desemprego. Estelionato qualificado. Inocorrência de erro de proibição. Condenação. Confissão. Continuidade. Ré primária. Parcelas de pequeno valor. Substituição da pena privativa de liberdade por multa. Recursos da acusação e da defesa parcialmente providos. I – Rejeita-se a alegação de erro sobre a ilicitude do fato (erro de proibição), pois a Ré, sendo pessoa instruída e de boa posição social, tinha possibilidade de saber da ilicitude de sua conduta. (TRF-2ª Região, Ap. Crim. n. 200750010100194, 1ª T. Espec., rel. Des. Fed. Marcello Ferreira de Souza Granado, j. 29.06.2011)

Não caracterização do erro de proibição

Criminal. Recurso especial. Casa de prostituição. Tipicidade. Recurso conhecido e provido. I – A simples manutenção de espaço destinado à prática de prostituição traduz-se em conduta penalmente reprovável, sendo que a possível condescendência dos órgãos públicos e a localização da casa comercial não autoriza, por si só, a aplicação da figura do erro de proibição, com vistas a absolver o réu. II – Precedentes do STJ. III – Irresignação que deve ser acolhida para condenar o réu pelo delito de manutenção de casa de prostituição, remetendo-se os autos à instância de origem para a fixação da reprimenda. IV – Recurso especial provido, nos termos do voto do Relator. (STJ, REsp n. 870.055/SC, 5ª T., rel. Min. Gilson Dipp, j. 27.02.2007)

3. OBSERVAÇÕES

Na tentativa de visualizar os possíveis casos de erro de proibição – e suas consequências dentro do ordenamento jurídico –, Assis Toledo faz referência a sete diferentes modalidades de erro quanto à ilicitude do ato (op. cit., 1977, p.100-24).

De um lado, há os erros que ostentam maior carga de escusabilidade quando inevitável, e dizem respeito às seguintes situações: 1) erro de proibição direto ou sobre normas proibitivas, que abarca o erro quanto à ilicitude de determinado comportamento; 2) erro de mandamento ou sobre normas preceptivas, que se relaciona ao erro quanto à situação de garante. Nesse caso, considerando que norma preceptiva é aquela que impõe um dever de ação, trata-se do erro quanto ao dever de agir para evitar o resultado (descrito no art. 13, § 2º, CP); 3) erro de proibição indireto ou sobre normas permissivas, que recai sobre os limites das causas excludentes de ilicitude.

De outra banda, há hipóteses que contêm menor (ou nenhuma) carga de escusabilidade, e abrangem: 1) o erro sobre a vigência de uma lei, que equivale ao seu desconhecimento; 2) o erro sobre a punibilidade de um fato, o que significa que o autor não precisa conhecer as consequências jurídico-penais de sua conduta, desde que tenha consciência de que seu atuar é ilícito; 3) erro sobre a subsunção do fato concreto à hipótese legal, que não deixa de ser modalidade de *ignorantia legis*, embora assemelhe-se ao erro quanto aos elementos normativos do tipo – mas com ele não se confunde; 4) erro sobre a eficácia de um preceito legal, que embora não recaia sobre a vigência de determinado preceito, implica uma falsa noção acerca da sua efetiva aplicação. Com relação a essa última hipótese, Assis Toledo destaca que, em situação especialíssima, o erro pode ser escusável; é o que aconteceria quando o agente atua confiando em determinada interpretação jurisprudencial, que vem a ser alterada quando do seu julgamento (ibidem, 1977, p. 119 e segs.).

Coação irresistível e obediência hierárquica

Art. 22. Se o fato é cometido sob coação irresistível ou em estrita obediência a ordem, não manifestamente ilegal, de superior hierárquico, só é punível o autor da coação ou da ordem.

1. COMENTÁRIO

1.1. Introdução

O art. 22 do CP dispõe sobre duas hipóteses excepcionais que têm por consequência excluir a culpabilidade do comportamento ilícito. Observa Dotti que não há reprovação quando o agente se encontra numa situação em que dele não se poderia exigir outro comportamento, ainda que em contrariedade com a norma (DOTTI, René Ariel. *Curso de direito penal*: Parte Geral, 2012, p. 521). Nesse sentido, segundo Assis Toledo, a inexigibilidade de outra conduta constitui a primeira e mais importante causa de exclusão da culpabilidade, constituindo verdadeiro princípio de direito penal. Trata-se, no caso das situações descritas no dispositivo legal analisado, de causa legal de exclusão da culpabilidade, nada impedindo que atue no ordenamento como causa supralegal, assumindo a função de princípio fundamental intimamente relacionado com a questão da responsabilidade pessoal (ASSIS TOLEDO, Francisco. *Princípios básicos de direito penal*, 1994, p. 328).

1.2. Coação moral irresistível

É a grave ameaça que faz a vontade da pessoa coagida não ser livre, mas viciada. Aqui, diferentemente da coação física, o coagido age com vontade; o que há de ser observado é que se dá importante comprometimento de tal manifestação, de modo a não se poder exigir que o indivíduo atue conforme o direito. No exemplo mencionado por Prado, temos o pai que, tendo o filho sequestrado, é coagido pelos sequestradores armados a praticar um assalto para a obtenção de dinheiro para o pagamento do resgate (PRADO, Luiz Regis. *Curso de direito penal brasileiro*, 2011, v. 1, p. 486).

1.3. Obediência hierárquica

Trata-se do acatamento, por parte de um subordinado, a uma ordem não proibida de modo evidente pelo direito penal. Em razão da relação de sujeição existente, o subordinado fica intimidado e acaba praticando a conduta determinada pelo superior hierárquico. Resta claro, portanto, que não há que se exigir, no caso concreto, que o indivíduo atuasse de maneira diferente. Como adverte Dotti, embora seja bastante difundida a ideia de que tais casos dizem respeito a relações de direito público – no qual se insere a noção de hierarquia –, tal orientação deve ser revista, uma vez ser comum empregados em relação de direito privado sofrerem violências psicológicas e ameaças caso não pratiquem a conduta determinada por seu superior (DOTTI, op. cit., 2012, p. 522-3).

2. JURISPRUDÊNCIA

2.1. Julgados

Caracterização da coação moral irresistível

Apelação criminal. Porte ilegal de arma de fogo. Exercício da função de vigilante no momento dos fatos. Coação moral irresistível. O acusado, vigilante de empresa privada, ao cumprir determinação de trabalho, portando arma de fogo de propriedade da empresa, sem porte, não pratica o crime do art. 14, *caput*, da Lei de Armas, por ser hipótese de inexigibilidade de conduta diversa, decorrente de coação moral irresistível, pois caso não realizasse a conduta tipificada, não possuindo estabilidade empregatícia, correria sério risco de perda do seu emprego e, consequentemente, do seu sustento. Recurso defensivo provido. (TJRS, Ap. Crim. n. 70.044.128.247, 3ª Câm. Crim., rel. Des. Francesco Conti, j. 06.10.2011)

Apelação criminal. Receptação. Materialidade e autoria. Precária a prova da materialidade, assim como a da autoria, na medida em que a apontar contra a ré há somente seu próprio depoimento. Nenhuma outra prova restou produzida durante a instrução. Coação moral irresistível. Art. 22 do CP. Verossímil a alegação, mormente quando constatado que, na primeira oportunidade, a acusada – coata – entregou os bens que estavam em sua residência e levou a autoridade policial até o coator. Recurso provido.

Do voto do Relator: "E é o que há nos autos a apontar contra a ré: suas próprias declarações, que autorizam o reconhecimento da coação moral irresistível. A ré, grávida e sofrendo ameaças por parte do réu, permitiu que os bens objeto de subtração fossem guardados na sua residência. Tanto é assim, que a autoridade policial somente chegou ao seu ex-companheiro Rodrigo Moreira – para o qual havia ordem de prisão – com o auxílio da denunciada. Não me parece inverossímil, nessas circunstâncias, a versão apresentada pela acusada. Sendo assim, por todo o exposto acima, absolvo Ana Paula Erbes, com fundamento no art. 368, VI, do CP". (TJRS, Ap. Crim. n. 70.037.555.471, 7ª Câm. Crim., rel. Des. Carlos Alberto Etcheverry, j. 28.07.2011)

Não caracterização da coação moral irresistível

Apelação criminal. Narcotráfico. Mulher flagrada, em revista íntima, levando drogas para o interior de presídio. Causa excludente de ilicitude rejeitada. Não há que se falar em coação moral irresistível quando o coacto pode perfeitamente recusar-se a fazer o que lhe está sendo postulado. É o caso dos autos, em que a ré poderia corretamente ter denunciado as hipotéticas ameaças que ela e seu marido estavam sofrendo. Apelo improvido. (TJRS, Ap. Crim. n. 70.039.972.401, 1ª Câm. Crim., rel. Des. Manuel José Martinez Lucas, j. 27.04.2011)

Caracterização da obediência hierárquica

Penal e processual penal (art. 312, *caput*, do CP). Peculato desvio. Obediência hierárquica. Art. 22, 2ª parte, do CP. Aplicabilidade. Recurso provido. 1. As requisições de dinheiro feitas pelo chefe da Agência da ECT de Itaituba eram corriqueiras, e o acusado somente repassava os valores ao seu superior hierárquico mediante recibo. 2. Estão presentes todos os requisitos básicos que pressupõem a obediência hierárquica, quais sejam: "que haja relação de direito público entre superior e subordinado; que a ordem não seja manifestamente ilegal; que a ordem preencha os requisitos formais; que a ordem seja dada dentro da competência funcional do superior e; que o fato seja cumprido dentro da estrita obediência à ordem superior". 3. Ausente a reprovabilidade pessoal na conduta do acusado, deve-se aplicar a exclusão da culpabilidade prevista no art. 22, 2ª parte, do CP, diante da inexigibilidade de conduta diversa. 4. Apelação provida, para reformar a sentença e absolver o réu do crime a ele imputado nos presentes autos, nos termos do art. 386, V, do CPP. (TRF-1ª Região, Ap.

Crim. n. 2001.39.00.004872-4, 4ª T., rel. Des. Fed. Hilton Queiroz, j. 05.11.2007)

Não caracterização da obediência hierárquica

Penal. Processual penal. Peculato-desvio. Art. 312, *caput*, 2ª parte, do CP. Materialidade e autoria. Prova. Conduta típica. Condenação. Pena. Continuidade delitiva. É típica a conduta do funcionário público que desvia mercadorias apreendidas pela Receita Federal, destinadas à incineração, dando-lhe destinação diversa, em proveito próprio ou alheio. Configuração do peculato-desvio. Incabível a aplicação da excludente de culpabilidade prevista no art. 22 do CP (obediência hierárquica), se a ordem for manifestamente ilegal, e se dessa ilegalidade tinha conhecimento o réu, podendo determinar-se de maneira diversa. Sendo o peculato um delito instantâneo, cuja consumação não se prolonga no tempo, ocorrendo em momento determinado, cada desvio caracteriza um delito autônomo, autorizando o reconhecimento do caráter continuado na conduta (art. 71, CP). Redução das penas privativas de liberdade e de multa, mediante o afastamento do concurso material e a aplicação da continuidade delitiva. (TRF-4ª Região, Ap. Crim. n. 200570090035422, 7ª T., rel. Des. Fed. Márcio Antônio Rocha, j. 06.03.2012)

Apelação criminal. Homicídio culposo na direção de veículo automotor. Excludente da culpabilidade de obediência hierárquica não configurada. Réu suscita que estava obedecendo à ordem de seu superior hierárquico no momento do acidente. Excludente, no entanto, que não se sustenta na esfera do direito privado, tendo em vista que apenas a hierarquia no setor público pode implicar graves consequências ao subordinado. No caso, ainda, o réu não tinha carteira de habilitação, tampouco permissão para dirigir um veículo (trator). Foi, então, imprudente, na medida em que concordou que a vítima permanecesse sentada no para-lamas do trator, e negligente, por não observar os mínimos deveres objetivos de cuidado. (TJRS, Ap. Crim. n. 70.049.311.053, 3ª Câm. Crim., rel. Des. Jayme Weingartner Neto, j. 22.11.2012)

Exclusão de ilicitude

Art. 23. Não há crime quando o agente pratica o fato:

I – em estado de necessidade;

II – em legítima defesa;

III – em estrito cumprimento de dever legal ou no exercício regular de direito.

Excesso punível

Parágrafo único. O agente, em qualquer das hipóteses deste artigo, responderá pelo excesso doloso ou culposo.

---

1. COMENTÁRIO

1.1. Conceito de ilicitude e causas de sua exclusão

A ilicitude (ou antijuridicidade) constitui elemento essencial constitutivo da infração penal, expressando a relação de contrariedade objetiva entre um fato e a ordem jurídica como um todo. Como lembra Prado, deve ser entendida como juízo de desvalor objetivo que recai sobre o comportamento típico, e não sobre o agente que a pratica (PRADO, Luiz Regis. *Curso de direito penal brasileiro*, 2011, v. 1, p. 432-3).

Diferentemente do juízo de tipicidade, que tem um caráter positivo, o juízo acerca da ilicitude se dá de forma oposta, ou seja, de negação. Em outras palavras, a realização de uma ação conforme ao tipo penal será, em regra, ilícita, a menos que sobre ela não incida uma causa de justificação (ibidem, v. 1, p. 433). Têm lugar, assim, as causas de justificação – que, no nosso ordenamento, encontram-se descritas no art. 23 do CP. Tais normas contêm implícita uma norma permissiva de caráter independente, que interfere nas normas proibitivas ou preceptivas e fazem a conduta proibida ou a ausência do comportamento ordenado ser lícita, ou seja, estar de acordo com o direito (ibidem, p. 435).

Assim como se dá nos tipos penais, as causas de exclusão da antijuridicidade também possuem elementos objetivos e subjetivos, o que significa dizer que além dos pressupostos objetivos de uma causa de justificação, é igualmente necessário que haja, por parte do agente, consciência de agir acobertado pela excludente, ou seja, objetivando evitar um dano a si ou a outrem (BITENCOURT, Cezar Roberto. *Tratado de direito penal*: Parte Geral, 2007, v. 1, p. 305).

Tendo em vista a teoria pessoal do injusto, exige-se que a intenção do autor dirija-se a uma meta socialmente valiosa, pois é isso o que fará inexistir no fato o desvalor da ação (JESCHECK *apud* ibidem, p. 305). Como observou Assis Toledo, a inclusão, no CP, do exercício regular de direito e do estrito cumprimento do dever legal como causas de justificação, fez tais causas operarem como verdadeiros gêneros das mais variadas espécies de normas permissivas, espalhadas pelo nosso ordenamento jurídico, de modo a abrangê-las todas (ASSIS TOLEDO, F. de. *Princípios básicos de direito penal*, 1994, p. 172).

1.2. Estado de necessidade e legítima defesa

Os institutos do estado de necessidade e da legítima defesa serão analisados nos comentários aos arts. 24 e 25, respectivamente.

1.3. Estrito cumprimento do dever legal

Quando uma conduta, em tese típica, é praticada em atendimento a um dever imposto por lei, não há que se falar em crime. É que há situações nas quais a lei impõe a prática de determinado comportamento descrito tipicamente na legislação penal; são casos em que, obviamente, não se pode falar em contrariedade do comportamento frente ao ordenamento jurídico, ainda que efetivamente cause lesão a um bem jurídico. Podem ser lembrados os exemplos do carrasco que executa a pena de morte (e que não pratica homicídio), do carcereiro que prende o criminoso ou do policial que prende o infrator em flagrante (e que não praticam sequestro nem cárcere privado).

São dois os requisitos necessários para a caracterização da referida excludente: 1) os atos praticados devem ser rigorosamente necessários e praticados no estrito cumprimento do dever; 2) o dever imposto ao agente deve ser legal, ou seja, decorrente de lei (no sentido de norma jurídica de caráter geral, que abrange igualmente a lei, o decreto, o regulamento etc.), não caracterizando a excludente se o dever for decorrente de norma social, moral ou religiosa, por exemplo.

Por fim, resta observar que, embora os destinatários naturais dessa excludente sejam os agentes públicos, admite-se a possibilidade dos cidadãos comuns também se valerem do estrito cumprimento de um dever legal para se eximirem de eventual condenação. Isso ocorre quando tal cidadão, que não é um agente público, atuar sob a imposição de referido dever (BITENCOURT, op. cit., 2007, v. 1, p. 323).

1.4. Exercício regular de direito

Quando o exercício de um direito é regular, não se pode falar em proibição pelo ordenamento jurídico. Assim, quando o exercício de determinado direito se contiver nos limites objetivos e subjetivos, formais e materiais, impostos pelos próprios fins do Direito, a ação deve ser considerada lícita. Caso contrário, está-se diante do abuso de direito, situação que automaticamente exclui a causa de justificação (BITENCOURT, op. cit., 2007, v. 1, p. 323).

Podem ser lembradas como exemplos dessa hipótese as intervenções médicas e cirúrgicas, assim como a violência esportiva decorrente do esporte exercido em obediência à sua regulamentação.

1.5. O excesso nas causas de justificação

O parágrafo único do art. 23 trata do excesso nas causas de justificação. Diferentemente da legislação anterior a 1984 – que previa tal hipótese apenas para a legítima defesa –, o excesso está previsto em relação a todas as excludentes. Considerando que, para o reconhecimento das causas de justificação, o agente deve atuar dentro de certos limites impostos pelo legislador, dá-se o excesso quando referidas limitações são ultrapassadas, de modo a não mais se poder falar na ocorrência da referida excludente. Pode ser decorrência de dolo, de culpa ou de caso fortuito, sendo que nesse último caso não há que se falar em responsabilidade penal.

Essencial para a caracterização do excesso é que a situação inicialmente configure a presença de uma excludente – sendo que, num momento posterior, seu exercício mostra-se excessivo. É doloso quando o agente aproveita-se da situação excepcional que lhe permite agir para impor sacrifício maior do que o estritamente necessário à proteção do bem jurídico ameaçado ou lesado; nesse caso, o agente responde dolosamente pelo fato praticado. O excesso é culposo quando não for voluntário, quando decorra de erro devido a uma avaliação equivocada do agente quando, no caso concreto, era possível realizar uma avaliação correta; nesse caso, o agente somente será punido quando houver previsão legal da modalidade culposa, nos termos do art. 18 do CP (BITENCOURT, op. cit., 2007, v. 1, p. 308).

2. JURISPRUDÊNCIA

2.1. Julgados

Caracterização do estrito cumprimento do dever legal

Queixa. Calúnia, injúria e difamação. Renúncia tácita do direito de queixa. Inépcia da queixa. [...] II – A calúnia é a imputação falsa a alguém de fato definido como crime. O pedido de abertura de inquérito sobre fatos que ocorreram e que poderiam eventualmente configurar um ilícito penal não se enquadram na hipótese de imputação falsa. Além do mais, pelos dados colhidos se verifica que incide ao caso concreto a hipótese do estrito cumprimento do dever legal, que para uns configura hipótese de excludente de antijuridicidade, e para outros de atipicidade conglobante. [...] (STJ, Ação Penal Originária n. 560/RJ, Corte Especial, rel. Min. Félix Fischer, j. 16.09.2009)

Processual penal. Crime contra a honra. Queixa-crime oferecida por juíza contra desembargador. Delito de difamação. Art. 139 c/c art. 141, II, do CP. Ausência do elemento subjetivo do tipo. Processo de provimento de cargo de desembargador. Expressões utilizadas para fundamentar voto de promoção. Causa especial de exclusão do delito. Rejeição da exordial acusatória. 1. Queixa-crime oferecida por Juíza contra Desembargador que, durante processo de promoção por merecimento de magistrado, proferiu voto com expressões tidas por difamatórias pela querelante. 2. O querelado, em sessão pública, proferiu seu voto, consoante previsto na Resolução n. 106/2010 do CNJ, não se extraindo da sua manifestação conduta que se amolde na figura típica do art. 139 do CP. Ausência de *animus diffamandi*. 3. O querelado agiu no estrito cumprimento do dever legal de fundamentação do voto, restando afastada a tipicidade conglobante do crime de difamação, nos termos do art. 142, III, do CP e do art. 41 da LC n. 35/79 (Loman). 4. Queixa-crime rejeitada. (STJ, Ação Penal Originária n. 683/AP, Corte Especial, rel. Min. Eliana Calmon, j. 21.11.2012)

Caracterização do exercício regular de direito

Recurso em sentido estrito. Maus tratos. Enteada menor de quatorze anos. Castigo físico. Finalidade educativa. Excesso não demonstrado. Exercício regular de direito. Rejeição da denúncia. Para a configuração do crime de maus tratos faz-se necessário que a vida ou a saúde de pessoa sob a autoridade, guarda ou vigilância do autor, tenha sido exposta a perigo em decorrência do abuso na aplicação dos meios de correção ou disciplina. Se a prova oral colhida na fase inquisitorial demonstra que o recorrido exerceu regularmente o poder-dever de educar e de impor limites à infante, incide a excludente de ilicitude do art. 23, III, *in fine*, do CP. Configurado que a ação se limitou ao *animus corrigendi*, porque não se comprovou excesso, escorreita a decisão que rejeitou a denúncia. Recurso improvido. (TJDFT, Rec. em Sentido Estrito n. 20100510132292, 2ª T. Crim., rel. Des. Souza e Ávila, j. 22.09.2011)

Não caracterização do exercício regular de direito

Penal e processo penal. Disparo de arma de fogo. Excludente de ilicitude. Exercício regular de direito. Erro de tipo permissivo. Pagamento excessivo de cesta básica. Recurso desprovido. 1. O acusado assumiu a autoria do disparo, alegando que achava que tinha alguém tentando invadir sua casa. Não é possível prosperar a tese de exercício regular de um direito, pois não há qualquer sinal de tentativa de invasão no lote, bem como não há nenhuma testemunha que colabore com a tese apresentada pelo acusado, sendo sua versão isolada nos autos. 2. A primeira reação do acusado foi negar a autoria, e só depois, em juízo, alegou tal excludente, uma nítida manobra para tentar se isentar de qualquer responsabilidade penal. 3. Compete ao juiz da Vara de Execuções Criminais determinar a sanção que entende ser a mais adequada à prevenção e à reparação do crime praticado. 4. Recurso desprovido. (TJDFT, Ap. n. 20090410021339, 2ª T. Crim., rel. Des. Silvanio Barbosa dos Santos, j. 22.10.2009)

Penal. Violência doméstica. Lesões corporais. Pai e filha. Exercício regular do direito. Não configuração. Infração bagatelar imprópria. Não reconhecimento. 1. O exercício regular do direito de correção, do pai para com os filhos, deve ser exercido nos limites da lei sob pena de configurar crime, em havendo abuso. Desferir socos na cabeça e tapas no rosto da vítima menor, causando-lhe lesões corporais, sem dúvida caracteriza conduta criminosa. 2. A inviolabilidade da integridade física do adolescente é assegurada não só pela CF (art. 227), mas também pelo ECA (art. 18), e a condição de pai não legitima, sob nenhuma justificativa, a prática de atos eivados de violência, ainda mais por ser a pessoa que deveria zelar pela segurança e bem-estar da menor. 3. Inviável o reconhecimento de infração de bagatela imprópria, ao argumento de que a vítima faleceu no curso da ação penal, se não há prova da ocorrência da morte nem elementos a demonstrar a relação do fato alegado com o crime descrito na denúncia, de modo a permitir a análise quanto à desnecessidade da imposição de pena. 4. Recurso não provido. (TJDFT, Ap. n. 20070110532537, 3ª T. Crim., rel. Des. Jesuíno Rissato, j. 10.05.2012)

Apelação criminal. Disparo de arma de fogo. Existência e autoria comprovadas. Legítima defesa e estrito cumprimento do dever legal não demonstrados. Negado provimento ao recurso. 1. Devidamente comprovadas autoria e existência do crime de disparo de arma de fogo em via pública praticado pelo acusado e ausentes quaisquer circunstâncias que afastem sua responsabilidade penal, imperiosa a manutenção do édito condenatório. 2. Evidenciando-se que os disparos foram feitos após a suposta agressão sofrida pelo réu e quando os infratores já se encontravam a distância, afasta-se a aventada legítima defesa. 3. Age em estrito cumprimento do dever legal o policial militar que efetua disparos de arma de fogo para exercer seu mister, porém, desde que essa conduta se mostre absolutamente necessária. 4. O simples fato de haver perseguição ao infrator não autoriza, por si só, a efetuação de disparos, mormente quando eles não são perseguidos e os disparos ocorrem quando eles já estão a grande distância. 5. Negado provimento ao recurso. (TJMG, Ap. Crim. n. 1.0079.05.225492-1/001, 3ª Câm. Crim., rel. Des. Jane Silva, j. 10.11.2009)

3. OBSERVAÇÕES

Embora o ordenamento jurídico brasileiro não faça menção a causas supralegais de justificação, e considerando ainda que as hipóteses elencadas no art. 23 do CP deixam pouca margem para causas supralegais, nada impede que, verificada no caso concreto a sua ocorrência, venha a ser reconhecida pelo intérprete legal. Nesse sentido, tem sido reconhecido como causa de justificação o consentimento do ofendido, fora dos casos em que integra a descrição típica.[50] E para que haja o afastamento da contrariedade à norma jurídica, deve ser decorrência de vontade juridicamente válida do titular de um bem jurídico disponível. São exemplos de crimes nos quais se poderia falar no consentimento do ofendido como excludente de ilicitude os arts. 148 (cárcere privado), 155 (furto) e 163 (dano) do CP.

Em síntese, têm sido elencados doutrinariamente quatro requisitos para o consentimento do ofendido como causa excludente de antijuridicidade: 1) a manifestação do ofendido deve ser livre, sem a ocorrência de qualquer vício de vontade; 2) o ofendido deve ter capacidade para consentir no momento em que o faz; 3) o bem jurídico em jogo deve ser disponível; 4) o fato típico deve se identificar com o que foi consentido pelo ofendido (BITENCOURT, op. cit., 2007, v. 1, p. 307).

Estado de necessidade

Art. 24. Considera-se em estado de necessidade quem pratica o fato para salvar de perigo atual, que não provocou por sua vontade, nem podia de outro modo evitar, direito próprio ou alheio, cujo sacrifício, nas circunstâncias, não era razoável exigir-se.

§ 1º Não pode alegar estado de necessidade quem tinha o dever legal de enfrentar o perigo.

§ 2º Embora seja razoável exigir-se o sacrifício do direito ameaçado, a pena poderá ser reduzida de um a dois terços.

1. COMENTÁRIO

Como ensina Reale Júnior, o estado de necessidade caracteriza-se pela conduta de atingir bem jurídico de terceiro inocente para salvar bem próprio ou de outrem de perigo atual. De acordo com a definição legal, o autor apresenta os seguintes requisitos: 1) existência de perigo certo e atual; 2) referido perigo não pode ter sido provocado pelo agente; 3) o dano deve ser inevitável, a não ser pelo comportamento lesivo praticado (REALE JR., Miguel. *Instituições de direito penal*: Parte Geral, 2002, v. I, p. 161). Já Prado, por sua vez, organiza os requisitos de outra maneira, embora possa se apreender que, em termos de conteúdo, não há significativa diferença. Este autor elenca os seguintes requisitos para a caracterização do estado de necessidade: 1) perigo atual e inevitável; 2) existência de direito próprio ou alheio, cujo sacrifício não era razoável exigir-se; 3) o perigo não pode ter sido provocado pela vontade do agente; 4) inexistência do dever de enfrentar o perigo por parte do agente; 5) ciência da situação fática, ou seja, o agente precisa agir com vontade de salvar o bem ou direito em perigo (elemento subjetivo) (PRADO, Luiz Regis. *Curso de direito penal brasileiro*, 2011, v. 1, p. 443-4).

Assim, podemos observar, em primeiro lugar, que o estado de necessidade exige a ocorrência de um perigo concreto, presente, com efetiva probabilidade de dano ao bem jurídico; pode ter origem em um comportamento humano ou em um acontecimento natural, como um incêndio ou uma inundação. Exigência essencial para sua caracterização é a impossibilidade do perigo ser evitado de outra maneira, ou seja, sem o sacrifício do direito, interesse ou bem de outrem.

A proteção a bem de terceira pessoa – que pode se dirigir a qualquer bem jurídico – pode justificar-se tanto por motivo de ordem pessoal, tal como a existência de relação de parentesco ou amizade, como também pode ter origem na solidariedade humana. Quando se fala que não era razoável exigir o sacrifício do bem tutelado, o que se evidencia é a necessidade de observância ao princípio da proporcionalidade, pois é necessária uma ponderação objetiva dos bens e interesses confrontados (o bem protegido deve ostentar um valor superior ao sacrificado) (ibidem, p. 444).

50 São exemplos do consentimento do ofendido como circunstância que afasta a tipicidade as hipóteses descritas nos arts. 150 (violação de domicílio) e 151 (violação de correspondência) do CP. De outro lado, constitui circunstância elementar do crime no tipo descrito no art. 126 do CP (aborto consentido), por exemplo.

Há, ainda, a exigência de que o perigo não tenha sido provocado pela vontade do agente, o que significa dizer que a exposição do bem jurídico não pode ter sido dolosa. Dessa forma, caso a conduta que deu causa ao perigo tenha sido culposa, a princípio, seu autor pode se valer da excludente de ilicitude, desde que presentes os demais requisitos legais. De acordo com Reale Júnior, se o agente provoca o perigo, deve arcar com as consequências daí advindas, pois não é justo que, em detrimento de terceiro inocente, seja beneficiado quem voluntariamente deu causa à situação perigosa (REALE JR., op. cit., v. I, p. 164).

O § 1º do art. 24 traz, ainda, importante elemento a ser considerado na avaliação do estado de necessidade. Segundo o dispositivo legal, não pode alegar a excludente quem tem o dever legal de enfrentar o perigo. Como lembra Prado, tal dever de autossacrifício somente pode ser obrigação decorrente de lei, não sendo aí compreendido qualquer dever contratual, ético ou social (PRADO, op. cit., 2011, v. 1, p. 444).

2. JURISPRUDÊNCIA

2.1. Julgados

Caracterização do estado de necessidade

Penal. Estelionato. Art. 171, § 3º, do CP. Saque de benefício previdenciário de pessoa falecida. Estado de necessidade. Fundada dúvida. Absolvição. A comprovação de atendimento pela ré de obrigação humanitária e legal de que, às custas da perda de trabalho próprio, se dedicasse pessoalmente aos cuidados da beneficiária idosa e enferma, enseja fundada dúvida quanto à existência de causa excludente da ilicitude, em razão dos saques de benefício previdenciário realizados posteriormente ao óbito da enferma, motivados pela situação de desemprego e necessidade de prover a subsistência própria e de seus filhos menores enquanto não readquirida nova atividade remunerada. (TRF-4ª Região, Ap. Crim. n. 5001081-80.2011.404.7107, 7ª T., j. 24.07.2012)

Falso testemunho. Estado de necessidade. Absolvição mantida. Réu, usuário de drogas, que não viu outra alternativa que não negar o que havia relatado na Delegacia de Polícia por receio de possível represália dos traficantes que estavam sendo acusados. Absolvição bem ditada. Apelo não provido, com transcrição e confirmação da sentença. (TJRS, Ap. Crim. n. 70.046.187.431, 4ª Câm. Crim., rel. Des. Marcelo Bandeira Pereira, j. 19.01.2012)

Não caracterização do estado de necessidade

Apelação criminal. Porte ilegal de arma de fogo de uso permitido. Sentença condenatória. Recurso da defesa. Absolvição. Estado de necessidade. Impossibilidade. Desclassificação para o art. 12 do Estatuto do Desarmamento. Não cabimento. Porte em via pública. Confissão espontânea. Pedido de redução da pena aquém do mínimo legal. Inviabilidade. Recurso conhecido e não provido. 1. A excludente de ilicitude do estado de necessidade exige perigo atual, não provocado pela vontade do agente, que não pode ser evitado e que atinja direito próprio ou alheio, cujo sacrifício, nas circunstâncias, não era razoável exigir. A alegação do apelante de que era ameaçado de roubo e, por isso, possuía uma arma de fogo para defesa do seu patrimônio, não conduz ao reconhecimento do estado de necessidade, uma vez que o recorrente deveria ter buscado outros meios idôneos para garantir a sua segurança e comunicado os fatos à autoridade policial [...]. (TJDFT, Ap. n. 20100710310777, 2ª T. Crim., rel. Des. Roberval Casemiro Belinati, j. 08.11.2012)

Penal e processo penal. Posse irregular de arma de fogo de uso permitido. Excludente de ilicitude. Estado de necessidade. Não caracterizado. Negado provimento. 1. Para a configuração do estado de necessidade como excludente de ilicitude é indispensável que o bem juridicamente protegido esteja em perigo atual e inevitável, e não abstrato ou impreciso, apenas invocando problemas sociais em que vivemos, caso contrário, estar-se-ia legalizando a conduta de todos que se sentissem inseguros. Negado provimento ao recurso do réu. (TJDFT, Ap. n. 20090310077590, 2ª T. Crim., rel. Des. João Timóteo de Oliveira, j. 12.07.2012)

Penal. Processual penal. Apropriação indébita previdenciária. Art. 168-A do CP. Autoria, materialidade e dolo comprovados. Crime formal. Prova do *animus rem sibi habendi*. Desnecessidade. Estado de necessidade e inexigibilidade de conduta diversa não comprovadas. Continuidade delitiva. Fração mantida. Redução da pena de multa. Recurso da defesa provido em parte. [...] 5. As alegadas dificuldades enfrentadas pela empresa não constituem causa supralegal de exclusão da culpabilidade por inexigibilidade de conduta diversa ou estado de necessidade. Verifica-se que o perigo sofrido pelo agente não era atual ou iminente (como se depreende da leitura do art. 24), mas se protraiu ao longo do tempo, culminando com a omissão no recolhimento das contribuições por vários meses entre ao ano de 2002 e 2005. 6. Em outra hipótese, a demonstrar o estado de necessidade, a defesa deveria ter comprovado que não havia outra maneira de afastar a situação apontada como perigo inevitável, ou seja, que o agente não podia usar de outro meio para afastar o perigo, de modo a demonstrar que sua conduta ilícita era imprescindível para afastar o perigo que o ameaçava. 7. Somente a versão ofertada no interrogatório não tem o condão de justificar, por si só, a retenção dos valores relativos às contribuições dos empregados, que, diga-se de passagem, não pertenciam ao acusado. Ressalte-se que, para comprovar a tese defendida pelo réu, deveria ter sido juntada a sua Declaração de Imposto de Renda Pessoa Física, balanços patrimoniais relativos aos exercícios financeiros aludidos na inicial acusatória, ou seja, da época em que ocorreu a conduta criminosa, dando conta de que o acusado sacrificou seu próprio patrimônio, durante o período em que as contribuições deixaram de ser recolhidas, com o intuito de salvar a empresa. 8. Assim, nada há, nos autos, a autorizar qualquer interpretação que assegure a existência dos elementos necessários para a configuração da inexigibilidade de conduta diversa ou do estado de necessidade, não prosperando a argumentação deduzida pela defesa. Precedente. [...] 11. Recurso parcialmente provido. (TRF-3ª Região, Ap. Crim. n. 200561090054051, 5ª T., rel. Des. Fed. Ramza Tartuce, j. 18.04.2011)

Legítima defesa

Art. 25. Entende-se em legítima defesa quem, usando moderadamente dos meios necessários, repele injusta agressão, atual ou iminente, a direito seu ou de outrem.

Parágrafo único. Observados os requisitos previstos no *caput* deste artigo, considera-se também em legítima defesa o agente de segurança pública que repele agressão ou risco de agressão a vítima mantida refém durante a prática de crimes.

Parágrafo acrescentado pela Lei n. 13.964, de 24.12.2019.

---

1. COMENTÁRIO

A partir da descrição legal, Dotti elenca cinco elementos que caracterizam o instituto da legítima defesa. Segundo o autor, tais requisitos podem ser resumidos da seguinte maneira: 1) pressupõe-se, inicialmente, a existência de uma agressão injusta, ou seja, uma ofensa não autorizada pelo ordenamento jurídico; 2) referida agressão precisa ser atual ou iminente, o que significa dizer que deve estar ocorrendo, efetivamente, ou ainda deve estar prestes a acontecer; 3) assim como se dá no estado de necessidade, a conduta é voltada à defesa de um bem ou interesse (próprio ou de terceiro) juridicamente protegidos; 4) a referência a meios necessários para a reação exige que o intérprete analise as circunstâncias nas quais o evento aconteceu para avaliar o que normalmente poderia ser feito para repelir a situação de perigo; 5) a moderação no uso dos meios, por sua vez, diz respeito à prudência com que referidos meios foram utilizados – fala-se, aqui, na exigência de proporcionalidade entre ação e reação, sem que isso signifique apelar a rigores matemáticos (DOTTI, René Ariel. *Curso de direito penal*: Parte Geral, 2012, p. 489-90). Lembre que, no julgamento da ADPF n. 779/DF, o STF afastou a tese da "legítima defesa da honra" para absolver os autores de crime contra a vida.

De plano, portanto, há a necessidade de que haja uma agressão injusta voltada a ofender um determinado bem jurídico, o que não significa, necessariamente, que dito ataque deva ser ilícito. Assim, nada impede que o ataque inicial seja causado por um inimputável (doente mental ou menor), já que em ambos os casos a pessoa atacada não se encontra obrigada a sofrer referida agressão (REALE JR., Miguel. *Instituições de direito penal*: Parte Geral, 2002, v. I, p. 155-6). Indispensável, no entanto, é o requisito da atualidade ou iminência do ataque, expostos acima. Além disso, exige-se a obediência à proporcionalidade entre ação e reação. A proporcionalidade, aqui, deve ser analisada sob dois aspectos.

De um lado, é necessário que os valores dos bens jurídicos defendido e agredido sejam semelhantes. Significa dizer que, embora não se possa exigir proporção exata – o que somente ocorreria quando fossem os mesmos bens que estivessem em jogo, tal como se daria na agressão à vida de A para salvar a vida de B, por exemplo –, igualmente não se pode admitir manifesta desproporcionalidade entre os bens envolvidos na ação e na reação, tal como se daria no exemplo, lembrado por Reale Júnior, de atirar contra uma criança que invade o terreno alheio para subtrair frutas do pomar (ibidem, v. 1, p. 158-9).

Por outro lado, a proporcionalidade diz respeito ao uso moderado dos meios necessários. Nesse sentido, é possível dizer que a reação é necessária quando é a forma não desonrosa de evitar a continuação ou início da agressão. Um bom parâmetro para a identificação do que sejam meios necessários diz respeito à cessação da agressão, de modo que, se esta se finda, o mesmo deve acontecer com a reação (ibidem, v. 1, p. 159). Ainda, há que se lembrar que todos os bens jurídicos podem ser objeto da legítima defesa, desde que presentes os requisitos necessários para a caracterização do instituto.

Com a inserção do parágrafo único na redação original, pela Lei n. 13.964/2019, poder-se-ia supor que foi acrescentada hipótese de novo caso de legítima defesa, antes não contemplado no *caput*. A própria redação do parágrafo único, no entanto, desde logo indica que a conduta eventualmente praticada por agente de segurança pública que repele agressão ou risco de agressão à vítima mantida refém durante a prática de crime, para que possa ser considerada legítima defesa, precisa, *necessariamente*, atender aos requisitos previsto no *caput* do art. 25. Em outras palavras, partindo-se do pressuposto de que a ação do agente de segurança pública, no contexto descrito, é voltada à defesa de um bem juridicamente protegido, alvo de agressão atual ou iminente (como se supõe quando se trata de "agressão ou risco de agressão a vítima mantida refém durante a prática de crimes"), é imprescindível que sua conduta obedeça à regra da proporcionalidade, ou seja, somente se forem usados moderadamente os meios necessários à contenção do ataque é que se estará diante de um caso de legítima defesa.

Nesses termos, conclui-se que o acréscimo do parágrafo único nada mais fez do que exemplificar uma hipótese já existente de legítima defesa; uma vez que o instituto é voltado para todas as pessoas que, de fato, encontrarem-se na situação descrita no *caput* – o que inclui, evidentemen-te, agentes de segurança pública no exercício de sua função –, tem razão Luís Greco quando afirmou ser o adendo supérfluo (GRECO, Luís. "Análise sobre propostas relativas à legítima defesa no 'Projeto de Lei Anticrime'". Disponível em: https://www.jota.info/opiniao-e-analise/colunas/penal-em-foco/analise-sobre-propostas-relativas-a-legitima-defesa-no-projeto-de-lei-anticrime-07022019; acesso em: 19 dez. 2019).

2. JURISPRUDÊNCIA

2.1. Julgados

Caracterização da legítima defesa

Porte de arma de uso permitido. Absolvição. Admissibilidade. Provas que demonstram ter o réu agido em resposta à injusta agressão a sua sobrinha. Legítima defesa caracterizada. Apelo provido para absolver o acusado, nos termos do art. 386, VI, do CPP. Do voto do Relator: "José admitiu, quando inquirido, que portava a arma, apesar de não possuir permissão para tanto (fls. 98). Tal afirmativa é confirmada pelo depoimento da testemunha Gerciane (fls. 96), sua sobrinha, que afirmou que um homem alcoolizado, apenas de cueca e portando um pau invadiu sua casa. Ela clamou por socorro e seu irmão conseguiu imobilizar o invasor, tendo eles então chamado pelo apelante que surgiu portando a arma. É dizer, encerrada a instrução, restou cabalmente demonstrado que a sobrinha do apelante estava na iminência de sofrer agressão injusta, em razão do que o apelante se armou, sem contudo efetuar disparos, com a intenção de auxiliar na imobilização do agressor. Portanto, dúvidas não há, no caso dos autos, sobre a incidência da excludente de ilicitude, respeitados doutos entendimentos em sentido diverso, sendo que o réu valeu-se dos meios necessários e com moderação para repelir a injusta agressão". (TJSP, Ap. n. 990.09.276305-9, 16ª Câm. de Dir. Crim., rel. Des. Otávio de Almeida Toledo, j. 22.01.2013)

Homicídio. Legítima defesa própria. Reconhecimento. Absolvição sumária. Excesso na repulsa. Inocorrência. 1. Age em legítima defesa aquele que, usando moderadamente dos meios que dispunha, afasta agressão injusta, atual e eminente, em defesa da própria vida. 2. Na agressão injusta, atual e eminente não provocada, não há que se falar em excesso na repulsa, pois a moderação defensiva deve ser analisada levando em consideração a situação fática e condição psicológica daquele que se viu injustamente agredido. 3. Recurso não provido. Do voto do Relator: "Dos depoimentos prestados, percebe-se claramente que a conduta do apelado Lourival de Jesus Pereira foi a de preservar a sua integridade física, pois a vítima, tida como valentão temido por muitos nas redondezas, tentou agredi-lo com golpes de foice. Com relação às alegações de que houve excesso na conduta do recorrido, entendo que as mesmas não merecem prosperar. Ora, ainda que não se saiba a quantidade certa de golpes efetuados pelo acusado contra a vítima, a meu ver, o mesmo fez uso dos meios necessários para repelir a injusta agressão, atuando até o ponto de se cessarem as agressões contra sua pessoa, preenchendo, portanto, os requisitos da legítima defesa. Ademais, na agressão injusta, atual e eminente, não provocada não há que se falar em excesso na repulsa, pois a moderação defensiva deve ser analisada levando em consideração a situação fática e condição psicológica daquele que se viu injustamente agredido. Não bastasse isso, acrescente-se, que de acordo com as testemunhas ouvidas, a vítima possuía comportamento violento, se envolvia constantemente em brigas, era temido pelos moradores do bairro, sendo que, quando fazia uso de bebidas alcoólicas, sempre fazia ameaças às pessoas dizendo que era ex-presidiário e que já havia matado várias pessoas, o que causava certo temor naquelas. [...] Dessa forma, pode-se concluir pela razoabilidade do ato praticado pelo acusado, pautado na legítima defesa, posto que se utilizou do único meio de defesa disponível no momento das agressões". (TJMG, Rec. em Sentido Estrito n. 1.0231.99.001946-6/001, 3ª Câm. Crim., rel. Des. Antônio Armando dos Anjos, j. 25.01.2011)

Recurso em sentido estrito. Homicídio simples. Pronúncia. Pretendida absolvição sumária. Excludente de ilicitude da legítima defesa própria e de terceiro. Acolhimento. Recurso provido para absolver a acusada, com fundamento no art. 386, VI, do CPP. 1. Extrai-se dos autos, indene de dúvidas, a existência de todos os requisitos ensejadores da legítima defesa, concatenada no art. 25, do CP, daí, porque, impõe-se a absolvição sumária. Do voto do Relator: "A versão de que a acusada viu que a vítima estava tentando violentar sua afilhada Gabriela, pois estava com as calças abaixadas e a segurava por trás, levou-a a cessar a iminente violência sexual, pulando na vítima, tendo esta passado a lhe agredir e jogando-a contra o sofá. A acusada, por sua vez, com o intuito de se defender das investidas da vítima, utilizou-se do meio que dispunha no momento, que era um revólver e que estava sobre o sofá, efetuando disparos contra a vítima até cessar a agressão. O CP Brasileiro, em seu art. 23, cuidou de exemplificar as causas passíveis de exclusão de ilicitude [...]. A excludente de ilicitude, com respaldo na legítima defesa, encontra guarida na absolvição sumária prevista no art. 415, IV, do CPP". (TJPR, Rec. em Sentido Estrito n. 852863-6, 1ª Câm. Crim., rel. Des. Campos Marques, rel. p/ o acórdão Des. Macedo Pacheco, j. 03.05.2012)

Não caracterização da legítima defesa

Penal e processual penal. Tribunal do júri. Homicídio. Decisão manifestamente contrária às provas dos autos. Ocorrência. Inexistência de legítima defesa de terceiro. Agressão já finda e reação imoderada. Submissão a novo júri. Apelação provida. I – O julgamento deve ser anulado, uma vez que os elementos probantes, declarações do Apelado que se coadunam com as testemunhas, além da prova pericial nos revelam que a agressão sofrida pelo terceiro, seu genitor, já era finda, além de demonstrada a reação excessiva, pois a vítima foi atacada por onze perfurações, que só cessaram com a sua morte. Ausentes os requisitos objetivos enumerados no art. 25 do CPB, mormente que o Apelado não agiu sob a égide da legítima defesa de terceiro autorizando, assim, sua submissão a um novo julgamento perante o Tribunal do Júri. Apelo provido. Decisão unânime. (TJPE, Ap. n. 0000167-87.1998.8.17.1020, 3ª Câm. Crim., rel. Des. Cláudio Jean Nogueira Virgínio, j. 05.12.2012)

Apelação criminal. Júri. Homicídio qualificado. Art. 121, § 2°, II, do CPB. Absolvição. Decisão contrária à prova dos autos. Inexistência. Legítima defesa. Tese rechaçada. Desclassificação para homicídio simples. Inviabilidade. Recurso não provido. [...] 5. Exige-se, para se caracterizar a legítima defesa, que concorram, simultaneamente, a agressão injusta, atual ou iminente; direito próprio ou alheio; meios necessários usados moderadamente; e o chamado *animus defendendi*. 6. Além da desproporção entre a ação em cotejo e as alegadas injustas agressões e ameaças noticiadas, porém não demonstradas, o réu também não comprovou ter agido com *animus defendendi*, sendo vedado ao mesmo se escusar da responsabilidade que lhe é inerente sob o pretexto de ter agido em legítima defesa.

Do voto do Relator: "Ainda, com escusas aos argumentos trazidos pela defesa, entendo que diante de todo o processado, principal e, especialmente, diante das provas circunstanciais e testemunhais, verifica-se que não restaram preenchidos os requisitos para configuração da legítima defesa, não havendo que se falar em decisão atentatória à prova dos autos. Muito embora possa se extrair dos autos que o ofendido e o menor, que estava acompanhado do apelante, tenham tido uma briga anterior, no mesmo dia dos fatos, não há nada nos autos que possa comprovar que a vítima, naquela ocasião, tenha agido de forma a incitar/potencializar eventual atitude de defesa do apelante ou mesmo do menor, os quais, ao que tudo indica, agiram com crueldade e frieza, o primeiro, a dar a facada e o segundo, ao incitar que o adolescente se vingasse de seu desafeto, entregando-lhe a arma branca do crime. Certo é que o alegado, mas não provado, entrevero surgido naquele dia, seja por ter a vítima incitado o apelante e o menor, seja por qualquer outra razão, não se confundem e não justificam a atitude violenta levada a efeito e que foi, por sua natureza e sede, a causa da morte da vítima [...]. O Código exige, para se caracterizar a legítima defesa, que concorram os seguintes requisitos, simultaneamente: agressão injusta, atual ou iminente; direito próprio ou alheio; meios necessários usados moderadamente; e o chamado *animus defendendi*. [...] Se realmente o apelante tivesse agido em legítima defesa por que não ele próprio, na iminência de sofrer um mal injusto e grave, não se defendeu utilizando a faca?! Por que agiu entregando a arma ao menor para que o mesmo agisse como devidamente provado? Tal conduta não coaduna com suas alegações de legítima defesa, ainda que putativa, não podendo de forma alguma ser esta tese acolhida. Aliado a tudo isto, o apelante não se incumbiu de provar que a vítima estivesse armada ou que houvesse lhe ameaçado naquele fatídico dia. Ora, ainda que admitida a ocorrência de uma discussão naquele dia, estariam cumpridos os dois primeiros requisitos para o reconhecimento da legítima defesa, quais sejam, a agressão injusta e atual a direito do acusado. De outra monta, o que não se vislumbra, são os outros dois elementos previstos na norma citada, quais sejam, o uso moderado, por parte do apelante, do meio necessário para a repulsa da agressão e o seu *animus defendendi*. Destarte, mesmo havendo duas teses contrapostas nos autos – a do apelante, que afirma ter agido em legítima defesa; e a da acusação, que afirma ter o réu agido com dolo/ *animus necandi* ao atirar na vítima –, e o Conselho de Sentença tenha optado por uma delas, não há que se falar em decisão manifestamente contrária à evidência dos autos, pois esta encontra amparo em uma das versões existentes". (TJMG, Ap. Crim. n. 1.0123.09.031346-1/001, 1ª Câm. Crim., rel. Des. Walter Luiz, j. 29.01.2013)

Apelação criminal. Lesão corporal. Art. 129, do CP. Recurso Defensivo postulando absolvição diante de precariedade do conjunto probatório. Alegação de Legítima Defesa. Inocorrência. Ausência de moderação na reação. Laudo Pericial preciso que comprova que houve perigo de vida e incapacidade para o trabalho por mais de 30 dias, total falta de moderação na reação que descaracteriza completamente a hipótese da legítima defesa. Fato típico, antijurídico e culpável descrito no art. 129, do CP plenamente configurado. Vítima que ficou internada se submetendo a intervenção cirúrgica em razão das lesões sofridas. Dosimetria Proporcional e razoável diante da real existência das qualificadoras. Sentença confirmada integralmente. Desprovimento do Apelo Defensivo. Do voto do Relator: "Verifica-se da prova carreada aos Autos que o Apelante realmente foi empurrado, porém, de maneira desproporcional esfaqueou a vítima violentamente quase tirando sua vida, o que descaracteriza qualquer reação justa e razoável, que configuraria a excludente de antijuridicidade da legítima defesa [...]". (TJRJ, Ap. n. 0000532-49.2010.8.19.0056, 5ª Câm. Crim., rel. Des. Antonio Carlos Bitencourt, j. 17.12.2012)

Excesso na legítima defesa

Apelação. Júri. Legítima defesa. Desclassificação para homicídio culposo. Decisão contrária à prova dos autos. Cassação do julgamento. O excesso culposo deriva da falta de consciência da gravidade da repulsa ou da desnecessidade de agressão. Tal não ocorre quando o acusado desfere vários disparos de arma de fogo contra a vítima, inclusive quando esta já se encontrava caída ao solo, sem esboçar qualquer reação, agindo com manifesta intenção de matá-la. (TJMG, Ap. Crim. n. 1.0223.08.247143-2/002, 3ª Câm. Crim., rel. Des. Paulo Cézar Dias, j. 26.04.2011)

Apelação criminal. Lesão corporal de natureza grave. Absolvição. Autoria e materialidade comprovadas. Legítima defesa. Inadmissibilidade. Ausência dos requisitos descritos no art. 25 do CP. Excesso culposo. Art. 23, parágrafo único. Inviabilidade. Dolo comprovado. Condenação mantida. Recurso desprovido. Não havendo a comprovação dos requisitos descritos no art. 23, parágrafo único, e art. 25, ambos do CP, não há que se falar no reconhecimento de excesso culposo ou na excludente de ilicitude da legítima defesa.

Do voto do Relator: "Cinge-se o inconformismo defensivo, inicialmente, em relação ao reconhecimento da excludente de ilicitude da legítima defesa. No entanto, tenho que razão alguma lhe assiste. É que se constata dos autos que o acusado agiu com desproporção em relação à agressão sofrida e o meio empregado para repeli-la [*sic*]. Ademais, o soco ou tapa desferido pela vítima no apelante, ocorreu depois de inúmeras provocações deste àquele, o que inviabiliza considerarmos que a agressão contra a vítima foi justa, afastando, pois, a pretendida excludente. [...] Não há que se falar, também no reconhecimento de excesso culposo (art. 23, parágrafo único, do CP), em favor do apelante, já que para a sua ocorrência imprescindível que o agente diante do temor ou emoção causada por agressão injusta, acabe por deixar a posição de defesa e parta para um verdadeiro ataque. No caso *sub examine*, não restaram configurados nenhum dos requisitos, porquanto a agressão da vítima ao acusado não foi injusta e o recorrente só depois de provocar a vítima e imobilizá-la passou a desferir os golpes de canivete, fato este, que indica que ele teve tempo suficiente para pensar a forma com a qual agiria para agredi-la [*sic*]". (TJMG, Ap. Crim. n. 1.0637.09.069885-2/001, 2ª Câm. Crim., rel. Des. Nelson Missias de Morais, j. 10.08.2012)

Apelação crime. Júri. Homicídio consumado e homicídio tentado. Apelos ministerial e defensivo. Acolhimento da tese de excesso culposo na legítima defesa. Decisão contrária à prova dos autos. Caracterização. A decisão dos jurados, divorciada de qualquer suporte probatório, caracterizou-se pela arbitrariedade, vez que a prova dos autos não conforta a tese de excesso culposo. O próprio réu admitiu que desferiu os golpes de faca na vítima, de forma consciente e livre, logo intencionalmente. Ademais, o resultado morte, não só era previsível, como, diante das circunstâncias, era pretendido pelo réu. Destarte, incogitável a tese acolhida pelo Conselho de Sentença, impõe-se a renovação do julgamento. Apelo ministerial provido. Prejudicado o apelo defensivo. (TJRS, Ap. Crim. n. 70.029.006.921, 2ª Câm. Crim., rel. Des. Marlene Landvoigt, j. 31.05.2011)

TÍTULO III
DA IMPUTABILIDADE PENAL

Inimputáveis

Art. 26. É isento de pena o agente que, por doença mental ou desenvolvimento mental incompleto ou retardado, era, ao tempo da ação ou da omissão, inteiramente incapaz de entender o caráter ilícito do fato ou de determinar-se de acordo com esse entendimento.

Redução de pena

Parágrafo único. A pena pode ser reduzida de um a dois terços, se o agente, em virtude de perturbação de saúde mental ou por desenvolvimento mental incompleto ou retardado não era inteiramente capaz de entender o caráter ilícito do fato ou de determinar-se de acordo com esse entendimento.

1. COMENTÁRIO

1.1. Notas introdutórias

O CP brasileiro trata da imputabilidade em seu Título III, nos arts. 26 a 28, fazendo-o, no entanto, de forma negativa. O legislador não diz quem é imputável, mas quem é inimputável, falando em isenção de pena, o que pode levar a crer que a imputabilidade não é elemento do crime.

Com efeito, em virtude dessa redação, "é isento de pena", alguns autores defendem que a imputabilidade seria um pressuposto da punição. A imensa maioria dos estudiosos a coloca como elemento da culpabilidade, entendendo esta como parte do crime e não como pressuposto da pena.

Trata-se, realmente, de seara bastante tormentosa, sendo certo que, nesse ponto, convence-nos Miguel Reale Júnior, ao colocar a imputabilidade como pressuposto da própria ação, que é permeada pela finalidade de lesar um determinado valor ou bem jurídico. O valor sempre norteia a obra do referido autor, ao que nos parece, pela forte influência de seu pai, Miguel Reale.

Assim, pela negação, diz o legislador que não é imputável aquele que, por doença mental ou desenvolvimento mental incompleto ou retardado, ao tempo da ação ou da omissão, não era capaz de entender o caráter ilícito de sua conduta, ou, o sendo, não tinha como se determinar de acordo com esse entendimento.

Trata-se de um critério misto, já que comporta aspectos biológicos e de compreensão e comportamento.

Não basta a doença mental ou desenvolvimento mental incompleto ou retardado. Essa situação física deve se somar à incapacidade de compreensão ou condução conforme essa compreensão.

Também não basta a incapacidade de compreensão do caráter ilícito do fato. Necessário se faz diagnosticar a doença mental. Daí a impossibilidade de, nos termos do art. 28, a emoção e a paixão afastarem a imputabilidade, por mais que nublem a capacidade de compreensão do agente. A emoção, sentimento instantâneo, muitas vezes provocado, e a paixão, sentimento mais prolongado, costumam cegar o agente.

A emoção e a paixão podem, em uma situação concreta, fazer com que o indivíduo tenha até menos capacidade de se conduzir de acordo com a compreensão do caráter ilícito do fato, ou mesmo de compreender esse caráter, do que em uma situação de doença mental. Não obstante, nos termos da legislação brasileira, não se afasta a imputabilidade.

O art. 26 trata ainda da semi-imputabilidade, ou semi-inimputabilidade, afirmando que estará presente quando a perturbação da saúde mental ou o desenvolvimento mental incompleto ou retardado impedirem o inteiro entendimento do caráter ilícito do fato, ou a determinação de acordo com esse entendimento.

O imputável está sujeito a pena, expressamente prevista no tipo penal ferido. O inimputável, à medida de segurança e o semi-imputável, à medida de segurança, ou à pena, diminuída de um a dois terços, a critério do juiz. É importante destacar que este "a critério do juiz" diz respeito à escolha entre medida de segurança e diminuição da pena, a depender da situação concreta.

Com todo o respeito aos posicionamentos diversos, o juiz, se decidir por aplicar pena, não poderá deixar de proceder à diminuição, que é direito do semi-imputável.

De toda forma, essa escolha, entre pena e medida de segurança, haverá de ser norteada pela prevalência da doença na prática do ato previsto como criminoso e também pela necessidade de tratamento por parte do imputado.

Nessas primeiras considerações referentes ao tema, é importante destacar o avanço que constitui a adoção das medidas de segurança posterior ao fato.

Dessa forma, por mais comprometedora que seja a doença mental, o indivíduo somente poderá ser submetido a uma medida de segurança se praticar um fato previsto como crime.

A periculosidade somente poderá ser aferida em concreto, sendo uma presunção abstrata absolutamente incompatível com o Estado Democrático de Direto. Em outras palavras, uma pessoa acometida por doença mental, sem que tenha praticado um ato previsto como crime, jamais poderá ser submetida à medida de segurança, a qual, ao lado da pena, constitui sanção penal.[1]

No que concerne à temática da imputabilidade, ou melhor, da inimputabilidade, já não se identifica aí qualquer coerência com os princípios do Estado Democrático de Direito.

Com efeito, não é possível defender, em um Estado Democrático de Direito, que uma sanção penal, mesmo que não seja chamada de pena, possa ter duração indeterminada.

Na atual sistemática do Código, um imputável que cometa um homicídio simples pode ser colocado em liberdade condicional em dois anos, um terço da pena mínima. O inimputável pode ficar internado por toda a sua vida. Isso porque ele não compreende o caráter ilícito do seu ato?

A explicação que se dá é a de que a medida de segurança, diversamente da pena, teria por fim o tratamento, justificando-se, portanto, sua duração enquanto permanecer a periculosidade concretizada no fato previsto como crime.

Mas os critérios para aferir a cessação dessa periculosidade são muito fluidos, sem contar a insegurança do juiz ao decidir e do próprio profissional de saúde ao opinar. Deve-se pensar na responsabilidade do psiquiatra ao apresentar parecer para liberar um sujeito que esteja internado.

Na tentativa de tornar esse sistema menos desproporcional, Eduardo Reale Ferrari propõe que a medida de segurança tenha como limite a pena máxima prevista, em tese, para o fato praticado, sendo certo que tal pena deve também servir para o cálculo do prazo prescricional (*Medidas de segurança e direito penal no Estado Democrático de Direito*, 2001, p. 200-9).

Uma comissão presidida por Miguel Reale Júnior, ao propor uma nova Parte Geral para o Código Penal, adotou esse critério limitador da medida de segurança, deixando claro que, findo esse período, em sendo necessário, medidas cíveis de interdição poderiam ser tomadas, passando o sujeito a ser tratado em hospital comum (REALE JÚNIOR, Miguel. *Instituições de direito penal*: Parte Geral, 2003, v. II, p. 177).

Esse mesmo projeto tratava da doença mental superveniente e da necessidade de libertar o interno findos os trinta anos, à época, tempo máximo para o cumprimento de pena para um imputável (com o advento da Lei n. 13.964/2019, popularmente conhecida como Pacote Anticrime, o art. 75 do CP passou a prever que "o tempo de cumprimento das penas privativas de liberdade não pode ser superior a 40 (quarenta) anos").

Pois bem, apesar de haver certo consenso na doutrina atual acerca de a medida de segurança por tempo indeterminado ser incompatível com o Estado Democrático de Direito, a reação ao referido projeto foi bastante emocionada.

Visando fazer objeção à pretensão de limitar o período de duração da medida de segurança ao máximo de pena cominada para a ação concreta, recorreu-se a exemplos trágicos, como o de internos que teriam sido libertados e, em seguida, mortos, por não terem condição de viver em sociedade.

Ou seja, até mesmo a desculpa de proteger o doente mental fora utilizada para justificar a manutenção da internação por tempo indeterminado, como outrora ocorria com a prisão preventiva.

Sabe-se que a doença mental superveniente, como o nome indica, diversamente do que ocorre com a imputabilidade, não se verifica no momento do fato, o que torna totalmente diversos os fundamentos da internação.

De fato, quando o sujeito é considerado inimputável e é absolvido com a aplicação de medida de segurança, situação tratada como absolvição imprópria, tem-se por base que, ao praticar o ato previsto como crime, já padecia da doença mental, que impediu a compreensão do caráter ilícito da conduta, ou, pelo menos, fez com que o sujeito não conseguisse se conduzir de acordo com tal entendimento.

Por outro lado, quando se fala em doença mental superveniente, isso significa que, ao tempo da ação prevista como criminosa, o sujeito era capaz e até por isso fora condenado. No entanto, no curso da pena, surge a doença mental e, por isso, a pena se convola em internação.

A nosso ver, havendo uma condenação, o tempo de internação em casa de custódia, ou manicômio psiquiátrico, que é sanção penal, deve ficar limitado pelo tempo da sentença condenatória, não sendo possível falar em prazo indeterminado. O STJ vem decidindo nesse sentido, por en-

1 Esta conquista, de apenas aplicar medida de segurança ao doente mental que realmente tenha praticado um ato previsto como crime, foi alcançada em 1984, quando houve uma completa reforma da Parte Geral do Código de 1940.

tender que outro encaminhamento desrespeitaria a coisa julgada.[2]

Assim, tratando-se de doença mental superveniente, ultrapassado o período da sentença, caso permaneça a necessidade de internação, com fulcro em critérios exclusivos de saúde, caberá a iniciativa ministerial de interditar o indivíduo civilmente.

A esse respeito, deve-se mencionar que as casas de custódia, ou manicômios psiquiátricos, ficam submetidas à Secretaria de Assuntos Penitenciários, e não à Secretaria de Saúde. A informação pode parecer menos importante. No entanto, destacar o órgão ao qual tais estabelecimentos estão vinculados ajuda a lembrar que se está diante de espécie de sanção penal, e não de uma forma convencional de tratamento, fazendo-se, por isso, necessária a limitação temporal.

Não obstante, sempre houve uma tendência a tratar a internação do inimputável, do semi-imputável e do imputável que é acometido por doença mental superveniente da mesma forma, sustentando que o prazo da medida de segurança é indeterminado.

A título de exemplo, cabe mencionar que, no julgamento do *Habeas Corpus* n. 48.187/SP,[3] o STJ decidiu que, em casos de imputabilidade parcial – ou melhor, de semi-imputabilidade –, o juiz, se decidir substituir a pena por medida de segurança, não a terá limitada pelo tempo de punição.

O STJ também já decidiu que o prazo da medida de segurança será indeterminado, quando aplicada ao semi-imputável, ainda no curso do processo.[4]

A bem da verdade, em caso de semi-imputabilidade, a lei não diz que o juiz primeiro fixa a pena e depois a substitui. Ele pode aplicar a medida de segurança, ou a pena diminuída; entretanto, se escolheu trabalhar com substituição, não parece justo que não se atenha ao parâmetro por ele próprio estabelecido.

Também em relação à doença mental superveniente, há precedentes no sentido de que, uma vez convertida a pena em medida de segurança, toda disciplina aplicada a esta deverá ser seguida, não ficando, portanto, a internação limitada ao prazo da condenação.

Em virtude da falta de segurança que circunda a definição de inimputabilidade e também a aplicação da medida de segurança, principalmente a internação, pode-se afirmar que os inimputáveis seriam os esquecidos pelos juristas e pelos médicos.

Os médicos entendem serem eles um problema do sistema penitenciário, e os juristas, da medicina. Diante desse quadro, a omissão finda sendo completa.

A relação entre direito penal e medicina sempre esteve presente e, apesar da proximidade, continua a revelar-se conflitante. O critério para definir se a medida de segurança será a internação ou o tratamento ambulatorial, por exemplo, é bastante controverso.

Segundo o art. 97 do CP, quando o inimputável comete um ato previsto como crime apenado com reclusão, a medida de segurança a ser aplicada será a da internação; já quando o ato é previsto como crime apenado com detenção, a medida de segurança cabível poderá ser a do tratamento ambulatorial.

Ocorre que, em se tratando de uma doença, que inviabiliza a consciência do indivíduo, o critério para estabelecer o tratamento adequado haveria de ser clínico, ou seja, compete ao psiquiatra dizer se, para aquele paciente, melhor se mostra a internação ou o tratamento ambulatorial.

Existe certa rejeição à adoção de parâmetros exclusivamente clínicos para estabelecer-se a medida cabível, em virtude de não se querer correr o risco de uma situação especialmente grave não redundar na internação.

---

2 "Em se tratando de medida de segurança aplicada em substituição à pena corporal, prevista no art. 183 da LEP, sua duração está adstrita ao tempo que resta para o cumprimento da pena privativa de liberdade estabelecida na sentença condenatória, sob pena de ofensa à coisa julgada. Precedentes desta Corte. Ordem concedida". (STJ, *HC* n. 2009/0037291-1, 6ª T., rel. Min. Maria Thereza de Assis Moura, j. 02.08.2012). (*DJ* 15.08.2012)

3 Relatado pelo Min. Gilson Dipp, julgado em dezembro de 2005.

4 "Criminal. *HC*. Lesão corporal seguida de morte. Execução. Réu semi-imputável. Substituição da pena privativa de liberdade por medida de segurança ainda no processo de conhecimento. Internação por prazo indeterminado. Possibilidade. Ordem denegada. I – A medida de segurança prevista no CP, quando aplicada ao inimputável ou semi-imputável ainda no processo de conhecimento, pode ter prazo indeterminado, perdurando enquanto não for averiguada a cessação da periculosidade. Precedentes. II – Não há vinculação entre o prazo de duração da medida de segurança imposta ao semi-imputável, ainda no processo de conhecimento, com o tempo de duração da pena privativa de liberdade substituída. III – Ordem denegada" (STJ, *HC* n. 2005/0045497-6/SP, 5ª T., rel. Min. Gilson Dipp, *DJ* 03.10.2005).

Ocorre que, por óbvio, diante de um quadro de crueldade diferenciada, o profissional da saúde incumbido de se manifestar, muito provavelmente opinará no sentido da internação.

A injustiça costuma se manifestar na hipótese contrária, ou seja, quando, simplesmente pelo ato praticado ser punido com reclusão, determinar-se a internação, sem qualquer necessidade, como ocorre por exemplo com furtos. Esse critério clínico já tem norteado algumas decisões, ainda que em dissonância com os estritos termos da lei.

Sabe-se que, na psiquiatria atual, ganha força o ideal da desinternação. No caso da medida de segurança, não há dúvidas de que prevalece o caráter punitivo, já que, além de os estabelecimentos pertencerem ao sistema penitenciário, mesmo que os familiares do indivíduo quisessem cuidar dele em casa, não estariam autorizados a tanto. Em regra, também não se autoriza o tratamento em clínicas particulares.

Realmente, a jurisprudência é maciça no sentindo de que o internado com condições econômicas não pode ter as benesses do tratamento pago. Ora, sem qualquer crítica ao ideal e ao direito à igualdade, se o fim realmente fosse o de tratar e não o de punir, não haveria razão para vedar a possibilidade de tratamento em estabelecimento particular, custeado pela família do doente.[5]

Ou se admite que se está diante de uma pena, com todas as suas garantias, ou se assume a finalidade de tratamento médico da medida de segurança, com todas as suas consequências.

Faz-se necessário manter a coerência. Se é tratamento, por que o critério de detenção e reclusão para se estabelecer o tipo de medida de segurança? Se é tratamento, o critério haveria de ser clínico, e não por equiparação penal.

Ainda, se é tratamento, por que fixar um tempo mínimo de internação, ainda que passível de revisão?

Eduardo Reale Ferrari atribui o período mínimo à finalidade preventiva geral positiva da medida de segurança, apesar de sua finalidade preponderante ser a preventiva especial positiva (op. cit., 2001, p. 65).

Na esteira das lições de José de Faria Costa, em *Linhas de direito penal e de filosofia*: alguns cruzamentos reflexivos (2005, p. 230 e segs.), entende-se como preferível trabalhar com a ideia de retribuição, mas não só no que diz com o direito penal, em termos estritos – a pena, por exemplo –; mas para tudo que esteja com ele relacionado, como a medida de segurança. É mais seguro.

Absolvição imprópria? Condenação. E das piores.[6]

Muito preocupa a ideologia do tratamento, ainda que se trate do doente mental. Em nenhuma hipótese, o juiz pode fazer o papel do médico social propagado por Pedro Dorado Montero (*Bases para un nuevo derecho penal*, 1973).

A título de curiosidade, é interessante mencionar que Nelson Hungria, no volume III de seus *Comentários ao Código Penal*, defendia a humanidade da indeterminação da medida de segurança. No entanto, o autor concluía pela humanidade do prazo indeterminado da medida de segurança, comparando tal situação com a pena de morte e a emasculação, dentre outras atrocidades.[7]

Com perdão do pleonasmo, parece perigoso trabalhar com o critério da periculosidade, ainda que em concreto, mesmo para o doente mental, até porque, parafraseando Tobias Barreto: "Como consequência lógica do Direito, a pena pressupõe a imputabilidade absoluta, que, entretanto, nunca existiu, que não existirá jamais" ("Fundamentos do direito de punir", 2004, p. 177).

Se a imputabilidade absoluta não existe, também não existe a inimputabilidade absoluta; admitir sanções perpétuas, em qualquer caso, implica um flanco na segurança jurídica já tão insegura, sobretudo na esfera penal.

Após muitas manifestações da doutrina, no sentido de que as medidas de segurança não poderiam se estender por tempo indeterminado, o STF reconheceu a necessidade de limitá-las, pelo menos, até trinta anos, período, há até pouco tem-

5 Nesse sentido, cita-se o seguinte precedente do STF: "Entendo que a mera acusação pela prática do crime de tráfico de entorpecentes não impede que o Poder Judiciário, atento às peculiaridades do caso, e às considerações técnicas dos peritos oficiais do Juízo, assegure, excepcionalmente ao réu – cuja condição de semi-imputável e de usuário-dependente de múltiplas drogas está pericialmente comprovada no processo de conhecimento – a internação em clínica médica particular especializada" (STF, *HC* n. 83.657-7/SP, 2ª T., rel. Min. Celso de Mello, j. 30.03.2004).

6 Acerca da desproporcionalidade havida entre o tratamento dispensado a imputáveis e inimputáveis, *v.* PONTE, Antonio Carlos da. *Imputabilidade e processo penal*, 2007.

7 *V.* as intervenções: "A pena de morte e as medidas de segurança"; "A emasculação e as medidas de segurança" e "A criminalidade dos homens de cor no Brasil", todas encontradas no Apêndice de referidos comentários, proferidas, respectivamente, em 1951, 1935 e 1950.

po, máximo pelo qual alguém pode ser submetido a uma pena no país, nos termos do art. 75 do CP. Com o advento da Lei n. 13.964/2019, também conhecida como Pacote Anticrime, tudo indica que haverá um ajuste, elevando-se o tempo máximo de internação para quarenta anos, haja vista o fato de o art. 75 ter recebido nova redação, mais especificamente, a de que: "O tempo de cumprimento das penas privativas de liberdade não pode ser superior a 40 (quarenta) anos".

A orientação do STF repercutiu nos demais tribunais pátrios, existindo, atualmente, quase um consenso no sentido de que o art. 75 do CP deve servir de parâmetro não apenas para o máximo de pena privativa de liberdade mas também para a internação, que não deixa de ser uma das formas mais drásticas de privação.

Por óbvio, tal limitação se revela uma evolução, pois, antes, a declaração de inimputabilidade, com a consequente absolvição e aplicação de medida de segurança, representava verdadeira sentença de prisão perpétua, sendo comuns considerações no sentido de que um bom advogado jamais quereria que seu cliente fosse considerado inimputável.

Não obstante, a depender do caso concreto, o limite do art. 75 do CP ainda poderá ser desproporcional, uma vez que tal prazo pode ser muito superior à pena máxima prevista para o ato praticado, quando o agente for um imputável.

O que importa consignar é que a inimputabilidade deve ser analisada à luz dos princípios constitucionais, materiais e processuais, aplicáveis a todo o sistema penal, sob pena de se estabelecer, ou de se perpetuar, uma diferenciação ao contrário. Ou seja, não a diferença que protege os inimputáveis, mas a que os estigmatiza e reprime, deixando poucos argumentos para a defesa.[8]

Sanção é sanção. Tratamento é tratamento. Juiz não é médico e as respostas do direito penal não são remédio. Se não é possível viver sem elas, limitemo-nas ao mínimo. Ao mínimo possível? Não, ao mínimo necessário.

Não se deve ter uma visão romântica dos manicômios judiciários (casas de custódia), ou mesmo das prisões. No entanto, até em virtude de as instituições totais representarem tudo aquilo que consta da clássica obra de Erving Goffman, *Manicômios, prisões e conventos* (1996), é preciso realmente procurar limitar, ao máximo, sua abrangência e tornar mais objetivas as hipóteses de aplicação.

Se a pena tem uma medida definida, a medida de segurança, sobretudo a de internação, também deverá ter. E essa medida há de guardar alguma proporcionalidade com o ato praticado; caso contrário, indiretamente, continua-se a aplicar a medida de segurança com base em uma periculosidade em abstrato.

Ora, se prevalecer o sistema atual, continuará a não importar se o cidadão furtou, se matou, se lesionou levemente, se estuprou ou se simplesmente teve um ataque de fúria e jogou pedras pela janela. Alguém tem de olhar o indivíduo e para o que ele fez. As medidas de segurança também estão ligadas ao direito penal. E o direito penal deve dizer respeito ao fato, e não ao autor.

Ainda relativamente ao tema "inimputabilidade", cabe consignar que há, no horizonte, uma forte perspectiva de mudanças nessa temática, isso por força das revolucionárias descobertas da neurociência.

Vários estudos, em diversas partes do mundo, têm evidenciado que muitos atos cotidianos, e mesmo alguns atos criminosos, são praticados de maneira automática, por uma ordem direta do cérebro, ordem esta não decodificada pela consciência do indivíduo.

Em *Incógnito:* as vidas secretas do cérebro (2012), David Eagleman relata o caso de um indivíduo que, repentinamente, passa a ter impulsos pedófilos. Como esse homem teve coragem de procurar ajuda, descobriu-se que havia surgido um tumor em seu cérebro. Com a retirada do tumor, os ímpetos pedófilos desapareceram. Passado um tempo, os estímulos voltaram, o indivíduo retornou ao médico e constatou que o tumor também havia ressurgido.

No mesmo estudo, o autor analisa a situação de um jovem que veio a metralhar pessoas que estavam em um determinado local para depois se matar. Ocorre que, antes de fazer isso, o rapaz deixou uma carta relatando que havia algo em sua mente e que ele gostaria que esse algo fosse estudado após sua morte. Pois bem, a vontade do indivíduo foi atendida, seu cérebro foi estudado e realmente havia uma alteração.

Os estudos da neurociência mostram que, além das tradicionais doenças mentais, pequenos tumores, antes não identificáveis, podem ensejar atos não desejados e até mesmo inconscientes.

---

8 "O curioso, no que se refere a essas falhas, é que o legislador penal pátrio sabe muito bem que insanidade mental não é sinônimo de periculosidade, que o fato praticado por inimputável pode ter sido apenas acidental" (RIBEIRO, Bruno de Moraes. *Medidas de segurança*, 1998, p. 56).

Essas descobertas são muito importantes sob o aspecto preventivo. Tal qual ocorrera com o indivíduo acometido por ímpetos pedófilos, tem-se que o tratamento pode evitar a consumação de crimes.

No entanto, dados os abusos já praticados em nome da prevenção, no Brasil e no exterior, existe um justo temor de que essas novidades da neurociência sejam utilizadas para justificar medidas de segurança, independentemente da prática de qualquer ato previsto como crime, o que constituiria um retrocesso.

Atento a essa situação, Diego-Manuel Luzón Peña, em texto intitulado "Libertad, culpabilidad e neurociencias" (*InDret – Revista para el Analisis del Derecho*, 2012, p. 2-50), já se antecipou para sustentar que as recentes descobertas não devem alterar a teoria da culpabilidade.

Apesar de se compreender a louvável tentativa do autor e firmemente asseverar que as novidades da neurociência, em hipótese alguma, poderão ensejar medidas estatais, sobretudo na esfera penal, antecipadas, é impossível negar a interferência, pelo menos para fins de afastar a aplicação de pena, em determinadas situações concretas.

1.2. Indígenas

Na temática referente à inimputabilidade, ainda é muito importante abordar a situação dos indígenas, tratados pela maior parte dos doutrinadores como inimputáveis.

Na esteira dos ensinamentos de René Ariel Dotti, entende-se que ter o índio como inimputável implica discriminação e intolerância para com as diversidades ("A situação jurídico-penal do indígena – hipóteses de responsabilidade e de exclusão", 2010, p. 76). Além disso, deve-se lembrar que, conforme antes apontado, no ordenamento jurídico pátrio, ser tratado como inimputável não constitui qualquer benesse.

Ainda que assim não fosse, a situação do indígena que age de acordo com seus costumes, não compreendendo o caráter ilícito de sua atuação, mais se coaduna com o erro quanto à ilicitude que com a inimputabilidade.

A análise do caso concreto não deve versar sobre o quão "aculturado", ou capaz, é o indígena, mas se seu erro quanto à ilicitude é escusável ou inescusável.

Ao que parece, tomar o indígena como inimputável fere sua dignidade.

Não obstante, julga-se inadequado confundir respeito à diversidade e à livre determinação com tolerância a atos que, embora possam deixar de ser punidos pelo direito penal, devem ser impedidos, por não serem condizentes com um Estado que se pretenda Democrático de Direito.

O Estado Democrático de Direito deve respeito às diferentes culturas, deve permitir conviverem todas as crenças, bem como respeitar e fazer respeitar todas as convicções.

Mas um Estado Democrático de Direito não pode compactuar, por exemplo, com o assassinato de crianças, em virtude de suas deficiências físicas e/ou mentais, ou mesmo em razão de se tratar de gêmeos.[9] Trata-se de questão tabu.

Em 19 de abril de 2012, ocorreu um importante seminário, promovido pelo Ministério da Justiça em conjunto com a Defensoria Pública e a Advocacia-Geral da União, intitulado "O tratamento jurídico-penal dos povos indígenas no Brasil". A temática central foi abordada, sob os mais variados aspectos, revelando-se determinante para conferir visibilidade às mazelas que, mais gravemente que os outros indivíduos, assolam essa importante parcela da população.

Em referido evento, ministrei palestra intitulada "O direito penal e a proteção das minorias nas minorias".

O tema da proteção das minorias e, sobretudo, das minorias nas minorias tem sido objeto de minha preocupação. O assunto possui amplitude superior à da questão indígena, estando relacionado, por exemplo, aos direitos dos homossexuais e dos grupos religiosos, entre outros.

Primeiramente, cumpre reiterar entendimento anteriormente manifestado no sentido de que o indígena não é inimputável, devendo seus atos serem analisados à luz do instituto do erro de proibição (PASCHOAL, Janaina Conceição. "O índio, a inimputabilidade e o preconceito", 2010, p. 81-91), instituto completamente subutilizado pelos tribunais pátrios, seja no que concerne aos povos indígenas, seja em quaisquer outros casos, uma vez que a figura do erro de proibição, ou erro quanto à ilicitude, é praticamente ignorada.

Tratar o indígena como inimputável reforça o estigma que já circunda essa população. Por outro lado, avaliar as atitudes do indígena à luz do erro quanto à ilicitude implica reforçar a livre determinação dos povos e a valorização das diferenças culturais, sendo certo que, apesar de serem respeitados posicionamentos diversos, não

---

9 Sabe-se que, em algumas tribos, dada a crença de que, ao nascerem gêmeos, há um bom e um mau, sendo impossível descobrir qual é qual, deve-se matar ambos.

se faz necessário lançar mão do chamado erro culturalmente determinado. Em outras palavras, a disciplina do instituto do erro, constante do CP, já é suficiente, não sendo preciso instituir quaisquer reformas para aplicá-lo aos indígenas.

Ao tomar o índio como imputável, sendo seus atos passíveis de serem analisados conforme a teoria do erro quanto à ilicitude, tem-se que o laudo antropológico ganha nova perspectiva. O antropólogo não vai apontar o quão "civilizado" é o indígena, mas vai aferir o quão internalizada está aquela prática, supostamente criminosa, no histórico daquela pessoa.

Mediante essa perspectiva, resta bastante razoável absolver o indígena que, crendo estar protegendo toda a tribo de verdadeira maldição, vem a sacrificar os recém-nascidos acometidos por alguma deficiência física ou mental, ou mesmo os bebês gêmeos.

De fato, levando-se em conta a teoria do erro, e não a capacidade ou incapacidade do indígena, resta evidente que ele não descumpriu qualquer valor social; ao contrário, concretizou os valores inerentes à sua cultura e à sua história, sendo devida a absolvição.

Não obstante seja possível a absolvição, pois o indígena agiu orientado pelos valores inerentes à sua cultura, não há argumento que possa justificar a não intervenção das autoridades com o fim de evitar os chamados infanticídios indígenas, os quais não guardam relação com o infanticídio previsto no CP, uma vez que nada têm a ver com o estado puerperal (HADDAD, Carlos Henrique Borlido. "Infanticídio indígena", 2012, p. 17).

Ou seja, não é porque o indígena não será punido, que as mortes não devem ser evitadas. Não é porque o indígena não será submetido a uma pena, ou medida de segurança, que um trabalho de conscientização desses povos não será realizado. A esse respeito, vale lembrar que a antropologia já reconheceu que as culturas não são estanques, sofrendo influências recíprocas.

É bastante interessante constatar que ativistas dos direitos dos indígenas, muitas vezes, ao lutarem pelas garantias penais, processuais penais e, sobretudo, constitucionais desses povos, esquecem-se de que o primeiro direito fundamental de qualquer ser é justamente o de viver.

Também é bem intrigante notar que os partidários de um direito penal mínimo, a pretexto de reduzir a incidência do direito penal ao que é necessário, confundem ausência de relevância penal com direito. Ora, não é porque não se está diante de um ilícito penal que, necessariamente, se está lidando com algo lícito. Afinal de contas, o direito penal não abrange, e não deve abranger, todos os fatos da vida.

Inegavelmente, confunde-se a impossibilidade de punir o índio pela morte dos bebês, haja vista o erro de proibição, com um suposto direito de proceder a tais execuções. E qualquer tentativa de abordar essa questão de forma direta e transparente é vista e tachada de interventiva, neoevangelizadora e de neocolonizadora.

Em estudo anterior, já se procurou evidenciar que quando, afastando-se a incidência do direito penal, desconsidera-se a possibilidade de recorrer a qualquer outra seara, está-se, ainda que por via inversa, trabalhando com o direito penal como única arma (PASCHOAL, Janaina. "Infanticídio indígena: novos velhos discursos", 2011, p. 57-68).

Em 2007, foi apresentado o PL n. 1.057, que previa a criação do crime de omissão de socorro para as pessoas que não interviessem para evitar a execução dos bebês indígenas.

O projeto foi muito criticado com o argumento de que estigmatizaria os povos indígenas e dificultaria a convivência com os brancos, os quais passariam a ser vistos como potenciais delatores. O projeto também foi objetado por fazer várias referências a práticas nocivas, dando ensejo a emendas que levaram ao seu esvaziamento.

Compreende-se a preocupação com a utilização do termo "nocivo"; entretanto, com todo o respeito, matar um recém-nascido é ato nocivo, sim, e também se revela nociva a iniciação sexual precoce, ou estupros, de meninas indígenas.

A apresentação do projeto foi importante para trazer à tona uma temática que precisa ser enfrentada e que ainda está circundada por muitos tabus, mas, a bem da verdade, tratava-se de projeto desnecessário, uma vez que o crime de omissão de socorro, capitulado no art. 135 do CP, já fala em pessoas e crianças, não estabelecendo qualquer distinção acerca de sua cultura, raça ou origem.

Dessa forma, apesar de o indígena, por força do erro quanto à ilicitude, não responder pelo homicídio do bebê considerado incapaz, ou amaldiçoado, o sujeito que compreende esse caráter ilícito, podendo intervir para evitar a morte, quando não o faz, deve responder por omissão de socorro.

Idêntica é a situação das crianças e adolescentes indígenas, as quais, em diversas tribos, são submetidas à primeira relação sexual logo que menstruam. Pela lei, que vigora e deve vigorar, em todo o território nacional, essas meninas, se menores de 14 anos, são vítimas de estupro. No entanto, pelos costumes reinantes em sua cultura, a prática não se afigura como criminosa, muito ao contrário, revela-se como devida.

Esse sentimento de seguir os valores caros ao seu grupo é que caracteriza o erro quanto à ilicitude do ato, afastando o caráter criminoso do fato. Não obstante, para afastar a incidência do direito penal, estudiosos e autoridades não podem se omitir diante de violência contra a mulher, sobretudo aquelas que ainda não atingiram a idade adulta.

Não é por não ensejar resposta penal que um ato nocivo (e a palavra é mesmo esta) precisará ser tolerado. Medidas preventivas, sobretudo as de conscientização, são muito bem-vindas. Se insuficientes, medidas mais drásticas, como a retirada para encaminhamento para adoção, haverão de ser tomadas. Por piores que sejam, revelam-se melhores que a morte e que o desrespeito à dignidade sexual de crianças e adolescentes.

1.3. Responsabilidade penal da pessoa jurídica

Ao falar em imputabilidade, é preciso abordar a questão da responsabilidade penal da pessoa jurídica, já existente no ordenamento nacional, no âmbito dos crimes ambientais, valendo mencionar que há projetos de lei que visam alargar a incidência desse tipo de responsabilidade no país.

Adotar a possibilidade de responsabilizar penalmente a pessoa jurídica não traz qualquer efeito positivo ao ordenamento pátrio, por razões de diversas ordens.

No que concerne à própria teoria do delito e aos pilares do direito penal, tem-se que seus princípios mais básicos (culpabilidade, individualização, pessoalidade etc.) foram todos criados pensando-se na pessoa física, constituindo, sob toda e qualquer perspectiva, uma verdadeira aberração pretender aplicar tais princípios à pessoa jurídica.

É impossível transferir a análise da imputabilidade feita com relação à pessoa física à pessoa jurídica. Como pensar em verificar a consciência do caráter ilícito da ação em alguém que não existe?

Ademais, a sanção penal por excelência é justamente a pena privativa de liberdade, absolutamente impossível de ser aplicada à pessoa jurídica.

É bem verdade que a CF, ao lado das penas privativas de liberdade, admite penas de natureza diversa, como as restritivas de direito. No entanto, toda a cultura do direito penal brasileiro gira, e sempre girou, em torno da pena privativa de liberdade, sendo certo que vários autores enxergam nessa pena verdadeiro elemento do crime.

Além de a responsabilidade penal da pessoa jurídica ser incongruente com os princípios que norteiam o direito penal, ensejando inevitável e indesejável flexibilização nessa seara, tem-se que seus reflexos se revelam muito nocivos à sociedade.

De fato, os partidários da responsabilidade penal da pessoa jurídica costumam sustentar seu apoio no estigma que tal responsabilização geraria para as instituições. O argumento seria mais ou menos o seguinte: pagar uma multa na esfera administrativa, ou no âmbito cível, tem um impacto. Na esfera penal, mesmo que o valor da multa seja idêntico, o peso moral é muito maior. Sentar no banco dos réus em um fórum criminal e mesmo como investigado em uma delegacia de polícia possui implicações psicológicas e de imagem muito mais incisivas que sofrer apuração, ou ação, em qualquer outra seara.

É bastante intrigante notar que os mesmos autores que vislumbram algo muito positivo em estigmatizar as empresas, quando tratam dos crimes de massa (os quais realmente assolam a população), costumam criticar o estigma que recai sobre homicidas, estupradores e sequestradores. Todos apontados como vítimas da sociedade.

Independentemente de se concordar, ou não, com essa falta de critérios, ou com a adoção de critérios tão díspares, é imperioso reconhecer os efeitos deletérios do estigma que se pretende alcançar, ao se responsabilizar criminalmente as pessoas jurídicas.

Isso porque o estigma terá influência direta sobre os empregados e sobre os clientes (consumidores). Por óbvio, o estigma, ao atingir a imagem das empresas, comprometerá o consumo e, por consequência, poderá levar a demissões. E mesmo que esse quadro mais drástico não ocorra, fatalmente, os elevados valores gastos com honorários de advogados especializados em direito penal empresarial serão transferidos para os consumidores.

Atualmente, as empresas já vivem em meio a um emaranhado de normas das mais diversas naturezas, normas estas que, muitas vezes, são conflitantes e abrem margem para insegurança, ilicitude e corrupção. Isso sem contar os prejuízos econômicos ao próprio país.

Na própria seara penal, já há um crescente de tipificações. São crimes contra a ordem tributária, contra a ordem financeira, contra a ordem econômica, contra os consumidores, contra a organização do trabalho, contra a propriedade imaterial, dentre tantos outros.

Ocorre que, por enquanto, pelo menos, ainda se exige que os órgãos de repressão se esforcem um pouco para tentar identificar os reais responsáveis pela conduta considerada criminosa.

Com a adoção da responsabilidade penal da pessoa jurídica, esse esforço será absolutamente abandonado, uma vez que tal responsabilidade é praticamente objetiva e, pior, as ações penais continuarão a serem movidas em face dos dirigentes.

Então, além dos inúmeros inquéritos e processos já existentes, haverá investigações e ações penais em face das próprias empresas.

Como já dito, a responsabilidade penal da pessoa jurídica transgride os princípios do direito penal e prejudica trabalhadores e consumidores, mas há um fator talvez mais importante a considerar: acaba sendo muito mais cômodo investigar os crimes supostamente praticados por empresas. As empresas têm endereços fixos e representantes certos; nas empresas, os policiais não são recebidos com violência e, até pelo temor do estigma, findam ficando muito mais suscetíveis à corrupção.

Mas os efeitos desse quadro não prejudicam apenas as empresas, seus funcionários e consumidores. Na verdade, os efeitos desse quadro são por demais lesivos à segurança pública, pois a facilidade de investigar as empresas fará com que os parcos recursos humanos e materiais existentes para fazer frente aos graves problemas de criminalidade, que preocupam a população, sejam desviados para situações de descumprimento de normas que, facilmente e com eficácia, poderiam ser coibidos por outras searas.

Responsabilizar criminalmente as pessoas jurídicas criará uma falsa sensação de que algo está sendo feito, gerando, até por falta de recursos suficientes, diminuição na atenção dispensada aos crimes que realmente importam. Além da Polícia, o Ministério Público e o Poder Judiciário restarão atravancados com casos que haveriam de ser solucionados nas esferas administrativa e civil, por meio de multa, reparação e suspensão de atividades. Afinal, os órgãos repressivos já não conseguem cumprir todos os mandados de prisão expedidos, nem fiscalizar as fronteiras, para impedir a entrada de armas, no território nacional, sendo igualmente insuficiente o índice de esclarecimento de crimes dolosos contra a vida.

Ora, quem atua na área penal sabe bem que criminosos não fundam empresas. Criminosos armam fachadas, que são utilizadas e descartadas quando não mais se revelam interessantes.

O PL n. 236/2012 (Projeto de novo CP), em seu art. 41, contemplou a responsabilidade penal da pessoa jurídica, em dispositivo amplo o suficiente para ensejar uma avalanche de novos inquéritos e ações penais.[10]

O dispositivo em referência torna-se assustador quando se verifica que, em seu § 3º, prevê-se uma gama enorme de novos garantidores, os quais serão responsabilizados criminalmente, por crimes bastante graves, por não terem impedido a prática de crime pela empresa. Trata-se da concretização do cenário anunciado em *Ingerência indevida* (PASCHOAL, Janaina Conceição, 2011), mormente quando se nota que as matérias são áridas o suficiente para confundir até especialistas.

2. JURISPRUDÊNCIA

2.1. Julgados

Medida de segurança. Desinternação progressiva

Réu inimputável. Imposição de medida de segurança. Prazo indeterminado. Cumprimento que dura há vinte e sete anos. Prescrição. Não ocorrência. Precedente. Caso, porém, de desinternação progressiva. Melhora do quadro psiquiátrico do paciente. *HC* concedido, em parte, para esse fim, com observação sobre indulto. 1. A prescrição de medida de segurança deve ser calculada pelo máximo da pena cominada ao delito atribuído ao paciente, interrompendo-se-lhe o prazo com o início de seu cumprimento. 2. A medida de segurança deve perdurar enquanto não tenha cessado a periculosidade do agente, limitada, contudo, ao período máximo de trinta

---

10 "Art. 41. As pessoas jurídicas de direito privado serão responsabilizadas penalmente pelos atos praticados contra a administração pública, a ordem econômica, o sistema financeiro e o meio ambiente, nos casos em que a infração seja cometida por decisão de seu representante legal ou contratual, ou de seu órgão colegiado, no interesse ou benefício da sua entidade. § 1º A responsabilidade das pessoas jurídicas não exclui a das pessoas físicas, autoras, coautoras ou partícipes do mesmo fato, nem é dependente da responsabilização destas. § 2º A dissolução da pessoa jurídica ou a sua absolvição não exclui a responsabilidade da pessoa física. § 3º Quem, de qualquer forma, concorre para a prática dos crimes referidos neste artigo, incide nas penas a estes cominadas, na medida da sua culpabilidade, bem como o diretor, o administrador, o membro de conselho e de órgão técnico, o auditor, o gerente, o preposto ou mandatário de pessoa jurídica, que, sabendo da conduta criminosa de outrem, deixar de impedir a sua prática, quando podia agir para evitá-la" (dispositivo constante do projeto de novo CP, disponível em: http://www.senado.gov.br/atividade/materia/getPDF.asp?t=110444&tp=1). Relativamente à responsabilidade penal da pessoa jurídica, cabe conferir ainda os arts. 42 a 44).

anos.[11] 3. A melhora do quadro psiquiátrico do paciente autoriza o juízo de execução a determinar procedimento de desinternação progressiva, em regime de semi-internação [...]. O paciente foi processado como incurso nas penas no art. 129, *caput*, do CP, uma vez que "acometido de um acesso de loucura, desferiu socos e pontapés em sua mãe, [...] causando-lhe lesões leves e no mesmo dia, atirou pedras em pessoas que passavam na estrada defronte a sua casa, findando por atingir, com uma pedrada, [...] lesionando-o levemente". (STF, *HC* n. 97.621-2/RS, 2ª T., rel. Min. Cezar Peluso, j. 02.06.2009)

"Entendo que o paciente deve continuar sob a custódia do Estado, tendo em conta o último laudo psiquiátrico, que informa a permanência de sua periculosidade, embora de forma atenuada, o que indica ser cabível, na espécie, a adoção da política de alta planejada e reabilitação psicossocial assistida, prevista na Lei n. 10.261/2001. Nesse sentido, manifestou-se o ilustre membro do Ministério Público Federal ao assentar que: '[...] não se pode ignorar que, no mais das vezes, a internação prolongada resulta em confinamento e abandono familiar, o que geralmente inviabiliza o retorno do internado ao convívio social. A fim de evitar a privação indeterminada do internado de sua liberdade e do convívio familiar e social, necessária a flexibilização do regime de internação através da adoção do método terapêutico da desinternação progressiva, por constituir-se num modelo transitório entre a situação de hospitalização em regime fechado e o retorno ao meio social mais amplo'. O programa de desinternação progressiva está previsto na Lei n. 10.216/2001, que dispõe sobre a proteção e os direitos das pessoas portadoras de transtornos mentais, sendo regulamentado pela Resolução n. 5/2004 – CNPCP, do Conselho Nacional de Política Criminal e Penitenciaria. O art. 5° do mencionado diploma legal assim estabelece: 'Art. 5°. O paciente há longo tempo hospitalizado ou para o qual se caracterize situação de grave dependência institucional, decorrente de seu quadro clínico ou de ausência de suporte social, será objeto de política específica de alta planejada e reabilitação psicossocial assistida, sob responsabilidade da autoridade sanitária competente e supervisão de instância a ser definida pelo Poder Executivo, assegurada a continuidade do tratamento quando necessário'. Por sua vez, a Resolução n. 5/2004 do CNPCP preconiza, em seu item 12, que 'a medida de segurança deve ser aplicada de forma progressiva, por meio de saídas terapêuticas, evoluindo para regime de hospital-dia ou hospital-noite e outros serviços de atenção diária, tão logo o quadro clínico do paciente assim o indique. A regressão para o regime anterior só se justificaria com base em avaliação clínica'. Albergando a legislação em comento, a jurisprudência dessa col. Suprema Corte tem se orientado no sentido de admitir a desinternação progressiva em hipóteses análogas à dos autos, autorizando a transferência do paciente para hospital psiquiátrico que disponha de estrutura adequada para o regime de semi-internação, sob a supervisão do Ministério Público e do órgão judicial competente". (STF, *HC* n. 107.432/RS, 1ª T., rel. Min. Ricardo Lewandowski, j. 24.05.2011)

3. OBSERVAÇÕES

Os dois primeiros julgados citados anteriormente, ambos da lavra do STF, em um primeiro momento, podem indicar uma maior humanidade no trato dispensado ao inimputável, bem como uma maior observância aos valores informadores do Estado Democrático de Direito. De fato, ambos são taxativos ao estatuir que o prazo máximo de duração da medida de segurança será aquele apontado no art. 75 do CP, à época, trinta anos, atualmente, quarenta anos.

Esse entendimento foi primeiramente desposado em acórdão relatado pelo Ministro Marco Aurélio, em 2005, sendo certo que ensejou uma verdadeira revolução na matéria, dado que a medida de segurança, até por força de lei, sempre teve duração indeterminada, não sendo incomuns casos de pessoas internadas em manicômios psiquiátricos pela vida inteira.

No entanto, se lidos no detalhe, referidos julgados não implicam tanta evolução assim. O primeiro, por exemplo, constitui uma mostra de quão mais gravoso é o tratamento dispensado ao inimputável, quando comparado com as penas aplicadas aos imputáveis.

Com efeito, quando se lê a ementa do primeiro acórdão, tem-se a impressão de que limitar o prazo da medida de segurança, ao tempo estabelecido pelo art. 75 do CP, constituiria uma benesse; entretanto, quando se atenta para a pena cominada para a conduta praticada pelo suposto beneficiado, chega-se à conclusão de que, caso fosse um imputável, ele sequer teria sido preso.

O paciente, no caso em apreço, já estava submetido à medida de segurança, na modalidade internação, havia vinte e sete anos. O fato previs-

11 A Lei n. 13.964/2019, também conhecida como Pacote Anticrime, alterou o art. 75 do CP, elevando o prazo máximo de cumprimento da pena privativa de liberdade de trinta para quarenta anos. Diante de tal alteração, o parâmetro limitador do prazo de internação, a princípio, até por lógica, passa a ser quarenta anos.

to como crime, que lhe fora atribuído, limitou-se a lesões leves causadas em sua própria genitora, mediante socos e pontapés e também a lesões leves causadas em um transeunte, por meio de pedradas. Consta, da íntegra do acórdão, que o paciente, em um dia de fúria, agrediu sua própria mãe e jogou pedras pela janela de sua casa. Tudo aconteceu em um único dia e ninguém sofreu nada além de lesões leves.

No entanto, como foi diagnosticado como doente mental, este homem, por este único dia fatídico, ficou recluso por 27 anos, e o STF, em uma decisão considerada liberal, determinou que ficasse internado por mais três anos, a fim de somar, no máximo, trinta anos, à época, tempo previsto como limite para a pena privativa de liberdade.

Ora, quando se está diante de um imputável, por força do constante do art. 129 do CP, tem-se que a pena máxima a que o mesmo indivíduo, tomado de um dia de fúria, estaria sujeito seria de um ano. Na pior das hipóteses, por terem restado duas pessoas levemente feridas, em se imaginando um juiz mais severo, que viesse a aplicar concurso material, haveria uma pena privativa de liberdade de dois anos. Com o advento da Lei n. 9.099/95, bem se sabe que dificilmente o processo se iniciaria, pois fatalmente seria proposta e aceita uma transação penal.

Em resumo, por não ser responsável pelos seus atos, um indivíduo recebeu trinta anos de sanção penal (os 27 anos já cumpridos e os outros três determinados), quando alguém plenamente responsável não receberia privação alguma em sua liberdade. E isso porque, finalmente, o Poder Judiciário brasileiro, adotou uma visão mais liberal da legislação. É estarrecedor.

Com essas observações, não se está criticando especificamente o STF. Diante do quadro que vigorava, a decisão da Suprema Corte realmente se revelou mais conforme com uma real democracia; entretanto, deve-se não só limitar a execução da medida de segurança nos termos do art. 75 do CP, deve-se buscar adotar um pouco mais de proporcionalidade.

Na medida em que se trabalha com uma periculosidade concreta, o ato praticado há de ser levado em consideração, sob pena de, mesmo com os abrandamentos, continuar-se a punir mais severamente os inimputáveis que os imputáveis.

O segundo acórdão citado também se revela bastante interessante, por evidenciar que a sistemática aplicada às medidas de segurança, não obstante se tratar de sanções penais, paulatinamente vem sendo permeada pelas normativas adotadas na área da saúde.

Tanto é assim que se procurou adequar o cumprimento das medidas de segurança à lei referente à desinternação progressiva. Por questão de justiça, cabe mencionar que, no Manicômio Judiciário de Franco da Rocha, mesmo antes do advento da Lei n. 10.216/2001, já havia uma ala para a desinternação progressiva, em paralelo com o sistema progressivo de cumprimento da pena. Tal medida sempre teve resultados positivos.

Menores de dezoito anos

Art. 27. Os menores de 18 (dezoito) anos são penalmente inimputáveis, ficando sujeitos às normas estabelecidas na legislação especial.

---

1. COMENTÁRIO

Dizem a CF, o CP e o ECA que a responsabilidade penal se inicia aos 18 anos, sendo, portanto, inimputáveis os menores de 18 anos.

Diferentemente do que ocorre com os outros casos de inimputabilidade, o critério não é biopsicológico, mas normativo. Assim, pouco importa se o rapaz de 15 anos tem condições de entender o caráter ilícito de sua conduta, ou se tem condições de se determinar de acordo com tal entendimento, pois até os 18 anos incompletos ele é inimputável.

Muito se fala acerca da impunidade dos menores de idade. Muito se compara o ordenamento brasileiro com os estrangeiros, mas pouco se atenta para a existência de todo um sistema de punição fixado pelo ECA e para os desmandos a que os adolescentes estão sujeitos na prática.

Primeiramente, faz-se questão de consignar que não há qualquer romantismo ao tratar do tema, não se comunga do entendimento de que os adolescentes, por serem pessoas em desenvolvimento, não têm condições de responderem por seus atos. Salvo raras exceções, até mesmo uma criança de dez anos sabe que não pode matar alguém.

Não obstante, comunga-se do entendimento de que a idade penal não deve ser diminuída, em primeiro lugar, por já haver um sistema de punição, em segundo, por temer que, com a mentalidade que permeia a aplicação das chamadas medidas socioeducativas, os adolescentes brasileiros passem a ser presos por atos absolutamente insignificantes, ou totalmente compatíveis com a idade.

A título de exemplo, menciona-se caso concreto, em que, em primeira instância, aplicou-se medida socioeducativa, por suposto ato infracional equiparado à pornografia infantil, sendo certo que o autor seria um rapaz de 15 anos, enquanto a vítima era uma adolescente de 14 anos.

Em referido caso, não se analisaram questões elementares como autoria e tipicidade; sequer se avaliou se seria possível falar em pornografia infantil, tratando-se de jovens da mesma idade.

Ou seja, sob o argumento de que se trata da medida socioeducativa, punem-se atos absolutamente compatíveis com a idade; atos que jamais poderiam ser considerados infracionais.

A imprensa e a população só veem as ocorrências mais graves. Mas não tomam conhecimento das ilegalidades diárias a que os adolescentes são submetidos, privados que ficam das mínimas garantias materiais e processuais, sob o argumento de que os princípios do direito penal e processual penal não se lhes aplicam, por tratar-se de diversa finalidade.

Testemunha-se ser mais fácil defender um imputável que um inimputável por idade. Relativamente aos adolescentes, não há qualquer segurança. A internação provisória ocorre, muitas vezes, na chamada audiência de apresentação, sem previsão legal para tanto. São comuns os casos de internação à revelia do que determina o próprio ECA.

Atos infracionais que não admitem a internação ao final acarretam a internaçao provisória, sem maiores justificativas.

Ao discutir maioridade penal, deve-se ter claro que, na Justiça Juvenil, todo ato previsto como crime é considerado ato infracional e enseja punição; entretanto, os elementos inerentes à esfera criminal não são considerados.

Dessa forma, em regra, alegações referentes a excludentes de tipicidade, antijuridicidade e culpabilidade deixam de ser admitidas, sob o argumento de que medidas socioeducativas não constituem pena e, por conseguinte, os institutos do direito penal não devem nortear sua aplicação.

Propositalmente, utiliza-se o termo "punição", por entender que o sistema previsto pelo ECA constitui, sim, um sistema penal juvenil, como há em muitos outros países, na maior parte das vezes, com menor rigor que o brasileiro, como apontado por Sergio Salomão Schecaira, em *Estudo crítico do direito penal juvenil* (2007).

O referido autor até admite que, para casos de maior reprovação, o jovem maior de 16 anos fique internado por até cinco anos, desde que não implique maior punição que a atribuível ao imputável em idêntica situação.

Karyna Batista Sposato, em dissertação de mestrado (*O direito penal juvenil no Estatuto da Criança e do Adolescente*, 2003), constatou que os adolescentes gozam de menos garantias penais e processuais que os adultos, que vêm a ser réus em processos criminais.

Ora, justamente por tais constatações, é melhor assumir que as medidas socioeducativas são, na verdade, penas e, assim, garantir aos adolescentes, pelo menos, o que se garante aos réus adultos. Em outras palavras, é crucial que sejam observadas as garantias inerentes ao devido processo, considerando-se, em termos de direito material, a situação de ser em desenvolvimento, especialmente naqueles atos inerentes à rebeldia da idade.

Com a mentalidade formalista que permeia o direito penal e, sobretudo, o trato do adolescente, pensar em diminuir a idade penal significa lidar com uma tempestade de novos feitos absolutamente insignificantes, sem contar a deletéria antecipação da entrada dos jovens no sistema prisional, do qual, dadas as organizações criminosas estabelecidas, dificilmente conseguirão sair.

Tal qual a pena privativa de liberdade, em um Estado Democrático de Direito, a internação há de ser o último recurso. Mesmo advogando a manutenção de um sistema paralelo, deve-se, de uma vez por todas, reconhecer na internação, ou nas chamadas medidas socioeducativas, uma punição, uma resposta, e não um meio de tratamento, recuperação ou educação.

Sob essa visão, somente a constatação de que a internação constitui punição permitirá quebrar os chavões da impunidade e lutar por mais garantias penais e processuais. Deve-se acrescentar que, ao admitir a natureza retributiva da medida socioeducativa, em hipótese alguma se está defendendo eventuais mazelas de estabelecimentos a que os jovens são recolhidos.

O princípio básico da CF, qual seja, a dignidade humana, não é compatível com maus-tratos, ou com tortura. A dignidade humana também tem por pressupostos o respeito às necessidades do ser e o incentivar as suas potencialidades.[12]

12 Por questão de justiça, cabe destacar o trabalho desenvolvido, no Estado de São Paulo, onde a antiga Febem foi completamente reformulada e transformada na Fundação Casa, a qual, apesar de ser formada por instituições totais, mantém práticas saudáveis para os adolescentes, que estudam e têm a possibilidade de praticar esportes e atividades culturais. As unidades não deixam de ser verdadeiras prisões, mas a qualidade é muito mais condizente com a dignidade humana do que a versão anterior.

Reconhecer o caráter retributivo das medidas aplicadas aos adolescentes não impede que sejam tratados dignamente; ao contrário, somente reforça essa necessidade. Aliás, isso ocorre com relação à sanção penal como um todo.

Uma visão romantizada da sanção e da inimputabilidade somente permite que os inimputáveis, de maneira absolutamente desproporcional, sejam tratados de forma muitas vezes mais gravosa que os imputáveis.

Além de reconhecer o caráter retributivo das medidas socioeducativas e de permitir que as teses de defesa apresentadas relativamente aos maiores sejam objeto de discussão nas Varas de Crianças e Adolescentes, respeitando-se, por óbvio, garantias constitucionais, processuais e penais, seria de todo conveniente que o art. 103 do ECA sofresse drástica alteração.

Com efeito, o referido dispositivo estatui que "considera-se ato infracional a conduta descrita como crime ou contravenção penal".

Essa previsão já é problemática quando se constata a infinidade de situações que, nos termos do CP e das leis penais esparsas, constituem crimes e contravenções penais. Isso sem considerar as situações omissivas, sobretudo de crimes omissivos impróprios.

Mas a preocupação aumenta quando se percebe que nem todas as ações que merecem ser punidas quando perpetradas por um adulto haveriam de ser punidas quando praticadas por um ser em desenvolvimento.

A título de exemplo, cita-se a situação de um rapaz de quinze anos que mantém relação sexual com a namorada de doze anos. Ora, uma leitura fria do art. 217-A, que trata de estupro de vulnerável, poderá levar à equívoca conclusão de que esse adolescente seria um infrator, quando é evidente que o legislador não criou a novel figura pensando nesse tipo de caso.

Da mesma forma, uma adolescente de 12 anos que subtrai uma pulseira de ouro da colega poderia ser considerada uma infratora, pois, dado o teor do art. 103 do ECA, subtrair coisa alheia móvel, por ser crime nos termos do art. 155 do CP, constitui ato infracional.

Poder-se-ia pensar, ainda, em um grupo de adolescentes que se unem para falsificar as notas lançadas pela professora.

Ora, por mais que essas situações formalmente se "encaixem" nos tipos penais previstos para os adultos e, também formalmente, possam ser tomadas como atos infracionais, por óbvio trata-se de ações absolutamente compatíveis com a condição de pessoas em desenvolvimento.

Entende-se, por conseguinte, que seria oportuno ter uma lista reduzida de ações que, quando praticadas por adolescentes, poderiam ser consideradas atos infracionais, sendo de todo indesejável essa equiparação genérica, automática.

Até que tal alteração ocorra, cabe aos operadores do Direito, aqueles que trabalham diretamente junto às Varas da Criança e Adolescente, procurar conferir uma aplicação menos formal do Direito, em benefício do adolescente supostamente infrator e em total coerência com o reconhecimento de que se está diante de pessoas em uma fase especial.

Atos realmente reprováveis, observadas todas as garantias, ensejarão punição. No entanto, ações inerentes à imaturidade do adolescente, ainda que formalmente constituam ato infracional, não poderão dar ensejo a qualquer sanção.

2. JURISPRUDÊNCIA

2.1. Julgados

Estupro. Menores indígenas. Ausência de laudo antropológico

Habeas corpus. Estupro. Menores indígenas. Ausência de laudo antropológico e social. Dúvidas quanto ao nível de integração. Nulidade. Somente é dispensável o laudo de exame antropológico e social para aferir a imputabilidade dos indígenas quando há nos autos provas inequívocas de sua integração à sociedade. No caso, há indícios de que os menores indígenas, ora pacientes, não estão totalmente integrados à sociedade, sendo indispensável a realização dos exames periciais. É necessária a realização do estudo psicossocial para se aferir qual a medida socioeducativa mais adequada para cada um dos pacientes. Ordem concedida para anular a decisão que determinou a internação dos menores sem a realização do exame antropológico e psicossocial. (STJ, *HC* n. 40.884/PR, 5ª T., rel. Min. José Arnaldo da Fonseca, j. 07.04.2005)

É necessária a realização do estudo psicossocial para se aferir qual a medida socioeducativa mais adequada para cada um dos pacientes. Ordem concedida para anular a decisão que determinou a internação dos menores sem a realização do exame antropológico e psicossocial. (STJ, *HC* n. 40.884/PR, 5ª T., rel. Min. José Arnaldo da Fonseca, j. 07.04.2005)

Recurso ordinário em *habeas corpus*. Ato infracional equiparado ao crime de furto qualificado. Revogação do inciso VI, do art. 198, do ECA, pela "Lei da Adoção" (Lei n. 12.010/2009). Aplicação de medida socioeducativa de semiliberdade antes de transitada em julgado a sentença. Possibilidade, desde que demonstrada a necessidade concreta da medida cautelar, como ocorreu no caso. Recurso desprovido. 1. Após a revogação do inciso VI, do art. 198, do ECA, pela "Lei da Adoção" (Lei n. 12.010/2009), passou a 5ª Turma deste STJ a entender que o imediato cumprimento das medidas socioeducativas, antes do trânsito em julgado da sentença, é possível nas hipóteses em que necessária a tutela cautelar, a serem analisadas pontualmente. (STJ, RHC n. 32.700/PA, 5ª T., rel. Min. Laurita Vaz, j. 06.09.2012, *DJ* 19.09.2012)

3. OBSERVAÇÕES

O primeiro acórdão citado foi selecionado por congregar duas situações tomadas como de inimputabilidade, quais sejam a idade e a condição de indígena.

Apesar de não se concordar com o entendimento de que a condição de indígena possa implicar inimputabilidade, é interessante apontar que uma ação foi integralmente anulada pela falta do laudo antropológico, que visaria checar, nos termos do trecho transcrito, o grau de integração dos jovens indígenas à sociedade.

Analisando o julgado com vagar, percebe-se que os magistrados se dispuseram a avaliar se os adolescentes indígenas seriam ou não imputáveis, para os fins de receberem medida socioeducativa. Intrigantemente, estabeleceu-se uma inimputabilidade dentro de outra inimputabilidade.

Com efeito, dada a idade, eles não poderiam receber pena; entretanto, pela condição de indígena, entenderam os ministros que seria preciso também aferir se eles poderiam ser submetidos à medida socioeducativa.

O precedente é importante, não apenas para os casos em que o autor do ato infracional é indígena, mas também para as hipóteses em que o autor do ato infracional é portador de doença mental, ou dependente de drogas.

De fato, sabendo-se que a jurisprudência e a doutrina dominantes equiparam essas situações, pois consideram o indígena inimputável, por consequência lógica tem-se que, quando um adolescente portador de doença mental cometer um ato infracional, somente poderá ser submetido à medida socioeducativa se a doença não prejudicou a compreensão do caráter ilícito de sua ação.

Na falta de um sistema paralelo à medida socioeducativa, voltado para inimputáveis para o fim de receber a própria medida, deverá o adolescente ser absolvido e, caso necessite de tratamento, haverá de ser encaminhado à rede de saúde, pública ou particular, a depender de suas condições.

O segundo acórdão citado foi selecionado por ser um excelente exemplo de como os adolescentes findam sendo tratados de maneira mais gravosa que os adultos.

Com efeito, da leitura da ementa, percebe-se que, dada a prolação de sentença não definitiva, determinando a aplicação de medida socioeducativa, o STJ julgou correta a imediata execução da medida, mesmo tendo sido interposto recurso.

É bem verdade que se utilizou o argumento da necessidade da medida, fundamento desposado também quando se decreta a prisão preventiva de adultos.

No entanto, já há um bom tempo, não se decretam prisões provisórias em decorrência da sentença, sendo certo que a regra é manter em liberdade o condenado que em liberdade tenha respondido o processo.

Em outras palavras, no segundo caso, fosse o paciente um adulto, tendo respondido o processo em liberdade, muito provavelmente permaneceria em liberdade, salvo se tentasse se furtar à aplicação da lei.

Nota-se claramente que, para os adolescentes, sequer o princípio da presunção de inocência, com todos os seus consectários, é integralmente respeitado; e esse estado de coisas não é tomado como indevido, haja vista o entendimento predominante de que os princípios do direito penal não se aplicam à Justiça juvenil.

Emoção e paixão

Art. 28. Não excluem a imputabilidade penal:

I – a emoção ou a paixão;

Embriaguez

II – a embriaguez, voluntária ou culposa, pelo álcool ou substância de efeitos análogos.

§ 1º É isento de pena o agente que, por embriaguez completa, proveniente de caso fortuito ou força maior, era, ao tempo da ação ou da omissão, inteiramente incapaz de entender o caráter ilícito do fato ou de determinar-se de acordo com esse entendimento.

§ 2º A pena pode ser reduzida de um a dois terços, se o agente, por embriaguez, proveniente de caso fortuito ou força maior, não possuía, ao tempo da ação ou da omissão, a plena capacidade de entender o caráter ilícito do fato ou de determinar-se de acordo com esse entendimento.

---

1. COMENTÁRIO

Ao disciplinar a inimputabilidade, ou a imputabilidade por critérios negativos, o CP, em seu art. 28, I, toma o cuidado de deixar expresso que a emoção e a paixão não excluem a imputabilidade penal.

Como faz com a emoção e a paixão, o CP, no mesmo art. 28, aponta que a embriaguez não afasta a imputabilidade. Em termos de política criminal, é bem compreensível a opção do legislador, até porque grande parte dos crimes ocorre quando os agentes estão sob o efeito de álcool, *vide* os homicídios no interior e nas portas de bares, as agressões sexuais perpetradas por parentes e as cenas clássicas de violência doméstica.

Se o CP não tomasse o cuidado de afastar, de plano, eventual alegação de inimputabilidade por embriaguez, muito provavelmente, grande parte dos crimes deixaria de ser punida.

Na verdade, pela sistemática do CP, a embriaguez não só não afasta a imputabilidade como, se for preordenada, implica o agravamento da pena. Ou seja, se ao beber, o sujeito já pretendia praticar o ato criminoso, sua punição até sofrerá agravamento.

Podem-se elencar seis tipos de embriaguez no ordenamento brasileiro, seja por álcool, seja por substâncias análogas, drogas ilícitas e alguns medicamentos. A exemplificação se dará com a bebida, por ser mais comum:

A embriaguez voluntária, que ocorre quando o agente quis beber com o fim de se embebedar;

A embriaguez culposa, em que o sujeito quis beber, mas não com o fim de ficar embriagado;

A embriaguez por caso fortuito, em que o sujeito, crendo ingerir substância incapaz de embriagá-lo, finda embriagado;

A embriaguez por força maior, como no ultrapassado trote "carruagem de fogo", em que os veteranos obrigavam os calouros a beber e correr, ao som da música clássica de mesmo título;

Há ainda a já mencionada embriaguez preordenada; e

A embriaguez por adição, ou por dependência.

Esta última não é abordada de maneira expressa no CP, mas está contemplada, indiretamente, uma vez que o alcoolismo, na Organização Mundial de Saúde, resta equiparado à doença mental.

Pois bem, a depender da modalidade de embriaguez, as consequências para fins penais são diferenciadas:

As duas primeiras (voluntária e culposa) não implicam inimputabilidade;

As duas seguintes (caso fortuito e força maior), a depender do entendimento do caráter ilícito do ato, ou da capacidade de determinação de acordo com tal entendimento, podem acarretar a inimputabilidade, ou a semi-imputabilidade, nos termos dos §§ 1º e 2º do art. 28;

A quinta modalidade de embriaguez (preordenada), como já dito, agrava a pena, conforme expressamente previsto no art. 61, II, *l*, do CP;

Já a sexta deveria, nos termos das leis de drogas, a atual e a anterior, acarretar o tratamento adequado para fazer frente à dependência química, ou psicológica.

De fato, a Lei n. 11.343/2006, em seu art. 45, diz textualmente que o sujeito que pratica crime em virtude da dependência de drogas receberá o tratamento adequado se se verificar que essa dependência acarretou a inimputabilidade. Deve ficar claro que não é preciso que o crime tenha sido praticado sob a influência dos efeitos da droga para que se reconheça a inimputabilidade. É comum, por exemplo, que os crimes sejam praticados justamente no período conhecido como "fissura", que constitui a alteração decorrente da falta da droga, tamanha a dependência que se estabeleceu.

Percebe-se que a dependência finda equiparada à doença mental.

No entanto, na falta do tratamento adequado os poucos sujeitos "absolvidos impropriamente", graças à dependência, acabam sendo enviados para os mesmos estabelecimentos destinados aos doentes mentais que recebem medida de segurança, prejudicando o próprio tratamento e o dos demais internos, já que as necessidades de uns e de outros são bastante diversas.

Eugenio Raúl Zaffaroni e José Henrique Pierangeli criticam a sistemática do CP, no que diz respeito à embriaguez, constatando, com propriedade, que o legislador antecipa a análise do dolo para o momento do embriagar-se, retirando-o do ato previsto como crime (*Manual de direito penal brasileiro*: Parte Geral, 1999, p. 528-9).

Assim, por exemplo, não se verifica se o sujeito quis e tinha consciência do crime sexual que praticara, mas se, ao beber, foi forçado ou o fez por prazer, ou o fez para ter coragem para praticar o ato. Na visão dos autores, a punição recai não sobre o ato, mas sobre a embriaguez propriamente dita; de maneira bastante ilustrativa, aduzem que, com frequência, as pessoas se modificam quando embriagadas.

Em suma, mesmo que alguém beba para ter coragem de perpetrar um determinado crime, nada garante que, uma vez embriagado, este alguém não se arrependerá de seu intento anterior, sendo, por isso, inadequada a sistemática adotada pelo CP, a qual, como já dito, transfere a análise do dolo do momento da prática do ato previsto como crime para o momento do embriagar-se.

Apesar de entender que assiste razão aos autores nessa sua constatação de que ocorre, sim, uma transferência do momento volitivo, crê-se ser inadequado pretender modificar o ordenamento para prever de forma diversa, pois eventual previsão de afastamento da imputabilidade em decorrência da embriaguez fatalmente levaria à impunidade de grande parte dos crimes praticados atualmente, dentre os quais confere-se destaque para o homicídio.

A comissão de juristas que propôs a reforma completa da legislação penal vigente, no PL n. 236/2012, sugeriu que a embriaguez não afastasse a imputabilidade, apenas nas hipóteses em que o fato fosse previsível no momento do consumo.[13]

Por mais que se compreenda os motivos que nortearam tal proposta, ou seja, o intuito de evitar essa transferência do momento da análise do elemento subjetivo, por certo, a referida mudança levaria à impunidade generalizada.

Ademais, não se pode deixar de constatar uma grande contradição no projeto apresentado ao Senado, pois, ao mesmo tempo em que se pretende instituir uma inimputabilidade pela embriaguez, os juristas sugerem elevar as penas dos homicídios e lesões causados ao volante, quando o motorista está alcoolizado. Ora, a embriaguez, então, somente acarretaria a inimputabilidade para crimes dolosos? Resta flagrante a desproporcionalidade.

Nessa temática, é bastante interessante notar a tendência crescente de punir criminalmente, de forma severa, crimes de perigo, mesmo abstrato, e crimes culposos. O que chama a atenção não é a legislação, mas o respaldo que a doutrina confere a tal movimento. Em sentido contrário e de forma, a nosso sentir, contraditória, a mesma doutrina advoga um abrandamento no tratamento dispensado aos crimes dolosos, independentemente de terem sido praticados sob efeito de drogas (lícitas ou ilícitas), ou não.

Esse cenário está diretamente relacionado aos estudos referentes à chamada sociedade de risco. Com efeito, paulatinamente, estudiosos do Direito Penal se convencem de que a intervenção penal se justifica mais quando há riscos difusos a toda a sociedade, do que quando há danos efetivos a um determinado indivíduo. Trata-se de decorrência lógica da adoção da prevenção geral positiva como finalidade primordial da pena. Trata-se, igualmente, de consequência inerente à adoção da teoria da imputação objetiva.

Como já anunciado em *Ingerência indevida*: os crimes comissivos por omissão e o controle pela punição do não fazer (PASCHOAL, Janaina, 2011), não se julgam essas tendências, apesar de modernas, concernentes com o direito penal mínimo, que deve ser aquele existente em um verdadeiro Estado Democrático de Direito.

2. JURISPRUDÊNCIA

2.1. Julgados

Medida de segurança. Limites

Trata-se de recurso de apelação interposto pela defesa de [...], relativamente à r. sentença de fls. [...] que o absolveu sumariamente do delito imputado na denúncia, nos termos do art. 386, VI, e parágrafo único, III, ambos do CPP, aplicando-se medida de segurança detentiva consistente em sua internação em hospital de custódia e tratamento devendo ser reavaliado dentro do prazo de três anos, perdurando a medida enquanto existir a periculosidade do acusado. A medida de segurança, porém, não poderá ultrapassar o prazo máximo de 30 (trinta) anos.[14] Alega a defesa do apelante, tão somente, que o prazo estabelecido de três (três) anos é muito exagerado, devendo ser reduzido para o mínimo legal, um ano. Por fim, reitera os termos da reconsideração de sentença de fls. 129/130, onde requer o encaminhamento urgente do apelante a Hospital de Custódia e Tratamento. Contrariado o recurso (fls. 148/149), o D. representante da Procuradoria Geral de Justiça, às fls. 154/156, opinou pelo não provimento do recurso. Segundo consta da denúncia recebida em 05.09.2008 (fls. 38), no dia 11.08.2008, as vítimas caminhavam pelo local dos fatos quando em frente ao estabelecimento comercial "Cacique Center", o denunciado que trafegava montado em uma bicicleta, se aproximou do casal e disse "passa a bolsa senão eu atiro". A vítima notou que o denunciado não estava armado e negou-se a efetuar a entrega. Frente a negativa o denuncia-

13 Projeto n. 236/2012: "Art. 33. Não há exclusão da imputabilidade penal se o agente praticar o fato: I – sob emoção ou paixão; ou II – em estado de embriaguez ou estado análogo, voluntário ou culposo, se no momento do consumo era previsível o fato".

14 Atualmente, por força da Lei n. 13.964/2019 (Pacote Anticrime), esse prazo máximo passou a ser de quarenta anos, haja vista a alteração do art. 75 do CP.

do desceu da bicicleta e começou a desferir vários chutes em Jean. Diante das agressões contra seu namorado, Denise pegou sua bolsa e ligou para a polícia, o que fez com que o denunciado se evadisse do local. Constou, ainda, que a polícia de posse das características do denunciado, após patrulhamento, logrou encontrar o denunciado que tentou empreender fuga, mas foi detido pela guarnição policial. Pelas provas e pelos depoimentos prestados, pode-se concluir que a autoria delitiva está bem delineada nos autos, não podendo ser outra a conclusão senão à que chegou a sentença. Não há que se falar, pois, em absolvição por falta de provas, pois o próprio apelante confessa a autoria delitiva (fls. 94/95). Embora configurada a conduta típica e antijurídica, foi afastada a culpabilidade. Isto porque no Exame de Verificação de Insanidade Mental, juntado às fls. 10/12 (apenso), o apelante foi considerado como portador de transtorno classificado como síndrome de dependência ao *crack*. Concluiu o laudo 'ser o réu, ao tempo da ação, totalmente incapaz de entender o caráter criminoso do fato e de se determinar frente ao seu entendimento, considerando a denúncia formulada. Ressaltou, ainda, que diante da crescente periculosidade do examinando sugeriam como alternativa terapêutica uma internação em Hospital de Custódia até que apresente redução de seu potencial agressivo social. É certo que, no caso em apreço, a medida de segurança mais adequada era a internação em casa de custódia e isso, nem a própria defesa está questionando. Sua pretensão é tão somente, reduzir o prazo mínimo de 3 (três) anos estabelecido pela sentença, para 1 (um) ano. Discorrendo sobre o tempo de duração da medida, Miguel Reale Júnior, entende que "a medida de segurança não deveria ter tempo mínimo, dependendo da internação ou restrição do tratamento ambulatorial e do sucesso da terapia, pois uma vez curado teria de cessar a medida. Por outro lado, mesmo não cessada a anomalia psíquica, perdurando a periculosidade, não se coaduna com o Estado Democrático a imposição de constrangimento indeterminado, que pode se perpetuar" (*Instituições de direito penal*, Parte Geral, v. II, Forense, 2003, p. 176). Tratando-se de crime apenado com reclusão, forçosa é a adoção da medida de segurança na modalidade de internação, conforme dispõe o art. 97 do CP, sendo inviável o tratamento ambulatorial, pelo menos no início do tratamento. [...] Ora, se a lei prevê um prazo mínimo para a internação, no caso dos autos parece ter sido excessivo o tempo estabelecido, porque, embora se trate de dependente químico, é muito longo o período que ele deve ficar em tratamento e esperar para a realização da primeira perícia. Outrossim, a redução do prazo para 1 (um) ano conforme requerido pela Defensoria do acusado, corresponde ao tempo inicial necessário para seu tratamento. Dessa forma, reduzo-o para um ano, entendendo ser um período mais razoável para o início do tratamento. Ante o exposto, dá-se parcial provimento à apelação interposta por [...] para o fim de reduzir o tempo de internação imposto para 1 (um) ano. (TJSP, Ap. Crim. n. 0002942-68.2008.8.26.0246, 16ª Câm. Crim., rel. Borges Pereira, j. 20.03.2012)

[...] foi condenado, por incurso no art. 157, § 2º, I, do CP, c/c o art. 46, *caput*, da Lei n. 11.343/2006, ao cumprimento de 1 (um) ano, 9 (nove) meses e 10 (dez) dias de reclusão, em regime inicial semiaberto, e ao pagamento de 4 (quatro) dias-multa, no piso (fls. 87/92). Recorrem as partes. O Ministério Público postula: afastamento do redutor previsto no art. 46, da Lei Antidrogas, ou aplicação do patamar mínimo; não incidência do art. 47, da Lei n. 11.343/2006, ou a imposição de medida de internação; e fixação de regime prisional fechado (fls. 106/109). Busca o réu absolvição, sustentando fragilidade probatória, atipicidade da conduta (princípio da insignificância) e inimputabilidade. Subsidiariamente, almeja desclassificação da conduta, por ausência de ameaça, e afastamento do uso de arma (fls. 113/115). Os recursos foram devidamente contrariados, contando os autos com parecer da douta Procuradoria-geral de Justiça, opinando pelo desprovimento dos reclamos. É o relatório. A acusação é a de que o apelante, mediante uso de uma faca, subtraiu R$ 70,00. A materialidade é incontroversa e a autoria recai, com segurança, sobre o sentenciado. O réu confessou o cometimento do delito, aduzindo que estava sob efeito de *crack* (fls. 67); a vítima reconheceu-o, narrando os fatos tal como noticiados na denúncia, confirmando ter sido ameaçada (fls. 64); Ricardo e Wellington policiais militares, com as características passadas pela vítima (tatuagem), localizaram o sentenciado, próximo ao local dos fatos, ainda na posse do butim (fls. 65 e 66). Nesse contexto fático, a condenação era mesmo de rigor, não havendo falar em insuficiência probatória ou desclassificação da conduta, por ausência de ameaça. A conduta imputada não pode ser considerada insignificante, porquanto imbuída de perceptível gravidade, principalmente pela grave ameaça exercida com uso de faca, tornando a submissão à sanção criminal indispensável, tanto à aplicação da justiça, quanto à segurança dos valores da sociedade. Inafastável a causa especial de aumento pelo uso de arma: além de admitida pelo sentenciado, a palavra da vítima, suficiente para incriminação do agente, pelo delito, tem valia e eficácia probatória também para esclarecimento de pormenor complementar (emprego de arma). A reprimenda mostrou-se adequada e motivadamente dosada: pena-base fixada no mínimo legal, exasperada em 1/3 pela causa especial (arma) e corretamente reduzida de 2/3, pela comprovada semi-imputabilidade (e não inimputabilidade como alvitrado pela defesa fls. 17/18, do apenso próprio). Assim sendo, e não se evidenciando erro técnico ou excessivo rigor, a punição deve ser mantida, tal como monocraticamente estabelecida e secundada pela d. Procuradoria-Geral de Justiça. Impossível o pleito do Ministério Público pelo afastamento do tratamento ambulatorial ou pela aplicação da medida de internação. Isso porque o tratamento médico determinado pelo art. 47, da Lei Antidrogas, diferencia-se daquele disciplinado no capítulo das Medidas de Segurança do CP. Neste vigora o sistema vicariante, que substitui a pena privativa de liberdade, impondo-se o tratamento ambulatorial ou de internação, com caráter de pena, sem possibilidade de aplicação simultânea com a corporal. Naquele, há a possibilidade de aplicação concomitante, sendo o tratamento médico de natureza acessória, para superação do vício, como assistência à saúde, pois o réu não era, somente ao tempo da ação, por uso de entorpecente e em razão da dependência química, inteiramente capaz de entender o caráter criminoso do fato. Ademais, o laudo pericial não faz qualquer recomendação sobre a necessidade de internação. O regime prisional semiaberto não comporta modificação. (TJSP, Ap. Crim. n. 0003210-97.2010.8.26.0070, 14ª Câm. Crim., rel. Marco de Lorenzi, j. 01.03.2012)

3. OBSERVAÇÕES

O primeiro julgado anteriormente transcrito foi escolhido por ser um dos poucos que reconhece, expressamente, que a dependência química constitui uma doença mental e, ocorrendo a prática de ato previsto como crime, pode ensejar a aplicação da medida de segurança.

A esse respeito, é importante destacar que a legislação referente às drogas, tanto a lei vigente como a revogada, sempre previu que a prática de crime sob efeito ou por causa das drogas poderia ensejar a absolvição com aplicação do tratamento adequado, desde que restasse prejudicada a consciência quanto à ilicitude da conduta, ou o controle sobre ela.

Não obstante a possibilidade de absolvição, com aplicação do tratamento adequado, seja antiga, até em razão de muitos crimes serem praticados por força da dependência, são raros julgados como o ora trazido à análise, o qual, por essa razão, pode-se dizer de vanguarda.

É bem verdade que, infelizmente, em vez de submeter o imputado ao tratamento adequado, até pela falta de um estabelecimento próprio, o Tribunal determinou a internação em casa de custódia, o que não se revela saudável nem para o dependente químico, nem para os portadores de outras doenças mentais.

Aliás, dada a intrínseca relação entre drogas e crime, seria bastante apropriado criar um estabelecimento que pudesse receber esse doente, com características tão peculiares. Obviamente, um local menor que os hospitais psiquiátricos, pois o sucesso do tratamento de dependentes químicos depende de a terapia ser aplicada a pequenos grupos.

Em estudo anterior, justamente em razão da íntima relação entre droga e crime, sugeriu-se que mesmo os presos imputáveis tivessem eventual dependência química tratada, enquanto estivessem na prisão. Primeiramente por questões de saúde e, por conseguinte, humanitárias. Em segundo lugar, por questões de segurança pública, pois já há pesquisas mostrando que tratar a dependência tem efeitos diretos na reincidência ("Droga e crime: algumas das diversas interfaces", 2011, p. 93-108).

A convicção acerca dos benefícios almejados por indivíduos e sociedade, mediante o tratamento da dependência de drogas em presídios é tal, que ao lado de outros deputados estaduais do Estado de São Paulo, propusemos o Projeto de Lei n. 1.010/2019,[15] instituindo programa com tal fim, no Estado de São Paulo.

---

15 "Estabelece o Programa de Recuperação de Dependentes Químicos no Sistema Prisional do Estado de São Paulo. A Assembleia Legislativa do Estado de São Paulo decreta: **Artigo 1º** Quando do ingresso no sistema prisional, será ofertado programa de recuperação ao preso que declarar envolvimento com drogas, lícitas ou ilícitas, independentemente do crime praticado. § 1º A adesão ao programa de recuperação de que trata o *caput* deste artigo será voluntária e antecedida de assinatura de termo de consentimento livre, esclarecido e informado. § 2º O programa de recuperação de que trata o *caput* deste artigo será desenvolvido na unidade prisional a que o preso for recolhido, ou em estabelecimento especificamente destinado a tal fim. **Artigo 2º** A possibilidade de ingressar em programa de recuperação será ofertada também aos presos provisórios. **Artigo 3º** O programa de recuperação de que trata esta lei será ofertado, preferencialmente, pela rede pública de saúde. § 1º Haja vista as limitações da rede pública de saúde, para viabilizar o programa de recuperação de que trata esta lei, a Secretaria da Administração Penitenciária poderá estabelecer parcerias com universidades, instituições de saúde, organizações não governamentais e grupos religiosos, ou afins. § 2º As parcerias com universidades, instituições de saúde, organizações não governamentais e grupos religiosos, ou afins, serão firmadas a título gratuito, podendo ser emitidos certificados com fins educacionais ou de reconhecimento de mérito aos profissionais e pesquisadores que trabalharem no programa. **Artigo 4º** O preso participante do programa de recupera-

Em suma, não há mais como fugir à necessidade de enfrentar a questão das drogas de forma menos romântica.

Por um lado, não adianta endeusar o usuário e pequeno traficante, negando que há relação entre droga e crime, apesar, obviamente, de ser inadequado generalizar e supor que todo usuário comete delito.

Por outro lado, não se pode mais negar que não se resolverão os problemas de segurança pública encarcerando dependentes químicos, sem lhes conferir tratamento para o mal que os leva ao crime.

Destaca-se que não se está mais falando daquele sujeito que é flagrado com drogas para uso próprio – este já não é preso há muito tempo. Trata-se aqui do indivíduo que, para obter a droga, rouba, sequestra e trafica. Ainda que esses atos tenham relevância penal, esse cidadão, para o seu bem e o da sociedade, precisa ser tratado, respeitando-se, por óbvio, todos os princípios inerentes ao direito penal de um Estado democrático.

O segundo julgado citado também se revela bastante original, pois, apesar de reconhecer a inimputabilidade pela dependência do *crack* (tal qual ocorrera no primeiro caso), a Câmara julgadora diferenciou a inimputabilidade por dependência de droga da inimputabilidade decorrente de doença mental, entendendo que apenas esta enseja a aplicação de medida de segurança na sentença. Assim, o tribunal entendeu por aplicar a pena privativa de liberdade em regime semiaberto e, paralelamente, determinar o tratamento adequado.

Como já dito, dado que a lei de drogas não fala em medida de segurança, mas em tratamento adequado e, ainda, em virtude de o *crack* implicar uma péssima novidade a ser dirimida pela Justiça Criminal, tem-se que ambas interpretações são possíveis. De toda forma, o ideal seria, realmente, preparar um estabelecimento voltado ao tratamento da dependência química com o fim de receber as pessoas que praticam atos previstos como crime, por influência da dependência.

Para finalizar, cumpre consignar que a situação se revela ainda mais problemática quando se pensa em adolescentes que cometem atos infracionais em razão da dependência da droga. Esses indivíduos, duplamente fragilizados, mesmo que o juiz quisesse, não teriam para onde ser encaminhados, pois ainda não há sequer um hospital psiquiátrico voltado a receber jovens infratores. Aliás, mesmo os adolescentes acometidos de doença mental, que vêm a praticar um ato previsto como crime, acabam sendo internados em unidades não especialmente preparadas para recebê-los e tratá-los.[16]

ção de que trata esta lei, quando liberado, seguirá sendo atendido, nos equipamentos públicos de saúde, com o fim de evitar o retorno ao uso e abuso de drogas lícitas, ou ilícitas. Tal atendimento dependerá da anuência do beneficiário. **Artigo 5º** O preso participante do programa de recuperação de que trata esta lei será acompanhado, com o fim de avaliação do impacto no retorno a práticas delitivas. Parágrafo único. Para melhor verificação do impacto de que trata o *caput* deste artigo, poderá ser constituído grupo de controle, formado por presos não participantes do programa de recuperação de que trata esta lei. **Artigo 6º** Para o desenvolvimento do programa previsto nesta lei, a direção do estabelecimento prisional destinará espaços de atendimento coletivo e individual. Parágrafo único. Fica, desde logo, a Secretaria da Administração Penitenciária autorizada a implementar o programa de que trata esta lei por meio das tecnologias utilizadas na Telessaúde, na Telemedicina e na Educação a distância. **Artigo 7º** O Poder Executivo regulamentará a presente lei em até 90 (noventa) dias da data de sua promulgação. **Artigo 8º** Esta lei entra em vigor na data de sua publicação". O projeto, suas justificativas e seu trâmite estão disponíveis em: https://www.al.sp.gov.br/propositura/?id=100284685.

16 A esse respeito, imperioso lembrar que, no Estado de São Paulo, existe um estabelecimento, denominado Unidade Experimental de Saúde, para o qual foram encaminhados alguns jovens que, à época da prática do ato previsto como criminoso, eram adolescentes e, por conseguinte, receberam medida socioeducativa, na modalidade internação, sendo certo que, apesar do término do período de três anos, não tinham condições de serem liberados, em virtude de representarem, efetivamente, um elevado risco à sociedade. Alguns desses jovens chegaram a verbalizar que praticariam novamente crimes da mesma natureza dos anteriores. O mais famoso desses jovens é conhecido como Champinha. No entanto, houve outros casos. O imbróglio jurídico é significativo. Estando a medida socioeducativa terminada, não é possível manter o jovem na Fundação Casa ou em estabelecimentos correlatos. Tendo os jovens praticado o ato previsto como crime quando adolescentes, não poderiam ser enviados a presídios ou mesmo a manicômios judiciários. Manicômios comuns, a princípio, não trariam o nível de segurança de que casos como os deles careceriam. Isso sem contar as dificuldades práticas trazidas pela luta antimanicomial. Daí a solução prática de criar um local híbrido, juridicamente inexistente, para abrigar esses casos excepcionais. Ocorre que poucos são os jovens nessa situação, e a manutenção desse local tem custos bem elevados. Em visita a essa Unidade Experimental de Saúde, foi possível constatar a dignidade das instalações, bem como o fato de estarem mal utilizadas. Trata-se de espaço considerável para, à época da visita, cinco jovens adultos.

TÍTULO IV
DO CONCURSO DE PESSOAS

Art. 29. Quem, de qualquer modo, concorre para o crime incide nas penas a este cominadas, na medida de sua culpabilidade.

§ 1º Se a participação for de menor importância, a pena pode ser diminuída de um sexto a um terço.

§ 2º Se algum dos concorrentes quis participar de crime menos grave, ser-lhe-á aplicada a pena deste; essa pena será aumentada até metade, na hipótese de ter sido previsível o resultado mais grave.

1. COMENTÁRIO

1.1. Notas introdutórias

Na maior parte dos casos, o delito é praticado por um único indivíduo a quem se reservou o título de "autor". Algumas vezes, no entanto, o "autor" não age isoladamente: há diversos "autores" que atuam em conjunto, numa verdadeira divisão de tarefas, para a concretização de um crime. Outras vezes, certos indivíduos são alcançados pela lei penal não porque tenham praticado uma conduta ajustável a uma figura delitiva, mas porque, embora executando atos sem conotação típica, contribuíram, objetiva e subjetivamente, para a ação criminosa de outrem. Para eles, foi atribuída a denominação de "partícipes" (FRANCO, Alberto Silva et al. *Código Penal e sua interpretação jurisprudencial*, s.d., p. 99).

1.2. Autoria. Teorias e conceito de autor

1.2.1. Conceito unitário de autor

Considera autor todos os intervenientes que trazem uma contribuição causal na realização do tipo, com independência da importância que corresponda à sua colaboração no marco da totalidade do sucesso (JESCHECK, Hans-Heinrich. *Tratado de derecho penal*: Parte General, 1993, p. 587). Como consequência, a causalidade constitui o único critério de relevância jurídico-penal de um comportamento, e o conceito de acessoriedade resulta supérfluo. Ao juiz, confia-se o castigo de cada cooperador de acordo com a intensidade de sua vontade delitiva e a importância de sua contribuição ao fato (ibidem, p. 587).

1.2.2. Conceito restritivo de autor

Para esta teoria, somente é autor quem realiza por si mesmo a ação típica, enquanto a simples contribuição na causação de um resultado mediante ações distintas das típicas não pode fundar nenhuma autoria. Os outros intervenientes, que só determinaram ao autor a realizar o fato ou lhe ajudaram, teriam de ficar impunes, não fosse pelos especiais preceitos penais para a indução e para a cumplicidade (JESCHECK, op. cit., 1993, p. 589). Segundo Maurach, esse conceito atende à redação dos tipos particulares, cujo teor literal é interpretado no sentido mais próximo possível da utilização cotidiana de linguagem, considerando autor aquele que executa a ação típica legal do tipo respectivo, é dizer, o que realiza os elementos típicos legais. Somente uma ação típica-causal fundamenta a autoria. Sobre ela se constroem a indução e a cumplicidade, como acontecimentos extratípicos de causação e colaboração (MAURACH, Reinhart; GÖSSEL, Karl Heinz; ZIPF, Heinz. *Derecho penal*: Parte General 2, 1994, p. 310).

As regras sobre a responsabilidade pela participação são, de acordo com essa concepção, causas de extensão da pena (Welzel coloca como causas de extensão da tipicidade – *Derecho penal alemán*, 1997, p. 119), as quais, iguais às da tentativa, ampliam o conceito de delito trazido na Parte Especial (MAURACH et al., op. cit., 1994, p. 310). Portanto, a autoria é a configuração típica fundada em atividade própria. A delimitação da autoria com respeito à participação só pode ser executada com a ajuda de meios auxiliares *objetivos*, sem que se possa tomar em conta a vontade do autor: somente e sempre é autor aquele que – pessoalmente ou mediante um instrumento humano – realiza os elementos típicos legais do tipo respectivo: o determinante é o aporte típico efetivamente realizado. A consequência do conceito restritivo de autor é a *teoria objetiva da autoria* (ibidem, p. 310).

1.2.3. Teoria objetivo-formal

Atém-se ao teor literal das descrições da ação nos tipos e, prescindindo da importância de sua contribuição efetiva no marco da totalidade do sucesso, considera autor todo aquele cujo comportamento entre no círculo que o tipo pretende abarcar, enquanto, por isso, qualquer outra aportação causal ao fato só pode ser participação (JESCHECK, op. cit., 1993, p. 590). É autor quem executa pessoalmente a ação típica. Pelo contrário, encontra-se diante a cumplicidade (participação) quando o colaborador, sem executar pessoalmente a ação típica, atua em forma meramente preparatória ou em apoio a esta (MAURACH et al., op. cit., 1994, p. 311).

1.2.4. Teoria objetivo-material

Proporciona um complemento mediante a consideração da maior perigosidade que deve caracterizar a contribuição ao fato por parte do autor mediante a do cúmplice (partícipe). Atendeu-se, ademais, às supostas diferenças na classe e intensidade da relação causal (JESCHECK, op. cit., 1993, p. 590). Busca-se uma restrição distinguida na importância objetiva da contribuição; sobre a base de diferenciar entre condição e causa, trata-se de indagar a maior perigosidade objetiva da contribuição (BUSTOS RAMÍREZ, Juan. *Manual de derecho penal español*: Parte General, 1984, p. 325). O problema é encontrar tais critérios objetivos e, em todo caso, fica sem consideração o autor mediato e também em certos casos um coautor que, objetivamente, não intervenha com uma contribuição importante (ibidem, p. 325).

1.2.5. Conceito extensivo de autor e a teoria subjetiva da participação

O fundamento dogmático desta teoria – coincidindo até aqui com o conceito unitário de autor – é a ideia da equivalência de todas as condições do resultado, que serve de base à teoria da condição (JESCHECK, op. cit., 1993, p. 591). A seu teor, é autor todo aquele que contribuiu na causação do resultado típico, sem que sua contribuição ao fato tenha que consistir numa ação típica. Segundo isso, também o indutor e o cúmplice serão em si autores, mas o estabelecimento de especiais disposições penais para a participação indicaria que essas formas de intervenção devem ser tratadas de outra maneira dentro do conceito global de autor (ibidem, p. 591). Os tipos penais de participação aparecem, então, como "causas de restrição da pena", posto que sem elas dever-se-ia castigar a todos os intervenientes como autores (MIR PUIG, Santiago. *Derecho penal*: Parte General, 1996, p. 360). Se a autoria e a participação, dada a sua equivalência desde uma perspectiva causal, não podem distinguir-se objetivamente, somente resta a possibilidade de buscar a diferenciação num critério subjetivo (JESCHECK, op. cit., 1993, p. 591). Por isso, o conceito extensivo de autor vai unido à *teoria subjetiva da participação* (ibidem, p. 591). Segundo essa teoria, é autor quem com *vontade de autor* realiza uma contribuição causal ao fato, qualquer que seja seu conteúdo, sendo, pelo contrário, partícipe quem unicamente tem, então, *vontade de partícipe* (ibidem, p. 591). O autor quer o fato "como próprio" e tem *animus auctoris*, enquanto o partícipe quer o fato "como alheio" e tem *animus socii* (ibidem, p. 591). Segundo Bustos Ramírez (op. cit., 1984, p. 326), essas teorias caem em completa contradição, já que deixam entregado o fato totalmente ao que diga o sujeito, ou bem, ao que pense o juiz a respeito de sua subjetividade. Em definitivo, é totalmente arbitrária. Jescheck aduz também a crítica de que quem atua pessoalmente e com plena responsabilidade pode ser somente cúmplice (partícipe), se não deseja o fato "como próprio" (op. cit., 1993, p. 593). Assim, num crime de estupro, aquele que somente segura a vítima para que o outro mantenha conjunção carnal, pode ser partícipe, pois não deseja o fato como próprio.

1.2.6. Teoria do domínio do fato ou objetivo-subjetiva

Segundo Mir Puig (op. cit., 1996, p. 364), a teoria do domínio do fato constitui a opinião dominante na doutrina alemã atual. Wessels afirma que na jurisprudência, no setor das teorias *material-objetiva* e *final-objetiva* mais recentes, impõe-se, em cunhagem parcialmente diversa, *a teoria do domínio do fato*, que desenvolveu, a partir de critérios objetivos e subjetivos, o conceito subsistente do "domínio do fato" como princípio diretor para a delimitação entre autoria e participação (*Direito penal*: Parte Geral, 1976, p. 119). Tem sua origem no finalismo, e a característica geral do autor é o domínio final sobre o fato (WELZEL, op. cit., 1997, p. 120). Senhor do fato é aquele que o realiza na forma final, em razão de sua decisão volitiva. A conformação do fato mediante a vontade de realização que dirige na forma planificada é o que transforma o autor em senhor do fato. Nos delitos dolosos, é autor somente aquele que mediante uma condução, consciente do fim do acontecer causal em direção ao resultado típico, é senhor sobre a realização do tipo (WELZEL, op. cit., 1997, p. 119). Mediante o domínio final sobre o acontecer, o autor destaca-se do mero partícipe, aquele que, ou bem somente auxilia num ato dominado finalmente pelo autor ou bem incitou a decisão (WELZEL, op. cit., 1997, p. 119). Para Maurach et al. (op. cit., 1994, p. 315), domínio do fato significa ter nas mãos o curso típico dos acontecimentos que compreende o dolo. O elemento objetivo da autoria consiste em ter nas mãos o curso do acontecer típico, na possibilidade fática de dirigir em todo momento a configuração típica (ibidem, p. 317). Em oposição à autoria, toda forma de participação caracteriza-se pela ausência de domínio do fato do colaborador; o domínio do fato é um elemento objetivo necessário da autoria nos fatos puníveis dolosos em todas as suas formas (ibidem, p. 317). Mir Puig (op. cit., 1996, p. 364), citando Jescheck, explica as consequências concretas da teoria do domínio do fato: 1) sempre é autor quem executa por sua própria mão todos os elementos do tipo; 2) é autor quem executa o fato utilizando outra pessoa como instrumento (*autoria mediata*); 3) é autor o *coautor*, que realiza uma parte *necessária* da execução do plano global (*domínio funcional do fato*), mesmo que não seja um ato típico em sentido estrito, mas participando em todo caso da comum resolução delitiva. Como se vê, a teoria do domínio do fato permite combinar o ponto de partida do conceito restritivo de autor com uma certa flexibilidade que engloba na autoria não só o executor material, como também a autoria mediata e casos de coautoria sem um ato típico em sentido estrito (ibidem, p. 364). Como visto até agora, a teoria do domínio do fato somente faz referência aos delitos dolosos, ou seja, quem pode ser considerado autor nesses delitos.

Para o *delito culposo*, deve-se adotar outra explicação. Autor de um delito culposo é todo aquele que, mediante uma ação que lesiona o grau de cuidado requerido no âmbito de relação, produz de modo não doloso um resultado típico (WELZEL, op. cit., 1997, p. 119). Todo grau de causação com relação de um resultado típico produzido não dolosamente, mediante uma ação que não observa o cuidado requerido no âmbito de relação, fundamenta a autoria do respectivo delito culposo (ibidem, p. 119). Então, todo aquele que causa um resultado típico mediante uma ação que não observa o dever de cuidado é autor. Assim, não há coautoria nem participação nos delitos culposos.[1]

1.3. Coautoria

Também a coautoria se baseia no domínio do fato, mas, posto que em sua execução vários intervêm, o *domínio do fato* tem que ser *comum* (JESCHECK, op. cit., 1993, p. 614). Cada coautor domina o sucesso total em união com outra ou outras pessoas. A coautoria consiste assim em uma "divisão de trabalho", que é o que chega a fazer possível o fato, ou lhe facilita, ou reduz notavelmente o seu risco (ibidem, p. 614). Requer, no *aspecto subjetivo*, que os intervenientes se vinculem entre si mediante uma resolução comum sobre o fato, assumindo cada qual, dentro do plano conjunto, uma tarefa parcial, mas essencial, que o apresenta como cotitular da responsabilidade pela execução de todo o sucesso (ibidem, p. 614). A resolução comum de executar o fato é a braçadeira que integra em um todo as diferentes partes. No *aspecto objetivo*, a contribuição de cada coautor deve alcançar uma *determinada importância funcional*, de modo que a cooperação de cada qual no papel que lhe corresponde constitua uma peça essencial na realização do plano conjunto (*domínio funcional*) (ibidem, p. 614). Para Welzel (op. cit., 1997, p. 129), a coautoria é autoria; sua particularidade consiste em que o domínio do fato unitário é comum a várias pessoas. Cada coautor complementa com a sua parte no fato a dos demais e na totalidade do delito; por isso, responde também pelo todo (ibidem, p. 129).

A teoria do domínio do fato explica melhor a coautoria, posto que todos que dominam funcionalmente o fato, ainda que não realizem a conduta estritamente descrita no tipo, são coautores. Adotada a teoria objetivo-formal, como fazem alguns autores, não haveria como condenar como coautor aquele que somente segura a vítima ou a mantém sob ameaça para que outro subtraia os bens, posto que, em realidade, não pratica a conduta descrita no verbo nuclear do tipo.[2] Também não haveria como se condenar como coautores aqueles que, num assalto, dividem a execução da atividade delituosa, ou seja, um segura a vítima, o outro imobiliza o acompanhante, enquanto os outros retiram os pertences, pois os atos de subtração somente são realizados pelos que retiram os pertences. Os que imobilizaram a vítima somente poderiam ser considerados partícipes, pois não realizam a conduta nuclear descrita no tipo.

1.3.1. Teoria do domínio do fato na coautoria e abrangência maior de condutas

É justamente com adoção da teoria do domínio do fato que podem ser incluídas condutas

1 Contra essa posição: JESUS, Damásio E. de. *Direito penal*: Parte Geral, 1985, p. 364; MIRABETE, Julio Fabbrini. *Manual de direito penal*: Parte Geral, 2000, p. 224.

2 Nesse ponto, configura-se uma confusão doutrinária e jurisprudencial. É certo que o crime de estupro é um crime de mão própria e, portanto, não se admitiria a coautoria, mas somente a participação. Ocorre que em inúmeros acórdãos considera-se coautor aquele que segura a vítima para que outro mantenha a conjunção.

que, embora aparentem participação (teoria formal-objetivo) em realidade, configuram a verdadeira coautoria.

1.3.1.1. O organizador

Aqui há uma série de exemplos. Em primeiro lugar, pode-se estudar a figura do organizador, prevista no art. 62, I, do CP.[3] Welzel (op. cit., 1997, p. 132), explicando esta figura, começa dizendo que também é coautor o que objetivamente somente realiza atos preparatórios de ajuda, mas é coportador da decisão comum ao fato, e por isso tem-se que comprovar de forma especial a participação na decisão delitiva, para o que se invocarão como indícios o conjunto de circunstâncias objetivas e subjetivas do fato. O *minus* de coparticipação objetiva na realização típica tem que ser compensado com o *plus* de coparticipação especial no plano delitivo (ibidem, p. 132). Isso vale para o "chefe do bando" ou o organizador no Direito brasileiro; quem projeta o plano a ser executado, distribui os executores do fato e dirige a suas obras (ibidem, p. 132). O que deve ficar claro é que não é a simples organização que fundamenta a coautoria, mas o domínio funcional do fato e a coautoria somente subsistirão enquanto houver esse domínio. Batista (*Concurso de agentes*, 1979, p. 80), com precisão, estabelece que essa figura do organizador como coautor não provém da simples circunstância de organizar a engenharia do empreendimento criminoso, mas da qualidade de liderança na empresa criminosa, de chefia (poder) sobre os demais que introduz o domínio funcional do fato. É claro que a simples elaboração do plano delitivo não configura a coautoria, configurando-se, então, a participação, sem a incidência da agravante (PIERANGELLI, José Henrique. *Escritos jurídico-penais*, 1992, p. 57).

Stratenwerth (*Derecho penal*: Parte General, I, 1982), citando o exemplo de Roxin, menciona que a planificação e a organização de um delito executado por várias pessoas também fundamentam a coautoria quando o organizador não aparece durante a execução, mas comunica-se por telefone com os autores, pois o plano dá sentido ao comportamento dos participantes durante a execução, conforma os papéis individuais e determina a participação do organizador no domínio do fato.

1.3.1.2. O que subjuga a vítima

A figura daquele que subjuga a vítima não oferece problemas. Para nós, nos casos em que um dos participantes segura a vítima para que outro a execute, ou segure a vítima para que outro a despoje de seus bens, haveria coautoria. Ainda que um dos participantes não realize a conduta descrita no tipo, detém, em conjunto com o outro, o domínio funcional do fato. E isso parece claro porque a conduta de cada um deve ser vista como uma parte fundamental da execução do delito, ainda que fracionada, mas que ambos mantenham as rédeas da situação sem a qual o crime não se configuraria.

1.3.1.3. O motorista

Neste caso, afiguram-se hipóteses distintas. Em primeiro lugar, parece claro que aquele que serve de motorista para transportar o executor e a vítima aparece como coautor pela "execução fracionada" ou pelo domínio funcional do fato (também detém o controle). Na hipótese de assalto a banco, o motorista que aguarda os companheiros na porta com o motor ligado para que possam fugir com os valores subtraídos é coautor. Realiza o motorista a execução fracionada, é dizer, parte da ação de subtrair. No mesmo caso encontra-se o motorista que transporta a vítima sequestrada. Nesses casos, o domínio do fato também se encontra nas mãos do motorista.

A segunda hipótese, trazida por Nilo Batista (op. cit., 1979, p. 84), é aquela em que fica excluída a execução fracionada, subsistindo o domínio funcional do fato por parte do motorista. O exemplo é o seguinte: num atentado a um chefe de Estado, que desfilará em carro aberto, o motorista se compromete a dirigir com menor velocidade em determinado trecho, para facilitar o disparo que fará o executor. Segundo Batista, à objeção de que o motorista seria aqui coautor por assimilação à figura daquele que subjuga a vítima, responda-se com a inversão do problema: o homicídio será cometido por meio de um disparo efetuado dentro de um carro, cujo motorista, portanto, deverá assumir determinada posição física que permita a cômoda execução. É evidente que nessa situação, embora não intervenha com atos executivos, o motorista é cotitular do domínio do fato, e por isso é coautor (ibidem, p. 84).

3 "Art. 62. A pena será ainda agravada em relação ao agente que: I – promove, ou organiza a cooperação no crime ou dirige a atividade dos demais."

1.4. Autoria mediata

A autoria mediata é uma forma de autoria e, igual à autoria imediata, caracteriza-se pela existência do domínio do fato. É autor mediato quem realiza o tipo penal de maneira que para a execução da ação típica se serve de outro como "instrumento" (JESCHECK, op. cit., 1993, p. 604). O domínio do fato requer na autoria mediata que todo o sucesso apareça como obra da vontade reitora do "homem de trás" e que este, mediante sua influência, disponha do intermediário do fato (ibidem, p. 604). Para Welzel (op. cit., 1997, p. 122), o autor não necessita cumprir por suas próprias mãos o fato em cada uma de suas fases, pois pode servir-se para isso não só de instrumentos mecânicos, como também utilizar para os seus fins o autuar de outro, enquanto só ele possui o domínio do fato a respeito da realização do tipo. Domínio final do fato é levar a cabo, por meio de um atuar final, a própria vontade de realização (o dolo do tipo). Por isso falta no autor imediato, que obra sem dolo de tipo, e é próprio do que está atrás, que com dolo de tipo manda realizar o resultado típico através de um terceiro que obra sem dolo em relação a esse resultado (ibidem, p. 122).

Maurach et al. (op. cit., 1994, p. 329), por sua vez, afirmam que é autor mediato quem comete o fato "por meio de outro", ou de um modo mais complicado, mas também mais preciso: quem para execução de um fato punível que se possa cometer com dolo serve-se de outro ser humano como instrumento. Para que se possa afirmar o domínio do fato por parte do "homem de trás", precisa-se que, diante deste, o instrumento se encontre em uma *posição subordinada*. Todos os pressupostos da punibilidade devem concorrer, consequentemente, na pessoa do "homem de trás" e serem colocados em relação com ele mesmo (JESCHECK, op. cit., 1993, p. 605). A subordinação pode responder a coação, erro, incapacidade de culpabilidade ou, também, à razão exclusiva de que o fato, a que o instrumento foi incitado pelo "homem de trás", não pode sequer ser realizado por este como delito, dado que lhe falta a qualificação requerida ou a intenção (ibidem, p. 605).

Exemplos de autoria mediata (erro determinado por terceiro – art. 20, § 2º, CP): é autor mediato de um homicídio doloso o que entrega uma arma carregada a quem quer fazer uma brincadeira com um fuzil descarregado (ibidem, p. 607); um médico entrega, com vontade homicida, a uma enfermeira uma injeção de morfina muito forte para ser aplicada a um paciente. Ela a injeta sem prever seu efeito, e o paciente morre. O médico é autor doloso; a enfermeira, dependendo do cuidado requerido por ela, se pudesse reconhecer ou não o excesso na dose, é autora culposa ou inculpável (WELZEL, op. cit., 1997, p. 122). Nesses exemplos, a doutrina utiliza a expressão do "instrumento que atua sem dolo" (ibidem, p. 122; JESCHECK, op. cit., 1993, p. 607). Para Jescheck (ibidem, p. 608), a referência retrospectiva de todos os requisitos de punibilidade ao "homem de trás" aparece especialmente clara no caso de autoria mediata através de um *instrumento que atua conforme o Direito*. Certamente, o instrumento mesmo atua nessa hipótese objetiva e subjetivamente de acordo com o direito (*v. g.*, o policial que pratica de boa-fé uma detenção em virtude de uma denúncia conscientemente falsa), e não se trata da atuação jurídica dele mesmo, senão da desconformidade com o direito por parte da atuação do "homem de trás", e este sabe que a privação da liberdade não tem justificação na realidade.

Também são casos de autoria mediata aqueles em que se inserem um instrumento incapaz de culpabilidade (**utilização de inimputáveis** – uma criança, um doente mental), que obram, por certo, finalmente, mas levam a cabo sem vontade uma vontade alheia. Logo, o autor os tem totalmente "em suas mãos" (WELZEL, op. cit., 1997, p. 124). Nesses casos, isso não ocorre de modo geral, pois um jovem ou um doente mental podem desenvolver também uma vontade própria, então, no caso de participação de um terceiro nesses fatos, haverá instigação (ibidem, p. 124; JESCHECK, op. cit., 1993, p. 608-9). Isso ocorre quando o agente que é utilizado como instrumento (doente mental ou menor) tem conhecimento da vontade do autor mediato e adere a essa conduta, desfigurando a autoria mediata, posto que passaria a ser autor direto, enquanto o que determinou a conduta seria o partícipe. Embora isso possa ocorrer nos casos de doença mental, acredita-se não ser possível nos casos de utilização de menores. É que na doença mental existe, às vezes, a capacidade de entendimento, até mesmo porque o CP adotou um critério biopsicológico. Portanto, poderá o doente mental aderir à conduta do autor mediato. Porém, nos casos dos menores isso não será possível, não no que se refere à adesão, mas à possibilidade do concurso. Ainda que a doutrina majoritária seja favorável à possibilidade do concurso (PRADO, Luiz Regis. *Curso de direito penal brasileiro*: Parte Especial, 2000, v. II, p. 377), discordamos dessa posição. Ocorre que o legislador presumiu a incapacidade dos menores de 18 anos (art. 27, CP), portanto, não há como se configurar o concurso de pessoas, até mesmo porque os menores cometem ato infracional e não crime, e seria ilógico que pudessem concorrer para o que não podem praticar. Outro motivo é que o art. 29 do CP é claro em afirmar "quem de qualquer modo concorre para o *crime*", o que inviabiliza, no nosso ponto de vista, a possibilidade do concurso, pois, como já dito, o menor não pode concorrer para o *crime*. Além disso, há o problema do concurso de crimes, ou seja, da imputação do crime praticado pelo sujeito responsável em concurso com o delito de corrupção de menores. A jurisprudência vem firmando posição no sentido de que o simples fazer-se acompanhar de um menor ainda não configura a corrupção de menores, pois esse delito exige prova de que o menor, de fato, tenha sido corrompido.[4]

Na doutrina alemã ainda se encontram outros exemplos de autoria mediata, ou seja, por erro invencível de proibição e no caso em que o instrumento atua sem liberdade, aplicáveis também no Brasil. Finalmente, pode-se referir os casos de atuação sem liberdade (**obediência hierárquica e coação moral irresistível**) quando o agente atua em virtude de obediência hierárquica ou coação moral irresistível. No primeiro caso, três hipóteses se afiguram: a) o superior hierárquico dá a ordem que é manifestamente ilegal e o inferior, mesmo conhecendo dita ilegalidade, cumpre o que lhe foi determinado. Nesse caso, configura-se o concurso de pessoas, devendo-se somente estabelecer as formas de intervenção de cada uma; b) o superior hierárquico dá a ordem, porém, o inferior supõe que ela é lícita, ou seja, que não é ilegal. Aqui ocorre um erro sobre a licitude da ordem (erro de proibição) que, se for invencível, isenta o inferior de pena e somente será responsável o superior; c) o superior hierárquico dá a ordem, mas a ela não pode se opor o inferior, em face do regime de disciplina e hierarquia, configurando-se um caso de inexigibilidade de conduta diversa que isenta de pena o inferior, respondendo, somente, o superior.

Na segunda hipótese, coação moral irresistível, também se trata de um caso em que o coato, que sofre a ameaça, não pode a ela se opor, praticando, então, a conduta criminosa. Nesse caso, em face da inexigibilidade de conduta diversa, ficará isento de pena o coato e responderá o coator.

1.5. Participação. Teorias

É precisado que todo delito tem um determinado autor, que surge a respeito da realização do correspondente tipo legal, o que constitui o fato principal; todo outro interveniente realiza uma atividade acessória. A acessoriedade significa, pois, que para a existência da participação é indispensável que se dê um fato principal, que é ele realizado pelo autor (BUSTOS RAMÍREZ, op. cit., 1984, p. 333). O problema é determinar quando se dá um fato principal, posto que há que considerar desde duas perspectivas: uma em relação ao desenvolvimento externo do fato e outra em referência à estrutura interna do delito (ibidem, p. 333). Do ponto de vista de desenvolvimento externo, é opinião geral que o delito deve se encontrar em fase de tentativa, é dizer, tem que haver pelo menos um princípio de execução do fato principal (ibidem, p. 333). Do ponto de vista da estrutura interna do delito, isto é, dos requisitos que tradicionalmente se exigem para a sua existência (tipicidade, antijuridicidade e culpabilidade), existem diferentes posições (ibidem, p. 333) ou teorias da participação.

1.5.1. Teoria da acessoriedade máxima

Para esta teoria, exigiam-se todos os requisitos para que houvesse um fato principal, isto é, tipicidade, antijuridicidade e culpabilidade. Era lógico desde uma concepção para a qual o delito era ação (o causalismo) e no que os demais requisitos eram adjetivos ou qualificações dessa ação; portanto, para que se desse o fato delitivo (= ação), teria de se dar com todas as suas características (ibidem, p. 333). Isso produzia certos problemas insolúveis, se um menor de idade ou um alienado era ajudado à realização de um delito, não havia um fato principal, pois tanto ao menor como ao alienado faltava a culpabilidade; logo, não havia autor e tampouco podia haver partícipe (ibidem, p. 333). Todos ficavam impunes, chegava-se ao absurdo. Daí que surgiu a teoria do autor mediato, que solucionava os casos mais grosseiros, mas não aqueles em que realmente a intervenção do outro somente havia sido de partícipe (simples cúmplice, por exemplo) (ibidem, p. 334).

4 STJ, REsp n. 127.692/DF, 5ª T., rel. Min. Edson Vidigal, j. 18.05.1998; STJ, REsp n. 150.392/DF, 6ª T., rel. Min. Vicente Leal, j. 11.04.2000; STJ, REsp n. 184.961/RS, 5ª T., rel. Min. José Arnaldo da Fonseca, j. 04.02.1999; TJRS, Ap. Crim. n. 70.007.666.472, 8ª Câm. Crim., rel. Sylvio Baptista Neto, j. 18.02.2004.

1.5.2. Teoria da acessoriedade mínima

Para esta teoria basta a realização do fato típico, resultando excessiva, pois a tipicidade é somente indício do injusto; chegar-se-ia ao absurdo de castigar ao partícipe em um fato que não é antijurídico em relação ao ordenamento (ao que colaborou ou induziu a atuar em legítima defesa ou motivado pelo estado de necessidade) (ibidem, p. 334).

1.5.3. Teoria da acessoriedade limitada

Participação é a cooperação dolosa em um delito doloso alheio (MUÑOZ CONDE, Francisco; GARCÍA ARÁN, Mercedez. *Derecho penal*: Parte General, 1996, p. 457). Dessa definição se desprende que a participação é um conceito de referência, já que supõe a existência de um fato alheio (o do autor ou coautores materiais), a cuja realização o partícipe contribui (ibidem, p. 457). Daí que se deduz também que a participação não é um conceito autônomo, senão dependente do conceito de autor e que somente com base neste pode enjuizar-se a conduta do partícipe. Se não existe um fato pelo menos típico e antijurídico, cometido por alguém como autor, não se pode falar em participação (*acessoriedade limitada*), já que não há por que castigar alguém que se limita a participar num fato penalmente irrelevante ou ilícito para seu autor (ibidem, p. 457). Para Maurach (op. cit., 1994, p. 411), a participação é a colaboração em *um fato alheio* ou a motivação deste. Ela caracteriza-se pela ausência do domínio final do fato que é própria das formas de autoria dolosa ou, dito de forma diferente, pela não dominação do acontecer causal também buscado na forma final pelo partícipe. Então, se não ocorrer pelo menos o início de um fato típico e antijurídico, não se pode falar de participação. É o caso, por exemplo, do mandante do crime mediante paga ou promessa de recompensa, que entrega o dinheiro ao matador profissional. Se este recebe o dinheiro e vai embora, sem cumprir a determinação, não se pode falar de participação no crime de homicídio, visto que sequer houve início da execução.

1.5.3.1. Espécies de participação

O CP, quando trata em seus artigos o tema do concurso de pessoas, não faz referência expressa às espécies de participação. Como ponto de referência, muitos autores adotam as espécies enunciadas no art. 31 do CP, que menciona a determinação à instigação e o auxílio. A doutrina estrangeira basicamente adota a instigação e a cumplicidade. Veja-se, então, em que consistem as espécies de participação.

1.5.3.2. Instigação

Instigação é a dolosa colaboração de ordem espiritual, objetivando o cometimento de um crime doloso (BATISTA, Nilo. *Concurso de agentes*, 1979, p. 139). Segundo Jescheck (op. cit., 1993, p. 626), o indutor limita-se a provocar no autor a resolução de realizar o fato, sem ter participação alguma no próprio domínio deste. Os meios de instigação podem ser todas as possibilidades de influência volitiva: persuasão, dádivas, promessa de recompensa, provocação de um erro de motivo, abuso de uma relação de subordinação, ameaça etc. (WESSELS, op. cit., 1976, p. 127). A denominação *instigação* abrange a *determinação* e a *instigação propriamente dita* (BATISTA, op. cit., 1979, p. 140). Por determinação se compreende a conduta que faz surgir no autor direto a resolução que conduz à execução; por instigação propriamente dita se compreende a conduta que faz reforçar e desenvolver no autor direto uma resolução ainda não concretizada, mas preexistente (BATISTA, op. cit., 1979, p. 140). Welzel (op. cit., 1997, p. 139) cita como exemplo de instigador quem dá o preço exigido ao assassino que se ofereceu por dinheiro para cometer o crime.

1.5.3.3. Cumplicidade ou auxílio

Segundo Batista (op. cit., 1979, p. 143), cumplicidade é a dolosa colaboração de ordem material, objetivando o cometimento de um crime doloso. O legislador brasileiro optou pela *vox* "auxílio", porém a expressão "cumplicidade" tem tradição no Direito brasileiro e deve ser mantida (BATISTA, op. cit., 1979, p. 143). O cúmplice limita-se a favorecer um fato alheio; participa tampouco no domínio do fato como o indutor; e o autor não necessita conhecer o apoio que lhe é prestado (JESCHECK, op. cit., 1993, p. 630). A cumplicidade tem que favorecer (objetivamente) o fato principal, e este favorecimento ser querido (subjetivamente) pelo cúmplice, para o qual basta o dolo eventual (WELZEL, op. cit., 1997, p. 143). Para Welzel, "favorecer" significa prestar uma colaboração causal para a comissão do fato principal; logo, nos delitos de resultado há também uma colaboração para o resultado (ibidem, p. 143). A cumplicidade pode ser também por omissão, contanto que incumba ao cúmplice um dever de garantidor (exemplo do guarda que não tranca o cofre para que seja facilitada a ação do autor) (WESSELS, op. cit., 1976, p. 129). É necessário, para que ocorra a cumplicidade, que o favorecimento do partícipe tenha eficiência causal na ação do autor, não bastando realizar uma atividade que não contribua na realização final do autor. Por isso, o crime deve ser ao menos tentado, ou seja, deve ocorrer o início da execução pelo autor, pois, caso contrário, não se poderia falar em qualquer favorecimento do partícipe, se não iniciada a execução. Assim, se "A" fornece uma chave falsa para que "B" subtraia objetos de uma residência, e este não se sente encorajado com a ideia, não há qualquer relevância nesse favorecimento. Ainda, deve o partícipe ter consciência de que coopera na conduta delitiva do autor, mesmo que este desconheça essa cooperação.

1.6. Autoria, participação e delito culposo

A doutrina brasileira reconhece a possibilidade de coautoria em crime culposo, embora a doutrina estrangeira afaste essa possibilidade. Jescheck afirma que, se várias pessoas realizam em comum um delito por imprudência inconsciente, não cabe distinguir entre autoria e participação, porque a todos os intervenientes falta por igual a previsão do resultado típico e, em consequência, não se pode falar de um domínio do sucesso a respeito de nenhum deles (JESCHECK, op. cit., 1993, p. 596). Assim, autor de um delito culposo é todo o que mediante uma ação que lesiona o grau de cuidado requerido no âmbito de relação produz, de modo não doloso, um resultado típico (WELZEL, op. cit., 1997, p. 119). Todo o grau de concausação a respeito do resultado típico produzido não dolosamente, mediante uma ação que não observa o cuidado requerido no âmbito de relação, fundamenta a autoria no respectivo delito culposo (ibidem, p. 119). Por essa razão não existe, no âmbito dos delitos culposos, a diferença entre autoria e participação. Isso porque toda a classe de concausação na produção não dolosa de um resultado mediante uma ação que lesiona o cuidado conforme o âmbito de relação é autoria (ibidem, p. 119). É que a forma do domínio do fato não é aplicável ao autor culposo, já que justamente não tem tal domínio; autor culposo é, portanto, somente aquele que não aplica o dever de cuidado requerido no âmbito de relação (BUSTOS RAMÍREZ, op. cit., 1984, p. 339). Por isso mesmo não pode haver um autor mediato culposo, pois essa categoria parte necessariamente do conceito do domínio do fato e a instrumentalização então consciente de outra pessoa (ibidem, p. 339). Para Bustos (ibidem, p. 339), sequer pode haver coautoria nos delitos culposos, já que o conceito de coautor exige a ideação de um plano comum e a distribuição funcional do fato, o que não é possível no delito culposo. No delito culposo somente se pode dar os autores concomitantes ou acessórios, é dizer, em que cada um levou a cabo sua própria falta de cuidado na realização do fato (assim, o copiloto que diz ao condutor do caminhão, sem olhar, que pode dar marcha à ré, e por sua vez o condutor, apesar de se dar conta disso, o faz, com o qual fere uma pessoa; ambos são autores, não coautores (ibidem, p. 339). Se a acompanhante incita o condutor a conduzir imprudentemente e contribui dessa maneira na causação de um acidente, ambos são autores da morte imprudente (culposa) (JESCHECK, op. cit., 1993, p. 596). No Brasil, os exemplos citados seriam casos de coautoria no crime culposo.[5]

Quanto à participação, deve-se entender que um dos requisitos para o concurso é a homogeneidade do elemento subjetivo; logo, não pode haver participação dolosa em crime culposo e, tampouco, participação culposa em crime doloso, justamente pela falta de homogeneidade do elemento psicológico que vincula as condutas. Assim, se "A", desejando matar seu inimigo "B", entrega uma arma a "C" e, afirmando que está descarregada, pede que atire em "B", e "C" atira e causa a morte de "B", não há concurso de pessoas, visto que "C" não possui qualquer vínculo subjetivo (não adere à conduta) com "A", pois pensa que a arma está descarregada. Caso soubesse da potencialidade ofensiva da arma e aderisse à conduta de "A", seria autor do crime de homicídio, e "A" seria partícipe por instigação.

1.7. Autoria e participação nos delitos omissivos

Os crimes omissivos são crimes de dever; a base da responsabilidade não alcança qualquer omitente, e sim aquele que está comprometido por um concreto dever de atuação (BATISTA, op. cit., 1979, p. 63). O critério do domínio do fato deverá, então, ser abandonado aqui em favor da preponderância da violação do dever. Nessa perspectiva, autor direto de um crime omissivo é sempre aquele que viola o dever de atuação ao qual

5 Nesse sentido: JESUS, Damásio de. *Direito penal*: Parte Geral, 2013, v. I, p. 366; MIRABETE, Julio Fabbrini. *Manual de direito penal*: Parte Geral, 1992, p. 225; Contra: BATISTA, op. cit., 1979, p. 62.

estava adstrito (ibidem, p. 63). O problema da coautoria e da participação dos crimes omissivos gera grandes divergências na doutrina. Serão analisadas, então, algumas posições. Para Batista (ibidem, p. 65), a exemplo da linha argumentativa perfilhada no exame dos crimes culposos, o dever de atuar a que está adstrito o autor do delito omissivo é indecomponível. Por outro lado, como diz Bacigalupo, a falta de ação priva de sentido o pressuposto fundamental da coautoria, que é a divisão de trabalho; assim, "não é concebível que alguém omita uma parte enquanto outros omitem o resto" (ibidem, p. 65; BACIGALUPO, Enrique. *Principios de derecho penal*: Parte General, 1998, p. 413). Quando dois médicos omitem – ainda que de comum acordo – denunciar moléstia de notificação compulsória de que tiveram ciência (art. 269, CP), tem-se dois autores diretos individualmente consideráveis (BATISTA, op. cit., 1979, p. 65). Batista (ibidem, p. 67), citando Welzel, também exemplifica a impossibilidade da participação, pois a conduta de quem, mediante uma atividade dissuasiva, impede outrem de atuar conforme o especial dever ao qual está adstrito correspondente a uma ação, deve ser considerada na perspectiva de um crime comissivo. O exemplo por ele exposto é o seguinte: aquele que diante de um acidente dissuada o obrigado ao socorro de sua decisão de prestá-lo, oferecendo lhe uma quantia em dinheiro, não deve ser castigado pela instigação de omissão de socorro, e sim por homicídio (ibidem, p. 67). Assim, para Batista (ibidem, p. 50), não há coautoria, autoria mediata ou participação nos crimes omissivos (próprios ou impróprios) (nesse sentido também: BUSTOS RAMÍREZ, op. cit., 1984, p. 341).

Para Jescheck (op. cit., 1993, p. 582), nos delitos de omissão são igualmente possíveis a indução e a cumplicidade por um fazer positivo. Mirabete (op cit., 1992, p. 233-4), nessa linha de pensamento, afirma que é possível a participação em crime omissivo puro, ocorrendo concurso de agentes por instigação ou determinação, e cita como exemplo a conduta do paciente que convence o médico a não comunicar à autoridade competente a moléstia de que é portador e cuja notificação é compulsória.

Nos crimes omissivos próprios há também controvérsia sobre a possibilidade de participação. Perfilhando o entendimento de que não são possíveis a coautoria e a participação, Tavares diz que nos crimes omissivos cada qual responde pela omissão individualmente, com base no dever que lhe é imposto, diante da situação típica de perigo ou diante da sua situação de garantidor (*A controvérsia em torno dos crimes omissivos*, 1996, p. 86). Assim também Batista (op. cit., 1979, p. 65), quando afirma que a solução não se altera se se transferem os casos para a omissão imprópria: pai e mãe que deixam o pequeno filho morrer à míngua de alimentação são autores diretos do homicídio; a omissão de um não "completa" a omissão do outro; o dever de assistência não é violado em 50% por cada qual. Da mesma forma é resolvido o caso em que se defrontam uma ação positiva que tipicamente lesiona um bem jurídico e a omissão do garantidor desse bem, como no exemplo de Bacigalupo: o salva-vidas *A* olha tranquilamente e inerte *B*, que empurra para água *C*, que visivelmente não sabe nadar, e vem a morrer por afogamento (BATISTA, op. cit., 1979, p. 65). Não há coautoria pensável, pela falta de um ponto em comum de referência fracionável: *A* é autor direto por violar o dever de garantidor; *B* é autor direto porque possui o domínio do fato (na modalidade domínio de ação) (ibidem, p. 65). Tavares (op. cit., 1996, p. 87) cita o exemplo de alguém que está na companhia de outra pessoa e vê terceiro afogar-se. Quem está se afogando é o filho de uma das pessoas que observam o afogamento. Os dois não só observam, mas comentam entre si quem irá salvá-lo, ressaltando as incertezas desse empreendimento. Afinal decidem em conjunto que não irão proceder ao salvamento. Embora um tenha aconselhado o outro acerca do que devesse fazer ou não fazer, inexiste no caso participação, porque um deles responderá por crime de omissão de socorro e outro por homicídio por omissão. Cada um, portanto, responde individualmente pela omissão e seus efeitos, na medida de sua posição em face da proteção do bem jurídico. O pai viola o dever de impedir o resultado, porque era garantidor da vida do filho. O outro viola o dever geral de assistência, porque, como cidadão presente na situação de perigo, tinha que lhe prestar socorro.

1.7.1. Autoria colateral

A autoria colateral caracteriza-se pela ausência do vínculo subjetivo entre os participantes. Assim, no dizer de Bitencourt (*Lições de direito penal*, 1993, p. 59), ocorre quando mais de uma pessoa, ignorando uma a contribuição da outra, realizam condutas convergentes, objetivando a execução da mesma infração penal. É o agir conjunto de vários agentes sem reciprocidade consensual no empreendimento criminoso que identifica a autoria colateral (ibidem, p. 59). Para Batista (op. cit., 1979, p. 86), quando não há, portanto, o acordo de vontades (tácito ou expresso) que representa o requisito da comum resolução para o fato, não haverá coautoria, e sim autoria colateral, citando como exemplo duas pessoas que, sem conhecimento uma da atividade da outra, ministram doses de veneno a uma terceira, que vem a falecer. Na autoria colateral, cada agente deve responder por sua conduta, considerada individualmente. Se *A* ingressa, mediante chave falsa, na mesma residência à qual *B* tem acesso pelo telhado, ignorando um a conduta do outro, e de lá subtraem respectivamente dinheiro e peças antigas, há um furto qualificado pela chave falsa e outro furto qualificado pela escalada, porém não há um furto qualificado também pelo concurso de agentes (ibidem, p. 86).

Pode ocorrer a *autoria incerta*, quando na autoria colateral não se determine quem produziu o evento. Assim ocorre no exemplo de Batista, em que *A* e *B*, desconhecendo reciprocamente suas atividades, disparam *necandi animo* suas armas contra *C*, atingido por ambos projéteis, um dos quais produz ferimento letal. Por circunstâncias que não vêm a talhe, não se consegue determinar de quem partira o disparo que causou a morte (ibidem, p. 86). A solução é admitir a tentativa para ambos (*v.* ibidem, p. 86; *Direito penal*: Parte Geral, 2013, v. I, p. 378; MIRABETE, op. cit., 1992, p. 231).

1.8. Teorias

1.8.1. Monística ou unitária

Para esta teoria, o crime permanece único e indivisível, mesmo que tenha sido praticado em concurso por diversas pessoas. Não há distinção entre autoria e participação; assim, todo aquele que concorre para o crime causa-o em sua totalidade.

1.8.2. Dualística

Para esta teoria há dois crimes: um para os autores, aqueles que realizam a atividade principal, a conduta típica emoldurada no ordenamento positivo, e outro para os partícipes, aqueles que desenvolvem uma atividade secundária, que não realizam a conduta nuclear descrita no tipo penal (BITENCOURT, op. cit., 1993, p. 36). Mirabete (op. cit., 1992, p. 216-7) lembra que o crime é um só fato e que, por vezes, a ação do executor é menos importante que a do partícipe (casos de mandante, de coação resistível etc.). Ademais, a teoria não se ajusta aos casos de autoria mediata.

1.8.3. Pluralística

Segundo esta teoria, no concurso de agentes não ocorre apenas pluralidade de pessoas, mas também de crimes. A cada um dos participantes corresponde uma conduta própria, um elemento psicológico próprio, um resultado próprio, devendo-se, pois, concluir que cada um responde por delito próprio (JESUS, Damásio E. de. *Direito penal*: Parte Geral, 2013, v. I, p. 357-8). Existem tantos crimes quantos forem os participantes do fato delituoso (BITENCOURT, op. cit., 1993, p. 35). Há pluralidade de agentes e pluralidade de crimes. É uma teoria subjetiva, ao contrário da unitária, que é objetiva (JESUS, op. cit., 2013, p. 358).

Como regra, adotou o Código a teoria monística, posto que o art. 29, *caput*, CP, dispõe que só há um crime e que todos os participantes respondem por ele, incidindo na mesma pena abstratamente cominada. Segundo Costa Júnior (*Direito penal objetivo*, 1989, p. 73), a teoria monística foi mantida pelo Código, quiçá pela dificuldade que teria o magistrado em distinguir, uma a uma, as várias espécies de participação. Para minorar os excessos da equiparação global dos coautores, jamais equivalentes nem merecendo tratamento parificado, adotou as exceções consubstanciadas na disposição final do *caput* do artigo e em seus dois parágrafos (ibidem, p. 73). Foi adotada em princípio a teoria unitária; como exceção, a concepção dualística, que difere o tratamento penal entre autores e copartícipes (ibidem, p. 73). Damásio faz a ressalva de que, em algumas hipóteses, o Código adotou a teoria pluralística, em que a conduta do partícipe constitui outro crime, havendo, então, um crime do autor e outro do partícipe, sendo ambos descritos pela norma como delitos autônomos (JESUS, op. cit., 2013, p. 358). Assim seria o caso dos crimes, por exemplo, de corrupção ativa e passiva (arts. 317 e 333, CP).

1.9. Requisitos do concurso de pessoas

Para nós, não seria necessário realizar a análise dos requisitos do concurso de pessoas, pois quase todos são decorrência lógica do próprio concurso. O único que não se inclui nessa categoria é o requisito do vínculo subjetivo entre os participantes. Entretanto, como a doutrina brasileira menciona os requisitos, passar-se-á a estudá-los.

1.9.1. Pluralidade de condutas

Para que ocorra o concurso de pessoas, é necessária a concorrência de mais de uma pessoa na execução de uma infração penal. Não necessariamente todos praticam atos executórios do delito, pois enquanto alguns desenvolvem a ação descrita do verbo nuclear do tipo, outros realizam atividades acessórias (atípicas inicialmente), contribuindo de outro modo para o resultado, mas respondendo pelo fato típico em razão da norma de extensão do concurso.

1.9.2. Relevância causal das condutas

As várias condutas devem constituir procedimentos de contribuição ao delito ou antecedentes causais necessários à sua produção. É preciso que a conduta seja *relevante* para o direito penal. Significa que nem todo comportamento constitui participação, pois precisa ser eficaz, no sentido de haver provocado ou facilitado a conduta principal ou a eclosão do resultado (JESUS, op. cit., 2013, p. 365). Assim, no exemplo citado por Bitencourt, aquele que querendo participar de um homicídio empresta uma arma de fogo ao executor que não a utiliza e tampouco se sente estimulado ou encorajado com tal empréstimo a executar o delito não pode ser tido como partícipe pela simples e singela razão de que o seu comportamento foi irrelevante, isto é, sem qualquer eficácia causal (BITENCOURT, op. cit., 1993, p. 40).

1.9.3. Liame subjetivo ou vínculo psicológico entre os participantes

Para a configuração do concurso de pessoas, exige-se que cada participante acompanhe a vontade do outro, ou seja, saiba que está cooperando com a vontade do outro na prática do crime, não sendo necessário o ajuste prévio. A ausência desse elemento psicológico desnatura o concurso eventual de pessoas, transformando-o em condutas isoladas e autônomas (BITENCOURT, op. cit., 1993, p. 40), podendo levar à autoria colateral. Assim se faz desnecessária a combinação ou prévio ajuste entre os participantes, bastando, para a configuração do concurso, que um adira à vontade do outro, mesmo que este não saiba da colaboração. Nesse sentido é o exemplo de Damásio quando menciona que uma empregada doméstica, percebendo que um ladrão está rondando a residência, para vingar-se do patrão, deliberadamente deixa a porta aberta, facilitando a prática do furto. Há participação e, não obstante, o ladrão desconhecia a colaboração da criada (não ocorreu o acordo prévio) (JESUS, op. cit., 2013, p. 365).

1.9.4. Identidade de infração

A infração penal deve ser a mesma para todos os participantes, pois, mesmo que ocorra uma divisão de trabalho constituída de atividades distintas, devem convergir a um mesmo objetivo típico. Para nós, a identidade de infração é decorrência, até mesmo, do requisito do vínculo psicológico, visto que, se o concorrente adere à conduta do outro é porque quer participar daquela infração, e não de outra.

1.10. Participação de menor importância

A participação de menor importância é tratada no § 1º do art. 29 do CP. Refere-se ao partícipe que desenvolve uma atividade de menor importância na prática delituosa. Segundo Costa Júnior, a antiga atenuante genérica do art. 48, II ("ter sido de somenos importância sua cooperação no crime"), transformou-se no § 1º do dispositivo em análise. Os cúmplices poderão ter sua pena abrandada, de um sexto a um terço, conforme a cooperação que tenham emprestado ao evento. Em sentido oposto (COSTA JR., op. cit., 1989, p. 73), se a cooperação do agente se revestir de especial relevo, o CP previu circunstâncias agravantes (art. 62, I a IV). Segundo Damásio, a redução de um sexto a um terço deve variar de acordo com a maior ou menor contribuição do partícipe na prática delituosa: quanto mais a conduta se aproximar do núcleo do tipo, maior deverá ser a pena; quanto mais distante do núcleo, menor deverá ser a resposta penal (JESUS, op. cit., 2013, p. 374).

1.11. Cooperação dolosamente distinta

Conforme o § 2º do art. 29, "se algum dos concorrentes quis participar de crime menos grave, ser-lhe-á aplicada a pena deste; essa pena será aumentada até a metade, na hipótese de ter sido previsível o resultado mais grave". Nessa hipótese, ocorre o desvio subjetivo de conduta, acontecendo quando a conduta executada difere daquela idealizada a que aderira o partícipe, isto é, o conteúdo do elemento subjetivo do partícipe é diferente do crime praticado pelo autor (BITENCOURT, op. cit., 1993, p. 63). Maurach et al. (op. cit., 1994, p. 447) afirmam que o tratamento dessas discrepâncias, a respeito das quais se produzem por demais superposições parciais, determina-se basicamente conforme a regra segundo a qual o indutor (partícipe) responde pelo acontecer somente no marco do seu próprio dolo, de maneira que, ao menos em princípio, não deve ser castigado pelo excesso. Assim também é o ensinamento de Welzel, afirmando que o instigador somente responde até onde o fato coincide com o seu dolo, não respondendo pelo excesso do autor (WELZEL, op. cit., 1997, p. 140). Se o autor principal fez mais do que o desejado pelo indutor (excesso), este unicamente responderia até o limite de seu dolo de indutor (JESCHECK, op. cit., 1993, p. 628).

Assim, se "A" determina a "B" que aplique uma surra em "C", e este, ao executar o mandato, excede-se, causando a morte de "C", "A" responderá por lesões corporais, podendo a pena ser aumentada até a metade se o resultado mais grave lhe era previsível, e "B" responderá por homicídio. Se ao autor se instiga a cometer um furto, mas comete um roubo, o instigador somente responderá pelo furto, podendo a pena ser aumentada até a metade se o resultado lhe era previsível, enquanto o autor responderá pelo roubo.

O problema enfrentado na aplicação do art. 29, § 2º, do CP, ocorre principalmente no delito de latrocínio. Nesses casos, quando os agentes inicialmente aderem a uma empreitada criminosa (assalto a banco) e acaba ocorrendo o resultado morte, mesmo aqueles que ficaram do lado de fora da agência (vigias ou "soldados de reserva") acabam sendo condenados pelo mesmo delito dos executores. De acordo com alguns julgados haveria aqui já a aceitação do resultado mais grave por parte de todos; logo, não haveria cooperação dolosamente distinta.[6] A situação deve ser examinada caso a caso e, de acordo com a teoria do domínio do fato, fica mais fácil examinar a posição dos participantes. Caso se considere que todos são cossustentadores do fato (domínio funcional), não haverá problema em negar a cooperação dolosamente distinta. Porém, ficando demonstrado claramente que o partícipe não possui qualquer domínio, não se pode dizer que deve responder pelo mesmo delito por essa "aceitação" do resultado. Isso seria o caso de dolo eventual, mas que deve restar provado; caso contrário, far-se-ia letra morta do dispositivo em comento.

2. JURISPRUDÊNCIA

2.1. Julgados

Teoria objetivo-formal

Habeas corpus. Pronúncia. Excesso de linguagem. Ocorrência. Prosseguimento do processo antes da devolução de cartas precatórias, mas depois de escoado o prazo fixado para o seu cumprimento. Possibilidade. Ordem parcialmente concedida. É possível o afastamento da Súmula n. 691 desta Corte, se verificada a ocorrência de flagrante ilegalidade que possa repercutir na liberdade de locomoção do paciente. Tanto a antiga redação do art. 408, quanto o atual art. 413 (na redação dada pela Lei n. 11.689/2008), ambos do CPP, indicam que o juiz, ao tratar da autoria na pronúncia, deve limitar-se a expor que há indícios suficientes de que o réu é o autor ou partícipe do crime. Todavia, o texto da pronúncia afirma que o paciente foi o autor do crime que lhe foi imputado, o que, à evidência, pode influenciar os jurados contra o acusado. Em casos como esse, impõe-se anulação da sentença de pronúncia, por excesso de linguagem (*HC* n. 93.299, rel. Min. Ricardo Lewandowski, *DJe* 24.10.2008). Por outro lado, ficou esclarecido que o prosseguimento da instrução ocorreu após o término do prazo conferido para o cumprimento das cartas precatórias expedidas para a oitiva de testemunhas arroladas pela defesa, o que está de acordo com o disposto no art. 222, §§ 1º e 2º, do CPP. *Habeas corpus* parcialmente concedido, para anular a sentença de pronúncia. (STF, *HC* n. 99.834, 2ª T., rel. Min. Joaquim Barbosa, j. 15.02.2011, *DJe* 16.03.2011)

Teoria objetivo-material

Penal. Processual penal. Recurso especial. Latrocínio. Coautoria. Princípio do domínio do fato. Emboscada. Art. 61, II, *c*, do CP. Agravante geral não aplicável ao coautor que a desconhecia. Recurso conhecido e parcialmente provido. 1. Aplicável a teoria do domínio do fato para a delimitação entre coautoria e participação, sendo coautor aquele que presta contribuição independente, essencial à prática do delito, não obrigatoriamente em sua execução. 2. A agravante da emboscada, prevista no art. 61, II, *c*, do CP, não configura elementar do delito de latrocínio, sendo aplicável apenas ao executor da conduta, não se estendendo ao coautor que a desconhecia. 3. Recurso especial conhecido e parcialmente provido para, reconhecendo a atuação do réu como coautor do delito de latrocínio, afastar a incidência do art. 29, § 1º, do CP, restabelecendo o acórdão proferido em sede de apelação". (STJ, REsp n. 1.068.452/PR, 5ª T., rel. Min. Arnaldo Esteves Lima, j. 02.06.2009, *DJe* 29.06.2009)

Teoria do domínio do fato ou objetivo-subjetiva

Habeas corpus. Roubo circunstanciado e tentativa de roubo circunstanciado. Pedido de absolvição. Exame de prova. Impossibilidade. Participação de menor importância. Improcedência. Teoria do domínio do fato. Pena-base fundamentada. Continuidade delitiva.

6 Nesse sentido: TJRS, Ap. Crim. n. 70.004.688.198; TJRS, Ap. Crim. n. 70.005.294.707.

Reconhecimento. 1. O *habeas corpus* não é o instrumento processual adequado para a operação do revolvimento aprofundado de elementos probatórios. A impropriedade da via se avulta quando o objetivo colimado é o de justamente desconstituir o acervo probatório coligido em processo criminal, e exposto por meio de decisão judicial fundamentada como suficiente a amparar a condenação. 2. Inviável, outrossim, é o reconhecimento do instituto da participação de menor importância, porquanto o acórdão, de maneira motivada, afastou o benefício legal, demonstrando que as ações do paciente, a saber, a locação de imóvel para acomodação dos comparsas, bem como o auxílio por ele prestado até o local dos fatos tiveram proeminente relevância causal. 3. Cumpre ressaltar, por relevante, que, em tema de concurso de agentes, a autoria pode se revelar de diversas maneiras, não se restringindo à prática do verbo contido no tipo penal. Assim, é possível, por exemplo, que um dos agentes seja o responsável pela idealização da empreitada criminosa; outro, pela arregimentação de comparsas; outro, pela obtenção dos instrumentos e meios para a prática da infração; e, outro, pela execução propriamente dita. Assim, desde que cada um deles – ajustados e voltados dolosamente para o mesmo fim criminoso – exerça domínio sobre o fato, responderá na medida de sua culpabilidade. 4. No que diz respeito à aplicação da pena-base do paciente, não há constrangimento a ser sanado, visto que foram fixadas, em relação a cada infração (roubo circunstanciado e tentativa de roubo circunstanciado), três meses acima do mínimo legal, em conta, principalmente, das circunstâncias do crime e da acentuada culpabilidade. 5. O contexto fático leva à conclusão de que as infrações, da mesma espécie, e pelas condições de tempo, lugar e maneira de execução, foram cometidas de forma continuada, ou seja, a segunda infração (roubo tentado) nada mais constituiu do que o prolongamento da ação delitiva iniciada anteriormente. 6. Pela narrativa da denúncia, corroborada no título condenatório, é possível inferir que – conquanto autônomos na sua essência, já que um foi o roubo à residência e, outro, contra o estabelecimento comercial vizinho, com vítimas inclusive diferentes – o alvo principal dos réus sempre foi a empresa. Daí que a passagem pela residência constitui meio "útil" aos agentes para alcançar o objetivo maior: o estabelecimento comercial. 7. Por tal razão, é o caso de reconhecimento da continuidade entre os crimes de roubo circunstanciado e tentativa de roubo circunstanciado. 8. Readequação das sanções. 9. Ordem parcialmente concedida. (STJ, *HC* n. 191.444/PB, 6ª T., rel. Min. Og Fernandes, j. 06.09.2011, *DJe* 19.09.2011)

Coautoria. Teoria do domínio do fato na coautoria e abrangência maior de condutas

Recurso especial. Penal. Roubo circunstanciado. Pretensão de absolvição. Insuficiência de provas para a condenação. Reexame fático-probatório. Súmula n. 7 do STJ. Coautoria e participação. Configuração de coautoria. Participação de menor importância. Inocorrência. Alegação de violação ao princípio da individualização da pena. Fundamentação remetida. Identidade de circunstâncias judiciais entre corréus. Constrangimento ilegal não evidenciado. Dosimetria. Art. 59 do CP. Culpabilidade, conduta social, consequências e circunstâncias do crime. Fundamentação idônea. Comportamento da vítima. Ausência de motivação. Reconhecimento de duas causas especiais de aumento de pena. Acréscimo fixado em 2/5. Ausência de fundamentação. Ilegalidade. Súmula n. 443 deste tribunal. Recurso parcialmente provido. Concessão de *habeas corpus* de ofício. 1. Uma vez que o acórdão recorrido considerou suficientes as provas de autoria e materialidade para a condenação dos Recorrentes, infirmar tais fundamentos, com o escopo de serem absolvidos por insuficiência probatória, inclusive pela aplicação do princípio *in dubio pro reo*, é inviável no âmbito desta Corte Superior de Justiça, pois implicaria o reexame fático-probatório, o que atrai o óbice da Súmula n. 7 desta Corte. 2. O CP adota, como regra, a teoria monista, pela qual todos os que concorrem para a realização do crime incidem nas penas a ele cominadas, ressalvando, contudo, a diferenciação entre coautor e partícipe, expressa na parte final do art. 29 e seus parágrafos. 3. No caso, constata-se a ocorrência de coautoria em relação aos ora Recorrentes e o réu Eduardo, mesmo não tendo aqueles praticado a conduta descrita pelo verbo do tipo penal, mas por possuírem o domínio do fato. 4. Não há falar em participação de menor importância dos Recorrentes na prática delitiva, não lhes sendo aplicável a causa de redução de pena prevista no art. 29, § 1º, do CP, pois, tendo o domínio do fato, praticaram o crime de roubo circunstanciado em coautoria. 5. A realização da análise conjunta das circunstâncias judiciais, quando similares as situações entre os corréus, como na presente hipótese, afigura-se perfeitamente possível. 6. O julgador deve, ao individualizar a pena, examinar com acuidade os elementos que dizem respeito ao fato, obedecidos e sopesados todos os critérios estabelecidos no art. 59 do CP, para aplicar, de forma justa e fundamentada. 7. A fixação da pena-base dos ora Recorrentes acima do mínimo legal, no que concerne à culpabilidade e à conduta social, apresentou fundamentação idônea, com indicação de dados concretos na motivação da sentença condenatória, de modo a não merecer reparo. Da mesma forma, quanto às consequências e às circunstâncias do crime, a sentença apontou elementos concretos circundantes da conduta criminosa que notoriamente extrapolam aqueles normais à espécie. 8. No que se refere à circunstância judicial referente ao comportamento da vítima, a simples referência à conduta da vítima não ter influenciado no delito não basta para majorar a reprimenda. 9. A presença de mais de uma majorante no crime de roubo não é causa obrigatória de aumento da reprimenda em percentual acima do mínimo previsto, a menos que o magistrado, considerando as peculiaridades do caso concreto, constate a existência de circunstâncias que indiquem a necessidade da exasperação, o que não ocorreu na espécie. Incidência da Súmula n. 443 deste Tribunal. *Habeas corpus*, no ponto, concedido de ofício. 10. Recurso parcialmente provido, com a concessão de *habeas corpus* de ofício, a fim de, mantida a condenação, reduzir as reprimendas impostas aos Recorrentes J.G.P.C. e G.C.S. para, respectivamente, 6 anos e 8 meses de reclusão, em regime fechado, e 40 dias-multa, no valor de 2/30 do salário mínimo; e 8 anos de reclusão, em regime fechado, e 60 dias-multa, no valor de 2/30 do salário mínimo. (STJ, REsp n. 1.266.758/PE, 5ª T., rel. Min. Laurita Vaz, j. 06.12.2011, *DJe* 19.12.2011)

O motorista

Habeas corpus. Roubo duplamente majorado. Concurso formal. Condenação. Participação de menor importância. Tese defensiva afastada pelas instâncias ordinárias. Decisões devidamente justificadas. Necessidade de reexame do conjunto fático-probatório para concluir diversamente. Inviabilidade na via restrita do *writ*. Pena-base fixada no mínimo legal para todos os agentes. Impossibilidade de maior redução. Coação ilegal não demonstrada. 1. Inviável o reconhecimento da causa geral de diminuição prevista no art. 29, § 1º, do CP, quando verificada que a participação do impetrante-paciente nos delitos a ele imputados não era secundária, mas decisiva, já que agiu ativamente na empreitada criminosa, idealizando-a e atuando de forma a garantir a sua execução e sucesso. 2. O reconhecimento da participação de menor importância, por demandar o reexame do elenco fático-probatório amealhado, mostra-se inviável na via restrita do *habeas corpus*, especialmente quando as conclusões a que chegaram as instâncias ordinárias encontram-se devidamente justificadas. 3. Evidenciado que o paciente teve a pena-base fixada no mínimo legalmente previsto para o tipo penal violado, não há constrangimento ilegal, nem ofensa ao art. 29 do CP, pois inviável aplicar a reprimenda básica em patamar inferior ao abstratamente cominado. Roubo. Violência ou grave ameaça. Elementar do crime. Comunicabilidade ao coautor. Exegese do art. 30 do CP. Adesão à conduta dos corréus. Revolvimento de prova. Três delitos. Concurso formal. Aplicação ao corréu. Inteligência do art. 29 do CP. Constrangimento ilegal ausente. 1. O art. 30 do CP dita que: "Não se comunicam as circunstâncias e as condições de caráter pessoal, salvo quando elementares do crime". 2. Ajustada a prática de roubo, a utilização de violência ou grave ameaça, necessárias à sua consumação, se comunica ao coautor, mesmo quando não seja este executor direto do delito, pois elementar do crime. 3. Para chegar-se à conclusão de que o paciente não aderiu à conduta dos coautores, que utilizaram arma de fogo para intimidar as vítimas do roubo, necessário o revolvimento do conjunto probatório colhido nos autos principais, providência vedada em sede de *habeas corpus*. 4. Havendo o reconhecimento do concurso formal de crimes, decorrente da subtração de bens de três vítimas distintas, mediante uma mesma ação, ausente ilegalidade na aplicação do aumento de pena ao impetrante-paciente por essa circunstância, pois condenado por coautoria, em concurso de pessoas. Inteligência do art. 29 do CP. 5. Ordem denegada. (STJ, *HC* n. 147.939/SP, 5ª T., rel. Min. Jorge Mussi, j. 24.04.2012, *DJe* 10.05.2012)

Autoria mediata

Penal. Recurso ordinário em *habeas corpus*. Roubo circunstanciado e corrupção de menores (art. 157, § 2º, II, CP, e art. 1º, Lei n. 2.252/54). Crime formal, não se exigindo, para sua configuração, ausência da condição de corrompido do jovem. Precedentes. Recurso desprovido. 1. O crime de corrupção de menores é formal, bastando, para sua configuração, que o agente imputável pratique com o jovem a infração penal ou o induza a praticá-la. Precedentes: RHC n. 107.760, 1ª T., rel. Min. Cármen Lúcia, *DJ* 24.08.2011; RHC n. 103.354/DF, 1ª T., rel. Min. Luiz Fux, *DJ* 09.08.2011; *HC* n. 92.014/SP, 1ª T., rel. originário Min. Ricardo Lewandowski, rel. p/ o acórdão Min. Menezes de Direito, *DJe* 21.11.2008; e *HC* n. 97.197/PR, 2ª T., rel. Min. Joaquim Barbosa, *DJe* 04.12.2009. 2. A configuração do crime de corrupção de menores prescinde de prévia condição de corrompido do jovem, uma vez que o anseio social é a sua recuperação. 3. *In casu*, o recorrente foi denunciado pela prática do crime de roubo circunstanciado pelo concurso de agentes (CP, art. 157, § 2º, II), bem como pelo delito de corrupção de menores (Lei n. 2.252/54), por ter induzido adolescente à prática do delito em comento. 4. A *mens legis* da norma insculpida no art. 1º da Lei n. 2.252/54 é a integridade moral do jovem e a preservação dos padrões éticos da sociedade. O argumento simplista de que o crime não se consuma caso o jovem já se encontre corrompido, por ter praticado algum ato delituoso, não pode prosperar sob pena de desvirtuamento dos principais objetivos da norma, que são a recuperação e a reinserção do adolescente na sociedade. 5. Recurso desprovido. (STF, RHC n. 111.137, 1ª T., rel. Min. Luiz Fux, j. 14.02.2012, *DJe* 15.03.2012)

Participação. Teorias. Instigação

Habeas corpus. Homicídio triplamente qualificado. Prisão cautelar. Excesso de prazo. Não ocorrência. Razoabilidade. Complexidade do feito. Constrangimento ilegal não demonstrado. Ordem denegada. 1. Conforme entendimento pacífico deste Tribunal Superior, a eventual ilegalidade da prisão cautelar por excesso de prazo na prisão preventiva deve ser analisada à luz do princípio da razoabilidade, sendo permitido ao juízo, em hipóteses de excepcional complexidade, a extrapolação dos prazos previstos na lei processual penal. 2. No caso, não há delonga desarrazoada apta a autorizar a soltura do paciente, visto que se trata de ação penal complexa – homicídio praticado mediante paga ou promessa de recompensa, envolvendo policiais civil e militar –, com quatro denunciados – defendidos por advogados distintos –, na qual foi necessária a expedição de várias cartas precatórias, bem como minuciosa e complexa produção de provas. 3. Assim, considerando, na hipótese, o procedimento regular previsto para os julgamentos dos crimes de competência do Tribunal do Júri – que, por si só, já sinaliza maior demora para o término da instrução –, a complexidade do feito, a pluralidade de acusados, a diversidade de advogados, o extenso rol de testemunhas, a expedição de cartas precatórias, as audiências adiadas à pedido da defesa, os inúmeros pleitos de liberdade a serem analisados, bem como o manejo de recurso em sentido estrito, embargos de declaração, recursos especial e extraordinário, o que se tem é o prolongamento natural – embora não ideal – de uma ação penal cujas peculiaridades não poderiam, via de regra, ensejar duração muito aquém do que ora se verifica. 4. Ademais, a experiência mostra que, em geral, há maior dificuldade na colheita de provas em ações penais que envolvem policiais, fator que também colabora para a dilação da instrução. 5. *Habeas corpus* denegado, com a recomendação de que os recursos extraordinários interpostos pela defesa sejam, com urgência, processados. (STJ, *HC* n. 204.774/ES, 5ª T., rel. Min. Marco Aurélio Bellizze, j. 12.04.2012, *DJe* 04.05.2012)

Autoria, participação e delito culposo

Habeas corpus. Penal e processual penal homicídio culposo. Delito de trânsito. Coautoria. Possibilidade. Alegação de inexistência de nexo causal entre o comportamento do paciente e o evento danoso. Necessidade de dilação probatória. Via inadequada. 1. É perfeitamente admissível, segundo o entendimento doutrinário e jurisprudencial, a possibilidade de concurso de pessoas em crime culposo, que ocorre quando há um vínculo psicológico na cooperação consciente de alguém na conduta culposa de outrem. O que não se admite nos tipos culposos, ressalve-se, é a participação. Precedentes desta Corte. 2. Afigura-se inviável, conforme pretende o Impetrante, reconhecer, na via estreita do *writ*, a ausência, por falta de provas, do nexo causal entre o comportamento culposo do paciente – reconhecido na sentença – ao acidente em questão, uma vez que demandaria, necessariamente, a análise aprofundada do conjunto probatório dos autos. 3. *Habeas corpus* denegado. (STJ, *HC* n. 40.474/PR, 5ª T., rel. Min. Laurita Vaz, j. 06.12.2005)

Autoria e participação nos delitos omissivos

Penal e processo penal. Recurso especial. Arts. 4º, *caput*; 5º, *caput*; 7º, IV; e art. 9º, da Lei n. 7.492/86. 1. Crimes contra instituição pertencente ao sistema financeiro nacional: entidade de fundo de pensão (fundo de pensão multipatrocinado – Aeros). Improcedência da alegação de competência da justiça estadual. Afirmação da competência *ratione materiae* da Justiça federal. 2. Natureza especial do delito. Sujeito ativo qualificado segundo o disposto no art. 25 da Lei n. 7.492/86. *Intraneus*. Possibilidade jurídica de participação de um não qualificado – *extraneus* – no delito especial executado pelo qualificado. Aplicação da regra contida no art. 30 do CP. 3. Existência de narrativa sobre conduta que, em tese, autoriza a responsabilização do recorrente a título de participação: o "como", o "de que forma", o "de que maneira" concorreu para cada uma das infrações, inclusive na modalidade omissiva. Responsabilidade do partícipe por omissão. Improcedência da alegação de contrariedade aos arts. 13 e 29 do CP. Apreciação quanto à justiça ou injustiça da decisão que refoge totalmente ao âmbito e aos limites do especial. 4. Impossibilidade de redução da pena imposta decorrente da participação em si mesma. Diferenciação de pena como reflexo da "medida da culpabilidade". Sem o reexame do conjunto probatório, impossível nesta via, não há como aferir-se o grau de importância da participação do recorrente em relação a cada um dos delitos. Improcedência da alegação de contrariedade aos arts. 13 e 29 do CP. 5. Improcedência das alegações de violação aos arts. 155 e 499 do CPP. Indeferimento de pedido para realização de prova pericial motivado na desnecessidade. Aplicação da Súmula n. 7, STJ. 6. Conflito aparente de normas. Consunção do *post factum* pelo crime anterior mais grave. Interpretação valorativa. Lei n. 7.492/86: delitos consumptos: art. 5º, *caput* (desvio/apropriação); e art. 9º (fraude à fiscalização ou ao investidor); delito consumptivo: art. 4º, *caput* (gestão fraudulenta). 7. Recurso parcialmente provido. 1. Toda e qualquer empresa que capte ou administre seguros, câmbio, consórcio, capitalização ou qualquer tipo de poupança, ou recursos de terceiros, é por efeito da Lei n. 7.492/86, equiparada a instituição financeira, sendo este último o caso da empresa vítima. Se a empresa Aeros – Fundo de Pensão Multipatrocinado é pertencente ao Sistema Financeiro Nacional, a competência, *ratione materiae*, para o julgamento do processo é da Justiça Federal. 2. A delimitação legal do âmbito da autoria nos delitos especiais, tanto próprios quanto impróprios, por si só, não impede o surgimento do concurso de pessoas e a responsabilização penal, pela mesma figura de delito, de sujeito não qualificado – *extraneus* –, havendo pelo menos um qualificado – *intraneus* – interveniente, na condição de autor, e conhecendo os demais sua condição pessoal – aplicação da regra contida no art. 30, do CP, pela interpretação *a contrario sensu*, segundo a qual comunicam-se as circunstâncias de caráter pessoal se elementares do tipo, não havendo razão, de lógica ou de justiça, para que as normas penais de caráter geral deixem de incidir tão somente em face dos crimes definidos na Lei n. 7.492/86 que, juntamente com inúmeras outras figuras previstas no ordenamento jurídico-penal brasileiro, integram o gênero dos chamados delitos especiais. 3. Se a decisão revela "como" e "por que" o Recorrente se faz corresponsável pelos delitos definidos nos arts. 4º, *caput*; 5º, *caput*; 7º, IV; e 9º, da Lei n. 7.492/86, não há como se admitir a inexistência de fundamento fático à condenação. Todo partícipe por omissão é garantidor, mas nem todo garantidor é partícipe: existência da necessária explicitação de bases fáticas à condenação. Acórdão que não se mostra absurdo no que respeita aos seus explícitos fundamentos de ordem fática, inclusive no quanto à responsabilidade por omissão do Recorrente. A apreciação quanto à justiça ou injustiça da decisão refoge totalmente ao âmbito e aos limites do especial. Improcedência da alegação de contrariedade aos arts. 13 e 29, do CP. 4. No ordenamento penal em vigor, não há obrigatoriedade de redução de pena para o partícipe, em relação à pena do autor, considerada a participação em si mesma, ou seja; como forma de concorrência diferente da autoria (ou coautoria). A redução obrigatória da pena para o partícipe se dá apenas em face daquela que a Lei chama de "menor importância" – o que já está a revelar que nem toda participação é de menor importância e que, a princípio, a punição do partícipe é igual à do autor. A diferenciação está "na medida da culpabilidade" e, nessa linha, o partícipe pode, em tese, vir até mesmo a merecer pena maior que a do autor, como exemplo, no caso do inciso IV do art. 62 do CP. Sem o reexame do conjunto probatório, impossível nesta via, não há como aferir-se o grau de importância da participação do Recorrente em relação a cada um dos delitos. Improcedência da alegação de contrariedade aos arts. 13 e 29 do CP. 5. Indeferimento de diligência probatória tida por desnecessária não representa violação ao disposto nos arts. 155 e 499 do CPP, e não implica também desatenção ao direito de defesa. A verificação quanto à necessidade ou não da providência é, por seu turno, algo que esbarra na vedação quanto ao reexame do conjunto fático-probatório (Súmula n. 7, STJ). 6. Consunção do *post factum* pelo crime anterior mais grave e como resultado dele – sem ser o único resultado – é ideia, parece-me, mais adequada à interpretação valorativa. Procedência das razões do primeiro e segundo recorrentes. Lei n. 7.492/86: delitos consumptos: art. 5º, *caput* (desvio/apropriação); e art. 9º (fraude à fiscalização ou ao investidor); delito consumptivo: art. 4º, *caput* (gestão fraudulenta). A norma do art. 4º, *caput*, da Lei n. 7.492/86, não incrimina resultado material, naturalístico, que porventura venha a ocorrer e que, por lógico, diz respeito à obtenção de alguma vantagem indevida – patrimonial, ainda que indireta. Se, porém, a vantagem patrimonial indevida é consequência da própria gestão, o resultado material não demandaria outra classificação de conduta, sendo suficiente para a punição a norma definidora da gestão fraudulenta. O crime definido no art. 4º, *in casu*, absorveu os delitos de apropriação/desvio e de fraude a investidor. A mesma relação consuntiva há de ser negada entre a norma do art. 4º e a do art. 7º, IV. 7. Recurso parcialmente provido para reconhecimento quanto à absorção dos delitos de desvio/apropriação (art. 5º, *caput*) e fraude à fiscalização ou ao investidor (art. 9º) pela norma incriminadora da gestão fraudulenta (art. 4º, *caput*) e consequente modificação no *quantum* de pena aplicada a cada um dos Recorrentes. (STJ, REsp n. 575.684/SP, 6ª T., rel. Min. Hamilton Carvalhido, rel. p/ acórdão Min. Paulo Medina, j. 04.10.2005, *DJ* 23.04.2007)

Autoria colateral

[...] Para que se configure o concurso de duas ou mais pessoas, como previsto no art. 155, § 4º, IV, do CP, é necessário, pelo menos, que os coparticipantes tenham uma consciente combinação de vontades na ação conjunta. Portanto, ao descrever o furto qualificado pela suprarreferida circunstância, deve o acusador salientar, pelo menos, que os coparticipantes praticaram o fato mediante acordo de vontades, pois, do contrário, pode o réu, ou seu defensor, vislumbrar, na descrição em que se omitiu o pormenor, um caso de autoria colateral, que e a em que um autor ignora a conduta do outro. 2. Recurso extraordinário criminal conhecido e provido para anular o processo e ordenar ao juiz de primeiro grau que de cumprimento ao art. 384 do CP. Penal. (STJ, RE n. 80.159, 1ª T., rel. Min. Antonio Neder, j. 03.09.1976, *DJ* 08.10.1976)

Teoria monística ou unitária

Ação penal. Contratação, pelo município, de cooperativa de prestação de serviços de carga e descarga em mercados locais, sem licitação. Prefeito que assume cargo de deputado federal. Tramitação do inquérito perante o STF, que determinou o desmembramento do processo com relação aos demais corréus, sem prerrogativa de foro. Denúncia contra o ex-prefeito perante o STF, como incurso no art. 1º, XI, do DL n. 201/67. Decisão do relator declarando a prescrição do crime. Corréus denunciados, pelos mesmos fatos, como incursos no art. 89 da Lei n. 8.666/93. Impossibilidade. Teoria unitária ou monista, adotada pelo CP brasileiro. Decisão de extinção da punibilidade que deve ser estendida aos corréus. 1. O CP em vigor consagra em seu art. 29 a teoria unitária ou monista, inspirada no Código Italiano, segundo a qual "Quem, de qualquer modo, concorre para o crime incide nas penas a este cominadas, na medida de sua culpabilidade". 2. Assim, não é possível que, pelos mesmos fatos, o acusado principal – no caso, um ex-prefeito – tenha sua conduta capitulada no art. 1º, XI, do DL n. 201/67 ("São crimes de responsabilidade dos Prefeitos Municipais, sujeitos ao julgamento do Poder Judiciário, independentemente do pronunciamento da Câmara dos Vereadores: [...] Adquirir bens, ou realizar serviços e obras, sem concorrência ou coleta de preços, nos casos exigidos em lei; § 1º [...] pena de detenção, de três meses a três anos) e os demais corréus no art. 89 da Lei n. 8.666/93 ("Dispensar ou inexigir licitação fora das hipóteses previstas em lei, ou deixar de observar as formalidades pertinentes à dispensa ou à inexigibilidade: Pena – detenção, de 3 (três) a 5 (cinco) anos, e multa"), situação que decorreu do desmembramento do feito determinado pelo STF. 3. No caso dos autos, se não houvesse o desmembramento do feito, a todos os denunciados se estenderia a decisão do Excelso Pretório, que reconhecera a prescrição da pretensão punitiva estatal daqueles fatos supostamente delituosos. 4. Uma vez declarada a prescrição, em decisão transitada em julgado, a partir da capitulação dada na primeira denúncia, no caso, em relação ao pretenso autor principal dos supostos delitos, não é lícito persistir a persecução penal, sob nova capitulação, sobre os mesmos fatos, para imputar delito mais grave aos corréus, malferindo a unicidade do crime que deve ser observada no concurso de pessoas, nos termos previstos no CP Brasileiro. 5. Declarada extinta a punibilidade dos ora denunciados em face da prescrição da pretensão punitiva estatal dos crimes descritos na denúncia, cuja capitulação considerada é a do art. 1º, XI, do DL n. 201/67, conforme decisão transitada em julgado, proferida pelo eminente Ministro Celso de Mello, nos autos do Inq. n. 1814/PR, que tramitou perante o STF. (STJ, Ap. n. 558/PR, Corte Especial, rel. Min. Laurita Vaz, j. 16.03.2011, *DJe* 14.06.2011)

Teoria pluralística

Penal. Concurso de agentes. Natureza jurídica. Teoria unitária. Exceção pluralística. Falso testemunho. Participação de advogado. Impossibilidade. 1. O ordenamento jurídico pátrio adotou, no concernente à natureza jurídica do concurso de agentes, a teoria unitária ou monista, segundo a qual todos aqueles que concorrem para o crime incidem nas penas a ele cominadas (art. 29, CP). Entretanto, exceções pluralísticas há em que o próprio CP, desmembrando as condutas, cria tipos diferentes. É, por exemplo, o caso do falso testemunho, hipótese em que a testemunha que faz afirmação falsa responde pelo delito do art. 342 e quem dá, oferece ou promete dinheiro ou outra vantagem para que aquela cometa o falso no processo penal, incide nas penas do art. 343. Precedente da Corte. 2. Na espécie, a conduta da recorrida (advogada) é atípica, porquanto limitou-se a instruir a testemunha a dizer isso ou aquilo em juízo trabalhista sem, frise-se, conforme restou consignado pelo acórdão recorrido, dar, oferecer ou prometer qualquer vantagem. 3. Recurso especial não conhecido. (STJ, REsp n. 169.212/PE, 6ª T., rel. Min. Fernando Gonçalves, j. 24.06.1999, *DJ* 23.08.1999)

Requisitos do concurso de pessoas. Relevância causal das condutas

Penal e processo penal. *Habeas corpus*. Supressão de instância. Inocorrência. Coautoria. Domínio funcional do fato. Princípio da correlação. Individualização da pena. Inobservância. Constrangimento ilegal caracterizado. O Tribunal de origem, quando do recurso de apelação, é livre para analisar a conduta do paciente, enquadrando-a conforme melhor lhe parecer. O acusado que na divisão de trabalho tinha o domínio funcional do fato (a saber, fuga do local do crime), é coautor, e não mero partícipe, pois seu papel era previamente definido, importante e necessário para a realização da infração penal. A sentença penal condenatória, no caso de concurso de agentes, deve guardar estrita consonância com as condutas de cada agente, particularizadas na denúncia. É nula a decisão condenatória na parte em que foi fixada a pena-base acima do mínimo legal com fundamentação inadequada. Ordem parcialmente concedida para anular a sentença no que atina a dosimetria da pena do paciente, mantendo a condenação, devendo outra ser prolatada, sem os vícios da original. (STJ, *HC* n. 30.503/SP, 6ª T., rel. Min. Paulo Medina, j. 18.10.2005, *DJ* 12.12.2005)

Requisitos do concurso de pessoas. Liame subjetivo ou vínculo psicológico entre os participantes

Ação penal. Crime de prevaricação (art. 319 do CP) e de responsabilidade de prefeito (art. 1º, DL n. 201/67). Ausência de provas. Improcedência. Absolvição dos réus. 1. A configuração do crime de prevaricação requer a demonstração não só da vontade livre e consciente de deixar de praticar ato de ofício, como também do elemento subjetivo específico do tipo, qual seja, a vontade de satisfazer "interesse" ou "sentimento pessoal". Instrução criminal que não evidenciou o especial fim de agir a que os denunciados supostamente cederam. Elemento essencial cuja ausência impede o reconhecimento do tipo incriminador em causa. 2. A acusação ministerial pública carece de elementos mínimos necessários para a condenação do parlamentar pelo crime de responsabilidade. Os depoimentos judicialmente colhidos não evidenciaram ordem pessoal do Prefeito de não autuação dos veículos oficiais do Município de Santa Cruz do Sul/RS. A mera subordinação hierárquica dos secretários municipais não pode significar a automática responsabilização criminal do Prefeito. Noutros termos: não se pode presumir a responsabilidade criminal do Prefeito, simplesmente com apoio na indicação de terceiros – por um "ouvir dizer" das testemunhas –; sabido que o nosso sistema jurídico penal não admite a culpa por presunção. 3. O crime do inciso XIV do art. 1º do DL n. 201/67 é delito de mão própria. Logo, somente é passível de cometimento pelo Prefeito mesmo (unipessoalmente, portanto) ou, quando muito, em coautoria com ele. Ausência de comprovação do vínculo subjetivo, ou psicológico, entre o Prefeito e a Secretária de Transportes para a caracterização do concurso de pessoas, de que trata o art. 29 do CP. 4. Improcedência da ação penal. Absolvição dos réus por falta de provas, nos termos do inciso VII do art. 386 do CPP. (STF, Ap. n. 447, Tribunal Pleno, rel. Min. Carlos Britto, j. 18.02.2009, *DJe* 29.05.2009)

Participação de menor importância

Habeas corpus. Penal. Crimes de latrocínio e corrupção de menores. Comprovação da efetiva corrupção do menor. Prescindibilidade. Crime formal. Precedentes. Dosimetria da pena. Circunstâncias judiciais desfavoráveis. Culpabilidade devidamente justificada. Maus antecedentes. Ação penal em curso. Incidência da Súmula n. 444 desta Corte. Consequências do crime: perda da vida. Elemento inerente ao tipo. Readequação da pena-base. Participação de menor importância. Não configuração. *Habeas corpus* parcialmente concedido. 1. Esta Corte Superior possui entendimento firme no sentido de que, para a configuração do delito previsto no art. 1º da Lei n. 2.252/54, são desnecessárias provas da efetiva corrupção do menor, bastando, para tanto, que haja evidências da participação de menor de 18 anos em delito na companhia de agente imputável, como de fato ocorreu na hipótese. 2. Justificada a valoração negativa da culpabilidade em razão da atuação mais intensa do agente que, desnecessariamente, agrediu física e verbalmente as vítimas do crime contra o patrimônio, o que imprimiu maior reprovabilidade à sua conduta, sem correspondência com o tipo penal. 3. A existência de ação penal em curso anterior a sentença, tal qual indica a ficha criminal do Paciente, não autoriza a majoração da pena-base pelos maus antecedentes. Incidência da Súmula n. 444 desta Corte Superior. 4. O delito de latrocínio consumado decorre do resultado morte da vítima, sendo, por isso, apenado em patamar bastante elevado, nos moldes do art. 157, § 3º, *in fine*, do CP, de sorte que não se afigura legítima a exasperação da pena-base, com sucedâneo nas consequências do crime, pela perda da vida. 5. Inviável a aplicação da causa geral de diminuição de pena contida no § 1º do art. 29 do CP (participação de menor importância), notadamente porque as instâncias ordinárias reconheceram que a atuação da Paciente foi essencial para o êxito da empreitada criminosa. 6. Ordem de *habeas corpus* parcialmente concedida para, mantida a condenação, tão somente fixar a pena total do paciente E.C.C. em 22 e 1 mês de reclusão, mais o pagamento de 22 dias-multa, como incurso nos delitos tipificados no art. 157, § 3º, *in fine*, do CP, e no art. 1º da Lei n. 2.252/54, em concurso material de crimes. (STJ, *HC* n. 169.549/RJ, 5ª T., rel. Min. Laurita Vaz, j. 20.11.2012, *DJe* 03.12.2012)

Cooperação dolosamente distinta

Habeas corpus. Pacientes condenados por latrocínio (art. 157, § 3º, CPC). Pretensão de desclassificação para o crime de roubo ou reconhecimento de participação de menor importância. Impossibilidade. Necessidade de dilação probatória incompatível com o *mandamus*. Prova colhida a demonstrar a intensa participação na empreitada criminosa. Ordem denegada. 1. Na hipótese, o julgador de primeiro grau e o Tribunal Paulista, em duas oportunidades, no julgamento da apelação e da revisão criminal, não acolheram a tese de cooperação dolosamente distinta e de desclassificação da conduta para o crime de roubo ou a participação de menor importância. E assim o fizeram com fulcro na prova colhida durante a instrução criminal, que deixou evidente a intensa participação do trio de assaltantes na conduta criminosa, que acabou por ceifar a vida de uma das vítimas. 2. A pretensão de desclassificação do delito ou do reconhecimento de participação de menor importância importaria em dilação probatória incompatível com o *mandamus*, que, dado o seu rito célere, exige prova pré-constituída do direito alegado. Precedentes do STJ: *HC* n. 99.134/RJ, rel.

Min. Laurita Vaz, *DJU* 30.06.2008; e *HC* n. 53.882/SP, rel. Min. Arnaldo Esteves Lima, *DJU* 02.06.2008. 3. Já decidiu esta Corte que: no roubo, mormente praticado com arma de fogo, respondem, de regra, pelo resultado morte, situado evidentemente em pleno desdobramento causal da ação delituosa, todos que, mesmo não agindo diretamente na execução da morte, contribuíram para a execução do tipo fundamental (Precedentes). Se assumiram o risco, pelo evento, respondem (*HC* n. 35.895/DF, rel. Min. Felix Fischer, *DJ* 04.10.2004). E, ainda: *HC* n. 44.698/MS, rel. Min. Laurita Vaz, *DJU* 06.08.2007; e *HC* n. 39.243/RJ, rel. Min. Hélio Quaglia Barbosa, *DJU* 05.12.2005). 4. Ordem denegada, em consonância com o parecer ministerial. (STJ, *HC* n. 89.506/SP, 5ª T., rel. Min. Napoleão Nunes Maia Filho, j. 28.08.2008)

Penal e processual penal. *Habeas corpus*. Roubo qualificado pelo resultado morte. Exame minucioso de provas. Configuração típica. Participação de somenos. Cooperação dolosamente distinta. I – Na via do *writ* não é permitido o minucioso cotejo do material de conhecimento. II – O roubo qualificado pelo resultado morte (art. 157, § 3º, *in fine,* CP) se configura tanto na forma integralmente dolosa (tipo congruente), como na forma preterdolosa (tipo incongruente por excesso objetivo). III – A participação de somenos (§ 1º do art. 29 do CP) não se confunde com a mera participação menos importante (*caput* do art. 29 do CP). Não se trata, no § 1º, de "menos importante", decorrente de simples comparação, mas, isto sim, de "menor importância" ou, como dizem, "apoucada relevância" (Precedente do STJ). IV – O motorista que, combinando a prática do roubo com arma de fogo contra caminhoneiro, leva os coautores ao local do delito e, ali, os aguarda para fazer as vezes de batedor ou, então, para auxiliar na eventual fuga, realiza com a sua conduta o quadro que, na dicção da doutrina hodierna, se denomina de coautoria funcional. *Writ* denegado. (STJ, *HC* n. 20.819/MS, 5ª T., rel. Min. Felix Fischer, j. 02.05.2002)

Circunstâncias incomunicáveis

Art. 30. Não se comunicam as circunstâncias e as condições de caráter pessoal, salvo quando elementares do crime.

1. COMENTÁRIO

1.1. Notas introdutórias

As circunstâncias são os fatos ou dados, de natureza objetiva ou subjetiva, que não interferem, porque acidentais, na configuração do tipo, destinando-se apenas a influir sobre a quantidade de pena cominada para efeito de aumentá-la ou de diminuí-la (FRANCO, Alberto Silva et al. *Código Penal e sua interpretação jurisprudencial*, s. d., p. 115). Algumas circunstâncias participam, no entanto, da própria estrutura da figura criminosa e deixam, por via de consequência, de ser acidentais para se transformarem em circunstâncias essenciais ou elementares do tipo (ibidem, p. 115). O dispositivo em exame cuida da comunicação, no concurso de pessoas, das circunstâncias do crime e, partindo da classificação de circunstâncias objetivas ou reais, de um lado, e de circunstâncias subjetivas ou pessoais, de outro, estabelece que as primeiras são sempre comunicáveis, e que as segundas, de regra, incomunicáveis. Quando estas, contudo, fizerem parte da própria economia interna do tipo integrando sua estrutura, tornam-se comunicáveis (ibidem, p. 115).

1.2. Circunstâncias objetivas

Como regra, as circunstâncias objetivas ou reais sempre se comunicam. Relacionam-se elas com o fato criminoso, em sua materialidade (COSTA JR., Paulo José da. *Direito penal objetivo*, 1989, p. 75). Poderão ser de natureza instrumental, quando disserem respeito aos meios empregados; materiais, quando concernentes ao objeto do delito; de natureza temporal ou espacial; consequenciais, quando relativas ao dano ou perigo que se segue ao crime; pessoais, quando concernentes às condições ou qualidades pessoais da vítima; ou poderão ainda relacionar-se com o modo de execução do delito (ibidem, p. 75). No dizer de Mirabete, essas circunstâncias dizem respeito ao tempo (durante a noite, por ocasião de incêndio etc.), ao lugar (em local ermo, em casa habitada etc.), ao meio de execução (emprego de veneno, fogo, explosivo etc.), às condições ou qualidades da vítima (criança, enfermo, funcionário público etc.) etc. (*Manual de direito penal:* Parte Geral, 1992, p. 224). Em regra, essas circunstâncias são comunicáveis, porém, não o são quando desconhecidas por parte do agente. Assim, para que essas circunstâncias se comuniquem, deverão ser conhecidas do agente. No exemplo de Costa Júnior (op. cit., 1989, p. 75), se o autor intelectual de um homicídio não tiver conhecimento de que o executor irá torturar a vítima, antes de tirar-lhe a vida, não responderá pela qualificadora. Se o partícipe determina que um furto seja executado durante o dia, e o autor o executa durante a madrugada, não responderá o partícipe pela qualificadora do repouso noturno.

1.3. Circunstâncias subjetivas

Como regra, as circunstâncias subjetivas ou de caráter pessoal são incomunicáveis, comunicando-se apenas quando elementares do crime (art. 30, CP). As circunstâncias subjetivas referem-se à qualidade ou condição pessoal do réu (imputabilidade, reincidência), às suas relações com a vítima (parentesco, relações domésticas ou de coabitação), aos motivos determinantes do crime (COSTA JÚNIOR, op. cit., 1989, p. 75). Assim se A, reincidente, e B, primário, cometem um crime em concurso de pessoas, somente A terá a pena agravada pela reincidência, visto a circunstância de caráter pessoal não se comunica a B.

1.4. Circunstâncias comunicáveis. Elementares do crime

A regra é de que as circunstâncias de caráter pessoal são incomunicáveis, e a exceção é a de que se comunicam quando elementares do crime. Portanto, deve-se definir o que é uma circunstância elementar do crime. As elementares são dados ou fatos que compõem a própria descrição do fato típico, integrando a descrição da infração penal e cuja ausência exclui ou altera o crime. Assim, as circunstâncias elementares, sejam de caráter objetivo ou pessoal, comunicam-se entre os fatos cometidos entre os participantes, desde que tenham ingressado na esfera de seu conhecimento. Tome-se como exemplo aquele que auxilia o funcionário público na prática do peculato; responde por esse crime ainda que não exerça função pública (a elementar de natureza pessoal "funcionário público" comunica-se ao partícipe) (MIRABETE, op. cit., 1992, p. 229; JESUS, Damásio E. de. *Direito penal:* Parte Geral, 2013, p. 384). Assim também no caso do partícipe que auxilia a mulher que se encontra sob a influência do estado puerperal a matar o próprio filho, deverá responder aquele por infanticídio, embora existam posições contrárias. Damásio faz a ressalva que enquanto não for modificada a legislação penal a respeito do assunto, deve o terceiro que participa do infanticídio responder por esse crime (JESUS, op. cit., 2013, p. 394). Por fim, cabe lembrar que a elementar somente se comunica se entrar na esfera de conhecimento do partícipe, pois, quando desconhecida, não se comunica. Assim, aquele que auxilia o funcionário na subtração de um bem móvel da Administração, ou que esteja na posse desta, responderá apenas por furto comum, e não por peculato-furto (art. 312, CP) se desconhecer a qualidade do coautor. Nessa hipótese, aliás, aplica-se o art. 29, § 2º, do CP, porque o *extraneus* queria participar de crime menos grave (MIRABETE, op. cit., 1992, p. 230).

1.5. Participação e arrependimento

Para Hungria, pode acontecer que, antes ou depois de iniciado o *iter criminis*, venha a cessar a coerência das vontades dos concorrentes, ou, mais precisamente: pode ocorrer que um dos concorrentes se arrependa, enquanto os outros persistem no propósito criminoso (*Comentários ao Código Penal*, 1958, v. 1, t. 2, p. 416). A solução para os casos de participação e arrependimento é de Nelson Hungria, nas seguintes hipóteses (ibidem, p. 416):

a) o arrependido é o autor principal, e não inicia a realização do crime projetado, ou é o partícipe, vindo este a impedir (por qualquer forma) que a execução tenha início: não existe fato punível;

b) o arrependido é o autor principal e, iniciada a execução, desiste da consumação ou impede que o evento se produza; ou é o partícipe que consegue impedir (por qualquer forma) seja alcançada a *meta optata*: em face no disposto no art. 15, não respondem por tentativa, ressalvados os atos anteriores à desistência voluntária ou arrependimento eficaz;

c) o arrependido é o partícipe, resultando inútil o seu esforço para evitar a execução ou consumação por parte do autor principal: o arrependido responde pelo fato cometido pelo autor principal.

2. JURISPRUDÊNCIA

2.1. Julgados

Circunstâncias objetivas

Decisão *habeas corpus*. Crime doloso contra a vida. Alegação de demora para o julgamento do *habeas corpus* impetrado no STJ. Julgamento efetuado. Perda superveniente de objeto. *Habeas corpus* prejudicado. Relatório 1. *Habeas corpus*, com pedido de medida liminar, impetrado por L.C.S.N., A.M.A.P. e R.G.B., advogados, em benefício de L.C.S.C., contra ato da relatora do *Habeas Corpus* n. 101.219, Ministra Laurita Vaz, do STJ. [...] "*Habeas corpus*. Processual penal. Tentativa de homicídio qualificado. Júri. Quesitação. Nulidade. Inexistência. Necessidade de arguição em plenário. Preclusão. Circunstâncias qualificadoras. Situações de comunicabilidade. Regime integral fechado. Impropriedade. Súmula vinculante n. 26/STF". [...] A teor do art. 30 do CP, não se comunicam as circunstâncias e as condições de caráter pessoal, salvo quando elementares do crime. Já as circunstâncias de caráter objetivo, por sua vez, não são, em princípio, incomunicáveis, a menos que fique comprovado que o coautor não tenha a elas anuído, nem mesmo assumido o risco de sua produção. 4. Não há como excluir, na hipótese, a qualificadora do uso de recurso que dificultou a defesa da vítima, uma vez que, da acurada leitura dos autos, não se constata a sua manifesta improcedência, ou seja, da narrativa da exordial acusatória, vê-se que era perfeitamente previsível, pelo ora Paciente, o modo de execução do delito. Nesse contexto, o reexame da questão por esta Corte não se mostra viável, uma vez que o *habeas corpus* é sede imprópria para a análise aprofundada do conjunto fático-probatório. Precedentes desta Corte e do STF. 5. A qualificadora do motivo torpe constitui circunstância de caráter pessoal, que não se comunica automaticamente aos participantes do delito. Precedentes. [...] Publique-se. Brasília, 15.02.2011. Ministra Cármen Lúcia Relatora. (STF, *HC* n. 104.018, rel. Min. Cármen Lúcia, j. 15.02.2011, *DJe* 24.02.2011)

Circunstâncias subjetivas

Habeas corpus. Crime de peculato-furto (§ 1º do art. 312 do CP). Funcionário público. Condição elementar do tipo. Comunicação ao particular, coautor do delito (art. 30 do CP). Prescrição antecipada: Impossibilidade. O particular pode figurar como coautor do crime descrito no § 1º do art. 312 do CP (Peculato-furto). Isto porque, nos termos do art. 30 do CP, "não se comunicam as circunstâncias e as condições de caráter pessoal, salvo quando elementares do crime". Se a condição de funcionário público é elementar do tipo descrito no art. 312 do CP, esta é de se comunicar ao coautor (particular), desde que ciente este da condição funcional do autor. Precedentes: *HC* n. 74.588, rel. Min. Ilmar Galvão; e *HC* n. 70.610, rel. Min. Sepúlveda Pertence. A firme jurisprudência do STF repele a alegação de prescrição antecipada, por ausência de previsão legal. Precedentes: *HC* n. 88.087, rel. Min. Sepúlveda Pertence; *HC* n. 82.155, rel. Min. Ellen Gracie; *HC* n. 83.458 e RHC n. 86.950, rel. Min. Joaquim Barbosa; RHC n. 76.153, rel. Min. Ilmar Galvão; entre outros. *Habeas corpus* indeferido. (STF, *HC* n. 90.337, 1ª T., rel. Min. Carlos Britto, j. 19.06.2007, *DJe* 06.09.2007; *DJ* 06.09.2007; *RJSP*, v. 55, n. 359, 2007, p. 157-61; *RT*, v. 97, n. 867, 2008, p. 551-3; *REVJMG*, v. 58, n. 181, 2007, p. 556-9)

Circunstâncias comunicáveis. Elementares do crime

Habeas corpus. Processo penal. Denúncia. Inépcia. Inocorrência. Gestão fraudulenta. Crime próprio. Circunstância elementar do crime. Comunicação. Partícipe. Possibilidade. Precedentes. Execução de um único ato, atípico. Irrelevância. Ordem denegada. 1. A denúncia descreveu suficientemente a participação do paciente na prática, em tese, do crime de gestão fraudulenta de instituição financeira. 2. As condições de caráter pessoal, quando elementares do crime, comunicam-se aos coautores e partícipes do crime. Art. 30 do CP. Precedentes. Irrelevância do fato de o paciente não ser gestor da instituição financeira envolvida. 3. O fato de a conduta do paciente ser, em tese, atípica – avalização de empréstimo – é irrelevante para efeitos de participação no crime. É possível que um único ato tenha relevância para consubstanciar o crime de gestão fraudulenta de instituição financeira, embora sua reiteração não configure pluralidade de delitos. Crime acidentalmente habitual. 4. Ordem denegada. (STF, *HC* n. 89.364, 2ª T., rel. Min. Joaquim Barbosa, j. 23.10.2007, *DJe* 18.04.2008)

Casos de impunibilidade

Art. 31. O ajuste, a determinação ou instigação e o auxílio, salvo disposição expressa em contrário, não são puníveis, se o crime não chega, pelo menos, a ser tentado.

1. COMENTÁRIO

O dispositivo deixa mais uma vez clara a acessoriedade da participação, pois, se não houver o início da execução de uma figura típica, não se falará em participação. Então, para que ocorra a participação em uma das formas elencadas pelo artigo, necessário que ocorra o início da execução pelo autor. Assim, a simples oferta de dinheiro de X para que B elimine C, não constitui participação, visto que B pode, até mesmo, receber o dinheiro e ir embora, sem cometer qualquer delito, não havendo início de execução de qualquer crime. A ressalva do artigo (salvo disposição expressa em contrário) diz respeito aos casos em que a instigação, a determinação, o auxílio etc. são puníveis como delitos autônomos. Como exemplo, em que essas formas de participação são puníveis como delitos autônomos podem ser citados os arts. 122, 227 e 286 do CP.

TÍTULO V
DAS PENAS

CAPÍTULO I
DAS ESPÉCIES DE PENA

Art. 32. As penas são:
I – privativas de liberdade;
II – restritivas de direitos;
III – de multa.

1. COMENTÁRIO
1.1. Notas introdutórias

Uma vez transgredido o preceito primário da norma penal sancionatária, isto é, a conduta incriminadora ali transcrita, surge para o Estado o poder-dever de punir aquele suposto infrator. A pena representa, ao lado da medida de segurança, a principal consequência jurídica imposta àquele que pratica determinado delito.[1]

O direito penal, segundo Paul Anselm vor Ritter Feuerbach, "é a Magna Carta dos Criminosos"; sua tarefa é, pois, "impedir, mediante a ameaça e aplicação de sanções aos delitos cometidos, a realização de novos erros puníveis" (ROXIN, Claus. "*Las nuevas corrientes de Política Criminal en la República Federal Alemana*". In: *Nuevo Pensamiento Penal*, 1972, set./dic., v. 1, n. 3, Buenos Aires, Depalma, p. 387). Como bem ilustra Reale Jr., "para Tobias Barreto a sociedade exige a punição como decorrência de uma necessidade imposta pelo organismo social por força de seu próprio desenvolvimento, sacrificando-se direitos do infrator em benefício da comunhão social, visando a serenar o conjunto da sociedade" ("Algumas ideias sobre o chamado fundamento do direito de punir". In: *Estudos de Filosofia*, 1977, p. 17).

José Frederico Marques divide o poder-dever estatal em três momentos: "a) na edição da norma penal incriminadora; b) na aplicação da norma por meio de um processo; c) e na execução da pena concretizada em sentença condenatória (*Elementos de direito processual penal*, 2001, v. I, p. 3 e 55, apud REALE JÚNIOR, op. cit., 1977, p. 15).

A pena, inserida no preceito secundário da norma penal incriminadora, nada mais é do que a consequência jurídica que deriva da violação da lei penal a qual, diga-se de passagem, se destina a todas as pessoas que vivem sob a jurisdição de determinado Estado (efeito *erga omnes*), estejam no território nacional ou estrangeiro, conforme exceções.

Por outro lado, trata-se a sanção penal de uma "amarga necessidade da comunidade de seres imperfeitos que são os homens". Essa expressão, utilizada na Exposição de Motivos da Reforma Penal ocorrida na Alemanha em 1975 (exteriorizada pela primeira vez no célebre Projeto Alternativo ao Código Penal alemão, em 1966), reflete um pensamento quase universal em torno do crime e suas formas de punição. A pena, portanto, é indispensável à proteção dos bens jurídicos protegidos na esfera penal, quiçá o único instrumento de que se pode utilizar a sociedade mediante a criminalidade (JALIL, Mauricio Schaun. *Criminalidade econômica e as novas perspectivas de repressão penal*, 2009, p. 75).

A necessidade da manutenção da regular convivência dos cidadãos em um grupo social é que exige as atividades punitivas, mas somente quando forem, insiste-se, necessárias e úteis à garantia e ao respeito das leis penais, assim, indispensáveis à sociedade. Reproduzindo o pensamento acertado de Tobias Barreto, só se deve "impor pena em todos os casos em que a sociedade não pode passar sem ela" (*Estudos de direito*, 1991, v. II, p. 116, apud REALE JÚNIOR, Miguel. "Despenalização no direito penal econômico: uma terceira via entre o crime e a infração administrativa?" In: *Revista Brasileira de Ciências Criminais*, p. 128), da mesma forma que, parafraseando Reale Jr., não se deve impor sanção penal, socialmente estigmatizante, e em especial a pena privativa de liberdade, em todos os casos em que a sociedade pode passar sem ela (ibidem, p. 129).

A Declaração dos Direitos do Homem e do Cidadão (Paris, 1789), em seu art. 8º, defendia essa concepção estipulando que "a lei apenas deve estabelecer penas estrita e evidentemente necessárias". O art. 15 do mesmo diploma, por sua vez, prevê que "as penas devem ser proporcionais ao delito e úteis à sociedade".

Da mesma forma, encontramos em diversas codificações espalhadas pelo mundo o entendimento intrínseco de que a pena é um mal necessário, e todos nós devemos conviver com esse instrumento, apesar de ser a mais traumática in-

1 Existem, obviamente, outros efeitos decorrentes da condenação criminal, mas tais consequências serão objeto de análise nos arts. 91 e 92 deste Código. A partir da Reforma da Parte Geral ocorrida com a Lei n. 7.209/84, nosso Código passa a adotar o sistema vicariante, isto é, será aplicada pena ou medida de segurança (diferente do que ocorria outrora, quando em razão do antigo sistema do duplo binário, adotado antes da aludida reforma, possibilitava-se a acumulação da pena com a medida de segurança).

tervenção estatal na liberdade do cidadão, máxime nos casos de pena privativa de liberdade. Por isso, a pena deve ser entendida, regulada e aplicada, com as maiores cautelas, inspirando-se, sobretudo, nos preceitos basilares esculpidos em nosso Estado Social e Democrático de Direito, introduzido pela CF de 1988 e na própria Codificação Penal. A seguir destacamos os princípios mais relevantes concernentes ao tema.

1.2. Princípios relacionados às penas

a) Princípio da **legalidade** ou **da reserva legal** (art. 5º, XXXIX, CF) – *nullum crimen nulla poena sine lege* –, cuja origem desperta inúmeras discussões doutrinárias,[2] inaugura o nosso Estatuto Repressor (art. 1º, CP). Trata-se de uma exigência, transfigurada na forma de direito fundamental de todo homem, de que todo crime, toda pena seja proveniente da lei, vedada, pois, qualquer criminalização ou atitude repressiva punitiva proveniente do Estado-juiz, decorrente de costumes, de princípios gerais do Direito ou da aplicação de analogia. Reforça, pois, o fundamento expresso de nosso Estado democrático de Direito (dignidade da pessoa humana – art. 1º, III, CF).

b) Princípio da **anterioridade** (art. 5º, XXXIX, CF) – figura como corolário do princípio anterior, é delineado sob o comando de que "não há pena sem prévia cominação legal" (art. 1º, segunda parte, CP), permitindo, contudo a *retroatividade* (art. 5º, XL, CF) e *ultratividade*, fenômenos segundo os quais a norma penal deve retroagir ou avançar no tempo para beneficiar o réu em relação a fatos que ocorreram antes ou depois de sua vigência (*novatio legis in mellius* e *abolitio criminis* – respectivamente, art. 2º, parágrafo único e *caput*, CP), vedando-se a aplicação de lei penal posterior mais grave (por exemplo, que defina uma sanção mais severa – *novatio legis in pejus* ou, até mesmo, que a partir de sua vigência configure determinada conduta, antes lícita, como delito – *novatio legis incriminadora*).[3]

c) Princípio da **individualização da pena** (art. 5º, XLVI, CF) – previsto também no art. 59 do CP, pois em nosso ordenamento jurídico-repressivo existe um sistema de "penas determináveis", em que o legislador fixou margens mínimas e máximas de reprovação, resposta penal; assim, o julgador não poderá ultrapassá-las ("salvo em hipóteses previamente determinadas, como exemplos, as causas de diminuição e aumento de pena"), devendo verificar as circunstâncias envolvendo o crime, a pessoa do criminoso e demais aspectos elencados naquele dispositivo penal.

d) Princípio da **culpabilidade** – pressuposto da responsabilização penal subjetiva (*nulla poena sine culpa* – art. 19, CP), "cujo substrato constitucional é a dignidade humana", portanto, a culpabilidade deve servir de limite e fundamento à definição da pena.[4]

---

2 Alguns acreditam tratar-se de postulado oriundo do Direito Romano, outros do Direito Medieval, como as instituições ibéricas, e, até mesmo da Magna Charta Libertatum inglesa, cujo art. 39 estabelecia tal princípio, mas verdadeiramente foi o alemão Paul Johann Anselm von Ritter Feuerbach que cunhou o postulado *nullum crimen, nulla poena sine praevia lege*, no século XIX.

3 René Ariel Dotti destaca a importância do referido princípio, ilustrando com um episódio recente e importante na história política brasileira: a inconstitucional "sanção de banimento imposta a Jânio Quadros, em razão dos Atos Institucional n. 5, de 13.12.1968, e Complementar n. 64, de 05.09.1969". Segundo o mencionado autor: "Aquela medida, de caráter estritamente político e de aplicação retroativa, foi usada no interesse do regime militar dominante e sob o eufemismo de 'medida de segurança de domicílio determinado' (*v.* o AI-5, art. 5º, IV, *c*). O ex-Presidente foi confinado na cidade mato-grossense de Corumbá por vários meses" (In: *Curso de direito penal*: Parte Geral. Rio de Janeiro, Forense, 2012, p. 139).

4 A medida de segurança, por sua vez, se fundamenta na periculosidade do agente, inimputável ou semi-imputável. Nas palavras de Santiago Mir Puig: "A culpabilidade é o âmbito em que se comprovam as possibilidades psíquicas de motivação normal do autor de um comportamento antijurídico por parte da norma penal. Somente quando tal possibilidade de motivação normal ocorra será o autor 'culpável' e terá sentido realizar a ameaça penal em sua pessoa" (*Función de la pena y teoria del delito en el estado social e democrático de derecho*, 1982, p. 106). Segundo Claus Roxin, a pena "não pode ser aplicada quando, apesar de haver culpa, não for necessária, nem aplicada em desconformidade com finalidades preventivas" (*Culpabilidad e prevención en el derecho penal*, 1981, p. 50). Nesse mesmo sentido, Eugenio Raul Zaffaroni alerta que: "A pena não pode ser aplicada sem levar em consideração os motivos que levam alguns a chegarem com mais facilidade ao sistema penal do que outros. Deve o juiz ter isso em mente para evitar punir a vulnerabilidade do sujeito para além de sua culpabilidade" (*Hacia un realismo*, 1992, p. 110). Vige em nosso sistema punitivo o direito penal do fato (não do autor); pune-se, portanto, em razão da ação positiva ou negativa, enquadrada em algum(ns) tipo(s) penal(ais), levando-se em consideração, por fim, sua culpabilidade. A reprimenda não pode se embasar por aquilo que o agente "é", mas sim por aquilo que "fez". Nesse sentido é o entendimento doutrinário e jurisprudencial (STJ, RHC n. 27.884/MG, rel. Min. Laurita Vaz, j. 09.10.2012). Por outro lado, é inviável a execução antecipada de qualquer sanção em prejuízo ao réu. Mesmo porque o princípio em comento representa uma das mais caras conquistas relativas aos direitos humanos: qualquer pessoa só poderá ser considerada culpada e, assim, sujeitar-se à necessária reprimenda após esgotarem-se todas as possibilidades recursais previstas no ordenamento; caso contrário, violar-se-á regra não só penal mas, antes de mais nada,

e) Princípio da **pessoalidade ou personalidade** (art. 5º, XLV, CF) – revela o caráter personalíssimo da pena, a qual não poderá se sobrepor à pessoa do condenado, muito embora persista outra consequência do crime, pois os sucessores arcarão com o **dever de indenizar** (reparar o dano), bem como se sujeitarão ao **perdimento de bens** até o limite de seu quinhão, ou seja, no exato montante do patrimônio transferido.

f) Princípio da **humanidade das sanções** – está expressamente consagrado na Carta Política de 1988 em diversos momentos. Inicialmente, em seu art. 1º, III, ao proclamar a dignidade da pessoa humana como um dos fundamentos da República Federativa do Brasil, não admitindo, assim, a existência das penas de "caráter perpétuo", de "trabalhos forçados", de "banimento" e quaisquer outras de natureza "cruel" (art. 5º, XLVII).[5] No Estatuto Repressor Penal pátrio estão estabelecidas normas que garantem, na mesma vertente, a humanização das sanções (arts. 38, 39 e 40, CP – Reforma da Parte Geral, Lei n. 7.209/84); a LEP (Lei n. 7.210/84), por sua vez, prevê já em seu art. 3º que "ao condenado e ao internado serão assegurados todos os direitos não atingidos pela sentença ou pela lei", garantindo por meio de dispositivos legais a assistência à saúde, jurídica, educacional, religiosa, o direito ao trabalho e sua remuneração, entre outros, à pessoa do encarcerado. Encontramos também abarcados pelo ordenamento jurídico nacional algumas convenções que versam sobre o tema, entre as quais merecem destaque a "Convenção contra Tortura e outros Tratamentos ou Penas Cruéis, Desumanas ou Degradantes" (Decreto n. 40, de 15.02.1991) e a Convenção Americana dos Direitos Humanos – Pacto de San José da Costa Rica.[6] Da mesma forma, no que concerne à pessoa do condenado (preso), está assegurada a sua integridade física e moral; está determinado que as penas sejam cumpridas em estabelecimentos distintos, de acordo com a natureza do delito, a idade e sexo do condenado, além de permitir, ainda, às presidiárias condições para "permanecerem com seu filhos durante a amamentação" (art. 5º, XLVIII, XLIX e L). De se dizer ainda que, mesmo fora das hipóteses de aplicação e execução das sanções penais, o nosso CP acolhe generosas propostas de humanização do sistema punitivo. Afora as possibilidades legais de isenção e exclusão de pena, existem casos de "perdão judicial", destacando-se os seguintes: a) quando as consequências da infração atingirem o próprio agente de forma tão grave que a sanção penal se torna desnecessária, como no caso de o pai matar o próprio filho em um acidente (art. 121, § 5º, CP); b) quando alguém comete um crime contra o estado de filiação (*v. g.*, dar parto alheio como próprio), por motivo de reconhecida nobreza (art. 242, parágrafo único, CP).

g) Princípio da **necessidade** – encontrado em duas passagens de nosso CP (art. 44, III e § 3º, do mesmo dispositivo, arts. 59 e 60, § 2º).

h) Princípio da **utilidade social** – concernente aos fins da pena, seja a *retribuição*, a *prevenção geral ou especial*. Quanto a esse aspecto, discutiremos mais acuradamente em tópico específico.

i) Princípio da **proporcionalidade** – é regido pela seguinte dualidade: a sanção a ser aplicada deve traduzir o interesse da sociedade em impor uma medida penal adequada, necessária e suficiente para reprovação e prevenção do cometimento de novos crimes, bem como garantir ao condenado o direito de não sofrer penas injustas, que excedam o limite do mal provocado pelo ilícito (STF, *HC* n. 98.816, 1ª T., rel. Min. Ricardo Lewandowski, 29.06.2010, *Inf.* n. 593). Deve ser realizado um juízo de ponderação entre a carga coativa e o fim perseguido pela pena, conferindo justificativa e legitimidade à sanção imposta.

j) Princípio da **inderrogabilidade** – fundamenta-se no poder-dever de punir estatal, segundo o qual a persecução criminal deverá ser iniciada toda vez que for transgredido o preceito primário da norma penal sancionatória. Portanto, afasta do magistrado a discricionariedade acerca da aplicação ou não da pena, cuja obrigação jurisdicional não está afeta as liberalidades baseadas em arbítrios pessoais, salvo raras exceções autorizadas pelo próprio ordenamento jurídico penal, como exemplo o homicídio culposo, em

---

constitucional (STF, Pleno, *HC* n. 91.676/RJ, *HC* n. 92.578/SP, *HC* n. 92.691/SP e *HC* n. 92.933/RJ, rel. Min. Ricardo Lewandoviski, j. 12.02.2009, Inf. n. 535; Pleno, RHC n. 93.172/SP, rel. Min. Cármen Lúcia, j. 12.02.2009, *Inf.* n. 535; *HC* n. 88.500/RS, 2ª T., rel. Min. Joaquim Barbosa, j. 20.10.2009, *Inf.* n. 564; Pleno, *HC* n. 98.212/RJ, rel. Min. Eros Grau, *Inf.* n. 575; *HC* n. 96.500/SP, rel. Min. Joaquim Barbosa, *Inf.* n. 579).

5 Vale lembrar, contudo, que a "pena de morte" ainda está prevista em nossa legislação penal militar, nos casos de "crimes militares em tempos de guerra" (art. 56 c/c arts. 355 e segs., CPM).

6 Este Tratado adquiriu eficácia internacional em 18 de junho de 1978. O Congresso Nacional, mediante referendo, aprovou o seu texto em 26.05.1992, sendo promulgado pelo Chefe do Executivo pelo Decreto n. 678/92 (ratificação), depositando-se, em seguida, a respectiva Carta de Adesão. Com a ulterior publicação na Imprensa Oficial (*DOU*), referido diploma foi incorporado ao ordenamento jurídico brasileiro.

que o juiz poderá, com base nas circunstâncias e consequências do caso concreto, deixar de aplicar a pena (art. 121, § 5º, CP), caracterizando o instituto do *perdão judicial*.

l) Princípio da **taxatividade** – dever imposto originariamente ao legislador para que não só as descrições legais das condutas delituosas, mas também os marcos temporais quantitativos e qualitativos da pena sejam claros, precisos, para que se permita uma exegese perfeita por parte do intérprete, impedindo, pois, arroubos autoritários, díspares, que não encontram consonância nem na lei, nem na constituição.

1.3. Finalidade da pena (teorias sobre os fins da pena)

As concepções filosóficas e científicas oriundas do Iluminismo iniciaram um brusco rompimento de parâmetros, posturas e ideologias de origem mística, contribuindo, sobremaneira, ao avanço do Direito. A teoria do Contrato Social, de Jean-Jacques Rousseau, delimitando as funções, a amplitude e divisão dos Poderes de uma nação, desenhando uma estrutura organizada de vida comunitária, definindo, enfim, o papel e o limite individual de cada cidadão no seio social, proporcionou um redimensionamento quanto aos dogmas de outrora, afastou o poder arbitrário estatal, concebendo, de forma ainda que embrionária, os limites do poder de punir, baseados em uma "proporcionalidade" entre o ato criminoso praticado e o castigo.

Cesare Bonesana, o Marquês de Beccaria, com a revolucionária obra *Dei delitti delle penne*, publicada no ano de 1764, iniciou a jornada que perdura até hoje, no sentido de criticar e postular uma ciência repressora com feição mais "racional" e "humanitária", despida de legados eclesiásticos de ordem metafísica, reforçando o entendimento acerca da necessidade de existir um liame que deveria unir a culpabilidade e a reprimenda a ser imposta, a qual se fundamentaria em sua "utilidade" e "necessidade". Esse jurista e filósofo italiano traçou os alicerces iniciais para os estudos sobre os princípios norteadores da Ciência Penal, bem como para a discussão que será travada *a posteriori* no que tange aos fins da pena (apud JALIL, op. cit., 2009, p. 79).

1.3.1. Teorias absolutas – as filosofias retributivas

A remota concepção de "retribuir-se o mal com outro mal" tem inspiração na Antiguidade, trata-se de uma ideologia com origens seculares, comum aos dogmas religiosos previstos em inúmeros ordenamentos primitivos, presente, por exemplo, na tradição hebraica, no preceito evangélico do perdão, na tradição do cristianismo, conforme catequese de São Paulo, Santo Agostinho, Santo Tomás de Aquino e até Pio XII. Tal concepção girava em torno de três ideais: a "vingança" (*ex parte agentis*), a "expiação" (*ex parte patientis*) e o "reequilíbrio" entre pena e delito (JALIL, op. cit., 2009, p. 79).

As obras *Introdução à metafísica dos costumes* (1798), de Immanuel Kant, e *Linhas fundamentais da filosofia do direito* (1821), de Georg Wilhelm Friedrich Hegel, conceberam, com suas respectivas peculiaridades, um novo realce àquelas teses originais.[7]

7 A filosofia retribucionista fora invocada, antes mesmo, por Tommaso Campanella ("La cittá del sole". In: GUZZO, A.; AMERIO, R. [coord.]. *Opere di Giordano Bruno e Tommaso Campanella*. Milano, Ricciardi, 1956, p. 1.103); J. Selden (*De jure naturali etentium iuxta disciplinam ebraeorum*, 1640, apud SCHREY, Jeremiam. Francofurti, 1956, Livro I, Cap. 4); Leibniz ("Essais de Theodicée, sur la bonté de Dieu, la liberté de l'homme et l'origine du mal", 1710, Trad. D.O. Bianca, Saggi di Teodicea. In: *Scritti filosofici*. Torino, Utet, 1967, v. I, Parte I, Par. 73, p. 499-500); Genovesi (*Della Diceosina*, Livro I, Cap. XIX, 6, p. 174); e posteriormente na Itália por Antonio Rosmini (*Filosofia del diritto*. 2.ed. napoletana. Napoli, Pedone Lauriel e Rossi-Romano, 1841. V. I, Livro IV, Par. 1711, p. 451); Terenzio Mamiani (*Intorno allá filosofia del diritto e sigolarmemte intorno ale origini de diritto di punire*. Letteridi T. Mamiani e di P. S. Mancini. Firenze, Società Tipográfica, 1844. Carta II de 15.04.1840, p. 24-5); Enrico Pessina (*Elementi di Diritti Penale*. Napoli, Stamperia dela Regia Università, 1870, v. I, p. 30); Vittorio Mathieu (*Perché punie?* Il colasso della giustizia penale. Milano, Rusconi, 1978, p. 14-5); e nas vozes alemãs de Julius Friedrich Abegg (*Die verschiedenen Strafrechstheorien in ihrem Verhältnisse*. Neustadt an der Orla, Johann Karl Gottfried Wagner, 1835, p. 48), Ludwig Heinrich Jakob (*Philosophische Rechtslehre oder Naturrecht*. Bruxelle, Culture et Civilisation, 1891, par. 65-7, 414-43, p. 33 e 203-9), entre outros – todas cstas rcfcrências doutrinárias cxtraídas da obra *Dirci to e razão*, de Luigi Ferrajoli, p. 206 (Ferrajoli, Luigi. *Direito e razão*: teoria do garantismo penal. Trad. Ana Paula Zomer, Fauzi Hassam Choukr, Juarez Tavares e Luiz Flávio Gomes. São Paulo, RT, 2002). Émile Durkheim reconhecia, também, o caráter de expiação da pena, aliás para este sociólogo francês a reprimenda "[...] consiste, essencialmente, numa reação passional, de intensidade graduada, que a sociedade exerce por intermédio de um corpo constituído contra aqueles de seus membros que violaram certas regras de conduta" (*Da divisão do trabalho social*. Trad. Eduardo Brandão. 2.ed. São Paulo, Martins Fontes, 1999, p. 68). Para Durkheim, a verdadeira função da pena era "[...] manter intacta a coesão social, mantendo toda a vitalidade da consciência comum" (op. cit., p. 81). Para Durkheim a pena tem como objetivo confirmar os valores das pessoas honradas, ao demonstrar a aversão que o crime causou na alma coletiva, portanto, o castigo é necessário e, se não existisse, ocorreria um desmoronamento emocional da consciência coletiva e, consequentemente, da solidariedade so-

Segundo Kant, a lei penal é, antes de mais nada, um dever-ser, isto é, um imperativo categórico, uma obrigação moral destinada à coletividade geral, sem exceções, todos nós devemos dispensar a ela respeito. Por conseguinte, sua violação deveria ser seriamente castigada, pois, segundo ele, "quando a justiça perecer, já não tem sentido algum que os homens vivam sobre a terra".[8]

Extrai-se do pensamento do referido filósofo uma visão "ética" e "moral" (retribuição ética) a fundamentar a pena, desprovida de qualquer caráter utilitário: pune-se o infrator não por prevenir que ele cometa novos delitos, tampouco para recuperá-lo, nem mesmo para desestimular novos crimes pelos demais indivíduos, mas simplesmente porque aquele pecou (*punitur quia peccatum est*). Chegou, até mesmo, a defender a pena de morte àqueles que praticassem o homicídio, fundamentando seu posicionamento sobre a finalidade da pena em uma brutal proporcionalidade que deveria existir entre a sanção e o dano suportado pela vítima, ou seja, a pena deve seguir um princípio de igualdade entre delito e castigo. Defendia, pois, o *ius talionis*, a retaliação estatal devidamente instrumentalizada por um tribunal e pela lei.

Para Hegel, inspirado em seu famoso *processo dialético*, o delito era uma negação ao direito e a pena, uma negação a esta negação, pois anularia o delito que, caso contrário, teria validez, assim, com a aplicação da reprimenda se tinha um verdadeiro restabelecimento do Direito,[9] pois o delito equivaler-se-ia à pena (retribuição jurídica). É oportuno relembrar que Hegel entendia ser a pessoa livre para se autodeterminar como bem entendesse diante do cotidiano; portanto, como ser racional que o é, conhecedor do ordenamento jurídico que o cerca, uma vez praticado o ato delituoso, o fez baseado em sua vontade pessoal, desrespeitando o interesse geral de manutenção dessa ordem formal imposta. Assim, o criminoso torna-se merecedor de uma resposta estatal como forma de reafirmar o Direito.

Na opinião desses juristas, não era missão do Estado corrigir seus cidadãos, e, sim, puni-los quando violassem os preceitos da norma penal sancionatária.

A Igreja também apoiava essa ideologia, pois concebia a Justiça como verdadeiro mandamento de Deus e a imposição da pena como execução substituta das funções julgadoras de Deus.

Encontramos respaldo dessa concepção teórica também na Escola Clássica, com os estudos de Pellegrino Rossi e Francesco Carrara. O homem, para Rossi, é não só *inteligente*, pois dotado de racionalidade suficiente para distinguir e definir sua postura, cônscio das consequências negativas que poderão advir de seus atos, como também *livre* para exteriorizar ou não sua vontade, devendo a lei penal, com o precípuo escopo de manter-se a justiça absoluta ou moral, garantindo a ordem pública, retribuir, de forma proporcional, o mal proporcionado por determinada conduta antijurídica, pelo castigo (mal) da pena (*Traité de droit penal*, 1859, p. 9, 224 e 338, apud REALE JÚNIOR, Miguel. *Instituições de direito penal*: Parte Geral, 2002, v. I, p. 48). Carrara, sem dúvida o expoente máximo daquele seguimento, igualmente adepto desse retribucionismo (Escola Clássica),[10] imaginava a pena com a finalidade exclusiva de restabelecer a ordem na sociedade (*Programa del derecho criminal*, 1978, t. I, p. 50, apud CAMARGO, Antonio Luiz Chaves. *Sistemas de penas, dogmática jurídico-penal e política criminal*, 2002, p. 42), por meio da certeza do castigo, não se olvidando, jamais, a vontade divina que impunha as diretrizes do direito natural a ser respeitado pelo legislador (BELLO RENGIFO, Carlo Simon. "Sistema y pena en Carrara". In: *Francesco Carrara*: homenaje en el centenário de su muerte, 1988, p. 276, apud ibidem, 2002, p. 42).

Posteriormente, Karl Binding e Giuseppe Bettiol, entre outros, revelaram entendimentos próprios que resvalavam nessa teoria. O primeiro, ao acreditar que a pena deveria ser aplicada de maneira gradativa conforme a gravidade dos crimes, atingindo o ofensor, de tal sorte, na culpabilidade reprovável de sua conduta, o que mos-

cial. A pena representa, pois, "[...]um ato autêntico que só pode consistir numa dor infligida ao agente. Assim, ao mesmo tempo que é um produto necessário das causas que a geram, essa dor não é uma crueldade gratuita. É o sinal a atestar que os sentimentos são sempre coletivos, que a comunhão dos espíritos na mesma fé permanece íntegra e, com isso, repara o mal que o crime fez na sociedade" (op. cit., p. 82).

8 *Fundamentación metafísica de las costumbres*. Trad. Garcia Morente. 8. ed. Madrid, Espasa-Celpa, 1983, p. 6.

9 *Princípios da filosofia do direito*. Trad. Paulo Meneses, Agemir Bavaresco, Alfredo Moraes, Danilo Vaz-Curado, R. M. Costa, Greice Ane Barbieri, Paulo Roberto Konzen. Unisino/Loyola, 2. ed., 2010, p. 36.

10 Ressaltamos, porém, que referido jurista foi defensor assaz dos direitos humanos e da liberdade, estabelecendo, inclusive, da mesma forma, limites ao *ius puniendi* estatal.

traria o caráter aflitivo da reprimenda, objetivando sempre a conservação do domínio do Direito sobre os culpados, segundo a medida de sua culpabilidade (MAURACH, Reinhart; ZIPF, Heiz. *Derecho penal*: Parte Geral, 1994, v. I, p. 22, apud CAMARGO, op. cit., 2002, p. 43). O segundo, por sua vez, entendendo que a reprimenda estatal era uma necessidade social, servindo para tutelar interesses éticos, morais, políticos, econômicos e religiosos, todos eles valorados na norma penal. O sentimento comunitário de justiça postulava uma "punição para os réus", como reação, imbuída de retribuição jurídica, à prática do delito (BETTIOL, *Diritto penale*: Parte Generale, 1986, p. 800, apud REALE JÚNIOR, op. cit., 2002, v. I, p. 49), chegando Bettiol a afirmar que "a pena encontra sua razão de ser no seu caráter retributivo" (BETTIOL, op. cit., 1986, p. 797).

Uma **contribuição positiva** atribuída às teorias absolutas é a de contemplar um "limite" ao poder punitivo estatal, eis que não pode ser maior do que a culpabilidade (ao ato humano culpável), pressuposto de aplicação da pena e inerente ao postulado retributivo. A reprimenda imposta pelo Estado deve ser sempre proporcional ao ato delituoso praticado. Assim, tem uma função de salvaguarda da liberdade.

Quanto às **críticas** desferidas pelos seus opositores, a seguir apontaremos as principais: para essa corrente ideológica a pena não tem finalidade social alguma, trata-se da imposição de "outro mal" (sem levar em consideração características específicas e circunstâncias do fato e do agente), este sim, merecido, legitimado, disfarçado de Justiça. Seu caráter de expiação tem forte apelo religioso, não raro, confundido pecado com crime, legitimando, muitas vezes, o *ius puniendi* em aspectos metafísicos.

A sanção é, pois, dotada de vigorosa função simbólica contida na necessidade de reafirmar-se o ordenamento jurídico, uma vez violado, tornando obscuros os pressupostos de punibilidade, eis que inspiradas, em inúmeros casos, numa fé irracional.

Muitas dessas objeções se mostram válidas; é forçoso, porém, nosso reconhecimento no sentido de que tais perspectivas absolutas refletiam um momento histórico representado pela transição das monarquias para os Estados modernos, fruto do Iluminismo ocorrido na Europa no encerramento do século XVIII. A necessária "sistematização" do Direito serviu de fundamento para aflorar referidas teses, as quais, nos moldes de suas concepções originárias, se apresentam injustificáveis nos dias atuais (JALIL, op. cit., 2008, p. 84).

1.3.2. Teorias relativas – o pensamento utilitarista

Para o **utilitarismo**[11] trazido pelo Iluminismo à esfera criminal, principalmente pelas formulações de Beccaria,[12] a reprimenda tem por fim a exemplaridade, incutindo no espírito geral da população, o temor à punição, afastando a tentação da prática da conduta delituosa, a impunidade (apud REALE JÚNIOR, Miguel. *Instituições de direito penal*: Parte Geral, 2002, v. I, p. 48). Tal corrente retoma seu espaço com as teorias preventivas, sobretudo a prevenção *geral*.

1.3.2.1. Teoria da prevenção geral

Para esta teoria, o fim da pena não é a simples retribuição, tampouco a ingerência que irá exercer sobre o autor do delito, mas sim a influência na comunidade que, mediante as ameaças penais e a execução da pena, deve ser instruída sobre as proibições legais e inibida de sua violação. O imperativo da lei penal deve ser obedecido, indistintivamente, impondo às pessoas o respeito de seu respectivo comando, através da ameaça contida no preceito secundário da norma sancionatária.

Prevaleceu esse entendimento durante o século XIX.

Paul Johann Anselm von Ritter Feuerbach[13] desenvolveu um sentido negativo da prevenção

11 Montesquieu (*O espírito das leis*), Maquiavel (*O príncipe*) apud Ferrajoli, op. cit., p. 240, Blackstone (*Commentaries of the laws of England*. Apud ibidem, p. 240), Filangieri (*La scienza della legislazione*. Apud ibidem, p. 240), Pagano (*Del civile corso delle nazioni o sai de' principi, progresi e decadenza delle società*. Apud ibidem, p. 206) e Von Humboldt (*Ideen zu einem Versuch, die Grenzen der Wirksamkeit des Staat zu bestimmen*. Trad. G. Perticone. *Saggio sui Limiti dell'attività dello Stato*. Milano, Giuffrè, 1965, p. 125. Apud ibidem, p. 241) também contribuíram naquele período, respectivamente, com seus estudos acerca da "utilidade" e "necessidade" da pena para evitar-se o cometimento de novos delitos, baseando-se em uma concepção contratualista e tendo como ponto de referência o bem-estar dos cidadãos e não dos soberanos, e governantes autoritários. Extraímos da obra máxima de Montesquieu até mesmo a afirmação de que "toda pena que não deriva de sua necessidade é tirânica".

12 Rememora Reale Jr. que no § XV da célebre obra de Beccaria, este não admitia que a pena tivesse o objetivo de "torturar e afligir um ser sensível, nem desfazer um crime que já está praticado".

13 James F. Stephen (*A history of the criminal law of England*. London, Macmillan, 1883, v. II, apud FERRAJOLI, Luigi. *Direito e razão*, p. 253), Lord Devlin e, sobretudo, Gabriel Tarde (*La*

geral, a "teoria psicológica da coação", pois acreditava-se que a alma do delinquente potencial havia caído em tentação pelos motivos que o levavam ao cometimento do delito, sobrepondo-se aos motivos que resistiam à ilicitude. Deveria, assim, provocar-se na psique do indeciso sensações desagradáveis, a coação psicológica, desestimulando-o ao cometimento de delitos, reforçando as ideias contrárias à ilicitude (*Tratado de derecho penal*, 1989, apud CAMARGO, op. cit., 2002, p. 46). Constitui-se, assim, a prevenção dos delitos pelas normas criminais, mediante a *ameaça penal*. Conserva-se e reforça-se, de tal forma, a confiança na firmeza e no poder do ordenamento jurídico, por meio da *intimidação*.

Jeremias Bentham (*Théorie des peines et de récompenses*, Livro I, Cap. I, 1811, p. 9, apud FERRAJOLI, Luigi. *Direito e razão*, p. 42), Arthur Schopenhauer (*Crítica da filosofia kantiana*, 1999), Gian Domenico Romagnosi (*Genesi del diritto penale*, par. 400, p. 40, apud FERRAJOLI, Luigi, op. cit., p. 242) e Giovani Carmignani (*Elementi del diritto penale*, par. 49, p. 42, apud FERRAJOLI, Luigi, op. cit., p. 242), ressalvadas as interpretações pessoais, teceram, do mesmo modo, contribuições a essa teoria, concebendo a pena estatal direcionada ao horizonte temporal, ou seja, como resposta para se prevenir delitos futuro, defendendo, da mesma forma, a "necessidade" como critério de justificação da pena.

Nessa linha de raciocínio, navegaram, décadas depois, somente para citar alguns exemplos, o italiano Giuseppe Maggiore (*Manuale di diritto penale*: Parte 1, 1949, p. 18 e 28, apud REALE JÚNIOR, Miguel, op. cit., 2002, p. 54), que concebia a pena como necessária coação a proteger a imperatividade do Direito e o penalista espanhol Dario Rodríguez Devesa, o qual acreditava que a lei penal, por meio da ameaça do castigo, tinha a finalidade de evitar as condutas proibidas (*Derecho penal español*: Parte General, 1973, p. 146, apud REALE JÚNIOR, op. cit., 2002, p. 54).

Antonio García-Pablos de Molina (*Derecho penal*: introducción, 1994, p. 84) orienta sua rejeição a esse postulado teórico embasado em um argumento primeiramente de cunho moral axiológico. O condenado, raciocina esse autor com base na insuperável objeção da moral de origem kantiana,[14] é visto como peça exemplificativa, sendo a pena contra ele imposta não pelo ato violador em si, mas para que os demais não o repitam. Instrumentaliza-se, de tal forma, o homem, retirando do ser humano, ainda que criminoso, a dignidade que lhe é inerente e assegurada pelo próprio Estado. Para esse jurista, a teoria da prevenção geral negativa traça uma imagem simplificada e imaginária do indivíduo infrator como se este, mecanicamente, se inclinasse para a prática de um delito ou se abstivesse de fazê-lo, conforme a gravidade da pena abstratamente prevista em lei, idealizando, pois, um criminoso potencial como se ele fosse alguém extremamente calculista e agisse com contumácia, habitualidade. Todavia, constatamos que, na prática, não é a reprimenda mais severa que afasta o sujeito de sua conduta delitiva, mas sim o sentimento de impunidade; portanto, esse aspecto psicológico de intimidação não se apresenta como algo palpável.

Não obstante as contrariedades apontadas, ainda existem alguns adeptos dessa teoria, como Jesús-Maria Silva Sanchez (*Aproximación al derecho penal contemporáneo*, 1992, p. 212), definindo que a pena tem, de fato, função de prevenir o delito, aceitando os fins de utilidade e garantia da sanção criminal, enveredando-se, salienta-se, para uma teorização do *direito penal mínimo*.

Por outro lado, impende ressaltarmos que Feuerbach desenvolveu também, ainda que de maneira tímida, a prevenção geral **positiva**, posteriormente estudada de forma mais minuciosa pela doutrina, sobretudo por Günther Jakobs, o qual, muito embora partindo de uma abordagem funcionalista inspirada em Nicklas Luhmann (assim como Hans Welzel), sustentou a vertente da *teoria fundamentadora* da concepção geral positiva, atribuindo à pena a função de "exercitar a fidelidade do Direito" (*Derecho penal*: Parte General, 1997, p. 18, *apud* REALE JÚNIOR, op. cit., 2002, v. 1, p. 55).

Winfried Hassemer ("Fines de la pena en el derecho penal de orientación científico-social", 1982, p. 137), com sua ideia de proporcionalidade da pena, que não pode ser excessivamente gravosa, revestindo-se de meios para tutela de bens

philosophie pénale. 4.ed. Paris, Cujas, 1972, apud FERRAJOLI, Luigi. *Direito e razão*, p. 254) também desenvolveram estudo anteriores sobre o tema.

14 Para Kant, é inadmissível tratar o homem como "puro meio" para legitimar e atingir os fins que não são seus (*Primi Principi metafisici della dottrina del diritto*, p. 520-1, apud FERRAJOLI, Luigi. *Direito e razão*: teoria do garantismo penal. Trad. Ana Paula Zomer, Fauzi Hassam Choukr, Juarez Tavares e Luiz Flávio Gomes. São Paulo, RT, 2002, p. 243).

jurídicos e incidindo em instâncias de controle sociais no sentido de demonstrar e convencer as pessoas acerca de sua idoneidade, além de Claus Roxin ("A culpabilidade como critério limitativo da pena". *Revista de Direito Penal*, ns. 11/12), ao defender a culpabilidade como critério limitativo da pena (teoria *limitadora* da prevenção geral especial), empreenderam valiosos estudos sobre o tema.

Roxin concebe três principais finalidades da pena (*Derecho penal*: Parte General, 1997, p. 91): 1) o efeito de aprendizagem, motivado sócio-pedagogicamente; 2) a justiça penal como fonte de confiança no ordenamento jurídico; 3) o efeito de pacificação, que se produz quando a consciência jurídica geral se tranquiliza, em virtude da sanção, solucionando o conflito proporcionado pelo delinquente.

Esse jurista alemão formulou um sentido de *integração* da norma penal. O ponto fulcral aqui não é a gravidade da pena imposta em si, com intuito de coagir o cidadão a respeitar a norma penal; a pena não exerce essa função intimidativa, mas sim, *integradora*. Busca-se o reforço na confiança, exercita-se a fidelidade à lei, "a norma deve ser, pois, estimulada em seu cumprimento, sendo esse um processo de formação de um povo, com oportunidades de assimilar os valores da sociedade" (SHECAIRA, Sergio Salomão; CORRÊA JR., Alceu. *Teoria da pena*, 2002).

Antonio García-Pablos de Molina também se destaca como contrário à prevenção geral positiva, pois segundo esse autor, ela representa um modelo "acrítico", "tecnocrático", que embasa um gama de expectativas institucionais, sepultando qualquer reflexão crítica que não recaia sobre a funcionalidade do sistema. Pretende-se, conforme esse autor, não a solução do conflito em si, mas a resposta à exteriorização do delito a que tanto a sociedade anseia (op. cit., 1994, p. 92). A pena se justifica como instrumento eficaz para a proteção de bens jurídicos, e não por sua capacidade de integração social. Reale Júnior, por seu turno, comunga em alguns aspectos dessa crítica, esclarecendo que o ato delituoso é castigado, pois afronta a norma; mas para recompor a confiança e o sentimento de fidelidade a essa lei, não deve ser menosprezado o aspecto valorativo do direito (op. cit., 2002, p. 57).

Adverte ainda Santiago Mir que o Estado, por meio do Poder Legislativo, no afã de atender fortemente às expectativas sociais, máxime diante da criminalidade avassaladora, pode criar penas cada vez mais severas, escondendo o real sentimento reacionário e oportunista por trás de determinados diplomas, saciando o sentimento coletivo com o pretexto de confirmação do ordenamento jurídico (*Derecho penal*: Parte General, 1996, p. 51).

1.3.2.2. Teoria da prevenção especial

Desde os gregos, mais precisamente Platão (427-347 a.C.), encontraremos manifestações favoráveis ao caráter preventivo **especial** da pena. Sêneca tornou, inclusive, célebre um aforismo daquele sofista ao afirmar, na Roma Antiga, "*Nam, ut Plato ait: nemo prudens punit, quia peccatum est, sed ne peccetur*".[15]

Essa concepção punitiva remonta às doutrinas de emenda, inspiradas na visão espiritualista do homem. Foi Platão que formulou a ideia da *poena medicinalis*, segundo a qual os homens são punidos por seus atos delituosos com a finalidade de tornarem-se bons. Tratava-se, pois, de atribuir à pena um caráter pedagógico. Esse entendimento, baseado no princípio de que o ser humano é dotado de livre-arbítrio, influenciou, posteriormente, o direito romano e o direito canônico medieval, rumando em direção oposta às teorias contratualistas (embora também utilitaristas), as quais, sob os auspícios dos ideais iluministas, expressavam um apelo liberal e revolucionário da tutela do indivíduo mediante o despotismo do velho Estado absolutista.

A formulação doutrinária da prevenção especial, por sua vez, reflete as vocações autoritárias dos Estados liberais, servindo, para alguns, de legitimação teórica.

Consiste em evitar que o autor de determinado delito pratique outros no futuro, deixando que a pena exerça essa "função preventiva". Seu mérito está na missão social da pena, rechaçando castigos desnecessários na luta contra a delinquência.

O fim da pena está, portanto, na prevenção individual (especial) dirigida ao autor que comete determinado delito.

O Programa de Marburgo, proveniente do artigo intitulado "A ideia de fim em Direito Penal", escrito este exteriorizado na aula inaugural ministrada por Franz von Liszt na Universidade de Marburgo, em 1822, defendeu um movimento de reforma do direito penal com base na ideia da finalidade da pena, estabelecendo, entre outros prin-

15 "Como disse Platão: pune-se não porque se pecou, mas para que não se volte a pecar" (ROXIN, op. cit., 1997, v. 1, p. 85).

cípios, um tratamento, em termo de reprimenda, diferenciado, segundo cada tipo de agente, objetivando não só a intimidação e a inocuização, mas também a emenda do agente, criminoso.

Liszt entendia, resumidamente, que a prevenção especial deveria atuar como os seguintes objetivos : a) assegurar a comunidade contra os delinquentes, mediante o encarceramento dos mesmos; b) intimidar, individualmente o autor do delito, mediante a imposição da pena, fazendo com que ele não cometesse novos delitos; c) preservar a reincidência mediante a correção do infrator.

Assim, essa teoria visa, ao mesmo tempo, "ajudar" o delinquente na "reintegração à sociedade", reeducando-o (sentido **positivo** da prevenção especial), e proteger essa mesma sociedade do cometimento de novos delitos por esse agente.

Essa postura ideológica encontrou abrigo nas Escolas Correcionalista e Positiva italiana, impregnadas da ideia de "defesa social", encontrando, porém, maior respaldo na Escola Sociológica alemã, encabeçada pelo próprio Liszt.

Jorge Figueiredo Dias comenta que a pena deve ser fixada "no interior de uma moldura de prevenção geral de integração, cujo limite superior é oferecido pelo ponto ótimo da tutela dos bens jurídicos e cujo limite inferior é constituído pelas exigências mínimas de defesa do ordenamento jurídico", prosseguindo seu raciocínio dizendo que "dentro dessa moldura de prevenção geral de integração a medida da pena é encontrada em função de exigências de prevenção especial, em regra positiva ou de socialização, excepcionalmente negativa ou de intimidação ou segurança individuais" (*Questões fundamentais de direito penal revisitadas*, 1999, p. 135).

Renuncia-se, pois, a qualquer imposição de penas em nome de exigências de retribuição e expiação, de caráter metafísico (DIAS, Jorge Figueiredo. *Direito penal português*: as consequências jurídicas do crime, 1993, p. 61). No entanto, aqui também persistem críticas.

O defeito mais grave dessa teoria está, ao contrário da teoria retributiva, em não proporcionar um limite, uma barreira à imposição da pena, eis que o delinquente condenado deve cumprir sua reprimenda pelo tempo suficiente para que esteja ressocializado. Esse sentido **negativo**, ou seja, a intenção de afastar o incorrigível, o inintimidável, "até que ele esteja apto" ao "convívio social", se mostra violador e contrário à ordem constitucional democrática e asseguradora de direitos fundamentais do homem instituída em nosso país. Até nas hipóteses de aplicação de medida de segurança (inimputáveis), tal finalidade vem sendo combatida.

Isso nos leva a possibilidades irracionais, como estabelecer penas privativas de liberdade a condenados por delitos menos graves, ou então, por exemplo, pena de duração indeterminada!

Existe, também, outra questão fundamental: com que direito o Estado pode forçadamente educar e tratar seus cidadãos? Por violar as garantias e liberdades individuais é proibida uma (re)educação forçada, pois "afeta o núcleo intocável da personalidade de um adulto". Em razão disso, aliás, é que desde 1975 a ideia de ressocialização vem perdendo fôlego, voltando à ideia da retribuição e da prevenção geral, principalmente na América e em alguns países escandinavos.

Vale ressaltar ainda o seguinte: e quanto a delinquentes que já estão perfeitamente inseridos na sociedade, ao menos em tese, como podemos falar em ressocialização?

Trata-se de hipótese perfeitamente observada nos crimes de "colarinho branco", crimes econômicos. Ocorre também nos casos de autores de delitos menos graves ou cometidos sem dolo, mas com culpa (imprudência, negligência ou imperícia); aqui não existe o perigo de reincidência, pois o crime foi cometido em situação extrema, de conflito irrepetível, ou quando as distintas circunstâncias temporais fazem impossível a nova ocorrência da conduta delituosa, segundo o jurista mencionado.

Por último, contribuiu da mesma forma para o "desencanto" desta teoria o fato de que, até agora, não foi desenvolvido um modelo ideal de ressocialização para o reincidente, o que gera a aplicação de uma pena que se sabe, desde o início, sem qualquer chance de êxito, e voltamos, assim, à imposição da pena com o fim nela mesma, à concepção irracional retributiva. A falta de planos mais convincentes para essa ressocialização, na prática, vem desgastando esta teoria, e o próprio mito da reeducação, glorificado pelos correcionalistas como Dorado Montero e Roeder, já foi desfeito desde muito.

1.3.2.3. A teoria dialética unificadora de Roxin

Roxin, ao delimitar as finalidades que devem estar estampadas na *sanctio iuris*, desenvolveu sua "teoria dialética unificadora (op. cit., 1997, v. 1, p. 95). Esse jurista alemão admite exclusivamente o fim preventivo da pena, todavia esse objetivo fundamental da resposta estatal se bifurca em duas faces: a prevenção geral *positiva* e a prevenção especial também *positiva*.

Quanto à *primeira*, entende que a descrição da lei, do comando proibitivo e sua respectiva reprimenda, exerce o necessário efeito integrador da norma. Já a *segunda* atua no momento da ressocialização do condenado. Completa seu quadro explicativo esclarecendo que a cominação da norma está inter-relacionada com sua imposição, assim como a execução em si da reprimenda. Inexiste uma divisão dessas três fases.

O princípio da culpabilidade não pode ser desrespeitado, eis que legitima a aplicação da pena. A reprimenda, enfim, tem um caráter construtivo, eis que a ressocialização não pode ser imposta ao condenado, interferindo na sua dignidade e esfera íntima; ao contrário, deve representar uma "oferta" àquele, uma atitude solidária da sociedade no sentido de receber, novamente, o cidadão que violou o ordenamento jurídico.[16]

Chaves Camargo comunga dessa dupla finalidade da pena, esclarecendo seu posicionamento de que a pena tem, realmente, fim construtivo, para tentar reordenar o conceito valorativo existente na consciência do condenado (prevenção especial positiva) (op. cit., 2002, p. 65-6), reafirmando, igualmente, os valores vigentes no meio comunitário, não olvidando, porém, seu entendimento esposado anteriormente de que a sanção não está desprovida de seu caráter retributivo.

1.3.2.4. Finalidade da pena – posicionamento adotado especificamente por este coautor

A pena, sobretudo na modalidade privativa de liberdade, tem um inequívoco caráter retributivo, essencial, por que não dizer, à sua própria razão de existir. É inegável também que a sanção criminal acarreta consequências negativas profundas, muitas vezes indeléveis, à vida daquele que foi considerado culpado de determinado ato delituoso, proporcionando, de tal sorte, ao menos indiretamente, experiências desagradáveis também ao núcleo familiar, aos amigos, enfim, às pessoas que cercam intimamente aquele. O castigo imbuído na repressão estatal na forma de pena é evidente, muito embora não concordemos com tal.

Dita qualidade (retributiva), porém, não está atrelada à expiação, tampouco à imposição de um "mal" em virtude de "outro" praticado. Também não se coaduna, a nosso ver, com o castigo, na pura e simples expressão dessa palavra, ou seja, seu escopo não é infligir um sofrimento moral ou corporal à pessoa do condenado. A retribuição aqui aceita limita-se a legitimar a necessária resposta estatal em face do ilícito cometido.

A partir do momento em que a sociedade organizada politicamente reivindicou para si o poder-dever de processar e julgar alguém, retirando de seus cidadãos o direito à vingança privada, consolidou formalmente no Estado, mediante seu Poder Judiciário e o Ministério Público, a administração da justiça e a persecução criminal. Tais tarefas passaram a ser aceitas e concordadas socialmente e, em razão disso, a punição é uma consequência natural do pacto social.

A retribuição admitida antecede a prevenção geral positiva e a ela está unida por um estreito liame. Muito embora encontremos um considerável número de pessoas que propugnem em sentido contrário, o raciocínio adotado é que, no estágio atual de nossa civilização, a sociedade não mais está interessada em punir alguém com a mera intenção reacionária de vingança, com os objetivos sanguinários e desumanos vistos outrora, mas, em direção oposta, a repreensão é entendida como essencial à revalidação do ordenamento jurídico ou, em outras palavras, como forma de confirmar os valores e anseios esculpidos na Constituição, na codificação penal e respectiva legislação extravagante. O sentimento coletivo é de que todos nós estamos protegidos pela ordem jurídica estatuída e pelas instituições públicas incumbidas de fazer cumprir os ditames legais. A punição penal se presta, tão somente, para estimular o respeito e cumprimento da norma, jamais como resquício de penitência que nos remetem a tempos nefastos.

A característica retributiva é consentida, pois, parafraseando o ideal proposto na Exposição de Motivos do Código Penal Alemão de 1975, como uma amarga necessidade da comunidade de seres imperfeitos que são os homens. Concluindo esse entendimento, dizemos que essa necessidade de punição é evidente; contudo, não está dissociada de finalidades sociais outras, mais importantes, genuínas, autênticas.

Concordamos também com a prevenção especial positiva, todavia não propalamos pela já desacreditada "ressocialização" ou "reeducação" do condenado. Extraímos dos postulados de prevenção individual de que é indispensável não só punir-se para reafirmar o ordenamento, mas tam-

16 Ver Capítulo "Sentido e limites da pena", na obra de sua autoria intitulada *Problemas fundamentais de direito penal*, 1993.

bém para que a reprimenda possa incidir positivamente na pessoa do delinquente, evitando que este cometa novos delitos. Essa finalidade de que a pena deve "agir positivamente" na pessoa do criminoso autoriza somente uma interpretação nos dias atuais: o desenvolvimento de uma nova política criminal, atribuindo-se, da mesma forma, novas perspectivas de reprimendas e uma observância maior nos princípios e regras relativas à individualização, aplicação, cominação e, principalmente, execução da pena, celebrando-se, efetivamente, os princípios penais basilares, muitas vezes esquecidas por magistrados e tribunais hoje no Brasil.

Novas respostas estatais poderão trazer benefícios mais específicos, adaptados a singularidades, condizentes e levando em consideração as consequências do crime, as circunstâncias que o cercam, também àquelas relativas ao agente, seu passado, sua conduta social anterior, todos esses aspectos dotados de suma importância, fundamentais na determinação e cominação de uma pena a determinado condenado.

É interessante ressaltar que, se uma pessoa, uma vez condenada, acreditar-se injustiçada com a pena contra ela irrogada, irá despertar internamente os mais profundos sentimentos de ira, revolta, o que impossibilitará, obviamente, o seu pacífico retorno ao seio comunitário, aceitando, por conseguinte, as regras comuns de conduta social a todos imposta. Ao passo que, a aplicar-se uma sanção criminal adequada, especial, respeitando as particularidades do caso concreto, por mais que o condenado se sinta insatisfeito em seu âmago, passará por um processo interno de confrontação com seu ato, reavaliando sua atitude, seu comportamento social até então, o que poderá fazê-lo admitir melhor a reprimenda contra ele imposta.

Os objetivos, expostos anteriormente, perseguidos pela resposta estatal e aceitos por nós, através da imposição da pena criminal, são perfeitamente plausíveis e condizentes com o atual estágio de nossa sociedade.

Esta conclusão, contudo, é fruto de entendimento pessoal do coautor que subscreve este artigo; respeita-se, portanto, opiniões diversas, sobretudo dos demais coautores.

1.4. Evolução histórica das penas no Brasil

Apesar de termos conquistado nossa independência no ano de 1822, uma lei promulgada pela Assembleia Constituinte brasileira, em 20.10.1823, determinava que se continuasse observando a legislação portuguesa (Ordenações Filipinas – Livro V, Título VI, que estipulava penas severas e cruéis, *v. g.* penas de morte, mutilação através de corte de membros, o degredo, o tormento, o açoite), enquanto aguardássemos a elaboração de um Código Penal e revogação dos diplomas em vigor que versavam sobre essa área do Direito.

A Constituição outorgada por D. Pedro I, em 1824, declarava, textualmente em seu bojo, a abolição dos açoites, da tortura, da marca de ferro quente e todas as demais penas cruéis, proibiu o confisco de bens e a declaração de infâmia aos parentes do réu em qualquer grau, proclamou que nenhuma pena passaria da pessoa do delinquente, estabelecendo também que os estabelecimentos penais deveriam ser limpos, arejados, seguros e diversificados, para cada natureza de crime e circunstâncias pessoais dos réus. Enfim, abrigava inúmeros princípios no campo das liberdades públicas e individuais, entre eles merecem destaque o princípio da irretroatividade da lei penal e o princípio da igualdade.

Em 16 de dezembro de 1830, foi sancionado pelo Imperador D. Pedro I o projeto (iniciado por Bernardo Pereira de Vasconcelos) que tratava sobre nossa codificação penal: o Código Criminal do Império do Brasil.

Referido diploma teve como fontes inspiradoras princípios consagrados na Constituição de 1824, mas também doutrina estrangeira de índole iluminista, merecendo, ainda destaque, outras codificações vigentes, como a da Áustria (1803), França (1810), Baviera (1813), Nápoles (1819), Parma (1820) e Espanha (1822). Essa codificação elencava onze espécies de penas: a) morte (arts. 38 a 43); b) galés (arts. 44 e 45, §§ 1º e 2º); c) prisão com trabalho (art. 46); d) prisão simples (art. 47); e) banimento (art. 50); f) degredo (art. 51); g) desterro (art. 52); h) multa (art. 55); i) suspensão do emprego (art. 58); j) perda do emprego (art. 59); e k) açoites (art. 60 – aplicado a escravos, pena abolida pela Lei de 15.10.1886).

Assim, permanecia no ordenamento jurídico brasileiro a pena de morte, apesar de ser aplicada em poucas hipóteses. Todavia, houve a eliminação da crueldade na execução das demais penas e a privação de liberdade seria aplicada em larga escala, substituindo as penas corporais (as sanções eram previstas no art. 43 daquela codificação, como exemplos temos a prisão com trabalhos, galés com trabalho público e o açoite).

Em 1890, com o Decreto n. 774, já sob a égide do Governo Provisório Republicano aboliu-se a pena de galés, reduziu-se a trinta anos as penas perpétuas, computando ao tempo de prisão aquele despendido quando da prisão preventiva, além de introduzir a prescrição das penas.

Já no final daquele ano, em 11 de outubro de 1890, promulgava-se o Código Penal da República, prevendo as seguintes sanções: a) *prisão celular* (constituía-se a base de nosso sistema penitenciário, haja vista que se aplicava a quase todos os crimes, inclusive a algumas contravenções, obrigando ao condenado, ainda, o trabalho; b) *reclusão* (art. 47, executada em fortalezas, praças de guerra ou estabelecimentos militares); c) *prisão com trabalho obrigatório*, cujo cumprimento seria em colônias agrícolas ou presídios militares (art. 48, destinada aos vadios e praticantes da capoeira, luta africana praticada pelos escravos); d) *prisão disciplinar* (art. 49, destinada a menores de 21 anos, deveria ser cumprida em estabelecimentos industriais especiais); e) a *interdição*, a *suspensão e perda do emprego público*, com ou sem inabilitação ao exercício de outro, e a *multa* (art. 43, *b*, *f*, *g* e *h*, combinados com os arts. 46, 56, 57 e 58). Deve-se dizer que o *banimento* também era previsto, apesar de ter sido abolido pela Constituição Republicana de 1891 (art. 72, § 20).

1.4.1. Penas atualmente previstas no Código Penal

Somente em 1940, com base no Anteprojeto de Alcântara Machado, é que uma Comissão Revisora formada por Nélson Hungria, Vieira Braga, Narcélio de Queiroz e Roberto Lyra, com as prestimosas colaborações de Costa e Silva e Abgar Renault, concebeu a redação final do nosso CP vigente, legislação esta publicada em 31.12.1940 (DL n. 2.848/40). As sanções previstas nesta codificação que perduram até hoje, levando-se em consideração também a posterior Reforma da Parte Geral de 1984 (Lei n. 7.209/84) e a ampliação do rol de penas substitutivas, "alternativas", decorrente da alteração promovida pela Lei n. 9.714/98, são as seguintes:[17] pena privativa de liberdade, pena restritiva de direitos e multa.

1.5. Reparação do dano à vítima como consequência jurídica do delito

A dogmática jurídico-penal, para os adeptos dessa concepção,[18] deveria admitir uma "terceira via", além da pena e da medida de segurança, como resposta estatal mediante o cometimento do delito. Essa consequência autônoma ora propalada vai além da reparação civil, cujo objeto reside simplesmente na satisfação (ou ao menos em sua tentativa) de cunho material e/ou moral à vítima. Ao contrário, o escopo perseguido é a "paz jurídica", o restabelecimento da "paz social", abalada, como a prática do ato criminoso, conciliando os objetivos da esfera cível com os fins do direito penal (JALIL, op. cit., 2009, p. 142).

Cláudio do Prado Amaral (op. cit., 2005, p. 141) assinala o seguinte roteiro adotado por aqueles que defendem essa tese: "inicialmente o objetivo perseguido é o restabelecimento do estado originário (*status quo ante*); caso não seja possível, deve-se buscar uma indenização equi-

17 O ordenamento jurídico-penal atual prevê também a medida de segurança, objeto dos comentários dos arts. 96 e segs. Pena e medida de segurança se aproximam, eis que ambas tutelam bens jurídicos, representam uma sanção de caráter aflitivo (retributivo) e preventivo, representando uma resposta estatal em defesa de valores e interesses fundamentais para a sociedade. A prática de atos ou fatos, definidos como condutas delituosas, consequentemente, ao final do processo criminal a que responderem, serão condenados (embora muitos autores considerem que nos casos de inimputável teremos uma "absolvição imprópria"). Por outro lado, diferenças essenciais existem entre essas modalidades sancionatárias: a) a pena baseia-se, exclusivamente, na culpabilidade do agente, já a medida de segurança, na periculosidade, presume que aquela pessoa poderá cometer novos fatos criminosos no futuro (projeta-se um juízo futuro de periculosidade); b) a pena possui lapso temporal determinado, estabelecendo prazos mínimos e máximos de seu cumprimento, enquanto na medida de segurança, de acordo com a norma do art. 97, § 1º, do CP, será indeterminada (o que fere o princípio da legalidade e taxatividade, tornando-a, portanto, inconstitucional, motivo pelo qual o projeto de lei sobre a Reforma do CP, que se encontra tramitando no Congresso Nacional, prevê que a medida de segurança não poderá ser superior à pena máxima cominada ao crime), prevendo-se, tão somente, prazo mínimo de 1 a 3 anos, período em que o agente se submeterá a exames médicos que constatarão se cessou ou não sua periculosidade. Essas breves ponderações são necessárias, eis que perfeitamente admissível a aplicação de medidas de segurança envolvendo a criminalidade econômica, como nos casos de crimes ambientais, por exemplo.

18 Kurt Seelmann (*Strafzwecke und Wiedergutmachung*, 1981), ao estudar a discussão sobre os fins da pena, estabelece até mesmo que a reparação do dano atinge uma finalidade nova na dogmática jurídico-penal, propalando um modelo de reparação punitiva, a partir de conciliação e da prevenção de integração, necessário ao avanço das finalidades penais clássicas (apud AMARAL, Cláudio do Prado. *Despenalização pela reparação do dano*: a terceira via, 2005, p. 147). Dieter Rössner ("Compensation and sanctioning: the Court Assistance, as aid to the resolution of conflicts", 1991; e "La mediación penal". In: *Justicia y Sociedad*, n. 19) propõe, por sua vez, estabelecer a reparação como finalidade própria, autônoma, a somar-se à prevenção do delito.

valente a danos materiais e morais decorrentes da conduta criminosa; entretanto, no insucesso também dessa tentativa, deve ser levado em consideração um patamar subsidiário, respectivo às prestações em favor do prejudicado (reparações simbólicas) ou determinada quantia em dinheiro a instituições de fins públicos".

Eleonora Devoto acentua que essa consequência jurídica autônoma "substitui a pena nas hipóteses em que a necessidade dos sujeitos passivos do delito poderiam ser satisfeitas de forma muito mais eficiente do que por meio de pena" ("Expropiación del conflito, reparación del dano causado y probation". *Cuadernos de Doctrina e Jurisprudência Penal*. Ano III, ns. 4 e 5, 1997, p. 438). Evita-se, portanto, toda a mácula e estigmatização indesejáveis e comuns a uma imposição de pena.

A reparação adquire, pois, relevância penal, demonstrando um reconhecimento por parte do agente, da ilicitude praticada, exigindo, por conseguinte, uma postura responsável, reconstruindo sua cognição acerca da norma penal violada. O sujeito ativo, assim, recupera sua dignidade mediante a sociedade que o cerca ao oferecer seu intento, esforço de restabelecer a paz jurídica interrompida abruptamente. Pretende-se, assim, com todos os atos que englobam a reparação, desde que realizados de forma prévia (em momento apropriado), uma autoconscientização espontânea e livre acerca do delito praticado, suas consequências, recuperando o fundamental papel da vítima, hoje relegado a mero expectador de sua triste experiência, ansioso por uma resposta estatal a qual, muitas vezes, não alcança os seus anseios nem dos seus semelhantes.

Na visão de Claus Roxin ("Pena y reparación". *Anuário de Derecho Penal y Ciencias Penales*. Tomo LII, MCMXCIX, 2002), a reparação do dano é apta a substituir a sanção penal na medida em que satisfaz os anseios e necessidades não só da vítima, mas também de todo o grupo social que a cerca, atingindo, portanto, a finalidade de prevenção geral positiva, pois reforça o sentimento de fidelidade do Direito, fortalecendo a consciência jurídica geral. No entanto, ressalva esse jurista alemão que a reparação deve ser justa e adequada ao caso concreto (proporcional à culpabilidade do autor), até mesmo porque a sociedade não almeja promover qualquer injustiça. O intento espontâneo de reparar o dano proporciona ao autor confrontar-se com seus atos associais, perante a vítima e a própria comunidade, e aquele se vê afetado internamente, atingindo a ressocialização pretendida pela prevenção especial. Esse jurista alemão conclui que a reparação deve figurar, portanto, como prestação jurídica autônoma, prescindindo ou atenuando a pena (tal qual previsto no Código Penal Alemão, diploma que incorporou muitas de suas concepções doutrinárias).

Para Roxin, a reparação do dano deve repousar seus atributos em via própria entre a pena e a medida de segurança, servindo os princípios da subsidiaridade e da *ultima ratio* como substrato teórico para legitimar essa "terceira via", consolidando os ideais supremos do Estado Democrático de Direito. Tal posicionamento, aliás, foi um dos principais postulados decorrentes da elaboração do Projeto Alternativo Alemão de 1992, capitaneado por Claus Roxin, (*Alternativ-Entwurf Wiedergutmachung – AE-WGM*), aceitando os ideais expostos antes por Detlev Frehsee, segundo os quais o objetivo da reparação não era somente compensar a vítima, mas também confirmar a validez da norma, operando, da mesma forma, a ressocialização do delinquente.

Existem aqueles que, inclusive, defendem a reparação do dano como sanção penal própria,[19] postulando por sua inegável contribuição em reduzir a aplicação da pena privativa de liberdade, por exemplo.

No Brasil, encontramos disposições normativas a respeito do tema *reparação do dano* desde o Código Criminal do Império, de 1830 (art. 21), passando pelo Código de Processo Penal, de 1832, (art. 269, § 5º), Código Penal Republicano, de 1890 (art. 69, *b*), e o atual Código Penal, de 1940 (art. 74, I), e respectiva reforma em 1984 (art. 91, I), neste último como consequência genérica da condenação. Da mesma forma, no atual Código consta no art. 16 (arrependimento posterior), permitindo a diminuição da pena de 1 a 2/3, caso o agente tenha reparado o dano ou restituído a coisa antes do recebimento da denúncia; no art. 59, como circunstância a ser observada pelo magistrado no momento de aplicação da pena; no art. 65, III, *b*, como atenuante genérico, quando o autor, logo após o cometimento do delito, por livre e espontânea vontade, evita suas consequências

19 Nesse sentido: Klaus Sessar (*Wohin könnte sich unser "Straf"-Recht entwickeln?* Tendenzen und Alternativen unter dem Aspeckt der Wiedergutmachung als Sanktion, 1977, apud AMARAL, op. cit., 2005, p. 150) e Julio A. Rodrigues Delgado (*La reparación como sanción jurídico-penal*: nueva doctrina penal, 1999, p. 15).

ou, ao menos, procura diminuí-las, ou então repara o dano antes da sentença; no art. 43, I (prestação pecuniária de 1 a 360 salários mínimos em favor da vítima ou de seus sucessores); no art. 78, § 2º, na hipótese de suspensão da pena, se o condenado houver reparado o dano e as demais circunstâncias do art. 59 lhe forem favoráveis, não será obrigado a realizar os serviços à comunidade ou sujeitar-se à limitação nos fins de semana, previsto no parágrafo anterior; no art. 85, IV, a reparação é uma das exigências a serem observadas para a concessão do livramento condicional; no art. 94, III, o condenado poderá obter a reabilitação penal, desde que comprovado o ressarcimento do dano ou demonstrada a impossibilidade de fazê-lo, até a data do pedido de tal benefício, ou, ainda, obtido documento que comprove a renúncia da vítima ou a novação da dívida; no art. 107, encontramos também manifestações de ordem moral de ressarcimento do dano.

Na Parte Especial de nosso Estatuto Repressor, nos crimes contra a honra (calúnia e difamação), desde que ocorra a retratação cabal por parte do autor até a sentença não transitada em julgado, estará extinta sua punibilidade (art. 143). Importante ressalva deve ser feita, pois em se tratando de uma conciliação autor-vítima, é inadmissível que a reparação ocorra sem a anuência desta; contudo, no dispositivo em questão, caso a vítima não fique satisfeita da retratação, mas o julgador a considere válida, poderá, ainda assim, isentar o réu de pena. Na hipótese delitiva do peculato culposo (art. 312, § 3º), também encontramos ressalva à aplicação da pena, quando o agente restituir o bem ou ressarcir à Administração Pública antes do trânsito em julgado da condenação, ou então reduzir a reprimenda imposta, caso ocorra depois. Na legislação especial, merecem destaque: a LEP (Lei n. 7.210/84 – alterada pela Lei n. 10.792/2003), em que existe previsão de que o trabalho do preso, um dos deveres decorrentes do art. 39, IV, do mesmo diploma, deve ser remunerado (art. 29, *caput*), e o produto dessa remuneração atenderá à indenização dos danos causados pelo crime, desde que determinados judicialmente e não reparados por outros meios (art. 29, § 1º, *a*); a Lei n. 9.099/95, diploma esse que inaugurou, ainda que de forma um tanto quanto desorganizada e assistemática, modernas tendências criminológicas, entre as quais a "transação penal" (art. 76). Referido instituto, a despeito de severas críticas entre as quais eu compartilho em sua maioria, introduziu um ideal despenalizador pretendido por inúmeros e renomados juristas estrangeiros e nacionais, reincorporando, da mesma forma, a figura da vítima ao conflito penal; o CTB (Lei n. 9.503/97) contribui com o assentamento do tema em nosso ordenamento ao estipular, em seu art. 297, a multa reparatória, orientando que o julgador, nas hipóteses dos delitos previstos nos arts. 302, 303 e 304, pode determinar que o condenado deposite em favor da vítima, ou seus sucessores, indenização não superior ao prejuízo material que se apurou no processo.[20]

No âmbito do CPP, por sua vez, está previsto que "transitada em julgado a sentença penal condenatória, poderão promover-lhe a execução, no juízo cível, para o efeito da reparação de dano, o ofendido, seu representante legal ou seus herdeiros" (art. 63).

Seção I
Das Penas Privativas de Liberdade

Reclusão e detenção

Art. 33. A pena de reclusão deve ser cumprida em regime fechado, semiaberto ou aberto. A de detenção, em regime semiaberto, ou aberto, salvo necessidade de transferência a regime fechado.

§ 1º Considera-se:

***a)* regime fechado a execução da pena em estabelecimento de segurança máxima ou média;**

***b)* regime semiaberto a execução da pena em colônia agrícola, industrial ou estabelecimento similar;**

***c)* regime aberto a execução da pena em casa de albergado ou estabelecimento adequado.**

§ 2º As penas privativas de liberdade deverão ser executadas em forma progressiva, segundo o mérito do condenado, observados os seguintes critérios e ressalvadas as hipóteses de transferência a regime mais rigoroso:

***a)* o condenado a pena superior a 8 (oito) anos deverá começar a cumpri-la em regime fechado;**

***b)* o condenado não reincidente, cuja pena seja superior a 4 (quatro) anos e não exceda a 8 (oito), poderá, desde o princípio, cumpri-la em regime semiaberto;**

20 Note-se que, não obstante o avanço legislativo ao interpretarmos literalmente tal dispositivo extraímos que não é permitido ao juiz definir reparação do abalo moral sofrido pela vítima.

c) **o condenado não reincidente, cuja pena seja igual ou inferior a 4 (quatro) anos, poderá, desde o início, cumpri-la em regime aberto.**

§ 3º A determinação do regime inicial de cumprimento da pena far-se-á com observância dos critérios previstos no art. 59 deste Código.

§ 4º O condenado por crime contra a administração pública terá a progressão de regime do cumprimento da pena condicionada à reparação do dano que causou, ou à devolução do produto do ilícito praticado, com os acréscimos legais.

Parágrafo acrescentado pela Lei n. 10.763, de 12.11.2003.

1. COMENTÁRIO

A pena privativa de liberdade é, sem dúvida, a maior "vedete" de nosso sistema penal, subdividindo-se, na codificação ora em comento, em **reclusão** (a ser cumprida, inicialmente em regime *fechado*, *semiaberto* e *aberto*, dependendo da quantidade da pena aplicada na sentença condenatória) e **detenção** (crimes menos graves – início de cumprimento em regime *semiaberto* ou *aberto*).

Existe, ainda, uma terceira modalidade de pena privativa de liberdade, não prevista, porém, neste Código: a **prisão simples**, contemplada no art. 6º do DL n. 3.688/41 (Contravenções Penais). Trata-se de sanção a qual referida legislação não estabelece rigor penitenciário e cujo cumprimento deverá ser em instalações prisionais especiais ou seções especiais de prisão comum, nos regimes semiaberto ou aberto, devendo o apenado ficar em local separado dos demais condenados a pena de reclusão ou detenção. O trabalho será facultativo se a pena aplicada for de até quinze dias, contrariando, pois, a regra geral estabelecida na Lei n. 7.210/84 (LEP). Esse diploma veda, inclusive, nesta hipótese punitiva, a regressão para o regime penal mais severo, qual seja o fechado. Na prática, no entanto, essa restrição (prisão simples) é inaplicável, tendo em vista que as condutas típicas previstas na Lei de Contravenções Penais estão sujeitas aos benefícios da Lei n. 9.099/95 (Juizados Especiais Criminais); assim, está afastado o encarceramento.

1.1. Diferenças entre as penas privativas de liberdade

As diferenças entre as modalidades de pena privativa prevista neste Código podem ser assim elencadas: a) regime inicial de cumprimento (conforme esclarecido anteriormente); b) estabelecimento prisional (reclusão – estabelecimento de segurança máxima média ou mínima; detenção – segurança média ou mínima); c) no caso da reclusão como consequência específica, a incapacidade ao exercício do pátrio poder (leia-se, com o advento do CC/2002, "poder familiar"), tutela ou curatela, nos casos de crimes dolosos cometidos contra os filhos, tutelados ou curatelados (art. 92, II, CP); d) reclusão – internação e detenção – tratamento ambulatorial, o que revela uma ausência de fundamentação lógica, pois a definição quanto ao necessário tratamento a ser definido para aquele que sofrerá medida de segurança deve se basear em sua periculosidade concreta, auferida de acordo com as circunstâncias pessoais do agente e peculiaridades do caso, e não imposta *ex lege* ao julgador conforme a gravidade do crime e respectiva pena privativa de liberdade, resultando inúmeras incongruências e injustiças na prática forense.

1.2. Regimes prisionais de cumprimento

As penas deverão ser executadas em estabelecimentos distintos, específicos, conforme a natureza do crime, a idade e sexo do condenado (art. 5º, XLVIII, CF). São três os regimes de cumprimento de pena definidos no Código: a) **fechado** (a pena será executada em estabelecimento de segurança máxima ou média); b) **semiaberto** (aplicadas em colônia agrícola, industrial ou estabelecimento similar); c) **aberto** (cujo cumprimento se dará em casa de albergado ou estabelecimento adequado). Abordaremos cada um desses regimes, individualmente, de forma mais aprofundada, nos artigos seguintes. É importante ressaltar que, em casos de condenação por mais de um crime (decorrentes ou não do mesmo processo), a determinação do regime de cumprimento será feita pelo resultado da soma ou unificação das penas, observada, quando for o caso, a detração ou remição. Por outro lado, se sobrevier nova condenação durante a execução da pena, somar-se-á a pena ao restante da que está sendo cumprida, para determinação do regime (art. 111, parágrafo único, da LEP).

1.2.1. Regime disciplinar diferenciado (RDD)

A necessidade de desnutrir o crescente e avassalador avanço de determinadas organizações criminosas que povoavam (e ainda o fazem!) os presídios paulistas forçou a Secretaria de Estado da Administração Penitenciária de São Paulo, com base em seu poder administrativo normativo, bem como na própria competência concorrente prevista no art. 24, I, da CF, a editar de forma inédita no país a Resolução n. 26, de 2001, a qual instituiu o regime disciplinar diferenciado naquela unidade da federação.

Posteriormente, a Lei n. 10.792, de 01.12.2003, introduziu referido regime na própria Lei de Execução Penal (Lei n. 7.210/84 – LEP – arts. 52 e 53, V – *vide* também a Lei n. 13.964/2019, que alterou referidos artigos), ampliando o espectro de normatividade daquele instituto aos demais Estados da federação. Contudo, esclarece, desde logo, que se trata na verdade de modalidade de **sanção disciplinar** imposta ao condenado ou preso provisório que, durante a execução da pena (ou no curso de encarceramento antecipado) pratica fato previsto como crime doloso, o qual, se ocasionar subversão da ordem ou disciplina internas, sujeitará o infrator àquela reprimenda.

Portanto, frise-se, não é regime de cumprimento de pena propriamente dito, mas sim sanção administrativa disciplinar que poderá ser imposta:

a) cautelarmente – por até dez dias sem possibilidade de prorrogação ou nova decretação sob o mesmo fundamento fático, pelo juízo das execuções conforme pleito da própria autoridade administrativa, no caso, o diretor do estabelecimento prisional (art. 60, LEP), consideradas a urgência e as peculiaridades do evento, apto a ensejar essa inclusão preventiva, sem prévia oitiva do Ministério Público, da defesa do condenado ou preso provisório;[21]

b) ou ainda, de maneira prolongada – também a requerimento do diretor do presídio ou qualquer outra autoridade administrativa competente (o Ministério Público não tem legitimidade para fazê-lo, *ex vi* art. 54, § 1º, LEP), sendo neste caso obrigatória a manifestação do *parquet* e da defesa (art. 54, § 2º, LEP).

Poderá ser aplicada referida sanção para o preso nacional ou estrangeiro (tanto definitivo como provisório, conforme esclarecido) que apresente alto risco para a ordem e a segurança do estabelecimento penal ou da sociedade, ou ainda sobre o qual recaiam fundadas suspeitas de envolvimento ou participação, a qualquer título, em organizações criminosas, quadrilha ou bando (art. 52, §§ 1º e 2º, LEP).

21 É oportuno ressaltar que a autoridade administrativa poderá executar o isolamento preventivo do infrator, por até dez dias também, sem a necessária intervenção judicial (art. 60, I, LEP).

1.2.2. RDD – principais características

De acordo com o art. 52 da Lei n. 7.210/84 (LEP) esta sanção disciplinar deverá ter "duração máxima de trezentos e sessenta dias" (exceto na modalidade cautelar que terá seu limite de dez dias). Todavia, na eventual prática de "nova falta grave de mesma espécie", poderá ser reempregada "até o limite de um sexto da pena aplicada". O cumprimento será em "cela individual", com direito a "visitas semanais de duas pessoas, sem contar as crianças, com duração de duas horas", cada uma delas e, finalmente, "o preso terá direito à saída da cela por 2 horas diárias para banho de sol".

1.3. Progressão de regime – regras gerais e específicas

Existem dois critérios para a concessão de tal benefício: o objetivo (relacionado com o tempo de cumprimento de pena) e o subjetivo (concernente ao mérito comportamental do apenado). Quanto ao critério objetivo eis as regras (art. 112, LEP): I – 16% (dezesseis por cento) da pena, se o apenado for primário e o crime tiver sido cometido sem violência à pessoa ou grave ameaça; II – 20% (vinte por cento) da pena, se o apenado for reincidente em crime cometido sem violência à pessoa ou grave ameaça; III – 25% (vinte e cinco por cento) da pena, se o apenado for primário e o crime tiver sido cometido com violência à pessoa ou grave ameaça; IV – 30% (trinta por cento) da pena, se o apenado for reincidente em crime cometido com violência à pessoa ou grave ameaça; V – 40% (quarenta por cento) da pena, se o apenado for condenado pela prática de crime hediondo ou equiparado, se for primário; VI – 50% (cinquenta por cento) da pena, se o apenado for: a) condenado pela prática de crime hediondo ou equiparado, com resultado morte, se for primário, vedado o livramento condicional; b) condenado por exercer o comando, individual ou coletivo, de organização criminosa estruturada para a prática de crime hediondo ou equiparado; ou c) condenado pela prática do crime de constituição de milícia privada; VII – 60% (sessenta por cento) da pena, se o apenado for reincidente na prática de crime hediondo ou equiparado; VIII – 70% (setenta por cento) da pena, se o apenado for reincidente em crime hediondo ou equiparado com resultado morte, vedado o livramento condicional. Esse regramento geral é excepcionado, de forma acertada, no caso de mulher gestante ou se for genitora ou responsável por crianças ou pessoas com deficiência, os requisitos para progressão de regime são, cumulativamente (art. 112, §3º da LEP): I – não ter cometido crime com violência ou grave ameaça a pessoa; II – não ter cometido o crime contra seu filho ou dependente; III – ter cumprido ao menos 1/8 (um oitavo) da pena no regime anterior; IV – ser primária e ter bom comportamento carcerário, comprovado pelo diretor do estabelecimento; V – não ter integrado organização criminosa. Tal benefício de acordo com essas condições especiais, no entanto, não autoriza a presa do sexo feminino, desobedecer às regras disciplinares e, no caso de cometimento de novo crime doloso ou falta grave o benefício será revogado (art. 113, LEP). Contabiliza-se esse requisito temporal de acordo com o *restante* da pena a ser cumprida (art. 113, CP).

No caso de condenados pela prática de crime contra a administração pública, previstos ou não neste Código, exige-se, ainda, outra condicionante objetiva especial: a "reparação do dano que causou" ou a "devolução do produto do ilícito praticado, com os acréscimos legais" (art. 33, § 4º). Em tais hipóteses, por certo, faz-se necessária a determinação do prévio *quantum* reparatório; caso contrário, dependerá de liquidação de sentença, o que inviabilizará o benefício em questão por razões burocráticas que independem da vontade do condenado, causando, em algumas vezes, inegável injustiça. Oportuno, ainda, mencionar que na absoluta impossibilidade por parte do condenado em reparar o dano ou recomposição do patrimônio lesado entendemos ser perfeitamente possível a progressão, em consonância com os fins almejados pela LEP e, também, o que preconiza a própria Constituição (art. 5º, LXVII).

O critério subjetivo será comprovado pelo atestado de conduta carcerária firmado pelo diretor do estabelecimento prisional. O bom comportamento será auferido por aquele encarcerado que se adequa perfeitamente às diretrizes e disciplina interna do estabelecimento em que se encontra preso. Atende, assim, às obrigações legais inerentes ao seu estado, além de submeter-se às normas de execução da pena, realizando satisfatoriamente os deveres respectivos (arts. 38 e 39, ambos da LEP). A par das notórias falhas técnicas, distorções fáticas e pessoais que possam resultar de referido atestado, o certo é que, no cotidiano da execução penal, tal documento representa verdadeira, e quiçá única, comprovação oficial em que o julgador se valerá para apreciar o pedido de progressão prisional, o que muitas vezes resultará em apreciação superficial, eis que embasada em informações frágeis, destoantes da realidade concreta vivenciada por cada condenado. Nesse sentido, valiosas são as observações de Manoel Pedro Pimentel: "[...] ingressando no meio carcerário, o sentido se adapta, paulatinamente, aos padrões da prisão. Seu aprendizado neste mundo novo e peculiar é estimulado pela necessidade de se manter vivo e, se possível, ser aceito no grupo. Portanto, longe de estar sendo ressocializado para a vida livre, está, na verdade, sendo socializado para viver na prisão. É claro que o preso aprende rapidamente as regras disciplinares na prisão, pois está interessado em não sofrer punições. Assim, um observador desprevenido pode supor que um preso de bom comportamento é um homem regenerado, quando o que se dá é algo inteiramente diverso: trata-se apenas de um homem prisionizado" (*O crime e a pena na atualidade*, 1983, p. 158 – grifo nosso).

O exame criminológico poderá ser requisitado, conforme discricionariedade do órgão judicial competente, eis que se tornou facultativa a sua realização.[22] Assim, conforme as peculiaridades de cada caso, tal perícia será instrumento técnico importante para um embasamento mais sólido acerca da pessoa do condenado.

1.3.1. Competência para análise do benefício

A competência originária para análise do incidente de progressão prisional é do Juízo da Vara das Execuções Criminais do foro onde o condenado está cumprindo pena (art. 66, III, *b*, LEP). Em caso de transferência de estabelecimento prisional, hipótese comum, a nova competência será definida também de acordo com as regras de organização judiciária, considerando o futuro local de cumprimento da pena. Merece destaque ainda o art. 7º da Resolução n. 113, de 20.04.2010, do CNJ e a Súmula n. 192 do STJ, a qual evidencia a regra geral acerca da competência da Justiça estadual para a execução das penas, pois os estabelecimentos penais federais se sujeitam apenas a presos de alta periculosidade, nos interesses dos próprios ou se houver risco à ordem, incolumida-

22 Ver Súmula vinculante n. 26 do STF, e Súmula n. 439 do STJ. Destaca-se a seguinte jurisprudência: STF, *HC* n. 105.234/RS, 1ª T., rel. Min. Cármen Lúcia, *DJe* 21.03.2011; *HC* n. 106.477/RS, 1ª T., rel. Min. Dias Toffoli, *DJe* 19.04.2011; RHC n. 103.735/RJ, 2ª T., rel. Min. Gilmar Mendes, *DJe* 25.10.2010; *HC* n. 94.503/RS, 1ª T., rel. Min. Cármen Lúcia, *DJe* 12.12.2010.

de ou segurança públicas, extraindo-se assim o caráter excepcional e temporário de tal medida extrema (arts. 3º e 10, ambos da Lei n. 11.671/2008, e arts. 2º e 6º, ambos da Resolução n. 557/2007 do CJF).

1.3.2. Progressão *per saltum*

Inviável é a progressão *per saltum*, isto é, a passagem de um regime mais gravoso diretamente para outro mais brando, sem o estágio necessário em regime intermediário existente entre os dois anteriores, como no caso de um condenado no regime fechado e que pretende ingressar no regime aberto, pela via da progressão, "pulando" o regime semiaberto. Tal hipótese não é admitida, ainda que aquele já tivesse cumprido o lapso temporal do regime semiaberto quando estava no regime fechado, pois a ideia da progressão consiste exatamente na experiência carcerária que suportará o condenado em cada regime, com suas respectivas peculiaridades. A matéria, aliás, é objeto de enunciado da Súmula n. 491 do STJ.

1.3.3. Progressão: contagem de tempo no caso de falta grave e fuga

Na eventual hipótese de um condenado cometer falta grave no curso do cumprimento de sua pena privativa de liberdade, o tempo de contagem para fins de progressão deverá ser reiniciado (STJ, EREsp n. 1.176.486, 3ª S., rel. Min. Marco Aurélio Belizze, j. 22.11.2012; STJ, *HC* n. 197.075/SP, 5ª T., rel. Min. Gilson Dipp, j. 09.05.2011; STJ, REsp n. 1.094.866/SP, 5ª T., rel. Des. Convocada Jane Silva, j. 02.02.2009; STJ, *HC* n. 66.009/PE, 5ª T., rel. Min. Arnaldo Esteves, j. 10.09.2007), adotando-se como base temporal para fins de quantificação do novo e necessário atendimento do critério objetivo o restante da pena. Em caso de fuga, o início da nova contagem terá como marco a *recaptura* do sentenciado (STF, *HC* n. 95.367/RS, 1ª T., rel. Min. Ricardo Lewandowski, j. 16.12.2009, *Inf.* n. 533).

1.3.4. Progressão de regime e prisão especial

A prisão especial[23] não impossibilita a progressão, conforme Súmula n. 717 do STF.

1.4. Regressão prisional

Por outro lado, conforme estabelecido no art. 118 da LEP, a execução da pena privativa de liberdade ficará sujeita à forma regressiva, com a transferência para qualquer dos regimes mais rigorosos, quando o condenado praticar fato definido como crime doloso ou falta grave, ou ainda sofrer condenação por crime anterior, cuja pena, somada ao restante da pena em execução, torne incabível o regime atual (art. 111, LEP). Portanto, diante de nova condenação por crime culposo, prática de falta leve ou média, bem como nova condenação cuja pena aplicada possibilite a permanência no regime atual, o condenado não será submetido à regressão prisional.

Na hipótese específica do regime aberto, sofrerá tal punição também aquele que frustrar os fins da execução ou não pagar, podendo, a multa cumulativamente imposta.

Somente não será conferida oportunidade para o condenado manifestar-se previamente a respeito de tal medida no caso de sofrer condenação por crime anterior, cuja pena, somada ao restante da reprimenda em execução, torne incabível o regime, isso porque estaremos diante de situação de ordem objetiva, sem margens para maiores esclarecimentos por parte do apenado. Nas demais hipóteses, o direito de ser ouvido será oportunizado ao condenado (art. 118, § 2º, LEP).

1.5. Critérios para definição do regime inicial

O legislador definiu critérios objetivos (temporais), art. 33, § 2º, e subjetivos (relacionados à pessoa do condenado, motivos, circunstâncias e consequências do crime, comportamento da vítima, conforme art. 59, CP), art. 33, § 3º. São eles:

a) Regime fechado – requisitos alternativos – condenado a pena superior a oito anos ou reincidente. Exceções:

a.1) o STJ pacificou entendimento jurisprudencial em forma de Súmula n. 269, cujo enunciado permite ao reincidente cuja pena seja de até quatro anos e as circunstâncias judiciais se-

23 Benefício provisório (pois com a sentença deverá ser afastado, embora na prática, muitas vezes, se estenda até o trânsito da condenação) concedido a determinadas pessoas em razão de cargo, função, as quais deverão ser encarceradas em locais distintos da prisão comum (art. 295, CPP; encontramos disposições normativas a respeito do tema nas Leis ns. 799/48; 2.860/56; 3.313/57; 3.988/61; 4.878/65; 5.350/67; 7.172/83; art. 84, § 2º, LEP – Leis ns. 7.210/84; 8.625/93; 8.906/94; LC n. 35/79; LC n. 75/93; DL n. 5.452/43). Após a Lei n. 10.258/2001, ficou estabelecido ser desnecessário o recolhimento a um "estabelecimento especial", bastando que o estabelecimento comum aos demais presos fosse dotado de cela distinta, que preenchesse os requisitos necessários para atender essa demanda peculiar.

jam favoráveis, iniciar o cumprimento no regime semiaberto);

a.2) A Lei n. 9.613/98 (Lei de Lavagem de Dinheiro, com as alterações promovidas pela Lei n. 12.683/2012) – permite ao condenado a pena superior a oito anos, excepcionalmente, iniciar a pena no regime aberto ou semiaberto,[24] em razão do benefício da delação premiada (art. 1º, § 5º).

b) Regime semiaberto – requisitos cumulativos – condenado a pena superior a quatro anos e inferior a oito anos e não reincidente.

c) Regime aberto – requisitos cumulativos – condenado a pena até quatro anos e não reincidente.

Existem decisões do STF que consideram violação aos princípios constitucionais da reserva legal e da separação de Poderes a definição de "critérios objetivos" outros, por exemplo a presença de qualificadoras para definição de regime inicial mais gravoso ou vedação de substituição de pena (STF, RHC n. 100.810/MS, 1ª T., rel. Min. Joaquim Barbosa, j. 02.02.2010).

1.6. Início de cumprimento de pena – prática forense

Transitando em julgado a sentença que estabelecer pena privativa de liberdade, se o réu estiver ou vier a ser preso, o juiz ordenará a expedição de guia de recolhimento para a execução da pena (art. 105, LEP). Referido documento conterá (art. 106, LEP): "I – o nome do condenado; II – a sua qualificação civil e o número do registro geral no órgão oficial de identificação; III – o inteiro teor da denúncia e da sentença condenatória, bem como certidão do trânsito em julgado; IV – a informação sobre os antecedentes e o grau de instrução; V – a data da terminação da pena; VI – outras peças do processo reputadas indispensáveis ao adequado tratamento penitenciário". Se o condenado, ao tempo do fato, era funcionário, exercendo funções perante a Administração da Justiça Criminal, far-se-á, na guia, menção dessa circunstância, para que possa cumprir pena em local distinto dos demais (art. 106, § 3º, LEP). A Resolução n. 113/2010, do CNJ, também dispõe sobre o tema.

Essa guia mencionada trata-se de documento oficial inaugural da pretensão executória estatal, sendo registrado em livro especial, segundo a ordem cronológica do recebimento, e anexado ao prontuário do condenado, aditando-se, no curso da execução, o cálculo das remições e de outras retificações posteriores. O modelo e regras padrões para guia de recolhimento estão nos Anexos da Resolução n. 251/2018 do CNJ – orientamos o leitor a observar eventuais alterações –, diploma que dispõe sobre a execução da pena privativa de liberdade e da medida de segurança. Nos termos do art. 2º, § 1º, da referida Resolução, a guia "será expedida ao juízo competente no prazo máximo de cinco dias, a contar do trânsito em julgado da sentença ou acórdão, ou do cumprimento do mandado de prisão ou de internação".

Nessa nova etapa, fase de cumprimento da pena, serão necessários "à formação do Processo de Execução Penal (PEP)" (art. 3º, Resolução n. 113/2010), autos instruídos com as peças descritas no art. 1º da mesma Resolução. A partir desses novos autos, serão processados separadamente e apensados "os incidentes de execução de que trata a Lei de Execução Penal, o apenso do Roteiro de Pena, bem como os pedidos de progressão de regime, livramento condicional, remição e quaisquer outros iniciados de ofício, por intermédio de algum órgão da execução ou a requerimento da parte interessada" que "poderão ser autuados separadamente e apensos aos autos do processo de execução" (art. 4º, Resolução n. 113/2010).

É importante destacar, porém, que a guia de recolhimento poderá ser expedida antes do trânsito, no curso do processo em se tratando de preso provisório, conforme interpretação sistemática, baseada no art. 2º, parágrafo único, da LEP, Resolução n. 113, do CNJ e do próprio entendimento jurisprudencial consolidado pelo enunciado da Súmula n. 716 do STF.

Apesar de o art. 1º, *caput*, da Resolução n. 121/2010 do CNJ prever que "a consulta aos dados básicos dos processos judiciais será disponibilizada na rede mundial de computadores (internet), assegurado o direito de acesso a informações processuais a toda e qualquer pessoa, independentemente de prévio cadastramento ou de demons-

24 O dispositivo em questão possibilita também a redução da pena de um a dois terços e faculta, ainda, ao juiz deixar de aplicá-la ou substituí-la, a qualquer tempo, por pena restritiva de direitos, se o autor, coautor ou partícipe colaborar espontaneamente com as autoridades, prestando esclarecimentos que conduzam à apuração das infrações penais, à identificação dos autores, coautores e partícipes, ou à localização dos bens, direitos ou valores objeto do crime.

tração de interesse",[25] é certo que após o cumprimento de pena, do trânsito em julgado da sentença absolutória ou da que extingue a punibilidade do réu, a consulta na rede mundial de computadores só permitirá o acesso a dados referentes ao número do processo (art. 4º, § 1º, da referida Resolução), preservando a pessoa do condenado e os efeitos negativos que poderão decorrer de outras informações, por exemplo, a divulgação de sua identidade.

Ainda quanto à sentença condenatória e a eventual expedição de mandado de prisão, é oportuno ressaltar que o art. 289-A, *caput*, do CPP dispõe sobre o banco de dados para registro dos mandados de prisão pelo CNJ, órgão estratégico e central do sistema judicial, encarregado de regulamentar e manter aquela central de informações (art. 289-A, *caput* e § 6º, CPP). Já a Resolução n. 251/2018 do CNJ, em seu art. 1º, cria o Banco Nacional de Monitoramento de Prisões (BNMP 2.0), para fins de registro dos mandados de prisão expedidos pelas autoridades judiciárias, o qual será disponibilizado na rede mundial de computadores, assegurado o direito de acesso às informações não sigilosas ou restritas a toda e qualquer pessoa, independentemente de prévio cadastramento ou demonstração de interesse, sendo de responsabilidade do CNJ a sua manutenção e disponibilidade (art. 28). Ainda de acordo com referida Resolução, toda pessoa que for privada de sua liberdade, estiver sendo procurada ou for foragida será cadastrada no referido Banco Nacional e receberá um número único (art. 5º), e os respectivos documentos deverão ser obrigatoriamente expedidos, pela autoridade judiciária, nesse cadastro federal.

Após o cumprimento da pena ou caso seja extinta, para evitar ou minorar o seu caráter estigmatizante e preservar a própria intimidade e vida privada (art. 5º, X, CF), na folha de antecedentes, atestados ou certidões fornecidos pela autoridade policial ou auxiliares da Justiça, não deverá constar qualquer informação ou referência à condenação, salvo para instruir outro processo criminal em decorrência de nova prática de delito ou em outros casos expressos em lei (arts. 202, LEP, e 748, CPP).

2. JURISPRUDÊNCIA

2.1. Súmulas

Súmula vinculante n. 9, STF: "O disposto no art. 127 da Lei n. 7.210/84 (Lei de Execução Penal) foi recebido pela ordem constitucional vigente e, não se lhe aplica o limite temporal previsto no *caput* do art. 58".

Súmula vinculante n. 26, STF: "Para efeito de progressão de regime no cumprimento de pena por crime hediondo, ou equiparado, o juízo da execução observará a inconstitucionalidade do art. 2º, da Lei n. 8.072, de 25 de julho de 1990, sem prejuízo de avaliar se o condenado preenche, ou não, os requisitos objetivos e subjetivos do benefício, podendo determinar, para tal fim, de modo fundamentado, a realização de exame criminológico".

Súmula vinculante n. 56, STF: "A falta de estabelecimento penal adequado não autoriza a manutenção do condenado em regime prisional mais gravoso, devendo-se observar, nessa hipótese, os parâmetros fixados no RE n. 641.320/RS".

Súmula n. 716, STF: "Admite-se a progressão de regime de cumprimento de pena ou a aplicação imediata de regime menos severo nela determinada, antes do trânsito em julgado da sentença".

Súmula n. 717, STF: "Não impede a progressão de regime de execução da pena, fixada em sentença não transitada em julgado, o fato de o réu se encontrar em prisão especial".

Súmula n. 718, STF: "A opinião do julgador sobre a gravidade em abstrato do crime não constitui motivação idônea para a imposição de regime mais severo do que o permitido segundo a pena aplicada".

Súmula n. 719, STF: "A imposição do regime de cumprimento mais severo do que a pena aplicada exige motivação idônea".

---

25 Vale lembrar, porém, que conforme parágrafo único do art. 1º, no caso de processo em sigilo ou segredo de justiça não se aplica o disposto no *caput* do art. 1º. O art. 7º dispõe que a certidão judicial, para fins de informações de termos circunstanciados, inquéritos policiais ou processos, será negativa "quando nela constar a distribuição de termo circunstanciado, inquérito ou processo em tramitação e não houver sentença condenatória transitada em julgado ou em caso de gozo do benefício de *sursis* ou a pena já tiver sido extinta ou cumprida" (art. 8, § 1º, I e II). Por outro lado, os documentos eletrônicos relativos aos processos "estarão disponíveis para acesso por meio da rede externa pelas respectivas partes processuais, pelos advogados, independentemente de procuração nos autos, pelos membros do Ministério Público e pelos magistrados, sem prejuízo da possibilidade de visualização nas secretarias dos órgãos julgadores, à exceção daqueles que tramitarem em segredo de justiça" (art. 11, § 6º, Lei n. 11.419/2006).

Súmula n. 192, STJ: "Compete ao juízo das Execuções penais do estado a execução das penas impostas a sentenciados pela Justiça Federal, Militar ou Eleitoral, quando recolhidos a estabelecimentos sujeitos à administração estadual".

Súmula n. 269, STJ: "É admissível a adoção de regime prisional semiaberto aos reincidentes condenados a pena igual ou inferior a 4 (quatro) anos, se favoráveis as circunstâncias judiciais".

Súmula n. 341, STJ: "A frequência em curso a ensino formal é causa de remição de parte do tempo de execução de pena sob o regime fechado ou semiaberto".

Súmula n. 439, STJ: "Admite-se o exame criminológico pelas peculiaridades do caso, desde que em decisão fundamentada".

Súmula n. 440, STJ: "Fixada a pena-base no mínimo legal, é vedado o estabelecimento de regime prisional mais gravoso do que o cabível em razão da sanção imposta, com base apenas na gravidade abstrata o delito".

Súmula n. 441, STJ: "A falta grave não interrompe o prazo pra obtenção do livramento condicional".

Súmula n. 526, STJ: "O reconhecimento de falta grave decorrente do cometimento de fato definido como crime doloso no cumprimento da pena prescinde do trânsito em julgado de sentença penal condenatória no processo penal instaurado para apuração do fato".

Súmula n. 533, STJ: "Para o reconhecimento da prática de falta disciplinar no âmbito da execução penal, é imprescindível a instauração de procedimento administrativo pelo diretor do estabelecimento prisional, assegurado o direito de defesa, a ser realizado por advogado constituído ou defensor público nomeado".

Súmula n. 534, STJ: "A prática de falta grave interrompe a contagem do prazo para a progressão de regime de cumprimento de pena, o qual se reinicia a partir do cometimento dessa infração".

Súmula n. 535, STJ: "A prática de falta grave não interrompe o prazo para fim de comutação de pena ou indulto."

2.2. Julgados

Progressão de regime. Início da contagem

Penal. *Habeas corpus*. Unificação de penas. Três condenações: três penas de detenção e uma de reclusão. Equívoco no cálculo. Desconsideração de uma das reprimendas. Progressão para o regime semiaberto. Tribunal de origem retifica a data para o início do prazo para benefícios. Última condenação no regime inicial fechado. Data-base: início do cumprimento da reprimenda no regime fechado. Regressão. Inocorrência. Ordem concedida. 1. O Juízo *a quo* determinou a progressão do paciente ao regime semiaberto, em virtude de certidão equivocada acerca do cálculo das penas impostas, que desconsiderou uma condenação, conquanto tenha sido proferida após o advento da reprimenda que fixou o regime inicial fechado. 2. Em sede de recurso, o Tribunal de origem estabeleceu novo marco para a obtenção dos benefícios, previstos na Lei de Execução Penal, em decorrência da soma das penas resultantes das diversas condenações. 3. A contagem para a progressão, contudo, deve iniciar-se desde a prisão do sentenciado no regime fechado, visto que inocorreu regressão, pois a decisão colegiada apenas se referiu à unificação de penas. *In casu*, embora o apenado estivesse em regime semiaberto, a decisão unipessoal de progressão restou substituída pelo acordado no Tribunal de origem, não havendo, assim, a regressão ao regime fechado, mas somente a sua manutenção jurídica. 4. Ordem concedida a fim de que o Juízo das Execuções Criminais analise os incidentes da execução penal tendo por marco inicial a data na qual o paciente iniciou o cumprimento da reprimenda no regime fechado. (STJ, *HC* n. 97.958, 6ª T., rel. Min. Maria T. A. Moura, j. 05.08.2010, *Inf*. n. 430)

Habeas corpus. [...] 2. Execução Penal. 3. Condenação superveniente, decorrente de fato cometido antes do início da execução da pena. 4. Fixação de nova data-base para obtenção de benefícios executórios. Possibilidade. Precedentes. 5. Constrangimento não configurado. 6. Ordem denegada. (STF, *HC* n. 102.492/RS, 2ª T., rel. Min. Gilmar Mendes, j. 05.10.2010, *Inf*. n. 606)

Pena. Cumprimento. Superveniência de nova condenação. Uma vez preclusa no campo da recorribilidade nova decisão condenatória, dá-se o somatório das penas impostas com as consequências próprias, ou seja, não só para haver a observância do limite da custódia – art. 75 do CP –, como também para sopesarem-se os parâmetros da progressão no regime de cumprimento da pena, surgindo, então, outro termo inicial para a contagem do tempo. (STF, *HC* n. 100.499, 1ª T., rel. Min. Marco Aurélio, j. 26.10.2010, *Inf*. n. 606)

Progressão de regime. Preso estrangeiro

Habeas corpus. Execução penal. Estrangeiro em situação irregular. Progressão para o regime semiaberto.

Requisitos objetivos e subjetivos atendidos. Lei n. 6.815/80. Vedação legal à prática de atividade remunerada que não obsta a concessão do benefício. 1. Negar a progressão para o regime semiaberto ao condenado estrangeiro em situação irregular no país, pelo simples fato de estar impedido de exercer atividade remunerada no mercado formal, impõe condição discriminatória que veda a concessão do benefício, pela própria condição pessoal do apenado. 2. A lei penal não exige que o condenado estrangeiro tenha uma promessa efetiva de emprego, com carteira registrada, mas sim que tenha condição de exercer qualquer trabalho honesto e lícito para prover sua subsistência e de sua família, ainda que na informalidade da qual sobrevive expressiva parte da população brasileira. 3. O paciente não possui decreto de expulsão em seu desfavor. Ademais, o art. 114 da LEP exige a comprovação de estar trabalhando ou de possibilidade imediata de fazê-lo apenas para a progressão para o regime aberto, logo, não existe qualquer impedimento à progressão para regime prisional intermediário, que não equivale à liberdade. 4. Ordem concedida para restabelecer a decisão que deferiu ao paciente a progressão de regime, visto que presentes os requisitos objetivo e subjetivo, conforme reconheceu o Juízo das Execuções e o Tribunal *a quo*, com a comunicação às autoridades competentes a respeito da situação irregular do paciente no país. (STJ, *HC* n. 123.329, 5ª T., rel. Min. Laurita Vaz, j. 03.03.2009, *Inf.* n. 385)

Estrangeiro. Progressão de regime prisional. Decreto de expulsão. Possibilidade

Direito penal. Progressão de regime prisional de condenado estrangeiro no caso de existência de decreto de expulsão. É irrelevante a existência de decreto de expulsão em desfavor do estrangeiro na análise de pedido de progressão de regime de cumprimento da pena. Isso porque o art. 67 da Lei n. 6.815/80 determina que, conforme o interesse nacional, a expulsão poderá ocorrer antes ou depois do cumprimento da sentença. Precedentes citados: Ag. Reg. no *HC* n. 260.768/SP, 6ª T., *DJe* 05.04.2013, e *HC* n. 186.490/RJ, 6ª T., *DJe* 13.02.2012. (STJ, *HC* n. 274.249/SP, 6ª T., rel. Min. Marilza Maynard [Desembargadora convocada do TJSE], j. 04.02.2014, *Inf.* n. 0535)

Progressão de regime. Falta grave. Reinício da contagem

Direito penal. Prática de falta grave e progressão de regime. Recurso repetitivo (art. 543-C do CPC e Res. n. 8/2008 do STJ). A prática de falta grave interrompe o prazo para a progressão de regime, acarretando a modificação da data-base e o início de nova contagem do lapso necessário para o preenchimento do requisito objetivo. Precedentes citados: Ag. Reg. no EREsp n. 1.238.177/SP, 3ª S., *DJe* 30.04.2013; e Ag. Reg. no EREsp n. 117.895/RJ, 3ª S., *DJe* 19.12.2012. (STJ, REsp n. 1.364.192/RS, 3ª S., rel. Min. Sebastião Reis Júnior, j. 12.02.2014)

Habeas corpus. Execução criminal. Prática de falta grave (fuga). Reinício da contagem do requisito objetivo para a progressão de regime. Perda dos dias remidos. Súmula Vinculante n. 9. Ordem denegada. 1. O STF perfilha o entendimento do reinício da contagem do lapso temporal de 1/6 do cumprimento da pena para a concessão da progressão de regime, no caso de cometimento de falta grave. 2. "O disposto no art. 127 da Lei n. 7.210/84 foi recebido pela ordem constitucional vigente e não se lhe aplica o limite temporal previsto no *caput* do art. 58" (Súmula vinculante n. 9). 3. A leitura dos autos não permite enxergar nenhuma ilegalidade, ou abuso de poder, que evidencie uma desproporcionalidade no próprio enquadramento do fato empírico (fuga) como falta grave (inciso II do art. 50 da LEP). 4. Ordem denegada. (STF, *HC* n. 97.160/RS, 1ª T., rel. Min. Ayres Brito, j. 26.05.2009, *Inf.* n. 552)

Habeas corpus. Execução penal. Falta grave. Fixação de nova data-base para obtenção de benefícios executórios: possibilidade. Precedentes. *Habeas corpus* denegado. 1. Não se comprovam, nos autos, constrangimento ilegal a ferir direito do paciente nem ilegalidade ou abuso de poder a ensejar a concessão da ordem. 2. É firme a jurisprudência deste Supremo Tribunal Federal no sentido de que, em caso de falta grave, deve ser reiniciada a contagem do prazo de 1/6, exigido para a obtenção do benefício da progressão de regime de cumprimento da pena. 3. *Habeas corpus* denegado (STF, *HC* n. 100.787/SP, 1ª T., rel. Min. Carmem Lúcia, j. 02.02.2010, *Inf.* n. 579)

Habeas corpus. Execução penal. Paciente condenado à pena total de 11 anos e 3 meses de reclusão em regime inicial fechado por tráfico ilícito de entorpecentes. Progressão de regime. Falta grave. Posse de substância entorpecente na vigência do regime semiaberto devidamente comprovada por meio de regular procedimento administrativo disciplinar. Regressão e reinício da contagem do prazo para a concessão de novos benefícios a partir da última falta. Precedentes do STJ. Parecer do MPF pela denegação do *writ*. Ordem denegada. 1. Tendo a falta grave restado devidamente apurada por meio de regular procedimento administrativo disciplinar, não há que se falar em ausência de exame de corpo de delito. 2. O STJ entende que o cometimento de falta grave implica o reinício da contagem do prazo da pena remanescente para a concessão do benefício da progressão de regime prisional. 3. A contagem do novo período aquisitivo do requisito objetivo deverá ter início na data do cometimento da última falta grave pelo apenado, incidente sobre o remanescente da pena e não sobre o total desta. 4. Ordem denegada, em consonância com o parecer do MPF ministerial. (STJ, *HC* n. 122.860, 5ª T., rel. Min. Napoleão Nunes Maia Filho, j. 12.05.2009, *Inf.* n. 394)

Habeas corpus. Execução penal. Regime disciplinar diferenciado. Paciente responsável pela elaboração de planos de fuga e rebeliões ocorridas em estabelecimento prisional. Sindicância instaurada para apuração dos fatos, que teve a participação de advogado constituído pela defesa. Presença dos requisitos necessários para a imposição do constrangimento. Parecer do MPF pela denegação da ordem. Ordem denegada. 1. Trata-se, *in casu*, de paciente envolvido com conhecida facção criminosa atuante no Estado de São Paulo, mentor e líder de planos de fuga e rebeliões internas no estabelecimento prisional onde custodiado, não levadas a cabo em razão de sua transferência para outro presídio. 2. Houve a instauração da devida sindicância – acompanhada por advogado constituído pelo próprio paciente –, que concluiu, ao final, por sua participação nos fatos, inclusive como efetivo líder do grupo insurgente. 3. Encontram-se presentes todos os requisitos legais necessários para imposição do regime disciplinar diferenciado – a saber: requerimento circunstanciado do diretor do estabelecimento, prévia manifestação do Ministério Público e da defesa e o despacho do Juiz competente –, inexistindo, *ipso facto*, qualquer ilegalidade no constrangimento imposto ao paciente. 4. Parecer do MPF pela denegação da ordem. 5. Ordem denegada. (STJ, *HC* n. 117.199, 5ª T., rel. Min. Napoleão Nunes Maia Filho, j. 15.09.2009, *Inf.* n. 407)

Progressão de regime. Recaptura. Recontagem

Habeas corpus. Penal. Processual penal. Cometimento de falta grave como causa de regressão de regime. Fuga do sentenciado. Cometimento de outro crime. Novo marco para a contagem do prazo para progressão de regime e concessão de benefícios. Somatória das penas. Inadmissibilidade. Benefícios que devem ser contados da data da recaptura. Ordem concedida. I – A regressão de regime pelo cometimento de falta grave encontra-se prevista na Lei de Execução Penal. Precedentes. II – O cometimento de falta grave pelo detento tem como consequência também o reinício da contagem do lapso temporal de 1/6 da pena para a progressão de regime prisional. III – A data-base para a contagem do novo período aquisitivo do direito à progressão do regime prisional ou à concessão de outros benefícios é a data do cometimento da última infração disciplinar grave ou, em caso de fuga, da recaptura do sentenciado. IV – Inadmissível a fixação de nova data-base como sendo a resultante da soma da pena anterior com aquela que decorre da nova condenação. V – Ordem concedida. (STF, *HC* n. 95.367/RS, 1ª T., rel. Min. Ricardo Lewandowski, j. 16.12.2008)

Prisão domiciliar. Ausência de vagas no regime definido em sentença. Possibilidade

Recurso especial. Proposta de julgamento sob o rito dos recursos repetitivos. Execução penal. Determinação de cumprimento de pena em prisão domiciliar, quando inexistente vaga no regime de cumprimento de pena adequado ao executado ou estabelecimento prisional compatível com o previsto em lei. Inexistência de violação do art. 117 da Lei de Execuções Penais. Aplicação do novo entendimento estabelecido pelo Supremo Tribunal Federal no julgamento do RE n. 641.320/RS. 1. Recurso representativo de controvérsia, para atender ao disposto no art. 1.036 e seguintes do CPC/2015 e na Resolução STJ n. 8/2008. 2. Delimitação da controvérsia: "(im)possibilidade de concessão da prisão domiciliar, como primeira opção, sem prévia observância dos parâmetros traçados no RE n. 641.320/RS". 3. Tese: A inexistência de estabelecimento penal adequado ao regime prisional determinado para o cumprimento da pena não autoriza a concessão imediata do benefício da prisão domiciliar, porquanto, nos termos da Súmula Vinculante n. 56, é imprescindível que a adoção de tal medida seja precedida das providências estabelecidas no julgamento do RE n. 641.320/RS, quais sejam: (i) saída antecipada de outro sentenciado no regime com falta de vagas, abrindo-se, assim, vagas para os reeducandos que acabaram de progredir; (ii) a liberdade eletronicamente monitorada ao sentenciado que sai antecipadamente ou é posto em prisão domiciliar por falta de vagas; e (iii) cumprimento de penas restritivas de direitos e/ou estudo aos sentenciados em regime aberto. 4. Ao examinar a questão do cumprimento de pena em regime fechado, na hipótese de não existir vaga em estabelecimento adequado ao regime em que está efetivamente enquadrado o reeducando, por ocasião do julgamento do RE n. 641.320/RS, o Supremo Tribunal Federal assentou que "A falta de estabelecimento penal adequado não autoriza a manutenção do condenado em regime prisional mais gravoso" e que "Os juízes da execução penal poderão avaliar os estabelecimentos destinados aos regimes semiaberto e aberto, para qualificação como adequados a tais regimes. São aceitáveis estabelecimentos que não se qualifiquem como "colônia agrícola, industrial" (regime semiaberto) ou "casa de albergado ou estabelecimento adequado" (regime aberto) (art. 33, § 1º, alíneas *b* e *c*)". Concluiu, ainda, que, na ausência de vagas ou estabelecimento prisional adequado na localidade, o julgador deve buscar aplicar as seguintes alternativas, em ordem de preferência: (i) a saída antecipada de sentenciado no regime com falta de vagas; (ii) a liberdade eletronicamente monitorada ao sentenciado que sai antecipadamente ou é posto em prisão domiciliar por falta de vagas; (iii) o cumprimento de penas restritivas de direito e/ou estudo ao sentenciado que progride ao regime aberto. Observou, entretanto, que, até que sejam estruturadas as medidas alternativas propostas, poderá ser deferida a prisão domiciliar ao sentenciado e que a adoção de uma solução alternativa não é um direito do condenado. 5. Somente se considera a utilização da prisão domiciliar pouco efetiva, como alternativa à ausência de vagas no regime adequado, quando ela restringe totalmente o direito do executado de deixar a residência, não permitindo, assim, o exercício de trabalho externo, ou quando, estando o reeducando no regime aberto, a prisão domiciliar puder ser substituída pelo cumprimento de penas alternativas e/ou estudo. Não há óbices à concessão de prisão domiciliar com monitoração eletrônica ao sentenciado em regime semiaberto, quando não há vagas no regime específico ou quando não há estabelecimento prisional adequado ou similar na localidade em que cumpre pena. 6. Não há ilegalidade na imposição da prisão domiciliar, mesmo a pura e simples em que o executado não tem direito de deixar a residência em momento algum, em hipóteses não elencadas no art. 117 da Lei de Execuções Penais, máxime quando não houver vagas suficientes para acomodar o preso no regime de cumprimento de pena adequado, tampouco estabelecimento prisional similar, e não for possível, no caso concreto, a aplicação de uma das hipóteses propostas no RE n. 641.320/RS [...]. (STJ, REsp n. 1.710.674/MG, 3ª S., rel. Min. Reynaldo Soares da Fonseca, p. m., j. 22.08.2018, *DJe* 03.09.2018 – Recurso Especial Representativo – Tema 993)

Sistema de precedentes. Segurança jurídica e estabilidade. Isonomia do jurisdicionado. Busca à racionalidade punitiva. Predicativo ínsito ao Estado Democrático de Direito. Substituição da pena privativa de liberdade por restritiva de direitos. Regime prisional. Individualização da pena. Proporcionalidade. [...] 6. Quanto ao regime inicial para o cumprimento da pena, é clara e reiterada a dicção de enunciados sumulares dos Tribunais Superiores, segundo os quais "A opinião do julgador sobre a gravidade em abstrato do crime não constitui motivação idônea para a imposição de regime mais severo do que o permitido segundo a pena aplicada" (Súm. n. 718 do STF), "A imposição do regime de cumprimento mais severo do que a pena aplicada permitir exige motivação idônea" (Súm. n. 719 do STF) e "É vedado o estabelecimento de regime prisional mais gravoso do que o cabível em razão da sanção imposta, com base apenas na gravidade do delito" (Súm. n. 440 do STJ). 7. Esses julgados, por força do art. 927, III e V, do Código de Processo Civil, aplicável ao processo penal em razão da norma de abertura positivada no art. 3º do CPP, devem ser observados por juízes e tribunais do país, em nome da segurança jurídica, da estabilidade das decisões do Poder Judiciário, da coerência sistêmica e da igualdade de tratamento dos jurisdicionados, que não podem ficar à mercê de interpretações divergentes, sobre questões de cunho eminentemente jurídico, das que lhes conferiram os órgãos de cúpula do Poder Judiciário, incumbidos, por comando constitucional, da função de uniformizar a interpretação e a aplicação da Constituição da República e das leis federais (arts. 102, III, e 105, III). [...] 9. Deveras, não condiz com a racionalidade punitiva, ínsita a um Estado Democrático de Direito, que a todo e qualquer autor de tráfico de drogas se imponha o cumprimento de sua pena em estabelecimento penal, em regime fechado, e sem direito a qualquer alternativa punitiva, mesmo se todas as circunstâncias judiciais e legais sejam reconhecidas a seu favor (quantidade pequena de droga, primariedade e bons antecedentes do agente, além de não demonstração de seu envolvimento em atividade ou organização criminosa). 10. E não há de ser esse o proceder de agentes do Estado a quem se confia o exercício da nobre função de dizer o Direito, algo que, no âmbito da jurisdição criminal – que expressa o poder punitivo estatal – reclama dose ainda maior de serenidade e ausência de preconceitos. 11. A individualização da sanção penal (alçada a direito fundamental, inscrito no art. 5º, XLVI, da Constituição da República) não se limita à quantidade da pena; o seu regime e a modalidade da reprimenda imposta também compõem essa ideia, que carrega em si a proporcionalidade da pena. Se o Código Penal determina que, fixada a sanção em patamar inferior a 4 anos de reclusão, o regime inicial de pena há de ser o aberto quando as circunstâncias forem todas favoráveis ao agente (arts. 33, § 2º, c/c 59, do CPB), permitindo também substituir a reprimenda privativa de liberdade por restritiva de direitos (art. 44 do

CPB), não há razão para impor-se a condenados pela modalidade mais tênue do crime de tráfico de entorpecentes o mesmo regime de pena que, *ex vi lege*, se costuma impingir somente a quem é condenado por outros crimes, ou mesmo por tráfico, a mais de 8 anos de pena, ou a reincidentes ou portadores de circunstâncias desfavoráveis. 12. A documentação, trazida em aditamento à impetração, alude a 1.100 homens e mulheres que cumprem pena em regime fechado no sistema penitenciário do Estado de São Paulo, e sem lhes haver sido autorizada a conversão da privativa de liberdade em restritiva de direitos, a despeito de terem sido condenados à sanção mínima do tráfico privilegiado (1 ano e 8 meses de reclusão), ou, quando muito, a uma pena menor que 4 anos de reclusão. A menos que cumpram pena por outro motivo, são pessoas que se encontram indevidamente recolhidas ao precário sistema penitenciário, onerando ainda mais a sociedade, que poderia se beneficiar com serviços comunitários, houvessem as respectivas sanções reclusivas sido convoladas em restritivas de direito. 13. Se a lei é, na visão de julgadores, benevolente com algum tipo de crime, compete ao Congresso Nacional, legitimado pelo voto popular, modificá-la (sempre sujeito, evidentemente, ao controle de constitucionalidade do Supremo Tribunal Federal). Não cabe ao Poder Judiciário o uso de discursos metajurídicos de matiz ideológico ou moral, para incrementar o rigor do sistema punitivo e para contornar, com argumentos aparentemente jurídicos, os limites impostos pela lei penal e pela jurisprudência consolidada dos Tribunais Superiores, os quais, como visto, pela Constituição da República, têm a especial competência para interpretar e uniformizar a lei federal e a Constituição em última instância, ante idênticas situações fáticas [...]. (STJ, *HC* n. 596.603/SP, 6ª T., rel. Min. Rogerio Schietti Cruz. 08.09.2020, *DJe* 22.09.2020)

Qualificadora. Fixação em regime inicial mais severo.

Recurso em *habeas corpus*. Fixação de regime de cumprimento de pena mais gravoso e vedação do direito à substituição por pena alternativa com base na existência de duas qualificadoras. Impossibilidade. Reserva de lei penal. Recurso provido. 1. A incidência de duas circunstâncias qualificadoras não determina, necessariamente, a fixação de regime de pena mais gravoso do que o estabelecido na lei nem a vedação da substituição da pena privativa de liberdade por restritiva de direitos. 2. Somente o legislador penal pode estabelecer proibições para a fixação do regime aberto de cumprimento da pena e para a substituição da pena. 3. Ausentes razões idôneas que autorizem a fixação do regime mais gravoso (art. 33, § 2º, *c*, e § 3º, CP) e a vedação à pena alternativa (art. 44, CP), o recurso deve ser provido. 4. Fica determinada a substituição da pena privativa de liberdade por duas restritivas de direitos (art. 44, § 2º, CP), a serem fixadas pelo juízo das execuções penais. (STF, RHC n. 100.810/MS, 1ª T., rel. Min. Joaquim Barbosa, j. 02.02.2010)

Falta grave

Habeas corpus. Execução penal. Posse de entorpecente no interior de estabelecimento prisional. Conduta tipificada como crime doloso. Falta grave. Reconhecimento. Prescrição. Prazo regulado pelo lapso mínimo previsto no art. 109 do CP. 1. Segundo preceitua a norma do art. 52 da LEP, a prática de fato previsto como crime doloso constitui falta grave. 2. Embora o art. 28 da Lei n. 11.343/2006 não mais preveja a pena privativa de liberdade para esse delito, o fato continua sendo classificado como crime. 3. Na linha da jurisprudência pacífica desta Casa, a prescrição, nos casos de falta disciplinar de natureza grave, ocorre no prazo mínimo previsto no art. 109 do CP. 4. Embora atualmente o prazo fixado nessa norma seja de 3 (três) anos – redação dada pela Lei n. 12.234, de 05.05.2010 –, à época dos fatos o lapso regulador era o de 2 (dois) anos. 5. De todo modo, da própria impetração ressai que decorreu período inferior a 1 (um) ano, não havendo falar em prescrição. 6. Com efeito, a falta imputada ao paciente teria sido praticada em 23.02.2008, enquanto a sua homologação se deu em 03.10.2008. Assim, inexiste constrangimento ilegal. 7. Ordem denegada. (STJ, *HC* n. 111.650/RS, 6ª T., rel. Min. Og Fernandes, j. 28.06.2011, *Inf*. n. 479)

Falta grave e regressão de regime

Habeas corpus. Processual penal. Falta grave. Reinício da contagem de prazo para a concessão de novos benefícios e regressão do regime de cumprimento da pena imposta ao paciente. Possibilidade. Precedentes. 1. É firme a jurisprudência do STF no sentido de que, em caso de falta grave, impõem-se a regressão de regime e a alteração da data-base para concessão de novos benefícios executórios (cf., por exemplo, *HC* n. 86.990, rel. Min. Ricardo Lewandowski, *DJ* 09.06.2006). Precedentes. 2. Ordem denegada. (STF, *HC* n. 97.130/RS, 1ª T., rel. Min. Carmem Lúcia, j. 23.06.2009, *Inf*. n. 555)

Execução penal. *Habeas corpus*. Prática de crime doloso pelo condenado. Falta grave. Regressão de regime. Desnecessidade de sentença condenatória transitada em julgado. Precedentes do STF. Ordem denegada. 1. A Lei de Execução Penal não exige o trânsito em julgado de sentença condenatória para a regressão de regime, bastando, para tanto, que o condenado tenha "praticado" fato definido como crime doloso (art. 118, I, LEP). 2. Ante o exposto, denego a ordem de *habeas corpus*. (STF, *HC* n. 97.218/RS, 2ª T., rel. Min. Ellen Gracie, j. 12.05.2009, *Inf*. n. 546)

Regime inicial fechado. Crime hediondo. Inconstitucionalidade

Habeas corpus. Penal. Tráfico ilícito de drogas. Incidência da causa de diminuição prevista no § 4º do art. 33 da Lei n. 11.343/2006. Impossibilidade. Réu que se dedicava a atividade criminosa. *Habeas corpus* denegado. Ordem concedida de ofício. I – O indeferimento da minorante prevista no § 4º do art. 33 da Lei n. 11.343/2006 foi devidamente fundamentado. Nos termos do que assentado nas instâncias antecedentes, o paciente dedicava-se a atividade criminosa. II – Para se chegar à conclusão contrária à adotada pelas instâncias ordinárias e confirmada pelo STJ, seria necessário o reexame de fatos e provas, providência incabível em *habeas corpus*, por se tratar de instrumento destinado à proteção de direito demonstrável de plano, que não admite dilação probatória. Precedentes. III – O Plenário desta Corte, no julgamento do *HC* n. 111.840/ES, rel. Min. Dias Toffoli, declarou a inconstitucionalidade do § 1º do art. 2º da Lei n. 8.072/90 (redação dada pela Lei n. 11.464/2007), que determinava o cumprimento de pena dos crimes hediondos, de tortura, de tráfico ilícito de entorpecentes e de terrorismo no regime inicial fechado. IV – *Habeas corpus* denegado. V – Concessão da ordem de ofício para determinar ao juízo de primeiro grau que fixe o regime de cumprimento da pena de forma fundamentada, afastando a regra do art. 2º, § 1º, da Lei n. 8.072/90, declarada inconstitucional por esta Corte. (STF, *HC* n. 113.988/SP, 2ª T., rel. Min. Ricardo Lewandowski, j. 14.12.2012)

No mesmo sentido: STJ, *HC* n. 473.124/SP, 5ª T., rel. Min. Ribeiro Dantas, j. 13.11.2018, *DJe* 23.11.2018; STF, *HC* n. 112.085/SP, 2ª T., rel. Min. Carmem Lúcia, j. 27.11.2012.

Regime mais gravoso (fechado). Pena menor que oito anos. Circunstâncias judiciais desfavoráveis e alto grau de reprovabilidade da conduta

Criminal. *Habeas corpus*. Quadrilha ou bando armado. Associação para o tráfico. Fixação da pena-base acima do mínimo legal. Questão não analisada pelo tribunal *a quo*. Supressão de instância. Regime inicialmente fechado. Fundamentação suficiente. Constrangimento ilegal não evidenciado. Ordem denegada. I – Hipótese em que o Tribunal *a quo* examinou unicamente a legalidade da fixação do regime fechado de cumprimento de pena, de modo que o pleito de redução da pena-base para o mínimo legal não pode ser conhecido por esta Corte, sob pena de indevida supressão de instância. II – Conforme o grau de reprovabilidade da conduta e existência de circunstâncias desfavoráveis, é cabível, por decisão devidamente fundamentada, a fixação de regime mais severo aos condenados a pena inferior a 8 (oito) anos. Precedentes. III – Mostra-se devidamente fundamentada a sentença que estabelece o regime fechado para cumprimento de pena com base no nível de organização do bando criminoso, na quantidade de drogas e armamentos apreendidos, na nítida desproporção entre uma tentativa de homicídio realizada por meio de explosivos em estabelecimento jornalístico e sua motivação – veiculação de reportagem cujo conteúdo desagradou um dos membros do grupo criminoso –, no *modus operandi* do delito, e na especial reprovação da vingança privada devido à tentativa de cerceamento da imprensa. IV – Ordem denegada. (STJ, *HC* n. 196.485/SP, 5ª T., rel. Min. Gilson Dipp, j. 01.09.2011)

Regime mais gravoso. Possibilidade em razão da gravidade concreta da conduta

Direito penal. Possibilidade de estabelecimento de regime prisional mais gravoso em razão da gravidade concreta da conduta delituosa. Ainda que consideradas favoráveis as circunstâncias judiciais (art. 59, CP), é admissível a fixação do regime prisional fechado aos não reincidentes condenados por roubo a pena superior a quatro anos e inferior a oito anos se constatada a gravidade concreta da conduta delituosa, aferível, principalmente, pelo uso de arma de fogo. Precedentes citados: *HC* n. 274.908/SP, 5ª T., *DJe* 02.09.2014; *HC* n. 293.512/SP, 5ª T., *DJe* 01.07.2014; e *HC* n. 262.939/SP, 6ª T., *DJe* 25.04.2014. (STJ, *HC* n. 294.803/SP, 5ª T., rel. Min. Newton Trisotto [Desembargador convocado do TJSC], j. 18.09.2014)

Regime inicial mais gravoso. Necessidade de motivação idônea

[...] 4. Sobre o regime prisional, firmou-se neste Tribunal a orientação de que é necessária a apresentação de motivação concreta para a fixação de regime mais gravoso, fundada nas circunstâncias judiciais do art. 59 do Código Penal – CP ou em outra situação que demonstre efetivamente um *plus* na gravidade do delito. *In casu*, ainda que a pena total aplicada ao paciente A.G.D. seja inferior a 4 anos de reclusão, no caso, por se tratar de réu reincidente e em razão da presença de circunstância judicial desfavorável, o regime prisional adequado à espécie seria o fechado, nos termos do que dispõe o art. 33, §§ 2º e 3º, do Código Penal – CP, inexistindo, portanto, constrangimento ilegal que justifique a concessão da ordem de ofício, uma vez que foi fixado ao paciente o regime inicial semiaberto. (STJ, *HC* n. 459.623/SP, 5ª T., rel. Min. Joel Ilan Paciornik, j. 23.10.2018, *DJe* 09.11.2018)

Regras do regime fechado

Art. 34. O condenado será submetido, no início do cumprimento da pena, a exame criminológico de classificação para individualização da execução.

§ 1º O condenado fica sujeito a trabalho no período diurno e a isolamento durante o repouso noturno.

§ 2º O trabalho será em comum dentro do estabelecimento, na conformidade das aptidões ou ocupações anteriores do condenado, desde que compatíveis com a execução da pena.

§ 3º O trabalho externo é admissível, no regime fechado, em serviços ou obras públicas.

1. COMENTÁRIO

De acordo com o art. 84, § 3º, da Lei n. 7.210/84 (Lei de Execução Penal – LEP), o condenado definitivo será aprisionado de acordo com os seguintes critérios: "I – condenados pela prática de crimes hediondos ou equiparados; II – reincidentes condenados pela prática de crimes cometidos com violência ou grave ameaça à pessoa; III – primários condenados pela prática de crimes cometidos com violência ou grave ameaça à pessoa; IV – demais condenados pela prática de outros crimes ou contravenções em situação diversa das previstas nos incisos I, II e III". O § 4º do mesmo artigo, aliás, estabelece local apropriado e separado para aquele preso que tiver sua integridade física, moral e psicológica ameaçada pelo convívio com os demais segregados.

A prática, contudo, é perversa quanto a estes preceitos legais, que são desrespeitados reiteradamente.

Esta modalidade de regime prisional deverá ser executada em estabelecimentos de segurança máxima ou média, em regra penitenciárias,[26] as quais serão dotadas de celas individuais e coletivas (nas hipóteses de segurança máxima especial destinada a presos em regime disciplinar diferenciado, as celas são somente individuais). Tais estabelecimentos penais deverão ser estruturados para fins de atender às finalidades da pena e, sobretudo, disporem de dependências com áreas e serviços destinados a dar assistência, educação, trabalho, recreação e prática esportiva, além de salas de aula para realização de cursos do ensino básico e profissionalizante (art. 83, *caput* e § 4º, da LEP).

A unidade celular individual conterá dormitório, aparelho lavatório e sanitário (art. 88, LEP – o cotidiano revela que também as celas coletivas são dotadas de apenas 1 unidade de cada um dos utensílios apontados e, na maioria das vezes, nem mesmo camas, com os seguintes requisitos básicos (art. 88, parágrafo único, LEP): a) salubridade do ambiente pela concorrência dos fatores de aeração, insolação e condicionamento térmico adequado à existência humana; b) área mínima de 6,00 m^2 (seis metros quadrados).

O limite máximo de capacidade de cada estabelecimento será estabelecido pelo Conselho Nacional de Política Criminal e Penitenciária – CNPCP (art. 85, parágrafo único, LEP – ver Resolução n. 02/2011, do CNPCP), sendo autorizada a construção em "local afastado do centro urbano, a distância que não restrinja a visitação" (penitenciária para homens – art. 90, LEP).

Merecem destaque, ainda, as diretrizes básicas relativas à "construção, ampliação e reforma de estabelecimentos penais", definidas pela Resolução n. 9, de novembro de 2011 (*vide* anexo de referido ato normativo – orientamos o leitor

26 Eis a redação do art. 87 da LEP: "Art. 87. A penitenciária destina-se ao condenado à pena de reclusão em regime fechado. Parágrafo único. A União Federal, os estados, o Distrito Federal e os Territórios poderão construir Penitenciárias destinadas, exclusivamente, aos presos provisórios e condenados que estejam em regime fechado, sujeitos ao regime disciplinar diferenciado, nos termos do art. 52 desta Lei". Assim, após a condenação, os presos provisórios devem ser destinados às penitenciárias. Em tese deveriam existir apenas penitenciárias e cadeias públicas, conforme arts. 88, 89, 90, 93, 94, 95, 102, 103 e 104 da LEP, pois encontramos a previsão de presídios apenas na legislação processual militar (arts. 481, 600 e 646), muito embora, na prática, infelizmente muitos deles ainda permanecem encarcerados em cadeias públicas (destinada a presos provisórios em caráter momentâneo, ou seja, por poucos dias, enquanto não transferidos aos presídios) ou presídios (centros de detenção provisória) e até em carceragem de delegacias (locais com ínfima estrutura de acomodação e segurança, o que impossibilita a evasão de presos, bem como risco acentuado às próprias pessoas que ali trabalham), mesmo após sofrerem condenação.

a observar eventuais alterações), do CNPCP (e Resolução n. 12/2006 que alterou a redação daquela), a Lei n. 11.671/2008, que dispõe sobre a "inclusão de presos em estabelecimentos penais federais de segurança máxima e a transferência de presos de outros estabelecimentos para aqueles", e o Decreto n. 6.049, de 27.02.2007, que aprovou o Regulamento Penitenciário Federal (estabelecimentos federais), muito embora existam regulamentos estaduais e distritais próprios, eis que tais normatizações correspondem ao poder concorrente, previsto no art. 24, I, da CF, conferido aos Estados e Distrito Federal. A Resolução n. 113/2010 dispõe sobre o procedimento relativo à execução da pena privativa de liberdade e de medida de segurança.

O Departamento Penitenciário Nacional (Depen), do Ministério da Justiça, figura como autoridade central acerca da organização, estruturação e implementação de propostas e medidas referentes ao sistema carcerário em nosso país.[27]

O Conselho Nacional de Justiça (CNJ) editou a Resolução n. 96/2009, a qual criou o Grupo de Monitoramento e Fiscalização do Sistema Carcerário – GMFs, no âmbito dos Tribunais de Justiça. Este grupo de trabalho tem como finalidades acompanhar e monitorar a situação dos presos provisórios e as condições carcerárias em nosso país, planejar e coordenar os mutirões carcerários realizados pelos tribunais, acompanhar o cumprimento das recomendações, resoluções e dos compromissos assumidos nos seminários promovidos pelo CNJ, em relação ao Sistema Carcerário, entre outras atribuições.[28]

27 Referido Departamento, de acordo com o Decreto n. 9.662/2019 (*vide* Anexo I, arts. 2º, II, *g*, e 32) tem a seguinte competência: "I – planejar, coordenar, dirigir, controlar e avaliar as atividades relativas à implantação de serviços penais; II – promover a construção de estabelecimentos penais nas unidades federativas; III – elaborar propostas de inserção da população presa, internada e egressa em políticas públicas de saúde, educação, assistência, desenvolvimento e trabalho; IV – promover articulação com os órgãos e as instituições da execução penal; V – realizar estudos e pesquisas voltados à reforma da legislação penal; VI – apoiar ações destinadas à formação e à capacitação dos operadores da execução penal; VII – consolidar em banco de dados informações sobre os Sistemas Penitenciários Federal e das Unidades Federativas; e VIII – realizar inspeções periódicas nas unidades federativas para verificar a utilização de recursos repassados pelo Fundo Penitenciário Nacional – FUNPEN."

28 Disponível em: http://www.cnj.jus.br/sistema-carcerario-e-execucao-penal/grupos-de-monitoramento-e-fiscalizacao-do-sistema-carcerario-gmfs. Acesso em: 11.11.2015.

1.1. Situações especiais: presos provisórios, primários, mulheres, idosos e outros casos específicos

Antes de condenação definitiva, o preso será classificado como provisório; portanto, deverá ficar em local separado dos condenados, cuja sentença já transitou em julgado (art. 84, *caput*, LEP). Em regra, essa segregação antecipada se dá em cadeias públicas ou em estabelecimentos prisionais destinados a presos provisórios.

Mulheres e idosos serão recolhidos em estabelecimentos próprios, específicos e adequados para suas condições pessoais (arts. 82, § 1º, 83 §§ 2º e 3º, todos da LEP, e art. 5º, XLVIII e L, CF).

O art. 295 do CPP, por sua vez, estabelece hipótese de prisão especial para determinadas pessoas em razão de cargo, função ou até merecimento, até a condenação definitiva: "I – os ministros de Estado; II – os governadores ou interventores de Estados ou Territórios, o prefeito do Distrito Federal, seus respectivos secretários, os prefeitos municipais, os vereadores e os chefes de Polícia; III – os membros do Parlamento Nacional, do Conselho de Economia Nacional e das Assembleias Legislativas dos Estados; IV – os cidadãos inscritos no "Livro de Mérito"; V – os oficiais das Forças Armadas e os militares dos Estados, do Distrito Federal e dos Territórios;[29] VI – os magistrados; VII – os diplomados por qualquer das faculdades superiores da República; VIII – os ministros de confissão religiosa; IX – os ministros do Tribunal de Contas; X – os cidadãos que já tiverem exercido efetivamente a função de jurado, salvo quando excluídos da lista por motivo de incapacidade para o exercício daquela função; XI – os delegados de polícia e os guardas civis dos Estados e Territórios, ativos e inativos".

A modalidade apontada no parágrafo anterior "consiste exclusivamente no recolhimento em local distinto da prisão comum", esclarecendo que, em caso de inexistência de vaga de local específico para o preso especial, "este será recolhido em cela distinta do mesmo estabelecimento" (art. 295, §§ 1º e 2º, CPP).[30]

29 http://www.cnj.jus.br/sistema-carcerario-e-execucao-penal/grupos-de-monitoramento-e-fiscalizacao-do-sistema-carcerario-gmfs. Acesso em 11.11.2015.

30 Conforme redação do art. 84, § 1º, da LEP, adotam-se os seguintes critérios para essa distinção prisional: "I – acusados pela prática de crimes hediondos ou equiparados; II – acusados pela prática de crimes cometidos com violência ou grave ameaça à pessoa; III – acusados pela prática de outros crimes ou contravenções diversos dos apontados nos incisos I e II". O

1.2. Regime inicial obrigatoriamente fechado – hipóteses

Existem algumas hipóteses em que a obrigatoriedade do regime inicial fechado é definida *ex lege*, reduzindo, portanto, a tarefa judicante de definição de tal aspecto da condenação. São elas: a) art. 1º, § 7º da Lei que define os crimes de tortura (Lei n. 9.455/97), e neste último diploma *não se aplica* essa obrigatoriedade aos casos *omissivos* (art. 1º, § 2º); b) art. 2º, § 1º da Lei dos Crimes Hediondos (Lei n. 8.072/90). Porém, a jurisprudência mais recente tem afastado essa determinação legal em inúmeros casos, em razão do princípio da individualização da pena (ver jurisprudência do art. 33 – "Regime inicial fechado. Crime hediondo. Inconstitucionalidade").

1.3. Exame criminológico

Conforme já esclarecido (comentários – item 1.3, art. 33), o exame criminológico hoje se caracteriza como perícia de caráter *facultativo* a ser determinado pelo magistrado da execução, conforme necessidade do caso concreto (*vide* arts. 5º e 8º, ambos da LEP), pois a alteração promovida no art. 112 da LEP, em decorrência da edição das Leis ns. 10.792/2003 e 13.964/2019, subtraiu o então exigido requisito do *mérito*, comprovado por tal exame, que servia de base técnica à análise da progressão prisional (ver Súmula vinculante n. 26, STF, e Súmula n. 439, STJ).

Referido exame é realizado por equipe multidisciplinar composta por assistentes sociais, psicólogos, médicos e psiquiatras.

1.4. Trabalho do preso

A atividade laborativa reveste-se de caráter obrigatório, mesmo porque configura **dever** previsto no art. 39, V, da LEP, mas representa, sobretudo, direito inerente à condição humana do condenado, devendo cumprir sua finalidade educativa e produtiva e objetivando também a própria individualização da pena (arts. 1º, III, e 5º, XLVI, ambos da CF, e arts. 28 e 41, II, ambos da LEP). Não deve, porém, ser forçado (ante a própria vedação constitucional – art. 5º, XLVII, *c*), pois o condenado terá o direito de escolha e, se não quiser incorrerá em falta grave (art. 50, VI, LEP).

O trabalho do preso não será enquadrado ao regime da CLT (*ex vi* art. 28, § 2º, LEP), muito embora poderá inscrever-se ou manter-se filiado no regime geral da Previdência Social, na qualidade de segurado, o que proporcionará desfrutar de benefícios e serviços previdenciários para si ou seus dependentes[31] (ver art. 11, § 1º, IX, Decreto n. 3.048/99).

Serão verificadas as condições pessoais, aptidões e capacidades físicas do condenado, a habilitação, as necessidades futuras do preso, bem como as oportunidades oferecidas pelo mercado (arts. 31 e 32, ambos da LEP). A jornada regular de trabalho não será inferior a 6 nem superior a 8 horas, com descanso nos domingos e feriados, permitindo-se, inclusive, definição de horário especial de trabalho aos presos designados para os serviços de conservação e manutenção do estabelecimento penal (arts. 33 e 41, § 1º, ambos da LEP). Regulamentos e legislações penitenciárias relativas ao horário de trabalho deverão contemplar, obviamente, as necessidades básicas diárias no que concerne à instrução comum e profissional, às refeições, à recreação e, eventualmente, ao descanso intercalado, conforme a natureza do serviço, em respeito às regras comuns relativas a higiene e segurança da atividade a ser desenvolvida.

Eventuais intercorrências fáticas caracterizadoras de **acidente de trabalho** ou **doenças profissionais**, durante a execução das atividades laborativas, estão contempladas na legislação, autorizando

---

§ 2º do mesmo artigo, inclusive, prevê dependência separada para aquele que, ao tempo do fato, era funcionário da Administração da Justiça, evitando-se retaliações, ameaças, entre outros atos indesejáveis e atentatórios à vida e à integridade física daquele segregado.

31 O auxílio-reclusão é um exemplo. Trata-se de benefício previdenciário destinado aos dependentes do encarcerado de baixa renda submetido ao regime fechado (desde que o apenado tenha pago, no mínimo, 24 contribuições mensais, não receba remuneração da empresa, nem esteja em gozo de auxílio por incapacidade temporária, de pensão por morte, de salário-maternidade, de aposentadoria ou de abono de permanência em serviço – art. 80 da Lei n. 8.213/91, regulamentado pelos arts. 116 e segs. do Decreto n. 3.048/99). Tem como marco inicial a data do efetivo recolhimento à prisão, se requerido até trinta dias do aprisionamento ou, após este lapso, considera-se a data do requerimento. O preso deverá apresentar trimestralmente atestado comprovando a situação de encarcerado. No caso de fuga, o benefício será suspenso. Se o fugitivo desempenhar atividade laboral de vinculação obrigatória ao Regime Geral de Previdência Social, no cumprimento do regime fechado ou semiaberto permanecerá filiado ao sistema, ensejando inclusive o recolhimento de contribuição social, podendo cumular com o recebimento do auxílio-reclusão. Caso se mantenha inativo, dá-se início ao período de graça (lapso temporal em que se mantém a qualidade de segurado mesmo sem recolher contribuição). Havendo recaptura, o benefício será restabelecido a contar desta data, desde que mantenha a qualidade de segurado. No caso de falecimento do preso, o benefício converter-se-á em pensão por morte. Não há carência para concessão de tal benefício.

a devida indenização aos presos e internados por medida de segurança (art. 42, LEP).

Ressaltamos que, conforme vedação estabelecida no art. 40, *caput*, da LEP "Nenhum preso ou internado deverá desempenhar função ou tarefa disciplinar ou administrativa no estabelecimento", exceto nas situações em que estiver sendo aplicado o sistema de autodisciplina (art. 40, parágrafo único, CP). Porém, as tarefas cotidianas, atividades ou responsabilidades de ordem social, educativa ou desportiva não se incluem nessa proibição (art. 40, parágrafo único, CP).

1.4.1. Trabalho interno

O trabalho interno poderá ser gerenciado por fundação ou empresa pública, com autonomia administrativa, incumbindo-se estas de promover e supervisionar a produção, conforme os próprios critérios e métodos empresariais, bem como se encarregar da comercialização, suportando as respectivas despesas e pagamento de remuneração dos presos. O objetivo será a formação profissional do condenado (arts. 19 e 34, *caput* e § 1º, ambos da LEP). Convênios com a iniciativa privada poderão ser celebrados para implantação de oficinas de trabalho referentes a setores de apoio dos presídios (art. 34, § 2º, LEP). Existem, inclusive, disposições legais as quais autorizam hipótese de dispensa de licitação para aquisição de bens e produtos do trabalho prisional por parte de órgãos da Administração Direta ou Indireta da União, Estados, Distrito Federal e Municípios (ver arts. 35, LEP, e 75, XV, da Lei de Licitações e Contratos Administrativos – 14.133/2021).

Os maiores de 60 anos, os doentes e deficientes físicos exercerão atividades adequadas a suas respectivas situações concretas (art. 32, §§ 2º e 3º, ambos da LEP)

Para o preso provisório o trabalho não é obrigatório e só poderá ser executado no interior do estabelecimento (art. 31, parágrafo único, LEP). O preso condenado pela prática de crime político também não está obrigado ao trabalho (art. 200, LEP) e, finalmente, àquele apenado em razão de ter cometido contravenção penal, a atividade laborativa é facultativa, da mesma forma, se a pena for prisão simples de até quinze dias (art. 6, § 2º, DL n. 3.688/41 – contravenções penais).

1.4.2. Trabalho externo

A LEP prevê, inclusive, a possibilidade de trabalho externo aos presos em regime fechado, com o respectivo consentimento expresso desses, mas em tais casos somente em serviços ou obras públicas realizadas por órgãos integrantes da administração direta ou indireta ou, ainda, entidades privadas, desde que tomadas as cautelas contra a fuga e em favor da disciplina (art. 36, *caput* e § 3º, LEP), devendo a entidade em questão remunerar o trabalho contratado (art. 36, § 2º, LEP). Restringe-se aos encarcerados, no entanto, a possibilidade de ocupar, no máximo, 10% do número total de empregados na mesma obra (art. 36, § 1º, LEP).[32]

Dependerá, ainda, de autorização exarada pela direção do estabelecimento (que se baseará na aptidão, disciplina e senso de responsabilidade do condenado), além do cumprimento mínimo de 1/6 da pena (art. 37, LEP). Tendo em vista o caráter discricionário de referido ato administrativo, o preso que vier a praticar fato definido como crime, for punido por falta grave ou tiver comportamento contrário aos requisitos anteriormente apontados, sujeitar-se-á à revogação de sua autorização (art. 37, parágrafo único, LEP).

1.5. Presos provisórios

Serão recolhidos em cadeia pública (art. 102, LEP), e cada comarca conterá, ao menos, um estabelecimento desta categoria, para fins de resguardar o interesse da administração da Justiça criminal e a permanência do preso em local próximo ao seu meio social e familiar (art. 103, LEP). Assim, será instalada próxima aos centros urbanos, observando-se na construção as exigências mínimas referidas no art. 88 e seu parágrafo único da LEP (art. 104, LEP – veja item 1 dos comentários a este artigo). A Resolução n. 12/2009 do Conselho Nacional de Política Criminal e Penitenciária trata da aplicabilidade da LEP ao preso provisório.

1.6. Presos estrangeiros

O preso estrangeiro tem os mesmos direitos que o preso brasileiro porque, para a Constituição do Brasil, todos são iguais perante a lei (art. 5º, *caput*, CF). No entanto, determinados benefícios relativos à execução penal, como o livramento condicional, prisão domiciliar e indulto, além daqueles concernentes à privação antecipa-

32 O STJ admite o trabalho eterno até na hipótese de condenação por crime hediondo (STJ, *HC* n. 35.004/DF, 6ª T., rel. Min. Paulo Medina, j. 22.04.2004).

da de liberdade, como a liberdade provisória, são relativizados em inúmeras situações, entendimento jurisdicional este rechaçado por julgados dos Tribunais Superiores (STF, *HC* n. 97.147, 2ª T., rel. p/ac. Min. Cezar Peluso, j. 04.08.2009).

Autoridades devem notificar a prisão de um estrangeiro ao consulado de seu país, sob pena de o processo ser anulado, eis que, caso contrário, será descumprida a regra prevista no art. 36, *b*, da Convenção de Viena sobre Relações Consulares (assinada pelo Brasil e incorporada ao nosso ordenamento pelo Decreto presidencial n. 61.078/67[33]).

2. JURISPRUDÊNCIA

2.1. Súmulas

Súmula vinculante n. 26, STF: "Para efeito de progressão de regime no cumprimento de pena por crime hediondo, ou equiparado, o juízo da execução observará a inconstitucionalidade do art. 2º, da Lei n. 8.072, de 25 de julho de 1990, sem prejuízo de avaliar se o condenado preenche, ou não, os requisitos objetivos e subjetivos do benefício, podendo determinar, para tal fim, de modo fundamentado, a realização de exame criminológico".

Súmula n. 439, STJ: "Admite-se o exame criminológico pelas peculiaridades do caso, desde que em decisão motivada".

Súmula n. 562, STJ: "É possível a remição de parte do tempo de execução da pena quando o condenado, em regime fechado ou semiaberto, desempenha atividade laborativa, ainda que extramuros".

2.2. Julgados

Exame criminológico

Processual penal. Execução penal. *Habeas corpus*. Livramento condicional. Requisitos subjetivos. Fuga do condenado. Falta grave. Necessidade do exame criminológico. Possibilidade. Decisão devidamente fundamentada. Impossibilidade de reexame do conjunto fático-probatório nesta sede. Jurisprudência do STF. Ordem denegada. I – A alteração do art. 112 da LEP pela Lei n. 10.792/2003 não proibiu a realização do exame criminológico. Precedentes. II – Não se exige do órgão judicante que a decisão seja exaustivamente fundamentada. O que se busca é que o julgador explicite de forma clara as razões de seu convencimento, como se deu na espécie. III – A modificação legislativa não afastou a necessidade de comprovação do comportamento satisfatório durante a execução da pena, previsto no art. 83, III, do CP, inocorrente no caso em exame, pela falta grave cometida pelo paciente com a fuga do estabelecimento prisional. IV – Ordem denegada. (STF, *HC* n. 103.733/SP, 1ª T., rel. Min. Ricardo Lewandowski, j. 26.10.2010)

Habeas corpus. Execução penal. Exame criminológico. Lei n. 10.792/2003. Progressão de regime. Decisão fundamentada. Ordem denegada. 1. Esta Suprema Corte vem se pronunciando no sentido de que "o exame criminológico, embora facultativo, deve ser feito por decisão devidamente fundamentada, com a indicação dos motivos pelos quais, considerando-se as circunstâncias do caso concreto, ele seria necessário" (*HC* n. 94.503/RS, 1ª T., rel. Min. Cármen Lúcia, *DJe* 12.12.2008). 2. No caso, está plenamente justificada a necessidade da realização de exame criminológico, uma vez que o paciente, além de cometer cinco faltas disciplinares de natureza grave no curso do cumprimento de sua pena, incidiu na prática de novos delitos. 3. Ordem denegada. (STF, *HC* n. 101.264/RS, 1ª T., rel. Min. Dias Toffoli, j. 27.04.2010)

Habeas corpus. Processo penal. Progressão de regime prisional. Deferimento pelo juízo das execuções penais. Cassação do *decisum* pela corte de origem. Requisito subjetivo não preenchido. Acórdão devidamente fundamentado. Inexistência de ilegalidade. Aplicação da Súmula n. 439 do STJ. Ordem denegada. 1. O art. 112 da LEP, com a nova redação da Lei n. 10.792/93, realmente dispõe ser necessário, para a concessão da progressão de regime, apenas o preenchimento cumulativo dos requisitos objetivo (cumprimento de ao menos 1/6 [um sexto] da pena no regime anterior) e subjetivo (bom comportamento carcerário), sem tratar sobre a necessidade do exame criminológico. 2. Contudo, a realização do referido exame pode perfeitamente ser solicitada, quando as peculiaridades da causa assim o recomendarem, atendendo-se ao princípio da individualização da pena, prevista no art. 5º, XLVI, da CF, como aconteceu na hipótese em apreço, em que se exigiu a realização da perícia com fundamento na periculosidade do ora paciente, devidamente comprovada nos autos. 3. O cometimento de falta grave é fundamentação idônea para afastar o preenchimento do requisito subjetivo para a concessão do livramento condicional, mormente quando praticado novo delito pelo sentenciado durante o período de execução da pena. Precedentes. 4. Na hipótese, a negativa do benefício pela instância *a quo* foi devidamente fundamentada na prática, pelo paciente, de crimes gravíssimos e de faltas graves du-

33 Nesse sentido, destacamos o julgado referente a: Pleno, Extradição n. 1.126, rel. Min. Celso de Mello, j. 20.10.2009.

rante a execução da pena. 5. Ordem denegada. (STJ, *HC* n. 159.660, 5ª T., rel. Min. Laurita Vaz, j. 20.10.2011, *Inf*. n. 436)

Progressão de regime. Exame criminológico. Discricionariedade do magistrado

O Colegiado entendeu que a decisão reclamada está em consonância com a reiterada jurisprudência da Corte sobre a matéria, no sentido de ser facultado ao magistrado das execuções criminais requisitar o exame criminológico e utilizá-lo como fundamento da decisão que julga o pedido de progressão. Asseverou, ainda, que a adoção de textos semelhantes em despachos relacionados a procedimentos idênticos não viola o princípio da individualização da pena nem gera nulidade por falta de fundamentação quando o conteúdo tratar de especificidades do caso concreto sob análise. Considerou, por fim, que o agravante apenas reitera os argumentos expostos na petição inicial da reclamação, sem apresentar novos elementos aptos a afastar os fundamentos da decisão agravada. (STF, Rcl. n. 27.616 Ag. Reg./SP, 2ª T., rel. Min. Ricardo Lewandowski, j. 09.10.2018, *Inf*. n. 919)

Exame criminológico. Decisão judicial contrária ao laudo

Pena privativa de liberdade (execução). Regimes (progressão). Requisito subjetivo (dispensabilidade). Laudo psicológico (prescindibilidade). 1. De acordo com a nova redação do art. 112 da Lei de Execução Penal, conferida pela Lei n. 10.792/2003, para a progressão de regime, também para o livramento condicional, não mais se exige, como requisito indispensável, a submissão do condenado a exame criminológico. 2. No caso, após o juiz da execução afastar o exame psicológico desfavorável e deferir o pedido de progressão, o Tribunal de Justiça revogou o benefício pela falta de atendimento do requisito subjetivo. 3. Todavia, ao fazê-lo, fundou-se o acórdão local, só e só, na imprescindibilidade do exame criminológico, sem trazer razões suficientes para afastar os motivos que levaram o magistrado à concessão do benefício. 4. *Habeas corpus* concedido. (STJ, *HC* n. 126.640, 6ª T., rel. Min. Nilson Naves, 23.04.2009, *Inf*. n. 391)

Regime fechado. Transferência para estabelecimento de segurança máxima. Possibilidade, análise do caso concreto

Habeas corpus. Execução penal. Transferência de preso para outro estabelecimento prisional. Alegação de que o paciente não é pessoa de alta periculosidade. Impossibilidade de examinar a matéria em sede de *habeas corpus*. Ordem denegada. 1. A via processualmente contida do *habeas corpus* não permite uma ampla incursão nos dados empíricos que embasaram a transferência do paciente para uma Unidade Prisional com melhores condições de abrigar prisioneiros de "alta periculosidade". Com maior razão ainda se os fatos retratados no processo são de gravidade extrema, a demandar, então, aprofundada análise do contexto factual em que se deu a transferência do paciente para a Penitenciária II de Presidente Venceslau/SP. Precedente: *HC* n. 93.003, da relatoria do ministro Menezes Direito. 2. É certo que o simples fato de o acionante estar condenado por delitos tipificados como de gravidade incomum não veda, por si só, o cumprimento da reprimenda em localidade distante do respectivo grupo familiar; sabido que a família é a base da sociedade e deve ter especial proteção do Estado (art. 226, CF/88). Mas o fato é que, na concreta situação dos autos, a remoção do acusado para um estabelecimento prisional mais apropriadamente estruturado e distante de sua família encontra satisfatória demonstração na tessitura dos fatos narrados pelas instâncias de origem. O que impossibilita acatar o pleito de imediata transferência para uma das unidades prisionais mais próximas da capital paulista. Até porque as informações prestadas pelo Juízo da Vara de Execuções Criminais Central de São Paulo – órgão competente para o exame da matéria – dão conta de que a defesa não formulou, ali, nenhum pedido de transferência do sentenciado. 3. Ordem denegada. (STF, *HC* n. 101.540/SP, 2ª T., rel. Min. Ayres Britto, j. 19.10.2010)

Trabalho interno. Jornada de trabalho. Exceções

A 2ª Turma concedeu *habeas corpus* para restabelecer sentença que fixara regime de 6 horas diárias para a jornada de trabalho do paciente, interno do sistema prisional. Na espécie, a decisão fora reformada no sentido de estabelecer, para fins de remição, a jornada de 8 horas diárias e, eventualmente, computado mais um dia, caso somadas a ela mais 6 horas. Considerou-se que, em razão de o paciente trabalhar como auxiliar de cozinha, ele estaria submetido a horário especial de labor, não restrito apenas aos dias da semana. Assim, tendo em conta o que disposto no parágrafo único do art. 33 da LEP ["Art. 33. A jornada normal de trabalho não será inferior a 6 (seis) nem superior a 8 (oito) horas, com descanso nos domingos e feriados. Parágrafo único. Poderá ser atribuído horário especial de trabalho aos presos designados para os serviços de conservação e manutenção do estabelecimento penal"], concluiu que jornada superior a 6 horas diárias seria desproporcional. (STF, *HC* n. 96.740/RS, 2ª T., rel. Min. Gilmar Mendes, j. 15.03.2011)

Trabalho externo. Região de difícil fiscalização

Constatou-se que a sociedade empresária em que o paciente apenado pretendia realizar trabalho extramuros (art. 35, § 2º, do CP) situa-se em região tomada pelo crime organizado a ponto de impedir a fiscalização do cumprimento do benefício pelos fiscais da vara de execuções penais. Assim, mostra-se irrepreensível a cassação da decisão concessiva da benesse determinada pelo TJ; pois, apesar de o paciente apresentar mérito carcerário, o trabalho extramuros em tal localidade poderia servir de estímulo à delinquência e até de meio à burla da execução da pena, o que desvirtuaria sobremaneira a própria finalidade do instituto do trabalho extramuros, qual seja, de contribuir para a reinserção social do apenado. (STJ, *HC* n. 165.081/DF, 5ª T., rel. Min. Gilson Dipp, j. 31.05.2011)

Trabalho externo. Crime hediondo. Possibilidade

Processo penal. *Habeas corpus*. Crime hediondo. Condenação. Trabalho externo. Possibilidade. Ordem parcialmente concedida. 1. A CF, o CP e a LEP garantem ao preso o direito de trabalhar. 2. O condenado por crime hediondo, por força dos arts. 6º, CR, 34, 3º, CP e 36, LEP, pode exercer atividade laboral externa, não havendo qualquer incompatibilidade desses dispositivos com o art. 2º, § 1º, Lei n. 8.072/90. 3. Ordem parcialmente concedida para que o Juízo da execução analise os requisitos legais para deferimento do pedido de trabalho extramuros. (STJ, *HC* n. 35.004/DF, 6ª T., rel. Min. Paulo Medina, j. 22.04.2004)

Progressão de regime. Preso estrangeiro

O fato de o condenado por tráfico de droga ser estrangeiro, estar preso, não ter domicílio no país e ser objeto de processo de expulsão não constitui óbice à progressão de regime de cumprimento da pena. (STF, *HC* n. 97.147, 2ª T., rel. p/ ac. Min. Cezar Peluso, j. 04.08.2009)

Regras do regime semiaberto

Art. 35. Aplica-se a norma do art. 34 deste Código, *caput*, ao condenado que inicie o cumprimento da pena em regime semiaberto.

§ 1º O condenado fica sujeito a trabalho em comum durante o período diurno, em colônia agrícola, industrial ou estabelecimento similar.

§ 2º O trabalho externo é admissível, bem como a frequência a cursos supletivos profissionalizantes, de instrução de segundo grau ou superior.

---

1. COMENTÁRIO

Regime prisional a ser cumprido em colônia agrícola, industrial ou similar (art. 33, § 1º, *b*, CP, e art. 91, LEP), respeitando-se as características físicas estruturais do art. 88, parágrafo único, *a*, da LEP (veja item 1 do comentário ao art. 34), e os seguintes requisitos (art. 92, parágrafo único, LEP): a) a seleção adequada dos presos; b) o limite de capacidade máxima que atenda os objetivos de individualização da pena.

No período diurno, o trabalho externo é autorizado (inclusive na área privada), bem como a frequência em cursos profissionalizantes, supletivos de primeiro e segundo graus, ou superior (inclusive noturno com fiscalização por monitoração eletrônica, caso necessário – ver arts. 124, § 2º, e 146-B, LEP), e tais atividades poderão proporcionar a remição da pena (art. 126, § 1º, I, LEP).

A saída temporária é objeto de análise do item 1.4 do comentário ao art. 38 (direitos do preso).

2. JURISPRUDÊNCIA

2.1. Julgados

Regime semiaberto. Estabelecimento inadequado. Prisão domiciliar. Impossibilidade

O reclamante cumpre pena em regime semiaberto. Em razão de não estar recolhido em colônia penal, pleiteou que lhe fosse concedida prisão domiciliar ou antecipação do regime aberto, o que foi negado. O Colegiado ressaltou o direito de o apenado cumprir a reprimenda em estabelecimento adequado ao regime imposto. Ponderou que a concessão de prisão domiciliar ou regime aberto é inviável, diante do regramento previsto na Lei de Execução Penal. Informou que o reclamante cumpre pena em ala de penitenciária destinada exclusivamente a internos do regime semiaberto e que todos os benefícios inerentes ao regime lhe são assegurados. A turma deliberou no sentido de serem aceitáveis estabelecimentos não qualificados como colônia agrícola ou industrial (regime semiaberto) ou casa de albergado ou estabelecimento adequado (regime aberto). Entretanto, não é permitido o alojamento conjunto de presos dos regimes semiaberto e aberto com presos do regime fechado. (STF, Rcl. n. 25.123/SC, 2ª T., rel. Min. Ricardo Lewandowski, j. 18.04.2017, *Inf.* n. 861)

Regime semiaberto. Ausência de vagas. Recolhimento em regime fechado. Impossibilidade

Habeas corpus. Sentença condenatória que assegura, ao réu, o direito ao regime penal semiaberto. Impossibilidade material, por parte de órgão competente da administração penitenciária do Estado, de viabilizar a execução dessa medida. Determinação, pelo magistrado local, de recolhimento do condenado a qualquer estabelecimento prisional do Estado, mesmo àquele de segurança máxima, até que o poder público viabilize, materialmente, o ingresso do sentenciado no regime penal semiaberto (colônia penal agrícola e/ou industrial). Inadmissibilidade. Afronta a direito subjetivo do sentenciado. Hipótese configuradora de excesso de execução. Pedido deferido. 1. O inadimplemento, por parte do Estado, das obrigações que lhe foram impostas pela Lei de Execução Penal não pode repercutir, de modo negativo, na esfera jurídica do sentenciado, frustrando-lhe, injustamente, o exercício de direitos subjetivos a ele assegurados pelo ordenamento positivo ou reconhecidos em sentença emanada de órgão judiciário competente, sob pena de configurar-se, se e quando ocorrente tal situação, excesso de execução (LEP, art. 185). Não se revela aceitável que o exercício, pelo sentenciado, de direitos subjetivos – como o de iniciar, desde logo, porque assim ordenado na sentença, o cumprimento da pena em regime menos gravoso – venha a ser impossibilitado por notórias deficiências estruturais do sistema penitenciário ou por crônica incapacidade do Estado de viabilizar, materialmente, as determinações constantes da Lei de Execução Penal. 2. Consequente inadmissibilidade de o condenado ter de aguardar, em regime fechado, a superveniência de vagas em colônia penal agrícola e/ou industrial, embora a ele já reconhecido o direito de cumprir a pena em regime semiaberto. 3. *Habeas corpus* concedido, para efeito de assegurar, ao sentenciado, o direito de permanecer em liberdade, até que o Poder Público torne efetivas, material e operacionalmente, as determinações (de que é o único destinatário) constantes da Lei de Execução Penal. (STF, *HC* n. 93.596/SP, 2ª T., rel. Min. Celso de Mello, j. 08.04.2008)

Regime semiaberto. Inexistência de vagas. Cumprimento em regime aberto ou, até, prisão domiciliar

Pena. Cumprimento. Regime semiaberto. Incumbe ao Estado aparelhar-se visando à observância irrestrita das decisões judiciais. Se não houver sistema capaz de implicar o cumprimento da pena em regime semiaberto, dá se a transformação em aberto e, inexistente a casa do albergado, a prisão domiciliar. (STF, *HC* n. 96.169/SP, 1ª T., rel. Min. Marco Aurélio, j. 25.08.2009)

Regime semiaberto e saída temporária automática. Impossibilidade

Recurso ordinário em *habeas corpus*. Execução penal. Visitas periódicas ao lar. Art. 123, III, da Lei n. 7.210/84. Indeferimento pelo juízo das execuções. Impetração de prévio *writ* perante a corte de origem. Via indevidamente utilizada em substituição a agravo em execução. Ausência de ilegalidade manifesta. Não conhecimento. 1. Mostra-se inadequado e descabido o manejo de *habeas corpus* em substituição a agravo em execução cabível. 2. É imperiosa a necessidade de racionalização do *writ*, a bem de se prestigiar a lógica do sistema recursal, devendo ser observada sua função constitucional, de sanar ilegalidade ou abuso de poder que resulte em coação ou ameaça à liberdade de locomoção. 3. O *habeas corpus* é garantia fundamental que não pode ser vulgarizada, sob pena de sua descaracterização como remédio heroico, e seu emprego não pode servir a escamotear o instituto recursal previsto no texto da Constituição (STF, *HC* n. 104.045/RJ). 4. Hipótese em que não há flagrante ilegalidade a ser reconhecida. A progressão ao regime semiaberto não traz como consequência automática o deferimento da benesse relativa às visitas periódicas ao lar, necessitando, para tanto, que o apenado satisfaça os requisitos elencados no art. 123 da Lei n. 7.210/84. *In casu*, o Juízo das execuções indeferiu o pleito fundamentadamente, eis que entendeu incompatível a benesse com os objetivos da reprimenda, em atenção ao inciso III do mencionado dispositivo legal. 5. Recurso em *habeas corpus* não conhecido. (STJ, RHC n. 32.349/RJ, 6ª T., rel. Min. Maria Thereza Assis Moura, j. 27.11.2012)

Habeas corpus. Visita periódica ao lar. Saída temporária. Progressão para o regime semiaberto. Não preenchimento dos requisitos dos arts. 122 e 123 da Lei n. 7.210/84. Análise fundamentada pelo juízo da vara de execuções penais e pelo tribunal *a quo*. Constrangimento ilegal não configurado. 1. O benefício de visita periódica ao lar requer o atendimento aos requisitos contidos nos arts. 122 e 123 da Lei n. 7.210/84, podendo ser concedido aos condenados que cumprem pena em regime semiaberto, não perfazendo, contudo, decorrência direta da progressão de regime de cumprimento da pena. 2. Na espécie, não se verifica a presença do requisito subjetivo, em especial no que diz respeito ao previsto no inciso III do art. 123 da Lei n. 7.210/84, em se considerando os crimes cometidos pelo paciente, com longa pena a cumprir, o que, por certo, recomenda maior cautela na concessão das saídas extramuros. 3. Decisão do Juízo da Vara de Execuções Penais e do Tribunal *a quo* suficientemente motivadas, entendendo acerca da incompatibilidade do benefício com os objetivos da pena, uma vez que as benesses devem ser concedidas de forma progressiva, à medida que o apenado vá demonstrando estar apto à concessão de benefícios. 4. Ordem de *habeas corpus* denegada. (STJ, *HC* n. 188.272/RJ, 6ª T., rel. Min. Og Fernandes, j. 11.09.2012)

Regras do regime aberto

Art. 36. O regime aberto baseia-se na autodisciplina e senso de responsabilidade do condenado.

§ 1º O condenado deverá, fora do estabelecimento e sem vigilância, trabalhar, frequentar

curso ou exercer outra atividade autorizada, permanecendo recolhido durante o período noturno e nos dias de folga.

§ 2º O condenado será transferido do regime aberto, se praticar fato definido como crime doloso, se frustrar os fins da execução ou se, podendo, não pagar a multa cumulativamente aplicada.

1. COMENTÁRIO

O condenado a este regime prisional cumprirá sua respectiva pena na "casa de albergado" (art. 33, § 1º, CP, e 93, LEP) ou "estabelecimento adequado". De acordo com o art. 94 da LEP, o prédio que servirá de sede à casa de albergado deverá situar-se em centro urbano, separado dos demais estabelecimentos, e caracterizar-se pela ausência de obstáculos físicos contra a fuga. Em cada região haverá, pelo menos, uma casa do albergado, a qual deverá conter, além dos aposentos para acomodar os presos, local adequado para cursos e palestras (art. 95, LEP).

Quanto ao estabelecimento adequado, entendemos que poderá ser caracterizado por todo e qualquer espaço físico condizente, não só com as exigências relativas a higiene, saúde e demais aspectos comuns aos demais regimes prisionais, como também que respeite as peculiaridades desse regime, permitindo, inclusive, a fiscalização do seu respectivo cumprimento, bem como orientação de atividades pedagógicas e educativas voltadas ao apenado.

Antes de iniciar o cumprimento da pena nesse regime, deverá o condenado aceitar o respectivo programa e condições[34] impostas pelo juiz (art. 103, LEP), ressaltando-se que somente poderá ingressar no regime aberto o condenado que (art. 104, LEP): "I – estiver trabalhando ou comprovar a possibilidade de fazê-lo imediatamente;[35] II – apresentar, pelos seus antecedentes ou pelo resultado dos exames a que foi submetido, fundados indícios de que irá ajustar-se, com autodisciplina e senso de responsabilidade, ao novo regime".

Atente-se, porém, que a prisão domiciliar não é sinônimo de regime aberto, pois somente se admitirá se o condenado for maior de 70 anos, estiver acometido de doença grave e, especificamente no caso de mulheres, tiver filho menor ou deficiente físico ou mental ou for gestante (art. 117, LEP). Em nosso cotidiano, contudo, verificam-se inúmeros casos em que é autorizada essa modalidade de prisão em razão de ausência de vagas em estabelecimentos prisionais próprios.

Outras normas complementares locais poderão ser estabelecidas quanto à regulamentação das atividades exercidas fora do estabelecimento prisional, dias e horários de recolhimento e folga (arts. 119, LEP, e 24, I, CF).

2. JURISPRUDÊNCIA

2.1. Súmulas

Súmula n. 493, STJ: "É inadmissível a fixação de pena substitutiva (art. 44 do CP) como condição especial ao regime aberto".

2.2. Julgados

Suspensão da execução da pena. Apresentação mensal. Durante a pandemia. Possibilidade

Habeas corpus. Execução penal. Condições do regime aberto. Suspensão do dever de apresentação mensal em juízo. Situação de pandemia. circunstância alheia à vontade do apenado. Cumprimento das outras condições, que não foram suspensas. Prolongamento da pena. Constrangimento ilegal evidenciado. Reconhecimento do período de suspensão do dever de apresentação regular em juízo como pena efetivamente cumprida. Cabimento. Ordem concedida. 1. Vê-se que a suspensão do dever de apresentação mensal em Juízo foi determinada pelo Magistrado em cumprimento à recomendação do Conselho Nacional de Justiça e à determinação do Tribunal de Justiça do Estado de Santa Catarina, decorrentes da situação de pandemia, circunstância alheia à vontade do ora Paciente, de modo que não se mostra razoável o prolongamento da pena sem que tenha sido evidenciada a participação do apenado em tal retardamento. 2. O Paciente cumpriu todas as demais condições do regime aberto, que não foram suspensas, inclusive, permaneceu sujeito às sanções relativas a eventual descumprimento, o que reforça a necessidade de se reconhecer o tempo de suspensão do dever de apresentação mensal em juízo como pena efetivamente cum-

34 O art. 115 possibilita ao juiz "estabelecer condições especiais para a concessão de regime aberto, sem prejuízo das seguintes condições gerais e obrigatórias: I – permanecer no local que for designado, durante o repouso e nos dias de folga; II – sair para o trabalho e retornar, nos horários fixados; III – não se ausentar da cidade onde reside, sem autorização judicial; IV – comparecer a Juízo, para informar e justificar as suas atividades, quando for determinado". Da mesma forma poderão ser alteradas as condições, de ofício, a requerimento do Ministério Público, da autoridade administrativa ou do próprio condenado (art. 116, LEP).

35 O art. 114, parágrafo único, estabelece hipótese excepcional de dispensa do trabalho a condenado maior de 70 anos; condenado acometido de doença grave; condenada com filho menor ou deficiente físico ou mental; condenada gestante.

prida, sob pena de alargar o período em que o apenado está sujeito à disciplina do regime aberto. 3. Ordem concedida para reconhecer o lapso temporal em que foi suspensa a apresentação mensal em juízo como pena efetivamente cumprida pelo Paciente, sobretudo porque cumpridas as demais condições impostas ao regime aberto. (STJ, *HC* n. 657.382/SC, 6ª T., rel. Min. Laurita Vaz, j. 27.04.2021, *DJe* 05.05.2021)

Regime aberto. Comprovação de trabalho

Habeas corpus. Execução penal. Pleito de progressão para o regime aberto. Indeferimento. Ausência de comprovação de trabalho. Constrangimento ilegal configurado. Razoabilidade. Ordem concedida. 1. A regra descrita no art. 114, I, da LEP, que exige do condenado, para a progressão ao regime aberto, a comprovação de trabalho ou a possibilidade imediata de fazê-lo, deve ser interpretada com temperamentos, pois a realidade nos mostra que, estando a pessoa presa, raramente possui ela condições de, desde logo, comprovar a existência de proposta efetiva de emprego ou de demonstrar estar trabalhando, por meio de apresentação de carteira assinada. Precedentes. 2. No caso, pode-se aferir dos autos que o paciente cumpriu os requisitos exigidos pelo art. 112 da Lei n. 7.210/84, deixando, apenas, de obter a pretendida progressão prisional ante a ausência de apresentação de carta de proposta de emprego, o que configura o alegado constrangimento ilegal. 3. *Habeas corpus* concedido para deferir ao paciente a progressão ao regime aberto. (STJ, *HC* n. 224.676/RS, 5ª T., rel. Min. Marco Aurélio Belizze, j. 17.05.2012)

Habeas corpus. Execução penal. Pleito de progressão para o regime aberto. Ausência de comprovação de trabalho. Razoabilidade. Ordem concedida. 1. A regra descrita no art. 114, I, da LEP, que exige do condenado, para a progressão ao regime aberto, a comprovação de trabalho ou a possibilidade imediata de fazê-lo, deve ser interpretada com temperamentos, pois a realidade mostra que, estando a pessoa presa, raramente possui ela condições de, desde logo, comprovar a existência de proposta efetiva de emprego ou de demonstrar estar trabalhando, por meio de apresentação de carteira assinada. Precedentes. 2. *Habeas corpus* concedido a fim de restabelecer a decisão do Juízo das Execuções Penais, que deferiu ao paciente a progressão ao regime aberto. (STJ, *HC* n. 229.494/RJ, 5ª T., rel. Min. Marco Aurélio Belizze, j. 11.09.2012)

Crime hediondo. Regime aberto

Habeas corpus. Penal. Tráfico de entorpecentes. Fixação da pena. Circunstâncias favoráveis. Imposição de regime de cumprimento mais grave do que o previsto em lei. Direito à substituição da pena privativa de liberdade por outra restritiva de direitos. Constrangimento ilegal. Exceção à Súmula n. 691. Tráfico de entorpecentes. Fixação da pena. Circunstâncias judiciais favoráveis. Pena fixada em quantidade que permite a substituição da privação de liberdade por restrição de direitos ou o início do cumprimento da pena no regime aberto. Imposição, não obstante, de regime fechado. Constrangimento ilegal a ensejar exceção à Súmula n. 691/STF. Ordem concedida. (STF, *HC* n. 101.291/SP, 2ª T., rel. Min. Eros Grau, j. 24.11.2009)

Habeas corpus. Tráfico de drogas. Crime praticado na vigência das Leis ns. 11.343/2006 e 11.464/2007. Estabelecimento de regime prisional diverso do fechado. Possibilidade. Reprimenda inferior a quatro anos, reconhecimento de primariedade e ausência de circunstâncias judiciais desfavoráveis. Comando legal que deve ser compatibilizado com os princípios da individualização da pena e proporcionalidade. Substituição da sanção corporal por restritivas de direitos. Viabilidade. Precedentes do STJ e STF. Ordem concedida. 1. Considerando a quantidade de pena aplicada – 1 ano e 8 meses de reclusão –, reconhecida a primariedade do réu e fixada a pena-base no mínimo legal em razão das favoráveis circunstâncias judiciais, é de rigor, respeitando-se o princípio da individualização da pena, que a reprimenda corporal seja cumprida no regime aberto, visto que não supera 4 anos, não tendo lugar a aplicação literal do dispositivo inserido na Lei de Crimes Hediondos, eis que alheia às particularidades do caso concreto, consoante vem sendo decidido pela Sexta Turma desta Corte. 2. Muito embora, em momento anterior, a Corte Especial deste Tribunal tenha rejeitado a Arguição de Inconstitucionalidade no *HC* n. 120.353/SP, a partir do julgamento do *HC* n. 118.776/RS (sessão de 18.03.2010 – acórdão pendente de publicação), esta Sexta Turma vem reconhecendo a possibilidade de deferimento do benefício da substituição da pena privativa de liberdade por restritiva de direitos aos condenados por delito de tráfico cometido sob a égide da Nova Lei de Drogas. Esse entendimento foi confirmado no julgamento do *HC* n. 149.807/SP, realizado no dia 6 de maio de 2010 (*Inf.* n. 433/STJ). 3. *Habeas corpus* concedido para estabelecer o regime aberto para o cumprimento da privativa de liberdade e substituí-la por duas restritivas de direitos, a serem definidas no Juízo da Execução. (STJ, *HC* n. 151.199/MG, 6ª T., rel. Min. Haroldo Rodrigues [Des. convocado TJCE], j. 10.06.2010)

Trabalho externo. Comarca distante. Prisão domiciliar

Execução penal. Recurso especial. Regime semiaberto. Apenado trabalha em comarca diversa daquela em que deve cumprir a pena. Possibilidade da prisão domiciliar. Peculiaridade do caso concreto. Fins sociais da pena. Ressocialização e condições pessoais do detento. Violação ao art. 117 da LEP não configurada. Princípio da razoabilidade. Divergência jurisprudencial indemonstrada. 1. O condenado tem o dever e o direito de trabalhar garantidos pela Constituição Federal e pela legislação específica. 2. Assim, em virtude da particularidade do caso ora em análise, qual seja – tendo o Réu encontrado emprego em comarca diversa e distante daquela onde deveria cumprir sua pena, há de ser mantido seu direito à prisão domiciliar, não se aplicando o disposto no art. 117 da LEP. 3. É consabido que o apenado também é um sujeito de direitos e que o objetivo principal da pena, na moderna concepção de Estado democrático de direito, é a sua ressocialização e não o seu banimento nefasto do convívio em sociedade. 4. Não havendo o recorrente demonstrado, mediante a realização do devido cotejo analítico, a existência de similitude das circunstâncias fáticas e o direito aplicado nos acórdãos mencionados e paradigmas, resta desatendido o comando do art. 255 do RISTJ. (STJ, REsp n. 962.078/RS, 5ª T., rel. Adilson Vieira Macabu [Desembargador convocado do TJRJ], j. 17.02.2001, *Inf*. n. 463)

Pena. Cumprimento. Regime aberto. Casa do albergado

A concretude do regime aberto pressupõe casa do albergado estrita aos que estejam submetidos a essa espécie de cumprimento da pena, havendo de dispor o local de condições a assegurarem a integridade física e moral do preso – dever do Estado, consoante disposto no inciso XLIX do art. 5º da CF. Prisão domiciliar. Casa do albergado inexistente ou imprópria. O rol normativo de situações viabilizadoras da prisão domiciliar não é exaustivo, cabendo observá-la, se houver falha do aparelho estatal quanto a requisitos a revelarem a casa do albergado. (STF, *HC* n. 95.334/RS, 1ª T., rel. Min. Ricardo Lewandowski, rel. p/ ac. Min. Marco Aurélio, j. 03.03.2009)

Habeas corpus. Constitucional e processual penal. Prisão preventiva. Paciente acometido de enfermidades graves. Reconhecimento, pelo estabelecimento prisional, de que não tem condições de prestar assistência médica adequada. Prisão domiciliar. Hipótese não enquadrada no art. 117 da LEP. Excepcionalidade do caso. Art. 1º, III, da Constituição do Brasil [princípio da dignidade da pessoa humana]. 1. Autos instruídos com documentos comprobatórios do debilitado estado de saúde do paciente, que provavelmente definhará na prisão sem a assistência médica de que necessita, o estabelecimento prisional reconhecendo não ter condições de prestá-la. 2. O art. 117 da LEP determina, nas hipóteses mencionadas em seus incisos, o recolhimento do apenado, que se encontre no regime aberto, em residência particular. Em que pese a situação de o paciente não se enquadrar nas hipóteses legais, a excepcionalidade do caso enseja o afastamento da Súmula n. 691 do STF e impõe que seja a prisão domiciliar deferida, pena de violação do princípio da dignidade da pessoa humana [art. 1º, III, da Constituição do Brasil]. Ordem concedida. (STF, *HC* n. 98.675/ES, 2ª T., rel. Min. Eros Grau, j. 09.06.2009)

Regime aberto. Prestação de serviços à comunidade como condição especial

Habeas corpus. Execução penal. Furto qualificado. Regime aberto. Imposição de prestação de serviços à comunidade como condição especial. Possibilidade. 1. Afigura-se permitido ao magistrado, ao fixar o regime aberto, estabelecer a obrigatoriedade de prestação de serviços à comunidade, uma vez que não se trata de cumulação de penas, como alega o impetrante, e sim, de condição especial prevista no art. 115 da LEP. Precedente desta Corte. 2. Ordem denegada. (STJ, *HC* n. 94.246/SP, 5ª T., rel. Min. Laurita Vaz, j. 03.02.2009)

No âmbito do regime aberto, é possível estabelecer obrigatoriamente a prestação de serviços à comunidade, pois não se trata de comutação de pena, mas sim de condição especial (art. 115 da LEP). Precedente citado: REsp n. 982.847/PR, *DJe* 17.11.2008. (STJ, *HC* n. 81.098/SP, 5ª T., rel. Min. Laurita Vaz, j. 03.02.2009)

Ausência de casa de albergado e prisão domiciliar

Regime de cumprimento de pena. Ausência de casa de albergado e prisão domiciliar. Constatada pelo juízo da execução competente a inexistência, no Estado-membro, de estabelecimento prisional para cumprimento de pena em regime aberto, nos termos da sentença, permite-se o início do cumprimento em prisão domiciliar, até ser disponibilizada vaga no regime adequado. Com base nesse entendimento, em conclusão, a 1ª Turma, por maioria, concedeu em parte a ordem de *habeas corpus*, para assegurar ao paciente o direito de iniciar o cumprimento da pena em prisão domiciliar. Na espécie, ele fora condenado à pena de reclusão, em regime aberto, e à falta de estabelecimento carcerário que atendesse à LEP, fora colocado em prisão domiciliar. Ao fundamento de que o tribunal *a quo* teria subtraído a competência do juízo das execuções penais, o STJ cassara aquela determinação, objeto do presente *writ*. A Turma asseverou que, com ressalva das hipóteses legais de regressão, não seria admissível o recolhimento do paciente em regime mais severo do que o fixado na sentença condenatória. Aduziu que a prisão domiciliar deveria ser estabelecida pelo magistrado responsável pela execução apenas se inexistentes casas prisionais que atendessem a todos os requisitos da Lei de Execução Penal. Vencida a Ministra Rosa Weber, relatora, que denegava a ordem. O Ministro Roberto Barroso reajustou seu voto para conceder a ordem. (STF, *HC* n. 113.334/RS, 1ª T., rel. Min. Rosa Weber, j. 18.02.2014, *Inf.* n. 736)

Regime aberto. Descumprimento das condições. Revogação. Observância do período

Agravo em Execução Penal. Recurso defensivo. Descumprimento das condições do regime aberto. Retificação dos cálculos, a fim de que seja considerado como pena cumprida o período entre a concessão do aberto e a prisão em flagrante por novo delito. Descabimento. A inobservância do comparecimento periódico acarreta a descontinuidade da pena e a interrupção de benefícios, devendo, pois, ser considerada como o marco do descumprimento. Ausência de sustação ou revogação do regime aberto. Irrelevância. Exegese do art. 36, do Código Penal, e dos arts. 50, V, 52, 113, 115 e 118, I, todos da Lei n. 7.210/84. Precedentes. Reconhecimento do período compreendido entre a concessão do aberto e a data do abandono como pena cumprida. Decisão reformada nessa extensão. Recurso parcialmente provido. (TJSP, Ag. em Execução n. 9000994-89.2018.8.26.0050, 5ª Câm. Crim., rel. Des. Claudia Lucia Fonseca Fanucchi, j. 18.10.2018, publ. 19.10.2018)

Regime especial

Art. 37. As mulheres cumprem pena em estabelecimento próprio, observando-se os deveres e direitos inerentes à sua condição pessoal, bem como, no que couber, o disposto neste Capítulo.

1. COMENTÁRIO

A Constituição da República, no art. 5º, XLVIII e L, e a LEP, no art. 82, § 1º, dispõem sobre a necessidade de se estabelecer locais distintos e adequados de cumprimento de pena em relação às mulheres. Assim, o ordenamento jurídico define regras especiais concernentes ao sexo feminino. Respeita-se, em geral, as regras comuns do art. 88 da LEP; contudo, algumas disposições normativas específicas naquele diploma serão destacadas adiante.

A diferenciação quanto ao tratamento às mulheres se inicia quanto à própria definição dos agentes penitenciários e demais pessoas que atuem em tais estabelecimentos prisionais: somente pessoas também do sexo feminino (art. 83, § 3º, LEP).

Nos termos do art. 89 da LEP, "a penitenciária de mulheres será dotada de seção para gestante e parturiente e de creche para abrigar crianças maiores de 6 (seis) meses e menores de 7 (sete) anos, com a finalidade de assistir a criança desamparada cuja responsável estiver presa". Tais "seções para gestantes" e "creches" deverão dispor de "atendimento de pessoal qualificado, de acordo com as diretrizes adotadas pela legislação educacional e em unidades autônomas e funcionarão em horário que garanta a melhor assistência à criança e à sua responsável". Aliás, a preocupação do legislador com amamentação materna apresenta-se explícita pela leitura dos § 2º do art. 83 da LEP, ao definir a necessidade que tais estabelecimentos penais especiais possuam berçários "onde as condenadas possam cuidar de seus filhos, inclusive amamentá-los, no mínimo, até 6 (seis) meses de idade".

O art. 117 da LEP, permite ainda o recolhimento da condenada em regime aberto em "residência particular", no caso de gestante ou com filho menor ou deficiente físico ou mental. Quanto ao ensino profissional, o art. 19 prescreve também a necessária adequação à condição feminina.

Os arts. 372 a 400 da CLT dispõem sobre as normas referentes a "duração, condições, discriminação contra mulher, trabalho noturno, métodos e locais de trabalho e proteção à maternidade".

A Resolução n. 252/2018, do Conselho Nacional de Justiça, dispõe acerca da estada, permanência e posterior encaminhamento do(s) filho(s) das mulheres encarceradas.

Direitos do preso

Art. 38. O preso conserva todos os direitos não atingidos pela perda da liberdade, impondo-se a todas as autoridades o respeito à sua integridade física e moral.

1. COMENTÁRIO

O dispositivo em comento está em consonância com o arts. 1º, III, e 5º, XLIX, ambos da CF, eis que a "privação de sua liberdade" não acarretará a perda de outros direitos inerentes à própria condição humana do encarcerado. Em harmonia com o propósito do legislador, destacamos o próprio art. 3º da LEP, segundo o qual "ao condenado e ao internado serão assegurados todos os direitos não atingidos pela sentença ou pela lei". É o objetivo da execução penal, seu inequívoco caráter humanizante, mesmo porque deverá seguir "as disposições de sentença ou decisão criminal e proporcionar condições para a harmônica integração social do condenado e do internado" (art. 1º, LEP), com vista à reinserção social do apenado, apto a atingir os verdadeiros fins da pena.

O Estado, por meio de seus respectivos órgãos executores da pena ou medida de segurança, deve respeitar a integridade física e moral do preso ou internado (art. 40, LEP).

As Regras Mínimas da Organização das Nações Unidas para o Tratamento do Preso[36] deverão ser observadas. As Resoluções ns. 02/2012, 03/2012, 09/2011, 02/2008, 01/95 e 14/94, do Conselho Nacional de Política Criminal e Penitenciária, tratam, da mesma forma, de disposições acerca do tratamento a ser dispensado ao preso, em respeito à sua condição humana.

1.1. Do dever estatal à assistência

Antes mesmo de figurar como direito do condenado, preso provisório ou internado, o art. 10 da LEP define como dever do Estado a ampla assistência àquele.

Os arts. 10 a 17 da LEP prescrevem normas referentes à **assistência material** (que inclui o fornecimento de alimentação, vestuário e instalações higiênicas), assim como a **assistência à saúde** (compreendendo o atendimento médico, farmacêutico e odontológico[37]), **assistência jurídica** (destinada aos presos e aos internados sem recursos financeiros para constituir advogado – prestada pela Defensoria Pública ou entre integrantes da Administração Direta ou Indireta, por exemplo, a Fundação Prof. Dr. Manoel Pedro Pimentel (Funap), vinculada à Secretaria de Estado da Administração Penitenciária de São Paulo), **assistência educacional** (relacionada à instrução escolar e formação profissional),[38] **assistência social** (cuja finalidade é amparar o preso e o internado e prepará-los para o retorno à liberdade), **assistência religiosa** (permitindo-se-lhes, caso desejem, participação nos serviços organizados no estabelecimento penal, cultos religiosos internos, bem como a posse de livros de instrução religiosa)[39] e, por fim e de extrema importância, a **assistência ao egresso** (consistente na orientação e apoio para reintegrá-lo à vida em liberdade e, caso necessário, alojamento e alimentação, em estabelecimento adequado, pelo prazo de dois meses, prazo este que poderá ser prorrogado, uma única vez, por declaração favorável de assistente social, esclarecendo o empenho do egresso na tentativa de obter um emprego).[40]

Em atenção aos objetivos penitenciários ambicionados pelo nosso Estado Social e Democrático de Direito, a Resolução n. 16, de 17.12.2003, define os princípios e diretrizes norteadores do Conselho Nacional de Política Criminal e Penitenciária (arts. 2º, 3º e 6º): "Art. 2º. Os princípios norteadores das Diretrizes do CNPCP, além daqueles adotados pela CF e pelos tratados internacionais ratificados pelo Brasil, são: I – respeito à vida e à dignidade da pessoa humana; II – concepção do Direito Penal como última instância de controle social; III – valorização da criatividade na busca de alternativas à prisão; IV – articulação e harmonização dos órgãos que compõem o sistema de justiça criminal; V – absoluto respeito à legalidade e aos direitos humanos na atuação do aparato repressivo do Estado; VI – humanização do sistema de justiça criminal; VII – comprometimento com a qualidade na prestação do serviço, para incremento da eficiência e da racionalidade do sistema de justiça criminal. Art. 3º. São diretrizes referentes à elaboração legislativa: I – descriminalização e despenalização de condutas à luz da concepção de intervenção mínima do Direito Penal; II – defesa do instituto das penas alternativas, como forma de evitar a privação de liberdade, que deve ser imposta excepcionalmente, qual *ultima ratio*; III – manutenção do regime progressivo de cumprimento de penas, independentemente da natureza do crime praticado; IV – oposição ao alargamento das hipóteses de incidência da prisão sem condenação, medida

36 Adotadas pelo 1º Congresso das Nações Unidas sobre Prevenção do Crime e Tratamento de Delinquentes, realizado em Genebra, em 1955, e aprovadas pelo Conselho Econômico e Social da ONU por meio da sua Resolução n. 663 C I (XXIV), de 31.07.1957, aditada pela Resolução n. 2.076 (LXII), de 13.05.1977. Em 25.05.1984, por meio da Resolução n. 1.984/47, o Conselho Econômico e Social aprovou treze procedimentos para a aplicação efetiva das Regras Mínimas.

37 Caso queira, o condenado internado ou submetido a tratamento ambulatorial poderá contratar médico de confiança pessoal por seus familiares ou dependentes, a fim de orientar e acompanhar o tratamento. Em caso de divergências entre o médico oficial e o particular, essas serão resolvidas pelo Juiz da execução (art. 43, LEP).

38 A Resolução n. 14/94 do CNPCP dispõe sobre o tema.

39 A Resolução n. 08/2011 do CNPCP dispõe sobre o tema.

40 As Resoluções ns. 04/2001 e 15/2003 do CNPCP dispõem sobre o tema.

sempre excepcional; V – adoção de medidas que objetivem o desarmamento; VI – proteção e amparo às vítimas e testemunhas de crimes. [...] Art. 6º. São diretrizes referentes à administração penitenciária: I – construção preferencial de unidades, com no máximo 500 vagas, buscando-se evitar a permanência de presos condenados e provisórios em delegacias de polícia; II – cumprimento de pena privativa de liberdade em estabelecimentos prisionais próximos à residência da família do condenado; III – promoção permanente de assistência jurídica aos presos provisórios, internados e egressos, prioritariamente pelas Defensorias Públicas, e, secundariamente, pelos Cursos e pelas Faculdades de Direito, pelos Serviços de Assistência Judiciária da OAB e por instituições congêneres; IV – realização de Programas e Projetos Especiais de Prevenção e Tratamento de DST/Aids, Tuberculose e Dependência Química nas unidades penais e hospitalares; V – desenvolvimento de ações médico-psico-odontológicas e sociais em todos os ambulatórios das unidades penais; VI – classificação inicial dos condenados para orientar a execução da pena e sua submissão a exame admissional de saúde".

1.2. Dos direitos previstos na Lei de Execução Penal

O art. 41 do mesmo diploma elenca os direitos propriamente ditos dos presos, aplicando-se, no que couber, aos presos provisórios e submetidos à medida de segurança (art. 42): "I – alimentação suficiente e vestuário; II – atribuição de trabalho e sua remuneração; III – Previdência Social; IV – constituição de pecúlio; V – proporcionalidade na distribuição do tempo para o trabalho, o descanso e a recreação; VI – exercício das atividades profissionais, intelectuais, artísticas e desportivas anteriores, desde que compatíveis com a execução da pena; VII – assistência material, à saúde, jurídica, educacional, social e religiosa; VIII – proteção contra qualquer forma de sensacionalismo; IX – entrevista pessoal e reservada com o advogado; X – visita do cônjuge, da companheira, de parentes e amigos em dias determinados; XI – chamamento nominal; XII – igualdade de tratamento, salvo quanto às exigências da individualização da pena; XIII – audiência especial com o diretor do estabelecimento; XIV – representação e petição a qualquer autoridade, em defesa de direito; XV – contato com o mundo exterior por meio de correspondência escrita, da leitura e de outros meios de informação que não comprometam a moral e os bons costumes; XVI – atestado de pena a cumprir, emitido anualmente, sob pena da responsabilidade da autoridade judiciária competente".

O parágrafo único do art. 41, no entanto, possibilita a excepcional suspensão ou restrição de alguns desses direitos (aqueles previstos nos incisos V, X e XV, anteriormente especificados), mediante ato administrativo por parte do diretor do estabelecimento, devidamente motivado, em casos de indisciplina prisional ou por razões de segurança pública ou preservação da ordem jurídica.

Mauricio Kuehne manifesta-se a respeito do tema, refletindo opinião da qual, infelizmente, comungamos todos nós: "Lamentavelmente o elenco das situações contidas no dispositivo em questão é de pouca observância em todo território nacional. Ressalvam-se aqui honrosas exceções, mas a realidade nacional é triste. Pode-se firmar que o resguardo aos direitos inseridos nos instrumentos normativos em todos os níveis (Internacional; Nacional e Estadual) não preocupa as autoridades. A CPI do Sistema Penitenciário (relatório junho de 2008) efetivou um diagnóstico triste e sombrio, e com vídeo projetado, cenas deprimentes puderam ser observadas. Questões elementares que dizem respeito à sobrevivência do ser humano são esquecidas – senão intencionalmente – em um quadro inaceitável sob todos os aspectos" (*Lições de execução penal*: aspectos objetivos, 2012, p. 63).

A Resolução n. 47/2007 do CNJ determina aos juízes das execuções criminais a realização, pessoalmente, de inspeções mensais nos estabelecimentos penais sob sua responsabilidade para fins de produção de relatório apresentando dados referentes à população carcerária, adequação das estruturas físicas, respeito aos direitos dos presos, enfim, regular funcionamento do sistema prisional conforme as regras legais.

Quanto à imagem do preso, a Resolução n. 07, do Conselho Nacional de Política Criminal e Penitenciária, de novembro de 1993, dispõe a respeito, com o fim de evitar "desnecessárias e escandalosas propagações públicas pela imprensa, relacionadas à intimidade e à imagem de qualquer pessoa sujeita a procedimentos de investigação em matéria criminal". Desse órgão também destacamos a Resolução n. 05, de agosto 2014, a qual versa sobre procedimentos sobre a revista de visitantes por parte de servidores ou prestadores de serviços, e ainda as Resoluções ns. 04, de junho de 2011, e 01, de 30.03.1999, referentes ao direito à visita íntima.

1.3. Da permissão de saída excepcional

A permissão é ato administrativo discricionário praticado pelo diretor do estabelecimento prisional,[41] aos presos (inclusive os provisórios) em regime fechado ou semiaberto, nas hipóteses exaustivas[42] de "falecimento ou doença grave do cônjuge, companheira, ascendente, descendente ou irmão" ou, ainda, "necessidade de tratamento médico" (art. 120, LEP). Tais saídas serão acompanhadas por escolta e terão a duração necessária à sua respectiva finalidade (art. 121, LEP).

1.4. Da saída temporária

Ao contrário da permissão anterior, aqui dependerá de ato judicial,[43] ouvido o Ministério Público e a administração penitenciária. Eis os requisitos cumulativos: "I – apresentar comportamento adequado; II – cumprir, no mínimo, 1/6 (um sexto) da pena, se for primário, e 1/4 (um quarto), se reincidente no regime fechado; III – existir a compatibilidade do benefício com os objetivos da pena" (art. 123, LEP).

A propósito, conforme Súmula n. 40 do STJ, o direito à saída temporária será apreciado de acordo com o cumprimento de pena no regime fechado, ou seja, não será necessário o cumprimento de mais 1/6 da pena no próprio regime semiaberto para futuras concessões de tal benefício.

Benefício destinado *somente* aos presos em regime *semiaberto*. As hipóteses autorizadoras são também exaustivas: "I – visita à família; II – frequência a curso supletivo profissionalizante, bem como de instrução do 2º grau ou superior, na Comarca do Juízo da Execução; III – participação em atividades que concorram para o retorno ao convívio social".

Deverão ser atendidas pelo condenado as seguintes condições (art. 124, § 1º, LEP): "I – fornecimento do endereço onde reside a família a ser visitada ou onde poderá ser encontrado durante o gozo do benefício; II – recolhimento à residência visitada, no período noturno; III – proibição de frequentar bares, casas noturnas e estabelecimentos congêneres". Outras condições não definidas em lei, "mas que o magistrado entender necessárias ao caso concreto", poderão ser estabelecidas.

Em caso de descumprimento em razão de, alternativamente, ter sido praticado fato definido como crime doloso, falta grave ou desatender às condições impostas na autorização ou revelar baixo grau de aproveitamento do curso, o condenado terá seu benefício revogado (art. 125, *caput*, LEP), podendo restabelecer tal direito se for absolvido no processo penal, cancelada a punição disciplinar ou demonstrado o seu merecimento (art. 125, parágrafo único, LEP).

Também diferentemente da permissão do art. 120 da LEP, a qual não tem prazo definido, a autorização de saída temporária será concedida, conforme regra geral, por prazo "não superior a 7 (sete) dias, podendo ser renovada por mais 4 (quatro) vezes durante o ano" (art. 124, LEP), mas nos termos do § 2º, do art. 124, quando se tratar de frequência a curso profissionalizante, de instrução de ensino médio ou superior, o tempo de saída "será o necessário para o cumprimento das atividades discentes, o que se assemelha ao instituto da permissão", ante a indefinição temporal do benefício. Exceto nesta última hipótese, nos *demais casos*, as autorizações de saída somente poderão ser concedidas com "prazo mínimo de 45 (quarenta e cinco) dias de intervalo entre uma e outra".

Conforme alteração legislativa proporcionada pela Lei n. 12.258/2010, o art. 122, parágrafo único, da LEP, esclarece que "a ausência de vigilância direta não impede a utilização de equipamento de monitoração eletrônica[44] pelo condenado,

---

41 Esclarece Renato Marcão que "Embora a apreciação do pedido se encontre submetida às atividades de administração do estabelecimento prisional, nada impede a apreciação judicial do pedido, conforme decorre do art. 66, IV e VI, da Lei de Execução Penal, com a necessária fiscalização do Ministério Público" (*Curso de execução penal*, 2012, p. 202). Se a saída excepcional não for permitida, entendemos que, da mesma forma, poderá o condenado submeter essa negativa por parte da administração penitenciária à apreciação judicial referente à não permissão, que se baseia nas teorias dos motivos determinantes ou, então, do devido processo legal substantivo, as quais legitimam, cada qual com suas peculiaridades, a análise do mérito discricionário por parte do Poder Judiciário.

42 As hipóteses previstas no art. 120 da LEP são exaustivas e não exemplificativas (*numerus apertus*); portanto, outras situações não poderão legitimar a permissão em questão.

43 Nesse sentido ver Súmula n. 520 do STJ: "O benefício de saída temporária no âmbito da execução penal é ato jurisdicional insuscetível de delegação à autoridade administrativa do estabelecimento prisional".

44 O monitoramento eletrônico poderá também ser usado nos casos de "prisão domiciliar, autorização de saída no regime semiaberto, prisão domiciliar" (art. 146-B, I, II e III, LEP) ou até medidas substitutivas à prisão preventiva (art. 319, IX, CPP).

quando assim determinar o juiz da execução". Em casos de autorização judicial para saída temporária no regime semiaberto (art. 146-B, II, LEP), o condenado será instruído acerca dos cuidados que deverá adotar com o equipamento eletrônico e dos seguintes deveres (art. 146-C, LEP): "I – receber visitas do servidor responsável pela monitoração eletrônica, responder aos seus contatos e cumprir suas orientações; II – abster-se de remover, de violar, de modificar, de danificar de qualquer forma o dispositivo de monitoração eletrônica ou de permitir que outrem o faça". Em caso de violação de tais obrigações, o juízo das execuções poderá, ouvidos o Ministério Público e a defesa, revogar o benefício da saída temporária (art. 146-C, parágrafo único, II, LEP) ou, ainda, apenas advertir, por escrito (art. 146-C, parágrafo único, VII, LEP).[45]

O rol de hipóteses permissivas de saída temporária previsto no art. 122 é exaustivo, conforme item 129 da Exposição de Motivos da LEP.

1.5. Recompensas concedidas ao preso

O art. 56 da LEP proporciona a concessão de **recompensas** (elogios ou concessão de regalias) aos presos que demonstrarem satisfatório comportamento carcerário, comprometimento com as regras de disciplina, organização interna, relacionamento com as demais pessoas conviventes no estabelecimento prisional. A legislação local e os regulamentos estabelecerão a natureza e a forma de concessão de regalias (art. 56, parágrafo único, LEP). Algumas vezes, no entanto, conforme fatos notórios estampados pela imprensa, algumas concessões de regalias se transmudam em verdadeiros privilégios inadmissíveis e completamente destoantes à própria execução da pena.

1.6. Do direito de cumprir pena próximo à família

O art. 103 da LEP confere o intento da política penitenciária em manter o condenado próximo ao seu meio social e familiar, mas tal não figura como direito específico, nem mesmo possui caráter absoluto. O artigo mencionado fala especificamente sobre cadeia pública, destinada a presos provisórios; todavia, a jurisprudência confere interpretação extensiva a tal norma para ampliar seu alcance, também aos demais estabelecimentos penais, inclusive para que se respeitem outros direitos do preso, por exemplo, o direito à visita de cônjuge, companheiro(a) e amigos (art. 42, X, LEP), o que na prática será por demais oneroso e impraticável, muitas vezes quando o encarcerado estiver em estabelecimento prisional distante.

1.7. Dos direitos políticos

A **suspensão dos direitos políticos** se dá em face da condenação criminal transitada em julgado decorrente de ação penal cujo objeto é toda e qualquer conduta delituosa, seja ela culposa ou dolosa, inclusive aquelas de caráter contravencional e de pequeno potencial ofensivo, ou seja, independe da pena ou das consequências que acarreta.[46] A autoridade competente para decretar a suspensão dos direitos políticos é o próprio juízo sentenciante (ou Tribunal que decidir pela condenação), salvo nas hipóteses de membros do Congresso Nacional (deputados federais e senadores). Assim, em caso de *perda de mandato*, logo após receber do Judiciário a devida comunicação, órgão parlamentar competente atuará, conforme regra dos arts. 55, § 2º, e 56, VI, todos da CF, além dos respectivos Regimentos Internos (a votação para cassação de mandato será *secreta* e dependerá de *maioria absoluta* dos parlamentares da respectiva Casa).[47]

Essa regra em caráter extraordinário preserva a independência dos poderes, a durabilidade dos mandatos dos membros das Casas Congressistas.[48] No entanto, no âmbito do Legislativo dis-

45 A LEP define, por outro lado, situações em que o próprio monitoramento eletrônico será revogado (art. 146-D): "I – quando se tornar desnecessária ou inadequada essa espécie de fiscalização; II – se o acusado ou condenado violar os deveres a que estiver sujeito durante a sua vigência ou cometer falta grave".

46 Súmula n. 9 do TSE: "A suspensão de direitos políticos decorrente de condenação criminal transitada em julgado cessa com o cumprimento ou a extinção da pena, independendo de reabilitação ou de prova de reparação dos danos".

47 A Constituição outorgada de 1824 foi a única na história de nosso país que tratava a matéria de forma distinta: estabelecia, em seu art. 8º, II, a suspensão dos direitos políticos em razão de sentença condenatória somente nos casos de prisão e degredo (JALIL, Mauricio Schaun. "Prisão cautelar processual e direitos políticos". In: GOUVEIA, Carlos Marcelo; HOFFMAN, Luiz Augusto A. de Almeida [coord.]. *Atual panorama da Constituição Federal*, 2008, p. 294-5).

48 Nesse sentido: RE n. 179.502-6/SP, rel. Min. Moreira Alves, *DJ* 08.09.1995, p. 28.389. "Assim sendo, tem-se que, por esse critério da especialidade – sem retirar a eficácia de qualquer das normas em choque, o que só se faz em último caso, pelo princípio dominante no direito moderno, de que se deve dar a máxima eficácia possível às normas constitucionais –, o problema se resolve excepcionando-se da abrangência da ge-

trital, municipal e estadual, essa exceção não se aplica.[49] Uma vez transitada em julgado a sentença condenatória por infração penal, serão remetidas certidões à Justiça Eleitoral, que as encaminhará ao Juiz Eleitoral competente, que oficiará o Presidente da respectiva Casa Legislativa, para que declare a extinção do mandato e, consequentemente, efetive o preenchimento da vaga. Trata-se de ato vinculado, órfão de discricionariedade, portanto, do Poder Legislativo estadual, distrital ou municipal que deverá, obrigatoriamente, aplicar os efeitos decorrentes do art. 15, III, da CF, independentemente de qualquer deliberação política. Conforme Resolução n. 113/2010 do CNJ, "o juiz do processo de conhecimento expedirá ofícios ao Tribunal Regional Eleitoral com jurisdição sobre o domicílio eleitoral do apenado para os fins do art. 15, III, da CF" (art. 18).

O registro de candidatura de determinado cidadão, ainda que condenado, perante a Justiça Eleitoral, poderá ser concedido desde que aquela decisão seja passível ainda de recurso (reforma).[50]

Nos casos de suspensão condicional da pena ou livramento condicional (respectivamente, arts. 77 e 83, CP), os direitos políticos ficam suspensos, da mesma forma, eis que durante tais prazos persistem os efeitos da condenação.[51]

Por fim, a presente hipótese de suspensão dos direitos políticos em virtude de condenação criminal transitada em julgado enquanto durarem seus efeitos, conforme alerta Alexandre de Moraes (MORAES, Alexandre. *Direito constitucional*. 19. ed. São Paulo, Atlas, 2006, p. 241-2), não se confunde com a previsão de inelegibilidade do art. 1º, I, *e*, da LC n. 64/90, que prevê serem inelegíveis para qualquer cargo os que forem condenados criminalmente, com sentença transitada em julgado, pela prática de crimes: contra a economia popular, a fé pública, a administração pública, o patrimônio público e privado, o sistema financeiro, o mercado de capitais e os previstos na lei que regula a falência, contra o meio ambiente e a saúde pública, o mercado financeiro, pelo tráfico de entorpecentes e por crimes elei-

---

neralidade do art. 15, III, os parlamentares referidos no art. 55, para os quais, enquanto no exercício do mandato, a condenação criminal por si só, e ainda quando transitada em julgado, não implica a suspensão dos direitos políticos, só ocorrendo tal se a perda do mandato vier a ser decretada pela Casa a que ele pertencer" (MORAES, Alexandre. *Direito constitucional*. 19.ed. São Paulo, Atlas, 2006, p. 239-40).

49 Alexandre de Moraes diverge parcialmente dessa interpretação observando que, nos termos dos arts. 27, § 1º, e 32, § 3º, da Constituição, os deputados estaduais e distritais, para perderem seus mandatos, dependem de aprovação de suas respectivas casas legislativas, hipótese que não ocorre com os vereadores, prefeitos, governadores e presidente, eis que diferentemente com os casos apontados, não excepcionada pela Carta Política. Aponta o julgado do STF, Pleno, RE n. 225.019/GO, rel. Min. Nelson Jobim, j. 08.08.1999, Inf. n. 162 – "vereador, condenado criminalmente, perde o mandato, independentemente de deliberação da Câmara, como consequência da suspensão de seus direitos políticos" (MORAES, Alexandre. *Direito constitucional*. 19.ed. São Paulo, Atlas, 2006, p. 240-1).

50 STF, Pleno, RE n. 225.019/GO, rel. Min. Nelson Jobim, j. 08.08.1999, Inf. n. 161. "Ausência de condenação criminal com trânsito em julgado ou proferida por órgão judicial colegiado. Extinção da pretensão punitiva. Não configurada a causa de inelegibilidade prevista no art. 1º, I, *e*, da LC n. 64/90, com alteração da LC n. 135/2010" (TSE, REsp n. 438.780, rel. Min. Cármen Lúcia, PSESS 14.12.2010).

51 Nesse sentido: TRESC, Consulta, Processo n. 1.649, Res. n. 6.757, rel. Juiz Ivo Tolomini, j. 13.08.1992, DJSC 25.08.1992, p. 17. Fonte: www1.tse.gov.br. Tratando-se de transação penal ou suspensão condicional do processo, essa regra sofre alteração, não suspendendo os direitos políticos do agente, pois a aceitação desses benefícios não implica em admissão de culpa, e a decisão que homologa tais benefícios é apenas declaratória – não condena ou absolve (ver TSE, Rec. n. 11.562/SP, rel. Carlos Mário da S. Velloso, cujo voto foi vencido pela maioria: "Direitos políticos. Suspensão. Condenação criminal. Sursis. Afastamento da restrição. Fundamentos diversos. Tem-se como descabida a incidência do preceito extravagante do inciso III do art. 15 da CF, quando a maioria assim é formada, embora com dispersão de fundamentos a saber: uma corrente no sentido de somente reconhecer a suspensão quando os efeitos da sentença criminal alcançam a custódia do condenado; outra afastando-a diante da suspensão condicional da pena e a terceira tendo-a por imprópria por não reconhecer no preceito aplicação imediata"). No AI n. 12.537/PR, rel. Min. Torquato Jardim, *DJU* 08.09.1995. A exemplo do mencionado no Rec. n. 11.562/SP, foram elencados vários precedentes da Corte. A votação, por outro lado, foi unânime. O STF, contudo, posicionou-se de forma contrária, como no RE n. 179.502/SP, em que foi proferida a seguinte deliberação: "Condição de elegibilidade. Cassação de diploma de candidato eleito vereador, porque fora ele condenado, com trânsito em julgado, por crime eleitoral contra a honra, estando em curso a suspensão condicional da pena. Em face do disposto no art. 15, III, da CF, a suspensão dos direitos políticos se dá ainda quando, com referência ao condenado por sentença criminal transitada em julgado, esteja em curso o período da suspensão condicional da pena. Recurso extraordinário conhecido e provido" – Pleno, rel. Min. Moreira Alves, *DJU* 08.09.1995, m.v. Ag. Reg. no RMS n. 22.470/SP. "Suspensão de direitos políticos. Condenação penal irrecorrível. Subsistência de seus efeitos. Autoaplicabilidade do art. 15, III, da Constituição. A norma inscrita no art. 15, III, da Constituição reveste-se de autoaplicabilidade, independendo, para efeito de sua imediata incidência, de qualquer ato de intermediação legislativa. Essa circunstância legitima as decisões da Justiça Eleitoral que declarara aplicável, nos casos de condenação penal irrecorrível – e enquanto durarem os seus efeitos, como ocorre na vigência do período de prova do sursis –, a sanção constitucional concernente à privação de direitos políticos do sentenciado". Precedente: Pleno, RE n. 179.502/SP, rel. Min. Moreira Alves.

torais (para os quais a lei comine pena privativa de liberdade), de abuso de autoridade (nos casos em que houver condenação à perda do cargo ou à inabilitação para o exercício de função pública), de lavagem ou ocultação de bens, direitos e valores, de tráfico de entorpecentes e drogas afins, racismo, tortura, terrorismo e hediondos, de redução à condição análoga à de escravo, contra a vida e a dignidade sexual, praticados por organização criminosa, quadrilha ou bando, pelo prazo de oito anos, após o cumprimento da pena. Enquanto a primeira hipótese tem seu fundamento no art. 15, III, da CF (suspensão*)*, a segunda tem seu fundamento no § 9º do art. 14 (inelegibilidade legal*)* e somente abrange uma situação de inelegibilidade, posterior ao término da suspensão dos direitos políticos, aos condenados pela prática dos crimes previstos no já citado art. 1º da LC n. 64/90. Conforme decidido pelo TSE, "extinta a pena, não cabe cogitar de subsistência da suspensão de direitos políticos decorrentes da condenação criminal e, por outro lado, não incide o art. 1º, I, *e*, da LC n. 64/90, se a condenação não foi baseada em qualquer dos crimes nela enumerados taxativamente" (TSE, Rec. n. 9.900/RS, Pleno, Ac. n. 12.731, rel. Min. Sepúlveda Pertence, j. 24.09.1992).

1.7.1. Direitos políticos – preso provisório

O preso provisório, por sua vez, deve conservar seus direitos políticos enquanto perdurar sua situação constritiva. É correto e indubitável afirmar que o cidadão, mesmo recolhido à prisão, desfruta regularmente de seus direitos políticos como o pleno exercício do sufrágio, observando-se as disposições dos arts. 14, § 3º, II, e 15, III, da CF, e 160 do Código Eleitoral. A suspensão de tais direitos constitucionais é circunscrita ao manto da coisa julgada material (trânsito em julgado), isto é, o acautelamento físico provisório ou privação de liberdade em razão de condenação passível de reforma não o desqualifica para votar.

Muitos, em sentido contrário, pugnam pela insubsistência de tais importantes direitos a essa categoria, fundamentando-se, sobretudo, em três premissas: a primeira delas se refere à inaplicabilidade de tal direito por razões físicas e infraestruturais, eis que o preso se encontra impossibilitado de locomover-se até uma zona eleitoral (restrição de sua liberdade), além das já "surradas" dificuldades materiais, relacionadas com a coleta dos votos nas prisões, o Estado não tem condições de garantir a lisura de processos eleitorais que transcorram em penitenciárias ou que exijam o transporte (deslocamento) de presidiários para os locais de votação e a não interferência de forças armadas; a segunda apega-se a razões de ordem subjetiva, entendendo que os estabelecimentos prisionais representam verdadeiros "currais eleitorais" de fácil manejo, massa de manobra a serviço de organizações criminosas, de facções políticas ou até mesmo por parte de agentes de partidos políticos ou do próprio governo, todos esses com interesses muitas vezes escusos; e a terceira, esta sim, com uma fundamentação jurídica mais palatável, é a necessidade de que o eleitor deva estar vinculado a uma seção eleitoral (a qual nunca está localizada em estabelecimentos prisionais!), além de possuir domicílio eleitoral no local em que está votando (nos casos em que uma pessoa se encontra presa fora de seu domicílio eleitoral) e estar presente em tal domicílio quando da votação.

As condições materiais mínimas para a regular votação por parte do preso provisório podem ser garantidas tranquilamente, basta um pequeno esforço por parte das autoridades responsáveis. O deslocamento de urnas eletrônicas (urnas volantes) para estabelecimentos prisionais e o acompanhamento da votação por parte de entidades civis, judiciárias, dos policiais militares ou agentes públicos encarregados da fiscalização e segurança comum de tais estabelecimentos poderiam ser admitidos, mesmo porque é o que ocorre diariamente, quando dos deslocamentos de presos para os foros e até delegacias para realização e audiências e demais atos. A importância por si só que o dia de votação representa para os rumos de nosso país, assim como o exercício do sufrágio por parte de cada cidadão, suplanta, despreza justificativas "desinteressadas", "confortáveis", "descompromissadas" com a importância de tão nobre ato político.

Para nós, a ausência de liberdade não interfere na livre escolha por parte do eleitor preso. Evidentemente que naquele especial momento, em que exerce tão importante direito político, o acautelado tem sua consciência povoada por pensamentos de revolta, ira, insatisfação, tristeza, depressão, arrependimentos, enfim, pensamentos negativos que irão influenciar seu voto, mas tais sentimentalidades também se fazem presentes naqueles que estão desfrutando plenamente de seu "direito de ir e vir", servindo, em não raras oportunidades, como justificativa e séria influência para fins de votação em um ou outro candidato cuja plataforma eleitoral se baseia nos mais diversos aspectos sociais. Além de revelar preconceito incompatível com a democracia vivenciada por nós, não podemos nos esquecer que estaremos diante de situações concretas em que determinadas vozes, escondidas, esquecidas, poderão ser ouvidas e se fazer representadas justamente para uma análise e adoção de medidas concretas, por parte dos órgãos legislativos e executivos competentes, envolvendo as questões carcerárias.

O argumento de que o "preso não estará no seu domicílio eleitoral" também não merece prosperar, eis que, caso contrário, deveria se exigir de qualquer eleitor declaração que estará no local do seu domicílio eleitoral no dia da eleição, impedindo-o de viajar, por exemplo, contrariando, aliás, a própria legislação eleitoral que assegura a justificativa do voto, sem falar nos célebres casos de políticos de certa notoriedade que possuem domicílio eleitoral em locais bem distantes daquele em que verdadeiramente residem. O cadastro prévio das seções eleitorais, sobretudo em estabelecimentos prisionais, é possível também, mesmo porque não ocorrem eleições mensais, mas sim com intervalos temporais razoáveis, aptos a permitirem todos os atos burocráticos, humanos e infraestruturais necessários para tanto.

Devemos reiterar que o art. 3º da LEP estabelece que ao condenado e ao internado serão assegurados todos os direitos não atingidos pela sentença ou pela lei, o que fica demonstrado em seu parágrafo único que não haverá qualquer distinção de natureza racial, social, religiosa ou política. Dispõe o art. 38, primeira parte, do CP, que aos presos, sejam eles provisórios ou já condenados, são conservados todos os direitos não atingidos pela perda da liberdade. Apesar de não estar previsto especificamente entre os direitos do preso elencados no art. 41 da Lei n. 7.210/84, a norma prevista no art. 40 do mesmo Estatuto, por sua vez, esclarece que a legislação especial, no caso a LEP, entre outros aspectos, especificará os direitos e deveres do preso, dentre os quais inexiste óbice para o exercício do direito político ativo.

Especial destaque merece, ainda, o Pacto Internacional dos Direitos Civis e Políticos adotado pela Resolução n. 2.200-A (XXI), da Assembleia Geral das Nações Unidas, de 19.12.1966. Esse diploma internacional foi incorporado ao nosso ordenamento jurídico por meio do Decreto-Legislativo n. 226, de 12.12.1991, depositando a Carta de Adesão na Secretaria-Geral da Organização das Nações Unidas em 24 de janeiro de 1992, entrando em vigor em 24 de abril do mesmo ano. Desde então, o Brasil tornou-se responsável pela implementação e proteção dos direitos fundamentais previstos nesse Pacto, dentre os quais "estabelece que todos os cidadãos, sem qualquer forma de discriminação ou de restrições infundadas, têm o direito de participar da condução dos assuntos políticos do Estado, seja diretamente ou por meio de representantes escolhidos livremente" (art. 25), além de conferir a todo e qualquer cidadão o "direito de votar e serem votados em pleitos periódicos, autênticos, realizados por sufrágio universal e igualitário e por voto secreto, além de poderem, em condições gerais de igualdade, exercer funções públicas". O art. 10 prevê que "Toda pessoa privada de sua liberdade deverá ser tratada com humanidade e respeito à dignidade inerente à pessoa humana". Referido princípio, inclusive, encontra entre nós guarida constitucional no art. 5º, XLIX, da CF.

A Assembleia Geral das Nações Unidas quanto ao tema (voto do preso), aliás, já formulou Resolução de Adoção, na qual se destacam os seguintes trechos: "Ciente que a natureza do ambiente institucional em prisões pode transformá-las em espaços de abusos de direitos humanos que não ocorreriam em outros lugares, assim como ocorrer situações de prisão injusta, tortura, tratamento cruel e desumano, ausência de assistência médica e outros abusos da autoridade governamental, constituindo-se em uma prática de abuso contínuo e ciente de que o exercício de direitos civis e políticos por presos que estão pagando sua dívida à sociedade, e por ex-presos que já pagaram a dívida totalmente, não somente os protege contra a erosão das condições institucionais que ameaçam a sociedade inteira, mas também fornecem uma ferramenta significativa para reabilitação e preparação dos mesmos para contribuições futuras como membros da sociedade livre e notando que muitas populações prisionais contêm uma alta proporção de minorias raciais e étnicas, e desta forma, *a negação do direito de voto aos presos resulta não somente na exclusão destes como uma parcela da sociedade, mas também pode resultar na diluição e cancelamento da força de votação de minorias inteiras num Estado específico ou numa sub-região política, Pede com urgência que todos os Estados se comprometam com esta resolução e tomem todas as medidas necessárias para implementar a votação universal e igual nos seus próprios países, incluindo a adoção de toda a legislação própria que se fizer necessária para efetivamente assegurar este direito fundamental e humano para todas as pessoas excluídas, indiferentemente de sua situação de vida, incluindo presos e ex-presos, em concordância com as obrigações dos direitos humanos internacionais e o bem-estar geral de todos os povos*".[52] (grifo nosso)

Muitos tribunais já despertaram para essa triste realidade, adotando medidas concretas para cumprir, inclusive o TSE, que editou resoluções sobre o tema.

Quanto à capacidade eleitoral passiva, "desde que preenchidas as demais condições constitucionais e legais de elegibilidade" (arts. 14, § 3º, CF/88 e Resoluções do TSE pertinentes ao tema), o condenado estará apto a concorrer a um mandato eletivo, porquanto intactos remanescem os seus direitos de cidadania, legitimando-o, assim, à participação dos negócios políticos de nosso país. A realidade, todavia, nos apresenta cenário entristecedor. Poucos são os órgãos judiciários e executivos que viabilizam o exercício desses fundamentais direitos por parte do preso provisório, merecendo, portanto, nossos aplausos entusiastas.

2. JURISPRUDÊNCIA

2.1. Súmulas

Súmula n. 40, STJ: "Para obtenção dos benefícios de saída temporária e trabalho externo, considera-se o tempo de cumprimento da pena no regime fechado".

Súmula n. 441, STJ: "A falta grave não interrompe o prazo pra obtenção do livramento condicional".

Súmula n. 520, STJ: "O benefício de saída temporária no âmbito da execução penal é ato jurisdicional insuscetível de delegação à autoridade administrativa do estabelecimento prisional".

2.2. Julgados

Dignidade humana. Prisão domiciliar. Doença grave

Habeas corpus. Contrabando, corrupção ativa, posse ilegal de arma de fogo e formação de quadrilha armada. Alegação de excesso de prazo. Improcedência. Princípio da razoabilidade. Grave estado de saúde do acusado. Prisão domiciliar para tratamento. Possibilidade. 1. O prazo para o encerramento da instrução processual não é tratado, tanto pela doutrina quanto pela jurisprudência, como de natureza fatal. Vale dizer, cuidando-se de réu preso, circunstância que, não se dis-

---

52 Ainda no plano internacional, assinala Rodrigo Puggina, coordenador da "Campanha Nacional de Voto dos Presos" que "Decisão importante sobre a questão do voto dos presos foi prolatada pela Corte Europeia de Direitos Humanos" (caso Hirst *v.* The United Kingdom). Conforme artigo de João Abílio de Carvalho Rosa intitulado "O voto do preso", a Corte Europeia de Direitos Humanos, "ao interpretar seu art. 3º do Protocolo n. 1, que estabelece a obrigação dos Estados-Partes de realizar eleições livres em intervalos razoáveis através do voto secreto, em sufrágio universal, sob a condição de assegurarem a livre expressão de opinião das pessoas na escolha dos seus representantes, a Corte decidiu – sobre pedido de preso condenado – que o pedido era procedente e que o Reino Unido, ao impedir que o condenado preso votasse, estava a infringir o dispositivo da Convenção". Este caso, que teve John Hirst como autor, está sendo comemorado no mundo inteiro pelas organizações que lutam pelos direitos humanos, e mais ainda fora da Europa, como bem afirma João Abílio: "esta posição da Corte Europeia, conquanto não tenha causado tanto impacto na Europa, onde 20 Estados já adotam e asseguram direito político (voto) às pessoas presas, inaugura decisão daquela Corte em relação ao tema, podendo subsidiar, a partir dela, argumentação persuasiva a Estados que não protegem e asseguram tal direito fundamental" (In: ROSA, João Abílio de Carvalho. "O voto do preso". Disponível em: www.iaj.org.br apud PUGGINA, Rodrigo Tonniges. "O direito de voto dos presos". In: Revista Sociológica Jurídica 2006, n. 03. Disponível em: www.sociologiajuridica.net.br/numero-3/174-o-direito-de-voto-dos-presos; acesso em 20.01.2013). Observa o mesmo autor também que "Outro país onde se exerce o direito político é Portugal, onde os presos podem votar antecipadamente, desde que não estejam privados de direitos políticos. Isso certamente resolve o problema que muitos alegam como falta de estrutura, problemas de informática etc. Transcrevo parte do que me foi escrito pela senhora Maria da Graça Archer, Diretora de Serviços da Divisão de Apoio Jurídico do Consulado de Portugal: 'os cidadãos presos podem votar antecipadamente, desde que não estejam privados de direitos políticos. Para o efeito, devem requerer ao presidente da Câmara do município em que se encontrem recenseados, até o 20º dia anterior ao da eleição, a documentação necessária ao exercício do direito de voto, enviando fotocópias autenticadas do seu bilhete de identidade e do seu cartão de eleitor e juntando documento comprovativo do impedimento invocado, emitido pelo diretor do estabelecimento prisional'. Já na Espanha, país vizinho, não existe nenhuma restrição constitucional. A Constituição Espanhola, em seu Capítulo Segundo, que trata sobre os direitos e liberdades, na seção 1ª, dos direitos fundamentais e liberdades públicas, mais especificamente no seu art. 23, coloca que '*Los ciudadanos tienen el derecho a participar en los asuntos públicos, directamente o por medio de representantes, libremente elegidos en elecciones periódicas por sufragio universal*'. E, mais além, no seu art. 25, 2, diz que '*El condenado a pena de prisión que estuviere cumpliendo la misma gozará de los derechos fundamentales de este Capítulo, a excepción de los que se vean expresamente limitados por el contenido del fallo condenatorio, el sentido de la pena y la ley penitenciaria'. Em outros países europeus os presos também votam, como na Suíça ou na Bulgária*" (ibidem).

cute, merece especial relevo, impõe-se atentar para o princípio da razoabilidade. Considerado o seu caráter excepcional, a prisão processual não deve perdurar além do tempo necessário para a apuração dos fatos em juízo (*res in iudicium deducta*). 2. Admite-se, contudo, a dilação dos prazos previstos em lei em virtude dos meandros que permeiam o curso do processo, desde que tal alargamento não ofenda a dignidade da pessoa humana, isto é, que o acusado não permaneça preso, sem sentença definitiva, por tempo excessivo. 3. Estando o preso provisório em grave estado de saúde e o estabelecimento prisional em que se encontra não presta a devida assistência médica, é possível a concessão da prisão domiciliar para tratamento. [...] 8. Ordem concedida em parte a fim de substituir a prisão preventiva por prisão domiciliar. (STJ, *HC* n. 202.200/RJ, 6ª T., rel. Min. Og Fernandes, j. 21.06.2011, *Inf*. n. 478)

Recurso ordinário em *habeas corpus*. Roubo majorado. Prisão em flagrante convertida em prisão preventiva. Sentença condenatória superveniente. Não reconhecimento do direito de apelar em liberdade. Manutenção dos fundamentos do decreto cautelar. Decisão fundamentada. Garantia da ordem pública. *Modus operandi* e periculosidade do paciente. Participação, após o cometimento do crime, de intensa troca de tiros com policiais, na qual foi alvejado. Prisão domiciliar. Estado de saúde do preso. Excepcionalidade. Ausência de previsão legal e de demonstração da impossibilidade de prestação de assistência médica adequada no cárcere. Recurso desprovido. 1. Ao proferir sentença condenatória, o Juízo sentenciante não reconheceu o direito do recorrente de apelar em liberdade, por entender subsistirem as razões que levaram a decretação de prisão preventiva do réu. 2. O decreto cautelar está devidamente fundamentado na garantia da ordem pública, evidenciada pelo *modus operandi* do delito, que revelou a periculosidade concreta do paciente. No caso, as instâncias ordinárias consignaram que ele foi alvejado e preso em flagrante após intensa troca de tiros com milicianos deslocados para a região do assalto. Essa circunstância, por si só, justifica a manutenção da custódia provisória. 3. É de se vedar a possibilidade de apelar em liberdade ao réu que permaneceu segregado processualmente enquanto tramitava o processo-crime, em razão do entendimento "de que não há lógica em permitir que o réu, preso preventivamente durante toda a instrução criminal, aguarde em liberdade o trânsito em julgado da causa, se mantidos os motivos da segregação cautelar". (STF, *HC* n. 89.824/MS, 1ª T., rel. Min. Ayres Britto, *DJ* 28.08.2008)

[...] 3. O STJ assentou o entendimento de que, excepcionalmente, pode-se conceder ao preso provisório o benefício da prisão domiciliar, quando demonstrado que o recluso é portador de doença grave e a impossibilidade de se prestar a devida assistência médica no estabelecimento penal em que se encontra recolhido. 4. Na hipótese, o paciente recebeu alta em 19.11.2009, ocasião em que lhe foi prescrita medicação e recomendado repouso, conforme o laudo médico de fl. 106. No entanto, não há elementos nos autos que indiquem que esse tratamento não possa continuar a ser ministrado no presídio, como bem observou a Corte Regional Federal. 5. Recurso desprovido. (STJ, *HC* n. 121.258, 5ª T., rel. Min. Laurita Vaz, j. 28.06.2011)

Recurso em *habeas corpus*. Tráfico de entorpecentes. Estado de saúde do agente. Gravidade comprovada. Prisão domiciliar. Supressão de instância. Matéria não analisada na origem. Recurso não conhecido. Constrangimento ilegal demonstrado. Excepcionalidade da situação evidenciada. Ordem concedida de ofício. 1. Da análise dos autos, verifica-se que a questão não foi dirimida pela Corte de origem, pois considerou a matéria suscitada já dirimida, sem tecer qualquer outra aferição sobre a controvérsia. Todavia, a questão é de suma importância, pois atinente ao direito de locomoção, à liberdade e à vida do paciente, albergados constitucionalmente (art. 5º, LXVII, CF), não podendo, assim, esta Corte deixar de apreciá-la. 2. A prisão domiciliar é prevista na Lei de Execução Penal para os condenados que estejam cumprindo pena no regime aberto, desde que atendam a alguns requisitos, expressamente elencados no art. 117 do aludido diploma legal, dentre os quais estar o condenado acometido de doença grave. 3. Contudo, a jurisprudência do STJ sedimentou o entendimento, que em casos excepcionais, é possível a concessão da reclusão em residência para os portadores de doença grave, mesmo que se encontre no regime fechado ou semiaberto. 4. *In casu*, há nos autos laudo médico que atesta a gravidade de sua enfermidade, bem como sugere a realização de tratamento curativo fora do estabelecimento prisional, em face da ausência de recursos necessários para a restauração da saúde do custodiado no âmbito carcerário. 5. Recurso não conhecido, contudo *habeas corpus* concedido de ofício para autorizar a transferência do recorrente para o regime de prisão domiciliar até que o seu quadro clínico o possibilite a cumprir a sanção impingida em estabelecimento prisional adequado, devendo o Juízo competente delimitar as condições da deferida excepcionalidade. (STJ, RHC n. 26.814/RS, 5ª T., rel. Min. Jorge Mussi, j. 23.02.2010)

Execução penal. *Habeas corpus*. Prisão domiciliar. Tratamento de saúde. Não preenchimento dos requisitos constantes do art. 117 da LEP. Ré foragida. Ordem denegada. 1. O recolhimento à prisão domiciliar, a teor do disposto no art. 117 da Lei de Execução Penal, somente será admitido, em sede de execução da pena, aos apenados submetidos ao regime aberto. 2. O STJ assentou o entendimento de que, excepcionalmente, se concede regime prisional mais benéfico ao réu portador de doença grave quando demonstrada a impossibilidade de prestação da devida assistência médica pelo estabelecimento penal em que se encontra recolhido. 3. Não havendo comprovação de que a paciente se encontra inválida ou que seu estado de saúde é instável, e ainda pelo fato de encontrar-se foragida, incabível o deferimento do pedido de prisão domiciliar. 4. Ordem denegada. (STJ, *HC* n. 132.710/MG, 5ª T., rel. Min. Arnaldo Esteves Lima, j. 18.03.2010)

Execução penal. *Habeas corpus*. Atentado violento ao pudor. Regime fechado. Paciente com idade avançada e estado de saúde debilitado. Prisão domiciliar. Ordem concedida. 1. Conquanto esteja recluso no regime fechado, verifica-se que o paciente possui mais de 70 anos de idade e é portador de câncer de próstata, trombose e aneurisma abdominal, bem como apresenta quadro depressivo, conforme comprovado nos autos. Assim, embora o estabelecimento prisional seja dotado de estrutura para atendimentos emergenciais, as enfermidades descritas necessitam de cuidados específicos e continuados, ensejando a concessão da prisão domiciliar como medida, até mesmo, de cunho humanitário. 2. Ordem concedida a fim de determinar a transferência do paciente para a prisão domiciliar, em virtude do seu comprovado estado de saúde debilitado e da sua idade avançada. (STJ, *HC* n. 138.986, 6ª T., rel. Min. Maria T. A. Moura, j. 17.11.2009)

Responsabilidade civil estatal. Morte do preso. Desrespeito à integridade física

Processual civil. Administrativo. Indenização por morte de preso em cadeia pública. Dever de vigilância do Estado (art. 5º, XLIX, CF/88). Indenização por danos morais e materiais. Responsabilidade civil subjetiva. Culpa e nexo de causalidade comprovados. Súmula n. 07/STJ. 1. A obrigação de indenizar imputada à entidade estatal por força do art. 5º, XLIX, que assegura ao preso a integridade física é fundamento constitucional que afasta a competência do E. STJ. 2. É que, assentando o Tribunal *a quo*, *verbis*: relativamente à preliminar de ilegitimidade passiva *ad causam*, único tópico – a meu juízo – indene de reparos do *decisum a quo*, rejeito-a por entender ser a demandada parte legítima para figurar no polo passivo da presente demanda. Isto porque, na forma da Magna Carta Federal (art. 5º, XLIX), é direito fundamental dos presos a integridade física e moral no cumprimento da pena (fls. 153). [...] *In casu*, diante do conjunto probatório coligido nos autos, restou sobejamente evidenciado o ato ilícito da Administração Pública transpassado na negligência com que agiu diante do evento rebelião, já que, caso tivessem sido adotadas as mínimas cautelas exigidas do dever de ofício, a rebelião e consequentemente a chacina não teriam ocorrido (fls. 156). 3. A aferição acerca da ocorrência do nexo causal entre o dano e a conduta do agente público demanda a análise do conjunto fático-probatório carreado aos autos, interditada em sede de recurso especial por força da Súmula n. 07/STJ. Precedentes desta Corte: REsp n. 756.437/AP, desta relatoria, *DJ* 19.09.2006; REsp n. 439.506/RS, rel. Min. Denise Arruda, *DJ* 01.06.2006 e REsp n. 278.324/SC, rel. Min. João Otávio de Noronha, *DJ* 13.03.2006. 4. Deveras em hipóteses semelhantes o E. STJ destaca a inequivocidade da responsabilidade estatal sobre a incolumidade do preso. Precedentes: REsp n. 1.022.798/ES, 2ª T., *DJe* 28.11.2008; REsp n. 802.435/PE, 1ª T., rel. Min. Luiz Fux, *DJ* 30.10.2006. 5. A doutrina do tema não discrepa da solução jurisprudencial, senão vejamos: "A mesma regra se aplica quando se trata de ato de terceiros, como é o caso de danos causados por multidão ou por delinquentes; o Estado responderá se ficar caracterizada a sua omissão, a sua inércia, a falha na prestação do serviço público. Nesta hipótese, como na anterior, é desnecessário apelar para a teoria do risco integral; a culpa do serviço público demonstrada pelo seu mau funcionamento, não funcionamento ou funcionamento tardio é suficiente para justificar a responsabilidade do Estado" (Maria Sylvia Zanella di Pietro, in *Direito administrativo*, 18.ed. Atlas, p. 569). 6. O art. 948, II, do CC, tem recebido no E. STJ a exegese de que: É devida a pensão aos filhos menores até o limite de 25 (vinte e cinco) anos de idade. Precedentes: REsp n. 674.586/SC, rel. Min. Luiz Fux, *DJ* 02.05.2006; REsp n. 603.984/MT, *DJ* 16.11.2004. 7. Recurso especial parcialmente conhecido e, nesta parte, desprovido. (STJ, REsp n. 1.095.309/AM, 1ª T., rel. Min. Luiz Fux, j. 12.05.2009)

Direito ao cumprimento de pena próximo ao local onde reside a sua família

Execução penal. Transferência. Comarca. Proximidade. Família. Trata-se de *habeas corpus* em que a controvérsia reside em saber se caracteriza constrangimento ilegal o indeferimento do pedido da paciente (que progredira ao regime semiaberto) para transferir-se para comarca próxima à sua família. A Turma denegou a ordem ao entendimento de que, no caso, tanto a decisão do juízo de primeiro grau quanto o acórdão do tribunal estadual de negativa de transferência da paciente para estabelecimento prisional em localidade próxima à família estão devidamente fundamentados, não havendo que falar em constrangimento ilegal a ser sanado, uma vez que não existe estabelecimento adequado ao regime semiaberto para que a paciente possa cumprir pena na comarca pleiteada. Observou-se que a execução da pena deve ocorrer, sempre que possível, em local próximo ao meio social e familiar do apenado, conforme previsto no art. 103 da LEP. Entretanto, o direito do preso de ter suas reprimendas executadas onde reside sua família não é absoluto, devendo o magistrado fundamentar devidamente a sua decisão, analisando a conveniência e real possibilidade e necessidade da transferência, o que, como visto, ocorreu na hipótese. Precedentes citados: *HC* n. 18.599/RS, *DJ* 04.11.2002; RHC n. 25.072/TO, *DJe* 08.02.2010; *HC* n. 100.111/SP, *DJe* 01.09.2008; *HC* n. 92.714/RJ, *DJe* 10.03.2008, e REsp n. 249.903/PB, *DJ* 12.11.2000. (STJ, *HC* n. 166.837/MS, rel. Min. Og Fernandes, j. 01.09.2011)

A 2ª Turma deferiu *habeas corpus* para autorizar ao paciente – recolhido em estabelecimento localizado no Estado de São Paulo – transferência para presídio em Mato Grosso do Sul. Observou-se a boa conduta carcerária do apenado, a existência de vínculos familiares nesse Estado e a disponibilidade de vaga em presídio localizado nesta mesma unidade da Federação. O Min. Celso de Mello ressaltou que a execução penal, além de objetivar a efetivação da condenação penal imposta ao sentenciado, buscaria propiciar condições para a harmônica integração social daquele que sofre a ação do magistério punitivo do Estado. Por esta razão, aduziu que a Lei de Execução Penal autorizaria ao juiz da execução determinar o cumprimento da pena em outra comarca ou, até mesmo, permitir a remoção do condenado para Estado-membro diverso daquele em que cometida a infração penal, conforme disposto no *caput* do art. 86 da referida lei. Ressalvou-se o posicionamento da Corte no sentido de não haver direito subjetivo do sentenciado à transferência de presídio, mas asseverou-se que, no caso, estar-se-ia a permitir ao reeducando melhor ressocialização, na medida em que garantido seu direito à assistência familiar. Precedentes citados: *HC* n. 71.179/PR (*DJ* 03.06.1994); *HC* n. 100.087/SP (*DJe* 09.04.2010). (STF, *HC* n. 105.175/SP, 2ª T., rel. Min. Gilmar Mendes, j. 22.03.2010)

Remoção de preso. Admissibilidade. Proximidade da família

Veja o seguinte julgado no art. 34: STF, *HC* n. 101.540/SP, 2ª T., rel. Min. Ayres Britto, j. 19.10.2010.

Habeas corpus. Execução penal. Remoção de preso. Análise do caso concreto. Art. 86 da LEP. Estabelecimentos prisionais similares. Não demonstração da falta de segurança. Não caracterização da periculosidade sem dados objetivos e concretos. Vínculo familiar comprovado. Vaga existente. Concessão do *writ*. 1. O art. 86, *caput*, da LEP permite o cumprimento da pena corporal em local diverso daquele em que houve a perpetração e consumação do crime. 2. Entretanto, o exame minucioso de cada caso concreto pode afastar o comando legal supramencionado, desde que comprovadas as assertivas de falta de segurança do presídio destinatário da remoção, participação do preso em facção criminosa e outras circunstâncias relevantes à administração da Justiça. Ônus do *parquet*. 3. No caso sob exame, não ficou demonstrado o perigo na transferência, tampouco a periculosidade, ao contrário, porquanto são prisões aptas ao cumprimento de pena em regime fechado, além do que o vínculo familiar, a boa conduta carcerária e a respectiva vaga foram documentalmente demonstrados pelo paciente. 4. A ressocialização do preso e a proximidade da família devem ser prestigiadas sempre que ausentes elementos concretos e objetivos ameaçadores da segurança pública. 5. Ordem concedida. (STF, *HC* n. 100.087/SP, 2ª T., rel. Min. Ellen Gracie, j. 16.03.2010)

Habeas corpus. Paciente condenado a 25 anos e 10 meses de reclusão, por uso, tráfico e associação para o tráfico de drogas ilícitas, moeda falsa, contrabando ou descaminho e porte de arma (arts. 12, 13, 14 e 18, I e III, todos da Lei n. 6.368/76, arts. 289, § 1º, e 334, ambos do CPB e art. 10 da Lei n. 9.437/97). Pedido de transferência de estabelecimento prisional. Ausência de direito líquido e certo do sentenciado. Subordinação aos interesses da segurança pública. Alegações de residência e vínculos familiares não demonstrados. Parecer do MPF pela denegação da ordem. Ordem denegada. 1. Anotou o Magistrado singular que os sentenciados, em geral, não têm direito de escolher o local onde cumprirão a pena restritiva de liberdade, pois a opção, além de respeitar o local dos crimes cometidos, deve subordinar-se aos interesses da segurança pública. Ademais, o condenado não tem direito líquido e certo de escolher em qual presídio de sua preferência deverá cumprir a pena imposta. 2. O paciente não comprovou, com um mínimo de suficiência, que tivesse efetivamente residência e vínculos familiares expressivos no longínquo lugar para onde pretende a transferência. 3. Parecer do MPF pela denegação da ordem. 4. Ordem denegada. (STJ, *HC* n. 116.610, 5ª T., rel. Min. Napoleão Nunes Maia Filho, j. 06.10.2009, *Inf.* n. 410)

Saída temporária automatizada. Impossibilidade. Necessário provimento jurisdicional

Penal e processo penal. Agravo regimental no recurso especial. Negativa de vigência aos arts. 66, IV, 67, 122 e 123, todos da LEP. Saídas temporárias automatizadas. Delegação de função jurisdicional ao administrador do presídio. Impossibilidade. Agravo regimental a que se nega provimento. 1. Este STJ assentou o entendimento no sentido de que não é possível a delegação, ao administrador do presídio, da fiscalização das saídas temporárias, autorizadas em única decisão, por se entender que estaria configurada a delegação de competência jurisdicional 2. Agravo regimental a que se nega provimento. (STJ, Ag. Reg. no REsp n. 1.050.279/RS, 6ª T., rel. Min. Maria Thereza de Assis Moura, j. 01.09.2011)

Execução penal. Recurso especial. Saída temporária automatizada. Delegação de função jurisdicional ao administrador do presídio. Impossibilidade. Prévia oitiva do Ministério Público. Lei n. 7.210/84. Não se admite a concessão automática de saídas temporárias ao condenado que cumpre pena em regime semiaberto, sem a avaliação pelo Juízo da Execução e a manifestação do Ministério Público a respeito da conveniência da medida, sob pena de indevida delegação do exame do pleito à autoridade penitenciária (precedentes). Recurso especial provido. (STJ, REsp n. 1.159.552/RJ, 5ª T., rel. Min. Felix Fischer, j. 02.09.2010)

Direito à visita do preso

Habeas corpus. 2. Direito do paciente, preso há quase 10 anos, de receber a visita de seus dois filhos e três enteados. 3. Cognoscibilidade. Possibilidade. Liberdade de locomoção entendida de forma ampla, afetando toda e qualquer medida de autoridade que possa em tese acarretar constrangimento da liberdade de ir e vir. Ordem concedida. 1. Cognoscibilidade do *writ*. A jurisprudência prevalente neste STF é no sentido de que não terá seguimento *habeas corpus* que não afete diretamente a liberdade de locomoção do paciente. Alargamento do campo de abrangência do remédio heroico. Não raro, esta Corte depara-se com a impetração de *habeas corpus* contra instauração de inquérito criminal para tomada de depoimento; indiciamento de determinada pessoa em inquérito policial; recebimento da denúncia; sentença de pronúncia no âmbito do processo do júri; sentença condenatória etc. Liberdade de locomoção entendida de forma ampla, afetando toda e qualquer medida de autoridade que possa, em tese, acarretar constrangimento para a liberdade de ir e vir. Direito de visitas como desdobramento do direito de liberdade. Só há se falar em direito de visitas porque a liberdade do apenado se encontra tolhida. Decisão do juízo das execuções que, ao indeferir o pedido de visitas formulado, repercute na esfera de liberdade, porquanto agrava, ainda mais, o grau de restrição da liberdade do paciente. Eventuais erros por parte do Estado ao promover a execução da pena podem e devem ser sanados via *habeas corpus*, sob pena de, ao fim do cumprimento da pena, não restar alcançado o objetivo de reinserção eficaz do apenado em seu seio familiar e social. *Habeas corpus* conhecido. 2. Ressocialização do apenado. A Constituição Federal de 1988 tem como um de seus princípios norteadores o da humanidade, sendo vedadas as penas de morte, salvo em caso de guerra declarada (nos termos do art. 84, XIX), de caráter perpétuo, de trabalhos forçados, de banimento e cruéis (CF, art. 5º, XLVII). Prevê, ainda, ser assegurado aos presos o respeito à integridade física e moral (CF, art. 5º, XLIX). É fato que a pena assume o caráter de prevenção e retribuição ao mal causado. Por outro lado, não se pode olvidar seu necessário caráter ressocializador, devendo o Estado preocupar-se, portanto, em recuperar o apenado. Assim, é que dispõe o art. 10 da LEP ser dever do Estado a assistência ao preso e ao internado, objetivando prevenir o crime e orientar o retorno à convivência em sociedade. Aliás, o direito do preso receber visitas do cônjuge, da companheira, de parentes e de amigos está assegurado expressamente pela própria Lei (art. 41, X), sobretudo com o escopo de buscar a almejada ressocialização e reeducação do apenado que, cedo ou tarde, retornará ao convívio familiar e social. Nem se diga que o paciente não faz jus à visita dos filhos por se tratar de local impróprio, podendo trazer prejuízos à formação psíquica dos menores. De fato, é público e notório o total desajuste do sistema carcerário brasileiro à programação prevista pela LEP. Todavia, levando-se em conta a almejada ressocialização e partindo-se da premissa de que o convívio familiar é salutar para a perseguição desse fim, cabe ao Poder Público propiciar meios para que o apenado possa receber visitas, inclusive dos filhos e enteados, em ambiente minimamente aceitável, preparado para tanto e que não coloque em risco a integridade física e psíquica dos visitantes. 3. Ordem concedida. (STF, *HC* n. 107.701/RS, 2ª T., rel. Min. Gilmar Mendes, j. 13.09.2011)

Direito a dias remidos

Habeas corpus. 2. Execução penal. 3. Falta disciplinar grave. 4. Pleito de concessão da ordem a fim de que a perda dos dias remidos pelo apenado seja proporcional e observe os parâmetros previstos no art. 127 da Lei n. 7.210/84, nos termos das modificações promovidas pela Lei n. 12.433/2011. 5. Norma penal mais benéfica. Retroatividade. 6. Ordem concedida. (STF, *HC* n. 110.040/RS, 2ª T., rel. Min. Gilmar Mendes, j. 08.11.2011)

Direito a dias remidos e regime aberto. Impossibilidade

Execução penal. Remissão. Regime aberto. Impossibilidade. Inteligência do art. 126 da LEP. Ordem denegada. Somente pode ser beneficiado pela remição o condenado que cumpre pena em regime fechado ou semiaberto. (STF, *HC* n. 98.261, 2ª T., rel. Min. Gilmar Mendes, j. 02.03.2010)

Falta grave. Perda dos dias remidos. Limite de 1/3. Lei n. 12.433/2011

Habeas corpus. Execução penal. Falta grave. Tese de não configuração da falta grave. Aplicação precedida de regular procedimento administrativo disciplinar. Decisão fundamentada. Revisão. Via imprópria. *Habeas corpus* denegado. Superveniência da Lei n. 12.433/2011. Nova redação ao art. 127 da LEP. Perda de até 1/3 (um terço) dos dias remidos. Princípio da retroatividade da lei penal mais benéfica. Aplicabilidade. *Habeas corpus* concedido, de ofício. 1. Na espécie, verifica-se que a aplicação da falta grave deu-se mediante regular procedimento administrativo disciplinar, sendo reconhecida a sua prática fundamentadamente, conforme entenderam as instâncias ordinárias. 2. O reexame da tese de inexistência de apuração ou de não configuração da falta grave não se coaduna com a via estreita do *habeas corpus*, dada a necessidade, no caso, de incursão na seara fático-probatória, incabível nesta sede. Precedentes. 3. A constitucionalidade do art. 127 da LEP, que impõe a perda dos dias remidos pelo cometimento de falta grave, foi reafirmada, por diversas vezes, pelo Supremo Tribunal Federal, ensejando a edição da Súmula vinculante n. 9. 4. A partir da vigência da Lei n. 12.433, de 29.06.2011, que alterou a redação ao art. 127 da LEP, a penalidade consistente na perda de dias remidos pelo cometimento de falta grave passa a ter nova disciplina, não mais incidindo sobre a totalidade do tempo remido, mas apenas até o limite de 1/3 (um terço) desse montante, cabendo ao Juízo das Execuções, com certa margem de discricionariedade, aferir o *quantum*, levando em conta "a natureza, os motivos, as circunstâncias e as consequências do fato, bem como a pessoa do faltoso e seu tempo de prisão", consoante o disposto no art. 57 da LEP. 5. Por se tratar de norma penal mais benéfica, deve a nova regra incidir retroativamente, em obediência ao art. 5º, XL, da Constituição da República. 6. *Habeas corpus* denegado. Ordem de *habeas corpus* concedida, de ofício, para determinar o retorno dos autos ao Juízo das Execuções Penais, a fim de que se complemente o julgamento, na parte referente à perda total dos dias remidos, aferindo novo patamar da penalidade, à luz da superveniente disciplina do art. 127 da LEP. (STJ, *HC* n. 185.639/SP, 5ª T., rel. Min. Laurita Vaz, j. 23.10.2012)

Perda dos dias remidos. Ausência de intimação da defesa. Violação do contraditório

Habeas corpus. Execução penal. Perda dos dias remidos sem oitiva da defesa. Violação do art. 5º, LV, da Constituição do Brasil. A decisão que decreta a perda dos dias remidos, sem a oitiva da defesa, viola os princípios do contraditório e da ampla defesa. Ordem concedida. (STF, *HC* n. 95.423/RS, 2ª T., rel. orig. Min. Ellen Gracie, rel. p/ ac. Min. Eros Grau, j. 03.03.2009)

Reclamação. Ilegitimidade ativa do Ministério Público Estadual. Inicial ratificada pelo Procurador-Geral da República. Afastamento da incidência do art. 127 da LEP por órgão fracionário de tribunal estadual. Violação das Súmulas vinculantes ns. 9 e 10 do STF. Procedência. 1. Inicialmente, entendo que o Ministério Público do Estado de São Paulo não possui legitimidade para propor originariamente Reclamação perante esta Corte, eis que "incumbe ao Procurador-Geral da República exercer as funções do Ministério Público junto ao STF, nos termos do art. 46 da LC n. 75/93" (Recl. n. 4.453-MC-Ag. Reg.-Ag. Reg.-SE, de minha relatoria, *DJe* 59, 26.03.2009). 2. Entretanto, a ilegitimidade ativa foi corrigida pelo Procurador-Geral da República que ratificou a petição inicial e assumiu a iniciativa da demanda. 3. No caso em tela, o Juiz de Direito da Vara das Execuções Criminais de São Paulo/SP, reconhecendo a ocorrência de falta grave na conduta do sentenciado, declarou perdidos os dias remidos, nos termos do art. 127 da LEP. 4. Ao julgar o agravo em execução interposto pela defesa do reeducando, a 7ª Câmara de Direito Criminal do Tribunal de Justiça do Estado de São Paulo, em 31 de julho de 2008, deu provimento parcial ao recurso, para restabelecer os dias remidos. 5. O julgamento do agravo ocorreu em data posterior à edição da Súmula vinculante n. 9, como inclusive foi expressamente reconhecido pela Corte local. 6. O fundamento consoante o qual o enunciado da referida Súmula não seria vinculante em razão da data da decisão do juiz das execuções penais ter sido anterior à sua publicação, não se mostra correto. 7. Com efeito, a tese de que o julgamento dos recursos interpostos contra decisões proferidas antes da edição da súmula não deve obrigatoriamente observar o enunciado sumular (após sua publicação na imprensa oficial), data vênia, não se mostra em consonância com o disposto no art. 103-A, *caput*, da CF, que impõe o efeito vinculante a todos os órgãos do Poder Judiciário, a partir da publicação da súmula na imprensa oficial. 8. Deste modo, o acórdão do Tribunal de Justiça do Estado de São Paulo, proferido em 31 de julho de 2008, ao não considerar recepcionada a regra do art. 127, da LEP, afrontou a Súmula vinculante n. 9. 9. Além disso, o referido acórdão também violou o enunciado da Súmula vinculante n. 10, eis que a 7ª Câmara Criminal – órgão fracionário do TJSP – afastou a incidência do art. 127 da LEP, sob o fundamento de que tal dispositivo afronta princípios constitucionais. 10. Ante o exposto, defiro a admissão do Sr. Procurador-Geral da República como autor da demanda e julgo procedente a presente reclamação para cassar o acórdão da 7ª Câmara Criminal do Tribunal de Justiça do Estado de São Paulo que restabeleceu os dias remidos do reeducando. (STF, Recl. n. 6.541/SP, 2ª T., rel. Min. Ellen Gracie, j. 25.06.2009)

Habeas corpus. 2. Execução Penal. 3. Falta disciplinar grave. 4. Fixação de nova data-base para obtenção de benefícios executórios. Possibilidade. Precedentes. 5. Perda dos dias remidos. Incidência do teor da Súmula vinculante n. 9 do STF. 6. Constrangimento não evidenciado. 7. Ordem denegada. (STF, *HC* n. 99.661/SP, 2ª T., rel. Min. Gilmar Mendes, j. 29.06.2010)

Processo penal e execução penal. Impossibilidade de analisar-se, em *habeas corpus*, matéria não discutida em instâncias inferiores. Admissível, em tese, o estabelecimento, pelo juiz da execução, de condições especiais cujo descumprimento possa ser considerado falta grave e levar à regressão do regime de cumprimento de pena. Inteligência dos arts. 50, V, e 113, da LEP. Súmula vinculante n. 9 – aplicação para perda de dias remidos. Lógica aplicável à situação análoga e menos gravosa, qual seja, a de possibilitar a regressão de regime de cumprimento de pena por cometimento de falta disciplinar de natureza grave. Reinício de contagem de prazo para nova progressão que se impõe nos termos da pacífica jurisprudência desta corte. I – Não se conhece de *habeas corpus* impetrado com base em argumentos que não foram levados à análise de instâncias inferiores, sob pena de vedado julgamento *per saltum*. II – Havendo permissão, em tese, na LEP para que o juiz da execução fixe, em caso de regime aberto, condições especiais para o cumprimento da pena, o desatendimento destas pode ser considerado falta grave, nos termos do art. 50, V, da mesma Lei. III – A lógica da Súmula vinculante n. 9, que impõe a perda de dias remidos ao apenado que comete falta grave, é aplicável também aos casos em que a sanção é mais branda, pois não implica a diminuição da pena, como na hipótese do decreto de regressão do regime de seu cumprimento. IV – Precedentes do STF no sentido de que a regressão de regime de cumprimento de pena traz como consequência o reinício da contagem dos prazos para concessão do benefício da progressão. V – Impetração não conhecida em parte, denegada a ordem na parte conhecida. (STF, *HC* n. 100.729/RS, 1ª T., rel. Min. Ricardo Lewandowski, j. 16.03.2010)

Perda dos dias remidos e proporcionalidade

Habeas corpus. Processual penal. Falta grave. Recusa ao trabalho. Justificativa não analisada. Regressão de regime e perda dos dias remidos. Falta de razoabilidade. Ordem concedida. I – A justificativa apresentada pelo detento para a recusa ao trabalho não foi sequer examinada pelo Juízo da Execução Criminal. II – Não parece razoável imputar a um apenado, que tenha trabalhado regularmente por 1.488 dias, conseguindo remir 496 dias de sua pena, o cometimento de falta grave consistente na recusa injustificada à obrigação laboral. III – Ordem concedida. (STF, *HC* n. 100.545/SP, 1ª T., rel. Min. Ricardo Lewandowski, j. 27.04.2010)

Lex mitior* e dias remidos. *Novatio legis in mellius

Habeas corpus. Cometimento de falta grave pelo apenado. Necessidade de reinício da contagem do prazo de 1/6 (um sexto) para obtenção da progressão no regime de cumprimento da pena. Precedentes. Reconhecimento de falta grave que implicou na perda integral dos dias remidos. Impossibilidade. Revogação do tempo a ser remido limitado ao patamar máximo de 1/3 (um terço). Lei n. 12.433/2011. *Novatio legis in mellius*. Possibilidade de retroagir para beneficiar o paciente. Princípio da retroatividade da lei penal menos gravosa. Ordem de *habeas corpus* concedida de ofício. 1. O julgado ora questionado está em perfeita consonância com a jurisprudência desta Suprema Corte, preconizada no sentido de que "o cometimento de falta grave, durante a execução da pena privativa de liberdade, implica no recomeço da contagem do prazo para a obtenção de benefícios executórios" (*HC* n. 106.865/SP, 1ª T., rel. Min. Ricardo Lewandowski, *DJe* 15.03.2011). 2. Caso de concessão de *habeas corpus* de ofício, pois o reconhecimento da prática de falta grave pelo paciente implicou a perda integral dos dias a serem remidos de sua pena, o que, à luz do novo ordenamento jurídico, não mais é permitido. 3. A nova redação conferida pela Lei n. 12.433/2011 ao art. 127 da LEP limita ao patamar máximo de 1/3 (um terço) a revogação do tempo a ser remido. 4. Por se tratar de uma *novatio legis in mellius*, nada impede que ela retroaja para beneficiar o paciente no caso concreto. Princípio da retroatividade da lei penal menos gravosa. 5. Ordem denegada; porém, concedida de ofício. (STF, *HC* n. 109.163/RS, 1ª T., rel. Min. Dias Toffoli, j. 29.11.2011)

Saída temporária

Recurso especial repetitivo. Execução penal. Concessão de saídas temporárias. Impossibilidade de delegação de função jurisdicional ao administrador do presídio. Limite estabelecido em 35 dias por ano.

Interpretação do art. 124 da LEP em consonância com o objetivo de reintegrar gradualmente o condenado à sociedade. Legalidade. Recurso parcialmente provido. Dever de observância do art. 543-C, § 7º, I e II, do CPC. 1. A autorização das saídas temporárias é ato jurisdicional da competência do Juízo das Execuções Penais, que deve ser motivada com a demonstração da conveniência de cada medida. 2. Não é possível delegar ao administrador do presídio a fiscalização sobre diversas saídas temporárias, autorizadas em única decisão, por se tratar de atribuição exclusiva do magistrado das execuções penais, sujeita à ação fiscalizadora do *parquet*. 3. Respeita o limite imposto na legislação federal a conjugação dos critérios preconizados no art. 124 da LEP, para estabelecer limite máximo de saídas temporárias em 35 dias anuais. 4. Em atenção ao princípio da ressocialização, a concessão de um maior número de saídas temporárias de menor duração, uma vez respeitado o limite de dias imposto na Lei de Execuções, alcança o objetivo de reintegrar gradualmente o condenado à sociedade. 5. Assim, deve ser afastada a concessão de saídas automatizadas, para que haja manifestação motivada do Juízo da Execução, com intervenção do Ministério Público, em cada saída temporária, ressalvando, nos termos do art. 124 da LEP, a legalidade da fixação do limite máximo de 35 (trinta e cinco) dias por ano. Jurisprudência do STJ reafirmada. 6. Recurso especial conhecido e provido, com determinação de expedição de ofício, com cópia do acórdão devidamente publicado, aos tribunais de segunda instância (art. 6º da Resolução n. 08, de 07.08.2008, do STJ), com vistas ao cumprimento do disposto no art. 543-C, § 7º, do CPC, bem como à Presidência desta Corte Superior, para os fins previstos no art. 5º, II, da aludida Resolução. (STJ, REsp n. 1.166.251/RJ, 3ª S., rel. Min. Laurita Vaz, j. 14.03.2012)

Recurso especial. Execução penal. Contrariedade ao art. 112 da LEP. Lei n. 10.792/2003. Progressão de regime. Requisito subjetivo. Bom comportamento carcerário. Ofensa ao art. 127 da LEP. Falta disciplinar de natureza grave. Interrupção de lapso para progressão de regime. Ausência de previsão legal. Perda dos dias remidos. Súmula vinculante n. 9 do STF. Afronta aos arts. 66, IV, 122, 123 e 24, *caput*, da LEP. Saídas temporárias automatizadas. Delegação de unção jurisdicional ao administrador do presídio. Impossibilidade. Recurso especial a que se dá parcial provimento. 1. Nos termos do art. 112 da LEP, com a redação dada pela Lei n. 10.792/2003, para a concessão do benefício da regressão de regime, é suficiente, em regra, que o apenado preencha o requisito objetivo, referente ao lapso temporal, e o requisito subjetivo, relacionado ao bom comportamento carcerário. 2. O cometimento de falta grave acarreta a regressão de regime e a perda dos dias remidos, mas não há previsão legal de interrupção do lapso para nova progressão de regime. 3. É assente a jurisprudência do STF e deste STJ no sentido de que o cometimento de falta disciplinar de natureza grave implica a perda dos dias remidos, conforme disciplina art. 127 da LEP. Inteligência da Súmula vinculante n. 9 do Pretório Excelso. 4. "Não se admite a concessão automática de saídas temporárias ao condenado que cumpre pena em regime semiaberto, sem a avaliação pelo Juízo da Execução e a manifestação do Ministério Público a respeito da conveniência da medida, sob pena de indevida delegação do exame do pleito à autoridade penitenciária". (REsp n. 850.947/RS, rel. Min. Felix Fischer, *DJ* 26.02.2007). 5. Recurso especial a que se dá parcial provimento, para decretar a perda dos dias remidos anteriormente à data do cometimento da falta grave pelo recorrido, bem como para afastar a concessão de saídas automatizadas do recorrido. (STJ, REsp n. 762.453, 6ª T., rel. Min. Maria T. A. Moura, j. 01.12.2009)

Veja o seguinte julgado no art. 35: STJ, RHC n. 32.349/RJ, 6ª T., rel. Min. Maria Thereza de Assis Moura, j. 20.11.2012.

Saída temporária. Não é direito subjetivo. Deve ser verificada caso a caso

Habeas corpus. Processual penal. Saída temporária. Visita à família. Reexame de fatos e provas. Inviabilidade da via eleita. Ordem denegada. 1. O fato de o paciente ter sido beneficiado com a progressão de regime para o semiaberto não obriga a concessão do benefício de visita à família. Cumpre ao juízo das execuções criminais avaliar em cada caso a pertinência e razoabilidade da pretensão, observando os requisitos subjetivos e objetivos do paciente. 2. Esta Corte tem orientação pacífica no sentido da incompatibilidade do *habeas corpus* quando houver necessidade de apurado reexame de fatos e provas, não podendo o remédio constitucional servir como espécie de recurso que devolva completamente toda a matéria decidida pelas instâncias ordinárias ao STF. 3. Ordem denegada. (STF, *HC* n. 102.773/RJ, 2ª T., rel. Min. Ellen Gracie, j. 22.06.2010)

Preso. Saídas temporárias. Crivo

Uma vez observada a forma alusiva à saída temporária – gênero –, manifestando-se os órgãos técnicos, o Ministério Público e o Juízo da Vara de Execuções, as subsequentes mostram-se consectário legal, descabendo a burocratização a ponto de, a cada uma delas, no máximo de três temporárias, ter-se que formalizar novo processo. A primeira decisão, não vindo o preso a cometer falta grave, respalda as saídas posteriores. Interpretação teleológica da ordem jurídica em vigor consentânea com a organicidade do Direito e, mais do que isso, com princípio básico da República, a direcionar à preservação da dignidade do homem. (STF, *HC* n. 98.067/RS, 1ª T., rel. Min. Marco Aurélio, j. 06.04.2010)

Trabalho do preso

Art. 39. O trabalho do preso será sempre remunerado, sendo-lhe garantidos os benefícios da Previdência Social.

1. COMENTÁRIO

A remuneração não poderá ser inferior a 3/4 (três quartos) do salário mínimo (art. 29, LEP),[53] devendo ser destinada (art. 29, § 1º, LEP):[54] "*a)* à indenização dos danos causados pelo crime, desde que determinados judicialmente e não reparados por outros meios; *b)* à assistência à família; *c)* a pequenas despesas pessoais; *d)* ao ressarcimento ao Estado das despesas realizadas com a manutenção do condenado, em proporção a ser fixada e sem prejuízo da destinação prevista nas letras anteriores".

É importante ser esclarecido, porém, que se o trabalho advém das tarefas advindas de pena restritiva de direito (prestação de serviços à comunidade), não será remunerado (art. 30, LEP), mesmo porque o caráter gratuito de tais serviços é objeto da própria sanção alternativa imposta, caracteriza a intenção pedagógica pretendida, portanto, perfilhar em sentido contrário, esvaziaria o sentido da norma em questão.

1.1. Remição

Os arts. 126 e segs. da LEP dispõem acerca da remição penal, instituto jurídico que possibilita ao apenado a obtenção de benefícios, como progressão de regime, livramento condicional e indulto, a partir do seu trabalho no regime fechado e semiaberto.

Remir significa resgatar, ou seja, descontar da pena aplicada o número de dias trabalhados, resultando na diminuição do tempo final de cumprimento, no cárcere, da reprimenda definida na condenação. A cada três dias de trabalho será remido um dia de pena (art. 126, § 1º, LEP). Se ocorrer algum acidente de trabalho em virtude das atividades laboratícias desempenhadas, permanecerá se beneficiando de tal instituto durante o período em que estiver se convalescendo, como se estivesse trabalhando normalmente (art. 126, § 2º, LEP). Caso o apenado cometa falta grave, perderá o direito de remir os dias até então trabalhados, até o limite de 1/3 (conforme alteração do art. 127 da LEP promovida pela Lei n. 12.433/2011) reiniciando nova contagem, a partir da data da infração disciplinar, para fins de concessão futura desse benefício.

A Lei n. 12.433/2011 alterou o art. 126 da LEP para possibilitar a remição da pena também por meio dos estudos,[55] tanto na forma presencial como por metodologia de ensino a distância e, em ambos os casos, deverão ser certificados pelas autoridades educacionais competentes dos cursos frequentados (art. 126, § 2º, LEP). Em tal hipótese, adotar-se-á a seguinte regra: um dia de pena a ser descontado para cada doze horas de frequência escolar – atividade de ensino funda-

53 Muitos autores, entre os quais se inclui este coautor, considerando o momento histórico em que foi referida norma introduzida em nosso ordenamento, pugnam pela não recepção dessa regra pelo ordenamento constitucional vigente, mesmo porque prevê hipótese de remuneração aquém do próprio salário mínimo, o que é vedado (arts. 1º, III, 5º, *caput*, e 7º, IV, CF). Aliás, Anexos às Regras Mínimas para Tratamento do Preso (Tratado internacional pactuado pelo Brasil) estão os Princípios Básicos relativos ao Tratamento dos Reclusos, cujos arts. 1º e 5º ressaltam o dever de respeito à dignidade dos apenados, vedando toda e qualquer limitação de direitos inerentes à sua condição humana, exceto àquelas estritamente necessárias à sua condição de encarcerado, o que evidentemente não inclui a remuneração inferior ao mínimo constitucional e legal. Aliás, o art. 8º do referido documento evidencia que a remuneração auferida pelo preso deve visar não só à sua integração no mercado de trabalho, como também contribuir para o sustento de suas necessidades pessoais e de sua família (conforme regra prevista, também, na LEP). Será que 3/4 de um salário mínimo permitirá o ambicionado naquele Tratado? A remuneração irrisória, ao nosso sentir, pode estimular sentimentos contrários à pretensa ressocialização e, inclusive, despertar novamente o intento delituoso por considerar-se o preso alvo de flagrante injustiça. Para a iniciativa privada a contratação de presos como força de trabalho pode representar resultados satisfatórios no que tange ao custo da produção: não necessitará se adequar e, com isso, garantir inúmeros direitos previstos na CLT, pois esse diploma não se aplica ao trabalho carcerário (art. 28, § 2º, LEP) e a contraprestação financeira (salário) será menor do que aquela paga para um funcionário que, por exemplo, na filial da mesma empresa, exerce a mesma atividade e nas mesmas condições de trabalho, só que não encarcerado.

54 Na eventual e pouco provável hipótese de restar saldo em favor do apenado, mesmo após cumpridas as destinações legais mencionadas, será tal montante depositado em caderneta de poupança e disponibilizado ao condenado quando este estiver em liberdade (art. 29, § 2º, LEP).

55 A jurisprudência, na verdade, já admitia tal hipótese anteriormente à alteração legal mencionada – Súmula n. 341 do STJ (publicada em 13.01.2007).

mental, médio, inclusive profissionalizante, ou superior, ou ainda de requalificação profissional – divididas, no mínimo, em três dias (art. 126, § 1º, LEP). Existe, inclusive, uma premiação para o condenado, caso conclua ensino fundamental, médio ou superior durante o cumprimento da pena: o tempo a remir em função das horas de estudo será acrescido de 1/3 (art. 126, § 5º, LEP).

2. JURISPRUDÊNCIA

2.1. Súmulas

Súmula vinculante n. 9, STF: "O disposto no art. 127 da Lei n. 7.210/84 (Lei de Execução Penal) foi recebido pela ordem constitucional vigente, e não se lhe aplica o limite temporal previsto no *caput* do art. 58".

Súmula n. 40, STJ: Para obtenção dos benefícios de saída temporária e trabalho externo, considera-se o tempo de cumprimento da pena no regime fechado.

Súmula n. 341, STJ: "A frequência a curso de ensino formal é causa de remição de parte do tempo de execução de pena sob regime fechado ou semiaberto".

Súmula n. 562, STJ: "É possível a remição de parte do tempo de execução da pena quando o condenado, em regime fechado ou semiaberto, desempenha atividade laborativa, ainda que extramuros".

2.2. Julgados

Remição do trabalho realizado antes do delito. Impossibilidade. Trabalho posterior ao delito e anterior a execução da pena. Possibilidade

Habeas corpus. Execução penal. Remição pelo trabalho em período anterior ao início da execução. Possibilidade se posterior à prática do delito. Ordem concedida. 1. Não se desconhece que este Superior Tribunal de Justiça firmou orientação quanto à impossibilidade de remição do tempo de trabalho executado em momento anterior à prática do delito da pena a ser remida. 2. Nos casos, no entanto, em que o labor tenha sido realizado em data posterior à prática do delito cuja condenação se executa, ainda que anterior ao início da execução, é possível a aplicação do instituto. 3. Ordem concedida, relativamente ao delito praticado anteriormente. (STJ, *HC* n. 420.257/RS, rel. Min. Nefi Cordeiro, p. m., j. 19.04.2018, *DJe* 11.05.2018)

Remição. Jornada de trabalho inferior a seis horas. Possibilidade. Cômputo total das horas trabalhadas

A 2ª Turma deu provimento a recurso ordinário em *habeas corpus* e concedeu a ordem para que seja considerado, para fins de remição da pena, o total de horas trabalhadas em jornada diária inferior a seis horas. O Colegiado anotou que o condenado cumpria jornada de quatro horas diárias de trabalho por determinação da administração do presídio. Ponderou que, nos termos da LEP, a jornada diária não deve ser inferior a seis nem superior a oito horas. Afirmou que, para computar os dias de remição, a administração penitenciária somou as horas trabalhadas e as dividiu por seis. A turma concluiu que, ao fazer a conversão matemática do cálculo da remição, a administração penitenciária agiu dentro dos limites previstos na LEP. Asseverou que o condenado não poderia ser apenado por um limite de horas imposto pelo próprio estabelecimento penitenciário na execução de sua pena. Por fim, deliberou que a obrigatoriedade do cômputo de tempo de trabalho deve ser aplicada às hipóteses em que o sentenciado, por determinação da administração, cumpra jornada inferior ao mínimo de seis horas, ou seja, em que a jornada de trabalho não derive de ato voluntário nem de indisciplina ou insubmissão do preso. (STF, RHC n. 136.509/MG, 2ª T., rel. Min. Dias Toffoli, j. 04.04.2017, *Inf.* n. 860)

Remição. Perda dos dias remidos. Necessidade de decisão fundamentada

Direito penal. Necessidade de fundamentação para a decretação da perda de 1/3 dos dias remidos. Reconhecida falta grave no decorrer da execução penal, não pode ser determinada a perda dos dias remidos na fração máxima de 1/3 sem que haja fundamentação concreta para justificá-la. De fato, a LEP estipula como um dos seus vetores o mérito do apenado, cuja avaliação decorre do cumprimento de seus deveres (art. 39), da disciplina praticada dentro do estabelecimento prisional (art. 44) e, por óbvio, do comportamento observado quando em gozo dos benefícios previstos na aludida norma de regência. Inserido nesse escopo, a configuração da falta de natureza grave enseja vários efeitos (art. 48, parágrafo único), entre eles: a possibilidade de colocação do sentenciado em regime disciplinar diferenciado (art. 56); a interrupção do lapso para a aquisição de outros instrumentos ressocializantes, como, por exemplo, a progressão para regime menos gravoso (art. 112); a regressão no caso do cumprimento da pena em regime diverso do fechado (art. 118); além da revogação em até 1/3 do tempo remido (art. 127). Nesse contexto, o STJ adota o entendimento de que "o cometimento de falta grave implica a perda de até 1/3 dos dias remidos, cabendo ao Juízo das Execuções dimensionar o *quantum* cabível, observando os critérios do art. 57 da Lei n. 7.210/84, relativos à natureza, aos motivos, às circunstâncias e às consequências do fato, bem como à pessoa do faltoso e seu tempo de prisão, recomeçando a contagem a partir da data da infração" (*HC*

n. 271.185/RS, 6ª T., *DJe* 14.03.2014). Dessa forma, ao decretar a perda dos dias remidos, o magistrado não pode apenas repetir o disposto no art. 57 da LEP, deixando de apontar elementos concretos do caso que, efetivamente, evidenciem a necessidade de decretação da perda dos dias remidos na fração máxima de 1/3. Isso porque a motivação dos atos jurisdicionais, conforme imposição do art. 93, IX, da CF ("Todos os julgamentos dos órgãos do Poder Judiciário serão públicos, e fundamentadas todas as decisões, sob pena de nulidade"), funciona como garantia da atuação imparcial e *secundum legis* (sentido lato) do órgão julgador. (STJ, *HC* n. 282.265/RS, 6ª T., rel. Min. Rogerio Schietti Cruz, j. 22.04.2014. *Inf.* n. 0539)

Estrangeiro. Benefícios na execução penal. Possibilidade

Direito penal. Benefícios da execução penal no caso de estrangeiro em situação irregular no Brasil. O fato de estrangeiro estar em situação irregular no país, por si só, não é motivo suficiente para inviabilizar os benefícios da execução penal. Isso porque a condição humana da pessoa estrangeira submetida a pena no Brasil é protegida constitucionalmente e no âmbito dos direitos humanos. Com efeito, esses são aplicáveis não só às relações internacionais, mas a todo o ordenamento jurídico interno, principalmente às normas de direito penal e processual penal, por incorporarem princípios que definem os direitos e garantias fundamentais. (STJ, *HC* n. 274.249/SP, 6ª T., rel. Min. Marilza Maynard [Desembargadora convocada do TJSE], j. 04.02.2014, *Inf.* n. 0535)

Legislação especial

Art. 40. A legislação especial regulará a matéria prevista nos arts. 38 e 39 deste Código, bem como especificará os deveres e direitos do preso, os critérios para revogação e transferência dos regimes e estabelecerá as infrações disciplinares e correspondentes sanções.

1. COMENTÁRIO

A legislação especial em questão é a LEP (Lei n. 7.210/84) e suas alterações legislativas posteriores, cujos comentários específicos já foram explanados nos arts. 38 e 39, sem olvidar-se de que legislações penitenciárias estaduais podem estabelecer infrações leves e médias e respectivas sanções, e outras matérias específicas.

2. JURISPRUDÊNCIA

2.1. Súmulas

Súmula n. 40, STJ: "Para obtenção dos benefícios de saída temporária e trabalho externo, considera-se o tempo de cumprimento da pena no regime fechado".

Súmula n. 441, STJ: "A falta grave não interrompe o prazo para obtenção de livramento condicional".

Súmula n. 526, STJ: "O reconhecimento de falta grave decorrente do cometimento de fato definido como crime doloso no cumprimento da pena prescinde do trânsito em julgado de sentença penal condenatória no processo penal instaurado para apuração do fato".

Súmula n. 533, STJ: "Para o reconhecimento da prática de falta disciplinar no âmbito da execução penal, é imprescindível a instauração de procedimento administrativo pelo diretor do estabelecimento prisional, assegurado o direito de defesa, a ser realizado por advogado constituído ou defensor público nomeado".

Súmula n. 534, STJ: "A prática de falta grave interrompe a contagem do prazo para a progressão de regime de cumprimento de pena, o qual se reinicia a partir do cometimento dessa infração".

Súmula n. 535, STJ: "A prática de falta grave não interrompe o prazo para fim de comutação de pena ou indulto".

2.2. Julgados

Falta grave. Interrupção do lapso para fins de progressão prisional. Reinicio de contagem

A prática de falta grave acarreta a interrupção da contagem do prazo para a progressão do regime de cumprimento de pena. Inobstante a ausência de previsão legal expressa nesse sentido, não há que se falar em violação do princípio da legalidade. Isso porque a interrupção do prazo decorre de uma interpretação sistemática das regras legais existentes. (STF, *HC* n. 102.365/SP, 1ª T., rel. Min. Luiz Fux, *DJe* 01.08.2011)

Habeas corpus. Execução penal. Apuração de falta disciplinar grave. Prescrição administrativa. Não ocorrência. Aplicação do art. 109 do CP. Interrupção do prazo para obtenção de benefícios pelo condenado. Progressão de regime: cabimento. Entendimento fixado pela Terceira Seção desta Corte no julgamento do EREsp n. 1.176.486/SP. Livramento condicional e indulto: ausência de previsão legal. Superveniência da Lei n. 12.433/2011. Nova redação ao art. 127 da LEP. Perda de até 1/3 (um terço) dos dias remidos. Princípio da retroatividade da lei penal mais benéfica. Aplicabilidade. *Habeas corpus* parcialmente concedido. Ordem concedida, de ofício. 1. Diante da inexistência de legislação específica quanto ao prazo de prescrição para a aplicação de sanção disciplinar, deve-se utilizar o disposto no art. 109 do Código Penal, levando-se em consideração o menor lapso prescricional previsto, o qual, na redação anterior à Lei n. 12.234/2010, era de 02 (dois) anos. Precedentes desta Corte. 2. Segundo entendimento fixado por esta Corte, o cometimento de falta disciplinar de natureza grave pelo Executando acarreta o reinício do cômputo do interstício necessário ao preenchimento do requisito objetivo para a concessão do benefício da progressão de regime (EREsp n. 1.176.486/SP, 3ª S., rel. Min. Napoleão Nunes Maia Filho, j. 28.03.2012). 3. O cometimento de falta grave, embora interrompa o prazo para a obtenção do benefício da progressão de regime, não o faz para fins de concessão de livramento condicional, por constituir requisito objetivo não contemplado no art. 83 do CP. Súmula n. 441 deste Tribunal. 4. Só poderá ser interrompido o prazo para a aquisição do benefício do indulto, parcial ou total, se houver expressa previsão a respeito no decreto concessivo da benesse. Precedentes. 5. A constitucionalidade do art. 127 da LEP, que impõe a perda dos dias remidos pelo cometimento de falta grave, foi reafirmada, por diversas vezes, pelo STF, ensejando a edição da Súmula vinculante n. 9. 6. A partir da vigência da Lei n. 12.433, de 29.06.2011, que alterou a redação ao art. 127 da LEP, a penalidade consistente na perda de dias remidos pelo cometimento de falta grave passa a ter nova disciplina, não mais incidindo sobre a totalidade do tempo remido, mas apenas até o limite de 1/3 (um terço) desse montante, cabendo ao Juízo das Execuções, com certa margem de discricionariedade, aferir o *quantum*, levando em conta "a natureza, os motivos, as circunstâncias e as consequências do fato, bem como a pessoa do faltoso e seu tempo de prisão", consoante o disposto no art. 57 da Lei de Execuções Penais. 7. Por se tratar de norma penal mais benéfica, deve a nova regra incidir retroativamente, em obediência ao art. 5º, XL, da Constituição da República. Precedentes. 8. *Habeas corpus* parcialmente concedido a fim de restringir a interrupção do prazo tão somente para fins de progressão de regime e, de ofício, determinar o retorno dos autos ao Juízo das Execuções Penais, para que complemente o julgamento, na parte referente à perda total dos dias remidos, aferindo novo patamar da penalidade, à luz da superveniente disciplina do art. 127 da LEP. (STJ, *HC* n. 232.162/SP, 5ª T., rel. Min. Laurita Vaz, j. 21.06.2012)

Falta grave. Interrupção de prazo para concessão de livramento condicional e indulto. Impossibilidade

Habeas corpus substitutivo de recurso ordinário. Descabimento. Modificação da orientação jurisprudencial do STJ, em consonância com orientação adotada pelo pretório excelso. Execução penal. Falta grave. Interrupção do lapso temporal para concessão de progressão de regime. Ausência de constrangimento. A Terceira Seção desta E. Corte, no julgamento dos Embargos de Divergência em RE n. 1.176.486, pacificou o entendimento segundo o qual a prática de falta disciplinar de natureza grave acarreta a interrupção do prazo para a concessão de benefícios da execução penal, à exceção do livramento condicional, indulto e comutação de penas. *Habeas corpus* não conhecido. (STJ, *HC* n. 245.609/SP, 5ª T., rel. Marilza Maynard [Desembargadora convocada do TJSE], j. 06.11.2012)

Habeas corpus. Execução penal. Falta disciplinar de natureza grave (posse de entorpecente). Interrupção do prazo para obtenção de benefícios pelo condenado. Progressão de regime: cabimento. Entendimento fixado pela Terceira Seção desta Corte no julgamento do EREsp n. 1.176.486/SP. Novo marco: data do cometimento da infração disciplinar. Livramento condicional e indulto: ausência de previsão legal. *habeas corpus* parcialmente concedido. Superveniência da Lei n. 12.433/2011. Nova redação ao art. 127 da LEP. Perda de até 1/3 (um terço) dos dias remidos. Princípio da retroatividade da lei penal mais benéfica. Aplicabilidade. *Writ* concedido, de ofício, nesse ponto. 1. Segundo entendimento fixado por esta Corte, o cometimento de falta disciplinar de natureza grave pelo executando acarreta o reinício do cômputo do interstício necessário ao preenchimento do requisito objetivo para a concessão do benefício da progressão de regime (EREsp n. 1.176.486/SP, 3ª S., rel. Min. Napoleão Nunes Maia Filho, j. 28.03.2012), iniciando-se o novo período aquisitivo a partir da data da última infração disciplinar. 2. O cometimento de falta grave, embora interrompa o prazo para a obtenção do benefício da progressão de regime, não o faz para fins de concessão de livramento condicional, por constituir requisito objetivo não contemplado no art. 83 do CP. Súmula n. 441 deste Tribunal. 3. Só poderá ser interrompido o prazo para a aquisição do benefício do indulto, parcial ou total, se houver expressa previsão a respeito no decreto concessivo da benesse. Precedentes. [...] 7. *Habeas corpus* parcialmente concedido para restringir a interrupção do prazo tão somente para fins de progressão de regime, considerando como data-base para a contagem do novo período aquisitivo o dia do cometimento da última falta grave. *Habeas corpus* concedido, de ofício, para determinar o retorno dos autos ao Juízo das Execuções Penais, a fim de que se complemente o julgamento, na parte referente à perda total dos dias remidos, aferindo novo patamar da penalidade, à luz da superveniente disciplina do art. 127 da Lei de Execuções Penais". (STJ, *HC* n. 236.986/SP, 5ª T., rel. Min. Laurita Vaz, j. 21.06.2012)

Falta grave. Desnecessária a instauração de procedimento administrativo

Habeas corpus. Execução penal. Falta grave. Fuga do estabelecimento prisional. Nulidade do PAD. Inexistência. Regressão de regime prisional. Cabimento. Constrangimento ilegal não evidenciado. Precedentes. Interrupção do prazo para obtenção de benefícios pelo condenado. Progressão de regime: cabimento. Livramento condicional e indulto: ausência de previsão legal. Ordem parcialmente concedida. Superveniência da Lei n. 12.433/2011. Nova redação ao art. 127 da LEP. Perda de até 1/3 (um terço) dos dias remidos. Princípio da retroatividade da lei penal mais benéfica. Aplicabilidade. 1. "A jurisprudência desta Corte, interpretando o art. 118, § 2°, da LEP, consolidou-se no sentido da inexigibilidade de instauração de procedimento administrativo disciplinar para o reconhecimento de falta grave, bastando que seja realizada audiência de justificação, na qual sejam observadas a ampla defesa e o contraditório. Precedentes" (*HC* n. 200.458/RS, 5ª T., rel. Min. Gilson Dipp, *DJe* 17.11.2011). 2. A LEP, em seu art. 118, I, determina que o apenado ficará sujeito à transferência para o regime mais gravoso e praticar fato definido como crime doloso ou falta grave. [...] 8. Ordem parcialmente concedida para restringir a interrupção do prazo somente para fins de progressão de regime. *Habeas corpus* concedido, de ofício, para determinar o retorno dos autos ao Juízo das Execuções Penais, a fim de que se complete o julgamento, na parte referente à perda total dos dias remidos, aferindo novo patamar da penalidade, à luz da superveniente disciplina do art. 127 da LEP. (STJ, *HC* n. 203.956/RS, 5ª T., rel. Min. Laurita Vaz, j. 06.03.2012)

Falta grave. Aparelho celular. Desnecessária perícia para caracterizar o regular funcionamento do aparelho

Habeas corpus. Execução penal. Paciente que cumpria pena em regime semiaberto. Falta grave. Posse de aparelho telefônico celular no presídio. Perícia. Desnecessidade. Interrupção do prazo para obtenção de benefícios. Progressão de regime: cabimento. Livramento condicional e indulto: ausência de previsão legal. Ordem parcialmente concedida. Superveniência da Lei n. 12.433/2011. Nova redação ao art. 127 da LEP. Perda de até 1/3 (um terço) dos dias remidos. Princípio da retroatividade da lei penal mais benéfica. Aplicabilidade. *Habeas corpus* concedido, de ofício. 1. A teor da jurisprudência desta Corte Superior, mostra-se prescindível à configuração da falta grave prevista no art. 50, VII, da LEP a realização de perícia para demonstrar o efetivo funcionamento do aparelho celular e/ou de seus complementos. Precedentes. [...] 8. Ordem parcialmente concedida para restringir a interrupção do prazo somente para fins de progressão de regime. *Habeas corpus* concedido, de ofício, para determinar o retorno dos autos ao Juízo das Execuções Penais, a fim de que se complete o julgamento, na parte referente à perda total dos dias remidos, aferindo novo patamar da penalidade, à luz da superveniente disciplina do art. 127 da LEP. (STJ, *HC* n. 213.489/SP, 5ª T., rel. Min. Laurita Vaz, j. 06.03.2012)

Falta grave. Aparelho celular

Habeas corpus. Execução penal. Posse de fone de ouvido para aparelho celular. Conduta praticada após a vigência da Lei n. 11.466/2007. Ausência de previsão. Falta grave não caracterizada. 1. Com o advento da Lei n. 11.466/2007, passou a ser considerada como falta grave a conduta do condenado que estiver na posse, no uso ou no fornecimento de aparelho telefônico, de rádio ou similar, que permita a comunicação com outros presos ou com o ambiente externo. 2. No caso, aplicação da falta grave ao paciente decorreu da apreensão de um fone de ouvido para aparelho celular, o que não se amolda às hipóteses previstas no art. 50, VII, acrescentado à LEP. 3. Ordem concedida. (STJ, *HC* n. 139.075/SP, 6ª T., rel. Min. Og Fernandes, j. 17.12.2009)

Falta grave. Definição. Somente por intermédio de lei federal

Habeas corpus. Execução penal. Posse de fone de ouvido. Falta grave descrita em resolução estadual. Impossibilidade. Inteligência do art. 49 da LEP. Legislador local pode especificar tão somente faltas leves e médias. Ausência de previsão na legislação federal. Art. 50, VII, da LEP. Fone de ouvido não é componente essencial para utilização de aparelho celular. 1. Nos termos do art. 49 da LEP, não é possível o legislador local estipular falta disciplinar de natureza grave, a ela cabendo, tão somente, a especificação das faltas médias e leves. *In casu*, o acórdão impugnado reconheceu a falta grave com suporte à Resolução Estadual n. 113/2003. Ademais, a posse de fone de ouvido para celular não se amolda na condutas previstas no inciso VII do art. 50 da LEP, como falta grave, mesmo porque o fone de ouvido não é componente necessário para a utilização de aparelho celular ou para a comunicação com outros presos ou com o ambiente externo. [...] 3. Ordem concedida para, cassando o acórdão impugnado, restabelecer a decisão do juízo das execuções criminais. (STJ, *HC* n. 150.813/SP, 5ª T., rel. Min. Laurita Vaz, j. 28.09.2010)

Habeas corpus. 2. Execução Penal. 3. Falta disciplinar grave. 4. Fixação de nova data-base para obtenção de benefícios executórios. Possibilidade. Precedentes.

5. Constrangimento não configurado. 6. Ordem denegada. (STF, *HC* n. 102.652/RS, 2ª T., rel. Min. Gilmar Mendes, j. 29.06.2010)

Falta grave. Caracterização. Introdução em presídio de componentes (*chips*) de aparelhos celulares

Pena. Execução. Falta grave. Art. 50, VII, da LEP. O disposto no inciso VII do art. 50 da LEP alcança a introdução de *chips* de telefone celular em penitenciária. (STF, *HC* n. 99.896/RS, 1ª T., rel. Min. Marco Aurélio, j. 23.11.2010)

Habeas corpus. Execução penal. Falta disciplinar de natureza grave. Posse de dois *chips* de aparelho de telefone celular. Caracterização. Teleologia da norma. Proibição da posse do telefone e seus componentes. Ordem denegada. 1. A LEP (Lei n. 7.210/84) institui um amplo sistema de deveres, direitos e disciplina carcerários. O tema que subjaz a este *habeas corpus* diz com tal sistema, especialmente com as disposições normativas atinentes à disciplina penitenciária. Disciplina que o legislador entende ofendida sempre que o condenado "tiver em sua posse, utilizar ou fornecer aparelho telefônico, de rádio ou similar, que permita a comunicação com outros presos ou com o ambiente externo" (inciso VII do art. 50 da LEP). 2. Em rigor de interpretação jurídica, o que se extrai da LEP é a compreensão de que o controle estatal tem de incidir sobre o aparelho telefônico, mas na perspectiva dos seus componentes. É dizer: a Lei n. 11.466/2007 encampou a lógica finalística de proibir a comunicação a distância intra e extramuros. Pelo que a posse de qualquer artefato viabilizador de tal comunicação faz a norma incidir de pleno direito. 3. Tal maneira de orientar a discussão não implica um indevido alargamento da norma proibitiva. Norma que faz menção expressa à posse, ao uso e ao fornecimento de "aparelho telefônico, de rádio ou similar". E o fato é que o *chip* faz parte da compostura operacional do telefone celular. Não tem outra serventia senão a de se acoplar ao aparelho físico em si para com ele compor uma unidade funcional. Donde se concluir que o referido artefato nem sequer é de ser tratado como mero acessório do aparelho telefônico, sabido que acessório é aquilo "que se junta ao principal, sem lhe ser essencial; detalhe, complemento, achega". Ele se constitui em componente do aparelho e com ele forma um todo operacional pró-indiviso. 4. Ordem denegada, cassada a liminar. (STF, *HC* n. 105.973/RS, 2ª T., rel. Min. Ayres Britto, j. 30.11.2010)

Falta grave. Caracterização. Fuga do preso

Habeas corpus. Execução penal. Saída do paciente para tratamento de dependência química em estabelecimento médico. Fuga reiterada. Falta grave caracterizada. Regressão ao regime fechado. 1. Caracteriza falta grave a justificar regressão ao regime fechado a fuga reiterada do paciente que se encontrava internado em estabelecimento médico para tratamento de dependência química. 2. *Habeas corpus* denegado. (STF, *HC* n. 97.980/RS, 1ª T., rel. Min. Marco Aurélio, j. 23.02.2010)

Falta grave. Caracterização. Fuga de clínica de tratamento de substância química

Habeas corpus. Execução penal. Saída do paciente para tratamento de dependência química em estabelecimento médico. Fuga reiterada. Falta grave caracterizada. Regressão ao regime fechado. 1. Caracteriza falta grave a justificar regressão ao regime fechado a fuga reiterada do paciente que se encontrava internado em estabelecimento médico para tratamento de dependência química. 2. *Habeas corpus* denegado. (STF, *HC* n. 97.980/RS, 1ª T., rel. p/ ac. Min. Dias Toffoli, j. 23.02.2010)

Falta grave. Princípio do contraditório e da ampla defesa

Recurso extraordinário. 2. Execução criminal. Progressão de regime. 3. Processo administrativo disciplinar para apurar falta grave e determinar a regressão do regime de cumprimento da pena. Inobservância dos princípios do contraditório e da ampla defesa. 4. Recurso conhecido e provido. (STF, REsp n. 398.269/RS, 1ª T., rel. Min. Gilmar Mendes, j. 15.12.2009)

Falta grave. Caracterização. Interpretação extensiva

Habeas corpus. Execução penal. Posse de bebida alcoólica. Falta grave. Ausência de previsão legal. Impossibilidade. 1. A prática de falta grave, por implicar a restrição de diversos benefícios na execução da pena, tais como a perda de dias remidos e a regressão de regime de cumprimento de pena, deve ser interpretada restritivamente. 2. Assim, as hipóteses previstas pela LEP, em seu art. 50, não possibilitam interpretação extensiva ou complementar a fim de se acrescer condutas que lá não estão previstas – trata-se de hipóteses taxativas. 3. Segundo a jurisprudência deste Tribunal, o comportamento implementado pelo paciente – posse de bebida alcoólica – não pode ser considerado falta grave. 4. Ordem concedida para cancelar a anotação de falta grave dos assentos do paciente e determinar que não seja interrompido a contagem dos prazos para a aquisição dos benefícios da execução. (STJ, *HC* n. 172.551/SP, 6ª T., rel. Min. Og Fernnades, j. 02.08.2012)

Habeas corpus. Execução penal. Falta grave. Conduta não prevista na LEP. Coação ilegal. Ordem concedida. a) Se a conduta praticada pelo agente não está prevista na Lei de Execução Penal, não pode ele ser punido por prática de falta disciplinar grave, sob pena de afronta ao princípio da legalidade. b) O executado é advogado e exerce essa função, pelo que sua ida a outra comarca, para atender a um detento, não configura falta grave. c) Ordem concedida, para cancelar a anotação de falta grave no prontuário do paciente, com restabelecimento dos benefícios do regime prisional semiaberto, dias remidos e autorização de trabalho externo. (STJ, *HC* n. 141.127, 6ª T., rel. Min. Celso Limongi [Desembargador convocado TJSP], j. 04.02.2010)

Superveniência de doença mental

Art. 41. O condenado a quem sobrevém doença mental deve ser recolhido a hospital de custódia e tratamento psiquiátrico ou, à falta, a outro estabelecimento adequado.

1. COMENTÁRIO

O instituto da medida de segurança será analisado, mais acuradamente, nos comentários aos arts. 96 a 99 deste Código. Obviamente, se no curso da pena, o condenado for acometido de doença mental, inviável sua manutenção nos locais prisionais comuns, sujeitando-se, pois, a tratamento psiquiátrico em hospital de custódia apropriado a sua nova condição psicológica (nesse sentido também, o art. 108, LEP). Na falta de hospital psiquiátrico próprio, o condenado será transferido a estabelecimento médico apropriado, inclusive nosocômio pertencente à rede pública, embora não integrante da administração penitenciária.

O cotidiano, no entanto, nos revela outra injusta realidade, tendo em vista não só a falta de hospitais psiquiátricos penitenciários, mas sobretudo a ausência de vagas naqueles existentes. Nesse caso, conforme o art. 59 das Regras Mínimas para o Tratamento do Preso no Brasil, Resolução n. 14/94 do Conselho Nacional de Política Criminal e Penitenciária, é possível a manutenção da pessoa condenada, com transtornos mentais, em estabelecimento prisional comum durante o tempo necessário à sua transferência.

Detração

Art. 42. Computam-se, na pena privativa de liberdade e na medida de segurança, o tempo de prisão provisória, no Brasil ou no estrangeiro, o de prisão administrativa e o de internação em qualquer dos estabelecimentos referidos no artigo anterior.

1. COMENTÁRIO

A intenção é que seja cumprida a pena, nos exatos termos da condenação, ou seja, nem um dia a mais, nem um dia a menos, aproveitando-se, portanto, o período do encarceramento antecipado em razão de **prisão em flagrante, temporária** ou **preventiva**, no Brasil ou no estrangeiro. A premissa se repete nos casos de necessária **internação cautelar** (imposta aos inimputáveis),[56] e também **prisão administrativa** (hoje se resumem aos casos de deportação e expulsão, os quais também serão considerados para fins deste instituto).

Aliás, conforme redação do art. 387, § 2º, do CPP (cuja redação original fora alterada pela Lei n. 12.736/2012), o juiz deverá apreciar este tempo de prisão antecipada, no momento da sentença, para fins de estabelecer o regime inicial. Nada impede, entretanto, que nova apreciação seja realizada pelo juiz da Vara das Execuções, caso não tenha sido feita em momento anterior ou nos casos já afeitos à sua competência ocorridos, obviamente, antes do advento dessa nova regra. Aliás, tal disposição legal está em consonância com o art. 112 da LEP, antecipando, apenas, os poderes para definição do regime prisional adequado ao juiz sentenciante, inclusive, considerando eventual possibilidade de progressão prisional.

Merecem destaque, finalmente, decisões dos Tribunais Superiores que reconhecem o direito de indenização pela prisão provisória indevida (STF, RE n. 385.943, rel. Min. Celso de Mello, j. 15.12.2009; STJ, REsp n. 802.435/PE, 1ª T., rel. Min. Luiz Fux, j. 19.10.2006; STJ, REsp n. 872.630/RJ, 1ª T., rel. Min. Francisco Falcão, rel. p/ac. Min. Luiz Fux, j. 13.11.2007), muito embora não o faça quando o agente for absolvido por ausência de provas, mas a prisão provisória tiver sido legalmente fundamentada (STJ, REsp n. 911.641/MS, 2ª T., rel. Min. Eliana Calmon, j. 07.05.2009).

2. JURISPRUDÊNCIA

2.1. Súmula

Súmula n. 716, STJ: "Admite-se a progressão de regime de cumprimento de pena ou a aplicação imedia-

56 A internação cautelar, como inequívoca espécie de penalização antecipada, exige os mesmos requisitos do art. 312 do CPP, devendo ser impostas excepcionalmente – STF: *HC* n. 84.078/MG, *DJe* 26.02.2010; *HC* n. 98.166/MG, *DJe* 18.06.2009; *HC* n. 90.226/SP, *DJe* 14.05.2009. STJ: *HC* n. 103.429/SP, *DJe* 23.03.2009; *HC* n. 148.976/PR, *DJe* 28.06.2010; *HC* n. 226.014/SP, rel. Min. Laurita Vaz, j. 19.04.2012.

ta de regime menos severo nela determinada, antes do trânsito em julgado da sentença".

2.2. Julgados

Detração penal. Art. 42. Rol não taxativo

Habeas corpus. Penal. Medida cautelar de recolhimento noturno, aos finais de semana e demais dias não úteis (fiscalizada, na espécie, por monitoração eletrônica). Detração. Princípio da humanidade. Especial percepção da pessoa presa como sujeito de direitos. Óbice à detração do tempo de recolhimento domiciliar determinado como medida substitutiva da prisão preventiva. Excesso de execução. Medida cautelar que se assemelha ao cumprimento de pena em regime prisional semiaberto. *Ubi eadem ratio, ibi eadem legis dispositio*. Hipóteses do art. 42 do Código Penal que não são *numerus clausus*. Parecer ministerial acolhido. Ordem de *habeas corpus* concedida. 1. A detração é prevista no art. 42 do Código Penal, segundo o qual se computa, "na pena privativa de liberdade e na medida de segurança, o tempo de prisão provisória, no Brasil ou no estrangeiro, o de prisão administrativa e o de internação em qualquer dos estabelecimentos referidos no artigo anterior". 2. Interpretar a legislação que regula a detração de forma que favoreça o Sentenciado harmoniza-se com o Princípio da Humanidade, que impõe ao Juiz da Execução Penal a especial percepção da pessoa presa como sujeito de direitos. Doutrina. 3. No clássico *Direito e razão*, Ferrajoli esclareceu a dupla função preventiva do Direito Penal. De um lado, há a finalidade de prevenção geral dos delitos, decorrente das exigências de segurança e defesa social. De outro, o Direito Penal visa também a prevenir penas arbitrárias ou desmedidas. Essas duas funções são conexas e legitimam o Direito Penal como instrumento concreto para a tutela dos direitos fundamentais, ao definir concomitantemente dois limites que devem minimizar uma dupla violência: a prática de delitos é antijurídica, mas também o é a punição excessiva. 4. O óbice à detração do tempo de recolhimento noturno e aos finais de semana determinado com fundamento no art. 319 do Código de Processo Penal sujeita o Apenado a excesso de execução, em razão da limitação objetiva à liberdade concretizada pela referida medida diversa do cárcere. 5. A medida diversa da prisão que impede o Acautelado de sair de casa após o anoitecer e em dias não úteis assemelha-se ao cumprimento de pena em regime prisional semiaberto. Se nesta última hipótese não se diverge que a restrição da liberdade decorre notadamente da circunstância de o Agente ser obrigado a recolher-se, igual premissa deve permitir a detração do tempo de aplicação daquela limitação cautelar. *Ubi eadem ratio, ibi eadem legis dispositio*: onde existe a mesma razão fundamental, aplica-se a mesma regra jurídica. 6. O Superior Tribunal de Justiça, nos casos em que há a configuração dos requisitos do art. 312 do Código de Processo Penal, admite que a condenação em regime semiaberto produza efeitos antes do trânsito em julgado da sentença (prisão preventiva compatibilizada com o regime carcerário do título prisional). Nessa perspectiva, mostra-se incoerente impedir que a medida cautelar que pressuponha a saída do Paciente de casa apenas para laborar, e durante o dia, seja descontada da reprimenda. 7. Conforme ponderou em seu voto-vogal o eminente Ministro João Otávio de Noronha, o réu submetido a recolhimento noturno domiciliar em dias não úteis – ainda que se encontre em situação mais confortável em relação àqueles a quem se impõe o retorno ao estabelecimento prisional –, "não é mais senhor da sua vontade", por não dispor da mesma autodeterminação de uma pessoa integralmente livre. Assim, em razão da evidente restrição ao *status libertatis* nesses casos, deve haver a detração. 8. Conjuntura que impõe o reconhecimento de que as hipóteses do art. 42 do Código Penal não consubstanciam rol taxativo. 9. A Terceira Seção do Superior Tribunal de Justiça deliberou que a soma das horas de recolhimento domiciliar a que o Paciente foi submetido devem ser convertidas em dias para contagem da detração da pena. Se no cômputo total remanescer período menor que vinte e quatro horas, essa fração de dia deverá ser desprezada. [...]. (STJ, *HC* n. 455.097/PR, 3ª S., rel. Min. Laurita Vaz, j. 14.04.2021, *DJe* 07.06.2021)

Detração. Extinção da punibilidade

[...] Apelação criminal. Ameaças no âmbito das relações domésticas. Sentença condenatória. Pretendida a absolvição por fragilidade probatória ou, subsidiariamente, o abrandamento do regime prisional, a aplicação da detração prevista no art. 387, § 2º, do Código Penal e a extinção da pena [...]. Extinção da punibilidade pelo integral cumprimento da pena privativa de liberdade. Inteligência do art. 42 do Código Penal. Réu que permaneceu preso provisoriamente ao tempo de pena estabelecida. Extintas, outrossim, as medidas protetivas da Lei n. 11.340/2006, porquanto possuem caráter cautelar e se vinculam à ação principal, devendo vigorar apenas quando presente a causa de sua imposição. Recurso parcialmente provido. (TJSP, Ap. n. 0009715-15.2016.8.26.0161, 13ª Câm. de Direito Criminal, rel. Des. Moreira da Silva, j. 29.11.2018, publ. 30.11.2018)

Detração. Contagem. Processo anterior distinto. Possibilidade

Execução penal. Habeas corpus. Detração. Incidência. Impossibilidade. Mesmo período de prisão cautelar já utilizado como detração da pena de uma execução ser utilizado para aplicar a detração em outra execução em curso. Imposibilidade. Bis in idem flagrante ilegalidade. Ordem denegada. 1. É admitida a detração em relação a fato diverso daquele que deu azo à prisão processual; contudo, somente em relação a delitos anteriores à segregação provisória, sob risco de se criar uma espécie de crédito contra a Justiça Criminal. Precedentes. (STJ, HC n. 422.310/DF, 6ª T., Min Maria Thereza Assis Moura, j. 19.04.2018, *DJe* 11.05.2018)

Habeas corpus. Execução penal. Detração. Arts. 42 do CP e 111 da LEP. Cômputo de tempo. Crime posterior. Impossibilidade. Ordem denegada. 1. É admissível a detração do tempo de prisão processual ordenada em outro processo em que o sentenciado foi absolvido ou declarada a extinção da sua punibilidade, quando a data do cometimento do crime de que trata a execução seja anterior ao período pleiteado. 2. No caso, o delito no qual o impetrante pretende a detração foi praticado em 26.09.2003, portanto, posteriormente à custódia cautelar ocorrida entre 06.04.2003 e 15.08.2003. Logo há óbice à detração, porquanto os arts. 42 do CP e 111 da LEP impedem a aplicação do instituto. 3. Ordem denegada. (STJ, *HC* n. 155.049/RS, 6ª T., rel. Min Celso Limongi [Desembargador convocado TJSP], j. 01.03.2011)

Detração. Contagem. Processo posterior distinto. Impossibilidade

Execução penal. *Habeas corpus*. Detração. Anteriores prisões cautelares em processos distintos. Impossibilidade. 1. À luz do disposto nos arts. 42 do CP e 111 da LEP, somente se admite a detração do tempo de prisão processual ordenada em outro processo em que absolvido o sentenciado ou declarada tenha sido a extinção da sua punibilidade, quando a data do cometimento do crime de que trata a execução seja anterior ao período pleiteado (precedentes: *HC* n. 155.049/RS, 6ª T., *DJe* 21.03.2011; *HC* n. 152.366/RS, 5ª T., *DJe* 21.06.2010). 2. Na hipótese dos autos, o fato ilícito que ensejou a condenação do paciente se deu em 14.02.2006, depois, portanto, de suas segregações cautelares (ocorridas nos períodos de 23.11.2003 a 05.08.2004; de 16.12.2005 a 30.12.2005; e de 07.01.2006 a 27.01.2006), pela suposta prática de delitos distintos, não se revelando, assim, merecedora de guarida sua pretensão de detração penal. 3. Ordem denegada. (STJ, *HC* n. 111.807/RS, 6ª T., rel. Min Alderita Ramos de Oliveira [Desembargadora convocada TJPE], j. 09.10.2012)

Detração e progressão. Admissibilidade antes do trânsito em julgado

Habeas corpus. Constitucional. Processual penal. Peculato e gestão fraudulenta. Ausência de fundamentação idônea a justificar a manutenção da prisão preventiva do paciente. Inocorrência. Prisão preventiva devidamente fundamentada na garantia da ordem pública e aplicação da lei penal. Real possibilidade de fuga. Ordem denegada. Progressão de regime. Possibilidade antes do trânsito em julgado. Súmula n. 716/STF. Observância dos requisitos objetivos. Cumprimento de mais de 1/6 da reprimenda. Art. 112 da Lei n. 7.210/84 (LEP). Concessão da ordem de ofício para que juízo competente analise os requisitos subjetivos necessários à obtenção do benefício. [...] 3. Paciente condenado à pena de treze anos de reclusão em regime fechado que se encontra preso preventivamente há dois anos e sete meses. Cumprimento de um sexto da reprimenda corporal. 4. Observados a regra do art. 42 do CP, segundo a qual: "Computam-se, na pena privativa de liberdade e na medida de segurança, o tempo de prisão provisória, no Brasil ou no estrangeiro, o de prisão administrativa e o de internação em qualquer dos estabelecimentos referidos no artigo anterior"; o enunciado da Súmula n. 716/ STF, segundo o qual "admite-se a progressão de regime de cumprimento da pena ou a aplicação imediata de regime menos severo nela determinada, antes do trânsito em julgado da sentença condenatória"; e que o delito praticado pelo paciente não se enquadra no rol dos crimes hediondos – Lei n. 8.072/90 – ou equiparados, a regra objetiva para a progressão no regime prisional é a do art. 112 da LEP, ou seja, o cumprimento de um sexto da pena no regime em que se encontre. 5. Ordem concedida de ofício para que o Juiz competente examine a possibilidade da concessão de progressão de regime. (STF, *HC* n. 98.145/RJ, Pleno, rel. originária Min. Carmen Lúcia, rel. p/ ac. Min. Dias Toffoli, j. 15.04.2010)

Seção II
Das Penas Restritivas de Direitos

Penas restritivas de direitos

Art. 43. As penas restritivas de direitos são:

Caput com redação dada pela Lei n. 9.714, de 25.11.1998.

I – prestação pecuniária;

Inciso acrescentado pela Lei n. 9.714, de 25.11.1998.

II – perda de bens e valores;

Inciso acrescentado pela Lei n. 9.714, de 25.11.1998.

III – (*vetado*)

A pena vetada era a de recolhimento domiciliar.

IV – prestação de serviço à comunidade ou a entidades públicas;

Inciso acrescentado pela Lei n. 7.209, de 11.07.1984, renumerado e com redação dada pela Lei n. 9.714, de 25.11.1998.

V – interdição temporária de direitos;

Inciso acrescentado pela Lei n. 7.209, de 11.07.1984, renumerado e com redação dada pela Lei n. 9.714, de 25.11.1998.

VI – limitação de fim de semana.

Inciso acrescentado pela Lei n. 7.209, de 11.07.1984, renumerado e com redação dada pela Lei n. 9.714, de 25.11.1998.

1. COMENTÁRIO

1.1. Notas introdutórias

Já advertia Manoel Pedro Pimentel: "à epidemia do crime sucede-se a epidemia da pena" ("Crime e pena: problemas contemporâneos". *Revista de Direito Penal*, v. 28, jul./dez. 1979, p. 62).

A Reforma da Parte Geral implementada pela Lei n. 7.209/84 introduziu ao nosso CP a pena restritiva de direitos. Contudo, foi no ano de 1998, mais precisamente com o advento da Lei n. 9.714/98, que se ampliou o rol de modalidades dessa espécie de pena e bem como sua respectiva abrangência (ver art. 44).[57] Um dos substratos normativos que inspiraram essa importante alteração foi, sem dúvida, a definição pela ONU das Regras Mínimas das Nações Unidas para a Elaboração de Medidas Não Privativas de Liberdade, as chamadas Regras de Tóquio, em 1990, cuja finalidade era a criação, nas legislações internas de cada país, de meios mais eficazes de melhoria na prevenção da criminalidade e no tratamento dos delinquentes.

Aliás, o tema "penas alternativas" fora objeto desde a década de 1950 do século passado, de inúmeros Congressos da ONU sobre Prevenção do Crime e Tratamento do Delinquente (Gênova, 1955; Londres, 1960; Kyoto, 1970; Estocolmo, 1975; Gênova, 1975; Caracas, 1980; Milão, 1985; Havana, 1990; Cairo, 1995). A recomendação reiterada era de que o aprisionamento somente deve ser legitimado nas hipóteses de crimes graves e submetidos, apenas, a condenados de intensa periculosidade, ao passo que em se tratando de delitos de menor intensidade, medidas e penas alternativas deveriam ser promovidas.

O cárcere, sem dúvida, revela humilhação infinita, desolação, penumbra mórbida, ambiente miserável, degradante, onde o condenado está sujeito ao perigo de contaminação de inúmeras doenças, ficando exposto, da mesma forma, a todos os tipos de sevícias físicas e sexuais, enfim, aquele sujeito remetido à prisão, na verdade, sofrerá variadas espécies de privações e punições secundárias, que não somente a restrição de sua liberdade física, conforme intencionada pela lei (Jalil, Mauricio Schaun. "A urgência de adoção de novos modelos de punição: uma análise crítica ao instituto jurídico da pena privativa de liberdade". *Revista Panorama da Justiça*, ano IV, n. 29, maio/2001). Essa realidade é notória e incontestável. Assim, o condenado é submetido às influências paralelas, mencionadas anteriormente, desfavoráveis a qualquer esperança de readaptação social, exercendo um efeito deteriorante à personalidade, à autoestima, ao espírito do condenado, entorpece sua autonomia, aniquila seus pensamentos, direciona seus atos e vontades futuras à vingança, torna o preso mais um soldado em potencial, quando do cumprimento de sua pena, a alistar-se no exército de criminosos que povoam as ruas de nossas cidades. A pena privativa de liberdade, portanto, deve ser aplicada somente nas situações concretas em que sua imposição se apresenta como inevitável.

1.2. Dados estatísticos

De acordo com levantamento realizado pelo CNJ, a população carcerária brasileira passou de 800 mil pessoas, desconsideradas nesses dados as centenas de milhares de mandados de prisão expedidos que aguardam o regular cumprimento. Ainda que muitas dessas ordens constritivas se refiram ao mesmo agente, ou até não tenham mais validade, o fato é que, sem dúvida, o número previsto pela estatística oficial em muito seria aumentado, revelando, pois, montante ainda mais assustador.[58] A situação de nosso sistema prisional (superlotação e ausência de condições estruturais satisfatórias), portanto, é estarrecedora. No julgamento da Arguição de Descumprimento de Preceito Fundamental (ADPF) n. 347 e do Recurso Extraordinário n. 841.526/RS, analisados em setembro de 2015 e março de 2016, respectivamente, o Supremo Tribunal Federal, inclusive, considerou que estamos vivendo um "Estado de coisas inconstitucional".

O Sistema Brasileiro de Penas e Medidas Alternativas, que teve seu modelo reconhecido pela

57 Ressaltamos, porém, que a Lei dos Juizados Especiais, n. 9.099/95, contribui também com a implementação de uma política criminal no sentido de estabelecer alternativas ao encarceramento; entre as medidas, destacamos o art. 61, que define os crimes de menor potencial ofensivo, permitindo em tais hipóteses o benefício da transação penal e a suspensão condicional do processo (respectivamente, arts. 76 e 89). Recentemente o CPP, por meio das modificações promovidas pela Lei n. 12.403/2011 no Título IX, mais precisamente no Capítulo V, art. 319, passou a dispor de medidas cautelares alternativas à prisão preventiva.

58 De acordo com levantamento do mesmo CNJ, mostrou-se que no Brasil, atualmente, existem cerca de 192 mil mandados de prisão aguardando cumprimento. Disponível em: https://www.cnj.jus.br/sistema-carcerario/cidadania-nos-presidios; acesso em: 15.03.2023.

ONU como uma das melhores práticas para redução da superlotação carcerária no mundo (conforme 12º Congresso das Nações Unidas sobre Prevenção ao Crime e Justiça Criminal, realizado em abril de 2010 no Japão) nos mostra, por outro lado, panorama com estatísticas bastantes animadoras para o setor. De acordo com os dados, em 2009, 671.068 pessoas cumpriram penas alternativas, e 473 mil se submeteram ao cárcere,[59] ou seja, o sistema criminal já vislumbra, há alguns anos, as alternativas ao aprisionamento como uma nova forma de aplicar a lei penal, mais condizente para o estágio atual de nossa sociedade com vistas, inclusive, a um futuro melhor. Segundo referido departamento, a reincidência entre aqueles que cumprem as penas alternativas apresenta níveis consideravelmente baixos, reforçando a adoção de tais medidas. Segundo o Ministério da Justiça, "este número" (de pessoas que cumpriram penas alternativas) "é 20% maior se comparado ao número de pessoas que cumpriram o mesmo tipo de pena em 2008, que foi de 558.830 pessoas. Os números demonstram o crescimento dessa modalidade de pena no país. Em 1995, pouco mais de 80 mil pessoas cumpriam penas alternativas.[60]

1.3. Cenário institucional brasileiro

Em setembro de 2000 foi criado, de forma inovadora, o primeiro Programa Nacional de Apoio às Penas Alternativas como diretriz do Conselho Nacional Política Criminal e Penitenciária (CNPCP), executado pela gerência da Central Nacional de Apoio e Acompanhamento às Penas e Medidas Alternativas (Cenapa), subordinada à Secretaria Nacional de Justiça (Ministério da Justiça), com intuito de estimular as penas e medidas alternativas.

No ano de 2002, em fevereiro, o Cenapa constituiu a Comissão Nacional de Apoio às Penas e Medidas Alternativas (Conapa), por meio da Portaria Ministerial n. 153/2002 (Ministério da Justiça), grupo este composto de juízes de direito, promotores de justiça, defensores e técnicos com experiência e conhecimento especializado na execução de penas alternativas. Em maio, foi realizado o 1º Ciclo de Capacitações Regionais sobre Monitoramento e Fiscalização de Penas e Medidas Alternativas. No final do mesmo ano foi editado o Manual de Monitoramento das Penas e Medidas Alternativas, pelo Cenapa.[61]

Em 2005, ocorre o I Congresso Nacional de Execução de Penas e Medidas Alternativas. Em julho de 2006, é criada a reestruturação do Departamento Penitenciário Nacional (Depen): a Coordenação Geral de Fomento ao Programa de Penas e Medidas Alternativas (CGPMA), com o objetivo de fomentar, ainda mais, a política criminal nacional relativa à adoção e aplicação de medidas alternativas à prisão.

A I Conferência Nacional de Segurança Pública (Conseg),[62] realizada em 2009, precedida pelo VI Congresso Nacional de Execução de Penas e Medidas Alternativas, no mesmo ano, tiveram como escopo principal o problema penitenciário brasileiro, com vistas à promoção de outras formas de resposta à violência e à criminalidade, atentos à insustentabilidade da plataforma predominante de resolver os ditos problemas apenas com a construção de estabelecimentos penais. Os resultados advindos de tais eventos serviram de preparativos para participação de nosso país no XII Congresso Mundial de Prevenção ao Crime e Justiça Criminal, ocorrido em 2010.[63]

59 Disponível em: http://mj.jusbrasil.com.br/noticias/2153085/sistema-de-penas-alternativas-e-referencia-para-outros-paises; acesso em: 10.11.2015.

60 Revista *Veja*, edição 2022, n. 33. São Paulo, Abril, 22.08.2007.

61 Referido documento fora aprovado pelo Conselho Nacional de Política Criminal e Penitenciária e pela Comissão Nacional de Apoio às Penas e Medidas Alternativas, e distribuído por intermédio do Ministério da Justiça, a todas as unidades da Federação.

62 De tal colóquio, foi produzido um documento final do qual merecem destaque o Princípio n. 7 ("Reconhecer a necessidade de reestruturação do sistema penitenciário, tornando-o mais humanizado e respeitador das identidades, com capacidade efetiva de ressocialização dos apenados, garantindo legitimidade e autonomia a sua gestão, privilegiando formas alternativas à privação da liberdade e incrementando as estruturas de fiscalização e monitoramento") e a Diretriz n. 22 ("Priorizar na agenda política, administrativa e financeira dos governos para a estruturação de um Sistema Nacional de Penas e Medidas Alternativas, criando estruturas e mecanismos nos Estados e o Distrito Federal, no âmbito do Executivo, estruturando e aparelhando os Órgãos da Justiça Criminal e priorizando as Penas e Medidas Alternativas, a Justiça restaurativa e a Mediação de Conflitos").

63 Do sítio eletrônico do Ministério da Justiça podemos consultar as Normas e Princípios das Nações Unidas sobre Prevenção ao Crime e Justiça Criminal, disponíveis em: http://www.unodc.org/documents/justice-and-prison-reform/projects/UN_Standards_and_Norms_CPCJ_-_Portuguese1.pdf; acesso em: 01.02.2013. Durante a XXXVIII Reunião de Ministros da Justiça do Mercosul e Estados Associados, no dia 23.11.2012, foram assinados, entre outros diplomas, a Declaração sobre as Regras Mínimas para o Tratamento de Reclusos e o Acordo Interinstitucional de Criação de Grupo Ad Hoc ou Específico para o Desenvolvimento de Políticas e Projetos de Melhoria do Sistema Prisional no Mercosul e Estados Associados. Tais documentos representam, sem dúvida, o posicionamento equâ-

Aliás, a despeito de inúmeras e severas críticas externadas outrora por parte da ONU, sobretudo quanto às condições desumanas de nossas prisões, a convite dessa mesma organização, e levando em consideração os resultados favoráveis obtidos nos últimos anos pelo nosso país, o Brasil irá replicar em países da África, América Latina e Ásia sua experiência no âmbito das penas e medidas alternativas.

O desafio maior acerca das penas alternativas é, em primeiro lugar, assegurar mecanismos e estruturas que possibilitem o cumprimento efetivo de tais medidas, confirmando sua legitimidade como resposta estatal adequada, afastando, pois, o sentimento de impunidade ainda existente na opinião pública. Portanto, o monitoramento e a fiscalização assumem uma dimensão enorme, configurando alicerces fundamentais na configuração desse sistema.

A Resolução n. 288/2019 do CNJ propõe uma política institucional a ser desenvolvida pelo Poder Judiciário na execução das seguintes medidas alternativas à prisão (art. 2º): a) penas restritivas de direitos; b) transação penal e suspensão condicional do processo; c) suspensão condicional da pena privativa de liberdade; d) conciliação, mediação e técnicas de justiça restaurativa; e) medidas cautelares diversas da prisão; f) medidas protetivas de urgência. Essas alternativas penais têm as seguintes finalidades (art 3º): I – a redução da taxa de encarceramento mediante o emprego restrito da privação de liberdade, na forma da lei; II – a subsidiariedade da intervenção penal; III – a presunção de inocência e a valorização da liberdade; IV – a proporcionalidade e a idoneidade das medidas penais; V – a dignidade, a autonomia e a liberdade das partes envolvidas nos conflitos; VI – a responsabilização da pessoa submetida à medida e a manutenção do seu vínculo com a comunidade; VII – o fomento a mecanismos horizontalizados e autocompositivos, a partir de soluções participativas e ajustadas às realidades das partes; VIII – a restauração das relações sociais, a reparação dos danos e a promoção da cultura da paz; IX – a proteção social das pessoas em cumprimento de alternativas penais e sua inclusão em serviços e políticas públicas; X – o respeito à equidade e às diversidades; XI – a articulação entre os órgãos responsáveis pela execução, aplicação e acompanhamento das alternativas penais; e XII – a consolidação das audiências de custódia e o fomento a outras práticas voltadas à garantia de direitos e à promoção da liberdade. Oportuno que, conforme dispõe o art. 8º da resolução mencionada, "as informações sobre aplicação e execução das alternativas penais serão mantidas e atualizadas em sistema informatizado, pelos magistrados e servidores do Poder Judiciário, garantido o acesso ao cumpridor das medidas, ao Ministério Público, à Defensoria Pública e ao serviço de acompanhamento das alternativas penais instituído no âmbito do Poder Executivo".[64] O incentivo e o apoio por parte do Depen à ampliação de Núcleos de Acompanhamento das Penas e Medidas Alternativas e Núcleos de Defesa dos Presos Provisórios se materializam por intermédio de repasse de recursos financeiros aos Tribunais Estaduais, Ministérios Públicos e Defensorias Públicas.[65]

Em dezembro de 2011, foi criada, no âmbito do Ministério da Justiça, por meio da Portaria n. 2.594 de 24 de novembro, a Estratégia Nacional de Alternativas Penais (Enape), cujo objetivo é fomentar a política e a criação de estruturas de acompanhamento à execução das alternativas penais nos estados e municípios. A coordenação é realizada pelo Depen.[66]

nime dos membros do bloco quanto a um sistema de justiça penal eficaz, justo e respeitador dos direitos humanos. O mencionado grupo terá como incumbência inicial realizar um mapeamento e diagnóstico inicial do sistema carcerário dos países associados e os que integram o Mercosul, baseados nas informações emitidas por cada país.

64 A Resolução n. 06/2009 do Conselho Nacional de Política Criminal e Penitenciária, em seu art. 1º, propõe "como diretriz de política criminal e penitenciária que o controle penal qualitativo das penas e medidas alternativas à prisão (especialmente as restritivas de direitos), para garantir a segurança jurídica necessária, adote o modelo de descentralização de monitoramento psicossocial, por meio de Varas Especializadas, Centrais e Núcleos de Penas e medidas alternativas à prisão, dotado de equipe multidisciplinar integrada por psicólogo, assistente social, pedagogo e outros profissionais cuja área do conhecimento seja afeta a execução de penas e medidas alternativas à prisão".

65 A Portaria n. 152, de abril de 2012, do Depen "estabelece novos procedimentos, critérios e prioridades para a concessão de financiamento de projetos para criação de núcleos de acompanhamento das penas e medidas alternativas e núcleos de apoio aos presos provisórios, com recursos provenientes deste órgão".

66 Disponível em: www.justica.gov.br/seus-direitos/politica-penal/politicas-2/alternativas-penais-anexos/2011 portaria2594-1.pdf/view; acesso em: 26.01.2013. No mesmo ano, visando incrementar cada vez mais a aplicação de medidas alternativas à prisão, o CNJ edita a Portaria n. 46/2011, que cria o Grupo de Trabalho de Juízes de Varas de Penas e Medidas Alternativas.

No sítio eletrônico do Ministério da Justiça (www.mj.gov.br) está disponibilizada a "Rede Social", composta por instituições cadastradas pelas Varas e Centrais para aplicação de Penas e Medidas Alternativas, elencadas de acordo com cada Estado da Federação e do Distrito Federal.

É certo que, nos últimos anos, nosso país avança com uma acertada política de implementação de novos modelos punitivos como via alternativa ao encarceramento (em respeito, sobretudo, ao disposto no art. 5º, XLVI, *d* e *e*, CF). Outras tantas propostas, como a rediscussão sobre o papel da vítima no modelo de atuação do sistema de Justiça criminal e a criação de mecanismos diversificados de resolução de conflitos como mediação e Justiça restaurativa, merecem especial atenção por parte dos nossos poderes constituídos, sobretudo em razão de experiências positivas já constatadas. A política de alternativas penais é, sem dúvida alguma, uma política de Segurança Pública e de Justiça, que deve ser encarada pelos níveis governamentais, respeitando-se suas respectivas atribuições,[67] mas com um único ideal: um horizonte mais alentador.

Art. 44. As penas restritivas de direitos são autônomas e substituem as privativas de liberdade, quando:

I – aplicada pena privativa de liberdade não superior a 4 (quatro) anos e o crime não for cometido com violência ou grave ameaça à pessoa ou, qualquer que seja a pena aplicada, se o crime for culposo;

Inciso com redação dada pela Lei n. 9.714, de 25.11.1998.

II – o réu não for reincidente em crime doloso;

Inciso com redação dada pela Lei n. 9.714, de 25.11.1998.

III – a culpabilidade, os antecedentes, a conduta social e a personalidade do condenado, bem como os motivos e as circunstâncias indicarem que essa substituição seja suficiente.

Inciso com redação dada pela Lei n. 9.714, de 25.11.1998.

§ 1º *(Vetado.)*

Parágrafo acrescentado pela Lei n. 9.714, de 25.11.1998.

§ 2º Na condenação igual ou inferior a 1 (um) ano, a substituição pode ser feita por multa ou por uma pena restritiva de direitos; se superior a 1 (um) ano, a pena privativa de liberdade pode ser substituída por uma pena restritiva de direitos e multa ou por duas restritivas de direitos.

Parágrafo acrescentado pela Lei n. 9.714, de 25.11.1998.

§ 3º Se o condenado for reincidente, o juiz poderá aplicar a substituição, desde que, em face de condenação anterior, a medida seja socialmente recomendável e a reincidência não se tenha operado em virtude da prática do mesmo crime.

Parágrafo acrescentado pela Lei n. 9.714, de 25.11.1998.

§ 4º A pena restritiva de direitos converte-se em privativa de liberdade quando ocorrer o descumprimento injustificado da restrição imposta. No cálculo da pena privativa de liberdade a executar será deduzido o tempo cumprido da pena restritiva de direitos, respeitado o saldo mínimo de 30 (trinta) dias de detenção ou reclusão.

Parágrafo acrescentado pela Lei n. 9.714, de 25.11.1998.

§ 5º Sobrevindo condenação a pena privativa de liberdade, por outro crime, o juiz da execução penal decidirá sobre a conversão, podendo deixar de aplicá-la se for possível ao condenado cumprir a pena substitutiva anterior.

Parágrafo acrescentado pela Lei n. 9.714, de 25.11.1998.

---

1. COMENTÁRIO

A **autonomia** da pena restritiva de direito implica que essa espécie de sanção, como regra geral, não pode ser cumulada com pena privativa de liberdade (embora possa sê-lo com outra pena restritiva de direito e com uma multa – art. 44, § 2º). Exceções, no entanto, existem na legislação penal especial: Código do Consumidor – Lei n. 8.078/90 (art. 78); Código de Trânsito – Lei n. 9.503/97 (arts. 302, 303, 306, 307 e 308).

Referida característica (autonomia), aliás, possui íntima ligação com outra: a **substitutividade**, isto é, sua qualidade de medida alternativa à privação de liberdade impossibilita, pois, a cumulação com esta última espécie de reprimenda. Ressaltamos, contudo, que a substituição comentada não é direito subjetivo do réu; ao contrário, é necessário verificar-se, no caso concreto, os requisitos de ordem objetiva e subjetiva.

1.1. Requisitos

a) objetivos – **a.1)** limite temporal da pena privativa de liberdade aplicada: se crime culposo, qualquer que seja a pena, se doloso até 4 anos;[68] **a.2)** crime sem violência ou grave ameaça;

---

67 Na página eletrônica do Ministério da Justiça estão definidas as atribuições dos governos federal, estadual e municipal.

68 Existem outros critérios quantitativos na legislação especial, por exemplo, na Lei dos Crimes Ambientais (art. 7º, I, Lei

b) subjetivos – circunstâncias favoráveis do art. 59: "culpabilidade, os antecedentes, a conduta social e a personalidade do condenado, bem como os motivos e as circunstâncias indicarem que essa substituição seja suficiente".

1.2. Início de cumprimento

Após o trânsito em julgado da sentença penal condenatória, o Juiz da execução, de ofício ou a requerimento do Ministério Público, promoverá a execução, podendo, para tanto, requisitar, quando necessário, a colaboração de entidades públicas ou solicitá-la a particulares (art. 147, LEP).

1.3. Crimes hediondos e equiparados

É possível a substituição mesmo em caso de crimes hediondos e equiparados, conforme reiteradas decisões do Supremo (ver decisão do Plenário desse Tribunal nos autos do *HC* n. 97.256/RS acerca da inconstitucionalidade da vedação de penas restritivas de direitos a envolvidos em tráfico, a qual fundamentou, inclusive a Resolução n. 05/2012 do Senado[69]), tratando-se de matéria já pacificada pela jurisprudência.

1.4. Conversão

1.4.1. Em desfavor ao condenado

A pena restritiva de direito impõe ao condenado a observância de algumas determinações legais, as quais, se não respeitadas, acarretarão uma série de graves consequências: a conversão em desfavor do apenado.

Essa pena alternativa será convertida em pena privativa de liberdade quando: a) o condenado não for localizado por estar em lugar incerto e não sabido, ou desatender a intimação por edital;[70] b) não comparecer, injustificadamente, à entidade ou programa em que deva prestar serviço; c) recusar-se, injustificadamente, a prestar o serviço que lhe foi imposto; d) praticar falta grave; e) sofrer condenação por outro crime à pena privativa de liberdade, cuja execução não tenha sido suspensa (art. 181, § 1º, LEP).

No caso de **interdição temporária de direitos**, se o condenado descumprir sua proibição de exercer determinada atividade ou direito que lhe foi vedado, ou ainda não for localizado por estar em lugar incerto e não sabido, ou desatender a intimação por edital e, por fim, sofrer condenação por outro crime à pena privativa de liberdade, cuja execução não tenha sido suspensa (art. 181, § 3º, LEP), também acarretará conversão a que alude o parágrafo anterior.

1.4.2. Favorável ao condenado

Por outro lado, o art. 180 da LEP define, em benefício ao condenado, hipóteses em que a pena privativa de liberdade (não superior a dois anos) será convertida em restritiva de direitos se o condenado, cumulativamente: a) estiver em regime aberto; b) já tenha sido cumprido pelo menos 1/4 (um quarto) da pena; c) e os antecedentes e a personalidade do condenado indiquem ser a conversão recomendável.

Contudo, na prática, muitas vezes, em caso de condenação a pena não superior a dois anos, o juiz na sentença aplica a suspensão condicional da pena (*sursis* – art. 77, CP) ou, ainda, substitui a pena privativa por restritiva de direito, o que torna de pouca aplicabilidade a regra mencionada no parágrafo anterior.

1.5. Superveniência de doença mental

Na hipótese de o condenado, durante o regular cumprimento da pena restritiva que lhe foi imposta, for acometido de qualquer perturbação ou doença mental, poderá ter sua reprimenda substituída por medida de segurança (art. 183, LEP).

2. JURISPRUDÊNCIA

2.1. Súmulas

Súmula n. 493, STJ: "É inadmissível a fixação de pena substitutiva (art. 44 do CP) como condição especial ao regime aberto".

n. 9.605/98 – possibilidade de substituição da pena privativa inferior a quatro anos).

69 Tal ato normativo, editado em 15.02.2012, traz em seu art. 1º a seguinte redação: "Art. 1º É suspensa a execução da expressão 'vedada a conversão em penas restritivas de direitos' do § 4º do art. 33 da Lei n. 11.343, de 23.08.2006, declarada inconstitucional por decisão definitiva do Supremo Tribunal Federal nos autos do *HC* n. 97.256/RS".

70 Esta regra destina-se a contemplar os casos em que o réu, durante todo o processo comparece regularmente aos atos processuais pelos quais fora intimado, mas uma vez condenado, muda de endereço ou desaparece no intento de eximir-se da execução da pena imposta. O STF entende que, nesses casos, a conversão sem prévia oitiva do condenado não viola a ampla defesa nem o contraditório, pois é o réu quem viola o princípio da boa-fé objetiva, sujeitando-se, assim, à referida consequência (conversão) (STF, *HC* n. 92.012/SP, 2ª T., rel. Min. Ellen Gracie, j. 10.06.2008).

Súmula n. 588, STJ: "A prática de crime ou contravenção penal contra a mulher com violência ou grave ameaça no ambiente doméstico impossibilita a substituição da pena privativa de liberdade por restritiva de direitos".

Súmula n. 643, STJ: A execução da pena restritiva de direitos depende do trânsito em julgado da condenação.

2.2. Julgados

Pena privativa de liberdade. Substituição. Restritiva de direito

[...] Registrou que, em pequenas comunidades, a substituição da pena privativa de liberdade por medida restritiva de direito, a permitir que as pessoas vejam onde está sendo cumprida, tem valor simbólico e pedagógico maior do que a fixação do regime semiaberto ou aberto [...]. (STF, *HC* n. 137.217/MG, 1ª T., rel. Min. Marco Aurélio, red. p/ ac. Min. Alexandre de Moraes, j. 28.08.2018)

Pena privativa de liberdade. Substituição. Restritiva de direito. Grave ameaça. Impossibilidade

[...] Apelação criminal. Ameaças no âmbito das relações domésticas. Sentença condenatória. Pretendida a absolvição por fragilidade probatória ou, subsidiariamente, o abrandamento do regime prisional, a aplicação da detração prevista no art. 387, § 2º, do Código Penal e a extinção da pena. [...] Maior reprovabilidade da conduta do agente. Agente que admitiu ser pessoa agressiva e violenta e ameaçou vítima grávida de 6 (seis) semanas, no momento em que esta buscava atendimento médico [...]. Incabível a substituição da privativa por restritiva de direitos, ante a expressa proibição legal (art. 44, I, CP), tendo em vista que os delitos se deram mediante ameaça à pessoa [...]. (TJSP, Ap. n. 0009715-15.2016.8.26.0161, 13ª Câm. de Direito Criminal, rel. Des. Moreira da Silva, j. 29.11.2018, publ. 30.11.2018)

Substituição da pena privativa de liberdade por restritivas de direitos. Art. 44, § 3º, do Código Penal. Definição do conceito de reincidência específica. Nova prática do mesmo crime. Vedação à analogia *in malam partem*. Medida socialmente recomendável. Condenação anterior. Necessidade de aferição

Penal e processual penal. Agravo regimental no agravo em recurso especial. Receptação. Substituição da pena privativa de liberdade por restritivas de direitos. Art. 44, § 3º, do CP. Definição do conceito de reincidência específica, para os fins deste dispositivo: nova prática do mesmo crime. Vedação à analogia *in malam partem*. No caso concreto, inviabilidade da substituição. Medida não recomendável. Agravo regimental desprovido. 1. Consoante o art. 44, § 3º, do CP, o condenado reincidente pode ter sua pena privativa de liberdade substituída por restritiva de direitos, se a medida for socialmente recomendável e a reincidência não se operar no mesmo crime. 2. Conforme o entendimento atualmente adotado pelas duas Turmas desta Terceira Seção – e que embasou a decisão agravada –, a reincidência em crimes da mesma espécie equivale à específica, para obstar a substituição da pena. 3. Toda atividade interpretativa parte da linguagem adotada no texto normativo, a qual, apesar da ocasional fluidez ou vagueza de seus termos, tem limites semânticos intransponíveis. Existe, afinal, uma distinção de significado entre "mesmo crime" e "crimes de mesma espécie"; se o legislador, no particular dispositivo legal em comento, optou pela primeira expressão, sua escolha democrática deve ser respeitada. 4. Apesar das possíveis incongruências práticas causadas pela redação legal, a vedação à analogia *in malam partem* impede que o Judiciário a corrija, já que isso restringiria a possibilidade de aplicação da pena substitutiva e, como tal, causaria maior gravame ao réu. 5. No caso concreto, apesar de não existir o óbice da reincidência específica tratada no art. 44, § 3º, do CP, a substituição não é recomendável, tendo em vista a anterior prática de crime violento (roubo). Precedentes das duas Turmas. 6. Agravo regimental desprovido, com a proposta da seguinte tese: a reincidência específica tratada no art. 44, § 3º, do CP somente se aplica quando forem idênticos (e não apenas de mesma espécie) os crimes praticados. (STJ, Ag. Reg. no AREsp n. 1.716.664/SP, 3ª S., rel. Min. Ribeiro Dantas, j. 25.08.2021, *DJe* 31.08.2021)

Conversão de pena restritiva de direito em privativa de liberdade. Não pagamento da pena pecuniária

Agravo em execução. Conversão de penas restritivas de direitos em privativa de liberdade. Decisão que determinou a conversão das penas alternativas em privativa de liberdade, em razão do seu descumprimento injustificado. Recurso buscando a manutenção das penas restritivas de direitos. Impossibilidade. Sentenciado que deixou de cumprir, injustificadamente, as penas restritivas de direitos que lhe foram impostas. Pena pecuniária estabelecida em substituição à reprimenda corporal (art. 43, I, do Código Penal), que, diferentemente da pena de multa, possui natureza jurídica distinta, de modo que aquela pode ser revertida em pena privativa de liberdade, caso descumprida injustificadamente pelo condenado (art. 44, § 4º, do Código Penal). Precedentes do STF. Recurso desprovido. (TJ/SP, Ag. de Exec. Penal n. 0006324-65.2018.8.26.0037, 10ª Câm. de Direito Criminal, rel. Des. Nelson Fonseca Junior, j. 18.10.2018, publ. 22.10.2018)

Conversão de pena restritiva de direito em privativa de liberdade. Não pagamento da pena pecuniária. Arresto de bens. Impossibilidade

Em caso de descumprimento injustificado da pena restritiva de direitos (ex.: prestação pecuniária), o CP prevê, como consequência, a reconversão da pena restritiva de direitos em privativa de liberdade. Logo, o juiz não deve decretar o arresto dos bens do condenado como forma de cumprimento forçado da pena substitutiva. A possibilidade de reconversão da pena já é a medida que, por força normativa, atribui coercividade à pena restritiva de direitos. (STJ, REsp n. 1.699.665/PR, 6ª T., rel. Min. Maria Thereza de Assis Moura, j. 07.08.2018)

Conversão de pena restritiva de direito em privativa de liberdade. Necessidade de prévia intimação pessoal do condenado

Direito penal e processual penal. Procedimento para a conversão da pena restritiva de direitos em privativa de liberdade. É imprescindível a prévia intimação pessoal do reeducando que descumpre pena restritiva de direitos para que se proceda à conversão da pena alternativa em privativa de liberdade. Isso porque se deve dar oportunidade para que o reeducando esclareça as razões do descumprimento, em homenagem aos princípios do contraditório e da ampla defesa. Precedentes citados: *HC* n. 256.036/SP, 5ª T., *DJe* 03.09.2013; *HC* n. 221.404/RJ, 6ª T., *DJe* 23.04.2013. (STJ, *HC* n. 251.312/SP, 5ª T., rel. Min. Moura Ribeiro, j. 18.02.2014, *Inf.* n. 0536)

Penas restritivas de direitos. Crimes hediondos e equiparados. Possibilidade

O processo de individualização da pena é um caminhar no rumo da personalização da resposta punitiva do Estado, desenvolvendo-se em três momentos individuados e complementares: o legislativo, o judicial e o executivo. Logo, a lei comum não tem a força de subtrair do juiz sentenciante o poder-dever de impor ao delinquente a sanção criminal que a ele, juiz, afigurar-se como expressão de um concreto balanceamento ou de uma empírica ponderação de circunstâncias objetivas com protagonizações subjetivas do fato-tipo. Implicando essa ponderação em concreto, a opção jurídico-positiva pela prevalência do razoável sobre o racional; ditada pelo permanente esforço do julgador para conciliar segurança jurídica e justiça material. No momento sentencial da dosimetria da pena, o juiz sentenciante se movimenta com ineliminável discricionariedade entre aplicar a pena de privação ou de restrição da liberdade do condenado e uma outra que já não tenha por objeto esse bem jurídico maior da liberdade física do sentenciado. Pelo que é vedado subtrair da instância julgadora a possibilidade de se movimentar com certa discricionariedade nos quadrantes da alternatividade sancionatória. As penas restritivas de direitos são, em essência, uma alternativa aos efeitos certamente traumáticos, estigmatizantes e onerosos do cárcere. Não é à toa que todas elas são comumente chamadas de penas alternativas, pois esta é mesmo a sua natureza: constituir-se num substitutivo ao encarceramento e suas sequelas. E o fato é que a pena privativa de liberdade corporal não é a única a cumprir a função retributivo-ressocializadora ou restritivo-preventiva da sanção penal. As demais penas também são vocacionadas para esse geminado papel da retribuição-prevenção-ressocialização, e ninguém melhor do que o juiz natural da causa para saber, no caso concreto, qual tipo alternativo de reprimenda é suficiente para castigar e, ao mesmo tempo, recuperar socialmente o apenado, prevenindo comportamentos do gênero. [...] Ordem parcialmente concedida tão somente para remover o óbice da parte final do art. 44 da Lei n. 11.343/2006, assim como da expressão análoga "vedada a conversão em penas restritivas de direitos", constante do § 4º do art. 33 do mesmo diploma legal. Declaração incidental de inconstitucionalidade, com efeito *ex nunc*, da proibição de substituição da pena privativa de liberdade pela pena restritiva de direitos; determinando-se ao Juízo da execução penal que faça a avaliação das condições objetivas e subjetivas da convolação em causa, na concreta situação do paciente (STF, *HC* n. 97.256, rel. Min. Ayres Britto, j. 01.09.2010, Plenário). No mesmo sentido: *HC* n. 102.796, 2ª T., rel. Min. Ellen Gracie, j. 19.04.2011, *DJe* 05.05.2011; *HC* n. 104.764, 1ª T., rel. Min. Dias Toffoli, j. 01.02.2011, *DJe* 28.03.2011; *HC* n. 103.308, 2ª T., rel. Min. Celso de Mello, j. 16.11.2010, *DJe* 23.02.2011; RHC n. 105.409, 2ª T., rel. Min. Joaquim Barbosa, j. 19.10.2010, *DJe* 11.11.2010; *HC* n. 102.351, 1ª T., rel. Min. Cármen Lúcia, j. 21.09.2010, *DJe* 15.10.2010; *HC* n. 104.423, 2ª T., rel. Min. Gilmar Mendes, j. 21.09.2010, *DJe* 08.10.2010; *HC* n. 101.205, 1ª T., rel. Min. Marco Aurélio, j. 21.09.2010, *DJe* 08.10.2010; *HC* n. 100.590, 2ª T., rel. Min. Eros Grau, j. 06.10.2009, *DJe* 27.11.2009. Em sentido contrário: *HC* n. 97.843, 2ª T., rel. Min. Ellen Gracie, j. 23.06.2009, *DJe* 07.08.2009. Veja: *HC* n. 85.894, Plenário, rel. Min. Gilmar Mendes, j. 19.04.2007, *DJ* 28.09.2007; *HC* n. 82.959, Plenário, rel. Min. Marco Aurélio, j. 23.02.2006, *DJ* 01.09.2006.

Pena substitutiva de prestação pecuniária. Descumprimento. Arresto de bem de família. Descabimento.

Reconversão da pena restritiva de direitos em privativa de liberdade.

De início, tratando-se de pena substitutiva, fixada com base no art. 44 do CP, tem-se que o eventual descumprimento da obrigação dá ensejo à reconversão da pena restritiva de direitos em privativa de liberdade, por força do comando expresso da norma do § 4º do referido artigo. No cálculo da pena privativa de liberdade a executar, o tempo cumprido da pena restritiva de direitos será deduzido, respeitado o saldo mínimo de trinta dias de detenção ou reclusão. Ressalta-se que a execução das penas restritivas, assim como de modo geral de todas as alternativas à prisão, demanda um mecanismo coercitivo, capaz de assegurar o seu cumprimento, e este só pode ser a pena privativa de liberdade. Assim, não há falar em arresto para o cumprimento forçado da pena substitutiva já que a reconversão da pena é medida que, por si só, atribui coercitividade à pena restritiva de direitos. (STJ, REsp. n. 1.699.665-PR, 6ª T., rel. Min. Maria Thereza de Assis Moura, por unanimidade, j. 07.08.2018, DJe 15/08/2018, *Inf*. n. 631)

Pena restritiva de direito. Estrangeiro. Possibilidade

Em conclusão, a 2ª Turma concedeu a ordem para afastar o óbice da substituição da pena privativa de liberdade por restritiva de direito a estrangeiro não residente no país. Na espécie, a Min. Ellen Gracie pedira vista dos autos e, em virtude de sua aposentadoria, a Defensoria Pública requerera a solução da lide. Nesta assentada, o relator confirmou seu voto. Consignou, de início, que o fato de o estrangeiro não possuir domicílio no território brasileiro não afastaria, por si só, o benefício da substituição da pena. Mencionou haver jurisprudência antiga desta Corte segundo a qual a residência seria apenas um ponto para aplicação espacial da Constituição. Não se trataria, pois, de critério que valorizasse a residência como elemento normativo em si mesmo. Assentou que a interpretação do art. 5º, *caput*, da CF não deveria ser literal, porque, de outra forma, os estrangeiros não residentes estariam alijados da titularidade de todos os direitos fundamentais. Ressaltou a existência de direitos assegurados a todos, independentemente da nacionalidade do indivíduo, porquanto considerados emanações necessárias do princípio da dignidade da pessoa humana. Alguns direitos, porém, seriam dirigidos ao indivíduo como cidadão, tendo em conta a situação peculiar que o ligaria à pátria. Assim, os direitos políticos pressuporiam exatamente a nacionalidade brasileira. Direitos sociais, como o direito ao trabalho, tenderiam a ser também não inclusivos dos ádvenas sem residência no país. Ademais, afirmou que seria no âmbito dos direitos chamados individuais que os direitos do estrangeiro não residente ganhariam maior significado. Nesse ponto, concluiu que o fato de o paciente não possuir domicílio no Brasil não legitimaria a adoção de tratamento distintivo e superou essa objeção. Em seguida, o relator verificou que o suposto fato delituoso ocorrera na vigência da Lei n. 6.368/76, o que, portanto, permitiria a aplicação do entendimento consagrado no STF, no sentido de ser possível a substituição da pena privativa de liberdade por restritiva de direitos desde que o fato fosse anterior à Lei n. 11.343/2006. Salientou que a Lei n. 9.714/98 – mediante a qual foi ampliado o rol de penas restritivas de direitos, no ordenamento jurídico brasileiro – não conteria norma específica que proibisse o benefício legal pretendido para os crimes hediondos, mas apenas restringiria essa possibilidade para os crimes que envolvessem violência ou grave ameaça à pessoa, como defluiria do art. 44, I, do CP ("As penas restritivas de direitos são autônomas e substituem as privativas de liberdade, quando: I – aplicada pena privativa de liberdade não superior a quatro anos e o crime não for cometido com violência ou grave ameaça à pessoa ou, qualquer que seja a pena aplicada, se o crime for culposo") – v. *Informativo* n. 594. Por fim, o Colegiado determinou o retorno dos autos para que o juiz da execução penal decida sobre o preenchimento dos requisitos objetivos e subjetivos do art. 44 do CP. (STF, *HC* n. 94.477/PR, 2ª T., rel. Min. Gilmar Mendes, j. 06.09.2011)

A 1ª Turma, ao aplicar o princípio da isonomia, concedeu *habeas corpus* em favor de cidadão paraguaio, em situação irregular no Brasil, aqui condenado a 4 anos de reclusão pela prática do delito de tráfico ilícito de entorpecentes (Lei n. 6.368/76, art. 12 c/c art. 18). Considerou-se que o referido postulado seria garantia extensível aos estrangeiros e impediria que não nacional condenado pela prática do mencionado crime fosse privado da concessão do benefício de substituição da pena privativa de liberdade por restritiva de direitos quando preenchesse os requisitos objetivos e subjetivos do art. 44 do CP. Asseverou-se que o discrímen, fato de o paciente ser estrangeiro, não impediria a aplicação da aludida cláusula pétrea. (STF, *HC* n. 103.311/PR, 1ª T., rel. Min. Luiz Fux, j. 07.06.2011)

Pena restritiva de direito. Substituição de pena privativa de liberdade por duas penas restritivas de direito da mesma espécie. Impossibilidade

Apelação criminal. Art. 334 do CP. Materialidade e autoria demonstradas. Substituição da pena privativa de liberdade por duas restritivas de direitos de espécies distintas. 1. Apelação criminal interposta pelo Ministério Público Federal contra a sentença que absolveu os réus da imputação do art. 334, *caput*, do CP, com fundamento no art. 386, IV, do CPP. 2. Materialidade comprovada conforme laudos da Polícia Federal, e laudo merceológico, que apontam para a origem ilícita das mercadorias apreendidas. 3. A autoria e o dolo dos apelados restaram insofismáveis, conforme o conjunto testemunhal probatório colacionado nos autos. 4. Ao possibilitar a substituição da pena privativa de liberdade superior a um ano, por duas penas restritivas de direitos, o § 2º do art. 44 do CP refere-se a duas espécies diferentes de pena substitutiva, e dessa forma, não se afigura possível a substituição por duas penas restritivas de direito da mesma espécie. 5. Ainda que se entenda possível a substituição da pena privativa de liberdade por duas penas restritivas de direito da mesma espécie, isso não pode ocorrer com relação à pena de prestação de serviços à comunidade ou entidades públicas. 6. Nos termos dos arts. 55 e 46, §§ 3º e 4º do CP, a pena de prestação de serviços à comunidade é cumprida, em regra, no mesmo prazo da pena privativa de liberdade, sendo apenas facultado ao réu cumpri-la em menor prazo, desde que não inferior à metade da pena prisional substituída. Logo, o cumprimento de duas penas de prestação de serviços à comunidade seria de difícil execução e poderia ultrapassar o tempo da pena de reclusão. (TRF-3ª Região, ACR n. 1.438/SP 2005.61.11.001438-7, 1ª T., rel. Des. Federal Luiz Stefanini, j. 29.07.2008)

Crime hediondo. Possibilidade de substituição

Habeas corpus. 2. Tráfico de entorpecentes. Substituição da pena privativa de liberdade por restritiva de direitos. Vigência da Lei n. 6.368/76. Estrangeiro não residente no país. Possibilidade. Necessidade de preenchimento dos requisitos do art. 44 do CP. 3. Ordem concedida. (STF, *HC* n. 94.477/PR, 2ª T., rel. Min. Gilmar Mendes, j. 06.09.2011)

Habeas corpus. Constitucional. Penal. Tráfico de drogas. Pena fixada em patamar inferior a dois anos. Pedido de concessão de *sursis*. Impetração prejudicada. Concessão da ordem de ofício para reconhecer a possibilidade de substituição da pena privativa de liberdade por restritiva de direitos. 1. O STF assentou serem inconstitucionais os arts. 33, § 4º, e 44, *caput*, da Lei n. 11.343/2006, na parte em que vedavam a substituição da pena privativa de liberdade por restritiva de direitos em condenação pelo crime de tráfico de entorpecentes (STF, *HC* n. 97.256, rel. Min. Ayres Britto, j. 01.09.2010, *Informativo/STF* n. 598). 2. O art. 77, III, do CP estabelece que a suspensão condicional da pena (*sursis*) somente será aplicável quando não for indicada ou cabível a substituição da pena privativa de liberdade por restritiva de direitos, prevista no art. 44 do CP. 3. Reconhecida pelo Plenário do STF a possibilidade de substituição da pena privativa de liberdade por restritiva de direitos no crime de tráfico de drogas, fica vedada a concessão de *sursis* ao paciente. 4. *Habeas corpus* prejudicado. 5. Concessão de ofício para reconhecer a possibilidade de se substituir a pena privativa de liberdade aplicada ao paciente por restritiva de direitos, desde que preenchidos os requisitos objetivos e subjetivos previstos em lei, devendo a análise ser feita pelo juízo do processo de conhecimento ou, se tiver ocorrido o trânsito em julgado, pelo juízo da execução da pena. (STF, *HC* n. 104.361/RJ, 1ª T., rel. Min. Cármem Lúcia, j. 05.05.2011)

Habeas corpus. Tráfico de drogas. Art. 44 da Lei n. 11.343/2006: impossibilidade de conversão da pena privativa de liberdade em pena restritiva de direitos. Declaração incidental de inconstitucionalidade. Ofensa à garantia constitucional da individualização da pena (inciso XLVI do art. 5º da CF/88). Ordem parcialmente concedida. 1. O processo de individualização da pena é um caminhar no rumo da personalização da resposta punitiva do Estado, desenvolvendo-se em três momentos individuados e complementares: o legislativo, o judicial e o executivo. Logo, a lei comum não tem a força de subtrair do juiz sentenciante o poder-dever de impor ao delinquente a sanção criminal que a ele, juiz, afigurar-se como expressão de um concreto balanceamento ou de uma empírica ponderação de circunstâncias objetivas com protagonizações subjetivas do fato-tipo. Implicando essa ponderação em concreto a opção jurídico-positiva pela prevalência do razoável sobre o racional; ditada pelo permanente esforço do julgador para conciliar segurança jurídica e justiça material. 2. No momento sentencial da dosimetria da pena, o juiz sentenciante se movimenta com ineliminável discricionariedade entre aplicar a pena de privação ou de restrição da liberdade do condenado e uma outra que já não tenha por objeto esse bem jurídico maior da liberdade física do sentenciado. Pelo que é vedado subtrair da instância julgadora a possibilidade de se movimentar com certa discricionariedade nos quadrantes da alternatividade sancionatória. 3. As penas restritivas de direitos são, em essência, uma alternativa aos efeitos certamente traumáticos, estigmatizantes e onerosos do cárcere. Não é à toa que todas elas são comumente chamadas de penas alternativas, pois esta é mesmo a sua natureza: constituir-se num substitutivo ao encarceramento e suas sequelas. E o fato é que a pena privativa de liberdade corporal não é a única a cumprir a função retributivo-ressocializadora ou restritivo-preventiva da sanção penal. As demais penas também são vocacionadas para esse geminado papel da retribuição-prevenção-ressocialização, e ninguém melhor do que o juiz natural da causa para saber, no caso concreto, qual tipo alternativo de reprimenda é suficiente para castigar e, ao mesmo tempo, recuperar socialmente o apenado, prevenindo comportamentos do gênero. 4. No plano dos tratados e convenções internacionais, aprovados e promulgados pelo Estado brasileiro, é conferido tratamento diferenciado ao tráfico ilícito de entorpecentes que se caracterize pelo seu menor potencial ofensivo. Tratamento diferenciado, esse, para possibilitar alternativas ao encarceramento. É o caso da Convenção Contra o Tráfico Ilícito de Entorpecentes e de Substâncias Psicotrópicas, incorporada ao direito interno pelo Decreto n. 154, de 26 de junho de 1991. Norma supralegal de hierarquia intermediária, portanto, que autoriza cada Estado soberano a adotar norma comum interna que viabilize a aplicação da pena substitutiva (a restritiva de direitos) no aludido crime de tráfico ilícito de entorpecentes. 5. Ordem parcialmente concedida tão somente para remover o óbice da parte final do art. 44 da Lei n. 11.343/2006, assim como da expressão análoga "vedada a conversão em penas restritivas de direitos", constante do § 4º do art. 33 do mesmo diploma legal. Declaração incidental de inconstitucionalidade, com efeito *ex nunc*, da proibição de substituição da pena privativa de liberdade pela pena restritiva de direitos; determinando-se ao Juízo da execução penal que faça a avaliação das condições objetivas e subjetivas da convolação em causa, na concreta situação do paciente. (STF, *HC* n. 97.256, Pleno, rel. Min. Ayres Britto, j. 01.09.2010)

Habeas corpus. Tráfico ilícito de entorpecentes. Substituição de pena privativa de liberdade por pena restritiva de direitos (Lei n. 9.714/98). Incompatibilidade. Circunstâncias judiciais desfavoráveis. Ausência do requisito subjetivo do inciso III, do art. 44 do CP. Fixação de regime inicial para cumprimento de pena mais gravoso. Possibilidade. Precedentes do STF. Ordem denegada. 1. A norma contida no art. 44, *caput*, da Lei n. 11.343/2006, ao expressamente estabelecer a proibição da conversão, apenas explicita regra que era implícita no sistema jurídico brasileiro quanto à incompatibilidade do regime legal de tratamento em matéria de crimes hediondos e a eles equiparados com o regime pertinente aos outros crimes. 2. No presente caso, o Juiz de Direito fixou a pena-base do paciente acima do mínimo legal, por considerar que as circunstâncias judiciais lhe eram desfavoráveis. 3. Deste modo, ainda que se admitisse a possibilidade de substituição da pena privativa de liberdade por pena restritiva de direito nos delitos de tráfico de entorpecente cometidos na vigência da Lei n. 6.368/76, na presente hipótese, estaria ausente o requisito subjetivo do inciso III, do art. 44 do CP. 4. Esta Corte tem adotado orientação pacífica segundo a qual "não há nulidade na decisão que majora a pena-base e fixa o regime inicial mais gravoso, considerando-se as circunstâncias judiciais desfavoráveis" (*HC* n. 93.818/RJ, rel. Min. Cármen Lúcia, *DJ* 16.05.2008), não servindo o *habeas corpus* como instrumento idôneo para realizar a ponderação, em concreto, das circunstâncias judiciais do art. 59 do CP. 5. *Habeas corpus* denegado. (STF, *HC* n. 97.843/SP, 2ª T., rel. Min. Ellen Gracie, j. 23.06.2009)

Crime hediondo. Possibilidade de substituição. Estrangeiro residente fora do país

Habeas corpus. 2. Tráfico de entorpecentes. Substituição da pena privativa de liberdade por restritiva de direitos. Vigência da Lei n. 6.368/76. Estrangeiro não residente no país. Possibilidade. Necessidade de preenchimento dos requisitos do art. 44 do CP. 3. Ordem concedida. (STF, *HC* n. 94.477, 2ª T., rel. Min. Gilmar Mendes, j. 03.08.2010)

Circunstâncias judiciais desfavoráveis. Impossibilidade de substituição

Habeas corpus. Substituição da pena. Requisitos objetivos e subjetivos. Art. 44 do CP. Presença de circunstâncias judiciais desfavoráveis. Lastro factual idôneo. Quadro empírico da causa. Ordem indeferida. 1. A dosimetria da pena exige do julgador uma cuidadosa ponderação dos efeitos ético-sociais da sanção e das garantias constitucionais, especialmente a garantia da individualização do castigo. 2. Em matéria penal, a necessidade de fundamentação das decisões judiciais, penhor de *status* civilizatório dos povos, tem na fixação da pena um dos seus momentos culminantes. 3. Não há ilegalidade ou abuso de poder se, no trajeto da aplicação da pena, o julgador explicita, coerentemente, os motivos de sua decisão. O inconformismo da impetrante com a impossibilidade de substituição da reprimenda não é suficiente para indicar a evidente falta de motivação ou de congruência dos fundamentos da pena afinal fixada. 4. O quadro empírico da causa impede a imediata substituição da pena privativa de liberdade por pena restritiva de direitos. Isso porque o paciente não preenche o requisito subjetivo de que trata o art. 44 do CP. Inexistência de afronta às garantias constitucionais da individualização da pena e da fundamentação das decisões judiciais (inciso XLVI do art. 5º e inciso IX do art. 93 da CF). 5. Ordem denegada. (STF, *HC* n. 103.824/RS, 2ª T., rel. Min. Ayres Britto, j. 05.10.2010)

Privativa de liberdade e substituição por multa. Faculdade do juiz

Habeas corpus. 2. Furto qualificado (CP, art. 155, § 4º, I e IV). Condenação a 1 (um) ano de reclusão. Substituição da pena privativa de liberdade por restritiva de direitos. Decisão devidamente fundamentada. 3. Pedido de substituição por multa. Nas hipóteses a envolver condenação igual ou inferior a 1 (um) ano, a substituição pode ser feita por multa ou por uma pena restritiva de direitos (CP, art. 44, § 2º). O juiz não está obrigado a promover a substituição, necessariamente, por uma pena de multa. 4. Ordem denegada. (STF, *HC* n. 98.995/RS, 2ª T., rel. Min. Gilmar Mendes, j. 19.10.2010)

Substituição de pena. Crime cometido com violência. Impossibilidade

Crime cometido com violência e substituição de pena. Não cabe a substituição de pena privativa de liberdade por restritiva de direito quando o crime for cometido com violência. Com base nesse entendimento, a 2ª Turma denegou *habeas corpus* em que se pretendia o restabelecimento de acórdão do Tribunal de Justiça local que substituíra a pena cominada de 3 meses de detenção, em regime aberto, por limitação de fim de semana. No caso, o paciente fora condenado pela prática de delito previsto no art. 129, § 9º, do CP, combinado com a Lei n. 11.340/2006 (Lei Maria da Penha). Reputou-se que, embora a pena privativa de liberdade fosse inferior a 4 anos, o crime fora cometido com violência contra pessoa, motivo suficiente para obstaculizar o benefício, nos termos do art. 44, I, do CP ["As penas restritivas de direitos são autônomas e substituem as privativas de liberdade, quando: I – aplicada pena privativa de liberdade não superior a 4 (quatro) anos e o crime não for cometido com violência ou grave ameaça à pessoa ou, qualquer que seja a pena aplicada, se o crime for culposo"]. (STF, *HC* n. 114.703/MS, 2ª T., rel. Min. Gilmar Mendes, j. 16.04.2013, *Inf.* n. 702)

Conversão das penas restritivas de direitos

Art. 45. Na aplicação da substituição prevista no artigo anterior, proceder-se-á na forma deste e dos arts. 46, 47 e 48.

Caput com redação dada pela Lei n. 9.714, de 25.11.1998.

§ 1º A prestação pecuniária consiste no pagamento em dinheiro à vítima, a seus dependentes ou a entidade pública ou privada com destinação social, de importância fixada pelo juiz, não inferior a 1 (um) salário mínimo nem superior a 360 (trezentos e sessenta) salários mínimos. O valor pago será deduzido do montante de eventual condenação em ação de reparação civil, se coincidentes os beneficiários.

Parágrafo acrescentado pela Lei n. 9.714, de 25.11.1998.

§ 2º No caso do parágrafo anterior, se houver aceitação do beneficiário, a prestação pecuniária pode consistir em prestação de outra natureza.

Parágrafo acrescentado pela Lei n. 9.714, de 25.11.1998.

§ 3º A perda de bens e valores pertencentes aos condenados dar-se-á, ressalvada a legislação especial, em favor do Fundo Penitenciário Nacional, e seu valor terá como teto – o que for maior – o montante do prejuízo causado ou do provento obtido pelo agente ou por terceiro, em consequência da prática do crime.

Parágrafo acrescentado pela Lei n. 9.714, de 25.11.1998.

§ 4º *(Vetado.)*

Parágrafo acrescentado pela Lei n. 9.714, de 25.11.1998.

1. COMENTÁRIO

1.1. Prestação pecuniária

Espécie de pena restritiva de direito cujos limites variam entre o valor mínimo de 1 salário mínimo e máximo de 360. Seja qual for o montante final aplicado, será considerado em eventual ação indenizatória promovida pela vítima, deduzindo-se, pois, o *quantum* reparatório a ser pleiteado.

A Resolução n. 154/2012 do CNJ define a política institucional do Poder Judiciário na utilização dos recursos oriundos da aplicação da pena de prestação pecuniária, visando evitar total descrédito e inutilidade ao sistema penal, já que a execução da pena é o arremate de todo o processo criminal e considerando, ainda, a necessidade de dar maior efetividade às prestações pecuniárias, aprimorando-se a qualidade da destinação das penas impostas.

1.1.1. Destinação dos recursos

Prioritariamente à vítima e seus dependentes. Na impossibilidade de tal, o art. 2º da Resolução n. 154/2012, em consonância com o § 1º do artigo em comento, prescreve que os valores[71] serão preferencialmente "destinados à entidade pública ou privada com finalidade social, previamente conveniada, ou para atividades de caráter essencial à segurança pública, educação e saúde, desde que estas atendam às áreas vitais de relevante cunho social, a critério da unidade gestora". A receita arrecadada pelas entidades é vinculada ao financiamento de projetos relativos às suas respectivas finalidades e, neste último caso, terão prioridade no repasse aquelas que: "I – mantenham, por maior tempo, número expressivo de cumpridores de prestação de serviços à comunidade ou entidade pública; II – atuem diretamen-

71 Tais valores serão depositados em conta judicial à disposição da Vara de Execução (unidade gestora), só podendo ser movimentada por intermédio de alvará judicial (art. 1º, Res. n. 154/2012).

te na execução penal, assistência à ressocialização de apenados, assistência às vítimas de crimes e prevenção da criminalidade, incluídos os conselhos da comunidade; III – prestem serviços de maior relevância social; IV – apresentem projetos com viabilidade de implementação, segundo a utilidade e a necessidade, obedecendo-se aos critérios estabelecidos nas políticas públicas específicas" (art. 2º, § 1º, da Resolução).

1.1.2. Possibilidade de substituição

Em caso de concordância da vítima e/ou seus dependentes, tal reprimenda poderá ser substituída por outra forma de prestação, compatível com a finalidade da pena, condizente com as condições pessoais do infrator e após prévia concordância deste.

1.2. Perda de bens e valores

Neste caso, assim como na multa, o valor a ser arrecadado é destinado, com as ressalvas da legislação especial, ao Fundo Penitenciário Nacional,[72] sendo o limite definido pelo montante que porventura fora maior: o amealhado pelo agente ou terceiro ou o prejuízo suportado, ambos advindos da prática delituosa.

2. JURISPRUDÊNCIA

2.1. Julgados

Conversão da restritiva de direitos em privativa de liberdade

Penal. *Habeas corpus*. Substituição de pena privativa de liberdade por restritiva de direito. Pedido de concessão de livramento condicional. Supressão de instância. Mudança de endereço não informada ao juízo. Conversão em privativa de liberdade. Art. 181, § 1º, *a*, da LEP. Inadmissibilidade, na espécie. Réu que vinha cumprindo regularmente a pena nos moldes em que condenado. Impetração conhecida em parte, concedendo-se a ordem na parte conhecida. I – O pedido de concessão de liberdade condicional não foi analisado nas instâncias inferiores, não podendo ser analisado pelo STF sob pena de indevida supressão de instância e de extrapolar-se os limites de competência do STF descritos no art. 102 da CF. II – Se o paciente vinha comparecendo regularmente para o cumprimento da prestação de serviços à comunidade, a falta de informação ao juízo competente quanto à mudança de seu endereço não acarreta a sanção prevista no art. 181, § 1º, *a*, da LEP, qual seja, a conversão da pena restritiva de direito em privativa de liberdade. III – A interpretação teleológica ao dispositivo supramencionado revela que a intenção do legislador foi a de punir aqueles que buscam furtar-se ao cumprimento da pena alternativa. IV – *Writ* conhecido em parte e, nessa extensão, concedida a ordem. (STF, *HC* n. 95.370/RS, 1ª T., rel. Min. Ricardo Lewandowski, j. 31.03.2009)

Prestação de serviços à comunidade ou a entidades públicas

Art. 46. A prestação de serviços à comunidade ou a entidades públicas é aplicável às condenações superiores a 6 (seis) meses de privação da liberdade.

Caput com redação dada pela Lei n. 9.714, de 25.11.1998.

§ 1º A prestação de serviços à comunidade ou a entidades públicas consiste na atribuição de tarefas gratuitas ao condenado.

Parágrafo acrescentado pela Lei n. 9.714, de 25.11.1998.

§ 2º A prestação de serviço à comunidade dar-se-á em entidades assistenciais, hospitais, escolas, orfanatos e outros estabelecimentos congêneres, em programas comunitários ou estatais.

Parágrafo acrescentado pela Lei n. 9.714, de 25.11.1998.

§ 3º As tarefas a que se refere o § 1º serão atribuídas conforme as aptidões do condenado, devendo ser cumpridas à razão de 1 (uma) hora de tarefa por dia de condenação, fixadas de modo a não prejudicar a jornada normal de trabalho.

Parágrafo acrescentado pela Lei n. 9.714, de 25.11.1998.

§ 4º Se a pena substituída for superior a 1 (um) ano, é facultado ao condenado cumprir a pena substitutiva em menor tempo (art. 55), nunca inferior à metade da pena privativa de liberdade fixada.

Parágrafo acrescentado pela Lei n. 9.714, de 25.11.1998.

---

1. COMENTÁRIO

Aplicável, apenas, em substituição às penas privativas de liberdades superiores a seis meses. Consiste na realização de serviço gratuito pelo condenado a entidades assistenciais, hospitais, escolas, orfanatos e outros estabelecimentos congêneres, em programas comunitários estatais, todos previamente credenciados ou conveniados (ver relação das entidades cadastradas – "rede social" – sítio eletrônico do Ministério da Justi-

72 Leis especiais podem conferir destinação específica ao valor arrecadado da multa criminal, por exemplo, o art. 29, parágrafo único, da Lei Antidrogas, n. 11.343/2006 (Fundo Nacional Antidrogas), art. 99, § 2º, da Lei das Licitações, n. 8.666/93 (Fazenda Pública da União, do Distrito Federal, dos Estados e dos Municípios).

ça – www.mj.gov.br). Para definição do serviço serão consideradas as condições e aptidões particulares do condenado.

Após o trânsito em julgado, o juiz competente pela execução da pena irá determinar o local (entidade ou programa comunitário ou estatal), os dias e horários e até alterar a forma de execução, a fim de ajustá-la às modificações ocorridas na jornada de trabalho (art. 149, LEP). O início se dá com a data do primeiro comparecimento (art. 149, § 2º, LEP), marco interruptivo da pretensão executória (art. 117, V, CP).

As tarefas serão realizadas diariamente e cada hora de trabalho equivaler-se-á a um dia de pena a ser descontado. Serão prestadas, no mínimo, 8 horas semanais, as quais poderão ser em dias úteis, sábados, domingos e até feriados, conforme a necessidade particular do apenado, pois não poderá prejudicar sua jornada normal de trabalho (art. 149, § 1º, LEP).

As entidades beneficiárias encaminharão ao juízo, mensalmente, a execução, relatório circunstanciado acerca das atividades prestadas pelo condenado e, a qualquer tempo, deverá ser comunicada eventual ausência ou falta disciplinar (art. 150, LEP).

1.1. Possibilidade de cumprimento em menor tempo

Se a pena substituída for superior a um ano, o prazo definido para a prestação do serviço pode ser reduzido até pela metade do tempo, caso o apenado se interesse e empenhe em realizar as tarefas em maior número de horas diárias e/ou em maior número de dias na semana, satisfazendo, da mesma forma, a reprimenda imposta, só que em prazo mais curto. Deve ser respeitado, porém, o tempo mínimo de seis meses para a realização de serviços à comunidade. A razão desse lapso mínimo apontado é proporcionar uma interação e integração maior do condenado com o serviço a ser realizado e a entidade beneficiária, conferindo um melhor aproveitamento das tarefas sob o ponto de vista pessoal e comunitário, possibilitando, assim, maiores chances de sucesso quanto aos fins almejados.

1.2. Possibilidade de alteração quanto à forma de prestação de serviços

O art. 148 da LEP permite, ao juiz da execução, modificar a forma pela qual estão sendo cumpridos os serviços para fins de readequá-la às condições particulares do condenado e às características do estabelecimento, da entidade ou do programa comunitário ou estatal, o qual se destina às tarefas determinadas.

2. JURISPRUDÊNCIA

2.1. Julgados

Prestação de serviços. Caráter autônomo e substitutivo

Habeas corpus. Execução penal. Pena restritiva de direitos convertida em reprimenda corporal. Regime aberto. Prestação de serviços à comunidade. Condição para o cumprimento da pena. Impossibilidade. *Bis in idem*. Flagrante ilegalidade configurada. 1. A Terceira Seção deste STJ firmou entendimento que a pena restritiva de direito, a teor do art. 44 do CP, possui caráter autônomo e substitutivo, não podendo ser imposta como condição especial em cumulação com a pena privativa de liberdade, ante a ausência de expressa previsão legal, evidenciado, assim, o constrangimento ilegal a que está submetido o paciente. Súmula n. 493/STJ. 2. *Habeas corpus* não conhecido. Ordem concedida, de ofício, para restabelecer o *decisum* singular que converteu a pena restritiva de direitos em privativa de liberdade, sem, contudo, impor condição especial. (STJ, *HC* n. 244.121/SP, 5ª T., rel. Min. Campos Marques [Desembargador convocado do TJPR], j. 09.10.2012)

Início de cumprimento. Interrupção da prescrição

Execução. Pena restritiva. Direitos. Prescrição. O paciente compareceu à entidade assistencial designada pelo juízo da execução, local onde deveria cumprir a pena de prestação de serviços à comunidade a que fora condenado, porém foi dispensado por não se enquadrar no perfil exigido por ela. Após, viu essa pena ser convertida em privativa de liberdade, bem como ser expedido o mandado de prisão, sem que, ao menos, o juízo perquirisse os motivos pelos quais não mais compareceu ao local da prestação do serviço. Diante disso, a Turma, entre outros, entendeu que o mero comparecimento à entidade, tal como relatam os autos, é capaz de configurar a causa interruptiva da prescrição prevista no art. 117, V, do CP (início do cumprimento da pena), pois o art. 149, § 2º, da LEP é claro em determinar que a execução daquela pena terá início a partir da data do primeiro comparecimento. Assim, ainda que dispensada pela entidade assistencial, a presença do paciente na data marcada vale como dia cumprido de pena. Quanto ao mais, determinou, de ofício, que o juízo ouça o paciente sobre os motivos que o levaram a interromper a prestação do serviço, isso com o desiderato de apurar se seria possível a substituição da pena por outra antes de convertê-la em privativa de liberdade. (STJ, *HC* n.

108.007/SP, 6ª T., rel. Min. Jane Silva [Desembargadora convocada do TJMG], j. 25.09.2008)

Prestação de serviços à comunidade como condição à concessão de *sursis*. Pena inferior a seis meses. Impossibilidade

[...] Exame pericial que bem comprovou as lesões corporais. Confissão parcial do acusado. Consistentes depoimentos da vítima e do policial militar. Legítima defesa não comprovada. Condenação mantida. Pena fixada acima do mínimo legal. Graves circunstâncias e consequências do delito. Patamar de exasperação readequado para 1/6. Fixação de regime aberto e suspensão condicional da pena. Afastada a prestação de serviços à comunidade como condição obrigatória ao *sursis*, eis que a pena corporal imposta é inferior a seis meses. Interpretação do art. 46 do Código Penal. Inviabilidade de substituição da pena corporal por pena restritiva de direitos. Recurso de apelação parcialmente provido. (TJSP, Ap. n. 0002184-18.2017.8.26.0297, 3ª Câm. de Direito Criminal, rel. Des. Cesar Augusto Andrade de Castro, j. 27.11.2018, publ. 28.11.2018)

Prestação de serviços como condição para concessão do regime aberto. Impossibilidade

Agravo regimental no recurso especial. Penal. Casa de prostituição. Princípio da adequação social. Inaplicabilidade. Fato típico. Imposição de prestação de serviços à comunidade como condição ao regime aberto. Impossibilidade. Natureza de pena. Proibição de cumulação de sanções. Matéria pacificada. Recurso especial representativo da controvérsia n. 1.107.314/PR. Agravo regimental parcialmente provido. 1. A eventual tolerância da sociedade ou das autoridades públicas não implica na atipicidade da conduta relativa à prática do crime previsto no art. 229 do CP ("casa de prostituição"), valendo ressaltar que o alvará expedido tinha por objeto autorizar o funcionamento de um bar e não de uma casa para encontros libidinosos, não havendo que se falar, portanto, em aplicação do princípio da adequação social. Precedentes. 2. Por ocasião do julgamento do Recurso Especial Representativo da Controvérsia n. 1.107.314/PR, as Turmas especializadas em direito penal desta Corte pacificaram o entendimento segundo o qual é lícito ao juiz estabelecer condições especiais para a concessão de regime aberto desde que elas não constituam pena autônoma, como é o caso da prestação de serviços à comunidade, sob pena de ilegal cumulação de sanções. 3. Agravo regimental parcialmente provido para, reformando a decisão agravada, negar seguimento ao recurso especial do Ministério Público. (STJ, Ag. Reg. no REsp n. 1.045.907/PR, 5ª T., rel. Min. Marco Aurélio Belizze, j. 25.09.2012)

Prestação de serviços como condição da suspensão condicional do processo. Impossibilidade

Agravo regimental em *habeas corpus*. Decisão monocrática de concessão da ordem. Precedentes e parecer ministerial acolhido. Suspensão condicional do processo. Prestação pecuniária. Condição facultativa. Impossibilidade. 1. Interpretando a Lei n. 9.099/95, a Sexta Turma adotou o entendimento de que é inadmissível a fixação de prestação de serviços à comunidade ou de prestação pecuniária, que têm caráter de sanção penal, como condição para a suspensão condicional do processo. 2. Agravo regimental improvido. (STJ, Ag. Reg. no *HC* n. 232.793/BA, 6ª T., rel. Min. Sebastião Ries Júnior, j. 18.12.2012)

Prestação de serviços parcialmente cumprida. Extinção da pena. Impossibilidade

Habeas corpus. Execução penal. Porte ilegal de arma de fogo com numeração raspada. Paciente condenado à pena de três anos de reclusão, substituída inicialmente por prestação de serviços à comunidade e prestação pecuniária. Cumprimento parcial da reprimenda imposta, inclusive da sanção pecuniária. Impossibilidade de honrar com o restante da prestação de serviços à comunidade em razão do trabalho. Juízo das execuções que substitui a pena restritiva de direitos por outra pecuniária e, posteriormente, extingue a punibilidade do paciente, diante da impossibilidade de adimplemento da parte final da prestação imposta. Impossibilidade. Afronta à finalidade das penas. Reinserção social. Prestação pecuniária desproporcional às condições pessoais do paciente. Constrangimento ilegal evidenciado. *Habeas corpus* parcialmente concedido. 1. A impossibilidade de cumprimento pelo sentenciado de pena restritiva de direitos não possibilita sua extinção, por absoluta falta de previsão legal para tanto. É certo que o art. 148 da LEP permite a alteração da forma de cumprimento das penas restritivas de direitos, mas não simplesmente a extinção da pena por reputar suficiente o que já foi cumprido pelo apenado. Tal medida vai de encontro ao próprio fim ressocializador da reprimenda. 2. Não se mostra proporcional e razoável o pagamento de 1/4 de salário mínimo ao sentenciado que, nos termos da decisão do juízo de primeiro grau, não possui condições financeiras para arcar com tais valores, devendo a reprimenda ser adequada pelo Juízo das Execuções, observando-se as características do apenado. 3. Ordem de *habeas corpus* parcialmente concedida, para reformar o acórdão impugnado e, nos moldes do art. 148 da LEP, fixar a prestação pecuniária no pagamento de 24 parcelas de R$ 30,00 (trinta reais), que entendo adequada às condições pessoais do sentenciado. (STJ, *HC* n. 176.490/SP, 5ª T., rel. Min. Laurita Vaz, j. 23.10.2012)

Prestação de serviços e análise individualizada das condições pessoais do condenado

Execução penal. *Habeas corpus*. 1. Individualização da pena. Substituição da pena privativa de liberdade por restritivas de direito. Limitação de fins de semana. Imposição. Requerimento da defesa para a imposição de espécie diversa de pena restritiva de direitos. Acórdão. Pedido improvido. Fundamentação insuficiente. Constrangimento ilegal. Reconhecimento. 2. Necessidade de reforma da decisão impugnada. Imposição de pena de prestação de serviços à comunidade conforme requerido. Medida que melhor se ajusta aos fins buscados na execução penal. 3. Ordem concedida. 1. Tendo sido requerida em razões de apelação a imposição de prestação de serviços à comunidade ou interdição temporária de direitos, a imposição de pena restritiva de direitos consistente na limitação de fins de semana deveria ter sido adequadamente fundamentada, não sendo suficiente a invocação de termos genéricos e numa pretensa convicção íntima do julgador. 2. Em se tratando de indivíduo que, segundo a impetração, é bem instruído e fluente em diversas línguas, como inglês e alemão, a obrigação de assistir a palestras educativas que talvez não apresentem qualquer relação com a sua esfera de trabalho ou que muito provavelmente em nada acresçam à sua experiência pessoal, desvia-se do fim buscado pelo legislador. Daí porque é viável a reforma da decisão, para aplicar a pena de prestação de serviços à comunidade em seu lugar. 3. Ordem concedida para o fim de aplicar, em substituição à pena de limitação de fins de semana, a de prestação de serviços à comunidade, a ser individualizada pelo juízo da execução. (STJ, *HC* n. 53.334/RJ, 6ª T., rel. Min. Maria Thereza de Assis Moura, j. 07.05.2009)

Interdição temporária de direitos

Art. 47. As penas de interdição temporária de direitos são:

I – proibição do exercício de cargo, função ou atividade pública, bem como de mandato eletivo;

II – proibição do exercício de profissão, atividade ou ofício que dependam de habilitação especial, de licença ou autorização do poder público;

III – suspensão de autorização ou de habilitação para dirigir veículo;

IV – proibição de frequentar determinados lugares;

Inciso acrescentado pela Lei n. 9.714, de 25.11.1998.

V – proibição de inscrever-se em concurso, avaliação ou exame públicos.

Inciso acrescentado pela Lei n. 12.550, de 15.12.2011.

---

1. COMENTÁRIO

A vedação transitória de exercício regular de determinado direito é aplicável a determinadas situações concretas em que tais direitos interditados guardam consonância com o ato delituoso pelo qual houve a condenação. Por ser pena e de caráter transitório, não se confunde com o efeito secundário da condenação previsto no art. 92, I (perda do cargo ou função pública).

A autoridade competente para o cumprimento dessa ordem deverá baixar, em até 24 horas, ato administrativo definindo a data de início dessa proibição (art. 154, § 1º, LEP), comunicando, imediatamente, o juízo da execução sobre eventual descumprimento ao art. 155 da LEP.[73]

1.1. Modalidades

I – proibição do exercício de cargo, função ou atividade pública,[74] bem como de mandato eletivo

Proibição relacionada ao uso indevido da atividade pública (decorrente de cargo, função ou mandato eletivo), para fins de cometimento do ilícito (ver ainda o art. 319, VI, CPP, sobre medida assemelhada de caráter cautelar imposta como alternativa a prisão preventiva).

II – proibição do exercício de profissão, atividade ou ofício que dependam de habilitação especial, de licença ou autorização do poder público

Aqui há violação dos deveres inerentes à profissão, atividade ou ofício que dependa de licença ou autorização pública. Acarreta a suspensão temporária do regular direito sobre o qual existe prévia licença ou autorização. De acordo com

---

73 De acordo com o parágrafo único do mesmo artigo, qualquer prejudicado poderá comunicar, também, o descumprimento de tal reprimenda.

74 Cargo é "o conjunto de atribuições e responsabilidades previstas na estrutura organizacional que devem ser cometidas a um servidor" (art. 3º, Lei n. 8.112/90). Função é o conjunto de atribuições e encargos relativos ao exercício de determinado cargo. Atividade pública representa qualquer ação ou ocupação com o intuito de corresponder a determinado interesse público.

o art. 154, § 2º, da LEP, o juízo da execução determinará a apreensão dos documentos que materializam o direito a ser interditado.

III – suspensão de autorização ou de habilitação para dirigir veículo[75]

Aplicável aos crimes culposos decorrentes de direção de veículo. Este inciso foi tacitamente revogado, em parte, pelo CTB, Lei n. 9.503/97 (art. 292), o qual dispõe medidas específicas e em razão de ser norma de caráter especial e posterior, revoga a norma geral e anterior prevista no dispositivo em comento (art. 2º, § 1º, LINDB – Lei n. 12.376/2010). Assim, o CTB dispõe de regra que configura exceção à substitutividade da pena restritiva, pois permite a cumulatividade de tal reprimenda com a pena privativa de liberdade (hipótese exclusiva de suspensão da habilitação para dirigir).

É importante destacar, contudo, que na hipótese de suspensão de autorização para dirigir, tendo em vista que no CTB ela não é cominada como sanção principal, esta parte da norma permanece em vigor na qualidade de restritiva de direitos.

Também não se confunde com o efeito secundário da condenação previsto no art. 92, III (inabilitação de dirigir veículo), em razão de ter o condenado se utilizado de veículo para prática de crime doloso.

IV – proibição de frequentar determinados lugares

Visa impedir a frequência em locais que possam despertar ou incentivar determinadas atitudes do condenado, as quais poderão impulsioná-lo à prática de crimes, muitas vezes relacionadas ao ato delituoso pelo qual foi condenado. Pretende-se, aqui, ensejar uma mudança comportamental no apenado, afastando-o da possível ação deletéria de alguns ambientes.

A despeito da suposta inconstitucionalidade da norma, tendo em vista o emprego da expressão "determinados lugares", o que confere imprecisão à aplicação desta reprimenda, ferindo o princípio da legalidade (nesse sentido: PRADO, Luiz Regis. *Comentários ao Código Penal*, 2012, p. 232), o fato é que essa interdição pode representar, em determinados casos concretos, medida desestimuladora para prática de novos crimes por parte do condenado. O ideal, no entanto, é que seja definido, oportunamente e de forma clara e mais precisa possível, para evitar eventual incompreensão por parte do apenado, quais serão os locais cuja frequência é vedada a ele.

O art. 319, II, do CPP também prevê essa vedação, especificamente como medida cautelar alternativa à prisão preventiva. Figura, também, como requisito que poderá ser imposto no caso de suspensão condicional do processo (art. 89, § 1º, II, Lei n. 9.099/95) e, ainda, como condição de suspensão condicional da pena (art. 78, § 2º, *a*, CP).

V – proibição de inscrever-se em concurso, avaliação ou exame públicos[76]

A intenção do legislador ao incluir essa modalidade entre o rol de interdições[77] é a proteção da moralidade, um dos princípios vetores da administração pública (art. 37, *caput*, CF). Engloba não só a modalidade concurso,[78] como qualquer outra avaliação ou exame que tenha por fim a seleção de candidato a ocupar ou desempenhar determinado cargo ou função pública, inclusive por intermédio, por exemplo, de sorteio ou convite.

Cumpre-nos ressaltar, porém, que a jurisprudência pacífica no STF é orientada no sentido de que inquéritos policiais e processos criminais ainda em curso, por não figurarem como maus antecedentes, não podem servir de óbice à inscri-

75 Permissão ou autorização para dirigir é a etapa prévia, durante o período de um ano, a que se submete o motorista aprovado nos exames perante o Departamento Estadual de Trânsito (Detran), para que seja concedida sua habilitação devendo, para tanto, não constar em seu prontuário, no período apontado, qualquer infração de natureza grave ou gravíssima, ou ser reincidente em infração média (art. 148, §§ 2º e 3º, CTB, Lei n. 9.503/97). Para condução de veículos de tração humana e animal, a autorização será de concessão municipal (art. 24, XVIII, CTB). Habilitação para conduzir veículo automotor e elétrico será apurada por meio de exames que deverão ser realizados junto ao órgão ou entidade executivos do Estado ou do Distrito Federal, do domicílio ou residência do candidato, ou na sede estadual ou distrital do próprio órgão, devendo o condutor preencher determinados requisitos (arts. 140 e 147, ambos do CTB). Quanto à definição de veículo, ver art. 96 do CTB.

76 Concurso é a disputa, conjunto de provas, certame, realizada para classificar concorrentes em razão da qualificação individual de cada um, testando suas qualidades físicas e/ou intelectuais, com a finalidade de admissão em determinado emprego, função, cargo, ou escola. A avaliação consiste em calcular, apreciar o desempenho técnico e/ou físico de determinado candidato, conforme padrão previamente estabelecido. Já o Exame é a análise, verificação de conhecimentos com os mesmos fins almejados anteriormente.

77 Alteração promovida pela Lei n. 12.550, de 15.12.2011.

78 Entre as quais, inclusive, a modalidade prevista no art. 6º, XXXIX, da Lei n. 14.133/2021 (Lei de Licitações e Contratos Administrativos).

ção em concursos públicos (RE n. 634.224/DF, 2ª T., rel. Min. Celso de Mello, j. 14. 03.2011; ARE n. 672.526/RJ, 2ª T., rel. Min. Celso de Mello, j. 12.03.2012).

1.2. Conversão

Em caso de desrespeito injustificado à proibição imposta, ou se o condenado não for encontrado por estar em lugar incerto e não sabido, ou desatender a intimação por edital, ou ainda sofrer condenação por outro crime à pena privativa de liberdade, cuja execução não tenha sido suspensa, essa espécie alternativa será convertida em privativa de liberdade (art. 181, § 3º, LEP).

2. JURISPRUDÊNCIA

2.1. Julgados

Suspensão da habilitação e pena privativa de liberdade. Cumulatividade. Artigo do CTB

Habeas corpus. Dosimetria. Homicídio e lesão corporal culposos. Direção de veículo automotor. Suspensão da habilitação para conduzir. Reprimenda cumulativa. Sustentada ilegalidade no seu montante. Ofensa à liberdade de locomoção em seu sentido amplo. *Writ* conhecido. 1. Como a suspensão da habilitação de conduzir veículo automotor se trata de reprimenda aplicada cumulativamente com a privativa de liberdade, nos casos de delitos de trânsito, devido o conhecimento do *mandamus* no ponto em que sustenta a ilegalidade no montante irrogado, por guardar estreita correlação com a pena reclusiva ao qual está atrelada e também por afetar a liberdade do paciente, assim entendida em seu sentido amplo, já que restringida, ao menos parcialmente, a locomoção do condenado. Delitos de trânsito. Aplicação da pena. Suspensão da habilitação para conduzir veículo. Desproporcionalidade do *quantum* em relação à privativa de liberdade. Ofensa ao art. 293 do CTB. Constrangimento ilegal evidenciado. Sanção redimensionada. 1. A pena de suspensão ou de proibição de se obter habilitação ou permissão para dirigir veículo automotor, por se cuidar de sanção cumulativa, e não alternativa, deve guardar proporcionalidade com a detentiva aplicada, observados os limites fixados no art. 293 do CTB. 2. Verificado que a reprimenda básica foi fixada no mínimo legalmente previsto, ante a inexistência de quaisquer circunstâncias judiciais desfavoráveis, de rigor a redução da pena de suspensão da habilitação para o mínimo legalmente previsto. 3. Ordem conhecida e concedida para reduzir o prazo da reprimenda de suspensão da habilitação para dirigir veículo automotor para 3 (três) meses e 3 (três) dias, mantidos, no mais, a sentença condenatória e o acórdão objurgado. (STJ, *HC* n. 140.750/RJ, 5ª T., rel. Min. Jorge Mussi, j, 07.10.2010)

Suspensão para dirigir veículo. Prazo

Habeas corpus. Penal. Art. 302, parágrafo único, IV, da Lei n. 9.503/97. Teses não examinadas pelo tribunal *a quo*. Supressão de instância. Pena de suspensão ou proibição de se obter a permissão ou a habilitação para dirigir veículo automotor. Fixação desproporcional. Constrangimento ilegal evidenciado. Ordem parcialmente conhecida e, nessa extensão, concedida. 1. As matérias não examinadas pelo Tribunal de origem e sequer deduzidas nas razões da apelação criminal não podem ser apreciadas originariamente por esta Corte, sob pena de se incorrer em inadmissível supressão de instância. Precedentes. 2. A jurisprudência deste Tribunal Superior entende que a pena de suspensão de habilitação para dirigir veículo automotor deve guardar proporcionalidade com a pena privativa de liberdade imposta, levando-se em conta o fato típico, bem como as circunstâncias judiciais e legais relativas à fixação da pena. 3. Com esse parâmetro, o magistrado deverá justificar o prazo da penalidade de suspensão ou de proibição de obter a permissão ou habilitação para dirigir veículo automotor, o qual, nos termos do art. 293 da Lei n. 9.503/97, poderá variar entre dois meses e cinco anos. 4. Na hipótese, a pena privativa de liberdade foi quantificada em 02 (dois) anos e 08 (oito) meses de detenção e a pena de suspensão ou proibição de se obter a permissão ou a habilitação para dirigir veículo automotor foi fixada em 02 (dois) anos, sem qualquer justificativa, em desacordo com o entendimento adotado neste STJ. Precedentes. 5. *Habeas corpus* parcialmente conhecido e, nessa extensão, concedido para, reformando o acórdão recorrido e a sentença condenatória, reduzir a pena de suspensão ou proibição de se obter a permissão ou a habilitação para dirigir veículo automotor nos termos explicitados. (STJ, *HC* n. 149.739/SP, 5ª T., rel. Min. Laurita Vaz, j. 08.11.2011)

Penal. Recurso especial. Art. 302 da Lei n. 9.503/97. Pena privativa de liberdade substituída por duas penas restritivas de direito. Prazo da suspensão da habilitação para dirigir. Art. 55 do CP. "Se a pena privativa de liberdade, fixada de maneira isolada, foi substituída por duas penas restritivas de direitos, sendo uma delas a descrita no inciso III do art. 47 do CP – interdição temporária de direitos consistente na suspensão da habilitação para dirigir veículo automotor – deve-se aplicar a regra do art. 55 do CP, segundo a qual as penas restritivas de direitos terão a mesma duração da pena privativa de liberdade substituída" (REsp n. 495.402/AC, 5ª T., rel. Min. Gilson Dipp, *DJU* 22.09.2003). Recurso provido. (STJ, REsp n. 970.994/PR, 5ª T., rel. Min. Felix Fischer, j, 11.09.2008)

Inscrição em concurso público. Inquéritos policiais e processos criminais em curso. Possibilidade

Concurso público. Investigação social. Vida pregressa do candidato. Existência, contra ele, de procedimento penal. Exclusão do candidato. Impossibilidade. Transgressão ao postulado constitucional da presunção de inocência (CF, art. 5º, LVII). Recurso extraordinário improvido. A exclusão de candidato regularmente inscrito em concurso público, motivada, unicamente, pelo fato de haver sido instaurado, contra ele, procedimento penal, sem que houvesse, no entanto, condenação criminal transitada em julgado, vulnera, de modo frontal, o postulado constitucional do estado de inocência, inscrito no art. 5º, LVII, da Lei Fundamental da República. Precedentes. [...] O postulado do estado de inocência, ainda que não se considere como presunção em sentido técnico, encerra, em favor de qualquer pessoa sob persecução penal, o reconhecimento de uma verdade provisória, com caráter probatório, que repele suposições ou juízos prematuros de culpabilidade, até que sobrevenha – como o exige a Constituição do Brasil – o trânsito em julgado da condenação penal. Só então deixará de subsistir, em favor da pessoa condenada, a presunção de que é inocente. Há, portanto, um momento claramente definido no texto constitucional, a partir do qual se descaracteriza a presunção de inocência, vale dizer, aquele instante em que sobrevém o trânsito em julgado da condenação criminal. Antes desse momento – insista-se –, o Estado não pode tratar os indiciados ou réus como se culpados fossem. A presunção de inocência impõe, desse modo, ao Poder Público, um dever de tratamento que não pode ser desrespeitado por seus agentes e autoridades, tal como tem sido constantemente enfatizado pelo STF [...] Mostra-se importante acentuar que a presunção de inocência não se esvazia progressivamente, à medida em que se sucedem os graus de jurisdição, a significar que, mesmo confirmada a condenação penal por um Tribunal de segunda instância (ou por qualquer órgão colegiado de inferior jurisdição), ainda assim subsistirá, em favor do sentenciado, esse direito fundamental, que só deixa de prevalecer – repita-se – com o trânsito em julgado da sentença penal condenatória. Vale referir, no ponto, a esse respeito, a autorizada advertência do eminente Professor Luiz Flávio Gomes, em obra escrita com o Professor Valério de Oliveira Mazzuoli (*Direito penal* – Comentários à Convenção Americana sobre Direitos Humanos/Pacto de San José da Costa Rica, vol. 4/85-91, 2008, RT): "O correto é mesmo falar em princípio da presunção de inocência (tal como descrito na Convenção Americana), não em princípio da não culpabilidade (esta última locução tem origem no fascismo italiano, que não se conformava com a ideia de que o acusado fosse, em princípio, inocente). Trata-se de princípio consagrado não só no art. 8º, 2, da Convenção Americana senão também (em parte) no art. 5º, LVII, da CF, segundo o qual toda pessoa se presume inocente até que tenha sido declarada culpada por sentença transitada em julgado. Tem previsão normativa desde 1789, posto que já constava da Declaração dos Direitos do Homem e do Cidadão. Do princípio da presunção de inocência ('todo acusado é presumido inocente até que se comprove sua culpabilidade') emanam duas regras: (a) regra de tratamento e (b) regra probatória. 'Regra de tratamento': o acusado não pode ser tratado como condenado antes do trânsito em julgado final da sentença condenatória (CF, art. 5º, LVII). O acusado, por força da regra que estamos estudando, tem o direito de receber a devida 'consideração' bem como o direito de ser tratado como não participante do fato imputado. Como 'regra de tratamento', a presunção de inocência impede qualquer antecipação de juízo condenatório ou de reconhecimento da culpabilidade do imputado, seja por situações, práticas, palavras, gestos etc., podendo-se exemplificar: a impropriedade de se manter o acusado em exposição humilhante no banco dos réus, o uso de algemas quando desnecessário, a divulgação abusiva de fatos e nomes de pessoas pelos meios de comunicação, a decretação ou manutenção de prisão cautelar desnecessária, a exigência de se recolher à prisão para apelar em razão da existência de condenação em primeira instância etc. É contrária à presunção de inocência a exibição de uma pessoa aos meios de comunicação vestida com traje infamante (Corte Interamericana, Caso Cantoral Benavides, Sentença de 18.08.2000, § 119)." [...] Disso resulta, segundo entendo, que a consagração constitucional da presunção de inocência como direito fundamental de qualquer pessoa há de viabilizar, sob a perspectiva da liberdade, uma hermenêutica essencialmente emancipatória dos direitos básicos da pessoa humana, cuja prerrogativa de ser sempre considerada inocente, para todos e quaisquer efeitos, deve atuar, até o superveniente trânsito em julgado da condenação judicial, como uma cláusula de insuperável bloqueio à imposição prematura de quaisquer medidas que afetem ou que restrinjam, seja no domínio civil, seja no âmbito político, a esfera jurídica das pessoas em geral. Nem se diga que a garantia fundamental de presunção de inocência teria pertinência e aplicabilidade unicamente restritas ao campo do direito penal e do direito processual penal. Torna-se importante assinalar, neste ponto, que a presunção de inocência, embora historicamente vinculada ao processo penal, também irradia os seus efeitos, sempre em favor das pessoas, contra o abuso de poder e a prepotência do Estado, projetando-os para esferas não criminais, em ordem a impedir, dentre outras graves consequências no plano jurídico – ressalvada a excepcionalidade de hipóteses previstas na própria Constituição –, que se formulem, precipitadamente, contra qualquer cidadão, juízos morais fundados em situações juridicamente ainda não definidas (e, por isso mesmo, essencialmente instáveis) ou, então, que se imponham, ao réu, restrições a seus direitos, não obstante inexistente condenação judicial transitada em julgado. O que se mostra relevante, a propósito do efeito irradiante da presunção de inocência, que a torna aplicável a processos (e a domínios) de natureza não criminal, é a preocupação, externada por órgãos investidos de jurisdição constitucional, com a preservação da integridade de um princípio que não pode ser transgredido por atos estatais (como a exclusão de concurso público motivada pela mera existência de procedimento penal em curso contra o candidato) que veiculem, prematuramente, medidas gravosas à esfera jurídica das pessoas, que são, desde logo, indevidamente tratadas, pelo Poder Público, como se culpadas fossem, porque presumida, por arbitrária antecipação fundada em juízo de mera suspeita, a culpabilidade de quem figura, em processo penal ou civil, como simples réu! Cabe referir, por extremamente oportuno, que o STF, em julgamento plenário (REsp n. 482.006/MG, rel. Min. Ricardo Lewandowski), e interpretando a Constituição da República, observou, em sua decisão, essa mesma diretriz – que faz incidir a presunção constitucional de inocência também em domínio extrapenal –, explicitando que esse postulado constitucional alcança quaisquer medidas restritivas de direitos, independentemente de seu conteúdo ou do bloco que compõe, se de direitos civis ou de direitos políticos. A exigência de coisa julgada, tal como estabelecida no art. 5º, LVII, de nossa Lei Fundamental, representa, na constelação axiológica que se encerra em nosso sistema constitucional, valor de essencial importância na preservação da segurança jurídica e dos direitos do cidadão. Mostra-se relevante acentuar, por isso mesmo, o alto significado que assume, em nosso sistema normativo, a coisa julgada, pois, ao propiciar a estabilidade das relações sociais, ao dissipar as dúvidas motivadas pela existência de controvérsia jurídica (*res judicata pro veritate habetur*) e ao viabilizar a superação dos conflitos, culmina por consagrar a segurança jurídica, que traduz, na concreção de seu alcance, valor de transcendente importância política, jurídica e social, a representar um dos fundamentos estruturantes do próprio Estado democrático de direito. Em suma: a submissão de uma pessoa a meros inquéritos policiais – ou, ainda, a persecuções criminais de que não haja derivado, em caráter definitivo, qualquer título penal condenatório – não se reveste de suficiente idoneidade jurídica para autorizar a formulação, contra o indiciado ou o réu, de juízo (negativo) de maus antecedentes, em ordem a recusar, ao que sofre a *persecutio criminis*, o acesso a determinados benefícios legais ou o direito de participar de concursos públicos [...] Tal entendimento – que se revela compatível com a presunção constitucional *juris tantum* de inocência (CF, art. 5º, LVII) – ressalta, corretamente, e com apoio na jurisprudência dos Tribunais (*RT* 418/286, *RT* 422/307, *RT* 572/391, *RT* 586/338), que processos penais em curso, ou inquéritos policiais em andamento ou, até mesmo, condenações criminais ainda sujeitas a recurso não podem ser considerados, enquanto episódios processuais suscetíveis de pronunciamento judicial absolutório, como elementos evidenciadores de maus antecedentes do réu (ou do indiciado) ou justificadores da adoção, contra eles ou o candidato, de medidas restritivas de direitos. É por essa razão que o STF já decidiu, por unânime votação, que "Não podem repercutir, contra o réu, situações jurídico-processuais ainda não definidas por decisão irrecorrível do Poder Judiciário, especialmente naquelas hipóteses de inexistência de título penal condenatório definitivamente constituído" (*RTJ* 139/885, rel. Min. Celso de Mello). O exame da presente causa evidencia que o acórdão ora impugnado ajusta-se à diretriz jurisprudencial que esta Suprema Corte firmou na matéria em análise, o que desautoriza, por completo, a postulação recursal deduzida pela União Federal. Sendo assim, e pelas razões expostas, conheço do presente recurso extraordinário, para negar-lhe provimento. (STF, REsp n. 634.224/DF, 1ª T., rel. Min. Celso de Mello, j. 14.03.2011)

Limitação de fim de semana

Art. 48. A limitação de fim de semana consiste na obrigação de permanecer, aos sábados e domingos, por 5 (cinco) horas diárias, em casa de albergado ou outro estabelecimento adequado.

Parágrafo único. Durante a permanência poderão ser ministrados ao condenado cursos e palestras ou atribuídas atividades educativas.

---

1. COMENTÁRIO

A liberdade aqui fica restrita pelo curto período de 5 horas diárias aos sábados e domingos. Feriados não se incluem, somente se recaírem nos dias da semana apontados. O apenado será previamente intimado para que seja cientificado acerca "do local, dias e horário em que deverá cumprir a pena" (art. 151, LEP), iniciando a sua execução na data do primeiro comparecimento.

Com o intuito pedagógico e educativo, é essencial que sejam ministrados cursos, palestras ou então sejam desenvolvidas atividades (art. 152, LEP). Nos termos do parágrafo único do art. 152

da LEP (incluído pela Lei n. 11.340/2006 – Lei Maria da Penha), "nos casos de violência doméstica contra a mulher, o juiz poderá determinar o comparecimento obrigatório do agressor a programas de recuperação e reeducação".

Obrigatoriedade semelhante é prevista no art. 28 da Lei n. 11.343/2006 (Lei Antidrogas).

1.1. Conversão

Esta pena restritiva será convertida em privativa de liberdade quando: o condenado não comparecer ao estabelecimento designado para o cumprimento da pena; recusar-se a exercer a atividade determinada pelo Juiz; não for encontrado por estar em lugar incerto e não sabido, ou desatender a intimação por edital; praticar falta grave; ou, por fim, sofrer condenação por outro crime à pena privativa de liberdade, cuja execução não tenha sido suspensa (art. 181, §§ 1º e 2º, LEP).

1.2. Possibilidade de alteração quanto à limitação de fim de semana

O art. 148 da LEP permite ao Juiz da execução modificar algumas determinações inicialmente estipuladas quanto à limitação de fim de semana com o objetivo de readequar, referida restrição, as condições particulares do condenado e as características do estabelecimento, da entidade ou do programa comunitário ou estatal.

2. JURISPRUDÊNCIA

2.1. Julgados

Crime hediondo. Substituição. Limitação de fim de semana. Possibilidade

Habeas corpus. Tráfico de drogas. Lei n. 11.343/2006. Regime prisional. Possibilidade de fixação de regime aberto e de substituição de pena corporal por medidas restritivas de direito. 1. Com a edição da Lei n. 11.464/2007, que modificou a redação da Lei n. 8.072/90, derrogando a vedação à progressão de regime a crimes hediondos ou equiparados, persistiu-se na ofensa ao princípio da individualização da pena, quando se afirmou que a execução deve iniciar no regime mais gravoso. 2. A Lei não andou em harmonia com o princípio da proporcionalidade, corolário da busca do justo. Isso porque a imposição do regime fechado, inclusive a condenados a penas ínfimas, primários e de bons antecedentes, entra em rota de colisão com a Constituição e com a evolução do direito penal. Precedentes. 3. O STF entendeu possível, já diante da Lei n. 11.343/2006, a substituição da pena privativa de liberdade por restritivas de direitos, ao considerar a inconstitucionalidade de parte do § 4º do art. 33 da Lei de Tóxicos. 4. Considerando a pena aplicada 1 (um) ano e 8 (oito) meses de reclusão, bem como a primariedade e a inexistência de circunstâncias judiciais desfavoráveis, a substituição é medida que se impõe. 5. Ordem concedida para, de um lado, estabelecer o regime aberto para o cumprimento da pena privativa de liberdade; de outro lado, substituí-la por prestação de serviços à comunidade e limitação de fim de semana. (STJ, *HC* n. 176.919/DF, 6ª T., rel. Min. Og Fernandes, j. 13.12.2010)

Seção III

Da Pena de Multa

Multa

Art. 49. A pena de multa consiste no pagamento ao fundo penitenciário da quantia fixada na sentença e calculada em dias-multa. Será, no mínimo, de 10 (dez) e, no máximo, de 360 (trezentos e sessenta) dias-multa.

§ 1º O valor do dia-multa será fixado pelo juiz não podendo ser inferior a um trigésimo do maior salário mínimo mensal vigente ao tempo do fato, nem superior a 5 (cinco) vezes esse salário.

§ 2º O valor da multa será atualizado, quando da execução, pelos índices de correção monetária.

1. COMENTÁRIO

Espécie de sanção de caráter pecuniário cujos valores arrecadados destinam-se ao Fundo Penitenciário Nacional (Funpen), conforme art. 2º, V, da LC n. 79/94,[79] gerido pelo Departamento de Assuntos Penitenciários da Secretaria dos Direitos da Cidadania e Justiça, do Ministério da Justiça, com a finalidade de proporcionar recursos e meios para financiar e apoiar as atividades e programas de modernização e aprimoramento do Sistema Penitenciário Brasileiro.[80]

79 O Decreto n. 1.093/94 regulamentou a LC n. 79/94. Leis especiais podem conferir destinação específica ao valor arrecadado da multa criminal, por exemplo, o art. 29, parágrafo único, da Lei Antidrogas, n. 11.343/2006 (Fundo Nacional Antidrogas).

80 De acordo com o art. 2º do Decreto n. 1.093/94, os recursos serão aplicados na seguinte forma: "I – na construção, reforma, ampliação e reequipamento de instalações e serviços de penitenciárias e outros estabelecimentos prisionais; II – na manutenção dos serviços penitenciários, mediante a celebração de convênios, acordos, ajustes ou contratos com entidades públicas ou privadas; III – na formação, aperfeiçoamento e especialização de servidores das áreas de administração, de segurança e de vigilância dos estabelecimentos penitenciários; IV – na formação educacional e cultural do preso e do internado, mediante cursos curriculares de 1º e 2º graus, ou profissionalizantes de nível médio ou superior; V – na elaboração e execução de projetos destinados à reinserção social de presos, in-

O fato de a multa ter sido cobrada pela Fazenda estadual não desnatura a destinação legal em questão.

1.1. Critérios quantitativos de definição

Antes da reforma da Parte Geral ocorrida em 1984, eram estabelecidos valores específicos em cada uma das multas definidas, o que acarretava a sua ineficácia diante da desvalorização monetária constante, esvaziando, assim, seu caráter retributivo e a própria finalidade. Adota-se, portanto, o critério do dias-multa para evitar tais empecilhos. Inicialmente, define-se a quantidade de dias-multa: mínimo de 30 e máximo de 360. Na segunda etapa, deverá ser estabelecido o valor unitário de cada dia-multa, respeitando-se o lapso entre 1/30 e cinco vezes o maior salário mínimo nacional. Por fim, multiplica-se o número de dias-multa pelo valor unitário estabelecido para definir o montante final.

Embora existam controvérsias, o entendimento majoritário considera mais adequado seguir o modelo trifásico do art. 68 do CP, para cálculo do número de dias-multa. Assim, define-se um número-base considerando as circunstâncias judiciais (art. 59, CP). Posteriormente, verificará a ocorrência de agravantes (arts. 61 e 62, CP) e atenuantes genéricas (arts. 65 e 66, CP) e, por último, tornará a quantidade de dias-multa definitiva, fazendo incidir as causas de diminuição e aumento de pena dispersas tanto na Parte Geral quanto na Parte Especial do diploma mencionado.

A definição do valor deverá fundamentar-se não só na condição econômica do réu, mas também nas demais circunstâncias do art. 59.

O montante final deverá ser atualizado monetariamente considerando a data do efetivo pagamento.

1.2. Critérios específicos previstos em leis especiais

Algumas leis especiais possuem critérios específicos, vejamos alguns exemplos: a) Código Eleitoral – quantidade de dias-multa é de, no mínimo, 1 dia-multa e, no máximo, 300 dias-multa (art. 286), levando-se em conta as condições pessoais e econômicas do condenado, o valor unitário respeitará o limite entre 1/30 (um trigésimo) do salário mínimo, nem superior ao valor de 1 salário mínimo mensal; b) Lei Antidrogas, Lei n. 11.343/2006 – 50, 200, 300, 500, 700, 1.200, 1.500, 2.000, 4.000 dias-multa e o valor individual entre 1/30 a 5 vezes o salário mínimo, podendo ser aumentadas, ainda até o décuplo, também considerando a situação econômica do acusado – ver arts. 33 a 39 e 43; c) art. 73, § 4º, da Lei das Eleições, Lei n. 9.504/97 – valor definido em UFIRs; d) art. 77 do CDC, Lei n. 8.078/90 – o número de dias-multa será aplicado levando em consideração o intervalo entre a pena mínima e máxima relativa a cada tipo penal; e) art. 33 da Lei dos Crimes contra o Sistema Financeiro, Lei n. 7.492/86, a qual prevê a majoração do limite máximo previsto no art. 49, § 1º, CP (cinco vezes o salário mínimo), em até dez vezes; f) art. 18 da Lei dos Crimes Ambientais, Lei n. 9.605/98 – também poderá ter o limite máximo estendido em até três vezes, conforme a vantagem econômica auferida; entre outras.

1.3. Distinção entre multa e prestação pecuniária

Eis as diferenças básicas: a) quanto à destinação – o valor arrecadado pela pena de multa é destinado ao Funpen, já na prestação pecuniária é destinado à vítima ou seus dependentes, entidade pública ou privada com destinação social; b) a multa é reprimenda autônoma, alternativa ou substitutiva, já a prestação é sempre substitutiva; c) os critérios adotados para fins de fixação de seus respectivos valores, a multa é fixada em dias-multa e a prestação em salário mínimo; d) a multa não pode ser descontada de futura indenização civil (ação civil *ex delicto*, arts. 63 a 68, CPP), já a prestação permite tal dedução; e) a multa tem caráter personalíssimo, isto é, não poderá transmitir aos herdeiros do condenado (art. 5º, XLV, CF), ao contrário da prestação pecuniária; f) a prestação autoriza, se houver aceitação do beneficiário, a substituição por prestação de outra natureza, que não pecuniária (art. 49, § 2º, CP), hipótese inadmissível na pena de multa; g) a prestação, caso não cumprida, poderá ser convertida em pena privativa de liberdade, a multa não, transforma-se em dívida de valor a ser executada pela legislação pertinente.

---

ternados e egressos; VI – na execução de programas voltados à assistência jurídica aos presos e internados; [...] IX – nas publicações e na pesquisa científica na área penal, penitenciária ou criminológica; X – nos custos decorrentes de sua própria gestão, excetuadas as despesas de pessoal referentes a servidores públicos que já percebem remuneração dos cofres públicos". As Resoluções ns. 05/96, 19/2021 e 20/2021, todas do Conselho Nacional de Política Criminal e Penitenciária, dispõem sobre o repasse das verbas do Funpen.

2. JURISPRUDÊNCIA

2.1. Súmula

Súmula n. 693, STF: "Não cabe *habeas corpus* contra decisão condenatória a pena de multa, ou relativo a processo em curso por infração penal a que a pena pecuniária seja a única cominada".

2.2 Julgados

Indulto e pena de multa

O indulto da pena privativa de liberdade não alcança a pena de multa que tenha sido objeto de parcelamento espontaneamente assumido pelo sentenciado. Com base nesse entendimento, o Plenário, em conclusão e por maioria, negou provimento a agravo regimental em que se discutia a extinção da pena de multa imposta. (STF, EP n. 11 IndCom-AgR/DF, Plenário, rel. Min. Roberto Barroso, j. 08.11.2017, *Inf.* n. 884)

Pagamento da multa

Art. 50. A multa deve ser paga dentro de 10 (dez) dias depois de transitada em julgado a sentença. A requerimento do condenado e conforme as circunstâncias, o juiz pode permitir que o pagamento se realize em parcelas mensais.

§ 1º A cobrança da multa pode efetuar-se mediante desconto no vencimento ou salário do condenado quando:

***a)* aplicada isoladamente;**

***b)* aplicada cumulativamente com pena restritiva de direitos;**

***c)* concedida a suspensão condicional da pena.**

§ 2º O desconto não deve incidir sobre os recursos indispensáveis ao sustento do condenado e de sua família.

---

1. COMENTÁRIO

Atualmente, após o trânsito em julgado, o condenado terá 10 dias úteis para satisfazer voluntariamente a pretensão estatal; caso contrário, essa sanção deverá ser cobrada judicialmente, observando-se as regras do processo executivo fiscal (Lei n. 6.830/80).[81]

Em caso de morte do condenado, a multa é intransferível aos herdeiros e sucessores, em virtude de seu caráter *intuitu personae* (art. 5º, XLV, CF – veja princípio da pessoalidade – comentários ao art. 32, subitem 1.2, "e"); todavia, o dever de indenizar (reparar o dano) como consequência do crime poderá ser transferido aos sucessores, os quais também se sujeitarão ao perdimento de bens até o limite de seu quinhão, ou seja, no exato montante do patrimônio transferido.

É facultado ao magistrado determinar o desconto direto nos vencimentos ou salário do condenado, desde que fique demonstrado que não prejudicará o custeio regular mensal de suas despesas pessoais e familiares essenciais (a mesma regra está prevista no art. 167, LEP). O limite máximo do desconto mensal será o da quarta parte da remuneração e o mínimo o de um décimo.

Nos termos do art. 170 da LEP, em caso de cumulação de pena privativa de liberdade com multa, enquanto aquela estiver sendo executada, poderá esta ser cobrada mediante desconto na remuneração que o condenado porventura obter decorrentes de suas atividades laboratícias (ver também art. 168, LEP).

Se após o cumprimento da pena privativa de liberdade persistir sem adimplemento o pagamento da pena de multa, extinguir-se-á a execução penal, permanecendo a pretensão fiscal.[82]

1.1. Pagamento parcelado

O art. 169 da LEP prevê a possibilidade de o condenado "requerer ao Juiz o pagamento da multa em prestações mensais, iguais e sucessivas". Poderá o magistrado "antes de decidir", "determinar diligências para verificar a real situação econômica do condenado e, ouvido o Ministério Público, fixará o número de prestações". Em caso de inadimplência ou, ainda, "se melhorar de situação econômica, o Juiz, de ofício ou a requerimento do Ministério Público, revogará o benefício executando-se a multa" conforme as regras da Lei n. 6.830/80, as quais serão aplicadas nas hipóteses de impontualidade.

Conversão da multa e revogação

Art. 51. Transitada em julgado a sentença condenatória, a multa será executada perante o juiz da execução penal e será considerada dívida de valor, aplicáveis as normas relativas à dívida ativa da Fazenda Pública, inclusive no que

---

81 Depois do trânsito em julgado, após tornar-se dívida de valor, as regras prescricionais aplicáveis, inclusive, serão aquelas relativas à execução fiscal (5 anos conforme art. 174, *caput*, do Código Tributário Nacional). Nesse sentido, STF, Ag. Reg. no *HC* n. 115.405/SP, 1ª T., rel. Min. Luiz Fux, j. 13.11.2012, v.m., *DJe* 17.12.2012).

82 Nesse sentido firmou posicionamento a 3ª Seção do STJ: EREsp n. 845.902/RS, rel. Min. Maria Thereza de Assis Moura, *DJe* 01.02.2011.

concerne às causas interruptivas e suspensivas da prescrição.

Caput com redação dada pela Lei n. 13.964, de 24.12.2019.

Modo de conversão

§ 1º *(Revogado pela Lei n. 9.268, de 01.04.1996.)*

Revogação da conversão

§ 2º *(Revogado pela Lei n. 9.268, de 01.04.1996.)*

1. COMENTÁRIO

Com o início da vigência da Lei n. 13.964, de 24.12.2019, o juízo da execução penal será competente para o processamento da execução cujo objeto é o pagamento da multa,[83] cabendo ao Ministério Público promover a execução dessa cobrança. Nesse sentido, ver o julgamento da ADI n. 3.150, em que o Tribunal Pleno do STF, por maioria, julgou parcialmente procedente o pedido formulado na ação direta para, conferindo interpretação conforme à Constituição ao art. 51 do CP, explicitar que a expressão "aplicando-se-lhes as normas da legislação relativa à dívida ativa da Fazenda Pública, inclusive no que concerne às causas interruptivas e suspensivas da prescrição", não exclui a legitimação prioritária do Ministério Público para a cobrança da multa na Vara de Execução Penal, nos termos do voto do Ministro Roberto Barroso. Ressalta-se, porém, que na hipótese de decorridos noventa dias, Juiz da execução criminal dará ciência do feito ao órgão competente da Fazenda Pública (federal ou estadual, conforme o caso) para a respectiva cobrança na própria Vara de Execução Fiscal (*v.* ADI n. 7.032/DF).

A dívida de valor será corrigida monetariamente e é intransmissível para herdeiros e sucessores, pois não perde sua natureza jurídica de sanção criminal. A Lei n. 13.964/2019 implementou significativa alteração no texto desta norma: agora o próprio juízo responsável pela execução penal do condenado será competente para o processamento da cobrança executiva cujo objeto é a multa. Em relação à lei mencionada, no parecer de relatoria do Senador Marcos do Val, aprovado na Comissão de Constituição e Justiça do Senado, a justificativa apresentada para referida modificação legislativa é a seguinte: "É preservado o dispositivo do Pacote Anticrime que prevê a execução da pena de multa no juízo da execução penal, o que resguarda sua natureza penal e a competência do Ministério Público para sua execução". O objetivo, portanto, é destinar ao Ministério Público, prioritariamente, a cobrança da multa, tornando superada a Súmula n. 521 do STJ.

É importante destacar, também, que por razões de segurança jurídica e excepcional interesse social, no julgamento dos Embargos de Declaração na ADI n. 3.150, ficou definido que, em relação às execuções findas ou iniciadas até a data do trânsito em julgado dessa ação direta de inconstitucionalidade, o Ministério Público tem competência concorrente da Procuradoria da Fazenda Pública para essa tarefa executiva.

2. JURISPRUDÊNCIA

2.1. Julgados

Execução da pena de multa. Legitimidade ativa prioritária do Ministério Público, surgindo atribuição concorrente da Procuradoria da Fazenda em algumas hipóteses

Execução penal. Constitucional. Ação direta de inconstitucionalidade. Pena de multa. Legitimidade prioritária do Ministério Público. Necessidade de interpretação conforme. Procedência parcial do pedido. 1. A Lei n. 9.268/96, ao considerar a multa penal como dívida de valor, não retirou dela o caráter de sanção criminal, que lhe é inerente por força do art. 5º, XLVI, *c*, da Constituição Federal. 2. Como consequência, a legitimação prioritária para a execução da multa penal é do Ministério Público perante a Vara de Execuções Penais. 3. Por ser também dívida de valor em face do Poder Público, a multa pode ser subsidiariamente cobra-

83 Oportuno salientarmos que a multa decorrente de condenação oriunda dos Juizados Especiais Criminais deve ser paga na Secretaria deste Juízo (Funpen – LC n. 79/94 e Decreto n. 1.093/94). Em caso de inadimplência, no entanto, não será transformada em dívida de valor, pois o art. 51 do CP é regra geral que não se aplica às leis especiais em razão do disposto no art. 12 do CP, portanto, será executada no próprio Juizado Especial, utilizando-se a Lei de Execução Penal. Nesse sentido, Ada Pelegrini Grinover, Antonio Scarance Fernandes, Antonio Magalhães Gomes Filho e Luiz Flávio Gomes, vejamos: "multas aplicadas em infrações de menor potencial ofensivo e resultantes de transações ou de sentenças proferidas nos Juizados Especiais competem ao próprio Juizado, por força de imposição constitucional (art. 98, I). Não fosse a exigência decorrente de preceito da Carta Magna e restaria a circunstância de que a imposição da multa aplicada nas transações deve ser mantida em sigilo, não podendo constar de certidão de antecedentes criminais (art. 76, § 6º), o que não se coaduna com a publicidade da inscrição da dívida ativa e da cobrança perante o juízo da Fazenda Pública. O mesmo argumento pode ser invocado em relação à multa imposta em sentença, pois, efetuado o pagamento, a condenação não ficará constando dos registros criminais, conforme art. 84, parágrafo único. Por tudo isso, entende-se que a Lei n. 9.268/96 não afetou a competência do Juizado para a execução da pena de multa" (*apud* MOREIRA, Rômulo de Andrade. "A execução da pena de multa". Disponível em: http://www.migalhas.com.br/dePeso/16,MI22254,11049-A+execucao+da+pena+de+multa; acesso em: 25.11.2015).

da pela Fazenda Pública, na Vara de Execução Fiscal, se o Ministério Público não houver atuado em prazo razoável (90 dias). 4. Ação direta de inconstitucionalidade de cujo pedido se julga parcialmente procedente para, conferindo interpretação conforme à Constituição ao art. 51 do Código Penal, explicitar que a expressão "aplicando-se-lhes as normas da legislação relativa à dívida ativa da Fazenda Pública, inclusive no que concerne às causas interruptivas e suspensivas da prescrição", não exclui a legitimação prioritária do Ministério Público para a cobrança da multa na Vara de Execução Penal. Fixação das seguintes teses: (i) O Ministério Público é o órgão legitimado para promover a execução da pena de multa, perante a Vara de Execução Criminal, observado o procedimento descrito pelos arts. 164 e seguintes da Lei de Execução Penal; (ii) Caso o titular da ação penal, devidamente intimado, não proponha a execução da multa no prazo de 90 (noventa) dias, o Juiz da execução criminal dará ciência do feito ao órgão competente da Fazenda Pública (Federal ou Estadual, conforme o caso) para a respectiva cobrança na própria Vara de Execução Fiscal, com a observância do rito da Lei n. 6.830/80. (STF, ADI n. 3.150, Pleno, rel. p. ac. Min. Roberto Barroso, p. m., j. 13.12.2018, *DJe* 06.08.2019)

Execução da pena de multa. Legitimidade ativa concorrente da Procuradoria da Fazenda. Efeitos modulados da ADI n. 3.150

Processo penal. Constitucional. Embargos de declaração em ação direta de inconstitucionalidade. Modulação temporal da decisão. 1. O Advogado-Geral da União, no processo de controle objetivo de constitucionalidade, não exerce atividade de representação judicial da União, mas múnus especial do qual foi incumbido pela Constituição. Nessa condição, tem legitimidade para a interposição de embargos de declaração. 2. Antes do julgamento da presente ação direta, foram propostas ações de execução de penas de multa criminal, promovidas por iniciativa da Fazenda Pública. 3. Tais ações foram iniciadas com fundamento não apenas em lei, mas em entendimento consolidado do Superior Tribunal de Justiça (Súmula n. 521). 4. Ademais, os fundamentos que levaram à procedência da presente ação direta têm por objetivo conferir maior eficácia às funções da pena – e não o seu enfraquecimento, pela invalidação de sanções anteriormente aplicadas. 5. Diante do exposto, por razões de segurança jurídica e de excepcional interesse social, devem ser modulados temporalmente os efeitos da decisão, de modo a estabelecer a competência concorrente da Procuradoria da Fazenda Pública quanto às execuções findas ou iniciadas até a data do trânsito em julgado da presente ação direta de inconstitucionalidade. 6. Embargos de declaração conhecidos e providos. (STF, ADI n. 3.150, Pleno, rel. p. ac. Min. Roberto Barroso, p. m., j. 20.04.2020, *DJe* 20.05.2020)

Suspensão da execução da multa

Art. 52. É suspensa a execução da pena de multa, se sobrevém ao condenado doença mental.

1. COMENTÁRIO

Assim como ocorre na execução da pena, é inviável executar-se a multa se o apenado é acometido com qualquer doença mental, suspendendo-se, pois, o cumprimento de tal reprimenda (art. 167, LEP). O prazo prescricional, no entanto, permanece transcorrendo durante o período de suspensão.

CAPÍTULO II
DA COMINAÇÃO DAS PENAS

Penas privativas de liberdade

Art. 53. As penas privativas de liberdade têm seus limites estabelecidos na sanção correspondente a cada tipo legal de crime.

1. COMENTÁRIO

A norma penal sancionatária descreve, em seu preceito secundário, os limites mínimo e máximo, a serem respeitados pelo aplicador da lei, em decorrência do princípio da legalidade, anterioridades e taxatividade.

Penas restritivas de direitos

Art. 54. As penas restritivas de direitos são aplicáveis, independentemente de cominação na parte especial, em substituição à pena privativa de liberdade, fixada em quantidade inferior a 1 (um) ano, ou nos crimes culposos.

1. COMENTÁRIO

Quanto à autonomia e à substitutividade, características inegáveis da pena restritiva de direitos, veja comentário ao art. 44. A sanção não se encontra definida na parte especial deste Código, mesmo porque será cominada como forma de alternativa à pena privativa de liberdade, esta sim prevista em todos os tipos penais.[84]

84 Na legislação especial, alguns tipos penais preveem a aplicação conjunta da pena privativa de liberdade com a pena restritiva de direito, configurando exceção à regra geral acerca da substitutividade, por exemplo, no CDC (Lei n. 8.078/90, art. 78) e no CTB (Lei n. 9.503/97, arts. 302, 303, 306, 307 e 308).

Este artigo, na verdade, quanto à possibilidade de aplicação da pena restritiva, praticamente repete o conteúdo inserido no art. 44, § 2º, o qual também permite a substituição, porém, ampliando seu espectro: no caso de pena privativa até um ano. Assim, referida norma apresenta um lapso temporal maior do que o aqui previsto: inferior a um ano. Naquela norma existe, ainda, permissão para que o aplicador da lei, pelo mesmo prazo (até um ano), substitua a pena privativa por multa, o que torna, na prática, sem aplicabilidade a regra insculpida no artigo em comento.

Ressaltamos que o art. 180 da LEP admite, no curso da execução e não no momento da aplicação da pena em sentença, a conversão de pena privativa de liberdade, não superior a dois anos, em restritiva de direitos, desde que: "I – o condenado a esteja cumprindo em regime aberto; II – tenha sido cumprido pelo menos 1/4 (um quarto) da pena; III – os antecedentes e a personalidade do condenado indiquem ser a conversão recomendável". Assim, em momento posterior à condenação, alarga-se este critério temporal previsto na norma, contudo, estabelecendo requisitos para sua concessão.

Art. 55. As penas restritivas de direitos referidas nos incisos III, IV, V e VI do art. 43 terão a mesma duração da pena privativa de liberdade substituída, ressalvado o disposto no § 4º do art. 46.

Artigo com redação dada pela Lei n. 9.714, de 25.11.1998.

1. COMENTÁRIO

Em razão de se apresentar como forma alternativa a pena privativa de liberdade, a duração da pena restritiva de direito estará circunscrita à reprimenda inicialmente aplicada. Existem, contudo, as seguintes exceções: a) no caso da pena de prestação de serviços à comunidade ou entidades superior a um ano, poderá ser cumprida em menor tempo (art. 46, § 4º), desde que tal redução efetivada não resulte em realização de serviços por um prazo inferior à metade da pena privativa de liberdade; b) nas hipóteses de prestação pecuniária ou perdimento de bens, em razão de sua impossibilidade lógica de se subsumir ao prazo da pena privativa.

Art. 56. As penas de interdição, previstas nos incisos I e II do art. 47 deste Código, aplicam-se para todo o crime cometido no exercício de profissão, atividade, ofício, cargo ou função, sempre que houver violação dos deveres que lhes são inerentes.

1. COMENTÁRIO

Veja comentário ao art. 47, subitem 1.1.

Art. 57. A pena de interdição, prevista no inciso III do art. 47 deste Código, aplica-se aos crimes culposos de trânsito.

1. COMENTÁRIO

Artigo derrogado tacitamente, em parte, com o advento da Lei dos Crimes de Trânsito, Lei n. 9.503/97 (CTB), diploma este que define, em seus arts. 302 e 303, respectivamente, modalidades culposas de homicídio e lesão corporal, ambas decorrentes de acidente de trânsito, cujas penas preveem a "suspensão da habilitação para dirigir veículo automotor", uma das hipóteses indicadas no art. 47, III.

Subsiste, porém, a proibição temporária prevista nesta norma quanto à "autorização para dirigir veículo", devendo o Juízo da Execução apreender o documento (licença) do condutor submetido a tal reprimenda (art. 154, § 2º, LEP). Existe ainda o ato administrativo referente à autorização para dirigir veículo ciclomotores, licença esta que também poderá ser suspensa em caso de aplicação do art. 47, III.

A legislação de trânsito (art. 269, § 3º, CTB) difere autorização (permissão), concedida transitoriamente ao condutor por um período de 1 ano, após a aprovação nos regulares exames e sob determinadas condições, como etapa prévia à habilitação, esta de caráter mais duradouro, representando o estágio final do direito de conduzir veículo automotor, concedida mediante entrega da Carteira Nacional de Habilitação (CNH). A restrição prevista no art. 47, III, é pena (aplicada a crime culposo ou doloso), portanto, não se confunde com outra consequência autônoma, específica e de caráter extrapenal: a inabilitação definida no art. 92, III, peculiar aos crimes dolosos em que o veículo é utilizado como meio para sua prática.

Pena de multa

Art. 58. A multa, prevista em cada tipo legal de crime, tem os limites fixados no art. 49 e seus parágrafos deste Código.

Parágrafo único. A multa prevista no parágrafo único do art. 44 e no § 2º do art. 60 deste

Código aplica-se independentemente de cominação na parte especial.

1. COMENTÁRIO

Após a reforma da Parte Geral (promovida pela Lei n. 7.209/84), o Código passou a adotar o sistema do "dias-multa" (utilizando a regra geral do art. 49), abandonando os limites até então utilizados de forma individual e específica, em cada tipo legal.

A pena de multa originária será aplicada de forma conjunta com a pena privativa de liberdade (ou restritiva de direitos), conforme especificação em cada um dos preceitos secundários da norma penal sancionatária, respeitando-se os limites e critérios especificados no art. 49.

A multa será substitutiva, se aplicada nos moldes dos arts. 44, § 2º, aplicada isoladamente (se a pena privativa for igual ou inferior a um ano) ou cumulativamente (se pena privativa superior a um ano), e em ambos os casos figura como *alternativa* ambicionada pelo legislador ao aprisionamento. Também é substitutiva a multa prevista no art. 60, § 2º, sendo neste caso, para alguns, direito público subjetivo do réu, e não mera faculdade do juiz (nesse sentido: BITENCOURT, Cezar Roberto. *Tratado de direito penal*: Parte Geral, 2003, v. 1, p. 459).

2. JURISPRUDÊNCIA

2.1. Súmulas

Súmula n. 171, STJ: "Cominadas cumulativamente, em lei especial, penas privativas de liberdade e pecuniária, é defeso a substituição da prisão por multa".

CAPÍTULO III
DA APLICAÇÃO DA PENA

Fixação da pena

Art. 59. O juiz, atendendo à culpabilidade, aos antecedentes, à conduta social, à personalidade do agente, aos motivos, às circunstâncias e consequências do crime, bem como ao comportamento da vítima, estabelecerá, conforme seja necessário e suficiente para reprovação e prevenção do crime:

I – as penas aplicáveis dentre as cominadas;

II – a quantidade de pena aplicável, dentro dos limites previstos;

III – o regime inicial de cumprimento da pena privativa de liberdade;

IV – a substituição da pena privativa da liberdade aplicada, por outra espécie de pena, se cabível.

1. COMENTÁRIO

1.1. Notas introdutórias

Estabelecido pela CF em seu art. 5º, XLVI, o princípio da individualização da pena veda qualquer espécie de padronização na imposição da penalidade, assegurando que esta seja condizente com as características pessoais e eventuais peculiaridades do condenado, além da natureza do delito e as circunstâncias em que foi cometido. Nessa linha, é de fundamental importância que a sanção esteja intimamente ajustada ao agente.

Três são as etapas inerentes à individualização da pena: a legal, a judicial e a de execução. A primeira etapa, a legal, é uma garantia ao cidadão em relação ao poder de punição do Estado. Ela diz respeito à individualização da pena através da própria lei, ou seja, quando o "legislador estipula limites máximos e mínimos para cada infração penal" (DE BRITO, Alexis A. C. *Execução penal*, 2011, p. 46).

Na terceira etapa, a de execução, dar-se-á a individualização da pena no decorrer de seu cumprimento. Neste momento, serão levadas em conta não apenas as indicações da sentença condenatória, uma vez que outras peculiaridades do condenado devem ser averiguadas, como a sua personalidade e seu comportamento. No presente capítulo, nos é incumbida a análise da segunda etapa da individualização penal, qual seja, a fase judicial, relacionada à fixação da sanção diante de um caso concreto. Neste caso, há que se falar na existência de um fato típico praticado por um agente, de modo que, diante deste e do próprio crime, o juiz "operará dentro das margens penais abstratamente determinadas pelo legislador e apontará a justa medida da pena [...]" (BOSCHI, José A. P. "Individualização da pena". In: CARVALHO, Salo de (org.). *Crítica à execução penal*, 2007, p. 120).

1.2. A primeira fase da dosimetria penal (pena-base)

É a partir do art. 59 do CP que se inicia a fase judicial de fixação da pena; nesse sentido, o referido dispositivo dispõe acerca dos elementos que deverão ser valorados na primeira fase da dosimetria da reprimenda, tendo por objetivo a fixação da "pena-base".

O *caput* do art. 59 abriga as chamadas circunstâncias judiciais, que orientarão o magistrado na fixação da pena-base. Nesse sentido, o juiz deverá estipular esta última de maneira fundamentada, tendo em vista que a ausência de motivação implica a nulidade da sentença. No entanto, não há que se falar em anulação da decisão, caso a pena-base seja fixada no mínimo, uma vez que não há qualquer prejuízo ao réu (BARROS, Flávio Augusto Monteiro de. *Direito penal*: Parte Geral, 2008, v. 1, p. 511).

Destarte, diante da primeira dosimetria penal, os elementos contidos no art. 59, *caput*, devem ser enumerados, sendo imprescindível que se teçam comentários sobre cada circunstância de maneira individualizada, conforme inframencionado.

a) Culpabilidade – Está relacionada ao grau de colaboração, à vontade e à consciência do réu em relação à prática criminosa. Conforme lição de Flávio Monteiro de Barros, "a culpabilidade é a reprovação da vontade da opção criminosa. Na dosagem da pena, o magistrado analisará os elementos da culpabilidade, que são a imputabilidade, a potencial consciência da ilicitude e a exigibilidade de conduta diversa" (ibidem, v. 1, p. 513).

b) Antecedentes – Tais circunstâncias são concernentes ao pretérito criminal do réu. Dessa forma, serão analisadas as condenações com mais de cinco anos – necessariamente já transitadas em julgado –, bem como a quantidade de inquéritos policiais, desde que não estejam em andamento, conforme entendimento da Súmula n. 444 do STJ.

c) Conduta social – É o próprio estilo de vida do réu, ou mesmo seu comportamento perante a sociedade, em relação aos seus familiares, em seu ambiente de trabalho etc. A principal diferença entre a conduta social e os antecedentes é que aquela não diz respeito à ficha criminal do acusado, apesar de concernirem ao seu passado (ibidem, v. 1, p. 514).

d) Personalidade do agente – Nesse caso, verifica-se a índole do acusado, o conjunto de seus atributos e características psicológicas que condicionam sua maneira de pensar e agir; em suma, pode-se falar em um "retrato psíquico do delinquente", conforme lição de Ricardo Andreucci (*Manual de direito penal*, 2010, p. 150). Com efeito, a personalidade do indivíduo pode ser decisiva para a avaliação de sua periculosidade.

e) Motivos do crime – São as razões, as causas pelas quais o indivíduo praticou a conduta criminosa; são os antecedentes psíquicos que levaram o autor a delinquir.

f) Circunstâncias do crime – Nessa situação, o juiz avalia o meio e o modo de execução do crime. Tais circunstâncias são aquelas que não integram o delito em si, mas que cercam a prática criminosa de maneira acessória (ibidem, p. 150). Assim, é necessário observar que elas não interferem na qualidade do delito, tendo em vista que acarretam apenas em mudanças qualitativas e quantitativas referentes à própria pena. As circunstâncias do crime serão afastadas se já houver qualificadoras ou agravantes específicas no mesmo sentido (BARROS, op. cit., 2008, v. 1, p. 515).

g) Consequências do crime – Deve ser analisado pelo magistrado o dano causado e seus efeitos à vítima e aos seus familiares, bem como à sociedade em geral. Em alguns delitos, as consequências do crime configuram exaurimento que só terá reflexo com relação à dosimetria, não podendo ser enfrentado como algo individual, a exemplo da configuração de outro delito. Mister se faz ressaltar que as consequências do delito não se confundem com o seu resultado natural, sendo incabível, por exemplo, aduzir que determinado homicídio teve consequências graves apenas porque a vítima morreu. Ademais, é necessário observar que a consequência do crime já elencada como circunstância legal não deve ser valorada pelo juiz na fixação da pena-base, a fim de que não se configure o *bis in idem*.

h) Comportamento da vítima – Tal circunstância diz respeito à conduta da vítima, a fim de verificar-se se esta contribuiu, estimulou, provocou ou facilitou a conduta criminosa praticada pelo autor. Caso se verifique a incidência da circunstância, a reprimenda poderá ser mais abrandada pelo magistrado. No entanto, o STF, no julgamento da ADPF n. 1.107/DF, determinou que "ofende os princípios da igualdade e da dignidade da pessoa humana a perquirição da vítima, em processos apuratórios e julgamentos de crimes contra a dignidade sexual, quanto ao seu modo de vida e histórico de experiências sexuais".

1.3. Inciso I

Existem três espécies de pena: a privativa de liberdade, a restritiva de direitos e a multa. A lei comina a alguns tipos penais reprimendas alternativas, ou seja, existem duas sanções cabíveis ao crime, podendo o juiz, discricionariamente, optar entre uma e outra, atendendo sempre às circunstâncias judiciais do *caput* do artigo em questão. Ao aplicar a pena mais grave, é impreterível que o magistrado fundamente sua decisão. É defeso ao juiz aplicar cumulativamente essas penas alternativas, sob pena de nulidade da sentença (JESUS, Damásio. *Código Penal anotado*, 2012, p. 254).

1.4. Inciso II

Após definida a pena a ser aplicada ao caso concreto, caberá ao juiz fixar a quantidade dela, em atenção aos limites legais impostos ao tipo. Isso quer dizer que, neste momento da dosimetria da pena, não é permitido que o magistrado imponha ao autor do crime uma pena acima do máximo previsto na lei, tampouco abaixo do mínimo.

Assim como na espécie da pena, sua quantidade deverá estar em concordância com o grau de culpabilidade do agente, partindo do mínimo e aumentando de maneira proporcional às circunstâncias judiciais, nunca podendo fazê-lo sem a devida fundamentação.

1.5. Inciso III

A legislação brasileira, nos arts. 34 a 37 do CP, prevê três regimes de pena: o fechado, o semiaberto e o aberto. Cabe ao juiz determinar em qual desses regimes o réu deverá cumprir, inicialmente, a pena privativa de liberdade. Tal como na fixação da pena e de sua quantidade, o magistrado deverá se basear nas circunstâncias do *caput* deste artigo para justificar sua escolha quanto ao regime.

Apesar de estar disposto no inciso III do artigo em questão que é no momento da análise das circunstâncias judiciais que o juiz deverá fixar também o regime inicial do cumprimento da pena privativa de liberdade, é possível que este seja fixado apenas ao final da dosimetria, uma vez que, nas fases seguintes de dosimetria da pena, pode sobrevir algum fato que aumente a pena ou altere o regime de cumprimento, conforme comentários do art. 68.

1.6. Inciso IV

Em algumas circunstâncias, a lei permite que a pena privativa de liberdade seja substituída por restritiva de direitos ou por multa, desde que preenchidos os requisitos enumerados pela lei penal.

2. JURISPRUDÊNCIA

2.1. Súmulas

Súmula n. 241, STJ: "A reincidência penal não pode ser considerada como circunstância agravante e, simultaneamente, como circunstância judicial".

Súmula n. 269, STJ: "É admissível a adoção do regime prisional semiaberto aos reincidentes condenados a pena igual ou inferior a quatro anos se favoráveis as circunstâncias judiciais".

Súmula n. 440, STJ: "Fixada a pena-base no mínimo legal, é vedado o estabelecimento de regime prisional mais gravoso do que o cabível em razão da sanção imposta, com base apenas na gravidade abstrata do delito".

Súmula n. 443, STJ: "O aumento na terceira fase de aplicação da pena no crime de roubo circunstanciado exige fundamentação concreta, não sendo suficiente para a sua exasperação a mera indicação do número de majorantes".

Súmula n. 444, STJ: "É vedada a utilização de Inquéritos Policiais e ações penais em curso para agravar a pena-base".

2.2. Julgados

Habeas corpus. Tráfico de drogas. *Nemo tenetur se detegere*. Direito de mentir. Inexistência. Suposta mentira do réu em interrogatório. Falsa atribuição de crime a outrem. Dosimetria. Aumento da pena-base. Valoração como circunstância judicial negativa. Impossibilidade. Fato não comprovado e posterior ao delito imputado. Destaque: O fato de o réu mentir em interrogatório judicial, imputando prática criminosa a terceiro, não autoriza a majoração da pena-base. A questão cinge-se a definir se é possível a majoração da pena-base, pela valoração negativa da culpabilidade, pelo fato de o réu ter mentido em interrogatório judicial. Ainda que o falseamento da verdade eventualmente possa, a depender do caso e se cabalmente comprovado, justificar a responsabilização do réu por crime autônomo, isso não significa que essa prática, no interrogatório, autorize a exasperação da pena-base do acusado. O conceito de culpabilidade, como circunstância judicial prevista no art. 59 do Código Penal, portanto, está relacionado com a reprovabilidade/censurabilidade da conduta do agente, de forma que deve o magistrado, quando da aplicação da pena-base, dimensioná-la pelo nível de intensidade da reprovação penal e expor sempre os fundamentos que lhe formaram o convencimento. Trata-se de aferir o grau de reprovabilidade do fato criminoso praticado pelo réu. No caso, a culpabilidade do acusado foi valorada negativamente sob o argumento de que tentou se furtar à responsabilização penal, imputando falsamente a um terceiro (vizinho) a responsabilidade por ter plantado drogas e armas em sua casa na noite anterior ao cumprimento do mandado de busca e apreensão pela polícia. Ainda que se pudesse considerar provado que o réu atribuiu falsamente crime a terceiro no interrogatório, isso não diria respeito à sua culpabilidade, a qual relaciona-se ao grau de reprovabilidade pessoal da conduta imputada ao acusado. Isso porque o interrogatório constitui fato posterior à prática da infração penal, de modo que não pode ser usado retroativamente para incrementar o juízo de reprovabilidade de fato praticado no passado. Com efeito, o exame da sanção penal cabível deve ser realizado, em regra, com base somente em elementos existentes até o momento da prática do crime imputado, ressalvados, naturalmente: a) o exame das consequências do delito, que, embora posteriores, representam mero desdobramento causal direto dele, e não novas e futuras condutas do acusado retroativamente valoradas; b) o superveniente trânsito em julgado de condenação por fato praticado no passado, uma vez que representa a simples declaração jurídica da existência de evento pretérito. Nem mesmo nas circunstâncias da personalidade ou da conduta social seria possível considerar desfavoravelmente a mentira do réu em interrogatório judicial. O paralelo feito por alguns doutrinadores com a confissão (se a confissão revela aspecto favorável da personalidade e atenua a pena, a mentira supostamente revelaria o oposto e poderia autorizar o seu aumento), embora interessante, é assimétrico e não permite que dele se extraia tal conclusão. A confissão e diversos outros institutos que permitem o abrandamento da sanção (colaboração premiada, arrependimento posterior etc.) integram o chamado direito penal premial e se justificam como ferramentas para valorizar e estimular a postura que o réu adota depois da prática do delito para mitigar seus efeitos ou facilitar a atividade estatal na sua persecução. Diferente, porém, é a análise sobre o que pode legitimar o incremento da sanção penal, a qual, nos termos dos mais basilares postulados penais e processuais penais, não pode ficar ao sabor de eventos futuros, incertos e não decorrentes diretamente, como desdobramento meramente causal, do fato imputado na denúncia (por exemplo, nos termos acima esclarecidos, as consequências do crime). O que deve ser avaliado é se, ao praticar o fato criminoso imputado, a culpabilidade do réu foi exacerbada ou se, até aquele momento, ele demonstrava personalidade desvirtuada ou conduta social inadequada, o que não pode ser aferido retroativamente com base em fato diverso que só veio a ser realizado em tempo futuro, às vezes longos anos depois. (STJ, *HC* n. 834.126/RS, 6ª T., rel. Min. Rogerio Schietti Cruz, j. 05.09.2023, publ. 13.09.2023)

Dosimetria da pena. Elevação da pena base. Cobiça. Ganância e intenção de lucro fácil. Elementos integrantes do próprio tipo penal. *Bis in idem*

Nos presentes embargos, aponta-se, em síntese, divergência no que concerne à interpretação do art. 59 do CP, pois considera que os argumentos utilizados para elevar a pena-base dos delitos de concussão e de corrupção passiva são inerentes ao próprio tipo penal e, portanto, não poderiam ter sido valorados, novamente, no momento da fixação da pena-base. Ao examinar os motivos do crime, o voto condutor do acórdão condenatório reputou como desvalores aptos a justificar a elevação da pena-base a intenção de obter lucro fácil e a cobiça. Com efeito, embora inseridos no CP no título dos crimes contra a administração pública, tanto a concussão (art. 316, CP) quanto a corrupção passiva (art. 317, CP) possuem várias das características dos crimes contra o patrimônio, com a peculiaridade da qualificação do agente como servidor público. Assim sendo, no exame das circunstâncias judiciais envolvendo a prática desses dois delitos, a jurisprudência desta Corte vem entendendo que a cobiça, a ganância e a intenção de obter lucro fácil constituem elementares dos delitos, não podendo, assim, serem utilizadas novamente na apreciação das circunstâncias judiciais para justificar a elevação da pena-base. (STJ, EDv nos EREsp n. 1.196.136/RO, 3ª S., rel. Min. Reynaldo Soares da Fonseca, p. u., j. 24.05.2017, *DJe* 01.08.2017, *Inf.* n. 608)

Dosimetria da pena-base. Concurso de crimes. Aumento da pena-base. Fundamentação evidenciada

Habeas corpus. Homicídio duplamente qualificado, lesão corporal e porte ilegal de arma de fogo de uso permitido. *Writ* substitutivo de recurso especial. Desvirtuamento. Precedentes do STF. Dosimetria. Pena-base. Culpabilidade. Fundamentação concreta e idônea. Circunstâncias do crime. Motivação concreta. Continuidade delitiva específica. Aumento da pena em metade. Fundamentação concreta. Manifesto constrangimento ilegal não evidenciado. 1. É imperiosa a necessidade de racionalização do *habeas corpus*, a fim de preservar a coerência do sistema recursal e a própria função constitucional do *writ*, de prevenir ou remediar ilegalidade ou abuso de poder contra a liberdade de locomoção. 2. O remédio constitucional tem suas hipóteses de cabimento restritas, não podendo ser utilizado em substituição a recursos processuais penais, a fim de discutir, na via estreita, temas afetos a apelação criminal, recurso especial, agravo em execução e até revisão criminal, de cognição mais ampla. A ilegalidade passível de justificar a impetração do *habeas corpus* deve ser manifesta, de constatação evidente, restringindo-se a questões de direito que não demandem incursão no acervo probatório constante de ação penal. 3. Não há constrangimento ilegal no ponto em que foi realizado o aumento da pena-base em razão da culpabilidade, haja vista a acentuada reprovabilidade da conduta delituosa praticada pelo paciente, tendo em vista que se utilizou de artefatos inerentes ao exercício de sua atividade laborativa lícita (vigilante) – como colete à prova de balas e arma de fogo – para a prática do crime de homicídio. 4. Tendo sido concretamente fundamentada a desfavorabilidade das circunstâncias do delito, mostra-se devido o aumento da pena-base nesse ponto. 5. Nos casos de crimes dolosos, contra vítimas diferentes, cometidos com violência ou grave ameaça à pessoa, o próprio legislador permite que o aumento de pena se dê até o triplo, e não na forma do *caput* do art. 71 do CP, observados apenas os limites que seriam alcançados em caso de concurso material e o de 30 anos, estabelecido no art. 75 do CP. 6. Não há constrangimento ilegal quando aplicado o aumento de pena em 1/2 pela continuidade delitiva específica em razão da acentuada culpabilidade do paciente, bem evidenciada pelo *modus operandi* empregado no cometimento dos delitos. 7. *Habeas corpus* não conhecido. (STJ, *HC* n. 239.954, 6ª T., rel. Min. Sebastião Reis Júnior, j. 16.04.2013, publ. 26.04.2013)

Agravo regimental no *habeas corpus*. Penal. Roubo majorado em concurso material com receptação. Penas-base fixadas no mínimo. Réu primário. Regime inicial fechado para cumprimento das sanções penais. Inobservância do disposto no art. 33, § 2º, *b*, e § 3º do CP. Súmula n. 440 do STJ. Súmulas ns. 718 e 719 do STF. *Habeas corpus* concedido. Decisão mantida pelos próprios fundamentos. Agravo desprovido. 1. Na ausência de argumento apto a afastar as razões consideradas no *decisum* ora agravado, deve ser a decisão mantida por seus próprios fundamentos. 2. Fixada a pena-base no mínimo legal, porque reconhecidas as circunstâncias judiciais favoráveis ao réu primário e de bons antecedentes, não é possível infligir-lhe regime prisional mais gravoso apenas com base na gravidade genérica do delito e considerações vagas. Inteligência do art. 33, §§ 2º e 3º, c/c o art. 59, ambos do CP. Aplicação do Enunciado n. 440 da Súmula desta Corte. Incidência das Súmulas ns. 718 e 719 do STF. 3. Agravo regimental desprovido. (STJ, Ag. Reg. no *HC* n. 261.847, 5ª T., rel. Min. Laurita Vaz, j. 18.04.2013, publ. 25.04.2013)

Dosimetria da pena-base. Aumento da pena-base. Fundamentação evidenciada

Agravo regimental no agravo em recurso especial. Penal. Atentado violento ao pudor. Vítimas com 8 (oito) anos de idade. Dosimetria penal. Valoração negativa das circunstâncias dos crimes. Especial reprovabilidade em face da tenra idade das vítimas. Possibilidade. Precedentes. Agravo regimental desprovido. 1. A tenra idade das vítimas – 8 anos de idade – é motivo idôneo para considerar negativamente as circunstâncias do delito, as quais emprestaram à conduta do réu especial reprovabilidade, que não se afiguram inerentes ao próprio tipo penal, exasperando a pena-base. Precedentes. 2. Decisão que se mantém por seus próprios fundamentos. 3. Agravo regimental desprovido. (STJ, Ag. Reg. no Ag. em REsp n. 20.215, 5ª T., rel. Min. Laurita Vaz, j. 18.04.2013, publ. 25.04.2013)

Embargos de declaração no agravo em recurso especial. Pena-base. Fundamentos considerados inválidos. Proporcionalidade na redução. Contradição não configurada. Livre convencimento motivado. Embargos de declaração rejeitados. 1. Os embargos de declaração destinam-se a suprir omissão, afastar obscuridade ou eliminar contradição existentes no julgado, sendo certo que não se coadunam com a pretensão de revisão do conteúdo da decisão do recurso especial. 2. A decisão embargada deve ser mantida por seus próprios fundamentos, porquanto nela não se verifica a apontada irregularidade. A fixação da pena-base, nos termos do art. 59 do CP, não é mera operação matemática, sendo que o legislador não delimitou parâmetros para a sua fixação, de forma que a majoração fica adstrita ao prudente arbítrio do Magistrado, que deve observar o princípio do livre convencimento motivado. 3. Embargos de declaração rejeitados. (STJ, Emb. de Decl. no Ag. em REsp n. 43.062, 5ª T., rel. Min. Laurita Vaz, j. 16.04.2013, publ. 23.04.2013)

Habeas corpus substitutivo de recurso especial. Descabimento. Modificação da orientação jurisprudencial do STJ, em consonância com o novo posicionamento adotado pelo Pretório Excelso. Regime inicial de cumprimento da pena. Paciente reincidente. Circunstâncias desfavoráveis. Verbete n. 269 da súmula do STJ. Inaplicabilidade. *Habeas corpus* não conhecido. Este STJ, na esteira do entendimento firmado pelo STF, tem amoldado o cabimento do remédio heroico, adotando orientação no sentido de não mais admitir *habeas corpus* substitutivo de recurso ordinário/especial. Contudo, à luz dos princípios constitucionais, sobretudo o do devido processo legal e da ampla defesa, tem-se analisado as questões suscitadas na exordial a fim de se verificar a existência de constrangimento ilegal para, se for o caso, deferir-se a ordem de ofício. Para a fixação do regime inicial de cumprimento de pena, deve o julgador considerar o disposto no art. 33, §§ 2º e 3º, c/c art. 59, ambos do CP. O reconhecimento da reincidência e a avaliação desfavorável das circunstâncias judiciais relativas à conduta social tornam inviável a aplicação do Enunciado n. 269 da Súmula do STJ, que estabelece que "É admissível a adoção do regime prisional semiaberto aos reincidentes condenados a pena igual ou inferior a 4 (quatro) anos se favoráveis as circunstâncias judiciais". *Habeas corpus* não conhecido. (STJ, *HC* n. 237.639, 5ª T., rel. Min. Marilza Maynard, j. 18.04.2013, publ. 25.04.2013)

Agravo regimental em agravo em recurso especial. Penal. Extorsão. Dosimetria penal. Circunstância judicial considerada desfavorável. Maus antecedentes. Exasperação da pena-base. Fundamentação idônea. Agravo regimental desprovido. 1. O art. 59 do CP elenca oito elementos de igual importância para basilar a atividade do magistrado na primeira fase da dosimetria penal. A valoração negativa de apenas um dos elementos já é suficiente para fundamentar a majoração da pena-base, desde que a majoração se mostre razoável e proporcional. 2. Decisão que se mantém por seus próprios fundamentos. 3. Agravo regimental desprovido. (STJ, Ag. Reg. no Ag. em REsp n. 24.714, 5ª T., rel. Ministra Laurita Vaz, j. 09.04.2013, publ. 17.04.2013)

Recurso ordinário em *habeas corpus*. Pacientes condenados pelo delito de roubo triplamente qualificado. Fixação da pena-base acima do mínimo legal. Fundamentação idônea. Recurso improvido. I – Agiu bem o Tribunal de Justiça estadual, uma vez que fixou as penas-base acima do mínimo legal previsto para o delito por entender que a maioria das circunstâncias judiciais previstas no art. 59 do CP era desfavorável aos pacientes. II – A brutalidade com que os pacientes atacaram as vítimas, já idosas, desferindo-lhes agressões físicas, amarrando-as e ameaçando-as com arma de fogo, importa em um dolo mais intenso e, portanto, merece uma maior censurabilidade. III – As penas-base fixadas não desbordaram os lindes da proporcionalidade e da razoabilidade, não havendo, a meu ver, flagrante ilegalidade ou teratologia que justifiquem a concessão da ordem, sendo certo, ainda, que não se pode utilizar o *habeas corpus* para realizar valoração fática sobre qual seria a pena adequada a ser imposta ao réu. Precedentes. IV – Recurso ordinário improvido. (STF, RHC n. 115.429, 2ª T., rel. Min. Ricardo Lewandowski, j. 26.02.2013, publ. 13.03.2013)

Recurso ordinário em *habeas corpus*. Penal. Latrocínio. Dosimetria. Alegada ocorrência de *bis in idem* na fixação da pena-base, com dupla valoração de elementos constantes do próprio tipo. Não ocorrência. Recurso não provido. 1. Constatar que possuía o recorrente circunstâncias judiciais desfavoráveis era o que bastava para que a pena fosse fixada acima do mínimo legal. O magistrado possui discricionariedade, dentro dos limites legais, para fixar a pena em conformidade com a sua finalidade, tendo em vista a prevenção e a repressão do crime. 2. Resta, assim, nesse particular, devidamente motivado o *quantum* de pena fixado na decisão atacada, além de ser proporcional ao caso em apreço, não se prestando o *habeas corpus* para o reexame ou a ponderação das circunstâncias judiciais consideradas no mérito da ação penal. Precedentes. 3. Recurso ordinário não provido. (STF, RHC n. 112.940, 1ª T., rel. Min. Dias Toffoli, j. 26.02.2013, publ. 26.03.2013)

Recurso ordinário em *habeas corpus*. Recorrente condenado pelo delito previsto no art. 1º, I, do DL n. 201/67. Fixação da pena-base acima do mínimo legal. Fundamentação idônea. Superada a questão relativa à prescrição pela pena em concreto. Recurso improvido. I – Agiu bem o Tribunal de Justiça estadual ao decotar a pena-base do recorrente pela metade, fixando-a em três anos de reclusão, sem alterar os argumentos utilizados pelo juízo sentenciante, no que concerne às circunstâncias e às consequências do crime. II – Não constitui ilegalidade o fato de o juízo sentenciante fixar a pena-base do primeiro denunciado, explicitando os motivos pelos quais considerou desfavoráveis tais circunstâncias judiciais, e, por remissão, estender essa motivação à dosimetria dos demais corréus condenados na ação penal. III – As circunstâncias e as consequências do crime (art. 59 do CP) são circunstâncias judiciais objetivas e, como tais, podem ser utilizadas para a aferição das penas-base de todos os réus envolvidos na prática delituosa. IV – A pena-base fixada em três anos, num intervalo que varia de 2 a 12 anos, não desbordou os lindes da proporcionalidade e da razoabilidade, não havendo, a meu ver, flagrante ilegalidade ou teratologia que justifiquem a concessão da ordem, sendo certo, ainda, que não se pode utilizar "o *habeas corpus* para realizar novo juízo de reprovabilidade, ponderando, em concreto, qual seria a pena adequada ao fato pelo qual condenado o paciente" (*HC* n. 94.655/MT, rel. Min. Cármen Lúcia). V – Mantida a pena do recorrente, tal qual definida pelas instâncias ordinárias, fica superada a tese de prescrição da pretensão punitiva pela pena em concreto. VI – Recurso ordinário improvido. (STF, RHC n. 114.753, 2ª T., rel. Min. Ricardo Lewandowski, j. 05.02.2013, publ. 25.02.2013)

Habeas corpus substitutivo de recurso próprio. Descabimento. Furto simples. Aplicação do princípio da insignificância. Impossibilidade. Paciente contumaz na prática de delitos. Valor dos bens subtraídos que não pode ser considerado ínfimo. Relevância da conduta na esfera penal. Reincidência e maus antecedentes. Elevação da pena-base no dobro do mínimo legal em razão dos maus antecedentes. Desproporcionalidade. Compensação entre a atenuante da confissão e a agravante da reincidência, ainda que específica. Possibilidade. Constrangimento ilegal verificado. Regime fechado. Pena-base acima do mínimo legal. Reincidência. Súmula n. 269 do Superior Tribunal de Justiça – STJ. Não incidência. *Habeas corpus* não conhecido. Ordem concedida de ofício. Diante da hipótese de *habeas corpus* substitutivo de recurso próprio, a impetração não deve ser conhecida, segundo orientação jurisprudencial do Supremo

Tribunal Federal – STF e do próprio Superior Tribunal de Justiça – STJ. Contudo, considerando as alegações expostas na inicial, razoável a análise do feito para verificar a existência de eventual constrangimento ilegal. 2. "Constatada a habitualidade delitiva do Agravante em crimes patrimoniais, não há como se considerar que sua conduta é um insignificante penal, pois a recalcitrância criminosa revela que a ação delitiva se reveste de elevada periculosidade social e de intensa reprovabilidade jurídica" (Ag. Reg. no REsp n. 1.771.947/RS, 6ª T., rel. Min. Laurita Vaz, *DJe* 04.02.2019). 3. A jurisprudência desta Corte admite a compensação da circunstância atenuante da confissão espontânea com a agravante da reincidência, mesmo que esta última seja específica. 4. *Habeas corpus* não conhecido. Contudo, concedida a ordem, de ofício, apenas para determinar a compensação da reincidência com a confissão. (STJ, *HC* n. 492.258, 5ª T., rel. Min. Joel Ilan Pacionrnik, j. publ. 22.04.2019)

Agravo regimental no recurso especial. Penal. Processual penal. Peculato e falsificação de documento público. Dosimetria da pena. Valoração negativa das circunstâncias do crime. Fundamentação inidônea. Redução da pena-base ao mínimo legal. Redimensionamento das reprimendas. Necessidade. Agravo regimental desprovido. 1. A sentença primeva, mantida pelo Tribunal de origem, também valorou negativamente as circunstâncias do crime, declinando como motivação para tal desiderato o número de prestações que, em cada contrato de empréstimo avençado, não foram consignadas na folha de pagamento dos Agravados. 2. Todavia, tal fundamentação não é apta à exasperação das penas-bases dos peculatos, porquanto não se trata de circunstâncias do crime, mas, sim, de reiteração do *modus operandi* dos delitos perpetrados, sendo certo que tais fundamentos não se apresentam idôneos para o aumento, na primeira fase da dosimetria, no tocante à citada circunstância judicial. 3. Agravo regimental desprovido. (STJ, Ag. Reg. no RESp n. 1.743.945/PR, rel. Min. Laurita Vaz, j. 28.03.2019)

Dosimetria da pena. Ausência de motivação idônea. Substituição da reprimenda

Sistema de precedentes. Segurança jurídica e estabilidade. Isonomia do jurisdicionado. Busca à racionalidade punitiva. Predicativo ínsito ao Estado Democrático de Direito. Substituição da pena privativa de liberdade por restritiva de direitos. Regime prisional. Individualização da pena. Proporcionalidade. "[...] 6. Quanto ao regime inicial para o cumprimento da pena, é clara e reiterada a dicção de enunciados sumulares dos Tribunais Superiores, segundo os quais 'A opinião do julgador sobre a gravidade em abstrato do crime não constitui motivação idônea para a imposição de regime mais severo do que o permitido segundo a pena aplicada' (Súmula n. 718 do STF), 'A imposição do regime de cumprimento mais severo do que a pena aplicada permitir exige motivação idônea' (Súmula n. 719 do STF) e 'É vedado o estabelecimento de regime prisional mais gravoso do que o cabível em razão da sanção imposta, com base apenas na gravidade do delito' (Súmula n. 440 do STJ) [...]". (STJ, *HC* n. 596.603/SP, 6ª T., rel. Min. Rogerio Schietti Cruz, j. 08.09.2020, *DJe* 22.09.2020)

Dosimetria da pena. Distinção entre circunstâncias judiciais: maus antecedentes não equivalem à conduta social

Recurso especial admitido como representativo da controvérsia. Julgamento submetido à sistemática dos recursos repetitivos. Penal. Dosimetria. Art. 59 do Código Penal. Utilização de condenações penais pretéritas para valorar negativamente a personalidade e conduta social do agente. Impossibilidade. Recurso especial provido. 1. No art. 59 do Código Penal, com redação conferida pela Lei n. 7.209/84, o Legislador elencou oito circunstâncias judiciais para individualização da pena na primeira fase da dosimetria, quais sejam: a culpabilidade; os antecedentes; a conduta social; a personalidade do agente; os motivos; as circunstâncias; as consequências do crime; e o comportamento da vítima. 2. Ao considerar desfavoráveis as circunstâncias judiciais, deve o Julgador declinar, motivadamente, as suas razões, que devem corresponder objetivamente às características próprias do vetor desabonado. A inobservância dessa regra implica ofensa ao preceito contido no art. 93, inciso IX, da Constituição da República. 3. A conduta social diz respeito à avaliação do comportamento do agente no convívio social, familiar e laboral, perante a coletividade em que está inserido. Conforme o Magistério de Guilherme de Sousa Nucci (*in Código Penal Comentado*, 18.ed. rev., atual. e ampl.; Rio de Janeiro: Forense, 2017, p. 389), "conduta social não é mais sinônimo de antecedentes criminais. Deve-se observar como se comporta o réu em sociedade, ausente qualquer figura típica incriminadora". 4. Rogério Greco diferencia detalhadamente antecedentes criminais de conduta social. Esclarece o Autor que o Legislador Penal determinou essa análise em momentos distintos porque "os antecedentes traduzem o passado criminal do agente, a conduta social deve buscar aferir o seu comportamento perante a sociedade, afastando tudo aquilo que diga respeito à prática de infrações penais". Especifica, ainda, que as incriminações anteriores "jamais servirão de base para a conduta social, pois abrangem todo o comportamento do agente no seio da sociedade, afastando-se desse seu raciocínio seu histórico criminal, verificável em sede de antecedentes penais" (*in Curso de Direito Penal*, 18.ed., Rio de Janeiro: Impetus, 2016, p. 684). 5. Quanto à personalidade do agente, a mensuração negativa da referida moduladora "'deve ser aferida a partir de uma análise pormenorizada, com base em elementos concretos extraídos dos autos [...]' (*HC* n. 472.654/DF, 6ª T., rel. Min. Laurita Vaz, j. 21.02.2019, *DJe* 11.03.2019)" (STJ, Ag. Reg. no REsp n. 1.918.046/SP, 5ª T., rel. Min. Reynaldo Soares da Fonseca, j. 13.04.2021, *DJe* 19.04.2021). 6. "São exemplos de fatores positivos da personalidade: bondade, calma, paciência, amabilidade, maturidade, responsabilidade, bom humor, coragem, sensibilidade, tolerância, honestidade, simplicidade, desprendimento material, solidariedade. São fatores negativos: maldade, agressividade (hostil ou destrutiva), impaciência, rispidez, hostilidade, imaturidade, irresponsabilidade, mau humor, covardia, frieza, insensibilidade, intolerância (racismo, homofobia, xenofobia), desonestidade, soberba, inveja, cobiça, egoísmo. [...]. Aliás, personalidade distingue-se de maus antecedentes e merece ser analisada, no contexto do art. 59, separadamente" (NUCCI, Guilherme de Souza. Op. cit., p. 390). 7. "A jurisprudência desta Suprema Corte (e a do Superior Tribunal de Justiça) orienta-se no sentido de repelir a possibilidade jurídica de o magistrado sentenciante valorar negativamente, na primeira fase da operação de dosimetria penal, as circunstâncias judiciais da personalidade e da conduta social, quando se utiliza, para esse efeito, de condenações criminais anteriores, ainda que transitadas em julgado, pois esse específico aspecto (prévias condenações penais) há de caracterizar, unicamente, maus antecedentes" (STF, RHC n. 144.337-Ag. Reg., 2ª T., rel. Min. Celso de Mello, j. 05.11.2019, *DJe* 22.11.2019). 8. Em conclusão, o vetor dos antecedentes é o que se refere única e exclusivamente ao histórico criminal do agente. "O conceito de maus antecedentes, por ser mais amplo do que o da reincidência, abrange as condenações definitivas, por fato anterior ao delito, transitadas em julgado no curso da ação penal e as atingidas pelo período depurador, ressalvada casuística constatação de grande período de tempo ou pequena gravidade do fato prévio" (STJ, Ag. Reg. no AREsp n. 924.174/DF, 6ª T., rel. Min. Nefi Cordeiro, j. 06.12.2016, *DJe* 16.12.2016). 9. Recurso especial provido, para redimensionar a pena do Recorrente, nos termos do voto da Relatora, com a fixação da seguinte tese: Condenações criminais transitadas em julgado, não consideradas para caracterizar a reincidência, somente podem ser valoradas, na primeira fase da dosimetria, a título de antecedentes criminais, não se admitindo sua utilização para desabonar a personalidade ou a conduta social do agente. (STJ, REsp n. 1.794.854/DF, 3ª S., rel. Min. Laurita Vaz, j. 23.06.2021, *DJe* 01.07.2021)

Critérios especiais da pena de multa

Art. 60. Na fixação da pena de multa o juiz deve atender, principalmente, à situação econômica do réu.

§ 1º A multa pode ser aumentada até o triplo, se o juiz considerar que, em virtude da situação econômica do réu, é ineficaz, embora aplicada no máximo.

Multa substitutiva

§ 2º A pena privativa de liberdade aplicada, não superior a 6 (seis) meses, pode ser substituída pela de multa, observados os critérios dos incisos II e III do art. 44 deste Código.

1. COMENTÁRIO

O valor da multa será fixado em duas fases: na primeira, o juiz determinará a quantidade dos dias-multa, respeitando os limites legais e baseando-se nas circunstâncias judiciais do *caput* do art. 59 do CP; na segunda, o juiz estipulará o valor do dia-multa de acordo, principalmente, com a situação econômica do réu.

A análise da situação econômica do réu não é feita apenas com base na sua renda, mas no conjunto do seu patrimônio e estilo de vida. Mas, caso não haja no processo informações suficientes para determinar a situação econômica, o valor da multa deverá ser fixado no patamar mínimo permitido (BARROS, Flávio Augusto Monteiro de. *Direito penal*: Parte Geral, 2008, v. 1, p. 514).

Este valor, no entanto, não é imutável. Havendo alteração da situação econômica do réu ao longo do processo, é possível modificar o valor da multa a fim de que este se adeque ao novo contexto econômico do suposto agente criminoso. Por tal motivo, o juiz deverá levar em conta a situação no momento da sentença, e não aquela do momento do crime.

Ainda, é permitido ao juiz, conforme disposto no § 1º do aludido artigo, elevar ao triplo o valor da multa caso ele entenda que, embora fixada no limite máximo legal, o valor seja ineficaz para seus fins de sanção. Por outro lado, proibido é fixar a pena de multa abaixo do mínimo legal, ainda que o réu esteja desempregado.

Importante ressaltar que o juiz, para fixar o valor da multa, deverá considerar única e exclusivamente a situação econômica do réu, jamais podendo levar em conta também a situação de seus pais ou familiares (JESUS, Damásio E. de. *Código Penal anotado*, 2012, p. 260).

O valor mínimo determinado em lei será o mesmo tanto para o tipo penal simples quanto para o tipo penal qualificado. Somente em caso de tentativa, a multa sofrerá redução.

No mesmo sentido, apenas as causas de aumento e diminuição terão incidência sobre o valor a ser fixado, não interferindo, porém, as agravantes e atenuantes genéricas, a reincidência e a continuidade.

Ao final do cálculo, caso o valor seja composto de frações, estas devem ser desconsideradas, conforme dispõe o art. 11 desta lei. O § 2º do artigo em questão admite a substituição de pena privativa de liberdade por multa, quando aquela não for superior a seis meses. Contudo, para isso, devem ser observados os incisos II e III do art. 44 do CP, ou seja, o réu não pode ser reincidente em crime doloso e as circunstâncias judiciais ao tempo da sentença devem indicar que a substituição será suficiente em seus fins.

Como se trata de uma substituição, é indispensável que haja sido fixada primeiramente a pena privativa de liberdade, pois impossível seria substituir algo que não existe (ibidem, p. 263).

A substituição em questão não se dá de forma automática, ou seja, depende de análise do caso pelo juízo. No entanto, trata-se de direito do réu, logo, uma vez verificada a possibilidade da substituição, está é obrigatória (ibidem, p. 262).

Ademais, há casos em que fica expressamente proibida a substituição da pena privativa de liberdade por multa, como quando ambas estiverem impostas cumulativamente, conforme Súmula n. 171 do STJ.

2. JURISPRUDÊNCIA

2.1. Súmula

Súmula n. 171, STJ: "Cominadas cumulativamente, em lei especial, penas privativas de liberdade e pecuniária, é defeso a substituição da prisão por multa".

2.2. Julgados

Pena de multa – critérios específicos

Agravo regimental no recurso especial. Penal. Crime ambiental. Art. 48 da Lei n. 9.605/98. Arguida ausência de vínculo subjetivo entre a conduta e o resultado lesivo. Pretensão que imprescinde de análise do conjunto fático-probatório. Impossibilidade. Alegado erro de proibição com supedâneo no art. 26 do CP. Incidência da Súmula n. 284 do Pretório Excelso. Inovação recursal. Impossibilidade. Fixação da pena de multa proporcional ao critério trifásico utilizado para cominar a sanção segregativa. Valor do dia-multa devidamente fundamentado na situação econômica do réu. Enunciado sumular n. 7 desta Corte. Agravo desprovido. 1. O pleito de absolvição quanto ao art. 48 da Lei dos Crimes Ambientais, por arguida ausência de vínculo subjetivo entre a conduta e o resultado lesivo, não deve ser conhecido, tendo em vista a incidência do verbete sumular n. 7 desta Corte. 2. Constata-se deficiência de argumentação do recurso especial, o que atrai a aplicação da Súmula n. 284 do Pretório Excelso. 3. A alegada violação ao art. 21 do CP configura inovação recursal, o que é vedado em sede de agravo regimental. Precedentes. 4. A pena pecuniária revela-se consentânea com o critério trifásico. O valor do dia-multa, ademais, foi motivado de forma robusta, à luz da condição financeira da parte recorrente. Incide na hipótese, novamente, a referida Súmula n. 7. 5. Decisão agravada que se mantém pelos seus próprios fundamentos. 6. Agravo regimental desprovido. (STJ, Ag. Reg. no REsp n. 1.171.417, 5ª T., rel. Min. Laurita Vaz, j. 04.10.2012, publ. 09.10.2012)

Recurso especial do Ministério Público. Interposição em momento anterior ao julgamento dos embargos de declaração acolhidos. Intempestividade. Não conhecimento. Apelo especial interposto pelo 5º recorrente, antes do julgamento do agravo regimental por ele oferecido. Intempestividade. Não conhecimento. Assistente de acusação. Banco. Habilitação. Inadmissibilidade. Ausência de comprovação de interesse processual. Concurso formal entre arts. 4º e 5º da Lei n. 7.492/86. Inviabilidade da incidência dos princípios da consunção ou especialidade. Reconhecimento da atenuante da confissão espontânea. Impossibilidade. Requisitos não preenchidos. Pena de multa. Critério de fixação. Situação econômica do réu. Ofensa ao art. 619 do CPP não configurada. Individualização da pena. Crime continuado. Violação inexistente. 1. Não se conhece do recurso especial interposto antes do julgamento dos embargos de declaração conhecidos e acolhidos. Incidência do Enunciado n. 418 da Súmula do STJ. 2. Recurso intempestivamente interposto não comporta conhecimento, devendo-se aguardar o julgamento do agravo de instrumento contra a decisão do TRF da Quarta Região. 3. A habilitação aos autos como assistente de acusação demanda, da instituição financeira, prova do interesse no processo, não obstante ter ela demonstrado a qualidade de sucessora do ofendido. 4. Não há que se falar em consunção entre os crimes de gestão fraudulenta e de desvio de dinheiro de instituição financeira de que o agente tenha posse, mas, sim, em concurso formal, no qual um mesmo comportamento acarretou vários resultados, ofendendo objetos jurídicos diversos. Inviável cogitar-se da incidência dos princípios da consunção ou especialidade, porquanto incorreram os agentes nas sanções previstas nos arts. 4º e 5º da Lei n. 7.492, por meio de diversas condutas não vinculadas umas às outras, sem que haja qualquer relação de instrumentalidade entre elas, configurando, na hipótese, crimes diferentes. 5. Inocorrendo o afastamento da aplicação do art. 4º, da Lei n. 7.492/86, e considerando que este delito e o do art. 5º da aludida legislação foram praticados em concurso formal entre si e em concurso material com o crime do art. 288 do CP, prejudicada está a questão de ser o injusto de quadrilha ou bando considerado conduta atípica. 6. Para a configuração da atenuante da confissão espontânea (art. 65, III, *d*, do CP), é necessário o preenchimento dos requisitos legais, sendo imprescindível a admissão da autoria. Não é o bastante, contudo, a demonstração de que o réu, na qualidade de diretor da instituição financeira, exerceu atos que lhe foram imputados, inerentes a sua função, pois o que pretende o dispositivo legal é beneficiar o agente que coopera espontaneamente com o esclarecimento dos fatos. 7. O parâmetro a ser adotado para a fixação da pena pecuniária deve ser a situação econômica do réu, em conjunto com o preceito do art. 59, do CP. As prestações pecuniárias devem ser reduzidas a montantes suficientes para a prevenção e reparação do delito e condizentes com a situação econômica do recorrente, bem como, nessa parte, estendidas aos demais. 8. A contrariedade ao art. 619 do CPP não subsiste, porquanto o acórdão hostilizado solucionou a *quaestio juris* de maneira clara e coerente, apresentando todas as razões que firmaram o seu convencimento, devendo ser afastada a alegação de violação ao artigo em referência. 9. O critério para fixação da reprimenda, nos delitos continuados, deve ser o que considera o número de crimes praticados. Não há falar em fixação da pena-base de cada delito cometido individualmente, aplicando-se, portanto, a pena de um só deles, aumentando de 1/6 a 2/3. 10. Não se conhece do recurso do Ministério Público. 11. Dou parcial provimento ao recurso do 3º recorrente (Sérgio), para redimensionar o valor da pena de multa, estendendo seus efeitos aos corréus. 12. Nego provimento aos demais recursos especiais. (STJ, REsp n. 1.099.342, 4ª T., rel. Min. Adilson Vieira Macabu, j. 02.06.2011, publ. 02.02.2012)

Penal e processo penal. Recurso especial. Negativa de vigência ao art. 59 do CP. Condenações ainda não transitadas em julgado. Maus antecedentes. Impossibilidade. Ofensa ao art. 2º, § 1º, da Lei n. 8.072/90 (antiga redação). Acórdão em conformidade com a jurisprudência desta corte. Súmula n. 83 do STJ. Contrariedade ao art. 1º, § 7º, Lei n. 9.455/97. Dissídio jurisprudencial. Provimento inócuo. Afronta aos arts. 49 e 157, § 3º, do CP. Isenção da pena de multa. Impossibilidade. Recurso especial provido, em parte, para manter a condenação ao pagamento de multa. 1. Não podem ser considerados, para caracterização de maus antecedentes, inquéritos e condenações ainda sem trânsito em julgado, sob pena de ofensa ao princípio constitucional da presunção de inocência. Precedentes. 2. Com o julgamento do *HC* n. 82.959/SP pelo STF e a posterior publicação da Lei n. 11.464/2007, perdeu a atualidade a discussão acerca da possibilidade de cumprimento da pena em regime progressivo para os crimes hediondos, questão já pacificada por esta Corte nos termos do que decidiu o tribunal de origem. Incidência do enunciado 83 da Súmula deste Tribunal Superior. 3. A jurisprudência desta Corte é pacífica no sentido de que, cominada a pena de multa ao delito, a sua imposição ao agente é de caráter necessário, haja vista cuidar-se de sanção penal, não sendo possível a isenção da pena de multa ante a inexistência de previsão legal. 4. Eventual isenção somente poderá ser concedida pelo Juízo da Execução, que deverá avaliar a miserabilidade jurídica do sentenciado, examinando as condições socioeconômicas para o pagamento da multa sem prejuízo para seu sustento e de sua família. 5. Recurso provido, em parte, para restabelecer a sentença no que concerne à aplicação da pena de multa. (STJ, REsp n. 735.898, 6ª T., rel. Ministra Maria Thereza de Assis Moura, j. 17.09.2009, publ. 13.10.2009)

Penal. *Habeas corpus*. Roubo majorado. Dosimetria da pena. Pena-base. Fundamentação. Deficiência. Pena de multa. Critério de fixação. I – A pena deve ser fixada com fundamentação concreta e vinculada, tal como exige o próprio princípio do livre convencimento fundamentado (arts. 157, 381 e 387 do CPP c/c o art. 93, IX, 2ª parte, da *Lex Maxima*). Ela não pode ser estabelecida acima do mínimo legal com supedâneo em referências vagas e dados não explicitados (Precedentes do STF e STJ). II – *In casu*, verifica-se que a r. decisão de primeiro grau apresenta em sua fundamentação incerteza denotativa ou vagueza, carecendo, na fixação da resposta penal, de fundamentação objetiva imprescindível, utilizando-se, entre outras, de expressões como: "cupidez de espírito e vontade de lucro fácil", "descaso com o patrimônio e a segurança alheia" e "consequências lastimáveis do delito". Dessa forma, não existem argumentos suficientes a justificar, no caso concreto, a exacerbação da reprimenda. III – A pena de multa deve ser fixada em duas fases. Na primeira, fixa-se o número de dias-multa, considerando-se as circunstâncias judiciais (art. 59 do CP). Na segunda, determina-se o valor de cada dia-multa, levando-se em conta a situação econômica do réu (Precedente do STJ). IV – Na espécie, embora o paciente seja detentor de circunstâncias judiciais inteiramente favoráveis, o magistrado de primeiro grau fixou quantia pecuniária acima do mínimo legal sem a devida fundamentação. *Habeas corpus* concedido. (STJ, *HC* n. 132.351, 5ª T., rel. Min. Felix Fischer, j. 19.08.2009, publ. 05.10.2009)

Agravo regimental. Recurso extraordinário. Violação do art. 93, IX, da Constituição Federal. Não ocorrência. Acórdão recorrido. Fundamentação suficiente. Tema 339/STF. Afronta ao art. 5º, XXXV, da Carta Magna. Inafastabilidade da prestação jurisdicional. Óbice processual intransponível. Matéria de natureza infraconstitucional. Inexistência de repercussão geral. Tema 895/STF. Violação dos princípios do contraditório, da ampla defesa, do devido processo legal e dos limites da coisa julgada. Art. 5º, LIV e LV, da Constituição Federal. Inexistência de repercussão geral. Tema 660/STF. Agravo improvido. 1. Segundo a jurisprudência consolidada do Pretório Excelso, reafirmada no julgamento, sob o regime de repercussão geral, do AI-RG-QO n. 791.292/PE, a teor do disposto no art. 93, IX, da Constituição Federal, as decisões judiciais devem ser motivadas, ainda que de forma sucinta, não se exigindo o exame pormenorizado de cada alegação ou prova trazida pelas partes, como tampouco que sejam corretos os seus fundamentos (Tema 339/STF). 2. Nos termos do entendimento firmado pelo Supremo Tribunal Federal no julgamento do RE n. 956.302 RG/GO, a questão da ofensa ao princípio da inafastabilidade de jurisdição, quando há óbice processual intransponível ao exame de mérito, ofensa indireta à Constituição ou análise de matéria fática, tem natureza infraconstitucional, e a ela se atribuem os efeitos da ausência de repercussão geral (Tema 895/STF). 3. É uníssona a jurisprudência do Supremo Tribunal Federal no sentido de que a questão da suposta afronta aos princípios do contraditório, da ampla defesa, do devido processo legal e dos limites da coisa julgada, se dependente de prévia violação de normas infraconstitucionais, configura ofensa meramente reflexa ao texto constitucional, não tendo repercussão geral (ARE n. 748.371 RG/MT – Tema 660/STF). 4. Agravo regimental improvido. (STJ, Ag. Reg. no RE nos EDcl. no REsp n. 1.196.136/RO (2010/0100376-2), rel. Min. Maria Thereza de Assis Moura, j. 24.10.2018)

Circunstâncias agravantes

Art. 61. São circunstâncias que sempre agravam a pena, quando não constituem ou qualificam o crime:

I – a reincidência;

II – ter o agente cometido o crime:

***a)* por motivo fútil ou torpe;**

***b)* para facilitar ou assegurar a execução, a ocultação, a impunidade ou vantagem de outro crime;**

***c)* à traição, de emboscada, ou mediante dissimulação, ou outro recurso que dificultou ou tornou impossível a defesa do ofendido;**

***d)* com emprego de veneno, fogo, explosivo, tortura ou outro meio insidioso ou cruel, ou de que podia resultar perigo comum;**

***e)* contra ascendente, descendente, irmão ou cônjuge;**

***f)* com abuso de autoridade ou prevalecendo-se de relações domésticas, de coabitação ou de hospitalidade, ou com violência contra a mulher na forma da lei específica;**

Alínea com redação dada pela Lei n. 11.340, de 07.08.2006.

***g)* com abuso de poder ou violação de dever inerente a cargo, ofício, ministério ou profissão;**

***h)* contra criança, maior de 60 (sessenta) anos, enfermo ou mulher grávida;**

Alínea com redação dada pela Lei n. 10.741, de 01.10.2003.

***i)* quando o ofendido estava sob a imediata proteção da autoridade;**

***j)* em ocasião de incêndio, naufrágio, inundação ou qualquer calamidade pública, ou de desgraça particular do ofendido;**

***l)* em estado de embriaguez preordenada.**

---

1. COMENTÁRIO

Primeiramente, é necessário observar que o rol das circunstâncias agravantes é taxativo, sendo vedada a interpretação extensiva (ANDREUCCI, Ricardo Antonio. *Manual de direito penal*, 2010, p. 152), em face do princípio da taxatividade, previsto no art. 1º do CP, apesar de possuir, em regra, incidência obrigatória no cálculo da pena. Nessa linha, as agravantes não podem ser aplicadas quando a pena-base (art. 59, CP) é fixada no máximo legal e/ou quando já estiverem sido valoradas como elementar, qualificadora ou causa de aumento de pena previsto no próprio tipo. Nestes casos, se o magistrado aplicasse as circunstâncias agravantes genéricas, haveria que se falar em *bis in idem*.

A fim de manter-se uma ordem lógica com o CP, o inciso I será analisado no estudo dos arts. 63 e 64 do CP, que tratam especificamente da reincidência. Por ora, tecem-se os comentários inframencionados acerca das demais agravantes (ibidem). Nesse sentido, importante alinhar: no inciso II, alínea *a*, compreende-se por motivo fútil o desproporcional, imoderado, insignificante. Por outro lado, torpe significa vil, abjeto, aquilo que choca, que causa repugnância às pessoas, ou seja, o motivo indigno.

Da alínea *b* extrai-se que, depois de ter praticado o delito, o agente vem a cometer outro crime para facilitar ou garantir a execução do primeiro. Nesse caso, trata-se de conexão de crimes, instituto próprio do direito processual penal; assim, estão presentes a conexão teleológica (art. 76, I, CPP), que ocorre quando o delito em questão for praticado a fim de assegurar a execução de outro crime, bem como a consequencial (art. 76, II, CPP), que se dá "quando o crime é praticado em consequência de outro, para assegurar-lhe a ocultação, impunidade ou vantagem". Mister se faz anotar que não se faz necessário que o crime-fim se consume, bastando que o crime-meio tenha sido praticado com tal intenção.

Destarte, na alínea *c* tem-se a traição, que constitui forma insidiosa, desleal, falsa, em que o agente quebra a confiança da vítima. A traição pode ser classificada em material – a exemplo do homicida que esfaqueia a vítima pelas costas – e moral, a exemplo do sujeito que atrai a vítima para lugar mais propício à prática criminosa.

Emboscada é a tocaia, que ocorre quando o agente aguarda de forma oculta, velada, para atacar a vítima. Dissimulação é a ocultação da intenção criminosa, de modo que o sujeito age de forma encoberta visando a enganar a vítima, a fim de pegá-la desprevenida (ibidem, p. 152). Por fim, poderá o agente utilizar-se de outro recurso que dificulte ou torne impossível a defesa da vítima, que deverá estar revestido de alguma forma ardil para ser considerado agravante. Assim sendo, a enumeração contida na alínea *c* – traição, emboscada e dissimulação – é exemplificativa, havendo a possibilidade do enquadramento de outras condutas praticadas pelo agente criminoso (BARROS, Flávio Augusto Monteiro de. *Direito penal*: Parte Geral, 2008, v. I, p. 519). Ademais, trata o item *d* de formas notadamente cruéis de agressão, que por via reflexa poderão colocar inúmeras vidas em perigo comum. Nessa alçada, o meio cruel é aquele que aumenta, desnecessariamente, o sofrimento da vítima, ou mesmo aquele que expressa extrema brutalidade na prática delituosa.

A alínea *e* não se aplica a companheiros (união estável), por se tratar de rol taxativo e não ser permitida a analogia em sede de direito criminal. Com relação à alínea *f*, o abuso de autoridade diz respeito às relações privadas, compreendendo as pessoas que vivem na mesma casa, sejam membros da família, sejam patrões e empregados. Consoante o escólio de Flávio Monteiro de Barros, "o termo 'autoridade' está empregado para designar a situação de dependência da vítima perante o agente [...]". Tal ocorre entre empregador e empregado, tutor e pupilo ou curador e curatelado" (ibidem, v. I, p. 519). Com efeito, na alínea *g* a circunstância recai sobre o agente que exerce cargo ou ofício público, ministério (função de natureza religiosa) ou profissão, que pratica o delito com abuso de poder ou violação de dever inerente. A agravante é inaplicável quando o cargo for elementar do próprio tipo penal. Quanto ao item *h* do artigo supramencionado, o objetivo do legislador foi justamente proteger a fragilidade das vítimas: a criança, o idoso e a gestante. Conforme disposição do art. 2º da Lei n. 8.069/90 (ECA), "considera-se criança, para os efeitos desta Lei, a pessoa até 12 anos de idade incompletos". No entanto, há que se falar que o critério legal, nesse caso, é preponderantemente biológico, uma vez que o CP não estabelece taxativamente os parâmetros etários da infância.

Outrossim, a Lei n. 10.741/2003 (Estatuto do Idoso) modificou a redação da alínea *h* para "maior de 60 (sessenta) anos", que anteriormente utilizava o termo "velho". Nesse sentido, há que se falar que não mais existe controvérsia acerca da referida imprecisão legal, tendo em vista que o critério adotado atualmente é puramente cronológico e não biológico. Em derradeiro, enfermidade significa doença, moléstia.

No item *i*, a pena será agravada caso a vítima estivesse custodiada por alguma autoridade. Tal custódia deve ser imediata e direta, não bastando a proteção genérica.

A alínea *j* refere-se aos crimes ocorridos em situações de calamidade pública. De acordo com Ricardo Antonio Andreucci, "agrava-se a pena nesses casos em virtude de ausência de solidariedade humana do criminoso" (op. cit., 2010, p. 153).

A alínea *l* aponta a embriaguez, que pode ser conceituada como sendo uma intoxicação transitória, causada pelo álcool e por substâncias análogas (drogas), que diminui ou limita a capacidade do agente. No caso em tela, a lei se refere à embriaguez proposital para delinquir, situação na qual o agente tem a intenção de cometer o delito, embriagando-se para executá-lo; nessa linha, é preciso provar que o agente o fez deliberadamente, para que haja a incidência da referida qualificadora.

2. JURISPRUDÊNCIA

2.1. Súmulas

Súmula n. 162, STF: "É absoluta a nulidade do julgamento pelo júri, quando os quesitos da defesa não precedem aos das circunstâncias agravantes".

Súmula n. 444, STJ: "É vedada a utilização de inquéritos policiais e ações penais em curso para agravar a pena-base".

2.2. Julgados

Circunstância agravante – reincidência

Agravante. Reincidência. Constitucionalidade. Surge harmônico com a CF o inciso I do art. 61 do CP, no que prevê, como agravante, a reincidência. (STF, RE n. 453.000/RS, Plenário, rel. Min. Marco Aurélio, j. 04.04.2013)

Habeas corpus. Penal. Sentença penal condenatória transitada em julgado. Possibilidade de impetração de *habeas corpus*. Precedentes. Fixação da pena. Método trifásico (arts. 59 e 68, CP). Os fatos considerados maus antecedentes na primeira fase, para fixação da pena-base, não servem como circunstâncias legais de agravamento da pena (art. 61, I, CP). Precedentes. Inocorrência no caso concreto. 1. A jurisprudência desta Suprema Corte consolidou-se no sentido de que "a coisa julgada estabelecida no processo condenatório não é empecilho, por si só, à concessão de *habeas corpus* por órgão jurisdicional de gradação superior, de modo a desconstituir a decisão coberta pela preclusão máxima" (RHC n. 82.045/SP, 1ª T., rel. Min. Sepúlveda Pertence, *DJ* 25.10.2002). 2. Os fatos considerados maus antecedentes na primeira fase, para fixação da pena-base (circunstâncias judiciais – art. 59 do CP), não podem servir como circunstâncias legais de agravamento da pena, sob pena de incidir em *bis in idem*, o que não ocorreu no caso concreto. 3. *Habeas corpus* conhecido e denegada a ordem. (STF, *HC* n. 94.903, 1ª T., rel. Min. Menezes Direito, j. 26.08.2008, publ. 10.10.2008)

Habeas corpus. Penal. Roubo duplamente qualificado (CP, art. 157, § 2º, I e II). Fixação da pena. Dosimetria. Conduta social voltada à prática delitiva. Elemento equivocadamente qualificado pelas instâncias ordinárias como concernente à personalidade dos agentes. Alegação de *reformatio in pejus*, com suplementação na fundamentação empreendida pelo STJ. Não ocorrência. Reincidência. Não consideração na avaliação dos antecedentes na primeira fase de dosimetria da pena. *Bis in idem* não verificado. Ordem denegada. 1. Não houve a alegada *reformatio in pejus* por parte do STJ, mas apenas a correta qualificação de elemento equivocadamente considerado na fixação da pena-base pelas instâncias ordinárias como resultante de deformação da personalidade do agente, quando isso se inseria na avaliação de sua conduta social. 2. O fato de haver o juízo de primeiro grau afirmado não haver elementos que permitissem a avaliação da conduta social dos pacientes, aquilatando-os sob prisma diverso, não impede que se reconheça o equívoco dessa mensuração, classificando-se corretamente aquele elemento dentre as circunstâncias judiciais do art. 59 do CP, sem que isso implique suplementação da fundamentação adotada, como quer fazer crer a impetrante. 3. Quanto ao reconhecimento da reincidência, o Juízo de piso, ao referir-se aos antecedentes, foi enfático ao destacar que faria a consideração desse fato como agravante (no caso, a reincidência – CP, art. 61, I), não fazendo, portanto, a esse título, qualquer exasperação da reprimenda na primeira fase de dosimetria da pena, razão pela qual não incidiu, na hipótese, em proclamado *bis in idem*. 4. Ordem denegada. (STF, *HC* n. 109.541, 1ª T., rel. Min. Dias Toffoli, j. 20.11.2012, publ. 14.12.2012)

Circunstância agravante – *bis in idem*

Agravo regimental no recurso especial. Crime contra a liberdade sexual. Estupro com violência presumida. Agravante do art. 61, II, *h*, do CP. Não incidência, por constituir elemento do tipo legal. Precedentes do STJ. Alegação de ocorrência de violência real. Reexame de provas. Inviabilidade, nesta via recursal. Óbice do Enunciado n. 7 da Súmula/STJ. Agravo regimental improvido. 1. Em se tratando de crime contra a liberdade sexual, cometido com violência presumida, é inadmissível a incidência da circunstância agravante do art. 61, II, *h*, do CP, por se constituir em elementar do crime, caracterizando *bis in idem*. 2. Atender à pretensão do *parquet* recorrente, de se afastar a violência presumida e reconhecer a existência de violência real, para que assim possa ser aplicada tal agravante, implica, necessariamente, desconstituir o entendimento das instâncias ordinárias, o que é impossível na via estreita do recurso especial, a teor do disposto na Súmula n. 7 do STJ. 3. Agravo regimental improvido. (STJ, Ag. Reg. no REsp n. 1.127.281, 5ª T., rel. Min. Campos Marques, j. 05.03.2013, publ. 08.03.2013)

Agravo regimental no recurso especial. Homicídio culposo na direção de veículo automotor. Incidência da agravante prevista no art. 298, I, do CTB. Possibilidade. Não há incompatibilidade entre a agravante do art. 298, I, do CTB e os delitos de trânsito culposos. O Tribunal de origem aplicou a agravante do art. 298, I, do Código de Trânsito Brasileiro em razão do dano no veículo da vítima e, ainda, ao potencial dano para as pessoas que passavam pelo local. De fato, a doutrina e a jurisprudência majoritárias somente admitem a incidência das agravantes previstas no inciso II do art. 61 do Código Penal aos crimes dolosos, por absoluta incompatibilidade com o delito culposo, cujo resultado é involuntário. Contudo, verifica-se, em relação à agravante do art. 298, I, do CTB ("dano potencial para duas ou mais pessoas ou com grande risco de grave dano patrimonial a terceiros"), que a norma visou proteger do autor do homicídio culposo, além da vítima, as demais pessoas que forem colocadas em risco, bem como o patrimônio de terceiros. Não há, pois, nenhuma incompatibilidade entre a referida agravante e as figuras típicas culposas, que também têm o potencial de colocar em risco outras pessoas além da vítima. (STJ, Ag. Reg. no AREsp n. 2.391.112/SP, 5ª T., rel. Min. Ribeiro Dantas, p.u., j. 12.09.2023, publ. 19.09.2023)

Habeas corpus. Maus antecedentes e reincidência. Violação do princípio do *non bis in idem*. Inexistência. Ações penais e condenações distintas. Exacerbação da pena. Fundamentação. Ocorrência. Existência de circunstâncias desfavoráveis. Reexame do conjunto fático-probatório. Impossibilidade. Precedentes. A jurisprudência deste Tribunal é no sentido de que "o *bis in idem* na fixação da pena somente se configura quando o mesmo fato – a mesma condenação definitiva anterior – é considerado como signo de maus antecedentes (circunstância judicial do art. 59 do CP) e como fator de reincidência (agravante genérica do art. 61 também do CP), nada impedindo que condenações distintas deem ensejo a valorações distintas, porquanto oriundas de fatos distintos" (*HC* n. 99.044/SP, rel. Min. Ellen Gracie, *DJe* 06.05.2010). Não cabe reexaminar os elementos de convicção essenciais ao estabelecimento da sanção penal, porque necessária, para tanto, a concreta avaliação das circunstâncias fáticas e probatórias subjacentes aos critérios legais que regem a operação de dosimetria da pena, o que é incompatível com a via processual do *habeas corpus*. Ordem denegada. (STF, *HC* n. 98.083, 2ª T., rel. Min. Joaquim Barbosa, j. 20.03.2012, publ. 20.02.2013)

Habeas corpus. Crime contra o patrimônio. Roubo circunstanciado. Alegação de constrangimento ilegal. Pleito pela diminuição da pena. Mesma circunstância de agravamento de pena considerada duas vezes. *Bis in idem*. Não ocorrência. Precedentes. 1. Não configura *bis in idem* ou inconstitucionalidade, quando reconhecidas múltiplas reincidências, o sopesamento na fixação da condenação, de uma na primeira fase, para exasperar a pena-base pelos maus antecedentes (art. 59, CP), e de outra na segunda fase, como circunstância agravante (art. 63, CP). 2. *Habeas corpus* não conhecido. (STJ, *HC* n. 236.745, 5ª T., rel. Min. Campos Marques, j. 23.10.2012, publ. 26.10.2012)

Circunstância agravante. Cálculo da pena

Habeas corpus. Homicídio duplamente qualificado. Dosimetria. Pena-base. Culpabilidade. Acentuada reprovabilidade da conduta delituosa praticada. Motivos do crime. Fundamentação concreta. Circunstâncias e consequências do delito. Elementos inerentes ao próprio tipo penal violado. Constrangimento ilegal em parte evidenciado. Sanção redimensionada. 1. Não há constrangimento ilegal no ponto em que foi realizado o aumento da pena-base em razão da culpabilidade, haja vista a acentuada reprovabilidade da conduta delituosa praticada pelo paciente, bem evidenciada pelo excessivo número de lesões causadas na vítima (ao todo, sete). 2. Apontados elementos concretos que evidenciam uma maior reprovabilidade nas razões que impulsionaram o paciente a cometer o delito, não há constrangimento ilegal no ponto em que houve a valoração negativa dos motivos do crime. 3. Reconhecida mais de uma qualificadora, uma implica o tipo qualificado, enquanto as demais ou ensejam a exasperação da pena-base ou são utilizadas para agravar a pena na segunda etapa da dosimetria, quando previstas no art. 61 do CP. 4. O fato de o crime ter desestabilizado a pacificação social, gerando insegurança à sociedade como um todo, constitui elemento vago, genérico, que serviria para qualquer delito de homicídio abstratamente considerado, não podendo, por isso mesmo, ensejar a exasperação da pena-base. 5. A morte da vítima, ainda que inocente, também constitui elemento inerente ao próprio tipo penal violado, não podendo, por isso mesmo, ensejar o aumento da reprimenda-base, até porque a vida humana vale por si só. 6. Ordem concedida para reduzir em parte a pena-base do paciente, tornando a sua reprimenda definitiva em 14 anos e 6 meses de reclusão. (STJ, *HC* n. 214.759, 6ª T., rel. Min. Sebastião Reis Júnior, j. 02.10.2012, publ. 16.10.2012)

Circunstância agravante. Critério etário

Recurso especial. Latrocínio. Absolvição. Pretensão de reexame do material fático-probatório. Impossibilidade. Súmula n. 7/STJ. Majoração da pena-base. Fundamentação concreta. Agravante do art. 61, II, *h*, do CP. Critério cronológico. 1. Tendo o Tribunal local afirmado, com base nas provas dos autos, que restou comprovada a autoria do crime, alterar esse entendimento implicaria adentrar o universo fático-probatório dos autos, esbarrando no óbice da Súmula n. 7/STJ. 2. Não se mostra ilegal a fixação da pena-base um pouco acima do mínimo legal quando apontados elementos concretos que permitem chegar a essa conclusão. 3. O aumento da pena decorrente da circunstância agravante de ser a vítima maior de 60 anos é cronológico. Estando comprovado nos autos que a vítima era maior de 60 anos, a agravante deve ser considerada no cálculo da dosimetria da pena. 4. Recurso especial improvido. (STJ, REsp n. 1.166.589, 6ª T., rel. Min. Sebastião Reis Júnior, j. 17.05.2012, publ. 04.06.2012)

Habeas corpus. Penal. Crimes de roubo simples. Agravantes genéricas de reincidência e por ter sido o crime cometido contra idoso (art. 61, I e II, *h*). Fixação da fração de 1/2 (metade) sobre a pena-base. Análise do *quantum*. Impossibilidade. Necessidade de aprofundado exame da matéria fática. Ordem denegada. 1. Por opção do legislador, o critério de acréscimo e de diminuição utilizado na segunda fase de aplicação da pena é discricionário, cabendo ao magistrado estabelecer um valor que seja proporcional e razoável, observadas as circunstâncias do caso concreto. Ressalte-se que o patamar de 1/6, embora erigido pela jurisprudência e doutrina como fração média razoável e proporcional, não é necessariamente o máximo a ser acrescido em razão da reincidência e do cometimento de crime contra idoso. 2. As instâncias ordinárias, na segunda fase da dosimetria, agravaram a pena-base em 1/2 (metade), ante a reincidência específica e o fato de o crime ter ocorrido contra pessoa idosa. 3. Diante da ausência de manifesta ilegalidade, descabe reexaminar a fundamentação apresentada pelo julgador na fixação da pena, pois a via eleita não é adequada para dizer se foi justo ou não o aumento determinado na segunda fase de aplicação da pena, o que pressupõe aprofundado exame das circunstâncias fáticas. 4. Ordem denegada. (STJ, *HC* n. 163.063, 5ª T., rel. Min. Laurita Vaz, j. 28.02.2012, publ. 07.03.2012)

Circunstância agravante. Senilidade – condição objetiva para aumento da pena

Penal. *Habeas corpus* substitutivo de recurso próprio. Inadequação. Furto simples. Furto qualificado. Furto qualificado tentado. Dosimetria. Art. 61, II, *h*, do Código Penal. Delito cometido contra idoso. Agravante de natureza objetiva. Excepcionalidade configurada. Furto praticado aleatoriamente em residência sem a presença do morador. Flagrante ilegalidade evidenciada. *Writ* não conhecido. Ordem concedida de ofício. 1. Esta Corte – *HC* n. 535.063, 3ª S., rel. Min. Sebastião Reis Junior, j. 10.06.2020 – e o Supremo Tribunal Federal – Ag. Reg. no *HC* n. 180.365, 1ª T., rel. Min. Rosa Weber, j. 27.03.2020; Ag. Reg. no *HC* n. 147.210, 2ª T., rel. Min. Edson Fachin, j. 30.10.2018 –, pacificaram orientação no sentido de que não cabe *habeas corpus* substitutivo do recurso legalmente previsto para a hipótese, impondo-se o não conhecimento da impetração, salvo quando constatada a existência de flagrante ilegalidade no ato judicial impugnado. 2. A individualização da pena é submetida aos elementos de convicção judiciais das circunstâncias do crime, cabendo às Cortes Superiores apenas o controle da legalidade e da constitucionalidade dos critérios empregados, a fim de evitar eventuais arbitrariedades. Assim, salvo flagrante ilegalidade, o reexame das circunstâncias judiciais e dos critérios concretos de individualização da pena mostram-se inadequados à estreita via do *habeas corpus*, por exigirem revolvimento probatório. 3. Por se tratar de agravante de natureza objetiva, a incidência do art. 61, II, *h*, do CP independe da prévia ciência pelo réu da idade da vítima, sendo, de igual modo, desnecessário perquirir se tal circunstância, de fato, facilitou ou concorreu para a prática delitiva, pois a maior vulnerabilidade do idoso é presumida. 4. Hipótese na qual não se verifica qualquer nexo entre a ação do paciente e a condição de vulnerabilidade da vítima, pois o furto qualificado pelo arrombamento à residência ocorreu quando os proprietários não se encontravam no imóvel, já que a residência foi escolhida de forma aleatória, sendo apenas um dos locais em que o agente praticou furto em continuidade delitiva. De fato, os bens subtraídos poderiam ser de propriedade de qualquer pessoa, nada indicando a condição de idoso do morador da casa invadida. 5. Configurada a excepcionalidade da situação, deve ser afastada a agravante relativa ao crime praticado contra idoso, prevista no art. 61, II, *h*, do Código Penal. 6. *Writ* não conhecido. Ordem concedida, de ofício, para, afastando a incidência da agravante prevista no art. 61, II, *h*, do Código Penal, reduzir a pena do paciente, fixando-a em 2 anos, 4 meses e 24 dias de reclusão, mais o pagamento de 12 dias-multa. (STJ, *HC* n. 593.219/SC, 5ª T., rel. Min. Ribeiro Dantas, j. 25.08.2020, *DJe* 03.09.2020)

Circunstância agravante. Tortura

Habeas corpus. Roubo duplamente majorado em continuidade delitiva. Dosimetria. Causa especial de redução de pena. Delação premiada. Art. 14 da Lei n. 9.807/99. Matéria não apreciada pela corte de origem. Supressão de instância. *Writ* não conhecido nesse ponto. 1. O efeito devolutivo do recurso de apelação criminal encontra limites nas razões expostas pelo recorrente, em respeito ao princípio da dialeticidade que rege os recursos no âmbito processual penal pátrio, por meio do qual se permite o exercício do contraditório pela parte que defende os interesses adversos, garantindo-se, assim, o respeito à cláusula constitucional do devido processo legal. 2. Verificando-se que a Corte de origem não apreciou a questão relativa à almejada aplicação da causa especial de redução de pena do art. 14 da Lei n. 9.807/99, a chamada delação premiada, tendo em vista que nem sequer foi alvo de insurgência nas razões recursais ofertadas, inviável o conhecimento da impetração nesse ponto, sob pena de indevida supressão de instância. Aplicação da pena. Reconhecimento da agravante do emprego de meio cruel (tortura). Circunstância objetiva. Incomunicabilidade ao paciente. Exegese do art. 30 do CP. Coação ilegal evidenciada. Agravante afastada. Sanção redimensionada. 1. De acordo com o art. 30 do CP: "Não se comunicam as circunstâncias e as condições de caráter pessoal, salvo quando elementares do crime", lecionando a doutrina, *a contrario sensu*, que as circunstâncias de caráter objetivo se comunicam somente quando conhecidas do agente. 2. A agravante do art. 61, II, *d*, do CP é circunstância objetiva, uma vez que diz respeito ao modo como um dos delitos de roubo em questão foi cometido, com emprego de tortura contra uma das vítimas, que teve queimados seus dedos dos pés, perversidade empregada pelos executores do delito, incomunicável, portanto ao paciente, que não participou diretamente dos atos de execução do roubo, não havendo como ter anuído com essa circunstância, ou mesmo assumido o risco de seu emprego no caso. Pena. Regime inicial de cumprimento. Modo fechado. Redução da sanção operada nessa superior instância. Paciente que contribuiu para o esclarecimento dos fatos. Circunstâncias que autorizam o regime semiaberto. Constrangimento demonstrado. 1. Tendo o regime fechado sido imposto pela Corte Estadual com fundamento apenas no aumento de sanção lá irrogado, evidente o constrangimento, já que, apesar da desfavorabilidade de algumas das circunstâncias judiciais, assim consideradas quando da dosimetria referente ao segundo assalto cometido pelo grupo, nota-se que o paciente contribuiu sobremaneira para o deslinde dos fatos criminosos, fator que, somado ao *quantum* de pena aqui definitivamente estabelecido, autoriza o restabelecimento do regime escolhido na sentença, qual seja, o semiaberto. Exegese do art. 33, §§ 2º e 3º, do CP. 2. *Habeas corpus* parcialmente conhecido e, nessa extensão, concedido em parte, para afastar a agravante do art. 61, II, *d*, do CP, redimensionando-se a pena imposta ao paciente, que resta definitiva em 7 (sete) anos, 9 (nove) meses e 10 (dez) dias de reclusão e ao pagamento de 34 (trinta e quatro) dias-multa, e para restabelecer o regime semiaberto para o início da sua execução, mantidos, no mais, a sentença e o acórdão impugnado. (STJ, *HC* n. 160.034, 5ª T., rel. Min. Jorge Mussi, j. 10.04.2012, publ. 24.04.2012)

Habeas corpus. Porte de arma de uso restrito. Condenação. Dosimetria da pena. Agravante da reincidência e atenuante da confissão espontânea. Compensação. Possibilidade. Paciente multireincidente. Condenações utilizadas para exasperar a pena-base. Apenas uma condenação valorada na segunda fase de aplicação da pena. Compensação integral. Possibilidade. Constrangimento ilegal evidente. Ordem concedida. 1. A Terceira Seção desta Corte já firmou posicionamento, no julgamento do Recurso Especial Representativo de Controvérsia n. 1.341.370/MT, de Relatoria do Ministro Sebastião Reis Júnior, de que "é possível, na segunda fase da dosimetria da pena, a compensação da atenuante da confissão espontânea com a agravante da reincidência". Tal entendimento, contudo, não é aplicável aos condenados multirreincidentes ou aos reincidentes específicos. 2. *In casu*, o paciente é multirreincidente. Contudo, o magistrado de primeiro grau utilizou somente uma condenação definitiva anterior na segunda fase da dosimetria da pena. As demais serviram para exasperar a pena-base. Por tal razão, a compensação da agravante com a atenuante deve se dar de forma integral. Não poderia o Tribunal de origem ter considerado a multirreincidência em desfavor do paciente, sob pena de *bis in idem*. Precedentes. 3. *Habeas corpus* concedido a fim de compensar integralmente a atenuante da confissão espontânea com a agravante da reincidência, reduzindo a reprimenda aplicada ao paciente a 3 (três) anos e 6 (seis) meses de reclusão, e 11 (onze) dias-multa, preservados os demais termos da sentença e do acórdão. (STJ, *HC* n. 390.151/SC, 6ª T., rel. Maria Thereza de Assis Moura, j. 30.03.2017)

Agravantes no caso de concurso de pessoas

Art. 62. A pena será ainda agravada em relação ao agente que:

I – promove, ou organiza a cooperação no crime ou dirige a atividade dos demais agentes;

II – coage ou induz outrem à execução material do crime;

III – instiga ou determina a cometer o crime alguém sujeito à sua autoridade ou não punível em virtude de condição ou qualidade pessoal;

IV – executa o crime, ou nele participa, mediante paga ou promessa de recompensa.

1. COMENTÁRIO

Diante da prática delituosa de mais de um agente (concurso de pessoas), o inciso I trata da agravante relativa ao mentor intelectual do crime, aquele que organiza, coopera ou mesmo dirige a atividade dos demais agentes criminosos.

No inciso II, ocorrendo coação moral (art. 22, CP), o coator responde com a pena agravada, ficando o coagido isento de pena ou tem esta atenuada, a depender se a coação for irresistível ou resistível. Já o induzimento, também denominado pela doutrina participação moral, é quando o agente "planta" a ideia do cometimento do delito na vítima, a faz nascer.

O inciso III trata da obediência hierárquica (art. 22, CP) e da autoria mediata, situações nas quais o agente se utiliza de terceiro como instrumento para praticar o delito. Na primeira, o terceiro, suposto sujeito ativo do crime, cumpre ordem não manifestamente ilegal emanada de superior hierárquico. No caso da autoria mediata, nos dois casos o terceiro que praticou a ação não é culpável.

Trata o inciso IV do crime denominado "mercenário", ou seja, aquele motivado por pagamento em dinheiro ou outra recompensa. O inciso abrange tanto o agente que participa como aquele que executa o crime. Não é necessário que o agente receba, efetivamente, a contraprestação pelo delito, bastando que exista simples promessa ou acordo nesse sentido.

2. JURISPRUDÊNCIA

2.1. Julgados

Circunstância agravante – liderança na prática delituosa

Habeas corpus. Roubo circunstanciado. Condenação confirmada em grau de apelação. Via indevidamente utilizada em substituição a recurso especial. Ausência de ilegalidade manifesta. Não conhecimento. 1. Mostra-se inadequado e descabido o manejo de *habeas corpus* em substituição ao recurso especial cabível. 2. É imperiosa a necessidade de racionalização do *writ*, a bem de se prestigiar a lógica do sistema recursal, devendo ser observada sua função constitucional, de sanar ilegalidade ou abuso de poder que resulte em coação ou ameaça à liberdade de locomoção. 3. "O *habeas corpus* é garantia fundamental que não pode ser vulgarizada, sob pena de sua descaracterização como remédio heroico, e seu emprego não pode servir a escamotear o instituto recursal previsto no texto da Constituição" (STF, *HC* n. 104.045/RJ). 4. Hipótese em que não há flagrante ilegalidade a ser reconhecida. Foram devidamente valorados os maus antecedentes e a reincidência, com base em incidências diversas, inexistindo *bis in idem*. Ademais, devidamente reconhecida a condição de liderança dos pacientes, inviável afastar a qualificadora na via estreita do *mandamus*. De outra parte, conforme decidido pela Terceira Seção desta Corte (EREsp n. 961.863/RS, de relatoria do Desembargador convocado Celso Limongi), em julgamento no qual fiquei vencida, é prescindível a apreensão e perícia da arma para a incidência da majorante, desde que verificada a existência de outras provas que atestem a utilização do instrumento, como na hipótese. Por fim, correta a compensação da atenuante da confissão espontânea com a agravante da reincidência, aumentando-se a sanção de 1/6 por força da agravante prevista no art. 62, I, do CP. 5. *Habeas corpus* não conhecido. (STJ, *HC* n. 142.723, 6ª T., rel. Min. Maria Thereza de Assis Moura, j. 04.12.2012, publ. 12.12.2012)

Habeas corpus. Penal e processual penal. Anulação da sentença transitada em julgado na parte da fixação da pena. Manutenção da execução penal. Agravante do art. 62, I, do CP. Demonstração da responsabilidade da paciente na organização criminosa. 1. Anulação do cálculo da pena e anulação da sentença são coisas distintas. A sentença transitada em julgado quando anulada apenas na parte da fixação da pena, para recálculo, mantém-se apta à execução. 2. As agravantes, ao contrário das qualificadoras, nem sequer precisam constar da denúncia para ser reconhecidas pelo juiz. É suficiente, para que incidam no cálculo da pena, a existência nos autos de elementos que as identifiquem. No caso sob exame, consta na sentença que a paciente organizou a cooperação no crime, dirigindo a atividade criminosa. Ordem denegada. (STF, *HC* n. 93.211, 2ª T., rel. Min. Eros Grau, j. 12.02.2008, publ. 25.04.2008)

Penal. *Habeas corpus* substitutivo de recurso especial. Não conhecimento do *writ*. Crimes contra o sistema financeiro nacional. Gestão temerária. Dosimetria da pena. pleito de redução da pena-base. Culpabilidade. Administrador com extensa experiência no setor financeiro e na gestão pública. Elementos que desbordam ao sujeito ativo normal do tipo. Justificação idônea. Descaso ao patrimônio da instituição financeira, com risco, inclusive, de "quebra" do banco. Agravamento válido. Circunstâncias do delito. Inobservância às normas de concessão de crédito. Conduta inerente ao delito. Fundamento inválido. Consequências do crime. Prejuízo expressivo. Delito que sequer exige resultado naturalístico para a consumação. Motivação legítima. *Habeas corpus* não conhecido. Ordem concedida de ofício. 1. Ressalvada pessoal compreensão diversa, uniformizou o Superior Tribunal de Justiça ser inadequado o *writ* em substituição a recursos especial e ordinário, ou de revisão criminal, admitindo-se, de ofício, a concessão da ordem ante a constatação de ilegalidade flagrante, abuso de poder ou teratologia. Descaso ao patrimônio da instituição financeira, com risco, inclusive, de "quebra" do banco. 2. Mostra-se legítimo o agravamento da pena-base, pela culpabilidade, quando o paciente, que já foi prefeito, deputado estadual e secretário de Estado, possui qualificações e especializações na gestão financeira e da coisa pública que ultrapassam as normais do administrador comum, sujeito ativo do crime de gestão temerária. Precedente. 3. A conduta qualificada pelo descaso ao patrimônio da instituição financeira, com risco, inclusive, de "quebra" do banco é elemento que desborda o normal do delito de gestão temerária, apto, portanto, à elevação da pena-base. 4. O agir contrário a normas que regulamentam as concessões de crédito é elemento ínsito do crime de gestão temerária, não se prestando tal conduta a fundamentar a exasperação da pena-base pelas circunstâncias do crime. 5. O prejuízo expressivo constitui fundamento idôneo ao desvalor das consequências do delito, sobretudo se se considerar que o crime do parágrafo único do art. 4º da Lei n. 7.492/86 não exige, para a sua consumação, qualquer resultado naturalístico, bastando o agir voluntário em desacordo com as regras da administração da instituição financeira. 6. *Habeas corpus* não conhecido, mas concedida a ordem de ofício para reduzir as penas do paciente a 4 anos e 3 meses de reclusão, em regime semiaberto, e 135 dias-multa. (STJ, *HC* n. 317.330/SP, 6ª T., rel. Min. Nefi Cordeiro, publ. 25.11.2016)

Reincidência

Art. 63. Verifica-se a reincidência quando o agente comete novo crime, depois de transitar em julgado a sentença que, no País ou no estrangeiro, o tenha condenado por crime anterior.

---

1. COMENTÁRIO

A reincidência é circunstância agravante do art. 61, I, do CP, devendo ser valorada na segunda fase da dosimetria da pena (art. 68, CP). Conforme lição de Magalhães Noronha, existem, basicamente, duas espécies de reincidência usualmente apontadas pela doutrina: a real e a ficta. A primeira ocorre quando o réu pratica novo delito após haver cumprido, ainda que parcialmente, a sanção que lhe foi imposta pelo crime anterior; por outro lado, a segunda – adotada pelo CP brasileiro – se contenta com o simples fato de haver sentença condenatória transitada em julgado anterior à prática do crime em questão (NORONHA, E. Magalhães. *Direito penal*, 1999, p. 265), sendo irrelevante se o agente cumpriu ou não a pena. Além disso, ainda em relação à classificação, pode a reincidência ser específica – quando os crimes praticados são da mesma natureza – ou genérica, que incide quando os delitos em questão são de naturezas diversas.

Nessa alçada, é necessário destacar que o art. 63 se vale das expressões "novo crime" e "crime anterior". Desta forma, tem-se que não é reincidente o indivíduo que praticou contravenção penal anteriormente à prática de um crime, ainda que tenha sido condenado por sentença transitada em julgado devido à primeira infração. A aplicação do instituto da reincidência diante da situação acima explicitada configuraria analogia *in malam partem*, uma vez que a situação do réu seria piorada.

No entanto, caracteriza-se como reincidente o indivíduo que pratica contravenção penal após ter praticado e ter sido condenado, anteriormente, por prática delituosa, bem como aquele que é condenado pelo cometimento de contravenção penal que vem, posteriormente, a praticar nova contravenção (BARROS, Flávio Augusto Monteiro de. *Direito penal*, Parte Geral, 2008, v. I, p. 534).

2. JURISPRUDÊNCIA

2.1. Súmulas

Súmula n. 220, STJ: "A reincidência não influi no prazo da prescrição da pretensão punitiva".

Súmula n. 241, STJ: "A reincidência penal não pode ser considerada como circunstância agravante e, simultaneamente, como circunstância judicial".

Súmula n. 269, STJ: "É admissível a adoção do regime prisional semiaberto aos reincidentes condenados a pena igual ou inferior a quatro anos se favoráveis as circunstâncias judiciais".

2.2. Julgados

Reincidência. Definição

Penal. *Habeas corpus*. Estupro (CPB, art. 213). Dosimetria da pena. Reincidência computada indevidamente. Tema não suscitado nas instâncias precedentes. Possibilidade de *HC* de ofício. CPP, art. 654, § 2º. Pena. Regime inicial de cumprimento semiaberto. Circunstâncias judiciais desfavoráveis. Imposição de regime mais gravoso. 1. A reincidência somente se consuma quando o agente comete novo crime depois de transitar em julgado a sentença que, no País ou no estrangeiro, o tenha condenado por crime anterior (CPB, art. 63). Precedentes: *HC* n. 88.022, 1ª T., rel. Min. Sepúlveda Pertence, *DJ* 20.04.2006; *HC* n. 76.773, 2ª T., rel. Min. Nelson Jobim, *DJ* 14.08.1998; *HC* n. 73.751, 2ª T., rel. Min. Francisco Rezek, *DJ* 11.04.1997. 2. *In casu*, o juiz, ao dosar a pena, fez incidir a agravante da reincidência à consideração de que o paciente cometera crime de estupro, na forma tentada, anteriormente ao fato que ensejou a condenação. 3. A agravante foi indevidamente considerada, porquanto o paciente praticou o crime de estupro em 27.04.2003, ao passo que a condenação pelo estupro na forma tentada, que serviu de base para afirmar-se a reincidência, somente transitou em julgado na data de 02.03.2005, o que pode ser comprovado por certidão acostada nestes autos. 4. Em que pese o tema da reincidência ter sido aventado somente nesta sede recursal, o que inviabilizaria seu conhecimento, o § 2º do art. 654 do CPP estabelece que "os juízes e os tribunais têm competência para expedir de ofício ordem de *habeas corpus*, quando no curso do processo verificarem que alguém sofre ou está na iminência de sofrer coação ilegal". 5. A fixação do regime inicial de cumprimento da pena não resulta tão somente de seu *quantum*, mas, também, das circunstâncias judiciais do art. 59 do CP, a que faz remissão o art. 33, § 3º, do mesmo Código. Segue-se daí que, não obstante a pena ter sido fixada em quantidade que permite o início de seu cumprimento no regime semiaberto (oito anos de reclusão), nada impede que o juiz imponha regime mais gravoso quando as circunstâncias judiciais do art. 59 do CP forem desfavoráveis, como no caso sub examine. 6. Recurso ordinário em habeas corpus desprovido, mas concedida a ordem de ofício, com fundamento no § 2º do art. 654 do CPP, para determinar ao juízo da execução que exclua a reincidência indevidamente considerada, decotando-se da pena o *quantum* correspondente. (STF, RE em *HC* n. 109.132, 1ª T., rel. Min. Luiz Fux, j. 06.09.2011, publ. 10.10.2011)

Penal e processual penal. *Habeas corpus*. Dosimetria da pena. Delito de estelionato. Art. 171, *caput*, do CP. Presença da agravante da reincidência, no caso, específica. Majoração da pena-base acima de 1/6. Admissibilidade. Impossibilidade, ademais, de ingressar-se, nesta sede, nos critérios empregados para a dosimetria da pena, salvo flagrante ilegalidade. Precedentes. Ordem denegada. I – O *habeas corpus*, ressalvadas hipóteses excepcionais, não pode servir para a correção da dosimetria da pena imposta pelo magistrado, mormente se observadas as determinações legais pertinentes ao sistema trifásico de cálculo. II – Ausência de limitação legal quanto ao aumento da pena acima da fração mínima. III – A reincidência específica é agravante que sempre determina a exacerbação da pena, inclusive em maior grau do que a recidiva genérica, por evidenciar que o réu persiste na senda do crime. IV – Individualização da pena que, no caso, não desbordou dos lindes da razoabilidade e proporcionalidade. V – Ordem denegada. (STF, *HC* n. 101.918, 1ª T., rel. Min. Ricardo Lewandowski, j. 11.05.2010, publ. 04.06.2010)

Sentença condenatória. Individualização da pena. Exacerbação da pena-base pela reincidência. Fundamentação inidônea. 1. Para o reconhecimento da reincidência é necessário que a condenação transitada em julgado seja anterior ao cometimento do novo crime. 2. No caso, a sentença, para majorar a pena-base pela agravante da reincidência, considerou exclusivamente condenação cujo trânsito em julgado fora desconstituído pelo Superior Tribunal de Justiça (*HC* n. 24.992/RJ). 3. Ainda que existente terceira condenação transitada em julgado, não pode ser invocada para manter a agravante, dado que não considerada pelas instâncias de mérito. 4. Exclusão da apenação do recorrente no Processo n. 792/01/ Piraí do acréscimo relativo à reincidência e, em consequência, redução das penas privativas de liberdade para 8 (oito) anos de reclusão (delito de tráfico) e 6 (seis) anos de reclusão (associação para o tráfico) que, pelo concurso material, passam a totalizar 14 (quatorze) anos de reclusão. (STF, RHC n. 88.022, 1ª T., rel. Min. Sepúlveda Pertence, j. 28.03.2006, publ. 20.04.2006)

Reincidência. Comprovação pela folha de antecedentes

Habeas corpus. Penal. Reincidência. Comprovação. Folha de antecedentes criminais expedida pelo instituto nacional de identificação da polícia federal. Possibilidade. Ordem de *habeas corpus* denegada. 1. A folha de antecedentes criminais expedida pelo INI contém a identificação do Recorrido, o crime que o condenou e a data do trânsito em julgado da condenação. Tais informações são bastantes e suficientes para o reconhecimento da agravante da reincidência, prevista nos arts. 61, I, e 63, do CP. Precedentes. 2. Ordem de *habeas corpus* denegada. (STJ, *HC* n. 178.633, 5ª T., rel. Min. Laurita Vaz, j. 06.09.2012, publ. 19.09.2012)

Penal. Agravo regimental no *habeas corpus*. Tráfico ilícito de entorpecentes. Causa de diminuição da pena prevista no art. 33, § 4º, da Lei n. 11.343/2006. Inaplicabilidade. Elevada quantidade de droga apreendida. Paciente que se dedica à atividade criminosa. Aferição. Revolvimento de matéria fático-probatória. Inviabilidade. 1. De acordo com o art. 33, § 4º, da Lei de Drogas, o agente poderá ser beneficiado com a redução de 1/6 (um sexto) a 2/3 (dois terços) da pena, desde que seja primário, portador de bons antecedentes, não se dedique a atividades criminosas nem integre organização criminosa. 2. A jurisprudência deste Tribunal é assente no sentido de que a quantidade de droga apreendida configura motivação suficiente para afastar a minorante do art. 33, § 4º, da Lei n. 11.343/2006, uma vez que evidencia a dedicação à atividade criminosa (*HC* n. 356.145/SP, 6ª T., rel. Min. Sebastião Reis Júnior, j. 17.11.2016, *DJe* 01.12.2016). 3. Na hipótese, a Corte local deixou de aplicar a referida causa especial de diminuição da pena respeitando os critérios legais estabelecidos pelo art. 33, § 4º, da Lei n. 11.343/2006, com observância, ainda, aos pormenores da situação concreta, destacando a elevada quantidade de droga apreendida: 1,004 kg (um quilo e quatro gramas) de cocaína, contexto a demonstrar que o réu, embora primário, estaria envolto nas atividades criminosas. 4. Não pode esta Corte Superior desconstituir os fundamentos adotados pelo Tribunal de origem sem ampla incursão no acervo fático-probatório dos autos, tarefa para a qual não se presta o *habeas corpus*. 5. Agravo regimental a que se nega provimento. (STJ, *HC* n. 465.758/SP, 6ª T., rel. Min. Antonio Saldanha Palheiro, publ. 04.12.2018)

Art. 64. Para efeito de reincidência:

I – não prevalece a condenação anterior, se entre a data do cumprimento ou extinção da pena e a infração posterior tiver decorrido período de tempo superior a 5 (cinco) anos, computado o período de prova da suspensão ou do livramento condicional, se não ocorrer revogação;

II – não se consideram os crimes militares próprios e políticos.

1. COMENTÁRIO

Os efeitos da reincidência não são permanentes. Caso já tenha decorrido período superior a cinco anos entre o cumprimento ou extinção da pena, bem como se transcorrido o mesmo lapso temporal após o cômputo do período de prova da suspensão ou do livramento condicional – caso não ocorra a revogação –, os efeitos da reincidência não são aplicados.

Assim, o indivíduo que pratica novo crime mais de cinco anos após o cumprimento da pena ou da extinção da punibilidade não é tido como reincidente; nesse sentido, diante de livramento condicional ou de *sursis*, o prazo é contado a partir do começo do período probatório e não da extinção da punibilidade – que se dá após terminado o referido período de prova (BARROS, Flávio Augusto Monteiro de. *Direito penal*: Parte Geral, 2008, v. I, p. 538). Destarte, diante das disposições acima expostas, pode-se falar que os réus podem ser inclusos em três grupos distintos. O primeiro grupo é aquele dos reincidentes, cuja definição se encontra no art. 63 do CP. O segundo grupo é o dos acusados primários, ou seja, aqueles que não cometeram nenhum delito após o trânsito em julgado de condenação anterior; nesse sentido, é irrelevante se os indivíduos cometeram um ou vários delitos, desde que estes não sejam praticados após o trânsito em julgado de sentença penal anterior (ibidem, v. I, p. 539).

Em derradeiro, há o grupo dos tecnicamente primários, criado pela jurisprudência pátria; de acordo com Flávio Monteiro de Barros, "tal expressão serve para designar o criminoso que não é reincidente, mas registra condenação definitiva. De acordo com essa orientação, a primariedade reduzir-se-ia às hipóteses em que o agente não registra nenhuma condenação" (ibidem, v. I, p. 539). Mister se faz observar que não há qualquer diferença entre os agentes primários e os tecnicamente primários quanto aos efeitos da reincidência.

No tocante ao inciso II, algumas ressalvas devem ser feitas. Primeiramente, quanto aos crimes militares, há que se falar em duas espécies, quais sejam, os próprios e os impróprios. Os primeiros estão tipificados exclusivamente no CPM (DL n. 1.001/69); justamente esses crimes não são considerados para o efeito da reincidência. Por outro lado, os crimes militares impróprios estão previstos concomitantemente no CP e no próprio CPM, de modo que é perfeitamente possível a configuração da incidência (ibidem, v. I, p. 537).

Em relação aos crimes políticos, ou seja, aqueles que possuem "motivação política e crimes que ofendem a estrutura política do Estado e os direitos políticos individuais" (ANDREUCCI, Ricardo Antonio. *Manual de direito penal*, 2010, p. 156), não há qualquer discriminação legal, sendo irrelevante, portanto, sua classificação.

2. JURISPRUDÊNCIA

2.1. Julgados

Embargos de declaração em recurso extraordinário. Tema n. 150 da repercussão geral. Embargos acolhidos apenas para fins de esclarecimento da tese. 1. Embargos de declaração opostos em face de acórdão do Plenário Virtual desta Corte, que fixou a tese de repercussão geral referente ao Tema n. 150, nos seguintes termos: "não se aplica ao reconhecimento dos maus antecedentes o prazo quinquenal de prescrição da reincidência, previsto no art. 64, I, do Código Penal". 2. A alegada omissão referente à existência de discricionariedade do juízo em utilizar ou não as condenações com período superior a cinco anos para o incremento da pena-base foi afirmada nos votos de todos os Ministros que formaram a maioria. 3. A possibilidade de reconhecer ou não como maus antecedentes condenações antigas ou desimportantes deriva dos institutos da individualização da pena e isonomia, bem como da necessidade de que a reprimenda seja suficiente e necessária para que o condenado não volte a delinquir. Tanto a consideração quanto a desconsideração dessas circunstâncias devem ser devidamente fundamentadas. 4. Embargos de declaração acolhidos, tão somente para aclarar a tese do Tema n. 150 da repercussão geral, que passa a ser fixada nos seguintes termos: "Não se aplica ao reconhecimento dos maus antecedentes o prazo quinquenal de prescrição da reincidência, previsto no art. 64, I, do Código Penal, podendo o julgador, fundamentada e eventualmente, não promover qualquer incremento da pena-base em razão de condenações pretéritas, quando as considerar desimportantes ou demasiadamente distanciadas no tempo e, portanto, não necessárias à prevenção e repressão do crime, nos termos do comando do art. 59 do Código Penal" (STF, RE n. 593.818 ED/SC, Pleno, rel. Min. Roberto Barroso, j. 25.04.2023, publ. 05.05.2023)

Reincidência. Certidão de condenação. Trânsito em julgado

Habeas corpus. Tentativa de furto qualificado. Comprovação da reincidência: certidão que não noticia a data do trânsito em julgado da condenação pelo crime anterior. 1. Embora a certidão não revele a data do trânsito em julgado da condenação anterior, ela noticia que o novo crime foi praticado cerca de 1 ano e 3 meses após o cumprimento da pena ou 11 meses após ser declarada a sua extinção, não havendo nulidade a ser declarada quanto ao art. 64 do CPP. 2. Quanto à precisa data em que transitou em julgado a condenação por crime anterior, para os fins previstos no art. 63 do mesmo Código, trata-se de mera irregularidade formal, em face da qual o impetrante nada comprovou em contrário nem demonstrou a existência de prejuízo para o paciente. 2.1. Não existindo prejuízo não há nulidade a ser declarada, a teor do que dispõem os arts. 563 e 566 do citado Código. 3. *Habeas corpus* conhecido, mas indeferido. (STF, *HC* n. 75.190, 2ª T., rel. Min. Maurício Corrêa, j. 24.06.1997, publ. em 22.08.1997)

Processual penal. Recurso ordinário em *habeas corpus*. Roubo majorado. Prisão preventiva. Alegada ausência de fundamentação do decreto prisional. Segregação cautelar devidamente fundamentada na garantia da ordem pública. *Modus operandi*. Reiteração delitiva. Registros penais. Período depurador. Inaplicabilidade. Excesso de prazo. Recurso ordinário desprovido. I – A Terceira Seção desta Corte, seguindo entendimento firmado pela Primeira Turma do col. Pretório Excelso, firmou orientação no sentido de não admitir a impetração de *habeas corpus* em substituição ao recurso adequado, situação que implica o não conhecimento da impetração, ressalvados casos excepcionais em que, configurada flagrante ilegalidade apta a gerar constrangimento ilegal, seja possível a concessão da ordem de ofício. II – A segregação cautelar deve ser considerada exceção, já que tal medida constritiva só se justifica caso demonstrada sua real indispensabilidade para assegurar a ordem pública, a instrução criminal ou a aplicação da lei penal, *ex vi* do art. 312 do CPP. III – Na hipótese, o decreto prisional encontra-se devidamente fundamentado em dados concretos extraídos dos autos, para a garantia da ordem pública, em razão da forma pela qual o delito foi praticado, consistente em roubo majorado, cometido em concurso de agentes, com grave ameaça exercida com emprego de arma de fogo, o que revela a gravidade concreta da conduta e justifica a imposição da medida extrema; somado ao fato de que "apesar da prisão preventiva ter sido decretada em 25.01.2017 (fls. 07/10 dos autos n. 0500121-15.2017.4.02.5001), só foi preso em 17.01.2018", a justificar a prisão preventiva também para a aplicação da lei penal. IV – Ademais, não se pode olvidar que o paciente ostenta condenação anterior, dado que revela a probabilidade de repetição de condutas tidas por delituosas e a indispensabilidade da imposição da segregação cautelar, em virtude do fundado receio de reiteração delitiva. Precedentes. IV [...] – No tocante à utilização de condenação criminal proferida há mais de 5 (cinco) anos fundamentar o decreto de prisão preventivo, razão não assiste ao recorrente, isto porque a jurisprudência deste Tribunal é assente no sentido de que as condenações alcançadas pelo período depurador de 5 anos, previsto no art. 64, I, do Código Penal, afastam os efeitos da reincidência, mas não impedem a configuração de maus antecedentes, permitindo, assim, o aumento da pena-base acima do mínimo legal, cujo raciocínio é também aplicável às medidas cautelares. V – O prazo para a conclusão da instrução criminal não tem as características de fatalidade e de improrrogabilidade, fazendo-se imprescindível raciocinar com o juízo de razoabilidade para definir o excesso de prazo, não se ponderando a mera soma aritmética dos prazos para os atos processuais (precedentes). VI – Na hipótese, consoante o que restou decidido pelo eg. Tribunal de origem, tem-se que a marcha processual estaria seguindo dentro do limite da razoabilidade, tendo em vista as peculiaridades da causa, a quantidade de réus, além da necessidade de expedição de cartas precatórias, razão pela qual não se vislumbra, por ora, o alegado constrangimento ilegal por excesso de prazo. VII – Não é cabível a aplicação das medidas cautelares alternativas à prisão, *in casu*, haja vista estarem presentes os requisitos para a decretação da prisão preventiva, consoante determina o art. 282, § 6º, do Código de Processo Penal. Recurso ordinário em *habeas corpus* desprovido. (STJ, RHC n. 103.030/RJ, 5ª T., rel. Min. Felix Fischer, j. 16.10.2018)

Circunstâncias atenuantes

Art. 65. São circunstâncias que sempre atenuam a pena:

I – ser o agente menor de 21 (vinte e um), na data do fato, ou maior de 70 (setenta) anos, na data da sentença;

II – o desconhecimento da lei;

III – ter o agente:

***a)* cometido o crime por motivo de relevante valor social ou moral;**

***b)* procurado, por sua espontânea vontade e com eficiência, logo após o crime, evitar-lhe ou minorar-lhe as consequências, ou ter, antes do julgamento, reparado o dano;**

***c)* cometido o crime sob coação a que podia resistir, ou em cumprimento de ordem de autoridade superior, ou sob a influência de violenta emoção, provocada por ato injusto da vítima;**

***d)* confessado espontaneamente, perante a autoridade, a autoria do crime;**

***e)* cometido o crime sob a influência de multidão em tumulto, se não o provocou.**

1. COMENTÁRIO

Em primeiro lugar, mister se faz anotar que as circunstâncias atenuantes genéricas possuem incidência obrigatória no cálculo da pena. Nessa linha, as atenuantes não podem ser aplicadas quando a pena-base (art. 59, CP) é fixada no mínimo legal (Súmula n. 231, STJ) e/ou quando já tiverem sido valoradas como causas de diminuição de pena prevista no próprio tipo. O *quantum* da atenuação fica a critério do próprio magistrado.

De acordo com o inciso I, sendo o agente menor de 21 anos na data do fato ou maior de 70 anos na data da condenação, o prazo prescricional é reduzido pela metade. Essa regra consta do art. 115 do CP.

Embora o desconhecimento da lei seja inescusável a todos (*ignorantia legis neminem excusat*), em determinadas hipóteses tal situação pode constituir atenuante; nesse sentido, pode-se citar como exemplo o agente que pratica conscientemente a conduta, supondo equivocadamente ser esta lícita (erro de proibição).

Em relação ao inciso III, *a*, podemos conceituar o valor social aquele que traz em seu bojo o interesse da coletividade, o que revelaria, portanto, um menor desajuste entre a conduta criminosa e a própria periculosidade do agente; por outro lado, o valor moral é aquele de cunho pessoal relacionado ao próprio sujeito delituoso, a exemplo de um crime motivado por uma causa nobre ou altruísta.

Já a alínea *b* trata do arrependimento eficaz: após esgotados os atos necessários à prática criminosa, o agente vem a praticar nova conduta (necessariamente voluntária), tendo por objetivo evitar que o delito se consume ou mesmo minorar suas consequências. Assim sendo, o sujeito ativo responde pelos atos já praticados, nos termos do art. 15 do CP.

A alínea *c* trata do agente que pratica o crime sob efeito da coação moral resistível. Nesses termos, como bem ensina Damásio de Jesus, "coação é o emprego de força física ou de grave ameaça contra alguém, no sentido de que faça alguma coisa ou não" (JESUS, Damásio E. de. *Código Penal anotado*, 2012, p. 128). Diante deste conceito, o art. 65 se refere, precisamente, à hipótese de grave ameaça (coação moral), à qual o agente poderia resistir, optando, no entanto, por praticar a conduta.

Além disso, consta na alínea *c* hipótese distinta do privilégio referente aos crimes de homicídio (art. 121, § 1º, CP) e lesão corporal dolosa (art. 129, § 4º); nesses casos, exige-se o "domínio" de violenta emoção, logo após injusta provocação da vítima, ao passo que o art. 65 expõe o termo "influência". Nesse sentido, esta última é mais branda do que o domínio, pois este influi de maneira no indivíduo, "cegando-o", sendo que aquela apenas altera, perturba o raciocínio do agente. A alínea *d* trata da confissão, que para a sua configuração depende da espontaneidade do agente em declarar que é o responsável pela prática delitiva, pelo crime em sua integralidade. Além disso, a confissão deve necessariamente ser realizada perante a autoridade competente. A alínea *e* trata dos crimes multitudinários, cometidos sob a influência de multidão. Diante desta situação, o agente não pode ter provocado o início do evento, sob pena de não incidência da atenuante.

2. JURISPRUDÊNCIA

2.1. Súmulas

Súmula n. 231, STJ: "A incidência da circunstância atenuante não pode conduzir à redução da pena abaixo do mínimo legal".

2.2. Julgados

Confissão. Aplicabilidade

[...] 3. Nos crimes perpetrados contra a vida, o sofrimento é resultado inerente ao tipo penal. O juiz, sem especificar consequências traumáticas específicas ou, por exemplo, graves prejuízos financeiros suportados pelo núcleo familiar em decorrência da morte, não pode considerar de forma negativa a vetorial em apreço. 4. Impõe-se o afastamento da análise desfavorável da culpabilidade se o julgador deixou de mensurar, em grau de intensidade, o maior grau de censurabilidade da conduta. 5. A confissão do acusado, ainda que qualificada, se utilizada para a formação da convicção judicial, atrai a aplicação do art. 65, III, d, do CP. (STJ, *HC* n. 391.990/SP, 6ª T., rel. Min. Rogério Schietti Cruz, j. 18.10.2018, *DJe* 07.11.2018)

Circunstância atenuante. Mínimo legal

Direito penal. *Habeas corpus*. Dosimetria da pena. Confissão. Tráfico de drogas em transporte público. O reconhecimento de atenuante não autoriza a redução da pena para aquém do mínimo legal. O inciso III do art. 40 da Lei n. 11.343/2006 visa a punir com maior rigor a comercialização de drogas em determinados locais, como escolas, hospitais, teatros e unidades de tratamento de dependentes, entre outros. Pela inserção da expressão "transporte público" nesse mesmo dispositivo, evidencia-se que a referência há de ser interpretada na mesma perspectiva, vale dizer, no sentido de que a comercialização da droga em transporte público deve ser apenada com mais rigor. Logo, a mera utilização de transporte público para o carregamento da droga não leva à aplicação da causa de aumento do inciso III do art. 40 da Lei n. 11.343/2006. (STF, *HC* n. 109.538, 1ª T., rel. Min. Luiz Fux, j. 15.05.2012, publ. 26.10.2012)

Habeas corpus. Dosimetria da pena. Circunstância atenuante. Pena aquém do mínimo legal. Impossibilidade. Jurisprudência consolidada. 1. A questão controvertida neste *writ* – acerca da possibilidade (ou não) da fixação da pena abaixo do mínimo legal devido à presença de circunstância atenuante – já foi objeto de vários pronunciamentos desta Corte. 2. Na exegese do art. 65, do CP, "descabe falar dos efeitos da atenuante se a sanção penal foi fixada no mínimo legal previsto para o tipo" (*HC* n. 75.726, rel. Min. Ilmar Galvão, *DJ* 06.12.1998). 3. De acordo com a interpretação sistemática e teleológica dos arts. 59, 67 e 68, todos do CP, somente na terceira fase da dosimetria da pena é possível alcançar pena final aquém do mínimo cominado para o tipo simples ou além do máximo previsto. 4. Há diferença quanto ao tratamento normativo entre as circunstâncias atenuantes/agravantes e as causas de diminuição/aumento da pena no que se refere à possibilidade de estabelecimento da pena abaixo do mínimo legal – ou mesmo acima do máximo legal. 5. O fato de o art. 65, do CP, utilizar o advérbio sempre, em matéria de aplicação das circunstâncias ali previstas, para redução da pena-base em patamar inferior ao mínimo legal, deve ser interpretado para as hipóteses em que a pena-base tenha sido fixada em quantum superior ao mínimo cominado no tipo penal. 6. É pacífica a jurisprudência do STF no sentido da impossibilidade de redução da pena aquém do mínimo legal quando houver a presença de alguma circunstância atenuante. 7. Ordem denegada. (STF, *HC* n. 93.141, 2ª T., rel. Min. Ellen Gracie, j. 24.06.2008, publ. 22.08.2008)

Circunstância atenuante. Confissão

Habeas corpus. Direito penal. Furto qualificado. Dosimetria da pena. Pleito de afastamento da qualificadora de abuso de confiança. Impossibilidade. Inviabilidade de desvaloração da personalidade com base em atos infracionais. Incidência da atenuante de confissão espontânea. Ordem de *habeas corpus* parcialmente concedida. 1. Não há *in casu* como reavaliar as premissas que levaram o tribunal de origem a concluir pela incidência da qualificadora de abuso de confiança, sob pena de reexame minucioso de questões fático-probatórias, que é atividade vedada na estreita via do *habeas corpus*. 2. "Atos infracionais não podem ser considerados como personalidade desajustada ou voltada para a criminalidade para fins de exasperação da pena-base" (*HC* n. 190.569/DF, rel. Min. Sebastião Reis Júnior, *DJe* 12.09.2012). 3. É de se reconhecer a incidência da atenuante prevista no art. 65, III, *d*, do CP, quando a confissão do agente é utilizada pelo magistrado como fundamento para sustentar a condenação. Precedentes. 4. Ordem de *habeas corpus* parcialmente concedida, para o fim de, mantida a condenação, reduzir a pena do paciente, nos termos do voto da relatora. (STJ, *HC* n. 175.280, 5ª T., rel. Min. Laurita Vaz, j. 11.04.2013, publ. 17.04.2013)

Habeas corpus. Direito penal. Arts. 16, parágrafo único, IV, da Lei n. 10.826/2003, e 333, do CP. Condenação. Confissão espontânea. Reconhecimento. Ordem concedida. *Habeas corpus* concedido de ofício. 1. A atenuante prevista no art. 65, III, *d*, do CP, possui caráter objetivo, configurando-se, tão somente, pelo reconhecimento espontâneo do acusado, perante a autoridade, da autoria do delito, mesmo que a confissão seja incompleta. Precedentes. 2. A Terceira Seção desta Corte Superior de Justiça, após o julgamento do EREsp n. 1.154.752/RS, pacificou o entendimento no sentido da inexistência de preponderância entre a agravante da reincidência e a atenuante da confissão espontânea, a teor do art. 67 do CP, pelo que é cabível a compensação dessas circunstâncias. 3. *Habeas corpus* concedido para, mantida a condenação pelo crime de porte de arma de fogo, reconhecer a atenuante da confissão espontânea. *Habeas corpus* concedido de ofício para reformar o acórdão impugnado e a sentença condenatória, tão somente no tocante à dosimetria da pena, a fim de fixá-la em 3 anos e 4 meses de reclusão, no regime semiaberto, e 15 dias-multa, no mínimo legal. (STJ, *HC* n. 223.573, 5ª T., rel. Min. Laurita Vaz, j. 05.03.2013, publ. 12.03.2013)

Habeas corpus substitutivo de recurso próprio. Descabimento. Tráfico de drogas. Dosimetria. Causa especial de diminuição de pena (§ 4º do art. 33 da Lei n. 11.343/2006). Aplicação na fração de 1/2. Discricionariedade do julgador. Regime semiaberto. Constrangimento ilegal não evidenciado. Quantidade e natureza das drogas apreendidas. Pena total inferior a 4 anos. Circunstâncias judiciais favoráveis e réu primário. Possibilidade de agravamento do aspecto qualitativo da pena. Substituição da pena privativa de liberdade por restritiva de direitos. Impossibilidade. Natureza lesiva de um dos entorpecentes apreendidos. Ausência de preenchimento do requisito de ordem objetiva previsto no art. 44, III, do Código Penal – CP. *Writ* não conhecido. 1. Em consonância com a orientação jurisprudencial da Primeira Turma do Supremo Tribunal Federal – STF, esta Corte não admite *habeas corpus* substitutivo de recurso próprio, sem prejuízo da concessão da ordem, de ofício, se existir flagrante ilegalidade na liberdade de locomoção do paciente. 2. A aplicação da redutora prevista no art. 33, § 4º, da Lei n. 11.343/2006 depende do convencimento do Magistrado de que o apenado, primário e de bons antecedentes, não se dedique a atividades delituosas nem integre organização criminosa. Nesse contexto, na escolha do *quantum* de redução da pena em razão da incidência do redutor, deve-se levar em consideração a quantidade e a natureza da substância apreendida, por expressa previsão legal (art. 42 da Lei n. 11.343/2006). *In casu*, o Tribunal *a quo* fixou o patamar da redução em 1/2 com base em elementos concretos extraídos dos autos, evidenciados pela quantidade e natureza lesiva das drogas apreendidas – 56 porções de maconha pesando 112,3 g e 38 porções de cocaína pesando 16,6 g –, tudo a indicar uma maior reprovabilidade da conduta do paciente. 3. A reforma do entendimento consignado pela Corte Estadual no que se refere ao *quantum* de redução aplicado constitui matéria que refoge ao restrito escopo do *habeas corpus*, porquanto demanda percuciente reexame de fatos e provas, inviável no rito eleito. Precedentes. 4. Nos delitos previstos na Lei de Drogas, a fixação do regime prisional deve observar a regra imposta nos arts. 33, §§ 2º e 3º, e 59, ambos do Código Penal – CP, em conjunto com o art. 42 da Lei n. 11.343/2006, que determinam a consideração, preponderantemente, da natureza e quantidade da droga. No caso dos autos, não evidencio ilegalidade na imposição do regime semiaberto pela Corte estadual, que se baseou na gravidade concreta do delito, pois, embora a pena-base tenha sido fixada no mínimo legalmente estabelecido, o paciente seja primário e o *quantum* de pena aplicado (2 anos e 6 meses de reclusão) permitam, em tese, a fixação do regime aberto, a quantidade e a natureza de droga apreendida, justificam a imposição de regime prisional mais gravoso, no caso o semiaberto, de acordo com o disposto no art. 33, §§ 2º, *c*, e 3º, do Código Penal c/c o art. 42 da Lei n. 11.343/2006. Inaplicáveis, portanto, os enunciados n. 440/STJ e n. 718/STF. 5. Ressalto que, mesmo nas hipóteses de pena-base no mínimo legal, é possível agravar somente o aspecto qualitativo da reprimenda (regime) para se chegar a uma resposta suficiente à reprovação e à prevenção do delito. 6. Incabível a substituição da pena corporal por restritivas de direito, nos termos do art. 44, III, do CP, devido à natureza lesiva dos entorpecentes apreendidos. Precedentes. 7. *Habeas corpus* não conhecido. (STJ, n. 488.758/SP, 5ª T., rel. Joel Ilan Paciornik, j. 02.03.2019)

Art. 66. A pena poderá ser ainda atenuada em razão de circunstância relevante, anterior ou posterior ao crime, embora não prevista expressamente em lei.

1. COMENTÁRIO

Diante do art. 66, o magistrado não deve apenas valorar as atenuantes genéricas, previstas expressamente pela lei (art. 65, CP); diante de circunstância relevante, anterior ou posterior ao crime, a pena do agente deverá ser, obrigatoriamente, atenuada por outras circunstâncias não especificadas legalmente, sendo estas usualmente conhecidas como "inominadas". Desse modo, evidencia-se o art. 65 do CP como sendo apenas rol exemplificativo; no entanto, uma vez presente uma ou mais circunstâncias inominadas, não há que se falar em faculdade do juiz, posto que este é obrigado a considerá-las na segunda etapa do cálculo da pena.

2. JURISPRUDÊNCIA

2.1. Julgados

Circunstância atenuante inominada. Definição e incidência

Habeas corpus. Direito processual penal. Júri. Fundamentação da pronúncia. Questão prejudicada. Contradição nas respostas dos jurados. Inocorrência. Repetição da votação. Explicação do juiz. Incabimento. Ordem denegada. 1. Editada e passada em julgado a sentença condenatória, resta prejudicada a alegação de falta de fundamentação da pronúncia. 2. Inexiste contradição qualquer em reconhecerem os jurados circunstância atenuante inominada em relação a um dos agentes e negarem-na em relação a outro, mormente quando desenvolveram condutas diversas no agir delituoso, um limitando-se a conduzir o veículo e outro efetuando os disparos contra a vítima, assim como na absolvição dos réus da prática de homicídio tentado relativamente a uma só das vítimas, a única responsável pelo desentendimento instaurado. 3. Ademais, em princípio, a contradição que rende ensejo à nulidade é aquela que se dá na mesma série e não em séries distintas do questionário (CPP, art. 489). 4. Em inexistindo contradição, não há falar em nulidade por falta de explicação aos jurados no que ela consistiria. 5. Ordem denegada. (STJ, *HC* n. 18.936, 6ª T., rel. Min. Hamilton Carvalhido, j. 14.08.2007, publ. 04.08.2008)

Penal e processual penal. Recurso especial. Crime de moeda falsa. Pleito de reconhecimento de circunstância atenuante inominada. Impossibilidade. Continuidade delitiva. Súmula n. 7/STJ. I – Somente pode ser reconhecida a existência da atenuante inominada quando houver uma circunstância, não prevista expressamente em lei, que permita ao juiz verificar a ocorrência de um fato indicativo de uma menor culpabilidade do agente. II – Tendo em vista que o quadro fático explicitado tanto na exordial acusatória como no v. acórdão denota a existência de crime continuado, e não de crime permanente, a aceitação da tese abraçada na irresignação especial implicaria reexame do material cognitivo (Enunciado da Súmula n. 7 do STJ). (Precedentes.) Recurso especial parcialmente conhecido e, neste ponto, desprovido. (STJ, REsp n. 875.649, 5ª T., rel. Min. Felix Fischer, j. 27.09.2007, publ. 12.11.2007)

Recurso especial. Penal. Processo penal. Atenuantes. Confissão espontânea. Inominada. Aplicação. Possibilidade. *Bis in idem*. Inocorrência. "Admissível a aplicação cumulativa, da atenuante da confissão espontânea com uma atenuante inominada, desde que por motivos distintos, a critério subjetivo do órgão julgador." Reduções com fundamentações distintas. Descaracterizado, assim, o alegado *bis in idem*. Recurso conhecido, mas desprovido. (STJ, REsp n. 303.073, 5ª T., rel. Min. José Arnaldo da Fonseca, j. 13.05.2003, publ. 09.06.2003)

Agravo regimental em agravo em recurso especial. Lesão corporal grave. Incapacidade para as ocupações habituais por mais de 30 dias. Comprovação por laudo complementar. Absolvição. Desclassificação para lesão corporal leve ou ameaça. Reexame de provas. Súmula n. 7 do STJ. Dosimetria. Pena-base acima do mínimo legal. Não incidência da atenuante prevista no art. 66 do CP (atenuante inominada). Fundamentação idônea. Suspensão condicional do processo. Requisito de ordem subjetiva. Não atendimento. [...] IV – Com relação à atenuante inominada do art. 66 do CP, também não lhe assiste razão, pois não se verifica qualquer circunstância relevante a indicar a possibilidade de aplicação da referida figura. A propósito, bem acentuou Colegiado *a quo* que "o significativo lapso temporal transcorrido entre o rompimento da relação conjugal e o fato ilícito apurado nestes autos, sem olvidar da própria natureza da 'não aceitação' do fim do matrimônio, afasta a excepcionalidade da circunstância contida na *mens legis* extraída do art. 66 do Código Penal, estreitamente relacionada à ocorrência de um fato indicativo de uma menor culpabilidade do agente, sob pena de se estimular que as frustrações pessoais da vida sejam solucionadas ou mesmo amenizadas com a prática de infrações penais" (fl. 1.065; grifei). (STJ, Ag. Reg. no Ag. em REsp n. 1.061.565/MT (2017/0042581-0), 5ª T., rel. Min. Felix Fischer, j. 27.02.2018)

Concurso de circunstâncias agravantes e atenuantes

Art. 67. No concurso de agravantes e atenuantes, a pena deve aproximar-se do limite indicado pelas circunstâncias preponderantes, entendendo-se como tais as que resultam dos motivos determinantes do crime, da personalidade do agente e da reincidência.

1. COMENTÁRIO

Ocorrendo concurso de circunstâncias agravantes e atenuantes, a pena deverá se aproximar do limite indicado pelas circunstâncias preponderantes; nesse passo, deverão prevalecer as de cunho subjetivo, classificadas pelo CP. São circunstâncias preponderantes:

a) as relacionadas aos motivos determinantes do crime;

b) as referentes à personalidade do agente;

c) a reincidência.

Prevalecendo as circunstâncias atenuantes, abranda-se a reprimenda; caso prevaleçam as agravantes, aumenta-se a sanção. Conforme entendimento jurisprudencial majoritário, a menoridade merece destaque nesse caso, pois ela prepondera sobre qualquer outra circunstância subjetiva, inclusive sobre a própria reincidência.

O CP não determina uma quantidade de pena para agravar ou atenuar, como faz nas causas de aumento e de diminuição. A providência ficará a critério do juiz, que poderá agravar ou atenuar a pena, observados os mandamentos legais, de acordo com o que dos autos constar.

2. JURISPRUDÊNCIA

2.1. Julgados

Concurso de agravantes e atenuantes

[...] 3. O concurso entre circunstâncias agravantes e atenuantes de idêntico valor redunda em afastamento de ambas, ou seja, a pena não deverá ser aumentada ou diminuída na segunda fase da dosimetria. Nesse sentido, a 3ª Seção, em 10.04.2013, no julgamento do recurso especial representativo de controvérsia n. 1.341.370/MT, de relatoria do Ministro Sebastião Reis Júnior, firmou o entendimento de que, observadas as especificidades do caso concreto, deve-se compensar a atenuante da confissão espontânea com a agravante da reincidência na segunda fase da dosimetria da pena. 4. Em 11.10.2017, a 3ª Seção, no julgamento do *habeas corpus* n. 365.963/SP, firmou a jurisprudência no sentido que a especificidade da reincidência não obstaculiza sua compensação com a atenuante da confissão espontânea. Todavia, tratando-se de réu multirreincidente, deve ser reconhecida a preponderância da agravante prevista no art. 61, I, do CP, sendo admissível a sua compensação proporcional com a atenuante da confissão espontânea, em estrito atendimento aos princípios da individualização da pena e da proporcionalidade. No caso, o réu efetivamente confessou a prática do crime, tendo o magistrado utilizado essa prova para a cognição acerca da materialidade e autoria do crime, o que atrai a atenuante, que deve ser compensada com a reincidência do paciente. (STJ, *HC* n. 442.277/SP, 5ª T., rel. Min. Ribeiro Dantas, j. 22.05.2018, *DJe* 31.05.2018)

[...] 1. A jurisprudência desta Corte superior entende que a atenuante da menoridade relativa e a agravante da reincidência são igualmente preponderantes, devendo, portanto, serem integralmente compensadas, não havendo se falar em redução da reprimenda na segunda fase da dosimetria pela preponderância da citada atenuante. (STJ, Ag. Reg. no *HC* n. 447.645/SC, 6ª T., rel. Min. Nefi Cordeiro, j. 02.10.2018, *DJe* 18.10.2018)

Valoração de preponderância

Habeas corpus. Direito penal. Crime de roubo. Condenação. Confissão espontânea. Reconhecimento. Concurso entre reincidência e confissão espontânea. Compensação. Possibilidade. Matéria pacificada nesta Corte por ocasião do julgamento do EREsp n. 1.154.752/RS. Ordem de *habeas corpus* concedida. 1. A Terceira Seção desta Corte Superior de Justiça, após o julgamento do EREsp n. 1.154.752/RS, pacificou o entendimento no sentido da inexistência de preponderância entre a agravante da reincidência e a atenuante da confissão espontânea, a teor do art. 67 do CP, pelo que é cabível a compensação dessas circunstâncias. 2. Ordem de *habeas corpus* concedida para, mantida a condenação do paciente, reformar o acórdão impugnado, a fim de compensar a atenuante da confissão espontânea com a agravante da reincidência, com os ajustes daí decorrentes. (STJ, *HC* n. 245.506, 5ª T., rel. Min. Laurita Vaz, j. 07.03.2013, publ. 13.03.2013)

Veja no art. 63 a seguinte decisão: STF, *HC* n. 101.918, 1ª T., rel. Min. Ricardo Lewandowski, j. 11.05.2010, publ. 04.06.2010.

Constitucional e penal. Roubo majorado. Dosimetria. Confissão espontânea extrajudicial. Incidência da atenuante. Súmula/STJ n. 545. Compensação parcial com a agravante da reincidência. Réu que ostentava duas condenações transitadas em julgado à época da prática delitiva. Aumento da pena em 1/4 pela reincidência específica. Flagrante ilegalidade não evidenciada. *Writ* não conhecido. 1. Esta Corte e o Supremo Tribunal Federal pacificaram orientação no sentido de que não cabe *habeas corpus* substitutivo do recurso legalmente previsto para a hipótese, impondo-se o não conhecimento da impetração, salvo quando constatada a existência de flagrante ilegalidade no ato judicial impugnado. 2. Ao contrário do consignado na decisão colegiada ora impugnada, a atenuante de confissão espontânea deve ser reconhecida, ainda que tenha sido parcial ou qualificada, seja ela judicial ou extrajudicial, e mesmo que o réu venha a dela se retratar, quando tal manifestação for utilizada para fundamentar a sua condenação, conforme a dicção da Súmula n. 545/STJ. 3. No julgamento do Recurso Especial Representativo de Controvérsia n. 1.341.370/MT, em 10.04.2013, a Terceira Seção firmou o entendimento de que, observadas as especificidades do caso concreto, "é possível, na segunda fase da dosimetria da pena, a compensação da atenuante da confissão espontânea com a agravante da reincidência". 4. O concurso entre circunstância agravante e atenuante de idêntico valor redunda em afastamento de ambas, ou seja, a pena não deverá ser aumentada ou diminuída na segunda fase da dosimetria. Todavia, tratando-se de réu multirreincidente deve ser reconhecida a preponderância da agravante prevista no art. 61, I, do Código Penal, sendo admissível a sua compensação proporcional com a atenuante da confissão espontânea, em estrito atendimento aos princípios da individualização da pena e da proporcionalidade. 5. Considerando a dupla reincidência do réu, mister se faz reconhecer a viabilidade da compensação de um dos títulos condenatórios com a atenuante da confissão espontânea, remanescendo uma condenação a ser valorada na segunda fase da dosimetria. Porém, não se infere ilegalidade na pena estabelecida, pois o aumento de 1/4 revela-se proporcional em razão da reincidência específica do ora paciente. 6. O Superior Tribunal de Justiça entende ser admissível a exasperação em 1/4 quando se tratar de réu reincidente específico, como na hipótese em apreço, da qual decorre que a pena imposta na segunda etapa da dosimetria não merece reparo. Precedentes. 7. *Writ* não conhecido. (STJ, *HC* n. 330.854/SP, 5ª T., rel. Min. Ribeiro Dantas, j. 20.03.2017)

Cálculo da pena

Art. 68. A pena-base será fixada atendendo-se ao critério do art. 59 deste Código; em seguida serão consideradas as circunstâncias atenuantes e agravantes; por último, as causas de diminuição e de aumento.

Parágrafo único. No concurso de causas de aumento ou de diminuição previstas na parte especial, pode o juiz limitar-se a um só aumento ou a uma só diminuição, prevalecendo, todavia, a causa que mais aumente ou diminua.

1. COMENTÁRIO

A legislação penal brasileira adota o critério trifásico para a dosimetria da pena, ou seja, o cálculo da pena passará por três fases distintas e sucessivas (BARROS, Flávio Augusto Monteiro de. *Direito penal*: Parte Geral, 2008, v. I, p. 508), que são: (I) análise das circunstâncias judiciais, (II) análise das circunstâncias legais e (III) análise das causas de aumento e diminuição de pena.

Na primeira fase, o juiz fixará a pena-base, baseando-se nas circunstâncias judiciais dispostas no art. 59, *caput*, do CP, quais sejam a culpabilidade, os antecedentes, a conduta social, a personalidade do agente, os motivos, as circunstâncias e consequências do crime, e o comportamento da vítima.

O referido artigo prevê que seja definido o regime inicial de cumprimento da pena privativa de liberdade neste momento. Contudo, como tal regime pode ser alterado em decorrência de causas de aumento ou diminuição de pena, objetos da terceira fase da dosimetria, a definição do regime poderá se dar apenas ao fim do cálculo, como se verá adiante.

Na segunda fase da dosimetria da pena, o juiz fará incidir sobre a pena-base as circunstâncias legais, quais sejam as agravantes e as atenuantes. Essa fase do sistema é opcional, e devem ser observados os róis taxativos do art. 61 e exemplificativo do art. 65, ambos do CP. Se estiverem presentes tanto circunstâncias agravantes quanto circunstâncias atenuantes, deverá ser utilizada a solução prevista no art. 67 do CP, que trata das circunstâncias preponderantes.

Na terceira fase do sistema trifásico devem ser observadas as causas de aumento e diminuição de pena, que são previstas em porcentuais ou frações tanto na parte geral como na parte especial e serão aplicadas sobre a pena definida até a segunda fase. Essas circunstâncias têm o condão de ultrapassar as margens penais, que são os limites mínimo e máximo da pena. É apenas nesta fase que é possível fixar a pena acima ou abaixo dos limites legais.

Ainda que o limite para o cumprimento de uma pena privativa de liberdade seja de quarenta anos, a majoração da pena, na terceira fase, poderá exceder esse teto (ibidem, v. I, p. 509).

A redação do art. 68 do CP traz em primeiro plano as causas de diminuição para depois analisar as causas de aumento. Não há qualquer diferença em quantidade de pena na análise de uma ou de outra causa em primeiro lugar, todavia é melhor seguir a ordem colocada no Código.

O parágrafo único do referido artigo traz também outras situações de quando existir mais de uma causa de aumento e de diminuição:

1) Havendo duas ou mais causas de aumento ou de diminuição da parte especial, o juiz "poderá" aplicar a que mais aumentar ou a que mais diminuir;

2) Quando houver uma causa de aumento ou de diminuição da parte geral e outra da parte especial, ambas terão aplicação.

3) Na hipótese de existir uma causa de aumento e outra de diminuição previstas na parte especial e na parte geral, o Código adverte que as duas terão incidência, mas, pela jurisprudência, primeiro se aumenta para depois se diminuir a pena porque a situação do réu parece ser mais favorável.

4) Se houver duas dessas causas da parte geral, ambas terão incidência, sendo que a segunda diminuição recairá sobre a primeira diminuição, e não sobre a pena-base, o mesmo se verificando nas causas de aumento.

"Não é possível a compensação entre circunstâncias de uma ou outra fase. Ainda que o resultado final seja o mesmo, o magistrado deve analisar cada circunstância nas respectivas fases" (JESUS, Damásio E. de. *Código Penal anotado*, 2012, p. 302).

Cada uma dessas etapas precisa ser devidamente fundamentada, com o escopo de preservar o direito da ampla defesa do réu. É nula a sentença que deixa de fundamentar as etapas da operação de aplicação da pena (BARROS, op. cit., 2008, v. I, p. 508).

Ao final das três fases de dosimetria da pena, é necessária também, primeiramente, a fixação do regime em que será cumprida a pena, fundamentado no art. 33, § 2º, do CP, e, posteriormente, a observação da possibilidade de substituição da pena de prisão por restritiva de direitos, com base no art. 77, III e com base no art. 59, IV, ou de *sursis* (art. 77).

2. JURISPRUDÊNCIA

2.1. Julgados

Penal e processual penal. Agravo regimental em recurso especial. Crime de roubo qualificado. Art. 157, § 2º, I e II, do CP. Reincidência. Agravante comprovada. *Quantum* de aumento irrisório. Violação ao art. 61, I, do CP. Ofensa aos princípios da proporcionalidade e da razoabilidade. Precedentes do STJ. Agravo regimental provido. I. A pena deve ser aplicada na forma estatuída no art. 68 do CP, observado o critério trifásico. A pena-base é fixada de acordo com as circunstâncias judiciais do art. 59 do CP, seguida, na fase intermediária da dosimetria, da aplicação das atenuantes e agravantes, previstas nos arts. 61 a 66 do CP, para, após, na terceira etapa, considerarem-se as causas de diminuição e aumento de pena, destacadas na Parte Especial e Geral do CP. II. Se o condenado tem mais de uma condenação definitiva, transitada em julgado, que configure reincidência, nada impede que uma delas seja considerada como circunstância judicial desfavorável, na primeira fase da dosimetria da pena (maus antecedentes), e outra, como circunstância agravante, na etapa seguinte, não se tratando de *bis in idem*. Precedentes do STJ. III. Hipótese em que o aumento, pela reincidência, foi fixado, simbolicamente, no quantum irrisório de 9 (nove) dias, desrespeitando-se os princípios da razoabilidade e proporcionalidade, entre outros, e o disposto no art. 61, I, do CP. Precedentes do STJ. IV. O *quantum* de aumento, pela agravante da reincidência, não está estipulado no CP, devendo ser observados, porém, para a sua fixação, os princípios da proporcionalidade, razoabilidade, necessidade e suficiência a reprovação e prevenção do crime, que norteiam a aplicação da pena. V. Consoante jurisprudência do STJ, "restando comprovada a reincidência, a dosimetria da pena deve ocorrer de forma a observar os parâmetros legais de retribuição, prevenção e recuperação do delito, respeitando-se o ordenamento jurídico e a sua finalidade, bem como os princípios da proporcionalidade e razoabilidade, sendo o aumento pela reincidência considerado irrisório ofende-se o disposto no art. 61, I, do CP" (STJ, REsp n. 882.046/RS, 5ª T., rel. Min. Laurita Vaz, *DJe* 07.04.2008). VI. Agravo regimental provido, para dar provimento ao recurso especial e fixar a agravante de reincidência, nos termos do art. 61, I, do CP, em 3 meses de reclusão, redimensionando a pena do agravado. (STJ, Ag. Reg. no REsp n. 1.021.796, 6ª T., rel. Min. Assusete Magalhães, j. 19.03.2013, publ. 17.04.2013)

Penal. Agravo regimental no recurso especial. Incidência de circunstância atenuante na terceira fase de fixação da pena. Inversão da ordem do sistema trifásico previsto no art. 68 do CP. Impossibilidade. Garantia da ampla defesa e do contraditório. Jurisprudência do STF. Agravo não provido. 1. O magistrado deve observar três etapas distintas para chegar ao *quantum* definitivo de pena. Inteligência do art. 68 do CP. 2. O sistema trifásico é responsável por garantir, tanto à acusação quanto à defesa, o exercício amplo das garantias constitucionais do contraditório e da ampla defesa, pois visa, na essência, a dar total conhecimento dos caminhos percorridos pelo magistrado para chegar à pena definitiva, não podendo, portanto, ser invertida a sua ordem. 3. No caso, o respeito ao dever de motivação e ao trajeto que pertine o procedimento de fixação da pena, previsto no art. 68 do CP, exige a rejeição da pretensão do agravante de fazer incidir circunstâncias atenuantes, no momento do cálculo da pena definitiva. 4. Agravo regimental não provido. (STJ, Ag. Reg. no REsp n. 1.075.854, 5ª T., rel. Min. Marco Aurélio Bellizze, j. 19.02.2013, publ. 26.02.2013)

Habeas corpus. Roubo e extorsão qualificados. Quadrilha. Individualização da pena. Desrespeito ao critério trifásico. Pena-base fixada acima do mínimo legal. Circunstâncias judiciais desfavoráveis. Inexistência de motivação concreta. *Habeas corpus* parcialmente concedido. 1. Não pode o julgador, de forma desordenada e em fases aleatórias, sem respeito ao critério trifásico, majorar a pena-base fundando-se nos elementos constitutivos do crime, em suas qualificadoras ou, ainda, em referências vagas, genéricas, desprovidas de fundamentação objetiva para justificar a exasperação, como na hipótese. 2. A sentença condenatória, mantida pelo Tribunal *a quo*, não apresentou elemento concreto que indicasse um maior juízo de censura na atuação do paciente no delito ao individualizar a pena, limitando-se a afirmar que agiu com dolo excessivo. 3. As circunstâncias judiciais da personalidade e da conduta social do criminoso não podem ser valoradas negativamente se não existirem, nos autos, elementos concretos para sua efetiva e segura aferição pelo julgador, de forma suficiente a justificar a exasperação da pena-base. 4. De outra parte, o fato de o produto do crime não ter sido recuperado ou o prejuízo da vítima ressarcido não pode legitimar o aumento na pena-base, pois o prejuízo alheio é elemento dos próprios tipos penais. 5. Malgrado a especial reprovabilidade do crime, o juiz sentenciante deve majorar a pena dentro dos limites legais, em estrita obediência ao regramento estabelecido no art. 68 do CP, devendo, a cada etapa, pormenorizadamente, motivar a exasperação com dados concretos. 6. Ordem parcialmente concedida para, mantida a condenação, fixar a pena privativa de liberdade do paciente, nos termos acima explicitados. (STJ, *HC* n. 171.016, 5ª T., rel. Min. Laurita Vaz, j. 13.11.2012, publ. 23.11.2012)

Habeas corpus. Incidência de circunstância atenuante sobre pena-base fixada no mínimo legal. Impossibilidade. Art. 68 do CP. Jurisprudência do supremo tribunal federal. Pena definitiva. Erro material. Concessão de *habeas corpus* de ofício. 1. As circunstâncias atenuantes não se aplicam sobre pena no patamar mínimo legalmente cominado. Inverter a ordem do sistema trifásico para permitir a diminuição da pena constitui pleito contrário à lei. Jurisprudência. 2. A decisão impugnada incorreu em erro material ao aplicar fração de aumento da pena superior à estabelecida no acórdão condenatório. 3. Ordem denegada, com concessão de habeas corpus de ofício para corrigir a pena definitiva. (STF, *HC* n. 101.857, 2ª T., rel. Min. Joaquim Barbosa, j. 10.08.2010, publ. 10.09.2010)

Habeas corpus. Direito penal. Dosimetria da pena. Pena-base. Circunstâncias judiciais desfavoráveis, cumulativamente com circunstância agravante. Valoração na primeira fase. Critério trifásico (art. 68 do CP). Inobservância. Ordem parcialmente concedida. 1. A dosimetria da pena exige do julgador uma cuidadosa ponderação dos efeitos ético-sociais da sanção e das garantias constitucionais, especialmente a garantia da individualização do castigo e da fundamentação das decisões judiciais. 2. A necessidade de fundamentação dos provimentos judiciais decisórios (inciso IX do art. 93 da CF) é garantia que tem na fixação da pena um dos seus momentos culminantes. Garantia que junge o magistrado a coordenadas objetivas de imparcialidade e propicia às partes conhecer os motivos que levaram o julgador a decidir neste ou naquele sentido. 3. A pena-base corresponde à primeira etapa da dosimetria da pena e para a qual importa o exame das chamadas circunstâncias judiciais. Circunstâncias assim listadas pelo art. 59 do CP: "culpabilidade, aos antecedentes, à conduta social, à personalidade do agente, aos motivos, às circunstâncias e consequências do crime, bem como ao comportamento da vítima". 4. Na concreta situação dos autos, o TJSP mesclou o exame das circunstâncias judiciais desfavoráveis ao paciente e a segunda qualificadora ("meio cruel"). Isso ainda na primeira etapa do trajeto da dosimetria da pena (fixação da pena-base). O que viola o sistema trifásico de fixação da reprimenda (art. 68 do CP) e impede o acusado de conhecer, em detalhes, os caminhos percorridos pelo julgador para a imposição da reprimenda. 5. Ordem parcialmente concedida apenas para determinar que nova pena-base seja fixada. (STF, *HC* n. 100.835, 1ª T., rel. Min. Ayres Britto, j. 27.04.2010, publ. 28.05.2010)

Habeas corpus substitutivo de recurso próprio. Descabimento. Delito de roubo. Dosimetria. Majoração da pena-base ante o uso de simulacro de arma de fogo. Fundamentação inidônea. Errôneo desvalor da conduta social. Personalidade do agente. Aferição a partir de elementos concretos dos autos. Réu reincidente. Circunstância judicial desfavorável. Regime inicial fechado. Possibilidade. Constrangimento ilegal verificado. *Writ* não conhecido. Ordem concedida de ofício. [...] 2. O refazimento da dosimetria da pena em *habeas corpus* tem caráter excepcional, somente sendo admitido quando se verificar de plano e sem a necessidade de incursão probatória, a existência de manifesta ilegalidade ou abuso de poder. 3. A dosimetria da pena deve ser feita seguindo o critério trifásico descrito no art. 68, c/c o art. 59, ambos do Código Penal – CP, cabendo ao Magistrado aumentar a pena de forma sempre fundamentada e apenas quando identificar dados que extrapolem as circunstâncias elementares do tipo penal básico. 4. A jurisprudência deste Tribunal Superior é reiterada no sentido de que a utilização de simulacro de arma de fogo não é justificativa para majorar a pena-base, pois já inerente ao tipo penal do roubo. Precedentes. 5. Relativamente à circunstância judicial da conduta social, é certo que "refere-se ao estilo de vida do réu e o seu comportamento perante a sociedade, a família, o ambiente de trabalho, a vizinhança, dentre outros aspectos de interação social" (*HC* n. 298.130/SP, 5ª T., rel. Min. Ribeiro Dantas, *DJe* 14.08.2017), e, nesse limite, nada se apontou de reprovável nos presentes autos. 6. Correta a valoração negativa referente à circunstância judicial da personalidade, tendo em vista que a existência de caráter voltado à prática de infrações penais do paciente foi aferida com base nos elementos probatórios dos autos, aptos a inferir o desvio de personalidade de acordo com o livre convencimento motivado. Assegurou o magistrado sentenciante que "conjugando o documento de fls. 128 com outras peças constantes dos autos, conclui-se que estava o acusado ainda em cumprimento de pena em razão de condenação anterior pela prática de tráfico ilícito de entorpecentes (fls. 126/127), em livramento condicional (fls. 124 e 162), quando foi preso em flagrante pela suposta prática de furto qualificado, pelo qual já foi condenado em primeiro grau (fls. 158), sendo que, após obter o direito de apelar em liberdade naquele processo, foi preso em flagrante pelo crime ora apurado". 7. Embora o *quantum* da pena permita, em tese, a fixação do regime semiaberto, a existência de circunstância judicial desfavorável utilizada para majorar a pena-base acima do mínimo legal, bem como o fato do paciente ser reincidente, justificam a imposição de regime prisional mais gravoso, no caso o fechado. 8. *Habeas corpus* não conhecido. Ordem concedida, de ofício, para redimensionar a pena do paciente para 4 anos e 4 meses de reclusão, mais o pagamento de 9 dias-multa, mantidos os demais termos do édito condenatório. (STJ, *HC* n. 481.457/SP (2018/0318933-7), 5ª T., rel. Min. Joel Ilan Paciornik, j. 21.03.2019)

Concurso material

Art. 69. Quando o agente, mediante mais de uma ação ou omissão, pratica dois ou mais crimes, idênticos ou não, aplicam-se cumulativamente as penas privativas de liberdade em que haja incorrido. No caso de aplicação cumulativa de penas de reclusão e de detenção, executa-se primeiro aquela.

§ 1º Na hipótese deste artigo, quando ao agente tiver sido aplicada pena privativa de liberdade, não suspensa, por um dos crimes, para os demais será incabível a substituição de que trata o art. 44 deste Código.

§ 2º Quando forem aplicadas penas restritivas de direitos, o condenado cumprirá simultaneamente as que forem compatíveis entre si e sucessivamente as demais.

---

1. COMENTÁRIO

Há concurso material de crimes quando o agente pratica dois ou mais delitos, por meio de duas ou mais ações ou omissões. Os crimes podem ser idênticos (concurso material homogêneo) ou de espécies diferentes (concurso material heterogêneo).

São requisitos do concurso material a pluralidade de condutas e a pluralidade de infrações penais. Assim, só há concurso material quando o agente pratica duas ou mais condutas, culminando na realização de duas ou mais infrações penais.

Quanto às suas espécies, tem-se:

a) concurso material homogêneo: neste caso o agente comete infrações de mesma espécie (contidas na mesma figura típica); e

b) concurso material heterogêneo: quando são cometidos crimes de espécies diferentes (contidos em figuras típicas diferentes).

Diante do concurso material de crimes, o juiz fixa isoladamente a pena de cada infração e ao final somam-se as reprimendas, sendo tal mecanismo denominado "sistema do cúmulo material".

No entanto, em qualquer caso e em qualquer sanção, o réu apenas cumprirá o limite de quarenta anos, mesmo sendo a sanção final superior, nos termos do art. 75 do CP. É necessário observar que, em casos de imposições de penalidades superiores a quarenta anos, a sanção imposta influenciará nos benefícios atribuídos ao condenado, tais como livramento condicional, *sursis* etc.

Nesse sentido, a base do cálculo para os referidos benefícios será a pena real imposta ao agente. A título de exemplo, suponhamos um homicida condenado a 45 anos de prisão, com início em regime fechado. Todos os benefícios a que o indivíduo tem direito serão calculados tendo por base os 45 anos de prisão, e não quarenta anos – embora este seja o tempo máximo que alguém pode permanecer preso.

Destarte, sendo aplicado ao condenado uma pena reclusiva e outra detentiva, cumprirá primeiro a de reclusão, nos termos do art. 69, 2ª parte, do CP. Quando ao agente forem aplicadas penas de prestação de serviços à comunidade, poderá cumpri-las simultaneamente, desde que compatíveis entre si, como uma prestação pecuniária com uma pena privativa de liberdade.

Uma vez negada pelo juiz a aplicação do *sursis* em relação a um dos delitos praticados, será incabível para os demais crimes a aplicação de penas restritivas de direito. Ademais, a prescrição é calculada isoladamente para cada delito, podendo ocorrer, por exemplo, a hipótese de um dos delitos se encontrar prescrito e outros não.

Com efeito, insta salientar que o concurso material pode ocorrer em crimes:

a) Dolosos: em termos simples, é possível atestar que um delito é doloso quando o agente dirige sua vontade, livre e conscientemente, para a prática do ilícito.

b) Culposos: pode-se falar em culpa quando o agente dá causa ao resultado do crime a partir de conduta imprudente, negligente ou imperita.

c) Consumados: a consumação de um crime ocorre quando a conduta praticada pelo agente se adéqua de maneira completa a um tipo penal abstrato, ou seja, quando o fato natural reúne todos os elementos do fato típico.

d) Tentados: a tentativa consiste na realização incompleta do tipo penal; nesse caso, o agente pratica atos de execução, no entanto, o delito não vem a se consumar por circunstâncias alheias à vontade do autor. Vale ressaltar que só há tentativa se tratar-se de conduta dolosa.

e) Omissivos: o delito omissivo é aquele gerado a partir de uma abstenção de movimento por parte do agente; assim, é exigido do sujeito um comportamento específico que não é realizado, sendo tal inatividade a própria conduta criminosa. É necessário observar que o instituto do concurso material também é válido para as contravenções penais, ou seja, todas as infrações penais previstas no DL n. 3.688/41 (LCP) e outras legislações esparsas.

2. JURISPRUDÊNCIA

2.1. Súmulas

Súmula n. 715, STF: "A pena unificada para atender ao limite de 30 (trinta) anos de cumprimento, determinado pelo art. 75 do Código Penal, não é considerada para a concessão de outros benefícios, como o livramento condicional ou regime mais favorável de execução".

Súmula n. 81, STJ: "Não se concede fiança quando, em concurso material, a soma das penas mínimas cominadas for superior a dois anos de reclusão".

2.2. Julgados

Concurso material. Crimes de trânsito

Crime de desobediência. Direção perigosa. Embriaguez ao volante e fuga do local de acidente. Agente que é surpreendido embriagado na condução do veículo. Configuração. Exame químico toxicológico de dosagem alcoólica, que revelou positivo para álcool etílico na concentração de 2,09 g/L (dois gramas por litro) de álcool etílico por litro de sangue, dosagem superior ao estabelecido pela Lei. Crime de perigo abstrato. Suficiência. Réu que confessou a prática do delito na fase policial, dizendo que realmente havia ingerido bebida alcoólica na data dos fatos. Em Juízo, o réu tornou-se revel. Conjunto probatório suficiente às condenações. Penas fixadas no mínimo legal, majoradas em razão da continuidade delitiva entre os três crimes de fuga. Reconhecido concurso material entre os delitos. Regime aberto e Substituição por penas alternativas. Manutenção. Nega-se provimento ao recurso da defesa. (TJSP, Ap. n. 0000009-38.2010.8.26.0607, 16ª Câm. de Dir. Crim., rel. Borges Pereira, j. 30.10.2012)

Concurso material. Tráfico de drogas

Habeas corpus. Tráfico de entorpecentes e associação para o tráfico. Crimes autônomos. Concurso material de crimes. Possibilidade. Ordem denegada. 1. A teor da jurisprudência desta Corte, os crimes de tráfico de drogas e associação para o tráfico são considerados delitos autônomos, admitindo-se, portanto, seja aplicada a regra do concurso material de crimes. 2. *Habeas corpus* denegado. (STJ, *HC* n. 158.664, 6ª T., rel. Min. Haroldo Rodrigues, j. 10.06.2010)

Concurso formal

Art. 70. Quando o agente, mediante uma só ação ou omissão, pratica dois ou mais crimes, idênticos ou não, aplica-se-lhe a mais grave das penas cabíveis ou, se iguais, somente uma delas, mas aumentada, em qualquer caso, de um sexto até metade. As penas aplicam-se, entretanto, cumulativamente, se a ação ou omissão é dolosa e os crimes concorrentes resultam de desígnios autônomos, consoante o disposto no artigo anterior.

Parágrafo único. Não poderá a pena exceder a que seria cabível pela regra do art. 69 deste Código.

---

1. COMENTÁRIO

Ocorre o concurso formal quando o agente, mediante uma única conduta, pratica duas ou mais infrações penais. Dessa forma, a grande diferença do instituto em relação ao concurso material reside no fato de que neste o agente pratica duas ou mais condutas, cometendo dois ou mais crimes, sendo que, no concurso formal, o agente pratica uma única conduta, cometendo dois ou mais crimes.

Nesse sentido, são requisitos do concurso formal:

a) unicidade de conduta, ou seja, o desenvolvimento do comportamento no mesmo contexto temporal e espacial;

b) pluralidade de crimes, o que indica uma conduta com duas infrações penais. O CP adotou a teoria objetiva, sendo suficientes os requisitos supramencionados para que o concurso formal se configure.

c) no entanto, há ainda a teoria subjetiva, a qual exige um terceiro requisito para o concurso formal, qual seja, a unidade de desígnios por parte do agente. Nesse sentido, o autor deve ter praticado apenas uma conduta, tendo por finalidade praticar apenas um crime, não havendo, portanto, dolo em relação ao segundo resultado.

Destarte, o concurso formal pode ser:

a) Perfeito ou próprio, ou seja, quando o agente age sem desígnios autônomos. Nesse caso, aplica-se a sanção por meio do sistema da exasperação, de modo que o juiz aplica a reprimenda de apenas um dos crimes, o mais grave, sendo acrescentado um porcentual de 1/6 a 1/2. É denominado sistema de exasperação de penas. Assim, o réu é processado e condenado por todos os crimes, pois o critério do aumento é o próprio número de delitos cometidos. Exemplo:

2 (dois) crimes – 1/6

3 (três) crimes – 1/5 [...]

Diante do concurso formal, fatores como reincidência e maus antecedentes em nada interferem; tais elementos não serão valorados em relação ao acréscimo de pena decorrente do segundo crime resultante da conduta do agente, mas apenas na 3ª fase de fixação da reprimenda.

Mister se faz ressaltar que, em alguns casos, a adoção do sistema do cúmulo material (soma das penas impostas) é mais vantajosa para o réu do que o sistema de exasperação. Assim, se as reprimendas previstas para os respectivos crimes forem muito distintas, há a possibilidade de o sistema de exasperação ser menos favorável ao réu, de modo que a soma final da pena será maior do que aquela obtida por meio do sistema de cúmulo material. Diante de tais casos, fala-se em "concurso material benéfico", no qual o juiz deverá somar as penas em vez de exasperá-las, a fim de que o agente não saia prejudicado.

b) Imperfeito ou impróprio, quando o agente realiza conduta dolosa com dolos independentes, ou seja, quando o agente pretende praticar dois ou mais crimes a partir de uma única conduta. Nesse sentido, o CP adota o sistema do cúmulo material, isto é, as penas dos diversos crimes devem ser somadas, como se integrassem um concurso material. O fundamento reside no fato de que, se a unidade de conduta dolosa beneficiasse o réu, estaria a estimular a prática criminosa.

A mesma regra de incidência do concurso material é válida para o formal, sendo possível que este último ocorra em crimes dolosos, culposos, consumados, tentados, comissivos, omissivos, bem como em contravenções penais.

2. JURISPRUDÊNCIA

2.1. Julgados

Concurso formal. Latrocínio

Agravo regimental no agravo em recurso especial. Processual penal. Latrocínios tentados. Decisão agravada. Fundamento. Impugnação. Ausência. Súmula n. 182 do STJ. Recurso interno. Correção das deficiências do agravo em recurso especial. Inadmissibilidade. Preclusão consumativa. Mérito do apelo nobre. Análise. Inviabilidade. Juízo de admissibilidade dos agravos não ultrapassado. *Habeas corpus* de ofício. Utilização como meio para análise do mérito do recurso inadmitido. Descabimento. Ilegalidade manifesta. Constatação *sponte propria* por esta Corte Superior. Latrocínio. Reconhecimento do concurso formal impróprio em razão do número de vítimas alvejadas. Descabimento. *Overruling* da orientação jurisprudencial do Superior Tribunal de Justiça. Adequação à jurisprudência do Supremo Tribunal Federal. Agravo regimental não conhecido. *Habeas corpus* concedido, de ofício. [...] 6. O entendimento adotado pelas instâncias ordinárias encontra respaldo na jurisprudência atual do Superior Tribunal de Justiça, no sentido de que há concurso formal impróprio no crime de latrocínio quando, não obstante houver a subtração de um só patrimônio, o *animus necandi* seja direcionado a mais de um indivíduo, ou seja, a quantidade de latrocínios será aferida a partir do número de vítimas em relação às quais foi dirigida a violência, e não pela quantidade de patrimônios atingidos. 7. No entanto, essa posição destoa da orientação do Supremo Tribunal Federal, em suas duas Turmas, as quais têm afastado o concurso formal impróprio, e reconhecido a ocorrência de crime único de latrocínio, nas situações em que, embora o *animus necandi* seja dirigido a mais de uma pessoa, apenas um patrimônio tenha sido atingido. Por essa razão, mostra-se prudente proceder ao *overruling* da jurisprudência deste Tribunal Superior, adequando-a à firme compreensão do Pretório Excelso acerca do tema. 8. No caso concreto, as instâncias ordinárias afirmaram que houve desígnios autônomos em relação ao *animus necandi*, motivo pelo qual entenderam pelo concurso formal impróprio, o qual deve ser afastado, nos termos do entendimento do Supremo Tribunal Federal. No entanto, é inviável o reconhecimento de crime único, porque foram atingidos dois patrimônios distintos. Nesse contexto, deve ser reconhecida a prática de dois delitos de latrocínio, na forma tentada, em concurso formal próprio, pois não foi mencionado pelas instâncias ordinárias que também teria havido autonomia de desígnios em relação às subtrações patrimoniais, mas tão somente no tocante ao *animus necandi*. 9. Agravo regimental não conhecido. *Habeas corpus* concedido, de ofício, [...] para, afastando a capitulação atribuída pelas instâncias ordinárias (três delitos de latrocínio na forma tentada, em concurso formal impróprio), tipificar a conduta na prática de dois delitos de latrocínio, na forma tentada, em concurso formal próprio, ficando as penas redimensionadas nos termos do voto. (STJ, Ag.

Reg. no AREsp n. 2.119.185/RS, 3ª S., rel. Min. Laurita Vaz, j. 13.09.2023, *DJe* 19.09.2023)

Concurso formal. Roubo

Apelação criminal. Roubo majorado. Concurso de agentes. Pleito de absolvição. Impossibilidade. Materialidade delitiva e autoria devidamente comprovadas. Agentes reconhecidos pelas vítimas na fase policial e em juízo. Condenação bem decretada. Reconhecimento de crime único. Não cabimento. Concurso formal evidenciado nos autos. Duas vítimas com patrimônios diversos. Concurso formal impróprio. Caracterização. Acusados movidos por desígnios autônomos. Regra do cúmulo material das reprimendas. Pena e regime prisional adequados. Recurso defensivo improvido. (TJSP, Ap. n. 0055467-62.2010.8.26.0050, 8ª Câm. de Dir. Crim., rel. Camilo Léllis, j. 25.10.2012)

Concurso formal. Crimes de desacato, dano qualificado e ameaça

Crime de desacato, dano qualificado e ameaça. Conjunto probatório que comprova autoria e materialidade. Absolvição. Impossibilidade. Delitos configurados. Penas fixadas no mínimo legal e, mantidas nesse patamar, apesar de o réu ser reincidente, pois a agravante foi compensada com as atenuantes da confissão e menoridade. Desacato e ameaça. Reconhecimento do concurso material. Não cabimento. Réu que com uma ação praticou os dois delitos que ocorreram no mesmo contexto fático. Concurso formal mantido. Resistência. Absolvição. Necessidade. Réu que apenas tentou fugir para não ser algemado, ausência de emprego de violência. Delito não caracterizado. Recurso do réu provido parcialmente. (TJSP, Ap. n. 0007194-65.2011.8.26.0099, 16ª Câm. de Dir. Crim., rel. Pedro Menin, j. 30.10.2012)

Crime continuado

Art. 71. Quando o agente, mediante mais de uma ação ou omissão, pratica dois ou mais crimes da mesma espécie e, pelas condições de tempo, lugar, maneira de execução e outras semelhantes, devem os subsequentes ser havidos como continuação do primeiro, aplica-se-lhe a pena de um só dos crimes, se idênticas, ou a mais grave, se diversas, aumentada, em qualquer caso, de um sexto a dois terços.

Parágrafo único. Nos crimes dolosos, contra vítimas diferentes, cometidos com violência ou grave ameaça à pessoa, poderá o juiz, considerando a culpabilidade, os antecedentes, a conduta social e a personalidade do agente, bem como os motivos e as circunstâncias, aumentar a pena de um só dos crimes, se idênticas, ou a mais grave, se diversas, até o triplo, observadas as regras do parágrafo único do art. 70 e do art. 75 deste Código.

---

1. COMENTÁRIO

O crime continuado ocorre quando o agente, mediante mais de uma conduta, pratica dois ou mais delitos da mesma espécie, interligados no tempo, espaço, modo de execução e outras circunstâncias.

Há três correntes que buscam esclarecer o crime continuado. A primeira é a teoria da unidade real: de acordo com esta, a continuidade delitiva forma apenas um único delito para todos os efeitos, consumando-se no momento em que o agente pratica o último crime.

A segunda é a teoria da unidade jurídica ou mista, que afirma que o crime continuado é um terceiro delito distinto dos anteriores, autônomo, formado por diversos fatos.

A terceira é a teoria da ficção jurídica ou unidade fictícia limitada, para a qual no crime continuado há diversos delitos autônomos e independentes, que se unificam tão somente para o fim de aplicação da pena. Não há que se falar em apenas uma ação, apesar de o magistrado, ao aplicar a pena, considerar que as condutas praticadas são, na verdade, um único crime.

O CP adotou a teoria da ficção jurídica, de modo que, no plano da tipicidade, cada crime é considerado isoladamente, não havendo unificação – como se todos fossem um único fato. Assim, unifica-se a pena e não o fato, sendo que no crime continuado não existe momento consumativo nem tentativa, pois cada delito é considerado autonomamente.

Os requisitos do crime continuado são: pluralidade de condutas; pluralidade de infrações penais de mesma espécie; conexão de continuação temporal, espacial, modal e ocasional, todas cumulativas, bem como a unidade de desígnios. Mister se faz ressaltar que, ausente qualquer uma das conexões supramencionadas, não há que se falar em continuidade delitiva.

No tocante à conexão temporal, insta salientar que a jurisprudência majoritária exige que os crimes não sejam cometidos entre lapsos temporais maiores do que um mês. Caso não reste configurada a conexão temporal, o magistrado pode entender que não há continuação ou mesmo que o fator temporal é irrelevante para a caracterização de crime continuado, existindo, inclusive, manifestações em ambos os sentidos.

Quanto à conexão espacial, as mesmas considerações acerca das circunstâncias temporais do crime prevalecem. Dois são os entendimentos nos dias de hoje: a) a condição espacial é fundamental para que a continuidade delitiva ocorra; e b) a ausência de conexão espacial não afasta o nexo de continuidade, sendo tal fator irrelevante. Dessa forma, há tribunais que entendem que o fator espacial só estará presente se os crimes forem cometidos em cidades próximas ou em bairros de um mesmo município, por exemplo; a conexão tempo não estará presente, porém, caso os crimes sejam cometidos em comarcas diferentes.

No tocante à expressão "crimes de mesma espécie", se faz necessário observar que não há posição uníssona na doutrina pátria acerca do assunto, existindo duas correntes. A primeira acredita que delitos de mesma espécie são aqueles previstos no mesmo tipo penal, possuindo, portanto, os mesmos elementos. O segundo posicionamento, por outro lado, alega que crimes de mesma espécie são aqueles que possuem elementos parecidos, sendo irrelevante se os delitos são idênticos ou não.

Com relação à aplicação da pena, a regra é a mesma do concurso formal próprio, seguindo-se o sistema da exasperação, sendo modificado somente o acréscimo, que, em vez de ser de 1/6 a 1/2, como no concurso formal, é de 1/6 a 2/3 na pena cominada para uma das infrações.

Nesse sentido, há o crime continuado simples, quando as penas dos crimes são iguais; já o crime continuado qualificado ocorre quando as penas previstas para os crimes em questão são diferentes. Por fim, existe o crime continuado específico, previsto no art. 71, parágrafo único, do CP. Nesse caso, há crimes dolosos praticados contra vítimas diferentes, cometidos ainda com emprego de violência ou grave ameaça.

Conforme supramencionado, o réu só cumprirá o limite de quarenta anos, nos termos do art. 75 do CP, pois este é o tempo máximo que alguém pode permanecer preso. Caso a penalidade seja maior do que este período, só irá influenciar nos benefícios atribuídos ao condenado, como livramento condicional, *sursis*, progressão de regime etc.

Não há que se falar em continuidade delitiva entre crimes e contravenções penais, posto que estes não são de mesma espécie. No entanto, entre si, tanto os crimes como as contravenções penais admitem a continuação, sendo esta ainda admitida em infrações consumadas, tentadas, culposas e dolosas.

2. JURISPRUDÊNCIA

2.1. Súmulas

Súmula n. 659 STJ: "A fração de aumento em razão da prática de crime continuado deve ser fixada de acordo com o número de delitos cometidos, aplicando-se 1/6 pela prática de duas infrações, 1/5 para três, 1/4 para quatro, 1/3 para cinco, 1/2 para seis e 2/3 para sete ou mais infrações".

Súmula n. 497, STF: "Quando se tratar de crime continuado, a prescrição regula-se pela pena imposta na sentença, não se computando o acréscimo decorrente da continuação".

2.2. Julgados

Crime continuado. Estupro de vulnerável. Continuidade delitiva

Recurso especial representativo de controvérsia. Juízo de admissibilidade. Art. 217-A do Código Penal. Continuidade delitiva. Número indeterminado de atos sexuais. Fração de majoração da pena. Controvérsia jurídica repetitiva. Relevância. Requisitos formais preenchidos. Recurso afetado a julgamento pela Terceira Seção sob o rito dos recursos repetitivos. 1. Questão submetida a julgamento: possibilidade de aplicação da fração máxima de majoração prevista no art. 71, *caput*, do Código Penal, nos crimes de estupro de vulnerável, ainda que não haja a indicação específica do número de atos sexuais praticados. 2. Recurso especial submetido ao rito dos recursos repetitivos, nos termos do art. 256-I do Regimento Interno do Superior Tribunal de Justiça. (STJ, ProAfR no REsp n. 2.029.482/RJ, 3ª S., rel. Min. Laurita Vaz, j. 20.06.2023, *DJe* 29.06.2023)

Crime continuado. Homicídio consumado e tentado

Recurso especial. Penal e processual penal. Crimes de homicídio consumado e homicídio na forma tentada. Pleito de reconhecimento de continuidade delitiva. Requisitos objetivos e subjetivos. Inexistência de unidade de desígnios. Protesto por novo júri. Julgamento anterior à vigência da Lei n. 11.689/2008. Concurso de crimes. Condenações inferiores a vinte anos. Descabimento do recurso. Progressão de regime. Tese abordada sem a particularização da norma violada. Súmula n. 284 do STF. Fixação de regime prisional integralmente fechado. Ilegalidade flagrante. Apreciação de ofício. Recurso parcialmente conhecido e, nessa extensão, desprovido. *Habeas corpus* concedido de ofício. 1. Segundo a consolidada orientação desta Corte, para o reconhecimento da continuidade delitiva entre delitos é necessário o cumprimento de requisitos de ordem objetiva – mais de uma ação ou omissão, crimes da mesma espécie e mesmas condições de tempo, lugar e maneira de execução – e subjetiva – unidade de desígnios. 2. Na hipótese dos autos, a recorrente tentou ceifar a vida dos pais para obter os bens de ambos, em proveito à condição de filha única. Assim, a investida contra a vida dos pais era motivada, em sua essência, por um propósito individual, autônomo, de alcançar a parte dos bens que, isoladamente, vinculava cada um deles. Nesse contexto, sendo notória a inexistência de unidade de desígnios, mostra-se incabível o reconhecimento da continuidade delitiva. 3. O fato de a lei nova ter suprimido o recurso de protesto por novo júri não afasta o direito à recorribilidade subsistente pela lei anterior, quando o julgamento ocorreu antes da entrada em vigor da Lei n. 11.689/2008 que, em seu art. 4º, revogou expressamente o Capítulo IV do Título II do Livro III, do CPP, extinguindo o protesto por novo júri. Incidência do princípio *tempus regit actum*. 4. Ainda que, na espécie, o julgamento tenha ocorrido antes da vigência da Lei n. 11.689/2008, as penas relacionadas aos crimes cometidos, isoladas, são inferiores a 20 anos, razão pela qual a sentenciada não faz jus ao protesto pelo novo júri. 5. O pedido relacionado à possibilidade de progressão de regime prisional não ultrapassa o juízo de admissibilidade, pois não foi indicado o dispositivo de lei federal eventualmente malferido ou cuja vigência tenha sido negada, o que atrai, por analogia, a incidência da Súmula n. 284 do STF. 6. Contudo, é flagrante o constrangimento ilegal pelo qual passa a recorrente, pois mantida pela Corte de origem a fixação do regime prisional integralmente fechado firmado na sentença condenatória. 7. O Supremo Tribunal Federal declarou a inconstitucionalidade do § 1º do art. 2º da Lei n. 8.072/90 e, posteriormente, com a edição da Lei n. 11.464/2007, foi afastado em definitivo do ordenamento jurídico o regime integralmente fechado, antes imposto aos condenados por crimes hediondos, assegurando-lhes a progressividade do regime prisional. 8. Recurso especial parcialmente conhecido e, nessa extensão, desprovido. *Habeas corpus* concedido de ofício, para afastar a imposição do regime integralmente fechado à recorrente. (STJ, REsp n. 1.046.429, 5ª T., rel. Min. Laurita Vaz, j. 09.10.2012)

Crime continuado. Crime contra o patrimônio e crime sexual

Roubo qualificado e atentado violento ao pudor. Subtração dos pertences da ofendida, com realização de atos libidinosos. Palavras da ofendida seguras, coerentes e sem desmentidos, reconhecendo o réu e indicando a prática de atos libidinosos tanto na fase de inquérito como em juízo. Inexistência de motivos para duvidar da palavra se é segura e coerente. Prova pericial corroborando a autoria, na medida em que constatou que os espermatozoides encontrados no corpo da vítima eram do acusado. Crime continuado caracterizado, já que foram várias as vezes em que a vítima foi submetida a sexo oral e anal. Condenação mantida. Recurso provido em parte para a redução da pena imposta, com fundamento na Súmula n. 444 do STJ. (TJSP, Ap. n. 0062368-53.2007.8.26.0114, 11ª Câm. de Dir. Crim., rel. Alexandre Carvalho e Silva de Almeida, j. 24.10.2012)

Crime continuado. Competência. Juízo da condenação

Agravo regimental no agravo em recurso especial. Continuidade delitiva. Possibilidade de reconhecimento na execução penal apenas em relação a processos distintos, que tramitaram separadamente. Agravo regimental não provido. 1. É possível, na fase da execução, a unificação das penas aplicadas em processos diferentes, que tramitaram em distintas competências, pelo reconhecimento da continuidade delitiva. Entretanto, se na mesma sentença o réu foi condenado por dois ou mais crimes, em concurso material ou formal, não cabe ao Juiz das Execuções reexaminar e alterar o título definitivo para identificar a ficção jurídica do delito único (art. 71 do CP), sob pena de ofensa à coisa julgada. 2. Agravo regimental não provido. (STJ, Ag. Reg. no AREsp n. 1.422.493/DF, 6ª T., rel. Min. Rogerio Schietti Cruz, j. 11.05.2021, *DJe* 21.05.2021)

Multas no concurso de crimes

Art. 72. No concurso de crimes, as penas de multa são aplicadas distinta e integralmente.

---

1. COMENTÁRIO

O art. 72 do CP institui que as penas de multas sejam aplicadas separadamente a cada crime praticado, adotando-se o critério do acúmulo material, de modo que as penas são somadas. Dessa forma, caso o agente tenha praticado cinco crimes em concurso formal próprio, por exemplo, o magistrado deverá fixar o valor de dias-multa para cada um dos delitos. Caso fosse aplicada a regra do sistema de exasperação, seria fixada a quantidade de dias-multa a apenas um dos crimes, aumentando-se até no máximo a metade da quantidade da pena aplicada.

Discute-se atualmente se o art. 72 do CP aplica-se também à multa no crime continuado. Neste caso, as penas de multa impostas a cada crime, na continuação delitiva, devem ser aplicadas distinta e integralmente. Assim, não há que se falar no sistema de exasperação disposto no art. 71 do CP, de modo que o valor de dias-multas fixado pelo juiz deverá ser aplicado isoladamente a cada crime cometido pelo agente.

2. JURISPRUDÊNCIA

2.1. Julgados

Apropriação indébita

Agravo regimental no agravo em recurso especial. Apropriação indébita. Dosimetria da pena. Primeira fase. Fundamentação concreta e idônea. *Quantum* de aumento da pena. Desproporcionalidade. 1. A jurisprudência desta Corte assentou compreensão no sentido de que o art. 72 do Código Penal é restrito às hipóteses de concursos formal ou material, não sendo aplicável aos casos em que há reconhecimento da continuidade delitiva. Desse modo, a pena pecuniária deve ser aplicada conforme o regramento estabelecido para o crime continuado, e não cumulativamente, como procedeu a Corte de origem. 2. Agravo regimental parcialmente provido para redimensionar a pena corporal, que passa a ser de 2 (dois) anos, 7 (sete) meses e 2 (dois) dias de reclusão, em regime inicial aberto, reduzindo-se a sanção pecuniária para 21 (vinte e um) dias-multa, calculados conforme a sentença condenatória, e também para restabelecer a substituição da pena corporal por duas restritivas de direitos, nos termos do art. 44, § 2º, segunda parte, do Código Penal, tal como fixado pela sentença condenatória. (STJ, Ag. Reg. no Ag. em REsp n. 484.057/SP (2014/0045580-0), 5ª T., rel. Min. Jorge Mussi, j. 27.02.2018)

Erro na execução

Art. 73. Quando, por acidente ou erro no uso dos meios de execução, o agente, ao invés de atingir a pessoa que pretendia ofender, atinge pessoa diversa, responde como se tivesse praticado o crime contra aquela, atendendo-se ao disposto no § 3º do art. 20 deste Código. No caso de ser também atingida a pessoa que o agente pretendia ofender, aplica-se a regra do art. 70 deste Código.

---

1. COMENTÁRIO

No erro na execução, ou *aberratio ictus*, o acidente ou erro surge nos próprios meios de execução. Não há falsa representação da realidade, o erro ocorre por um desvio no golpe, mero acidente, ou imperícia no momento em que é desferido. Dessa forma, pode-se falar em erro de tipo acidental, ou seja, aquele que recai sobre dados ou elementos irrelevantes da figura típica.

Há aqui duas situações: na primeira o agente atinge pessoa diversa da pretendida. Nesse caso ele responderá como se tivesse atingido a pessoa visada e não a realmente ferida, sendo relevante, para a fixação da pena, aludida superposição. É o caso de crimes contra familiares, crianças ou idosos. Já na segunda situação, o agente atinge a pessoa visada, mas também um terceiro. Nessa situação haverá concurso de crimes, aplicando-se a regra do concurso formal.

Por fim, é importante destacar que se ambos os resultados ocorrem como consequência de desígnios autônomos (intentos ou planos independentes), as penas deverão ser somadas, aplicando-se a regra do concurso material.

Resultado diverso do pretendido

Art. 74. Fora dos casos do artigo anterior, quando, por acidente ou erro na execução do crime, sobrevém resultado diverso do pretendido, o agente responde por culpa, se o fato é previsto como crime culposo; se ocorre também o resultado pretendido, aplica-se a regra do art. 70 deste Código.

---

1. COMENTÁRIO

Nesse caso, ocorre o evento jurídico em que vem a ser atingido bem de natureza distinta do visado pelo autor, tratando-se de mais uma hipótese de erro acidental. Com efeito, o autor quando, por acidente ou erro na execução, obtém resultado diverso do pretendido, responde a título de culpa por ofensa ao bem disposto, isto é, se houver previsão legal com relação ao delito na forma culposa.

Assim, o *aberratio criminis* reside no erro em relação ao bem jurídico almejado pelo autor. Este último tem por finalidade atingir determinado bem jurídico, mas, por um erro, acaba atingindo outro. É necessário observar que o agente só responde pelo resultado produzido a partir de sua conduta, mas apenas se esta for prevista como crime, mais especificamente na modalidade culposa.

Por exemplo, se o agente, pretendendo atingir seu desafeto com uma pedrada, errar o alvo e atingir a janela de um automóvel, não irá responder por crime algum, haja vista não existir a figura do dano na esfera culposa. Restará ao proprietário do bem atingido movimentar o campo indenizatório civil.

Limite das penas

Art. 75. O tempo de cumprimento das penas privativas de liberdade não pode ser superior a 40 (quarenta) anos.

Caput com redação dada pela Lei n. 13.964, de 24.12.2019.

§ 1º Quando o agente for condenado a penas privativas de liberdade cuja soma seja superior

a 40 (quarenta) anos, devem elas ser unificadas para atender ao limite máximo deste artigo.

Parágrafo com redação dada pela Lei n. 13.964, de 24.12.2019.

§ 2º Sobrevindo condenação por fato posterior ao início do cumprimento da pena, far-se-á nova unificação, desprezando-se, para esse fim, o período de pena já cumprido.

1. COMENTÁRIO

A Lei n. 13.964/2019, na esteira da legislação penal e processual penal mais repressiva sustentada pelo "Pacote Anticrime", cujo objetivo é combater a criminalidade e, sobretudo apresentar uma resposta estatal à inegável sensação de impunidade que vivencia a sociedade, implementou considerável modificação no texto: agora o tempo máximo de cumprimento de pena será de quarenta anos.[85]

Não obstante esse significativo aumento no tempo de cumprimento da pena privativa de liberdade, ainda assim, o intento é afastar o cumprimento de penas perpétuas ou excessivamente prolongadas em respeito à dignidade humana (arts. 1º, III, e 5º, XLVII, *b*) e, sobretudo, a pretensão de reincorporar o condenado ao regular e harmonioso convívio social (item 14 da Exposição de Motivos da LEP e art. 1º da LEP). O limite temporal de quarenta anos refere-se ao cumprimento efetivo da pena, ou seja, nas hipóteses de fuga e posterior recaptura ou suspensão condicional da pena e consequente revogação deste benefício, o tempo compreendido em tais marcos fáticos não será considerado.

Nas condenações cujas penas, somadas, ultrapassem quarenta anos, considera-se, tão somente, o limite quanto ao encarceramento, pois, para a concessão de, entre outros benefícios, o livramento condicional e a progressão de regime, deverá ser respeitado o *quantum* fixado na condenação final, transitada em julgado, mesmo que para isso, por exemplo, o apenado tenha que se submeter a referido limite máximo no regime fechado.

Caso o condenado cometa novo crime após o início do cumprimento de sua pena, tal fato resultará nas seguintes consequências: a) será feita nova unificação de penas para definir o regime prisional adequado a essa nova situação, desprezando-se, inclusive, o tempo de pena até então cumprido; b) poderá ter de se submeter à regressão de regime se o novo crime for doloso (art. 118, I, LEP) ou, então, se sofrer condenação (desnecessário o trânsito em julgado) por crime anterior e o somatório das penas demonstrar a inadequação do regime inicialmente imposto, impondo sua inserção em regime mais rigoroso (art. 118, II, LEP).

Salienta-se que, em caso de pedido extradicional, uma das exigências para o deferimento é que o país solicitante (extradição passiva) assuma o compromisso de respeitar o limite imposto por este artigo, ainda que em seu ordenamento interno esteja prevista pena mais gravosa ou possibilidade de encarceramento por prazo extenso ou, ainda, pena perpétua ou de morte (STF, Ext. n. 1.221, 1ª T., rel. Min. Dias Toffoli, j. 27.03.2012).

2. JURISPRUDÊNCIA

2.2. Julgados

Habeas corpus. Unificação de penas

Execução penal. *Habeas corpus*. Superveniência de nova condenação no curso da execução. Unificação das penas. Benefícios prisionais. Alteração da data-base. Termo *a quo*. Trânsito em julgado da nova condenação. 1. Trata-se de hipótese em que, no curso da execução, sobreveio nova condenação. Em casos tais, é operada a unificação das penas, nos termos do art. 111, parágrafo único, da LEP. 2. Conforme orientação desta Corte, a contagem do prazo para a concessão de eventuais benefícios da execução é interrompida e passa a ter por parâmetro a pena unificada, desprezando-se, neste cálculo, o período já cumprido. 3. De ressaltar, entretanto, que a jurisprudência tem considerado como marco interruptivo a data do trânsito em julgado da nova condenação, sendo irrelevante se o crime foi praticado antes ou depois do início da execução da pena. 4. Ordem denegada. (STJ, *HC* n. 181.171/RS, 6ª T., rel. Min. Og Fernandes, j. 26.06.2012)

Habeas corpus. Execução penal. Unificação de penas. Limite trintenário. Cometimento de novo delito após a unificação. Desprezo do *quantum* já cumprido. 1. *In casu*, ante a superveniência de nova condenação após o início do cumprimento da pena, nos termos do art. 75, § 2º, do CP, para fins de observância do limite trintenário, outra unificação das penas deve ser realizada desprezando-se, nesse cálculo, o período já cumprido. 2. Ordem denegada. (STJ, *HC* n. 181.664/SP, 5ª T., rel. Min. Adilson Vieira Macabu, j. 21.06.2012)

85 Até o advento dessa Lei, o limite temporal em questão era de trinta anos.

Habeas corpus. Múltiplas condenações. Unificação das penas. Pedido de alteração da data-base para concessão de benefícios. Data da última prisão. Impossibilidade. Manutenção da data-base. Data do trânsito em julgado da última condenação. 1. O início da prisão cautelar da Paciente não deve ser considerado como data-base para a concessão de benefícios. Ordem denegada. 2. Em caso de múltiplas condenações, com a unificação das diversas penas impostas ao condenado, o termo *a quo* para a contagem do restante de pena a cumprir e dos prazos para concessão de benefícios é a data do trânsito em julgado da última condenação. 3. Ordem denegada. (TJMA, *HC* n. 68772011/MA, rel. José Bernardo Silva Rodrigues, j. 18.05.2011)

Concurso de infrações

Art. 76. No concurso de infrações, executar-se-á primeiramente a pena mais grave.

1. COMENTÁRIO

Na condenação, aplicadas diversas modalidades de penas, executar-se-á, inicialmente, a pena mais gravosa para, ao final de seu cumprimento, iniciarem-se as demais. Se as reprimendas privativas de liberdade forem da mesma espécie, serão somadas para fins de unificação, definição do regime inicial e análise de futuros benefícios. Tratando-se de pena de reclusão e detenção, aquela será cumprida em primeiro lugar.

No caso de penas restritivas de direito, poderão ser cumpridas, também, conjuntamente, desde que isso não prejudique a execução de nenhuma delas individualmente, nem as demais atividades cotidianas regulares da vida do condenado. Caso contrário, deverão ser aplicadas de forma sucessiva.

Quanto à multa, em caso de pluralidade, serão somadas e observadas as regras específicas dos arts. 50 e 51 deste Código, bem como normas pertinentes previstas na Lei n. 8.038/90. Se aplicadas cumulativamente, a pena privativa de liberdade ou restritiva de direito, da mesma forma, será executada em conjunto (art. 170, LEP).

2. JURISPRUDÊNCIA

2.1. Julgados

Súmula n. 715, STF. Inaplicabilidade do art. 75 do CP para fins de progressão

A 1ª Turma conheceu da impetração e, no mérito, por maioria, denegou a ordem de *habeas corpus*. A defesa do impetrante, condenado a pena unificada de 79 anos e 6 meses de reclusão, em regime inicial fechado, alegou que, no cômputo para concessão de benefícios na execução, deve ser levado em conta o limite de 30 anos versado no art. 75 do CP. Articulou que considerar no cálculo do benefício da progressão de regime pena unificada maior que o teto estabelecido pelo CP violaria o princípio da individualização da pena e a vedação constitucional à aplicação de sanções perpétuas. O Colegiado, em consonância com o Enunciado n. 715 da Súmula do STF, entendeu inaplicável, no cômputo para a concessão de regime mais benéfico, em relação a penas unificadas, o limite imposto pelo art. 75 do CP, devendo ser considerada a reprimenda total. (STF, *HC* n. 112.182/RJ, 1ª T., rel. Min. Marco Aurélio, j. 03.04.2018, *Inf*. 896)

Cumprimento de pena privativa de liberdade. Nova pena restritiva de direito. Aplicação simultânea. Necessária compatibilidade

Agravo regimental no *habeas corpus*. Execução penal. Unificação das penas. Superveniência de condenação à pena restritiva de direitos. Incompatibilidade de cumprimento concomitante. Conversão da reprimenda alternativa em privativa de liberdade. Possibilidade. Ilegalidade não verificada. Agravo não provido. 1. É cediço neste Superior Tribunal de Justiça que sobrevindo pena restritiva de direitos a condenado que se encontra cumprindo pena privativa de liberdade, não se verifica a ocorrência das hipóteses legais de conversão previstas no art. 44, §§ 4º e 5º, do Código Penal. Contudo, o cumprimento simultâneo de pena privativa com pena restritiva deve mostrar-se compatível, o que não se confirma quando o apenado encontra-se cumprindo pena em regime semiaberto ou fechado. Destarte, faz-se mister a unificação das penas, nos termos do art. 111 da LEP, não havendo falar, portanto, em aplicação do art. 76 do CP. Precedentes. (STJ, Ag. Reg. no *HC* n. 469.098/SP, 5ª T., rel. Min. Ribeiro Dantas, j. 18.10.2018, *DJe* 23.10.2018)

No mesmo sentido: STJ, Ag. Reg. no REsp n. 1.734.596/MG, 5ª T., rel. Min. Reynaldo Soares da Fonseca, j. 18.09.2018, *DJe* 28.09.2018.

Pena privativa de liberdade e restritiva de direitos. Cumprimento simultâneo de penas. Impossibilidade. Agravo em execução. Sentenciado em cumprimento de pena corporal no regime fechado, sobrevindo condenação à pena restritiva de direitos. Impossibilidade de descumprimento da restrição imposta. Inocorrência da hipótese dos §§ 4º e 5º do art. 44 do CP. Incompatibilidade não verificada. Hipótese que não autoriza a incidência do art. 181 da LEP. Exegese do art. 76 do CP. Agravo provido (voto 14.855). (TJSP, EP n. 0160743-

04.2011.8.26.0000/SP, 16ª Câm. de Dir. Crim., rel. Newton Neves, j. 29.02.2012)

Conversão da pena restritiva de direitos em privativa de liberdade. O art. 181, § 1º, *e*, da LEP não autoriza. Dispõe o art. 76 do CP que "no concurso de infrações, executar-se-á primeiramente a pena mais grave". Agravo provido para reconverter a pena privativa de liberdade em prestação de serviços e pecuniária. (TJSP, EP n. 990.103.367.847/SP, 10ª Câm. de Dir. Crim., rel. Des. David Haddad, j. 11.11.2010)

Embargos infringentes. Cumprimento simultâneo de penas: impossibilidade. Apenado condenado e cumprindo pena privativa de liberdade em regime semiaberto que pratica novo crime com pena restritiva de direitos. Inaplicabilidade do art. 76 do CP. Aplicação do art. 44, § 5º, do CP, com a conversão da pena restritiva de direitos em privativa de liberdade, ante a impossibilidade de cumprimento simultâneo das penas. Embargos infringentes desacolhidos, por maioria. (TJRS, Emb. Infring. e de Nulidade n. 70.045.697.265, Grupo de Câm. Crim., rel. Des. Lizete Andrei, j. 23.14.2012)

Agravo em execução penal. Superveniência de nova condenação. Conversão da pena restritiva de direitos em pena privativa de liberdade. Descabimento. Possibilidade de cumprimento da pena restritiva após o término da pena carcerária. Inteligência do art. 76 do CP. Agravo provido, por maioria. (TJRS, Ag. n. 70.046.366.340, 1ª Câm. Crim., rel. Manuel José Martinez Lucas, j. 23.03.2012)

3. OBSERVAÇÕES

A pena de morte está prevista no ordenamento jurídico brasileiro em caso de guerra declarada (art. 5º, XLVII, CF), conforme previsões expressas no CPM (exemplos: art. 355 – crime de traição; art. 356 – favorecimento ao inimigo; art. 357 – tentativa contra a soberania nacional).

CAPÍTULO IV
DA SUSPENSÃO CONDICIONAL DA PENA

Requisitos da suspensão da pena

Art. 77. A execução da pena privativa de liberdade, não superior a 2 (dois) anos, poderá ser suspensa, por 2 (dois) a 4 (quatro) anos, desde que:

I – o condenado não seja reincidente em crime doloso;

II – a culpabilidade, os antecedentes, a conduta social e personalidade do agente, bem como os motivos e as circunstâncias autorizem a concessão do benefício;

III – não seja indicada ou cabível a substituição prevista no art. 44 deste Código.

§ 1º A condenação anterior a pena de multa não impede a concessão do benefício.

§ 2º A execução da pena privativa de liberdade, não superior a 4 (quatro) anos, poderá ser suspensa, por 4 (quatro) a 6 (seis) anos, desde que o condenado seja maior de 70 (setenta) anos de idade, ou razões de saúde justifiquem a suspensão.

Parágrafo com redação dada pela Lei n. 9.714, de 25.11.1998.

1. COMENTÁRIO

1.1. Notas introdutórias

O *sursis* é um "meio autônomo de reação jurídico-penal" (JESCHECK, H.-H. *Tratado de derecho penal*: Parte General, 1993, p. 769) no qual a pena aplicada em sentença condenatória é suspensa sob determinadas condições, visando prevenir a contaminação moral do réu de prognóstico social favorável (idem, p. 771) com o sistema prisional com o qual teria contato caso não ocorresse a suspensão. Tem natureza, pois, condenatória (NUCCI, Guilherme de Souza. *Individualização da pena*, 2007), e sua aplicação se dá na própria sentença de idêntica natureza (NORONHA, E. Magalhães. *Direito penal*, 1993, p. 278). Suas raízes repousam no sistema franco-belga, como apontam Zaffaroni e Pierangeli (ZAFFARONI, Eugenio Raúl; PIERANGELI, José Henrique. *Manual de direito penal brasileiro*, 2006, p. 725).

Sobre esse instituto, é razoável e pertinente proceder a uma pequena introdução: o primeiro dever de quem escreve doutrina é o da franqueza. Quem a lê, seja iniciante ou leitor avançado, tem direito de saber a relevância da posição do autor sobre o tema (se majoritária ou minoritária) e do próprio assunto escolhido para debate. Dito isso, é uma obrigação incontornável de quem escreve sobre *sursis* anunciar, de chofre, que este é um instituto não apenas fadado à extinção, mas, a nosso entender, já extinto em termos práticos.

Primeiramente, vamos a um *excursus* de lógica. Não a lógica jurídica, disciplina específica, mas a lógica formal saturada de formas de linguagem comuns, como nas deduções ordinárias.[86]

86 Diz Alf Ross que a própria lógica jurídica não deixa nunca de ser, afinal, também lógica formal: "a lógica é jurídica sem deixar de ser formal porque suas estruturas formais são estru-

Na execução de uma pena, o condenado pode obter benefícios no seu cumprimento, pode chegar ao fim da penalidade de forma menos onerosa à sua liberdade. Para tanto, existem benesses legais que atenuam o rigor da apenação. Esses benefícios diferem em grau; uns são melhores que outros. Os que são melhores, que mais atenuam o sofrimento da apenação, os menos gravosos enfim (em relação a outros benefícios) devem ser conseguidos uma vez atendidas condições especialíssimas, rigorosas. Já aquelas atenuações de cumprimento de pena não tão benéficas (mais gravosas em relação às benesses melhores)[87] não precisam da reunião de requisitos tão específicos e podem ser conseguidas com mais facilidade. Benefícios menores (mais gravosos) com requisitos mais fáceis, benefícios maiores (menos gravosos) com requisitos de obtenção mais difíceis. Pode o leitor temperar que esta explicação é decorrente da natureza das coisas e, portanto, desnecessária. É óbvia. Menos para o legislador, entretanto, como se verá a seguir.

1.2. Requisitos – aplicabilidade

Os requisitos dos incisos I e II já seriam, isoladamente – mesmo que o *sursis* ainda fosse aplicável (entendemos que não, como se verá) –, também de reduzidíssima utilidade prática forense. Dizer que é necessário que o acusado não seja reincidente em crime doloso (inciso I) é remeter à situação que ocorre em quase cem por cento dos casos, pois a doutrina pátria se especializou em criar reentrâncias teóricas que, aliadas à lentidão do Poder Judiciário, tornaram o instituto *reincidência* um fantasma teórico, de quase nula aplicação. Os requisitos do inciso II são aqueles exigidos para formação da pena-base quando da fase de aplicação de pena (art. 59, CP) e, na prática, somente operam de forma negativa: não são aferidos os requisitos, apenas se lembra deles quando um fator muito clamoroso (p. ex., réu com personalidade violentíssima) se destaca nos autos e faz com que o juiz os observe para impedir o acesso ao benefício, algo desnecessário, como se verá, pois o instituto, de qualquer forma, não tem, a nosso ver, mais aplicação prática.

Somente se suspenderá pena que não ultrapasse dois anos e para a qual não caiba substituição por pena restritiva de direitos (art. 77, III, CP). Ora, como a oportunidade para substituição é bem maior – pena até quatro anos (modificação da Lei n. 9.714/98) –, o instituto considerado mais benéfico, a troca por pena restritiva, apresenta mais facilidades de obtenção que o mais gravoso (o *sursis*), em evidente incongruência legislativa (o mais benéfico, obviamente, deveria ser mais difícil de obter), decorrendo daí a imprestabilidade atual da suspensão condicional da pena. Tanto é assim, aliás, que é objeto de extinção em propostas legislativas que ora tramitam (REALE JÚNIOR, Miguel. *Instituições de direito penal*: Parte Geral, 2002, v. 1, p. 132). Os raros julgados que ainda aplicam o *sursis* ou o fazem equivocadamente ou, no máximo, em situações da Súmula n. 588 do STJ, em que não é cabível substituição por pena restritiva de direito.[88]

A aplicabilidade do *sursis*, diz ainda a doutrina, somente restringir-se-ia aos crimes dolosos cometidos com violência ou grave ameaça à pessoa (DELMANTO, Celso et al. *Código Penal comentado*, 2008) (algo impensável para a antiga forma normativa do instituto, que era inaplicável às penas de reclusão [GARCIA, Basileu. *Instituições de direito penal*, 1969, t. II, v. 1, p. 538]), pois, nesse caso, a suspensão não seria vedada e a substituição por pena restritiva sim e, então, restaria vencido o obstáculo lógico já que, nesta hipótese, o instituto mais gravoso teria requisitos mais acessíveis que o mais benéfico.

Mas tal hipótese flerta perigosamente com o abstracionismo descompromissado para com a realidade, pois fica penoso[89] imaginar um crime cometido com violência ou grave ameaça para o qual a culpabilidade, conduta social, personalidade do réu, os motivos e circunstâncias do crime (requisitos do art. 77, II, CP) recomendem a suspensão de pena, ainda mais levando em conta a aplicabilidade da Lei n. 9.099/95 às contravenções (vias de fato, por exemplo) e, provavel-

turas aptas para acolher o objeto jurídico, que é uma espécie do objeto deôntico" (*Lógica de las normas*, 2000, p. 91).

87 Assim entendo ser o *sursis*, por ter no primeiro ano do período de prova pena restritiva de direitos, apesar de o instituto ter sido criado para "autores de crimes leves" para "penas curtas de prisão", como frisava Aníbal Bruno (BRUNO, Aníbal. *Direito penal*, 1967, t. III, p. 169 e 172).

88 Súmula n. 588 do STJ: "A prática de crime ou contravenção penal contra a mulher com violência ou grave ameaça no ambiente doméstico impossibilita a substituição da pena privativa de liberdade por restritiva de direitos".

89 Raciocínio difícil de empreender, penoso, entende-se, ao menos para aqueles não contaminados com o discurso ideologizado segundo o qual se relativiza a reprovabilidade social (culpabilidade geral para a doutrina penal) do fenômeno criminoso – o que inclui, absurdamente, os crimes violentos – em razão das circunstâncias econômicas desiguais.

mente, às lesões corporais simples, lei esta que prevê transação penal e suspensão condicional do processo. Observa-se, ainda, que as origens do instituto apontam para uma criação voltada aos criminosos de prognóstico social favorável. É certo que não se podem excluir os réus violentos de eventual prognose benéfica, mas não menos certo é que o *sursis* não foi engendrado para atender às demandas específicas da repressão à criminalidade violenta...

Também é contraditório pretender-se o *sursis* como aplicável apenas aos crimes cometidos mediante violência ou grave ameaça e, ao mesmo tempo, admitir a existência do *sursis* etário e humanitário (art. 77, § 2º, CP), que tem uma elasticidade no número de anos da apenação para fins de admissibilidade (o que também se contradiz com a prioridade da aplicação da substituição, a que alude o inciso III do mesmo artigo) em razão de suposta menor periculosidade dos agentes. Se o crime é perpetrado com violência, então resta como dificultosa a hipótese de se entender o réu como pouco perigoso e, por isso, merecedor de uma ampliação nas suas possibilidades de obtenção da suspensão condicional de pena, ainda que se acrescentem condições de cumprimento especiais pelo julgador (art. 79, CP), possibilidade que remanesce, dentro de tal sistemática contraditória, como mais um item cuja utilidade é, no mínimo, discutível. Pior ainda, como vem admitindo recentemente a jurisprudência, permitir-se o *sursis* para os casos de tráfico de drogas, malgrado todas as vedações legais em contrário (*vide* julgado no item Jurisprudência, a seguir).

2. JURISPRUDÊNCIA

2.1. Julgados

Embargos de declaração. Obscuridade. Uma vez verificada obscuridade quanto ao decidido, pelo Colegiado, no julgamento de *habeas corpus*, cumpre prover os embargos declaratórios. Pena. Suspensão condicional. Condenação irrecorrível. Superveniência. Regime fechado. Incompatibilidade. A fixação, em decisão condenatória superveniente, do regime mais gravoso é incompatível com a suspensão condicional da pena. (STF, *HC* n. 135.292 ED, 1ª T., rel. Marco Aurélio, j. 31.05.2021, *DJe*-107 07.06.2021)

Presente hipótese de substituição. Inviável suspensão

[...] a eficácia da expressão "vedada a conversão de suas penas em restritivas de direito" do art. 44 da Lei n. 11.343/2006, ante a declaração incidental de inconstitucionalidade desta restrição pelo STF. Assim, substituo a pena privativa de liberdade por uma pena restritiva de direito e multa, haja vista que a pena final foi superior a um ano, consistentes estas em prestação de serviços à comunidade e multa equivalente a 20 dias-multa, por entender ser esta medida mais favorável ao réu. A prestação de serviços consistirá em execução de tarefas gratuitas, devendo ser cumprida a razão de 1 hora de tarefa por dia de condenação, podendo o condenado cumprir em menor tempo, nunca inferior à metade da pena privativa de liberdade acima fixada (art. 46 e parágrafos do Código Penal). O local da prestação de serviços será indicado na fase de execução da pena, em audiência designada para este fim. Deverá ser efetuado o pagamento da pena de multa no prazo máximo de 10 (dez) dias a partir do trânsito em julgado da sentença (art. 50 do CP). Ante a aplicação do art. 44 do CP, resta prejudicada a análise do cabimento da suspensão condicional da pena, haja vista o disposto no art. 77, III, do Código Penal. (STF, *HC* n. 204.424, rel. Min. Gilmar Mendes, *DJe* 14.07.2021)

Circunstâncias do art. 59 desfavoráveis

Agravo regimental no *habeas corpus*. Ameaça. Violência doméstica. Exasperação da pena-base. Justificativa concreta. Circunstâncias judiciais desfavoráveis. Impossibilidade de suspensão condicional da pena. Agravo regimental não provido. 1. Para obter-se uma aplicação justa da lei penal, o julgador há de atentar para as singularidades do caso concreto. Deve, na primeira etapa do procedimento trifásico, guiar-se pelas oito circunstâncias relacionadas no *caput* do art. 59 do Código Penal. 2. Está fundada em dados concretos, não inerentes ao tipo penal, a exasperação da pena-base do crime de ameaça no contexto de violência doméstica, pois as instâncias ordinárias destacaram ter o acusado agido por sentimentos reprováveis de ciúmes e posse da mulher (motivos), na frente da filha dos envolvidos (circunstâncias), e mencionaram que a ofendida teve que fugir da própria casa (consequências), em razão do medo que o réu lhe incutiu. 3. Incabível a suspensão condicional da pena ante a presença de circunstâncias judiciais desfavoráveis. 4. Agravo regimental não provido. (STJ, Ag. Reg. no *HC* n. 734.856/GO, 6ª T., rel. Min. Rogerio Schietti Cruz, j. 07.06.2022, *DJe* 10.06.2022)

Agravo regimental no *habeas corpus*. Decisão agravada que não conheceu do *writ*. Ameaça no contexto de violência doméstica. Dosimetria. Aplicação de pena exclusiva de multa. Art. 17 da Lei Maria da Penha. Inviabilidade. Pena-base. Maus antecedentes. Período depurador de 5 anos (art. 64, I, do CP). Irrelevância. Regime inicial aberto e suspensão condicional da pena. Reincidência e circunstância judicial desfavorável. Requisitos não preenchidos. Agravo regimental não provido. 1. A dosimetria da pena insere-se dentro de um juízo de discricionariedade do julgador, atrelado às particularidades fáticas do caso concreto e subjetivas do agente, somente passível de revisão por esta Corte no caso de inobservância dos parâmetros legais ou de flagrante desproporcionalidade. 2. Conforme previsão do art. 17 da Lei Maria da Penha, não é cabível, em hipóteses de violência ou grave ameaça contra a mulher no âmbito doméstico, a aplicação somente da pena de multa, ainda que o crime pelo qual o réu foi condenado tenha previsão alternativa dessa espécie de sanção. Precedentes (REsp n. 1.707.948/RJ, rel. Min. Rogerio Schietti Cruz, 6ª T. j. 10.04.2018, *DJe* 16.04.2018). 3. A jurisprudência desta Corte é firme no sentido de que as condenações criminais alcançadas pelo período depurador de 5 anos, previsto no art. 64, I, do Código Penal, afastam os efeitos da reincidência, contudo, não impedem a configuração de maus antecedentes. Ademais, o Plenário do Supremo Tribunal Federal, no julgamento do RE n. 593.818/SC (rel. Min. Roberto Barroso, Pleno, *DJe* 31.08.2020), em regime de repercussão geral, firmou tese no sentido de que não se aplica para o reconhecimento dos maus antecedentes o prazo quinquenal de prescrição da reincidência, previsto no art. 64, I, do Código Penal. 4. O regime de cumprimento de pena mais gravoso do que a pena comporta pode ser estabelecido, desde que haja fundamentação específica, com base em elementos concretos extraídos dos autos, a teor das Súmulas ns. 440/STJ e 718 e 719/STF. Hipótese em que o estabelecimento do regime inicial semiaberto possui lastro em fundamentação idônea e suficiente, pois, embora o paciente tenha sido condenado a pena privativa de liberdade não superior a 4 anos, a reincidência e a ponderação negativa de circunstância judicial inviabiliza o estabelecimento do regime inicial aberto, na esteira do disposto no art. 33, §§ 2º e 3º, do Código Penal. Precedentes. 5. A reincidência e a existência de circunstância judicial desfavorável inviabiliza a suspensão condicional da pena, ante o não preenchimento dos requisitos constantes dos incisos I e II do art. 77 do Código Penal. Precedentes. 6. Agravo regimental não provido. (STJ, Ag. Reg. no *HC* n. 726.043/SP, 5ª T., rel. Min. Reynaldo Soares da Fonseca, j. 22.03.2022, *DJe* 25.03.2022)

Não se pode substituir a pena restritiva por *sursis*, pois esse último é mais gravoso que aquela. Apelação criminal. Art. 163, parágrafo único, II, do Código Penal. Violência doméstica. Apelante que, irritado com uma briga que tivera com a vítima, sua companheira, decidiu retirar da casa um guarda-roupas, roupas da vítima, um aparelho de DVD e outros bens e atear fogo a todos esses pertences. Vítima que, grávida de 8 (oito) meses e acompanhada da filha de 4 (quatro) anos de idade, a tudo assistiu da casa da vizinha. Depoimento da vítima que é coeso com a narrativa apresentada na fase inquisitorial e é corroborado pela narrativa de uma testemunha em juízo. Relato do apelante, que não nega os fatos mas sustenta que não houve dolo, que se revelou despido de sentido e ficou isolado no contexto probatório. Laudo de exame de local que comprova a ocorrência do dano. Pleito absolutório improvido. Aumento da pena-base, correspondente a 1/6 (um sexto), que é idôneo, pela circunstância de que a vítima estava em fase final de gestação e acompanhada da filha do casal, com 4 (quatro) anos de idade, quando teve que sofrer prejuízo material que a deixou consternada. Regime aberto corretamente aplicado. Substituição da pena privativa de liberdade por restritivas de direitos que não pode ser afastada, pois acarretaria *reformatio in pejus*. Desprovimento do recurso. Unânime. (TJRJ, APL n. 00008728420188190032 202205012623, 3ª Câm. Crim., rel. Des. Antonio Carlos Nascimento Amado, j. 07.02.2023, publ. 14.02.2023)

Habeas corpus. Constitucional. Penal. Tráfico de drogas. Pena fixada em patamar inferior a dois anos. Pedido de concessão de *sursis*. Impetração prejudicada. Concessão da ordem de ofício para reconhecer a possibilidade de substituição da pena privativa de liberdade por restritiva de direitos. 1. O STF assentou serem inconstitucionais os arts. 33, § 4º, e 44, *caput*, da Lei n. 11.343/2006, na parte em que vedavam a substituição da pena privativa de liberdade por restritiva de direitos em condenação pelo crime de tráfico de entorpecentes (*HC* n. 97.256, rel. Min. Ayres Britto, sessão de julgamento de 01.09.2010, Informativo/STF 598). 2. O art. 77, III, do CP estabelece que a suspensão condicional da pena (*sursis*) somente será aplicável quando não for indicada ou cabível a substituição da pena privativa de liberdade por restritiva de direitos, prevista no art. 44 do CP. 3. Reconhecida pelo Plenário do STF a possibilidade de substituição da pena privativa de liberdade por restritiva de direitos no crime de tráfico de drogas, fica vedada a concessão de *sursis* ao Paciente. 4. *Habeas corpus* prejudicado. 5. Concessão de ofício para reconhecer a possibilidade de se substituir a pena privativa de liberdade aplicada ao Paciente por restritiva de direitos, desde que preenchidos os requisitos objetivos e subjetivos previstos em lei, devendo a análise ser feita pelo juízo do processo de conhecimento ou, se tiver ocorrido o trânsito em julgado, pelo juízo da execução da pena. (STF, *HC* n. 104.361/RJ, rel. Min. Carmen Lúcia, 1ª Turma, j. 25.05.2011)

Agravo regimental no recurso especial. Tráfico de drogas. Substituição da pena privativa de liberdade por restritiva de direitos e *sursis*. Possibilidade em tese. 1. De acordo com o entendimento da Sexta Turma deste Superior Tribunal, em relação aos condenados por tráfico de drogas, uma vez preenchidos os requisitos legais, a suspensão condicional da pena será cabível tão somente se não for concedida a substituição da reprimenda por restritivas de direitos, nos termos do art. 77, III, do CP. 2. Não trazendo o agravante tese jurídica capaz de modificar o posicionamento anteriormente firmado, é de se manter a decisão agravada na íntegra, por seus próprios fundamentos. 3. Agravo regimental a que se nega provimento. (STJ, Ag. Reg. no REsp n. 1.163.452/MG, 6ª T., rel. Min. Og Fernandes, j. 18.02.2013)

Sursis e requisito temporal para a concessão de indulto

Habeas corpus. Penal militar. *Sursis* penal. Período de prova. Equiparação à pena cumprida, para fins de concessão de indulto. Inviabilidade. 1. A jurisprudência do Supremo Tribunal Federal é pacífica de que o período de prova referente à suspensão condicional da pena não é computado, para fins de concessão de indulto, como efetivo tempo de cumprimento da sanção penal. Precedentes. 2. *Habeas corpus* denegado. (STF, *HC* n. 129.838, 1ª T., rel Min. Alexandre de Moraes, j. 16.05.2017, *DJe* 09.06.2017)

A 1ª Turma, por maioria, denegou a ordem em *habeas corpus* no qual se pretendia o cômputo do período de prova cumprido em suspensão condicional da pena para o preenchimento do requisito temporal para concessão de indulto, instituído pelo Decreto n. 8.172/2013. Na espécie, o réu permanecerá preso provisoriamente por cinco dias até obter o benefício do *sursis* na própria sentença condenatória. A defesa insistia na possibilidade de concessão do indulto, tendo em vista que o paciente cumprirá um quarto do período de prova do *sursis*. A Turma consignou que o réu não teria jus ao benefício do indulto porque não preencheria o requisito temporal objetivo para sua concessão, qual seja o cumprimento, em prisão provisória, de um sexto da pena ou, se reincidente, um quinto (Decreto n. 8.172/2013, art. 1º, XIV). Vencido o Ministro Marco Aurélio, que concedia a ordem. Destacava que o *sursis* seria uma ficção jurídica de execução da pena e que o período cumprido nesse sistema deveria ser considerado como tempo de cumprimento de pena restritiva de liberdade. (STF, *HC* n. 123.381/PE, 1ª T., rel. Min. Rosa Weber, j. 30.09.2014)

Art. 78. Durante o prazo da suspensão, o condenado ficará sujeito à observação e ao cumprimento das condições estabelecidas pelo juiz.

§ 1º No primeiro ano do prazo, deverá o condenado prestar serviços à comunidade (art. 46) ou submeter-se à limitação de fim de semana (art. 48).

§ 2º Se o condenado houver reparado o dano, salvo impossibilidade de fazê-lo, e se as circunstâncias do art. 59 deste Código lhe forem inteiramente favoráveis, o juiz poderá substituir a exigência do parágrafo anterior pelas seguintes condições, aplicadas cumulativamente:

Parágrafo com redação dada pela Lei n. 9.268, de 01.04.1996.

***a)* proibição de frequentar determinados lugares;**

***b)* proibição de ausentar-se da comarca onde reside, sem autorização do juiz;**

***c)* comparecimento pessoal e obrigatório a juízo, mensalmente, para informar e justificar suas atividades.**

1. COMENTÁRIO

Mas a questão assume ares quase surrealistas, mesmo quando tratamos do *sursis* especial. Essa modalidade de suspensão da pena permite que o condenado deixe de realizar a pena restritiva de direitos que lhe cabe no primeiro ano de suspensão pelas três condições – nitidamente menos gravosas que a pena restritiva de direitos –, que estão no § 2º do art. 78 do CP.

Primeiramente, observa-se que a existência de um primeiro ano de restrição de direitos mostra claramente porque o *sursis* é mais gravoso que a substituição por pena restritiva de direitos, pois aquele instituto engloba já a restrição deste último, e ainda se alonga no tempo depois desse cumprimento no ano inicial (com o que, aliás, mostra ser não propriamente uma suspensão, mas uma forma de cumprimento de pena, como bem aponta Miguel Reale Júnior – *Novos rumos do sistema criminal*, 1983, p. 55). Mas como o *sursis* especial não tem restrição de direitos, ele passa a ser então mais favorável – menos gravoso – que a substituição por restritiva. Ocorre que o inciso III do art. 77 do CP diz claramente que a substituição é preferencial ao *sursis*, não excepcionando a suspensão especial que vem a seguir no art. 78. Aí a máxima incongruência, pois justamente quando a legislação "finalmente acerta" ao prever um benefício menos gravoso e menos fácil de obter, a própria lei, caprichosa, apressa-se em se contradizer ao dizê-lo mais gravoso que a substituição, quando não o é.

Em suma, de forma absolutamente equivocada, temos que a suspensão comum é mais gravosa e menos fácil de obter (quando deveria ser mais fácil) e a substituição por restritiva é menos gravosa e mais fácil de obter (quando deveria ser menos fácil). Quando finalmente há um vislumbre de utilidade para a instituição do *sursis* na sua modalidade especial vem irremediável contradição. Ou seja, quando a disposição estrutural dos arts. 77 e 78 do CP (com exceção do inciso III do art. 77) mostra que o *sursis* especial é menos gravoso que a restritiva e menos fácil de obter (regra lógica atendida), então o inciso III estraga o acerto ao colocar peremptoriamente a substituição como preferível mesmo ao *sursis* especial. Lamentável o descaso do legislador, que provoca situações esdrúxulas como esta. Certamente que, na prática, o *sursis* especial deverá ser aplicado preferencialmente à substituição em nome dos mais elementares princípios do processo penal (apenação menos rigorosa imponível, prevenção especial etc.), superando o juiz o inciso III do art. 77,[90] como se ele não existisse, para consertar a balbúrdia legislativa vigente.

Uma última palavra, neste artigo, sobre as condições do *sursis* especial. A obrigação de reparar o dano é condição teórica e prática inegável e imprescindível para a concessão da suspensão especial, mas as obrigações de não se ausentar da comarca sem autorização e não comparecer a determinados locais são exercícios de cinismo de nosso sistema repressor, que não tem quem fiscalize de forma mínima o cumprimento destas condições. O juiz as impõe, fingindo que significam alguma coisa, e o condenado as aceita, também fingindo que irá obedecer.

2. JURISPRUDÊNCIA

2.1. Julgados

Circunstância do art. 59 desfavorável: inaplicável *sursis*

Processual penal. Agravo regimental em *habeas corpus*. Crime de ameaça. Violência contra mulher. Dosimetria. Valoração negativa da circunstância judicial dos motivos do crime. Fundamentação idônea. Ameaça à ex-esposa com o objetivo de impedi-la de acionar a Justiça requerendo o divórcio e pensão alimentícia para os filhos do casal. Desproporcionalidade do *quantum* na majoração da pena-base. Não ocorrência. Aplicação do *sursis* especial previsto no art. 78, § 2º, do CP. Impossibilidade diante da negativação de uma circunstância judicial. Agravo desprovido. [...] 6. Na hipótese, a fundamentação adotada justifica o aumento da pena, considerando que o agravante, utilizando-se de ameaças à vida da vítima, buscava covardemente atemorizá-la para que desistisse de ajuizar ações de divórcio e de pensão alimentícia em benefícios de seus próprios filhos. Desse modo, não se mostra desproporcional o aumento da reprimenda. 7. Diante da negativação dos motivos do delito, inviável a concessão do *sursis* nos termos do art. 78, § 2º, do Código Penal. 8. O sursis é instituto de política criminal, que permite ao condenado cumprir a pena que lhe fora imposta de forma menos gravosa, somente se assim o desejar, ou seja, caso a Defesa técnica considere desproporcional a condição imposta pelo Juiz singular, poderá instruir seu assistido a não aceitar o aludido benefício, cumprindo regularmente a pena privativa de liberdade a ele imposta. 9. Agravo desprovido. (STJ, Ag. Reg. no *HC* n. 746.729/GO, 5ª T., rel. Min. Ribeiro Dantas, j. 19.12.2022, *DJe* 21.12.2022)

Condições de *sursis* simples e especial inacumuláveis

Apelação criminal. Lesão corporal leve. Furto. Contexto de violência doméstica. Condenação. Execução da pena suspensa. Cumulação de *sursis* simples e *sursis* especial. Impossibilidade. Alteração de ofício. Recurso de apelação prejudicado. Perda do objeto. As condições do *sursis* simples e do sursis especial não podem ser aplicadas cumulativamente, vez que as condições do sursis especial são substitutivas em relação ao primeiro, desde que preenchidos os requisitos previstos no art. 78, § 2º, do Código Penal. (TJMG, APR n. 10363170031530001 João Pinheiro, Câm. Especializadas Crim./9ª Câm. Crim. Especializada, rel. Bruno Terra Dias, j. 08.02.2023, publ. 13.02.2023)

Apelação. Crime de lesão corporal qualificado pela violência doméstica (art. 129, § 9º, do Código Penal). Recurso da defesa. 1. Inocorrência de parcialidade do juízo ou cerceamento de defesa. A defesa pôde acompanhar e tomar ciência de todas as declarações que foram prestadas na audiência. 2. Prova suficiente para a condenação. Não demonstrado um quadro de legítima defesa. 3. Sanção que comporta alteração. 4. Dentro da sistemática do Código Penal, não pode haver a cumulação das condições previstas nos §§ 1º e 2º do art. 78 do citado diploma. 5. Não sendo a pena privativa de liberdade superior a 6 meses, não se afigura possível, na suspensão condicional da pena, a fixação da condição

90 Neste sentido, entendem Feltrin e Kuriki (FELTRIN, Sebastião Oscar; KURIKI, Patrícia Cristina. *Código Penal e sua interpretação jurisprudencial*: da suspensão condicional da pena, 2007, p. 417).

de prestação de serviços à comunidade (arts. 78, § 1º, e 46, ambos do Código Penal). 6. Fixação da limitação de fim de semana, pelo prazo de um ano, como condição do *sursis* (art. 78, § 1º, do Código Penal). 7. Indeferimento do pedido de gratuidade da justiça. Recurso parcialmente provido. (TJSP, APR n. 00047022720188260529/SP 0004702-27.2018.8.26.0529, 2ª Câm. de Direito Criminal, rel. Laerte Marrone, j. 10.02.2023, publ. 10.02.2023)

Necessidade de reparação de dano para concessão de *sursis* especial

Criminal. REsp. Estelionato qualificado. Seguro-desemprego. Recebimento parcelado. Continuidade delitiva. Não ocorrência. *Sursis* especial. Não reparação do dano. Não cabimento. Recurso parcialmente provido. I. Hipótese em que o réu obteve o benefício de forma parcelada, o que não pode ser considerado como crime continuado, diante da existência de apenas uma conduta. Trata-se de crime permanente, de ação contínua e não várias condutas independentes entre si. II. O fato do pagamento do benefício ter se efetivado em 4 parcelas não atrai a incidência da regra da continuidade delitiva, pois houve um único crime, de obtenção de uma única vantagem ilícita, havida, no entanto, parceladamente. III. O *sursis* especial é concedido quando as circunstâncias do crime forem totalmente favoráveis ao condenado, e tiver ele reparado o dano, salvo impossibilidade de fazê-lo. Ausente tal reparação, é inadmissível a concessão do benefício especial. IV. Caso em que o réu não reparou o dano, tornando incabível a aplicação do *sursis* especial previsto no § 2º do art. 78 do CP. V. Recurso parcialmente provido. (STJ, REsp n. 858.542/SE, 5ª T., rel. Min. Gilson Dipp, j. 29.06.2007)

Art. 79. A sentença poderá especificar outras condições a que fica subordinada a suspensão, desde que adequadas ao fato e à situação pessoal do condenado.

1. COMENTÁRIO

Aqui temos espaço para o ajuste fino da situação concreta com base nos dados que o juiz tem à mão e o legislador, por óbvio, não. Exemplificativamente, o juiz pode verificar que o condenado é pintor e direcionar a prestação de serviços para esse mister e, mais especificamente com relação a este artigo, pode, por exemplo, exigir o pagamento das custas judiciais. Uma nota: é incongruente, pensamos, estipular o ressarcimento do dano como condição judicial, pois esta já é condição (e também causa de revogação) do *sursis* ordinário.

2. JURISPRUDÊNCIA

2.1. Julgados

Sursis. Condições especiais

Agravo regimental no agravo em recurso especial. Violência doméstica. Ausência de reparação do dano. *Sursis* especial. Não cabimento. Prestação de serviços à comunidade. Adequação. Agravo improvido. 1. Não havendo nos autos prova no sentido de que o acusado tenha buscado reparar o dano, torna-se incabível a aplicação do *sursis* especial, previsto no § 2º do art. 78 do Código Penal. 2. Nada obsta a fixação de prestação de serviços à comunidade com outras medidas, quando adequadas ao fato e à situação pessoal do agressor. 3. Agravo regimental improvido. (STJ, Ag. Reg. no AREsp n. 1.211.475/SP, 6ª T., rel. Ministro Nefi Cordeiro, j. 13.08.2019, *DJe* 23.08.2019)

Agravo em execução. Conversão da pena restritiva de direitos em privativa de liberdade. Data da validade do mandado de prisão. Trânsito em julgado da sentença condenatória para ambas as partes. Mantida. Fixação de condição especial de prestação de serviços à comunidade. Possibilidade. Artigo 115 da LEP. Recurso desprovido. (TJSP, Ag. de Exec. Penal n. 7003622-85.2018.8.26.0050, 4ª Câm. de Direito Criminal, rel. Euvaldo Chaib, Foro Central Criminal Barra Funda – 5ª Vara das Execuções Criminais, j. 27.11.2018, registro 29.11.2018)

3. OBSERVAÇÃO

O STJ, no REsp n. 16.794, *DJ* 29.06.1992, tem caso muito interessante de imposição de pagamento de custas como condição especial do *sursis*, mas este acórdão se encontra, por enquanto, inacessível a pesquisa informatizada, sendo apenas apontado por Celso Delmanto (*Código Penal comentado*, 2008).

Art. 80. A suspensão não se estende às penas restritivas de direitos nem à multa.

1. COMENTÁRIO

Tal dispositivo dispensa maiores comentários, pois se o artigo que introduz o *sursis* no CP (art. 77) começa dizendo que "a execução da pena privativa de liberdade [...] poderá ser suspensa", é obvio que outras penas não podem ser suspensas. O art. 80, portanto, é um paradigma de atecnia legislativa no quesito "redundância".

Revogação obrigatória

Art. 81. A suspensão será revogada se, no curso do prazo, o beneficiário:

I – é condenado, em sentença irrecorrível, por crime doloso;

II – frustra, embora solvente, a execução de pena de multa ou não efetua, sem motivo justificado, a reparação do dano;

III – descumpre a condição do § 1º do art. 78 deste Código.

Revogação facultativa

§ 1º A suspensão poderá ser revogada se o condenado descumpre qualquer outra condição imposta ou é irrecorrivelmente condenado, por crime culposo ou por contravenção, a pena privativa de liberdade ou restritiva de direitos.

Prorrogação do período de prova

§ 2º Se o beneficiário está sendo processado por outro crime ou contravenção, considera-se prorrogado o prazo da suspensão até o julgamento definitivo.

§ 3º Quando facultativa a revogação, o juiz pode, ao invés de decretá-la, prorrogar o período de prova até o máximo, se este não foi o fixado.

1. COMENTÁRIO

Como o *sursis* tornou-se praticamente inaplicável, não tem sentido pensar nas suas hipóteses de revogação, senão como curiosidade histórica. A condenação a crime doloso obviamente demonstra a incompatibilidade de manutenção da suspensão da pena, pouco importando que o crime tenha sido cometido antes ou depois do período de prova (inciso I). Sobre o inciso II, diga-se que seria inaplicável diante da posição que a jurisprudência vem majoritariamente adotando (com exceção do STJ), no sentido de que réu pobre não pode ser penalizado com negação de qualquer benefício em razão de exigência de reparação do dano. Como nosso sistema é perversamente seletivo e mais de 90% do cárcere é constituído de pessoas sem posses, nunca se exigirá a ocorrência da reparação, relegando a vítima – como sempre foi relegada em nossa história penal/processual penal – ao limbo do direito.

O descumprimento do dever de prestação de serviços é causa obrigatória de revogação (inciso III) e das condições judiciais, facultativa (§ 1º). O mero processamento do acusado faz, automaticamente, prorrogado o período de suspensão, o que é justo, pois eventual absolvição do acusado no outro processo lhe dará o direito de cumprir normalmente o período de prova. Condenação, entretanto, acarreta imediata revogação de benefício, e se dá automaticamente, não existindo discricionariedade por parte do juiz. Nessa toada, desnecessária até a oitiva prévia do acusado, como já decidiu o STJ (julgado com ementa de aresto no próximo item).

2. JURISPRUDÊNCIA

2.1. Julgados

Habeas corpus. Prejuízo. Ausência. O cumprimento das condições impostas no ato de suspensão condicional da pena, embora implique a extinção da punibilidade, não afasta os efeitos secundários da condenação. Crime militar. Força. Desligamento. Neutralidade. O fato de o militar deixar, após a prática do crime, as fileiras da Força surge neutro quanto à tipificação do crime. Responsabilidades. Administrativa e penal. Independência. A teor do art. 935 do Código Civil, as responsabilidades civil e penal são independentes, não repercutindo a sanção administrativa no campo criminal. Droga. Uso. Declaração. Serviço militar. A declaração de uso de entorpecente, formalizada em entrevista para alistamento militar obrigatório, não torna o cidadão incapaz para o serviço militar – inteligência do art. 14 do Código Penal Militar. Droga. Posse. Crime militar. Tipicidade. A posse de entorpecente, por militar e no local em que serve, caracteriza o crime tipificado no art. 290 do Código Penal Militar. (STF, *HC* n. 139.850, 1ª T., rel. Marco Aurélio, j. 14.06.2021, *DJe*-117 18.06.2021)

Prorrogação automática de período de prova do livramento condicional em caso de processamento por crime

Agravo em execução penal. Suspensão condicional da pena. Prorrogação automática do benefício diante do cometimento de crime durante o período de prova. Insurgência ministerial. Alegação de necessidade de reconversão das penas restritivas de direitos. Preliminar de não conhecimento do recurso suscitada em sede de contrarrazões. Acolhimento. Sentenciado condenado somente a penas privativas de liberdade. Falta de objeto. Verificado o trânsito em julgado da condenação que deu ensejo à prorrogação do *sursis* da pena, de rigor a revogação, *ex officio*, da aludida benesse. Efeito automático. Exegese do art. 81, I, do CP. Preliminar arguida em contrarrazões acolhida, não conhecido o recurso, com observação. (TJSP, Ag. de Exec. Penal n. 9001362-89.2017.8.26.0032, 4ª Câm. de Direito Criminal, rel. Camilo Léllis, Foro de Araçatuba – 2ª Vara das Execuções Criminais e Anexo da Infância e da Juventude, j. 25.09.2018, registro 27.09.2018)

Prorrogação automática e prescrição

[...] Agravo regimental em recurso extraordinário com agravo. 2. Direito Penal Militar. 3. Preliminar de reconhecimento da extinção da pretensão punitiva pela prescrição. Inocorrência. Durante o período de prova do *sursis* não há falar de prescrição. 4. Pena extinta pelo cumprimento integral das condições da suspensão condicional da pena. 5. Agravo regimental a que se nega provimento. (STF, *HC* n. 758.086, 2ª T., rel. Min. Gilmar Mendes, j. 01.09.2015, *DJe* 14.09.2015)

Habeas corpus. Execução penal. Suspensão condicional da pena. Cometimento de crime após findo o período de prova. Inexistência de sentença extintiva da punibilidade. Prorrogação automática do período de prova. Revogação obrigatória. Precedentes. Constrangimento ilegal não evidenciado. Ordem denegada. 1. Inexiste constrangimento ilegal quanto à revogação do benefício da suspensão condicional da pena em razão de condenação pelo cometimento de outro crime durante o período de prova, desde que não tenha sido extinta a punibilidade do agente mediante sentença transitada em julgado, nos termos do inciso I do art. 81 do CP. 2. Esta Corte tem firmado o entendimento no sentido de que o período de prova do *sursis* fica automaticamente prorrogado quando o beneficiário está sendo processado por outro crime ou contravenção, bem como que a superveniência de sentença condenatória irrecorrível é caso de revogação obrigatória do benefício, mesmo quando ultrapassado o período de prova. 3. Ordem denegada. (STJ, *HC* n. 175.758/SP, 5ª T., rel. Min. Laurita Vaz, j. 14.10.2011)

Penal. Recurso especial. *Sursis*. Beneficiário processado durante o período de prova. Prorrogação automática. Art. 81, § 2º, do CP. Se o beneficiário está sendo processado por outro delito, o *sursis* é automaticamente prorrogado até o julgamento definitivo do feito, *ex vi* do art. 81, § 2º, do CP. Recurso provido. (STJ, REsp n. 1.107.269/MG, 5ª T., rel. Min. Felix Fischer, j. 03.08.2009)

Possibilidade de suspensão cautelar do benefício

Agravo em execução. Sustação da suspensão condicional da pena. Suspensão cautelar do regime aberto. Réu que acompanhou pessoalmente a persecução criminal, mas que, após a prolação do édito condenatório, mudou-se para local ignorado, deixando de comunicar ao Juízo a alteração de seu endereço. Desnecessidade de prévia intimação por edital para revogação do *sursis*. Precedentes do STJ. Regressão cautelar de regime. Possibilidade. Decisão que, no caso vertente, possui natureza precária. Poder de cautela do Juízo das Execuções. Recurso desprovido. (TJSP, Ag. de Exec. Penal n. 0002920-08.2018.8.26.0198, 10ª Câm. de Direito Criminal, rel. Nelson Fonseca Junior, Foro de Franco da Rocha, Vara do Júri/Exec./Inf. Juv., j. 19.07.2018, registro 20.07.2018)

Penal. Recurso especial. *Sursis*. Beneficiário processado durante o período de prova. Prorrogação automática. Art. 81, § 2º, do CP. Se o beneficiário está sendo processado por outro delito, o *sursis* é automaticamente prorrogado até o julgamento definitivo do feito, *ex vi* do art. 81, § 2º, do CP. Recurso provido. (STJ, REsp n. 1.107.269/MG, 5ª T., rel. Min. Felix Fischer, j. 02.06.2009)

Cumprimento das condições

Art. 82. Expirado o prazo sem que tenha havido revogação, considera-se extinta a pena privativa de liberdade.

---

1. COMENTÁRIO

Ao cabo da demonstração da inutilidade prática do instituto do *sursis*, cabe somente lembrar que as contradições legislativas desse instituto não se contentam em se plasmar em sua própria constituição, nos arts. 77 e 78 do CP. Não: também quanto à sua revogação, embora de forma menos grave, o § 2º do art. 81 prescreve que haverá prorrogação automática do período de prova (durante o qual há a suspensão) no caso de o condenado responder a outro processo penal por crime ou contravenção; o art. 82 reza que a expiração do prazo do período de prova sem revogação dá azo à extinção da pena. Aqui, forçoso conceber a interpretação de que o prazo "não expirará", na forma do art. 82, enquanto não finda a prorrogação a que alude o § 2º do art. 81 e, como essa prorrogação é automática, mesmo que a existência de um processo penal que teve vez durante o período de prova seja conhecida somente depois de declarada a extinção, esta consubstanciará ato nulo, pois vigia a extensão de prazo antes referida.

2. JURISPRUDÊNCIA

2.1. Julgados

1) Agravo em Execução Penal. Suspensão condicional da pena (*Sursis*). Revogação do benefício. Não provimento do reclamo defensivo. 2) Segundo ampla orientação jurisprudencial, é admissível a revogação do benefício após o decurso do período de prova, desde que o fato ensejador da revogação tenha ocorrido durante sua vigência. 3) Decisão mantida. (TJSP, EP n. 00095496920228260032/SP 0009549-69.2022.8.26.0032, 11ª Câm. de Direito Criminal, rel. Tetsuzo Namba, j. 16.01.2023, publ. 16.01.2023)

Processo penal. Agravo regimental no recurso especial. *Sursis*. Extinção da pena. Término do período de prova sem prorrogação. Art. 82 do Código Penal. Agravo não provido. 1. "Inexistindo revogação ou prorrogação do período de prova, correta a decisão que extinguiu a pena, nos termos do art. 82 do Código Penal, segundo o qual, 'expirado o prazo sem que tenha havido revogação, considera-se extinta a pena privativa de liberdade'". (STJ, Ag. Reg. no REsp n. 1.468.840/RS, 5ª T., rel. Min. Reynaldo Soares da Fonseca, j. 15.12.2016, *DJe* 01.02.2017)

Sursis. Cumprimento das condições. Extinção da pena

Apelação. Furto qualificado tentado. Suspensão condicional do processo. Período de dois anos. Adimplemento parcial das condições. Ausência de prorrogação do prazo de suspensão, antes de expirado o prazo inicialmente definido. Extinção da punibilidade pelo transcurso do período de prova. Art. 82 do CP e art. 89, § 5º, da Lei n. 9.099/95. Recurso prejudicado. (TJSP, Ap. n. 0010593-85.2008.8.26.0462, 11ª Câm. de Direito Criminal, rel. Salles Abreu, Foro de Poá – 2ª Vara Criminal, j. 15.08.2018, registro 16.08.2018)

Sursis especial e reparação do dano

Vide acórdão referido no art. 79: STJ, Ag. Reg. no AREsp n. 1.211.475/SP, 6ª T., rel. Min. Nefi Cordeiro, j. 13.08.2019, *DJe* 23.08.2019.

Possibilidade de *sursis* especial no caso da Lei Maria da Penha

Lesões corporais em situação de violência doméstica. Apelo que espera a absolvição por insuficiência probatória. Impossibilidade. Narrativa detalhada e constante da vítima acerca das agressões que sofreu, corroborada pela oitiva de testemunha. Negativa do apelante completamente isolada. Laudo de lesão corporal que comprova a lesão descrita. Superveniência de convivência harmônica que não implica na impunidade dos crimes. Condenação mantida. Penas bem dosadas. Afastamento do *sursis* por ser mais severo que a pena imposta. Posicionamento adotado pela C. Câmara, com ressalva de entendimento deste Relator pela possibilidade de *sursis* especial. Apelo provido para esse fim. (TJSP, Ap. n. 0003132-96.2013.8.26.0103, 5ª Câm. Criminal Extraordinária, rel. Otávio de Almeida Toledo, Foro de Caconde – Vara Única, j. 13.11.2015, registro 17.11.2015)

Lesão corporal em contexto de violência doméstica. Pretendida absolvição por insuficiência probatória. Impossibilidade. Versão da vítima compatível com as lesões experimentadas e comprovadas por laudo de exame de corpo de delito. Confirmação pelo depoimento da filha do casal, testemunha presencial. Necessidade de reprovação pelo Direito Penal em razão da violência contra a pessoa, especialmente inadmissível em relação de convivência marital. Apelo provido em parte para conceder o *sursis* especial, nos termos do § 2º do art. 78, CP, mais adequado à condenação, considerando, inclusive, que reataram posteriormente o relacionamento. (TJSP, Ap. n. 0000952-66.2011.8.26.0204, 5ª Câm. Criminal Extraordinária, rel. Otávio de Almeida Toledo, Foro de General Salgado – Vara Única, j. 18.09.2015, registro 23.09.2015)

Ameaça e vias de fato. Violência doméstica [...]. *Sursis* especial. Requisitos preenchidos. Concessão necessária. [...] VII – Preenchidos os requisitos objetivos e subjetivos do *sursis* especial, o réu faz jus à concessão do benefício. (TJMG, Ap. Criminal n. 1.0141.14.001144-8/001, rel. Des. Alberto Deodato, *DJ* 30.09.2016)

Violência doméstica. Vias de fato. [...] Suspensão condicional da pena. Requisitos legais preenchidos. Benefício concedido de ofício. [...] IV – Preenchendo o acusado os requisitos legais previstos no art. 77 do Código Penal, necessária é a concessão do benefício da suspensão condicional da pena. (TJMG, Ap. Criminal n. 1.0408.13.001398-5/001, rel. Des. Adilson Lamounier, *DJ* 15.09.2016)

CAPÍTULO V
DO LIVRAMENTO CONDICIONAL

Requisitos do livramento condicional

Art. 83. O juiz poderá conceder livramento condicional ao condenado a pena privativa de liberdade igual ou superior a 2 (dois) anos, desde que:

I – cumprida mais de um terço da pena se o condenado não for reincidente em crime doloso e tiver bons antecedentes;

II – cumprida mais da metade se o condenado for reincidente em crime doloso;

III – comprovado:

Inciso com redação dada pela Lei n. 13.964, de 24.12.2019.

***a)* bom comportamento durante a execução da pena;**

Alínea acrescentada pela Lei n. 13.964, de 24.12.2019.

***b)* não cometimento de falta grave nos últimos 12 (doze) meses;**

Alínea acrescentada pela Lei n. 13.964, de 24.12.2019.

***c)* bom desempenho no trabalho que lhe foi atribuído; e**

Alínea acrescentada pela Lei n. 13.964, de 24.12.2019.

***d)* aptidão para prover à própria subsistência mediante trabalho honesto;**

Alínea acrescentada pela Lei n. 13.964, de 24.12.2019.

IV – tenha reparado, salvo efetiva impossibilidade de fazê-lo, o dano causado pela infração;

V – cumpridos mais de dois terços da pena, nos casos de condenação por crime hediondo, prática de tortura, tráfico ilícito de entorpecentes e drogas afins, tráfico de pessoas e terrorismo, se o apenado não for reincidente específico em crimes dessa natureza.

Inciso acrescentado pela Lei n. 8.072, de 25.07.1990, e com redação dada pela Lei n. 13.344, de 06.10.2016.

Parágrafo único. Para o condenado por crime doloso, cometido com violência ou grave ameaça à pessoa, a concessão do livramento ficará também subordinada à constatação de condições pessoais que façam presumir que o liberado não voltará a delinquir.

1. COMENTÁRIO

1.1. Notas introdutórias

Trata-se da antecipação da liberdade (FRAGOSO, Heleno Cláudio. *Lições de direito penal*, 1987, p. 369), uma vez preenchidos determinados requisitos. Instituto com surgimento no ordenamento francês (NORONHA, E. Magalhães. *Direito penal*, 1993, p. 278) e já previsto em nosso CP de 1890 (REALE JÚNIOR, Miguel. *Instituições de direito penal*: Parte Geral, 2002, v. 1, p. 135). Em entendimento contrário ao de que se trataria de uma antecipação da vida de liberto, outros doutrinadores dizem que teríamos nela uma etapa do cumprimento da pena (BITENCOURT, Cezar Roberto. *Tratado de direito penal*, 2004, v. 1, p. 698). Aqui, parece se confundir a dimensão abstrato-teórica com a prática. No mundo dos fatos, o condenado efetivamente estará gozando de uma liberdade que somente teria, de regra, após cumprir a pena e, nesse sentido, pragmático, realista, temos uma antecipação da liberdade. Tal conclusão não impede que, teoricamente, entendamos o instituto como uma etapa da apenação na qual o condenado usufrui de liberdade, apesar da completa execução da pena restar condicionada a acontecimento futuro.

1.2. Requisitos – aplicabilidade

Para a concessão deste benefício, para que o réu seja colocado em liberdade antes do cumprimento da pena, a lei exige que a pena aplicada seja superior a dois anos; determinados lapsos de cumprimento da pena, reparação do dano e agora, de acordo com a Lei n. 13.964/2019, com sanção da Presidência da República em 24.12.2019, "*a)* bom comportamento durante a execução da pena; *b)* não cometimento de falta grave nos últimos 12 (doze) meses; *c)* bom desempenho no trabalho que lhe foi atribuído; *d)* aptidão para prover à própria subsistência mediante trabalho honesto" (art. 83, III, CP).

Voltamos ao formato anterior à reforma de 1984, que, corretamente, exigia, como agora se volta a exigir, "bom comportamento", e não apenas "comportamento satisfatório" durante a execução da pena.

Nas últimas edições desta obra, tinha destacado a impropriedade, a imprecisão e até mesmo a hipocrisia da expressão "comportamento satisfatório": Há certa consolidação de pensamento na doutrina processual penal do Brasil no sentido de que o cumprimento de pena não representa uma regra, e sim uma exceção, esquecendo-se, comodamente, de um dos aspectos nodais da apenação, sua inderrogabilidade. Ora, o próprio nome diz o contrário. Cumprimento: a principal vocação de uma penalidade imposta é a de ser cumprida. Uma pena é aplicada por uma sentença para ser realizada no mundo dos fatos, para nenhum motivo diverso. O motivo é óbvio, já que, se a sociedade, representada pelos seus congressistas, entendeu que determinada conduta deve ser tida como crime e que quem a cometeu deve, por exemplo, receber apenação de quatro anos de reclusão, é porque a conduta é grave e deve receber essa punição quem nela incidir. Excepcionalmente, a apenação pode ser temperada. Em condições especiais, como a de um condenado muito bem comportado, que demonstre plena aceitação da posição do Estado em puni-lo, podem ocorrer circunstâncias que amenizem o cumprimento da pena, tornando-o mais leve ou mais curto.

A excepcionalidade dessas "amenizações" é condição da própria existência do sistema, pois, se a regra passar a ser a de relativização do cumprimento da pena (que será quase sempre ameno, quase sempre encurtado), o Estado entra em irremediável, senão patética, contradição. Se o legislador entendeu, no exemplo dado, que quatro anos seriam a pena adequada para quem cometer aquela conduta criminosa e o próprio Estado admite que, de regra, não se dê este cumprimento total de quatro anos, então ou o Estado/legislador avaliou mal a situação e ela deveria, já antecipadamente, ser menos apenada, ou então o Estado/julgador está errando ao desconsiderar a diretriz do feitor da lei. Qualquer que seja a hipótese, há algo de errado e por que não dizer, hipócrita, nessa configuração de coisas. Magalhães Noronha já advertia que o livramento condicional "assim como o *sursis*, é um instituto que atinge um dos caracteres da pena – a inderrogabilidade – sendo, portanto, necessário que a concessão se firme em diagnósticos e prognósticos seguros e animadores para que aquela não se desmoralize e abastarde" (op. cit., 1993, p. 281), em uma acertada profecia do que lamentavelmente ocorreria com o direito penitenciário.

É fato que a situação do sistema prisional do Brasil é uma das piores do mundo. O problema, entretanto, é de irresponsabilidade administrativa (construir presídios, infelizmente, é uma das medidas mais impopulares que um governante pode tomar) e, provavelmente, de excesso de criminalização. Para atender ao clamor popular, várias condutas que não deveriam ser abrangidas pela maquinaria pesada do direito penal são criminalizadas para atender ao clamor popular momentâneo. O problema da superlotação carcerária, então, deriva fundamentalmente dessas duas razões e não se deve buscar teorizações que rompam com a lógica do cumprimento da pena – pena é criada para ser cumprida, com específicas exceções – para resolvê-lo.

Feito esse excurso, não há motivo plausível para se exigir "comportamento satisfatório" do condenado, mas seu bom comportamento. A inserção dessa expressão na lei significa a intromissão de motivações alheias à execução penal no seio da disciplina. Busca-se "facilitar" a vida do condenado, que pode até cometer um ou outro "deslize" e ainda assim se beneficiar com a antecipação de sua liberdade. Somente poderia voltar ao convívio social aquele que se comportar adequadamente na cadeia. Se o apenado sequer tem bom comportamento na cadeia (apenas "satisfatório", quem sabe aquele que evita liderar rebeliões), como esperar que o tenha na vida em sociedade? A única razão para tal modificação liberalizante seria aliviar a superpopulação carcerária por via de uma medida que implica deturpação do sistema da execução penal, na qual a amenização/encurtamento das penas passa a ser a regra, não a exceção.

Era e é, nessa perspectiva, uma incongruência a lei pedir apenas comportamento satisfatório ao condenado para lhe conceder o direito de sair às ruas antes de cumprida sua pena. E a nova lei, coerententemente, trouxe como novo requisito, para concessão de livramento condicional, ao lado do bom comportamento, o não cometimento de falta grave nos últimos doze meses. Mesmo quando a lei usava a questionável expressão "comportamento satisfatório" do executado, a ausência da prática de falta grave era, obviamente, um requisito implícito para concessão do livramento condicional, uma vez que quem lidera rebeliões ou foge não pode ser caracterizado como portador de comportamento compatível com a soltura antecipada. Nesse sentido, a nova Lei, como este autor, discorda da Súmula n. 441 do STJ ("A falta grave não interrompe o prazo para obtenção de livramento condicional"), acatando a posição da Primeira Turma do STF, que, em aresto da relatoria do Ministro Marco Aurélio (mencionado no tópico seguinte, Jurisprudência), decidiu que a falta grave faz o prazo do livramento ser reiniciado. A falta grave, como aponta Regis Prado (PRADO, Luiz Regis. *Curso de direito penal brasileiro*, 2005, p. 709), é incompatível com sua concessão.

Observo que grande parte das discussões judiciais em varas de execuções penais acerca dos livramentos condicionais (basta conferir os repertórios jurisprudenciais) se dava em torno da existência ou não da configuração dos anteriores (da reforma de 1984) requisitos do inciso III do art. 83 do CP quando da prática de falta grave recente por parte do apenado.

Ou seja: como a falta grave não era prevista expressamente como requisito negativo para a concessão, e como bastava o "comportamento satisfatório" para se obter o livramento, nascia, no meio desse limbo entre a inexistência dessa negatividade que deveria ter sido imposta pela realidade (previsão da falta grave) e essa assertividade negada pelo legislador (dever-se-ia prever o bom comportamento), a perda de horas e muito dinheiro público nos tribunais discutindo-se quem deveria ser beneficiado com livramento condicional ou não, quando a solução era, na verdade, simples. Quem comete falta grave não pode ser solto antecipadamente. A nova lei, creio, vai mostrar o acerto dessa afirmação simples.

O requisito da reparação do dano (inciso IV) deve ser exigido com rigor. O raciocínio é o mesmo: a antecipação da liberdade deve ser a exceção, não a regra. Se mais não fosse, também a essa conclusão se deveria chegar em razão do tratamento secundário a que a vítima sempre foi relegada em nosso direito (REALE JÚNIOR, op. cit., 2002, v. 1, p. 142).

Discordamos daqueles que propugnam que a apresentação do atestado de pobreza seria suficiente para o réu se eximir do pagamento, pois a situação é, por exemplo, em tudo diversa daquele que obtém a gratuidade da Justiça, de acordo com a Lei n. 1.060/50. Na gratuidade, o Estado arca com o ônus de suportar o custo do processo em razão da ausência de recursos do litigante. Já na reparação do dano, temos situação na qual ocorreu um crime, uma vítima – na maioria das vezes não o Estado – foi lesada em algum bem jurídico, que foi diminuído pela ação criminosa do acusado, e a reparação se nos parece essencial para que liberdade se dê. Pensemos que realmente será estranho que uma vítima, por exemplo, subtraída em quase todo o seu patrimônio de forma violenta, cruze com o réu nas ruas antes do cumprimento de pena porque este simplesmente comprovou ser pobre e, portanto, não pode compensá-la. Aceitar o atestado de pobreza representa realizar cortesia com o bem jurídico alheio: o Estado, bondoso, entende que o réu pode ser livrado condicionalmente porque não pode indenizar não ele, o Estado, mas a vítima. O Estado, então, entende que a vítima, ao menos para a concessão do benefício, pode prescindir de sua indenização. Um adendo somente: se a vítima desiste expressamente de ser ressarcida (não há que se presumir tal desinteresse), deve-se entender que o requisito pode ser considerado cumprido.

A aptidão para o trabalho (art. 83, III, CP), entretanto, não deve ser exigida em uma perspectiva concreta. O condenado não precisa provar a oferta de emprego (ZAFFARONI, Eugenio Raúl; PIERANGELI, J. H. *Manual de direito penal brasileiro*, 2006, p. 688), embora esta seja a situação ideal. Compreende-se esta tolerância, pois se soma à reconhecida dificuldade para egressos em arrumar ocupação a circunstância óbvia de ele encontrar-se encarcerado. Isso porque não se pode presumir que o condenado terá familiares ou amigos do lado de fora do presídio que o ajudarão a conseguir emprego, e o abandono do apenado pelos seus antigos convivas deve ser considerado uma das possibilidades existentes. Já o trabalho dentro do presídio, caso exista, é condição indispensável para a concessão da benesse, já que o preso que, podendo trabalhar, não o faz, manifesta incompatibilidade com a aceitação da condenação e menosprezo pela prática de atividade que indica ressocialização.

Sempre lembrando a excepcionalidade do livramento condicional: deve-se atentar para o fato de que o condenado primário de maus antecedentes não tem direito ao benefício com base no lapso do inciso I do art. 83 do CP (necessário cumprimento de apenas um terço da pena), pelo simples motivo de que essa caracterização não consta do inciso, e entender o contrário significa não optar pela via menos gravosa para o preso, mas desguarnecer a sociedade, criando uma hipótese de concessão de liberdade que inexiste na lei. A subsunção correta do réu primário de maus antecedentes, portanto, ocorre no inciso II do art. 83 do CP (deve ser cumprida metade da pena), na falta de situação intermediária.

Sobre o inciso V, que exige dois terços de cumprimento de pena para praticantes de crimes hediondos, entendemos que a reincidência específica deve ser averiguada com relação a novel prática de quaisquer crimes hediondos. Isso porque a Lei n. 8.072/90 teve, antes de tudo, uma finalidade equalizadora, a de estabelecer uma paridade valorativa negativa entre crimes de máxima gravidade. Nesses termos, não há por que se diferenciar entre o rol dos crimes hediondos para se aferir a existência de reincidência.

Parece digna de menção a introdução, pela Lei n. 13.344/2016 (*DJe* 07.10.2016), do crime de tráfico de pessoas no pouco nobre rol dos crimes que necessitam de dois terços de cumprimento da pena para concessão do livramento condicional. Tal se dá pois esse crime tem aumentada sua incidência no mundo todo, certamente ante o notório momento histórico de fenômenos migratórios de grandes proporções que vivemos. O próprio conceito de "fenômeno migratório" pressupõe liberdade na escolha de mudança de país que o emigrante tem em vista. Mas o crescimento desse fenômeno legal muitas vezes, na prática, não se divorcia da entrada ilegal de pessoas em determinados países, ingresso esse feito pelos traficantes de pessoas. Daí a importância desta modificação legislativa.

Assevere-se que a realização de exame criminológico continua como uma faculdade do juízo, que, recomenda-se, deve ser feita, especialmente com relação aos condenados pelos crimes mais graves, como, aliás, já indica o parágrafo único do art. 83.[91]

91 Deve-se frisar, entretanto, que "A autoridade judiciária não fica, porém, subordinada a esse parecer. Pode decidir contra ele, concedendo ou negando o livramento. A lei confere ao Juiz essa função precisamente porque se trata de decidir e não apenas de reconhe-

Ainda, é de se mencionar que não se pode concordar com a prática de algumas varas de execuções penais de conceder-se *livramento condicional cautelar* enquanto se aguardava o parecer do Conselho Penitenciário nos pedidos de progressão para o regime aberto. O motivo da concessão era o de fixar uma posição intermediária, pois, como inexistiam (e continuam a inexistir) casas do albergado, a concessão da progressão para o regime aberto implicaria, na prática, em uma *prisão domiciliar*, eufemismo para a completa liberação do condenado sem quaisquer medidas de controle por parte da autoridade pública (esse outro problema, extenso demais para ser tratado aqui). Pois bem: se, mesmo depois do condenado já ter cumprido o lapso necessário à progressão, o parecer do Conselho Penitenciário demora a chegar, a falha do Estado pode ser suprida com a colocação imediata do réu em regime aberto, não com a concessão de livramento condicional fora das hipóteses legais, medida esta mais gravosa que a do regime aberto, malgrado opinião contrária do STJ (*v.* tópico seguinte).

Por fim, uma modificação importante feita pela Lei n. 13.964/2019, sancionada pelo Presidente da República em 24.12.2019, quanto ao livramento condicional. Há um nova redação que, a rigor, deveria constar do já referido art. 83 do CP: fica vedada a concessão do benefício a quem pratique crime por integrar organização criminosa ou simplesmente por ter participado de crime praticado por tal organização, se houver "elementos probatórios que indiquem a manutenção do vínculo associativo". Essa modificação foi feita por acréscimo, um novo § 9º ao art. 2º da Lei n. 12.850/2013, que tipifica os crimes praticados por organizações criminosas.

2. JURISPRUDÊNCIA

2.1. Julgados

Agravo regimental em execução. Livramento condicional. Comprovação dos requisitos subjetivos. Desprovimento do agravo interposto pelo Ministério Público Federal. 1. O pedido de livramento condicional formulado pela defesa do executado atende os requisitos objetivos e subjetivos indispensáveis, conforme a disciplina normativa extraída do art. 83 do Código Penal. 2. As circunstâncias concretas do caso justificam a impossibilidade do desempenho de atividades laborativas pelo apenado, em face das doenças relatas e comprovadas nos autos em Perícia Judicial pelo Instituto de Medicina Social e de Criminologia de São Paulo (IMESC). 3. À míngua de atos documentados nos autos que desabonem o histórico do apenado, não há motivo suficiente para glosar o requisito subjetivo do "bom comportamento durante a execução da pena". 4. As informações dos autos não deixam dúvida sobre a aptidão do executado para "prover a própria subsistência". 5. Muito embora o livramento condicional seja a última etapa do cumprimento progressivo da pena, possui requisitos, procedimento e condições específicos. 6. Em recente manifestação, a defesa técnica comprovou nos autos o pagamento integral da pena de multa. 7. À luz do conjunto normativo e natureza jurídica do livramento condicional, compreendo que estão colmatados os requisitos subjetivos e objetivos. 8. Agravo regimental desprovido. (STF, EP n. 29 LivramCond-Ag. Reg., Pleno, rel. Edson Fachin, j. 13.02.2023, *DJe*-028 16.02.2023)

Livramento condicional – requisitos subjetivos – extensão temporal para aferição

Habeas corpus. Direito penal e processual penal. Execução penal. Bom comportamento carcerário. Indeferimento. Livramento condicional. Ausência de constrangimento ilegal. Reexame do conjunto fático-probatório. Inviabilidade. 1. O magistrado de primeiro grau, ao examinar as condições subjetivas do sentenciado, utiliza o atestado de comportamento carcerário apenas como subsídio para formação de sua convicção. Precedentes. 2. As inúmeras infrações disciplinares de natureza grave praticadas pelo paciente, no curso da execução, evidenciam comportamento insatisfatório para o preenchimento do requisito subjetivo necessário à concessão do livramento condicional. Precedentes. 3. Para incursão mais aprofundada na matéria, imprescindíveis o reexame e a valoração de fatos e provas, para o que não se presta a via eleita. Precedente. 4. Ordem denegada. (STF, *HC* n. 126.232, 1ª T., rel. Min. Rosa Weber, j. 17.03.2015, *DJe* 07.04.2015)

Agravo regimental no *habeas corpus*. Execução penal. Livramento condicional. Faltas graves. Ausência de requisito subjetivo. Limitação do período de aferição. Inexistência. Constrangimento ilegal não evidenciado. Agravo regimental desprovido. 1. A teor do disposto no art. 83 do Código Penal, o livramento condicional será deferido aos condenados com pena privativa de liberdade superior a 2 anos, desde que atendidos determinados requisitos objetivos e subjetivos, constituindo estes na comprovação de comportamento satisfatório durante a execução da pena, a saber, observância das obrigações que lhe foram impostas, bom desempenho

cer automaticamente, em face dos informes, o direito ao livramento" (BRUNO, Aníbal. *Direito penal*: Parte Geral, 1967, t. III, p. 186).

no trabalho que lhe fora atribuído e aptidão para prover a própria subsistência mediante trabalho honesto. 2. Segundo entendimento fixado por esta Corte, não se aplica limite temporal para a análise do preenchimento do requisito subjetivo, devendo ser considerado todo o período de execução da pena, a fim de se averiguar o mérito do apenado. Precedentes. 3. Desse modo, no caso concreto, o cometimento de 12 (doze) faltas graves durante a execução penal é causa suficiente para o indeferimento do benefício legal, consoante exposto no art. 83, III, do Código Penal. 4. Para se modificar os fundamentos utilizados pelas instâncias ordinárias quanto ao preenchimento do requisito subjetivo do paciente, mostra-se necessário o reexame de matéria fático-probatória, providência inadmissível na via estreita do *habeas corpus*. 5. Agravo regimental a que se nega provimento. (STJ, Ag. Reg. no *HC* n. 533.069 (2019.02.73567-4), 5ª T., rel. Min. Ribeiro Dantas, *DJe* 30.10.2019)

Livramento condicional. Prática de crimes durante o cumprimento

Agravo de Execução. Indeferimento do indulto com base no Decreto n. 8.615/2015. Prática de novo crime enquanto em livramento condicional. Abandono de cumprimento de pena e prisão em flagrante. Unificação de penas. Interrupção do lapso. Ausência do requisito objetivo. Recurso improvido. (TJSP, Ag. de Exec. Penal n. 9000274-16.2017.8.26.0032, 5ª Câm. de Direito Criminal, rel. Damião Cogan, Foro de Araçatuba – 2ª Vara das Execuções Criminais e Anexo da Infância e da Juventude, j. 21.09.2017, registro 22.09.2017)

Direito penal. Prática de crime durante livramento condicional. O cometimento de crime durante o período de prova do livramento condicional não implica a perda dos dias remidos. Isso porque o livramento condicional possui regras distintas da execução penal dentro do sistema progressivo de penas. Assim, no caso de revogação do livramento condicional que seja motivada por infração penal cometida na vigência do benefício, aplica-se o disposto nos arts. 142 da Lei n. 7.210/84 (LEP) e 88 do CP, os quais determinam que não se computará na pena o tempo em que esteve solto o liberado e não se concederá, em relação à mesma pena, novo livramento. A cumulação dessas sanções com os efeitos próprios da prática da falta grave não é possível, por inexistência de disposição legal nesse sentido. Desse modo, consoante o disposto no art. 140, parágrafo único, da LEP, as penalidades para o sentenciado no gozo de livramento condicional consistem em revogação do benefício, advertência ou agravamento das condições. Precedentes citados: REsp n. 1.101.461/RS, 6ª T., *DJe* 19.02.2013; e Ag. Reg. no REsp n. 1.236.295/RS, 5ª T., *DJe* 02.10.2013. (STJ, *HC* n. 271.907/SP, 6ª T., rel. Min. Rogerio Schietti Cruz, j. 27.03.2014)

Prática de falta grave inviabiliza concessão de benefício

Agravo regimental no recurso ordinário em *habeas corpus*. Execução penal. Pretensão de livramento condicional. Ausência do requisito subjetivo. Prática de falta grave. Comportamento regular. Negativa fundamentada. Precedentes. Inexistência de impugnação específica dos fundamentos da decisão agravada. Reiteração dos argumentos: inviabilidade. Precedentes. Agravo regimental desprovido. (STF, RHC n. 217.448 Ag. Reg., 1ª T., rel. Min. Cármen Lúcia, j. 29.08.2022, *DJe*-173 31.08.2022)

Agravo regimental no recurso ordinário em *habeas corpus*. Livramento condicional indeferido pelo juízo de primeiro grau. Comportamento insatisfatório durante a execução da pena. Cometimento de faltas graves pelo recorrente. Inteligência do art. 131 da LEP, combinado com o art. 83, III, do Código Penal. Reiteração dos argumentos expostos na inicial que não infirmam os fundamentos da decisão agravada. Agravo regimental a que se nega provimento. I – O art. 131 da Lei de Execução Penal – LEP determina que o livramento condicional "poderá ser concedido pelo Juiz da execução, presentes os requisitos do art. 83, incisos e parágrafo único, do Código Penal, ouvidos o Ministério Público e Conselho Penitenciário". II – No caso, o indeferimento do benefício deu-se em razão do cometimento de 11 (onze) faltas graves pelo recorrente durante o período de execução, todas consistentes em evasão do sistema penitenciário. III – O entendimento que orientou as decisões das instâncias ordinárias e do STJ encontra-se consonante com a jurisprudência do Supremo Tribunal Federal, firmada no sentido de que a modificação legislativa não afastou a necessidade de comprovação do comportamento satisfatório durante a execução da pena previsto no art. 83, III, do Código Penal. IV – O presente recurso contém apenas a reiteração dos argumentos de defesa anteriormente expostos, sem, no entanto, revelar quaisquer elementos capazes de afastar as razões decisórias por mim proferidas. V – Agravo regimental a que se nega provimento. (STF, RHC n. 213.685 Ag. Reg., 2ª T., rel. Min. Ricardo Lewandowski, j. 09.05.2022, *DJe*-094 17.05.2022)

Falta grave interrompe contagem de lapso para concessão do benefício

Habeas corpus. Execução penal. Livramento condicional. Cometimento de falta grave. Interrupção da contagem do lapso temporal para concessão do benefício. Ausência de comportamento satisfatório durante a execução da pena. Não preenchimento dos requisitos. Fundamentação idônea para a revogação do livramento condicional. Ordem denegada. I – A jurisprudência pacífica deste Supremo Tribunal Federal também opera no sentido de que a prática de falta grave no decorrer da execução penal interrompe o prazo para concessão de progressão de regime, reiniciando-se, a partir do cometimento da infração disciplinar grave, a contagem do prazo para que o condenado possa pleitear novamente o referido benefício executório. Precedentes. II – Admite-se a aplicação retroativa da alteração do art. 127 da Lei de Execuções Penais, pela Lei n. 12.433/2011, para limitar a revogação dos dias remidos à fração de um terço, mantendo a previsão de reinício da contagem do prazo para a obtenção de benefícios. III – A modificação legislativa não afastou a necessidade de comprovação do comportamento satisfatório durante a execução da pena prevista no art. 83, III, do Código Penal, inocorrente no caso em exame, pela falta grave cometida pelo paciente. IV – Ordem denegada. (STF, *HC* n. 136.376, 2ª T., rel. Min. Ricardo Lewandowski, j. 18.04.2017, *DJe* 02.05.2017)

Habeas corpus. Execução penal. Progressão ao regime semiaberto. Prática de falta disciplinar de natureza grave. Interrupção do lapso temporal para fins de benefícios. Reinício da contagem de prazo para a concessão do benefício de progressão de regime prisional. Admissibilidade. Precedentes do STJ. Ordem denegada. (TJSP, *HC* n. 0006666-90.2018.8.26.0000, 11ª Câm. de Direito Criminal, rel. Salles Abreu, Foro de Bauru – Vara das Execuções Criminais, j. 04.04.2018, registro 05.04.2018)

Livramento condicional. Falta grave na execução da pena. Art. 83, III, do CP. Ante a exigência de ter-se comportamento satisfatório durante a execução da pena para chegar-se ao livramento condicional – inciso III do art. 83 do CP –, ocorre como consequência do cometimento de falta grave nova contagem do período de cumprimento da pena previsto no citado artigo. (STF, *HC* n. 100.062/SP, 1ª T., rel. Min. Marco Aurélio, j. 06.05.2010)

Falta grave autoriza suspensão cautelar do benefício

Agravo de execução interposto pela defesa, contra decisão que, tendo em vista a prática de novo crime no curso do período de prova do benefício, manteve a sustação cautelar do livramento condicional. Não acolhimento. O cometimento de nova infração penal no curso do livramento é circunstância bastante para a suspensão cautelar do livramento condicional. Precedentes. Decisão que se afigura correta e inserida dentro do poder cautelar conferido ao Juiz da VEC. Art. 145 da LEP. Recurso não provido. (TJSP, Ag. de Exec. Penal n. 9002170-06.2018.8.26.0050, 9ª Câm. de Direito Criminal, rel. Sérgio Coelho, Foro Central Criminal Barra Funda – 5ª Vara das Execuções Criminais, j. 06.09.2018, registro 14.09.2018)

Realização de exame criminológico para concessão possível é recomendável

Agravo em execução. Livramento condicional. Indeferimento pela ausência de requisito subjetivo. Defesa sustenta, em síntese, o preenchimento dos requisitos legais exigidos. Impossibilidade de concessão. Não é possível aferir com segurança o preenchimento do requisito subjetivo. Suposto preenchimento do requisito subjetivo amparado tão somente por boletim de bom comportamento carcerário. Sentenciado que ostenta duas condenações por crimes graves, um deles equiparado a hediondo, além de ter registrado 03 (três) faltas graves ao longo da execução da pena. Em que pese reabilitadas, não recomendam concessão prematura do benefício pleiteado. Ausência de exame criminológico atualizado. Agravo improvido. (TJSP, Ag. de Exec. Penal n. 7000993-40.2017.8.26.0482, 9ª Câm. de Direito Criminal, rel. Andrade Sampaio, Foro de Presidente Prudente – 2ª Vara das Execuções Criminais, j. 14.06.2018, registro 19.06.2018)

Execução penal. *Habeas corpus*. Concessão de livramento condicional com esteio apenas no atestado de bom comportamento carcerário. Execução da pena de 46 (quarenta e seis) anos, 8 (oito) meses e 5 (cinco) dias de reclusão. Crimes de tráfico de drogas, roubo e furto qualificados e histórico de fuga e crimes dolosos praticados com violência e grave ameaça à pessoa no curso da execução penal. Agravo em execução provido para cassar o benefício. Acórdão mantido pelo STJ. Exame criminológico: silêncio da lei. Jurisprudência do STF. 1. A Lei n. 10.792/2003 deu nova redação ao art. 112 da Lei n. 7.210/84 da LEP, excluindo a previsão de exame criminológico para a obtenção da progressão de regime, livramento condicional, indulto e comutação de penas. 2. *O silêncio da Lei a respeito da obrigatoriedade do exame criminológico não inibe o juízo da execução do poder de determiná-lo, desde que fundamentadamente. Isto porque a análise do requisito subjetivo pressupõe a verificação do mérito do condenado, que não está adstrito ao "bom comportamento carcerário", como faz parecer a literalidade da lei, sob pena de concretizar-se o absurdo de transformar o diretor do presídio no verdadeiro concedente do benefício e o juiz em simples homologador, como assentado na ementa do Tribunal* a quo. Precedentes:

HC n. 105.234/RS, 1ª T., rel. Min. Cármen Lúcia, *DJ* 21.03.2011; *HC* n. 106.477/RS, 1ª T., rel. Min. Dias Toffoli, *DJ* 19.04.2011; e *HC* n. 102.859/SP, 2ª T., rel. Min. Joaquim Barbosa, *DJ* 01.02.2010. 3. *In casu*, o paciente cumpre pena de 46 (quarenta e seis) anos, 8 (oito) meses e 5 (cinco) dias de reclusão por crimes de tráfico de drogas, roubo e furto qualificado, com previsão de término em 5 de novembro de 2019, e há notícia nos autos de fugas e cometimento de crimes dolosos com violência e grave ameaça à pessoa durante o curso da execução da pena, circunstâncias que recomendam a realização do exame criminológico para concluir-se pelo retorno, ou não, ao convívio social. 4. Ordem denegada. (STF, *HC* n. 110.306/RS, 1ª T., rel. Min. Luiz Fux, j. 19.06.2012; grifo nosso)

Livramento condicional: concessão "cautelar"

Habeas corpus. Execução penal. Impetração contra decisão que indeferiu pedido de indulto a paciente que faz jus à progressão de regime e livramento. Utilização do remédio heroico como substitutivo de Agravo em Execução Penal. Conhecimento do *writ*, ressalvado posicionamento contrário desta Relatoria. Na questão de fundo, concessão do livramento condicional, com as condições impostas pelo Juízo das Execuções. Ordem concedida. (TJSP, *HC* n. 2056374-12.2017.8.26.0000, 2ª Câm. de Direito Criminal, rel. Silmar Fernandes, Sorocaba/DEECRIM UR10 – Unidade Regional de Departamento Estadual de Execução Criminal DEECRIM 10ª RAJ, j. 08.05.2017, registro 23.05.2017)

Livramento condicional e falta grave – interrupção de prazo

Direito penal. Prática de falta grave e livramento condicional. Recurso repetitivo (art. 543-C do CPC e Res. n. 8/2008-STJ). A prática de falta grave não interrompe o prazo para a obtenção de livramento condicional. Aplica-se, nessa situação, o entendimento consagrado na Súmula n. 441 do STJ. (STJ, REsp n. 1.364.192/RS, 3ª S., rel. Min. Sebastião Reis Júnior, j. 12.02.2014)

Soma de penas

Art. 84. As penas que correspondem a infrações diversas devem somar-se para efeito do livramento.

---

1. COMENTÁRIO

O artigo é autoexplicativo, pois o livramento somente pode ser concedido a partir de um determinado *quantum* de pena (dois anos) e para tanto dever-se-ão considerar todas aquelas existentes no momento da decisão sobre a concessão da benesse. E temos o reverso da medalha: este lapso – somado – também será considerado para aferição das frações pelas quais o livramento condicional pode ser concedido, depois de satisfeito o requisito mínimo de pena de dois anos.

2. JURISPRUDÊNCIA

2.1. Julgados

Livramento. Concurso de crimes. Crime hediondo. Unificação de penas. Concurso de infrações

Agravo regimental no *habeas corpus*. Art. 76 do CP. Execução. Delito comum e hediondo. Penas da mesma espécie (reclusão). Ausência de reprimenda mais grave. Agravo regimental não provido. 1. A teor da jurisprudência desta Corte, em situação de condenações por crimes diversos, a duas ou mais sanções de reclusão, apesar da exigência, em relação ao crime hediondo, de prazos maiores para a progressão de regime e o livramento condicional, não há falar em pena mais grave em razão da natureza do delito e, por isso, não incide a regra do art. 76 do CP. 2. Agravo regimental não provido. (STJ, Ag. Reg. no *HC* n. 604.920/MS, 6ª T., rel. Min. Rogério Schietti Cruz, j. 22.09.2020, *DJe* 30.09.2020)

Unificação de penas e critérios

Agravo regimental no *habeas corpus*. Execução. Livramento condicional. Termo inicial para concessão do benefício. Data da prisão em flagrante. Inviabilidade. Data da última prisão. Início do cumprimento de pena. 1. De acordo com entendimento desta Corte, no caso de unificação de penas, ou de crime único, deve ser considerada para obtenção de futuros benefícios carcerários a data da última prisão, sob pena de se proclamar como pena efetivamente cumprida o período em que ele permaneceu em liberdade. 2. No caso, o recorrente foi preso em flagrante no dia 10.06.2010, sendo-lhe concedida a liberdade provisória em 12.07.2010. Em 14.07.2014 foi preso novamente para dar início ao cumprimento da penal. 3. Agravo regimental improvido. (STJ, Ag. Reg. no *HC* n. 750.905/GO, 6ª T., rel. Min. Jesuíno Rissato (Des. convocado do TJDFT), j. 07.02.2023, *DJe* 10.02.2023)

Crimes comum e hediondo. Superveniência de condenação. Revogação de livramento condicional

Penal. Processual penal. *Habeas corpus*. Pedidos supervenientes da defensoria pública. Não conhecimento. Supressão de instância. Nova condenação penal. Revogação do benefício do livramento condicional e regressão de regime. Possibilidade. Art. 86 do Código Penal e arts. 111 e 118 da Lei de Execução Penal. Impetração parcialmente conhecida e, nessa extensão, ordem denegada. I – Os pedidos supervenientes feitos pela Defensoria Pública Federal, após ser intimada para atuar no feito, não foram objeto de exame pelo Superior Tribunal de Justiça e o seu conhecimento por esta Corte levaria à indevida supressão de instância e ao extravasamento dos limites de competência do STF descritos no art. 102 da Constituição Federal. II – A superveniência de condenação penal transitada em julgado, com imposição de pena privativa da liberdade, é causa de revogação obrigatória do livramento condicional, sendo irrelevante que a nova condenação se refira a fato anterior à vigência do livramento (art. 86 do Código Penal e arts. 140 e 141 da Lei de Execução Penal). III – A regressão ao regime fechado, considerada a soma das duas penas, tem suporte nos arts. 111, parágrafo único, e 118, II, da Lei de Execução Penal. IV – Impetração conhecida em parte e, nessa extensão, ordem denegada. (STF, *HC* n. 117.201, 2ª T., rel. Min. Ricardo Lewandowski, j. 04.02.2014, *DJe* 17.02.2014) Sobrestamento da execução anterior, para desconto da pena mais grave, com início na data do respectivo flagrante. Atualização do cálculo, considerada a data da última prisão.

Decisão que se sustenta. Exegese do art. 76 do CP. Precedentes. Recurso desprovido. (TJSP, Ag. de Exec. Penal n. 9002394-41.2018.8.26.0050, 4ª Câm. de Direito Criminal, rel. Ivan Sartori, Foro Central Criminal Barra Funda – 5ª Vara das Execuções Criminais, j. 06.11.2018, registro 13.11.2018)

Habeas corpus. Execução penal. Concessão de livramento condicional. Condenação a crimes hediondos e comuns. Continuidade delitiva. Elaboração de cálculo diferenciado. Pretensão legítima. Constrangimento ilegal não verificado no caso concreto. Ordem denegada. 1. Na execução simultânea de condenação por delito comum e outro hediondo, ainda que reconhecido o concurso material, formal ou mesmo a continuidade delitiva, é legítima a pretensão de elaboração de cálculo diferenciado para fins de verificação dos benefícios penais, não devendo ser aplicada qualquer outra interpretação que possa ser desfavorável ao paciente. 2. No caso concreto, embora legítima a pretensão do impetrante, não se verifica o alegado constrangimento ilegal na elaboração do cálculo da pena sem a devida diferenciação das sanções aplicadas, por ser esta a situação mais favorável ao paciente. 3. *Habeas corpus* denegado. (STJ, *HC* n. 134.868/RJ, 5ª T., rel. Min. Marco Aurélio Bellizze, j. 15.03.2012)

3. OBSERVAÇÕES

A nosso ver, o acórdão acima, ao permitir, mesmo que em tese, que se realizem dois cálculos separados da execução (com relação aos quais, lógico, as frações de cumprimento serão menores e o livramento condicional virá mais fácil), sendo um deles para verificação de concessão de livramento condicional, colide frontalmente com o que dispõe o art. 84, que exatamente para evitar essa situação previu o somatório para fins de subsunção nas frações previstas nos incisos do art. 83.

Especificações das condições

Art. 85. A sentença especificará as condições a que fica subordinado o livramento.

1. COMENTÁRIO

Este artigo deve ser interpretado de forma conglobante com a LEP, que traz as condições obrigatórias no § 1º do art. 132 (obtenção de trabalho, comunicação periódica ao juízo deste labor e não se mudar para outra comarca sem autorização do juízo) e as facultativas no mesmo artigo, mas em seu § 2º (não mudar de residência sem autorização – aqui, lógico, se trata de hipótese de mudança dentro da comarca –, recolhimento noturno com hora estipulada e proibição de frequentar determinados lugares).

2. JURISPRUDÊNCIA

2.1. Julgado

Condições especiais devem atender razoabilidade

Agravo regimental em *habeas corpus* substitutivo de recurso próprio. Execução penal. Imposição de condições especiais para o cumprimento de pena em livramento condicional, que desbordam das condições gerais previstas no art. 132 da LEP. Ausência de fundamentação relacionada ao caso específico do executado. Ilegalidade das condições especiais. Agravo regimental desprovido. 1. A jurisprudência desta Corte tem se orientado no sentido de que "É lícito que o magistrado, observando as particularidades do caso concreto, fixe condições especiais, além das gerais e obrigatórias, para o cumprimento da pena em regime aberto, podendo também, modificar as condições já estabelecidas, desde que as circunstâncias recomendem a alteração". (REsp n. 1.649.771/SC, rel. Min. Maria Thereza de Assis Moura, 6ª T., j. 01.03.2018, *DJe* 12.03.2018.) 2. Isso não obstante, a criação de regra que destoe das condições gerais e obrigatórias previstas no art. 132 da LEP pressupõe, necessariamente, seja a imposição acompanhada de fundamentação que justifique adequadamente a adequação da restrição imposta ao executado à sua situação concreta. 3. No caso concreto, as informações prestadas pelo Juízo das execuções da Comarca de Guaxupé/

MG deixam claro que as condições especiais foram implementadas tendo em conta descumprimentos das anteriores regras gerais fixadas para o livramento condicional ocorridos na Comarca, mas não relacionados ao paciente. 4. De consequência, forçoso reconhecer a ilegalidade das condições especiais, visto que o Juízo das execuções deixou de demonstrar, fundamentadamente, a necessidade, adequação e proporcionalidade da medida com relação ao comportamento carcerário do apenado, não a individualizando diante das particularidades do caso concreto e, em consequência, não apresentando motivação válida para a sua imposição. Precedentes desta Corte que examinaram situação em tudo semelhante à posta nos autos e também concluíram pela ilegalidade das condições especiais para o livramento condicional: *HC* n. 756.314/MG, rel. Min. Jesuíno Rissato (Des. convocado do TJDFT), *DJe* 18.08.2022; *HC* n. 753.946/MG, rel. Min. João Otávio de Noronha, *DJe* 09.08.2022; *HC* n. 752.402/MG, rel. Min. Ribeiro Dantas, *DJe* 01.07.2022. 5. Agravo regimental do Ministério Público Federal ao qual se nega provimento. (STJ, Ag. Reg. no *HC* n. 749.408/MG, 5ª T., rel. Min. Reynaldo Soares da Fonseca, j. 27.09.2022, *DJe* 04.10.2022)

Revogação do livramento

Art. 86. Revoga-se o livramento, se o liberado vem a ser condenado a pena privativa de liberdade, em sentença irrecorrível:

I – por crime cometido durante a vigência do benefício;

II – por crime anterior, observado o disposto no art. 84 deste Código.

---

1. COMENTÁRIO

A revogação obrigatória ocorre quando o liberto é condenado por prática de crime durante a vigência do livramento ou anterior à sua concessão (art. 86, CP). A primeira questão que se põe diz respeito à prática de crime cometido depois de concedido o livramento condicional e antes de sua efetiva liberação. Está assentado que tal cometimento não leva à revogação do benefício. No entanto, nos parece cristalino que, neste caso, o condenado não demonstra ser merecedor do benefício que acabou de receber e que este deve, portanto, ser revogado. Para evitar qualquer discussão quanto à legalidade da revogação, entretanto, é de bom alvitre ao magistrado da execução penal fixar o não cometimento de crime neste interstício como condição para a soltura, em interpretação que decorre logicamente da observação do art. 87 do CP. Quanto às diferenças das situações de crimes cometidos antes e durante a vigência do livramento remetemos a nossos comentários do art. 88.

2. JURISPRUDÊNCIA

2.1. Súmula

Súmula n. 617, STJ: "A ausência de suspensão ou revogação do livramento condicional antes do término do período de prova enseja a extinção da punibilidade pelo integral cumprimento da pena".

2.2. Julgados

Livramento condicional. Nova condenação. Somatório das penas

Execução penal. *Habeas corpus*. Prisão domiciliar. Supressão de instância. Livramento condicional. Nova condenação por crime anterior. Revogação do benefício. Unificação das penas. Alteração da data-base. Regressão de regime. Constrangimento ilegal não evidenciado. Ordem parcialmente conhecida e, nessa extensão, denegada. I. Sobressai a incompetência deste STJ para a análise da impetração, quando a matéria de fundo, alegada no *mandamus*, não foi objeto de debate e decisão pelo Tribunal *a quo*, sob pena de indevida supressão de instância. II. A jurisprudência desse STJ tem afirmado seu entendimento no sentido de que, com a superveniência de nova condenação definitiva, o prazo para a concessão dos benefícios da execução penal passa a ser calculado com o somatório das penas que restam a ser cumpridas. III. Se a unificação das reprimendas tornou incabível a manutenção do paciente no livramento condicional, há que ser reiniciada a contagem do prazo para a concessão dos benefícios da execução a partir da data do novo recolhimento do condenado. Inteligência dos arts. 111, parágrafo único, e 118, II, da LEP e art. 88 do CP. IV. Hipótese na qual deve ser ressalvada a circunstância do crime ter sido cometido antes do início do cumprimento da reprimenda, devendo o prazo que o apenado permaneceu no gozo do benefício ser considerado como pena efetivamente cumprida. V. Ordem parcialmente conhecida e, nessa extensão, denegada. (STJ, *HC* n. 184.236/RS, 5ª T., rel. Min. Gilson Dipp, j. 01.03.2012)

Oitiva obrigatória antes de revogação

Agravo regimental em *habeas corpus*. Execução penal. Livramento condicional. Descumprimento de condição. Revogação. Prévia manifestação da defesa técnica em audiência. Observância. Ausência de nulidade. Fatos que implicaram o descumprimento das condições impostas ao paciente para usufruir do benefício. Reexame. Matéria fático-probatória. Inviabilidade da via eleita. Precedentes. Agravo regimental não provido. 1. Segundo a firme jurisprudência do Supremo Tribunal

Federal, a audiência prévia é indispensável quando for o caso de revogação definitiva do livramento condicional (*v.g. HC* n. 163.096/PR, 1ª T., rel. Min. Marco Aurélio, *DJe* 18.09.2019). Esse entendimento foi observado no caso, conforme foi reconhecido nos autos. 2. Se as instâncias ordinárias, soberanas na análise da prova, concluíram que o paciente descumpriu as condições impostas para usufruir do benefício, para se chegar a uma conclusão diversa da delas, necessário seria o reexame de fatos e provas, o qual o *habeas corpus* não comporta. Precedentes. 3. Agravo regimental a que se nega provimento. (STF, *HC* n. 204.033 Ag. Reg., 1ª T., rel. Min. Dias Toffoli, j. 23.08.2021, *DJe*-199 publ. 06.10.2021)

Livramento condicional. Prática de crimes durante o cumprimento

Veja o seguinte acórdão no art. 83: STJ, *HC* n. 271.907/SP, 6ª T., rel. Min. Rogerio Schietti Cruz, j. 27.03.2014.

Revogação facultativa

Art. 87. O juiz poderá, também, revogar o livramento, se o liberado deixar de cumprir qualquer das obrigações constantes da sentença, ou for irrecorrivelmente condenado, por crime ou contravenção, a pena que não seja privativa de liberdade.

1. COMENTÁRIO

Aqui, neste artigo, devemos interpretar como desobediência aquela relativa às condições ditas facultativas pelo art. 132, § 2º, da LEP e já descritas anteriormente, quando dos comentários sobre o art. 85. Já a revogação por cometimento de crime que não implique pena privativa de liberdade exige extrema razoabilidade do julgador, pois se a infração não merece pena de prisão, em princípio não se antagonizaria, com a manutenção do acusado em liberdade, permitindo-a, pois. Mas pode ocorrer que o crime em questão revele aspectos da personalidade do réu que o incompatibilizem com o livramento condicional. Isso tudo, somente o caso concreto poderá apontar.

É de se constar, ainda, que há hipótese de suspensão cautelar do benefício no caso de cometimento de crime durante o período de prova do livramento (art. 145, LEP), mas tal situação não existe no caso de descumprimento das condições a que alude este art. 87. Nesse caso, necessária será a oitiva prévia do condenado antes de qualquer decisão judicial.

2. JURISPRUDÊNCIA

2.1. Julgados

Livramento condicional. Descumprimento das condições impostas

Agravo regimental no recurso especial. Execução penal. Livramento condicional. Descumprimento das obrigações. Revogação facultativa do benefício. Art. 87 do Código Penal. Lapso temporal no período de prova não considerado como tempo de pena cumprida. Arts. 141 e 142 da Lei de Execução Penal. Agravo não provido. 1. O art. 87 do Código Penal dispõe que o juiz poderá, também, revogar o livramento, se o liberado deixar de cumprir qualquer das obrigações constantes da sentença, ou for irrecorrivelmente condenado, por crime ou contravenção, a pena que não seja privativa de liberdade. Revogação facultativa. 2. O art. 141 da Lei de Execução Penal estabelece que se a revogação for motivada por infração penal anterior à vigência do livramento, computar-se-á como tempo de cumprimento da pena o período de prova, sendo permitida, para a concessão de novo livramento, a soma do tempo das 2 (duas) penas. Por seu turno, o art. 142 do mesmo diploma legal reza que, no caso de revogação por outro motivo, não se computará na pena o tempo em que esteve solto o liberado, e tampouco se concederá, em relação à mesma pena, novo livramento. 3. Esta Corte Superior de Justiça possui entendimento de que na hipótese de revogação do livramento condicional em razão do descumprimento das obrigações constantes da sentença, não se computará como pena cumprida o prazo em que o apenado esteve solto, a teor do art. 142 da Lei de Execução Penal. 4. Agravo regimental não provido. (STJ, Ag. Reg. no REsp n. 1.244.333/RS, 5ª T., rel. Min. Ribeiro Dantas, j. 18.05.2017, *DJe* 26.05.2017)

Execução penal. *Habeas corpus*. Livramento condicional. Descumprimento das condições impostas. Suspensão cautelar do benefício antes da inquirição do condenado. Ausência de previsão legal. Causa de revogação facultativa que não admite a suspensão cautelar. Ordem concedida. I. O livramento condicional deve ser revogado caso o apenado venha a praticar novo crime durante o período de prova (revogação obrigatória) ou caso descumpra injustificadamente as condições impostas (revogação facultativa). II. Na hipótese de prática de novo crime (revogação obrigatória), a LEP (art. 145) prevê a possibilidade de suspensão cautelar do benefício, posto que a revogação depende do aperfeiçoamento da coisa julgada condenatória penal, circunstância que, via de regra, leva tempo e, normalmente, somente ocorre após o escoamento do período de prova. III. Por outro lado, não há previsão legal para a suspensão caso se trate de descumprimento injustificado das condições impostas (revogação facultativa), motivo pelo qual se mostra imprescindível a prévia oitiva do condenado para a deliberação acerca da revogação ou não do benefício. IV. Ademais, como essa hipótese não demanda tempo excessivo (ao contrário da revogação obrigatória, que depende do aperfeiçoamento da coisa julgada condenatória penal), não há razão para a criação de hipótese de suspensão cautelar quando a lei não o fez. V. Ordem concedida. (STJ, *HC* n. 123.040/RJ, 6ª T., rel. Des. Jane Silva, convocada do TJMG, j. 06.02.2009)

Livramento condicional. Mudança de endereço sem autorização é insuficiente para caracterizar falta grave

Direito processual penal. Ilegalidade no reconhecimento de falta grave. A mudança de endereço sem autorização judicial durante o curso do livramento condicional, em descumprimento a uma das condições impostas na decisão que concedeu o benefício, não configura, por si só, falta disciplinar de natureza grave. Com efeito, essa conduta não está prevista no art. 50 da LEP, cujo teor estabelece, em rol taxativo, as hipóteses de falta grave, a saber, as situações em que o condenado à pena privativa de liberdade: a) incitar ou participar de movimento para subverter a ordem ou a disciplina; b) fugir; c) possuir, indevidamente, instrumento capaz de ofender a integridade física de outrem; d) provocar acidente de trabalho; e) descumprir, no regime aberto, as condições impostas; f) inobservar os deveres previstos nos incisos II e V do art. 39 da LEP; e g) tiver em sua posse, utilizar ou fornecer aparelho telefônico, de rádio ou similar, que permita a comunicação com outros presos ou com o ambiente externo. Desse modo, não é possível o reconhecimento da falta grave com fundamento na simples mudança de endereço durante o curso do livramento condicional, sem que evidenciada situação de fuga, sob pena de ofensa ao princípio da legalidade. (STJ, *HC* n. 203.015/SP, rel. Min. Maria Thereza de Assis Moura, j. 26.11.2013)

Efeitos da revogação

Art. 88. Revogado o livramento, não poderá ser novamente concedido, e, salvo quando a revogação resulta de condenação por outro crime anterior àquele benefício, não se desconta na pena o tempo em que esteve solto o condenado.

1. COMENTÁRIO

O art. 88 do CP apresenta redação legislativa insatisfatória, mas quer chegar ao seguinte ponto: no caso de crime cometido anteriormente à concessão do livramento, dever-se-á observar a quantidade de pena que será acrescida à apenação do crime com relação ao qual se concedeu o livramento condicional e, então, feita esta soma, será contrastada com os lapsos temporais (um terço, metade ou dois terços) que constam dos incisos do art. 83 do CP. O motivo para o tratamento diferenciado para os crimes cometidos antes e depois da concessão do livramento parece óbvio, pois o cometimento posterior implica descumprimento dos regramentos da benesse concedida e a condenação por crime anterior, não. Por isso, também, o cometimento de crime anterior ao livramento somente importa *objetivamente* para o legislador: só servirá para verificar se, somado o tempo que sobra para se atingir o final do período de prova com este tempo de apenação (de crime anterior) atingir-se-á o mínimo de dois anos para concessão da benesse e para *encaixe* nos lapsos do art. 83. Por fim, frise-se que o cometimento de crime posteriormente à concessão faz com que o período de prova não seja aproveitável como cumprimento de pena.

2. JURISPRUDÊNCIA

2.1. Julgados

Pena é unificada, mas lapso cumprido não é computado para verificação de frações para nova concessão do benefício

Execução penal. *Habeas corpus*. Superveniência de nova condenação no curso da execução. Unificação das penas. Benefícios prisionais. Alteração da data-base. Termo *a quo*. Trânsito em julgado da nova condenação. 1. Trata-se de hipótese em que, no curso da execução, sobreveio nova condenação. Em casos tais, é operada a unificação das penas, nos termos do art. 111, parágrafo único, da LEP. 2. Conforme orientação desta Corte, a contagem do prazo para a concessão de eventuais benefícios da execução é interrompida e passa a ter por parâmetro a pena unificada, desprezando-se, neste cálculo, o período já cumprido. 3. De ressaltar, entretanto, que a jurisprudência tem considerado como marco interruptivo a data do trânsito em julgado da nova condenação, sendo irrelevante se o crime foi praticado antes ou depois do início da execução da pena. 4. Ordem denegada. (STJ, *HC* n. 181.171/RS, 6ª T., rel. Min. Og Fernandes, *DJe* 01.08.2012)

Agravo regimental. *Habeas corpus*. Execução penal. Nova condenação durante o cumprimento da pena por crime praticado antes do delito que originou a execução. Unificação de penas. Interrupção do prazo para obtenção de benefícios. Termo *a quo*. Data do trânsito em julgado da condenação superveniente. Improvimento da irresignação. 1. Consoante entendimento pacífico deste

Sodalício, sobrevindo condenação ao apenado no curso da execução, a contagem do prazo para concessão de benefícios é interrompida, sendo realizado novo cálculo com base no somatório das reprimendas. 2. A data-base para a contagem dos prazos para benefícios será a data do trânsito em julgado da nova condenação. 3. Agravo regimental desprovido. (STJ, Ag. Reg. no *HC* n. 133.989/RS, 5ª T., rel. Min. Jorge Mussi, *DJe* 29.06.2012)

Extinção

Art. 89. O juiz não poderá declarar extinta a pena, enquanto não passar em julgado a sentença em processo a que responde o liberado, por crime cometido na vigência do livramento.

1. COMENTÁRIO

Artigo desnecessário, pois a referida prorrogação representa decorrência lógica do art. 86, I e II, pois se somente o cometimento de crime revogará a benesse, e se a locução "cometimento" implica – em interpretação consonante com o princípio constitucional da presunção de inocência – o trânsito em julgado da condenação, temos que o natural é que o período de prova seja prorrogado até que advenha o resultado do processo-crime a que o acusado está respondendo. Caso seja condenado, revogar-se-á o benefício do livramento, caso não, teremos a hipótese do art. 90.

2. JURISPRUDÊNCIA

2.1. Julgados

Livramento condicional. Prática de novo crime. Revogação do benefício

Habeas corpus. Direito penal. Livramento condicional. Novo crime. Prisão do condenado. Período de prova. Interrupção. Revogação do benefício. Legalidade. 1. A interrupção do livramento condicional ou, em outros termos, do período de prova, em razão da prisão em flagrante do condenado pela prática de novo crime, que assim permaneceu durante todo o processo, em que tem lugar a nova condenação e também após o seu trânsito em julgado, exclui a incidência das normas dos arts. 145 da LEP e 90 do CP que pressupõem, respectivamente, o exaurimento e o curso do período de prova e determinam a incidência da norma do art. 89 do CP (o juiz não poderá declarar extinta a pena, enquanto não passar em julgado a sentença em processo a que responde o liberado, por crime cometido na vigência do livramento). 2. Em casos tais, não há falar em eficácia constitutiva do exaurimento do período de prova, precisamente porque restou interrompido. 3. Ordem denegada. (STJ, *HC* n. 74.484/RJ, 6ª T., rel. Min. Hamilton Carvalhido, *DJe* 04.08.2008)

Art. 90. Se até o seu término o livramento não é revogado, considera-se extinta a pena privativa de liberdade.

1. COMENTÁRIO

Cometido o crime durante a vigência do livramento, restará automaticamente prorrogado o período do benefício. Caso, entretanto, não tenha sido noticiada a prática de nova infração penal, o decorrer do prazo sem este aviso implicará na extinção da pena, no dizer expresso do art. 90 do CP e no sentido do que vem sendo decidido pelo STF. O motivo é que a falha, neste caso, decorreu do próprio aparato estatal, que deveria deter mecanismos para comunicação de intercorrências na vida de réus soltos antecipadamente.

2. JURISPRUDÊNCIA

2.1. Julgados

Agravo regimental no *habeas corpus*. Execução penal. Livramento condicional. Novo crime durante o período de prova. Suspensão/revogação intempestiva. Extinção da punibilidade. Súmula n. 617 do Superior Tribunal de Justiça – STJ. Agravo regimental desprovido. 1. Consoante o disposto no art. 90 do Código Penal – CP, não é possível suspender, prorrogar ou revogar o livramento condicional após o escoamento do período de prova, mesmo que em razão da prática de novo delito naquele período, uma vez que, terminado o referido prazo, considera-se extinta a pena privativa de liberdade. 2. Agravo regimental desprovido. (STJ, Ag. Reg. no *HC* n. 771.470/MG, 5ª T., rel. Min. Joel Ilan Paciornik, j. 19.12.2022, *DJe* 22.12.2022)

Livramento condicional. Novo crime

Habeas corpus substitutivo de recurso próprio. Descabimento. Execução penal. Novo delito praticado durante o livramento condicional. Necessidade de suspensão expressa do benefício durante o período de prova. Prorrogação automática. Impossibilidade. Extinção da pena. Súmula n. 617 do Superior Tribunal de Justiça – STJ. *Habeas corpus* não conhecido. Ordem concedida de ofício. 1. Em consonância com a orientação jurisprudencial da Primeira Turma do Supremo Tribunal Federal – STF, esta Corte não admite *habeas corpus* substitutivo de recurso próprio, sem prejuízo da concessão da ordem de ofício se existir flagrante ilegalidade na liberdade de locomoção do paciente. 2. O acórdão impugnado está em dissonância com o Enunciado n. 617 da Súmula desta Corte, segundo o qual "a ausência de suspensão ou revogação do livramento condicional antes do término do período de prova enseja a extinção da punibilidade pelo integral cumprimento da pena". 3. *Habeas corpus* não conhecido, mas concedida a ordem, de ofício, para restabelecer a decisão do Juízo da Execução. (STJ, *HC* n. 558.474/SP, 5ª T., rel. Min. Joel Ilan Paciornik, j. 05.03.2020, *DJe* 23.03.2020)

Habeas corpus. Execução penal. Livramento condicional. Cometimento de novo delito durante o período de prova. Ausência de suspensão/revogação no curso do benefício. Extinção da punibilidade. Ocorrência. Precedentes. Ordem concedida, com ressalva de entendimento. 1. O cometimento de novo delito no curso do período de prova do livramento condicional acarreta, obrigatoriamente, a extinção do benefício após o trânsito em julgado da sentença condenatória (art. 86, I, CP). 2. A ausência de suspensão/revogação do livramento condicional antes do término do período de prova acarreta a extinção da punibilidade pelo cumprimento integral da pena privativa de liberdade (art. 90 do CP). 3. Precedentes do STJ e do STF. 4. Ordem concedida, com ressalva da relatora, para declarar extinta a punibilidade pelo cumprimento integral da pena privativa de liberdade, ocorrido em 27.06.2006, relativamente ao Processo de Execução n. 548.291, Ação Penal n. 31490.0/2000, que tramitou perante a 23ª Vara Criminal de São Paulo/SP. (STJ, *HC* n. 129.497/SP, 6ª T., rel. Min. Maria Thereza Rocha Assis Moura, *DJe* 04.05.2011)

Habeas corpus. Execução penal. Livramento condicional. Delito cometido durante o período de prova. Término do período sem expressa suspensão ou prorrogação. Extinção da punibilidade. Ocorrência. 1. Durante o período de prova, o livramento condicional pode ser revogado ou suspenso caso o apenado descumpra as condições que lhe foram impostas. 2. Não havendo a suspensão ou revogação do benefício, antes do término do período de prova, deve ser declarada extinta a pena, nos termos do art. 90 do CP. 3. Ordem concedida, com o intuito de restabelecer a decisão proferida pelo Juízo da 2ª Vara das Execuções Criminais da Comarca de Araçatuba/SP, mediante a qual se considerou extintas as penas privativas de liberdade referentes às Ações Penais ns. 747/96 da 2ª Vara Distrital de Taboão da Serra/SP, 323/96 da 27ª Vara Criminal de São Paulo/SP e 116/97 da 24ª Vara Criminal de São Paulo/SP. (STJ, *HC* n. 179.867/SP, 6ª T., rel. Min. Og Fernandes, *DJe* 29.11.2010)

Habeas corpus. Penal. Processual penal. Livramento condicional. Nova condenação. Sentença irrecorrível após período de prova. Revogação. Impossibilidade. Ofensa à duração razoável do processo. Ocorrência. Ordem concedida. I – Decorrido o período de prova sem que o magistrado tenha revogado expressamente o livramento condicional, fica extinta a pena privativa de liberdade. II – Estando o *HC* pronto para julgamento há cinco meses, sem inclusão em mesa, resta configurada a lesão à garantia à duração razoável do processo. III – Superação da Súmula n. 691. IV – Ordem concedida. (STF, *HC* n. 88.610/RJ, 1ª T., rel. Min. Ricardo Lewandowski, j. 22.06.2007)

CAPÍTULO VI
DOS EFEITOS DA CONDENAÇÃO

Efeitos genéricos e específicos

Art. 91. São efeitos da condenação:

I – tornar certa a obrigação de indenizar o dano causado pelo crime;

II – a perda em favor da União, ressalvado o direito do lesado ou de terceiro de boa-fé:

***a)* dos instrumentos do crime, desde que consistam em coisas cujo fabrico, alienação, uso, porte ou detenção constitua fato ilícito;**

***b)* do produto do crime ou de qualquer bem ou valor que constitua proveito auferido pelo agente com a prática do fato criminoso.**

§ 1º Poderá ser decretada a perda de bens ou valores equivalentes ao produto ou proveito do crime quando estes não forem encontrados ou quando se localizarem no exterior.

Parágrafo acrescentado pela Lei n. 12.694, de 24.07.2012.

§ 2º Na hipótese do § 1º, as medidas assecuratórias previstas na legislação processual poderão abranger bens ou valores equivalentes do investigado ou acusado para posterior decretação de perda.

Parágrafo acrescentado pela Lei n. 12.694, de 24.07.2012.

1. COMENTÁRIO

O art. 91 do CP estabelece em seus dois incisos os denominados efeitos genéricos da condenação. São consequências extrapenais de aplicação automática, sem necessidade de fundamentação, bastando a simples determinação na parte dispositiva da sentença. Ambos seus incisos possuem natureza civil, tendo como intuito facilitar a reparação do dano à vítima, evitar a reutilização dos instrumentos do crime e impedir o enriquecimento ilícito do condenado.

O inciso I carrega o entendimento de que o crime acarreta um dano real ou potencial à vítima, seja de ordem pessoal ou patrimonial. Assim, a condenação criminal produz efeito no âmbito civil (coisa julgada), valendo como título executivo e tornando certa a obrigação de indenizar o dano causado, facilitando o ressarcimento da vítima. Entretanto, em razão da independência das esferas, será necessária a execução da sentença condenatória criminal no juízo cível, para que seja feita a liquidação (apuração do *quantum debeatur*) do referido título executivo. Conforme art. 68 do CPP, se o titular do direito à reparação do dano for pobre, a execução da sentença condenatória ou a ação civil será promovida pelo Ministério Público.

A sentença condenatória pode ser executada civilmente contra o réu da ação penal e depois de transitada em julgado (art. 63, CPP). Como a obrigação de indenizar é um efeito da condenação criminal, não uma pena, essa obrigação é transmitida aos herdeiros do condenado até o limite da herança, conforme art. 943 do CC. Para a responsabilização civil contra pessoa diversa do réu, a condenação penal pode servir como elemento de prova, não como título executivo, em ação civil de conhecimento (art. 64, CPP). A vítima, seus herdeiros ou representantes legais não precisam esperar o desfecho da ação penal para ingressar no juízo cível com ação de reparação do dano, podendo, nessa hipótese, o processo civil ser suspenso até o julgamento definitivo do criminal (art. 64, parágrafo único). O estado de necessidade, a legítima defesa, o estrito cumprimento do dever legal e o exercício regular de direito reconhecidos na sentença penal fazem coisa julgada no cível (art. 65, CPP). Entretanto, se o prejudicado não for o culpado pelo perigo, o autor do fato deverá indenizá-lo pelo dano causado mesmo em estado de necessidade ou legítima defesa, em ação civil própria.

A sentença absolutória criminal não impede a ação de indenização na esfera civil, exceto se fundamentada pela inexistência do fato ou da autoria (*v.* art. 66, CPP). Da mesma forma, a prescrição ou qualquer causa de extinção de punibilidade, bem como o arquivamento do inquérito policial não impedirão o ajuizamento de ação civil indenizatória por ato ilícito (art. 67, CPP). A atual redação do art. 387, IV, do CPP (Lei n. 11.719/2008), determina ao julgador criminal, ao prolatar a sentença condenatória, fixar o valor mínimo para reparação dos danos causados pela infração, considerando os prejuízos sofridos pelo ofendido. Tal medida visa abreviar o curso da liquidação da sentença condenatória penal no juízo cível, tornando o título executivo líquido apenas no valor mínimo. E, de acordo com o parágrafo único do art. 63 do CPP, ainda poderá o ofendido, seu representante ou seus herdeiros, além do valor mínimo estipulado na sentença condenatória, pleitear no juízo cível o ressarcimento integral dos danos e prejuízos efetivamente sofridos.

Já o inciso II do art. 91 traz o segundo efeito extrapenal da condenação criminal, o confisco, que se concretiza na perda de bens ilícitos, medida que visa impedir a reutilização dos instrumentos do crime e o enriquecimento ilícito do criminoso. É efeito automático do trânsito em julgado da condenação criminal, não sendo necessário que conste expressamente da sentença. Não cabe o confisco em caso de absolvição, arquivamento do inquérito policial ou da extinção da punibilidade pela prescrição. Atinge somente os objetos do réu, não autorizando o confisco de bens particulares lícitos. Por meio de expresso comando legal, preserva os direitos dos terceiros de boa-fé. Embora, pela interpretação restritiva, o confisco recaia somente sobre os instrumentos e produtos do crime, há corrente jurisprudencial autorizando a perda do bem na hipótese de contravenção penal. Por instrumentos do crime entendem-se as coisas e os objetos cujo fabrico, alienação, uso, porte ou detenção constitua crime (art. 91, II, *a*, CP), ou seja, instrumentos destinados especificamente à prática de crimes ou coisas cujo uso ou porte sejam proibidos, p. ex., documentos falsos, armas privativas das forças armadas etc. Portanto, não autoriza o confisco indistinto de todo material usado para o cometimento do crime, como a enxada do agricultor ou a faca do cozinheiro. Entretanto, como exceções, citam-se a Lei Antidrogas (Lei n. 11.343/2006), que prevê o confisco especial de veículos, embarcações ou aeronaves eventualmente utilizados para os crimes definidos nesta lei e a CF que determina, em seu art. 243, o confisco de glebas onde forem localizadas culturas ilegais de plantas psicotrópicas.

Produto do crime é o resultado direto obtido pela ação ilícita, ou seja, a vantagem instantânea amealhada com a conduta criminosa. É o objeto da apreensão. O celular furtado, o carro roubado ou o dinheiro levado do estabelecimento comercial, por exemplo, são passíveis de busca e apreensão. Qualquer bem ou valor que constitua proveito auferido pelo agente com a prática do fato criminoso é a vantagem indireta da ação criminosa, resultante da venda, troca ou transformação do produto do crime. Por exemplo, ao assaltar um banco, o delinquente usa o dinheiro roubado para comprar um apartamento. Nessa hipótese, já convertido o produto do crime em outro bem aparentemente lícito, não cabe busca e apreensão, devendo-se proceder a medida assecuratória do sequestro prevista do CPP (arts. 125 e segs.). De acordo com o art. 120 do CPP, o produto e o proveito do crime devem ser restituídos ao prejudicado ou terceiro de boa-fé, desde que não se enquadrem nas hipóteses da alínea *a* do inciso II do art. 91 do CP. Caso seja desconhecido o proprietário, passa-se ao Estado, o qual dará a destinação legal, ou seja, serão inutilizados, leiloados ou recolhidos ao museu criminal, conforme determinação dos arts. 122 a 124 e 133 do CPP.

O § 1º, incluído pela Lei n. 12.694, de 24.07.2012, ampliou a possibilidade do confisco de produtos ou proveitos do crime quando estes não forem localizados ou, quando localizados, estiverem no exterior. Dessa forma, o juiz poderá, no caso em que o autor tenha ocultado ou deixado no exterior o proveito do crime, decretar a perda de bens ou valores que sejam equivalentes àqueles auferidos com a prática delitiva, com o intuito de impedir o enriquecimento ilícito do condenado. E ainda que o referido parágrafo tenha sido incluído no Código Penal pela Lei n. 12.694/2012, que dispõe acerca do processo e julgamento colegiado em primeiro grau de jurisdição de crimes praticados por organizações criminosas, não é necessária a existência de uma organização criminosa para que seja aplicado o disposto em comento. Não há qualquer exigência quanto à natureza do crime para que ocorra a perda de bens ou valores de acordo com a equivalência mencionada. A alteração legislativa em questão é, no caso, uma resposta às inúmeras possibilidades de se esconder, ocultar ou lavar o produto do crime.

O § 2º, por sua vez, menciona o investigado e o acusado, delineando não haver óbice para a adoção das medidas assecuratórias ainda na fase investigativa, com o intuito de garantir a eventual decretação da perda de bens em caso da condenação. Importante salientar que a indisponibilidade de bens não possui qualquer natureza de antecipação condenatória, tampouco diminui o princípio do estado de inocência do acusado. Tal qual ocorre nas medidas cautelares, como a prisão preventiva e outras diversas da prisão, o objetivo é apenas e tão somente o de garantir a aplicação da lei penal em caso de condenação.

2. JURISPRUDÊNCIA

2.1. Súmula

Súmula n. 631, STJ: "O indulto extingue os efeitos primários da condenação (pretensão executória), mas não atinge os efeitos secundários, penais ou extrapenais".

2.2. Julgados

Efeitos genéricos. Perda dos instrumentos do crime

[...] 2. A perda dos instrumentos e produtos do crime de tráfico ilícito de entorpecentes, em favor da União, é efeito automático da condenação (art. 91, II, CP). 3. No entanto, ao prolatar a sentença, ainda que automática a perda dos bens, o juiz sentenciante deve manifestar-se a respeito, para que, efetivamente, possa ocorrer a transferência de propriedade, a teor do art. 48, *caput*, da Lei n. 10.409/2002, em vigor à época da prolação do édito condenatório, revogado pela atual Lei de Tóxicos (Lei n. 11.343/2006) que, em seu art. 63, trouxe a mesma redação. (STJ, REsp n. 1.133.957/MG, 5ª T., rel. Min. Laurita Vaz, j. 18.12.2012, *DJe* 01.02.2013)

A Terceira Seção do STJ entendeu que a condenação por porte ilegal de arma de fogo acarreta, como efeito, o perdimento do armamento apreendido, em razão do disposto nos arts. 91, II, *a*, do CP, e 1º da LCP. (STJ, REsp n. 960.586/SC, rel. Min. Arnaldo Esteves Lima, *DJe* 06.04.2009)

Efeito genérico da condenação. Perda do produto do crime

[...] Perdimento do veículo utilizado na ação criminosa em prol da União. Possibilidade. Inteligência dos arts. 91 do Código Penal e 63 a Lei n. 11.343/2006. Comprovados os fatos atribuídos ao réu, mantém-se a decisão que o condenou como incurso nas sanções do art. 33, § 4º, c/c art. 40, VI, ambos da Lei n. 11.343/2006. Os depoimentos dos policiais merecem todo o crédito, se são coerentes, firmes e seguros e se contra eles não há qualquer indício de má-fé. Se a pena do acusado foi bem dosada, com a eleição do regime prisional cabível à espécie e operadas as devidas substituições, ratificam-se as deliberações adotadas no r. *decisum*. Conforme dispõem o Código Penal e a Lei n. 11.343/2006, respectivamente, nos arts. 91 e 63, em síntese, é efeito da condenação a perda em favor da União dos bens amealhados em decorrência da prática do crime. Logo, consignada a traficância de entorpecentes pelo agente e ausente a prova da aquisição lícita da motocicleta, não há como proceder à sua respectiva restituição. (TJMG, Ap. Crim. n.

1.0363.14.001355-0/001 0013550-18.2014.8.13.0363, rel. Des. Catta Preta, j. 22.11.2018, publ. 03.12.2018)

[...] 2. Merece ser destacada a orientação deste Superior Tribunal de que "a restituição das coisas apreendidas, mesmo após o trânsito em julgado da ação penal, está condicionada tanto à ausência de dúvida de que o requerente é seu legítimo proprietário, quanto à licitude de sua origem e à demonstração de que não foi usado como instrumento do crime, conforme as exigências postas nos arts. 120, 121 e 124 do Código de Processo Penal, c/c o art. 91, II, do Código Penal". (STJ, Ag. Reg. no RMS n. 69.469/SP, 6ª T., rel. Min. Rogério Schietti Cruz, j. 18.10.2022, *DJe* 21.10.2022)

Art. 91-A. Na hipótese de condenação por infrações às quais a lei comine pena máxima superior a 6 (seis) anos de reclusão, poderá ser decretada a perda, como produto ou proveito do crime, dos bens correspondentes à diferença entre o valor do patrimônio do condenado e aquele que seja compatível com o seu rendimento lícito.

Caput acrescentado pela Lei n. 13.964, de 24.12.2019.

§ 1º Para efeito da perda prevista no *caput* deste artigo, entende-se por patrimônio do condenado todos os bens:

Parágrafo acrescentado pela Lei n. 13.964, de 24.12.2019.

I – de sua titularidade, ou em relação aos quais ele tenha o domínio e o benefício direto ou indireto, na data da infração penal ou recebidos posteriormente; e

Inciso acrescentado pela Lei n. 13.964, de 24.12.2019.

II – transferidos a terceiros a título gratuito ou mediante contraprestação irrisória, a partir do início da atividade criminal.

Inciso acrescentado pela Lei n. 13.964, de 24.12.2019.

§ 2º O condenado poderá demonstrar a inexistência da incompatibilidade ou a procedência lícita do patrimônio.

Parágrafo acrescentado pela Lei n. 13.964, de 24.12.2019.

§ 3º A perda prevista neste artigo deverá ser requerida expressamente pelo Ministério Público, por ocasião do oferecimento da denúncia, com indicação da diferença apurada.

Parágrafo acrescentado pela Lei n. 13.964, de 24.12.2019.

§ 4º Na sentença condenatória, o juiz deve declarar o valor da diferença apurada e especificar os bens cuja perda for decretada.

Parágrafo acrescentado pela Lei n. 13.964, de 24.12.2019.

§ 5º Os instrumentos utilizados para a prática de crimes por organizações criminosas e milícias deverão ser declarados perdidos em favor da União ou do Estado, dependendo da Justiça onde tramita a ação penal, ainda que não ponham em perigo a segurança das pessoas, a moral ou a ordem pública, nem ofereçam sério risco de ser utilizados para o cometimento de novos crimes.

Parágrafo acrescentado pela Lei n. 13.964, de 24.12.2019.

---

1. COMENTÁRIO

1.1. Notas introdutórias

A norma em comento foi acrescentada ao Código pela Lei n. 13.964, de 24 de dezembro de 2019, diploma que introduziu significativas (e polêmicas!) alterações na legislação penal e processual penal.

Institui consequências complementares àquelas prevista no artigo anterior (91), todavia específicas às infrações cuja pena máxima ultrapasse seis anos de reclusão (p. ex., arts. 121, 157, 158, 159, 288-A, 312, 316, 317, todos do Código Penal, art. 2º da Lei n. 12.850/2013, entre outros). O legislador apresenta uma presunção *juris tantum*, isto é, uma concepção inicial, a partir da data do crime, de que tudo aquilo que integra o patrimônio do apenado, que não puder ser justificado, comprovado, com base em seu rendimento lícito, será considerado produto ou proveito dessa infração (amealhado em razão do delito praticado) e, por conseguinte, objeto de perda em favor da União ou do Estado (*vide* arts. 133 e 133-A, § 4º, do Código de Processo Penal), desde que tenha sido expressamente requerida pelo Ministério Público, no momento em que ofertar sua acusação formal, devendo esse órgão, inclusive, apresentar a diferença ilícita apurada. Será feita uma análise para identificar-se eventual assimetria existente entre o montante total de ativos (patrimônio completo) e daqueles bens compatíveis com o regular desempenho de suas atividades profissionais ou decorrentes de circunstâncias fáticas plenamente justificáveis – p. ex., herança (patrimônio justificável). No entanto, esse estudo deve se basear nas informações referentes aos bens que integram o patrimônio, e o termo inicial é o momento em que se iniciou a prática criminosa em diante.

Esse comando, na prática, poderá gerar transtornos à sua fiel execução, pois o *Parquet*, antes de propor a denúncia, deverá realizar uma investigação analítica considerável acerca da evolução patrimonial do acusado, cotejando os dados, sobretudo a data de cometimento do delito e os anos que sucederam. Portanto, essa pretensão (perdimento de bens), ao ser restrita à apresentação em momento processual delimitado, poderá gerar eventuais atrasos e inconsistências probatórias tendo em vista a dificuldade na elaboração desse estudo, materializando, inclusive, injustiças e atos imprudentes ou pouco cautelosos (proposição de medidas assecuratórias[92] infundadas no afã de garantir um dos resultados úteis do processo – garantir a efetivação do perdimento de bens –, um dos efeitos da condenação), que poderão gerar gravames sérios e prematuros ao patrimônio daquele que, neste primeiro momento, ainda será processado. A norma deveria permitir que o órgão acusatório apresentasse, até a sentença, esse objetivo, até porque teria mais tempo, informações, documentos, enfim, provas que robustecessem sua pretensão e, por óbvio, facilitassem a análise jurisdicional.

Na sentença, para atender ao comando do § 3º deste artigo e ao do próprio art. 93, IX, da Constituição Federal, o magistrado deverá apresentar essa "diferença" porventura existente entre o patrimônio "completo" e aquele patrimônio "injustificável", fundamentando as razões pelas quais concluiu seu posicionamento, e, por fim, indicar especificamente quais bens serão perdidos pelo condenado.

1.2. Patrimônio – premissas legais

Para reduzir as chances de questionamentos, o § 1º explicita, desde logo, que configuram patrimônio do condenado: a) os bens de sua titularidade, ou em relação aos quais ele tenha o domínio e o benefício direto ou indireto (posse/usufruto/uso), na data da infração penal ou recebidos posteriormente (isto é, desconsideram-se os bens anteriores ao crime); b) os bens transferidos a terceiros a título gratuito ou mediante contraprestação irrisória, a partir do início da atividade criminal (interpretação extensiva realizada pela norma com o objetivo de resguardo dos interesses públicos – o objetivo é evitar a transferência fraudulenta de bens e o esvaziamento patrimonial; por outro lado, não se questionam bens transferidos a preço justo e compatível com o mercado).

1.3. Presunção relativa de ilicitude

O § 2º permite ao condenado apresentar provas e razões para se contrapor à presunção legal relativa (*juris tantum*) mencionada antes, demonstrada a compatibilidade ou a procedência lícita dos bens questionados ou incluídos no rol de patrimônio "injustificável".

92 *Vide* arts. 125, 126 e 137, todos do Código de Processo Penal.

1.4. Organizações criminosas e milícias. Especificidade. Perdimento de instrumentos utilizados na prática criminosa

O § 5º praticamente repete o conteúdo do comando previsto no art. 91, II, *a*, deste Código, mas na norma em comento esse efeito do crime (perda dos instrumentos utilizados para a prática delitiva) recai, somente, para infrações praticadas por organizações criminosas e milícias (*vide* arts. 1º e 2º da Lei n. 12.850/2013 e arts. 12 e 288-A deste Código), independentemente de esses apetrechos e utensílios apresentarem risco à segurança das pessoas, atentarem contra a moral e a ordem pública ou ainda que não configurem considerável risco de que sejam utilizados para o cometimento de novas condutas criminosas.

Art. 92. São também efeitos da condenação:

I – a perda de cargo, função pública ou mandato eletivo:

Inciso com redação dada pela Lei n. 9.268, de 01.04.1996.

***a)* quando aplicada pena privativa de liberdade por tempo igual ou superior a 1 (um) ano, nos crimes praticados com abuso de poder ou violação de dever para com a Administração Pública;**

Alínea com redação dada pela Lei n. 9.268, de 01.04.1996.

***b)* quando for aplicada pena privativa de liberdade por tempo superior a 4 (quatro) anos nos demais casos;**

Alínea com redação dada pela Lei n. 9.268, de 01.04.1996.

II – a incapacidade para o exercício do poder familiar, da tutela ou da curatela nos crimes dolosos sujeitos à pena de reclusão cometidos contra outrem igualmente titular do mesmo poder familiar, contra filho, filha ou outro descendente, tutelado ou curatelado, bem como nos crimes cometidos contra a mulher por razões da condição do sexo feminino, nos termos do § 1º do art. 121-A deste Código;

Inciso com redação dada pela Lei n. 14.994, de 09.10.2024.

III – a inabilitação para dirigir veículo, quando utilizado como meio para a prática de crime doloso.

Inciso com redação dada pela Lei n. 7.209, de 11.07.1984.

§ 1º Os efeitos de que trata este artigo não são automáticos, devendo ser motivadamente declarados na sentença pelo juiz, mas independem de pedido expresso da acusação, observado o disposto no inciso III do § 2º deste artigo.

Antigo parágrafo único renumerado e com redação dada pela Lei n. 14.994, de 09.10.2024.

§ 2º Ao condenado por crime praticado contra a mulher por razões da condição do sexo fe-

minino, nos termos do § 1º do art. 121-A deste Código serão:

Parágrafo acrescentado pela Lei n. 14.994, de 09.10.2024.

I – aplicados os efeitos previstos nos incisos I e II do *caput* deste artigo;

Inciso acrescentado pela Lei n. 14.994, de 09.10.2024.

II – vedadas a sua nomeação, designação ou diplomação em qualquer cargo, função pública ou mandato eletivo entre o trânsito em julgado da condenação até o efetivo cumprimento da pena;

Inciso acrescentado pela Lei n. 14.994, de 09.10.2024.

III – automáticos os efeitos dos incisos I e II do *caput* e do inciso II do § 2º deste artigo.

Inciso acrescentado pela Lei n. 14.994, de 09.10.2024.

1. COMENTÁRIO

O art. 92 do CP estabelece em seus três incisos os denominados efeitos específicos da condenação. Ao contrário dos efeitos genéricos, os específicos não são automáticos, devendo ser motivadamente declarados na sentença, mas sem a necessidade de requerimento expresso da acusação, conforme comando contido em seu § 1º. Portanto, para aplicação do artigo em comento, o magistrado necessita proceder à análise do delito cometido e das condições pessoais do réu, justificando de forma concreta o seu cabimento. Os efeitos da condenação do art. 92 do CP diferem da interdição temporária de direitos do art. 47 do mesmo Código, na medida em que esta interdição é uma sanção penal substitutiva da pena privativa de liberdade, de caráter temporário, enquanto aqueles são efeitos reflexos, consequências extrapenais da condenação (e não pena), de caráter permanente.

O efeito da perda de cargo, função pública ou mandato eletivo pode ser aplicado em duas hipóteses. A alínea *a* do inciso I do art. 92 exige a presença de dois requisitos para a perda de cargo, função pública ou mandato eletivo. O primeiro requisito, de ordem objetiva, atina-se aos casos em que a pena for superior a um ano de reclusão. O segundo exige que o delito seja cometido com abuso de poder ou violação do dever funcional. Ao funcionário público exige-se comportamento compatível com sua condição. Assim, além da pena superior a um ano, deve ser caracterizado o desvio do dever público ou a utilização de sua condição pública para o cometimento do crime. Já a alínea *b*, de incidência a qualquer crime, mesmo aqueles que não se relacionam com a administração pública, exige como requisito uma condenação à pena privativa de liberdade superior a quatro anos, como patamar mínimo de reprovabilidade da conduta criminal. Não obstante a divergência doutrinária, a perda não abrange, de forma genérica, toda atividade pública, restringindo-se somente ao cargo, função ou mandato ocupado pelo condenado, de modo a não impedir, no âmbito do direito penal, a investidura em outra colocação pública. A respeito do mandato eletivo, o art. 15, III, da CF prevê a perda dos direitos políticos em caso de condenação criminal transitada em julgado. E, no que diz respeito aos parlamentares federais, deputados federais e senadores, o § 2º do art. 55 determina que a perda do mandato será decidida por votação secreta da Câmara ou do Senado. A Lei n. 7.716/89, que define os crimes resultantes de preconceito de raça ou de cor, no que tange ao tema, estabelece em seu art. 16: "constitui efeito da condenação a perda do cargo ou função pública, para o servidor público, e a suspensão do funcionamento do estabelecimento particular por prazo não superior a três meses".

O segundo efeito civil da condenação é a incapacidade para o exercício do poder familiar, tutela ou curatela. A nova redação do inciso II do art. 92 do CP, dada pela Lei n. 14.994/2024, incluiu os crimes cometidos contra a mulher por razões da condição do gênero feminino, nos termos do § 1º do art. 121-A do CP, de modo que os condenados por tal prática também terão, como efeitos da condenação, vedadas a nomeação, designação ou diplomação em cargo ou função pública, bem como em mandato eletivo entre o trânsito em julgado da condenação até o efetivo cumprimento da pena. A aplicação desse dispositivo dá-se em razão de crimes dolosos cometidos contra filho, tutelado ou curatelado, bem como contra a mulher em razão do gênero feminino. A condenação pode ser por crime de qualquer natureza. Embora o tipo faça exigência à pena de reclusão, o magistrado pode determinar a incapacidade para o exercício do poder familiar, tutela ou curatela em caso de outras penas. Para tanto, de acordo com regra contida no § 1º do artigo em comento, embora não haja necessidade de requerimento expresso da acusação, o magistrado deve motivar sua decisão, analisando concretamente os aspectos objetivos e subjetivos de cada caso, de modo a se aferir a incompatibilidade provocada pelo delito. Tem caráter permanente em relação à própria vítima do crime doloso. Entretanto, no que tange aos outros filhos, tutelados ou curatelados, pode ser excluída pela reabilitação. O CC determina a suspensão do poder familiar por abuso de autoridade ou falta dos deveres a ele inerentes, bem como por sentença criminal transitada em julgado a pena corporal acima de dois anos (art. 1.637, CC). O impedimento ou exoneração da tutela e a da curatela estão previstos nos arts. 1.735 e 1.774 do CC.

O último efeito específico da condenação é a inabilitação para dirigir veículo. Também por força do § 1º do referido artigo, não é automático, independe de pedido expresso da acusação e necessita de motivação concreta para sua aplicação. Assim, exige-se a presença de dois requisitos para a adoção da medida: que o veículo seja usado como meio para praticar crime e que o crime seja doloso. Difere da pena de suspensão da habilitação (art. 47, III, CP). Aqui, trata-se de efeito da condenação. O CTB (Lei n. 9.503/97) prevê em seus arts. 292 e 293 a pena de suspensão ou proibição da habilitação, isolada ou cumulativamente, no caso de crime praticado na direção de veículo automotor

2. JURISPRUDÊNCIA

2.1. Súmulas

Súmula n. 631, STJ: "O indulto extingue os efeitos primários da condenação (pretensão executória), mas não atinge os efeitos secundários, penais ou extrapenais".

Súmula n. 9, TSE: "A suspensão de direitos políticos decorrente de condenação criminal transitada em julgado cessa com o cumprimento ou a extinção da pena, independendo de reabilitação ou de prova de reparação dos danos".

2.2. Julgados

Efeito específico da condenação. Perda de cargo público

[...] Perda do cargo público. Efeito secundário. Motivação idônea. Ilegalidade. Inexistência. Agravo improvido. 1. Nos termos da jurisprudência vigente neste Superior Tribunal de Justiça, em que pese a perda da função pública não ser decorrência automática da condenação, há a possibilidade de aplicação da referida penalidade pelo juiz sentenciante como efeito da reprimenda fixada, devendo o magistrado apenas fundamentar suas conclusões em critérios objetivos e subjetivos inseridos nos autos, que demonstrem a incompatibilidade do ato criminoso com o cargo ocupado pelo acusado. Precedentes. 2. Hipótese em que o agravante se valeu da função de médico credenciado pelo DETRAN para a realização de exames médicos com vistas à obtenção da carteira de habilitação para praticar o delito de posse sexual mediante fraude. 3. Agravo improvido. (STJ, Ag. Reg. no Ag. Reg. no AREsp n. 1277816-SP, 5ª T., rel. Min. Jorge Mussi, j. 18.09.2018, publ. 29.09.2018)

[...] 1. A imposição da perda do cargo público como efeito da sentença condenatória, mesmo no caso de condenação superior a quatro anos, não é automática, dependendo de fundamentação específica, de acordo com o parágrafo único do art. 92 do CP. 2. O acórdão recorrido, ao afastar o referido efeito secundário da condenação, decidiu de acordo com a jurisprudência do STJ, considerando tanto o elemento objetivo, consistente na quantidade da pena privativa de liberdade aplicada na espécie, quanto os elementos subjetivos. (STJ, Ag. Reg. no REsp n. 1.325.312/SE, 5ª T., rel. Min. Campos Marques, j. 09.04.2013, *DJe* 15.04.2013)

Efeitos da condenação, art. 92, I, CP. Regra geral. Deve ser restrita ao cargo público ocupado ou função pública exercida no momento do delito. Casos específicos. Extensão à nova função pública ocupada ainda que posterior ao delito

Cinge-se a controvérsia a saber se a perda de perdimento prevista no art. 92, I, do CP se restringe à atividade pública exercida no momento do delito. O STJ entende que o reconhecimento de que o réu praticou ato incompatível com o cargo por ele ocupado é fundamento suficiente para a decretação do efeito extrapenal de perda do cargo público (Ag. Reg. no REsp n. 1.613.927/RS, *DJe* 30.09.2016). Em regra, a pena de perdimento deve ser restrita ao cargo público ocupado ou função pública exercida no momento do delito. Trilhando esse entendimento, doutrina defende que "A perda deve restringir-se somente àquele cargo, função ou atividade no exercício do qual praticou o abuso, porque a interdição pressupõe que a ação criminosa tenha sido realizada com abuso de poder ou violação de dever que lhe é inerente". Assim, a perda do cargo público, por violação de dever inerente a ele, necessita ser por crime cometido no exercício desse cargo, valendo-se o envolvido da função para a prática do delito. Porém, salienta-se que se o magistrado de origem considerar, motivadamente, que o novo cargo guarda correlação com as atribuições do anterior, ou seja, naquele em que foram praticados os crimes, mostra-se devida a perda da nova função, uma vez que tal ato visa anular a possibilidade de reiteração de ilícitos da mesma natureza, o que não ocorreu no caso. (STJ, REsp n. 1.452.935/PE, 5ª T., rel. Min. Reynaldo Soares da Fonseca, p. u., j. 14.03.2017, *DJe* 17.03.2017, *Inf.* n. 599)

Constitucional e processual penal. Recurso extraordinário. Repercussão geral. Tema n. 1.200. Alcance da competência da Justiça militar, onde houver, ou Justiça estadual, para decretar, com base no art. 125, § 4º, da CF/88, a perda do posto e da patente de oficial e da graduação de praça que teve contra si uma sentença condenatória, independentemente da natureza do crime cometido. Possibilidade. A perda da graduação da praça pode ser declarada como efeito secundário da sentença condenatória pela prática de crime militar ou comum, conforme art. 102 do Código Penal Militar e art. 92, I, *b*, do Código Penal, respectivamente. A ausência de declaração da perda do posto e da patente de oficiais e da graduação das praças, como efeito secundário da condenação, não impede a análise do fato e a posterior deliberação sobre a perda do posto, patente ou graduação pelo Tribunal Militar estadual, onde houver, ou pelo Tribunal de Justiça, em procedimento específico, à luz do art. 125, § 4º, da CF/88, bem como dos valores e do pundonor militares, independentemente da natureza comum ou militar do crime cometido. Improvimento do recurso extraordinário, com fixação de tese. 1. A perda da graduação das praças pode ser decorrente de decretação da perda do cargo público militar, por força de condenação criminal pela prática de crimes de natureza comum (art. 92, I, *b*, do Código Penal) ou de natureza militar (art. 102, do Código Penal), bem como pode ser decretada no âmbito do procedimento administrativo militar, ocasiões em que há a dispensabilidade de procedimento jurisdicional específico para decidir sobre a perda da graduação (RE n. 447.859/MS, Pleno, rel. Min. Marco Aurélio, *DJe* 20.08.2015; ARE n. 1.317.262 Ag. Reg./MS, 1ª T., rel. Min. Alexandre de Moraes, *DJe* 05.05.2021; e ARE n. 1.329.738 Ag. Reg./TO, 1ª T., rel. Min. Roberto Barroso, *DJe* 15.12.2021). 2. Tendo em vista a independência das instâncias, jurisdicional e administrativa, e o devido respeito ao contraditório e à ampla defesa, nada impede a exclusão da praça militar estadual da corporação em processo administrativo no qual se apura o cometimento de falta disciplinar, mesmo que ainda esteja em curso ação penal envolvendo o mesmo fato (ARE n. 691.306/MS, Pleno, rel. Min. Cezar Peluso, *DJe* 11.09.2012; ARE n. 767.929 Ag. Reg./MG, 2ª T., rel. Min. Ricardo Lewandowski, *DJe* 25.11.2013; e ARE n. 1.109.615 Ag. Reg./MS, 1ª T., rel. Min. Roberto Barroso, *DJe* 06.08.2018). 3. Compete à Justiça Comum decretar, na sentença penal condenatória, com base no art. 92, I, *b*, do Código Penal, a perda do cargo público da Polícia Militar da praça e do oficial militar estadual nos autos do processo criminal em que houve a sua condenação por crime comum à pena superior a quatro anos ou conforme outras hipóteses legalmente previstas, bem como compete à Justiça Militar decidir sobre a perda da graduação das praças nos casos de crimes militares, com base no art. 102 do Código Penal Militar (ARE n. 819.673 Ag. Reg./SP, 2ª T., rel. Min. Gilmar Mendes, *DJe* 27.08.2014; ARE n. 935.286-ED/MG, 1ª T., rel. Min. Edson Fachin, *DJe* 08.04.2016; ARE n. 1.122.625-Ag. Reg./SP, 2ª T., rel. Min. Edson Fachin, *DJe* 10.06.2019; ARE n. 1.020.602-Ag. Reg./MG, 2ª T., rel. Min. Ricardo Lewandowski, *DJe* 21.10.2020; e ARE 1.273.894-AgR-ED-EDv-AgR/MT, Pleno, rel. Min. Ricardo Lewandowski, *DJe* 30.03.2021). 4. Ao decidir sobre a perda da graduação das praças e oficiais é vedado ao Tribunal Militar aplicar sanções administrativas diversas, sob pena de ofensa ao art. 125, § 4º, da CF/88, e ao princípio da separação dos poderes, por interferir em decisão administrativa, própria da Corporação (AR n. 1.791/SP, Pleno, rel. Min. Ellen Gracie, *DJe* 22.09.2011; e RE n. 601.146-RG/MS, Pleno, rel. Min. Marco Aurélio, redator p/ o acórdão, Min. Alexandre de Moraes, *DJe* 21.10.2020). 5. A perda do posto e da patente dos oficiais e da graduação das praças se compreende como medida judicial, de competência originária e privativa do Tribunal de Justiça Militar ou do Tribunal de Justiça estadual, onde aquele não existir, decorrente de atos que revelam incompatibilidade ético-moral do militar com a Instituição a que pertence. 6. O Tribunal de Justiça Militar, onde houver, ou o Tribunal de Justiça, com fulcro no art. 125, § 4º, da CF, detêm a competência para decidir sobre a perda do posto e da patente dos oficiais e da graduação das praças em processo autônomo decorrente de representação ministerial, independentemente da quantidade da pena imposta e da natureza do crime cometido pelo agente militar estadual, na hipótese da ausência de declaração da perda do posto, patente ou graduação, como efeito secundário da condenação pela prática de crime militar ou comum, tudo com o objetivo de apurar se a conduta do militar abalou os valores que a vida castrense exige dos que nela ingressam a ponto de tornar-se insustentável a sua permanência na caserna. 7. Improvimento do Recurso Extraordinário. Fixadas, em repercussão geral, as seguintes teses: "1) A perda da graduação da praça pode ser declarada como efeito secundário da sentença condenatória pela prática de crime militar ou comum, nos termos do art. 102 do Código Penal Militar e do art. 92, I, *b*, do Código Penal, respectivamente. 2) Nos termos do art. 125, § 4º, da Constituição Federal, o Tribunal de Justiça Militar, onde houver, ou o Tribunal de Justiça são competentes para decidir, em processo autônomo decorrente de representação do Ministério Público, sobre a perda do posto e da patente dos oficiais e da graduação das praças que teve contra si uma sentença condenatória, independentemente da natureza do crime por ele cometido". (STF, ARE n. 1.320.744, Pleno, rel. Min. Alexandre de Moraes, j. 26.06.2023, publ. 10.07.2023)

Tema n. 1.200. Inteligência do art. 125, § 4º, da Constituição Federal, pela redação conferida após o advento da EC n. 45/2004. Alcance da competência da Justiça Militar para decretar a perda do posto, patente ou graduação de militar que teve contra si uma sentença condenatória, independentemente da natureza do crime por ele cometido.

Tese I – A perda da graduação da praça pode ser declarada como efeito secundário da sentença condenatória pela prática de crime militar ou comum, nos termos do art. 102 do Código Penal Militar e do art. 92, I, *b*, do Código Penal, respectivamente; II – Nos termos do art. 125, § 4º, da Constituição Federal, o Tribunal de Justiça Militar, onde houver, ou o Tribunal de Justiça são competentes para decidir, em processo autônomo decorrente de representação do Ministério Público, sobre a perda do posto e da patente dos oficiais e da graduação das praças que teve contra si uma sentença condenatória, independentemente da natureza do crime por ele cometido. (STF, ARE n. 1.320.744, Pleno, rel. Min. Alexandre de Moraes, j. 26.06.2023, publ. 10.07.2023)

3. OBSERVAÇÕES

A condenação criminal também gera efeitos no âmbito trabalhista. O art. 482, *d*, da CLT determina como justa causa para rescisão do contrato de trabalho pelo empregador, a condenação criminal definitiva do empregado por qualquer crime.

CAPÍTULO VII
DA REABILITAÇÃO

Reabilitação

Art. 93. A reabilitação alcança quaisquer penas aplicadas em sentença definitiva, assegurando ao condenado o sigilo dos registros sobre o seu processo e condenação.

Parágrafo único. A reabilitação poderá, também, atingir os efeitos da condenação, previstos no art. 92 deste Código, vedada reintegração na situação anterior, nos casos dos incisos I e II do mesmo artigo.

---

1. COMENTÁRIO

1.1. Notas introdutórias

A reabilitação consiste em medida político-criminal que confere ao sentenciado a suspensão condicional de alguns efeitos específicos da condenação, concebendo a recuperação de direitos perdidos e a reinserção do reabilitado na sociedade, amparado do estigma da perpetuação da pena, já que o sigilo dos registros de seu processo e de sua condenação cominam por outorgar-lhe a condição de ser visto como primário.

Na definição de René Dotti (*Curso de direito penal*: Parte Geral, 2001, p. 611), "a reabilitação é medida de Política Criminal, consistente na restauração da dignidade social e na reintegração do condenado ao exercício dos direitos e deveres sacrificados pela sentença. Nessa definição deve-se ter em linha de análise dois aspectos distintos: a) a declaração judicial de recuperação do exercício de direitos, interesses e deveres e da condição social de dignidade do ex-condenado; b) o asseguramento do sigilo dos registros sobre o processo e a condenação".

Após a Reforma Penal de 1984, a reabilitação deixou de ser causa extintiva da punibilidade, passando a constituir instituto autônomo, disciplinado em capítulo posterior aos efeitos da condenação.

1.2. Efeitos da reabilitação

A reabilitação promove dois efeitos: o sigilo sobre os registros do processo criminal e da condenação e a suspensão condicional de alguns dos efeitos da condenação.

1.2.1. Sigilo sobre os registros criminais do processo e da condenação

Destaca-se como principal efeito da reabilitação a garantia de sigilo dos registros sobre o processo e condenação do sentenciado, que pode assim reintegrar-se ao convívio social apresentando-se como primário e não sofrer os preconceitos invariavelmente destinados àqueles criminalmente condenados. No dizer de Damásio de Jesus (*Código Penal anotado*, 2009, p. 309), "a reabilitação confere ao condenado um boletim de antecedentes criminais sem anotações".

O sigilo obtido com a reabilitação, logicamente, não constitui uma extinção definitiva dos registros criminais do reabilitado, importando apenas no impedimento de sua anotação em atestados e certidões, ressalvadas as hipóteses legalmente previstas.

1.2.2. Suspensão de alguns efeitos da condenação

O outro efeito da reabilitação consubstancia-se na recuperação de direitos perdidos em virtude da condenação, com exceção das vedações expressas.

Observa-se que não são todos os efeitos da condenação que poderão ser atingidos pela reabilitação, mas apenas aqueles efeitos previstos no art. 92 do CP, excetuando-se a reintegração na situação anterior, nos casos dos incisos I e II do mesmo artigo.

Assim, tendo a condenação imposto a perda de cargo, função pública ou mandato eletivo, não poderá o reabilitado reintegrar-se na situação anterior (CP, art. 92, I), mas poderá passar a exercer novo cargo, função ou mandato eletivo decorrente de nova investidura. No que con-cerne à incapacidade para o exercício do pátrio poder, tutela ou curatela, o reabilitado não poderá restaurar tais direitos sobre o filho, tutelado ou curatelado contra quem praticou o delito respectivo (CP, art. 92, II), mas poderá exercê-lo sobre outros.

Não se deve olvidar que os efeitos da condenação atingidos pela reabilitação poderão ser restabelecidos no caso de revogação da mesma.

Verifica-se, ainda, a Súmula n. 9 do TSE: "a suspensão de direitos políticos decorrente de condenação criminal transitada em julgado cessa com o cumprimento ou a extinção da pena, independendo de reabilitação ou de prova de reparação dos danos".

1.3. Competência

Não tendo o tema sido tratado pela Lei de Execução Penal e tampouco constituir incidente de execução de pena, resta observar que a competência para o requerimento da reabilitação é do juiz da condenação, consoante os termos da primeira parte do art. 743 do CPP, que assim foi apenas derrogado.

1.4. Pedido pleiteado por sucessores

A reabilitação, ao contrário da revisão criminal, não pode ser pleiteada por sucessores ou por herdeiros. Além de não ter o efeito de possibilitar a alteração do teor da sentença condenatória de forma a reparar injusta mácula sobre a honra e memória do indivíduo, a reabilitação visa conferir mais digna reintegração do sentenciado na sociedade, o que não pode ser verificado em caso de falecido.

1.5. Condenações diversas

No caso do sentenciado possuir diversas condenações, somente poderá requerer a reabilitação após o cumprimento ou extinção de todas as penas.

1.6. Código de Processo Penal

Remanescem vigentes as normas do CPP que dispõem sobre a reabilitação (arts. 743 a 750), desde que compatíveis com a redação do CP conferida pela Reforma Penal de 1984, restando as demais revogadas. Continuam em vigor as exigências dispostas no art. 744 do CPP para instruir o pedido de reabilitação, não bastando a mera presunção. Encontra-se derrogado o art. 743 e revogados os arts. 749 e 750 do CPP.

1.7. Efeitos da reabilitação na prática diante do art. 202 da Lei de Execução Penal

A reabilitação, nos moldes promovidos pela Reforma Penal de 1984 e concebida por meio da Lei n. 7.209, de 11.07.1984, encontra reflexo e, de fato, foi deprimida pelo art. 202 da LEP, mais recente e instituída pela Lei n. 7.210, também de 11.07.1984: "Cumprida ou extinta a pena, não constarão da folha corrida, atestados ou certidões fornecidas por autoridade policial ou por auxiliares da Justiça, qualquer notícia ou referência à condenação, salvo para instruir processo pela prática de nova infração penal ou outros casos expressos em lei."

Assim, o sigilo da condenação encontra-se assegurado de forma automática e imediata pelo art. 202 da LEP, mediante tão somente o cumprimento ou a extinção da pena, não tendo o sentenciado de aguardar o decurso de dois anos para poder, por meio de advogado, ajuizar e instruir um processo perante o juiz da condenação – o qual ainda deverá percorrer todo o trâmite respectivo, inclusive julgamento de recurso de ofício, caso seja a reabilitação concedida –, até poder valer-se dos efeitos do trânsito em julgado da declaração de reabilitação.

Daí porque tem-se que a reabilitação, na prática, somente não se torna de todo inócua em virtude do alcance da recuperação do direito de dirigir veículo, caso a inabilitação para dirigir veículo tenha sido imposta pela sentença condenatória. Isso porque este foi o único efeito da condenação disposto no art. 92 que não teve vedada sua reintegração na situação anterior.

Nesse sentido, criticam a pouca utilidade prática do instituto da reabilitação, da forma como foi idealizado, Rogério Greco (*Curso de direito penal:* Parte Geral, 2012, v. I, p. 659) e Cezar Roberto Bitencourt (*Tratado de direito penal*: Parte Geral, v. 1, p. 674); este enfatiza que o art. 93 do CP "não tem o alcance que sugere" e "presta-se para induzir a equívocos de interpretação", aduzindo que a reabilitação "não tem qualquer vantagem prática, considerando-se que seu maior efeito é garantir o sigilo sobre a condenação, cuja garantia é assegurada imediata e automaticamente pelo art. 202 da LEP, independentemente de qualquer providência jurisdicional ou administrativa". Diz ainda que "é uma ilusão supor que alguém possa interessar-se em ver declarado solenemente que se acha judicialmente reabilitado".

Guilherme de Souza Nucci (*Código Penal comentado*, 2003, p. 342) pontifica tratar-se "de instituto de pouquíssima utilidade" e, rebatendo a Tourinho Filho – que defende a utilidade do instituto sustentando que o art. 202 da LEP assegura o sigilo dos dados referentes a condenações anteriores de maneira mais branda, pois somente o juiz criminal poderia quebrar o sigilo do reabilitado (CPP, art. 748) – pondera que "a LEP é lei mais recente, disciplinando exatamente o mesmo assunto, razão pela qual, nesse prisma, revogou o disposto no CPP", de forma "que reabilitado ou não, os dados constantes da folha de antecedentes do condenado serão exibidos sempre que houver requisição judicial ou para outros fins previstos em lei".

Miguel Reale Júnior (*Instituições de direito penal*: Parte Geral, 2002, v. II, p. 159), todavia, sem aprofundar no mérito daqueles que sustentam que a reabilitação constitui um meio mais amplo e digno de reinserção do sentenciado na sociedade, denota que o instituto em tela assegura não só o sigilo da condenação, como preceitua o art. 202 da LEP, mas também garante o sigilo dos registros sobre o processo e a respectiva condenação, ou seja, o evento delituoso e sua consequência processual, como se o delito não tivesse ocorrido.

2. JURISPRUDÊNCIA

2.1. Julgados

Sigilo na folha de antecedentes. Inquéritos policiais arquivados e ações penais trancadas, improcedentes ou extinta a punibilidade. Exclusão dos registros do recorrente dos institutos de identificação criminal

Recurso ordinário em mandado de segurança. Processual penal. Pleito de exclusão dos dados relativos a processo criminal que resultou em condenação. Extinção da punibilidade pelo integral cumprimento da pena. Reabilitação não promovida. Irrelevância. Sigilo assegurado pelo art. 202 da Lei n. 7.210/84. Recurso conhecido e parcialmente provido. 1. Esta Corte Superior de Justiça já pacificou o entendimento segundo o qual, por analogia à regra inserta no art. 748 do CPP, as anotações referentes a inquéritos policiais e ações penais não serão mencionadas na Folha de Antecedentes Criminais, nem em certidão extraída dos livros do juízo, nas hipóteses em que resultarem na extinção da punibilidade pela prescrição da pretensão punitiva, arquivamento, absolvição ou reabilitação. Precedentes. 2. O sigilo da Folha de Antecedentes para fins civis também é assegurado aos condenados que, embora tenham cumprido a pena, ainda não promoveram a reabilitação, consoante previsto no art. 202 da Lei n. 7.210/84. 3. Todavia, não é o caso de conceder o *mandamus* para ordenar a exclusão dos registros do recorrente dos institutos de identificação criminal, mas sim para determinar que os atestados e as certidões fornecidas por autoridade policial ou por auxiliares da Justiça não façam referência à condenação por ele já cumprida, salvo se requisitadas por Juiz criminal, nos termos dos arts. 748 do CPP e 202 da Lei n. 7.210/84. 4. Ordem parcialmente concedida para determinar ao Instituto de Identificação Criminal que, ao emitir certidões relativas ao recorrente, omita os dados relativos à Ação Penal n. 621/98, que tramitou na 21ª Vara Criminal Central de São Paulo/SP, salvo se requisitadas por Juiz criminal. (STJ, RMS n. 29.423/SP, 5ª T., rel. Min. Laurita Vaz, j. 06.09.2011, *DJe* 21.09.2011)

Processual penal. Recurso em mandado de segurança. Registro de dados criminais. Manutenção pelo instituto de identificação. Violação a direito líquido e certo. Sigilosidade. Arquivos de acesso exclusivo via autorização judicial. Inteligência do art. 748 do CPP. Recurso parcialmente provido. 1. É uníssono o entendimento do STJ no sentido de que, "por analogia aos termos do art. 748 do CPP, devem ser excluídos dos terminais dos Institutos de Identificação Criminal os dados relativos a inquéritos arquivados, a ações penais trancadas, a processos em que tenha ocorrido a reabilitação do condenado e a absolvições por sentença penal transitada em julgado ou, ainda, que tenha sido reconhecida a extinção da punibilidade do acusado decorrente da prescrição da pretensão punitiva do Estado" (RMS n. 24.099/SP, 5ª T., rel. Min. Arnaldo Esteves Lima, *DJe* 23.06.2008). 2. "Tais dados, entretanto, não deverão ser excluídos dos arquivos do Poder Judiciário, tendo em vista que, nos termos do art. 748 do CPP, pode o Juiz Criminal requisitá-los, de forma fundamentada, a qualquer tempo, mantendo-se, entretanto, o sigilo quanto às demais pessoas" (RMS n. 19.501/SP, 5ª T., rel. Min. Felix Fischer, *DJ* 01.07.2005). 3. Recurso ordinário parcialmente provido para, concedendo em parte a segurança, determinar a vedação de acesso aos registros constantes dos bancos de dados do Instituto de Identificação, salvo pelo Poder Judiciário para efeito de consulta fundamentada de Juízes Criminais. (STJ, RMS n. 33.300/RJ, 5ª T., rel. Min. Laurita Vaz, *DJe* 30.11.2012)

Execução penal. Recurso de agravo. Decisão do juízo da execução que indeferiu o pedido de reabilitação criminal. Recurso da defesa. Competência para análise do pedido de reabilitação criminal afeita ao juízo da condenação e não ao juízo da execução. Inteligência do art. 743 do Código de Processo Penal c/c art. 94 do Código Penal. Precedentes desta corte de justiça. Pedido que deve ser dirigido ao juízo competente. Análise do mérito recursal prejudicada, sob pena de supressão de instância. Recurso prejudicado. (TJPR, Agr. Ex. Penal n. 0005148-46.2021.8.16.0030, 3ª Câm. Crim., j. 03.02.2022)

Art. 94. A reabilitação poderá ser requerida, decorridos 2 (dois) anos do dia em que for extinta, de qualquer modo, a pena ou terminar sua execução, computando-se o período de prova da suspensão e o do livramento condicional, se não sobrevier revogação, desde que o condenado:

I – tenha tido domicílio no País no prazo acima referido;

II – tenha dado, durante esse tempo, demonstração efetiva e constante de bom comportamento público e privado;

III – tenha ressarcido o dano causado pelo crime ou demonstre a absoluta impossibilidade de o fazer, até o dia do pedido, ou exiba documento que comprove a renúncia da vítima ou novação da dívida.

Parágrafo único. Negada a reabilitação, poderá ser requerida, a qualquer tempo, desde que o pedido seja instruído com novos elementos comprobatórios dos requisitos necessários.

1. COMENTÁRIO

1.1. Condições

A reabilitação pressupõe uma condenação transitada em julgado, sob pena de carência da ação. É irrelevante a natureza da pena cominada, uma vez que a reabilitação alcança quaisquer penas aplicadas em sentença definitiva. Não tem cabimento pedido de reabilitação vertente a situações em que se tenha verificado a prescrição da pretensão punitiva ou de qualquer outra causa extintiva da punibilidade, antes do trânsito em julgado.

A reabilitação pode ser requerida após decorridos dois anos da data de término da pena imposta ou de sua extinção por qualquer modo (prescrição, indulto etc.), permitindo-se contar o período de prova da suspensão condicional da pena ou do livramento condicional, desde que não tenham sido revogados.

Não obstante, no caso de concessão de suspensão condicional da pena ou livramento condicional com prazos superiores a dois anos, observa-se que o sentenciado deve esperar o decurso do prazo estabelecido para poder pleitear a reabilitação.

Na hipótese de pena de multa, a contagem do prazo iniciará a partir do seu pagamento ou da prescrição da pretensão executória.

1.1.1. Prazo em relação às penas restritivas de direito

Tendo sido incluídos o período de prova da suspensão e do livramento condicional no cômputo do prazo para requerimento da reabilitação, deve também ser incluído, por analogia, o período relativo às penas restritivas de direito, pois são todas circunstâncias em que a execução da pena dá-se em liberdade.

1.1.2. Prazo em relação ao tempo de condenação cumprido em regime aberto

Imagine uma pessoa condenada à pena de um ano de reclusão e que tenha concedida a suspensão condicional da pena pelo prazo de dois anos. Devidamente cumprido o prazo de prova, a pena é extinta e o sentenciado pode requerer a reabilitação, a teor do art. 94 do CP. De outra sorte, uma pessoa condenada à mesma pena de um ano de reclusão em regime aberto e à qual não tenha sido concedido o *sursis* somente poderá requerer a reabilitação depois de decorridos dois anos de cumprimento da pena, ou seja, sucumbirá aos efeitos da pena por três anos antes de poder requerer a reabilitação, enquanto, na primeira hipótese, o prazo foi de dois anos.

Daí porque, refutando discrepâncias em prejuízo do sentenciado, concorda-se com Miguel Reale Júnior, que considera acertado o cômputo do tempo de condenação cumprida em regime aberto, "pois deve-se na interpretação seguir a *ratio* do instituto, que visa primacialmente a desfazer qualquer vestígio da condenação, retirando a mácula para, em benefício do condenado e da própria sociedade, facilitar sua integração ao meio social, no qual se comportou bem no plano público e privado, sendo um exagero exigir-se dois anos além da extinção da pena cumprida em meio livre".

1.2. Requisitos

Superado o pressuposto temporal disposto no *caput* do art. 94, deverá o pretendente à reabilitação atender e complementar os requisitos legais.

1.2.1. Domicílio no país

O sentenciado deve demonstrar que teve domicílio no País no prazo de carência disposto no *caput* do art. 94. O requisito em tela decorre da idealização de permitir-se e possibilitar um meio mais próximo e efetivo para averiguação de seu bom comportamento.

Contudo, considerando que o sentenciado já cumpriu sua pena ou teve a pena extinta, entende-se que o requisito em tela esbarra no preceito fundamental do *ius libertatis* do indivíduo, quiçá de fato o fere, pois limita e restringe o direito do cidadão justamente no momento em que ele procura a sua reinserção social. Trata-se de situação integralmente antagônica ao espírito do instituto da reabilitação. Note que, embora o sentenciado já tenha cumprido sua pena, o requisito da manutenção de domicílio no País no prazo de carência impõe-lhe nova restrição para que o escopo da reabilitação seja alcançado. Ou seja, embora a medida político-criminal vise à reinserção do reabilitado na sociedade, seu requisito lhe impõe preconceituosa mácula de desconfiança ao pressupor que ele somente terá bom comportamento nos limites do País. Isso sem contar que, atualmente, até mesmo o bom senso enfrenta e refuta o requisito em epígrafe, já que o intenso intercâmbio comercial e corporativo mundial, consolidado com a globalização, gera diversas oportunidades de estudo, aprimoramento e trabalho no exterior.

1.2.2. Demonstração efetiva e constante de bom comportamento público e privado

A demonstração do bom comportamento público e privado (CP, art. 94, II) deverá ser comprovada por meio de certidões, atestados e outros documentos
na forma do art. 744 do CPP: "I – certidões comprobatórias de não ter o requerente respondido, nem estar respondendo a processo penal, em qualquer das comarcas em que houver residido durante o prazo a que se refere o artigo anterior; II – atestados de autoridades policiais ou outros documentos que comprovem ter residido nas comarcas indicadas e mantido, efetivamente, bom comportamento; III – atestados de bom comportamento fornecidos por pessoas a cujo serviço tenha estado; IV – quaisquer outros documentos que sirvam como prova de sua regeneração; V – prova de haver ressarcido o dano causado pelo crime ou persistir a impossibilidade de fazê-lo".

A demonstração do bom comportamento deve perdurar até a efetiva declaração de reabilitação e não somente nos dois anos necessários para seu requerimento, levando-se em conta, para tanto, que o requisito em epígrafe exige efetiva e "constante" comprovação do bom comportamento público e privado.

1.2.3. Ressarcimento do dano ou demonstração de sua impossibilidade

O requisito final dispõe que o sentenciado e pretendente à reabilitação tenha ressarcido o dano causado pelo crime ou demonstre a impossibilidade de fazê-lo até o dia do pedido, ou então comprove a renúncia da vítima ou novação da dívida.

Ainda que possa ser considerada tímida, trata-se de preocupação do legislador para com a vítima do delito, preceituando-se, nesse requisito, uma satisfação à vítima por meio da reparação do dano, salvo as hipóteses de impossibilidade de fazê-lo, comprovação de renúncia da vítima ou novação da dívida. Nesse ponto, é uma pena lembrar que a reabilitação constitui instituto de raro interesse entre a grande maioria dos sentenciados.

Não há que se considerar o requisito da reparação do dano à vítima quando o crime não causar prejuízo, como o porte de entorpecentes para uso próprio, bem como quando não for possível identificar as vítimas, como nos crime de relação de consumo em face de grande massa popular ou ainda quando decorrido o prazo prescricional para propositura do pleito de reparação de danos (art. 206, § 3º, CC).

1.3. Renovação do pedido

Indeferida a reabilitação, poderá o sentenciado postular novo pedido a qualquer tempo, desde que instruído com novos elementos comprobatórios dos requisitos legais (CP, art. 94, parágrafo único). Diante da redação conferida pela Reforma Penal de 1984, restou revogado o art. 749 do CPP, que preceituava o decurso do prazo de dois anos para o condenado poder renovar o pedido de reabilitação.

1.4. Recursos e jurisprudência

Cabe apelação da decisão que indeferir a reabilitação com fundamento no art. 593, II, do CPP. E, nos termos do art. 746 do CPP, haverá recurso de ofício da decisão que a conceder.

2. JURISPRUDÊNCIA

2.1. Julgados

Execução penal. Reabilitação criminal. Presença dos requisitos dos Códigos Penal e de Processo Penal. Deferimento. 1. O preenchimento dos requisitos objetivos e subjetivos dos arts. 93 e 94 do Código Penal e do art.

744 do Código de Processo Penal impõe a declaração da reabilitação criminal requerida. 2. Hipótese em que o sentenciado pagou, integralmente, a multa imposta na condenação, bem como efetuou o ressarcimento do dano ao erário. 3. O requerente demonstrou ter mantido domicílio no país, assim como bom comportamento público e privado durante o período de dois anos após a extinção das penas que lhe foram impostas. 4. Pedido de reabilitação deferido. (STF, Pet. n. 8.314 – CNJ 0027112-88.2019.1.00.0000, rel. Min. Luís Roberto Barroso, *DJe* 01.06.2020)

Reabilitação. Recurso *ex officio*

Penal. Processo penal. Reabilitação criminal. Remessa oficial. Requisitos legais atendidos. Recurso não provido. 1. Não merece reparo a reabilitação criminal concedida em primeira instância quando cumpridos os requisitos legais previstos no art. 94 do CP e no art. 744 do CPP. 2. Recurso de ofício não provido. (TRF-1ª Região, Rem. *Ex Officio* Crim. n. 5.748/GO, rel. Tourinho Neto, publ. 19.11.2010)

Reexame necessário. Reabilitação criminal. Decisão do juízo *a quo* deferindo o pedido de reabilitação criminal. Ausência de demonstração de preenchimento de todos os requisitos legais. Decisão cassada. Ante a ausência de comprovação satisfatória do preenchimento de todos os requisitos previstos no art. 94 do Código Penal, impossível a manutenção da decisão que deferiu a reabilitação criminal. Recurso provido para cassar a r. decisão, indeferindo a concessão da reabilitação criminal ao recorrido. (TJSP, Reexame Necessário n. 0005054-41.2017.8.26.0457, 13ª Câm. Crim., rel. Luis Augusto de Sampaio Arruda, publ. 23.10.2018)

Penal. Reabilitação. Recurso *ex officio*. Recorrido que demonstrou o preenchimento de todos os requisitos legais, exigidos pelo art. 744 do CPP. Comprovante de atividade lícita, pretendido inicialmente pelo Ministério Público, não é uma das exigências legais para a medida. Concessão do benefício mantida. Negado provimento. (TJSP, Reexame Necessário n. 0001853-84.2007.8.26.0071, 8ª Câm. Crim., rel. Alcides Malossi Junior, publ. 11.12.2018)

Reexame necessário. Recurso *ex officio*. Pedido de reabilitação deferido. Efetivo cumprimento das exigências do art. 94 do Código Penal. Ante o preenchimento dos requisitos do art. 94 do Código Penal, mantém-se a decisão que deferiu a reabilitação criminal. Recurso não provido. *Decisum* confirmado. (TJSP, Reexame Necessário n. 0006256-72.2016.8.26.0268, 15ª Câm. Crim., rel. William Campos, publ. 10.12.2018)

Art. 95. A reabilitação será revogada, de ofício ou a requerimento do Ministério Público, se o reabilitado for condenado, como reincidente, por decisão definitiva, a pena que não seja de multa.

1. COMENTÁRIO

A reabilitação importa no sigilo sobre o evento criminoso e a pena cominada, conferindo ao reabilitado o retorno ao convívio social mediante sua apresentação na sociedade livre de manchas e à margem de preconceitos, contudo não extingue a condenação anterior para verificação de reincidência, que é um dos mais graves efeitos da condenação.

Assim, nova condenação definitiva à pena privativa de liberdade ou restritiva de direitos por fato ocorrido após o trânsito em julgado da sentença que condenou o reabilitado pelo crime anterior, de forma a imputar-lhe a condição de reincidente (CP, art. 63), motivará, mediante requerimento do Ministério Público ou de ofício, a revogação da reabilitação, retornando os efeitos da condenação até então suspensos.

A reabilitação não poderá ser revogada, todavia, caso o fato gerador da nova condenação ocorra após o decurso do prazo de cinco anos da data de cumprimento ou extinção da pena anterior, pois nessa hipótese não ficará caracterizada a reincidência (CP, art. 64, I).

Em face do disposto no art. 120 do CP e ainda no enunciado pela Súmula n. 18 do STJ, o sentenciado também não terá revogada sua reabilitação caso, apesar de condenado, vier a ser favorecido com o perdão judicial.

2. JURISPRUDÊNCIA

2.1. Súmula

Súmula n. 636, STJ: "A folha de antecedentes criminais é documento suficiente a comprovar os maus antecedentes e a reincidência".

2.2. Julgados

Penal. Processual. Estelionato. Reabilitação. Reincidência. 1. Não é possível a declaração da reabilitação do condenado quando configurada a reincidência, haja vista o fato desta ser causa de revogação daquela (CP, art. 95). 2. Como não transcorreu prazo superior a cinco anos entre a data do cumprimento ou extinção da pena da primeira condenação e a data do fato criminoso abordado pela última condenação, não há falar-se em afastamento dos efeitos da reincidência (CP, art. 64, I). 3. *Habeas corpus* conhecido. Pedido indeferido. (STJ, *HC* n. 14.202/SP, rel. Min. Edson Vidigal, publ. 13.08.2001)

TÍTULO VI
DAS MEDIDAS DE SEGURANÇA

Espécies de medidas de segurança

Art. 96. As medidas de segurança são:

I – internação em hospital de custódia e tratamento psiquiátrico ou, à falta, em outro estabelecimento adequado;

II – sujeição a tratamento ambulatorial.

Parágrafo único. Extinta a punibilidade, não se impõe medida de segurança nem subsiste a que tenha sido imposta.

1. COMENTÁRIO

1.1. Notas introdutórias

As chamadas medidas de segurança se destinam aos inimputáveis, ou seja, àqueles que cometem infrações penais e que, por doença mental ou desenvolvimento mental incompleto ou retardado eram, ao tempo do cometimento da infração penal, inteiramente incapazes de entender o caráter ilícito do fato ou de determinarem-se de acordo com esse entendimento, nos termos do art. 26, *caput*, do CP.

Também se destinam aos semi-imputáveis, ou seja, àqueles que em virtude de perturbação de saúde mental ou por desenvolvimento mental incompleto ou retardado não eram, ao tempo do cometimento da infração penal, inteiramente capazes de entender o caráter ilícito do fato ou de determinarem-se de acordo com esse entendimento, nos termos do art. 26, parágrafo único, do CP.

Em resumo, as medidas de segurança se destinam aos inimputáveis ou semi-imputáveis que cometem infrações penais e que, por suas condições mentais, não devem ser punidos por seus atos, mas sim submetidos a tratamento curativo, para que não voltem mais a delinquir.

Antes da reforma da Parte Geral do CP de 1940, ocorrida em 1984, prevalecia, para as medidas de segurança, o chamado sistema duplo binário, por meio do qual as medidas de segurança eram aplicadas isoladamente aos inimputáveis e cumulativamente com penas aos semi-imputáveis. Assim, desde que fosse considerado semi-imputável, o indivíduo que cometia uma infração penal poderia ser punido com pena acrescida de medida de segurança. Portanto, de acordo com a antiga redação do art. 82 do CP, o semi-imputável cumpriria, inicialmente, a pena privativa de liberdade e, ao seu final, caso mantida a periculosidade, iniciaria o cumprimento da medida de segurança, até que houvesse o exame de cessação de periculosidade.

Superado esse entendimento, o CP atualmente em vigor adota o chamado sistema vicariante, pelo qual não é possível a cumulação de pena com medida de segurança. Dessa forma, na análise do caso concreto, ou o juiz aplica pena (se considerar o réu imputável) ou aplica medida de segurança (se considerar o réu inimputável ou semi-imputável), podendo ainda substituir a pena privativa de liberdade por medida de segurança, nos termos do art. 98 do CP.

1.2. Conceito

Medida de segurança é uma modalidade de sanção penal imposta pelo Estado, de caráter exclusivamente preventivo, com fundamento na periculosidade do agente e finalidade terapêutica, pela qual os inimputáveis e semi-imputáveis são submetidos a tratamento para evitar que, no futuro, pratiquem novas infrações penais.

A despeito de seu aspecto curativo, a medida de segurança é tratada de maneira majoritária[1] pela doutrina e jurisprudência como espécie de sanção penal, por consistir em privação ou restrição do *jus libertatis* do indivíduo. Essa medida deve, portanto, respeitar os princípios da legalidade, anterioridade e jurisdicionalidade.

1.3 Princípios

1.3.1. Legalidade

Por se tratar de matéria penal, a criação e aplicação de medida de segurança se submetem ao princípio da legalidade ou reserva legal, ou seja, só é possível a imposição da medida de segurança que estiver prevista em lei, e é vedada a veiculação da matéria por medida provisória, de acordo com o disposto no art. 62, § 1º, I, *b*, da CF.

1.3.2. Anterioridade

Previsto no art. 5º, XL, da CF, o princípio da anterioridade ou irretroatividade da lei penal mais severa também deverá ser respeitado quando se tratar de medida de segurança. Deste modo, somente se admitirá a imposição de uma medida de segurança se a sua previsão legal for anterior

1 Há entendimento minoritário no sentido de que a medida de segurança é medida pedagógica e terapêutica e, ainda que restrinja a liberdade, não se submete aos princípios da legalidade e anterioridade, por se tratar de instituto puramente assistencial e curativo. Nesse sentido: TOLEDO, Francisco de Assis. *Princípios básicos de direito penal*, 2007, p. 40-2.

à prática da infração penal, não podendo ser aplicada a lei que instituir nova medida de segurança ou torná-la mais severa após a prática da infração penal, salvo quando beneficiar o réu.

1.3.3. Jurisdicionalidade

Segundo o princípio da jurisdicionalidade, a medida de segurança, assim como qualquer das espécies de sanção penal, somente poderá ser aplicada pelo Poder Judiciário, por meio de decisão judicial fundamentada, observado o devido processo legal.

1.4. Finalidade

A medida de segurança tem finalidade exclusivamente preventiva e assistencial, pois visa a cura ou tratamento daquele inimputável ou semi-imputável que pratica uma infração penal, buscando recuperá-lo, para evitar que novas infrações penais venham a ser praticadas por ele. É, por um lado, instrumento de defesa da sociedade e, por outro, instrumento de tratamento e recuperação social do inimputável ou semi-imputável.

1.5. Pressupostos

A medida de segurança, para ser aplicada, obedecerá aos seguintes pressupostos: (i) prática de uma infração penal; (ii) periculosidade do agente; e (iii) inocorrência de extinção da punibilidade.

Para se configurar a prática de uma infração penal, faz-se necessária a comprovação da certeza da autoria e materialidade do fato delituoso, por meio de prova inequívoca, sem que incidam quaisquer das causas excludentes da ilicitude, previstas no art. 23 do CP.

Já a periculosidade do agente se traduz na real probabilidade de este vir a praticar (ou tornar a praticar) infrações penais. Não é mera possibilidade de reincidência, correspondendo à efetiva potencialidade de o inimputável ou semi-imputável voltar a praticar uma infração penal, tornando-o um indivíduo perigoso para o convívio social.

Dessa maneira, a periculosidade do agente poderá ser: (i) presumida por lei, nos casos em que o agente for inimputável, de acordo com o art. 26, *caput*, do CP, bastando nesses casos um laudo que aponte doença mental para que a medida de segurança seja obrigatoriamente aplicada; ou (ii) real (reconhecida pelo juiz), nos casos em que o agente for semi-imputável, de acordo com o parágrafo único do art. 26 do CP, cabendo ao juiz a análise do caso concreto para verificar a necessidade de aplicação de pena ou medida de segurança (quando o agente necessitar de tratamento médico-psiquiátrico), com base na efetiva probabilidade de o indivíduo vir a praticar novas infrações penais.

1.5.1. Extinção da punibilidade

Por fim, o parágrafo único do art. 96 do CP exige que, para a aplicação de medida de segurança, o Estado ainda esteja apto a exercer seu *jus puniendi*, não podendo incidir quaisquer das causas de extinção da punibilidade, previstas no art. 107 do CP, que poderá ser verificada antes ou depois de transitada em julgado a decisão.

1.6. Distinções entre pena e medida de segurança

A pena é a sanção penal aplicável aos imputáveis, enquanto a medida de segurança é a sanção penal aplicável aos inimputáveis ou semi-imputáveis.

O fundamento para a aplicação da pena é a culpabilidade, enquanto o fundamento para a aplicação de medida de segurança é a periculosidade.

As penas têm natureza retributivo-preventiva. Por outro lado, as medidas de segurança têm caráter exclusivamente preventivo.

As penas são aplicadas por tempo determinado. Já a medida de segurança é aplicada por tempo indeterminado, pois sua extinção só ocorre quando cessa a periculosidade do agente.

Imposição da medida de segurança para inimputável

Art. 97. Se o agente for inimputável, o juiz determinará sua internação (art. 26). Se, todavia, o fato previsto como crime for punível com detenção, poderá o juiz submetê-lo a tratamento ambulatorial.

Prazo

§ 1º A internação, ou tratamento ambulatorial, será por tempo indeterminado, perdurando enquanto não for averiguada, mediante perícia médica, a cessação de periculosidade. O prazo mínimo deverá ser de 1 (um) a 3 (três) anos.

Perícia médica

§ 2º A perícia médica realizar-se-á ao termo do prazo mínimo fixado e deverá ser repetida de ano em ano, ou a qualquer tempo, se o determinar o juiz da execução.

Desinternação ou liberação condicional

§ 3º A desinternação, ou a liberação, será sempre condicional devendo ser restabelecida a situação anterior se o agente, antes do decurso de 1 (um) ano, pratica fato indicativo de persistência de sua periculosidade.

§ 4º Em qualquer fase do tratamento ambulatorial, poderá o juiz determinar a internação do agente, se essa providência for necessária para fins curativos.

1. COMENTÁRIO

1.1. Espécies de medidas de segurança

Na nossa legislação atual existem duas espécies de medida de segurança: (i) a detentiva, que consiste na obrigação de permanecer internado em hospital de custódia e tratamento psiquiátrico ou, à falta dele, em outro estabelecimento adequado; e (ii) a restritiva, que consiste na obrigação em submeter-se a tratamento ambulatorial.

1.1.1. Internação

A medida de segurança detentiva (ou de internação) implica necessariamente a privação de liberdade do agente e será cumprida nos chamados hospitais de custódia e tratamento psiquiátrico – os antigos manicômios judiciários –, de que tratam os arts. 99 a 101 da LEP.

Segundo o art. 96, I, do CP, na falta do hospital de custódia e tratamento psiquiátrico, a medida de segurança de internação deverá ser cumprida em outro estabelecimento adequado. Nesse sentido, o art. 101 da LEP explica que o outro estabelecimento adequado se refere a outro local com dependência médica adequada.

O art. 97, *caput*, do CP estabelece que, quando a pena cominada ao crime praticado por inimputável for de reclusão, obrigatoriamente a medida de segurança aplicável será a de internação. No entanto, se a pena cominada for de detenção, o juiz poderá submetê-lo a tratamento ambulatorial.

Contudo, esse critério estabelecido pelo CP para a aplicação de uma ou outra espécie de medida de segurança foi alvo de críticas, e alguns doutrinadores (NUCCI, Guilherme de Souza. *Código Penal comentado*, 2010, p. 533-4; MASSON, Cleber. *Direito penal esquematizado*, 2011, p. 792) sugerem que os autores de infrações penais apenadas com reclusão, desde que cometidas sem violência ou grave ameaça, possam ser submetidos a tratamento ambulatorial, com fundamento na finalidade assistencial da medida de segurança e em respeito ao princípio da proporcionalidade.

1.1.2. Tratamento ambulatorial

A medida de segurança restritiva (de tratamento ambulatorial), prevista no inciso II do art. 96 do CP, consiste na sujeição a cuidados médicos sem a necessidade da privação de liberdade do agente, que permanece livre, mas se submete a tratamento médico adequado. Não ocorre, neste caso, a internação, salvo na hipótese de esta tornar-se necessária para fins curativos, conforme previsto no art. 97, § 4º, do CP.

Conforme disposto no art. 97, *caput*, do CP, quando o inimputável praticar uma infração penal cuja pena cominada seja de detenção, o juiz poderá optar em aplicar a medida de segurança de internação ou de tratamento ambulatorial. Assim, com base no grau de periculosidade do agente, nos casos em que ficar demonstrada sua alta periculosidade, o juiz poderá aplicar a medida de segurança de internação, mesmo que a infração penal seja punida com detenção.

1.2. Aplicação da medida de segurança

O inciso VI do art. 386 do CPP prevê que o juiz absolverá o réu quando existirem circunstâncias que o isentem de pena. O parágrafo único, inciso III, do mesmo artigo, estabelece que na sentença absolutória, o juiz aplicará medida de segurança, se cabível. Dessa forma, o inimputável que pratica uma infração penal será absolvido por meio da chamada sentença absolutória imprópria e, diante de sua periculosidade, ser-lhe-á aplicada pelo juiz uma medida de segurança.

Por outro lado, quando se tratar de agente semi-imputável responsável pela prática de uma infração penal, o juiz proferirá sentença condenatória, mesmo que posteriormente lhe aplique medida de segurança.

Ainda sobre o tema, a Súmula n. 422 do STF estabelece que a absolvição criminal, a despeito de considerar que o réu não cometeu o delito, não prejudica a imposição de medida de segurança, quando couber.

1.3. Prazo da medida de segurança

O § 1º do art. 97 do CP prevê que o prazo mínimo da medida de segurança será estabelecido pelo juiz, podendo ser de 1 a 3 anos. Esse prazo destina-se à realização do exame de cessação de periculosidade, que será realizado de acordo com o previsto no art. 175 da LEP.

Por outro lado, o CP é omisso no que diz respeito ao prazo máximo de duração da medida de segurança. Desse modo, o cumprimento da medida de segurança se dará por período indeterminado, perdurando enquanto houver a necessidade do tratamento e não for constatada, por meio de perícia médica, a cessação de periculosidade do agente.

1.3.1. Caráter perpétuo da medida de segurança

Muito se discute sobre o prazo máximo de duração e o caráter perpétuo da medida de segurança. Alegam os estudiosos que a CF, em seu art. 5º, XLVII, *b*, determina que não haverá, no Brasil, penas de caráter perpétuo. Em complementação, o art. 75 do CP, com as modificações promovidas pela Lei n. 13.964/2019 (a chamada Lei Anticrime), estabelece o limite de quarenta anos para cumprimento das penas privativas de liberdade.

Desse modo, há os que defendem que a medida de segurança não poderá ultrapassar o limite máximo de quarenta anos de duração. Argumentam que aqueles que sofrem de uma doença mental e que cometem uma infração penal não podem ser internados por prazo indeterminado, se os imputáveis possuem um limite de quarenta anos para o cumprimento de suas penas privativas de liberdade.

O STF, de maneira pacificada, em sua jurisprudência, adota esse posicionamento e defende que a medida de segurança deverá perdurar até que cesse a periculosidade do agente, limitada, contudo, ao prazo máximo de duração previsto no art. 75 do CP, que antes era de trinta anos e hoje, após a modificação promovida pela Lei n. 13.964/2019, é de quarenta anos.

Há, ainda, aqueles que entendem que o prazo máximo da medida de segurança não poderá ultrapassar o limite máximo da pena abstratamente cominada à infração penal cometida, em respeito aos princípios da isonomia e proporcionalidade (MASSON, op. cit., 2011, p. 794-5). Nesse sentido é a jurisprudência pacificada do STJ.

Por fim, contrariando os posicionamentos anteriores, alguns autores entendem que a medida de segurança poderá, sim, ter caráter perpétuo, caso a periculosidade do agente nunca cesse, sem que isso contrarie a previsão constitucional, pois a medida de segurança não constitui pena, mas espécie de sanção penal, com propósito curativo e terapêutico (SANTOS, Christiano Jorge. *Direito penal*: Parte Geral, 2007, p. 142; NUCCI, op. cit., 2010, p. 534).

1.3.2. Perícia médica

O exame que verifica a cessação da periculosidade do agente (perícia médica), de acordo com o previsto no art. 97, § 2º, do CP, será realizado ao término do prazo mínimo fixado pelo juiz e deverá ser repetido todos os anos, até a cessação da periculosidade. Todavia, poderá ocorrer a qualquer tempo, mesmo antes de se atingir o prazo mínimo, se assim determinar o juiz da execução, de acordo com o previsto no art. 176 da LEP.

1.3.3. Desinternação

Caso o médico perito constate a cessação de periculosidade do agente que cumpre uma medida de segurança (tanto do internado como do submetido a tratamento ambulatorial), o juiz da execução penal determinará a desinternação condicional (do internado) ou liberação condicional (do submetido a tratamento ambulatorial), ficando este, no período de um ano, proibido de praticar qualquer fato (típico ou não) que venha a indicar sua periculosidade, sob pena de ser restaurada a medida de segurança aplicada.

Importante ressaltar que a lei proíbe o desinternado ou liberado condicionalmente de praticar, no período determinado, qualquer fato indicativo de sua periculosidade, não necessariamente infração penal. Isso significa que será restabelecida a medida de segurança daquele que, no período de um ano, apresentar postura agressiva e ameaçadora em relação aos seus familiares, por exemplo.

Passado um ano, caso não ocorra nenhum fato que indique a persistência da periculosidade do desinternado ou liberado, a medida de segurança estará encerrada e será extinta.

O internado ou submetido a tratamento ambulatorial liberado em definitivo, pelo prazo de um ano, será denominado egresso, de acordo com o disposto no art. 26, I, da LEP.

Ademais, o art. 178 da LEP estabelece que, nas hipóteses de desinternação ou de liberação, o desinternado ou liberado terá de cumprir as condições estabelecidas nos arts. 132 e 133 da LEP para o livramento condicional.

O agente que cumpre medida de segurança de tratamento ambulatorial, ou mesmo após sua desinternação, poderá demonstrar que a medida não é suficientemente eficaz para sua cura. Nesse caso, o juiz poderá determinar sua internação, nos termos do art. 97, § 4º, do CP e do art. 184 da LEP, pelo prazo mínimo de um ano.

1.3.3.1. Desinternação progressiva

A desinternação progressiva consiste na conversão da internação para tratamento ambulatorial, durante o prazo da medida de segurança como forma de preparar o agente ao retorno do convívio social. Não tem previsão legal, mas é muito admitida na prática. Desse modo, quando a situação dispensa a privação da liberdade do agente, ou seja, quando a periculosidade do agente é atenuada, admite-se a sua transferência para tratamento ambulatorial.

Substituição da pena por medida de segurança para o semi-imputável

Art. 98. Na hipótese do parágrafo único do art. 26 deste Código e necessitando o condenado de especial tratamento curativo, a pena privativa de liberdade pode ser substituída pela internação, ou tratamento ambulatorial, pelo prazo mínimo de 1 (um) a 3 (três) anos, nos termos do artigo anterior e respectivos §§ 1º a 4º.

---

1. COMENTÁRIO

1.1. Substituição da pena por medida de segurança

Nos casos de semi-imputabilidade, previstos no parágrafo único do art. 26 do CP, o juiz poderá reduzir a pena de um a dois terços ou substituí-la por medida de segurança, conforme entenda que o sujeito era imputável ou semi-imputável à época da prática da infração penal.

No curso da execução da pena privativa de liberdade, se sobrevier ao condenado doença mental ou perturbação de saúde mental, o juiz da execução poderá, no caso de o condenado necessitar de tratamento curativo, conforme prevê o art. 98 do CP e o art. 183 da LEP, substituir a pena privativa de liberdade por medida de segurança.

Importante ressaltar que a substituição da pena privativa de liberdade por medida de segurança só ocorre se a doença mental ou a perturbação for de natureza permanente.

Se a doença mental ou a perturbação for transitória, o preso será transferido ao hospital para tratamento, nos termos do art. 41 do CP, e, quando se entender que o agente está curado, ele poderá retornar a cumprir sua pena privativa de liberdade. Nesse caso, o tempo de internação contará como tempo de cumprimento da pena privativa de liberdade, para fins de detração, conforme disposto no art. 42 do CP.

Por absoluta falta de previsão legal, não será possível a substituição da pena de multa por medida de segurança.

A Súmula n. 525 do STF prevê que a medida de segurança não será aplicada nas hipóteses em que somente o réu recorrer em segunda instância. Convém explicar que a referida súmula foi editada em 1969, quando ainda estava vigente o sistema duplo binário, que permitia cumular pena e medida de segurança aos semi-imputáveis. Atualmente, com a vigência do sistema vicariante, no qual o juiz poderá aplicar pena ou medida de segurança, nada impede que o condenado à pena privativa de liberdade, em caso de recurso, tenha sua pena substituída por medida de segurança, desde que seja observado que em alguns casos a medida de segurança de internação ou o tratamento podem ser considerados mais gravosos que a pena privativa de liberdade aplicada, devendo ser bem fundamentada a substituição, para que não se configure uma *reformatio in pejus*.

Quanto à substituição da pena privativa de liberdade pela medida de segurança, muito ainda se discute sobre a duração da medida de segurança após a substituição. Atualmente existem quatro correntes sobre o tema.

A primeira defende que após a substituição da pena privativa de liberdade pela medida de segurança, esta última terá prazo de duração indefinido, até que cesse a periculosidade do agente, conforme o disposto no art. 97, § 1º, do CP.

A segunda corrente, com maiores adeptos, defende que, após a substituição, a medida de segurança terá como prazo máximo de duração o prazo máximo da pena privativa de liberdade aplicada na condenação (defendem essa posição: NUCCI, Guilherme de Souza. *Código Penal comentado*, 2010, p. 536; GRECO, Rogério. *Código Penal comentado*, 2012, p. 235; PONTE, Antonio Carlos da. *Inimputabilidade e processo penal*, 2007, p. 87). Dessa forma, o agente cumprirá a medida de segurança internado pelo tempo que restar da sua pena privativa de liberdade, que jamais será superior ao tempo total de sua condenação, e depois será colocado em liberdade.

A terceira corrente defende que, após a substituição, a medida de segurança terá como prazo máximo o limite fixado pelo art. 75 do CP para o cumprimento da pena privativa de liberdade, ou seja, quarenta anos, segundo a nova redação, trazida pela Lei n. 13.964/2019.

Por fim, a quarta corrente defende que o prazo máximo de duração da medida de segurança corresponde à duração da pena máxima prevista em abstrato para a infração penal cometida. Referido posicionamento foi objeto da Súmula n. 527 do STJ, que diz: "O tempo de duração da medida de segurança não deve ultrapassar o limite máximo da pena abstratamente cominada ao delito praticado".

Direitos do internado

Art. 99. O internado será recolhido a estabelecimento dotado de características hospitalares e será submetido a tratamento.

1. COMENTÁRIO

1.1. Direitos do internado

O art. 3º da LEP assegura ao internado todos os direitos não atingidos pela sentença ou pela lei. O art. 42 da LEP prevê que os direitos do preso, previstos no art. 41 da LEP, também se aplicam, no que couber, àquele submetido à medida de segurança. Dessa maneira, o sujeito que receber como sanção penal a medida de segurança de internação será obrigatoriamente recolhido em hospital de custódia e tratamento psiquiátrico ou outro estabelecimento adequado. Em complemento, o art. 99 do CP garante que ele seja recolhido em estabelecimento com características hospitalares e que seja submetido a tratamento médico. Desse modo, não se admite recolhimento daquele que recebeu uma medida de segurança em penitenciária, cela de delegacia, cadeia, prisão ou presídio comum, o que constituiria evidente constrangimento ilegal. Na falta de vagas, o correto será enviar o sujeito a um local com assistência médica adequada ou substituir a internação por tratamento ambulatorial. O art. 43 da LEP garante a possibilidade de o agente contratar médico de sua confiança para orientar e acompanhar seu tratamento.

2. JURISPRUDÊNCIA

2.1. Súmulas

Súmula n. 422, STF: "A absolvição criminal não prejudica a medida de segurança, quando couber, ainda que importe privação de liberdade".

Súmula n. 520, STF: "Não exige a lei que, para requerer o exame a que se refere o art. 777 do CPP, tenha o sentenciado cumprido mais de metade do prazo da medida de segurança imposta".

Súmula n. 525, STF: "A medida de segurança não será aplicada em segunda instância, quando só o réu tenha recorrido".

Súmula n. 527, STJ: "O tempo de duração da medida de segurança não deve ultrapassar o limite máximo da pena abstratamente cominada ao delito praticado".

2.2. Julgados

Substituição de pena por medida de segurança

Ação penal. Condenação. Sentença condenatória. Pena restritiva de liberdade. Substituição por medida de segurança. Determinação de exame de sanidade mental, determinada de ofício em recurso exclusivo do réu, que a não requereu. Inadmissibilidade. Coisa julgada sobre aplicação da pena. Decisão, ademais, viciada por disposição *ultra petita* e *reformatio in pejus*. *HC* concedido. Aplicação da Súmula n. 525 do Supremo. Votos vencidos. Não é lícito aplicar medida de segurança em grau de recurso, quando só o réu tenha recorrido sem requerê-la. (STF, *HC* n. 111.769, 2ª T., rel. Min. Gilmar Mendes, rel. p/ ac. Min. Cezar Peluso, j. 26.06.2012, *DJe* 25.02.2013)

Penal e processual penal. *Habeas corpus*. Execução. Superveniência de doença mental. Conversão de pena privativa de liberdade em medida de segurança. Internação. Manutenção. Tempo de cumprimento da pena extrapolado. Constrangimento ilegal. Ordem concedida. 1. Em se tratando de medida de segurança aplicada em substituição à pena corporal, prevista no art. 183 da Lei de Execução Penal, sua duração está adstrita ao tempo que resta para o cumprimento da pena privativa de liberdade estabelecida na sentença condenatória. Precedentes desta Corte. 2. Ordem concedida. (STF, *HC* n. 373.405/SP, 6ª T., rel. Min. Maria Thereza de Assis Moura, j. 06.10.2016, *DJe* 21.10.2016)

Limite de duração da medida de segurança, prescrição e desinternação progressiva

Penal. Medida de segurança. Limite de duração. Pena máxima cominada *in abstracto* ao delito cometido. Ordem concedida. 1. Fere o princípio da isonomia o fato de a lei fixar o período máximo de cumprimento de pena para o imputável, pela prática de um crime, e determinar que o inimputável cumprirá medida de segurança por prazo indeterminado, condicionando o seu término à cessação da periculosidade. 2. Em razão da incerteza da duração máxima da medida de segurança, está-se claramente tratando de forma mais severa o infrator inimputável quando comparado ao imputável, para o qual a lei limita o poder de atuação do Estado. 3. O limite máximo de duração de uma medida de segurança, então, deve ser o máximo da pena abstratamente cominada ao delito no qual foi a pessoa condenada. 4. Na espécie, o paciente foi condenado por tentativa de estupro, cuja pena máxima cominada é de reclusão de 6 anos e 8 meses. Não obstante, encontra-se internado há mais de 15 anos. 5. Ordem concedida para declarar extinta a medida de segurança aplicada em desfavor do paciente, em razão de seu integral cumprimento. (STJ, *HC* n. 91.602/SP, 6ª T., rel. Min. Alderita Ramos de Oliveira (des. conv. do TJPE), rel. p/ Ac. Min. Maria Thereza de Assis Moura, j. 20.09.2012, *DJe* 26.10.2012)

Habeas corpus. Art. 129, *caput*, do CP. Execução penal. Medida de segurança. Limite de duração. Pena máxima cominada em abstrato ao delito cometido. Princípios da isonomia e da proporcionalidade. 1. Prevalece, na Sexta Turma desta Corte, a compreensão de que o tempo de duração da medida de segurança não deve ultrapassar o limite máximo da pena abstratamente cominada ao delito praticado, com fundamento nos princípios da isonomia e da proporcionalidade. 2. No caso, portanto, estando o paciente cumprindo medida de segurança (internação) em hospital de custódia e tratamento pela prática do delito do art. 129, *caput*, do CP, o prazo prescricional regula-se pela pena em abstrato cominada a cada delito isoladamente. 3. Conforme bem ressaltou o Ministério Público Federal em seu parecer à fl. 112, "*in casu*, o paciente se encontra submetido a medida de segurança há mais de 16 anos, quando a pena máxima abstratamente cominada ao delito que se lhe atribui é de 2 anos. Vai de encontro ao princípio da razoabilidade manter o paciente privado de sua liberdade por tão extenso período pela prática de delitos de menor potencial ofensivo, máxime quando possui condições de continuar sendo tratado por pessoa de sua família, com recursos médicos-psiquiátricos oferecidos pelo Estado". 4. O delito do art. 129, *caput,* do CP prevê uma pena de 3 meses a 1 ano de detenção. Isso significa que a medida de segurança não poderia, portanto, ter duração superior a quatro anos, segundo art. 109, V, do CP. Em outras palavras, tendo o paciente sido internado no instituto psiquiátrico forense em 30.10.1992, não deveria o paciente lá permanecer após 30.10.1996. 5. Ordem concedida a fim de declarar extinta a medida de segurança aplicada em desfavor do paciente, em razão do seu integral cumprimento. (STJ, *HC* n. 143.315/RS, 6ª T., rel. Min. Og Fernandes, j. 05.08.2010, *DJe* 23.08.2010)

Habeas corpus. Penal. Execução penal. Medida de segurança. Prazo indeterminado. Vedação constitucional de penas perpétuas. Limite de duração. Pena máxima cominada *in abstracto* ao delito cometido. Princípios da isonomia e da proporcionalidade. Ordem concedida. 1. A CF veda, em seu art. 5º, XLII, *b*, penas de caráter perpétuo e, sendo a medida de segurança espécie do gênero sanção penal, deve-se fixar um limite para a sua duração. 2. O tempo de duração da medida de segurança não deve ultrapassar o limite máximo da pena abstratamente cominada ao delito praticado, à luz dos princípios da isonomia e da proporcionalidade. 3. Ordem concedida para declarar extinta a medida de segurança aplicada em desfavor do paciente, em razão do seu integral cumprimento. (STJ, *HC* n. 126.738/RS, 6ª T., rel. Min. Maria Thereza de Assis Moura, j. 19.11.2009, *DJe* 07.12.2009)

Medida de segurança e tipicidade

Habeas corpus. Desobediência. Inimputabilidade. Medida de segurança. Conduta típica. Arts. 26 e 97 do CP. Ordem denegada. 1. Nos termos dos arts. 26 e 97, ambos do CP, a inimputabilidade leva à aplicação de medida de segurança, mas não exclui a tipicidade do delito. 2. Tendo sido demonstradas pelo magistrado *a quo* a materialidade e a autoria do fato criminoso, não há falar em atipicidade por ausência de dolo, decorrente da incapacidade de entender o caráter ilícito do fato. 3. Ordem denegada. (STJ, *HC* n. 175.774/MG, 6ª T., rel. Min. Maria Thereza de Assis Moura, j. 06.12.2011, *DJe* 19.12.2011)

Execução provisória da medida de segurança

Habeas corpus. Execução. Paciente inimputável. Absolvição imprópria. Necessidade do trânsito em julgado da sentença absolutória imprópria. Art. 171 da LEP. Ordem concedida. 1. Nos termos do art. 171 da Lei de Execuções Penais, é necessário o trânsito em julgado da sentença absolutória imprópria para o início do cumprimento de medida de segurança imposta ao réu inimputável. 2. Não se inserindo a medida de segurança no caráter de pena e, menos ainda, podendo ser comparada à pena privativa de liberdade, cuja execução provisória foi pela Suprema Corte admitida, descabe sua execução para internação provisória. Precedente. 3. *Habeas corpus* concedido para garantir ao paciente o direito de que não seja iniciada a medida de segurança de internação até o trânsito em julgado da sentença absolutória imprópria. (STJ, *HC* n. 466.145/PR, 6ª T., rel. Min. Nefi Cordeiro, j. 25.06.2019, *DJe* 02.08.2019)

Habeas corpus. Homicídio. Réu inimputável. Medida de segurança de internação. Mandado de captura cuja expedição foi determinada *incontinenti* no julgamento do recurso em sentido estrito. Ato desprovido de qualquer fundamentação no ponto. Medida que só pode ser aplicada após o trânsito em julgado da decisão. Art. 171 da LEP. Constrangimento ilegal evidenciado. Ordem de *habeas corpus* concedida. 1. Na hipótese, a Corte *a quo*, ao julgar recurso em sentido estrito interposto contra a sentença que impronunciou o paciente, determinou *incontinenti*, sem qualquer fundamentação no ponto, a expedição de mandado para captura do paciente, inimputável, para imediata aplicação de medida de segurança de internação. 2. A medida de segurança se insere no gênero sanção penal, do qual figura como espécie, ao lado da pena. Se assim o é, não é cabível no ordenamento jurídico a execução provisória da medida de segurança, à semelhança do que ocorre com a pena aplicada aos imputáveis, conforme definiu o Plenário do STF, por ocasião do julgamento do *HC* n. 84.078/MG, rel. Min. Eros Grau. 3. Rememore-se, ainda, que há regra específica sobre a hipótese, prevista no art. 171, da LEP, segundo a qual a execução iniciar-se-á após a expedição da competente guia, o que só se mostra possível depois de "transitada em julgado a sentença que aplicar a medida de segurança". Precedente do STF. 4. Ordem de *habeas corpus* concedida. (STJ, *HC* n. 226.014/SP, 5ª T., rel. Min. Laurita Vaz, j. 19.04.2012, *DJe* 30.04.2012)

3. OBSERVAÇÕES

3.1. Inimputabilidade dos menores

A inimputabilidade a que se refere este Título do CP não inclui os menores de 18 anos, pois estes não se sujeitam à aplicação de medida de segurança. Aos menores infratores se aplicam as medidas socioeducativas previstas no ECA (Lei n. 8.069/90), ainda que sua personalidade revele manifesta periculosidade.

3.2. Internação cautelar

Via de regra, por ser uma espécie de sanção penal, a medida de segurança não comporta execução provisória. Contudo, a Lei n. 12.403/2011, que modificou o art. 319 do CPP, trouxe, no inciso VII acrescentado, a previsão expressa de internação cautelar ou provisória dos inimputáveis ou semi-imputáveis, quando estes vierem a praticar crimes com violência ou grave ameaça e houver risco de reiteração. Senão, vejamos: "Art. 319. São medidas cautelares diversas da prisão: [...] VII – internação provisória do acusado nas hipóteses de crimes praticados com violência ou grave ameaça, quando os peritos concluírem ser inimputável ou semi-imputável (art. 26 do CP) e houver risco de reiteração; [...]".

3.3. Medida de segurança na Lei de Drogas

A Lei n. 11.343/2006 (Lei de Drogas) prevê, em seus arts. 45 e 47, no que diz respeito aos crimes nela previstos, a isenção de pena e também a aplicação de medida de segurança aos dependentes químicos que forem absolvidos em razão de inimputabilidade ou semi-imputabilidade.

TÍTULO VII
DA AÇÃO PENAL

Ação pública e de iniciativa privada

Art. 100. A ação penal é pública, salvo quando a lei expressamente a declara privativa do ofendido.

§ 1º A ação pública é promovida pelo Ministério Público, dependendo, quando a lei o exige, de representação do ofendido ou de requisição do Ministro da Justiça.

§ 2º A ação de iniciativa privada é promovida mediante queixa do ofendido ou de quem tenha qualidade para representá-lo.

§ 3º A ação de iniciativa privada pode intentar-se nos crimes de ação pública, se o Ministério Público não oferece denúncia no prazo legal.

§ 4º No caso de morte do ofendido ou de ter sido declarado ausente por decisão judicial, o direito de oferecer queixa ou de prosseguir na ação passa ao cônjuge, ascendente, descendente ou irmão.

1. COMENTÁRIO

O fundamento constitucional do direito de ação está no art. 5º, XXXV, da CF, segundo o qual, "a lei não excluirá da apreciação do Poder Judiciário lesão ou ameaça a direito". No âmbito penal, o Estado detém o monopólio do poder punitivo, seja para a imposição de uma sanção penal, seja para sua execução.

De acordo com Hidejalma Muccio: "Tanto no direito processual civil como no direito processual penal pode-se dizer que o direito de ação é o direito de se invocar a prestação jurisdicional. O traço distintivo de ambas está apenas no conteúdo delas. Na ação penal, a pretensão é de natureza penal. Na ação civil, a pretensão é de natureza extrapenal" (*Curso de processo penal*, p. 392).

A ação penal pode ser classificada como pública ou privada, conforme a legitimidade de iniciativa. Como regra, a ação penal é pública. Nesse caso, a lei poderá exigir ou não alguma condição para que seja apresentada a denúncia. De outro lado, será de iniciativa privada quando expressamente assim o determinar a lei.

A ação penal pública somente pode ser proposta pelo Ministério Público (art. 129, I, CF) mediante oferecimento de denúncia. Ela se subdivide em duas espécies:

a) incondicionada: o órgão do Ministério Público, presentes os indícios de autoria e materialidade, oferecerá denúncia, independentemente de qualquer condição ou requisito formal;

b) condicionada à representação ou requisição do Ministro da Justiça: ainda que a legitimidade para a propositura da ação seja do Ministério Público, exige-se, na primeira hipótese de representação do ofendido, ou, na segunda hipótese, a requisição do Ministro da Justiça como condição de procedibilidade.

Registre-se que a representação é irretratável após o oferecimento da denúncia (art. 102, CP).

De outro lado, a ação penal privada somente pode ser proposta pelo particular. Ela se subdivide em três espécies:

a) privada propriamente dita: caberá ao ofendido ou a quem tenha qualidade para representá-lo intentar a ação;

b) privada personalíssima: a ação somente poderá ser proposta pela vítima exclusivamente e mais ninguém. Verifica-se no crime de induzimento a erro essencial e ocultação de impedimento do art. 236 do CP;

c) privada subsidiária da ação penal pública: é o art. 100, § 3º, do CP e o art. 29 do CPP. Neste caso, nos termos do art. 5º, LIX, da CF, "será admitida ação privada nos crimes de ação pública, se esta não for intentada no prazo legal". Vale dizer que, caracterizada a inércia do órgão do Ministério Público, sem oferecimento de denúncia do prazo legal, nasce ao particular o direito.

De acordo com o art. 29 do CPP, apresentada a queixa-crime subsidiária da ação pública, caberá ao Ministério Público aditá-la, "repudiá-la e oferecer denúncia substitutiva, intervir em todos os termos do processo, interpor recurso e, a todo tempo, no caso de negligência do querelante, retomar a ação como parte principal".

2. JURISPRUDÊNCIA

2.1. Súmulas

Súmula vinculante n. 24, STF: "Não se tipifica crime material contra a ordem tributária, previsto no art. 1º, I a IV, da Lei n. 8.137/90, antes do lançamento definitivo do tributo".

Súmula n. 608, STF: "No crime de estupro, praticado mediante violência real, a ação penal é pública incondicionada".

Súmula n. 609, STF: "É pública incondicionada a ação penal por crime de sonegação fiscal".

Súmula n. 714, STF: "É concorrente a legitimidade do ofendido, mediante queixa, e do Ministério Público, condicionada à representação do ofendido, para a ação penal por crime contra a honra de servidor público em razão do exercício de suas funções".

Súmula n. 542, STJ: "A ação penal relativa ao crime de lesão corporal resultante de violência doméstica contra a mulher é pública incondicionada".

2.2. Julgados

Crimes contra a ordem tributária. Ação penal pública incondicionada. Lei n. 9.430/96, art. 83: significado da representação que ela regulamenta

Ação direta de inconstitucionalidade. [...] 2. Art. 83 da Lei n. 9.430, de 27.12.1996. 3. Arguição de violação ao art. 129, I, da CF. *Notitia criminis* condicionada "à decisão final, na esfera administrativa, sobre a exigência fiscal do crédito tributário". 4. A norma impugnada tem como destinatários os agentes fiscais, em nada afetando a atuação do Ministério Público. É obrigatória, para a autoridade fiscal, a remessa da *notitia criminis* ao Ministério Público. 5. Decisão que não afeta orientação fixada no *HC* n. 81.611. Crime de resultado. Antes de constituído definitivamente o crédito tributário não há justa causa para a ação penal. O Ministério Público pode, entretanto, oferecer denúncia independentemente da comunicação, dita "representação tributária", se, por outros meios, tem conhecimento do lançamento definitivo. 6. Não configurada qualquer limitação à atuação do Ministério Público para propositura da ação penal pública pela prática de crimes contra a ordem tributária. 7. Improcedência da ação. (STF, ADIn n. 1.571/DF, Pleno, rel. Min. Gilmar Mendes, j. 10.12.2003)

Ação direta de inconstitucionalidade. [...] 2. Lei n. 9.430, de 27.12.1996, art. 83. 3. Arguição de inconstitucionalidade da norma impugnada por ofensa ao art. 129, I, da CF, ao condicionar a *notitia criminis* contra a ordem tributária "a decisão final, na esfera administrativa, sobre a exigência fiscal do crédito tributário", do que resultaria limitar o exercício da função institucional do Ministério Público para promover a ação penal pública pela prática de crimes contra a ordem tributária. 4. Lei n. 8.137/90, arts. 1º e 2º. 5. Dispondo o art. 83 da Lei n. 9.430/96 sobre a representação fiscal, há de ser compreendido nos limites da competência do Poder Executivo, o que significa dizer, no caso, rege atos da administração fazendária, prevendo o momento em que as autoridades competentes dessa área da Administração Federal deverão encaminhar ao Ministério Público Federal os expedientes contendo *notitia criminis*, acerca de delitos contra a ordem tributária, previstos nos arts. 1º e 2º da Lei n. 8.137/90. 6. Não cabe entender que a norma do art. 83 da Lei n. 9.430/96 coarcte a ação do Ministério Público Federal, tal como prevista no art. 129, I, da CF, no que concerne à propositura da ação penal, pois, tomando o MPF, pelos mais diversificados meios de sua ação, conhecimento de atos criminosos na ordem tributária, não fica impedido de agir, desde logo, utilizando-se, para isso, dos meios de prova a que tiver acesso. 7. O art. 83, da Lei n. 9.430/96, não define condição de procedibilidade para a instauração da ação penal pública, pelo Ministério Público. 8. Relevância dos fundamentos do pedido não caracterizada, o que é bastante ao indeferimento da cautelar. 9. Medida cautelar indeferida. (STF, ADIn n. 1.571-MC/DF, Pleno, rel. Min. Néri da Silveira, j. 20.03.1997)

Lei Maria da Penha e ação penal condicionada à representação

Decisão Final: O Tribunal, por maioria e nos termos do voto do relator, julgou procedente a ação direta para, dando interpretação conforme aos arts. 12, I, e 16, ambos da Lei n. 11.340/2006, assentar a natureza incondicionada da ação penal em caso de crime de lesão, pouco importando a extensão desta, praticado contra a mulher no ambiente doméstico, contra o voto do Senhor Ministro Cezar Peluso (Presidente). [...] (STF, ADIn n. 4.424/DF, rel. Min. Marco Aurélio, j. 09.02.2012, *Informativo STF* n. 654)

O Plenário, por maioria, julgou procedente ação direta, proposta pelo Procurador-Geral da República, para atribuir interpretação conforme a CF aos arts. 12, I, 16 e 41, todos da Lei n. 11.340/2006, e assentar a natureza incondicionada da ação penal em caso de crime de lesão corporal, praticado mediante violência doméstica e familiar contra a mulher. Preliminarmente, afastou-se alegação do Senado da República segundo a qual a ação direta seria imprópria, visto que a CF não versaria a natureza da ação penal – se pública incondicionada ou pública subordinada à representação da vítima. Haveria, conforme sustentado, violência reflexa, uma vez que a disciplina do tema estaria em normas infraconstitucionais. O Colegiado explicitou que a CF seria dotada de princípios *implícitos e explícitos*, e que caberia à Suprema Corte definir se a previsão normativa a submeter crime de lesão corporal leve praticado contra a mulher, em ambiente doméstico, ensejaria tratamento igualitário, consideradas as lesões provocadas em geral, bem como a necessidade de representação. Salientou-se a evocação do princípio explícito da dignidade humana, bem como do art. 226, § 8º, da CF. Frisou-se a grande repercussão do questionamento, no sentido de definir se haveria mecanismos capazes de inibir e coibir a violência no âmbito das relações familiares, no que a atuação estatal submeter-se-ia à vontade da vítima. No mérito, evidenciou-se que os dados estatísticos no tocante à violência doméstica seriam alarmantes, visto que, na maioria dos casos em que perpetrada lesão corporal de natureza leve, a mulher acabaria por não representar ou por afastar a representação anteriormente formalizada. A respeito, o Min. Ricardo Lewandowski advertiu que o fato ocorreria, estatisticamente, por vício de vontade da parte dela. Apontou-se que o agente, por sua vez, passaria a reiterar seu comportamento ou a agir de forma mais agressiva. Afirmou-se que, sob o ponto de vista feminino, a ameaça e as agressões físicas surgiriam, na maioria dos casos, em ambiente doméstico. Seriam eventos decorrentes de dinâmicas privadas, o que aprofundaria o problema, já que acirraria a situação de invisibilidade social. Registrou-se a necessidade de intervenção estatal acerca do problema, baseada na dignidade da pessoa humana (CF, art. 1º, III), na igualdade (CF, art. 5º, I) e na vedação a qualquer discriminação atentatória dos direitos e liberdades fundamentais (CF, art. 5º, XLI). Reputou-se que a legislação ordinária protetiva estaria em sintonia com a Convenção sobre a Eliminação de Todas as Formas de Violência contra a Mulher e com a Convenção de Belém do Pará. Sob o ângulo constitucional, ressaltou-se o dever do Estado de assegurar a assistência à família e de criar mecanismos para coibir a violência no âmbito de suas relações. Não seria razoável ou proporcional, assim, deixar a atuação estatal a critério da vítima. A proteção à mulher esvaziar-se-ia, portanto, no que admitido que, verificada a agressão com lesão corporal leve, pudesse ela, depois de acionada a autoridade policial, recuar e retratar-se em audiência especificamente designada com essa finalidade, fazendo-o antes de recebida a denúncia. Dessumiu-se que deixar a mulher – autora da representação – decidir sobre o início da persecução penal significaria desconsiderar a assimetria de poder decorrente de relações histórico-culturais, bem como outros fatores, tudo a contribuir para a diminuição de sua proteção e a prorrogar o quadro de violência, discriminação e ofensa à dignidade humana. Implicaria relevar os graves impactos emocionais impostos à vítima, impedindo-a de romper com o estado de submissão. Entendeu-se não ser aplicável aos crimes glosados pela lei discutida o que disposto na Lei n. 9.099/95, de maneira que, em se tratando de lesões corporais, mesmo que de natureza leve ou culposa, praticadas contra a mulher em âmbito doméstico, a ação penal cabível seria pública incondicionada. Acentuou-se, entretanto, permanecer a necessidade de representação para crimes dispostos em leis diversas da Lei n. 9.099/95, como o de ameaça e os cometidos contra a dignidade sexual. Consignou-se que o Tribunal, ao julgar o *HC* n. 106.212/MS (*DJe* 13.06.2011), declarara, em processo subjetivo, a constitucionalidade do art. 41 da Lei n. 11.340/2006, no que afastaria a aplicação da Lei dos Juizados Especiais relativamente aos crimes cometidos com violência doméstica e familiar contra a mulher, independentemente da pena prevista. Vencido o Min. Cezar Peluso, Presidente. Aduzia que o legislador não poderia ter sido leviano ao estabelecer o caráter condicionado da ação penal. Afirmava que eventual existência de vício de vontade da mulher ofendida, ao proceder à retratação, não poderia ser tida como regra. Alertava para a possibilidade de intimidação da mulher em levar a notícia-crime, por saber que não poderia influir no andamento da ação penal, assim como para a excepcionalidade de os crimes serem noticiados por terceiros. Assinalava que a mera incondicionalidade da ação penal não constituiria impedimento à violência familiar, entretanto acirraria a possibilidade dessa violência, por meio de atitudes de represália contra a mulher. Asseverava, por fim, que a decisão do Tribunal estaria concentrada na situação da mulher – merecedora de proteção por parte do ordenamento jurídico –, mas se deveria compatibilizar esse valor com a manutenção da situação familiar, a envolver outros entes. (STF, ADIn n. 4.424/DF, rel. Min. Marco Aurélio, j. 09.02.2012, *Informativo STF* n. 654)

Lei Maria da Penha. Afastamento da Lei n. 9.099/95

Violência doméstica. Art. 41 da Lei n. 11.340/2006. Alcance. O preceito do art. 41 da Lei n. 11.340/2006 alcança toda e qualquer prática delituosa contra a mulher, até mesmo quando consubstancia contravenção penal, como é a relativa a vias de fato. Violência doméstica. Art. 41 da Lei n. 11.340/2006. Afastamento da Lei n. 9.099/95. Constitucionalidade. Ante a opção político-normativa prevista no art. 98, I, e a proteção versada no art. 226, § 8º, ambos da CF, surge harmônico com esta última o afastamento peremptório da Lei n. 9.099/95 – mediante o art. 41 da Lei n. 11.340/2006 – no processo-crime a revelar violência contra a mulher. (STF, *HC* n. 106.212/MS, Pleno, rel. Min. Marco Aurélio, j. 24.03.2011, *DJe* 10.06.2011)

Estupro com violência real. Ação penal pública incondicionada

Habeas corpus. Estupro e atentado violento ao pudor. Violência real. Ação penal pública incondicionada. Súmula n. 608/STF. Legitimidade do Ministério Público. Constrangimento ilegal não evidenciado. Ordem denegada. 1. É assente neste Tribunal Superior o entendimento segundo o qual, tratando-se de crime de estupro e atentado violento ao pudor praticados com emprego de violência real, a ação penal é de iniciativa pública incondicionada, sendo o *parquet* o ente legitimado para a sua promoção, a teor do texto constitucional, incidindo, na espécie, o enunciado da Súmula n. 608/STF, que, inclusive, não perdeu a validade com o advento da Lei n. 9.099/95 (Precedentes STJ). 2. Não fosse isso, de acordo com entendimento já pacificado nesta Corte Superior de Justiça, a representação da vítima ou de seus representantes legais para a investigação ou deflagração de ação penal, nos casos em que esta é condicionada àquela manifestação, prescinde de qualquer rigor formal, bastando a demonstração inequívoca da parte interessada, o que ocorreu na hipótese dos autos. 3. Ordem denegada. (STJ, *HC* n. 106.224/SP, 5ª T., rel. Min. Jorge Mussi, j. 16.11.2010)

Crime contra a honra de servidor público e legitimidade concorrente do Ministério Público. Contemporaneidade entre as ofensas irrogadas e o exercício das funções

Crime contra a honra. Parlamentar. Ofensas irrogadas que não guardam nexo com o exercício do mandato. Consequente inaplicabilidade da regra do art. 53 da CF. Crime de injúria praticado contra funcionário público em razão de suas funções. Legitimidade concorrente do Ministério Público. Súmula n. 714 deste Supremo Tribunal Federal. Representação. Ato que dispensa maiores formalidades. Transação penal. Impossibilidade de o Poder Judiciário conceder o benefício sem a proposta do titular da ação penal. Foro por prerrogativa de função que abrange também a investigação criminal. Nulidade de depoimentos colhidos por autoridade incompetente. Inquérito para apurar crime imputado a deputado federal. Supervisão que compete ao Supremo Tribunal Federal. Denúncia que, mesmo excluídas as provas produzidas por autoridade incompetente, está lastreada em indícios de materialidade e autoria suficientes para seu recebimento. 1. A inviolabilidade dos Deputados Federais e Senadores, por opiniões palavras e votos, prevista no art. 53 da Constituição da República, é inaplicável a crimes contra a honra cometidos em situação que não guarda liame com o exercício do mandato. 2. O Ministério Público tem legitimidade ativa concorrente para propor ação penal pública condicionada à representação quando o crime contra a honra é praticado contra funcionário público em razão de suas funções. Nessa hipótese, para que se reconheça a legitimação do Ministério Público exige-se contemporaneidade entre as ofensas irrogadas e o exercício das funções, mas não contemporaneidade entre o exercício do cargo e a propositura da ação penal. 3. A representação, nos crimes de ação penal pública condicionada, é ato que dispensa maiores formalidades, bastando a inequívoca manifestação de vontade da vítima, ou de quem tenha qualidade para representá-la, no sentido de ver apurados os fatos acoimados de criminosos. 4. É firme a jurisprudência deste Supremo Tribunal Federal a respeito da impossibilidade de o Poder Judiciário conceder os benefícios previstos nos arts. 76 e 89 da Lei n. 9.099/95 sem que o titular da ação penal tenha oferecido a proposta. 5. A competência originária do Supremo Tribunal Federal para processar e julgar parlamentar federal alcança a supervisão de investigação criminal. Atos investigatórios praticados sem a supervisão do STF são nulos. 6. Denúncia que descreve fato típico e que está lastreada em indícios suficientes de autoria e materialidade, ainda que desconsiderados os colhidos por autoridade incompetente. 7. Denúncia recebida. (STF, Inq. n. 3.438/SP, 1ª T., rel. Min. Rosa Weber, j. 11.11.2014)

Recurso ordinário em *habeas corpus*. Penal. Estupro. Violência real. Ação penal pública incondicionada. Súmula n. 608/STF. Retratação da vítima. Irrelevância. Recurso desprovido. 1. É pacífico o entendimento desta Corte no sentido de que, em caso de estupro ou atentado violento ao pudor praticados mediante violência real, como na hipótese dos autos – de acordo com o afirmado pelas instâncias ordinárias, inclusive com o respaldo do laudo de corpo de delito – a ação penal cabível é a pública incondicionada, a teor do Enunciado n. 608 da súmula do STF, não havendo que se cogitar de ilegitimidade na atuação do Ministério Público. 2. Recurso ordinário em *habeas corpus* desprovido. (STJ, RHC n. 22.362/RO, 6ª T., rel. Min. Haroldo Rodrigues (des. conv. do TJCE), j. 22.03.2011)

Princípio da indivisibilidade da ação penal. Arquivamento implícito. Inexistência

Habeas corpus. Processual penal. Alegação de arquivamento implícito. Inexistência de previsão legal. Paciente denunciado pelo crime de tortura apenas na segunda denúncia. Possibilidade. Incidência do princípio da indisponibilidade da ação penal pública. Não aplicação do princípio da indivisibilidade nessa hipótese. Ordem denegada. Precedentes da corte. I – Alegação de ocorrência de arquivamento implícito do inquérito policial, pois o Ministério Público estadual, apesar de já possuir elementos suficientes para a acusação, deixou de incluir o paciente na primeira denúncia, oferecida contra outros sete policiais civis. II – Independentemente de a identificação do paciente ter ocorrido antes ou depois da primeira denúncia, o fato é que não existe, em nosso ordenamento jurídico processual, qualquer dispositivo legal que preveja a figura do arquivamento implícito, devendo ser o pedido formulado expressamente, a teor do disposto no art. 28 do CPP. III – Incidência do postulado da indisponibilidade da ação penal pública que decorre do elevado valor dos bens jurídicos que ela tutela. IV – Não aplicação do princípio da indivisibilidade à ação penal pública. Precedentes. V – *Habeas corpus* denegado. (STF, *HC* n. 104.356/RJ, 1ª T., rel. Min. Ricardo Lewandowski, j. 19.10.2010)

Contravenção penal. Ação penal pública incondicionada

Ação penal pública incondicionada: contravenção de vias de fato (LCP, art. 17). A regra do art. 17 da LCP – segundo a qual a persecução das contravenções penais se faz mediante ação pública incondicionada – não foi alterada, sequer com relação à de vias de fato, pelo art. 88 da Lei n. 9.099/95, que condicionou à representação a ação penal por lesões corporais leves. (STF, *HC* n. 80.617/MG, 1ª T., rel. Min. Sepúlveda Pertence, j. 20.03.2001, *Informativo STF* n. 221)

3. OBSERVAÇÕES

A) Ação penal popular é a denominação dada por alguns autores à ação proposta para a apuração de crimes de responsabilidade, nos termos dos arts. 14 e 41 da Lei n. 1.079/50. Na verdade, os crimes de responsabilidade caracterizam infrações político-administrativas e, no caso desta Lei, praticadas pelo Presidente da República, por Ministros de Estado, Ministros do STF e pelo Procurador-Geral da República, os quais serão processados perante o Poder Legislativo, por órgão colegiado misto, com sanções de natureza político-administrativas, quais sejam, a perda do cargo, com inabilitação, por oito anos, para o exercício de função pública, sem prejuízo das demais sanções judiciais cabíveis (art. 52, parágrafo único, CF).

Chama-se ação penal popular porque todo e qualquer cidadão poderá intentá-la, estando no gozo de seus direitos políticos. Todavia, não tem natureza jurídica de ação penal, no sentido restrito, razão pela qual não está contida na classificação de ação penal antes estabelecida.

A ação nos crimes de responsabilidade também é conhecida como *impeachment*. Existem muito exemplos, mas certamente os mais lembrados são os casos de impugnação do mandato de Richard Nixon, nos Estados Unidos, em 1974, pelo envolvimento no escândalo de Watergate; o de Andrew Johnson, 17º presidente americano; e, no Brasil, os de Fernando Collor de Mello, em 1992, por envolvimento em esquemas de corrupção em parceria com seu sócio e tesoureiro de campanha eleitoral Paulo César Farias; e de Dilma Rousseff, em 2016, por crimes de responsabilidade por "pedaladas fiscais", bem como por créditos suplementares sem autorização legislativa.

B) A Lei n. 11.340/2006 (Lei Maria da Penha) proíbe, em seu art. 41, a incidência dos institutos despenalizantes da Lei n. 9.099/95 (Juizados Especiais), nos seguintes termos: "Aos crimes praticados com violência doméstica e familiar contra a mulher, independentemente da pena prevista, não se aplica a Lei n. 9.099, de 26.09.1995". Diante dessa proibição, decidiu o STF que nada previsto na Lei n. 9.099/95 deverá incidir nos crimes desta natureza. Portanto, o crime de lesão corporal de natureza leve praticado contra a mulher, no âmbito da violência doméstica e familiar, é de ação pública incondicionada, não incidindo a determinação contida no art. 88 da Lei n. 9.099/95, entendimento que restou sumulado (Súmula n. 542, STJ).

C) Nos crimes militares, a ação penal será sempre pública incondicionada, exceto nas hipóteses previstas no art. 122 do CPM, quando então será exigida requisição: "Nos crimes previstos nos arts. 136 a 141, a ação penal, quando o agente for militar ou assemelhado, depende da requisição do Ministério Militar a que aquele estiver subordinado; no caso do art. 141, quando o agente for civil e não houver coautor militar, a requisição será do Ministério da Justiça".

Não há crime algum cuja ação penal pública dependa de representação. Igualmente, o CPM não prevê nenhum crime cuja ação penal seja privada.

D) Nos crimes contra a ordem tributária, a ação penal é pública e incondicionada, conforme o art. 15 da Lei n. 8.137/90. Já era o entendimento sumulado pelo STF (Súmula n. 609) na vigência da antiga Lei da Sonegação Fiscal (Lei n. 4.729/65).

Surgiu discussão acerca da natureza jurídica da ação penal nesses crimes, com o advento da Lei n. 9.430/96, que estabelece, em seu art. 83, que "a representação fiscal para fins penais relativa aos crimes contra a ordem tributária previstos nos arts. 1º e 2º da Lei n. 8.137, de 27.12.1990, e aos crimes contra a Previdência Social, previstos nos arts. 168-A e 337-A do DL n. 2.848, de 07.12.1940 (CP), será encaminhada ao Ministério Público depois de proferida a decisão final, na esfera administrativa, sobre a exigência fiscal do crédito tributário correspondente (redação atual dada pela Lei n. 12.350, de 2010)".

A controvérsia era no sentido de definir se a representação ali referida caracterizava ou não condição de procedibilidade da ação penal pública nesses crimes de evasão fiscal. Todavia, mais uma vez, o STF, analisando a questão, na ADIn n. 1.571, decidiu que "[...] 6. Não cabe entender que a norma do art. 83 da Lei n. 9.430/96 coarcte a ação do Ministério Público Federal, tal como prevista no art. 129, I, da Constituição, no que concerne à propositura da ação penal, pois, tomando o MPF, pelos mais diversificados meios de sua ação, conhecimento de atos criminosos na ordem tributária, não fica impedido de agir, desde logo, utilizando-se, para isso, dos meios de prova a que tiver acesso. 7. O art. 83 da Lei n. 9.430/96 não define condição de procedibilidade para a instauração da ação penal pública pelo Ministério Público".

Outro aspecto, que não guarda relação com a natureza jurídica da ação penal nos crimes contra a ordem tributária, mas sim com sua tipificação, consiste no esgotamento da via administrativa com o lançamento definitivo do débito tributário, consagrado na Súmula vinculante n. 24.

E) Controvérsia semelhante à anterior também ocorreu na Lei n. 4.898/65 (Lei de Abuso de Autoridade) acerca da natureza jurídica da ação penal, uma vez que a lei regula o direito de representação e o processo de responsabilidade administrativa, civil e penal nos casos de abuso de autoridade. Os crimes de abuso de autoridade são de ação penal pública incondicionada, conforme dispõe a Lei n. 5.249/67, segundo a qual "a falta de representação do ofendido, nos casos de abusos previstos na Lei n. 4.898, de 09.12.1965, não obsta a iniciativa ou o curso de ação pública".

F) Toda contravenção penal é de ação penal pública e incondicionada, conforme o art. 17 da LCP. É o entendimento pacificado no STF. Na doutrina, porém, alguns autores discordam na hipótese da contravenção penal de vias de fato (art. 21, LCP). Neste caso, como a lesão corporal leve dolosa transformou-se em crime de ação penal pública condicionada em razão da Lei dos Juizados Especiais Criminais (art. 88, Lei n. 9.099/95), Damásio de Jesus entende que "se a infração penal mais grave (lesão corporal leve dolosa) é de ação penal pública condicionada, não se compreende como possa a contravenção penal de vias de fato, menos grave, continuar sendo incondicionada" (*Lei das Contravenções Penais anotada*, p. 77).

G) A partir da Lei n. 13.718, de 24 de setembro de 2018, nos crimes contra a liberdade sexual e crimes sexuais contra vulnerável previstos, respectivamente, nos Capítulos I e II do Título VI do Código Penal ("Crimes contra a Dignidade Sexual"), procede-se mediante ação penal pública incondicionada, o que esvazia o teor da Súmula n. 608 do STF.

H) De acordo com a Lei n. 11.705, de 19 de junho de 2008, crime de lesão corporal culposa na direção de veículo automotor (art. 303, CTB) – cuja ação penal, como regra, depende de representação – será de ação penal pública incondicionada na hipóteses do § 10 do art. 291 do CTB, quais sejam, quando o agente estiver: i) sob a influência de álcool ou qualquer outra substância psicoativa que determine dependência; ii) participando, em via pública, de corrida, disputa ou competição automobilística, de exibição ou demonstração de perícia em manobra de veículo automotor, não autorizada pela autoridade competente; e iii) transitando em velocidade superior à máxima permitida para a via em 50 km/h (cinquenta quilômetros por hora).

A ação penal no crime complexo

Art. 101. Quando a lei considera como elemento ou circunstâncias do tipo legal fatos que, por si mesmos, constituem crimes, cabe ação pública em relação àquele, desde que, em relação a qualquer destes, se deva proceder por iniciativa do Ministério Público.

---

1. COMENTÁRIO

O crime complexo é caracterizado pela fusão entre dois ou mais tipos penais de crimes, a exemplo de roubo (ameaça + furto ou lesão + furto) e latrocínio (roubo + homicídio).

Conforme ensina Flávio Augusto Monteiro de Barros, "dá-se o crime complexo quando um delito funciona como elemento ou circunstância qualificadora de outro" (*Direito penal*: Parte Geral, 2011, v. 1, p. 597).

O art. 101 determina que, se qualquer crime que componha a figura do crime complexo for de ação pública, todo o restante também o será. Inclusive, se a ação for pública incondicionada neste crime, todo o restante assim o será, ainda que separadamente considerados tiverem ação penal de natureza diversa. Exemplificando: no crime de injúria real com lesão corporal de natureza grave, a ação penal será pública incondicionada (e não privada) em decorrência deste último tipo penal agregado; já no crime de injúria real com lesão corporal de natureza leve, a ação penal será pública, porém condicionada à representação, conforme o art. 88 da Lei n. 9.099/95.

2. JURISPRUDÊNCIA

2.1. Julgados

Crime complexo. Ação penal. Código de Trânsito Brasileiro. CTB. Lesão corporal culposa aumentada pela falta de habilitação para dirigir

Direito penal e processual penal. Crime de lesão corporal culposa, em acidente de trânsito, imputada a condutor não habilitado legalmente (art. 303, parágrafo único, CTB). Falta de representação do ofendido. Inadmissibilidade da ação penal, também quanto ao crime de direção não habilitada (art. 309, CTB). Princípios da consunção e da absorção. *Habeas corpus* para trancamento da ação penal: deferimento. 1. No caso presente, o fato delituoso corresponderia a uma lesão corporal culposa, em acidente de trânsito, atribuída a condutor inabilitado legalmente, crime de dano previsto no art. 303, parágrafo único, do CTB, e não de simples perigo, como considerado no art. 309. 2. E o ofendido não ofereceu a indispensável representação para a ação penal no prazo legal de seis meses (arts. 88 e 92, Lei n. 9.099/95, 103 e 107, IV, CP). 3. Em face dos princípios da consunção e da absorção, o crime de dano efetivo (lesão corporal culposa imputada a condutor legalmente inabilitado) não poderia ser convertido em crime de perigo (direção inabilitada), para se viabilizar a ação penal incondicionada, como concluiu o acórdão impugnado. 4. *Habeas corpus* deferido, para se trancar a ação penal, adotando-se, para isso, também, os fundamentos deduzidos nos precedentes. (STF, *HC* n. 80.221/MG, 1ª T., rel. Min. Sydney Sanches, j. 08.08.2000)

Lesão corporal culposa praticada na direção de veículo automotor por motorista não habilitado, havendo-se declarado a vítima desinteressada da persecução penal. Absorção do delito do art. 309 do CTB pelo do art. 303, e seu parágrafo único, trancando-se a ação penal por falta de representação do ofendido. (STF, *HC* n. 80.339/MG, 1ª T., rel. Min. Octávio Gallotti, j. 30.05.2000)

Habeas corpus. Direção de veículo automotor. Motorista não habilitado. Acidente de trânsito. Lesões corporais culposas. Vítima que não oferece representação dentro do prazo legal. Extinção da punibilidade do agente. Absorção do crime de perigo (CTB, art. 309) pelo delito de dano (CTB, art. 303). Pedido deferido. O crime de lesão corporal culposa, cometido na direção de veículo automotor (CTB, art. 303), por motorista desprovido de permissão ou de habilitação para dirigir, absorve o delito de falta de habilitação ou permissão tipificado no art. 309 do CTB. Com a extinção da punibilidade do agente, quanto ao delito tipificado no art. 303 do CTB (crime de dano), motivada pela ausência de representação da vítima, deixa de subsistir, autonomamente, a infração penal prevista no art. 309 do CTB (crime de perigo). Precedentes de ambas as Turmas do Supremo Tribunal Federal. (STF, *HC* n. 80.303/MG, 2ª T., rel. Min. Celso de Mello, j. 26.09.2000)

Crime complexo. Contravenção penal. Afastamento do art. 101, CP. Ação penal

[...] II – Estupro ou atentado violento ao pudor praticados com violência real: delitos complexos (CP, art. 101). 1. Dispõe o § 2º do art. 147 do CP que, além das penas cominadas ao constrangimento ilegal, se este for praticado com violência, devem ser aplicadas as penas correspondentes (vias de fato, lesões corporais ou morte). 2. O fato constitutivo da violência real, pois, não se inclui na tipificação do constrangimento ilegal (CP, art. 146, *caput*), como aliás se infere da objetividade jurídica deste; mas se inclui ela, ao contrário, no de estupro ou atentado violento ao pudor mediante violência real: quando praticados com violência real, portanto, não se trata de mero constrangimento ilegal com finalidade específica, mas de delitos efetivamente complexos. 3. Daí que, comprovada a ausência de finalidade específica de conjunção carnal ou ato libidinoso diverso, restam, no caso de violência real, duas infrações penais em concurso material: (a) constrangimento ilegal e homicídio; (b) constrangimento ilegal e lesões corporais; ou, ainda, (c) constrangimento ilegal e vias de fato; assim, só a concorrência do especial fim de agir é que os converte em crime diverso contra a liberdade sexual. III – Estupro ou atentado violento ao pudor praticado mediante violência que – sem resultar em lesões, como lhe é próprio – se amolda à contravenção de vias de fato (LCP, arts. 17 e 21): não incidência da Súmula n. 608 do STF. 1. A regra do art. 17 da LCP – segundo a qual a persecução das contravenções penais se faz mediante ação pública incondicionada – não foi alterada, sequer com relação à de vias de fato, pelo art. 88 da Lei n. 9.099/95, que condicionou à representação a ação penal por lesões corporais leves (*HC* n. 80.617, Pertence, *RTJ* 177/866). 2. Ocorre que, embora constituam delitos complexos, não se aplica o art. 101 do CP quando a violência mediante a qual foram praticados se amolde à contravenção de vias de fato e não a crime. 3. Para ampliar a incidência do art. 101 do CP às contravenções penais, não cabe a invocação do art. 3º do CPP: a ampliação cogitada teria reflexo nas causas de extinção da punibilidade, o que imprime à regra conteúdo materialmente penal. [...] VI. *Habeas corpus* indeferido. (STF, *HC* n. 86.058/RJ, 1ª T., rel. Min. Sepúlveda Pertence, j. 25.10.2005)

3. OBSERVAÇÕES

A) A regra anterior não pode ser aplicada na fusão de fato previsto como crime com outro previsto como contravenção penal, posto que não caracteriza crime complexo no sentido estrito. Exemplificando: no crime de injúria real com vias de fato ("tapa no rosto com luva de pelica" para ofender a honra de alguém), a ação penal será de iniciativa privada.

B) A jurisprudência estabeleceu exceção ao art. 101 do CP na questão do crime de lesão corporal culposa praticado na direção de veículo automotor agravado pela omissão de socorro ou pela falta de habilitação. Este crime de lesão corporal culposa é de ação penal pública condicionada à representação (art. 88, Lei n. 9.099/95). De outro lado, os crimes de omissão de socorro (art. 304, Lei n. 9.503/97) e de direção sem habilitação (art. 309, Lei n. 9.503/97), quando isolada e autonomamente considerados, são de ação penal pública incondicionada. Portanto, de acordo com a regra do art. 101 do CP, a figura complexa formada pela lesão corporal culposa agravada pela omissão de socorro ou pela falta de habilitação deveria ser crime de ação pública incondicionada.

Assim, conforme explica Flávio Monteiro de Barros "no art. 303, parágrafo único, do CTB, na sua forma qualificada pela omissão de socorro ou pela falta de habilitação, a nosso ver, a ação penal é pública incondicionada. Trata-se de crime complexo, porque integrado pela fusão de fatos que, por si mesmos, constituem crimes. De conformidade com o art. 101 do CP, se um dos crimes que atuam como circunstâncias do tipo penal for de ação pública, o tipo qualificado, como um todo, também passa a ser de ação pública incondicionada, procedendo-se por iniciativa do Ministério Público" (op. cit., 2011, v.1, p. 599-600).

Todavia, pacificou-se na jurisprudência entendimento contrário, qual seja, que em razão dos princípios de consunção e absorção, o crime de dano efetivo (lesão corporal culposa imputada a condutor legalmente inabilitado ou que omite socorro) não poderia ser convertido em crime de perigo (direção inabilitada ou omissão de socorro) para se viabilizar a ação penal incondicionada. Mais a mais, se a vítima do crime de dano mostra-se desinteressada em processar o agente, quanto mais se apresentará o Estado em relação ao crime de perigo.

Irretratabilidade da representação

Art. 102. A representação será irretratável depois de oferecida a denúncia.

1. COMENTÁRIO

A representação constitui condição objetiva de procedibilidade nos crimes de ação penal pública condicionada. Como regra, o prazo para seu oferecimento é de seis meses contados a partir do conhecimento da autoria do fato (art. 103, CP). No crime do art. 236 do CP (induzimento a erro essencial e ocultação de impedimento), o semestre decadencial é contado a partir do trânsito em julgado da sentença anulatória do casamento (art. 236, parágrafo único, CP).

A representação consiste na exteriorização da vontade do ofendido ou seu representante legal em processar o sujeito ativo do crime.

Não há forma rigorosa para tal ato, bastando qualquer indicação, ainda que lacônica, feita no boletim de ocorrência, termo circunstanciado, documento autônomo etc. no sentido de que o ofendido ou seu representante legal quer processar o autor do crime. O art. 39 do CPP indica uma forma genérica da representação, cuja inobservância, normalmente, não a descaracteriza nem a inutiliza, sendo aceita, mesmo assim, como ato de vontade do ofendido ou seu representante legal.

Apresentada a representação, o ofendido, ou seu representante legal, poderá retratar-se, ou seja, desistir de processar o agente. Todavia, após o oferecimento da denúncia pelo Ministério Público, não é mais possível a retratação, e sua revogação tardia não gera efeito algum. Da mesma forma, a retratação da retratação.

2. JURISPRUDÊNCIA

2.1. Julgados

Lei Maria da Penha. Retratação ao direito de representação

Habeas corpus. Violência doméstica. Paciente condenado pela prática do crime de lesão corporal (art. 129, § 9º, CP). Audiência de retratação da representação. Designação. Ausência. Obrigatoriedade. Inexistência. Alegação de ofensa ao devido processo legal. Improcedência. Ordem denegada. I – A mera declaração de que a própria ofendida teria dado início às agressões não revela o nítido propósito de desistir do prosseguimento da ação. II – O art. 16 da Lei n. 11.340/2006 prevê que a audiência designada para a vítima expressar o seu desejo de renunciar à representação deve ser realizada em momento anterior ao recebimento da denúncia, o que não se verificou no caso em análise, uma vez que o suposto desejo teria sido manifestado somente na audiência de instrução e julgamento, de modo que não há falar, pois, em ofensa ao devido processo legal. III – Tal disposição legal não visa beneficiar o réu, mas tem por escopo formalizar, perante o magistrado, o ato de retratação, com o objetivo de proteger a vítima, afastando-a das ingerências do agressor. IV – Ordem denegada. (STF, *HC* n. 109.176/MG, 2ª T., rel. Min. Ricardo Lewandowski, j. 04.10.2011)

Lei Maria da Penha. Reconciliação do casal

Agravo regimental. Ameaça no âmbito doméstico. Audiência. Art. 16 da Lei n. 11.340/2006. Reconciliação. Irrelevância. Súm. n. 83. Fundamento inatacado. [...] 3. No que tange ao crime de ameaça, conforme a dicção do art. 16 da Lei n. 11.340/2006, "nas ações penais públicas condicionadas à representação da ofendida de que trata esta Lei, só será admitida a renúncia à representação perante o juiz, em audiência especialmente designada com tal finalidade, antes do recebimento da denúncia e ouvido o Ministério Público", inocorrente no caso dos autos. 4. No caso, consta dos autos que da análise das declarações prestadas pela vítima em audiência de instrução, não há qualquer manifestação da mesma acerca de eventual desinteresse quanto ao prosseguimento do presente feito. Irrelevante, pois, a posterior reconciliação do casal. 5. Agravo regimental a que se nega provimento. (STJ, Ag. Reg. no AREsp n. 1.502.008/DF, 5ª T., rel. Reynaldo Soares da Fonseca, j. 08.10.2019)

Lei Maria da Penha. Representação. Retratação. Audiência do art. 16 da Lei n. 11.340/2006

Processual penal. Recurso ordinário em mandado de segurança. Crime de lesão corporal de natureza leve. Violência doméstica e familiar. Audiência do art. 16, da Lei Maria da Penha. Realização *ex officio*. Impossibilidade. Necessidade de prévia manifestação da ofendida no sentido de retratar-se da representação. Constrangimento ilegal configurado. Ordem concedida. 1. Conforme entendimento pacificado no âmbito do STJ, a ação penal, nos casos de lesão corporal de natureza leve em violência doméstica e familiar contra a mulher, é de natureza pública condicionada à representação. REsp n. 1.097.042/DF. 2. Acerca da representação apresentada pela vítima para a condição de procedibilidade da *persecutio criminis*, tem-se que tal ato prescinde de formalidades, bastando o registro da notícia-crime perante a autoridade policial. Precedente. 3. A audiência de que trata o art. 16, da Lei n. 11.340/2006, não deve ser realizada *ex officio*, como condição da abertura da ação penal, sob pena de constrangimento ilegal à mulher, vítima de violência doméstica e familiar, pois configuraria ato de "ratificação" da representação, inadmissível na espécie. 4. A realização da referida audiência deve ser precedida de manifestação de vontade da ofendida, se assim ela o desejar, em retratar-se da representação anteriormente registrada, cabendo ao magistrado verificar a espontaneidade e a liberdade na prática do referido ato. Precedentes. 5. Recurso provido para conceder a ordem. (STJ, RMS n. 34.607/MS, 5ª T., rel. Min. Adilson Vieira Macabu [Des. conv. do TJRJ], j. 13.09.2011, *Informativo STJ* n. 483)

Lei Maria da Penha. Retratação em cartório. Inadmissibilidade

Processo penal. *Habeas corpus* substitutivo. Inadequação. Lesão corporal no contexto de violência doméstica e estupro. Rejeição da denúncia pela retratação da vítima. RESE do Ministério Público provido na origem. Inobservância do disposto no art. 16 da Lei n. 11.340/2006 e nos arts. 25 do CPP e 102 do CP. Irretocável o entendimento. *Habeas corpus* não conhecido. 1. Esta Corte e o Supremo Tribunal Federal pacificaram orientação no sentido de que não cabe *habeas corpus* substitutivo do recurso legalmente previsto para a hipótese, impondo-se o não conhecimento da impetração, salvo quando constatada a existência de flagrante ilegalidade no ato judicial impugnado. 2. A Lei Maria da Penha disciplina procedimento próprio para que a vítima possa eventualmente se retratar de representação já apresentada. Dessarte, dispõe o art. 16 da Lei n. 11.340/2006 que, "só será admitida a renúncia à representação perante o juiz, em audiência especialmente designada com tal finalidade" (*HC* n. 371.470/RS, 5ª T., rel. Min. Reynaldo Soares da Fonseca, j. 17.11.2016, *DJe* 25.11.2016). 3. Considerando que, no caso em apreço, a retratação da suposta ofendida ocorreu somente em cartório, sem a designação de audiência específica necessária para a confirmação do ato, correto posicionamento da Corte de origem ao elucidar tal ilegalidade e cassar a decisão que rejeitou a denúncia com base unicamente na retratação. 4. É uníssona a jurisprudência desta Corte Superior no sentido de que, depois de oferecida a denúncia, a representação do ofendido será irretratável, consoante o disposto nos arts. 102 do Código Penal e 25 do Código de Processo Penal. Assim, imperiosa a manutenção do julgado também nesse ponto, acerca do crime previsto no art. 213 c/c art. 224, ambos vigentes à época no Código Penal. 5. Considerando que o Tribunal Estadual não teceu qualquer consideração sobre a ausência de justa causa quanto ao crime de estupro, em virtude da relação amorosa entre o paciente e a vítima, inviável a apreciação direta por esta Corte Superior, sob pena de indevida supressão de instâncias. 6. *Habeas corpus* não conhecido. (STJ, *HC* n. 138.143/MG, 5ª T., rel. Ribeiro Dantas, j. 03.09.2019)

Lei Maria da Penha. Retratação ao direito de representação. Momento

É certo que, conforme ressaltado pelo Procurador de Justiça oficiante, a regra, em processo penal, é a da impossibilidade da retratação da vítima após o recebimento da denúncia. Porém, o caso presente se submete às regras da Lei n. 11.340/2006, que prevê audiência prévia com objetivo da manifestação do ofendido quanto à renúncia ou não da representação. No caso dos autos, a referida audiência não se concretizou antes do recebimento da denúncia, conforme previsto em lei. Porém, na primeira vez em que a vítima foi ouvida, manifestou desejo de não prosseguir com o feito. (TJSP, Rec. em Sentido Estrito n. 0.000.819-66.2008.8.26.0030, 13ª Câm. de Dir. Crim., rel. Des. Augusto de Siqueira, j. 15.09.2011)

Pela letra fria da Lei n. 11.340/2006, em seu art. 16, é prevista a possibilidade de audiência – antes do recebimento da denúncia – para que a vítima renuncie (retratação) à representação anterior, com o intuito de preservar sua vontade, evitando-se uma exposição desnecessária, a qual seria obrigatória com o prosseguimento da ação penal. Portanto, seria o caso de anular-se o processo, desde o recebimento da inicial acusatória, considerada a manifestação externada pela vítima, retratando-se da representação que efetivara contra o acusado, meses após ao recebimento da denúncia, em audiência de instrução e julgamento. Contudo, não se verifica prejuízo para a ofendida, advindo desta irregularidade processual, pois, como dito, ela manifestou desinteresse no prosseguimento da ação penal. Até porque nosso ordenamento jurídico penal, consagrando o princípio *pas de nullité sans grief*, proclama que nenhum ato será declarado nulo, se da nulidade não resultar prejuízo para a acusação ou para a defesa (arts. 563 e 566, ambos do CPP), afastando-se, portanto, o excesso de formalismo, com fundamento no Princípio da Instrumentalidade das Formas. (TJSP, Rec. em Sentido Estrito n. 0.001.987-06.2008.8.26.0030, 13ª Câm. de Dir. Crim., rel. Des. Cardoso Perpétuo, j. 24.03.2011)

3. OBSERVAÇÕES

A) A Lei n. 11.340/2006 (Lei Maria da Penha), que cuida dos crimes praticados com violência doméstica e familiar contra a mulher, no art. 16, estabelece que a renúncia da ofendida (na verdade, retratação) ao direito de representação só será admitida perante o juiz, em audiência especialmente designada com tal finalidade, antes do recebimento da denúncia e ouvido o Ministério Público.

B) A falta dessa audiência não tem causado nulidade sem a demonstração de prejuízo. Todavia, faltando a designação dessa audiência judicial específica, para que a vítima se manifeste sobre a retratação, ainda que a denúncia tenha sido oferecida e recebida, tem sido aceita a renúncia (retratação) da vítima na primeira oportunidade em que é ouvida em juízo.

Decadência do direito de queixa ou de representação

Art. 103. Salvo disposição expressa em contrário, o ofendido decai do direito de queixa ou de representação se não o exerce dentro do prazo de 6 (seis) meses, contado do dia em que veio a saber quem é o autor do crime, ou, no caso do § 3º do art. 100 deste Código, do dia em que se esgota o prazo para oferecimento da denúncia.

---

1. COMENTÁRIO

Decadência constitui causa de extinção da punibilidade (art. 107, IV, 2ª figura, CP). Trata-se da perda do direito de queixa ou representação pelo decurso do tempo sem seu exercício. O ofendido perde o direito de promover a persecução penal em relação ao crime em que foi vítima.

A decadência afeta o direito de queixa propriamente dito, decorrente da ação penal privada, assim como o da queixa subsidiária da ação penal pública, na hipótese de inércia do Ministério Público (art. 5º, LIX, CF). Também afeta o direito de representação, como condição objetiva de punibilidade, nos crimes de ação penal pública condicionada à representação.

Como regra, a decadência verifica-se em seis meses, contados do dia em que o ofendido veio a saber quem é o autor do crime ou, na queixa subsidiária da ação penal pública, a partir do término do prazo para o Ministério Público oferecer denúncia, em caso de inércia (art. 29, c/c art. 46, CPP).

2. JURISPRUDÊNCIA

2.1. Julgados

Juizado Especial Criminal. Retroatividade. Interpretação do art. 90 da Lei n. 9.099/95, conforme a CF

Penal e processo penal. Juizados especiais. Art. 90 da Lei n. 9.099/95. Aplicabilidade. Interpretação conforme para excluir as normas de direito penal mais favoráveis ao réu. O art. 90 da Lei n. 9.099/95 determina que as disposições da Lei dos Juizados Especiais não são aplicáveis aos processos penais nos quais a fase de instrução já tenha sido iniciada. Em se tratando de normas de natureza processual, a exceção estabelecida por lei à regra geral contida no art. 2º do CPP não padece de vício de inconstitucionalidade. Contudo, as normas de direito penal que tenham conteúdo mais benéfico aos réus devem retroagir para beneficiá-los, à luz do que determina o art. 5º, XL, da CF. Interpretação conforme ao art. 90 da Lei n. 9.099/95 para excluir de sua abrangência as normas de direito penal mais favoráveis ao réus contidas nessa lei. (STF, ADIn n. 1.719-9, Plenário, rel. Min. Joaquim Barbosa, j. 18.06.2007, *DJU* 03.08.2007)

Decadência. Inocorrência. Representação no semestre legal

Penal e processual penal. Arts. 213 e 214 c/c art. 224, *a*, do CP. Hipótese do art. 225, § 1º, do CP. Ação penal pública condicionada. Extinção da punibilidade pela decadência do direito de representação. Inocorrência. Representação oferecida pelo pai da vítima dentro do prazo legal. I – Em se tratando de crime de ação penal pública condicionada, a representação, como condição de procedibilidade, não possui forma sacramental, prescindindo, assim, de maiores formalidades, bastando a manifestação inequívoca da vontade da vítima ou seu representante para que se apure a responsabilidade criminal do agente. (Precedentes). II – No caso em tela, não houve a decadência do direito de representação, uma vez que o pai da vítima, antes de completados seis meses da ciência do autor dos fatos, compareceu à delegacia de polícia, demonstrando seu interesse em dar início à persecução penal. *Habeas corpus* denegado. (STJ, *HC* n. 66.713/RJ, 5ª T., rel. Min. Felix Fischer, j. 22.05.2007)

3. OBSERVAÇÕES

A) No crime do art. 236 do CP (induzimento a erro essencial e ocultação de impedimento), o semestre decadencial é contado a partir do trânsito em julgado da sentença anulatória do casamento (art. 236, parágrafo único, CP).

B) Nos crimes contra a propriedade imaterial que houverem deixado vestígios, há necessidade de sua demonstração com exame pericial dos objetos que constituam o corpo de delito (art. 525, CPP). Nesses casos, a decadência ocorre em trinta dias contados a partir da homologação do laudo pericial da contrafação (art. 529, CPP).

C) A Lei n. 9.099/95, no art. 88, criou a necessidade de representação, como condição de procedibilidade, nos crimes de lesão leve e lesão corporal culposa. O prazo é de seis meses igualmente. Somente em relação aos inquéritos policiais e processos que estavam em andamento no início da vigência da Lei n. 9.099/95 é que o art. 91 estabeleceu disposição transitória para que as vítimas desses crimes ou seu representante legal fossem intimados para oferecê-la em trinta dias, sob pena de decadência. Na mesma esteira, o STF, na ADIn n. 1.719-9 (*DJU* 03.08.2007), deu interpretação conforme ao art. 90 da Lei n. 9.099/95 para excluir de sua abrangência as normas de direito penal mais favoráveis aos réus contidas nesta Lei. Assim, essa disposição transitória foi aplicada a todos os processos em andamento (inclusive àqueles cuja instrução já havia sido iniciada).

D) Na fase preliminar do procedimento sumaríssimo, o acordo homologado da composição de danos civis acarreta a renúncia ao direito de queixa ou representação, tratando-se de ação penal de iniciativa privada ou de ação penal pública condicionada, respectivamente (art. 74, parágrafo único, Lei n. 9.099/95).

Renúncia expressa ou tácita do direito de queixa

Art. 104. O direito de queixa não pode ser exercido quando renunciado expressa ou tacitamente.

Parágrafo único. Importa renúncia tácita ao direito de queixa a prática de ato incompatível com a vontade de exercê-lo; não a implica, todavia, o fato de receber o ofendido a indenização do dano causado pelo crime.

---

1. COMENTÁRIO

A queixa-crime constitui forma pela qual é dado início à ação penal de iniciativa privada ou, ainda, à ação penal pública, quando houver inércia do Ministério Público. Quando o ofendido renuncia a esse direito, não pode mais exercê-lo.

A renúncia é um ato unilateral, independente de aceitação do autor do fato e se verifica antes de iniciada a ação penal privada.

Trata-se de causa de extinção da punibilidade (art. 107, V, 1ª parte, CP).

A renúncia pode ser expressa, consistente em declaração escrita e assinada pelo ofendido ou seu representante legal, inclusive procurador com poderes especiais (art. 50, CPP).

Igualmente, a renúncia pode ser tácita, diante da prática de ato incompatível com a vontade de processar o agente. No entanto, a renúncia do representante legal de menor que houver completado 18 anos não privará este do direito de queixa.

Em decorrência do princípio da indivisibilidade da ação penal, as regras previstas no art. 106 do CP referentes ao perdão também são aplicáveis à renúncia nos crimes de ação penal privada. Assim, se a renúncia for concedida a um dos autores, a todos aproveita (e, por ser ato unilateral, dispensa aceitação de qualquer um deles); se concedida por um dos ofendidos, não prejudica o direito dos demais.

Nos crimes comuns, o fato de o ofendido receber indenização do dano causado pelo crime não caracteriza renúncia tácita (art. 104, parágrafo único). Todavia, nas infrações penais de menor potencial ofensivo, na fase preliminar de composição de danos civis, o acordo homologado acarreta a renúncia ao direito de queixa e, inclusive, ao de representação (art. 74, *caput*, Lei n. 9.099/95).

2. JURISPRUDÊNCIA

2.1. Julgados

Indivisibilidade da ação penal privada. Renúncia tácita

Ação penal privada. Crimes contra a honra. Veiculação das alegadas ofensas morais em coluna jornalística (coluna Boechat). Coluna jornalística cujo titular (Boechat) tem, no processo de pesquisa, redação e finalização das matérias nela veiculadas, a ativa colaboração de dois outros jornalistas. Obra jornalística coletiva. Oferecimento da queixa-crime somente contra o titular da coluna jornalística, com exclusão dos colaboradores que nesta se acham nominalmente identificados. Ofensa ao princípio da indivisibilidade da ação penal privada (CPP, art. 48). Renúncia tácita ao direito de querela (CPP, art. 49). Extinção da punibilidade (CP, art. 107, V, c/c o art. 104). *Habeas corpus* deferido. Tratando-se de ação penal privada, o oferecimento de queixa-crime somente contra um ou alguns dos supostos autores ou partícipes da prática delituosa, com exclusão dos demais envolvidos, configura hipótese de violação ao princípio da indivisibilidade (CPP, art. 48), implicando, por isso mesmo, renúncia tácita ao direito de querela (CPP, art. 49), cuja eficácia extintiva da punibilidade estende-se a todos quantos alegadamente hajam intervindo no suposto cometimento da infração penal (CP, art. 107, V, c/c o art. 104). Doutrina. Precedentes. (STF, *HC* n. 88.165/RJ, 2ª T., rel. Min. Celso de Mello, j. 18.04.2006)

3. OBSERVAÇÕES

A) A renúncia ao direito de representação, nos crimes de ação penal condicionada, constitui ato do ofendido ou seu representante legal quando não foi oferecida esta representação. Oferecida a representação, fala-se em retratação, que será possível até o oferecimento da denúncia (art. 102).

B) A Lei Maria da Penha, Lei n. 11.340/2006, todavia, refere-se à renúncia da mulher ofendida à representação perante o juiz, em audiência especialmente designada com tal finalidade, antes do recebimento da denúncia e ouvido o Ministério Público (art. 16). Nesse caso, verifica-se, na verdade, a retratação da representação apresentada nos crimes de ação penal pública condicionada à representação.

Perdão do ofendido

Art. 105. O perdão do ofendido, nos crimes em que somente se procede mediante queixa, obsta ao prosseguimento da ação.

---

1. COMENTÁRIO

Ao lado da renúncia, o perdão também constitui manifestação da vítima ou seu representante legal de não mais querer processar o autor de crime de ação penal privada.

Somente cabe perdão exclusivamente nos crimes de ação penal de iniciativa privada. Não é admitido na ação penal privada subsidiária da pública (art. 5º, LIX, CF).

O perdão ocorre após iniciada a ação penal de iniciativa privada e pode ser oferecido até o trânsito em julgado da sentença (art. 106, § 2º, CP).

Pode ser oferecido pelo ofendido ou seu representante legal, caso seja menor de 18 anos.

O perdão pode ser expresso, consistente em declaração escrita e assinada pelo ofendido ou seu representante legal, inclusive procurador com poderes especiais (art. 50, CPP).

De outro lado, o perdão pode ser tácito, diante da prática de ato incompatível com a vontade de processar o agente (art. 106, § 1º, CP).

Todavia, trata-se de um ato bilateral e somente produz efeitos quando é aceito pelo querelado. Isto porque este pode prosseguir até o final a fim de ser reconhecida a improcedência da ação penal privada. Haverá aceitação tácita diante do silêncio do querelado após três dias de sua notificação para sobre o perdão se manifestar (art. 58, CPP).

Trata-se de causa de extinção da punibilidade (art. 107, V, parte final, CP).

2. JURISPRUDÊNCIA

2.1. Julgados

Perdão do ofendido. Cabimento exclusivamente em ação penal de iniciativa privada

Habeas corpus. Execução penal. Regressão de regime prisional. Vício de procedimento. Constrangimento ilegal não evidenciado. Observância ao art. 118, § 2º, da LEP. Prática de novo fato definido como crime doloso. Trânsito em julgado de sentença condenatória. Desnecessidade. Retratação da representação após a sentença condenatória e perdão judicial em ação pública. Impossibilidade. Ordem denegada. [...] 3. O exercício do direito de representação é irretratável após o oferecimento da denúncia (art. 25, CPP) e não cabe perdão em ação pública, ainda que condicionada (*HC* n. 45.417/SP, 6ª T., rel. Min. Paulo Medina, *DJ* 25.09.2006; RHC n. 18.780/SC, 5ª T., rel. Min. Gilson Dipp, *DJ* 01.08.2006). 4. Ordem denegada. (STJ, *HC* n. 81.079/MG, 5ª T., rel. Min. Arnaldo Esteves Lima, j. 07.10.2008)

Processual penal. *Habeas corpus*. Arts. 213 c/c arts. 14, II, e 226, III, do CP. Apelação. Execução provisória. Recurso especial. Perdão do ofendido. Impossibilidade em ação penal pública. [...] III – O perdão do ofendido, seja ele expresso ou tácito, só é causa de extinção da punibilidade nos crimes que se apuram exclusivamente por ação penal privada. (Precedente). *Writ* denegado. (STJ, *HC* n. 44.280/MG, 5ª T., rel. Min. Felix Fischer, j. 06.12.2005)

Art. 106. O perdão, no processo ou fora dele, expresso ou tácito:

I – se concedido a qualquer dos querelados, a todos aproveita;

II – se concedido por um dos ofendidos, não prejudica o direito dos outros;

III – se o querelado o recusa, não produz efeito.

§ 1º Perdão tácito é o que resulta da prática de ato incompatível com a vontade de prosseguir na ação.

§ 2º Não é admissível o perdão depois que passa em julgado a sentença condenatória.

1. COMENTÁRIO

O art. 106 cuida da extensão do perdão nos casos de crime praticado por mais de um agente ou que tenha mais de um ofendido.

Nos crimes de ação penal privada praticados por mais de um agente, em concurso de pessoas, caso o querelante perdoe um dos agentes, o ato beneficiará a todos que aceitarem o perdão.

Nos crimes de ação penal privada praticados contra mais de um ofendido, o perdão feito por um dos ofendidos, ora querelante, não prejudica o direito dos demais.

Como já visto, o perdão poderá ser expresso ou tácito. Ademais, poderá ser oferecido após iniciada a ação penal privada até o trânsito em julgado da sentença condenatória (*v.* comentários ao art. 105, CP).

2. OBSERVAÇÕES

Como já dito, em decorrência do princípio da indivisibilidade da ação penal, as regras previstas neste art. 106 do CP referentes ao perdão também são aplicáveis à renúncia (art. 104, CP) nos crimes de ação penal privada. Assim, se a renúncia for concedida a um dos autores, a todos aproveita (e, por ser ato unilateral, dispensa aceitação de qualquer um deles); se concedida por um dos ofendidos, não prejudica o direito dos demais.

TÍTULO VIII
DA EXTINÇÃO DA PUNIBILIDADE

Extinção da punibilidade

Art. 107. Extingue-se a punibilidade:

I – pela morte do agente;

II – pela anistia, graça ou indulto;

III – pela retroatividade de lei que não mais considera o fato como criminoso;

IV – pela prescrição, decadência ou perempção;

V – pela renúncia do direito de queixa ou pelo perdão aceito, nos crimes de ação privada;

VI – pela retratação do agente, nos casos em que a lei a admite;

VII – *(Revogado pela Lei n. 11.106, de 28.03.2005.)*

VIII – *(Revogado pela Lei n. 11.106, de 28.03.2005.)*

IX – pelo perdão judicial, nos casos previstos em lei.

1. COMENTÁRIO

Punibilidade consiste no direito do Estado de aplicar ou executar uma sanção penal, denominado *jus puniendi*. A punibilidade, portanto, é consequência da infração penal e nasce a partir de sua prática.

Conforme orientação majoritária, a punibilidade não integra o conceito analítico ou científico de crime, haja vista ser sua consequência. Entretanto, Basileu Garcia, entre poucos autores, entendia que o crime é o fato típico, antijurídico, culpável e punível, ou seja, a punibilidade fazia parte do conceito de crime.

O art. 107 do CP estabelece, em rol meramente exemplificativo, algumas causas de extinção da punibilidade.

Na lei penal, inclusive no próprio CP, surgem outras hipóteses de causas de extinção da punibilidade, tais como: a) reparação do dano, no crime de peculato culposo, quando precede à sentença irrecorrível (art. 312, § 3º, CP); b) entrega espontânea de arma de fogo, por possuidores ou proprietários, no crime de posse irregular da referida arma (art. 32, Lei n. 10.826/2003 – Estatuto do Desarmamento); c) término do período de prova da suspensão condicional da pena – *sursis* (art. 82, CP), do livramento condicional (art. 90, CP) e da suspensão condicional do processo (art. 89, § 5º, Lei n. 9.099/95), sem revogação; d) pagamento integral do débito tributário nos crimes de evasão fiscal (art. 83, § 4º, Lei n. 9.430/96).

Assim, uma vez verificada qualquer causa de extinção da punibilidade, não poderá o Estado prosseguir na persecução penal, seja para a imposição, seja para a execução de sanção penal.

Essas causas poderão ser comunicáveis, quando então atingirão os coagentes, ou incomunicáveis, quando afetarão apenas a pessoa do delinquente e mais ninguém.

Causas de extinção da punibilidade do art. 107 do CP:

1ª) Morte do agente (art. 107, I, CP)

De acordo com o brocardo jurídico latino *mors omnia solvit*, a morte tudo resolve.

Com efeito, no âmbito do direito penal, o art. 5º, XLV, da CF, adotou o princípio da incomunicabilidade ou personalidade da sanção penal, segundo o qual nenhuma pena passará da pessoa do condenado. Portanto, se o autor da infração penal morre, é extinta a punibilidade. No caso de morte do agente, somente à luz da certidão de óbito, após ouvido o Ministério Público, é que o juiz declarará extinta a sua punibilidade (art. 62, CPP).

Situações de morte presumida também poderão acarretar a extinção da punibilidade, como a de pessoas desaparecidas em naufrágio, inundação, incêndio, terremoto ou qualquer outra catástrofe, quando estiver provada sua presença no local do desastre e não for possível encontrar-se o cadáver para exame ou, ainda, no caso de desaparecimento em campanha militar, desde que o óbito – reconhecido judicialmente em justificação – viabilize seu assentamento nos termos do art. 80 da Lei n. 6.015/73 (LRP).

Se a certidão de óbito for falsa e, mesmo assim, o juiz declarar extinta a punibilidade do agente, surgem duas interpretações: 1) somente será possível processar o agente pela falsidade praticada, posto que a sentença que declara extinta a punibilidade faz coisa julgada e não há previsão de revisão *pro societate*; 2) a sentença é inexistente, posto que baseada em morte que não ocorreu e, portanto, é possível prosseguir na persecução penal (STF).

2ª) Anistia, graça ou indulto (art. 107, II, CP)

Anistia, graça ou indulto caracterizam formas de clemência do Estado soberano que renuncia ao seu direito de punir. São proibidas na prática da tortura, no tráfico ilícito de drogas, no terrorismo e nos crimes hediondos definidos no art. 1º da Lei n. 8.072/90, conforme o art. 5º, XLIII, da CF.

A anistia decorre de lei federal e pode ser: irrestrita ou restrita, dependendo de se atinge todos os que praticaram determinado crime ou apenas alguns (somente os primeiros, por exemplo); própria ou imprópria, conforme ocorra antes ou após o trânsito em julgado da condenação, respectivamente; comum ou especial, dependendo se atinge crimes comuns ou políticos; e incondicionada ou condicionada, conforme imponha ou não algum requisito para sua concessão.

Já a graça e o indulto ocorrem por meio de decreto presidencial (art. 84, XII, CF). O Presidente da República poderá delegar essa atribuição aos ministros de Estado, ao procurador-geral da República ou ao advogado-geral da União (art. 84, parágrafo único, CF).

A graça somente ocorrerá após sentença condenatória definitiva. Todavia, o indulto tem sido concedido diante de sentenças recorríveis, bastando o trânsito em julgado da sentença condenatória para a acusação (a exemplo do art. 5º, I, Decreto n. 7.873/2012, que concede indulto natalino e comutação de penas).

A graça é um benefício individual e alcança apenas a pessoa do sentenciado agraciado, razão pela qual é denominada indulto individual no art. 188 da Lei n. 7.210/84 (LEP). Além disso, depende de provocação do interessado, sendo que o condenado, o Ministério Público, o Conselho Penitenciário e a autoridade administrativa têm legitimidade para pedi-la.

De outro lado, o indulto, também chamado indulto coletivo, tem alcance transindividual e abrange todas as pessoas que preencherem os requisitos do decreto. Independe de provocação do interessado e é decorrente de ato de ofício do Presidente da República ou pessoa delegada.

A graça e o indulto, quando parciais, não caracterizam causas de extinção da punibilidade, mas comutação, ou seja, a substituição da sanção penal por outra menos grave, seja em sua quantidade, seja em sua qualidade.

3ª) Retroatividade de lei que não mais considera o fato como criminoso (art. 107, III, CP)

Chama-se *abolitio criminis* a lei posterior que torna atípica conduta que, outrora, era típica, tal como a Lei n. 12.529/2011, que tornou atípicas algumas condutas que caracterizavam crimes contra a ordem econômica (arts. 5º e 6º, Lei n. 8.137/90); ou como a Lei n. 11.983/2009, que tornou atípica a mendicância, antes contravenção penal prevista no art. 60 da LCP. Desta forma, como ela caracteriza lei mais benéfica, retroagirá, nos termos do art. 5º, XL, da CF, c/c art. 2º do CP.

Portanto, a natureza jurídica da *abolitio criminis* consiste em causa de extinção da punibilidade. Ademais, a *abolitio criminis* atinge todos os efeitos penais (principal e secundários) de eventual sentença condenatória, mesmo transitada em julgado.

4ª) Prescrição, decadência ou perempção (art. 107, IV, CP)

Prescrição consiste na perda do direito do Estado de punir ou executar a sanção penal em decorrência do decurso do tempo sem seu exercício. Para maiores considerações, ver comentários aos arts. 109 e seguintes, adiante.

Decadência constitui a perda do direito de queixa ou representação pelo decurso do tempo sem seu exercício. Para maiores considerações, ver comentários ao art. 103, retro.

Perempção consiste em sanção jurídica imposta ao querelante inerte ou desidioso exclusivamente no crime de ação penal privada, ou seja, que somente se procede mediante queixa. As hipóteses de perempção estão previstas no art. 60 do CPP, a saber: I) quando, iniciada a ação, o querelante deixar de promover o andamento do processo durante trinta dias seguidos; II) quando, falecendo o querelante, ou sobrevindo sua incapacidade, não comparecer em juízo, para prosseguir no processo, dentro do prazo de sessenta dias, qualquer das pessoas a quem couber fazê-lo, respeitado o art. 36 do CPP; III) quando o querelante deixar de comparecer, sem motivo justificado, a qualquer ato do processo a que deva estar presente, ou deixar de formular o pedido de condenação nas alegações finais; e, IV) quando, sendo o querelante pessoa jurídica, esta se extinguir sem deixar sucessor. Alguns autores apontam a morte da vítima, no crime de ação penal privada personalíssima como hipótese de perempção, caso ocorra quando já iniciada a ação penal privada, a exemplo do crime de induzimento a erro essencial e ocultação de impedimento (art. 236, CP).

5ª) Renúncia do direito de queixa ou perdão aceito nos crimes de ação privada (art. 107, V, CP)

Como regra, a queixa-crime constitui forma pela qual é dado início à ação penal de iniciativa privada ou, excepcionalmente, ainda, à ação penal pública quando houver inércia do Ministério Público (art. 5º, LIX, CF).

O art. 107, V, do CP cuida de renúncia ou perdão nos crimes de ação penal privada.

Quando o ofendido renuncia a esse direito, não poderá mais exercê-lo. A renúncia é um ato unilateral, independente de aceitação do autor do fato, e se verifica antes de iniciada a ação penal privada. Decorre do princípio da oportunidade, que rege a ação penal privada.

O perdão, por sua vez, ocorre após iniciada a ação penal de iniciativa privada e pode ser oferecido até o trânsito em julgado da sentença (art. 106, § 2º, CP). Decorre do princípio da disponibilidade que também rege a ação penal privada.

Ambos – renúncia e perdão – podem ser expressos ou tácitos. São expressos quando feitos por meio de declaração escrita e assinada pelo ofendido ou seu representante legal, inclusive procurador com poderes especiais (art. 50, CPP); são tácitos quando decorrem da prática de ato incompatível com a vontade de processar o agente.

Igualmente, quando concedidos a um dos autores, a todos aproveitam (no caso do perdão, demanda-se a aceitação); se concedidos por um dos ofendidos ou querelantes, não prejudicam o direito dos demais.

Para maiores considerações, inclusive sobre a renúncia na Lei n. 9.099/95, ver comentários aos arts. 104 e seguintes, retro.

6ª) Retratação do agente, nos casos em que a lei a admite (art. 107, VI, CP)

A retratação, como causa de extinção da punibilidade, significa a recomposição da verdade, com a retirada da falsidade, feita pelo agente. Para que extinga a punibilidade, a retratação deve ser cabal e incondicionada.

Crimes e hipóteses que admitem retratação, previstos no CP:

a) Calúnia e difamação, quando a ação penal for privada (art. 143). Neste caso, a retratação deverá ocorrer até sentença de primeiro grau, sendo incomunicável a eventuais coagentes, posto que é pessoal;

b) Falso testemunho ou falsa perícia (art. 342, § 3º). Neste caso, a retratação deverá ocorrer até a sentença de primeiro grau do processo onde ocorreu a falsidade (e não onde está sendo apurado o crime do art. 342), sendo comunicável a eventuais coagentes, posto que a lei estabelece que "o fato deixa de ser punível" quando oferecida.

No Tribunal do Júri, diante dos crimes dolosos contra a vida e conexos, a retratação poderá ocorrer até o veredicto do conselho de sentença na sala secreta.

7ª) Perdão judicial, nos casos previstos em lei (art. 107, IX, CP)

Trata-se de clemência do Estado soberano feita pelo Poder Judiciário nos casos previstos em lei. Assim, prevista a possibilidade do perdão judicial, o juiz poderá "deixar de aplicar a pena".

Crimes e hipóteses que admitem perdão judicial, previstos no CP:

a) Homicídio culposo: quando as consequências da infração atingirem o próprio agente de forma tão grave que a sanção penal se torne desnecessária (art. 121, § 5º);

b) Lesão corporal culposa: mesma situação do homicídio culposo (art. 129, § 8º);

c) Injúria: quando o ofendido, de forma reprovável, provocou diretamente a injúria; ou no caso de retorsão imediata que consista em outra injúria (art. 140, § 1º, I e II);

d) Apropriação indébita previdenciária: quando o agente for primário e de bons antecedentes, desde que tenha promovido, após o início da ação fiscal e antes de oferecida a denúncia, o pagamento da contribuição social previdenciária, inclusive acessório, ou o valor das contribuições devidas, inclusive acessórios, seja igual ou inferior àquele estabelecido pela previdência social, administrativamente, como sendo o mínimo para o ajuizamento de suas execuções fiscais (art. 168-A, § 3º, I e II);

e) Fraude em refeição, alojamento ou transporte: conforme as circunstâncias do caso concreto, o juiz poderá deixar de aplicar a pena (art. 176, parágrafo único);

f) Receptação culposa: se o criminoso é primário, conforme as circunstâncias do caso concreto, o juiz poderá deixar de aplicar a pena (art. 180, § 5º);

g) Parto suposto, supressão ou alteração de direito inerente ao estado civil de recém-nascido: se o crime é praticado por motivo de reconhecida nobreza (art. 242, parágrafo único);

h) Subtração de incapazes: no caso de restituição do menor ou do interdito, se este não sofreu maus-tratos ou privações (art. 249, § 2º);

i) Sonegação de contribuição previdenciária: quando o agente for primário e de bons antecedentes, desde que o valor das contribuições devidas, inclusive acessórios, seja igual ou inferior àquele estabelecido pela previdência social, administrativamente, como sendo o mínimo para o ajuizamento de suas execuções fiscais (art. 337-A, § 2º, II).

Algumas infrações penais e hipóteses que admitem perdão judicial, fora do CP, na legislação especial:

a) Na LCP, o erro de direito escusável (art. 8º) e a associação secreta, quando lícito seu objeto, conforme as circunstâncias do caso concreto, o juiz poderá deixar de aplicar a pena (art. 39, § 2º);

b) Na Lei n. 9.605/98 (Lei dos Crimes e Infrações Ambientais), no crime contra fauna, no caso de guarda doméstica de espécie silvestre não considerada ameaçada de extinção, conforme as circunstâncias do caso concreto, o juiz poderá deixar de aplicar a pena (art. 29, § 2º);

c) Na Lei n. 9.807/99 (Lei de Proteção a Vítimas e Testemunhas), quando houver delação premiada plena (art. 13, *caput* e parágrafo único);

d) Na Lei n. 9.613/98 (Lei dos Crimes de Lavagem de Capital), quando houver delação premiada plena (art. 1º, § 5º).

Para outras observações, assim como considerações sobre a natureza jurídica e efeitos da sentença que concede perdão judicial, ver comentário ao art. 120, adiante.

2. JURISPRUDÊNCIA

2.1. Súmulas

Súmula n. 535, STJ: "A prática de falta grave não interrompe o prazo para fim de comutação de pena ou indulto".

Súmula n. 617, STJ: "A ausência de suspensão ou revogação do livramento condicional antes do término do período de prova enseja a extinção da punibilidade pelo integral cumprimento da pena".

Súmula n. 631, STJ: "O indulto extingue os efeitos primários da condenação (pretensão executória), mas não atinge os efeitos secundários, penais ou extrapenais".

2.2. Julgados

Indulto e pena de multa

O indulto da pena privativa de liberdade não alcança a pena de multa que tenha sido objeto de parcelamento espontaneamente assumido pelo sentenciado. Com base nesse entendimento, o Plenário, em conclusão e por maioria, negou provimento a agravo regimental em que se discutia a extinção da pena de multa imposta. (STF, EP n, 11 IndCom-Ag. Reg./DF, Plenário, rel. Min. Roberto Barroso, j. 08.11.2017, *Inf.* 884)

Morte do agente. Certidão de óbito falsa

Habeas corpus. Extinção da punibilidade. Morte do agente. Equívoco da decisão. O desfazimento da decisão que, admitindo por equívoco a morte do agente, declarou extinta a punibilidade, não constitui ofensa à coisa julgada. *Habeas corpus* indeferido. (STF, *HC* n. 60.095/RJ, 1ª T., rel. Min. Rafael Mayer, j. 30.11.1982)

Habeas corpus. Processual penal. Extinção da punibilidade amparada em certidão de óbito falsa. Decisão que reconhece a nulidade absoluta do decreto e determina o prosseguimento da ação penal. Inocorrência de revisão *pro societate* e de ofensa à coisa julgada. Pronúncia. Alegada inexistência de provas ou indícios suficientes de autoria em relação a corréu. Inviabilidade de reexame de fatos e provas na via estreita do *writ* constitucional. Constrangimento ilegal inexistente. Ordem denegada. 1. A decisão que, com base em certidão de óbito falsa, julga extinta a punibilidade do réu pode ser revogada, dado que não gera coisa julgada em sentido estrito. 2. Não é o *habeas corpus* meio idôneo para o reexame aprofundado dos fatos e da prova, necessário, no caso, para a verificação da existência ou não de provas ou indícios suficientes à pronúncia do paciente por crimes de homicídios que lhe são imputados na denúncia. 3. *Habeas corpus* denegado. (STF, *HC* n. 104.998/SP, 1ª T., rel. Min. Dias Toffoli, j. 14.12.2010)

No mesmo sentido: STF, *HC* n. 84.525/MG, 2ª T., rel. Min. Carlos Velloso, j. 16.11.2004.

Indulto. Critério objetivo para sua concessão

Direito penal. Critério objetivo para a concessão de indulto. A regra prevista no art. 1º, I, do Decreto n. 7.873/2012, que admite a concessão de indulto coletivo aos condenados a pena inferior a oito anos, não pode ser interpretada de forma a permitir que também obtenham o benefício aqueles que, embora condenados a pena total superior a esse limite, tenham menos de oito anos de pena remanescente a cumprir na data da publicação do referido diploma legal. De fato, o art. 1º, I, do Decreto n. 7.873/2012 dispõe que é concedido o indulto coletivo às pessoas, nacionais e estrangeiras, "condenadas a pena privativa de liberdade não superior a oito anos, não substituída por restritivas de direitos ou multa, e não beneficiadas com a suspensão condicional da pena que, até 25.12.2012, tenham cumprido um terço da pena, se não reincidentes, ou metade, se reincidentes". Esse dispositivo legal traz critério objetivo e de redação categórica: o paradigma para a concessão do benefício é a quantidade de pena a que o réu foi condenado, não podendo essa regra ser interpretada de forma a ser considerado o período que remanesce da pena na data da publicação do Decreto, sob pena de ofensa ao princípio da legalidade. Tanto é assim que o referido diploma normativo é categórico ao estabelecer que, para a concessão da comutação das penas, "o cálculo será feito sobre o período de pena já cumprido até 25.12.2012" (art. 2º, § 1º), ou seja, se fosse a intenção da Presidente da República instituir indulto considerando apenas o período remanescente, o teria feito expressamente. Precedente citado: *HC* n. 180.399/DF, 5ª T., *DJe* 01.12.2011. (STJ, *HC* n. 276.416/SP, 5ª T., rel. Min. Laurita Vaz, j. 27.03.2014, *Informativo* n. 538)

Falta grave e indulto. Não interrupção automática de prazo

Direito penal. Prática de falta grave, comutação de pena e indulto. Recurso repetitivo (art. 543-C do CPC [art. 1.036 do CPC/2015] e Res. n. 8/2008 do STJ). A prática de falta grave não interrompe automaticamente o prazo necessário para a concessão de indulto ou de comutação de pena, devendo-se observar o cumprimento dos requisitos previstos no decreto presidencial pelo qual foram instituídos. Precedentes citados: Ag. Reg. no *HC* n. 275.754/RS, 5ª T., *DJe* 09.10.2013; e Ag. Reg. no AREsp n. 199.014/SP, 6ª T., *DJe* 28.10.2013. (STJ, REsp n. 1.364.192/RS, rel. Min. Sebastião Reis Júnior, j. 12.02.2014)

Semestre decadencial. Prazo penal, de direito material. Contagem conforme art. 10 do CP

Recurso especial. Matéria penal. Decadência. Improrrogabilidade dos prazos penais. Art. 10 do CP. 1. Os prazos de decadência são fatais, não se suspendendo ou prorrogando por domingos, feriados ou férias. 2. Recurso especial não conhecido. (STJ, REsp n. 164.563/GO, 6ª T., rel. Min. Fernando Gonçalves, j. 12.09.2000)

Falso testemunho. Retratação. Comunicabilidade aos demais coagentes

Penal e processual penal. *Habeas corpus*. Art. 342, § 2º, do CP. Trancamento da ação penal. Justa causa. Retratação da testemunha. Extensão à paciente, denunciada por orientar, instruir e influenciar aquela. I – É possível a participação no delito de falso testemunho. (Precedentes desta Corte e do Pretório Excelso). II – A retratação de um dos acusados, tendo em vista a redação do art. 342, § 2º, do CP, estende-se aos demais corréus ou partícipes. *Writ* concedido. (STJ, *HC* n. 36.287/SP, 5ª T., rel. Min. Felix Fischer, j. 17.05.2005)

Falso testemunho. Momento da sentença condenatória. Retratação

Penal e processual penal. Recurso especial. Falso testemunho. Sentença. I – A prolação de sentença no processo em que ocorreu o falso testemunho não é condição de procedibilidade da ação penal pelo referido delito contra a Administração da Justiça. II – A decisão acerca do falso depoimento, todavia, não pode preceder a do feito no qual ocorrera o eventual ilícito. Recurso provido. (STJ, REsp n. 174.486/DF, 5ª T., rel. Min. Felix Fischer, j. 03.12.1998, *Informativo STJ* n. 2)

***Sursis* e requisito temporal para a concessão de indulto**

A 1ª Turma, por maioria, denegou a ordem em *habeas corpus* no qual se pretendia o cômputo do período de prova cumprido em suspensão condicional da pena para o preenchimento do requisito temporal para concessão de indulto, instituído pelo Decreto n. 8.172/2013. Na espécie, o réu permanecera preso provisoriamente por cinco dias até obter o benefício do *sursis* na própria sentença condenatória. A defesa insistia na possibilidade de concessão do indulto, tendo em vista que o paciente cumprira 1/4 do período de prova do *sursis*. A Turma consignou que o réu não teria jus ao benefício do indulto porque não preencheria o requisito temporal objetivo para sua concessão, qual seja, o cumprimento, em prisão provisória, de 1/6 da pena ou, se reincidente, 1/5 (Decreto n. 8.172/2013, art. 1º, XIV). Vencido o Ministro Marco Aurélio, que concedia a ordem. Destacava que o *sursis* seria uma ficção jurídica de execução da pena e que o período cumprido nesse sistema deveria ser considerado como tempo de cumprimento de pena restritiva de liberdade. (STF, *HC* n. 123.381/PE, 1ª T., rel. Min. Rosa Weber, j. 30.09.2014)

Perdão judicial. Crimes contra a honra. Retorsão imediata

Deputado federal. Crime contra a honra. Injúria (art. 140, CP). Representação do ofendido. Ofensa ao art. 44 do CPP. Inexistência. Imunidade parlamentar material não configurada. Ofensas recíprocas. Reprovabilidade da conduta do ofendido. Retorsão imediata. Perdão judicial. Extinção da punibilidade. 1. A representação do ofendido é ato que dispensa maiores formalidades, bastando a inequívoca manifestação de vontade da vítima, ou de quem tenha qualidade para representá-la, no sentido de ver apurados os fatos acoimados de criminosos (Inq. n. 3.438, de minha relatoria, 1ª T., *DJe* 10.02.2015). Preliminar de ofensa ao art. 44 do CPP rejeitada. 2. A jurisprudência desta Suprema Corte é firme no sentido de que a inviolabilidade parlamentar material, especialmente com relação a declarações proferidas fora da Casa Legislativa, requer a existência de nexo de implicação entre as declarações e o exercício do mandato. Imunidade afastada no caso concreto. 3. Ofensor e ofendido, ao projetarem deliberadamente ofensas recíprocas – incitando um ao outro –, devem suportar as aleivosias em relação de vice-versa. Hipótese de perdão judicial, nos termos do art. 140, § 1º, do CP. Extinção da punibilidade declarada com fundamento no art. 109, IX, do CP. (STF, AP n. 926/AC, 1ª T., rel. Min. Rosa Weber, j. 06.09.2016)

3. OBSERVAÇÕES

Os incisos VII e VIII do art. 107 do CP foram expressamente revogados pela Lei n. 11.106/2005.

Art. 108. A extinção da punibilidade de crime que é pressuposto, elemento constitutivo ou circunstância agravante de outro não se estende a este. Nos crimes conexos, a extinção da punibilidade de um deles não impede, quanto aos outros, a agravação da pena resultante da conexão.

---

1. COMENTÁRIO

O art. 108 estabelece algumas regras acerca da abrangência da extinção da punibilidade em relação aos crimes complexos, acessórios e conexos.

O crime complexo é caracterizado pela fusão entre dois ou mais tipos penais de crimes, a exemplo do roubo (ameaça + furto ou lesão + furto), furto qualificado pela destruição ou rompimento de obstáculo à subtração da coisa (furto + dano), homicídio culposo aumentado pela omissão de socorro (homicídio culposo + omissão de socorro). Como se percebe, nessa fusão que dá origem ao crime complexo, os crimes funcionarão como suas elementares, qualificadoras ou causas de aumento de pena. Assim, a extinção da punibilidade do crime que é elemento constitutivo ou circunstância agravante de um crime complexo não se estende a este, ou seja, não tem o condão de descaracterizar a figura complexa formada.

Crime acessório ou de fusão, ou delito parasitário, é aquele que depende de outro crime – chamado pressuposto ou antecedente – em sua caracterização, tal qual receptação, favorecimento real, lavagem de dinheiro etc. Assim, a extinção da punibilidade do crime pressuposto não afeta a punibilidade do acessório.

Crime conexo, por fim, é aquele praticado para assegurar execução, ocultação, impunidade ou vantagem de outro crime. Assim, havendo conexão entre crimes, a extinção da punibilidade de um deles não impede, quanto aos outros, a agravação da pena resultante da conexão.

Prescrição antes de transitar em julgado a sentença

Art. 109. A prescrição, antes de transitar em julgado a sentença final, salvo o disposto no § 1º do art. 110 deste Código, regula-se pelo máximo da pena privativa de liberdade cominada ao crime, verificando-se:

Caput com redação dada pela Lei n. 12.234, de 05.05.2010.

I – em 20 (vinte) anos, se o máximo da pena é superior a 12 (doze);

II – em 16 (dezesseis) anos, se o máximo da pena é superior a 8 (oito) anos e não excede a 12 (doze);

III – em 12 (doze) anos, se o máximo da pena é superior a 4 (quatro) anos e não excede a 8 (oito);

IV – em 8 (oito) anos, se o máximo da pena é superior a 2 (dois) anos e não excede a 4 (quatro);

V – em 4 (quatro) anos, se o máximo da pena é igual a 1 (um) ano ou, sendo superior, não excede a 2 (dois);

VI – em 3 (três) anos, se o máximo da pena é inferior a 1 (um) ano.

Inciso com redação dada pela Lei n. 12.234, de 05.05.2010.

Prescrição das penas restritivas de direito

Parágrafo único. Aplicam-se às penas restritivas de direito os mesmos prazos previstos para as privativas de liberdade.

---

1. COMENTÁRIO

A redação do art. 109, *caput*, é dada pela Lei n. 12.234, de 05.05.2010, que também estabeleceu outras modificações diante da prescrição retroativa. Tendo em vista que essas modificações agravam as regras de prescrição, todas as disposições e alterações trazidas pela Lei n. 12.234/2010 são irretroativas.

Neste sentido, ensina Damásio de Jesus (*Carta Forense*, junho 2010, edição n. 85): "A norma alterada configura *novatio legis in pejus*. É irretroativa. O aumento do prazo apresenta natureza gravosa, de modo que se aplica exclusivamente a fatos praticados a partir da entrada em vigor da nova Lei, ou seja, do dia 06.05.2010".

Nota: A Lei n. 12.234/2010, cuja redação é lastimável, estabeleceu duas importantes alterações em relação à prescrição, quais sejam: a) não é mais possível o cálculo de prescrição da pretensão punitiva retroativa entre a data do fato e a do recebimento da denúncia ou queixa; b) o prazo mínimo de prescrição de pena privativa de liberdade passou a ser de três anos (nova redação do inciso VI do art. 109 do CP).

1.1. Conceito

Prescrição consiste na perda do direito de o Estado punir ou executar a sanção penal em decorrência do decurso do tempo sem seu exercício. Significa dizer que o Estado, que detém o monopólio da aplicação (*jus punitionis*) e da execução da sanção penal e suas consequências (*jus executionis*), tem um prazo para exercer esse poder-dever (*jus puniendi*), caso contrário, será atingido pela prescrição e perdido.

1.2. Fundamento

Várias teorias justificadoras buscam explicar o fundamento da prescrição. Entre as principais estão:

a) teoria do esquecimento: com o decorrer do tempo, a punição perde sua necessidade;

b) teoria da emenda do delinquente: o próprio transcorrer do tempo regenera o indivíduo, sendo inócua a imposição de sanção penal;

c) teoria político-criminal: por diretriz de política criminal, após longa data da verificação do crime, a sociedade já não clama mais pela reafirmação da validade da norma;

d) teoria da prova: o tempo enfraquece a prova da responsabilidade e, consequentemente, aumenta a incerteza de uma condenação;

e) teoria da punição do Estado: diante do descuido do próprio Estado que se queda inerte diante de uma infração penal, deve-lhe ser imposta uma sanção.

1.3. Natureza jurídica

A prescrição constitui causa de extinção da punibilidade e, por essa razão, caracteriza instituto de direito penal, posto que afeta diretamente a punibilidade do agente. Portanto, na contagem do prazo prescricional, aplica-se a regra contida no art. 10 do CP, com a inclusão do dia do início e a exclusão do dia do término, tratando-se de prazo fatal e improrrogável.

Mais a mais, por se tratar de instituto de direito material, as regras mais rígidas referentes à prescrição são irretroativas. De outro lado, as mais benéficas retroagirão consoante art. 5º, XL, da CF.

1.4. Espécies de prescrição

De acordo com o critério que leva em consideração o trânsito em julgado da sentença penal condenatória (para todas as partes), há duas espécies de prescrição: a prescrição da pretensão punitiva e a prescrição da pretensão executória. Assim, antes do trânsito em julgado da sentença penal condenatória, verifica-se a prescrição da pretensão punitiva; após, a prescrição da pretensão executória. O CPM denomina-as de outra forma: "A prescrição refere-se à ação penal ou à execução da pena" (art. 124, CPM).

A distinção entre essas duas espécies é relevante diante da abrangência de suas consequências: 1) na prescrição da pretensão punitiva, tudo é atingido e afastado, pois uma eventual sentença condenatória que possa ter sido prolatada ainda é recorrível, sendo que não gera efeitos penais principais ou secundários, nem extrapenais reflexos; logicamente, esta *condenação* não constará da certidão de antecedentes, salvo quando requisitada por juiz criminal (art. 748, CPP, por analogia); igualmente, reconhecida antes da condenação, impede que seja instaurado inquérito policial ou tenha continuidade a persecução penal em procedimento já instaurado (inquérito ou processo); 2) na prescrição da pretensão executória, há uma sentença penal condenatória transitada em julgado, fazendo com que apenas o efeito penal principal (a sanção penal imposta) seja atingido e afastado. Permanecem, porém, todos os efeitos secundários penais (pressuposto de reincidência, maus antecedentes etc.) e extrapenais (dever de indenizar o dano causado pelo crime, perdimento do cargo ou função pública etc.).

A prescrição da pretensão punitiva, por sua vez, pode ser dividida em três espécies ou categorias: abstrata, retroativa e intercorrente (para as duas últimas, ver comentários ao art. 110, § 1º, CP).

O art. 109, *caput*, do CP cuida da prescrição da pretensão punitiva abstrata, também chamada genuína ou prescrição propriamente dita, que é calculada conforme o máximo da pena privativa de liberdade cominada ao crime. Na mesma esteira, este artigo estabelece uma tabela com os prazos prescricionais, em seis escalas, a saber:

1ª) ocorrerá a prescrição em vinte anos, se o máximo da pena é superior a doze; ou

2ª) ocorrerá a prescrição em dezesseis anos, se o máximo da pena é superior a oito anos e não excede a doze; ou

3ª) ocorrerá a prescrição em doze anos, se o máximo da pena é superior a quatro anos e não excede a oito; ou

4ª) ocorrerá a prescrição em oito anos, se o máximo da pena é superior a dois anos e não excede a quatro; ou

5ª) ocorrerá a prescrição em quatro anos, se o máximo da pena é igual a um ano ou, sendo superior, não excede a dois; ou, finalmente,

6ª) ocorrerá a prescrição em três anos, se o máximo da pena é inferior a um ano.

Esses prazos constituem a regra e devem ser aplicados em todos os crimes e situações, com raras exceções, a saber:

1) As penas impostas ao crime do art. 28 da Lei n. 11.343/2006 (Lei de Drogas) prescrevem em dois anos (qualquer espécie), conforme o art. 30 desta Lei.

2) Os crimes falimentares do DL n. 7.661/45 (antiga Lei de Falências e Concordatas) prescrevem em dois anos. Esse prazo prescricional começa a correr da data em que transitar em julgado a sentença que encerrar a falência ou que julgar cumprida a concordata. Considerado o art. 132, § 1º, do DL n. 7.661/45, foi editada a Súmula n. 147 do STF, que incide nessa situação.

Lembre-se que, de acordo com o art. 192 da nova Lei n. 11.101/2005 (Lei de Falências e Recuperação de Empresas), este novo diploma legal não se aplica aos processos de falência ou de concordata ajuizados anteriormente ao início de sua vigência;

3) A pena de multa, quando for a única cominada ou aplicada, prescreve em dois anos (art. 114, I, CP);

4) Nos crimes praticados até a vigência da Lei n. 12.234/2010, ocorrerá a prescrição em dois anos se o máximo da pena é inferior a um ano, conforme dispunha a antiga redação do art. 109, VI, ora revogado.

Importante lembrar, ainda, que há causas modificadoras do prazo prescricional, de natureza pessoal, tal qual a menoridade dos 21 anos (*v.* comentário ao art. 115); de natureza objetiva (ligadas às condições e circunstâncias do crime), tal qual a tentativa de crime; assim como as causas interruptivas, suspensivas ou impeditivas da prescrição (*v.* comentários aos arts. 116 e 117).

1.5. Imprescritibilidade

A CF estabelece duas categorias de crimes imprescritíveis:

a) art. 5º, XLII: "A prática de racismo constitui crime inafiançável e imprescritível, sujeito à pena de reclusão, nos termos da lei";

b) art. 5º, XLIV: "Constitui crime inafiançável e imprescritível a ação de grupos armados, civis ou militares, contra a ordem constitucional e o Estado Democrático".

Os crimes de racismo estão previstos na Lei n. 7.716/89, que, além do preconceito de raça, também incrimina a discriminação decorrente de cor, religião, etnia ou procedência nacional.

2. JURISPRUDÊNCIA

2.1. Súmulas

Súmula n. 147, STF: "A prescrição de crime falimentar começa a correr da data em que deveria estar encerrada a falência, ou do trânsito em julgado da sentença que a encerrar ou que julgar cumprida a concordata".

Súmula n. 338, STJ: "A prescrição penal é aplicável nas medidas socioeducativas".

Súmula n. 438, STJ: "É inadmissível a extinção da punibilidade pela prescrição da pretensão punitiva com fundamento em pena hipotética, independentemente da existência ou sorte do processo penal".

Súmula n. 241, extinto TFR: "A extinção da punibilidade pela prescrição da pretensão punitiva prejudica o exame do mérito da apelação criminal".

2.2. Julgados

Imprescritibilidade. Crimes de racismo. Caso Siegfried Ellwanger. Editora Revisão Ltda.

Habeas corpus. Publicação de livros: antissemitismo. Racismo. Crime imprescritível. Conceituação. Abrangência constitucional. Liberdade de expressão. Limites. Ordem denegada. 1. Escrever, editar, divulgar e comerciar livros "fazendo apologia de ideias preconceituosas e discriminatórias" contra a comunidade judaica (Lei n. 7.716/89, art. 20, na redação dada pela Lei n. 8.081/90) constitui crime de racismo sujeito às cláusulas de inafiançabilidade e imprescritibilidade (CF, art. 5º, XLII). 2. Aplicação do princípio da prescritibilidade geral dos crimes: se os judeus não são uma raça, segue-se que contra eles não pode haver discriminação capaz de ensejar a exceção constitucional de imprescritibilidade. Inconsistência da premissa. 3. Raça humana. Subdivisão. Inexistência. Com a definição e o mapeamento do genoma humano, cientificamente não existem distinções entre os homens, seja pela segmentação da pele, formato dos olhos, altura, pelos ou por quaisquer outras características físicas, visto que todos se qualificam como espécie humana. Não há diferenças biológicas entre os seres humanos. Na essência são todos iguais. 4. Raça e racismo. A divisão dos seres humanos em raças resulta de um processo de conteúdo meramente político-social. Desse pressuposto origina-se o racismo que, por sua vez, gera a discriminação e o preconceito segregacionista. 5. Fundamento do núcleo do pensamento do nacional-socialismo de que os judeus e os arianos formam raças distintas. Os primeiros seriam raça inferior, nefasta e infecta, características suficientes para justificar a segregação e o extermínio: inconciliabilidade com os padrões éticos e morais definidos na Carta Política do Brasil e do mundo contemporâneo, sob os quais se ergue e se harmoniza o Estado democrático. Estigmas que por si só evidenciam crime de racismo. Concepção atentatória dos princípios nos quais se erige e se organiza a sociedade humana, baseada na respeitabilidade e dignidade do ser humano e de sua pacífica convivência no meio social. Condutas e evocações aéticas e imorais que implicam repulsiva ação estatal por se revestirem de densa intolerabilidade, de sorte a afrontar o ordenamento infraconstitucional e constitucional do País. 6. Adesão do Brasil a tratados e acordos multilaterais, que energicamente repudiam quaisquer discriminações raciais, aí compreendidas as distinções entre os homens por restrições ou preferências oriundas de raça, cor, credo, descendência ou origem nacional ou étnica, inspiradas na pretensa superioridade de um povo sobre outro, de que são exemplos a xenofobia, "negrofobia", "islamofobia" e o antissemitismo. 7. A CF/88 impôs aos agentes de delitos dessa natureza, pela gravidade e repulsividade da ofensa, a cláusula de imprescritibilidade, para que fique, *ad perpetuam rei memoriam*, verberado o repúdio e a abjeção da sociedade nacional à sua prática. 8. Racismo. Abrangência. Compatibilização dos conceitos etimológicos, etnológicos, sociológicos, antropológicos ou biológicos, de modo a construir a definição jurídico-constitucional do termo. Interpretação teleológica e sistêmica da CF, conjugando fatores e circunstâncias históricas, políticas e sociais que regeram sua formação e aplicação, a fim de obter-se o real sentido e alcance da norma. 9. Direito comparado. A exemplo do Brasil as legislações de países organizados sob a égide do estado moderno de direito democrático igualmente adotam em seu ordenamento legal punições para delitos que estimulem e propaguem segregação racial. Manifestações da Suprema Corte Norte-Americana, da Câmara dos Lordes da Inglaterra e da Corte de Apelação da Califórnia nos Estados Unidos que consagraram entendimento que aplicam sanções àqueles que transgridem as regras de boa convivência social com grupos humanos que simbolizem a prática de racismo. 10. A edição e publicação de obras escritas veiculando ideias antissemitas, que buscam resgatar e dar credibilidade à concepção racial definida pelo regime nazista, negadoras e subversoras de fatos históricos incontroversos como o holocausto, consubstanciadas na pretensa inferioridade e desqualificação do povo judeu, equivalem à incitação ao discrímen com acentuado conteúdo racista, reforçadas pelas consequências históricas dos atos em que se baseiam. 11. Explícita conduta do agente responsável pelo agravo revelador de manifesto dolo, baseada na equivocada premissa de que os judeus não só são uma raça, mas, mais do que isso, um segmento racial atávica e geneticamente menor e pernicioso. 12. Discriminação que, no caso, se evidencia como deliberada e dirigida especificamente aos judeus, que configura ato ilícito de prática de racismo, com as consequências gravosas que o acompanham. 13. Liberdade de expressão. Garantia constitucional que não se tem como absoluta. Limites morais e jurídicos. O direito à livre expressão não pode abrigar, em sua abrangência, manifestações de conteúdo imoral que implicam ilicitude penal. 14. As liberdades públicas não são incondicionais, por isso devem ser exercidas de maneira harmônica, observados os limites definidos na própria CF (CF, art. 5º, § 2º, primeira parte). O preceito fundamental de liberdade de expressão não consagra o "direito à incitação ao racismo", dado que um direito individual não pode constituir-se em salvaguarda de condutas ilícitas, como sucede com os delitos contra a honra. Prevalência dos princípios da dignidade da pessoa humana e da igualdade jurídica. 15. "Existe um nexo estreito entre a imprescritibilidade, este tempo jurídico que se escoa sem encontrar termo, e a memória, apelo do passado à disposição dos vivos, triunfo da lembrança sobre o esquecimento". No Estado democrático de direito devem ser intransigentemente respeitados os princípios que garantem a prevalência dos direitos humanos. Jamais podem se apagar da memória dos povos que se pretendam justos os atos repulsivos do passado que permitiram e incentivaram o ódio entre iguais por motivos raciais de torpeza inominável. 16. A ausência de prescrição nos crimes de racismo justifica-se como alerta grave para as gerações de hoje e de amanhã, para que se impeça a reinstauração de velhos e ultrapassados conceitos que a consciência jurídica e histórica não mais admitem. Ordem denegada. (STF, *HC* n. 82.424/RS, Pleno, rel. p/ ac. Min. Maurício Corrêa, j. 17.09.2003)

Tratados internacionais e prescrição

Pedido de extradição para execução penal. Governo da Itália. Nacional italiano. 1. Referencial para cálculo da prescrição. Pedido de extradição para fins de execução de penas em diversas condenações proferidas no Estado requerente. Cálculo de prescrição a partir de cada uma das oito condenações, e não por cálculo cumulativo fundado em documento denominado "medida cumulativa" de execução, elaborado pela Procuradoria da República italiana, anexo à nota verbal; precedentes. Irrelevância, para fins extradicionais, de ter o extraditando descendente de nacionalidade brasileira e negócios no território nacional; precedentes. 2. Vício formal do pedido de extradição: indeferimento. Falta de apresentação, pelo Estado requerente, de original e tradução dos tipos penais correspondentes a três itens da nota verbal. Solicitação, pelo relator, de complementação da documentação. Pedido de prorrogação do prazo para complementação formalizado pelo Estado requerente, mas indeferido pelo relator, considerado o tempo de duração da prisão preventiva. Pedido indeferido em relação aos itens 1, 2 e 3 da nota verbal. Decisão unânime. 3. Prescrição ocorrida antes do recebimento do pedido de extradição: indeferimento. Pretensão executória prescrita, já no momento do pedido de extradição, em relação a três itens da nota verbal, tanto pela legislação italiana quanto pela brasileira. Pedido indeferido em relação aos itens 4, 5 e 6 da nota verbal. Decisão unânime. 4. Causa interruptiva da prescrição prevista no tratado: aplicação no tempo. Suscitada a inaplicabilidade do Tratado (art. III, 1º, *b*, que prevê como causa interruptiva da prescrição o recebimento do pedido de extradição; precedentes), pois, à época da consumação dos crimes referentes à condenação do item 7 da nota verbal, ainda não estava ele em vigor: aplicável a Lei n. 6.815/80, que não prevê causa interruptiva dessa natureza. Pedido indeferido quanto ao item 7 da nota verbal. Retificação do voto do relator. Decisão unânime. 5. Prisão preventiva para extradição e detração penal. Prejudicada a análise do item restante. Pedido de extradição para cumprimento de pena de 1 ano e 4 meses: inviabilidade, tendo em vista que, para efeito da detração penal prevista no Tratado Brasil-Itália, o extraditando já estava preso preventivamente por período equivalente no momento da conclusão do julgamento do pedido de extradição. Pedido indeferido em relação ao item 8 da nota verbal. Voto com fundamentação diversa: indeferimento por ausência de correspondência, na legislação brasileira, do tipo previsto na legislação italiana e pelo qual se deu a condenação. 6. Pedido indeferido, determinando-se a expedição de alvará de soltura, salvo se por outro motivo o extraditando estiver preso. (STF, Ext. n. 870/Itália, Pleno, rel. Min. Joaquim Barbosa, j. 27.05.2004, *DJ* 19.11.2004, *RTJ* 192/424)

Extradição requerida pela República Argentina. Delitos qualificados pelo Estado requerente como de lesa-humanidade. Prescrição da pretensão punitiva sob a perspectiva da lei penal brasileira. Não atendimento ao requisito da dupla punibilidade (art. 77, VI, da Lei n. 6.815/80 e art. III, *c*, do Tratado de Extradição). Indeferimento do pedido. 1. Conforme pacífica jurisprudência do Supremo Tribunal Federal, "a satisfação da exigência concernente à dupla punibilidade constitui requisito essencial ao deferimento do pedido extradicional" (Ext n. 683, rel(a). Min. Celso de Mello, Tribunal Pleno, *DJe* 21.11.2008). Nessa linha, tanto o Estatuto do Estrangeiro (art. 77, VI), quanto o próprio tratado de extradição firmado entre o Brasil e o Estado requerente (art. III, *c*), vedam categoricamente a extradição quando extinta a punibilidade pela prescrição, à luz do ordenamento jurídico brasileiro ou do Estado requerente. 2. O Estado requerente imputa ao extraditando a prática de delito equivalente ao de associação criminosa (art. 288 do Código Penal), durante os anos de 1973 a 1975, e, no ano de 1974, de crimes equivalentes aos de sequestro qualificado (art. 148, § 2º, do Código Penal) e de homicídio qualificado (art. 121, § 2º, do Código Penal). Evidentemente, todos esses delitos encontram-se prescritos, porquanto, desde sua consumação, transcorreu tempo muito superior ao prazo prescricional máximo previsto no Código Penal, equivalente a 20 (vinte) anos (art. 109, I). Não consta dos autos, ademais, que se tenha configurado qualquer das causas interruptivas da prescrição. 3. A circunstância de o Estado requerente ter qualificado os delitos imputados ao extraditando como de lesa-humanidade não afasta a sua prescrição, porquanto (a) o Brasil não subscreveu a Convenção sobre a Imprescritibilidade dos Crimes de Guerra e dos Crimes contra a Humanidade, nem aderiu a ela; e (b) apenas lei interna pode dispor sobre prescritibilidade ou imprescritibilidade da pretensão estatal de punir (cf. ADPF n. 153, rel(a). Min. Eros Grau, voto do Min. Celso de Mello, Tribunal Pleno, *DJe* 06.08.2010). 4. O indeferimento da extradição com base nesses fundamentos não ofende o art. 27 da Convenção de Viena sobre o Direito dos Tratados (Decreto n. 7.030/2009), uma vez que não se trata, no presente caso, de invocação de limitações de direito interno para justificar o inadimplemento do tratado de extradição firmado entre o Brasil e a Argentina, mas sim de simples incidência de limitação veiculada pelo próprio tratado, o qual veda a concessão da extradição "quando a ação ou a pena já estiver prescrita, segundo as leis do Estado requerente ou requerido" (art. III, *c*). 5. Pedido de extradição indeferido. (STF, Ext. n. 1.362/Argentina, Plenário, rel. Min. Edson Fachin, redator do acórdão Min. Teori Zavascki, j. 09.11.2016)

Prescrição de infração disciplinar. Execução penal

Recurso ordinário em *habeas corpus*. Penal. Constitucional. Recurso ordinário em *habeas corpus*. Questões nao analisadas pelo tribunal *a quo*. Dupla supressão de instância. Prescrição de infração disciplinar de natureza grave. Não ocorrência. Recurso desprovido. I – As alegações constantes neste recurso ordinário em *habeas corpus* não foram objeto de apreciação pelo Superior Tribunal de Justiça e pelo Tribunal de Justiça local, circunstância que impede o exame da matéria por esta Suprema Corte, sob pena de incorrer-se em indevida dupla supressão de instância, com evidente extravasamento dos limites de competência descritos no art. 102 da Constituição Federal. Precedentes. II – Impossibilidade do reconhecimento da prescrição da falta grave praticada em 06.12.2008, já que a decisão que reconheceu o cometimento da infração foi proferida em 22.12.2008. Utilização, por analogia, do prazo prescricional de 2 anos do Código Penal (art. 109, VI, na redação anterior à edição da Lei n. 12.234/2010). Precedentes. III – Recurso a que se nega provimento. (STF, RHC n. 136.311/RJ, 2ª T., rel. Min. Ricardo Lewandowski, j. 07.02.2017)

Agravo regimental nos embargos de declaração no recurso especial. Penal e processual penal. Alegada prescrição do cometimento da falta grave. Arguição não apresentada nas contrarrazões do recurso especial e não apreciada pelo tribunal de origem. Matéria de ordem pública, em matéria penal. Apreciação em qualquer grau. Inteligência do art. 61 do Código de Processo Penal. Precedentes. Termo inicial e final do prazo prescricional. Precedentes. Agravo regimental improvido. I – Nos termos do art. 61 do Código de Processo Penal, a arguição de prescrição, em matéria penal, pode ser conhecida em qualquer grau de jurisdição, inclusive de ofício. II – O entendimento das Turmas que compõem a 3ª Seção desta Corte Superior é no sentido de que, na apuração das faltas disciplinares previstas na Lei de Execuções Penais (Lei n. 7.210/84), aplica-se, por analogia, o menor prazo previsto no Código Penal, a saber, o prazo de 3 (três) anos, previsto no art. 109, VI, desse diploma legal, na redação dada pela Lei n. 12.234/2010, com vigência a partir de 05.05.2010. E, ainda, quanto aos fatos disciplinares ocorridos antes dessa data, o prazo é de 2 (dois) anos, conforme redação anterior do mencionado inciso. (STJ, Ag. Reg. nos EDcl no REsp n. 1.248.357/MS, 5ª T., rel. Min. Regina Helena Costa, j. 19.11.2013)

Habeas corpus. Sucedâneo recursal. Inadmissibilidade. Constrangimento ilegal não configurado. Execução penal. Prescrição da falta grave. Prazo de 3 anos. Aplicação analógica do art. 109, VI, do CP, com redação dada pela Lei n. 12.234/2010. Lapso temporal não transcorrido. 1. O *habeas corpus* não pode ser utilizado como sucedâneo do meio processual adequado, seja o recurso ou a revisão criminal, salvo em situações excepcionais. Atual entendimento adotado no Supremo Tribunal Federal e no Superior Tribunal de Justiça. 2. A jurisprudência desta Corte Superior de Justiça está consolidada no sentido de que, ante a lacuna da lei, o prazo de prescrição para apuração de falta disciplinar grave, durante a execução, é regulado pelo disposto no inciso VI do art. 109 do Código Penal. No caso dos autos, 3 anos, tendo em vista que a falta grave foi cometida na vigência da Lei n. 12.234/2010. Prescrição não operada. 3. *Habeas corpus* não conhecido. (STJ, *HC* n. 265.149/MG, 6ª T., rel. Min. Sebastião Reis Júnior, j. 16.04.2013)

É consabido que a prescrição da falta grave deve ser regulada pelo menor prazo previsto no art. 109 do CP. Todavia, apesar de o prazo fixado nessa norma ser atualmente de três anos, esse prazo era de dois anos à época dos fatos [faltas disciplinares praticadas antes da vigência da Lei n. 12.234/2010]. Sucede que, da própria impetração, vê-se que transcorrido pouco mais de um ano, o que afasta perquirir a prescrição. Precedentes citados: *HC* n. 85.947/SP, *DJe* 14.12.2009; *HC* n. 152.806/RS, *DJe* 12.04.2010; *HC* n. 138.954/SP, *DJe* 22.02.2010; e *HC* n. 153.860/SP, *DJe* 08.11.2010. (STJ, *HC* n. 111.650/RS, 6ª T., rel. Min. Og Fernandes, j. 28.06.2011, *Informativo STJ* n. 479)

Nota: Há corrente jurisprudencial inovadora, no sentido de que, após o advento da Lei n. 12.234/2010, o prazo prescricional de falta disciplinar continua sendo de dois anos e deve ser regulado pelo art. 114, I, do CP, por analogia, visto ser este, atualmente, o menor prazo prescricional previsto, genericamente, no Código Penal.

Neste sentido: TJSP, Ag. de Exec. Penal n. 7005139-90.2018.8.26.0482, 8ª Câm. de Direito Criminal, rel. Des. Roberto Porto, j. 29.11.2018; Ag. de Exec. Penal n. 7005613-61.2018.8.26.0482, 16ª Câm. de Direito Criminal, rel. Des. Leme Garcia, j. 29.10.2018; Ag. de Exec. Penal n. 7004089-29.2018.8.26.0482, 8ª Câm. de Direito Criminal, rel. Des. Sérgio Ribas, j. 11.10.2018.

Prescrição. Reconhecimento prejudica análise do mérito. Pendência de recurso buscando atipicidade

O tribunal *a quo*, na ocasião do julgamento da apelação, declarou extinta a punibilidade do primeiro recorrente, pela ocorrência da prescrição da pretensão punitiva estatal. No Superior Tribunal de Justiça, quando do julgamento do Recurso Especial, o segundo recorrente também veio a ser beneficiado com o instituto da prescrição. Questionou-se, então, se a Turma julgadora, diante do reconhecimento da extinção da punibilidade dos recorrentes, poderia conhecer do apelo especial, no qual se alega, entre outros temas, a atipicidade das condutas, e prosseguir no julgamento com o exame da matéria de fundo. Nesse contexto, após a convocação sucessiva de dois Ministros da 5ª Turma para a composição do quórum, a 6ª Turma, por maioria, entendeu que, consumado o lapso prescricional na pendência do julgamento do especial, há que se declarar, preliminarmente, a extinção da punibilidade, ficando prejudicada, em consequência, a análise da matéria objeto de irresignação. Segundo o Relator, mostra-se patente a falta de interesse dos recorrentes em obter a absolvição em razão da atipicidade da conduta, diante dos amplos efeitos produzidos pelo reconhecimento daquele instituto, tal como apregoado pela doutrina e jurisprudência desta Corte. Já os votos vencidos entendiam que, nesses casos em que se busca a absolvição, o reconhecimento da prescrição poderia produzir alguns reflexos na esfera extrapenal (tal como no caso de funcionários públicos sujeitos à decretação da perda do cargo pela Administração), devendo-se, assim, assegurar-lhes o direito de ver o mérito analisado. Precedentes citados do STF: *HC* n. 96.631/RS, *DJe* 20.11.2009; do STJ: Ag. Reg. no Ag. n. 811.515/CE, *DJe* 23.03.2009; RHC n. 17.276/SP, *DJ* 18.02.2008; REsp n. 661.338/RS, *DJ* 14.11.2005; e REsp n. 691.696/PE, *DJ* 27.03.2006. (STJ, REsp n. 908.863/SP, 6ª T., rel. Min. Og Fernandes, j. 08.02.2011, *Informativo STJ* n. 462)

Direito processual penal. Alteração da tipificação quando do recebimento da denúncia. Finalidade de afastar prescrição

Não é possível que o magistrado, ao receber a denúncia, altere a capitulação jurídica dos fatos a fim de justificar a inocorrência de prescrição da pretensão punitiva e, consequentemente, viabilizar o prosseguimento da ação penal. A verificação da existência de justa causa para a ação penal, vale dizer, da possibilidade jurídica do pedido, do interesse de agir e da legitimidade para agir, é feita a partir do que contido na peça inaugural, que não pode ser corrigida ou modificada pelo magistrado quando do seu recebimento. Com efeito, ainda que se trate de mera retificação da capitulação jurídica dos fatos descritos na vestibular, tal procedimento apenas é cabível quando da prolação da sentença, nos termos do art. 383 do CPP (*emendatio libelli*). Quanto ao ponto, é imperioso destacar que, ainda que o acusado se defenda dos fatos narrados na denúncia, e não da definição jurídica a eles dada pelo MP, não se pode admitir que, no ato em que é analisada a própria viabilidade da persecução criminal, o magistrado se manifeste sobre a adequação típica da conduta imputada ao réu, o que, evidentemente, configura indevida antecipação de juízo de valor acerca do mérito da ação penal. Dessa forma, havendo erro na correta tipificação dos fatos descritos pelo órgão ministerial, ou dúvida quanto ao exato enquadramento jurídico a eles dado, cumpre ao magistrado receber a denúncia tal como proposta, para que, no momento em que for prolatar a sentença, proceda às correções necessárias. Ressalte-se que a doutrina e a jurisprudência têm admitido em determinados casos a correção do enquadramento típico logo no ato de recebimento da exordial acusatória, mas somente para beneficiar o réu ou para permitir a correta fixação da competência ou do procedimento a ser adotado. Por outro lado, não se pode admitir que o magistrado, em prejuízo ao réu e sem que exista erro grosseiro por parte do membro do *parquet*, atue de modo a alterar os parâmetros da denúncia formulada, o que configura violação ao princípio dispositivo, desrespeito à titularidade da ação penal e antecipação do julgamento do mérito do processo. Portanto, já transcorrido o lapso prescricional previsto para o crime imputado na denúncia quando do juízo de admissibilidade da acusação, é imperiosa a extinção da punibilidade do agente pela prescrição da pretensão punitiva estatal. Precedentes citados do STF: *HC* n. 89.686/SP, *DJ* 17.08.2007; do STJ: *HC* n. 103.763/MG, *DJe* 16.03.2009. (STJ, RHC n. 27.628/GO, 5ª T., rel. Min. Jorge Mussi, j. 13.11.2012, *Informativo STJ* n. 509)

Prescrição virtual. Inadmissibilidade. Inércia da acusação em aditamento. Pena máxima concreta definida após recebimento da denúncia. Reconhecimento da prescrição

Embargos de declaração em embargos de declaração em inquérito. Recebimento da denúncia pelo STF. Ausência de obscuridade, omissão ou contradição no acórdão embargado. Superveniência da incidência da causa de redução obrigatória da prescrição. Prescrição retroativa antecipada, considerada a pena máxima prevista abstratamente. Inércia do órgão acusatório quanto a eventual aditamento da denúncia. Embargos rejeitados, mas reconhecida a extinção da punibilidade do primeiro denunciado. 1. Não há nenhuma omissão, obscuridade ou contradição no acórdão impugnado. A simples leitura do voto evidencia que foram examinadas e rejeitadas as teses de ausência de individualização de condutas pela denúncia e de eventual erro na ata da sessão de julgamento. 2. A jurisprudência desta Casa de Justiça é firme em rejeitar a possibilidade de reconhecimento da prescrição retroativa antecipada ou prescrição em perspectiva (Questão de Ordem no Recurso Extraordinário n. 602.527, da relatoria do ministro Cezar Peluso). 3. Essa forma de equacionar a problemática da extinção da punibilidade não se confunde com outro entendimento assentado pelo Plenário desta Casa Brasileira de Justiça. Tanto que na Questão de Ordem na Ação Penal n. 379, da relatoria do Ministro Sepúlveda Pertence, por votação unânime, distinguiu-se a hipótese em que a prescrição em perspectiva decorre da consideração da pena máxima abstratamente cominada ao delito. 4. No caso, nem mesmo a imposição de uma pena concreta, no máximo permitido pelo tipo penal (5 anos), manteria a higidez da pretensão estatal punitiva. Sendo certo que em momento algum sinalizou o órgão acusatório pela possibilidade de aditamento à denúncia ou mesmo de nova capitulação jurídica da conduta debitada aos acusados. 5. Embargos de declaração rejeitados, mas reconhecida a extinção da punibilidade do primeiro denunciado pela prescrição, com a consequente baixa dos autos à Justiça Federal de São Paulo para o prosseguimento da ação penal, em relação à segunda denunciada. (STF, Emb. Decl. em Emb. Decl. em Inq. n. 2.584/SP, Pleno, rel. Min. Ayres Britto, j. 01.03.2012)

Prescrição do crime pressuposto ou antecedente. Caracterização do crime acessório não prejudicada

Habeas corpus. Lavagem de capitais (art. 1º, § 4º, da Lei n. 9.613/98). Paciente acusado também pelos crimes antecedentes, praticados contra o sistema financeiro nacional. Posterior extinção da punibilidade pela prescrição no que se refere aos referidos delitos. Alegada impossibilidade de se provar que o réu teria auferido recursos provenientes de atividades ilícitas. Autonomia do delito de lavagem de dinheiro. Crimes anteriores imputados a vários corréus. Existência de indícios de que o paciente tinha conhecimento da ilicitude dos valores e bens cuja origem e propriedade foram ocultadas e dissimuladas. Atipicidade da lavagem de dinheiro não caracterizada. Legalidade da manutenção da ação penal. Ordem denegada. (STJ, *HC* n. 207.936/MG, 5ª T., rel. Min. Jorge Mussi, j. 27.03.2012, *Informativo STJ* n. 494)

3. OBSERVAÇÕES

A) A denominada prescrição virtual, antecipada ou em perspectiva, constitui criação doutrinária, segundo a qual pode-se calcular a pena fazendo-se um prognóstico da provável pena concreta que o agente poderá receber caso seja condenado. Percebe-se, portanto, que esse prognóstico não é exato (notadamente diante da possibilidade do aditamento da denúncia no curso do processo), o que poderá acarretar o indevido reconhecimento da extinção da punibilidade pela prescrição.

Tal instituto é admitido, por alguns, por uma questão pragmática, porque muitas vezes, efetivamente, o prognóstico da provável pena que seria aplicada ao agente, caso condenado, mostra-se correto no futuro, quando o juiz sentencia o processo. Todavia, por falta de previsão legal, o STF e o STJ (Súmula n. 438) censuram a adoção da prescrição virtual.

B) A Lei n. 12.654/2012, que altera a Lei da Identificação Criminal (Lei n. 12.037/2009), viabiliza a identificação genética do agente com a coleta de material biológico para a obtenção do perfil genético, a ser armazenado em banco de dados de perfis genéticos, gerenciado por unidade oficial de perícia criminal. De acordo com o art. 7º-A da Lei n. 12.037/2009, a exclusão dos perfis genéticos dos bancos de dados ocorrerá no término do prazo estabelecido em lei para a prescrição do delito.

C) A Resolução n. 112/2010 do CNJ (*DJe*/CNJ n. 62/2010, de 08.04.2010, p. 6-7) – institui mecanismo para controle dos prazos de prescrição nos tribunais e juízos dotados de competência criminal com algumas determinações. Na primeira oportunidade em que receberem os autos de processos criminais, os tribunais e juízos dotados de competência criminal farão constar dos autos ou de sistema informatizado o registro das seguintes informações para o controle do prazo de prescrição: I – a data do fato; II – a classificação penal dos fatos contida na denúncia; III – a pena privativa de liberdade cominada ao crime; IV – a idade do acusado; V – a pena aplicada para cada crime, em cada grau de jurisdição, se for o caso; VI – as datas de ocorrência das causas de interrupção da prescrição previstas no art. 117 do CP; VII – as datas de prescrição para cada delito, considerando-se a pena cominada ou a pena aplicada, observado o disposto no art. 115 do CP.

O sistema informatizado deverá conter dados estatísticos sobre a ocorrência do fenômeno da prescrição, que ficarão disponíveis no sítio dos tribunais e do Conselho Nacional de Justiça na rede mundial de computadores. Os tribunais poderão expedir regulamentos suplementares para controle dos prazos de prescrição e levantamento dos dados estatísticos, tendo em vista as peculiaridades locais.

D) De acordo com o art. 130 do CPM, "é imprescritível a execução das penas acessórias".

E) A prescrição do crime pressuposto ou antecedente, ou que caracteriza elemento constitutivo ou circunstância agravante de outro, não se estende a este. Nos crimes conexos, a prescrição de um deles não impede, quanto aos outros, a agravação da pena resultante da conexão. É a regra contida no art. 108 do CP.

Prescrição depois de transitar em julgado sentença final condenatória

Art. 110. A prescrição depois de transitar em julgado a sentença condenatória regula-se pela pena aplicada e verifica-se nos prazos fixados no artigo anterior, os quais se aumentam de um terço, se o condenado é reincidente.

§ 1º A prescrição, depois da sentença condenatória com trânsito em julgado para a acusação ou depois de improvido seu recurso, regula-se pela pena aplicada, não podendo, em nenhuma hipótese, ter por termo inicial data anterior à da denúncia ou queixa.

Parágrafo com redação dada pela Lei n. 12.234, de 05.05.2010.

§ 2º *(Revogado pela Lei n. 12.234, de 05.05.2010.)*

1. COMENTÁRIO

O art. 110, *caput*, cuida da prescrição da pretensão executória, ou seja, aquela que se verifica após o trânsito em julgado da condenação, bascada na pena concreta imposta ao agente. O prazo dessa prescrição será acrescido em um terço quando o condenado for reincidente antecedente, ou seja, assim reconhecido expressamente na sentença penal condenatória. Nesse caso, os prazos estabelecidos na tabela do art. 109, *caput*, são aumentados em um terço.

O termo inicial da prescrição da pretensão executória é determinado pelo art. 112 do CP.

De outro lado, o § 1º do art. 110 admite outras duas espécies de prescrição que devem ser calculadas com fundamento na pena concreta imposta na sentença: a prescrição da pretensão punitiva retroativa e a prescrição da pretensão punitiva superveniente (ou intercorrente ou posterior). Ambas levam em consideração a denominada pena justa, agora imposta em sentença condenatória, diante do caso concreto, razão pela qual deve ser tomada como base do cálculo prescricional.

Ambas são calculadas a partir da publicação da sentença penal condenatória recorrível. A diferença é que na prescrição retroativa, o cálculo é feito para trás, ou seja, da sentença condenatória recorrível até a data (do recebimento) da denúncia ou queixa, considerados os marcos interruptivos de prescrição. É o que chamamos prescrição retroativa limitada. Nos crimes praticados até a vigência da Lei n. 12.234/2010, a prescrição retroativa poderá ser calculada até a data do fato, conforme dispunha a antiga redação do art. 110, § 2º, ora revogado. É o que chamamos prescrição retroativa plena.

Já na prescrição superveniente, o cálculo é feito para frente, ou seja, da sentença condenatória recorrível até seu trânsito em julgado para todas as partes, salientando-se que nada interrompe esta prescrição até então.

Todavia, para reconhecimento e declaração, seja da prescrição retroativa, seja da superveniente, exige-se o trânsito em julgado da sentença condenatória para acusação ou improvimento de seu recurso. Isso justifica-se em decorrência da proibição da *reformatio in pejus* na análise do recurso da defesa. Portanto, quando houver recurso da acusação e da defesa, caso o primeiro seja improvido, antes da análise do mérito do último, cabe ao tribunal *ad quem* fazer a análise de prescrição retroativa e superveniente, haja vista que a pena máxima concreta possível de ser imposta já está definida. Somente quando afastada a hipótese de prescrição retroativa ou superveniente, o tribunal *ad quem* deverá analisar o mérito do recurso da defesa.

Igualmente, se o recurso da acusação, apesar de interposto, não discutir a quantidade de pena imposta, será possível calcular a prescrição retroativa ou a superveniente. O argumento é o mesmo, ou seja, a proibição da *reformatio in pejus* na análise do recurso que não impugnou a pena.

De acordo com a Súmula n. 220 do STJ, o aumento de um terço do prazo prescricional não incide na prescrição retroativa ou superveniente por serem espécies de prescrição da pretensão punitiva.

2. JURISPRUDÊNCIA

2.1. Súmulas

Súmula n. 146, STF: "A prescrição da ação penal regula-se pela pena concretizada na sentença, quando não há recurso da acusação".

Súmula n. 604, STF: "A prescrição pela pena em concreto é somente da pretensão executória da pena privativa de liberdade".

Súmula n. 220, STJ: "A reincidência não influi no prazo da prescrição da pretensão punitiva".

Súmula n. 186, extinto TFR: "A prescrição de que trata o art. 110, § 1º, do CP é da pretensão punitiva".

2.2. Julgados

Prescrição da pretensão punitiva. Prescrição retroativa. Pena concreta

[...] V – Prescrição pela pena concretizada: declaração, de ofício, da prescrição da pretensão punitiva do fato quanto ao delito de frustração de direito assegurado por lei trabalhista (CP, arts. 203; 107, IV; 109, VI; 110, § 2º e 114, II; e Súmula n. 497 do Supremo Tribunal). (STF, RE n. 418.416/SC, Pleno, rel. Min. Sepúlveda Pertence, j. 10.05.2006)

Prescrição da pretensão executória. Reincidência antecedente. Aumento de um terço

[...] 3. A jurisprudência deste STF entende que, em havendo trânsito em julgado de sentença condenatória, é razoável o aumento da pena em um terço. [...] (STF, *HC* n. 89.695/SP, Pleno, rel. Min. Gilmar Mendes, j. 19.12.2006)

Reincidência antecedente. Aumento de um terço. Não incide na prescrição da pretensão punitiva. Súmula n. 220 do STJ

Ação penal. Condenação. Prescrição da pretensão punitiva. Eficácia retroativa. Consumação. Transcurso de dois anos entre o recebimento da denúncia e a sentença condenatória. Pena de três meses de detenção. Reincidência. Acréscimo de 1/3. Inadmissibilidade. Hipótese que não é de pretensão executória. *HC* concedido. Precedentes. Inteligência do art. 110, *caput* e §§ 1º e 2º, do CP. O acréscimo de que cuida o art. 110, *caput*, do CP, não se aplica a prescrição da pretensão punitiva, mas apenas da executória. (STF, *HC* n. 87.716/SP, 1ª T., rel. Min. Cezar Peluso, j. 09.05.2006)

3. OBSERVAÇÕES

A Súmula n. 604 do STF, que tinha entre seus precedentes o RE n. 100.227-1/SP (STF, 2ª T., rel. Min. Moreira Alves, *DJ* 12.08.1983), está superada.

Já com a Reforma Penal decorrente da Lei n. 7.209/84 (Nova Parte Geral) e a nova redação aos §§ 1º e 2º do art. 110 do CP, a prescrição retroativa e a intercorrente – que são espécies de prescrição da pretensão punitiva – também levam em consideração a pena concreta (imposta em sentença recorrível), ao lado da prescrição da pretensão executória.

Termo inicial da prescrição antes de transitar em julgado a sentença final

Art. 111. A prescrição, antes de transitar em julgado a sentença final, começa a correr:

I – do dia em que o crime se consumou;

II – no caso de tentativa, do dia em que cessou a atividade criminosa;

III – nos crimes permanentes, do dia em que cessou a permanência;

IV – nos de bigamia e nos de falsificação ou alteração de assentamento do registro civil, da data em que o fato se tornou conhecido;

V – nos crimes contra a dignidade sexual ou que envolvam violência contra a criança e o adolescente, previstos neste Código ou em legislação especial, da data em que a vítima completar 18 (dezoito) anos, salvo se a esse tempo já houver sido proposta a ação penal.

Inciso acrescentado pela Lei n. 12.650, de 17.05.2012, e com redação dada pela Lei n. 14.344, de 24.05.2022.

---

1. COMENTÁRIO

O art. 111 do CP define o termo inicial da prescrição da pretensão punitiva apenas. O início da prescrição da pretensão executória é definido no art. 112 do CP. A regra estabelece que a prescrição da pretensão punitiva terá início a partir da consumação da infração penal (art. 111, I). Portanto, neste aspecto, o CP adotou a teoria do resultado.

Ocorre, porém, que não é sempre assim. Algumas situações estabelecem outro marco inicial para o curso do prazo prescricional. Assim, no caso da tentativa, o termo inicial de prescrição verifica-se a partir do dia em que cessa a execução do crime (art. 111, II, CP); no crime permanente, quando cessa a permanência (art. 111, III, CP); nos crimes clandestinos (assim chamados porque são de difícil descoberta), de bigamia e de falsificação ou alteração de assentamento do registro civil, da data em que o fato se tornou conhecido pela autoridade (art. 111, IV, CP); e, nos crimes contra a dignidade sexual de crianças e adolescentes, previstos neste Código ou em legislação especial, da data em que a vítima completar 18 anos, salvo se a esse tempo já houver sido proposta a ação penal.

Nota: a Lei n. 12.650/2012 estabelece importante alteração em relação à prescrição, qual seja, inclui mais uma exceção à regra geral para o início da fluência do curso prescricional. Trata-se de hipótese casuística, espelhada nos casos da nadadora Joanna Maranhão e da apresentadora Xuxa (Maria da Graça Meneghel), as quais, supostamente, foram vítimas de abusos sexuais há anos, em ações há muito consumadas.

Para evitar que tais situações envolvendo crimes sexuais sejam invariavelmente atingidas pela prescrição, a Lei n. 12.650/2012 (com nova redação dada pela Lei n. 14.344/2022) determina que a contagem da prescrição nos crimes contra a dignidade sexual ou que envolvam violência contra a criança e o adolescente, previstos neste Código ou em legislação especial, somente terá início a partir da data em que a vítima completar 18 anos, salvo se a esse tempo já houver sido proposta a ação penal (art. 111, V, CP).

2. JURISPRUDÊNCIA

2.1. Súmulas

Súmula vinculante n. 24, STF: "Não se tipifica crime material contra a ordem tributária, previsto no art. 1º, I a IV, da Lei n. 8.137/90, antes do lançamento definitivo do tributo".

Súmula n. 711, STF: "A lei penal mais grave aplica-se ao crime continuado ou ao crime permanente, se a sua vigência é anterior à cessação da continuidade ou da permanência".

2.2. Julgados

Prescrição em crime de evasão fiscal. Início da contagem

I. Crime material contra a ordem tributária (Lei n. 8.137/90, art. 1º): lançamento do tributo pendente de decisão definitiva do processo administrativo: falta de justa causa para a ação penal, suspenso, porém, o curso da prescrição enquanto obstada a sua propositura pela falta do lançamento definitivo. 1. Embora não condicionada a denúncia à representação da autoridade fiscal (ADIn-MC n. 1.571), falta justa causa para a ação penal pela prática do crime tipificado no art. 1º da Lei n. 8.137/90 – que é material ou de resultado –, enquanto não haja decisão definitiva do processo administrativo de lançamento, quer se considere o lançamento definitivo uma condição objetiva de punibilidade ou um elemento normativo de tipo. 2. Por outro lado, admitida por lei a extinção da punibilidade do crime pela satisfação do tributo devido, antes do recebimento da denúncia (Lei n. 9.249/95, art. 34), princípios e garantias constitucionais eminentes não permitem que, pela antecipada propositura da ação penal, se subtraia do cidadão os meios que a lei mesma lhe propicia para questionar, perante o Fisco, a exatidão do lançamento provisório, ao qual se devesse submeter para fugir ao estigma e às agruras de toda sorte do processo criminal. 3. No entanto, enquanto dure, por iniciativa do contribuinte, o processo administrativo suspende o curso da prescrição da ação penal por crime contra a ordem tributária que dependa do lançamento definitivo. (STF, *HC* n. 81.611/DF, rel. Min. Sepúlveda Pertence, j. 10.12.2003, *DJ*. 13.05.2005, *Informativo STF* n. 333)

Nota: esta conclusão deu origem e decorre do teor da Súmula vinculante n. 24.

Agravo regimental no *habeas corpus*. Crime contra a ordem tributária. Prescrição. Não ocorrência. [...] 3. Sendo a constituição definitiva do crédito tributário elemento normativo do tipo penal (Súmula vinculante n. 24/STF), a fluência do prazo prescricional somente tem início com o encerramento do procedimento administrativo-fiscal e o lançamento definitivo, em obediência ao que prevê o art. 111, I, do Código Penal, o qual condiciona o termo inicial da prescrição à consumação do delito. (Ag. Reg. no Ag. Int. no AREsp n. 907.801/SP, 6ª T., rel. Min. Nefi Cordeiro, j. 03.05.2018, *DJe* 15.05.2018) 4. Fazendo-se a contagem da prescrição retroativa da data da constituição do crédito tributário, dia 06.07.2012, até o dia do recebimento da denúncia, em 04.03.2016, o período é inferior a 4 anos (art. 109, V, CP, considerando a pena aplicada de 2 anos), não havendo que falar em extinção da punibilidade pela prescrição. 5. Agravo regimental não conhecido. (STJ, Ag. Reg. no *HC* n. 454.880/SP, 5ª T., rel. Min. Reynaldo Soares da Fonseca, j. 14.08.2018)

Estelionato previdenciário. Natureza jurídica. Prescrição

A Seção, por maioria, fixou o entendimento de que é crime permanente o estelionato praticado contra a Previdência Social. Portanto, inicia-se a contagem do prazo prescricional no momento em que cessa o pagamento indevido do benefício, e não quando recebida a primeira parcela da prestação previdenciária, ou seja, a conduta delituosa é reiterada com cada pagamento efetuado, pois gera nova lesão à Previdência. Assim, não é necessário que o meio fraudulento empregado seja renovado a cada mês para verificar a permanência do delito. Ademais, nos crimes instantâneos de efeitos permanentes, o agente não possui o poder de cessar os efeitos da sua conduta; já nos crimes permanentes, pode interromper a fraude a qualquer momento. Precedentes citados do STF: RHC n. 105.761/PA, *DJe* 01.02.2011; *HC* n. 102.774/RS, *DJe* 07.02.2011; do STJ: *HC* n. 139.737/ES, *DJe* 06.12.2010. (STJ, REsp n. 1.206.105/RJ, 3ª S., rel. Min. Gilson Dipp, j. 27.06.2012, *Informativo STJ* n. 500)

3. OBSERVAÇÕES

A) Nos crimes falimentares, previstos na Lei n. 11.101/2005, arts. 168 a 178 (Lei de Falências e Recuperação Judicial), a prescrição somente começará a "correr do dia da decretação da falência, da concessão da recuperação judicial ou da homologação do plano de recuperação extrajudicial" (art. 182, Lei n. 11.101/2005).

B) Nos crimes materiais contra a ordem tributária, de acordo com o STF, a prescrição somente terá início a partir do lançamento definitivo do tributo na dívida ativa. Isso verifica-se em decorrência de questão prejudicial que afeta a própria tipificação do crime, qual seja, o término da ação fiscal.

Termo inicial da prescrição após a sentença condenatória irrecorrível

Art. 112. No caso do art. 110 deste Código, a prescrição começa a correr:

I – do dia em que transita em julgado a sentença condenatória, para a acusação, ou a que revoga a suspensão condicional da pena ou o livramento condicional;

II – do dia em que se interrompe a execução, salvo quando o tempo da interrupção deva computar-se na pena.

1. COMENTÁRIO

O art. 112 do CP define o termo inicial da prescrição da pretensão executória apenas. O início da prescrição da pretensão punitiva é definido no art. 111 do CP. A regra estabelece que a prescrição da pretensão executória terá início a partir do dia em que transita em julgado a sentença condenatória para a acusação (art. 112, I, 1ª parte). Desta forma, ainda que sem este trânsito em julgado definitivo da sentença condenatória não possa a prescrição da pretensão executória ser reconhecida e declarada, certo está que seu prazo já estará fluindo desde o trânsito em julgado para acusação.

Da mesma maneira, haverá um período durante o qual, simultaneamente, estarão fluindo a prescrição da pretensão punitiva superveniente e a prescrição da pretensão executória. Todavia, verificado o trânsito em julgado para todas as partes, somente continuará a fluência da última, até que se verifique sua ocorrência ou causa de interrupção.

De outro lado, o art. 112 prevê outras hipóteses para o início da prescrição da pretensão executória, quais sejam: 1) o trânsito em julgado da decisão que revoga a suspensão condicional da pena ou o livramento condicional (art. 112, I, parte final); e 2) o dia em que se interrompe a execução (p. ex., evasão), salvo quando o tempo da interrupção deva computar-se na pena (p. ex., insanidade mental que enseje medida de segurança substitutiva).

2. JURISPRUDÊNCIA

2. Julgados

Prescrição executória. Termo inicial. Trânsito em julgado para a acusação

Penal. Processual penal. Crime de trânsito. Sentença condenatória transitada em julgado. Cumprimento da pena não iniciado e ausência de novos marcos interruptivos. Prescrição da pretensão executória da pena. Extinção da punibilidade. 1. A prescrição regula-se pela pena aplicada depois de proferida a sentença condenatória, sendo que, cuidando-se de execução da pena, o lapso prescricional flui do dia em que transita em julgado para a acusação, conforme previsto no art. 112, c/c o art. 110 do CP. 2. *In casu*, o agente foi condenado à pena de sete meses de detenção; e, decorridos mais de dois anos do trânsito em julgado da sentença para a acusação e defesa, não se deu início à execução da pena nem se apontou a existência de causa interruptiva da prescrição executória da pena. Extinção da punibilidade em virtude da superveniente prescrição da pretensão executória do Estado, nos termos do art. 112, I, do CP. 3. Ordem de *habeas corpus* concedida. (STF, *HC* n. 110.133, 1ª T., rel. Min. Luiz Fux, j. 03.04.2012)

Constitucional. Penal. Extinção da punibilidade. Termo inicial para a contagem da prescrição na modalidade executória. Trânsito em julgado somente para a acusação. Art. 112, I, do CP. Necessidade de harmonização do referido instituto penal com o ordenamento jurídico constitucional vigente, diante dos postulados da estrita legalidade e da presunção de inocência (CF, art. 5º, II e LVII). Questão eminentemente constitucional. Matéria passível de repetição em inúmeros processos, a repercutir na esfera do interesse público. Tema com repercussão geral. (STF, ARE n. 848.107-RG/DF, Pleno, rel. Min. Dias Toffoli, j. 11.12.2014)

Habeas corpus. Penal. Crime de receptação. Prescrição da pretensão executória. Não ocorrência. Ordem de *habeas corpus* denegada. 1. Consoante a jurisprudência deste Superior Tribunal de Justiça, a contagem do prazo necessário à prescrição da pretensão executória começa a fluir a partir da data do trânsito em julgado da sentença condenatória para a Acusação. Inteligência do art. 112, I, c/c o art. 110 do Código Penal. 2. No caso, a sentença condenatória, que aplicou ao Paciente a pena de 1 (um) ano de reclusão, transitou em julgado para a Acusação em 22.06.2016. Dessa forma, desde o referido marco, não transcorreu o prazo prescricional de 4 (quatro) anos, previsto no art. 109, V, do Código Penal. 3. Ordem de *habeas corpus* denegada. (STJ, *HC* n. 470.341/GO, 6ª T., rel. Min. Laurita Vaz, j. 23.10.2018)

Agravo regimental no recurso especial. Direito penal e processual penal. Prescrição da pretensão executória. Termo inicial. Trânsito em julgado para a acusação. Acórdão confirmatório da sentença condenatória. Ausência de interrupção do lapso fatal. Mero comparecimento à audiência admonitória. Não configuração do início do cumprimento da pena. Agravo regimental improvido. 1. Nos termos do art. 112, I, do Código Penal, o termo *a quo* da contagem do prazo da prescrição executória é a data do trânsito em julgado para o órgão acusatório, e não para ambas as partes. 2. A jurisprudência do STJ é pacífica no sentido de que o acórdão confirmatório da condenação não constitui marco interruptivo do lapso prescricional. 3. O mero comparecimento à audiência admonitória não confi-gura início do cumprimento da pena, pelo que não pode ser considerado como marco interruptivo do prazo da prescrição executória. 4. Agravo regimental improvido. (STJ, Ag. Reg. no REsp n. 1.709.794/SP, 6ª T., rel. Min. Antonio Saldanha Palheiro, j. 23.10.2018)

Habeas corpus impetrado em substituição ao recurso previsto no ordenamento jurídico. 1. Não cabimento. Modificação de entendimento jurisprudencial. Restrição do remédio constitucional. Exame excepcional que visa privile-giar a ampla defesa e o devido processo legal. 2. Crime ambiental. Prescrição da pretensão punitiva. Não ocorrência. Lapso de quatro anos não transcorrido entre os marcos interruptivos. 3. Condenação definitiva. Prescrição da pretensão executória. Termo inicial. Trânsito em julgado para a acusação. Expressa previsão legal (art. 112, I, CP). Ilegalidade flagrante verificada. 4. Ordem não conhecida. *Habeas corpus* concedido de ofício. 1. A jurisprudência do STJ, buscando a racionalidade do ordenamento jurídico e a funcionalidade do sistema recursal, vinha se firmando, mais recentemente, no sentido de ser imperiosa a restrição do cabimento do remédio constitucional às hipóteses previstas na CF e no CPP. Nessa linha de evolução hermenêutica, o STF passou a não mais admitir *habeas corpus* que tenha por objetivo substituir o recurso ordinariamente cabível para a espécie. Precedentes. Contudo, devem ser analisadas as questões suscitadas na inicial no intuito de verificar a existência de constrangimento ilegal evidente a ser sanado mediante a concessão de *habeas corpus* de ofício, evitando-se prejuízos à ampla defesa e ao devido processo legal. 2. No caso, não há falar em prescrição da pretensão punitiva, pois entre os marcos interruptivos não transcorreu o lapso de quatro anos exigido pelo art. 109, V, do CP. 3. Nos termos do que dispõe expressamente o art. 112, I, do CP, conquanto seja necessária condenação definitiva para se aferir a prescrição da pretensão executória, o termo inicial da contagem do prazo desta é a data do trânsito em julgado para a acusação. Precedentes do STJ e do STF. 4. Ordem não conhecida. *Habeas corpus* concedido de ofício para determinar que o Juízo da 1ª Vara Federal de Itajaí/SC, responsável pela execução da pena do paciente, realize o cálculo da prescrição da pretensão executória utilizando-se como termo inicial o trânsito em julgado da condenação para a acusação. (STJ, *HC* n. 254.080/SC, 5ª T., rel. Min. Marco Aurélio Belizze, j. 15.10.2013)

Prescrição executória. Ocorrência. Necessário o trânsito em julgado para ambas as partes

Habeas corpus. Art. 10 da Lei n. 9.437/97. Pena restritiva de direitos. Prescrição da pretensão executória. Marco interruptivo. Efetivo início do cumprimento da pena. Termo inicial. Trânsito em julgado para ambas as partes. Ordem denegada. 1. Na linha de precedentes desta Corte, considera-se como início do cumprimento da pena de prestação de serviços à comunidade o dia do efetivo comparecimento do apenado à instituição assistencial designada pelo Juízo das Execuções para o cumprimento da atividade (Precedentes). 2. O simples comparecimento do paciente em cartório para retirada de ofício e cadastramento em Programa de Prestação de Serviços à Comunidade não configura início do cumprimento da condenação, não podendo ser considerado marco interruptivo do prazo prescricional da pretensão executória (Precedentes). 3. O termo inicial da contagem do prazo prescricional da pretensão executória é o trânsito em julgado para ambas as partes, porquanto somente neste momento é que surge o título penal passível de ser executado pelo Estado. Desta forma, não há como se falar em início da prescri-ção a partir do trânsito em julgado para a acusação, tendo em vista a impossibilidade de se dar início à execução da pena, já que ainda não haveria uma condenação definitiva, em respeito ao disposto no art. 5º, LVII, da CF. 4. Na hipótese vertente, a sentença condenatória transitou em julgado para ambas as partes em 08.09.2005 e o paciente iniciou cumprimento da pena em 05.08.2007. Portanto, não ocorreu a alegada causa de extinção da punibilidade pela prescrição da pretensão executória, *ex vi* art. 110, *caput*, c/c art. 109, V, do CP, já que não foi ultrapas-sado o lapso temporal de dois anos entre os marcos interruptivos delineados. 5. Ordem denegada. (STJ, *HC* n. 137.924/SP, 5ª T., rel. Min. Jorge Mussi, j. 25.05.2010)

Habeas corpus. Peculato. Pena corporal substituída por duas restritivas de direitos. Prescrição da pretensão executória. Prazo que somente pode ser contado a partir do momento em que seria possível a efetiva execução das penas restritivas de direitos impostas Termo inicial que deve coincidir com o trânsito final em julgado. Precedentes. Constrangimento ilegal não verificado. Ordem denegada. (TJSP, *HC* n. 2229569-67.2019.8.26.0000, 4ª Câm. de Direito Criminal, rel. Roberto Porto, j. 12.11.2019)

3. OBSERVAÇÕES

Deflui da interpretação do art. 112, I, *in fine*, do CP uma regra implícita em direito penal, muito importante: durante o cumprimento do período de prova da suspensão condicional da pena (*sursis*), iniciado a partir da audiência admonitória prevista no art. 160 da LEP (Lei n. 7.210/84), ou do período de prova do livramento condicional, iniciado a partir da cerimônia do Conselho Penitenciário, prevista no art. 137 da LEP, não corre prescrição de nenhuma espécie.

Prescrição no caso de evasão do condenado ou de revogação do livramento condicional

Art. 113. No caso de evadir-se o condenado ou de revogar-se o livramento condicional, a prescrição é regulada pelo tempo que resta da pena.

1. COMENTÁRIO

Por uma questão de justiça, na hipótese de evasão, o Estado tem um prazo para recapturar o foragido. Assim, a prescrição, nesse caso, é calculada pelo tempo restante da pena.

Da mesma forma, no livramento condicional, leva-se em consideração o tempo restante da pena que delimitou o prazo de duração do período de prova desse benefício. Nesse caso, há mais um detalhe: quando o período de liberdade do egresso deve ser computado como pena cumprida (art. 88, 1ª parte, CP e art. 141, LEP), a prescrição será regulada pelo tempo que resta da pena, com o desconto do período de liberdade, até a data do trânsito em julgado da decisão que revoga o benefício. Todavia, o mesmo não ocorre quando não se computa na pena o tempo em que esteve solto o liberado (art. 88, parte final, CP e art. 142, LEP), quando, então, a prescrição será calculada, normalmente, sobre o prazo total do período de prova (aquilo que o CP denomina "tempo que resta da pena").

2. JURISPRUDÊNCIA

2.1. Julgados

Evasão e prescrição. Tempo restante da pena

Habeas corpus. Absolvição. Reexame de fatos e provas. Não conhecimento. Livramento condicional. Supressão de instância. Não conhecimento. Prescrição da pretensão executória. Não ocorrência. Pena-base. Existência de circunstâncias judiciais avaliadas negativamente. Ordem parcialmente conhecida e, nesta parte, denegada. O pleito de absolvição por falta de provas, assim como o pedido de livramento condicional são incognoscíveis. O primeiro, porque demanda o reexame de fatos e provas; o segundo, porque não apreciado pelo STJ. Embora a prescrição da pretensão executória, em caso de fuga, regule-se pelo tempo que resta a cumprir da pena (CP, arts. 113 e 117, V), o prazo prescricional, no caso, não se operou. Isso porque, segundo a própria inicial, à época da fuga, ainda faltavam mais de quatro anos de pena a cumprir, o que leva o prazo prescricional para doze anos (CP, art. 109, III). Como o tempo em que o paciente esteve foragido foi inferior a esse prazo, não há que se falar em prescrição [...]. (STF, *HC* n. 94.559/SP, 2ª T., rel. Min. Joaquim Barbosa, j. 21.09.2010)

Prescrição. Pretensão executória. Pena restritiva de direitos. Abandono no cumprimento. Pena restante

No caso de abandono pelo sentenciado do cumprimento da pena restritiva de direitos – prestação de serviços à comunidade –, a prescrição da pretensão executória será regulada pelo tempo restante do cumprimento da medida substitutiva imposta. Com base nesse entendimento, a Turma concedeu a ordem para declarar extinta a punibilidade do paciente pela ocorrência da prescrição executória da pena. Ao conferir interpretação extensiva ao art. 113 do CP, decidiu-se que o abandono no cumprimento da pena restritiva de direitos pode ser equiparado às hipóteses de "evasão" e da "revogação do livramento condicional" previstas no referido artigo, uma vez que as situações se assemelham na medida em que há, em todos os casos, sentença condenatória e o cumprimento de parte da pena pelo sentenciado. Precedentes citados: *HC* n. 101.255/SP, *DJe* 07.12.2009; *HC* n. 225.878/SP, *DJe* 25.04.2012. (STJ, *HC* n. 232.764/RS, 6ª T., rel. Min. Maria Thereza de Assis Moura, j. 25.06.2012, *Informativo STJ* n. 500)

Prisão provisória. Cálculo de prescrição. Desconsideração

Habeas corpus. Prisão provisória. Contagem para efeito da prescrição. Impossibilidade. O tempo de prisão provisória não pode ser computado para efeito da prescrição, mas tão somente para o cálculo de liquidação da pena. O art. 113 do CP, por não comportar interpretação extensiva nem analógica, restringe-se aos casos de evasão e de revogação do livramento condicional. Recurso ordinário em *HC* a que se nega provimento. (STF, RHC n. 85.217/SP, rel. Min. Eros Grau, j. 02.08.2005)

Prescrição. Pretensão executória. 1. A prescrição regulada pela pena residual (CP, art. 113) não admite o cômputo do tempo de prisão provisória e só abrange as hipóteses de evasão do condenado ou revogação do livramento condicional. O prazo de prescrição da pretensão executória é o previsto no art. 110, *caput*, do CP, ou seja, calcula-se com base na pena aplicada. A detração (CP, art. 42) é feita quando do cumprimento da pena. Precedente: *HC* n. 69.865, 1ª T., rel. Min. Celso de Mello, v.u., *DJ* 26.11.1993. 2. RHC improvido. (STF, RHC n. 84.177/SP, 2ª T., rel. Min. Ellen Gracie, j. 29.06.2004)

Prescrição da multa

Art. 114. A prescrição da pena de multa ocorrerá:

Caput com redação dada pela Lei n. 9.268, de 01.04.1996.

I – em 2 (dois) anos, quando a multa for a única cominada ou aplicada;

Inciso acrescentado pela Lei n. 9.268, de 01.04.1996.

II – no mesmo prazo estabelecido para prescrição da pena privativa de liberdade, quando a multa for alternativa ou cumulativamente cominada ou cumulativamente aplicada.

Inciso acrescentado pela Lei n. 9.268, de 01.04.1996.

1. COMENTÁRIO

A pena de multa sofreu importante alteração a partir da Lei n. 9.268/96, conforme a nova redação do art. 51 do CP: "transitada em julgado a sentença condenatória, a multa será considerada dívida de valor, aplicando-se-lhe as normas da legislação relativa à dívida ativa da Fazenda Pública, inclusive no que concerne às causas interruptivas e suspensivas da prescrição".

A Lei n. 13.964/2019 amoldou apenas a forma de execução da pena de multa, definindo que será executada perante o juiz da execução, com legitimidade prioritária do Ministério Público (STF, ADI n. 3.150, Pleno, rel. Min. Roberto Barroso, j. 13.12.2018) e, por razões de segurança jurídica e de excepcional interesse social, devem ser modulados temporalmente os efeitos da decisão adotada na ADI n. 3.150, de modo a estabelecer a competência concorrente da Procuradoria da Fazenda Pública quanto às execuções findas ou iniciadas até a data do trânsito em julgado dessa ação direta de inconstitucionalidade (STF, ADI n. 3.150 ED, Pleno, rel. Min. Roberto Barroso, j. 20.04.2020).

Assim, é necessário estabelecer a seguinte divisão:

A) Como regra, a pena de multa prescreve em dois anos. Isto, em se tratando da prescrição da pretensão punitiva, quando a multa for a única cominada (prescrição abstrata) ou aplicada (prescrição intercorrente ou retroativa).

B) De outro lado, a multa prescreve no mesmo prazo estabelecido para prescrição da pena privativa de liberdade, quando a multa for alternativa ou cumulativamente cominada ou cumulativamente aplicada (neste último caso, nas duas hipóteses de prescrição da pretensão punitiva, a retroativa ou a superveniente).

C) Em relação à prescrição da pretensão executória da multa, entendemos que seu prazo continua sendo de dois anos quando isoladamente imposta, ou o mesmo da pena privativa de liberdade cumulativamente imposta, posto que a exceção contida no art. 51 do CP refere-se, exclusivamente, às causas de interrupção e suspensão da legislação tributária, nada mais. Portanto, haveria analogia *in malam partem* ampliar o alcance das regras das leis tributárias também para o prazo prescricional da multa. Nesse mesmo sentido, entre outros: Flávio Augusto Monteiro de Barros (*Direito penal*: Parte Geral, 2011, v. 1, p. 640), Rogério Greco (*Curso de direito penal*, 2009, p. 742) e Guilherme de Souza Nucci (*Manual de direito penal*, 2005, p. 533). Em sentido contrário, segundo o qual a prescrição da pretensão executória da multa obedecerá ao prazo prescricional previsto na legislação fiscal e, portanto, prescreverá em cinco anos (art. 174, CTN – Lei n. 5.172/66), sendo, inclusive, admitida a figura da prescrição intercorrente da pena de multa, nos termos da Súmula n. 314 do STJ (art. 40, § 4º, Lei n. 6.830/80), entre outros: Fernando Capez (*Curso de direito penal*: Parte Geral 1, 2012, p. 643) e Cristiane Dupret (*Manual de direito penal*, 2008, p. 323). Para Damásio de Jesus (*Direito penal*, 2013, p. 793), não há sequer se falar em prescrição da pretensão executória da pena de multa, com base na Lei n. 9.268/96.

2. JURISPRUDÊNCIA

2.1. Súmula

Súmula n. 314, STJ: "Em execução fiscal, não localizados bens penhoráveis, suspende-se o processo por um ano, findo o qual se inicia o prazo da prescrição quinquenal intercorrente".

Redução dos prazos de prescrição

Art. 115. São reduzidos de metade os prazos de prescrição quando o criminoso era, ao tempo do crime, menor de 21 (vinte e um) anos, ou, na data da sentença, maior de 70 (setenta) anos.

1. COMENTÁRIO

O art. 115 do CP cuida da mais importante causa modificadora de prescrição que incide em absolutamente todas as espécies e formas de prescrição (pretensão punitiva, executória, multa, da prevista na antiga Lei de Falência e Concordata etc.), qual seja, a redução de metade do prazo prescricional. Isso ocorrerá em duas hipóteses:

1 – Quando o agente era, ao tempo do crime, menor de 21 anos;

2 – Quando o agente é, na data da sentença, maior de 70 anos.

2. JURISPRUDÊNCIA

2.1. Julgados

Maioridade dos 70 anos. Ação penal de competência originária do STF. Interrupção da prescrição. Data da assentada de julgamento em que foi proferida a condenação

[...] Sustenta, ainda, a ocorrência de prescrição retroativa da pretensão punitiva do Estado, embasado no art. 109, IV, c/c art. 115, daquele diploma penal, e no art. 9º, § 2º, da Lei n. 10.684/2003. Argui que teria completado 70 anos de idade em momento anterior ao início da própria sessão de julgamento que o condenara, assim como da publicação da respectiva decisão. [...] Registrou, também, que determinara: a) retificação da ata da sessão para que passasse a constar, conforme o resultado da decisão colegiada do Supremo, a deliberação de firmar como marco interruptivo da prescrição a data da assentada de julgamento em que proferida a condenação; e b) posterior republicação do acórdão. Anotou que, após a retificação deste, o embargante corroborara, tempestivamente, os termos dos embargos aclaratórios. Pontuou, em seguida, o caráter manifestamente protelatório do recurso, em que se notaria o objetivo, pela simples leitura das razões nele lançadas, de pretensão de reexame de questão já enfrentada e repelida pelo Plenário. Matéria esta alusiva ao fato de o réu não contar mais de 70 anos de idade na precisa data de exame da ação penal, o que teria motivado o afastamento da incidência de causa de redução do prazo prescricional em virtude da senilidade a que se refere o art. 115 do CP. A respeito, enfatizou que o debate explícito sobre a tese fora provocado pela própria intervenção do advogado constituído. Considerou estar-se diante de embargos que buscariam, sob pretexto de vício inexistente, a rediscussão do que já decidido, com propósito de retardar o início do cumprimento das penas aplicadas. Nessa contextura, concluiu inexistir omissão a suprir. [...] (STF, Ação Penal n. 516-ED/DF, voto do rel. Min. Ayres Britto, j. 01.12.2011, *Informativo STF* n. 650)

Menoridade dos 21 anos. Prescrição. Prazo reduzido à metade

Habeas corpus. Prescrição em relação a um dos pacientes. Ocorrência. Alegação de nulidade dos interrogatórios, porque realizados de três a quatro dias após a citação. Não ocorrência. Ordem parcialmente concedida. Um dos pacientes foi condenado em 22.12.2006 a dois anos de reclusão, não tendo a acusação recorrido da sentença. O prazo prescricional, portanto, considerando a pena em concreto, é de quatro anos (CP, arts. 109, V, e 110), o qual deve ser reduzido à metade, uma vez que o réu, à época do crime, tinha menos de 21 anos (CP, art. 115) [...]. (STF, *HC* n. 103.682/RS, 2ª T., rel. Min. Joaquim Barbosa, j. 28.09.2010, *Informativo STF* n. 602)

Maioridade dos 70 anos. Análise na data da sentença

Habeas corpus. [...] 2. Extinção da punibilidade. Prescrição da pretensão punitiva. Contagem do prazo pela metade (art. 115, CP). Impossibilidade. Idade atingida entre a prolação da sentença condenatória e o acórdão que a confirmou. 3. Constrangimento ilegal não caracterizado. 4. Ordem denegada. (STF, *HC* n. 107.398/RJ, 2ª T., rel. Min. Gilmar Mendes, j. 10.05.2011, *Informativo STF* n. 626)

Habeas corpus. Prescrição. Réu que completou 70 anos depois da sentença condenatória. Redução do prazo prescricional. Impossibilidade de aplicação do art. 115 do CP. Ordem denegada. 1. É inadequado confundir as circunstâncias de redução dos prazos prescricionais com as causas interruptivas da prescrição, porquanto se trata de fenômenos distintos e que repercutem de maneira diversa, embora o reconhecimento de um possa influenciar na admissão do outro. 2. Os prazos prescricionais se relacionam com os pilares que sustentam o instituto da prescrição, isto é, com o decurso do tempo, que pode levar ao esquecimento do fato, e a circunstância de que eventual inércia deve ser suportada pelo Estado, mercê de sua atuação basear-se no *ius puniendi*. Já a redução dos prazos prescricionais pela idade avançada do agente orienta-se pelo vetor constitucional da dignidade da pessoa humana, representada pela necessidade de proteção à velhice, a qual merece tratamento especial, à vista dos efeitos deletérios decorrentes da longa duração do processo. 3. Por expressa previsão do art. 115 do CP, são reduzidos pela metade os prazos de prescrição quando o criminoso era, na data da sentença, maior de 70 anos. O termo sentença deve ser compreendido como a primeira decisão condenatória, seja sentença ou acórdão proferido em apelação. Precedentes. 4. Ordem denegada. (STJ, *HC* n. 316.110/SP, 6ª T., rel. Min. Rogerio Schietti Cruz, j. 25.06.2019)

3. OBSERVAÇÕES

A) Quisesse o legislador moralizar o direito penal, a revogação deste artigo estabeleceria um bom começo, haja vista que não há nenhum argumento razoável – em pleno século XXI – para que as duas hipóteses do art. 115 do CP reduzam em metade o prazo prescricional, acarretando injustificada impunidade em diversos processos em que o Estado agiu a contento.

B) No art. 129 do CPM, a regra é sensivelmente diferente: "São reduzidos de metade os prazos da prescrição, quando o criminoso era, ao tempo do crime, menor de 21 (vinte e um) anos ou maior de 70 (setenta)".

Causas impeditivas da prescrição

Art. 116. Antes de passar em julgado a sentença final, a prescrição não corre:

I – enquanto não resolvida, em outro processo, questão de que dependa o reconhecimento da existência do crime;

II – enquanto o agente cumpre pena no exterior;

Inciso com redação dada pela Lei n. 13.964, de 24.12.2019.

III – na pendência de embargos de declaração ou de recursos aos Tribunais Superiores, quando inadmissíveis; e

Inciso acrescentado pela Lei n. 13.964, de 24.12.2019.

IV – enquanto não cumprido ou não rescindido o acordo de não persecução penal.

Inciso acrescentado pela Lei n. 13.964, de 24.12.2019.

Parágrafo único. Depois de passada em julgado a sentença condenatória, a prescrição não corre durante o tempo em que o condenado está preso por outro motivo.

---

1. COMENTÁRIO

Causa de suspensão da prescrição consiste em obstáculo que se verifica quando a prescrição está em curso e paralisa seu fluxo enquanto está presente, o qual é retomado exatamente de onde parou quando aquele deixa de existir. Suspensão não se confunde com impedimento. No impedimento, verifica-se um obstáculo antes mesmo de o fluxo da prescrição ter início.

O art. 116 estabelece quatro incisos com situações suspensivas de prescrição quando já iniciada a contagem da prescrição. No entanto, dependendo do momento em que se verificam, quando estiverem presentes antes mesmo de a fluência da prescrição ter início, terão natureza jurídica de causas impeditivas de prescrição. Trata-se de rol taxativo, que não admite analogia, posto que haveria analogia *in malam partem*.

A primeira situação consiste na questão prejudicial ao reconhecimento da existência do crime, ou seja, aquela imprescindível na análise de sua própria tipificação. É o que, a exemplo, acontece nos crimes materiais contra a ordem tributária (art. 1º, I a IV, da Lei n. 8.137/90), que somente se tipificam após o lançamento definitivo do tributo e, consequentemente, suspende o curso da prescrição. A segunda hipótese verifica-se quando o agente está cumprindo pena no exterior por fato também tipificado no Brasil como infração penal.

A partir das alterações do denominado "Pacote Anticrime", outros dois incisos foram acrescidos ao art. 116. No inciso III, surgem, em verdade, duas hipóteses distintas, que buscam corrigir distorções causadas pelo sistema recursal, diante da interposição de recursos muitas vezes infundados e meramente protelatórios, visando a prescrição. A primeira delas se verifica na pendência de embargos de declaração, seja qual for a solução que receberem pelo colegiado julgador (não conhecimento, conhecimento com provimento ou sem provimento). Assim, a partir da sua interposição, até a data da sessão do seu julgamento estará suspensa a prescrição; já a segunda consiste em antigo reclamo doutrinário, posto que motivo comum a acarretar muita demora e, ao final, a prescrição, qual seja, a hipótese do recurso especial ou extraordinário não admitido.

Como se sabe, o próprio tribunal *a quo* estabelece um juízo de admissibilidade acerca dos recursos especiais e extraordinários destinados ao Superior Tribunal de Justiça e Supremo Tribunal Federal, respectivamente, os quais, muitas vezes, não são admitidos porque não estão adequados ao modelo constitucional previsto. Porém, dessa decisão de inadmissibilidade surge a possibilidade da interposição de inúmeros recursos derivados, tais como agravo regimental, embargos de declaração em agravo regimental, agravo regimental no agravo regimental, entre outras hipóteses recursais infindáveis que acabam escoando na prescrição e impunidade do condenado por órgão colegiado de outros tribunais ou turmas recursais locais. Assim, com esta inovação legislativa, ocorrerá a suspensão da prescrição a partir da interposição de recurso especial ou extraordinário até a data do trânsito em julgado da condenação para as partes quando o derradeiro recurso derivado for analisado a confirmar o acerto do juízo de inadmissibilidade. Obviamente, se o recurso especial ou extraordinário for admitido pelo tribunal *a quo* e analisado pelo Tribunal Superior competente, ainda que seja improvido, não haverá suspensão da prescrição, posto que essa hipótese não foi abrangida pelo dispositivo.

A outra inovação do "Pacote Anticrime" decorre do *acordo de não persecução penal*, criado no art. 28-A, CPP. Nesse caso, a partir da data da homologação judicial do acordo, ocorrerá a suspensão da prescrição e perdurará enquanto este não for cumprido ou não for desfeito/cancelado. Todavia, caso rescindido o acordo, a partir da data da decisão da rescisão é retomado o andamento do prazo prescricional. Caso cumpridos integralmente os termos do acordo, é extinta a punibilidade do agente, conforme o § 13 do art. 28-A, CPP.

Finalmente, no art. 116, parágrafo único, considera-se causa de suspensão da prescrição executória de outras condenações o fato de o agente estar preso por outro motivo, uma vez que as penas devem ser cumpridas sucessivamente, considerando-se nesta execução, inclusive, a gravidade entre as penas da mesma espécie (art. 76, CP).

2. JURISPRUDÊNCIA

2.1. Súmula

Súmula n. 415, STJ: "O período de suspensão do prazo prescricional é regulado pelo máximo da pena cominada".

2.2. Julgados

Revelia. Art. 366, CPP. Suspensão da prescrição. Prazo indeterminado

I. Controle incidente de inconstitucionalidade: reserva de plenário (CF, art. 97). "Interpretação que restringe a aplicação de uma norma a alguns casos, mantendo-a com relação a outros, não se identifica com a declaração de inconstitucionalidade da norma que é a que se refere o art. 97 da CF" (cf. RE n. 184.093, rel. Moreira Alves, *DJ* 05.09.1997). II. Citação por edital e revelia: suspensão do processo e do curso do prazo prescricional, por tempo indeterminado – CPP, art. 366, com a redação da Lei n. 9.271/96. 1. Conforme assentou o STF, no julgamento da Ext. n. 1.042, 19.12.2006, Pertence, a CF não proíbe a suspensão da prescrição, por prazo indeterminado, na hipótese do art. 366 do CPP. 2. A indeterminação do prazo da suspensão não constitui, a rigor, hipótese de imprescritibilidade: não impede a retomada do curso da prescrição, apenas a condiciona a um evento futuro e incerto, situação substancialmente diversa da imprescritibilidade. 3. Ademais, a CF se limita, no art. 5º, XLII e XLIV, a excluir os crimes que enumera da incidência material das regras da prescrição, sem proibir, em tese, que a legislação ordinária criasse outras hipóteses. 4. Não cabe, nem mesmo sujeitar o período de suspensão de que trata o art. 366 do CPP ao tempo da prescrição em abstrato, pois, "do contrário, o que se teria, nessa hipótese, seria uma causa de interrupção, e não de suspensão". 5. RE provido, para excluir o limite temporal imposto à suspensão do curso da prescrição. (STF, RE n. 460.971/RS, 1ª T., rel. Min. Sepúlveda Pertence, j. 13.02.2007, *Informativo STF* n. 456)

Constitucional. Processual penal. Réu citado por edital. Revelia. Suspensão do processo e do prazo prescricional nos termos do art. 366 do CPP. Controvérsia sobre a existência de limitação temporal. Art. 5º, XLII e XLIV, da CF. Repercussão geral reconhecida. (STF, RE n. 600.851/RG/DF, rel. Min. Ricardo Lewandowski, j. 16.06.2011, *RT* 912/568)

Revelia. Art. 366 do CPP. Suspensão da prescrição. Limitação

Agravo regimental no agravo de instrumento. Penal e processual penal. Art. 366 do CPP. Suspensão do processo e do prazo prescricional. Lapso temporal. Pena máxima. Aplicação do art. 109 do CP. 1. A norma inserta no art. 366 do CPP possui natureza dúplice, não podendo ser cindida. Dessa forma, ao ser suspenso o processo, o mesmo deve ocorrer com o prazo prescricional. 2. Ante o silêncio da norma acerca de qual seria o prazo para a suspensão, a jurisprudência desta Corte tem-se manifestado no sentido de que o parâmetro mais adequado à intenção do legislador é o limite prescricional máximo estabelecido no art. 109 do CP. 3. Agravo regimental desprovido. (STJ, Ag. Reg. no Ag. n. 514.205/RS, 5ª T., rel. Min. Laurita Vaz, j. 01.04.2004, *DJ* 17.05.2004)

Processo penal. *Habeas corpus*. (1) Impetração substitutiva de recurso ordinário. Impropriedade da via eleita. (2) Poluição e desobediência. Suspensão da ação penal. Questão prejudicial. Situação que perdura por período superior ao lapso da prescrição pela pena em abstrato (do crime de desobediência). Súmula n. 415 do STJ. (3) Patente ilegalidade. Concessão de ofício. 1. É imperiosa a necessidade de racionalização do emprego do *habeas corpus*, em prestígio ao âmbito de cognição da garantia constitucional, e, em louvor à lógica do sistema recursal. *In casu*, foi impetrada indevidamente a ordem como substitutiva de recurso ordinário. 2. Tendo sido suspensa a ação penal, em razão de questão prejudicial, nos moldes do art. 116, I, do Código Penal, resta sustado o curso da prescrição. Como a situação já perdura por período superior ao prazo da prescrição pela pena em abstrato, com base na Súmula n. 415/STJ, de rigor é reconhecimento de que o cômputo prescricional foi retomado. Tendo sido suspensa a contagem em 27.03.2008 (deferimento da liminar em suspensão de segurança), reiniciou-se o prazo em 27.03.2010. Assim, ocorreu a prescrição do crime de desobediência (pena máxima de seis meses de detenção), em 26.03.2012. 3. Ordem não conhecida, expedido *habeas corpus* de ofício para, acolhido o parecer ministerial, declarar a extinção da punibilidade, pela prescrição da ação penal, em relação ao crime de desobediência. (STJ, *HC* n. 239.902/SP, 6ª T., rel. Min. Maria Thereza de Assis Moura, j. 05.02.2013)

Penal. Art. 366 do CPP. Inadmissibilidade da cisão de suspensão do processo há de ser aplicada juntamente com a do curso do prazo prescricional. Precedentes do STF e do STJ. Recurso especial que recebeu provimento. (STJ, REsp n. 182.428/DF, 6ª T., rel. Min. Fontes de Alencar, j. 02.12.2003, *DJ* 02.02.2004)

3. OBSERVAÇÕES

A) Há na legislação penal outras, porém raras, hipóteses de suspensão de prescrição, estabelecidas sempre em rol taxativo, já que cuida de matéria prejudicial ao agente e demanda expressa previsão legal, quais sejam:

1 – Durante a sustação de processo contra parlamentares, decorrente de crime praticado após sua diplomação (art. 53, § 5º, CF). Neste caso, a prescrição é suspensa a partir do despacho do ministro relator do STF que, após recebida a denúncia ou queixa-crime, comunica a Casa à qual pertence o deputado ou senador;

2 – Durante a suspensão do processo decorrente da revelia do réu, citado por edital e que não constitui advogado nos autos (art. 366, *caput*, CPP);

3 – Da decisão que manda citar o acusado que estiver no estrangeiro, em local sabido, até o cumprimento da carta rogatória (art. 368, CPP);

4 – Durante a suspensão condicional do processo, após o recebimento da peça acusatória, diante de proposta aceita pelo acusado e seu defensor (art. 89, § 6º, Lei n. 9.099/95);

5 – Durante a permanência do agente que pratica crime contra a ordem tributária, ou afim, em programa de parcelamento de débito fiscal, quando, então, a pretensão punitiva estatal também estará suspensa (art. 15, Lei n. 9.964/2000 – Refis; art. 9º, Lei n. 10.684/2003 – Paes; art. 83, § 3º, Lei n. 9.430/96; art. 68, parágrafo único, Lei n. 11.941/2009 etc.). No acordo de leniência, previsto nos crimes contra a ordem econômica do art. 4º da Lei n. 8.137/90 e afins (art. 87, Lei n. 12.529/2011);

6 – Durante a permanência do agente que pratica crime ambiental contra a flora, previsto nos arts. 38, 39 e 49 da Lei n. 9.605/98, no Programa de Regularização Ambiental – PRA, para regularização de imóvel ou posse rural (art. 60, § 1º, Lei n. 12.651/2012 – Novo Código Florestal), pois caracteriza, nitidamente, causa de suspensão de prescrição e não interrupção (*v.* comentário ao art. 117).

B) Em relação à prescrição da pretensão executória da pena de multa, determina o art. 51 do CP que as causas de suspensão são aquelas previstas na legislação fiscal (art. 2º, § 3º, Lei n. 6.830/80).

Causas interruptivas da prescrição

Art. 117. O curso da prescrição interrompe-se:

I – pelo recebimento da denúncia ou da queixa;

II – pela pronúncia;

III – pela decisão confirmatória da pronúncia;

IV – pela publicação da sentença ou acórdão condenatórios recorríveis;

Inciso com redação dada pela Lei n. 11.596, de 29.11.2007.

V – pelo início ou continuação do cumprimento da pena;

Inciso com redação dada pela Lei n. 9.268, de 01.04.1996.

VI – pela reincidência.

Inciso com redação dada pela Lei n. 9.268, de 01.04.1996.

§ 1º Excetuados os casos dos incisos V e VI deste artigo, a interrupção da prescrição produz efeitos relativamente a todos os autores do crime. Nos crimes conexos, que sejam objeto do mesmo processo, estende-se aos demais a interrupção relativa a qualquer deles.

§ 2º Interrompida a prescrição, salvo a hipótese do inciso V deste artigo, todo o prazo começa a correr, novamente, do dia da interrupção.

---

1. COMENTÁRIO

Causa de interrupção da prescrição consiste em aspecto que se verifica quando a prescrição está em curso e determina a retomada de sua contagem desde o início, a partir do zero. Significa dizer que todo o período anterior é desprezado. É o que se depreende do art. 117, § 2º, do CP. Interrupção não se confunde com suspensão, nem com impedimento, já analisados.

O art. 117 estabelece várias causas interruptivas de prescrição, quando já iniciada a contagem da prescrição. Trata-se de rol taxativo, que não admite analogia, posto que haveria analogia *in malam partem*.

As causas interruptivas previstas nos incisos I a IV incidem apenas na prescrição da pretensão punitiva, e a interrupção produz efeitos relativamente a todos os autores do crime, assim como nos crimes conexos, que sejam objeto do mesmo processo, estende-se aos demais a interrupção relativamente a qualquer deles.

Nessas quatro primeiras hipóteses, a interrupção da prescrição comunica-se aos demais agentes do mesmo crime e aos demais crimes que estiverem em conexão. Assim, como exemplo, a publicação da sentença condenatória recorrível de um agente interrompe a prescrição em relação a todos os autores do crime; da mesma forma, a publicação da sentença condenatória recorrível em relação ao crime de roubo interrompe a prescrição em relação ao crime de tráfico ilícito de entorpecentes que for conexo.

De outro lado, as causas interruptivas previstas nos incisos V e VI incidem apenas na prescrição da pretensão executória e são incomunicáveis, seja em relação aos demais autores do crime, seja em relação aos crimes conexos.

1.1. Causas de interrupção referentes à prescrição da pretensão punitiva

I – recebimento da denúncia ou da queixa; II – pronúncia; – III – decisão confirmatória da pronúncia; IV publicação da sentença ou acórdão condenatórios recorríveis.

1.2. Causas de interrupção referentes à prescrição da pretensão executória

I – início do cumprimento da pena; II – continuação do cumprimento da pena; III – reincidência.

2. JURISPRUDÊNCIA

2.1. Súmulas

Súmula n. 592, STF: "Nos crimes falimentares, aplicam-se as causas interruptivas da prescrição previstas no CP".

Súmula n. 191, STJ: "A pronúncia é causa interruptiva da prescrição, ainda que o Tribunal do Júri venha a desclassificar o crime".

2.2. Julgados

Acórdão confirmatório da condenação como causa de interrupção da prescrição

O Supremo Tribunal Federal, em mais de um precedente – todos recentes –, admite o acórdão confirmatório da condenação como causa de interrupção da prescrição (*v.g.* RE n. 751.394/MG; Ag. Reg. n. 1.054.714/BA, RE n. 696.533/SC). Confira-se, a exemplo, observação feita pelo Ministro Alexandre de Moraes, no *HC* n. 138.088/RJ, de cujo acórdão foi o redator: "Esse entendimento se reforça ainda mais com a constatação de que a Lei n. 11.596/2007 alterou a redação do inciso IV do art. 117 do Código Penal, acrescentando ao termo 'sentença condenatória', como fator de interrupção dessa prescrição, a expressão 'acórdão condenatório'. O propósito da modificação emerge da leitura da Justificação do Projeto de Lei n. 401/2003 (publicação no *Diário do Senado Federal* n. 153, em 24.09.2003), que culminou na edição da Lei n. 11.596/2007: A alteração proposta produz impacto na denominada prescrição intercorrente ou superveniente (art. 110, § 1°, do Código Penal), que ocorre após a prolação da sentença condenatória recorrível. Pretende-se evitar, com efeito, a interposição de recursos meramente protelatórios às instâncias superiores, uma vez que a publicação do acórdão condenatório recorrível, doravante, interromperá o prazo prescricional, zerando-o novamente. Sabemos que, no âmbito do Superior Tribunal de Justiça, tem prevalecido o entendimento de que o acórdão confirmatório da condenação de primeira instância não é causa interruptiva da prescrição, justamente por conta da ausência de expressa previsão legal. A presente proposição, nesse sentido, contribuirá para dirimir os conflitos de interpretação, consolidando a posição mais razoável, de que o acórdão confirmatório da sentença recorrível também interrompe o prazo da prescrição intercorrente. Note-se bem que a interrupção da prescrição dar-se-á pela simples condenação em segundo grau, seja confirmando integralmente a decisão monocrática, seja reduzindo ou aumentando a pena anteriormente imposta. Assim, diminuir-se-ão as possibilidades de ocorrência da prescrição intercorrente pela estratégia de interposição dos Recursos Extraordinário e Especial, posto que a contagem do prazo prescricional será renovada a partir do acórdão condenatório, qualquer que seja a pena fixada pelo tribunal".

Recebimento da denúncia. Juiz incompetente. Prescrição não interrompida

O recebimento da denúncia por magistrado absolutamente incompetente não interrompe a prescrição penal (CP, art. 117, I). Esse o entendimento da 2ª Turma ao denegar *habeas corpus* no qual a defesa alegava a consumação do lapso prescricional intercorrente, que teria acontecido entre o recebimento da denúncia, ainda que por juiz incompetente, e o decreto de condenação do réu. Na espécie, reputou-se que a prescrição em virtude do interregno entre os aludidos marcos interruptivos não teria ocorrido, porquanto apenas o posterior acolhimento da peça acusatória pelo órgão judiciário competente deteria o condão de interrompê-la. (STF, *HC* n. 104.907/PE, 2ª T., rel. Min. Celso de Mello, j. 10.05.2011, *Informativo STF* n. 626)

Interrupção da prescrição. Acórdão condenatório recorrível. Data da sessão pública de julgamento

Prescrição. Pretensão punitiva. Marco interruptivo. Direito penal. Marco interruptivo da prescrição da pretensão punitiva. Para efeito de configuração do marco interruptivo do prazo prescricional a que se refere o art. 117, IV, do CP, considera-se como publicado o "acórdão condenatório recorrível" na data da sessão pública de julgamento, e não na data de sua veiculação no *Diário da Justiça* ou em meio de comunicação congênere. Conforme entendimento do STJ e do STF, a publicação do acórdão nos veículos de comunicação oficial deflagra o prazo recursal, mas não influencia na contagem do prazo da prescrição. Precedentes citados do STJ: Emb. Decl. no REsp n. 962.044/SP, 5ª T., *DJe* 07.11.2011; e Ag. Reg. no Ag. n. 1.325.925/SP, 6ª T., *DJe* 25.10.2010. Precedentes citados do STF: AI-Ag. Reg. n. 539.301/DF, 2ª T., *DJ* 03.02.2006; e *HC* n. 70.180/SP, 1ª T., *DJ* 01.12.2006. (STJ, *HC* n. 233.594/SP, rel. Min. Alderita Ramos de Oliveira, j. 16.04.2013, *Informativo* n. 521)

Interrupção da prescrição. Justiça militar. Crime militar. Publicação da sentença condenatória recorrível em cartório

[...] utilizou-se de analogia ao que ordinariamente sucederia no âmbito do processo penal comum. Aduziu-se ao art. 117, IV, do CP, em que estabelecido como marco interruptivo da prescrição a publicação da sentença ou do acórdão condenatório recorríveis. Em seguida, ressaltou-se o que disposto no art. 390 do CPP ("A sentença será publicada em mão do escrivão, que lavrará nos autos o respectivo termo, registrando-a em livro especialmente destinado a esse fim"). Nesse contexto, asseverou-se que não se confundiria publicação do *decisum* com a sua intimação às partes, feita pela publicação em órgão oficial. Consignou-se que a publicação seria o ato de tornar pública a decisão, e daí em diante, imutável por seu próprio prolator, enquanto a intimação dar-se-ia comumente com a respectiva propagação na imprensa oficial. (STF, *HC* n. 103.686/RJ, 1ª T., rel. Min. Dias Toffoli, j. 07.08.2012, *Informativo STF* n. 674)

Interrupção da prescrição. Publicação da sentença condenatória recorrível em cartório

Recurso especial. Penal e processual penal. Nulidades. Súmulas n. 282 e 356 do STF. Audiência no juízo deprecado. Intimação da defesa. Desnecessidade. Alegada deficiência na defesa. Prejuízo indemonstrado. Súmula n. 523/STF. Reconhecimento da continuidade delitiva. Inexistência de interesse recursal. Ausência de intimação do réu dos termos da sentença condenatória. Súmula n. 284/STF. Marco interruptivo do prazo prescricional. Publicação da sentença em cartório. Recurso parcialmente conhecido e improvido. [...] 9. A jurisprudência desta Corte Federal Superior é firme no sentido de que a interrupção do curso da prescrição se dá, em regra, com a publicação da sentença condenatória em cartório, que em nada se confunde com a intimação das partes, pessoalmente ou por intermédio do órgão de imprensa oficial. 10. Recurso especial improvido. (STJ, REsp n. 453.868/PR, 6ª T., rel. Min. Hamilton Carvalhido, j. 26.05.2004, *DJ* 02.08.2004)

No mesmo sentido: Ag. Reg. nos EDcl no AREsp n. 1.204.462/SP, 6ª T., rel. Min. Maria Thereza de Assis Moura, *DJe* 13.08.2018; e Ag. Reg. no REsp n. 1.680.080/GO, 5ª T., rel. Min. Jorge Mussi, *DJe* 14.11.2017.

Recurso ordinário em *habeas corpus*. Penal. Ameaça. Extinção da punibilidade. Sentença. Termo de recebimento pelo escrivão. Inexistência. Consideração do primeiro ato subsequente como data da publicação. Prescrição da pretensão punitiva consumada entre o recebimento da denúncia e a publicidade da sentença. 1. Esta Corte tem entendimento firmado de que a interrupção da prescrição ocorre na data em que a sentença condenatória é entregue ao escrivão, e não quando a acusação ou a defesa dela tomam ciência, ou mesmo na data de publicação no órgão oficial. 2. Contudo, na omissão da lavratura do termo de recebimento pelo escrivão, previsto no art. 389 do CPP, a sentença deve ser considerada publicada na data da prática do ato subsequente que, de maneira inequívoca, demonstre a publicidade do decreto condenatório. Precedente do STF. 3. No caso, o primeiro ato que demonstrou, de maneira inequívoca, a publicidade da sentença, foi o ciente que o Ministério Público nela após, devendo esta data, portanto, ser considerada como sendo a efetiva publicação. 4. Se imposta ao paciente a pena de seis meses de detenção por sentença transitada em julgado, em razão de delito praticado antes da vigência da Lei n. 12.234/2010, uma vez transcorridos mais de dois anos entre a data do recebimento da denúncia e a publicação da sentença, houve a consumação da prescrição da pretensão punitiva. 5. Recurso ordinário provido. (STJ, RHC n. 28.822/AL, 6ª T., rel. Min. Sebastião Reis Júnior, j. 22.08.2011, *Informativo STJ* n. 481)

Prescrição. Aditamento da denúncia

O aditamento da denúncia (nova capitulação sem descrição de fato novo) não torna nula a primeva exordial acusatória. Assim, mantém-se o recebimento da denúncia como marco da interrupção do prazo prescricional. (STJ, *HC* n. 188.471/ES, 5ª T., rel. Min. Napoleão Nunes Maia Filho, j. 31.05.2011, *Informativo STJ* n. 475)

3. OBSERVAÇÕES

A) A legislação penal especial estabelece outras, porém raras, hipóteses de causas de interrupção da prescrição, estabelecidas sempre em rol taxativo, uma vez que cuida de matéria prejudicial ao agente e demanda expressa previsão legal, tal qual ocorre com as causas de suspensão da prescrição.

A primeira causa de interrupção da prescrição extravagante está prevista no art. 182, parágrafo único, da Lei n. 11.101/2005 (Lei das Falências e Recuperação Judicial): "A decretação da falência do devedor interrompe a prescrição cuja contagem tenha iniciado com a concessão da recuperação judicial ou com a homologação do plano de recuperação extrajudicial".

A segunda, em tese, está prevista no art. 60, § 1º, da Lei n. 12.651/2012 (Código Florestal): "A prescrição ficará interrompida durante o período de suspensão da pretensão punitiva", nos crimes dos arts. 38, 39 e 49 da Lei n. 9.605/98 (Lei dos Crimes Ambientais), quando o agente assinar termo de compromisso para regularização de imóvel ou posse rural perante o órgão ambiental competente diante de um Programa de Regularização Ambiental (PRA).

Neste último caso, é evidente o equívoco do legislador, posto tratar-se de suspensão da prescrição e não de interrupção, como constou do texto legal. A expressão "ficará interrompida" é incompatível com o significado jurídico-penal da interrupção da prescrição. O fluxo de prescrição, quando é interrompido, recomeça imediatamente; porém, quando é suspenso, enquanto presente a causa de suspensão, "ficará suspenso". É o que acontece na inclusão do agente no PRA, diante dos crimes referidos, previstos na Lei Ambiental.

B) Em relação à prescrição da pretensão punitiva da pena de multa, determina o art. 51 do CP que as causas de interrupção são aquelas previstas na legislação fiscal nos arts. 8º, § 2º, da Lei n. 6.830/80 e 174 do CTN (Lei n. 5.172/66).

C) *De lege ferenda*, entre vários projetos de lei que buscam acabar com a divergência de interpretação dos arts. 112 e 117, CP, há um de autoria do Deputado Carlos Sampaio (PL n. 1.043/2015, anexado ao PL n. 2.862/2004, do Deputado Wagner Rubinelli, que busca, exclusivamente, a revogação do art. 115 do Código Penal) que melhora bem a matéria, alterando o Código Penal da seguinte forma (nova redação proposta):

"Art. 1º Os artigos 112 e 117 do Decreto-Lei n. 2.848, de 7 de dezembro de 1940, passam a vigorar com a seguinte redação:

'Art. 112. ....

I – do dia em que transita em julgado a sentença condenatória, para ambas as partes, ou a que revoga a suspensão condicional da pena ou o livramento condicional ...'

'Art. 117. ....

IV – pela publicação da sentença ou acórdão de qualquer natureza; ...'

Art. 2º. Fica revogado o art. 115 do Decreto-Lei n. 2.848, de 7 de dezembro de 1940.

Art. 3º. Esta Lei entra em vigor na data de sua publicação".

Quando o Congresso Nacional aprovar e a Presidência da República sancionar essas três mudanças, teremos uma significativa melhora na punição de criminosos premiados com um sistema anacrônico e com prescrições verificadas em prazos lamentavelmente pequenos.

Art. 118. As penas mais leves prescrevem com as mais graves.

---

1. COMENTÁRIO

Esta regra apenas deve ser aplicada às penas cominadas ao mesmo crime, unicamente, desprezadas outras situações de concurso de crimes, conexão etc. Assim, determina a regra deste artigo que, diante do mesmo crime, as penas mais leves prescrevem com as mais graves. Portanto, quando as regras de prescrição forem as genéricas para todas as penas, as penas de multa e as restritivas de direitos prescrevem juntamente com as privativas de liberdade.

Observe-se, porém, que a cominação ou a fixação das penas deve ser cumulada para que incida a regra, caso contrário (se a cominação for alternada ou isolada, ou a fixação for isolada), devem ser obedecidas as regras próprias para cada pena: 1) "aplicam-se às penas restritivas de direito os mesmos prazos previstos para as privativas de liberdade" (art. 109, parágrafo único); 2) "a prescrição da pena de multa ocorrerá em dois anos, quando a multa for a única cominada ou aplicada" (art. 114, I).

2. JURISPRUDÊNCIA

2.1. Julgados

Pena de inabilitação para o exercício de função pública prevista no DL n. 201/67. Crimes de responsabilidade de prefeitos municipais. Autonomia para fins de cálculo de prescrição

Habeas corpus. Julgamento por tribunal superior. Impugnação. A teor do disposto no art. 102, II, *a*, da CF, contra decisão, proferida em processo revelador de *habeas corpus*, a implicar a não concessão da ordem, cabível é o recurso ordinário. Evolução quanto à admissibilidade do substitutivo do *habeas corpus*. Prescrição. Ocorrência. Concessão da ordem de ofício. Uma vez verificada a prescrição da pretensão punitiva do Estado, presente o crime a desaguar no cerceio da liberdade de ir e vir e na inabilitação para o exercício de cargo ou função pública, impõe-se a concessão da ordem de ofício. (STF, *HC* n. 106.962/SP, 1ª T., rel. Min. Marco Aurélio, j. 20.11.2012, *DJe* 04.12.2012, *Informativo STF* n. 689)

Penal. Recurso especial. Crime de responsabilidade de prefeito. Inabilitação para o exercício de cargo ou função pública. Pena autônoma em relação à pena privativa de liberdade. Prescrição. Prazos distintos. A pena de inabilitação para o exercício de função pública é autônoma em relação à pena privativa de liberdade. Logo, tratando-se de penas de naturezas jurídicas diversas, distintos, também, serão os prazos prescricionais, i.e., não sendo a pena de inabilitação acessória da pena privativa de liberdade, cada uma prescreve a seu tempo (precedentes do STF e do STJ). Recurso parcialmente provido. (STJ, REsp n. 885.452/PR, 5ª T., rel. Min. Felix Fischer, j. 18.12.2007, *DJe* 14.04.2008, *RT* 873/563)

Penal. Art. 1º do DL n. 201/67. Inabilitação para exercício de cargo e função pública. Penal autônoma. Prescrição. Lapso temporal distinto. 1. Condenado o réu como incurso no art. 1º do DL n. 201/67, impõe-se a decretação da perda do cargo e da inabilitação por cinco anos para o exercício de cargo ou função pública. 2. A pena de inabilitação é autônoma em relação à privativa de liberdade e sua prescrição tem lapso temporal distinto. 3. Recurso provido. (STJ, REsp n. 778.664/PR, 6ª T., rel. Min. Paulo Gallotti, j. 24.10.2006, *DJ* 12.11.2007)

No mesmo sentido, do STJ: REsp n. 738.891/PR, 5ª T., rel. Min. Felix Fischer, j. 19.12.2005; REsp n. 784.680/SC, 5ª T., rel. Min. Gilson Dipp, j. 02.05.2006; REsp n. 819.738/SC, 5ª T., rel. Min. Laurita Vaz, j. 12.12.2006; REsp n. 791.354/PR, 5ª T., rel. Min. Felix Fischer, j. 17.08.2006.

Trata-se, ademais, da Tese n. 273 do Setor de Recursos Extraordinários e Especiais do Ministério Público do Estado de São Paulo: "Pena. Inabilitação para o cargo ou exercício de função pública. Prescrição. Autonomia em relação à pena privativa de liberdade. Prazos distintos. A pena de inabilitação para o cargo ou exercício de função pública é autônoma em relação à pena privativa de liberdade, prescrevendo cada uma a seu tempo" (*DJe* 19.09.2007, p. 39).

Pena de suspensão da habilitação ou permissão. Pena restritiva de direitos. Prescrição

Habeas corpus. Penal. Condenação por crime de trânsito. Art. 302 do CTB. Aplicação de pena privativa de liberdade cumulada com a suspensão da habilitação para dirigir veículo automotor. Alegação de prescrição. Inocorrência. Arts. 109, parágrafo único, e 118, ambos do CP. Incidência. Ordem denegada. I – A prescrição da pretensão punitiva após o trânsito em julgado da condenação regula-se pela pena aplicada, nos termos do art. 109 do CP. II – Sendo a suspensão de habilitação para dirigir espécie de pena restritiva de direitos, aplica-se o mesmo prazo de prescrição previsto para as privativas de liberdade, nos termos do parágrafo único do art. 109 do CP. III – Nos termos do art. 118 do CP, penas mais leves prescrevem com as mais graves, desse modo, o cálculo da prescrição para a pena restritiva de direitos será aquele aplicado para a privativa de liberdade. IV – O art. 302 do CTB prevê a aplicação cumulativa da pena privativa de liberdade com a restritiva de direitos, sendo certo que a prescrição para ambas regula-se pela pena privativa de liberdade aplicada. V – Ordem denegada. (STF, *HC* n. 104.234/SP, 1ª T., rel. Min. Ricardo Lewandowski, j. 28.09.2010)

3. OBSERVAÇÕES

Há exceções à incidência do art. 118 do CP. Com a Lei n. 9.268/96, "transitada em julgado a sentença condenatória, a multa será considerada dívida de valor, aplicando-se-lhe as normas da legislação relativa à dívida ativa da Fazenda Pública, inclusive no que concerne às causas interruptivas e suspensivas da prescrição" (art. 51, CP).

Assim, para aqueles que entendem que a prescrição da pretensão executória da multa é a quinquenal prevista na legislação fiscal (Lei n. 6.830/80 e CTN), ainda que seja fixada cumulativamente com pena privativa de liberdade, somente a última obedece aos prazos e causas de interrupção e suspensão do CP, a primeira não.

Da mesma forma, nos crimes praticados por prefeitos, previstos no DL n. 201/67, a pena de inabilitação para o cargo ou exercício de função pública constitui pena autônoma em relação à pena privativa de liberdade e, por essa razão, não tem natureza de pena acessória ou de efeito da condenação, segundo entendimento predominante. Com isso, neste caso também não incidirá a regra do art. 118 do CP.

Art. 119. No caso de concurso de crimes, a extinção da punibilidade incidirá sobre a pena de cada um, isoladamente.

1. COMENTÁRIO

Os arts. 69, 70 e 71 do CP cuidam das três hipóteses de concurso de crimes: material, formal e crime continuado, respectivamente. Em qualquer das situações, determina este artigo regra para o cálculo da prescrição: será sempre isolada e separadamente em relação a cada crime.

Como se percebe, as regras de concurso de crimes foram estabelecidas para a fixação da pena; e, no caso do concurso formal próprio (art. 70, *caput*, 1ª parte), concurso material benéfico (art. 70, parágrafo único) e do crime continuado (art. 71), surgem para, acima de tudo, beneficiar o agente.

Todavia, o cálculo da prescrição deverá considerar a pena (abstrata ou concreta) de cada um dos crimes, isoladamente, como se não houvessem sido praticados em concurso material ou formal, ou em continuidade.

2. JURISPRUDÊNCIA

2.1. Súmula

Súmula n. 497, STF: "Quando se tratar de crime continuado, a prescrição regula-se pela pena imposta na sentença, não se computando o acréscimo decorrente da continuação".

2.2. Julgados

Processo penal. Pedido de reconsideração. Fungibilidade recursal. Recebido como agravo regimental no agravo regimental no agravo em recurso especial. Inovação recursal em agravo regimental. Impossibilidade. Decreto-lei n. 201/67. Coautoria. Possibilidade. Extinção do mandato ou exoneração. Súmula n. 164/STJ. Agravo não provido. Matéria de ordem pública. Prescrição da pretensão punitiva parcialmente reconhecida. Crime continuado. Súmula n. 497/STJ. Art. 119 do Código Penal. Contagem de cada conduta isoladamente. *Habeas corpus* concedido de ofício. [...] 5. A prescrição da pretensão punitiva estatal, como matéria de ordem pública, cognoscível de ofício pelo julgador, deve ser declarada em qualquer momento e grau de jurisdição. 6. No caso, o agravante foi condenado à pena de 2 anos e 4 meses. Como os delitos foram praticados na forma do art. 71 do CP, houve majoração em 1/2 (metade), eis que consideradas 12 (doze) condutas criminosas. Assim, a pena final restou fixada em 3 anos e 7 meses de reclusão. 7. Estabelece a Súmula n. 497/STF: "quando se tratar de crime continuado, a prescrição regula-se pela pena imposta na sentença, não se computando o acréscimo decorrente da continuação". 8. Com efeito, nos termos do art. 119 do Código Penal, "no caso de concurso de crimes, a extinção da punibilidade incidirá sobre a pena de cada um, isoladamente". [...]. (STJ, Ag. Reg. no AREsp n. 693.298/SP, 5ª T., rel. Min. Ribeiro Dantas, j. 24.04.2018)

3. OBSERVAÇÕES

A súmula referida aplica a regra contida no art. 119 do CP, considerada a pena concreta imposta antes da incidência do aumento da continuidade, porque, dessa maneira, está considerando a pena dos crimes separadamente. Conforme ensina Roberval Rocha Ferreira Filho (*STF – Supremo Tribunal Federal – Súmulas.* Organizadas por assunto, anotadas e comentadas, 2009, p. 248): "O STF reconheceu que não é devido acrescentar à pena, para o cálculo do prazo prescricional, o aumento em razão do reconhecimento do crime continuado. A posição da Suprema Corte visa assegurar a observância à intenção do legislador de beneficiar o condenado e não prejudicá-lo pelo reconhecimento da existência de crime continuado. Por conseguinte, o cálculo da prescrição penal deve considerar cada crime decorrente da continuidade delitiva isoladamente, desprezando a pena total para o concurso de delitos constatado, seja pela regra da exasperação das penas (crime continuado e concurso formal, em regra geral) ou pelo cúmulo material das penas (concurso material)".

Perdão judicial

Art. 120. A sentença que conceder perdão judicial não será considerada para efeitos de reincidência.

1. COMENTÁRIO

1.1. Natureza jurídica

O perdão judicial constitui causa de extinção da punibilidade conforme o art. 107, IX, do CP.

1.2. Conceito

Trata-se de clemência do Estado soberano feita pelo Poder Judiciário, nos casos previstos em lei.

Há divergência acerca da natureza jurídica da sentença que concede o perdão judicial: 1) é declaratória e, portanto, não gera nenhum efeito decorrente da condenação; 2) é condenatória, na medida em que não se perdoa quem nada fez. É necessário condenar para, somente depois, perdoar.

Ademais, a razão de ser do art. 120 em questão é, exatamente, afastar a reincidência que decorre de uma sentença condenatória; fosse declaratória esta sentença, não haveria necessidade do disposto neste artigo; 3) é absolutória.

De acordo com a Súmula n. 18 do STJ, a sentença é declaratória.

2. JURISPRUDÊNCIA

2.1. Súmula

Súmula n. 18, STJ: "A sentença concessiva do perdão judicial é declaratória de extinção da punibilidade, não subsistindo qualquer efeito condenatório".

2.2. Julgados

Perdão judicial. Reconhecimento em sede de *habeas corpus*. Impossibilidade. Análise aprofundada da prova

Direito processual penal. *Habeas corpus*. Prisão processual. Excesso de prazo justificado. Parâmetro da razoabilidade. Pressupostos e condições da prisão preventiva. Alegação de delação premiada. Dilação probatória. Incompatibilidade com o *writ*. [...] 6. Na estreita via do *habeas corpus*, não há condições de se valorar os elementos colhidos durante a fase policial, bem como aqueles obtidos durante a instrução processual, somente podendo o juiz da causa aferir a incidência (ou não) da causa de extinção da punibilidade do agente consistente no perdão judicial. 7. Ordem denegada. (STF, *HC* n. 89.847/BA, 2ª T., rel. Min. Ellen Gracie, j. 10.06.2008)

Habeas corpus. Penal. Homicídio culposo na direção de veículo automotor. Pleito de extinção da punibilidade, pelo perdão judicial. Necessidade de reexame do conjunto fático-probatório. Inviabilidade. *Habeas corpus* não conhecido. (STJ, *HC* n. 195.940/MS, 5ª T., rel. Min. Laurita Vaz, j. 16.04.2013)

Apelação criminal: homicídio culposo. Veículo de fabricação artesanal. Violação do dever objetivo de cuidado. Perdão judicial. Não concessão. Apelação. Art. 302 da Lei n. 9.503/97. Condenação. [...] 3. O perdão judicial é medida excepcional, que necessita de comprovação, extreme de dúvidas, de que o réu e a vítima mantinham, além da simples intimidade, ligação afetiva capaz de abalar psicologicamente o autor do fato com tamanha magnitude, que torne desnecessária a sanção penal. No caso, muito embora se reconheça a relação do réu com a vítima, bem como, que o apelante tenha sofrido o impacto do ocorrido, e que o peso da responsabilidade advinda de tal situação tenha lhe causado sofrimento, conforme relato das testemunhas defensivas, não ficou evidenciado, que ele foi atingido de tal forma e com tal intensidade, que a pena venha a configurar aflição desnecessária. [...] Recurso parcialmente provido. (TJRJ, Ap. n. 0000722-63.2015.8.19.0047, 2ª Câm. Crim., rel. Des. Kátia Maria Amaral Jangutta, j. 26.06.2018)

Habeas corpus. Homicídio na direção de veículo automotor. Crime omissivo impróprio culposo. Atipicidade. Não ocorrência. Perdão judicial. Benefício negado de forma fundamentada. Desconstituição da sentença em sede do *writ*. Necessidade de revolvimento probatório. Impossibilidade. Ordem denegada. (STJ, *HC* n. 166.810/SP, 5ª T., rel. Min. Marco Aurélio Bellizze, j. 01.03.2012)

Incabível perdão judicial em receptação dolosa

Habeas corpus. Constitucional. Penal. Receptação. Moeda falsa. Alegação de incompetência da Justiça Federal e pedido de diminuição da pena, concessão de perdão judicial e substituição da pena privativa de liberdade por restritiva de direito. Impossibilidade. 1. Alegação de incompetência da Justiça Federal. Necessidade de reexame dos fatos e das provas dos autos para concluir pela existência, ou não, de conexão entre as condutas do paciente e as do corréu, ao que não se presta o *habeas corpus*. 2. Inexistência de contrariedade ao art. 93, IX, da CR. Julgados proferidos nas instâncias antecedentes suficientemente fundamentados. 3. Paciente condenado à pena de dois anos de reclusão. Impossibilidade de substituição da pena privativa de liberdade por uma restritiva de direitos (art. 44, § 2º, CP). 4. Pretensão de redução da pena, concessão do perdão judicial e substituição da pena privativa de liberdade por uma restritiva de direito. Necessidade de novo juízo de reprovabilidade do fato, ao que não se presta o procedimento sumário e documental do *habeas corpus*. Precedentes. 5. Impossibilidade de concessão do perdão judicial previsto no art. 180, § 5º, do CP. Benefício aplicável à receptação culposa, que não é o caso dos autos. 6. Ordem denegada. (STF, *HC* n. 113.259/SP, 2ª T., rel. Min. Cármen Lúcia, j. 18.09.2012)

Lei n. 9.807/99. Lei de Proteção a Vítimas e Testemunhas. Perdão judicial. Requisitos

Ação penal. Condenação. Sentença condenatória. Crime de roubo consumado. Perdão judicial ou redução da pena. Benefícios denegados. Acerto. Confissão do fato. Ato que, no entanto, não permitiu localização da vítima com integridade física preservada. Colaboração, ademais, não voluntária. Não atendimento aos requisitos cumulativos previstos nos arts. 13 e 14 da Lei n. 9.807/99. *HC* denegado. Além de ser voluntária a colaboração aí prevista, são cumulativos os requisitos constantes dos arts. 13 e 14 da Lei n. 9.807/99. (STF, *HC* n. 85.701/SP, 2ª T., rel. Min. Cezar Peluso, j. 10.02.2009). Ver também: STF, Ag. Reg. no AI n. 820.480/RJ, 1ª T., rel. Min. Luiz Fux, j. 03.04.2012.

Perdão judicial. Natureza jurídica da sentença que o concede. Declaratória

V. Súmula n. 18 do STJ e precedentes que deram sua criação: REsp n. 4.348/AM, j. 24.10.1990; REsp n. 2.201/SP, j. 26.06.1990; REsp n. 2.072/PR, j. 21.05.1990; REsp n. 524/PR, j. 12.09.1989.

Perdão judicial. Natureza jurídica da sentença que o concede. Condenatória

Perdão judicial. Impede a aplicação dos efeitos principais da condenação, mas subsistem os efeitos secundários (lançamento no rol dos culpados e pagamento de custas), desconsiderada na redação da nova Parte Geral, no art. 120, a reincidência. Exame da questão em face da nova redação da Parte Geral do CP (Lei n. 7.209/84). Recurso extraordinário conhecido em parte e, nessa parte, provido. (STF, RE n. 104.977/SP, 1ª T., rel. Min. Rafael Mayer, j. 04.02.1986). Ver também: STF, RE n. 104.142/SP, 1ª T., rel. Min. Rafael Mayer, j. 11.12.1984; STF, RE n. 104.679/SP, 2ª T., rel. Min. Aldir Passarinho, j. 22.10.1985; STF, RE n. 104.969/SP, 2ª T., rel. Min. Francisco Rezek, j. 20.08.1985.

3. OBSERVAÇÕES

A) Nos crimes culposos de homicídio e lesão corporal do CTB, Lei n. 9.503/97, o art. 300 foi vetado. Ele previa perdão judicial nesses dois crimes, nos seguintes moldes: "Nas hipóteses de homicídio culposo e lesão corporal culposa, o juiz poderá deixar de aplicar a pena, se as consequências da infração atingirem, exclusivamente, o cônjuge ou companheiro, ascendente, descendente, irmão ou afim em linha reta, do condutor do veículo".

O veto ao art. 300 do CTB, porém, foi motivado, com as seguintes razões: "O artigo trata do perdão judicial, já consagrado pelo direito penal. Deve ser vetado, porém, porque as hipóteses previstas pelo § 5º do art. 121 e § 8º do art. 129 do CP disciplinam o instituto de forma mais abrangente". Ademais, historicamente, o perdão judicial nos crimes de homicídio e lesão corporal culposos do CP deu-se em decorrência do incremento do tráfego viário e acidentes automobilísticos a partir da Lei n. 6.416/77. Portanto, se o perdão judicial previsto no CP nasceu a partir de acidentes automobilísticos em vias terrestres, não haveria sentido os crimes culposos do CTB não o admitirem. Assim, orientação majoritária na doutrina e jurisprudência admite perdão judicial nesses crimes (arts. 302 e 303, CTB), nos termos do perdão judicial previsto para os de homicídio e lesão corporal culposos do CP (arts. 121, § 5º, e 129, § 8º, respectivamente), ainda que norma penal não incriminadora excepcional não admita analogia (mesmo *in bonam partem*).

B) O CPM prevê uma única hipótese de perdão judicial, qual seja, no crime de receptação culposa, previsto no art. 255, nos seguintes termos: "Parágrafo único: Se o agente é primário e o valor da coisa não é superior a um décimo do salário mínimo, o juiz pode deixar de aplicar a pena".

PARTE ESPECIAL

TÍTULO I
DOS CRIMES CONTRA A PESSOA

CAPÍTULO I
DOS CRIMES CONTRA A VIDA

Homicídio simples

Art. 121. Matar alguém:

Pena – reclusão, de 6 (seis) a 20 (vinte) anos.

Caso de diminuição de pena

§ 1º Se o agente comete o crime impelido por motivo de relevante valor social ou moral, ou sob o domínio de violenta emoção, logo em seguida a injusta provocação da vítima, o juiz pode reduzir a pena de um sexto a um terço.

Homicídio qualificado

§ 2º Se o homicídio é cometido:

I – mediante paga ou promessa de recompensa, ou por outro motivo torpe;

II – por motivo fútil;

III – com emprego de veneno, fogo, explosivo, asfixia, tortura ou outro meio insidioso ou cruel, ou de que possa resultar perigo comum;

IV – à traição, de emboscada, ou mediante dissimulação ou outro recurso que dificulte ou torne impossível a defesa do ofendido;

V – para assegurar a execução, a ocultação, a impunidade ou vantagem de outro crime;

Feminicídio

Nomen juris acrescentado pela Lei n. 13.104, de 09.03.2015.

VI – (*Revogado pela Lei n. 14.994, de 09.10.2024.*)

VII – contra autoridade ou agente descrito nos arts. 142 e 144 da Constituição Federal, integrantes do sistema prisional e da Força Nacional de Segurança Pública, no exercício da função ou em decorrência dela, ou contra seu cônjuge, companheiro ou parente consanguíneo até terceiro grau, em razão dessa condição:

Inciso acrescentado pela Lei n. 13.142, de 06.07.2015.

VIII – com emprego de arma de fogo de uso restrito ou proibido:

Inciso acrescentado pela Lei n. 13.964, de 24.12.2019.

Homicídio contra menor de 14 (quatorze) anos

Nomen juris acrescentado pela Lei n. 14.344, de 24.05.2022.

IX – contra menor de 14 (quatorze) anos:

Inciso acrescentado pela Lei n. 14.344, de 24.05.2022.

Pena – reclusão, de doze a trinta anos.

§ 2º-A (*Revogado pela Lei n. 14.994, de 09.10.2024.*)

I – (*Revogado pela Lei n. 14.994, de 09.10.2024.*)

II – (*Revogado pela Lei n. 14.994, de 09.10.2024.*)

§ 2º-B A pena do homicídio contra menor de 14 (quatorze) anos é aumentada de:

Parágrafo acrescentado pela Lei n. 14.344, de 24.05.2022.

I – 1/3 (um terço) até a metade se a vítima é pessoa com deficiência ou com doença que implique o aumento de sua vulnerabilidade;

Inciso acrescentado pela Lei n. 14.344, de 24.05.2022.

II – 2/3 (dois terços) se o autor é ascendente, padrasto ou madrasta, tio, irmão, cônjuge, companheiro, tutor, curador, preceptor ou empregador da vítima ou por qualquer outro título tiver autoridade sobre ela;

Inciso acrescentado pela Lei n. 14.344, de 24.05.2022.

III – 2/3 (dois terços) se o crime for praticado em instituição de educação básica pública ou privada.

Inciso acrescentado pela Lei n. 14.811, de 12.01.2024.

Homicídio culposo

§ 3º Se o homicídio é culposo:

Pena – detenção, de um a três anos.

Aumento de pena

§ 4º No homicídio culposo, a pena é aumentada de 1/3 (um terço), se o crime resulta de inobservância de regra técnica de profissão, arte ou ofício, ou se o agente deixa de prestar imediato socorro à vítima, não procura diminuir as consequências do seu ato, ou foge para evitar prisão em flagrante. Sendo doloso o homicídio, a pena é aumentada de 1/3 (um terço) se o crime é praticado contra pessoa menor de 14 (quatorze) ou maior de 60 (sessenta) anos.

Parágrafo com redação dada pela Lei n. 10.741, de 01.10.2003.

§ 5º Na hipótese de homicídio culposo, o juiz poderá deixar de aplicar a pena, se as consequências da infração atingirem o próprio agente de forma tão grave que a sanção penal se torne desnecessária.

Parágrafo acrescentado pela Lei n. 6.416, de 24.05.1977.

§ 6º A pena é aumentada de 1/3 (um terço) até a metade se o crime for praticado por milícia privada, sob o pretexto de prestação de serviço de segurança, ou por grupo de extermínio.

Parágrafo acrescentado pela Lei n. 12.720, de 27.09.2012.

§ 7º (*Revogado pela Lei n. 14.994, de 09.10.2024.*)

I – (*Revogado pela Lei n. 14.994, de 09.10.2024.*)

II – (*Revogado pela Lei n. 14.994, de 09.10.2024.*)

III – (*Revogado pela Lei n. 14.994, de 09.10.2024.*)

IV – (*Revogado pela Lei n. 14.994, de 09.10.2024.*)

1. COMENTÁRIO

1.1. Notas introdutórias

O homicídio é definido no Capítulo I do Título I da Parte Especial do CP. O Título I é dividido em seis capítulos e trata dos crimes contra a pessoa. O Capítulo I cuida dos crimes contra a vida, sendo definidos: homicídio (art. 121), induzimento, instigação ou auxílio ao suicídio (art. 122), infanticídio (art. 123) e aborto (arts. 124 a 128).

O homicídio (*hominis excidium*), tipo de crime que foi contemplado pelos três direitos mais influentes nas legislações dos povos civilizados – romano, germânico e canônico –, é definido pela lei penal no *caput* do art. 121: "Matar alguém". O legislador usa o verbo no infinitivo.

Entre os doutrinadores, grande parte elege Nélson Hungria como aquele patrocinador de uma das melhores definições do crime de homicídio (*Compêndio de direito penal*: Parte Especial, 1936, p. 173-5; *Comentários ao Código Penal*, 1981, p. 25-7).

Segundo Hungria, o "homicídio é o tipo central dos crimes contra a vida e é o ponto culminante na orografia (fronteira, altura) dos crimes. É o crime por excelência. É o padrão da delinquência violenta ou sanguinária, que representa como que uma reversão atávica às eras primevas, em que a luta pela vida, presumivelmente, se operava com o uso normal dos meios brutais e animalescos. É a mais chocante violação do senso moral médio da humanidade civilizada. Como dizia Impallomeni, todos os direitos partem do direito de viver, sendo todos orientados ao fim de assegurar as condições de existência e bem-estar entre os homens em sociedade, pelo que, numa ordem lógica, o primeiro dos bens é o bem da vida. E, se não o primeiro na catalogação jurídica, o homicídio tem primazia entre os crimes mais graves, pois é o atentado contra a fonte mesma da ordem e segurança geral, sabendo-se que todos os bens públicos e privados, todas as instituições se fundam sobre o respeito à existência dos indivíduos que compõem o agregado social. O homicídio e o homicida são um tema central da ciência penal. O mais vasto capítulo da criminologia é dedicado ao estudo dos delinquentes violentos, de que o homicídio é o expoente máximo. Para o homicídio é suficiente a vida. Não importa o grau de capacidade de viver. Igualmente não importam, para a existência do homicídio, o sexo, a raça, a nacionalidade, a casta, a condição ou o valor social da vítima. Temos de estudar o delito máximo apenas sob o ponto de vista jurídico, isto é, como o fato humano que, sob o *nomen juris* de homicídio, corresponde a um 'molde' específico da lei penal. Devemos tratar, em primeiro lugar, do homicídio doloso ou intencional. Segundo a clássica definição de Carmignani, homicídio (de *hominis excidium*) é a violenta *hominis caedas ab homine injuste patrata* (morte violenta de um homem injustamente praticada por outro homem). Acoima-se de pleonástica esta definição, pois todo crime é uma ação humana, e tem como pressuposto a injustiça (melhor se diria, injuricidade).

"Varão ou mulher, ariano ou judeu, parisiense ou zulu, brâmane ou pária, santo ou bandido, homem de gênio ou idiota, todos representam a vida humana.

"A incriminação do homicídio data das mais antigas civilizações. Nos tempos bíblicos era punido com a pena de morte (*qui percusserit et occiderit hominem, morte moriatur, Levítico,* cap. XXIV, 17). Vigorava, então, em toda a sua plenitude, a pena de Talião (*oculum pro oculo, dentem pro dente, manum pro manu, pedem pro pede, adustionem pro adustione, vulnus pro vulnere, livorem pro livore*, Êxodo, cap. XXI, 21, 25). Em Atenas, a princípio, a pena não tinha o rigor oriental e chegava-se a conceder ao homicida o direito de exilar-se, e somente quando retornasse era punido com a pena de morte. Em Roma, desde a remota época de Numa Pompílio, era punida a morte violenta de civis (com exceção dos servos, que eram considerados apenas *res* e, portanto, não podiam ser sujeitos passivos de homicídio). O latim clássico não conheceu o termo *homicidium*, tanto que a *Lex Cornelia*, promulgada ao tempo de Sula, designava os homicidas com o nome de *sicarii*. Desde então a pena passou a ser a deportação, confisco de bens, decapitação, lançamento às feras e morte em fogueira, conforme o grau de violência e a qualidade da pessoa contra quem foi cometido. A tentativa era equiparada à consumação.

"No primitivo Direito germânico, ao contrário do Direito romano, não tinha o homicídio o caráter de *crimen publicum*, pois somente dava lugar ao direito de vingança por parte da família do morto ou à composição, cuja prestação pecuniária deveria ser feita pelo criminoso, dando origem à multa, cuja parte cabia ao Estado.

"Com o ressurgir do direito romano e a influência do direito canônico, perdeu o homicídio o caráter de ofensa privada, exasperando-se a pena, que passou a ser, em regra, a de morte. Os práticos italianos distinguiam entre o *homicidium simplex* e *homicidium qualificatum* ou *deliberatum*, este mais severamente punido. Os Códigos modernos distinguem, em geral, para diferente punição, entre a forma simples e uma forma agravada de homicídio".

Portanto, homicídio é a destruição da vida humana extrauterina praticada por outrem. É a morte de um homem praticada por outro homem. Esse conceito de crime em análise possibilita diferenciá-lo do suicídio, que é a autodestruição da vida humana, e do abortamento, que é a destruição da vida humana endouterina. Esse tipo penal é daqueles que se constituem apenas com o verbo (inserido no infinitivo, "matar") e o seu objeto, sem condição alguma que se exija como atributo particular da atuação do agente, a não ser aquelas que são inerentes ao conceito de crime e estão implícitas na sua definição. Em aferição simplista, o "alguém" da definição do tipo é "alguém" que não seja o autor. O homicídio exige a existência e a inclusão no fato de dois homens, pelo menos: o que mata e o que é morto. Se o CP toma em consideração determinadas circunstâncias particulares ao homicídio, estas estão fora do tipo, como condições de qualificação ou privilégio (BRUNO, Aníbal. *Direito penal*: Parte Especial I, 1966, v. IV, p. 63).

1.1.1. Proposta de alteração

O Projeto de Lei do Senado n. 236/2012 mantém a maioria do texto acima e, objetivando simplificar a compreensão do tipo, insere as figuras do homicídio (fracionado em homicídio e homicídio na forma qualificada), culposo (modalidade culposa e culpa gravíssima) e ortotanásia. Mais de uma década se passou e a última ação na Comissão de Constituição, Justiça e Cidadania (CCJC) ocorreu em 3 de junho de 2024, no aguardo de novo relator para apreciar o texto original e o apensamento de mais de 70 (setenta) novos projetos de lei apresentados. Importante destacar que mesmo se tratando de matéria afeta ao Código Penal atual, e mesmo não se tratando de emendas, grande parte poderá ser examinada junto com o PLS n. 236/2012, fato que somente ocorrerá por deliberação inicial do futuro relator e acolhimento da CCJC.

A proposta inicial de modificação exclui os rótulos de "homicídio simples e homicídio qualificado", para defini-lo apenas como "homicídio" e sua "forma qualificada". A pena inicial proposta é elevada em dois anos, passando de seis anos na atualidade para oito anos, mantendo-se a pena máxima para o homicídio simples em vinte anos.

A Comissão de Juristas para a elaboração de Anteprojeto de CP aumentou a pena mínima do homicídio (homicídio simples no CP), cuja finalidade é ajustar a proporção de penas, considerando sistemicamente o ordenamento jurídico, valorizando o bem maior (vida) em face de outros bens. Observaram, também, que pelo sistema atual, no caso de homicídio qualificado, a pena mínima (piso) simplesmente dobra (de 6 para 12 anos) em decorrência apenas da presença da circunstância qualificadora. Sem reduzir a pena mínima do homicídio qualificado (doze anos), entenderam, para fins de proporcionalidade, aproximar o limite mínimo do homicídio simples (doravante chamado apenas de "homicídio"). É o que pode ser visto na legislação penal de outros países. No CP português, por exemplo, pune-se, no art. 131, o homicídio com pena mínima de oito anos de prisão (e lá também a pena mínima do delito de homicídio qualificado é de doze anos). No CP espanhol (*Ley Orgánica* n. 10, de 23.11.1995), para o homicídio não qualificado está prevista uma pena mínima de dez anos ("*Artículo 138. El que matare a otro será castigado, como reo de homicidio, con la pena de prisión de diez a quince años*"). Também na Argentina há previsão de pena mínima de oito anos de prisão para o delito de homicídio ("*Art. 79. Se aplicara reclusión o prisión de ocho a veinticinco años, al que matare a otro, siempre que en este código no se estableciere otra pena*").

1.2. Objetividade jurídica

O bem jurídico tutelado pelo direito penal é a vida humana, o mais importante bem de que dispõe o ser humano, cuja proteção foi erigida a imperativo constitucional a lei penal, no art. 5º, *caput*, da CF/88. O respeito à vida é uma imposição absoluta do Direito. Não importa o desvalor que o próprio indivíduo ou a sociedade lhe possam atribuir em determinadas circunstâncias, que ela lhe possa parecer inútil ou nociva, porque constitui para quem a possui fonte de sofrimento e não de gozo de bens legítimos da existência, ou porque represente para a sociedade um elemento negativo ou perturbador. É reconhecidamente supraestatal ou supranacional, pois é direito próprio a todos os seres humanos e acolhido por todas as nações. O Código Civil Brasileiro deixa expresso que "a personalidade civil da pessoa começa com o nascimento com vida" (art. 2º). Também não é relevante a possibilidade de a vítima manter-se viva após o nascimento ou apresentar anomalias e características monstruosas, pois a vida fora do útero materno tem início com sua respiração autônoma. A comprovação desse fato é feita por meio de docimasia respiratória. Com caráter supraestatal, trata-se de um direito formal e materialmente constitucional, mas, apesar disso, sua natureza é relativa e pode sofrer limitações, se legítimas e amparadas por superioridade estatal, como na situação expressa de legítima defesa (art. 25 do CP e art. 30 do PLS n. 236/2012), o aborto em situações previstas em lei (art. 128 do CP e PLS n. 236/2012) e a admissão da pena de morte em tempo de guerra (art. 5º, XVVII, CF).

1.3. Sujeitos

Sujeito ativo: o homicídio é crime comum, podendo ser praticado por qualquer pessoa, não requerendo nenhuma condição particular para essa posição do agente. Pode ser praticado por uma ou várias pessoas. Esses, juridicamente, são considerados os coautores. Em caso de divisão de tarefas para a prática do crime de homicídio (art. 29, CP), é fundamental o exame para se extrair a coautoria e a participação de cada um dos agentes e verificar se algum, ou alguns deles, pretendia a prática de crime menos grave.

Sujeito passivo: é o titular do bem jurídico tutelado pelo direito penal. Como já exposto, é o ser humano com vida, desde o nascimento até o último momento de vida. Não importam o sexo, a raça, a nacionalidade, a condição ou valor social. O sujeito passivo pode ser direto ou imediato, quando se trata da pessoa que sofre diretamente o ataque à vida. O sujeito indireto ou mediato é o Estado, que é atingido em seus interesses sempre quando é violada uma norma penal. Aqui se trata do bem mais penalmente tutelado.

1.4. Análise da(s) conduta(s) descrita(s) no tipo

O crime de homicídio tem como núcleo o verbo matar. Trata-se de crime de ação livre. O ato, de acordo com a teoria finalista acolhida pelo legislador penal, deve conter três elementos: "a) manifestação de vontade (*manifestación de voluntad*); b) resultado; c) nexo causal entre a manifestação de vontade e o resultado (*aquélla y éste*)" (ASUA, Luis Jimenez de. *Tratado de derecho penal*: el delito, 1965, v. III, p. 334). O legislador utiliza o verbo no infinitivo, "matar". O tipo legal não delimita uma forma específica de atuação do agente para a sua realização, podendo ser praticado por qualquer meio eficiente a produzir o resultado morte (arma de fogo, faca, pedra, veneno, fogo, asfixia etc.).

O agente pode praticar o crime de homicídio, "matar alguém", como grafado no tipo penal, de forma comissiva (também denominada positiva ou por ação) ou omissiva (negativa ou inação); direta (pelo próprio agente) ou indireta (com a utilização de terceiros); e utilizar-se de meios físicos, morais ou psíquicos para ceifar a vida de qualquer ser humano.

1.5. Elemento subjetivo

É o aspecto psicológico, interno, inspirador da conduta do autor. Divide-se em dolo e culpa (art. 18, I e II, CP).

Observação: a numeração do art. 18, I e II, foi mantida no PLS n. 236/2012.

O dolo de matar ou *animus necandi* ou *occidendi*, também conhecido por *voluntas ad necem*, consubstancia-se na intenção do agente, na vontade consciente de realizar a conduta e produzir o resultado morte, não exigindo a lei qualquer finalidade especial, podendo essa finalidade ou motivo constituir-se, eventualmente, em homicídio privilegiado ou qualificado. Trata-se de dolo direto.

Há dolo eventual, que o CP equipara ao dolo direto (art. 18, I, do CP), quando não há vontade do agente em matar alguem, mas este assume o risco de causar a morte de outrem. Aqui trata-se da teoria do assentimento acolhida pelo estatuto penal vigente, sendo admitida em todos os crimes que com ela sejam compatíveis. O entendimento doutrinário, em maioria esmagadora, evidencia que, da mesma forma que o dolo direto, o dolo eventual não tem sua comprovação limitada a psiquismo do agente.

Evidentemente, seria impossível deixar a aferição a critério do próprio autor do fato. O dolo eventual é extraído das circunstâncias do caso concreto, como os meios utilizados, a aferição de situação precedente, o comportamento do agente depois do crime praticado e a sua personalidade.

Observação: quanto ao dolo eventual, o PLS n. 236/2012 que aprovou a proposta elaborada pela Comissão Especial constituída para a Reforma do CP, ampliou a definição legal contida no art. 18, I, do CP (doloso, quando o agente quis o resultado ou assumiu o risco de produzi-lo). Visando a ajustar as condições à jurisprudência dominante, o texto ficou assim: "*doloso*, quando o agente quis realizar o tipo penal ou assumiu o risco de realizá-lo, consentindo ou aceitando de modo indiferente o resultado" [grifo nosso].

A própria doutrina, muito antes da alteração da Parte Geral do CP (Lei n. 7.209, de 11.07.1984), já sustentava que "assumir o risco é alguma coisa mais que ter consciência de correr o risco; é consentir previamente no resultado, no caso que venha este, realmente, a ocorrer" (HUNGRIA, Nélson; FRAGOSO, Heleno. *Comentários ao Código Penal*, 1981, p. 54.). Em homenagem à oportunidade, vale dizer que muito tempo antes da reforma penal que acolheu a teoria finalista, doutrinadores como José Frederico Marques (*Tratado de direito penal*, v. 2, 1965, p. 194-6), proclamando que sendo regra o crime doloso, no plano da culpabilidade – cuja excepcionalidade é a culpa –, o dolo nada mais é que a vontade do agente dirigida para o fato descrito como crime. Exemplificou, citando Bettiol (*Diritto penale*, 1950, p. 311) e Antolisei (*Manuale de diritto penale*: Parte generali, 1952, p. 183), que "em caso de crimes em que não há resultado, para a existência do dolo não há necessidade de previsão e vontade do evento, bastando que o agente tenha querido a ação ou omissão para que se constitua o delito".

Hoje, após a modificação da Parte Geral do CP, o dolo é composto por consciência (que é seu elemento intelectual) e vontade (que é a escolha ou decisão feita). O legislador, portanto, acolheu a teoria da vontade e do assentimento. Muito didático, Cleber Masson (*Código Penal comentado*, 2013, p. 124) leciona que "para se extrair a ocorrência do dolo, basta que o resultado se produza conforme a vontade pretendida pelo agente no momento da conduta", valendo a reflexão de que consciência e vontade se relacionam em três momentos distintos e sucessivos: 1) opera-se a consciência da conduta e do resultado; 2) o sujeito manifesta sua consciência sobre a relação de causalidade entre a conduta a ser praticada e o resultado que em decorrência dela será produzido; 3) o agente exterioriza a vontade de realizar a conduta e produzir o resultado.

O dolo é aspecto psicológico, interno do sujeito ativo do delito. No entanto ele deve ser aferido pelas circunstâncias objetivas que envolvem a prática homicida, tais como o objeto empregado na prática do delito e a região do corpo da vítima onde foram endereçados os golpes. Assim, se o agente desferir tiros de revólver no peito ou na cabeça da vítima, irrefutável que quis matá-la.

Como distinguir o homicídio doloso de qualquer outra figura típica, ou como se reconhecer a *voluntas ad nescem*? Trata-se de *factum internum* e, uma vez que não é possível pesquisá-lo no foro íntimo do agente, tem-se que inferi-lo dos elementos e circunstâncias do fato externo.

O fim do agente se traduz, de regra, no seu ato. O sentido da ação ou omissão é, na maioria dos casos, inequívoco. Quando a morte está em íntima conexão com os meios empregados, de modo que ao espírito do autor não podia deixar de apresentar-se como resultado necessário, ou ordinário, da ação criminosa, seria inútil alegar-se que não houve o *animus occidendi*: o fato atestará sempre, inflexivelmente, que o acusado, a não ser que se trate de um maluco, alienado, agiu sabendo que o evento letal seria a consequência de sua ação e, portanto, quis matar. É sobre pressupostos de fato, em qualquer caso, que há de assentar o processo lógico pelo qual se deduz o dolo distintivo do homicídio.

1.6. Consumação e tentativa

Na análise deste item é importante considerar, com raciocínio lógico, que todo crime tem um caminho, um itinerário (*iter criminis*). São quatro as etapas do crime: cogitação, preparação, execução e consumação. Na cogitação o agente apenas idealiza o crime, planeja, mentaliza, é a parte interna, que não se projeta para o mundo externo. Na preparação, o sujeito ativo pratica os atos tendentes à execução do crime, mas ainda não há a agressão ao bem jurídico tutelado pelo direito, não há início da realização do verbo núcleo do tipo legal (como compra de veneno, corda, faca etc.). Na execução há o ataque ao bem jurídico, pois o agente inicia a realização da ação nuclear do tipo legal, sendo que o crime já se torna punível (como o agente dispara tiros, desfere golpes etc.). A consumação é a última etapa do itinerário criminoso, pois todos os elementos anteriormente descritos no tipo penal foram realizados, consumando-se com o evento naturalístico morte da vítima. A morte verifica-se com a cessação do funcionamento cerebral, circulatório e respiratório. Distingue-se da morte clínica, que se verifica com a paralisação das funções cardíaca e respiratória. Morte biológica é a destruição das células. A morte cerebral ocorre quando há paralisação das funções cerebrais.

1.7. Classificação

Homicídio é um crime material, simples, comum, instantâneo de efeitos permanentes (instantâneo porque a consumação se opera em determinado momento, e de efeitos permanentes porque, uma vez consumado, são irreversíveis os seus efeitos), de dano, de forma livre, comissivo (em regra) ou omissivo impróprio (exceção), unissubjetivo (em regra), plurissubsistente (em regra) e progressivo. De forma singela, é possível dizer que o homicídio pode ser simples, privilegiado, qualificado e culposo.

1.8. Causas especiais de diminuição de pena

O § 1º do art. 121 cuida do homicídio privilegiado, que na realidade não se trata de privilégio na prática do homicídio, mas sim causa de diminuição da pena. Como se trata de crime de competência do tribunal do júri, se os jurados reconhecerem a ocorrência do privilégio na conduta do agente, a pena será reduzida, de um sexto a um terço, e a discricionariedade conferida ao magistrado se resume ao *quantum* a ser diminuído. Depois de incriminar determinado fato, a lei penal, muitas vezes, passa a ter em conta certas circunstâncias subjetivas ou objetivas de que ele pode se revestir, assumindo um cunho especial de maior ou menor gravidade, e adota, então, um dúplice critério de decisão: ou configura um crime a parte, com título próprio e pena autônoma, superior ou inferior à do tipo fundamental; ou conserva o crime básico, com o seu *nomen juris*, mas cominando-lhe uma pena maior ou menor, dentro de novos limites; ou determina ou realiza uma especial agravação ou atenuação da pena, segundo uma quota fixa ou variável. Em tais casos o crime será qualificado (*delictum qualificatum*) ou privilegiado (*delictum privilegiatum, delictum exceptum*), conforme seja particularmente considerado, no dispositivo legal, o *plus* ou o *minus* de gravidade (HUNGRIA; FRAGOSO, op. cit., 1981, p. 121-2).

O homicídio privilegiado é a modalidade em que a lei, *in abstracto*, diminui os limites da pena, mínimo e máximo. O privilégio legal tem caráter eminentemente subjetivo, de sorte que, em eventual concurso de agentes, a causa de diminuição não se comunica aos demais coautores ou partícipes. São três as circunstâncias trazidas no texto legal que acolhem o privilégio no crime de homicídio e importam na redução da pena, quais sejam, quando o agente comete o crime impelido por: 1) motivo de relevante valor social; 2) motivo de relevante valor moral; 3) sob o domínio de violenta emoção, logo em seguida de injusta provocação da vítima.

"Os motivos determinantes constituem, no direito penal atual, a 'pedra de toque' ou melhor maneira de avaliar o crime e extrair a conduta do agente. Não há crime gratuito ou sem motivo e é no motivo que reside a significação mesma do crime. O motivo é o adjetivo do elemento moral do crime. É através do porquê do crime, principalmente, que se pode rastrear a personalidade do criminoso e identificar a sua maior ou menor condição antissocial. Para individualizar a medida da pena, não basta averiguar o valor psicológico do réu, a maior ou menor intensidade do dolo ou a quantidade do dano ou perigo de dano: é imprescindível ter-se em conta a qualidade dos motivos impelentes" (VERGARA, Pedro. *Dos motivos determinantes em direito penal*, 1980, p. 527).

Desprezadas as subdistinções inúteis, os motivos podem ser classificados em imorais ou antissociais, e morais e sociais. Estes últimos devem atenuar a pena e os primeiros agravá-la (HUNGRIA, op. cit., 1981, p. 125). Por isso, como diz Cleber Masson (op. cit., 2013, p. 21) "o direito penal é o ramo do ordenamento jurídico que mais possui raízes e preocupações éticas, e, por esse motivo, acentua-se cada vez mais a significação dos motivos determinantes do crime. *Motivo* (citando *Giuseppe Maggiore*) é o antecedente psíquico da ação, a força que põe em movimento o querer e o transforma em ato: uma representação que impele à ação". Deve ser acentuado, também, que o valor social ou moral do motivo é de ser apreciado não segundo a opinião ou ponto de vista do agente, mas com critérios objetivos, segundo a consciência ético-social geral ou senso comum, da mesma forma que não basta, para efeito da redução da pena, que exista o valor social ou moral, mas é necessário que este seja relevante, notável, importante e especialmente digno de apreço. O direito penal não se preocupa com uma moral superior ou ideal, mas tão somente com a moral prática e positiva. Relevante valor social é aquele que corresponde, segundo Manzini, mais particularmente aos interesses coletivos, ou é suscitado por específicas paixões ou preocupações sociais, nobres em si mesmas e condizentes com a organização atual da sociedade (*Trattato de diritto penale*, 1981, p. 184). O relevante valor moral é aquele que merece o apoio da moralidade média. Tem ligação com um interesse pessoal do autor da prática do homicídio, aprovado pela moralidade prática e considerado nobre e altruísta. A terceira hipótese, de se cometer o crime de homicídio sob o domínio de violenta emoção, logo em seguida de injusta provocação da vítima, é certamente a mais discutida no mundo jurídico ao longo dos anos.

O homicídio emocional é aquele imediatamente precedido de injusta provocação da vítima. "São três as condições, cujo simultâneo implemento autoriza, na espécie, a diminuição de pena: a) emoção violenta do agente; b) injusta provocação da vítima; c) sucessão imediata entre a provocação e a reação". Emoção é um estado de ânimo ou consciência caracterizado por uma viva excitação do sentimento. É uma forte e transitória perturbação da efetividade, a que estão ligadas certas variações somáticas ou modificações particulares das funções da vida orgânica (pulsar precípite do coração, alterações térmicas, aumento de irrigação cerebral, aceleração do ritmo respiratório, alterações vasomotoras, intensa palidez ou intenso rubor, tremores, fenômenos musculares, alterações das secreções, suor, lágrimas etc.). A emoção, quando atinge seu auge, reduz quase totalmente a *vis electiva* em face dos motivos e a possibilidade do *self control*. Em obras clássicas, ainda examinando a parte geral do estatuto sem as reformas que sofreu, cujas lições ainda são atualíssimas, vários juristas comparavam o homem sob o influxo da emoção violenta a uma diligência conduzida por bons cavalos, mas tendo à boleia um cocheiro bêbado. Na crise aguda da emoção, os motivos inibitórios tornam-se inócuos freios sem rédea, e são deixados a si mesmos os centros motores de pura execução.

Dá-se a desintegração da personalidade psíquica. A emoção, ainda que violenta e provocada por ato injusto da vítima, não exclui a responsabilidade, mas reflete na pena.

É a confirmação do antigo princípio de que as perturbações afetivas *non excusant in totum, sed tamen faciund ut delinquens mitius puniatur.* Em outras palavras, a responsabilidade do autor não é excluída, mas a pena é reduzida. Cautelosamente o CP exige que a emoção seja violenta. De par com a injusta provocação, a intensidade da emoção. A injustiça da provocação não faz presumir a perturbação de ânimo. Aquele que, embora injustamente provocado, reage a sangue-frio, como se estivesse praticando uma ação normal, revela que não sentiu a injustiça, e comete o crime por mera perversidade, pela só vanglória de não levar desaforo para casa. Não basta a provocação: é preciso que ela produza uma viva emoção. A injustiça da provocação deve ser apreciada objetivamente, isto é, não segundo a opinião de quem reage, mas segundo a opinião geral, sem se perder de vista, entretanto, a qualidade ou condição das pessoas dos contendores e seu nível de educação, seus legítimos melindres. Uma palavra que pode ofender um homem de bem não terá o mesmo efeito quando dirigida a um desclassificado. A expressão "logo em seguida" não aceita intervalos, tem que ser imediatamente após a ofensa. Hungria e Fragoso lecionam que "reação tardia não pode ser causa para acolhimento do privilégio" (op. cit., 1981, p. 127-35).

Em suas *Lições de direito penal*, Heleno Fragoso (1958, p. 27) diz que "a emoção não exclui a responsabilidade penal, aqui excepcionalmente relevante, desde que violenta. É de mister que seja exaltação do sentimento de tal forma violenta que destrua a capacidade de expressão e freios inibitórios. Deve resultar da provocação injusta da vítima, e tal provocação deve ser sempre apreciada objetivamente, e não segundo a opinião do agente".

Exige-se, ademais, "que o crime seja cometido *sine intervalo*, pois o decurso de tempo possibilitaria a reflexão e o autocontrole". A melhor compreensão da privilegiante legal é aquela que seja direta, sem mediação de espaço entre a provocação injusta da vítima e a prática do crime pelo agente. Damásio de Jesus leciona que "a emoção é um estado súbito e passageiro de instabilidade psíquica. É a perturbação transitória da afetividade", diz, citando Luiz Vicente Cernichiaro. "Abrange a paixão, que constitui um estado emocional intenso e permanente. São requisitos da figura típica: 1º) emoção violenta; 2º) injusta provocação da vítima; e 3º) sucessão imediata entre a provocação e a reação. É necessário que a vítima somente tenha provocado o sujeito ativo. Se a provocação tomar ares de agressão, estaremos em face de legítima defesa, que exclui a antijuridicidade do fato do homicídio, pelo que o sujeito não responde pelo crime. O CP exige imediatidade entre a provocação injusta e a conduta do sujeito. De acordo com a figura típica, é indispensável que o fato seja cometido 'logo em seguida' à injusta provocação do ofendido. A expressão significa quase imediatamente: é indispensável que o fato seja cometido momentos após a provocação" (JESUS, Damásio de. *Direito penal*, p. 71).

Na lição de Aníbal Bruno "o que justifica realmente no sistema do Código a possível atenuação da pena é menos o surto emocional, a que sabemos, o Código não concede poder de atenuar a responsabilidade, do que a provocação injusta com que a vítima desencadeou no agente o processo emotivo. Esse elemento ético-jurídico é o que prepondera no conjunto emoção-provocação em que se fundamenta o privilégio. Mas será sempre necessário que o ato punível seja a reação do momento emocional violento que a provocação determinou. Praticando o crime com frieza de ânimo, o agente não poderá aproveitar-se do privilégio, embora existente a provocação. O impulso emocional e o ato que dele resulta devem seguir-se imediatamente à provocação da vítima. O fato criminoso objeto da minorante não poderá ser produto de cólera que se recalca, transformada em ódio, para vingança intempestiva" (op. cit., 1966, v. IV, p. 125). Mirabete sustenta que "a emoção é um estado afetivo que produz momentânea e violenta perturbação ao psiquismo do agente com alterações somáticas e fenômenos neurovegetativos e motores. Para compor o homicídio privilegiado, todavia, afirma Hermínio Alberto Marques Porto, aceitas são unicamente as excitações de determinada índole e especiais motivos determinantes ou fator preponderante, ficando de fora o passionalismo homicida e as expressões patológicas. Exige-se que o crime seja cometido logo em seguida à provocação, embora não seja possível determinar *a priori* o tempo dessa duração. Não se configura o privilégio quando se verifica um hiato, um *intermezzo* entre a provocação e o crime, que só será privilegiado se ocorrer enquanto durar a exasperação do agente. Só assim, pode dizer que ocorreu logo após a provocação. A morte por ciúme e vingança 'passional', sem emoção ou insanidade, não merece contemplação" (*Manual de direito penal*: Parte Especial, 2001, v. II, p. 48).

Magalhães Noronha leciona que "privilegiado é também o homicídio emocional a que antecede a injusta provocação do sujeito passivo. Atente-se que para construí-lo é mister ser a emoção *absorvente* (domínio) e violenta, provocada injustamente pela vítima e imediata à provocação. Vale dizer que o sujeito ativo tem que agir sob o ímpeto ou choque emocional. Sem este, ainda que o fato objetivamente considerado o favoreça, não haverá lugar à minorativa especial. Depois, é necessário quase não haver intervalo entre a causa desencadeante da emoção e esta. Finalmente, a dita causa deve ser ilícita. É ele, assim, que deve provocar, no agente, o impulso afetivo e desordenado que anula a capacidade de frenação, durante o qual o crime é cometido. Incompreensível é essa emoção a prazo" (*Direito penal*, 1972, v. II, p. 23).

Por derradeiro, o homicídio privilegiado pode ser perfeitamente distinguido da atenuante genérica prevista no CP (art. 65, III, *c*, sob a *influência* de violenta emoção, provocada por ato injusto da vítima – inserida no PLS n. 236/2012 no art. 81, II, *c*, última figura) por várias condições. O privilégio se aplica exclusivamente ao tipo de homicídio doloso, enquanto a atenuante genérica pode ocorrer em qualquer crime. O privilégio exige que o crime ocorra quando o agente está submetido ao domínio de violenta emoção, enquanto para aplicação da atenuante genérica é suficiente que haja influência. Para se impor o privilégio exige-se o antecedente da injusta provocação da vítima enquanto para a atenuante genérica só é necessário o ato injusto do sujeito passivo. Por fim, enquanto o tipo privilegiante exige uma relação de imediatidade entre a injusta provocação e o ato do agente, a atenuante não deixa expressa tal relação temporal.

1.9. Qualificadoras

É tradição secular o fracionamento legal do tipo penal de homicídio em "simples e qualificado". Tal distinção proporcionou, em muitas legislações estrangeiras, a criação de duas figuras penais independentes. No Direito francês, o homicídio simples é denominado *meurtre* enquanto o qualificado é *assassinat*. Os alemães também o diferenciam, sendo o homicídio simples chamado de *Totschlag* enquanto *Mord* é a denominação para o qualificado. Mesmo nos países onde há tal distinção, a orientação doutrinária sempre caminhou no sentido de chamá-los de simples e qualificado. O homicídio doloso é a figura original na espécie e o qualificado nada mais é do que homicídio agravado por circunstâncias particulares que causam maior gravame, maior intensidade e dão ao fato maior reprovabilidade. As qualificadoras do homicídio não são elementares do crime e sim circunstâncias legais especiais, portanto, não se comunicam com o partícipe quando de caráter pessoal e ainda quando, apesar de objetivas, não são de conhecimento deste. A seguir destacamos, especificamente, as qualificadoras presentes no tipo penal em questão.

I – mediante paga ou promessa de recompensa, ou por outro motivo torpe

Trata-se de qualificadora de natureza subjetiva, ou seja, situa no âmbito interno do agente, de sorte que não se comunica aos coautores ou partícipes do crime, em caso de concurso de pessoas. A existência do adjetivo "torpe", cuja menção especial é trazida no CP como a paga ou promessa de recompensa, deixa expresso o objetivo da natureza exemplificativa do legislador, levando o intérprete, entre as regras da hermenêutica, a buscar o alcance do vocábulo, que pode ser definido como aquele que "contraria ou fere os bons costumes, a decência, a moral; que revela caráter vil; ignóbil, indecoroso, infame". Os juristas definem como torpe o motivo que contrasta violentamente com o senso ético comum e faz do agente um ser à parte no mundo social e jurídico. Em relação ao inciso I do § 1º, a mencionada proposta de reforma (PLS n. 236/2012) visa a um ajuste de redação, para prever a circunstância do homicídio praticado com promessa de "qualquer espécie de vantagem", e não apenas uma recompensa propriamente dita, bem como para suprimir a parte final do dispositivo.

A expressão "paga" significa recebimento anterior à prática, e "promessa" remete a pagamento futuro. Sempre que há paga ou promessa de recompensa existe a figura do mandante (pagador) e executor (recebedor) e no PLS n. 236/2012 a comissão reformadora deixa expressa a condição do "mandante", ainda que não seja mediante paga ou promessa de pagamento. Quando há paga ou promessa de recompensa trata-se de crime plurissubjetivo, plurilateral ou de concurso necessário.

Observação: o PLS n. 236/2012 acresce várias situações ao inciso I do § 1º do art. 121 do CP que qualificam o crime de homicídio, cuja redação sugerida é a seguinte: "§ 1º Se o crime é cometido: I – mediante paga, mando, promessa de recompensa ou de qualquer espécie de vantagem; por preconceito de raça, cor, etnia, orientação sexual e identidade de gênero, deficiência, condição de vulnerabilidade social, religião, procedência regional ou nacional, ou por outro motivo torpe; ou em contexto de violência doméstica ou familiar". A novidade (por preconceito), que rotula todas as definições inseridas como revestidas de torpeza, vem ao encontro dos anseios sociais, verdadeiro fenômeno mundial de luta incessante para fulminar os preconceitos de raça, cor, etnia, orientação sexual e identidade de gênero, religião, procedências regionais, com ênfase na vulnerabilidade social do sujeito passivo e prestígio à compreensão dos segmentos sociais para combater a violência doméstica ou familiar. Se por um lado não podemos fazer ouvidos moucos a todos os movimentos sociais no mundo, com objetivo de erradicar – ou reduzir a princípio – os vários preconceitos existentes, principalmente quando a informação é plena e em tempo real, é importante fazer o registro de que a Lei n. 11.340, de 07.08.2006, conhecida nacionalmente como Lei Maria da Penha, que criou mecanismos para coibir a violência doméstica e familiar contra a mulher, foi realmente um dos maiores avanços percebidos em todos os segmentos da sociedade brasileira, e não poderia deixar de ser recepcionada pelo futuro CP, em caso de ocorrência de crime de homicídio. Se o objetivo é uma punição mais gravosa ao autor de crimes contra a mulher, no âmbito doméstico ou familiar, mais correto é agravar a situação daquele que, nas mesmas condições, pratica o crime maior, que é o homicídio. A se destacar que na Parte Geral, ao alinhar as circunstâncias agravantes, a Comissão buscou a abrangência daquelas figuras, quando não qualificam o crime, ajustando e acrescentando as palavras com o cunho científico e as adaptando aos novos tipos de delito. Os ajustes sociais de um país com dimensão continental e a busca da efetividade da norma constitucional da isonomia foram fatores, com certeza, da inserção do elenco indicativo na forma qualificada derivada da torpeza, além de ampliar o rol de proteção às pessoas em condição de vulnerabilidade social. Aliás, em legislação esparsa e específica, todos aqueles elencados no inciso I do § 1º são merecedores de atenção em delitos menos graves, razão porque, necessariamente, devem ter tratamento protetivo em caso de crime de homicídio.

II – por motivo fútil

Aqui se trata, como na anterior, de qualificadora de natureza *subjetiva*, ou seja, situa-se no âmbito interno do agente, de sorte que não se comunica aos coautores ou partícipes do crime em caso de concurso de pessoas. Motivo fútil é aquele pequeno demais para que na sua insignificância possa parecer capaz de explicar o crime que dele resulta, é uma desconformidade revoltante entre a pequeneza da provocação e a grave reação criminosa que o sujeito lhe opõe (BRUNO, op. cit., 1966, v. IV, p. 79). Trata-se da enorme desproporção entre eventual conduta da vítima e a reação do agente, caracterizada na absoluta insensibilidade e desprezo pela vida de outrem. O motivo é fútil quando notavelmente desproporcionado ou inadequado, do ponto de vista do *homo medius* e em relação ao crime que se trata. A abissal diferença entre o motivo torpe, anteriormente abordado, é que este revela um grau particular de perversidade enquanto o motivo fútil traduz o egoísmo intolerante, prepotente, mesquinho, que vai até a insensibilidade moral (HUNGRIA; FRAGOSO, op. cit., 1981, p. 164). Assim, o motivo não pode ter a simultaneidade de fútil e torpe. A doutrina e a jurisprudência são pacíficas no sentido de que a ausência de motivo não pode ser comparada ao fútil, da mesma forma que este é incompatível com a embriaguez, pela ausência do pleno controle de agir pelo ébrio. Outro entendimento é de que não pode haver confusão entre os motivos fútil e injusto, uma vez que todos os crimes são revestidos de injustiça.

Observação: o PLS n. 236/2012 optou pela repetição literal do texto atual no que se refere à futilidade da conduta do agente.

III – com emprego de veneno, fogo, explosivo, asfixia, tortura ou meio insidioso ou cruel, ou de que possa resultar perigo comum

São qualificadoras de natureza objetiva e se relacionam aos meios e modos de execução, que por sua vez se relacionam ao fato praticado e se comunicam no concurso de pessoas, sob pena de responsabilidade penal objetiva. São aqui consideradas a insídia, a dissimulação e a crueldade que caracterizam a conduta. Meio cruel é aquele que causa à vítima um sofrimento físico ou mental intenso e desnecessário. Meio insidioso é aquele utilizado sem o conhecimento da vítima, como o uso de fraude para se realizar o crime, sem percepção da vítima. Verifica-se aqui que a torpeza não está no motivo, mas na maneira como o crime é executado. O uso de veneno – substância de origem química ou biológica capaz de provocar a morte quando introduzida no organismo da vítima – é um dos meios para causar a morte com dissimulação. É pela insídia característica dessa maneira de matar – ministrando veneno à vítima indefesa, via oral, nasal, cutânea, intravenosa, hipodérmica, germes patogênicos etc. – que transcende a causa de qualificação do homicídio. Há também substâncias que, mesmo não sendo venenosas, podem levar a vítima ao óbito, em razão de doença ou reação alérgica, como açúcar ou glicose a pessoa portadora de diabetes, sendo necessário que o agente tenha conhecimento de tais condições da vítima. Fogo é meio cruel e pela sua capacidade de expansão coloca em risco mais de que o ser visado, podendo criar uma situação de perigo comum. Cientificamente, fogo é o resultado da combustão de qualquer produto inflamável. Explosivo é arma tão cruel ou ainda mais que o fogo. Em razão da sofisticação dos produtos a alcance das pessoas e a possibilidade de se adquirir conhecimentos técnicos e produtos pela internet, contrabando ou por tráfico, existem bombas e artefatos de alto poder de destruição de pessoas e objetos. Geralmente se caracteriza por perigo comum, pois pode o artefato atingir um número indiscriminado de pessoas, mas também pode ser meio cruel, se detonado após adaptado ou inserido de alguma forma junto ao corpo da vítima. A asfixia – morte pela supressão da função respiratória, com origem mecânica ou tóxica – por enforcamento, estrangulamento, afogamento, sufocação (BRUNO, op. cit., 1966, v. IV, p. 81) ou uso de gás asfixiante, por ingestão ou inalação, confinamento, obstruções mecânicas como ingestão do próprio sangue por lesão na garganta, ou infecciosas das vias superiores, é um meio cruel, que produz a morte em meio à mais horrível angústia, sobretudo nos processos de sufocação demorada. A asfixia resulta de obstáculo à passagem do ar por meio das vias respiratórias ou dos pulmões, e a morte – anoxia, que é ausência de oxigênio no ar, no sangue arterial ou nos tecidos – é ocasionada pela falta de oxigênio no sangue (FRAGOSO, op. cit., 1958, p. 6). Portanto, é meio cruel, ainda que o agente eventualmente já esteja inconsciente quando praticados os atos de asfixia. A tortura é definida pelos léxicos como dor violenta que se inflige a alguém, sobretudo para lhe arrancar alguma revelação; suplício, grande tormento do espírito; sofrimento, angústia (HOUAISS, *Dicionário Eletrônico da Língua Portuguesa*, 2011), e pode ser física ou moral. Entre os juristas, Hungria (op. cit., 1981, p. 167) conceitua tortura como o "meio supliciante, a inflição de tormentos, a 'judiaria', a exasperação do sofrimento da vítima por atos de inútil crueldade"; Aníbal Bruno (op. cit., 1966, v. IV, p. 81) diz que consiste no "sofrimento desnecessário e atormentador, deliberadamente infligido à vítima"; Magalhães Noronha (*Direito penal*, 1972, v. 2, p. 25) a conceitua como ato de "infligir-se um mal ou sofrimento desnecessário e fora do comum", e Mirabete (*Manual de direito penal*: Parte Especial, 1986, v. II, p. 52) expõe que "tortura é a inflição de mal desnecessário para causar à vítima dor, angústia, amargura, sofrimento". A criminalização da tortura no Brasil pela Lei n. 9.455/97, em obediência à normativa constitucional e aos tratados internacionais, foi um passo enorme em direção à normatização de um dos direitos fundamentais do homem. O legislador trouxe a definição de tortura (Lei n. 9.455/97: "Art. 1º Constitui crime de tortura: I – constranger alguém com emprego de violência ou grave ameaça, causando-lhe sofrimento físico ou mental") em decorrência da evolução da luta universal dos direitos do cidadão.

Desde a Declaração Francesa dos Direitos do Homem e do Cidadão, em 1793, a preocupação com a dignidade humana tem sido objeto de convenções internacionais, surgindo a Declaração Universal dos Direitos Humanos da ONU, datada de 10.12.1948, que estabelece em seu artigo V que "ninguém será submetido a tortura nem a tratamento ou castigo cruel, desumano ou degradante". Depois, foi promulgada a Convenção Americana sobre Direitos Humanos (Pacto de San José da Costa Rica), de 1969, que, em seu art. 5º, n. 2, determina "ninguém deve ser submetido a torturas, nem a *penas* ou tratos cruéis, desumanos ou degradantes. Toda pessoa privada da liberdade deve ser tratada com o respeito devido à dignidade inerente ao ser humano". Entretanto, é a Convenção da ONU sobre tortura e outros tratamentos ou penas cruéis, desumanos ou degradantes, de 10.12.1984, que vem, em seu art. 1º, a conceituar tortura como: "Qualquer ato pelo qual dores ou sofrimentos agudos, físicos ou mentais são infligidos intencionalmente a uma pessoa a fim de obter, dela ou de terceira pessoa, informações ou confissões; de castigá-la por ato que ela ou uma terceira pessoa tenha cometido, ou seja suspeita de ter cometido; de intimidar ou coagir esta pessoa ou outras pessoas; ou por qualquer motivo baseado em discriminação de qualquer natureza; quando tais dores ou sofrimentos são infligidos por um funcionário público ou outra pessoa no exercício de funções públicas, por sua instigação, ou com seu consentimento ou aquiescência".

Certamente a abordagem mais interessante para se extrair o dolo na conduta do agente, na prática do crime de homicídio na forma qualificada pela tortura e seu confronto com o crime de tortura com resultado morte (Lei n. 9.455/97, art. 1º, § 3º), é feita por Cleber Masson (*Direito penal*, 2013, v. 2, p. 36): "No caso do homicídio qualificado pela tortura, o agente utiliza o meio cruel para provocar a morte da vítima, causando-lhe intenso e desnecessário sofrimento físico ou mental. Depende do dolo, direto ou eventual no tocante ao resultado morte, para ajustar sua conduta ao tipo penal previsto no art. 121, § 2º, III, do CP (art. 121, § 1º, III, do Anteprojeto), cuja competência é do tribunal do júri. Já a tortura com resultado morte (Lei n. 9.455/97, art. 1º, § 3º) é crime essencialmente preterdoloso. O sujeito tem o dolo de torturar a vítima, e da tortura resulta culposamente sua morte, havendo dolo na conduta antecedente e culpa em relação ao resultado agravador, cuja competência é do juízo singular".

Assim, deve ser extraído o elemento subjetivo do tipo, pois se a inflição de suplícios ou tormentos, como atos de pura crueldade, característica da tortura, forem praticados com vistas à morte da vítima, importa em crime de homicídio, na forma qualificada.

Por fim, vem a forma exemplificativa, de maneira que transcende a qualificadora sempre que a conduta do agente seja revestida de meio insidioso, cruel ou de que possa resultar perigo comum.

Observação: o PLS n. 236/2012 aproveita a redação original do CP quase na integralidade, apenas substituindo o pronome "outro" meio insidioso ou cruel pelo advérbio "igualmente" insidioso ou cruel para exemplificar os demais meios não elencados de forma expressa.

IV – à traição, de emboscada, ou mediante dissimulação ou outro recurso que dificulte ou torne impossível a defesa do ofendido

Qualificadora de natureza objetiva, que se relaciona aos meios ou modo de execuçao, ou seja, se relacionam ao fato praticado. Traição: trair significa a quebra da confiança depositada pela vítima no agente, que assim aguarda o melhor momento para encontrá-la sem vigilância ou desprevenida. O *homicidium proditorium* é o cometido mediante ataque súbito e sorrateiro, quando se atinge a vítima, descuidada e confiante, antes que perceba o gesto do criminoso, pois estabelece uma relação de confiança anterior entre os sujeitos, quando o agente dela se utiliza para a prática do crime. Entretanto, se o agente se aproxima da vítima para conquistar sua confiança, para depois praticar o crime, ocorre a dissimulação. O ataque do agente deverá ser por trás e não repentino, pois esta ação é própria da surpresa. A traição pode ser fracionada em física e moral. Física é quando o ato se dá de chofre, pelas costas da vítima e moral, quando a vítima é atraída pelo agente. Emboscada é a dissimulada espera da vítima em algum lugar que esta deverá passar, é a tocaia na expressão dos sertanejos. É o *homicidium ex insidiis*, quando o criminoso, escondido, aguarda a passagem da vítima desprevenida, que então fica à sua mercê. Dissimulação é a ocultação da intenção hostil, para acometer a vítima de surpresa. O agente age com falsa demonstração de amizade, ou de tal modo que a vítima, iludida, não vê motivo para desconfiar do ataque e é apanhada desatenta, de surpresa. A dissimulação também pode ser fracionada em material e moral. Material, quando se emprega algum artefato, utensílio ou roupa para evidenciar situação diversa e iludir a vítima, enquanto moral é a demonstração falsa de afeto ou amizade pela vítima, e atraí-la para matá-la. Finalmente, "ou outro recurso que dificulte ou tornar impossível a defesa do ofendido" assemelha-se à traição, emboscada ou a dissimulação, já especificadas. Tal similitude exige o propósito de surpreender a vítima, que é enganada e impedida ou lhe é dificultada a capacidade de reação. Enfim, a vítima deve ser atacada de surpresa, enquanto dorme, está debilitada, embriagada, quando há superioridade clara de força ou numérica de agentes. Observação: o texto contido no PLS n. 236/2012 trouxe uma modificação na redação da qualificadora com a inserção do adjetivo "análoga", de molde a proporcionar a moderna e mais abrangente adequação da conduta ("IV – à traição, de emboscada, mediante dissimulação ou outra conduta análoga para dificultar ou tornar impossível a defesa do ofendido").

V – para assegurar a execução, a ocultação, a impunidade ou vantagem de outro crime

É qualificadora de caráter subjetivo, cuja motivaçao consiste na prática do delito para evitar a eventual punição por fato criminoso pretérito que realizou. Há um liame entre o crime praticado e o anterior. Na primeira hipótese, o que agrava não é a prática efetiva de outro crime, mas o fim de cometer outro crime. Nas demais hipóteses, a qualificadora não depende da real consecução do fim a que se propõe o agente. Na segunda e terceira hipóteses, o objetivo do agente é a destruição das provas de outro crime praticado ou evitar as consequências processuais ou penais dele decorrentes. Na última hipótese, o propósito do agente é garantir a fruição de qualquer vantagem, patrimonial ou não, direta ou indireta, resultante de outro crime. Em todas as hipóteses não importa se o autor do crime de homicídio tenha agido a seu interesse ou de terceiros. A conexidade impõe a aplicação da pena cumulativa entre os crimes.

VII – contra autoridade ou agente descrito nos arts. 142 e 144 da Constituição Federal, integrantes do sistema prisional e da Força Nacional de Segurança Pública, no exercício da função ou em decorrência dela, ou contra seu cônjuge, companheiro ou parente consanguíneo até terceiro grau, em razão dessa condição

A Lei n. 13.142, de 06.07.2015, alterou o art. 121, § 2º, do CP, nele acrescentando mais uma circunstância qualificadora (inciso VII), cuja justificativa para sua aprovação é tentar prevenir ou diminuir crimes contra pessoas que atuam na área de segurança pública, pessoas que atuam no *front* no combate à criminalidade. A mudança, reitere-se, de acordo com a justificativa, "é crucial para fortalecer o Estado Democrático de Direito e as instituições legalmente constituídas para combater o crime, em especial o organizado, o qual planeja criar pânico e o descontrole social, quando um ator do combate à criminalidade é vítima de homicídio".

Para que configure a qualificadora, o agente deve praticar o crime de homicídio ou lesão corporal (art. 129, § 12º, do CP) contra:

a) autoridade ou agente descrito nos arts. 142 e 144 da CF

O art. 142 da CF/88 abrange as Forças Armadas, constituídas pela Marinha, pelo Exército e pela Aeronáutica, instituições nacionais permanentes e regulares, organizadas com base na hierarquia e na disciplina, sob a autoridade suprema do Presidente da República, e destinam-se à defesa da Pátria, à garantia dos Poderes constitucionais e, por iniciativa de qualquer destes, da lei e da ordem. O art. 144 elenca os órgãos de segurança pública: polícia federal, polícia rodoviária federal, polícia ferroviária federal, polícias civis, polícias militares e corpos de bombeiros militares.

b) integrantes do sistema prisional e integrantes da Força Nacional de Segurança Pública

Por definição, encontram-se na categoria dos integrantes do sistema prisional, os agentes presentes na atividade rotineira da execução penal, como o diretor do estabelecimento prisional, agentes penitenciários, guardas da segurança e todos aqueles atuantes nas várias etapas da execução, como comissão técnica de classificação, comissão de exame criminológico, conselho penitenciário etc., enquanto integrantes da Força Nacional de Segurança Pública são os integrantes do Departamento da Força Nacional de Segurança Pública ou Força Nacional de Segurança Pública (FNSP), criado em 2004, com sede em Brasília/DF, é um programa de cooperação de segurança pública brasileiro, coordenado pela Secretaria Nacional de Segurança Pública (SENASP), do Ministério da Justiça, constituindo-se em um agrupamento de polícia da União que assume o papel de polícia militar em distúrbios sociais ou em situações excepcionais nos estados brasileiros, sempre que a ordem pública é posta em situação concreta de risco. É composta pelos quadros mais destacados das polícias de cada estado e da Polícia Federal.

A qualificadora inserida no inciso VII pressupõe a prática do delito contra o agente no exercício da função ou em decorrência dela. Finalmente, a qualificadora se aplica quando o crime é praticado "contra seu cônjuge, companheiro ou parente consanguíneo até terceiro grau", dos agentes descritos nas alíneas anteriores, sendo necessário que o crime tenha sido praticado em razão dessa condição, ou seja, que o homicida tenha escolhido matar aquela vítima exatamente por ser ela parente de policial.

A presente qualificadora é a única do rol do homicídio que não tem correspondente agravante no art. 61 do CP. Em face da natureza subjetiva da qualificadora, torna-se incompatível com o privilégio.

Conforme disposto no § 2º-A do art. 121 do CP, incluído pela Lei n. 13.104/2015, o fato contra a mulher ocorre por razões do sexo feminino, nas seguintes modalidades: quando envolver violência doméstica ou familiar contra a mulher (inciso I); quando tiver relação com menosprezo ou discriminação no tocante à condição de mulher (inciso II). Trata-se de norma explicativa, e seu conteúdo integra o tipo qualificado.

No caso do inciso I, o crime se relaciona com o art. 5º, I, II e III, *caput*, da Lei n. 11.340/2006 (Lei Maria da Penha), cuja origem do fato decorre de razão de gênero no âmbito da unidade doméstica, da família ou em relação íntima de afeto, casos em que há ou houve relacionamento entre as partes, que independe de orientação sexual.

No que se refere ao inciso II, a norma explicativa não tem liame com a Lei Maria da Penha, e, mesmo não havendo relacionamento anterior entre o autor e a vítima, o fato ocorre quando há menosprezo ou discriminação à condição de mulher.

Crime hediondo: o feminicídio, cuja pena é aquela prevista para o homicídio qualificado (reclusão de 12 a 30 anos) configura crime hediondo (conforme disposto na Lei n. 13.104/2015, art. 2º), não admitindo graça ou indulto; é inafiançável; a prisão temporária é de trinta dias e, para efeito de progressão de regime prisional, exige do condenado o cumprimento de 2/5 da pena se for primário e 3/5 em caso de reincidência.

VIII – com emprego de arma de fogo de uso restrito ou proibido

O Congresso Nacional, em sessão realizada em 19 de abril de 2021, nos termos do art. 66, § 4º, da Constituição Federal, afastou alguns dos vetos realizados pelo Presidente da República à Lei n. 13.964/2019 (Pacote Anticrime), e entre estes o que doravante insere no Código Penal o inciso VIII no § 2º do art. 121, criando mais uma qualificadora para o tipo penal de homicídio, quando "cometido com emprego de arma de fogo de uso restrito ou proibido", com pena prevista de 12 a 30 anos de reclusão. Oportuno esclarecer a cronologia do processo legislativo. Ao sancionar a Lei n. 13.964/2019, conhecida por "Pacote Anticrime", em 24 de dezembro de 2019, o Presidente da República vetou 24 dispositivos do texto aprovado pelo Congresso Nacional, incluindo a qualificadora "quando o agente comete o crime de homicídio utilizando arma de fogo de uso restrito ou proibido". No âmbito político, o veto, especificamente a esse dispositivo, representou uma disputa de entendimento, em que o chefe do Executivo deixou público seu interesse em flexibilizar o controle de armas no país com a facilitação da sua propriedade e porte, enquanto o Congresso Nacional pretendia o inverso, como já havia feito no Estatuto do Desarmamento (Lei n. 10.826/2003), cujas penas (arts. 14 a 20) foram agravadas no "Pacote Anticrime". Eis as razões apresentadas no veto presidencial: "A propositura legislativa, ao prever como qualificadora do crime de homicídio o emprego de arma de fogo de uso restrito ou proibido, sem qualquer ressalva, viola o princípio da proporcionalidade entre o tipo penal descrito e a pena cominada, além de gerar insegurança jurídica, notadamente aos agentes de segurança pública, tendo em vista que esses servidores poderão ser severamente processados ou condenados criminalmente por utilizarem suas armas, que são de uso restrito, no exercício de suas funções para defesa pessoal ou de terceiros ou, ainda, em situações extremas para a garantia da ordem pública, a exemplo de conflito armado contra facções criminosas". É fácil a constatação do equívoco inserido nas razões do veto, uma vez que os agentes de segurança pública, quando agem de forma correta, amparados pela lei, são protegidos pelas excludentes de ilicitude da legítima defesa e estrito cumprimento do dever legal, o que reafirma a existência do ingrediente político no ato.

Entretanto, outra foi a deliberação do Congresso Nacional, pois dos 24 vetos praticados pelo Presidente da República, 16 foram derrubados pelos parlamentares, e em consequência foi inserida no texto do Código Penal a nova qualificadora do tipo de homicídio, "com emprego de arma de fogo de uso restrito ou proibido", constante do inciso VIII do § 2º do art. 121, restabelecendo o teor da proposta legislativa anteriormente aprovada. À evidência, apesar de o art. 1º da Lei n. 13.964/2019 trazer de forma expressa que "Esta Lei aperfeiçoa a legislação penal e processual penal", seu claro objetivo é robustecer a legislação penal visando combater o aumento da criminalidade, a sensação de insegurança na sociedade e a onda crescente de impunidade dos criminosos. Por isso, transcende da aprovação em sede parlamentar a sensibilidade às modificações necessárias para acompanhar, e combater, o crescimento dos índices de criminalidade que avançaram abruptamente no país nas últimas décadas, principalmente em razão do uso indevido de armas de fogo mais sofisticadas e letais, como fuzis e metralhadoras, substituindo a singela contravenção para elevar o porte de arma à condição de crime, da mesma forma que foram ajustadas novas condutas sujeitas a punição. Outro fato relevante é o aumento do tráfico de armas de uso restrito ou proibido, de difícil combate em um país de dimensões continentais como o Brasil, principalmente quando realizado por organizações criminosas. Enfim, foi afirmada a especial gravidade da conduta de posse ou porte de arma de fogo de uso restrito ou proibido, de modo que se deve, como já decidiu reiteradamente o Superior Tribunal de Justiça, "coibir mais severamente os criminosos que adquirem ou alugam armamento pesado, ampliando consideravelmente o mercado do tráfico de armas. Por derradeiro, essa flexibilização no controle de armas no país mostra, através de dados inéditos, que o universo armamentista teve um crescimento sem precedentes no último ano, pois até novembro de 2021, o Exército concedeu 1.162 novos registros por dia a Caçadores, Atiradores e Colecionadores (CACs)" (Fonte: *O Globo* 30.01.2022 – Segurança Pública. Faroeste à brasileira: prática de tiro vira febre com mais de mil licenças concedidas por dia no país – Mercado tem oferecido serviços como clubes de tiro de luxo 24 horas, treinamento exclusivo para mulheres e até hotel rural com espaços para a prática de "tiroterapia" em família).

Natureza jurídica: a qualificadora é de natureza **objetiva**, uma vez que está ligada ao meio de execução, ao objeto utilizado, e não aos motivos ou à pessoa do agente. Dessa forma, evidentemente, a qualificadora se comunica aos coautores.

Ante a necessidade de **complemento normativo**, aqui se trata de norma penal em branco, originária de Lei ou Resolução para identificação das armas de fogo que se ajustam ao conceito de uso restrito ou proibido (art. 3º, parágrafo único, Anexo I do Decreto n. 10.030/2019). Arma de fogo de "uso restrito" é aquela de uso exclusivo das Forças Armadas, de instituições de segurança pública e de pessoas físicas e jurídicas habilitadas, devidamente autorizadas pelo Comando do Exército, de acordo com legislação específica. O Anexo I do Decreto n. 10.030/2019, em seu art. 3º, parágrafo único, II, considera de uso **restrito** as armas de fogo automáticas, de qualquer tipo ou calibre, semiautomáticas ou de repetição, portáteis ou não; o inciso III define como arma de fogo de uso **proibido** aquelas classificadas como de uso proibido em acordos ou tratados internacionais dos quais a República Federativa do Brasil seja signatária, e as *dissimuladas*, com aparência de objetos inofensivos. O *princípio da consunção ou absorção* impede a punição do sujeito ativo duplamente, pelo homicídio e pelo porte de arma de uso restrito ou proibido, se o porte for o "crime meio" para a prática de homicídio. Todavia, se a posse ou o porte tiver ocorrido anteriormente, sem interesse único de praticar o crime de homicídio, fica caracterizado o concurso material, caso a arma tenha sido efetivamente usada para esse fim.[1]

IX – contra menor de 14 anos

Motivados pela morte do menino Henry Borel Medeiros, de 4 anos, no dia 8 de março de 2021, no Rio de Janeiro, tendo como acusados da prática de homicídio a mãe Monique Medeiros da Costa e Silva e o padrasto, Jairo Souza Santos Júnior, os integrantes do Congresso Nacional aprovaram a Lei n. 14.344 em 24 de maio de 2022, rotulada pelo nome da vítima, com o propósito de aperfeiçoar o microssistema de garantias infantojuvenil e tendo por objetivo a prevenção e o enfrentamento da violência doméstica e familiar contra a criança e o adolescente, nos termos do § 8º do art. 226 e do § 4º do art. 227 da Constituição Federal e das disposições específicas previstas em tratados, convenções e acordos internacionais ratificados pela República Federativa do Brasil, e altera o DL n. 2.848, de 07.12.1940 (Código Penal), e as Leis ns. 7.210, de 11.07.1984 (Lei de Execução Penal), 8.069, de 13.07.1990 (Estatuto da Criança e do Adolescente), 8.072, de 25.07.1990 (Lei de Crimes Hediondos), e 13.431,

1 O PLS n. 236/2012 traz o acréscimo de mais três incisos ao § 1º do art. 121 do atual CP, qualificando a conduta do agente.

de 04.04.2017, que estabelece o sistema de garantia de direitos da criança e do adolescente vítima ou testemunha de violência.

Essa criação legislativa especificando como sujeito de direito as pessoas em condição de maior vulnerabilidade, portanto destinatárias de tratamento especial, veio acolher o anseio de estudiosos e da sociedade comprometida na luta em defesa das vítimas de violência no âmbito familiar e doméstico, abrangendo as crianças e os adolescentes, em complemento à enorme aceitação popular da Lei Maria da Penha. A *novatio legis*, reafirmando a ampliação do rol de pessoas vulneráveis, prevê expressamente a aplicação de medidas protetivas de urgência contidas na Lei n. 11.340/2006 às crianças e aos adolescentes vítimas de violência doméstica e familiar, independentemente do sexo. Inserido como hediondo, o crime passa a ser inafiançável e insuscetível de anistia, graça e indulto, ficando o condenado sujeito a regime inicial fechado. A lei de origem no Senado Federal (PL n. 1.360/2021) passou a considerar o homicídio contra menor de 14 anos um tipo qualificado com pena de reclusão de 12 a 30 anos, aumentada de um terço (1/3) à metade (1/2) se a vítima é pessoa portadora de deficiência ou doença que implique o aumento de sua vulnerabilidade.

O aumento da pena será de dois terços se o autor for ascendente, padrasto ou madrasta, tio, irmão ou cônjuge, companheiro, tutor, curador, preceptor ou empregador da vítima ou por qualquer outro título tiver autoridade sobre ela. A modificação trouxe também novidade quanto à prescrição, pois nos crimes de violência contra a criança e o adolescente começará a contar a partir do momento em que a pessoa completar 18 anos, como ocorrer para os crimes contra a dignidade sexual.

Ao examinar a alteração do Código Penal em relação ao crime de homicídio e o Estatuto da Criança e do Adolescente, para sugestão de aplicação da Lei Henry Borel, o CAOCrim/SP[2] desenvolveu um aprofundado – e comparado – estudo entre a legislação então vigente e as modificações trazidas na *novatio legis*: "Antes da Lei n. 14.344/2022, o autor de um crime de homicídio contra pessoa menor de 14 anos, nos termos do § 2-A do art. 121 do Código Penal, além da qualificadora do feminicídio, teria em seu prejuízo a incidência da causa de aumento previsto no § 7º, II, em razão da idade da vítima. A pena mínima prevista, se aplicada no piso, seria aumentada pelo juiz de 1/3 até 1/2, culminando numa sanção privativa de liberdade superior a 16 anos, a ser cumprida inicialmente em regime fechado. Se a pena fosse superior a 15 anos de reclusão, seria determinada, inclusive, a execução provisória da pena, nos moldes do que dispõe o art. 492, I, *e*, do CPP. Com a nova lei, alterando-se o art. 121, §§ 2º e 7º, do CP, a pena, nas mesmas circunstâncias, será modificada para menor, pois revogada a causa de aumento 'crime contra pessoa menor de 14 anos', passando a idade da vítima a servir de circunstância qualificadora. O que não pode é o condenado pleitear e responder somente pelo feminicídio, de modo a não ter considerada em seu prejuízo a idade da vítima. Esse contorcionismo redundaria em indisfarçável combinação de leis, o que acabaria na criação de uma terceira lei, violando-se a separação dos Poderes. Diante desse cenário, o juiz, apurando a maior benignidade entre a lei posterior e anterior, deve trabalhar com a integralidade das leis em conflito no tempo".

X – Homicídio qualificado contra menor de 14 anos

Conforme discorremos acima sobre o tipo penal de homicídio, que é formado por três componentes: tipicidade, ilicitude e culpabilidade, o legislador inseriu suas qualificadoras, ou seja, elementos previstos em um crime específico, que o enquadra em um tipo penal mais grave. As qualificadoras são analisadas na primeira fase do cálculo da pena e podem eventualmente sofrer incidência de agravantes, atenuantes ou até causas de aumento de pena. Estas podem ser divididas em subjetivas e objetivas. As qualificadoras subjetivas que se ajustam aos motivos determinantes do crime, os fatores que, agindo na esfera íntima da vontade do indivíduo, fazem com que ele atue no mundo externo, causando nele uma modificação juridicamente relevante e proibida pelo direito penal (art. 121, § 2º): a) mediante paga ou promessa de recompensa, ou outro motivo torpe (inciso I); b) motivo fútil (inciso II); c) para assegurar a execução, a ocultação, a impunidade ou vantagem de outro crime (inciso V); d) feminicídio (inciso VI); e) contra autoridade ou agente de segurança em decorrência da função, ou contra seu cônjuge, companheiro ou parente consanguíneo até terceiro grau, em razão dessa con-

2 CAOCrim – Centro Operacional Criminal do Ministério Público do Estado de São Paulo. Boletim-Junho, 2022.

dição (inciso VII). As qualificadoras objetivas se referem ao modo de execução ou a outras circunstâncias diretas, de modo geral, as *norma agendi* cujos descumprimentos geram uma sanção: a) emprego de veneno, fogo, explosivo, asfixia, tortura ou outro meio insidioso ou cruel, ou de que possa resultar perigo comum (inciso III); b) traição, emboscada, ou mediante dissimulação ou outro recurso que dificulte ou torne impossível a defesa do ofendido (inciso IV); c) contra autoridade ou agente de segurança no exercício da função (inciso VII); d) emprego de arma de fogo de uso restrito ou proibido (inciso VIII).

A denominada Lei Henry Borel inseriu circunstância nova ao § 2º do art. 121, qualificando o homicídio quando cometido contra menor de 14 anos (inciso IX), ou seja, não se vincula ao motivo do crime, ou a forma, modo ou meio de execução, mas a idade da vítima. Tal qualificadora se aplica em razão da idade da vítima quando da prática da conduta criminosa, mesmo que o resultado ocorra *a posteriori*, e pelo caráter objetivo, não importando que o agente tenha, ou não, dela conhecimento para sua responsabilização.

Para efeito de aplicação de dosimetria, a inclusão do § 2º-B determina a majoração da pena do homicídio contra menor de 14 anos de um terço até a metade se a vítima é pessoa com deficiência ou portadora de doença que implique o aumento de sua vulnerabilidade. Reafirmamos que o legislador leva em conta a proteção da pessoa necessitada de maior proteção, que transcende a expressão "vulnerabilidade". *In casu*, é evidente que a doença ou a deficiência, de conhecimento pelo agente, implica a imposição da majorante mais gravosa. Nesse raciocínio lógico, o legislador trouxe o aumento ainda maior (2/3) se o autor é ascendente, padrasto ou madrasta, tio, irmão, cônjuge, companheiro, tutor, curador, preceptor ou empregador da vítima ou por qualquer outro título tiver autoridade sobre ela. Por isso, e pela ordem, o parentesco, a intimidade decorrente da convivência entre agente e vítima torna a segunda mais vulnerável e a conduta do criminoso, moralmente mais reprovável.

XI – crime praticado em instituição de educação básica pública ou privada – § 2º-B, III

O presente inciso foi acrescido ao parágrafo 2º-B pela Lei n. 14.811/2024, que trouxe alterações extremamente relevantes a todo o ordenamento jurídico do país na busca de ampliar a proteção da criança e do adolescente (a exemplo da Lei n. 14.344/2022 – Lei Henry Borel), agora especificando a prática sofrida nos estabelecimentos educacionais ou similares, sejam públicos ou privados. Assim, a nova norma amplia as penas para situações já previstas no Código Penal, tratando-se de mudança significativa a causa de aumento de pena para o caso de homicídio qualificado, quando praticado contra menor de 14 anos, aumentada em dois terços se o crime for praticado em instituição de educação básica pública ou privada. Tal medida visa punir com maior rigor os casos de violência contra crianças em ambiente escolar.

Evidentemente o assunto será abordado no título específico (art. 146-A), mas é oportuno registrar que a *novatio legis* cuida também da punição pela prática do *bullying* (posição de vantagem que alguém estabelece sobre outrem para proferir ataques) e do *cyberbullying* (igual comportamento utilizando a internet).

Ademais, a Lei n. 14.811/2024 traz expressamente, em seu art. 3º, que é responsabilidade do poder público local adotar todos os protocolos necessários e medidas de proteção à criança e ao adolescente contra atos de violência no âmbito escolar, exigindo dos estabelecimentos educacionais e das instituições sociais que desenvolvam atividades com menores a manutenção e a atualização das certidões de antecedentes criminais de todos os seus colaboradores.

Certo é que a medida de tornar hediondos crimes cometidos contra esse grupo vulnerável reflete a crescente preocupação da sociedade com a proteção da infância e adolescência, reconhecendo a gravidade desses delitos ao impor penas mais rigorosas como forma de desencorajar sua prática. A Lei n. 14.811/2024 realça a importância da participação efetiva da sociedade na garantia da segurança e da vida de crianças e adolescentes, da mesma forma que ajusta a conduta criminal e impõe sanções a comportamentos negligentes dos responsáveis. A alteração expressa a necessidade de ser criado, ou aperfeiçoado, um ambiente mais seguro para a infância e adolescência, com forte base jurídica que atenda a esses grupos vulneráveis. Um dos motivos, possivelmente o mais forte, é o aumento comprovado de crimes cometidos contra crianças e adolescentes dentro de estabelecimentos escolares nos últimos anos, onde os atentados culminando com mortes tiveram crescimento desproporcional na última década.

Trata-se, portanto, de condição objetiva que determina a obrigatória majoração da pena em 2/3 (dois terços), bastando a comprovação de ter sido o crime praticado em estabelecimento de ensino, repetimos, público ou privado.

1.10. Homicídio culposo

O CP, tradicionalmente, em casos de culpa, opta por utilizar o tipo penal aberto, e assim ocorreu ao definir "homicídio culposo" no art. 121, § 3º, descrevendo-o como "se o homicídio é culposo".

Na teoria finalista da ação, a culpa se constitui em elemento do tipo, pois a referência é feita à inobservância do dever de diligência. O cuidado objetivo é a obrigação imposta a todos, no convívio social, de realizar condutas de molde a não causar prejuízos aos demais, e com toda razão, não causar a morte. A doutrina tradicional, em geral, atende que culposo há crime quando o agente, deixando de empregar a atenção ou diligência de que era capaz, em face das circunstâncias, não previu o caráter delituoso de sua ação ou o resultado desta, ou, tendo-o previsto, supôs levianamente que se não realizaria. No fato culposo existe uma ação ou omissão causal voluntária, como o doloso, e um evento antijurídico não querido, ou por não ter sido previsto e que se acreditou não ocorrer. Mirabete, usando os estudos de Maggiore, diz que "homicídio culposo é a conduta voluntária (ação ou omissão) que produz um resultado antijurídico não querido, mas previsível, ou excepcionalmente previsto, de tal modo que podia, com a devida atenção, ser evitado" (op. cit., 1986, v. II, p. 56).

1.10.1. Elemento normativo do tipo

É a inobservância do cuidado necessário objetivo, a culpa. Deve ser examinada por meio de um juízo de valor, cuja previsibilidade do resultado naturalístico é extraída pelo julgador, inserido em situação símile à do *homo medius*. O raciocínio não é complexo: o resultado produzido pelo autor era, ou não, previsível a um ser humano dotado de inteligência e prudência medianas? Há duas condutas comparadas: há o caso *in concreto* do sujeito e a conduta que deveria ter a pessoa de comportamento mediano.

Segundo Damásio "a culpabilidade no delito de homicídio culposo decorre da previsibilidade subjetiva, pois enquanto na previsibilidade objetiva é questionada, a possibilidade da antevisão da morte por uma pessoa prudente e de discernimento, na previsibilidade subjetiva é questionada a possibilidade de o sujeito agir conforme o direito e segundo as circunstâncias do caso concreto" (*Direito penal,* v. 2, p. 78). Em caso de resultado involuntário, a pena é muito menor que aquela prevista para o homicídio doloso.

1.10.2. Espécies de culpa

A culpa, prática não intencional da infração penal, é causada pela imprudência, negligência e imperícia. Pela espécie, essa culpa pode ser: a) culpa inconsciente ou sem previsão: é aquela em que o agente não prevê o resultado previsível. É a culpa comum. O fato era previsível, mas o agente não previu o resultado pela falta de atenção devida na modalidade de imprudência, negligência e imperícia; b) culpa consciente ou com previsão: ocorre quando o agente prevê o resultado, que era previsível. O agente prevê o resultado, mas acredita que este não ocorrerá. O agente confia erradamente na sua perícia, apesar de não aceitar definitivamente o resultado danoso. Confia que pode evitá-lo, embora ele seja previsível. Entretanto, não se pode confundir a culpa consciente com o dolo eventual, pois em ambos os casos o agente prevê o resultado, entretanto na culpa consciente o agente não aceita o resultado, e no dolo eventual o agente o acolhe. Há dolo eventual quando o agente assume o risco de produzir o resultado como provável ou possível, ou quando aceita ou prevê o resultado como provável ou possível e aceita ou consente sua superveniência. O dolo eventual é vizinho muito próximo da culpa consciente, mas nesta o agente, embora prevendo o resultado como possível ou provável, não aceita nem consente. A teoria positiva do consentimento é muito útil e singela para identificar o dolo eventual. Segundo esse princípio, o agente diz a si mesmo: "seja assim ou de outra maneira, suceda isto ou aquilo, em qualquer caso, agirei"; c) culpa indireta ou mediata: existe quando o agente produz um resultado e em virtude deste é produzido um outro resultado.

1.10.3. Modalidades de culpa

Verificamos, portanto, que culpa é prática voluntária de uma conduta, sem a necessária atenção ou cuidado, da qual deriva um resultado, não desejado nem previsto, mas previsível, estabelecido na lei como crime, cujas modalidades são:

1) Negligência: é a culpa de quem se omite. É culpa *in ommitendo*, também conhecida por culpa negativa. É a inércia e a inatividade (corpórea ou psíquica) deixar de fazer aquilo que a cautela recomenda. É a falta de cuidado antes de começar a agir. Ocorre sempre antes da ação.

2) Imprudência: é uma *culpa in agendo*, onde o agente faz o que não deve. É o atuar sem a cautela devida. É a forma ativa, também conhecida como culpa positiva, é a prática de um ato perigoso. É revestida de precipitação, insensatez ou inconsideração. É a culpa de quem age.

3) Imperícia: é a incapacidade, a falta de conhecimentos ou de habilidade no exercício de uma profissão ou atividade. É também denominada de culpa profissional. No caso de exercício de profissão, se, além de haver a falta de habilidade, não for observada uma regra técnica específica para o ato, haverá a imperícia qualificada. Difere-se a imperícia do erro médico visto que este não decorre somente da imperícia, podendo decorrer também de imprudência ou negligência. Pode ocorrer ainda que o agente esteja autorizado a exercer a atividade, mas não domina os conhecimentos (práticos ou teóricos) para fazê-lo. Como há ocorrência de um resultado naturalístico, o crime culposo não admite tentativa.

1.10.4. Perdão judicial

É causa expressa de extinção da punibilidade, conforme dispõe o art. 107, IX, do CP, em caso de evento morte de alguém "quando o resultado acontece culposamente, mas as consequências do fato são tão graves ao causador que a punição se revela desnecessária". Em se aplicando a função retributiva da pena, verifica-se que o resultado naturalístico foi tão intenso que a cumpriu.

O instituto do perdão judicial, de forma concreta, surgiu por meio da Lei n. 6.416, de 24.05.1977, e foi reafirmado pelo CP com reforma de 1984, mas tem origens no Código Criminal do Império de 1830, cuja disposição era de que "o perdão concedido pelo Poder Moderador não isentava o acusado de proceder à reparação do dano" ("Art. 66. O perdão, ou minoração das penas impostas aos réus, com que os agraciar o Poder Moderador, não os eximirá da obrigação de satisfazer o mal causado em toda a sua plenitude" – Código Criminal, Lei de 16 de dezembro de 1830), princípio que por similitude ainda é atual, uma vez que o beneficiário da extinção da punibilidade não se exime de reparar civilmente o dano causado. O CP de 1940, oriundo dos trabalhos da comissão constituída por Nélson Hungria, Roberto Lira, Narcélio de Queiroz e sob a presidência do Ministro Francisco Campos com a colaboração de Costa e Silva, teve seu projeto definitivo apresentado ao Governo Federal em 04.11.1940 e depois foi sancionado por decreto-lei de 7 de dezembro daquele ano, passando a vigorar em 01.01.1942, quando se reconheceu de fato a "política criminal", ao tratar do perdão judicial em quatro hipóteses inseridas na Parte Especial nos arts. 140, 176, 240 e 249.

Nos anos 1960, uma nova comissão, composta por Nélson Hungria, Hélio Tornaghi, Heleno Fragoso e Aníbal Bruno, elaborou um novo projeto de CP que foi promulgado em 21.10.1969, mas os sucessivos períodos de vacância impediram que entrasse em vigor. O mencionado CP de 1969 incluía expressamente o instituto entre as causas de extinção da punibilidade, rotulando pela primeira vez em nosso ordenamento a expressão "perdão judicial" contida no art. 108.

A Lei n. 6.416/77 estendeu sua aplicação também ao homicídio culposo e às lesões corporais culposas e melhor disciplinou o instituto a Reforma da Parte Geral em 1984, quando, de forma efetiva, passou a ter contornos definitivos de causa extintiva da punibilidade, que não gera os efeitos da reincidência.

A legislação atual exige que perdão judicial ocorra somente por meio de sentença. De início, há necessidade de examinar a existência da materialidade e indícios de autoria, caso contrário é de se impor a absolvição do acusado. Existentes os pressupostos, a fase seguinte é verificar a responsabilidade do agente para concluir pela necessidade ou não da imposição da pena, uma vez que a gravidade do fato e o alcance do resultado da infração obrigam a análise do caso *in concreto*, sopesando as condições pessoais do autor e da vítima. Trata-se de sentença declaratória da extinção da punibilidade e dela não decorrem os efeitos condenatórios, como geração de reincidência. O perdão judicial é ato unilateral e difere do perdão do ofendido, empregado em sede de ação penal privada e que se condiciona à aceitação do autor. O perdão judicial é direito subjetivo do acusado e ato unilateral do juiz, aplicável em ação penal pública incondicionada e que não poderá ser negado se estiverem presentes as condições legais concretas, apesar de o texto legal estabelecer "que o juiz poderá deixar de aplicar a pena". A jurisprudência atual é uníssona no sentido de que o verbo "poder" (poderá) deve ser compreendido como o verbo de regência múltipla "dever", e, antes de uma faculdade, é impositivo o ato de deixar de aplicar a pena.

1.11. Causas especiais de aumento de pena

Na modalidade culposa "a pena é aumentada em 1/3 se o crime resulta de inobservância de regra técnica de profissão, arte ou ofício, ou se o agente deixa de prestar imediato socorro à vítima, não procura diminuir as consequências do seu ato ou foge para evitar a prisão em flagrante". O homicídio doloso, por sua vez, a pena poderá ser majorada também em "1/3 se o crime é praticado contra pessoa menor de 14 anos ou maior de 60 anos".

2. JURISPRUDÊNCIA

2.1. Julgados

Homicídio praticado na direção de veículo automotor. "Racha". Dolo eventual

Penal e processo penal. Constitucional. *Habeas corpus* substitutivo de recurso ordinário. Homicídio. "Pega" ou "racha" em via movimentada. Dolo eventual. Pronúncia. Fundamentação idônea. Alteração de entendimento de desembargadora no segundo julgamento do mesmo recurso, ante a anulação do primeiro. Ausência de ilegalidade. Excesso de linguagem no acórdão confirmatório da pronúncia não configurado. Dolo eventual *x* culpa consciente. Participação em competição não autorizada em via pública movimentada. Fatos assentados na origem. Assentimento que se dessume das circunstâncias. Dolo eventual configurado. Ausência de revolvimento do conjunto fático-probatório. Revaloração dos fatos. Ordem denegada. [...] IV – Elemento subjetivo do tipo. 11. O caso *sub judice* distingue-se daquele revelado no julgamento do *HC* n. 107.801 (rel. Min. Luiz Fux, 1ª T., *DJ* 13.10.2011), que cuidou de paciente sob o efeito de bebidas alcoólicas, hipótese na qual gravitava o tema da imputabilidade, superada tradicionalmente na doutrina e na jurisprudência com a aplicação da teoria da *actio libera in causa*, viabilizando a responsabilidade penal de agentes alcoolizados em virtude de ficção que, levada às últimas consequências, acabou por implicar em submissão automática ao júri em se tratando de homicídio na direção de veículo automotor. 12. A banalização do crime de homicídio doloso, decorrente da sistemática aplicação da teoria da "ação livre na causa" mereceu, por esta Turma, uma reflexão maior naquele julgado, oportunidade em que se limitou a aplicação da mencionada teoria aos casos de embriaguez preordenada, na esteira da doutrina clássica. 13. A pré-compreensão no sentido de que todo e qualquer homicídio praticado na direção de veículo automotor é culposo, desde não se trate de embriaguez preordenada, é assertiva que não se depreende do julgado no *HC* n. 107.801. 14. A diferença entre o dolo eventual e a culpa consciente encontra-se no elemento volitivo que, ante a impossibilidade de penetrar-se na psique do agente, exige a observação de todas as circunstâncias objetivas do caso concreto, sendo certo que, em ambas as situações, ocorre a representação do resultado pelo agente. 15. Deveras, tratando-se de culpa consciente, o agente pratica o fato ciente de que o resultado lesivo, embora previsto por ele, não ocorrerá. Doutrina de Nelson Hungria (*Comentários ao Código Penal*, 5. ed. Rio de Janeiro: Forense, 1980, v. I, p. 116-7); Heleno Cláudio Fragoso (*Lições de Direito Penal* – Parte Geral, 17. ed., Rio de Janeiro: Forense, 2006, p. 173 – grifo adicionado) e Zaffaroni e Pierangelli (*Manual de direito penal*: Parte Geral, v. 1, 9. ed., São Paulo: RT, 2011, p. 434-5 – grifos adicionados). 16. A cognição empreendida nas instâncias originárias demonstrou que o paciente, ao lançar-se em práticas de expressiva periculosidade, em via pública, mediante alta velocidade, consentiu em que o resultado se produzisse, incidindo no dolo eventual previsto no art. 18, I, segunda parte, *verbis*: ("Diz-se o crime: I – doloso, quando o agente quis o resultado ou assumiu o risco de produzi-lo" – grifei). 17. A notória periculosidade dessas práticas de competições automobilísticas em vias públicas gerou a edição de legislação especial prevendo-as como crime autônomo, no art. 308 do CTB, *in verbis*: "Art. 308. Participar, na direção de veículo automotor, em via pública, de corrida, disputa ou competição automobilística não autorizada pela autoridade competente, desde que resulte dano potencial à incolumidade pública ou privada:". 18. O art. 308 do CTB é crime doloso de perigo concreto que, se concretizado em lesão corporal ou homicídio, progride para os crimes dos arts. 129 ou 121, em sua forma dolosa, porquanto seria um contrassenso transmudar um delito doloso em culposo, em razão do advento de um resultado mais grave. Doutrina de José Marcos Marrone (*Delitos de trânsito brasileiro*: Lei n. 9.503/97. São Paulo: Atlas, 1998, p. 76). 19. É cediço na Corte que, em se tratando de homicídio praticado na direção de veículo automotor em decorrência do chamado "racha", a conduta configura homicídio doloso. Precedentes: *HC* n. 91.159/MG, rel. Min. Ellen Gracie, 2ª T., *DJ* 24.10.2008; *HC* n. 71.800/RS, rel. Min. Celso de Mello, 1ª T., *DJ* 03.05.1996. 20. A conclusão externada nas instâncias originárias no sentido de que o paciente participava de "pega" ou "racha", empregando alta velocidade, momento em que veio a colher a vítima em motocicleta, impõe reconhecer a presença do elemento volitivo, vale dizer, do dolo eventual no caso concreto. 21. A valoração jurídica do fato distingue-se da aferição do mesmo, por isso que o exame da presente questão não se situa no âmbito do revolvimento do conjunto fático-probatório, mas importa em mera revaloração dos fatos postos nas instâncias inferiores, o que viabiliza o conhecimento do *habeas corpus*. Precedentes: *HC* n. 96.820/SP, rel. Min. Luiz Fux, j. 28.06.2011; RE n. 99.590, rel. Min. Alfredo Buzaid, *DJ* 06.04.1984; RE n. 122.011, rel. Min. Moreira Alves, *DJ* 17.08.1990. 22. Assente-se, por fim, que a alegação de que o Conselho de Sentença teria rechaçado a participação do corréu em "racha" ou "pega" não procede, porquanto o que o Tribunal do Júri afastou com relação àquele foi o dolo ao responder negativamente ao quesito: "Assim agindo, o acusado assumiu o risco de produzir o resultado morte na vítima?", concluindo por prejudicado o quesito alusivo à participação em manobras perigosas. 23. Parecer do MPF pelo indeferimento da ordem. 24. Ordem denegada. (STF, *HC* n. 101.698/RJ, 1ª T., rel. Min. Luiz Fux, j. 18.10.2011)

Homicídio. Embriaguez ao volante. Dolo eventual. Ausência de circunstâncias excedentes ao tipo. Desclassificação. Homicídio culposo

De início, pontua-se que considerar que a embriaguez ao volante, *de per si*, já configuraria a existência de dolo eventual equivale admitir que todo e qualquer indivíduo que venha a conduzir veículo automotor em via pública com a capacidade psicomotora alterada em razão da influência de álcool responderá por homicídio doloso, ao causar, por violação a regra de trânsito, a morte de alguém. Não se descura que a embriaguez ao volante é circunstância negativa que deve contribuir para a análise do elemento anímico que move o agente. Todavia, não é a melhor solução estabelecer-se, como premissa aplicável a qualquer caso relativo a delito viário, no qual o condutor esteja sob efeito de bebida alcoólica, que a presença do dolo eventual é o elemento subjetivo ínsito ao comportamento, a ponto de determinar que o agente seja submetido a Júri Popular mesmo que não se indiquem quaisquer outras circunstâncias que confiram lastro à ilação de que o acusado anuiu ao resultado lesivo. O estabelecimento de modelos extraídos da *praxis* que se mostrem rígidos e impliquem maior certeza da adequação típica por simples subsunção, a despeito da facilidade que ocasionam no exame dos casos cotidianos, podem suscitar desapego do magistrado aos fatos sobre os quais recairá a imputação delituosa, afastando, nessa medida, a incidência do impositivo direito penal do fato. Diferente seria a conclusão se, por exemplo, estivesse o condutor do automóvel dirigindo em velocidade muito acima do permitido, ou fazendo, propopitalmente, zigue-zague na pista, ou fazendo sucessivas ultrapassagens perigosas, ou desrespeitando semáforos com sinal vermelho, postando seu veículo em rota de colisão com os demais apenas para assustá-los, ou passando por outros automóveis "tirando fino" e freando logo em seguida etc. Enfim, situações que permitissem ao menos suscitar a possível presença de um estado anímico compatível com o de quem anui com o resultado morte. Assim, não se afigura razoável atribuir a mesma reprovação a quem ingere uma dose de bebida alcoólica e em seguida dirige em veículo automotor, comparativamente àquele que, após embriagar-se completamente, conduz automóvel na via. (STJ, REsp n. 1.689.173-SC, 6ª T., rel. Min. Rogério Schietti Cruz, p. m., j. 21.11.2017, *DJe* 26.03.2018, Informativo n. 623)

Homicídio. Perdão judicial. Exigência de prévio laço psicológico entre os envolvidos

A matéria tratada nos autos consiste em averiguar a possibilidade de concessão do perdão judicial (art. 121, § 5º, do CP) a autor de crime culposo de trânsito, que, mediante uma única ação imprudente, leva duas vítimas a óbito, independentemente de haver prova de que mantivesse fortes vínculos afetivos com uma das vítimas fatais. Sob esse prisma, cumpre observar que, quando a avaliação está voltada para o sofrimento psicológico do autor do crime, a melhor doutrina enxerga no § 5º do art. 121 do CP a exigência de um vínculo, de um laço prévio de conhecimento entre os envolvidos, para que seja "tão grave" a consequência ao agente a ponto de ser despicienda e até exacerbada outra pena, além da própria dor causada, intimamente, pelo dano provocado ao outro. (STJ, REsp n. 1.444.699-RS, 6ª T., rel. Min. Rogério Schietti Cruz, p. u., j. 01.06.2017, *DJe* 09.06.2017)

Homicídio. Dolo eventual e qualificadoras. Compatibilidade

Penal e processo penal. Agravo regimental no recurso especial. 1. Tribunal do júri. Dolo eventual e qualificadoras do homicídio. Ausência de incompatibilidade. Decote que depende da manifesta improcedência. Não verificação. Motivo fútil e recurso que dificultou a defesa da vítima. Brincadeira de roleta russa. Análise que incumbe aos jurados. 2. Incidência dos verbetes ns. 283/STF e 7/STJ. Não ocorrência. Ausência de reexame fático e probatório. Surpresa e futilidade. Competência do conselho de sentença. 3. Crime de porte de arma de fogo. Prescrição da pretensão punitiva pela pena em abstrato. Ocorrência. Art. 109, IV, c/c o art. 115, do CP. 4. Agravo regimental improvido. Reconhecimento da extinção da punibilidade, apenas quanto ao crime de porte de arma. 1. É pacífico na doutrina e na jurisprudência que as qualificadoras dos crimes dolosos contra a vida só podem ser afastadas quando totalmente divorciadas do conjunto fático-probatório dos autos, sob pena de usurpar-se a competência do tribunal do júri. De fato, não pode a decisão de pronúncia se antecipar ao julgamento do mérito, razão pela qual deve o juiz, salvo nos casos de manifesta improcedência, manter as qualificadoras, possibilitando ao Conselho de Sentença proferir manifestação acerca do tema. 2. Não sendo possível em juízo de pronúncia adentrar no mérito das qualificadoras, incumbe ao tribunal do júri verificar a sua incidência na hipótese dos autos, porquanto estas se mostram controvertidas diante do estágio da ação penal. Assim, não há se falar em incidência do Enunciado n. 283/STF nem do Verbete n. 7/STJ, pois, exatamente por não ser possível revolver fatos e provas na via eleita, é que devem as qualificadoras ser remetidas ao crivo do tribunal do júri. Com efeito, cabe ao Conselho de Sentença aferir se havia ou não vontade de surpreender a vítima, bem como se o crime foi praticado por motivo fútil. 3. Verificado o implemento do lapso prescricional necessário ao reconhecimento da prescrição da pretensão punitiva estatal, pela pena em abstrato, deve ser declarada extinta a punibilidade do agravante, apenas no que concerne ao delito de porte de arma, conforme disciplina o art. 109, IV, c/c o art. 115, ambos do CP. 4. Agravo regimental a que se nega provimento. Reconhecimento da extinção da punibilidade, apenas quanto ao delito de porte de arma, pela prescrição da pretensão punitiva com base na pena em abstrato. (STJ, Ag. Reg. no REsp n. 1.078.147/RS, 5ª T., rel. Min. Marco Aurélio Bellizze, j. 12.11.2013)

Penal e processo penal. Agravo regimental no recurso especial. Divergência jurisprudencial. Art. 255/RISTJ. Inobservância. Pronúncia. Excesso de linguagem. Inocorrência. Dolo da conduta. Reexame fático e probatório. Impossibilidade. Súmula n. 7/STJ. Dolo eventual e qualificadoras do homicídio. Compatibilidade. Agravo regimental a que se nega provimento. 1. Deve ser negado seguimento ao recurso especial, interposto com amparo na alínea *c* do permissivo constitucional, se não evidenciadas as circunstâncias que identifiquem ou assemelhem os casos confrontados, nos termos do art. 255, § 2º, do RISTJ, mediante a realização do necessário cotejo analítico entre os paradigmas e o aresto recorrido. 2. Não há falar em excesso de linguagem na hipótese em que a decisão de pronúncia se limita a firmar a existência dos requisitos mínimos para admitir a acusação e remeter o julgamento ao tribunal do júri, evidenciando o seu convencimento no sentido de ter havido homicídio doloso (materialidade), praticado pelo recorrente (autoria), com apoio exclusivo no acervo fático-probatório, sem qualquer extrapolação do *judicium accusationis*, não havendo falar em nulidade qualquer. 3. No que tange ao pleito de desclassificação para o delito de homicídio culposo na direção de veículo automotor, o recorrente pretende, em verdade, rediscutir o dolo da sua conduta, o que demandaria, necessariamente, o reexame dos fatos e das provas produzidas nos autos, procedimento este que encontra óbice na exegese do Enunciado n. 7 da súmula deste Tribunal. 4. Esta Corte sufragou entendimento no sentido de que "são compatíveis, em princípio, o dolo eventual e as qualificadoras do homicídio". (*HC* n. 58.423/DF, rel. Min. Nilson Naves, 6ª T., *DJ* 25.06.2007). Incidência do óbice constante no Enunciado n. 83 da súmula desta Corte. 5. Agravo regimental a que se nega provimento. (STJ, Ag. Reg. no REsp n. 1.349.051/SP, 6ª T., rel. Min. Maria Thereza de Assis Moura, j. 20.08.2013)

Agravo regimental no *habeas corpus*. Homicídio duplamente qualificado. Sentença de pronúncia. Pretensão de exclusão das qualificadoras. Impossibilidade. Matéria a ser discutida pelo conselho de sentença. Agravo regimental desprovido. 1. Na linha da jurisprudência desta Egrégia Corte Superior, "as qualificadoras do crime de homicídio só podem ser excluídas da decisão de pronúncia se forem manifestamente improcedentes, isto é, quando completamente destituídas de amparo nos autos, sendo vedado nessa fase valorar as provas para afastar a imputação concretamente apresentada pelo Ministério Público, sob pena de se usurpar o pleno exame dos fatos do juiz natural da causa, qual seja, o tribunal do júri" (*HC* n. 138.177/PB, rel. Min. Sebastião Reis Júnior, 6ª T., *DJe* de 28.08.2013). 2. Na hipótese, não se pode afirmar que a incidência das qualificadoras da surpresa e do motivo fútil restabelecidas no acórdão *a quo* seriam manifestamente improcedentes e descabidas, pelo contrário, ficou demonstrado de forma fundamentada, com base na prova colhida na instrução criminal, as razões pelas quais o réu deveria ser pronunciado em relação a elas, razão pela qual não se afigura possível sua exclusão, sob pena de afronta à soberania do tribunal do júri. 3. Não é possível na via estreita do *habeas corpus*, sem o indispensável exame do conjunto fático-probatório dos autos, afastar qualificadoras reconhecidas de forma fundamentada pela instância ordinária, com base em elementos concretos dos autos. 4. Agravo regimental a que se nega provimento. Acórdão. Vistos, relatados e discutidos os autos em que são partes as acima indicadas, acordam os Senhores Ministros da 5ª Turma do STJ, por unanimidade, em negar provimento ao agravo regimental. Os Srs. Ministros Regina Helena Costa, Laurita Vaz, Jorge Mussi e Marco Aurélio Bellizze votaram com o Sr. Ministro Relator. (STJ, Ag. Reg. no *HC* n. 276.976/SP, 5ª T., rel. Min. Moura Ribeiro, j. 08.04.2014)

Agravo regimental em agravo em recurso especial. Penal e processo penal. Homicídio qualificado. Excludente de ilicitude. Reconhecimento de legítima defesa. Ausência de prova incontestável. *In dubio pro societate*. Pleito de absolvição sumária. Necessidade de reexame do acervo probatório. Vedação da Súmula n. 7/STJ. Exclusão de qualificadora. Descabimento. Preservação da competência do tribunal do júri. Existência de suporte probatório mínimo. Precedentes. Pretensão recursal. Súmula n. 7/STJ. Inexistência de argumentos aptos a ensejar a reforma da decisão. 1. A pronúncia é decisão interlocutória mista em que o magistrado declara a viabilidade da acusação por duplo fundamento, ou seja, por se convencer da existência de um crime e da presença de indícios de que o réu possa ser o autor (art. 413 do CPP). 2. Adverte a jurisprudência desta Corte que, em casos duvidosos e controvertidos, hipótese dos autos, deve a alegação de legítima defesa ser submetida à apreciação do tribunal do júri, juízo natural constitucionalmente instituído para julgar os crimes dolosos contra a vida, em que as provas, inclusive as testemunhais, serão analisadas com maior amplitude e liberdade, devido à aplicação, na fase do *judicium accusationis*, do princípio *in dubio pro societate*. 3. Por conseguinte, afastar as conclusões do acórdão para reconhecer a excludente de ilicitude, demandaria, seguramente, o revolvimento do material fático-probatório dos autos, o que é inviável em sede de recurso especial, ante o óbice previsto na Súmula n. 7/STJ. Precedentes. 4. Havendo nos autos motivação suficiente quanto à existência de indícios da qualificadora do homicídio, consistente na utilização de recurso que dificultou a defesa da vítima, não há falar na sua exclusão; logo, a desconstituição de tal entendimento atrai a incidência, mais uma vez, do óbice da Súmula n. 7/STJ. 5. O agravo regimental não merece prosperar, porquanto as razões reunidas na insurgência são incapazes de infirmar o entendimento assentado na decisão agravada. 6. Agravo regimental improvido. Acórdão. Vistos, relatados e discutidos os autos em que são partes as acima indicadas, acordam os Ministros da Sexta Turma do STJ, por unanimidade, negar provimento ao agravo regimental nos termos do voto do Sr. Ministro Relator. Os Srs. Ministros Rogerio Schietti Cruz, Nefi Cordeiro e Maria Thereza de Assis Moura votaram com o Sr. Ministro Relator. Ausente, justificadamente, a Sra. Ministra Marilza Maynard (des. conv. do TJSE). (STJ, Ag. Reg. no AREsp n. 316.069/SP, 6ª T., rel. Min. Sebastião Reis Júnior, j. 09.09.2014)

Recurso ordinário em *habeas corpus*. Processual penal. Júri. Homicídio qualificado (CP, art. 121, § 2º, II e IV). Apelação da defesa, sob o fundamento de que a decisão que reconheceu a incidência das qualificadoras foi manifestamente contrária às provas dos autos. Recurso não provido pela Corte estadual. Soberania dos veredictos. Reexame do contexto fático-probatório. Inviabilidade. 1. A aferição sobre a justiça da incidência das qualificadoras imputadas ao sentenciado exige aprofundamento do exame do acervo fático-probatório da causa, inviável em sede de *habeas corpus*. Precedentes. 2. Recurso ordinário a que se nega provimento. (STF, RHC n. 119.887/MS, 1ª T., rel. Min. Dias Toffoli, j. 11.03.2014)

Recurso ordinário em *habeas corpus*. Dupla tentativa de homicídio qualificado. Pedido de exclusão da qualificação do delito. 1. O acórdão do STJ está alinhado com a jurisprudência do STF no sentido de que a exclusão de qualificadora por órgão julgador diverso do Tribunal do Júri só é possível nos casos de manifesta improcedência. 2. Se a qualificação dos delitos de homicídio tentado está justificada no substrato fático da causa, não compete ao STF reapreciar provas e requalificar fatos para chegar a conclusão diversa. 3. Recurso ordinário em *habeas corpus* a que se nega provimento. (STF, RHC n. 118.975/BA, rel. Min. Roberto Barroso, j. 25.02.2014)

Homicídio. Dolo eventual e tentativa. Compatibilidade

Agravo regimental no recurso especial. Penal. Crime de homicídio qualificado. Condução de veículo automotor sob a influência de álcool e acima da velocidade permitida. Pleito de exclusão do dolo eventual. Pretensão que demanda análise do conjunto fático-probatório. Impossibilidade. Compatibilidade entre tentativa e dolo eventual. Agravo regimental desprovido. 1. As circunstâncias delineadas na pronúncia podem caracterizar o dolo eventual, já que é possível que o agente tenha assumido o risco de produzir o resultado morte, ainda que sem intenção de provocar o dano, mas com ele consentindo. 2. Nesse contexto, mostra-se inviável examinar o conjunto fático-probatório dos autos para avaliar se o elemento subjetivo caracterizador do dolo eventual estaria presente na conduta do agente. Incidência do óbice da Súmula n. 7 do STJ. 3. Esta Corte Superior de Justiça já se posicionou no sentido da compatibilidade entre o dolo eventual e o crime tentado. Precedentes. 4. Decisão agravada que se mantém pelos seus próprios fundamentos. 5. Agravo regimental desprovido. (STJ, Ag. Reg. no REsp n. 1.199.947/DF, 5ª T., rel. Min. Laurita Vaz, j. 11.12.2012)

Homicídio qualificado. Motivo torpe

Habeas corpus. Penal. Homicídio qualificado em sua forma tentada. Motivo torpe e recurso que dificultou a defesa da vítima. Desclassificação para lesões corporais. Revolvimento de material fático-probatório. Inviabilidade nos estritos limites do *habeas corpus*. Alegação de nulidade. Ausência de demonstração de prejuízo. *Pas de nullité sans grief*. Inconformismo com o término de relacionamento e ciúme. Motivo torpe. Não configuração. Qualificadora do art. 121, § 2º, IV, do CP devidamente caracterizada. Dosimetria da pena. Elevação da pena-base. Argumento inidôneo. Inerência ao tipo. Ordem de *habeas corpus* parcialmente concedida. 1. O pleito de desclassificação da conduta para o crime de lesão corporal denota inarredável necessidade de revolvimento de material fático-probatório, operação sabidamente vedada na estreita via do *habeas corpus*, ação constitucional de rito célere e cognição sumária. 2. Alegações genéricas de nulidade, desprovidas de demonstração do concreto prejuízo, não podem dar ensejo à invalidação da ação penal. É imprescindível a demonstração de prejuízo, pois o art. 563 do CPC, positivou o dogma fundamental da disciplina das nulidades *pas de nullité sans grief*. 3. Motivo torpe é aquele que, em razão de sua natureza vulgar, medíocre e vil, desvia-se dos padrões de moralidade aceitos, em geral, pela sociedade. O inconformismo com o término de relacionamento não se enquadra em um contexto capaz de despertar especial repúdio, e, por isso, não tem o condão de, por si só, fazer incidir a qualificadora de motivo torpe, sobretudo quando se tem notícia nos autos de que estaria preenchido pelo sentimento de ciúme. 4. "O ciúme, por si só, sem outras circunstâncias, não caracteriza o motivo torpe" (*HC* n. 123.918/MG, 5ª T., rel. Min. Felix Fischer, j. 13.08.2009, *DJ* 05.10.2009). 5. Ao prever como qualificadora o uso de recurso que dificulta ou torna impossível a defesa do ofendido, o legislador possibilitou que o intérprete insira analogicamente na norma situações inesperadas (elemento surpresa) que se harmonizam com os modelos explícitos de traição, emboscada ou dissimulação. No caso, mostra-se impossível afastar, na estreita via do *habeas corpus*, a conclusão soberana a que chegou o Tribunal do Júri, pois o cenário delineado, efetivamente, revela situação parecida com a dissimulação prevista no art. 121, § 2º, IV, do CP. 6. Inidônea a exasperação da pena-base lastreada na "insensibilidade" do paciente, uma vez que se trata de circunstância que não extrapola a reprovação inerente ao tipo penal de homicídio. 7. Ordem de *habeas corpus* parcialmente concedida, para afastar a qualificadora de motivo torpe e reduzir a pena-base ao mínimo legal, tornando definitiva a reprimenda de 8 anos de reclusão, em regime inicial semiaberto, nos termos do art. 33, § 2º, *b*, c/c art. 33, § 3º, todos do CP, e das Súmulas ns. 440/STJ e 718-719/STF. (STJ, *HC* n. 198.377/SP, 5ª T., rel. Min. Laurita Vaz, j. 02.10.2013)

Homicídio duplamente qualificado. *Bis in idem*. Não caracterização

Não caracteriza *bis in idem* o reconhecimento das qualificadoras de motivo torpe e de feminicídio no crime de homicídio praticado contra mulher em situação de violência doméstica e familiar. (STJ, *HC* n. 433.898/RS, 6ª T., rel. Min. Nefi Cordeiro, j. 24.04.2018, Info 625)

Homicídio qualificado. Qualificadoras com naturezas diversas. Subjetiva e objetiva. Possibilidade. Motivo torpe e feminicídio. *Bis in idem*. Ausência

Não caracteriza *bis in idem* o reconhecimento das qualificadoras de motivo torpe e de feminicídio no crime de homicídio praticado contra mulher em situação de violência doméstica e familiar. Observe-se, inicialmente, que, conforme determina o art. 121, § 2º-A, I, do CP, a qualificadora do feminicídio deve ser reconhecida nos casos em que o delito é cometido em face de mulher em violência doméstica e familiar. Assim, "considerando as circunstâncias subjetivas e objetivas, temos a possibilidade de coexistência entre as qualificadoras do motivo torpe e do feminicídio. Isso porque a natureza do motivo torpe é subjetiva, porquanto de caráter pessoal, enquanto o feminicídio possui natureza objetiva, pois incide nos crimes praticados contra a mulher por razão do seu gênero feminino e/ou sempre que o crime estiver atrelado à violência doméstica e familiar propriamente dita, assim o *animus* do agente não é objeto de análise" (STJ, REsp n. 1.707.113/MG, rel. Min. Felix Fischer, publ. 07.12.2017 – *Informativo* n. 625). (STJ, *HC* n. 433.898/RS, rel. Min. Nefi Cordeiro, p. u., j. 24.04.2018, *DJe* 11.05.2018)

Habeas corpus. Homicídio qualificado. Grupo de extermínio. Formação de quadrilha. Crime praticado para evitar que a vítima prestasse depoimento a conselho de defesa dos direitos da pessoa humana. Órgão vinculado ao ministério da justiça. Interesse da união. Competência da Justiça Federal. 1. Da narrativa contida da denúncia, assim também da decisão que rejeitou a exceção de incompetência do Juízo, o homicídio foi supostamente praticado com o objetivo de evitar que a vítima prestasse depoimento à subcomissão instalada pelo Conselho de Defesa dos Direitos da Pessoa Humana, órgão vinculado ao Ministério da Justiça, que tinha por objetivo apurar as denúncias a respeito de organização criminosa atuante no Estado do Acre. 2. Não há como negar, nesta sede, pelos elementos de cognição colhidos nos autos, a existência de uma relação teleológica entre o homicídio e o intuito de turbar os trabalhos investigativos, no âmbito da União, realizados pela Conselho de Defesa dos Direitos da Pessoa Humana. 3. É cediço que compete à União manter relações com Estados estrangeiros e participar de organizações internacionais (art. 21, I, da CF). Em tal contexto, como pessoa jurídica de direito público externo e interno, tem o poder-dever de fazer prevalecer os postulados de direitos humanos, comprometendo-se, por meio de seus órgãos e pelo desenvolvimento de políticas públicas, com o combate ao crime organizado, notadamente quando os poderes instituídos locais tornam-se insuficientes nesse mister [...]. (STJ, *HC* n. 57.189/DF, 6ª T., rel. Min. Og Fernandes, j. 16.12.2010)

Homicídio qualificado e privilegiado. Compatibilidade

Penal. *Habeas corpus*. Homicídio privilegiado e qualificado. Condenação. Apelação julgada. Presente *writ* substitutivo de recurso especial. Inviabilidade. Via inadequada. Reconhecimento da qualificadora. Expurgo obstado pelo colegiado estadual. Ausência de fundamentação. Não ocorrência. Redução da pena. Negada. Motivação idônea. Circunstâncias do crime. Menção aos elementos apreciados por ocasião do reconhecimento da qualificadora. Indevido *bis in idem*. Ocorrência. Flagrante ilegalidade. Existência. Privilégio e qualificadora. Compatibilidade. *Habeas corpus* não conhecido. Ordem concedida de ofício. [...] 5. Inexiste incompatibilidade entre a qualificadora do delito de homicídio e o privilégio, eis que a primeira é de natureza objetiva, pertinente ao modo empregado para a consecução do delito, e a causa de diminuição de pena possui caráter subjetivo. 6. *Habeas corpus* não conhecido. Ordem concedida, de ofício, a fim de reduzir a pena-base imposta. (STJ, *HC* n. 19.962/SP, 6ª T., rel. Min. Maria Thereza de Assis Moura, j. 24.03.2014)

Homicídio qualificado. Traição. Ex-companheiro. Inexigibilidade de conduta diversa. Impossibilidade

Habeas corpus. Paciente absolvido da imputação de homicídio qualificado tentado (art. 121, § 2º, III e IV, c/c art. 14, II, ambos do CPB). Inexigibilidade de conduta diversa reconhecida pelo conselho de sentença em razão da suposta traição da vítima. Decisão manifestamente contrária à prova dos autos. Determinação, pelo tribunal *a quo*, de realização de novo julgamento. Acórdão devidamente fundamentado. Inocorrência de ofensa ao princípio da soberania dos veredictos. Precedentes do STJ. Parecer do MPF pela denegação do *writ*. Ordem denegada. 1. Inexiste constrangimento ilegal ou violação da soberania do júri popular, em razão da anulação, pelo Tribunal de Justiça, da decisão absolutória do Conselho de Sentença, alicerçada unicamente na tese defensiva de inexigibilidade de conduta diversa porque a vítima estaria traindo seu ex-companheiro, o autor do homicídio, se tal argumento não encontra respaldo em qualquer elemento fático, evidenciando-se manifestamente contrário ao conjunto fático-probatório apurado na instrução. 2. A traição conjugal não respalda a ação homicida por suposta exclusão da culpabilidade fundada na inexigibilidade de conduta diversa. 3. Parecer do MPF pela denegação da ordem. 4. Ordem denegada. (STJ, *HC* n. 101.024/RS, 5ª T., rel. Min. Napoleão Nunes Maia Filho, j. 18.02.2010)

Homicídio culposo. Inobservância de regra técnica

Ação penal. Denúncia. Homicídio culposo. Negligência consistente em inobservância de regra técnica da profissão médica. Não percepção de sintomas visíveis de infecção, cujo diagnóstico e tratamento teriam impedido a morte da vítima. Falta consequente de realização de exame de antibiograma. Mera decorrência. Causa especial de aumento de pena prevista no art. 121, § 4º, do CP. Imputação cumulativa baseada no mesmo fato da culpa. Inadmissibilidade. Majorante excluída da acusação. HC concedido para esse fim. Inteligência do art. 121, §§ 3º e 4º, do CP. A imputação da causa de aumento de pena por inobservância de regra técnica de profissão, objeto do disposto no art. 121, § 4º, do CP, só é admissível quando fundada na descrição de fato diverso daquele que constitui o núcleo da ação culposa. (STF, *HC* n. 95.078/RJ, 2ª T., rel. Min. Cezar Peluso, j. 10.03.2009)

Homicídio culposo x infanticídio. Necessidade de observar as peculiaridades do caso concreto

Habeas corpus impetrado em substituição ao recurso previsto no ordenamento jurídico. 1. Não cabimento. Modificação de entendimento jurisprudencial. Restrição do remédio constitucional. Medida imprescindível à sua otimização. Efetiva proteção ao direito de ir, vir e ficar. 2. Alteração jurisprudencial posterior à impetração do presente *writ*. Exame que visa privilegiar a ampla defesa e o devido processo legal. 3. Homicídio culposo por inobservância de regra técnica. 4. Iniciado o trabalho de parto não há falar mais em aborto. 5. Trancamento da ação penal. Medida excepcional. 6. Ordem não conhecida. [...] 3. Os fatos descritos na denúncia são claros e determinados, podendo caracterizar, em tese, o crime de homicídio culposo por inobservância de regra técnica, não prosperando a alegação de ocorrência de "aborto culposo provocado por terceiro" ou de crime impossível em razão do bebê ter sido retirado do ventre materno sem vida, pois consta dos autos que a mãe já havia entrado em trabalho de parto há mais de oito horas e os batimentos cardíacos foram monitorados por todo esse período até não mais serem escutados. 4. Iniciado o trabalho de parto, não há falar mais em aborto, mas em homicídio ou infanticídio, conforme o caso, pois não se mostra necessário que o nascituro tenha respirado para configurar o crime de homicídio, notadamente quando existem nos autos outros elementos para demonstrar a vida do ser nascente, razão pela qual não se vislumbra a existência do alegado constrangimento ilegal que justifique o encerramento prematuro da persecução penal. [...] 6. *Habeas corpus* não conhecido e não constatada a existência de flagrante constrangimento ilegal que autorize a concessão de *habeas corpus* de ofício. (STJ, *HC* n. 228.998/MG, 5ª T., rel. Min. Marco Aurélio Belizze, j. 23.10.2012)

Homicídio. Prerrogativa de foro definida por Constituição Estadual não prevalece em face da competência do júri definida pela CF

Processo penal. *Habeas corpus*. Homicídio qualificado. Deputado estadual. Foro por prerrogativa de função. Tribunal de justiça. Tribunal do júri. Simetria constitucional. Abrangência da prerrogativa de foro na expressão inviolabilidade e imunidade. Inaplicabilidade da Súmula n. 721/STF aos deputados estaduais. Extensão da garantia do art. 27, § 1º, da CF. Ordem concedida. I. Em matéria de competência penal, o entendimento jurisprudencial dos Tribunais Superiores é no sentido de que o foro por prerrogativa de função, quando estabelecido na CF, prevalece mesmo em face da competência do tribunal do júri, pois ambos encontram-se disciplinados no mesmo diploma legislativo. II. De outro lado, estabelecida a imunidade processual na Constituição do Estado, esta competência não poderá prevalecer sobre a Carta Magna, norma de grau hierárquico superior. Inteligência da Súmula n. 721/STF. III. A garantia do cidadão de ser julgado pelos seus pares perante o tribunal do júri prevalece sobre o foro especial por prerrogativa de função estabelecida em Constituição estadual, pois os direitos fundamentais inseridos no art. 5º da CF, inalienáveis e indisponíveis, não podem ser suprimidos nem mesmo pelo poder constituinte derivado, pois alçado à condição de "cláusula pétrea". IV. O verbete sumular n. 721/STF não conflita com a possibilidade de simetria que a CF admite para a Organização da Justiça Estadual (arts. 25 e 125, § 1º) e nem com a aplicação extensiva do art. 27, § 1º, aos Deputados Estaduais em determinados temas, particularmente no da inviolabilidade e da imunidade dos Deputados Federais. V. Abrangência da prerrogativa de cargo ou função na expressão inviolabilidade e imunidade (art. 27, § 1º, da CF), autorizando às Constituições Estaduais a estender aos Deputados Estaduais as mesmas imunidades e inviolabilidades, aí compreendida a prerrogativa de foro. VI. Inaplicabilidade da Súmula n. 721/STF aos deputados estaduais, por extensão da garantia do art. 27, § 1º, da CF. VII. Ordem concedida, nos termos do voto do Relator. (STJ, *HC* n. 109.941/RJ, 5ª T., rel. Min. Gilson Dipp, j. 02.12.2010)

Homicídio. Fixação da pena

Penal e processual penal. *Habeas corpus* impetrado contra decisão monocrática que indeferiu liminar em idêntica sede processual. Homicídio qualificado e tentativa de homicídio qualificado. Circunstâncias judiciais desfavoráveis. Fixação da pena-base acima do mínimo legal. Possibilidade. Dosimetria da pena. Análise na via do *habeas corpus*. Impossibilidade. Súmula n. 691/STF. Não cabimento do *writ*. Ausência de teratologia no ato impugnado. *Habeas corpus* julgado extinto sem julgamento de mérito. 1. As circunstâncias judiciais elencadas no art. 59 do CP, quando desfavoráveis, autorizam a fixação da pena-base em patamar acima do mínimo legal, desde que fundamentada a exasperação. 2. "A dosimetria da pena, bem como os critérios subjetivos considerados pelos órgãos inferiores para a sua realização, não são passíveis de aferição na via estreita do *habeas corpus*, por demandar minucioso exame fático e probatório inerente a meio processual diverso" (*HC* n. 114.650, 1ª T., rel. Min. Luiz Fux, *DJe* 14.08.2013). Precedentes: RHC n. 115.213, 1ª T., rel. Min. Luiz Fux, *DJe* 26.06.2013; RHC n. 114.965, 1ª T., rel. Min. Rosa Weber, *DJe* 27.06.2013; *HC* n. 116.531, 1ª T., rel. Min. Rosa Weber, *DJe* 11.06.2013. 3. *In casu*, o paciente foi condenado a 16 anos de reclusão e a 8 anos de reclusão, pela prática, respectivamente, dos crimes de homicídio qualificado e tentativa de homicídio qualificado, tendo a pena sido imposta em patamar acima do mínimo legal em razão de serem desfavoráveis as circunstâncias judiciais. 4. O *habeas corpus* impetrado em face de decisão de órgão de outro Tribunal que indefere pedido de liminar, no bojo de idêntico remédio apreciado na instância inferior, não pode ser apreciado por esta Corte, nos termos da Súmula n. 691/STF, *verbis*: "Não compete ao STF conhecer de *habeas corpus* impetrado contra decisão do Relator que, em *habeas corpus* requerido a tribunal superior, indefere a liminar". 5. *Habeas corpus* julgado extinto sem julgamento de mérito. (STF, *HC* n. 117.476/PE, 1ª T., rel. Min. Luiz Fux, j. 20.05.2014)

Recurso ordinário em *habeas corpus*. Homicídio qualificado. Dosimetria da pena. Exasperação da pena-base. Atenuante relativa à confissão espontânea. Inexistência de ilegalidade ou arbitrariedade na definição da sanção. 1. A dosimetria da pena é matéria sujeita a certa discricionariedade judicial. O CP não estabelece rígidos esquemas matemáticos ou regras absolutamente objetivas para a fixação da pena. Cabe às instâncias ordinárias, mais próximas dos fatos e das provas, fixar as penas. Às Cortes Superiores, no exame da dosimetria das penas em grau recursal, compete o controle da legalidade e da constitucionalidade dos critérios empregados, bem como a correção de eventuais discrepâncias, se gritantes ou arbitrárias, nas frações de aumento ou diminuição adotadas pelas instâncias anteriores. 2. Existência de vetoriais negativas do art. 59 do CP autorizadoras da elevação da pena acima do mínimo legal. 3. Irreprochável a fixação da atenuante genérica da confissão espontânea em patamar razoável e proporcional com as peculiares do caso concreto. 4. Recurso ordinário em *habeas corpus* a que se nega provimento. (STF, RHC n. 119.961/DF, 1ª T., rel. Min. Rosa Weber, j. 06.05.2014)

Feminicídio

Art. 121-A. Matar mulher por razões da condição do sexo feminino:

Artigo acrescentado pela Lei n. 14.994, de 09.10.2024.

Pena – reclusão, de 20 (vinte) a 40 (quarenta) anos.

§ 1º Considera-se que há razões da condição do sexo feminino quando o crime envolve:

I – violência doméstica e familiar;

II – menosprezo ou discriminação à condição de mulher.

§ 2º A pena do feminicídio é aumentada de 1/3 (um terço) até a metade se o crime é praticado:

I – durante a gestação, nos 3 (três) meses posteriores ao parto ou se a vítima é a mãe ou a responsável por criança, adolescente ou pessoa com deficiência de qualquer idade;

II – contra pessoa menor de 14 (catorze) anos, maior de 60 (sessenta) anos, com deficiência ou portadora de doenças degenerativas que acarretem condição limitante ou de vulnerabilidade física ou mental;

III – na presença física ou virtual de descendente ou de ascendente da vítima;

IV – em descumprimento das medidas protetivas de urgência previstas nos incisos I, II e III do *caput* do art. 22 da Lei n. 11.340, de 7 de agosto de 2006 (Lei Maria da Penha);

V – nas circunstâncias previstas nos incisos III, IV e VIII do § 2º do art. 121 deste Código.

Coautoria

§ 3º Comunicam-se ao coautor ou partícipe as circunstâncias pessoais elementares do crime previstas no § 1º deste artigo.

---

1. COMENTÁRIO

1.1. Notas introdutórias

O crime de feminicídio foi incluído no art. 121, § 2º, VI, do Código Penal por meio da Lei

n. 13.104/2015, tratando-se de crime hediondo (art. 1º, I, Lei n. 8.072/90) e recebeu acréscimo da pena prevista inicialmente pela Lei n. 14.344/2024 (art. 121, § 2º-B, II). Posteriormente, a entrada em vigor da Lei n. 14.994, de 09.10.2024 (publicada no *DOU* de 10.10.2024), que criou o art. 121-A do Código Penal, revogou expressamente a figura acrescida ao tipo penal de homicídio (art. 121, § 2º-A, I e II), tornou o *feminicídio* delito autônomo e trouxe consigo outras medidas para prevenir e coibir a violência contra a mulher.

Trata-se de crime doloso, expressamente inserido como hediondo e de competência do tribunal do júri. É crime comum ou geral, pois pode ter como sujeito ativo qualquer pessoa.

Sujeito ativo: o sujeito ativo do feminicídio, na sua esmagadora maioria, normalmente é um homem, mas também pode ser mulher. No caso de mulher que mata a sua companheira homoafetiva, pode haver feminicídio se o crime foi por condições do sexo feminino.

Sujeito passivo: o sujeito passivo obrigatoriamente deve ser do sexo feminino. O que pode influenciar na aplicação da pena é a faixa etária da vítima, como criança ou idosa, além da condição de saúde, como portadoras de doenças degenerativas que acarretem limitações ou de vulnerabilidade física ou mental. Há várias correntes, inclusive julgados em segunda instância, de que pessoa oficialmente identificada como mulher poderá ser sujeito passivo dessa qualificadora. Outra corrente, mesmo com o necessário discernimento entre homossexualidade e transexualidade, que é a inaceitação ou incongruência de gênero, em que o indivíduo tem o desejo de viver e ser aceito como do sexo oposto ao do seu nascimento e realiza cirurgia de redesignação sexual, e ainda que alterada a situação civil, *in casu*, de sexo masculino para feminino, não poderá ser ajustada como vítima de feminicídio, pois biologicamente continuará com o sexo anterior. Uma situação interessante, também defendida por corrente doutrinária, é a mulher submetida a cirurgia para readequação ao sexo masculino que vier a ser vítima de homicídio, e se o crime for praticado por razões da condição de sexo feminino, a adequação será ao feminicídio, pois biologicamente ainda será do sexo feminino.

Tentativa ou consumação: o feminicídio pode ser consumado ou tentado, conforme a definição estabelecida no art. 14 do Código Penal (inciso I – consumado, quando nele se reúnem todos os elementos de sua definição legal, ou seja, ultrapassa todas as etapas do *iter criminis*: a) *cogitatio*; b) atos preparatórios; c) execução; d) consumação; enquanto o tentado, inciso II, acontece quando, iniciada a execução, não se consuma por circunstâncias alheias à vontade do agente).

Tipo subjetivo: o feminicídio pode ser praticado com dolo direto ou eventual (conforme estabelecido no art. 18 do Código Penal).

Qualificadora: quando acrescida ao Código Penal (Lei n. 13.104/2015), a subjetividade estava relacionada com a esfera interna do agente, existiu enquanto o próprio feminicídio era uma das qualificadoras do crime de homicídio, mas com a edição do "Pacote Antifeminicídio" (Lei n. 14.994/2024), passou a figurar como delito autônomo, e algumas das qualificadoras descritas no crime de homicídio, como veremos adiante, passaram a ser aumento da pena, no percentual de 1/3 à metade.

Figura privilegiada: não existe no crime de feminicídio, mas o juiz, ao estabelecer a pena, após a decisão condenatória dos jurados, pode reconhecer, como circunstância atenuante, que o agente cometeu o crime "sob o domínio de violenta emoção, provocada por ato injusto da vítima". Entretanto, a pena não poderá ser reduzida a menor que a pena mínima, fixada em vinte anos.

Feminicídio significa o assassinato de mulheres em razão do sexo (feminino). Tal expressão vem sendo criticada pelos juristas desde a sua criação, uma vez que "razão de gênero" seria mais conveniente, já que inserida e acolhida por toda a sociedade brasileira na Lei Maria da Penha (Lei n. 11.340/2006).

Ao ser inserido pela primeira vez em 2015, em norma explicativa, o Código Penal deixou claro, e, portanto, mais didático o esclarecimento ao inserir que "há razões de condição de sexo feminino quando o crime envolve: I – violência doméstica e familiar; II – menosprezo ou discriminação à condição mulher". *Femi* deriva de *femin-*, palavra de origem grega (*phemi*), significando "manifestar seu pensamento pela palavra, dizer, falar, opinar"; e *-cídio* deriva do latim *-cid/um*, cujo significado remete à expressão "ação de quem mata ou o seu resultado" (Fonte: *Dicionário Eletrônico Houaiss da Língua Portuguesa*); ou seja, em sentido amplo, é o homicídio doloso praticado contra mulher.

A prática desse tipo de crime é reconhecidamente um dos principais problemas de violência de gênero e que afeta mulheres em todo o mundo. Igualmente, a sociedade mundial, por meio de estatísticas seguras, admite o aumento absurdo de feminicídios nos últimos anos e busca não apenas seu combate pelo endurecimento das penas, mas também desenvolver socialmente estudos aprofundados no sentido de identificar as causas e motivações que levam a essa nefasta ocorrência. Dentre estas, é fácil a identificação da desigualdade de gênero e a cultura de violência como fatores a serem acrescidos pelo preconceito, pela discriminação, além da desinformação, resultando em farto material que leva à inevitável conclusão estatal da permanente obrigação de elaborar, desenvolver e implementar ações concretas e políticas eficientes na prevenção e o combate desse crime. Os estudos mais recorrentes deixam transcender que o enfrentamento à violência de gênero não pode ser voltado exclusivamente às mulheres, mas enfrentado como problema abordado de forma intersetorial e multidimensional.

É descrito como um crime cometido por homens contra mulheres, individualmente ou em grupos, e possui características misóginas, de repulsa contra as mulheres. É o assassinato de uma mulher pela condição de ser mulher e que ocorre geralmente na intimidade dos relacionamentos e com frequência caracteriza-se por formas extremas de violência e barbárie.

Com a evolução doutrinária, o feminicídio pode também ser definido "como o assassinato de mulheres em razão de seu gênero, o que significa que ocorre quando o homem usa a violência como meio de controlar a mulher e impor sua vontade". As "razões de condição do sexo feminino" são reconhecidas quando o crime envolve violência doméstica e familiar e também com menosprezo ou discriminação à condição de mulher. Esse tipo de violência é uma forma extrema de discriminação de gênero e é também considerado um crime de ódio. Trata-se de um crime cujo impacto é silenciado, praticado sem distinção de lugar, cultura, raça ou classe, além de ser a expressão perversa de um tipo de dominação masculina ainda fortemente cravada na cultura brasileira. Cometido por homens contra mulheres, suas motivações são o ódio, o desprezo ou o sentimento de perda da propriedade sobre elas.

Feminicídio e *femicídio* eram sinônimos utilizados com frequência para morte intencional de pessoas do sexo feminino, apesar de grande discussão teórica. A Lei n. 13.104, de 09.03.2015, que trouxe a alteração do CP para acrescentar mais uma qualificadora ao art. 121, § 2º (crime de homicídio), criou o inciso VI, com o termo técnico, ou *nomen juris*, de feminicídio. Apesar de ambas as figuras serem definidoras de homicídio, o substantivo *feminicídio* representa crime doloso contra a mulher em razão da condição de sexo feminino, ou, melhor definido atualmente, como alinhamos acima, por razão de gênero, e *femicídio* pode ser entendido como qualquer crime praticado contra a mulher. É importante destacar que o reconhecimento da "necessária proteção ante as peculiaridades física e moral da mulher e da cultura brasileira" foi o entendimento adotado pelo STF (ADC n. 19, 09.02.2012, rel. Min Marco Aurélio Mello) para declarar que a Lei n. 11.340/2006 (Lei Maria da Penha) "não viola o princípio da igualdade de pessoas", se nessa esteira, portanto, "constitucional a lei que criou o feminicídio", uma vez que dela transcende rigorosamente o mesmo objetivo. Enfim, femicídio significa praticar homicídio contra mulher (matar mulher), enquanto feminicídio significa praticar homicídio contra mulher por razões de condição do sexo feminino (por razões de gênero).

A criação legislativa do feminicídio foi a comprovação de que estatísticas seguras inequivocamente implicam a necessidade de alteração legislativa visando ajustar as condutas criminais às mudanças sociais, e os números demonstravam o crescimento contínuo na quantidade de mortes de mulheres por assassinato no Brasil, de todas as faixas etárias, classes sociais e níveis culturais, cujos índices duplicaram entre 1980 e 2010, atingindo a faixa de 4,6 assassinatos por 100 mil mulheres, sendo que a grande maioria ocorreu no interior das residências das vítimas, e praticados por maridos, parceiros ou ex-parceiros íntimos, amigos ou parentes das vítimas.

Essa violência pode ocorrer de várias maneiras, como o abuso físico, o abuso psicológico, a violência sexual, o casamento forçado e a violência doméstica, resultando em sérias consequências para as vítimas, como danos físicos, lesões psicológicas e traumas. Nunca é demasiado repetir que tais formas de violência são frequentemente acompanhadas por discriminação racial, discriminação de gênero e pobreza. Historicamente a violência contra as mulheres remonta à Antiguidade e por muitos séculos elas têm sido vítimas de várias formas de violência, sobretudo as pobres e marginalizadas. Para reforçar nossa memória, deve sempre ser presente que na Idade Média as mulheres eram constantemente submetidas à violência doméstica e ao abuso sexual, além de serem obrigadas a se casar contra a sua vontade, que é outra forma de violência. É também necessário ser lembrado que nos séculos XVIII e XIX, a violência contra a mulher foi praticamente ignorada na maioria das culturas. Todavia, a partir do início do século XX, vários movimentos feministas lutaram por direitos iguais para as mulheres e contra a violência de gênero, responsáveis por muitas das mudanças positivas que hoje encontramos.

Nessa esteira, apesar da evolução, os números de 2023 demonstram, infelizmente, o aumento no número de casos de feminicídio em todo o mundo. E os fatores continuam os mesmos, para a conclusão de que é uma consequência da cultura de desrespeito às mulheres e da perpetuação de estereótipos de gênero. Estudos também nos orientam a encontrar a causa do crescimento dos números de feminicídio na própria cultura patriarcal, em que se destaca o sistema de relações sociais baseado na dominação masculina. Neste verificamos a clara desigualdade, sendo os homens vistos como superiores e as mulheres como objetos, inclusive em situação econômica, proporcionando maior espaço para que os homens tenham a errônea percepção do direito de controlar as mulheres e impor sua vontade, culminando em muitos casos de feminicídio.

Ao examinar com profundidade a evolução do problema desde o Brasil Colônia, estudiosos sustentavam que uma legislação protetiva às vítimas seria necessária, pois a maior incidência de mortes no lar é de mulheres. A repetição da violência reduz a capacidade de resistência, física e psicológica, da vítima. Diferentemente de "uma briga de bar", o feminicídio é o resultado de uma história de violência e submissão.

Antes da criação do tipo penal, em caso hoje tipificado como feminicídio, as ações penais adequavam as condutas dos autores em denúncias por homicídio simples ou mesmo a desclassificação para crimes menos graves, ante a retratação da vítima sobrevivente caso as partes voltassem à harmonia. Inegavelmente o agressor tem um padrão ajustado de violência e pode matar ou colocar em risco outras mulheres, e com a alteração legislativa, o feminicídio passou a ser crime hediondo.

Nesse contexto, o feminicídio representa a última etapa de uma violência incontida, precedida por outros eventos, tais como abusos físicos e psicológicos, que tentam submeter as mulheres a uma lógica de dominação masculina a um padrão cultural que subordina a mulher, fruto de um aprendizado ao longo de gerações, tratando-se, portanto, de parte de um sistema de dominação patriarcal e misógino. Na prática do crime de feminicídio evidenciam-se como pressupostos importantes a premeditação e a intencionalidade de sua consumação. Assim, podemos destacar algumas características próprias desse tipo de crime: "é praticado com vistas à destruição do corpo feminino, utilizando-se de excessiva crueldade e chegando a causar a sua desfiguração; é perpetrado com meios sexuais, ainda que sem manifestar o intento sexual; é cometido no contexto de relações interpessoais e íntimas ou por alguma razão pessoal por parte do agressor, podendo estar associado à violência doméstica; seu caráter violento evidencia a predominância de relações de gênero hierárquicas e desiguais; pode haver sobreposição de delitos, geradores de situações de barbárie e terror: mulheres são estupradas, mortas, queimadas, mutiladas, torturadas, asfixiadas, mordidas, baleadas, decapitadas etc.; e esses diversos crimes podem ocorrer concomitantemente, sobre um mesmo corpo; é um crime de apropriação do corpo feminino pelo marido-proprietário como sendo um território para uso e/ou comercialização em tudo o que esse corpo pode oferecer, isto é, desde a prostituição até mesmo o tráfico de órgãos; ocorre como o ápice de um processo de terror, que inclui abusos verbais, sexuais, humilhações e uma extensa gama de privações a que a mulher é submetida: mamilos arrancados, seios mutilados, genitália retalhada" ("Feminicídio: a última etapa do ciclo da violência contra a mulher". Disponível em: https://www.compromissoeatitude.org.br/feminicidio-a-ultima-etapa-do-ciclo-da-violencia-contra-a-mulher-por-lourdes-bandeira/; acessado em: 22.10.2024).

Debruçando-se sobre o tema – na fase de elaboração do texto legal e logo após criado –, estudiosos encontraram uma tipologia, procurando assim demonstrar que, embora essas mortes sejam todas provocadas por uma discriminação baseada no gênero, existem características que refletem as diferentes experiências de violência na vida das mulheres e tornam esse conjunto de mortes heterogêneo e complexo. Essa tipologia foi fracionada em três grupos:

Feminicídio íntimo: aqueles crimes cometidos por homens com os quais a vítima tem ou teve uma relação íntima, familiar, de convivência ou afins. Incluem os crimes cometidos por parceiros sexuais ou homens com quem tiveram outras relações interpessoais, tais como maridos, companheiros, namorados, seja em relações atuais ou passadas.

Feminicídio não íntimo: crimes cometidos por homens com os quais a vítima não tinha relações íntimas, familiares ou de convivência, mas com quem havia uma relação de confiança, hierarquia ou amizade, tais como amigos ou colegas de trabalho, trabalhadores da saúde, empregadores. Os crimes classificados nesse grupo podem ser desagregados em dois subgrupos, segundo tenha ocorrido a prática de violência sexual ou não.

Feminicídio por conexão: crimes em que as mulheres foram assassinadas porque se encontravam na "linha de fogo" de um homem que tentava matar outra mulher, ou seja, são casos em que as mulheres adultas ou meninas tentam intervir para impedir a prática de um crime contra outra mulher e acabam morrendo. Independem do tipo de vínculo entre a vítima e o agressor, que pode inclusive ser desconhecido ("Femicídios e as mortes de mulheres no Brasil", *Cadernos Pagu* (37), jul.-dez. 2011, p. 219-46).

Feminicídio político: ocorre quando a mulher é perseguida e morta por pertencer a grupo político ou de atuação social, em que conquistou relevante poder na sociedade, incluindo aquelas de perfil público atuantes na defesa de direitos reconhecidos por lei. A adequação ao feminicídio reconhece a situação de violência praticada contra a mulher, em contexto caracterizado por relação de poder e submissão, praticada por homem ou mulher sobre mulher em situação de vulnerabilidade. Um exemplo é o assassinato de mulher que luta pela ocupação de um espaço não destinado às mulheres negras, que pode ser considerada ameaça numa sociedade racista.

Renovamos ao leitor que o presente texto buscou retratar a situação existente no Brasil quando foi sancionada a Lei n. 13.104/2015, tratando-se de crime hediondo (art. 1º, I, Lei n. 8.072/90) e recebeu acréscimo da pena prevista inicialmente pela Lei n. 14.344/2022 (art. 121, § 2º-B, II). Posteriormente, a entrada em vigor da Lei n. 14.994, de 09.10.2024 (publicada no *DOU* de 10.10.2024). O legislador descreveu, quando criou a figura, duas hipóteses legais do feminicídio. Logo após o estabelecimento da pena, inseriu a norma explicativa (art. 121, § 2º-A, I e II), em que, além de a motivação do crime decorrer da condição de a vítima ser do sexo feminino, resulte a violência doméstica ou familiar (I) e o menosprezo ou discriminação à condição de mulher (II).

Portanto, com a sanção da Lei n. 14.994/2024 (*DOU* de 10.10.2024), houve a revogação do art. 121, § 2º-A, I e II, do Código Penal, que deixou de figurar no âmbito do homicídio qualificado, e foi criado um tipo penal independente, com pena maior.

1.2. Art. 121-A – feminicídio (Lei n. 14.994, de 09.10.2024)

Sancionada a Lei n. 14.994/2024, entrou em vigor a alteração do Código Penal criando o art. 121-A, que eleva a quarenta anos a pena máxima para o crime de feminicídio – o assassinato de mulheres em contexto de violência doméstica ou de gênero. Conhecida por "Pacote Antifeminicídio", além de estabelecer a maior pena prevista no Código Penal (de 20 a 40 anos de reclusão), aumentou também a pena para outros crimes cometidos contra a mulher, incluindo lesão corporal e injúria, calúnia e difamação.

A norma altera o Código Penal (DL n. 2.848/40), a Lei das Contravenções Penais (DL n. 3.688/41), a Lei de Execução Penal (Lei n. 7.210/84), a Lei de Crimes Hediondos (Lei n. 8.072/90) e a Lei Maria da Penha (Lei n. 11.340/2006). A nova lei torna o feminicídio um crime autônomo e estabelece outras medidas para prevenir e coibir a violência contra a mulher. Pela legislação anterior, o feminicídio era definido como um crime no âmbito do homicídio qualificado. Já a nova lei torna o feminicídio um tipo penal independente, com pena maior. Isso torna desnecessário qualificá-lo para aplicar penas mais rigorosas. Assim, a pena passa de 12 a 30 anos para de 20 a 40 anos de reclusão. A *novatio legis* também estabelece circunstâncias agravantes para o crime de feminicídio, nas quais a pena será aumentada de um terço até a metade: quando o feminicídio é cometido durante a gestação, nos três meses posteriores ao parto ou se a vítima é mãe ou responsável por criança; quando é contra menor de 14 anos, ou maior de 60 anos, ou mulher com deficiência ou doença degenerativa; quando é cometido na presença de pais ou dos filhos da vítima; quando é cometido em descumprimento das medidas protetivas de urgência previstas na Lei Maria da Penha e no caso de emprego de veneno, tortura, emboscada ou arma de uso restrito contra a vítima.

1.2.1. Evolução. Exposição de motivos. Aumento da pena

Por meio de Projeto de Lei do Senado Federal,[3] a exposição de motivos para a alteração do Código Penal quanto ao feminicídio teve como princípio a constatação de que, "embora a legislação tenha sido aperfeiçoada no sentido de aumentar a punibilidade para quem comete o crime de feminicídio, e de outros crimes praticados contra a mulher, tais medidas não têm se mostrado eficazes para impedir o aumento exponencial de casos verificado nos últimos anos". Trata-se de proposta identificada como "Pacote Antifeminicídio". Junto, os dados estarrecedores extraídos de órgãos oficiais noticiados pela imprensa brasileira (março/2023) da existência recorde de feminicídios no primeiro semestre de 2022. De acordo com dados publicados pelo Fórum Brasileiro de Segurança Pública (FBSP), 699 casos foram registrados entre janeiro e junho, o que representa uma média de quatro mulheres mortas por dia. Em 2019, no mesmo período, foram registrados 631 casos. Dois anos depois, em 2021, 677 mulheres foram assassinadas em decorrência da violência de gênero. Os dados foram coletados com as pastas estaduais de Segurança Pública pelo FBSP e representam somente os crimes que chegaram a ser registrados formalmente, e com a correta tipificação legal. De se concluir, ante esse quadro, é que mesmo contados oito anos da promulgação da Lei n. 13.104, de 09.03.2015, a Lei do Feminicídio, o número elevado de assassinatos de mulheres em situação de violência doméstica e familiar ou em razão do menosprezo ou discriminação à sua condição aumentou visivelmente no país.

Entendeu o legislador, ante o péssimo quadro, que a forma política para combatê-lo seria considerar o feminicídio um crime autônomo, de forma a reconhecer a gravidade e a especificidade desse tipo de violência, permitindo sua melhor compreensão e identificação, facilitando a coleta de dados estatísticos mais precisos sobre os casos de violência contra as mulheres, de modo a auxiliar no desenvolvimento de políticas públicas e estratégias de prevenção mais adequadas. Com isso, segundo o legislador, será possível uma resposta mais efetiva por parte do sistema de justiça. Também, segundo o legislador que aprovou o texto e o Presidente da República, que o sancionou sem qualquer veto, agravar a pena do feminicídio e de outros crimes praticados contra a mulher por razões da condição do sexo feminino, bem como para estabelecer um amplo conjunto de medidas destinadas a prevenir e coibir a violência praticada contra a mulher, é o melhor caminho.

A punição adequada é essencial para desencorajar os agressores e promover a justiça, proporcionando um ambiente seguro e igualitário para todas as pessoas, independentemente do seu gênero. Enfim, quanto à pena, foram agravadas as daqueles considerados precursores do crime de feminicídio, como de lesão corporal (leve ou grave), vias de fato, contra a honra ou de ameaça, praticados contra a mulher.

Outra maneira de tentar reduzir a ocorrência do feminicídio foi, da mesma maneira, agravar a pena do crime de descumprimento de medidas protetivas, a previsão de perda do poder familiar, perda de cargo, função ou mandato pelo condenado por crime praticado contra a mulher. Na fase de execução da pena, a obrigatoriedade de monitoração eletrônica na fiscalização do condenado por crime contra a mulher que esteja usufruindo de qualquer benefício no qual ocorra a sua saída de estabelecimento penal e vedação de visita íntima para o condenado por crime contra a mulher, além de tornar mais rígida a progressão de regime nos casos de feminicídio.

1.2.2. Exigibilidade de políticas de redução de violência contra a mulher

O enfrentamento à cultura patriarcal, em que as desigualdades de gênero, enraizadas, contribuem para o aumento real da violência de gênero, coloca a educação em um lugar de extrema relevância.

É imperativo incluir, nos currículos da educação infantil, do ensino fundamental e do ensino médio, conteúdos sobre direitos humanos e prevenção de todas as formas de violência contra mulheres, crianças e adolescentes. A Lei Maria da Penha não apenas introduziu novas medidas protetivas e penalidades, mas também impulsionou mudanças estruturais no sistema de Justiça e nas políticas públicas de proteção à mulher. A criação de delegacias especializadas, com equi-

3 PL n. 4.266/2023 – autoria da Senadora Margareth Buzetti (MT). Aprovado na CCJ do Senado em novembro de 2023, com relatório favorável do Senador Alessandro Vieira (SE), a proposta seguiu direto para a Câmara dos Deputados, de onde remetida a sanção presidencial em 10.10.2024 (Agência Senado/Senado Notícias, 10.10.2024).

pes treinadas para lidar com casos de violência doméstica e que devam funcionar de modo ininterrupto, é um exemplo de como se busca melhorar o atendimento às vítimas. A destinação de 5% dos recursos do Fundo Nacional de Segurança Pública (FNSP) para ações de enfrentamento à violência contra a mulher é outra medida importante que visa contribuir para o orçamento destinado à implementação das políticas previstas na Lei. A atenção à dependência econômica e à violência patrimonial também se constituiu como foco relevante. A concessão de auxílio-aluguel, uma medida tradicionalmente de iniciativa da assistência social, foi concorrentemente relegada à judicialização por força de lei. Agora, faz parte do rol de medidas que podem ser adotadas pelo juiz para proteger as mulheres, oferecendo uma alternativa segura e digna para aquelas que precisam deixar suas casas por causa da violência. Essa medida amplia as ferramentas disponíveis para garantir a segurança e a estabilidade das vítimas em situações de vulnerabilidade.

Apesar dos avanços legislativos, ainda existem muitos obstáculos a serem enfrentados. A alta taxa de subnotificação, com 61% das mulheres que sofreram violência em 2023 não procurando uma delegacia, indica que muitas vítimas estão em silêncio e ainda não confiam no sistema de Justiça ou não têm acesso a ele. A complexidade dos casos de violência de gênero requer uma abordagem especializada e sensível, que leve em consideração as dinâmicas de poder e controle presentes nessas situações. Não por outro motivo, atribui-se ao efeito *backlash* – a reação adversa dos agressores diante das denúncias ou da resistência das mulheres – o aumento dos índices de violência contra a mulher.[4]

O texto acima reflete a urgência em eleger o "tema educação" como preponderante para não apenas evitar a violência contra a mulher mas também fazer que não continue sendo o meio utilizado pelo autor para terminar a tragédia em feminicídio. Em muitos países, mesmo com a aplicação de penas mais graves para os autores de crime de feminicídio, paralelamente foram desenvolvidos projetos e aprovadas leis para proteção da mulher vítima de violência, conscientizando e sensibilizando a sociedade. Além disso, os países mais evoluídos mantêm políticas de tratamento médico e psicológico dedicados ao agressor, evitando reincidências e visando sua recuperação e recomposição familiar, eliminando ou reduzindo os riscos. No mesmo nível de importância é o treinamento de policiais, civis e militares, além das guardas municipais, capacitando-os para enfrentamento de situações de violência contra a mulher, que, na grande maioria das vezes, envolvem crianças e adolescentes, e ocorrem com mais intensidade em bairros pobres. Não basta o Estado ter apenas ciência dos fatos e conhecer a forma de resolvê-los, mas como efetivamente implantar as soluções. Se a maioria dos crimes de feminicídio representam o desaguar da violência doméstica, o embrutecimento do agressor deve ser reduzido, antecipadamente, por meio de políticas efetivamente sólidas como as acima alinhadas, ou, infelizmente, com penas mais severas e de efetivo cumprimento. A primeira hipótese é a melhor, pois o crime de feminicídio não representa apenas o assassinato da mulher em razão do gênero, mas também fulminar o futuro dos filhos inocentes.

1.2.3. Medidas introduzidas pelo Pacote Antifeminicídio (art. 121-A do Código Penal)

Visando a melhor compreensão das modificações feitas, é importante registrar inicialmente que o "Pacote Antifeminicídio" alterou as seguintes leis: a) Código Penal; b) Lei Maria da Penha; c) Código de Processo Penal; d) Lei dos Crimes Hediondos; e) Lei das Contravenções Penais; e f) Lei de Execução Penal.

a) Código Penal – as principais mudanças foram: 1) o feminicídio foi erigido em tipificação própria (art. 121-A), figurando agora como crime autônomo; 2) aumento da pena do feminicídio, que antes era de 12 a 30 anos e agora passa a ser de 20 a 40 anos de reclusão; 3) aumento da pena de lesão corporal praticada por razões da condição de sexo feminino, que antes era de 1 a 4 anos e agora passa a ser de 2 a 5 anos; 4) aumento das penas dos crimes contra a honra (calúnia, difamação e injúria) e de ameaça, praticados por razões da condição de sexo feminino, doravante a ser aplicada em dobro.

b) Lei Maria da Penha – aumento da pena por descumprimento de medidas protetivas de urgência, que antes era de 3 meses a 2 anos e doravante passa a ser de 2 a 5 anos.

4 COVAS, Fabíola Sucasas Negrão. "Maioridade da Lei Maria da Penha: da promessa à realidade da proteção". *Justiça & Cidadania*, 08.08.2024.

c) Código de Processo Penal – nos processos em que se apura a violência contra a mulher haverá: 1) prioridade de tramitação em todas as instâncias; 2) isenção do pagamento de custas, taxas ou despesas processuais.

d) Lei dos Crimes Hediondos – o crime de feminicídio foi incluído como crime autônomo (art. 1º, I-B) e não mais como qualificadora de crime de homicídio.

e) Lei das Contravenções Penais – aumento da pena da contravenção de vias de fato, que antes era de 15 dias a 3 meses e passa a ser de 45 dias a 9 meses.

f) Lei de Execução Penal – 1) proibição de visita íntima ou conjugal a preso condenado por crime praticado por razões de condição do sexo feminino; 2) condenado ou preso provisório que, tendo cometido crime de violência doméstica ou familiar contra a mulher, ameace ou pratique crime contra a vítima ou seus familiares durante o cumprimento da pena será transferido para estabelecimento penal distante do local de residência da vítima; 3) progressão de pena privativa de liberdade para regime menos rigoroso, após cumpridos 55% dela, quando o preso for condenado pela prática de feminicídio, se for primário, vedado o livramento condicional.

1.2.4. Crime autônomo

Em continuidade à proposta de estes comentários serem desenvolvidos em obediência à sistematização trazida pelo Código Penal, a primeira novidade inserida no art. 121 do Código Penal é que o *feminicídio passa a ser um crime autônomo* (art. 121-A), deixando se ser vinculado ao tipo penal de homicídio. Conforme examinamos na exposição de motivos do projeto de lei que acarretou essa modificação, ao abandonar a antiga ligação "como crime qualificado", a sociedade brasileira obteve, como crime autônomo, inúmeros benefícios. Hoje é tipo penal distinto do homicídio, ganhando normativa privativa. Desnecessário dizer que acréscimos de parágrafos, incisos, alíneas em temas tão relevantes podem levar a interpretações mais diversas, complicando o procedimento e dificultando a efetiva prestação da tutela jurisdicional.

Entre os princípios de hermenêutica, o basilar é que "a lei deve ser clara, sem dificuldades de sua interpretação para a aplicação", principalmente pela sua destinação específica de defender direitos fundamentais da mulher. Entretanto, a Lei n. 14.994/2024 também inovou ao demonstrar no seu art. 121-A, § 1º, logo após estabelecer a pena ao autor, a sua finalidade dúplice, pois a par de ter se tornado um tipo penal independente, conceitualmente amplia o disposto na Lei Maria da Penha.

Na legislação revogada, a expressão "feminicídio" (*nomem juris* acrescentado pela Lei n. 13.104, de 09.03.2015), constante do art. 121, § 2º, VI, estabelecia o homicídio qualificado "contra a mulher por razões do sexo feminino". Se o *caput* não registra o substantivo "feminino", o legislador utiliza o § 1º (art. 121-A, § 1º, I e II) para conceituá-lo: "Considera-se que há razões da condição do sexo feminino quando o crime envolve: I – violência doméstica e familiar; II – menosprezo ou discriminação à condição de mulher".

Sem necessidade de definição de violência doméstica ou familiar, o substantivo masculino "menosprezo" significa falta de estima, desdém, desconsideração, desvalorização, depreciação, desqualificação, menoscabo, enfim, é demonstrar uma atitude negativa evidenciada pelas circunstâncias do caso, enquanto a "discriminação" é o tratamento desigual dispensado à pessoa, em comparação com a maneira como as restantes são tratadas, no caso, pelo fato de a vítima ser mulher.

Com essa transformação a delito autônomo e recebendo numeração sequencial apropriada na sistematização do Código Penal, sem o vínculo inicial, o feminicídio abandona a condição de homicídio qualificado, com exceção às qualificadoras objetivas, que doravante serão aplicadas como majorantes por meio de normativas adequadas.

A literalidade implica a exclusão do malfadado feminicídio privilegiado, pois fica expresso que a privilegiante contida no art. 121, § 1º, do Código Penal deve funcionar apenas como atenuante na fixação da pena. Em homenagem à oportunidade, vale dizer que a "violenta emoção ou relevante valor social ou moral", antigamente utilizada como prática de plenário que traduzia a ofensa da mulher como conduta autorizadora do delito, há muito foi afastada das sustentações em sociedades mais modernas, mas infelizmente ainda campeia por cidades pequenas, comunidades atrasadas e em sustentações abomináveis por aqueles vetustos defensores da legítima defesa da honra. Por mais difícil que seja imaginá-lo, mesmo com reconhecimento de inconstitucionalidade pelo Pretório Excelso, ainda ocorrem em julgamentos no Tribunal do Júri.

1.2.5. Maior pena inserida no Código Penal

Pela legislação anterior, o feminicídio era definido como um crime integrado ao homicídio qualificado, e a nova norma o transformou em tipo penal independente com a maior pena prevista no Código Penal, passando de 12 a 30 anos para de 20 a 40 anos de reclusão.

Para início da análise, salientando a existência de discussões localizadas sobre a pena prevista, em que alguns a consideram elevada, e partindo da premissa de que a globalização cultural é um fenômeno complexo que envolve a disseminação de ideias, valores e costumes, é fácil concluir que o Brasil passou a seguir o exemplo de inúmeros países, incluindo vários integrantes do "terceiro mundo", para uma atuação mais rígida no combate às mortes violentas de mulheres. A morte de mulher por razões da condição do sexo feminino é um problema a ser resolvido em várias partes do mundo e que está exigindo resposta estatal rigorosamente proporcional à gravidade do crime. O endurecimento nesse combate, insistimos, além da educação e proteção social, passa pela imposição de penas mais elevadas e de efetivo cumprimento.

O objetivo da mudança, segundo o legislador inseriu na exposição de motivos do texto aprovado, é facilitar a classificação do crime e permitir que o feminicídio possa acolher o texto de algumas das circunstâncias qualificadoras existentes no crime de homicídio, para o aumento da pena. De acordo com a lei, a pena será aumentada de 1/3 até a metade se o crime for praticado: a) durante a gestação, nos três meses posteriores ao parto ou se a vítima é mãe ou responsável por criança; b) contra menor de 14 anos, maior de 60 anos, com deficiência ou doença degenerativa; c) na presença de pais ou filhos da vítima, d) em descumprimento das medidas protetivas de urgência previstas na Lei Maria da Penha; e) com emprego de veneno, tortura, emboscada ou arma de uso restrito.

Todas as circunstâncias do crime serão atribuídas também ao coautor ou participante do assassinato.

Já sustentamos, quando examinados a evolução legislativa e o crescimento do número de crimes, que o feminicídio, por sua gravidade, abrangendo, além da mulher vítima, também vítimas secundárias, como os filhos e familiares, certamente merecia do legislador uma atenção especialíssima. Feminicídio não é crime de "briga de bar", mas autêntica tragédia social. Em quase 30% de feminicídios há vítimas secundárias, e entre essas quase 60% são os próprios filhos da vítima. Com as estatísticas mostrando o aumento crescente da violência doméstica e do feminicídio, a conclusão foi de que a lei penal, elaborada com as finalidades da teoria eclética no que se refere à dupla finalidade da pena, quais sejam, a de punir o criminoso e prevenir a prática do crime, pela reeducação e pela intimidação coletiva (*punitur quia peccatum est et ne peccetur*), não estava surtindo os efeitos que a sociedade espera e merece. Inúmeros estudiosos sustentam que o aumento do conhecimento de casos de violência doméstica e feminicídios se deu porque havia "temor silencioso e fatos sigilosos", que foram rompidos com o encorajamento da mulher em fazer a comunicação às autoridades. Sendo maior o número de comunicações, o Estado passou a demonstrar maior número de punições. Segundo os estudiosos mencionados, o aumento da educação dos direitos da mulher, da informação estatal, da melhoria do sistema de proteção e a publicização das condenações de criminosos foram fatores preponderantes para as vítimas buscarem a punição dos culpados, aumentando a estatística.

Tais opiniões podem apresentar alguma sustentabilidade, mas os números são incontestáveis, ainda que saibamos a enorme faixa de ausência de comunicação pelas vítimas e por terceiros que tiveram conhecimento dos crimes. Tivemos no país quase 50 mil mulheres mortas entre 2010 e 2021, fato lamentável, principalmente se imaginarmos que esse número representa a população de uma cidade de pequeno/médio porte. O legislador optou pelo aumento da pena como possível redutor, mas a realidade exige que deve caminhar ao mesmo lado da implantação de efetivas políticas sociais para a redução dos graves danos. Elencado como grave crime contra a vida, ante todos os motivos aqui expostos, o feminicídio, acertadamente, deve ter previsão de penas, mínima e máxima, maiores do que os demais crimes contra a vida. É a maior pena prevista para um crime no Código Penal.

Importante destacar que já foi fulminada pelo Supremo Tribunal Federal a tese da "legítima defesa da honra" para absolver os autores de crime contra a vida (ADPF n. 779/DF), e mais importante ainda é espancá-la definitivamente, pelos fundamentos trazidos pela Lei n. 14.994/2024. Além disso, com o novo *status* de tipo penal independente, desaparece a causa de diminuição da pena na figura do privilégio (art. 121, § 1º –

redução da pena de um sexto a um terço). Caso, ao estabelecer a dosimetria, o juiz acolha a atenuante de ter sido cometido o crime sob a influência de violenta emoção, provocada por ato injusto da vítima (art. 65, III, *c*), a pena não poderá ser reduzida de molde a ser a definitiva, inferior a 20 anos.

1.2.6. Aumento da pena

Reafirmando a independência, ou autonomia, do tipo penal previsto para o feminicídio, do tempo em que era qualificadora de homicídio, com o novo *status* não há nenhuma referência a qualificadoras do crime, mas foram estabelecidas causas que aumentam a pena de um terço até a metade.

Sempre buscando a compreensão pela fundamentação inicial, ou seja, pela exposição de motivos contida na apresentação do Projeto de Lei que se transformou em "Pacote Antifeminicídio", é possível extrair a vontade de entregar à sociedade um texto mais didático, mais compreensivo à linguagem do destinatário, o integrante de Conselho de Sentença no Tribunal do Júri, uma vez que se trata de crime doloso contra a vida. Nada mais natural do que facilitar a compreensão do "juiz natural".

Uma volta ao passado para ajudar na fundamentação. É necessário relembrar que o procedimento estabelecido para julgamento de crimes de competência do Tribunal do Júri, modificado pela Lei n. 11.689, de 09.06.2008, em cuja elaboração tive a honra de colaborar, visava justamente "descomplicar" os quesitos para deliberação pelos integrantes do Conselho de Sentença, pois como integrantes da sociedade, devem ser jurados leigos. Uma travessia foi feita, até razoavelmente, para melhorar a compreensão popular e facilitar as respostas aos quesitos elaborados pelo juiz presidente. Por semelhança àquela modificação, a Lei n. 14.994/2024 teve intenção de tornar mais objetivo o julgamento do acusado de feminicídio, não incluindo a causa de diminuição da pena (privilegiado) e os motivos fútil e torpe. *Motivo fútil* é aquele em que transcende a enorme desproporção entre eventual conduta da vítima e a conduta do agente, é aquele pequeno demais para que na sua insignificância possa parecer capaz de explicar o crime que dele resulta, enquanto *motivo torpe* é aquele que se revela vil, ignóbil, infame e que contraria ou fere os bons costumes, a decência e a moral. Singela leitura do significado de fútil e torpe nos dá a certeza de que a covardia do autor já torna desnecessária a inserção de tais qualificadoras, facilmente entendidas como integrantes da conduta. Por isso, já estabelecida a pena mínima de vinte anos. Evidentemente as causas objetivas facilitaram, e muito, a compreensão dos fatos e as respostas dos jurados.

Nessa busca de atender o justo interesse social na repressão ao feminicídio, é correto elogiar a correção do legislador ao traduzi-la em tipo penal na sua correta função fundamentadora, em núcleo e elementares que proporcionaram a correta descrição da conduta criminosa. Novo tipo penal acolheu o texto de várias qualificadoras contidas no art. 121 do Código Penal como causas de aumento da pena: inciso III – com emprego de veneno, fogo, explosivo, asfixia, tortura ou outro meio insidioso ou cruel, ou de que possa resultar perigo comum; inciso IV – à traição, de emboscada, ou mediante dissimulação ou outro recurso que dificulte ou torne impossível a defesa do ofendido; inciso VIII – com emprego de arma de fogo de uso restrito ou proibido. Portanto, presentes quaisquer delas, a pena deve ser aumentada de um terço à metade.

Elogiável, da mesma forma, o elenco das causas de aumentos da pena.

Em relação à pessoa da vítima: a) durante a gestação ou nos 3 meses após o parto (art. 121-A, § 2º, I); b) pessoa menor de 14 anos e maior de 60 anos; c) portadora de deficiência ou doença degenerativa (art. 121-A, § 2º, II).

Em relação aos filhos ou descendentes: a) vítima mãe ou a responsável por criança, adolescente ou pessoa com deficiência de qualquer idade (novo) (art. 121-A, § 2º); b) na presença física ou virtual de descendente ou de ascendente da vítima (art. 121-A, § 2º, III).

Em relação ao histórico de violência: em descumprimento das medidas protetivas de urgência previstas nos incisos I, II e III do *caput* do art. 22 da Lei n. 11.340, de 07.08.2006 (Lei Maria da Penha) (art. 121-A, § 2º, IV).

Em relação à execução do crime: com emprego de veneno, fogo, asfixia, tortura ou outro meio insidioso ou cruel ou que resulte perigo comum (art. 121-A, § 2º, V, c/c o art. 121, § 2º, III); à traição, emboscada, mediante dissimulação ou outro recurso que dificulte ou torne impossível a defesa da vítima (art. 121-A, § 2º, V, c/c o art. 121, § 2º, IV); com emprego de arma de fogo de uso restrito ou proibido (art. 121-A, § 2º, V, c/c o art. 121, § 2º, VIII).

Vítimas menores de 14 anos: anteriormente examinamos a Lei Henri Borel (Lei n. 14.344/2022), que criou mecanismos para a prevenção e o enfrentamento da violência doméstica e familiar contra a criança e o adolescente, inserindo-a como qualificadora do crime de homicídio (art. 121, § 2º, IX, do Código Penal), cuja pena mínima prevista era de 12 anos de reclusão. O "Pacote Antifeminicídio" trouxe uma maneira moderna de apreciação legal, pois enquanto a qualificadora se aplica em razão da idade da vítima, pouco importando o gênero, a *novatio legis* que transformou o homicídio contra a mulher em crime independente no Código elencou a mulher menor de 14 anos como vítima de feminicídio com majoração da pena, sendo a mínima prevista em 20 anos. Assim, se a mulher menor de 14 anos for vítima de homicídio, e a condição for aquela constante do art. 121-A do Código Penal, o autor responderá pelo feminicídio, e excluída tal condição, a conduta se ajustará ao crime de homicídio qualificado.

Presença de vítimas secundárias: o aumento da pena quando presentes na cena do crime descendentes ou ascendentes (art. 121-A, § 2º, III) é a necessária retribuição estatal àqueles que causam, por meio dessa ação dolosa, danos psicológicos graves e muitas vezes irreversíveis aos filhos ou genitores, cuja memória manterá indelével aquela cena terrível. Registre-se que o legislador teve o cuidado, quando a sociedade está convivendo cada vez mais de forma virtual, de deixar rigorosamente estabelecida possibilidade da majoração da pena, caso o autor venha a praticar o delito utilizando redes ou sistemas digitais que proporcionem o seu conhecimento enquanto o realiza. No mundo virtual, pode ser considerado mais tormentoso e psicologicamente doloroso assistir à prática do crime, contra a mãe ou filha, sem possibilidade de fisicamente tentar auxiliar a evitá-lo.

Descumprimento de medidas protetivas: outra causa de aumento da pena, que no aspecto preventivo se revela muito importante. É de conhecimento público a enorme preocupação da vítima e familiares, em caso de violência contra a mulher, quanto ao efetivo cumprimento das medidas protetivas determinadas. O Brasil é um país de dimensões continentais e de enorme contraste regional e social. Excluindo os estados e municípios mais aparelhados, onde há policiamento estruturado com apoio da guarda civil organizada e atuante, além de disponibilidade de equipamentos para fiscalização virtual, a maioria das vítimas no país não conta com fiscalização que permita tranquilidade pessoal e familiar em relação ao descumprimento pelo autor. É grande a quantidade de feminicídios praticados contra mulheres com proteção praticamente ficta. Assim, no aspecto preventivo, a pena majorada pode ajudar na prevenção e redução do número desses crimes hediondos.

Concurso de pessoas ou agentes: o art. 121-A, em seu § 3º, deixa expresso: "Comunicam-se ao coautor ou partícipe as circunstâncias pessoais elementares do crime previstas no § 1º deste artigo". Todas as circunstâncias do crime serão atribuídas também ao coautor ou participante do assassinato. O art. 29 do Código Penal é bastante claro e preciso na identificação das pessoas que integram a figura delitiva. O *autor* do crime de feminicídio é aquele que mata mulher por razões da condição do sexo feminino, quando envolve violência doméstica e familiar, e quando há menosprezo ou discriminação à condição de mulher. *Coautor* é aquele que age em colaboração recíproca e voluntária para a realização da conduta principal, ou seja, atua com o assassino para a realização do crime. Entre este e aquele deve existir um vínculo subjetivo ou concurso de vontades para assassinar a mulher. O partícipe, conforme a conceituação legal, é quem de qualquer modo concorre para o crime, desde que não realize o núcleo do tipo, que é matar. O partícipe é um concorrente acessório, ou seja, colabora no crime praticado pelos anteriores.

Elementares são os dados essenciais da figura típica, cuja ausência pode gerar uma atipicidade absoluta ou relativa. Assim, são dados que compõem o tipo penal, definem uma infração penal, influenciam na própria tipificação. Já as circunstâncias são dados periféricos, que gravitam ao redor da figura típica, podendo aumentar ou diminuir a pena, mas não interferem na essência do crime. Depreende-se, em singela leitura, que o legislador inseriu o § 3º (art. 121-A, § 3º) a título de reafirmação de política criminal, visando mais a prevenção do concurso de agentes e participações no grave delito, pois se trata de *bis in idem* uma vez que o art. 30 do Código Penal, tratando de "circunstâncias incomunicáveis" determina que "não se comunicam as circunstâncias e condições de caráter pessoal, salvo quando elementares do crime".

O sujeito ativo do delito pode ser homem ou mulher, como autora, coautora ou partícipe. No que se refere ao sujeito passivo, é restrito à mulher, sendo irrelevante o fato de ser lésbica. Para que ocorra a qualificadora, não basta que o sujeito passivo seja mulher, mas é exigida a presença das demais circunstâncias da figura típica (por razões da condição de sexo feminino). É possível, também, figurar no polo passivo o transexual submetido à mudança de sexo, pois, inclusive juridicamente, é considerado mulher. No que se refere ao erro na execução, previsto no art. 73 do CP, leva-se em conta vítima virtual, ou seja, aquela que o autor pretendia matar, e não aquela que efetivamente foi vítima da conduta do agente.

Concurso de crimes: feminicídio e homicídio privilegiado – não se aplica, pois as naturezas subjetivas de ambas as circunstâncias, do feminicídio e do homicídio privilegiado, previsto no art. 121, § 1º, do CP, são inconciliáveis.

Induzimento, instigação ou auxílio a suicídio ou a automutilação

Nomen juris com redação dada pela Lei n. 13.968, de 26.12.2019.

Art. 122. Induzir ou instigar alguém a suicidar-se ou a praticar automutilação ou prestar-lhe auxílio material para que o faça:

Pena – reclusão, de 6 (seis) meses a 2 (dois) anos.

Caput com redação dada pela Lei n. 13.968, de 26.12.2019.

§ 1º Se da automutilação ou da tentativa de suicídio resulta lesão corporal de natureza grave ou gravíssima, nos termos dos §§ 1º e 2º do art. 129 deste Código:

Pena – reclusão, de 1 (um) a 3 (três) anos.

Parágrafo acrescentado pela Lei n. 13.968, de 26.12.2019.

§ 2º Se o suicídio se consuma ou se da automutilação resulta morte:

Pena – reclusão, de 2 (dois) a 6 (seis) anos.

Parágrafo acrescentado pela Lei n. 13.968, de 26.12.2019.

§ 3º A pena é duplicada:

Parágrafo acrescentado pela Lei n. 13.968, de 26.12.2019.

I – se o crime é praticado por motivo egoístico, torpe ou fútil;

Inciso acrescentado pela Lei n. 13.968, de 26.12.2019.

II – se a vítima é menor ou tem diminuída, por qualquer causa, a capacidade de resistência.

Inciso acrescentado pela Lei n. 13.968, de 26.12.2019.

§ 4º A pena é aumentada até o dobro se a conduta é realizada por meio da rede de computadores, de rede social ou transmitida em tempo real.

Parágrafo acrescentado pela Lei n. 13.968, de 26.12.2019.

§ 5º Aplica-se a pena em dobro se o autor é líder, coordenador ou administrador de grupo, de comunidade ou de rede virtual, ou por estes é responsável.

Parágrafo acrescentado pela Lei n. 13.968, de 26.12.2019, e com redação dada pela Lei n. 14.811, de 12.01.2024.

§ 6º Se o crime de que trata o § 1º deste artigo resulta em lesão corporal de natureza gravíssima e é cometido contra menor de 14 (quatorze) anos ou contra quem, por enfermidade ou deficiência mental, não tem o necessário discernimento para a prática do ato, ou que, por qualquer outra causa, não pode oferecer resistência, responde o agente pelo crime descrito no § 2º do art. 129 deste Código.

Parágrafo acrescentado pela Lei n. 13.968, de 26.12.2019.

§ 7º Se o crime de que trata o § 2º deste artigo é cometido contra menor de 14 (quatorze) anos ou contra quem não tem o necessário discernimento para a prática do ato, ou que, por qualquer outra causa, não pode oferecer resistência, responde o agente pelo crime de homicídio, nos termos do art. 121 deste Código.

Parágrafo acrescentado pela Lei n. 13.968, de 26.12.2019.

1. COMENTÁRIO

1.1. Notas introdutórias

A proposição legislativa transformada na Lei n. 13.968/2019, que mudou o art. 122 do Código Penal, tratava apenas do crime de induzir ou instigar ao suicídio e acresceu a figura típica do agente praticante da mesma conduta em relação à automutilação. Sua origem foi o Projeto de Lei do Senado n. 664/2015, posteriormente emendado, que acrescentava o art. 244-C à Lei n. 8.069, de 13 de julho de 1990 (Estatuto da Criança e do Adolescente), para tipificar o crime de induzimento, instigação ou auxílio à automutilação de criança ou adolescente. É possível extrair que o objetivo inicial do legislador era a criminalização do auxílio à automutilação apenas a crianças e adolescentes, mas o alcance, por meio de Emenda na Câmara dos Deputados, foi ampliado a todas as pessoas. Portanto, a redação final do texto aprovado tipifica as condutas de induzir, instigar ou prestar auxílio material à prática de automutilação; agrava as penas na hipótese de o crime ser praticado por meio da internet ou rede social ou ser transmitido em tempo real, bem como no caso de o agente ser líder ou coordenador de grupo ou rede virtual; e dispõe sobre a tipificação do crime no caso de haver sido cometido contra menor de 14 anos ou pessoa que não tem o necessário discernimento para a prática do ato ou que não pode oferecer resistência.

O *suicídio* é definido pelos léxicos como desgraça ou ruína causada por ação do próprio indivíduo, ou por falta de discernimento, de previdência.

Suicídio, que também é denominado *autocídio* ou *autoquíria*, é a destruição deliberada da própria vida. É fundamental para a configuração do suicídio que a destruição da vida humana seja feita por seu titular, portanto, voluntária. O legislador brasileiro não inseriu o suicídio como conduta criminosa, acolhendo o princípio da *alteridade* ou *transcendentalidade*, que proíbe a incriminação de atitude meramente interna, subjetiva do agente, e que, por essa razão, revela-se incapaz de lesionar o bem jurídico.

O *fato típico* pressupõe um comportamento humano que ultrapasse a esfera individual do autor e seja capaz de atingir o interesse do outro. Assim, ninguém pode ser punido por haver feito mal a si mesmo. O princípio da alteridade foi desenvolvido por Claus Roxin (*Derecho penal*: Parte General, t. I: Fundamentos. La estructura de la Teoría del Delito, 2006), segundo o qual "só pode ser castigado aquele comportamento que lesione direitos de outras pessoas e não seja simplesmente pecaminoso e imoral. À conduta puramente interna, seja pecaminosa, imoral, escandalosa, falta a lesividade que pode legitimar a intervenção penal". Em caso de tentativa, por questões de natureza humanitária e porque o sobrevivente necessita mais de proteção, amparo e tratamento, o Estado não prevê punição. Por consequência, se consumado o suicídio, ainda que não fossem acolhidas as teorias mencionadas, seria impossível a punição do agente porque extinta a punibilidade em decorrência de sua morte. A interpretação legal é de que o suicídio é um ilícito, embora não seja criminoso.

1.2. Objetividade jurídica

Tal como no crime de homicídio, aqui se busca a proteção, a guarda, a defesa da vida humana, erigida como direito fundamental no art. 5º, *caput*, da CF. Assim, o CP não estabelece punição a quem o pratica ou tenta, mas ao terceiro que induz, instiga ou auxilia aquele a fazê-lo. O objeto material do crime é o ser humano sobre quem é dirigida a conduta do agente.

1.3. Sujeitos

O sujeito ativo pode ser qualquer pessoa, pois se trata de crime comum, enquanto o passivo deve ser aquela portadora de condições de compreensão em relação ao fato criminoso e que possa oferecer resistência à indução, instigação ou auxílio ao suicídio. Caso o sujeito passivo não possua mínima capacidade de resistência, o crime é de homicídio. Tratando-se de alienado mental, de criança ou ausência de vontade válida, torna-se impossível o delito privilegiado, mas se trata de homicídio.

1.4. Análise da(s) conduta(s) descrita(s) no tipo

O crime pode ocorrer em três situações: *induzir* e *instigar*, que é a participação de ordem *moral*, e *auxiliar* na ocorrência do crime, cuja participação é *material*. Assim, a participação somente pode ocorrer de *ordem direta*.

As três espécies são assim definidas: a) induzir, que significa inspirar, provocar ou incutir na mente de uma pessoa o propósito de retirar a própria vida, ideia que até então não alimentava; b) instigar nada mais é que estimular, incentivar ou incitar a pessoa a concretizar um propósito que já mantinha em relação ao dar fim em sua própria vida; c) auxiliar é conferir condições materiais para que o detentor do propósito suicida consiga realizá-lo.

1.5. Elemento subjetivo

O crime tem como elemento subjetivo o dolo, direto ou eventual, portanto inexiste a modalidade culposa. Quanto à consumação, basta verificar a pena prevista para extrair que o legislador estabeleceu duas situações: a) a morte da vítima (pena de 2 a 6 anos de reclusão); b) se ocorrer, em relação à conduta, lesão corporal de natureza grave, ou gravíssima (pena de 1 a 3 anos). Ante tais condições, não haverá o crime se a vítima experimentar apenas lesão corporal de natureza leve.

1.6. Consumação e tentativa

Consumação: tratando-se de crime material, a consumação do delito ocorre com a morte da vítima ou com a produção de lesão corporal de natureza grave. Como já mencionado, o vocábulo lesão é abrangente, contendo a lesão grave e a gravíssima, sendo irrelevante o espaço de tempo decorrido entre o induzimento, instigação ou auxílio e o suicídio da vítima. Independentemente do eventual intervalo temporal, o início do prazo prescricional somente se dá quando da morte da vítima.

Tentativa: o legislador não acolheu a possibilidade de punição pela tentativa, condicionando a imposição da pena à produção do resultado. Assim, sem o evento morte ou lesão corporal (grave ou gravíssima), estaremos diante da atipicidade do fato.

1.7. Classificação

Doutrinariamente, é classificado como crime comum, simples, de dano, material, de forma livre, instantâneo, comissivo, havendo divergências quanto a defini-lo como crime por omissão e condicionado à produção do resultado naturalístico, uma vez que não se admite a tentativa de participação no crime de suicídio, pois a punição somente ocorre com a morte da vítima ou se experimentar lesão corporal. Por isso, como a punibilidade do agente decorre da produção do resultado, também é definido como crime condicionado.

1.8. Causas especiais de aumento de pena

A pena é duplicada se o crime for cometido por: a) motivo egoístico (revelador de individualismo exagerado em prejuízo da vítima, seja proveito econômico ou pessoal); b) quando a vítima for menor (idade entre 14 e 18 anos, quando incompleto o desenvolvimento mental), pois o aumento da pena tem fundamento na maior facilidade de convencimento de pessoas nessa faixa etária para praticar o suicídio. Aplica-se, *in casu*, a analogia trazida pelo art. 217-A do CP, com a redação dada pela Lei n. 12.015/2009, pois, se a pessoa for menor de 14 anos, o crime é de homicídio; e c) portadora de qualquer causa que diminua sua capacidade de resistência (pessoa com maior facilidade de sofrer influência, mas tal condição deve ser de conhecimento do agente).

2. OBSERVAÇÕES

2.1. Automutilação

A *automutilação* é definida como comportamento intencional de destruição ao próprio corpo e sem intenção suicida. Autolesão não suicida é um ato autoinfligido que causa dor ou dano superficial, mas não pretende causar morte. Ainda que os métodos utilizados pelos praticantes, na maioria das vezes, se sobreponham àqueles de tentativa de suicídio, autolesão não suicida difere de suicídio porque os praticantes não pretendem que os atos sejam letais. Entretanto, apesar da falta de letalidade imediata, a longo prazo, o risco de tentativas de suicídio, e de suicídio, é maior e, portanto, a autolesão não suicida não deve ser menosprezada. Cientificamente comprovado, a adolescência é o período predominante para o comportamento, sendo mais frequente em meninas que meninos. Esse comportamento autolesivo é um fenômeno oculto, pois a maioria dos casos de automutilação cuidada pelos serviços de saúde é reduzida em relação àqueles sem tratamento.

Alguns pacientes veem a autolesão como uma atividade positiva e, portanto, tendem a não procurar nem aceitar aconselhamento. Autolesão não suicida é muitas vezes acompanhada de outros transtornos, especialmente transtorno de personalidade *borderline*, transtorno de personalidade antissocial, transtornos alimentares e abuso de drogas.

2.2. Objetividade jurídica

Por similitude ao suicídio, a proteção visada é a integridade física, e na sequência, a vida humana, posta em risco com as reiterações de lesões corporais. O Código Penal não prevê punição a quem o pratica ou tenta, mas ao terceiro que induz, instiga ou presta auxílio material para a automutilação. O objeto material do crime é o ser humano sobre quem é dirigida a conduta do agente.

2.3. Sujeitos

Trata-se de crime comum, em que o sujeito ativo pode ser qualquer pessoa. O sujeito passivo deve ser portador de compreensão em relação ao fato criminoso e que possa oferecer resistência à indução, instigação ou auxílio à realização do fato descrito no *caput*. Como veremos adiante, o legislador estabeleceu situações expressas para agravamento da pena, quando o sujeito passivo é menor, tem diminuída a capacidade de resistência, o crime é de homicídio. Tratando-se de alienado mental, de criança ou ausência de vontade válida, torna-se impossível o delito privilegiado.

2.4. Análise da(s) conduta(s) descrita(s) no tipo

O crime pode ocorrer em três situações: *induzir* e *instigar*, que é a participação de ordem *moral*, e *auxiliar* na ocorrência do crime, cuja participação é *material*. Assim, a participação somente pode ocorrer de *ordem direta*.

As três espécies são assim definidas: a) induzir, que significa inspirar, provocar ou incutir na mente de uma pessoa o propósito de se automutilar, ideia que até então não alimentava; b) instigar nada mais é que estimular, incentivar ou incitar a pessoa a concretizar um propósito que já mantinha em relação a se automutilar; c) auxiliar é conferir condições materiais para que o detentor do propósito automutilador consiga realizá-lo.

2.5. Elemento subjetivo

O crime tem como elemento subjetivo o dolo, direto ou eventual, portanto inexiste a modalidade culposa.

O novo texto legal descreve as condutas, seja na consumação do suicídio ou se da automutilação resultar morte. Como acima inserido, aqui se trata de um tipo penal "adaptado" pelo legislador, em que a criminalização da conduta de induzir, instigar ou materialmente prestar auxílio para mutilação ou autolesão visava inicialmente a proteção de crianças e adolescentes, tanto que o objetivo era inserir outro artigo no ECA. Possivelmente inspirados em emendar o "Pacote Anticrimes" encaminhado ao parlamento pelo Poder Executivo, ou até desfigurá-lo para reduzir seus efeitos, a proposta inicial se transformou em tipo penal de alcance a todas as pessoas. A incitação à autolesão não é crime doloso contra a vida, tanto que o resultado morte qualifica o crime. Ora, inexistindo o *animus necandi*, não é caso de o agente ser submetido a julgamento pelo Tribunal do Júri, mas sim um tipo autônomo no art. 129 do CP. Todavia, no último parágrafo do artigo, ficou expresso que, tanto no suicídio consumado como na automutilação que resulta em morte, as condutas – induzimento, instigação ou auxílio –, praticadas contra menor de 14 anos ou aquele sem discernimento para a prática do ato ou impossibilitado de resistir, impõem ao agente a responsabilização pelo crime de homicídio.

Internet – Outra novidade da Lei n. 13.968/2019 é prever que esses crimes terão a pena aumentada até o dobro se forem realizados por meio da internet, de rede social ou transmitidos em tempo real. Caso o agente seja líder ou coordenador de grupo ou de rede virtual, a pena será aumentada da metade. "A internet possui impacto potencial no desenvolvimento de comportamento autolesivo não suicida e suicídio. Nesse contexto, pode se apresentar como ambiente de risco, colaborando com a efetivação do comportamento, como também pode operar como estratégia contemporânea de prevenção. É notório que a internet atua como um importante recurso de conectividade entre os indivíduos, principalmente aqueles que se sentem isolados. Estudos apontam que a internet intervém sobre indivíduos vulneráveis de duas formas principais: como espaço de apoio mútuo, com troca de experiências e suporte emocional, diminuindo sentimentos de solidão e isolamento, ou como espaço nocivo com troca de informações anônimas ou com gatilhos para comportamentos de risco. A propagação e alcance da internet tem chamado a atenção do público em geral, especialmente pais de crianças e adolescentes, além de profissionais da área da saúde e dos governos em relação ao problema do suicídio e da automutilação" (Uma investigação sobre automutilação em um grupo da rede social virtual Facebook – Aline Conceição Silva e Nadja Cristiane Lappann Bott).

2.6. Consumação e tentativa

Consumação: tratando-se de crime material, a consumação do delito ocorre com a produção das lesões pela própria pessoa, a morte da vítima ou a produção de lesão corporal de natureza grave. Como já mencionado, o vocábulo lesão é abrangente, contendo a lesão grave e a gravíssima, sendo irrelevante o espaço de tempo decorrido entre o induzimento, instigação ou auxílio e o suicídio da vítima. Independentemente do eventual intervalo temporal, o início do prazo prescricional somente se inicia quando da morte da vítima.

Tentativa: o legislador não acolheu a possibilidade de punição pela tentativa, condicionando a imposição da pena à produção do resultado. Assim, sem o evento morte ou lesão corporal (grave ou gravíssima), estaremos diante da atipicidade do fato.

2.7. Causas especiais de aumento de pena

A pena é duplicada se o crime for cometido por: a) motivo egoístico (revelador de individualismo exagerado em prejuízo da vítima, seja proveito econômico ou pessoal); b) quando a vítima for menor (idade entre 14 e 18 anos, quando incompleto o desenvolvimento mental), pois o aumento da pena tem fundamento na maior facilidade de convencimento de pessoas nessa faixa etária para praticar o suicídio. Aplica-se, *in casu*, a analogia trazida pelo art. 217-A do CP, com a redação dada pela Lei n. 12.015/2009, pois, se a pessoa for menor de 14 anos, o crime é de homicídio; e c) portadora de qualquer causa que diminua sua capacidade de resistência (pessoa com maior facilidade de sofrer influência, mas tal condição deve ser de conhecimento do agente).

A Lei n. 13.968/2019 trouxe o endurecimento na responsabilização do sujeito ativo. A conduta descrita no *caput* do art. 122 (induzir, instigar ou prestar auxílio) é punida com a pena de 6 meses a 2 anos de reclusão. Em caso de resultar lesão corporal grave ou gravíssima (§§ 1º e 2º do art. 129 do CP), a pena será de reclusão de 1 a 3 anos; em caso de consumação do suicídio ou morte do automutilado, a reclusão será de 2 a 6 anos de reclusão. No sentido de prevenir e retribuir a conduta do agente por meio da rede de computadores, de rede social ou transmitida em tempo real, a pena será aumentada até o dobro. A pena também será aumentada em metade se o agente for líder ou coordenador de grupo ou rede virtual.

2.7.1. Majorante do induzimento, instigação ou auxílio ao suicídio e a automutilação(§ 5º)

O art. 122 do Código Penal já havia sofrido alteração em 2019, por meio da Lei n. 13.968, conforme dissertamos ao abordar o *caput* do delito de induzimento, instigação ou auxílio ao suicídio ou automutilação. Com a criação de novos métodos ampliativos a tal prática criminal, a evidente cobrança social do Estado obrigou o legislador a buscar novos caminhos de prevenção e repressão, cuja manifestação foi retratada no § 5º, trazido pela Lei n. 14.811/2024.

Além da obrigação política de revisar e aprimorar as leis existentes, são inerentes ao mandato parlamentar o pleno conhecimento da realidade social e o compromisso de buscar a elaboração e implementação de legislações públicas temporais e eficazes.

A *novatio legis*, repetimos, que obrigou maior atuação da rede de proteção à infância e juventude, notadamente aos alunos de redes de ensino pública ou privada, cuidou de maior repressão ao *bullying* e *cyberbullying*, também alcançou o presente tipo penal em análise. O § 5º, acrescido ao art. 122, estabeleceu que "será aplicada a pena em dobro se o autor é líder, coordenador ou administrador de grupo, de comunidade ou de rede virtual, ou por estes é responsável".

O legislador criou um texto muito claro ao determinar a majorante da pena, reconhecendo e determinando maior responsabilidade para aqueles que se inserem em posição de liderança, coordenam ou administram grupo, comunidade ou rede virtual, ou por estes são responsáveis.

É de conhecimento público que tais ações, que podem culminar com a prática do tipo penal descrito no *caput* do art. 122 do Código Penal, são muito mais abrangentes quando a condição alcançada de liderança o torna detentor de conhecimento e ações exigidas pelo dolo na conduta. Trata-se, portanto, de majorante expressa, que impõe a duplicação da pena àquele que se ajustar ao tipo penal do *caput*, nas condições estabelecidas no § 5º.

Infanticídio

Art. 123. Matar, sob a influência do estado puerperal, o próprio filho, durante o parto ou logo após:

Pena – detenção, de 2 (dois) a 6 (seis) anos.

---

1. COMENTÁRIO

1.1. Notas introdutórias

Assim como no crime de homicídio, o bem juridicamente protegido no infanticídio é a vida humana do nascente ou recém-nascido.

1.2. Objetividade jurídica

Infanticídio significa a morte de um infante. Uma das principais características desse crime é a avaliação de um critério psicofisiológico da agente, isto é, o infanticídio leva em consideração o desequilíbrio fisiopsíquico da mulher parturiente. Daí a explicação de uma pena mais atenuante que a do homicídio (art. 121, CP). É um homicídio tal qual a figura descrita no art. 121 do CP "matar alguém". Trata-se de uma figura típica como forma privilegiada de homicídio, e enquanto o atual CP estabelece a pena de 2 a 6 anos de detenção, o Anteprojeto a contemplou com uma pena bem menor: prisão de 1 a 4 anos, enquanto o homicídio, na mesma proposta legislativa, tem a pena mínima prevista em oito anos de prisão. O tipo penal de infanticídio foi inserido em toda a evolução histórica e social, passando pela impunidade, depois por rigorosa punição até chegar ao *status* de crime privilegiado. A mudança no novo texto é de ordem semântica e confere uma abertura maior para a interpretação das condições físicas e psíquicas, pois substituiu a expressão "estado puerperal" por influência perturbadora, durante ou após o parto. O estado da parturiente é considerado um fator psicológico e fisiológico que atinge todas as gestantes, possui diversos estágios de influência e intensidade sob a psique destas, situação que estimula um grande debate. Alguns defendem que a gestante sob tal influência perturbadora deveria ser considerada inimputável, enquanto outros opinam que deveria apenas ter sua culpabilidade diminuída dependendo do grau em que foi acometida. O CP acolheu a segunda hipótese. A prática do crime sob a influência do estado puerperal não se confunde com inimputabilidade penal ou semi-imputabilidade. Ainda que tal estado de parturiente altere a saúde mental da mulher, a lei veda sua confusão com doença mental ou desenvolvimento mental retardado ou incompleto.

1.3. Sujeitos

Pode figurar como sujeito ativo somente a mãe (crime próprio) sob a influência do estado puerperal, circunstância elementar do tipo comunicável, conforme regra do art. 30 deste Código, assim admite-se o concurso de agentes (participação ou coautoria). Quanto ao sujeito passivo, é o próprio filho, que pode ser o recém-nascido ou o nascente, como retrata a elementar inserida no *caput* do art. 124, "durante ou logo após o parto". Não é necessário, segundo a doutrina de José Henrique Pierangeli (*Manual de direito penal*, 2003, v. 2, p. 5) a existência de vida autônoma para sua caracterização, bastando a biológica: "É indiferente a existência de capacidade de vida autônoma, sendo suficiente a presença de vida biológica, que pode ser representada pela existência do mínimo de atividades funcionais de que o feto já dispõe antes de vir à luz, e das quais é o mais evidente atestado a circulação sanguínea".

1.4. Análise da(s) conduta(s) descrita(s) no tipo

O núcleo do tipo penal é o mesmo do homicídio: matar. Todavia, não basta que apenas haja a supressão da vida humana, uma vez que a conduta típica funda-se em matar, durante ou logo após o parto, sob a influência perturbadora deste, por isso é importante a delimitação do início do parto, que se dá com a contração do útero e o descolamento do feto, e o fim do parto, que termina com a expulsão da placenta, enquanto o parto denominado cesariana, cesárea ou tomotocia, inicia-se com ato cirúrgico consistente em abrir, por meio de incisão, o abdome e a parede do útero para libertar o concepto aí desenvolvido.

1.5. Elemento subjetivo

No que se refere ao elemento subjetivo do tipo, somente é permitida a punição a título de dolo, tanto direto como eventual, pois se exige a vontade livre e consciente da mãe – sujeito ativo – de produzir o resultado morte, ou assumir o risco de produzi-lo no sujeito passivo, o filho. Inexiste na espécie a conduta culposa.

1.6. Consumação e tentativa

O crime de infanticídio se consuma com a morte do ser nascente ou do neonato. Admite-se a modalidade tentada.

1.7. Classificação

Trata-se de crime próprio que deve ser praticado pela mãe, mas permite o concurso de pessoas; de forma livre, pois admite qualquer meio de execução; comissivo ou omissivo; material, pois somente se consuma com a morte do infante; instantâneo, uma vez que se consuma em determinado momento, sem continuidade no tempo; de dano; unissubjetivo, unilateral ou de concurso eventual, uma vez que pode ser cometido por uma única pessoa mas admite o concurso; progressivo, já que antes da morte a vítima deve obrigatoriamente experimentar lesões.

2. JURISPRUDÊNCIA

2.1. Julgado

Iniciado o trabalho de parto. Aborto. Não configuração

Ver no art. 121 a seguinte decisão: STJ, *HC* n. 228.998/MG, 5ª T., rel. Min. Marco Aurélio Belizze, j. 23.10.2012.

Aborto provocado pela gestante ou com seu consentimento

Art. 124. Provocar aborto em si mesma ou consentir que outrem lho provoque:

Pena – detenção, de 1 (um) a 3 (três) anos.

---

1. COMENTÁRIO

1.1. Notas introdutórias

Aborto, de maneira simples e breve, pode ser definido como a interrupção da gravidez com a destruição do produto da concepção. Na definição clássica, é a interrupção violenta e ilegítima da gravidez, mediante a ocisão de um feto imaturo, dentro ou fora do útero materno. Júlio Fabbrini Mirabete (*Manual de direito penal*: Parte Especial, 2001, v. 2, p. 93) leciona que "o aborto não implica necessariamente a expulsão do produto da concepção, que pode ser dissolvido, reabsorvido pelo organismo da mulher ou até mumificado, ou pode a gestante morrer antes de sua expulsão". A ação de provocar aborto tem por objeto interromper a gravidez e eliminar o produto da concepção. A ação é exercida sobre a gestante ou também sobre o próprio feto ou embrião. O aborto pode ser: a) *natural*, é a interrupção espontânea da gravidez;

b) *acidental*, é a interrupção da gravidez provocada por traumatismos; c) *criminoso*, é a interrupção dolosa da gravidez; d) *legal ou permitido*, é a interrupção da gravidez de forma voluntária e admitida pela lei, quando não há outra forma de salvar a vida da gestante, também conhecido por aborto *necessário* ou *terapêutico*, e quando a gravidez decorre de estupro, é denominado aborto *sentimental* ou *humanitário*; e) *eugênico* ou *eugenésico*, é a interrupção da gravidez para evitar o nascimento de criança com graves deformidades genéticas; e f) *econômico* ou *social*, que é a morte do feto visando a minorar a condição de miséria da mãe ou da família, mas é modalidade criminosa.

1.2. Objetividade jurídica

A objetividade jurídica no crime de aborto é a proteção da vida. O aborto provocado pela gestante, conhecido por autoaborto, bem como aquele provocado por terceiro com seu consentimento tem como único bem tutelado o direito à vida, do qual o seu titular é o feto. No aborto provocado por terceiro sem o consentimento da gestante o objeto jurídico se amplia, pois além da proteção à vida do feto, busca-se a preservação da integridade física e psíquica da gestante. Mesmo que o propósito no crime de aborto seja a eliminação de uma vida humana, em todas as suas modalidades, as penas previstas são diminutas em relação àquelas cominadas para o homicídio.

Objeto material: apesar de o objeto material no crime de aborto criminoso ser o feto, o atual CP e o Anteprojeto não fazem qualquer distinção entre este, o órgão fecundado e o embrião. É fundamental, para verificar a existência do crime de aborto, a prova da gravidez decorrente de desenvolvimento fisiológico normal, uma vez que a comprovação do delito decorre da morte do feto, pois se a mulher não se encontrava grávida ou se por algum outro motivo o feto se encontrava morto, o crime é impossível. A gravidez extrauterina, que retrata uma situação patológica ou a gravidez conhecida por molar, onde há o anormal desenvolvimento do ovo, não mereceram proteção legal.

1.3. Sujeitos

Quanto ao sujeito ativo, há o crime próprio quando a gestante o provoca (art. 125) e também crime comum, quando praticado por terceiro, ou seja, qualquer pessoa. É crime de mão própria quando a gestante pessoalmente o provoca e neste caso, ao consentir que terceiro o provoque não há coautoria, mas apenas participação deste. O sujeito passivo, em caso de provocação da gestante ou com seu consentimento, é sempre o feto. Entretanto, se o aborto for provocado por terceiro sem que a gestante o consinta, evidentemente há duas vítimas: ela e o feto.

1.4. Análise da(s) conduta(s) descrita(s) no tipo

Quanto aos meios de execução, o aborto pode ser comissivo ou omissivo. Comissivo pode ocorrer com a ministração de medicamentos destinados a expelir ou matar o feto, enquanto *omissivo* pode existir no caso de a gestante deixar de ingerir, dolosamente, os medicamentos necessários para garantir a gravidez. Cleber Masson (*Direito penal*, 2013, v. 2, p. 71) apresenta exemplos extremamente didáticos, como "a omissão, para ser penalmente relevante, depende da existência do dever de agir (art. 13, § 2º, CP), e um destes é o caso da mãe que deixa de se alimentar adequadamente para que ocorra o aborto, ou o do médico contratado para acompanhar a gravidez problemática, que propositadamente, deixa de adotar medidas necessárias para preservar o feto. Se, contudo, o meio de execução for absolutamente ineficaz, estará caracterizado crime impossível, por exemplo, despachos, rezas e simpatias".

1.5. Elemento subjetivo

O elemento subjetivo do tipo no aborto é o dolo, que pode ser direto ou eventual, pois inexiste aborto culposo no crime contra a vida, e quem o provoca com culpa responde por lesão corporal culposa contra a gestante, uma vez que as lesões provocadas são derivadas das manobras abortivas. Se for a gestante quem age culposamente e provoca o aborto, o fato será atípico uma vez que não se pune a autolesão. Entretanto, se alguém agride mulher que sabe se encontrar grávida, com o objetivo único de lesioná-la, mas produz culposamente o aborto, responderá pelo crime de lesão corporal gravíssima.

1.6. Consumação e tentativa

A consumação do crime de aborto ocorre com a morte do feto, que resulta da dolosa interrupção da gravidez. A tentativa é possível em todas as modalidades do aborto criminoso, por exemplo, se o agente objetivava o aborto mas o feto foi expulso com vida. Se, nesse caso, o agente desenvolver nova conduta para matá-lo, haverá o concurso material de aborto e homicídio, ambos na forma tentada.

1.7. Classificação

Trata-se de crime material, cuja consumação somente ocorre com a morte do feto; é crime próprio e de mão própria ou comum; comissivo ou omissivo; instantâneo com a consumação em momento determinado, sem continuidade no tempo; é crime de dano, pois depende da efetiva lesão ao bem jurídico; unissubjetivo, unilateral ou de concurso eventual, e em regra praticado por uma só pessoa, mas como exceção admite o concurso; plurissubjetivo ou de concurso necessário; plurissubsistente, em regra, com conduta divisível em vários atos; progressivo, uma vez que o feto é lesionado antes da morte e finalmente, de forma livre.

2. JURISPRUDÊNCIA

Em 12.04.2012, por maioria e nos termos do voto do relator, Ministro Marco Aurélio Mello, o STF julgou procedente a ADPF n. 54 proposta em 17.06.2004 pela Confederação Nacional dos Trabalhadores na Saúde – CNTS "para declarar a inconstitucionalidade da interpretação segundo a qual a interrupção da gravidez de feto anencéfalo é conduta tipificada nos ars. 124, 126, 128, I e II, todos do CP".

3. OBSERVAÇÕES

Este artigo está previsto no art. 125 do PLS n. 236/2012 (Anteprojeto de CP).

Aborto provocado por terceiro

Art. 125. Provocar aborto, sem o consentimento da gestante:

Pena – reclusão, de 3 (três) a 10 (dez) anos.

---

1. COMENTÁRIO

1.1. Objetividade jurídica

Trata-se de crime mais grave que os anteriores, pois aqui não existe o consentimento ou a autorização da gestante para que ele seja praticado, ou, mesmo quando autorizado, o consentimento não é válido em razão da ausência de condições de quem o fez, ou porque obtido mediante fraude, grave ameaça ou violência (art. 126, CP). No aborto provocado por terceiro, sem o consentimento da gestante, a objetividade jurídica se amplia, pois além da proteção à vida do feto, busca-se a preservação da integridade física e psíquica da gestante. Mesmo que o propósito no crime de aborto seja a eliminação de uma vida humana, em todas as suas modalidades, as penas previstas são diminutas em relação àquelas cominadas para o homicídio. Para identificar em que tipo penal o caso concreto se ajusta, é necessário verificar qual a intenção do agente, bem como sua consciência em relação à condição da mulher gestante.

1.2. Sujeitos

O crime tem dupla subjetividade passiva, pois são duas as vítimas da prática do aborto: a mãe que não o consente e o feto. Como o dolo consiste na vontade livre e consciente do agente praticar o aborto, necessariamente deve ter conhecimento da gravidez da vítima. Como examinado antes, o sujeito ativo pode ser qualquer pessoa.

1.3. Análise da(s) conduta(s) descrita(s) no tipo

A conduta delituosa se configura quando o agente provoca, isto é, ocasiona, origina, promove o abortamento, a morte intrauterina ou a expulsão prematura do nascituro do corpo da gestante, sem a sua concordância, cessando involuntariamente, assim, a gestação dessa vítima.

1.4. Elemento subjetivo

É o dolo, direto ou eventual, consistente na vontade livre e consciente do agente em interromper a gravidez e provocar a morte do resultado da concepção. Inexiste em nosso ordenamento a figura do aborto culposo, uma vez que o provocador com culpa responde tão somente por lesão culposa em relação à gestante.

A discordância ou ausência de consentimento da gestante pode ser real (mediante emprego de violência, fraude ou grave ameaça) ou presumida (vítima menor de 14 anos, alienada ou débil mental).

Se a gestante se encontrar grávida de gêmeos (trigêmeos ou quadrigêmeos) e tal circunstância for do conhecimento do terceiro (ou terceiros), haverá dois (três ou quatro) crimes de aborto, em concurso formal impróprio ou imperfeito. Entretanto, se tal circunstância não for do conhecimento do terceiro, responderá ele por um único crime. Nessa hipótese é excluída a responsabilidade penal objetiva.

1.5. Consumação e tentativa

Para a concretização do crime de aborto, sem o consentimento da mulher grávida, exige-se a agressão de parceiro ou outrem para realizar o objeto, ou ingestão de medicamentos ou produtos que possam causar o aborto, sem conhecimento da gestante. Há várias possibilidades: 1) Quando o sujeito ativo possui a única intenção de praticar o aborto: a) não desejando ou assumindo o risco para a morte da gestante, mas ocorrer a morte do feto, será imputado o crime de aborto; b) caso não haja a morte do feto, o sujeito ativo será responsabilizado pela tentativa de aborto; c) se consumado o crime de aborto e morte ou lesão corporal grave da gestante, o agente responderá pelo crime de aborto qualificado; d) não havendo consumação do crime de aborto (gestante já encontrava-se em estágio avançado de gravidez e feto nasce e sobrevive) e ocorra a morte da gestante, o agente deve responder pelo crime de aborto qualificado; 2) Sujeito ativo possui desígnios autônomos para o homicídio da gestante e o aborto, as possibilidades seriam: a) consumados os dois crimes, o agente deve responder pelo crime de homicídio em concurso formal impróprio ou imperfeito com o crime de aborto; b) consumada a morte da gestante e o nascimento do feto em perfeitas condições, o agente deve responder pelo crime de homicídio em concurso formal impróprio ou imperfeito com o crime de aborto tentado; c) não ocorrendo a morte da mulher e a consumação do aborto, o agente responderá pelo crime de tentativa de homicídio em concurso formal impróprio com o crime de aborto; d) se nenhum dos delitos se consumar, o agente responde pela modalidade tentada para os crimes de homicídio e aborto em concurso formal imperfeito.

Finalmente, se o agente não tinha conhecimento da gravidez, ao praticar um ato contra a gestante, não será responsabilizado caso haja qualquer resultado contra o feto, nem por qualquer agravação de crime pelo resultado aborto ou aceleração de parto, tendo em vista que, de acordo com a teoria finalista, não é possível separar a ação e a vontade do agente (requisitos do fato típico). O comprovado desconhecimento do sujeito ativo com relação à gravidez da mulher exclui o dolo e a culpa (art. 18, CP).

1.6. Classificação

A classificação do crime de aborto não consentido é a seguinte: crime material; comum; instantâneo; comissivo ou omissivo; de dano; unissubjetivo; unilateral; em regra de concurso eventual; também em regra plurissubsistente; de forma livre e progressivo.

Art. 126. Provocar aborto com o consentimento da gestante:

Pena – reclusão, de 1 (um) a 4 (quatro) anos.

Parágrafo único. Aplica-se a pena do artigo anterior, se a gestante não é maior de 14 (quatorze) anos, ou é alienada ou débil mental, ou se o consentimento é obtido mediante fraude, grave ameaça ou violência.

---

1. COMENTÁRIO

1.1. Notas introdutórias

A doutrina, sem grande dificuldade, preservando os mesmos princípios genéricos conferidos para o art. 124 do CP, evidencia que no caso de aborto provocado com o consentimento da gestante, isto é, quando o aborto é praticado por terceira pessoa por ela autorizada, devem ambos responder pelo mesmo crime, pois estão presentes o fim comum e a atuação com unidade de propósitos. Ambos avençaram a prática abortiva visando à morte do feto, situação que os ajusta ao concurso de pessoas disposto no art. 29. Como leciona Mirabete (*Manual de direito penal*: Parte Especial, 2001, v. 2, p. 93), aqui se define a provocação do aborto com o consentimento da gestante "e esta responderá pelo crime previsto no art. 124 e aquele que pratica as manobras abortivas ou causa o aborto de outra forma, será punido por este crime". O consentimento deve existir desde o início da conduta até a consumação do crime, podendo ser verbal ou expresso, pois se a gestante revogá-lo durante a execução do aborto, o autor responderá pelo crime mais grave, que é realizá-lo sem a autorização da mulher grávida. A conduta da gestante não é puramente subjetiva, pois não se trata de simples negligência ou omissão, porque ela deve cooperar com o terceiro nas manobras abortivas, ou seja, ela não se omite, ela age. Assim, é importante verificar se a gestante tem capacidade para consentir, pois, não sendo ela maior, ou alienada ou débil mental, ou se o consentimento é obtido mediante fraude, grave ameaça ou violência, conforme previsto no parágrafo único, estaremos diante de atipicidade do fato em relação ao aborto consentido, ajustando-se o agente, de consequência, ao crime de aborto provocado (art. 125). Como se verificou acima, há manifesta exceção à teoria unitária ou monista estabelecida no concurso de pessoas, uma vez que dois tipos penais os ajustam: a mulher grávida que autoriza a realização do ato incide na pena menos grave e o provocador do aborto se ajusta ao crime em exame. Historicamente a legislação, acompanhando a doutrina que estuda os fenômenos e consequências do fato, dedica à gestante um tratamento mais cândido, mais suave, e em termos de pena, mais brandos, certamente pela debilidade e sequelas de ordem mental e física.

1.2. Objetividade jurídica

A tutela jurídica visa à proteção da vida.

1.3. Sujeitos

Sujeito ativo: qualquer pessoa que provoque o aborto. No presente tipo ocorre a exceção pluralística, pois enquanto a terceira pessoa provocadora do aborto responderá pelo disposto no art. 126 do CP, a gestante que o consente irá responder pelo crime previsto no art. 124. A diferença está na pena cominada, pois enquanto o art. 124 do CP estabelece a detenção de 1 a 3 anos, o *caput* do art. 126 do CP (em que se enquadra o provocador) tem a previsão de reclusão de 1 a 4 anos.

Sujeito passivo: trata-se de crime de dupla subjetividade passiva (o feto e a gestante), uma vez os objetos jurídicos são indisponíveis, ou seja, a vida do feto e a incolumidade física e psíquica da gestante. Assim, o consentimento da gestante não exclui o dolo na conduta do terceiro provocador.

1.4. Análise da(s) conduta(s) descrita(s) no tipo

O ato incriminado consiste em provocar, isto é, ocasionar, originar, promover o abortamento, a morte intrauterina ou resultante da expulsão prematura do nascituro do corpo da gestante, com a sua concordância, o que diferencia diametralmente este delito do delito previsto no art. 124.

1.5. Elemento subjetivo

É o dolo, direto ou eventual, consistente na vontade livre e consciente do agente em interromper a gravidez e provocar a morte do resultado da concepção. Inexiste em nosso ordenamento a figura do aborto culposo, uma vez que o provocador com culpa responde tão somente por lesão culposa em relação à gestante. É indispensável para a configuração deste crime o consentimento da gestante. Inclusive referido elemento volitivo deve existir desde o início da conduta até a consumação do crime, podendo ser verbal ou expresso, pois se a gestante revogá-lo durante a execução do aborto, o autor responderá pelo crime mais grave, que é realizá-lo sem a autorização da mulher grávida.

1.6. Concurso material

É possível haver o concurso material do crime de aborto com outros crimes, como no caso da associação de pessoas para realizar abortos, instalando clínica médica destinada a práticas abortivas (art. 288, CP), em que seus associados responderão pelos crimes mencionados e também pelos abortos realizados ("anunciar processo, substância ou objeto destinado a provocar aborto" – art. 20, LCP).

1.7. Forma agravada

O parágrafo único estabelece a forma típica agravada, com a aplicação da pena prevista no aborto provocado por terceiro (art. 125 do CP – pena de reclusão de 3 a 10 anos) quando a gestante tiver idade inferior a 14 anos, ou é alienada ou débil mental, pois a lei a insere nas condições do art. 26 do CP, ou seja, não tem capacidade de consentimento. Da mesma forma se aplica a agravante quando o consentimento é obtido por meio fraudulento ou mediante violência ou grave ameaça. Caso a gestante seja portadora de simples perturbação da saúde mental, de consequência excluída do rol dos que não podem consentir, o agente provocador responderá pelo delito previsto no art. 126 do CP.

1.8. Consumação e tentativa

A consumação do crime de aborto ocorre com a morte do feto, que resulta da dolosa interrupção da gravidez. A tentativa é possível em todas as modalidades do aborto criminoso, como se o agente objetivava o aborto mas o feto foi expulso com vida. Se nesse caso o agente desenvolver nova conduta para matá-lo, haverá o concurso material de aborto e homicídio, ambos na forma tentada, caso o homicídio não se consume.

1.9. Classificação

Trata-se de crime material, comum, instantâneo, comissivo ou omissivo, de dano, em regra unissubjetivo, mas pode ser plurissubjetivo ou de concurso necessário, em regra plurissubsistente, progressivo e de forma livre.

2. JURISPRUDÊNCIA

Em 12.04.2012, por maioria e nos termos do voto do relator, Ministro Marco Aurélio Mello, o STF julgou procedente a ADPF n. 54 proposta em 17.06.2004 pela Confederação Nacional dos Trabalhadores na Saúde – CNTS "para declarar a inconstitucionalidade da interpretação segundo a qual a interrupção da gravidez de feto anencéfalo é conduta tipificada nos ars. 124, 126, 128, I e II, todos do CP".

3. OBSERVAÇÕES

O Anteprojeto de Reforma do CP mantém o texto atual quanto ao *caput* do art. 126, todavia, excluindo o seu parágrafo único. Assim, a grande distinção existente no código vigente entre o provocador e a mulher gestante que o consente deixou de existir no Anteprojeto, estabelecendo a mesma pena para ambos os crimes, de 1 a 3 anos de prisão, inferior à atual, que é de 1 a 4 anos de reclusão.

Forma qualificada

Art. 127. As penas cominadas nos dois artigos anteriores são aumentadas de um terço, se, em consequência do aborto ou dos meios empregados para provocá-lo, a gestante sofre lesão corporal de natureza grave; e são duplicadas, se, por qualquer dessas causas, lhe sobrevém a morte.

---

1. COMENTÁRIO

O legislador optou por inserir a expressão "forma qualificada" quando ocorre a majoração das penas respectivas dos dois artigos anteriores (arts. 125 e 126), excluindo-a quanto ao aborto provocado pela gestante ou com seu consentimento (art. 124), pois a lei não pune a autolesão. Tal qual o suicídio, em que se acolhe o princípio da alteridade, na prática de autoaborto a mulher produz lesão corporal em si própria ou então pode provocar a própria morte. Com a vedação da punição da autolesão em nosso direito penal, somente o terceiro pode se submeter à incidência da majoração da pena. Como antes examinado, as qualificadoras não são elementares do crime e sim circunstâncias legais especiais, e, no caso do art. 127, são mantidas as penas *in abstrato* com a previsão porcentual de majoração, traduzindo-se em causas de aumento das penas, aplicáveis apenas ao aborto praticado por terceiro, havendo ou não o consentimento da gestante. Seguindo o raciocínio trazido pelo legislador, trata-se aqui de crime "qualificado" pelo resultado, de natureza preterdolosa, pois primeiro se pune o primeiro crime, o aborto, a título de dolo e o resultado pode ser a morte ou lesão corporal de natureza grave, rigorosamente na forma determinada pelo art. 19 do CP, onde "pelo resultado que agrava especialmente a pena, só responde o agente que o houver causado, ao menos culposamente". O concurso de terceira pessoa para que a gestante realize o autoaborto, com o resultado morte ou lesão corporal grave na mulher, faz com que o terceiro se submeta ao fato típico descrito no art. 124 como partícipe, ou então à prática de lesão corporal culposa ou homicídio culposo se comprovada sua culpa nas lesões ou morte da grávida, uma vez que o dispositivo é expresso na sua aplicação apenas quanto aos arts. 125 e 126 do CP. Entretanto, se o terceiro agiu com dolo, direto ou eventual, em relação a ambos os delitos, responderá pelo crime de aborto, de lesões corporais ou homicídio. Observe-se que o agente ao praticar homicídio doloso contra mulher grávida, ciente dessa condição, e dessa maneira provocar a morte do feto, responderá pelo crime de homicídio e aborto, mesmo que não houvesse interesse na morte deste. Por outro lado, se o terceiro matar uma mulher grávida, desconhecendo esse fato, responderá apenas pelo crime de homicídio.

Acolhendo o entendimento posto pelo legislador, acerca de todos os tipos de aborto criminoso, a forma qualificada também exige como fundamental a prova de que a mulher se encontrava grávida.

Com a entrada em vigor da Lei n. 13.104/2015, que incluiu a qualificadora do feminicídio no inciso VI do § 2º do art. 121 do CP, surgiu uma grande discussão acerca da aplicação da majorante da *novatio legis* no crime de aborto, mas que pode ser facilmente resolvida, fazendo-se uma breve reflexão sobre a responsabilidade subjetiva acolhida pelo CP e examinando-se o princípio do *ne bis in idem*, que possui duplo significado: processual (ninguém pode ser processado e julgado duas vezes pelo mesmo fato) e material (ninguém pode sofrer duas penas em face do mesmo crime).

Francisco Dirceu Barros formula uma pequena questão prática para concluir pela sua inaplicabilidade: "Tício, por mera discriminação à condição de mulher, atira em Tícia. A mulher sobrevive e o feto morre. Solução jurídica: Tício deverá responder por tentativa de homicídio qualificado pelo feminicídio (art. 121, § 2º, VI, c/c art. 14, II, CP) e pelo aborto consumado sem o consentimento da gestante (art. 125, CP) em concurso formal (art. 70, CP). Concluímos que só a segunda parte do art. 121, § 7º, I, do Código Penal (quando o homicídio é cometido contra a mulher por razões da condição de sexo feminino, nos 3 (três) meses posteriores ao parto) terá a pena majorada em 1/3 (um terço) até a metade" ("O crime de aborto *versus* a majorante do feminicídio cometido durante a gestação"; disponível em: jus.com.br/artigos/37573-; acessado em: março de 2015).

2. JURISPRUDÊNCIA

2.1. Súmula

Súmula n. 542, STJ: "A ação penal relativa ao crime de lesão corporal resultante de violência doméstica contra a mulher é pública incondicionada".

Art. 128. Não se pune o aborto praticado por médico:

Aborto necessário

I – se não há outro meio de salvar a vida da gestante;

Aborto no caso de gravidez resultante de estupro

II – se a gravidez resulta de estupro e o aborto é precedido de consentimento da gestante ou, quando incapaz, de seu representante legal.

---

1. COMENTÁRIO

Natureza jurídica: O presente artigo trata de causas especiais de exclusão da ilicitude, uma vez que, ocorrendo o aborto, mesmo sendo ele um fato típico, não será considerado crime em razão de serem as hipóteses elencadas admitidas pelo ordenamento jurídico. É caso de fato típico mas não antijurídico, denominado pela doutrina de "tipicidade conglobante". Tem como fundamentos o aborto necessário ou terapêutico e o aborto sentimental. Portanto, o dispositivo legal tem como requisito necessário a intervenção do médico, que não necessita de autorização judicial para proceder ao aborto.

Aborto necessário ou terapêutico é previsto no inciso I do art. 128, e dele salta o conflito entre dois valores fundamentais, que são a vida da gestante e a vida do feto. O legislador, acolhendo a esmagadora vontade popular, manifesta preferência pela vida da mulher grávida porque sem a qual provavelmente o feto não sobreviveria. O aborto necessário ou terapêutico, conforme previsto no CP, depende de dois requisitos legais para sua realização: a) que haja risco de vida da gestante, decorrente da gravidez; b) que não exista outro modo de salvar a vida da gestante. Em outras palavras, na escolha difícil entre preservar a vida de quem já nasceu e a de quem está para nascer, o legislador optou por permitir retirar a vida do feto e poupar a parturiente. O entendimento pacificado é no sentido de que o risco de vida não necessita ser atual, mas que no futuro possa colocar em risco, não apenas a vida, mas a saúde da mulher grávida, o que deverá ser comprovado por médico. Não há necessidade de intervenção judicial para autorizar a realização do ato, que fica a critério exclusivo do médico sua imprescindibilidade. Portanto, a condição reafirma a necessidade de que o aborto seja realizado obrigatoriamente por médico.

Aborto sentimental, humanitário, ético: se a gravidez resulta de violação da dignidade sexual, mesmo não havendo risco atual de vida à gestante, o aborto legal poderá ocorrer, condicionado à realização por médico, à autorização da mulher grávida ou seu representante legal, cônjuge ou companheiro e que a gravidez decorra da prática de crime sexual. A legislação atual usa a expressão "gravidez resultante de estupro", quando hoje, no sentido amplo, a expressão "violação da dignidade sexual" abrange, inclusive, o estupro de vulnerável, figura inexistente na atual redação, mas acolhida pela doutrina e pela jurisprudência.

Aborto eugênico ou eugenésico: a atualização e modernização do tratamento médico, a evolução da ciência na preservação da vida e melhoria nas condições da saúde da população em confronto com a legislação criminal que não acompanha o progresso científico na mesma velocidade, acarreta enormes lacunas no aspecto legal, uma vez que o nosso direito não recepcionou a possibilidade da realização do aborto eugênico ou eugenésico quando há comprovação médica de que o feto é portador de graves deformidades.

Observação: o PLS n. 236/2012, cuja pretensão é a Reforma do CP, apresenta sugestões atualíssimas, acolhendo a doutrina e a jurisprudência atual para aperfeiçoamento do art. 128 do CP vigente.

2. JURISPRUDÊNCIA

2.1. Julgados

Aborto. Feto anencéfalo. Possibilidade

ADPF n. 54 – Antecipação terapêutica do parto do feto anencéfalo. A ADPF foi proposta em 17.06.2004 pela Confederação Nacional dos Trabalhadores na Saúde – CNTS, objetivando a interpretação conforme a Constituição dos arts. 124, 126 e 128, I e II, do DL n. 2.848/40 (CP) para declarar inconstitucional a interpretação que considera crime a antecipação terapêutica do parto, realizada por médico habilitado com o consentimento da gestante, em casos de gravidez de feto anencefálico. A sustentação trazida é de que anencefalia é incompatível com a vida extrauterina, sendo fatal em 100% dos casos, não tendo a ciência médica nada o que fazer quanto ao feto inviável, além do risco de saúde da gestante, o perigo de vida é altíssimo, constituindo-se assim uma indicação terapêutica médica eficaz para o tratamento da gestante. Nessa esteira, a antecipação terapêutica do parto não se compara com o aborto, faltando o suporte fático exigido pelo tipo penal, qual seja, a morte do feto em decorrência da interrupção da gravidez – no presente caso, a morte do feto é inevitável, decorrendo de uma má-formação congênita e não da intervenção médica. Em 12.04.2012, por maioria e nos termos do voto do relator, Ministro Marco Aurélio Melo, "foi julgada procedente para declarar a inconstitucionalidade da interpretação segundo a qual a interrupção da gravidez de feto anencéfalo é conduta tipificada nos arts. 124, 126, 128, I e II, todos do CP".

Aborto. Não configuração

Ver no art. 121 a seguinte decisão: STJ, *HC* n. 228.998/MG, 5ª T., rel. Min. Marco Aurélio Belizze, j. 23.10.2012.

Aborto sem o consentimento da gestante. Demora na realização do parto. Inexistência de dolo ou omissão intencional

Processo penal. Crime doloso contra a vida. Competência de assento constitucional. Tribunal do Júri. Aborto sem o consentimento da gestante. Alegada demora na realização do parto pelo médico. Quadro empírico revelador da ausência de ação dolosa e de omissão igualmente intencional. Capitulação jurídica da conduta. Ordem parcialmente concedida. 1. O STF distingue entre a capitulação jurídica dos fatos (ou seja, o enquadramento típico da conduta) e o revolvimento de matéria fático-probatória. Motivo pelo qual, fixado o quadro empírico pelas instâncias competentes, pronunciamento desta colenda Corte sobre o enquadramento jurídico da conduta não extrapola os limites da via processualmente contida do *habeas corpus*. 2. Na concreta situação dos autos, enquanto o Juízo da Vara do Júri de Sobral/CE rechaçou a tese da materialidade delitiva, embasado no mais detido exame das circunstâncias do caso, o voto condutor do acórdão do TJCE (acórdão que pronunciou o paciente contra até mesmo a manifestação do Ministério Público Estadual) limitou-se a reproduzir, *ipsis litteris*, os termos da denúncia. Reprodução, essa, que assentou, de modo totalmente alheio às contingências fáticas dos autos, a prevalência absoluta da máxima *in dubio pro societate*. Desconsiderando, com isso, as premissas que justificam a incidência da excepcional regra do § 2º do art. 13 do CP. 3. Premissas que não se fazem presentes no caso para assentar a responsabilização do paciente por crime doloso, pois: a) o paciente não se omitiu; ao contrário, atendeu a gestante nas oportunidades em que ela esteve na Casa de Saúde; b) o paciente não esteve indiferente ao resultado lesivo da falta de pronto atendimento à gestante; c) o paciente agiu, dentro do possível, para minimizar os riscos que envolvem situações como a retratada no caso. 4. Ordem parcialmente concedida. (STF, *HC* n. 95.068/CE, 1ª T., rel. Min. Ayres Britto, j. 17.03.2009)

Aborto. Lei de Biossegurança

Constitucional. Ação direta de inconstitucionalidade. Lei de Biossegurança. Impugnação em bloco do art. 5º da Lei n. 11.105, de 24.03.2005 (Lei de Biossegurança). Pesquisas com células-tronco embrionárias. Inexistência de violação do direito à vida. Constitucionalidade do uso de células-tronco embrionárias em pesquisas científicas para fins terapêuticos. Descaracterização do aborto. Normas constitucionais conformadoras do direito fundamental a uma vida digna, que passa pelo direito à saúde e ao planejamento familiar. Descabimento de utilização da técnica de interpretação conforme para aditar à Lei de Biossegurança controles desnecessários que implicam restrições às pesquisas e terapias por ela visadas. Improcedência total da ação. I – O conhecimento científico, a conceituação jurídica de células-tronco embrionárias e seus reflexos no controle de constitucionalidade da Lei de Biossegurança. As "células-tronco embrionárias" são células contidas num agrupamento de outras, encontradiças em cada embrião humano de até 14 dias (outros cientistas reduzem esse tempo para a fase de blastocisto, ocorrente em torno de 5 dias depois da fecundação de um óvulo feminino por um espermatozoide masculino). Embriões a que se chega por efeito de manipulação humana em ambiente extracorpóreo, porquanto produzidos laboratorialmente ou *in vitro*, e não espontaneamente ou *in vida*. Não cabe ao STF decidir sobre qual das duas formas de pesquisa básica é a mais promissora: a pesquisa com células-tronco adultas e aquela incidente sobre células-tronco embrionárias. A certeza científico-tecnológica está em que um tipo de pesquisa não invalida o outro, pois ambos são mutuamente complementares. II – Legitimidade das pesquisas com células-tronco embrionárias para fins terapêuticos e o constitucionalismo fraternal. A pesquisa científica com células-tronco embrionárias, autorizada pela Lei n. 11.105/2005, objetiva o enfrentamento e cura de patologias e traumatismos que severamente limitam, atormentam, infelicitam, desesperam e não raras vezes degradam a vida de expressivo contingente populacional (ilustrativamente, atrofias espinhais progressivas, distrofias musculares, a esclerose múltipla e a lateral amiotrófica, as neuropatias e as doenças do neurônio motor). A escolha feita pela Lei de Biossegurança não significou um desprezo ou desapreço pelo embrião *in vitro*, porém uma mais firme disposição para encurtar caminhos que possam levar à superação do infortúnio alheio. Isto no âmbito de um ordenamento constitucional que desde o seu preâmbulo qualifica "a liberdade, a segurança, o bem-estar, o desenvolvimento, a igualdade e a justiça" como valores supremos de uma sociedade mais que tudo "fraterna". O que já significa incorporar o advento do constitucionalismo fraternal às relações humanas, a traduzir verdadeira comunhão de vida ou vida social em clima de transbordante solidariedade em benefício da saúde e contra eventuais tramas do acaso e até dos golpes da própria natureza. Contexto de solidária, compassiva ou fraternal legalidade que, longe de traduzir desprezo ou desrespeito aos congelados embriões *in vitro*, significa apreço e reverência a criaturas humanas que sofrem e se desesperam. Inexistência de ofensas ao direito à vida e da dignidade da pessoa humana, pois a pesquisa com células-tronco embrionárias (inviáveis biologicamente ou para os fins a que se destinam) significa a celebração solidária da vida e alento aos que se acham à margem do exercício concreto e inalienável dos direitos à felicidade e do viver com dignidade (Min. Celso de Mello). III – A proteção constitucional do direito à vida e os direitos infraconstitucionais do embrião pré-implanto. O Magno Texto Federal não dispõe sobre o início da vida humana ou o preciso instante em que ela começa. Não faz de todo e qualquer estádio da vida humana um autonomizado bem jurídico, mas da vida que já é própria de uma concreta pessoa, porque nativiva (teoria "natalista", em contraposição às teorias "concepcionista" ou da "personalidade condicional"). E quando se reporta a "direitos da pessoa humana" e até dos "direitos e garantias individuais" como cláusula pétrea está falando de direitos e garantias do indivíduo-pessoa, que se faz destinatário dos direitos fundamentais "à vida, à liberdade, à igualdade, à segurança e à propriedade", entre outros direitos e garantias igualmente distinguidos com o timbre da fundamentalidade (como direito à saúde e ao planejamento familiar). Mutismo constitucional hermeneuticamente significante de transpasse de poder normativo para a legislação ordinária. A potencialidade de algo para se tornar pessoa humana já é meritória o bastante para acobertá-la, infraconstitucionalmente, contra tentativas levianas ou frívolas de obstar sua natural continuidade fisiológica. Mas as três realidades não se confundem: o embrião é o embrião, o feto é o feto e a pessoa humana é a pessoa humana. Donde não existir pessoa humana embrionária, mas embrião de pessoa humana. O embrião referido na Lei de Biossegurança (*in vitro* apenas) não é uma vida a caminho de outra vida virginalmente nova, porquanto lhe faltam possibilidades de ganhar as primeiras terminações nervosas, sem as quais o ser humano não tem factibilidade como projeto de vida autônoma e irrepetível. O Direito infraconstitucional protege por modo variado cada etapa do desenvolvimento biológico do ser humano. Os momentos da vida humana anteriores ao nascimento devem ser objeto de proteção pelo direito comum. O embrião pré-implanto é um bem a ser protegido, mas não uma pessoa no sentido biográfico a que se refere a Constituição. IV – As pesquisas com células-tronco não caracterizam aborto. Matéria estranha à presente ação direta de inconstitucionalidade. É constitucional a proposição de que toda gestação humana principia com um embrião igualmente humano, claro, mas nem todo embrião humano desencadeia uma gestação igualmente humana, em se tratando de experimento *in vitro*. Situação em que deixam de coincidir concepção e nascituro, pelo menos enquanto o ovócito (óvulo já fecundado) não for introduzido no colo do útero feminino. O modo de irromper em laboratório e permanecer confinado *in vitro* é, para o embrião, insuscetível de progressão reprodutiva. Isso sem prejuízo do reconhecimento de que o zigoto assim extra-corporalmente produzido e também extra-corporalmente cultivado e armazenado é entidade embrionária do ser humano. Não, porém, ser humano em estado de embrião. A Lei de Biossegurança não veicula autorização para extirpar do corpo feminino esse ou aquele embrião. Eliminar ou desentranhar esse ou aquele zigoto a caminho do endométrio, ou nele já fixado. Não se cuida de interromper gravidez humana, pois dela aqui não se pode cogitar. A "controvérsia constitucional em exame não guarda qualquer vinculação com o problema do aborto" (Ministro Celso de Mello). V – Os direitos fundamentais à autonomia da vontade, ao planejamento familiar e à maternidade. A decisão por uma descendência ou filiação exprime um tipo de autonomia de vontade individual que a própria Constituição rotula como "direito ao planejamento familiar", fundamentado este nos princípios igualmente constitucionais da "dignidade da pessoa humana" e da "paternidade responsável". A conjugação constitucional da laicidade do Estado e do primado da autonomia da vontade privada, nas palavras do Ministro Joaquim Barbosa. A opção do casal por um processo *in vitro* de fecundação artificial de óvulos é implícito direito de idêntica matriz constitucional, sem acarretar para esse casal o dever jurídico do aproveitamento reprodutivo de todos os embriões eventualmente formados e que se revelem geneticamente viáveis. O princípio fundamental da dignidade da pessoa humana opera por modo binário, o que propicia a base constitucional para um casal de adultos recorrer a técnicas de reprodução assistida que incluam a fertilização artificial ou *in vitro*. De uma parte, para aquinhoar o casal com o direito público subjetivo à "liberdade" (preâmbulo da Constituição e seu art. 5º), aqui entendida como autonomia de vontade. De outra banda, para contemplar os porvindouros componentes da unidade familiar, se por eles optar o casal, com planejadas condições de bem-estar e assistência físico-afetiva (art. 226 da CF). Mais exatamente, planejamento familiar que, "fruto da livre decisão do casal", é "fundado nos princípios da dignidade da pessoa humana e da paternidade responsável" (§ 7º desse emblemático artigo constitucional de n. 226). O recurso a processos de fertilização artificial não implica o dever da tentativa de nidação no corpo da mulher de todos os óvulos afinal fecundados. Não existe tal dever (inciso II do art. 5º da CF), porque incompatível com o próprio instituto do "planejamento familiar" na citada perspectiva da "paternidade responsável". Imposição, além do mais, que implicaria tratar o gênero feminino por modo desumano ou degradante, em contrapasso ao direito fundamental que se lê no inciso II do art. 5º da Constituição. Para que ao embrião *in vitro* fosse reconhecido o pleno direito à vida, necessário seria reconhecer a ele o direito a um útero. Proposição não autorizada pela Constituição. VI – Direito à saúde como corolário do direito fundamental à vida digna. O § 4º do art. 199 da Constituição, versante sobre pesquisas com substâncias humanas para fins terapêuticos, faz parte da seção normativa dedicada à "Saúde" (Seção II do Capítulo II do Título VIII). Direito à saúde, positivado como um dos primeiros dos direitos sociais de natureza fundamental (art. 6º da CF) e também como o primeiro dos direitos constitutivos da seguridade social (cabeça do artigo constitucional de n. 194). Saúde que é "direito de todos e dever do Estado" (*caput* do art. 196 da Constituição), garantida mediante ações e serviços de pronto qualificados como "de relevância pública" (parte inicial do art. 197). A Lei de Biossegurança como instrumento de encontro do direito à saúde com a própria Ciência. No caso, ciências médicas, biológicas e correlatas, diretamente postas pela Constituição a serviço desse bem inestimável do indivíduo que é a sua própria higidez físico-mental. VII – O direito constitucional à liberdade de expressão científica e a Lei de Biossegurança como densificação dessa liberdade. O termo "ciência", enquanto atividade individual, faz parte do catálogo dos direitos fundamentais da pessoa humana (inciso IX do art. 5º da CF). Liberdade de expressão que se afigura como clássico direito constitucional-civil ou genuíno direito de personalidade. Por isso que exigente do máximo de proteção jurídica, até como signo de vida coletiva civilizada. Tão qualificadora do indivíduo e da sociedade é essa vocação para os misteres da Ciência que o Magno Texto Federal abre todo um autonomizado capítulo para prestigiá-la por modo superlativo (Capítulo de n. IV do Título VIII). A regra de que "O Estado promoverá e incentivará o desenvolvimento científico, a pesquisa e a capacitação tecnológicas" (art. 218, *caput*) é de logo complementada com o preceito (§ 1º do mesmo art. 218) que autoriza a edição de normas como a constante do art. 5º da Lei de Biossegurança. A compatibilização da liberdade de expressão científica com os deveres estatais de propulsão das ciências que sirvam à melhoria das condições de vida para todos os indivíduos. Assegurada, sempre, a dignidade da pessoa humana, a Constituição Federal dota o bloco normativo posto no art. 5º da Lei n. 11.105/2005 do necessário fundamento para dele afastar qualquer invalidade jurídica (Min. Cármen Lúcia). VIII – Suficiência das cautelas e restrições impostas pela Lei de Biossegurança na condução das pesquisas com células-tronco embrionárias. A Lei de Biossegurança caracteriza-se como regração legal a salvo da mácula do açodamento, da insuficiência protetiva ou do vício da arbitrariedade em matéria tão religiosa, filosófica e eticamente sensível como a da biotecnologia na área da medicina e da genética humana. Trata-se de um conjunto normativo que parte do pressuposto da intrínseca dignidade de toda forma de vida humana, ou que tenha potencialidade para tanto. A Lei de Biossegurança não conceitua as categorias mentais ou entidades biomédicas a que se refere, mas nem por isso impede a facilitada exegese dos seus textos, pois é de se presumir que recepcionou tais categorias e as que lhe são correlatas com o significado que elas portam no âmbito das ciências médicas e biológicas. IX – Improcedência da ação. Afasta-se o uso da técnica de "interpretação conforme" para a feitura de sentença de caráter aditivo que tencione conferir à Lei de Biossegurança exuberância regratória, ou restrições tendentes a inviabilizar as pesquisas com células-tronco embrionárias. Inexistência dos pressupostos para a aplicação da técnica da "interpretação conforme a Constituição", porquanto a norma impugnada não padece de polissemia ou de plurissignificatidade. Ação direta de inconstitucionalidade julgada totalmente improcedente. (STF, ADI n. 3.510/DF, Pleno, rel. Min. Ayres Britto, j. 29.05.2008)

3. OBSERVAÇÕES

3.1. Ortotanásia

Juristas ligados ao direito penal debatem intensamente a possibilidade lícita de deixar morrer o doente sem que sejam utilizadas as modernas técnicas e recursos de prolongamento da vida, ou se a conduta de omissão ou suspensão desses recursos configura eutanásia, delito de homicídio em nosso ordenamento jurídico.

As intermináveis discussões acadêmicas fomentadas no seio das comunidades médica e jurídica nos últimos anos nos conduzem ao lógico raciocínio de que a enorme evolução biotecnológica ocorrida a partir da metade do século passado possibilitou o prolongamento artificial da existência do ser humano doente, ainda que, por outro lado, a medicina não ofereça qualquer expectativa de cura ou mais conforto nesse fim de vida prolongado. O crescimento da certeza científica trouxe ao legislador a conclusão de que a restrição de recursos artificiais não tem caráter criminoso se eles não representam benefício efetivo para o enfermo e se são unicamente condições de obstinação terapêutica. A indicação ou contraindicação de uma medida é decisão exclusivamente médica, que deverá ser discutida com o paciente e sua família, para garantir a dignidade da pessoa humana em final de vida. Para que possamos enfrentar as modificações sugeridas no Anteprojeto de Reforma do CP, tem grande relevância, não apenas as definições, como as distinções entre os institutos inseridos no texto, na sequência literal, a ortotanásia e a eutanásia. A ortotanásia tem seu nome proveniente dos radicais gregos: *orthos* (reto, correto) e *thanatos* (morte). Indica, então, a morte a seu tempo, correto, nem antes nem depois. Na ortotanásia, o médico não interfere no momento do desfecho letal, nem para antecipá-lo nem para adiá-lo. Diz-se que não há encurtamento do período vital, uma vez que já se encontra em inevitável esgotamento. Também não se recorre a medidas que, sem terem o condão de reverter o quadro terminal, apenas resultariam em prolongar o processo de sofrer e morrer para o paciente e sua família. Mantêm-se os cuidados básicos, sem interferência da ciência, permitindo ao paciente morte digna, sem sofrimento, deixando a evolução e percurso da doença. Portanto, evitam-se métodos extraordinários de suporte de vida, como medicamentos e aparelhos, em pacientes irrecuperáveis e que já foram submetidos a suporte avançado de vida. A persistência terapêutica – evitar a morte utilizando-se de todos os meios à disposição, sem medir o sofrimento do paciente irrecuperável – está associada a distanásia, considerada morte com sofrimento, já a ortotanásia, que consiste no emprego de medidas paliativas para diminuir o sofrimento e o não emprego de técnicas invasivas e quase sempre inócuas em busca da cura para uma doença em fase terminal e incurável recebeu o beneplácito do legislador. Os defensores da ortotanásia sustentam dispositivos constitucionais, especificamente em três artigos: a) inciso III do art. 1º da dignidade da pessoa humana; b) o inciso III do art. 5º: ninguém será submetido a tortura nem a tratamento desumano ou degradante; c) e o princípio da autonomia privada, que está presente de forma implícita nos incisos do art. 5º.

O Conselho Federal de Medicina, por meio da Resolução n. 1.995/2012, liberou os médicos para que pudessem exercer a ortotanásia, estabelecendo critérios e regras para que qualquer pessoa possa definir para si, com o acompanhamento de seu médico, os limites para ações terapêuticas em fase terminal. É definido por "testamento vital", a ser utilizado por quem tem mais de 18 anos e está plenamente consciente ou pelo rol dos seus representantes.

A prática não desconhecida reflete inúmeras histórias sobre pacientes com doenças incuráveis e que voltam para casa, por sua vontade ou da família, para que possam passar os últimos dias. Evidentemente, tal circunstância depende do paciente, do tipo de doença e da estrutura familiar. A Resolução liberatória n. 1.995/2012 do CFM conferiu corrigiu um óbice até então insanável, pois mesmos que os médicos liberassem seus pacientes, não podiam o oficialmente declarar o procedimento. No campo jurídico, a definição de ortotanásia tem imensa relevância na configuração do fato como criminoso ou não. Ao definir ortotanásia, deve ficar claro que o sujeito não possui dolo de atingir o bem jurídico "vida" e, ainda, evidenciar a existência de circunstâncias que excluam qualquer delito. De preferência, para não restarem dúvidas sobre a legitimidade da ortotanásia, mais eficiente é demonstrar a atipicidade da conduta.

Encontram-se na doutrina especializada diversos conceitos. Ortotanásia, ou eutanásia passiva, é a omissão de uma indicação terapêutica para determinado caso. Também pode ser definida como a omissão de toda intervenção tendente a prolongar a vida do paciente de forma artificial. Complementam-se os conceitos afirmando que "é a atuação correta frente à morte. É a abordagem adequada diante de um paciente que está morrendo".

Em comum, pode-se extrair que a ortotanásia não pode configurar qualquer tipo penal. A finalidade do médico que interrompe tratamento ineficaz é reduzir o sofrimento do doente sem chances de cura. Diferente, pois, de alguém que age com fim exclusivo de eliminar a vida da vítima, desconsiderando qualquer benefício que a morte lhe possa trazer. Tanto é que em alguns diplomas estrangeiros a eliminação da vida recebe o *nomen iuris* de "assassinato". E este não é o caso da ortotanásia.

Não se pode olvidar da concepção de *vida* sempre conexa à de *dignidade*. A vida deve ser sempre digna, com todos os meios disponibilizados pela sociedade e pelo Estado. A sociedade, composta por todos os seus membros, deve respeitar os direitos individuais, utilizando-se a consagrada fórmula "o direito de um termina quando nasce o direito do outro". A ninguém, salvo exceções, é dado o direito de interferir nas escolhas individuais, pois ninguém sabe o que é melhor a si mesmo do que o próprio indivíduo. Apenas quem sofre por uma doença grave e incurável sabe o melhor desfecho para sua vida. Há quem queira insistir no tratamento, na esperança de uma cura pouco provável, mas há aqueles que desejam interromper o sofrimento intenso, e para isso, necessariamente, chega-se à morte. Não se pode privilegiar apenas a dimensão biológica da vida humana, ignorando-se a qualidade de vida do indivíduo. No Anteprojeto da Reforma do CP exige-se a irreversibilidade ou estado terminal do paciente previamente atestada por dois médicos ("§ 7º A situação de morte iminente e inevitável ou de doença irreversível, no caso do parágrafo anterior, deve ser previamente atestada por dois médicos"). Na ortotanásia, existe uma decisão médica cientificamente respaldada, no sentido da não indicação de medidas, por serem comprovadamente desnecessárias ao paciente. Por similitude ao procedimento exigido dos familiares para a doação de órgãos do paciente quando declarada a morte cerebral, o legislador, para garantia da vida do cidadão, e para evitar ao máximo a possibilidade de erro médico, aqui irreversível, trouxe como pressuposto para a exclusão da ilicitude na autorização, que dois médicos comprovem a morte iminente ou doença irreversível, para que haja consentimento da pessoa ou, em sua impossibilidade, do cônjuge, companheiro, ascendente, descendente ou irmão. O legislador trouxe no elenco dos responsáveis pela manifestação de vontade, denominada consentimento, uma hierarquia consubstanciada no casamento ou união estável, para, só depois, conferi-la aos familiares.

3.2. Proposta de Reforma do CP

Reformas legislativas de cunho exclusivamente (ou predominantemente) científico podem ser avaliadas no plano teórico. Reformas legislativas de cunho exclusivamente (ou predominantemente) prático só podem ser avaliadas à luz de seus efeitos concretos. Exemplo do primeiro caso seria a substituição de palavras do texto legal, para corrigir impropriedades terminológicas. Exemplos do segundo caso são a introdução de institutos novos e a modificação substancial de institutos já existentes", no entendimento de Barbosa Moreira (*Temas de direito processual*, 2001, p. 1).

Os reflexos da mudança comportamental das pessoas, geralmente destacadas na doutrina e na jurisprudência, exigem, no mesmo passo, modificação das leis, seja para atualização, seja para inserir os novos institutos.

É extremamente fácil a percepção de que a sociedade brasileira vem experimentando uma transformação rápida e sem precedentes na sua história e os vários tipos penais existentes necessitam ser ajustados aos bens jurídicos que se tornaram relevantes para a sociedade. A modificação comportamental verificada, da metade do século passado até o início deste, necessariamente estabeleceu a necessidade de criminalizar condutas, extinguir outras, e fundamentalmente, fazer os devidos reparos nas penas cominadas em inúmeros crimes.

Fazendo uma brevíssima reminiscência ao tempo e ao *modus vivendi* da época em que entrou em vigor o atual CP (DL n. 2.848, de 07.12.1940), apesar de sua grande alteração na Parte Geral (Lei n. 7.209, de 11.07.1984), é fácil concluir que a sociedade atual – com o mundo globalizado e notícias em tempo real – difere muito daquela, após mais de setenta anos passados.

Só isso já bastava para despertar a necessidade de realizar estudos visando tal adequação, e a singela notícia do início dos trabalhos no âmbito de comissão nascida no Senado Federal mereceu pronta receptividade, tanto da comunidade jurídica quanto da sociedade. Esta com a esperança de ver reduzida a criminalidade, aquela, ainda que revestida dos mesmos propósitos, aguardava as propostas de aperfeiçoamento.

O ideário se transformou no PLS n. 236/2012, que recebeu uma enorme quantidade de críticas e sugestões, como sempre acontece em tais situações. E para não mudar o curso da história, foi contemplado com mais críticas que sugestões.

A Comissão de Juristas para a elaboração de Anteprojeto de CP, criada pelo Requerimento n. 756/2011, do Senador Pedro Taques, aditado pelo Requerimento n. 1.034/2011, aprovado pelos Senadores da República em 10.08.2011, realizou, nos sete meses de sua atividade, 24 reuniões, audiências públicas em São Paulo, Brasília, Rio de Janeiro e Porto Alegre, seminários em Aracajú e Cuiabá, que contaram com contribuições da comunidade jurídica e acadêmica, além de significativa presença de representantes da sociedade civil, recebendo quase três mil proposições até o relatório final.

As sugestões de aperfeiçoamento, conforme se depreende das discussões e textos publicados em comunidades jurídicas, vieram de pessoas ligadas a entidades que defendem a aplicação mínima das penas privativas de liberdade, enquanto as críticas mais contundentes brotaram de alguns poucos advogados criminalistas, e em maior quantidade, da carreira da magistratura, do Ministério Público e mestres acadêmicos, cuja maior resistência ao texto finalizado se localiza no caráter eminentemente descriminalizador, aliás, fato reconhecido pelos próprios elaboradores da proposta, além de proclamarem a existência de inúmeras inconsistências jurídicas.

Desnecessário dizer que na visão de tais críticos, a proposta de revogação de diversas leis e dispositivos do próprio CP deixa aberturas temerárias e desnecessárias na legislação repressiva. De simples contravenções penais como vias de fato e porte ilegal de arma (dispositivo que permitia punir quem portasse na via pública um punhal ou um chaco) a crimes graves como a exploração sexual consentida de adolescentes passaram a ser permissíveis. É bom destacar, sobre esta última conduta, que a CF, em seu art. 227, § 4º, determina que "a lei punirá severamente o abuso, a violência e a exploração sexual da criança e do adolescente" e que o Brasil é signatário de tratados internacionais em que se comprometeu a reprimir tais ações (MALULY, Jorge Assaf. "Reforma do Código Penal – uma proposta perdida", disponível em: www.apmp.com.br/arquivos/pdf/artigos/2012_reforma_sp.pdf; acessado em 25.01.2016).

O citado artigo critica a redução significativa dos crimes eleitorais, condutas graves relacionadas com o abuso de poder econômico e político, e alinhado a vários juristas reconhecidos, condena as inúmeras inconsistências jurídicas como a existência de penas desproporcionais entre delitos, crimes sem pena, outros sem descrição fática que acarretará descriminalização da conduta, utilização de termos diversos no que se refere à idade da vítima. Entretanto, nada é mais severo no olhar dos críticos que a tendência despenalizadora exacerbada.

Para estes, o melhor caminho seria o abandono da ideia de um novo CP, assim como já aconteceu com projeto semelhante anterior, e que o legislador venha se debruçar sobre as reformas pontuais.

Não foi essa, certamente, a postura dos integrantes da Comissão. Ao contrário, sustentando que as leis esparsas editadas ao longo de sete décadas se transformaram em "minirreformas" ou "minipartes gerais", agora figuram em capítulos ou títulos do novo Código, pois muitas vezes traziam microssistemas, nos quais as normas penais complementavam ou eram complementadas por disposições cíveis e administrativas.

Os integrantes da Comissão optaram por criar tipos compreensivos, e que entendem ser capazes de oferecer proteção para as diversas projeções do mesmo bem jurídico, evitando-se tipificações prolixas e repetidas. Segundo consta do relatório de encaminhamento ao presidente do Senado Federal, os integrantes adotaram uma metodologia para extrair a relevância na inserção dos crimes previstos na Parte Especial do CP atual ou na legislação extravagante, submetendo-os a um triplo escrutínio: 1) se permanece necessário e atual; 2) se há figuras assemelhadas previstas noutra sede normativa; 3) se as penas indicadas são adequadas à gravidade relativa do delito.

Foi justamente a execução dessa tarefa, afirmam no Relatório Final do Anteprojeto do Novo CP, que resultou em forte descriminalização de condutas, "em regra por serem consideradas desnecessárias para a sociedade brasileira atual, insuscetíveis de tratamento penal ou incompatíveis com a Constituição Brasileira de 1988".

Nessa metodologia de trabalho, aprovaram que deveriam "fazer da Parte Especial o centro do sistema penal, reduzindo o peso da legislação especial extravagante". Justificam, ao apresentar a proposta "que isso significa que a Comissão de Reforma trabalhou para tornar o CP o centro do ordenamento jurídico-penal, pois tal modelo otimiza o controle sobre a expansão desordenada do direito penal, assim como facilita o conhecimento do universo penal em vigor, tanto para seus operadores como para a sociedade como um todo".

Reproduzindo as palavras contidas na mensagem de encaminhamento ao Presidente do Senado Federal, "consagra-se a reserva de código: ou seja, que as normas em matéria de crimes e penas devem ser objeto de modificação ou integração do texto do CP, para onde foram trazidas todas as disposições de direito penal material que hoje estão fora dele e atendem aos critérios supracitados, o que motivou a extensa e necessária cláusula de revogação ao final da minuta do Anteprojeto do Código".

Ainda no mesmo relatório justificam os integrantes "a necessidade de dar cumprimento a tratados e convenções internacionais firmados pelo Brasil, seja prevendo expressamente direitos, como o das celas individuais para o cumprimento das penas privativas de liberdade, seja criminalizando comportamentos, como o enriquecimento ilícito. Especial destaque merece a previsão de título próprio, no CP, para incluir os crimes contra a humanidade, crimes de guerra e crimes contra os direitos humanos, dando tipificação interna às condutas sujeitas à competência do Tribunal Penal Internacional, objeto do Tratado de Roma".

Na elaboração do projeto a Comissão aproveitou a técnica do atual CP: "uma Parte Geral, conceitual e de aplicação da lei e das penas e outra, Especial, na qual as condutas típicas vem definidas e as penas indicadas, sempre com índice mínimo e máximo. A mesma linha foi adotada na divisão em títulos e capítulos, tanto na parte geral quanto na parte especial, na busca de manter a estruturação do atual Código, muito embora, em diversos trechos, reconhecem, alterações profundas tenham sido realizadas". Observam aqueles integrantes que "inexiste no atual diploma um Título Dos Crimes contra a Humanidade, nem nele se viu a necessidade de agrupar a criminalidade econômico-financeira, como faz o título incluído nesta proposição".

Como justificativa final acerca da filosofia de trabalho adotada, ficou registrado o "grande cuidado [...] em manter o indicativo numérico de condutas que, de tão tradicionais, ingressaram no 'patrimônio imaterial' dos aplicadores e estudiosos do Direito Penal, como é o caso do art. 121 (homicídio), 155 (furto), 157 (roubo) e 171 (estelionato), decisão que obrigou a permanência dos títulos e capítulos correspondentes na mesma ordem atual" e a atenção à interpretação judicial conferida ao CP ao longo dos anos pelos tribunais, notadamente a jurisprudência do STF.

Enfim, o texto proposto inicialmente (PLS n. 236/2012) foi aprovado em dezembro de 2013 pela Comissão Especial constituída no Senado Federal, com inúmeras emendas.

CAPÍTULO II
DAS LESÕES CORPORAIS

Lesão corporal

Art. 129. Ofender a integridade corporal ou a saúde de outrem:

Pena – detenção, de 3 (três) meses a 1 (um) ano.

Lesão corporal de natureza grave

§ 1º Se resulta:

I – incapacidade para as ocupações habituais, por mais de 30 (trinta) dias;

II – perigo de vida;

III – debilidade permanente de membro, sentido ou função;

IV – aceleração de parto:

Pena – reclusão, de 1 (um) a 5 (cinco) anos.

§ 2º Se resulta:

I – incapacidade permanente para o trabalho;

II – enfermidade incurável;

III – perda ou inutilização de membro, sentido ou função;

IV – deformidade permanente;

V – aborto:

Pena – reclusão, de 2 (dois) a 8 (oito) anos.

Lesão corporal seguida de morte

§ 3º Se resulta morte e as circunstâncias evidenciam que o agente não quis o resultado, nem assumiu o risco de produzi-lo:

Pena – reclusão, de 4 (quatro) a 12 (doze) anos.

Diminuição de pena

§ 4º Se o agente comete o crime impelido por motivo de relevante valor social ou moral ou sob o domínio de violenta emoção, logo em seguida a injusta provocação da vítima, o juiz pode reduzir a pena de um sexto a um terço.

Substituição da pena

§ 5º O juiz, não sendo graves as lesões, pode ainda substituir a pena de detenção pela de multa:

I – se ocorre qualquer das hipóteses do parágrafo anterior;

II – se as lesões são recíprocas.

Lesão corporal culposa

§ 6º Se a lesão é culposa:

Pena – detenção, de 2 (dois) meses a 1 (um) ano.

Aumento de pena

§ 7º Aumenta-se a pena de 1/3 (um terço) se ocorrer qualquer das hipóteses dos §§ 4º e 6º do art. 121 deste Código.

Parágrafo com redação dada pela Lei n. 12.720, de 27.09.2012.

§ 8º Aplica-se à lesão culposa o disposto no § 5º do art. 121.

Parágrafo com redação dada pela Lei n. 8.069, de 13.07.1990.

Violência doméstica

§ 9º Se a lesão for praticada contra ascendente, descendente, irmão, cônjuge ou companheiro, ou com quem conviva ou tenha convivido, ou, ainda, prevalecendo-se o agente das relações domésticas, de coabitação ou de hospitalidade:

Parágrafo acrescentado pela Lei n. 10.886, de 17.06.2004.

Pena – reclusão, de 2 (dois) a 5 (cinco) anos.

Pena com redação dada pela Lei n. 14.994, de 09.10.2024.

§ 10. Nos casos previstos nos §§ 1º a 3º deste artigo, se as circunstâncias são as indicadas no § 9º deste artigo, aumenta-se a pena em 1/3 (um terço).

Parágrafo acrescentado pela Lei n. 10.886, de 17.06.2004.

§ 11. Na hipótese do § 9º deste artigo, a pena será aumentada de um terço se o crime for cometido contra pessoa portadora de deficiência.

Parágrafo acrescentado pela Lei n. 11.340, de 07.08.2006.

§ 12. Se a lesão for praticada contra autoridade ou agente descrito nos arts. 142 e 144 da Constituição Federal, integrantes do sistema prisional e da Força Nacional de Segurança Pública, no exercício da função ou em decorrência dela, ou contra seu cônjuge, companheiro ou parente consanguíneo até terceiro grau, em razão dessa condição, a pena é aumentada de um a dois terços.

Parágrafo acrescentado pela Lei n. 13.142, de 06.07.2015.

§ 13. Se a lesão é praticada contra a mulher, por razões da condição do sexo feminino, nos termos do § 1º do art. 121-A deste Código:

Parágrafo acrescentado pela Lei n. 14.188, de 28.07.2021, e com redação dada pela Lei n. 14.994, de 09.10.2024.

Pena – reclusão, de 2 (dois) a 5 (cinco) anos.

Pena acrescentada pela Lei n. 14.188, de 28.07.2021, e com redação dada pela Lei n. 14.994, de 09.10.2024.

1. COMENTÁRIO

1.1. Objetividade jurídica

Após o CP tutelar o bem por excelência da pessoa humana – a vida –, o foco agora passa a ser a sua saúde.

No plano constitucional, a saúde é direito fundamental da pessoa humana e dever do Estado, consoante art. 196 da Carta Magna: "A saúde é direito de todos e dever do Estado, garantido mediante políticas sociais e econômicas que visem à redução do risco de doença e de outros agravos e ao acesso universal e igualitário às ações e serviços para sua promoção, proteção e recuperação".

O objeto jurídico do crime de lesão corporal é a incolumidade pessoal, que abrange a integridade corporal e a saúde física e mental.

A integridade corporal ou física compreende a inteireza dos tecidos interno e externo do corpo humano e é atingida, *exempli gratia*, nos casos de equimoses, escoriações, hematomas ou mutilações.

A saúde física diz respeito ao funcionamento regular dos órgãos do corpo humano. Quando alguém, por exemplo, fica paraplégico em razão do rompimento da medula, há ofensa à saúde física.

A saúde mental, por sua vez, está relacionada ao funcionamento normal do cérebro. É afrontada nos casos de doenças mentais, convulsões etc.

A Exposição de Motivos do CP, espécie de interpretação doutrinária, no item 42, define o crime de lesão corporal como a "[...] ofensa à integridade corporal ou saúde, isto é, como todo e qualquer dano ocasionado à normalidade funcional do corpo humano, quer do ponto de vista anatômico, quer do ponto de vista fisiológico ou mental [...]".

O bem ora tutelado é relativamente disponível. O consentimento da vítima é causa supralegal de exclusão da ilicitude somente no caso de lesão corporal leve, desde que a vítima tenha capacidade e manifeste o seu consentimento antes ou durante a consumação do crime.

A justificativa para tal disponibilidade é a natureza jurídica da ação penal no crime de lesão corporal leve. Com efeito, este crime está sujeito, em regra, à ação penal pública condicionada à representação da vítima, nos termos do art. 88 da Lei n. 9.099/95.

Como a vítima tem o poder de decisão, em regra, da instauração, ou não, da persecução penal, no caso de lesão corporal leve, o bem jurídico torna-se manifestamente disponível.

Nesse sentido, ensina Cesar Roberto Bitencourt que "no ordenamento jurídico brasileiro, a integridade física apresenta-se como relativamente disponível, desde que não afronte interesses maiores e não ofenda os bons costumes, de tal sorte que as pequenas lesões podem ser livremente consentidas, como ocorre, por exemplo, com as perfurações do corpo para a colocação de adereços, antigamente limitados aos brincos de orelhas" (*Tratado de direito penal*: Parte Especial, 2012, v. 2, p. 192).

Por fim, o objeto material do crime de lesão corporal é a pessoa humana. No caso de pessoa morta, exclui-se o crime em razão do crime impossível por impropriedade absoluta do objeto material (art. 17, CP), no entanto, pode ocorrer o crime de vilipêndio ao cadáver (art. 212, CP).

1.2. Sujeitos

O crime de lesão corporal pode ser praticado por qualquer pessoa, exceto a vítima. Trata-se, portanto, de crime comum, já que o tipo penal não exige qualquer condição ou circunstância especial do sujeito ativo.

A autolesão, considerada individualmente, não é crime, com espeque no princípio da alteridade. No entanto, quando associada a violação de outro bem jurídico, é possível a configuração dos crimes de autoaborto (art. 124, *in limine*, CP), estelionato para recebimento de indenização ou valor de seguro (art. 171, § 2º, V) ou criação ou simulação de incapacidade física (art. 184, CPM).

O agente que induz um inimputável a praticar autolesão, no entanto, é autor mediato do crime de lesão corporal.

O concurso de pessoas, que comporta a participação e a coautoria, é admitido, logo, o crime é monossubjetivo, unissubjetivo ou de concurso eventual.

Por outro lado, qualquer pessoa pode ser sujeito passivo do crime de lesão corporal.

Assim como ocorre com o crime de homicídio, na lesão corporal dolosa a pena é aumentada no percentual de 1/3 quando a vítima é menor de 14 ou maior de 60 anos, de acordo com o art. 129, § 7º, do CP.

É considerado menor de 14 anos quem tem até 13 anos, 11 meses e 29 dias. Diante disso, se a vítima é lesionada no dia em que completa 14 anos, a majorante não se aplica.

Maior de 60 anos é quem tem a partir de 60 anos e 1 dia. Portanto, se a vítima é lesionada no dia em que completa 60 anos de idade a causa de aumento também não é aplicada.

A Lei n. 13.142/2015, ao inserir o § 12 no art. 129 do CP, criou nova causa de aumento de pena, no percentual de 1/3 a 2/3, para o crime de lesão corporal dolosa leve, grave, gravíssima e seguida de morte, quando a vítima for autoridade ou agente descrito nos arts. 142 e 144 da CF/88, integrantes do sistema prisional e da Força Nacional de Segurança Pública, no exercício da função ou em decorrência dela, ou contra o seu cônjuge, companheiro ou parente consanguíneo até terceiro grau, em razão dessa condição.

De se ver que a gestante figura como sujeito passivo qualificado na lesão corporal grave pela aceleração do parto (art. 129, § 1º, IV, CP) e na lesão corporal gravíssima pelo aborto (art. 129, § 2º, V, CP).

Por derradeiro, a Lei n. 14.188/2021, ao introduzir o § 13 no art. 129 do CP, criou nova qualificadora para a lesão corporal simples quando a vítima for mulher e o crime for praticado por razões da condição do sexo feminino.

1.3. Análise da conduta descrita no tipo penal

A conduta incriminada é ofender, que significa violar – atingir ou romper – a integridade corporal ou a saúde de outrem.

O crime é comissivo e, excepcionalmente, comissivo por omissão ou omissivo impróprio quando o agente tem o dever jurídico de impedir o resultado e não o faz, nos termos da norma de extensão do art. 13, § 2º, do CP.

O crime pode ser praticado por diversos meios de execução (crime de forma livre), sejam físicos, mecânicos, químicos, biológicos ou psicológicos.

O agente pratica o crime quando provoca uma enfermidade ou agrava uma já existente.

A mera provocação de dor, por si só, não caracteriza o crime de lesão corporal por ser meramente subjetiva.

1.4. Elemento subjetivo

O crime de lesão corporal admite o dolo direto ou eventual ou a culpa. O dolo corresponde ao *animus laedendi* ou *vulnerandi*.

Não se pode confundir lesão corporal com vias de fato, uma vez que na contravenção não existe (e sequer é a intenção do agente) dano à incolumidade da vítima – por exemplo, empurrão, puxão de orelha ou de cabelo.[5]

---

5 "Art. 21. Praticar vias de fato contra alguém: Pena – prisão simples, de 15 (quinze) dias a 3 (três) meses, ou multa, se o fato não constitui crime. § 1º Aumenta-se a pena de 1/3 (um terço) até a metade se a vítima é maior de 60 (sessenta) anos. § 2º Se a contravenção é praticada contra a mulher por razões da condição do sexo feminino, nos termos do § 1º do art. 121-A

1.5. Consumação e tentativa

A consumação ocorre com a efetiva ofensa à integridade corporal ou à saúde. Trata-se de crime material ou causal, já que a ocorrência do resultado naturalístico é indispensável para a consumação.

Trata-se, em regra, de crime instantâneo, já que a consumação ocorre em momento determinado.

A pluralidade de ferimentos, no mesmo contexto fático, contra a mesma vítima, não desnatura a unicidade do crime, no entanto, essa circunstância é levada em consideração na dosimetria da pena (art. 59, CP).

Como a infração penal deixa vestígios, o exame de corpo de delito direto ou indireto é indispensável para a comprovação da materialidade delitiva, nos termos do art. 168 do CPP. O crime, assim, é denominado de não transeunte.

Como a conduta é composta por vários atos (crime plurissubsistente), a tentativa, em regra, é admitida.

A lesão corporal culposa e as lesões corporais qualificadas preterdolosas (perigo de vida, aborto e lesão corporal seguida de morte), não admitem a *conatus*.

1.6. Classificação

O crime de lesão corporal é comum; monossubjetivo ou de concurso eventual; comissivo, e, excepcionalmente, comissivo por omissão ou omissivo impróprio; material ou causal; instantâneo; não transeunte; doloso ou culposo; plurissubsistente; de forma livre; de dano e hediondo apenas nos casos de lesão corporal gravíssima ou seguida de morte praticados contra autoridade ou agente descrito nos arts. 142 e 144 da CF/88, integrantes do sistema prisional e da Força Nacional de Segurança Pública, no exercício da função ou em decorrência dela, ou contra o seu cônjuge, companheiro ou parente consanguíneo até terceiro grau, em razão dessa condição.

1.7. Estrutura da lesão corporal no CP

A lesão corporal apresenta diversas modalidades. Quanto ao aspecto subjetivo, pode ser classificada em dolosa e culposa (§ 6º).

Por sua vez, a lesão corporal dolosa subdivide-se em leve (*caput*), grave (§ 1º), gravíssima (§ 2º), seguida de morte (§ 3º), privilegiada (§ 4º), violência doméstica familiar (§§ 9º a 11), funcional (§ 12) e contra mulher por condição do sexo feminino (§ 13).

1.7.1. Lesão corporal leve

Em princípio, a lesão corporal leve está descrita no art. 129, *caput*, do CP. É o tipo penal básico, essencial ou fundamental do crime. É composta pelas elementares "ofender a integridade corporal ou a saúde de outrem".

Sua caracterização é obtida por meio do critério de exclusão. Ou seja, inexistindo qualificadora ou privilegiadora, o agente responde pela forma simples.

Nos termos do art. 88 da Lei n. 9.099/95, a lesão corporal leve sujeita-se a ação penal pública condicionada à representação da vítima.

A pena cominada ao delito é detenção de 3 meses a 1 ano. É, portanto, infração penal de pequeno potencial ofensivo, *ex vi* do art. 61 da Lei n. 9.099/95, sujeitando-se ao procedimento sumaríssimo dos Juizados Especiais Criminais.

1.7.2. Lesão corporal grave

A lesão corporal grave, descrita no art. 129, § 1º, do CP, é uma forma qualificada do crime de lesão corporal. É um tipo penal derivado com pena própria de reclusão de 1 a 5 anos de reclusão.

Trata-se de infração de médio potencial ofensivo, admitindo apenas uma medida despenalizadora, qual seja, suspensão condicional do processo (art. 89, Lei n. 9.099/95).

Os casos de lesão corporal grave vêm descritos nos incisos I a IV do § 1º do art. 129 do CP. São eles:

I – Incapacidade para as ocupações habituais por mais de trinta dias

A ocupação habitual é qualquer atividade rotineira da pessoa, voltada ou não ao labor.

A atividade deve ser lícita, ainda que imoral, Portanto, atividades criminosas da vítima afastam essa qualificadora.

Uma criança ou um bebê também possuem atividades corporais rotineiras. Assim, por exemplo, se o bebê não puder mamar por mais de trinta dias em razão da lesão estará configurada a lesão corporal grave.

A relutância, por vergonha, de praticar as ocupações habituais não qualifica o crime.

O lapso de mais de trinta dias exigido pelo tipo penal faz com que o crime se torne a prazo, ou

---

do Decreto-Lei n. 2.848, de 7 de dezembro de 1940 (Código Penal), aplica-se a pena em triplo."

seja, demanda um certo tempo para a sua consumação.

Ressalte-se que serão necessários dois laudos. Na data do fato, o laudo de exame de corpo de delito. Se, nesse momento, o perito suspeitar de que a pessoa poderá ficar incapacitada de exercer suas atividades rotineiras por mais de trinta dias, ele determinará, logo após o trigésimo dia, a realização de um laudo complementar, o qual atestará se a vítima sofreu ou não lesão corporal grave.

É imprescindível, assim, o exame pericial complementar, nos moldes do art. 168, § 2º, do CPP ("Se o exame tiver por fim precisar a classificação do delito no art. 129, § 1º, I, do CP, deverá ser feito logo que decorra o prazo de 30 dias, contado da data do crime") para a aferição da incapacidade para as ocupações habituais. Entretanto, a prova testemunhal poderá supri-lo (art. 168, § 3º: "A falta de exame complementar poderá ser suprida pela prova testemunhal").

II – Perigo de vida

O perigo de vida ou, na verdade, perigo de morte, é a probabilidade séria, concreta e imediata de êxito letal da vítima. É indispensável a prova pericial para a sua comprovação.

A região da lesão não justifica, por si só, a presunção do perigo. O perigo de vida precisa ser devidamente comprovado pela perícia.

É crime preterdoloso, já que o agente age com dolo de lesionar e, por culpa, provoca o perigo de morte da vítima.

No caso de o agente assumir o risco da ocorrência do perigo de vida da vítima, o crime existente é de homicídio tentado (art. 121 c/c art. 14, II, do CP).

III – Debilidade permanente de membro, sentido ou função

A debilidade permanente é o enfraquecimento, frouxidão, diminuição ou redução da capacidade funcional da vítima por prazo indeterminado.

Os membros são os apêndices do corpo humano, dividindo-se em superiores (braços, antebraços e mãos) e inferiores (pernas, coxas e pés).

O sentido é a faculdade de percepção do mundo exterior por meio do olfato, paladar, tato, audição e visão.

Já a função consiste na atividade específica de cada órgão do corpo humano.

Não se trata de perda da capacidade total de exercer aquela função, mas do fato de ela ter ficado diminuída ou enfraquecida. A pessoa não perde a função, tampouco fica incapaz de exercê-la.

Não importa que o enfraquecimento possa se reduzir com aparelhos de prótese. A qualificadora persiste.

IV – Aceleração do parto

A aceleração do parto ou parto prematuro ocorre quando o feto é expulso prematuramente do ventre materno, vindo, contudo, a sobreviver.

É indispensável para a incidência da qualificadora que o agente saiba ou pudesse saber que a vítima estava grávida, a fim de se evitar a responsabilidade penal objetiva.

Caso o feto não sobreviva, o agente responde por lesão corporal gravíssima qualificada pelo aborto (art. 129, § 2º, IV, CP).

1.7.3. Lesão corporal gravíssima

A lesão corporal gravíssima vem descrita no art. 129, § 2º, do CP, em que pese a omissão do estatuto penal acerca de sua denominação.

No entanto, a doutrina chancelou essa expressão, tendo em vista que a pena cominada é maior do que a pena da lesão corporal grave.

O art. 1º, § 3º, da Lei n. 9.455/97 (Lei de Tortura), contudo, já faz a diferenciação entre os casos de lesão corporal grave e gravíssima.

É, assim, uma forma qualificada do crime de lesão corporal, com pena em abstrato de reclusão de 2 a 8 anos.

Trata-se de crime de maior potencial ofensivo que não admite suspensão condicional do processo.

Os casos de lesão corporal gravíssima estão descritos nos incisos I a V do § 2º do art. 129 do CP:

I – Incapacidade permanente para o trabalho

A incapacidade permanente para o trabalho é a incapacidade total, genérica ou absoluta para qualquer trabalho e por prazo indeterminado, e não para o trabalho anteriormente executado pela vítima.

O termo trabalho compreende o exercício de qualquer atividade lucrativa.

II – Enfermidade incurável

A enfermidade incurável é a doença que ainda não possui cura perante o estágio atual da medicina.

A vítima não está obrigada a submeter-se a intervenção cirúrgica arriscada para curar-se, persistindo a qualificadora.

III – Perda ou inutilização de membro, sentido ou função

A perda ou ablação significa a amputação (existência de procedimento cirúrgico) ou mutilação (ausência de intervenção cirúrgica). A inutilização, por sua vez, ocorre quando o membro, sentido ou função fica inapto para o uso, mesmo sem ter havido sua exclusão.

As seguintes regras podem ser delineadas para se diferenciar a lesão corporal grave de debilidade permanente da lesão corporal gravíssima da perda ou inutilização de membro, sentido ou função:

1ª) Órgãos duplos: a perda de um órgão caracteriza lesão corporal grave, como a perda de um olho, ouvido, rim ou pulmão, pois o outro continua funcionando perfeitamente, o que caracteriza tão somente debilidade permanente da função, e não a perda da função.

2ª) Membros duplos: a perda de um membro caracteriza lesão corporal gravíssima, pois o CP dispõe "perda de membro" no singular e não no plural.

3ª) Perda de dedo: os dedos não são membros do corpo humano, integrando o membro mão ou pé. Em princípio, a perda de um dedo configura debilidade permanente, logo, lesão corporal grave. Pode ocorrer, todavia, que a prova pericial conclua pela perda da função, o que caracterizaria lesão corporal gravíssima.

4ª) Perda de dente: a prova pericial determinará se houve debilidade permanente da função mastigatória (lesão corporal grave) ou perda dessa função (lesão corporal gravíssima), ou mesmo nenhuma consequência danosa (lesão corporal leve).

5ª) Mutilação do pênis: configura lesão corporal gravíssima em razão da perda da função reprodutora.

IV – Deformidade permanente

É o dano estético de certa monta, permanente, visível e capaz de provocar impressão vexatória.

Registre-se que a vítima não está obrigada a realizar intervenção cirúrgica, contudo, se o fizer e os efeitos da deformidade desaparecem, a qualificadora não resta excluída.

V – Aborto

O aborto é a interrupção da gravidez com a consequente destruição do seu produto.

A lesão corporal é qualificada pelo aborto quando o agente age com dolo de lesionar e, por culpa, acaba provocando o aborto. Trata-se, pois, de crime preterdoloso.

No caso de o agente agir com dolo de provocar o aborto, responde pelos crimes de aborto dissentido (art. 125, CP) e lesão corporal (art. 129, CP), em concurso formal impróprio (art. 70, 2ª parte, CP), ou aborto dissentido qualificado pela lesão corporal grave (art. 125 c/c art. 127, CP), quando a lesão ocorre por culpa.

Visando evitar a responsabilidade penal objetiva, é indispensável que o agente tenha conhecimento do estado gravídico da vítima.

É possível, pois, traçar o seguinte quadro comparativo entre a lesão corporal grave e a gravíssima:

Lesão corporal grave (§ 1º)	Lesão corporal gravíssima (§ 2º)
Incapacidade para as ocupações habituais por mais de 30 dias	Incapacidade permanente para o trabalho
Perigo de morte (preterdolo)	Enfermidade incurável
Debilidade permanente de membro, sentido ou função	Perda ou inutilização de membro, sentido ou função
Aceleração do parto	Aborto (preterdolo)
—	Deformidade permanente

1.7.4. Lesão corporal seguida de morte

A lesão corporal seguida de morte (art. 129, § 3º, do CP) é também conhecida como homicídio preterdoloso ou preterintencional. A pena é elevada para o patamar de 4 a 12 anos de reclusão.

Ocorre quando o agente age com dolo de lesionar e, por culpa, acaba provocando o resultado morte.

O caso fortuito ou a imprevisibilidade do resultado morte elimina a qualificadora, respondendo o agente somente pelas lesões.

1.7.5. Lesão corporal privilegiada

A lesão corporal privilegiada (art. 129, § 4º, CP) apresenta o mesmo tratamento jurídico do homicídio privilegiado (art. 121, § 1º, CP).

O privilégio ostenta natureza jurídica de causa de diminuição de pena, no percentual variável de 1/6 a 1/3. Incide, pois, na terceira fase do critério trifásico de aplicação da pena.

A privilegiadora aplica-se ao art. 129, *caput*, §§ 1º, 2º e 3º. O privilégio, assim, pode coexistir com qualquer uma das formas de lesão corporal.

As causas da lesão corporal privilegiada do motivo de relevante valor moral ou social confundem-se com as circunstâncias atenuantes do art. 65 do CP. Por essa razão, o juiz na dosimetria da pena deve evitar o *bis in idem*. Para tanto, deverá aplicar somente a causa de diminuição da pena, desprezando a incidência da circunstância atenuante.

Ainda, a lesão corporal privilegiada é compatível com o erro sobre a pessoa (art. 20, § 3º, CP) e o erro na execução (art. 73, CP). Em ambos os casos, levam-se em conta as qualidades da vítima que o agente pretendia ofender, e não quem realmente ofendeu.

São causas da lesão corporal privilegiada os seguintes motivos:[6]

I – Motivo de relevante valor moral

O relevante valor moral configura-se quando o interesse particular, de natureza nobre, prepondera sobre o interesse coletivo. Como exemplo, o pai que lesiona o estuprador da filha.

II – Motivo de relevante valor social

O relevante interesse social configura-se quando o interesse coletivo predomina sobre o interesse particular. *Exempli gratia*, o agente que lesiona o traidor da pátria ou o estuprador de um bairro.

III – Domínio de violenta emoção logo em seguida a injusta provocação da vítima

Apesar de a emoção e a paixão não excluírem a imputabilidade penal (art. 28, I, do CP), o domínio da violenta emoção provoca a diminuição da pena se presentes os seguintes requisitos:

a) Provocação injusta da vítima. É qualquer conduta que contraria a lei, a moral e os costumes, não precisando ser necessariamente criminosa. O exemplo típico é o marido que lesiona a esposa ao flagrá-la em conjunção carnal com o amante.

b) Domínio de violenta emoção. A mera influência da emoção caracteriza apenas a circunstância atenuante do art. 65, III, *c*, do CP.

c) Reação logo após a provocação. A reação deve ocorrer imediatamente ou no calor dos acontecimentos. Ausente esse requisito, é possível, contudo, a incidência da circunstância atenuante (art. 65, III, *c*, do CP).

O art. 129, § 5º, do CP dispõe acerca da substituição da pena: "não sendo graves as lesões, pode ainda o juiz substituir a pena de detenção pela de multa, se ocorre qualquer das hipóteses de lesão corporal privilegiada ou se as lesões são recíprocas".

O § 5º em comento somente é aplicado ao art. 129, *caput*, do CP. Mesmo assim, apenas em duas hipóteses: no caso da lesão corporal privilegiada (art. 129, § 9º) ou no caso de lesões recíprocas. Não se aplica, portanto, nos casos de lesão grave, gravíssima ou seguida de morte.

1.7.6. Lesão corporal com violência doméstica familiar

A Lei n. 10.886/2004 acrescentou os §§ 9º e 10 ao art. 129 do CP, criando nova qualificadora ao crime de lesão corporal denominada violência doméstica, com pena de detenção de 6 meses a 1 ano.[7]

Posteriormente, a Lei n. 11.340/2006 – Lei Maria da Penha – alterou a pena para 3 meses a 3 anos, ou seja, diminuiu a pena mínima e aumentou a pena máxima.

Agora, com o advento da Lei n. 14.994, de 09.10.2024, que recrudesceu o tratamento jurídico do feminicídio, erigindo-o à condição de crime autônomo, a pena cominada para essa qualificadora sofreu um salto para um patamar de 2 a 5 anos, agora, de reclusão, em vez de detenção, o que, de imediato, implica a possibilidade de fixação de regime inicial fechado para seu cumprimento, nos moldes do art. 33, *caput*, do CP.

Essas alterações reforçam a necessidade de proteção da vítima dentro do ambiente familiar.

Cabe esclarecer que essa qualificadora se aplicava indistintamente às lesões corporais praticadas em face do homem ou da mulher, no entanto, após a Lei n. 14.188/2021, que criou a lesão corporal qualificada contra a mulher, por razões da condição do sexo feminino, que engloba a violência doméstica e familiar, é de se concluir que a lesão corporal prevista no art. 129, § 9º, do CP se limita apenas a quando a vítima for homem.

Demais disso, é de se destacar que a pena cominada no art. 129, § 9º, do CP aplica-se apenas para os casos de lesão corporal leve.

6 O motivo é o antecedente psíquico da ação. É o que faz o agente adotar determinada conduta.

7 É inadmissível a incidência da circunstância agravante prevista no art. 61, II, *e* e *f*, do CP, sob pena de *bis in idem*.

Nas situações de violência doméstica em que ocorrer lesão corporal grave (art. 129, § 1º, do CP), gravíssima (art. 129, § 2º, do CP) ou seguida de morte (art. 129, § 3º, do CP), aplicam-se as penas desses crimes com a incidência da majorante de 1/3 (art. 129, § 10, do CP).

Na hipótese de a vítima ser portadora de deficiência, a pena será aumentada de 1/3 (art. 129, § 11º, do CP), no entanto, é indispensável que o agente tenha conhecimento da deficiência da vítima, sob pena de responsabilidade penal objetiva.

A violência doméstica familiar é caracterizada quando a lesão for praticada, alternativamente, em face de:

a) **ascendente, descendente ou irmão**: abrange o vínculo consanguíneo ou civil, sendo dispensável a coabitação.

b) **cônjuge ou companheiro**: a qualificadora persiste ainda que haja a separação de fato.

c) **com quem o agente conviva ou tenha convivido**: leva em conta o legislador a vivência, presente ou pretérita, entre os envolvidos, ainda que não existam relações de parentesco, matrimonial ou de união estável.[8]

d) **prevalecendo-se o agente de relações domésticas, coabitação ou hospitalidade**: repete o legislador a circunstância atenuante prevista no art. 61, II, *f*, do CP, motivo pelo qual deve ser evitado aqui o *bis in idem* na dosimetria da pena.

A relação doméstica é estabelecida entre participantes de uma mesma vida familiar, podendo existir, ou não, laços de parentesco. Na coabitação as pessoas vivem sob o mesmo teto, mesmo que por tempo breve, como os moradores de uma pensão.

Já na hospitalidade existe um vínculo entre pessoas durante a estada provisória na casa de alguém, por exemplo, o convidado que pratica lesão corporal numa festa oferecida pelo anfitrião.

1.7.7. Lesão corporal cometida contra mulher por razões da condição do sexo feminino

Inicialmente, a lesão corporal leve praticada contra mulher amoldava-se à lesão corporal simples (art. 129, *caput*, do CP). Com o advento da Lei n. 10.886/2004, passou-se a subsumir à lesão corporal qualificada pela violência doméstica (art. 129, § 9º), situação que perdurou até a Lei n. 14.188/2021, que, entre outras medidas, além de instituir o programa "Sinal Vermelho contra a Violência Doméstica" e o crime de violência psicológica contra a mulher (art. 147-B do CP), criou no § 13 do art. 129 a qualificadora da lesão corporal contra mulher, originalmente, com uma pena de 1 a 4 anos de reclusão.

Desse modo, essa qualificadora refere-se exclusivamente à lesão corporal simples cometida contra a mulher, por razões da condição do sexo feminino.

Após a Lei n. 14.994, de 09.10.2024, a pena do art. 129, § 13, do CP é elevada para 2 a 5 anos de reclusão, equiparando-se, portanto, com a pena do crime de lesão corporal qualificada pela violência doméstica do art. 129, § 9º, do CP.

Essa qualificadora incide apenas para os casos de lesão corporal leve, haja vista que nos casos de lesão corporal grave (1 a 5 anos), gravíssima (2 a 8 anos) ou seguida de morte (4 a 12 anos) contra mulher, por razões da condição do sexo feminino, aplicam-se as penas cominadas a tais crimes (§§ 1º, 2º e 3º do art. 129).

É de se apontar, contudo, após a Lei n. 14.994/2024, a desproporcionalidade que passou a existir entre as penas cominadas à lesão corporal leve contra a mulher por razões da condição do sexo feminino (2 a 5 anos) e a lesão corporal grave nas mesmas condições (1 a 5 anos), ou seja, uma conduta menos grave sendo punida de forma mais severa.

Outro ponto que merece reflexão é acerca da incidência da causa de aumento prevista no § 10 do art. 129 do CP – quando ocorrer lesão corporal grave, gravíssima ou seguida de morte – concebida para a lesão corporal qualificada pela violência doméstica, à lesão corporal contra a mulher.

Como o legislador não previu majorante nos casos de lesão corporal contra mulher, a condição do sexo feminino deve ser levada em conta apenas na dosimetria da pena, *in casu*, na análise das circunstâncias judiciais do art. 59 do CP, sob pena de analogia *in malam partem*.[9]

Michael Procopio Avelar ensina, contudo, que deve incidir a causa de aumento de um terço ins-

8 Guilherme Nucci (*Código Penal comentado*. 13.ed. São Paulo: RT, 2013, p. 688), contrapondo-se à interpretação literal do dispositivo, afirma que "resta interpretar que haverá a forma qualificada da lesão quando o agente voltar-se contra ascendente, descendente, irmão, cônjuge ou companheiro com quem conviva ou tenha convivido. Não outras pessoas, mas somente essas enumeradas no tipo".

9 CUNHA, Rogério Sanches. *Manual de direito penal*. Volume único. Parte Especial. 16.ed. Salvador: Juspodivm, 2023, p. 158.

culpida no art. 129, § 10, do CP, desde que haja violência doméstica contra a mulher.[10]

É de se notar que o novo tipo penal exige a presença de razões de condição do sexo feminino, mesma expressão utilizada, agora, no crime de feminicídio.

De acordo com a norma penal explicativa do art. 121-A, § 1º, do CP, considera-se que há razões de condição do sexo feminino quando o crime envolva violência doméstica ou familiar ou menosprezo ou discriminação à condição de mulher.

A definição de violência doméstica e familiar, por sua vez, é extraída do art. 5º da Lei n. 11.340/2006 – Lei Maria da Penha –, exigindo-se que a conduta do agente seja baseada no gênero, não sendo suficiente apenas a violência doméstica ou familiar.

Por gênero compreende-se a experiência interna e individual de uma pessoa, a qual pode ou não corresponder ao sexo atribuído no nascimento. Esse posicionamento implica uma distinção entre a expressão de gênero, a orientação sexual e o sexo biológico.

Em razão disso, o termo **mulher**, que consta do art. 129, § 13, do CP, deve ser entendido como qualquer pessoa com identidade de gênero feminino, *exempli gratia*, a mulher transexual.

Desse modo, responde pelo crime de lesão corporal qualificada pela violência doméstica (art. 129, § 9º, do CP), e não pela lesão corporal leve qualificada contra a mulher (art. 129, § 13, do CP), o irmão que agride a irmã por motivação patrimonial calcada em briga de quinhão de herança, pois não houve violência de gênero.

Consoante ensinamento do professor Gilaberte, "a agressão baseada no gênero nega à mulher uma condição paritária à do homem, concebendo-a como uma pessoa detentora de menos direitos, muitas vezes chegando ao limiar da reificação. [...] A reificação, portanto, é atentatória à dignidade humana. Não por outro motivo, o parágrafo único do art. 5º da Lei Maria da Penha afirma que a violência doméstica e familiar contra a mulher é uma das formas de violação de direitos humanos. [...]".[11]

Compreende-se por menosprezo ou discriminação à condição de mulher a redução da condição feminina, cabendo ao intérprete analisar o caso concreto para a verificação dessa circunstância.

Além do aumento da pena, a Lei n. 14.994/2024 reflete uma preocupação em alinhar o Código Penal com as diretrizes internacionais de combate à violência de gênero, como a Convenção de Belém do Pará, colocando em foco o compromisso do direito penal contemporâneo com a proteção de grupos vulneráveis e o combate à violência de gênero, reafirmando a importância de uma resposta penal mais efetiva para uma sociedade que almeja a igualdade material entre homens e mulheres.

1.7.8. Lesão corporal majorada contra pessoas que atuam na área de segurança pública ou lesão corporal funcional

A Lei n. 13.142/2015, com a finalidade de prevenir ou diminuir crimes contra pessoas que atuam na área da segurança pública, acrescentou nova circunstância qualificadora ao crime de homicídio (art. 121, § 2º, VII, CP), bem como instituiu nova causa de aumento de pena ao crime de lesão corporal (art. 129, § 12, CP), em razão da condição funcional da vítima.

Além disso, a novel lei acrescentou ao rol dos crimes hediondos, nos termos do art. 1º, I e I-A, da Lei n. 8.072/90, o homicídio qualificado, a lesão corporal gravíssima e a lesão corporal seguida de morte praticados contra autoridade ou agente descrito nos arts. 142 e 144 da CF/88, integrantes do sistema prisional e da Força Nacional de Segurança Pública, no exercício da função ou em decorrência dela, ou contra seu cônjuge, companheiro ou parente consanguíneo até terceiro grau, em razão dessa condição.

Para a incidência da majorante no crime de lesão corporal dolosa, seja leve, grave, gravíssima ou seguida de morte, o crime deve ser praticado contra:

a) autoridade ou agente descrito nos arts. 142 e 144 da CF/88

O art. 142 da CF/88 disciplina as Forças Armadas, englobando os militares que pertencem à Marinha, Exército e Aeronáutica. Já o art. 144 da CF/88 dispõe sobre os órgãos da segurança

10 Nesse sentido: AVELAR, Michael Procopio. *Manual de direito penal*. Volume único. Partes Geral e Especial. 3.ed. Salvador: Juspodivm, 2024, p. 852.

11 Disponível em: https://profbrunogilaberte.jusbrasil.com.br/artigos/1254533892/analise-da-lei-n-14188-2021-lesao-corporal-por-razoes-de-condicao-de-sexo-feminino-e-volencia-psicologica-contra-a-mulher. Acesso em: 25.01.2022.

pública, abrangendo os integrantes da Polícia Federal, Polícia Rodoviária Federal, Polícia Ferroviária Federal, polícias civis, polícias militares e corpos de bombeiros militares.

Os guardas municipais também gozam de proteção especial, eis que inseridos no § 8º do art. 144 da CF/88. É de se ver que a Lei n. 13.142/2015, ao se referir ao art. 144 da CF/88, não se limita ao *caput*, alcançando também os seus parágrafos, motivo pelo qual a majorante também se aplica se o crime for praticado contra esses agentes.

b) integrantes do sistema prisional

Inclui-se nesse grupo os diretores de penitenciárias, os agentes penitenciários, carcereiros e todas as demais pessoas que atuam na execução penal, tais como os membros da comissão técnica de classificação, comissão de exame criminológico, conselho penitenciário etc.

c) integrantes da Força Nacional de Segurança Pública

A Força Nacional de Segurança Pública ou Departamento Nacional de Segurança Pública é um programa de cooperação de segurança pública coordenado pela Secretaria Nacional de Segurança Pública no âmbito do Ministério da Justiça. É composta por membros dos quadros mais destacados das polícias de cada estado e da Polícia Federal.

d) cônjuge, companheiro ou parentes consanguíneos até terceiro grau das autoridades, agentes e integrantes dos órgãos da segurança pública em razão dessa condição

No caso de cônjuge ou companheiro, é irrelevante para fins da incidência da majorante se o relacionamento entre a vítima e a autoridade ou agente dos órgãos de segurança pública é heteroafetivo ou homoafetivo.

A expressão "parente consanguíneo" abrange os descendentes, ascendentes ou colaterais até terceiro grau decorrente dos laços sanguíneos.

Por consequência, com base na redação do art. 129, § 12, do CP, os parentescos civil – adotivo –, e por afinidade (parentes decorrentes do casamento ou união estável) estão excluídos do campo de abrangência da majorante, sob pena de analogia *in malam partem*, vedada no direito penal.

Em todos os casos narrados aqui, é indispensável que o crime tenha sido praticado contra a autoridade ou agente no exercício da função pública ou em razão dela ou contra seu cônjuge, companheiro ou parente consanguíneo até terceiro grau, em razão dessa condição.

Portanto, a novel causa de aumento de pena no crime de lesão corporal dolosa não protege a pessoa da autoridade ou agente dos órgãos de segurança pública, mas, sim, as funções por estes desempenhadas.

Cabe registrar, ainda, que é indispensável para a incidência da majorante que o autor do crime saiba que a vítima é agente, autoridade ou integrante dos órgãos de segurança pública que está no exercício da função pública ou em razão dela, ou que queira praticar o crime contra o seu familiar em decorrência dessa atividade.

Por outro lado, a causa de aumento de pena ora estudada tem natureza subjetiva, portanto, não se comunica ao partícipe no caso de concurso de pessoas, nos termos do art. 30 do CP.

Por fim, os servidores aposentados não estão abrangidos pela redação do § 12 do art. 129 do CP, haja vista que com a aposentadoria estes perdem a condição de agentes ou autoridades dos órgãos da segurança pública.

1.7.9. Lesão corporal culposa (art. 121, §§ 6º a 8º)

Trata-se de infração de menor potencial ofensivo, admitindo todas as medidas despenalizadoras da Lei n. 9.099/95 (composição civil como causa extintiva da punibilidade, transação penal e a suspensão condicional do processo).

O crime culposo ocorre quando o agente dá causa ao resultado involuntário por imprudência, negligência ou imperícia (art. 18, II, CP).

É indispensável previsão legal expressa da culpa em razão de sua excepcionalidade (art. 18, parágrafo único, CP).

A lesão corporal culposa está prevista no art. 129, § 6º, do CP e no art. 303 do CTB, esta quando praticada na direção de veículo automotor em via terrestre.

O art. 129, § 7º, do CP dispõe que se aplicam ao crime de lesão corporal culposa as hipóteses do § 4º do art. 121 do CP. Trata-se das causas de aumento de pena descritas a seguir.

I – Inobservância de regra técnica de arte, ofício e profissão

A referida majorante assemelha-se ao conceito de imperícia, contudo, distingue-se em relação ao conhecimento ou não da regra técnica.

Na imperícia, o agente não tem conhecimento da regra técnica (médico que não sabe como deve proceder ao realizar uma cirurgia cardíaca), enquanto na causa de aumento de pena em questão o agente tem ciência da regra, mas age com negligência ou imprudência (médico que esquece o bisturi dentro do organismo da vítima).

II – Omissão de socorro

Como a omissão de socorro já constitui majorante da lesão corporal culposa, o agente não responde também pelo crime de omissão de socorro (art. 135, CP), de acordo com o princípio da subsidiariedade tácita.

A causa de aumento não pode ser aplicada quando terceiro presta socorro à vítima.

III – Agente não procura diminuir as consequências do seu ato

Ocorre, por exemplo, quando a vítima foi socorrida por terceiro.

IV – Agente foge para evitar prisão em flagrante

O dispositivo demonstra que nada impede prisão em flagrante em crime culposo.

O perdão judicial previsto no art. 129, § 8º, do CP aplica-se, exclusivamente, ao crime de lesão corporal culposa quando as consequências da infração atingirem o próprio agente de forma tão grave que a sanção penal se torne desnecessária.

A justificativa é que o agente já foi punido naturalmente pela prática do crime, por exemplo, no caso de ofensa à integridade corporal de um ente querido ou de o próprio agente ficar paraplégico. Perde o Estado, pois, o interesse de impor a sanção penal.

Nada impede que o agente seja beneficiado quando lesionar culposamente o filho e o amigo do filho no mesmo acidente automobilístico, o que faz com que o perdão judicial tenha efeito extensivo.

O CP menciona que o juiz pode aplicar o perdão judicial; contudo, trata-se de um direito público subjetivo do réu.

O perdão judicial tem natureza jurídica de causa extintiva da punibilidade (art. 107, IX, CP), restando intacta a existência do crime.

No crime de lesão corporal praticada na direção de veículo automotor também é cabível a incidência do perdão judicial, aplicando-se, assim, a norma geral do art. 129, § 8º, do CP nos termos do art. 12 do CP.

Conforme a Súmula n. 18 do STJ, "a sentença concessiva do perdão judicial é declaratória da extinção da punibilidade, não subsistindo qualquer efeito condenatório", inclusive, para fins de reincidência (art. 120, CP).

O crime de lesão corporal culposa está sujeito à ação penal pública condicionada à representação da vítima (art. 88, Lei n. 9.099/95). É infração penal de pequeno potencial ofensivo (art. 61, Lei n. 9.099/95), e, portanto, está sujeito ao procedimento sumaríssimo.

Mencione-se que a gravidade da lesão (leve, grave, gravíssima) não interfere na caracterização da lesão corporal culposa.

O juiz, contudo, leva em consideração tal fato na fixação da pena-base ao avaliar a circunstância judicial "consequências do crime", prevista no art. 59 do CP.

1.8. Ação penal

A lesão corporal leve e a lesão corporal culposa estão sujeitas a ação penal pública condicionada à representação da vítima, *ex vi* do art. 88 da Lei n. 9.099/95. Já as demais espécies de lesão corporal são crimes sujeitos à ação penal pública incondicionada.

Cabe, no entanto, registrar que o crime de lesão corporal, mesmo que leve ou culposo, praticado contra a mulher, no âmbito das relações domésticas, está sujeito à ação penal pública incondicionada. O STF, no julgamento da ADIn n. 4.424/DF, declarou a constitucionalidade do art. 41 da Lei Maria da Penha, afastando, pois, a incidência da Lei n. 9.099/95, independentemente da pena prevista.

No mesmo sentido é o teor da Súmula n. 542 do STJ: "A ação penal relativa ao crime de lesão corporal resultante de violência doméstica contra a mulher é pública incondicionada".

Por derradeiro, a natureza da ação penal no crime de lesão corporal leve qualificada contra a mulher (art. 129, § 13, do CP) varia de acordo com a razão da condição do sexo feminino presente.

É dizer, se o crime for praticado no contexto de violência doméstica ou familiar contra a mulher, a ação penal é pública incondicionada, em razão da regra proibitiva que consta no art. 41 da Lei Maria da Penha.

Por outro lado, se o crime for praticado fora do contexto de violência doméstica ou familiar, mas, por menosprezo ou discriminação à condição do gênero feminino, a ação penal será pública condicionada à representação da vítima, sob pena de analogia *in malam partem* com o art. 41 da Lei Maria da Penha.

1.9. Observações

1.9.1. Ablação de órgão genital

No caso da ablação de órgão genital, não é possível cogitar-se do consentimento do ofendido como causa supralegal de exclusão da ilicitude, haja vista a lesão corporal ser gravíssima e, portanto, o bem jurídico torna-se indisponível. Na verdade, o que ocorre é que crime de lesão corporal não se configura em razão da atipicidade material da conduta, pois existe uma melhora no quadro de saúde mental do transexual.

1.9.2. Princípio da insignificância

O princípio da insignificância é causa excludente da tipicidade material. Afirma Fernando Capez que "aplica-se o princípio da insignificância ao delito de lesão corporal sempre que a ofensa à integridade física ou à saúde da vítima for considerada mínima, inexpressiva, de modo que se mostre irrelevante para o direito penal. [...] Os tribunais superiores têm admitido a incidência do princípio da insignificância no delito de lesão corporal, em especial, quando produzidas equimoses de absoluta inexpressividade em acidente de trânsito" (*Curso de direito penal*: Parte Geral, 2011, v. 2, p. 198-9).

No entanto, o teor da Súmula n. 589 do STJ dispõe que "é inaplicável o princípio da insignificância nos crimes ou contravenções penais praticados contra a mulher no âmbito das relações domésticas".

1.9.3. Lei Maria da Penha (Lei n. 11.340/2006)

A Lei n. 11.340/2006 constitui um microssistema jurídico composto por 46 artigos que tem por finalidade criar mecanismos de defesa contra a violência doméstica e familiar que tem como vítima a mulher.

Por violência doméstica e familiar entende-se qualquer tipo de violência física, psicológica, sexual, patrimonial e moral contra a mulher, independentemente de sua classe, raça, etnia, orientação sexual, renda, cultura, nível educacional, idade ou religião (arts. 2º c/c 7º da Lei n. 11.340/2006).

Ressaltam-se os principais aspectos penais e processuais penais da lei em estudo:

I – previsão da instituição dos Juizados de Violência Doméstica e Familiar contra a Mulher (art. 14);

II – impossibilidade de aplicação da Lei n. 9.099/95, que dispõe sobre os Juizados Especiais Criminais (art. 41);[12]

III – criação de medidas protetivas que obrigam o agressor – suspensão da posse do porte de armas, afastamento do lar, proibição de se aproximar da ofendida ou de ter contato com a ofendida ou seus familiares, proibição de frequentar determinados lugares, suspensão de visitas aos dependentes menores, prestação de alimentos provisionais, comparecimento do agressor a programas de recuperação e reeducação, acompanhamento psicossocial do agressor, por meio de atendimento individual e/ou em grupo de apoio etc. (art. 22);

IV – instituição de medidas protetivas de urgência à ofendida, como o encaminhamento a programa de proteção, determinação de recondução da ofendida ao domicílio e determinação de separação de corpos, determinação da matrícula dos dependentes da ofendida em instituição de educação básica mais próxima do seu domicílio, ou a transferência deles para essa instituição, independentemente da existência de vaga, e concessão à ofendida de auxílio-aluguel, com valor fixado em função de sua situação de vulnerabilidade social e econômica, por período não superior a seis meses etc. (art. 23);

V – criação de circunstância agravante no art. 61, II, *f*, do CP – crime cometido com violência contra a mulher na forma da lei específica (art. 43);

VI – impossibilidade de aplicação de penas de entrega de cesta básica ou de prestação pecuniária (art. 17);[13]

VII – instituição de uma nova modalidade de prisão preventiva, consoante art. 313, IV, do CPP – "se o crime envolver violência doméstica e familiar contra a mulher, nos termos da lei específica, para garantir a execução das medidas protetivas de urgência" (art. 42).

VIII – aumento da pena da lesão corporal leve com violência doméstica, que era de 6 meses a 1 ano, para 3 meses a 3 anos, a qual, no entanto, foi aumentada para 2 a 5 anos com o advento da Lei

12 "Art. 41. Aos crimes praticados com violência doméstica e familiar contra a mulher, independentemente da pena prevista, não se aplica a Lei n. 9.099, de 26.09.1995."

13 "Art. 17. É vedada a aplicação, nos casos de violência doméstica e familiar contra a mulher, de penas de cesta básica ou outras de prestação pecuniária, bem como a substituição de pena que implique o pagamento isolado de multa."

n. 14.994/2024, bem como inseriu o § 11º ao art. 129 do CP (art. 44);

IX – inovação ao prever a retratação da representação na ação penal pública condicionada até o recebimento da denúncia, enquanto o art. 102 do CP traz como limite temporal o oferecimento da denúncia (art. 16).[14]

A natureza da ação penal no crime de lesão corporal leve qualificada pela violência doméstica quando a vítima for mulher é pública incondicionada, tendo em vista que o art. 41 da Lei Maria da Penha afirma ser inaplicável a Lei n. 9.099/95, que dispõe em seu art. 88 ser a ação penal condicionada à representação da vítima no caso de lesão corporal leve.

1.9.4. Transmissão dolosa do HIV

O agente que, sabendo ser portador do vírus HIV, oculta a doença da parceira e com ela mantém conjunção carnal pratica crime de lesão corporal gravíssima (art. 129, § 2º, II, do CP), de acordo com o STJ (*HC* n. 160.982/DF, ainda que a vítima não manifeste sintomas.

O STF, por sua vez, no julgamento do *HC* n. 98.712/RJ, firmou entendimento de que a conduta de praticar ato sexual com a intenção de transmitir aids não configura crime doloso contra a vida.

2. JURISPRUDÊNCIA

2.1. Súmulas

Súmula n. 6, STJ: "Compete à Justiça Comum Estadual processar e julgar delito decorrente de acidente de trânsito envolvendo viatura de Polícia Militar, salvo se autor e vítima forem policiais militares em situação de atividade".

Súmula n. 536, STJ: "A suspensão condicional do processo e a transação penal não se aplicam à hipótese de delitos sujeitos ao rito da Lei Maria da Penha".

Súmula n. 542, STJ: "A ação penal relativa ao crime de lesão corporal resultante de violência doméstica contra a mulher é pública incondicionada".

Súmula n. 588, STJ: "A prática de crime ou contravenção penal contra a mulher com violência ou grave ameaça no âmbito doméstico impossibilita a substituição da pena privativa de liberdade por restritiva de direitos".

Súmula n. 589, STJ: "É inaplicável o princípio da insignificância nos crimes ou contravenções penais praticados contra a mulher no âmbito das relações domésticas".

Súmula n. 600, STJ: "Para a configuração da violência doméstica e familiar prevista no art. 5º da Lei n. 11.340/2006 (Lei Maria da Penha) não se exige a coabitação entre autor e vítima".

2.2. Julgados

Incapacidade para as ocupações habituais

A "incapacidade" pressupõe qualquer atividade desempenhada pela vítima – a prática de atos do cotidiano, o trabalho ou o esporte, indistintamente – e, por óbvio, implica mudança compulsória e indesejada de vida do indivíduo, ocasionando-lhe dissabor, dor e sofrimento. (STJ, REsp n. 876.102/DF, 4ª T., rel. Min. Luís Felipe Salomão, j. 01.12.2012)

Deformidade permanente

A qualificadora "deformidade permanente" do crime de lesão corporal (art. 129, § 2º, IV, do CP) não é afastada por posterior cirurgia estética reparadora que elimine ou minimize a deformidade na vítima. Isso porque o fato criminoso é valorado no momento de sua consumação, não o afetando providências posteriores, notadamente quando não usuais (pelo risco ou pelo custo, como cirurgia plástica ou de tratamentos prolongados, dolorosos ou geradores de risco de vida) e promovidas a critério exclusivo da vítima. (STJ, *HC* n. 306.677/RJ, rel. Min. Ericson Maranho (Desembargador convocado do TJSP), rel. para acórdão Min. Nefi Cordeiro, j. 19.05.2015, *DJe* 28.05.2015)

Perda de dentes

A lesão corporal que provoca na vítima a perda de dois dentes tem natureza grave (art. 129, § 1º, III, do CP), e não gravíssima (art. 129, § 2º, IV, do CP). Com efeito, deformidade, no sentido médico-legal, ensina doutrina, "é o prejuízo estético adquirido, visível, indelével, oriundo da deformação de uma parte do corpo". Assim, a perda de dois dentes, muito embora possa reduzir a capacidade funcional da mastigação, não enseja a deformidade permanente prevista no art. 129, § 2º, IV, do CP e, sim, debilidade permanente (configuradora de lesão corporal grave).

14 "Art. 16. Nas ações penais públicas condicionadas à representação da ofendida de que trata esta Lei, só será admitida a renúncia à representação perante o juiz, em audiência especialmente designada com tal finalidade, antes do recebimento da denúncia e ouvido o Ministério Público."

De fato, a perda da dentição pode implicar redução da capacidade mastigatória e até, eventualmente, dano estético, o qual, apesar de manter o seu caráter definitivo – se não reparado em procedimento interventivo –, não pode ser, na hipótese, de tal monta a qualificar a vítima como uma pessoa deformada. Dessa forma, entende-se que o resultado provocado pela lesão causada à vítima (perda de dois dentes) subsume-se à lesão corporal grave, e não à gravíssima. (STJ, REsp n. 1.220.094-MG, 5ª T., *DJe* 09.03.2011. REsp n. 1.620.158-RJ, rel. Min. Rogerio Schietti Cruz, j. 13.09.2016, *DJe* 20.09.2016)

Necessidade de comprovação do gênero para fins de caracterização da lesão corporal leve qualificada contra a mulher

[...] 1. Nos termos do art. 4º da Lei Maria da Penha, ao se interpretar a referida norma, deve-se levar em conta os fins sociais buscados pelo legislador, conferindo à norma um significado que a insira no contexto em que foi concebida. Esta Corte possui entendimento jurisprudencial no sentido de que a Lei n. 11.340/2006, denominada Lei Maria da Penha, objetiva proteger a mulher da violência doméstica e familiar que lhe cause morte, lesão, sofrimento físico, sexual ou psicológico, e dano moral ou patrimonial, desde que o crime seja cometido no âmbito da unidade doméstica, da família ou em qualquer relação íntima de afeto (Ag. Reg. no REsp n. 1.427.927/RJ, 5ª T., rel. Min. Moura Ribeiro, j. 20.03.2014, *DJe* 28.03.2014). 2. Nesse contexto, é de se ter claro que a própria Lei n. 11.340/2006, ao criar mecanismos específicos para coibir e prevenir a violência doméstica praticada contra a mulher, buscando a igualdade substantiva entre os gêneros, fundou-se justamente na indiscutível desproporcionalidade física existente entre os gêneros, no histórico discriminatório e na cultura vigente. Ou seja, a fragilidade da mulher, sua hipossuficiência ou vulnerabilidade, na verdade, são os fundamentos que levaram o legislador a conferir proteção especial à mulher. 3. A jurisprudência desta Corte Superior orienta-se no sentido de que, para que a competência dos Juizados Especiais de Violência Doméstica seja firmada, não basta que o crime seja praticado contra mulher no âmbito doméstico ou familiar, exigindo-se que a motivação do acusado seja de gênero, ou que a vulnerabilidade da ofendida seja decorrente da sua condição de mulher. Na hipótese dos autos, entretanto, a Corte de origem asseverou que a lesão praticada contra a vítima, pelo ora recorrido, não se encontra abrangida pelo art. 5° da Lei Maria da Penha, uma vez que a agressão originou em razão de uma discussão relacionada ao fato da motocicleta do namorado da vítima estar na garagem da residência do acusado e pelo fato do autor não aprovar o relacionamento amoroso da ofendida. E acrescentou, ainda, que *in casu*, verifica-se que a prática do crime de lesão corporal não decorre da existência de uma relação de domínio/subordinação do acusado para com a vítima no ambiente familiar, condição *sine qua non* aplicação da citada norma. Mas, sim, pelo fato do acusado não aceitar o relacionamento da vítima com a testemunha [...]. (STJ, Ag. Reg. no AREsp n. 1.700.026/GO, 5ª T., rel. Min. Reynaldo Soares da Fonseca, j. 03.11.2020)

Policial militar condenado pelos delitos de violência doméstica (art. 129, § 9º, do Código Penal) e disparo de arma de fogo (art. 15, *caput*, da Lei n. 10.826/2003). Alegada incompetência da Justiça Militar para decretar a perda do posto, patente ou graduação militar, em decorrência de sentença condenatória proferida pela Justiça comum. Repercussão geral reconhecida. 1. Revela especial relevância, na forma do art. 102, § 3º, da Constituição Federal, delimitar o alcance da competência da Justiça Militar para decretar, com base no art. 125, § 4º, da CF/88, especialmente à luz da redação que lhe foi conferida após o advento da EC n. 45/2004, a perda do posto, patente ou graduação de militar que teve contra si uma sentença condenatória, independentemente da natureza do crime por ele cometido. 2. Repercussão geral da matéria reconhecida, nos termos do art. 1.035 do CPC. (STF, ARE n. 1.320.744 RG, Pleno, rel. Min. Alexandre de Moraes, j. 24.02.2022, publ. 08.03.2022)

CAPÍTULO III
DA PERICLITAÇÃO DA VIDA E DA SAÚDE

Perigo de contágio venéreo

Art. 130. Expor alguém, por meio de relações sexuais ou qualquer ato libidinoso, a contágio de moléstia venérea, de que sabe ou deve saber que está contaminado:

Pena – detenção, de 3 (três) meses a 1 (um) ano, ou multa.

§ 1º Se é intenção do agente transmitir a moléstia:

Pena – reclusão, de 1 (um) a 4 (quatro) anos, e multa.

§ 2º Somente se procede mediante representação.

1. COMENTÁRIO

1.1. Objetividade jurídica

A tipificação do crime de perigo de contágio venéreo busca proteger a incolumidade física das pessoas em sentido amplo, nela incluídos a proteção da vida e da saúde das pessoas, conforme ideia que se extrai do enunciado do Capítulo III do Título I do CP.

1.1.1. Objeto material

O objeto material do crime será a pessoa com quem o sujeito contaminado com doença venérea pratica relação sexual ou qualquer ato libidinoso.

1.2. Sujeitos

O sujeito ativo é qualquer pessoa, homem ou mulher, desde que infectado por doença venérea (sexualmente transmissível).

O sujeito passivo do crime de perigo de contágio venéreo pode ser qualquer pessoa, homem ou mulher, incluindo as prostitutas e os garotos de programa, que exercem atividade profissional de risco de contágio venéreo. O tipo penal se refere a "alguém", de maneira que qualquer ser humano poderá figurar como sujeito passivo.

1.3. Análise da(s) conduta(s) descrita(s) no tipo

O núcleo do tipo penal em análise é expor (que significa colocar em perigo) a pessoa à contaminação de moléstia venérea, por meio de relações sexuais ou qualquer outro ato libidinoso. Não é compatível com a omissão.

É obrigatório que o contágio da moléstia venérea (doença que só se transmite pelo contato sexual) ocorra por meio de relação sexual (expressão que compreende todo tipo de prática sexual, mais ampla que conjunção carnal) ou qualquer outro ato libidinoso (qualquer prática ligada à satisfação sexual).

Importante ressaltar que o uso de preservativo afasta o crime, pois a exposição a contágio de moléstia venérea só ocorre quando não há qualquer proteção.

1.4. Elemento subjetivo

O art. 130 do CP apresenta duas modalidades do crime de perigo de contágio venéreo, que se distinguem pelo elemento subjetivo.

Há a modalidade descrita no *caput*, por meio da qual uma pessoa que sabe (dolo de perigo direto) ou deveria saber (dolo de perigo eventual) que está contaminado por doença sexualmente transmissível, expõe alguém ao contágio da doença por meio de relações sexuais ou qualquer ato libidinoso. Dessa forma, o crime de perigo de contágio venéreo possui como elemento subjetivo o dolo de perigo, que poderá ser direto (na hipótese de o sujeito saber que está contaminado) ou eventual (na hipótese de o sujeito dever saber que está contaminado).

Há, ainda, no § 1º do art. 130 do CP a modalidade do crime de perigo de contágio venéreo na qual existe a intenção do agente de transmitir a doença venérea, com dolo direto de dano.

Não existe a forma culposa deste crime, por ausência de previsão legal.

1.5. Elemento normativo

O conceito de moléstia venérea é fornecido pela medicina. Em resumo, trata-se de doença que é transmitida pelo contato sexual.

1.6. Consumação e tentativa

O crime se consuma com a prática da relação sexual ou do ato libidinoso entre pessoa contaminada com doença venérea e pessoa não contaminada, tanto na hipótese do *caput*, quanto na hipótese do § 1º, independente do contágio efetivo. A diferença é que, na hipótese do *caput*, se acontecer o contágio, ocorrerá o simples exaurimento do delito. Já na hipótese do § 1º, com o contágio, o agente poderá responder pelo crime do art. 130 do CP, por lesão corporal grave, por lesão corporal gravíssima ou até por homicídio, dependendo do resultado da contaminação com dolo direto de dano.

Se a pessoa contaminada com doença venérea pratica relação sexual ou ato libidinoso com outra pessoa também contaminada, existe a ausência do perigo e, portanto, será caso de crime impossível (art. 17, CP).

Admite-se a tentativa.

1.7. Classificação

É crime simples, comissivo, de forma vinculada, de perigo abstrato (na modalidade do *caput*) ou de perigo de dano (na modalidade do § 1º), formal, unilateral, plurissubsistente, instantâneo.

1.8. Ação penal

O § 2º do art. 130 do CP dispõe que o crime de perigo de contágio venéreo somente se procede mediante representação, ou seja, trata-se de crime de ação penal pública condicionada à representação do ofendido ou de seu representante legal.

2. OBSERVAÇÕES

2.1. Aids

A aids (Síndrome da Imunodeficiência Adquirida) não é considerada doença venérea porque pode ser transmitida de maneira diversa da relação sexual e de atos libidinosos. Se uma pessoa que sabe ou deveria saber ser portadora do vírus HIV pratica relação sexual ou qualquer outro ato libidinoso, transmitindo aids a outra pessoa, esta não comete o crime de perigo de contágio venéreo, pois a aids seria doença grave, fatal e incurável, e entende-se que o agente tem o dolo de praticar a conduta do art. 131 do CP (segundo o entendimento do STF) ou de praticar lesão corporal gravíssima pela contração de enfermidade incurável, nos termos do art. 129, § 2º, II, do CP (posicionamento adotado pelo STJ). Se a pessoa contaminada vier a falecer, quem transmitiu o HIV responde pelo crime de homicídio, previsto no art. 121 do CP.

2.2. Crimes contra a dignidade sexual

Nos crimes contra a dignidade sexual (arts. 213 a 234, CP), as penas serão aumentadas de um sexto até a metade se o agente que sabe ou deveria saber ser portador de doença sexualmente transmissível transmite à vítima essa doença por meio da prática de crime contra a dignidade sexual, não importando se essa era ou não sua intenção.

Perigo de contágio de moléstia grave

Art. 131. Praticar, com o fim de transmitir a outrem moléstia grave de que está contaminado, ato capaz de produzir o contágio:

Pena – reclusão, de 1 (um) a 4 (quatro) anos, e multa.

---

1. COMENTÁRIO

1.1. Objetividade jurídica

O crime de perigo de contágio de moléstia grave tem como objetividade jurídica a proteção da incolumidade física das pessoas em sentido amplo, nela incluídos a proteção da vida e da saúde das pessoas, conforme ideia que se extrai do enunciado do Capítulo III do Título I do CP.

1.1.1. Objeto material

O objeto material do crime de perigo de contágio de moléstia grave será a pessoa submetida a comportamento apto a produzir o contágio de moléstia grave, ou seja, aquela pessoa que efetivamente sofre o contágio ou que corre o risco de contaminar-se com moléstia grave.

1.2. Sujeitos

O sujeito ativo do crime de perigo de contágio de moléstia grave é a pessoa contaminada com moléstia grave contagiosa.

Já o sujeito passivo pode ser qualquer pessoa, mesmo aquela que já esteja doente (contaminada com moléstia grave). Não poderá ser sujeito passivo desse crime a pessoa contaminada com a mesma moléstia grave do sujeito ativo, a não ser que exista a possibilidade de o contato com a mesma moléstia grave vir a agravar ainda mais a situação de saúde do sujeito passivo já contaminado, debilitando-o e, assim, expondo sua vida ao perigo.

1.3. Análise da(s) conduta(s) descrita(s) no tipo

A ação que se busca punir com o crime de perigo de contágio de moléstia grave é a prática de qualquer ato capaz de produzir o contágio de moléstia grave. A conduta, nesse caso, poderá ser direta (por meio de contato físico) ou indireta (pelo uso de objetos). Será punida, portanto, qualquer atitude, por parte da pessoa contaminada com moléstia grave, que seja apta a transmitir essa moléstia.

É compatível com a omissão, excepcionalmente, quando existe o dever de agir.

1.4. Elemento subjetivo

O crime do art. 131 do CP apresenta como elemento subjetivo o dolo direto de dano, pois existe a intenção do agente contaminado de transmitir a moléstia grave a outrem, expondo a vítima ao perigo de contágio com o objetivo de causar dano a sua saúde.

Há, ainda, a figura do dolo específico, representada pela finalidade do agente de transmitir a outrem moléstia grave de que está contaminado. Desse modo, não basta apenas que o agente pratique ato capaz de produzir o contágio. É necessário que o agente o faça com a finalidade específica de transmitir moléstia grave com a qual está contaminado. Fica excluído, portanto, por incompatibilidade lógica, o dolo eventual.

Não existe a forma culposa deste crime, por ausência de previsão legal.

1.5. Elemento normativo

O conceito de moléstia grave é estabelecido pela medicina. Para uma doença ser considerada moléstia grave deverá ser uma enfermidade que cause séria perturbação da saúde, que inspire preciosos cuidados e acarrete graves sequelas ou mesmo a morte de seu portador. Ademais, para a caracterização do crime, além de se tratar de moléstia grave, é necessário que tal moléstia grave seja transmissível por contágio.

1.6. Consumação e tentativa

O crime se consuma com a prática de qualquer ato perpetrado por pessoa contaminada com doença grave capaz de contagiar pessoa não contaminada, independentemente do contágio efetivo. Havendo o perigo de contágio de moléstia grave, o crime já está consumado.

A efetiva transmissão da moléstia grave é considerada simples exaurimento do delito. Com o efetivo contágio, o agente poderá responder pelo crime do art. 131 do CP, por lesão corporal grave, por lesão corporal gravíssima, por lesão corporal seguida de morte ou até por homicídio, dependendo do resultado da contaminação com dolo direto de dano.

Se a pessoa contaminada com doença grave pratica qualquer ato que possa transmitir sua doença a outra pessoa já contaminada pela mesma doença grave, inexistindo qualquer possibilidade de agravamento da situação de saúde da vítima, existe a ausência do perigo e, portanto, será caso de crime impossível (art. 17, CP).

Admite-se a tentativa, que é punida com a mesma pena do crime consumado.

Se a moléstia grave for venérea e a transmissão se der por contato sexual, aplica-se o art. 130 do CP.

1.7. Classificação

É crime próprio, formal, comissivo, de forma livre, de perigo de dano, unilateral, unissubsistente ou plurissubsistente, instantâneo.

2. JURISPRUDÊNCIA

2.1. Julgados

Aids

Moléstia grave. Transmissão. HIV. Crime doloso contra a vida *versus* o de transmitir doença grave. Descabe, ante previsão expressa quanto ao tipo penal, partir-se para o enquadramento de ato relativo à transmissão de doença grave como a configurar crime doloso contra a vida. Considerações. (STF, *HC* n. 98.712, 1ª T., rel. Min. Marco Aurélio, j. 05.10.2010, *DJe* 16.12.2010)

Habeas corpus. Art. 129, § 2º, II, do CP. Paciente que transmitiu enfermidade incurável à ofendida (síndrome da imunodeficiência adquirida). Vítima cuja moléstia permanece assintomática. Desinfluência para a caracterização da conduta. Pedido de desclassificação para um dos crimes previstos no Capítulo III, Título I, Parte Especial, do CP. Impossibilidade. *Sursis* humanitário. Ausência de manifestação das instâncias antecedentes no ponto, e de demonstração sobre o estado de saúde do paciente. *Habeas corpus* parcialmente conhecido e, nessa extensão, denegado. 1. O STF, no julgamento do *HC* n. 98.712/RJ, rel. Min. Marco Aurélio (1ª Turma, *DJe* 17.12.2010), firmou a compreensão de que a conduta de praticar ato sexual com a finalidade de transmitir aids não configura crime doloso contra a vida. Assim não há constrangimento ilegal a ser reparado de ofício, em razão de não ter sido o caso julgado pelo Tribunal do Júri. 2. O ato de propagar síndrome da imunodeficiência adquirida não é tratado no Capítulo III, Título I, da Parte Especial, do CP (art. 130 e seguintes), onde não há menção a enfermidades sem cura. Inclusive, nos debates havidos no julgamento do *HC* n. 98.712/RJ, o eminente Ministro Ricardo Lewandowski, ao excluir a possibilidade de a Suprema Corte, naquele caso, conferir ao delito a classificação de "Perigo de contágio de moléstia grave" (art. 131, CP), esclareceu que, "no atual estágio da ciência, a enfermidade é incurável, quer dizer, ela não é só grave, nos termos do art. 131". 3. Na hipótese de transmissão dolosa de doença incurável, a conduta deverá ser apenada com mais rigor do que o ato de contaminar outra pessoa com moléstia grave, conforme previsão clara do art. 129, § 2º, II, do CP. 4. A alegação de que a vítima não manifestou sintomas não serve para afastar a configuração do delito previsto no art. 129, § 2º, II, do CP. É de notória sabença que o contaminado pelo vírus do HIV necessita de constante acompanhamento médico e de administração de remédios específicos, o que aumenta as probabilidades de que a enfermidade permaneça assintomática. Porém, o tratamento não enseja a cura da moléstia. 5. Não pode ser conhecido o pedido de *sursis* humanitário se não há, nos autos, notícias de que tal pretensão foi avaliada pelas instâncias antecedentes, nem qualquer informação acerca do estado de saúde do Paciente. 6. *Habeas corpus* parcialmente conhecido e, nessa extensão, denegado. (STJ, *HC* n. 160.982/DF, 5ª T., rel. Min. Laurita Vaz, j. 17.05.2012, *DJe* 28.05.2012)

Perigo para a vida ou saúde de outrem

Art. 132. Expor a vida ou a saúde de outrem a perigo direto e iminente:

Pena – detenção, de 3 (três) meses a 1 (um) ano, se o fato não constitui crime mais grave.

Parágrafo único. A pena é aumentada de 1/6 (um sexto) a 1/3 (um terço) se a exposição da vida ou da saúde de outrem a perigo decorre do transporte de pessoas para a prestação de ser-

viços em estabelecimentos de qualquer natureza, em desacordo com as normas legais.

Parágrafo acrescentado pela Lei n. 9.777, de 29.12.1998.

1. COMENTÁRIO

1.1. Objetividade jurídica

A tipificação do crime de perigo para a vida ou saúde de outrem protege a vida e a saúde das pessoas, conforme ideia que se extrai do seu próprio nome e do enunciado do Capítulo III do Título I do CP.

1.1.1. Objeto material

O objeto material deste crime será a pessoa que corre o risco, ou seja, a pessoa que tem sua vida ou saúde exposta a perigo direto e iminente.

1.2. Sujeitos

Tanto o sujeito ativo como o sujeito passivo deste crime podem ser qualquer pessoa, desde que o sujeito passivo seja uma pessoa certa e determinada.

1.3. Análise da(s) conduta(s) descrita(s) no tipo

O núcleo do tipo penal em análise é expor (que significa colocar em perigo, em risco) a vida ou saúde de uma determinada pessoa a perigo direto e iminente, por meio de um comportamento comissivo ou omissivo.

O perigo ao qual a pessoa é exposta terá de ser obrigatoriamente direto (relativo a pessoa individualizada, determinada) e iminente (que ameaça acontecer de imediato). Deve ser concreto, demonstrado e não presumido. A mera possibilidade incerta ou remota de perigo é insuficiente para caracterizar o crime.

1.4. Elemento subjetivo

O elemento subjetivo do crime de perigo para a vida ou saúde de outrem é o dolo de perigo, que poderá ser direto ou eventual. No caso, o sujeito ativo deseja ou assume o risco de expor a vida ou saúde de outrem a uma situação de perigo concreto.

O consentimento da vítima (do ofendido) é irrelevante, em face da indisponibilidade do bem jurídico tutelado – vida e saúde.

Não existe a forma culposa deste crime, por ausência de previsão legal.

1.5. Consumação e tentativa

O crime se consuma com a produção do perigo concreto para a vítima, quando surge o perigo.

Não admite o concurso de crimes (formal), em razão de sua subsidiariedade.

Admite-se a eventual possibilidade de tentativa na forma comissiva.

1.6. Subsidiariedade

A própria lei diz que a pena do crime de perigo para a vida ou saúde de outrem somente se aplica "se o fato não constitui crime mais grave". Trata-se, portanto, de delito subsidiário. Desse modo, se a pessoa exposta a perigo de vida ou saúde morre, sem que se verifique o dolo (nem direto e nem eventual) de morte, aplica-se a pena do homicídio culposo. Já no caso de lesão corporal culposa, por ser crime menos grave, prevalece a pena do crime de perigo para a vida ou saúde de outrem.

1.7. Classificação

É crime comum, simples, doloso, comissivo ou omissivo, de forma livre, de perigo concreto, unissubsistente ou plurissubsistente, unissubjetivo, unilateral ou de concurso eventual, subsidiário, instantâneo.

1.8. Causa especial de aumento de pena

O parágrafo único do art. 132 estabelece que a pena será aumentada de um sexto a um terço se a exposição da vida ou saúde de alguém ao perigo decorre do transporte de pessoas para prestação de serviços de qualquer espécie, "em desacordo com as normas legais", o que constitui uma norma penal em branco, a ser completada com as regras previstas no CTB.

O transporte indevido que exponha a vida ou saúde de uma única pessoa ao perigo permite a aplicação desta causa de aumento de pena. Não há crime quando o transporte obedece às regras do CTB.

2. OBSERVAÇÕES

2.1. Disparo de arma de fogo

O disparo de arma de fogo não configura o crime do art. 132 do CP, em razão de sua subsidiariedade expressa. Tal conduta configura o crime do art. 15 da Lei n. 10.826/2003, por se tratar de conduta mais grave, com pena mais elevada.

2.2. Idoso

Quando o crime de perigo para a vida ou saúde de outrem for cometido contra pessoa idosa (com idade igual ou superior a 60 anos), aplica-se o art. 99 da Lei n. 10.741/2003, em razão do princípio da especialidade.

Abandono de incapaz

Art. 133. Abandonar pessoa que está sob seu cuidado, guarda, vigilância ou autoridade, e, por qualquer motivo, incapaz de defender-se dos riscos resultantes do abandono:

Pena – detenção, de 6 (seis) meses a 3 (três) anos.

§ 1º Se do abandono resulta lesão corporal de natureza grave:

Pena – reclusão, de 1 (um) a 5 (cinco) anos.

§ 2º Se resulta a morte:

Pena – reclusão, de 4 (quatro) a 12 (doze) anos.

Aumento de pena

§ 3º As penas cominadas neste artigo aumentam-se de um terço:

I – se o abandono ocorre em lugar ermo;

II – se o agente é ascendente ou descendente, cônjuge, irmão, tutor ou curador da vítima;

III – se a vítima é maior de 60 (sessenta) anos.

Inciso acrescentado pela Lei n. 10.741, de 01.10.2003.

1. COMENTÁRIO

1.1. Objetividade jurídica

A tipificação do crime de abandono de incapaz tem o objetivo de proteger a vida, a saúde e a segurança das pessoas.

1.1.1. Objeto material

O objeto material do crime de abandono de incapaz será a pessoa que sofre o abandono e é incapaz de se defender dos riscos resultantes do abandono.

1.2. Sujeitos

É crime próprio. O sujeito ativo do crime de abandono de incapaz terá obrigatoriamente uma relação especial de assistência com o sujeito passivo (cuidado, guarda, vigilância, autoridade), e será, portanto, a pessoa que tem a obrigação de zelar pela vida, saúde ou segurança do sujeito passivo.

Por outro lado, o sujeito passivo será a pessoa incapaz de se defender por si própria dos riscos resultantes do abandono, que esteja obrigatoriamente sob cuidado, guarda, vigilância, ou autoridade do sujeito ativo. A incapacidade do sujeito passivo não se confunde com a incapacidade civil e diz respeito a qualquer pessoa que não possa se defender em determinada situação concreta.

1.3. Análise da(s) conduta(s) descrita(s) no tipo

A ação que define o núcleo do tipo é abandonar, que se entende como desamparar, deixar sem a devida assistência, deixar só, descuidar.

Para ficar caracterizado o crime, o tipo penal exige que o sujeito passivo esteja obrigatoriamente sob cuidado, guarda, vigilância ou autoridade do sujeito ativo. Não havendo esse dever especial de assistência, o comportamento pode constituir o crime de omissão de socorro, previsto no art. 135 do CP.

O abandono é físico e não material. Tratando-se de abandono material, aplica-se o art. 244 do CP.

A conduta poderá ser comissiva ou omissiva, desde que gere perigo efetivo e concreto ao incapaz abandonado.

Tratando-se de recém-nascido, aplica-se o art. 134 do CP, por respeito ao princípio da especialidade.

1.4. Elemento subjetivo

O crime de abandono de incapaz apresenta como elemento subjetivo o dolo de perigo, que poderá ser direto ou eventual.

Alguns autores defendem que está presente também o dolo específico, representado pela especial intenção do agente de expor o incapaz a perigo pelo abandono.

Não existe a forma culposa deste crime, por ausência de previsão legal.

1.5. Consumação e tentativa

O crime se consuma com o abandono, desde que este ponha em perigo concreto o incapaz abandonado, ainda que momentaneamente.

Trata-se de crime instantâneo com efeitos permanentes, que perduram enquanto o incapaz abandonado não é devidamente assistido.

Admite-se a tentativa na modalidade comissiva. É incompatível a tentativa com a omissão.

1.6. Figuras qualificadas

Se o abandono de incapaz resultar em lesão corporal de natureza grave (§ 1º), a pena será de 1 a 5 anos. Se o abandono de incapaz resultar em morte (§ 2º), a pena será de 4 a 12 anos.

Ambas as figuras qualificadas são preterdolosas, ou seja, exigem, para sua configuração, que o agente atue com dolo de perigo no antecedente (abandono de incapaz) e culpa no precedente (lesão corporal grave ou morte). Se o sujeito ativo agir com dolo de dano, aplicam-se as penas dos crimes mais graves: lesão corporal grave ou gravíssima e homicídio. Já a lesão corporal leve é absorvida pelo abandono de incapaz.

1.7. Causas de aumento de pena

A pena do crime de abandono de incapaz será aumentada em um terço se o abandono ocorrer em lugar ermo (§ 3º, I). Entende-se, neste caso, que lugar ermo será aquele local habitual ou eventualmente solitário, abandonado, sem habitantes. Se o local for absolutamente ermo (deserto), sem qualquer possibilidade de contato ou busca de socorro, poderá ficar configurado o crime de homicídio.

Também aumenta-se em um terço a pena do crime de abandono de incapaz se o agente for ascendente, descendente, cônjuge, irmão, tutor ou curador da vítima (§ 3º, II), ou ainda se a vítima for maior de 60 anos (§ 3º, III).

1.8. Classificação

É crime próprio, de perigo concreto, de forma livre, comissivo ou omissivo, instantâneo de efeitos permanentes, unissubjetivo, unilateral ou de concurso eventual, unissubsistente ou plurissubsistente, doloso (na figura do *caput*) e preterdoloso (nas formas qualificadas).

2. JURISPRUDÊNCIA

2.1. Julgados

Apelante solta, condenada, em outubro de 2016, pelo abandono de incapaz por ascendente (art. 133, § 3º, II, do Código Penal) a 10 meses de detenção, em regime aberto, substituída a privativa de liberdade por prestação de serviços à comunidade, podendo apelar em liberdade. Inconformismo defensivo. (1) Inviável a absolvição por atipicidade de conduta. Conjunto probatório suficiente para ensejar a condenação, haja vista os depoimentos colhidos. Versão defensiva isolada. *In casu*, a mulher deixou os seus 3 filhos – na época, com 12, 03 e 01 anos de idade – trancados em casa a noite inteira, quando saiu para beber e dormir na casa do namorado. As crianças não foram alimentadas e a tudo no interior da residência acessavam, inclusive, o fogão a gás. O comportamento da recorrente, espontaneamente, submetendo os seus descendentes aos riscos inerentes a desamparo configura o dolo do tipo penal. Nenhuma violação à norma constitucional ou legal. Recurso conhecido e desprovido. (TJRJ, Ap. n. 0003223-38.2014.8.19.0010, 7ª Câm. Crim., rel. Des. José Roberto Lagranha Távora, j. 17.10.2017)

Exposição ou abandono de recém-nascido

Art. 134. Expor ou abandonar recém-nascido, para ocultar desonra própria:

Pena – detenção, de 6 (seis) meses a 2 (dois) anos.

§ 1º Se do fato resulta lesão corporal de natureza grave:

Pena – detenção, de 1 (um) a 3 (três) anos.

§ 2º Se resulta a morte:

Pena – detenção, de 2 (dois) a 6 (seis) anos.

---

1. COMENTÁRIO

1.1. Objetividade jurídica

A tipificação do crime de exposição ou abandono de recém-nascido tem por objetivo a proteção da vida e saúde da pessoa humana, especialmente do recém-nascido.

1.1.1. Objeto material

O objeto material do crime de exposição ou abandono de recém-nascido será o recém-nascido exposto ou abandonado.

1.2. Sujeitos

O sujeito passivo do crime é o recém-nascido.

Já sobre o sujeito ativo, os doutrinadores se dividem em duas correntes. A primeira, majoritária, é no sentido de que seria crime próprio e somente a mãe poderia cometê-lo, vez que a desonra própria é dela.

A segunda corrente admite que o crime é próprio, mas não é exclusivo da mãe, e, desse modo, o pai adúltero ou incestuoso também pode cometer o delito.

Ambas as posições tratam a honra sob o prisma da natureza sexual, da boa fama e reputação de que desfrutaria o autor ou autora do delito. Nestas visões, a prostituta, por exemplo, ao abandonar seu filho recém-nascido, cometeria o crime de abandono de incapaz (art. 133, CP), pois ela não gozaria de honra apta a ser preservada. No mesmo sentido, o marido adulterino seria sujeito ativo do crime de abandono de incapaz (art. 133, CP), uma vez que a desonra ocultada não lhe pertence, segundo alguns doutrinadores.

Nossa posição é a de que qualquer pai ou mãe pode vir a cometer o crime de exposição ou abandono de recém-nascido, bastando que ao sujeito ativo o nascimento seja desonroso por motivos que podem extrapolar o conceito de honra tradicional.

1.3. Análise da(s) conduta(s) descrita(s) no tipo

São dois os núcleos do tipo: expor e abandonar, que terão o mesmo significado de desamparar, largar, deixar sem a devida assistência, deixar só, descuidar, deixar sem amparo o recém-nascido. A diferença entre um e outro reside no fato de que o primeiro decorre de uma ação e o segundo de uma omissão.

Desse modo, a conduta poderá ser comissiva ou omissiva, desde que gere perigo concreto ao recém-nascido exposto ou abandonado, com a comprovação do risco para a vida ou saúde do recém-nascido. O comportamento comissivo ou omissivo terá de ser praticado para ocultar desonra própria (e não de terceiros).

1.4. Elemento subjetivo

O crime de exposição ou abandono de recém-nascido apresenta como elemento subjetivo o dolo direto de expor ou abandonar, acrescido da finalidade específica do tipo "para ocultar desonra própria". Exclui-se o dolo eventual.

Não existe a forma culposa deste crime, por ausência de previsão legal.

1.5. Elemento normativo

Trata-se de uma modalidade especial, e embora o legislador pudesse estar imbuído de uma concepção de honra na data da legislação (1940), entendemos que o conceito deve evoluir para o sentimento próprio (subjetivo) de desonra do agente do crime. Portanto, trata-se de tipo penal aberto dependente da interpretação do julgador ao avaliar a desonra no caso concreto.

1.6. Consumação e tentativa

O crime se consuma com a exposição ou o abandono, desde que este ponha em perigo concreto o recém-nascido exposto ou abandonado, ainda que momentaneamente. Assim, consuma-se com a existência do perigo concreto para o recém-nascido.

Trata-se de crime instantâneo com efeitos permanentes, que perduram enquanto o recém-nascido não é socorrido.

Admite-se a tentativa na modalidade comissiva. É incompatível a tentativa com a omissão.

1.7. Qualificadoras

Se a exposição ou abandono de recém-nascido resultar em lesão corporal de natureza grave (§ 1º), a pena será de 1 a 3 anos. Se o abandono de incapaz resultar em morte (§ 2º), a pena será de 2 a 6 anos.

Ambas as figuras qualificadas são preterdolosas, ou seja, exigem, para sua configuração, que o agente atue com dolo direto no antecedente (exposição ou abandono de recém-nascido) e culpa no precedente (lesão corporal grave ou morte). Se o sujeito ativo agir com dolo de dano no precedente, aplicam-se as penas dos crimes mais graves: lesão corporal grave ou gravíssima, infanticídio e homicídio. Já a lesão corporal leve é absorvida.

1.8. Classificação

É crime próprio, de perigo concreto, de forma livre, comissivo ou omissivo, instantâneo de efeitos permanentes, unissubjetivo, unilateral ou de concurso eventual, unissubsistente ou plurissubsistente, doloso (na figura do *caput*) e preterdoloso (nas formas qualificadas).

Omissão de socorro

Art. 135. Deixar de prestar assistência, quando possível fazê-lo sem risco pessoal, à criança abandonada ou extraviada, ou à pessoa inválida ou ferida, ao desamparo ou em grave e iminente perigo; ou não pedir, nesses casos, o socorro da autoridade pública:

Pena – detenção, de 1 (um) a 6 (seis) meses, ou multa.

Parágrafo único. A pena é aumentada de metade, se da omissão resulta lesão corporal de natureza grave, e triplicada, se resulta a morte.

---

1. COMENTÁRIO

1.1. Objetividade jurídica

A tipificação do crime de omissão de socorro tutela a vida e a saúde da pessoa humana.

1.1.1. Objeto material

O objeto material do crime de omissão de socorro será a pessoa que deixar de ser socorrida, de forma injustificada, por conta da omissão do agente.

1.2. Sujeitos

O sujeito ativo da omissão de socorro será qualquer pessoa, mesmo aquela que não tenha o dever de prestar socorro. Se várias pessoas negam assistência, todas respondem pelo crime individualmente, e não em concurso. Se uma pessoa presta o socorro suficiente, quando várias poderiam ter prestado sem risco pessoal, não há crime para ninguém.

Já o sujeito passivo serão obrigatoriamente as pessoas indicadas no artigo, quais sejam: a criança em estado de abandono ou extravio, a pessoa inválida ou ferida, sendo necessário que a vítima esteja em desamparo e diante de um grave e iminente risco de um resultado lesivo.

O consentimento ou não da vítima em ser socorrida é irrelevante na atitude do agente, que se depara com a ameaça à saúde, à integridade ou à vida, que são os bens jurídicos indisponíveis e irrenunciáveis protegidos pela lei. O crime de omissão de socorro fica afastado, todavia, quando a resistência da vítima impossibilita o socorro.

1.3. Análise da(s) conduta(s) descrita(s) no tipo

O tipo penal da omissão de socorro apresenta duas situações distintas: a de deixar de prestar assistência e a de não pedir socorro da autoridade pública. A ordem de utilização dos núcleos é clara: em primeiro lugar, podendo fazê-lo sem risco pessoal, o sujeito deve prestar socorro à vítima; não conseguindo prestar socorro, ou estando em risco pessoal, deve chamar a autoridade pública.

A conduta será sempre omissiva (delito omissivo puro).

Só será punível a omissão de socorro quando for possível prestar assistência sem que isso configure um risco pessoal. No caso de ficar configurado o risco pessoal, a pessoa deverá pedir socorro da autoridade pública. Se não o fizer, incorrerá no crime de omissão de socorro.

1.4. Elemento subjetivo

O crime de omissão de socorro possui como elemento subjetivo o dolo de perigo (direto ou eventual). O erro exclui o dolo quando o agente não tem consciência do perigo real.

Não apresenta nenhum elemento subjetivo específico.

Não existe a forma culposa deste crime, por ausência de previsão legal.

1.5. Elemento normativo

O elemento normativo é representado pela expressão "quando possível fazê-lo sem risco pessoal". Tal expressão se refere somente ao primeiro núcleo do tipo. O risco pessoal diz respeito somente à integridade física do indivíduo e não se aplica a prejuízos de ordem material e moral.

1.6. Consumação e tentativa

O crime se consuma no momento da omissão (negativa de socorro), de onde advém o perigo concreto.

Não admite a tentativa, que é incompatível com a omissão.

1.7. Causa especial de aumento de pena

A pena do crime de omissão de socorro será aumentada de metade se resultar em lesão corporal de natureza grave, e triplicada se resultar em morte da vítima.

As duas causas de aumento de pena são preterdolosas, ou seja, exigem, para sua configuração, que o agente atue com dolo na omissão de socorro e necessariamente com culpa no resultado (lesão corporal grave ou morte), uma vez que o dolo de perigo da omissão de socorro será incompatível com um resultado doloso.

1.8. Classificação

É crime comum, omissivo próprio ou puro, de perigo concreto, de forma livre, unissubjetivo, unilateral ou de concurso eventual, unissubsistente, instantâneo, doloso (na figura do *caput*) e preterdoloso (nas formas qualificadas).

2. OBSERVAÇÕES

2.1. Omissão médica

O médico que deixa de atender uma vítima necessitada por conta de seus honorários pratica o crime de omissão de socorro.

2.2. Idoso

A omissão de socorro praticada contra pessoa idosa está tipificada no art. 97 da Lei n. 10.741/2003 – Estatuto do Idoso. A condição de idoso da vítima afasta o crime do art. 135 do CP, por conta do princípio da especialidade.

2.3. Código de Trânsito Brasileiro

Quando se tratar de perigo gerado pelo condutor de veículo automotor, que deixa de socorrer a vítima, configura-se a hipótese especial do art. 304 da Lei n. 9.503/97 (CTB).

Condicionamento de atendimento médico-hospitalar emergencial

Art. 135-A. Exigir cheque-caução, nota promissória ou qualquer garantia, bem como o preenchimento prévio de formulários administrativos, como condição para o atendimento médico-hospitalar emergencial:

Artigo acrescentado pela Lei n. 12.653, de 28.05.2012.

Pena – detenção, de 3 (três) meses a 1 (um) ano, e multa.

Parágrafo único. A pena é aumentada até o dobro se da negativa de atendimento resulta le-

são corporal de natureza grave, e até o triplo se resulta a morte.

1. COMENTÁRIO

1.1. Objetividade jurídica

Os bens juridicamente protegidos por esta tipificação são a vida e a saúde das pessoas.

1.1.1. Objeto material

O objeto material é a pessoa de quem é exigido cheque-caução, nota promissória ou qualquer outra garantia, bem como o preenchimento prévio de formulários administrativos como condição para o atendimento médico-hospitalar emergencial, como também o paciente que necessita do atendimento imediato e emergencial.

1.2. Sujeitos

O sujeito passivo do crime será tanto aquele paciente que necessita do atendimento imediato e emergencial como a pessoa de quem é exigido cheque-caução, nota promissória ou qualquer outra garantia, bem como o preenchimento prévio de formulários administrativos como condição para o atendimento médico-hospitalar emergencial.

Já o sujeito ativo é aquele que determina que o atendimento médico-hospitalar emergencial somente será realizado com a entrega de cheque-caução, nota promissória ou qualquer outra garantia, bem como o preenchimento prévio de formulários administrativos.

Normalmente, quem determina tais condições é o gestor ou diretor do estabelecimento de saúde.

Quando o empregado, cumprindo as ordens do diretor ou administrador, não permite o atendimento médico-hospitalar emergencial sem o cumprimento de tais condições, entende-se que haverá um concurso de pessoas, devendo tanto o diretor como o empregado responder pelo crime.

1.3. Análise da(s) conduta(s) descrita(s) no tipo

O núcleo do tipo é exigir, que significa impor, ordenar. Tal exigência diz respeito à confecção e entrega de cheque-caução, nota promissória ou qualquer outra garantia, bem como de formulários administrativos. Além do mais, as exigências deverão servir como condição para que seja realizado o atendimento médico-hospitalar emergencial e urgente.

1.4. Elemento subjetivo

O crime de condicionamento de atendimento médico-hospitalar emergencial possui como elemento subjetivo o dolo direto de exigir.

Não existe a forma culposa deste crime, por ausência de previsão legal.

1.5. Consumação e tentativa

O crime se consuma com a exigência de cheque-caução, nota promissória ou qualquer outra garantia, bem como o preenchimento prévio de formulários administrativos como condição para o atendimento médico-hospitalar emergencial, antes, portanto, do atendimento necessário.

Importante salientar que a consumação ocorre com a mera exigência, mesmo que o paciente não tenha sua situação de saúde agravada. Assim, basta que o comportamento praticado tenha criado uma situação de perigo para a vida ou saúde daquele paciente que necessitava do atendimento médico-hospitalar emergencial.

Não admite a tentativa.

1.6. Causa especial de aumento de pena

A pena do crime de condicionamento de atendimento médico-hospitalar emergencial será aumentada até o dobro se da negativa de atendimento resultar lesão corporal de natureza grave, e até o triplo se da negativa de atendimento resultar a morte.

As causas de aumento de pena são preterdolosas, ou seja, exigem, para sua configuração, que o agente atue com dolo na exigência de cheque-caução, nota promissória ou qualquer outra garantia, bem como no preenchimento prévio de formulários administrativos, e culpa na lesão corporal grave ou morte (resultado).

1.7. Classificação

É crime próprio, formal, de perigo abstrato, doloso, de forma vinculada, comissivo, instantâneo, unissubjetivo, unissubsistente.

Maus-tratos

Art. 136. Expor a perigo a vida ou a saúde de pessoa sob sua autoridade, guarda ou vigilância, para fim de educação, ensino, tratamento ou custódia, quer privando-a de alimentação ou cuidados indispensáveis, quer sujeitando-a a trabalho excessivo ou inadequado, quer abusando de meios de correção ou disciplina:

Pena – detenção, de 2 (dois) meses a 1 (um) ano, ou multa.

§ 1º Se do fato resulta lesão corporal de natureza grave:

Pena – reclusão, de 1 (um) a 4 (quatro) anos.

§ 2º Se resulta a morte:

Pena – reclusão, de 4 (quatro) a 12 (doze) anos.

§ 3º Aumenta-se a pena de um terço, se o crime é praticado contra pessoa menor de 14 (catorze) anos.

Parágrafo acrescentado pela Lei n. 8.069, de 13.07.1990.

1. COMENTÁRIO

1.1. Objetividade jurídica

A tipificação do crime de maus-tratos busca a proteção da vida e da saúde das pessoas, garantindo a incolumidade da pessoa humana.

1.1.1. Objeto material

O objeto material do crime de maus-tratos é a pessoa que sofre os maus-tratos.

1.2. Sujeitos

É crime próprio, pois exige um vínculo especial entre o autor e a vítima dos maus-tratos.

O sujeito ativo do crime de maus-tratos será a pessoa que tem o sujeito passivo sob sua autoridade, guarda ou vigilância, para o fim de educação, ensino, tratamento ou custódia.

Já o sujeito passivo será a pessoa que se encontra sob autoridade, guarda ou vigilância do sujeito ativo. Em resumo, a vítima é pessoa subordinada ao agente responsável pelos maus-tratos.

A mulher não poderá ser vítima de crime de maus-tratos em relação ao marido, nem o contrário, por inexistir entre eles o vínculo de autoridade, guarda ou vigilância.

1.3. Análise da(s) conduta(s) descrita(s) no tipo

A conduta do crime de maus-tratos (que será a exposição a perigo da vida ou saúde da vítima) está prevista de diversas formas: pela privação (absoluta ou relativa) de alimentação, privação (absoluta ou relativa) de cuidados indispensáveis, sujeição a trabalho excessivo, sujeição a trabalho inadequado, abuso de meios (físicos ou morais) de correção e disciplina.

É, portanto, crime de forma vinculada, uma vez que a exposição a perigo da vida ou saúde da vítima somente poderá ocorrer por meio dos modos de execução previstos no tipo penal.

A prática, em um mesmo contexto fático, de mais de uma das condutas descritas contra a mesma vítima constitui crime único, mas a pluralidade de condutas poderá ser levada em conta pelo juiz na dosimetria da pena.

O perigo que tais práticas geram para a vida ou saúde da vítima deverá ser concreto e não presumido.

1.4. Elemento subjetivo

O crime de maus-tratos tem como elemento subjetivo o dolo de perigo, que poderá ser direto ou eventual.

Alguns autores defendem que está presente também o dolo específico, representado pela especial intenção do agente de expor a perigo a vida ou saúde da vítima por meio da prática das condutas descritas, ou seja, a vontade consciente de maltratar o sujeito passivo para expor a perigo sua vida ou saúde.

Não existe a forma culposa deste crime, por ausência de previsão legal.

1.5. Consumação e tentativa

O crime se consuma com a exposição da vítima ao perigo concreto, de que decorra probabilidade de dano, não sendo necessário o dano efetivo.

Admite-se a tentativa na modalidade comissiva. É incompatível a tentativa com a omissão.

1.6. Qualificadoras

Se dos maus-tratos resulta lesão corporal de natureza grave (§ 1º), a pena será de 1 a 4 anos. Se os maus-tratos resultarem em morte (§ 2º), a pena será de 4 a 12 anos.

Ambas as figuras qualificadas são preterdolosas, ou seja, exigem, para sua configuração, que o agente atue com dolo de perigo no antecedente (maus-tratos) e culpa no precedente (lesão corporal grave ou morte). Se o sujeito ativo agir com dolo de dano no precedente, aplicam-se as penas dos crimes mais graves: lesão corporal grave ou gravíssima e homicídio. Já a lesão corporal leve é absorvida pelos maus-tratos.

Não se aplicam as agravantes genéricas do art. 61 do CP, para impedir o *bis in idem*.

1.7. Causa especial de aumento de pena

A pena do crime de maus-tratos será aumentada em um terço se o crime for praticado contra pessoa menor de catorze anos. Esta causa de aumento de pena foi acrescentada do CP pela Lei n. 8.069/90 (ECA).

1.8. Classificação

É crime próprio, de perigo concreto, comissivo ou omissivo, de forma vinculada, unissubjetivo, unilateral ou de concurso eventual, de ação múltipla, instantâneo ou permanente, unissubsistente ou plurissubsistente, doloso (na figura do *caput*) e preterdoloso (nas formas qualificadas).

2. OBSERVAÇÕES

2.1. Vexame ou constrangimento

Se a vítima, criança ou adolescente, sujeita a autoridade, guarda ou vigilância de alguém, for submetida a vexame ou constrangimento, sua vida ou saúde não estará exposta a perigo, o que afasta o art. 136 do CP e enseja a aplicação do art. 232 da Lei n 8.069/90 (ECA).

2.2. Idoso

Quando o crime de maus-tratos for cometido contra pessoa idosa (com idade igual ou superior a 60 anos), aplica-se o art. 99 da Lei n. 10.741/2003 (Estatuto do Idoso), em respeito ao princípio da especialidade.

2.3. Tortura

A distinção da aplicação da Lei n. 9.455/97 (crime de tortura) ou do art. 136 do CP (crime de maus-tratos) será feita no caso concreto, observando-se o intenso sofrimento físico ou mental da vítima e também o elemento subjetivo, uma vez que no primeiro crime o dolo é de dano, enquanto no segundo o dolo é de perigo.

CAPÍTULO IV
DA RIXA

Rixa

Art. 137. Participar de rixa, salvo para separar os contendores:

Pena – detenção, de 15 (quinze) dias a 2 (dois) meses, ou multa.

Parágrafo único. Se ocorre morte ou lesão corporal de natureza grave, aplica-se, pelo fato da participação na rixa, a pena de detenção, de 6 (seis) meses a 2 (dois) anos.

---

1. COMENTÁRIO

1.1. Objetividade jurídica

A rixa é a briga em que três ou mais pessoas se agridem indistintamente. É conhecida, vulgarmente, como entrevero, desordem, confusão, briga, contenda ou pancadaria generalizada e indiscriminada.

O bem jurídico imediato é a integridade física e psíquica dos participantes. Mediatamente, protege-se a paz pública.

Como bem apresenta a Exposição de Motivos do CP "[...] a *ratio essendi* da incriminação é dupla: a rixa concretiza um perigo à incolumidade pessoal (e nisto se assemelha aos 'crimes de perigo contra a vida e a saúde') e é uma perturbação da ordem e disciplina da convivência civil".

1.2. Sujeitos

O rixoso, rixento ou rixador pode ser qualquer pessoa, pois o tipo penal não exige qualquer condição ou circunstância especial do sujeito ativo.

A participação, modalidade de concurso de pessoas, é admitida.

Não se deve confundir, pois, a participação no crime de rixa, que retrata o concurso de pessoas, com a participação da rixa, que indica a conduta incriminada.

Trata-se de crime plurissubjetivo, plurilateral ou de concurso necessário de condutas contrapostas, pois é indispensável a existência de, no mínimo três agentes, computando-se os inimputáveis (menores de 18 anos e doentes mentais) e os desconhecidos, que se agridem mutuamente. Não se computa, entretanto, quem entrou para separar a briga, conforme ressalva constante da parte final do preceito primário da norma penal incriminadora.

O sujeito passivo são os próprios rixosos e, eventualmente, os terceiros agredidos. Ensina Capez que "cada rixoso é sujeito ativo e ao mesmo tempo sujeito passivo em face da conduta dos outros rixosos" (*Curso de direito penal*: Parte Especial, 2015, v. 2, p. 262).

Assim, na ação penal o rixoso figura, concomitantemente, como réu e vítima; contudo, isso não significa que é sujeito ativo e passivo da própria conduta. Na verdade, é sujeito passivo da conduta dos outros rixosos.

1.3. Análise da(s) conduta(s) descrita(s) no tipo penal

A ação nuclear é participar, que significa tomar parte, de rixa, salvo para separar os contendores.

Trata-se de um tipo penal aberto, pois a definição da conduta criminosa não é fornecida pela lei, mas complementada pelo juiz.

A principal característica da rixa consiste nas agressões indiscriminadas, indistintas ou generalizadas das pessoas entre si, em que não se consegue identificar quem é o agressor e o agredido. Assim, o crime não se caracteriza quando há dois grupos bem definidos que se agridem mutuamente, como, por exemplo, briga de gangues rivais.

Conforme lição de Guilherme Nucci, "[...] não pode existir vítima certa, ou seja, três pessoas contra uma, pois não se está diante de confusão generalizada, vale dizer, de rixa. Portanto, havendo individualização nítida de condutas, não há mais a figura do crime do art. 137" (*Código Penal comentado*, 2013, p. 712-3).

O crime é comissivo, pois pressupõe um fazer, e, excepcionalmente, é omissivo impróprio, nos casos em que o agente tem o dever jurídico de impedir o resultado (art. 13, § 2º, CP).

A rixa pode surgir *ex improviso* (de improviso) ou *ex proposito* (preordenada), admitindo quaisquer meios de execução.

O contato físico entre os rixosos é dispensável para a caracterização do crime.

1.4. Elemento subjetivo

É o dolo de perigo, isto é, vontade livre e consciente de participar da rixa. É chamado de *animus rixandi*. A forma culposa não é admitida.

Ensina Fernando Capez (op. cit., 2011, v. 2, p. 264) que "se houver, além do ânimo de participar na rixa, o dolo de dano, ou seja, a intenção de ferir ou matar alguém, e se esse desiderato se materializar de forma identificável, o agente responderá por crime, tentado ou consumado, de lesão corporal ou de homicídio em concurso com a rixa qualificada ou simples [...] e os demais contendores responderão somente pelo crime de rixa na forma qualificada".

1.5. Consumação e tentativa

O crime é instantâneo, pois a consumação ocorre no exato momento do emprego da violência ou vias de fato entre os rixosos.

Trata-se de crime de perigo abstrato, pois o tipo penal pressupõe que a mera inserção na rixa é perigosa, sendo dispensável qualquer tipo de prova do risco efetivo de dano.

A tentativa somente é admitida na rixa *ex proposito* ou preordenada. Ao reverso, a rixa *ex improviso* ou subitânea não comporta a tentativa.

1.6. Forma qualificada

O crime de rixa é classificado em simples (art. 137, *caput*) e qualificado (art. 137, parágrafo único).

A rixa qualificada surge quando está presente o resultado qualificador morte ou lesão corporal grave, seja de qualquer rixento ou terceiro. Mesmo o rixento vítima de lesão corporal grave responde por rixa qualificada.

O rixento que causou o resultado qualificador lesão corporal grave ou morte responde pelos crimes de rixa simples e lesão corporal grave ou homicídio em concurso material. A subsunção da conduta nos crimes de rixa qualificada e lesão corporal grave ou homicídio configura nítido *bis in idem*.[15]

No caso de lesão corporal grave ou morte tentada, os agentes respondem apenas por rixa simples. Já o causador do resultado qualificador responde por rixa simples em concurso material com o crime tentado. Não se perfaz em qualquer caso a rixa qualificada que exige a consumação dos eventos criminosos.

A ocorrência de várias mortes no entrevero faz com que os agentes respondam apenas por um crime de rixa qualificada, devendo tal circunstância ser levada em conta na primeira fase da dosimetria da pena (art. 59, *caput*, CP – consequências do crime).

1.7. Classificação

Trata-se de crime comum; plurissubjetivo ou de concurso necessário de condutas contrapostas; comissivo e, excepcionalmente, omissivo impróprio ou comissivo por omissão; instantâneo; de forma livre; plurissubsistente; doloso; de perigo abstrato e infração penal de pequeno potencial ofensivo.

2. OBSERVAÇÕES

2.1. Responsabilidade penal objetiva na rixa qualificada

O art. 137, parágrafo único, do CP estatui que "se ocorre morte ou lesão corporal de natureza grave, aplica-se, pelo fato da participação na rixa, a pena de detenção de seis meses a dois anos".

Há quem sustente que esse dispositivo configura um dos últimos resquícios da odiosa responsabilidade penal objetiva – independentemente de dolo ou culpa –, no ordenamento jurídico bra-

---

15 Guilherme de Souza Nucci (*Código Penal comentado*, 2013, p. 713) e Cezar Roberto Bitencourt (*Tratado de direito penal*: Parte Especial, 2012, v. 2, p. 315), entre outros, filiam-se ao entendimento de que o agente responde por rixa qualificada em concurso material com a lesão corporal grave ou homicídio.

sileiro, quando menciona "pelo fato de participação na rixa".

A controvérsia surge, especialmente, nos casos em que a morte da vítima ocorre após a saída do rixoso, mas com a rixa em desenvolvimento ou, ainda, na situação em que os rixosos não agiram com dolo ou culpa em relação ao resultado lesão corporal grave ou morte.

Nélson Hungria (*Comentários ao Código Penal*, 1958, v. I, t. I, p. 23-4) ensina que: "não se diga, entretanto, que há aqui, um caso anômalo de responsabilidade objetiva (que, aliás, seria incompatível com o sistema do Código): todos os participantes quiseram a rixa [...]. Cada um dos corrixantes incorre na pena especialmente majorada porque contribuiu para criar e fomentar a situação de perigo de que era previsível resultasse o evento morte ou lesão corporal grave. Nenhum deles, portanto, responde pelas consequências que não produziu, mas pelas consequências não imprevisíveis de uma situação ilícita, a que consciente e voluntariamente prestou sua cota de causalidade".

Entendemos, contudo, que o dispositivo deve ser interpretado em sintonia com o art. 19 do CP, introduzido no CP pela reforma penal de 1984, que estabelece que "pelo resultado que agrava especialmente a pena, só responde o agente que o houver causado ao menos culposamente".

Assim, é forçoso concluir que o rixoso somente responderá pela rixa qualificada se agiu, no mínimo, com culpa em relação ao resultado lesão corporal grave ou morte.

2.2. Legítima defesa no crime de rixa

Quanto ao terceiro, estranho à rixa, é indiscutível a possibilidade de agir em legítima defesa.

Nesse sentido, o item 48 da Exposição de Motivos da Parte Especial do CP, espécie de interpretação doutrinária, dispõe que "segundo se vê do art. 137, *in fine*, a participação na rixa deixará de ser crime se o participante visa apenas separar os contendores. É claro que também não haverá crime se a intervenção constituir legítima defesa, própria ou de terceiro".

O rixento, por sua vez, age sob o manto da descriminante quando ocorre uma modificação mais gravosa dos meios de execução.

Ensina Rogério Greco que "[...] se todos estavam se agredindo reciprocamente com socos e pontapés e um dos rixosos, de repente, saca um revólver e, com ele, pretende atirar em outro contendor, este poderá se defender legitimamente, podendo, inclusive, dependendo da situação, chegar até mesmo a produzir o resultado morte do rixoso que, certamente, o mataria" (*Curso de direito penal*: Parte Especial, 2005, v. 2, p. 470).

Em qualquer caso, contudo, havendo morte, todos os rixentos envolvidos, mesmo o que agiu em legítima defesa, respondem por rixa qualificada pela morte.

2.3. Rixa no Estatuto do Torcedor

No caso de tumulto generalizado em campo de futebol, aplica-se o crime descrito no art. 41-B da Lei n. 10.671/2003 (Estatuto do Torcedor), que dispõe: "promover tumulto, praticar ou incitar a violência, ou invadir local restrito aos competidores em eventos esportivos".

3. JURISPRUDÊNCIA

3.1. Julgados

Inexistência de rixa

A agressão que não passa do terreno verbal não dá corpo à rixa, que só se estabelece quando os contendores "vem às mãos". (TJSP, *RT* 424/374)

Rixa e legítima defesa

Durante o conflito tumultuário, somente em circunstâncias excepcionais poder-se-ia admitir o benefício de rixento a excludente da legítima defesa, em face de outros participantes, vale dizer, na eventualidade de que um fato se destaque das vias comuns que venha seguindo a rixa, que apresente naquele meio com esse caráter extraordinário que o torne ali mesmo injusto, para que se justifique a reação, e o privilégio da defesa cubra com sua imunidade a morte ou lesão. (TJSP – 89/302)

Rixa e necessidade de generalização das condutas

Rixa. Conflito iniciado entre dois agentes que acabou se generalizando, dele participando quatro acusados. Briga onde cada qual agia contra qualquer dos contendores. (TJSC – 64/490-1)

CAPÍTULO V
DOS CRIMES CONTRA A HONRA

Calúnia

Art. 138. Caluniar alguém, imputando-lhe falsamente fato definido como crime:

Pena – detenção, de 6 (seis) meses a 2 (dois) anos, e multa.

§ 1º Na mesma pena incorre quem, sabendo falsa a imputação, a propala ou divulga.

§ 2º É punível a calúnia contra os mortos.

Exceção da verdade

§ 3º Admite-se a prova da verdade, salvo:

I – se, constituindo o fato imputado crime de ação privada, o ofendido não foi condenado por sentença irrecorrível;

II – se o fato é imputado a qualquer das pessoas indicadas no n. I do art. 141;

III – se do crime imputado, embora de ação pública, o ofendido foi absolvido por sentença irrecorrível.

1. COMENTÁRIO

1.1. Notas introdutórias

Cuida-se no presente capítulo do exame dos crimes contra a honra. Desde a publicação do CP de 1940, com a definição tripartida dos crimes contra a honra (calúnia, difamação e injúria), debruça-se a doutrina sobre a tentativa de uma definição completa e exaustiva desse bem jurídico. Trata-se de bem absolutamente "indispensável à saudável manifestação da personalidade que toda pessoa possui. A proteção a tal direito é imprescindível à higidez da personalidade" (AGUIAR, Monica. *Honra, imagem, vida privada e intimidade em colisão com outros direitos*, 2002, p. 7-8). Não haverá, seguramente, um mínimo de civilização em uma sociedade se as honras das pessoas ficarem desguarnecidas.

No que diz respeito ao presente exame, a honra pode ser compreendida como "o complexo ou conjunto de predicados ou condições da pessoa que lhe conferem consideração social e estima própria" (NORONHA, Magalhães. *Direito penal*: crimes contra a pessoa e crimes contra o patrimônio, 1973, p. 110); ou seja, é um "valor da própria pessoa, de manifestações complexas e dificilmente redutíveis a um conceito unitário" (BRUNO, Aníbal. *Direito penal*, 1966, t. IV, p. 269).

Convenciona-se, especialmente para fins didáticos, dividir a honra em dois aspectos nitidamente complementares: um interno e outro externo, quais sejam, a honra subjetiva e objetiva respectivamente. A honra subjetiva refere-se a qualidades e valores pessoais, é a estima que a pessoa tem por si mesma. Por outro lado, a honra objetiva é traduzida na reputação de que a pessoa goza no âmbito social; relaciona-se assim à boa-fama e à estima que cada um desfruta em seu correlato grupo social. Essa distinção será importante para que se defina o exato momento da consumação do delito, consoante se exporá.

A partir da doutrina alemã, que teve no particular expressão máxima em Welzel, o conceito normativo da honra é entendido tanto como o direito que o indivíduo tem de ser respeitado como a própria pretensão ao reconhecimento dos pressupostos necessários à sua função social (PRADO, Luiz Regis. *Curso de direito penal brasileiro*: Parte Especial, 2007, v. 2, p. 252). Esse direito, porém, não se confunde com o respeito à honra subjetiva ou objetiva do sujeito.[16]

Não é outra a linha adotada por Fragoso, no que circunscreve o objeto da tutela jurídica nos crimes contra a honra à "pretensão ao respeito da própria personalidade. Honra é valor social e moral da pessoa, inerente à dignidade humana. A lei a protege ameaçando de pena manifestações do pensamento que atingem a estima social, a reputação, a dignidade e o decoro, configurando os crimes de calúnia, difamação e injúria" (FRAGOSO, Heleno Cláudio. *Lições de direito penal*, 2003, p. 201).

Nesse contexto, com a adoção do conceito normativo de honra tem-se que a pretensão ao respeito da própria personalidade é o bem jurídico imediatamente protegido pela lei; a honra seria mediatamente tutelada. Significa dizer que a ofensa à pretensão redundará na violação ora à honra subjetiva ora à honra objetiva do sujeito, o que, todavia, não se mostra imprescindível para a consumação do delito (PRADO, op. cit., 2007, v. II, p. 252).

O bem jurídico honra é de extremada importância, máxime porquanto é objeto de previsão expressa da CF: a honra é direito fundamental do indivíduo. Tal como consta do art. 5º, X, da Carta Magna: "são invioláveis a intimidade, a vida privada, a honra e a imagem das pessoas, assegurado o direito a indenização pelo dano material ou moral decorrente de sua violação". Derivada daí a relevância jurídico-penal do bem em questão; o que se afina, inclusive, com a teoria constitucional de bem jurídico[17] – melhor adequada ao Estado Democrático de Direito pátrio.

16 Esclarecendo a questão, pontua Bitencourt – aquiescendo com o panorama proposto por Welzel: "Pela extensão que este conceito abrange, não nos parece adequado nem dogmaticamente acertado distinguir honra objetiva e subjetiva, o que não passa de adjetivação limitada, imprecisa e superficial, na medida em que não atinge a essência do bem juridicamente protegido. Em outras palavras, o bem juridicamente protegido é a pretensão ao respeito da própria personalidade" (BITENCOURT, Cezar Roberto. *Tratado de direito penal*: Parte Especial, 2009, v. II, p. 348).

17 Consoante a teoria constitucional do bem jurídico, sustentou Jorge de Figueiredo Dias: "[...] um bem jurídico político-criminalmente vinculante existe ali – e só ali – onde se

1.2. Objetividade jurídica

O bem jurídico tutelado no delito de calúnia é, portanto, a honra. A calúnia atinge a honra em seu aspecto objetivo, uma vez que traduz desprestígio à boa fama de que goza o sujeito perante seu grupo social.

Observe-se que o CP estabeleceu no art. 145, *caput*, que o delito será processado mediante ação penal de iniciativa privada, significando dizer que é imprescindível o oferecimento de queixa-crime para a instauração da ação penal. Nesse sentido, é possível tanto a renúncia ao direito de queixa como o perdão do ofendido, além de poder ocorrer decadência do direito de queixa ou perempção da ação penal, pela desídia da vítima.

A honra é bem jurídico disponível.[18] É dizer, é possível que o seu titular abra mão da esfera de proteção que lhe é franqueada pelo direito penal. Dada esta sua natureza disponível, os delitos contra a honra admitem o consentimento do ofendido, que se traduz em renúncia por parte da vítima à tutela do bem jurídico-penal violado. O consentimento do ofendido assume, nos crimes contra a honra, a natureza de causa supralegal de exclusão da ilicitude, tendo em vista que, se consentida pela vítima, a ofensa não se mostra contrária à norma jurídica. Deve-se fazer um registro, mesmo que breve, para alertar o autor de que há bens jurídicos que, como a honra, são disponíveis para o direito penal e que, em outras esferas de direito, sobretudo no civil, assumem outros ares. No direito civil, a honra, enquanto manifestação de direito da personalidade, é irrenunciável e inalienável.

O consentimento do ofendido é a antecipação por parte da vítima de seu juízo de desinteresse quanto à eventual instauração de ação penal correspondente à ofensa contra ele perpetrada. Considerando-se que, mesmo após a movimentação da máquina judiciária com o oferecimento de queixa-crime, franqueia-se à vítima a possibilidade de neutralização da operação jurisdicional (mediante a renúncia ou perdão), é natural que se atribua tal efeito à manifestação que precede a ação (consentimento do ofendido) (BITENCOURT, op. cit., 2009, v. II).

A admissão do consentimento do ofendido no caso concreto não se dá de maneira irrestrita, tal como adverte Francisco de Assis Toledo (*Princípios básicos de direito penal*, 2007, p. 215), é preciso que o agente cumpra determinados requisitos para que lhe seja franqueado o direito de consentir com a lesão:

a) Antes de tudo, é claro, o bem jurídico sobre o qual recai a lesão deve ser *disponível*; com efeito, não se admitirá jamais a alegação do assassino pela exclusão da antijuridicidade de sua conduta mediante a apresentação de uma carta em que a vítima consentira expressamente com a conduta: o bem jurídico vida é indisponível e por conta disto jamais admite consentimento do ofendido.

b) É imprescindível que o agente tenha *capacidade para consentir*. É dizer, no momento em que consente, o ofendido dever ter condições para compreender o significado e as consequências de sua decisão.

c) A manifestação de vontade do ofendido *deve ser livre* – imaculada, pois, de qualquer vício de vontade – *e expressa em momento anterior à lesão*. A aceitação posterior não configura consentimento, podendo representar perdão por parte do ofendido, se o crime aceitar.

d) O fato típico deve se limitar e corresponder estritamente ao objeto do consentimento pelo ofendido.

O objeto material do delito é justamente a pessoa contra quem recai a ofensa.

1.3. Sujeitos

O sujeito ativo do delito em comento pode ser qualquer pessoa, não se exigindo nenhuma qualidade ou condição especial. O sujeito passivo é ordinariamente a pessoa física certa e determinada e as pessoas jurídicas apenas no que disser respeito à imputação de crime ambiental.[19] Cui-

encontre refletido num valor jurídico-constitucionalmente reconhecido em nome do sistema social total e que, deste modo, se pode afirmar que "preexiste" ao ordenamento jurídico-penal. O que por sua vez significa que entre a ordem axiológica jurídico-constitucional e a ordem legal – jurídico-penal – dos bens jurídicos tem por força de se verificar uma qualquer relação de mútua referência. Relação que não será de "identidade", ou mesmo só de "recíproca cobertura", mas de analogia material, fundada numa essencial correspondência de sentido e – do ponto de vista da sua tutela – de fins" (DIAS, Jorge de Figueiredo. *Questões fundamentais de direito penal revisitadas*, 1999, p. 67).

18 Não se deve confundir, é claro, a disponibilidade do bem jurídico-penal com a disponibilidade afeita ao direito civil, uma vez que não significa dizer que a honra pode ser objeto de negociação ou, de qualquer forma, posta no mercado, mas, sim, que, tal como na lição de Fragoso, é aquele bem exclusivamente de interesse privado – que a lei protege somente se é atingido contra a vontade do interessado (FRAGOSO, op. cit., 2003, p. 192-3).

19 Como é sabido, a partir da promulgação da CF/88, em seus arts. 173, § 5º, e 225, § 3º, admitiu-se a possibilidade da responsabilização penal da pessoa jurídica nos crimes contra

da-se, decorrentemente, de crime classificado como bicomum pela doutrina.

1.3.1. A pessoa jurídica enquanto sujeito passivo do delito de calúnia

A doutrina tradicional entendia pela impossibilidade de a pessoa jurídica figurar no polo passivo do presente delito, porque "o ordenamento jurídico-penal pátrio, fundado em um direito penal da conduta, da culpabilidade e da personalidade da pena, veda a responsabilização dos entes morais" (PRADO, op. cit., 2007, v. II, p. 123).

Discorda-se no particular, uma vez que as justificações manejadas não dão conta de elidir a possibilidade jurídica de prática de crime contra a pessoa jurídica, máxime após a promulgação da CF/88 e da Lei dos Crimes Ambientais. É de se perceber que a imputação da prática de crime à pessoa jurídica não suprime o direito penal da conduta, a culpabilidade ou a personalidade da pena.

Numa outra vertente, há quem sustente que o vocábulo "alguém" constante do tipo constitui óbice à tutela da pessoa jurídica neste caso (FRANCO, Alberto Silva. *Código penal e sua interpretação jurisprudencial*, 2007, p. 720). Não parece, todavia, ser esta a situação; fosse assim, não se poderia – com mais razão – admitir fossem alcunhadas de *pessoas* jurídicas, tendo em vista que o vocábulo *pessoa* traduz carga semântica muito mais significativa do que *alguém*.

Fato é que a pessoa jurídica possui honra objetiva, que é traduzida justamente na sua boa fama no âmbito social: que é de vital importância para a prática de todos os atos a ela inerentes. Inequivocamente, uma determinada empresa que tenha contra si imputada a prática de crime – ambiental, exclusivamente – é maculada em sua honra objetiva e tal ofensa irradia repercussões das mais variadas espécies ao regular exercício de suas atividades.

Somente como argumento de reforço, recorde-se que, de acordo com o enunciado de Súmula n. 227 do STJ, a pessoa jurídica pode ser indenizada por danos morais, a demonstrar, com isso, que tem honra a resguardar.

A pessoa jurídica é, assim, potencial vítima do crime de calúnia, máxime porque o referido delito detém, *in casu*, consequências tão ou mais gravosas do que as circunscritas às pessoas naturais.[20] A pessoa jurídica possui honra objetiva, no que lhe é franqueada a tutela pelo tipo penal em comento, pois. No PLS n. 236, a pessoa jurídica poderá ser responsabilizada por outros tantos crimes, contra a ordem econômica e contra a administração pública, por exemplo. Sendo assim, a pessoa jurídica poderá ser vítima de crime de calúnia, se lhe for atribuída, levianamente, a prática de um crime que, de forma hipotética, ela pudesse praticar (ver, no particular, art. 41 do PLS n. 236/2012).

1.3.2. Os inimputáveis enquanto sujeitos passivos do delito de calúnia

Os inimputáveis (pessoas sem capacidade de autoentendimento ou autodeterminação, seja pela idade, seja pelo desenvolvimento mental retardado) podem figurar na condição de sujeito passivo do delito? Durante longo tempo, abalizada doutrina entendia que os inimputáveis não poderiam ser vítimas do presente delito (HUNGRIA, Nélson. *Comentários ao Código Penal*: Decreto-lei n. 2.848, de 7 de dezembro de 1940, 1955, v. VII; JESUS, Damásio de. *Direito penal*, 2012, v. II). A justificativa apresentada era tão simples quanto aparentemente lógica: a calúnia visa à punição da conduta de quem imputa a outrem prática de fato definido como crime; o inimputável jamais comete crime, mas mero ato infracional; logo, o inimputável é impassível de ser vitimado no presente delito. Se se imputasse a prática de crime, dever-se-ia subsumir ao tipo de difamação. De mais a mais, os inimputáveis somente não praticam a agressão culpável, mas, indubitavelmente, podem praticar injustos penais. Assim, decorrentemente, entendemos que o inimputável pode ser sim vítima de um crime de calúnia, desde que, hipoteticamente, ele pudesse ter cometido o crime que se lhe atribui de forma indevida. Assim, um menor de 17 anos tem honra a resguardar se lhe atribuem um crime de furto, por exemplo, o

o meio ambiente, contra a ordem econômica e financeira e contra a economia popular. Sucede, todavia, que apenas nos delitos contra o meio ambiente a responsabilização penal da pessoa jurídica foi objeto de regulamentação – pela Lei n. 9.605/98.

20 Neste sentido, o entendimento de Greco: "Na verdade, não se pode negar que a pessoa jurídica possua honra objetiva, sendo esta, inclusive, a razão do seu sucesso perante a população em geral. Quando se começa a desconfiar das atividades de determinada empresa, colocando-se em 'xeque' a sua lisura, o seu comportamento perante os consumidores etc. em geral, tal empresa está fadado ao fechamento. Ao contrário, quando se escuta na sociedade que determinada empresa goza de um bom conceito, a tendência natural é a de crescimento" (GRECO, Rogério. *Curso de direito penal*: Parte Especial, 2009, v. III, p. 490-1).

que não aconteceria, de outra sorte, se se atribuísse um fato punível a uma criança de dois anos, por exemplo, tendo em vista que seria impossível a prática do tal delito.

Nada obstante a aparente robustez do pensamento, é preciso verificar que o tipo legal exige apenas a *imputação de fato definido como crime*, assim, pouco importa se imputável ou não o destinatário das ofensas, uma vez que a sua condição não tem o condão de alterar a definição legal do rol das condutas criminosas estatuído no CP e legislação especial. Deste modo, imputar a um menor a conduta de ter subtraído a carteira de um colega traduz a imputação de fato definido como crime; logo, configura-se a calúnia – ainda que sabidamente, porque inimputável, o menor não cometa crime(s).

É de se verificar que a condição de inimputável não se presta a ceifar do sujeito a proteção legal conferida pelo tipo penal em comento. Ora, manifesto contrassenso seria tornar atípica a conduta ou desqualificar o crime exclusivamente tendo em conta o fato de a vítima ser inimputável. A única ressalva que se permite diz respeito ao crime de injúria, porque aí a ocorrência do delito fica condicionada à capacidade mental da vítima de compreender a ofensa (HUNGRIA, op. cit., 1955, v. VII, p. 50), uma vez que diz com o aspecto subjetivo da honra – a estima própria. Dessa maneira, sempre que o inimputável puder compreender o conteúdo da ofensa na injúria haverá crime. Do contrário, havendo impossibilidade de compreensão da ofensa, não haverá crime de injúria.

1.3.3. Os rotulados como desonrados enquanto sujeitos passivos do delito de calúnia

A presente discussão é dotada mais de um caráter histórico, tendo em vista que, hodiernamente, parece não haver mais quem sustente posicionamento diverso daquele quanto à possibilidade de o sujeito "desonrado" ser tutelado no âmbito da presente disposição. É sabido que mesmo aqueles sujeitos *que perderam* a *estima pública* (BRUNO, op. cit., 1972, t. IV, p. 273) são carecedores legitimados do âmbito de proteção conferido pelo delito de calúnia, máxime porque é direito fundamental expresso no art. 5º, X, da CF, aferrado à dignidade humana. Assim, a mera condição de ser humano impõe a sua observação. Não há, pois, a viabilidade em sustentar a ocorrência de crime impossível (CP, art. 18), por absoluta impropriedade do objeto, pois todas as pessoas, mesmo as que delinquiram, possuem honra a resguardar. Veremos, no momento oportuno, que a calúnia admite a *exceptio veritatis* como regra. Assim, se o querelado puder fazer a prova que se trata de fato verdadeiro o que foi por si alegado, restará afastada a tipicidade da infração. Do contrário, o autor da ofensa será responsabilizado, ainda que, circunstancialmente, a vítima do crime contra a honra tenha praticado *outros* delitos.

1.3.4. Os mortos enquanto sujeitos passivos do delito de calúnia

Justifica-se a presente observação em razão da previsão constante deste art. 138, § 2º, do CP: "É punível a calúnia contra os mortos". Insta registrar que tal dispositivo não implica dizer que o *de cujus* seja a efetiva vítima do crime, uma vez que, como cediço, a morte extingue a personalidade do agente. A ofensa dirigida ao morto atinge reflexamente os seus parentes vivos, que serão, nos termos do art. 31 do CPP, os legitimados para o oferecimento da queixa-crime correspondente. Convém rememorar, inclusive, que no processo penal, cabe revisão criminal a qualquer tempo, mesmo depois da morte do réu, a demonstrar a necessidade de se resguardar a memória das pessoas, razão por que nem mesmo sobre a memória das pessoas mortas pode recair a imputação de um crime. No PLS n. 236/2012, criou-se um crime específico, tipificado no art. 139, com a seguinte redação: "ofender a honra ou a memória de pessoa morta". Assim sendo, a reforma do CP trará uma proteção substancialmente maior às memórias dos mortos. Por se tratar de *novatio legis* incriminadora, será, obviamente, irretroativa.

1.4. Análise da(s) conduta(s) descrita(s) no tipo

O tipo penal do crime de calúnia consiste em "caluniar alguém, imputando-lhe falsamente fato definido como crime". *Imputar* significa atribuir ou acusar alguém; como advertido, tal imputação deve ser referente à prática de fato definido como crime. É justamente neste ponto em que reside a maior censurabilidade conferida à calúnia dentre os crimes contra a honra. Ao passo que a injúria traduz-se na atribuição de qualidade ofensiva à vítima; a difamação, na atribuição de fato desonroso; a calúnia consiste numa difamação mais censurável, porquanto o fato imputado não é simplesmente desonroso, mas configura tipo penal.

É imprescindível que a imputação seja falsa, tendo em vista o elemento normativo do tipo *falsamente*. A falsidade pode dizer respeito tanto ao fato (quando ele não existiu, por exemplo) como ao imputado (quando, nada obstante tenha ocorrido o fato, não foi ele quem o praticou) (NORONHA, op. cit., 1973, p. 112). Assim, para a configuração do delito de calúnia, pouco importa se a falsidade da imputação diga respeito à efetiva ocorrência do fato ou à sua autoria, uma vez que, independentemente do objeto, implica violação do bem jurídico honra da vítima. Se o agente crê fielmente e de forma fundada que o fato veiculado era verdadeiro, terá lugar *in casu* o erro de tipo que afasta o dolo da conduta, nos termos do art. 20 do CP.

É preciso que se esclareça o que vem a ser "fato definido como crime", em que pese a aparente obviedade que circunda a expressão. Nesse sentido, importa frisar que se exige, preliminarmente, que o fato imputado seja um fato determinado; isso não significa dizer que se exige uma descrição detalhada do tipo legal que falsamente se imputa ao sujeito passivo, descrevendo-o em todas as suas circunstâncias, meios e modos de execução *et cetera* (FRANCO, op. cit., 2007, p. 720). É imprescindível, porém, que a imputação deduzida pelo agente permita de pronto a individualização de um delito, ainda que o relato não revolva as minúcias do tipo legal correspondente. A conduta de imputar a alguém a omissão no repasse da contribuição previdenciária descontada de seus funcionários é passível de configurar o crime de calúnia, tendo em vista que a conduta imputada é definida como crime de apropriação indébita, art. 168-A do CP; a conduta de meramente alcunhar um determinado sujeito de ladrão não dá azo à configuração do crime de calúnia, porque não traduz fato determinado (em verdade não traduz sequer imputação de fato, pelo que encontrará tutela no delito de injúria).

Claramente, se o fato deve ser definido como crime, a imputação de contravenção penal não perfaz a presente hipótese delitiva, tendo em vista que crime e contravenção não se confundem. Assim, considerar a imputação falsa de contravenção penal como calúnia é afronta inaceitável ao princípio da legalidade. A imputação de contravenção penal é passível, porém, de configurar o delito de difamação ou mesmo de injúria, a depender das circunstâncias da imputação. No PLS n. 236, inclusive, serão revogadas as contravenções penais, exceção feita à perturbação de sossego e ao jogo de azar, que serão guindadas ao *status* de crime.

Uma questão delicada se dá quando do exame do múnus do advogado, uma vez que, na redação de uma petição inicial, por exemplo, o causídico ordinariamente reproduz o contexto fático que lhe fora transmitido pelo cliente. E se nessa contextura entender-se pela ocorrência de imputação falsa de fato definido como crime? É inequívoco que se – e somente se – o advogado limita-se a reproduzir os aspectos que lhe foram transmitidos não poderá ser responsabilizado criminalmente pelo delito supostamente cometido, desde que seja razoável crer na versão apresentada. De modo diverso ocorre se o patrono extrapola o razoável e profere, ao seu alvedrio, imputações que jamais foram autorizadas pelo cliente, devendo, nestes casos, ser responsabilizado pela eventual prática de calúnia. A imunidade há de ser usada para o exercício legítimo da profissão, não podendo servir de manto de impunidade para (ab)usos. Para além disso, qualquer justificativa de isenção de responsabilidade criminal somente pode ter lugar quando for funcional e jamais em razão da pessoa, porque isso violaria o princípio da materialização penal do fato, consubstanciando verdadeiro (e odioso) direito penal do autor.

1.4.1. Figura equiparada

O § 1º contém a previsão de modalidade equiparada ao *caput*, qual seja: "na mesma pena incorre quem, sabendo falsa a imputação, a propala ou divulga". Nada obstante praticamente mostre-se pouco ou nada útil, *propalar* e *divulgar* diferenciam-se na medida em que propalar dá-se exclusivamente verbalmente, enquanto a divulgação pode ser feita por qualquer outro meio (JESUS, op. cit., 2012, v. II, p. 252).

Insta salientar que nessa modalidade equiparada admite-se exclusivamente o dolo direto, uma vez que o tipo legal exige que o agente saiba da natureza inverídica da informação. A dúvida quanto à veracidade das informações poderá desclassificar a infração penal para difamação (GRECO, op. cit., 2009, v. III, p. 494), sendo certo que tal incerteza, por si só, não afasta a responsabilidade criminal.

1.5. Dispositivos de legislação especial

O tratamento dos delitos contra a honra não se esgota no CP. Valeu-se o legislador, em determinados diplomas de legislação especial, de tutelar esferas específicas da proteção da honra. Cumpre, assim, que se examine no presente ponto o que há de relevante.

1.5.1. Lei de Imprensa

Vigeu durante longo lapso temporal a Lei n. 5.250/67 – Lei de Imprensa – que dizia respeito ao direito de informação e, por consectário lógico, continha previsões referentes aos delitos contra a honra. Uma vez verificado que as disposições desta Lei representariam sempre um conflito aparente com as normas constantes no CP, frise-se que o princípio regente da aplicação da matéria sempre consistiu na especialidade: *lex specialis derogat legi generali*.

O âmbito de incidência da referida norma era bem definido em seu art. 12: "Aqueles que, através dos meios de informação e divulgação [jornais e outras publicações periódicas, os serviços de radiodifusão e os serviços noticiosos], praticarem abusos no exercício da liberdade de manifestação do pensamento e informação ficarão sujeitos às penas desta Lei e responderão pelos prejuízos que causarem".

Os fatos delitivos previstos eram a calúnia, a publicação ou transmissão da calúnia, a difamação, a publicação ou transmissão de fato delituoso e a injúria. As figuras típicas em si aproximam-se muito das previsões correspondentes contidas no CP. A relevância da discussão do tema dá-se quanto às nuanças procedimentais, máxime no que dizia respeito à responsabilidade penal solidária ou sucessiva[21] (do editor, do tradutor, distribuidor, gerente etc.) ou ainda quanto à autoria por ficção legal.

Sucede, porém, que a Lei de Imprensa foi declarada não recepcionada pela CF em sede do julgamento da ADPF n. 130/DF pelo STF. No bojo do referido acórdão, fez-se constar que, após a declaração da não recepção do referido dispositivo legal, aplicáveis as normas da legislação comum, notadamente o CC, o CP, o CPC e o CPP às causas decorrentes das relações de imprensa.

Nesse contexto, é preciso redobrada atenção quando da evidência de crime praticado por intermédio de meio de informação, uma vez que aplicáveis as disposições do CP e não as da Lei de Imprensa, que foi declarada não recepcionada pela Carta Magna por conduto do STF. Dito de forma bem clara e direta: a não recepção da Lei de Imprensa não gerou um manto de impunidade para os profissionais de imprensa (isso seria beneficiar pelo direito penal do autor); a não recepção faz com que os crimes praticados por meio de imprensa sejam regidos pelo CP comum. Se uma lei especial não é recepcionada pela ordem vigente, ou se ela é revogada, a lei geral volta a reger a matéria.

Uma última palavra é necessária: não existem direitos absolutos, razão por que a liberdade de expressão não pode ser interpretada como absoluta. Fosse ela absoluta, as pessoas não teriam mais honra a resguardar. Por conta disso, quaisquer pessoas, profissionais de imprensa ou não, poderão incorrer em crime contra a honra, seja porque tiveram o propósito de ofender deliberadamente, seja porque divulgaram inverdades que podem causar prejuízos. Veja: se profissionais do direito podem responder por crime de denunciação caluniosa (quando traírem as obrigações legais que deles se esperava), os profissionais de imprensa também ficarão sujeitos ao cometimento de delitos se exorbitarem das suas funções.

1.5.2. Código Eleitoral

Interessante sinalizar ainda quanto à previsão expressa dos crimes de calúnia, difamação e injúria no bojo da Lei n. 4.737/95 (Código Eleitoral). Como se vê no Título IV do Capítulo II do referido dispositivo legal, entre os arts. 324 e 326, constam arrolados os referidos delitos contra a honra cometidos no âmbito da propaganda eleitoral ou visando fins de propaganda.[22]

---

21 Observe-se para tanto os arts. 37 e 38 da Lei n. 5.250/67: "Art. 37. São responsáveis pelos crimes cometidos através da imprensa e das emissoras de radiodifusão, sucessivamente: I – o autor do escrito ou transmissão incriminada (art. 28 e § 1º), sendo pessoa idônea e residente no País, salvo tratando-se de reprodução feita sem o seu consentimento, caso em que responderá como seu autor quem a tiver reproduzido; II – quando o autor estiver ausente do País, ou não tiver idoneidade para responder pelo crime: *a)* o diretor ou redator-chefe do jornal ou periódico; ou *b)* o diretor ou redator registrado de acordo com o art. 9º, inciso III, letra *b*, no caso de programa de notícias, reportagens, comentários, debates ou entrevistas, transmitidos por emissoras de radiodifusão; III – se o responsável, nos termos do inciso anterior, estiver ausente do País ou não tiver idoneidade para responder pelo crime: *a)* o gerente ou proprietário das oficinas impressoras no caso de jornais ou periódicos; ou *b)* o diretor ou o proprietário da estação emissora de serviços de radiodifusão; IV – os distribuidores ou vendedores da publicação ilícita ou clandestina, ou da qual não constar a indicação do autor, editor, ou oficina onde tiver sido feita a impressão".

22 "Art. 324. Caluniar alguém, na propaganda eleitoral, ou visando fins de propaganda, imputando-lhe falsamente fato definido como crime: Pena – detenção de seis meses a dois anos, e pagamento de 10 a 40 dias-multa. § 1º Nas mesmas penas incorre quem, sabendo falsa a imputação, a propala ou divulga.

Claramente, nestes casos em que o crime seja cometido no âmbito da propaganda eleitoral ou tendo em vista fins de propaganda, tem-se a aplicaçao do princípio da especialidade – *lex specialis derogat legi generali* –, que enseja, pois, a aplicação da disposição especial.

É de fundamental importância que se defina este predicativo específico – que dá azo à aplicação da norma em comento. Com esteio em Camargo Aranha, tem-se que a propaganda é um conjunto de técnicas empregadas para sugestionar pessoas; atua em substituição da argumentação racional pelo esforço persuasivo na medida em que logra desencadear, ostensiva ou veladamente, a validade de um tema. O fundamental para a caracterização da propaganda é o propósito manifesto de influenciar a conduta ou a opinião de alguém (CAMARGO ARANHA, Adalberto José Q. T. *Crimes contra a honra*, 2007, p. 213).

No que diz respeito às infrações eleitorais em si, registre-se que têm conteúdo idêntico às normas do CP. O único traço distintivo consiste justamente naqueles caracteres específicos tocantes à propaganda eleitoral. Critério este que, portanto, deve ser levado em consideração quando do eventual conflito aparente de normas penais.

O Código Eleitoral, neste particular, é uma lei especialíssima (haja vista a redação do art. 288 do mencionado diploma, que dispõe: "nos crimes eleitorais cometidos por meio de imprensa [...] aplicam-se exclusivamente as normas deste Código e as remissões a outra lei nele contemplada"), sujeita a uma parcela de jurisdiçao própria (competência absoluta, firmada em razão da matéria); com regras próprias de procedimento e de ação penal, inclusive em relação à legitimação ativa.

1.6. Elemento subjetivo

No que toca ao elemento subjetivo, o delito de calúnia admite apenas a modalidade dolosa – dolo direto e eventual. Significa dizer: o sujeito que imputa – ainda que suspeite da veracidade do quanto deduzido – a outrem a prática de fato definido como crime que seja falso incorre nas penas cominadas ao delito, porque consubstanciado o dolo eventual: o agente assumiu claramente o risco de imputar fato falso; ainda que suspeite ou presuma verdadeiro o fato imputado, responde o agente pela prática de crime na modalidade de dolo eventual quando não o seja.

O dolo do agente deve ser dirigido, na imputação falsa de fato definido como crime, à ofensa da honra (objetiva) da vítima. Há, assim, dolo específico consistente no propósito de ofender a vítima mediante aquela imputação: *animus calumniandi*. Neste contexto, quando claramente ausente o propósito de ofender, carecerá a conduta deste imprescindível elemento subjetivo e será, portanto, atípica.

Não configura o crime de calúnia, portanto, a conduta de quem imputa falsamente a prática de crime quando movido exclusivamente por *animus narrandi* (intenção de meramente contar uma história sem fazer juízo de valor); *animus jocandi* (intenção de fazer uma brincadeira); *animus corrigendi* (intenção de educar); *animus retorquendi* (em que o sujeito responde a uma agressão sofrida). É preciso, porém, que sempre respeite a proporcionalidade, devendo-se ressaltar que tais *animi* são excepcionais, configuradores de teses de defesa. De mais a mais, pessoas habilidosas conseguem escarnecer, ofender, sob uma pseudorroupagem de brincadeiras, ou de narrações. Estando presente o propósito de ofender, haverá crime, mesmo que praticado no contexto de uma narração ou de uma brincadeira.

É fundamental que se tenha por muito bem estribados os limites impostos às referidas modalidades, tendo em vista que a sua extrapolação redunda necessariamente na ocorrência de crime contra a honra. No que toca ao *animus narrandi*, é fundamental que quem se ocupe de nar-

§ 2º A prova da verdade do fato imputado exclui o crime, mas não é admitida: I – se, constituindo o fato imputado crime de ação privada, o ofendido, não foi condenado por sentença irrecorrível; II – se o fato é imputado ao Presidente da República ou chefe de governo estrangeiro; III – se do crime imputado, embora de ação pública, o ofendido foi absolvido por sentença irrecorrível. Art. 325. Difamar alguém, na propaganda eleitoral, ou visando a fins de propaganda, imputando-lhe fato ofensivo à sua reputação: Pena – detenção de três meses a um ano, e pagamento de 5 a 30 dias-multa. Parágrafo único. A exceção da verdade somente se admite se ofendido é funcionário público e a ofensa é relativa ao exercício de suas funções. Art. 326. Injuriar alguém, na propaganda eleitoral, ou visando a fins de propaganda, ofendendo-lhe a dignidade ou o decoro: Pena – detenção até seis meses, ou pagamento de 30 a 60 dias-multa. § 1º O juiz pode deixar de aplicar a pena: I – se o ofendido, de forma reprovável, provocou diretamente a injúria; II – no caso de retorsão imediata, que consista em outra injúria. § 2º Se a injúria consiste em violência ou vias de fato, que, por sua natureza ou meio empregado, se considerem aviltantes: Pena – detenção de três meses a um ano e pagamento de 5 a 20 dias-multa, além das penas correspondentes à violência prevista no Código Penal. Art. 327. As penas cominadas nos arts. 324, 325 e 326, aumentam-se de um terço, se qualquer dos crimes é cometido: I – contra o Presidente da República ou chefe de governo estrangeiro; II – contra funcionário público, em razão de suas funções; III – na presença de várias pessoas, ou por meio que facilite a divulgação da ofensa."

rar não exerça qualquer juízo de valor sobre o fato deduzido, uma vez que a extrapolação desta barreira, ainda que indiretamente, justifica a imputação da prática do crime contra a honra correspondente. No *animus jocandi*, convém que se advirta para a absoluta distinção entre a brincadeira realizada sem qualquer finalidade ofensiva e a utilização do sarcasmo para ofender; em última análise, quando a expressão revelar uma tentativa dissimulada de ofender a vítima sob a vestimenta do *animus jocandi*, tratar-se-á também de crime contra a honra.

Significa dizer que não se pode acoimar a pecha de criminosa à conduta do agente que não teve por finalidade atentar contra a honra da vítima. Ainda que o fato, o ato ou a qualidade atribuída pelo sujeito possa objetivamente traduzir calúnia, difamação ou injúria respectivamente, a ausência da intenção de ofender torna subjetivamente atípica a conduta. Neste ponto reside a relevância do desenvolvimento quanto àquelas diversas motivações anímicas, tendo em vista que, uma vez respeitados os seus limites intrínsecos, o *animus narrandi*, *jocandi*, *corrigendi* e *retorquendi* traduzem a inexistência do dolo do caluniar, difamar e injuriar, motivo pelo qual tornam atípica a conduta.

Assim, um amigo que – adentrando a casa do outro – o chama de "pão-duro" ou "casquinha" decerto não tem por escopo ofender-lhe a honra mediante a injúria, porque manifesto o *animus jocandi*, ainda que objetivamente a expressão empregada preste-se para ofender. De outro passo, aquele sujeito que – cinicamente – propala aos quatro ventos, sarcasticamente e como se brincadeira fosse, que o agente é mau pagador, gatuno e que vive de aplicar golpes, extrapola as balizas conferidas pelo *animus jocandi*, pelo que se deverá verificar a prática de difamação.

1.7. Consumação e tentativa

A calúnia consuma-se quando um terceiro – diferente, portanto, da vítima – toma conhecimento daquela imputação falsa de fato definido como crime deduzida pelo agente, tendo em vista que se tutela a esfera objetiva da honra. É factível a cisão do *iter criminis*, no que se admite a tentativa: imagine-se a hipótese do sujeito que dispara um *e-mail* para uma centena de endereços eletrônicos contendo falsa imputação de fato definido como crime a um dos destinatários e este correio eletrônico, por alguma razão, só seja efetivamente recebido pela vítima.

1.8. Causa especial de aumento de pena

Aumenta-se de um terço se cometido: contra Presidente da República ou chefe de governo estrangeiro; contra funcionário público, em razão de suas funções, ou contra os Presidentes do Senado Federal, da Câmara dos Deputados ou do Supremo Tribunal Federal; na presença de várias pessoas, ou por meio que facilite a divulgação; contra pessoa maior de 60 anos ou portadora de deficiência, exceto no caso de injúria. E aumenta-se da metade se cometido mediante paga ou promessa de recompensa. A causa de aumento de pena tem fundamento no desvalor da conduta.

1.9. Classificação

Trata-se de crime comum tanto no sujeito ativo como no passivo, uma vez que prescinde de quaisquer condições especiais do autor e vítima; formal, porque se consuma independentemente de efetivo dano à honra objetiva da vítima; doloso; de forma livre, uma vez que não há restrição quanto ao *modus* da prática delitiva; instantâneo; monossubjetivo; uni ou plurissubsistente, a depender da maneira que se realize o delito poderá ser possível ou não o fracionamento do *iter criminis*.

1.9.1. Aspectos distintivos

1.9.1.1. Calúnia e falso testemunho

Ordinariamente, ao depor, a testemunha não incide nas penas cominadas ao delito, uma vez que se trata de estrito cumprimento de dever legal quando se resume a narrar os fatos de que tem conhecimento sob a prestação de compromisso. Se ficar claro, todavia, que a testemunha extrapola o *animus narrandi* com o nítido propósito de caluniar alguém, é possível se cogitar do concurso formal próprio entre os delitos de calúnia e falso testemunho, tendo em vista que os bens jurídicos tutelados pelas normas são distintos: respectivamente, honra e administração da Justiça.

1.9.2. Calúnia e denunciação caluniosa

Inadmissível que se confundam os delitos de calúnia e denunciação caluniosa, previstos respectivamente nos arts. 138 e 339 do CP. A calúnia consiste na atribuição falsa de fato definido como crime; a denunciação caluniosa visa a tutelar a conduta do agente que, por meio desta imputação falsa de crime, esteja voltado a dar causa à instauração de investigação policial, de processo judicial, instauração de investigação administrativa, inquérito civil ou ação de improbidade administrativa contra alguém. Na denunciação caluniosa, o intento do agente não é assacar a honra da vítima, mas dar causa – por conduto de imputação falsa – à instauração de procedimento investigativo. Testemunhas não gozam de imunidade porque não discutem nem debatem causas. Obviamente, atendo-se estritamente à verdade, sem fazer qualquer tipo de juízo de valor, de conveniência ou de oportunidade, não estará a cometer crime algum.

1.9.3. Calúnia e lei de organização criminosa

A Lei n. 12.850/2013 prevê, no art. 19, que é crime imputar a alguém falsamente a prática de um delito, a pretexto de colaborar com a justiça. Trata-se de crime próprio, que somente pode ser praticado pelos delatores. Este crime é de dolo específico e é crime especial.

1.10. Exceção da verdade

A exceção da verdade nada mais é do que o incidente processual franqueado ao sujeito ativo – que supostamente cometeu o delito de calúnia – para demonstrar – e comprovar – a veracidade das imputações realizadas. Como se depreende, a comprovação da veracidade das imputações realizadas afasta o elemento normativo do tipo – falsamente –, pelo que, consequentemente, exclui o crime. O momento oportuno para arguição é quando do oferecimento de defesa prévia, franqueando-se à parte *ex adversa* a possibilidade de contestá-la em dois dias.

Não se admite, porém, a exceção da verdade quando:

a) "Se, constituindo o fato imputado crime de ação privada, o ofendido não foi condenado por sentença irrecorrível." Observe-se que o crime de ação penal privada tem por fundamental o oferecimento de queixa-crime pela vítima para dar causa ao processamento e julgamento do suposto delito. Neste sentido, entende a doutrina majoritária que a admissão da *exceptio veritatis* neste caso, em que o fato imputado constitui crime de ação penal privada, implica supressão daquela faculdade processual conferida à vítima do delito de não dar causa à ação penal. Sendo o crime de ação penal privada, somente caberá exceção da verdade, *contrario sensu*, quando já tiver havido condenação do imputado.

"Se 'A' acusa 'B' de ter praticado o crime 'X' contra 'C' e este crime é de ação penal privada, o juízo de conveniência sobre a publicidade do processo a fim de se verificar a existência do mesmo delito ficará reservado a 'C'. Por tal maneira, se 'B' promove queixa-crime contra 'A' pela imputação, ficará este impossibilitado de provar a veracidade da acusação, pois, se o fizer, poderá estar prejudicando 'C', a quem, eventualmente, pode não convir tornar público o impasse em que está envolvido" (PEDROSO, Fernando de Almeida. "Crimes contra a honra". In: FRANCO, Alberto Silva; NUCCI, Guilherme Souza. *Doutrinas essenciais*: direito penal, 2010, v. I, p. 931).

É preciso, porém, que se examine a questão a partir do ponto de vista do acusado ("B"), uma vez que não se afeiçoa razoável tolhê-lo do direito de comprovar a sua inocência com supedâneo no respeito ilimitado ao suposto ofendido ("C"). Mostra-se demasiado fora de razão "condenar uma pessoa pela prática de um delito que não cometeu simplesmente por presumi-lo como ocorrido, em face da impossibilidade que tem de levar a efeito a prova de sua alegação"; a referida negativa traduz manifesta violação tanto do princípio da ampla defesa como da presunção de inocência (GRECO, Rogério. *Código Penal comentado*, 2008, p. 497).

b) "Se o fato é imputado a qualquer das pessoas indicadas no inciso I do art. 141." Inadmitida ainda a exceção da verdade em razão do sujeito passivo delito. É dizer, quando se trate de ofensa cometida em face de "Presidente da República ou chefe de governo estrangeiro", não será possível o manejo deste incidente processual. As razões para tanto, como atesta a majoritária doutrina, são de ordem diplomática na medida em que se lhe conferem uma espécie de imunidade *sui generis* (BITENCOURT, op. cit., 2009, v. II, p. 343-4). Em um tal caso, a impossibilidade da exceção e por uma conveniência meramente política.

c) "Se do crime imputado, embora de ação pública, o ofendido foi absolvido por sentença irrecorrível." Se há sentença absolutória – independentemente do fundamento que a sustenta – é evidente que não cabe ao réu de processo diverso alegar a exceção da verdade, uma vez que traduz nítido ataque à coisa julgada material. "Se não há mais lugar para pronunciamento da Justiça, incompreensível seria que o terceiro fosse exumar o fato, para demonstrar a sua veracidade. Seria revisão criminal às avessas" (NORONHA, op. cit., 1973, p. 118). Neste caso, o impedimento ao cabimento da exceção da verdade se deve ao respeito à coisa julgada, que não pode ser mitigada.

No que toca a essas hipóteses excepcionais, uma crítica faz-se necessária: a admissão irrestrita de sua aplicação redundaria no entendimento de que, nessas três hipóteses, o delito de calúnia prescindiria de que a imputação fosse realizada falsamente; é preciso, porém, que se interprete *cum grano salis*. Como cediço, não se pode admitir tamanho cerceamento do direito de defesa do réu (GOMES, Luiz Flávio; CUNHA, Rogério Sanches. *Direito penal*: Parte Especial, 2011, p. 81) que implique verdadeira impossibilidade de demonstrar a atipicidade formal da conduta contra ele imputada. É fundamental que se examine as referidas cláusulas restritivas com temperamento, de maneira a não as tornar obstáculos absolutos e insuperáveis ao exercício de defesa. O querelado não se vê, assim, impossibilitado de alegar – e comprovar – a veracidade dos fatos por ele imputados no bojo do processo penal correlato e obter com isso a sentença absolutória.

Observe-se, ademais, a redação do art. 85 do CPP: "nos processos por crime contra a honra, em que forem querelantes as pessoas que a Constituição sujeita à jurisdição do STF e dos Tribunais de Apelação, àquele ou a estes caberá o julgamento, quando oposta e admitida a exceção da verdade". Consoante se depreende, caberá ao STF ou ao respectivo Tribunal de Apelação – a depender, é claro, da natureza da prerrogativa de foro do querelante – o julgamento da exceção da verdade contra ele apresentada.

Nestas hipóteses em que o querelante goza de prerrogativa de foro, é preciso que se teça uma observação fundamental: o juízo processante deve ele próprio realizar o exame de admissibilidade e instruir o incidente processual, uma vez que a competência do Excelso Pretório ou do Tribunal de Apelação limita-se ao julgamento do mérito da exceção da verdade.

É dizer, no caso em que um deputado federal ajuíze queixa-crime em face de um terceiro – que não goze de prerrogativa de foro – e este terceiro der causa ao incidente da exceção da verdade, caberá ao juízo de primeiro grau receber ou não o incidente; se recebido, instruí-lo e, depois, remetê-lo ao STF (ou o órgão competente correspondente) para julgamento. Se a remessa ocorre antes da instrução, determinar-se-á a devolução dos autos ao juízo de origem. Desta maneira, ainda que o querelante goze de prerrogativa de foro, no caso da propositura da exceção da verdade, cabe ao juízo de piso – processante do feito – tanto o exame de admissibilidade como a instrução do procedimento.

1.11. Ação penal

A ação penal, tal como determina o art. 145, é, via de regra, de iniciativa privada. É de iniciativa pública condicionada à representação do Ministro da Justiça quando cometido em desfavor do presidente da República ou chefe de governo estrangeiro e de iniciativa pública condicionada à representação do ofendido quando cometida em desfavor de funcionário público em razão de suas funções.

Nas hipóteses de ação penal de iniciativa privada ou pública condicionada à representação, cabíveis irrestritamente a conciliação, transação penal e suspensão condicional do processo. Trata-se igualmente de delito de menor potencial ofensivo a ser processado perante o Juizado Especial Criminal, salvo se houver fatores modificativos da competência.

2. JURISPRUDÊNCIA

2.1. Súmulas

Súmula n. 594, STF: "Os direitos de queixa e de representação podem ser exercidos, independentemente, pelo ofendido ou por seu representante legal".

Súmula n. 714, STF: "É concorrente a legitimidade do ofendido, mediante queixa, e do Ministério Público, condicionada à representação do ofendido, para a ação penal por crime contra a honra de servidor público em razão do exercício de suas funções".

2.2. Julgados

Exceção da verdade. Crime eleitoral

Crime eleitoral. Exceção da verdade. Exceto que dispõe de prerrogativa de foro perante o STF nos crimes comuns. Disciplina ritual da *exceptio veritatis*. Exceção da verdade em crime de difamação. Hipótese em que o STF é incompetente para julgá-la. Devolução dos autos à origem. A formalização da *exceptio veritatis* contra aquele que goza de prerrogativa de foro *ratione muneris* perante o Supremo Tribunal Federal desloca, para esta instância jurisdicional, somente o julgamento da exceção oposta. Para esse efeito, impõe-se que a exceção da verdade de competência do STF seja previamente submetida a juízo de admissibilidade que se situa na instância ordinária. Resultando positivo esse juízo de admissibilidade, a *exceptio veritatis* deverá ser processada perante o órgão judiciário inferior, que nela promoverá a instrução probatória pertinente, eis que a esta corte cabe, tão somente, o julgamento dessa verdadeira ação declaratória incidental. A competência do STF para o julgamento da exceção da verdade resume-se, na linha da jurisprudência desta corte, aos casos em que a *demonstratio veri* disser respeito ao delito de calúnia, no qual se destaca, como elemento essencial do tipo, a imputação de fato determinado revestido de caráter delituoso. Tratando-se de difamação – hipótese em que se revela inaplicável o art. 85 do CPP –, a exceção da verdade, uma vez deduzida e admitida, deverá ser processada e julgada pelo próprio juízo inferior, ainda que o exceto disponha, nos termos do art. 102, I, *b* e *c*, da Constituição, de prerrogativa de foro perante o STF. Precedentes da corte. (STF, Ap. n. 305-7/DF, Pleno, rel. Min. Celso de Mello, j. 12.08.1993, *DJ* 10.09.1993)

Calúnia. Exceção da verdade

Penal. Calúnia. Exceção da verdade contra deputado federal. Competência do STF. Improcedência da exceção por falta de provas. I. Cabe ao STF julgar a exceção da verdade apresentada em ação penal baseada em suposta prática calúnia quando o excepto (querelante) exercer o cargo de Deputado Federal. II. Deve o excipiente (querelado) demonstrar o que alegou na exceção, sob pena de improcedência do incidente, não sendo aceitável excursar-se desse encargo ante o pretexto de ter-se comprometido junto ao Ministério Público a guardar sigilo sobre as investigações. III. Exceção da verdade julgada improcedente, com retorno da ação penal à Instância *a quo* para prosseguimento. (STF, Pet. n. 4.898, rel. Min. Ricardo Lewandowski, j. 24.11.2011, *DJe* 08.02.2012)

Calúnia. Atipicidade da conduta

Penal e processual penal. Inquérito contra parlamentar federal. Crime de injúria. Reconhecida a consumação da prescrição da pretensão punitiva estatal. Crime de calúnia. Atipicidade da conduta. Improcedência da ação. Art. 6º, *caput*, da Lei n. 8.038/90. 1. A questão submetida ao presente julgamento diz respeito à existência de substrato probatório mínimo que autorize a deflagração da ação penal contra o denunciado, levando em consideração o preenchimento dos requisitos do art. 41 do CPP. 2. Consumação da prescrição da pretensão punitiva quanto ao delito de injúria, visto que os prazos elencados no art. 109 do CP devem ser contados, na espécie, pela metade, eis que o denunciado conta com mais de 70 (setenta) anos de idade (CP, art. 115). 3. Revela-se atípica a conduta do denunciado em relação ao crime de calúnia, tendo em vista a impossibilidade de subsumi-la a qualquer um dos tipos legais configuradores do delito de abuso de autoridade estabelecidos nos arts. 3º e 4º da Lei n. 4.898/65. 4. Improcedência da ação. (STF, Inq. n. 3.104/SC, Pleno, rel. Min. Ricardo Lewandowski, rel. p/ Ac. Min. Dias Toffoli, j. 24.11.2011, *DJe* 25.04.2012)

Calúnia. Caracterização. Ausência de elemento subjetivo

Queixa-crime. Crimes contra a honra. Ausência do elemento subjetivo do tipo. *Animus narrandi*. Ausência de justa causa. Trancamento da ação penal. 1. Segundo a jurisprudência, não há falar em crime de calúnia, injúria ou difamação, se perceptível *primus ictus oculi* que a vontade do querelado "está desacompanhada da intenção de ofender, elemento subjetivo do tipo, vale dizer, se praticou o fato ora com *animus narrandi*, ora com *animus criticandi*". (RHC n. 15.941/PR, rel. Min. Hamilton Carvalhido, *DJ* 01.02.2005). 2. Há até precedente da Corte Especial, consoante o qual "a manifestação considerada ofensiva, feita com o propósito de informar possíveis irregularidades, sem a intenção de ofender, descaracteriza o tipo subjetivo nos crimes contra a honra" (Ap. n. 347/PA, rel. Min. Antônio de Pádua Ribeiro, *DJ* 14.03.2005). 3. No caso, a estudante, ao final do licenciamento para realização de curso no exterior, buscando se desligar antecipadamente do escritório de advocacia no qual estagiava, narrou fato envolvendo seu supervisor ao sócio do escritório. Pelo que se tem dos autos, sem alarde, mostrou as mensagens constantes de seu aparelho de telefone móvel, enviadas do celular do querelante, apenas com o objetivo de justificar o fim prematuro do estágio. 4. Tais fatos estão destituídos de tipicidade penal. 5. Ordem concedida para trancar a ação penal. (STJ, *HC* n. 173.881/SP, 6ª T., rel. Min. Celso Limongi (Des. convocado do TJSP), j. 17.05.2011, *DJe* 25.05.2011)

Calúnia. Lei de Imprensa

Conflito negativo de competência. Queixa-crime. Calúnia praticada, em tese, por jornalista. Carta publicada em *blog*. Lei de imprensa. Norma não recepcionada pela Constituição de 1988. Art. 70 do CPP. Competência do juízo suscitado. 1. Não recepcionada a Lei n. 5.250/67 pela nova ordem constitucional (ADPF n. 130/DF), às causas decorrentes das relações de imprensa devem ser aplicadas as normas da legislação comum, inclusive, quanto à competência, o disposto no art. 70 do CPP. 2. O crime de calúnia (art. 138, *caput*, do CP) consuma-se no momento em que os fatos "veiculados chegam ao conhecimento de terceiros" (CC n. 107.088/DF, rel. Min. Maria Thereza de Assis Moura, *DJe* 04.06.2010). 3. Tratando-se de queixa-crime que imputa a prática do crime de calúnia em razão da divulgação de carta em *blog*, na internet, o foro para processamento e julgamento da ação é o do lugar de onde partiu a publicação do texto tido por calunioso. 4. *In casu*, como o *blog* em questão está hospedado em servidor de internet sediado na cidade de São Paulo, é do Juízo da 13ª Vara Criminal dessa comarca a competência para atuar no feito. 5. Conflito conhecido para declarar competente o suscitado. (STJ, CC n. 97.201/RJ, 3ª Seção, rel. Min. Celso Limongi (Des. convocado do TJSP), j. 13.04.2011, *DJe* 10.02.2012)

Calúnia. Advogado. *Animus defendendi*

Recurso especial. Processual penal. Crime de calúnia. Advogado. Exercício da profissão. Ausência de dolo específico. Realização de ampla dilação probatória. Impossibilidade. Impropriedade da via eleita. Atipicidade da conduta que, no caso, revela-se patente. Trancamento da ação penal. Cabimento. 1. A aferição do dolo específico – elemento subjetivo da infração penal –, demanda ampla dilação probatória, incompatível com a via do *habeas corpus*, sede que permite o trancamento da ação penal apenas quando, excepcionalmente, evidenciar-se, de forma inequívoca, a inocência do acusado, a atipicidade da conduta ou a extinção da punibilidade. Precedentes. 2. Na hipótese dos autos, contudo, os acusados – na qualidade de Presidente da Ordem dos Advogados do Brasil, Seccional do Rio de Janeiro, e Presidente da Comissão de Defesa, Assistência e Prerrogativas da mesma entidade –, atuando em defesa de sua classe profissional e utilizando-se do instrumento cabível, representaram à Corregedoria do Tribunal Regional Federal da 2ª Região, com argumentos que, embora exacerbados, não extrapolaram os limites legais para o exercício do direito de petição. Nesse contexto, não há como considerar típicas as suas condutas, inexistindo, portanto, justa causa para a ação penal. Precedentes. 3. Recurso desprovido. (STJ, REsp n. 883.411/RJ, 5ª T., rel. Min. Laurita Vaz, j. 02.12.2010, *DJe* 07.02.2011)

Habeas corpus. Crime contra a honra. Calúnia proferida por advogada contra servidor público no curso de processo previdenciário. Trancamento da ação penal. Desnecessidade de profunda análise da prova para se constatar a inexistência de dolo da agente. *Animus narrandi* e/ou *defendendi* evidenciado. Atipicidade do ato imputado à paciente. Falta de justa causa à persecução penal. Ordem concedida. 1. O trancamento de ação penal, em sede de *habeas corpus*, somente deve ser acolhido se restar, de forma indubitável, a ocorrência de circunstância extintiva da punibilidade, de ausência de indícios de autoria ou de prova da materialidade do delito e ainda de atipicidade da conduta. 2. Se os fatos que deram azo ao processo-crime estão impregnados de *animus narrandi* e/ou *defendendi* e apresentam-se em total consonância com o relatado pelos clientes da paciente, tanto nas declarações que prestaram, quanto nos depoimentos de suas testemunhas perante a autoridade judicial, resta evidenciada a ausência de dolo por parte da advogada, que simplesmente agiu no exercício regular de seu direito, que era defender seus constituintes. 3. Não pode ser imputado o delito de calúnia à paciente que apenas cumpriu o seu dever de ofício, ao indicar atos que, se falsos, decorreram de depoimentos prestados por terceiros, pois a advocacia constitui um múnus público e faz parte da administração da justiça, não devendo seus representantes passar pela vexatória situação de envolvimento indevido em processos criminais, em forçada colocação de autoria de crime contra a honra, decorrente de depoimentos de testemunhas e clientes. 4. Ordem concedida para trancar a ação penal. (STJ, *HC* n. 113.000/RS, 5ª T., rel. Min. Jorge Mussi, j. 12.05.2009, *DJe* 15.06.2009)

Difamação

Art. 139. Difamar alguém, imputando-lhe fato ofensivo à sua reputação:

Pena – detenção, de 3 (três) meses a 1 (um) ano, e multa.

Exceção da verdade

Parágrafo único. A exceção da verdade somente se admite se o ofendido é funcionário público e a ofensa é relativa ao exercício de suas funções.

---

1. COMENTÁRIO

1.1. Considerações preliminares

Consoante será demonstrado, os tipos de difamação e calúnia aproximam-se demasiadamente, razão pela qual muitas das observações realizadas no art. 138 serão revisitadas no presente exame.

1.2. Objetividade jurídica

O bem jurídico tutelado no crime de difamação, tal como no delito de calúnia, é a honra da vítima. Tutela-se igualmente a honra objetiva no presente delito, porém em maior espectro, tendo em vista que não se exige que o fato imputado seja definido como crime, bem como que a imputação seja falsa. O objeto material do delito é o sujeito a quem se dirige a difamação.

1.3. Sujeitos

O delito é de natureza comum tanto no que se refere ao sujeito ativo como ao sujeito passivo.

No que diz respeito à possibilidade de a pessoa jurídica figurar como sujeito passivo do delito de difamação, a doutrina hodierna converge quanto à manifesta possibilidade (BITENCOURT, Cezar Roberto. *Tratado de direito penal*: Parte Especial, 2009, v. II, p. 375; MAYRINK DA COSTA, Álvaro. *Direito penal*, 1994, v. 2, t. I, p. 420; NUCCI, Guilherme de Souza. *Código Penal comentado*, 2006, p. 600; COSTA JUNIOR, Paulo José da. *Direito penal*: curso completo, 1999, p. 426). Ilustrativa nesse sentido a lição de Fragoso quando assevera ser "forçoso reconhecer que a evolução se processa no sentido da atribuição de valores morais, como a reputação e o bom nome, às coletividades juridicamente organizadas. É este um fato de nossa vida social que dificilmente poderá ser contestado por quem tenha os olhos voltados para a realidade" (FRAGOSO, Heleno Cláudio. *Lições de direito penal*, 2003, p. 217).

É de fundamental importância fazer a devida referência ao PLS n. 236/2012 – Projeto de Reforma do CP –, uma vez que, tal como consta do parágrafo único de seu art. 136, tipifica-se a conduta de: divulgar fato que sabe inverídico, capaz de abalar o conceito ou o crédito de pessoa jurídica. De maneira a solver a polêmica – cada vez menos expressiva, é verdade – existente em doutrina e jurisprudência, entendeu-se pela acertada previsão expressa quanto à possibilidade de a pessoa jurídica figurar como vítima do delito em comento. Para além disso, o Projeto de Lei prevê o cabimento de exceção da verdade quando se trate de ofensa manejada em face de pessoa jurídica.

1.4. Análise da(s) conduta(s) descrita(s) no tipo

Incide nas penas cominadas ao crime de difamação quem "difama alguém, imputando-lhe fato ofensivo à sua reputação". O fato imputado deve, como cediço, ser determinado, tendo em vista que, se impreciso ou abstrato, não se cogita da ocorrência de difamação, mas possivelmente da injúria.

Neste ponto, insta frisar os aspectos pelos quais se distingue a presente figura do delito antecedente. Em primeiro, a imputação não necessariamente deve ser falsa, é preciso apenas que possa ser tomada como verdadeira (BRUNO, Aníbal. *Direito penal*, 1972, t. IV, p. 297), porque as imputações absolutamente desarrazoadas e carentes de qualquer credibilidade não logram configurar o crime em comento. Como elucidou Aníbal Bruno, "a falsidade do alegado não é elementar da difamação, como o é na calúnia. Contrária ou não à verdade, a imputação infamante pode pôr em perigo ou realmente ofender a reputação da vítima" (ibidem, p. 298). A falsidade da imputação é prescindível única e exclusivamente pelo fato de o legislador não ter se valido, na redação típica, da elementar normativa correspondente, ao contrário do que realizou na calúnia com o emprego da expressão "falsamente". Como o fato imputado não é crimimoso, não existe interesse público, razão por que não cabe exceção da verdade em regra. As pessoas não podem, pois, se arvorar em censoras da moralidade pública. Com base nisso, mesmo informações verdadeiras, se ofenderem a honra objetiva, podem ser criminosas.

A imputação não deve traduzir fato definido como crime. A referida baliza é excludente e fundamental; se o fato imputado for definido crime, tratar-se-á do crime de calúnia e não de difamação. Rememore-se, nesse particular, a ressalva outrora aventada: a imputação de contravenção penal pode, em tese, perfectibilizar o crime de difamação, jamais o de calúnia.

O fato deve ser *ofensivo à reputação*. Isto é, deve repercutir na boa fama de que goza a vítima no âmbito de seu grupo social. Ademais, com a não reprodução daquela modalidade equiparada consistente em propalar ou divulgar os dizeres ofensivos, pode-se imaginar que, no crime de difamação, a divulgação da ofensa é indiferente penal. Ledo engano, porém. Assiste maior razão ao entendimento de que a não reprodução do texto legal não implica a atipicidade dessa conduta, porque aquele que propala ou divulga acaba necessariamente por incidir no tipo legal em comento (GOMES, Luiz Flávio; CUNHA, Rogério Sanches. *Direito penal*: Parte Especial, 2011, p. 83).

1.5. Elemento subjetivo

É punível exclusivamente na modalidade dolosa, seja dolo direto ou eventual. Faz-se imprescindível que o comportamento do agente seja voltado à imputação de fato ofensivo à reputação com o dolo específico de ofender. No mais, aplicam-se os comentários realizados no exame correspondente ao crime de calúnia.

1.6. Exceção da verdade

Tal como consta do parágrafo único, somente se admite nos casos em que ofensa se dê em desfavor de funcionário público e seja referente ao exercício de suas funções. Os requisitos são, pois, cumulativos: devem ser em razão das funções e em face de funcionário público.

1.7. Consumação e tentativa

Como advertido, trata-se de ofensa à reputação da vítima (esfera objetiva da honra), logo é necessário que uma terceira pessoa tome conhecimento da imputação. Trata-se, ainda, de crime formal (ou de consumação antecipada, como preferimos), uma vez que não se exige para a consumação a efetiva ocorrência do dano à reputação do ofendido. A tentativa é, hipoteticamente, aceitável, a depender dos meios e dos modos eleitos para a realização do delito.

1.8. Aspectos distintivos

1.8.1. Calúnia e difamação

Como cediço, os dois tipos penais consistem na imputação de fato, mas a diferença fundamental entre o delito de calúnia e o de difamação consiste, todavia, na natureza deste fato imputado: se o fato imputado constitui crime, tem-se a calúnia; se não constitui crime, mas é ofensivo à reputação, há a difamação. Outro aspecto distintivo diz respeito às consequências da veracidade do fato imputado: a veracidade do fato tem o condão de tornar atípica a suposta calúnia, mas nada diz para com a difamação. É dizer, se o agente sabe verdadeiro o fato que imputa, ainda que ele constitua crime, não se poderá falar na prática de calúnia; por outro lado, quando da imputação de fato ofensivo à honra que não constitua crime, pouco importa para a caracterização da difamação a sapiência quanto à (in)veracidade do fato imputado.

1.9. Causa especial de aumento de pena

Aumenta-se de um terço se cometido contra Presidente da República ou chefe de governo estrangeiro; contra funcionário público, em razão de suas funções, ou contra os Presidentes do Senado Federal, da Câmara dos Deputados ou do Supremo Tribunal Federal na presença de várias pessoas; por meio que facilite a divulgação; contra pessoa maior de 60 anos ou portadora de deficiência. E aumenta-se da metade se cometido mediante paga ou promessa de recompensa.

1.10. Classificação

Trata-se de crime comum tanto no sujeito ativo como no passivo; formal; doloso; de forma livre; instantâneo; monossubjetivo; uni ou plurissubsistente.

1.11. Ação penal

A ação penal, tal como determina o art. 145, é, em regra, de iniciativa privada. É de iniciativa pública condicionada à representação do Ministro da Justiça quando cometido o crime em desfavor do presidente da República ou chefe de governo estrangeiro e de iniciativa pública condicionada à representação do ofendido quando cometida em desfavor de funcionário público, em razão de suas funções.

Nas hipóteses de ação penal de iniciativa privada ou pública condicionada à representação, cabíveis irrestritamente a conciliação, transação penal e suspensão condicional do processo. Trata-se igualmente de delito de menor potencial ofensivo a ser processado perante o Juizado Especial Criminal.

2. JURISPRUDÊNCIA

2.1. Julgados

Difamação. Configuração. Texto editado em perfil de rede social. *Animus diffamandi*

A 1ª Turma recebeu queixa-crime formulada contra parlamentar pela prática do crime de difamação. De acordo com a inicial, o parlamentar-querelado publicou, em perfil de rede social, trecho editado de discurso feito pelo parlamentar-querelante com objetivo de difamá-lo. O Colegiado entendeu que a edição do discurso foi feita com a clara intenção de difamar o querelante. Pontuou que o ato de edição, corte ou montagem tem por objetivo guiar o espectador. Nesse contexto, destacou que o emprego de tal expedien-te, quando voltado a difamar a honra de terceiros, configura o dolo da prática criminosa. (STF, Pet. n. 5.705/DF, 1ª T., rel. Min. Luiz Fux, j. 05.09.2017, *Inf*. n. 876)

Difamação contra magistrado

Habeas corpus. Penal. Crime contra honra de magistrada. Difamação. Alegação de atipicidade da conduta e de inexistência de dolo. Reexame do conjunto fático-probatório. Impossibilidade. Excludente de crime. Inaplicabilidade. Ordem denegada. I – As alegações de atipicidade da conduta e de inexistência de intenção de ofender a vítima não podem ser apreciadas nesta via, em razão da necessidade de reexame dos fatos e provas da causa, o que não se admite em *habeas corpus*. II – Extrai-se da sentença e do acórdão que a confirmou que a paciente, advogada, de forma voluntária e consciente, teria irrogado ofensas à honra objetiva da vítima, diante de funcionários do cartório e demais pessoas que lá se encontravam, o que se amolda perfeitamente à conduta descrita no art. 139 do CP. III – No caso concreto, não há como acolher a pretensão de reconhecimento da imunidade conferida aos advogados, uma vez que a ofensa não foi irrogada em juízo, na discussão da causa e, ainda, porque a referida excludente de crime não abrange o magistrado, que não pode ser considerado parte na relação processual, para os fins da norma. IV – Ordem denegada. (STF, *HC* n. 104.385, 1ª T., rel. Min. Marco Aurélio, rel. p/ Ac. Min. Ricardo Lewandowski, j. 28.06.2011, *DJe* 24.08.2011)

Ação penal. Queixa. Crime de difamação imputado a desembargador em decisão proferida em exceção de suspeição. Atipicidade da conduta. Ausência de justa causa. Queixa-crime rejeitada. 1. A peça inicial expõe claramente a imputação, revelando-se possível o exercício do contraditório e da ampla defesa. 2. Não há elementos mínimos para lastrear afirmação de que o querelado agiu com o dolo específico de macular a reputação do querelante. Falta de justa causa. 3. Queixa-crime rejeitada, nos termos do art. 395, III, do CPP. (STJ, AP n. 599/MS, Corte especial, rel. Min. Teori Albino Zavascki, j. 16.06.2010, *DJe* 28.06.2010)

Habeas corpus. Ação penal. Difamação. Trancamento. Ofensa a magistrado proferida por advogado no exercício da profissão. Dolo específico de ofender. Inocorrência. Ausência do *animus diffamandi*. Atipicidade do delito. Ordem concedida. 1. O trancamento de ação penal, através da estreita e exígua via do *habeas corpus*, configura medida de exceção, somente cabível nas hipóteses em que se demonstrar, à luz da evidência, a atipicidade da conduta, a extinção da punibilidade ou outras situações comprováveis de plano, suficientes ao prematuro encerramento da persecução penal. 2. No caso, é possível entrever, da simples leitura dos autos, que a intenção do causídico não era atentar contra a reputação da juíza, mas sim conseguir beneficiar seu cliente com a anulação de um ato processual que continha declarações a ele desfavoráveis. Ausência do chamado *animus diffamandi*, que impede a configuração do delito. 3. Ordem concedida para trancar a ação penal de que se cuida. (STJ, *HC* n. 202.059/SP, 5ª T., rel. Min. Marco Aurélio Bellizze, j. 16.02.2012, *DJe* 23.04.2012)

Injúria

Art. 140. Injuriar alguém, ofendendo-lhe a dignidade ou o decoro:

Pena – detenção, de 1 (um) a 6 (seis) meses, ou multa.

§ 1º O juiz pode deixar de aplicar a pena:

I – quando o ofendido, de forma reprovável, provocou diretamente a injúria;

II – no caso de retorsão imediata, que consista em outra injúria.

§ 2º Se a injúria consiste em violência ou vias de fato, que, por sua natureza ou pelo meio empregado, se considerem aviltantes:

Pena – detenção, de 3 (três) meses a 1 (um) ano, e multa, além da pena correspondente à violência.

§ 3º Se a injúria consiste na utilização de elementos referentes a religião ou à condição de pessoa idosa ou com deficiência:

Parágrafo acrescentado pela Lei n. 9.459, de 13.05.1997, e com redação dada pela Lei n. 14.532, de 11.01.2023.

Pena – reclusão, de 1 (um) a 3 (três) anos, e multa.

Pena com redação dada pela Lei n. Lei n. 14.532, de 11.01.2023.

---

1. COMENTÁRIO

1.1. Notas introdutórias

Em sua modalidade fundamental, a injúria é o menos grave dos crimes contra a honra: a pena máxima atribuída é de seis meses. Deve-se ter em mente, porém, que o presente delito contém duas modalidades qualificadas: injúria real e injúria racial ou preconceituosa, cujas penas são sensivelmente exasperadas, com suas máximas chegando a um e três anos respectivamente.

1.2. Objetividade jurídica

O bem jurídico tutelado é a honra em sua esfera subjetiva, a estima própria, o juízo que a pessoa faz de si mesma, a sua dignidade ou decoro (NORONHA, Magalhães. *Direito penal*: crimes contra a pessoa e crimes contra o patrimônio, 1973, p. 123). O objeto material do delito é a própria vítima. Considerando-se que se trata de bem jurídico disponível, é possível o consentimento do ofendido. Neste crime, o sujeito tem a sua autoestima, a sua consideração própria, abalada.

1.3. Sujeitos

É delito comum tanto no que diz respeito ao sujeito ativo como passivo. Aplica-se quase irrestritamente o quanto deduzido no delito de calúnia com uma exceção apenas: a pessoa jurídica não pode ser vítima de injúria. A razão é simplesmente o fato de a pessoa jurídica não possuir honra subjetiva; não faz um juízo refletido sobre si mesma, logo não pode vê-lo assacado.

1.4. Análise da(s) conduta(s) descrita(s) no tipo

O tipo legal consiste em "injuriar alguém, ofendendo-lhe a dignidade ou o decoro". Na injúria, diferentemente de calúnia e difamação, a ofensa não é manifestada mediante a imputação de fato determinado, mas por meio de qualquer forma de expressão que traduza um juízo depreciativo do agente a respeito da vítima. Os meios, portanto, para a realização da injúria são tantos quantos se possa imaginar: palavras, escritos, gestos, desenhos, imagens, caricaturas, pinturas, alegorias, sinais, atitudes, atos *et cetera* (HUNGRIA, Nélson. *Comentários ao Código Penal*: Decreto-lei n. 2.848, de 7 de dezembro de 1940, 1955, v. VII, p. 535).

É preciso, porém, temperamento no exame da situação concreta de modo a verificar a ocorrência do delito em exame, tendo em vista que o valor ofensivo de uma expressão é relativo e varia notadamente com o tempo, lugar e as circunstâncias (NORONHA, op. cit., 1973, p. 124). Sinteticamente, a injúria deve ser analisada a partir de um ponto de vista relativo, porque uma palavra ou um dado ato pode ter ou não caráter injurioso (HUNGRIA, op. cit., 1955, v. VII, p. 91). É o que se dá, por exemplo, naquelas relações de amizade em que são empregados comumente termos de baixo calão entre um determinado grupo específico; fatalmente, em algumas regiões do território nacional, a alcunha de "sacana" neste contexto não perfaz assaque à honra do destinatário.

É preciso que o exame se dê *cum grano salis* também porque – como sinalizava Hungria – a injúria certamente não visa a tutelar a excessiva sensibilidade da vítima quando, no contexto em que foi praticado, o fato adapta-se socialmente, o que lhe retira o caráter injurioso. Nessa contextura, é de se ter em mente que "o que a lei protege são os justos melindres do brio, da dignidade ou do decoro pessoal, e não as exageradas ou fictícias dos 'alfenis', das 'mimosas pudicas', dos presunçosos, dos cabotinos" (ibidem, 1955, v. VII, p. 93).

Assim, não configuram o crime de injúria a mera descortesia, desatenção, a simples grosseria, o não reconhecimento dos méritos alheios, a recusa em participar de homenagens *et cetera* (BRUNO, Aníbal. *Direito penal*, 1972, t. IV, p. 303). Tais atos expressam mera incivilidade do sujeito, uma falta de aptidão para a prática dos atos da vida em sociedade, mas não justificam, porém, a sua incriminação pelo delito em comento. À falta de afinamento no trato social não se pode, pois, acoimar o labéu de criminoso, porquanto a perfectibilização do crime de injúria exige algo mais do que a mera descortesia: a ofensa à dignidade ou decoro da vítima.

Frise-se ademais que a injúria não necessariamente é uma ofensa manifestada explícita ou diretamente em relação ao ofendido. É possível que seja *indireta*, quando dirigida a uma pessoa particularmente importante para o ofendido; *reflexa*, quando se atinge em ricochete (chamar o marido de corno implica necessária ofensa à honra subjetiva também da esposa); *equívoca*, quando é velada, dúbia, disfarçada; *interrogativa*, *por exclusão* (quando, por exemplo, ao chegar em um círculo social, uma determinada pessoa aduz que falará apenas com os honestos e, neste contexto, deixa de cumprimentar alguém) *et cetera* (HUNGRIA, op. cit., 1955, v. VII, p. 95-6).

1.5. Elemento subjetivo

Admite-se apenas a modalidade dolosa – seja na forma direta ou eventual. O dolo consiste na vontade de injuriar alguém. Há, como nos delitos precedentes, o dolo específico do agente consistente na vontade de menoscabar, subjugar, humilhar a vítima: é o propósito de ofender ou *animus injuriandi*. Aplicáveis, no mais, aquelas observações tecidas quando do estudo do tipo subjetivo do crime de calúnia.

1.6. Consumação e tentativa

Consoante advertido, trata-se de crime contra a honra subjetiva. Assim, o crime em comento consuma-se apenas quando a ofensa chegar ao conhecimento da vítima. É evidente que se a injúria não chega ao conhecimento da vítima o delito não se consuma, tendo em vista inclusive que – por verdadeira impossibilidade fática – ela sequer detém as condições de oferecer queixa-crime. Consigna-se ainda que – crime formal que é – dispensa o efetivo dano à dignidade ou decoro da vítima.

1.7. Qualificadoras

Contém o tipo legal, em seus §§ 2º e 3º, modalidades qualificadas do delito de injúria, cujas penas são sensivelmente readequadas. Respectivamente, tem-se a injúria real e a injúria discriminatória.

1.7.1. Injúria real

Tal como consta do § 2º, "se a injúria consiste em violência ou vias de fato, que, por sua natureza ou pelo meio empregado, se considerem aviltantes", qualifica-se a pena. Insta, primeiro, que se esclareça a distinção entre violência e vias de fato. As vias de fato são entendidas como qualquer ação sobre a pessoa que não implique dano à integridade física ou saúde: é o tapa moderado, puxão de cabelo ou de orelhas *et cetera*; a violência, noutro plano, é toda a ação sobre a pessoa que implique dano à incolumidade física.

A distinção se justifica por conta das consequências no tratamento do delito. Se a injúria real é cometida mediante vias de fato, esta última resta absorvida pelo crime contra honra, porque – mera contravenção penal que é – traduz-se apenas como meio empregado. De modo diverso, quando haja violência e a consequente lesão corporal, as penas aplicam-se cumulativamente à injúria real tal como consta do preceito secundário do dispositivo: "além da pena correspondente à violência". Entende-se que se tratará de concurso formal impróprio, nos termos da segunda parte do art. 70 do CP, em que cumular-se-ão as penas, tendo em vista que, aí, atua o agente com desígnios autônomos.

O elemento fundamental nesta modalidade qualificada consiste no fato de que a violência ou vias de fato seja considerada aviltante por sua natureza ou pelo meio empregado. É dizer, devem ser aplicadas de maneira a constranger a vítima: com o propósito de lhe ofender a dignidade ou o decoro. Os exemplos mais comuns de injúria real em doutrina são a chicotada, a bofetada (NORONHA, op. cit., 1973, p. 129), o arremesso de excrementos, o levantamento da saia de uma mulher *et cetera* (HUNGRIA, op. cit., v. VII, 1955, p. 109). O traço característico da injúria real é que, nela, a ofensa à integridade física é perpetrada com o deliberado propósito de ofender a boa imagem, o decoro. O *animus* não é *laedendi*, é, antes disso, *injuriandi vel difamandi*. Aquele que quer agredir desfere um soco, um chute, um golpe contundente; se se abandona a efetividade do golpe com o intuito de menoscabar a vítima – um tapa com luva de pelica, uma surra de chicote, arremesso de dejetos ou de detritos – aí terá lugar o crime de injúria real.

1.7.2. Injúria discriminatória

Com o advento da Lei n. 9.459/97, inseriu-se no presente dispositivo legal o § 3º, no que se qualifica a injúria quando "consista na utilização de elementos referentes a raça, cor, etnia, religião, origem". Posteriormente, a partir da publicação da Lei n. 10.741/2003 (Estatuto do Idoso), acrescentou-se previsão que torna qualificada a injúria igualmente quando da utilização de elementos alusivos "à condição de pessoa idosa ou portadora de deficiência".

Recentemente, por conduto da reforma promovida pelo advento da Lei n. 14.532/2023, publicada em 11 de janeiro, operou-se nova alteração no indigitado § 3º. As previsões legais que dizem respeito à utilização de elementos de raça, cor e etnia foram suprimidas do dispositivo, uma vez que, nos termos da ementa da supracitada Lei, a injúria racial passou a ser tipificada como racismo. Nesta quadra, no âmbito da Lei n. 7.716/89 – lei que define os crimes resultantes de preconceito de raça e de cor, popularmente conhecida por Lei do Racismo –, inseriu-se o art. 2º-A com a seguinte redação: "Injuriar alguém, ofendendo-lhe a dignidade ou o decoro, em razão de raça, cor, etnia ou procedência nacional", a que se cominou pena de reclusão no patamar de 2 a 5 anos.

Quanto aos elementos do tipo consistentes de raça, cor e etnia, observa-se a manifestação do princípio da continuidade normativo-típica, eis que a utilização de tais elementos para o fim de injuriar alguém permanece subsumível a lei penal, tendo apenas se deslocado o conteúdo criminoso: antes, amparava-se no art. 140, § 3º, do CP; agora, no art. 2º-A da Lei n. 7.716/89.

Evidentemente, tal reforma não pretendeu realizar mero ajuste topográfico, uma vez que – para além da maior censurabilidade da conduta, tendo em vista que a pena abstratamente cominada é sensivelmente mais alta – a *injúria racial* passa a traduzir hipótese de crime contra a honra imprescritível, inafiançável e de ação pública incondicionada, justamente como decorrência de sua equiparação ao crime de racismo. É de se notar, igualmente, que o legislador inseriu a "procedência nacional" como elemento do tipo penal, tendo em vista a particular reprovabilidade da prática de xenofobia intestina.

É importante observar que o legislador assumiu as premissas sedimentadas pelo Superior Tribunal de Justiça, quando do julgamento do AREsp n. 686.955/DF, e pelo Supremo Tribunal Federal, por ocasião do julgamento da ação de *Habeas corpus* n. 154.248, quando os Tribunais equipararam injúria racial ao crime de racismo para reconhecer a sua imprescritibilidade, a despeito de previsão legal expressa nesse sentido. A injúria discriminatória, portanto, na forma como prevista no art. 140, § 3º, diz respeito exclusivamente à injúria qualificada pela utilização de elementos de religião, da condição de pessoa idosa ou de pessoa com deficiência e o fundamento da elevação dos patamares mínimo e máximo da sanção penal cominada é evidente, uma vez que, nestes casos, por conta da utilização daqueles referidos elementos, traduz-se maior desvalor na conduta do agente. Poder-se-ia falar, nesses casos, em manifesto desvalor da conduta, haja vista que o móvel da agressão é ainda mais censurável.

Insta sinalizar, porém, quanto à manifesta desproporcionalidade, a depender do caso, da pena cominada a esta modalidade qualificada: pena de reclusão de 1 a 3 anos e multa. Em última análise, injuriar discriminatoriamente uma pessoa equivale, na concepção do legislador, a matá-la culposamente, tendo em vista que as penas cominadas são equiparadas (BITENCOURT, Cezar Roberto. *Tratado de direito penal*: Parte Especial, 2009, v. II, p. 323). Cuida-se de crime contra pessoa certa e determinada, elegendo-se como meio para a ofensa uma característica de cor, raça, religião, etnia, etc.

Assim, com esteio em Bitencourt, é preciso que se examine o presente dispositivo sob um prisma ainda mais restritivo. A mera utilização de termo referido à religião, por exemplo, não dá azo à configuração do crime em comento; para além disto, é preciso examinar a existência do elemento subjetivo especial consistente em discriminar a vítima por conta dessa particular opção de vida. É indispensável, ademais, que o agente tenha a consciência exata do *que* faz e *como* faz (ibidem, 2009, v. II, p. 323).

Um outro aspecto a ser consignado diz respeito à questão das ofensas motivadas por preconceito e discriminação de identidade sexual. Você já deve ter percebido, caro leitor, que qualquer injúria, qualquer qualidade depreciativa, configura crime. A tipificação da injúria contra uma pessoa, em razão das sua identidade sexual, prescinde da aprovação da PLC n. 122/2006. Ou seja: ofender alguém por qualquer motivo ligado à sua identidade sexual já representa fato típico.

De toda sorte, o Supremo Tribunal Federal, no julgamento da ADO n. 26, passou a afirmar que as condutas homofóbicas e transfóbicas, na omissão do Poder Legislativo em regular a matéria, deveriam passar a ser tratadas como "crimes de racismo", nos termos da Lei n. 7.716/89. Em que pese as necessárias críticas ao posicionamento do STF, talvez surja, diante desse cenário, um quadro de conflito aparente de normas. Afinal, quando será o caso de injúria homofóbica/transfóbica e quando será o caso de equiparar condutas homofóbicas/transfóbicas ao racismo?

A distinção se dará à semelhança do que sói ocorrer com os casos de injúria racial e racismo, para os quais se remete o leitor. Em síntese, deve-se ter em mente que a injúria homofóbica/transfóbica consiste na ofensa da dignidade ou decoro da vítima (de sua honra subjetiva) mediante a utilização de expressões ofensivas; o crime de racismo homofóbico/transfóbico, por sua vez, manifesta-se pela discriminação (exclusão, restrição ou preferência) ou preconceito (é opinião formada antecipadamente) que redunde no desrespeito do princípio constitucional da igualdade e respeito étnico.

1.8. Classificação

Trata-se de crime comum tanto no sujeito ativo como no passivo; formal; doloso; de forma livre; instantâneo; monossubjetivo; uni ou plurissubsistente, tudo dependendo da forma eleita para o cometimento do injusto penal.

1.9. Perdão judicial

Há duas hipóteses contidas no § 1º do presente dispositivo em que a aplicação da pena é franqueada pelo legislador ao critério do juiz. O juiz *pode* deixar de aplicar a pena quando: "o ofendido, de forma reprovável, provocou diretamente a injúria" ou "no caso de retorsão imediata, que consista em outra injúria". Inicialmente, parece mais adequado ler o verbo *pode* como *deve*, na medida em que o perdão judicial deve ser interpretado como um direito subjetivo do réu; assim, caberá apenas ao juiz verificar se o querelado cumpre os requisitos.

Nessas hipóteses do § 1º, nada obstante não se exclua o crime e este esteja devidamente perfectibilizado, é possibilitado ao juiz que extinga a punibilidade do agente e deixe, assim, de aplicar a pena.

Na primeira hipótese, em que há reprovável provocação direta por parte do ofendido, o legislador reconhece que a palavra ou gesto ultrajante derivou de irrefreável impulso defensivo – irrefletido e em estado de alteração emocional – provocado pelo ofendido (BITENCOURT, op. cit., 2009, v. II, p. 314). Firme-se que é imprescindível, a essa hipótese de isenção de pena, tanto que a vítima esteja na presença do agente como que aja de forma reprovável. Como afiança Rosa Júnior, "[...] um policial na fiscalização do trânsito, um fiscal da limpeza pública que aplica uma multa, provavelmente desagradará o autuado, mas não está agindo 'de forma reprovável' e não propiciará o perdão judicial ao ofensor. Da mesma forma, o professor que reprova o aluno, conquanto o contrarie, não merece, para fins do art. 140, § 1º, a tacha de 'provocador'" (ROSA JÚNIOR, João Augusto de. "Crimes contra a honra". In: FRANCO, Alberto Silva; NUCCI, Guilherme Souza. *Doutrinas essenciais:* direito penal, 2010, v. V, p. 985).

Quanto à segunda hipótese, o agente responde injuriosamente a uma injúria proferida em seu desfavor. É imprescindível que a dita resposta seja imediata e que os agentes estejam presentes. Nessa hipótese, é possível que o juiz deixe de aplicar a pena aos dois envolvidos na discussão. A justificativa do perdão judicial neste caso concreto: a) em relação à vítima que responde à agressão, reside no caráter irrefreável do impulso emocional que compele o agente; b) quanto ao primeiro agressor que se torna vítima após a resposta, consiste na ausência de interesse social na punição, uma vez que já teria experimentado, como sanção, o revide (BRUNO, op. cit., 1972, t. IV, p. 308). Ainda em relação à retorsão, tenha-se em mente que, consoante defendemos, no *animus retorquendi*, não está presente a intenção deliberada de ofender, estando, pois, ausente o dolo específico.

O perdão judicial é causa extintiva de punibilidade, a representar uma espécie de sentença penal autofágica, no dizer de Luiz Flávio Gomes: a sentença teria estrutura de condenatória, mas os efeitos dela derivados restam afastados. De acordo com o enunciado da Súmula n. 18 do STJ, a sentença que aplica perdão judicial é declaratória da extinção de punibilidade. De acordo com o art. 120 do Código, a mencionada sentença não vale para efeito de reincidência. Pensamos, no entanto, tratar-se de sentença condenatória, afinal de contas, o juiz não precisaria perdoar se a hipótese fosse de absolvição.

1.10. Aspectos distintivos

1.10.1. Injúria e calúnia/difamação

A injúria distingue-se dos dois tipos legais precedentes na exata medida em que não se concretiza pela imputação de fato, mas por meio da expressão de um juízo depreciativo. Esse aspecto basilar é o necessário e suficiente para que não se confundam as hipóteses delitivas tocantes aos delitos contra a honra.

1.10.2. Injúria discriminatória, injúria racial e racismo

A injúria preconceituosa traduz-se em injuriar alguém, ofendendo-lhe a dignidade ou o decoro, mediante a utilização de elementos referentes à religião ou à condição de pessoa idosa ou com deficiência" e encontra previsão normativa no art. 140, § 3º, do CP. De sua parte, como observado, a injúria racial consiste em injuriar alguém, ofendendo-lhe a dignidade ou o decoro, em razão de raça, cor, etnia ou procedência nacional,[23] encontrando previsão típica no art. 2º-A da Lei n. 7.716/89. Injúria preconceituosa e discriminatória jamais se confundem, haja vista que dizem respeito a elementos completamente distintos, bem como apresentam pena cominada e regime jurídico completamente distinto.

Aproximam-se, porém, em um aspecto: ambas as figuras têm honra subjetiva da vítima como bem jurídico tutelado.

Noutro passo, tal como consta do art. 20 da Lei n. 7.716/89, o crime de racismo consiste em "praticar, induzir ou incitar a discriminação ou preconceito de raça, cor, etnia, religião ou procedência nacional"; os bens jurídicos tutelados – mais amplos e supraindividuais – são a igualdade e o respeito étnico (CANTON FILHO, Fabio. *O bem jurídico penal*, 2012, p. 81). Nesta perspectiva, deve-se ter em mente que a injúria racial consiste na ofensa da dignidade ou decoro da vítima [de sua honra subjetiva] mediante a utilização daqueles elementos citados; o crime de racismo manifesta-se, por sua vez, pela discriminação[24] (exclusão, restrição ou preferência) ou preconceito (é opinião formada antecipadamente) de raça, cor, etnia, religião ou procedência nacional que redunde no desrespeito do princípio constitucional da igualdade e respeito étnico.

Em síntese, a injúria racial configura-se quando se trate de ofensa que visa a ofender a dignidade ou decoro de vítima(s) certa(s) e determinada(s). Por seu turno, o crime de racismo viola indistintamente uma coletividade de pessoas pela discriminação ou preconceito. Isso não significa

---

23 Há de se considerar que, da perspectiva biológica, o termo raça não se presta a designar seres humanos, eis que inexistem raças distintas de pessoas, razão pela qual deve ser compreendido como conceito culturalmente construído, de modo a englobar tanto a etnia – que se cuida de conceito sociológico – e procedência nacional.

24 Acerca da temática tocante à discriminação racial e étnico-racial, é oportuna a análise do Estatuto da Igualdade Racial, Lei n. 12.288/2010.

dizer, todavia, que quando se trate de ofensa dirigida a uma pessoa exclusivamente ter-se-á, necessária e automaticamente, a ocorrência de injúria racial, porquanto tal ofensa pode também traduzir *discriminação* ou *preconceito de raça, cor, etnia, religião ou procedência nacional.*

Os bens jurídicos são, assim, diferentes. Se a ofensa for perpetrada contra a coletividade, com sujeito passivo indeterminado – modalidade de crime vago – haverá crime de racismo. Se, porém, a ofensa for contra determinada pessoa, específica, devidamente individualizada, e se escolher como meio para ofender um preconceito de raça, cor, etnia etc., haverá crime de injúria preconceituosa.

1.10.3. Calúnia, difamação ou injúria contra funcionário público em razão das suas funções e desacato

É fundamental que se distinga ainda os crimes contra a honra praticados contra funcionário público no exercício de suas funções ou em razão delas e o desacato. A distinção tradicional dá-se da seguinte maneira: o desacato – art. 331 do CP – pressupõe que a ofensa se dê na presença do funcionário público; se a ofensa se dá na sua ausência, ter-se-á crime diverso (calúnia, difamação, injúria, ameaça etc.) (JESUS, Damásio de. *Direito penal*, 2012, v. II, p. 252).

Ousa-se, porém, discordar no particular, uma vez que a adoção de tal critério, *data maxima venia*, não é suficiente para esclarecer definitivamente os aspectos diferenciadores entre os delitos. Se, *ad exemplum*, a ofensa for praticada por telefone, trata-se de desacato ou crime contra a honra?

De modo a complementar, portanto, o presente estudo, propõe-se que se distinga o desacato dos crimes contra a honra mediante o exame do bem jurídico assacado. É dizer, quando se trate de ofensa exclusivamente à honra da vítima – ainda que realizada em sua presença – será hipótese do correspondente crime contra a honra. À configuração do desacato é imprescindível que haja uma violação da moralidade da administração pública manifestada na conduta do agente; é dizer, não basta que profira ofensas ao funcionário público em sua presença, uma vez que sabidamente o âmbito de proteção da norma insculpida no art. 331 do CP é a moralidade da função pública exercida pelo funcionário.

Assim, a conduta do sujeito que, na presença do escrivão de cartório judicial, reverbera em alto e bom som que aquele sujeito é "uma vergonha aos colegas de profissão, bem para a administração da justiça" está sujeita às penas da injúria e não do desacato, tendo em vista que os seus dizeres não têm o condão de assacar a moralidade da administração.

Frise-se, ao final, apenas que o Projeto de Lei do Senado Federal (PLS) n. 236/2012 – Projeto de Reforma do CP – previu a extinção desta figura delitiva, uma vez que a conduta tutelada pelo desacato é tipificada como uma modalidade qualificada de injúria.

1.11. Causa especial de aumento de pena

Aumenta-se a pena de um terço se o crime for cometido contra Presidente da República ou chefe de governo estrangeiro; contra funcionário público, em razão de suas funções, ou contra os Presidentes do Senado Federal, da Câmara dos Deputados ou do Supremo Tribunal Federal; na presença de várias pessoas; por meio que facilite a divulgação; contra pessoa maior de 60 anos ou portadora de deficiência. E aumenta-se da metade se cometido mediante paga ou promessa de recompensa.

1.12. Ação penal

A ação penal, tal como determina o art. 145, é de iniciativa privada. É, todavia, de iniciativa pública condicionada à representação do Ministro da Justiça quando cometido em desfavor do presidente da República ou chefe de governo estrangeiro e de iniciativa pública condicionada à representação do ofendido quando cometida em desfavor de funcionário público em razão de suas funções.

Nas hipóteses de ação penal de iniciativa privada ou pública condicionada à representação, cabíveis a conciliação, transação penal e suspensão condicional do processo. Trata-se igualmente de delito de menor potencial ofensivo a ser processado perante o Juizado Especial Criminal.

2. JURISPRUDÊNCIA

2.1. Súmulas

Súmula n. 594, STF: "Os direitos de queixa e de representação podem ser exercidos, independentemente, pelo ofendido ou por seu representante legal".

Súmula n. 714, STF: "É concorrente a legitimidade do ofendido, mediante queixa, e do Ministério Público, condicionada à representação do ofendido, para a ação penal por crime contra a honra de servidor público em razão do exercício de suas funções".

2.2. Julgados

Injúria e imunidade parlamentar

Queixa-crime. Crimes de difamação e injúria. Alegações preliminares de imunidade parlamentar e "legítimo exercício da crítica política": inocorrência. Precedentes. Preliminares rejeitadas. Absolvição quanto ao crime de difamação. Prescrição da pretensão punitiva estatal do crime de injúria. Ação penal julgada improcedente. 1. A preliminar de imunidade parlamentar analisada quando do recebimento da denúncia: descabimento de reexame de matéria decidida pelo Supremo Tribunal. 2. Ofensas proferidas que exorbitam os limites da crítica política: publicações contra a honra divulgadas na imprensa podem constituir abuso do direito à manifestação de pensamento, passível de exame pelo Poder Judiciário nas esferas cível e penal. 3. Preliminares rejeitadas. 4. A difamação, como ocorre na calúnia, consiste em imputar a alguém fato determinado e concreto ofensivo a sua reputação. Necessária a descrição do fato desonroso. Fatos imputados ao querelado que não se subsumem ao tipo penal de difamação; absolvição; configuração de injúria. 5. Crime de injúria: lapso temporal superior a dois anos entre o recebimento da denúncia e a presente data: prescrição da pretensão punitiva do Estado. 6. Ação penal julgada improcedente. (STF, AP n. 474, Pleno, rel. Min. Cármen Lúcia, j. 12.09.2012, *DJe*, 07.02.2013)

Injúria discriminatória – qualificadora

Queixa-crime. Injúria qualificada *versus* crime de racismo. Arts. 140, § 3º, do CP e 20 da Lei n. 7.716/89. Se a um só tempo o fato consubstancia, de início, a injúria qualificada e o crime de racismo, há a ocorrência de progressão do que assacado contra a vítima, ganhando relevo o crime de maior gravidade, observado o instituto da absorção. Cumpre receber a queixa-crime quando, no inquérito referente ao delito de racismo, haja manifestação irrecusável do titular da ação penal pública pela ausência de configuração do crime. Solução que atende ao necessário afastamento da impunidade. (STF, Inq. n. 1.458, Pleno, rel. Min. Marco Aurélio, j. 15.10.2003, *DJ* 19.12.2003)

Injúria – elemento subjetivo

Penal e Processual Penal. Crimes contra a honra. Injúria: tipicidade objetiva e elemento subjetivo específico ausentes. Difamação: inadequação dos tipos objetivo e subjetivo. *Animus diffamandi*: inexistência. 1. A tipicidade dos delitos de difamação e injúria exige a avaliação do contexto fático probatório quanto ao tempo e lugar de ocorrência dos fatos e as peculiaridades pessoais de cada acusado. 2. A injúria exige para a sua configuração *animus injuriandi*. 3. A difamação exige imputação de fato desabonador determinado, lançado com o propósito deliberado de atingir a reputação da vítima. 4. Hipótese em que o texto publicado pela associação de classe não teve o condão de ofender a honra objetiva do querelante, visando apenas dar apoio institucional ao magistrado e reprovar ofensa contra ele assacada. Ausência de *animus diffamandi*. 5. Atipicidade de conduta que leva à rejeição da queixa-crime por ausência de justa causa (art. 396, III, do CPP). 6. Queixa-crime rejeitada. (STJ, AP n. 568/AL, Corte Especial, rel. Min. Eliana Calmon, j. 12.11.2009, *DJe* 17.12.2009)

Disposições comuns

Art. 141. As penas cominadas neste Capítulo aumentam-se de um terço, se qualquer dos crimes é cometido:

I – contra o Presidente da República, ou contra chefe de governo estrangeiro;

II – contra funcionário público, em razão de suas funções, ou contra os Presidentes do Senado Federal, da Câmara dos Deputados ou do Supremo Tribunal Federal;

Inciso com redação dada pela Lei n. 14.197, de 01.09.2021.

III – na presença de várias pessoas, ou por meio que facilite a divulgação da calúnia, da difamação ou da injúria;

IV – contra criança, adolescente, pessoa maior de 60 (sessenta) anos ou pessoa com deficiência, exceto na hipótese prevista no § 3º do art. 140 deste Código.

Inciso acrescentado pela Lei n. 10.741, de 01.10.2003, e com redação dada pela Lei n. 14.344, de 24.05.2022.

§ 1º Se o crime é cometido mediante paga ou promessa de recompensa, aplica-se a pena em dobro.

Parágrafo renumerado pela Lei n. 13.964, de 24.12.2019.

§ 2º Se o crime é cometido ou divulgado em quaisquer modalidades das redes sociais da rede mundial de computadores, aplica-se em triplo a pena.

Parágrafo acrescentado pela Lei n. 13.964, de 24.12.2019.

§ 3º Se o crime é cometido contra a mulher por razões da condição do sexo feminino, nos termos do § 1º do art. 121-A deste Código, aplica-se a pena em dobro.

Parágrafo acrescentado pela Lei n. 14.994, de 09.10.2024.

---

1. COMENTÁRIO

1.1. Causas especiais de aumento de pena

Quanto às causas de aumento de pena contidas no inciso I do presente dispositivo, já se teve a oportunidade de examiná-las no estudo do crime de calúnia. Digna de acréscimo apenas a seguinte observação: a expressão "chefe de governo estrangeiro" traduz a tutela da honra daquela pessoa detentora da direção governamental do país, o que varia a depender do regime político adotado (CAMARGO ARANHA, Adalberto José Q. T. *Crimes contra a honra*, 2007, p. 104). É dizer, se presidencialista, o chefe de governo é – por evidente – o Presidente da República; se parlamentarista, o primeiro-ministro.

A respeito do acréscimo promovido na causa de aumento contida no inciso II, notadamente quanto à inclusão específica dos Presidentes do Senado Federal, da Câmara dos Deputados ou do Supremo Tribunal Federal, é imprescindível tecer alguns comentários. Inicialmente, é de se observar que tal previsão não constara da redação original do Projeto de Lei n. 2.462/91, tendo sido acrescida durante sua tramitação por meio do apensamento do Projeto de Lei n. 3.430/2020 e com a pretensão de dar sobrevida à previsão outrora constante do art. 26 da revogada Lei de Segurança Nacional.[25]

O Projeto de Lei n. 3.430/2020 pretendia dispor "sobre a ameaça à vida dos Presidentes da República, do Senado Federal, da Câmara dos Deputados e do Supremo Tribunal Federal, alterando a Lei n. 7.170, de 14 de dezembro de 1983", qual seja, a indigitada Lei de Segurança Nacional (revogada pela Lei n. 14.197/2021).

A justificação apresentada pelo autor do PL n. 3.430/2020 traduz – com suficiência – a gênese das críticas doravante dirigidas à alteração da causa de aumento em questão, eis que declaradamente visa a sancionar opositores e críticos do atual Presidente da República. Sim, são esses os termos literais da justificação.[26] Parece inexistir exemplo mais claro e sincero do que se denomina Direito penal promocional, tendo em vista que se pretende declaradamente melhor tutelar a liberdade pessoal do Presidente da República em exercício mediante a inclusão de causa de aumento no revogado art. 28 da Lei de Segurança Nacional.[27]

O legislador brasileiro, então, ao passo que revogou norma que previa crime autônomo de calúnia ou difamação em razão da especial condição do sujeito passivo contida no art. 26 da Lei de Segurança Nacional, que previa pena de 1 a 4 anos, estende a amplitude da causa de aumento inscrita no art. 141 aos Presidentes do Senado, Câmara e do Supremo Tribunal Federal, fixada no patamar de 1/3. Note-se que a figura do Presidente da República já consta do inciso I.

Bem observada a alteração, conclui-se que, quanto aos delitos de calúnia e difamação, houve um arrefecimento da tutela penal, haja vista que as penas máximas restaram reduzidas: o máximo legal era de 4 anos e, após a alteração, no delito de calúnia fixou-se em 2 anos e 8 meses; no de difamação, 1 ano e 4 meses, já contabilizada a causa de aumento. De sua vez, quanto ao delito de injúria, a causa de aumento surge como *novatio legis in mellius*, porquanto não havia disposição de crime específico ou causa de aumento destinada àqueles sujeitos passivos.

A falta de técnica legislativa, *in casu*, salta aos olhos. Ora, a redação originária previa, no inciso I, a maior censurabilidade da conduta única e exclusivamente em razão da condição de Presidente da República ou chefe de governo estrangeiro, independentemente, portanto, que a ofensa à sua honra tenha se dado no contexto do exercício funcional. De outra sorte, no inciso II, o legislador claramente filtrou o espectro de incidência da causa de aumento, porque, ao prever a maior censurabilidade da conduta dirigida ao funcionário público, fez constar expressamente que, para tanto, a ofensa deve ocorrer necessariamente *em razão das suas funções*. É dizer, não é a mera condição de funcionário público em si que autoriza a maior tutela penal – o que haveria de vulnerar inclusive o primado da isonomia –, mas, sim, o fato de a ofensa guardar íntima re-

25 "Art. 26. Caluniar ou difamar o Presidente da República, o do Senado Federal, o da Câmara dos Deputados ou o do Supremo Tribunal Federal, imputando-lhes fato definido como crime ou fato ofensivo à reputação. Pena: reclusão, de 1 a 4 anos.Parágrafo único. Na mesma pena incorre quem, conhecendo o caráter ilícito da imputação, a propala ou divulga."

26 Leia-se: "É fato notório que a pessoa do Presidente da República incomoda muito seus opositores. Assim o é desde o processo eleitoral, quando ele foi alvo de tentativa de homicídio: https://noticias.r7.com/brasil/jairbolsonaro-e-esfaqueado-durante-campanha-em-juiz-de-fora-diz-pm-06092018, consulta em 25.05.2020. Após sua eleição, o Presidente vem sofrendo diuturnamente ataques de todas as formas: são artigos em jornais de grande circulação imputando-lhe crimes que nunca cometeu, tentativas de deturpar sua honra e de sua família e ameaças de todos os tipos nas redes sociais. A liberdade de expressão, apesar de ser um direito constitucional, não é um direito absoluto, não podendo ser usada como escusa para ferir direitos de outrem e ameaçar a vida e a integridade de pessoas". Disponível em: https://www.camara.leg.br/proposicoesWeb/prop_mostrarintegra?codteor=1905960&filename=PL+3430/2020; acesso em: 06.02.2022.

27 "Art. 28. Atentar contra a liberdade pessoal de qualquer das autoridades referidas no art. 26. Pena: reclusão, de 4 a 12 anos."

lação com a função pública exercida, de modo que a conduta revele censurabilidade adicional.

O que promoveu, então, o legislador reformador? Aparentemente transplantou o conteúdo jurídico do art. 26 da Lei de Segurança Nacional, o qual previa crime específico de calúnia ou difamação dirigida ao Presidente da República, do Senado Federal, da Câmara dos Deputados e do Supremo Tribunal Federal – independentemente de relação com o exercício de suas funções, e o inseriu no inciso II do art. 141, justamente após a ressalva atinente à vinculação funcional.

Nesse quadro, a interpretação literal do dispositivo, ao se considerar o deslocamento da ressalva consistente ao "em razão de suas funções", implica concluir que o vínculo funcional da ofensa apenas é imprescindível à majoração da pena no caso de crime contra a honra de funcionário público, sendo, pois, indiferente aos demais especificamente arrolados. De modo diverso, a análise topográfica e sistemática do dispositivo indicaria conclusão diversa, eis que o legislador optou pela inclusão da alteração no inciso II, e não no inciso I do art. 141.

A análise da alteração não permite, todavia, concluir por uma atuação zelosa do legislador, tendo em vista que o próprio conceito penal de funcionário público já abrangia todos os presidentes agora expressamente arrolados no inciso II, tal como se depreende do art. 327 do Código Penal aplicável indistintamente aos casos em que figure como sujeito ativo ou passivo o funcionário público.[28] Ou seja, se a pretensão do legislador reformador fosse vincular a majoração da pena ao exercício das funções públicas no caso de crimes contra a honra do Presidente do Senado Federal, da Câmara dos Deputados e do Supremo Tribunal Federal, a inclusão seria de todo desnecessária, eis que já são funcionários públicos para fins penais.

A conclusão parece indicar que, de fato, o legislador reformador pretendeu unificar o regime de tutela penal da honra dos chefes do Poder Executivo, Legislativo e Judiciário, de forma que a ofensa à sua honra seja objeto de maior censura independentemente de se relacionar ao exercício das funções; deveria, porém, tê-lo feito inclusive topograficamente mediante o acréscimo da alteração no inciso I.

Quanto à substância, inobstante os relevantes cargos exercidos, não parece existir justificativa à majoração única e exclusivamente em razão da sua função, porquanto, a rigor, nas questões estranhas ao exercício da Presidência – seja da República, do Senado, da Câmara ou do Supremo Tribunal –, seus ocupantes equivalem-se aos demais sujeitos submetidos à norma. Ademais, é de se considerar que o exercício de relevantes cargos públicos há de submeter os seus ocupantes a maior escrutínio público, o que natural e necessariamente redundará em maiores críticas, razão pela qual a majoração da pena nos crimes contra a honra em que figurem como vítimas os mencionados Presidentes de Poderes possui o condão de provocar o conhecido *chilling effect*, que traduz, nesse caso, o desencorajamento do exercício da liberdade de expressão.

É importante, por fim, não confundir a causa de aumento com o crime autônomo de desacato. Assentou-se, em doutrina e jurisprudência, a artificial distinção entre os tipos penais consistente na presença física do funcionário público ofendido: se o ofendido se fizer presente, perfectibilizar-se-ia o delito de desacato; se ausente, eventual crime contra a honra majorado. Em verdade, a diferença é que, no desacato, o desdouro, a ofensa, é perpetrada em face da administração, tratando-se de um crime vago, sem sujeito passivo determinado. O PLS n. 236/2012, inclusive, sugere a revogação do crime de desacato, por vislumbrar claro caráter autoritário, reminescência da ditadura vigente no Brasil até 1984. No mesmo passo, a Corte e a Comissão Interamericana de Direitos Humanos igualmente possuem uma série de manifestações e sentenças derredor da inconvencionalidade do crime de desacato, tendo por parâmetro a Convenção Americana de Direitos Humanos. Tais decisões provocaram a derroga-

28 Não se deve olvidar que a redação do art. 327 do CP declara o conceito de funcionário público para "fins penais" e, assim, não cria distinção entre a figuração como sujeito ativo ou passivo. Bem assim, é assentado doutrinária e jurisprudencialmente que o amplo conceito legal congloba os Presidentes do Senado Federal, Câmara do Deputados e do Supremo Tribunal Federal. A esse respeito disseram Alberto Silva Franco e Rui Stocco: "Para os efeitos penais, nosso diploma considera funcionário público não apenas esse servidor típico, mas também o que exerce emprego público (como contratado, o diarista etc.), ou, de qualquer modo, uma função pública. Pode-se dizer, então, que o conceito advém desta, embora o Código lhe haja dado maior extensão do que a do Direito Administrativo. Para ele, pois, são funcionários públicos tanto os Presidentes da República, do Senado, da Câmara dos Deputados, do Supremo Tribunal como o contínuo da repartição" (SILVA FRANCO, Alberto; STOCCO, Rui. *Código Penal e sua interpretação*: doutrina e jurisprudência. São Paulo, Revista dos Tribunais, 2007, p. 1.525).

ção de dispositivos internos promovida por Argentina, Paraguai, Costa Rica, Peru, Panamá, Nicarágua e Chile; Bolívia, Guatemala e Honduras reconheceram a inconstitucionalidade e inconvencionalidade por meio de suas Cortes Constitucionais. O Brasil, porém, mais uma vez, resiste à jurisprudência internacional, ao anunciar uma série de condenações nesse campo, a exemplo do julgamento da ação de *Habeas corpus* n. 379.269 pela 3ª Seção do STJ.

No inciso III, a pena é majorada pelo desvalor da conduta. Aqui, consideram-se quaisquer meios que facilitem a divulgação da ofensa, como jornais, periódicos, *sites* etc., ressalvada, porém, a especial censurabilidade da veiculação em redes sociais, as quais constam da qualificadora inscrita no § 2º.

A última causa de aumento de pena também é fundamentada pelo desvalor da conduta, em razão de a vítima consistir em criança, adolescente, pessoa maior de 60 (sessenta) anos ou pessoa com deficiência, tendo em vista a especial situação de fragilidade ou debilidade presumida pelo legislador a, portanto, facilitar a conduta perpetrada pelo autor do delito. Observe-se que a inserção dos elementos típicos *criança* e *adolescente* deu-se apenas por conduto da Lei n. 13.344/2022.

Finalmente, ressalva o Código Penal que tais causas de aumento de pena não têm lugar na hipótese prevista no § 3º do art. 140, ou seja, na forma qualificada da injúria discriminatória, que diz respeito a pessoa idosa e pessoa com deficiência, de modo a se evitar a incidência de causa de aumento em figura já qualificada pelo mesmo elemento. Assim, naturalmente, como a condição de criança e adolescente não induz à qualificação do delito de injúria, porque não inscrita no art. 140, § 3º, do CP, dará lugar à incidência da presente causa de aumento.

1.2. Qualificadoras

O dispositivo legal contém ainda três formas qualificadas de cometimento dos crimes contra a honra: a) aplica-se em dobro a pena se o crime é cometido mediante paga ou promessa de recompensa, tendo em vista a maior censurabilidade da conduta daquele que atenta contra a honra de outrem motivado por aspectos econômicos e financeiros; observa-se que tal previsão vem a reboque justamente das recentes evidenciações de consórcios privados de vulneração da honra e respeitabilidade de adversários políticos ou opositores em geral, as quais não raro deram-se mediante a promessa e pagamento de valores; b) aplica-se no triplo se o crime é cometido ou divulgado em quaisquer modalidades das redes sociais da rede mundial de computadores, eis que – consoante a prática tem demonstrado – a veiculação de ofensas por meio de redes sociais revelam potencial catalisado de assaque à honra, tendo em vista que o potencial de alastramento da calúnia, injúria ou difamação é virtualmente impassível de ser aferido; cuida-se de contextualização e atualização do Código Penal, uma vez que as razões de sua edição são, na essência, idênticas às da criação da causa de aumento inserida no inciso III; c) aplica-se em dobro a pena se o crime é cometido contra a mulher por razões da condição do sexo feminino, nos termos do § 1º do art. 121-A deste Código – considera-se que há razões da condição do sexo feminino quando o crime envolve: i) violência doméstica e familiar; ii) menosprezo ou discriminação à condição de mulher.

1.3. Acordo de não persecução penal

Registre-se, ainda, a partir da vigência da Lei n. 13.964/2019, a possibilidade de aplicação do acordo de não persecução penal no rito dos crimes contra a honra, em qualquer que seja a sua modalidade. Dessa forma, não sendo o caso de arquivamento ou de rejeição da inicial, e tendo o investigado confessado formal e circunstancialmente a prática de infração penal, o Ministério Público poderá propor acordo de não persecução penal, desde que necessário e suficiente para reprovação e prevenção do crime.

Depreende-se, da parte final do art. 45 do CPP, que caberá ao Ministério Público intervir em todos os atos processuais, ainda que o exercício da ação penal tenha se dado pela via privativa. Do contrário, haverá nulidade processual caso o juiz deixe de abrir vistas ao *parquet* para sua atuação.

É de se perceber que o acordo de não persecução penal apenas poderá ser ofertado se não houver motivos para se rejeitar a queixa-crime. É dizer: instado a se manifestar sobre a acusação formulada na petição inicial, o Ministério Público poderá se posicionar quanto à inadmissibilidade da acusação, requerendo o seu arquivamento. Estando comprovados, lado outro, a materialidade e os indícios suficientes de autoria, deverá ofertar ao querelado o acordo de não persecução penal, desde que necessário e suficiente para reprovação e prevenção do crime.

Exclusão do crime

Art. 142. Não constituem injúria ou difamação punível:

I – a ofensa irrogada em juízo, na discussão da causa, pela parte ou por seu procurador;

II – a opinião desfavorável da crítica literária, artística ou científica, salvo quando inequívoca a intenção de injuriar ou difamar;

III – o conceito desfavorável emitido por funcionário público, em apreciação ou informação que preste no cumprimento de dever do ofício.

Parágrafo único. Nos casos dos ns. I e III, responde pela injúria ou pela difamação quem lhe dá publicidade.

1. COMENTÁRIO

1.1. As imunidades

Nada obstante intitule o legislador de *exclusão do crime*, diverge a doutrina quanto à correta classificação das hipóteses contidas no art. 142 do CP: causas excludentes da ilicitude (BRUNO, Aníbal. *Direito penal*, 1972, t. IV, p. 313; FRAGOSO, Heleno Cláudio. *Lições de direito penal*, 2003, p. 143), da punibilidade (NORONHA, Magalhães. *Direito penal*: crimes contra a pessoa e crimes contra o patrimônio, 1973, p. 130; HUNGRIA, Nélson. *Comentários ao Código Penal*: Decreto n. 2.848, de 7 de dezembro de 1940, 1955, v. VII, p. 116) ou do elemento subjetivo do tipo (PRADO, Luiz Regis. *Curso de direito penal brasileiro*: Parte Especial, 2007, v. II, p. 289; BITENCOURT, Cezar Roberto. *Tratado de direito penal*: Parte Especial, 2009, v. II, p. 321). Ao que consta, parece mais adequado entender que, nas hipóteses doravante esmiuçadas, resta afastada a tipicidade da conduta, uma vez que ausente o *animus difamandi vel injuriandi*, ou seja, carece do elemento subjetivo do injusto. A adequação típica ainda restará afastada se se aceitar a teoria da imputação objetiva ou a teoria dos elementos negativos do tipo.

Observe-se, porém, que as hipóteses do presente artigo referem-se exclusivamente à difamação e injúria; a calúnia, portanto, permanece intocada, tendo em vista que, por se tratar da imputação de fato criminoso, subsiste o interesse público na sua elucidação, o que não justifica, pois, a criação de obstáculos à adoção de tal providência (GOMES, Luiz Flávio; CUNHA, Rogério Sanches. *Direito penal*: Parte Especial, 2011, p. 87). No PLS n. 236/2012, porém, além de se aumentar as hipóteses de imunidade, ainda estendeu a imunidade para a calúnia, ponto do qual discordamos e a que nos opusemos, inclusive, por ocasião da votação da matéria.

1.1.1. Imunidade judiciária

A primeira das imunidades diz respeito à "ofensa irrogada em juízo, na discussão da causa, pela parte ou por seu procurador". É fundamental, primeiro, que a ofensa perfectibilize difamação ou injúria, porquanto a calúnia não dá azo às presentes causas de imunidade. Ademais, imprescindível que se dê em juízo; o que significa dizer tanto que deve se dar perante o Poder Judiciário quanto que deve guardar conexão com a causa: significa dizer que deve haver um nexo lógico entre a ofensa e a discussão da causa (CAMARGO ARANHA, op. cit., 2007, p. 112).

Os sujeitos abrangidos pela presente cláusula são exclusivamente a parte e seu procurador. A imunidade não se estende ao juiz, ao perito, ao delegado, à testemunha, ao escrivão *et cetera*, porquanto não sejam partes. No que se refere ao Ministério Público, é preciso examinar qual função exerce *in casu;* se mero *custos legis,* não se justifica a aplicação desta cláusula. Obviamente, não contempla a testemunha. Quanto ao MP, somente gozará da imunidade se estiver na qualidade de parte, não havendo imunidade na condição de fiscal da lei.

A ofensa pode ser proferida em desfavor de qualquer pessoa, ainda que terceiro, desde que guarde conexão com a causa em discussão. Não é demais frisar que ninguém possui imunidade para a prática de calúnia, nem mesmo o advogado, ainda que na discussão da causa. Deve-se observar inclusive que a previsão constitucional desta cláusula de imunidade ao advogado, insculpida no art. 133 da CF, contém reserva expressa: "aos limites da lei".

Aquele que dá publicidade à ofensa objeto desta imunidade responde pelo delito; exceto, é claro, quando a obrigação de publicar derivar de lei, tal como no caso dos funcionários cartorários que têm por dever a publicação de ata de audiência em que foram proferidas ofensas.

Ainda se recorde que a imunidade não pode ser absoluta: ela é restrita à discussão da causa, com comedimentos. Se ficar evidente o intento de ofender, o crime estará configurado.

1.1.2. Imunidade quanto à crítica literária, artística e científica

Inaplicáveis as penas correspondentes aos delitos de difamação e injúria quando se tratar de "opinião desfavorável da crítica literária, artística ou científica, salvo quando inequívoca a intenção de injuriar ou difamar". Esclarece Hungria – com particular clareza – a razão de ser do presente dispositivo: "Quem sai da retrocenta e surge na ribalta, é para receber aplausos ou apupos. O desfavor da crítica é, aqui, um risco profissional. Ainda mesmo que se manifeste em termos ásperos, sarcásticos, mormente irônicos, não incide na sanção penal. Ao queixume do crítico se poderá responder: quem não quer ser lobo, que não lhe vista a pele" (HUNGRIA, op. cit., 1955, v. VII, p. 123).

O presente dispositivo presta-se a garantir a liberdade de crítica em relação à produção literária, artística ou científica – o que é, em si, interesse sobrelevado da cultura. Não se deve, porém, tomá-lo como absoluto, uma vez que passível de punição a conduta que transpareça inequivocamente o ânimo de injuriar ou difamar o autor de obra literária, artística ou científica.

1.1.3. Imunidade no exercício funcional

Vê-se igualmente acobertado pelo manto conferido pela imunidade o funcionário público no que emite "conceito desfavorável, em apreciação ou informação que preste no cumprimento de dever do ofício". O presente dispositivo visa a tutelar a liberdade, tranquilidade e independência do funcionário público no exercício de suas funções (PRADO, op. cit., 2007, v. II, p. 253).

Como sabido, o funcionário público em suas manifestações (informações, pareceres, conclusões, despachos) pode dar causa ao emprego de termos ou expressões de sentido ofensivo, mas que se mostram necessários para a fiel exposição dos fatos ou argumentos. Quando aplicados – adequada e proporcionalmente – como mero meio para a consecução de um fim de direito, estarão, portanto, acobertados pela cláusula de imunidade (BRUNO, op. cit., 1972, t. IV, p. 317).

Aquele que dá publicidade à ofensa objeto desta imunidade responde pelo delito, exceto, é claro, se a obrigação de publicar derivar de lei.

Retratação

Art. 143. O querelado que, antes da sentença, se retrata cabalmente da calúnia ou da difamação, fica isento de pena.

Parágrafo único. Nos casos em que o querelado tenha praticado a calúnia ou a difamação utilizando-se de meios de comunicação, a retratação dar-se-á, se assim desejar o ofendido, pelos mesmos meios em que se praticou a ofensa.

Parágrafo acrescentado pela Lei n. 13.188, de 11.11.2015.

---

1. COMENTÁRIO

1.1. Retratação

A retratação é causa de exclusão da punibilidade que tem lugar quando "o querelado, antes da sentença, se retrata cabalmente da calúnia ou da difamação, fica isento de pena". A retratação, porém, não se restringe ao mero desdizer; é preciso que o agente escuse-se, retirando do mundo o quanto afirmado – completa, cabal e satisfatoriamente –, demonstrando, assim, sincero arrependimento (GOMES; CUNHA, op. cit., 2011, p. 89).

Retratação não se confunde com negativa de fatos. Assim, se o querelado, em sua defesa, asseverar que não falou, não haverá extinção de punibilidade, mas sim uma estratégia de defesa. Retratação é desdizer-se, de forma cabal, proporcional e incondicional.

É exclusivamente aplicável aos delitos de calúnia e difamação, excetua-se, portanto, a injúria (no PLS n. 236/2012, a injúria também aceitará essa causa extintiva de punibilidade). Como sintetiza Regis Prado, mostram-se prescindíveis a espontaneidade da retratação ou os motivos que levam o agente a realizá-la; a voluntariedade, todavia, é indispensável. O agente tem de fazê-lo ao seu alvedrio. Trata-se, ademais, de ato de caráter subjetivo, o qual, portanto, não aproveita aos demais eventuais corréus. A retratação, porque unilateral, independe de aceite ou manifestação do ofendido (PRADO, op. cit., 2007, v. II, p. 253). Explique-se: a retratação independe de aceite, porque quem abre mão do direito de punir não é o querelado, que não é o seu titular. Quem abre mão do direito de punir é o titular, qual seja o estado. Ademais disso, se fosse se exigir aceite, a retratação seria em tudo e por tudo desnecessária, porque isso já configuraria a ocorrência de perdão do ofendido. Finalmente, sobreleve-se que, quem se julga ofendido, com a retratação, pode, ainda assim, manejar a competente e cabível ação civil, usando a retratação como prova emprestada.

Observe-se que o legislador restringe a possibilidade de retratação ao querelado, o que significa dizer que só se admite a indigitada causa de exclusão de punibilidade em sede de ação penal privada. Nesse caso, incabível o seu manejo quando a ofensa é realizada, por exemplo, em desfavor do Presidente da República, chefe de governo estrangeiro ou funcionário público no exercício das funções, uma vez que a ação penal nesses casos é de natureza pública condicionada à representação.

O fundamental quanto à retratação é o estrito respeito ao termo *ad quem* imposto pelo legislador: a retratação deve se dar necessariamente antes da sentença. Sc posterior, poderá ser aproveitada, no máximo, como circunstância atenuante, prevista no art. 65, III, *b*, do CP.

Deu-se, em 2015, importante inovação legislativa quanto ao tema a partir da inclusão do referido parágrafo único, que prevê, nas hipóteses em que se tenha praticado a calúnia ou difamação utilizando-se de meios de comunicação, a faculdade do ofendido de requerer que a retratação se dê pelos meios pelos quais se praticou a ofensa.

Como se nota, o dispositivo consta da Lei n. 13.188, que introduziu a disciplina do direito fundamental de resposta – art. 5º, V, da CF – o qual carecia de maior concretude legal desde o julgamento da ADPF n. 130, em que o STF decidiu pela não recepção da Lei de Imprensa.

Trata-se de previsão que cuida de garantir à vítima – quando ofendida por conduto de meios de comunicação – a faculdade de ver a ofensa irrogada em detrimento da sua reputação social abrandada nas mesmas condições e circunstâncias.

A natureza facultativa deriva do próprio princípio orientador do trato jurídico dos crimes contra a honra, porquanto é possível que seja à vítima menos interessante a relembrança pública do ultraje, ainda que com fins de retratação. É dizer, não se poderia admitir a obrigatoriedade da imposição da retratação pública quando se tem em mente que, em regra, o próprio processamento do autor cabe exclusivamente à vítima.

Se à vítima cabe não oferecer queixa, é natural que a ela caiba igualmente decidir pela maneira como se deve dar a retratação das ofensas cometidas em meios de comunicação. No caso de o querelado não realizar a retratação pelos mesmos meios em que propalada a ofensa em desrespeito à vontade da vítima, tem-se muito claro que tal manifestação certamente não se prestará aos fins de isentá-lo da pena. A Lei n. 13.188/2015 – que cuida do exercício administrativo e judicial do direito de resposta – aduz que, em relação aos seus fins próprios, tal resposta seria considerada inexistente.

Parece, todavia, impassível de importação tal previsão, porquanto peremptoriamente desconsidera uma manifestação do querelado que – malgrado inservível para os fins de retratação – revela elemento relevante para a mensuração da censurabilidade da conduta ou dele próprio. Tem-se, então, que nesses casos será possível a discussão pelo enquadramento da manifestação ora como circunstância atenuante, ora como circunstância judicial favorável, a depender – é claro – do caso posto sob exame.

Art. 144. Se, de referências, alusões ou frases, se infere calúnia, difamação ou injúria, quem se julga ofendido pode pedir explicações em juízo. Aquele que se recusa a dá-las ou, a critério do juiz, não as dá satisfatórias, responde pela ofensa.

---

1. COMENTÁRIO

1.1. O pedido de explicações em juízo

Como consta do art. 144 do CP, "se, de referências, alusões ou frases, se infere calúnia, difamação ou injúria, quem se julga ofendido pode pedir explicações em juízo. Aquele que se recusa a dá-las ou, a critério do juiz, não as dá satisfatórias, responde pela ofensa". O pedido de explicações em juízo é uma interpelação judicial facultativa de natureza cautelar cuja finalidade é instruir eventual e futura ação penal.

Tal como se advertiu, os delitos contra a honra admitem notadamente multifacetados meios de execução, pelo que se faz possível que a ofensa seja proferida dissimulada de maneira a não tornar absolutamente claro o seu conteúdo, destinatário ou as demais circunstâncias do fato. O pedido de explicações em juízo tem lugar justamente nestes casos em que o agente entende maculada a sua honra nada obstante a dubiedade das expressões.

É fundamental que bem se entenda esta interpelação judicial como faculdade do agente. Não se faz obrigatória ou imprescindível à propositura da ação penal correlata, mas tem lugar quando se entenda necessário esclarecer a equivocidade da suposta ofensa.

Uma vez manejado o pedido de explicações em juízo, determina-se a notificação do autor para que esclareça ou explique o conteúdo potencialmente ofensivo. Os autos da interpelação judicial – com ou sem explicações – serão, após, entregues à parte requerente, uma vez que não cabe ao juiz, neste momento, analisar o mérito das explicações ou mesmo a ausência de manifestação.

É de se imaginar, então, qual a utilidade da segunda parte do artigo em comento no que reza: "aquele que se recusa a dá-las ou, a critério do juiz, não as dá satisfatórias, responde pela ofensa". Dá-se o referido exame quando do efetivo oferecimento da queixa-crime correspondente àqueles fatos contidos na interpelação judicial, após – é claro – a devolução do pedido de explicações em juízo, no que se examinará quanto ao recebimento ou rejeição da peça de acusação.

Uma última observação: a apresentação desta interpelação judicial não tem o condão de suspender ou interromper o curso do prazo decadencial que, nestes casos, é exíguo: seis meses. Trata-se, pois, de providência dispensável.

Art. 145. Nos crimes previstos neste Capítulo somente se procede mediante queixa, salvo quando, no caso do art. 140, § 2º, da violência resulta lesão corporal.

Parágrafo único. Procede-se mediante requisição do Ministro da Justiça, no caso do inciso I do *caput* do art. 141 deste Código, e mediante representação do ofendido, no caso do inciso II do mesmo artigo, bem como no caso do § 3º do art. 140 deste Código.

Parágrafo com redação dada pela Lei n. 12.033, de 29.09.2009.

---

1. COMENTÁRIO

1.1. Ação penal

A ação penal ordinariamente nos crimes contra a honra é de iniciativa privada e demanda o oferecimento de queixa-crime por parte do ofendido. Excetua-se, porém, tal regra no caso da injúria real que redunde em lesão corporal, uma vez que, nesta hipótese, a ação penal será pública incondicionada na hipótese de lesão corporal grave e pública condicionada à representação se a lesão é de natureza leve, consoante o art. 88 da Lei n. 9.099/95. Lembre-se que a queixa-crime é uma hipótese de substituição processual, que demanda procuração com poderes especiais, nos termos do art. 41 do CPP.

É pública condicionada à representação do Ministro da Justiça quando a ofensa é dirigida ao Presidente da República ou a chefe de governo estrangeiro. Na hipótese de ofensa dirigida a funcionário público em razão do exercício das funções, a ação penal será pública condicionada à representação da vítima. Admite-se, porém, a legitimação concorrente do funcionário público ofendido para dar azo à instauração da ação penal mediante o oferecimento de queixa-crime, a teor da Súmula n. 714 do STF.

No caso da injúria preconceituosa, a Lei n. 12.033/2009 alterou a regra da ação penal, passando a ser condicionada à representação, em lugar daquilo que seria a regra geral, ou seja, deixou de ser processada mediante queixa. Uma advertência se faz importante: a alteração da regra da ação penal não é uma norma de processo penal, pura e híbrida, porquanto o tipo de ação penal repercute para algumas causas extintivas de punibilidade, como decadência, perdão do ofendido, renúncia ao direito de queixa e perempção. Sendo assim, para o aspecto do direito penal material, a norma é irretroativa.

Faz-se imperiosa a observância *in casu* do prazo decadencial de seis meses para o oferecimento de queixa-crime ou representação, contados a partir da data em que se tomou conhecimento quanto à autoria do respectivo crime, nos termos do art. 103 do CP. Extrapolado o prazo, decai peremptoriamente do direito de ação à vítima.

2. JURISPRUDÊNCIA

2.1. Súmulas

Súmula n. 594, STF: "Os direitos de queixa e de representação podem ser exercidos, independentemente, pelo ofendido ou por seu representante legal".

Súmula n. 714, STF: "É concorrente a legitimidade do ofendido, mediante queixa, e do Ministério Público, condicionada à representação do ofendido, para a ação penal por crime contra a honra de servidor público em razão do exercício de suas funções".

2.2. Julgados

Injúria. Legitimidade da esposa para propor queixa-crime

A esposa tem legitimidade para propor queixa-crime contra autor de mensagem que insinua que o seu marido tem uma relação extraconjugal com outro homem. Se alguém alega que um indivíduo casado mantém relação homossexual extraconjugal com outro homem, a esposa deste indivíduo tem legitimidade para ajuizar queixa-crime por injúria, alegando que também é ofendida. Caso concreto: Roberto insinuou que Weverton teria um relacionamento homossexual extraconjugal com outro homem. A mulher de Weverton tem legitimidade para ajuizar queixa-crime contra Roberto pela prática do crime de injúria. (STF, Pet. n. 7.417-Ag.

Reg./DF, 1ª T., rel. Min. Luiz Fux, red. p/ o ac. Min. Marco Aurélio, j. 09.10.2018, *Inf.* n. 919)

Calúnia. Retratação tardia. Ocorrência

Habeas corpus. 2. Calúnia contra magistrado (art. 138, c/c 141, II, do CP). 3. Direito de retratação. 4. A declaração tardia, parcial, que atende exclusivamente ao interesse do paciente, não pode prevalecer, sob pena de privilegiar a mera invocação do art. 143 do CP ao próprio bem jurídico que se visa a tutelar com a norma penal. 5. Liminar revogada e ordem denegada. (STF, *HC* n. 107.206, 2ª T., rel. Min. Gilmar Mendes, j. 06.03.2012, *DJe* 22.05.2012)

Calúnia. Exceção da verdade

Penal. Calúnia. Exceção da verdade contra deputado federal. Competência do STF. Improcedência da exceção por falta de provas. I – Cabe ao STF julgar a exceção da verdade apresentada em ação penal baseada em suposta prática calúnia quando o excepto (querelante) exercer o cargo de Deputado Federal. II – Deve o excipiente (querelado) demonstrar o que alegou na exceção, sob pena de improcedência do incidente, não sendo aceitável excursar-se desse encargo ante o pretexto de ter-se comprometido junto ao Ministério Público a guardar sigilo sobre as investigações. III – Exceção da verdade julgada improcedente, com retorno da ação penal à Instância *a quo* para prosseguimento. (STF, Pet. n. 4.898, Pleno, rel. Min. Ricardo Lewandowski, j. 24.11.2011, *DJe* 09.02.2012)

Difamação. Ausência do elemento subjetivo. Atipicidade

Penal. Processo penal. *Habeas corpus*. Crime contra a honra. Difamação contra magistrado. Termos usados por advogado em sede de exceção de suspeição nos embargos à execução. *Animus diffamandi*. Inexistência. Ação penal. Tipicidade do fato. Ausência de justa causa. Prova pré-constituída de inocência do réu. Trancamento. Possibilidade. Ordem concedida. [...] No tocante ao crime de difamação, restou evidenciada, no caso concreto, a atipicidade do fato ante a falta do elemento subjetivo consubstanciado no propósito de ofender a reputação da vítima. Ademais, a imunidade conferida ao advogado, no exercício do seu mister, compreende a imunidade profissional (CR, art. 133; Lei n. 8.906/94, art. 7º, § 2º) e a imunidade penal judiciária (CP, art. 142, I). Embora excessiva e censurável a manifestação do advogado em face da conduta do magistrado, se verificada no contexto da discussão da causa e mediante provocação do juiz do feito quanto à sua atuação, impõe-se o reconhecimento da inviolabilidade profissional. Ordem concedida para trancar a ação penal. (STJ, *HC* n. 41.576/RS, 6ª T., rel. Min. Paulo Medina, j. 06.02.2007, *DJ* 25.06.2007)

CAPÍTULO VI
DOS CRIMES CONTRA A LIBERDADE INDIVIDUAL

Seção I
Dos Crimes Contra a Liberdade Pessoal

Constrangimento ilegal

Art. 146. Constranger alguém, mediante violência ou grave ameaça, ou depois de lhe haver reduzido, por qualquer outro meio, a capacidade de resistência, a não fazer o que a lei permite, ou a fazer o que ela não manda:

Pena – detenção, de 3 (três) meses a 1 (um) ano, ou multa.

Aumento de pena

§ 1º As penas aplicam-se cumulativamente e em dobro, quando, para a execução do crime, se reúnem mais de três pessoas, ou há emprego de armas.

§ 2º Além das penas cominadas, aplicam-se as correspondentes à violência.

§ 3º Não se compreendem na disposição deste artigo:

I – a intervenção médica ou cirúrgica, sem o consentimento do paciente ou de seu representante legal, se justificada por iminente perigo de vida;

II – a coação exercida para impedir suicídio.

---

1. COMENTÁRIO

1.1. Objetividade jurídica

O crime de constrangimento ilegal tutela a liberdade pessoal, assim entendido o poder de autodeterminação, a liberdade de querer e agir, constitucionalmente assegurada no art. 2º, II, da CF: "Ninguém será obrigado a fazer ou deixar de fazer alguma coisa senão em virtude de lei".

1.2. Sujeitos

O crime de constrangimento ilegal é crime comum, que pode ser praticado por qualquer pessoa. Se o fato for praticado por funcionário público no exercício de suas funções, haverá crime de abuso de autoridade.

Sujeito passivo pode ser qualquer pessoa que possua capacidade de autodeterminação (o ofendido deve ter capacidade de entender que sua liberdade está sendo cerceada). Não podem ser sujeitos passivos do crime, portanto, o doente mental completo, a criança de tenra idade, o enfermo inconsciente etc. Haverá crime, entretanto, se a vítima possuir capacidade volitiva, ainda que diminuída (p. ex.: obrigar uma criança de 10 anos a atravessar a rua).

1.3. Análise da(s) conduta(s) descrita(s) no tipo

O núcleo do tipo é o verbo "constranger", que significa coagir, forçar, compelir, obrigar alguém a fazer alguma coisa ou deixar de fazer algo que a lei não lhe impõe. A conduta do agente visa a obter da vítima uma conduta positiva (ação) ou negativa (abstenção).

É indispensável para a caracterização do crime a ilegitimidade da pretensão do agente (p. ex.: forçar alguém a ingerir bebida alcoólica, obrigar alguém a atravessar a rua, impedir que alguém frequente determinado lugar etc.).

Se a pretensão do agente é legítima e o comportamento da vítima puder ser exigido por meio de ação judicial, o crime será o de exercício arbitrário das próprias razões, previsto no art. 345 do CP (p. ex.: obrigar o devedor, por meio de ameaça de morte, a pagar uma dívida).

Não há crime quando a ação de constranger visa a impedir alguém de praticar um crime, ainda que não caracterizada a legítima defesa (o constrangimento, nesse caso, não pode ser reputado ilegítimo). Existe o crime, entretanto, quando o constrangimento busca impedir a vítima de praticar atos imorais (p. ex.: prostituição). Ato imoral não é proibido por lei, daí porque é permitida a sua prática.

São três os meios de execução previstos no tipo penal:

a) "violência física" (*vis absoluta*): é o emprego de força material para vencer a resistência da vítima;

b) "grave ameaça" (*vis compulsiva*): é a intimidação por meio de promessa séria de mal grave. Diversamente do que ocorre no crime de ameaça, não é necessário aqui que a ameaça se refira a mal *injusto* (ameaça de denunciar alguém à autoridade policial por crime que efetivamente cometeu; ameaça de ingressar com ação judicial);

c) "violência imprópria": é o emprego de qualquer outro meio capaz de reduzir a vítima à incapacidade de resistência (p. ex.: hipnose, narcóticos, álcool etc.).

1.4. Elemento subjetivo

O crime é punido a título de dolo, consistente na vontade livre e consciente de constranger a vítima, mediante o emprego de violência ou grave ameaça.

É necessária também a consciência da ilegitimidade da pretensão (o agente deve ter conhecimento de que sua pretensão é ilegítima) – o erro sobre a legitimidade da pretensão caracteriza o crime de exercício arbitrário das próprias razões.

1.5. Consumação e tentativa

Trata-se de crime material, que se consuma quando a vítima realiza a conduta desejada pelo agente (faz ou deixa de fazer alguma coisa), ainda que de forma parcial.

A tentativa é admissível (p. ex.: a vítima, apesar da ameaça, não se intimida ou, ainda que intimidada, não faz o que o agente deseja).

1.6. Causa especial de aumento de pena

Prevê o § 1º que as penas serão aplicadas cumulativamente e em dobro, quando, para a execução do crime, se reúnem mais de três pessoas, ou há emprego de armas.

O dispositivo refere-se, em primeiro lugar, ao concurso de pessoas. O fundamento da majoração reside no maior temor causado à vítima, diminuindo a sua possibilidade de oferecer resistência.

Exige-se o número mínimo de quatro pessoas, incluindo-se no cômputo o agente principal, os menores, os inimputáveis e os participantes não identificados.

Referindo-se a lei à reunião de mais de três pessoas "para a execução do crime", prevalece o entendimento de que há necessidade de que todos participem da fase executória, não se incluindo no cômputo do número mínimo de participantes aqueles que tiveram participação meramente acessória, limitando-se a induzir, instigar ou auxiliar secundariamente os demais agentes.

Igualmente agrava a pena do crime o emprego de armas. O fundamento reside na maior potencialidade lesiva da conduta, aumentando-se o risco de produzir-se um resultado mais grave.

A lei fala em armas, no plural, para indicar o gênero, sendo desnecessária a multiplicidade delas para a caracterização da causa de aumento de pena.

1.7. Concurso de crimes

De acordo com o § 2º, além das penas cominadas, aplicam-se as correspondentes à violência.

Havendo o emprego de violência, que provoque lesões corporais ou a morte da vítima, responderá o agente pelo crime de constrangimento ilegal em concurso material com o de lesões corporais, lesões seguidas de morte ou homicídio (nada obstante a existência de conduta única, que daria ensejo ao concurso formal, a lei determina expressamente a aplicação da regra do concurso material).

A ameaça e as vias de fato são absorvidas pelo crime.

Trata-se de crime eminentemente subsidiário, uma vez que a conduta somente será punida autonomamente se não constituir elementar, qualificadora ou meio de execução de outro delito (p. ex.: roubo, extorsão, estupro etc.). Se tal ocorrer, o crime de constrangimento ilegal será absorvido pela infração principal.

1.8. Exclusão do crime

O § 3º prevê duas hipóteses de exclusão da tipicidade do fato, permitindo o constrangimento.

A primeira é a intervenção médica ou cirúrgica, sem o consentimento do paciente ou de seu representante legal, se justificada por iminente perigo de vida.

A intervenção realizada com o consentimento do paciente ou de seu representante constitui exercício regular de direito. Ausente o consentimento do paciente ou de quem o represente e havendo iminente perigo de vida, estar-se-ia, em princípio, diante de hipótese de estado de necessidade de terceiro, que excluiria a antijuridicidade da conduta. A norma em questão, todavia, elevou a hipótese à condição de causa excludente da tipicidade ("não se compreendem nas disposições deste artigo").

Não estando o paciente em situação de iminente perigo de vida e ausente o consentimento do paciente, poderá configurar-se o crime de constrangimento ilegal.

A segunda hipótese de exclusão da tipicidade é a coação exercida para impedir suicídio.

Em face da indisponibilidade do direito à vida, é legítima a coação exercida para impedir o suicídio. Trata-se, aqui também, de hipótese de estado de necessidade de terceiro elevado à condição de causa de exclusão da tipicidade.

1.9. Classificação

Trata-se de crime comum (pode ser praticado por qualquer pessoa), material (consuma-se com a ocorrência do resultado naturalístico), de forma livre (admite qualquer meio de execução), instantâneo (o resultado não se prolonga no tempo), de dano (exige-se a efetiva ofensa ao bem jurídico tutelado) e subsidiário (só se configura autonomamente se o fato não configurar meio de execução ou elementar de outra infração penal).

Intimidação sistemática (*bullying*)

Art. 146-A. Intimidar sistematicamente, individualmente ou em grupo, mediante violência física ou psicológica, uma ou mais pessoas, de modo intencional e repetitivo, sem motivação evidente, por meio de atos de intimidação, de humilhação ou de discriminação ou de ações verbais, morais, sexuais, sociais, psicológicas, físicas, materiais ou virtuais:

Artigo acrescentado pela Lei n. 14.811, de 12.01.2024.

Pena – multa, se a conduta não constituir crime mais grave.

Intimidação sistemática virtual (*cyberbullying*)

Parágrafo único. Se a conduta é realizada por meio da rede de computadores, de rede social, de aplicativos, de jogos *on-line* ou por qualquer outro meio ou ambiente digital, ou transmitida em tempo real:

Pena – reclusão, de 2 (dois) anos a 4 (quatro) anos, e multa, se a conduta não constituir crime mais grave.

---

1. COMENTÁRIO

O art. 146-A foi incluído no Código Penal em janeiro de 2024 pela Lei Federal n. 14.811/2024. Essa lei teve origem a partir do Projeto de Lei n. 4.224/2021, apresentado pelo Deputado Federal Osmar Terra (MDB/RS). Esse projeto tinha por objetivo instituir medidas de proteção à criança e ao adolescente contra violência. No entanto, o texto original não apresentava proposta de criminalização do *bullying* e do *cyberbullying*. Essa proposta surgiu no substitutivo apresentado pelo Deputado Zacharias Calil (União/GO), em 19.05.2023, perante a Comissão de Previdência, Assistência Social, Infância, Adolescência e Família.

No parecer que acompanhou o substitutivo, o Deputado Zacharias Calil fez referências à Lei Federal n. 13.185/2015, a qual instituiu o Programa de Combate à Intimidação Sistemática (*bullying*). Essa lei dispõe em seu art. 1º, § 1º: "considera-se intimidação sistemática (*bullying*) todo ato de violência física ou psicológica, intencional e repetitivo que ocorre sem motivação evidente, praticado por indivíduo ou grupo, contra uma ou mais pessoas, com o objetivo de intimidá-la ou agredi-la, causando dor e angústia à vítima, em uma relação de desequilíbrio de poder entre as partes envolvidas".

Na referida lei não há previsão de sanções penais, civis ou administrativas contra quem pratica atos de *bullying* ou *cyberbullying*. No parecer mencionado, foi informada a criação do Plano Nacional de Proteção à Dignidade de Crianças e Adolescentes. Esse Plano apresenta diversos objetivos, entre eles: promover a melhora da qualidade da gestão da proteção à dignidade sexual de crianças e adolescentes; contribuir para a organização da rede de proteção à dignidade sexual de crianças e adolescentes; assegurar a produção de conhecimento no tema e a avaliação dos resultados das políticas de proteção à dignidade sexual de crianças e adolescentes.

No substitutivo apresentado pelo Deputado Zacharias Calil, foi sugerida outra redação para os crimes de *bullying* e *cyberbullying*:[29] no entanto, a redação aprovada pela Câmara e depois pelo Senado foi a proposta no substitutivo apresentado perante a Comissão de Constituição e Justiça, pelo Deputado Altineu Cortês (PL/RJ). As alterações na redação dos tipos penais foram significativas. Ao crime de *bullying* foi prevista somente a pena de multa. Além disso, os novos tipos penais foram inseridos na sequência do crime de constrangimento ilegal (art. 146 do Código Penal) e não após o crime de ameaça (art. 147 do Código Penal), como sugerido pelo Deputado Zacharias Calil.

A Lei n. 14.811/2024 entrou em vigor na data de sua publicação, em 15.01.2024. Desde então as condutas de *bullying* e *cyberbullying* passaram a ser tidas como crimes pela legislação.

1.1. Objetividade jurídica

O bem jurídico protegido é a liberdade individual, não apenas em relação ao aspecto físico, mas também moral, sexual e psicológico.

A maior parte das vítimas desse crime é criança ou adolescente. O art. 227 da Constituição da República[30] estabelece ampla proteção à criança e ao adolescente, consubstanciada no dever da família, da sociedade e do Estado de colocá-los a salvo de toda forma de negligência, discriminação, exploração, violência, crueldade e opressão.

1.2. Sujeitos

O tipo penal não exige para configuração do delito nenhuma qualidade especial por parte do agente agressor. Dessa forma, qualquer pessoa pode atuar como sujeito ativo dos crimes de *bullying* e *cyberbullying*. Do mesmo modo, não há nenhuma exigência por parte do sujeito passivo. Assim, qualquer pessoa pode ser vítima desses crimes.

Apesar de poderem ocorrer em qualquer lugar, esses crimes têm grande incidência em ambiente escolar. Há, portanto, probabilidade de os sujeitos ativos e passivos serem crianças e adolescentes. De acordo com o art. 27 do Código Penal, os menores de 18 anos são penalmente inimputáveis e ficam sujeitos às normas estabelecidas na legislação especial.

O ECA (Lei Federal n. 8.069/90) estabelece em seu art. 103 que é considerada ato infracional a conduta descrita como crime ou contravenção penal. Como o *bullying* e o *cyberbullying* foram incluídos no Código Penal como crimes, podem configurar ato infracional.

Segundo o art. 105 do ECA, em resposta a atos infracionais praticados pelas crianças, são aplicadas as medidas previstas no art. 101. Aos adolescentes, são aplicadas as medidas previstas no art. 112, ambos do ECA.

A princípio, a responsabilidade criminal não poderá ser aplicada aos pais das crianças e adolescentes infratores, o que não afasta eventual aplicação de responsabilidade civil. A mesma situação se aplica aos profissionais das escolas.[31]

29 "Intimidação sistemática (*bullying*). Art. 147-C. Intimidar sistematicamente por meio de ação verbal, moral, sexual, social, psicológica, física, material. Pena – reclusão, de 2 (dois) a 4 (quatro) anos, e multa, se a conduta não constituir crime mais grave. Jogos *on-line*. Art. 147-D. Praticar *cyberbullying*, entre eles, perseguição, humilhação, intimidação, agressão, assédio e qualquer outra forma de difamação sistemática por meio de ambientes virtuais, redes sociais, aplicativos de mensagens e *chat* de jogos *on-line*, ameaçando a integridade física ou psicológica de criança e adolescente. Pena – reclusão, de 2 (dois) anos a 4 (quatro) anos, e multa, se a conduta não constituir crime mais grave."

30 "Art. 227. É dever da família, da sociedade e do Estado assegurar à criança, ao adolescente e ao jovem, com absoluta prioridade, o direito à vida, à saúde, à alimentação, à educação, ao lazer, à profissionalização, à cultura, à dignidade, ao respeito, à liberdade e à convivência familiar e comunitária, além de colocá-los a salvo de toda forma de negligência, discriminação, exploração, violência, crueldade e opressão."

31 "A ocorrência de ofensas e agressões reiteradas no ambiente escolar e a omissão da escola em solucionar o problema ensejam dano moral. Instituição de ensino requereu a exclusão de sua responsabilidade pelos danos alegados pela autora, ante

No entanto, o art. 13, § 2º, *a*, do Código Penal estabelece a omissão penalmente relevante às pessoas que tenham por lei obrigação de cuidado, proteção ou vigilância. Nessa situação, se as pessoas envolvidas tiverem o poder de garante e se omitirem diante de uma conduta tida como *bullying* ou *cyberbullying* podem incidir na prática do delito na modalidade comissiva por omissão (ou omissão imprópria).

1.3. Análise da(s) conduta(s) descrita(s) no tipo

O núcleo do tipo penal do *caput* é o verbo "intimidar". Autores criticaram a falta de técnica legislativa e a redundância prevista no tipo penal, o qual dispõe, por exemplo, "intimidar por atos de intimidação".[32]

É necessário que o crime ocorra por meio de violência física ou psicológica e que esta seja praticada de modo intencional e repetitivo.

A **intencionalidade** não precisaria estar descrita no tipo porque integra a conduta dolosa, caso contrário haveria apenas a modalidade culposa, a qual não coaduna com esse tipo de conduta, que é essencialmente dolosa. Não se pode imaginar alguém praticar *bullying* por meio da violação de um dever de cuidado.

A exigência contida no *caput* de que a violência ocorra de modo **repetitivo (elemento normativo do tipo)** pode levar à conclusão de que se trata de crime habitual. No entanto, a necessidade de que a ação seja praticada de modo repetitivo pode afastar a consumação do delito quando ocorrer um único ato de violência, ainda que ele tenha consequências negativas. Mais uma vez, andou mal o legislador ao exigir que a violência física ou psicológica ocorra de modo repetitivo para consumação do delito.

Outro trecho problemático no tipo penal é "sem motivação evidente".[33] Isso significa que o aplicador da lei penal terá de perquirir a respeito da existência ou não de uma motivação evidente. Caso exista essa motivação, o delito não se consuma e o agente está autorizado a praticar atos de violência física ou psicológica? Não parece ser a intenção do legislador.

Na sequência, o tipo penal apresenta um rol de atos e ações pelos quais a ação física ou psicológica pode ser praticada: 1) atos de intimidação; 2) atos de humilhação; 3) atos de discriminação; 4) ações verbais; 5) ações morais; 6) ações sexuais; 7) ações sociais; 8) ações psicológicas; 9) ações físicas; 10) ações materiais; 11) ações virtuais.

É preciso ter atenção no tocante ao crime praticado por meio de ações virtuais, previsto no *caput*, pois o parágrafo único pune as condutas descritas no *caput* (acima indicadas), praticadas por meio da rede mundial de computadores, de rede social, de aplicativos, de jogos *on-line* ou por qualquer outro meio ou ambiente digital, ou transmitida em tempo real.[34] Trata-se de tipo qualifi-

a ausência de prova substancial de sua culpa e, subsidiariamente, a redução do quantum reparatório. A Turma negou provimento ao recurso, sob o fundamento de que não há que se falar em averiguação de culpa por parte da prestadora de serviço, haja vista se tratar de responsabilidade objetiva, nos termos do art. 14 do CDC. No caso em análise, para os Magistrados, é suficiente a demonstração do nexo causal e do dano sofrido, os quais ficaram comprovados pelas provas juntadas aos autos, para que haja o dever de indenizar. Com relação ao valor arbitrado a título de indenização, os Desembargadores afirmaram que a quantia fixada revelou-se razoável e proporcional. Ressaltaram que a conduta da apelante merece significativa reprovação, uma vez que, como instituição de ensino, tem o dever de guarda e vigilância de seus alunos. Para os Julgadores, a escola agiu com falta de zelo ao não valorar os efeitos danosos das corriqueiras agressões entre alunos e em não atuar positivamente no intuito de evitá-las" (TJ/DFT, Acórdão n. 860.047, 20110710371373APC, 1ª T. Cível, rel. Simone Lucindo, rev. Nídia Corrêa Lima, j. 08.04.2015, *DJe* 15.04.2015, p. 200).

32 "Quanto ao principal elemento descritivo objetivo, o verbo nuclear 'intimidar', chama a atenção que este coexista, em redundância, com outro elemento descritivo relacionado ao modo de execução, qual seja, de que tal intimidação deve ocorrer 'por meio de atos de intimidação'. Apenas desse exemplo, já se verifica a absoluta falta de cuidado na elaboração da norma que pretensamente se dispõe a proteger bem jurídico fundamental ao indivíduo" (SANDRONI, Júlia Thomaz; FERNANDES, Maíra. "O injusto penal sofre *bullying*: reflexões sobre o novo tipo penal previsto na Lei 14.711". *Consultor Jurídico*, 24.01.2024. Disponível em: https://www.conjur.com.br/2024-jan-24/o-injusto-penal-sofre-bullying-reflexoes-sobre-o-novo-tipo-penal-previsto-na-lei-14-811/; acesso em: 03.10.2024). No mesmo sentido: "O verbo nuclear do delito de *bullying* é 'intimidar', e dentre as formas de corporificação das condutas descritas no pragma, destaca-se a expressão 'por meio de atos de intimidação'. Isso mesmo: intimidar por atos de intimidação" (MORGADO, Helena Zani. "Criminalização do *bullying* e do *ciberbullying*: o Estado Penal ataca novamente". *Boletim IBCCRIM*, ano 32, n. 376, março/2024, p. 27-30).

33 A respeito: "[...] descreve, por outro lado, que não deve haver 'motivação evidente'. Trata-se de novidade jurídica-penal, que consiste em um 'não fim específico de agir'. Juarez Tavares deve estar de cabelo em pé" (SANDRONI, Júlia Thomaz; FERNANDES, Maíra. "O injusto penal sofre *bullying*: reflexões sobre o novo tipo penal previsto na Lei 14.711". *Consultor Jurídico*, 24.01.2024. Disponível em: https://www.conjur.com.br/2024-jan-24/o-injusto-penal-sofre-bullying-reflexoes-sobre-o-novo-tipo-penal-previsto-na-lei-14-811/; acesso em: 03.10.2024).

34 "Ora, *bullying* mediante ações virtuais não é, precisamente, o *cyberbullying*? Parece nítido, aqui, o deslize do legislador" (MORGADO, Helena Zani. "Criminalização do *bullying* e do *ci-*

cado, e a pena nele prevista é de 2 a 4 anos de reclusão e multa.

A conduta prevista no *caput* é punida tão somente com a pena de multa, se não constituir crime mais grave, como exemplo: lesão corporal (art. 129, Código Penal), injúria racial (art. 2º, Lei n. 7.716/89), entre outros. Trata-se de crime residual, portanto.

Bitencourt criticou a previsão isolada da pena de multa[35] no *caput*. Segundo ele, isso representa uma afronta à metodologia legal e tradicional da cominação das penas no ordenamento jurídico, pois a pena de multa deve ser aplicada às contravenções penais e não aos crimes esculpidos no Código Penal. De acordo com o referido autor, a dificuldade de interpretação desse tipo penal como um todo confere a essa lei o título de um dos piores textos legais dos últimos tempos.[36]

A previsão de pena maior no parágrafo único (qualificadora) é justificada pelo maior potencial lesivo da conduta praticada em ambiente virtual. Segundo o legislador, "o *cyberbullying* tende a ser mais massacrante, pois não há meio para que a vítima fuja dele, afinal, mesmo que isolada, pode receber mensagens ameaçadoras e ofensas em suas redes sociais com alto potencial destrutivo".[37] De toda forma, ainda que haja razão para que a conduta praticada por meio virtual seja punida mais gravemente, em razão evidente de seu maior potencial lesivo, não há razão para que a conduta do *caput* seja punida apenas com pena de multa.

Além disso, tal fato revela uma desproporção entre as sanções das condutas praticadas de forma presencial e *on-line*, como bem colocado por Morgado: "Como justificar ser extremamente mais gravosa a conduta intimidatória em jogo *on-line* do que o ato presencial, com aproximação corporal?".[38]

1.4. Elemento subjetivo

O elemento subjetivo é o dolo, representado pela consciência e vontade de intimidar o sujeito passivo.

1.5. Consumação e tentativa

O delito se consuma com ações repetitivas de violência física ou psicológica, realizadas sem motivação evidente, consubstanciadas em atos de intimidação, de humilhação, discriminação ou ações verbais, morais, sexuais, sociais, psicológicas, físicas, materiais ou virtuais.

Como explicado no item anterior, para consumação do delito é necessário que os atos de violência física ou psicológica ocorram de forma repetitiva, por exigência do tipo penal. Além disso, não pode haver uma motivação evidente, o que dificultará a aplicação do tipo penal.

A tentativa não é admitida. A habitualidade requerida pelo tipo não permite a tentativa.

1.6. Classificação

Crime habitual. A conduta prevista no *caput* é de menor potencial ofensivo, diante da cominação exclusiva da pena de multa. De acordo com o art. 114, I, do Código Penal, a prescrição da pena de multa ocorrerá em dois anos, quando a multa for a única cominada ou aplicada.

É possível a aplicação do Acordo de Não Persecução Penal (art. 28-A, CPP) à conduta prevista no parágrafo único, pois a pena mínima é inferior a quatro anos. Isso se o crime não for praticado com violência ou grave ameaça.

A ação penal é pública e incondicionada.

---

berbullying: o Estado Penal ataca novamente". *Boletim IBCCRIM*, ano 32, n. 376, março/2024, p. 27-30).

35 "Para os crimes, no entanto, nosso sistema penal não admite a cominação isolada de pena de multa, nem mesmo em leis esparsas, ao contrário do erro crasso cometido pelo legislador nesta Lei n. 14.811/2024, como já destacamos. Aliás, esse erro grosseiro do legislador – cominar pena de multa isolada para crime – deve ser corrigido, urgentemente, pelo próprio legislador, com outra lei, sob pena de ser forçado pelo Poder Judiciário, devidamente provocado" (BITENCOURT, Cézar Roberto. "Lei cria medidas para proteção a vítimas de *bullying* e *cyberbullying*". *Consultor Jurídico*, 07.02.2024. Disponível em: https://www.conjur.com.br/2024-fev-07/lei-cria-medidas-para-protecao-a-vitimas-de-bullying-e-cyberbullying/; acesso em: 03.10.2024).

36 No mesmo sentido: "Chama atenção a grande quantidade de elementos redundantes, antiéticos ou desnecessários no tipo penal. [...] Não há, todavia, como adjetivar a norma de Frankenstein jurídico: embora a criatura seja bem-intencionada e formada por retalhos, como na literatura, o livro aponta para um indivíduo relativamente inteligente e perseguido por ser mal compreendido. No caso do *bullying*, a inteligência do produto é nula e a perseguição doutrinária implacável é justa, principalmente pela impossibilidade de compreensão do tipo" (SOUZA, T. L. E.; FREITAS, B. G. "A criminalização do *bullying* e do *cyberbullying*: uma análise do artigo 146-A do Código Penal". *Boletim IBCCRIM*, ano 32, n. 376, março/2024, p. 8-11).

37 Texto extraído do parecer apresentado pelo Deputado Zacharias Calil. Disponível em: chrome-extension://efaidnbmnnnibpcajpcglclefindmkaj/https://www.camara.leg.br/proposicoesWeb/prop_mostrarintegra?codteor=2275886&filename=Tramitacao-PL%204224/2021; acesso em: 17.10.2024.

38 MORGADO, Helena Zani. "Criminalização do *bullying* e do *ciberbullying*: o Estado Penal ataca novamente". *Boletim IBCCRIM*, ano 32, n. 376, março/2024, p. 27-30.

2. JURISPRUDÊNCIA

2.1. Julgado

Cyberbullying (questão processual – medidas cautelares)

Direito penal e processual penal. *Habeas corpus*. Perseguição e *cyberbullying*. Homologação da prisão em flagrante pelo Juízo do NAC. Concessão de liberdade provisória. Imposição de medidas cautelares diversas da prisão adequadas, razoáveis e proporcionais. Medidas cautelares necessárias para conservar a vinculação do paciente ao processo de origem, para evitar a prática de novas infrações penais e para garantir a integridade física e psíquica da vítima. Alegação de constrangimento ilegal não demonstrada. Impetração parcialmente admitida; ordem não concedida. (TJDF 0713724-24.2024.8.07.0000 1860500, 3ª T. Crim., rel. Waldir Leôncio Lopes Júnior, j. 09.05.2024, publ. 17.05.2024)

Ameaça

Art. 147. Ameaçar alguém, por palavra, escrito ou gesto, ou qualquer outro meio simbólico, de causar-lhe mal injusto e grave:

Pena – detenção, de 1 (um) a 6 (seis) meses, ou multa.

§ 1º Se o crime é cometido contra a mulher por razões da condição do sexo feminino, nos termos do § 1º do art. 121-A deste Código, aplica-se a pena em dobro.

Parágrafo acrescentado pela Lei n. 14.994, de 09.10.2024.

§ 2º Somente se procede mediante representação, exceto na hipótese prevista no § 1º deste artigo.

Antigo parágrafo único renumerado e com redação dada pela Lei n. 14.994, de 09.10.2024.

---

1. COMENTÁRIO

1.1. Objetividade jurídica

O dispositivo tutela a liberdade psíquica da pessoa humana, sua tranquilidade, sua paz de espírito. Protege-se a livre manifestação da vontade, que é tolhida pela ameaça.

O crime é eminentemente subsidiário e, por isso, é absorvido pelos crimes em que funciona como elementar, meio de execução ou qualificadora (p. ex.: constrangimento ilegal, roubo, extorsão, estupro etc.).

A ameaça funciona como elementar do crime de constrangimento ilegal, mas com ele não se confunde. Neste a ameaça tem por finalidade constranger a vítima a fazer ou deixar de fazer alguma coisa. Na ameaça o mal prometido exaure-se em si mesmo, isto é, visa apenas atemorizar a vítima.

1.2. Sujeitos

O crime é comum, pode ser praticado por qualquer pessoa. Tratando-se de fato praticado por funcionário público no exercício de suas funções, poderá caracterizar-se o crime de abuso de autoridade.

Sujeito passivo pode ser qualquer pessoa física que possua capacidade de entender o caráter intimidatório da ameaça.

A criança de tenra idade, o doente mental profundo e a pessoa totalmente embriagada não têm consciência do mal prenunciado, devendo o fato ser considerado crime impossível pela absoluta impropriedade do objeto material. Se, entretanto, tiverem capacidade de entendimento, ainda que parcial, poderão figurar como vítimas do crime.

A pessoa jurídica não pode ser sujeito passivo do crime de ameaça já que não possui liberdade psíquica a ser violada. Todavia, a ameaça que lhe for feita recairá contra a pessoa de seus dirigentes, que figurarão como vítimas.

1.3. Análise da(s) conduta(s) descrita(s) no tipo

O núcleo do tipo é o verbo ameaçar, que significa intimidar, atemorizar, prometer castigo ou malefício.

A ameaça é crime de forma livre, que pode ser praticado por qualquer meio de execução. A lei faz referência à palavra, escrito, gestos ou qualquer outro meio simbólico.

Poderá a ameaça ser *direta* (refere-se à pessoa ou ao patrimônio da vítima) ou *indireta* (a promessa refere-se a terceira pessoa ligada à vítima); *explícita* (manifestada de forma induvidosa) ou *implícita* (formulada de forma velada); e ainda *condicional* (o mal prometido está na dependência de um acontecimento futuro).

É necessário que o meio de execução empregado tenha idoneidade, isto é, que seja sério e capaz de intimidar o homem médio. Este é o referencial de apuração. Não se pune a ameaça inverossímil aos olhos do homem médio, ainda que tenha impressionado e intimidado uma vítima mais sensível. Mas será punida a ameaça capaz de intimidar o *homo medius*, ainda que ofendido mais valente não lhe tenha dado maior crédito.

Não configura o crime a simples "praga", pois a ocorrência do mal não depende da vontade do agente. Também não caracteriza o crime a ameaça de mal impossível de ser realizado.

O tipo exige que o mal anunciado seja injusto e grave:

a) injustiça: o mal prometido deve ser contrário ao direito, mas não necessariamente criminoso (diversamente do que ocorre no crime de constrangimento ilegal, em que a ameaça não precisa ser injusta). Tratando-se de ameaça justa, inexiste o crime porquanto a injustiça é elemento normativo do tipo penal (p. ex.: propositura de ação judicial, protesto de título de crédito, demissão por justa causa etc.).

b) gravidade: o mal prometido deve colocar em risco um interesse de razoável importância para a vítima (físico, moral ou econômico), de modo que seja capaz de intimidá-la. A gravidade deve ser analisada ao tempo do crime, levando-se em consideração as circunstâncias do caso concreto e as condições especiais da vítima.

1.4. Elemento subjetivo

O crime é punido a título de dolo, consistente na vontade livre e consciente de ameaçar alguém de mal injusto e grave. Não é necessário que o agente pretenda, de fato, concretizar o mal anunciado. Basta a vontade de ameaçar.

Não configura crime a ameaça proferida com o intuito de realizar uma brincadeira com a vítima (*animus jocandi*).

Discute-se na doutrina e na jurisprudência se as ameaças proferidas em momento de exaltação emocional ou em estado de embriaguez caracterizam o crime. Uma primeira posição entende que não há crime em tais hipóteses, pois o crime de ameaça exige ânimo calmo e refletido. Uma segunda orientação sustenta a ocorrência do crime já que a emoção e a embriaguez não excluem a imputabilidade penal, na forma do art. 28 do Código Penal. Uma terceira corrente, que nos parece a mais acertada, afirma que a questão deverá ser analisada à luz de cada caso concreto. O simples fato de agir o sujeito sob a influência do álcool não é suficiente para afastar a incidência do tipo penal. Se, porém, a embriaguez for de tal modo acentuada, a ponto de excluir a própria seriedade da ameaça, não se configurará o delito.

1.5. Consumação e tentativa

Trata-se de crime formal, que se consuma quando a vítima toma conhecimento da ameaça, independentemente de sua efetiva intimidação. A tentativa é admissível, embora de difícil ocorrência prática (p. ex.: carta ameaçadora interceptada antes de chegar ao conhecimento da vítima).

1.6. Classificação

O crime é comum (não exige qualidade especial do sujeito ativo, podendo ser praticado por qualquer pessoa), formal (consuma-se com a prática da conduta, independentemente da efetiva ocorrência do resultado naturalístico), de forma livre (admite qualquer meio de execução) e instantâneo (o resultado não se prolonga no tempo).

1.7. Causa de aumento de pena

Nos termos do § 1º, introduzido pela Lei n. 14.994/2024, aplica-se a pena em dobro se o crime é cometido contra a mulher por razões da condição do sexo feminino (crime praticado em contexto de violência doméstica e familiar ou por menosprezo ou discriminação à condição de mulher).

1.8. Ação penal

A ação penal, como regra, é condicionada à representação do ofendido. Tratando-se, entretanto, de ameaça praticada contra a mulher por razões da condição do sexo feminino, a ação será de natureza pública incondicionada.

Perseguição

Art. 147-A. Perseguir alguém, reiteradamente e por qualquer meio, ameaçando-lhe a integridade física ou psicológica, restringindo-lhe a capacidade de locomoção ou, de qualquer forma, invadindo ou perturbando sua esfera de liberdade ou privacidade.

Artigo acrescentado pela Lei n. 14.132, de 31.03.2021.

Pena – reclusão, de 6 (seis) meses a 2 (dois) anos, e multa.

§ 1º A pena é aumentada de metade se o crime é cometido:

I – contra criança, adolescente ou idoso;

II – contra mulher por razões da condição de sexo feminino, nos termos do § 2º-A do art. 121 deste Código;

III – mediante concurso de 2 (duas) ou mais pessoas ou com o emprego de arma.

§ 2º As penas deste artigo são aplicáveis sem prejuízo das correspondentes à violência.

§ 3º Somente se procede mediante representação.

1. COMENTÁRIO

1.1. Notas introdutórias

A Lei n. 14.132, de 31.03.2021, introduziu na Codificação Penal o crime de "perseguição insistente", proveniente do vocábulo anglo-saxão *stalking*. Esse ilícito, por meio de condutas reiteradas e forçadas, viola a esfera de privacidade da pessoa, persegue a atenção indesejada da vítima, causando-lhe razoável sensação de medo, ansiedade, desespero, atrapalhando significativamente sua regular rotina diária. O *Black's Law Dictionary*, o mais popular e utilizado dicionário jurídico dos EUA, conceitua o *stalking*[39] como o ato ou uma conduta de seguir outra pessoa furtivamente ou não, ou ainda, a ofensa de seguir ou vagar perto de outra pessoa, muitas vezes sub-repticiamente, com o objetivo de incomodar ou assediar essa pessoa ou de cometer outro crime, como agressão ou agressão (tradução livre).

As razões subjetivas que antecedem essa prática são as mais diversas, entre elas: demonstração de poder ou controle, inclusive nas relações de trabalho; obsessão; imposição de medo ou submissão; violência doméstica; inveja; vingança; ódio; ilusão/desilusão amorosa; idolatria; e, também, a singela (e irracional) intenção de divertir-se por parte do agente, despreocupado com o sofrimento que a vítima suportará.

No Direito comparado[40] encontramos disposições normativas relacionados ao tema, merecendo destaque nos EUA (US Code – codificação federal, título 18, art. 2261A), na Alemanha (art. 238, Código Penal), na Espanha (art. 172, Código Penal), na França (em momentos distintos: arts. 222-33-2; 222-33-2-1 e 222-32-2-2), na Itália (art. 612-bis, Código Penal), em Portugal (art. 154, Código Penal), entre outros. Portanto, é evidente o interesse internacional quanto a essa espécie delitiva, sendo objeto, inclusive, do art. 34, da Convenção do Conselho da Europa para Prevenção e o Combate à Violência contra as Mulheres e a Violência Doméstica (em vigor desde 2014), do art. 1º da Convenção n. 190 da Organização Internacional do Trabalho (que coíbe violência e assédio nas relações trabalhistas) e, até, o art. 7º, *c*, da Convenção Interamericana para Prevenir, Punir e Erradicar a Violência contra a Mulher (1994), que determina aos estados-partes incorporarem em suas legislações internas normas protetivas que englobem todo e qualquer ato de violência relacionada à mulher.

O diploma antes indicado, por outro lado, revogou o art. 65 do Decreto-lei n. 3.688/41 (LCP), norma que previa o seguinte delito: "molestar alguém ou perturbar-lhe a tranquilidade, por acinte ou por motivo reprovável". As transformações sociais, sobretudo os avanços tecnológicos, exigiram uma resposta estatal mais severa em relação a essa conduta. Ainda que a redação do novo tipo penal seja diferente e englobe elementares do tipo diferenciados, essencialmente, visa proibir a "perturbação da tranquilidade" e, agora, encontra tutela penal mais contundente.

1.2. Objetividade jurídica

A norma penal tutela a liberdade psíquica ou física, a privacidade da pessoa humana (art. 5º, X, da CF[41]). Visa preservar a tranquilidade, a paz de espírito e, inclusive, o direito de ir e vir, isto é, sua liberdade de locomoção (direito de ambulatório – art. 5º, XV, da CF[42]). Portanto salvaguarda, antes de tudo, direito fundamental inerente a todos nós.

1.3. Sujeitos

Trata-se de crime comum, portanto, praticável por qualquer pessoal, o tipo penal não requer condição especial do agente. A doutrina anglo-saxã utiliza o termo *stalker* para denominar o agente desse crime. O sujeito passivo, da mesma forma, não reivindica qualidade específica da vítima, que poderá ser, também, qualquer pessoa, por isso este crime pode ser classificado como "bicomum": ambos os sujeitos (ativo e passivo) são comuns. Existem situações em que a própria lei reprime de forma mais severa quando a vítima for criança, adolescente, idoso ou mulher per-

39 "*The act or an instance of following another by stealth or the offense of following or loitering near another, often surreptitiously, with the purpose of annoying or harassing that person or committing a further crime such as assault or battery*" (GARNER, Bryan A. West Publishing Company. 2. pocket edition. 2002. p. 660. In: FULLERTON, Barbara. Features – CyberAge Stalking. Disponível em: https://www.llrx.com/2003/12/features-cyberage-stalking/. Acessado em: 26.04.2021.

40 Existem previsões em outras codificações penais estaduais. Foi na Califórnia que surgiu a primeira norma repressiva em 1990 (art. 646.9). Aras. Vladimir. O crime de *stalking* do art. 147-A do Código Penal. Disponível em: https://vladimiraras.blog/2021/04/01/o-crime-de-stalking-do-art-147-a-do-codigo-penal/. Acessado em: 14.04.2021.

41 "São invioláveis a intimidade, a vida privada, a honra e a imagem das pessoas, assegurado o direito a indenização pelo dano material ou moral decorrente de sua violação."

42 "É livre a locomoção no território nacional em tempo de paz, podendo qualquer pessoa, nos termos da lei, nele entrar, permanecer ou sair com seus bens."

seguida "por razões da condição de sexo feminino" (*v.* § 2°, I e II, cujos comentários estão em 1.8)

1.4. Análise da(s) conduta(s) descrita(s) no tipo

Em quaisquer das hipóteses que serão descritas adiante em virtude dessa persecução, importunação, acossamento (perseguição), a vítima suportará, evidentemente, inegáveis consequências negativas emocionais ou psicológicas, as quais a acompanharão por um tempo determinado ou até ao longo de toda a vida.

A abrangência dessa norma é grande, pois contempla múltiplas formas de ação: ao utilizar a expressão "por qualquer meio", restou evidente o intento legislativo de coibir condutas das mais variadas e, inclusive, praticáveis fisicamente e, também, no meio digital (ver subtópico 1.4.1).

Para configuração deste crime é imprescindível a prática de perseguição insistente, reiterada, habitual, portanto, são necessários inúmeros atos constatáveis, não uma única conduta, ação isolada.[43] Ao aplicarmos analogia com outros crimes que preveem a mesma exigência (reiteração), nos força a concluir que não basta a repetição, isto é, a exteriorização de dois atos de perseguição: é essencial a comprovação, no caso concreto, de três ou mais ações persecutórias. Resta-nos claro, também, que o lapso temporal entre esses atos não seja excessivo (semanas, meses),[44] caso contrário, não restará configurado esse crime. Da mesma forma, é importante que as condutas por parte do agente sejam dotadas de intensidade considerável, aptas a causar sentimento de medo, temor, ansiedade, desespero na vítima, por isso, em determinadas situações concretas, poder-se-á caracterizar o crime, por exemplo, na atuação de *paparazzi* (profissionais de imprensa ou não em busca de fotos, imagens ou entrevistas com celebridades). A atuação profissional de detetives[45] ou oficiais de justiça, por outro lado, desde que legítimas, adstritas aos contornos legais e comedidas, estará abarcada pela excludente de licitude prevista no art. 23, III, deste Código – estrito cumprimento de dever legal ou no exercício regular de direito.

O crime é de forma vinculada, a própria norma incriminadora exige, para sua configuração, que a perseguição se verifique nas modalidades, as quais faremos comentários, separadamente, nas próximas linhas.

a) Ameaçando-lhe a integridade física ou psicológica

Conforme esclarecido anteriormente, para configuração deste crime é necessário a reiteração, a insistência na conduta delituosa, assim, a intimidação, a atemorização isolada, ou seja, presenciável é um único ato, poderá caracterizar o tipo penal previsto no art. 147 (ameaça).

Essa ameaça deve ser direcionada a dignidade corpórea (promessa de agressão ou morte) ou psicológica (promessas de ofensas, humilhações, xingamentos, os quais acarretam abalo emocional considerável), em ambos os casos, em razão desse amedrontamento a vítima experimenta privação de sua regular liberdade psíquica, sua paz de espírito e, obviamente, seu cotidiano de atividades pessoais e profissionais fica comprometido.

Aproveitando-nos dos comentários ao art. 147 (subtópico 1.3), essa ameaça poderá ser direta (relacionada à própria vítima – sua pessoa ou patrimônio), indireta (em desfavor de outra pessoa próxima à vítima), explícita (de maneira clara, indubitável), implícita (de maneira subentendida, velada) e condicionada (a ofensa prometida pode estar vinculada a um acontecimento futuro).

b) Restringindo-lhe a capacidade de locomoção

Restringir[46] significa limitar, dificultar. Portanto, nesta hipótese, o agente cerceia a liberdade ambulatória da vítima, isto é, a presença constante e a realização de atos por parte do criminoso (abordagens indevidas, falas inapropriadas) inibem sensivelmente ou reduzem o direito daquele de circular livremente nos espaços geográficos, sejam eles habituais (proximidades da residên-

43 Nada impede, porém, que essa ato isolado ou, até repetido (não reiterado) possa, a depender do caso concreto, configurar o crime de ameaça (art. 147, CP).

44 Interpretação analógica ao entendimento jurisprudencial de crime continuado (art. 71, CP): o intervalo entre as condutas deve ser de até 30 dias – STF: *HC* n. 112.484, 2ª T., rel. Min. Cármen Lúcia, j. 18.09.2012, *DJe* 16.10.2012; *HC* n. 107.636, 1ª T., rel. Min. Luiz Fux, j. 06.03.2012, *DJe* 21.03.2012; STJ: Ag. Reg. no *HC* n. 550.512/MS, 5ª T., rel. Min. José Ilan Paciornik, j. 23.03.2021, *DJe* 05.04.2021; PExt no *HC* n. 490.707/SC, 5ª T., rel. Min. Ribeiro Dantas, j. 01.09.2020, *DJe* 08.09.2020.

45 *V.* vedações e deveres deste profissional, respectivamente, nos arts. 10 e 11, da Lei n. 13.432/2017.

46 Não devemos confundir com o crime previsto no art. 148 deste Código (sequestro e cárcere privado), pois nesta modalidade o sujeito ativo impede, priva fisicamente a vítima, de forma absoluta, de seu direito de ir e vir, ao passo que no art. 147-A essa restrição apenas dificulta, de forma relativa, a circulação da vítima.

cia, trabalho, clube, templos religiosos, academias) sejam eles esporádicos (perseguição livre em locais abertos).

c) De qualquer forma, invadindo ou perturbando sua esfera de liberdade ou privacidade

Aqui se faz uma crítica a ausência de taxatividade quanto a conduta proibida. A delimitação da invasão ou perturbação não é tarefa fácil, eis que pode ser caracterizada "de qualquer forma". Portanto, a exegese da norma, no caso concreto, deve ser restritiva, caso contrário, permitir-se uma interpretação ampla, nos conduzirá a possível violação ao princípio da legalidade.

A perseguição pode ser presencial (física) ou remota (no meio digital). Aqui a tutela penal alcança e reforça, sobretudo, a proteção de princípios basilares que fundamentam nosso Estado Democrático de Direito: a liberdade de não ser obrigado a fazer ou deixar de fazer alguma coisa senão em virtude de lei; a livre manifestação de pensamento; a liberdade de consciência e crença religiosa; liberdade de convicção filosófica ou política; a liberdade de expressão da atividade intelectual, artística, científica e de comunicação (respectivamente arts. 1º, II, e 5º, II, IV, VI, VIII e IX, todos da CF).

A privacidade permite que todo e qualquer pessoa seja protegida, em sua vida particular, de intromissões alheias ilegítima, indevidas, condutas impróprias essas materializadas, por exemplo, com a divulgação de informações pessoais (origem racial, étnica, convicção religiosa, filosófica ou política) em qualquer meio, inclusive na via digital, por meio de aplicativos de relacionamento e comunicação social. Aqui se enquadra, também, as invasões de privacidade perpetradas por *hackers*[47] mal-intencionados, verificáveis por meio de acesso a *e-mail* ou sítios eletrônicos pessoais, elaboração de perfis falsos e até acesso ilícito à movimentações e dados bancários e cadastrais presentes em arquivos de autoridades públicas ou privadas. Merece destaque quanto a isso, inclusive, os arts. 2º e 17, ambos da Lei n. 13.709/2018 (Lei Geral de Proteção de Dados).[48]

O ingresso, acesso, incursão (invasão) ou transtorno, distúrbio (perturbação), todos esses atos indevidos e desautorizados, por inúmeras formas e condutas comissivas, tais quais as exemplificarmente indicadas antes, certamente produzem efeitos negativos e danosos à esfera pessoal da vítima, em razão disso reivindicam a necessária proteção legislativa também na seara criminal.

1.4.1. *Cyberstalking*

Diante dos avanços tecnológicos e atento às novas modalidades de perseguição, inclusive na via digital, o legislador ao contemplar a expressão "por qualquer meio" englobou, obviamente, a figura do *cyberstalking* (perseguição digital), extraída da língua inglesa, que corresponde à perseguição no meio digital (p. ex., comentários agressivos e reiterados contra a vítima em redes sociais e aplicativos de comunicação, invasão de dispositivos eletrônicos como celulares e computadores, enviando vírus digital ou com a finalidade de acessar contas pessoais, todos esses atos reveladores de intuito intimidativo, ameaçador, obstinado). Essa modalidade de perseguição no meio digital, inclusive, muitas vezes no cotidiano de relações amorosas, relaciona-se com outro delito, a "divulgação de cena de estupro ou de cena de estupro de vulnerável, de cena de sexo ou de pornografia" ou *revenge porn* (*v.* arts. 216-B ou 218-C deste Código), quando o agente disponibiliza, transmite, vende ou expõe a venda, distribui ou divulga imagem (fotografia/vídeo/outro registo audiovisual) da vítima que materialize cena de nudez, sexo ou pornografia. Nesses casos, como meio de obtenção de provas deve ser admitido, por exemplo, a quebra de sigilo de número de protocolos de acessos/comunicação (IP) – registros de conexão ou acesso à rede mundial de computadores, para fins de rastrear-se a pessoa que praticou o crime.[49]

47 Pessoa cujas habilidades técnicas na área da computação se dedicam a acessar, no meio digital, de forma desautorizada, dispositivos, programas, redes de computadores, sítios eletrônicos, correio eletrônico (*e-mail*), para obter arquivos e dados confidenciais ou até revelar falhas nos sistemas de segurança existente nesses canais.

48 "Art. 2º A disciplina da proteção de dados pessoais tem como fundamentos: I – o respeito à privacidade; II – a autodeterminação informativa; III – a liberdade de expressão, de informação, de comunicação e de opinião; IV – a inviolabilidade da intimidade, da honra e da imagem; [...] VII – os direitos humanos, o livre desenvolvimento da personalidade, a dignidade e o exercício da cidadania pelas pessoas naturais." "Art. 17. Toda pessoa natural tem assegurada a titularidade de seus dados pessoais e garantidos os direitos fundamentais de liberdade, de intimidade e de privacidade, nos termos desta Lei."

49 STJ, RMS n. 60.698/RJ, 3ª S., rel. Min. Rogerio Schietti Cruz, j. 26.08.2020, *DJe* 04.09.2020. Neste julgado, muito em-

1.4.2. Concurso de crimes – cúmulo material obrigatório

Muitas vezes esses odiosos atos de perseguição, além de gerar consequências psicológicas severas, ou restringir o regular direito de locomoção, ou, ainda, invadir a esfera da intimidade e privacidade da vítima, materializam condutas iniciais ou antecipadas cuja finalidade é a prática de crimes ainda mais graves relacionados à integridade física, à saúde psicológica e até a sua morte (p. ex., arts. 129, §§ 1º a 3º, e 121, ambos do CP).

Se a conduta externada pelo agente também resultar em violência contra a vítima (p. ex., restringir a capacidade de locomoção por meio de atos físicos, emprego de arma), poderá ensejar, por exemplo, concurso formal com os crimes de lesão corporal (art. 129), constrangimento ilegal (art. 146), entre outros, aplicando-se as penas de ambos os delitos (§ 2º), conforme regras do arts. 69 e 70 deste Código, o que a doutrina denomina o "cúmulo material obrigatório".

1.4.3. Revogação do art. 65 do DL n. 3.688/41: identidade total com o art. 147-A?

Embora a contravenção penal do art. 65 do DL n. 3.688/41 e o crime do art. 147-A conceitualmente aproximem-se, existem significativos traços diferenciativos, os quais não caracterizarão, em todos os casos, perseguição: a) o art. 147-A exige uma reiteração delitiva, o que não ocorre no art. 65 do DL n. 3.688/41, em que se exige para configuração, apenas, um único ato; b) a prática do crime previsto no art. 147-A resta configurada com a perseguição que denote: b.1) ameaça à integridade física ou psicológica da vítima; b.2) restrição à capacidade de locomoção; ou b.3) de qualquer forma, invasão ou perturbação a esfera de liberdade ou privacidade da pessoa; já o art. 65 não prevê quaisquer das formas vinculadas antes descritas, ou seja, basta o simples ato de "molestar alguém ou perturbar-lhe a tranquilidade", ainda que não cause maiores consequências à vítima.

Oportuno esclarecermos que, antes do advento desse novo tipo penal, em situações fáticas semelhantes aplicava-se anteriormente, inclusive em notórios casos, a regra prevista na revogada infração delitiva.[50]

Com o advento da Lei n. 14.132/2021, ao criar-se tipo penal mais rigoroso, os casos que foram ou estavam sendo objeto de persecução criminal ou, ainda, já alcançaram condenação em razão da contravenção penal mencionada e, na verdade, hoje, as condutas ali delineadas se adequam perfeitamente a esse novo delito, não serão abarcados em razão do princípio da *novatio legis in pejus* (a norma penal não poderá retroagir para prejudicar o sujeito ativo). Também não estaremos diante de *abolitio criminis* apto a apagar quaisquer formalizações acusatórias, eis que se opera verdadeira continuidade normativo-típica que resulta em manter a responsabilização penal pela contravenção do art. 65 do DL n. 3.688/41. Por outro lado, ao analisar-se as condutas de casos criminais já instaurados ou finalizados pela prática dessa contravenção e verificar-se, concretamente, que tais atos não se enquadram nas novas características do art. 147-A, tendo em vista a revogação expressa do art. 65, estará configurado o *abolitio criminis*, eis que aquelas ações anteriores não se ajustam às exigências atuais no novo tipo penal.

Tendo em vista que a perseguição reiterada demonstra uma prolongação delitiva, se a prática for iniciada na constância da antiga contravenção penal e sua continuidade permanecer com a nova norma incriminadora, aplica-se a Súmula n. 711 do STF: "a lei penal mais grave aplica-se ao crime continuado ou ao crime permanente, se a sua vigência é anterior à cessação da continuidade ou da permanência".

1.5. Elemento subjetivo

Para configurar-se a prática delitiva em comento, exige-se elemento subjetivo imprescindível: o dolo. O agente deve perceber, ter conhecimento e desejo (ou ao menos assumir o risco) de que a prática desses comportamentos indesejados, intimidadores, molestadores proporcionará sentimentos ilegítimos e negativos experimentados pela vítima. Contudo, não se exige finalidade específica (dolo especial).

Não se admite a modalidade culposa.

bora anterior à criação art. 147-A, foi autorizada a quebra de dados informáticos com o objetivo de apurar crimes, o que revela o intuito dos Tribunais de manter esse entendimento em casos análogos.

50 Merece destaque o caso de famosa apresentadora televisiva, importunada reiteradamente por um fã que, diante de um episódio concreto dessa "perseguição" reiterada, envolveu-se em tiroteio e veio a falecer.

1.6. Consumação e tentativa

O crime de perseguição é caracterizado como de forma livre, ou seja, pode se consumar presencialmente/por meio digital, por escrito/de forma gestual/oral/mímica, enfim, trata-se de crime praticável de múltiplas maneiras. A modalidade "ameaça à integridade física ou psicológica" configura-se com quaisquer atos reiterados em que a vítima experimente incômodo, importunação, assédio, atemorização, constrangimento, no âmbito físico ou psicológico (p. ex., infrator que persegue insistentemente determinada pessoa, por qualquer meio, com promessas sérias de ofensas ou humilhações). Resta consumado o delito de perseguição na forma "restringindo-lhe a capacidade de locomoção", quando o sujeito ativo demonstra em atos externos, o intento inequívoco de impedir a livre e regular circulação do ofendido, como exemplo, obstando sua passagem ou deslocamento em determinados espaços físicos, só o permitindo em troca de algum favor amoroso, como um beijo. Por último, a hipótese em que o perseguido sofre, de qualquer forma, invasão ou perturbação em sua esfera de liberdade ou privacidade, é constatável concretamente quando, de algum modo, *e. g.*, o perseguido sofre invasões insistentes e desautorizadas em sua conta de aplicativos de relacionamentos sociais (Facebook, WhatsApp, Instagram), sendo introduzidas informações ou palavras indesejadas ou confidenciais, e essa intromissão interfere significativamente no desenvolvimento integral e pleno de seus direitos de personalidade. É importante salientar que essa invasão/intromissão não precisa ser com mensagens agressivas, basta ter o conteúdo indesejado por parte da vítima apta a gerar os sentimentos negativos antes descritos, como no caso de galanteios amorosos insistentes por parte de agentes desconhecidos ou, ainda que conhecidos, não portadores de simpatia do destinatário.

A reiteração (habitualidade) que caracteriza este crime inviabiliza a modalidade tentada (*conatus*).

1.7. Classificação

Crime comum, comissivo, formal (no caso do inciso da ameaça) ou material (restrição da liberdade de locomoção ou invasão da privacidade), misto alternativo, de forma livre, habitual, doloso, unissubjetivo e plurissubsistente.

1.8. Causas de aumento de pena

Existem três majorantes contempladas nesta norma incriminadora: duas relacionadas à pessoa da vítima (inciso I – contra criança, adolescente ou idoso, e inciso II – contra mulher por razões da condição de sexo feminino, nos termos do § 2º-A do art. 121 deste Código); e uma ora correspondente ao número de agentes (inciso III – mediante concurso de 2 (duas) ou mais pessoas), ora ao instrumento empregado pelo delinquente (inciso III – com emprego de arma).

1.8.1. Inciso I – contra criança, adolescente ou idoso

O ECA (Lei n. 8.069/90) considera "criança" a pessoa até 12 anos de idade incompletos, e "adolescente" aquela entre 12 e 18 anos de idade (art. 2º). O art. 1º da Lei n. 10.741/2003 inaugura o Estatuto do Idoso, ao definir que pessoa anciã é aquela com idade igual ou superior a 60 anos.[51]

Essa reprovação penal, na linha de outras normas semelhantes (p. ex., arts. 61, *h*, 121, § 4º, 129, § 7º, 159, § 1º, 213, § 1º, 216-A, § 2º, 217-A, todos deste Código, CP) e, até, no entendimento consolidado dos tribunais (Súmula n. 593, STJ), ao reconhecer a inegável condição de vulnerabilidade dos menores de idade ou pessoas idosas, amparada nos preceitos protetivos extraídos da CF e de leis especiais como essa antes indicada. Causa estranheza, porém, não ter sido incluído nesse rol de vítimas "especiais", as pessoas com deficiência, tal qual feito anteriormente em outras normas repressivas, como exemplo dos arts. 121, § 7º, II, 129, § 11, 203, § 2º, 207, § 2º, entre outros.

1.8.2. Inciso II – contra mulher por razões da condição de sexo feminino, nos termos do § 2º-A (revogado) do art. 121 deste Código

A Lei n. 11.340/2006 (Lei Maria da Penha), a Convenção Interamericana para Prevenir, Punir e Erradicar a Violência contra a Mulher – "Convenção de Belém do Pará –[52], a Recomendação

51 Importante notar, porém, que este Código dispõe como circunstância atenuante, a ser considerada no momento da fixação da pena, se o agente for "maior de 70 anos", ou seja, contempla regra mais favorável para pessoa em idade mais avançada, o que revela incongruência no tratamento político criminal: para reprimir se utiliza de quantidade de ano menor (60), mas para beneficiar é observada um *quantum* maior (70).

52 Este Diploma internacional foi promulgado em nosso país pelo Decreto n. 1.973, de 01.08.1996, determina aos Es-

Geral n. 35 do Comitê para Eliminação de Todas as Formas de Discriminação contra a Mulher – Cedaw,[53] entre outros diplomas, objetivam a necessidade de implementação de políticas públicas administrativas e legislativas que resguardem os direitos humanos das mulheres no âmbito, ou não, das relações domésticas e familiares no sentido de resguardá-las de toda forma de negligência, discriminação, exploração, violência, crueldade e opressão. Nesse contexto e arcabouço protetivo reconhecidamente justo, normas mais repressivas, como a prevista neste subtópico, surgem.

Essas "razões da condição do sexo feminino" são verificáveis em circunstâncias fáticas concretas relacionadas à conduta delituosa. São constatadas nas hipóteses de violência doméstica e familiar, e menosprezo ou discriminação à condição de mulher (gênero feminino). Também aqui se mostra plausível e necessária essa tutela penal mais repressiva tendo em vista o assombroso aumento de criminalidade, inclusive violenta, cujas vítimas são pessoas do sexo feminino, revelando, por parte do agente, um sentimento nefasto e inaceitável de falta de apreço, consideração à mulher, uma inadmissível depreciação, desprezo, talvez fruto, muitas vezes, de um machismo ainda impregnado no meio social, perceptível, também nas relações laborais, familiares e sociais como um todo.

Aqui percebe-se, também, em algumas situações cotidianas, um intento delitivo com o propósito final, muitas vezes, de satisfazer o desejo sexual, a lascívia, ou, ainda, uma ilusão/desilusão amorosa, amor platônico, relacionamento obsessivo, todas essas possibilidades, portanto, na mente do criminoso, justificam a prática de atos iniciais que materializam o art. 147-A, mas, na verdade, tais condutas preliminares representam crime-meio, eis que, pretende-se um resultado danoso ainda mais grave para vítima, como o homicídio, a lesão corporal, o constrangimento ilegal e o estupro (respectivamente, arts. 121, 129, 146 e 213, todos deste Código).

O CNJ e o Conselho Nacional do Ministério Público – CNMP editaram a Resolução Conjunta n. 5 do CNJ e CNMP, em 03.03.2020. Este ato normativo instituiu o "Formulário Nacional de Avaliação de Risco" no âmbito do Poder Judiciário e do Ministério Público para a prevenção e o enfrentamento de crimes e demais atos praticados no contexto de violência doméstica e familiar contra a mulher (art. 1º). Esse novo instrumento da Política Judiciária Nacional de Enfrentamento à Violência contra as Mulheres tem por objetivo identificar os fatores que indiquem o risco de a mulher vir a sofrer qualquer forma de violência no âmbito das relações domésticas e familiares (art. 7º da Lei n. 11.340/2006), para subsidiar a atuação do Ministério Público, do Poder Judiciário e dos demais órgãos da rede de proteção na gestão do risco identificado, devendo ser preservado, em qualquer hipótese, o sigilo das informações (art. 2º). No anexo desta Resolução, esse mencionado formulário, aplicável pela Polícia Civil no momento do registro da ocorrência policial ou, na impossibilidade, pela equipe do Ministério Público ou do Poder Judiciário, por ocasião do primeiro atendimento à mulher vítima de violência doméstica e familiar (art. 3º), contém os seguintes questionamentos específico direcionados à vítima: "[...] 6. O(A) agressor(a) já teve algum destes comportamentos? [...] ( ) Perturbou, perseguiu ou vigiou você nos locais que frequenta [...] ( ) Fez telefonemas, enviou mensagens pelo celular ou *e-mails* de forma insistente [...] ( ) Impediu você de ter acesso a dinheiro, conta bancária ou outros bens (como documentos pessoais, carro ( ) Teve outros comportamentos de ciúme excessivo e de controle sobre você [...]".

1.8.3. Inciso III – mediante concurso de 2 (duas) ou mais pessoas ou com o emprego de arma

A prática de delito em concurso de pessoas (dois ou mais agentes envolvidos) pode, a depender do crime, demonstrar sua hediondez (art. 1º, IV, da Lei n. 8.072/90[54]) e, obviamente, representa conduta ilícita ainda mais reprovável encontrando previsão legal neste Código em outras normas: arts. 155, § 4º, IV, 157, § 2º, II, 161, § 1º, II. Essa superioridade numérica existente, por si

---

tados-partes que incorporem na sua legislação interna normas penais, processuais e administrativas para prevenir, punir e erradicar a violência contra a mulher, bem como que adotem as medidas administrativas e jurídicas necessárias para impedir que o agressor persiga, intimide, ameace ou coloque em perigo a vida ou a integridade da mulher ou danifique seus bens (art. 7º, *c* e *d*).

53 Orientação essa que invoca os Estados-partes a implementarem mecanismos de proteção apropriados e acessíveis para prevenir a violência futura ou em potencial, que incluam "avaliação e proteção quanto a riscos imediatos" (item 31, alínea "a.ii").

54 "Extorsão mediante sequestro e na forma qualificada (art. 159, *caput*, e §§ 1º, 2º e 3º)."

só, não representa ameaça, devendo esse constrangimento ser demonstrado faticamente, de forma concreta, efetiva, para que se autorize a aplicação imediata dessa causa de aumento. Para verificar essa quantidade numérica exigida, serão considerados não só agentes, mas também partícipes, inclusive menores de idade (inimputáveis) que atuarem da empreitada criminosa.

O emprego de arma, da mesma forma também atendendo ao clamor social, despertou o interesse do legislador para que, assim como feito anteriormente em outros delitos, promovesse alterações legislativas. Oportuno relembramos que, existem, ainda, neste Código, hipóteses que autorizam a majoração da pena, porém exigem que o instrumento usado, a arma, seja de "fogo" (art. 157, §§ 2º-A, I, e 2º-B, deste Código).

Essa hipótese exasperadora restará caracterizada pelo emprego de "arma", seja ela de "fogo" ou não. Portanto, a arma "branca", ou seja, aquela proibida no art. 19 do DL n. 3.688/41,[55] também se enquadrará aqui desde que, no caso concreto, estiver configurado o emprego de instrumento lesivo cortantes, perfurantes, perfurocortantes, contundentes, cortocontundentes, perfurocontundentes e perfurocortocontundentes (exemplos: faca, soco inglês, canivetes, punhais, espadas, entre outros).

Na hipótese em que o sujeito ativo portar arma de fogo e perseguir alguém causando-lhe as situações descritas antes, estaremos diante deste crime em concurso material/formal com o delito previsto nos arts. 14 ou 16, ambos da Lei n. 10.826/2003, exceto: a) se o agente tiver porte autorizado de arma de fogo (*v.* art. 6º da Lei n. 10.826/2003; b) se o perseguidor tiver adquirido a arma especificamente e momentos antes de praticar a conduta do art. 147-A, ou seja, não ficar comprovado o porte anterior para outras finalidades.

1.9. Medidas protetivas cautelares

Muito embora não exista disposição normativa expressa sobre medidas protetivas aplicáveis a este crime, tal qual existentes, por exemplo, nos arts. 22 a 24 da Lei n. 11.340/2006 (Lei Maria da Penha), nada impede, aliás, é até salutar que o magistrado responsável pelo caso, em determinadas situações fáticas em que ficarem demonstrados a plausibilidade do direito amparado e a necessária adoção imediata de tutela jurisdicional, se utilize de seu "poder geral de cautela" para adotar providências cautelares atípicas (*v.* arts. 297 e 301, ambos do CPC e art. 3º do CPP) ou até que se determine medidas cautelares típicas diversas da prisão (arts. 319 e 320 ambos do CPP), todas essas com o objetivo de afastar ou impedir a aproximação do agente em relação ao perseguido.

1.10. Ação penal

O crime em questão tem uma condição objetiva de procedibilidade, ou seja, apesar de ser crime de ação penal pública, a persecução criminal só pode ser inaugurada desde que, previamente, a vítima oferte representação em desfavor do agente, autorizando o Ministério Público, assim, a atuar (*v.* art. 5º do CPP). Nos termos do art. 39 do CPP, "o direito de representação poderá ser exercido, pessoalmente ou por procurador com poderes especiais, mediante declaração, escrita ou oral, feita ao juiz, ao órgão do Ministério Público, ou à autoridade policial". No caso de menores de idade (crianças, adolescentes) ou de outras pessoas incapazes (pródigo, ébrios habituais e toxicômanos, aqueles que, por causa transitória ou permanente, não puderem exprimir sua vontade), a representação deverá ser feita por pais, tutores ou curador (representantes legais).

É possível retratar-se da representação se ofertada até o momento antes da denúncia (art. 25 do CPP). Ressalta-se, porém, que se no caso concreto verificar-se ato decorrente de violência doméstica ou familiar contra a mulher, deveremos observar a regra prevista no art. 16 da Lei n. 11.340/2006 (Lei Maria da Pena), segunda a qual, esse ato de desistência por parte da vítima (renúncia) deverá ser formalizado, em audiência especialmente designada com tal finalidade, an-

---

55 Porte de arma
"Art. 19. Trazer consigo arma fora de casa ou de dependência desta, sem licença da autoridade: Pena – prisão simples, de quinze dias a seis meses, ou multa, de duzentos mil réis a três contos de réis, ou ambas cumulativamente. § 1º A pena é aumentada de um terço até metade, se o agente já foi condenado, em sentença irrecorrível, por violência contra pessoa. § 2º Incorre na pena de prisão simples, de quinze dias a três meses, ou multa, de duzentos mil réis a um conto de réis, quem, possuindo arma ou munição: *a)* deixa de fazer comunicação ou entrega à autoridade, quando a lei o determina; *b)* permite que alienado, menor de 18 anos ou pessoa inexperiente no manejo de arma a tenha consigo; *c)* omite as cautelas necessárias para impedir que dela se apodere facilmente alienado, menor de 18 anos ou pessoa inexperiente em manejá-la."
A par da discussão acerca da atipicidade desse delito, em razão de tratar-se de norma penal em branco a qual exige regulamentação que não existe até hoje, a jurisprudência majoritária compartilha entendimento de que essa contravenção penal ainda está em vigor (STJ, Ag. Reg. no RHC n. 26.829/MG, 6ª T., rel. Min. Marilza Maynard – des. convocada do TJSE, j. 08.05.2014). Existem projetos de lei que versam sobre o tema: PL ns. 2.967/2004 e 1.873/2015.

tes do recebimento da denúncia e ouvido o Ministério Público. Apesar dessa regra não especificar sobre a retratação e sim sobre renúncia, entendemos que a retratação poderá ser formalizada, também, nos mesmos moldes desde que respeitado o limite temporal indicado no início deste parágrafo (*v.* inclusive, entendimento jurisprudencial em casos análogos envolvendo violência doméstica prevista no art. 129, § 9º, deste Código – STJ: REsp n. 1.199.147/MG, 5ª T., rel. Min. Gilson Dipp, j. 03.03.2011, *DJe* 14.03.2011; *HC* n. 154.940/RJ, 6ª T., rel. Min. Maria Thereza de Assis Moura, j. 22.02.2011, *DJe* 14.03.2011; REsp n. 1.097.042/DF, 3ª S., rel. Min. Napoleão Nunes Maia Filho, j. 24.02.2010, *DJe* 21.05.2010).

2. JURISPRUDÊNCIA

2.1. Súmulas

Súmula n. 588, STJ: "A prática de crime ou contravenção penal contra a mulher com violência ou grave ameaça no ambiente doméstico impossibilita a substituição da pena privativa de liberdade por restritiva de direitos".

Súmula n. 589, STJ: "É inaplicável o princípio da insignificância nos crimes ou contravenções penais praticados contra a mulher no âmbito das relações domésticas".

Violência psicológica contra a mulher

Art. 147-B. Causar dano emocional à mulher que a prejudique e perturbe seu pleno desenvolvimento ou que vise a degradar ou a controlar suas ações, comportamentos, crenças e decisões, mediante ameaça, constrangimento, humilhação, manipulação, isolamento, chantagem, ridicularização, limitação do direito de ir e vir ou qualquer outro meio que cause prejuízo à sua saúde psicológica e autodeterminação:

Pena – reclusão, de 6 (seis) meses a 2 (dois) anos, e multa, se a conduta não constitui crime mais grave.

Nomen juris e artigo acrescentados pela Lei n. 14.188, de 28.07.2021.

---

1. COMENTÁRIO

1.1. Notas introdutórias

A Lei n. 14.188, de 28.07.2021, inseriu nesta codificação o § 13 do art. 129, bem como criou a figura típica em comento, entre outras alterações em diplomas diversos, merecendo destaque, ainda, a criação do "programa Sinal Vermelho contra a Violência Doméstica como medida de ajuda à mulher vítima de violência doméstica e familiar", orientando o Poder Executivo, o Poder Judiciário, o Ministério Público, a Defensoria Pública, os órgãos de segurança pública e as entidades privadas a estabelecerem "um canal de comunicação imediata com as entidades privadas de todo o País participantes do programa, a fim de viabilizar assistência e segurança à vítima, a partir do momento em que houver sido efetuada a denúncia por meio do código 'sinal em formato de X', preferencialmente feito na mão e na cor vermelha".

É importante destacar que o art. 7º da Lei n. 13.340/2006 (Lei Maria da Penha) já definia cinco formas de violência doméstica e familiar contra a mulher: física, psicológica, sexual, patrimonial e moral. A violência psicológica acontece de múltiplas formas. Enquanto algumas agressões podem passar despercebidas, outras são mais evidentes, como xingamentos, humilhação e chantagem emocional.

De acordo com a Secretaria de Políticas de Saúde do Ministério da Saúde, violência psicológica "é toda ação ou omissão que causa ou visa causar dano à autoestima, à identidade ou ao desenvolvimento da pessoa. Inclui: ameaças, humilhações, chantagem, cobranças de comportamento, discriminação, exploração, crítica pelo desempenho sexual, não deixar a pessoa sair de casa, provocando o isolamento de amigos e familiares, ou impedir que ela utilize o seu próprio dinheiro. Dentre as modalidades de violência, é a mais difícil de ser identificada. Apesar de ser bastante frequente, ela pode levar a pessoa a se sentir desvalorizada, sofrer de ansiedade e adoecer com facilidade, situações que se arrastam durante muito tempo e, se agravadas, podem levar a pessoa a provocar suicídio".[56]

Nas palavras de Luciane Silva, Elza Coelho e Sandra Caponi, "é importante enfatizar que a violência psicológica causa, por si só, graves problemas de natureza emocional e física. Independentemente de sua relação com a violência física, a violência psicológica deve ser identificada, em

---

56 BRASIL. Ministério da Saúde. Secretaria de Políticas de Saúde. "Violência intrafamiliar: orientações para a prática em serviço". Brasília, Ministério da Saúde, 2001. Disponível em: https://bvsms.saude.gov.br/bvs/publicacoes/cd05_19.pdf; exibido em: 13.12.2021.

especial pelos profissionais que atuam nos serviços públicos, sejam estes de saúde, segurança ou educação. Não raro, são detectadas situações graves de saúde, fruto do sofrimento psicológico, dentre as quais se destacam: dores crônicas (costas, cabeça, pernas, braços etc.), síndrome do pânico, depressão, tentativa de suicídio e distúrbios alimentares. Como já dito anteriormente, isso significa que a violência psicológica deve ser enfrentada como um problema de saúde pública pelos profissionais que ali atuam, independentemente de eclodir ou não a violência física.[57]

Não são "meros dissabores", pequenas contrariedades, mas sim abalos emocionais significativos que configuram o crime em questão, o qual proporciona depressão, perda da capacidade laborativa, crises de choro, angústia, pesadelo, insônia, irritabilidade, distúrbio alimentar, dores crônicas, medo de relacionar-se com outras pessoas e de frequentar lugares públicos, hipersensibilidade social, perda de concentração e memória. O ofensor tem o objetivo de fragilizar o estado emocional e psicológico da vítima. Esse delito pode ocorrer no âmbito de relações familiares, afetivas, laborais e sociais e, muitas vezes, o comportamento costumeiro do agressor pode caracterizar suas atitudes ilícitas, para alguns, erroneamente, como algo "normal", conduta decorrente da própria personalidade do ofensor e não algo contra a vítima efetivamente, o que, infelizmente, prolonga o sofrimento da pessoa ofendida e até gera impunidade, mesmo porque em inúmeras situações essa agressão não deixa marcas visíveis (como não violência física) e não tem testemunhas.

Outro aspecto merece destaque: comentários e provocações psicológicas indevidas são externadas de forma sutil, quando na verdade materializam verdadeira e inequívoca hipótese de violência psicológica.

Essa violência psicológica difere-se do "dano psíquico", causador de patologia médica, eis que se circunscreve à esfera do sofrimento não qualificável como doença. No dano psíquico (patologia médica), se praticado contra a mulher, teremos uma lesão corporal (art. 129, § 13), na violência psicológica, estaremos diante da incidência deste artigo.

A princípio, é um crime classificado como de menor potencial ofensivo (pena máxima de reclusão até dois anos), possibilitando ao ofensor os benefícios da Lei n. 9.099/95 (transação penal e suspensão condicional do processo), como exemplo, destacamos condutas ilícitas praticadas no contexto de relações de trabalho. Caso tais delitos, por outro lado, sejam cometidos no contexto de violência doméstica (presentes circunstâncias de coabitação, vínculo familiar ou afetivo), aplicar-se-á a Lei n. 13.340/2006 (Lei Maria da Penha – *vide* art. 41 dessa Lei), o que impedirá a possibilidade das medidas despenalizadoras da Lei dos Juizados Especiais. O art. 7º da Lei n. 13.340/2006 (Lei Maria da Penha) define cinco formas de violência doméstica e familiar contra a mulher: física, psicológica, sexual, patrimonial e moral. Portanto, em determinadas hipóteses fáticas de um cenário familiar e doméstico, esse crime pode se enquadrar como uma dessas formas de violência (psicológica) contra a mulher, atraindo a incidência dessa lei especial.

Oportuno, também, esclarecer que como a violência contra a mulher é circunstância elementar do crime, não se aplicará a agravante prevista no art. 61, I, *f*, deste Código.

1.2. Objetividade jurídica

A norma penal tutela a liberdade psíquica, a privacidade da pessoa humana (art. 5º, X, da CF[58]). Visa preservar a tranquilidade, a paz de espírito e, inclusive, o direito de ir e vir, isto é, sua liberdade de locomoção (direito de ambulatório – art. 5º, XV, da CF[59]). Portanto, salvaguarda, antes de tudo, direito fundamental inerente a todos nós.

1.3. Sujeitos

Trata-se de crime comum, portanto, praticável por qualquer pessoa, inclusive mulher (p. ex.: relações homoafetivas). O tipo penal não requer condição especial do agente. O sujeito passivo, por outro lado, só pode ser a mulher; nesse sentido específico, é crime próprio. Quanto às hipóteses de pessoas transgêneras, ainda que não submeti-

57 SILVA, Luciane Lemos da; COELHO, Elza Berger Salema; CAPONI, Sandra Noemi Cucurullo de. In: "Violência silenciosa: violência psicológica como condição da violência física doméstica". Disponível em: https://www.scielo.br/j/icse/a/9SG5zGMVt4VFDZtzbX97MkP/?lang=pt; acesso em: 07.12.2021.

58 "São invioláveis a intimidade, a vida privada, a honra e a imagem das pessoas, assegurado o direito a indenização pelo dano material ou moral decorrente de sua violação."

59 "É livre a locomoção no território nacional em tempo de paz, podendo qualquer pessoa, nos termos da lei, nele entrar, permanecer ou sair com seus bens."

das a procedimentos cirúrgicos de redesignação sexual ou alterados os respectivos nomes e sexo nos registros civis, existem divergências doutrinárias e jurisprudenciais.

1.4. Análise da(s) conduta(s) descrita(s) no tipo

Oportuno destacarmos, inicialmente, que a redação do delito em questão utiliza uma lógica redacional inversa das demais descrições típicas: na primeira oração, é contemplado um "resultado", isto é, ao indicar "causar dano emocional à mulher", está se antecipando no dispositivo a consequência antes de definir-se a própria conduta em si, que é a "ameaça, constrangimento, humilhação, manipulação, isolamento, chantagem, ridicularização, limitação do direito de ir e vir ou qualquer outro meio".

Frise-se que as condutas descritas no *caput* deste artigo copiou inúmeras hipóteses descritas no art. 7º, II, da Lei n. 11.340/2006 (Lei Maria da Penha). A seguir explicitaremos as formas pelas quais o crime em questão pode restar configurado, esclarecendo, no entanto, que se trata de rol exemplificativo, eis que o próprio legislador contempla possibilidades conforme a seguinte redação: "ou qualquer outro meio que cause prejuízo à sua saúde psicológica e autodeterminação".

a) ameaça (promessa de causa mal injusto e grave); b) constrangimento (coação, ofensa contra a liberdade pessoal do indivíduo, o poder de autodeterminação, a capacidade de querer e agir, protegida pelo art. 5º, II, da Constituição Federal); c) humilhação (depreciar, afrontar, insultar, ultrajar, ofender a honra objetiva e/ou subjetiva); d) manipulação (controlar, dominar, interferir indevidamente contra a vontade da vítima, alterando ou motivando artificialmente a mudança ou formação de seu intento); e) isolamento (o agente deixa a pessoa afastada, retraída, apartada do convívio com outras pessoas, com seus familiares e amigos, desprovida de apoio social); f) chantagem (extorsão, pressão psicológica com ameaças pertubadoras); g) ridicularização (submeter a vítima a achincalhamento, desonra, zombaria); h) limitação do direito de ir e vir (reduzir a liberdade da vítima, proibindo de frequentar determinados lugares, impossibilitando o livre exercício de seu direito fundamental de locomoção previsto no art. 5,º XV, da Constituição Federal).

A rejeição, o desrespeito, a depreciação, a discriminação, a humilhação, as punições ou castigos exagerados, o isolamento relacional, a intimidação, o domínio econômico, a agressão verbal, a subjugação (contenção, proibições, imposições, punições restritivas), ameaças, entre outras condutas possíveis (pois conforme esclarecido o rol não é exaustivo), interferem na liberdade psíquica da vítima, sua tranquilidade, sua paz de espírito.

1.5. Elemento subjetivo

Para configurar-se a prática delitiva em comento, exige-se elemento subjetivo imprescindível: o dolo. O agente deve perceber, ter conhecimento e desejo (ou ao menos assumir o risco) de que a prática desses comportamentos indesejados, intimidadores, molestadores proporcionará sentimentos ilegítimos e negativos experimentados pela vítima. Contudo, não se exige finalidade específica (dolo especial). Não se admite a modalidade culposa.

É necessário salientar que, embora a conduta seja dolosa, o resultado dessa ação poderá ser doloso (o agente prevê e deseja, ou ao menos é indiferente quanto ao resultado) ou culposo (neste último caso, o ofensor não deseja a consequência negativa contra a vítima, mas esse resultado era previsível), como ocorre, por exemplo, no art. 129, §§ 1º e 2º, do CP.

1.6. Consumação e tentativa

O crime é classificado como material, dependerá do resultado exigido específico: abalo psicológico. Existe uma dificuldade técnica que pode prejudicar a constatação prática desse "dano emocional", não será fácil comprovar, no caso concreto, se esse prejuízo suportado pela vítima prejudicou e perturbou seu pleno desenvolvimento ou ainda degradou ou controlou suas ações, comportamentos, crenças e decisões. Porém, as provas testemunhal, documental e, inclusive, pericial podem revelar a ocorrência desse delito.

O crime não é, em tese, habitual "propriamente dito", exigindo-se apenas um único ato para a consumação, muito embora, na prática, na maioria dos casos, restará configurada uma reiteração de condutas (habitualidade) por parte do ofensor, nem por isso teremos o cometimento de inúmeros ilícitos (pluralidade de crimes) caso ocorram no mesmo contexto fático, não desnatura a unicidade delitual, por isso podemos caracterizá-lo como crime habitual "impróprio" (embora não necessite a reiteração de condutas, caso ocorra não teremos inúmeros crimes, mas um só). A habitualidade por parte do agressor deverá ser observada no momento de fixação da pena, agravando-se a reprimenda a ser imposta.

Importante esclarecer, também, que é um crime de forma livre, podendo ser consumado mediante as condutas exemplificadas no *caput* desta norma ou quaisquer outras que resultem na consequência prejudicial antes descrita, devendo ficar demonstrado, obviamente, o nexo causal entre a conduta e o resultado.

Trata-se de crime material, portanto, a tentativa é possível, embora não seja fácil na prática configurar uma situação em que o sujeito ativo seja interrompido, por circunstâncias alheias a sua vontade, não chegando a produzir um dano emocional à mulher.

1.7. Conflito aparente de normas

Ao definir no preceito secundário da norma pena específica "se a conduta não constitui crime mais grave", o legislador se antecipou àquilo que ocorre muitas vezes na prática: o tipo penal em questão, em algumas hipóteses concretas, muitas vezes, pode gerar um conflito aparente de normas, isto é, existir uma certa dificuldade do intérprete para enquadramento da situação fática que amoldar-se-á em outras espécies criminosas que não o art. 147-B, como exemplos: lesão corporal, art. 129, § 13, CP – dano psicológico grave em detrimento da mulher, por razões da condição do sexo feminino; estupro, art. 213. Como diria o imortal Nelson Hungria, o presente tipo penal é um "soldado de reserva",[60] portanto é, expressamente, crime subsidiário, podendo ser absorvido por outro crime mais grave.

O art. 147-B absorve, por outro lado, outros delitos menos graves (p.ex.: constrangimento ilegal, art. 146; ameaça, art. 147).

Em algumas ocasiões concretas, o crime de "perseguição" ou *stalking* (art. 147-A) pode ser aplicável em concurso de crimes com o art. 147-B, se cometido em contextos fáticos diversos. Por outro lado, se tais delitos forem cometidos no mesmo cenário factual, o que será raro, o art. 147-A, por ser mais grave (eis que quando praticado contra a mulher em razões do sexo feminino, tem a pena aumentada – art. 147-A, § 1º, II), absorverá o crime de violência psicológica.

60 "Se a pena do tipo principal (sempre mais grave que a do tipo subsidiário) é excluída por qualquer causa, a pena do tipo subsidiário pode apresentar-se como '**soldado de reserva**' e aplicar-se como *residuum*" (*Comentários ao Código Penal*, v. I, t. 1, Rio de Janeiro, Forense, 1953, p. 132).

1.8. Classificação

Crime comum (próprio em relação ao sujeito passivo – mulher), comissivo, material, subsidiário (pode ser absorvido por um crime mais grave), de forma livre, habitual impróprio, doloso, unissubjetivo e plurissubsistente.

2. JURISPRUDÊNCIA

2.1. Súmulas

Súmula n. 588, STJ: "A prática de crime ou contravenção penal contra a mulher com violência ou grave ameaça no ambiente doméstico impossibilita a substituição da pena privativa de liberdade por restritiva de direitos".

Súmula n. 589, STJ: "É inaplicável o princípio da insignificância nos crimes ou contravenções penais praticados contra a mulher no âmbito das relações domésticas".

Sequestro e cárcere privado

Art. 148. Privar alguém de sua liberdade, mediante sequestro ou cárcere privado:

Pena – reclusão, de 1 (um) a 3 (três) anos.

§ 1º A pena é de reclusão, de 2 (dois) a 5 (cinco) anos:

I – se a vítima é ascendente, descendente, cônjuge ou companheiro do agente ou maior de 60 (sessenta) anos;

Inciso com redação dada pela Lei n. 11.106, de 28.03.2005.

II – se o crime é praticado mediante internação da vítima em casa de saúde ou hospital;

III – se a privação da liberdade dura mais de 15 (quinze) dias;

IV – se o crime é praticado contra menor de 18 (dezoito) anos;

Inciso acrescentado pela Lei n. 11.106, de 28.03.2005.

V – se o crime é praticado com fins libidinosos.

Inciso acrescentado pela Lei n. 11.106, de 28.03.2005.

§ 2º Se resulta à vítima, em razão de maus-tratos ou da natureza da detenção, grave sofrimento físico ou moral:

Pena – reclusão, de 2 (dois) a 8 (oito) anos.

---

1. COMENTÁRIO

1.1. Objetividade jurídica

O dispositivo tutela a liberdade de locomoção da pessoa humana, o seu direito de ir, vir e permanecer livremente no local de sua escolha.

1.2. Sujeitos

O crime é comum, pode ser praticado por qualquer pessoa.

Se o agente for funcionário público e praticar o fato no exercício de suas funções, responderá por crime de abuso de autoridade.

Sujeito passivo também poderá ser qualquer pessoa.

Poderão ser vítimas deste crime até mesmo as pessoas impossibilitadas de se locomover (p. ex.: paralíticos, aleijados, doentes graves), pois também possuem liberdade de locomoção, ainda que exercida mediante o auxílio de outrem ou com a ajuda de aparelhos (p. ex.: cadeira de rodas, muletas).

Também poderá figurar como sujeito passivo do crime a pessoa que já tem restringida sua liberdade (p. ex.: preso), quando a conduta gerar maior restrição ao direito de locomoção (p. ex.: acorrentar o preso em sua cela, restringindo-lhe a liberdade de locomoção no interior do presídio).

Não é necessário que a vítima tenha consciência da privação de liberdade que lhe é imposta, de maneira que os loucos, as crianças de tenra idade e as pessoas inconscientes também poderão ser vítimas do crime.

Tratando-se de criança ou adolescente, poderá configurar-se o crime do art. 230 do ECA ("Privar a criança ou o adolescente de sua liberdade, procedendo à sua apreensão sem estar em flagrante de ato infracional ou inexistindo ordem escrita da autoridade judiciária competente: Pena – detenção de 6 (seis) meses a 2 (dois) anos. Parágrafo único. Incide na mesma pena aquele que procede à apreensão sem observância das formalidades legais").

1.3. Análise da(s) conduta(s) descrita(s) no tipo

A conduta típica consiste em privar alguém de sua liberdade, mediante sequestro ou cárcere privado (p. ex.: reter paciente em hospital como forma de garantir o pagamento das despesas médicas, acorrentar a mulher ao vaso sanitário etc.).

O núcleo do tipo é o verbo "privar", que significa tolher, destituir alguém de sua liberdade de locomoção.

A privação da liberdade pode dar-se por dois modos: sequestro ou cárcere privado. Embora recebam o mesmo tratamento legal, é possível distinguir os dois termos: cárcere privado implica confinamento. A vítima fica enclausurada em um recinto fechado, com maior restrição à sua liberdade de locomoção (p. ex.: quarto, cela); no sequestro a vítima é mantida em local mais amplo (p. ex.: fazenda, ilha). A diferença, como se vê, é quantitativa: sequestro é o gênero de que cárcere privado é espécie.

O crime é de forma livre, podendo ser praticado por qualquer meio de execução (violência, ameaça, fraude etc.). E admite tanto a forma comissiva como a omissiva (p. ex.: não dar alta a um enfermo mental que recuperou a saúde).

Não se configura o crime se houver justa causa para a privação da liberdade (p. ex.: prisão em flagrante, internação de enfermos, isolamento de doentes contagiosos etc.).

O consentimento, prestado por quem tenha capacidade de consentir, exclui o crime (p. ex.: recolher uma mulher, a seu pedido, em um convento; internar um alcoólatra, com o seu consentimento, em uma clínica especializada). É imprescindível, contudo, que o consentimento não contrarie a lei ou os bons costumes. Necessário também que o consentimento perdure por todo o tempo de privação da liberdade (se a vítima voltar atrás, a manutenção da privação da liberdade caracterizará o delito).

1.4. Elemento subjetivo

O crime é punido a título de dolo: vontade livre e consciente de privar alguém de sua liberdade de locomoção. Não se exige finalidade especial.

O crime é eminentemente subsidiário, sendo punido de modo autônomo somente quando não constituir elementar, qualificadora ou meio de execução de outro delito (p. ex.: extorsão mediante sequestro, subtração de incapazes, constrangimento ilegal, crime contra a segurança nacional etc.).

1.5. Consumação e tentativa

O crime é material: consuma-se no momento em que a vítima é privada de sua liberdade de locomoção por tempo juridicamente relevante.

Trata-se de crime permanente: o momento consumativo protrai-se no tempo por vontade do agente. Enquanto a vítima estiver privada de sua liberdade de locomoção o crime estará em sua fase de consumação, admitindo a prisão em flagrante.

A restituição voluntária da vítima à liberdade não exclui o crime, embora tal circunstância possa ser levada em conta pelo juiz na fixação da pena.

A tentativa é admissível nas modalidades comissivas (p. ex.: o agente é pilhado por policiais no momento em que está colocando a vítima no porta-malas de seu carro).

1.6. Qualificadoras

A primeira qualificadora prevista no § 1º diz respeito ao crime praticado contra ascendente, descendente, cônjuge ou companheiro. A exasperação da pena tem por fundamento a maior gravidade do fato, praticado com violação do dever familiar. Reconhecida a qualificadora, será inaplicável a agravante genérica do art. 61, II, *e*, do CP. É inadmissível o emprego da analogia em desfavor do réu: o dispositivo é inaplicável, portanto, ao padrasto ou madrasta, enteado, genro ou nora, sogro ou sogra, irmão.

Também qualifica o crime a circunstância de ser praticado contra vítima maior de 60 ou menor de 18 anos. Acrescentada pelas Leis ns. 10.741/2003 e 11.106/2005, a qualificadora visa conferir maior proteção ao idoso e à criança ou adolescente que, em razão da idade, possuem menor capacidade de resistência.

O sequestro e o cárcere privado são igualmente qualificados se o crime é praticado mediante internação da vítima em casa de saúde ou hospital. Leva-se em conta a maior periculosidade do agente, que se vale da fraude para alcançar seus objetivos. O médico ou diretor de hospital que anuir à desnecessária internação responderá igualmente pelo delito em questão.

A privação de liberdade superior a quinze dias é outra qualificadora e leva em consideração o maior sofrimento imposto à vítima e a seus familiares. No cômputo de referido prazo inclui-se o dia do começo, na forma do art. 10 do CP.

A Lei n. 11.106/2005 revogou, entre outros, os arts. 219 e 220 do CP, que previam, respectivamente, os crimes de *rapto violento* ou *mediante fraude e rapto consensual*, qualificando entretanto o crime de sequestro ou cárcere privado praticado para fins libidinosos. Em face de tal alteração, a conduta anteriormente prevista como rapto violento ou mediante fraude hoje configura crime de sequestro qualificado. Apesar da revogação do art. 219 não houve *abolitio criminis*: a conduta continua incriminada pelo ordenamento jurídico, embora em outro dispositivo. Em verdade, a alteração legislativa configura hipótese de *novatio legis in pejus* (a pena anteriormente prevista era de 2 a 4 anos de reclusão; a atual é de 2 a 5 anos de reclusão). Note-se que, na redação do art. 219 do CP, só a mulher honesta poderia ser sujeito passivo do rapto. Tal restrição deixou de existir na sistemática atual: homens ou mulheres, honestos ou não, poderão figurar como vítimas do crime de sequestro para fins libidinosos. No tocante ao rapto consensual, entretanto, houve *abolitio criminis*. A conduta deixou de ser incriminada, não podendo ser enquadrada no crime de sequestro uma vez que o consentimento do ofendido impede o reconhecimento da figura típica.

O § 2º, por fim, pune a conduta com pena de 2 a 8 anos de reclusão se resulta à vítima, em razão de maus-tratos ou da natureza da detenção, grave sofrimento físico ou moral. O sofrimento que qualifica o crime é o causado em virtude de *maus-tratos* (p. ex.: privação de alimentos) ou da *natureza da detenção* (p. ex.: manter a vítima amarrada ou em local insalubre). Se do fato resulta a morte da vítima ou lesão corporal, responderá o agente por homicídio ou lesão corporal em concurso material com o crime de sequestro simples.

1.7. Classificação

Trata-se de crime comum (pode ser praticado por qualquer pessoa), material (exige a ocorrência do resultado previsto no tipo penal), permanente (o momento consumativo prolonga-se no tempo, por vontade do agente), de forma livre (admite qualquer meio de execução) e eminentemente subsidiário (só é punido de maneira autônoma se não constituir meio de execução, elementar, causa de aumento de pena ou qualificadora de outro delito).

Redução a condição análoga à de escravo

Art. 149. Reduzir alguém a condição análoga à de escravo, quer submetendo-o a trabalhos forçados ou a jornada exaustiva, quer sujeitando-o a condições degradantes de trabalho, quer restringindo, por qualquer meio, sua locomoção em razão de dívida contraída com o empregador ou preposto:

Pena – reclusão, de dois a oito anos, e multa, além da pena correspondente à violência.

Caput com redação dada pela Lei n. 10.803, de 11.12.2003.

§ 1º Nas mesmas penas incorre quem:

Parágrafo acrescentado pela Lei n. 10.803, de 11.12.2003.

I – cerceia o uso de qualquer meio de transporte por parte do trabalhador, com o fim de retê-lo no local de trabalho;

Inciso acrescentado pela Lei n. 10.803, de 11.12.2003.

II – mantém vigilância ostensiva no local de trabalho ou se apodera de documentos ou objetos pessoais do trabalhador, com o fim de retê-lo no local de trabalho.

Inciso acrescentado pela Lei n. 10.803, de 11.12.2003.

§ 2º A pena é aumentada de metade, se o crime é cometido:

Parágrafo acrescentado pela Lei n. 10.803, de 11.12.2003.

I – contra criança ou adolescente;

Inciso acrescentado pela Lei n. 10.803, de 11.12.2003.

II – por motivo de preconceito de raça, cor, etnia, religião ou origem.

Inciso acrescentado pela Lei n. 10.803, de 11.12.2003.

1. COMENTÁRIO

1.1. Objetividade jurídica

A atual redação do *caput* e os parágrafos acrescentados pela Lei n. 10.803, de 11.12.2003, reduziram o âmbito da criminalização do atentado à liberdade individual ao âmbito das relações do trabalho. Por isso, os três crimes definidos no art. 149 são qualificados também como crimes contra a organização do trabalho, especialmente após a decisão do STF no RE n. 398.041.

Reduzir alguém a condição análoga à de escravo (figura penal denominada, na doutrina, de plágio) significa suprimir de tal forma sua liberdade individual que a pessoa fica totalmente sujeita à vontade de outrem, perdendo o direito de se autodeterminar e totalmente vulnerável em sua integridade física, psíquica e liberdade de locomoção. Essa supressão em grau máximo afeta a dignidade humana, razão pela qual, no PLS n. 236, de 2012, que trata da reforma do CP, conduta semelhante é classificada como crime contra a humanidade.

Embora instrumentos normativos brasileiros já tenham incorporado o termo "trabalho escravo", convém destacar, como fez Cezar Bitencourt (*Tratado de direito penal*: Parte Especial 3, 2011, p. 426), que "não se trata de 'redução à escravidão', que é um conceito jurídico segundo o qual alguém pode ter o domínio sobre outrem". No caso em exame se trata de reduzir "a condição semelhante a", isto é, parecida, equivalente à de escravo, pois o "*status libertatis* como *direito* permanece íntegro, sendo, de fato, suprimido". A obrigação do Brasil em abolir instituições e práticas análogas à escravidão decorre da Convenção Relativa à Escravidão, de 1926, e da Convenção Suplementar sobre a Abolição da Escravidão, o Tráfico de Escravos e Instituições e Práticas Análogas à Escravidão, da ONU, de 1956. As Convenções da OIT, ns. 29 e 105, sobre trabalho forçado ou obrigatório, consideram essas situações como propiciadoras das instituições e práticas análogas à escravidão. A OIT produz periodicamente informes a respeito do trabalho forçado nos países que fazem parte da ONU e tem uma agenda propositiva para o trabalho decente, aquele que atende aos direitos básicos da pessoa humana, em termos de remuneração e de condições de seu exercício.

Destaque-se, ainda, como instrumento internacional, que esclarece a objetividade jurídica do dispositivo criminalizador, a Convenção Americana de Direitos Humanos (Pacto de San José da Costa Rica), de 1969 (art. 6º, sobre a proibição da escravidão e da servidão).

1.2. Sujeitos

Não há condição ou qualidade especial para ser sujeito ativo. Outras pessoas, além do empregador, podem cometer esse crime, como gerentes, chefes de setor, capatazes, coordenadores, supervisores e quaisquer outros que submetam a vítima a condição semelhante à de escravo (BRASIL. MINISTÉRIO PÚBLICO FEDERAL, *Roteiro de atuação contra a escravidão contemporânea*, 2012, p. 17). Em muitos casos, apenas o empreiteiro chamado "gato" ou o administrador do estabelecimento agrícola tem contato direto com os trabalhadores, praticando efetivamente as condutas típicas. Os proprietários não residem nas fazendas, limitando-se a visitá-las esporadicamente, mas, se eles têm ciência da situação e se orientam a atuação de seus prepostos, são autores ou partícipes com fundamento no art. 29 ou 13, § 2º, do CP.

O sujeito passivo, no entanto, precisa estar na condição de uma relação de trabalho não necessariamente com o sujeito ativo.

1.3. Análise da(s) conduta(s) descrita(s) no tipo

A conduta do *caput* tem como verbo nuclear **reduzir**, que expressa o resultado das seguintes ações: a) **submeter** alguém (obrigar, compelir através de meios capazes de diminuir a capacidade de resistência da vítima ou mediante fraude) a trabalhos forçados; b) submeter alguém a jornada exaustiva; c) **sujeitar** alguém (impor com violência, grave ameaça ou fraude) a condições degradantes de trabalho; d) **restringir** (impor obstáculo ou empecilho), por qualquer meio (violência, grave ameaça, outro meio que atinge a capacidade de resistência da vítima, fraude), a locomoção de alguém em razão de dívida contraída com o empregador ou preposto.

As condutas equiparadas têm estrutura diferente. Ao contrário do *caput*, que define ação e resultado, os incisos I e II definem apenas ações. As ações são de cercear o uso de qualquer meio de transporte por parte do trabalhador e de manter vigilância ostensiva no local de trabalho ou, ainda, apoderar-se de documentos ou objetos pessoais do trabalhador para obter o resultado de retê-lo no local de trabalho.

As condutas equiparadas e a terceira hipótese do *caput* estão previstas de forma muito parecida nos incisos do § 1º do art. 203 (frustração de direito assegurado por lei trabalhista). Vejamos: "I – obriga ou coage alguém a usar mercadoria, de determinado estabelecimento, para impossibilitar o desligamento do serviço em virtude de dívida; II – impede alguém de se desligar de serviços de qualquer natureza, mediante coação ou por meio da retenção de seus documentos pessoais ou contratuais".

São alterações pontuais aprovadas pelo Congresso Nacional sem a devida sistematização, no afã de não deixar impunes as graves violações praticadas, em geral, pelos proprietários de estabelecimentos agrícolas, florestais e de pecuária.

Na interpretação de Moura Teles (*Direito penal*: Parte Especial, 2004, v. 2, p. 303), essas duas formas típicas elevam à categoria de crime autônomo condutas que seriam formas de participação no crime principal, incidindo sobre os comportamentos de pessoas a serviço do agente do crime de plágio. Conclui-se que, para incidir as formas equiparadas, é imprescindível que o trabalhador esteja sendo vítima da conduta prevista no *caput*.

1.4. Elemento subjetivo

Na figura do *caput* é o dolo, ou seja, a consciência e vontade de reduzir alguém a condição análoga à de escravo mediante as ações indicadas no tipo. Nos incisos, o dolo de cercear, manter vigilância, apoderar-se de documentos exige o elemento subjetivo especial do injusto, representado pelo fim de reter as vítimas no local de trabalho.

1.5. Elementos normativos

A expressão **trabalhos forçados**, no plural, não tem exatamente o mesmo significado que trabalho forçado, de que tratam as Convenções da OIT ns. 29, de 1930, e 105, de 1957. Trabalhos forçados são uma espécie de pena executada em condições humilhantes e degradantes, cuja aplicação é vedada pelo art. 5º, XLVII, *c*, da CR/88. Exemplos de aplicação dessa pena são as galés e os *gulags*.

Entretanto, numa interpretação sistemática há de se entender que é o conceito daquelas Convenções, segundo as quais trabalho forçado ou obrigatório é todo trabalho ou serviço exigido de uma pessoa sob ameaça de sanção e para o qual não se tenha oferecido voluntariamente. A Convenção n. 29 ressalva o serviço militar obrigatório, obrigação cívica comum, exigido em decorrência de condenação judicial e situações de emergência humanitária (art. 2º, § 2º).

Jornada exaustiva é "o período de trabalho diário imposto em condições que signifiquem sofrimento físico ou mental, além das forças da vítima, daí que devem ser consideradas as suas condições pessoais" (MOURA TELES, *Direito penal*: Parte Especial (arts. 121 a 212), 2004, p. 301).

Condições degradantes de trabalho são as que afrontam a dignidade humana. A fiscalização do trabalho considera o conjunto de violações às normas protetivas, como fornecimento de água contaminada por dejetos humanos e de animais para banho e alimentação, alimentação insuficiente e de má qualidade, ausência de locais para refeição, alojamentos em barracos de palha e lona preta, não fornecimento de equipamentos de proteção individual e de materiais necessários à prestação de primeiros socorros etc.

1.6. Consentimento do ofendido

O consentimento do ofendido não elide o crime, pois a dignidade humana é bem indisponível (MIRABETE, Julio Fabbrini; FABBRINI, Renato. *Manual de direito penal*: Parte Especial (arts. 121 a 234-B do CP), 2010, p. 159). Todavia, muitas sentenças absolutórias se fundamentam no consentimento dado por pessoas em estado de vulnerabilidade social ou que foram resgatadas pelos grupos móveis de fiscalização do trabalho e que retornam à mesma situação. Não raro as sentenças afirmam que as condições degradantes vivenciadas pelos trabalhadores são "normais" para eles, como se algumas pessoas tivessem menos direito do que outras porque são despossuídas. Ou, ainda, que a falta de alternativas econômicas da vítima não configura o estado de submissão total, pois lhe resta a liberdade de sair a qualquer momento. No entanto, a doutrina é uníssona em ensinar que o cerceamento de locomoção não é requisito essencial para a caracterização do crime.

1.7. Consumação

Consumam-se os crimes do *caput* e dos incisos quando o sujeito passivo passa ao domínio de outrem, em virtude da prática de uma ou de algumas ações descritas, muitas delas constitutivas de crimes por si. Esse resultado tornará possível a distinção em relação aos crimes, por exemplo, de atentado à liberdade de trabalho, de frustração de direito trabalhista, sequestro e cárcere privado. A consumação ocorre após certo período de tempo relevante e protrai-se ao alvedrio do sujeito ativo. O reconhecimento da consumação desse crime depende, no entanto, da sensibilidade dos aplicadores do direito para assegurar a todas as pessoas o mesmo padrão dos direitos fundamentais.

Explica Moura Teles (op. cit., 2004, v. 2, p. 302) que "há tentativa quando, realizada a conduta determinante da submissão da vítima, não se instala ainda assim a supressão de seu *status libertatis*, por qualquer circunstância alheia à vontade do agente. Ou porque a sujeição da vítima é tão somente momentânea, ou porque nem chega a ocorrer, por força de ação externa ou da própria vítima que consegue fugir".

1.8. Concurso de crimes

É comum o concurso material com o crime de aliciamento de trabalhadores de um local para outro do território nacional (art. 207), pois não é etapa necessária à consumação do crime do art. 149 que a vítima seja transportada ou transferida de um local para outro. Também é comum o concurso com crimes ambientais (Lei n. 9.605/98), quadrilha (art. 288), omissão de registro em carteira de trabalho (art. 297, § 4º). É possível concurso com maus-tratos, tortura e estupro.

Havendo várias vítimas da redução à condição análoga à de escravo ocorre concurso formal impróprio de tantos crimes do art. 149 quanto forem as vítimas, pois o tipo penal tem como sujeito passivo uma única pessoa.

Vários crimes contra a organização do trabalho e contra a liberdade individual são absorvidos pelo art. 149, porque se constituem em etapas ou meios de execução. Assim, os arts. 146, 147, 148, 197, 198, 203, *caput* e incisos. Na falta de prova suficiente a imputação pelo art. 149 pode ser desclassificada para algum desses crimes.

1.9. Classificação

Comum, comissivo, de resultado (material) ou formal (nos incisos), misto alternativo ou de conteúdo variado, de forma vinculada, doloso, permanente, unissubjetivo, plurissubsistente.

2. JURISPRUDÊNCIA

2.1. Julgados

Caracterização do trabalho em condições análogas às de escravo

Penal. Redução a condição análoga à de escravo. Escravidão moderna. Desnecessidade de coação direta contra a liberdade de ir e vir. Denúncia recebida. Para configuração do crime do art. 149 do CP, não é necessário que se prove a coação física da liberdade de ir e vir ou mesmo o cerceamento da liberdade de locomoção, bastando a submissão da vítima "a trabalhos forçados ou a jornada exaustiva" ou "a condições degradantes de trabalho", condutas alternativas previstas no tipo penal. A "escravidão moderna" é mais sutil do que a do século XIX e o cerceamento da liberdade pode decorrer de diversos constrangimentos econômicos, e não necessariamente físicos. Priva-se alguém de sua liberdade e de sua dignidade tratando-o como coisa e não como pessoa humana, o que pode ser feito não só mediante coação, mas também pela violação intensa e persistente de seus direitos básicos, inclusive do direito ao trabalho digno. A violação do direito ao trabalho digno impacta a capacidade da vítima de realizar escolhas segundo a sua livre determinação. Isso também significa "reduzir alguém a condição análoga à de escravo". Não é qualquer violação dos direitos trabalhistas que configura trabalho escravo. Se a violação aos direitos do trabalho é intensa e persistente, se atinge níveis gritantes e se os trabalhadores são submetidos a trabalhos forçados, jornadas exaustivas ou a condições degradantes de trabalho, é possível, em tese, o enquadramento no crime do art. 149 do CP, pois os trabalhadores estão recebendo o tratamento análogo ao de escravos, sendo privados de sua liberdade e de sua dignidade. Denúncia recebida pela presença dos requisitos. (STF, Inq. n. 3.412/AL, Pleno, rel. Min. Marco Aurélio, j. 29.03.2012, publ. 12.11.2012)

Apelação criminal. Nulidade processual. Ausência de prejuízo. Não se demonstrando prejuízo, não se declara nulidade em processo penal. Redução à condição análoga *à* de escravo. Empreitada rural. Não pagamento. Impedimento de deixar o local. Espancamentos. Ameaças. Vigilância armada. Caracterização. Caracterizam o delito de redução a condição análoga *à* de escravo as ações de agenciar trabalhadores, transportá-los com recursos não convencionais e, posteriormente, submetê-los ao trabalho em fazenda localizada em um ponto isolado da região amazônica, sem alternativas de rompimento da relação empregatícia, proibindo as vítimas de saírem dos domínios dos agentes, inclusive com o uso da força e ameaça, culminando com espancamentos e maus-tratos àquelas que foram recapturadas após "ousarem fugir do local" (decisão do TJ Rondônia transcrita no REsp n. 263.238/RO, não provido pela 5ª T., STJ, em 26.02.2002, rel. Min. Gilson Dipp).

Processual penal e penal: redução a condição análoga à de escravo. Manutenção de estrangeiro em situação irregular. Art. 149 do CP e art. 125, XII, da Lei n. 6.815/80. Materialidade e autoria comprovadas. Farta prova testemunhal. Estrangeiros em situação ilegal. Indignidade do tratamento. Direitos humanos e trabalhistas. Ofensa. Demonstração. Elementar presente. Condenação mantida. I – As provas dos autos demonstraram que o apelante, proprietário de uma empresa de confecção, teria reduzido a condição análoga à de escravo 16 (dezesseis) pessoas entre bolivianos e paraguaios, em situação clandestina ou irregular, que trabalhavam e moravam em local onde funcionava sua empresa. II – As provas em desfavor do réu, além de fartas, não estão angariadas tão somente em fase inquisitiva, muito embora não seria esperado que as testemunhas arroladas na denúncia e oitivadas no auto de prisão em flagrante, vítimas dos delitos, fossem encontradas no mesmo local após todos os acontecimentos, porque são estrangeiras, residiam no local dos fatos e estavam bastante intimidadas. III – Para fins de caracterização do tipo do art. 149 do CP, não se exige um regime de trabalho de escravidão como nos moldes antigos. IV – Uma vez comprovado que os salários eram pagos com atraso e em valores irrisórios (15 a 25 centavos por peça de roupa produzida), não havia o recolhimento das contribuições devidas à seguridade social, a alimentação era escassa e estavam submetidos a cerceamento de liberdade, está configurada a indignidade da condição, acrescida pela situação irregular no país, o que não denota viagem de passeio ou turismo. V – Notadamente o réu locupletava-se e se favorecia do silêncio dos estrangeiros, em situação ilegal, de notória condição de hipossuficiência econômica, sem perspectiva de vida no país de origem e dispostos a submeter-se à dureza do trabalho em país vizinho, em condição degradante e em desacordo com a legislação nacional e internacional de proteção aos direitos humanos (art. XXIV). VI – A elementar do art. 125, XII, da Lei 6.815/80, que impõe a irregularidade de estrangeiro no país, mantidos ilicitamente pelo réu, restou evidente posto que confirmada por todas as vítimas e assumida pelo próprio réu, que tentou fazer parecer a situação sob viés diverso da realidade. VII – Recurso desprovido. (TRF-3ª Região, ACR n. 2003.61.81.004219-0, publ. 02.09.2008)

Penal. Redução a condição análoga à de escravo. Art. 149 do CP. Autoria e materialidade comprovadas. Dolo. Simulação de parceria rural. Modo de execução do delito. Consentimento da vítima. Irrelevância. Pena-base. Redução. Configuração da reincidência. Crime permanente. Substituição da pena. 1. A conduta criminosa prevista no art. 149 do CP consiste na sujeição de uma pessoa ao domínio do agente, que restringe a liberdade e a própria personalidade do indivíduo, privando-o das mais elementares garantias constitucionais. 2. O conjunto probatório dos autos demonstra sobejamente que o réu reduziu os trabalhadores da sua fazenda a condição análoga à de escravo, obrigando-os a viver em condições subumanas, a cumprir jornada de trabalho excessiva, a sofrer descontos injustificados nas suas remunerações e a suportar dependência econômica, sendo impedidos de se afastar da propriedade rural e da situação de exploração a que estavam submetidos. 3. O dolo, na espécie, configura-se na vontade livre e consciente do agente de submeter determinada pessoa ao seu domínio, suprimindo-lhe a liberdade no plano real (e não jurídico), o que ficou demonstrado no presente caso. 4. Ainda que o réu tente se eximir da responsabilidade pelos fatos imputados na denúncia, aduzindo que celebrou com os trabalhadores contratos de parceria rural, o que afasta qualquer obrigação trabalhista porventura alegada pelo órgão acusador ou pelos fiscais da Delegacia Regional do Trabalho, tal argumento não pode, de modo algum, prevalecer. Isso porque ficou evidenciado que as parcerias agrícolas referidas nos autos não passaram de simulações, que, na verdade, encobriam relações de dependência econômica e de submissão efetivamente existentes na propriedade rural do acusado. 5. Deve-se ressaltar que o delito narrado na denúncia pode ser praticado das mais variadas maneiras, uma vez que não há qualquer limitação legal quanto aos meios de execução. Logo, não é apenas o uso da força física e de cárceres, como alega. (TRF-4ª Região, ACR-SC n. 2001.04.01.045970-8, publ. 27.11.2002)

Não caracterização do trabalho em condições análogas às de escravo

Agravo regimental no conflito negativo de competência. Violação do princípio da colegialidade. Inexistência. Inquérito policial. Art. 229 do CP. Indícios. Redução a condição análoga à de escravo. Não caracterização. Competência da Justiça estadual. Recurso a que se nega provimento. [...] 2. No caso, não se vislumbra a ocorrência do delito previsto no art. 149 do CP, conforme bem acentuado pelo Juízo suscitado, à medida que não há relação de trabalho entre o indiciado e a criança, mas, sim, convívio familiar (pai e filha). Assim, não há como falar em competência da Justiça Federal por conexão (Enunciado n. 122/STJ). 3. Agravo regimental a que se nega provimento. (STJ, Ag. Reg. no CC n. 132.930/MT, publ. 17.06.2014)

Redução a condição análoga à de escravo (art. 149, CP). Inexistência de prova da materialidade ou da autoria. Rejeitada a preliminar de inépcia da denúncia. Apelo da defesa provido. [...] Para a configuração de redução de trabalhador a condição análoga à de escravo faz-se necessário a completa sujeição da pessoa que tenha relação de trabalho ao poder do sujeito ativo do crime, não bastando a submissão do trabalhador a condições precárias de acomodações. Tal situação é censurável, mas não configura o crime do art. 149 do CP. 3. Recurso provido. (TRF-1ª Região, ACR n. 10.340/PA, publ. 16.09.2011).

Crime permanente

Habeas corpus. Redução a condição análoga à de escravo. Frustração de direito assegurado na legislação trabalhista. Falsificação de documento público. Denúncia de trabalhadores submetidos ao trabalho análogo ao de escravo. Ação realizada pelo grupo de fiscalização móvel em propriedade. Alegação de ilicitude das provas colhidas em face da ausência de mandado de busca e apreensão. Inexistência de constrangimento ilegal. Denegação da ordem. 1. Compete ao Ministério do Trabalho e do Emprego, bem como a outros órgãos, como a Polícia Federal e o Ministério Público do Trabalho, empreender ações com o objetivo de erradicar o trabalho escravo e degradante, visando à regularização dos vínculos empregatícios dos trabalhadores encontrados e libertando-os da condição de escravidão. 2. Em atenção a esta atribuição, a CLT (arts. 626 a 634), o Regulamento de Inspeção do Trabalho (arts. 9º e 13 a 15) e a Lei n. 7.998/90 (art. 2º-C) franqueiam aos auditores do Ministério do Trabalho e Emprego o acesso aos estabelecimentos a serem fiscalizados, independentemente de mandado judicial. 3. Quanto aos documentos apreendidos e à inquirição de pessoas quando da fiscalização realizada pelo Grupo Especial de Fiscalização Móvel na propriedade em questão, o art. 18 do Regulamento de Inspeção do Trabalho prevê expressamente a competência dos auditores para assim agirem, inexistindo qualquer ilicitude em tal atuação. 4. Ademais, na hipótese vertente os pacientes foram acusados da prática dos delitos de redução a condição análoga à de escravo, frustração de direito assegurado pela lei trabalhista e falsidade documental, sendo que apenas o relativo à falsificação de documento público é instantâneo, já que os demais, da forma como em tese teriam sido praticados, são permanentes. 5. É dispensável o mandado de busca e apreensão quando se trata de flagrante delito de crime permanente, podendo-se realizar as medidas sem que se fale em ilicitude das provas obtidas (Doutrina e jurisprudência). 6. O só fato de os pacientes não terem sido presos em flagrante quando da fiscalização empreendida no estabelecimento não afasta a conclusão acerca da licitude das provas lá colhidas, pois o que legitima a busca e apreensão independentemente de mandado é a natureza permanente dos delitos praticados, o que prolonga a situação de flagrância, e não a segregação, em si, dos supostos autores do crime. Precedente. 7. Ordem denegada. (STJ, *HC* n. 109.966/PA, 5ª T., rel. Min. Jorge Mussi, j. 26.08.2010, *DJe* 04.10.2010)

3. OBSERVAÇÕES

A erradicação do trabalho escravo é uma prioridade do Estado brasileiro, conforme expresso nos Planos Nacionais de Erradicação do Trabalho Escravo, de 2003 e 2008.

As formas mais frequentes de redução a condição análoga à de escravo no Brasil são "a servidão por dívida, a retenção de documentos e de salários, a imposição de dificuldades de acesso ou de saída do local de trabalho, o uso de fraude para dissimular práticas escravagistas, a ameaça e a violência física e psicológica" (BRASIL. MINISTÉRIO PÚBLICO FEDERAL, op. cit., 2012, p. 26).

O Estatuto de Roma prevê a escravidão como crime contra a humanidade quando cometida no quadro de um ataque, generalizado ou sistemático, contra qualquer população civil, havendo conhecimento desse ataque. São elementos essenciais desse crime "o exercício, relativamente a uma pessoa, de um poder ou de um conjunto de poderes que traduzam um direito de propriedade sobre uma pessoa, incluindo o exercício desse poder no âmbito do tráfico de pessoas, em particular mulheres e crianças" (art. 7º, 2, *c*).

Se o sujeito ativo apresentar a qualidade de servidor público e praticar o fato no exercício de suas funções, pode se configurar abuso de poder (art. 350) ou abuso de autoridade (Lei n. 13.869/2019), por exemplo, no trabalho abusivo no curso da execução da pena.

Expor a perigo a integridade e saúde do idoso mediante a submissão a condições desumanas ou degradantes ou a sujeição a trabalho excessivo ou inadequado configura o crime do art. 99 da Lei n. 10.741, de 01.10.2003 (Estatuto do Idoso).

Não configurado o resultado de aniquilamento do *status libertatis* do indivíduo pode restar caracterizado outro crime, como o de maus-tratos, constrangimento ilegal, sequestro ou cárcere privado, tortura (art. 1º, II, Lei n. 9.455, de 07.04.1997).

Durante longo período vigorou o entendimento de que se tratava de crime de competência da Justiça estadual, pois estava situado topologicamente entre os crimes contra a liberdade individual. A conexão com os crimes contra a organização do trabalho não atraía a competência federal, porque sistematicamente se aplicava a Súmula n. 115 do TFR (extinto pela CR/88), com base em suposta lesão individual sem repercussão para a organização geral do trabalho ou para os direitos coletivos dos trabalhadores. A alteração legislativa de 2003 provocou uma revisão sobre a classificação do crime, com base no bem jurídico tutelado, independentemente da classificação expressa no CP.

A virada jurisprudencial deu-se com a decisão plenária do STF, com a seguinte ementa: "Direito penal e processual penal. Art. 149 do CP. Redução a condição análoga à de escravo. Trabalho escravo. Dignidade da pessoa humana. Direitos fundamentais. Crime contra a coletividade dos trabalhadores. Art. 109, VI, da Constituição Federal. Competência. Justiça federal. Recurso extraordinário provido. A Constituição de 1988 traz um robusto conjunto normativo que visa à proteção e efetivação dos direitos fundamentais do ser humano. A existência de trabalhadores a laborar sob escolta, alguns acorrentados, em situação de total violação da liberdade e da autodeterminação de cada um, configura crime contra a organização do trabalho. Quaisquer condutas que possam ser tidas como violadoras não somente do sistema de órgãos e instituições com atribuições para proteger os direitos e deveres dos trabalhadores, mas também dos próprios trabalhadores, atingindo-os em esferas que lhes são mais caras, em que a Constituição lhes confere proteção máxima, são enquadráveis na categoria dos crimes contra a organização do trabalho, se praticadas no contexto das relações de trabalho. Nesses casos, a prática do crime prevista no art. 149 do CP (redução a condição análoga à de escravo) se caracteriza como crime contra a organização do trabalho, de modo a atrair a competência da Justiça federal (art. 109, VI, Constituição) para processá-lo e julgá-lo. Recurso extraordinário conhecido e provido" (STF, RE n. 398.041, rel. Min. Joaquim Barbosa, j. 30.11.2006, *DJe* 19.12.2008).

Segundo o relator: "Na interpretação do que seja crime contra a organização do trabalho, para o fim constitucional de determinar a competência, não estamos jungidos à capitulação do Código Penal. Ora é inequívoco que a chamada 'redução a condição análoga à de escravo' agride o núcleo mesmo da organização constitucional do trabalho – e, como tal, deve ser considerado –, além de, obviamente, cada episódio constituir, como classificou o Código Penal, um atentado à liberdade individual". Ver, entre outros que se seguiram. (STF, RE n. 508.717/PA, rel. Min. Cármen Lúcia, *DJ* 11.04.2007; RE n. 480.138/RR, rel. Min. Gilmar Mendes, *DJ* 24.04.2008; RE n. 541.627, rel. Min. Ellen Gracie, 2ª T., *DJ* 14.10.2008).

O STJ também afirma a competência da Justiça Federal sem reserva de qualquer situação, ao fundamento de que se trata de crime contra a organização do trabalho. Exemplificativamente, veja-se a seguinte decisão:

"Penal e processual penal. Réu não encontrado no endereço constante dos autos. Intimação da Defensoria Pública para oferecimento de contrarrazões ao recurso especial. Possibilidade. Nulidade. Inocorrência. Prequestionamento. Indicação expressa no acórdão proferido pelo tribunal de origem. Desnecessidade. Crime de redução a condição análoga à de escravo. Competência. Justiça federal. Aplicação da Súmula n. 122/STJ. Crimes tipificados nos arts. 132 e 203 do CP. Prescrição. Análise por este STJ. Inviabilidade. Agravo regimental a que se nega provimento. [...] 3. A Terceira Seção deste Sodalício Superior pacificou entendimento segundo o qual compete à Justiça Federal processar e julgar os sujeitos ativos do crime previsto no art. 149 do CP, haja vista a violação aos direitos humanos e à organização do trabalho. 4. Em relação às demais infrações penais imputadas ao Agravante, aplica-se o disposto na Súmula n. 122/STJ. [...] 6. Agravo regimental a que se nega provimento" (STJ, Ag. Reg. no REsp n. 1.067.302/PA, 5ª T., rel. Min. Jorge Mussi, j. 12.06.2012, *DJe* 22.06.2012).

Tráfico de Pessoas

Rubrica acrescentada pela Lei n. 13.344, de 06.10.2016.

Art. 149-A. Agenciar, aliciar, recrutar, transportar, transferir, comprar, alojar ou acolher pessoa, mediante grave ameaça, violência, coação, fraude ou abuso, com a finalidade de:

Caput acrescentado pela Lei n. 13.344, de 06.10.2016.

I – remover-lhe órgãos, tecidos ou partes do corpo;

Inciso acrescentado pela Lei n. 13.344, de 06.10.2016.

II – submetê-la a trabalho em condições análogas à de escravo;

Inciso acrescentado pela Lei n. 13.344, de 06.10.2016.

III – submetê-la a qualquer tipo de servidão;

Inciso acrescentado pela Lei n. 13.344, de 06.10.2016.

IV – adoção ilegal; ou

Inciso acrescentado pela Lei n. 13.344, de 06.10.2016.

V – exploração sexual.

Inciso acrescentado pela Lei n. 13.344, de 06.10.2016.

Pena – reclusão, de 4 (quatro) a 8 (oito) anos, e multa.

Pena acrescentada pela Lei n. 13.344, de 06.10.2016.

§ 1º A pena é aumentada de um terço até a metade se:

Parágrafo acrescentado pela Lei n. 13.344, de 06.10.2016.

I – o crime for cometido por funcionário público no exercício de suas funções ou a pretexto de exercê-las;

Inciso acrescentado pela Lei n. 13.344, de 06.10.2016.

II – o crime for cometido contra criança, adolescente ou pessoa idosa ou com deficiência;

Inciso acrescentado pela Lei n. 13.344, de 06.10.2016.

III – o agente se prevalecer de relações de parentesco, domésticas, de coabitação, de hospitalidade, de dependência econômica, de autoridade ou de superioridade hierárquica inerente ao exercício de emprego, cargo ou função; ou

Inciso acrescentado pela Lei n. 13.344, de 06.10.2016.

IV – a vítima do tráfico de pessoas for retirada do território nacional.

Inciso acrescentado pela Lei n. 13.344, de 06.10.2016.

§ 2º A pena é reduzida de um a dois terços se o agente for primário e não integrar organização criminosa.

Parágrafo acrescentado pela Lei n. 13.344, de 06.10.2016.

1. COMENTÁRIO

1.1. Objetividade jurídica

Tutela-se a dignidade sexual, em sentido amplo, e, estritamente, a moralidade e a liberdade sexual. O objeto do crime é o corpo da vítima traficada.

1.2. Sujeitos

Sujeitos são as pessoas de qualquer sexo, sem nenhuma distinção.

É crime comum, mas a qualidade do agente de funcionário público no exercício das funções, ou a pretexto de exercê-las, parente, superior hierárquico ou outros (§ 1º, III) que se valham de sua ascendência sobre a vítima faz incidir na pena um aumento de um terço até a metade.

Classifica-se, também, como delito unissubjetivo, admitindo, contudo, a coautoria e a participação, fato comum e recorrente. É coautor o que realiza as condutas descritas no tipo. No caso, todo aquele que agencia, alicia, recruta, transporta, transfere, compra, aloja ou acolhe, nas condições do *caput* do artigo. Tem-se por partícipe quem concorre para a infração de forma não descrita no tipo legal. A participação, como se sabe, é acessória, havendo possibilidade de aplicação dos §§ 1º e 2º do art. 29 do CP.

Diversamente de antiga redação dada a crime assemelhado, alocado no (também antigo) Título VI, entre os "Crimes contra os costumes" ("Tráfico de mulheres", art. 231), em que somente mulher poderia ser vítima, atualmente, e já desde a Lei n. 12.015/2009, qualquer pessoa pode figurar como sujeito passivo. E, como bem lembra Regis Prado, valendo a observação para a hipótese de o agente objetivar a exploração sexual da vítima (inciso V), não há exigência de que a vítima "tenha conduta moral irrepreensível, podendo ser até mesmo pessoa plenamente corrompida ou já prostituída".[61]

Condições particulares do sujeito passivo (§ 1º, II) justificam especial causa de aumento de pena: tratar-se o ofendido de criança, adolescente, idoso ou pessoa deficiente. Ou se encontrar nas condições do inciso III, ou ainda ser retirada do território nacional. A nacionalidade do ofendido não tem relevância.

1.3. Análise das condutas descritas no tipo

O delito é plurinuclear e perfaz-se com a prática dolosa de qualquer um dos verbos integrantes do tipo, aptos a caracterizar o tráfico de pessoas:[62] agenciar, aliciar, recrutar, transportar, transferir, comprar, alojar ou acolher.

61 Op. cit., p. 661.

62 A expressão "tráfico de pessoas" significa o recrutamento, o transporte, a transferência, o alojamento ou o acolhimento de pessoas, recorrendo à ameaça ou uso da força ou a outras formas de coação, ao rapto, à fraude, ao engano, ao abuso

Agenciar significa intermediar, servir de atravessador com o objetivo de possibilitar o tráfico proibido. Aliciar significa atrair, seduzir. Recrutar é arrebanhar, chamar, trazer para a atividade proibida. Transportar é levar, por intermédio de algum meio que possibilite o deslocamento da pessoa. Transferir é realocar. Pressupõe alguma posição de mando, que permita determinar a transferência. Comprar é adquirir mediante pagamento em dinheiro. Em tal caso, a pessoa traficada é equipara a coisa, transacionável. Melhor teria sido o emprego do termo adquirir, mais abrangente por admitir qualquer forma de pagamento, inclusive a permuta. Alojar é dar abrigo. Acolher significa receber, manter, de alguma forma, alguém sob seu amparo.

Haverá o crime ainda que no país de destino da vítima traficada a conduta do agente não seja considerada ilícita. Igualmente caracterizado o ilícito se o Brasil for apenas rota do tráfico, ou seja, mesmo que não seja o ponto de origem nem o de destino, por aplicação da teoria mista quanto ao lugar do crime.

É necessário que a conduta seja praticada "mediante grave ameaça, violência, coação, fraude ou abuso". Violência é a ação física agressiva e anormal, podendo aqui dirigir-se a pessoas ou a coisas. Quando o legislador deseja restringi-la a pessoas o faz explicitamente, como no caso da definição do tipo legal do roubo (art. 157). Sendo contra pessoas, nada impede que se dirija a alguém diverso da vítima do tráfico, desde que baste para intimidá-la. Grave ameaça é a promessa idônea de mal expressivo e injusto. Estará caracterizada ainda que o agente, no seu íntimo, não pretenda cumpri-la, bastando que isso se afigure possível do ponto de vista do sujeito passivo. Fraude é o expediente apto a ludibriar a vítima, viciar-lhe a percepção. Por meio da fraude o agente promove uma falsa representação da realidade por parte do ofendido, sendo esse o meio pelo qual alcança o seu objetivo. Abuso é termo genérico, aqui visando se referir a qualquer recurso que signifique se aproveitar o agente de fragilidade ou vulnerabilidade da vítima.

Há elemento subjetivo do tipo, caracterizado pelas hipóteses elencadas nos incisos I a V do *caput*. Somente nesses casos o delito estará configurado, pois o tipo exige um dolo específico.

Um dos objetivos do agente pode ser a remoção de órgãos, tecidos ou partes do corpo da vítima. Remover é tirar, mudar de lugar. Órgãos são elementos corpóreos, internos ou externos, dotados de função específica; tecidos são partes contínuas, relativamente uniformes, que envolvem órgãos, membros ou outros componentes funcionais do corpo; e a expressão "partes do corpo" generaliza quaisquer outros elementos naturais integrantes da anatomia humana. A venda de partes do corpo humano vem se tornando uma prática tão frequente quanto macabra. A finalidade é o transplante, para o qual sempre há interessados dispostos a pagar alto preço. Importa lembrar que a remoção de elementos do corpo para tal finalidade somente é legalmente possível mediante doação por parte de pessoa maior e capaz de validamente consentir, ou em cadáveres, em qualquer caso nas condições e mediante os procedimentos postos pela Lei n. 9.434/97, que pressupõe, nesta última hipótese, estado de "morte encefálica", constatado por dois profissionais médicos (art. 3º).

Também poderá ser finalidade específica do agente a submissão do ofendido a trabalho análogo ao de escravo. A imposição a alguém de trabalho análogo ao de escravo é prevista no art. 149 do Código Penal, que estabelece critérios específicos para que a conduta possa ser assim considerada. É relevante frisar que o trabalho escravo, proscrito da legalidade desde a promulgação da chamada Lei Áurea, é caracterizado pela submissão completa do ofendido ao agente, do qual se torna totalmente dependente, inclusive para satisfação de seus direitos mais elementares. O escravo está inteiramente subjugado a seu senhor e, conquanto esse tipo de relação esteja posto na ilegalidade, é comum sua ocorrência, tendo especialmente como vítimas estrangeiros em situação irregular, ou refugiados, assim como trabalhadores rurais vindos de outras regiões e "empregados" em latifúndios distantes dos grandes centros urbanos. Diz-se "análogo" justamente porque o trabalho escravo inexiste juridicamente. Então aquilo que lhe seja equivalente será ilícito e, segundo o Código, criminoso.

---

de autoridade ou à situação de vulnerabilidade ou à entrega ou aceitação de pagamentos ou benefícios para obter o consentimento de uma pessoa que tenha autoridade sobre outra para fins de exploração. A exploração incluirá, no mínimo, a exploração da prostituição de outrem ou outras formas de exploração sexual, o trabalho ou serviços forçados, escravatura ou práticas similares à escravatura, a servidão ou a remoção de órgãos (Protocolo adicional à Convenção das Nações Unidas contra o Crime Organizado Transnacional Relativo à Prevenção, Repressão e Punição do Tráfico de Pessoas, em Especial Mulheres e Crianças, promulgado pelo Decreto n. 5.017, de 12 de março de 2004).

Igualmente poderá o agente pretender submeter a vítima a qualquer tipo de servidão. O dispositivo parece propositalmente genérico, com o objetivo de abranger toda relação, de trabalho ou pessoal, na qual uma das partes se encontre em situação de inteira submissão e dependência da outra. Juridicamente falando, servidão é conceito mais amplo do que escravidão, que compreende mas que nele não se esgota.

É possível que seja finalidade do agente promover, por meio do tráfico de pessoas, alguma forma ilegal de adoção. Esta configura instituto de direito civil, caracterizado pela possibilidade de oferecer a alguém paternidade ou maternidade substitutas em relação aos pais biológicos. A adoção é detalhadamente regulada pelas Leis ns. 12.010/2009 e 8.069/90 (Estatuto da Criança e do Adolescente). Praticada fora dos limites e em desacordo com os procedimentos nelas previstos, será ilegal, embora comum e, em muitos casos, socialmente aceita, sob algumas formas inclusive conhecida como "adoção à brasileira". Nada disso, porém, retira o caráter ilegal da situação. Sendo esse o intuito do agente do tráfico de pessoas, estará configurado o delito.

Outra possibilidade é que o agente tenha por finalidade a exploração sexual do ofendido. Exploração sexual é o abuso por alguém da sexualidade de outrem, que lhe está submetido em condições degradantes, desumanas ou indignas. A indignidade pressupõe que o agente posicione a vítima em desigualdade para consigo próprio ou para com outrem. Cuida-se de desigualar pessoas enquanto seres humanos, não se falando aqui de desigualdade econômica ou social. A indignidade, núcleo principal da exploração, presume humilhação, menoscabo, submissão e subalternidade como pessoa. Quem explora pode não chegar a escravizar, mas coloca o explorado em uma situação de dependência e de inferioridade em todos os aspectos. A exploração sexual pode se dar na forma econômica, psíquica, moral, ou física. Aqui fez bem o legislador em excluir a prostituição, pois esta, sendo lícita a quem a pratica, pode não constituir exploração quando agenciada por terceiro desde que a pessoa que se prostitui seja capaz de consentir e livremente fazer suas escolhas. A Lei n. 8.069/90 (Estatuto da Criança e do Adolescente), em seu art. 244-A, define o crime de exploração sexual de criança e adolescente, punido com penas de reclusão de 4 a 10 anos e multa, "além da perda de bens e valores utilizados na prática criminosa em favor do Fundo dos Direitos da Criança e do Adolescente da unidade da Federação (Estado ou Distrito Federal) em que foi cometido o crime, ressalvado o direito de terceiro de boa-fé" (redação dada pela Lei n. 13.440/2017). Neste tipo legal também se enquadram "o proprietário, o gerente ou o responsável pelo local em que se verifique a submissão de criança ou adolescente às práticas referidas no *caput* deste artigo" (§ 1º). O conflito aparente de normas se resolve em favor do art. 149-A do Código Penal, quer por se tratar de lei mais nova em relação ao *caput* do citado art. 244-A, quer porque, sendo o crime contra criança ou adolescente passível de aumento de pena (art. 149-A, § 1º), esta será maior do que a cominada pelo ECA, sinalizando a vontade do legislador de sancionar mais severamente a mesma conduta, já punível quando aquele entrou em vigor.

1.4. Causas especiais de aumento de pena

Segundo disposto no § 1º, a pena é aumentada de um terço até metade se o agente for funcionário público no exercício de suas funções, ou a pretexto de exercê-las (inciso I). Funcionário público é aquele que ocupa cargo, emprego ou função pública, em que ingressou mediante procedimento legalmente previsto (em geral o concurso), para o qual foi nomeado, ainda que esteja regularmente afastado, nisso não se compreendendo o aposentado. A noção deve ser entendida no seu sentido estrito, não sendo aqui aplicável o disposto no art. 327 do Código Penal, que, para fins de determinar o sujeito ativo de crimes contra a administração em geral (Título XI, Capítulo I, da Parte Especial), amplia consideravelmente o sentido do termo *funcionário*. Tratando-se de norma que aumenta a abrangência do tipo legal, não pode ser estendida a outro capítulo do Código ao qual evidentemente não se refere. Incide igualmente essa elevação da pena se o crime for cometido contra criança, adolescente ou pessoa idosa ou com deficiência (inciso II). Criança, nos termos da legislação específica, é a pessoa que ainda não completou 12 anos de idade, sendo adolescente aquela que, maior de doze, ainda não atingiu os 18 anos. Idoso, segundo a Lei n. 10.741/2003 (Estatuto do Idoso), é a pessoa maior de 60 anos. Considera-se maior de tal ou qual idade aquele que já chegou ao primeiro instante do dia correspondente ao seu aniversário, pouco importando o horário de seu nascimento. Pessoa com deficiência deve ser considerada (Lei n. 13.146/2015, art. 2º) "aquela que tem impedimento de longo prazo de natureza física, mental, intelectual ou sensorial, o qual, em interação com uma ou mais barreiras, pode obstruir sua participação plena e efetiva na sociedade em igualdade de condições com as demais pessoas". Enquanto a majorante, no que respeita à vítima criança ou adolescente, seja de natureza puramente objetiva, nas hipóteses de pessoa idosa ou com deficiência, deve ser entendido que somente incide a causa de aumento quando alguma dessas condições exercer influência sobre a execução do crime, facilitando o alcance da finalidade do agente ou lhe simplificando a conduta. Por fim, a pena também será aumentada se a vítima for retirada do território nacional. A noção de território nacional é aquela do direito constitucional; de modo simplificado constitui, "juridicamente [...], a área que compreende todo o espaço, terrestre, fluvial, marítimo (12 milhas) e aéreo (coluna atmosférica) onde o Estado brasileiro é soberano", no dizer de Laís Mamede Dias Leme.[63] Segundo o art. 5º do Código Penal, estende-se, por equiparação, às "embarcações e aeronaves brasileiras, de natureza pública ou a serviço do governo brasileiro onde quer que se encontrem, bem como as aeronaves e as embarcações brasileiras, mercantes ou de propriedade privada, que se achem, respectivamente, no espaço aéreo correspondente ou em alto-mar". Tomado esse conceito, resulta que, *contrario sensu*, o que não estiver compreendido como território nacional estará fora dele; daí que, se a vítima estiver em território brasileiro, sob qualquer dessas modalidades, inclusive as equiparadas, e dele for retirada, estará configurada a hipótese de majoração de pena. Fica excluída, porém, essa possibilidade se a vítima do tráfico já se encontrar fora do território brasileiro, caso em que, cometido o crime, será aplicável a lei brasileira, por força do disposto no art. 7º, II, *b*, e § 3º.

1.5. Causa especial de diminuição de pena

De acordo com o § 2º do art. 149-A, "a pena é reduzida de um a dois terços se o agente for primário e não integrar organização criminosa". Por primário se entende aquele que não ostenta condenação criminal transitada em julgado no instante da prática do crime, ou que, tendo sido condenado, já teve extinta a pena pelo menos cinco anos antes de cometer o delito. Nesse caso, por se cuidar de *crime*, a condenação anterior por contravenção é irrelevante. De outro lado, "considera-se organização criminosa a associação de 4 (quatro) ou mais pessoas estruturalmente ordenada e caracterizada pela divisão de tarefas, ainda que informalmente, com objetivo de obter, direta ou indiretamente, vantagem de qualquer natureza, mediante a prática de infrações penais cujas penas máximas sejam superiores a 4 (quatro) anos, ou que sejam de caráter transnacional", no dizer do art. 1º, § 1º, da Lei n. 12.850/2013. O ônus de provar que o agente integra organização criminosa é da acusação, não cabendo a ele fazer demonstração de fato negativo. Por derradeiro, anote-se que, por sua posição topográfica, essa causa de redução de pena é aplicável às hipóteses do *caput* e também do § 1º do art. 149-A.

1.6. Elemento subjetivo

O crime somente admite a forma dolosa. O agente deve ter sua vontade dirigida à obtenção do resultado determinado ou possível, qual seja a de praticar o tráfico de pessoa, para qualquer das finalidades descritas nos incisos do *caput*, que caracterizarão o elemento subjetivo do tipo, o fim especial do agente.

Mesmo nas modalidades criminosas de agenciar, aliciar, transportar, transferir ou acolher, é exigível o dolo específico: que a finalidade específica das condutas seja o tráfico de pessoa para uma das finalidades previstas nos incisos do *caput*.

Não é possível, porque não previsto, punir o resultado advindo de imprudência, negligência ou imperícia.

1.7. Elemento normativo

Condições análogas à escravidão, servidão ou exploração sexual constituem elementos normativos do tipo, cuja interpretação caberá ao juiz no caso concreto.

1.8. Consumação e tentativa

O delito consuma-se com a prática das condutas previstas no tipo, independentemente do resultado especial pretendido pelo agente. Assim, não é necessário que a pessoa traficada venha a efetivamente ser explorada sexualmente, submetida a escravidão ou servidão ou a adoção ilegal.

63 Disponível em: https://lfg.jusbrasil.com.br/noticias/2086332/o-que-se-entende-por-territorio-nacional-lais-mamede-dias-leme.

Basta que seja aliciada, transportada, comprada etc. para uma dessas finalidades. Conforme lembra Damásio E. de Jesus, "não está em questão a sorte da traficada, mas a prática da traficância, ou o ato do traficante".[64]

Regis Prado,[65] falando do antigo tráfico internacional de pessoas para exploração sexual, diverge parcialmente desse entendimento, acreditando que, no caso da entrada no território nacional, seria necessária a efetiva ocorrência de exploração sexual da vítima para se ter por consumado o delito.

Admissível o fracionamento do *iter criminis*, pelo que é possível a tentativa em qualquer das modalidades do crime. Pode ser que o agente, por exemplo, pratique todos os atos idôneos à movimentação do ofendido e que o resultado visado não ocorra por circunstâncias alheias à sua vontade, ou que, antes de esgotar os meios de execução de que dispõe, haja a intervenção eficaz de terceiros e nem chegue a ocorrer a circulação da vítima visada, seja na forma de transporte, transferência, compra, acolhimento etc.

1.9. Classificação

Crime comum, material, doloso, de perigo, comissivo, plurissubsistente. Quando muito se poderá admitir a forma omissiva na modalidade de acolher.

2. JURISPRUDÊNCIA

2.1. Julgados

Exploração sexual

1. Esta Corte Superior de Justiça possui entendimento no sentido de que "o crime previsto no art. 244-A do ECA não abrange a figura do cliente ocasional, diante da ausência nos termos da definição legal" (REsp n. 884.333/SC, rel. Min. Gilson Dipp, *DJ* 29.06.2007). 2. Exige a norma submissão à prostituição ou ato de "exploração sexual" por outrem, isto é, terceira pessoa que objetiva tirar vantagem do ato sexual. 3. Recurso desprovido. (STJ, REsp n. 1.102.413/RS, 2008/0258485-1, p. 23.08.2012)

Condição de prostituída da vítima – irrelevância

A alegação de que a vítima já era prostituída quando da conduta adotada pelo increpado em nada favorece a defesa. (STF, Extradição n. 725-5, rel. Min. Maurício Corrêa, j. 02.09.1998)

Competência

Ao teor do disposto no art. 109, V, da Constituição da República, a Justiça Federal é competente para o processo e o julgamento dos crimes previstos em tratado ou convenção internacional, como é o caso do tráfico de mulheres, art. 231, CP ["tráfico de pessoas", depois da Lei n. 11.106/2005]. (STJ, CC n. 47.634/PR, rel. Min. Paulo Medina, j. 11.05.2005)

Consentimento da vítima – irrelevância

O consentimento da vítima em seguir viagem não exclui a culpabilidade do traficante ou do explorador, pois o requisito central do tráfico é a presença do engano, da coerção, da dívida e do propósito de exploração. É comum que as mulheres, quando do deslocamento, tenham conhecimento de que irão exercer a prostituição, mas não têm elas consciência das condições em que, normalmente, se veem coagidas a atuar ao chegar no local de destino. Nisso está a fraude. (TRF-1ª Região, Ap. Crim. n. 2006.30.00.001602-7/AC, 3ª T., rel. Des. Fed. Tourinho Neto, j. 02.07.2009)

Seção II
Dos Crimes Contra a Inviolabilidade do Domicílio

Violação de domicílio

Art. 150. Entrar ou permanecer, clandestina ou astuciosamente, ou contra a vontade expressa ou tácita de quem de direito, em casa alheia ou em suas dependências:

Pena – detenção, de 1 (um) a 3 (três) meses, ou multa.

§ 1º Se o crime é cometido durante a noite, ou em lugar ermo, ou com o emprego de violência ou de arma, ou por duas ou mais pessoas:

Pena – detenção, de 6 (seis) meses a 2 (dois) anos, além da pena correspondente à violência.

§ 2º (*Revogado pela Lei n. 13.869, de 05.09.2019.*)

§ 3º Não constitui crime a entrada ou permanência em casa alheia ou em suas dependências:

I – durante o dia, com observância das formalidades legais, para efetuar prisão ou outra diligência;

II – a qualquer hora do dia ou da noite, quando algum crime está sendo ali praticado ou na iminência de o ser.

---

64 *Tráfico internacional de mulheres e crianças*: Brasil, 2003, p. 101.

65 Op. cit., p. 662.

§ 4º A expressão "casa" compreende:

I – qualquer compartimento habitado;

II – aposento ocupado de habitação coletiva;

III – compartimento não aberto ao público, onde alguém exerce profissão ou atividade.

§ 5º Não se compreendem na expressão "casa":

I – hospedaria, estalagem ou qualquer outra habitação coletiva, enquanto aberta, salvo a restrição do n. II do parágrafo anterior;

II – taverna, casa de jogo e outras do mesmo gênero.

---

1. COMENTÁRIO

1.1. Objetividade jurídica

Encerrando o título I da Parte Especial do CP – crimes contra a pessoa –, o legislador traz os crimes contra a liberdade individual, que se subdividem em 4 seções:

1ª Seção: crimes contra a liberdade pessoal, que abrange os crimes de constrangimento ilegal, ameaça, sequestro ou cárcere privado e redução a condição análoga à de escravo (arts. 146 a 149, CP);

2ª Seção: crime contra a inviolabilidade de domicílio, que consiste na violação de domicílio (art. 150, CP);

3ª Seção: crimes contra a inviolabilidade de correspondência, abarcando os crimes de violação de correspondência e correspondência comercial (arts. 151 a 152, CP); e

4ª Seção: crimes contra a inviolabilidade dos segredos, que se divide em divulgação de segredo, violação do segredo profissional e invasão de dispositivo informático (arts. 153 a 154-B, CP).

Ensina Damásio que "[...] o CP é, aqui, sancionador do Direito Constitucional, na parte em que descreve as garantias individuais. Significa que a Carta Magna determina a garantia da liberdade jurídica, sendo ela protegida pela imposição de pena nos preceitos secundários das normas penais de incriminação" (DE JESUS, Damásio Evangelista. *Direito penal*: Parte Especial. São Paulo, Saraiva, 2010, v. 2, p. 279).

É atributo comum dos crimes contra a liberdade individual o seu caráter residual. É dizer que acaso funcionem como elementares ou circunstâncias de outros crimes, *e. g.*, roubo, extorsão, estupro, serão absorvidos por estes.

Leciona Damásio, contudo, que "não se trata de crime subsidiário, uma vez que entre a violação de domicílio e os delitos que a absorvem não há subsidiariedade nem expressa nem implícita. Cuida-se, no conflito aparente de normas, de crime consunto, i.e., delito que, pela aplicação do princípio da consunção, fica absorvido por outro, de maior gravidade, a quem serve como meio de execução ou normal fase de realização. Assim, o furto intramuros absorve a violação de domicílio" (ibidem, p. 309).

O objeto jurídico do crime do art. 150 do CP é a tranquilidade doméstica ou a inviolabilidade do domicílio, aspecto fundamental da privacidade e intimidade da pessoa.

A CF/88 elenca como direito fundamental da pessoa humana a intimidade e a privacidade (art. 5º, X), dispondo o art. 5º, XI, da CF/88, um dos seus aspectos, no sentido de que "a casa é asilo inviolável do indivíduo, ninguém nela podendo penetrar sem o consentimento do morador, salvo em caso de flagrante delito ou desastre, ou para prestar socorro, ou, durante o dia, por determinação judicial".

Cezar Roberto Bitencourt ressalva que "o conceito que o legislador do Código Civil concebeu o 'domicílio' não é o mesmo que o legislador penal lhe atribui, deixando claro que este tinha o significado de 'casa'. [...] Com efeito, domicílio significa não apenas casa ou cômodo de habitação, mas qualquer lugar reservado ao repouso ou ao exercício da atividade privada (art. 150, § 4º)" (*Tratado de direito penal*: Parte Especial, 2012, v. 2, p. 443-4).

Por outro lado, o objeto material do crime é a casa, cujo conceito vem descrito no art. 150, § 4º, do CP, compreendendo: a) qualquer compartimento habitado; b) aposento ocupado de habitação coletiva; c) compartimento não aberto ao público, onde alguém exerce profissão ou atividade.

Estão excluídos do conceito de casa, nos termos do § 5º do art. 150 do CP: a) hospedaria, estalagem ou qualquer outra habitação coletiva, enquanto aberta, salvo o aposento ocupado; e b) taverna, casa de jogo e outras do mesmo gênero.

1.2. Sujeitos

Qualquer pessoa pode figurar como sujeito ativo do crime de violação de domicílio, inclusive o proprietário de imóvel alugado (locador) que invade a casa que se encontra na posse do inquilino (locatário), pois o que se tutela é a intimidade e a privacidade da pessoa, e não a propriedade do imóvel.

O funcionário público que, no exercício da função, atenta contra a inviolabilidade de domicílio comete crime de abuso de autoridade, encontrando-se, portanto, revogado o § 2º do art. 150 do CP.

O sujeito passivo é o morador, que não precisa ser necessariamente o proprietário.

Ensina Rogério Sanches Cunha que "na hipótese de habitação familiar, a colidência de decisões será resolvida pela prevalência da vontade dos pais, mesmo que o imóvel seja de propriedade do filho menor. No entanto, se a casa pertencer ao filho maior, a preferência é deste. Se na habitação coletiva houver um regime de igualdade entre os vários moradores (p. ex.: república de estudantes), o conflito de vontades é solucionado pela aplicação do princípio *melior est conditio prohibentis*, prevalecendo a decisão daquele que proibiu" (*Direito penal*: Parte Especial, 2010, p. 113).

1.3. Análise da(s) conduta(s) descrita(s) no tipo penal

O crime é de conduta múltipla alternativa. Configura o crime quem: a) entrar, que significa adentrar, invadir, ir para dentro; ou b) permanecer, que significa não querer sair, conservar-se, manter-se, ficar após a entrada lícita, em casa alheia ou suas dependências, de forma clandestina (sem que ninguém perceba), astuciosa (com emprego de fraude, como o agente que se faz passar por outra pessoa) ou contra a vontade expressa (clara) ou tácita (presumida) de quem de direito.

É crime comissivo na modalidade "entrar" e crime omissivo próprio na forma "permanecer".

Quem pratica as duas condutas típicas no mesmo contexto fático, contra a mesma vítima, incide em crime único, já que o tipo penal é misto alternativo.

1.4. Elemento subjetivo

O crime é punido a título de dolo, não se exigindo qualquer finalidade especial por parte do agente. O agente que ingressa em casa alheia supondo-a própria incide em erro de tipo (art. 20, *caput*, CP), e, portanto, não responde pelo crime.

1.5. Consumação e tentativa

Na conduta "entrar", a consumação ocorre com o efetivo ingresso do agente em casa alheia. A mera introdução de um braço pela janela ou ficar sentado na porta de casa alheia não perfaz o crime. Trata-se, portanto, de crime instantâneo.

Já no comportamento "permanecer", por sua vez, a consumação advém quando o agente se recusa a sair de casa alheia após sua entrada lícita. É indispensável, contudo, transcurso de prazo juridicamente relevante à consumação, que por sua vez se prorroga no tempo. Logo, o crime é permanente.

A tentativa é admitida somente na conduta entrar, já que na forma permanecer a conduta é omissiva própria.

Por outro lado, como o tipo penal somente narra a conduta, sem qualquer menção ao resultado, entende-se que se trata de crime de mera conduta em ambas as formas.

1.6. Forma qualificada

O crime de violação de domicílio admite as formas simples (art. 150, *caput*, CP) e qualificada (art. 150, § 1º, CP). Ambas são consideradas infrações penais de pequeno potencial ofensivo, já que a pena máxima cominada não ultrapassa dois anos.

Há cinco circunstâncias que qualificam o crime:

1.6.1. Crime cometido durante a noite

Configura-se a noite na ausência de luz solar. Adota-se, portanto, o critério físico-astronômico.

1.6.2. Crime cometido em lugar ermo

Entende-se por lugar ermo o despovoado, deserto, sem habitantes ou solitário. É fundamental que seja habitualmente, e não ocasionalmente, ermo.

1.6.3. Crime cometido com emprego de violência

A qualificadora circunscreve a violência física, excluindo-se a grave ameaça, que pode ser contra a pessoa ou coisa, haja vista a fórmula genérica utilizada pelo CP que não restringiu o emprego de violência contra a pessoa.

Há ressalva, ainda, na parte final do preceito secundário do art. 150, § 1º, do CP, de que o agente também responda pelo crime resultante da violência.

1.6.4. Crime cometido com emprego de arma

A palavra "arma" deve ser tomada em sentido próprio (finalidade precípua de ataque e defesa, *e. g.*, arma de fogo, espada) e impróprio (não tem como finalidade primordial o ataque e a defesa, *v. g.*, pedaço de pau, guarda-chuva).

Além disso, exige-se o emprego efetivo da arma, logo, a mera simulação do porte de arma ou o simples porte ostensivo sem o manejamento da arma descaracteriza a qualificadora.

1.6.5. Crime cometido por duas ou mais pessoas

Circunscreve-se a coautoria, já que o tipo penal não se utiliza da expressão concurso de pessoas, como faz nos crimes de furto e roubo, o que levaria à inclusão da participação. Por consequência, a participação não qualifica o crime do art. 150 do CP.

1.7. Classificação

O crime de violação de domicílio é comum; monossubjetivo ou de concurso eventual; comissivo (entrar) ou omissivo próprio (permanecer); de mera conduta; instantâneo (na forma entrar) ou permanente (na modalidade permanecer); transeunte; doloso; plurissubsistente; de forma livre; e de dano.

2. OBSERVAÇÕES

2.1. Causas excludentes da ilicitude

O art. 150, § 3º, do CP, em consonância com o art. 5º, XI, da CF/88, afirma que inexiste o crime durante o dia, com observância das formalidades legais, para efetuar prisão ou outra diligência e a qualquer hora do dia ou da noite, quando algum crime está sendo ali praticado ou na iminência de o ser.

De se ver, contudo, que o texto constitucional ampliou os casos de inexistência do crime quando a violação de domicílio é praticada para prestar socorro ou em caso de desastre.

2.2. Casa desabitada e casa habitada com ausência momentânea do morador

Ensina Rogério Greco que casa vazia ou desabitada não configura o crime, "uma vez que não há possibilidade de agressão ao bem jurídico mencionado, em face de sua inexistência. Situação completamente diversa é a da casa que, embora normalmente habitada, seus moradores dela se encontram afastados quando do ingresso do agente. Aqui, existe bem jurídico a ser protegido pelo Direito Penal, razão pela qual a prática da violação de domicílio é perfeitamente admissível" (*Curso de direito penal*: Parte Especial, 2005, v. 2, p. 652).

3. JURISPRUDÊNCIA

3.1. Julgados

Violação do domicílio e as exceções nele taxativamente previstas

Conforme o art. 5º, XI, da Constituição – afora as exceções nele taxativamente previstas ("em caso de flagrante delito ou desastre, ou para prestar socorro") só a "determinação judicial" autoriza, e durante o dia, a entrada de alguém – autoridade ou não – no domicílio de outrem, sem o consentimento do morador. Em consequência, o poder fiscalizador da administração tributária perdeu, em favor do reforço da garantia constitucional do domicílio, a prerrogativa da autoexecutoriedade, condicionado, pois, o ingresso dos agentes fiscais em dependência domiciliar do contribuinte, sempre que necessário vencer a oposição do morador, passou a depender de autorização judicial prévia. (STF, RE – Ag. n. 331.303/PR, 1ª T., rel. Min. Sepúlveda Pertence, j. 10.02.2004)

Quarto de hotel ainda ocupado e violação de domicílio

Para os fins da proteção jurídica a que se refere o art. 5º, XI, da Constituição da República, o conceito normativo de "casa" revela-se abrangente e, por estender-se a qualquer aposento de habitação coletiva, desde que ocupado (CP, art. 150, § 4º, II), compreende, observada essa específica limitação espacial, os quartos de hotel. Doutrina. Precedentes. – Sem que ocorra qualquer das situações excepcionais taxativamente previstas no texto constitucional (art. 5º, XI), nenhum agente público poderá, contra a vontade de quem de direito (*invito domino*), ingressar, durante o dia, sem mandado judicial, em aposento ocupado de habitação coletiva, sob pena de a prova resultante dessa diligência de busca e apreensão reputar-se inadmissível, porque impregnada de ilicitude originária. (STF, RHC n. 90.376, 2ª T., rel. Min. Celso de Mello, j. 03.04.2007)

Crime de violação de domicílio e subsidiariedade

Crime de invasão de domicílio (art. 150 do CP). Subsidiariedade. Tratando-se de crime subsidiário, não subsiste autonomamente quando foi apenas o meio para a prática de crime de furto, mais grave. Se este último não se consumou, resta a possibilidade de caracterização da tentativa, não se podendo cogitar do ressurgimento da norma subsidiária relativa a invasão de domicílio, já abrangida totalmente pela norma incriminadora primária. (STJ, REsp n. 13.570/GO, 5ª T., rel. Min. Assis Toledo, j. 13.11.1991)

Seção III
Dos Crimes Contra a Inviolabilidade de Correspondência

Violação de correspondência

Art. 151. Devassar indevidamente o conteúdo de correspondência fechada, dirigida a outrem:

Pena – detenção, de 1 (um) a 6 (seis) meses, ou multa.

Sonegação ou destruição de correspondência

§ 1º Na mesma pena incorre:

I – quem se apossa indevidamente de correspondência alheia, embora não fechada e, no todo ou em parte, a sonega ou destrói;

Violação de comunicação telegráfica, radioelétrica ou telefônica

II – quem indevidamente divulga, transmite a outrem ou utiliza abusivamente comunicação telegráfica ou radioelétrica dirigida a terceiro, ou conversação telefônica entre outras pessoas;

III – quem impede a comunicação ou a conversação referidas no número anterior;

IV – quem instala ou utiliza estação ou aparelho radioelétrico, sem observância de disposição legal.

§ 2º As penas aumentam-se de metade, se há dano para outrem.

§ 3º Se o agente comete o crime, com abuso de função em serviço postal, telegráfico, radioelétrico ou telefônico:

Pena – detenção, de 1 (um) a 3 (três) anos.

§ 4º Somente se procede mediante representação, salvo nos casos do § 1º, IV, e do § 3º.

1. COMENTÁRIO

1.1. Objetividade jurídica

O crime em questão encontra arrimo no art. 5º, XII, da CF/88, que dispõe que é "inviolável o sigilo da correspondência e das comunicações telegráficas, de dados e das comunicações telefônicas, salvo, no último caso, por ordem judicial, nas hipóteses e na forma que a lei estabelecer para fins de investigação criminal ou instrução processual penal".

Inserido na Seção III do Título I da Parte Especial, ao lado do crime de correspondência comercial (art. 152, CP), o sigilo de correspondência configura mais um aspecto fundamental do direito à intimidade e à privacidade (art. 5º, X, CF/88).

O bem jurídico tutelado do crime ora em estudo é o sigilo da correspondência. Já o objeto material é a correspondência fechada, que pode ser a carta, o telegrama, o bilhete etc.

Cumpre apontar que o art. 40 e seu § 1º da Lei n. 6.538/78 – Lei Postal revogou parcialmente o *caput* e o § 1º, I, do art. 151 do CP no que tange a correspondência postal. O CP, portanto, somente tem incidência à violação de sigilo de correspondência não postal.

O conceito de correspondência postal é extraído do art. 47 da Lei n. 6.538/78, abarcando "toda comunicação de pessoa a pessoa, por meio de carta, através da via postal, ou por telegrama", ou seja, comunicação transmitida via correio.

1.2. Sujeitos

O tipo penal não exige qualquer condição ou circunstância especial do sujeito ativo, logo, qualquer pessoa pode cometer o crime.

O sujeito passivo é, ao mesmo tempo, o remetente e o destinatário, portanto, o crime é de dupla subjetividade passiva.

1.3. Análise da(s) conduta(s) descrita(s) no tipo

A ação incriminada é "devassar", que significa tomar conhecimento, descobrir, penetrar o conteúdo de correspondência fechada.

Como o tipo penal pressupõe um fazer do agente, o crime é comissivo, e, excepcionalmente, comissivo por omissão, nos casos em que o agente tem o dever jurídico de agir (art. 13, § 2º, CP).

O crime é de mera conduta, já que o tipo penal narra apenas a conduta do agente, sem qualquer alusão ao resultado.

1.4. Elemento subjetivo

O dolo é o elemento subjetivo do tipo, não se exigindo qualquer finalidade especial por parte do agente. A forma culposa não é admitida.

1.5. Consumação e tentativa

A consumação ocorre quando o agente tem acesso ao conteúdo da correspondência fechada. É prescindível, contudo, que o agente abra a missiva, desde que tenha acesso ao seu conteúdo por qualquer outro meio, como por meio da luz.

O crime é instantâneo, já que a consumação ocorre num exato momento.

Por ser o crime plurissubsistente (conduta composta por vários atos), a tentativa é perfeitamente admitida.

1.6. Formas equiparadas

O CP equipara à violação de correspondência uma série de condutas descritas em seu § 1º.

A primeira considera crime a conduta de quem se apossa, indevidamente, de correspondência alheia, embora não fechada, para sonegá-la ou destruí-la, no todo ou em parte (art. 151, § 1º, I).

Cumpre salientar, contudo, que aludido tipo penal foi derrogado pelo art. 40, § 1º, da Lei n. 6.538/78, no que tange ao serviço postal.

Outra peculiaridade desse dispositivo é que o objeto material pode consistir em correspondência não fechada. Por fim, o elemento subjetivo do tipo exige, além do dolo, a finalidade especial do agente em sonegar ou destruir a correspondência alheia.

A segunda conduta equiparada vem descrita no inciso II, do § 1º, do art. 151 do CP, punindo quem indevidamente divulga, transmite a outrem ou utiliza abusivamente comunicação telegráfica ou radioelétrica dirigida a terceiro, ou conversação telefônica entre outras pessoas.

O dispositivo encontra-se derrogado pelo art. 56 da Lei n. 4.117/62, no que tange às comunicações telegráficas e radioelétricas praticadas por funcionários do governo. Assim, o CP somente tem aplicação às pessoas comuns.

No que se refere à conversação telefônica, Guilherme de Souza Nucci posiciona-se no sentido de que "a parte final do inciso II não foi revogada pela Lei n. 9.296/96, que disciplinou a interceptação telefônica e criou um tipo incriminador específico para a violação do sigilo telefônico. Preferimos seguir, nesse prisma, o magistério de MIRABETE, que entende ainda viger o inciso II do § 1º do art. 151, para aplicação ao terceiro que não participou na interceptação telefônica, mas divulgou-a a outras pessoas (*Código Penal interpretado*, p. 866). É verdade que, se o terceiro auxiliar na interceptação indevida, será partícipe do crime previsto no art. 10 da Lei n. 9.296/96. Mas, tomando contato com gravação feita por quem nem mesmo conhece, percebendo tratar-se de material confidencial, embora não abrangido por segredo de justiça, ao divulgá-lo, incide no tipo penal deste artigo: 'quem indevidamente divulga [...] conversação telefônica entre outras pessoas'" (*Código Penal comentado*, 2013, p. 763).

Já o inciso III do § 1º do art. 151 pune quem impede a comunicação ou a conversação referida no inciso II do mesmo dispositivo.

Por derradeiro, o art. 151, § 1º, IV, do CP, foi revogado pelo art. 70 da Lei n. 4.117/62 – Código Brasileiro de Telecomunicações.

Há menção, ainda, no CP de uma causa de aumento de pena pela metade quando há dano para outrem (art. 150, § 2º), porém o art. 40, § 2º, da Lei n. 6.538/78 derrogou este dispositivo no que se refere aos serviços postais.

1.7. Classificação

Trata-se de crime mono-ofensivo; comum; de dupla subjetividade passiva; comissivo e, excepcionalmente, comissivo por omissão ou omissivo impróprio (art. 13, § 2º, CP); de mera conduta; de forma livre; instantâneo; plurissubsistente; e infração penal de pequeno potencial ofensivo.

1.8. Ação penal

Primeiramente, mister se faz distinguir se a conduta do agente amolda-se ao CP ou à Lei n. 6.538/78 – Lei Postal.

Isso porque a lei penal especial não faz qualquer ressalva quanto à natureza da ação penal. Por consequência, tratando-se de violação de sigilo de correspondência postal, a ação penal é pública incondicionada.

Entretanto, no caso de correspondência não postal, tem incidência o § 4º do art. 151 do CP. Em regra, a ação penal é pública condicionada à representação da vítima. Como o crime é de dupla subjetividade passiva, a representação pode ser ofertada tanto pelo remetente quanto pelo destinatário.

Já na conduta de quem instala ou utiliza estação ou aparelho radioelétrico, sem observância de disposição legal (art. 151, § 1º, IV, CP), e de abuso de função em serviço postal, telegráfico, radioelétrico ou telefônico (art. 151, § 3º, CP), a ação penal é pública incondicionada.

Ocorre, contudo, que o art. 151, § 1º, IV, do CP, foi revogado pelo art. 70 da Lei n. 4.117/62 (Código Brasileiro de Telecomunicações), porém a ação penal continua sendo pública incondicionada em face da ausência de ressalva da lei especial.

Da mesma forma, o art. 151, § 3º, do CP, foi derrogado pelo art. 43 da Lei n. 6.538/78, que determina a agravação da pena nos crimes contra o serviço postal ou de telegrama quando praticados por pessoa prevalecendo-se do cargo ou em abuso de função.

2. OBSERVAÇÕES

2.1. Violação de sigilo de *e-mail*

A violação do conteúdo de *e-mails* configura o crime disposto no art. 10 da Lei n. 9.296/96 (Lei de Interceptação Telefônica), que preceitua que "constitui crime realizar interceptação de comunicações telefônicas, de informática ou telemática, ou quebrar segredo de justiça, sem autorização judicial ou com objetivos não autorizados em lei".

3. JURISPRUDÊNCIA

3.1. Julgados

Violação de correspondência e crime formal

Violação de correspondência. (art. 40 da Lei Federal n. 6.538/78). Apelação defensiva. Manutenção sentença condenatória. Prova testemunhal carreada dá conta de que o autor do fato violou a correspondência, bem como exibiu seu conteúdo a terceiros. É delito formal que se consuma com a conduta de devassar correspondência alheia, tomando ciência de seu conteúdo. Comprovada a materialidade e autoria, é de ser mantida a sentença condenatória. Negado provimento. (TJRS, Recurso crime n. 71000940296, Turma Recursal, rel. Alberto Delgado Neto, j. 12.02.2007)

Correspondência comercial

Art. 152. Abusar da condição de sócio ou empregado de estabelecimento comercial ou industrial para, no todo ou em parte, desviar, sonegar, subtrair ou suprimir correspondência, ou revelar a estranho seu conteúdo:

Pena – detenção, de 3 (três) meses a 2 (dois) anos.

Parágrafo único. Somente se procede mediante representação.

---

1. COMENTÁRIO

1.1. Objetividade jurídica

O bem tutelado é o sigilo da correspondência comercial. Já o objeto material é a correspondência comercial, que comporta qualquer tipo de carta, bilhete ou telegrama de natureza mercantil.

Nota-se, pois, que o crime do art. 152 do CP é especial em relação ao crime do art. 151 do mesmo diploma, em razão do seu objeto material.

1.2. Sujeitos

O crime é próprio, já que o sujeito ativo é apenas o sócio ou empregado de estabelecimento comercial ou industrial. Nada impede, contudo, que o particular responda pelo crime na condição de partícipe ou coautor, *ex vi* da parte final do art. 30 do CP.

O sujeito passivo é a pessoa jurídica e os seus sócios que mantêm estabelecimento comercial ou industrial. No rol dos crimes contra a pessoa (Título I da Parte Especial do CP), é um dos poucos casos em que a pessoa jurídica figura como vítima.

1.3. Análise da(s) conduta(s) descrita(s) no tipo

O crime é de conduta mista alternativa ou plurinuclear. Configura o crime quem, abusando da condição de sócio ou empregado de estabelecimento comercial ou industrial, no todo ou em parte: a) desviar, que significa desencaminhar ou dar destino diverso; b) sonegar, que significa ocultar, esconder; c) subtrair, que significa tirar, apoderar-se; ou d) suprimir, que significa eliminar, fazer desaparecer, correspondência comercial; ou, ainda, e) revelar, que significa dar conhecimento, a estranho o seu conteúdo.

1.4. Elemento subjetivo

O dolo, seja direto ou eventual, é o elemento subjetivo do tipo. Ensina Damásio Evangelista de Jesus que, além do dolo, "exige-se outro, contido na expressão 'abusar'. É necessário que o agente, no momento da realização da conduta, tenha consciência de que está abusando de sua condição de sócio ou empregado de estabelecimento comercial ou industrial" (*Código Penal comentado*, 2012, p. 639).

Por abuso entende-se o uso indevido da correspondência comercial. A forma culposa não é admitida.

1.5. Consumação e tentativa

O momento consumativo ocorre com o efetivo desvio, sonegação, subtração, supressão ou revelação, no todo ou em parte, da correspondência comercial. Trata-se, pois, de crime instantâneo.

É indispensável, ainda, a possibilidade de dano patrimonial ou moral ao estabelecimento comercial ou industrial ou a terceiro.

A *conatus* é admitida apenas na forma plurissubsistente.

1.6. Classificação

O crime é monofensivo; bipróprio, monossubjetivo; comissivo e, excepcionalmente, comissivo por omissão ou omissivo impróprio (art. 13, § 2º, CP); de conduta múltipla alternativa; formal; de forma livre; plurissubsistente ou unissubsistente, conforme o caso; instantâneo; doloso; e infração penal de pequeno potencial ofensivo.

1.7. Ação penal

A ação penal é pública condicionada à representação da vítima. A condição de procedibilidade deve ser ofertada no prazo de 6 meses, contados da data em que a vítima tem conhecimento do autor do fato, sob pena de decadência, causa extintiva da punibilidade.

Seção IV
Dos Crimes Contra a Inviolabilidade dos Segredos

Divulgação de segredo

Art. 153. Divulgar alguém, sem justa causa, conteúdo de documento particular ou de correspondência confidencial, de que é destinatário ou detentor, e cuja divulgação possa produzir dano a outrem:

Pena – detenção, de 1 (um) a 6 (seis) meses, ou multa.

§ 1º Somente se procede mediante representação.

Antigo parágrafo único renumerado pela Lei n. 9.983, de 14.07.2000.

§ 1º-A. Divulgar, sem justa causa, informações sigilosas ou reservadas, assim definidas em lei, contidas ou não nos sistemas de informações ou banco de dados da Administração Pública:

Pena – detenção, de 1 (um) a 4 (quatro) anos, e multa.

Parágrafo acrescentado pela Lei n. 9.983, de 14.07.2000.

§ 2º Quando resultar prejuízo para a Administração Pública, a ação penal será incondicionada.

Parágrafo acrescentado pela Lei n. 9.983, de 14.07.2000.

1. COMENTÁRIO

1.1. Objetividade jurídica

O bem jurídico tutelado é a liberdade individual no seu aspecto relativo à preservação da privacidade e da intimidade. O art. 5º, X, da CF assegura a inviolabilidade desses bens, garantindo a proteção de segredos. O objeto material é o documento ou correspondência, e é certo que somente o conteúdo de informações neles formalizado é passível de tutela penal. Em se tratando de confidência obtida verbalmente, não há incidência do dispositivo em caso de divulgação. Como diz Hungria, a proteção penal "não é concedida *in extensum*: abrange somente os segredos constantes de *correspondência* ou *documentos privados* e as confidências *necessárias*. No tocante às confidências orais e sem cunho de necessidade, ficam por conta e risco de quem as faz sem precatar-se contra intrusos e 'sacos-rotos'" (HUNGRIA, Nélson. *Comentários ao Código Penal*, 1958, v. VI, p. 248).

Com o advento da Lei n. 9.983, de 14.07.2000, que acrescentou ao art. 153 o § 1º-A, a proteção penal se estendeu às informações sigilosas ou reservadas contidas ou não em sistema de informações ou banco de dados da administração pública. A objetividade jurídica nesse caso engloba tanto os interesses da própria administração pública em resguardar o sigilo dos seus dados, como também a liberdade individual daquele que vier a ser prejudicado pela divulgação, tendo em vista a violação da sua intimidade e privacidade. O objeto material são as informações sigilosas ou reservadas, assim definidas por lei. Trata-se, segundo Paulo José da Costa Jr., de norma penal em branco, "uma vez que uma lei irá definir se a informação é sigilosa ou reservada" (*Código Penal comentado*, 2005, p. 471). E "lei", no caso, deve ser compreendida de forma abrangente, envolvendo qualquer norma elaborada pelo Poder Legislativo.

A doutrina acertadamente critica a técnica legislativa empregada na inclusão desta conduta como mero parágrafo acrescido do art. 153, aduzindo que o mais correto seria a existência de um novo dispositivo penal. Também se insurge em relação à sua localização, sustentando que estaria mais bem posicionado no Título XI, do CP, que trata dos crimes contra a administração pública, e não nesse Título I, relativo aos crimes contra a pessoa e a liberdade individual (nesse sentido: FRANCO, Alberto Silva et al. *Código Penal e sua interpretação jurisprudencial*, 2007, p. 764; e DELMANTO, Celso et al. *Código Penal comentado*, 2010, p. 547).

1.2. Sujeitos

Sujeito ativo é o destinatário ou detentor do segredo. Sujeito passivo é aquele que vier a sofrer prejuízo pela divulgação, ainda que não seja o autor do documento ou remetente da correspondência.

No caso do § 1º-A, o sujeito ativo pode ser qualquer pessoa que tenha acesso às informações sigilosas ou reservadas contidas ou não em sistema de informações ou banco de dados da administração pública, seja ela funcionária pública ou não. O sujeito passivo é a Administração Pública que tem suas informações divulgadas indevidamente e, subsidiariamente, o particular prejudicado por essa divulgação.

1.3. Análise da(s) conduta(s) descrita(s) no tipo

A conduta sancionada pelo tipo consiste na divulgação, sem justa causa, do conteúdo de documento particular ou correspondência confidencial. Divulgar, segundo Noronha, "é propalar, difundir e assoalhar. O sujeito age de modo que o conteúdo da comunicação se torne conhecido de muitos" (NORONHA, E. Magalhães. *Direito penal*, 1995, v. 2, p. 184), o que pode ser feito por meio da imprensa, radiodifusão, televisão, internet, transmissão oral a uma plateia, ou qualquer outra forma que represente comunicação a numerosas e indeterminadas pessoas.

Parte da doutrina sustenta que a transmissão do segredo a uma só pessoa já configura a ação contemplada pelo *caput* do dispositivo (nesse sentido: NUCCI, Guilherme de Souza. *Código Penal comentado*, 12.ed., 2012, p. 766; e DELMANTO, Celso et al. *Código Penal comentado*, 2010, p. 547). Discordamos de tal posicionamento, porque a divulgação pressupõe uma difusão extensiva ou, ao menos, uma exposição que torne possível o conhecimento de um número indeterminado de pessoas (nesse sentido: HUNGRIA, op. cit., 1958, v. VI, p. 251).

No art. 151, § 1º, II, do CP, que trata da violação de comunicação telegráfica, radioelétrica ou telefônica, a ação se configura quando o conteúdo da comunicação é transmitido a outrem, independente de ser apenas uma ou mais pessoas. No entanto, na redação do referido dispositivo, além do verbo "divulgar", consta a ação de "transmitir a outrem".[66] Neste art. 153, consta apenas o verbo "divulgar", o que reforça o pensamento de que a conduta somente será típica se houver comunicação do segredo a diversas pessoas, mediante qualquer forma de divulgação.

No § 1º-A a ação também consiste em "divulgar", só que o objeto são informações sigilosas ou reservadas, contidas ou não nos sistemas de informação ou bancos de dados da Administração Pública. Exige-se que as informações sigilosas ou reservadas sejam assim definidas por lei. Logo, como já dito, trata-se de norma penal em branco que depende de outra norma para caracterizar as informações como sigilosas ou reservadas.

A diferença entre essa conduta e aquela descrita no *caput* do dispositivo é que aqui não se exige que a divulgação possa produzir danos a outrem, embora essa situação ocorra na maioria dos casos. Basta a simples revelação de dados sigilosos ou reservados para restar configurada a incidência nesta figura incriminadora.

1.4. Elemento normativo do tipo

Está presente na expressão "sem justa causa", constante tanto no *caput* como no § 1º-A. Implica dizer que se houver justo motivo para agir, a conduta será considerada atípica. São exemplos de justa causa para divulgação: a defesa de direito legítimo, convocação para depoimento como testemunha, consentimento do interessado, dentre outros.

1.5. Elemento subjetivo

O fato somente é punível a título de dolo. Dolo genérico no caso, pois não se exige nenhum fim específico, nenhum resultado danoso e muito menos a obtenção de qualquer vantagem por parte do autor da divulgação. Exige-se, sim, no caso do *caput*, a potencialidade lesiva, ou seja, que a conduta "possa produzir dano a outrem", mas a efetiva ocorrência de resultado danoso é irrelevante para efeitos de configuração da conduta típica. Não se pune a forma culposa.

1.6. Consumação e tentativa

O delito se consuma a partir da divulgação do segredo, no caso do *caput*, ou das informações sigilosas ou reservadas, na hipótese do § 1º-A, independentemente de qualquer resultado. A tentativa é admissível, porém de difícil caracterização. Noronha exemplifica a situação do possuidor do documento que é interrompido ou obstado por terceiro no momento em que está afixando o seu conteúdo em logradouro público (NORONHA, op. cit., 1995, v. 2, p. 190). Ainda assim, resta difícil a aceitação da tentativa, pois, ao menos em relação ao *caput*, a ação penal é pública condicionada. Ou seja, teria o próprio interessado que oferecer representação para a ação penal e,

66 "Art. 151. Devassar indevidamente o conteúdo de correspondência fechada, dirigida a outrem: Pena – detenção, de 1 (um) a 6 (seis) meses, ou multa. § 1º Na mesma pena incorre: [...] II – quem indevidamente divulga, transmite a outrem ou utiliza abusivamente comunicação telegráfica ou radioelétrica dirigida a terceiro, ou conversação telefônica entre outras pessoas; [...]".

como consequência, divulgar o segredo que pode lhe acarretar dano.

1.7. Classificação

Trata-se de delito próprio, pois exige um sujeito ativo especial, qual seja: o portador ou destinatário da correspondência ou documento; formal, pois se consuma com a mera divulgação, independentemente de qualquer resultado; instantâneo e comissivo.

Em relação à conduta prevista no § 1º-A, a classificação é similar, diferindo apenas por se tratar de crime comum, que pode ser praticado por qualquer pessoa, e não próprio, como é a ação descrita no *caput*.

1.8. Ação penal

No tocante à conduta descrita no *caput*, a ação penal será sempre pública condicionada à representação do ofendido, nos termos do § 1º do dispositivo. Respeita-se, assim, o seu interesse em não ter divulgado ainda mais o segredo que deseja preservar, o que pode ocorrer em caso de instauração da ação penal.

O disposto no § 2º aplica-se apenas em relação ao tipo do § 1º-A, tornando a ação penal pública incondicionada quando resultar prejuízo para a administração pública. Dessa forma, há duas situações possíveis: 1) A informação sigilosa ou restrita divulgada diz respeito apenas a uma pessoa determinada. Aplica-se o § 1º, o que torna a ação pública condicionada, respeitando a vontade do indivíduo em levar adiante ou não a persecução penal. 2) A informação sigilosa ou restrita representa prejuízo, ainda que presumido, à administração pública. Aplica-se o disposto no § 2º de modo que a ação penal será pública incondicionada.

A suspensão condicional do processo, prevista no art. 89 da Lei n. 9.099/95, é cabível tanto em relação ao *caput* quanto no § 1º-A. Já a transação penal (art. 76, Lei n. 9.099/95) é admissível apenas em relação à figura incriminadora do *caput*. Também é possível a efetivação de acordo de não persecução penal, nos termos do art. 28-A do CPP, em relação a todos os tipos penais previstos neste art. 153 e seus respectivos parágrafos.

2. JURISPRUDÊNCIA

2.1. Julgados

Atipicidade da conduta – justa causa para a divulgação

A requisição de abertura do inquérito policial imputa aos pacientes, advogados no exercício da profissão, a prática do crime de divulgação de segredo (art. 153, § 1º-A/CP), por terem feito uso, sem autorização, na defesa de cliente em ação de improbidade administrativa, de documento inserido em processo que estava sob segredo de justiça. A investigação, na realidade, carece de justa causa, por cuidar-se de conduta atípica: não está presente o elemento normativo no tipo "sem justa causa", pois os pacientes fizeram uso do documento no exercício do direito de defesa do seu cliente; e as informações sigilosas ou reservadas, referidas no tipo, além de estar definidas em lei, devem constar (ou não) de sistema de informação ou banco de dados da Administração Pública, o que não é demonstrado. Não se alude, de resto, a prejuízo para a Administração Pública, única hipótese em que o inquérito e a ação penal independeriam de representação (art. 153, § 1º-A, § 2º). Por fim, na data da audiência, em 24.10.2012, em que foi utilizado o documento supostamente sigiloso, já havia sido suspenso o sigilo processual no processo que tramita no TRF-1 (de onde fora extraída cópia do documento), desde 21.07.2011. Não houve utilização, sem autorização, de documento sigiloso. *Habeas corpus* do qual se conhece, porque infundadas as alegações de inépcia da petição inicial. Concessão da ordem (arts. 647 e 648, I – CPP), em definitivo, para determinar o trancamento do Inquérito Policial n. [...], instaurado contra os pacientes. Agravo regimental (contra a decisão concessiva da liminar) julgado prejudicado. (TRF-1ª Região, *HC* n. 0025521-25.2013.4.01.0000/DF, 4ª T., rel. Des. Fed. Olindo Menezes, j. 13.01.2014)

Atipicidade da conduta – justa causa para divulgação e necessidade de que esta atinja um número indeterminado de pessoas

O núcleo do tipo incriminador do art. 153, § 1º, do Código Penal, o verbo divulgar, exige a difusão extensiva do conteúdo secreto pelo sujeito ativo, sendo insuficiente a transmissão a um número restrito de indivíduos. A apresentação de documentos do banco de dados da Receita Federal para a defesa de interesse legítimo – instrução de reclamatória trabalhista, que tramita em segredo de justiça – configura justa causa para a conduta, afastando a tipicidade penal, por ausência do elemento normativo exigido pela figura típica. O dolo, como elemento subjetivo do tipo, representado pela vontade livre e consciente de divulgar o conteúdo de documento confidencial, abrange o conhecimento, pelo agente, da ilegitimidade de sua conduta e da qualidade confidencial do conteúdo divulgado. (TRF-1ª Região, *HC* n. 2008.01.00.043283-2/MG, 3ª T., rel. Des. Fed. Assusete Magalhães, j. 13.10.2008)

Consumação delitiva. Desnecessidade de resultado danoso

O crime disposto no art. 153, § 1º, do Código Penal consuma-se com o mero ato de divulgar, sem justa causa, informações sigilosas ou reservadas, independentemente da ocorrência efetiva de dano. (TRF-4ª Região, AC n. 5015267-32.2011.4.04.7100/RS, 8ª T., rel. Des. Fed. Victor Luiz dos Santos Laus, j. 23.05.2018)

Representação do ofendido, nos termos do art. 153, § 1º, do CP. Desnecessidade de formalidade, bastando a manifestação inequívoca da vontade da vítima na apuração da infração penal

Recurso ordinário em *habeas corpus*. Crime de divulgação de segredo. Alegação de decadência, por falta de representação oportuna da ofendida. Atipicidade da conduta. Pedido de trancamento de inquérito policial. Exordial acusatória que descreve satisfatoriamente a conduta, em tese, delituosa. Constrangimento ilegal não evidenciado. Recurso desprovido. 1. A representação do ofendido – condição de procedibilidade da ação penal pública condicionada – prescinde de rigor formal, sendo suficiente a demonstração inequívoca da parte interessada de que seja apurada e processada a infração penal. 2. O direito de agir não resta fulminado pela decadência se a representação para a ação penal pública condicionada ocorre tempestivamente pelo ofendido, ou seja, dentro do prazo de 6 meses após o conhecimento da autoria do crime. (STJ, RHC n. 42.029/RJ, 5ª T., rel. Min. Laurita Vaz, j. 26.08.2014, *DJe* 02.09.2014)

Utilização em inquérito de prova obtida com ofensa ao art. 153 do CP e outros dispositivos – ilicitude reconhecida

Prova. Criminal. Documentos. Papéis confidenciais pertencentes a empresa. Cópias obtidas, sem autorização nem conhecimento desta, por ex-empregado. Juntada em autos de inquérito policial. Providência deferida em mandado de segurança impetrado por representante do Ministério Público. Inadmissibilidade. Prova ilícita. Ofensa ao art. 5º, LVI, da CF, e os arts. 152, parágrafo único, 153 e 154 do CP. Desentranhamento determinado. *HC* concedido para esse fim. Não se admite, sob nenhum pretexto ou fundamento, a juntada, em autos de inquérito policial ou de ação penal, de cópias ou originais de documentos confidenciais de empresa, obtidos, sem autorização nem conhecimento desta, por ex-empregado, ainda que autorizada aquela por sentença em mandado de segurança impetrado por representante do Ministério Público. (STF, *HC* n. 82.862/SP, 2ª T., rel. Min. Cezar Peluso, j. 19.02.2008, *DJe* 13.06.2008)

Art. 153, § 1º-A. Dúvida sobre o sigilo da informação divulgada e sobre a ciência do acusado em relação à sua existência. Necessidade de aplicação do princípio *in dubio pro reo*

[...] Ademais, dos autos não se tira qualquer requerimento ou certidão sobre o pedido de cópias; tampouco qualquer elemento a denotar ciência dos acusados quanto ao segredo de justiça. Diante desse cenário, não há segurança necessária para sustentar que os acusados tinham conhecimento de que os termos referentes às suas próprias declarações estavam sob segredo. Se não bastasse, o § 1º, do art. 153, do CP tipifica a conduta de divulgar, sem justa causa, informações sigilosas ou reservadas assim definidas em lei, não sendo esta a hipótese dos autos, já que este tipo de procedimento comumente tramita em obediência às normas constitucionais e infraconstitucionais de publicidade, de modo que na espécie o segredo foi determinado pelo Ministério Público, nos termos do Ato Normativo n. 484-CPJ/2006, que disciplina o procedimento do inquérito civil, e não pelo Poder Legislativo, tornando atípica a conduta imputada. Neste sentido é o magistério de Guilherme de Souza ao comentar o dispositivo legal: "Exige-se que a informação objeto de divulgação seja considerada sigilosa ou reservada porque a lei assim determina, embora se deva dar ao termo lei interpretação abrangente, envolvendo qualquer norma elaborada pelo Poder Legislativo" (*Código Penal comentado*. 17. ed. rev., atual. e ampl. Rio de Janeiro: Forense, 2017). É no mesmo sentido a orientação de LUIZ REGIS PRADO: "Trata-se de norma penal em branco, pois deixa a cargo da lei a definição das informações que são reputadas sigilosas ou reservadas. A necessidade de previsão em lei impede que simples sinais, tais como carimbos, tarjas ou anotações, confiram à informação o caráter sigiloso. A expressão sem justa causa, tal como no *caput*, diz respeito à ocorrência de uma possível causa de justificação. O tipo subjetivo é composto pelo dolo." (2 *Comentários ao Código Penal:* jurisprudência, conexões lógicas com os vários ramos do direito. 10.ed. São Paulo: Revista dos Tribunais, 2015. p. 646.) Prossigo para anotar que o § 2º, do art. 8º, da Lei n. 7.347/85, que prevê a impossibilidade de instauração, pelo Ministério Público, de inquérito civil, disciplina que "somente nos casos em que a lei impuser sigilo, poderá ser negada certidão ou informação, hipótese em que a ação poderá ser proposta desacompanhada daqueles documentos, cabendo ao juiz requisitá-los". Assim, não se enquadrando o assunto do procedimento a quaisquer das exceções legais que determinam o sigilo, ainda que houvesse prova cabal de que tivesse sido praticada a conduta descrita na denúncia – o que não ocorreu na espécie –, sua atipicidade salta aos olhos, ao menos no que se refere ao delito imputado na denúncia. Destarte, processo penal é regido pelo princípio segundo o qual a prova, para alicerçar um decreto condenatório, deve ser consistente. A condenação penal é juízo de certeza, consubstanciado em prova incontroversa. Eventual dúvida sobre a culpabilidade de alguém, por menor que seja, é fundamento idôneo para determinar sua absolvição. Anoto não se poder rechaçar sumariamente a hipótese de que os acusados tenham efetivamente divulgado os referidos documentos a fim de causar algum dano à vítima; por outro lado, não comprovada cabalmente a situação de sigilo legal e tampouco a ciência deles quanto a esta circunstância, conclui-se pela impossibilidade de sustentar-se com necessária segurança a procedência da pretensão punitiva, não se admitindo a solução pretendida pelo assistente de acusação. Sob esse enfoque, se materialidade e a autoria não ficaram inequivocamente demonstradas, na dúvida não pode o Magistrado decidir pela condenação; acolhe-se, por cautela, o princípio do *in dubio pro reo*. (TJSP, AC n. 0013295-38.2014.8.26.0318, 16ª Câm. Crim., rel. Des. Camargo Aranha Filho, j. 28.01.2020)

Art. 153, § 1º-A. Atipicidade da conduta. Divulgação de informação sem sigilo protegido por lei

O tipo penal incrimina a conduta de divulgar informações sigilosas ou reservadas definidas em lei. Trata-se de norma penal em branco, no sentido de que "a exata compreensão do texto depende do exame das leis que determinam sigilo, como assuntos referentes à segurança nacional" (MÁRCIO BÁRTOLI e ANDRÉ PAZIERI, *Código Penal e sua interpretação jurisprudencial, doutrina e jurisprudência*, em conjunto com outros autores, RT, 8.ed., p. 765). É preciso que a conduta do agente concretize a divulgação indevida de dado sigiloso ou reservado, tal como previsto em lei. Deveras, "é necessário, para a caracterização do crime, que tais informações estejam protegidas por lei, não bastando, portanto, que a proibição provenha de outras regras jurídicas como portarias, regulamentos etc." (JÚLIO FABBRINI MIRABETE, *Código Penal interpretado*, Atlas, 5. ed., 2005, p. 1.214). Em outras palavras, "é indispensável que a natureza sigilosa ou reservada das informações divulgadas indevidamente seja objeto de lei e lei em sentido estrito, sendo inadmissível sua equiparação a resoluções, portarias, regulamentos etc." (CEZAR ROBERTO BITENCOURT, *Tratado de direito penal*, Parte Especial, Saraiva, 6.ed., p. 442). Ou seja, o sigilo deve ser determinado por norma elaborada pelo Poder Legislativo (GUILHERME DE SOUZA NUCCI, *Código Penal Comentado*, RT, 15.ed., p. 850). Nesta ordem de ideias, o art. 3º, V, da Lei n. 9.472/97 dispõe sobre a inviolabilidade do conteúdo da comunicação telefônica, assim como a CF, no seu art. 5º, XII, ou seja, não se refere ao objeto da imputação. O inciso VI, do art. 3º, da citada lei também mencionado na denúncia, efetivamente, garante a não divulgação do código de acesso "caso o requeira" o usuário. Além de ser norma dirigida basicamente à prestadora de serviços de telefonia, não há nos autos prova de que a vítima solicitou a não divulgação. Por sua vez, o inciso IX, igualmente referido na inicial, versa sobre o respeito de sua privacidade nos documentos de cobrança e na "utilização de seus dados pessoais pela prestadora de serviço", ou seja, não diz respeito especificamente ao caso dos autos. Ou seja, não se entrevê que a conduta do acusado tenha afrontado disposição legal que vedasse, na situação concreta, a divulgação. Neste sentido, em atenção ao princípio da legalidade que informa o direito penal, não se divisa que a ação do acusado configure crime. Importa gizar que não se está a proclamar que a conduta perpetrada pelo acusado seja lícita à luz do ordenamento jurídico, mas somente que não guarda colorido penal (observados os princípios do direito penal). É possível – e aqui não cabe fazer uma digressão sobre o tema –, portanto, que comportamento do acusado seja um ilícito civil. No entanto, trata-se de um juízo que não pode ser levado a efeito nesta sede. Assim, o caso é de absolvição por atipicidade da conduta. (TJSP, AC n. 0004028-56.2015.8.26.0011, 14ª Câm. Crim., rel. Des. Laerte Marrone, j. 16.03.2017)

Art. 153, § 1º-A. Competência da Justiça Estadual quando a divulgação de informações acobertadas por sigilo fiscal atingir apenas pessoas físicas e jurídicas privadas

1. O sigilo que protege os dados contidos em documentos fiscais decorre de lei e deve ser observado tanto pela Administração Pública quanto por empresas privadas e particulares que eventualmente venham a ter acesso a tais dados, caso não haja permissão prévia do titular do documento para sua divulgação. 2. Se a permissão de divulgação de dados privados, ainda que protegidos por sigilo garantido constitucional ou legalmente, pode vir do particular ao qual se referem tais informações, somente ele arcaria com o prejuízo decorrente de sua divulgação indevida. Eventual interesse da União dependeria da demonstração de que os dados foram ilegalmente divulgados por servidor público federal ou equiparado, ou que sua divulgação afeta de alguma forma a segurança nacional ou causa outro tipo de prejuízo direto à União, suas autarquias ou empresas públicas, o que não ocorre no caso concreto. 3. De concluir-se, portanto, que é da Justiça Comum Estadual a competência para julgar o delito previsto no art. 153, § 1º-A, do Código Penal, se os únicos afetados pela di-

vulgação indevida de documentos fiscais protegidos por sigilo e juntados em processo judicial foram pessoas físicas e jurídicas privadas. (STJ, RHC n. 122.840/SP, 5ª T., rel. Min. Reynaldo Soares da Fonseca, j. 05.03.2020, *DJe* 16.03.2020)

3. OBSERVAÇÕES

O disposto no art. 153, § 1º-A, não se confunde com a figura delituosa prevista no art. 325 do CP. O dispositivo aqui em comento descreve crime comum, cujo sujeito ativo pode ser qualquer pessoa, funcionário público ou não, que tem acesso a informações sigilosas ou reservadas, contidas ou não em sistemas de informações ou banco de dados da administração pública, e as divulga. No caso do citado art. 325, trata-se de crime próprio, na medida em que o sujeito ativo somente pode ser o funcionário público, e se exige que a ciência do fato secreto revelado decorra obrigatoriamente do exercício do seu cargo público.

Violação do segredo profissional

Art. 154. Revelar alguém, sem justa causa, segredo, de que tem ciência em razão de função, ministério, ofício ou profissão, e cuja revelação possa produzir dano a outrem:

Pena – detenção, de 3 (três) meses a 1 (um) ano, ou multa.

Parágrafo único. Somente se procede mediante representação.

---

1. COMENTÁRIO

1.1. Objetividade jurídica

Tal como ocorre no dispositivo anterior, o bem jurídico tutelado é novamente a liberdade individual em seu aspecto relacionado à intimidade e privacidade, as quais são objeto de proteção pelo art. 5º, X, da CF. A referida garantia constitucional assegura a todos a inviolabilidade da intimidade, da vida privada, da honra e da imagem. No entanto, como adverte Fragoso, "a vida em sociedade obriga o indivíduo a recorrer a pessoas que exercem certas profissões ou atividades, levando ao seu conhecimento necessariamente fatos íntimos, que compõem a chamada *esfera de segredo*. O temor da revelação de tais fatos a terceiros imporia evidente limitação à liberdade de determinação do indivíduo. A tutela penal exerce-se em relação ao interesse público de que permaneçam em segredo fatos sigilosos, revelados por força da necessidade decorrente das relações sociais" (FRAGOSO, Heleno Cláudio. *Lições de direito penal*: Parte Especial 1, 1977, p. 271). Nesse contexto, complementa Pierangeli, "se inserem como confidentes o médico, o advogado, o enfermeiro, o psicólogo, o terapeuta, o sacerdote, entre outros, como confidentes necessários e depositários de segredos que têm o dever de resguardar, honrando a confiança que neles se depositou" (PIERANGELI, José Henrique. *Manual de direito penal brasileiro*: Parte Especial, 2005, p. 308).

Ao contrário do que ocorre no art. 153 do CP, aqui não há necessidade de que o segredo confidenciado esteja formalizado em documento ou correspondência. Mesmo aquele transmitido apenas oralmente pelo agente a terceiro é passível da tutela penal.

1.2. Sujeitos

Sujeito ativo do delito é aquele que tem ciência do segredo em razão de função, ministério, ofício ou profissão. Valendo-se da definição utilizada por Mirabete, "função" é o "encargo derivado de lei, convenção ou decisão judicial (tutores, curadores, inventariantes, síndicos, diretores de hospital etc.), *ministério*, atividade religiosa ou social (sacerdotes, pastores, freiras, assistentes sociais, voluntárias etc.), *ofício*, atividade com fim lucrativo na arte mecânica ou manual (serralheiros, costureiros etc.) e *profissão*, atividade intelectual lucrativa (médico, advogado, engenheiro etc.), incluindo-se seus auxiliares (estagiários, assistentes etc.)" (MIRABETE, Julio Fabbrini. *Código Penal interpretado*, 1999, p. 870). A tipificação, segundo a doutrina, abrange também o empregado doméstico (DELMANTO, Celso et al. *Código Penal comentado*, 2010, p. 548). Alguns doutrinadores, como Damásio, se utilizam da expressão "confidentes necessários" para designar os agentes deste delito (JESUS, Damásio E. de. *Direito penal*: Parte Especial, 1995, v. 2, p. 263). Discordamos dessa terminologia invocando os dizeres de Nucci: "*Confidente* é a pessoa a quem se confia um segredo e *necessário* é o que não se pode dispensar. É razoável supor que um médico, especialmente o psicanalista, seja um confidente necessário de seus pacientes, o que não ocorre, no entanto, com a empregada doméstica, que não é destinatária necessária dos segredos dos patrões. Caso seja enxerida e indiscreta, *poderá* tomar conhecimento de segredo alheio, mas não foi destinatária dele, razão pela qual não é 'confidente'. Para tornar-se sujeito ativo deste delito basta o *nexo causal* entre o conhecimento do segredo e a atividade exercida pelo agente, sendo totalmente dispensável a intenção de alguém de *confidenciar-lhe* alguma coisa" (NUCCI, Guilherme de Souza. *Código Penal comentado*, 2012, p. 770).

No entanto, o exercício da função por parte do agente deve se dar exclusivamente na esfera privada. Se o conhecimento do segredo advém do desempenho de função pública, a sua conduta poderá ser tipificada nos arts. 325 e 326 do CP, mas não neste art. 154.

O sujeito passivo pode ser qualquer pessoa (física ou jurídica) que possa sofrer dano em razão da revelação do segredo.

1.3. Análise da conduta descrita no tipo

A conduta incriminada pelo tipo consiste em revelar, sem justa causa, segredo do qual teve conhecimento em razão de função, ministério, ofício ou profissão, e que possa produzir dano a terceiros. "Revelar" é transmitir a alguém, a terceira pessoa. Assim, trata-se de uma ação mais tênue do que "divulgar". Segundo Bento de Faria, "a *revelação* pode ser feita a uma única pessoa, e distingue-se, portanto, da divulgação, que consiste em publicar ou por ao alcance do público" (FARIA, Bento de. *Código Penal brasileiro comentado*: Parte Especial, 1959, v. IV, p. 328). Desse modo, ao contrário do que ocorre no art. 153 do CP, a transmissão do segredo a uma só pessoa já se presta para configuração do ilícito penal.

A ação é de forma livre, de modo que o segredo pode ser transmitido a terceiro de variadas maneiras: por escrito, por via digital, por fotografia e inclusive por via oral.

É indispensável, ainda, a existência de um nexo causal entre o conhecimento do segredo e a atividade exercida pelo agente. Como assevera Hungria, "o que se sabe fora do exercício da atividade profissional não se está adstrito a calar, ainda que o fato nos tenha sido acidentalmente acessível por ocasião desse exercício. O médico, por exemplo, que penetrando na casa do cliente, assiste ali à prática de um crime ou de uma imoralidade, não está obrigado a reserva" (HUNGRIA, Nélson. *Comentários ao Código Penal*, 1958, v. VI, p. 264).

Por fim, há necessidade de o segredo revelado ser passível de produzir a terceiro. Trata-se de crime formal, de modo que a efetiva ocorrência do resultado danoso é prescindível para fins de caracterização do ilícito. No entanto, exige-se a potencialidade lesiva do ato.

1.4. Elemento normativo do tipo

Está mais uma vez definido na expressão "sem justa causa", inserta na descrição do tipo penal. Assim, não é toda e qualquer revelação de segredo passível de ser considerada como criminosa, mas apenas aquelas realizadas sem o devido amparo legal.

O art. 269 do CP, por exemplo, impõe ao médico o dever de comunicação à autoridade pública de determinadas doenças consideradas de notificação compulsória. Assim, a conduta do médico que revela ser seu paciente portador de alguma dessas doenças está acobertada pela justa causa, de modo que não incide na previsão deste art. 154.

Ainda em relação ao médico, o próprio Código de Ética Médica (Resolução CFM n. 1.931, de 17.09.2009) impõe o dever de sigilo no seu art. 73, mas o excetua em casos de "motivo justo, dever legal ou consentimento, por escrito do paciente". Já o art. 89 do mesmo estatuto impede a liberação de cópias do prontuário médico, justamente porque nesse documento constam todas as informações em relação ao diagnóstico e o tratamento ministrado, exceto em situações de autorização judicial, com consentimento do paciente ou para sua própria defesa (MEIRA, Affonso Renato. *Código de Ética Médica*: comparações e reflexões, 2010, p. 101 e 107). Dessa forma, o médico que tiver questionada a sua conduta profissional em relação ao tratamento dispensado a determinado paciente, seja em inquérito policial, ação penal, ação civil ou procedimento de outra natureza, está autorizado a apresentar cópia do prontuário deste paciente para embasar a sua defesa. A situação é de justa causa para revelação do conteúdo deste documento de caráter sigiloso, devidamente autorizada pelo referido art. 89.

Situação similar se apresenta no Estatuto da Advocacia (Lei n. 8.906/94). O art. 34, VII, estabelece como infração disciplinar a violação, sem justa causa, do sigilo profissional. Já o Código de Ética e Disciplina da OAB/1995 também impõe o dever de sigilo, salvo em situações de "grave ameaça ao direito à vida, à honra, ou quando o advogado se veja afrontado pelo próprio cliente e, em defesa própria", sempre restrita ao interesse da causa. Essas são hipóteses que conferem justa causa à revelação de segredo por parte do advogado, afastando a incidência deste art. 154.

Fica claro, pois, que o dever de sigilo não é absoluto, constando da própria redação do tipo elemento normativo, "sem justa causa", passível de justificar a sua revelação. Além das hipóteses legais, princípios como o da proporcionalidade ou razoabilidade também podem ser invocados para fundamentar a sua violação, desde que aplicados em situações excepcionais (GOMES, Luiz Flávio; CUNHA, Rogério Sanches (coords.). *Direito penal*: Parte Especial, 2008, v. 3, p. 115).

Mas é inegável que a lei confere grande relevância ao sigilo, tanto que isenta até mesmo de depor como testemunha aqueles profissionais que estão a ele obrigados, nos termos do art. 207 do CPP.[67] Os arts. 7º, XIX, da Lei n. 8.906/94 e 26 do Código de Ética da OAB permitem ao advogado guardar sigilo profissional em depoimento, até mesmo quando autorizado ou solicitado a depor por seu constituinte.

1.5. Elemento subjetivo

É o dolo. O agente deve se valer da vontade livre e consciente de revelar o segredo, ciente que este pode provocar danos a outrem. Não existe na modalidade culposa, de modo que o profissional não incorre na conduta típica, se, por exemplo, deixar documentos confidenciais ao alcance de terceiros por negligência.

1.6. Consumação e tentativa

O delito se consuma a partir da revelação de segredo a terceiro, independentemente da efetivação de qualquer resultado danoso. Trata-se de crime formal.

Como o núcleo do tipo é "revelar", basta que o segredo tenha sido levado ao conhecimento de uma só pessoa. Não há, pois, necessidade de que seja divulgado a um grupo indeterminado de pessoas, como ocorre na conduta descrita no art. 153 do CP.

A tentativa é admissível em tese, mas de difícil realização. A revelação do segredo teria que ser interrompida por circunstâncias absolutamente alheias à vontade do agente. Se o segredo for revelado por via oral não há como se admitir a forma tentada.

1.7. Classificação

Trata-se de crime próprio, porque exige sujeito ativo qualificado, ou seja, apenas aqueles que por dever de ofício, ministério, função ou profissão estão obrigados ao sigilo. Formal, porque a sua consumação independe da concretização do resultado danoso, bastando a potencialidade lesiva, ou seja, que o segredo revelado possa produzir dano a outrem. Comissivo, porque praticado com a ação de "revelar". E instantâneo, porque o seu resultado não se prolonga no tempo.

1.8. Ação penal

De acordo com o parágrafo único do art. 154, a ação penal é pública condicionada à representação da vítima. Tendo em conta as penas previstas no dispositivo, é admissível a transação penal (art. 76, Lei n. 9.099/95), a suspensão condicional do processo, bem como a efetivação de acordo de não persecução penal (art. 28-A, CPP).

2. JURISPRUDÊNCIA

2.1. Julgados

Direito do advogado de recusar-se a depor

É direito do advogado recursar-se a depor como testemunha em processo no qual funcionou ou deva funcionar, ou sobre fato relacionado com pessoa de quem seja ou foi advogado, mesmo quando autorizado ou solicitado pelo constituinte, bem como sobre fato que constitua sigilo profissional. (STJ, CE, Ag. Reg. na AP n. 206/RJ, rel. Min. Cesar Asfor Rocha, j. 10.04.2003, *DJ* 04.08.2003, p. 202, *RSTJ* 170/21)

Dever do advogado de comparecer ao depoimento

A intimação do paciente, que é advogado, para prestar depoimento à CPI, não representa violência ao disposto no art. 133 da Constituição nem às normas dos arts. 87 e 89 da Lei n. 4.215, de 1963, 406, CPC, 154, CP, e 207, CPP. O paciente, se for o caso, invocará, perante a CPI, sempre com possibilidade de ser requerido o controle judicial, os direitos decorrentes do seu *status* profissional, sujeito os que se excederem ao crime de abuso de autoridade. (STF, *HC* n. 71.231/RJ, Pleno, rel. Min. Carlos Velloso, j. 05.05.1994, *DJ* 31.10.1996, p. 42.014)

Necessidade de representação da vítima

Apuração de crime previsto no art. 154 do CP. Ausência de representação da vítima. Decadência. Trancamento do inquérito. Possibilidade. Ordem concedida. [...]. Ausente a representação da vítima para apuração do crime previsto no art. 154 do CP, bem como decorrido o prazo decadencial sem que a vítima tivesse manifestado o interesse de representar a paciente, impõe-se o trancamento da ação penal por ausência de justa causa para seu prosseguimento. 4 – Ordem concedida. (TJRO, *HC* n. 0003375-30.2017.8.22.0000, 2ª Câm. Crim., rel. Des. Marialva Henrique Daldegan Bueno, j. 16.08.2017)

---

67 "Art. 207. São proibidas de depor as pessoas que, em razão de função, ministério, ofício ou profissão devem guardar segredo, salvo se desobrigadas pela parte interessada, quiserem dar o seu testemunho."

Preservação de sigilo médico

[...] Consoante o art. 73 do Código de Ética Médica é vedado ao médico revelar fato de que tenha conhecimento em razão do exercício profissional, conduta que também é tipificada no art. 154 do CP. 3. O art. 207 do CPP não só garante a proteção ao sigilo profissional, desonerando o profissional do dever de depor, como proíbe esse depoimento na condição de testemunha. 4. As regras de proibição se destinam a dupla proteção – na espécie, médico e paciente –, e não se trata de mera faculdade ou direito, mas de imposição legal proibitiva, de modo a resguardar o sigilo médico. 5. Não estando o médico obrigado a revelar os nomes dos pacientes que eventualmente "tenham pago por medicamentos e serviços oncológicos fornecidos pelo SUS à empresa responsável pelo serviço na instituição de saúde", não se tem justa causa a autorizar a persecução criminal, impondo-se, quanto a essa imputação, o trancamento da ação penal por atipicidade da conduta. (TRF, 4ª R., *HC* n. 5057718-22.2017.4.04.0000/RS, 7ª T., rel. Juíza Federal Bianca Georgia Cruz Arenhart, j. 12.06.2018)

De outro lado, o art. 154 do CP tipifica o delito de "violação de segredo profissional" com o seguinte preceito primário: "Revelar alguém, sem justa causa, segredo de que tem ciência em razão de função, ministério, ofício ou profissão, e cuja revelação possa produzir dano a outrem". Tutela-se, aqui, o segredo profissional, isto é, a inviolabilidade da intimidade e da vida privada das pessoas no âmbito das relações profissionais. Dois são os objetivos desse sigilo. O primeiro é a manutenção da credibilidade nos profissionais cuja atividade depende, em regra, do conhecimento de fatos da vida íntima alheia para viabilizar a prestação do serviço em bom termo. O segundo consiste na proteção desses profissionais, denominados "confidentes", para que não sejam transformados em delatores de seus clientes ou pacientes, o que provocaria induvidoso prejuízo à coletividade que necessita dos seus serviços. O segredo profissional encontra proteção legal porque a própria Constituição Federal, no art. 5º, X, tutela o direito à intimidade e à vida privada. Assim, o profissional, seja da medicina ou outra atividade que lide com a esfera íntima do cliente, não tem direito nem a obrigação de revelar o segredo que tomou conhecimento em razão da atividade exercida. Entendimento diverso permitiria a intromissão na intimidade da pessoa, ensejando, assim, sanções de natureza civil e penal. Na condição de "confidente", estava o paciente vinculado ao dever de manter segredo porque a tutela legal tem duas ordens de interesses: de um lado, o direito ao sigilo da intimidade da pessoa sujeita aos cuidados médicos e, de outro, a credibilidade do profissional em que se confia, garantindo-se a discrição e apaziguamento do espírito no sentido de que os segredos confiados ou descobertos não serão divulgados. (TJSP, *HC* n. 990.10.405570-9, 16ª Câm. Crim., rel. Des. Almeida Toledo, j. 23.11.2010)

Hipóteses de justa causa para revelação do segredo

Como bem observado pelo I. representante da Procuradoria Geral de Justiça em lúcido parecer: "É certo que não se caracteriza o delito de desobediência quando agente está abrigado por uma excludente de ilicitude, como o exercício regular do direito de sigilo previsto no Código de Ética Médica. [...] Contudo a excludente não pode ser invocada se a ficha médica é de paciente vítima de suposta imperícia médica que o teria levado a óbito, pois nessa hipótese há justa causa para a revelação. [...] À evidência, o sigilo médico é previsto em lei a fim de assegurar o direito do paciente à intimidade e por isso pode ser quebrado quando for indispensável – como parecer ser a hipótese dos autos – para apurar um crime de que o paciente teria sido vítima. Em suma, o sigilo médico não é absoluto e a ficha de atendimento médico deve ser apresentada ante ordem judicial proferida em autos de inquérito que busca apurar a morte da vítima por eventual erro médico. (TJSP, MS n. 0071117-37.2012.8.26.0000, 7ª Câm. Crim, rel. Des. Fernando Miranda, j. 20.09.2012)

Quanto aos informes prestados pela psicóloga, bem andou o ilustre Magistrado ao indeferir a contradita requerida pela Defesa. Inicialmente, porque a mãe da criança tinha conhecimento do depoimento da profissional, caso que se enquadra na ressalva existente no artigo 207, do CPP, *in verbis*: "São proibidas de depor as pessoas que, em razão de função, ministério, ofício ou profissão, devam guardar segredo, salvo se, desobrigadas pela parte interessada, quiserem dar o seu testemunho". Ademais, a relação profissional estabelecida entre a psicóloga e a menor (vítima) não se confunde com os casos de sigilo profissional resguardados pelo mencionado dispositivo legal. A proibição para depor existiria somente na hipótese de eventual relação entre um profissional procurado pelo réu, que viesse a saber de fatos criminosos pelas declarações do acusado. Ora, no caso dos autos, em que a profissional atual em órgão destinado à proteção da criança e do adolescente, mais do que permitido, o testemunho da psicóloga [...] mostrava-se necessário ao deslinde do caso e à eficiente tutela dos interesses da menor. Nesse sentido, veja-se a lição de Guilherme de Souza Nucci: "É crime de desobediência o médico recursar-se a enviar prontuário do paciente que atende vítima de lesões corporais ou mesmo tentativa de homicídio, a pretexto de estar preservando o sigilo médico. Ora, este diz respeito à intimidade e, no máximo, pode guardar correlação com fatos da vida particular do cliente, mas não pode servir de obstáculo à investigação de um crime de ação pública. Afinal, as lesões sofridas pela vítima não dizem respeito à intimidade do agente do crime, pois guardam relação com o interesse público. Por isso, para a formação do corpo de delito, deve o médico ou qualquer outra pessoa arrolada no art. 207 do CPP colaborar, sob pena de responder por desobediência" (in *Manual de processo penal e execução penal*. 5.ed. São Paulo, RT; 2008, p. 470-1). (TJSP, AC n. 0004682-94.2004.8.26.0539, 8ª Câm. Crim., rel. Des. Sérgio Coelho, j. 10.11.2011)

[...] 5. Sabe-se que o sigilo profissional é norma cogente e que, em verdade, impõe o dever legal de que certas pessoas, em razão de sua qualidade e de seu ofício, não prestem depoimento e/ou declarações, em nome de interesses maiores, também preservados pelo ordenamento jurídico, como o caso do direito à intimidade (art. 154 do Código Penal e art. 207 do Código de Processo Penal). A vedação, porém, não é absoluta, eis que não há como se conceber o sigilo profissional de prática criminosa. 6. A exemplo do sigilo profissional do advogado, já asseverou esta Quinta Turma que "o ordenamento jurídico tutela o sigilo profissional do advogado, que, como detentor de função essencial à Justiça, goza de prerrogativa para o adequado exercício profissional. Entretanto, referida prerrogativa não pode servir de esteio para a impunidade de condutas ilícitas" (RHC n. 22.200/SP, 5ª T., rel. Min. Arnaldo Esteves Lima, *DJe* 05.04.2010). 7. Na hipótese, a princípio, a conduta do médico em informar à autoridade policial acerca da prática de fato, que até o presente momento configura crime capitulado nos delitos contra a vida, não violou o sigilo profissional, pois amparada em causa excepcional de justa causa, motivo pelo qual não se vislumbra, de pronto, ilicitude das provas presentes nos autos, como sustenta a defesa. [...]. (STJ, *HC* n. 514.617/SP, 5ª T., rel. Min. Ribeiro Dantas, j. 10.09.2019, DJe 16.09.2019)

Processo Penal. Inépcia da denúncia por falta de descrição do conteúdo do segredo indevidamente exposto

1. A peça vestibular da ação penal se limitou a dizer, em caráter vago, que o paciente teria revelado segredo de que tinha conhecimento em razão da sua atuação profissional, mas não indicou ao menos um fato, assunto ou documento que tivesse sido indevidamente exposto pelo paciente. 2. É cediço que a denúncia deve especificar, ao menos sucintamente, fatos concretos, de modo a possibilitar ao acusado a sua defesa, não podendo se limitar a acusações de cunho vago. 3. Se, nos documentos indicados pela exordial acusatória como sendo o suporte probatório que justificaria a propositura da ação penal (boletim de ocorrência policial e a representação da vítima), também não há especificação sequer do assunto sobre o qual teria ocorrido a indevida quebra de sigilo pelo paciente, evidencia-se a ausência de justa causa a justificar a instauração da persecução criminal. 3. [*sic*] Ordem concedida para, reconhecendo a inépcia da denúncia e a falta de justa causa, trancar e extinguir a Ação Penal n. [...]. (STJ, *HC* n. 210.619/MG, 6ª T., rel. Min. Sebastião Reis Júnior, j. 15.09.2011, *DJe* 10.10.2011)

Invasão de dispositivo informático

Nomen juris acrescentado pela Lei n. 12.737, de 30.11.2012.

Art. 154-A. Invadir dispositivo informático de uso alheio, conectado ou não à rede de computadores, com o fim de obter, adulterar ou destruir dados ou informações sem autorização expressa ou tácita do usuário do dispositivo ou de instalar vulnerabilidades para obter vantagem ilícita:

Caput acrescentado pela Lei n. 12.737, de 30.11.2012, e com redação dada pela Lei n. 14.155, de 27.05.2021.

Pena – reclusão, de 1 (um) a 4 (quatro) anos, e multa.

Pena com redação dada pela Lei n. 14.155, de 27.05.2021.

§ 1º Na mesma pena incorre quem produz, oferece, distribui, vende ou difunde dispositivo ou programa de computador com o intuito de permitir a prática da conduta definida no *caput*.

Parágrafo acrescentado pela Lei n. 12.737, de 30.11.2012.

§ 2º Aumenta-se a pena de 1/3 (um terço) a 2/3 (dois terços) se da invasão resulta prejuízo econômico.

Parágrafo com redação dada pela Lei n. 14.155, de 27.05.2021.

§ 3º Se da invasão resultar a obtenção de conteúdo de comunicações eletrônicas privadas, se-gredos comerciais ou industriais, informações sigilosas, assim definidas em lei, ou o controle remoto não autorizado do dispositivo invadido:

Parágrafo acrescentado pela Lei n. 12.737, de 30.11.2012.

Pena – reclusão, de 2 (dois) a 5 (cinco) anos, e multa.

Pena com redação dada pela Lei n. 14.155, de 27.05.2021.

§ 4º Na hipótese do § 3º, aumenta-se a pena de um a dois terços se houver divulgação, comercialização ou transmissão a terceiro, a qualquer título, dos dados ou informações obtidos.

Parágrafo acrescentado pela Lei n. 12.737, de 30.11.2012.

§ 5º Aumenta-se a pena de um terço à metade se o crime for praticado contra:

Parágrafo e incisos acrescentados pela Lei n. 12.737, de 30.11.2012.

I – Presidente da República, governa dores e prefeitos;

II – Presidente do Supremo Tribunal Federal;

III – Presidente da Câmara dos Deputados, do Senado Federal, de Assembleia Legislativa de Estado, da Câmara Legislativa do Distrito Federal ou de Câmara Municipal; ou

IV – dirigente máximo da administração direta e indireta federal, estadual, municipal ou do Distrito Federal.

1. COMENTÁRIO

1.1. Objetividade jurídica

O dispositivo está inserido no Capítulo VI do CP, relativo aos crimes contra a liberdade individual. Entretanto, muito mais que a "liberdade individual" a norma se destina a proteger a "segurança dos sistemas", o que nos dias atuais é fundamental para a preservação da intimidade e da vida privada, garantias asseguradas pelo art. 5º, X, da CF.

1.2. Sujeitos

Sujeito ativo pode ser qualquer pessoa, exceto aquele que dispõe de autorização para acessar o dispositivo informático.

Sujeito passivo é, em regra, o proprietário do dispositivo de informática. Pode ser também aquele que dele se utiliza para armazenamento de dados ou informações, por exemplo, um computador de empresa em que o funcionário guarda também informações particulares, ou ainda um dispositivo acessado por vários membros de uma mesma residência, cada qual com senha própria.

Apesar do delito estar inserido dentre aqueles que atentam contra a "liberdade individual" (Capítulo VI do CP), a pessoa jurídica também pode figurar como sujeito passivo da infração, posto que, como visto anteriormente, o objeto precípuo desta norma jurídica é a tutela da segurança dos sistemas informáticos.

1.3. Análise da(s) conduta(s) descrita(s) no tipo

O núcleo do tipo está materializado pelo verbo "invadir" que, na lição de Marcelo Xavier de Freitas Crespo, "significa penetrar em um determinado lugar e ocupá-lo pela força, abusivamente; conquista. Tem-se, portanto, a ideia de que o acesso ao dispositivo informático deve necessariamente ocorrer mediante transposição de uma barreira, de um mecanismo de segurança (como um *firewall* ou senhas de acesso) sem os quais não haveria falar em 'invasão', mas de acesso. Redundante, portanto, a menção a *violação indevida de mecanismo de segurança*" ("Os crimes digitais e as Leis ns. 12.735/2012 e 12.737/2012", 2013, 09-10, fl. 9).

Na antiga redação do *caput* do art. 154-A, estabelecida pela Lei n. 12.373/2012, constava a indicação de que a "invasão" deveria ser levada a efeito "mediante violação indevida de mecanismo de segurança", a qual considerávamos redundante, como registrado nas edições anteriores da presente obra, justamente porque "invasão" pressupõe necessariamente a sobreposição de algum dispositivo de segurança informática. Desse modo, entendemos adequada a supressão da expressão "mediante violação de mecanismo de segurança" na nova redação do tipo penal, dada pela Lei n. 14.155/2021.

Importante ressaltar que se o dispositivo estiver desprotegido, não há como caracterizar a "invasão". Trata-se, no caso, de mero "acesso" indevido, conduta esta não contemplada pelo tipo penal.

A conduta deve ser direcionada à invasão de "dispositivos informáticos", o que representa o equipamento físico, *hardware*, capaz de rodar programas, *softwares*, e ser conectado a outros equipamentos, como computadores, *laptops*, *tablets*, *pen drives*, *smartphones*, HDs de memória externa, entre outros.

Esses dispositivos podem ou não estar conectados à rede de computadores. Essa circunstância independe para efeitos de incidência no tipo penal. Em regra, a invasão ocorre por meio da conexão pela internet, mas pode se dar também na situação do agente que acessa diretamente o computador de terceiro, burlando a sua senha de proteção.

Há ainda necessidade de finalidade específica de agir, consistente em "obter, adulterar ou destruir dados ou informações" armazenados no dispositivo ou "instalar vulnerabilidades para obter vantagem ilícita".

Como consequência, a mera "invasão" do dispositivo, ainda que com transposição de senhas ou outros mecanismos de proteção, não configura o ilícito penal se a conduta não estiver direcionada para o fim especial de agir previsto pelo tipo. Por exemplo, o devassamento voltado apenas a deixar o dispositivo desprotegido.

Também não há incidência da norma nas hipóteses em que a violação se dá com consentimento, ainda que tácito, do titular do dispositivo. É o que ocorre, por exemplo, quando determinada empresa contrata outra, especialista em segurança digital, para testar a proteção dada às informações e dados armazenados em seus dispositivos.

No tocante à conduta "assemelhada", prevista no § 1º do dispositivo, esta sanciona aquele que "produz, oferece, distribui, vende ou difunde dispositivo ou programa de computador com intuito de permitir a prática da conduta definida no caput". O caso típico é do agente que desenvolve um programa do tipo *trojan*, ou qualquer outro *malware* (*software* malicioso), que permite a invasão do dispositivo para, via de regra, obtenção das senhas do usuário.

A pena prevista para infração ao disposto no art. 154-A, *caput*, e no seu § 1º, foi significativamente ampliada pela Lei n. 14.155/2021, o que mostra a compreensão do legislador acerca do desvalor das condutas. Antes do advento da referida legislação, tratava-se de infração de menor potencial ofensivo sancionada com detenção, de 3 meses a 1 ano, e multa. Atualmente, a pena fixada foi ampliada para reclusão, de 1 a 4 anos, e multa.

1.4. Elemento subjetivo do tipo

É o dolo específico, tendo em conta o especial fim de agir exigível para configuração do tipo. Como já ressaltado, a conduta deve estar direcionada para "obter, adulterar ou destruir dados ou informações do titular do dispositivo" ou "instalar vulnerabilidades para obter vantagem ilícita".

1.5. Consumação e tentativa

Trata-se de crime formal que se consuma com a invasão do dispositivo informático alheio, sendo despiciendo qualquer outro resultado naturalístico. Dessa forma, não se faz necessária a efetiva obtenção, adulteração ou destruição de dados ou informações armazenadas pelo titular, nem a aferição de vantagem ilícita para configuração do ilícito penal.

A tentativa é admissível e pode ocorrer quando o agente tenta invadir dispositivo alheio, mas não obtém êxito por circunstâncias alheias a sua vontade, como, por exemplo, quando o agente esbarra em algum mecanismo de segurança do sistema.

1.6. Classificação

Crime comum, formal, comissivo, doloso, instantâneo, infração de menor potencial ofensivo.

1.7. Ação penal

A ação penal é pública condicionada à representação, exceto nas hipóteses em que o crime é cometido contra a administração pública direta ou indireta de qualquer dos Poderes da União, estados, distrito federal ou municípios ou contra empresas concessionárias de serviços públicos (art. 154-B, CP). Nesses casos, a ação penal será pública incondicionada. Apenas no que diz respeito ao tipo penal previsto no *caput* há possibilidade de aplicação do art. 89 da Lei n. 9.099/95, com a suspensão condicional do processo. No entanto, em relação a todas as condutas previstas no dispositivo, admite-se efetivação de acordo de não persecução penal, nos termos do art. 28-A do CPP.

1.8. Causas de aumento de pena

O § 2º do art. 154-A estabelece aumento da pena de um terço a dois terços quando da invasão resultar prejuízo econômico. Tratando-se de crime formal, a consumação da infração ao *caput* do art. 154-A se dá mediante a invasão do dispositivo informático, independentemente de ter havido prejuízo econômico ou não. No entanto, quando este ocorrer incidirá esta causa de aumento de pena, exceto se a conduta não configurar outro delito previsto na legislação.

Por exemplo, se o agente invade o dispositivo alheio, obtém senhas da vítima e com elas subtrai valores da sua propriedade responderá por furto qualificado, nos termos do art. 155, § 4º, II, do CP, e não por este art. 154-A, § 2º.

Assim, a incidência da figura qualificada prevista no § 2º, do art. 154-A ocorrerá quando o prejuízo causado pela invasão não configurar delito mais específico. Por exemplo, se da invasão resultar em danos ao equipamento da vítima.

O § 3º do dispositivo prevê reprimenda de reclusão de 2 a 5 anos, e multa, se da invasão "resultar obtenção de conteúdo de comunicações eletrônicas privadas, segredos comerciais ou industriais, informações sigilosas, assim definidas em lei, ou controle remoto não autorizado do dispositivo invadido".

Por "comunicações eletrônicas privadas" compreende-se o conteúdo de *e-mails*, SMS, mensagens em serviços como *WhatsApp*® e outros similares, e mensagens em redes sociais trocadas em caráter privado. A hipótese, todavia, não se confunde, como alerta Marcelo Xavier de Freitas Crespo, "com o conhecimento das comunicações em simultaneidade à sua realização entre os interlocutores, o que ensejaria a aplicação do art. 10 da Lei n. 9.296/96, por se configurar interceptação telemática" (op. cit., 2013, fl. 9).

Há também incidência dessa causa de aumento de pena quando da obtenção por parte do invasor de segredos comerciais ou industriais, ou ainda de informações sigilosas, assim definidas por lei.

Por fim, o § 3º do art. 154-A do CP incrimina a conduta de controle remoto do dispositivo invadido. Há programas que permitem controlar um computador a distância, via internet ou rede interna, por meio de outro computador ou dispositivo de informática. Quando a invasão tem por finalidade a instalação de programa com essas características, sem o consentimento da vítima, para que o agente possa controlar a máquina invadida via "controle remoto", incide essa figura qualificada.

No § 4º do art. 154-A do CP, está prevista a complementação necessária do § 3º. Assim, quando o agente não só obtém, mas também divulga, comercializa ou transmite a terceiros dados ou informações armazenados no equipamento da vítima relativos a mensagens de caráter particular, segredos de comércio ou industriais, ou ainda informações sigilosas, estará sujeito à pena aumentada de um a dois terços.

Note-se, neste particular, que a infração deixa de ser considerada de menor potencial ofensivo, pois sua pena máxima suplantará o limite de dois anos,[68] estando sujeita, portanto, ao rito ordinário a ser processado perante o Juízo Comum.

A pena também é aumentada de um terço à metade quando a infração for praticada em detrimento das autoridades enumeradas no § 5º do art. 154-A do CP. Compreende-se a razão desse acréscimo, pois, em regra, essas autoridades dispõem de informações relevantes decorrentes da função às quais estão investidas, sendo conduta mais grave a violação desse conteúdo.

No entanto, essa causa de aumento de pena somente deve ser aplicada se a informação obtida a partir da invasão tiver relação com a função pública exercida. Se o conteúdo for de caráter particular, ainda que diga respeito às pessoas enumeradas no dispositivo, não há incidência do § 5º do art. 154-A do CP.

2. JURISPRUDÊNCIA

2.1. Julgados

Significado da expressão "dispositivo informático" contida no tipo penal. Delito caracterizado. Forma qualificada prevista no § 3º do art. 158-A

I – A expressão "dispositivo informático" não se refere apenas aos equipamentos físicos (*hardware*), mas também os sistemas, dispositivos que funcionam por computação em nuvem, Facebook, Instagram, *e-mail* e outros. II – O crime previsto no art. 154-A do CP possui dois núcleos de conduta típica não cumulativos: (i) invadir dispositivo informático alheio, com o fim de obter, adulterar ou destruir dados ou informações sem autorização do titular e (ii) instalar vulnerabilidades, visando obter vantagem ilícita. Pela literalidade do dispositivo, a ausência de violação de dispositivo de segurança impede a configuração típica apenas da conduta de invadir. III – Pratica a conduta tipificada no art. 154-A, § 3º, do CP aquele que, sem o conhecimento de sua então namorada, instala programa espião no *notebook* dela, com o fim de monitorar as conversas e atividades e, diante dessa vulnerabilidade, consegue violar os dispositivos de segurança e, com isso, ter acesso ao conteúdo das comunicações eletrônicas privadas e outras informações pessoais, inclusive diversas senhas. (TJDFT, AC n. 2016.011.0635069APR, 3ª T. Crim., rel. Des. Nilsoni de Freitas Custódio, j. 19.09.2019)

Delito formal que independe da ocorrência de qualquer outro resultado naturalístico

[...] Os crimes imputados ao réu – invasão de dispositivo informático e extorsão (art. 154-A e art. 158, ambos do Códex Adjetivo) – são, consoante entendimento jurisprudencial e doutrinário, de natureza formal, não se exigindo a ocorrência do resultado naturalístico para a sua consumação. Em se tratando de crimes de natureza formal, praticados na cidade de Araxá/MG, e inexistindo qualquer das hipóteses elencadas no art. 109 da CF/88, descabida a pretensão de reconhecimento da competência da Justiça Federal ou do Estado de São Paulo para processamento do feito. Para o reconhecimento da existência da representação é desnecessária formalidade ou pedido explícito de instauração do processo criminal, sendo suficiente que se constate a manifestação de vontade da vítima ou de seu representante legal narrando o fato em tese criminoso e apontando a autoria (Precedentes do STJ). (TJMG, AC n. 1.0040.15.002795-7/001, 1ª Câm. Crim., rel. Des. Edison Feital Leite, j. 23.06.2020, p. 03.07.2020)

68 De acordo com o art. 61, da Lei n. 9.099/95: "Consideram-se infrações de menor potencial ofensivo, para os efeitos desta Lei, as contravenções penais e os crimes a que a lei comine pena máxima não superior a 2 (dois) anos, cumulada ou não com multa".

Falta de elementos suficientes para a condenação. Necessidade de aplicação do princípio *in dubio pro reo*

[...] Analisadas as provas dos autos, verifica-se que há demonstração de que a acusada teve acesso ao conteúdo do aparelho celular do ofendido, sem a autorização deste. Entretanto, o que não restou cabalmente comprovado é se a acusada de fato violou o mecanismo de segurança do aparelho. A violação indevida de mecanismo de segurança é elementar do tipo, sem a qual o delito previsto no art. 154-A do CP não se caracteriza. Nesse sentido, a lição de Cleber Masson [1]: O núcleo do tipo é "invadir", no sentido de devassar dispositivo informático alheio, conectado ou não à rede de computadores. A devassa se concretiza mediante a violação indevida (sem justa causa ou ilegítima) de mecanismo de segurança. Cuida-se de elemento normativo do tipo, a ser analisado no caso concreto. Obviamente, o fato será atípico quando a violação for devida. Mecanismo de segurança é qualquer ferramenta utilizada para proteger o dispositivo informático de ameaças (subtração ou alteração de informações, danos físicos, modificação das configurações etc.) Exemplos: programa antivírus, *firewall* e senhas. Como a violação indevida de mecanismo de segurança foi elevada à categoria de elementar típica, não se caracteriza esse delito na invasão de dispositivo informático alheio totalmente desprotegido. Como visto, os depoimentos da ré e de sua filha são uníssonos no sentido de que esta última sabia a senha do aparelho e, por isso, obteve acesso às mensagens lá armazenadas. Não há qualquer prova nos autos a refutar esta hipótese, bem como não foi realizada perícia no objeto, a fim de identificar o modo como a suposta violação teria ocorrido. Portanto, as provas obtidas sequer deixam claro se houve violação do mecanismo de segurança do celular, visto que, segundo a versão da acusada, a filha do réu tinha conhecimento da senha. Por outro lado, se houve de fato violação, não restou comprovado quem teria sido responsável por ela, se a acusada ou sua filha. Eventuais incongruências nos relatos da acusada e de sua filha, consoante alegado pelo apelante, não são aptas a evidenciar que a versão dos fatos por elas apresentadas não é verdadeira. E ainda que houvesse comprovação de que a acusada faltou com a verdade, não há, como visto, provas de que ela praticou o crime apurado. Portanto, os elementos de prova constantes dos autos não levam à conclusão segura de que a ré acessou o conteúdo do aparelho celular da vítima, por meio de violação indevida do mecanismo de segurança, o que seria necessário para a configuração do delito. Decerto, um decreto condenatório não se pode basear somente em provas indiciárias ou meras suspeitas, exigindo a condenação prova que evidencie certeza fundada em dados objetivos e indiscutíveis quanto aos fatos, o que não se tem na espécie. Deste modo, não havendo prova suficiente para a condenação, correta a aplicação, em face da presunção constitucional de não culpabilidade, do princípio *in dubio pro reo*. (TJDFT, AC n. 2018.011.0297906APR, 3ª T. Crim., rel. Des. Jesuíno Rissato, j. 15.08.2019)

Atipicidade da conduta e falta de condição de procedibilidade para a ação penal

O art. 154-A, do Código Penal, consiste em crime cujo bem tutelado é a liberdade individual, mesmo porque inserido no Capítulo VI, do Código Penal, que trata dos delitos contra a liberdade individual, visando resguardar a inviolabilidade da intimidade e da vida privada. Cumpre salientar que o objeto material de tal figura típica é o dispositivo informático alheio, conectado ou não à rede de computadores. Cezar Roberto Bitencourt destaca que "*dispositivos informáticos são os conhecidos computadores (pessoais ou industriais); os pessoais mais comuns seriam os notebook, netbook, tablets, smartphones, etc., enfim, todos eles com capacidade de armazenar dados, informações, documentos etc.*" (Tratado de direito penal, 2: parte especial: dos crimes contra a pessoa. São Paulo: Saraiva, 2014, p. 803). No mesmo sentido, José Henrique Pierangeli ressalta que "*o termo 'dispositivo informático' não compreende tão só os computadores, mas também os notebooks, tablets, netbooks, smartphones, aparelhos celulares com recursos de informática, alguns periféricos e outros equipamentos capazes de armazenar dados e informações e que podem ser alvo da ação delitiva.*" No presente caso, a máquina de cartões da empresa [...] sequer foi invadida, porquanto foi substituída por outra. De qualquer forma, a máquina de cartões substituta, que foi deixada no estabelecimento comercial, não consiste em dispositivo informático, uma vez que não se destina ao armazenamento de dados, mas, sim, à realização de transações bancárias. A propósito, a fim de que a máquina de cartões passasse a revelar os dados dos cartões nela inseridos, os agentes acoplaram fios, de modo que tais informações pudessem ser coletadas, como indicado na análise técnica realizada pelo analista de fraude da empresa [...]. Além da conduta dos agentes não se amoldar ao art. 154-A, do Código Penal, em razão da ausência de invasão de dispositivo informático, cumpre salientar que o art. 154-B, do mesmo diploma legal, estabelece que a ação penal relativa ao delito disposto no art. 154-A, do Código Penal, é pública condicionada à representação, de modo que, no presente caso, inexiste condição de procedibilidade da ação penal, uma vez que os representantes legais da empresa [...] e da empresa [...] sequer foram ouvidos nos autos. Ademais, não é possível se identificar as vítimas que tiveram seus dados obtidos pela máquina de cartão adulterada, uma vez que nas planilhas de fls. constam transações anteriores à data dos fatos. Evidente, portanto, que a conduta dos acusados não se amolda ao art. 154-A do Código Penal e sequer há condições de procedibilidade da ação penal quanto a tal delito. (TJSP, AC n. 0005468-51.2014.8.26.0196, 16ª Câm. Crim., rel. designado Des. Newton Neves, j. 12.11.2018, trecho do voto vencido do Des. Leme Garcia)

3. OBSERVAÇÕES

3.1. Invasão de dispositivo informático e furto mediante fraude (art. 155, § 4º, II, CP)

Como já ressaltado no início do tópico 1.8, se da invasão decorrer prejuízo econômico à vítima, incidirá a causa de aumento de pena prevista no art. 154-A, § 2º, do CP, desde que a conduta não configure outra infração penal.

Assim, se o agente instalar dispositivo no computador capaz de obter senha e, por meio dela, subtrair valores da conta bancária da vítima, responderá por furto qualificado, nos termos do art. 155, § 4º, II, do CP, e não por invasão de dispositivo informático.

Não há sequer concurso de infrações, pois, nesta hipótese, a invasão funciona como crime-meio, etapa necessária para consumação delitiva, restando, portanto, absorvida pela subtração que é a finalidade do agente, por meio da aplicação do princípio da consunção.

Nesse sentido, vale menção ao magistério de Márcio André Lopes Cavalcante: "O art. 154-A prevê como crime invadir computador, mediante violação indevida de mecanismo de segurança, com o fim de instalar vulnerabilidades para obter vantagem ilícita. O art. 155, § 4º, por sua vez, pune a conduta de subtrair coisa alheia móvel (dinheiro, p. ex.) mediante fraude (inclusive por meio virtual). Desse modo, parece que a conduta narrada amolda-se, de forma mais específica e completa, no art. 155, § 4º, sendo o delito do art. 154-A o crime-meio para obtenção da finalidade do agente, que era a subtração. Aplica-se, no caso, o princípio da consunção, punindo o agente apenas pelo furto, ficando a invasão absorvida. Em suma, essa conduta não deixou de ser furto" ("Primeiros comentários à Lei n. 12.737/2012, que tipifica a invasão de dispositivo informático". Disponível em: www.dizerdireito.com.br; acesso em: 11.07.2013).

3.2 Jurisprudência

[...] Desclassificação do crime de furto qualificado para o tipo penal do art. 154-A do CP. Sustentaram subsidiariamente as defesas de alguns dos corréus que a conduta alegada envolve apenas o cometimento do delito de invasão de dispositivo de informática. Não prospera a alegação, pois evidenciado nos autos a prática da subtração de valores de correntistas de diversas instituições financeiras, bem como a fraude e subtração de créditos de clientes de companhia aérea em programas de milhas, que tem inequívoco conteúdo econômico. Estão presentes as elementares do furto qualificado (subtrair coisa alheia mediante fraude na internet), não se tratando de mera invasão de dispositivo informático, objeto de tipificação no art. 154-A do CP. No mesmo sentido, o seguinte precedente desta Corte: "Penal e processo penal. *Habeas corpus*. Condenação por furto qualificado mediante fraude. Art. 155, § 4º, II, do CP. Subtração de valores de conta bancária. Transferências via internet. Desclassificação da conduta. Art. 154-A do CP. Invasão de computador. Incabimento. 1. A subtração de valores de conta bancária, mediante transferência fraudulenta via internet, sem o consentimento do correntista, configura o crime de furto qualificado, previsto no art. 155, § 4º, II, do CP, sendo improcedente a pretensão de desclassificar o fato para o delito de invasão de dispositivo informático, previsto no art. 154-A do CP, incluído pela Lei n. 12.737, de 2012. 2. Hipótese que não configura aplicação de lei posterior mais benéfica, pois a nova lei, invocada na impetração, já estava em vigor na data da prolação da sentença condenatória e do acórdão que a manteve. (*HC* n. 50213979020144040000, D.E. 17.09.2014, rel. Des. Fed. Marcio Antônio Rocha)" (TRF, 4ª R., AC n. 5018688.98.2014.4.04.7108/RS, 8ª T., rel. Des. Fed. Leandro Paulsen, j. 13.11.2019)

Ação penal

Art. 154-B. Nos crimes definidos no art. 154-A, somente se procede mediante representação, salvo se o crime é cometido contra a administração pública direta ou indireta de qualquer dos Poderes da União, Estados, Distrito Federal ou Municípios ou contra empresas concessionárias de serviços públicos.

Nomen juris e artigo acrescentado pela Lei n. 12.737, de 30.11.2012.

---

1. COMENTÁRIO

A ação penal a ser deflagrada por conta da infração ao art. 154-A do CP é, em regra, pública condicionada à representação. A exceção fica por conta da conduta praticada em detrimento da administração pública direta ou indireta, situação na qual a ação penal será pública incondicionada a ser promovida pelo Ministério Público, nos termos do art. 129, I, da CF.

A necessidade de representação da vítima decorre da proteção constitucional da sua intimidade e vida privada (art. 5º, X), competindo apenas a ela definir se pretende dar seguimento à persecução penal, tendo em vista que essa situação pode provocar ampla divulgação e publicidade de fatos que lhe dizem respeito.

Ainda em termos de ação penal, é preciso ressaltar que tanto a conduta descrita no *caput* do art. 154-A, do CP, como aquela tipificada no § 3º, são consideradas infrações de menor potencial ofensivo, na medida em que a pena máxima a elas cominada não supera o limite de dois anos, previsto no art. 61 da Lei n. 9.099/95, de modo que o respectivo processo será da competência do Juizado Especial Criminal.

Apenas quando há incidência da causa de aumento de pena prevista no § 4º do art. 154-A do CP é que a conduta seguirá o rito ordinário de competência do Juízo comum. E, mesmo nesta hipótese, há possibilidade da suspensão condicional do processo, nos termos do art. 89 da Lei n. 9.099/95, tendo em vista que a pena mínima prevista é inferior a um ano.

Faz-se necessário considerar, no entanto, que na maioria dos casos a materialidade delitiva das infrações previstas no art. 154-A do CP, e seus respectivos parágrafos, somente será passível de ser atestada mediante laudo pericial, nos termos do art. 158 do CPP. Dessa forma, como colocado por Marcelo Xavier de Freitas Crespo, "a complexidade dessa prova não se coaduna com os princípios da informalidade, celeridade e simplicidade, norteadores dos procedimentos em curso perante o Juizado Especial (art. 62, Lei n. 9.099/95)" ("Os crimes digitais e as Leis ns. 12.735/2012 e 12.737/2012", 2013, fl. 9). Caberá, então, ao Ministério Público, nesta situação, requerer o encaminhamento dos autos ao Juízo Comum, de acordo com o art. 77, § 2º, da Lei n. 9.099/95.

2. JURISPRUDÊNCIA

2.1. Julgados

Representação da vítima. Desnecessidade de formalidade

1. O STJ sedimentou o entendimento de que a representação da vítima para a investigação ou deflagração da ação penal não exige nenhum rigor formal, bastando a demonstração inequívoca do interesse da vítima ou representante legal em iniciar a persecução criminal. 2. Na hipótese, como bem retratado no acórdão recorrido, além de mencionar as supostas ameaças que estaria sofrendo, a Vítima também noticiou que o Acusado "publicou fotos íntimas em redes sociais sem sua permissão para denegrir sua imagem, fotos essas que estavam em seu celular que o Acusado furtou", o que demonstra inequívoco interesse de representação, também quanto ao delito do art. 154-A do CP [...]. (STJ, Ag. Reg. no AREsp n. 1.394.738/ES, 6ª T., rel. Min. Laurita Vaz, j. 05.02.2019, *DJe* 22.02.2019)

TÍTULO II
DOS CRIMES CONTRA O PATRIMÔNIO

CAPÍTULO I
DO FURTO

Furto

Art. 155. Subtrair, para si ou para outrem, coisa alheia móvel:

Pena – reclusão, de 1 (um) a 4 (quatro) anos, e multa.

§ 1º A pena aumenta-se de um terço, se o crime é praticado durante o repouso noturno.

§ 2º Se o criminoso é primário, e é de pequeno valor a coisa furtada, o juiz pode substituir a pena de reclusão pela de detenção, diminuí-la de um a dois terços, ou aplicar somente a pena de multa.

§ 3º Equipara-se à coisa móvel a energia elétrica ou qualquer outra que tenha valor econômico.

Furto qualificado

§ 4º A pena é de reclusão de 2 (dois) a 8 (oito) anos, e multa, se o crime é cometido:

I – com destruição ou rompimento de obstáculo à subtração da coisa;

II – com abuso de confiança, ou mediante fraude, escalada ou destreza;

III – com emprego de chave falsa;

IV – mediante concurso de duas ou mais pessoas.

§ 4º-A A pena é de reclusão de 4 (quatro) a 10 (dez) anos e multa, se houver emprego de explosivo ou de artefato análogo que cause perigo comum.

Parágrafo acrescentado pela Lei n. 13.654, de 23.04.2018.

§ 4º-B A pena é de reclusão, de 4 (quatro) a 8 (oito) anos, e multa, se o furto mediante fraude é cometido por meio de dispositivo eletrônico ou informático, conectado ou não à rede de computadores, com ou sem a violação de mecanismo de segurança ou a utilização de programa malicioso, ou por qualquer outro meio fraudulento análogo.

Parágrafo acrescentado pela Lei n. 14.155, de 27.05.2021.

§ 4º-C A pena prevista no § 4º-B deste artigo, considerada a relevância do resultado gravoso:

Parágrafo acrescentado pela Lei n. 14.155, de 27.05.2021.

I – aumenta-se de 1/3 (um terço) a 2/3 (dois terços), se o crime é praticado mediante a utilização de servidor mantido fora do território nacional;

Inciso acrescentado pela Lei n. 14.155, de 27.05.2021.

II – aumenta-se de 1/3 (um terço) ao dobro, se o crime é praticado contra idoso ou vulnerável.

Inciso acrescentado pela Lei n. 14.155, de 27.05.2021.

§ 5º A pena é de reclusão de 3 (três) a 8 (oito) anos, se a subtração for de veículo automotor que venha a ser transportado para outro Estado ou para o exterior.

Parágrafo acrescentado pela Lei n. 9.426, de 24.12.1996.

§ 6º A pena é de reclusão de 2 (dois) a 5 (cinco) anos se a subtração for de semovente domesticável de produção, ainda que abatido ou dividido em partes no local da subtração.

Parágrafo acrescentado pela Lei n. 13.330, de 02.08.2016.

§ 7º A pena é de reclusão de 4 (quatro) a 10 (dez) anos e multa, se a subtração for de substâncias explosivas ou de acessórios que, conjuntamente ou isoladamente, possibilitem sua fabricação, montagem ou emprego.

Parágrafo acrescentado pela Lei n. 13.654, de 23.04.2018.

1. COMENTÁRIO

1.1. Notas introdutórias

Como diz Heleno Fragoso, "antiquíssima é a punição do furto, cuja existência se relaciona com a da propriedade privada" (*Lições de direito penal*: Parte Especial, 1995, v. 1, p. 189). Nas Leis de Hamurabi, o ladrão de templo recebia a pena de morte, que se estendia àquele que recebeu, de suas mãos, o produto do furto; no furto comum, de animais ou de objeto, a pena era pecuniária, mas, se o ladrão não tivesse condições financeiras de restituir ou reparar, era executado. No antigo direito hebraico, compilado na Bíblia, punia-se o furto com penas pecuniárias (Êxodo 22, 1 e 4), mas proclamava-se a impunibilidade daquele que matasse o ladrão noturno surpreendido em flagrante delito (Êxodo, 22, 2).

Essa impunibilidade do assassino do ladrão noturno chegaria à Lei das Doze Tábuas, editada em Roma em meados do século V a.C. (tábua VIII, inciso XII); já o ladrão diurno só podia ser morto se se defendesse com armas. O ladrão confesso, se homem livre, recebia penas corporais; se escravo, era atirado da Rocha Tarpeia (tábua VIII, inciso XIV). A Lei das Doze Tábuas distinguia o furto em manifesto (aquele em que o agente era surpreendido em flagrante) e não manifesto: ao primeiro, cominavam-se penas corporais e pena de servidão; ao segundo, penas pecuniárias.

Diversas passagens de *As leis*, último dos diálogos de Platão (escrito em meados do século IV a. C.), contêm passagens que dão conta de penas impostas ao furto em Atenas: em regra, impunham-se penas pecuniárias (item 857a2-b3, 914b6-c3), mas, por vezes, eram penas corporais, como ocorria com o ladrão de templo (item 854d1) (2010, p. 356, 361 e 438).

Posteriormente, ainda na Roma antiga (mesmo no Principado e na República), o furto passa à condição de crime privado, punido com pena pecuniária. Ao tempo do Império Romano, as penas se tornaram mais severas, para alguns casos qualificados de furto: o *plagium*, o *sacrilegium*, o *abigeatus* (furto de gado), o furto com rompimento de obstáculo (*effractarius*), o *fur balnearius* (furto nos locais onde se tomava banho), o furto de grande monta (em que o agente se chamava *expilator*). Em tais hipóteses, consideradas crimes extraordinários, a pena era arbitrária, sendo, de regra, a forca ou a *damnatio ad bestias* (exposição a feras). Em Roma, o conceito de furto foi objeto de importante elaboração doutrinária: a definição de *Paulo* (jurista romano do início do século III d. C.), contida no Digesto (publicado em 533 d.C.), se tornou famosa e influenciou diversas leis, até hoje (D. 47, 2, 1, § 3º). Já se distinguia o *furtum* da rapina, que era o apossamento de coisas mediante violência.

Nos direitos germânicos da Alta Idade Média, as penas impostas ao crime de furto eram, em regra, patrimoniais: no direito dos francos sálicos, por exemplo, havia numerosas disposições específicas concernentes ao furto de porcos, de bois, de ovelhas, de cabras, de cães, de pássaros, de abelhas, ao furto domiciliar etc. (DREW, Katherine Fischer. *The laws of the Salian Franks*, 1991, p. 65 e segs.). Na Baixa Idade Média, a pena era corporal e se distinguia em função do valor da coisa subtraída: se de pequeno valor, a pena era aplicada na pele e nos cabelos; se de alto valor, nas mãos e no pescoço. A pena de morte era largamente aplicada, em hipóteses agravadas.

Apenas no último quartel do século XVIII (o século da Revolução Industrial e da Revolução Francesa) é que as penas do furto seriam bastante mitigadas.

No Brasil colonial, as Ordenações Filipinas, ratificadas em 1603, cominavam penas severíssimas a diversas modalidades de furto (Livro V, Título LX). O Código Criminal de 1830 definia o furto como a tirada de coisa alheia contra a vontade do dono, impondo penas de prisão com trabalho e de multa (art. 257). O Código Penal de 1890 trazia definição idêntica (art. 330), mas cominava, nos diversos parágrafos, penas distintas, a depender do valor do bem furtado.[1]

1.2. Objetividade jurídica

O furto pode consistir na violação da propriedade, da posse ou da detenção legítima. Alguns autores limitam o furto à violação da propriedade (HUNGRIA, Nélson. *Comentários ao Código Penal*, 1958, v. VII, p. 17), ou da posse (MANZINI, *Trattato...*, 1952, v. IX, p. 7), ou da propriedade e da posse (assim FRAGOSO, op. cit., 1995, v. 1; PRADO, Luiz Regis. *Curso de direito penal brasileiro*, 2000, v. 2, p. 300).

Não há conceitos jurídico-penais de propriedade, de posse ou de detenção, que devem ser construídos a partir da interdisciplinaridade com outros ramos do conhecimento e do direito. O conceito de propriedade é objeto de infindáveis discussões políticas; Caio Mário da Silva Pereira assim o enuncia: "direito de usar, gozar, e dispor da coisa, e reivindicá-la de quem injustamente a detenha" (*Instituição de direito civil*, v. IV, 2014, p. 75), que claramente se calca na definição de proprietário do CC/2002 (art. 1.228), muito similar à do de 1916 (art. 524). A posse consiste em um poder de fato, protegido pelo direito, sobre determinada coisa, e pode ser exercido pelo proprietário ou por outra pessoa; a detenção consiste em portar uma coisa, por permissividade ou tolerância do proprietário ou do possuidor. Se a detenção for ilegítima (como ocorre, por exemplo, no caso de ladrão que furta ladrão), há, ainda assim, crime de furto [*RF* 184/284; *JUTACrim* 7/24], mas os sujeitos passivos são aqueles que detêm a propriedade, a posse e/ou a detenção legítima da coisa.

1.3. Sujeitos

Qualquer pessoa, salvo o proprietário, o possuidor ou o detentor, pode ser sujeito ativo do delito.

O fato de o preceito exigir expressamente coisa alheia indica que o proprietário jamais pode ser sujeito ativo; não se pode furtar coisa própria. Em posição minoritária, Magalhães Noronha (*Direito penal*, 1981, v. 2, p. 223) defendia que o proprietário pode ser sujeito ativo, dizendo que "no

---

1 Para a história da repressão penal do furto, v. FRAGOSO-GLIOCHE. *Crimes de furto e de roubo*. Rio de Janeiro, Revan, 2017, p. 17-52.

furto, alheia não é só a coisa pertencente a outrem, mas principalmente a que se acha legitimamente na posse de terceiro"; não se pode concordar: coisa própria em posse, ainda que legítima, de terceiro, não deixa de ser própria. O proprietário pode praticar o crime do art. 346 do CP (se pratica a conduta quanto a coisa "que se acha em poder de terceiro por determinação judicial ou convenção"), ou um ilícito extrapenal, mas não o delito do art. 155 do CP. Coproprietário também não prática este delito (coisa comum não é coisa alheia), mas, eventualmente, o crime de furto de coisa comum (art. 156, CP).

Na medida em que o tipo exige subtração, o possuidor ou o detentor não pode, por igual, ser sujeito ativo desse delito. Se alguém tem a posse ou a detenção de uma coisa, não a subtrai. Se o possuidor ou o detentor, indevidamente, dispõe da coisa ou a retém, ele pode praticar outro delito (por exemplo, apropriação indébita, cf. art. 168, CP), mas não furto. Se ele obteve, mediante fraude, que a vítima lhe entregasse a posse ou a detenção da coisa, ele pratica crime de estelionato (art. 171, CP), e não de furto.

Pode ser sujeito passivo o proprietário (ainda que, no momento, não tenha a posse), o possuidor ou o detentor legítimo da coisa que constitui objeto material da ação.

1.4. Análise da(s) conduta(s) descrita(s) no tipo

"Subtrair, para si ou para outrem, coisa alheia móvel" é a simples definição legal. Subtrair quer dizer tirar a coisa do poder de fato de alguém e submetê-la ao próprio poder de disposição. Como bem diz Heleno Fragoso, "é irrepreensível a lição de Mezger, que define a subtração como o rompimento do poder de fato alheio sobre a coisa e o estabelecimento de um novo. Constitui pressuposto do fato, evidentemente, que o agente não tenha a posse ou a livre disposição da coisa, isto é, a disponibilidade não sujeita à vigilância do titular de direito patrimonial em relação à mesma" (op. cit., 1995, v. 1, p. 191).

Subtrair exige conduta ativa; assim, o crime é comissivo, só se comete por ação. Diversos autores (GRECO, Rogério. *Curso de direito penal*: Parte Especial, 2012, v. III, p. 51) admitem que o crime seja praticado por omissão, "desde que o agente goze do *status* de garantidor", muito embora não forneçam exemplos nem discutam casos concretos (que, aliás, a jurisprudência também não contempla); não há, a nosso ver, subtração por omissão: o que pode ocorrer é a configuração de outros delitos patrimoniais (tais como algumas modalidades de apropriação indébita [art. 168 ou 169, CP] ou de estelionato [art. 171 e seus parágrafos, CP]).

O agente tem de subtrair a coisa, por qualquer meio: seja por apreensão direta, seja por interposta pessoa, seja por meio de instrumentos (e até mesmo de um animal adestrado). Se a própria vítima entrega a coisa ao agente, não há furto, mas sim outro delito (cf. sobre este ponto, item 1.2, supra).

O meio ou o instrumento do crime é, em regra, irrelevante, podendo, todavia, levar a uma qualificadora (p. ex., chave falsa, art. 155, § 4º, III). O modo de execução também é, em regra, irrelevante, mas igualmente pode representar qualificadora ou levar à configuração de outro crime. Se, por exemplo, o agente empregar fraude para propiciar a subtração, há crime qualificado (art. 155, § 4º, II, 2ª parte, CP); se o agente empregar violência, grave ameaça ou reduzir a vítima à incapacidade de resistência, o crime é o de roubo (art. 157, CP). Não se exige, para o furto, que a conduta seja clandestina (ou seja, fora das vistas de outrem); pode a subtração ser feita de modo manifesto, ostensivo.

O objeto material deve ser uma coisa, ou seja, um bem. Uma pessoa viva não é uma coisa, portanto, a subtração de uma pessoa (ou de partes dela) não pode, jamais, constituir crime de furto. É, todavia, crime de subtração de incapazes o ato de "subtrair menor de dezoito anos ou interdito ao poder de quem o tem sob sua guarda em virtude de lei ou de ordem judicial" (art. 249, CP). Subtrair uma pessoa pode, ainda, conforme o caso, constituir crime de sequestro ou cárcere privado (art. 148, CP) ou extorsão mediante sequestro (art. 159, CP). Remover órgãos ou partes do corpo de pessoa viva também não constitui furto, mas pode caracterizar o crime do art. 14, Lei n. 9.434/97.

Deve se tratar de coisa ou bem **móvel**. Bens imóveis não podem ser objeto de crime de furto. São imóveis "o solo e tudo quanto se lhe incorporar natural ou artificialmente" (art. 79, CC); portanto, a árvore, o arbusto, a planta rasteira, ainda quando resultantes do trabalho do homem, são imóveis por natureza (SILVA PEREIRA, v. I, 2014, p. 349).[2] Os Tribunais têm, todavia, aceita-

2 A retirada de árvores, todavia, pode constituir, como se sabe, crime ambiental (art. 39, Lei n. 9.605/98, se for "floresta de preservação permanente").

do que árvores extraídas do solo ou frutos de árvores podem ser objeto de furto (*RT* 581/441, *RTJ* 86/791). A planta (ainda que de grande proporção), cultivada em vaso, não é bem imóvel. Bens móveis, por sua vez, são "os bens suscetíveis de movimento próprio, ou de remoção por força alheia, sem alteração da substância ou da destinação econômica" (art. 82, CC).

Em matéria penal, não valem as ficções jurídico-civis que transformam bens que, por natureza, são móveis, em bens imóveis: por exemplo, "as edificações que, separadas do solo, mas conservando a sua unidade, forem removidas para outro local", ou "os materiais provisoriamente separados de um prédio, para nele se reempregarem" (cf. art. 81, I e II, CC) são, por ficção, para fins jurídico-civis, bens imóveis, mas continuam a constituir, para fins jurídico-penais, bens móveis. Assim, para o direito penal, é simplesmente "tudo o que possa ser transportado de um lugar para o outro" (FRAGOSO, op. cit., 1995, v. 1, p. 317), descartadas as ficções legais.

A lei civil ainda trata dos chamados bens móveis por determinação legal (SILVA PEREIRA, v. I, 2014, p. 355): para "efeitos legais", seriam bens móveis, "as energias que tenham valor econômico" (art. 83, I, CC), "os direitos reais sobre objetos móveis e as ações correspondentes" (art. 83, II, CC) e "os direitos pessoais de caráter patrimonial e respectivas ações" (art. 83, III, CC). Os direitos autorais (art. 3º, Lei n. 9.610/98) e os direitos decorrentes da propriedade industrial (art. 5º, Lei n. 9.279/96) também são, por ficção, considerados bens móveis. Para fins jurídico-penais, essas ficções não prevalecem;[3] para o direito penal, é indispensável que o objeto da conduta seja um bem corpóreo ou que, ao menos, seja e esteja fisicamente apreensível. Bens incorpóreos ou que não sejam e estejam passíveis de apreensão física não podem ser objeto de crime de furto. Gases são bens incorpóreos, mas, se estiverem confinados a recipientes que possam ser apreendidos e deslocados, podem ser objeto de crime de furto. A energia elétrica (ou qualquer outra que tenha valor econômico) não é bem corpóreo (e dificilmente pode ser contida em recipientes passíveis de deslocamento, existindo, ao contrário, no interior de sistemas de criação e de condução de energia), mas poderá ser objeto de furto, na medida em que o art. 155, § 3º, a equipara à coisa móvel (cf. item 1.9, infra).

Se alguém invade um dispositivo informático de outrem, com o fim de "obter dados ou informações sem autorização expressa ou tácita do titular do dispositivo ou instalar vulnerabilidades para obter vantagem ilícita", o crime será o do art. 154-A, CP. *Dados*, de fato, não poderiam se enquadrar no conceito de coisa, motivo pelo qual não seria admissível cogitar-se de adequação ao art. 155, CP.

Somente a coisa **alheia** pode ser objeto de furto. Alheia é a coisa que pertença **integralmente** a patrimônio alheio. Própria é coisa que pertença, integralmente, ao próprio patrimônio, e comum é a coisa que pertença, em parte, a patrimônios titularizados por pessoas diversas. Assim, para haver furto (art. 155, CP), a coisa não pode pertencer, nem mesmo parcialmente, ao agente.

Se a coisa é ou não alheia, é matéria a ser decidida pelo direito civil. Se houver dúvida relevante quanto a ser a coisa própria ou alheia, coloca-se uma questão prejudicial, que pode levar à suspensão do processo (e da prescrição) para que a controvérsia seja dirimida na seara processual própria (art. 93, CPP). Coisas sem valor econômico não podem ser objeto de furto, que exige que se trate de bem economicamente apreciável; ainda que a subtração da única fotografia do filho, por exemplo, possa representar profunda tristeza a um pai, não se trata, aqui, de crime contra o patrimônio. A hipótese se resolve na área extrapenal; caso se pretenda criminalizar essa conduta, dever-se-ia criar um novo tipo penal.

Coisas que estão fora do comércio (*extra commercium*) não podem ser objeto de furto, pelo simples fato de que porque não integram patrimônio de ninguém. O cadáver é, em regra, coisa fora do comércio. Assim, subtrair cadáver ou partes dele não constitui, na maioria dos casos, furto, mas, sim, crime de subtração de cadáver (art. 211, CP). Caso o cadáver tenha sido submetido a destinação especial (p. ex., cedido para fins científicos), torna-se integrante de patrimônio de alguém, podendo, portanto, ser objeto de furto. Partes do corpo humano, como os cabelos e os dentes, dele destacadas, são coisas para os efeitos penais.

As coisas que nunca pertenceram a ninguém (as chamadas *res nullius*), por não estarem integradas a um patrimônio, não podem ser objeto de furto. As coisas abandonadas (*res derelictae*), igualmente, não podem ser objeto de furto, eis que o abandono é causa de perda de proprieda-

3 No mesmo sentido, referindo-se ao art. 83, II, CC, PRADO, op. cit., 2000, v. 2, p. 302-3.

de (art. 1.275, III, CC). Se, todavia, a *res nullius* ou a *res derelictae* é ocupada (ou seja, integrada ao patrimônio de alguém), sua subtração pode, sim, constituir crime de furto. As coisas comuns (*res communes*), tais como a luz, o ar, o mar etc., também não podem ser objeto de furto. Não se pode descartar, todavia, que possa haver crime ambiental, conforme o caso.

As coisas **perdidas** não se encontram sob o poder de fato de ninguém: o proprietário que as perdeu não está, por evidente, exercendo seu poder de fato; por isso, tecnicamente, não há que se falar em subtração. Se, todavia, alguém acha uma coisa perdia e dela se apropria, há o crime de apropriação indébita de coisa achada (art. 169, II, CP); o descobridor tem o dever legal de restituir ao dono ou ao legítimo possuidor (art. 1.233, CC), ou de entregar a coisa achada à autoridade competente (art. 1.233, parágrafo único, CC).

Para a configuração do crime, não é necessário que o agente fique com a coisa para si. Basta ler a descrição típica: "para si ou para outrem". Para fins de configuração do delito de furto, é, portanto, irrelevante a destinação que, consumado o crime, o agente der à coisa (p.ex., destruição, doação, permuta, venda etc.), mas pode haver repercussão na medida da pena (art. 59, CP); em muitos casos, discute-se, todavia, se pode haver concurso de crimes (cf. item 1.11, infra).

O dissenso do sujeito passivo é, por evidente, elemento implícito ao tipo penal. Portanto, se o sujeito passivo consentiu com a tirada da coisa, não há tipicidade. Bens móveis patrimoniais são disponíveis, podendo ser, portanto, objeto de consentimento do ofendido.

Nosso CP criminaliza, autonomamente, em outros títulos, algumas modalidades de subtração de coisas alheias móveis, certamente em função da preponderância do bem jurídico que pode ser violado. A subtração de "aparelho, material ou qualquer meio destinado a serviço de combate ao perigo, de socorro ou salvamento", "por ocasião de incêndio, inundação, naufrágio, ou outro desastre ou calamidade" não constitui crime de furto, mas, sim, o do art. 257 do CP (que é um crime de perigo comum, contra a incolumidade pública). A subtração de "livro oficial, processo ou documento confiado à custódia de funcionário, em razão de ofício, ou de particular em serviço público" também não constitui furto, mas o do art. 337 do CP (que é um crime de particular contra a administração pública).

1.5. Elemento subjetivo

Para a existência de tipicidade, é indispensável que agente atue com consciência e vontade de subtrair, para si ou para outrem, coisa alheia móvel. Só há crime de furto doloso, não se admitindo a forma culposa. Se o agente, por erro, supõe que a coisa é própria, tem-se um erro de tipo (art. 20, CP), que exclui a tipicidade, por ausência de dolo.

Nossa legislação – diferentemente de leis antigas – não exige o ânimo de lucro, nem que, da ação, se configure um efetivo enriquecimento para o agente. Como dizia Heleno Fragoso, "a subtração pode dar-se por mero capricho ou vingança" (op. cit., 1995, v. 1, p. 193). Se um credor furta de um devedor, com a intenção de pagar-se de uma dívida, o crime é o de exercício arbitrário das próprias razões (art. 345, CP), e não o de furto.

1.6. Consumação e tentativa

A questão do momento consumativo do furto ensejou, historicamente, diversas teorias, designadas por expressões latinas: a teoria da *contrectatio*, a teoria da *amotio*, a teoria da *ablatio* etc., que muitas vezes são mencionadas sem que se tenha a noção de que se referem a outros ordenamentos jurídicos, nos quais o furto era conceituado diferentemente. Essas teorias, que ainda detêm indubitável valor histórico, não se aplicam ao nosso direito.

O furto, a nosso ver, se consuma apenas com a posse mansa e pacífica da coisa. Essa era a orientação predominante da doutrina e de nossos tribunais, até fins da década de 1980. Primeiramente quanto ao roubo[4] e só muitos anos depois quanto ao furto,[5] os tribunais, todavia, têm considerado que a consumação da subtração ocorreria no momento em que a vítima perde o poder de vigilância sobre a coisa ou de disposição da coisa. Essa nova orientação – claramente centrada na vítima – é altamente criticável, pois antecipa o momento consumativo (tornando, p. ex., consumado o caso em que há perseguição e recuperação da coisa) e transforma, como bem dizia Nélson Hungria, o crime de furto em um direito penal de perigo, endurecendo o sistema. Influenciados pelos tribunais, diversos autores passaram a en-

4 *Leading case*, no âmbito do STF, RE n. 102.490/SP, Pleno, rel. Min. Moreira Alves, j. 17.09.1987.

5 São diversos os acórdãos, tanto no STF como no STJ; *ad exemplum*: STF, *HC* n. 89.958, 1ª T., rel. Min. Sepúlveda Pertence, j. 03.04.2007; STJ, *HC* n. 152.051/MG, 5ª T., rel. Min. Napoleão Nunes Maia Filho, j. 07.12.2010.

dossar a nova orientação pretoriana. Na prática da maioria dos casos, isso representa, por exemplo, reputar consumado o delito de furto, mesmo quando o furtador não saiu das vistas da vítima.

A corroborar a tese de que o crime de furto só se consuma com a posse mansa e pacífica da coisa, podem ser trazidos, ainda, três argumentos: (i) primeiramente, uma das características da posse é a aparência de propriedade (que dificilmente pode-se dizer existente, se o agente está sendo perseguido); (ii) se a consumação ocorre quando a vítima perde o poder de disponibilidade sobre a coisa, um terceiro que só adere à empreitada criminosa durante a perseguição não seria punido por furto, mas apenas por receptação ou favorecimento real ou pessoal, conforme o caso (pois não há concurso de agentes se um dos agentes adere ao crime após a consumação); e (iii) se o furto se consuma com a perda, pela vítima, do poder de disponibilidade sobre o bem, a agressão cessa nesse momento, dificultando inclusive a justificação, pela legítima defesa, de eventual conduta da vítima para recuperar o bem.

A tentativa se inicia, a nosso ver, no momento em que o agente inicia o rompimento do poder de disposição da vítima sobre a coisa. Quanto a certas hipóteses, a tentativa pode – havendo dolo – se iniciar antes do ato de subtração propriamente dito: por exemplo, no rompimento do obstáculo (na hipótese do art. 155, § 4º, I, *in fine*).

Não há tentativa punível se sistemas de vigilância e de monitoramento impedem inteiramente a consumação do crime. Nossos tribunais têm sido notavelmente rígidos, admitindo a tentativa punível sob o argumento de que, ainda assim, há possibilidade de o delito ocorrer (STF, *HC* n. 117.083/SP, 2ª T., rel. Min. Gilmar Mendes, j. 25.02.2014); o STJ editou em 2016 a Súmula n. 567, que admite a tentativa punível, nesses casos. Todavia, recentemente, em acórdão bem inspirado, o STF decidiu que se trata de crime impossível em casos em que "a forma específica mediante a qual o funcionário do estabelecimento vítima exerceu a vigilância direta da paciente, acompanhando initerruptamente todo o *iter criminis*, tornou impossível a consumação do crime, dada a ineficácia do meio empregado" (*HC* n. 137.290/MG, 2a T., rel. Min. Dias Toffoli, *DJ* 02.08.2017).

1.7. Causa especial de aumento de pena

A pena do furto simples é aumentada de um terço, "se o crime é praticado durante o repouso noturno".[6] Como frisava Hungria, "durante o repouso noturno" não é o mesmo que "durante a noite".[7] Ou seja, não seria o período de obscuridade, de ausência de luz solar (isto é, o tempo entre o término do crepúsculo vespertino e o começo do nascer do sol), mas sim "o período do descanso noturno, segundo o uso do lugar" (op. cit., v. VI, p. 30), sendo, portanto, um lapso de tempo menos extenso.[8] Uma conferência de desembargadores reunida em 1943 (ou seja, logo após a vigência do CP) assentou conclusão no sentido de que "o critério para se aferir o repouso noturno é variável e deve obedecer aos costumes locais, relativos à hora em que a população se recolhe, e a em que desperta para a vida cotidiana" (conclusão XIII). Bem ressaltava Magalhães Noronha, já em 1948, que "ninguém, por certo, afirmaria que um furto cometido em São Paulo, às vinte horas, tê-lo-ia sido durante o repouso noturno".

Como ensinava Hungria, o fundamento da majorante "é única e exclusivamente assegurar a propriedade móvel contra a maior precariedade de vigilância e defesa durante o recolhimento das pessoas para o repouso durante a noite. Critério estritamente objetivo" (op. cit., v. VIII, p. 30). Durante o repouso noturno, afrouxa-se, como é evidente, a vigilância do proprietário ou do possuidor sobre as coisas móveis, além de haver, em regra, menos pessoas despertas, tornando mais fácil a prática do delito. Opunha-se Magalhães Noronha a essa majorante, dizendo que a circunstância da noite não revela maior temibilidade do agente, e que, ao revés, "mais temíveis são os que não receiam a luz do sol para assaltar o patrimô-

6 No direito romano da época imperial já se adotavam qualificadoras em casos de furtos praticados no período noturno.

7 Hungria tinha em vista (e buscou evitar) as controvérsias que surgiram na redação original do § 243, 7, do CP alemão de 1871. Tal parágrafo criava uma qualificadora para o furto praticado em "período noturno em um prédio habitado", "mesmo que no momento do furto os moradores não estivessem presentes" ("*zur Nachtzeit in einem bewohnten Gebäude, [...] auch wenn zur Zeit des Diebstahls Bewohner in dem Gebäude nicht anwesend sind*"). Hungria destaca que von Liszt dizia que o que importa, para a qualificadora, é apenas o período de descanso noturno, segundo o uso do lugar, mas que o Reichsgericht entendia que ela se aplicava a todo o período de obscuridade (op. cit., 1958, v. VII, p. 30). Hoje, o CP alemão não mais contempla essa qualificadora.

8 É interessante ver que, aqui, o critério foi diverso do adotado no crime de violação de domicílio, que se contenta com a comissão "durante a noite" (art. 150, § 1º, primeira parte, CP). O CP de 1969, que nunca chegou a entrar em vigor, adotaria a expressão "durante a noite" (art. 164, § 4º), evidentemente mais extensa.

nio alheio"; concluía ele: "Não achamos grande razão de ser dessa majorante. [...] Mal não haveria, portanto, em não capitulá-la o Código" (*Código Penal comentado*, 1948, p. 103).

Hungria ensinava que não se aplica "a majorante quando, não obstante o período de repouso noturno, o furto é praticado em local cujos moradores, acidentalmente, não se acham repousados, mais em festiva vigília, pois, em tal caso, desaparece a razão de ser da maior punibilidade" (op. cit., 1958, v. VII, p. 31).

Há importante discussão doutrinária e jurisprudencial no sentido de a majorante poder ser aplicada em furto praticado em casa desabitada: pela negativa *RF* 145/434, 159/372, 165/332, 166/348, 174/374, 177/405; *RT* 440/442; 442/439 etc.; e em sentido afirmativo *RF* 174/365, 182/334, 194/370, 198/263, 200/263. Hungria (op. cit., v. VII, p. 31) e Capez (*Curso de direito penal*: Parte Especial, 2012, v. 2, p. 441) sustentam ser irrelevante que a casa em que ocorreu o furto fosse desabitada. Heleno Fragoso dizia que "há sabedoria na jurisprudência dominante (ainda que tecnicamente discutível), tendo-se em vista as elevadas penas previstas para o furto noturno" (op. cit., 1995, v. 1, p. 194-5), opinião a que aderimos.

Não há dúvida de que a majorante de repouso noturno (art. 155, § 1º, CP) não se aplica às hipóteses de furto qualificado (art. 155, § 4º). A localização da majorante no § 1º apoia essa interpretação. O próprio Hungria dizia que o CP contempla essa majorante "como um meio-termo" entre o furto simples e o furto qualificado (op. cit., 1958, v. VII, p. 29). Pode, todavia, essa circunstância ser considerada na medida da pena, na primeira fase do critério trifásico (art. 59, CP).

1.8. Furto privilegiado

Se o agente é primário e se a coisa furtada é de pequeno valor, a lei confere diversas possibilidades: (i) substituir a pena de reclusão pela de detenção, ou (ii) diminuí-la de um a dois terços; ou (iii) aplicar somente a pena de multa (art. 155, § 2º). As hipóteses (i) e (iii) constituem furto privilegiado, enquanto na hipótese (ii) tem-se uma minorante.

Este dispositivo tem de ser visto como importante instrumento de uma política criminal não autoritária e, a nosso ver, pode se aplicar ao furto simples, ao furto em repouso noturno, e ao furto qualificado, desde que compatíveis as circunstâncias do caso (STF, *HC* n. 96.843, 2ª T., rel. Min. Ellen Gracie, j. 24.03.2009).

Os pressupostos são a primariedade do agente e o pequeno valor da coisa furtada. **Primário** é todo aquele que não é reincidente. Ou seja, o cidadão que nunca sofreu condenação criminal definitiva (transitada em julgado) por outro crime (não contravenção), no Brasil ou no estrangeiro, ou que, ainda que já tenha sido condenado com trânsito em julgado, não pode ser juridicamente considerado reincidente.[9] A lei não exige bons antecedentes; assim, maus antecedentes não podem impedir o benefício.

O **pequeno valor da *res furtiva*** também é entregue à livre apreciação do juiz. Os tribunais têm entendido que pequeno valor é o que vai até o montante do salário mínimo na época dos fatos, e não no momento da decisão judicial (STF, RHC n. 111.138/MG, 1ª T., rel. Min. Cármen Lúcia, j. 13.12.2011).[10] O valor da coisa, para fins deste benefício, é o valor do objeto no momento da subtração,[11] e não o valor do prejuízo (que pode não haver, como ocorre no caso de crime tentado). Por isso, não se aplica esse benefício se a coisa é apreendida e restituída ao seu dono, desaparecendo o dano.

Tem razão Capez ao sustentar que, na hipótese de crime continuado, devem ser considerados os valores dos bens de cada furto da série continuada, e não o valor total dos bens subtraídos (op. cit., 2012, v. 2, p. 443).

Discute-se se, preenchidos os requisitos legais, a aplicação de uma das alternativas legais do art. 155, § 2º, seria uma faculdade do juiz ou um **direito do cidadão apenado**. Uma interpretação sistemática, considerando o advento da Parte Geral de 1984 (que introduziu o **arrependimento posterior**, que, inequivocamente, é um direito subjetivo do cidadão apenado) e considerando as diversas decisões judiciais (claramente aptas a

9 Ou seja, nas seguintes hipóteses, o cidadão continua ou volta a ser primário: (i) se a condenação criminal anterior foi por crime propriamente militar ou puramente político, ou por contravenção penal; (ii) se a pena imposta na condenação criminal anterior foi apenas a de multa; (iii) se, entre a data do cumprimento ou extinção da pena (da condenação criminal transitada em julgado) e a infração posterior, tiver decorrido período de tempo superior a 5 (cinco) anos (computado o período de prova da suspensão condicional da pena ou do livramento condicional, desde que não tenha ocorrido revogação) (cf. arts. 63 e 64, CP, *contrario sensu*).

10 *RF* 173/388, 197/342, 229/306, 236/297 etc.

11 *RTJ* 58/434, 75/315, 425. Algumas decisões dos tribunais em sentido contrário não têm qualquer fundamento (*RT* 439/437, 446/429, 455/417; *RF* 215/287). Corretamente, *RT* 445/447.

formar jurisprudência) que têm proclamado não haver tipicidade material quando a *res furtiva* tem valor insignificante,[12] indica que, sem embargo de o art. 155, § 2º, CP, empregar o termo **pode**, tem-se de considerar que se está, aqui, diante de um direito subjetivo do cidadão. Não faria sentido que, com a introdução do arrependimento posterior e com o assomo de caudalosa jurisprudência sobre o princípio da insignificância, ainda se pudesse deixar à discricionariedade judicial aplicar, ou não, uma das alternativas abertas por este preceito; em verdade, já há discricionariedade judicial suficiente no mero fato de haver três alternativas.[13]

1.9. Furto de energia elétrica ou qualquer outra que detenha valor econômico

Nas primeiras décadas do século XX, quando a energia elétrica passou a chegar paulatinamente aos domicílios brasileiros, surgiu a questão da subtração dessa energia. É, no mínimo, altamente discutível a circunstância de a energia elétrica ser, ou não, coisa móvel, o que levou à adoção explícita da cláusula de equiparação aqui contida.

Entre as energias que, indubitavelmente, se encontram contempladas no presente dispositivos estão a água, o vapor, o ar comprimido, e o gás natural. Os tribunais têm decidido que "o sinal do TV a cabo não é energia, não podendo ser objeto material do delito previsto no art. 155, § 3º, do CP" (STF, *HC* n. 97.261, 2ª T., rel. Min. Joaquim Barbosa, j. 12.04.2011).

Pode ser difícil a distinção entre o furto e o estelionato, no caso concreto. Parece-nos que há estelionato na hipótese em que há adulteração no medidor de energia, de modo a registrar menos consumo do que o real, e haverá furto se o agente desvia a corrente de energia antes que ela passe pelo registro do medidor.

Nossos tribunais vinham assentando, a nosso ver com acerto, que se deveria aplicar, por analogia, a extinção da punibilidade pelo pagamento, prevista para os crimes tributários (cf. Lei n. 10.684/2003), pois, embora o valor estipulado como contraprestação de serviços públicos essenciais não seja tributo, possui ele a natureza de preço público, já que cobrado por concessionárias de serviços públicos, que se assemelham aos próprios entes públicos concedentes (assim: STJ, Ag. Reg. no REsp n. 1.489.335/RJ, 5ª T., rel. Min. Jorge Mussi, j. 20.10.2016). Recentemente, a tendência, todavia, parece haver se invertido, como indica trecho do seguinte julgado do STJ: "Três obstáculos incidem à pretensão do direito adquirido à tese jurídica: a diversa política criminal aplicada aos crimes contra o patrimônio e contra a ordem tributária; a impossibilidade de aplicação analógica do art. 34 da Lei n. 9.249/95 aos crimes contra o patrimônio; e o tratamento legislativo do imposto diferente da tarifa ou preço público" (*HC* n. 477.622/ES, 6ª T., Min. Nefi Cordeiro, *DJe* 14.05.2019).

1.10. Qualificadoras (art. 155, §§ 4º, 4º-A, 4º-B, 5º, 6º e 7º)

Desde a promulgação do CP, determinadas circunstâncias figuram como qualificadoras do crime de furto, no § 4º do art. 155, levando a escala penal sensivelmente mais gravosa: escala penal de 2 a 8 anos, em vez de 1 a 4 anos, do furto simples. Qualifica-se o crime, se ele é cometido: (i) com destruição ou rompimento de obstáculo à subtração da coisa; (ii) com abuso de confiança, ou mediante fraude, escalada ou destreza; (iii) com emprego de chave falsa; ou (iv) mediante concurso de duas ou mais pessoas (cf. item 1.11, *infra*).

O § 5º do art. 155 do CP foi introduzido pela Lei n. 9.246/96, prevendo pena de 3 a 8 anos, se a subtração for de veículo automotor que venha a ser transportado para outro Estado ou para o exterior (cf. item 1.10.j, *infra*).

Recentemente, três novas leis criaram novas hipóteses de qualificadoras: (i) a Lei n. 13.330, de 03.08.2016, recriou uma hipótese de abigeato (furto de gado – art. 155, § 6º), com pena de 2 a 5 anos (cf. item 1.10.k, *infra*); (ii) a Lei n. 13.654, de 23.04.2018, criou duas novas qualificadoras do crime de furto: "se houver emprego de explosivo ou de artefato análogo que cause perigo comum" (art. 155, § 4º-A), ou "se a subtração for

---

12 Coisa insignificante para fins de aplicação do princípio da insignificância e coisa de pequeno valor (para fins do art. 155, § 2º, CP) são, evidentemente, conceitos diferentes. Toda coisa insignificante é coisa de pequeno valor, mas nem toda coisa de pequeno valor é coisa insignificante (para mais detalhes, cf. item 3, observações, infra). Embora sejam conceitos diferentes, eles podem se influenciar reciprocamente, para fins interpretativos.

13 Heleno Fragoso sustentava tratar-se de mera faculdade do juiz ("para corrigir, pela equidade, a rigorosa sanção cominada ao crime de furto"), frisando ele, ainda, que o "verbo poder expressa uma faculdade; dever, uma obrigação" (op. cit., 1995, v. 1, p. 195). Pensamos que ele, que não chegou a ter tempo de revisar sua obra sobre a Parte Especial após o advento da Parte Geral de 1984 e não chegou a ver a insurgência da jurisprudência sobre o princípio da insignificância, evoluiria para a posição de que os benefícios do art. 155, § 2º, do CP constituíam direito subjetivo. Até porque, ao comentar o dispositivo, invocava um antecedente do art. 16 do CP, que o CP de 1969 traria precisamente para o fruto (cf. art. 164, § 2º).

de substâncias explosivas ou de acessórios que, conjunta ou isoladamente, possibilitem sua fabricação, montagem ou emprego" (art. 155, § 7º), com pena de 4 a 10 anos (cf. itens 1.10.h e 1.10.l, *infra*); e **(iii)** a Lei n. 14.155, de 27.05.2021, estabeleceu pena de 4 a 8 anos, "se o furto mediante fraude é cometido por meio de dispositivo eletrônico ou informático, conectado ou não à rede de computadores, com ou sem a violação de mecanismo de segurança ou a utilização de programa malicioso, ou por qualquer outro meio fraudulento análogo" (cf. item 1.10.i, *infra*).

Todas essas circunstâncias, salvo a do abuso de confiança, são objetivas. Ademais, ao serem inseridas como qualificadoras, tornaram-se elementares do crime qualificado. Assim, sempre se comunicam aos partícipes (art. 30, CP).

a) destruição ou rompimento de obstáculo (art. 155, § 4º, I)

Destruir é danificar, integralmente, alguma coisa. *Romper* é quebrar, rasgar ou destruir em parte. Um *obstáculo* é um óbice, exterior a algo, que represente impedimento relevante à transposição do agente, para efetuar a subtração (muros, portões, janelas, portas, gavetas, cofres etc.). O vidro de um automóvel (coisa frágil e quebradiça) não pode constituir obstáculo para fins penais (STJ, *HC* n. 152.833/SP, 6ª T., rel. Min. Nilson Naves, j. 05.04.2010); posteriormente, todavia, o STJ alterou esse entendimento (EREsp n. 1.079.847/SP, 3ª S., rel. Min. Jorge Mussi, j. 22.05.2013).

O TJRS chegou a decidir que não se aplica a qualificadora quando o agente rompe obstáculo em um automóvel para subtrair bem que se encontra em seu interior, sob pena de violação à racionalidade: haveria, no caso, apenação maior do que o furto de todo o veículo (*RT* 837/671). E o antigo TACrSP entendeu que o corte de bolsa ou bolso também não qualifica o delito, pois são coisas destinadas a carregar e não a proteger valores (*RT* 582/333).

Se o obstáculo é vencido sem que haja destruição ou rompimento, não incide a qualificadora: assim, por exemplo, se o agente retira, sem quebrar, telhas do telhado de uma residência (no caso, poderá haver, todavia, a incidência da qualificadora relativa à escalada, de acordo com o art. 155, § 4º, III, CP).

Não qualifica o crime o rompimento sobre a própria coisa furtada (*RF* 157/410). Como bem observa Hungria, "não é obstáculo, no sentido legal, a resistência inerente à coisa em si mesma. Assim, não é furto qualificado a subtração da árvore *serrada* pelo próprio agente, ou da porção de pano por ele *cortada* à respectiva peça, ou do pedaço de chumbo que violentamente destaca de um encanamento. É indeclinável que haja violência exercida contra um obstáculo exterior à coisa" (op. cit., v. VII, p. 39).

René Ariel Dotti entende que, para fins do art. 155, § 4º, I, do CP, pode um semovente ser considerado um obstáculo, como "o exemplo do cão de guarda que procura impedir o ingresso do ladrão na residência, mas é por ele abatido com um tiro", acrescentando que "seria profundamente paradoxal que a qualificativa excluísse o obstáculo animal" ("O conceito de obstáculo no furto qualificado", *Bol. IBCCrim* n. 155, out. 2005, p. 7).

A destruição ou o rompimento pode se dar em qualquer momento da execução do crime, antes ou depois da apreensão da coisa, mas até o momento da consumação. Após a consumação, a destruição ou rompimento de obstáculo poderá apenas constituir um crime autônomo (p. ex., o crime de dano do art. 163, CP).

Na medida em que a destruição ou rompimento de um obstáculo deixa, necessariamente, vestígios, o exame de corpo de delito é indispensável (art. 158, CPP); sem tal exame, não se pode afirmar a incidência da qualificadora (*RF* 150/418, 158/381, 179/407, 231/353 etc.); o STJ, todavia, já decidiu que a perícia quanto ao rompimento de obstáculo pode ser substituída por uma filmagem, notadamente se sua autenticidade não tiver sido impugnada pela defesa (*HC* n. 385.184/SC, 6ª T., rel. Min. Sebastião Reis Junior, j. 09.10.2018).

b) abuso de confiança (art. 155, § 4º, II, primeira parte)

Constitui confiança a especial relação de fidúcia existente entre duas pessoas. No caso, a confiança deve existir entre o sujeito ativo e o sujeito passivo, e aquele deve, necessariamente, se prevalecer dessa relação para praticar a subtração.

Em algumas situações que, em regra, geram confiança, o CP prevê agravante genérica (art. 61, II, *f*), que, aqui, foi erigida à condição de qualificadora. Seria o caso de um empregado de confiança, ou de um amigo ou de um hóspede que, prevalecendo-se da confiança nele posta, viesse a subtrair a vítima. Para qualificar o crime, não basta a simples relação de emprego, devendo a ela ser acrescentada uma especial relação de confiança (*RF* 151/459, 164/340, 174/392, 177/374, 186/330, 198/282, 225/314; *RT* 437/407 etc.).

Trata-se de circunstância pessoal que, todavia, comunica-se, à luz do art. 30, CP, aos coautores ou aos partícipes (*RF* 134/546). Desde que os coautores ou partícipes se beneficiem dessa confiança que a vítima deposita em um deles (e tal circunstância seja de conhecimento dos demais), a qualificadora se estende a eles.

c) mediante fraude (art. 155, § 4º, II, segunda parte)

A fraude consiste no emprego de artifício ou ardil para induzir alguém em erro. Se a fraude é empregada para propiciar a subtração da coisa, configura-se a presente qualificadora.

Na medida em que a fraude é elemento essencial e característico do crime de estelionato, pode parecer problemática a distinção entre essas duas figuras de delito. A diferença é simples: no estelionato, a própria vítima, enganada pela fraude, *entrega* o bem ao agente; no furto qualificado pela fraude, o agente é que, empregando a fraude, *tira* a coisa da vítima. No furto qualificado pela fraude, esta é apenas o modo de execução que enseja, ao agente, subtrair a coisa. É o caso do agente que se passa por técnico de televisão ou por agente sanitário para entrar em uma residência alheia e subtrair bens.

O STJ decidiu, todavia, que a subtração pelo agente ou a entrega pela vítima *não* seria o critério para distinguir furto qualificado pela fraude e estelionato (REsp n. 1.173.194/SC, 5ª T., Min. Napoleão Nunes Maia Filho, j. 26.10.2010). Para este julgado do STJ, mesmo no caso de entrega pela vítima, poderia haver furto, na hipótese em que "o engodo visa a diminuir a vigilância que a vítima exerce sobre seu patrimônio, que não acredita perdê-lo, ainda que o entregue ao agente", enquanto haveria "estelionato se a vítima, ludibriada, desfaz-se do bem". Fica claro que esse julgado do STJ não estabelece um critério minimamente claro, sendo, por isso, altamente criticável. Ora, no estelionato, a vítima também não acredita perder o patrimônio, e também tem sua vigilância diminuída pelo engodo. Deve ser mantido o critério aqui defendido, por trazer maior segurança jurídica.

Para o furto mediante fraude cometido por meio de dispositivo eletrônico ou informático: art. 155, § 4º-B, cf. item 1.10.i, *infra*.

d) escalada (art. 155, § 4º, II, terceira parte)

A escalada consiste na penetração, no local do furto, por via elevada e de difícil utilização que, normalmente, não se usa para acesso. A nosso ver, a escalada tem, necessariamente, que se relacionar com a ação de galgar ou de subir. É inadmissível que o conceito de escalada, para a lei penal, tenha um conceito mais abrangente do que o conceito vulgar e comum do termo;[14] não há um conceito técnico-jurídico de escalada que possa justificar o abandono do conceito vulgar, principalmente para ampliar o âmbito de criminalização. Assim, a passagem por túnel subterrâneo não constitui escalada. Ainda que se possa concordar com a maior reprovabilidade do uso de um meio subterrâneo, não é possível estender, *ad absurdum*, as possibilidades semânticas do termo "escalada" para nela inserir algo que, de modo algum, consiste em escalar. Toda a doutrina (FRAGOSO, op. cit., 1995, v. 1, p. 198; PRADO, op. cit., 2000, v. 2, p. 309) e a jurisprudência (*RF* 156/402, 187/348), todavia, se orientam no sentido de que a escalada também existe no uso de um acesso subterrâneo, sem se dar conta de que se realiza, aqui, pela via da interpretação, uma violação ao princípio da legalidade.

É necessário o emprego de meio artificial (escada, corda etc.) ou natural (transposição de muro alto com as próprias mãos e pés), mas sempre de grande esforço ou destreza, não sendo possível a aplicação da qualificadora se o agente se limita a pular muro baixo ou janela de pequena altura (*RF* 162/349, 173/388, 180/376; contra: *RF* 162/337, 204/338; *RT* 445/447).

É necessário que o agente penetre no local onde a subtração deva ser praticada pelo menos com uma parte do corpo. Não há escalada na ação de subir a um poste para subtrair os fios elétricos (*RT* 437/402, 442/440).

O STJ decidiu que, como a escalada deixa vestígios, a perícia de local é impositiva, somente podendo ser substituída por prova testemunhal se os vestígios tiverem desaparecido por completo ou se o lugar tiver se tornado impróprio para o trabalho dos peritos (*HC* n. 471.760/MS, 6ª T., Min. Laurita Vaz, j. 06.11.2018).

e) destreza (art. 155, § 4º, II, última parte)

A destreza que qualifica o furto consiste no emprego dissimulado de habilidade extraordinária, por parte do agente, para subtrair coisa que

14 Para os léxicos, escalada é "o ato de escalar, de subir ao topo (p. ex., de montanha), por local íngreme, escalamento" (HOUAISS, *Dicionário*, p. 795).

a vítima traz consigo. É o típico crime do punguista, que, por tal habilidade, é mais censurável. É indispensável a dissimulação; se o agente atua abertamente, ainda que com invulgar ligeireza, não se aplica a qualificadora (HUNGRIA, op. cit., 1958, v. VII, p. 45). O arrebatamento de inopino não configura destreza (*RF* 210/323).

Há destreza na subtração imperceptível da carteira (*RT* 524/404), ou se o agente corta, com lâmina afiada, o bolso da vítima, sem que esta disso se aperceba (*RF* 211/314). Não há a qualificadora se o agente se aproveita de que a vítima está embriagada (*RF* 232/382) ou adormecida, ainda que atue com suficiente macieza para não despertá-la (HUNGRIA, op. cit., 1958, v. VII, p. 45). Se não se trata de coisa que a vítima traz consigo, não há a qualificadora; por isso, a ligação direta em automóvel, ainda que exija habilidade, não configura destreza (*RT* 442/453).

Se, por inabilidade do agente, a própria vítima se apercebe de que a subtração está ocorrendo, não há a qualificadora (*RF* 201/315; *RT* 435/367), mas furto simples (consumado ou tentado, conforme o caso). Há, todavia, tentativa de furto qualificado pela destreza, se a consumação do delito – posse mansa e pacífica da coisa – é impedida por aviso dado por terceiro.

f) emprego de chave falsa (art. 155, § 4º, III)

Calcadas na lição de Hungria (op. cit., 1958, v. VII, p. 46), doutrina e jurisprudência se orientam, em geral, no sentido de que constitui chave falsa todo e qualquer instrumento de que se sirva o agente, para abrir fechaduras, tenha, ou não, o formato de chave. Nossos Tribunais Superiores se orientam nesse sentido (STF, *HC* n. 106.095/RS, 1ª T., rel. Min. Cármen Lúcia, j. 03.11.2011; STF, *HC* n. 95.014/RS, 2ª T., rel. Min. Eros Grau, j. 07.10.2008), aplicando a qualificadora até quando o agente usa "grampo de arame" (STF, *HC* n. 68.901, 1ª T., rel. Min. Sepúlveda Pertence, j. 03.12.1991) ou "gancho [...], dentre outros instrumentos" (STF, *HC* n. 92.707/CE, 1ª T., rel. Min. Ricardo Lewandowski, j. 13.05.2008).

Magalhães Noronha diz que a expressão "chave falsa" se refere "menos ao objeto e mais ao modo por que o furto é praticado". Tem-se, aqui, uma inadmissível confusão entre *meio* de execução e *modo* de execução: meio é sempre um instrumento, e modo é sempre uma forma, uma modalidade de conduta. Uma chave falsa é um instrumento, não sendo lícito transformá-la em modo de execução. Grampo não é chave. Não se pode, portanto, concordar com essa lição, adotada pelos tribunais, eis que permite, claramente, o uso de analogia incriminadora em matéria penal; a nosso ver, chave falsa só pode ser uma contrafação da chave verdadeira. "Chave falsa [...] é chave mesmo" (*JUTACrim* 73/396).

A chave verdadeira, achada ou subtraída ao proprietário, não constitui chave falsa (*RF* 205/349). Há, todavia, decisões em sentido contrário, "agredindo a natureza das coisas e em luta corporal com o texto", como bem dizia Heleno Fragoso (op. cit., 1995, v. 1, p. 199). O STF, em inaceitável extensão, chegou a decidir que também haveria a qualificadora se o agente usa sua própria chave, que abria seu próprio cadeado, mas que também abria o cadeado alheio, da vítima da subtração (*HC* n. 92.707/CE, 1ª T., rel. Min. Ricardo Lewandowski, j. 13.05.2008).

O uso da chave própria, esquecida na fechadura, é furto simples (*RF* 152/403). O exame pericial da chave falsa é indispensável (*RF* 191/298), embora os tribunais, por vezes, o dispensem (*RT* 438/438). No sentido de que a apreensão da chave falsa e seu exame são indispensáveis para a qualificação do furto, já se pronunciou, em julgado antigo, o STF (RECr n. 82.309/BA, 1ª T., rel. Min. Antonio Neder, j. 09.05.1978, *RTJ* 86/526).

g) mediante concurso de duas ou mais pessoas (art. 155, § 4º, IV)

Por fim, é qualificado o furto se o crime é cometido mediante concurso de duas ou mais pessoas. Não se exige, para a incidência da qualificadora, a presença dos coautores ou dos partícipes na fase executória, bastando qualquer modalidade de concurso de pessoas. Também não se exige o ajuste prévio, bastando a consciência de cooperar na ação comum. Na hipótese de autoria colateral, não há, portanto, possibilidade de incidência da qualificadora.

Outros códigos penais exigem a presença de todos os partícipes no momento da execução, pelo maior perigo que a execução conjunta normalmente representa. Nosso CP não faz explicitamente tal exigência, que, portanto, não pode ser erigida pelo intérprete. Na sistemática do nosso CP, o fundamento da agravante reside na presumível maior eficiência do crime praticado em concurso de pessoas.

Subsiste a qualificação do furto, mesmo que um dos partícipes seja irresponsável ou não punível (*RF* 183/386). Se o crime for praticado em associação criminosa (art. 288, CP) ou em organização criminosa (art. 2º, Lei n. 12.850/2013), não se aplica o dispositivo em exame. Haverá, na hipótese, concurso material entre furto simples e um desses dois crimes.

Alguns tribunais vinham aplicando, em lugar da presente qualificadora, a majorante do roubo (que representa aumento de um terço, e não do dobro, de acordo com o art. 157, § 2º, II, CP); o STJ, para vedar tal prática, editou a Súmula n. 442 (*DJe* 13.05.2010).

h) se houver emprego de explosivo ou de artefato análogo que cause perigo comum (art. 155, § 4º-A)

A Lei n. 13.654/2018 incluiu nova qualificadora se, para a prática do furto, "houver emprego de explosivo ou de artefato análogo que cause perigo comum". A lei se originou de projeto de lei de autoria do Senador Otto Alencar (PLS n. 149/2015), que curiosamente previa, em sua formulação originária, aumento de pena apenas para o crime de roubo; a inserção da presente qualificadora decorreu de emenda da Senadora Simone Tebet, sob os seguintes argumentos: "é indiscutível que a utilização de explosivos para a prática de crimes de furto, por exemplo, a explosão de caixas eletrônicos, é conduta que vai muito além dos danos e prejuízos materiais que acarreta, pois coloca vidas em risco e causa pânico na população", e "um dos motivos para o crescente número dos crimes praticados com o uso de explosivos é a falta de tipificação própria, que muitas vezes impede uma punição mais severa ao autor do delito".

Tem-se, aqui, mais uma fratura na regra geral do direito penal brasileiro de que a violência contra a coisa deve ser tratada com menos rigor do que a violência contra a pessoa, pois a pena imposta é idêntica à do roubo simples (reclusão de 4 a 10 anos e multa); isso representa um anacronismo que, neste caso específico, faz com que furto com explosão e roubo com violência à pessoa sejam tratados com igual severidade, representando, na prática do poder punitivo, uma volta limitada à disciplina do CP de 1890, no qual o roubo existia na violência à pessoa ou à coisa.

Invocando pânico na população, incrementa-se a pena, sem qualquer prévio estudo de impacto social ou orçamentário da inovação legal, imaginando-se que terá o efeito de dissuadir a prática desse tipo de delito. Até a inovação legislativa, discutia-se se, nos casos de furto com explosão, o delito de explosão (art. 251, CP) era consumido pelo furto qualificado pelo rompimento de obstáculo (art. 155, § 4º, I, CP); em 2017, todavia, o STJ chegou a decidir que a hipótese seria de concurso entre crimes de furto (art. 155, CP) e de explosão (art. 251, CP), por haver violação de bens jurídicos distintos (cf. REsp n. 1.647.539/SP, 6ª T., rel. Min. Nefi Cordeiro, j. 21.11.2017). Hoje, não pode haver dúvida de que configura-se o delito do art. 155, § 4º-A, CP, não cabendo invocar concurso do delito autônomo de explosão (art. 251).

A execução pode principiar com o início da subtração ou com o início da explosão (o que ocorrer antes); a mera colocação do artefato explosivo, sem detonação, não constitui, ainda, início da execução, diferentemente do que ocorre com o delito do art. 251, CP (que é crime de perigo). A consumação não ocorre, evidentemente, com a mera explosão, devendo o agente consumar a subtração da coisa, que, a nosso ver, só ocorre com a posse mansa e pacífica da coisa (cf. item 1.6, *supra*).

i) fraude por meio de dispositivo eletrônico ou informático, e suas majorantes (art. 155, §§ 4º-B e 4º-C)

Se o furto mediante fraude é cometido por meio de dispositivo eletrônico ou informático, conectado ou não à rede de computadores, com ou sem a violação de mecanismo de segurança ou a utilização de programa malicioso, ou por qualquer outro meio fraudulento análogo, a pena será de 4 a 8 anos.

Essa qualificadora foi incluída pela Lei n. 14.155, de 27.05.2021, sob o fundamento de que a pandemia de Covid-19 fez aumentar drasticamente (menciona-se 70%) o número de fraudes cometidas por meio eletrônico ou informático; na justificação ao projeto de lei, o Brasil ocupara o terceiro lugar no *ranking* mundial em registros de fraudes eletrônicas. Como sói ocorrer no Brasil, emprega-se argumento emergencial para incrementar uma escala penal de modo permanente (e não por meio de uma lei penal excepcional ou temporária).

Para a configuração dessa qualificadora, é indispensável que haja *fraude*; isto é, malicioso induzimento em erro, tendente à consecução de fim ilícito (NELSON HUNGRIA, *Fraude penal*, 1934, p. 17-8). O mero uso de dispositivo eletrônico ou informático para realizar a subtração não é fraude e, portanto, *não* leva necessariamente a essa qualificadora; é preciso (i) que se tenha criado um engodo; (ii) que *alguém* – *i.e.*, um indivíduo – seja enganado (*máquinas* não podem ser enganadas, cf. MAURACH/SCHROEDER/MAIWALD, *Strafrecht*,

BT, I, § 41, II, 2, num. de margem 56); e (iii) que tal engano tenha *propiciado* a ocasião para a subtração. É indiferente que o dispositivo eletrônico ou informático seja usado para criar a fraude e/ou para praticar a própria subtração, desde que seja empregado no momento da *execução* do crime (e não meramente como ato preparatório; p.ex., para imprimir um documento físico falso, posteriormente usado, no momento da efetiva execução, para enganar alguém).

A menção a mero dispositivo eletrônico é exagerada; um dispositivo eletrônico não informático pode não deter a tecnologia sofisticada cujo emprego ardiloso engana os incautos. Melhor teria sido se a lei se referisse apenas a dispositivo informático, como faz, por exemplo, no art. 154-A, CP.

O dispositivo eletrônico ou informático *não* precisa estar conectado à rede de computadores; rede de computadores (aqui, como em outras menções no CP, cf. art. 154-A e art. 122, § 4º) refere-se, em uma interpretação teleológico-restritiva, à rede *mundial* de computadores (*World Wide Web* ou internet), e não a uma mera rede interna de computadores (*i.e.*, diversos computadores de um domicílio, ligados entre si por cabos ou por tecnologia *wireless*).

É também dispensável que, na execução da conduta criminosa, o agente viole mecanismo de segurança (p.ex., penetre indevidamente em ambiente protegido com senha) ou utilize programa malicioso (*i.e.*, um *malware* [que aliás abrevia *malicious software*], que é programa que executa ações ocultas em um computador; p.ex., um vírus, um cavalo de troia etc.).

Conquanto tal expediente seja empregado em outros tipos penais, é altamente criticável, por sua vagueza, a inclusão da expressão *meio fraudulento análogo*; a analogia, no caso, deve se referir a outro meio fraudulento que empregue tecnologia altamente sofisticada para o furto mediante fraude.

Se a fraude e o uso de dispositivo eletrônico ou informático são empregados para fazer com que a vítima *entregue* um bem (e não para permitir que o agente efetue a subtração), a hipótese é a do crime de *fraude eletrônica* (art. 171, § 2º-A, CP), e não a deste crime, ainda que a escala penal seja idêntica.

A pena aqui cominada é muito alta; a previsão de pena mínima de quatro anos inviabiliza acordo de não persecução penal e, no caso de condenação, torna quase certa a imposição de pena privativa de liberdade. É consequência prática desproporcional para delito sem violência, nem grave ameaça.

A Lei n. 14.155/2021 ainda incluiu majorantes para este tipo de furto mediante fraude por meio de dispositivo eletrônico ou informático: (i) se o crime é praticado mediante utilização de servidor mantido fora do território nacional (aumento de 1 a 2 terços, cf. art. 155, § 4º-C, I); ou (ii) se o crime é praticado contra a pessoa idosa ou vulnerável (aumento de um terço à metade, cf. art. 155, § 4º-C, II). Os aumentos de pena são desarrazoados; Cezar Bitencourt considera-os "verdadeira insanidade" ("Furto mediante uso de dispositivo eletrônico ou informático", in *Conjur* 14.06.2021).

Servidor é um computador que administra e fornece programas e informações para outros computadores; o fundamento da majorante é o fato de que, via de regra, o uso de um servidor mantido *fora* do território nacional dificulta a descoberta do autor do crime ou a recuperação dos valores subtraídos. Território nacional é, aqui como em outras normas penais, conceito jurídico (*i.e.*, local onde o Brasil exerce sua soberania), e não apenas geográfico.

Pessoa idosa é o maior de 60 anos (cf. art. 1º, Lei n. 10.741/2003); presume-se a vulnerabilidade da pessoa ao menos sexagenária, ainda que, na prática, ela possa inexistir. A menção autônoma e pura da lei a *vulnerável* é altamente criticável, eis que **não** se estabelece nenhum parâmetro de interpretação de vulnerabilidade para este tipo penal, diferentemente do que ocorre em outros tipos penais (p.ex., art. 217-A [menor de 14 anos] ou art. 218-B [enfermidade ou deficiência mental, levando à falta de necessário discernimento]); a amplitude do termo *vulnerável* torna inconstitucional e, portanto, aplicável esse trecho da lei.

Tratando-se de hipótese em que o fato seja praticado contra a pessoa idosa e por meio de servidor mantido fora do território nacional, o juiz, a teor do art. 68, parágrafo único, CP, pode (e, em nome da proporcionalidade, talvez até deva) limitar-se a aplicar apenas o maior aumento (no caso, apenas o do inciso II do art. 155, § 4º-C, CP).

j) subtração de veículo automotor que venha a ser transportado para outro Estado ou para o exterior (art. 155, § 5º)

Em 1996, foi incluído o § 5º ao art. 155, com pena mínima (três anos) superior à das hipóteses qualificadas do tradicional § 4º (dois anos).[15] Essa qualificadora se aplica aos casos em que "a subtração for de veículo automotor que venha a ser transportado para outro Estado ou para o exterior".

Como estabelece o Código de Trânsito Brasileiro (Lei n. 9.503/97), é veículo automotor "todo veículo a motor de propulsão que circule por seus próprios meios, e que serve normalmente para o transporte viário de pessoas e coisas, ou para a tração viária de veículos utilizados para o transporte de pessoas e coisas. O termo compreende os veículos conectados a uma linha elétrica e que não circulam sobre trilhos (ônibus elétrico)". Estão explicitamente abrangidos, na definição, o automóvel, o caminhão-trator, o micro-ônibus, a motocicleta, a motoneta, o ônibus, o motor-casa (*motor home*), o trator, o veículo conjugado, o veículo de grande porte e o veículo misto.[16] Como bem diz Delmanto, "ficam excluídos, evidentemente, os [veículos] movidos a tração humana ou animal" (*Código Penal comentado*, 2016, p. 576).

É indiferente que o veículo automotor seja transportado por meios próprios (*i.e.*, rodando) ou por outros meios (p. ex., em cima de outro veículo automotor de maior porte). Essa qualificadora só se aplica se o veículo automotor vier, efetivamente, a ser transportado para outro estado da Federação ou para o exterior, não bastando que o agente tenha a intenção de realizar tal transporte. Se o agente é capturado no momento em que transpunha o limite territorial para outro estado da Federação ou para o exterior, a hipótese é de tentativa. Como bem diz Capez, há, igualmente, tentativa de furto qualificado "se o veículo subtraído estava próximo da divisa do estado, e o agente, ao ser perseguido, transpõe essa divisa do estado, e o agente, ao ser perseguido, transpõe essa divisa, não tendo sequer a posse tranquila" (*Direito penal*, II, p. 456).

Exige-se o dolo. É indispensável que o agente tenha consciência e vontade de transpor a divisa para outro estado ou para o exterior; em alguns casos, pode ser difícil deter tal consciência, tratando-se de cidades fronteiriças ou de locais mal sinalizados. Nessa hipótese, há erro de tipo, que exclui a possibilidade de incidência da qualificadora.

k) o delito de abigeato (art. 155, § 6º)

Recentemente, a Lei n. 13.330, de 02.08.2016, recriou, como furto qualificado, uma modalidade de abigeato[17] que tem por objeto "semovente domesticável de produção, ainda que abatido ou dividido em partes no local da subtração" (cf. art. 155, § 6º, CP). A pena é de reclusão, de 2 a 5 anos. Igualmente, essa lei criou, com pena idêntica, a "receptação de animal" (art. 180-A, CP), que se relaciona com o mesmo objeto.

É antiquíssima a punição particularmente severa dos ladrões de gado.[18] Entre nós, cabe mencionar aqui um antecedente mais recente; o Código Penal de 1969 já tencionava reintroduzir o crime de abigeato, de modo muito mais simples, com mera remissão ao furto qualificado: "A mesma pena do parágrafo anterior é cominada ao furto de reses deixadas em currais, campos e retiros" (art. 164, § 6º). O abigeato, como forma agravada de furto, está previsto em várias legislações contemporâneas, como os Códigos Penais da Itália (art. 625, 8) e da Argentina (art. 163, 1).

A nova lei tem origem no Projeto de Lei n. 6.999/2013, de autoria do Deputado Afonso Hamm (PP/RS), que proclamava que o abigeato é "forma terrível de atingir a vida do produtor rural, suprimindo bens que garantem sua subsistência e de sua família", e que tal prática seria "responsável por 20% dos abates clandestinos de animais no Rio Grande do Sul, segundo a Secretaria de Agricultura". Além disso, os abates clandestinos de animais, que seriam a finalidade do abigeato, teriam – sustenta-se no projeto de lei – impacto altamente negativo para a sociedade, por haver sonegação de impostos e perigo à saúde pública (p. ex., na hipótese de abigeato e posterior abate clandestino de animal recentemente

15 A Lei n. 9.426, de 1996, que inseriu este parágrafo, também produziu, no que concerne ao nosso ponto, alterações nos crimes de roubo e receptação e criou o crime de adulteração de sinal identificador de veículo automotor (art. 311, CP), com o objetivo de endurecer a repressão de delitos que tenham por objeto veículos automotores.

16 Cf. Anexo I, "Dos Conceitos e Definições", à Lei n. 9.503/97.

17 Esclarece Heleno Fragoso a etimologia da palavra abigeato: "A palavra abigeato vem de *ab* e *agere* (mandar adiante), porque os ladrões em geral não carregam os animais, mas os tangem na direção que pretendem" (*Lições de direito penal*: Parte Especial, I, 1995, item 296).

18 Para essa história, *vide* menções ao longo do item 1.1, supra. Magalhães Noronha, em 1948, já reclamava da ausência de criminalização do abigeato: "Nosso Código não se preocupou com o abigeato, ao contrário do que fazia a legislação anterior. Andou mal, a nosso ver. Em país, como o nosso, em que é lugar comum dizer-se essencialmente agrícola, dotado de extensas e vastas invernadas, onde pasta o gado vacum, cavalar e muar, é estranho não se ter preocupado o legislador com essa espécie de furto" (*Código Penal comentado*, 1948, p. 109).

vacinado, que, em determinados casos, faz com que, por bom tempo, o animal fique impróprio para consumo).

O bem jurídico, aqui, é o patrimônio. Ainda que, na justificação do projeto, se mencione a saúde pública e até a ordem tributária, o único bem jurídico do crime do art. 155, § 6º, CP é o patrimônio. A saúde pública e a ordem tributária se ligam, mais proximamente, à outra sugestão do PL n. 6.999/2013, que era de criação de uma outra modalidade de crime contra as relações de consumo. O crime de furto existe, mesmo que o agente furte animal que não seja recém-vacinado, e mesmo que ele – para esconder o furto – pague os tributos para "regularizar" o produto furtado, visando posterior venda.

A expressão "semovente domesticável de produção, ainda que abatido ou dividido em partes no local da subtração" causa certa perplexidade, eis que não é de vulgar compreensão.[19] A expressão "semovente domesticável de produção" é termo jurídico, como indica o Deputado Esperidião Amin, relator na CCJC, ao sugeri-lo em parecer de 28.04.2015: "Tal termo, segundo a literatura jurídica, faz referência aos animas cuja finalidade da criação seja a obtenção de produtos com objetivo comercial (carne, leite, ovos, lã, pele, couro, etc.) (FIGUEIREDO, Guilherme José Purvin de. *Curso de direito ambiental*. 5.ed. São Paulo, Editora dos Tribunais, 2012, p. 356). Essa designação atende, também, justa ponderação do eminente Deputado Bonifácio de Andrada".

É criticável que a lei, que deve ser clara, empregue termo tão hermético. Melhor teria sido usar a expressão "animais quadrúpedes domesticáveis para produção pecuária", sugerida em um dos substitutivos, para evitar inclusive a punição do ladrão de galinha. Por outro lado, se o animal foi abatido ou até dividido em partes, como pode ainda classificar-se como semovente? Domesticável significa passível de domesticação. Não basta que o semovente seja domesticável, devendo ser destinado à produção (*i.e.*, p. ex., à produção de leite ou de carne).

A intenção da lei era claramente aumentar a pena do delito;[20] na prática, todavia, a falta de técnica legislativa conduziu ao resultado inverso: diminuiu-se a pena. Explica-se: via de regra, esse tipo de delito (abigeato) é cometido com o concurso de alguma circunstância fática que já constitui qualificadora do art. 155, § 4º, CP (concurso de agentes, rompimento de obstáculo etc.); ocorre que, tendo sido incluído no § 6º, com pena máxima menor (cinco anos) do que a do § 4º (oito anos), não se aplicam as qualificadoras. Por isso, se duas pessoas praticam um abigeato, aplica-se, por especialidade, o art. 155, § 6º, CP (e não o art. 155, CP, nem seu § 4º), a pena será de 2 a 5 anos; se isso ocorresse antes da Lei n. 13.330/2016, tratar-se-ia de furto qualificado, com pena de 2 a 8 anos. Assim, a nova lei só agrava concretamente, em relação à época anterior à lei, a situação do agente nas hipóteses – na prática, excepcionais – em que não houver nenhuma das qualificadoras do art. 155, § 4º, CP; do contrário, a nova lei paradoxalmente foi, em verdade, uma lei mais benéfica para o agente.

Não é necessário, para a aplicação da qualificadora, que a subtração se dê "com finalidade de produção ou comercialização", como se chegou a aventar durante a tramitação do projeto de lei. Teria sido melhor que a qualificadora exigisse tal finalidade.

l) a subtração for de substâncias explosivas ou de acessórios que, conjunta ou isoladamente, possibilitem sua fabricação, montagem ou emprego (art. 155, § 7º)

A mencionada Lei n. 13.654/2018 criou, ainda, uma qualificadora se o objeto subtraído for "substância explosiva" ou "acessório" que, conjunta ou isoladamente, possibilite a fabricação, montagem ou emprego de substância explosiva. Essa inovação está claramente ligada à nova qua-

19 Originalmente, o PL n. 6.999/2013 usava o termo "animais"; na Comissão de Constituição e Justiça e de Cidadania, por proposição do relator (Deputado Esperidião Amin), é sugerida, em um primeiro substitutivo, a expressão "animais quadrúpedes domesticáveis para produção pecuária", para "deixar de abarcar condutas menos relevantes, como a do ladrão de galinhas ou similares".

20 Como as discussões publicadas no *Diário do Senado Federal* n. 106, de 14.07.2016, indicam, o Senador Lindbergh Farias, embora tenha votado a favor, parece ter sido o único a manifestar-se contra a espiral de aumentos de pena por que passa a legislação penal brasileira: "Não vou ficar contra esse projeto, mas eu discordo da linha punitiva de que acabamos aumentando pena aqui nas diversas sessões em que nós discutimos questões referentes ao Código Penal. Então, eu só queria fazer esse registro, dizendo que nós não vamos encaminhar contra, também vamos votar favoravelmente. Agora, eu acho sinceramente que devíamos discutir com mais calma toda vez em que fôssemos aumentar pena aqui no nosso País".

lificadora do furto (art. 155, § 4º-A, CP) e à nova majorante do roubo (art. 157, § 2º-A, II, CP).

O novo tipo é, ainda que parcialmente, inconstitucional em dois pontos. Primeiro ponto: a amplitude do tipo, que pode se configurar mesmo se se tratar de "acessório que, conjunta ou isoladamente, possibilite sua fabricação, montagem ou emprego", dota o enunciado típico de um intolerável nível de vagueza, que viola a regra de taxatividade da lei e que constitui inadmissível flanco para o emprego de inadmissíveis considerações de direito penal de autor para a interpretação do alcance do tipo e, consequentemente, do poder punitivo, no caso concreto.

Segundo ponto: a pena fixada foi de reclusão de 4 a 10 anos e multa, o que viola o princípio da proporcionalidade. Mormente quando se vê que o furto de outros objetos perigosos para a incolumidade pública não tem pena idêntica, nada justifica tal pena. Não se justifica que a subtração de uma substância explosiva (e muito menos a de um acessório) tenha pena idêntica à de um roubo com violência à pessoa. O fato de que esse parágrafo foi criado conjuntamente com o § 4º-A do art. 155 (e com o inciso II do § 2º-A do art. 157) e o de que não se alterou a disciplina da receptação mostram que a intenção da lei não era punir, com maior severidade, um furto de explosivos, mas, sim, precipuamente, um ato preparatório (ainda que, em si, já criminoso) de um furto ou roubo praticado com explosivos; a previsão de pena idêntica àquela prevista no art. 155, § 4º-A, traz resquícios de direito penal do inimigo, fulminando-a de legitimidade político-jurídica.

Aquele que furta explosivos e, em seguida, pratica um furto com o emprego desses mesmos explosivos pratica crime único, em virtude da consunção. A circunstância de esses furtos possivelmente atingirem vítimas diferentes pode ser considerada na medida da pena, mas não conduzir ao concurso de crimes. Caso não se entenda assim, a hipótese é inequivocamente de crime continuado.

1.11. Distinções de crime e concurso de crimes

O furto se distingue da apropriação indébita (art. 168, CP), pelo fato de que, nesta, o agente tem a prévia posse lícita da coisa. No furto, ao contrário, a posse é buscada no momento da subtração.

A violação de domicílio é sempre absorvida pelo furto (*RF* 150/420). O estelionato praticado com a venda posterior da coisa furtada (passando-se por dono) (art. 171, § 2º, I, CP) é, para o ladrão, fato posterior impunível, sendo absorvido pelo furto (*RF* 151/445; 195/378). O comprador pode, em tal caso, praticar o crime de receptação (art. 180), se conhecia a origem da coisa.

Tem-se considerado que a subtração, realizada em um único contexto de ação, contra vítimas diferentes, não constitui crime único, mas tantos crimes quantas sejam as vítimas, em concurso formal (STF, *HC* n. 91.615, 1ª T., rel. Carmen Lucia, j.11.09.2007).

1.12. O ilícito civil do furto de uso

Furto de uso consiste na retirada temporária de coisa alheia, com o ânimo de uso e de subsequente devolução. O furto de uso não constitui ilícito penal, mas um ilícito civil. A importância de seu estudo pelo direito penal se liga ao fato de que contribui para fixar as fronteiras do crime de furto; se se demonstra que a subtração era apenas para uso, não há crime de furto.

A circunstância de o furto, ou não, de uso se liga, precipuamente, a questões subjetivas. Se uma pessoa subtrai para usar e, em seguida, devolver, ela não subtrai "para si ou para outrem". Doutrina e jurisprudência têm, todavia, buscado objetificar o elemento subjetivo, criando requisitos para a configuração do furto de uso; nessa tendência, o furto de uso só se configura se: (i) a retirada se dá pelo tempo inerente ao pretendido uso da coisa; e (ii) se a coisa é voluntariamente restituída logo após tal uso, no mesmo lugar e em idênticas condições.

Os tribunais costumam subordinar a admissão do furto de uso à efetiva devolução da coisa (*RF* 169/403; 170/404; 205/353; 235/336), no local em que foi retirada. Afirma-se que há furto comum se a coisa é abandonada em local distante ou diverso (*RT* 403/315; 405/309; 431/413) ou se não é recolocada "na esfera de vigilância" de seu dono (*RT* 429/468). Tem-se exigido que a tirada seja *momentânea* e que a devolução seja *imediata* (*RF* 205/353) ou *rápida* (*RT* 412/267). A devolução de automóvel sem os acessórios e sem o combustível consumido não é furto de uso, mas furto comum. A coisa deve ser restituída intacta (*RF* 164/342). A restituição deve ser feita ao lugar onde se achava a coisa, sendo irrelevante a sua não aceitação pelo dono. Se a restituição se opera imediatamente após o uso momentâneo da coisa, presume-se, até prova em contrário, que o propósito do agente limitou-se ao uso (MANZINI, *Tratatto...*, IX, p. 330).

Ausentes esses requisitos, há de haver prova plena de que não havia *animus furandi*. Lembre-se sempre de que não subtrai para si ou para outrem quem apenas pretende usar a coisa. A força maior que impede a devolução não exclui o furto de uso. O que especifica o furto de uso, em substância, é o propósito de restituir. Já se admitiu, corretamente, que há mero furto de uso se o agente foi detido antes da devolução, sendo inequívoco o seu propósito de devolver (*RT* 426/390).

1.13. Classificação

O crime de furto é um crime comum (podendo ser praticado por qualquer pessoa), material (exige o resultado dc posse mansa e pacífica da coisa), plurissubsistente (as ações que constituem o tipo podem ser fracionadas), de concurso eventual (*i.e.*, pode ser praticado por uma só pessoa), doloso (não há furto culposo), comissivo (não há furto por omissão), de forma livre (não há modo de execução predeterminado) e de dano (exige-se violação efetiva ao bem jurídico, e não mera periclitação).

2. JURISPRUDÊNCIA

2.1. Súmulas

Súmula n. 442, STJ: "É inadmissível aplicar, no furto qualificado, pelo concurso de agentes, a majorante do roubo".

Súmula n. 511, STJ: "É possível o reconhecimento do privilégio previsto no § 2º do art. 155 do CP nos casos de crime de furto qualificado, se estiverem presentes a primariedade do agente, o pequeno valor da coisa e a qualificadora for de ordem objetiva".

Súmula n. 567, STJ: "Sistema de vigilância realizado por monitoramento eletrônico ou por existência de segurança no interior de estabelecimento comercial, por si só, não torna impossível a configuração do crime de furto".

2.2. Julgados

Furto famélico. Habitualidade. Possibilidade

Para o colegiado, como regra, a habitualidade delitiva específica é um parâmetro que afasta a análise do valor do bem jurídico tutelado para fins de aplicação do princípio da bagatela. Excepcionalmente, no entanto, as peculiaridades do caso concreto podem justificar a exclusão dessa restrição, com base na ideia da proporcionalidade em sentido concreto. Essa é justamente a situação dos autos, de furto de um galo, quatro galinhas caipiras, uma galinha Garnizé e três quilos de feijão, bens avaliados em pouco mais de R$ 100,00. O valor dos bens é inexpressivo e não houve emprego de violência. Enfim, é caso de mínima ofensividade, ausência de periculosidade social, reduzido grau de reprovabilidade e inexpressividade da lesão jurídica. Mesmo que conste em desfavor do paciente outra ação penal instaurada por igual conduta, ainda em trâmite, a hipótese é de típico crime famélico. A excepcionalidade também se justifica por se tratar de hipossuficiente. Não é razoável que o Direito Penal e todo o aparelho do Estado-polícia e do Estado-juiz movimente-se no sentido de atribuir relevância a estas situações. (STF, *HC* n. 141.440 Ag. Reg./MG, 2ª T., rel. Min. Dias Toffoli, j. 14.08.2018, *Inf*. n. 911)

Furto e configuração de crime impossível. Câmera de segurança. Impossibilidade

A existência de sistema de vigilância em estabelecimento comercial não constitui óbice para a tipificação do crime de furto. Com base nesse entendimento, a 1ª Turma não conheceu *habeas corpus* no qual se discutia a configuração de crime impossível em relação a furto cometido dentro de estabelecimento que possui sistema de segurança. (STF, *HC* n. 111.278/MG, 1ª T., rel. orig. Min. Marco Aurélio, red. p/ o ac. Min. Luiz Roberto Barroso, j. 10.04.2018, *Inf*. n. 897)

Furto de energia elétrica. Pagamento antes do oferecimento da denúncia. Extinção de punibilidade. Impossibilidade

De início, quanto à configuração de causa de extinção de punibilidade, ressalta-se que o STJ se posicionava no sentido de que o pagamento do débito oriundo do furto de energia elétrica, antes do oferecimento da denúncia, configurava causa de extinção da punibilidade, pela aplicação analógica do disposto no art. 34 da Lei n. 9.249/95 e do art. 9º da Lei n. 10.684/2003. Ocorre que a 5ª Turma desta Corte, no julgamento do Ag. Reg. no REsp n. 1.427.350/RJ, *DJe* 14.03.2018, modificou a posição anterior, passando a entender que o furto de energia elétrica não pode receber o mesmo tratamento dado ao inadimplemento tributário, de modo que o pagamento do débito antes do recebimento da denúncia não configura causa extintiva de punibilidade, mas causa de redução de pena relativa ao arrependimento posterior. Isso porque nos crimes contra a ordem tributária, o legislador (Leis n. 9.249/95 e n. 10.684/2003), ao consagrar a possibilidade da extinção da punibilidade pelo pagamento do débito, adota política que visa a garantir a higidez do patrimônio público, somente. A sanção penal é invocada pela norma tributária como forma de fortalecer a ideia de cumprimento da obrigação fiscal. Já nos crimes patrimoniais, como o furto de energia elétrica, existe previsão legal específica de causa de diminuição da pena para os casos de pagamento da "dívida" antes do recebimento da denúncia. Em tais hipóteses, o CP, em seu art. 16, prevê o instituto do arrependimento posterior, que em nada afeta a pretensão punitiva, apenas constitui causa de diminuição da pena. Outrossim, a jurisprudência se consolidou no sentido de que a natureza jurídica da remuneração pela prestação de serviço público, no caso de fornecimento de energia elétrica, prestado por concessionária, é de tarifa ou preço público, não possuindo caráter tributário. Não há como se atribuir o efeito pretendido aos diversos institutos legais, considerando que os dispostos no art. 34 da Lei n. 9.249/95 e no art. 9º da Lei n. 10.684/2003 fazem referência expressa e, por isso, taxativa, aos tributos e contribuições sociais, não dizendo respeito às tarifas ou preços públicos. (STJ, *HC* n. 412.208-SP, 5ª T., rel. Min. Felix Fischer, p. u., j. 20.03.2018, *DJe* 23.03.2018, *Inf.* n. 622)

Furto de energia elétrica mediante fraude. Extinção da punibilidade

Furto de energia elétrica mediante fraude. Pagamento do débito antes do recebimento da denúncia. Extinção da punibilidade. Impossibilidade. Não aplicação analógica do art. 34 da Lei n. 9.249/95. No caso de furto de energia elétrica mediante fraude, o adimplemento do débito antes do recebimento da denúncia não extingue a punibilidade. Saliente-se que são três os fundamentos para a não aplicação do instituto de extinção de punibilidade ao crime de furto de energia elétrica em razão do adimplemento do débito antes do recebimento da denúncia. Em primeiro lugar, seria diversa a política criminal aplicada aos crimes contra o patrimônio e contra a ordem tributária. O furto de energia elétrica, além de atingir a esfera individual, tem reflexos coletivos e, não obstante seja tratado na prática como conduta sem tanta repercussão, se for analisado sob o aspecto social, ganha conotação mais significativa, ainda mais quando considerada a crise hidroelétrica recentemente vivida em nosso país. A intenção punitiva do Estado nesse contexto deve estar associada à repreensão da conduta que afeta bem tão precioso da humanidade. Desse modo, o papel do Estado, nos casos de furto de energia elétrica, não deve estar adstrito à intenção arrecadatória da tarifa, deve coibir ou prevenir eventual prejuízo ao próprio abastecimento elétrico do país, que ora se reflete na ausência ou queda do serviço público, ora no repasse, ainda que parcial, do prejuízo financeiro ao restante dos cidadãos brasileiros. Em segundo lugar, há impossibilidade de aplicação analógica do art. 34 da Lei n. 9.249/95 aos crimes contra o patrimônio, porquanto existe previsão legal específica de causa de diminuição da pena para os casos de pagamento da "dívida" antes do recebimento da denúncia (art. 16 do Código Penal). Destarte, ainda que se pudesse observar a existência de lacuna legal, não nos poderíamos valer desse método integrativo, uma vez que é nítida a discrepância da *ratio legis* entre as situações jurídicas apresentadas, em que uma satisfação estatal está no pagamento da dívida e a outra no papel preventivo do Estado, que se vê imbuído da proteção a bem jurídico de maior relevância. Por fim, diferentemente do imposto, a tarifa ou preço público tem tratamento legislativo diverso. A jurisprudência se consolidou no sentido de que a natureza jurídica da remuneração pela prestação de serviço público, no caso de fornecimento de energia elétrica, prestado por concessionária, é de tarifa ou preço público, não possuindo caráter tributário (*Informativo* n. 645). (STJ, RHC n. 101.299/RS, rel. Min. Nefi Cordeiro, rel. Acd. Min. Joel Ilan Paciornik, p. u., j. 13.03.2019, *DJe* 04.04.2019)

Furto. Bem de irrelevante valor pecuniário. Induzimento do próprio filho de nove anos a participar do ato de subtração. Vítima. Associação sem fins lucrativos. Especial reprovabilidade da conduta. Princípio da insignificância. Não incidência

No caso em análise, teria a paciente, segundo a denúncia, subtraído um cofrinho contendo R$ 4,80 (quatro reais e oitenta centavos) da Associação dos Voluntários de Combate ao Câncer (AVCC), induzindo seu filho de apenas nove anos a pegar o objeto e colocá-lo na sua bolsa. Nesse contexto, verifica-se que o princípio da insignificância não se aplica ao caso, porquanto, as características dos fatos revelam reprovabilidade suficiente para a consumação do delito, embora o ínfimo valor da coisa subtraída. O referido princípio se aplica a fatos dotados de mínima ofensividade, desprovidos de periculosidade social, de reduzido grau de reprovabilidade do comportamento e que a lesão jurídica provocada seja inexpressiva. (STF, *HC* n. 84.412-0/SP, Min. Celso de Mello, 2ª T., *DJU* 19.11.2004). Observa-se, assim, que não há falar em mínima ofensividade e nem reduzido grau de reprovabilidade do comportamento, porquanto foi subtraído o bem com o induzimento do próprio filho menor da ora paciente a pegá-lo e, lamentavelmente, contra uma instituição sem fins lucrativos que dá amparo a crianças com câncer. Ainda que irrelevante a lesão pecuniária provocada, porque inexpressivo o valor do bem, a repulsa social do comportamento é evidente. Viável, por conseguinte, o reconhecimento da tipicidade conglobante do comportamento irrogado. (STJ, RHC n. 93.472/MS, 6ª T., rel. Min. Maria Thereza de Assis Moura, p. u., j. 15.03.2018, *DJe* 27.03.2018, *Inf.* n. 622)

Furto simples. Subtração de sinal de TV a cabo. Atipicidade

O sinal de TV a cabo não é energia, e assim, não pode ser objeto material do delito previsto no art. 155, § 3º, do CP. Daí a impossibilidade de se equiparar o desvio de sinal de TV a cabo ao delito descrito no referido dispositivo. Ademais, na esfera penal não se admite a aplicação da analogia para suprir lacunas, de modo a se criar penalidade não mencionada na lei (analogia in malam partem), sob pena de violação ao princípio constitucional da estrita legalidade. Precedentes. Ordem concedida. (STF, *HC* n. 97.261/RS, 2ª T., rel. Min. Joaquim Barbosa, j. 12.04.2011)

Furto tentado e princípio da insignificância

Direito penal. Hipótese de aplicação do princípio da insignificância. Aplica-se o princípio da insignificância à conduta formalmente tipificada como furto tentado consistente na tentativa de subtração de chocolates, avaliados em R$ 28,00, pertencentes a um supermercado e integralmente recuperados, ainda que o réu tenha, em seus antecedentes criminais, registro de uma condenação transitada em julgado pela prática de crime da mesma natureza. A intervenção do direito penal há de ficar reservada para os casos realmente necessários. Para o reconhecimento da insignificância da ação, não se pode levar em conta apenas a expressão econômica da lesão. Todas as peculiaridades do caso concreto devem ser consideradas, como, por exemplo, o grau de reprovabilidade do comportamento do agente, o valor do objeto, a restituição do bem, a repercussão econômica para a vítima, a premeditação, a ausência de violência e o tempo do agente na prisão pela conduta. Nem a reincidência nem a reiteração criminosa, tampouco a habitualidade delitiva, são suficientes, por si sós e isoladamente, para afastar a aplicação do denominado princípio da insignificância. Nesse contexto, não obstante a certidão de antecedentes criminais indicar uma condenação transitada em julgado em crime de mesma natureza, na situação em análise, a conduta do réu não traduz lesividade efetiva e concreta ao bem jurídico tutelado. Ademais, há de se ressaltar que o mencionado princípio não fomenta a atividade criminosa. São outros e mais complexos fatores que, na verdade, têm instigado a prática delitiva na sociedade moderna. (STJ, *HC* n. 299.185/SP, 6ª T., rel. Min. Sebastião Reis Júnior, j. 09.09.2014)

Furto, princípio da insignificância e reincidência genérica. Possibilidade

A 2ª Turma concedeu *habeas corpus* para restabelecer sentença de primeiro grau, na parte em que reconhecera a aplicação do princípio da insignificância e absolvera o ora paciente da imputação de furto (CP, art. 155). Na espécie, ele fora condenado pela subtração de um engradado com 23 garrafas de cerveja e seis de refrigerante – todos vazios, avaliados em R$ 16,00 –, haja vista que o Tribunal de Justiça local afastara a incidência do princípio da bagatela em virtude de anterior condenação, com trânsito em julgado, pela prática de lesão corporal (CP, art. 129). A Turma, de início, reafirmou a jurisprudência do STF na matéria para consignar que a averiguação do princípio da insignificância dependeria de um juízo de tipicidade conglobante. Considerou, então, que seria inegável a presença, no caso, dos requisitos para aplicação do referido postulado: mínima ofensividade da conduta; ausência de periculosidade social da ação; reduzida reprovabilidade do comportamento; e inexpressividade da lesão jurídica. Afirmou, ademais, que, considerada a teoria da reiteração não cumulativa de condutas de gêneros distintos, a contumácia de infrações penais que não têm o patrimônio como bem jurídico tutelado pela norma penal (a exemplo da lesão corporal) não poderia ser valorada como fator impeditivo à aplicação do princípio da insignificância, porque ausente a séria lesão à propriedade alheia. (STF, *HC* n. 114.723/MG, 1ª T., rel. Min. Teori Zavascki, j. 26.08.2014)

Furto. Princípio da insignificância. Reiterância delitiva

Habeas corpus. Furto. Princípio dainsignificância. Inaplicabilidade. Reiterância delitiva. Abrandamento de regime inicial de cumprimento da pena. Ordem concedida de ofício. 1. A orientação firmada pelo Plenário do Supremo Tribunal Federal é no sentido de que a aferição da insignificância da conduta como requisito negativo da tipicidade, em crimes contra o patrimônio, envolve um juízo amplo, que vai além da simples aferição do resultado material da conduta, abrangendo também a reincidência ou contumácia do agente, elementos que, embora não determinantes, devem ser considerados (*HC* n. 123.533, rel. Min. Roberto Barroso, Tribunal Pleno, *DJe* 18.02.2016). 2. Busca-se, desse modo, evitar que ações típicas de pequena significação passem a ser consideradas penalmente lícitas e imunes a qualquer espécie de repressão estatal, perdendo-se de vista as relevantes consequências jurídicas e sociais desse fato decorrentes. 3. A aplicação do princípio da insignificância não depende apenas da magnitude do resultado da conduta. Essa ideia se reforça pelo fato de já haver previsão na legislação penal da possibilidade de mensuração da gravidade da ação, o que, embora sem excluir a tipicidade da conduta, pode desembocar em significativo abrandamento da pena ou até mesmo na mitigação da persecução penal. 4. Não se mostra possível acatar a tese de atipicidade material da conduta, pois não há como afastar o elevado nível de reprovabilidade assentado pelas instâncias antecedentes, ainda mais considerando os registros do Tribunal local dando conta de que o paciente é contumaz na prática delituosa, o que desautoriza a aplicação do princípio da insignificância, na linha da jurisprudência desta Corte... (STF, *HC* n. 135.164/MT, 1ª T., rel. Min. Marco Aurélio, j. 23.04.2019, DJe 06.08.2019)

Furto privilegiado

Furto. Coisa de pequeno valor. Consequência. A teor do disposto no art. 155, § 2º, do CP, se o criminoso é primário e a coisa furtada possui pequeno valor, "o juiz pode substituir a pena de reclusão pela de detenção, diminuí-la de um a dois terços ou aplicar somente a pena de multa". Mostra-se inadmissível assentar a atipicidade, mormente quando o furto ou a tentativa se fez mediante destruição ou rompimento de obstáculo. (STF, *HC* n. 107.119/RS, 1ª T., rel. Min. Marco Aurélio, j. 06.11.2012)

Furto privilegiado. Antecedentes. Consoante disposto no § 2º do art. 155 do CP, afasta o furto privilegiado a circunstância de o réu não ser primário, o mesmo ocorrendo sob o ângulo da insignificância. (STF, *HC* n. 104.109/MG, 1ª T., rel. Min. Marco Aurélio, j. 03.04.2012)

Recurso ordinário em habeas corpus. Penal. Furto. Pedido de reconhecimento de furto privilegiado (art. 155, § 2º, CP): impossibilidade. Não preenchimento do requisito segundo o qual a coisa subtraída tem de ser de pequeno valor. 1. Para o reconhecimento de furto privilegiado, o CP exige como segundo requisito que a coisa objeto do furto seja de pequeno valor. Na espécie vertente, os bens subtraídos foram avaliados em R$ 500,00, valor superior ao salário mínimo vigente à época do fato, R$ 350,00 (Lei n. 11.321/2006). 2. Recurso ao qual se nega provimento. (STF, RHC n. 111.138/ MG, 1ª T., rel. Min. Cármen Lúcia, j. 13.12.2011)

Furto qualificado. Emprego de chave falsa

Habeas corpus. Constitucional. Penal. Furto qualificado. Furto cometido com uso de chave "mixa". Alegação de constrangimento ilegal decorrente da eventual atipicidade da qualificadora do emprego de chave falsa: improcedência. Ordem denegada. 1. A jurisprudência do STF é firme no sentido de que o conceito de chave falsa abrange a chave "mixa" e todo e qualquer instrumento ou dispositivo empregado para abertura de fechaduras. Precedentes. 2. Ordem denegada. (STF, *HC* n. 106.095/RS, 1ª T., rel. Min. Cármen Lúcia, j. 03.05.2011)

Furto qualificado. Rompimento de obstáculo

Furto qualificado – rompimento de obstáculo. Configura o furto qualificado a violência contra coisa, considerado veículo, visando adentrar no recinto para retirada de bens que nele se encontravam. (STF, *HC* n. 98.606/RS, 1ª T., rel. Min. Marco Aurélio, j. 04.05.2010)

1. É firme a jurisprudência deste Supremo Tribunal no sentido de que, para a consumação do crime de furto, basta a verificação de que, cessada a clandestinidade ou a violência, o agente tenha tido a posse do objeto do delito, ainda que retomado, em seguida, pela perseguição imediata 2. A alteração do enquadramento jurídico dos fatos pelo STJ no julgamento de recurso especial não constitui ilegalidade a ensejar a concessão da ordem de ofício. 3. *Habeas corpus* denegado. (STF, *HC* n. 92.922/RS, 1ª T., rel. Min. Cármen Lúcia, j. 19.05.2009)

Furto qualificado. Subtração de objeto no interior de veículo automotor. Destruição do vidro. Rompimento de obstáculo

Agravo regimental em recurso especial. Furto qualificado pelo rompimento de obstáculo. Vidro de veículo automotor. Configuração da qualificadora. Precedente da Terceira Seção. 1. A questão em exame já foi enfrentada no âmbito da Terceira Seção desta Corte no julgamento do EREsp n. 1.079.847/SP, ocasião em que se consolidou a orientação de que a subtração de objeto localizado no interior de veículo automotor mediante o rompimento do vidro qualifica o furto. 2. Agravo regimental a que se nega provimento. (STJ, Ag. Reg. no REsp n. 1.364.606/DF, 5ª T., rel. Min. Jorge Mussi, j. 22.10.2013)

1. A subtração de objetos localizados no interior de veículo automotor, mediante o rompimento ou destruição do vidro do automóvel, qualifica o furto. Precedentes do STF. 2. De rigor a incidência da qualificadora do inciso I do § 4º do art. 155 do CP quando o agente, visando subtrair aparelho sonoro localizado no interior do veículo, quebra o vidro da janela do automóvel para atingir o seu intento, primeiro porque este obstáculo dificultava a ação do autor, segundo porque o vidro não é parte integrante da res furtiva visada, no caso, o som automotivo. [...] (STJ, EREsp n. 1.079.847/SP, 3ª S., rel. Min. Jorge Mussi, j. 22.05.2013)

Habeas corpus. Penal. Arrombamento de veículo automotor para furtar objeto. Incidência da qualificadora do inciso I do § 4º do art. 155 do CP. Precedentes. Ordem denegada. 1. A jurisprudência da Corte está consolidada no sentido de que "configura o furto qualificado a violência contra coisa, considerado veículo, visando adentrar no recinto para retirada de bens que nele se encontravam" (*HC* n. 98.606/RS, 1ª T., rel. Min. Marco Aurélio, *DJe* de 28.05.2010). 2. Ordem denegada. (STF, *HC* n. 110.119, 1ª T., rel. Min. Dias Toffoli, j. 13.12.2011)

Furto privilegiado e qualificado. Possibilidade de aplicação conjunta

Considero que o critério norteador, deve ser o da verificação da compatibilidade entre as qualificadoras (CP, art. 155, § 4°) e o privilégio (CP, art. 155, § 2°). E, a esse respeito, no segmento do crime de furto, não há incompatibilidade entre as regras constantes dos dois parágrafos referidos. 3. No caso em tela, entendo possível a incidência do privilégio previsto no § 2° do art. 155 do CP, visto que, apesar do crime ter sido cometido em concurso de pessoas, o paciente é primário e a coisa furtada de pequeno valor. 4. Ante o exposto, concedo a ordem de *habeas corpus*. (STF, *HC* n. 96.843/MS, 2ª T., rel. Min. Ellen Gracie, j. 24.03.2009)

O pleito de absolvição fundado em que o sistema de vigilância do estabelecimento comercial tornou impossível a subtração da coisa não pode vingar. A paciente e seu comparsa deixaram o local do crime, somente sendo presos após perseguição, restando, assim, caracterizada a tentativa de furto. Poderiam, em tese, lograr êxito no intento delituoso. Daí que o meio para a consecução do crime não era absolutamente ineficaz. Ordem indeferida. (STF, *HC* n. 95.613/RS, 2ª T., rel. Min. Eros Grau, j. 11.11.2008)

Furto duplamente qualificado. Destruição de coisa/rompimento de obstáculo e concurso de pessoas

I – A destruição ou avaria de automóvel para a subtração de objeto que se encontra em seu interior faz incidir a qualificadora prevista no inciso I do § 4° do art. 155 do CP. II – O rompimento de obstáculo para alcançar a res furtiva leva a uma maior reprovabilidade da conduta. III – Concurso de agentes igualmente caracterizado na espécie. IV – A regra do art. 155, § 4°, IV, do CP não pode ser substituída pela disposição constante do art. 157, § 2°, do mesmo *Codex*, sob a alegação de ofensa ao princípio da proporcionalidade. V – Não é possível aplicar-se a majorante do crime de roubo ao furto qualificado, pois as qualificadoras relativas ao furto – que possuem natureza jurídica de elementar do tipo – não se confundem com as causas de aumento de pena na hipótese de roubo. VI – É defeso ao julgador aplicar, por analogia, sanção sem previsão legal, ainda que para beneficiar o réu, ao argumento de que o legislador deveria ter disciplinado a situação de outra forma. VII – Ordem denegada. (STF, *HC* n. 95.351/RS, 1ª T., rel. Min. Ricardo Lewandowski, j. 21.10.2008)

3. OBSERVAÇÕES

São diversos os julgados que têm admitido a aplicação do princípio da insignificância em crimes de furto. O STF estabeleceu alguns critérios para adotar o princípio da insignificância, não bastando, quanto ao furto, o ínfimo valor do bem subtraído; são os seguintes critérios: "(a) a mínima ofensividade da conduta do agente, (b) nenhuma periculosidade social da ação, (c) o reduzidíssimo grau de reprovabilidade do comportamento e (d) a inexpressividade da lesão jurídica provocada" (*HC* n. 84.412/SP, 2ª T., rel. Min. Celso de Mello, j. 19.10.2004).

Embora o estabelecimento de critérios tenha sido um avanço, verifica-se, facilmente, que os critérios são muito abertos, levando a margens demasiadamente altas de discricionariedade judicial e a decisões contraditórias, e incorporando aspectos de direito penal de autor.

Não se tem aplicado o princípio da insignificância, nos seguintes casos: furto de fios elétricos, pois "afeta serviço essencial da sociedade" (STF, *HC* n. 118.361/MG, 2ª T., rel. Min. Gilmar Mendes, j. 25.02.2014); quando o agente usa chave falsa (STF, *HC* n. 117.040/DF, 2ª T., rel. Min. Gilmar Mendes, j. 03.12.2013), ou rompe obstáculo (STF, *HC* n. 118.584/MG, rel. Min. Cármen Lúcia, j. 26.11.2013; *HC* n. 107.119/RS, 1ª T., rel. Min. Marco Aurélio, 06.11.2012). Igualmente, não se aplica o princípio da insignificância, tomando em consideração aspectos do autor do crime, em alguns casos: se se trata de servidor militar, por crime cometido dentro de estabelecimento militar (STF, *HC* n. 120.812/PR, 2ª T., rel. Min. Cármen Lúcia, j. 11.03.2014), se os acusados "são reincidentes ou de habitualidade delitiva comprovada" (STF, *HC* n. 117.083/SP, 2ª T., rel. Min. Gilmar Mendes, j. 25.02.2014), ou até se o agente "possui expressiva ficha de antecedentes e é costumeiro na prática de crimes da espécie" (STF, *HC* n. 111.077/RS, 2ª T., rel. Min. Teori Zavascki, j. 10.12.2013).

No que toca ao valor, o STJ tem decidido, com razoável constância, que, quanto aos crimes contra o patrimônio, o limite máximo deve ser fixado em 10% do salário mínimo à época dos fatos. Em valores de hoje, isso representa exatos R$ 99,80 (noventa e nove reais e oitenta centavos). Esse patamar máximo de 10% tem sido mencionado em diversos acórdãos do STJ, que chegam a mencionar que o entendimento nesse sentido é firme.

Furto de coisa comum

Art. 156. Subtrair o condômino, coerdeiro ou sócio, para si ou para outrem, a quem legitimamente a detém, a coisa comum:

Pena – detenção, de 6 (seis) meses a 2 (dois) anos, ou multa.

§ 1º Somente se procede mediante representação.

§ 2º Não é punível a subtração de coisa comum fungível, cujo valor não excede a quota a que tem direito o agente.

1. COMENTÁRIO

1.1. Notas introdutórias

O art. 156 do CP estabelece uma forma **privilegiada** de furto, quando a coisa subtraída é um bem comum ao agente e à vítima. Tal disposição, como admite Hungria (*Comentários ao Código Penal*, 1958, v. VII, p. 49), é "uma reprodução do art. 627 do Código Penal italiano" de 1930. Em nosso direito anterior, não havia tal privilégio; ao contrário, o art. 334 do CP de 1890 estabelecia que havia furto simples, mesmo que "a coisa pertença a herança ou comunhão em estado de indivisão".

Um fragmento de Paulo ("*rei hereditariae furtum non fit*", no Digesto 47, 19, 6) indica que, no antigo direito romano, o coerdeiro que subtraía bens da herança indivisa não cometia crime de furto; mas aos prejudicados cabia a *actio expilatae hereditatis,* para a reparação do dano. Essa modalidade de privilégio é desconhecida de diversas legislações.

Embora alguns autores (como Fiandaca e Musco em *Diritto penale*: Parte Speciale, 1996, v. II, p. 94) discutam a legitimidade do privilégio (entendendo que não haveria menor periculosidade social nem menor intensidade de dolo em quem furta coisa comum), é inegável, a nosso ver, a menor gravidade intrínseca à conduta de subtrair coisa de que se é, em parte, dono.[21]

1.2. Objetividade jurídica

Os bens jurídicos que podem ser violados, com a prática da conduta típica, são a **copropriedade**, a **posse legítima** e a **detenção legítima**. Alguns autores (MIRABETE, Julio Fabbrini. *Manual de direito penal*, 2003, v. 2, p. 235; BITENCOURT, Cezar Roberto. *Tratado de direito penal*: Parte Especial, 2008, v. 3, p. 61) falam apenas em propriedade e posse legítima, enquanto outros (GRECO, Rogério. *Curso de direito penal*: Parte Especial, 2012, v. III, p. 50; PRADO, Luiz Regis. *Curso de direito penal*, 2000, v. 2, p. 384), mantendo a propriedade e a posse, não mencionam o requisito de legitimidade desta última; e, por fim, há quem só se refira, genericamente, a patrimônio (JESUS, Damásio E. *Direito penal*, 1997, p. 331).

Na medida em que o sujeito é, por igual, proprietário da coisa, não se poderia dizer que a conduta típica viola, pura e simplesmente, a propriedade; viola-se, mais precisamente, a copropriedade. O advérbio "legitimamente" impõe, a nosso ver, que se reconheça que a tipicidade da conduta exige que se trate de posse legítima: isto repercute, portanto, para delimitar o bem jurídico que pode ser violado. De outro lado, também há tipicidade se se trata de mera detenção legítima (eis que a lei usa o verbo "detém", e não "possui"); assim, se alguém, por permissividade ou tolerância do proprietário ou do possuidor, detém legitimamente uma coisa (e, portanto, não tem a posse, conforme art. 1.208, CC), essa relação fático-jurídica que se estabelece entre o detentor e a coisa também pode ser violada pela prática da conduta típica.

1.3. Sujeitos

Tem-se, aqui, um crime próprio, eis que o tipo exige, do sujeito ativo, qualidades especiais. Somente o condômino, o sócio ou o coerdeiro pode ser *sujeito ativo* deste crime. Essa condição é elementar e indeclinável, transmitindo-se ao partícipe que não a detenha (art. 30, CP). Correlatamente, o sujeito passivo será o condômino, sócio ou coerdeiro. O terceiro que legitimamente tenha a posse ou a detenção da coisa, mesmo que não detenha uma dessas qualidades (condômino, sócio ou coerdeiro), também pode ser sujeito passivo.

1.4. Análise da(s) conduta(s) descrita(s) no tipo

A conduta típica consiste em subtrair coisa comum, a quem legitimamente a detém. *Subtrair*, aqui, tem significado idêntico ao do crime de furto; portanto, tirar ou retirar algo da posse de outrem. Subtrair exige conduta ativa; assim, o crime é comissivo, só se comete por ação (confira, mais extensamente, o comentário ao art. 155, CP, supra).

Como leciona Caio Mário da Silva Pereira, "dá-se **condomínio**, quando a mesma coisa pertence a mais de uma pessoa, cabendo a cada uma delas igual direito, idealmente, sobre o todo e cada uma das partes" (*Instituições de direito civil*: direitos reais, 2013, v. IV, p. 151). **Herança** é o patrimônio de um falecido que se transmite aos seus herdeiros. Com a morte de alguém, estabelece-se, entre os seus herdeiros, um estado provisório de comunhão, que só finda com a partilha, que

21 No mesmo sentido do texto: HUNGRIA, op. cit., 1958, v. VII, p. 48: "é manifesta a menor gravidade da subtração de coisa de que o agente é comunheiro; FRAGOSO, Heleno Cláudio. *Lições de direito penal*: Parte Especial, 1995, v. 1, p. 203.

conferirá, a cada herdeiro, sua cota individual e concreta (NORONHA, Edgard Magalhães. *Direito penal*, 1963, v. 2, p. 305). Coerdeiro é aquele que tem direito a uma parte ideal de uma herança.

Sócio é uma pessoa física ou jurídica que detém cotas do capital social de uma pessoa jurídica; para fins de furto de coisa comum, interessa apenas a pessoa física. Esse é o conceito de sócio de direito. O dispositivo também abarca a sociedade de fato; assim, se duas pessoas são sócias, de fato, nos direitos de propriedade de algum bem móvel, também se aplica o presente artigo.

A coisa deve ser *comum,* "isto é, deve pertencer a mais de uma pessoa, que pode sobre ela exercer direito limitado pela propriedade dos demais" (FRAGOSO, op. cit., 1995, v. 1, p. 204). Se a coisa for *alheia,* o crime é, por evidente, o de furto simples – art. 155, CP – e não o de furto de coisa comum, desde que conjugado ao dolo próprio daquele crime. Se a coisa for própria, não há crime algum, salvo a possibilidade de configuração do crime do art. 346, CP.

Embora o tipo não mencione expressamente, a coisa comum, como é da própria natureza do furto, deve ser *móvel.* Coisa móvel – como vimos nos comentários ao crime de furto – é aquela coisa que pode ser movida de um local para outro, desprezadas as ficções da lei civil.

Discute-se, na doutrina italiana (cujo art. 627 tem redação idêntica), se é imprescindível, para a configuração deste delito, que a comunhão da coisa decorra especificamente da condição de "coproprietário, sócio ou coerdeiro", ou se tal comunhão poderia decorrer de outra relação jurídica (p. ex., colegatário). Pagliaro, embora diga que incluir o "colegatário" violaria o princípio da legalidade, opina, atento à equidade, no sentido de que, no direito penal, devem prevalecer, sobre a linguagem técnica, os significados que a linguagem comum atribui às expressões linguísticas; por tal motivo, considerando que "*un 'collegatario' non è, nel linguaggio comune, figura diversa dal 'coeredere'*", admite caracterizar-se o furto de coisa comum, e não o furto simples ("Sottrazione di cose comuni". *Digesto delle Discipline Penalistische*, 1997, v. XIII, p. 515). Não nos parece haver violação ao princípio da legalidade; a hipótese simplesmente não foi prevista, o que configura lacuna, que pode ser integrada por analogia *in bonam partem*; admitir a prevalência da linguagem comum não parece ser a melhor técnica.

Se os bens pertencem a uma sociedade que não detenha personalidade jurídica, os autores, em geral, se pronunciam pela configuração do delito de furto de coisa comum. Candente controvérsia se estabelece se o furto é praticado por cotista de uma sociedade legalmente constituída, contra o patrimônio da própria sociedade: discute-se se há furto de coisa comum (art. 156, CP) ou furto simples (art. 155, CP). A questão assume grande importância, eis que, na hipótese de prevalecer a interpretação de trata-se de furto simples, podem ser aplicadas as respectivas qualificadoras e majorante.

Nélson Hungria, um dos autores do CP, defendia que se configura furto de coisa comum, assim se manifestando: "o direito penal, essencialmente realístico, é infenso às ficções ou abstrações do direito civil ou comercial. Na realidade prática, não obstante o princípio de que *societas distat a singulis*, o patrimônio que serve ao fim comum é condomínio ou propriedade comum dos sócios. E isso mesmo reconhece o nosso próprio CC (art. 1.373). O art. 156 (reprodução do art. 627 do Código Penal italiano) não distingue entre sócio e sócio. É inquestionável que, se quisesse fazer distinção, teria acrescentado à palavra sócio a cláusula 'salvo em se tratando de sociedade com personalidade jurídica'. Não fez, nem podia fazer tal distinção, pois, de outro modo, estaria infringindo o '*ubi eadem ratio, ibi eadem dispositio*'" (op. cit., 1958, v. VII, p. 438-49 – no mesmo sentido, JESUS, op. cit., 1997, p. 332; e GRECO, op. cit., 2012, v. III, p. 53). Rogério Greco defende que essa interpretação se impõe porque "o sócio se sente dono do patrimônio de sua empresa, que inclusive foi idealizada por ele" (op. cit., 2012, v. III, p. 53).

A razão, ao que nos parece, está com a corrente dominante, inaugurada, no Brasil, por Magalhães Noronha, e que defende que a hipótese é de furto simples (art. 155, CP).[22] Ainda que seja verdade que a lei se refere, sem distinguir, a **sócio**, também é verdade que a lei exige que se trate de coisa **comum**. Não há dúvida alguma de que, para fins extrapenais (civis, tributários etc.), os bens incorporados ao patrimônio de uma sociedade legalmente constituída são bens **próprios** da sociedade; os sócios da sociedade são meros proprietários de cotas ou de ações da sociedade (conforme a forma societária), não sendo proprietários

22 Na Itália, cujo *Codice Penale* foi claramente a inspiração para o art. 156 do CP brasileiro, a doutrina também é amplamente favorável a essa interpretação (cf. MANZINI, V., *Trattato*, v. IX, 1952, p. 113).

(nem coproprietários) dos próprios bens. Esses bens são da sociedade, e são assim considerados pelos demais ramos do direito. Essas considerações, por implicarem que as coisas de uma sociedade são **alheias** em relação ao sócio, levam à conclusão de que o sócio que furta coisa da sociedade pratica crime de furto simples. Nesse sentido se orienta a maioria da doutrina (NORONHA, op. cit., 1963, v. 2, p. 306; FRAGOSO, op. cit., 1995, v. 1, p. 204; MIRABETE, op. cit., 2003, v. 2, p. 235; BITENCOURT, op. cit., 2008, v. 3, p. 62; DUTRA, Mário Hoeppner. *O furto e o roubo*, 1955, p. 149; PRADO, op. cit., 2000, v. 2, p. 384) e da jurisprudência (TJSP, Ap. n. 16.087, 2ª Câm. Crim., rel. Des. Bernardes Junior, j. 24.04.1947, *RT* 168/492).

Não nos parece que essa solução necessariamente viole, como diz Hungria, a regra lógica da *ubi eadem ratio, ibi eadem dispositio*: a sociedade formalmente constituída, a cujo patrimônio tenham sido incorporados bens, não está na mesma posição que a sociedade que não detém personalidade jurídica.

De lege lata, é, a nosso ver, possível adotar duas importantes restrições: **primeira**, caso a coisa não tenha sido formal e expressamente – isto é, por um ato jurídico solene – incorporada ao patrimônio da pessoa jurídica, não se configura o crime de furto simples, mas o de coisa comum; e segunda, no caso de empresa individual de responsabilidade limitada (introduzida pela Lei n. 12.441/2011, arts. 980-A e segs., CC), não há crime contra o patrimônio, eis que o único sócio é dono da totalidade das cotas sociais. *De lege ferenda*, parece-nos que seria desejável que a redação do art. 156, CP fosse alterada para incluir a subtração praticada por sócio contra o patrimônio de sociedade simples ou de responsabilidade limitada de que faça parte.[23]

Na medida em que o tipo exige a legitimidade de quem detém, não há o crime de furto de coisa comum se a posse ou detenção é ilegítima (no mesmo sentido: NORONHA, op. cit., 1963, v. 2, p. 308; JESUS, op. cit., 1997, p. 332). Assim, se um condômino, coerdeiro ou sócio subtrair a coisa comum de quem não a detém legitimamente, não pratica o crime.

O agente deve subtrair a coisa comum para si ou para outrem. Assim, as hipóteses de furto de uso também *não* podem constituir furto de coisa comum, não se devendo aplicar, aqui, os rigores da configuração do furto de uso para as hipóteses em que se trata de coisa alheia. É que o mero uso é, certamente, um dos poderes que o coproprietário inequivocamente tem.

Se o próprio agente tiver a posse da coisa comum, não há o crime de furto de coisa comum. Na lição comum dos autores (FRAGOSO, op. cit., 1995, v. 1, p. 203-4; ESTEFAM, André. *Direito penal*, 2010, v. 2, p. 381; GRECO, op. cit., 2012, v. III, p. 54; MIRABETE, op. cit., 2003, v. 2, p. 235; BITENCOURT, op. cit., 2008, v. 3, p. 61; JESUS, op. cit., 1997, p. 322; HUNGRIA, op. cit., 1958, v. VII, p. 49; DUTRA, op. cit., 1955, p. 147) e para alguns julgados (TJRS, Ap. n. 17.147, 1ª Câm. Crim., rel. Des. Oldemar Toledo, j. 10.06.1959, *RF* 192/409), configurar-se-ia, nessa hipótese, o delito de apropriação indébita (art. 168, CP). Não se pode concordar com essa lição: primeiramente, porque o art. 168 do CP exige *expressamente* que se trate de coisa alheia, e coisa comum *não* é coisa alheia (a literalidade da lei é o limite *máximo* de expansão interpretativa criminalizante); e, em segundo lugar, a hipótese se aproxima, muito mais, dos casos dos incisos I e II do art. 169, CP, eis que, nesses, trata-se de apropriação de uma coisa que cabe, em parte, ao agente (no caso de tesouro achado em prédio alheio, deve haver, por lei, divisão paritária entre o proprietário do prédio e quem o achou, conforme art. 1.264, CC) ou cujo achado cria direito a recompensa de 5% do valor e indenização de despesas (no caso de achado de coisa perdida, quem restitui tem esses direitos, conforme art. 1.234, CC). Isso mostra que a lei trata, com menor severidade, apropriações de coisas comuns, não se justificando uma equiparação de uma apropriação de coisa comum, aliás violadora do princípio da legalidade, ao art. 168 do CP (por violar a vedação de analogia e por violar a literalidade da lei). A hipótese de apropriação de coisa comum é, a nosso ver, de atipicidade penal, por não haver criminalização específica, resolvendo-se a questão na esfera cível.[24]

---

23 Quanto a sociedades anônimas (que, dos seis tipos de sociedades, está, junto com a sociedade simples e a sociedade de responsabilidade limitada, entre os tipos mais frequentes), não me parece razoável que o mero fato de alguém ser acionista dessa pessoa jurídica, que apresenta peculiaridades importantes (tendo, p. ex., que publicar balanços e, se tiver capital aberto, tendo ações em Bolsa), possa fundamentar enquadramento do tipo penal autônomo menos grave.

24 Weber Martins Batista entende que "o fato caracterizará o crime de apropriação indébita, previsto no art. 168 do Código Penal, pois não existe a figura da apropriação indébita de coisa comum", embora diga que "no máximo, e se for o caso,

Equiparar a um dos incisos do art. 169 do CP ainda seria, por igual, analogia vedada, mas, certamente, menos pior do que – como a maioria dos autores – enquadrar a hipótese no art. 168 do CP.

No caso em que o agente emprega violência ou grave ameaça para obter a posse da coisa comum, dizem os autores que a hipótese seria de roubo (art. 157, CP). Heleno Fragoso chega a dizer que "essa solução é inteiramente pacífica"; e Bitencourt defende essa posição, "independentemente da natureza comum do objeto material da subtração".[25] Não se pode concordar com essa solução. Coisa comum não é, repita-se, coisa alheia, que o art. 157 do CP também exige. Coisa alheia é a coisa que, nem mesmo em parte, é própria. O CP argentino, reconhecendo o problema, estabelece que há roubo quando a coisa é "*total o parcialmente ajena*" (art. 164), expressão que nossa lei não adota. A violência ou grave ameaça não ficará, por evidente, impune, mas não se pode sacrificar o princípio da legalidade; a nosso ver, a hipótese é de concurso *formal* de crimes, entre o furto de coisa comum e o crime relativo à violência ou à grave ameaça (ameaça, lesão corporal etc.).

A majorante (§ 1º), a minorante (§ 2º) e as qualificadoras (§§ 4º e 5º) do furto simples (art. 155, CP) não se aplicam ao furto de coisa comum, pelo simples fato de que sua posição topográfica indica que se referem tão somente àquele delito.[26] O § 3º do art. 155 do CP, que equipara "à coisa móvel a energia elétrica ou qualquer outra que tenha valor econômico" *não* se aplica, pelos mesmos motivos topográficos, ao art. 156, CP; isso pode levar, sem dúvida, a uma situação iníqua, que, todavia, não pode ser suprida pelo intérprete sem ferir o princípio da legalidade.

poderá beneficiar-se o agente da regra do art. 170", que estende àqueles crimes o disposto no art. 155, § 2º, ou seja, que consagra a apropriação indébita privilegiada (*O furto e o roubo no direito e no processo penal*, 1995, p. 191-2).

25 FRAGOSO, op. cit., 1995, v. 1, p. 204; GRECO, op. cit., 2012, v. III, p. 54; HUNGRIA, op. cit., 1958, v. VII, p. 49; BITENCOURT, op. cit., 2008, v. 3, p. 61. Weber M. Batista, justificando a solução, diz que "o bem é alheio, ainda que apenas em parte e, por outro lado, o Código não contempla, como tipo especial, menos grave, a figura do roubo de coisa comum" (op. cit., 1995, p. 192).

26 Assim, FRAGOSO, op. cit., 1995, v. 1, p. 204; no mesmo sentido, mas referindo-se expressamente apenas às qualificadoras, BITENCOURT, op. cit., 2008, v. 3, p. 63; DUTRA, op. cit., 1955, p. 151; HUNGRIA, op. cit., 1958, v. VII, p. 49.

1.5. Causa de atipicidade penal material

O art. 156, § 2º, estabelece que "não é punível a subtração de coisa comum fungível, cujo valor não excede a quota a que tem direito o agente". Bens *fungíveis* são "os móveis que podem substituir-se por outros da mesma espécie, qualidade e quantidade" (art. 85, CC). Se a coisa comum é fungível e seu valor não excede a quota legítima do agente, diz a lei que a subtração "não é punível". A matéria é mantida na esfera exclusivamente cível; tem-se, aqui, claramente, uma manifestação dos princípios da subsidiariedade e da intervenção mínima.

Há discrepância (embora não haja verdadeira discussão) acerca da natureza jurídica da hipótese instituída nesse dispositivo legal. A definição não é irrelevante, eis que pode ter importância para casos de concurso de agentes e de erro. Hungria dizia que "o fato deixa de ser punível (§ 2º do art. 156), embora persista como objetivamente antijurídico, tanto assim que não desaparece como ilícito civil" (op. cit., 1958, v. VII, p. 49). Magalhães Noronha fala em isenção de pena (op. cit., 1963, v. 2, p. 308). Heleno Fragoso e Julio Mirabete só afirmam que, nessa hipótese, "o fato será impunível", sem esclarecer-lhe a natureza jurídica (FRAGOSO, op. cit., 1995, v. 1, p. 204; MIRABETE, op. cit., 2003, v. 2, p. 236). Damásio de Jesus assevera que "não se trata de causa de isenção de pena, como pretendem alguns autores. Na verdade, a norma penal permissiva diz que 'não é punível a subtração'. Fato impunível em matéria penal é fato lícito. Note-se que o legislador não diz que não é punível o agente, mas sim que não é punível a subtração. Trata-se, em face disso, de subtração lícita. Temos, então, causa de exclusão da antijuridicidade e não de isenção de pena" (op. cit., 1997, p. 332-3). Cezar R. Bitencourt, sem tecer maiores considerações, a julga uma "espécie de 'excludente de antijuridicidade especial'" (op. cit., 2008, v. 3, p. 62); e Nucci uma "causa específica de exclusão da ilicitude" (*Manual de direito penal*: Parte Geral, Parte Especial, 2008, p. 693).

Não se pode concordar com a tese de que se trataria de causa de exclusão da ilicitude. Se assim fosse, não haveria, por igual, ilicitude para os demais ramos do direito (como bem diz Hungria), salvo se se admitisse haver uma ilicitude exclusivamente penal. A ilicitude, a nosso ver, é una. Por outro lado, também não se pode considerar que seja mera causa de isenção de pena ou escusa absolutória, pelo fato de que, subjacentes à abdicação de punição penal, não se encontram motivos de impossibilidade ou de exigibilidade de comportar-se de acordo com o direito, nem de mera inconveniência de impor-se pena, mas sim razões que indicam falta de conflitividade e de lesividade. Ademais, considerar a hipótese de mera causa de isenção de pena ou escusa absolutória poderia representar, com clara iniquidade, isenção apenas para o agente que tivesse direito à quota, mas não a um coautor ou a um partícipe que o auxiliasse, além de dificultar sobremaneira o reconhecimento de hipóteses de erro.

As referências à fungibilidade da coisa e ao fato de o valor não exceder a quota legítima do agente indicam que a lei reconhece a ausência de conflitividade e de lesividade contidas na conduta formalmente típica, não podendo, portanto, ser elevada à condição de uma conduta típica. A hipótese aqui, a nosso ver, é de ausência de tipicidade material ou, na dicção de Zaffaroni, Batista, Alagía e Slokar, de ausência de tipicidade conglobante (ZAFFARONI, Eugênio Raúl et al. *Direito penal brasileiro*, 2010, v. II, p. 212 e segs.). Heleno Fragoso, em lição que favorece essa solução, diz que, na hipótese do art. 156, § 2º, CP, "o dano é desprezível, relacionando-se apenas com o interesse do condomínio ou da sociedade" (op. cit., 1995, v. 1, p. 204). Magalhães Noronha, citando Manzini, fala aqui em "*mancanza di danno penalmente valutabile*" (op. cit., 1963, p. 309). O próprio Hungria admite que não ocorreria, na hipótese, "dano relevante" ou não estaria presente "a gravidade que informa o ilícito penal patrimonial" (op. cit., 1958, v. VI, p. 50). Só não há injusto penal (por ausência de tipicidade), mas a ilicitude não está excluída, permitindo consequências em outros ramos do direito. Essa solução favorece, ainda, a extensão do dispositivo ao coautor e ao partícipe que não detenham a condição pessoal exigida pelo tipo, e permite tratamento mais equânime à hipótese de erro.

A circunstância de a lei penal usar o termo "punível" não deve impressionar, por dois motivos. Primeiro, porque a tipicidade, no sentido que hoje a conhecemos, nasceu, no começo do século XX, de uma costela da categoria da punibilidade[27] ("ameaçada com pena"), e tal conceito ainda não havia sido albergado pela maioria da doutrina italiana no momento da edição do *Codice Penale* de 1930 (que foi o modelo de nosso art. 156, e também se referia a *non punibile*); e, segundo, porque, à época da edição do Código Penal, a tipicidade ainda era um conceito formal, neutro e avalorado (isto é, ainda não havia se materializado[28]).

Se a coisa for fungível (mas seu valor exceder a quota-parte a que o agente teria direito) ou se for infungível (ainda que tal coisa não exceda tal quota-parte), não se aplica a excludente de tipicidade. A fungibilidade não fica condicionada à vontade do agente, mas pode ocorrer fungibilidade em função de acordo de vontades (JESUS, 1997, v. 2, p. 333). A doutrina tem considerado que, mesmo em se tratando de bem fungível, se o agente escolhe a melhor parte, há crime (ibidem, v. 2, p. 333).

Tem, a meu ver, razão Heleno Fragoso, ao afirmar que: "A controvérsia sobre a cota de cada sócio, condômino ou herdeiro, se não for de difícil solução poderá ser resolvida pelo juiz criminal, consoante a regra do art. 93 do CPP. A dúvida sobre a condição de sócios, herdeiro ou condômino, porém, constitui questão prejudicial, que somente no juízo cível poderá ser resolvida, suspendendo o juiz criminal o curso do processo (art. 92, CPP). Se a ação for praticada em qualquer das circunstâncias que qualificam o furto, não haverá qualquer alteração na configuração jurídica do crime, devendo reconhecer-se, em qualquer caso, a infração do art. 156, CP".[29]

1.6. Elemento subjetivo

A tipicidade do delito de furto de coisa comum só se configura a título de dolo. Não há modalidade culposa. É indispensável que a consciência e a vontade de furtar do agente abranjam diversos aspectos: (i) o fato de se tratar de coisa comum; (ii) a legitimidade da detenção da coisa comum (seja por parte do condômino, coerdeiro

27 Antes da obra pioneira de Ernst von Beling, os autores falam em ação antijurídica, culpável e ameaçada com pena, que englobava a previsão de pena e a possibilidade jurídica de imposição de pena.

28 Apenas a antijuridicidade havia se materializado, a partir de 1905, na obra de Franz von Liszt, que distinguia entre antijuridicidade formal e antijuridicidade material, ressaltando que aquele era o limite infranqueável desta. A perversão dessa relação pelos juristas nazistas levaria à compreensão do perigo de admitir-se a categoria da antijuridicidade material, levando a que houvesse uma materialização da tipicidade, que, como se sabe, é conceito umbilicalmente ligado ao princípio da legalidade, sendo, portanto, algo mais difícil – embora não impossível – sua perversão.

29 Op. cit., 1995, v. 1, p. 204. Em idêntico sentido, HUNGRIA, op. cit., 1958, v. VI, p. 50-1.

ou sócio, seja do mero possuidor); e (iii) a circunstância de fazê-lo "para si ou para outrem".

Assim, se o agente, ao subtrair uma coisa comum, imagina estar a subtrair coisa *própria* (e não comum), não há tipicidade subjetiva. Se o agente, ao subtrair coisa comum, imagina tratar-se de coisa *alheia* (e não comum), o crime, ainda assim, é o do art. 156 do CP, eis que o dolo de furtar coisa alheia é um *plus* em relação ao dolo de furtar coisa comum (BITENCOURT, op. cit., 2008, v. 3, p. 63; FRAGOSO, op. cit., 1995, v. 1, p. 204; GRECO, op. cit., 2012, v. III, p. 51). Se, ao contrário, o agente, ao subtrair coisa alheia, imagina estar a subtrair coisa comum, há, também, o crime do art. 156 do CP.

Se o agente crê seriamente, ainda que por erro, que é ilegítimo o título da detenção da coisa comum, não se configura o crime de furto de coisa comum, eis que o dolo do agente deve abranger a legitimidade da detenção. Se o agente crê, seriamente (ainda que por erro), que sua pretensão é legítima, não há que se falar em furto de coisa comum, mas, eventualmente, de crime de exercício arbitrário das próprias razões (art. 345, CP); nesse sentido: TJRS, Ap. n. 17.147, 1ª Câm. Crim., rel. Des. Oldemar Toledo, j. 10.06.1959.

Se o agente crê equivocadamente que o bem é fungível e que não excede sua cota-parte, a hipótese é de erro quanto a aspecto da tipicidade material, o que constitui erro de proibição direto, sobre o alcance da norma (ZAFFARONI-ALAGIA-SLOKAR. *Derecho penal*, 2000, p. 702-3).

1.7. Consumação e tentativa

O critério, aqui, tem de ser o mesmo do furto simples (JESUS, op. cit., 1997, p. 332). A consumação do crime ocorre, a nosso ver, quando o agente adquire, ainda que momentaneamente, a posse mansa e pacífica da coisa comum (tal como defendemos quanto ao crime de furto – art. 155, CP). Considerar consumado o delito pela mera retirada da possibilidade de disposição do bem por parte da vítima constitui tornar o furto de coisa comum um crime de perigo.

Se o agente só tirar a coisa comum, sem deter a posse mansa e pacífica, haverá crime tentado (no mesmo sentido, PRADO, op. cit., 2000, v. 2, p. 385). Quanto ao crime de furto de coisa comum, antecipar o momento consumativo para o momento em que o outro condômino, sócio ou coerdeiro, que legitimamente detenha a coisa, não tivesse a possibilidade de disposição do bem representaria odiosa antecipação da consumação, levando à criminalização de hipótese em que não haveria ilícito algum. Lembre-se de que o coproprietário tem direito de uso da coisa.

1.8. Classificação

O crime de furto é um crime comum (podendo ser praticado por qualquer pessoa), material (exige o resultado de posse mansa e pacífica da coisa), plurissubsistente (as ações que constituem o tipo podem ser fracionadas), de concurso eventual (isto é, pode ser praticado por uma só pessoa), doloso (não há furto culposo), comissivo (não há furto por omissão), de forma livre (não há modo de execução predeterminado) e de dano (exige-se violação efetiva ao bem jurídico, e não mera periclitação).

1.9. Pena e ação penal

Comina-se pena sensivelmente inferior à do furto simples. Aqui, são cominadas, alternativamente, pena privativa de liberdade (de detenção), de 6 meses a 2 anos, ou pena de multa.

A ação penal é pública, dependendo, todavia, de *representação* da parte ofendida. Como bem lembra Magalhães Noronha, andou bem o legislador, eis que "no delito em espécie, a ação penal pode ser mais nociva ao lesado do que o próprio crime. A publicidade do processo pode abalar o crédito da sociedade, ou os interesses do condomínio, ou o nome dos coerdeiros" (op. cit., 1963, v. 2, p. 308).

2. JURISPRUDÊNCIA

2.1. Julgados

Furto de coisa comum. Conduta praticada por sócio. Não configuração. Aplicabilidade do art. 168 do CP

Se o sócio desvia coisa da sociedade de que faz parte e em cuja direção se encontra, não há cogitar do delito de furto de coisa comum, podendo ocorrer, se reunidos todos os elementos integrantes da figura, o crime de apropriação indébita. (TJRS, Ap. n. 17.147, 1ª Câm. Crim., rel. Des. Oldemar Toledo, j. 10.06.1959, *RF* 192/409)

Furto de coisa comum. Conduta praticada por sócio. Não configuração. Aplicabilidade do art. 155 do CP

O sócio ou acionista da sociedade que se constituir como pessoa jurídica não pratica, se subtrair bens a ela pertencentes, o furto de coisa comum. O crime que ele comete, realizando essa subtração, é o de coisa alheia, punível nos termos do art. 155 e seus parágrafos do CP.

(TJSP, Ap. n. 16.087, 2ª Câm. Crim., rel. Des. Bernardes Junior, j. 24.04.1947, *RT* 168/492)

Não se vislumbra, sequer em tese, o delito de furto de coisa comum atribuído a sócio-gerente da firma a que pertencem os bens ditos subtraídos, máxime estando os sócios em litígio judicial. (TACrimSP, *HC* n. 70.396, 4ª Câm. Crim., rel. Juiz Reis Freire, j. 02.09.1976, *RT* 493/346)

Furto de coisa comum. União estável. Não configuração

Para o reconhecimento do delito previsto no art. 156 do CP, não basta a mera assertiva a respeito da existência da união estável, que se enquadre nos limites previstos no art. 226, § 3º, da CF, é necessária a presença de provas evidentes que demonstre tal fato. (TACrimSP, Ap. n. 967.735/5, 2ª Câm. Crim., rel. Juiz Mathias Coltro, 05.10.1995)

Furto de coisa comum. Separação de corpos

Inocorre furto na conduta do agente que, estando separado da vítima, sua ex-esposa, em decorrência de alvará de separação de corpos, aproveita-se da ausência momentânea da mesma, e ingressa na residência desta, subtraindo determinados objetos, podendo, eventualmente, tal ação caracterizar os delitos dos arts. 330, 345, 346 ou 156, todos do CP. (TACrimSP, Ap. n. 821.511/0, 7ª Câm. Crim., rel. Juiz Luiz Ambra, j. 15.12.1994)

CAPÍTULO II
DO ROUBO E DA EXTORSÃO

Roubo

Art. 157. Subtrair coisa móvel alheia, para si ou para outrem, mediante grave ameaça ou violência a pessoa, ou depois de havê-la, por qualquer meio, reduzido à impossibilidade de resistência:

Pena – reclusão, de 4 (quatro) a 10 (dez) anos, e multa.

§ 1º Na mesma pena incorre quem, logo depois de subtraída a coisa, emprega violência contra pessoa ou grave ameaça, a fim de assegurar a impunidade do crime ou a detenção da coisa para si ou para terceiro.

§ 2º A pena aumenta-se de 1/3 (um terço) até metade:

Parágrafo com redação dada pela Lei n. 13.654, de 23.04.2018.

I – (*Revogado pela Lei n. 13.654, de 23.04.2018.*)

II – se há o concurso de duas ou mais pessoas;

III – se a vítima está em serviço de transporte de valores e o agente conhece tal circunstância;

IV – se a subtração for de veículo automotor que venha a ser transportado para outro Estado ou para o exterior;

Inciso acrescentado pela Lei n. 9.426, de 24.12.1996.

V – se o agente mantém a vítima em seu poder, restringindo sua liberdade;

Inciso acrescentado pela Lei n. 9.426, de 24.12.1996.

VI – se a subtração for de substâncias explosivas ou de acessórios que, conjunta ou isoladamente, possibilitem sua fabricação, montagem ou emprego;

Inciso acrescentado pela Lei n. 13.654, de 23.04.2018.

VII – se a violência ou grave ameaça é exercida com emprego de arma branca;

Inciso acrescentado pela Lei n. 13.964, de 24.12.2019.

§ 2º-A A pena aumenta-se de 2/3 (dois terços):

Parágrafo acrescentado pela Lei n. 13.654, de 23.04.2018.

I – se a violência ou ameaça é exercida com emprego de arma de fogo;

Inciso acrescentado pela Lei n. 13.654, de 23.04.2018.

II – se há destruição ou rompimento de obstáculo mediante o emprego de explosivo ou de artefato análogo que cause perigo comum.

Inciso acrescentado pela Lei n. 13.654, de 23.04.2018.

§ 2º-B Se a violência ou grave ameaça é exercida com emprego de arma de fogo de uso restrito ou proibido, aplica-se em dobro a pena prevista no *caput* deste artigo.

Parágrafo acrescentado pela Lei n. 13.964, de 24.12.2019.

§ 3º Se da violência resulta:

Parágrafo com redação dada pela Lei n. 13.654, de 23.04.2018.

I – lesão corporal grave, a pena é de reclusão de 7 (sete) a 18 (dezoito) anos, e multa;

Inciso acrescentado pela Lei n. 13.654, de 23.04.2018.

II – morte, a pena é de reclusão de 20 (vinte) a 30 (trinta) anos, e multa.

Inciso acrescentado pela Lei n. 13.654, de 23.04.2018.

1. COMENTÁRIO

1.1. Objetividade jurídica

O principal bem jurídico tutelado no crime de roubo é, sem dúvida, o patrimônio, apesar de possuir característica de verdadeiro crime complexo. A ação do agente está voltada para lesar diretamente o patrimônio alheio, por meio da subtração de coisa móvel, mas, pelo modo de agir eleito, por meio da violência ou da grave ameaça exercidas para a subtração, fere-se também a liberdade, a integridade física e psíquica ou até a vida do sujeito passivo. Assim, são duas as objetividades jurídicas ofendidas: o patrimônio e a pessoa.

É sob essa ótica que o roubo vem comumente descrito como a união do furto (subtração sem violência do art. 155, CP) com o constrangimento ilegal (art. 146, CP), ou espécie de "furto qualificado" pela violência contra a pessoa. Contudo, a pena cominada a este crime supera em muito aquela resultante do acúmulo das sanções dessas outras duas condutas criminosas. É certo que a finalidade de ganho patrimonial ilícito traz uma tônica algo mais grave ao constrangimento ilegal, que chega a superar o desvalor do somatório das ofensas às objetividades jurídicas deste crime e do furto; entretanto, é imperioso reconhecer que existe uma sobrevalorização sistêmica da tutela do patrimônio na lei penal atual, que se aprofundou nos últimos anos.

Cumpre, nesse aspecto, ressaltar a crítica formulada por Alberto Silva Franco à priorização que o CP de 1940 confere à tutela do patrimônio, especialmente ao individual – bem este disponível –, em relação aos direitos personalíssimos, fundamentais do indivíduo, cenário que se mostra dissonante do modelo valorativo edificado pela Constituição da República de 1988. Aduz o autor: "a estrutura dos crimes patrimoniais, nos idos de 1940, atendia, em suas valorações, à preservação dos direitos patrimoniais dos grupos dominantes, em relação aos ataques dos que se encontravam nos limites ou fora do sistema social. Exercia-se, dessa forma, o controle penal rígido sobre os que participavam, de modo precário, dos processos de produção e que, por isso, porque não tinham nenhuma influência nos centros decisórios, não interferiam na formação das regras reguladoras das condutas sociais. A legislação penal de 1940 expressava, sem dúvida, uma identificação quase perfeita entre o delinquente e o marginalizado" (FRANCO, Alberto Silva; STOCO, Rui. *Código Penal e sua interpretação*: doutrina e jurisprudência, 2007, p. 796).

A crítica é correta e atualíssima, apontando para a necessidade de revisão da norma. Contudo, as alterações legislativas que se seguiram sobre a matéria caminharam no sentido oposto ao de corrigir essa distorção, incrementando cada vez mais a punição aplicável aos crimes contra o patrimônio.

Não obstante, é digno de nota o acerto do legislador de 1940 em separar de modo claro os crimes de roubo e furto, prescrevendo em tipos distintos a hipótese de violência praticada contra a pessoa, que caracteriza o primeiro delito, e aqueloutra muito distinta forma de violência exercida contra o objeto, que configura o furto qualificado, inclusive pelo rompimento de obstáculo (art. 155, § 4º, I, CP). Por longo tempo o roubo foi tratado como espécie de furto em vários países. E, no Brasil, quando ele apareceu enquanto tipo autônomo, no Código Criminal do Império de 1830, optou o legislador por conferir o mesmo tratamento à violência empregada contra as pessoas ou as coisas, o que se repete com quase nenhuma alteração no Código Republicano de 1890.[30] Em construção típica mais adequada, nas palavras de Cezar Roberto Bitencourt, "somente o atual Código Penal purificou a figura do crime de roubo, ao afastar dele a violência contra a coisa que, com acerto, vai alojar-se no crime de furto qualificado" (*Tratado de direito penal*, 2022, p. 126).

1.2. Sujeitos do crime

O sujeito ativo do roubo pode ser qualquer pessoa, tratando-se de crime comum. Como o tipo preceitua que a coisa deva ser alheia, não pratica o crime o proprietário ou o legítimo possuidor da coisa, o que não afasta a configuração de outros delitos quando tais pessoas se valem de violência ou grave ameaça para alcançar a detenção ou a recuperação da coisa. Além do crime de exercício arbitrário das próprias razões, pode se dar a prática de crimes contra a pessoa, como lesão corporal, constrangimento ilegal ou ameaça, a depender das circunstâncias do caso concreto.

O sujeito passivo, do mesmo modo, pode ser qualquer pessoa. Muito além do proprietário ou do possuidor da coisa objeto da subtração, o mero detentor, mesmo que de forma ocasional e momentânea, também frequentemente é vítima do roubo. Na verdade, por sua natureza de crime complexo, atingindo também a liberdade e a integridade individual, pode ser vítima de roubo alguém que sequer possui a detenção da coisa, mas, por estar indiretamente a ela relacionado,

30 O Código Criminal do Império prescrevia em seu art. 269: "Roubar, isto é, furtar fazendo violência à pessoa ou às cousas. Pena – galés por um a oito annos". Já o Código republicano trouxe o seguinte tipo penal: "Art. 356. Subtrair, para si ou para outrem, cousa alheia móvel, fazendo violência à pessoa ou empregando força contra cousa. Pena – prisão cellular por dois e oito anos". *V.* CAROLLO, João Carlos. *Os crimes de furto, roubo e o latrocínio*: doutrina e jurisprudência, 2010, p. 171.

sofre grave ameaça ou violência (*v. g.*, passageiro de veículo que pegava carona ou visitas em residência, que estão próximos aos bens quando o roubo é praticado e, por essa circunstância, sofrem igualmente a grave ameaça).

Bitencourt, dentre outros, aponta para a possibilidade de existirem dois sujeitos passivos, mesmo em roubo de ação única, quando aquele que sofre a violência ou grave ameaça é pessoa distinta do proprietário. Um será vítima da subtração (lesão contra o patrimônio); o outro da violência (lesão contra a pessoa) (op. cit., 2022, p. 127).

Se, numa mesma ação, o agente subtrai patrimônios distintos, por exemplo, quando – mediante grave ameaça – apodera-se de pertences de vários passageiros de transporte coletivo, haverá tantos roubos quantos os patrimônios lesados, em concurso formal de crimes.

1.3. Análise da(s) conduta(s) descrita(s) no tipo

Assim como o furto, o crime de roubo tem como conduta nuclear a subtração de coisa alheia móvel, de valor econômico, destacando-se pelo especial e mais grave *modus operandi* da violência física ou moral (grave ameaça) praticada contra a pessoa.

Ensina Nélson Hungria que não é necessário, para a configuração do tipo, que da violência física exercida sobre o corpo da vítima resulte dano efetivo à sua integridade corporal, bastando que o agente impeça a vítima de evitar a subtração tolhendo-lhe a liberdade, amarrando-a, amordaçando-a ou utilizando-se de qualquer recurso semelhante (*Comentários ao Código Penal*, 1955, v. VII, p. 51).

A parte final do tipo previsto no próprio *caput* do art. 157 ainda traz fórmula genérica classificando como roubo a conduta que reduz a vítima à impossibilidade de resistência com vistas à subtração. Essa descrição típica é denominada **violência imprópria**, englobando o emprego de qualquer método, geralmente fraudulento ou sub-reptício, que leve à paralisação da vítima, retirando-lhe a capacidade de se opor à ocorrência do dano patrimonial, como exemplo a situação do uso não desejado de sonífero ou qualquer droga que leve à perda da consciência, ou mesmo a considerável superioridade numérica ou física dos agentes (exemplos de BITENCOURT, op. cit., 2022, p. 131). Ressalte-se que a circunstância deve se equiparar à violência ou à grave ameaça na sua suficiente potencialidade de submeter a pessoa ofendida à ação de subtração.

No âmbito da **violência própria**, em que há efetiva afronta à integridade corporal do ofendido, distinguindo-se da situação em que é tolhida a sua liberdade, as lesões de natureza grave, ou a morte, configurarão figuras qualificadas do crime a seguir analisadas, enquanto a lesão corporal leve ainda se subsume no tipo de roubo simples previsto no *caput*.

Quanto à grave ameaça (**violência moral**), trata-se de promessa minimamente idônea de mal grave, atual ou iminente, de natureza física ou psíquica. A ameaça precisa ser de monta e eficaz para surtir o efeito de constranger o ofendido.

Questão que encerra alguma polêmica é a configuração ou não do crime de roubo quando usa o agente do expediente da "trombada" na vítima para subtrair-lhe algum pertence, aproveitando-se do espanto, do desequilíbrio ou da desatenção gerados pelo encontro físico mais intenso.

Guilherme de Souza Nucci entende que tal conduta, na maior parte dos casos, caracteriza o crime de roubo, e não de furto. Distingue o autor duas situações: a ação por meio da qual o agente encosta seu corpo no da vítima e, mediante destreza ou agilidade, subtrai-lhe a carteira ou a bolsa sem que ela perceba, configuraria o furto; enquanto a presença de qualquer forma de violência física, como empurrão, rasteira ou encontro corporal razoavelmente intenso, faria presente a figura mais grave do roubo. Afirma que "não se exige grau para a coerção física; por menor que seja, torna-se suficiente para configurar o roubo", mas, em seguida, reconhece que a linha fronteiriça entre tais situações é bastante tênue (*Tratado jurisprudencial e doutrinário*: direito penal, 2011, v. II, p. 325).

Buscando aprofundar esta relevante distinção, é razoável se exigir, para a configuração do crime de roubo, que a violência corporal empregada gere efetiva lesão na vítima, ainda que leve, *ou* a impeça de se defender diante do constrangimento físico, mesmo que por alguns instantes. Essa é a conclusão que se extrai do conteúdo material do tipo. O encontro ou leve empurrão que se destina exclusivamente a desequilibrar a vítima ou a desviar sua atenção da coisa para permitir a subtração desavisada não é suficiente à configuração do roubo. Vale lembrar a gravidade da sanção cominada à espécie, que apenas se justifica em função da tutela da incolumidade física, o que impõe a conclusão de que a violência, seja física ou moral, deva se mostrar minimamente apta a ofender, de modo sensível, a liberdade individual ou a integridade física ou psíquica da vítima. Daí ser equivocada a excessiva generalização de que as "trombadas" caracterizem o roubo, sendo necessária a análise casuística dos fatos, apurando-se qual a concreta medida do impacto físico efetuado pelo agente e qual foi o seu reflexo na integridade corporal e na atitude da vítima, sempre usando como lupa o princípio constitucional da proporcionalidade.

1.3.1. Roubo impróprio

A conduta típica trazida pelo *caput* do art. 157 é denominada de **roubo próprio**. Nessa modalidade a violência ou grave ameaça ocorre como método de apoderamento da coisa pelo agente, seja anteriormente ou concomitantemente ao ato da subtração.

Já no **roubo impróprio**, figura prevista no § 1º do dispositivo, a violência contra a pessoa se dá apenas em momento posterior, para garantir, após a subtração, a impunidade do crime ou a detenção da coisa subtraída, não importando se para o próprio agente ou para terceiro. A ação está voltada inicialmente para uma subtração sem violência, mas o agente, ao ser surpreendido, opta pelo emprego da força para consumar o seu intento ou garantir a impunidade do delito; nesse caso, o que poderia ser um delito de furto se transforma em roubo, sendo aplicável a mesma reprimenda deste último.[31]

Para que o roubo impróprio se apresente, a violência precisa se dar logo depois da subtração, ainda estando o agente em estado de flagrância delitiva, como delineia Bitencourt (op. cit., 2022, p. 135). Se transcorrido razoável espaço de tempo, encontrado o agente na posse dos bens no curso da investigação criminal, depois de plenamente consumado o furto, a violência contra a pessoa utilizada para garantir a posse da coisa ou evitar a prisão caracterizará crime de resistência (art. 329, CP), sem prejuízo daqueles relativos ao emprego da força, como lesão ou mesmo homicídio, conforme o caso.

Ademais, quando do emprego da violência ou grave ameaça no roubo impróprio, o agente não pode ter já desistido da detenção da coisa subtraída, o que romperia com o nexo necessário entre o emprego da força e o intento do ganho patrimonial presente no delito em foco. Ou seja, a violência empregada não visa tão somente a garantia de impunidade da ação anterior, mas deve também se direcionar à manutenção da detenção da coisa subtraída.

É discutível se o tipo penal do art. 157, § 1º (roubo impróprio), abrange o emprego da chamada violência imprópria. Isso porque a redução da vítima à incapacidade de resistência está prevista como meio de execução do crime apenas na parte final do tipo trazido pelo *caput* do art. 157, não optando o legislador por sua repetição também na figura do § 1º. Seria necessária, para a configuração típica da conduta, essa repetição? Em homenagem ao princípio da legalidade penal, que impede a analogia *in malam partem*, prevalece o entendimento de que não há configuração de roubo impróprio, em que a violência somente é praticada após a subtração, quando a garantia da detenção da coisa ou da impunidade se der por meio da redução da vítima à impossibilidade de resistência, pois o § 1º não repete a expressão normativa final do *caput*, ou seja, o roubo impróprio apenas pode ser praticado por meio das modalidades de violência chamadas próprias, seja física, seja moral (grave ameaça).

1.4. Elemento subjetivo

Crime doloso, o elemento subjetivo do tipo de roubo é a consciência e vontade de empregar violência ou grave ameaça para a subtração de patrimônio móvel alheio, com a intenção de assenhoramento da coisa, para si ou para outrem, não importando a razão (lucrativa ou não).

No roubo impróprio, tem-se no tipo subjetivo a intenção de garantir a detenção da coisa ou a impunidade da subtração anterior, sempre presente o fim de se apossar da coisa móvel alheia.

1.5. Consumação e tentativa

Tratando-se de crime material, que admite a tentativa, a consumação do crime de roubo ocorre quando há efetiva lesão patrimonial à vítima.

Segundo a corrente jurisprudencial dominante, é suficiente à consumação a inversão da posse, ou seja, que a coisa subtraída seja apoderada pelo agente, transfira-se de mãos, passando pela tradição e, assim, deixe o âmbito de disponibilidade do ofendido, sendo, contudo, desnecessário que o objeto material do delito saia da esfera de vigilância da vítima.

---

31 Carollo enfatiza que "o roubo impróprio é o furto que não deu certo e, em função desse insucesso, o agente usa de violência ou grave ameaça para assegurar a posse da coisa ou garantir a impunidade de seu crime" (op. cit., 2010, p. 177). A mesma imagem já era usada por Heleno Cláudio Fragoso em suas *Lições de direito penal*: Parte Especial, 1981, p. 302.

O STF firmou este entendimento, em acórdão paradigma datado de 17.09.1987, quando o pleno decidiu, por sua maioria, em recurso extraordinário relatado pelo Ministro Moreira Alves (RE n. 102.490-9/SP), que o roubo se consuma quando a posse da coisa se transfere para o seu autor, não sendo preciso que ela saia da esfera de vigilância do antigo possuidor e mesmo quando a posse é retomada por imediata perseguição efetuada pela própria vítima ou por terceiros.

Desde então, acabou se pacificando a jurisprudência da Suprema Corte, ladeada pelos precedentes também no STJ, com pouca divergência nos Tribunais de segunda instância.

É imperioso sublinhar discordância dessa interpretação. Vale lembrar que o principal bem jurídico tutelado no roubo é o patrimônio, até pela eleição da sua inclusão topográfica no CP. Não pode bastar à consumação do delito o emprego de violência ou grave ameaça, com a detenção brevíssima e vigiada da coisa, sem que se produza qualquer lesão patrimonial à vítima, nem por curto espaço de tempo.

Tendo isso em vista, parte significativa da doutrina sustenta posicionamento diverso daquele hoje dominante nos tribunais, sublinhando ser necessário à consumação do roubo que a coisa subtraída deixe a esfera de vigilância do ofendido, ocorrendo a posse mansa e pacífica do bem pelo agente.[32]

Sob esse raciocínio, com o qual se concorda, tem-se hipótese de crime tentado se o agente é perseguido, logo após se apoderar do bem, pela vítima ou por terceiros (especialmente policiais ou guardas), resultando na recuperação imediata da coisa.

Não se olvida que o dolo no crime de roubo é o de assenhoramento da coisa, de obtenção de ganho patrimonial, e não de mera detenção temporária.

Questão fundamental se põe no período pelo qual goza o agente da posse do bem. Prevalece o entendimento de que, se a vítima recuperar a coisa instantes depois, ainda assim estaria consumado o delito, desde que tenha havido algum período de detenção desvigiada (cf. NUCCI, op. cit., 2011, v. II, p. 432).

O efetivo ganho patrimonial do agente é mero exaurimento do crime, não sendo necessário. Se, por exemplo, a coisa subtraída se deteriorasse ou se perdesse durante eventual perseguição, claramente não seria o caso de tentativa, uma vez que presente o dano patrimonial, este sim o foco da consumação do delito.

1.5.1. Tentativa no roubo impróprio

No roubo impróprio, em que o emprego da força moral ou física ocorre logo após a subtração da coisa, a doutrina entoa que o momento consumativo do delito ocorre com a efetivação da violência ou grave ameaça. Debate-se pela admissão ou não da tentativa.

Segundo Nélson Hungria "não há falar-se em tentativa: ou a violência é empregada, e tem-se a consumação, ou não é empregada, e o que se apresenta é o crime de furto" (op. cit., 1955, v. VII, p. 58). Mas, assim aduz o autor porque enxerga que basta para a consumação do roubo a tradição da coisa, o momento inicial da *apprehensio rei*. Esse seria o entendimento consentâneo com a jurisprudência que se pacificou relativamente à consumação do roubo próprio.

Todavia, em distinta posição assumida anteriormente, admite-se a tentativa no roubo impróprio, tanto quando o agente não consegue consumar a violência, como quando não transcorrer espaço de tempo de detenção desvigiada da coisa subtraída antes e depois da realização da violência ou grave ameaça.

Assim, se o agente se apodera de determinada coisa alheia e seu proprietário ou possuidor logo percebe tal conduta, não tendo, mesmo de certa distância, deixado de ter os olhos postos em toda a dinâmica, a agressão ou ameaça sofrida quando eventualmente buscar recuperar o bem não gerará, de imediato, a consumação do crime de roubo, situação que não ocorrerá se o agente malograr em deixar o local com a coisa, seja porque o ofendido é eficaz na sua recuperação – mesmo com a violência sofrida –, seja porque tenham agido rapidamente as autoridades policiais ou terceiros.

32 Heleno Cláudio Fragoso já delineava: "Haverá tentativa quando, após violência ou ameaça, não consegue o agente, por razões alheias à sua vontade, tirar a coisa da esfera de vigilância do proprietário ou possuidor. Há tentativa se a vítima resiste, impedindo a subtração. Há tentativa também se o agente tira a coisa, sendo, no entanto, perseguido e preso" (op. cit., 1981, p. 297). No mesmo sentido: ASSIS MOURA E SAAD apud FRANCO E STOCO (coords.), op. cit., 2007, p. 797; MIRABETE, Julio Fabbrini; FABBRINI, Renato N. *Manual de direito penal*, 2012. p. 211; PRADO, Luiz Regis. *Curso de direito penal brasileiro*, 2011. p. 437. Em sentido contrário, seguindo a jurisprudência: BITENCOURT, op. cit., 2022, p. 152.

Heleno Cláudio Fragoso acertadamente explica: "A tentativa de roubo impróprio é possível e se verifica sempre que o agente, tendo completado a subtração, é preso após tentar o emprego da violência ou da ameaça para assegurar a posse da coisa ou a impunidade. Há também tentativa se o agente é surpreendido após ter completado a subtração e emprega violência, mas se vê forçado a abandonar a coisa, fugindo" (op. cit., 1981, p. 302).

Por outro lado, se houver furto tentado e o agente, *sem estar na posse da coisa*, abandonando-a, durante a fuga emprega violência ou grave ameaça, não será a hipótese de roubo impróprio, mas sim de concurso de crimes entre o furto tentado e o delito contra a pessoa ou contra a administração correspondente à violência.

1.6. Continuidade delitiva

É tranquilo o entendimento de que se admite a figura da continuidade delitiva em relação ao crime de roubo, observados os requisitos objetivos e subjetivos do art. 71 do CP.

Importa distinguir continuidade delitiva de concurso formal de crimes de roubo. Com efeito, como dito antes, há concurso formal quando, numa mesma ocasião, o agente, usando de violência ou grave ameaça, subtrai coisas de pessoas diversas. Já quando as subtrações se dão em situações distintas, mas relacionadas entre si pelo tempo, espaço e maneira de agir, há crime continuado. Nada impede, pois, que haja continuidade delitiva de conjuntos de roubos praticados em concurso formal, aplicando-se, nesse caso, as duas causas de aumento de pena. Exemplo disso ocorre se o agente, em um curto espaço de tempo, praticar roubos em coletivos, afetando, em cada oportunidade, diversas vítimas. Cada uma dessas oportunidades caracterizará a prática de crimes de roubo em concurso formal, podendo todas as séries de crimes sofrerem unificação entre si pela figura jurídica do art. 71 do diploma penal.

1.7. Classificação

Crime comum; material – plurissubsistente, que admite tentativa –; comissivo, sendo impossível, por sua descrição típica, a prática por omissão; doloso; pluriofensivo.

1.8. Causas de aumento de pena

As causas de aumento de pena no crime de roubo sofreram seguidas alterações, inicialmente pela Lei n. 9.426/96 e mais recentemente pelas Leis ns. 13.654/2018 e 13.964/2019; as últimas, em especial, não primaram pela coesão sistêmica do direito penal e pela observância dos princípios constitucionais da individualização da pena e da proporcionalidade.

A partir da edição da Lei n. 13.964/2019, o crime de roubo passou a ter três blocos de causas de aumento de pena, com patamares distintos de acréscimo da pena-base.

A pena do roubo será aumentada de um terço até a metade se ocorrer qualquer das seguintes circunstâncias previstas no § 2º do art. 157: a) se há concurso de duas ou mais pessoas; b) se a vítima está em serviço de transporte de valores e o agente conhece tal circunstância; c) se a subtração for de veículo automotor que venha a ser transportado para outro estado ou para o exterior; d) se o agente mantém a vítima em seu poder, restringindo sua liberdade; e) se a subtração for de substâncias explosivas ou de acessórios que, conjunta ou isoladamente, possibilitem sua fabricação, montagem ou emprego; ou f) se a violência ou grave ameaça é exercida com emprego de arma branca.

O aumento será de dois terços, nos termos do § 2º-A, quando: a) a violência ou ameaça é exercida com emprego de arma de fogo, ou b) se há destruição ou rompimento de obstáculo mediante o emprego de explosivo ou de artefato análogo que cause perigo comum.

O § 2º-B, acrescentado pelo "Pacote Anticrime", Lei n. 13.964/2019, trouxe ainda a previsão de aplicação em dobro da pena prevista no *caput* nos casos em que a violência ou grave ameaça forem exercidas com emprego de arma de fogo de uso restrito ou proibido. Essa última situação, em razão da redação aparentemente equivocada empregada pelo legislador, tecnicamente trata-se de forma qualificada do delito, e não de causa de aumento de pena, o que será exposto em tópico específico abaixo.

1.8.1. Emprego de arma

1.8.1.1. Arma branca

Com a redação dada às causas de aumento de pena a partir da Lei n. 13.654/2018, apenas o emprego de arma de fogo havia passado a ser circunstância típica geradora do incremento da reprimenda. Revogando o inciso I do § 2º do art. 157, o legislador promoveu em 2018 verdadeira *novatio legis in mellius* ao suprimir a previsão normativa do emprego de arma, com conceito genérico (o que incluía a arma branca), como majorante do roubo. Entretanto, com a promulgação do "Pacote Anticrime", Lei n. 13.964/2019, o emprego de arma branca retorna ao patamar de circunstância majorante, agora no inciso VII do mesmo parágrafo, que eleva a pena de 1/3 até a metade.

A revogação trazida pela Lei n. 13.654/2018 seguiu os postulados básicos esculpidos nos princípios da lesividade, da ofensividade e do *ne bis in idem*, de modo que o fato lesivo integrante do tipo não poderia ser levado em conta para a caracterização do delito e para aumentar a pena a ele correspondente. Firmou-se, então, naquele momento, o entendimento de que somente o emprego de arma de fogo seria apto a aumentar a reprimenda do crime de roubo, já que o desvalor decorrente da utilização desse instrumento durante a ação delitiva, que possui potencial lesivo significativamente superior, poderia, de modo proporcional, impor sanção mais grave ao agente.

Não pode a lei penal se prestar a criar causas de aumento de pena a partir de situações diretamente relacionadas aos tipos e que não acarretam maior reprovabilidade da conduta. Como já trazido, o que diferencia o roubo do furto é justamente o emprego de violência ou grave ameaça, e, mesmo sendo a linha muito tênue entre um tipo e o outro, é pacífico o entendimento de que o meio empregado deve ser hábil a gerar temor, no caso da grave ameaça; ou lesão corporal, em caso de violência contra a vítima, para a caracterização do roubo. Se o meio utilizado não for apto a atingir a integridade psicológica ou física das vítimas, não se aperfeiçoará essa figura delitiva.

Nesse contexto, a arma branca pode ser compreendida como elemento capaz de dar concretude ao roubo. Ela seria então elemento integrante do próprio tipo. Se assim não fosse não haveria previsão para o tipo de roubo simples, sem majorantes. Todos sofreriam aumento. Afinal, como se daria o emprego de grave ameaça ou violência à vítima capaz de causar temor? O tipo do *caput* seria esvaziado.

É evidente que também as armas brancas detêm potencial lesivo, mas este deveria ser tido como meio normal à execução do roubo, podendo o seu emprego, no máximo, ser avaliado como circunstância negativa da primeira fase de fixação da pena, conforme já estava sendo decidido pelo STJ e STF.[33] Não deveria, entretanto, servir como meio de caracterização do crime e como causa de aumento, sob pena de afronta aos princípios da razoabilidade, proporcionalidade e especialmente ao *ne bis in idem*.

Vale registrar ainda que o termo "arma" deverá ser interpretado de forma restrita, como sendo instrumento produzido para o ataque ou defesa. Aqui não cabem interpretações extensivas, no sentido de se considerar arma branca todo e qualquer objeto apto a causar lesão.

Por fim, a incidência da causa de aumento aqui tratada deveria depender de apreensão da arma para submissão à perícia, porquanto somente a prova técnica será capaz de atestar, com segurança, a natureza e a potencialidade ofensiva do instrumento.[34] A palavra da vítima ou de outras testemunhas, com vistas a fazer incidir a majorante, por vezes, pode apresentar equívocos de representação, de modo que não pode ser tida como segura para esse fim, salvo se o testemunho se der a partir de acompanhamento presencial de lesão ocasionada pelo referido objeto ou por outros elementos que deem concretude à percepção da pessoa ofendida sobre o objeto. Não é, entretanto, o que prevalece na jurisprudência, conferindo-se valor probante destacado a referências, na maioria das vezes genéricas, feitas pelos depoentes ao instrumento empregado na ação.

1.8.1.2. *Arma de fogo*

Aplicam-se à causa de aumento de pena prevista no § 2º-A, I (emprego de arma de fogo), algumas das mesmas considerações que já foram feitas nesta obra quando da vigência do inciso I do § 2º (revogado pela Lei n. 13.654/2018 e novamente incorporado pela Lei n. 13.964/2019, des-

33 É pacífico o entendimento jurisprudencial no sentido de que o emprego de arma branca, "embora não configure mais causa de aumento do crime de roubo, poderá ser utilizado para majoração da pena-base, quando as circunstâncias do caso concreto assim justificarem" (STJ, *HC* n. 436.314/SC, 5ª T., rel. Min. Felix Fischer, j. 16.08.2018, *DJe* 21.08.2018).

34 Nesse sentido já decidiu anteriormente o STJ: "Necessidade de apreensão e perícia. Réu reincidente. Regime prisional semiaberto. Ordem concedida. 1. São imprescindíveis a apreensão da arma e a realização de perícia, para fins de incidência da majorante do uso de arma, mesmo em se tratando de arma branca, porquanto somente os peritos podem atestar a sua potencialidade ofensiva. [...]. Ordem concedida para cancelar a qualificadora do uso de arma, reduzindo a pena privativa de liberdade a quatro anos de reclusão; e fixação do regime prisional semiaberto" (STJ, *HC* n. 129.185/MG, 6ª T., rel. Min. Celso Limongi, j. 05.04.2010, *DJe* 20.09.2010). Contudo, a jurisprudência dominante é no sentido da desnecessidade da apreensão do instrumento para fazer incidir a majorante, muitas vezes gerando uma diminuição do ônus probatório da acusação.

ta feita no inciso VII). Nesse campo, continua valendo o destaque de que a arma de fogo deve se mostrar eficaz para a realização de disparos, além de estar municiada, pois é necessário que se trate de artefato com real capacidade de lesionar gravemente a integridade física da vítima, valor que o legislador intentou proteger com maior força por meio desta causa de aumento de pena Assim, não basta à configuração da causa de aumento a intimidação da vítima, circunstância fática já presente na grave ameaça descrita no *caput* do art. 157 e, portanto, inerente ao crime de roubo.

O uso de simulacro de arma de fogo não deve configurar a causa de aumento. Isso está pacificado. Qualquer simulacro, por mais fiel que seja a semelhança, não poderá gerar as lesões próprias de um instrumento com poder vulnerante, voltado ao ataque, capaz de ferir. Em 2002, no julgamento do REsp n. 213.054, o Superior Tribunal de Justiça sedimentou esse entendimento ao revogar a sua antiga Súmula n. 174 por confronto com os princípios constitucionais da legalidade e da proporcionalidade, uma vez que aquela autorizava a majoração da pena do crime de roubo quando a intimidação se realizasse através de arma de brinquedo.[35]

De outra banda, vale também trazer à baila a revogação pelo atual Estatuto do Desarmamento (Lei n. 10.826/2003) do crime de utilização de "arma de brinquedo" capaz de atemorizar outrem para o fim de cometer crimes, conduta até então tipificada no art. 10, § 1º, II, da Lei n. 9.437/97, expressa e inteiramente revogada pela lei posterior que tratou de modo global a matéria. Quando da edição da nova lei, a equivocada Súmula n. 174 do STJ já havia sido superada; tem-se apenas um novo argumento: o próprio legislador mostrou ao intérprete que não enxerga dignidade penal suficiente no emprego de objetos dessa natureza para a prática de crimes enquanto conduta isolada, de modo que permanece, nessa hipótese, tão somente a reprovação cabível ao delito praticado com grave ameaça (no caso, roubo ou extorsão, na forma simples).

A partir desse novo entendimento na Corte Superior, doutrina e jurisprudência inclinam-se pela adoção da teoria objetivista – que leva em conta, para além da análise semântica do termo "arma", a reprovabilidade objetiva da conduta na qual o agente opta pelo risco concreto de produção de um resultado mais lesivo – em detrimento da teoria subjetivista, que se contenta em apoiar-se, para a majoração da pena, no abalo psicológico da vítima ou em sua maior intimidação.

Com clareza, Nucci explica que "o tipo penal incriminador possui elementos descritivos e normativos. Os primeiros são aptos a narrar minuciosamente uma conduta ou objeto; os segundos precisam ser interpretados, com juízo de valor, pois são abertos e controversos. O termo *arma* não tem conteúdo normativo, mas descritivo, servindo para demonstrar a existência de um instrumento apto para ataque ou defesa" (op. cit., 2011, v. II, p. 494).

Heleno Fragoso já apontava: "o fundamento da agravante reside no maior perigo que o emprego da arma envolve, motivo pelo qual é indispensável que o instrumento usado pelo agente (arma própria ou imprópria) tenha idoneidade para ofender a incolumidade física. Arma fictícia (revólver de brinquedo), se é meio idôneo para a prática de ameaça, não é bastante para qualificar o roubo" (op. cit., 1981, p. 303).

O penalista, contudo, aduz que o emprego de arma desmuniciada ou defeituosa não afasta a majoração, por se tratar de hipótese de "inidoneidade acidental" do instrumento. Discorda-se dessa ressalva. Se o estado inoperante da arma (seja por defeito ou falta de preservação) não é ocasional, mas duradouro (ou seja, a arma é totalmente incapaz de produzir disparos), ou se esta não se encontra municiada quando da prática do roubo, o que equivale, empregando o agente artefato nessas condições, à sua falta de aptidão para provocar lesão à incolumidade pública, deixa de ser circunstância acidental do instrumento para consistir em circunstância objetiva insuperável pela casualidade. Nesse caso, estaria ausente o efetivo risco à integridade física das vítimas, implicando o afastamento da causa de aumento de pena.

Vale lembrar que não se deve confundir o brinquedo ou o instrumento incapaz de produzir lesões graves com o conceito de arma imprópria. Esta consiste em objeto ou ferramenta construída para servir a distintas finalidades, laborativas ou recreativas, mas que, conforme o uso, presta-

35 Antes mesmo a doutrina já entoava severas críticas ao teor da Súmula n. 174 do STJ. *V.*, por exemplo, a ênfase de Dyrceu Aguiar Dias Cintra Junior, que, em artigo publicado no *Boletim IBCCrim*, n. 50, jan./1997, intitulado "Brinquedo não é arma (críticas à Súmula n. 174, STJ)", entoava: "quando juízes tomam o objeto brinquedo e a ele chamam arma, para adequarem determinada conduta a um enunciado legal que contém esta palavra, é o próprio princípio da legalidade que está sendo desprezado".

-se a provocar sérias lesões nos indivíduos (enxada, marreta, canivete etc.), distinguindo-se da chamada arma propriamente dita, especialmente feita para o ataque e a defesa, como as armas de fogo.

De acordo com a posição anteriormente exposta, a prova da capacidade vulnerante do instrumento empregado no crime de roubo é elemento essencial ao reconhecimento da causa de aumento, a qual se faz robusta com a apreensão e perícia da arma. Os tribunais, todavia, acabaram por flexibilizar esse entendimento, autorizando o aumento da pena sempre quando a prova oral (declarações das vítimas e testemunhas) ou outros meios de prova (como gravação do crime) apontarem para o efetivo emprego de arma.

É de se aceitar essa flexibilização apenas quando as pessoas ouvidas trouxerem informações também a respeito da mínima eficácia do instrumento, por exemplo, detalhando as características da arma de fogo ou do seu modo de uso que façam depreender o seu efetivo poder lesivo, por exemplo, relatando terem sido efetuados disparos de arma de fogo pelos agentes, o que demonstraria a capacidade vulnerante da arma empregada. Fora dessa situação probatória, abre-se espaço para o campo das presunções, que não são admitidas contra o réu em matéria penal e processual penal. Não se pode confundir a regra da liberdade dos meios de prova, não sendo a perícia o único método viável para a demonstração do emprego de arma eficaz, com a inversão do ônus probatório para que ele recaia sobre os ombros da defesa.

Nesse sentido, em julgamento de embargos de divergência em recurso especial, no qual toda a 3ª Seção do STJ fixou o entendimento dessa Corte Superior sobre o assunto, aceitando a majorante sem perícia da arma ou outro meio de comprovação de sua eficácia, o voto divergente da Ministra Maria Thereza Rocha Assis Moura, com clareza e correção, destacava: "penso que a tarefa da demonstração da ofensividade do instrumento do crime jamais poderia incumbir à Defesa, porque, em se tratando de prova penal, a defesa não tem qualquer ônus, nem mesmo de provar eventual excludente de crime. Ao contrário, cabe à acusação fazer a prova, indene de dúvida, acerca da existência material do fato, sua autoria e responsabilidade penal. A dúvida, no caso, favorece o acusado. E isso porque, para uma condenação, o juiz penal tem que ter a certeza moral acerca do acontecimento penal. À defesa não cabe fazer prova da certeza, mas se o juiz tiver a menor e tênue dúvida, não pode proferir um édito condenatório. No crime de roubo majorado pelo uso da arma de fogo, não se está laborando com uma causa de justificação ou com uma eximente, que a Defesa traria como um contra-argumento, ou um álibi. Pelo contrário, foca-se em uma circunstância – majorante – cuja demonstração está a cargo da acusação" (voto divergente em embargos de divergência em REsp n. 961.863/RS, j. 13.12.2010).

Em síntese, sobre essa controvertida questão, chega-se às seguintes conclusões: 1) num direito penal conectado à tutela de bens jurídicos e marcado pelo princípio da ofensividade, a típica causa de aumento de pena no roubo pelo emprego de arma de fogo apenas se configura quando houver efetivo incremento do risco à vida e à integridade física da vítima pelo uso desse objeto na prática do crime (entendimento que se exprimiu na revogação da Súmula n. 174 do STJ, afastando-se a majorante quando do uso de brinquedos similares a armas); 2) em consonância com o princípio da presunção de inocência, para o reconhecimento da incidência da majorante em cada causa penal, deve haver plena demonstração de que a arma empregada no caso concreto era capaz de produzir lesões, não se admitindo presunções contrárias ao acusado; 3) assim, esta eficácia do instrumento do crime vem mais seguramente demonstrada pela apreensão da arma (municiada, se de fogo) e posterior perícia técnica que ateste a ausência de defeitos invencíveis no objeto, podendo ser essa prova suprida tão somente por outros meios probatórios que não deixem dúvidas, diante das circunstâncias do caso, que o instrumento tinha efetiva capacidade vulnerante, *v. g.*, quando efetuados disparos durante o roubo ou logo após, quando produzida alguma lesão leve na vítima com o objeto cortante ou, em situações excepcionais, quando a visualização do instrumento foi tão próxima e precisa a ponto de a prova oral descortinar os detalhes de seu efetivo funcionamento, este último exemplo relacionado aos instrumentos contundentes e cortantes que podem ser usados como arma, e não à hipótese de emprego de arma de fogo, na qual é impossível se saber, pela prova oral, se a arma não era defeituosa em seus mecanismos de funcionamento. Ou seja, não se tratando do corpo de delito, a prova pericial não é única e imprescindível (*v.* art. 158, CPP); porém, os outros elementos de prova utilizados pelo julgador devem não só demonstrar o efetivo emprego de objeto que *poderia* ser uma arma eficaz, como também as razões pelas quais se pode concluir pela concreta capacidade lesiva do instrumento.[36]

De qualquer forma, superada essa controvérsia, a arma deve ter sido efetivamente empregada para o exercício da violência ou grave ameaça voltada à subtração, o texto legal não deixa dúvida a respeito; não basta que se desvende, posteriormente, que o agente portava uma arma quando da sua conduta, mesmo que eficaz, quando optou por não empregá-la no momento da infração.

Ademais, cabe uma crítica à opção do legislador por prever patamar único, fixo, de incremento da pena em dois terços para a hipótese do emprego de arma de fogo. Para além de parecer bastante elevado o aumento, a sua imposição inflexível ao julgador, que não dispõe mais de patamar mínimo e máximo para a singularização da pena em cada caso, afasta a possibilidade de análise concreta da gravidade da conduta.

Por fim, o roubo circunstanciado pelo emprego de arma de fogo foi elevado à categoria de crime hediondo, art. 1º, II, *b*. Antes da promulgação da Lei n. 13.964/2019, somente o roubo qualificado pelo resultado morte (latrocínio) era assim classificado, mas, com sua edição, outras quatro modalidades tiveram a mesma destinação.

Nesse cenário, percebe-se que essas previsões do chamado "Pacote Anticrime", que alteraram a Parte Especial do Código Penal, seguiram as mesmas premissas de política criminal punitivista estruturada desde os anos 1990 no Brasil e que tiveram como consequência o superencarceramento.[37] Vê-se, pois, que mais uma vez a oportunidade de se revisitar a opção legislativa de combate à criminalidade que não parta da criação de novos tipos penais e de incrementos rígidos de pena nos tipos já existentes foi perdida.

1.8.1.3. Arma de uso restrito ou proibido

A Lei n. 13.964/2019, "Pacote Anticrime", trouxe uma nova cominação de pena, no crime de roubo, a partir de determinadas especificidades da arma de fogo utilizada.

Com essa alteração, as penas cominadas no *caput* do art. 157 serão aplicadas em dobro, nos casos em que a violência ou a grave ameaça forem praticadas com o emprego de arma de fogo de uso restrito ou proibido. Significa dizer que a pena será de 8 a 20 anos de reclusão nessa hipótese. A nota de falta de proporcionalidade com o conjunto de crimes e penas do Código Penal é gritante. Essa pena é superior à prevista para o crime de homicídio, que vai de 6 a 20 anos, até mais do que a pena mínima do homicídio qualificado, que é de 12 anos. A opção legislativa de conferir maior valor à proteção do patrimônio em detrimento à vida não é novidade, mas tamanha desproporção se revela incompatível à estrutura normativa proposta, na qual o bem jurídico de maior valor é a vida.

A redação eleita pelo legislador no § 2º-B do art. 157 do CP criou forma qualificada do delito, e não uma causa de aumento de pena. Isso porque se estabeleceu que a pena cominada no *caput* do art. 157 aplica-se em dobro. Ora, na cabeça do artigo estão cominadas as penas mínima e máxima em abstrato; na majorante, conforme técnica de aplicação trifásica da pena pelo julgador, a causa de aumento incide na terceira fase da dosimetria, após consideração concreta da pena base e das circunstâncias agravantes e atenuantes (art. 68, CP). Sendo a figura qualificada um tipo penal autônomo, com específica previsão de preceito secundário da norma penal, a ela não

---

36 Vale transcrever a lição de Marco Antonio Nahum: "se na descrição contida na denúncia o Ministério Público afirma que o acusado usou de arma de fogo para praticar o roubo, e tipifica a conduta no art. 157, § 2º, I, do CP, a acusação tem que provar a eficácia da arma, para que fique demonstrado o perigo real e maior sofrido pela vítima, o que configura a majorante, e a distingue do roubo simples. Não demonstrado que se tratava de arma de fogo eficaz (fato objetivo relatado pela acusação na denúncia), a tipificação do roubo deve se subsumir ao fato efetivamente provado (grave ameaça = temor eficaz), isto é, ao art. 157, *caput*, do CP. Esta interpretação lógica decorre da correlação do 'princípio da legalidade' (art. 5º, XXXIX, da CF) e do 'postulado da proporcionalidade', uma vez que, caso contrário, o desvalor menor da conduta de um agente (arma ineficaz, ou de brinquedo, ou simulacro de arma = ausência de risco concreto à vítima) seria punido com a pena exacerbada como se tivesse sido praticada conduta de desvalor maior (arma eficaz = risco concreto à vítima). Desvalores de condutas distintos com penas idênticas também ofendem o 'princípio da isonomia'" ("A Constituição, o roubo e a arma de fogo ineficaz". In: *Boletim IBCCrim*, n. 166, set./2006).

37 Segundo dados do Infopen, em 1990, a população prisional contava com 90 mil presos. Com a edição da Lei dos Crimes Hediondos, datada do mesmo ano, no período de dez anos esse número saltou para 232 mil pessoas, ou seja, uma taxa de crescimento de 128%. A nova Lei de Drogas de 2006 potencializou esse crescimento. E, em junho de 2022, segundo dados da Secretaria Nacional de Políticas Penais do Ministério da Justiça, o sistema penitenciário contava com 661.915 pessoas em cárcere e 175.528 pessoas em prisão domiciliar.

podem ser aplicadas as causas de aumento de pena previstas nos §§ 2º e 2º-A do art. 157, assim como já se entendia em relação à figura do latrocínio. Pode-se imaginar que o caso é fruto de equívoco de técnica legislativa, mas a redação empregada não dá margem a outra interpretação.

Por outro lado, o grande aumento da pena foi no mínimo incoerente em relação à política legislativa governamental da época, que experimentava maior defesa do armamento para a população e na qual se deu a edição de Decretos flexibilizadores das restrições ao acesso às armas de fogo no país.

As armas de fogo de uso permitido, restrito ou proibido encontram definição em decretos federais que mudam conforme posições governamentais por vezes transitórias.

Essa complexa classificação de armas acarretará consequências jurídicas gravíssimas como a ora analisada, o que traz questionamento relevante quanto à presença do dolo do agente – conhecimento e vontade – de praticar o roubo portando arma de uso restrito ou proibido. A questão a ser enfrentada diz com a necessidade de comprovação do dolo para a incidência da causa de aumento. À primeira vista, não se mostra razoável que tal circunstância, que tem o condão de dobrar a pena pela prática do roubo, possa ser atribuída apenas de forma objetiva.

É sabido que grande parte dos destinatários da norma penal do roubo não adquirem armas de fogo por meio de procedimento legal, mas sim no mercado paralelo, em que as informações sobre o objeto são escassas, em que não há manual de instrução e, muito menos, informações sobre a quantidade de energia cinética constante no cano de prova da arma. A punição que parte da premissa de que tais informações estejam disponíveis a todos não é proporcional.

Registre-se que não se pretende fazer qualquer defesa da aquisição de armas via mercado paralelo, mas essa é uma questão posta socialmente e que não pode deixar de ser enfrentada quando da aplicação de leis que restrinjam garantias individuais.

A inequívoca demonstração acerca da ciência do agente sobre portar arma de uso proibido ou restrito durante a prática do roubo e utilizá-la para fins de ameaçar gravemente ou praticar violência parece-nos a orientação mais acertada, pois, embora a majorante seja de cunho objetivo, sua incidência restará comprometida caso o elemento subjetivo relacionado não seja comprovado, sob pena de afronta aos princípios da individualização da pena, da presunção de inocência e até mesmo da responsabilidade objetiva.

Outro aspecto de ordem prática diz com necessidade de apreensão da arma para que seja atestada sua classificação.

Como já dito acima, para a incidência da causa de aumento de pena, a apreensão da arma de fogo e consequente submissão à perícia se faziam necessárias, pois imprescindível a constatação de eventual potencial de lesividade do instrumento; todavia, os tribunais modificaram esse entendimento e passou-se a decidir pela desnecessidade da apreensão. A palavra da vítima ou das testemunhas do fato passaram a ser suficientes para fazer incidir essa causa de aumento.

Contudo, não nos parece que a mesma solução possa ser aplicada aos casos em que o aumento seja decorrente da utilização de armas específicas, de uso restrito ou proibido. As particularidades de cada arma somente poderão ser atestadas por perícia técnica e não por impressão do que a vítima ou as testemunhas possam compreender sobre as características do objeto.

Portanto, sem que os tribunais revejam suas decisões no tocante à apreensão da arma no crime de roubo, a incidência dessa circunstância restará bastante prejudicada.

E para além da afronta ao princípio da proporcionalidade, a majoração trazida pelo "Pacote Anticrime", Lei n. 13.964/2019, fere os princípios da razoabilidade e da necessidade. A tentativa de coibir a utilização de arma de fogo em práticas criminosas por meio de leis penais não se mostrou eficaz. A quantidade de pessoas presas por crimes dessa natureza comprova que política criminal efetiva não se constrói com a edição de normas punitivistas e encarceradoras.[38] O caminho mais eficiente certamente seria pela cons-

38 O percentual de pessoas presas no Brasil por crimes contra o patrimônio, nos termos do último relatório do INFOPEN de 2016, gira em torno de 45%, sendo que desse total, quase 25% estão enquadradas no crime de roubo. O crime de tráfico de drogas ou a ele relacionado encarcera aproximadamente 30% da população prisional. Ou seja, das 812 mil pessoas em situação de encarceramento (de acordo com os últimos dados do CNJ), 75% delas se encontra nesta situação pela acusação (já que 41% são presos provisórios) ou condenação por crimes contra o patrimônio ou relacionados a substâncias entorpecentes. Esses números revelam a necessidade e a urgência de reforma na Política Criminal adotada.

trução de políticas que realmente dificultassem o acesso a esses armamentos.

Entretanto, sem que se faça necessário entrar nessa discussão de política criminal, a patente desnecessidade do novo § 2º-B é de fácil constatação, já que no mesmo art. 157, em seu § 2º-A, I, há previsão de aumento de 2/3 para a utilização de arma de fogo. Logo, a majoração decorrente unicamente da classificação do instrumento não encontra harmonia com os princípios que norteiam a edição de leis gerais, tampouco, de leis penais.

A arma de fogo detém em si potencial lesivo superior às demais, e essa circunstância já havia sido levada em consideração quando da inserção do aumento do § 2º-A, I. As classificações para fins de comercialização, porte e posse não podem ser tidas como legítimas e, portanto, razoáveis para o novo aumento da reprimenda, ainda mais no dobro.

Assim como nos casos de emprego de arma de fogo, o roubo majorado pela utilização de arma de uso restrito ou proibido também foi elevado ao patamar de hediondez pela Lei n. 13.964/2019, tendo sido inserido no inciso II, *b* (segunda parte), do art. 1º da 8.072/90.

1.8.2. Concurso de pessoas

No que se refere ao concurso de pessoas, trata-se de majorante comum nos crimes patrimoniais pelo raciocínio dedutivo de que a circunstância facilita a consumação do delito e carrega maior grau de reprovabilidade.

Configura-se a causa de aumento tanto na coautoria como na participação, desde que haja consciente ajuste e colaboração de todos, não sendo imperativo que a vítima se aperceba dessa circunstância, desde que ela esteja demonstrada por outros meios de prova. Consoante assevera Nucci, a incidência da causa de aumento independe da presença de todos os agentes no local de execução do crime, bem como do contato desses com a vítima (op. cit., 2011, v. II, p. 545).

Do mesmo modo, tem-se entendido que configura a causa de aumento também quando o coautor ou partícipe é inimputável, bem como na situação em que um ou alguns dos envolvidos não é (são) identificado(s).

Neste tópico cabe uma crítica à escancarada desproporcionalidade de tratamento pelo CP à idêntica circunstância em dois crimes patrimoniais. No furto, o concurso de agentes é tido como qualificador, provocando a aplicação em dobro da pena prevista, enquanto no crime de roubo a mesma circunstância vem prevista como causa de aumento, no patamar mínimo de um terço e máximo de metade de majoração da reprimenda.

É claramente exagerada a previsão típica do furto qualificado, podendo ser arguida inconstitucionalidade por violação inequívoca à proporcionalidade penal. Mesmo em relação ao crime de roubo, é bastante razoável a ponderação de que a circunstância do concurso de agentes não ostenta gravidade similar às demais causas de aumento de pena previstas no § 2º do dispositivo em comento, as quais, ou carregam sério risco à integridade da vítima, ou trazem a alta reprovabilidade das ações arquitetadas por grupos criminosos mais organizados, ligados, por exemplo, à subtração de carga de valores. O simples concurso de agentes destoa desse cenário, sendo circunstância mais adequada ao momento de fixação da pena-base, conforme o caso, e não como causa objetiva e obrigatória de aumento de pena. Mas essas são considerações de política criminal, *de lege ferenda*.

1.8.3. Serviço de transporte de valores

Por meio da figura do inciso III pretendeu o legislador tutelar com maior ênfase o serviço de transporte de valores. Tratou-se de uma particular preocupação, em 1940, com a incidência dessas condutas, não só no Brasil, mas em outros países do globo, como anotou Hungria (op. cit., 1955, v. VII, p. 55-6), a qual talvez não faça mais pleno sentido na realidade atual. É bem verdade que os assaltos a carros-fortes normalmente exigem ações solidamente armadas e organizadas, mas tais circunstâncias de maior reprovabilidade já estão contempladas por outros dispositivos, importando menos o objeto da subtração e a qualidade das vítimas (pessoas a serviços do transporte de valores) do que o verdadeiro grau de reprovabilidade da conduta concretamente desenvolvida pelos agentes.

Luiz Regis Prado traz outra visão, no sentido de que a gravidade da ação se mostra, nesse caso, não só pela maior periculosidade dos agentes, como principalmente pelo desvalor do resultado, uma vez que, sob sua ótica, os roubos praticados no contexto do transporte de valores produzem reflexo na economia nacional (op. cit., 2011, p. 441).

Ressalta-se que não importa a natureza ou a quantidade dos valores transportados, mas sim a característica do serviço de transporte.

Para se evitar a responsabilidade penal objetiva, o agente deve saber da circunstância de que a vítima se encontra nessa espécie de serviço.

1.8.4. Veículo automotor transportado para outro estado ou para o exterior

A introdução desta figura em 1996, objeto de uma lei mais ampla que adotou como prioridade nacional a proteção do veículo automotor, como se fosse patrimônio de especial valor, representa claro emprego de direito penal simbólico de ocasião, sem avaliação de sua eficácia e observância aos princípios constitucionais penais.

Na avaliação de Assis Moura e Saad, com apoio em Alberto Silva Franco (cf. "Sua excelência, o veículo automotor". In: *Boletim IBCCrim*, n. 38, fev./1996), a inclusão dessa causa de aumento afrontou os princípios da igualdade e da proporcionalidade: "por um lado, estabeleceu situação desigual entre os que executam a conduta nos centros de estados de grande dimensão territorial e os que praticam a subtração em regiões limítrofes de estados ou em cidades de dois estados separados, um do outro, por uma ponte ou uma rua" (FRANCO; STOCO, op. cit., 2007, p. 801). De outra banda, o tratamento que a mesma lei conferiu a esta circunstância em relação ao crime de furto foi novamente bastante díspar e mais grave, sem razão para a desigualdade.

O fato é que a lei conferiu injustificável sobrevalor ao veículo automotor, objeto de consumo símbolo da sociedade individualista contemporânea, menos acessível aos desfavorecidos.

Por outro lado, a norma tem sido largamente ineficaz, de difícil aplicação. Para se evitar a responsabilidade penal sem consciência e vontade, é necessário provar que o agente tinha ciência e anuência com a circunstância de que o veículo viria a ser transportado para outro estado ou para o exterior, por ele ou por outra pessoa. Não basta que o veículo seja encontrado posteriormente nessas localidades.

Além do elemento subjetivo, exige-se, para a configuração da majorante, que o veículo tenha efetivamente transposto os limites fronteiriços entre estados ou países, não bastando o início do desenrolar desse trajeto, mesmo que clara a intenção de concluí-lo. De acordo com Damásio de Jesus, "a pena não será agravada se, *v. g.*, o sujeito vem a ser surpreendido, tendo a subtração ocorrido no Estado de São Paulo, nas proximidades da fronteira paulista da divisa com Minas Gerais, para onde se dirigia; ou perto da fronteira com o Paraguai, para onde pretendia levar o automóvel" ("Breves notas ao furto, roubo e receptação na Lei n. 9.426/96". In: *Boletim IBCCrim*, n. 51, fev./1997).

O momento em que se configura a causa de aumento, que será evidentemente posterior, não interfere na etapa de consumação do crime de roubo. Tem-se uma situação peculiar em função da construção típica da causa de aumento: haverá sempre um momento consumativo do roubo e outro diferente e posterior momento da configuração da causa de aumento. Chega até a ficar sugerido um retardamento da ação das autoridades para que a majorante possa se configurar, não se podendo olvidar, contudo, que – passado tempo significativo da consumação do crime – não poderá mais haver prisão em flagrante delito. A questão teria ficado mais bem posta se, em vez da expressão "se a subtração for de veículo automotor **que venha a ser transportado** para outro estado ou para o exterior", o legislador houvesse optado pela edificação da majorante como um especial fim de agir, nos seguintes moldes: "se a subtração for de veículo automotor, **com o intuito de transportá-lo** para outro estado ou para o exterior".

1.8.5. Restrição da liberdade da vítima

Esta causa de aumento de pena do crime de roubo também foi acrescentada pela Lei n. 9.426/96. Inicialmente, a norma veio alardeada como resposta ao índice dos chamados "sequestros relâmpago" praticados nos centros urbanos. Logo em seus primeiros instantes de vigência, gerou sérias dúvidas de interpretação, trouxe maior confusão à já difícil diferenciação entre os crimes de roubo e extorsão e foi objeto de críticas, principalmente daqueles que, com razão, classificavam a conduta de obrigar a vítima a oferecer cartão e senha bancária, tendo sua liberdade restringida, como extorsão, e não como roubo. Ocorre que, como não havia esta majorante no art. 158 (extorsão), para a repressão que se entendia adequada à conduta, era necessário classificá-la como roubo, em função do princípio da legalidade.

Parte significativa das divergências perdeu relevância diante da edição da Lei n. 11.923/2009, que incluiu a conduta específica do "sequestro relâmpago" como forma qualificada de extorsão (art. 158, § 3º, CP).

Impõe esclarecer que a Lei n. 11.923/2009 não revogou o disposto no art. 157, § 2º, V, do CP. Persiste essa figura de roubo circunstanciado, que ainda abrange uma série de outras condutas. Sem que seja absolutamente necessária para a consecução do delito de roubo, a restrição de liberdade da vítima por certo período de tempo pode ser um dos meios de execução do delito convenientes ao sucesso de sua arquitetura; por exemplo, na situação em que o agente subtrai o veículo e, para garantir a impunidade da ação, transporta a vítima por algum tempo, deixando-a em local distante, onde não possa acionar rápido socorro; ou, no roubo à residência, quando as pessoas presentes no local são amarradas ou trancadas em determinado cômodo, impedindo-se qualquer resistência à ação. Não se tratará de extorsão mediante sequestro, nem tampouco de extorsão qualificada, mas sim do roubo circunstanciado previsto no art. 157, § 2º, V, do diploma penal.

A norma exige que o agente mantenha a vítima em seu poder – o que denota, por conseguinte, a necessidade de certa extensão temporal na restrição de sua liberdade –, mas não especifica o parâmetro para a dimensão desse tempo, o que traz certa insegurança na aplicação dessa circunstância. Em geral, o espaço de tempo de restrição de liberdade nesta figura de roubo deve ser menor do que aquele presente no sequestro.

A doutrina tem enfatizado como diferenciação do sequestro em concurso material com roubo e do roubo majorado o fato de que, neste último, a restrição de liberdade da vítima ocorre apenas para possibilitar ou garantir a consumação da subtração ou o sucesso da empreitada; seria um meio de execução do roubo. Caso ela venha a ocorrer após a consumação da subtração, com outro propósito e sem conexão direta com a infração anterior, far-se-ia presente também o sequestro (na forma simples do art. 148 ou em formas mais graves), em concurso material de crimes (nesse sentido, entre outros, *v.* ASSIS MOURA e SAAD apud FRANCO e STOCO, op. cit., 2007, p. 802; BITENCOURT, op. cit., 2022, p. 143; e PRADO, op. cit., 2011, p. 442).

O "Pacote Anticrime" inseriu o roubo circunstanciado pela restrição da liberdade da vítima no rol dos crimes hediondos, no seu art. 1º, II, *a*, da Lei n. 8.072/90.

1.8.6. Subtração de substâncias explosivas ou com o emprego de substâncias explosivas ou que causem perigo comum

A partir da Lei n. 13.654/2018, a subtração de substâncias explosivas ou acessórios que permitam sua fabricação ou emprego passou a ser causa típica de aumento de pena, no patamar de um terço até a metade, bem como o roubo praticado com o emprego de substâncias explosivas ou de artefato análogo que gere perigo comum, de modo a causar destruição ou rompimento de obstáculo à subtração, faz incidir a causa de aumento de dois terços da pena.

Ambas as circunstâncias também foram previstas para o crime de furto qualificado, com penas mais gravosas para essa espécie do que para as demais em relação a esse delito (de 4 a 10 anos).

Mais uma vez cabe a observação da severidade das reprimendas e sobretudo do prejuízo que a fixação de um patamar fixo de aumento de pena gera à individualização judicial da punição, no caso do roubo com o emprego de explosivos.

1.8.7. Dosimetria da pena no roubo circunstanciado

A ocorrência de qualquer das circunstâncias elencadas no art. 157, § 2º, do diploma penal gera a elevação da pena base no patamar de um terço à metade, segundo a avaliação judicial. A eleição entre as barreiras mínima e máxima de elevação da reprimenda deve observar as peculiaridades do caso concreto, a gravidade individualizada e demonstrada na causa penal das circunstâncias configuradas. Uma única circunstância, com tintas claras de maior gravidade concreta, pode ensejar a majoração para além de um terço (*v. g.*, emprego de múltiplas armas, realização de disparos, elevadíssimo número de agentes envolvidos etc.), enquanto a incidência de mais de uma majorante muitas vezes não autorizará o aumento em patamar superior ao mínimo previsto. Não se trata de operação matemática, mas valorativa, tendo como fundamentos os dados concretamente apurados no processo criminal.

Esse entendimento foi sumulado pelo STJ, em enunciado pelo qual fica proscrita a majoração para além de um terço por meio da mera referência pelo juiz ao número de causas de aumento configuradas no caso (Súmula n. 443, STJ).

Fica prejudicada esta individualização, como já apontado, quando presentes as circunstâncias do art. 157, § 2º-A, havendo, nessas hipóteses, incremento fixo de dois terços da pena, independentemente da avaliação do julgador.

Questão prática relevante reside na possibilidade/necessidade ou não de aplicação simultânea ou concomitante das causas de aumento previstas nos §§ 2º e 2º-A. Na imensa maioria dos casos, o duplo incremento, quando presentes circunstâncias previstas nos dois dispositivos, gerará resultado desproporcional e que extrapolará a marca da necessidade e suficiência da repressão, norte do julgador na aplicação da pena. Vale lembrar, neste ponto, o previsto no art. 68, parágrafo único, do CP: "no concurso de causas de aumento ou de diminuição previstas na parte especial, pode o juiz limitar-se a um só aumento ou a uma só diminuição, prevalecendo, todavia, a causa que mais aumente ou diminua". Em regra, salvo situações excepcionais com notas de especial gravidade concreta da ação, será a opção mais adequada quando incidente uma causa de aumento prevista no § 2º-A, que, isoladamente, já causa o incremento de dois terços da pena.

1.9. Forma qualificada

O art. 157, § 3º, do CP prescreve duas hipóteses de roubo qualificado pelo resultado: quando da ação violenta resultar *lesão grave* ou *morte*. Em ambas são alterados os patamares mínimo e máximo da pena cominada, daí tratar-se de verdadeiras formas qualificadas do delito.

Quando da violência resultar lesão grave (ou gravíssima, figura não expressa, mas logicamente compreendida no tipo – art. 129, §§ 1º ou 2º, CP), a pena será de 7 a 18 anos de reclusão e multa; no caso de morte, designado por latrocínio, os patamares sobem para 20 a 30 anos, superando inclusive a pena do crime de homicídio qualificado. Essas penas não são originais do Código Penal, sofreram aumento pelas Leis ns. 8.072/90, que também previu o latrocínio como crime hediondo, pela Lei n. 9.426/96 e, mais recentemente, na primeira figura, houve aumento da pena máxima pela Lei n. 13.654/2018. As reprimendas bastante elevadas demonstram o tratamento desproporcional conferido atualmente pelo legislador aos bens jurídicos vida e integridade física, de um lado, e patrimônio, de outro. Predomina a valorização do patrimônio, opção dissonante dos valores constitucionais.

Em resultado que não ultrapassa a geração de lesões leves, a conduta tem subsunção no roubo simples, absorvida pela violência normal do roubo descrito no *caput* ou circunstanciado.

A lei destaca os mencionados resultados como qualificadores do crime de roubo apenas quando este é praticado através de violência, excluindo a situação na qual o meio de execução do crime é a grave ameaça. Em respeito ao princípio da estrita legalidade em matéria penal está vedada a interpretação extensiva à clara expressão normativa: "se **da violência** resulta". Ademais, no crime de extorsão qualificada pelo resultado, adiante analisado, também se sublinha essa restrição na norma, não havendo justificativa para tratamento desigual entre essas figuras tão similares.

Não fosse o argumento da legalidade, por si só intransponível, sob o ângulo da responsabilidade penal subjetiva, a verdade é que não é previsível que, num roubo praticado por meio de grave ameaça, sem exercício da violência física, sobrevenha resultado de lesão corporal grave ou morte relacionado à conduta criminosa. A sua ocorrência ultrapassaria as consequências normais à espécie, sendo fruto de causas concorrentes não previsíveis pelos agentes. Poder-se-ia argumentar que, em situações excepcionalíssimas, as quais servem mais como retórica do que como exemplos reais, quando o agente souber que a vítima suporta debilidade de saúde apta a lhe provocar, *v. g.*, um infarto por conta da grave ameaça, o resultado morte seria causado ao menos por culpa, sendo merecida a responsabilização. Para além da raríssima aplicação prática da hipótese, tem-se que não foi a opção do legislador abrangê-la no tipo penal qualificado, o que impede a imposição da reprimenda mais grave do § 3º. Nada impede, no entanto, dependendo da situação, que a morte seja imputada como homicídio doloso ou culposo praticado em concurso com roubo.

Pode-se identificar nessas figuras qualificadas natureza de crimes preterdolosos, quando há dolo na conduta e culpa na produção do resultado mais grave; entretanto, especialmente para este delito, não importa se o resultado "lesão corporal grave ou morte" sobrevém por dolo ou culpa do agente; as duas situações estão abrangidas no tipo.

No latrocínio – crime contra o patrimônio, e não contra a vida – o intento inicial e principal da conduta é a subtração patrimonial e não a causação da morte da vítima ou de terceiro, circunstância ocasional da infração, apesar de gravíssima.

É necessário que o resultado esteja vinculado à ação violenta do agente e seja produzido por dolo ou culpa, descartadas as situações de imprevisibilidade, em observância à regra da responsabilidade penal subjetiva e ao expressamente fixado no art. 19 do CP, que dispõe: "pelo resultado que agrava expressamente a pena, só responde o agente que o houver causado ao menos culposamente".

A lei incorre em quebra da proporcionalidade quando reprova com a mesma pena a ação dolosa ou culposa que gera o resultado morte, sem distinção alguma, desde que tenha havido dolo quanto à lesão patrimonial. A pena é mais gravemente desproporcional para a hipótese genuína de preterdolo (resultado causado por culpa).[39] O CP de 1969 buscava corrigir essa distorção prevendo penas diversas para as hipóteses de resultados causados dolosamente e culposamente (*v.* FRAGOSO, op. cit., 1981, p. 309), mas a correção não se transformou em realidade até os dias atuais, tendo a interpretação jurisprudencial conferida à norma vigente só aprofundado a falta de tratamento penal isonômico.

Por exemplo, tem-se entendido que, se o agente pratica roubo em concurso de pessoas, ciente do emprego de armas na ação e, portanto, consciente de que há risco concreto de lesão grave à integridade da vítima e assumindo esse risco, responde pelas formas qualificadas mesmo que o resultado não tenha se produzido por sua conduta direta, mas pela ação de outro que concorria para o crime. Ou seja, todos os agentes responderão, por exemplo, por latrocínio, e não apenas aquele que, efetuando disparos, provocou a morte do ofendido. Conclui-se que há liame entre a conduta de todos e o resultado alcançado, quando anuíram na prática de roubo armado.

A despeito das críticas que esse entendimento pode merecer, também é preciso se ter grande cautela quando há indicação de que um agente, por qualquer razão, desvinculou ou destacou sua conduta dos demais em meio à ação. Não se prescinde do nexo de causalidade entre conduta e resultado. Foi nesse contexto que o STF afastou a responsabilidade pelo crime de latrocínio de coautor que havia sido preso antes de seu comparsa efetuar disparos contra policial que o perseguia após a prática do roubo, vindo a causar-lhe a morte (*HC* n. 109.151/RJ, rel. Min. Rosa Weber, j. 12.06.2012). Entendeu a Suprema Corte que, em tais circunstâncias, há rompimento do nexo causal entre a conduta de um e outro agente, respondendo aquele não vinculado ao resultado final apenas pelo delito de roubo não qualificado.

Deve-se destacar que as causas de aumento de pena previstas no § 2º não se aplicam a qualquer das situações de roubo qualificado, ou seja, os §§ 2º e 3º do art. 157 são excludentes entre si.

A partir da Lei n. 13.964/2019, o roubo qualificado pela lesão corporal grave foi equiparado ao roubo com resultado morte (latrocínio) para fins de enquadramento como crime hediondo (art. 1º, II, *c*, da Lei n. 8.072/90).

Vale consignar, entretanto, que o art. 9º da Lei de Crimes Hediondos perdeu sua eficácia diante da alteração da sistemática dos crimes contra a dignidade sexual pela Lei n. 12.015/2009, que revogou o art. 224 do CP. A norma prevê que a pena cominada aos arts. 157, § 3º, 158, § 2º, 159, *caput* e §§ 1º a 3º, 213 e 214 (hoje também não mais com a mesma configuração) deveria ser aumentada da metade, até o limite de trinta anos, quando a vítima apresentasse uma das características antes previstas naquele outro dispositivo: não ser maior de 14 anos, ostentar doença mental ou, por qualquer outra causa, estar impossibilitada de oferecer resistência. Para além da gritante desproporcionalidade repressiva, que gerava uma pena mínima de trinta anos de reclusão no latrocínio majorado, o fato é que, com a revogação da norma de referência – art. 224 do diploma penal –, restou sem efeito o art. 9º da Lei n. 8.072/90, questão resolvida no STF.[40] Portanto, revogada está a causa de aumento em relação a todos os crimes ali previstos.

Por fim, cumpre sublinhar que, havendo uma única subtração patrimonial, com resultado de lesão grave ou morte de mais de uma pessoa, configurado está um delito único de roubo qualificado pelo resultado, merecendo as consequências mais gravosas da infração consideração no momento da individualização da pena.

1.9.1. Consumação e tentativa no roubo qualificado

Questão tormentosa é a identificação das diferentes hipóteses de consumação e tentativa no crime de roubo qualificado pelo resultado, especialmente na modalidade de latrocínio. São múltiplas as possibilidades em função de a norma proteger dois bens jurídicos distintos – patrimônio e vida/integridade física – que podem ser afetados, cada um, de forma plena ou não.

A equação é mais complexa do que a constatação de ter havido subtração consumada ou ten-

39 Nesse sentido também opina BITENCOURT, op. cit., 2022, p. 155.

40 *V.* julgamento do *HC* n. 111.246/AC, rel. Min. Dias Toffoli, j. 11.12.2012, v.u., *Informativo* n. 692.

tada + ocorrência ou não do resultado *lesão grave* ou *morte*. Como, na norma do art. 157, § 3º, o resultado pode sobrevir tanto por dolo como por culpa, interfere também na questão a constatação de o agente intencionar ou não, durante sua ação no roubo, a provocação do resultado mais grave consistente na morte da vítima, mesmo quando não o tenha alcançado. Daí que os autores costumam trazer quatro equações distintas para a análise da consumação e tentativa no latrocínio: subtração consumada + morte consumada; subtração tentada + morte consumada; subtração consumada + morte tentada e, por fim, subtração tentada + morte tentada. Passa-se à análise de cada hipótese.

1) **Subtração consumada + morte consumada**: é tranquila a situação em que ocorre tanto a subtração quanto o resultado morte, com ofensa plena a ambas as objetividades jurídicas contidas no tipo, quando evidentemente estará consumado o latrocínio.

2) **Subtração tentada + morte consumada:** tem se entendido como igualmente consumado o latrocínio sempre quando da violência resultar a morte, independentemente de ter havido subtração, enunciado da Súmula n. 610 do STF.

Esse posicionamento jurisprudencial dominante não está, todavia, isento de críticas. Não se deve olvidar que a norma prevê espécie de **roubo qualificado**, sequer ganhando o *nomen juris* de latrocínio no Código (art. 157, § 3º), demonstrando o legislador o enfoque prevalecente de delito patrimonial, o que afasta a sua identificação como crime autônomo desconectado da cabeça do art. 157.

Sendo crime complexo, a consumação do latrocínio exige que os dois tipos penais que o compõem (roubo e homicídio) estejam consumados, sem o que não estarão reunidos todos os elementos de sua definição legal, a teor do que dispõe o art. 14 do CP (nesse sentido: CAROLLO, op. cit., 2010, p. 384-6). O § 3º do art. 157 não tem significação típica independente que possa ser compreendida sem os elementos previstos no *caput*. A violência nele descrita, da qual resulta a morte, é aquela empregada para a subtração de coisa móvel alheia, esta também elemento integrante e indispensável do tipo de roubo qualificado pelo resultado. Sem que o agente tenha sequer se apoderado dos bens da vítima, como se falar em roubo qualificado consumado? (Nucci desenvolve crítica semelhante em op. cit., 2011, p. 561.) Ainda seria o caso da tentativa, mesmo que com a redução mínima da pena.

Pode ocorrer, inclusive, situação em que claramente o agente desiste da prática do crime patrimonial, por qualquer circunstância havida, e – em seguida –, inconformado, por vingança ou para garantir a impunidade da ação, direciona todo o intento de sua conduta para a causação da morte da vítima ou de terceiro. Seria a hipótese em que deveria despontar a prática de um homicídio qualificado (art. 121, § 2º, I ou V, CP), e não roubo qualificado, mesmo que seja difícil a distinção na prática pela árdua tarefa de comprovação do elemento subjetivo.

Por tais razões, discorda-se da interpretação estampada na Súmula n. 610 da Suprema Corte, que se difundiu largamente por todos os tribunais com a seguinte sentença: "Há crime de latrocínio, quando o homicídio se consuma, ainda que não realize o agente a subtração de bens da vítima".

3) **Subtração consumada + morte tentada ou subtração tentada + morte tentada:** por outro lado, entende-se presente o latrocínio tentado quando o agente, em meio à subtração ou, logo após, para garantir sua impunidade, pratica ação que não resulta efetivamente em morte, mas teve o potencial de causá-la (*v. g.*, na hipótese em que disparos sejam efetuados em direção a órgãos vitais da vítima, sem lhe atingir ou sem causar a morte, mas tendo esse potencial concreto).

Conforme essa corrente, majoritária, o crime de roubo qualificado ocorreria na forma tentada independentemente de ter havido consumação ou não da subtração; o foco é posto na objetividade jurídica vida.

Esse entendimento acaba por desnaturar o latrocínio como crime qualificado pelo resultado, na qual é justamente a ocorrência deste, mesmo provocada culposamente, que autoriza o agravamento da reprimenda.

Fragoso aduzia, com vigor, que "não se pode cogitar de tentativa senão nos casos em que o resultado morte ou lesão corporal grave ou gravíssima é doloso. Os crimes qualificados pelo resultado (chamados preterintencionais) não admitem tentativa" (op. cit., 1981, p. 306).

Assim, em primeiro lugar, na hipótese de subtração tentada ou consumada, em ação que tenha gerado risco concreto de morte, sem, contudo, efetivamente provocar esse resultado, não se pode cogitar de latrocínio tentado sem que o agente tenha agido conscientemente e no intuito de causar a morte de outrem. Ou seja, apenas pode-se admitir essa conclusão típica (latrocínio tentado sem morte) quando o resultado morte foi pretendido, mas não alcançado, lembrando que a vontade do agente está principalmente direcionada à lesão patrimonial através da subtração, tenha ou não ela ocorrido. Frise-se: nessa corrente, mesmo que a subtração tenha se consumado, o latrocínio não ultrapassa a forma tentada se a morte não ocorre, sob pena de resposta desproporcional à soma da reprovação da conduta e do resultado.

Feito esse apontamento inicial, a questão não deixa de ser controversa, uma vez que a norma do art. 157, § 3º, primeira parte, trouxe expressamente outros patamares de pena para a hipótese de a ação ter gerado lesões graves (ou gravíssimas), sem atingir o resultado morte. Aplicar a parte final do texto normativo, na sua composição com a causa de diminuição de pena da tentativa, passa por descartar a figura típica anterior. Diante desse cenário, será preciso diferenciar duas situações: na prática de roubo com resultado de lesão corporal grave gerado culposamente ou com dolo de ferir, incide a primeira parte do art. 157, § 3º, cominada a pena de 7 a 18 anos de reclusão; na prática de roubo em que advém o mesmo resultado, mas plenamente demonstrada na ação o dolo de matar, incide a parte final do dispositivo, com pena de 20 a 30 anos, operando-se a redução de um terço a dois terços pelo fato de o delito não ter ultrapassado a forma tentada.

A despeito das polêmicas doutrinárias, a jurisprudência sedimentou a interpretação de que haverá latrocínio tentado quando estiver demonstrado pelas circunstâncias da conduta que o agente teve por finalidade gerar a morte de outrem no contexto da execução do crime de roubo, mesmo sem a provocação deste resultado e independentemente de ter se concretizado ou não a subtração.

Por fim, cumpre salientar que, desde que visada e atingida somente uma esfera patrimonial, mesmo quando a ação causar o resultado morte de mais de uma pessoa, concretiza-se um único crime de latrocínio, não cabendo falar sequer em crime continuado (*v.*, entre outros: NUCCI, op. cit., 2011, p. 585). A circunstância deverá ser tomada em conta no momento da fixação da pena-base, encaixando-se nas previsões normativas do art. 59 do CP, como culpabilidade e consequências do delito.

1.9.2. Competência

A ocorrência do resultado morte, no crime de latrocínio, não fixa a competência do tribunal do júri, reservada aos crimes dolosos contra a vida e, eventualmente, aos crimes a eles conexos. Assim, a competência do tribunal popular abrange apenas aqueles delitos previstos no Capítulo I do Título I do CP. Aqui, mesmo havendo evento *morte* provocado com dolo direto ou eventual, o crime continua sendo de natureza patrimonial, apesar de prestigiado o bem jurídico *vida* por meio da qualificação pelo resultado, sendo a competência do juiz singular (Justiça togada), fixada com base nas regras do diploma processual penal.

2. A HEDIONDEZ DO CRIME DE ROUBO CIRCUNSTANCIADO E QUALIFICADO

Até a promulgação do "Pacote Anticrime", somente o roubo qualificado pelo resultado morte – latrocínio –, entre as modalidades do roubo, havia sido incluído no rol dos crimes hediondos. Contudo, o inciso II do art. 1º da Lei n. 8.072/90 foi alterado para fazer constar o seguinte texto: "Art. 1º São considerados hediondos os seguintes crimes, todos tipificados no Decreto-Lei n. 2.848, de 7 de dezembro de 1940 – Código Penal, consumados ou tentados: [...] II – roubo: *a)* circunstanciado pela restrição de liberdade da vítima (art. 157, § 2º, inciso V); *b)* circunstanciado pelo emprego de arma de fogo (art. 157, § 2º-A, I) ou pelo emprego de arma de fogo de uso proibido ou restrito (art. 157, § 2º-B); *c)* qualificado pelo resultado lesão corporal grave ou morte (art. 157, § 3)".

A partir da nova lei, tem-se, então, a elevação de mais quatro modalidades de roubo à categoria de hediondez.

Ao dispor sobre os crimes hediondos, o legislador pretendeu realizar diferenciação entre os demais crimes para que tivessem tratamento mais rigoroso pela natureza ignóbil, bárbara e repugnante destes em detrimento dos demais.

Nos termos da Carta Constitucional, a hediondez somente poderia ser atribuída por lei, e em 1990 surge a Lei n. 8.072/90, em um contexto de clamor social por maior punição aos que praticavam crimes de maior gravidade e reprovabilidade. A promulgação veio em uma tentativa de coibir o aumento da criminalidade, que claramente fracassou, já que a população prisional, dos anos 1990 até 2014, cresceu em 575%. Logo, a legislação repressora não só não diminuiu a criminalidade como se tornou fator determinante para as altas taxas de encarceramento do país e a superpopulação carcerária.

A forma de tratamento conferida aos crimes hediondos prevê penas mais severas, vedação à concessão de graça, anistia e indulto, regimes de pena mais gravosos, maiores lapsos para obtenção de benefícios durante a execução da pena. Por tal razão, somente crimes que atentassem contra os bens mais valiosos de forma mais gravosa é que poderiam alçar o patamar de hediondos, e, ao nosso entender, não é o caso do roubo circunstanciado pelo uso de arma de fogo, quer específicas (uso restrito ou proibido), quer não, nem pelo resultado lesão corporal de natureza grave, ou ainda pela privação de liberdade da vítima.

A majoração decorrente do emprego de arma de fogo (de uso permitido, restrito ou proibido), como dito, já era considerada desproporcional. Sua elevação ao caráter de hediondo é ainda mais. Não coaduna, inclusive, com a essência constitucional quanto à hediondez.

O roubo claramente não se enquadra na categoria de crimes maior gravidade e repugnância. A atual classificação é, portanto, desproporcional e atenta contra os princípios da lesividade, proporcionalidade e razoabilidade.

A atribuição de hediondez ao roubo com resultado lesão corporal grave não encontra amparo em nossa estrutura normativa. A violência é integrante do tipo de roubo e poderá ser mensurada para fins de imputação penal, ou para a aplicação da pena, mas não para aferição de repugnância genérica do delito. É desproporcional, porque não se vislumbra correspondência nos crimes contra a pessoa, que deveria ser o principal bem sujeito à proteção.

Também a hediondez conferida ao roubo majorado pela restrição da liberdade da vítima parece-nos um contrassenso. A extorsão mediante sequestro, por ter sido considerada mais grave e, portanto, mais reprovável, teve estabelecida pena maior do que a do roubo, assim como foi elevada ao patamar de crime hediondo. A equiparação dessas duas figuras para fins de enquadramento nos crimes hediondos não parece guardar coerência e proporcionalidade. O crime de roubo já sofreu agravamento com a majorante respectiva. A classificação como crime hediondo vai além. É desnecessária. Não coibirá a prática, assim como as demais medidas punitivistas que não trazem o enfrentamento da criminalidade como questão social não o fizeram. Entretanto, agravará o quadro de precariedade do sistema prisional.

De nenhuma das figuras majoradas do roubo a que foi atribuída a hediondez pode-se extrair a mesma gravidade trazida pelos crimes de tortura, genocídio, estupro ou homicídio qualificado. Não guarda correspondência alguma com a ignobilidade trazida nesses tipos penais. A falta de proporcionalidade, razoabilidade e necessidade da inclusão do roubo majorado no rol dos crimes hediondos é patente. De toda sorte, a questão poderá ser arguida junto aos tribunais, para aferição ou não se sua constitucionalidade.

3. JURISPRUDÊNCIA

3.1. Súmulas

Súmula n. 610, STF: "Há crime de latrocínio quando o homicídio se consuma, ainda que não realize o agente a subtração de bens da vítima".

Súmula n. 443, STJ: "O aumento na terceira fase de aplicação da pena no crime de roubo circunstanciado exige fundamentação concreta, não sendo suficiente para a sua exasperação a mera indicação do número de majorantes".

Súmula n. 562, STJ: "Consuma-se o crime de roubo com a inversão da posse do bem mediante emprego de violência ou grave ameaça, ainda que por breve tempo e em seguida à perseguição imediata ao agente e recuperação da coisa roubada, sendo prescindível a posse mansa e pacífica ou desvigiada".

3.2. Julgados

Momento consumativo. Teoria da *apprehensio*

Crime de roubo (art. 157, CP). Momento consumativo. Cessada a violência e invertida a posse dos bens subtraídos. Perseguição pela polícia. Captura do acusado. Roubo consumado. Precedentes. É de se considerar consumado o roubo quando o agente, cessada a violência ou a grave ameaça, inverte a posse da coisa subtraída. Desnecessário que o bem objeto do delito saia da esfera de vigilância da vítima. O simples fato de a vítima comunicar imediatamente o ocorrido à polícia, com a respectiva captura do acusado nas proximidades do local do crime, não descaracteriza a consumação do delito. Precedentes: RE n. 102.490, rel. Min. Moreira Alves (Plenário); *HC* n. 89.958, rel. Min. Sepúlveda Pertence; *HC* n. 94.406, rel. Min. Menezes Direito; *HC* n. 89.653, rel. Min. Ricardo Lewandowski; *HC* n. 89.619 e n. 94.552, ambos da minha relatoria. O paciente foi preso em flagrante delito, mas somente depois de cessada a violência real à vítima e da respectiva inversão da coisa subtraída. É dizer: no caso, o *iter criminis* alcançou o momento consumativo do delito de roubo, pois o paciente, mediante efetiva agressão física à vítima, inverteu a posse dos bens subtraídos (bolsa contendo dinheiro, cartões de banco e documentos pessoais). Pelo que incide a firme jurisprudência desta nossa Corte, no sentido de que "o roubo se consuma no instante em que o ladrão se torna possuidor da coisa móvel alheia subtraída mediante grave ameaça ou violência". Sendo desnecessário que o bem saia da esfera de vigilância do antigo possuidor (RE n. 102.490, rel. Min. Moreira Alves – Pleno). (STF, *HC* n. 95.998-9/SP, 1ª T., rel. Min. Carlos Ayres Britto, venc. Min. Marco Aurélio de Mello, j. 12.05.2009)

A jurisprudência desta Corte tem entendido que a consumação do roubo ocorre no momento da subtração, com a inversão da posse da res, independentemente, portanto, da posse pacífica e desvigiada da coisa pelo agente. (STF, *HC* n. 96.696-9/SP, 1ª T., rel. Min. Ricardo Lewandowski, venc. Min. Marco Aurélio de Mello, j. 05.05.2009)

Posse mansa e pacífica

Recurso especial. Roubo majorado. Princípio da correlação entre a denúncia e a sentença. Ofensa. Não ocorrência. Descrição. Roubo consumado. Posse mansa e pacífica. Desnecessidade. Recurso provido. [...] 3. A Terceira Seção desta Corte, por ocasião do julgamento do Recurso Especial Repetitivo n. 1.499.050/RJ, firmou entendimento segundo o qual "consuma-se o crime de roubo com a inversão da posse do bem, mediante emprego de violência ou grave ameaça, ainda que por breve tempo e em seguida a perseguição imediata ao agente e recuperação da coisa roubada, sendo prescindível a posse mansa e pacífica ou desvigiada" (rel. Min. Rogerio Schietti Cruz, *DJe* 09.11.2015). 4. *In casu*, a denúncia descreve a inversão da posse da *res furtiva*, o que é suficiente para a consumação do crime, em adoção à teoria da *amotio* ou *apprehensio*, nos termos da Súmula n. 582 do STJ [...]. (STJ, REsp n. 1.519.860/RJ, 5ª T., rel. Min. Jorge Mussi, j. 17.05.2018, *DJe* 25.05.2018)

No mesmo sentido: STJ, REsp n. 1.704.976/SP, 5ª T., rel. Min. Jorge Mussi, j. 18.09.2018, *DJe* 26.09.2018; STJ, Ag. Reg. no REsp n. 1.745.212/MG, 6ª T., rel. Min. Sebastião Reis Junior, j. 23.10.2018, *DJe* 16.11.2018.

Roubo. Majoração da pena. Súmula n. 443, STJ

Penal e processual penal. *Habeas corpus* substitutivo de recurso próprio. Inadequação. Latrocínio tentado. Roubo majorado. Disparo de arma de fogo. Dosimetria. Presença de mais de uma causa de aumento no crime de roubo. Majoração acima do mínimo legal. Ausência de fundamentação concreta. Violação à Súmula n. 443/STJ. Continuidade delitiva. Número de infrações. Fração de aumento desproporcional. Aumento da fração de redução pela tentativa de latrocínio. Critério do *iter criminis* percorrido observado. *Habeas corpus* não conhecido. Ordem concedida de ofício. [...] II – De acordo com o disposto no Enunciado n. 443 da Súmula/STJ: "O aumento na terceira fase de aplicação da pena no crime de roubo circunstanciado exige fundamentação concreta, não sendo suficiente para a sua exasperação a mera indicação do número de majorantes". Na hipótese, forçoso reconhecer a ocorrência de flagrante ilegalidade, eis que o *quantum* de aumento de pena foi aplicado sem que houvesse a devida fundamentação, baseando-se apenas no número de majorantes, em desacordo com a orientação firmada na Súmula n. 443/STJ. Precedentes [...]. (STJ, *HC* n. 451.045/SP, 5ª T., rel. Min. Felix Fisher, j. 20.09.2018, *DJe* 26.09.2018)

Crime tentado. Monitoramento pela polícia

A consumação do crime de roubo, em regra, independe da posse mansa da coisa, bastante que, cessada a violência ou grave ameaça, ocorra a inversão da posse; tese inaplicável nas hipóteses em que a ação é monitorada pela Polícia que, obstando a possibilidade de fuga dos imputados, frustra a consumação por circunstâncias alheias à vontade do agente, nos termos do art. 14 do CP. *In casu*, os pacientes, em união de desígnios e mediante violência física, subtraíram da vítima a quantia de R$ 20,00 (vinte reais) sendo imediatamente perseguidos e presos em flagrante pela Polícia Militar, que passava pelo local durante o ato delituoso. Ordem concedida, para desclassificar o delito para roubo tentado, remetendo-se ao juízo de primeira instância a alteração na dosimetria da pena. (STF, *HC* n. 104.593/MG, 1ª T., rel. Min. Luiz Fux, venc. Min. Cármen Lúcia, j. 08.11.2011)

Habeas corpus. Penal, roubo. Tentado ou consumado. Controvérsia. Ainda que o agente tenha se apossado da *res*, subtraída sob ameaça de arma de brinquedo, é de se reconhecer o crime tentado, e não o consumado, considerada a particularidade de ter sido ele a todo tempo monitorado por policiais que se encontravam no cenário do crime. Hipótese em que o paciente subtraiu um passe de ônibus, o qual, com a ação dos policiais, foi restituído imediatamente à vítima. Ordem concedida. (STF, *HC* n. 88.259/SP, 2ª T., rel. Min. Eros Grau, j. 02.05.2006)

Trombada. Configura roubo quando houver lesão corporal

Recurso especial. Crime contra o patrimônio, trombada. Emprego de violência que resultou ofensa à integridade física da vítima. Roubo. Configuração. Princípio da insignificância. Aplicação. Impossibilidade. Delito complexo. Pluralidade de bens jurídicos ofendidos. Tendo sido a vítima agredida e derrubada durante a subtração, inclusive com o comprometimento de sua integridade física – lesão corporal – o delito é classificado como roubo, e não como simples furto. Precedentes. (STJ, REsp n. 778.800/RS, 5ª T., rel. Min. Laurita Vaz, j. 02.05.2006)

Roubo. "Empurrão". Não configuração se realizado para desviar a atenção da vítima de seu patrimônio

Tem-se como adequada a desclassificação operada em primeiro grau, pois, consoante salientado na respeitável decisão impugnada, "o empurrão dado pelos furtadores visava, tão somente, tirar a atenção da vítima de seu patrimônio, possibilitando, com isso, a prática delitiva". Tal decisão encontra amparo nos elementos colhidos, tendo em vista que a ofendida afirmou que, embora empurrada, "não sofreu qualquer lesão, dispensando inclusive exame de IML" e que o réu e seu comparsa "nada falaram à depoente". Verifica-se, no caso em tela, que o agente não pretendia agredir ou machucar a vítima, mas somente desviar sua atenção e possibilitar a subtração de sua bolsa. Assim, correta a desclassificação da conduta imputada ao acusado para a de furto qualificado pelo concurso de agentes. (TJSP, Ap. n. 993.07.033988-8, 16ª Câm., rel. Alberto Mariz de Oliveira, j. 21.09.2010)

Roubo e adulteração de sinal de veículo. Princípio da consunção. Não configuração

Agravo regimental no agravo em recurso especial. Penal. Roubo circunstanciado e adulteração de sinal identificador de veículo automotor. Princípio da consunção. Unidade de desígnios. Necessidade. Conclusões do julgado *a quo*. Afastamento. Impossibilidade. Óbice da Súmula n. 7/STJ. 1. Para o reconhecimento da consunção de delitos, é necessária a presença de unidade de desígnios na prática das condutas, o que inexistiu na espécie, porquanto, segundo o Tribunal recorrido, a ação de alterar os sinais identificadores do veículo subtraído não guardou subordinação com a prática do roubo, tendo ocorrido em momento posterior, quando aquele já teria sido consumado. (STJ, Ag. Reg. no AREsp n. 701.230/SP, 5ª T., rel. Min. Jorge Mussi, j. 21.06.2018, *DJe* 28.06.2018)

Princípio da insignificância. Inaplicabilidade

O crime de roubo se caracteriza pela apropriação do patrimônio de outrem mediante violência ou grave ameaça à sua integridade física ou psicológica. No caso concreto, ainda que o valor subtraído tenha sido pequeno, não há como se aplicar o princípio da insignificância, mormente se se considera que o ato foi praticado pelo paciente mediante grave ameaça e com concurso de dois adolescentes, fato esse que não pode ser taxado como um comportamento de reduzido grau de reprovabilidade. A jurisprudência consolidada nesta Suprema Corte é firme no sentido de ser inaplicável o princípio da insignificância ao delito de roubo. *Habeas corpus* denegado. (STF, *HC* n. 97.190/GO, 1ª T., rel. Min. Dias Toffoli, venc. Min. Marco Aurélio de Mello, j. 10.08.2010)

Em crimes praticados mediante violência ou grave ameaça a vítima, como ocorre no roubo, não há falar em aplicação do princípio da insignificância, não obstante o ínfimo valor da coisa subtraída. Precedentes do STF e do STJ. (STJ, REsp n. 1.159.735/MG, 5ª T., rel. Min. Arnaldo Esteves de Lima, j. 15.06.2010)

"Roubo de uso". Tipicidade

Direito penal. Tipicidade da conduta designada como "roubo de uso". É típica a conduta denominada "roubo de uso". De início, cabe esclarecer que o crime de roubo (art. 157, CP) é um delito complexo que possui como objeto jurídico tanto o patrimônio como a integridade física e a liberdade do indivíduo. Importa assinalar, também, que o ânimo de apossamento – elementar do crime de roubo – não implica, tão somente, o aspecto de definitividade, pois se apossar de algo é ato de tomar posse, de dominar ou de assenhorar-se do bem subtraído, que pode trazer o intento de ter o bem para si, de entregar para outrem ou apenas de utilizá-lo por determinado período. Se assim não fosse, todos os acusados de delito de roubo, após a prisão, poderiam afirmar que não pretendiam ter a posse definitiva dos bens subtraídos para tornar a conduta atípica. Ressalte-se, ainda, que o STF e o STJ, no que se refere à consumação do crime de roubo, adotam a teoria da *apprehensio*, também denominada de *amotio*, segundo a qual se considera consumado o delito no momento em que o agente obtém a posse da *res furtiva*, ainda que não seja mansa e pacífica ou haja perseguição policial, sendo prescindível que o objeto do crime saia da esfera de vigilância da vítima. Ademais, a grave ameaça ou a violência empregada para a realização do ato criminoso não se compatibilizam com a intenção de restituição, razão pela qual não é possível reconhecer a atipicidade do delito "roubo de uso". (STJ, REsp n. 1.323.275/GO, 5ª T., rel. Min. Laurita Vaz, j. 24.04.2014, *Informativo* n. 539)

Concurso formal

Habeas corpus. Roubo contra mais de uma vítima. Diversos bens jurídicos tutelados. Ação única. Concurso formal de delitos. Coação ilegal. Se o agente, num mesmo contexto, pratica roubo contra agência bancária, subtraindo as armas dos vigilantes e um carro para fugir do local, deve ser reconhecido o concurso formal de crimes. Constrangimento ilegal caracterizado porque a Corte de origem aplicou à espécie o disposto no art. 71 do CP. (STJ, *HC* n. 145.071/SC, 6ª T., rel. Min. Celso Limongi, Des. convocado do TJSP, j. 02.03.2010)

Causas de aumento. Arma de brinquedo

O aumento especial de pena no crime de roubo em razão do emprego de arma de brinquedo (consagrado na Súmula n. 174-STJ) viola vários princípios basilares do Direito Penal, tais como o da legalidade (art. 5º, XXXIX, CF e art. 1, CP), do *ne bis in idem*, e da proporcionalidade da pena. Ademais, a Súmula n. 174 perdeu o sentido com o advento da Lei n. 9.437, de 20.02.1997, que em seu art. 10, § 1º, II, criminalizou a utilização de arma de brinquedo para o fim de cometer crimes. Cancelamento da Súmula n. 174-STJ. (STJ, REsp n. 213.054/SP, 3ª S., rel. Min. José Arnaldo da Fonseca, j. 24.10.2004)

[...] é pacífico o entendimento doutrinário e jurisprudencial no sentido de que a arma de brinquedo não constitui a causa de aumento. Aliás, em razão deste entendimento o STJ cancelou a sua Súmula n. 174. Assim, fica afastada a majorante do uso de arma de fogo, por ausência de tipicidade. (TJSP, Ap. n. 0398477-39.2010.8.26.000, 1ª Câm., rel. Des. Marco Antonio Rodrigues Nahum, *DJ* 17.01.2011)

Emprego de arma. Necessidade de apreensão

Ação penal. Condenação. Delito de roubo. Art. 157, § 2º, I e II, do CP. Pena. Majorante. Emprego de arma de fogo. Instrumento não apreendido nem periciado. Ausência de disparo. Dúvida sobre a lesividade. Ônus da prova que incumbia à acusação. Causa de aumento excluída. *Habeas corpus* concedido, em parte, para esse fim. Precedentes. Inteligência do art. 157, § 2º, I, do CP, e do art. 167 do CPP. Aplicação do art. 5º, LVII, da CF. Não se aplica a causa de aumento prevista no art. 157, § 2º, I, do CP, a título de emprego de arma de fogo, se esta não foi apreendida nem periciada, sem prova de disparo. [...] Não havendo registro de que tenham os pacientes efetuado disparos, nem de que a arma estava municiada ou de que se encontrava apta a disparar, a qualificadora não encontra lastro probatório que, se houvesse, deveria ter sido demonstrado plenamente pela acusação. Conforme entendimento de Maria Thereza de Assis Moura e Marta Saad, "o que importa, na configuração do roubo agravado, é a maior potencialidade de lesão à integridade física e psíquica do sujeito passivo, e não a maior capacidade de amedrontar a vítima" (In: FRANCO, Alberto Silva et al. *Código Penal e sua interpretação jurisprudencial*. 8.ed. São Paulo, RT, 2007. p. 798). (STF, *HC* n. 93.105-7/RS, 2ª T., rel. Min. Cezar Peluso, j. 14.04.2009)

Habeas corpus. Processual penal. Roubo. Causa de aumento de pena prevista no art. 157, § 2º, I, do CP. Comprovação da potencialidade lesiva da arma de fogo. Necessidade. A aplicação da causa de aumento de pena prevista no inciso I do § 2º do art. 157 do CP pressupõe a potencialidade lesiva da arma de fogo, atestada em laudo pericial. Precedente. A intimidação e o temor provocados na vítima pelo uso da arma de fogo compõem o núcleo do tipo penal (violência ou grave ameaça), não servindo para qualificar o crime. Ordem deferida. (STF, *HC* n. 94.827/RS, 2ª T., rel. Min. Eros Grau, j. 02.06.2009)

Nesse mesmo teor: STF, *HC* n. 96.865-1-SP, 2ª T., rel. originária Min. Ellen Gracie,[41] rel. p/ o acórdão Min. Eros Grau, j. 31.03.2009.

A ausência de apreensão e de perícia da arma impossibilita a comprovação que poderia lesionar mais severamente o bem jurídico tutelado, caso em que se configura o crime de roubo, por inegável existência de ameaça, sem, contudo, justificar a incidência da causa de aumento (Precedentes da 6ª Turma do STJ). Sob o enfoque do conceito fulcral de interpretação e aplicação do Direito Penal – o bem jurídico – não se pode majorar a pena pelo emprego de arma sem a apreensão e a realização da perícia para se determinar que o instrumento utilizado, de fato, tinha potencialidade lesiva, circunstância apta a ensejar o maior rigor punitivo. Utilização da mesma raiz hermenêutica que inspirou a revogação da Súmula n. 174 desta Corte. Coação ilegal caracterizada. (STJ, *HC* n. 139.611/MG, 6ª T., rel. Min. Celso Limongi, Des. convocado do TJSP, j. 18.02.2010)

41 Com efeito, a Ministra se manifestou no sentido de denegar a ordem, sob o seguinte fundamento: "me parece óbvio que a vítima de roubo se sinta muito mais intimidada e moralmente agredida quando lhe é apontada uma arma, não sendo minimamente razoável exigir que indague ao seu algoz se a mesma está municiada e se é capaz de produzir disparos. Ademais, a arma mencionada no inciso I do § 2º do art. 157 do Código Penal não se restringe à arma de fogo. Com efeito, o vocabulário contido no referido tipo penal deve ser compreendido na sua acepção ampla, englobando não só a arma própria (instrumento destinado ao ataque ou defesa), mas também a arma imprópria (qualquer instrumento capaz de lesar a integridade física). A arma de fogo, ainda que não tenha capacidade de produzir disparos, pode servir de instrumento vulnerante capaz de causar graves ferimentos ao ofendido".

Roubo qualificado (emprego de arma). Apreensão e perícia (ausência). Qualificadora (não ocorrência). Regimes (fechado/semiaberto). Roubo (figuras qualificadas). O inciso I do § 2º supõe a apreensão da arma, também a sua perícia, porque arma, para ser arma, há de ser eficaz. As coisas são o que são; conforme a poética de Elliot, "alegro-me de serem as coisas o que são". Carente a espécie de apreensão da arma e, consequentemente, da perícia, não se aumenta, no caso, a pena, visto que não ocorrente a qualificadora (STJ, *HC* n. 145.427/SP, 6ª T., rel. Min. Nilson Naves, *DJ* 15.10.2009)

Desnecessidade de apreensão da arma

Não se mostra necessária a apreensão e perícia da arma de fogo para comprovar seu potencial lesivo, visto que tal qualidade integra a própria natureza do artefato. Sua lesividade encontra-se *in re ipsa*. Supor o contrário significaria dar guarida à exceção, àquilo que normalmente não ocorre. Iria de encontro ao *id quod plerumque accidit*. Se por qualquer meio de prova, em especial pela palavra da vítima – reduzida à incapacidade de resistência pelo agente – ou pelo depoimento de testemunha presencial ficar comprovado o emprego de arma de fogo, esta circunstância deverá ser levada em consideração pelo magistrado na fixação da pena. [...] Caso o acusado pretenda contraditar o que se contém no acervo probatório ou sustentar a ausência: de potencial lesivo da arma empregada para intimidar a vítima, será dele o ônus de produzir tal evidência, nos termos do art. 156 do CPP, segundo o qual a prova da alegação incumbirá a quem a fizer. [...] Ademais, a arma de fogo, mesmo que, eventualmente, não tenha o poder de disparar projéteis, pode ser empregada como instrumento contundente, apto a produzir lesões graves, como sangramentos e fraturas, não sendo raros, na crônica policial e forense, o relato de coronhadas e chuçadas desferidas com cabos e canos de revólveres, pistolas e artefatos afins, contra vítimas inermes. [...] A hipótese não guarda nenhuma correspondência com o roubo perpetrado com o emprego de arma de brinquedo – exemplo frequentemente invocado pelos que defendem a necessidade de perícia para caracterização da forma qualificada do delito –, em que o tipo penal fica circunscrito àquele capitulado no *caput* do art. 157 do CP, porquanto a ameaça contra a vítima restringe-se apenas ao plano psicológico, diante da impossibilidade material de que lhe sobrevenha qualquer mal físico. (STF, *HC* n. 96.099-5/RS, Pleno, rel. Min. Ricardo Lewandowski, venc. Min. Cezar Peluso, Eros Grau e Gilmar Mendes, j. 19.02.2009)

Habeas corpus. Crimes contra o patrimônio. Roubo. Causa especial de aumento de pena. Emprego de arma de fogo. Arma não apreendida. Declarações das vítimas. Valor probante. Ordem denegada. 1. À falta de apreensão da arma de fogo, mas comprovado o seu emprego por outros meios idôneos de prova, não há que se desclassificar o delito para roubo simples. 2. A incidência da majorante do inciso I do § 2º do art. 157 do CP se explica pelo maior potencial de intimidação e consequente rendição da vítima, provocadas pelo uso de arma de fogo. Precedentes: *HC* n. 96.099, rel. Min. Ricardo Lewandowski (Plenário); e *HC* n. 94.236, da minha relatoria. 3. Ordem denegada. [...] Com efeito, o que se desenha em nossa jurisprudência é o acolhimento da teoria que, na doutrina, recebe o nome de "subjetiva". Teoria que, no caso, explica a incidência da causa de aumento da pena do inciso I do § 2º do art. 157 do CP pelo maior potencial de intimidação e consequente rendição da vítima, provocadas pelo uso da arma de fogo. Motivo pelo qual havendo prova testemunhal do emprego do artefato ofensivo, não há como acolher o pedido de desclassificação da conduta do paciente para roubo simples. (STF, *HC* n. 100.861/RS, 1ª T., rel. Min. Ayres Britto, j. 02.03.2010)

Habeas corpus. Penal. Roubo circunstanciado pelo emprego de arma de fogo. Possibilidade de aplicação do aumento de pena previsto no inciso I do § 2º do art. 157 do CP. Desnecessidade da apreensão e da realização de perícia na arma se o seu emprego foi comprovado por outro meio de prova. 1. A decisão questionada está em perfeita consonância com a jurisprudência desta Suprema Corte, fixada no sentido de que "o reconhecimento da causa de aumento prevista no art. 157, § 2º, I, do CP prescinde de apreensão e da realização de perícia na arma, quando provado o seu uso no roubo, por outros meios de prova" (*HC* n. 99.446/MS, 2ª T., rel. Min. Ellen Gracie). (*DJe* 11.09.2009). 2. *Habeas corpus* denegado. (STF, *HC* n. 101.395/SP, 1ª T., rel. Min. Dias Toffoli, j. 27.04.2010)

Habeas corpus. Roubo circunstanciado pelo emprego de arma de fogo. Prescindibilidade da apreensão e perícia da arma para caracterizar a majorante prevista no art. 157, § 2º, I, do CP, se por outros meios de prova restar comprovado o seu emprego na prática criminosa. Precedente do Plenário. Ordem denegada. [...] De fato, reputo necessárias – para que se possa incidir a causa de aumento de pena prevista no art. 157, § 2º, I, do CP – não só a apreensão como a perícia da arma de fogo, em razão da imprescindibilidade de se comprovar o seu potencial lesivo. Todavia, em homenagem ao princípio da segurança jurídica e do colegiado, procurando evitar sobretudo decisões díspares entre as Turmas deste Tribunal, curvo-me à orientação formalizada pelo Plenário, para admitir a desnecessidade de apreensão e perícia da arma de fogo para caracterizar a majorante prevista no art. 157, § 2º, I, se por outros meios de prova restar comprovado o seu emprego na prática criminosa. No presente caso, consoante se comprova do acórdão proferido pelo STJ, que faz remissão ao depoimento da vítima prestado ao Juízo de primeiro grau, restou demonstrada a utilização da arma de fogo, mesmo que não se tenha logrado êxito em apreendê-la. (STF, *HC* n. 104.984/RS, 2ª T., rel. Min. Gilmar Mendes, j. 19.10.2010)

No mesmo sentido: STF, *HC* n. 100.854/DF, 2ª T., rel. Min. Gilmar Mendes, j. 19.10.2010.

Os depoimentos do condutor, da vítima, das testemunhas, bem como qualquer meio de captação de imagem, por exemplo, são suficientes para comprovar a utilização de arma na prática delituosa de roubo, sendo desnecessária a apreensão e a realização de perícia para a prova do seu potencial de lesividade e incidência da majorante. A exigência de apreensão e perícia da arma usada na prática do roubo para qualificá-lo constitui exigência que não deflui da lei resultando então em exigência ilegal posto ser a arma por si só – desde que demonstrado por qualquer modo a utilização dela – instrumento capaz de qualificar o crime de roubo. (STJ, Emb. de Div. em REsp n. 961.863/RS, 3ª S., rel. Min. Celso Limongi, Des. convocado do TJSP, venc. Min. Celso Limongi e Maria Thereza Assis Moura, j. 13.12.2010)

No mesmo sentido: STJ, *HC* n. 245.816/SP, 6ª T., rel. Min. Og Fernandes, j. 11.09.2012.

O fato de terem sido efetuados disparos de arma de fogo durante a prática do delito de roubo é suficiente para demonstrar a sua potencialidade lesiva, ainda que tal circunstância tenha sido evidenciada apenas por meio de depoimento de testemunhas, possibilitando, portanto, a incidência da majorante prevista no inciso I do § 2º do art. 157 do CP. (STJ, *HC* n. 177.215-RJ, 6ª T., rel. Min. Haroldo Rodrigues, Des. convocado do TJCE, j. 18.11.2010)

Emprego de arma. Ineficácia do instrumento comprovada

A Terceira Seção desta Corte, no julgamento do REsp n. 961.863/RS, alinhando-se à posição esposada pelo Pleno do STF, firmou a compreensão de que é prescindível a apreensão e perícia da arma de fogo para a aplicação da causa de aumento prevista no art. 157, § 2, I, do CP, desde que comprovada a sua utilização por outros meios de prova. Ressalva do entendimento da relatora. No caso, o magistrado de primeiro grau e a Corte estadual assentaram a existência de prova pericial suficiente a demonstrar a inidoneidade da arma de fogo utilizada pelo réu, dada a sua ineficácia para a realização de disparos. Constrangimento ilegal reconhecido. Não é possível a imposição de regime mais severo que aquele fixado em lei com base apenas na gravidade abstrata do delito. Para a exasperação do regime fixado em lei é necessária motivação idônea. Súmulas n. 718 e n. 719 do STF e Súmula n. 440 do STJ. Ordem concedida. (STJ, *HC* n. 199.570/SP, 6ª T., rel. Min. Maria Thereza de Assis Moura, j. 21.06.2011)

Direito penal. Roubo. Majorante. Perícia que constata ineficácia da arma de fogo. A majorante do art. 157, § 2º, I, do CP não é aplicável aos casos nos quais a arma utilizada na prática do delito é apreendida e periciada, e sua inaptidão para a produção de disparos é constatada. O legislador, ao prever a majorante descrita no referido dispositivo, buscou punir com maior rigor o indivíduo que empregou artefato apto a lesar a integridade física do ofendido, representando perigo real, o que não ocorre nas hipóteses de instrumento notadamente sem potencialidade lesiva. Assim, a utilização de arma de fogo que não tenha potencial lesivo afasta a mencionada majorante, mas não a grave ameaça, que constitui elemento do tipo "roubo" na sua forma simples. Precedentes citados: *HC* n. 190.313-SP (*DJe* 04.04.2011) e *HC* n. 157.889/SP (*DJe* 19.10.2012). (STJ, *HC* n. 247.669-SP, 6ª T., rel. Min. Sebastião Reis Júnior, j. 04.12.2012, *Informativo* n. 511)

Arma desmuniciada

É irrelevante saber se a arma de fogo estava ou não desmuniciada, visto que tal qualidade integra a própria natureza do artefato. Não se mostra necessária, ademais, a apreensão da arma de fogo empregada no roubo para comprovar o seu potencial lesivo. [...] Cumpre mencionar, ainda, que a causa de aumento de pena traduz a mensuração de culpabilidade. Deste modo, quando o caso se refere ao emprego de arma para a execução do crime, o sistema penal prevê punição mais severa porque o agente vence a resistência, intimida a vítima, produz medo, tolhe ou imobiliza o sujeito passivo. Desta forma, a arma, seja ela no sentido próprio ou impróprio, em si mesma, configura elemento secundário. Fundamental é a consequência gerada no ânimo da vítima. A arma de fogo, em contexto de ameaça, por sua natureza, é idônea a abalar em grau máximo a defesa da vítima. Assim, o potencial intimidador persiste ainda que a arma esteja desmuniciada. (STF, *HC* n. 102.263/SP, 1ª T., rel. Min. Ricardo Lewandowski, j. 11.05.2010)

Penal. *Habeas corpus*. Roubo circunstanciado. Emprego de arma de fogo desmuniciada. Ausência de potencial ofensivo. Não incidência da causa de aumento de pena. Art. 157, § 2º, I, do CP. Regime de cumprimento de pena. Réu reincidente. Pena superior a quatro anos. Art. 33, § 2°, *a*, do CP. Regime inicial fechado. Súmula n. 269/STJ. Inaplicabilidade. Ordem parcialmente concedida. É necessária a existência de potencial ofensivo da arma de fogo ao bem jurídico tutelado para a incidência da causa de aumento de pena prevista no art. 157, § 2°, I, do CP, o que não se aplica à arma desmuniciada. (STJ, *HC* n. 143.919/SP, 5ª T., rel. Min. Arnaldo Esteves Lima, j. 04.03.2010)

Concurso de causas de aumento. Dosimetria da pena

Segundo entendimento pacífico deste Tribunal, ainda que se trate de roubo duplamente circunstanciado, a fixação do respectivo coeficiente de aumento exige fundamentação concreta, não bastando a alusão à quantidade de majorantes. (STJ, *HC* n. 112.639/RS, 6ª T., rel. Min. Og Fernandes, j. 25.08.2009)

Consoante reiterada jurisprudência deste Tribunal, havendo mais de uma causa especial de aumento de pena, não fica o Juízo sentenciante adstrito, simplesmente, à quantidade de qualificadoras para fixar a fração de aumento, pois, na hipótese de existência de apenas uma, havendo nos autos elementos que conduzem à exasperação da reprimenda – tais como a quantidade excessiva de agentes no concurso de pessoas (CP, art. 157, § 2°, II) ou o grosso calibre da arma de fogo utilizada na empreitada criminosa (CP, art. 157, § 2°, I) –, a fração pode e deve ser elevada, acima de 1/3, contanto que devidamente justificada na sentença, em observância ao art. 68 do CP. O mesmo raciocínio serve para uma situação inversa, em que o roubo foi praticado com arma branca e a participação do corréu foi de menor importância, hipótese em que pode o magistrado aplicar a fração mínima, apesar da dupla qualificação. *In casu*, o juiz sentenciante não fundamentou o acréscimo da reprimenda em 1/2, motivo por que o percentual de aumento da pena pelas qualificadoras previstas no art. 157, § 2°, I e II, deve ser fixado em apenas 1/3 (STJ, *HC* n. 91.129/SP, 5ª T., rel. Min. Arnaldo Esteves Lima, j. 10.06.2008). (*DJe* 04.08.2008)

Consumação do latrocínio

Para a configuração da tentativa de latrocínio, é irrelevante a ocorrência de lesão corporal, seja de natureza leve ou grave, sendo suficiente a comprovação de que o agente tinha a intenção de matar para subtrair coisa móvel de outrem, as que, por circunstâncias alheias à sua vontade, não se consumou a morte e/ou a subtração. [...] Há quem indague se, não resultando em morte, o caso não seria simplesmente de roubo – de cuja violência eventualmente resultasse lesão corporal grave. Noutras palavras, a pena haveria de ser a maior somente se da violência resultasse morte. É a indagação, como se viu, do impetrante, que, aliás, trouxe consigo precedente oriundo do Supremo Tribunal, de emenda seguinte: "Não há crime de latrocínio quando a subtração dos bens da vítima se realiza, mas o homicídio não se consuma. Conduta que tipifica roubo com resultado lesão corporal grave, devendo a pena ser dosada com observância da primeira parte do § 3° do art. 157 do CP". (STF, *HC* n. 77.240, rel. Min. Nelson Jobim). (*DJ* 30.06.2000)

Como conciliar as duas porções do § 3° quando da violência não resultar morte, isto é, quando da violência resultar lesão corporal? Lembremos a advertência de Fragoso: trata-se de "disposição extremamente defeituosa". Distinguem-se as porções, claro é, de acordo com o elemento subjetivo. Para o efeito da responsabilidade penal, é, no caso de dolo, a vontade livre e consciente que irá demarcar as duas hipóteses. No caso de lesão corporal grave, tratando-se de elemento subjetivo tendente ao resultado morte, a hipótese, evidentemente, haverá de ser a de tentativa – sem consumação por circunstâncias alheias à vontade do agente. (STJ, Ag. Reg. no *HC* n. 54.852/RJ, 6ª T., rel. Min. Nilson Naves, j. 14.12.2006)

Para caracterizar o crime de tentativa de latrocínio, não é necessário aferir a gravidade das lesões experimentadas pela vítima, bastando a comprovação de que, no decorrer do roubo, o agente atentou contra a sua vida com o claro desígnio de matá-la, assim como ocorreu a hipótese, não atingindo o resultado morte por circunstâncias alheias à sua vontade. (STJ, *HC* n. 80.436/SC, 5ª T., rel. Min. Laurita Vaz, j. 15.12.2009)

Latrocínio. Configuração. Desnecessária caracterização de lesões corporais na vítima

Direito penal e processual penal. Desnecessidade de ocorrência de lesões corporais para a caracterização do crime de latrocínio tentado. O reconhecimento da existência de irregularidades no laudo pericial que atesta a natureza das lesões sofridas pela vítima de tentativa de latrocínio (art. 157, § 3°, parte final, CP) não resulta na desclassificação da conduta para alguma das outras modalidades de roubo prevista no art. 157 do CP. Isso porque, para a configuração daquele delito, é irrelevante se a vítima sofreu lesões corporais. Efetivamente, a figura típica do latrocínio se consubstancia no crime de roubo qualificado pelo resultado, em que o dolo inicial é de subtrair coisa alheia móvel, sendo que as lesões corporais ou a morte são decorrentes da violência empregada, atribuíveis ao agente a título de dolo ou culpa. Desse modo, embora haja discussão doutrinária e jurisprudencial acerca de qual delito é praticado quando o agente logra subtrair o bem da vítima, mas não consegue matá-la, prevalece o entendimento de que há tentativa de latrocínio quando há dolo de subtrair e dolo de matar, sendo que o resultado morte somente não ocorre por circunstâncias alheias à vontade do agente. Por essa razão, a jurisprudência do STJ pacificou-se no sentido de que o crime de latrocínio tentado se caracteriza independentemente de eventuais lesões sofridas pela vítima, bastando que o agente, no decorrer do roubo, tenha agido com o desígnio de matá-la. (STJ, *HC* n. 201.175/MS, 5ª T., rel. Min. Jorge Mussi, j. 23.04.2013, *Informativo* n. 521)

Concurso de agentes no latrocínio

É jurisprudência assente desta Corte que "o coautor que participa de roubo armado, responde pelo latrocínio, ainda que o disparo tenha sido efetuado só pelo comparsa" (*HC* n. 74.861/SP). Não pode, porém, ser imputado o resultado morte ao coautor quando há rompimento do nexo causal entre a conduta dele e a de seu comparsa, como quando o coautor é preso pela Polícia antes da realização do disparo do tiro fatal pelo comparsa e ainda em local diverso da prática do roubo. (STF, *HC* n. 109.151/RJ, 1ª T., rel. Min. Rosa Weber, j. 12.06.2012)

Latrocínio: concurso formal

Aplica-se o concurso formal impróprio entre os delitos de latrocínio (art. 70, parte final, CP), pois ocorreram dois resultados morte, ainda que apenas uma subtração patrimonial tenha sido efetivada. Na hipótese em exame, restou comprovado que os agentes não se voltaram apenas contra um patrimônio, mas que, ao contrário, os crimes resultaram de desígnios autônomos. Com efeito, as instâncias ordinárias, após o cotejo minucioso das provas produzidas ao longo da instrução criminal, decidiram que os réus desejavam "praticar mais de um latrocínio, tendo em cada um deles consciência e vontade, quando efetuaram os disparos contra as vítimas". Nesse contexto, aplica-se a Súmula n. 610 do STF: "há crime de latrocínio quando o homicídio se consuma, ainda que não realize o agente a subtração de bens da vítima". (STJ, REsp n. 1.164.953/MT, 5ª T., rel. Min. Laurita Vaz, j. 27.03.2012)

Havendo o cometimento de dois delitos de latrocínio – um consumado e outro tentado – perpetrados contra vítimas diversas, mediante uma só ação (desdobrada em diversos atos), e constatando-se que houve a subtração de mais de um patrimônio, resta caracterizado o concurso formal de crimes, e não crime único, ainda que as vítimas fossem marido e mulher. O fato de serem as vítimas casadas civilmente não leva obrigatoriamente à conclusão de que os bens deles subtraídos num mesmo contexto fático necessariamente constituíam um patrimônio comum indivisível, pois, mesmo no regime de comunhão universal – em que há comunicação de todos os bens presentes e futuros dos cônjuges (art. 1.667, CC) – há os que por lei são considerados patrimônio exclusivo do cônjuge que o recebeu, os denominados bens personalíssimos. (STJ, *HC* n. 122.061/RS, 5ª T., rel. Min. Jorge Mussi, j. 03.05.2011)

Pluralidade de mortes ou lesões. Crime único

A morte de mais de uma pessoa com a subtração de um só patrimônio ao tempo que caracteriza o latrocínio como crime único, autoriza a fixação da pena-base acima do mínimo legal, porquanto desfavoráveis as circunstâncias judiciais do art. 59 do CP (consequências do crime). (STJ, *HC* n. 91.231/RJ, 5ª T., rel. Min. Arnaldo Esteves Lima, j. 02.06.2009)

O roubo qualificado pelo resultado morte (latrocínio) ou lesões corporais permanece único quando, apesar de resultarem lesões corporais em várias pessoas, apenas um patrimônio seja ofendido. Nessa hipótese, a pluralidade de lesões ou mortes deve ser levada em conta durante a fixação da pena-base, por consistir num maior gravame às consequências do delito, mas não para configurar eventual concurso formal. (STJ, *HC* n. 80.005/SP, 5ª T., rel. Min. Jane Silva, j. 28.11.2007)

A 2ª Turma concedeu, em parte, *habeas corpus* para afastar concurso de crimes e determinar ao juízo de primeiro grau que considere a circunstância de pluralidade de vítimas na fixação da pena-base, respeitado o limite do *ne reformatio in pejus*. Na espécie, alegava-se que o paciente teria cometido o delito em detrimento de patrimônio comum, indivisível do casal. Assim, insurgia-se de condenação por dois latrocínios: um tentado e o outro consumado em concurso formal – *v. Informativo* 699. Reconheceu-se a prática de crime único de latrocínio. Destacou-se que, ainda que se aceitasse a tese de patrimônio diferenciado das vítimas, em função das alianças matrimoniais subtraídas, o agente teria perpetrado um único latrocínio. Pontuou-se que o reconhecimento de crime único não significaria o integral acolhimento do pedido. Frisou-se que afastar-se o aumento de 1/6 da pena, relativo ao concurso de crimes, poderia levar à injustificável desconsideração do número de vítimas atingidas. (STF, *HC* n. 109.539/RS, 2ª T., rel. Min. Gilmar Mendes, j. 07.05.2013)

Latrocínio e homicídio: desclassificação

Os fatos se deram em dois momentos. Iniciado o roubo, os assaltantes, diante da reação inesperada das vítimas, teriam desistido da empreitada, saindo do veículo e liberando as vítimas. Com isso, nos termos do art. 15 do CP, o fato caracterizaria apenas constrangimento ilegal. No segundo momento, a vítima que estava na direção decidiu perseguir os assaltantes em fuga, ocasião em que o paciente, temendo ser preso, desferiu os tiros contra a vítima, causando-lhe ferimentos. Aqui, reconhecido o dolo de matar, haveria tentativa de homicídio qualificado na forma do inciso V do art. 121, § 2º, do CP (se o homicídio é cometido para assegurar a impunidade de outro crime). Assim, afastado o crime de roubo pela desistência, e afirmando o dolo de matar para assegurar a impunidade do crime anterior, o caso comporta, em tese, o reconhecimento do concurso entre os crimes de constrangimento ilegal e de tentativa de homicídio qualificado. (STF, *HC* n. 97.104/SP, 2ª T., rel. Min. Eros Grau, j. 26.05.2009)

4. OBSERVAÇÕES

4.1. Princípio da insignificância e crime de roubo

Por se tratar de crime complexo, que ofende dois bens jurídicos distintos, não se aceita a aplicação do princípio da insignificância enquanto causa de exclusão da tipicidade material no crime de roubo. É que, mesmo diante de uma ofensa mínima ao patrimônio – sendo o bem subtraído de diminuto valor – ainda resta a lesão à integridade da vítima, mesmo nas hipóteses em que não há violência corporal ou esta é de menor monta, pois a conduta do agente ainda terá provocado ofensa de ordem psicológica.

No precedente firmado no julgamento do *HC* n. 97.190/GO, a Primeira Turma do STF estabeleceu que há determinadas espécies de crimes – aqueles praticados com violência ou grave ameaça – que rejeitam, em absoluto, ou seja, em qualquer caso concreto, o reconhecimento do crime de bagatela, mesmo quando totalmente ínfima a lesão aos bens disponíveis, quando se tratar de objetividades jurídicas diversas tuteladas pelo tipo, exemplo do roubo. Faltaria, na visão da Corte Constitucional, o "reduzidíssimo grau de reprovabilidade da conduta" enquanto elemento necessário para o reconhecimento do crime de bagatela ou da ação irrelevante sob a ótica penal.

Não deixa de ser polêmica a questão porque o crime de roubo está inserido no título dos delitos contra o patrimônio, o que indica a eleição pelo legislador do bem jurídico nuclear do tipo. Quando a ofensa ao patrimônio é insignificante a ponto de carecer de sentido a aplicação da norma para a tutela desse bem jurídico predominante, para o reconhecimento de que há crime o intérprete precisa transferir para o núcleo do tipo a violência, física ou moral, sem que essa operação esteja claramente permitida na redação da norma penal incriminadora. O Ministro Carlos Ayres Britto, em meio aos debates no citado precedente, bem descortina essa operação, aduzindo que, quando irrisória a lesão patrimonial (tratava-se de roubo de R$ 3,25), "o núcleo do tipo passa a ser a violência", entendendo-se aqui tanto a violência corporal como a grave ameaça. Cumpre consignar o voto divergente do Ministro Marco Aurélio de Mello, que reconhecia a insignificância pelo valor subtraído e considerando na ação julgada que houve apenas grave ameaça, sem emprego de arma, e não violência.

Paulo Queiroz sustenta, com esteio no princípio da proporcionalidade, que o reconhecimento da insignificância penal pode ocorrer inclusive nos crimes praticados com violência ou grave ameaça, "se não para absolver o réu, pelo menos para desclassificar a conduta". O autor traz o exemplo do roubo, crime complexo que une o furto com o constrangimento ilegal. Sendo irrelevante do ponto de vista criminal a lesão patrimonial, ruiria a união de desvalor que fez nascer a pena mais gravosa de quatro a dez anos para subsistir apenas o crime contra a pessoa representado pela ameaça ou violência.[42]

De fato, deve-se problematizar essa questão à luz do princípio da proporcionalidade entre os delitos e as penas. Com o impedimento na legislação atual de o juiz fixar a pena abaixo do mínimo legal, determinando já o legislador um patamar inicial abstrato, aplicável sem exclusão a todas as condutas típicas, têm-se situações de pouquíssima gravidade, como a do precedente da Suprema Corte, com a inafastável aplicação de pena de quatro anos de reclusão, isso se não houver qualquer causa de aumento, como o concurso de pessoas. Assim, a pena pode ser aplicada de modo bastante desproporcional, conforme o caso.

É nesse sentido que cumpre ao legislador refletir sobre soluções intermediárias para tais situações. Se a opção é por não abraçar o princípio da insignificância no crime de roubo, o que tem feito a jurisprudência com raras exceções, é

42 *Direito penal*: Parte Geral, 2010, p. 60-1. O autor colaciona julgado do TJMG de 2007 em que esta interpretação foi aplicada.

adequado que se criem alternativas legais ao juiz no momento da fixação da pena para garantir a proporcionalidade da resposta penal.

Com base nessa reflexão, já houve proposta de alteração legislativa no Congresso Nacional[43] que previu nova hipótese de roubo, "sem violência real ou dano psicológico", espécie de roubo privilegiado, com redução da pena de um sexto a um terço no crime praticado sem violência real, quando a coisa subtraída for de pequeno valor e o meio empregado for inidôneo para ofender a integridade física da vítima, nem causar-lhe dano psicológico relevante. Esse seria um outro exemplo de solução mais adequada, ainda que imperfeita, para tais hipóteses, buscando aliviar grandes distorções na reprovação concreta das condutas penais, mas tudo indica no cenário político nacional que se está muito distante de produzir um efetivo debate sobre a construção dessas alternativas, cabendo ao juiz, no caso concreto, promover a valoração penal de acordo com os parâmetros constitucionais estabelecidos, tendo em conta sobretudo o princípio da proporcionalidade entre os delitos e as penas.

Extorsão

Art. 158. Constranger alguém, mediante violência ou grave ameaça, e com o intuito de obter para si ou para outrem indevida vantagem econômica, a fazer, tolerar que se faça ou deixar de fazer alguma coisa:

Pena – reclusão, de 4 (quatro) a 10 (dez) anos, e multa.

§ 1º Se o crime é cometido por duas ou mais pessoas, ou com emprego de arma, aumenta-se a pena de um terço até metade.

§ 2º Aplica-se à extorsão praticada mediante violência o disposto no § 3º do artigo anterior.

§ 3º Se o crime é cometido mediante a restrição da liberdade da vítima, e essa condição é necessária para a obtenção da vantagem econômica, a pena é de reclusão, de 6 (seis) a 12 (doze) anos, além da multa; se resulta lesão corporal grave ou morte, aplicam-se as penas previstas no art. 159, §§ 2º e 3º, respectivamente.

Parágrafo acrescentado pela Lei n. 11.923, de 17.04.2009.

1. COMENTÁRIO

1.1. Objetividade jurídica

À semelhança do crime de roubo, o principal bem jurídico tutelado na extorsão é o patrimônio, mas de forma mais abrangente. Ao utilizar a expressão "indevida vantagem econômica", quando define o intento de obtenção do agente, o legislador opta por proteger, como objeto da extorsão, qualquer interesse ou direito patrimonial, e não apenas a "coisa móvel alheia" da subtração típica do furto e do roubo. A vantagem pode ser corpórea ou incorpórea, desde que se traduza em valor econômico.

Trata-se, igualmente, de crime complexo, pois o meio de execução do crime – mediante violência ou grave ameaça – demonstra claramente o objetivo da lei de tutelar com penas mais graves a lesão patrimonial que vem acompanhada de afronta à liberdade individual e à integridade física e psicológica da vítima.

A liberdade do indivíduo de fazer ou deixar de fazer tudo o quanto permitido ou não obrigado por lei, no campo econômico, ganha especial destaque; "a faculdade de cada um determinar-se livremente" conforme definem Assis Moura e Saad (apud FRANCO, Alberto Silva; STOCO, Rui (coords.). *Código Penal e sua interpretação*: doutrina e jurisprudência, 2007, p. 807).

1.2. Sujeitos do crime

Crime comum, sujeitos ativo e passivo na extorsão podem ser qualquer pessoa.

Sujeito ativo é aquele que exerce a violência ou grave ameaça com o intuito de obtenção de qualquer vantagem patrimonial indevida ou que de alguma forma concorre para essa conduta.

Interessante questão surge acerca dos funcionários públicos por conta de previsão específica semelhante, mas não idêntica, da conduta típica do art. 316 do CP, que prevê o crime de concussão. A exigência de vantagem indevida por funcionário público, em razão da função, caracteriza delito contra a administração pública. Contudo, duas distinções aqui são gritantes: na concussão, não só a vantagem exigida pode ser de qualquer natureza, como a exigência não se estabelece através de violência ou grave ameaça. Também não à toa o legislador usa no art. 316 o verbo "exigir", em vez de "constranger", eleito na extorsão. As-

43 Nesses termos foi a redação original do PLS n. 236/2012, aprovada por Comissão de Juristas instituída pelo Senado Federal para a reforma do CP, a qual parece que não sobreviverá às emendas dos parlamentares, devendo-se consignar que o projeto ainda não foi aprovado sequer no Senado Federal e sofreu grande sorte de mudanças ao longo do processo legislativo, estando atualmente desfigurado e, como conjunto, representando grave retrocesso, em especial na parte geral da reforma.

sim, o funcionário público, no exercício de suas funções, igualmente pode ser sujeito ativo do crime de extorsão, desde que sua conduta preencha todos os elementos típicos do art. 158 do diploma penal.

Quanto ao sujeito passivo, é qualquer pessoa que sofre o constrangimento ilegal, bem como a que sofre o prejuízo econômico, podendo essas mesmas figuras recair ou não sobre o mesmo indivíduo.

Assim, são cabíveis idênticas ponderações às relacionadas ao crime de roubo no sentido de que é igualmente vítima aquele que não suporta a lesão patrimonial, mas sofre a violência ou a grave ameaça, sendo frequente a hipótese de extorsão praticada contra dois ofendidos distintos, dada a duplicidade de bens jurídicos tutelados.

Bitencourt (*Tratado de direito penal*, 2022, p. 165) e Regis Prado (*Curso de direito penal brasileiro*, 2011, p. 450) apontam que inclusive a pessoa jurídica pode ser vítima de extorsão, quando seus representantes são constrangidos a lhe gerar prejuízo econômico em benefício de outrem.

1.3. Análise das condutas descritas no tipo

A conduta nuclear do tipo de extorsão é constranger alguém a fazer, tolerar que se faça ou deixar de fazer alguma coisa, tendo como meio de execução qualquer espécie de violência ou grave ameaça, desde que idôneas, tanto uma quanto outra, a obrigar, compelir a vítima a agir contra a sua vontade. Tratando-se de delito patrimonial, o agente do constrangimento ilegal tem um especial fim de agir, consistente na obtenção de vantagem econômica indevida.

A grave ameaça é a promessa de infligir mal sério, de cunho físico ou moral. A extorsão pode inclusive ocorrer por meio de chantagem, ameaçando o agente a revelar fatos íntimos, como fotografias, ou atos difamatórios (HUNGRIA, Nélson. *Comentários ao Código Penal*, 1955, v. VII, p. 66), independentemente de serem verdadeiros ou não, desde que graves. A violência também há de ser significativa, por mais que não se exija, na figura do *caput*, o resultado de lesão corporal. Na extorsão, sendo a colaboração da vítima essencial para a consumação do delito, conforme se desenvolverá a seguir, não cabe cogitar que trombadas, empurrões leves ou atitudes do gênero sejam capazes de configurar o delito, como se discute no roubo, uma vez que tais condutas são inidôneas a constranger o ofendido à ação positiva de desfazer-se de interesse patrimonial em favor do agente. Na lição de Bitencourt, "a violência empregada deve conter gravidade suficiente para criar uma espécie de *coação*, isto é ter idoneidade suficiente para determinar ao sujeito passivo a necessidade de fazer ou não fazer a ação desejada pelo agente" (op. cit., 2022, p. 166).

Há significativa similitude entre as condutas típicas do roubo e da extorsão, o que gera alguma dificuldade na casuística forense. Consoante sublinha Hungria, a diferença está no fato de que, na extorsão, é a própria vítima quem entrega, a favor do agente, a vantagem patrimonial exigida sob constrangimento. Não há, assim, subtração, no sentido de que não é o autor que exerce, com predominância, a conduta de se apoderar do bem contra a vontade livre da vítima. Em suas palavras, "a infalível distinção entre extorsão e roubo é que neste o agente *toma por si mesmo*, enquanto naquela, *faz com que se lhe entregue*, ou *se ponha à sua disposição*, ou *se renuncie a ser favor*" (op. cit., 1955, v. VII, p. 64).

Apesar de relevante a distinção do célebre penalista, atualmente se pacificou o entendimento de que continua configurado o crime de roubo quando o ofendido imediatamente entrega determinada coisa ao agente em situação na qual este assim lhe obriga por meio de violência ou grave ameaça.

Dessa forma, o mais adequado é afirmar que na extorsão a cooperação da vítima é elemento essencial, imprescindível para a execução do delito, enquanto no roubo ela pode ocorrer, mas não é necessária, como na hipótese do ofendido que entrega a carteira com dinheiro ao agente, sendo que este poderia simplesmente lhe tomar, caso aquele permanecesse inerte.

Acatar esse ponto distintivo como o fundamental implica em concluir que os chamados "sequestros relâmpago" – crime no qual a vítima é conduzida a caixas eletrônicos de instituições financeiras para o saque de quantias com o uso de cartão e senha pessoais – sempre configuraram extorsão, e não roubo, pois a colaboração do ofendido é imprescindível na medida em que somente ele pode fornecer a senha necessária à operação (nesse sentido: ASSIS MOURA e SAAD apud FRANCO e STOCO (coords.), op. cit., 2007, p. 808-9).

A Lei n. 11.923/2009 fez essa clara opção, ao inserir o tipo do "sequestro relâmpago" como forma qualificada de extorsão, no art. 158 do Código, a seguir analisado.

Ainda na busca da diferenciação dos dois delitos, sob outro enfoque, é comum, na prática, a percepção de que na extorsão geralmente existe um lapso de tempo entre a realização do constrangimento e a entrega da vantagem exigida; todavia, essa distinção não estará necessariamente presente. Hungria cita o exemplo daquele que constrange um credor a rasgar, imediatamente à ameaça ou violência, o título de uma dívida ou a tolerar que se o inutilize: haveria, no seu entendimento, extorsão, e não roubo (op. cit., 1955, v. VII, p. 64). De toda forma, esse traço característico do lapso temporal é bastante frequente e não deixa de ser importante, podendo-se adotar, como regra geral, a definição clara de Bitencourt: "No roubo, o mal é iminente, e o proveito é contemporâneo; na extorsão, o mal prometido é futuro, e futura também é a vantagem que o agente objetiva" (op. cit., 2022, p. 173).

Enquanto objeto do crime, bem cuja obtenção intenciona o agente, a descrição típica da extorsão é abrangente, podendo envolver qualquer vantagem econômica indevida, bens corpóreos ou incorpóreos, direitos, títulos, ou mesmo atitudes passivas ou ativas de competidores nos negócios, como alijar-se uma empresa de determinada concorrência ou contrato. A lei empregou nesse tipo expressões bastante genéricas – "alguma coisa" e "vantagem econômica indevida" – visando a abraçar um sem número de condutas.

A vantagem deve ser **indevida**. Tratando-se da obtenção de algo conforme o direito, mas pela força, caracterizado está o exercício arbitrário das próprias razões.

Por outro lado, há de se traduzir em determinado **valor econômico**; caso contrário, poderá haver constrangimento ilegal, mas não extorsão. Ademais, quando não recair a exigência sobre bens corpóreos, deve-se perquirir se o documento obtido ou o negócio exigido realmente ostenta a capacidade de gerar, de um lado, a vantagem, e de outro, a lesão patrimonial, sob a consequência de não configuração da tipicidade material. Ou seja, se o título, o documento ou a conduta exigida da vítima for completamente inidônea ou imprópria para o efetivo alcance da vantagem patrimonial, não haverá crime de extorsão. Nessa análise, não se pode olvidar a sua natureza de delito patrimonial, não bastando à sua configuração a ofensa à liberdade individual. Tratamento diverso romperia com a proporcionalidade do sistema penal, que trata com maior severidade as agressões à liberdade individual acompanhadas de lesões patrimoniais.[44]

1.4. Elemento subjetivo

Crime doloso, o elemento subjetivo do crime de extorsão é a consciência e vontade de constranger o sujeito passivo, mediante violência ou grave ameaça, a fazer, tolerar que se faça ou deixar de fazer algo que se enxergue como capaz de gerar a obtenção de indevida vantagem econômica ao agente ou a terceira pessoa.

A doutrina define o intuito de obter, para si ou para outrem, indevida vantagem econômica, como especial fim de agir ou elemento especial do tipo subjetivo, o que gera consequências para a definição do momento consumativo do delito, conforme se explicita no item a seguir.

1.5. Consumação e tentativa

Pela construção típica do crime de extorsão, que destaca em seu núcleo a ação de constranger a vítima e no resultado a submissão desta à coação de fazer, tolerar que se faça ou deixar de fazer alguma coisa, trazendo a vantagem econômica com feição de especial fim de agir, é largamente majoritário o entendimento de que se trata de crime formal.

Hungria alavancou essa interpretação, enunciando que a efetiva locupletação não é exigida para a consumação da extorsão, em quaisquer de suas figuras, bastando, no art. 158, "qualquer dos efeitos imediatos à coação previstos no texto legal (o *facere*, o *pati* ou o *omittere* por parte do coagido)" (op. cit., 1955, v. VII, p. 73). No mesmo sentido, Fragoso assenta que o "crime se consuma com o resultado do constrangimento, isto é, com a ação ou omissão que a vítima é constrangida a fazer, omitir ou tolerar que se faça, e por isso pode-se dizer que, em relação ao patrimônio, este é crime de perigo" (*Lições de direito penal*: Parte Especial, 1981, p. 316).

Nessa linha, a Súmula n. 96 do STJ, atualmente em vigor, enuncia que o crime de extorsão con-

44 Nesse sentido: Prado, que enxerga hipótese de crime impossível quando o constrangimento volta-se à prática de negócio jurídico nulo (op. cit., 2011, p. 451). Bitencourt pontua divergência desse entendimento com fundamento no fato de o intuito de obter indevida vantagem econômica constituir apenas um elemento subjetivo especial do tipo, ou especial fim de agir, que não se confunde com o dolo, sendo desnecessária a sua consumação (op. cit., 2022, p. 167).

suma-se independentemente da obtenção da vantagem indevida.

Há divergência doutrinária a respeito. Magalhães Noronha é o autor que desenvolve melhor crítica à matéria. Consoante aduz, tratando-se a extorsão de crime afim ao roubo, a exigência do proveito injusto para a consumação é a mais acertada. "A extorsão é um delito contra o patrimônio, e para dizer-se consumado um crime desta natureza é mister, em regra, seja ofendido o patrimônio. Essa ofensa concretiza-se com a perda, o despojo ou o espólio da vítima, que, na realidade, não existe perfeito e acabado, senão quando obtém o agente a coisa em vista" (*Direito penal*, 1996, v. 2, p. 271). Haverá situações em que, apesar de a vítima concretizar o fazer, tolerar que faça ou deixar de fazer alguma coisa apta a lhe gerar dano patrimonial, por diversas razões, não chega a ocorrer tal lesão, deixando também o agente de obter qualquer vantagem, quando não se poderá considerar consumado o crime. A essa conclusão, o autor apenas admite ressalva em relação ao crime de extorsão mediante sequestro, pois neste a lesão à integridade corporal e à liberdade apresenta gravidade objetiva maior que a ofensa ao patrimônio, o que não ocorre no tipo do art. 158. São corretas as considerações do autor, mesmo que atualmente reflitam posição minoritária.

De um modo ou de outro, cumpre destacar, havendo lapso temporal no *iter criminis* e diversidade das ações dos sujeitos ativo e passivo necessárias para a conformação completa do crime, será possível a tentativa, por exemplo, quando o agente efetua constrangimento mediante grave ameaça idônea, mas a vítima acaba por não ceder à sua exigência e opta por sofrer as eventuais consequências. Sem qualquer resultado, exceto o sofrimento psicológico da ameaça, não se pode ter como consumada a extorsão.[45] Dessa forma, o entendimento predominante é que a extorsão se consuma com a ação ou omissão do coagido, sendo admitida a forma tentada quando a conduta de constranger não chega ao cabo ou quando a vítima a ela não se submete. A idoneidade da ameaça ou a mínima seriedade da violência, no caso, são fundamentais para a configuração do delito, mesmo que não ultrapasse a forma tentada.

Feitas essas considerações sobre a doutrina e a jurisprudência dominantes, é imperiosa uma apreciação crítica e axiológica da temática.

De fato, a redação do tipo não foi a mais feliz e autoriza, *prima facie*, a edificação da corrente majoritária. Contudo, um direito penal que tenha seu fundamento primeiro na Constituição da República e que não prescinda da interpretação teleológica e valorativa, não pode se contentar com a análise gramatical dos tipos previstos pelo legislador.

Desde a época em que Fragoso escrevia suas lições, a maioria dos Códigos Penais europeus já tratava a extorsão como crime material, consequência de uma visão mais proporcional do sistema jurídico-penal. O autor enfatiza que "a solução dada por nossa lei é mais rigorosa e talvez injustificável" (op. cit., 1981, p. 316). Claramente injustificável porque não há nada que distinga, em termos de reprovação da conduta, a extorsão do roubo.

A definição do momento consumativo da conduta tem por consequência a reprovação mais ou menos rigorosa feita pelo Estado em face do indivíduo, através, *in casu*, de privação de liberdade. Ela interfere no *quantum* da pena aplicada. Assim, quando essa questão abertamente não se justifica diante da tábua de valores compartilhada em sociedade, ofende o senso comum e dispensa tratamento desigual a situações equiparadas, deve entrar em jogo, na interpretação do tipo penal, o princípio da proporcionalidade como ferramenta de aplicação constitucional da lei. Se os bens jurídicos tutelados são idênticos, como são, no roubo e na extorsão (patrimônio e liberdade/integridade física), bem como em mesmo grau a intensidade de ofensa a eles praticada, a solução jurídico-penal díspar viola os princípios constitucionais da igualdade e da proporcionalidade.

É bem verdade que o tipo poderia vir mais bem construído, transferindo-se para o seu núcleo a conduta de obter vantagem econômica indevida, constrangendo a vítima por meio de violência ou grave ameaça, a fazer, tolerar ou deixar de fazer alguma coisa. Tal construção normativa classificaria indubitavelmente o crime como material, em tratamento equiparado e proporcional ao roubo, e daria feição mais adequada à objetividade jurídica do tipo.[46]

45 Mesmo Hungria concorda que, a despeito de formal, a extorsão admite a tentativa "toda vez que deixa de ocorrer a pretendida ação, tolerância ou omissão da vítima, não obstante a idoneidade do meio de coação" (op. cit., 1955, v. VII, p. 74).

46 Na redação original do PLS n. 236/2012, o art. 158 do CP, acolhendo a comissão de reforma proposta de minha autoria,

Na esteira do que descortina Bitencourt, guarda certa incoerência o posicionamento de alguns autores que, a despeito de considerarem a extorsão crime formal, cuja consumação independe da obtenção de qualquer vantagem patrimonial, aduzem que se faz necessário, para que se cogite da existência do crime, ao menos um perigo de lesão patrimonial, o qual estará ausente quando o título exigido pelo agente for inteiramente inidôneo a produzir efeitos patrimoniais. Nélson Hungria (op. cit., 1955, v. VII, p. 75), Heleno Fragoso (op. cit., 1981, p. 316), Luiz Regis Prado (op. cit., 2011, p. 451), entre outros, defendem a inexistência de crime, sequer na forma tentada, por exemplo quando o coagido é incapaz ou falta ao título forma essencial prescrita em lei, situação na qual, diante da absoluta ineficácia do objeto, não se chegou a produzir qualquer risco ao patrimônio alheio, subsistindo apenas o crime de constrangimento ilegal.

Já para Bitencourt é irrelevante a ineficácia do quanto obtido pelo agente para gerar ganhos e consequentes prejuízos patrimoniais, tratando-se a obtenção de vantagem patrimonial de exaurimento do crime já consumado (op. cit., 2022, p. 188).

Mais adequado o caminho de raciocínio inverso. Sendo a extorsão crime contra o patrimônio, o que justificou, no juízo valorativo (um tanto inconstitucional[47]) do legislador, tratamento bastante mais severo do que o constrangimento ilegal, é evidente que, para a configuração do tipo material, a conduta criminosa deve ser minimamente capaz de gerar a equação "ganho indevido *vs.* lesão patrimonial". Nesse sentido, é correta a assertiva dos autores anteriormente mencionados. Ocorre, entretanto, que tal linha de raciocínio leva necessariamente ao reconhecimento de que alguma lesão patrimonial, mesmo que fragmentada, deve haver para a consumação da extorsão. Ou esse dado é absolutamente irrelevante no delito, ou não é. Dessa forma, discorda-se do entendimento sumulado pelo STJ quanto à matéria em exame.

Em síntese, considerando os bens jurídicos tutelados e a proporcionalidade das formas de lesioná-los, deve-se guardar estreita similitude entre o tratamento dado aos crimes de extorsão e de roubo, o que gera, por consequência, o reconhecimento de que o primeiro também deve ser tido como crime material, sendo o seu momento consumativo aquele em que é configurada a obtenção da vantagem econômica indevida por parte do agente ou de terceiro, ou – ao menos – o prejuízo patrimonial por parte da vítima, mesmo que este não atinja a integralidade do pretendido.

1.6. Classificação

Crime comum; comissivo, sendo impossível, por sua descrição típica, a prática por omissão; doloso; pluriofensivo. É bastante majoritário o entendimento de que se trata de crime formal, a teor da Súmula n. 96 do STJ,[48] com o que não se concorda; plurissubsistente, admitindo a tentativa.

1.7. Causas de aumento de pena

Dentre as cinco causas de aumento de pena previstas em relação ao roubo, no art. 157, § 2º, do Código, o legislador optou por transportar duas circunstâncias para o crime de extorsão: o emprego de arma e a prática do delito em concurso de agentes (art. 158, § 1º).

Os patamares de majoração da pena são idênticos, de um terço à metade, assim como a configuração típica, razão pela qual se remete o leitor à análise do respectivo tópico no crime anterior.

Vale aplicação analógica da Súmula n. 443 do STJ na dosimetria da pena, de modo que a avaliação pelo julgador do *quantum* de aumento deve observar, fundamentadamente, as circunstâncias do caso concreto. Nem a presença de uma única circunstância obriga ao mínimo – estando autorizada a majoração diante da gravidade concreta demonstrada –; nem a presença das duas causas deve elevar necessariamente a pena. O princípio constitucional da individualização da pena (art. 5º, XLVI, CF) afasta o juiz do mero raciocínio matemático, impondo-lhe a análise específica da causa criminal, em todas as suas circunstâncias.

---

por unanimidade, ficou assim redigido: "Obter indevida vantagem econômica, para si ou para outrem, constrangendo alguém, mediante violência ou grave ameaça, a fazer, tolerar que se faça ou deixar de fazer alguma coisa. Pena – prisão de 3 a 6 anos" (a pena do roubo também foi reduzida, não se conferindo tratamento distinto a essas figuras de gravidade equiparada). A proposta teve por modelo o CP de 1969, que assim tipificava a extorsão: "Obter para si ou para outrem indevida vantagem econômica, constrangendo alguém, mediante violência ou grave ameaça: a) a praticar ou tolerar que se pratique ato lesivo do seu patrimônio, ou de terceiro; b) a omitir ato de interesse de seu patrimônio, ou de terceiro".

47 *V.* crítica feita na análise do crime de roubo.

48 *V.* item. 1.5.

Incogitável a aplicação de causas de aumento estabelecidas pelo legislador apenas para o crime de roubo ao crime de extorsão, dada as semelhanças das figuras típicas. Configuraria analogia *in malam partem*, com ruptura do princípio da legalidade penal. O legislador optou por expressamente especificar as majorantes aplicáveis ao art. 158 do CP.

1.8. Extorsão qualificada

O § 2º do art. 158 estende ao crime de extorsão as figuras qualificadas pelo resultado do art. 157, § 3º, do Código. Assim, se da violência usada no constrangimento resultar lesões corporais graves, a pena será de 7 a 18 anos de reclusão e multa; se resultar morte, de 20 a 30.

O legislador optou aqui pela fórmula da simples remissão ao outro artigo, de modo que qualquer alteração nesta figura do crime de roubo gerará imediato impacto sobre a extorsão, como ocorreu com a edição da Lei de Crimes Hediondos (Lei n. 8.072/90), que aumentou somente as penas do art. 157, § 3º, do Código.

De outra banda, a redação do art. 158, § 2º, deixa ainda mais claro que as figuras qualificadas se aplicam tão somente quando o crime é praticado por meio de violência, excluída a hipótese de grave ameaça. Para além de todos os argumentos desenvolvidos em relação ao roubo, no que diz respeito à necessária responsabilização subjetiva no direito penal, o fato é que o tipo em epígrafe assim dispõe: "aplica-se à extorsão *praticada mediante violência* o disposto no § 3º do artigo anterior". O legislador não deixou dúvidas a respeito. É evidente que esse posicionamento legislativo contundente deve influenciar na interpretação da figura correspondente no crime de roubo, tendo em vista as semelhanças de bens jurídicos tutelados e reprovabilidade dessas condutas. Assim, tanto no roubo, como na extorsão, as figuras qualificadas pelo resultado "lesão corporal grave ou morte" apenas se aplicam quando o crime for praticado mediante violência.

O resultado deve sobrevir por dolo ou culpa, sendo inadmissível a responsabilidade objetiva por fatos imprevisíveis, que destoem dos resultados possivelmente vislumbráveis na espécie de violência aplicada.

Tratar-se-á de crime hediondo, consoante o disposto no art. 1º, III, da Lei n. 8.072/90, com redação dada pela Lei n. 13.964/2019, quando ocorrer restrição à liberdade da vítima, lesão corporal grave ou a morte. Antes das alterações trazidas pelo "Pacote Anticrime", somente a extorsão qualificada pelo resultado morte havia sido enquadrada no rol dos crimes hediondos.

Da mesma forma como explanada a desproporcionalidade da inclusão do roubo majorado pelo emprego de arma de fogo, de arma de uso restrito ou proibido e pela restrição de liberdade da vítima à lista de crimes hediondos, as críticas referentes à ampliação do rol com a inserção da extorsão qualificada pela restrição de liberdade da vítima e do resultado lesão corporal grave seguem a mesma linha.

Não há como ser atribuído o mesmo grau de repugnância à extorsão que tem como resultado a privação da liberdade, da extorsão que tem como resultado a morte da vítima. Assim como não se há falar em equiparação entre lesão corporal e morte. Tanto é assim que a extorsão qualificada pela morte já havia sido incluída no rol dos crimes hediondos em 1994, e as demais modalidades, não. De lá para cá, nenhum estudo técnico, científico ou empírico recomendou a adoção dessa medida. Logo, também essa alteração trazida pela Lei n. 13.964/2019 parece-nos desproporcional e desarrazoada, com excessiva carga punitiva, que não atende às finalidades da pena nem de combate à criminalidade.

Ademais, cumpre trazer as mesmas considerações feitas quando da análise do art. 157, § 3º, quanto à causa de aumento prevista no art. 9º da Lei de Crimes Hediondos. Esta perdeu seu efeito, operando-se *novatio legis in mellius*, quando o art. 224 do CP foi revogado pela Lei n. 12.015/2009, que deu novo tratamento aos crimes contra a dignidade sexual.

1.8.1. "Sequestro relâmpago" e a Lei n. 11.923/2009

A Lei n. 11.923/2009 acresceu uma nova figura qualificada de extorsão no § 3º do art. 158 com o objetivo declarado em sua ementa de tipificar o "sequestro relâmpago", estabelecendo pena de 6 a 12 anos de reclusão, além da multa, quando a extorsão é praticada por meio da restrição da liberdade da vítima, sendo essa condição necessária para a obtenção da vantagem econômica.

Sem dúvida, a circunstância prevista na norma claramente engloba o chamado "sequestro relâmpago", que ficou conhecido pela situação em que o agente, restringido a liberdade da vítima por certo período de tempo, obriga-a, mediante violência ou grave ameaça, a fornecer cartão bancário e senhas para que sejam efetuados saques em caixas eletrônicos de instituições financeiras. Não obstante, a descrição típica acaba sendo mais abrangente, guardando alguma semelhança com a extorsão mediante sequestro do art. 159 do CP e com o roubo circunstanciado do art. 157, § 2º, V, com o destaque de que, aqui, a restrição de liberdade da vítima deve ser uma *condição necessária* para a obtenção da vantagem econômica.

Conforme aponta Bitencourt, "não é a simples restrição da liberdade da vítima que caracteriza essa extorsão especial, mas será sua necessidade como condição para obter a vantagem econômica pretendida, pois, *sendo desnecessária*, configurará outra infração penal" ("A inconstitucionalidade da nova tipificação do crime de 'sequestro relâmpago'", 2010, p. 10).

Afora isso, a diferenciação fica mais por conta da ementa da lei recente do que pelas diferenças substanciais (in)existentes nos respectivos tipos. O legislador perdeu a chance de efetivamente distinguir tais condutas, destacando a forma de restrição de liberdade e o tempo de sua duração, que tendem a ser menos graves no "sequestro relâmpago" em relação à extorsão mediante sequestro.

A despeito das críticas que a lei merece, o fato é que se abre caminho para a pacificação da grande polêmica antes existente quanto à classificação dessas condutas como roubo circunstanciado pela restrição da liberdade da vítima (art. 157, § 2º, V, CP) ou extorsão mediante sequestro (art. 159, CP). Opta o legislador por tratamento intermediário, mais grave que o conferido ao roubo; porém, não tão severo quanto aquele dispensado ao crime de extorsão mediante sequestro, ao qual são reservadas algumas das mais duras penas do sistema criminal.

Deve-se frisar que o roubo circunstanciado pela restrição de liberdade da vítima continua em vigor, abarcando as hipóteses nas quais tal circunstância não se põe como necessária para a obtenção da vantagem, mas aparece como meio de execução do roubo ou de garantia da sua impunidade, guardando com ele íntima conexão.[49]

Se da extorsão praticada com restrição da liberdade da vítima, sendo esta necessária para a obtenção da vantagem econômica, resultar lesão corporal grave ou morte, as penas serão aquelas previstas no art. 159, §§ 2º ou 3º, respectivamente, mais severas do que as previstas no art. 157, § 3º (roubo praticado com violência que resulta em lesão corporal grave ou morte). Nesse aspecto, o legislador aproxima essa conduta, em termos de avaliação de sua gravidade, da extorsão mediante sequestro, distanciando-a do roubo. Como, sem dúvida, o crime de extorsão mediante sequestro é mais grave do que a figura do art. 158, mesmo na hipótese qualificada, esta equiparação da reprimenda de ambas as condutas, quando ocorrer resultado lesão corporal grave ou morte, mostra-se um tanto desproporcional.[50] Isso sem falar na reprovação idêntica à causação do resultado por dolo ou culpa, assunto sobre o qual já foram feitas críticas mais alongadas.

É digno de nota o fato de o legislador não ter feito qualquer referência a essas figuras na Lei de Crimes Hediondos, mesmo quando o resultado da extorsão qualificada for a morte. Põe-se, neste tópico, uma questão de observância estrita ao princípio da legalidade penal. Isso porque o art. 1º, III e IV, da Lei n. 8.072/90, enumera, entre os chamados crimes hediondos, os seguintes: extorsão qualificada pela morte (art. 158, § 2º) e extorsão mediante sequestro e na forma qualificada (art. 159, *caput* e §§ 1º a 3º). O rol é taxativo e o legislador, em 2009, ao tipificar a nova figura de extorsão qualificada prevista no art. 158, § 3º, do CP, não a acrescentou no elenco normativo dos crimes classificados pela hediondez.

Parece a omissão ter sido fruto de falta de acuro, comum na legislação penal de ocasião, uma vez que a extorsão qualificada pela restrição da liberdade da vítima e pela ocorrência do resultado morte é evidentemente mais grave do que a extorsão *simples* (prevista no *caput*) com o mesmo resultado. Contudo, o injustificado tratamento desproporcional não autoriza a ruptura com o princípio da reserva legal e com a consequente vedação à aplicação analógica *in malam partem* no direito penal. A proporcionalidade entre os delitos e as penas, mesmo sendo pano de fundo essencial para a racionalização do sistema, não pode operar contra o indivíduo sem harmonização com o princípio primeiro do direito penal, o da legalidade.

49 *V.* item 1.8.5 do artigo anterior.

50 Assim sublinham Mariângela Gama Magalhães Gomes Filho em artigo intitulado "A Lei n. 11.923/2009 e outra vez a desproporcionalidade no ordenamento jurídico penal". *Boletim IBCCrim*, n. 199, jun. 2009, e Cezar Roberto Bittencourt (op. cit., 2010, p. 17-22).

Lastreia também essa interpretação o fato de a Lei de Crimes Hediondos fazer referência expressa não só ao *nomen juris* dos tipos, como também aos próprios dispositivos penais nela classificados, evitando-se com isso dificuldades na interpretação. Mais uma razão a exigir a expressa alteração de seu art. 1º, com a inclusão da nova figura típica da extorsão qualificada, se houver o objetivo de prevê-la como crime hediondo quando dela resultar a morte (nesse sentido: BITENCOURT, op. cit., 2010, p. 12). Frisa-se mais: se a omissão do legislador perdurar, dando-se mostras de que há uma efetiva escolha pela não inclusão desse crime no rol dos hediondos, faz-se possível a interpretação de que a extorsão "simples" com resultado morte (art. 158, § 2º), e até o latrocínio (art. 157, § 3º, *in fine*), por aplicação do princípio da proporcionalidade, não devam mais ser considerados como hediondos, por ser injustificável a desigualdade de tratamento.

Por fim, anota-se que as circunstâncias previstas nos §§ 1º a 3º do art. 158 são todas excludentes, não convivem. Dessa forma, assim como no roubo, não poderá haver extorsão qualificada circunstanciada.

1.8.2. Competência

O resultado morte não desloca a competência para o tribunal do júri, tratando-se de crime patrimonial, na essência, como visto em relação ao latrocínio.

2. JURISPRUDÊNCIA

2.1. Súmula

Súmula n. 96, STJ: "O crime de extorsão consuma-se independentemente da obtenção da vantagem indevida".

2.2. Julgados

Extorsão. Configuração

Direito penal. Caracterização do crime de extorsão. Pode configurar o crime de extorsão a exigência de pagamento em troca da devolução do veículo furtado, sob a ameaça de destruição do bem. De acordo com o art. 158 do CP, caracteriza o crime de extorsão "constranger alguém, mediante violência ou grave ameaça, e com o intuito de obter para si ou para outrem indevida vantagem econômica, a fazer, tolerar que se faça ou deixar fazer alguma coisa". A ameaça – promessa de causar um mal –, como meio de execução do crime de extorsão, deve sempre ser dirigida a uma pessoa (alguém), sujeito passivo do ato de constranger. Dessa conclusão, porém, não deriva outra: a de que a ameaça se dirija apenas à integridade física ou moral da vítima. Portanto, contanto que a ameaça seja grave, isto é, hábil para intimidar a vítima, não é possível extrair do tipo nenhuma limitação quanto aos bens jurídicos a que o meio coativo pode se dirigir. A propósito, conforme a exposição de motivos do CP, "a extorsão é definida numa fórmula unitária, suficientemente ampla para abranger todos os casos possíveis na prática". (STJ, REsp n. 1.207.155/RS, 6ª T., rel. Min. Sebastião Reis Júnior, j. 07.11.2013, *Informativo* n. 531)

Momento consumativo da extorsão

Recurso especial. Extorsão. Tentativa. Possibilidade. Não se consuma o crime de extorsão quando, apesar de ameaçada, a vítima não se submete à vontade do criminoso, fazendo, tolerando que se faça ou deixando de fazer algo contra a sua vontade. Recurso especial improvido. (STJ, REsp n. 1.094.888/SP, 6ª T., rel. Min. Sebastião Reis Júnior, j. 21.08.2012)

Conflito de competência. Direito penal e processual penal. Extorsão. Crime formal. Consumação no local do constrangimento. Súmula n. 96/STJ. O crime de extorsão é formal e consuma-se no momento e no local que ocorre o constrangimento para que se faça ou se deixe de fazer alguma coisa. Súmula n. 96 do STJ. (STJ, CC n. 115.006/RJ, 3ª S., rel. Min. Maria Thereza Rocha Assis Moura, j. 14.03.2011)

A extorsão é delito formal que se perfaz com o efetivo constrangimento de alguém a fazer, deixar de fazer ou tolerar que se faça algo, não dependendo da obtenção de vantagem econômica para a sua consumação. Incidência da Súmula n. 96/STJ. (STJ, REsp n. 1.173.239/SP, 5ª T., rel. Min. Gilson Dipp, j. 22.11.2010)

Configura o delito de extorsão (art. 158 do CP) a conduta de agente que submete vítima à grave ameaça espiritual que se revelou idônea a atemorizá-la e compeli-la a realizar o pagamento de vantagem econômica indevida

Cinge-se a controvérsia a saber se a grave ameaça de mal espiritual pode configurar o crime de extorsão. O trabalho espiritual, quando relacionado a algum tipo de credo ou religião, pode ser exercido livremente, porquanto a CF assegura a todos a liberdade de crença e de culto. No entanto, na hipótese dos autos, houve excesso no exercício dessa garantia constitucional, com o intuito de obter vantagem econômica indevida, o que caracteriza o crime do art. 158 do CP. A acusada, de uma situação inicial, em que foi voluntariamente provocada a realizar atendimento sobrenatural para fins de cura, interpelou a vítima em diversas oportunidades e a convenceu, mediante ardil, a desembolsar vultosas quantias para realizar outros rituais, não solicitados. Fez a vítima acreditar que estava acometida de mal causado por entidades sobrenaturais e que seria imprescindível sua intervenção, solicitando, para tanto, vultosas quantias. Mesmo depois de expresso pedido de interrupção dos rituais, modificou a abordagem inicial e passou a empregar grave ameaça de acabar com a vida da vítima, seu carro e de causar dano à integridade física de seus filhos, para forçá-la a desembolsar indevida vantagem econômica. A ameaça de mal espiritual, em razão da garantia de liberdade religiosa, não pode ser considerada inidônea ou inacreditável. Para a vítima e boa parte do povo brasileiro, existe a crença na existência de força ou forças sobrenaturais, manifestada em doutrinas e rituais próprios, não havendo falar que são fantasiosas e que nenhuma força possuem para constranger o homem médio. Os meios empregados foram idôneos, tanto que ensejaram a intimidação da vítima, a consumação e o exaurimento da extorsão. (STJ, REsp n. 1.299.021/SP, 6ª T., rel. Min. Rogerio Schietti Cruz, p. u., j. 14.02.2017, *DJe* 23.02.2017)

Extorsão e quadrilha armadas. Ausência de *bis in idem*

Direito penal. *Habeas corpus*. Roubo, extorsão e quadrilha circunstanciados. Dosimetria. *Bis in idem*. Constrangimento ilegal. Ausência. Ordem denegada. Para se reconhecer o *bis in idem* é imperioso proceder à interpretação crítica dos fatos à luz do conceito fundamental de bem jurídico. Como, de um lado, os crimes de extorsão e roubo tutelam o patrimônio e a liberdade/integridade física, e, de outro, o crime de quadrilha prestigia a paz pública, justifica-se a exasperação da pena em ambos os grupos de incriminação em razão do emprego de arma; destaque-se: as incriminações são independentes. Precedentes. Ordem denegada. (STJ, *HC* n. 73.234/SP, 6ª T., rel. Min. Maria Thereza Rocha Assis Moura, j. 18.06.2009)

Extorsão e roubo: impossível o reconhecimento de crime único

Apesar da eventual dificuldade, em casos práticos, da distinção entre roubo e extorsão, havendo condutas autônomas, inviável o reconhecimento de crime único. Não há como reconhecer a absorção de uma conduta pela outra, pois o roubo não constitui meio para a prática da extorsão ou vice-versa. (STF, ROC em *HC* n. 112.672/MG, 1ª T., rel. Min. Rosa Weber, j. 21.08.2012)

Habeas corpus. Roubo e extorsão. Concurso material. Consunção. Não ocorrência. Direitos autônomos. Constrangimento ilegal não configurado. Ordem denegada. Na linha de precedentes desta Corte e do STF, configuram-se os crimes de roubo e extorsão, em concurso material, quando o agente, por meio de mais de uma ação, pratica núcleos dos verbos dos dois tipos penais. No caso, após a subtração, mediante grave ameaça, do veículo e de quantia em dinheiro da vítima, o paciente constrangeu-a a dizer-lhe a senha de seu cartão de crédito/débito e a conduziu a um caixa eletrônico para efetuar saque em sua conta-corrente. (STJ, *HC* n. 182.477/DF, 5ª T., rel. Min. Jorge Mussi, j. 20.08.2012)

Extorsão e roubo: impossível a continuidade delitiva

Habeas corpus. Continuidade delitiva dos crimes de roubo e extorsão. Impossibilidade. Espécies distintas. Constrangimento ilegal não evidenciado. Ordem denegada. Da leitura das decisões transcritas, entendo que não há como prosperar a tese do crime único sustentada pela defesa, uma vez que o paciente, após roubar o carro da vítima, obrigou-a a fornecer a senha de cartão bancário, bem com a assinar talonário de cheques em branco, fatos que se amoldam aos crimes de roubo e extorsão, praticados em concurso material. Assim, reputo irretocável a decisão formalizada pelo Superior Tribunal de Justiça nos autos do agravo regimental, porquanto em consonância com o entendimento firmado por este Tribunal, no sentido de não reconhecer a continuidade delitiva entre os crimes de roubo e extorsão, na medida em que, embora inseridos no rol dos delitos contra o patrimônio, são de espécies distintas. (STF, *HC* n. 106.533/SP, 2ª T., rel. Min. Gilmar Mendes, j. 29.03.2011)

Penal. *Habeas corpus* substitutivo de recurso próprio. Inadequação. Latrocínio. Pleito de desclassificação para a modalidade tentada. Supressão de instância. Morte da vítima. Consumação do delito do art. 157, § 3º, *in fine*, do CP. Súmula n. 610/STF. Dosimetria. Atenuante da menoridade relativa. Pena-base no piso legal. Incidência da Súmula n. 231/STJ. Continuidade delitiva entre crimes de latrocínio e roubo. Bens jurídicos tutelados diversos. *Writ* não conhecido. [...] 3. Nesse diapasão, em tese, para haver a consumação do crime complexo, necessitar-se-ia da consumação da subtração e da morte. Contudo, os bens jurídicos patrimônio e vida não possuem igual valoração, havendo prevalência deste último, conquanto o latrocínio seja classificado como crime patrimonial. Em verdade, nos termos da Súmula n. 610/STF, "há crime de latrocínio, quando o homicídio se consuma, ainda que não realize o agente a subtração de bens da vítima" [...]. 6. A teor da jurisprudência desta Corte, "não há como reconhecer a continuidade delitiva entre os crimes de roubo e o de latrocínio porquanto são delitos de espécies diversas, já que tutelam bens jurídicos diferentes" (Ag. Int. no AREsp n. 908.786/PB, 5ª T., rel. Min. Felix Fischer, j. 06.12.2016, *DJe* 14.12.2016) [...]. (STJ, *HC* n. 384.875/SP, 5ª T., rel. Min. Ribeiro Dantas, j. 20.03.2018, *DJe* 26.03.2018)

No mesmo sentido: STJ; *HC* n. 435.792/SP, rel. Min. Ribeiro Dantas, 5ª T., j. 24.05.2018, *DJe* 30.05.2018; STJ, *HC* n. 162.862/SP, 5ª T., rel. Min. Laurita Vaz, j. 08.05.2012.

3. OBSERVAÇÕES

Na análise do concurso de crimes, a jurisprudência rechaça a configuração da continuidade delitiva entre crimes de roubo e extorsão sob o fundamento de que não se tratam de infrações penais da mesma espécie, sendo este um dos requisitos do art. 71 do CP para o reconhecimento da ficção jurídica do crime único, praticado em continuação.

Merece crítica esse posicionamento hoje largamente preponderante. Em primeiro lugar porque, como se viu, são muitos os traços característicos comuns a esses dois delitos. Ambos têm como elementos constitutivos o *modus operandi* da violência ou da grave ameaça e a submissão da vítima a um prejuízo patrimonial em indevido benefício de outrem, sob coação de sua liberdade individual e colocando em risco a sua integridade física ou psicológica. A semelhança é tamanha a ponto de gerar, na mesma jurisprudência, grande variação e confusão quanto à classificação das condutas como um ou outro tipo penal.

Em suma, os crimes de roubo e extorsão, ambos complexos, não apenas tutelam os mesmos bens jurídicos (patrimônio, liberdade e integridade individual), como também incriminam condutas que atingem em idêntica proporção esses valores, não à toa estando para eles prescritas idênticas reprimendas.

Assim, para os fins do art. 71 do diploma penal, roubo e extorsão só poderiam ser considerados crimes da mesma espécie, lembrando que o legislador não usou a expressão "crimes previstos no mesmo dispositivo legal", ou "mesmos tipos penais", ou algo equivalente, quando elencou os requisitos para a configuração do crime continuado.

Na correta assertiva de Bitencourt, "não há nenhuma razão técnico-jurídica, dogmática ou científica para negar essa obviedade, a não ser a adoção de uma política criminal exasperadora, na linha do movimento de 'lei e ordem', incompatível com um moderno Estado Democrático de Direito" (op. cit., 2022, p. 174).

Sublinha-se que o mesmo equívoco jurisprudencial prevaleceu por longos anos em relação aos crimes de estupro e atentado violento ao pudor, quando previstos, separadamente, nos arts. 213 e 214 do CP de então (antes da edição da Lei n. 12.015/2009), até que o legislador proscreveu as condutas em tipo único, tornando contundente a inadequação do tratamento anterior dado à matéria.

Extorsão mediante sequestro

Art. 159. Sequestrar pessoa com o fim de obter, para si ou para outrem, qualquer vantagem, como condição ou preço do resgate:

Pena – reclusão, de 8 (oito) a 15 (quinze) anos.

Pena com redação dada pela Lei n. 8.072, de 25.07.1990.

§ 1º Se o sequestro dura mais de 24 (vinte e quatro) horas, se o sequestrado é menor de 18 (dezoito) ou maior de 60 (sessenta) anos, ou se o crime é cometido por bando ou quadrilha:

Parágrafo com redação dada pela Lei n. 10.741, de 01.10.2003.

Pena – reclusão, de 12 (doze) a 20 (vinte) anos.

Pena com redação dada pela Lei n. 8.072, de 25.07.1990.

§ 2º Se do fato resulta lesão corporal de natureza grave:

Pena – reclusão, de 16 (dezesseis) a 24 (vinte e quatro) anos.

Pena com redação dada pela Lei n. 8.072, de 25.07.1990.

§ 3º Se resulta a morte:

Pena – reclusão, de 24 (vinte e quatro) a 30 (trinta) anos.

Pena com redação dada pela Lei n. 8.072, de 25.07.1990.

§ 4º Se o crime é cometido em concurso, o concorrente que o denunciar à autoridade, facilitando a libertação do sequestrado, terá sua pena reduzida de um a dois terços.

Parágrafo com redação dada pela Lei n. 9.269, de 02.04.1996.

---

1. COMENTÁRIO

1.1. Objetividade jurídica

A extorsão mediante sequestro é crime complexo, pluriofensivo, que envolve os bens jurídicos patrimônio, integridade física e psicológica, bem como liberdade individual, ganhando este último especial relevo.

A liberdade tem maior destaque neste tipo porque se trata, como o próprio *nomen juris* diz, de espécie mais grave de extorsão, praticada por meio do sequestro da vítima, que sofre grave privação de seu direito de locomoção. Nesse contexto, as integridades física e psicológica do ofendido são afetadas também com maior contundência. Todos esses elementos fazem com que esse delito receba uma das sanções mais elevadas do sistema jurídico-penal, de 8 a 15 anos já no *caput* (forma simples), com distintas formas qualificadas que chegam até o mínimo de 24 anos, quando ocorrer a morte.

Não se pode deixar de sublinhar que o crime de sequestro, para outros fins que não o recebimento de resgate, tem a pena de 1 a 3 anos de reclusão. Essa injustificável disparidade marca o direito penal pátrio atualmente vigente pela falta de racionalidade.

1.2. Sujeitos do crime

Crime comum, qualquer pessoa pode ser sujeito ativo ou passivo da extorsão mediante sequestro. Como são múltiplos os momentos e desdobramentos da conduta para que se efetive um sequestro, a concorrência para o delito pode-se dar das mais variadas formas, considerando-se todas as ações desde a apreensão da vítima, seu transporte e manutenção em cativeiro, até o momento final de recebimento da vantagem para a sua prometida libertação. Normalmente é um crime cometido em concurso de agentes, dada a necessidade de articulação de uma série de ações.

Sujeito passivo é tanto o sequestrado como qualquer pessoa que suporta a lesão patrimonial para ceder às exigências dos agentes. Pode haver vítima única, ofendida tanto em sua liberdade, quanto em seu patrimônio; assim como o patrimônio lesado pode ser de pessoa de alguma forma próxima ao sequestrado, normalmente por relação de parentesco ou afeto. O sequestrado precisa ser indivíduo com vida, não se configurando o crime quando recaia a conduta sobre animal, por mais que haja laços afetivos entre este e a pessoa constrangida. Nessa hipótese, pode-se caracterizar constrangimento ilegal ou até extorsão, dependendo da situação concreta.

1.3. Análise da(s) conduta(s) descrita(s) no tipo

A conduta nuclear é a ação de sequestrar um indivíduo, ou seja, privar-lhe de sua liberdade, com a finalidade de obtenção de qualquer vantagem patrimonial como condição para a sua libertação, o que recebe a designação de resgate.

A norma incriminadora está inserida no Título II do Código, que elenca os crimes contra o patrimônio. Mais: recebe a designação na rubrica do tipo de uma espécie de extorsão, qualificada pelo especial meio de execução da violência ou grave ameaça, consistente no sequestro. Hungria descreve: "não é outra coisa que a extorsão qualificada pelo caráter especial do fato constitutivo da violência ou do meio empregado para tornar premente ou eficaz a ameaça"; no lugar do constrangimento ilegal, o agente emprega o sequestro (*Comentários ao Código Penal*, 1955, v. VII, p. 69).

Não obstante, o tipo descreve a finalidade de obtenção de "qualquer vantagem", não sublinhando a necessidade de que a vantagem pretendida tenha cunho econômico, como, diferentemente, aparece de forma expressa no crime de extorsão (art. 158, CP). É coerente enxergar essa ausência de adjetivação da vantagem pretendida somente como uma falta de cuidado do legislador, lacuna tranquilamente preenchida com a interpretação sistemática do dispositivo. Não há como se conceber crime patrimonial sem que o intento do agente esteja voltado para a obtenção de vantagem indevida economicamente descritível, tendo o potencial de gerar, por conseguinte, lesão ao patrimônio alheio.[51]

Não é preciso que se trate de quantia em dinheiro ou de valores, desde que o exigido – seja um documento, ou uma conduta – se traduza em vantagem econômica.

O tipo também não adjetiva a vantagem de indevida, mas tem-se que essa sua natureza é da essência desse crime. Tratando-se de vantagem devida, desaparece o grau de desvalor da norma, mas sempre, no caso, permanecerá a figura do sequestro (art. 148, CP), pois a restrição da liberdade individual, em qualquer hipótese, carrega ofensa a bem jurídico com elevada dignidade. A desproporcionalidade da pena cominada ao tipo subsidiário é questão que de fato se coloca, mas que não pode ser corrigida senão com a mudança da lei penal, e nunca com a classificação inadequada da conduta em crime mais grave, o que geraria, inclusive, uma inadmissível desproporcionalidade de tratamento em desfavor do réu, *in malam partem*.

51 A doutrina é largamente majoritária nesse sentido. Assim se posicionam, entre outros, FRAGOSO, *Lições de direito penal*: Parte Especial, 1981, p. 320; NUCCI, op. cit., 2011, p. 603; PRADO, *Curso de direito penal brasileiro*, 2011, p. 458; ASSIS MOURA E SAAD apud FRANCO E STOCO (coords.), *Código Penal e sua interpretação*: doutrina e jurisprudência, 2007, p. 812. Em sentido contrário: BITENCOURT, *Tratado de direito penal*, 2011, p. 155-6.

Vale enfatizar que o sequestro, aqui, enquanto ato de privação da liberdade da vítima, em nada difere daquele previsto no tipo do art. 148 do Código, a não ser pelo intuito de ganho patrimonial. A impossibilidade de locomoção da vítima não precisa ser absoluta, bastando que ela esteja vigiada ou por qualquer razão, sofra sério risco à sua integridade caso busque se deslocar.

1.4. Elemento subjetivo

Crime doloso, o elemento subjetivo do tipo é a consciência e a vontade de sequestrar um indivíduo, privando-lhe de sua liberdade, com a finalidade de obtenção de ganho patrimonial indevido.

O fim de obtenção, para si ou para outrem, de vantagem traduzível em valor econômico é tido pela doutrina como elemento especial do tipo subjetivo, uma vez que a lesão patrimonial não está posta na ação nuclear do tipo, mas vem descrita como um especial fim de agir. Essa construção redacional do tipo, similar à extorsão do art. 158, produz reflexos na definição do momento consumativo da conduta, como se vê em seguida. Cabem aqui as mesmas ponderações realizadas em relação ao crime de extorsão, às quais se remete o leitor.

1.5. Consumação e tentativa

A extorsão mediante sequestro é crime formal, que se consuma meramente com a efetivação do sequestro, ou seja, com a privação da liberdade da vítima, independentemente e antes da percepção de qualquer vantagem com o cumprimento da condição imposta para a sua liberação. Essa interpretação decorre da construção redacional do tipo em voga, que elege como seu núcleo o constrangimento – aqui exercido por meio do sequestro –, e não a obtenção da vantagem em razão da efetiva extorsão.

Há quem sustente que o alcance da vantagem econômica, com o recebimento do resgate, representa um *plus* em relação ao momento consumativo do crime e é relevante para a fixação da medida da pena (*v.* FRAGOSO, op. cit., 1981, p. 320; e PRADO, op. cit., 2011, p. 459). Não se pode concordar com tal entendimento. Tratando-se de crime contra o patrimônio, deve ser um dado natural à espécie o locupletamento e a respectiva lesão a esse bem jurídico, mesmo que haja consumação antecipada. Somente se a lesão patrimonial ostentar alguma especial gravidade, seja pelo valor muito alto, ou pelos prejuízos e dificuldades concretos que gerou à vítima, poderá ser considerada desfavoravelmente ao agente como consequência do delito, a teor do que dispõe o art. 59 do CP; mas, sem esses traços concretamente demonstrados, a equação "ganho *vs.* lesão patrimonial" compõe parte do tipo, constituindo inclusive a justificativa para as elevadas penas.

Na extorsão mediante sequestro, diferentemente da extorsão menos grave tipificada no artigo anterior, é justificável a previsão legal da consumação antecipada do delito, mesmo sem a percepção de qualquer ganho patrimonial pelos agentes, ou sem que se produza qualquer lesão ao patrimônio do ofendido. Isso porque a lesão à liberdade individual e à incolumidade física, pelo gravíssimo meio de execução da violência física e moral consistente no sequestro, ultrapassa muito, em desvalor, a lesão patrimonial, o que normalmente não ocorre no roubo e na extorsão. Não obstante, para a plena aceitação dessa construção, seria mais adequada, como sublinha Magalhães Noronha, que o crime fosse designado "sequestro para o fim de extorsão" (*Direito penal*, 1996, v. 2, p. 280), merecendo inclusive outra inserção topográfica no Código, entre os crimes contra a liberdade individual, já que a extorsão e a percepção de vantagem econômica são postos apenas como finalidades específicas da ação, e não como condutas elementares que integram o tipo penal.

Frise-se: efetivado o sequestro, consumado estará o crime, segundo o entendimento prevalecente, sendo **desnecessário** inclusive que haja a **exigência do resgate**, ou seja, que seja externada a terceiros a condição para a libertação da vítima. Nesse sentido, o STJ tem precedente em que reconhece o crime de extorsão mediante sequestro consumado, com resultado morte, em situação na qual a vítima foi apreendida em quarto de hotel, sendo algemada, mas – por conta de sua resistência, gritando por socorro – foi morta antes mesmo de ser levada a outro local, apurando-se que a intenção dos agentes era de pleitear um resgate. O debate residia na possível desclassificação para homicídio, uma vez que, antes da prática de qualquer ato que desse início à ação de extorquir, os agentes optaram por matar o ofendido, claramente não persistindo na extorsão (*HC* n. 113.978/SP, j. 16.09.2010).

Desse modo, a tentativa é admitida apenas na hipótese da ação de sequestrar não se completar, impedido o agente, por circunstâncias alheias à sua vontade, quando arrebata, detém ou de qualquer forma inicia a privação de liberdade da vítima.

Ao não exigir sequer a ação de extorsão para a consumação do crime, a interpretação atualmente em voga praticamente exclui desse delito a possibilidade de desistência voluntária pelo agente. Caso houvesse sequestro de alguém, com a intenção de se exigir condição para a libertação, mas – logo após o arrebatamento da vítima – desistindo o agente de percorrer todo o *iter criminis*, fosse ela libertada sem que tivesse se externado qualquer ação de extorsão, o crime seria de extorsão mediante sequestro consumado? Pelo precedente exposto anteriormente, poder-se-ia concluir que sim, o que se mostraria, a nosso ver, desproporcional e equivocado em termos de política criminal. Assim, para além da clara demonstração da intenção do agente, o que pode ser difícil no caso concreto, é preciso temperar esse entendimento na busca da mais adequada resposta penal às diferentes situações.

Cumpre observar que o CP de 1969 alterava a redação para trazer a extorsão, e não o sequestro, como núcleo do tipo, apesar de, por razões de política criminal, conferir o mesmo tratamento repressivo às formas consumada e tentada do crime. Assim era o dispositivo incriminador: "Extorquir ou tentar extorquir para si ou para outrem, mediante sequestro de pessoa, indevida vantagem econômica". Nessa fórmula típica, para além do sequestro, a ação de externar a exigência objeto da extorsão também se fazia necessária à consumação, mesmo que a condição ou o resgate exigidos não chegassem a ser cumpridos. Tratar-se-ia de verdadeira "extorsão mediante sequestro".

É digno de relevo o fato de que será crime permanente enquanto permanecer o sequestrado em estado de privação de liberdade.

1.6. Classificação

Crime comum; comissivo, sendo impossível, por sua descrição típica, a prática por omissão; doloso; pluriofensivo; formal, mas plurissubsistente, admitindo a tentativa.

1.7. Formas qualificadas

1.7.1. Se o sequestro dura mais de 24 horas, se o sequestrado é menor de 18 ou maior de 60 anos, ou se o crime é cometido por quadrilha

O § 1º do art. 159 prevê distintas circunstâncias qualificadoras do crime, que alteram os patamares mínimo e máximo da sanção cominada, anotando-se que não há causas de aumento típicas a ele referentes. Nas figuras qualificadas do § 1º as penas serão de 12 a 20 anos de reclusão.

A primeira figura qualificada ocorre quando o sequestro, ou seja, a efetiva privação de liberdade, perdurar por mais de 24 horas.

Tem-se como fundamento da norma as consequências mais intensas que a privação de liberdade por longo período traz à integridade física e psicológica da vítima. Ou seja, a ofensa ao bem jurídico *liberdade*, em si grave, quando apresentar a intensidade do prolongamento no tempo, atinge de forma igualmente sensível outros bens indisponíveis relacionados à dignidade da pessoa humana e inclusive à vida, considerada enquanto vida física e psicologicamente sã.

A despeito de justificável o tratamento mais severo, não se pode calar diante de mais uma gritante desproporção existente no sistema jurídico-criminal brasileiro. No crime de sequestro ou cárcere privado insculpido no art. 148 do Código, para que se configure a qualificadora, a privação de liberdade deve perdurar por mais de quinze dias. Ou este lapso, ou o prazo de 24 horas do art. 159, § 1º, é irracional no sistema, uma vez que se trata aqui de maior gravidade da lesão à liberdade individual, e não ao patrimônio, a qual se produz de maneira idêntica numa e noutra situação. Não pode apenas o intuito do agente gerar tão desigual tratamento. Este já está embutido nas penas mais gravosas previstas no *caput* do art. 159; a qualificadora pelo tempo de duração da privação de liberdade deveria ser equânime entre o tipo em comento e o crime de sequestro.

Deve-se ressaltar, ademais, que eventual lapso temporal que tenha transcorrido da libertação da vítima até a sua chegada, sem restrições, a um lugar seguro onde possa se comunicar não pode ser considerado para o reconhecimento dessa circunstância, pois o sequestro, a cuja duração se referiu a lei, consiste não em outra coisa que a privação da liberdade de locomoção do sequestrado.

A qualidade objetiva da vítima referente à idade também fará presente a figura qualificada quando o sequestrado for menor de 18 anos ou maior de 60. A circunstância deve ser conhecida do agente ou ao menos obviamente presumível diante das características físicas da pessoa ofendida.

O maior desvalor da conduta reside na vulnerabilidade acentuada da vítima, facilitando a consumação do delito, e no sensível incremento do risco da ação lhe gerar lesões físicas e psicológicas mais graves, além do forte sofrimento dos familiares de quem se exige o resgate (v. PRADO, op. cit., 2011, p. 459). Legitima, outrossim, a opção do legislador a tutela especial conferida na CF à criança e ao adolescente, bem como à pessoa idosa.

Na parte final do dispositivo, prevê o legislador pena mais grave também quando o crime é cometido por quadrilha ou bando. A referência direta é à quadrilha tipificada no art. 288 do CP: associação permanente de mais de três pessoas para a prática de crimes. Diferencia-se essa figura do mero concurso de agentes (*societas sceleris* ou *societas in crimine*), exigindo-se, mais do que a união ocasional de desígnios, o acerto estável de pessoas com a finalidade de, continuadamente, cometer crimes (*societas delinquentium*) (v. FRAGOSO, op. cit., 1981 p. 322), não importando que eles cheguem de fato a se efetivar.

Essa preocupação distintiva é deveras importante no caso porque, como dito, dada a complexidade natural do delito em foco, de difícil execução, será bastante comum a sua prática em concurso de agentes. Para que não se vulgarize ilegalmente a qualificadora, o julgador deve ser criterioso quanto à sua análise no caso concreto, buscando demonstrações da estabilidade da associação criminosa, que deve ser, necessariamente, de mais de três pessoas.

Por derradeiro, quando houver condenação pelo crime de extorsão mediante sequestro na forma qualificada do § 1º em função da prática em quadrilha, ficará afastada a possibilidade de condenação pelo crime autônomo previsto no art. 288 do CP. Ainda que não tutelem as normas idênticos bens jurídicos, já que a última se refere à paz pública, tratar-se-á exatamente do mesmo fato duplamente considerado em desfavor do agente, em evidente *bis in idem*.

1.7.2. Se do fato resulta lesão corporal grave ou morte

Conforme prescrevem os §§ 2º e 3º do art. 159, se do crime de extorsão mediante sequestro resultar lesão corporal grave na vítima, a pena será de 16 a 24 anos de reclusão; se resultar a sua morte, será de 24 a 30.

Essas penas bastante altas foram determinadas pela Lei de Crimes Hediondos, em 1990. Não obstante, cumpre lembrar que a extorsão mediante sequestro qualificada pelo resultado morte sempre foi o crime que mereceu a reprimenda mais severa do CP vigente; de início, 20 a 30 anos de reclusão e multa.

Se no roubo e na extorsão o legislador previu as formas qualificadas quando os resultados gravosos decorrerem **da violência** – excluindo do tipo a modalidade de grave ameaça –, no dispositivo em comento preferiu-se o uso da expressão se **do fato** resultar lesão corporal grave ou morte. Evidentemente que se quer dizer do fato criminoso, ou mais precisamente da **ação de sequestrar**, podendo esta ocorrer mediante violência ou grave ameaça.

Essa alteração da expressão típica, que parece consciente, autoriza a configuração da qualificadora inclusive quando o resultado decorre da ameaça exercida contra a vítima, desde que seja previsível a sua ocorrência, ainda que não efetivamente prevista no caso concreto. A diferenciação se justifica porque há maior desvalor na ação de sequestrar, sendo também mais frequente a causação de danos sérios à integridade corporal do sequestrado. O que não se aceita é a responsabilização pelo resultado que não tenha sido causado por dolo ou culpa.

Por outro lado, repete-se a crítica ao tratamento idêntico conferido pela lei à causação do resultado por dolo – hipótese de mais acentuada reprovabilidade – e por culpa, o que viola o princípio da proporcionalidade entre os crimes e as penas num sistema criminal de responsabilização subjetiva.

Todas as figuras da extorsão mediante sequestro, simples e qualificadas, são rotuladas como crime hediondo, a teor do que dispõe o art. 1º, IV, da Lei n. 8.072/90.

Atesta-se, outrossim, para a não aplicação do art. 9º da Lei de Crimes Hediondos, que perdeu sua eficácia pela edição da Lei n. 12.015/2009, como explanado em relação aos crimes anteriores.

1.7.3. Competência

O resultado morte não desloca a competência para o tribunal do júri, como visto em relação ao latrocínio.

1.8. Colaboração premiada

Previsão trazida, em relação ao crime de extorsão mediante sequestro, pela Lei de Crimes Hediondos, em 1990, hoje razoavelmente disseminada no direito penal brasileiro, a delação ou colaboração premiada consiste em causa de diminuição ou isenção de pena por conta do comportamento do agente que, durante o delito ou, após, já na persecução penal, colabora eficazmente com as autoridades, possibilitando a plena elucidação do fato criminoso, a responsabilização dos demais autores ou partícipes, ou a diminuição da lesão ao bem jurídico tutelado.

O instituto tem guarida em diversas leis penais e processuais penais brasileiras. A Lei n. 8.072/90 inaugurou a sua normativização no país, seguida por leis específicas que trataram da repressão às organizações criminosas, aos crimes contra a ordem tributária e contra o sistema financeiro, passando também pela lei de lavagem de dinheiro, até se alcançar uma previsão genérica, que sedimentou a colaboração premiada como ferramenta de investigação criminal, prevista na Lei de Proteção a Vítimas e Testemunhas – Lei n. 9.807/99. A partir desse marco, o instituto alargou a sua aplicabilidade a todo o sistema criminal pátrio – apesar de ser repetido em leis específicas posteriores, como a Lei de Drogas –, mas recebeu regulamentação legislativa procedimental um pouco mais clara apenas na recente Lei n. 12.850/2013, que definiu as organizações criminosas e previu métodos especiais de investigação criminal, construindo regramentos específicos para que seja firmado o acordo de colaboração premiada entre a polícia civil e o investigado, com a participação do Ministério Público e a posterior homologação judicial.

No caso de extorsão mediante sequestro, a redução da pena, no patamar de um a dois terços, tem os seus requisitos próprios. Exige-se que o crime tenha sido cometido em concurso[52] de agentes e que o colaborador noticie a sua prática às autoridades enquanto ele ainda esteja em estágio de consumação permanente, facilitando com as informações prestadas, a liberação do sequestrado (evidentemente, com vida). Assim, a colaboração, para a incidência desse dispositivo, deve ser concomitante à prática do delito, e não apenas posterior, lembrando-se que – como se trata de crime permanente –, enquanto privada a vítima de sua liberdade, não se encerra a sua consumação.

Nada impede que, posteriormente, durante a fase de investigação ou na ação penal em curso, um dos agentes faça jus à redução de pena ou até mesmo ao perdão judicial (mais difícil nessa espécie de delito, por sua gravidade) decorrentes da colaboração premiada prevista nos arts. 13 e 14 da Lei n. 9.807/99, quando, a partir do comportamento processual do agente, prestando informações eficazes, forem identificados os demais autores ou partícipes do crime.

A inspiração primeira do instituto foi na legislação italiana, em que a colaboração premiada, que havia sido consagrada na legislação antiterrorista, foi transportada, em 1980, para o crime de extorsão mediante sequestro, em moldes muito similares.

Não foi imune de críticas que a colaboração premiada ganhou o solo nacional. Aqui, sendo utilizada em contexto muito mais amplo do que a repressão às organizações criminosas, o seu emprego disseminado reflete a falência dos órgãos e métodos tradicionais de investigação e a instrumentalização do direito penal material para a busca de algum sucesso na persecução, em verdadeira inversão de papéis entre direito material e processo no sistema de justiça criminal.

Além de consistir em ferramenta que tem significado ontologicamente antiético e antirrepublicano, com efeito corrosivo de valores sociais importantes que o direito penal visa inclusive a resguardar, a redução de pena ao agente colaborador implica em ruptura com os princípios penais constitucionais da isonomia e da proporcionalidade entre os delitos e as penas, tendo também reflexos processuais penais indesejados, como a flexibilização da ampla defesa e da vedação à pressão pela autoincriminação, voltando-se à ideia do acusado enquanto objeto de prova, e não sujeito de direitos na persecução penal.

A despeito de todas as merecidas críticas, o instituto ganhou terreno e aceitação na jurisprudência pátria. Uma vez preenchidos todos os requisitos previstos em lei pela ação colaborativa do agente, e desde que ela tenha se mostrado eficaz no caso concreto, a redução da pena é um direito, e não mera faculdade do juiz.

2. JURISPRUDÊNCIA

2.1. Julgados

Momento consumativo

O delito previsto no art. 159 do CP é crime complexo, que ofende ao mesmo tempo o patrimônio e a liberdade da vítima. Em sua forma qualificada – com resultado morte –, fere ainda um terceiro bem jurídico, a vida, razão por que é punido de forma mais rigorosa. Na hipótese, a combativa defesa busca que seja afastado o cri-

52 A primeira redação do dispositivo exigia que o crime fosse praticado por quadrilha ou bando, delatando um dos agentes o restante da associação e facilitando a libertação da vítima. A norma ganhou nova feição com a Lei n. 9.269/96, respondendo-se a críticas da doutrina, que alargou a abrangência da colaboração premiada para qualquer forma de concurso de agentes, o que garante maior proporcionalidade e isonomia de tratamento.

me contra o patrimônio e reconhecida a prática do homicídio, delito este de competência do júri; em consequência, pede-se a anulação do processo-crime com a remessa dos autos ao juízo competente. "A extorsão mediante sequestro, como crime formal ou de consumação antecipada, opera-se com a simples privação da liberdade de locomoção da vítima, por tempo juridicamente relevante. Ainda que o sequestrado não tenha sido conduzido até o local de destino, o crime está consumado" (MIRABETE, Julio Fabbrini. *Código Penal interpretado*. 6.ed. São Paulo: Atlas, 2007, p. 1.476). No caso, tem-se que a vítima foi surpreendida em um quarto de hotel, chegando a ser algemada para viabilizar o seu transporte para o local previsto como cativeiro, não restando dúvidas acerca da consumação do delito. "A extorsão mediante sequestro qualificada pelo resultado morte não se descaracteriza quando a morte do próprio sequestrado ocorre, como no caso, 'no próprio momento de sua apreensão'" (RHC n. 1.846/GO, rel. Min. Assis Toledo, *DJ* 20.04.1992). Ordem denegada. (STJ, *HC* n. 113.978/SP, 6ª T., rel. Min. Og Fernandes, j. 16.09.2010)

Crime permanente

Os crimes descritos no art. 159, § 1º, e art. 288, parágrafo único, do CP, são permanentes. Em consequência, se o menor atingir a idade de 18 anos enquanto os delitos se encontrarem em plena consumação, será por eles responsabilizado (STJ, *HC* n. 169.510/SP, 5ª T., rel. Min. Marco Aurélio Belizze, j. 07.02.2012, *DJe* 23.04.2012)

Concurso de crimes

Inviável o reconhecimento da continuidade delitiva entre os delitos de roubo e extorsão mediante sequestro qualificada; porquanto, além de a matéria exigir o revolvimento de provas, são infrações de espécies distintas. Conquanto se trate de crimes contra o patrimônio, a extorsão mediante sequestro tem a peculiaridade de atingir, de maneira direta e imediata, a incolumidade física e psicológica da vítima capturada. Impõe-se a absolvição quanto ao porte ilegal de arma de fogo, com extensão dos efeitos aos corréus, visto que evidenciado que a aquisição das armas de fogo pelo paciente e a respectiva entrega aos corréus tiveram como único fim a consecução dos crimes de roubo e extorsão, incidindo na espécie o princípio da consunção. (STJ, *HC* n. 71.696/PR, 6ª T., rel. Min. Og Fernandes, j. 13.03.2012, *DJe* 28.03.2012)

Constitui concurso formal o crime de roubo praticado mediante uma só ação, contra vítimas diferentes. Precedentes desta Corte. Evidenciado o concurso material quando os crimes de roubo e de extorsão mediante sequestro, embora praticados no mesmo contexto fático, não foram praticados mediante uma só ação e resultaram de desígnios autônomos, contra vítimas diferentes. (STJ, *HC* n. 132.876/RJ, 5ª T., rel. Min. Laurita Vaz, j. 02.02.2010, *DJe* 01.03.2010)

Colaboração premiada

Não obstante tenha havido inicial colaboração perante a autoridade policial, as informações prestadas pelo paciente perdem a relevância, na medida em que não contribuíram, de fato, para a responsabilização dos agentes criminosos. O magistrado singular não pôde sequer delas se utilizar para fundamentar a condenação, uma vez que o paciente se retratou em juízo. Sua pretensa colaboração, afinal, não logrou alcançar a utilidade que se pretende com o instituto da delação premiada, a ponto de justificar a incidência a causa de diminuição de pena. (STJ, *HC* n. 120.454/RJ, 5ª T., rel. Min. Laurita Vaz, j. 23.02.2010, *DJe* 22.03.2010)

Dosimetria da pena

Habeas corpus. Direito penal. Crime de extorsão mediante sequestro. Condenação. Dosimetria da pena. Consideração indevida das circunstâncias judiciais como desfavoráveis. Exasperação sem fundamentação idônea. Ordem de *habeas corpus* concedida. Não pode o magistrado sentenciante majorar a pena-base fundando-se, tão somente, em referências vagas, genéricas, desprovidas de fundamentação objetiva para justificar a exasperação. Precedentes. O fato de o réu ser temido ou afrontar a ordem pública vinculado à situação concreta dos autos não constitui motivação idônea para justificar o aumento da pena. O envolvimento do paciente em outros delitos, salvo quando resultantes em condenações já transitadas em julgado, não se presta a fundamentar o aumento da pena-base. Precedentes. Ordem de *habeas corpus* concedida para, mantida a condenação, reformar a sentença de primeiro grau e os acórdãos impugnados, apenas, na parte relativa à dosimetria da pena, que deverá ser refeita pelo juízo de primeiro grau, afastadas as referências utilizadas para agravar a pena. (STJ, *HC* n. 169.393/RJ, 5ª T., rel. Min. Laurita Vaz, j. 05.09.2012)

Habeas corpus. Extorsão mediante sequestro qualificada. Dosimetria. Pena-base acima do mínimo legal. Não violação. Existência de circunstâncias judiciais negativas. Continuidade delitiva. Ordem denegada. À luz do que dispõe o art. 59 do CP, deve o juiz, ao proceder à individualização da pena, analisar as circunstâncias judiciais e estabelecer a pena-base dentre as cominadas no preceito secundário da norma penal incriminadora referente ao tipo penal em questão, de modo a atender as finalidades preventiva e repressiva. Percebe-

-se, assim, a presença de circunstâncias judiciais desfavoráveis, que justificam a exasperação da pena-base. Imperiosa a incidência do art. 71, parágrafo único, do CP, pois os elementos do caso concreto, como o número de agentes (40 integrantes), as circunstâncias e maneira de execução dos crimes dolosos idênticos, praticados contra vítimas diferentes, com violência ou grave ameaça à pessoa, permitem que a pena de um dos crimes seja aumentada até o triplo. Ordem denegada. (STJ, *HC* n. 159.881/SC, 6ª T., rel. Min. Alderita Ramos de Oliveira, Des. convocada do TJPE, j. 01.10.2012)

Extorsão indireta

Art. 160. Exigir ou receber, como garantia de dívida, abusando da situação de alguém, documento que pode dar causa a procedimento criminal contra a vítima ou contra terceiro:

Pena – reclusão, de 1 (um) a 3 (três) anos, e multa.

1. COMENTÁRIO

1.1. Objetividade jurídica

A extorsão indireta igualmente tem como principal bem jurídico tutelado o patrimônio, pois o constrangimento sofrido pela vítima se dá numa relação de crédito-débito, abusando o credor da necessidade do devedor ao exigir-lhe documento indevido como garantia de receber a dívida de um indivíduo que se verá posteriormente acuado a saldá-la.

Nesse contexto fático, a liberdade individual aparece também como valor importante no tipo. Não integra a relação jurídica de natureza civil a obrigação do devedor de entregar documentos ao credor que possam lhe gerar um mal grave, caso expostos. Essa exigência desequilibra sobremaneira o negócio jurídico em favor do credor e carrega de imoralidade e abuso a transação, subjugando-se o devedor numa espécie de chantagem, daí merecendo dignidade penal.

Sendo nova figura criminal, nascida no Código em vigor, explica a exposição de motivos de sua parte especial: "destina-se o novo dispositivo a coibir os torpes e opressivos expedientes a que recorrem, por vezes, os agentes de usura, para garantir-se contra o risco do dinheiro mutuado". Nesse contexto é que Hungria caracteriza o delito como "uma ofensa ao interesse jurídico da normalidade das relações entre credor e devedor" (*Comentários ao Código Penal*, 1955, v. VII, p. 75).

Assim, consiste em crime complexo ou pluriofensivo.

1.2. Sujeitos do crime

Crime comum, pode ser praticado e sofrido por qualquer pessoa.

Em geral, o sujeito ativo do delito será o credor, quem exige documento, ilegalmente, com o objetivo de garantir o pagamento da dívida. Contudo, não é necessário que assim seja, podendo ser terceira pessoa, alheia à relação jurídica no âmbito civil, quem faz a exigência ou recebe o documento por parte do devedor ou de outrem. Nessa situação, normalmente o autor do fato será alguém agindo a serviço ou a pedido do credor, quando este será também responsável criminalmente pela ação, pois com ela concorreu. O crime tem como palco habitual as relações de empréstimos efetuados à margem da legalidade e formalidade, através dos chamados agiotas, a despeito de não guardar relação necessária com a usura, podendo ser praticado em qualquer relação de crédito.

Sujeito passivo será o próprio devedor, sempre que se submeteu a uma relação com grave abuso de direito pela outra parte, podendo ser também terceira pessoa alheia à dívida que, por sua relação próxima com o devedor, seja quem se coloca em risco de suportar um procedimento criminal pela entrega do documento. Essa pessoa cumpriria um papel equivalente a um fiador, vendo-se posteriormente submetida a um constrangimento. Assim, podem ser duas ou mais as pessoas ofendidas com o crime.

1.3. Análise da(s) conduta(s) descrita(s) no tipo

A conduta nuclear do tipo é exigir ou receber documento capaz de dar causa a procedimento criminal em face de outrem, com o intuito de garantir o pagamento de uma dívida e em situação de abuso da necessidade econômica do devedor, que, por esse contexto, mais facilmente cederia à exigência.

Exigir é impor como condição inafastável à realização do negócio a entrega do documento; receber é dele se apoderar, tomar de quem lhe possua e efetue a entrega. Optou o legislador por equiparar as condutas; tanto uma quanto outra, isoladamente, já é suficiente para a configuração do delito, o que caracteriza o crime como de ação múltipla.

Quando o crime se perfaz pela exigência do credor, a ação de receber o documento é posterior e consequente da de exigir. Pode ocorrer também o crime quando parte do próprio devedor a iniciativa de entregar tal documento, com o objetivo de obter um empréstimo em situação de risco que normalmente levaria à recusa do negócio por parte do futuro credor. Nessa situação não há exigência antes do recebimento. A lei protegeria o devedor em situação de necessidade contra si mesmo, no entender de Hungria (op. cit., 1955, v. VII, p. 77). É evidente que a culpabilidade do agente é reduzida nessa hipótese, havendo impacto forte do comportamento da vítima para a prática do crime. Ainda persiste o crime porque o agente tem a consciência de estar abusando da situação de alguém.

Consoante aponta Fragoso, "tanto faz que se trate de dívida já existente (exigindo ou recebendo o credor o documento de garantia para prorrogá-la), ou de dívida a ser contraída (exigindo o agente o documento como condição do empréstimo a ser feito ou recebendo-o na ocasião em que o efetua)" (*Lições de direito penal*: Parte Especial, 1981, p. 324).

O documento, objeto material do crime, em geral significa o corpo de delito de uma infração penal que poderá levar a futura persecução penal, podendo representar uma simulação, isto é, a demonstração de um falso crime, mera representação de uma ação executada pela vítima sem o seu intento de lesionar qualquer bem jurídico ou de alcançar vantagem indevida. Por exemplo, o ofendido falsifica assinatura de terceiro em título com a ciência do credor, servindo o documento não para a obtenção de qualquer ganho, mas apenas como instrumento de chantagem por parte do credor, caso a dívida não seja quitada e pesando contra a vítima a ameaça de que venha a sofrer processo criminal com sua exibição às autoridades. A norma, todavia, não limita o crime a essa hipótese, apesar de ser a mais comum. Pode se tratar de crime anterior efetivamente praticado pela vítima ou por terceiro, exigindo o credor a entrega, por exemplo, de uma confissão ou de fotografias ou vídeos que dele sejam prova.

É fundamental que o documento seja verdadeiramente apto a gerar a instauração de processo criminal viável, razão pela qual Bitencourt (*Tratado de direito penal*, 2022, p. 213) descarta o recebimento de cheque pré-datado sem provisão suficiente de fundos como conduta configuradora da extorsão indireta, uma vez que já se pacificou não se tratar o cheque, nessas condições, de ordem de pagamento, sendo a sua entrega incapaz de caracterizar modalidade de estelionato. Assim, não teria o credor documento que pudesse dar causa a procedimento criminal em face do devedor. Concorda-se com esse posicionamento tendo em vista que, nos dias atuais, a questão já seria facilmente resolvida na fase administrativa da persecução, sendo consolidado o entendimento de que se trata de fato atípico.

A necessidade econômica do devedor, percebida pelo agente, que atua abusando dessa circunstância, é essencial para que haja a situação de constrangimento à liberdade individual que é inerente a esse tipo penal. Ou seja, o devedor está em posição de vulnerabilidade em que não possui efetiva escolha de contrair ou não a dívida, bem como de entregar ou não o documento exigido; é isso que encerra a expressão "abusando da situação de alguém" inserida na norma penal incriminadora. A necessidade pode ser momentânea e não precisa ser extrema (*v.* FRAGOSO, op. cit., 1981, p. 325, e ASSIS MOURA e SAAD apud FRANCO; STOCO (coords.). *Código Penal e sua interpretação*: doutrina e jurisprudência, 2007, p. 821), desde que relevante.

Esse elemento do tipo é fundamental, uma vez que o meio de execução da extorsão indireta não é a violência ou grave ameaça, nem tampouco a fraude. O principal desvalor da conduta está no abuso da situação de vulnerabilidade de outrem.

1.4. Elemento subjetivo

Crime doloso, o elemento subjetivo da extorsão indireta é a consciência e vontade de exigir ou receber documento como garantia de dívida, sabendo o agente de sua potencialidade de gerar a instauração de processo criminal contra outrem, bem como da situação de necessidade do devedor.

O agente deve ter plena consciência da potencialidade danosa do documento e da situação de necessidade que faça o devedor sucumbir mais facilmente à sua entrega. Não há espaço para a modalidade culposa, inclusive quanto a esses aspectos; o dolo abrange esses elementos do tipo.

Como especial fim de agir ou elemento subjetivo especial aparece o intuito de obter, mediante abuso da situação de outrem, uma garantia de pagamento da dívida. Denomina-se essa figura **dolo de aproveitamento** (*v.* HUNGRIA, op. cit., 1955, p. 78).

1.5. Consumação e tentativa

Utilizando-se o tipo penal, de modo equivalente, dos versos exigir e receber, tem-se que a tradição do documento, o seu efetivo apoderamento pelo credor ou por terceiro, não é necessária para a consumação do crime quando praticado por meio da ação de exigir. Mesmo que o ofendido não tenha sucumbido à exigência, desde que ela seja idônea e praticada no contexto de abuso da situação de necessidade do devedor, o crime terá atingido a sua plena consumação.

Desse modo, trata-se de crime formal, ou de consumação antecipada. É bastante difícil, na prática, a tentativa. Quando executado o crime através de exigência verbal, passa a ser completamente inadmissível a tentativa, situação em que o delito é unissubsistente.

Na modalidade *receber*, a tentativa se fará presente quando o documento está prestes a ser transferido de mãos, interrompida a conduta, por razões alheias à vontade do agente, interferindo algum evento que impeça a sua efetiva tradição.

1.6. Classificação

Crime comum; comissivo, sendo impossível, por sua descrição típica, a prática por omissão; doloso; pluriofensivo; formal, admitindo-se a tentativa principalmente quando a ação praticada é de receber o documento, sendo praticamente inadmissível na modalidade *exigir*.

2. JURISPRUDÊNCIA

2.1. Julgados

Cheque como garantia de dívida

Para a configuração do delito de extorsão indireta, é necessário que o documento exigido ou recebido pelo credor se preste à instauração de procedimento criminal viável contra o devedor, o que não ocorre com o cheque pré-datado, dado em garantia de dívida, porquanto a sua emissão, em tais condições, não constitui crime. (STJ, REsp n. 1.094/RJ, 6ª T., rel. Min. Costa Leite, j. 12.12.1989, *DJ* 05.02.1990)

Só pelo fato de alguém concordar em receber um cheque sabendo-o desprovido de fundos não se lhe há de imputar prática de extorsão. Para a existência do crime definido no art. 160 do CP é indispensável que, além da exigência ou recebimento de documento que possa dar lugar a processo penal contra a vítima ou terceira pessoa, tenha havido abuso da situação de necessidade do sujeito passivo. (TJSP, *HC* n. 220-3, rel. Fernando Prado, *RT* 538/322)

O art. 160 do CP, cuidando da chamada extorsão indireta, fala em exigir, como garantia de dívida, "documento que pode dar margem a procedimento criminal contra a vítima". Ora, o cheque dado como garantia de dívida, por que desnaturado, não autoriza o procedimento criminal contra o emitente; e se não autoriza procedimento criminal, não se há falar em extorsão indireta (TJSP, *HC* n. 138.993, rel. Cunha Bueno, *RT* 526/310)

Abuso da situação do devedor

O crime do art. 160 do CP não se perfaz com a simples exigência ou reconhecimento, como garantia de dívida, de documento que pode dar causa a procedimento criminal contra a vítima ou contra terceiro. O abuso não se encontra *in re ipsa*. Se assim fosse, não haveria necessidade de incluir no tipo a circunstância subjetiva do abuso da situação do devedor. Ela estaria, por si só, nos verbos "exigir" e "receber". Entretanto, não se pode eliminar o elemento moral, que envolve sempre uma exigência ilícita. (TJSP, *HC* n. 117.841, rel. Dalmo Nogueira, *RT* 449/354)

Vítima necessitada

A exigência de vantagem devida, mesmo sob ameaça, não constitui extorsão. Não existe, igualmente, a extorsão indireta, se a vítima não era uma necessitada à época do fato. (TJPR, Ap. Cível n. 433/72, rel. Costa Lima, *RT* 467/391)

CAPÍTULO III
DA USURPAÇÃO

Alteração de limites

Art. 161. Suprimir ou deslocar tapume, marco, ou qualquer outro sinal indicativo de linha divisória, para apropriar-se, no todo ou em parte, de coisa imóvel alheia:

Pena – detenção, de 1 (um) a 6 (seis) meses, e multa.

§ 1º Na mesma pena incorre quem:

Usurpação de águas

I – desvia ou represa, em proveito próprio ou de outrem, águas alheias;

Esbulho possessório

II – invade, com violência a pessoa ou grave ameaça, ou mediante concurso de mais de duas pessoas, terreno ou edifício alheio, para o fim de esbulho possessório.

§ 2º Se o agente usa de violência, incorre também na pena a esta cominada.

§ 3º Se a propriedade é particular, e não há emprego de violência, somente se procede mediante queixa.

---

1. COMENTÁRIO

1.1. Alteração de limites (art. 161, *caput* – objetividade jurídica)

O tipo penal em questão tutela a propriedade e a posse (desde que lícita) (JESUS, Damásio E.

de. *Código Penal anotado*, 2012, p. 719) dos bens imóveis (CAPEZ, Fernando; PRADO, Stela. *Código Penal comentado*, 2007, p. 336).

1.1.1. Sujeitos

Quanto ao sujeito ativo, há divergência doutrinária em relação a quem pode ser o autor do fato. Conforme ensinamento de Nélson Hungria, apenas o proprietário (confinante) do imóvel fronteiriço pode cometer o crime de alteração de limites; para Magalhães Noronha, o futuro comprador do imóvel fronteiriço também pode praticar o crime em comento.

O sujeito passivo do delito é o proprietário ou possuidor (desde que sua posse seja lícita) do bem imóvel sobre o qual o crime recai.

1.1.2. Análise da(s) conduta(s) descrita(s) no tipo

O verbo "suprimir" significa eliminar, fazer desaparecer. Nesse caso o agente deve destruir o tapume, marco ou qualquer outro sinal indicativo de linha divisória. Por outro lado, o verbo "deslocar" quer dizer mudar de local, mover, de modo que, diante de tal hipótese, o agente apenas remove o tapume, marco ou qualquer outro sinal, levando-o para outro local ou mesmo para outra posição.

1.1.3. Elemento subjetivo

É sempre o dolo. Assim, o agente deve possuir a vontade livre e consciente para suprimir ou deslocar tapume, marco ou qualquer outro sinal indicativo na linha divisória. No entanto, apenas o dolo não é suficiente para que o crime se configure: o autor da ação deve ter por finalidade apropriar-se do imóvel alheio, no todo ou em parte (JESUS, op. cit., 2012, p. 720).

1.1.4. Elemento normativo do tipo

A palavra "alheia"; assim, não há que se falar em crime caso a conduta recaia sobre imóvel próprio do agente.

1.1.5. Consumação e tentativa

O crime consuma-se com a própria supressão ou deslocamento do tapume, marco ou sinal, desde que provado o dolo do agente em apropriar-se do bem, conforme já mencionado. Assim, não é preciso que o agente de fato alcance sua finalidade, bastando iniciar a ação. A tentativa é possível, mas de difícil ocorrência.

1.1.6. Classificação

Crime próprio, material, de dano, comissivo, unissubjetivo e plurissubsistente.

1.1.7. Ação penal

Em regra, o crime é de ação penal privada, desde que a propriedade seja particular e não haja emprego de violência ou grave ameaça. Diante de situação contrária, a ação é pública incondicionada.

1.2. Usurpação de águas (art. 161, § 1º, I – objetividade jurídica)

O tipo penal tutela a utilização e disposição das águas enquanto patrimônio imóvel.

1.2.1. Sujeitos

O sujeito ativo do crime de usurpação de águas pode ser qualquer pessoa; o sujeito passivo é o indivíduo que é lesado em razão do desvio ou represamento.

1.2.2. Análise da(s) conduta(s) descrita(s) no tipo

O núcleo do verbo recai sobre duas condutas, quais sejam, desviar e represar. A primeira significa mudar o curso normal, natural da água, de modo que a segunda significa impedir, interromper, reter o curso das águas (GRECO, Rogério. *Código Penal comentado*, 2008, p. 689).

1.2.3. Elemento subjetivo

O crime só se configura a partir da modalidade dolosa; assim, deve haver a vontade e a consciência do agente em desviar ou represar as águas. Ademais, exige-se que o autor pratique a ação em proveito próprio ou de outrem, de modo que não há crime caso outra seja sua motivação (JESUS, op. cit., 2012, p. 721).

1.2.4. Elemento normativo do tipo

É instituído pela expressão "alheia"; desta forma, as águas desviadas ou represadas devem ser de outrem. Caso sejam de propriedade do agente, o ato é atípico.

1.2.5. Consumação e tentativa

O crime consuma-se quando o agente efetivamente concretiza o desvio ou o represamento das águas. É necessário observar que o fato de o autor conseguir o proveito próprio ou de terceiro é irrelevante para a consumação do crime.

1.2.6. Classificação

Crime comum em relação ao sujeito ativo e próprio no tocante ao sujeito passivo; formal, de dano; comissivo; unissubjetivo e plurissubsistente.

1.3. Esbulho possessório (art. 161, § 1º, II – objetividade jurídica)

O tipo penal visa a tutelar, em um primeiro plano, a posse de bem imóvel. Ademais, protege ainda a integridade física do próprio possuidor do objeto material do delito (JESUS, op. cit, 2012, p. 722).

1.3.1. Sujeitos

Qualquer pessoa pode cometer o delito, salvo o proprietário do bem imóvel, diante de exigência do próprio tipo ("terreno ou edifício alheio"). O sujeito passivo é o próprio possuidor do imóvel, seja locador, proprietário, arrendatário etc.

1.3.2. Análise da(s) conduta(s) descrita(s) no tipo

Invadir significa, no caso em questão, adentrar no terreno alheio sem prévia autorização, valendo-se de violência ou grave ameaça, ou mesmo por meio de concurso material de agentes.

1.3.3. Elemento subjetivo

É fundamentalmente o dolo, ou seja, a vontade livre e consciente de praticar a conduta. Faz-se necessário ainda que o agente pratique a conduta tendo por finalidade cessar o exercício da posse por parte da vítima.

1.3.4. Consumação e tentativa

O crime consuma-se com a efetiva invasão ao terreno ou edifício alheio. A tentativa é admissível.

1.3.5. Classificação

Crime comum em relação ao sujeito ativo e próprio no tocante ao sujeito passivo; formal; de dano; comissivo; unissubjetivo e plurissubsistente.

2. JURISPRUDÊNCIA

2.1. Julgados

Recurso especial. Praia e zona costeira

Administrativo. Recurso especial. Praia e zona costeira. Arraial do Cabo. Art. 10 da Lei n. 7.661/88. Bem da União. Ação reivindicatória e demolitória. Esbulho. Quiosque. Arts. 64 e 71, parágrafo único, do Decreto-lei n. 9.760/46. Usurpação de competência ambiental pelo município. Art. 4° da Lei n. 9.636/98. Dano ao meio ambiente. Paisagem. Indenização pela ocupação prevista no art. 10, parágrafo único, da Lei n. 9.636/98. Cabimento. Precedentes. (STJ, Resp n. 1.730.402/RJ [2018/0055301-9], 2ª T., rel. Min. Herman Benjamin, j. 07.06.2018, *DJe* 12.03.2019)

***Habeas corpus* substitutivo de recurso ordinário. Trancamento da ação penal**

Penal e processual penal. *Habeas corpus* substitutivo de recurso ordinário. Não conhecimento do *writ*. Precedentes do Supremo Tribunal Federal e do Superior Tribunal de Justiça. Trancamento da ação penal. Crimes de esbulho possessório (art. 161, II, do Código Penal) e formação de quadrilha (art. 288 do Código Penal). Ausência de justa causa. Superveniência da prescrição da pretensão punitiva, pela pena em abstrato, quanto ao crime de esbulho possessório. Causa extintiva da punibilidade. Crime de quadrilha. Ausência de indicação, na denúncia, de vínculo associativo estável e permanente entre os denunciados. Deficiência da narração dos fatos, na inicial acusatória. Constrangimento ilegal demonstrado. Precedentes. *Habeas corpus* não conhecido. Concessão da ordem, de ofício. (STJ, *HC* n. 186.197/MA [2010/0177353-0], 6ª T., rel. Min. Assusete Magalhães, j. 28.05.2013, *DJe* 17.06.2013)

Esbulho possessório. Sujeito passivo do delito. Identificação

Crime de esbulho possessório. Art. 161, II, do Código Penal. Imóvel do Programa Minha Casa Minha Vida. Vítima. Possuidor direto. Alienação fiduciária. Caixa Econômica Federal. Possuidora indireta. Reintegração de posse. Legitimação ativa concorrente. Art. 109, IX, da CF. Recursos orçamentários Federais. Interesse da União. Competência da Justiça Federal. Conflito de competência. Processual penal. Esbulho possessório (art. 161, inciso II, do Código Penal). Vítima. Possuidor direto. Imóvel. Financiamento. Alienação fiduciária. Caixa Econômica Federal. Possuidora indireta. Reintegração de posse. Âmbito cível. Legitimação ativa. Interesse jurídico. Existência. Competência federal. Art. 109, inciso IX, da Constituição da República. Programa Minha Casa Minha Vida. Recursos orçamentários federais. Utilização. Interesse da União. Conflito conhecido para declarar competente o juízo federal suscitante. 1. A Vítima do crime de esbulho possessório, tipificado no art. 161, inciso II, do Código Penal é o possuidor direto, pois é quem exercia o direito de uso e fruição do bem. Na hipótese de imóvel alienado fiduciariamente, é o devedor fiduciário que ostenta essa condição, pois o credor fiduciário possui tão somente a posse indireta. 2. A Caixa Econômica Federal, enquanto credora fiduciária e, portanto, possuidora indireta, não é a vítima do referido delito. Contudo, no âmbito cível, possui a empresa pública federal legitimidade concorrente para propor eventual ação de reintegração de posse, diante do esbulho ocorrido. A sua legitimação ativa para a ação possessória demonstra a existência de interesse jurídico na apuração do crime, o que é suficiente para fixar a competência penal federal, nos termos do art. 109, inciso IV, da Constituição da República. 3. Os imóveis que integram o Programa Minha Casa Minha Vida são adquiridos, em parte, com recursos orçamentários federais. Tal fato evidencia o interesse jurídico da União na apuração do crime esbulho possessório em relação a esse bem, ao menos enquanto for ele vinculado ao mencionado Programa, ou seja, quando ainda em vigência o contrato por meio do qual houve a compra do bem e no qual houve o subsídio federal, o que é a situação dos autos. 4. Conflito conhecido para declarar competente o Juízo Federal da 2ª Vara de Campos dos Goytacazes – SJ/RJ, o Suscitante. (STJ, CC n. 179.467/RJ, 3ª S., rel. Min. Laurita Vaz, j. 09.06.2021, *DJe* 01.07.2021)

Supressão ou alteração de marca em animais

Art. 162. Suprimir ou alterar, indevidamente, em gado ou rebanho alheio, marca ou sinal indicativo de propriedade:

Pena – detenção, de 6 (seis) meses a 3 (três) anos, e multa.

---

1. COMENTÁRIO

1.1. Objetividade jurídica

A propriedade e a posse (desde que lícita) dos semoventes.

1.2. Sujeitos

O sujeito ativo pode ser qualquer pessoa; já o sujeito passivo é o proprietário dos animais em questão.

1.3. Análise da(s) conduta(s) descrita(s) no tipo

O agente incorre nas penas do art. 162 do CP quando suprime – elimina – ou quando altera – modifica – a marca ou o sinal indicativo de propriedade.

1.4. Elemento subjetivo

É sempre o dolo. Dessa forma, o agente deve ter a vontade livre e consciente de suprimir ou alterar a marca em questão; ademais, nos dizeres de Noronha, se faz necessária a intenção do autor da ação em apoderar-se dos semoventes, sendo que para Mirabete o elemento subjetivo do tipo exige que o agente tenha a intenção de causar dúvida a respeito da propriedade do animal (CAPEZ, Fernando; PRADO, Stela. *Código Penal comentado*, 2007, p. 163).

1.5. Elemento normativo do tipo

Nesse caso, a expressão a ser valorada é "indevida", o que indica que a supressão ou modificação devem ser ilegítimas. Caso o agente pratique a ação diante de situação lícita, como colocar sua marca ou sinal após a compra de novo rebanho ou gado, não há que se falar em crime (JESUS, Damásio E. *Código Penal anotado*, 2012, p. 162).

1.6. Consumação e tentativa

Diante da redação do art. 162 do CP, resta claro que o crime se consuma a partir do momento em que o agente de fato suprime ou altera a marca ou o sinal indicativos de propriedade, desde que reunidas as demais condições do tipo penal (elemento sujeito, elemento normativo do tipo etc.) (GRECO, Rogério. *Código Penal comentado*, 2008, p. 699).

1.7. Classificação

Crime comum em relação ao sujeito ativo e próprio no tocante ao sujeito passivo; crime de mera conduta; de dano; comissivo; unissubjetivo e plurissubsistente.

1.8. Ação penal

Ação penal pública incondicionada.

CAPÍTULO IV
DO DANO

Dano

Art. 163. Destruir, inutilizar ou deteriorar coisa alheia:

Pena – detenção, de 1 (um) a 6 (seis) meses, ou multa.

Dano qualificado

Parágrafo único. Se o crime é cometido:

I – com violência à pessoa ou grave ameaça;

II – com emprego de substância inflamável ou explosiva, se o fato não constitui crime mais grave;

III – contra o patrimônio da União, de Estado, do Distrito Federal, de Município ou de autarquia, fundação pública, empresa pública, sociedade de economia mista ou empresa concessionária de serviços públicos;

Inciso com redação dada pela Lei n. 13.531, de 07.12.2017.

IV – por motivo egoístico ou com prejuízo considerável para a vítima:

Pena – detenção, de 6 (seis) meses a 3 (três) anos, e multa, além da pena correspondente à violência.

1. COMENTÁRIO

1.1. Objetividade jurídica

No crime de dano tutelam-se a propriedade e a posse (desde que lícita) de bens móveis e imóveis.

1.2. Sujeitos

O sujeito ativo do crime pode ser qualquer pessoa, com exceção do proprietário do bem. O sujeito passivo é, em regra, o proprietário da coisa móvel ou imóvel, podendo o possuidor figurar como vítima, desde que sua posse seja lícita.

1.3. Análise da(s) conduta(s) descrita(s) no tipo

O verbo "destruir" significa aniquilar, eliminar fisicamente a coisa; inutilizar significa impossibilitar o emprego do bem, torná-lo inútil, impróprio para uso, parcial ou totalmente; deteriorar é estragar, arruinar o bem, de modo que seu valor e utilidade sejam reduzidos.

1.4. Elemento subjetivo

É fundamentalmente o dolo, ou seja, a vontade livre e consciente de destruir, inutilizar ou deteriorar o bem em questão. Neste sentido, é necessário ressaltar que o crime de dano é um fim em si mesmo, de modo que não há necessidade que o agente tenha uma finalidade específica ao agir. No entanto, parte da doutrina entende ser necessário o *animus nocendi*, ou seja, a vontade do autor em causar prejuízo à vítima.

Neste sentido, de acordo com entendimento do STJ, o preso que destrói a cela tendo por finalidade fugir não comete o crime de dano, uma vez que o seu objetivo não é destruir o patrimônio estatal, mas apenas fugir (CAPEZ, Fernando; PRADO, Stela. *Código Penal comentado*, 2007, p. 341); desta forma, estaria ausente o elemento subjetivo do tipo, ou seja, a vontade de causar prejuízo. No entanto, para a primeira corrente doutrinária, o preso que realiza tal conduta estaria incurso no crime de dano qualificado, uma vez que não se faz necessário o dolo específico do agente em querer causar prejuízo à vítima (JESUS, Damásio E. de. *Código Penal anotado*, 2012, p. 728).

1.5. Princípio da insignificância/bagatela

Não há que se falar em crime de dano caso o prejuízo da vítima seja de valor ínfimo ou pequeno, conforme entendimento do STJ. Dessa forma, para que o crime se configure, faz-se necessário que haja relevante lesão ou perigo de lesão ao bem jurídico tutelado, pois, caso contrário, a conduta é atípica.

1.6. Consumação e tentativa

O crime consuma-se quando qualquer um dos três resultados descritos no tipo ocorre, total ou parcialmente, de modo que a coisa é de fato danificada. A tentativa é possível, mas de difícil ocorrência.

1.7. Qualificadoras

As formas qualificadas do crime de dano estão contidas nos incisos do parágrafo único do art. 163.

a) Violência ou grave ameaça à pessoa: nesse caso tem-se a violência física propriamente dita ou a violência moral (grave ameaça). É necessário observar que a violência pode ser empregada contra o proprietário ou o possuidor da coisa, bem como contra terceira pessoa (CAPEZ; PRADO, op. cit., 2007, p. 342). Com efeito, a violência deve ter por finalidade assegurar a efetividade do dano à coisa; caso o agente se valha da grave ameaça ou da violência após a consumação do crime de dano, a qualificadora não é incidida (FRANCO, Alberto Silva et al. *Código Penal e sua interpretação jurisprudencial*, 1995, p. 2.099).

b) Com emprego de substância inflamável ou explosiva, se o fato não constitui crime mais grave: substância inflamável ou explosiva é aquela que entra em processo de combustão com maior facilidade – pega fogo –, seja a partir do calor, de faísca etc. A utilização de tais substâncias deve estar essencialmente ligada ao dano à coisa móvel; assim, para a incidência da qualificadora é incabível finalidade diversa em seu emprego. Nesse sentido, a utilização de substância inflamável ou explosiva poderá constituir crime contra a incolumidade pública, contido nos arts. 250 e 251 do CP, caso o fato venha a constituir crime mais grave (JESUS, op. cit., 2012, p. 728).

c) Contra o patrimônio da União, do estado, do Distrito Federal, do município, de autarquia, fundação pública, empresas públicas, sociedade de economia mista ou de empresas concessionárias de serviços públicos: a atual situação, provocada por mudança legislativa, corrigiu erro do passado, em face da omissão de alguns entes ou pessoas jurídicas de direito público. Era comum a alegação de que o dano decorrente ao patrimônio público do Distrito Federal, por exemplo, tratava-se de crime da figura simples do delito de dano. A modalidade em destaque decorria da ausência de identificação expressa da pessoa ofendida no delito e do fato de o direito penal não permitir a analogia em prejuízo do réu, ou, valendo-se do mesmo raciocínio, em face da impossibilidade do afastamento do princípio da taxatividade. Provas disso são alguns julgados, por exemplo, o *HC* n. 154.051/DF, 6ª T. (STJ), rel. Min. Maria Thereza de Assis Moura, j. 04.12.2012, *Informativo* n. 515, em que o dano perpetrado no Distrito Federal foi desclassificado para a figura simples. Com a extensão da redação, o tipo em destaque acabou por albergar todas as pessoas ora indicadas. Mudando o que se deve mudar, nesses casos, o fundamento para a qualificação do crime de dano praticado é a própria natureza da coisa, uma vez que se trata de patrimônio de uso comum e de uso especial; não são englobados os bens particulares que são alugados pelo poder público (CAPEZ; PRADO, op. cit., 2007, p. 342).

d) Por motivo egoístico ou com prejuízo considerável para a vítima: conforme bem ensina Damásio de Jesus, não é o reles sentimento que qualifica o dano (op. cit., 2012, p. 729). Para que o motivo seja egoístico, faz-se imprescindível que o agente aja com o objetivo de obter interesse ulterior, de ordem patrimonial ou moral. Assim sendo, a mera vingança não é suficiente para que a qualificadora incida (FRANCO et al., op. cit., 1995, p. 2.101).

1.8. Classificação

Crime comum em relação ao sujeito ativo e próprio no tocante ao sujeito passivo; de mera conduta; de dano, comissivo (em regra), podendo ser omissivo próprio; unissubjetivo e plurissubsistente.

2. JURISPRUDÊNCIA

2.1. Julgados

Dano contra o patrimônio público

Dano. Conduta voluntária e consciente. Destruição de patrimônio do Estado. Caracterização. Perfeitamente caracterizado o crime de dano se, por meio de ação voluntária e consciente, o agente causa prejuízo ao patrimônio do Estado, bastando o dolo genérico para a tipificação da conduta. (TJSP, AP n. 0006140-93-2007, 14ª Câm. de Dir. Crim., rel. Wilson Barreira, j. 16.06.2011)

Habeas corpus. Crime de dano qualificado praticado contra o patrimônio público estadual. 1. Preso que serra as grades da cela para empreender fuga. Ausência de dolo específico (*animus nocendi*). 2. Ordem concedida. 1. Consoante entendimento firmado por esta Corte, o delito de dano ao patrimônio público, quando praticado por preso para facilitar a fuga da prisão, exige o dolo específico (*animus nocendi*) de causar prejuízo ou dano ao bem público. Precedentes. 2. Ordem concedida para declarar atípica a conduta do paciente. (STJ, *HC* n. 226.021, 5ª T., rel. Min. Marco Aurélio Bellizze, j. 21.06.2012)

Habeas corpus. Crime contra o patrimônio. Dano qualificado. Alegação de constrangimento ilegal. Pleito pelo trancamento da ação. Atipicidade do fato. Princípio da insignificância. Impossibilidade. Conduta de efetiva ofensividade para o direito penal. Precedentes. 1. A jurisprudência do STF orienta-se no sentido de que o princípio da insignificância tem como vetores a mínima ofensividade da conduta, nenhuma periculosidade social da ação, reduzido grau de reprovabilidade do comportamento e inexpressividade da lesão jurídica provocada. 2. Este Sodalício, na mesma vertente da orientação da Excelsa Corte, reconhece a aplicação do princípio da insignificância como causa de atipicidade da conduta desde que presentes, na hipótese, os requisitos supramencionados. 3. No caso em concreto, não há como reconhecer a mínima ofensividade da conduta, tampouco o reduzido grau de reprovabilidade do comportamento, aptos a ensejarem a aplicação do referido princípio, pois a inutilização de bem pertencente à empresa concessionária de serviços públicos afeta toda a coletividade. 4. Ordem denegada. (STJ, *HC* n. 188.512, 5ª T., rel. Min. Adilson Vieira Macabu, j. 14.08.2012)

Dano. Princípio da insignificância. Bem de concessionário público. Inaplicabilidade

Princípio da insignificância e bem de concessionária de serviço público. É inaplicável o princípio da insignificância quando a lesão produzida pelo paciente atingir bem de grande relevância para a população. Com base nesse entendimento, a 2ª Turma denegou *habeas corpus* em que requerida a incidência do mencionado princípio em favor de acusado pela suposta prática do crime de dano qualificado (CP, art. 163, parágrafo único, III). Na espécie, o paciente danificara protetor de fibra de aparelho telefônico público pertencente à concessionária de serviço público, cujo prejuízo fora avaliado em R$ 137,00. Salientou-se a necessidade de analisar o caso perante o contexto jurídico, examinados os elementos caracterizadores da insignificância, na medida em que o valor da coisa danificada seria somente um dos pressupostos para escorreita aplicação do postulado. Asseverou-se que, em face da coisa pública atingida, não haveria como reconhecer a mínima ofensividade da conduta, tampouco o reduzido grau de reprovabilidade do comportamento. Destacou-se que as consequências do ato perpetrado transcenderiam a esfera patrimonial, em face da privação da coletividade, impossibilitada de se valer de um telefone público. (STF, *HC* n. 115.383/RS, 2ª T., rel. Min. Gilmar Mendes, j. 25.06.2013, *Informativo* n. 712)

Dano qualificado. Não configuração

Direito penal. Desclassificação do crime de dano cometido contra o patrimônio do DF. A conduta de destruir, inutilizar ou deteriorar o patrimônio do Distrito Federal não configura, por si só, o crime de dano qualificado, subsumindo-se, em tese, à modalidade simples do delito. Com efeito, é inadmissível a realização de analogia *in malam partem* a fim de ampliar o rol contido no art. 163, III, do CP, cujo teor impõe punição mais severa para o dano "cometido contra o patrimônio da União, Estados, Municípios, empresa concessionária de serviços públicos ou sociedade de economia mista". Assim, na falta de previsão do Distrito Federal no referido preceito legal, impõe-se a desclassificação da conduta analisada para o crime de dano simples, nada obstante a *mens legis* do tipo, relativa à necessidade de proteção ao patrimônio público, e a discrepância em considerar o prejuízo aos bens distritais menos gravoso do que o causado aos demais entes elencados no dispositivo criminal. (STJ, *HC* n. 154.051/DF, 6ª T., rel. Min. Maria Thereza de Assis Moura, j. 04.12.2012, *Informativo* n. 515) [Em razão da atual redação do art. 163, parágrafo único, III, do CP, conferida pela Lei n. 13.531/2017, este acórdão se encontra superado.]

Direito penal. Crime de dano praticado contra a CEF

O crime de dano (art. 163 do CP) não será qualificado (art. 163, parágrafo único, III) pelo fato de ser praticado contra o patrimônio da Caixa Econômica Federal (CEF). O crime de dano qualificado previsto no art. 163, parágrafo único, III, do CP possui a seguinte redação: "Destruir, inutilizar ou deteriorar coisa alheia: [...]. Parágrafo único – Se o crime é cometido: [...] III – contra o patrimônio da União, Estado, Município, empresa concessionária de serviços públicos ou sociedade de economia mista [...]". Diante da literalidade do referido dispositivo penal, questiona-se se o dano ao patrimônio de entes públicos nele não mencionados, como as empresas públicas, permitiria ou não a incidência da qualificadora em questão. Como se sabe, o Direito Penal é regido pelo princípio da legalidade, não havendo crime sem lei anterior que o defina, nem pena sem prévia cominação legal, nos termos do art. 5º, XXXIX, da CF e do art. 2º do CP. Em observância ao mencionado postulado, não se admite analogia em matéria penal quando utilizada de modo a prejudicar o réu. Desse modo, ainda que o legislador tenha pretendido proteger o patrimônio público de forma geral por via da previsão da forma qualificada do dano e, além disso, mesmo que a destruição ou a inutilização de bens de empresas públicas seja tão prejudicial quanto as cometidas em face das demais pessoas jurídicas mencionadas na norma penal em exame, o certo é que, não é possível incluir a CEF (empresa pública) no rol constante do dispositivo em apreço. Precedente citado: Ag. Reg. no REsp n. 1.469.224/DF, 6ª T., *DJe* 20.02.2015. (STJ, RHC n. 57.544-/SP, rel. Min. Leopoldo de Arruda Raposo (Des. convocado do TJPE), j. 06.08.2015, *DJe* 18.08.2015)

Introdução ou abandono de animais em propriedade alheia

Art. 164. Introduzir ou deixar animais em propriedade alheia, sem consentimento de quem de direito, desde que o fato resulte prejuízo:

Pena – detenção, de 15 (quinze) dias a 6 (seis) meses, ou multa.

1. COMENTÁRIO

1.1. Objetividade jurídica

A inviolabilidade da propriedade e da posse (desde que lícita) do bem imóvel (CAPEZ, Fernando; PRADO, Stela. *Código Penal comentado*, 2007, p. 343).

1.2. Sujeitos

Qualquer pessoa pode praticar o delito, com exceção do proprietário do imóvel. O sujeito passivo do crime é o proprietário ou o possuidor legítimo do imóvel.

1.3. Análise da(s) conduta(s) descrita(s) no tipo

O verbo "introduzir" quer dizer adentrar. Nesse caso, o delito é comissivo, pois o agente pratica a ação de introduzir os animais, colocando-os na propriedade. A segunda conduta, qual seja, abandonar, significa deixar; nessa hipótese o delito caracteriza-se omissivo, uma vez que após a entrada dos animais o agente se abstém de retirá-los da propriedade alheia (JESUS, Damásio E. de. *Código Penal anotado*, 2012, p. 730).

1.4. Elemento subjetivo

É o dolo, não sendo possível a modalidade culposa. O agente não pode ter como finalidade causar dano à vítima, pois, caso isso aconteça, responderá pelo crime previsto no art. 163 do CP (dano).

1.5. Elementos normativos

No delito em questão, a expressão "sem consentimento de quem de direito" constitui o elemento normativo do tipo. Dessa forma, uma vez existente o consentimento, não há que se falar em fato típico.

1.6. Consumação e tentativa

O crime consuma-se com a prática dos verbos descritos; no entanto, faz-se necessário também que haja de fato prejuízo ao bem imóvel; sem o dano à propriedade alheia o crime não se consuma. A tentativa é admissível, como na hipótese de os animais serem introduzidos ou deixados na propriedade e não lhe causarem dano; isso se dá porque o prejuízo ao patrimônio é essencial para que o delito se consume (JESUS, op. cit., 2012, p. 731).

1.7. Classificação

Crime comum em relação ao sujeito ativo e próprio no tocante ao sujeito passivo; material; de dano; comissivo na modalidade "introduzir" e omissivo na modalidade "deixar"; unissubjetivo e plurissubsistente.

Dano em coisa de valor artístico, arqueológico ou histórico

Art. 165. Destruir, inutilizar ou deteriorar coisa tombada pela autoridade competente em virtude de valor artístico, arqueológico ou histórico:

Pena – detenção, de 6 (seis) meses a 2 (dois) anos, e multa.

---

1. COMENTÁRIO

1.1. Objetividade jurídica

A inviolabilidade do patrimônio artístico, arqueológico e histórico.

1.2. Sujeitos

Qualquer pessoa pode praticar o delito, inclusive o proprietário e pessoas jurídicas. O sujeito passivo do crime em questão é o próprio Estado, que é o titular do tombamento. Caso se trate de imóvel particular, a vítima é o proprietário deste.

1.3. Análise da(s) conduta(s) descrita(s) no tipo

Os verbos contidos no tipo penal em questão são os mesmos do crime de dano contido no art. 163 do CP. Conforme já mencionado, destruir significa aniquilar, eliminar fisicamente a coisa; inutilizar significa impossibilitar o emprego do bem, torná-lo inútil, impróprio para uso, parcial ou totalmente; deteriorar é estragar, arruinar o bem, de modo que seu valor e utilidade sejam reduzidos.

No entanto, o objeto da ação deve ser bem sobre o qual recaia proteção especial por parte do Estado, seja legal, por meio de ato administrativo ou judicial (GRECO, Rogério. *Código Penal comentado*, 2008, p. 717).

1.4. Elemento subjetivo

O delito só pode ser praticado dolosamente, não havendo a modalidade culposa. Nesse sentido, é necessário que o indivíduo tenha prévio conhecimento de que a coisa é tombada.

1.5. Consumação e tentativa

O crime consuma-se quando qualquer um dos três resultados descritos no tipo ocorre, total ou parcialmente, de modo que o bem protegido pelo Estado é de fato danificado. A tentativa é possível, mas de difícil ocorrência.

1.6. Classificação

Crime comum em relação ao sujeito ativo e próprio no tocante ao sujeito passivo; material; de dano; comissivo; unissubjetivo e plurissubsistente.

Alteração de local especialmente protegido

Art. 166. Alterar, sem licença da autoridade competente, o aspecto de local especialmente protegido por lei:

Pena – detenção, de 1 (um) mês a 1 (um) ano, ou multa.

---

1. COMENTÁRIO

1.1. Objetividade jurídica

O tipo penal em questão protege a inviolabilidade do patrimônio protegido especialmente.

1.2. Sujeitos

Qualquer pessoa pode praticar o delito, inclusive o proprietário e pessoas jurídicas. O sujeito passivo do crime em questão é o próprio Estado, que é o titular do interesse referente à proteção do logradouro especialmente protegido. Caso se tratar de imóvel particular, a vítima é o proprietário deste.

1.3. Análise da(s) conduta(s) descrita(s) no tipo

O verbo "alterar" significa mudar, modificar, transformar.

1.4. Elemento subjetivo

É essencialmente o dolo; a conduta realizada na modalidade culposa é atípica. Ademais, é primordial que o agente tenha plena consciência de que o local sob o qual recai a conduta é especialmente protegido.

1.5. Elemento normativo

É a expressão "sem licença da autoridade competente". Dessa forma, é fundamental que o sujeito tenha consciência de que comete a ação sem permissão da autoridade competente. Caso haja permissão, o fato é atípico.

1.6. Consumação e tentativa

O crime se consuma quando o agente efetivamente altera o aspecto do logradouro especialmente protegido. A tentativa é possível, apesar de difícil ocorrência (JESUS, Damásio E. de. *Código Penal anotado*, 2012, p. 734).

1.7. Classificação

Crime comum em relação ao sujeito ativo e próprio no tocante ao sujeito passivo; material; de dano; comissivo; unissubjetivo e plurissubsistente.

2. OBSERVAÇÕES

O referido artigo foi revogado tacitamente pelo art. 63 da Lei n. 9.605/98 (Lei de Proteção ao Meio Ambiente), cuja redação é: "alterar o aspecto ou estrutura de edificação ou local especialmente protegido por lei, ato administrativo ou decisão judicial, em razão de seu valor paisagístico, ecológico, turístico, artístico, histórico, cultural, religioso, arqueológico, etnográfico ou monumental, sem autorização da autoridade competente ou em desacordo com a concedida" (GRECO, Rogério. *Código Penal comentado*, 2008, p. 720).

Ação penal

Art. 167. Nos casos do art. 163, do n. IV do seu parágrafo e do art. 164, somente se procede mediante queixa.

---

1. COMENTÁRIO

Caso o delito de dano (art. 163, CP) seja cometido por motivo egoístico ou motivo considerável para a vítima (dano qualificado: art. 163, IV, CP), a ação penal só se procederá mediante queixa-crime, ou seja, trata-se de delito de ação penal privada. A mesma regra se aplica ao crime do art. 164, qual seja, introdução ou abandono de animais em propriedade alheia.

Dessa forma, a ação penal pública incondicionada é a cabível para que se proceda no crime de dano simples (art. 163, *caput*) e nas demais hipóteses de dano qualificado (art. 163, parágrafo único, CP), quais sejam, as contidas nos incisos I (com violência à pessoa ou grave ameaça), II (com emprego de substância inflamável ou explosiva, se o fato não constitui crime mais grave) e III (contra o patrimônio da União, estado, município, empresa concessionária de serviços públicos ou sociedade de economia mista).

Ademais, a ação penal pública incondicionada também é o meio hábil para se processar os crimes dos arts. 165 (dano em coisa de valor artístico, arqueológico ou histórico) e 166 (alteração de local especialmente protegido), ambos do CP, pois não há menção expressa de que tais crimes só procedem mediante queixa-crime.

2. JURISPRUDÊNCIA

2.1. Julgados

Crime de dano. Ação penal privada

Incêndio. Crime de perigo comum não caracterizado. Desclassificação para o crime de dano. Reconhecido o motivo egoístico, com prejuízo considerável da vítima. Ação penal que se processa somente mediante queixa. Inexistência. Decadência reconhecida. Extinção da punibilidade. Recurso provido. (TJSP, AP n. 990081839512/SP, 16ª Câm. de Dir. Crim., rel. Newton Neves, j. 11.05.2010, publ. 20.05.2010)

Recurso ordinário em *habeas corpus*. Dano qualificado (art. 163, parágrafo único, I, do Código Penal). Denúncia. Crime de autoria coletiva. Falta de individualização da conduta dos recorrentes. Inocorrência. Peça inaugural que atende aos requisitos legais exigidos e descreve crime em tese. Ampla defesa garantida. Inépcia não evidenciada. (STJ, RHC n. 30.930/RJ [2011/0186836-8], 5ª T., rel. Min. Jorge Mussi, j. 13.08.2013, *DJe* 23.08.2013)

CAPÍTULO V
DA APROPRIAÇÃO INDÉBITA

Apropriação indébita

Art. 168. Apropriar-se de coisa alheia móvel, de que tem a posse ou a detenção:

Pena – reclusão, de 1 (um) a 4 (quatro) anos, e multa.

Aumento de pena

§ 1º A pena é aumentada de um terço, quando o agente recebeu a coisa:

Da publicação oficial consta § 1º, quando deveria ser parágrafo único.

I – em depósito necessário;

II – na qualidade de tutor, curador, síndico, liquidatário, inventariante, testamenteiro ou depositário judicial;

III – em razão de ofício, emprego ou profissão.

1. COMENTÁRIO

A apropriação indébita, tipificada pelo art. 168 do CP, consiste na conduta do agente que se apropria "indevidamente" de bem móvel alheio, no qual tem a posse ou a detenção. Pune-se aquele que, mesmo tendo a posse direta e legítima da coisa pertencente a terceiro, extrapola seus direitos de mero detentor.

1.1. Objetividade jurídica

O presente dispositivo, seguindo o critério adotado pelo nosso CP de classificar as normas incriminadoras em razão do bem tutelado, elencou o crime de apropriação indébita entre os crimes contra o patrimônio. Assim, o bem tutelado é o patrimônio do proprietário ou do possuidor legítimo da coisa.

1.2. Sujeitos

O crime quanto ao sujeito é classificado como próprio. Exige do agente a circunstância de ter "legitimamente" a posse ou a detenção do bem. Caso a coisa alheia móvel tenha sido obtida pelo agente ilicitamente, este responderá por outro crime.

O funcionário público que, em razão do cargo, se apropria indevidamente de um bem pratica peculato, contido no art. 312 do CP.

O peculato, em síntese, é uma espécie de apropriação indébita praticada pelo funcionário público. Se referida apropriação não se der em razão de seu cargo funcional, especificidade exigida no peculato, mesmo sendo o agente funcionário público, o crime praticado será o de apropriação indébita.

Quanto ao sujeito passivo, na maioria das vezes, será o proprietário da coisa. Este sujeito poderá estar representado por uma pessoa física ou jurídica.

Em outras situações, o sujeito passivo poderá ser também o possuidor legítimo da coisa, que a empresta a um terceiro que dela se apropria.

1.3. Análise da(s) conduta(s) descrita(s) no tipo

Neste crime o agente se apropria da coisa como se proprietário fosse, em regra, dela dispondo ou recusando-se a devolvê-la ao real proprietário ou detentor.

A coisa é entregue ao agente pelo seu proprietário ou por um terceiro de forma legítima. A conduta só aparece quando o agente exterioriza o *animus domini*, agindo não mais como mero possuidor ou detentor da coisa, mas como seu dono.

Pode a conduta ser praticada tanto na figura comissiva como omissiva. Nesta, exemplificando, o agente se recusa a devolver o bem a seu legítimo proprietário e, na comissiva, ele age vendendo o bem, sem autorização de quem de direito.

O núcleo do tipo divide a manutenção da coisa pelo agente em posse ou detenção. Na posse, além de deter a coisa, o agente a tem em seu nome ou em nome de terceiro. Na detenção ele só tem o *corpus*.

A apropriação se refere à coisa alheia móvel. O direito penal, mais realista e amplo, contrariando o direito civil (CC, art. 79), abrange como coisas móveis coisas também imóveis, desde que removíveis. Assim, árvores, frutos ou até uma casa, se transportados, poderão ser objeto de apropriação indébita.

Na apropriação, a coisa é espontaneamente entregue pela vítima ao agente. Se ele, em vez de recebê-la, a subtrai, estará praticando furto. Se recebê-la já com o *animus domini*, estará praticando crime de estelionato.

Temos ainda uma espécie de detenção vigiada, em que o proprietário entrega ao agente a coisa que continua em sua esfera de vigilância. É o caso de uma pessoa que entrega suas malas a um carregador no aeroporto para que este as transporte até o local do *check-in*. Neste caso, se o carregador sumir com as malas, estará praticando furto e não apropriação indébita.

1.4. Elemento subjetivo

O elemento subjetivo está contido na livre e consciente vontade de apropriar-se do bem alheio móvel, que tem a posse ou detenção.

Sobre o dolo específico, a doutrina se divide. Para Paulo José da Costa Júnior e este subscritor (COSTA JR., Paulo José; COSTA, Fernando José da. *Código Penal comentado*, 2011, p. 648), o dolo específico exigível consiste na intenção de ter, gozar e dispor da coisa alheia, como se proprietário fosse, ao lado do *animus lucrandi*, consistente no dolo de proveito. Para outros doutrinadores como Nucci (*Código Penal comentado*, 2009, p. 768) o elemento subjetivo do tipo específico não é exigido na norma.

Quando o agente, imaginando, por elementos consistentes, ser o real detentor da coisa, resolve não restituí-la, não estará praticando o crime de apropriação indébita, já que não preenche o elemento subjetivo do injusto, representado pelo ânimo lucrativo. Verifica-se quando muito um ilícito civil.[53]

1.5. Consumação e tentativa

O crime consuma-se com a exteriorização pelo agente da sua vontade de agir como se proprietário da coisa fosse, não a devolvendo quando solicitado ou dando-a um destino diverso daquele permitido por seu proprietário, como sua venda ou empréstimo a terceiro.

Alguns estudiosos admitem a tentativa configurando-a, por exemplo, no instante em que o agente está tentando vender a coisa (JESUS, Damásio de. *Direito penal*: Parte Especial, 2012, p. 457). Outros, como Magalhães Noronha (*Direito penal*, p. 337), entendem-na inadmissível.

Em uma posição intermediária já admitimos a tentativa, mas de configuração assaz difícil (COSTA JR.; COSTA, op. cit., 2011, p. 648). Hoje, mudamos de opinião: o crime em tela se consuma com a "apropriação", que se configura quando o agente comporta-se como se proprietário da coisa fosse. Desta forma, não só na figura omissiva, mas também na comissiva, entendemos pela impossibilidade de crime tentado. Uma tentativa de vender a coisa, a nosso ver, caracteriza a própria configuração do crime, já que nesta conduta o agente exteriorizou seu *animus domini*, independente da efetiva venda da coisa.

1.6. Causas especiais de aumento de pena

O § 1º do analisado artigo traz três casos de aumento especial da pena em um terço. É necessário que a apropriação decorra de uma dessas condições especiais, caso contrário, mesmo que revestido desse *munus*, não terá aumento de pena. São eles:

a) Receber a coisa em depósito necessário. Trata-se do recebimento da coisa não por uma deliberada vontade do agente, mas por uma determinação legal (depósito legal) ou circunstancial (depósito miserável). Ambas estão elencadas no art. 647 do nosso CC.

b) Receber a coisa na qualidade de tutor, curador, síndico, liquidatário, inventariante, testamenteiro ou depositário judicial. Neste caso o depósito é realizado em razão do *munus* derivado de uma determinada função enumerada taxativamente pela lei. Ensina Magalhães Noronha (op. cit., p. 340 e segs.) que o tutor é a pessoa encarregada de reger o menor não sujeito ao poder familiar. O curador administra bens de pessoas maiores, que não podem fazê-lo. O síndico é o administrador da massa falida. O inventariante administra o espólio até a partilha. O testamenteiro é a pessoa que deve realizar ou promover o cumprimento de disposições de última vontade. O depositário judicial se incumbe da guarda de bens móveis, objetos de ações ou processos judiciais.

c) Receber a coisa em razão de ofício, emprego ou profissão. Conforme ensinamos na obra *Código Penal comentado* (COSTA JR.; COSTA, op. cit., 2011, p. 584 e 650), ofício é uma atividade remunerada, mecânica ou manual; emprego é a prestação de serviço com relação de subordinação; profissão é a atividade remunerada, exercida com habitualidade.

1.7. Classificação

Quanto ao sujeito, o crime é próprio (deverá ter a posse ou detenção da coisa); quanto ao resultado, é crime material (exige mudança no mundo fenomênico, representada pela perda patrimonial); quanto à conduta, pode ser comissivo ou omissivo; crime de dano (exige o dano patrimonial); unissubjetivo (pode ser praticado por uma ou mais pessoas); não admite tentativa e, quanto à culpabilidade, exige o dolo específico e não prevê modalidade culposa.

2. JURISPRUDÊNCIA

2.1. Julgados

Apropriação indébita. Causa especial de aumento. Inocorrência

Ação penal. Denúncia. Imputação do crime de apropriação indébita. Art. 168, § 1º, I, do CP. Não devolução de veículo objeto de contrato de compra e venda, depois da desconstituição amigável deste. Fato absolutamente atípico. Caso de mero inadimplemento de obrigação de restituir, oriunda do desfazimento do negócio jurídico. Simples ilícito civil. Inexistência de obrigação

53 No final do presente comentário há julgado nesse sentido.

original de devolver coisa alheia móvel e, sobretudo, de depósito necessário, inconcebível na hipótese. Caso de posse contratual. Inépcia caracterizada. Absolvição do réu. Votos vencidos. Não pratica apropriação indébita, segundo o tipo do art. 168, § 1º, I, do CP, o ex-comprador que, depois de amigavelmente desfeito contrato de compra e venda de veículo, deixa de o restituir *incontinenti* ao ex-vendedor. (STF, AP n. 480/PR, Pleno, rel. Min. Ayres Britto, j. 11.03.2010)

Apropriação indébita. Causa especial de aumento. Ocorrência

Apelação criminal. Apropriação indébita qualificada (CP, art. 168, § 1º, III, do Código Penal). Alegação de cerceamento de defesa em face do indeferimento de diligências. Inocorrência. Decisão motivada absolvição por fragilidade probatória – inocorrência – materialidade e autoria delitivas comprovadas – presença dos elementos que configuram o crime em questão: anterior posse legítima do bem móvel alheio, confiada pelo ofendido; inversão da posse pelo agente, agindo como se ele fosse o dono da coisa. Pena e regime aplicados de forma correta e fundamentada. Recurso desprovido. (TJSP, Ap. n. 0000032-13.2015.8.26.0185; 4ª Câm. de Direito Criminal, rel. Ivana David, j. 23.10.2018, reg. 31.10.2018)

Apropriação indébita. Valor superior a 10% do salário mínimo. Não aplicação do princípio da insignificância.

Agravo regimental no agravo em recurso especial. Penal e processual penal. Princípio da insignificância. Inaplicabilidade. Montante superior a 10% do salário mínimo. Bem devolvido. Motivo insuficiente para aplicação da benesse. Agravo desprovido. 1. A jurisprudência desta Corte Superior de Justiça firmou-se no sentido de ser incabível a aplicação do princípio da insignificância quando o montante do valor da *res furtiva* superar o percentual de 10% do salário mínimo vigente à época dos fatos. Precedentes. 2. O fato de o bem ter sido devolvido à vítima não constitui, por si só, motivo suficiente para a aplicação do princípio da insignificância. Precedente. 3. Agravo regimental desprovido. (STJ, Ag. Reg. no AREsp n. 1.322.476/MG, 5ª T., rel. Min. Joel Ilan Paciornik, j. 25.09.2018, *DJe* 10.10.2018)

Apropriação indébita previdenciária

Art. 168-A. Deixar de repassar à previdência social as contribuições recolhidas dos contribuintes, no prazo e forma legal ou convencional:

Pena – reclusão, de 2 (dois) a 5 (cinco) anos, e multa.

Artigo acrescentado pela Lei n. 9.983, de 14.07.2000.

§ 1º Nas mesmas penas incorre quem deixar de:

I – recolher, no prazo legal, contribuição ou outra importância destinada à previdência social que tenha sido descontada de pagamento efetuado a segurados, a terceiros ou arrecadada do público;

II – recolher contribuições devidas à previdência social que tenham integrado despesas contábeis ou custos relativos à venda de produtos ou à prestação de serviços;

III – pagar benefício devido a segurado, quando as respectivas cotas ou valores já tiverem sido reembolsados à empresa pela previdência social.

§ 2º É extinta a punibilidade se o agente, espontaneamente, declara, confessa e efetua o pagamento das contribuições, importâncias ou valores e presta as informações devidas à previdência social, na forma definida em lei ou regulamento, antes do início da ação fiscal.

§ 3º É facultado ao juiz deixar de aplicar a pena ou aplicar somente a de multa se o agente for primário e de bons antecedentes, desde que:

I – tenha promovido, após o início da ação fiscal e antes de oferecida a denúncia, o pagamento da contribuição social previdenciária, inclusive acessórios; ou

II – o valor das contribuições devidas, inclusive acessórios, seja igual ou inferior àquele estabelecido pela previdência social, administrativamente, como sendo o mínimo para o ajuizamento de suas execuções fiscais.

§ 4º A faculdade prevista no § 3º deste artigo não se aplica aos casos de parcelamento de contribuições cujo valor, inclusive dos acessórios, seja superior àquele estabelecido, administrativamente, como sendo o mínimo para o ajuizamento de suas execuções fiscais.

Parágrafo acrescentado pela Lei n. 13.606, de 09.01.2018.

---

1. COMENTÁRIO

1.1. Notas introdutórias

Em julho de 2000, por intermédio de lei especial, o legislador incluiu este dispositivo no CP. Essas inclusões legislativas estão cada dia mais frequentes. O Direito precisa se adequar às mudanças e esperar a criação de um novo CP, já que o nosso é de 1940, certamente deixará o ordenamento muito ultrapassado e distante de nossos atuais costumes.

É claro que as alterações são necessárias, não estamos aqui criticando-as, mas a forma empregada muitas vezes é equivocada.

Tais alterações são feitas aos poucos e em períodos distintos, o que resulta em uma falta de uniformidade e proporcionalidade. Não são poucos os casos em que não sabemos ao certo qual a lei a ser aplicada – mesmo respeitando os princípios do conflito aparente de normas – ou nos deparamos com um crime de menor relevância com uma pena maior do que aquele merecedor desta pena elevada.

No dispositivo em comento foi incluído em uma letra "A" do crime de apropriação indébita a denominada apropriação indébita previdenciária.

Aqui já nos deparamos com o primeiro equívoco. O crime de apropriação indébita, conforme dito em seus comentários, é um crime que exige a entrega espontânea da coisa pela vítima ou um terceiro ao agente do crime.

Já na apropriação indébita previdenciária, diferentemente da forma simples de apropriação indébita, o agente deixa de repassar à Previdência Social as contribuições devidas.

Logo, não há uma entrega pela previdência ou por um empregado de um valor ao agente para que um dia ele aja com o *animus domini*. Aqui o agente simplesmente não paga as contribuições devidas. O *quantum* relativo à contribuição social permanece sempre em poder do agente, desde o início.

É possível afirmar que o presente dispositivo assemelha-se muito mais a um crime tributário do que ao crime de apropriação indébita.

Além desse crime, a Lei n. 9.983/2000, que revogou dispositivos da Lei n. 8.212/91, criou outros tipos penais, incluídos igualmente no CP, como os arts. 313-A, 313-B e 337-A, distribuídos em outros Títulos do Código. Melhor seria se, harmonicamente, houvesse criado um capítulo específico para tratar dos crimes contra a Previdência Social.

Os crimes previdenciários, quando tratados pela Lei n. 8.212/91, apresentavam a nomenclatura "seguridade social". Já a Lei n. 9.983/2000, que introduziu este dispositivo ao CP, utiliza-se da expressão "previdência social", espécie do gênero "seguridade social", que ainda abrange, conforme o art. 194 da CF, a saúde e a assistência social (PICELI, Eros. *Direito previdenciário e infortunística*, p. 32, apud NUCCI, Guilherme de Souza. *Código Penal comentado*, 2009, p. 770), estes sem a exigência de contribuição social.

Agiu acertadamente o legislador ao alterar a nomenclatura, já que dentro da seguridade social o não recolhimento das contribuições só poderá ocorrer na previdência social.

O crime sob estudo, apesar de ser praticado por pessoa jurídica, tem uma relação muito próxima à pessoa física, muitas vezes praticado reiteradamente por representantes legais de empresas distintas, mas de um mesmo grupo. Nesse caso, há julgados como o trazido neste trabalho que admitem a continuidade delitiva, estipulada pelo art. 71 do CP.

Da mesma forma, como já sumulado quanto aos crimes tributários, enquanto discutido na esfera administrativa eventual contribuição devida à previdência social, conforme julgado à frente, não há justa causa para iniciar uma ação penal.

1.2. Objetividade jurídica

Aqui especificamente se tutela a previdência social. Em um plano mais amplo, não está incorreto sustentar que também se tutela a seguridade social, gênero da espécie previdência social.

1.3. Sujeitos

O crime é próprio. Só pode ser praticado por quem tem o dever de contribuir com a Previdência Social, o chamado substituto tributário.

O sujeito passivo é a Previdência Social. Em um segundo plano poderá ser o contribuinte prejudicado com o não recolhimento da contribuição devida.

1.4. Análise da(s) conduta(s) descrita(s) no tipo

O núcleo do tipo tratado no *caput* do presente dispositivo traz uma conduta omissiva daquele que recebe do contribuinte a contribuição previdenciária e deixa de repassá-la à previdência no prazo e na forma correta. O crime consuma-se quando acaba o prazo para tal pagamento.

Há determinadas instituições que são credenciadas para receber referidas contribuições, como ocorre às redes bancárias, que têm o direito de receber os benefícios da Seguridade Social, conforme prevê o art. 60 da Lei n. 8.212/91. Tal infração anteriormente administrativa foi promovida a crime.

1.5. Figuras equiparadas

1.5.1. Deixar de recolher, no prazo legal, contribuição ou outra importância destinada à previdência social que tenha sido descontada de pagamento efetuado a segurados, a terceiros ou arrecadada do público

O legislador reproduziu, no inciso I do § 1º do art. 168-A, a alínea *d* do art. 95 da antiga Lei n. 8.212/91.

Aqui o infrator desconta do segurado, de terceiro ou do público importância destinada à previdência social e não repassa o valor descontado a quem de direito.

Percebe-se que o valor não recolhido à previdência nunca saiu do poder do agente, motivo pelo qual a doutrina critica o presente dispositivo ser classificado como uma espécie de apropriação indébita.

1.5.2. Deixar de recolher contribuições devidas à previdência social, que tenham integrado despesas contábeis ou custos relativos à venda de produtos ou à prestação de serviços

Este dispositivo reproduz a alínea *e* da Lei n. 8.212/91, com pequenas alterações. Foi incriminada a conduta de não recolher à previdência contribuições que integraram despesas contábeis ou custos relativos à venda de produtos ou à prestação de serviços.

Para Francisco Dias Teixeira melhor seria se o termo utilizado fosse "desconto" ao invés de "não recolhimento". O novo tipo, em vez de referir-se ao desconto e não ao recolhimento da contribuição, incrimina "o acréscimo no preço (quando da venda de algum produto ou serviço) de valor a título de contribuição previdenciária e o não recolhimento desse valor à Previdência Social. Ora, o fato de um indivíduo efetuar um pagamento a menos não significa que ele passou a ter a posse do valor correspondente a essa diferença" (TEIXEIRA, Francisco Dias. *Crime contra a previdência social*, p. 4, apud COSTA JR., Paulo José; COSTA, Fernando José da. *Código Penal comentado*, 2011, p. 653).

1.5.3. Deixar de pagar benefício devido a segurado, quando as respectivas cotas ou valores já tiverem sido reembolsados à empresa pela previdência social

O terceiro e último inciso do § 1º traz semelhança ao texto da alínea *f* da Lei n. 8.212/91.

Trata da conduta de quem não paga o benefício devido ao segurado, desde que já tenha sido, em razão deste, reembolsado pela previdência. É o caso do salário-família que, ao invés de ser pago diretamente pela previdência, é pago pelo empregador, que é ressarcido pela previdência. Este ressarcimento é feito por meio de dedução em contribuição futura.

1.6. Elemento subjetivo

Na apropriação indébita, o dolo está contido no *animus domini*. Já no dispositivo em estudo, o dolo está contido na livre e consciente vontade de não recolher a contribuição devida à previdência social.

Como sustentado na apropriação indébita, sustentamos a necessidade do dolo específico, contido no interesse econômico.[54]

1.7. Consumação e tentativa

O crime se consuma com o fim do prazo convencional ou legal da contribuição ou benefício devido à previdência, sem o devido recolhimento. De conduta omissiva, não admite tentativa.

1.8. Da competência

O crime, por tutelar a Previdência Social, é de competência da Justiça federal.

1.9. Da extinção de punibilidade

Previu o § 2º do dispositivo em análise a extinção de punibilidade quando o agente, espontaneamente, efetua o pagamento das contribuições, importâncias ou valores devidos e presta as informações devidas à Previdência Social, na forma definida em lei ou regulamento, antes do início da ação fiscal.

Referida extinção tem prazo, qual seja, até o início da ação fiscal. Temos outros casos de extinção de punibilidade, em regra, até o recebimento da denúncia criminal, mas aqui o legislador estabeleceu como prazo final o início da ação fiscal, independente do andamento do feito na esfera criminal.

Se tal pagamento ocorrer após o recebimento da denúncia, terá o agente a seu favor a atenuante genérica contida no art. 65, III, *b*, *in fine*.

Tanto o pagamento como a confissão deverão ser espontâneos. O agente, sem necessidade de

54 "Agravo regimental. Recurso especial. Crime de apropriação indébita de contribuição previdenciária. Tipo penal (art. 168-A do CP). Dolo específico. Necessidade de a denúncia descrever a intenção de se furtar ao recolhimento tributário. O tipo do art. 168-A do CP, embora tratando de crime omissivo próprio, não se esgota somente no 'deixar de recolher', isto significando que, além da existência do débito, haverá a peça acusatória de demonstrar a intenção específica ou vontade deliberada de pretender algum benefício com a supressão ou redução, já que o agente 'podia e devia' realizar o recolhimento. Agravo provido para também prover o recurso especial, de modo a reconduzir a sentença de rejeição da denúncia" (STJ, Ag. Reg. no REsp n. 695.487/CE, 6ª T., rel. Min. Maria Thereza de Assis Moura, j. 10.11.2009).

justificar o motivo, apenas por vontade própria, deverá tomar essas providências.

Por fim, foi criada uma norma penal em branco, obrigando o agente a prestar todas as informações devidas à previdência, conforme determina a lei ou regulamento.

1.10. Do perdão judicial

Conforme previsto no § 3º do art. 168-A, se o agente promover o pagamento, acrescido de juros de mora e correção, após o início da ação fiscal mas antes do oferecimento da denúncia ou se o valor devido, incluindo acessório, for igual ou inferior àquele estabelecido pela previdência social, administrativamente, como o mínimo para ajuizamento de execução fiscal, poderá o juiz, desde que o agente seja primário e com bons antecedentes, aplicar o perdão judicial ou somente a pena de multa. Este "poderá" dado ao magistrado, a nosso ver, se preenchidos os requisitos, mudará para "deverá".

Antes mesmo da alteração promovida pela Lei n. 13.606/2018, percebia-se que os requisitos estabelecidos nos incisos I e II do § 3º do art. 168-A eram alternativos, de tal modo que o pagamento da contribuição social previdenciária, inclusive acessórios – para fins do inciso I – poderia ter como objeto qualquer quantia. Assim, não havia um limite nem distinções em relação ao pagamento ser integral ou parcelado, não restando claro se o parcelamento era considerado pagamento para fins do disposto no inciso I do § 3º do art. 168-A do CP.

A Lei n. 13.606/2018 passou a prever de forma expressa que não é permitido ao juiz extinguir a punibilidade pelo perdão judicial caso o débito parcelado, inclusive acessórios, possua valor superior ao utilizado para ajuizamento das execuções fiscais.

Quanto ao débito em valor inferior, já previa a lei que, para fins de aplicação do § 3º, não era necessário nem o pagamento, conforme o inciso II, independentemente de ser integral ou parcelado. Assim, como esse limite já era imposto pelo inciso II do § 3º, então a alteração promovida pela Lei, na realidade, impõe novo requisito somente ao inciso I.

Desse modo, a partir da alteração legislativa, deixa-se claro que se o valor da contribuição previdenciária, inclusive acessórios, for superior ao limite estabelecido como mínimo para ajuizamento de execuções fiscais, somente será possível ao juiz aplicar o perdão judicial (§ 3º) para aquele que, após o início da ação fiscal e antes do recebimento da denúncia, realizar o quitação integral do *quantum* em parcela única.

Observa-se, então, que se trata de lei penal mais gravosa, a qual não poderá retroagir por força do princípio da irretroatividade da lei penal mais severa (*vide* comentários ao art. 1º do Código Penal). Dessa forma, somente poderá ser aplicada para os casos que ocorram posteriormente à vigência da referida lei, ou seja, após a data de 09.01.2018, quando se deu sua publicação.

Quanto ao valor para ingresso de execução fiscal, em julgado da Primeira Turma do STF, em 20.09.2011, decidiu-se pela não aplicabilidade do princípio da insignificância ao não recolhimento devido à previdência social no valor de R$ 3.110,71 (três mil, cento e dez reais e setenta e um centavos), por entender que tal valor a uma previdência deficitária não é insignificante, bem como não alcança o valor para não ingresso de execução fiscal.

Há diversos outros julgados posteriores do STJ que entendem que o valor não poderia ultrapassar R$ 10 mil, consoante disposto no art. 20 da Lei n. 10.522/2002.

Em 21.03.2017, a Primeira Turma do STF passou a entender que os débitos inferiores a R$ 20 mil seriam insignificantes,[55] sob o argumento de que o limite estabelecido no art. 20 da Lei n. 10.522/2002 (R$ 10 mil) fora atualizado pela Portaria n. 75/2012 do Ministério da Fazenda, a qual estabelece no art. 1º[56] o limite de R$ 20 mil para ajuizamento de execuções fiscais.

Em 28.02.2018, o STJ também passou a admitir a aplicação da Portaria n. 75/2012 do Ministério da Fazenda aos crimes tributários federais e ao crime de descaminho.[57]

Embora haja decisão do STJ posterior à data de 28.02.2018 entendendo que o limite para aplicação do princípio da insignificância ao crime de apropriação indébita previdenciária seja de R$ 10 mil, defendemos ser possível a aplicação do princípio a débitos inferiores a R$ 20 mil, pois a Corte consignou que o valor considerado limite ao cri-

55 *HC* n. 127.173, 1ª T., rel. Min. Marco Aurélio, rel. p/ acórdão Min. Roberto Barroso, j. 21.03.2017, *DJe*-089 28.04.2017, publ. 02.05.2017.

56 "Art. 1º Determinar: [...] II – o não ajuizamento de execuções fiscais de débitos com a Fazenda Nacional, cujo valor consolidado seja igual ou inferior a R$ 20.000,00 (vinte mil reais)."

57 STJ, REsp n. 1.709.029/MG, 3ª S., rel. Min. Sebastião Reis Júnior, j. 28.02.2018, *DJe* 04.04.2018.

me de apropriação indébita tributária também era o de R$ 10 mil, previsto na Lei n. 10.522/2002, o qual se entende que fora atualizado pela Portaria acima referida.

1.11. Classificação

Quanto ao sujeito, o crime é próprio (praticado por quem tem o dever de recolher contribuição à previdência social); crime formal; de conduta omissiva; unissubjetivo (pode ser praticado por uma ou mais pessoas); não admite tentativa; não exige dolo específico e não prevê crime culposo.

2. JURISPRUDÊNCIA

2.1. Julgados

Apropriação indébita previdenciária. Princípio da insignificância

Princípio da insignificância. Penal. Apropriação indébita previdenciária. Princípio da insignificância. Valor do débito que permite a sua aplicação. Recurso desprovido. 1. Segundo as circunstâncias fáticas trazidas pelo acórdão estadual, o réu deixou de recolher aos cofres públicos contribuições previdenciárias no período de 9/1997 a 4/2007, causando prejuízo ao patrimônio público no valor de R$ 10.004,30, excluídos os juros e a multa. 2. A jurisprudência do Superior Tribunal de Justiça, nos casos de apropriação indébita previdenciária, entende cabível a aplicação do princípio da insignificância quando o valor do débito não ultrapassar R$ 10.000,00, excluídos os juros e a multa incidentes após a inscrição em dívida ativa. Interpretação do art. 20 da Lei n. 10.522/2002. Precedentes. 3. Agravo regimental a que se nega provimento. (STJ, Ag. Reg. no REsp n. 1.609.757/SP, 6ª T., rel. Min. Antonio Saldanha Palheiro, j. 27.02.2018, *DJe* 08.03.2018)

Penal. Agravo regimental no recurso especial. Apropriação indébita previdenciária. Princípio da insignificância. Afastamento. Valor do tributo iludido. Superior a R$ 10.000,00. Portaria do Ministério da Fazenda. Inaplicabilidade. Precedentes da Terceira Seção do STJ. 1. A Terceira Seção desta Corte Superior, sob a égide dos recursos repetitivos, art. 543-C do CPC, no julgamento do REsp n. 1.112.748/TO, rel. Min. Felix Fischer, *DJe* 13.10.2009, firmou posicionamento no sentido de que incide o princípio da insignificância no crime de descaminho quando o valor dos tributos elididos não ultrapassar o montante de R$ 10.000,00, de acordo com o disposto no art. 20 da Lei n. 10.522/2002. 2. Seguindo esta mesma linha, no REsp n. 1.393.317/PR, rel. Min. Rogerio Schietti Cruz, j. 12.11.2014, *DJe* 02.12.2014, também decidiu que, a partir da Lei n. 10.522/2002, o Ministro da Fazenda não tem mais autorização para, por meio de simples portaria, alterar o valor definido como teto para o arquivamento de execução fiscal sem baixa na distribuição. E a Portaria MF n. 75/2012, que fixa, para aquele fim, o novo valor de R$ 20.000,00 – o qual acentua ainda mais a absurdidade da incidência do princípio da insignificância penal, mormente se considerados os critérios usualmente invocados pela jurisprudência do STF para regular hipóteses de crimes contra o patrimônio – não retroage para alcançar delitos de descaminho praticados em data anterior à vigência da referida portaria, porquanto não é esta equiparada a lei penal, em sentido estrito, que pudesse, sob tal natureza, reclamar a retroatividade benéfica, conforme disposto no art. 2º, parágrafo único, do CPP. 3. Na hipótese, dado que o valor apurado a título de contribuições descontadas dos contribuintes e não repassadas à Previdência Social (R$ 12.555,38) ultrapassa o mínimo previsto na Lei n. 10.522/2002, vigente à época da prática delitiva, afasto a aplicação do princípio da insignificância. 4. Agravo regimental não provido. (STJ, Ag. Reg. no REsp n. 1.639.006/RS, 5ª T., rel. Min. Reynaldo Soares da Fonseca, j. 06.06.2017, *DJe* 14.06.2017)

Agravo regimental no recurso especial. Penal. Apropriação indébita previdenciária. Julgamento monocrático. Possibilidade. Princípio da insignificância. Não incidência. Valor superior a R$ 10.000,00. Precedentes. Portaria n. 75/2012 do Ministério da Fazenda. Inaplicabilidade. 1. O julgamento do recurso especial de forma monocrática não ofende o princípio da colegialidade, porquanto o art. 255, § 4º, II, do RISTJ prevê que o relator poderá "dar provimento ao recurso especial após vista ao recorrido, se o acórdão recorrido for contrário a tese fixada em julgamento de recurso repetitivo ou de repercussão geral, a entendimento firmado em incidente de assunção de competência ou, ainda, a súmula ou jurisprudência consolidada do Supremo Tribunal Federal ou do Superior Tribunal de Justiça". Precedentes. 2. Não é insignificante a apropriação indébita previdenciária em valor superior a R$ 10.000,00 (dez mil reais), independentemente do disposto na Portaria n. 75/2012 do Ministério da Fazenda, que, por não possuir força legal, não tem o condão de modificar o patamar para aplicação do princípio da bagatela. Precedentes. 3. Agravo regimental desprovido. (STJ, Ag. Reg. no REsp n. 1.448.017/SP, 6ª T., rel. Min. Antonio Saldanha Palheiro, j. 28.11.2017, *DJe* 04.12.2017)

Constitucional e penal. Recurso ordinário em *habeas corpus*. Apropriação indébita previdenciária. Trancamento do processo penal. Excepcionalidade. Princípio da insignificância. Parâmetro de aferição da relevância da lesão ao bem jurídico. R$ 10.000,00 (dez mil reais). Inaplicabilidade do valor mínimo para ajuizamento de execução fiscal (Portaria MF n. 75/2012). Incompatibilidade teleológica com a seara penal. Conduta materialmente típica. Necessidade do prosseguimento da persecução penal. Recurso desprovido. 1. A jurisprudência dos tribunais superiores admite o trancamento do inquérito policial ou de processo penal, excepcionalmente, nas hipóteses em que se constata, sem o revolvimento de matéria fático-probatória, a ausência de indícios de autoria e de prova da materialidade, a atipicidade da conduta ou a extinção da punibilidade, o que não se observa no presente caso. (STJ: RHC n. 58.872/PE, 5ª T., rel. Min. Gurgel de Faria, *DJe* 01.10.2015; RHC n. 46.299/SP, 6ª T., rel. Min. Maria Thereza de Assis Moura, *DJe* 09.03.2015; *HC* n. 294.833/SC, 5ª T., rel. Min. Felix Fischer, *DJe* 03.08.2015; STF: RHC n. 125.787 Ag. Reg., 2ª T., rel. Min. Gilmar Mendes, *DJe* 31.07.2015; *HC* n. 108.168, 1ª T., rel. Min. Roberto Barroso, *DJe* 02.09.2014). 2. A Terceira Seção deste Superior Tribunal de Justiça, no julgamento do Recurso Especial Representativo de Controvérsia n. 1.112.748/TO, definiu o parâmetro de quantia considerada irrisória para fins de aplicação do princípio da insignificância aos crimes de descaminho, pacificando o entendimento no sentido de que o valor do tributo evadido a ser considerado é de R$ 10.000,00 (dez mil reais), conforme art. 20 da Lei n. 10.522/2002. 3. Por ocasião do julgamento do REsp n. 1.393.317/PR e do REsp n. 1.401.424/PR, a Terceira Seção firmou o entendimento no sentido da inaplicabilidade de qualquer parâmetro diverso de R$ 10.000,00 (dez mil reais), notadamente o de R$ 20.000,00 (vinte mil reais), previsto na Portaria n. 75/2012 do Ministério da Fazenda. Isso porque tal ato infralegal regulamenta o Decreto-lei n. 1.569/77, cujo art. 5° autoriza o Ministro da Fazenda a obstar as execuções fiscais economicamente inviáveis de créditos tributários de reduzido valor, e não a Lei n. 10.522/2002. Os referidos diplomas normativos não ostentam, pois, a condição de normas revogadora e revogada, para fins de aplicação do princípio da insignificância, que tem sede eminentemente jurisprudencial, e não legal. 4. Não se trata de questão de mérito administrativo acerca do ajuizamento de execução fiscal, com paradigma no valor do crédito tributário para aferição da viabilidade econômica da execução, matéria estranha à seara criminal. O ponto que se controverte é o grau de lesão à ordem tributária e a relevância penal da conduta, que enseje a tutela do direito penal. A conclusão acerca desse tema não está atrelada aos critérios fixados nas normas processuais tributárias para o ajuizamento da execução fiscal, até porque o valor mínimo de R$ 20.000,00 (vinte mil reais) implica apenas efeitos processuais de suspensão ou impedimento de eventual execução, sequer culminando na extinção do próprio crédito tributário e, *a fortiori ratione*, não pode ser parâmetro para aferir a relevância da lesão ao bem jurídico tutelado pela norma penal. 5. Como o ajuizamento da execução fiscal é regido pelos critérios de eficiência, economicidade e praticidade, o paradigma executivo fiscal é bastante pantanoso, pois pode ser relevado de acordo com o potencial de recuperabilidade do crédito e até mesmo pelas peculiaridades regionais do executivo fiscal, o que mostra o evidente despropósito em torná-lo método de aferição de tipicidade material. 6. O valor objetivo de R$ 10.000,00, adotado no julgamento do REsp n. 1.112.748/TO, é paradigma jurisprudencial erigido a partir de medida de política criminal, como sói acontecer na aplicação do princípio da insignificância, que subtrai da tutela penal os casos dotados de mínima ofensividade, ausência de periculosidade social da ação, reduzido grau de reprovabilidade e mínima lesão ao bem jurídico tutelado, corolários da fragmentariedade e subsidiariedade do Direito Penal. 7. O valor do crédito tributário objeto do crime tributário material é aquele apurado originalmente no procedimento de lançamento, para verificar a insignificância da conduta. Destarte, a fluência de juros moratórios, correção monetária e eventuais multas de ofício, que integram o crédito tributário inserido em dívida ativa, na seara da execução fiscal, não tem o condão de acrescer valor para a aferição do alcance do paradigma quantitativo de R$ 10.000,00. De fato, consoante as informações prestadas pela Procuradoria da Fazenda Nacional, o saldo devedor dos débitos n. 36.660.772-3 e n. 41.939.566-0, atualizados para novembro de 2015, totalizavam, respectivamente, R$ 24.630,30 e 15.278,73, entrementes, o valor a ser comparado com o paradigma jurisprudencial é de R$ 18.227,04. 8. Recurso desprovido. (STJ, RHC n. 74.756/PR, 5ª T., rel. Min. Ribeiro Dantas, j. 13.12.2016, *DJe* 19.12.2016)

Recurso especial afetado ao rito dos repetitivos para fins de revisão do tema n. 157. Aplicação do princípio da insignificância aos crimes tributários federais e de descaminho, cujo débito não exceda R$ 10.000,00 (dez mil reais). Art. 20 da Lei n. 10.522/2002. Entendimento que destoa da orientação consolidada no STF, que tem reconhecido a atipicidade material com base no parâmetro fixado nas Portarias ns. 75 e 130/MF – R$ 20.000,00 (vinte mil reais). Adequação. 1. Considerando os princípios da segurança jurídica, da proteção da confiança e da isonomia, deve ser revisto o entendimento firmado, pelo julgamento, sob o rito dos repetitivos, do REsp n. 1.112.748/TO – Tema n. 157, de forma a adequá-lo ao entendimento externado pela Suprema

Corte, o qual tem considerado o parâmetro fixado nas Portarias ns. 75 e 130/MF – R$ 20.000,00 (vinte mil reais) para aplicação do princípio da insignificância aos crimes tributários federais e de descaminho. 2. Assim, a tese fixada passa a ser a seguinte: incide o princípio da insignificância aos crimes tributários federais e de descaminho quando o débito tributário verificado não ultrapassar o limite de R$ 20.000,00 (vinte mil reais), a teor do disposto no art. 20 da Lei n. 10.522/2002, com as atualizações efetivadas pelas Portarias ns. 75 e 130, ambas do Ministério da Fazenda. 3. Recurso especial provido para cassar o acórdão proferido no julgamento do Recurso em Sentido Estrito n. 0000196-17.2015.4.01.3803/MG, restabelecendo a decisão do Juízo da 2ª Vara Federal de Uberlândia – SJ/MG, que rejeitou a denúncia ofertada em desfavor do recorrente pela suposta prática do crime previsto no art. 334 do Código Penal, ante a atipicidade material da conduta (princípio da insignificância). Tema n. 157 modificado nos termos da tese ora fixada. (STJ, REsp 1.709.029/MG, 3ª S., rel. Min. Sebastião Reis Júnior, j. 28.02.2018, *DJe* 04.04.2018)

Penal. *Habeas corpus* originário. Descaminho. Valor do tributo inferior a vinte mil reais. Princípio da insignificância. Concessão da ordem. 1. Em matéria de aplicação do princípio da insignificância às condutas, em tese, caracterizadoras de descaminho (art. 334, *caput*, segunda parte, do Código Penal), o fundamento que orienta a avaliação da tipicidade é aquele objetivamente estipulado como parâmetro para a atuação do Estado em matéria de execução fiscal: o valor do tributo devido. 2. A atualização, por meio de Portaria do Ministério da Fazenda, do valor a ser considerado nas execuções fiscais repercute, portanto, na análise da tipicidade de condutas que envolvem a importação irregular de mercadorias. 3. Eventual desconforto com a via utilizada pelo Estado-Administração para regular a sua atuação fiscal não é razão para a exacerbação do poder punitivo. 4. *Habeas corpus* deferido para restabelecer a decisão de primeiro grau que não recebeu a denúncia. (STF, *HC* n. 127.173, 1ª T., rel. Min. Marco Aurélio Mello, rel. p/ Acórdão: Min. Roberto Barroso, j. 21.03.2017, Processo eletrônico *DJe*-089, divulg. 28.04.2017, public. 02.05.2017)

Apropriação indébita previdenciária. Princípio da insignificância. Irretroatividade do valor de R$ 20 mil

Agravo interno. Recurso especial. Descaminho. Insignificância. Parâmetro. Dez mil reais. Recurso Especial Representativo de Controvérsia n. 1.112.748/TO. Portaria n. 75/2012 do Ministério da Fazenda. Inaplicabilidade. Irretroatividade da Portaria n. 75 do Ministério da Fazenda. Precedentes. 1. Definindo o parâmetro de quantia irrisória para fins de aplicação do princípio da insignificância aos crimes de descaminho, a Terceira Seção deste Superior Tribunal de Justiça, no julgamento do Recurso Especial Representativo de Controvérsia n. 1.112.748/TO, pacificou o entendimento no sentido de que o valor do tributo elidido a ser considerado é aquele de R$ 10.000,00 (dez mil reais) previsto no art. 20 da Lei n. 10.522/2002, raciocínio que se aplica também aos delitos de apropriação indébita previdenciária. 2. Esse raciocínio restou ratificado na assentada de 12 de novembro de 2014, no julgamento do REsp n. 1.393.317/PR e do REsp n. 1.401.424/PR pela aludida Seção, no sentido de que não tem aplicação qualquer parâmetro diverso de R$ 10.000,00, notadamente o de R$ 20.000,00 previsto na Portaria n. 75/2012 do Ministério da Fazenda, que regulamenta não a Lei n. 10.522/2002, mas o Decreto-lei n. 1.569/77, cujo art. 5º autoriza o Ministro da Fazenda a sustar a cobrança judicial dos débitos de comprovada inexequibilidade e de reduzido valor. 3. Tal parâmetro não está necessariamente atrelado aos critérios fixados nas normas tributárias para o ajuizamento da execução fiscal, regida pelos critérios de eficiência, economicidade e praticidade e não sujeita a um patamar legal absoluto, mas decorre de construção jurisprudencial erigida a partir de medida de política criminal em face do grau de lesão à ordem tributária que atribua relevância penal à conduta, dada a natureza fragmentária do direito penal. 4. Ainda que se entendesse que o limite a ser aplicável para fins de incidência do princípio da insignificância seria o de R$ 20.000,00, nos termos do estabelecido na Portaria MF n. 75/2012, referido ato "não retroage para alcançar delitos de descaminho praticados em data anterior à vigência da referida portaria, porquanto não é esta equiparada a lei penal, em sentido estrito, que pudesse, sob tal natureza, reclamar a retroatividade benéfica, conforme disposto no art. 2º, parágrafo único, do CPP" (STJ, Ag. Reg. no REsp n. 1.402.617/PR, rel. Min. Rogerio Schietti Cruz, *DJe* 10.03.2015). 5. Agravo interno improvido. (STJ, Ag. Reg. no REsp n. 1.588.990/PR, 6ª T., rel. Min. Maria Thereza de Assis Moura, j. 03.05.2016, *DJe* 12.05.2016)

Apropriação indébita previdenciária. Princípio da insignificância. Retroatividade do valor de R$ 20 mil

Penal. *Habeas corpus*. Crime de descaminho. Valor sonegado inferior ao fixado no art. 20 da Lei n. 10.522/2002, atualizado pelas Portarias ns. 75/2012 e 130/2012 do Ministério da Fazenda. Princípio da insignificância. Aplicação. Precedentes. Ordem concedida. I – Nos termos da jurisprudência deste Tribunal, o princípio da insignificância deve ser aplicado ao delito de descaminho quando o valor sonegado for inferior ao estabelecido no art. 20 da Lei n. 10.522/2002, com as atualizações feitas pelas Portarias ns. 75 e 130, ambas do Ministério da Fazenda. Precedentes. II – Mesmo que o suposto delito tenha sido praticado antes das referidas Portarias, conforme assenta a doutrina e jurisprudência, norma posterior mais benéfica retroage em favor do acusado. III – Ordem concedida para trancar a ação penal. (STF, *HC* n. 139.393, 2ª T., rel. Min. Ricardo Lewandowski, j. 18.04.2017, Processo eletrônico *DJe*-089, divulg. 28.04.2017, public. 02.05.2017)

Apropriação indébita previdenciária e art. 337-A do CP. Continuidade delitiva. Impossibilidade

Agravo regimental no agravo em recurso especial. Apropriação indébita previdenciária e sonegação de contribuição previdenciária. Delitos de espécies diversas. Descrição de condutas distintas. Impossibilidade de reconhecimento de crime continuado. I – Os delitos de apropriação indébita previdenciária e de sonegação de contribuição previdenciária, previsto nos arts. 168-A e 337-A, ambos do Código Penal, embora sejam do mesmo gênero, são de espécies diversas, porquanto os tipos penais descrevem condutas absolutamente distintas. II – Esta Corte Superior tem entendimento consolidado no sentido de que é impossível o reconhecimento da continuidade delitiva entre crimes de espécies distintas. Precedentes. Agravo regimental desprovido. (STJ, Ag. Reg. no AREsp n. 1.172.428/SP, 5ª T., rel. Min. Felix Fischer, j. 12.06.2018, *DJe* 20.06.2018)

Apropriação indébita previdenciária. Crime material

Recurso especial. Violação ao art. 168-A, do Código Penal. Apropriação indébita previdenciária. Consumação. Crime material. Constituição definitiva do débito tributário. Súmula vinculante n. 24. Prescrição. Inexistência. Recurso provido. 1. Este Superior Tribunal de Justiça, adotando entendimento firmado pelo Supremo Tribunal Federal na Súmula Vinculante n. 24, entende que o crime tipificado no art. 168-A, do Código Penal possui natureza material e, dessa forma, consuma-se a partir da conclusão definitiva do procedimento administrativo de constituição do crédito tributário, sendo, portanto, este o momento a ser considerado para fins de contagem inicial do prazo da prescrição da pretensão punitiva estatal. Precedentes. 2. *In casu*, a acusada, que à época dos fatos contava com 70 (setenta) anos de idade, foi denunciada pelo crime de apropriação indébita previdenciária em 23.09.2014, sendo a inicial acusatória devidamente recebida em 01.02.2016. 3. Assim, tendo em vista que a data da constituição definitiva do débito tributário se deu em 16.09.2009 e que sua exigibilidade, bem como a contagem do prazo prescricional ficaram suspensos entre o período de 15.10.2009 a 01.09.2014, ante a existência de parcelamento homologado com base na Lei n. 11.941/2009, não se verifica o transcurso do prazo prescricional de 6 (seis) anos entre a constituição definitiva do crédito e os marcos interruptivos da prescrição. 4. Recurso provido. (STJ, REsp n. 1.734.799/SP, 5ª T., rel. Min. Jorge Mussi, j. 23.08.2018, *DJe* 31.08.2018)

Apropriação indébita previdenciária. Caracterização. Desnecessário dolo específico

Penal. Agravo regimental no agravo em recurso especial. Apropriação indébita previdenciária. Inépcia da denúncia. Inocorrência. Violação ao art. 386, III, do CPP. Prescindibilidade da comprovação de dolo específico. Alegação de inexigibilidade de conduta diversa. Necessidade de revolvimento fático-probatório. Pedido de redução da pena-base ao mínimo legal. Impossibilidade. Fundamentação suficiente. I – Incumbe ao Ministério Público apresentar denúncia que veicule, de modo claro e objetivo, com todos os elementos estruturais, essenciais e circunstâncias que lhe são inerentes, a descrição do fato delituoso, em ordem a viabilizar o exercício legítimo da ação penal e a ensejar, a partir da estrita observância dos pressupostos estipulados no art. 41 do CPP, a possibilidade de efetiva atuação, em favor daquele que é acusado, da cláusula constitucional da plenitude de defesa. *In casu*, não há falar em inépcia da denúncia, porque a peça acusatória expôs os fatos delituosos em sua essência, de maneira a individualizar o quanto possível os delitos imputados ao acusado, tendo procedido à devida tipificação das condutas, com vistas a viabilizar a persecução penal e o exercício da ampla defesa e do contraditório pelo réu. II – É assente o entendimento já consolidado nesta Corte que "o tipo penal do art. 168-A do Código Penal constitui crime omissivo próprio, que se consuma com o não recolhimento da contribuição previdenciária dentro do prazo e das formas legais, inexigindo a demonstração do dolo específico" (Ag. Reg. no AREsp n. 774.580/SC, 5ª T., rel. Min. Jorge Mussi, *DJe* 04.04.2018). III – Com relação ao argumento de violação ao art. 386, VI, do Código de Processo Penal, para que fosse possível a verificação da pretensão do reconhecimento da inexigibilidade de conduta diversa, seria necessário o revolvimento do conjunto fático-probante, conduta obstada pela Súmula n. 7 desta Corte. IV – Esta Corte tem entendimento consolidado no sentido de que a dosimetria da pena, quando imposta com base em elementos concretos e observados os limites da discricionariedade vinculada atribuída ao magistrado sentenciante, impede a revisão da reprimenda pelo Superior Tribunal de Justiça, exceto se ocorrer evidente desproporcionalidade, quando caberá a reapreciação para a correção de eventuais desacertos quanto ao cálculo das frações de aumento ou de diminuição e apreciação das circunstâncias judiciais. Precedentes. V – *In casu*, a pena-base foi exasperada em razão da valoração negativa da circunstância judicial referente às consequências do crime, revelando-se idônea e bem fundamentada a elevação acima do mínimo legal. Agravo regimental desprovido. (STJ, Ag. Reg. no AREsp n. 1.040.813/SP, 5ª T., rel. Min. Félix Fischer, j. 17.05.2018, *DJe* 23.05.2018)

Agravo regimental no recurso especial. Crime contra a ordem tributária. Fraude. Sonegação. Nulidade. Procedimento administrativo-fiscal. Súmula n. 7/STJ. Dolo específico. Desnecessidade. Pena-base. Majoração. Expressivo valor sonegado. Súmula n. 83/STJ. Agravo regimental desprovido. 1. O processo criminal não é a via adequada para a impugnação de eventuais nulidades ocorridas no procedimento administrativo de lançamento do crédito tributário. Súmula n. 7/STJ. Precedentes. 2. Em crimes de sonegação fiscal e de apropriação indébita de contribuição previdenciária, este Superior Tribunal de Justiça pacificou a orientação no sentido de que sua comprovação prescinde de dolo específico sendo suficiente, para a sua caracterização, a presença do dolo genérico consistente na omissão voluntária do recolhimento, no prazo legal, dos valores devidos. 3. Emanando a condenação do agravante do exame das provas carreadas aos autos, não pode esta Corte Superior proceder à alteração da conclusão firmada nas instâncias ordinárias sem revolver o acervo fático-probatório, providência incabível na via do recurso especial, a teor do óbice contido no verbete sumular 7 deste Superior Tribunal de Justiça, segundo o qual a pretensão de simples reexame de prova não enseja recurso especial. 4. A pena-base foi majorada em 3 meses, em face das consequências do delito (considerável prejuízo ao Fisco Federal), totalizando 2 anos e 3 meses de reclusão, em regime aberto e com substituição por duas restritivas de direito. 5. Já decidiu esta Corte ser viável a valoração negativa das consequências do delito advindas do prejuízo expressivo ao erário em hipóteses como a dos autos. Súmula n. 83/STJ. 6. Agravo Regimental desprovido. (STJ, Ag. Reg. no REsp n. 1.553.252/PR, 5ª T., rel. Min. Reynaldo Soares Da Fonseca, j. 07.11.2017, *DJe* 13.11.2017)

Apropriação indébita previdenciária. Dificuldades financeiras. Causa supralegal de exclusão de ilicitude

Agravo regimental. Crédito tributário constituído. Viabilidade da persecução penal. Apropriação indébita previdenciária. Inexigibilidade de conduta diversa. Ausência de comprovação de dificuldades financeiras da empresa. Agravo não provido. 1. A existência de crédito tributário constituído, que é inclusive objeto de execução fiscal, viabiliza a persecução penal, conforme entendimento desta Corte. 2. Para que fique caracterizada a causa supralegal de exclusão da culpabilidade relativa à inexigibilidade de conduta diversa, é necessário que a defesa comprove, por força do disposto no art. 156 do Código de Processo Penal, que a omissão no recolhimento das contribuições devidas ao INSS decorreu de dificuldades financeiras da empresa, o que, no caso, não ocorreu. 4. Para acolher a alegação de que a empresa da qual o agravante era sócio estava absolutamente impossibilitada de efetuar o recolhimento das contribuições devidas ao INSS, seria necessário o revolvimento de matéria fático-probatória, procedimento que, conforme é cediço, é vedado em recurso especial, nos termos da Súmula n. 7 deste Superior Tribunal. 5. Agravo regimental não provido. (STJ, Ag. Reg. no REsp n. 1.264.697/SP, 6ª T., rel. Min. Rogerio Schietti Cruz, j. 17.12.2015, *DJe* 02.02.2016)

Agravo regimental no recurso especial. Crime de apropriação indébita previdenciária. Alegação de dificuldades financeiras suficientes à incidência de causa supralegal de exclusão de ilicitude. Comprovação. Reexame do acervo fático-probatório. Súmula n. 7, STJ. Agravo regimental não provido. 1. O Eg. Tribunal *a quo*, com base no acervo fático-probatório, entendeu que restou caracterizada a inexigibilidade de conduta diversa, em razão da grave crise financeira enfrentada pela empresa, comprovada através dos empréstimos bancários, das duplicatas e dos extratos bancários com saldo negativo, além dos depoimentos de diversas testemunhas, fazendo incidir o óbice da Súmula n. 7, STJ a desconstituição de tal entendimento. 2. Agravo regimental não provido. (STJ, Ag. Reg. no REsp n. 1.394.125/RN, 5ª T., rel. Min. Moura Ribeiro, j. 06.02.2014, *DJe* 12.02.2014)

Apropriação indébita previdenciária. Prejuízo excessivo ao erário. Majoração da pena

Agravo regimental no agravo em recurso especial. Apropriação indébita previdenciária. Dosimetria. Majoração da pena-base. Fundamentação idônea. Ausência de ilegalidade. 1. A revisão de pena em sede de recurso especial é possível, mas somente em situações excepcionais, de manifesta ilegalidade ou abuso de poder reconhecíveis de plano, consoante orientação pacificada neste Superior Tribunal, o que não foi verificado na hipótese. 2. *In casu*, as instâncias de origem, de forma idônea, consideraram como desfavoráveis as consequências do delito, sobretudo pelo enorme prejuízo causado à entidade previdenciária (superior a R$ 4.000.000,00), fundamento que justifica a fixação da pena-base acima do mínimo legal. 3. Agravo regimental improvido. (STJ, Ag. Reg. no AREsp n. 1.259.787/SP, 5ª T., rel. Min. Jorge Mussi, j. 02.08.2018, *DJe* 22.08.2018)

Agravo regimental no recurso especial. Crime de apropriação indébita previdenciária. Art. 168-A, do CP. Majoração da pena-base. Juízo de valor negativo. Consequências do crime. Excessivo prejuízo aos cofres públicos. Possibilidade. Manutenção da decisão agravada. Agravo regimental não provido. 1. A fixação da pena-base acima do mínimo legal foi devidamente fundamentada, quando da análise das consequências do crime, na vultosa perda de arrecadação de recursos públicos e não em virtude da vítima ser a Previdência Social. 2. O Superior Tribunal de Justiça tem posicionamento firme no sentido de que, na apropriação indébita previdenciária, o juízo de valor negativo das consequências do crime autoriza a majoração da sanção básica quando verificado o excessivo prejuízo ao Erário Público. 3. Agravo regimental não provido. (STJ, Ag. Reg. no REsp n. 1.364.766/SP, 5ª T., rel. Min. Moura Ribeiro, j. 05.12.2013, *DJe* 11.12.2013)

Apropriação de coisa havida por erro, caso fortuito ou força da natureza

Art. 169. Apropriar-se alguém de coisa alheia vinda ao seu poder por erro, caso fortuito ou força da natureza:

Pena – detenção, de 1 (um) mês a 1 (um) ano, ou multa.

Parágrafo único. Na mesma pena incorre:

Apropriação de tesouro

I – quem acha tesouro em prédio alheio e se apropria, no todo ou em parte, da quota a que tem direito o proprietário do prédio;

Apropriação de coisa achada

II – quem acha coisa alheia perdida e dela se apropria, total ou parcialmente, deixando de restituí-la ao dono ou legítimo possuidor ou de entregá-la à autoridade competente, dentro no prazo de 15 (quinze) dias.

---

1. COMENTÁRIO

Diferentemente da apropriação indébita ou da apropriação indébita previdenciária, o agente recebe a posse da coisa alheia móvel em razão de um fato estranho à vontade da vítima. Essa entrega ocorre por erro, caso fortuito ou força da natureza (COSTA JR., Paulo José; COSTA, Fernando José da. *Código Penal comentado*, 2011, p. 657).

1.1. Objetividade jurídica

No *caput* tutela-se o patrimônio de quem teve a posse de seu bem nas mãos de um terceiro por erro, caso fortuito ou força da natureza.

1.2. Sujeitos

Trata-se de um crime próprio, praticado por quem, nas condições acima apresentadas, recebe o bem e não devolve a quem de direito.

O sujeito passivo será o proprietário do bem. Poderá ser ainda um mero detentor que viu a coisa pelos motivos acima apresentados parar nas mãos de um terceiro.

1.3. Análise da(s) conduta(s) descrita(s) no tipo

Neste núcleo do tipo o agente se apropria de bem que recebe por erro, caso fortuito ou força da natureza.

A coisa móvel, já definida nos comentários ao art. 168, ocorre por um fato estranho à vontade do agente e do proprietário ou possuidor da coisa.

O erro recai na quantidade ou qualidade da coisa ou ainda sobre a própria pessoa que deveria recebê-la.

Caso fortuito não se prevê nem previne, e ocorre acidentalmente por circunstância estranha à vontade humana (PISAPIA, *Appropriazione indebita*, p. 806, apud COSTA JR.; COSTA, op. cit., 2011, p. 584 e 650).

A terceira e última hipótese de recebimento da coisa refere-se à força da natureza, espécie do gênero caso fortuito, aqui direcionada pelo vento, tempestade, avalanche ou qualquer fenômeno ligado à natureza.

Em uma destas hipóteses o agente recebe a coisa e da mesma forma como ocorre na apropriação indébita age como se proprietário fosse.

1.4. Elemento subjetivo

Está representado no dolo genérico de se apropriar da coisa alheia. A lei não pune a posse que ocorre por um acaso, pune o posterior *animus domini*.

O crime não se verifica com a mera detenção da coisa recebida por uma fatalidade, mas com a intenção do agente de não devolvê-la a quem de direito.

Como defendido na apropriação indébita, entendemos pela necessidade do dolo específico, representado pelo *animus lucrandi* (COSTA JR.; COSTA, op. cit., 2011, p. 659).

1.5. Consumação e tentativa

O crime consuma-se no momento em que o agente, já ciente do recebimento da coisa, dela decide apropriar-se.

O crime, pelos mesmos motivos trazidos no art. 168, não admite tentativa.

1.6. Figuras equiparadas

1.6.1. Apropriação de tesouro

O parágrafo único, em seu primeiro inciso, traz uma espécie de apropriação indébita oriunda de caso fortuito, aqui exigindo que a coisa móvel alheia seja definida como "tesouro".

Tesouro, para nosso CC, trata-se de um depósito antigo de coisas preciosas, oculto e de cujo dono não haja memória.

Deverá ser dividido em partes iguais entre o proprietário do prédio e quem o achar, casualmente, conforme previsto no art. 1.264 do CC.

Continua tutelando o patrimônio de terceiro, aqui mais especificamente o de um tesouro.

Trata-se de um crime próprio, praticado pelo inventor, pessoa que encontra o tesouro. Se um terceiro descobrir que o tesouro foi achado e decide subtraí-lo, estará praticando furto. Se o inventor, na posse do tesouro, pede a um terceiro para guardá-lo por um período, vindo este a vender o tesouro sem o consentimento do inventor, estará praticando a apropriação indébita contida no art. 168 do CP.

A conduta consiste na apropriação no todo ou em parte da quota do tesouro que pertence ao proprietário do imóvel.

Se o tesouro foi encontrado pelo dono do imóvel ou por terceiro a mando do dono do imóvel, será integralmente do dono do imóvel, salvo na última hipótese, se ele prometeu alguma parte a este inventor.

O elemento subjetivo nesta figura está representado pela livre e consciente vontade de se apropriar do tesouro. Não se exige o dolo específico.

Essa modalidade consuma-se no momento em que o agente, em posse do tesouro encontrado, dele se apropria integralmente ou de parte da quota de 50% pertencente ao proprietário do prédio.

Sustentamos a impossibilidade da tentativa.

Classificamos esta modalidade da seguinte forma: quanto ao sujeito o crime é próprio (praticado por quem acha a coisa); crime material; de conduta comissiva ou omissiva; unissubjetivo (pode ser praticado por uma ou mais pessoas); não admite tentativa; exige dolo específico e não prevê crime culposo.

1.6.2. Apropriação de coisa achada

O parágrafo único, em seu segundo inciso, define a apropriação de coisa achada.

Aqui o crime se perfaz desde que a coisa encontrada seja perdida e não abandonada (*res derelictae*). A apropriação de coisa de ninguém não é crime.

O crime é próprio. Será praticado por quem encontrar a coisa perdida e, em vez de devolvê-la, age como seu proprietário.

A coisa deve ter saído da esfera de vigilância do possuidor, caso contrário não será coisa perdida. Se a coisa apropriada, por exemplo, está guardada na residência da vítima, mesmo que esta não se lembre onde, o crime praticado por aquele que subtrai a coisa daquele local será de furto e não de apropriação de coisa achada.

O dolo está compreendido na vontade de apropriar-se de coisa alheia perdida, com a intenção de não restituí-la a seu legítimo detentor ou a autoridade competente para recebê-la. O dolo específico está representado na intenção lucrativa.

Consuma-se o delito quando o agente apropria-se da coisa perdida. A norma exige que a coisa seja restituída a seu dono, legítimo possuidor ou à autoridade competente no prazo de quinze dias. Assim, se o agente não devolver a coisa achada até o 15º dia, no dia seguinte o crime se consuma.

Nada impede que o crime se consume antes desse prazo. Exemplificando, se o agente comportar-se como proprietário da coisa, vendendo-a no sexto dia da posse, o crime ocorrerá naquele momento, e não no 16º dia. A tentativa, pelos motivos acima trazidos, não é permitida.

Classificamos essa modalidade da seguinte forma: quanto ao sujeito, o crime é próprio (praticado por quem acha a coisa); crime material; de conduta comissiva ou omissiva; unissubjetivo (pode ser praticado por uma ou mais pessoas); não admite tentativa; exige dolo específico e não prevê crime culposo.

2. JURISPRUDÊNCIA

2.1. Julgados

Não devolução de valores no âmbito civil

Cumprimento de sentença oriunda de ação civil pública. Devolução pelo credor/exequente do valor corresponde à diferença entre o valor da condenação e o valor que fora levantado pelo recorrido. Reconhecimento. Natureza da lide e regra de reversibilidade. Questão vinculada à responsabilidade processual objetiva. Obrigação do exequente pela reparação de danos que o executado vier a sofrer (CPC art. 520, I). Dever de restituição de valores recebidos indevidamente pelo exequente, evitando-se o ajuizamento de uma ação indenizatória (CPC, art. 520, II). Acréscimos devidos (correção e juros). Encargos incluídos no montante depositado nos autos pelo devedor executado. Incidência devida independente de pedido expresso e de determinação por sentença. Arts. 293 do CPC/73 e 407 do Código Civil. Devedor que se sujeita a compor os juros de mora (que devem incidir a partir da citação na fase de conhecimento da ação civil pública e não mais da citação na liquidação de sentença). Acréscimo que deve incidir no percentual de 12% (doze por cento) ao ano (art. 406 do CC/2002, c/c art. 161, § 1º, do CTN), sem prejuízo da incidência da correção monetária pelos índices da Tabela Prática do TJSP, porque adotados pelo Poder Judiciário. Precedentes. Vedação de enriquecimento sem causa, por apropriação de valor para além do limite legal relativo ao crédito devido. Resistência de devolução que explicita indevida apropriação. Art. 169 do Código Penal. Recurso provido. (TJSP, AI n. 2197577-25.2018.8.26.0000, 18ª Câm. de Direito Privado, rel. Des. Henrique Rodriguero Clavisio, j. 27.11.2018, *DJ* 27.11.2018)

Art. 170. Nos crimes previstos neste Capítulo, aplica-se o disposto no art. 155, § 2º.

1. COMENTÁRIO

Como ocorre no crime de furto, sendo primário o criminoso e de pequeno valor a coisa apropriada, o juiz deverá substituir a pena de reclusão pela pena de detenção, diminuí-la de um a dois terços ou aplicar somente a pena de multa.

O pequeno valor está em regra condicionado a um salário mínimo, mas nada impede que um juiz com bom senso aplique tal dispositivo se o valor da coisa for um pouco acima ao do referido salário.

Na apropriação indébita previdenciária há um dispositivo, em seu § 3º, que prevê uma possibilidade de não aplicação ou substituição de pena, desde que, preenchidos outros requisitos, o valor das contribuições seja igual ou inferior àquele estabelecido pela Previdência Social, como sendo o mínimo para o ajuizamento de suas execuções fiscais.

Sustentamos que, pelo princípio da especialidade, este dispositivo deve prevalecer perante a aplicabilidade do § 2º do art. 155. Este, no entanto, deverá ser aplicado se, preenchidos os requisitos legais, o valor da apropriação indébita previdenciária superar o valor do ajuizamento de execução fiscal e for definido pelo juiz como pequeno valor.

A doutrina tem entendido esse pequeno valor como um salário mínimo, mas nada impede que o magistrado dê uma conotação diversa a esse entendimento, aumentando o enquanto entendê-lo como de pequena monta.

Nos crimes definidos pelo art. 169, a pena é de detenção, logo não será possível ao magistrado aplicar, entre os privilégios, a referida substituição de reclusão pela detenção, cabendo a aplicação das outras alternativas.

CAPÍTULO VI
DO ESTELIONATO E OUTRAS FRAUDES

Estelionato

Art. 171. Obter, para si ou para outrem, vantagem ilícita, em prejuízo alheio, induzindo ou mantendo alguém em erro, mediante artifício, ardil, ou qualquer outro meio fraudulento:

Pena – reclusão, de 1 (um) a 5 (cinco) anos, e multa.

§ 1º Se o criminoso é primário, e é de pequeno valor o prejuízo, o juiz pode aplicar a pena conforme o disposto no art. 155, § 2º.

§ 2º Nas mesmas penas incorre quem:

Disposição de coisa alheia como própria

I – vende, permuta, dá em pagamento, em locação ou em garantia coisa alheia como própria;

Alienação ou oneração fraudulenta de coisa própria

II – vende, permuta, dá em pagamento ou em garantia coisa própria inalienável, gravada de ônus ou litigiosa, ou imóvel que prometeu vender a terceiro, mediante pagamento em prestações, silenciando sobre qualquer dessas circunstâncias;

Defraudação de penhor

III – defrauda, mediante alienação não consentida pelo credor ou por outro modo, a garantia pignoratícia, quando tem a posse do objeto empenhado;

Fraude na entrega de coisa

IV – defrauda substância, qualidade ou quantidade de coisa que deve entregar a alguém;

Fraude para recebimento de indenização ou valor de seguro

V – destrói, total ou parcialmente, ou oculta coisa própria, ou lesa o próprio corpo ou a saúde, ou agrava as consequências da lesão ou

doença, com o intuito de haver indenização ou valor de seguro;

Fraude no pagamento por meio de cheque

VI – emite cheque, sem suficiente provisão de fundos em poder do sacado, ou lhe frustra o pagamento.

Fraude eletrônica

§ 2º-A A pena é de reclusão, de 4 (quatro) a 8 (oito) anos, e multa, se a fraude é cometida com a utilização de informações fornecidas pela vítima ou por terceiro induzido a erro por meio de redes sociais, contatos telefônicos ou envio de correio eletrônico fraudulento, ou por qualquer outro meio fraudulento análogo.

Nomen juris e parágrafo acrescentados pela Lei n. 14.155, de 27.05.2021.

§ 2º-B A pena prevista no § 2º-A deste artigo, considerada a relevância do resultado gravoso, aumenta-se de 1/3 (um terço) a 2/3 (dois terços), se o crime é praticado mediante a utilização de servidor mantido fora do território nacional.

Parágrafo acrescentado pela Lei n. 14.155, de 27.05.2021.

§ 3º A pena aumenta-se de um terço, se o crime é cometido em detrimento de entidade de direito público ou de instituto de economia popular, assistência social ou beneficência.

Estelionato contra idoso ou vulnerável

Nomen juris com redação dada pela Lei n. 14.155, de 27.05.2021.

§ 4º A pena aumenta-se de 1/3 (um terço) ao dobro, se o crime é cometido contra idoso ou vulnerável, considerada a relevância do resultado gravoso.

Parágrafo acrescentado pela Lei n. 13.228, de 28.12.2015, e com redação dada pela Lei n. 14.155, de 27.05.2021.

§ 5º Somente se procede mediante representação, salvo se a vítima for:

Parágrafo acrescentado pela Lei n. 13.964, de 24.12.2019.

I – a Administração Pública, direta ou indireta;

Inciso acrescentado pela Lei n. 13.964, de 24.12.2019.

II – criança ou adolescente;

Inciso acrescentado pela Lei n. 13.964, de 24.12.2019.

III – pessoa com deficiência mental; ou

Inciso acrescentado pela Lei n. 13.964, de 24.12.2019.

IV – maior de 70 (setenta) anos de idade ou incapaz.

Inciso acrescentado pela Lei n. 13.964, de 24.12.2019.

1. COMENTÁRIO

1.1. Notas introdutórias

No início do século passado já escrevia Nélson Hungria que, em substituição à clássica e violenta criminalidade, surgiam novas formas de delinquência, em que "o expoente da improbidade operosa é hoje o *architectus fallaciarum, o scroc, o burlão, o cavalheiro de indústria*" (*Fraude penal*, 1932, p. 11). Na verdade assiste-se, hoje, a uma justaposição entre aquela criminalidade bárbara e esta outra engenhosa, a fraude, sob todos os mantos, nas relações interpessoais. Do mesmo expoente mestre pátrio colhe-se que a sagacidade dos negócios não se constitui em fraude juridicamente ponderável, sendo tolerada, dentro de certos limites, em homenagem à segurança e estabilidade dos contratos, havendo, pois, uma licença para aquela habitual astúcia pela qual se realiza o vulgarmente dito "bom negócio". O Direito, concluiu ele, nem sempre se apresenta coincidente com a Moral.

1.2. Objetividade jurídica

Tutela-se o patrimônio móvel ou imóvel de pessoa natural ou jurídica.

1.3. Sujeitos

O sujeito ativo pode ser qualquer pessoa (crime comum). Já o passivo é o indivíduo enganado ou o titular da lesão patrimonial, os quais podem ou não se tratar de mesma pessoa. É, assim, possível que a fraude aplicada ao empregado (pessoa natural) produza prejuízo à empresa (pessoa jurídica) empregadora. Tratando-se, no entanto, de polo passivo difuso ou de sujeitos indeterminados, poderá restar configurado crime contra a economia popular (Lei n. 1.521/51 ou Lei n. 8.137/90). Na hipótese de vítima incapaz (em razão de saúde mental, inferioridade intelectual, inexperiência ou menoridade), o crime será o de abuso de incapazes (CP, art. 173).

1.4. Análise da(s) conduta(s) descrita(s) no tipo

Estelionato é a obtenção de vantagem econômica indevida mediante fraude, isto é, pela indução ou manutenção da vítima em erro conduz-se esta à prática de disposição patrimonial em favor do agente. Consiste o crime em obter, para si ou para outrem, vantagem de natureza econômica indevida, em prejuízo de outrem, pelo emprego de meio fraudulento (artifício, ardil ou meio análogo). Fraude é o malicioso engano referido a uma locupletação injusta.

1.5. Torpeza liberal

Divergem doutrina e jurisprudência quanto a subsistir ou não o crime de estelionato no caso de também a vítima agir com malícia, objetivando uma vantagem moral ou legalmente reprovadas, como no clássico exemplo em que alguém compra maquinário para produzir dinheiro falso e constata, depois, tratar-se de equipamento absolutamente inservível aos fins anunciados. Por este entendimento, torna-se possível que mesmo um ladrão figure como vítima de estelionato ao ser enganado quando da negociação dos bens por ele subtraídos, hipótese em que o ofendido da lesão patrimonial seria a vítima do furto precedente.

1.6. Forma privilegiada

Trata-se de disposição típica remetida, pois confere, expressamente, ao estelionato "privilegiado" um tratamento benéfico simétrico ao da figura do denominado furto "privilegiado", aqui falando-se, todavia, em pequeno valor do prejuízo (e não em pequeno valor da coisa).

1.7. Figuras equiparadas

Trata-se de construções típicas especiais que preservam mesma quantidade e qualidade de pena cominada à figura fundamental do *caput*. De acordo com o § 2º, "Nas mesmas penas incorre quem [...]".

1.7.1. Disposição de coisa alheia como própria

Pune-se a conduta daquele que vende (aliena onerosamente), permuta (barganha, troca) ou entrega para pagamento, locação (aluguel) ou em garantia coisa pertencente a terceiro como se própria fosse e, como a essência do estelionato é a fraude, não haverá crime se o receptor da coisa estiver ciente de que esta não pertence ao alienante. O objeto material é a coisa alheia tornada indisponível pelo agente. O sujeito ativo é aquele que simula a condição de dono do bem para aliená-lo em prejuízo de terceiro de boa-fé. Não haverá crime na hipótese de se tratar de usufrutuário (pois tem poder legal para locar a coisa alheia) e o locatário (desde que ausente cláusula contratual proibitiva). O sujeito passivo é não apenas o proprietário da coisa injustamente transacionada, mas também o adquirente iludido.

1.7.2. Alienação ou oneração fraudulenta de coisa própria

Aqui a conduta incriminada consiste na venda (alienação onerosa), troca, dação em pagamento ou em garantia, de um bem pertencente ao próprio agente mas que dele não podia dispor porque: a) estava gravado de ônus (p. ex., hipoteca); b) era objeto de disputa judicial (litigioso); c) consistia de imóvel cuja venda parcelada fora prometida a terceiro. A essência da fraude reside no silêncio sobre o caráter indisponível do bem negociado, daí resultando que a conduta será atípica no caso de ter o adquirente a ciência quanto às circunstâncias elencadas taxativamente no tipo e que tornam o bem não desembaraçado para o negócio. O objeto material é a coisa (móvel ou imóvel) própria, mas inalienável. O sujeito ativo somente pode ser o proprietário do bem transacionado (crime próprio). O sujeito passivo pode ser qualquer pessoa. Quanto à consumação, o resultado material verifica-se com a vantagem financeira advinda da transação ilegal do bem próprio indisponível.

1.7.3. Defraudação de penhor

A conduta típica consiste na defraudação do bem móvel oferecido como penhor (garantia de negócio) operada por meio da venda não consentida "ou por outro modo" (interpretação analógica) daquele objeto empenhado. O consentimento válido prestado pelo credor pignoratício afasta a tipicidade da conduta. O objeto material é o bem móvel dado como penhor e que remanesceu na posse do devedor. O sujeito ativo é somente o devedor pignoratício que conserva a posse do bem empenhado (crime próprio). O sujeito passivo é o credor pignoratício insciente da negociação do bem dado em garantia e do qual não tem a posse. A consumação ocorre com a dissipação do bem empenhado, acarretando lesão ao direito do credor (crime material).

1.7.4. Fraude na entrega de coisa

Pune-se a alteração depreciativa (na natureza, características ou montante) de bem móvel ou imóvel cuja entrega é juridicamente devida a outrem. Afasta-se a tipicidade caso o destinatário do bem consinta na espoliação. O objeto material é coisa móvel ou imóvel conspurcada. O sujeito ativo somente pode ser a pessoa obrigada à entrega do bem (crime próprio). Não pode, todavia, praticar a conduta na condição de comerciante, pois nesse caso o crime é o do art. 175, CP. O sujeito passivo é aquele que tem o direito de receber a coisa. O elemento normativo do tipo é o dever (por lei ou contrato) de transmissão do bem a outrem. A consumação se dá com a efetiva entrega ou com a defraudação.

1.7.5. Fraude para recebimento de indenização ou valor de seguro

A conduta típica é a destruição (total ou parcial) de bem móvel ou imóvel próprio, bem assim a lesão ou agravação de lesão (fisiológica ou anatômica) à integridade física ou à saúde próprias, com o propósito de obter indenização de empresa seguradora. O objeto material na primeira parte do artigo é a coisa material própria; na segunda figura é o organismo do agente. O sujeito ativo é somente o beneficiário e/ou titular da apólice de seguro (crime próprio). Caso ocorra concurso de terceira pessoa para inflição de ofensa física no segurado, somente ela responderá pelo crime de lesão corporal dolosa, vez que a autolesão não merece tipificação no direito penal pátrio. Já o sujeito passivo é somente a empresa seguradora; na hipótese de lesão corporal produzida por outrem, o lesionado não figurará como vítima deste crime, mas sim de lesões corporais dolosas (pois a integridade física é bem jurídico indisponível). O elemento subjetivo específico do tipo consiste na intenção de obter indenização ou valor do seguro (dolo específico, para a doutrina causal).

Consuma-se tão só com a destruição ou ocultação da coisa ou então com a produção ou agravação de ofensa à integridade corporal ou à saúde do agente, independentemente da percepção do valor do seguro (crime formal).

1.7.6. Fraude no pagamento por meio de cheque

A conduta criminosa em questão ocorre quando o agente emite cheque sem a devida provisão de fundos ou, havendo numerário bastante no instante da emissão, frustra a compensação do título por algum meio (*v. g.*, expedição de contraordem, saque dos fundos etc.). O objeto material é o cheque sem provisão de fundos ou com seu pagamento frustrado. Somente o titular ou os titulares de conta corrente bancária (crime próprio) podem figurar como sujeito(s) ativo(s). Já o sujeito passivo é o beneficiário que não logra obter o crédito da importância estampada na cártula de cheque. O elemento normativo do tipo é o "cheque", que constitui título de crédito pagável à vista de sua apresentação na instituição financeira respectiva, não sendo válida qualquer outra anotação nele lançada e que em sentido contrário disponha, como na hipótese do denominado cheque "pré-datado" ou "pós-datado", onde se opera a desnaturação do título e se afasta o juízo de tipicidade nos termos deste inciso. O crime estará consumado quando da recusa de pagamento pela agência bancária sacada (crime material), sendo que o provimento de fundos após a emissão do título conduz à figura do arrependimento eficaz. Ressalta-se que o pagamento do valor do cheque antes do recebimento da denúncia obsta à ação penal, nos termos da Súmula n. 554 do STF, aplicada mesmo após a reforma penal de 1984 (a qual introduziu a figura do arrependimento posterior como mera causa de diminuição de pena, no art. 16). Representa, pois, causa de extinção de punibilidade.

1.8. Causa especial de aumento de pena

Na hipótese de figurar como vítima entidade de direito público ou de instituto de economia popular, assistência social ou beneficência, haverá o aumento de pena previsto no § 3º deste artigo.

A Lei n. 13.228, com publicação e entrada em vigor em 28.12.2015, acresceu novo parágrafo ao art. 171, para o fim de majorar a pena daquele que, empregando fraude, obtenha vantagem patrimonial indevida em prejuízo de pessoa idosa, isto é, daquela vítima que, nos termos do art. 1º da Lei n. 10.741/2003, tenha completado 60 anos de idade. Trata-se de causa especial de aumento de pena a ser sopesada pelo magistrado na terceira fase da dosimetria, ocasionando a duplicação da sanção provisória obtida na segunda fase de cálculo (quando são consideradas as agravantes e atenuantes genéricas). Trata-se, portanto, de uma majorante, e não de qualificadora, pois nesta última circunstância o legislador comina abstratamente novos patamares mínimo e máximo que fornecem o *quantum* para a aferição da pena base (já na primeira fase da dosagem da sanção penal). Cuida-se de opção do legislador, por reconhecer a frequência com que pessoas idosas, muitas delas fragilizadas física e intelectualmente pelo processo natural da senilescência, tornam-se alvo preferencial de fraudes as mais diversas, sendo notória a prática do "conto do bilhete" contra esse universo da chamada "melhor idade". A maior vulnerabilidade desses ofendidos revelaria um desvalor mais intenso da conduta do agente e, pois, legitimaria uma reprimenda mais severa. Tratando-se de medida mais gravosa, somente incidirá sobre as condutas praticadas após a data de entrada em vigor da *novatio legis in pejus*. A aplicação dessa majorante afasta a aplicabilidade da agravante genérica prevista no CP, art. 62, II, *h*, sob pena de *bis in idem*. Advirta-se, por fim, que esse estelionato majorado pela condição etária da vítima não se confunde com as figuras típicas definidas no Estatuto da Pessoa Idosa, em seus arts. 102 e 106. No primeiro caso, não existe fraude, e, sim, apropriação indébita (com boa-fé inicial do agente), ao passo que na segunda hipótese incriminadora mencionada (art. 106) o delito de outorga indevida de procuração afigura-se crime formal, em que há apenas a potencialidade do dano ao acervo patrimonial da pessoa idosa, com punição menos rigorosa porque, caso se constitua tal manobra apenas meio para perpetração da fraude, correta será a subsunção da conduta ao "estelionato senil", que, como infração material (cujo resultado implica efetiva lesão patrimonial à vítima), absorve aquela e acarreta, por isso, a imposição de castigo penal mais severo.

1.9. Consumação e tentativa

Perfaz-se o crime com a obtenção da vantagem indevida, sendo possível a tentativa.

1.10. Representação da vítima como condição de procedibilidade inserida pelo denominado "Pacote Anticrime" (Lei n. 13.964/2019)

A ação penal para o crime de estelionato, tanto na sua modalidade fundamental como nas figuras equiparadas do § 2º, sempre foi de natureza pública incondicionada, por intelecção do art. 100, *caput*, do CP, dispensando-se, assim, para o desencadeamento da investigação pela polícia judiciária e o subsequente oferecimento de denúncia pelo Ministério Público, o adimplemento de qualquer condição de procedibilidade, neste caso a manifestação de vontade da vítima mediante representação expressa ou tácita (CPP, arts. 4º, § 4º, e 24). Com a inovação introduzida pelo novel § 5º, a regra, doravante, será a ação penal pública condicionada para o início da persecução penal (investigação preliminar e promoção da acusação). Trata-se de *novatio legis in mellius* que, por isso, deveria, também, retroagir aos fatos ocorridos antes de sua entrada em vigor e beneficiar réus e investigados, por força do que dispõem expressamente tanto o Código Penal (art. 2º, parágrafo único) como a Constituição Federal (art. 5º, XL). A alteração legal conforma-se aos postulados do princípio constitucional penal da intervenção mínima, deslegitimando-se a ação do Estado penal nas hipóteses em que da fraude resultem ofensas circunscritas ao patrimônio privado de pessoa natural capaz ou de pessoa jurídica não pública.

Todavia, remanesce, outrossim, a controvérsia doutrinal e jurisprudencial quanto à exigibilidade de representação (como condição de procedibilidade ou de prosseguibilidade) relativamente aos eventos ocorridos antes da entrada em vigor da novel disposição legal sob comento. Sob uma ótica mais garantista, e que nos parece a mais correta, ter-se-ia uma verdadeira *novatio legis in mellius* de conteúdo misto (penal e processual) e que, nos termos do CP (art. 2º) e da Constituição da República (art. 5º, XL), deveria retroagir para alcançar, também, as infrações penais praticadas antes da vigência do "Pacote Anticrime", inclusive induzindo à eventual extinção da punibilidade (CP, art. 107, IV) pela superveniência da decadência (CP, art. 103, e CPP, art. 38). Com isso, de rigor seria a convocação das vítimas para manifestação de vontade (pela oferta de representação), no semestre decadencial, mesmo para os casos em que já houvesse a denúncia sido oferecida e/ou recebida. De outra borda, em aparente desconsideração a se tratar de instituto de dúplice natureza (material e instrumental), outros se inclinam a indicar a solução diversa, isto é, pela inexigibilidade da representação que à época dos fatos não merecia previsão, em nenhuma hipótese, para o estelionato, vez que se tratava, então, de persecução mediante ação penal pública incondicionada. Para o STJ, por sua 3ª Seção (*HC* n. 610.201/SP), a exigência da representação não seria imponível nos processos que já estavam em curso, pois o legislador teria previsto apenas a condição de procedibilidade e nada teria disposto – embora pudesse fazê-lo – sobre a condição de prosseguibilidade, isto é, a condição necessária para prosseguimento do processo, impondo-se, assim, o respeito aos princípios constitucionais do direito adquirido e do ato jurídico perfeito (quando já oferecida a denúncia). Essa decisão dissonou da intelecção exarada pela 6ª Turma do mesmo Egrégio Colegiado (*HC* n. 583.837/SC), para o qual a disposição benéfica deveria retroagir aos processos em curso, até o trânsito em julgado da ação penal, aplicando-se, por analogia, o previsto no art. 91 da Lei n. 9.099/95, na hipótese de inocorrência de representação da vítima.

No STF, igualmente se verifica a mesma controvérsia intestina, eis que a 2ª Turma daquela

Corte entende pela retroatividade benéfica da exigência da representação do ofendido para a persecução (*HC* n. 180.421/SP – Ag. Reg.), pois a norma que trata da ação penal tem natureza mista (material e processual), por acarretar reflexos nas duas esferas, daí a razão de a norma benéfica retroagir às investigações e processos em andamento, ainda que iniciados antes da vigência da lei mais benéfica. De outra borda, a 1ª Turma do mesmo Tribunal (*HC* n. 187.341/SP) esposou o entendimento pela não retroação da condição de procedibilidade se já apresentada a denúncia antes da entrada em vigor da lei alteradora, haja vista que, nessa situação, o ato jurídico perfeito já teria se consubstanciado.

A mesma norma inovadora previu, no entanto, cinco hipóteses em que a ação penal segue sendo de iniciativa pública incondicionada, dizendo respeito às condições subjetivas do ofendido pelo crime, na seguinte conformidade:

a) *Administração Pública (direta ou indireta) como ofendida*: neste caso a desnecessidade de representação cinge-se à natureza pública do patrimônio lesado pela conduta fraudulenta, abrangendo, pela amplitude do enunciado, os três níveis da estruturação estatal (esferas municipal, estadual e federal) e as três dimensões funcionais republicanas (Poderes Executivo, Legislativo e Judiciário). O ente administrativo lesado pode integrar tanto o núcleo estrutural fundamental do Estado (administração direta) como as chamadas paraestatais, isto é, aqueles órgãos a estas circunstantes ou orbitais, caso das autarquias, fundações mantidas pelo poder público, sociedades de economia mista e empresas públicas (administração indireta).

b) *Vítima criança ou adolescente*: adotado o critério legal (Lei n. 8.069/90, art. 2º), criança é o indivíduo desde o nascimento até o dia anterior ao seu décimo segundo aniversário, ao passo que adolescente é o infante que, tendo completado 12 anos de idade, não atingiu, todavia, a maioridade (ciclo etário de 18 anos de vida completos).

c) *Vítima pessoa com deficiência mental*: somente justifica a natureza pública da ação penal a deficiência de ordem mental do indivíduo, vez que inadmissível a extensão da previsão à pessoa com deficiência física para caracterização da ação penal como pública incondicionada (pois implicaria vedada analogia maléfica ao agente). Criticável a inexata redação, que, como posta, indica filiação a um critério puramente biológico (mera existência de uma patologia psíquica ou anormal desenvolvimento mental) quando, seguindo a sistemática do Código Penal para a autoria (*exempli gratia*, arts. 26 e 217-A, § 1º), mais adequado seria a adoção do critério biopsicológico, com a necessidade de demonstração probatória de que da deficiência mental (causa) teria resultado, no caso concreto, incapacidade mental, total ou parcial, para disposição patrimonial válida (efeito) pelo discernimento precário ou ausente.

d) *Vítima pessoa maior de 70 anos*: diz respeito ao indivíduo a partir do dia seguinte ao de seu aniversário de 70 anos (pois na exata data natalícia ele ainda não é "maior" de 70 anos). Não se confunde essa categoria de ofendidos com a classe jurídica das pessoas idosas, que, na definição legal, é a pessoa de idade igual ou superior a 60 anos (Estatuto da Pessoa Idosa, Lei n. 10.741/2003, art. 1º).

e) *Vítima incapaz*: deve ser entendida não como a pessoa hipossuficiente para prover a própria sobrevivência e ou autodefesa física (*v.g.* a vítima do crime de abandono de incapaz do CP, art. 133), mas sim o indivíduo que, desprovido de plena consciência e vontade, carece de aptidão jurídica para figurar como sujeito de direitos e obrigações e, por conseguinte, não autorizado à prática desassistida de atos na órbita civil, conquanto passível de gozar de direitos por seus representantes legais (CC, arts. 115 a 120). O estatuto civil é que estabelece quem são as pessoas absolutamente incapazes de exercer pessoalmente os atos da vida civil: I) menores de 16 anos; II) os que, por enfermidade ou deficiência mental, não tiverem o necessário discernimento para a prática desses atos; III) os que, mesmo por causa transitória, não puderem exprimir sua vontade (CC, art. 3º). O mesmo códex dispõe, em seu art. 4º que são incapazes, relativamente a certos atos ou à maneira de os exercer: I) os maiores de 16 anos e menores de 18 anos; II) os ébrios habituais, os viciados em tóxicos e os que, por deficiência mental, tenham o desenvolvimento reduzido; III) os excepcionais, sem desenvolvimento mental completo; IV) os pródigos. Observa-se, pois, a ausência de sistematicidade do legislador ao incluir na cauda do parágrafo adicionado a partícula "incapaz", que, rigorosamente, abarcaria conceitualmente os grupos antes dela elencados (exceto o do inciso I).

Pensamos que, pelo menos nas hipóteses dos incisos II, III e IV, andou mal o legislador, ainda que com finalidade processual imediata, ao fazer referência a categoria de vítimas que, histórica e mais propriamente, encontram específico abrigo típico como sujeitos passivos do crime de Abuso de Incapazes (CP, art. 173), com punição mais severa e com consumação antecipada (crime formal) pois, na norma especial, em vez da fraude (essência ativa do estelionato), vale-se o agente da "necessidade, paixão ou inexperiência de menor, ou da alienação mental de outrem" para consecução do ganho patrimonial ilícito. Instaura-se, com isso, potencial conflito aparente de normas por o legislador demonstrar evidente desconhecimento dos tipos penais incriminadores preexistentes do capítulo patrimonial. Todavia, como a novel norma é de natureza preponderantemente instrumental (conquanto mista), pensamos que não deva implicar reconfiguração típica com afastamento da subsunção do evento ao tipo penal ínsito do CP, art. 173, nas hipóteses em que o ofendido pela disposição patrimonial ilícita seja criança, adolescente, pessoa com deficiência mental, pessoa idosa com mais de 70 anos ou incapaz. Possível a convivência dos tipos, a reclamar redobrada cautela no momento da aplicação da norma para distinção objetiva do meio preponderante empregado na execução criminosa, se a fraude geradora do erro (estelionato) ou se o aproveitamento da hipossuficiência intelectual da vítima bastante a dispensar o engodo (abuso de incapazes).

1.11. Fraude eletrônica (§ 2º-A)

A Lei n. 14.155, que entrou em vigor aos 28 de maio de 2021, configura uma *novatio legis in pejus* por emprestar tratamento penal mais severo, pela inserção de uma qualificadora, ao estelionato praticado por meio de fraude eletrônica, não podendo, pois, retroagir para alcançar eventos ocorridos antes de sua entrada em vigor.

Sendo o estelionato um crime de forma vinculada (somente típico se praticado por meio de fraude), tem-se que a inserção da nova circunstância buscou punir de modo mais gravoso as condutas perpetradas com o recurso a meios de telecomunicação (diálogos telefônicos) e, também, a meios eletrônicos de comunicação e de interação social (redes sociais, mensagens eletrônicas etc.). Ademais, com o emprego da interpretação analógica, dada no caso pela expressão "outro meio fraudulento análogo", resta autorizada ao hermeneuta a subsunção típica relativamente a condutas que, não expressamente mencionadas pela letra do dispositivo, com este guardem pertinência de sentido e finalidade, isto é, qualquer outro artifício ou ardil, executável no meio virtual ou de telecomunicação, idôneo a induzir a vítima ao erro, gerando a esta um prejuízo econômico e, em contrapartida, um lucro ilícito em favor do agente (p.ex., na hipótese de o estelionatário obter tais informações em plataformas virtuais controladas e mantidas para fins de ensino ou trabalho ou em fóruns restritos de jogos eletrônicos etc.). Constata-se, pois, que, malgrado a rubrica "fraude eletrônica", possível o enquadramento típico para ações delitivas praticadas fora do ambiente virtual ou mesmo sem emprego de equipamento de informática, bastando que o agente se valha de um singelo aparelho telefônico ainda que desconectado da rede mundial de computadores.

Da análise do dispositivo depreende-se que a mera obtenção de informações, mediante fraude eletrônica ou telefônica, somente atingirá os contornos típicos desta qualificadora se tais dados foram, depois, empregados pelo agente na aplicação da fraude hábil à sua locupletação econômica indevida em detrimento da pessoa natural ou jurídica lesada em seu patrimônio. Caso a ação do agente se restrinja à desautorizada coleta desses dados, mas sem o ulterior emprego em fraude, possível que se encontre adequação típica na figura do art. 154-A do CP, introduzido pela mesma lei (e que incrimina, especificamente, a invasão de dispositivo informático de uso alheio, conectado ou não à rede de computadores, com o fim de obter, adulterar ou destruir dados ou informações sem autorização expressa ou tácita do usuário do dispositivo ou de instalar vulnerabilidades para obter vantagem ilícita). Por outro lado, ocorrente a efetiva invasão informática como meio para execução da fraude eletrônica (consumada ou tentada), responderá o agente unicamente por este crime fim, absorvida aquela primeira infração como mero ato preparatório deste.

1.12. Majorante na fraude eletrônica: servidor fora do país (§ 2º-B)

De maneira análoga àquela prevista para o furto mediante fraude eletrônica (art. 155, § 4º-B, I, do Código Penal), tem-se neste parágrafo uma causa especial de aumento de pena na hipótese de o servidor utilizado para as operações virtuais ilícitas do agente achar-se sediado fora do Brasil, presumindo-se que, nessa situação, ter-se-ia uma ofensividade maior na conduta (pela possibilidade de as operações criminosas se estenderem por mais tempo até eventual desativação de acesso do usuário criminoso e remoção de conteúdo), bem como pela maior dificuldade de atuação investigativa e persecutória do Estado brasileiro. O dispositivo condiciona a incidência da majorante à "relevância do resultado gravoso" e, malgrado a vagueza da expressão, há de se entender como tal o evento criminoso que produza elevado dano ao acervo patrimonial do ofendido (considerado seu perfil socioeconômico concreto) ou atinja universo amplo de vítimas. De se mencionar que, com a aplicação desse aumento na terceira fase de dosimetria da pena, chegar-se-á a uma pena mínima superior àquela cominada ao crime de homicídio simples, em evidente afronta ao princípio da proporcionalidade da pena e em clara demonstração de (mais um) emprego promocional ou simbólico das ferramentas penais.

1.13. Majorante do estelionato contra pessoa idosa ou vulnerável (§ 4º)

O legislador estabeleceu, no § 4º, aumento de pena de um terço até o dobro caso a vítima seja pessoa idosa (com idade igual ou superior a 60 anos, nos termos da Lei n. 10.741/2003, art. 1º) ou vulnerável (menor de 14 anos de idade, ou pessoa de qualquer faixa etária privada da capacidade plena de discernimento ou ainda todo que, por qualquer causa, não possa oferecer resistência). Cabíveis, aqui, as advertências que lançamos no item 1.10, "e", antecedente, ao qual remetemos o leitor. Também aqui a incidência da majorante resta subordinada à aferição, no caso concreto, da intensidade com que a ação criminosa repercute sobre a esfera patrimonial da pessoa hipossuficiente afetada pela fraude.

1.14. Competência no estelionato mediante emissão de cheque

A mesma Lei n. 14.155/2021, ao alterar o art. 70, § 4º, do Código de Processo Penal, veio a derribar sedimentado entendimento doutrinário e jurisprudencial quanto à competência para processar e julgar o agente no caso de estelionato mediante emissão de cheque sem provisão de fundos ou posterior frustração do pagamento do título (foro do local da recusa de pagamento pelo sacado – Súmulas ns. 244, STJ, e 521, STF). Doravante restará fixada a competência pelo local de domicílio da vítima ou, em caso de pluralidade de sujeitos passivos, pela prevenção, devendo, assim, entender-se como canceladas as duas súmulas precitadas. Outrossim, entendemos que permanece inalterada a fixação da competência na hipótese de estelionato cometido mediante falsificação de cheque (juízo do local da obtenção da vantagem ilícita – Súmula n. 48, STJ), vez que a essa situação não faz remissão expressa o novel dispositivo.

2. JURISPRUDÊNCIA

2.1. Súmulas

Súmula n. 246, STF: "Comprovado não ter havido fraude, não se configura o crime de emissão de cheque sem fundos".

Súmula n. 521, STF: "O foro competente para o processo e julgamento dos crimes de estelionato, sob a modalidade de emissão dolosa de cheque sem provisão de fundos, é o do local onde se deu a recusa do pagamento pelo sacado".

Inaplicável diante da alteração promovida pela Lei n. 14.155/2021 no art. 70, § 4º, do CPP.

Súmula n. 554, STF: "O pagamento de cheque emitido sem provisão de fundos, após o recebimento da denúncia, não obsta ao prosseguimento da ação penal".

Súmula n. 17, STJ: "Quando o falso se exaure no estelionato, sem mais potencialidade lesiva, é por este absorvido".

Súmula n. 24, STJ: "Aplica-se ao crime de estelionato, em que figure como vítima entidade autárquica da previdência social, a qualificadora do § 3º do art. 171 do Código Penal".

Súmula n. 48, STJ: "Compete ao juízo do local da obtenção da vantagem ilícita processar e julgar crime de estelionato cometido mediante falsificação de cheque".

Inaplicável diante da alteração promovida pela Lei n. 14.155/2021 no art. 70, § 4º, do CPP.

Súmula n. 73, STJ: "A utilização de papel-moeda grosseiramente falsificado configura, em tese, o crime de estelionato, da competência da Justiça estadual".

Súmula n. 107, STJ: "Compete à Justiça Comum Estadual processar e julgar crime de estelionato praticado mediante falsificação das guias de recolhimento das contribuições previdenciárias, quando não ocorrente lesão à autarquia federal".

Súmula n. 244, STJ: "Compete ao foro do local da recusa processar e julgar o crime de estelionato mediante cheque sem provisão de fundos".

Inaplicável diante da alteração promovida pela Lei n. 14.155/2021 no art. 70, § 4°, do CPP.

2.2. Julgados

Estelionato. "Cola" eletrônica

Inquérito. 1. Denúncia originariamente oferecida pela Procuradoria-Regional da República da 5ª Região contra deputado estadual. 2. Remessa dos autos ao STF em face da eleição do denunciado como deputado federal. 3. Parlamentar denunciado pela suposta prática do crime de estelionato (CP, art. 171, § 3°). Peça acusatória que descreve a suposta conduta de facilitação do uso de "cola eletrônica" em concurso vestibular (utilização de escuta eletrônica pela qual alguns candidatos – entre outros, a filha do denunciado – teriam recebido as respostas das questões da prova do vestibular de professores contratados para tal fim). 4. O Ministério Público Federal (MPF) manifestou-se pela configuração da conduta delitiva como falsidade ideológica (CP, art. 299) e não mais como estelionato. 5. A tese vencedora, sistematizada no voto do Min. Gilmar Mendes, apresentou os seguintes elementos: i) impossibilidade de enquadramento da conduta do denunciado no delito de falsidade ideológica, mesmo sob a modalidade de "inserir declaração falsa ou diversa da que devia ser escrita, com o fim de prejudicar direito, criar obrigação ou alterar a verdade sobre fato juridicamente relevante"; ii) embora seja evidente que a declaração fora obtida por meio reprovável, não há como classificar o ato declaratório como falso; iii) o tipo penal constitui importante mecanismo de garantia do acusado. Não é possível abranger como criminosas condutas que não tenham pertinência em relação à conformação estrita do enunciado penal. Não se pode pretender a aplicação da analogia para abarcar hipótese não mencionada no dispositivo legal (analogia *in malam partem*). Deve-se adotar o fundamento constitucional do princípio da legalidade na esfera penal. Por mais reprovável que seja a lamentável prática da "cola eletrônica", a persecução penal não pode ser legitimamente instaurada sem o atendimento mínimo dos direitos e garantias constitucionais vigentes em nosso Estado Democrático de Direito. 6. A tese vencida, iniciada pelo Min. Carlos Britto, e acompanhada pelos Ministros Ricardo Lewandowski, Joaquim Barbosa e Marco Aurélio, baseou-se nos seguintes argumentos: i) o acusado se defende de fatos, e não da respectiva capitulação jurídica. É indiferente à defesa do acusado a circunstância de a denúncia haver inicialmente falado de estelionato, enquanto sua ratificação, pelo Procurador-Geral da República, redefiniu a questão para focá-la na perspectiva da falsidade ideológica. Para a tese vencida, os fatos narrados não passaram por nenhuma outra versão, permitindo, assim, o desembaraçado manejo das garantias do contraditório e da ampla defesa; ii) o caso tem potencialidade de acarretar prejuízo patrimonial de dupla face: à Universidade Federal da Paraíba, relativamente ao custeio dos estudos de alunos despreparados para o curso a que se habilitariam por modo desonesto, de parelha com o eventual dever de anular provas já realizadas e, assim, instaurar novo certame público; e àqueles alunos que, no número exato dos "fraudadores", deixariam de ser aprovados no vestibular; iii) incidência de todos os elementos conceituais do crime de estelionato: obtenção de vantagem ilícita, que, diante do silêncio da legislação penal, pode ser de natureza patrimonial, ou pessoal; infligência de prejuízo alheio, que há de ser de índole patrimonial ou por qualquer forma redutível a pecúnia, pois o crime de estelionato insere-se no Título do CP destinado à proteção do patrimônio; utilização de meio fraudulento; e induzimento ou manutenção de alguém em erro; iv) seja no delito de estelionato, ou no de *falso*, a denúncia parece robusta o suficiente para instaurar a ação penal; e, por fim, v) a tramitação de projeto de lei no Congresso Nacional para instituir um tipo criminal específico para a cola eletrônica não se traduz no reconhecimento da atipicidade da conduta do acusado. 7. Denúncia rejeitada, por maioria, por reconhecimento da atipicidade da conduta descrita nos autos como "cola eletrônica". (STF, Inq. n. 1.145/PB, Pleno, rel. Min. Maurício Corrêa, j. 19.12.2006)

Estelionato contra o INSS. Laudo médico falso

Penal e processual penal. *Habeas corpus*. Tentativa de estelionato (art. 171, § 3°, c/c art. 14, II, CP). Trancamento da ação penal. Medida excepcional. Apresentação de laudo médico falso ao INSS para fins de obtenção de auxílio-doença. Alegação de crime impossível por ineficácia absoluta do meio empregado. Reexame de fatos e provas. Vedação na via do *writ*. Ordem de *habeas corpus* extinta por inadequação da via eleita. 1. O trancamento da ação penal por meio de *habeas corpus* é medida excepcional, somente admissível quando transparecer dos autos, de forma inequívoca, a inocência do acusado, a atipicidade da conduta ou a extinção da punibilidade, circunstâncias não evidenciadas na hipótese em exame. Precedentes: *HC* n. 101.754, 2ª T., rel. Min. Ellen Gracie, *DJ* 24.06.2010 e *HC* n. 92.959, 1ª T., rel. Min. Carlos Britto, *DJ* 11.02.2010. 2. Não há falar em crime impossível quando o agente utiliza meio eficaz à consumação do delito. A análise da eficácia, ou não, do meio empregado para a prática do crime demandaria aprofundado revolvimento de fatos e provas, o que é insuscetível na via do *habeas corpus*. 3. *In casu*, o TRF da 2ª Região, com ampla cognição fático-probatória, assentou que o laudo médico apresentado pela paciente para fins de obtenção do auxílio-doença constituiria meio eficaz à obtenção do benefício previdenciário, caso o falso não tivesse sido detectado por perito do INSS. 4. Ordem de *habeas corpus* extinta por inadequação da via eleita. (STF, *HC* n. 114.475/RJ, 1ª T., rel. Min. Luiz Fux, j. 12.03.2013)

Estelionato contra o INSS sob forma de recebimentos plúrimos. Crime único

Penal e processo penal. Agravo regimental no recurso especial. Estelionato. Recebimento de benefício previdenciário. continuidade delitiva. Crime permanente. Incompatibilidade. Uma única conduta consistente na apresentação ao INSS de vínculo empregatício falso para fins de recebimento de auxílio-doença, ainda que receba o benefício de forma parcelada (plúrimos recebimentos) durante vários meses, configura crime único, a impedir a tipificação da continuidade delitiva. Precedentes. Agravo regimental desprovido. (STJ, Ag. Reg. no REsp n. 1.720.621/SP, 5ª T., rel. Min. Félix Fischer, j. 19.06.2018)

Estelionato contra o INSS. Praticado por beneficiário de prestação previdenciária. Natureza jurídica. Crime permanente

Habeas corpus. Direito penal. Estelionato previdenciário. Natureza jurídica. Crime permanente. Prescrição. Inocorrência. *Writ* denegado. O crime de estelionato previdenciário, quando praticado pelo próprio beneficiário das prestações, tem caráter permanente, cessando a atividade delitiva apenas com o fim da percepção das prestações. Precedentes desta Corte. Iniciado o prazo prescricional com a cessação da atividade delitiva, não é cabível o reconhecimento da extinção da punibilidade no caso concreto. *Habeas corpus* denegado. (STF, *HC* n. 112.006/RJ, 1ª T., rel. Min. Rosa Weber, j. 12.03.2013)

No mesmo sentido, *HC* n. 114.573/GO, 1ª T., rel. Min. Dias Toffoli, j. 19.02.2013.

Habeas corpus. Estelionato. Fraude contra a Previdência Social. Crime permanente. Termo inicial do prazo prescricional. Cessação do recebimento das prestações indevidas. Art. 111, III, do CP. Prescrição conforme art. 109, III, do CP. Não ocorrência. Precedente da 3ª Seção desta Corte Superior. Ordem de *habeas corpus* denegada. 1. É pacífica a jurisprudência desta Corte no sentido de que o estelionato praticado contra a Previdência Social é crime permanente. Portanto, tem como marco inicial para a contagem do prazo prescricional o dia em que cessa a permanência, ou seja, o dia da última prestação indevidamente recebida. Precedentes. 2. No caso em análise, a última prestação indevidamente recebida ocorreu em outubro de 2006, e, sendo de 6 (seis) anos e 8 (oito) meses a pena máxima prevista para o delito (art. 171, § 3º, do CP), não transcorreu lapso temporal superior a 12 (doze) anos entre os marcos interruptivos da prescrição, conforme o disposto no art. 109, III, do CP. 3. Ordem de *habeas corpus* denegada. (STJ, *HC* n. 189.415/RJ, 5ª T., rel. Min. Laurita Vaz, j. 12.03.2013)

Estelionato contra o INSS. Praticado por terceiro não beneficiário de prestação previdenciária. Natureza jurídica. Crime instantâneo de efeito permanente

Habeas corpus. Penal. Sentença condenatória. Estelionato praticado contra a Previdência Social (art. 171, § 3º, do CP). Crime instantâneo de efeitos permanentes quando supostamente praticado por terceiro não beneficiário. Prescrição. Ocorrência. 1. A Paciente não é segurada do INSS, mas funcionária do Sindicato dos Trabalhadores Rurais de João Lisboa/MA, a quem se imputa a prática do delito de estelionato previdenciário. 2. Este STF assentou que o crime de estelionato previdenciário praticado por terceiro não beneficiário tem natureza de crime instantâneo de efeitos permanentes, e, por isso, o prazo prescricional começa a fluir da percepção da primeira parcela. Precedentes. 3. Considerando que o recebimento da primeira parcela pela Paciente ocorreu em 24.11.1995 e que a pena máxima em abstrato do delito a ela imputado é de seis anos e oito meses, o prazo prescricional é de doze anos e, não havendo nenhuma causa interruptiva, se implementou em 24.11.2007, conforme preceituam os arts. 107, IV, e 109, III, do CP. 4. Ordem concedida. (STF, *HC* n. 112.095/MA, 2ª T., rel. Min. Cármen Lúcia, j. 16.10.2012)

Estelionato contra o INSS. Consumação

Conflito negativo de competência. Estelionato previdenciário. Consumação. Efetiva obtenção da vantagem indevida (aposentadoria). Transferência posterior do local de recebimento do benefício. Irrelevância para fins de competência. Art. 70 do CPP. 1. O crime de estelionato previdenciário se consuma com o efetivo recebimento da vantagem indevida, no caso, com o início do pagamento da aposentadoria, que se deu na cidade do Rio de Janeiro/RJ. 2. Assim, embora o local de recebimento do benefício previdenciário tenha sido posteriormente transferido para a cidade de Brasília/DF, a competência já havia sido fixada pelo lugar em que se consumou a infração, a teor do que dispõe o art. 70 do CPP. 3. Conflito conhecido para reconhecer a competência do Juízo Federal da 1ª Vara Criminal da Seção Judiciária do Rio de Janeiro/RJ, o suscitado. (STJ, CC n. 125.023/DF, 3ª S., rel. Min. Marco Aurélio Belizze, j. 13.03.2013)

Estelionato previdenciário. Crime instantâneo de efeitos permanentes. Contagem do prazo prescricional

Processo penal. Agravo regimental no agravo em recurso especial. Estelionato previdenciário. Art. 171, § 3º, do CP. Ausência de impugnação específica. Súmula n. 182/STJ. Prescrição. Não ocorrência. Crime instantâneo de efeitos permanentes. Súmula n. 568/STJ. [...] 4. A jurisprudência desta Corte tem entendido que o crime de estelionato previdenciário praticado para que terceira pessoa possa se beneficiar indevidamente da fraude tem natureza de crime instantâneo com efeitos permanentes, devendo ser contado o prazo prescricional a partir do recebimento da primeira prestação do benefício indevido. Não tendo transcorrido período superior a 8 anos entre os marcos interruptivos do prazo prescricional, inviável o reconhecimento da prescrição da pretensão punitiva, como pretendido na irresignação. Agravo regimental improvido. (STJ, Ag. Reg. no AREsp n. 1.203.461/SP, 6ª T., rel. Min. Sebastião Reis Júnior, j. 05.04.2018)

Estelionato. Pagamento indevido de pensão militar

Habeas corpus. Penal militar e processual penal militar. Estelionato. Saque indevido de pensão militar. Justa causa para a denúncia. Trancamento de ação penal. Competência da Justiça Militar. 1. Paciente denunciada pelo Ministério Público Militar pelo crime de estelionato (art. 251, *caput*, CPM), praticado em detrimento do Fundo de Pensionistas do Exército Brasileiro. 2. Não se exigem, quando do recebimento da denúncia, a cognição e a avaliação exaustiva da prova ou a apreciação exauriente dos argumentos das partes, bastando o exame da validade formal da peça e a verificação da presença de indícios suficientes de autoria e de materialidade. 3. Pode-se confiar no devido processo legal, com o trâmite natural da ação penal militar, para prevenir de forma suficiente eventuais ilegalidades, abusos ou injustiças no processo penal, não se justificando o trançamento da ação, salvo diante de situações excepcionalíssimas. Deve-se dar ao processo uma chance, sem o seu prematuro encerramento. 4. A competência da Justiça Militar, embora não se restrinja aos integrantes das Forças Armadas, deve ser interpretada restritivamente quanto ao julgamento de civil em tempos de paz por seu caráter anômalo. Precedente: *HC* n. 81.963/RS, rel. Min. Celso de Mello, 2ª T., unânime, *DJe* 18.06.2002. Apesar da tendência de limitar a atuação da Justiça Castrense em tempos de paz, o saque indevido por civil de benefício de pensão militar afeta bens e serviços das instituições militares, estando justificada a competência da Justiça militar. Precedentes. 5. Ordem denegada. (STF, *HC* n. 113.423/SP, 1ª T., rel. Min. Rosa Weber, j. 05.02.2013)

Habeas corpus. Penal militar. Crime de estelionato praticado contra patrimônio sob a administração militar. Filha de militar que declarou, falsamente, sua condição de solteira para obter o pagamento de parte da pensão devida pelo óbito de seu pai. Competência da Justiça Militar. Ordem denegada. 1. O crime em comento, classificado como crime militar em sentido impróprio, pois previsto tanto na legislação castrense (art. 251, CPM), quanto na legislação penal comum (art. 171, CP), tem por objeto jurídico tutelado ofendido o patrimônio público sujeito à administração militar. 2. A conduta da paciente, que informou falsamente à Administração Militar ostentar a condição de solteira e, assim, obteve vantagem ilícita consistente na obtenção de pensão decorrente do falecimento de servidor aposentado, paga pela administração militar, amolda-se perfeitamente ao crime capitulado no art. 251, *caput*, do CPM. 3. Competência da Justiça Militar para processar e julgar a respectiva ação penal (art. 9º, III, *a*, CPM). 4. Ordem denegada. (STF, *HC* n. 109.574/PA, 1ª T., rel. Min. Dias Toffoli, j. 20.11.2012)

Estelionato. Circunstâncias judiciais. Prejuízo suportado pela vítima

Habeas corpus. Constitucional, penal e processual penal. Crimes de formação de quadrilha ou bando e estelionato. Circunstâncias judiciais. Fixação da pena-base acima do mínimo legal. Possibilidade. Revisão da pena em *habeas corpus*. Precedentes. Conduta social. Alcance. Expressão econômica do prejuízo imposto à vítima.

Relevância. Vínculo profissional entre os envolvidos. Agravante. Possibilidade. Ordem denegada. 1. O Supremo Tribunal consolidou o entendimento no sentido de não ser o *habeas corpus* substitutivo da revisão criminal, pelo que, não havendo manifesta ilegalidade ou teratologia na definição da pena, é inviável o reexame dos elementos de convicção essenciais ao estabelecimento da sanção penal, cuja atividade depende da concreta avaliação das circunstâncias do fato. 2. A existência de circunstâncias judiciais desfavoráveis aos interesses do Réu respalda a fixação da pena-base acima do mínimo. Precedentes. 3. A prática de estelionato não é indicativo de conduta social reprovável, por ser aferível em momento distinto ao do delito e respeitar ao envolvimento do agente nos ambientes familiar, profissional e social anteriormente ao crime. 4. A expressão econômica do prejuízo imposto à vítima no estelionato abriga-se nas consequências do crime e, como circunstância judicial, pode interferir na fixação da pena-base. 5. A prática do estelionato não reclama, como elemento do tipo, a existência de vínculo profissional entre o agente e a vítima, pelo que é viável a incidência da agravante do art. 61, II, *g*, do CP. 6. Ordem denegada. (STF, *HC* n. 109.596/RJ, 2ª T., rel. Min. Cármen Lúcia, j. 05.02.2013)

Estelionato e falsidade documental. Absorção do *falsum*

Agravo regimental no agravo de instrumento. Direito penal. Aplicação da pena. Substituição. Extinção da punibilidade pelo tribunal *a quo*. Alegada ofensa ao art. 5º, LIV e LV, da CF. Ofensa reflexa. Conteúdo fático-probatório. Incidência da Súmula n. 279 do STF. 1. Os princípios da legalidade, do devido processo legal, da ampla defesa e do contraditório, da motivação das decisões judiciais, bem como os limites da coisa julgada e da prestação jurisdicional, quando a verificação de sua ofensa dependa do reexame prévio de normas infraconstitucionais, revelam ofensa indireta ou reflexa à CF, o que, por si só, não desafia a abertura da instância extraordinária. Precedentes. 2. A Súmula n. 279/STF dispõe, *verbis*: "Para simples reexame de prova não cabe recurso extraordinário". 3. É que o recurso extraordinário não se presta ao exame de questões que demandam revolvimento do contexto fático-probatório dos autos, adstringindo-se à análise da violação direta da ordem constitucional. 4. *In casu*, o acórdão originariamente recorrido assentou: "Apelação criminal. Art. 355, c/c os arts. 171 e 298, todos do CP. Preliminar. Inépcia da denúncia. Rejeição. Delito de patrocínio infiel. Decorrência de lapso temporal superior a 2 anos entre o recebimento da denúncia e a prolação da sentença. Extinção da punibilidade em face da ocorrência da prescrição. Mérito. Crimes de estelionato e falsidade documental. Autoria e materialidade devidamente comprovadas. Absorção do *falsum* documental pelo crime patrimonial. Recursos conhecidos e parcialmente providos, rejeitada a preliminar de inépcia da exordial e declarada a extinção da punibilidade pelo crime de patrocínio infiel". 5. Agravo Regimental a que se nega provimento. (STF, Ag. Reg. no AI n. 850.777/MG, 1ª T., rel. Min. Luiz Fux, j. 11.12.2012)

Estelionato e princípio da insignificância. Policial militar rodoviário. Impossibilidade

Habeas corpus. Estelionato. Policial militar rodoviário na reserva. Aplicação do princípio da insignificância. Impossibilidade. Elevada reprovabilidade da conduta. Ordem denegada. 1. A pertinência do princípio da insignificância deve ser avaliada considerando não só o valor do dano decorrente do crime, mas igualmente outros aspectos relevantes da conduta imputada. 2. O pequeno valor da vantagem auferida é insuficiente para aplicação do princípio da insignificância ante a elevada reprovabilidade da conduta do militar da reserva que usa documento falso para não pagar passagem de ônibus. 3. Aos militares cabe a guarda da lei e da ordem, competindo-lhes o papel de guardiões da estabilidade, a serviço do direito e da paz social, razão pela qual deles se espera, ainda que na reserva, conduta exemplar para o restante da sociedade, o que não se verificou na espécie. 4. Ordem denegada. (STF, *HC* n. 108.884/RS, 1ª T., rel. Min. Rosa Weber, j. 12.06.2012)

Estelionato contra o INSS e princípio da insignificância. Impossibilidade

Habeas corpus. Penal. Estelionato praticado contra a Previdência Social. Art. 171, § 3º, do CP. Princípio da insignificância. Inaplicabilidade. Elevado grau de reprovabilidade da conduta praticada, o que não legitima a aplicabilidade do postulado. Ordem denegada. 1. A aplicação do princípio da insignificância, de modo a tornar a conduta atípica, carece, entre outros fatores, além da pequena expressão econômica do bem objeto de subtração, de um reduzido grau de reprovabilidade da conduta do agente. 2. Ainda que se admitisse como norte para aferição do relevo material da conduta praticada pelo paciente a tese de que a própria Fazenda Pública não promove a execução fiscal para débitos inferiores a R$ 10.000 (dez mil reais) – Lei n. 10.522/2002 –, remanesceria, na espécie, o alto grau de reprovabilidade da conduta praticada. Esse fato, por si só, não legitimaria a aplicabilidade do postulado da insignificância. 3. Paciente que, após o falecimento de terceiro, recebeu indevidamente, no período de junho de 2001 a fevereiro de 2003, o benefício de prestação continuada a ele devido, causando prejuízo ao INSS na ordem de R$ 4.000,00 (quatro mil reais). 4. Esse tipo de conduta contribui negativamente com o déficit previdenciário do regime geral, que alcança, atualmente, expressivos 5,1 bilhões de reais. Não obstante ser ínfimo o valor obtido com o estelionato praticado, à luz do déficit indicado, se a prática de tal forma de estelionato se tornar comum, sem qualquer repressão penal da conduta, certamente se agravaria a situação dessa prestadora de serviço fundamental à sociedade, responsável pelos pagamentos das aposentadorias e dos demais benefícios dos trabalhadores brasileiros. Daí porque se afere como elevado o grau de reprovabilidade da conduta praticada. 5. Segundo a jurisprudência da Corte "o princípio da insignificância, cujo escopo é flexibilizar a interpretação da lei em casos excepcionais, para que se alcance o verdadeiro senso de justiça, não pode ser aplicado para abrigar conduta cuja lesividade transcende o âmbito individual e abala a esfera coletiva" (*HC* n. 107.041/SC, 1ª T., de minha relatoria, *DJe* 07.10.2011). 6. Ordem denegada. (STF, *HC* n. 111.918/DF, 1ª T., rel. Min. Dias Toffoli, j. 29.05.2012)

Estelionato. Causa de aumento de pena. Crime praticado em prejuízo de entidade de direito público

Habeas corpus. Penal. Crime de estelionato praticado em detrimento de entidade de direito público. Art. 171, § 3º, do CP. Saques irregulares de contas inativas vinculadas ao FGTS. Alegada incidência do postulado da insignificância penal. Inaplicabilidade. Acentuado grau de reprovabilidade da conduta. Expressividade financeira do valor auferido pela paciente com a prática do delito, que equivalia ao dobro do salário mínimo vigente à época dos fatos. Ordem denegada. 1. Na espécie, não há como considerar de reduzida expressividade financeira o montante de R$ 398,38 (trezentos e noventa e oito reais e trinta e oito centavos) auferido pela paciente por meio de saques irregulares de contas inativas vinculadas ao FGTS, levando-se em conta que o valor do salário mínimo vigente à época dos fatos não ultrapassava o valor de R$ 151,00 (cento e cinquenta e um reais). 2. De outra parte, a conduta da paciente é dotada de acentuado grau de reprovabilidade, "na medida em que a fraude foi perpetrada contra programa social do governo que beneficia inúmeros trabalhadores". Essa circunstância, aliada à expressividade financeira do valor auferido pela paciente à época dos fatos, inibe a aplicabilidade do postulado da insignificância ao caso concreto. 3. Ordem denegada. (STF, *HC* n. 110.845/GO, 1ª T., rel. Min. Dias Toffoli, j. 10.04.2012)

Alteração no medidor de energia elétrica. Fraude por uso de substância. Redução do consumo de energia. Induzimento ao erro da companhia elétrica. Tipicidade legal. Estelionato

A alteração do sistema de medição, mediante fraude, para que aponte resultado menor do que o real consumo de energia elétrica configura estelionato. Não se desconhece o precedente firmado nos autos do RHC n. 62.437/SC, em 2016, em que o Ministro Nefi Cordeiro consigna que a subtração de energia por alteração de medidor sem o conhecimento da concessionária, melhor se amolda ao delito de furto mediante fraude e não ao de estelionato. Ao que se pode concluir dos estudos doutrinários, no furto, a fraude visa a diminuir a vigilância da vítima e possibilitar a subtração da *res* (inversão da posse). O bem é retirado sem que a vítima perceba que está sendo despojada de sua posse. Por sua vez, no estelionato, a fraude objetiva fazer com que a vítima incida em erro e voluntariamente entregue o objeto ao agente criminoso, baseada em uma falsa percepção da realidade. No caso dos autos, verifica-se que as fases "A" e "B" do medidor estavam isoladas por um material transparente, que permitia a alteração do relógio e, consequentemente, a obtenção de vantagem ilícita aos acusados pelo menor consumo/pagamento de energia elétrica – por induzimento em erro da companhia de eletricidade. Assim, não se trata da figura do "gato" de energia elétrica, em que há subtração e inversão da posse do bem. Trata-se de serviço lícito, prestado de forma regular e com contraprestação pecuniária, em que a medição da energia elétrica é alterada, como forma de burla ao sistema de controle de consumo – fraude – por induzimento em erro, da companhia de eletricidade, que mais se adequa à figura descrita no tipo elencado no art. 171, do Código Penal (estelionato). (*Informativo* n. 648.)

Exigência de representação: retroatividade da lei benéfica

Agravo regimental em *habeas corpus*. Processo penal. Estelionato. Inépcia da denúncia e ausência de justiça. Causas para a ação penal não configuradas. Fatos e provas. Lei n. 13.964/2019. Art. 171, § 5º, CP. Nova hipótese de extinção de punibilidade. Norma de conteúdo misto. Retroatividade da lei penal mais benéfica. Art. 5º, XL, CF. Representação. Dispensa de maior formalidade. Falta de condição de procedibilidade. Renúncia tácita. Agravo regimental desprovido. Ordem concedida de ofício. 1. A rejeição da denúncia é providência excepcional, viável somente quando estiverem comprovadas, de plano, a atipicidade da conduta, a extinção da punibilidade ou a evidente ausência de justa causa para ação penal, aspectos não compreendidos no caso sob análise. Precedentes. 2. A expressão "lei penal" contida no art. 5º, XL, da Constituição Federal é de ser interpretada como gênero, de maneira a abranger tanto leis penais em sentido estrito quanto leis penais processuais que disciplinam o exercício da pretensão punitiva do Estado ou que interferem diretamente no *status libertatis* do indivíduo. 3. O § 5º do art. 171 do Código Penal, acrescido pela Lei n. 13.964/2019, ao alterar a natureza da ação penal do crime de estelionato de pública incondicionada para pública condicionada à representação como regra, é norma de conteúdo processual-penal ou híbrido, porque, ao mesmo tempo em que cria condição de procedibilidade para ação penal, modifica o exercício do direito de punir do Estado ao introduzir hipótese de extinção de punibilidade, a saber, a decadência (art. 107, IV, do CP). 4. Essa inovação legislativa, ao obstar a aplicação da sanção penal, é norma penal de caráter mais favorável ao réu e, nos termos do art. 5º, XL, da Constituição Federal, deve ser aplicada de forma retroativa a atingir tanto investigações criminais quanto ações penais em curso até o trânsito em julgado. Precedentes do STF. 5. A incidência do art. 5º, XL, da Constituição Federal, como norma constitucional de eficácia plena e aplicabilidade imediata, não está condicionada à atuação do legislador ordinário. 6. A jurisprudência deste Supremo Tribunal Federal é firme no sentido de que a representação da vítima, em crimes de ação penal pública condicionada, dispensa maiores formalidades. Contudo, quando não houver inequívoca manifestação de vontade da vítima no sentido do interesse na persecução criminal, cumpre intimar a pessoa ofendida para oferecer representação, nos moldes do previsto no art. 91 da Lei n. 9.099/95, aplicado por analogia ao procedimento comum ordinário consoante o art. 3º do Código de Processo Penal. 7. No caso concreto, o paciente e a vítima celebraram termo de quitação no qual consta que o ofendido "dá ampla, geral e irrestrita quitação" ao paciente e que aquele obriga-se a aditar a ocorrência policial para informar esse fato à autoridade policial. Essa circunstância traduz renúncia tácita ao direito de representação por se tratar de ato incompatível com a vontade de exercê-lo. 8. Agravo regimental desprovido. Ordem concedida de ofício para determinar o trancamento da ação penal por falta de condição de procedibilidade. (STF, *HC* n. 180.421 – Ag. Reg., 2ª T., rel. Min. Edson Fachin, j. 22.06.2021)

Habeas corpus. Penal e processual penal. Pacote Anticrime. Lei n. 13.964/2019. § 5º do art. 171 do CP. Ação penal pública condicionada à representação como regra. Nova lei mais benéfica. Retroatividade. Art. 5º, XL, da CF. Aplicação do art. 91 da Lei n. 9.099/95 por analogia. 1. As normas que disciplinam a ação penal, mesmo aquelas constantes do Código de Processo Penal, são de natureza mista, regidas pelos cânones da retroatividade e da ultratividade benéficas, pois disciplinam o exercício da pretensão punitiva. 2. O processo penal tutela dois direitos de natureza pública: tanto os direitos fundamentais do acusado, voltados para a liberdade, quanto a pretensão punitiva. Não interessa ao Estado punir inocentes, tampouco absolver culpados, embora essa última solução se afigure menos danosa. 3. Não é possível conferir a essa norma, que inseriu condição de procedibilidade, um efeito de extinção de punibilidade, quando claramente o legislador não o pretendeu. 4. A retroação do § 5º do art. 171 do Código Penal alcança todos os processos em curso, ainda sem trânsito em julgado, sendo que essa não gera a extinção da punibilidade automática dos processos em curso, nos quais a vítima não tenha se manifestado favoravelmente à persecução penal. Aplicação do art. 91 da Lei n. 9.099/95 por analogia. 5. O ato jurídico perfeito e a retroatividade da lei penal mais benéfica são direitos fundamentais de primeira geração, previstos nos incisos XXXVI e XL do art. 5º da Constituição Federal. Por se tratarem de direitos de origem liberal, concebidos no contexto das revoluções liberais, voltam-se ao Estado como limitadores de poder, impondo deveres de omissão, com o fim de garantir esferas de autonomia e de liberdade individual. Considerar o recebimento da denúncia como ato jurídico perfeito inverteria a natureza dos direitos fundamentais, visto que equivaleria a permitir que o Estado invocasse uma garantia fundamental frente a um cidadão. 6. Ordem parcialmente concedida, confirmando-se a liminar, para determinar a aplicação retroativa do § 5º do art. 171 do Código Penal, inserido pela Lei n. 13.964/2019, devendo ser a vítima intimada para manifestar interesse na continuação da persecução penal em 30 dias, sob pena de decadência, em aplicação analógica do art. 91 da Lei n. 9.099/95. (STJ, *HC* n. 583.837/SC, 6ª T., rel. Min. Sebastião Reis Júnior, j. 04.08.2020, *DJe* 12.08.2020)

Inexigibilidade de representação: irretroatividade da lei mais favorável

Habeas corpus. Estelionato. Ação penal pública condicionada a partir da Lei n. 13.964/2019 ("Pacote Anticrime"). Irretroatividade nas hipóteses de oferecimento da denúncia já realizado. Princípios da segurança jurídica e da legalidade que direcionam a interpretação da disciplina legal aplicável. Ato jurídico perfeito que obstaculiza a interrupção da ação. Ausência de norma especial a prever a necessidade de representação superveniente. Inexistência de ilegalidade. *Habeas corpus* indeferido. 1. Excepcionalmente, em face da singularidade da matéria, e de sua relevância, bem como da multiplicidade de *habeas corpus* sobre o mesmo tema e a necessidade de sua definição pela PRIMEIRA TURMA, fica superada a Súmula n. 691 e conhecida a presente impetração. 2. Em face da natureza mista (penal/processual) da norma prevista no § 5º do art. 171 do Código Penal, sua aplicação retroativa será obrigatória em todas as hipóteses onde ainda não tiver sido oferecida a denúncia pelo Ministério Público, independentemente do momento da prática da infração penal, nos termos do art. 2º do Código de Processo Penal, por tratar-se de verdadeira "condição de procedibilidade da ação penal". 3. Inaplicável a retroatividade do § 5º do art. 171 do Código Penal às hipóteses onde o Ministério Público tiver oferecido a denúncia antes da entrada em vigor da Lei n. 13.964/2019; uma vez que, naquele momento a norma processual em vigor definia a ação para o delito de estelionato como pública incondicionada, não exigindo qualquer condição de procedibilidade para a instauração da persecução penal em juízo. 4. A nova legislação não prevê a manifestação da vítima como condição de prosseguibilidade quando já oferecida a denúncia pelo Ministério Público. 5. Inexistente, no caso concreto, de ilegalidade, constrangimento ilegal ou teratologia apta a justificar a excepcional concessão de *habeas corpus*. Indeferimento da ordem. Decisão. A Turma, por unanimidade, conheceu do *habeas corpus* e indeferiu a ordem, por não cabível a aplicação retroativa do § 5º do art. 171 do Código Penal, às hipóteses onde o Ministério Público tiver oferecido a denúncia antes da entrada em vigor da Lei n. 13.964/2019; uma vez que, naquele momento a norma processual então aplicável definia a ação para o delito de estelionato como pública incondicionada, não exigindo qualquer condição de procedibilidade para a instauração da persecução penal em juízo, nos termos do voto do Relator. Falou pelo paciente a Dra. Alessandra Martins Gonçalves Jirardi. Presidência. (STF, *HC* n. 187.341/SP, 1ª T., rel. Min. Alexandre de Moraes, j. 13.10.2020, publ. 04.11.2020)

Processual penal. *Habeas corpus* substitutivo. Estelionato. Lei n. 13.964/2019 (Pacote Anticrime). Retroatividade. Inviabilidade. Ato jurídico perfeito. Condição de procedibilidade. *Writ* indeferido. 1. A retroatividade da norma que previu a ação penal pública condicionada, como regra, no crime de estelionato, é desaconselhada por, ao menos, duas ordens de motivos. 2. A primeira é de caráter processual e constitucional, pois o papel dos Tribunais Superiores, na estrutura do Judiciário brasileiro, é o de estabelecer diretrizes aos demais Órgãos jurisdicionais. Nesse sentido, verifica-se que o STF, por ambas as turmas, já se manifestou no sentido da irretroatividade da lei que instituiu a condição de procedibilidade no delito previsto no art. 171 do CP. 3. Em relação ao aspecto material, tem-se que a irretroatividade do art. 171, § 5º, do CP, decorre da própria *mens legis*, pois, mesmo podendo, o legislador previu apenas a condição de procedibilidade, nada dispondo sobre a condição de prosseguibilidade. Ademais, necessário ainda registrar a importância de se resguardar a segurança jurídica e o ato jurídico perfeito (art. 25 do CPP), quando já oferecida a denúncia. 4. Não bastassem esses fundamentos, necessário registrar, ainda, prevalecer, tanto neste STJ quanto no STF, o entendimento "a representação, nos crimes de ação penal pública condicionada, não exige maiores formalidades, sendo suficiente a demonstração inequívoca de que a vítima tem interesse na persecução penal. Dessa forma, não há necessidade da existência nos autos de peça processual com esse título, sendo suficiente que a vítima ou seu representante legal leve o fato ao conhecimento das autoridades". (Ag. Reg. no *HC* n. 435.751/DF, 6ª T., rel. Min. Nefi Cordeiro, j. 23.08.2018, *DJe* 04.09.2018). 5. *Habeas corpus* indeferido. (STJ, *HC* n. 610.201/SP, 3ª T., rel. Min. Ribeiro Dantas, j. 24.03.2021, *DJe* 08.04.2021)

Fraude com a utilização de ativos virtuais, valores mobiliários ou ativos financeiros

Nomen juris acrescentado pela Lei n. 14.478, de 21.12.2022.

Art. 171-A. Organizar, gerir, ofertar ou distribuir carteiras ou intermediar operações que envolvam ativos virtuais, valores mobiliários ou quaisquer ativos financeiros com o fim de obter vantagem ilícita, em prejuízo alheio, induzindo ou mantendo alguém em erro, mediante

artifício, ardil ou qualquer outro meio fraudulento.

Artigo acrescentado pela Lei n. 14.478, de 21.12.2022.

Pena – reclusão, de 4 (quatro) a 8 (oito) anos, e multa.

Pena acrescentada pela Lei n. 14.478, de 21.12.2022.

1. COMENTÁRIOS

1.1. Notas introdutórias

O novel tipo penal foi introduzido no Código Penal pela Lei n. 14.478, promulgada em 21.12.2022, publicada aos 22.12.2022, com *vacatio legis* de 180 dias, a partir de sua publicação, a qual veio dispor sobre diretrizes a serem observadas na prestação de serviços de ativos virtuais e na regulamentação das prestadoras de serviços de ativos virtuais, motivo por que vem sendo designada como "marco regulatório dos criptoativos", haja vista que, até então, as operações de compra e venda de ativos virtuais não encontravam disciplina específica em nosso ordenamento, sobretudo porque o Banco Central não considerava as moedas virtuais como moedas e, tampouco, a Comissão de Valores Mobiliários (CVM) as reputava como valor mobiliário.

Assim, o novo diploma alterou disposições penais contidas na Lei n. 9.613/98 (lavagem de capitais) e na Lei n. 7.492/86 (crimes financeiros). Essa inovação legislativa decorreu, portanto, do desiderato de uma intervenção penal especialmente ajustada ao mercado das denominadas "criptomoedas" e na repressão das denominadas "pirâmides financeiras", caracterizadas pelo investimento de grupo em criptomoedas e que conduziam a justificada dúvida quanto à correta adequação típica ou ao crime de estelionato (art. 171, CP) ou a crime contra a economia popular (Lei n. 1.521/51, art. 2º, IX), resultando em recentes entendimentos dissonantes sobre a matéria emanados da 5ª e da 6ª Turmas do STJ (*v.* RHC n. 161.635/DF e RHC n. 135.655/RS).

1.2. Objetividade jurídica e material

Tutela-se o patrimônio móvel de pessoa natural ou jurídica consubstanciado, especificamente, em seu "ativo virtual". A norma, compreendida nos domínios do direito penal econômico, visa, ainda, à tutela reflexa de um bem jurídico supraindividual e espiritualizado que é a ordem econômica, pela potencial afetação negativa na operatividade do sistema financeiro. Esta segunda dimensão de tutela indireta encontra ressonância explícita no art. 4º da Lei n. 14.478/2022, que impõe a observância, pelas prestadoras de serviço de ativos virtuais, de parâmetros relacionados preponderantemente à preservação da ordem pública econômica: a) livre-iniciativa e livre concorrência; b) boas práticas de governança, transparência nas operações e abordagem baseada em riscos; c) segurança da informação e proteção de dados pessoais; d) proteção e defesa de consumidores e usuários; e) proteção à poupança popular; f) solidez e eficiência das operações; g) prevenção à lavagem de dinheiro e ao financiamento do terrorismo e da proliferação de armas de destruição em massa, em alinhamento com os padrões internacionais.

1.3. Sujeitos ativo e passivo

Trata-se de crime comum que, por isso, pode ser cometido por qualquer pessoa natural, afastando-se a possibilidade de imputação a pessoa jurídica em razão da natureza corporal da sanção cominada. Embora frequente, não é necessário que o agente integralize os comportamentos ilícitos no seio de uma corporação, bastando que, de algum modo, venha a captar os recursos de terceiros com o objetivo de fraude. Destarte, caso a conduta seja executada por empresa, deve-se "levantar o véu da pessoa jurídica", isto é, necessário será perquirir a responsabilidade individual das pessoas naturais que, detentoras de poderes de gestão e decisão no âmbito da pessoa jurídica, ocasionaram, com sua ação ou omissão imprópria, o evento típico. A esse respeito, anote-se, ademais, que o mesmo diploma (art. 11, Lei n. 11.478/2022) equiparou as corretoras de criptoativos a "instituições financeiras", com evidentes implicações penais diante dos clássicos típicos constantes da Lei n. 7.492/86 , que trata dos delitos contra o sistema financeiro nacional, devendo-se, a partir da análise do caso concreto, averiguar possível concurso material ou formal desse crime com aquelas condutas tipificadas na norma especial.

De outra borda, na sujeição passiva poderá figurar qualquer pessoa natural ou jurídica lesada em seu patrimônio como consequência das ações típicas empreendidas.

1.4. Tipo penal objetivo

Cuida-se de tipo penal misto alternativo, pois a execução de mais de uma conduta nuclear do tipo não induz à cumulação de penas (arts. 69 a 71, CP) e sim à configuração de crime único.

A fraude constitui a essência deste delito, analogamente ao ocorrente no estelionato, podendo esta, para indução ou manutenção da vítima em erro, ser promovida pelos meios de execução vinculados do artifício (aparato material), ardil (subterfúgios intelectuais) ou "qualquer outro meio fraudulento (em abertura hermenêutica propiciada pelo recurso à interpretação analógica).

Da análise da redação típica extrai-se que a fraude que objetiva a obtenção da vantagem econômica indevida e consequente causação de prejuízo a outrem deve ser promovida por algum dos dois estratagemas criminosos: a) organização, gestão, oferta, distribuição de carteiras; ou b) intermediação de operações que envolvam ativos virtuais, valores mobiliários ou quaisquer ativos financeiros.

A primeira série de comportamentos incriminados vem composta pelos verbos típicos "organizar" (constituir, fundar, instalar, estabelecer, inaugurar, estruturar), "gerir" (administrar, dirigir, planejar, controlar, coordenar, gerenciar), "ofertar" (disponibilizar, anunciar, oferecer, colocar à disposição), "distribuir" (dividir, repartir, entregar, compartilhar, conceder) "carteiras" de criptoativos ou "intermediar" (servir como corretor, colocar-se de permeio, interceder, servir de mediador) operações que envolvam ativos virtuais, valores mobiliários ou quaisquer ativos financeiros.

Diversamente do verificado no crime de estelionato, aqui a obtenção de vantagem indevida pelo agente e a decorrente causação de prejuízo alheio não constituem o evento naturalístico do delito e, sim, os fins objetivados pelo sujeito ativo, sendo seu efetivo alcance, portanto, irrelevante à consumação e, se superveniente, indicativos do mero exaurimento da infração penal classificada como formal.

1.5. Elementos normativos do tipo

As seguintes partículas típicas demandam integração aplicativa a partir de outro ramo jurídico (direito financeiro), constituindo-se, pois, elementos alheios à normativa puramente penal:

i) "ativo virtual": nos termos do art. 3º da mencionada Lei n. 14.478/2022, constitui "a representação digital de valor que pode ser negociada ou transferida por meios eletrônicos e utilizada na realização de pagamentos ou com propósito de investimentos", excluindo-se desse conceito legal: a) moeda nacional ou estrangeira; b) moeda eletrônica (que são os recursos armazenados em dispositivo ou sistema eletrônico que permitem ao usuário final efetuar transação de pagamento, consoante dispõe a Lei n. 12.685/2013, em seu art. 6º, VI); c) instrumentos que provejam ao seu titular acesso a produtos ou serviços especificados ou a benefício proveniente desses produtos ou serviços, a exemplo de pontos e recompensas de "programas de fidelidade"; d) representações de ativos cuja emissão, escrituração ou liquidação esteja prevista em lei ou regulamento, a exemplo de valores mobiliários e de ativos financeiros.

ii) "valores mobiliários": consoante estabelecido pela Lei n. 6.385/76, em seu art. 2º, compreendem: a) ações, debêntures e bônus de subscrição; b) cupons, direitos, recibos de subscrição e certificados de desdobramento; c) certificados de depósito de valores mobiliários; d) cédulas de debêntures; e) cotas de fundos de investimento em valores mobiliários ou de clubes de investimento em quaisquer ativos; f) notas comerciais; g) contratos futuros, de opções e outros derivativos, cujos ativos subjacentes sejam valores mobiliários; h) outros contratos derivativos, independentemente dos ativos subjacentes; i) quaisquer outros títulos ou contratos de investimento coletivo, que gerem direito de participação, de parceria ou de remuneração, inclusive resultante de prestação de serviços, cujos rendimentos advêm do esforço do empreendedor ou de terceiros, quando ofertados publicamente. Excluem-se dessa definição legal: a) os títulos da dívida pública federal, estadual ou municipal; b) os títulos cambiais de responsabilidade de instituição financeira, exceto as debêntures.

iii) "carteira" de ativos: também conhecida como "carteira de investimentos", representa o conjunto de ativos financeiros titularizados por determinado investidor, em geral formada sob orientação de analistas de instituições financeiras e em alinhamento a particulares objetivos e estratégias de investimentos.

1.6. Elemento subjetivo

As condutas descritas no tipo somente adquirem relevância penal se animadas pelo dolo (direto ou eventual), arredando-se a possibilidade de imputação do delito na modalidade culposa. O tipo penal carreia, ademais, um elemento subjetivo específico consistente na vontade livre e consciente de praticar as mencionadas condutas visando à obtenção de vantagem ilícita em prejuízo à vítima (seria o "dolo específico" na doutrina clássica ou causal).

1.7. Consumação e tentativa

Do modo como construído o tipo penal sob comento, em assimetria redacional com o *caput* do art. 171 do CP (que descreve um crime material), resta induvidoso que se cuida, aqui, ao invés, de um crime formal (de resultado cortado ou de consumação antecipada), em que o momento consumativo sobrevém no instante em que o agente pratica uma ou mais das condutas típicas, desde que o faça em conexão com o elemento subjetivo específico do tipo (na doutrina clássica o "dolo específico"), que é "o fim de obter vantagem ilícita, em prejuízo alheio, induzindo ou mantendo alguém em erro, mediante artifício, ardil ou qualquer outro meio fraudulento". Por conseguinte, caso, mercê de sua atuação ilícita, logre o agente efetivamente obter a vantagem econômica ilícita em prejuízo da vítima, ter-se-á mero exaurimento da infração penal.

Tratando-se de crime plurissubsistente, perfeitamente admissível a tentativa caso, iniciada a execução das ações descritas nos verbos típicos, não alcance o agente a conclusão dessas condutas por circunstâncias alheias à sua vontade. Assim, esse delito remanescerá unicamente na esfera tentada na hipótese de o agente empreender todos os atos ao seu alcance e, ainda assim, por razões alheias ao seu querer, não chegar a praticar condutas efetivas de organização, gestão, oferta ou distribuição de carteiras ou, então, de intermediação de operações relacionadas a ativos virtuais, valores mobiliários ou quaisquer ativos financeiros.

Possível, naturalmente, falar-se em tentativa impunível ou crime impossível, nos termos do art. 17 do CP, caso os atos executórios empregados pelo agente sejam absolutamente ineficazes à concretização das condutas ou, ainda, quando o objeto material atacado seja absolutamente impróprio.

1.8. Pena e ação penal

Simetricamente à sanção penal cominada ao crime de "fraude eletrônica", tipificada no art. 171, § 2º-A, do CP, tem-se aqui uma infração penal de elevado potencial ofensivo que se aproxima, por exemplo, na qualidade e quantidade, da pena assinalada aos crimes de roubo e extorsão, nos quais a violência ou grave ameaça ao ofendido são inerentes à execução, diversamente do que se verifica no delito de fraude com a utilização de ativos virtuais, valores mobiliários ou ativos financeiros, sob comento, em que estão ausentes esses meios ofensivos a bens jurídicos mais valiosos (liberdade pessoal, vida e integridade física do ser humano). Basta a constatação de que a preexistente figura típica, à qual precedentemente se adequavam condutas análogas àquelas ora descritas no novo tipo penal estatutário, cominava a idênticas ofensas uma pena de 6 meses a 2 anos (Lei n. 1.521/51, art. 2º, IX). Há assim, na *novatio legis in pejus*, a nosso pensar, evidente ofensa ao princípio da proporcionalidade da pena, sendo, ademais, vedada sua retroação para abranger ações praticadas sob a égide das tipificações primitivas.

Em face das penas mínima e máxima abstratamente cominadas, não poderá o sujeito agente fruir dos institutos despenalizadores previstos na Lei n. 9.099/95.

Considerando que a opção legislativa foi pela criação de novo ente típico autônomo (e não mera inserção de figura qualificada na estrutura do próprio art. 171, malgrado a este seja evidentemente assemelhado) há de se entender que a condição de procedibilidade (representação do ofendido, prevista no § 5º do art. 171) não se estende, por nenhum motivo, ao novo delito, devendo, portanto, ser este perseguido mediante ação penal pública incondicionada, com a investigação desencadeada de ofício pela autoridade policial e, após, com a ação penal promovida pelo membro do Ministério Público (ou supletivamente pelo ofendido) independentemente de manifestação de vontade da vítima.

1.9. Classificação

Crime comum, doloso, comissivo ou comissivo por omissão, formal, de forma vinculada, instantâneo (podendo adquirir permanência nas condutas de "gerir" e "ofertar"), monossubjetivo, plurissubsistente, não transeunte.

Duplicata simulada

Art. 172. Emitir fatura, duplicata ou nota de venda que não corresponda à mercadoria vendida, em quantidade ou qualidade, ou ao serviço prestado:

Pena – detenção, de 2 (dois) a 4 (quatro) anos, e multa.

Caput com redação dada pela Lei n. 8.137, de 27.12.1990.

Parágrafo único. Nas mesmas penas incorrerá aquele que falsificar ou adulterar a escrituração do Livro de Registro de Duplicatas.

Parágrafo acrescentado pela Lei n. 5.474, de 18.07.1968.

1. COMENTÁRIO

1.1. Objetividade jurídica

É o patrimônio da pessoa natural ou jurídica potencial ou efetivamente lesada. Para os que o definem como espécie do gênero crime contra a ordem econômica, este delito também põe em risco a ordem pública econômica como bem jurídico mediato, remoto ou espiritualizado, por afetar a boa-fé negocial. O objeto material é o papel mercantil em que se opera o lançamento dos dados falseados e que constituirá o corpo de delito da infração penal.

1.2. Sujeitos

O sujeito ativo é o agente econômico que atua na comercialização de bens ou na prestação de serviços, configurando, por isso, crime próprio. Somente há de se falar em concurso de agentes em relação ao endossatário ou avalista se acumpliciados com o comerciante emissor do documento. Já o sujeito passivo, a vítima, é o destinatário da duplicata, fatura ou nota de venda continentes de dados que, qualitativa e/ou quantitativamente, não estejam em correspondência com a operação mercantil realizada.

1.3. Análise da(s) conduta(s) descrita(s) no tipo

Configura essa figura típica a conduta do comerciante que, sem correspondência com as operações de fato realizadas, *emite* (expede, redige, lança, compõe, produz materialmente, preenche, coloca em circulação) fatura, duplicata ou nota de venda. A Lei n. 8.137/90, além de elevar a sanção cominada, excluiu da redação típica os verbos "expedir" e "aceitar", introduzindo única conduta consistente em "emitir". Descreve o tipo a conduta de emissão de duplicata, fatura ou nota de venda relativos a mercadoria vendida e serviço prestado, mas silencia quanto à operação comercial inexistente, motivo por que a doutrina divide-se em afirmar que, na segunda hipótese, será a conduta atípica ou, ao contrário, será adequada ao tipo mercê de interpretação extensiva, pois não seria lógico quisesse o legislador punir conduta menos grave e deixar a descoberto a sanção a procedimento mais ofensivo em que sequer uma operação mercantil tenha sido efetivada.

1.4. Elementos normativos

São dados pelos vocábulos "fatura", "duplicata", "nota de venda", como conceitos hauridos do direito empresarial. *Fatura* é o documento de emissão obrigatória e unilateral pelo vendedor ou prestador de serviços e que comprova uma operação comercial. *Duplicata*, como título de crédito facultativo, representa uma obrigação decorrente de compra e venda mercantil ou de prestação de serviços. *Nota de venda* consiste em documento simplificado emitido pelo comerciante e que contém discriminação dos produtos negociados, inclusive para efeitos de fiscalização tributária.

1.5. Figura equiparada

O parágrafo único, não alterado pela Lei n. 8.137/90, define como típica a conduta de falsificar ou adulterar o Livro de Registro de Duplicatas, isto é, a inserção intencional de dados incorretos ou alteração deliberada das informações corretas que estejam registrados no livro obrigatório de registro de duplicatas. Caso se trate de omissão na escrituração e no contexto de evento falencial, o crime será aquele tipificado no art. 178 da Lei n. 11.101/2005.

1.6. Consumação e tentativa

Como infração penal de perigo concreto, o crime estará consumado no instante em que o agente colocar em circulação a duplicata, fatura ou nota de venda. A tentativa é, em tese, admissível, por se tratar de crime plurissubsistente.

1.7. Classificação

Crime próprio comum, doloso, comissivo (excepcionalmente comissivo por omissão ou omissivo impróprio), formal, de perigo, de forma livre, instantâneo, monossubjetivo, plurissubsistente e não transeunte.

Abuso de incapazes

Art. 173. Abusar, em proveito próprio ou alheio, de necessidade, paixão ou inexperiência de menor, ou da alienação ou debilidade mental de outrem, induzindo qualquer deles à prática de ato suscetível de produzir efeito jurídico, em prejuízo próprio ou de terceiro:

Pena – reclusão, de 2 (dois) a 6 (seis) anos, e multa.

1. COMENTÁRIO

1.1. Objetividade jurídica

É o patrimônio da vítima induzida. O objeto material é o bem móvel ou imóvel, material ou imaterial, sobre o qual recaia a conduta do autor.

1.2. Sujeitos

O sujeito ativo pode ser qualquer pessoa, pois se trata de crime comum. O sujeito passivo é o indivíduo menor ou hipossuficiente mental. Serão, portanto, vítimas o menor de 18 anos (sugestionável ou impulsivo em razão de necessidade, inexperiência ou paixão) e a pessoa com debilidade mental (oligofrênicos: débeis mentais, imbecis e idiotas, todos com desenvolvimento mental não completo ou retardado) ou alienada (paciente com qualquer enfermidade mental que acarrete diminuição ou elisão da capacidade intelectiva e volitiva).

1.3. Análise da(s) conduta(s) descrita(s) no tipo

É o "abusar" (no sentido de aproveitar-se, prevalecer-se, exorbitar) da inferioridade etária ou mental de alguém para *induzi-lo* (isto é, persuadir, mover, levar) à prática de qualquer ato de relevância jurídica (p. ex., assinar documento de renúncia de herança) que lhe cause perda econômica e tenha o potencial efeito de garantir ganho ilícito ao agente, ainda que este não seja afinal alcançado.

1.4. Elemento subjetivo

É o dolo, vontade livre e consciente de induzir abusando, com a especial finalidade (para a doutrina clássica o "dolo específico") de obter a ilícita locupletação.

1.5. Consumação e tentativa

Dar-se-á a consumação delitiva com a mera indução do inferiorizado pela menoridade ou doença mental, ainda que não obtenha o agente o proveito buscado, haja vista tratar-se de crime formal. A tentativa é possível.

1.6. Classificação

Crime comum, doloso, comissivo (excepcionalmente comissivo por omissão ou omissivo impróprio), formal, de forma livre, instantâneo, monossubjetivo, plurissubsistente e não transeunte.

Induzimento à especulação

Art. 174. Abusar, em proveito próprio ou alheio, da inexperiência ou da simplicidade ou inferioridade mental de outrem, induzindo-o à prática de jogo ou aposta, ou à especulação com títulos ou mercadorias, sabendo ou devendo saber que a operação é ruinosa:

Pena – reclusão, de 1 (um) a 3 (três) anos, e multa.

---

1. COMENTÁRIO

1.1. Objetividade jurídica

É o patrimônio da vítima induzida a atividades potencial ou certamente ruinosas. Os objetos materiais são os jogos, as apostas ou a especulação (em título ou mercadorias) geradores de perda financeira possível ou real à vítima.

1.2. Sujeitos

O sujeito ativo pode ser qualquer pessoa, pois se trata de crime comum. O sujeito passivo é o indivíduo marcado pela inexperiência (ausência de conhecimentos práticos da vida) ou pela simplicidade (ingenuidade, credulidade, rudeza cultural) ou pela inferioridade mental (baixo quociente intelectual que reduz a capacidade de intelecção e volição).

1.3. Análise da(s) conduta(s) descrita(s) no tipo

Praticará esse crime o agente que abusar (fizer mau uso, tirar proveito) da inexperiência, simplicidade ou inferioridade mental de alguém para induzi-lo (incutir, persuadir, mover) à prática de jogo, aposta, especulação mercantil, quando sabia ou deveria saber que o resultado seria ruinoso. "Jogo" é o contrato aleatório entre pessoas pelo qual se promete certa quantia a quem for favorável determinado resultado dependente apenas do azar ou álea. "Aposta" é o contrato igualmente aleatório em que os contraentes concordam na perda de uma soma em favor daquele ou daqueles cuja opinião sobre determinado tema ou evento verificar-se ao final como correta ou triunfante. Já a "especulação" é, em si, lícita e inerente à mercantil (NORONHA, Magalhães. *Direito penal*. 1996, v. II, p. 441), pois em geral não se compra ou vende sem especular, punindo-se criminalmente apenas aquela especulação realizada por pessoas portadoras de inferioridade mental ou de inexperiência e que a isso tenham sido induzidos por outrem.

1.4. Elemento subjetivo

Malgrado dissensões doutrinárias, entende-se que a conduta do agente será informada pelo dolo direto (quando sabe ruinosa a operação) ou por dolo eventual (quando deveria sabê-la prejudicial), com a especial finalidade de obtenção de vantagem econômica ilícita (elemento subjetivo específico do injusto ou "dolo específico" para a doutrina clássica).

1.5. Elementos normativos

Dados pelas partículas "jogo", "aposta" e "especulação".

1.6. Consumação e tentativa

Verifica-se com a prática do jogo, aposta ou especulação pela vítima induzida, ainda que não sobrevenha vantagem econômica ao indutor (crime formal).

1.7. Classificação

Crime comum, doloso, comissivo (excepcionalmente comissivo por omissão ou omissivo impróprio), formal, de forma vinculada (em razão de exigência legal de que a indução se relacione a jogo, aposta ou, ainda, especulação com títulos ou mercadoria), instantâneo, monossubjetivo, plurissubsistente e não transeunte.

Fraude no comércio

Art. 175. Enganar, no exercício de atividade comercial, o adquirente ou consumidor:

I – vendendo, como verdadeira ou perfeita, mercadoria falsificada ou deteriorada;

II – entregando uma mercadoria por outra:

Pena – detenção, de 6 (seis) meses a 2 (dois) anos, ou multa.

§ 1º Alterar em obra que lhe é encomendada a qualidade ou o peso de metal ou substituir, no mesmo caso, pedra verdadeira por falsa ou por outra de menor valor; vender pedra falsa por verdadeira; vender, como precioso, metal de outra qualidade:

Pena – reclusão, de 1 (um) a 5 (cinco) anos, e multa.

§ 2º É aplicável o disposto no art. 155, § 2º.

---

1. COMENTÁRIO

1.1. Objetividade jurídica

É o patrimônio do consumidor lesado e, como bem jurídico mediato ou espiritualizado, a ordem pública econômica pelo abalo na boa-fé comercial (trata-se de crime contido no denominado direito penal econômico). O objeto material é a mercadoria falsificada, deteriorada ou substituída.

1.2. Sujeitos

O sujeito ativo é o comerciante ou o comerciário (crime próprio). Ausente essa condição, a conduta poderá adequar-se à descrição típica do estelionato. Já o sujeito passivo é o consumidor ou adquirente da mercadoria, pessoa natural ou jurídica.

1.3. Análise da(s) conduta(s) descrita(s) no tipo

Perfaz-se o crime com o ato de o comerciante ou comerciário enganar (iludir, ludibriar, induzir a erro) o adquirente ou consumidor de duas maneiras (crime de forma vinculada). Na primeira, o agente vende, como verdadeira ou perfeita, mercadoria falsificada (não genuína, alterada prejudicialmente, em geral em sua substância) ou deteriorada (estragada, danificada, em mau estado de conservação), enquanto na segunda figura típica, o alienante entrega uma mercadoria no lugar de outra, isto é, substitui, no ato de tradição, o produto originalmente comprado por outro que se apresenta diverso em gênero, espécie, origem, qualidade ou quantidade.

1.4. Elemento subjetivo

Somente é punível a conduta a título de dolo (direto ou eventual), não contemplando o injusto qualquer elemento subjetivo específico.

1.5. Qualificadora

De acordo com o § 1º, pune-se mais severamente aquele que, na execução de obra contratada, altera metal em sua qualidade para pior ou em sua quantidade para menor, ou, então, nas mesmas condições, substitui pedra verdadeira por outra falsificada ou de valor menor. Também descreve o tipo a conduta de vender o comerciante, sem que o consumidor tenha ciência dessa circunstância, pedra falsa como verdadeira ou metal ordinário como se precioso fosse. Objeto material será sempre o metal ou pedra de valor extraordinário, daí que o sujeito ativo somente poderá ser o joalheiro (na modalidade de "alterar" e "substituir") e o comerciante de pedras e metais preciosos (na conduta de "vender").

1.6. Figura privilegiada

Por remissão expressa ao "furto privilegiado", é possível que o magistrado deixe de aplicar a pena reclusiva e a substitua pela detentiva, diminua a reprimenda de um a dois terços ou, ainda, aplique unicamente a pena de multa, desde que presentes as condições objetivas e subjetivas ali enunciadas (primariedade do agente e reduzido valor do bem).

1.7. Consumação e tentativa

Opera-se com o recebimento da mercadoria e, por conseguinte, com a percepção de prejuízo patrimonial pelo adquirente (crime material), sendo admissível a figura tentada.

1.8. Classificação

Crime próprio, doloso, comissivo (excepcionalmente comissivo por omissão ou omissivo impróprio), material, de dano, de forma livre, instantâneo, monossubjetivo, plurissubsistente e não transeunte.

2. OBSERVAÇÕES

2.1. Confronto

a) Crimes contra as relações de consumo: doutrina minoritária (COSTA JÚNIOR, Paulo José da. *Comentários ao Código Penal*, 2002, p. 552) entende revogado tacitamente esse artigo pelo advento da Lei n. 8.137/90 que, em seu art. 7º, III, prevê como crime a conduta de "misturar gêneros e mercadorias de espécies diferentes para vendê-los ou expô-los à venda como puros; misturar gêneros e mercadorias de qualidade desiguais para colocá-los à venda por preço estabelecido para os de mais alto custo"; **b) crimes contra a saúde pública:** caso a mercadoria deteriorada ou falsificada represente risco à saúde dos destinatários, a tipificação deverá ser buscada nas figuras delitivas definidas nos arts. 272 e 273 do CP; **c) estelionato:** caso as condutas não sejam promovidas no contexto das relações comerciais, ausente, assim, a condição de comerciante ou de comerciário dos sujeitos agentes, a adequação deverá ser deslocada para o tipo penal do estelionato, no art. 171 do CP.

Outras fraudes

Art. 176. Tomar refeição em restaurante, alojar-se em hotel ou utilizar-se de meio de transporte sem dispor de recursos para efetuar o pagamento:

Pena – detenção, de 15 (quinze) dias a 2 (dois) meses, ou multa.

Parágrafo único. Somente se procede mediante representação, e o juiz pode, conforme as circunstâncias, deixar de aplicar a pena.

---

1. COMENTÁRIO

1.1. Objetividade jurídica

Tutela-se o patrimônio. O objeto material é a comida, o transporte ou a hospedagem.

1.2. Sujeitos

O sujeito ativo pode ser qualquer pessoa sem recursos para efetuar o pagamento do produto, mercadoria ou serviço (crime comum). O sujeito passivo é o fornecedor do produto ou serviço, bem como os respectivos atendentes ludibriados.

1.3. Análise da(s) conduta(s) descrita(s) no tipo

O crime consiste em três figuras básicas distintas (tipo penal misto cumulativo, pois a prática de mais de uma conduta implica a imputação de todos os crimes, em concurso material). Configuram o crime dessa verdadeira espécie de estelionato mais brandamente sancionado: a) consumir refeição (almoço, jantar, café da manhã, lanches intermediários, inclusas as bebidas) em restaurante (ou lanchonete, cantina, pensão ou qualquer estabelecimento onde seja servida comida preparada); b) permanecer hospedado em hotel (ou pensão, hospedaria, estalagem, motel ou albergue); c) utilizar-se de qualquer meio de transporte (ferroviário, marítimo, aéreo, rodoviário de tração mecânica ou humana) sem portar consigo o numerário para efetuar o pagamento (admitidos meios alternativos de contraprestação, como o cheque, cartão de débito ou crédito etc.). Caso o serviço exija prévia aquisição de bilhete como condição para embarque controlado, ter-se-á hipótese de crime impossível.

1.4. Elemento subjetivo

Somente é punível a conduta dolosa, acarretando-lhe a atipicidade a circunstância de desconhecer o agente que não possua consigo dinheiro ou meio de pagamento.

1.5. Causa de extinção de punibilidade

Pode o juiz deixar de aplicar a pena (perdão judicial).

1.6. Consumação e tentativa

O delito estará consumado quando o agente, sem prestar o correspondente pagamento, consome a refeição, locomove-se pelo meio de transporte ou utiliza-se de serviço de hospedagem tarifado.

1.7. Classificação

Crime comum, doloso, comissivo (excepcionalmente comissivo por omissão ou omissivo impróprio), material, de dano, de forma livre, instantâneo, monossubjetivo, plurissubsistente e não transeunte.

1.8. Ação penal

A ação penal é pública de iniciativa condicionada à representação do ofendido.

2. OBSERVAÇÕES

2.1. Casuística

Na hipótese do "pendura", em que os acadêmicos de Direito, *animus jocandi*, servem-se de refeição simulando a condição de clientes para, ao final do consumo, anunciar o "calote" em celebração à instalação dos cursos jurídicos no país, restará afastado o crime se portarem consigo dinheiro ou meios, inclusive eletrônicos, para satisfação do pagamento, hipótese em que remanescerá unicamente o ilícito civil a ser reparado (sem interveniência policial).

Fraudes e abusos na fundação ou administração de sociedade por ações

Art. 177. Promover a fundação de sociedade por ações, fazendo, em prospecto ou em comunicação ao público ou à assembleia, afirmação falsa sobre a constituição da sociedade, ou ocultando fraudulentamente fato a ela relativo:

Pena – reclusão, de 1 (um) a 4 (quatro) anos, e multa, se o fato não constitui crime contra a economia popular.

§ 1º Incorrem na mesma pena, se o fato não constitui crime contra a economia popular:

I – o diretor, o gerente ou o fiscal de sociedade por ações, que, em prospecto, relatório, parecer, balanço ou comunicação ao público ou à assembleia, faz afirmação falsa sobre as condições econômicas da sociedade, ou oculta fraudulentamente, no todo ou em parte, fato a elas relativo;

II – o diretor, o gerente ou o fiscal que promove, por qualquer artifício, falsa cotação das ações ou de outros títulos da sociedade;

III – o diretor ou o gerente que toma empréstimo à sociedade ou usa, em proveito próprio ou de terceiro, dos bens ou haveres sociais, sem prévia autorização da assembleia geral;

IV – o diretor ou o gerente que compra ou vende, por conta da sociedade, ações por ela emitidas, salvo quando a lei o permite;

V – o diretor ou o gerente que, como garantia de crédito social, aceita em penhor ou em caução ações da própria sociedade;

VI – o diretor ou o gerente que, na falta de balanço, em desacordo com este, ou mediante balanço falso, distribui lucros ou dividendos fictícios;

VII – o diretor, o gerente ou o fiscal que, por interposta pessoa, ou conluiado com acionista, consegue a aprovação de conta ou parecer;

VIII – o liquidante, nos casos dos ns. I, II, III, IV, V e VII;

IX – o representante da sociedade anônima estrangeira, autorizada a funcionar no País, que pratica os atos mencionados nos ns. I e II, ou dá falsa informação ao Governo.

§ 2º Incorre na pena de detenção, de 6 (seis) meses a 2 (dois) anos, e multa, o acionista que, a fim de obter vantagem para si ou para outrem, negocia o voto nas deliberações de assembleia geral.

---

1. COMENTÁRIO

1.1. Notas introdutórias

Os crimes societários são condutas de mandatários de pessoa jurídica e que ofendem a economia pública. Nesse diapasão, oportuno o magistério de Gérson Pereira dos Santos, segundo o qual "a sociedade a que se refere o chamado direito societário ou empresarial é a sociedade comercial, e os atos que pratica no exercício da atividade econômica são atos comerciais, regulados pelos institutos do direito comercial, senão de direito privado" e – prossegue o mesmo mestre – "ainda que o fastígio da empresa haja escandido as normas comerciais relativas às sociedades ou empresas, ainda assim não se processou *a latere* do direito comercial a elaboração doutrinária de um direito próprio da empresa" (*Direito penal econômico*, 1981, p. 128). Percuciente é, ainda, a análise que faz Enzo Musco ao enunciar que "as razões político-criminais que contribuíram para a grande importância do direito penal societário no marco da experiência jurídico-penal referem-se, por um lado, à exigência, sempre presente no mundo da política e da economia, de outorgar uma tutela enérgica e adequada ao patrimônio social frente aos abusos cometidos pelos administradores das sociedades anônimas (fator endógeno) e, por outro lado, à necessidade de desenvolver a diretiva comunitária em matéria societária, dirigida à criação de uma normativa da sociedade anônima tendencialmente unitária, como pressuposto indefectível do exercício da empresa em condições efetivas de igualdade (fator exógeno)" (*Revista Penal*, n. 5, p. 52). Podem ser apontados como sendo "dois os objetivos da tutela penal de que goza a sociedade, enquanto pessoa jurídica autônoma: primeiramente, assegurar que seu patrimônio se destine sempre à obtenção dos escopos sociais; em segundo lugar, garantir o regular funcionamento da assembleia geral, órgão social soberano por excelência" (PEDRAZZI, Cesare; COSTA JÚNIOR, Paulo José da. *Direito penal societário*, 1996, p. 14). Considera Paulo José da Costa Júnior que, "apesar de concentrado em duas únicas disposições, o direito penal societário compreende uma série bastante rica de previsões delituosas. Principalmente no art. 177, que contém uma pluralidade de tipos bem variada" (*Direito penal objetivo*: comentários atualizados ao Código Penal e ao Código de Propriedade Industrial, 2003, p. 303). Os tipos penais diferem entre si não só no aspecto da estrutura, mas também pela objetividade jurídica (de substância patrimonial, todavia com a distinção de amplitude difusa ou coletiva dos danos conduzir a subsunção à lei especial). No art. 177 do CP estão concentradas as figuras típicas relativas às fraudes e abusos na fundação ou administração de sociedade por ações (aquelas em que o capital é fracionado em títulos denominados "ações"), cuja disciplina legal é dada pela Lei n. 6.404, de 15.12.1976, alterada pela Lei n. 10.303, de 31.10.2001. As sociedades por ações desdobram-se em sociedades anônimas e em sociedades em comandita por ações, ambas sob tutela penal. Importante ressaltar que as figuras típicas do artigo sob comento apresentam caráter nitidamente subsidiário, devendo ser afastada sua incidência quando, demonstrada a lesão ou perigo à economia popular, buscar-se o enquadramento penal na Lei n. 1.521/51. Reconhece Magalhães Noronha que não é simples diferenciar a "economia do povo" das "pequenas economias de um grande, extenso e indefinido número de pessoas". E explica: "se a lesão real ou potencial atinge apenas a uma ou duas dezenas de pessoas ricas ou de magnatas que subscreveram todo o capital social, cremos que muito mal o delito poderia ser considerado contra a economia do povo. Ao contrário, se a subscrição fosse feita por avultado e extenso número de pessoas que, com seus minguados recursos, subscreveram uma ou outra ação, a ofensa patrimonial seria dirigida contra a economia popular" (*Direito penal*, 1996, v. II, p. 459).

1.2. Objetividade jurídica

É o patrimônio dos acionistas. O objeto material consiste no prospecto ou comunicação em que se faça a inserção de informação falsa ou omissão de verdade relevante.

1.3. Sujeitos

O sujeito ativo é (são) o(s) fundador(es) da sociedade anônima (crime próprio). O sujeito passivo pode ser qualquer pessoa, natural ou jurídica.

1.4. Análise da(s) conduta(s) descrita(s) no tipo

Cuida-se da fraude verificada na formação da sociedade, quando os fundadores afirmam falsamente ou omitem a verdade sobre esse processo, seja nos prospectos ou em comunicação dirigida ao público ou à assembleia dos subscritores do capital, por exemplo, a autoatribuição de condições de crédito ou experiência que não detêm, notícia fantasiosa de entradas condicionantes da sociedade, ocultação de circunstâncias que tornam provável o insucesso da empresa em planejamento etc. Tais condutas não se confundem com o otimismo, pois crime somente haverá na hipótese de informações conscientemente falsas ou intencional ocultação da verdade sobre questão relevante (HUNGRIA, Nélson. *Comentários ao Código Penal*, 1958, p. 281-2).

1.5. Elemento subjetivo

Exige-se o dolo **específico** consistente no fim de promover a fundação de sociedade por ações.

1.6. Figuras equiparadas

Além da conduta fraudulenta tipificada no *caput*, o art. 177 descreve, ainda, outras nove figuras em que são incriminadas ações relacionadas à fraude ou abuso na administração de sociedade por ações e, também, à negociação de votos pelo acionista nas deliberações da assembleia geral.

1.6.1. O diretor, o gerente ou o fiscal de sociedade por ações, que, em prospecto, relatório, parecer, balanço ou comunicação ao público ou à assembleia, faz afirmação falsa sobre as condições econômicas da sociedade, ou oculta fraudulentamente, no todo ou em parte, fato a elas relativo

A conduta típica consiste (PRADO, Luiz Regis. *Curso de direito penal brasileiro*, 2000, v. 2, p. 572-3) em fazer o diretor, gerente ou fiscal da sociedade por ações afirmação falsa sobre a situação econômica da sociedade ou omitir informação relevante sobre esta, em prospecto (relativo à subscrição pública para aumento do capital), relatório (documento que condensa os negócios sociais da empresa e os fatos administrativos mais relevantes do exercício finalizado), parecer (manifestação do conselho fiscal aos acionistas e à assembleia geral sobre o relatório anual, balancetes, demonstrações financeiras etc.), balanço (documento que sintetiza a situação financeira da sociedade ao final do exercício após inventário de ativo e passivo) ou comunicação (ato pelo qual se dá ciência de informação ao público ou à assembleia geral.

1.6.2. O diretor, o gerente ou o fiscal que promove, por qualquer artifício, falsa cotação das ações ou de outros títulos da sociedade

Cuida esse dispositivo de incriminar a conduta do diretor, gerente, fiscal ou liquidante que promove, mediante qualquer artifício, cotação falsa (não correspondente ao valor regular do mercado dado pela oferta e procura) de ações ou de outros títulos de sociedade, induzindo em erro aqueles que transacionam com a empresa, seja para aumentar, seja para diminuir, o valor das ações (BITENCOURT, Cezar Roberto. *Tratado de direito penal*, 2012, p. 326).

1.6.3. O diretor ou o gerente que toma empréstimo à sociedade ou usa, em proveito próprio ou de terceiro, dos bens ou haveres sociais, sem prévia autorização da assembleia geral

Pune-se neste inciso o diretor ou gerente que usa, em interesse seu ou de terceiros, o patrimônio próprio da sociedade e que às finalidades dessa pessoa jurídica deve atender. A tomada de empréstimo (contrato pelo qual se entrega objeto que deva ser depois restituído em espécie ou gênero) ou o simples uso dos bens (móveis ou imóveis) da sociedade representa o ilícito penal aqui incriminado (NORONHA, E. Magalhães. *Direito penal*, 1996, v. 2, p. 464).

1.6.4. O diretor ou o gerente que compra ou vende, por conta da sociedade, ações por ela emitidas, salvo quando a lei o permite

Neste inciso, incrimina-se compra ou venda, pelo diretor ou gerente, de ações emitidas pela sociedade por ações, exceto quando autorizadas legalmente (art. 30, Lei n. 6.404/76).

1.6.5. O diretor ou o gerente que, como garantia de crédito social, aceita em penhor ou em caução ações da própria sociedade

Vem tipificada neste dispositivo a aceitação (anuência em receber) como penhor (direito real que vincula uma coisa a uma dívida, tornando sua garantia) ou em caução (depósito efetivado como garantia de uma obrigação assumida) as ações da própria sociedade (NUCCI, Guilherme de Souza. *Código Penal comentado*, 2010, p. 836).

1.6.6. O diretor ou o gerente que, na falta de balanço, em desacordo com este, ou mediante balanço falso, distribui lucros ou dividendos fictícios

Descreve o tipo penal a conduta de distribuir lucros (superávit da receita sobre a despesa) ou dividendos (parcela do lucro cabível a cada acionista) fictícios (em desacordo com o balanço ou mediante balanço falso), geralmente observável em situações de asfixia financeira da companhia que fomentam a conduta de administradores em defraudar a contabilidade para desviar os recursos da pessoa jurídica (FRANCO, Alberto Silva; STOCO, Rui. *Código Penal e sua interpretação*: doutrina e jurisprudência, 2007, p. 905).

1.6.7. O diretor, o gerente ou o fiscal que, por interposta pessoa, ou conluiado com acionista, consegue a aprovação de conta ou parecer

Prevê este inciso duas modalidades delitivas, sendo a primeira a obtenção de aprovação por interposta pessoa ("testa de ferro") que comparece para a votação, e a segunda a consecução de aprovação mediante conluio com acionista verdadeiro, porém de má-fé, aliciado ou mesmo subornado (DELMANTO, Celso. *Código Penal comentado*, 2007, p. 547).

1.7. Consumação e tentativa

Consuma-se o crime com a efetiva publicação ou comunicação, inadmitindo-se a tentativa em caso de, por circunstâncias alheias à vontade do agente, tal não ocorrer, configurando, pois, o *conatus* indiferente penal.

1.8. Classificação

Crime próprio, doloso, comissivo (quanto ao verbo "promover") ou omissivo próprio (quanto ao verbo "ocultar") formal, de forma livre, instantâneo, monossubjetivo, plurissubsistente e não transeunte

---

Emissão irregular de conhecimento de depósito ou *warrant*

Art. 178. Emitir conhecimento de depósito ou *warrant*, em desacordo com disposição legal:

Pena – reclusão, de 1 (um) a 4 (quatro) anos, e multa.

---

1. COMENTÁRIO

1.1. Notas introdutórias

O artigo em tela trata de títulos de crédito representativos das mercadorias depositadas em um armazém-geral, bem como das obrigações assumidas por este em razão do contrato de depósito. Conhecimento de depósito é o título de crédito que representa as mercadorias depositadas no armazém-geral, servindo como prova de sua guarda e conservação e conferindo a seu portador livre disposição das mercadorias custodiadas. Por sua vez, *warrant* é o título de crédito emitido em conjunto com o conhecimento de depósito, reportando-se a eventuais operações de crédito cuja garantia seja o penhor sobre as mercadorias depositadas no armazém-geral.

1.2. Objetividade jurídica

É o patrimônio. O objeto material consiste na cártula emitida em desacordo com disposição legal.

1.3. Sujeitos

O sujeito ativo é o emissor do título de crédito irregular, que em regra é o depositário da mercadoria. Trata-se de crime próprio, uma vez que somente quem tem legitimidade para a emissão pode fazê-lo em desacordo com disposição legal poderá cometê-lo. O sujeito passivo pode ser qualquer pessoa, natural ou jurídica, que seja portadora ou endossatária do título irregular.

1.4. Análise da(s) conduta(s) descrita(s) no tipo

A conduta prevista no tipo é "emitir", ou seja, expedir, criar, dar origem ao título. Trata-se de norma penal em branco que encontra seu complemento no Decreto n. 1.102/1903, que institui regras para o estabelecimento de empresas de armazéns-gerais, determinando seus direitos e obrigações. Configura-se o crime em apreço quando o conhecimento de depósito ou *warrant* é colocado em circulação em desacordo com as regras delineadas pelo Decreto n. 1.102/1903, em especial seu art. 15, o qual define as condições de emissão regular dos títulos mencionados.

1.5. Elemento subjetivo

Exige-se o dolo genérico, pouco importando a intenção do agente com a emissão irregular. Não se admite a prática culposa.

1.6. Consumação e tentativa

O crime é formal e consuma-se com a simples emissão irregular do título. Ocorrendo prejuízo patrimonial à vítima, tal circunstância deverá repercutir na dosimetria da pena-base, nos termos do art. 59 do CP.

1.7. Classificação

Crime próprio, doloso, comissivo (excepcionalmente comissivo por omissão ou omissivo impróprio), formal, de forma livre, instantâneo, monossubjetivo, plurissubsistente e não transeunte.

Fraude à execução

Art. 179. Fraudar execução, alienando, desviando, destruindo ou danificando bens, ou simulando dívidas:

Pena – detenção, de 6 (seis) meses a 2 (dois) anos, ou multa.

Parágrafo único. Somente se procede mediante queixa.

---

1. COMENTÁRIO

1.1. Notas introdutórias

Na execução forçada o credor pleiteia o adimplemento de seu crédito, consubstanciado em um título executivo. O devedor, descumprindo sua obrigação, pode agir no sentido de prejudicar maliciosamente a satisfação do crédito alheio mesmo depois de provocado a fazê-lo pelo Poder Judiciário. No crime em tela, o responsável pelo delito, além de afrontar a autoridade do órgão jurisdicional, coloca em xeque a utilidade da execução por meio de um estado de insolvência deliberada.

1.2. Objetividade jurídica

É o patrimônio. O objeto material consiste no bem alienado, desviado, destruído ou danificado com a finalidade de fraudar a execução bem como a ação executiva em si.

1.3. Sujeitos

O sujeito ativo é o devedor executado. Trata-se de crime próprio, uma vez que somente quem tem legitimidade para figurar no polo passivo da ação de execução pode praticar as condutas descritas no tipo. O sujeito passivo pode ser qualquer pessoa, natural ou jurídica, que seja credora exequente em ação de execução.

1.4. Análise da(s) conduta(s) descrita(s) no tipo

A conduta prevista no tipo é "fraudar", ou seja, ludibriar ou iludir, com o fim manifesto de lesar o patrimônio alheio. A fraude ocorre quando o agente aliena, desvia, destrói ou danifica bens, ou ainda simula dívidas, tudo com a finalidade de esvaziar seu patrimônio em prejuízo do credor exequente.

1.5. Elemento subjetivo

Exige-se o dolo genérico, pouco importando a intenção do agente com a prática da fraude. Não se admite a prática culposa.

1.6. Consumação e tentativa

O crime é material e consuma-se com a efetiva alienação, desvio, destruição ou dano aos bens do devedor executado, ou ainda com a efetiva simulação de dívidas. Vale frisar que a Súmula n. 375 do STJ, embora editada para fins civis, dispõe que o reconhecimento da fraude à execução depende do registro da penhora do bem alienado ou da prova de má-fé do terceiro adquirente. Admite-se a tentativa.

1.7. Classificação

Crime próprio, doloso, comissivo (excepcionalmente comissivo por omissão ou omissivo impróprio), material, de dano, de forma livre, instantâneo, monossubjetivo, plurissubsistente e não transeunte.

1.8. Ação penal

A ação penal é privada, mas será pública incondicionada na hipótese de fraude praticada em detrimento de crédito de titularidade da União, estado ou município, na forma do art. 24, § 2º, do CPP.

2. JURISPRUDÊNCIA

2.1. Julgados

Habeas corpus. Fraude à execução. Justa causa. Ação penal. Trancamento. 1. Revela-se como atípica e, portanto, imune à sanção penal, a conduta do devedor que aliena parte de seu patrimônio, após citado para pagamento, em ação de execução, ou oferecimento de bens à penhora, se resta comprovado não haver seu patrimônio sofrido qualquer abalo em decorrência do ato, sendo – ainda – sintomática a aquisição com o valor recebido de imóvel de preço superior. 2. Delito do art. 179 do CP não configurado. 3. Ordem concedida para trancar a ação penal por falta de justa causa. (STJ, *HC* n. 15.317/SP, 6ª T., rel. Min. Fontes de Alencar, rel. p/ acórdão Min. Fernando Gonçalves, j. 11.09.2001, *DJ* 23.06.2003)

CAPÍTULO VII
DA RECEPTAÇÃO

Receptação

Art. 180. Adquirir, receber, transportar, conduzir ou ocultar, em proveito próprio ou alheio, coisa que sabe ser produto de crime, ou influir para que terceiro, de boa-fé, a adquira, receba ou oculte:

Pena – reclusão, de 1 (um) a 4 (quatro) anos, e multa.

Caput com redação dada pela Lei n. 9.426, de 24.12.1996.

Receptação qualificada

§ 1º Adquirir, receber, transportar, conduzir, ocultar, ter em depósito, desmontar, montar, remontar, vender, expor à venda, ou de qualquer forma utilizar, em proveito próprio ou alheio, no exercício de atividade comercial ou industrial, coisa que deve saber ser produto de crime:

Pena – reclusão, de 3 (três) a 8 (oito) anos, e multa.

Parágrafo com redação dada pela Lei n. 9.426, de 24.12.1996.

§ 2º Equipara-se à atividade comercial, para efeito do parágrafo anterior, qualquer forma de

comércio irregular ou clandestino, inclusive o exercido em residência.

Parágrafo com redação dada pela Lei n. 9.426, de 24.12.1996.

§ 3º Adquirir ou receber coisa que, por sua natureza ou pela desproporção entre o valor e o preço, ou pela condição de quem a oferece, deve presumir-se obtida por meio criminoso:

Pena – detenção, de 1 (um) mês a 1 (um) ano, ou multa, ou ambas as penas.

Parágrafo com redação dada pela Lei n. 9.426, de 24.12.1996.

§ 4º A receptação é punível, ainda que desconhecido ou isento de pena o autor do crime de que proveio a coisa.

Parágrafo com redação dada pela Lei n. 9.426, de 24.12.1996.

§ 5º Na hipótese do § 3º, se o criminoso é primário, pode o juiz, tendo em consideração as circunstâncias, deixar de aplicar a pena. Na receptação dolosa aplica-se o disposto no § 2º do art. 155.

Parágrafo acrescentado pela Lei n. 9.426, de 24.12.1996.

§ 6º Tratando-se de bens do patrimônio da União, de Estado, do Distrito Federal, de Município ou de autarquia, fundação pública, empresa pública, sociedade de economia mista ou empresa concessionária de serviços públicos, aplica-se em dobro a pena prevista no *caput* deste artigo.

Parágrafo acrescentado pela Lei n. 9.426, de 24.12.1996, e com redação dada pela Lei n. 13.531, de 07.12.2017.

1. COMENTÁRIO

1.1. Objetividade jurídica

O bem jurídico tutelado no crime de receptação é o patrimônio alheio. O objeto material do crime é a *res* produto de delito anterior (ainda que tal bem tenha sido alterado, modificado, transformado ou ainda convertido em dinheiro).[58] Os instrumentos (*instrumenta sceleris*) do crime anterior, portanto, não são objeto material desta norma, por não caracterizarem produto do ilícito antecedente.

Se o objeto for decorrente de contravenção, não restará configurado o delito em comento, eis que está proibido, na exegese na norma incriminadora, interpretação extensiva ou analogia para fins de caracterização de tipo penal.

A maioria da doutrina e o próprio STF entendem que somente o bem móvel pode ser objeto deste crime.[59] Navios e aeronaves são bens móveis propriamente ditos e, mesmo que para fins de hipoteca, se equiparam a *imóveis por ficção legal* no direito civil (art. 1.473, VI e VII, CC e art. 138, CBA – Lei n. 7.565/86), se enquadram perfeitamente como objeto material deste crime.

1.2. Sujeitos

O sujeito ativo do *caput* e do § 3º pode ser qualquer pessoa, tratando-se de crime comum. No § 1º é crime próprio, portanto, somente figurará como agente aquele que exerce a atividade comercial industrial, sejam regulares ou clandestinos ou, ainda, no interior da residência.[60]

O proprietário incorrerá na prática deste delito caso pratique uma das condutas previstas no *caput* ou no § 1º, ciente de que a coisa receptada estava, por força de lei, contrato ou qualquer avença ainda que informal, na posse legítima de terceiro ou, ainda, gravada de qualquer ônus que impeça àquele o exercício regular de uso e disponibilidade da coisa. Oportuno destacarmos, ainda, que, diferentemente do que ocorre em relação a outros crimes patrimoniais (como o furto e o roubo), aqui a coisa receptada não precisa ser "alheia", isto é, o tipo penal não exige que o objeto desse crime seja de propriedade/posse de outra pessoa, portanto, o proprietário, nas hipóteses anteriores, poderá figurar como agente no delito em questão.

O agente do crime anterior não poderá ser sujeito ativo deste crime (*pos factum* impunível).

Quanto ao sujeito passivo, não se exige qualidade especial da vítima, a qual será a mesma do crime antecedente (pressuposto), inclusive no caso de possuidor legítimo ou mero detentor, ainda que a posse em tais casos seja informal, ocasional e momentânea. No caso de patrimônio ou instalações de qualquer dos entes integrantes da União, estado ou município, bem como sociedade de eco-

58 O produto, direto ou indireto, deve advir de crime anterior, portanto, caso aquele seja substituído por outro bem haverá crime ainda assim. Se a coisa advém de contravenção, não haverá receptação, será fato atípico.

59 Heleno Cláudio Fragoso (*Lições de direito penal*: Parte Especial, 2005, v. 2, p. 422-3) e Julio Fabbrini Mirabete e Renato N. Fabbrini (*Manual de direito penal*, 2008, v. II, p. 346) discordam, admitindo também se o produto do crime anterior for coisa imóvel.

60 Não basta que o agente seja comerciante, necessário que a coisa receptada esteja relacionada ao seu comércio e tenha o intento de aliená-la no futuro, daí o necessário *animus lucrandi*.

nomia mista ou concessionária de serviço público, o agente terá sua reprimenda majorada.

1.3. Análise da(s) conduta(s) descrita(s) no tipo

No *caput*, o núcleo do tipo prevê os seguintes verbos: "adquirir" (obter, de forma onerosa ou gratuita, com o *animus* definitivo, inclusive se decorrente de herança ou legado, sabendo o herdeiro/legatário que o *de cujus* fora receptador do bem), "receber" (aceitar, acolher, a qualquer título, a coisa, juntamente com o verbo anterior – adquirir – necessária a efetiva tradição), "transportar" (levar, carregar a coisa de um lugar a outro), "conduzir" (levar ou trazer, dirigindo algum meio de locomoção) ou "ocultar" (esconder, dissimular a posse do produto de crime anterior) e influir (inspirar, incutir, induzir). Nessas seis primeiras condutas, o receptador poderá praticar qualquer uma delas em proveito próprio ou alheio. Já no § 1º estão descritas não só as condutas mencionadas, bem como "ter em depósito" (guardar, manter sob a proteção a coisa receptada), "desmontar" (separar as peças, alterar a natureza originária do produto sob o aspecto de seu conjunto, modificando sua destinação, como exemplo os casos dos famosos "desmanches" de automóveis), "montar" (preparar o produto receptado para nova destinação), "remontar" (refazer, reconstruir, reparar o produto objeto de desmonte ou descaracterização anterior), "vender" (comercializar mediante pagamento), "expor à venda" (disponibilizar o produto para mercancia), "ou de qualquer forma utilizar" (usar, empregar, se servir, de qualquer maneira, em proveito próprio ou alheio, do produto receptado).

A modalidade culposa, § 3º, contempla, apenas, os verbos adquirir ou receber, já comentados.

1.3.1. Receptação própria e imprópria

A receptação será *própria* quando o agente, mesmo sendo conhecedor da origem ilícita do produto do crime, recepta tal bem (*caput*, primeira parte); por outro lado, será *imprópria* quando uma segunda pessoa (intermediária e ciente da origem ilícita do bem) influenciar terceiro de boa-fé para que este adquira, receba ou oculte (*caput*, segunda parte). Se o terceiro que adquiriu ou recebeu o bem desse intermediário tiver conhecimento de sua ilicitude, configurada a má-fé, portanto, incorrerá também no delito em comento, na qualidade de receptador *próprio*, neste o caso aquele intermediário que influenciou este terceiro, será caracterizado como *partícipe*.

1.3.2. Receptação da receptação

É conhecida por receptação "em cadeia". A sequência do mesmo delito não desnatura o crime originário desde que, é claro, os receptadores posteriores ajam com mesmo intento doloso e os elementos constitutivos do delito se façam presentes. Assim, são admissíveis receptações sucessivas. Porém alguns doutrinadores (nesse sentido: Nélson Hungria (*Comentários ao Código Penal*, 1958, v. VII, p. 305), Galdino Siqueira (*Tratado de direito penal*: Parte Especial, 1951, t. II, p. 487) e Luiz Regis Prado (*Comentários ao Código Penal*, 2012, p. 616) defendem que, se terceiro de boa-fé ingressar no meio de sucessão dos crimes e porventura vier a repassar a coisa à outra pessoa – ainda que conhecedora da ilicitude do(s) crime(s) originário(s) – ocorrerá uma interrupção ou solução da continuidade da ilicitude.

1.3.3. Receptação de várias coisas em um mesmo contexto fático

Configura crime único. Portanto, se determinado intermediário adquire, para fins de repassar adiante, inúmeras mercadorias provenientes de uma mesma carga roubada, pratica apenas um delito. Todavia, se os vários produtos decorrem de uma sequência de atos delitivos, as regras referentes ao concurso de crimes deverão ser consideradas.

1.3.4. Receptação de moeda falsa

Se o produto da receptação for moeda falsa, restará caracterizada a conduta específica prevista no art. 289, § 2º, CP, em razão do princípio da especialidade.

1.4. Elemento subjetivo

O *caput* e § 1º exigem o dolo específico, ou seja, a livre e consciente vontade de obter vantagem ilícita em proveito próprio ou alheio, decorrente da receptação do bem objeto do crime em questão. Exige-se a certeza de que o bem provém de origem ilícita. O agente pode ou não ter a intenção de assenhorar-se de forma definitiva da coisa receptada. Se a intenção do agente é, apenas, prestar qualquer auxílio destinado a tornar seguro o produto do crime antecedente, favorecendo, assim o autor do delito pressuposto, restará configurado o favorecimento real (art. 349, CP).

A ciência posterior da ilicitude da coisa, decorrente de boa-fé inicial, não descaracteriza o dolo do agente caso ele não devolva ao verdadeiro dono ou possuidor, restaurando-se, portanto, a situação patrimonial originária da coisa.

A expressão "deve saber", contida no § 1º, gerou controvérsias na doutrina e jurisprudência em razão de supostamente tal dispositivo ferir os princípios da proporcionalidade e razoabilidade, eis que repreendia o agente com pena mais severa, bastando que, em razão de sua atividade profissional, ele tivesse a obrigação de saber a origem ilícita do bem, ao passo que na figura do *caput*, cuja pena é mais branda, se exige do agente conhecer efetivamente a proveniência. O STF, contudo, afastou a alegada inconstitucionalidade, aceitando as hipóteses de dolo direito ou eventual na forma qualificada, abarcando as condutas tanto do agente que "sabe" como daquele que "deve saber" (*HC* n. 97.344/SP, 2ª T., rel. Min. Ellen Gracie, j. 12.05.2009).

O § 3º prevê a única hipótese culposa entre os crimes contra o patrimônio. Aqui, basta a dúvida acerca da origem do bem.

1.5. Qualificadora

A intenção do legislador, no § 1º, é punir mais severamente o *comerciante* (ainda que exerça tais atividades de forma irregular, clandestina ou no interior de sua residência, tais hipóteses somente no caso de atividade comercial) ou o *industrial*, em razão de possuírem maiores facilidades para repassar ou colocar no mercado produtos originários de crimes, fomentando, muitas vezes, a própria prática do ilícito em comento. Se o objeto do crime for proveniente de contrabando, há norma específica: art. 334-A, IV, do CP.

Tanto o comerciante quanto o industrial devem exercer suas atividades de maneira continuada. As condutas devem ser praticadas em razão de tais atividades regulares, ou seja, se, por exemplo, o comerciante de qualquer modo se desfizer do produto receptado, não em razão do seu ofício habitual nem no local em que exerce tal atividade, incorrerá na modalidade prevista no *caput*.

1.6. Forma privilegiada

O § 5º prevê a forma privilegiada. Na receptação culposa, se presentes, cumulativamente, os requisitos da primariedade e as circunstâncias que envolvam o crime foram benéficas ao seu agente (p. ex., a vida pregressa do agente, a baixa intensidade da culpa), poderá o juiz deixar de aplicar a pena – hipótese, pois, de perdão judicial. Nas modalidades dolosas, caso o réu seja primário e a coisa de pequeno valor, o juiz pode substituir a pena de reclusão pela de detenção, diminuí-la de um a dois terços, ou aplicar somente a pena de multa.

1.7. Forma culposa

O legislador, ao elaborar esta norma (§ 3º), exerceu uma presunção relativa de que, em determinados casos, as pessoas ao adquirirem ou receberem coisas deveriam perceber que, em razão de sua essência, natureza ou em decorrência das condições e circunstâncias que as envolvem, eram provenientes de ilícito anterior. O terceiro que adquire ou recebe determinada coisa age, por assim dizer, de forma negligente, desinteressada em se informar sobre a origem da coisa, quando o deveria fazer.

A norma se utiliza, para auxiliar o trabalho hermenêutico, que sejam considerados, quanto ao bem, os elementos "natureza", "valor", "preço" ou "condição de quem oferece", os quais representam verdadeiros indícios a serem analisados para fins de caracterização da conduta criminosa. Por exemplo, no caso de alguém que compre determinado relógio ou eletrodoméstico e pague uma quantia irrisória, vil, desproporcional, inexplicável. Aproveitando-se do mesmo exemplo, se em tal compra figurar como vendedor uma pessoa cuja qualidade pessoal se apresente como duvidosa, revelando possível descompasso entre o ofertante (criança, "indivíduo em situação de rua", ou pessoa em que o adquirente saiba de seu passado desabonador) e o produto que está sendo oferecido; da mesma forma, se a natureza do bem ofertado permitir ao interessado supor tratar-se de objeto de ato anterior ilícito (como obras raras, bens históricos, veículo sem documentação).

No caso concreto, o réu poderá afastar tal presunção comprovando erro escusável ou exteriorizando as circunstâncias que fizeram com que aquele considerasse legítimo, lícito, o produto que adquirira ou recebera.

1.8. Causa especial de aumento de pena

Se a receptação tem como origem crime em detrimento de patrimônio ou instalações de qualquer dos entes integrantes da União,[61] estado ou município,[62] bem como sociedade de economia mista ou concessionária de serviço público, o agente terá sua reprimenda obrigatoriamente majorada em dobro, inexistindo margem de discricionariedade quanto ao aumento. Isso ocorre, normalmente, em outras causas previstas na Parte Especial deste Código (as quais se utilizam de intervalos entre frações numéricas). Essa causa especial de aumento somente se aplica, contudo, a modalidade prevista no *caput*.

1.9. Receptação e favorecimento real: diferenças

São duas as diferenças básicas: a) quanto ao elemento subjetivo na receptação necessária a presença do *animus lucrandi*, já no favorecimento real, opera-se o *amoris pietatisve causa*, isto é, o agente tem a intenção especial de auxiliar, contribuir com o outro criminoso para que este consiga tornar seguro o produto de seu ilícito. Portanto, não há intuito lucrativo, econômico, mas razões de ordem sentimental, piedosa, por exemplo, para fins de beneficiar outro criminoso; b) quanto ao bem jurídico tutelado a receptação protege o patrimônio e o favorecimento real a regular administração da Justiça.

1.10. Consumação e tentativa

No *caput*, a modalidade de receptação própria consuma-se com a efetiva tradição do bem, admitindo-se a forma tentada. Ainda na receptação própria, as condutas transportar, conduzir e ocultar, por serem crimes permanentes, têm suas respectivas consumações prolongadas no tempo. Já a modalidade imprópria (influir), por ser crime formal, basta que o intermediário mantenha contato com terceiro de boa-fé, para influenciá-lo, não necessitando que este se apodere do bem, ou seja, que a influência exercida seja bem-sucedida. É inadmissível a tentativa neste último caso. No § 1º a consumação se dá após realizados quaisquer dos verbos nucleares. Em tais hipóteses, a tentativa é inadmissível nas condutas "ter em depósito", "expor a venda" e, "de qualquer forma utilizar, em proveito próprio ou alheio". O § 1º consuma-se com a aquisição ou o recebimento da coisa objeto do crime anterior – por ser crime culposo, não admite a tentativa.

1.10.1. Crime acessório – autonomia quanto ao crime anterior

O delito em comento é caracterizado como acessório, parasitário, isto é, depende da existência de outro ilícito anterior, pressuposto, pois, de sua existência. Este crime anterior, no entanto, necessita ter caráter patrimonial.

Conforme regra do § 4º, para fins de caracterização desta conduta delituosa, independe de comprovação da autoria do crime anterior ou se este é penalmente imputável ou ainda incorrer qualquer das causas extintivas de punibilidade previstas no art. 107, CP, também em relação ao crime anterior. Da mesma forma, caso o agente antecedente seja absolvido ou até mesmo não for iniciada a ação penal (em razão de não ter sido ofertado representação, por exemplo), em nada influenciará o processo criminal cujo objeto seja a acusação do delito previsto neste artigo.

É possível, contudo, a reunião de processos para fins de definir a competência do órgão julgador, conforme regras dos arts. 76 e 79, ambos do CPP.

1.11. Classificação

Crime comum (próprio no § 1º), doloso (culposo no § 3º), material (formal na segunda parte do *caput* – receptação imprópria), de ação múltipla (misto alternativo), instantâneo (permanente nas modalidades transportar, conduzir, ocultar, ter em depósito, expor a venda e de qualquer modo utilizar em proveito próprio ou alheio), acessório, misto alternativo, uniofensivo, de dano, monossubjetivo/plurissubjetivo (se houver a participação de mais de um agente), de forma livre, comissivo.

2. JURISPRUDÊNCIA

2.1. Julgados

Receptação – folhas de cheques

Folhas de cheque e objeto material do crime. A Turma, ao reconhecer a atipicidade da conduta praticada pelo paciente, concedeu a ordem para absolvê-lo do crime de receptação qualificada de folhas de cheque. Reafirmou-se a jurisprudência do STJ no sentido de que o talonário de cheque não possui valor econômico intrínseco, logo não pode ser objeto material do crime de re-

---

61 A Empresa Brasileira de Correios e Telégrafos – ECT (empresa pública integrante da administração indireta da União) se inclui aqui – STF, *HC* n. 105.542/RS, 1ª T., rel. Min. Rosa Weber, j. 17.04.2012.

62 A majoração não se aplica ao Distrito Federal, a interpretação extensiva não é cabível, violar-se-ia o princípio da legalidade (TJDF, APR n. 20140111092048, 3ª T. Crim., rel. Des. João Batista Teixeira, j. 24.04.2015).

ceptação. (STJ, *HC* n. 154.336/DF, 5ª T., rel. Min. Laurita Vaz, j. 20.10.2011)

Receptação – causa de aumento

Receptação de bens da ECT e majoração da pena. No delito de receptação, os bens de empresa pública recebem o mesmo tratamento que os da União e, por isso, é cabível a majoração da pena ao crime contra ela praticado. Com base nesse entendimento, a 1ª Turma indeferiu *habeas corpus* impetrado em favor de denunciado pela suposta prática do crime de receptação dolosa de bem de propriedade da Empresa Brasileira de Correios e Telégrafos – ECT. Asseverou-se que, nos termos da jurisprudência do STF, a mencionada empresa pública – prestadora de serviços públicos – equiparar-se-ia à fazenda pública e seus bens sujeitar-se-iam às mesmas regras estabelecidas aos da União. Destacou-se que o § 6º do art. 180 do CP ("Tratando-se de bens e instalações do patrimônio da União, Estado, Município, empresa concessionária de serviços públicos ou sociedade de economia mista, a pena prevista no *caput* deste artigo aplica-se em dobro") disporia sobre a incidência de majorante ao crime de estelionato e, nesse rol, estaria incluída a ECT. Por isso, não houve interpretação extensiva da norma, tampouco qualquer exacerbação a desafiar o *writ*. (STF, *HC* n. 105.542/RS, 1ª T., rel. Min. Rosa Weber, j. 17.04.2012)

Receptação – dosimetria da pena

Carga roubada. Receptação. Concurso. Pessoas. *In casu*, os pacientes foram condenados por receptação de carga roubada e, na ocasião do crime, o motorista foi morto. Na primeira instância, cada um deles recebeu como pena dois anos e seis meses de reclusão em regime aberto e o pagamento de 30 dias-multa. Irresignada com a condenação, a defesa apelou e o TJ deu parcial provimento ao recurso para determinar a substituição da pena privativa de liberdade por duas restritivas de direitos: prestação de serviços à comunidade pelo mesmo período da sanção reclusiva e prestação pecuniária, mas manteve a sentença quanto à fixação da pena-base dos pacientes acima do mínimo legal previsto. No *habeas corpus*, sustenta ser nula a sentença condenatória no tocante à dosimetria da pena mantida pelo tribunal *a quo*, já que a sanção básica teria sido aplicada um ano e seis meses acima do mínimo legalmente previsto sem a devida fundamentação e com base nas elementares do delito. Ressalta o Min. Relator que o juiz, ao analisar as circunstâncias judiciais conforme dispostas no art. 59 do CP, considerou-as desfavoráveis aos pacientes, apontando-as com base concreta nos fatos narrados nos autos, que evidenciaram ser desfavoráveis a culpa, as circunstâncias e as consequências do delito praticado pelos pacientes. Assim, verificada a adequação da análise dessas circunstâncias, a Turma denegou a ordem. (STJ, *HC* n. 149.456/RS, 5ª T., rel. Min. Jorge Mussi, j. 10.05.2011)

Receptação qualificada – constitucionalidade

Habeas corpus. Penal. Receptação qualificada. Constitucionalidade. Violação dos princípios da proporcionalidade e razoabilidade. Inocorrência. Precedentes. 1. Esta Corte Suprema já se posicionou acerca da constitucionalidade do § 1º do art. 180 do CP, em razão da maior gravidade e reprovabilidade social da receptação qualificada; infração penal relacionada à pessoa do comerciante ou do industrial, que, no exercício dessas atividades, valendo-se da maior facilidade para agir como receptador, adquire, recebe, transporta, conduz, oculta, tem em depósito, desmonta, monta, remonta, vende, expõe a venda, ou de qualquer forma utiliza, em proveito próprio ou alheio, coisa a qual deve saber ser produto de crime a justificar, por isso mesmo, a atuação mais severa. Precedentes. 2. Recurso ordinário a que se nega provimento. (STF, RHC n. 117.143/RS, 1ª T., rel. Min. Rosa Weber, j. 25.06.2013)

Receptação qualificada e princípio da insignificância

Receptação: princípio da insignificância e suspensão condicional do processo. O princípio da insignificância, bem como o benefício da suspensão condicional do processo (Lei n. 9.099/95, art. 89) não são aplicáveis ao delito de receptação qualificada (CP, art. 180, § 1º). Com base nesse entendimento, a 2ª Turma conheceu, em parte, de *habeas corpus* e, nessa extensão, indeferiu a ordem impetrada em favor de denunciado pela suposta prática do crime de receptação qualificada por haver sido encontrado em sua farmácia medicamento destinado a fundo municipal de saúde. Frisou-se que a pena mínima cominada ao tipo penal em questão seria superior a um ano de reclusão, o que afastaria o instituto da suspensão condicional do processo. (STF *HC* n. 105.963/PE, 2ª T., rel. Min. Celso de Mello, j. 24.04.2012)

Receptação qualificada. Dolo eventual. Possibilidade

Receptação qualificada e princípio da proporcionalidade. O art. 180, § 1º, do CP não ofende os princípios da razoabilidade e da proporcionalidade ("§ 1º Adquirir, receber, transportar, conduzir, ocultar, ter em depósito, desmontar, montar, remontar, vender, expor à venda, ou de qualquer forma utilizar, em proveito próprio ou alheio, no exercício de atividade comercial ou industrial, coisa que deve saber ser produto de crime: Pena – reclusão, de três a oito anos, e multa."). Com fundamento nessa orientação, a Turma indeferiu *ha-*

beas corpus no qual condenados por receptação qualificada (CP, art. 180, § 1º) – por efetuarem desmanche de veículos roubados –, alegando violação aos princípios da razoabilidade e da proporcionalidade, arguiam a inconstitucionalidade do mencionado dispositivo, na medida em que prevista pena mais severa para o agente que "deve saber" da origem ilícita do produto, em relação àquele que "sabe" de tal origem, conforme disposto no *caput* desse mesmo artigo ("Art. 180. Adquirir, receber, transportar, conduzir ou ocultar, em proveito próprio ou alheio, coisa que sabe ser produto de crime, ou influir para que terceiro, de boa-fé, a adquira, receba ou oculte: Pena – reclusão, de um a quatro anos, e multa"). De início, aduziu-se que a conduta descrita no § 1º do art. 180 do CP é mais gravosa do que aquela do *caput*, porquanto voltada para a prática delituosa pelo comerciante ou industrial, que, em virtude da própria atividade profissional, possui maior facilidade para agir como receptador de mercadoria ilícita. Em seguida, asseverou-se que, apesar da falta de técnica na redação do aludido preceito, a modalidade qualificada do § 1º abrangeria tanto o dolo direto quanto o eventual, ou seja, abarcaria a conduta de quem "sabe" e de quem "deve saber" ser a coisa produto de crime. Assim, se o tipo pune a forma mais leve de dolo (eventual), a conclusão lógica seria de que, com maior razão, também o faria em relação à forma mais grave (dolo direto), mesmo que não o tenha dito expressamente, pois o menor se insere no maior. (STF, *HC* n. 97.344/SP, 1ª T., rel. Min. Ellen Gracie, j. 12.05.2009)

EREsp. Receptação simples e qualificada. Art. 180, *caput*, § 1º, do CP. *In casu*, conforme os autos, os embargados foram denunciados pela prática do delito de receptação qualificada, uma vez que, no mês de agosto de 2003, ficou constatado que eles tinham em depósito, no exercício de atividade comercial, diversos veículos que sabiam ser produto de crime. Processados, sobreveio sentença, condenando-os pela infração do art. 180, § 1º, do CP às penas de quatro anos e seis meses de reclusão em regime semiaberto e 30 dias-multa. Em sede de apelação, o tribunal *a quo* reduziu a pena para um ano e seis meses de reclusão, além de 15 dias-multa, sob o fundamento de que a pena estabelecida para o delito de receptação qualificada mostrava-se desproporcional à gravidade do crime. Segundo aquela corte, mais apropriada seria, na espécie, a fixação da pena nos limites previstos para a forma simples de receptação. Sobreveio, então, o REsp, ao qual, monocraticamente, foi negado seguimento, ensejando agravo regimental que também foi desprovido pela Sexta Turma deste Superior Tribunal. Nos embargos de divergência (EREsp), o MP ressaltou que a Quinta Turma do STJ, bem como o STF, vêm pronunciando-se sobre a matéria contra a possibilidade de aplicar a pena prevista no art. 180, *caput*, do CP quando caracterizada a forma qualificada do delito. A defesa, por sua vez, assinalou que, se acolhida a argumentação do embargante, haveria uma punição muito mais severa à receptação qualificada, praticada com dolo eventual, do que a prevista para a modalidade simples, mesmo com dolo direto. Nesse contexto, a Seção entendeu que, apesar dos fundamentos defensivos no sentido de que não seria razoável o agravamento da sanção do tipo penal qualificado, que traz como elemento constitutivo do tipo o dolo eventual, não há como admitir a imposição da reprimenda prevista para a receptação simples em condenação pela prática de receptação qualificada (crime autônomo). Assim, adotou o entendimento de que a pena mais severa cominada à forma qualificada do delito tem razão de ser, tendo em vista a maior gravidade e reprovação da conduta, uma vez que praticada no exercício de atividade comercial ou industrial. Observou tratar de opção legislativa, em que se entende haver a necessidade de repressão mais dura a tais condutas, por serem elas dotadas de maior lesividade. Desse modo, não existem motivos para negar a distinção feita pelo próprio legislador, atento aos reclamos da sociedade que representa, no seio da qual é mais reprovável a conduta praticada no exercício de atividade comercial, como ocorre no caso, cuja lesão exponencial resvala num sem número de consumidores, todos vitimados pela cupidez do comerciante que revende mercadoria espúria. Inviável, pois, sem negar vigência ao dispositivo infraconstitucional em questão e sem ofensa aos princípios da proporcionalidade e da razoabilidade constitucionalmente previstos, impor ao paciente, pela violação do art. 180, § 1º, do CP, a sanção prevista ao infrator do *caput* do referido artigo. Diante disso, acolheu, por maioria, os embargos a fim de reformar o acórdão embargado e dar provimento ao recurso especial, restabelecendo a condenação pela forma qualificada da receptação nos termos da sentença. Precedentes citados do STF: RE n. 443.388/SP, *DJe* 11.09.2009; do STJ: *HC* n. 128.253/SC, *DJe* 03.08.2009, e REsp n. 700.887/SP, *DJ* 19.03.2007. (STJ, EREsp n. 772.086/RS, 5ª T., rel. Min. Jorge Mussi, j. 13.10.2010)

Receptação qualificada. Substituição de pena

HC. Receptação qualificada. Substituição. Pena. A hipótese é de receptação qualificada (art. 180, § 1º, CP), mediante a qual o paciente, dono de frigorífico, adquiriu, no exercício de atividade comercial, uma carga de 21,5 toneladas de carne (produto de crime). Foi condenado à pena de três anos de reclusão em regime inicial aberto e a dez dias-multa, fixado o valor da unidade em cinco salários mínimos, como incurso nas penas do art. 180, § 1º, do CP. A pena privativa de liberdade foi substituída pela restritiva de direitos de prestação pecuniária no valor de cinco salários mínimos mensais durante a condenação. A insurgência é contra o valor da unidade do dia-multa, o valor da prestação pecuniária e o fato de ter sido fixado pagamento de custas processuais no valor de cem UFSP em decorrência de lei posterior ao delito, que, portanto, não deveria retroagir. A Min. Relatora concedia a ordem em menor extensão. Já o Min. Nilson Naves, à vista de precedente de sua relatoria, trazendo lições doutrinárias e refletindo sobre as imperfeições formais e materiais do mencionado § 1º, fruto da Lei n. 9.426/96, que, em suma, determina que o fato menos grave é apenado mais severamente, entendeu dever ser desconsiderado o preceito secundário do referido § 1º. Assim, adotando as diretrizes originariamente postas pela sentença, fixou a pena-base em um ano de reclusão, concedendo a ordem em maior extensão. Relativamente ao mais, votou em conformidade com a Min. Relatora. Precedentes citados do STJ: *HC* n. 101.531/MG, *DJ* 16.06.2008. (STJ, *HC* n. 109.780/SP, 6ª T., rel. originária Min. Jane Silva (desembargadora convocada do TJMG), rel. p/ acórdão Min. Nilson Naves, j. 16.12.2008)

Receptação. Empresa pública federal. Causa de aumento

Receptação. Furto. ECT. O recorrente foi denunciado perante a Justiça comum estadual pela prática de receptação dolosa de uma balança de precisão furtada da Empresa de Correios e Telégrafos (ECT). Porém, viu-se condenado por sentença exarada pela Justiça Federal. No especial, insurge-se contra a aplicação da majorante prevista no art. 180, § 6º, do CP, incidente quando envolvidos bens de patrimônio de empresa pública federal. Primeiro, note-se que as empresas estatais (empresas públicas e sociedades de economia mista) são dotadas de personalidade jurídica de direito privado, mas possuem regime híbrido, a depender da finalidade da estatal: se presta serviço público ou explora a atividade econômica, predominará o regime público ou o privado. É certo que a ECT é empresa pública, pessoa jurídica de direito privado, prestadora de serviço postal, que, conforme o art. 21, X, da CF/88, é de natureza pública e essencial, encontrando-se aquela empresa, por isso, sob o domínio do regime público. Ela é mantida pela União e seus bens pertencem a essa mantenedora, consubstanciam propriedade pública e estão integrados à prestação de serviço público. Daí que eles são insusceptíveis de qualquer constrição que afete a continuidade, regularidade e qualidade da prestação do serviço. Nesse contexto, vê-se que é plenamente justificada a tutela a bens, serviços e interesses da União diante do furto de bem pertencente à ECT, razão pela qual se atraiu a competência da Justiça Federal (art. 109, IV, da CF/1988), vista a conexão entre o furto (principal) e a receptação em questão (acessório). Também se acha albergada nessa tutela a incidência da referida majorante, não se podendo falar que foi dada, no caso, uma interpretação extensiva desfavorável ao conceito de bens da União. Anote-se, por último, que a balança objeto de receptação é diretamente vinculada à prestação do serviço postal, pois é o instrumento utilizado para a pesagem da correspondência. Com esse entendimento, a Turma, por maioria, negou provimento ao recurso. Já o voto divergente entendia ser necessário o decote da majorante, pois não se poderia ampliar o conceito de bem da União para abranger aqueles afetos às empresas públicas. Precedentes citados do STF: Ag. Reg. no RE n. 393.032/MG, *DJe* 18.12.2009; RE n. 398.630/SP, *DJ* 17.09.2004, e QO na ACO n. 765/RJ, *DJe* 04.09.2009. (STJ, REsp n. 894.730/RS, 5ª T., rel. originária Min. Laurita Vaz, rel. p/ acórdão Min. Arnaldo Esteves Lima, j. 17.06.2010)

Receptação e porte ilegal de arma. Princípio da consunção

Porte ilegal. Arma. Receptação dolosa. Consunção. Aquele que adquire arma de fogo cuja origem sabe ser ilícita responde por delito contra o patrimônio, no momento em que se apodera da *res*. Se depois mantiver consigo a arma, circulando com ela ou mantendo-a guardada, e vier a ser flagrado, responderá pelo crime de porte ilegal de arma tipificado no art. 14 do Estatuto do Desarmamento (Lei n. 10.826/2003). Assim, como os dois delitos praticados pelo ora recorrido possuem objetividade jurídica diversa e momentos de consumação diferentes, não há que se falar em consunção. Aqueles crimes são autônomos, devendo o recorrido responder a ambos em concurso material. Daí, a Turma conheceu do recurso e deu provimento a ele para condenar o réu quanto ao delito previsto no art. 180, *caput*, do CP, em concurso material com o delito tipificado no art. 14 do Estatuto do Desarmamento, determinando o retorno dos autos para a prolação de nova sentença. Precedente citado: *HC* n. 55.469/RJ, *DJe* 08.09.2008. (STJ, REsp n. 1.133.986/RS, 5ª T., rel. Min. Jorge Mussi, j. 04.05.2010)

Prescrição. Concurso material. Receptação qualificada. O paciente foi condenado, em concurso material, pelo crime de receptação simples (visto o entendimento do juízo de que seria inconstitucional o tipo da receptação qualificada), bem como pelo crime de quadrilha. Inconformada, a defesa recorreu e o MP, por sua vez, buscou o reconhecimento não da forma simples de receptação, mas da qualificada, no que foi atendido pelo acórdão do Tribunal *a quo*. Nesta sede, a Min. Relatora originária considerou prescrito o crime de quadrilha, visto que, quanto a esse crime, o MP não recorreu, não havendo modificação da respectiva condenação pelo Tribunal *a quo*, o que levaria a firmar o marco prescricional na sentença condenatória. Dentre outros temas, aquela Ministra também se filiou ao entendimento da inconstitucionalidade da referida forma qualificada. Sucede que, ao prosseguir-se o julgamento, a Min. Maria Thereza de Assis Moura, acompanhada pelos demais integrantes da Turma, entendeu incidente o disposto no art. 117, § 1º, segunda parte, do CP, pois a relação processual seria indivisível e una a ponto de a reclassificação do crime de receptação pelo Tribunal *a quo* atrair a designação do marco interruptivo da prescrição dos dois crimes. Divergiu, também, no tocante à inconstitucionalidade da receptação qualificada, pois ainda não foi consagrada no âmbito do STF, só existindo decisões monocráticas a respeito, além de a Sexta Turma ter julgado em sentido oposto. Salientou que lhe basta considerar a interceptação qualificada, mas com a pena do *caput* do art. 180 do CP, para não se ver quebrado o princípio da proporcionalidade na cominação penal. Precedentes citados: *HC* n. 49.444/RJ, *DJ* 13.08.2007, e *HC* n. 28.493/SP, *DJ* 06.02.2006. (STJ, *HC* n. 118.813/SC, rel. originária Min. Jane Silva (Desembargadora convocada do TJMG), rel. p/ acórdão Min. Maria Thereza de Assis Moura, j. 10.02.2009)

Receptação de animal

Art. 180-A. Adquirir, receber, transportar, conduzir, ocultar, ter em depósito ou vender, com a finalidade de produção ou de comercialização, semovente domesticável de produção, ainda que abatido ou dividido em partes, que deve saber ser produto de crime:

Pena – reclusão, de 2 (dois) a 5 (cinco) anos, e multa.

Nomen juris, *caput* e pena acrescentados pela Lei n. 13.330, de 02.08.2016.

1. COMENTÁRIO

1.1. Objetividade jurídica

Trata-se de norma incriminadora que, na verdade, poderia ter sido inserida como outra forma qualificada do art. 180 deste Código, mesmo porque quase todas as condutas típicas inseridas naquela norma se repetem neste delito específico, protegendo quase a mesma tutela jurídica: o patrimônio alheio e a posse legítima. Salientamos, porém, que esta norma específica visa proteger, ainda, em determinadas hipóteses, a própria saúde humana, pois tenta-se evitar ou diminuir as chances de ocorrência de abates, frigoríficos e comércios clandestinos de animais (ainda que parte deles) em locais desprovidos de estrutura higiênica adequada conforme as normas de vigilância sanitária.

O objeto do crime aqui é o *semovente*[63] *domesticável de produção destinado ao consumo humano*, como exemplos, o gado bovino, caprino, ovino, suíno e galináceos, produto de crime anterior, o *abigeato* (subtração de animais); portanto, este crime ocorre com certa frequência nas zonas rurais. Ao analisarmos o Projeto de lei n. 6.999/2013, que antecedeu a edição da Lei n. 13.330/2016, concluímos que, na justificativa apresentada pelo legislador, a intenção é coibir o abate e comércio clandestinos de animais de produção para o consumo humano. Nessa linha de raciocínio, nada impede, inclusive, que peixes cujo criadouro se destina à nossa alimentação também figure como *res furtiva*.

Porém, outros animais domésticos (domesticáveis) cujas crias possam materializar algum interesse econômico, por exemplo, criação de cães e gatos para venda de filhotes, não se inserem nessa proteção penal, eis que tais animais, em regra, não se destinam ao consumo alimentar humano, mas sim à satisfação afetiva (animais de estimação). A norma penal, ao nosso sentir, não deve ser interpretada de forma extensiva para englobar também tais hipóteses, caso contrário estaríamos infringindo os princípios da reserva legal, taxatividade, vedação a analogia *in mala partem*.[64] Animais *silvestres*, não domesticados, também não são objeto dessa conduta típica, socorrendo-se da proteção penal prevista no art. 180 deste Código ou de delitos previstos entre os arts. 29 e 32 da Lei n. 9.605/98 (crimes ambientais).

1.2. Sujeitos

O crime é comum, qualquer pessoa pode praticar as condutas proibitivas descritas, inclusive

63 Bem móvel suscetível de movimento por forças próprias – *v.* art. 82 do Código Civil. O animal é considerado aqui se estiver vivo ou morto (abatido, ainda que em partes). Na hipótese de receptação de material biológico renovável (como exemplos, leite e semens de animais premiados), estaremos diante da figura típica do art. 180, que é a modalidade genérica, e não a especial prevista neste artigo.

64 STJ, RHC n. 57.544/SP, 5ª T., rel. Min. Leopoldo de Arruda Raposo (Desembargador convocado do TJPE), j. 06.08.2015; STJ, REsp n. 1.549.417/MG, 6ª T., rel. Min. Sebastião Reis Junior, j. 23.08.2016; STJ, Ag. Int. no REsp n. 1.585.531/DF, 5ª T., rel. Min. Joel Ilan Paciornik, j. 02.02.2017.

o proprietário do bem receptado, se o objeto do crime, em razão de avença verbal, contratual ou em virtude de lei, se encontrava na posse legítima de terceiro ou, ainda, gravada de qualquer ônus que impeça àquele o exercício regular de uso e disponibilidade da coisa; como exemplo, destacamos as hipóteses comuns de parceria pecuária[65] e financiamento rural.[66]

O agente que praticou o delito originário (antecedente) não será sujeito ativo desse delito.

Não se exige qualidade especial da vítima (sujeito passivo), que será a mesma do crime antecedente, inclusive no caso de possuidor legítimo ou mero detentor, ainda que a posse de tais casos seja informal, ocasional e momentânea. Se considerarmos que, da mesma forma, é um crime que protege a saúde pública, o sujeito passivo também pode ser a coletividade.

Finalizando nossas considerações concernentes a este item, uma importante observação merece destaque: a costumeira atecnia legislativa. A intenção da norma em comento era, obviamente, reprimir de maneira mais grave o abate e comércio clandestinos de semovente domesticável de produção, todavia, em verdade, promoveu verdadeira inovação favorável aos agentes que praticam ou praticaram referida conduta, isso porque quase todos os núcleos típicos previstos no *caput* deste artigo já se encontravam inseridos na forma qualificada do art. 180 (§ 1º), mas a pena prevista era maior, e agora, estamos diante de inequívoca *novatio legis in mellius*, pois a sanção definida neste artigo é menor; inclusive, esta norma poderá até retroagir para beneficiar pessoas que tenham sido condenadas pelo art. 180, § 1º, nos casos de receptação de animais destinados a produção.

1.3. Análise da(s) conduta(s) descrita(s) no tipo

O tipo penal repete praticamente todas as ações previstas no art. 180, § 1º. Assim, eis as condutas incriminadoras: "adquirir" (obter, de forma onerosa ou gratuita, com o *animus* definitivo), "receber" (aceitar, acolher, a qualquer título, a coisa, juntamente com o verbo anterior – adquirir –, necessária a efetiva tradição), "transportar" (levar, carregar a coisa de um lugar a outro), "conduzir" (levar ou trazer, dirigindo algum meio de locomoção), "ocultar" (esconder, dissimular a posse do produto de crime anterior), ou "ter em depósito" (armazenar). O receptador poderá praticar qualquer uma delas em proveito próprio ou alheio.

1.4. Elemento subjetivo

Para configuração do crime em questão, exige-se o dolo específico, ou seja, a livre e consciente vontade de obter vantagem ilícita em proveito próprio ou alheio, decorrente da receptação do bem objeto do crime em questão *para produção ou comercialização*.[67] Exige-se a certeza de que o bem provém de origem ilícita. O agente pode ou não ter a intenção de assenhorar-se de forma definitiva da coisa receptada. Se a intenção do agente é, apenas, prestar quaisquer auxílios destinado a tornar seguro o produto do crime antecedente, favorecendo, assim, o autor do delito pressuposto, restará configurado o *favorecimento real* (art. 349, CP).

A ciência posterior da ilicitude da coisa, decorrente de boa-fé inicial, não descaracteriza o dolo do agente caso ele não devolva ao verdadeiro dono ou possuidor, restaurando-se, portanto, a situação patrimonial originária da coisa.

A expressão "deve saber", assim como aquela prevista no art. 180, § 1º, pode gerar questionamentos em razão de supostamente tal dispositivo ferir os princípios da proporcionalidade e razoabilidade, eis que repreendia o agente com pena mais severa, bastando que, em razão de sua atividade profissional, ele tivesse a obrigação de saber a origem ilícita do bem, ao passo que na figura do *caput*, cuja pena é mais branda, exige-se do agente conhecer efetivamente a proveniência. Os tribunais superiores, porém, já se pronunciaram que no caso do crime qualificado previsto no artigo anterior são admissíveis as hipóteses de dolo direito ou eventual na forma qualificada, abarcando as condutas tanto do agente que "sabe" como daquele que "deve saber". De qualquer forma, vale o registro sobre a desnecessidade dessa indisfarçável controvérsia, eis que bastava cons-

65 O parceiro-proprietário (outorgante) cede, temporariamente, a posse (e não a propriedade) de animais ao parceiro-tratador (outorgado) e este, por sua vez, se responsabilizará pelo manejo e trato de tais animais; as respectivas despesas de custeio e tratamento poderão ser divididas entre as partes; se outra coisa não se estipular, as partes pactuarão a divisão das vantagens advindas da comercialização ou uso das crias advindas das matrizes originárias cedidas.

66 Os animais são colocados em garantia ao empréstimo financeiro contraído.

67 Se a receptação do semovente tiver a finalidade do consumo próprio ou de terceiros, estaremos diante do crime geral do art. 180, pois ausente o dolo específico comentado.

tar no preceito sancionatário *ambas* as expressões, "sabe" ou "deve saber".

1.5. Inexistência da figura privilegiada

A intenção de conferir tratamento mais severo a essa espécie de receptação se mostra presente não só na pena definida, mas também, na ausência de previsão legal de hipótese privilegiada, tal qual prevista no § 5º do art. 180 (quando a *res furtiva* for de diminuto valor e o agente, primário). Contudo, entendemos ser viável a aplicação de analogia *in bona partem*,[68] para admitirmos a utilização daquela norma benéfica, mesmo porque, caso contrário, violar-se-ia os próprios princípios da proporcionalidade e razoabilidade.[69] O mesmo comentário já exposto acerca da irracionalidade legislativa quanto a pena menor aplicada ao comerciante (dono de açougue, por exemplo) que adquire animais furtados, em detrimento de situação anterior em que esse mesmo agente era responsabilizado por conduta com reprimenda maior (art. 180, § 1º) serve, também, de fundamento para demonstrar quão ilógica é a omissão legislativa quanto ao privilégio apontado.

1.6. Consumação e tentativa

Esta figura típica só admite a receptação própria, que se consuma com a efetiva tradição do bem, alterando-se a posse, ainda que por curto espaço de tempo. As condutas *transportar*, *conduzir* e *ocultar*, por serem crimes permanentes, têm suas respectivas consumações prolongadas no tempo. A *tentativa* é admissível, salvo nas hipóteses a seguir descritas: *ter em depósito* e *vender*.

1.7. Classificação

Crime comum, doloso, material, de ação múltipla (misto alternativo), instantâneo (permanente nas modalidades transportar, conduzir, ocultar, ter em depósito), acessório, misto alternativo, uniofensivo (pluriofensivo em determinados casos concretos que atinjam, também, a saúde humana, como em matadouros e frigoríficos clandestinos), de dano, monossubjetivo/plurissubjetivo, de forma livre, comissivo.

68 STF, *HC* n. 152.707, 2ª T., rel. Min. Dias Toffoli, j. 18.04.2018.

69 Inexplicável admitirmos um privilégio (isenção, substituição ou redução da pena) para o crime mais grave (receptação qualificada – art. 180, § 1º) e não o fazermos para um delito de natureza um pouco mais branda, conforme, aliás, o critério objetivo das próprias sanções definidas.

2. JURISPRUDÊNCIA

2.1. Julgados

Art. 180-A – *novatio legis in mellius*

Trata-se de embargos declaratórios opostos contra a decisão deste Relator, às fls. 1697/1702. O embargante, em suma, alega omissão no julgado, porquanto noticiou por meio da petição de folhas 1675/1696 a existência de *novatio legis in mellius*, lei penal mais benéfica. Requer, assim, o acolhimento dos embargos de declaração para sanar o vício apontado, com substituição da pena corporal do art. 180, § 1º, do Código Penal – CP para a pena do art. 180-A do CP. O Ministério Público Federal opinou pelo acolhimento dos embargos de declaração (fls. 1719/1723). [...] Diante da nova lei mais benéfica, forçosa retroatividade de sua aplicação aos fatos pretéritos. (STJ, EDcl no ARESP n. 1.020.101/SP, rel. Min. Ilan Pacionik, decisão monocrática, j. 15.03.2017)

3. OBSERVAÇÕES

Reiteramos aqui as mesmas explicações referentes a **crime acessório, receptação da receptação e receptação de vários bens no mesmo contexto fático**, todos esses expostos, respectivamente, nos itens 1.10.1, 1.3.2 e 1.3.3 dos comentários do art. 180.

CAPÍTULO VIII
DISPOSIÇÕES GERAIS

Art. 181. É isento de pena quem comete qualquer dos crimes previstos neste título, em prejuízo:

I – do cônjuge, na constância da sociedade conjugal;

II – de ascendente ou descendente, seja o parentesco legítimo ou ilegítimo, seja civil ou natural.

1. COMENTÁRIO

1.1. Notas introdutórias

O dispositivo prevê hipóteses de imunidades penais absolutas (também denominadas *escusas absolutórias*), que funcionam como causas pessoais de exclusão da pena.

As imunidades foram estabelecidas por razões de política criminal: é menor o alarme social provocado por fato cometido dentro da família e igualmente menor a periculosidade do agente. Entretanto, não excluem a obrigação civil de reparar o dano.

As imunidades absolutas são irrenunciáveis e têm natureza jurídica de causas extintivas da punibilidade (semelhante às hipóteses do art. 107, CP).

Por ser impossível a aplicação de pena, falta interesse de agir para a instauração de inquérito policial ou ação penal.

É necessário que a conduta gere prejuízo para alguma das pessoas mencionadas no dispositivo. Não ocorre a isenção de pena se o prejuízo for causado a terceiros (por exemplo, o bem se encontrava na posse do cônjuge ou ascendente, mas pertencia a terceiro).

1.2. Cônjuge na constância da sociedade conjugal

É irrelevante o regime de bens do casamento. Referindo-se a lei a "cônjuge", o dispositivo abrange apenas o casamento civil e o religioso com efeitos civis. Após a Constituição de 1988, entretanto, passou a ser admitida pela doutrina dominante a imunidade no caso de união estável.

Mencionando a lei a "constância da sociedade conjugal", não incide a imunidade se tiver ocorrido separação judicial ou divórcio (a mera separação de fato, contudo, não impede a isenção de pena).

A imunidade leva em conta a data do crime e não a da instauração do processo ou a da sentença: subsiste a isenção de pena mesmo que agente e vítima se separem ou divorciem após o fato; não há isenção de pena se agente e vítima vêm a se casar após o crime (o casamento não retroage para o fim de fazer incidir a imunidade).

1.3. Ascendente ou descendente

A imunidade abrange o parentesco em linha reta ascendente (pais, avós, bisavós) ou descendente (filhos, netos, bisnetos). O rol é taxativo: a imunidade não abrange o parentesco por afinidade e na linha transversal (sogro, sogra, genro ou nora).

Art. 182. Somente se procede mediante representação, se o crime previsto neste título é cometido em prejuízo:

I – do cônjuge desquitado ou judicialmente separado;

II – de irmão, legítimo ou ilegítimo;

III – de tio ou sobrinho, com quem o agente coabita.

---

1. COMENTÁRIO

1.1. Notas introdutórias

As imunidades relativas (ou processuais) não excluem a punibilidade, apenas exigem uma condição de procedibilidade (transformam a ação penal de pública incondicionada para pública condicionada à representação). Não se aplicam, portanto, nas hipóteses em que só se procede mediante queixa (p. ex., dano simples) ou quando a lei já exige a representação (p. ex., furto de coisa comum).

1.2. Cônjuge desquitado ou judicialmente separado

A lei refere-se à separação judicial, abrangendo a separação de corpos judicialmente decretada.

Não incide a imunidade se o fato ocorrer após o divórcio, a declaração de nulidade ou a anulação do casamento.

1.3. Irmão

É irrelevante qualquer distinção entre os irmãos: legítimos ou ilegítimos, germanos (filhos do mesmo pai e da mesma mãe) ou unilaterais (filhos do mesmo pai ou da mesma mãe).

O dispositivo não se aplica ao crime praticado contra o cunhado.

1.4. Tio ou sobrinho com quem o agente coabita

Exige-se a coabitação (morar junto sob o mesmo teto), portanto é insuficiente a mera hospitalidade ocasional ou temporária.

É irrelevante que o crime seja praticado no local da coabitação ou em outro lugar qualquer.

A imunidade não se aplica ao crime praticado contra o primo.

Art. 183. Não se aplica o disposto nos dois artigos anteriores:

I – se o crime é de roubo ou de extorsão, ou, em geral, quando haja emprego de grave ameaça ou violência à pessoa;

II – ao estranho que participa do crime;

III – se o crime é praticado contra pessoa com idade igual ou superior a 60 (sessenta) anos.

Inciso acrescentado pela Lei n. 10.741, de 01.10.2003.

---

1. COMENTÁRIO

1.1. Notas introdutórias

O art. 183 prevê três hipóteses de exclusão das imunidades: o crime de roubo ou extorsão ou quando houver emprego de grave ameaça ou violência à pessoa; o estranho que participa do crime; e o crime praticado contra pessoa com idade igual ou superior a 60 anos.

1.1.1. Crime de roubo ou extorsão ou quando houver emprego de grave ameaça ou violência à pessoa

O fundamento da exclusão da imunidade em tais hipóteses reside no fato de que aqui não há apenas uma lesão ao patrimônio da vítima, mas também a outros bens jurídicos (integridade corporal, liberdade individual etc.)

Além do roubo e da extorsão, não incidem as imunidades nos crimes de dano qualificado (CP, art. 163, parágrafo único, I) e de esbulho possessório (CP, art. 161, § 1º, II).

1.1.2. Estranho que participa do crime

As razões que justificam a imunidade não são aplicáveis aos estranhos que participam do crime (p. ex., filho que furta bem do pai em concurso com terceiro – aquele se beneficia da imunidade absoluta, e este responde pelo crime qualificado pelo concurso de agentes).

O dispositivo é desnecessário, pois o art. 30 do CP já prevê a incomunicabilidade das condições pessoais aos coautores ou partícipes do crime.

1.1.3. Pessoa idosa

Introduzido pelo Estatuto da Pessoa Idosa, visa a proteger as pessoas com idade avançada, que poderiam ser manipuladas e abandonadas à própria sorte por parentes inescrupulosos (exemplo comum é a apropriação indébita da aposentadoria da pessoa idosa).

Art. 183-A. Nos crimes de que trata este Título, quando cometidos contra as instituições financeiras e os prestadores de serviço de segurança privada, de que trata o Estatuto da Segurança Privada e da Segurança das Instituições Financeiras, as penas serão aumentadas de 1/3 (um terço) até o dobro.

Artigo acrescentado pela Lei n. 14.967, de 09.09.2024.

---

1. COMENTÁRIO

Esta causa de aumento de pena (1/3 até o dobro) foi introduzida pela Lei n. 14.967/2024 – "Estatuto da Segurança Privada[70] e da Segurança das Instituições Financeiras" –, a qual dispõe "sobre os serviços de segurança de caráter privado, exercidos por pessoas jurídicas e, excepcionalmente, por pessoas físicas, em âmbito nacional, e para estabelecer as regras gerais para a segurança das instituições financeiras autorizadas a funcionar no País" (art. 1º). O referido diploma modernizou e compatibilizou o texto às necessidades atuais, relacionadas às formas de controle envolvendo a segurança privada, então regulada pela moderna demanda social na Lei n. 7.102, de 20.06.1983, sobretudo considerando a considerável ampliação da demanda por tais serviços nos dias de hoje e o significativo surgimento de proteção clandestina (sem autorização das autoridades legais), inclusive de milícias.

Assim, conforme esta regra do Código Penal, a pena sofrerá exasperação quando figurarem como vítimas pessoas jurídicas prestadoras de serviços de segurança privada, autorizados pela Polícia Federal, envolvendo (*vide* art. 5º, Lei n. 14.967/2024): "I – vigilância patrimonial; II – segurança de eventos em espaços de uso comum do povo; III – segurança nos transportes coletivos terrestres, aquaviários e marítimos; IV – segurança perimetral nas muralhas e guaritas; V – segurança em unidades de conservação; VI – monitoramento de sistemas eletrônicos de segurança e rastreamento de numerário, bens ou valores; VII – execução do transporte de numerário, bens ou valores; VIII – execução de escolta de numerário, bens ou valores; IX – execução de segurança pessoal com a finalidade de preservar a integridade física de pessoas; X – formação, aperfeiçoamento e atualização dos profissionais de segurança privada; XI – gerenciamento de riscos em operações de transporte de numerário, bens ou valores; XII – controle de acesso em portos e aeroportos; XIII – outros serviços que se enquadrem nos preceitos desta Lei, na forma de regulamento".

Quanto à segurança das instituições financeiras, o art. 31, § 1º, da Lei n. 14.967/2024 esclarece que é admitida em "bancos oficiais ou privados, caixas econômicas, sociedades de crédito, associações de poupança, suas agências e postos de atendimento, cooperativas singulares de crédito e respectivas dependências, bem como todas as pessoas jurídicas referidas no art. 17[71] da Lei n. 4.595, de 31 de dezembro de 1964".

---

70 "Os serviços de segurança privada serão prestados por pessoas jurídicas especializadas ou por meio das empresas e dos condomínios edilícios possuidores de serviços orgânicos de segurança privada, neste último caso, em proveito próprio, com ou sem utilização de armas de fogo e com o emprego de profissionais habilitados e de tecnologias e equipamentos de uso permitido" (art. 2º, Lei n. 14.967/2024).

71 "Art. 17. Consideram-se instituições financeiras, para os efeitos da legislação em vigor, as pessoas jurídicas públicas ou

A razão dessa majoração legal nos parece óbvia: além de a segurança privada e a segurança das dependências das instituições financeiras serem matéria de interesse nacional (art. 1º, parágrafo único, da Lei n. 14.967/2024), a atividade de guarda, transporte e proteção de valores e demais bens é de inegável relevância ao sentimento de segurança social e, da mesma forma, individual, de cada um de nós, merecendo reprovação penal mais severa aos respectivos atos violadores.

1.1. Não aplicabilidade da norma

O art. 31, § 2º, da Lei n. 14.967/2024 esclarece que essa lei não se aplica a "agências e postos de atendimento de cooperativas singulares de crédito localizados em Municípios com população inferior a 20.000 (vinte mil) habitantes, cujos requisitos de segurança serão definidos em regulamento". Portanto, em alguma ocorrência criminosa envolvendo serviços de segurança em tais estabelecimentos, não incidirá a causa de aumento em comento. Da mesma forma, considerando que não está autorizado o serviço de segurança privada prestado por cooperativa formalmente constituída ou operando de maneira informal, ou ainda o serviço de segurança realizado de forma autônoma por um indivíduo (art. 2º, parágrafo único, Lei n. 14.967/2024), essa causa de aumento também não deverá ser observada em tais hipóteses concretas.

---

privadas, que tenham como atividade principal ou acessória a coleta, intermediação ou aplicação de recursos financeiros próprios ou de terceiros, em moeda nacional ou estrangeira, e a custódia de valor de propriedade de terceiros. Parágrafo único. Para os efeitos desta lei e da legislação em vigor, equiparam-se às instituições financeiras as pessoas físicas que exerçam qualquer das atividades referidas neste artigo, de forma permanente ou eventual."

TÍTULO III
DOS CRIMES CONTRA A PROPRIEDADE IMATERIAL

CAPÍTULO I
DOS CRIMES CONTRA A PROPRIEDADE INTELECTUAL

Violação de direito autoral

Art. 184. Violar direitos de autor e os que lhe são conexos:

Pena – detenção, de 3 (três) meses a 1 (um) ano, ou multa.

Caput com redação dada pela Lei n. 10.695, de 01.07.2003.

§ 1º Se a violação consistir em reprodução total ou parcial, com intuito de lucro direto ou indireto, por qualquer meio ou processo, de obra intelectual, interpretação, execução ou fonograma, sem autorização expressa do autor, do artista intérprete ou executante, do produtor, conforme o caso, ou de quem os represente:

Pena – reclusão, de 2 (dois) a 4 (quatro) anos, e multa.

Parágrafo com redação dada pela Lei n. 10.695, de 01.07.2003.

§ 2º Na mesma pena do § 1º incorre quem, com o intuito de lucro direto ou indireto, distribui, vende, expõe à venda, aluga, introduz no País, adquire, oculta, tem em depósito, original ou cópia de obra intelectual ou fonograma reproduzido com violação do direito de autor, do direito de artista intérprete ou executante ou do direito do produtor de fonograma, ou, ainda, aluga original ou cópia de obra intelectual ou fonograma, sem a expressa autorização dos titulares dos direitos ou de quem os represente.

Parágrafo com redação dada pela Lei n. 10.695, de 01.07.2003.

§ 3º Se a violação consistir no oferecimento ao público, mediante cabo, fibra ótica, satélite, ondas ou qualquer outro sistema que permita ao usuário realizar a seleção da obra ou produção para recebê-la em um tempo e lugar previamente determinados por quem formula a demanda, com intuito de lucro, direto ou indireto, sem autorização expressa, conforme o caso, do autor, do artista intérprete ou executante, do produtor de fonograma, ou de quem os represente:

Parágrafo com redação dada pela Lei n. 10.695, de 01.07.2003.

Pena – reclusão, de 2 (dois) a 4 (quatro) anos, e multa.

Pena acrescentada pela Lei n. 10.695, de 01.07.2003.

§ 4º O disposto nos §§ 1º, 2º e 3º não se aplica quando se tratar de exceção ou limitação ao direito de autor ou os que lhe são conexos, em conformidade com o previsto na Lei n. 9.610, de 19 de fevereiro de 1998, nem a cópia de obra intelectual ou fonograma, em um só exemplar, para uso privado do copista, sem intuito de lucro direto ou indireto.

Parágrafo acrescentado pela Lei n. 10.695, de 01.07.2003.

1. COMENTÁRIO

1.1. Notas introdutórias

Segundo Daniela Jalil, "direito autoral é o conjunto de normas jurídicas que visam regular as relações oriundas da criação e da utilização de obras intelectuais (artísticas, literárias ou científicas) – entendidas estas como as criações do espírito, sob qualquer forma exteriorizadas – sendo disciplinado a nível nacional e internacional e compreendendo os direitos de autor e os direitos que lhes são conexos. As normas autorais impõem a todos os integrantes da sociedade respeito a essas criações do espírito humano ao passo que outorga aos seus criadores o exercício de prerrogativas exclusivas" ("Direitos autorais sobre a música na internet", 2003).

1.1.1. Conselho Nacional de Combate à Pirataria e Delitos contra a Propriedade Intelectual (CNCP)

Órgão colegiado de caráter consultivo, integrante do Ministério da Justiça, cuja finalidade é elaborar as diretrizes para a formulação e proposição de um plano nacional para o combate à pirataria, à sonegação fiscal dela decorrente e aos delitos contra a propriedade intelectual (art. 2º, Decreto n. 9.875/2019).[1] A célebre "CPI da Pira-

1 "Art. 2º Compete ao Conselho: I – estudar e propor medidas e ações destinadas ao enfrentamento da pirataria e combate a delitos contra a propriedade intelectual no País; II – criar e manter banco de dados a partir das informações coletadas em âmbito nacional, integrado ao Sistema Único de Segurança Pública; III – efetuar levantamentos estatísticos com o objetivo de estabelecer mecanismos eficazes de prevenção e repressão da pirataria e de delitos contra a propriedade intelectual; IV – apoiar as medidas necessárias ao combate à pirataria junto aos Estados da Federação; V – incentivar e auxiliar o planejamento de operações especiais e investigativas de prevenção e repressão à pirataria e a delitos contra a propriedade intelectual; VI – propor mecanismos de combate à entrada de produtos piratas e de controle do ingresso no País de produtos que, mesmo de importação regular, possam vir a se constituir em insumos para a prática de pirataria; VII – sugerir fiscalizações específicas nos portos, aeroportos, postos de fronteiras e malha rodoviária brasileira; VIII – estimular, auxiliar e fomen-

taria" (Comissão Parlamentar de Inquérito da Pirataria), no ano de 2004, em seu relatório final, tendo em vista as conclusões a respeito da conexão entre os crimes decorrentes de pirataria com outras práticas delituosas como o crime organizado, a sonegação fiscal, lavagem de dinheiro e evasão de divisas (a Polícia Internacional – Interpol –, aliás, denomina tal prática ilícita "o delito do século"), sugeriu a criação de um órgão público de inteligência para articulação e implantação de políticas públicas de combate à pirataria e responsável pela formulação de um Plano Nacional de Combate à Pirataria. Tal indicação sugeriria que este órgão público deveria contar, também, com a colaboração de representantes da sociedade civil organizada de diversos setores (MINISTÉRIO DA JUSTIÇA. "Combate à pirataria").

As principais estratégias desenvolvidas nos últimos anos e as metas a serem alcançadas por referido órgão são: a) Cidade Livre de Pirataria – tem como objetivo municipalizar o combate à pirataria por meio de incentivos às prefeituras para criação de mecanismos locais de prevenção e repressão à pirataria; b) Feira Legal – negocia com administradores das principais feiras populares e autoridades municipais para a regularização do comércio e busca alternativas à comercialização de produtos ilegais; c) Comércio contra a Pirataria – mobiliza, em nível nacional, comerciantes contra a pirataria; d) Portal de Combate à Pirataria – desenvolve um portal de comunicação interativo, inclusive com campanhas educativas e promocionais; e) Parcerias e Cooperação com Provedores de internet – cria mecanismos, junto aos provedores de internet, para a prevenção da distribuição de produtos piratas; f) Delegacias Especializadas – negocia com governos de estados a criação das delegacias especializadas na repressão à pirataria ou aperfeiçoa as já existentes; g) Pirataria fora da Escola ou Educação contra a Pirataria – desenvolve conteúdo educativo para crianças, adolescentes, docentes e universitários. Difunde o conteúdo educativo formulado ou aprovado pelo conselho; h) Conselho Mercosul de Combate à Pirataria (CMCP) – propõe e apoia a criação do CMCP, público e privado, para o Mercosul; i) Capacitação de Agentes Públicos – executa treinamentos para polícias e receitas (federal, estaduais e municipais) e Ministério Público e Judiciário. Evita a compra de produtos ilegais pelo Estado; j) Prêmio Nacional de Combate à Pirataria – premia, por categorias, entidades públicas e privadas com atuação destacada no combate à pirataria; l) Banco de Dados – desenvolve banco de dados baseado em inteligência, mapeamento de feiras e camelódromos, resultados operacionais (apreensões, condenações, entre outros). Elabora mapeamento dos pontos de ingressos de produtos ilegais no Brasil; m) Radiografia da Pirataria – compila as informações existentes acerca dos efeitos nocivos da pirataria e identifica a necessidade de realização de novos estudos (perfil e comportamento do consumidor, percepção do consumidor em relação à pirataria); n) Gestão Administrativa – estrutura e mapeia processos internos e competências do CNCP; o) Painel de Colaboradores – amplia e fortalece o painel de colaboradores por meio da identificação e do desenvolvimento de mecanismos de maior integração e atuação dos colaboradores; p) Parcerias Internacionais para o Combate à Pirataria – desenvolve mecanismos integrados de combate à pirataria, priorizando parcerias internacionais com a China e o Paraguai; q) Aperfeiçoamento Legislativo – aprimora os mecanismos legais para o combate à pirataria, prioritariamente nas seguintes vertentes: internet; perícia e destinação de produtos apreendidos; carga tributária; coibição do abuso dos direitos de propriedade intelectual e de práticas anticoncorrenciais; r) Soluções Inovadoras no Combate à Pirataria – aprimora e desenvolve mecanismos de apoio à fiscalização, prevenção e repressão da pirataria (p. ex., sistema de rastreamento de medicamentos, Siscomex Marcas); s) 0800 Pirataria – estrutura o processo de recebimento, análise e encaminhamento das denúncias; t) Conceito Publicitário – cria modelo de material publicitário que permita, a todos os setores afetados e interessados no combate à pirataria, a utilização da marca dentro de seus próprios canais de comunicação; u) Campanhas Publicitárias – cria e apoia campanhas de prevenção e combate à pirataria; v) Concurso de Monografia – institui concurso de monografias sobre o tema pirataria; x) Integração do

tar o treinamento de agentes públicos envolvidos em operações e processamento de informações relativas à pirataria e a delitos contra a propriedade intelectual; IX – fomentar ou coordenar campanhas educativas sobre o combate à pirataria e delitos contra a propriedade intelectual; X – acompanhar, por meio de relatórios enviados pelos órgãos competentes, a execução das atividades de prevenção e repressão à violação de obras protegidas pelo direito autoral; e XI – estabelecer mecanismos de diálogo e colaboração com os Poderes Legislativo e Judiciário, com o propósito de promover ações efetivas de combate à pirataria e a delitos contra a propriedade intelectual."

Tema Pirataria a outros Programas de Governo – insere o tema pirataria em programas de governo como o Programa Nacional de Educação Fiscal para a Cidadania (PNEF) e o Programa Nacional de Inclusão Digital (PNID); z) Iniciativas Econômicas – identifica e replica práticas nacionais e internacionais de sucesso na redução diferencial de preços entre o produto legal e o ilegal.

1.2. Objetividade jurídica

A norma penal em questão tutela o direito do autor e aqueles que lhe são conexos[2] (o direito autoral é uma das espécies de propriedade intelectual). Resguardam-se obras intelectuais protegidas, as criações do espírito, expressas por qualquer meio ou fixadas em qualquer suporte, tangível ou intangível, conhecido ou que se invente no futuro (art. 7º, Lei n. 9.610/98 – Leis dos Direitos Autorais). Portanto, a proteção se refere à criação literária, artística (sob a suas mais variadas formas de expressão) ou científica, preservando, pois, os respectivos interesses moral (direito inerente à personalidade do indivíduo – ver arts. 24 a 27, Lei dos Direitos Autorais) e patrimonial (econômico – direito real à propriedade – ver arts. 28 a 45, Lei dos Direitos Autorais)[3] que possam deles advir. Trata-se, pois, de norma penal em branco, que exige sua complementação pela lei civil.[4]

A importância da proteção penal de tais direitos, aliás, se inspira na própria Constituição, a qual classifica-os como direitos fundamentais (art. 5º, XVII e XVIII),[5] assegurando seu titular direito exclusivo de utilização, publicação ou reprodução de suas obras, transmissível aos herdeiros pelo tempo que a lei fixar, possibilitando, ainda, a proteção às participações individuais em obras coletivas e à reprodução da imagem e voz humanas, inclusive nas atividades esportivas, e do direito de fiscalização do aproveitamento econômico das obras que criarem ou de que participarem aos criadores, aos intérpretes e às respectivas representações sindicais e associativas.

Deise Fabiana Lange adverte, porém, que: "Para que a obra mereça proteção, é necessária sua exteriorização, isto é, que seja expressada de alguma forma, pois a simples ideia, conjectura ou pensamento que não chega a ser exposto, apresentado de algum modo, está fora do âmbito de proteção desse direito. Necessariamente a obra terá que ser original, o que não quer dizer nova. A novidade não é interessante ao direito autoral, mas, sim, a forma com que a obra é exteriorizada. Originalidade significa criar alguma coisa dotando-a com características próprias, traços pessoais, expondo a maneira e o ângulo com que o seu criador vê o mundo, sente e percebe as coisas, o seu lado interior, e, desta forma, o transporta para sua criação" (*O impacto da tecnologia digital sobre o direito de autor e conexos*, 1996, p. 21).

1.3. Sujeitos

O sujeito ativo pode ser qualquer pessoa. É crime comum que não requer qualidade especial por parte do agente. O sujeito passivo, por sua vez, é o autor, intérprete ou executante, o produtor e as empresas de radiodifusão (arts. 5º, XI a XIII, e 11, todos da Lei n. 9.610/98).

1.4. Análise da(s) conduta(s) descrita(s) no tipo

No *caput*, §§ 1º e 2º, o verbo nuclear é a conduta de violar, que significa desrespeitar, transgredir, ofender o direito autoral do respectivo titular. O § 2º contempla as condutas de reproduzir (copiar um ou mais exemplares de obra lite-

2 Direitos conexos aos direitos do autor, segundo o art. 89 da Lei n. 9.610/98 (Lei dos Direitos Autorais), são aqueles pertencentes aos artistas intérpretes ou executantes, aos produtores fonográficos e às empresas de radiodifusão. De acordo com art. 5º, XI, da Lei dos Direitos Autorais, produtor é toda pessoa física ou jurídica que toma a iniciativa e tem a responsabilidade econômica da primeira fixação do fonograma ou da obra audiovisual, qualquer que seja a natureza do suporte utilizado. Artistas intérpretes ou executantes são os atores, cantores, músicos, bailarinos ou outras pessoas que representem um papel, cantem, recitem, declamem, interpretem ou executem em qualquer forma obras literárias ou artísticas ou expressões do folclore (art. 5º, XIII, Lei dos Direitos Autorais). Os direitos relacionados a *softwares*, programas de computador, inclusive os crimes decorrentes de sua respectiva violação, estão previstos na Lei n. 9.609/98 (ver art. 12).

3 Conforme arts. 24, 28 e segs., da Lei dos Direitos Autorais.

4 Lei n. 9.610/98 – Lei dos Direitos Autorais, e CC, arts. 1.225 e 1.228 e segs., especificamente quanto ao direito à propriedade, caráter patrimonial dos direitos autorais.

5 No âmbito internacional, serviram de substrato para a proteção jurídica, em nosso país, dos direitos autorais e conexos, a Declaração Universal dos Direitos Humanos, art. XXVII (Resolução n. 217-A, da Assembleia Geral das Nações Unidas, em 1948), a Convenção Universal sobre o Direito do Autor (Decreto n. 76.095/75), a Convenção de Berna para Proteção de Obras Artísticas e Literárias (1886 e suas posteriores complementações), a Convenção de Genebra para Proteção de Produtores de Fonogramas contra a Reprodução não autorizada de seus Fonogramas (1971) e a Convenção de Roma – Convenção Internacional para Proteção aos Artistas, Intérpretes ou Executantes, aos Produtores de Fonogramas e aos Organismos de Radiodifusão (1961).

rária, artística ou científica ou de um fonograma[6] de qualquer forma tangível, incluindo qualquer armazenamento permanente ou temporário por meios eletrônicos ou qualquer outro meio de fixação que venha a ser desenvolvido, é o ato de plagiar, usurpar, praticar contrafação, conforme o art. 5º, VI, Lei dos Direitos Autorais), distribuir (colocar à disposição do público o original ou cópia de obras literárias, artísticas ou científicas, interpretações ou execuções fixadas em fonogramas, mediante a venda, locação ou qualquer outra forma de transferência de propriedade ou posse, repassar, entregar a várias pessoas a obra violada, conforme art. 5º, IV, Lei dos Direitos Autorais), vender (comercializar mediante pagamento), expor à venda (disponibilizar o produto da violação para mercancia), alugar (disponibilizar a obra, temporariamente, mediante contraprestação), introduzir (inserir, colocar, proporcionar o ingresso no país de obra intelectual), adquirir (obter, de forma onerosa ou gratuita, com o *animus* definitivo, a obra intelectual violada), ocultar (esconder, dissimular a posse do direito autoral transgredido), ter em depósito (guardar, manter sob a proteção a obra intelectual desrespeitada). O § 3º proíbe a conduta de oferecer (conferir acesso ao público, ato em que o agente disponibiliza a obra intelectual, por meios específicos, ao alcance de um número indeterminado de pessoas).

1.5. Elemento subjetivo

O *caput* contempla o dolo genérico, ou seja, a simples intenção de violar. Nos §§ 1º a 3º, exige-se o dolo específico, isto é, o *animus lucrandi*, o intuito de lucro, ou seja, o agente realiza sua conduta visando a obter, posteriormente, algum proveito econômico, ainda que indiretamente, com a utilização indevida e desautorizada da obra autoral ou dos direitos que lhe são conexos.

1.6. Consumação e tentativa

No *caput*, a conduta consuma-se com a violação do direito autoral, publicando, executando e expondo em público obra intelectual, de forma indevida e abusiva, não necessitando que o agente obtenha qualquer vantagem decorrente de sua ação. No § 1º, o delito consuma-se a partir da contrafação, isto é, da reprodução indevida; já no § 2º a concretização da conduta se opera com a realização de qualquer das condutas ali descritas; por fim, no § 3º, basta a oferta pública, sem autorização expressa, por meio de fibra ótica, cabo, satélite, ondas ou qualquer outro sistema que permita ao usuário realizar a seleção da obra ou produção para recebê-la em um tempo e lugar previamente determinados por quem formula a demanda, ou seja, seu destinatário, para que seja consumado o crime.

Todas as modalidades admitem a forma tentada.

1.7. Elemento normativo

Os §§ 1º a 3º apresentam um elemento normativo que compõe a caracterização do tipo: a ausência de autorização. Assim, o agente reproduz, total ou parcialmente, distribui, vende, expõe à venda, aluga, introduz no país, aluga ou oferece ao público a obra sem a concessão expressa por parte do autor, artista intérprete ou executante, produtor ou quem os represente (art. 29, I, Lei dos Direitos Autorais). Tal exigência (necessidade de autorização) se faz presente ainda que o interessado não tenha intenção de lucro ou utilize a obra para fins didáticos.

Todavia, se a obra encontrar-se em domínio público ou estiver licenciada de forma alternativa,[7] é dispensada a autorização prévia e expressa.

1.8. Qualificadoras

Os §§ 1º a 3º correspondem a figuras delitivas mais severamente apenadas, pois representam atividades, em geral, decorrentes de comércio ou com o intuito de lucrar (*animus lucrandi*). Portanto, o agente não só desrespeita, transgride, viola o direito autoral de outrem, mas também se

---

6 Corresponde a toda fixação de sons de uma execução ou interpretação ou de outros sons, ou de uma representação de sons que não seja uma fixação incluída em uma obra audiovisual – art. 5º, IX, Lei dos Direitos Autorais.

7 As obras de domínio público são aquelas que, após transcorrerem os respectivos prazos para que o autor explore seus direitos patrimoniais, podem ser exploradas, reproduzidas, traduzidas, adaptadas, editadas, executadas etc. livremente. De acordo com os arts. 41, 43 e 44 da Lei n. 9.610/98, os prazos são: a) obras literárias e científicas (70 anos a partir do dia 1º de janeiro do ano subsequente do falecimento do seu criador); b) obras anônimas ou pseudônimas (70 anos a partir do dia 1º de janeiro do ano imediatamente posterior ao da primeira publicação); c) obras audiovisuais e fotográficas (70 anos a partir do dia 1º de janeiro do ano subsequente ao de sua divulgação). Um exemplo de obra alternativa é a licença *creative commons*, que autoriza a reprodução da obra com menção do autor e fonte. Se a autorização da reprodução for com a condição de uso não comercial e a obra for incluída como material didático em um curso a distância pago, haverá violação de direito autoral, eis que inequívoco o intuito comercial e econômico proveniente da reprodução.

aproveita deste para obter benefício econômico, ainda que indireto.

1.9. Causa excludente de antijuridicidade

A Lei dos Direitos Autorais (arts. 46 a 48), prevê algumas hipóteses em que os tais direitos serão limitados, reduzindo, pois, o espectro de abrangência das condutas descritas no tipo penal em comento: "Art. 46. Não constitui ofensa aos direitos autorais: I – a reprodução: *a)* na imprensa diária ou periódica, de notícia ou de artigo informativo, publicado em diários ou periódicos, com a menção do nome do autor, se assinados, e da publicação de onde foram transcritos; *b)* em diários ou periódicos, de discursos pronunciados em reuniões públicas de qualquer natureza; *c)* de retratos, ou de outra forma de representação da imagem, feitos sob encomenda, quando realizada pelo proprietário do objeto encomendado, não havendo a oposição da pessoa neles representada ou de seus herdeiros; *d)* de obras literárias, artísticas ou científicas, para uso exclusivo de deficientes visuais, sempre que a reprodução, sem fins comerciais, seja feita mediante o sistema Braille ou outro procedimento em qualquer suporte para esses destinatários; II – a reprodução, em um só exemplar de pequenos trechos, para uso privado do copista, desde que feita por este, sem intuito de lucro; III – a citação em livros, jornais, revistas ou qualquer outro meio de comunicação, de passagens de qualquer obra, para fins de estudo, crítica ou polêmica, na medida justificada para o fim a atingir, indicando-se o nome do autor e a origem da obra; IV – o apanhado de lições em estabelecimentos de ensino por aqueles a quem elas se dirigem, vedada sua publicação, integral ou parcial, sem autorização prévia e expressa de quem as ministrou; V – a utilização de obras literárias, artísticas ou científicas, fonogramas e transmissão de rádio e televisão em estabelecimentos comerciais, exclusivamente para demonstração à clientela, desde que esses estabelecimentos comercializem os suportes ou equipamentos que permitam a sua utilização; VI – a representação teatral e a execução musical, quando realizadas no recesso familiar ou, para fins exclusivamente didáticos, nos estabelecimentos de ensino, não havendo em qualquer caso intuito de lucro; VII – a utilização de obras literárias, artísticas ou científicas para produzir prova judiciária ou administrativa; VIII – a reprodução, em quaisquer obras, de pequenos trechos[8] de obras preexistentes, de qualquer natureza, ou de obra integral, quando de artes plásticas, sempre que a reprodução em si não seja o objetivo principal da obra nova e que não prejudique a exploração normal da obra reproduzida nem cause um prejuízo injustificado aos legítimos interesses dos autores. Art. 47. São livres as paráfrases e paródias que não forem verdadeiras reproduções da obra originária nem lhe implicarem descrédito. Art. 48. As obras situadas permanentemente em logradouros públicos podem ser representadas livremente, por meio de pinturas, desenhos, fotografias e procedimentos audiovisuais".

Nas situações descritas, bem como em caso de cópia da obra intelectual ou do fonograma, em um só exemplar, para uso privado do copista, sem intuito de lucro direto ou indireto, a conduta será lícita, eis que permitida pela própria legislação autoral, inexistindo razão para intervenção do direito penal.

1.10. Classificação

Crime comum, doloso (nos §§ 1º a 3º exige-se o dolo específico – *animus lucrandi*), material (mera conduta nas modalidades ocultação, introdução e oferecimento ao público), comissivo, uniofensivo, instantâneo (permanente nas modalidades ocultar, ter em depósito, expor à venda), de conduta única (de ação múltipla – misto alternativo no § 2º), de forma livre (de forma vinculada no § 3º).

2. JURISPRUDÊNCIA

2.1. Súmulas

Súmula n. 502, STJ: "Presentes a materialidade e a autoria, afigura-se típica, em relação ao crime previsto

8 A expressão "pequenos trechos" permite margem para discussões, pois não existe uma definição conceitual precisa para a sua caracterização. Assim, pequeno trecho pode ser entendido como fração da obra a qual não contempla sua substância essencial; não significa tal expressão a extensão daquilo que é permitido, mas sim o conteúdo pelo qual é autorizada a reprodução, portanto, a comuns e errôneas interpretações acerca da possibilidade de reproduzir, copiar, por exemplo, 10 ou 15% de uma obra, revela-se imprudente e possivelmente ilícita, pois em tal fração (10 ou 15% supostamente autorizado) poderá contemplar informações substanciais e essenciais da obra. Ressaltamos que no caso de obras cujas edições estão esgotadas, isto é, indisponíveis no mercado regular (mas que poderão ser encontradas em lojas especializadas, lojas de livros antigos, os populares "sebos", ou comercializadas pelos próprios proprietários que já a adquiriram em outra oportunidade), ainda assim, deverá ser respeitado o direito autoral, proibindo-se, portanto, sua reprodução total.

no art. 184, § 2º, do CP, a conduta de expor à venda CDs e DVDs piratas".

Súmula n. 574, STJ: "Para a configuração do delito de violação de direito autoral e a comprovação de sua materialidade, é suficiente a perícia realizada por amostragem do produto apreendido, nos aspectos externos do material, e é desnecessária a identificação dos titulares dos direitos autorais violados ou daqueles que os representem".

2.2. Julgados

Pirataria. CD e DVD. Princípio da adequação social. Impossibilidade

"Pirataria" e princípio da adequação social. A Turma indeferiu *habeas corpus* em que a Defensoria Pública do Estado de São Paulo requeria, com base no princípio da adequação social, a declaração de atipicidade da conduta imputada a condenado como incurso nas penas do art. 184, § 2º, do CP ("Art. 184. Violar direitos de autor e os que lhe são conexos: [...] § 2º Na mesma pena do § 1º incorre quem, com o intuito de lucro direto ou indireto, distribui, vende, expõe à venda, aluga, introduz no País, adquire, oculta, tem em depósito, original ou cópia de obra intelectual ou fonograma reproduzido com violação do direito de autor, do direito de artista intérprete ou executante ou do direito do produtor de fonograma, ou, ainda, aluga original ou cópia de obra intelectual ou fonograma, sem a expressa autorização dos titulares dos direitos ou de quem os represente."). Sustentava-se que a referida conduta seria socialmente adequada, haja vista que a coletividade não recriminaria o vendedor de CDs e DVDs reproduzidos sem a autorização do titular do direito autoral, mas, ao contrário, estimularia a sua prática em virtude dos altos preços desses produtos, insuscetíveis de serem adquiridos por grande parte da população. Asseverou-se que o fato de a sociedade tolerar a prática do delito em questão não implicaria dizer que o comportamento do paciente poderia ser considerado lícito. Salientou-se, ademais, que a violação de direito autoral e a comercialização de produtos "piratas" sempre foram objeto de fiscalização e repressão. Afirmou-se que a conduta descrita nos autos causaria enormes prejuízos ao Fisco pela burla do pagamento de impostos, à indústria fonográfica e aos comerciantes regularmente estabelecidos. Rejeitou-se, por fim, o pedido formulado na tribuna de que fosse, então, aplicado na espécie o princípio da insignificância – já que o paciente fora surpreendido na posse de 180 CDs "piratas" – ao fundamento de que o juízo sentenciante também denegara o pleito tendo em conta a reincidência do paciente em relação ao mesmo delito. (STF, *HC* n. 98.898/SP, 2ª T., rel. Min. Ricardo Lewandowski, j. 20.04.2010)

Criminal. *Habeas corpus*. Violação de direito autoral. Compra e venda de CDs e DVDs "piratas". Alegada atipicidade da conduta. Princípio da adequação social. Inaplicabilidade. Incidência da norma penal prevista no art. 184, § 2º, do CP. Ordem denegada. I – Os atos praticados pelo paciente não foram negados em qualquer fase da tramitação processual; ao revés, foi dito expressamente que o paciente sobrevive da economia informal e "ganhava sua vida honestamente vendendo CDs e DVDs, copiados através de computador". II – A conduta se enquadra na hipótese prevista no art. 184, § 2º, do CP, não podendo ser afastada a aplicação da norma penal incriminadora, tampouco alegar-se que a conduta é socialmente adequada ou que o costume se sobrepõe à lei neste caso. III – O combate à pirataria é realizado por órgãos e entidades, governamentais e não governamentais, a exemplo do Conselho Nacional de Combate à Pirataria, vinculado ao Ministério da Justiça, e de órgãos de defesa da concorrência e defesa dos direitos autorais, da Interpol, entre outros. IV – Há relação direta entre a violação de direito autoral e o desestímulo a artistas e empresários, inclusive da indústria fonográfica, e a burla ao pagamento de tributos, acarretando prejuízos de grande monta ao Poder Público e à iniciativa privada e, por vezes, incitando a prática de outros delitos. V – Ordem denegada. (STJ, *HC* n. 150.901/MG, 5ª T., rel. Min. Gilson Dipp, j. 22.02.2011, v.u.)

Habeas corpus. Conduta socialmente adequada. Tipicidade. Na via estreita do *habeas corpus*, não se pode aprofundar a dilação probatória e, assim sendo, não há como conhecer a pretensão de causa excludente de ilicitude consubstanciada no estado de necessidade em razão de alegada crise financeira pela qual os pacientes passavam. No caso, os pacientes foram surpreendidos por policiais quando comercializavam DVDs e CDs adulterados e reproduzidos com violação de direito autoral. A tese alegada de que a conduta do paciente é socialmente adequada não deve prosperar, pois o fato de que parte da população adquire referidos produtos não leva à conclusão de impedir a incidência do tipo previsto no art. 184, § 2º, do CP. Os pacientes foram condenados a dois anos de reclusão, por lhes serem favoráveis às circunstâncias judiciais e, deferida a substituição da pena por restritiva de direito, não se justifica o regime prisional fechado, devendo-se estabelecer o regime aberto. Assim, a Turma denegou a ordem pela atipicidade da conduta e expediu *habeas corpus* de ofício para conceder o regime aberto mediante condições a serem estabelecidas pelo juiz da execução. (STJ, *HC* n. 147.837/MG, 5ª T., rel. Min. Napoleão Nunes Maia Filho, j. 16.10.2010)

Direito autoral *versus* contrabando/descaminho

CD "pirata". Violação. Direito autoral. No caso, a investigada foi presa em flagrante quando comercializava CDs falsificados em feira livre e afirmou que o material era proveniente de São Paulo e do Paraguai. Sob o argumento de que a conduta da investigada, em razão do princípio da especialidade, configura, em tese, delito de violação de direito autoral, e não crime de contrabando ou descaminho, o juízo federal determinou a devolução dos autos à Justiça estadual, que suscitou o conflito. Todavia, o Min. Relator salientou que a mera confissão do acusado quanto à origem estrangeira da mercadoria é insuficiente para a configuração do delito de contrabando ou descaminho. Para a caracterização de tais delitos, é necessário demonstrar a procedência estrangeira da mercadoria, por se tratar de circunstância elementar do correspondente tipo penal, sem a qual a infração não se aperfeiçoa, o que não se operou no caso dos autos. A conduta da investigada caracteriza apenas o delito de violação de direito autoral, em atenção ao princípio da especialidade. Não havendo imputação quanto à introdução ilegal de outras mercadorias no País, o que, em tese, poderia configurar o crime de descaminho, está afastada a competência da Justiça Federal para o exame do feito, em razão de a ofensa ter alcançado somente o interesse do particular em seu direito lesado. Precedentes citados: RHC n. 21.841/PR, *DJ* 05.11.2007, e CC n. 30.107/MG, *DJ* 10.02.2003. (STJ, CC n. 48.178/SP, 6ª T., rel. Min. Og Fernandes, j. 25.03.2009)

Laudo pericial. Necessária individualização dos produtos apreendidos

Apelação criminal. Art. 184, § 2º, CP. Materialidade não demonstrada. Absolvição. Admissibilidade. A violação de direito autoral é crime contra o patrimônio, exigindo, para sua configuração, que sejam individualizados os titulares dos direitos lesados. Imprestável é o laudo que não individualiza de forma conveniente o produto apreendido, informando a titularidade dos detentores dos direitos autorais e conexos eventualmente violados. (TJSP, Ap. crim. n. 1.0183.05.098974-2/001, 4ª Câm. Crim., rel. Des. Walter Pinto da Rocha, j. 04.03.2009)

Laudo pericial. Identificação das vítimas. Desnecessário. Crime de ação penal pública incondicionada

Falta de comprovação da materialidade delitiva. Perícia que não teria identificado as supostas vítimas do crime, que também não teriam sido inquiridas para confirmar a ocorrência de violação aos direitos autorais. Desnecessidade. Constatação da falsidade das mídias encontradas em poder do paciente por meio de exame técnico. Suficiência. 1. O procedimento a ser observado nos casos de crimes contra a propriedade imaterial perseguidos mediante ação penal pública, como é o caso dos autos, encontra-se disposto nos arts. 530-B a 530-H do CPP, merecendo destaque o que contido nos arts. 530-B a 530-D, pelos quais a autoridade policial apreenderá os bens objeto do delito, que serão submetidos à perícia, que integrará os autos do processo. 2. O exame técnico tem por finalidade atestar a ocorrência ou não de reprodução procedida com violação aos direitos autorais, sendo desnecessária a identificação das supostas vítimas, até mesmo porque o ilícito em exame é, consoante consignado alhures, perseguido mediante ação penal pública incondicionada, nos termos do inciso II do art. 186 do Estatuto Repressivo. 3. Comprovada a materialidade do crime previsto no § 2º do art. 184 do CP por meio da perícia que atestou serem falsificados os CDs e DVDs apreendidos com o paciente, mostra-se totalmente dispensável e irrelevante a inquirição dos produtores das mídias a partir das quais teriam sido feitas as cópias com ele encontradas para confirmarem que seus direitos autorais teriam sido violados. (STJ, *HC* n. 191.568/SP, 5ª T., rel. Min. Jorge Mussi, j. 07.02.2013, *DJe* 19.02.2013)

Violação de direito autoral: art. 184, § 2º, CP *versus* art. 12 da Lei n. 9.609/98

Direito penal. Pena aplicável à conduta de adquirir e ocultar, com intuito de lucro, CDs e DVDs falsificados. Deve ser aplicado o preceito secundário a que se refere o § 2º do art. 184 do CP, e não o previsto no § 1º do art. 12 da Lei n. 9.609/98, para a fixação das penas decorrentes da conduta de adquirir e ocultar, com intuito de lucro, CDs e DVDs falsificados. O preceito secundário descrito no § 1º do art. 12 da Lei n. 9.609/98 é destinado a estipular, em abstrato, punição para o crime de violação de direitos de autor de programa de computador, delito cujo objeto material é distinto do tutelado pelo tipo do § 2º do art. 184 do CP. Desta feita, não havendo adequação típica da conduta em análise ao previsto no § 1º do art. 12 da Lei n. 9.609/98, cumpre aplicar o disposto no § 2º do art. 184 do CP, uma vez que este tipo é bem mais abrangente, sobretudo após a redação que lhe foi dada pela Lei n. 10.695/2003. Ademais, não há desproporcionalidade da pena de reclusão de dois a quatro anos e multa quando comparada com reprimendas previstas para outros tipos penais, pois o próprio legislador, atento aos reclamos da sociedade que representa, entendeu merecer tal conduta pena considerável, especialmente pelos graves e extensos danos que acarreta, estando geralmente relacionada a outras práticas criminosas, como a sonegação fiscal e a formação de quadrilha. (STJ, *HC* n. 191.568/SP, 5ª T., rel. Min. Jorge Mussi, j. 07.02.2013, *Informativo* n. 515)

3. OBSERVAÇÕES

O sujeito passivo, vítima de crime contra o direito autoral, poderá se valer da busca e apreensão, medida cautelar preparatória (art. 842, § 3º, CPC/73; art. 536, § 2º, CPC/2015) para fins de obter os objetos caracterizadores do crime em questão. Tal medida servirá para futura propositura de ação penal e, no âmbito cível, como medida preparatória para a propositura de uma ação ordinária (principal) ou, até, de medida satisfativa em processo executivo civil em andamento. O art. 240 do CPP também prevê a busca e apreensão domiciliar para apreender instrumentos e contrafeitos, ou seja, em algumas hipóteses concretas, apresenta-se como medida apropriada nos delitos contra os direitos autorais e conexos.

Usurpação de nome ou pseudônimo alheio

Art. 185. ***(Revogado pela Lei n. 10.695, de 01.07.2003.)***

Art. 186. Procede-se mediante:

Caput com redação dada pela Lei n. 10.695, de 01.07.2003.

I – queixa, nos crimes previstos no *caput* do art. 184;

Inciso acrescentado pela Lei n. 10.695, de 01.07.2003.

II – ação penal pública incondicionada, nos crimes previstos nos §§ 1º e 2º do art. 184;

Inciso acrescentado pela Lei n. 10.695, de 01.07.2003.

III – ação penal pública incondicionada, nos crimes cometidos em desfavor de entidades de direito público, autarquia, empresa pública, sociedade de economia mista ou fundação instituída pelo Poder Público;

Inciso acrescentado pela Lei n. 10.695, de 01.07.2003.

IV – ação penal pública condicionada à representação, nos crimes previstos no § 3º do art. 184.

Inciso acrescentado pela Lei n. 10.695, de 01.07.2003.

---

1. COMENTÁRIO

A ação penal, nos crimes objeto deste capítulo, será pública incondicionada nas hipóteses dos §§ 1º e 2º do art. 184, bem como se os crimes forem cometidos em detrimento de entidade de direito público, autarquia, empresa pública, sociedade de economia mista ou fundação instituída pelo poder público (art. 186, II e III). Por outro lado, a persecução criminal somente será iniciada mediante: a) queixa (art. 186, I), se o crime for previsto no *caput* do art. 184; b) representação (184, IV), no caso do § 3º do art. 184. Ressaltamos, porém, que a conduta do *caput* do art. 184 possibilita a adoção da Lei dos Juizados Especiais e a respectiva aplicação da transação penal, atendidos os requisitos de tal benefício (art. 76, Lei n. 9.099/95).

CAPÍTULO II
DOS CRIMES CONTRA O PRIVILÉGIO DE INVENÇÃO

Arts. 187 a 191. ***(Revogados pela Lei n. 9.279, de 14.05.1996.)***

CAPÍTULO III
DOS CRIMES CONTRA AS MARCAS DE INDÚSTRIA E COMÉRCIO

Arts. 192 a 195. ***(Revogados pela Lei n. 9.279, de 14.05.1996.)***

CAPÍTULO IV
DOS CRIMES DE CONCORRÊNCIA DESLEAL

Art. 196. ***(Revogado pela Lei n. 9.279, de 14.05.1996.)***

TÍTULO IV
DOS CRIMES CONTRA A ORGANIZAÇÃO DO TRABALHO

Atentado contra a liberdade de trabalho

Art. 197. Constranger alguém, mediante violência ou grave ameaça:

I – a exercer ou não exercer arte, ofício, profissão ou indústria, ou a trabalhar ou não trabalhar durante certo período ou em determinados dias:

Pena – detenção, de 1 (um) mês a 1 (um) ano, e multa, além da pena correspondente à violência;

II – a abrir ou fechar o seu estabelecimento de trabalho, ou a participar de parede ou paralisação de atividade econômica:

Pena – detenção, de 3 (três) meses a 1 (um) ano, e multa, além da pena correspondente à violência.

1. COMENTÁRIO

1.1. Notas introdutórias

Os tipos penais não são mais adequados à realidade atual, pois empregam termos obsoletos, e o foco da maioria é a repressão à greve, incompatível com o texto constitucional de 1988. Quanto aos arts. 197, II, 2ª parte, e 201, entendemos terem sido revogados pela Lei n. 4.330/64, anterior à Lei de Greve. Muitas situações encontram repressão penal suficiente nos tipos clássicos de lesão corporal, ameaça, constrangimento ilegal, dano etc. As alterações promovidas em 1998 e 2003 romperam a estrutura do Título IV, que visava a atender à concepção da organização do trabalho do início do século XX. O conjunto das incriminações carece de nova organicidade e de proporcionalidade.

Diante da Lei n. 10.803, de 11.12.2003, que alterou a redação do art. 149 do Código Penal, limitando a aplicação do crime de redução a condição análoga à de escravo às relações de trabalho, o STF reconheceu que o tipo penal definido no *caput* agride o núcleo da organização constitucional do trabalho, além de cada episódio constituir um atentado à liberdade individual (RE n. 398.041).

Entretanto, o PLS n. 236/2012, que trata da reforma do CP, exclui os crimes contra a organização do trabalho, o que deixa de atender ao comando implícito de criminalização da CR/88, quando, no art. 109, VI, estabelece a competência da Justiça Federal para os crimes contra a organização do trabalho.

1.2. Objetividade jurídica

O bem jurídico tutelado pelos dois tipos penais é a liberdade de trabalhar ou de exercer atividade produtiva. Essa liberdade deve ser interpretada no contexto da organização do trabalho estabelecida na Constituição e nas leis. Dispõe a CF que "é livre o exercício de qualquer trabalho, ofício ou profissão, atendidas as qualificações profissionais que a lei estabelecer" (art. 5º, XIII). Também dispõe que "ninguém será obrigado a fazer ou deixar de fazer alguma coisa senão em virtude de lei" (art. 5º, II).

Vale lembrar ainda as Convenções da OIT ns. 29 e 105, relativas ao trabalho forçado ou obrigatório, objeto de comentário ao art. 149, no item 1.5.

É também protegido no dispositivo o direito à incolumidade física e psíquica.

Há consenso doutrinário de que a segunda parte do inciso II, relativa a "participar de parede", foi revogada tacitamente pela Lei n. 4.330, de 01.06.1964, que, ao regular o direito de greve, em seu art. 29, VII, punia quem "praticar coação para impedir ou exercer a greve". Essa lei foi revogada pela Lei n. 7.783/89, que não mais define crimes, apenas estabelece genericamente que "a responsabilidade pelos atos praticados, ilícitos ou crimes cometidos, no curso da greve, será apurada, conforme o caso, segundo a legislação trabalhista, civil ou penal" (art. 15).

1.3. Sujeitos

Não há condição ou qualidade especial para ser sujeito ativo.

O sujeito passivo no primeiro tipo penal é a pessoa na condição de empregado, autônomo, profissional liberal ou de trabalhador em geral. No segundo (primeira parte), é o proprietário, pessoa física, do estabelecimento econômico relativo à exploração de qualquer atividade profissional, comercial, industrial, agrícola ou florestal. A pessoa jurídica não pode ser sujeito passivo, pois o enunciado do tipo emprega a palavra "alguém". Todavia, uma pessoa jurídica pode ser prejudicada.

Em todas as hipóteses, a violência ou grave ameaça podem ser exercidas contra pessoa diversa daquela que se busca constranger. Haverá, nesse caso, dois sujeitos passivos.

1.4. Análise da(s) conduta(s) descrita(s) no tipo

Os tipos penais definidos no art. 197 constituem uma espécie de constrangimento ilegal (art. 146, CP). Observe-se, porém, que no art. 197 o constrangimento se realiza apenas por meio de violência física ou grave ameaça.

Os tipos penais constantes do art. 197 descrevem ação e resultado. O núcleo dos tipos é constituído pelo verbo "constranger", que significa obrigar, forçar, compelir, coagir alguém a fazer ou deixar de fazer alguma coisa a que não está obrigado. O constrangimento é concretizado na prática de violência física ou moral capaz de vencer a resistência da vítima. Por exemplo, jogar pedras em caminhões e ameaçar empregados que se dirigem ao trabalho, impedir colegas de entrar na empresa para trabalhar, bem como danificar seus veículos (STJ, CC ns. 9.130/SP e 4.165/RJ). A violência física constitui por si vias de fato, contravenção que resta absorvida no tipo), lesões corporais (de leves a gravíssimas), tentativa de homicídio ou homicídio. A violência pode ser imediata, quando incide contra o trabalhador, e mediata, quando incide contra terceiro.

A violência moral se concretiza por gestos, palavras, atos, escritos ou qualquer outro meio simbólico, que tenham idoneidade de intimidar a vítima, podendo ser um mal justo. Há de ser ameaça grave.

O resultado típico está expresso nas finalidades pretendidas pelo constrangimento: a) exercer ou não exercer arte, ofício, profissão ou indústria; b) trabalhar ou não trabalhar durante certo período ou em determinados dias; c) abrir ou fechar seu estabelecimento econômico.

É imprescindível a relação de causalidade entre a violência ou grave ameaça e a submissão da vítima à finalidade pretendida pelo agente.

1.5. Elemento subjetivo

Os dois tipos penais exigem como elemento subjetivo o dolo, isto é, a consciência e a vontade de praticar violência ou grave ameaça, com o fim de obrigar o ofendido a exercer ou não exercer arte, ofício, profissão ou indústria, ou a trabalhar ou não trabalhar durante certo período ou em determinados dias ou, ainda, a abrir ou fechar o seu estabelecimento de trabalho. Pouco importam os motivos.

1.6. Elementos normativos

Arte é a "atividade econômica que depende de certa técnica ou especial habilidade manual"; ofício é "qualquer ocupação remunerada e habitual, consistente em prestação de serviços manuais"; profissão é "toda e qualquer forma de atividade (material ou intelectual) exercida habitualmente com fim de lucro compreendendo o comércio e as profissões liberais" (HUNGRIA, Nélson. *Comentários ao Código Penal*: arts. 197 a 249, 1959, v. VIII, p. 33-4); a prática da indústria consiste em transformar "matéria-prima em bem de consumo ou de capital" (MOURA TELES, Ney. *Direito penal*: Parte Especial, arts. 121 a 212, 2004, p. 525). A atividade econômica há de ser lícita.

Estabelecimento de trabalho é "qualquer lugar, *intra muros* ou a céu aberto, onde alguém exerce atividade econômica" (HUNGRIA, op. cit., 1959, v. VIII, p. 37).

O termo "parede" equivale à greve, e foi empregado no texto legal para evitar o galicismo (ibidem, 1959, v. VIII, p. 38). Greve, consoante a Lei n. 7.783/89, que dispõe sobre o exercício do direito de greve, define as atividades essenciais, e regula o atendimento das necessidades inadiáveis da comunidade: "A suspensão coletiva, temporária e pacífica, total ou parcial, de prestação pessoal de serviços a empregador" (art. 2º).

Paralisação de atividade econômica corresponde à greve patronal, também conhecida pelo termo em inglês *lockout*.

A Classificação Brasileira de Ocupações (CBO), instituída por Portaria Ministerial n. 397, de 09.10.2002, tem por finalidade a identificação das ocupações no mercado de trabalho, para fins classificatórios junto aos registros administrativos e domiciliares. Os efeitos de uniformização pretendida pela Classificação Brasileira de Ocupações são de ordem administrativa e não se estendem às relações de trabalho. Já a regulamentação da profissão, diferentemente da CBO, é realizada por meio de lei.

1.7. Consumação

Consuma-se o crime quando a pessoa constrangida, em razão da violência ou grave ameaça, dá início ao efetivo exercício ou à suspensão do exercício de arte, ofício, profissão ou indústria; dá início ao trabalho quando não deveria (domingos, folgas, feriados, férias) ou a sua suspensão quando deveria; efetivamente abre ou fecha seu estabelecimento de trabalho. Em geral, o crime é instantâneo, mas se o exercício se protrair no tempo haverá crime permanente.

A tentativa ocorre com o início do constrangimento. A desistência voluntária e o arrependimento eficaz são possíveis.

1.8. Concurso de crimes

Há crime único quando várias vítimas são coagidas simultaneamente. A cominação cumulativa da pena correspondente à violência não exclui a possibilidade de concurso formal, ou até material, se a violência empregada na prática do crime de atentado contra a liberdade de trabalho constituir em si mesma outro crime.

1.9. Classificação

Comum, comissivo, de resultado (material), misto cumulativo, geralmente instantâneo, unissubjetivo, plurissubsistente, doloso, subsidiário em relação ao crime de redução a condição análoga à de escravo, infração de menor potencial ofensivo.

2. OBSERVAÇÕES

Se o agente praticar a conduta no exercício de função pública ou em razão dela poderá se caracterizar violência arbitrária (art. 322).

Ausente o elemento subjetivo especial do tipo, a conduta poderá configurar contravenção de vias de fato, crimes de ameaça (art. 147), lesões corporais (art. 129), homicídio (art. 121), ato contra criança ou adolescente (art. 232, Lei n. 8.069, de 13.07.1990).

Um atentado à liberdade de trabalho que seja praticado por qualquer outro meio que reduza a capacidade de resistência de uma pessoa (administração de álcool e outras drogas, hipnose etc.), poderá configurar crime de constrangimento ilegal (art. 146).

De acordo com a Súmula n. 115 do extinto TFR (CC n. 2.645, *DJ* 17.05.1977), adotada pelo STJ "compete à Justiça Federal processar e julgar os crimes contra a organização do trabalho, quando tenham por objeto a organização geral do trabalho ou direitos dos trabalhadores considerados coletivamente". Nas centenas de conflitos de competência já julgados, é difícil encontrar algum caso em que o STJ tenha reconhecido a violação a esse objeto. Comumente, serve como fundamento o fato de ser uma ou poucas vítimas, como no exemplo a seguir: "Funcionária de estabelecimento comercial que, após ter comunicado ao empregador seu estado de gravidez, teria sido submetida a cumprir seu horário de trabalho de forma constrangedora, não configura crime contra a organização do trabalho, suscetível de fixar a competência da Justiça Federal, prevista no art. 109, VI, da CF" (STJ, CC n. 21.920/SP, 3ª S., rel. Min. Vicente Leal, j. 11.11.1998, *DJ* 18.12.1998, p. 286).

Os argumentos utilizados à época da Súmula n. 115 ou não têm mais razão de ser (p. ex., a falta de interiorização da Justiça Federal) ou não são compatíveis com o reconhecimento, pelo Brasil, em 1995, perante a OIT, da existência de violações sistemáticas aos princípios da organização do trabalho no país. Esse reconhecimento redundou em alterações legislativas nos anos de 1998 e em 2003, bem como no ajustamento de conduta perante a Comissão Interamericana de Direitos Humanos no caso José Pereira.

Entretanto, o entendimento da Súmula n. 115 do extinto TRF se consolidou no STJ e no STF. Assim, no RE n. 398.041, rel. Min. Joaquim Barbosa, Tribunal Pleno, j. 30.11.2006, o STF decidiu que somente se firmará a competência da Justiça Federal, prevista no art. 109, VI, da CF, quando houver ofensa ao sistema de órgãos e institutos destinados a preservar, coletivamente, os direitos e deveres dos trabalhadores. No RE n. 599.943-Ag. Reg., rel. Min. Cármen Lúcia, 1ª T., j. 02.12.2010, a Corte esclareceu que somente são da competência da Justiça Federal os crimes contra a organização do trabalho (arts. 197 a 207 do CP) quando causarem prejuízo à ordem pública, econômica ou social e ao trabalho coletivo.

Em hipótese específica de recorrente condenado por violação ao art. 197, I, do CP, decidiu o STF: "3. A interpretação do que seja crime contra organização do trabalho, para o fim constitucional de determinar a competência, não se junge à capitulação do CP. Precedente do RE n. 398.041-6, Tribunal Pleno, *DJe* 19.12.2008. 4. No presente caso, em que houve retenção momentânea, mediante violência, de um único empregado, impedido de adentrar a empresa onde laborava, verifica-se ofensa à liberdade individual e não à organização do trabalho como um todo. 5. O núcleo da controvérsia não é o exercício da liberdade sindical (art. 8º, III, da CF), mas o direito de um trabalhador, individualmente considerado, exercer seu ofício. 6. Ausência de violação ao art. 109, VI, da CF. Mantida a competência da Justiça estadual" (Ag. Reg. no ARE n. 706.368/

SP, rel. Min. Gilmar Mendes, j. 30.10.2012, *DJe* 21.11.2012).

No âmbito do STJ, tornou-se inquestionável que "A previsão constitucional de competência da Justiça Federal, para o processo relativo aos crimes contra a organização do trabalho (art. 109, VI, da CF), deve abranger apenas aqueles casos nos quais fique patente a ofensa aos princípios básicos nos quais se assenta a estrutura do trabalho em todo o país, conforme dicção do STF. Precedentes desta Corte" (Ag. Reg. no CC n. 166.918/SP, 3ª S., rel. Min. Rogério Schietti Cruz, j. 11.09.2019, *DJe* 17.09.2019).

Com relação à defendida competência da Justiça do Trabalho para processar e julgar crimes contra a organização do trabalho (PRUDENTE, Wilson. *Crime de escravidão*, 2006), a questão foi decidida pelo STF, em plenário: "Competência criminal. Justiça do Trabalho. Ações penais. Processo e julgamento. Jurisdição penal genérica. Inexistência. Interpretação conforme dada ao art. 114, I, IV e IX, da CF, acrescidos pela EC n. 45/2004. Ação direta de inconstitucionalidade. Liminar deferida com efeito *ex tunc*. O disposto no art. 114, I, IV e IX, da CR, acrescidos pela EC n. 45, não atribui à Justiça do Trabalho competência para processar e julgar ações penais" (STF, ADIn n. 3.684-MC/DF, rel. Min. Cezar Peluso, j. 01.02.2007, *DJe* 72 de 02.08.2007).

Atentado contra a liberdade de contrato de trabalho e boicotagem violenta

Art. 198. Constranger alguém, mediante violência ou grave ameaça, a celebrar contrato de trabalho, ou a não fornecer a outrem ou não adquirir de outrem matéria-prima ou produto industrial ou agrícola:

Pena – detenção, de 1 (um) mês a 1 (um) ano, e multa, além da pena correspondente à violência.

---

1. COMENTÁRIO

1.1. Objetividade jurídica

O artigo contém dois tipos penais. O primeiro tem como objeto jurídico a liberdade de contratar trabalho, e o segundo, a liberdade de fornecer ou adquirir matéria-prima ou produto industrial ou agrícola. O segundo tipo legal, chamado de boicotagem violenta, numa abordagem atual, estaria mais bem classificado como crime contra a ordem econômica, pois se trata de um atentado ao livre exercício do comércio de mercadorias.

1.2. Sujeitos

Não há qualquer condição específica para que uma pessoa seja sujeito ativo dos dois crimes.

Quanto ao sujeito passivo, qualquer pessoa, no primeiro caso. Em geral, no contexto das relações de trabalho, será sujeito passivo a pessoa que presta o trabalho. Mas o enunciado legal permite o enquadramento para a hipótese inversa, em que o empregador seja constrangido, mediante violência ou grave ameaça, a assinar o contrato de trabalho. Na boicotagem, o sujeito passivo é alguém na condição de exercente de alguma atividade econômica.

A pessoa jurídica não pode ser sujeito passivo, pois o enunciado do tipo emprega a palavra "alguém". Todavia, uma pessoa jurídica pode ser prejudicada.

Em ambas as hipóteses, a violência ou grave ameaça pode ser exercida contra pessoa diversa daquela que se busca constranger. Haverá, nesse caso, dois sujeitos passivos.

1.3. Análise da(s) conduta(s) descrita(s) no tipo

Os tipos penais definidos no art. 198 constituem uma espécie de constrangimento ilegal (art. 146, CP). Observe-se, porém, que no art. 198 o constrangimento se realiza apenas por meio de violência física ou grave ameaça. No art. 146, também se realiza por qualquer outro meio que reduza a capacidade de resistência de uma pessoa. De modo que um atentado à liberdade de trabalho que seja praticado por esse ou qualquer outro meio, se configurar crime, poderá ser enquadrado como crime de constrangimento ilegal. Enquadra-se também no art. 146 o constrangimento a não celebrar contrato de trabalho.

Os tipos penais constantes do art. 198 descrevem ação e resultado. O núcleo dos tipos é constituído pelo verbo "constranger", que significa obrigar, forçar, compelir, coagir alguém a fazer ou deixar de fazer alguma coisa a que não está obrigado. O constrangimento é concretizado na prática de violência física ou moral capaz de vencer a resistência da vítima. A violência física constitui por si vias de fato, lesão corporal (de leve a gravíssima), tentativa de homicídio ou homicídio. A violência pode ser imediata, quando incide contra o trabalhador, e mediata, quando incide contra terceiro.

A violência moral se concretiza por gestos, palavras, atos, escritos ou qualquer outro meio simbólico, que tenham idoneidade de intimidar a vítima, podendo ser um mal justo. Há de ser ameaça grave.

O resultado está expresso nas finalidades pretendidas pelo constrangimento: a) celebrar contrato de trabalho não desejado, que pode ser escrito ou verbal, individual ou coletivo (que não é a convenção coletiva de trabalho), inicial ou de renovação; b) a não fornecer matéria-prima, produto industrial ou agrícola; c) a não adquirir matéria-prima, produto industrial ou agrícola.

Há divergência doutrinária sobre a situação em que o constrangimento modifica termos de um contrato. Para Severiano Ribeiro (apud FRAGOSO) "celebrar" abrange qualquer modificação de cláusula de um contrato. Fragoso discorda invocando o princípio da legalidade (*Repressão penal da greve*: uma experiência antidemocrática, 2009, p. 401) e apontando a possibilidade de enquadramento no art. 203 ou no 146, ambos do CP.

É imprescindível a relação de causalidade entre a violência ou grave ameaça e a submissão da vítima à finalidade pretendida pelo agente.

1.4. Elemento subjetivo

É a consciência e vontade de, mediante o uso de violência e grave ameaça, fazer com que o sujeito passivo faça ou deixe de fazer uma das ações expressas no artigo.

1.5. Elemento normativo

Contrato de trabalho pode ser individual ou coletivo. Contrato de trabalho individual é "o acordo tácito ou expresso, correspondente à relação de emprego" (art. 442, CLT); pode ter prazo determinado ou indeterminado, ser verbal ou escrito. Contrato coletivo de trabalho abrange a convenção coletiva de trabalho e o acordo coletivo. A convenção é "o acordo de caráter normativo, pelo qual dois ou mais sindicatos representativos de categorias econômicas e profissionais estipulam condições de trabalho aplicáveis, no âmbito das respectivas representações, às relações individuais do trabalho" (art. 611, CLT). O acordo é aquele celebrado por sindicatos representativos de categorias profissionais "com uma ou mais empresas da correspondente categoria econômica, que estipulem condições de trabalho, aplicáveis no âmbito da empresa ou das empresas acordantes às respectivas relações de trabalho" (art. 611, § 1º).

1.6. Consumação

Consuma-se o primeiro tipo penal quando a pessoa constrangida, em razão da violência ou grave ameaça, assina o contrato escrito ou, sendo verbal, inicia o trabalho. Para Fragoso (op. cit., 2009, p. 403) o momento consumativo é "aquele em que a vítima, coagida, aquiesce e se dispõe ao trabalho, mesmo que ainda não inicie o trabalho".

Consuma-se a boicotagem violenta pela abstenção em fornecer ou em adquirir matéria-prima, produto industrial ou agrícola.

O primeiro crime é instantâneo. No segundo o não fornecer ou não adquirir é passível de se prolongar no tempo conforme a vontade do autor, a caracterizar crime permanente.

A tentativa ocorre com o início do constrangimento. São possíveis a desistência voluntária e o arrependimento eficaz.

1.7. Concurso de crimes

Quando várias vítimas forem coagidas simultaneamente haverá crime único, salvo quanto aos resultados da violência. A cominação cumulativa da pena correspondente à violência não exclui a possibilidade de concurso formal, ou até material, se a violência empregada na prática do crime de atentado contra a liberdade de trabalho constituir em si mesma outro crime.

Também é crime único quando o agente, visando à mesma boicotagem, pratica as duas ações alternativamente previstas na lei (HUNGRIA, Nélson. *Comentários ao Código Penal*: arts. 197 a 249, 1959, v. VIII, p. 42). Nessa hipótese, para Moura Teles (*Direito penal*: Parte Especial, arts. 121 a 212, 2004, p. 528), o agente realizará dois crimes que serão puníveis em concurso material ou formal, a depender das circunstâncias em concreto.

Contudo, haverá concurso de crimes se houver a prática dos dois tipos penais constantes do artigo.

1.8. Classificação

Crime comum, comissivo, de resultado (material), misto cumulativo, instantâneo na primeira modalidade ou permanente (na boicotagem), doloso, unissubjetivo, plurissubsistente, subsidiário em relação ao crime de redução à condição análoga à de escravo, infração de menor potencial ofensivo.

2. OBSERVAÇÕES

A origem do termo "boicotagem" vem de James Boycott, um administrador agrícola da Irlanda, com quem os camponeses e fornecedores da região romperam relações, forçando-o a emigrar para a América, em represália à sua atuação vexatória (HUNGRIA, op. cit., 1959, p. 41).

No texto do art. 198 foi omitida a hipótese de constrangimento para não celebrar contrato de trabalho. Para Hungria (ibidem, p. 40) é possível enquadrar essa hipótese no art. 197, I, ou no art. 203 ou, ainda, no art. 146, todos do CP.

O boicote de bens e insumos, com fins de especulação, configura crime contra as relações de consumo (art. 7º, VI, Lei n. 8.137, de 27.12.1990).

Atentado contra a liberdade de associação

Art. 199. Constranger alguém, mediante violência ou grave ameaça, a participar ou deixar de participar de determinado sindicato ou associação profissional:

Pena – detenção, de 1 (um) mês a 1 (um) ano, e multa, além da pena correspondente à violência.

---

1. COMENTÁRIO

1.1. Objetividade jurídica

O objeto jurídico é a liberdade de uma pessoa, seja trabalhador, empregador ou profissional autônomo, de decidir sobre sua participação em sindicato ou de associação profissional, direito assegurado desde a Constituição de 1937. Trata-se de um direito assegurado a todos os trabalhadores e empregadores (Convenção da OIT n. 87, de 1948), sem nenhuma distinção, que compreende não apenas o direito de criar uma organização, mas, também, o de a ela se filiar ou dela se desfiliar. É o princípio da liberdade sindical, no sentido coletivo e, também, individual, em todos os níveis e setores, sem discriminação em razão de sexo, cor, raça, credo, nacionalidade etc. É também direito assegurado pelo Pacto Internacional de Direitos Civis e Políticos, de 1966 (art. 8º).

Na CR de 1988, o art. 8º, V, dispõe que "ninguém será obrigado a filiar-se ou a manter-se filiado a sindicato". Tutela-se o aspecto positivo (direito de aderir ou de permanecer) e o aspecto negativo (direito de não aderir ou de sair).

1.2. Sujeitos

Não há qualquer condição específica para que uma pessoa seja sujeito ativo. Quanto ao sujeito passivo, é o trabalhador ou empregador urbano ou rural, de qualquer categoria econômica, ou ainda o profissional autônomo constrangido a participar ou não de determinado sindicato ou associação.

A violência ou grave ameaça podem ser exercidas contra pessoa diversa daquela que se busca constranger. Haverá, nesse caso, dois sujeitos passivos.

1.3. Análise da(s) conduta(s) descrita(s) no tipo

O tipo penal definido no art. 199 constitui uma espécie de constrangimento ilegal (art. 146, CP).

Ele descreve ação e resultado. O núcleo é constituído pelo verbo "constranger", que significa obrigar, forçar, compelir, coagir alguém a fazer ou deixar de fazer alguma coisa a que não está obrigado. O constrangimento é concretizado na prática de violência física ou moral capaz de vencer a resistência da vítima. A violência física constitui por si vias de fato, lesão corporal (de leve a gravíssimas), tentativa de homicídio ou homicídio. A violência pode ser imediata, quando incide contra o trabalhador, e mediata, quando incide contra terceiro.

A violência moral se concretiza por gestos, palavras, atos, escritos ou qualquer outro meio simbólico, que tenham idoneidade de intimidar a vítima, podendo ser um mal justo. Há de ser ameaça grave.

O resultado está expresso nas finalidades pretendidas pelo constrangimento: participar ou deixar de participar de determinado sindicato ou associação profissional.

É imprescindível a relação de causalidade entre a violência ou grave ameaça e a submissão da vítima à finalidade pretendida pelo agente.

1.4. Elemento subjetivo

É o dolo, isto é, a consciência e vontade de empregar violência ou grave ameaça para obter ou impedir a participação de outrem em determinado sindicato ou associação profissional. Pouco importa a motivação do agente.

1.5. Elemento normativo

Sindicato é a associação de membros de uma profissão ou de empregadores, destinada a defender seus interesses econômicos e laborais comuns, e assegurar a representação e a defesa dos associados administrativamente e em juízo. Pode ser de empregados e de empregadores.

Caracteriza a categoria profissional a similitude de condições de vida oriunda da profissão ou trabalho em comum, em situação de emprego na mesma atividade econômica ou em atividades econômicas similares ou conexas (art. 511, § 2º, CLT).

Os profissionais de determinada categoria podem se associar sem formarem um sindicato.

Caracteriza a categoria econômica a solidariedade de interesses econômicos dos que empreendem atividades idênticas, similares ou conexas (art. 511, § 1º, CLT).

1.6. Consumação

Ocorre com a efetiva participação ou abstenção de participação do sujeito passivo, independentemente de filiação, em determinado sindicato ou em determinada associação profissional. Se a execução alonga-se no tempo, o crime é permanente. A tentativa ocorre com o início do constrangimento, por meio de violência ou grave ameaça. São possíveis a desistência voluntária e o arrependimento eficaz.

1.7. Concurso de crimes

Quando várias vítimas são coagidas simultaneamente haverá crime único, salvo quanto aos resultados da violência. A cominação cumulativa da pena correspondente à violência não exclui a possibilidade de concurso formal, ou até material, se a violência empregada na prática do crime de atentado contra a liberdade de trabalho constituir em si mesma outro crime.

1.8. Classificação

Crime comum, comissivo, de resultado (material), instantâneo e eventualmente permanente, doloso, unissubjetivo, plurissubsistente, infração de menor potencial ofensivo.

2. JURISPRUDÊNCIA

2.1. Julgados

Tipicidade

Penal. Crime contra a organização do trabalho. Art. 199, CP. Crime é conduta que produz resultado, ou seja, dano, ou perigo ao bem juridicamente tutelado. Modernamente, faz-se juízo, de valor da conduta e do resultado. "Organização do trabalho" (CP, Parte Especial, Título IV) é objeto jurídico. Trabalho, aqui, é instituto de interesse coletivo. Não se confunde com o direito individual do empregado e do empregador. Interessa, antes de tudo, à sociedade, ao Estado. Repercute nas relações de trabalho. Se a conduta do trabalhador e do empregador não gera sequer perigo para a organização do trabalho, não extrapolando efeitos a sindicato ou associação profissional, não se configura o crime descrito no art. 199 (CP), atentado contra a liberdade de associação. Só haverá resultado próprio desse crime se surgir perigo para a existência ou o funcionamento do sindicato ou da associação. Caso contrário, o fato será restrito à relação individual de trabalho. O trabalho, como bem jurídico despersonalizado, não é afetado. (STJ, RHC n. 4.749/CE, 6ª T., rel. Min. Luiz Vicente Cernicchiaro, j. 28.11.1995, *DJ* 06.05.1996, p. 14.475)

3. OBSERVAÇÕES

Observe-se, porém, que no art. 199 o constrangimento se realiza apenas por meio de violência física ou grave ameaça e tem como objeto determinado sindicato ou associação. No art. 146, também se realiza por qualquer outro meio que reduza a capacidade de resistência de uma pessoa, de modo que um atentado à liberdade de associação que seja praticado por esse ou qualquer outro meio, se configurar crime, poderá ser enquadrado como crime de constrangimento ilegal. Igualmente se a coação se dirige à liberdade de associação genérica ou ainda para evitar a constituição de um sindicato. Liberdade de reunião e liberdade de associação podem confundir-se na prática, mas se evidenciado algum constrangimento ao primeiro direito, poderá configurar o crime do art. 203 ou o do art. 146, ambos do CP (FRAGOSO, Christiano. *Repressão penal da greve*: uma experiência antidemocrática, 2009, p. 408).

Paralisação de trabalho, seguida de violência ou perturbação da ordem

Art. 200. Participar de suspensão ou abandono coletivo de trabalho, praticando violência contra pessoa ou contra coisa:

Pena – detenção, de 1 (um) mês a 1 (um) ano, e multa, além da pena correspondente à violência.

Parágrafo único. Para que se considere coletivo o abandono de trabalho é indispensável o concurso de, pelo menos, três empregados.

---

1. COMENTÁRIO

1.1. Objetividade jurídica

O objeto jurídico é a vida, a integridade corporal ou a saúde humana, ou o patrimônio alheio, no contexto de greve patronal ou de trabalhadores ou empregados. A criminalização visa a prevenir a greve ou a paralisação do trabalho com emprego de violência.

1.2. Sujeitos

Pode ser sujeito ativo, no caso de suspensão, o empregador pessoa física ou o administrador, os sócios da pessoa jurídica. No caso de greve, o empregado ou ainda terceiro. Desde que dela participe. Para se configurar o abandono coletivo de trabalho, o parágrafo único exige o concurso de, pelo menos, três empregados. Quanto à suspensão (paralisação), é desnecessária a pluralidade de empregadores, mas segundo a doutrina majoritária, o verbo "participar" demonstra a necessidade de pelo menos outra pessoa (MOURA TELES, Ney. *Direito penal*: Parte Especial, arts. 121 a 212, 2004, p. 532; FRAGOSO, Heleno Cláudio. *Lições de direito penal*: Parte Especial 2, 1980, p. 262). Para Cezar Bitencourt (*Tratado de direito penal*: Parte Especial 3, 2011, p. 417), são necessárias pelo menos três pessoas, podendo ser um empregador e dois empregados, por exemplo. Todavia, Regis Prado (*Comentários ao Código Penal*, 2011, p. 607) entende ser necessário o concurso de mais de um empregador.

Quanto ao sujeito passivo, é a pessoa cuja integridade corporal ou patrimonial for afetada, podendo ser um terceiro às relações de trabalho.

1.3. Análise da(s) conduta(s) descrita(s) no tipo

O *nomen iuris* do tipo penal não expressa adequadamente a conduta criminalizada, pois a violência contra pessoa ou contra coisa não é posterior ao *lockout* ou à greve, mas concomitante.

A violência contra a pessoa é violência física (de lesão corporal a homicídio) e não abrange ameaça. A violência contra a coisa (quebras, arrombamentos etc.) consiste no dano.

Não há criminalização do *lockout* ou da greve, mas apenas de atos de violência.

1.4. Elemento subjetivo

A conduta só é punível a título de dolo. Isto é, o sujeito ativo tem de ter consciência e vontade de participar de uma manifestação de *lockout* ou greve, pouco importando a motivação e, nessa oportunidade, praticar violência contra pessoa ou coisa.

1.5. Elemento normativo

A suspensão do trabalho de que trata o tipo penal é a paralisação do trabalho pelo empregador (*lockout*). Consoante o art. 2º da CLT "considera-se empregador a empresa, individual ou coletiva, que, assumindo os riscos da atividade econômica, admite, assalaria e dirige a prestação pessoal de serviços. § 1º Equiparam-se ao empregador, para os efeitos exclusivos da relação de emprego, os profissionais liberais, as instituições de beneficência, as associações recreativas ou outras instituições sem fins lucrativos, que admitirem trabalhadores como empregados".

O conceito legal de abandono coletivo do trabalho expresso no parágrafo único perdeu o sentido com o DL n. 9.070/46, que estabeleceu que greve é a cessação coletiva de trabalho deliberada pela totalidade ou maioria dos trabalhadores de uma ou várias empresas.

A Lei n. 7.783/89, atualmente em vigor, estabelece que os quóruns para deliberação da greve são fixados pelos estatutos dos sindicatos. Mas há orientação jurisprudencial em favor do quórum do art. 612 da CLT (FRAGOSO, Christiano. *Repressão penal da greve*: uma experiência antidemocrática, 2009, p. 422).

1.6. Consumação

Ocorre com a prática de violência contra a pessoa ou coisa, concomitante à suspensão ou greve. O crime é instantâneo. A tentativa ocorre com o início da execução da violência física ou do dano. São possíveis a desistência voluntária e o arrependimento eficaz.

1.7. Classificação

Crime comum, comissivo, de resultado (material), instantâneo, doloso, plurissubjetivo, plurissubsistente, infração de menor potencial ofensivo.

2. OBSERVAÇÕES

Atos de violência anteriores ou posteriores ao *lockout* ou greve podem constituir meio à prática do crime do art. 197, II, 2ª parte. Constituem crimes de lesão corporal, homicídio ou dano, conforme o caso. Ameaças anteriores, concomitantes ou posteriores se enquadram no art. 147 do CP. Por exemplo, ameaça de destituição de diretoria de sindicato (STJ, CC n. 1.385/MG, 3ª S., rel. Min. Edson Vidigal, j. 23.08.1990, *DJ* 17.09.1990, p. 9.501).

Não há necessidade real de criminalização autônoma de violência contra pessoa e contra a coisa, no contexto referido. A descriminalização seria bem-vinda, pois a sua manutenção apenas serve ao interesse do controle das diversas categorias de trabalhadores assalariados (FRAGOSO, op. cit., 2009, p. 411).

Na jurisprudência do STJ, apesar de aplicação reiterada da Súmula n. 115 do TFR, foi reconhecida a competência da Justiça Federal no CC n. 1.355/SP (3ª S., rel. Min. Jesus Costa Lima, j. 20.09.1990, *DJ* 05.11.1990, p. 12.416). No caso, vinte grevistas pararam um ônibus e o danificaram. O relator afirmou corretamente que os crimes decorrentes de greve estão intimamente vinculados à organização do trabalho e aos interesses dos trabalhadores considerados coletivamente.

Entretanto a ementa a seguir ratifica a orientação dominante: "Agravo regimental em embargos de declaração no conflito negativo de competência. Atentado contra a liberdade do trabalho. Crime contra a organização do trabalho. Inocorrência. Competência da Justiça estadual. 1. No caso dos autos, o movimento grevista instaurado por servidores municipais, promovendo desordem e impedindo, mediante ameaças e utilização de força física, o ingresso de servidores no local de trabalho, bem como a retenção de equipamentos necessários à execução dos serviços, sobretudo os essenciais, não configura crime contra a organização do trabalho. 2. Para a caracterização do crime contra a organização do trabalho, o delito deve atingir a liberdade individual dos trabalhadores, como também a Organização do Trabalho e a Previdência, a ferir a própria dignidade da pessoa humana e colocar em risco a manutenção da Previdência Social e as Instituições Trabalhistas, evidenciando a ocorrência de prejuízo a bens, serviços ou interesses da União, conforme as hipóteses previstas no art. 109 da CF, o que não se verifica no caso vertente. 3. Agravo regimental a que se nega provimento" (STJ, 3ª S., rel. Min. Og Fernandes, j. 22.04.2009, *DJe* 13.05.2009).

A nosso ver, o acórdão, ao analisar hipótese fática, que se enquadra no art. 200 do CP, equivocadamente afirma que a greve com violência não afeta a organização do trabalho. O item 2 da ementa elenca o conjunto de circunstâncias necessárias para fundamentar a competência federal, divorciando-se do texto constitucional e penal. Os crimes contra a organização do trabalho são de competência federal, independentemente do prejuízo direto a bens, serviços e interesses da União, não se confundem com os crimes contra a previdência, e não exigem a violação da dignidade da pessoa humana. A greve com violência, por definição, viola a organização geral do trabalho, pois de acordo com o art. 2º da Lei n. 7.773/89 "considera-se legítimo exercício do direito de greve a suspensão coletiva, temporária e pacífica, total ou parcial, de prestação pessoal de serviços a empregador".

Paralisação de trabalho de interesse coletivo

Art. 201. Participar de suspensão ou abandono coletivo de trabalho, provocando a interrupção de obra pública ou serviço de interesse coletivo:

Pena – detenção, de 6 (seis) meses a 2 (dois) anos, e multa.

---

1. COMENTÁRIO

1.1. Objetividade jurídica

Tutela-se o interesse da coletividade na continuidade de obras e serviços, concedidos ou prestados diretamente pela administração pública.

Consiste na criminalização da greve pacífica em atividades fundamentais. O artigo foi revogado pela Lei n. 4.330, de 01.06.1964, que ao regular o direito de greve em seu art. 16 tornou admissível a greve em tais atividades (FRAGOSO, Heleno Cláudio. *Lições de direito penal*: Parte Especial 2, 1980, p. 26). Embora a Constituição de 1967 tenha proibido a greve nos serviços públicos e atividades, nosso sistema jurídico não admite a repristinação. Ademais, a CR/88 autoriza a greve nos serviços considerados essenciais, porém com limitações.

1.2. Sujeitos

Sujeito ativo é o empregador ou empregado de empresa que executa obra pública ou presta serviços de interesse coletivo. Christiano Fragoso (*Repressão penal da greve*: uma experiência antidemocrática, 2009, p. 430), contudo, entende que a suspensão exige mais de um empregador. Discordamos desse entendimento, pois não se aplica o conceito do parágrafo único do art. 200 do CP. Ademais, a execução de obras públicas e a prestação de serviços de interesse coletivo, em regra, são realizadas por um único empregador, pessoa jurídica, devendo ser responsabilizado aquele a quem coube a decisão pela paralisação.

O sujeito passivo é a coletividade.

1.3. Análise da(s) conduta(s) descrita(s) no tipo

O núcleo da conduta é tomar parte de movimento grevista que causa a interrupção de obra pública ou de serviços de interesse coletivo.

1.4. Elemento subjetivo

O tipo penal exige como elemento subjetivo o dolo, isto é, a consciência e a vontade de participar de movimento grevista, provocando interrupção de obra pública ou de serviço de interesse coletivo.

1.5. Elementos normativos

Suspensão do trabalho e abandono coletivo do trabalho, como vimos nos tipos anteriores, refere-se à paralisação feita por empregador e por empregados, respectivamente. Nélson Hungria (*Comentários ao Código Penal*: arts. 197 a 249, 1959, v. VIII, p. 45) afirma que obra pública "é a que a administração pública manda executar por pessoas estranhas ao quadro de seus funcionários". Por sua vez, serviço de interesse coletivo "é todo aquele que afeta as necessidades da população em geral". São exemplos de serviços de interesse coletivo aqueles relacionados a distribuição de energia elétrica, água, gás, energia motriz, limpeza urbana, comunicações, transportes, matadouro, estiva etc. Mirabete e Fabbrini (*Manual de direito penal*: Parte Especial – arts. 121 a 234-B do CP, 2010, p. 356) conceituam obra pública como aquela "realizada pelo próprio Estado, por meio de funcionários ou pessoas estranhas ao quadro do funcionalismo".

1.6. Consumação

Consuma-se com a efetiva paralisação da obra pública ou do serviço de interesse coletivo, por tempo juridicamente relevante. Christiano Fragoso (op. cit., 2009, p. 433) classifica o crime do ponto de vista de sua consumação como instantâneo de efeitos permanentes, mas ressalva que certos autores o classificam como permanente. A nosso ver é crime permanente porque a interrupção perdura enquanto os agentes participarem da greve. A tentativa é admissível na hipótese em que "estando prestes a dar-se a interrupção, a obra ou o serviço tem sua continuidade assegurada pela intervenção pronta do Estado ou de outra pessoa" (MOURA TELES, Ney. *Direito penal*: Parte Especial – arts. 121 a 212, 2004, p. 534). São possíveis a desistência voluntária e o arrependimento eficaz.

1.7. Classificação

Próprio, vago, comissivo, de resultado (material), doloso, permanente, plurissubjetivo quando se trata de greve de empregados, plurissubsistente, infração de menor potencial ofensivo.

2. JURISPRUDÊNCIA

2.1. Julgados

Revogação

Ementa: Direito Penal. Assegurado o direito de greve aos servidores públicos, o exercício desse direito não pode ser considerado como crime, punindo-se apenas os abusos cometidos. A simples incitação à greve não é mais punível como crime. A resistência consequente a ato ilegal, arbitrário e violento da autoridade policial não constitui o delito previsto no art. 329 do CP. Sentença absolutória, conforme à prova dos autos. Apelação improvida. (TRF-2ª Região, Ap. Crim. n. 89.02.02162-9/RJ, 3ª T., rel. Juiz Ney Valadares. j. 20.09.1989, *DJ* 17.10.1989)

No mesmo sentido, TRF-3ª Região, Inq. n. 94.03.0512563/SP, Órgão Especial, rel. Juíza Suzana Camargo, j. 14.08.1997, publ. 02.09.1997.

O TRF-4ª Região, ao contrário, concluiu pela vigência do art. 15 da Lei n. 7.783/89 e deu provimento à apelação do MPF para condenar o presidente do Sindicato dos Trabalhadores em Empresa de Transportes Metroviários e Conexas do RS (Sindimetrô), por paralisação integral de transporte público em greve. "Não se trata de criminalizar um direito social, mas de emprestar eficácia à própria lei, mormente o art. 15 da Lei n. 7.783/89, que estabelece balizas ao seu exercício" (ACR n. 5021799-61.2012.404.7108, 5ª T., 30.03.2014, publ. 27.06.2014).

Competência

[...] 2. Eventual paralisação na sede de apenas uma empresa de transporte, por parte de alguns sindicalistas que haveriam tentado impedir a saída de ônibus da garagem, não incorre em questão que afete princípios essenciais trabalhistas de âmbito nacional, o que afasta o interesse da União no feito e, por consequência, a competência da Justiça Federal. 3. Agravo regimental não provido. (STJ, Ag. Reg. no CC n. 166.918, rel. Min. Rogério Schietti Cruz, j. 11.09.2019, publ. 21.10.2019)

3. OBSERVAÇÕES

Para Christiano Fragoso (op. cit., 2009, p. 424-8), o tipo legal embora com o emprego de termos impróprios, é "modalidade de incriminação da greve em serviços e atividades essenciais". Descreve as dificuldades terminológicas iniciadas com a CF de 1946, que reconhecia o direito de greve sem referir-se às hipóteses de serviços públicos ou de interesse coletivo. Entende revogado o art. 201, senão pela Lei n. 4.330/64, pela Lei n. 7.783, de 28.06.1989. Aponta com esse entendimento Heleno Cláudio Fragoso, Fernando Fragoso, Roberto Delmanto e Roberto Delmanto Jr., José Henrique Pierangeli, Rui Stoco e Tatiana Stoco, Luiz Regis Prado. Vale referir a decisão do STF, nos MI ns. 708/DF e 712/PA, em 25.10.2007, que reconheceu terem os servidores públicos o direito de fazer greve, devendo ser aplicados os limites da Lei n. 7.783/89, que regulamenta a paralisação dos trabalhadores do setor privado, tendo em vista a omissão do Congresso em regulamentar o direito.

Invasão de estabelecimento industrial, comercial ou agrícola. Sabotagem

Art. 202. Invadir ou ocupar estabelecimento industrial, comercial ou agrícola, com o intuito de impedir ou embaraçar o curso normal do trabalho, ou com o mesmo fim danificar o estabelecimento ou as coisas nele existentes ou delas dispor:

Pena – reclusão, de 1 (um) a 3 (três) anos, e multa.

1. COMENTÁRIO

1.1. Objetividade jurídica

O artigo contém dois tipos penais: a invasão de estabelecimento e a sabotagem. Ambos violam a liberdade do trabalho e a integridade do patrimônio. A identificação em concreto do bem jurídico violado é relevante para a qualificação jurídica da conduta, como se verá no item 1.3.

1.2. Sujeitos

Não há condição ou qualidade especial para ser sujeito ativo.

O sujeito passivo é o proprietário do estabelecimento industrial, comercial ou agrícola.

1.3. Análise da(s) conduta(s) descrita(s) no tipo

O primeiro tipo penal consiste em invadir (entrar à força, sem autorização) ou ocupar (tomar posse arbitrariamente) estabelecimento industrial, comercial ou agrícola, com o intuito de impedir ou embaraçar o curso normal do trabalho. É um tipo misto alternativo, isto é, se houver invasão e ocupação haverá um só crime. Invadir significa entrar contra a vontade do proprietário do estabelecimento, e ocupar significa se comportar como dono. A ocupação pode ser precedida de invasão ou não, como no caso de operários que adentraram normalmente no estabelecimento para trabalhar.

O segundo tipo também é misto alternativo e consiste em danificar (depredar, destruir, estragar, inutilizar total ou parcialmente) o estabelecimento, as coisas nele existentes (prédio, máquinas, instrumentos, ferramentas, matérias-primas, instalações etc.) ou delas dispor com o intuito de impedir ou embaraçar o curso normal do trabalho. Dispor de uma coisa é usá-la como dono, aliená-la, a título gratuito ou oneroso, retê-la, gravá-la (HUNGRIA, Nélson. *Comentários ao Código Penal*: arts. 197 a 249, 1959, v. VIII, p. 47).

Os tipos descrevem ação e resultado (impedimento ou embaraço do curso normal do trabalho), mas este pode não ocorrer efetivamente. É, pois, crime formal. A ocorrência do resultado será relevante na aplicação da pena.

Não há nenhuma hipótese que possa se configurar por omissão, pois a lei não impõe ao empregado grevista o dever especial de atuar para que sejam preservados os bens do estabelecimento (FRAGOSO, Christiano. *Repressão penal da greve*: uma experiência antidemocrática, 2009, p. 444).

O objeto material pode ser o estabelecimento comercial, industrial ou agrícola, como as coisas nele existentes e destinadas ao trabalho aí exercido.

1.4. Elemento subjetivo

Os dois tipos penais exigem como elemento subjetivo o dolo, isto é, a consciência e a vontade de invadir ou ocupar estabelecimento industrial, comercial ou agrícola, ou ainda de danificar as coisas nele existentes ou delas dispor, acrescido do fim específico de impedir (obstar, obstruir, fazer cessar) ou embaraçar (atrapalhar, dificultar, perturbar) o curso normal do trabalho. Como se verá no item 2, ausente o elemento subjetivo especial do injusto, a conduta poderá configurar outras infrações penais.

Para caracterização do delito do art. 202 do CP, exige-se a presença do elemento subjetivo do tipo, consistente na finalidade específica de obstar ou perturbar o curso normal do trabalho (STJ, Ag. Reg. no AREsp n. 1.638.943/PB, 5ª T., rel.

Min. Joel Ilan Paciornik, j. 12.05.2020, *DJe* 18.05.2020).

É importante ressaltar, à vista da realidade fática, que danos causados por negligência, imprudência ou imperícia são passíveis apenas de sanções civis ou trabalhistas.

1.5. Elemento normativo

Estabelecimento é todo lugar aberto ou fechado em que se desenvolve atividade industrial, comercial ou agrícola (MIRABETE, Julio Fabbrini; FABBRINI, Renato. *Manual de direito penal*: Parte Especial – arts. 121 a 234-B do CP, 2010, p. 357).

1.6. Consumação

Consuma-se o crime com a invasão ou ocupação total ou parcial (1ª parte) e com a danificação ou disposição (2ª parte). Na invasão e na danificação é instantâneo; na ocupação e na disposição é permanente.

A tentativa ocorre com o início da invasão, ocupação, danificação e disposição. São possíveis a desistência voluntária e o arrependimento eficaz.

1.7. Concurso de crimes

Se ocorreu prática de crimes de lesão corporal, homicídio, sequestro e cárcere privado, haverá concurso material ou formal, a depender das circunstâncias concretas.

1.8. Classificação

Comum, comissivo, formal, misto cumulativo (considerados em conjunto), doloso e, em geral, instantâneo ou permanente (na primeira modalidade), unissubjetivo, plurissubsistente.

2. OBSERVAÇÕES

Se o fim do agente é lesar ou expor a perigo a integridade territorial e a soberania nacional, o regime representativo e democrático, a Federação e o Estado de Direito, a pessoa dos chefes dos poderes da União, a sabotagem configura crime contra a segurança nacional (art. 15, Lei n. 7.170/83).

Ocupações de estabelecimentos agrícolas por integrantes do Movimento Sem-Terra suscitam discussão sobre colisão de direitos fundamentais, uma vez que o eventual impedimento ou embaraço ao trabalho pretende fazer valer os direitos fundamentais de acesso à terra e do meio ambiente equilibrado.

Ausente o elemento subjetivo do tipo, a conduta poderá ser enquadrada em crime de violação de domicílio (art. 150), esbulho possessório (art. 161, § 1º, II), furto (art. 155), dano (art. 163), apropriação indébita (art. 168), invasão de terras da União, dos estados ou dos municípios (art. 20, Lei n. 4.947, de 06.04.1966).

Se o agente praticar a conduta no exercício de função pública ou em razão dela, poderá se caracterizar violência arbitrária (art. 322).

O dano causado à coisa estranha ao trabalho desenvolvido no estabelecimento configura o crime de dano (art. 163), consoante Moura Teles (*Direito penal*: Parte Especial, arts. 121 a 212, 2004, p. 536).

Frustração de direito assegurado por lei trabalhista

Art. 203. Frustrar, mediante fraude ou violência, direito assegurado pela legislação do trabalho:

Pena – detenção, de 1 (um) ano a 2 (dois) anos, e multa, além da pena correspondente à violência.

Pena com redação dada pela Lei n. 9.777, de 29.12.1998.

§ 1º Na mesma pena incorre quem:

Parágrafo acrescentado pela Lei n. 9.777, de 29.12.1998.

I – obriga ou coage alguém a usar mercadorias de determinado estabelecimento, para impossibilitar o desligamento do serviço em virtude de dívida;

Inciso acrescentado pela Lei n. 9.777, de 29.12.1998.

II – impede alguém de se desligar de serviços de qualquer natureza, mediante coação ou por meio da retenção de seus documentos pessoais ou contratuais.

Inciso acrescentado pela Lei n. 9.777, de 29.12.1998.

§ 2º A pena é aumentada de 1/6 (um sexto) a 1/3 (um terço) se a vítima é menor de 18 (dezoito) anos, idosa, gestante, indígena ou portadora de deficiência física ou mental.

Parágrafo acrescentado pela Lei n. 9.777, de 29.12.1998.

---

1. COMENTÁRIO

1.1. Objetividade jurídica

Trata-se de três tipos penais: o primeiro, definido com o CP, em 1940, objetiva a organização do trabalho, isto é, o interesse do Estado no cumprimento da legislação trabalhista que estabelece direitos; os outros dois, acrescentados pela Lei n. 9.777, de 29.12.1998, visam à proteção da liberdade de trabalho e até mesmo a de locomoção.

A CR/88 assegura, nos arts. 7º a 11, um extenso rol de direitos aos trabalhadores, que é complementado pela CLT e por leis especiais. Incluem-se direitos obtidos por meio de convenções coletivas, dissídios ou de sentenças judiciais com força normativa, uma vez que são instrumentos previstos em lei.

1.2. Sujeitos

Não há condição ou qualidade especial para ser sujeito ativo. Tanto pode ser o empregador contra o empregado e vice-versa como ambos conluiados "para iludir o texto legal, devendo notar-se que o titular do direito assegurado por lei trabalhista não pode renunciá-lo quando correspondente a um dever imperativamente determinado pela mesma lei, que é de ordem pública" (HUNGRIA, Nélson. *Comentários ao Código Penal*: arts. 197 a 249, 1959, v. VIII, p. 49).

O sujeito passivo no primeiro tipo penal é o Estado e secundariamente, em geral, o trabalhador. Nos demais tipos é o trabalhador. Em todas as hipóteses, a violência ou fraude podem ser exercidas contra pessoa diversa daquela cujo direito é frustrado.

1.3. Análise da(s) conduta(s) descrita(s) no tipo

Frustrar direito significa privar o seu titular de gozá-lo ou exercê-lo. O meio de execução tanto pode ser a violência física capaz de vencer a resistência da vítima como a fraude, artifício ou ardil que induz ou mantém alguém em erro. Discutível a possibilidade de fraude pelo silêncio, pois, ao contrário do enunciado do art. 171 do CP (estelionato), não consta expressamente o verbo manter, que permite a imputação a título de omissão. A fraude deve ter aptidão para a efetiva frustração. A violência física constitui por si vias de fato (contravenção que resta absorvida no tipo), lesão corporal (de leve a gravíssima), tentativa de homicídio ou homicídio. A violência pode ser imediata, quando incide contra o trabalhador ou o patrão, e mediata, quando contra terceiro.

Não basta o mero inadimplemento de obrigação trabalhista. É imprescindível a relação de causalidade entre a violência ou fraude e a frustração do direito.

A conduta não está inteiramente descrita no tipo, sendo necessário recorrer, para sua integração, às normas da legislação trabalhista, nomeadamente, da CLT.

A lei não distingue entre direitos renunciáveis e irrenunciáveis, como já assentou o STF (RE n. 71.204/SP, 1ª T., rel. Min. Luiz Gallotti, j. 11.12.1970, *RTJ* 56/597-600), pois se renunciáveis, é desnecessário o uso, pelo empregador, de meios fraudulentos.

O segundo tipo penal descreve a conduta de obrigar ou coagir (constranger, compelir, forçar) alguém a usar mercadorias de determinado estabelecimento, para impedir o desligamento do serviço em virtude de dívida. O meio de execução é livre, podendo ser utilizada a violência física, a ameaça ou a criação de circunstâncias que não deixam ao trabalhador outra opção senão a de adquirir mercadorias de determinado estabelecimento, em geral, de propriedade do empregador, que cobra preços abusivos. A lei só proíbe a venda de mercadorias pelo empregador ou preposto em condições que torne impossível ao empregado desligar-se do serviço em virtude da dívida contraída.

No terceiro tipo penal a conduta é de impedir alguém de se desligar de serviços de qualquer natureza, mediante coação ou por meio da retenção de seus documentos pessoais ou contratuais. O meio de execução assemelha-se ao do tipo anterior, com o acréscimo de um meio específico, que é a retenção de documentos pessoais ou contratuais do prestador do serviço. Esse fato causa ao titular várias dificuldades, especialmente a de obter novo emprego, e constitui, por si, contravenção prevista na Lei n. 5.553, de 06.12.1968.

1.4. Elemento subjetivo

O tipo penal do *caput* exige como elemento subjetivo o dolo, isto é, a consciência e a vontade de frustrar direito trabalhista, mediante fraude ou violência. O inciso I exige um elemento subjetivo especial. Assim, o dolo é de obrigar ou coagir alguém a adquirir ou usar mercadoria de determinado estabelecimento, com o fim específico de impossibilitar o desligamento do serviço em virtude de dívida.

No inciso II, o dolo é de impedir alguém de se desligar de serviços de qualquer natureza, mediante coação ou retenção de documentos.

1.5. Consumação

Consuma-se o primeiro crime quando a pessoa constrangida em razão da violência ou enganada deixa de gozar de direito assegurado pela legislação trabalhista. A tentativa ocorre com o início do constrangimento ou com a fraude, se a frustração não ocorre por circunstâncias alheias à vontade do agente.

Consuma-se o segundo crime com a aquisição de mercadoria de determinado estabelecimento. No terceiro, com o impedimento de desligamento. A tentativa também é admissível.

São possíveis a desistência voluntária e o arrependimento eficaz.

1.6. Concurso de crimes

Na hipótese de violência, aplica-se a regra do concurso formal.

Pode ocorrer concurso com o crime de falsidade material ou ideológica (*HC* n. 109.966/STJ). Todavia, discute-se se o art. 203 absorve os arts. 297, § 4º (omissões na carteira de trabalho e previdência social), e 299 (falsidade ideológica), bem como se é absorvido pelo crime do art. 337-A (sonegação de contribuição previdenciária), hipótese em que não nos parece possível, pois as objetividades jurídicas são diversas.

A realização reiterada das modalidades assemelhadas constitui, em regra, meio ou etapa para a consumação do art. 149 do CP (redução à condição análoga à de escravo), quando se verificar no contexto fático o aniquilamento da dignidade humana do trabalhador. É possível, porém, a depender da situação, haver concurso material com esse crime.

1.7. Classificação

Comum, comissivo, de resultado (*caput* e § 1º, II), formal (§ 1º, I), de forma livre (§ 1º, I), doloso, instantâneo ou permanente (na terceira hipótese), norma penal em branco (na primeira hipótese), unissubjetivo, plurissubsistente, subsidiário em relação ao crime de redução a condição análoga à de escravo, infração de menor potencial ofensivo.

2. OBSERVAÇÕES

Se a frustração realizar-se mediante ameaça, pode haver constrangimento ilegal (art. 146, CP).

Um fato que durante algum tempo foi recorrente refere-se ao pagamento de verbas trabalhistas ou de arrematação judicial no juízo trabalhista com cheque sem fundos. O Tribunal Federal de Recursos assentou que o direito estava devidamente garantido pela decisão da justiça especializada e, mais cedo ou mais tarde, seria atendido. Não configurava, pois, o crime do art. 203 (TFR, CC n. 3.809, 73/286-8, Pleno, rel. Min. William Patterson, j. 22.11.1979, apud FRAGOSO, Christiano. *Repressão penal da greve*: uma experiência antidemocrática, 2009, p. 453).

Os conflitos de competência levados por décadas ao TFR e, depois, ao STJ revelam como situações típicas de frustração a direitos trabalhistas o não pagamento de horas extras, a falta de registro do contrato de trabalho na carteira de trabalho, o pagamento de salário a menor do que consta na carteira de trabalho etc.

A criminalização dessas condutas é criticada por Heleno Fragoso, Eduardo Reale Ferrari e Romita (apud FRAGOSO, op. cit., 2009, p. 448-55). Bitencourt (*Tratado de direito penal*: Parte Especial 3, 2011, p. 430) zomba da majoração de pena para determinadas "minorias". Todavia, as modalidades assemelhadas, acrescentadas pela Lei n. 9.777, de 29.12.1998, buscam atender a uma necessidade de repressão que as sanções cíveis e trabalhistas não dão conta e às características do trabalho forçado no Brasil. Os exegetas da lei penal parecem desconhecer essa realidade, que não é restrita ao nosso país. Moura Teles (*Direito penal*: Parte Especial, arts. 121 a 212, 2004, p. 539) é uma exceção à regra.

Os doutrinadores em geral apontam como sujeito passivo o trabalhador ou deixam de se manifestar a respeito (FRAGOSO, 1980, p. 268). Todavia, tendo em vista a estrutura do tipo semelhante a do art. 204, todos os doutrinadores apontam o Estado como sujeito passivo primário, entendemos que também neste tipo o sujeito passivo é o Estado. O legislador de 1940 focou-se no reforço penal das leis trabalhistas, tanto que o título refere-se à organização do trabalho. A jurisprudência, aos poucos, especialmente na aplicação do art. 203, passou a interpretá-lo como reforço ao direito individual de trabalhadores.

2. JURISPRUDÊNCIA

2.1. Julgados

Com base na orientação contida no verbete n. 115 da Súmula do extinto TFR, a jurisprudência deste STJ consagrou-se no sentido de que o julgamento pela prática do delito do art. 203 do CP, consistente em frustração de direito assegurado por lei trabalhista, somente compete à Justiça Federal quando o interesse em questão afetar órgãos coletivos do trabalho ou a organização geral do trabalho. (CC n. 137.045/SP, 3ª S., rel. Min. Reynaldo Soares da Fonseca, j. 24.02.2016, *DJe* 29.02.2016)

Enunciado: Não é de atribuição do Ministério Público Federal a persecução penal do crime de frustração de direito assegurado por lei trabalhista, previsto no art. 203 do CP, se, após diligências, restar demonstrado apenas lesão a um restrito número de trabalhadores. Ministério Público Federal, 2ª Câmara de Coordenação e Revisão, aprovado na 176ª Sessão de Coordenação, de 10.02.2020.

Iniciada a execução dos crimes de redução à condição análoga à de escravo (art. 149 do CP) e de frustração de direito assegurado na legislação trabalhista (art. 203 do CP) dentro do território nacional, compete à Justiça brasileira processar e julgar os fatos, independentemente de condicionantes extraterritoriais. Inteligência dos arts. 5º e 6º do CP, representativos do princípio da territorialidade e da teoria da ubiquidade, adotadas pelo ordenamento jurídico brasileiro para a definição do local do crime. (*HC* n. 386.046/BA, rel. Min. Maria Thereza de Assis Moura, 6ª T., j. 21.08.2018, *DJe* 28.08.2018)

Frustração de lei sobre a nacionalização do trabalho

Art. 204. Frustrar, mediante fraude ou violência, obrigação legal relativa à nacionalização do trabalho:

Pena – detenção, de 1 (um) mês a 1 (um) ano, e multa, além da pena correspondente à violência.

1. COMENTÁRIO

1.1. Objetividade jurídica

É o interesse em assegurar ao brasileiro maiores condições em vagas do mercado do trabalho do que ao estrangeiro, fato estabelecido categoricamente nos textos constitucionais de 1937 ao de 1969. Mantém-se atualmente na CLT (arts. 352 a 371). Também são objetos jurídicos a boa-fé e a integridade corporal das pessoas.

1.2. Sujeitos

Não há condição ou qualidade especial para ser sujeito ativo, podendo ser empregador, empregado ou estranhos à empresa. O sujeito passivo é primariamente o Estado.

1.3. Análise da(s) conduta(s) descrita(s) no tipo

A ação consiste em frustrar (descumprir, inobservar, obstar), com emprego de fraude ou violência, dever legal relativo à fixação das percentagens de empregados brasileiros nos serviços públicos dados em concessão e nos estabelecimentos de determinados setores comerciais e industriais. A ameaça não é meio para a prática do crime. O conteúdo do dever legal não está expresso no tipo, mas na CLT.

1.4. Elemento subjetivo

O tipo penal exige como elemento subjetivo o dolo, isto é, a consciência e a vontade de descumprir normas legais sobre nacionalização do trabalho, mediante fraude ou violência.

1.5. Elementos normativos

O conteúdo da obrigação legal relativa à nacionalização do trabalho consta dos arts. 352 a 371 da CLT, cuja compatibilidade com a CR/88 é questionada no item 2.

1.6. Consumação

Consuma-se com o efetivo descumprimento do dever legal, sendo admissíveis a tentativa, a desistência voluntária e o arrependimento eficaz.

1.7. Concurso de crimes

Conforme Nélson Hungria (*Comentários ao Código Penal*: arts. 197 a 249, 1959, v. VIII, p. 50), "se para o êxito do crime, intervém *falsum* documental ou pessoal, haverá concurso material de crimes". Entretanto, vale lembrar a discussão sempre em aberto sobre a consunção da falsificação ou do uso de documento falso pelo estelionato.

É possível visualizar concurso formal com o crime do art. 203, se também houver violação de outro direito assegurado pela legislação trabalhista.

1.8. Classificação

Comum, vago, comissivo, de resultado (material), norma penal em branco, doloso, instantâneo, unissubjetivo, plurissubsistente, infração de menor potencial ofensivo.

2. OBSERVAÇÕES

Diante da Constituição de 1988, que garante expressamente a igualdade de direitos entre os brasileiros e os estrangeiros residentes no país, não subsistem as obrigações legais relativas à nacionalização do trabalho previstas na CLT e a proteção penal instituída neste artigo. Monografia de José Ribamar Vieira Júnior ("A nacionalização do trabalho na CLT e a nova ordem econômica mundial: aspectos constitucionais da exigência da proporcionalidade de empregados brasileiros", 2012) demonstra a inconstitucionalidade da nacionalização do trabalho na CLT, bem como sua incongruência em relação ao processo de globalização. Consubstanciada por meio de uma cota proporcional máxima para a contratação de trabalhadores estrangeiros residentes no Brasil, conforme os arts. 352 e 354 da Consolidação, esse posicionamento não observa que a CF de 1988 determina que todos são iguais perante a lei, sem distinção de qualquer natureza, garantindo-se aos brasileiros e aos estrangeiros residentes no país a inviolabilidade do direito à vida, à liberdade, à igualdade, à segurança e à propriedade (art. 5º, *caput*). A Carta Magna explicita, ainda, que o país buscará a integração econômica, política, social e cultural dos povos da América Latina (art. 4º). Ademais, observa-se a incongruência em relação à nova ordem internacional, organizada segundo a ótica da produtividade, agilidade, capacidade de inovação e interação entre os mais longínquos mercados.

Exercício de atividade com infração de decisão administrativa

Art. 205. Exercer atividade, de que está impedido por decisão administrativa:

Pena – detenção, de 3 (três) meses a 2 (dois) anos, ou multa.

---

1. COMENTÁRIO

1.1. Objetividade jurídica

Trata-se do "interesse do Estado na execução das decisões administrativas relativas ao desempenho de certas atividades" (MIRABETE, Julio Fabbrini; FABBRINI, Renato. *Manual de direito penal*: Parte Especial, arts. 121 a 234-B do CP, 2010, p. 362).

1.2. Sujeitos

Sujeito ativo é a pessoa que tenha sido, por decisão administrativa, impedida de exercer determinada atividade. O sujeito passivo é o Estado.

1.3. Análise da(s) conduta(s) descrita(s) no tipo

A ação consiste em exercer, isto é, praticar ou desempenhar a atividade laboral que lhe é vedada por decisão administrativa. A palavra "exercer" exige habitualidade. Trata-se de atividade laboral, no âmbito da administração pública ou das relações privadas, na forma que dispuser a lei. Difere do art. 330, pois não há simples ordem a ser cumprida, mas decisão administrativa, por exemplo, a de cassação de registro profissional.

1.4. Elemento subjetivo

O tipo penal exige como elemento subjetivo o dolo, ou seja, a consciência e a vontade de exercer atividade, que lhe foi vedada por decisão administrativa.

1.5. Elementos normativos

Decisão administrativa consiste em suspensão, cancelamento e cassação de licença etc. proferida por órgãos da administração pública, como a Secretaria do Trabalho, os Conselhos de Fiscalização Profissional e a Polícia Federal.

1.6. Consumação

Tratando-se de crime que exige habitualidade, não basta a prática de uma conduta solitária, é necessário haver reiteração de condutas que expresse uma unidade da ação típica. A consumação ocorre quando a reiteração revela o efetivo exercício da atividade vedada. A concepção do crime habitual é incompatível com a tentativa. No entanto, encontram-se julgados que admitem a consumação com um simples ato (STF, *HC* n. 74.826/SP, publ. 29.08.1997 e TRF-4ª Região, Ap. Crim. n. 2001.71.10.002406-4, publ. 11.08.2004).

1.7. Classificação

Próprio, vago, comissivo, de mera conduta, norma penal em branco, doloso, habitual, unissubjetivo, plurissubsistente, infração de menor potencial ofensivo.

2. JURISPRUDÊNCIA

Cancelamento a pedido não constitui decisão

Representação contra odontólogo. Art. 129 c/c art. 282 do CP. Inaplicabilidade do art. 205 do mesmo diploma. I. O cancelamento, a pedido, é mero ato de registro, não se constituindo em decisão administrativa de natureza punitiva de modo a impedir o profissional de exercer o seu ofício. II. Compete à Justiça comum apreciar e julgar representação contra odontólogo, no exercício de profissão sem o devido registro no Conselho respectivo. (STJ, CC n. 10.098/MG, 3ª S., rel. Min. Cid Flaquer Scartezzini, j. 26.09.2005, *DJ* 23.10.1995, p. 33.601)

Cancelamento a pedido constitui decisão

Habeas corpus. Exercício de atividade profissional com infração de decisão administrativa. Alegada atipicidade da conduta imputada à recorrente. Inexistência de decisão administrativa cassando o seu registro profissional. Desnecessidade. Decisão proferida pela OAB deferindo o pedido de cancelamento da inscrição da recorrente. Caracterização do delito previsto no art. 205 do CP. 1. Da leitura do tipo previsto no art. 205 do CP, percebe-se que o crime nele disposto caracteriza-se com a simples prática habitual de atos próprios da atividade que o agente se encontra impedido de exercer por força de decisão administrativa. 2. Ao contrário do que aventado nas razões do presente reclamo, o crime em análise não pressupõe a cassação do registro profissional do agente, mas apenas que este exerça atividade que estava impedido de praticar por conta de decisão administrativa. 3. Havendo nos autos a informação de que a recorrente estava impedida de exercer advocacia por força de decisão da OAB que deferiu o cancelamento de sua inscrição, e não tendo o seu patrono anexado ao recurso ordinário em apreço qualquer documentação que evidencie que ela estaria apta a advogar quando da ocorrência dos fatos narrados na denúncia, não se pode falar em atipicidade da conduta que lhe foi imputada. [...] Recurso improvido. (STJ, RHC n. 29.435/RJ, 5ª T., rel. Min. Jorge Mussi, j. 18.10.2011, publ. 09.11.2011)

Cancelamento por inadimplência

Conflito de competência. Penal. Corretor de imóveis. Exercício das atividades após cancelamento de sua inscrição no Creci, por inadimplência das anuidades. Contravenção penal configurada (art. 47, DL n. 3.688/41). Exercício ilegal da profissão ou atividade. Competência da Justiça Estadual. 1. A conduta do agente que exerce atividades de corretagem de imóveis após o cancelamento de sua inscrição no Creci, por inadimplência das anuidades devidas, se amolda à contravenção penal prevista no art. 47 do DL n. 3.688/41, haja vista que permaneceu clandestinamente na profissão regulamentada, exercendo-a sem o preenchimento de condição legal a que está subordinado o seu exercício, qual seja, a inscrição perante o órgão de fiscalização profissional. 2. Não há que se falar, no caso dos autos, de violação à decisão administrativa proibitiva do exercício de atividade e, consequentemente, no crime previsto no art. 205 do CP, haja vista o disposto nos arts. 3º, 4º e 5º, da Resolução n. 761/2002, do Conselho Federal de Corretores de Imóveis (Cofeci), no sentido de que o pagamento do débito acarreta a restauração automática da inscrição no Creci, e que "o cancelamento de inscrição por falta de pagamento [...] não representa punição disciplinar, mas sim, mero ato administrativo de saneamento cadastral". 3. Conflito conhecido para declarar competente o Juízo de Direito da 1ª Vara do Juizado Especial Cível e Criminal de Poços de Caldas/MG, o suscitado. (STJ, CC n. 104.924-MC, 3ª S., rel. Min. Jorge Mussi, j. 24.03.2010)

3. OBSERVAÇÕES

Se a interdição resulta de decisão judicial, o crime é o do art. 359 (crime contra a administração da justiça).

Se o sujeito ativo exerce função pública, sem autorização, depois de saber oficialmente que foi exonerado, removido, substituído ou suspenso, o crime é o do art. 324 (crime praticado por funcionário público contra a administração em geral).

Se o sujeito ativo jamais possuiu autorização para a prática da medicina, odontologia ou farmácia, o crime é o do art. 282. Se exercer profissão ou atividade econômica, sem preencher as condições a que por lei está subordinado o seu exercício, é a contravenção prevista no art. 47 da LCP.

Aliciamento para o fim de emigração

Art. 206. Recrutar trabalhadores, mediante fraude, com o fim de levá-los para território estrangeiro:

Pena – detenção, de 1 (um) a 3 (três) anos e multa.

Artigo com redação dada pela Lei n. 8.683, de 15.07.1993.

---

1. COMENTÁRIO

1.1. Objetividade jurídica

Diante da redação atual, determinada pela Lei n. 8.683, de 15.07.1993, o objeto jurídico não é mais "o interesse do Estado na permanência dos trabalhadores brasileiros no país, já que, não havendo superpopulação, não lhe interessa a emigração", que "pode prejudicar o desenvolvimento regular da produção e do comércio nacionais e a própria ordem econômica do país" (MIRABETE, Julio Fabbrini; FABBRINI, Renato. *Manual de direito penal*: Parte Especial, arts. 121 a 234-B do

CP, 2010, p. 363). Esse objeto era compatível com a redação anterior, de 1940: "Aliciar trabalhadores, para o fim de emigração". Atualmente, o objeto jurídico é a proteção dos trabalhadores brasileiros que desejam ou não emigrar em busca de melhores condições de vida no estrangeiro.

1.2. Sujeitos

Não há condição ou qualidade especial para ser sujeito ativo. Sujeitos passivos são os trabalhadores recrutados, mediante fraude, para trabalhar em outro país. Para Moura Teles, bastam dois, para Bitencourt, Regis Prado, Mirabete e Fabbrini (op. cit., 2010, p. 364), são no mínimo três, pois, quando a lei se contenta com apenas dois, o declara expressamente.

1.3. Análise da(s) conduta(s) descrita(s) no tipo

Consiste em recrutar (reunir, convocar, alistar, agenciar, atrair) trabalhadores, mediante fraude, para o fim de levá-los ao estrangeiro. A fraude, tal qual no art. 171 do CP, é qualquer artifício, ardil ou qualquer outro meio fraudulento, como falsas promessas e informações, a fim de levá-los para território estrangeiro. Os trabalhadores podem estar cientes ou não de que irão para outro país. Se souberem que vão para o estrangeiro, não é necessário que o convencimento objetive a saída do país com ânimo definitivo ou por largo espaço de tempo.

1.4. Elemento subjetivo

O tipo penal exige como elemento subjetivo o dolo, isto é, a consciência e a vontade de recrutar trabalhadores, mediante fraude, e o elemento subjetivo especial de levá-los a território estrangeiro.

1.5. Elemento normativo

Cezar Bitencourt (*Tratado de direito penal*: Parte Especial 3, 2011, p. 440) esclarece que "por trabalhadores deve ser compreendido todos os prestadores de serviço (estagiários remunerados ou não, empregados, autônomos, trabalhadores domésticos, eventuais etc.).

1.6. Consumação

Consuma-se com o recrutamento mediante fraude, independentemente da efetiva saída dos trabalhadores do país. A tentativa se configura se, apesar da fraude, o recrutamento não ocorre. São possíveis a desistência voluntária e o arrependimento eficaz.

1.7. Concurso de crimes

Se houver *falsum* documental ou pessoal, haverá concurso material ou formal de crimes, a depen-der das circunstâncias concretas. Não é absorvido pelo crime de redução a condição análoga à de escravo, mas o é pelo crime de tráfico de pessoas (art. 149-A, II e III, e § 1º, IV), na modalidade de recrutar pessoa, mediante fraude, com a finalidade de submetê-la a trabalho em condições análogas à de escravo ou submetê-la a qualquer tipo de servidão, quando a vítima do tráfico de pessoas for retirada do território nacional.

1.8. Classificação

Comum, comissivo, formal, instantâneo, unissubjetivo, plurissubsistente, subsidiário do crime de redução à condição análoga à de escravo.

2. JURISPRUDÊNCIA

Os acórdãos do STJ e do TRF da 1ª Região, de modo geral, declaram a competência da Justiça Estadual, invocando a Súmula n. 115 do TFR. Assim, por exemplo:

Conflito negativo de competência. Agenciamento e emigração de brasileiros aos Estados Unidos da América. Crime contra a organização do trabalho. Art. 206 do CP. Lesão a direitos de trabalhadores considerados individualmente. Competência da Justiça Estadual. 1. A CR, em seu art. 109, VI, atribui à Justiça Federal a competência para julgar os delitos praticados contra a organização do trabalho. 2. No caso, o inquérito visa apurar o agenciamento e promoção de entrada ilegal de brasileiros nos Estados Unidos da América. 3. Considerando-se, pelos elementos colhidos no procedimento inquisitivo até o momento, que não houve ofensa a direitos coletivos dos trabalhadores, não há de se falar em fixação da competência da Justiça Federal. Precedentes do STJ. 4. Conflito conhecido para declarar competente o Juízo de Direito da 2ª Vara Criminal de Poços de Caldas-MG. (STJ, CC n. 101.877/MG, 3ª S., rel. Min. Jorge Mussi, j. 09.06.2010)

Conflito de competência. Criminal. Crime contra organização do trabalho. Lesão a direito dos trabalhadores coletivamente considerados ou à organização geral do trabalho. Não ocorrência. Competência da Justiça Estadual. I. Hipótese em que a denúncia descreve a suposta prática do delito de aliciamento para o fim de emigração perpetrado contra 3 (três) trabalhadores individualmente considerados. II. Compete à Justiça Federal o julgamento dos crimes contra a organização do trabalho desde que demonstrada a lesão a direito dos trabalhadores coletivamente considerados ou à organização geral do trabalho. III. Conflito conhecido para declarar a competência da Justiça Estadual. (STJ, CC n. 107.391/MG, 3ª S., rel. Min. Gilson Dipp, j. 13.10.2010)

O TRF da 1ª Região parece estar a caminho de romper com a orientação já consolidada, pois reconheceu a competência federal em crime de aliciamento para fins de emigração. Diz a ementa:

Penal e processual penal. Recurso em sentido estrito. Crime de aliciamento para o fim de emigração. Art. 206 do CP. Crime contra a organização do trabalho. Tratado Internacional. Combate ao tráfico de migrantes. Competência da Justiça Federal. Art. 109, III e IV, da CF/88. Indícios suficientes da autoria e demonstração da materialidade do delito. Denúncia recebida. Recurso em sentido estrito provido. [...] II – No caso dos autos, por considerar que o crime de aliciamento para o fim de emigração (art. 206, CP) constitui crime contra a organização do trabalho, a competência da Justiça Federal para processar e julgar o feito, consoante disposto no art. 109, III, da CF. III – Por outro lado, o Brasil é signatário do Protocolo Adicional à Convenção das Nações Unidas contra o crime Organizado Transnacional, relativo ao combate ao Tráfico de Migrantes por Via Terrestre, Marítima e Aérea, promulgado pelo Decreto n. 5.013, de 12.03.2004, de forma a atrair, também por este fundamento, a competência da Justiça Federal para processar e julgar o feito, consoante o disposto no art. 109, III, da CF. IV – [...]. (TRF-1ª Região, RSE n. 749-94.2011.4.01.3806/MG, 3ª T., rel. Des. Fed. Assusete Magalhães, j. 14.05.2012, *E-DJF1* 25.05.2012, p. 202)

3. OBSERVAÇÕES

A Lei n. 7.064, de 06.12.1982, com a alteração produzida pela Lei n. 11.962, de 03.07.2009, regula a situação de trabalhadores contratados no Brasil ou transferidos por seus empregadores para prestar serviço no exterior.

A Lei n. 13.445, de 24.05.2017, criou o crime de migração ilegal, acrescentado ao Código Penal como art. 232-A: "Promover, por qualquer meio, com o fim de obter vantagem econômica, a entrada ilegal [...] de brasileiro em país estrangeiro", e no § 1º "[...] a saída de estrangeiro do território nacional para ingressar ilegalmente em país estrangeiro". Em uma situação de recrutamento de trabalhadores, mediante fraude, com o fim de levá-los para território estrangeiro, poderá haver concurso material entre os crimes definidos no art. 206 e no art. 232-A, porque os bens jurídicos são diversos e o § 3º do art. 232-A dispõe expressamente que "a pena prevista para o crime será aplicada sem prejuízo das correspondentes às infrações conexas".

Aliciamento de trabalhadores de um local para outro do território nacional

Art. 207. Aliciar trabalhadores, com o fim de levá-los de uma para outra localidade do território nacional:

Pena – detenção, de 1 (um) a 3 (três) anos, e multa.

Pena com redação dada pela Lei n. 9.777, de 29.12.1998.

§ 1º Incorre na mesma pena quem recrutar trabalhadores fora da localidade de execução do trabalho, dentro do território nacional, mediante fraude ou cobrança de qualquer quantia do trabalhador, ou, ainda, não assegurar condições do seu retorno ao local de origem.

Parágrafo acrescentado pela Lei n. 9.777, de 29.12.1998.

§ 2º A pena é aumentada de 1/6 (um sexto) a 1/3 (um terço) se a vítima é menor de 18 (dezoito) anos, idosa, gestante, indígena ou portadora de deficiência física ou mental.

Parágrafo acrescentado pela Lei n. 9.777, de 29.12.1998.

---

1. COMENTÁRIO

1.1. Objetividade jurídica

O objeto jurídico da figura prevista no art. 207, *caput*, é "o interesse do Estado de que os trabalhadores fiquem radicados no local em que estão, a fim de que não se despovoe uma região com o superpovoamento de outra" (MIRABETE, Julio Fabbrini; FABBRINI, Renato. *Manual de direito penal*: Parte Especial (arts. 121 a 234-B do CP), 2010, p. 364). Mas a as figuras inseridas no § 1º, pela Lei n. 9.777, de 29.12.1998, visam à proteção dos trabalhadores em situação de vulnerabilidade social, para evitar a redução a condição análoga à de escravo.

1.2. Sujeitos

Não há condição ou qualidade especial para ser sujeito ativo. Os relatos da prática do aliciamento dão ao sujeito ativo o nome de "gato". Sujeito passivo é o Estado na primeira figura e, nas demais, os trabalhadores recrutados, mediante fraude, cobrança de dinheiro ou sem assegurar condições de retorno ao local de origem. Entendemos que, tal como no art. 206, aplicável a interpretação de que bastam dois (Damásio de Jesus e Moura Teles), ou três (Cezar Bitencourt, Regis Prado, Mirabete e Fabbrini).

1.3. Análise da(s) conduta(s) descrita(s) no tipo

São quatro os tipos penais. O primeiro consiste em aliciar (atrair, seduzir, agenciar, angariar, incitar, instigar, recrutar) trabalhadores, para o fim de levá-los de uma para outra localidade do território nacional. Não se exige fraude, violência ou ameaça. Não há menção à distância ou qualidade do local, mas os motivos que levaram a alteração legislativa estão vinculados à prática do chamado "trabalho escravo" em que os trabalhadores são levados para lugares distantes do local de aliciamento. De outra forma, a criminalização dessa conduta não faz sentido nos dias de hoje, a menos que a magnitude do recrutamento tenha reflexos econômicos e sociais.

O segundo consiste em recrutar (convocar, alistar, agenciar) trabalhadores, mediante fraude, de uma localidade para executar trabalho em outra. A fraude, tal qual no art. 171 do CP, é qualquer artifício, ardil ou qualquer outro meio fraudulento, como falsas promessas e informações sobre condições de trabalho, remuneração, local de prestação de serviços, benefícios etc., a fim de levá-los para outra localidade distante.

O terceiro consiste em recrutar trabalhadores, mediante cobrança de qualquer quantia, de uma localidade para executar trabalho em outra, distante. Pouco importa que as promessas sejam cumpridas.

O quarto consiste em recrutar trabalhadores, de uma localidade para executar trabalho em outra, distante, sem que se assegurem condições de seu retorno ao local de origem.

1.4. Elemento subjetivo

Os quatro tipos penais exigem como elemento subjetivo o dolo, isto é, a consciência e a vontade de recrutar trabalhadores; de recrutá-los, mediante fraude; mediante cobrança de quantia em dinheiro ou deixando de assegurar condições para o retorno ao local de origem. A primeira hipótese exige também o elemento especial, que é o fim de levá-los para outra localidade do território nacional.

1.5. Elemento normativo

Localidade é qualquer fazenda, povoado, vila, cidade ou município e, embora não expresso, necessário que seja local distante daquele da origem. A lei não distingue se os trabalhadores saem de uma região atrasada economicamente em direção a locais em expansão econômica ou vice-versa.

1.6. Consumação

As três primeiras figuras consumam-se com o recrutamento, independentemente da efetiva saída dos trabalhadores para outra localidade. São admissíveis a tentativa, a desistência voluntária e o arrependimento eficaz. A quarta figura consuma-se no momento em que o agente nega-se a proporcionar ao trabalhador recrutado as condições para o retorno ao local de origem. A tentativa é inadmissível.

1.7. Concurso de crimes

O primeiro tipo pode ser praticado em concurso com o crime do art. 149. Os demais, a princípio, são absorvidos pelo art. 149 do CP, porque fazem parte do *iter criminis* que resulta na redução a condição análoga à de escravo. A conduta de "recrutar trabalhadores fora da localidade de execução do trabalho, dentro do território nacional, mediante fraude", prevista no § 1º, é absorvida pelo art. 149-A, II e III, ou seja, tráfico de pessoas com a finalidade de submeter a pessoa a trabalho em condições análogas à de escravo ou de submetê-la a qualquer tipo de servidão.

2. OBSERVAÇÕES

Quando os intermediários extrapolam os poderes a eles atribuídos pelo contratante respondem pelo crime; se agem de conformidade com as orientações do contratante, este também deve ser responsabilizado.

Bitencourt (*Tratado de direito penal*: Parte Especial 3, 2011, p. 445) qualifica o tipo penal de "esdrúxulo, desnecessário, superado e, na atualidade, absolutamente injustificado".

A redação original do artigo, ainda presente no *caput*, efetivamente se tornou superada, mas as figuras equiparadas correspondem a práticas comumente usadas pelos empregadores visando à exploração abusiva do trabalho alheio.

3. JURISPRUDÊNCIA

3.1 Julgado

Competência. Em relação ao delito de aliciar trabalhadores, com o fim de levá-los de uma para outra localidade do território nacional descrito no art. 207 do Código Penal, em que o bem jurídico tutelado é o interesse do Estado em não deslocar artificialmente mão de obra dentro do seu território, do que se depreende que o tipo não contém, em si, potencial violação de garantias individuais relacionadas à liberdade, autodeterminação e dignidade do homem como indivíduo trabalhador. Nessa linha de raciocínio, a jurisprudência desta Corte tem entendido que, não sendo identificada, no caso concreto, lesão ao sistema de órgãos e instituições destinadas a preservar a coletividade trabalhista, a conduta descrita no art. 207 do Código Penal será da competência da Justiça Estadual. (STJ, CC n. 1.598.251/RS, rel. Min. Reynaldo Soares da Fonseca, 3ª S., j. 10.09.2018, publ. 12.09.2018)

TÍTULO V
DOS CRIMES CONTRA O SENTIMENTO RELIGIOSO E CONTRA O RESPEITO AOS MORTOS

CAPÍTULO I
DOS CRIMES CONTRA O SENTIMENTO RELIGIOSO

Ultraje a culto e impedimento ou perturbação de ato a ele relativo

Art. 208. Escarnecer de alguém publicamente, por motivo de crença ou função religiosa; impedir ou perturbar cerimônia ou prática de culto religioso; vilipendiar publicamente ato ou objeto de culto religioso:

Pena – detenção, de 1 (um) mês a 1 (um) ano, ou multa.

Parágrafo único. Se há emprego de violência, a pena é aumentada de um terço, sem prejuízo da correspondente à violência.

1. COMENTÁRIO

1.1. Objetividade jurídica

A proteção da liberdade individual da própria crença e do exercício de um ministério religioso (sentimento religioso), bem como a liberdade de culto.

1.2. Sujeitos

Sujeito **ativo** pode ser qualquer pessoa, inclusive os próprios ministros ou crentes. Trata-se de crime comum. Sujeito passivo: na primeira figura (escarnecer alguém), é a pessoa crente em determinada religião ou aquela que exerce o ministério religioso (padre, pastor, freira, rabino etc.). Exige-se que a pessoa seja determinada. Nas demais figuras (impedimento ou perturbação de cerimônia ou culto e vilipêndio de ato ou objeto de culto), é a coletividade religiosa.

1.3. Análise da(s) conduta(s) descrita(s) no tipo

Há três verbos do tipo:

a) Escarnecer

Escarnecer de alguém publicamente, por motivo de crença ou função religiosa; impedir ou perturbar cerimônia ou prática de culto religioso; vilipendiar publicamente ato ou objeto de culto religioso.

"Escarnecer" significa zombar, ridicularizar, ofendendo alguém, em virtude de crença ou função religiosa. Exige-se que o ato seja praticado publicamente (na presença de várias pessoas), ou que o escárnio seja transmitido a pessoas indeterminadas (cartazes, escritos etc.). Não sendo público, poderá caracterizar crime contra a honra (injúria, difamação). Não há necessidade da presença da vítima para a configuração do ilícito. Se a ação for perpetrada no circula familiar, com a presença de poucas pessoas, não restará configurado o crime.

O escárnio deve estar relacionado com a crença ou função religiosa. "Crença" é a fé em uma doutrina religiosa, enquanto "função religiosa" é o ministério exercido por quem participa da celebração de um culto (pastor, padre, freira, rabino etc.). Não configura o crime em estudo a ofensa à religião em geral, abstratamente considerada, sem que haja ataque direto a uma pessoa.

b) Impedir ou perturbar

"Impedir" consiste em não permitir o início ou prosseguimento da cerimônia ou prática do culto religioso, e "perturbar" significa tumultuar, alterar, desorganizar, atrapalhar a cerimônia ou o culto religioso. A ação pode ser praticada por qualquer meio, como: efetuar disparo de arma de fogo, provocando barulho para que os demais fiéis não possam ouvir o sermão da autoridade eclesiástica; palavrões proferidos por pessoa embriagada; altos brandos durante casamento que provocam a abreviação da cerimônia. O simples desvio de atenção não caracteriza o crime em estudo. É necessária uma alteração material, sensível, do curso regular do ato do culto, não provocada por simples alarido.

c) Vilipendiar

"Vilipendiar" consiste em desprezar, aviltar, desdenhar, injuriar, ultrajar. Pode ser praticado por escrito, mediante palavras ou gestos. A ação deve recair sobre ou contra o objeto do culto religioso, ou durante o decorrer do ato religioso. É necessário que a conduta se dê publicamente, ou seja, na presença de várias pessoas.

1.4. Elemento subjetivo

Na primeira conduta (escarnecer), é o dolo (direto ou eventual). Além do dolo, há, ainda, a especial finalidade do agente, ou seja, que atue com o fim de ofender o sentimento religioso do sujeito passivo. Do contrário, poder-se-ia estar diante de crime contra a honra. Não há previsão culposa. Na segunda (impedir ou perturbar), é o dolo (direto ou eventual), ou seja, a vontade de impedir ou tumultuar a cerimônia ou a prática do culto, não se exigindo qualquer finalidade específica do agente. Já se decidiu pela absolvição de acusado que atirou pedras no prédio vizinho, onde se realizava cerimônia religiosa, por não ser seu intuito o de vilipendiar, impedir ou perturbar, mas apenas como repulsa ao fato de se prolongarem noite adentro, prejudicando-lhe o sono (*RT* 312/321). Não se pune a culpa. Por fim, na terceira (vilipendiar), também é o dolo (direto ou eventual). Há a necessidade da especial finalidade do agente, ou seja, que atue com o fim de vilipendiar a coletividade durante o culto ou seus objetos. Não se pune a culpa.

1.5. Consumação e tentativa

Quanto ao primeiro verbo (escarnecer), a consumação se dá com a prática do escárnio, independentemente de qualquer outro resultado (delito de mera atividade). A tentativa é admissível, salvo quando se tratar de conduta verbal. Já a prática do segundo verbo (impedir ou perturbar) resta caracterizada com o efetivo impedimento ou perturbação da cerimônia ou a prática de culto religioso – crime material. Na figura do impedimento, o crime é permanente (enquanto perdure a ação). Na perturbação, o crime é instantâneo. A tentativa é possível.

O terceiro verbo (vilipendiar) se concretiza com a prática ultrajante (p. ex., atirar lixo contra a imagem sacra, fantasiar uma imagem). A tentativa é perfeitamente possível, excepcionando-se a hipótese em que o crime é praticado por meio de ofensas verbais (crime é unissubsistente).

1.6. Causa de aumento

Se há emprego de violência, a pena de quaisquer das condutas descritas é aumentada de um terço, sem prejuízo da correspondente (lesão corporal, dano etc.), em concurso material de crimes. Incide tanto contra a pessoa como sobre a coisa.

1.7. Elemento normativo

"Cerimônia" ou "culto religioso". Cerimônia é o ato religioso solene (p. ex., missa, casamento, procissão). Culto, o ato religioso sem as solenidades da cerimônia (p. ex., novena, oração coletiva, sessão espírita). Não há necessidade da realização da cerimônia ou culto no interior da igreja ou templo (p. ex., missa campal, procissão). A lei visa proteger as cerimônias ou práticas permitidas, notadamente aquelas que não afrontam a ordem pública e os bons costumes. Para a caracterização do delito, há a necessidade de os cultos serem praticados com um número considerável de pessoas. A oração individual não está abarcada pelo tipo.

1.8. Ação penal, penas e Juizados Especiais Criminais

Trata-se de infração penal de menor potencial ofensivo, ainda que esteja presente a majorante (um terço), prevista no parágrafo único do artigo. A suspensão condicional do processo é cabível em ambas as hipóteses – *caput* e parágrafo único.

A ação penal é pública incondicionada.

1.9. Classificação

É crime comum, formal, de forma livre, instantâneo e comissivo.

2. JURISPRUDÊNCIA

2.1. Julgados

Perturbação de cerimônia ou culto religioso

TACrimSP: Incide no art. 208 do CP, porque animado por evidente dolo, o agente que, agindo com o intuito de perturbar o culto religioso, entre outros artifícios direciona possantes alto-falantes para o prédio da igreja e liga aparelhos em altíssimo volume com músicas carnavalescas, e em outras oportunidades, faz uso de estampidos de bombas juninas, tudo para impedir as orações e os cânticos dos fiéis. (*RJDTACrim* 6/128)

Crime contra o sentimento religioso. Perturbação de cerimônia

TACrimSP: Mãe e filhos naturais que procuram obstar o casamento do pai das crianças, homem solteiro, com outra moça. Delito tipificado. Consuma o delito do art. 208 do CP quem, com atitudes inconvenientes, perturba cerimônia religiosa, levando até o celebrante a abreviá-la. (*JUTACrim* 57/322)

Crime qualificado pela violência

TACrimSP: Crime contra o sentimento religioso. Agente que, dirigindo caminhão em marcha ré, derruba cruzeiro que ficava defronte a uma igreja. Configuração do art. 208 do CP. [...] O crime do art. 208 do CP pode normalmente ser praticado sem violência, e quando esta ocorre, quer contra a pessoa, quer contra a coisa, qualifica o delito, conforme está pacificado na doutrina. (*RJDTACrim* 70/279)

CAPÍTULO II
DOS CRIMES CONTRA O RESPEITO AOS MORTOS

Impedimento ou perturbação de cerimônia funerária

Art. 209. Impedir ou perturbar enterro ou cerimônia funerária:

Pena – detenção, de 1 (um) mês a 1 (um) ano, ou multa.

Parágrafo único. Se há emprego de violência, a pena é aumentada de um terço, sem prejuízo da correspondente à violência.

1. COMENTÁRIO

1.1. Objetividade jurídica

O bem jurídico tutelado visa proteger o sentimento de respeito aos mortos.

1.2. Sujeitos

Sujeito ativo pode ser qualquer pessoa, inclusive os familiares do morto. Trata-se de crime comum. Sujeito passivo é a coletividade, a família. Trata-se do crime vago.

1.3. Análise da(s) conduta(s) descrita(s) no tipo

"Impedir" (impossibilitar, paralisar) ou "perturbar" (embaraçar, dificultar) o enterro ou a cerimônia fúnebre. O crime pode ser praticado por ação ou omissão (*v. g.*, furar o pneu do veículo destinado para o transporte do corpo ou deixar de fornecer automóvel para tal fim, não entregar as chaves do túmulo).

1.4. Elemento subjetivo

É o dolo. Não há previsão de culpa.

1.5. Consumação e tentativa

Consuma-se com o impedimento ou a simples perturbação de enterro ou da cerimônia funerária. A tentativa é perfeitamente possível (tenta-se empregar meios perturbadores, mas não se atinge o resultado).

1.6. Causa de aumento de pena

Se houver emprego de violência, a pena será aumentada de um terço. Incide tanto contra a pessoa como sobre a coisa, sem prejuízo da sanção correspondente à violência (lesão corporal, homicídio etc.), em concurso material de crimes.

1.7. Ação penal, penas e Juizados Especiais Criminais

Trata-se de infração penal de menor potencial ofensivo, ainda que esteja presente a majorante (um terço), prevista no parágrafo único do artigo. A suspensão condicional do processo é cabível em ambas as hipóteses – *caput* e parágrafo único. A ação penal é pública incondicionada.

1.8. Classificação

É crime comum, formal, de forma livre, instantâneo e comissivo.

2. JURISPRUDÊNCIA

2.1. Julgados

Irrelevância do motivo e fim da conduta

TJSP: Nos crimes contra o respeito aos mortos, não se exige qualquer fim específico, sendo, pois, irrelevante que o fim ulterior deles fosse lucro. (*RJTJESP* 107/467)

Perturbação de cerimônia funerária. Delito caracterizado, em tese

TACrimSP: Acusado que, em velório, teria, de modo ostensivo e acintoso, ofendido o pudor de uma menor. Escândalo e tumulto por ele provocado na ocasião. Rejeição, não obstante, da denúncia. Inadmissibilidade. Recurso Provido. Inteligência dos arts. 209 do CP e 43, I, do CPP. Basta a consciência, por parte do agente, de que sua conduta perturba o ambiente de respeito, próprio das cerimônias funerárias, para a configuração, em tese, do delito previsto no art. 209 do CP. (*RT* 410/313)

Violação de sepultura

Art. 210. Violar ou profanar sepultura ou urna funerária:

Pena – reclusão, de 1 (um) a 3 (três) anos, e multa.

1. COMENTÁRIO

1.1. Objetividade jurídica

O bem jurídico tutelado visa proteger o sentimento de respeito aos mortos.

1.2. Sujeitos

Sujeito ativo pode ser qualquer pessoa, inclusive os familiares do morto, proprietários do túmulo. É considerado crime comum, por se tratar de crime vago, pois tem por sujeito passivo entidade sem personalidade jurídica, como a coletividade, a família e os amigos do morto.

1.3. Análise da(s) conduta(s) descrita(s) no tipo

"Violar" (devassar, abrir, destruir, romper, escavar, alterar) ou "profanar" (ultrajar, desprezar, vilipendiar, aviltar, macular) sepultura ou urna funerária. Pode ser praticado de qualquer forma (p. ex.: remover pedras, danificar ornamentos, depositar objetos grosseiros, escrever palavras injuriosas, jogar excrementos nas sepulturas ou urnas funerárias, a derrubada de cruz ou enfeite religioso, o derramamento de bebida alcoólica sobre os símbolos funerários).

1.4. Elemento subjetivo

É o dolo. A doutrina se divide acerca da exigência ou não de motivo ou fim determinado para a prática do ato. Não há previsão de culpa.

1.5. Consumação e tentativa

Consuma-se o delito com a violação ou profanação de sepultura ou urna funerária. Não se exige a remoção do cadáver.

A tentativa é perfeitamente possível. Inadmissível apenas no caso de violação, pois a tentativa já constitui o delito em sua forma consumada, e na hipótese de o ultraje ser realizado por meio de palavras proferidas em público.

1.6. Concurso de crimes

Se no mesmo contexto o agente profanar e violar e, ainda, caluniar o morto (haverá concurso formal de crimes – arts. 138, § 2º, e 210). Configura-se crime único na hipótese em que o agente, além de violar a sepultura, subtrai ou destrói o cadáver, isso porque a violação é meio para a prática do crime de subtração ou destruição de cadáver, respondendo o agente pelo crime previsto no art. 211 do CP.

Se o agente viola a sepultura para subtrair objetos que foram enterrados junto ao corpo (p. ex., joias), o crime será o de furto, restando absorvido o delito em exame, pois será meio para a prática da subtração. A subtração da coroa dentária do cadáver após a violação da sepultura não configura o delito de furto, mas somente o descrito no art. 210 do CP. Contudo, haverá concurso material de delitos se o agente, além de subtrair objetos, vilipendiar o cadáver, pois não será meio para a subtração.

1.7. Ação penal, penas e Juizados Especiais Criminais

É cabível a suspensão condicional do processo. A ação penal é pública incondicionada.

1.8. Classificação

É crime comum, formal, de forma livre, instantâneo e comissivo.

2. JURISPRUDÊNCIA

2.1. Julgados

Caracterização do crime

TJSP: Violação de sepultura. Acusados que, embriagados, adentram à noite no cemitério e praticam atos de grosseira irreverência, de reprovável desprezo e de aviltamento aos mortos. Condenação mantida. Inteligência do art. 210 do CP. (*RT* 476/339)

Inexistência de erro de proibição

TARS: Violação de sepultura. Delito caracterizado. Ausência de erro de proibição. Consciência da ilicitude do fato, ínsito que é ao ser humano o sentimento de respeito aos mortos. Embriaguez voluntária. Apelo ministerial provido. (*JTAERGS* 83/103)

Exigência de fim específico

TJMA: O art. 210 do CP somente se tipifica quando o agente integra em sua conduta o elemento subjetivo do tipo, o dolo, ou seja, a vontade deliberada e consciente de violar ou profanar sepultura ou restos mortais. Assim, falta tipicidade na conduta do acusado que, como sócio-gerente do cemitério e diante da inadimplência de parcelas referentes a manutenção e conservação da sepultura, exumou restos mortais, conforme permitia o contrato. (*RT* 790/656)

Consumação com o ato de vandalismo

TJSP: Consuma-se o delito do art. 210 do CP com qualquer ato de vandalismo sobre a sepultura, ou de alteração chocante, de aviltamento, de grosseira irreverência. (*RT* 476/339)

Crime único na violação de várias sepulturas

TJMG: Se os acusados, no mesmo local, ou seja, no cemitério municipal, na mesma ocasião, em atos sucessivos de vandalismo, danificaram diversas sepulturas, não praticaram crimes em continuidade delitiva, mas delito único, instantâneo, em uma só ação, embora em atos diversos, atingindo um bem jurídico penalmente tutelado. (*RT* 781/639)

Concurso formal com dano

TJMG: Se, após violar as sepulturas, numa mesma ação, ainda que em outro ato, danificaram os acusados a capela municipal do mesmo cemitério, tem-se por configurado o concurso formal de delitos. (*RT* 781/639)

Destruição, subtração ou ocultação de cadáver

Art. 211. Destruir, subtrair ou ocultar cadáver ou parte dele:

Pena – reclusão, de 1 (um) a 3 (três) anos, e multa.

---

1. COMENTÁRIO

1.1. Objetividade jurídica

O bem jurídico tutelado visa proteger o sentimento de respeito aos mortos.

1.2. Sujeitos

Sujeito ativo pode ser qualquer pessoa, inclusive os familiares do morto. Assim, a mãe, com o intuito de encobrir provas do infanticídio, oculta o cadáver do recém-nascido; o coveiro subtrai o cadáver para se vingar da família do falecido. Figura como sujeito passivo não só a coletividade, mas, sobretudo, a família do morto.

1.3. Análise da(s) conduta(s) descrita(s) no tipo

"Destruir" (fazer desaparecer, tornar insubsistente, queimar, esmagar, reduzir a detritos ou resíduos); "subtrair" (furtar, tirar da situação de proteção e vigilância da família, parentes, vigia do cemitério); e "ocultar" (esconder). Nesta última conduta – ocultar –, há apenas o desaparecimento do objeto material do crime (depois de um atropelamento, o agente esconde o corpo da vítima ou o joga em um rio), ou seja, o ocultamento só pode ser praticado antes do sepultamento, ao passo que a subtração pode-se dar antes ou depois do sepultamento. Ocultação não se confunde com a simples remoção. Objeto material: é o cadáver ou parte dele. Cadáver é o corpo sem vida, mas que ainda conserva forma humana. Não se caracteriza se forem restos em completa decomposição (esqueleto ou cinzas – mas pode ser objeto material do crime previsto no art. 212, CP). Múmia não é cadáver, que pode ser objeto material de furto. Amputações ou mutilações do corpo vivo não estão protegidas pelo dispositivo.

1.4. Elemento subjetivo

É o dolo. Não se exige motivo ou fim especial. Não há previsão de culpa.

1.5. Consumação e tentativa

Consuma-se com a destruição total ou parcial do cadáver. "Ocultar": o desaparecimento do cadáver ou parte dele (ainda que temporariamente). "Subtrair": com a retirada do cadáver, ou parte dele, da esfera de proteção e guarda da família ou do vigia do cemitério. Trata-se de crime material. A tentativa é perfeitamente possível.

1.6. Concurso de crimes

Haverá concurso de crimes (material) se o agente mata a vítima e, depois, destrói ou oculta o cadáver (arts. 121 e 211, CP). Será crime único se o agente, para subtrair ou destruir o cadáver, viola a sepultura. A inumação irregular não caracteriza o crime em exame, mas a contravenção prevista no art. 67 da LCP.

1.7. Lei de Transplantes de Órgãos

Os arts. 14 a 20 da Lei n. 9.434/97 preveem condutas criminosas relacionadas à disposição de órgãos e partes do corpo humano em desacordo com seus preceitos.

1.8. Ação penal, penas e Juizados Especiais Criminais

É cabível a suspensão condicional do processo. A ação penal é pública incondicionada.

1.9. Classificação

É crime comum, comissivo, de forma livre, instantâneo (apenas nas condutas "destruir" e "subtrair") e permanente (na conduta "ocultar").

2. JURISPRUDÊNCIA

2.1. Julgados

Destruição parcial do cadáver: existência de crime

TJSP: Destruição, subtração ou ocultação de cadáver. Delito configurado, Acusado que após eliminar a vítima, como mandatário, decepa-lhe a orelha para exibi-la aos mandantes como prova. Pronúncia mantida. Inteligência do art. 211 do CP. [...] A destruição a que alude o art. 211 do CP não é apenas de todo o cadáver, senão também parte dele. (*RT* 526/350)

Subtração de cadáver

TJSP: Atua com afronta ao sentimento de reverência dos vivos para com os mortos, que a lei penal tutela, o agente funerário que subtrai os corpos das vítimas de acidente do necrotério e exige importância em dinheiro para a devolução dos mesmos às respectivas famílias. O *summatum opus* ocorre com a simples efetividade da subtração, pouco importando o fim último do agente. (*RT* 522/325)

Inexistência de consumação

TJPR: Destruição de cadáver. Consumação não verificada. Laudo de necropsia que comprova queimaduras na vítima em todos os graus, subsistindo, porém, o cadáver como tal. Desclassificação para a forma tentada. Redução da pena em 1/3. [...] Subsistindo o cadáver como tal, apesar de constatada pelo laudo necroscópico queimadura em todos os graus na vítima, deve operar-se a desclassificação do delito de destruição de cadáver para a sua forma tentada, com consequente redução de 1/3 na pena aplicada. (*RT* 606/361)

Concurso material com homicídio

TJSC: A circunstância de a ocultação de cadáver ter sido praticada para esconder o homicídio não exclui o crime previsto no art. 211 do CP, dando-se, quando isso acontece, concurso de delitos. (*RT* 488/389)

Vilipêndio a cadáver

Art. 212. Vilipendiar cadáver ou suas cinzas:

Pena – detenção, de 1 (um) a 3 (três) anos, e multa.

1. COMENTÁRIO

1.1. Objetividade jurídica

O bem jurídico tutelado visa proteger o sentimento de respeito aos mortos.

1.2. Sujeitos

Sujeito ativo pode ser qualquer pessoa, inclusive os familiares do morto, o ministro religioso e o coveiro. Sujeito passivo é a coletividade, a família. Trata-se do crime vago.

1.3. Análise da(s) conduta(s) descrita(s) no tipo

"Vilipendiar" (ultrajar, tratar com desprezo, no caso, o cadáver ou suas cinzas). No art. 208 do CP, também há o verbo "vilipendiar". A diferença reside na hipótese de que, naquele crime, o vilipendiar atinge ato ou objeto de culto religioso, enquanto neste afeta o cadáver ou suas cinzas. Objeto material: é o cadáver ou suas cinzas. Cadáver é o corpo sem vida. Cinzas constituem os resíduos da combustão ou cremação do corpo.

1.4. Elemento subjetivo

É o dolo. Não há previsão de culpa.

1.5. Consumação e tentativa

Concretiza a conduta descrita no tipo com o ato ultrajante (delito material) ou com o vilipêndio verbal (crime formal). A tentativa é perfeitamente possível, salvo se o vilipêndio for praticado verbalmente.

1.6. Concurso de crimes

Haverá concurso material de crimes se o agente, além vilipendiar o cadáver, violar sepultura (arts. 210 e 212, CP). Por outro lado, se as palavras vilipendiosas proferidas contra o morto contiverem ofensas que redundem em calúnia, estar-se-á diante do concurso formal de crimes (arts. 138, § 2º, e 212, CP).

1.7. Ação penal, penas e Juizados Especiais Criminais

É cabível a suspensão condicional do processo. A ação penal é pública incondicionada.

1.8. Classificação

É crime comum, formal, de forma livre, instantâneo e comissivo.

2. JURISPRUDÊNCIA

Necrofilia: agente portador de doença mental

TACrimSP: Vilipêndio a cadáver. Necrofilia. Empregado, com a atividade em necrotério de hospital, que praticava atos libidinosos com defuntos do sexo feminino enquanto se aguardava a preparação de seus corpos para o funeral. Laudo psiquiátrico, secundado em entrevistas pessoais de psicólogos, considerando-o absolutamente incapaz. Absolvição decretada, com imposição de medida de segurança. Decisão confirmada. (*RT* 594/347)

Absorção do vilipêndio a cadáver pelo crime de ocultação de cadáver

TJSP: Por força do princípio da consumação, deve ser absorvida a figura delitiva prevista no art. 212 do CP por aquela descrita no art. 211 do mesmo estatuto, se o vilipêndio do cadáver, mediante mutilação do corpo da vítima, teve o propósito inequívoco de tornar mais fácil a remoção e ocultação dos restos da ofendida. (*RT* 835/556)

Inexistência do crime: fins didáticos

STF: Denúncia que atribuiu a um médico e estudantes de Medicina a prática do crime de vilipêndio a cadáver, definido no art. 212 do CP. A enucleação dos olhos do cadáver, para fins didáticos ou científicos, não configura o crime por que denunciados, nem qualquer outro, sendo, assim, penalmente atípica. A Lei n. 5.479, de 10.08.1968, não prevê qualquer cominação legal. (*RTJ* 79/102)

TÍTULO VI
DOS CRIMES CONTRA A DIGNIDADE SEXUAL

Título com denominação dada pela Lei n. 12.015, de 07.08.2009.

CAPÍTULO I
DOS CRIMES CONTRA A LIBERDADE SEXUAL

Capítulo com denominação mantida pela Lei n. 12.015, de 07.08.2009.

Estupro

Art. 213. Constranger alguém, mediante violência ou grave ameaça, a ter conjunção carnal ou a praticar ou permitir que com ele se pratique outro ato libidinoso:

Pena – reclusão, de 6 (seis) a 10 (dez) anos.

Caput e pena com redação dada pela Lei n. 12.015, de 07.08.2009.

§ 1º Se da conduta resulta lesão corporal de natureza grave ou se a vítima é menor de 18 (dezoito) ou maior de 14 (catorze) anos:

Pena – reclusão, de 8 (oito) a 12 (doze) anos.

Parágrafo e pena acrescentados pela Lei n. 12.015, de 07.08.2009.

§ 2º Se da conduta resulta morte:

Pena – reclusão, de 12 (doze) a 30 (trinta) anos.

Parágrafo e pena acrescentados pela Lei n. 12.015, de 07.08.2009.

---

1. COMENTÁRIO

1.1. Objetividade jurídica

A objetividade jurídica do crime de estupro é, em sentido amplo, a **dignidade sexual** da pessoa, que, especificamente, pode ser entendida como o respeito alheio ao sujeito quanto à sua capacidade de se autodeterminar relativamente à atividade sexual; é subespécie da categoria maior **dignidade**, atributo de todo ser humano, reconhecida em convenções internacionais e pela CF como fundamento da República.

Em sentido estrito, o bem jurídico tutelado é a **liberdade sexual**, categoria mais concreta de liberdade do indivíduo, relacionada a seu corpo e ao uso que dele pretende fazer, atuando livremente, sem ingerências ou imposições de terceiros.

Note-se que o CP pune, como crime contra a liberdade sexual, as condutas que obrigam o indivíduo a fazer o que não deseja ou permitir que com ele se faça o que não deseja, em relação à atividade sexual, mas deixa a conduta de impedir alguém de determinada atividade sexual para os crimes contra a liberdade pessoal, que abrange a liberdade sexual por ser maior que ela.

Na falta de tipo penal específico, cabível o enquadramento na figura do constrangimento ilegal.

O corpo da vítima é o objeto do crime, empregado, contra sua vontade, para satisfazer a libido de outrem, mediante violência física ou moral.

1.2. Sujeitos

O estupro é crime comum. Sujeito ativo e sujeito passivo são, portanto, o ser humano de ambos os sexos, e mesmo aqueles que apresentem, a um só tempo, características femininas e masculinas. A exclusividade do homem como sujeito ativo e da mulher como sujeito passivo do crime de estupro acabou com a inserção, pela reforma penal de 2009, do pronome "alguém" na definição jurídica da infração. Vinícius Peluso resume que "quem deve ter conjunção carnal ou praticar ou permitir que com ele se pratique outro ato libidinoso é o 'alguém', objeto material da conduta, que, no caso, se confunde com o próprio sujeito passivo. Portanto, após o constrangimento a que foi submetido, este 'alguém' deve praticar os atos libidinosos (postura ativa) ou deixar que com ele se pratiquem (postura passiva); e, nesses termos, nem sequer é necessário que a prática ou a sua aceitação estejam diretamente relacionados com o sujeito ativo, pois tais atos podem ser concretizados com terceiros" (fonte: http://delegadosdepolicia.blogspot.com/2009/10/o-crime-de-estupro-e-lei-n-1201509--um.html; acessado em 03.11.2014).

É possível o concurso de sujeitos, tanto na forma de coautoria quanto na de participação. Na primeira hipótese (coautoria) pode haver um aumento de pena de um a dois terços para o estupro coletivo, nos termos da alínea *a* do inciso IV do art. 226, CP. Fora desse caso, coautoria e participação provocam a incidência da causa de aumento do inciso I do art. 226, CP, de um quarto da pena.[1]

Entende-se como coautor todo aquele que pratica atos executórios previstos no tipo legal, como o que, por exemplo, constrange a vítima, ameaçando-a ou atuando com violência física, ou o que com ela pratica qualquer ato libidinoso.

---

1 *Vide* comentário específico ao art. 226, CP.

Questão polêmica é a que versa sobre a prática de vários atos libidinosos por vários agentes contra a mesma vítima, no mesmo contexto de tempo e lugar.

Para Fragoso, em tal hipótese, haverá um só crime de estupro (*Lições de direito penal*: Parte Especial, 1986, v. II, p. 4), posicionamento adotado também por parte da jurisprudência. Alberto Silva Franco aponta em sua obra julgados que entendem haver, na espécie, continuidade delitiva pela autoria direta e a coautoria (*Código Penal e sua interpretação jurisprudencial*, 1995, p. 2.406) e outros em que se reconheceu o concurso material (ibidem, p. 2.408).

Entendemos que a solução está na análise da categoria concurso de pessoas, em que vige a teoria monista e pela qual cometem um só delito e, portanto, devem ser apenados pela prática de somente um crime todos os sujeitos ativos que visem a um resultado comum e único.

Assim, no caso de dois ou mais agentes executarem atos de libidinagem com a mesma vítima, em um mesmo contexto, terá cada um deles praticado atos executórios de um mesmo e único crime de estupro.

Outra será a conclusão em se tratando de diversas vítimas. Aí, não há dúvidas tratar-se de concurso de delitos. Cada ato lascivo em relação a cada vítima representa a execução concluída de um crime de estupro. A questão é saber se deverá ser reconhecido o concurso material ou o crime continuado. A favor de cada uma das posições há jurisprudência.

Parece-nos não haver óbice para se admitir a continuidade delitiva entre crimes de estupro praticados contra vítimas diferentes, ainda que se trate de bens personalíssimos, desde que cumpridos os requisitos do art. 71 do CP.

Conclui-se o assunto com o já observado em outra obra: "[...] várias condutas, praticadas por dois ou mais agentes, num contexto único de violação sexual, configuram um único delito de estupro; caso se trate de contextos diversos, poderá haver crime continuado se presentes os seus requisitos (art. 71, parágrafo único, CP); ausente o somatório de tais requisitos e persistindo a multiplicidade de contextos, haverá concurso material, com aplicação cumulativa de penas, nos termos do art. 69 do CP. No caso de serem vários os sujeitos passivos, haverá concurso de delitos, sendo viável o reconhecimento do crime continuado se reunidos todos os seus requisitos" (MARCÃO, Renato; GENTIL, Plínio. *Crimes contra a dignidade sexual*, 2011, p. 52).

1.3. Análise da(s) conduta(s) descrita(s) no tipo

O delito de estupro se perfaz com a conduta de constranger alguém, mediante violência ou grave ameaça, a ter conjunção carnal ou a praticar ou permitir que com ele se pratique outro ato libidinoso.

1.3.1. Constrangimento

Constranger, do latim *constringere* (CUNHA, Antônio Geraldo da. *Dicionário etimológico da língua portuguesa*, 1986, p. 210), significa obrigar, forçar, impor, compelir. Constranger é o estado de aperto, compressão, de quem foi constrangido, violentado (FERREIRA, Aurélio Buarque de Hollanda. *Médio dicionário Aurélio da língua portuguesa*, 1985, p. 465). Quem é constrangido o é por outrem e, embora por vezes tolere a conduta do constrangedor, não a quer. É essencial, portanto, o dissenso da vítima, que tem de ser contemporâneo ao ato libidinoso. A concordância apenas anterior, a aceitação ou a entrega posterior ou, ainda, o consentimento com a prática de certos atos e a discordância com outros não bastam a desconfigurar o delito.

O crime de estupro classifica-se como material, consumando-se com a conjunção carnal ou com o ato libidinoso a que constrangido o ofendido a suportar ou a praticar. O conteúdo do verbo constranger é específico e exige que se constranja a alguma coisa. Deve haver uma finalidade no constrangimento, a de ter conjunção carnal ou de praticar ou permitir que com ele (o ofendido) se pratique outro ato libidinoso. Há, porém, quem discorde, afirmando tratar-se de delito formal, bastando para a consumação o mero constrangimento.

A insistência ou a pressão para suportar a prática libidinosa não se confundem com o constrangimento, que consiste em ação mais intensa, que leva a vítima a, por temor, submeter-se a algo que não quer, por serem desproporcionais as forças entre ela e seu agressor. O ofendido deve estar consciente e ter vontade. Caso contrário, a conduta se desloca para o tipo legal do estupro de vulnerável.

1.3.2. Alguém, mediante

"Alguém" significa a pessoa física, o ser humano nascido de mulher, de ambos os sexos. "Mediante" tem o significado de "por meio de", "por intermédio de", que vem complementado pelos termos "violência" e "grave ameaça".

1.3.3. Violência

A "violência" a que se refere o tipo é a real, consistente no meio físico aplicado sobre a pessoa da vítima (HUNGRIA, Nélson; LACERDA, Romão Côrtes de; FRAGOSO, Heleno. *Comentários ao Código Penal*, 1981, v. III, p. 109) e deriva do latim *vis* ou força. Não se exige que dela resultem lesões corporais na vítima, mas se presentes, e graves ou gravíssimas, qualificam o crime, nos termos do § 1º do art. 213 do CP.

Admite-se que a violência seja anterior às práticas libidinosas, mas sempre deverá ser contemporânea a elas. Em qualquer caso, deverá estar associada à intenção do agente de praticar atos lascivos. Sendo superveniente, caracterizará exaurimento do crime ou infração diversa.

Não é necessário que haja resistência por parte do ofendido, mas, se presente, representará elemento a auxiliar na configuração da violência. Nesse aspecto, registrem-se as dúvidas de alguns sobre a possibilidade de um só homem dominar apenas pela força física uma mulher e, ao mesmo tempo, conseguir praticar com ela o estupro sob a forma de conjunção carnal.[2]

A força empregada pelo sujeito ativo contra a vítima não precisa, necessariamente, impedi-la de qualquer reação. Basta que a faça optar por ceder, seja por medo, seja por perceber que qualquer reação será inútil. Como observa Magalhães Noronha, "a lei, entretanto, não pode exigir que a ofendida vá ao extremo da resistência, até o risco da própria vida. [...] O que se requer é tenha o agente feito o preciso para anular a oposição da mulher".[3]

Obviamente, a violência caracterizadora do constrangimento exigido pelo estupro não se confunde com aquela inerente ao ato sexual, consideradas as particularidades dos parceiros, suas preferências e o consentimento.[4]

Mas uma alteração de ânimo ou um surto nervoso do agente podem ser tão violentos quanto a força aplicada diretamente sobre o corpo de alguém. Por isso sua inclusão no conceito de violência real, da mesma forma que a violência contra animais e coisas, que, indiretamente, atinja o físico ou o psíquico da vítima.

Questiona-se o reconhecimento da violência dirigida a terceira pessoa, que não aquela com quem quer o agente praticar libidinagem, para caracterizar elemento do tipo penal de estupro. Parece-nos viável, a exemplo do que ocorre em outros crimes, como no roubo, e a lei não veda essa hipótese. Em tal caso, sobrevindo lesões graves ou morte à terceira pessoa, o delito de estupro será qualificado. Carrara (*Programa do curso de direito criminal*: Parte Geral, 2002, § 1.522 e nota), porém, admite somente a violência praticada contra a vítima do ato libidinoso. Violência contra terceiro caracterizaria crime autônomo.

Como a violência real é uma ação física sobre o corpo de alguém, como classificar a situação em que o agente pratica conjunção carnal ou outro ato libidinoso com alguém embriagado? As soluções são diversas:

- Se o sujeito ativo, antes da prática libidinosa, reduz o ofendido a um estado de total incapacidade de resistir ou de se manifestar, porque, sem qualquer assentimento, o embriagou com álcool ou substância análoga, haverá o crime de estupro de vulnerável, em concurso com o delito de lesão corporal, tendo em vista, por um lado, não ser inerente a essa modalidade de estupro a violência, e, por outro, a privação dos sentidos da vítima representar ofensa a sua saúde.[5]

2 Hélio Gomes cita Hofman e Lacassagne como autores que negam essa possibilidade, mas o próprio Hélio Gomes (*Medicina legal*, 1974, p. 481-3) e também Magalhães Noronha (*Direito penal*, 2000, v. 3, p. 78) a veem como hipótese rara, mas admissível, como no caso de enorme desproporção de forças.

3 Trata da mulher como vítima de estupro, referindo à anterior redação do art. 213 do CP (op. cit., 2000, v. 3, p. 78).

4 Claus Roxin, lembrado por Dix Silva (*Crimes sexuais*: reflexões sobre a nova Lei 11.106/2005, 2006, p. 84) assevera que, "se o consentimento é especialmente 'eficaz nas lesões sadomasoquistas' e nas práticas privadas de uma maneira geral – onde falte a referência ao dano social –, de outro ângulo, o tipo apenas quedará excluído quando uma eventual 'anuência interna' da mulher possa vir a ser, de alguma forma, reconhecível exteriormente. Não é necessário que essa manifestação venha a ocorrer mediante palavras, mas necessariamente deve vir a ser depreendida pela reação da vítima: querer-se renunciar a toda manifestação exterior da mulher e ficar adstrito somente 'aos pensamentos mais íntimos' da vítima é perder a segurança jurídica, pois será aberto um campo excessivamente amplo a inconsistentes erros de tipo do agente".

5 "Precedentes: É indiscutível que a comoção cerebral constitui lesão corporal, conceito que compreende toda e qualquer ofensa causada à normalidade funcional do corpo ou organismo humano, seja do ponto de vista fisiológico, ou psicológico" (TACrimSP, AC, rel. Juiz Dínio Garcia, *RT* 427/431).

• Se a vítima consentiu com o estado de inconsciência[6] ou o agente já a encontrou nessa situação, não há se falar em concurso de delitos entre o crime sexual e a lesão corporal a que não deu causa ou para a qual houve a concordância, mas subsiste o estupro de vulnerável.

• Haverá, entretanto, o crime do art. 215, do CP, violação sexual mediante fraude, se o autor, ao embriagar a vítima, apenas provoca nela uma redução de consciência, suficiente para que consinta com a prática.

1.3.4. Grave ameaça

Instrumento do constrangimento pode ser também a grave ameaça, ou violência moral, ou *vis compulsiva*. Quem ameaça promete algo mau a alguém, com o intuito de intimidá-lo, provocando-lhe medo e diminuindo sua capacidade de resistência.

O campo de atuação da ameaça não é o corpo da vítima e, sim, seu psiquismo, no qual se incute o medo de um dano real, que é o objeto da ameaça e que assim deve ser caracterizado analisando-se as condições usuais do ameaçado, não as da situação concreta e excepcional da ameaça. Diante da promessa de um mal maior, prefere a vítima suportar o mal que lhe parece menor e submeter-se à vontade do agente.

A ameaça deve ser grave, a ponto de o ofendido, no dizer de Magalhães Noronha, colocar "o bem visado pelo criminoso acima da própria honra, ou do direito de dispor do corpo" (op. cit., 2000, v. 3, p. 81). Como lembra Hungria, a ameaça, para ser grave, deve ter por objeto "mal maior que o da conjunção carnal e [...] não evitável por outro modo" (op. cit., 1981, v. III, p. 110).

Objetivamente, deve revestir-se de seriedade e de idoneidade. O ofendido tem de acreditar na sua viabilidade, ainda que se apoie em falsa premissa (ameaça putativa). Em outras palavras, a concretização do mal pretendido, para a vítima, tem ou falsamente aparenta ter viabilidade.[7] Hungria afasta o medo supersticioso e o temor reverencial, mas, mesmo diante de casos assim, circunstâncias objetivas podem legitimar a crença na seriedade e viabilidade da promessa. Valem as observações feitas por Magalhães Noronha, citando Manfredini, citado por Florian, de que "o que se deve exigir na ameaça é sobretudo a idoneidade para obter o efeito moral visado. A defesa dos interesses sociais exige atenção à pessoa da vítima. Com regras apriorísticas só se poderá facilitar a impunidade" (op. cit., 2000, v. 3, p. 81).

Não se exige que a ameaça seja injusta, no sentido de contrária à lei. Pode-se constranger alguém ao ato libidinoso mesmo por meio de promessa de um mal permitido pelo direito positivo. Mas Magalhães Noronha adverte: "o mal sempre será injusto se injusto for o objetivo do agente. [...] O mal prometido pode ser justo, porém haverá ameaça desde que seja injusta a razão que leva o agente a prometer o mal" (ibidem, p. 81). Em resumo, caracteriza o crime tanto a ameaça justa como aquela contrária à lei, ambas serão sempre injustas em relação à intenção do agente. Por isso, são ameaças, na mesma medida, a promessa de morte, a de efetuar uma prisão legal, legitimada pela posse de um mandado, e a de revelar um segredo, se representarem para a vítima um mal maior que se submeter à vontade sexual do agente.[8]

Outro elemento a se considerar na verificação da seriedade da ameaça é a sinceridade do agente, que se desdobra em sua intenção e na possibilidade de praticar o mal prometido, ou na ciência de estar atemorizando a vítima a ponto de fazê-la optar por ceder. Pode o ameaçador agir de má-fé, mas sabendo que a vítima acreditará na sua intenção de concretizar a promessa.

Também é possível que o agente entenda a promessa como séria e sincera, mas que a vítima não a interprete assim e que, desse modo, ele não consiga seu intento de com ela praticar atos libidinosos. Terá ocorrido o crime de estupro na modalidade tentada se aquela ameaça, em condições normais, fosse apta a intimidar. Caso contrário, estar-se-á diante de um crime impossível.

Como a ameaça, no delito de estupro, não é um fim em si mesma, mas constitui instrumento para outro objetivo (o ato libidinoso), mesmo aquela promessa feita pelo sujeito embriagado, com o fim de viabilizar a cópula carnal ou outro ato libidinoso, é válida.

6 Considerando-se, aqui, a integridade corporal um bem parcialmente disponível.

7 Se incapaz de executar-se dentro das possibilidades humanas, não há falar-se em ameaça, salvo se o coagido o toma como possível" (PRADO, Luiz Regis. *Curso de direito penal brasileiro*, 2002, v. 3, p. 283).

8 Já se decidiu em sentido contrário: "não configura o delito de estupro a ameaça do acusado de prolatar as suas relações íntimas com a vítima aos familiares desta e aos seus colegas para denegrir-lhe a honra" (TJSP, AC, rel. Des. Adalberto Spagnuolo, *RT* 490/306).

O destinatário da ameaça pode ser a própria vítima do estupro ou qualquer outra pessoa, daí Hungria classificá-la em direta "quando o mal é prometido à própria vítima e indireta quando o mal é anunciado contra terceiro, a quem a vítima esteja ligada por laços de grande ou especial afeto" (op. cit., 1981, v. III, p. 111). Discorda-se parcialmente de tal entendimento, porque mesmo a promessa de mal a pessoa sem qualquer relação de afeto com a vítima dos atos libidinosos pode ser suficiente para nela (a vítima dos atos libidinosos) provocar tamanho temor que se sinta constrangida a não opor resistência à pretensão sexual do agente. Da mesma forma, viável considerar-se a promessa de mal dirigido ao patrimônio e a animais de estimação, se tiver sobre a vítima esse mesmo efeito. Em resumo, é válida à caracterização do crime a ameaça voltada ao sujeito com quem o agente quer praticar a libidinagem, ainda que dirigida a terceiros, ao patrimônio e a animais.

Desde que produza temor na vítima, pode a ameaça ser formulada por palavras, textos escritos, atos e omissões. Também é aceitável que ocorra na sua presença ou na ausência, desde que dela tome conhecimento e se intimide.[9] O mal prometido pode ser futuro, desde que tido como certo pelo ofendido.

1.3.5. Conjunção carnal

O sujeito passivo, por meio de violência ou grave ameaça, deve ser constrangido a não resistir a ter conjunção carnal ou a praticar ou permitir que com ele se pratique ato libidinoso diverso.

Conjunção carnal é a cópula vaginal entre homem e mulher, é a penetração do pênis na cavidade vaginal, ainda que parcialmente.

A fórmula que atualmente se emprega no tipo, ter conjunção carnal, é mais específica que a anterior, que se referia ao constrangimento à conjunção carnal. Empregando o verbo ter, exige o tipo o envolvimento direto da vítima, seja homem seja mulher, no ato sexual vaginal. Quer dizer que o constrangimento a outra atividade, como a de auxiliar na prática de conjunção carnal entre terceiros, por exemplo, fica excluído do tipo penal do estupro.

Não é necessário, repita-se, que haja a completa introdução do órgão genital masculino na vagina da mulher. Tampouco são requisitos do estupro que o homem-autor ejacule ou que a mulher-vítima seja virgem[10] ou, mesmo, que haja o rompimento da membrana himenal. Tais ocorrências podem, como pensa Hungria (op. cit., 1981, v. III, p. 114 – nota), ser consideradas pelo juiz na dosagem da pena.

De qualquer modo, não há se falar em conjunção carnal quando há mera aproximação física dos genitais. Claro que tais atos podem configurar tentativa de estupro, ou desistência voluntária, ou importunação sexual, ou mesmo estupro consumado. Mas conjunção carnal não terá havido sem a introdução, ainda que parcial, do pênis na cavidade vaginal, não servindo, nem mesmo, a introdução de outro objeto qualquer. Regis Prado alerta, porém, que se o instrumento artificial estiver acoplado ao pênis do sujeito ativo, terá havido, com sua penetração, a conjunção carnal (*Curso de direito penal brasileiro*, 2002, v. 3, p. 203).

Delimitada a expressão conjunção carnal, tanto a mulher quanto o homem podem ser vítimas do crime.

É predominante, quase unânime, entre os estudiosos que conjunção carnal é apenas o ato sexual normal ou, como foi dito, a cópula vaginal. As demais condutas, como o coito anal e o sexo oral, são tidas, no dizer de Nélson Hungria, como coito por vias anormais (op. cit., 1981, v. III, p. 106 – nota).

Embora essa distinção possa parecer de pouca relevância, diante da inclusão no mesmo tipo penal da conjunção carnal e de outros atos libidinosos, a novidade trazida pelo crime de importunação sexual (art. 215-A, CP) revela o contrário, como se verá logo a seguir.

1.3.6. Ato libidinoso

Compõe o tipo penal do estupro a expressão "ato libidinoso", que, por previsão legal, tem de ser de espécie diversa da conjunção carnal.

Pelo constrangimento, busca o agente que o ofendido aja contra vontade, praticando ou per-

9 "A ameaça pode concretizar-se na presença do sujeito passivo ou em outra situação análoga, desde que a vítima dela venha, de algum modo, a tomar conhecimento enquanto a ameaça possa exercitar o seu efeito intimidativo. Assim, não é essencial, para configurar o tipo, a presença real da pessoa intimidada; tanto vale receber uma ameaça face a face, quanto ouvi-la por telefone" (rel. Juiz Silva Franco, *JTACrim* 74/76).

10 A Consolidação das Leis Penais de 1932 exigia, para a caracterização do estupro, a honestidade da mulher (art. 268).

mitindo que com ele se pratique ato libidinoso que não a cópula vaginal. Daí que, como bem lembra Führer (*Código Penal comentado*, 2008, p. 597-8), à vítima são possíveis três condutas: uma ativa, quando é constrangida a praticar o ato (masturbar o agente, por exemplo), outra passiva, em que permite que com ela se pratique o ato (coito anal forçado, por exemplo) e outra, por fim, mista, quando tanto ela pratica como permite que com ela se pratique ato libidinoso (felação concomitante ao cunilíngua, por exemplo).

Ato libidinoso é o capaz de proporcionar a satisfação da libido, a excitação, o prazer sexual. Prescindível, porém, que o agente, com sua prática, atinja efetivamente o clímax, bastando que o ato, ao menos aparentemente, tenha essa finalidade. Magalhães Noronha, com apoio em Mancini, sustenta que "os atos libidinosos nem sempre implicam uma atividade direta do sexo como função [...], mas constituem uma atividade que procura satisfação própria, caracteristicamente subjetiva e particular, inspirada numa descomedida concupiscência que sufoca a sexualidade, ou a ela se dirige por degeneração do mecanismo fisiopsíquico, invertendo e desnaturando todo o processo natural da sexualidade" (op. cit., 2000, v. 3, p. 91).

Há atos, como o coito anal e a felação, que são libidinosos por natureza. Outros, porém, só adquirem tal caráter diante de certas circunstâncias. Para Hungria, basta que o ato seja ofensivo ao pudor do homem médio, ou seja, deve objetivamente apresentar-se assim, ainda que a vítima não o compreenda dessa forma, e "não pode ser confundido com a simples inconveniência, nem ser reconhecido numa atitude ambígua" (op. cit., 1981, v. III, p. 122-3).

Adotamos e a seguir apresentamos os três critérios que, simultaneamente, definem e classificam um ato libidinoso:

- Ato objetivamente libidinoso, que é induvidosamente lascivo dada a moral média de determinado grupo em determinado tempo. Pouco importa aqui a percepção da vítima ou o dolo específico do sujeito ativo. Basta que se tenha conhecimento do seu caráter externamente lascivo. Como exemplo, o coito anal.
- Ato objetivamente não libidinoso, mas libidinoso para o agente, que é capaz de propiciar-lhe satisfação ou excitação sexual. Novamente irrelevante o reconhecimento da libidinosidade pela vítima. Exemplo do sujeito que se excita ao acariciar o cotovelo de alguém.
- Ato objetivamente não libidinoso, mas libidinoso para a vítima, sem apresentar libidinosidade para o agente, mas sabendo ele do sentido do ato para o ofendido. O mesmo exemplo citado, no caso em que, para a vítima, carícias no cotovelo têm conotação lasciva e disso tem conhecimento o sujeito ativo.

Não é só. A relevância penal do ato está condicionada também a que se revista das características de intensidade (certa força física) e de durabilidade (ultrapassar o contato ligeiro, instantâneo).

E, desde 2018, com a inserção, no Código Penal, pela Lei n. 13.718, do novo crime do art. 215-A, importunação sexual, de gravidade intermediária e subsidiário, inclusive em relação aos crimes de estupro e de estupro de vulnerável (com os quais guarda parcial identidade, visto que a conduta nos três tipos envolve a prática de ato libidinoso), tornou-se urgente que se estabeleça e respeite um critério seguro para distinguir esses atos libidinosos e, como sequência, nortear a correta adequação da conduta a uma ou outra figura delitiva.

Porque apenas as mais graves condutas devem subsumir-se ao tipo penal do estupro (e do estupro de vulnerável), como tais devem ser considerados restritivamente os atos libidinosos cuja intensidade se equipare à da conjunção carnal, que é ato libidinoso por excelência.

Gustavo Junqueira, em análise à qual nos alinhamos, justifica essa interpretação restritiva, explicando que "se trata de interpretação analógica, ou seja, após a enumeração casuística "conjunção carnal" segue-se cláusula genérica "ato libidinoso", cuja interpretação deve ser restritiva, para abranger apenas atos com intensidade semelhante à conjunção carnal, quedando afastadas importunações menores" (*Direito penal*, 2010, p. 308-9).

E não é qualquer ato libidinoso que se equipara, em intensidade ou gravidade, à conjunção carnal, mas, no nosso entender, somente aqueles em que haja o contato físico entre a vítima e o agente e no que se envolvam órgãos genitais, que são os capazes de produzir a satisfação sexual. Com isso, se, na prática libidinosa, buscando a satisfação da lascívia, o agente, embora tendo contato físico com o corpo do ofendido, não envolveu e não pretendia envolver (para o caso de o crime ter sido tentado) nem seu próprio órgão genital nem o do ofendido, o ato libidinoso praticado entre os sujeitos não configurará o crime de estupro, mas, eventualmente e desde que verificadas todas as elementares, o de importunação sexual (art. 215-A, CP).

Insistindo na casuística, haveria mero crime de constrangimento ilegal (art. 146, CP) – e não estupro nem importunação sexual – na conduta do agente consistente em, sem contato físico de seu corpo com o corpo da vítima, constrangê-la a praticar ato libidinoso, como masturbar-se, por exemplo.

1.4. Formas qualificadas

Acentua-se a reprovação penal se a conduta descrita no tipo for praticada contra adolescente com mais de 14 e menos de 18 anos. A pena será de 8 a 12 anos. A especial condição da vítima, em tal caso, justifica o maior rigor. Trata-se, presumidamente, de pessoa menos capaz de discernir e de resistir. Mas o agente deve conhecer essa circunstância ou, estando na dúvida, assumir o risco da prática. Menor de 18 será a pessoa até o dia anterior ao do seu 18º aniversário. Maior de 14 é o adolescente desde o dia de seu 14º aniversário. Pouco importa o horário ou o local de nascimento, valendo aquele em que praticado o crime.

Também os resultados lesão corporal grave e morte qualificam o crime. No primeiro caso, como naquele referente à idade da vítima, a pena varia de 8 a 12 anos. Para o resultado mais grave, morte, os limites estão entre 12 e 30 anos.

Lesões corporais graves são as previstas no art. 129, §§ 1º e 2º, do CP, ou seja, tanto as graves como as gravíssimas. Grave será aquela de que resulte incapacidade para as ocupações habituais, por mais de trinta dias, perigo de vida, debilidade permanente de membro, sentido ou função ou aceleração de parto. Gravíssimas são aquelas de que resulte incapacidade permanente para o trabalho, enfermidade incurável, perda ou inutilização de membro sentido ou função, deformidade permanente ou aborto.

Trata-se de crime qualificado pelo resultado, em que este (o resultado) deve, no mínimo, decorrer de culpa do agente. Por isso, a qualificadora não se restringe ao crime preterdoloso, com dolo na conduta antecedente e culpa na consequente, pois pode ou não o resultado lesão grave ou morte ter sido querido pelo agente.[11] Aliás, com a elevação da pena do estupro qualificado, operada pela Lei n. 12.015/2009, o antigo entrave prático, que era o fato de o crime de estupro de que resultasse morte ter pena menor que a do homicídio, viu-se resolvido.

Será qualificado o crime tanto se o resultado mais grave atingir a vítima da conjunção carnal ou outro ato libidinoso, quanto se atingir aquela da violência ou da grave ameaça.

1.5. Elemento subjetivo

Elemento subjetivo é o dolo, bastando o genérico, consistente na vontade do agente de praticar o ato, tendo consciência da sua conduta e da relação de causalidade entre ela e o resultado pretendido.

É suficiente que a finalidade do agente seja a de praticar um ato objetivamente libidinoso, assim socialmente considerado, ou por ele entendido como libidinoso ou pela vítima compreendido com esse caráter, desde que, é claro, tenha o agente ciência dessa sua especial percepção e de que, em qualquer caso, o ato se revista de intensidade e gravidade equiparáveis às da conjunção carnal.[12]

O dolo, além de direto, pode ser eventual, no caso de o sujeito ativo, ainda que desprovido do desejo de satisfazer a lascívia, assumir o risco de praticar um ato que esteja dotado de libidinosidade.

Por fim, nos casos em que o sujeito, por erro justificável, suponha a concordância da suposta vítima com a prática libidinosa, sugerida, por exemplo, por sua conduta anterior (conduta da suposta vítima), deve ser reconhecido o erro de tipo, que afasta o dolo e, portanto, o crime. A mesma solução se apresenta para o erro (sobre a concordância) que derive de culpa do agente, por não haver a figura culposa do tipo de estupro.[13]

1.6. Elemento normativo

Elemento normativo é aquele cujo conteúdo deve ser fixado pelo intérprete, o julgador, de acordo com uma análise do caso e diante dos costumes, da moral dominante, das circunstâncias objetivas.

11 Para Nélson Hungria, Magalhães Noronha, Luiz Regis Prado e Julio Fabbrini Mirabete, trata-se de crime preterdoloso, com dolo na conduta antecedente e culpa na consequente. O resultado mais grave, portanto, para tais autores deve resultar de culpa do agente. Resultando de dolo, haverá, para eles, concurso material de crimes.

12 Esse é o entendimento de Moura Teles (*Direito penal*, 2004, v. III, p. 72) e Noronha (op. cit., 2000, v. 3, p. 99), para quem o ato será libidinoso ainda que a intenção do agente não seja a satisfação da libido e, sim, por exemplo, a de humilhar a vítima. Entendimento diverso tem Prado (op. cit., 2002, v. 3, p. 211).

13 Caso rumoroso, no qual discutido o erro de tipo no crime de estupro, ocupou as manchetes no ano de 2020.

O termo "libidinoso" é o elemento normativo do tipo de estupro, com conteúdo a ser atribuído pelo juiz. A satisfação da lascívia depende, de igual maneira, de elementos orgânicos e biológicos e de outros que fazem parte da consciência delineada pelo modo de agir de determinados grupos sociais. Assim, uma prática tida como lasciva para um grupo, em determinado local ou época, pode ser irrelevante, nesse aspecto, para outro.

Remete-se o leitor aos comentários finais do item 1.3.6 sobre as novas e necessárias distinções entre os atos libidinosos praticados, capazes de subsumir a conduta do agente ora ao tipo mais grave, o estupro, ora aos de gravidade intermediária, a importunação sexual ou o constrangimento ilegal.

1.7. Consumação e tentativa

O estupro, na primeira modalidade, consuma-se com a prática, pelo autor, da conjunção carnal com a vítima; na segunda, com a prática de outro ato libidinoso grave,[14] sempre a eles chegando o agente por meio do constrangimento por violência ou grave ameaça.

Haverá conjunção carnal, como já foi dito, com a introdução do pênis na cavidade vaginal, ainda que parcial. O orgasmo e a ejaculação pelo autor e o defloramento da vítima não são necessários, mas o mero contato dos genitais é insuficiente (para a conjunção carnal). Deve haver a penetração.

A tentativa é admissível, mesmo para aqueles que consideram o ato lascivo unissubsistente, sempre que o sujeito ativo, já tendo empregado violência ou grave ameaça contra a vítima, determine que se submeta a prática libidinosa, mas seja impedido de prosseguir no seu intento antes que ela faça ou deixe que faça algo libidinoso. Como lembra Moura Teles, "o início da execução do estupro é o começo dos atos de constrangimento, por violência ou por grave ameaça" (op. cit., 2004, v. III, p. 58).

Ainda sobre a tentativa, devemos ressaltar que nas primeiras edições desta obra dizíamos que a preparação ao coito vagínico que consistisse na prática de outro ato libidinoso já seria suficiente para a consumação do estupro, pois conjunção carnal e outro ato libidinoso integram, desde 2009, um único tipo penal. Por isso, parecia-nos então inócua ao agente, em relação à consumação do crime de estupro, a desistência voluntária quanto à cópula vaginal se já tivesse praticado atos lascivos diversos. A desistência somente seria efetiva se ocorresse antes de qualquer prática libidinosa, caso em que se imputaria ao agente não o estupro, mas o crime correspondente à violência ou à grave ameaça.

Mas, com a entrada em vigor da Lei n. 13.718/2018 e o surgimento da intermediária figura típica da importunação sexual, mudamos parcialmente o posicionamento.

Assim, desistindo voluntariamente da cópula vaginal após ter praticado outros atos libidinosos, pode o agente ter sua responsabilidade limitada ao crime menos grave do art. 215-A, CP, importunação sexual, desde que o permita a gravidade desses atos ou, dito de outra maneira, desde que não tenha havido a combinação de contato físico e órgão genital, com intensidade e durabilidade.

E, se o problema se situar entre a conduta caracterizar estupro tentado ou importunação sexual consumada, se resolverá pela análise do caso concreto. Evidenciando-se que o agente pretendia a cópula vagínica ou mesmo outro ato libidinoso grave envolvendo órgãos genitais, ao que não chegou por circunstâncias alheias à sua vontade, a melhor adequação é ao estupro tentado. Contudo, se as circunstâncias indicarem que os atos libidinosos por ele praticados não eram meio para a prática de outros mais graves e lhe bastavam para a satisfação da lascívia, o crime será o de importunação sexual.

No caso das figuras qualificadas pelo resultado lesão grave e morte, a consumação se dá com a obtenção do resultado qualificador.

Em tendo o agente consumado o estupro e circunstâncias alheias à sua vontade impedirem-no de chegar à pretendida lesão ou morte, responderá pelo crime do art. 213, *caput*, CP, na forma consumada, em concurso com o crime de lesão corporal ou com o de homicídio, na forma tentada.

1.8. Classificação

Trata-se de crime comum, material, doloso, comissivo, de dano, plurissubsistente, hediondo.

2. JURISPRUDÊNCIA

2.1. Julgados

Desclassificação de estupro para importunação sexual – possibilidade

Recurso especial. Estupro. Violação do art. 14, I e II, do CP. Prática de atos libidinosos diversos da conjun-

14 Remete-se o leitor aos comentários do item 1.3.6, sobre ato libidinoso, e aos do delito de importunação sexual (art. 215-A, CP).

ção carnal. Consumação configurada. Pleito de afastamento da forma tentada. Procedência. *Novatio legis in mellius*. Verificação. Ocorrência. Tipo penal adequado ao caso concreto: importunação sexual (art. 215-A do CP). *Habeas corpus*, de ofício. Aplicação do art. 654, § 2º, do CPP. Redimensionamento da pena privativa de liberdade, que se impõe. [...] 2. Diante da inovação legislativa, apresentada pela Lei n. 13.718, de 24 de setembro de 2018, foi criado o tipo penal da importunação sexual, inserida no Código Penal por meio do art. 215-A. A conduta do recorrido, conforme descrita na inicial acusatória, consistente em passar as mãos pelo corpo da infante (pernas e nádegas), bem como ao entorno da vagina da adolescente, no intuito de satisfazer sua lascívia, sem penetração, não mais se caracteriza como crime de estupro, senão o novo tipo penal da importunação sexual. 3. Agora, "o passar de mãos lascivo nas nádegas", "o beijo forçado", aquilo que antes tinha que se adequar ao estupro para não ficar impune [...] "ganha" nova tipificação: o crime de importunação sexual. Não há mais dúvida: é crime! Dessa forma, verifica-se um tratamento mais adequado aos casos do mundo da vida e às hipóteses de absolvição forçada dada a única opção (estupro) [...] 4. Ao punir de forma mais branda a conduta perpetrada pelo recorrido, condiciona-se, no presente caso, a sua aplicação diante do princípio da superveniência da lei penal mais benéfica. [...] Em havendo a superveniência de *novatio legis in mellius*, ou seja, sendo a nova lei mais benéfica, de rigor que retroaja para beneficiar o réu (Ag. Reg. no AREsp n. 1.249.427/SP, Min. Maria Thereza de Assis Moura, 6ª T., *DJe* 29.06.2018). 5. Não obstante a correção da decisão agravada, nesse ínterim, sobreveio a publicação da Lei n. 13.718, de 24 de setembro 2018, no *DJU* de 25.09.2018, que, entre outras inovações, tipificou o crime de importunação sexual, punindo-o de forma mais branda do que o estupro, na forma de praticar ato libidinoso, sem violência ou grave ameaça (Ag. Reg. no REsp n. 1.730.341/PR, Min. Laurita Vaz, 6ª T., *DJe* 13.11.2018). 6. Recurso especial provido para afastar o reconhecimento da tentativa. De ofício, concedida a ordem de *habeas corpus* a fim de alterar a tipificação do delito para a prevista no art. 215-A do Código Penal e redimensionar a pena privativa de liberdade do recorrido nos termos da presente decisão. (STJ, REsp n. 1.745.333/RS 2018/0134332-9, 6ª T., rel. Min. Sebastião Reis Júnior, j. 26.02.2019, *DJe* 14.03.2019)

Conjunção carnal e ato libidinoso diverso. Crime único se no mesmo contexto e contra a mesma vítima

As práticas de conjunção carnal e de ato libidinoso diverso passaram a ser tipificadas no mesmo dispositivo legal, deixando de configurar crimes diversos, de estupro e de atentado violento ao pudor, para constituir crime único, desde que praticados no mesmo contexto, contra a mesma vítima. Tal compreensão, por ser mais benéfica, deve retroagir para alcançar os fatos anteriores. (STJ, *HC* n. 254.785/SP, rel. Min. Maria Thereza de Assis Moura, j. 20.11.2012)

Possibilidade de reconhecimento da continuidade delitiva em lugar do concurso material

Na concreta situação dos autos, o impetrante reitera o pedido de reconhecimento da continuidade entre os delitos pelos quais se acha definitivamente condenado. Pedido já rechaçado pela Primeira Turma deste STF, no julgamento do *HC* n. 93.981, também de minha relatoria. 3. Sucede que, após o julgamento, a Lei n. 12.015/2009, editada em 7 de agosto de 2009, alterou substancialmente a disciplina dos crimes pelos quais o acionante foi condenado (arts. 213 e 214 do CP). Alteração que fez cessar o óbice ao reconhecimento da continuidade delitiva entre o estupro e o atentado violento ao pudor, cometidos antes da vigência da Lei n. 12.015/2009. (STF, *HC* n. 99.544/RS, rel. Min. Ayres Britto, j. 26.10.2010)

Virgindade, penetração parcial, ejaculação e estupro consumado

A *imissio penis*, mesmo parcial, sem que tenha havido o rompimento da membrana himenal, não desclassifica o crime de consumado para tentado. (STF, RE n. 100.090/RJ, 1ª T., rel. Min. Sydney Sanches, j. 04.12.1984)

Cuidando-se de estupro, despicienda a afirmação de não ter sido a ofendida deflorada pelo acusado. Como é cediço, no delito sexual em apreço protege a lei a liberdade sexual da mulher, e não sua virgindade. (TJSP, AC, rel. Des. Camargo Sampaio, *RT* 541/365)

A consumação do delito de estupro independe da ejaculação do agente. Basta, para configurá-lo, a *intromissio penis in vaginam*. (TJSP, AC, rel. Des. Silva Leme, *RT* 582/317).

Ato libidinoso e beijo lascivo

Em nosso sistema, atentado violento ao pudor engloba atos libidinosos de diferentes níveis, inclusive, os contatos voluptuosos e os beijos lascivos. (STJ, REsp n. 757.127/SP, rel. Min. Felix Fischer, j. 15.12.2005)[15]

15 Alertamos que, após a Lei n. 13.718/2018, os atos libidinosos praticados devem ser analisados e classificados, entre o crime mais ou menos grave, de acordo com os critérios diferenciadores objetivos apresentados pelos autores nesta obra.

Violência real e ausência de lesão corporal

Estupro. Tentativa. Caracteriza-se a violência real não apenas nas situações em que se verificam lesões corporais, mas sempre que é empregada força física contra a vítima, cerceando-lhe a liberdade de agir, segundo a sua vontade. Demonstrado o uso de força física para contrapor-se à resistência da vítima, resta evidenciado o emprego de violência real. Hipótese de ação pública incondicionada. Súmula n. 608-STF. (STJ, *HC* n. 81.848/PE, 2ª T., rel. Min. Maurício Corrêa, j. 30.04.2002)

Posta de lado a questão da possibilidade de um só agressor consumar a conjunção carnal contra a vontade da mulher, em caso de resistência haverá, inevitavelmente, vestígios, por lesões características, de que foi empregada violência efetiva para a prática do ato sexual. (*RT* 533/326, *RJTJSP* 59/404)

Lesão grave. Resultado de todo estupro

Estupro: crime que, por suas características de aberração e de desrespeito à dignidade humana, causa tamanha repulsa que as próprias vítimas, em regra, preferem ocultá-lo, bem como que a sociedade, em geral, prefere relegar a uma semiconsciência sua ocorrência, os níveis desta ocorrência e o significado e repercussões que assume para as vítimas. Estatísticas de incidência que, somadas às consequências biológicas, psicológicas e sociais que acarreta, fazem desse crime um complexo problema de saúde pública. Circunstâncias que levam à conclusão de que não existe estupro do qual não resulte lesão de natureza grave. O conceito de lesão corporal, na lição de Nélson Hungria, não abrange apenas consequências de ordem anatômica, mas compreende qualquer ofensa à normalidade funcional do corpo ou organismo humano, seja do ponto de vista anatômico, seja do ponto de vista fisiológico ou psíquico, o que abrange a desintegração da saúde mental. (STF, *HC* n. 81.360/RJ, 1ª T., rel. Min. Ellen Gracie, j. 19.12.2001)

Temor reverencial e grave ameaça

[...] a ameaça, que é forma típica da violência moral, é indiscutível. Isto, o temor reverencial, é evidente frente à condição do acusado, de monitor do Centro Educacional onde a vítima estava internada, demonstrativo da ascendência que sobre ela detinha. E nessa condição (a efetiva superioridade do acusado em relação à vítima, inclusive física), a afirmação de que imporia castigos caso não se submetesse à sua vontade, indica certeza de que a grave ameaça ocorreu, tanto que a vítima teve anulada sua vontade, paralisando qualquer forma de resistência. Houve a intimidação de que decorreu a entrega. (*RTJE* 90/234)

3. OBSERVAÇÕES

3.1. Estupro de marido contra mulher – possibilidade

Comete o crime de estupro (e não o delito de exercício arbitrário das próprias razões) o marido que, contra a vontade da mulher, usa de violência para obter carícias lascivas. A prática de atos de satisfação sexual entre marido e mulher não se trata de uma obrigação que se possa exigir por violência.

3.2. Estupro contra profissional do sexo – possibilidade

Presentes os requisitos legais, é possível reconhecer-se como vítima do crime de estupro o profissional do sexo. Tal condição (de profissional do sexo) não retira da pessoa a liberdade sexual.

3.3. Falta de critérios objetivos na análise de condutas e desproporção das penas

Sobre a falta de critérios mais objetivos na análise das diversas espécies de condutas e certa desproporção das penas, no que vê "moralismo e subjetivismo" do legislador e da jurisprudência, Lenio Luiz Streck (2020) aponta o que entende ser o maior problema relacionado ao assunto: "a descompensada resposta penal prevista pelo legislador aos crimes sexuais contra vulnerável (art. 217-A), nos quais a pena mínima abstratamente prevista no tipo é – sempre – de 8 anos de reclusão, podendo alcançar, abstratamente, 15 anos. Como já se pode inferir, a situação como está reclama correção. Urgente. Passadas de mãos pelo corpo, pela genitália, por cima da roupa, ou por baixo dela, com a penetração de membros corpóreos, do pênis, língua, dedos, ou penetração de objetos outros que não corpóreos no corpo da vítima, configuram diversidade de condutas que, embora da mesma espécie, expressam graus diversos do injusto. Isso é fato. Por isso, é equivocado terem sempre a mesma resposta penal que parta de 8 anos de reclusão. Há aqui flagrante excesso de ação estatal/excesso de pena".[16]

3.4. Caráter libidinoso de atos que não visam a cópula – carícias – desclassificação para crime menos grave

16 STRECK, Lenio Luiz. "Artigo 217-A do CP: a vagueza que vitamina a desproporcionalidade". *Conjur*. Opinião. Disponível em: https://www.conjur.com.br/2020-abr-06/streck-kurtz-vagueza-vitamina-desproporcionalidade/; acesso em: 16.11.2023.

Existem, além dos atos sexuais diretos, os indiretos, que representam uma forma secundária e derivada de exteriorização da sexualidade. Por isso, antes da introdução no Código Penal do crime de importunação sexual, concordava-se com o observado por Bento de Faria, que "atos impudicos que não visem a cópula, mas satisfaçam o instinto sexual e sejam equivalentes fisiológicos e psíquicos da conjunção carnal, incidem na sanção deste dispositivo" (*Código Penal brasileiro comentado*, 1961, v. VI, p. 20). Atualmente, a adequada tipificação dependerá da maior ou menor gravidade dos atos sexuais praticados.[17]

3.5. Estupro virtual – contato físico no crime de estupro – necessidade – ou desclassificação para importunação sexual, outro crime ou, ainda, atipicidade

Não há conjunção carnal sem contato físico, que é imprescindível também, entre autor e vítima, na modalidade criminosa de estupro "permitir que com ela se pratique outro ato libidinoso". Se não houver esse contato, que deve ser minimamente intenso e duradouro, nem for essa a pretensão do agente, não se pode falar em estupro, mesmo que a prática a distância envolva órgão genital, como no caso de o agente masturbar-se na presença remota da vítima sem o seu consentimento ou constrangê-la a masturbar-se, também remotamente, diante dele. É o que se convencionava chamar de estupro virtual, mas que, no primeiro caso, agora encontra melhor adequação ao tipo de importunação sexual (art. 215-A, CP), cuja pena pode o juiz, no caso concreto, fazer chegar aos cinco anos de reclusão, ou, no segundo caso, ao mero constrangimento ilegal (art. 146, CP).

3.6. Beijo lascivo e desclassificação de estupro para importunação sexual

Ainda que possível caracterizar-se o beijo como ato libidinoso, quando preenchidos os requisitos da intensidade e da durabilidade, atualmente a prática não encontra adequação no tipo mais grave, o estupro, melhor se amoldando ao crime de importunação sexual, ainda que presente a elementar do constrangimento por meio da violência ou da grave ameaça e mesmo em se tratando de vítima vulnerável. Restam afastados, de um e de outro tipo, o beijo roubado, o selinho, o beijo leve etc.

3.7. Lesão grave e morte – resultado da conduta

Com a atual redação das figuras qualificadas do estupro, tanto as lesões corporais graves ou gravíssimas quanto a morte devem decorrer da conduta, dolosa ou culposa, do sujeito ativo, seja ela dirigida a viabilizar o ato sexual, seja a da prática do próprio ato.

3.8. Crimes sexuais na legislação militar – atualizações após quase 15 anos de discrepâncias

Em novembro de 2023, entrou em vigor a Lei n. 14.688/2023, corrigindo, finalmente, as principais discrepâncias entre os crimes sexuais previstos no Código Penal e no Código Penal Militar. Com a atualização, o crime de estupro cometido nas condições do art. 9º do Código Penal Militar (DL n. 1.001/69) passou a ter a mesma redação que, desde 2009, tem o Código Penal: constranger alguém, mediante violência ou grave ameaça, a ter conjunção carnal ou a praticar ou permitir que com ele se pratique outro ato libidinoso. A pena, mantida por todo esse tempo em patamar muito inferior para os crimes militares, foi igualmente corrigida. O estupro de vulnerável na nova lei foi inserido como um parágrafo do estupro, com pena idêntica à do Código Penal, e a hediondez dos estupros da legislação castrense, reconhecida. Entretanto, não se aproveitou a oportunidade para a inserção, também no Código militar, da figura intermediária da importunação sexual (art. 215-A, CP), presente na lei penal comum desde 2018, com o que velhos dilemas de classificação de condutas entre infrações penais muito graves – como o estupro de vulnerável, cuja pena pode passar de quinze anos, infrações muito brandas ou até mesmo condutas atípicas, sobretudo considerando-se as revogações da contravenção penal da importunação ofensiva ao pudor (art. 61, LCP), em 2018, e da perturbação da tranquilidade (art. 65, LCP), em 2021.

Atentado violento ao pudor

Art. 214. *(Revogado pela Lei n. 12.015, de 07.08.2009.)*

---

17 *Vide* comentários dos autores sobre os critérios objetivos de análise e classificação dos atos libidinosos.

Violação sexual mediante fraude

Art. 215. Ter conjunção carnal ou praticar outro ato libidinoso com alguém, mediante fraude ou outro meio que impeça ou dificulte a livre manifestação de vontade da vítima:

Pena – reclusão, de 2 (dois) a 6 (seis) anos.

Nomen juris, caput e pena com redação dada pela Lei n. 12.015, de 07.08.2009.

Parágrafo único. Se o crime é cometido com o fim de obter vantagem econômica, aplica-se também multa.

Parágrafo com redação dada pela Lei n. 12.015, de 07.08.2009.

1. COMENTÁRIO

1.1. Objetividade jurídica

O bem jurídico tutelado pela norma é, como no crime anterior, a liberdade sexual da pessoa, a faculdade de dispor do próprio corpo como bem quiser, no que toca à atividade sexual. No direito mexicano, é chamada de liberdade de amar.

O corpo da vítima é o objeto do crime, do qual se vale o agente para satisfazer sua lascívia ou qualquer outro interesse, mesmo que não seja a satisfação da libido.

1.2. Sujeitos

Pessoas de qualquer sexo podem ser sujeitos da infração, pouco importando a conformação física dos órgãos genitais externos ou a orientação sexual. Tratando-se de conjunção carnal, dado o sentido da expressão, imprescindível que o autor – ou ao menos um dos autores, em caso de coautoria – seja do sexo oposto ao da vítima, pois exigível que a relação seja heterossexual. Tal condição é dispensável no caso de ato libidinoso diverso.

Admissíveis a coautoria e a participação, pelo que, no caso de serem vários os sujeitos ativos, mas única a vítima, haverá um só crime de violação, cabendo ao juiz, na dosagem da pena, considerar o número de atos, bem como a causa de aumento do art. 226, I, CP, que incide na última fase do cálculo.

Por se exigir da vítima da violação sexual o consentimento com a prática libidinosa (consentimento que existe, embora não seja livre, porque viciado pelo expediente fraudulento empregado pelo agente), ela (a vítima) deve ter mais de 14 anos, não ter enfermidade ou deficiência mental que a prive de discernimento e não estar, por qualquer outra causa, incapaz de oferecer resistência. Verificada qualquer dessas situações, configurado estará outro crime, eventualmente o estupro de vulnerável (art. 217-A, CP) ou a importunação sexual (art. 215-A, CP), a depender da gravidade do ato libidinoso praticado.[18] Do sujeito passivo, porém, não mais se exige que seja mulher e honesta ou virgem.

Na hipótese de pluralidade de sujeito passivo, haverá tantos crimes quantos forem os ofendidos.

Marido e mulher podem figurar tanto no polo ativo como no passivo do crime, desde que se verifique que um deles se valeu de expediente para manter em erro o outro e, com isso, obteve o consentimento para a conjunção carnal ou para ato libidinoso diverso.

Por fim, não há qualquer impedimento a que profissionais do sexo sejam vítimas da violação. Também eles têm liberdade sexual protegida pela lei.

1.3. Análise da(s) conduta(s) descrita(s) no tipo

Núcleos do tipo são os verbos ter e praticar. Não vem previsto o verbo constranger, já que, na violação, diferentemente do que ocorre no estupro, a vontade da vítima, no dizer de Magalhães Noronha (*Direito penal*, 2000), não é vencida pelo constrangimento, é viciada pelo erro em que induzida ou mantida pela ação do sujeito ativo.

As condutas típicas são "ter conjunção carnal ou praticar outro ato libidinoso com alguém". A primeira é o ato de cópula vaginal de homem com mulher, independentemente de completa penetração, ejaculação ou defloramento. Ato libidinoso é o relacionado à excitação ou à satisfação da libido humana, devendo ser intenso e duradouro, ou seja, impondo alguma força sobre o corpo da vítima e superando o ato instantâneo.

A "fraude", o engodo, a manobra maliciosa, é elemento do tipo. Mais que isso, é característica central do delito, por meio da qual o agente contorna o dissenso da vítima, como já decidiu o TJSP: "para que ocorra o delito do art. 216 do CP é preciso que a vítima tenha sido ludibriada, iludida, porque a característica central do mesmo é a fraude. Se cedeu, voluntariamente, à solicitação ou aos rogos, ou ainda às carícias do réu, claro que não se há falar em manobras fraudulentas" (AC, rel. Des. Camargo Sampaio, *RT* 503/299).

18 *Vide* comentários dos autores sobre os critérios objetivos de análise e classificação dos atos libidinosos.

Para Hungria (HUNGRIA, Nélson; LACERDA, Romão Côrtes de; FRAGOSO, Heleno. *Comentários ao Código Penal*, 1981, v. III, p. 142), é possível que a fraude decorra do aproveitamento do erro ou do engano de outrem. Assim, tanto pode o agente deliberadamente provocar o erro, como se valer do erro de terceiro ou da própria vítima, ocorrido antes.

O objeto da fraude pode ser a identidade do agente ou a legitimidade do ato. Significa que ou o sujeito ativo se faz passar por outra pessoa com quem a vítima não recusaria a prática libidinosa – seu marido, por exemplo –, hipótese raríssima na prática, ou, sem falsear sua identidade, faz o ofendido supor, erroneamente, que o ato de libidinagem é medida adequada a determinado objetivo – como o parapsicólogo que apresenta a prática de atos libidinosos como forma de evitar males futuros (STJ, REsp, rel. Min. Adhemar Maciel, *RSTJ* 51/263).

A insistência em convencer, solicitações verbais, temor reverencial ou promessas para seduzir o ofendido não se confundem com a fraude. Mas é a concreta capacidade de compreensão da vítima, e não aquela que se espera da maioria das pessoas, que deve ser avaliada.[19]

Ao lado da fraude, vem descrita no tipo a fórmula genérica "outro meio que impeça ou dificulte a livre manifestação de vontade da vítima", referindo-se, de igual maneira, a meios de caráter enganoso, dissimulado, disfarçado.

O estado de embriaguez da vítima pode levá-la à condição de pessoa enganada e, consequentemente, de sujeito passivo da violação.

Por fim, se o intuito do agente, com a violação sexual, for o de obter vantagem econômica,[20] devida ou indevida, há a previsão da pena de multa.

1.4. Elemento subjetivo

O crime de violação sexual mediante fraude não admite a forma culposa. O agente deve agir com dolo, sem necessidade de que seja específico, bastando que conheça a relação entre seu comportamento e o resultado, que deseje tal resultado e que aja para obtê-lo. Sua vontade deve ser a de utilizar meio fraudulento ou análogo para obter o consentimento viciado da vítima e, desse modo, ter com ela conjunção carnal ou praticar outro ato libidinoso. O erro quanto a qualquer elementar, como sobre o consenso do ofendido, afasta o dolo e exclui a tipicidade do fato.

1.5. Elemento normativo do tipo

Ato libidinoso constitui o elemento normativo do tipo penal, ao qual o intérprete deve atribuir um conteúdo, que é forçosamente determinado pela cultura e pelos hábitos correntes de uma sociedade.

É importante destacar que, assim como no crime de estupro, não basta qualquer prática libidinosa para caracterizar a violação sexual. A qualidade do ato importa e, mais que isso, sua análise é imprescindível à correta tipificação da conduta.

Comecemos recordando a estreita relação existente entre os crimes de violação sexual mediante fraude e estupro, que se distinguem pelo meio que o agente utiliza na busca do resultado – a conjunção carnal ou outro ato libidinoso: no estupro, há o constrangimento pelo emprego da violência física ou moral; na violação mediante fraude, há o consentimento viciado pelo emprego do expediente fraudulento. Mais dessa proximidade vemos ao lembrar que, antes das alterações trazidas pela Lei n. 12.015/2009, ao estupro correspondia a posse sexual mediante fraude, e ao atentado violento ao pudor, o atentado violento ao pudor mediante fraude.

Por isso, os atos libidinosos aptos a caracterizar a violação mediante fraude são os mesmos que se exigem para o crime de estupro: apenas os mais graves, aqueles minimamente intensos e duradouros em que haja o contato físico entre agente e ofendido e que envolvam os órgãos sexuais, obviamente, desde que verificadas as demais elementares. O beijo lascivo, por exemplo, para o qual se tenha conseguido da vítima viciado consentimento, não pode ser classificado como violação sexual mediante fraude, dada sua pouca gravidade. Em tal caso, o consentimento viciado do ofendido corresponde à elementar "sem a sua anuência" do crime de importunação sexual, ao

19 Segundo observa Magalhães Noronha, citado por Dix Silva (*Crimes sexuais*: reflexões sobre a nova Lei n. 11.106/2005, 2006, p. 125), é justamente em função de pessoas ingênuas que o CP tipifica essa espécie de infração, lembrando que em um país como o nosso, em que a ignorância e o analfabetismo assumem proporções avultadas, máxime nas populações rurais, propiciando credulidade e boa-fé, às vezes, inacreditáveis, não se compreende deixasse o legislador sem o amparo da lei a mulher, pondo a coberto da fraude sua honra.

20 Vantagem econômica é, no dizer de Bento de Faria, não só a moeda corrente (dinheiro) ou outra utilidade que possa proporcionar o gozo imediato, mas também outros bens, cujo valor realize o mesmo efeito e sejam procurados pelo agente (*Código Penal brasileiro comentado*, 1961, v. V, p. 590).

que melhor se adequa a conduta criminosa descrita.

1.6. Consumação e tentativa

Consuma-se o crime com a prática da conjunção carnal, assim entendida como a penetração, ainda que parcial, do pênis na cavidade vaginal, ou com a prática de outro ato libidinoso, desde que se revista de alguma intensidade e duração, que envolva órgão genital e no que haja contato físico dos corpos de agente e ofendido.

Admite-se a tentativa em relação a ambas as formas de violação, mas, em pretendendo o agente a cópula vagínica, os atos libidinosos que praticar em sua preparação podem já caracterizar violação consumada.

Haverá mero crime tentado se o agente for impedido, por circunstâncias alheias à sua vontade, de praticar qualquer libidinagem, como, por exemplo, se obtém permissão da vítima para a prática do ato, mas não o efetiva. No caso de ter iniciado a execução da conduta criminosa e, nela podendo seguir, desistir voluntariamente, responderá apenas pelos atos já praticados – que eventualmente podem se adequar ao crime subsidiário da importunação sexual, art. 215-A, CP – e não pela tentativa.

1.7. Classificação

Trata-se de crime comum, material, doloso, comissivo, de dano, plurissubsistente.

2. JURISPRUDÊNCIA

2.1. Julgados

Art. 215 – "outro meio" para caracterização da conduta

A conduta descrita no art. 215, do CP consiste em "Ter conjunção carnal ou praticar outro ato libidinoso com alguém, mediante fraude ou outro meio que impeça ou dificulte a livre manifestação de vontade da vítima". Assim, pela expressão "outro meio que impeça ou dificulte a livre manifestação de vontade da vítima" deve-se entender "meios de caráter enganoso, dissimulado, disfarçado, capazes de, como no caso da fraude, enganar a vítima para dela obter um consentimento viciado pelo erro. Tais meios devem, portanto, ter a mesma natureza da fraude, representando forma de iludir a vítima e lhe impedir a livre manifestação da vontade" (Marcão, Renato; Gentil, Plínio. *Crimes contra a dignidade sexual.* São Paulo: Saraiva, 2011, p. 152). Desse modo, não há como reconhecer a prática do delito descrito no art. 215, *caput*, do CP, pois neste crime a vítima consente com a prática criminosa, porque sua vontade está viciada pelo erro a que foi induzida ou mantida pelo agente. No caso dos autos, como já acentuado, para a prática do delito, o acusado não se utilizou de fraude ou outro meio que impedisse ou dificultasse a livre manifestação de vontade da vítima, que não consentiu com o ato libidinoso a que foi submetida, tanto que, na primeira oportunidade que teve, Miriéli correu para a casa do vizinho, onde se escondeu do réu. (TJSP, Ap. Crim. n. 0002261-48.2011.8.26.0358, 9ª Câm., rel. Sérgio Coelho, j. 31.01.2013)

Art. 215 – Caracterização da conduta

A caracterização dos tipos previstos nos arts. 215 e 216 do CP depende da utilização de meio fraudulento que vicie a vontade da vítima. (STJ, *HC* n. 48.901/SC, rel. Min. Gilson Dipp, j. 21.09.2006)

Evidenciado que o réu teria se utilizado de estratagemas, ardil, engodo para que as vítimas se entregassem a conjunção carnal, não se vislumbra a existência de consentimento das vítimas para as práticas sexuais ocorridas, em tese, com o paciente. (STJ, *HC* n. 21.129/BA, rel. Min. Gilson Dipp, j. 06.08.2002)

Não havendo o agente empregado violência ou grave ameaça a fim de obter a aquiescência da vítima para realização do ato libidinoso, não se caracteriza o delito previsto no art. 214, porque ausente o elemento objetivo do tipo. Pratica delito previsto no art. 216, parágrafo único, do CP, o agente que, mediante fraude, induz vítima a consentir na prática de ato libidinoso, fazendo-a acreditar tratar-se de ato legítimo, a que toda menor é exposta a fim de comprovar sua virgindade. Nos crimes contra os costumes praticados por ascendente, incide a causa de aumento prevista no art. 226, II, do CP. (TJMA, Ap. n. 016741/2000, rel. Madalena Serejo, j. 16.08.2001)

Comete posse sexual mediante fraude quem, aproveitando-se da credulidade da ofendida, faz-se passar por "pai de santo" e, mediante manobras enganosas, vicia sua vontade, levando-a à prática de ato sexual para servir sua lascívia. (TJRJ, AC, rel. Des. Gama Malcher, *RJTTRJ* 7/285)

Empregado de hospital que se faz passar por médico e pratica ato libidinoso contra mulher internada, comete atentado ao pudor mediante fraude. (TJDF, AC, rel. Des. Helladio Monteiro, *DJU* 18.08.1980, p. 5.988)

Comete o delito de posse sexual mediante fraude e não o de estupro aquele que, dizendo-se curandeiro, consegue enganar a vítima e, a pretexto de curá-la, com ela mantém conjunção carnal, desvirginando-a. (TJSP, rel. Des. Octávio Lacôrte, *RT* 391/77)

3. OBSERVAÇÕES

3.1. Violação sexual mediante fraude, estupro, estupro de vulnerável e importunação sexual – distinção

A vontade da vítima, no crime de violação sexual mediante fraude, é fruto de erro, diversamente da hipótese de estupro, em que a manifestação de vontade da vítima, se existente, é viciada pelo constrangimento.

Assim, se não houver qualquer manifestação de vontade, como no caso de o ofendido ter sido sedado pelo agente, ao ponto da inconsciência, ocorre o crime de estupro de vulnerável.

Se há manifestação de vontade da vítima, mas ela é contrária a seu desejo e decorre da intimidação provocada pela violência ou grave ameaça, haverá estupro na modalidade simples.

No caso de a manifestação de vontade do ofendido estar envolta em erro, provocado pelo agente, quanto à avaliação da realidade, o delito é a violação sexual mediante fraude, desde que o objetivo seja a prática de conjunção carnal ou de ato libidinoso de gravidade a ela equiparada e que de outra maneira não seria consentida.

Por fim, sobram para o crime subsidiário de importunação sexual as condutas que consistam na prática pelo sujeito ativo de atos libidinosos menos graves, assim entendidos aqueles nos quais não haja, concomitantemente, o contato de corpos e de órgão genital, mesmo que para eles o agente tenha obtido o viciado consentimento do ofendido, que corresponderá a sua não anuência.

3.2. Antigos posse sexual mediante fraude e atentado ao pudor mediante fraude – concurso de crimes

Com a fusão, no art. 215 do CP, dos antigos delitos dos arts. 215 e 216 do CP, toma espaço a discussão sobre a pluralidade ou unidade de crimes se, em um só evento, ocorrer a prática da conjunção carnal e outro ato libidinoso. Valem as observações feitas para o crime de estupro: está-se diante de um tipo misto alternativo, e não cumulativo, e, por isso, o cometimento de qualquer dos núcleos ou a pluralidade de práticas, mesmo por sujeitos ativos diferentes, representa um só crime.

Importunação sexual

Art. 215-A. Praticar contra alguém e sem a sua anuência ato libidinoso com o objetivo de satisfazer a própria lascívia ou a de terceiro:

Pena – reclusão, de 1 (um) a 5 (cinco) anos, se o ato não constitui crime mais grave.

Nomen juris, *caput* e pena acrescentados pela Lei n. 13.718, de 24.09.2018.

---

1. COMENTÁRIO

1.1. Objetividade jurídica

A tutela penal recai sobre a dignidade e a liberdade sexual ou a vulnerabilidade sexual de alguém, assegurando-lhe o direito de não ser incomodado ou perturbado e o de recusar-se a condutas de caráter libidinoso. Surge como figura típica intermediária, que deve solucionar ou corrigir, inclusive em relação a situações pretéritas, pela retroatividade da lei penal mais benéfica, a tendência a uma quase indiscriminada subsunção legal de práticas libidinosas aos crimes de estupro e estupro de vulnerável.

A mesma lei que cria o novo tipo penal revoga a contravenção penal da importunação ofensiva ao pudor (art. 61, LCP). Subsistia aquela do art. 65 da LCP, perturbação da tranquilidade, que serviria de figura subsidiária ao delito de importunação sexual, mas em 2021 foi também revogada. Em relação a ambas, a importunação sexual é mais gravosa, não podendo retroagir para abarcar condutas subsumidas a tais figuras em data anterior à sua entrada em vigor.

É delito de médio potencial ofensivo, possibilitando a suspensão condicional do processo prevista na Lei n. 9.099/95, inclusive tardiamente.

Sendo os bens jurídicos tutelados pela norma do art. 215-A, CP, os mesmos tutelados nos tipos de estupro e estupro de vulnerável, e havendo semelhança também quanto à conduta do agente, a qualidade do ato libidinoso, praticado ou pretendido, deve ditar a adequada tipificação, evitando a desproporcionalidade já denunciada.

Não se pode concordar com aqueles que enxergam na violência ou grave ameaça presente na conduta o traço distintivo entre os crimes de estupro e de importunação sexual. Tampouco com os que deslocam para os tipos mais graves todas as práticas em que haja contato com o corpo do ofendido.

Ainda mais firmemente discordamos da tese de que jamais haveria importunação sexual na prática libidinosa contra os vulneráveis, posicionamento indiscriminadamente adotado por alguns tribunais, inclusive superiores.

Por isso, apresentamos critério diferenciador que nos parece mais acertado e que será mais bem explicado no item de análise das condutas descritas no tipo (1.3): devem subsumir-se aos tipos mais graves do estupro e do estupro de vulnerável as práticas libidinosas 1) em que haja o contato físico entre agente e ofendido e 2) que envolvam os órgãos sexuais, obviamente, desde que verificadas as demais elementares. As condutas em que esses dois requisitos não se virem concomitantemente presentes não são estupro e podem adequar-se à figura subsidiária da importunação sexual.

1.2. Sujeitos

Sujeitos ativo e passivo do crime de importunação sexual podem ser pessoas de ambos os sexos, mas o ofendido tem de ser pessoa determinada, e isso vem indicado no tipo penal pela elementar "alguém".

Não há nenhuma objeção a que figurem como vítimas os vulneráveis, sejam os da descrição legal do *caput* e do § 1º do art. 217-A, CP (os menores de 14 anos, os que, por enfermidade ou deficiência mental, não têm o necessário discernimento para prática do ato, ou quem, por qualquer outra causa, não pode oferecer resistência), sejam os chamados relativamente vulneráveis (maiores de 14 e menores de 18 anos).

Nesse ponto, deve ser feita uma diferenciação importante: eventual anuência da vítima relativamente vulnerável com o ato libidinoso praticado leva à atipicidade da conduta do agente, enquanto o consenso dos demais vulneráveis é irrelevante. Por isso, não há se falar, por exemplo, em atipicidade da conduta libidinosa praticada contra pessoa sem discernimento de quem se obtenha a anuência.

Se o intuito do agente é a satisfação da lascívia de outrem, haverá concurso de agentes entre eles, desde que o terceiro tenha o conhecimento, ainda que potencial, sobre o dissenso da vítima ou sobre a irrelevância de sua anuência. O erro sobre tais circunstâncias exclui o dolo pelo erro de tipo.

1.3. Análise da(s) conduta(s) descrita(s) no tipo

O delito de importunação sexual se perfaz com a prática de ato libidinoso contra alguém e sem sua anuência, com o fim de satisfação da própria lascívia ou da de terceiro.

O ato dever ser apto a propiciar satisfação ou prazer, embora o atingimento desses estados seja prescindível, desde que tenha sido o que moveu o agente para a prática. Mas ato libidinoso aqui é o de gravidade e intensidade inferiores às da conjunção carnal.

Remete-se o leitor aos comentários ao crime de estupro que tratam da classificação dos atos libidinosos em **objetivamente libidinoso**, objetivamente não libidinoso, mas **libidinoso para o agente**, e objetivamente não libidinoso, mas **libidinoso para a vítima.**

O ato deve ser praticado "contra alguém", e da opção por essa expressão extraem-se três conclusões:

a) a vítima deve ser pessoa determinada;

b) a preposição "contra" indica maior abrangência (mais abrangente que, por exemplo, a preposição "com", utilizada nos tipos de estupro e estupro de vulnerável), conferindo à conduta a característica da agressividade em desfavor do ofendido;

c) em razão da mesma abrangência da elementar "contra", estão abarcados pelo tipo tanto os atos em que, para a prática libidinosa, haja o contato do agente com o corpo da vítima como aqueles em que isso não ocorra, como nos casos de contemplação lasciva. É isso que nos confirma, nos projetos que deram origem à lei (PLS n. 628/2015 e seu substitutivo), a substituição da expressão "na presença de alguém" por "contra alguém".

O contato físico entre ofensor e vítima é dispensável à caracterização da importunação sexual. Por outro lado, sua verificação no caso concreto não é o bastante para uma reclassificação automática e indiscriminada da conduta para o crime de estupro ou de estupro de vulnerável.

A violência, física ou moral, não integra o tipo de importunação sexual. Porém, sua presença não o descaracteriza. Pode, sim, haver importunação sexual quando o agente se vale de violência ou grave ameaça para a prática do ato libidinoso.

O dissenso da vítima compõe o tipo, nele vindo expresso por "sem a sua anuência". Mas há exagero em se supor que, apenas porque o consentimento dos vulneráveis é impossível – já que, se presente, será tido por irrelevante – o crime contra eles praticado nunca seria a importunação sexual.

Partindo dessas conclusões, um critério seguro e apto a distinguir o estupro da importunação sexual é a intensidade do ato de natureza libidinosa praticado, que deve ser medida por padrões objetivos.

Desse modo, a solução é que o estupro deve restringir-se às condutas com as quais são praticados atos libidinosos mais intensos e graves, como a conjunção carnal e outros que a ela se equiparem.[21]

E, em crimes sexuais, o mais grave há de ser, obrigatoriamente, o que envolva, além do necessário toque físico, o contato de órgãos genitais, que são os capazes de produzir a satisfação sexual. Recordemos que até há pouco tempo, no Código Penal, o crime de estupro – consistente, então, na prática sexual englobando concomitantemente os dois órgãos sexuais, masculino e feminino – era apenado com pena superior à do crime de atentado violento ao pudor – prática libidinosa diversa.

Aliás, no Código Penal Militar essa gradação de pena permanece.[22]

Estamos de acordo com Aury Lopes Jr., Alexandre Morais da Rosa, Marília Brambilla e Carla Gehlen, para quem "[...] o Estado deve proteger a liberdade sexual (sim!), mas não em prol do punitivismo exacerbado, mas em desconformidade com os princípios de Direito Penal. O STJ vinha colocando todos os atos libidinosos no mesmo 'balaio', contudo, um beijo 'roubado' não é igual a uma conjunção carnal forçada (onde se bate, se agride, se puxa os cabelos...). Sejamos justos (proporcionais) (e não hipócritas!)! No exato sentido da Lei n. 13.718/2018!" (disponível em: https://www.conjur.com.br/2018-set-28/limite-penal-significa-importunacao-sexual-segundo-lei-1378118; acesso em: 19.11.2019).

Se, na prática libidinosa, buscando a satisfação da lascívia, o agente, embora com contato físico entre seu corpo e o do ofendido, não envolveu e não pretendia envolver (para o caso de o crime ter sido tentado) nem seu próprio órgão genital nem o do ofendido, não terá praticado estupro e, sim e no máximo, o crime de importunação sexual.

Assim, se houver contato físico com a vítima, mediante violência real ou moral, e esse contato envolver órgão genital, com isso pretendendo o agente satisfazer sua lascívia, haverá o crime de estupro.

Sem o contato específico acima detalhado, a solução será a importunação sexual consumada ou o estupro na forma tentada, a depender de se a intenção do agente, na busca da satisfação da lascívia, era ou não a de envolver órgão genital. Se era desse modo que desejava atingir a completa satisfação, mas qualquer circunstância alheia à sua vontade o tiver impedido, responderá por estupro tentado. Do contrário, será responsabilizado pela importunação sexual ou outro crime subsidiário.

E, por fim, como já foi dito, se não houver o contato físico minimamente intenso e duradouro de agente e ofendido nem pretensão desse contato, não se pode falar em estupro, mesmo que a prática a distância, nesse caso, envolva órgão genital. É o que se convencionou chamar de estupro virtual, que encontra melhor adequação a tipos intermediários como a importunação sexual ou o constrangimento ilegal.

A mais de tudo o que foi dito, é preciso frisar que, para ter relevância penal, o ato deve revestir-se de certa agressividade e de durabilidade, ultrapassando o contato ligeiro, instantâneo. Condutas que não atinjam essas características (e que não se enquadrem em outros crimes menos graves) poderiam, eventualmente, pela subsidiariedade, caracterizar a contravenção penal do art. 65 da LCP, perturbação da tranquilidade, figura, entretanto, revogada em 2021.

1.4. Elemento subjetivo

O dolo é o elemento subjetivo, não bastando o voltado simplesmente à prática do ato libidinoso, pois imprescindível que o agente deseje, com isso, satisfazer a lascívia própria ou de terceiro determinado.

1.5. Elemento normativo

Elemento normativo é aquele cujo conteúdo deve ser fixado pelo julgador, de acordo com uma análise do caso e diante dos costumes, da moral

21 *Vide* comentários sobre o emprego da técnica da interpretação analógica ao tipo penal de estupro.

22 Permanece também grave discrepância para a qual não se encontra nem sequer pretensão de resolver: as penas do estupro e do atentado violento ao pudor do Código Penal Militar (reclusão de 3 a 8 e de 2 a 6 anos, respectivamente), são significativamente inferiores às dos mesmos crimes tipificados no Código Penal (que têm por mínima 6 anos de reclusão). Projeto de lei atualmente em trâmite (em 2021) apenas sugere que se desloque a competência de tais crimes para a Justiça comum.

dominante, das circunstâncias objetivas. São eles, no tipo de importunação sexual, ato libidinoso[23] e satisfação da lascívia, ambos com conteúdo a ser atribuído pelo juiz.

1.6. Consumação e tentativa

O crime consuma-se com a prática, contra pessoa determinada, de ato libidinoso de gravidade intermediária,[24] cuja finalidade seja a satisfação da lascívia. Tratando-se de crime plurissubsistente, admite-se, ao menos em tese, a tentativa, quando o agente, pretendendo praticar o ato libidinoso, é impedido do seu intento por circunstâncias alheias à sua vontade.

1.7. Classificação

Crime comum, material, doloso, comissivo, de dano, plurissubsistente.

2. JURISPRUDÊNCIA

2.1. Julgados

Desclassificação de estupro e de estupro de vulnerável para importunação sexual – possibilidade

Apelação. Estupro de vulnerável e crime previsto no ECA (coação de menor para enviar vídeos e fotos nuas – arts. 217-A do CP e 240, § 1º, do ECA). Alegada fragilidade probatória. Inocorrência. Crime do ECA e atos libidinosos diversos da conjunção carnal, consistente em passar a mão nos seios da vítima, sobre a blusa devidamente comprovados. Quadro probatório que se mostra seguro a embasar decreto condenatório. Palavras da vítima coesas, firmes e coerentes e que consoam com outros elementos de prova, e depoimentos de testemunhas. Imputação de crime do art. 217-A. Todavia, a conduta melhor se amolda ao art. 215-A do CP, eis que, apesar de causar revolta, não se reveste da mesma gravidade de outras condutas libidinosas, como sexo oral, anal ou masturbação. Desclassificação que se impõe. Circunstâncias judiciais favoráveis a impor a pena deste delito no mínimo legal. Concurso material com o delito previsto no ECA. Pena total reduzida com fixação de regime inicial semiaberto. Recurso parcialmente provido. (TJSP, APR n. 00014492420178260187/SP 0001449-24.2017.8.26.0187, 16ª Câm. de Direito Criminal, rel. Osni Pereira, j. 12.11.2021, publ. 16.11.2021)

Recurso especial. Estupro. Violação do art. 14, I e II, do CP. Prática de atos libidinosos diversos da conjunção carnal. Consumação configurada. Pleito de afastamento da forma tentada. Procedência. *Novatio legis in mellius*. Verificação. Ocorrência. Tipo penal adequado ao caso concreto: importunação sexual (art. 215-A do CP). *Habeas corpus*, de ofício. Aplicação do art. 654, § 2º, do CPP. Redimensionamento da pena privativa de liberdade, que se impõe. [...] 2. Diante da inovação legislativa, apresentada pela Lei n. 13.718, de 24 de setembro de 2018, foi criado o tipo penal da importunação sexual, inserida no Código Penal por meio do art. 215-A. A conduta do recorrido, conforme descrita na inicial acusatória, consistente em passar as mãos pelo corpo da infante (pernas e nádegas), bem como ao entorno da vagina da adolescente, no intuito de satisfazer sua lascívia, sem penetração, não mais se caracteriza como crime de estupro, senão o novo tipo penal da importunação sexual. 3. Agora, "o passar de mãos lascivo nas nádegas", "o beijo forçado", aquilo que antes tinha que se adequar ao estupro para não ficar impune [...] "ganha" nova tipificação: o crime de importunação sexual. Não há mais dúvida: é crime! Dessa forma, verifica-se um tratamento mais adequado aos casos do mundo da vida e às hipóteses de absolvição forçada dada a única opção (estupro) [...] 4. Ao punir de forma mais branda a conduta perpetrada pelo recorrido, condiciona-se, no presente caso, a sua aplicação diante do princípio da superveniência da lei penal mais benéfica. [...] Em havendo a superveniência de *novatio legis in mellius*, ou seja, sendo a nova lei mais benéfica, de rigor que retroaja para beneficiar o réu (Ag. Reg. no AREsp n. 1.249.427/SP, Min. Maria Thereza de Assis Moura, 6ª T., *DJe* 29.06.2018). 5. Não obstante a correção da decisão agravada, nesse ínterim, sobreveio a publicação da Lei n. 13.718, de 24 de setembro 2018, no *DJU* de 25.09.2018, que, entre outras inovações, tipificou o crime de importunação sexual, punindo-o de forma mais branda do que o estupro, na forma de praticar ato libidinoso, sem violência ou grave ameaça (Ag. Reg. no REsp n. 1.730.341/PR, Min. Laurita Vaz, 6ª T., *DJe* 13.11.2018). 6. Recurso especial provido para afastar o reconhecimento da tentativa. De ofício, concedida a ordem de *habeas corpus* a fim de alterar a tipificação do delito para a prevista no art. 215-A do Código Penal e redimensionar a pena privativa de liberdade do recorrido nos termos da presente decisão. (STJ, REsp n. 1.745.333/RS 2018/0134332-9, 6ª T., rel. Min. Sebastião Reis Júnior, j. 26.02.2019, *DJe* 14.03.2019)

Quadro probatório que se mostra seguro e coeso para evidenciar autoria e materialidade do delito. Palavra das vítimas corroborada pelos demais elementos de pro-

---

23 *Vide* comentários dos autores sobre os critérios objetivos de análise e classificação dos atos libidinosos.

24 *Vide* comentários dos autores sobre os critérios objetivos de análise e classificação dos atos libidinosos.

va. Manutenção da condenação. Possibilidade de alteração da capitulação delitiva para o art. 215-A, CP, mais adequado à realidade dos fatos. Ao tratarem sobre atos libidinosos, diferem-se os tipos entre si na medida em que, enquanto o do art. 213 do Código Penal exige, para sua configuração, a presença de violência ou grave ameaça e ainda que o ato libidinoso tenha sido praticado com a vítima, o art. 215-A prevê sanção àquele que, sem a anuência do ofendido, pratica ato libidinoso contra aquele. (TJSP, AC n. 0005731-38.2017.8.26.0565, 16ª Câm., rel. Newton Neves, j. 25.05.2019)

Revisão criminal. Condenação por estupro de vulnerável majorado pela relação de autoridade familiar do revisionando sobre a vítima (art. 217-A c/c art. 226, II, ambos do CP). Pleito desclassificatório ante a alegação de que a conduta "prevista no art. 215-A do Código Penal, tipo penal de importunação sexual surgido com o advento da Lei n. 13.718/2018, que, por lhe ser mais benéfico, aplica-se o princípio da continuidade normativa. Pedido revisional procedente. Em se verificando que, diante das circunstâncias do caso concreto, a conduta perpetrada pelo agente não se reveste de tamanha gravidade apta a configurar o crime de estupro de vulnerável (CP, art. 217-A, *caput*), adequada se mostra a desclassificação do comportamento delituoso para o crime de importunação sexual (CP, art. 215-A). (TJSC, RVCR: Capital n. 4008006-21.2019.8.24.0000, Primeiro Grupo de Direito Criminal, rel. Júlio César M. Ferreira de Melo, j. 25.09.2019)

Penal. Estupro. Desclassificação para importunação sexual. Ameaça e vias de fato. Absolvição. Comprovada a prática de ato libidinoso sem anuência da vítima e não comprovada a violência ou a grave ameaça, desclassifica-se a conduta de estupro para importunação sexual do art. 215-A do Código Penal. Absolve-se da acusação de ameaça e vias de fato se as declarações da vítima, afirmando que o acusado lhe agrediu e lhe prometeu causar mal injusto e grave, no caso concreto, não se mostram firmes e coerentes, no conjunto probatório, para uma condenação. Apelação parcialmente provida. (TJDF, 0001314-30.2019.8.07.0006, 1ª T. Criminal, rel. George Lopes, j. 31.10.2019, *DJe* 20.11.2019)

Beijo lascivo e desclassificação de estupro de vulnerável para importunação sexual – voto favorável no STF[25]

Em voto vencido no *HC* n. 134.591, o ministro Roberto Barroso ressaltou que os atos praticados pelo paciente (beijo lascivo em criança) não podem ser considerados simples perturbação à tranquilidade da criança ou mera importunação ofensiva ao pudor. Ao contrário, a conduta se revestiu de inequívoca conotação sexual, a configurar comportamento lascivo ou libidinoso em face de vítima de apenas cinco anos de idade. Em 24 de setembro de 2018 foi editada a Lei n. 13.718/2018, a qual criou a figura típica prevista no art. 215-A do CP. Partindo das premissas fixadas pelas instâncias de origem, registrou que o paciente praticou ato libidinoso diverso da conjunção carnal, com o objetivo de satisfazer a própria lascívia e contra a vontade da vítima. Assim, mostra-se possível a aplicação retroativa da Lei n. 13.718/2018. A pena prevista nessa nova figura típica mostra-se mais adequada e suficiente à reprovação e à prevenção da ação criminosa em comento. Afirmou não se tratar, no caso, de fazer incidir retroativamente lei penal incriminadora, o que implica em violação ao princípio da irretroatividade da lei penal. Na realidade, o ato praticado pelo paciente – ato libidinoso diverso da conjunção carnal –, de início passível de enquadramento no art. 217-A do CP, com pena de oito a quinze anos de reclusão, passou a ser incriminado, para condutas menos invasivas, de forma mais branda pelo crime de "importunação sexual", cuja pena varia de um a cinco anos. (STF, *HC* n. 134.591, 1ª T., rel. Min. Marco Aurélio, j. 01.10.2019)

Não desclassificação de estupro de vulnerável para importunação sexual

Agravo regimental em revisão criminal. Condenação pelo crime de estupro de vulnerável (art. 217-A do CP). Pedido de reclassificação da conduta para o crime de importunação sexual (art. 215-A, CP – Lei n. 13.718/2018). [...] 5. De qualquer forma, sobre o tema meritório em tela, tem prevalecido no Superior Tribunal de Justiça a impossibilidade de desclassificação da figura do estupro de vulnerável para o art. 215-A do Código Penal, uma vez que referido tipo penal é praticado sem violência ou grave ameaça, e o tipo penal imputado ao agravante (art. 217-A do Código Penal) inclui a presunção absoluta de violência ou grave ameaça, por se tratar de menor de 14 anos. Precedentes da Quinta e da Sexta Turmas do STJ: Ag. Reg. no *HC* n. 491.481/SC, rel. Min. Ribeiro Dantas, 5ª T., j. 04.06.2019, *DJe* 11.06.2019; Ag. Reg. no AREsp n. 1.168.566/SP, rel. Min. Antonio Saldanha Palheiro, 6ª T., j. 23.04.2019, *DJe* 03.05.201 [*sic*]; Ag. Reg. no REsp n. 1.761.248/MG, rel. Min. Sebastião Reis Júnior, 6ª T., j. 23.04.2019, *DJe* 03.05.2019 e Ag. Reg. no AREsp n. 1.361.065/MG, rel. Min. Laurita Vaz, 6ª T., j. 07.02.2019,

25 Com o que concordam os autores.

DJe 01.03.2019. Ressalva, no ponto, do entendimento do Relator em sentido diverso. Questão decidida na Primeira Turma do colendo STF (*HC* n. 134.591/SP, rel. Min. Marco Aurélio, Sessão de 01.10.2019 – *Informativo* 928). 6. Agravo regimental a que se nega provimento. (STJ, Ag. Reg. na RvCr n. 4969/DF 2019/0164791-8, 3ª S., rel. Min. Reynaldo Soares da Fonseca, j. 26.06.2019, *DJe* 01.07.2019)

3. OBSERVAÇÕES

3.1. Estupro virtual: desclassificação para importunação sexual, outro crime ou, ainda, atipicidade

Não há conjunção carnal sem contato físico, que é imprescindível também, entre autor e vítima, na modalidade criminosa de estupro "permitir que com ela se pratique outro ato libidinoso". Se não houver esse contato, que deve ser minimamente intenso e duradouro, e não for essa a pretensão do agente, não se pode falar em estupro, mesmo que a prática a distância envolva órgão genital, como no caso de o agente masturbar-se na presença remota da vítima sem o seu consentimento ou constrangê-la a masturbar-se, também remotamente, diante dele. É o que se convencionava chamar de estupro virtual, mas que, no primeiro caso, agora encontra melhor adequação ao tipo de importunação sexual (art. 215-A, CP), cuja pena pode o juiz, no caso concreto, fazer chegar aos cinco anos de reclusão, ou, no segundo caso, ao mero constrangimento ilegal (art. 146, CP).

3.2. Beijo lascivo e desclassificação de estupro para importunação sexual

Ainda que possível caracterizar-se o beijo como ato libidinoso, quando preenchidos os requisitos da intensidade e da durabilidade, atualmente a prática não encontra adequação nos tipos mais graves, o estupro e o estupro de vulnerável, melhor se amoldando ao crime de importunação sexual, ainda que presente a elementar do constrangimento por meio da violência ou da grave ameaça e mesmo em se tratando de vítima vulnerável. Restam afastados, de um e de outro tipo, o beijo roubado, o selinho, o beijo leve etc.

3.3. Competência para o reconhecimento do novo crime e a consequente desclassificação

Se o caso ainda não está definitivamente decidido, a competência para o reconhecimento do novo crime e a consequente desclassificação é do juiz de primeiro grau, desde que seja dele a competência originária e o processo ainda esteja para ser por ele julgado. Como os fatos permanecerão os mesmos e o que se exigirá tão somente será a precisa correlação entre eles e o tipo penal, resolve-se pela aplicação, pelo magistrado e de ofício, das regras da *emendatio libelli*, art. 383, *caput*, CPP. Estando o processo definitivamente julgado, cabe ao Juízo das execuções eventual aplicação da nova lei benéfica, não sendo caso, como já decidiu o Superior Tribunal de Justiça, de revisão criminal.

3.4. Suspensão condicional do processo tardia

Ainda que a desclassificação do crime mais grave de estupro ou de estupro de vulnerável para o menos grave e de médio potencial ofensivo de importunação sexual seja tardia – após a decisão definitiva – não desaparece para o sentenciado a possibilidade de que, cumprindo os requisitos do art. 89 da Lei n. 9.099/95, obtenha o benefício da suspensão condicional do processo, oferecido retroativamente pelo Ministério Público durante a fase de execução. Se a lei coloca à disposição um benefício processual, do que não pôde o acusado se valer a seu tempo, deve ter direito a ele, mesmo que retroativamente, quando da readequação da tipificação de sua conduta.

3.5. Ato libidinoso praticado em lugar público, aberto ou exposto ao público

Desde que não afronte a liberdade sexual de vítima determinada, caracteriza o crime de ato obsceno, e não o de importunação sexual, o ato de exibicionismo, mesmo que com caráter libidinoso, praticado em lugar público, aberto ou exposto ao público.

Atentado ao pudor mediante fraude

Art. 216. ***(Revogado pela Lei n. 12.015, de 07.08.2009.)***

Assédio sexual

Art. 216-A. Constranger alguém com o intuito de obter vantagem ou favorecimento sexual, prevalecendo-se o agente da sua condição de superior hierárquico ou ascendência inerentes ao exercício de emprego, cargo ou função:

Pena – detenção, de 1 (um) a 2 (dois) anos.

Caput acrescentado pela Lei n. 10.224, de 15.05.2001.

Parágrafo único. ***(Vetado.)***

Parágrafo acrescentado pela Lei n. 10.224, de 15.05.2001.

A Lei n. 12.015, de 07.08.2009, não renumerou este parágrafo.

§ 2º A pena é aumentada em até um terço se a vítima é menor de 18 (dezoito) anos.

Parágrafo acrescentado pela Lei n. 12.015, de 07.08.2009.

1. COMENTÁRIO

1.1. Objetividade jurídica

É a liberdade sexual, integrante da categoria dignidade sexual, o que a norma tutela. Vem salvaguardar o direito à escolha sexual de alguém, nele incluído o de recusar-se a condutas de caráter libidinoso, e, mais que isso, o de não ser incomodado e perturbado em razão desse direito de escolha, muito menos no âmbito das relações de trabalho e por quem se valha da ascendência natural dessas relações.

O assédio pode provocar na vítima sentimento de humilhação, de menosprezo, de desrespeito em seu ambiente de trabalho, sobretudo por o abuso partir de quem tem sobre ela a superioridade inerente à relação, o que, de certa forma, representa ameaça de mal injusto e grave – a perda do trabalho, por exemplo – frente a uma eventual recusa. Por isso é que se aponta na tutela penal a proteção também à honra pessoal, ao respeito nas relações de trabalho e à liberdade individual.

Objeto do delito é o corpo, a liberdade, a honra e tranquilidade da pessoa assediada.

A vítima menor de 18 anos, pela maior dificuldade em resistir ao assédio, é protegida com maior intensidade.

1.2. Sujeitos

Pessoas de ambos os sexos podem ser sujeitos do delito, tanto que a lei empregou os termos "alguém" e "agente". Permite-se, inclusive, que autor e vítima sejam do mesmo sexo. É essencial ao tipo que haja entre os sujeitos relação de subordinação ou ascendência e que o sujeito ativo esteja na posição de superioridade. Por isso, trata-se de crime próprio.

Prescindível, porém, que a relação de subordinação laboral exista diretamente entre os sujeitos ativo e passivo. Entre eles basta a ascendência. A subordinação, decorrente de emprego, cargo ou função, pode existir entre um deles e terceiros.

Assim, haverá o crime quando o filho do patrão assedia a empregada ou quando o patrão assedia o empregado para obter favores sexuais da filha dele ou, ainda, quando o empregador assedia subalterna para conseguir vantagem sexual para seu filho. Em resumo, é suficiente que exista uma relação laboral, entre quem quer que seja, e que, do seu exercício, decorra situação de ascendência entre autor e vítima.

Não há como negar que, nessa condição, situa-se a relação docente-discente: o professor tem, com a instituição de ensino, relação laboral e, com o aluno, relação de ascendência, que é, sem dúvida, inerente ao exercício de emprego, cargo ou função, como previsto no art. 216-A, CP. Esse é o entendimento de Regis Prado (*Curso de direito penal brasileiro*, 2002, v. 3), com o qual não concorda Bitencourt, para quem "a relação docente-discente não implica relação de superioridade ou ascendência inerentes ao exercício de emprego, cargo ou função, nem mesmo em se tratando de instituições de ensino público" (*Tratado de direito penal*, 2004, v. 4, p. 41).

A ascendência necessária à caracterização do crime pode decorrer da antiguidade ou da maior experiência do assediador em relação ao assediado, embora ambos estejam no mesmo nível da relação laboral.

De outro lado, porque se deve à norma penal incriminadora interpretação restritiva, não ocorre o crime em situações de ascendência decorrentes de relações familiares ou sociais, nem entre ministros religiosos e seus fiéis, nem entre o prestador de serviços e seu tomador.

Admissível o concurso de sujeitos ativos, coautores ou partícipes, caso em que incidirá um aumento na pena, de quarta parte, conforme disposição do art. 226, I, do CP. Autor é o que executa o ato descrito na norma, por si ou valendo-se de terceiro mero executor, como no caso da autoria mediata. Partícipe é, além do executor já mencionado, aquele que, dolosamente, auxilia ou favorece o autor, concorrendo para o crime, mas sem executar a ação definida pelo núcleo do tipo.

Importante destacar que a vítima do assédio deve ter mais de 14 anos. Caso contrário, a depender da conduta do agente, possível a caracterização do crime de estupro de vulnerável, consumado ou tentado, ou do crime de importunação sexual. E, tendo mais de 14 e menos de 18 anos, haverá aumento na pena, de igual maneira que se o sujeito ativo se enquadrar em uma das condições especiais do art. 226, II, do CP, exceto quando tal condição for inerente ao tipo, como no caso de empregador do ofendido.

1.3. Análise da(s) conduta(s) descrita(s) no tipo

O tipo tem como núcleo o verbo "constranger", significando causar embaraço, desconforto, incômodo ao ofendido, e vem empregado em sentido mais amplo que, por exemplo, aquele do crime de estupro.

O constrangimento é causado pela vontade do agente de "obter vantagem ou favorecimento sexual" de alguém, que representa um elemento subjetivo do tipo. Daí não bastar que cause constrangimento. É necessário que o faça com a especial finalidade de obter favores sexuais de certa pessoa e que, para tanto, valha-se de sua condição de superioridade hierárquica ou ascendência.

É dispensável à caracterização do crime a existência de ameaça de represália em caso de recusa por parte do ofendido. De qualquer modo, a só insinuação feita por superior a seu subalterno traz, ainda que de forma velada, o medo da retaliação. Sendo, porém, explícita e grave a ameaça, ou empregando o agente violência real para constranger o ofendido a satisfazer seu desejo, é provável que a conduta se desloque para o tipo penal de estupro, ao menos na forma tentada.

Desde que o assediador faça valer sua condição de superior no trabalho, é indiferente o local físico em que efetivamente se dê a importunação e a forma como praticada, podendo ser por gestos, escritos, insinuações e, mesmo, por meio de terceira pessoa.

A vantagem ou o favorecimento, ou seja, o benefício ou o proveito pretendidos pelo agente devem ter conotação sexual, ligados a atos objetiva ou subjetivamente lascivos.

Exige-se que a superioridade ou ascendência decorram do exercício de emprego – próprio de relação trabalhista, mas presente, também no serviço público, cargo ou função – ambos categorias específicas do serviço público na administração direta ou indireta.

A ascendência que dá margem ao crime é a relação de subordinação, formal ou informal, entre sujeito ativo e sujeito passivo ou entre estes e terceiros, desde que, nos termos da lei, "inerente ao exercício de emprego, cargo ou função" (ECF). Da ascendência, que é gênero, é espécie a superioridade hierárquica, figura típica do serviço público.[26]

Deve-se destacar que, ao adotar a expressão "inerente ao exercício de emprego, cargo ou função" (e não somente inerente ao emprego, cargo ou função) permitiu a lei que se ultrapasse a relação laboral entre as partes e que se verifique uma ascendência ou subalternidade informais, ou indiretas, entre alguém que exerce ECF e pessoa que não o exerça, como nos exemplos já citados de patrão que assedia empregada para obter favores da filha, ou de patrão que assedia subalterna para conseguir favores sexuais ao seu filho.

Não caracterizam o crime as aproximações consentidas entre pessoas com ascendência na relação laboral, ou o assédio que não provoque na suposta vítima qualquer constrangimento. Por outro lado, a concordância posterior não tem força retroativa, não eliminando o caráter criminoso do assédio.

1.3.1. Causa especial de aumento de pena

Se a vítima não tiver 18 anos completos, ou seja, até o dia anterior ao do seu 18º aniversário, a pena é aumentada em até um terço. O que justifica o aumento da pena não é a impossibilidade de consentir, é a relativa vulnerabilidade da vítima e, em razão dela, sua reduzida ou inexistente capacidade de resistir. O crime será, entretanto, o de estupro de vulnerável ou a importunação sexual em caso de o ofendido não ter completado os 14 anos.

1.4. Elemento subjetivo

O dolo é o elemento subjetivo do tipo, sendo, para o crime de assédio sexual, específico e consistindo na intenção de constranger alguém com o fim de obter vantagem ou favores sexuais.

Basta, como já se afirmou em outra obra (MARCÃO, Renato; GENTIL, Plínio. *Crimes contra a dignidade sexual*, 2011, p. 177), a aparência objetiva da intenção reprovável do agente, se, em sua ação, veem-se presentes os componentes do tipo. Por isso, configura o crime a conduta do agente que, assumindo o risco de criar constrangimento à vítima, age com jocosidade.

Se, entretanto, houver erro por parte do agente quanto à percepção da vítima, que falsamente enxergou na aproximação do agente um aproveitamento de sua condição de ascendência, exclui-se o dolo. O erro quanto à idade do ofendido afasta o aumento de pena.

1.5. Elemento normativo

Elemento normativo é aquele cujo conteúdo deve ser fixado pelo julgador, de acordo com uma análise do caso e diante dos costumes, da moral dominante, das circunstâncias objetivas. São eles, no tipo de importunação sexual, ato libidinoso e

26 Desse entendimento discorda Regis Prado, para quem a superioridade hierárquica é compatível com a atividade privada.

satisfação da lascívia, ambos com conteúdo a ser atribuído pelo juiz.

1.6. Consumação e tentativa

Tem-se por consumado o delito com o simples ato de assediar, importunar ou incomodar o subordinado, desde que com alguma intensidade, causando-lhe constrangimento, sendo desnecessária a obtenção da vantagem ou do favor pretendido. Tratando-se de crime instantâneo, não se exige a permanência ou a habitualidade,[27] e a tentativa é hipótese rara, visualizada quando o assédio se der na forma escrita[28] ou quando o agente diga ou faça algo próprio de quem assedia, mas a vítima não chegue a tomar conhecimento da mensagem. De difícil ocorrência, também, a desistência voluntária.

1.7. Classificação

Crime próprio, formal, doloso, comissivo, de dano, instantâneo.

2. JURISPRUDÊNCIA

2.1. Julgados

Assédio sexual professor e aluno. Admissibilidade

Inicialmente cumpre salientar que a maior parte da doutrina despreza a condição de superior hierárquico ou ascendência inerentes ao exercício de emprego, cargo ou função na relação professor-aluno. Todavia, é irrazoável excluir a (nítida) relação de ascendência – elemento normativo do tipo – por parte do docente no caso de violação de um de seus deveres funcionais e morais, consistente em atribuir notas, reconhecer o mérito e aprovar o aluno não apenas pelo seu desempenho intelectual, mas por eventual barganha sexual. Ademais, é notório o propósito do legislador de punir aquele que se prevalece da condição de professor para obter vantagem de natureza sexual. Nenhuma outra profissão suscita tamanha reverência e vulnerabilidade quanto a que envolve a relação aluno-mestre, que alcança, por vezes, autoridade paternal – dentro de uma visão mais tradicional do ensino. O professor está presente na vida de crianças, jovens e também adultos durante considerável quantidade de tempo, torna-se exemplo de conduta e os guia para a formação cidadã e profissional, motivo pelo qual a "ascendência" constante do tipo penal do art. 216-A do Código Penal não pode se limitar à ideia de relação empregatícia entre as partes. Assim, releva-se patente a aludida "ascendência", em virtude da "função"– outro elemento normativo do tipo –, dada a atribuição que tem a cátedra de interferir diretamente no desempenho acadêmico do discente, situação que gera no estudante o receio da reprovação. (REsp n. 1.759.135-SP, 6ª T., rel. Min. Sebastião Reis Júnior, rel. acd. Min. Rogerio Schietti Cruz, p. m., j. 13.08.2019, *DJe* 01.10.2019, *Informativo* 658)

Suficientemente demonstrado nos autos o cometimento do crime previsto no art. 216-A do CP, posto que o réu, valendo da relação de ascendência inerente ao exercício do cargo de professor da Universidade Federal de Roraima, constrangeu alunas propondo-lhes tratamento diferenciado, com a intenção de obter favorecimento sexual. (TRF-1ª Região, Ap. Crim. n. 2004.42.00.001457-3/RR, rel. Des. Fed. Mário César Ribeiro, j. 03.03.2011)

Flerte e gracejo – não caracterização de assédio

O delito previsto no art. 216-A do CP pressupõe a vontade livre e consciente do agente "forçar, compelir, coagir a vítima, ou seja, de impor seus desejos, de abusar, de se aproveitar da vulnerabilidade ou fragilidade da vítima", exigindo-se ainda o elemento subjetivo do tipo, isto é, que tenha o sujeito ativo a finalidade de obter vantagem ou favorecimento de natureza sexual. Portanto, para a configuração da conduta típica é necessário constranger alguém, o que significa incomodar, tolher a liberdade, cercear, embaraçar a pessoa da vítima com palavras, escritos ou gestos que traduzam matéria que implica motivos sexuais. No caso dos autos, as palavras proferidas ou insinuações feitas pelo querelado, se é que realmente ocorreram e da maneira relatada pela querelante, no meu sentir, não tiveram o condão de caracterizar o delito em tela, pois é sabido que para que haja o crime é necessário uma importunação insistente, embaraçosa, ofensiva, não podendo tais atos serem confundidos com o simples flerte, o gracejo etc. (TJSC, Ap. Crim. n. 755.618/SC, rel. Des. Torres Marques, j. 30.05.2011)

CAPÍTULO I-A
DA EXPOSIÇÃO DA INTIMIDADE SEXUAL

Capítulo acrescentado pela Lei n. 13.772, de 19.12.2018.

Registro não autorizado da intimidade sexual

Art. 216-B. Produzir, fotografar, filmar ou registrar, por qualquer meio, conteúdo com cena de nudez ou ato sexual ou libidinoso de caráter íntimo e privado sem autorização dos participantes:

Artigo acrescentado pela Lei n. 13.772, de 19.12.2018.

27 Diverso o entendimento de Rodolfo Pamplona, lembrado por Rogério Cunha (*Lei n. 12.015, de 7 de agosto de 2009*: comentários à reforma criminal de 2009, 2009, p. 46-7), para quem "um ato isolado geralmente não teria o poder configurar o assédio".

28 Hipótese aventada por Prado e Mirabete.

Pena – detenção, de 6 (seis) meses a 1 (um) ano, e multa.

Parágrafo único. Na mesma pena incorre quem realiza montagem em fotografia, vídeo, áudio ou qualquer outro registro com o fim de incluir pessoa em cena de nudez ou ato sexual ou libidinoso de caráter íntimo.

1. COMENTÁRIO

1.1. Objetividade jurídica

A norma penal tutela a intimidade sexual da vítima. Objeto do crime é a imagem da vítima registrada.

1.2. Sujeitos

Podem figurar como sujeitos ativo e passivo pessoas de ambos os sexos, inclusive os vulneráveis, com as seguintes observações: se o registro for de cena de sexo explícito ou pornografia envolvendo criança ou adolescente, prevalece, pela especialidade, o crime do art. 240 do Estatuto da Criança e do Adolescente; mas, se o que se registrar for criança ou adolescente em nudez que não revele conotação sexual ou pornográfica, prevalece o crime do art. 216-B do CP, por falta de correspondente na legislação especial.

Autora do crime pode ser a pessoa envolvida na cena sexual ou libidinosa que proceda ao registro sem autorização do parceiro. Aliás, o potencial de ofensividade em tal caso é mais acentuado. Ela (a pessoa participante da cena) será partícipe quando autorize o registro a um terceiro, e autora mediata caso solicite ou contrate os serviços do terceiro para esse fim.

1.3. Análise da(s) conduta(s) descrita(s) no tipo

O delito é plurinuclear e perfaz-se com a prática dolosa de qualquer dos verbos integrantes do tipo, aptos a caracterizar o registro nao autorizado da intimidade sexual. Produzir significa gerar, fabricar. Fotografar é registrar, em arquivo eletrônico ou de papel, imagem estática. Filmar implica o registro de imagens em movimento e pode incluir sons. A expressão genérica "registrar por qualquer outro meio" permite a interpretação analógica. O objeto de registro é cena de nudez ou ato sexual libidinoso de caráter íntimo e privado.

Integra o tipo a ausência de autorização para o registro. Só descaracteriza o delito o consenso prévio ou concomitante de todos os envolvidos, desde que não se trate de pessoa vulnerável, cuja anuência é irrelevante.

A cena de nudez ou de ato sexual ou libidinoso deve ser íntima e privada, por isso afasta-se especificamente deste delito o registro de cenas públicas, como as inseridas em manifestações artísticas e políticas. Mas subsiste o direito à intimidade e à privacidade na nudez ou na prática sexual ou libidinosa em lugar com publicidade. Significa dizer que, mesmo que o registro seja de, por exemplo, um ato obsceno, praticará o crime do art. 216-B, CP, quem o faça (registre o ato obsceno) sem autorização dos participantes.

1.4. Figura equiparada

Conforme previsto no parágrafo único, também comete o crime quem realiza montagem em registro preexistente, íntimo ou privado, de cena de nudez, sexual ou de ato libidinoso, com a finalidade de nele incluir pessoa. A inserção por montagem altera a realidade do registro e o torna uma espécie de falsificação.

1.5. Elemento subjetivo

O crime somente admite a forma dolosa. O agente deve ter sua vontade dirigida à obtenção do resultado – determinado ou possível – de registrar cena de nudez ou ato sexual ou libidinoso de caráter íntimo e privado, sem autorização da pessoa envolvida na cena ou ato, ou de promover a montagem em um registro preexistente. E porque essa autorização dos participantes, capaz de afastar o crime, deve ser expressa, possível o dolo eventual quando o agente, não tendo certeza do consenso, assume o risco e realiza o registro.

Se o dolo do sujeito ativo for o de divulgar o que ele mesmo, sozinho ou em concurso com outros sujeitos, registrou, o crime em análise será absorvido pelo mais grave, do art. 218-C, CP, consistente na divulgação.

Pode-se afirmar, assim, que o tipo não exige elemento subjetivo específico, mas, se o resultado final pretendido for exclusivamente o de divulgar o conteúdo para cujo registro o agente concorreu, prevalece o crime-fim da divulgação (art. 218-C, CP), se consumado, que absorverá o crime-meio de registro.

Todavia, tratando-se de concurso entre o crime de estupro e o de registro não autorizado da cena, inviável o reconhecimento da consunção, por distintos serem na conduta, no dolo e na objetividade jurídica.

1.6. Elemento normativo do tipo

Ato libidinoso e caráter íntimo e privado são os elementos normativos do tipo, cujo sentido o juiz deve determinar no caso concreto.

1.7. Consumação e tentativa

O delito atinge a consumação com a prática das condutas previstas no tipo, independentemente de qualquer resultado especial eventualmente pretendido pelo agente. Admite-se a tentativa em relação a qualquer espécie de registro.

Haverá, entretanto, a absorção deste crime de registro ilícito pelo mais grave, do art. 218-C, CP, caso o agente registre ilicitamente a cena de nudez ou ato sexual ou libidinoso com o exclusivo objetivo de divulgar seu conteúdo, desde que a divulgação (crime-fim) atinja a consumação. Divulgação mal sucedida, ou seja, apenas tentada, deve ser entendida como mero exaurimento do crime de registro.

1.8. Classificação

Crime comum, material, doloso, comissivo, de dano, plurissubsistente.

2. JURISPRUDÊNCIA

2.1. Julgados

Absorção do delito de registro não autorizado de cena da intimidade sexual pelo crime de estupro. Inadmissibilidade

Estupro de vulnerável. Recurso defensivo: absolvição por insuficiência probatória. Inadmissibilidade. Atos libidinosos diversos da conjunção carnal. Delito que não deixa vestígios. Coerência e segurança no depoimento das ofendidas em consonância com os demais elementos acostados aos autos. Materialidade e autoria suficientemente comprovadas. Condenação mantida. Recurso parcialmente provido para outro fim. Estupro de vulnerável e produção pornográfica envolvendo criança (art. 240, ECA). Recurso defensivo: aplicação do princípio da consunção do segundo delito em relação ao primeiro. Inadmissibilidade. Crimes distintos, com objetividades jurídicas diversas e consumação em momentos diferentes. Designios autônomos. Concurso material mantido. Recurso parcialmente provido para outro fim. "Não encontra respaldo o pleito para a consunção entre esse delito e o estupro de vulnerável, que se consumaram em momentos distintos, através de condutas diferentes e possuem objetividades jurídicas diversas, enquanto o delito do ECA visa a proteção moral, o crescimento sadio, o respeito e o decoro com a criança e o adolescente, o crime do art. 217-A do Código Penal tutela a dignidade sexual da pessoa vulnerável". [...]. (TJSP, APR n. 15015029220208260358 SP 1501502-92.2020.8.26.0358, 3ª Câm. de Direito Criminal, rel. Jayme Walmer de Freitas, j. 16.09.2021, publ. 16.09.2021)

Ação penal de natureza pública incondicionada do crime de registro não autorizado de intimidade sexual

O delito de registro não autorizado da intimidade sexual (art. 216-B do CP) possui a natureza de ação penal pública incondicionada. (STJ, RHC n. 175.947/SP, 6ª T., rel. Min. Sebastião Reis Júnior, j. 25.04.2023, *Info* 772)

CAPÍTULO II
DOS CRIMES SEXUAIS CONTRA VULNERÁVEL

Capítulo com denominação dada pela Lei n. 12.015, de 07.08.2009.

Sedução

Art. 217. ***(Revogado pela Lei n. 11.106, de 28.03.2005.)***

Estupro de vulnerável

Art. 217-A. Ter conjunção carnal ou praticar outro ato libidinoso com menor de 14 (catorze) anos:

Artigo acrescentado pela Lei n. 12.015, de 07.08.2009.

Pena – reclusão, de 8 (oito) a 15 (quinze) anos.

§ 1º Incorre na mesma pena quem pratica as ações descritas no *caput* com alguém que, por enfermidade ou deficiência mental, não tem o necessário discernimento para a prática do ato, ou que, por qualquer outra causa, não pode oferecer resistência.

§ 2º *(Vetado.)*

§ 3º Se da conduta resulta lesão corporal de natureza grave:

Pena – reclusão, de 10 (dez) a 20 (vinte) anos.

§ 4º Se da conduta resulta morte:

Pena – reclusão, de 12 (doze) a 30 (trinta) anos.

§ 5º As penas previstas no *caput* e nos §§ 1º, 3º e 4º deste artigo aplicam-se independentemente do consentimento da vítima ou do fato de ela ter mantido relações sexuais anteriormente ao crime.

Parágrafo acrescentado pela Lei n. 13.718, de 24.09.2018.

---

1. COMENTÁRIO

1.1. Objetividade jurídica

É a dignidade sexual da pessoa vulnerável e, especificamente, sua vulnerabilidade o que a norma tutela, e não a liberdade sexual, já que, em tal condição – de vulnerabilidade – não tem a vítima a capacidade de consentir com ato de caráter sexual.

Por isso, é irrelevante que haja, por parte do ofendido, eventual consentimento com a prática da conjunção carnal ou outro ato libidinoso. A concordância não afastará a caracterização do crime. A lei não permite, sob qualquer forma, a prática de atos sexuais com os que considera vulneráveis, não dá a eles a liberdade sexual.[29] Nesse sentido, em 2018 foi inserido o § 5º ao art. 217-A, CP, explicitando a irrelevância do consentimento da vítima vulnerável, bem como de sua eventual experiência sexual ou relacionamento com o agente para fins de aplicação de pena.

O novo parágrafo, além de incorporar o teor da Súmula n. 593 do STJ, que trata como irrelevantes o consentimento da vítima menor de 14 anos com a prática libidinosa, sua eventual experiência sexual anterior e o relacionamento com o agente (o crime de estupro de vulnerável se configura com a conjunção carnal ou prática de ato libidinoso com menor de 14 anos, sendo irrelevante eventual consentimento da vítima para a prática do ato, sua experiência sexual anterior ou a existência de relacionamento amoroso com o agente), ampliou e estendeu-o a todas as espécies de vulnerabilidade.

Mas deve-se lembrar que, até março de 2019, por expressa previsão do Código Civil (art. 1.520), o casamento civil de quem não tivesse idade núbil, celebrado com autorização judicial, poderia eximir de responsabilidade penal quem, nessa condição, praticasse atos sexuais com o menor de 14 anos.[30] Com a entrada em vigor da Lei n. 13.811/2019, não mais se permite o casamento ao menor de 16 anos, com o que deixou de existir a citada excludente legal de ilicitude.

Meras previsões legais, contudo, não são suficientes para que situações que se verificam com frequência na prática sejam ignoradas. Não é pela proibição legal do casamento ao menor de 16 anos que a união entre pessoas nessas condições, como mágica, deixará de ocorrer.

E para essa problemática não se pode deixar de oferecer solução, sendo a mais acertada a de que não haverá tipicidade na conduta do agente que, vivendo em união estável com pessoa menor de 14 anos, tenha com ela relações sexuais não violentas. Seria um contrassenso ignorar situações fáticas aceitas socialmente para criminalizar tais condutas.

Em agosto de 2021, a 5ª Turma do STJ, julgando caso de adolescente condenado por manter relações sexuais com menor de 14 anos, afastou a presunção de ocorrência de estupro de vulnerável. O relator analisou o caso concreto e reconheceu uma distinção (*distinguishing*) em relação ao enunciado sumular n. 593 do próprio tribunal, convertido posteriormente no parágrafo 5º do art. 217-A, segundo o qual o consentimento da vítima, sua eventual experiência sexual anterior ou a existência de relacionamento amoroso entre agente e vítima não afastam a ocorrência do crime. Seguido por todos os outros ministros da turma, reconheceu a atipicidade material da conduta do jovem, que namorou pessoa menor de 14 anos, com relacionamento aprovado pelos pais da vítima e do qual sobrevieram um filho e a efetiva constituição de núcleo familiar. O tribunal superior atentou-se para o fato de que "atualmente, o estupro de vulnerável não traz em sua descrição qualquer tipo de ameaça ou violência, ainda que presumida, mas apenas a presunção de que o menor de 14 anos não tem capacidade para consentir com o ato sexual. Assim, para tipificar o delito em tela, basta ser menor de 14 anos. Diante do referido contexto legal, se faz imperativo, sob pena de violação da responsabilidade penal subjetiva, analisar detidamente as particularidades do caso concreto, pela perspectiva não apenas do autor mas também da vítima" e de que "um exame acurado das nuances do caso concreto revela que a conduta imputada, embora formalmente típica, não constitui infração penal, haja vista a ausência de relevância social e de efetiva vulneração ao bem jurídico tutelado".[31]

Também no Tribunal de Justiça de Goiás há decisão em que se reconheceu a atipicidade da conduta em caso semelhante ao julgado pelo STJ: "Se as provas dos autos atestam que a suposta ví-

29 Guilherme Nucci, entendendo que a manutenção da rubrica de estupro remete a ato praticado contra a vontade da vítima, enxerga no novo tipo penal uma fresta para possível discussão sobre a validade do consentimento do ofendido para afastar o crime. Tratar-se-ia de uma nova roupagem à antiga presunção de violência e à discussão sobre seu caráter absoluto ou relativo (*Código Penal comentado*, 2014).

30 Outras considerações pertinentes estão no item 3, observações feitas ao crime de estupro de vulnerável.

31 STJ, Ag. Reg. no REsp n. 1.919.722/SP, 5ª T., rel. Min. Reynaldo Soares Fonseca, j. 17.08.2021.

tima do estupro de vulnerável, desde os fatos, está em união estável com o acusado, criando a filha em comum, oriunda dos atos sexuais consentidos, por vontade própria, constitui um verdadeiro contrassenso a manutenção da condenação, que acarretará na desaglutinação de uma entidade familiar, protegida pela Carta Magna no art. 226, por ofensa aos postulados da proporcionalidade e razoabilidade, além dos demais princípios formadores da base legal pátria que norteiam a regência da vida em sociedade e da proteção à família. [...]" (TJGO, APR: 153548820188090105, 1ª Câm., rel. Des. Nicomedes Domingos Borges, j. 09.07.2019, *DJ* 21.08.2019).

Por isso, o estabelecimento de união estável entre o agente e o vulnerável, seja anterior ou posterior à prática sexual não violenta, retira-lhe a natureza criminosa, porque, pelo princípio da adequação social, não pode haver tipicidade em fatos socialmente aceitos. Obviamente que a convalidação descrita não valerá em caso de conjunção carnal ou ato libidinoso praticado com violência real ou moral.

Em semelhante linha de pensamento, discordamos da tese de que jamais haveria importunação sexual na prática libidinosa contra os vulneráveis, posicionamento adotado em decisões de alguns tribunais, inclusive superiores, que vêm classificando como estupro de vulnerável a prática de qualquer ato libidinoso em relação a esse público.

A adequada tipificação da conduta é essencial para que sejam respeitados os princípios da proporcionalidade e da razoabilidade. Como parte dos bens jurídicos tutelados pela norma do art. 217-A (estupro de vulnerável) é igualmente tutelada no tipo de importunação sexual, a gravidade e a intensidade do ato libidinoso têm de ser sempre analisadas e consideradas no caso concreto.

Se o legislador iniciou a descrição do tipo com conjunção carnal, para depois acrescentar a hipótese de outros atos libidinosos, parece evidente que se deve considerar estupro apenas aquilo que se possa equiparar, em gravidade e intensidade, ou em qualquer outra dimensão, à própria conjunção carnal.

E, se é desproporcional que a violência ou a grave ameaça da conduta dirigida aos atos libidinosos seja considerada, indiscriminadamente, como traço distintivo entre os crimes de estupro e de importunação sexual, com mais razão nos parece incabível que se presuma a violência, suscitando-se instituto que desde 2009 deixou de constar da lei, para adequar ao estupro de vulnerável todos os atos libidinosos com vulneráveis.

A presunção absoluta de violência, quando o ofendido for menor de 14 anos, não significa que atos sexuais de baixa intensidade devam sempre ser considerados estupro. Isso equivaleria a transmudar qualquer ato em algo equiparável à conjunção carnal, somente a partir da idade da vítima, o que não tem cabimento lógico.

Daí estarem excluídos do alcance da norma que tipifica o crime de estupro (de vulnerável) quaisquer outros atos que, embora libidinosos, apresentem projeção menos intensa do que a conjunção carnal – ou seja, atos de menor intensidade, como toques, beijos, ou mesmo contatos leves ainda que envolvendo partes íntimas do ofensor ou do ofendido

Repetimos, aos tipos mais graves do estupro e do estupro de vulnerável subsumem-se as práticas libidinosas 1) em que haja o contato físico entre agente e ofendido e 2) que envolvam os órgãos sexuais, obviamente, desde que verificadas as demais elementares. As condutas em que esses dois requisitos não estiverem concomitantemente presentes não são estupro de vulnerável e podem, no máximo, adequar-se à figura subsidiária da importunação sexual, ou mesmo serem consideradas atípicas, pela pouca intensidade ou gravidade dos atos, ainda que tidos por libidinosos.

O corpo da vítima vulnerável é o objeto do delito, utilizado pelo agente em contrariedade à norma.

1.2. Sujeitos

São sujeitos ativo e passivo do crime pessoas de qualquer sexo.

Possíveis a coautoria e a participação.

Requer cuidado, porém, a análise de condutas supostamente comissivas por omissão, como a de genitora que não impeça o marido ou companheiro de praticar violência sexual contra filha ou filho, pelo que se queira a ela imputar o estupro de vulnerável.

Cautela se exige porque, na omissão penalmente relevante, ao dever especial de agir imposto à genitora do exemplo deve-se somar sua capacidade – uma capacidade concreta, real – de evitar o resultado, pois não há omissão naquilo que não se pode fazer.[32]

32 "**Apelação. Recurso exclusivo da acusação. Estupro de vul**nerável. Conduta omissiva imprópria. Omissão penalmente

Então, para que responda pelo estupro de vulnerável praticado pelo marido ou companheiro, necessário que tenha tido ciência da prática criminosa e que, podendo algo fazer para evitar o resultado, tenha deixado, dolosa e não culposamente (não há estupro culposo), de agir.

A participação em crime exige, do partícipe, ciência, concordância, dolo, concorrência para o fato e exigibilidade de conduta diversa.

De qualquer modo, será de menor importância a participação se demonstrado que o comportamento da genitora não foi determinante na prática do estupro pelo executor direto.[33]

E, evitando-se o *bis in idem*, não incidirá, na pena da partícipe, a majorante do art. 226, II, do CP (crime praticado por ascendente), uma vez que é da relação de ascendência que decorre, no caso, o dever de agir e, consequentemente, a responsabilização pela conduta omissiva. Por semelhante razão, dela também se afasta a majorante do concurso de agentes (art. 226, I, CP), porque do concurso depende a própria imputação pela omissão.

Por fim, registra-se a possibilidade de se ter, no polo ativo do crime, o autor mediato, que, exercendo sobre terceiro o controle psicológico, determine a ele a prática de atos libidinosos contra o vulnerável, para com isso satisfazer sua própria lascívia.[34] É um exemplo de exceção que confirma a regra defendida nesta obra – de que o contato físico entre agente e ofendido é imprescindível à caracterização do estupro de vulnerável.

Como ofendidos somente podem figurar aqueles que se enquadrem na descrição de vulneráveis[35] dada pela lei. São eles, alternativamente, os menores de 14 anos, os enfermos ou deficientes mentais, sem o necessário discernimento para a prática do ato libidinoso e, ainda, os que não podem oferecer resistência.

Guilherme Nucci questiona o rigor da lei em proteger o menor de 14 anos, já que, pelo ECA, o maior de 12 anos é considerado adolescente e, a partir de então, deveria a ele ser concedida "a capacidade de consentimento em relação aos atos sexuais" (*Crimes contra a dignidade sexual*, 2009, p. 38).

Para a configuração do crime em relação a vítima doente ou enferma mentalmente, exige-se que não tenha ela o necessário discernimento. Daí que, embora doente ou enfermo mental, se possuir capacidade para discernir, não haverá o delito.[36]

A incapacidade para oferecer resistência, última causa de vulnerabilidade, pode ser permanente ou temporária, duradoura ou ligeira, motivada por causas naturais ou provocada. Nessa condição se encontra quem não pode se opor à conduta do agente. No caso de haver um mínimo de capacidade de resistir e sendo ela vencida pelo sujeito ativo com o emprego de alguma fraude, a conduta desloca-se para o crime de violação sexual mediante fraude, do art. 215 do CP ou para outro delito subsidiário, como a importunação sexual do art. 215-A, CP.[37]

Pessoa embriagada, se incapaz de resistir, figura como sujeito passivo do crime. A vulnerabilidade decorrente da ebriez em nada se relaciona à ineficácia desse mesmo estado para excluir a inimputabilidade penal. Ou seja, não é porque a lei, por razões de política criminal,[38] responsabiliza criminalmente o bêbado, considerando que antes de se embriagar tinha consciência de seus atos, que se deve afastar sua condição de vulnerável, decorrente da incapacidade de oferecer resistência à prática sexual.

1.3. Análise da(s) conduta(s) descrita(s) no tipo

Duas são as condutas nucleares do tipo: "ter conjunção carnal" e "praticar outro ato libidinoso", com pessoa vulnerável. Eduardo Cabette, apontando a falta de definição legal segura da expressão, chega "à conclusão de que o termo 'pessoa vulnerável' corresponde aos antigos casos de 'pre-

relevante. Condenação. Impossibilidade. Ausência de prova segura quanto à autoria do delito. Não comprovação de que a ré tinha o poder de agir. Aplicação do princípio *in dubio pro reo*. Absolvição mantida. Recurso não provido. (TJSP, APR n. 00027910920178260369 SP 0002791-09.2017.8.26.0369, 2ª Câm. de Direito Criminal, rel. Luiz Fernando Vaggione, j. 13.11.2020, publ. 13.11.2020).

33 Nesse sentido, parecer da Procuradoria de Justiça Criminal, pelo provimento de apelação de mulher condenada por estupro de vulnerável praticado pelo companheiro contra sua filha (Processo n. 0002208-43.2015.8.26.0450, TJSP, 9ª Câm. de Direito Criminal).

34 Caso semelhante foi tratado pela 6ª Turma do STJ no julgamento do *HC* n. 478.310, rel. Min. Rogério Schietti, j. 09.02.2021 (*Info* 685).

35 Vulnerável significa o "que pode ser vulnerado [...], ou seja, ferido" (*Novo dicionário Aurélio da língua portuguesa*, 1986, p. 1.792).

36 Outras considerações sobre o tema no item 3, observações sobre o crime de estupro de vulnerável.

37 *Vide* comentários aos crimes de violação sexual mediante fraude e importunação sexual.

38 Trata-se da teoria da *actio libera in causa*, discutível pela criminologia crítica.

sunção de violência' outrora previstos no revogado art. 224, *a*, *b* e *c*, CP" (disponível em: http://jus.com.br/artigos/13479/acao-penal-nos-crimes-contra-a-dignidade-sexual; acesso em: 03.11.2014).

De fato, as alíneas *a* (menor de 14 anos) e *c* (pessoa que por qualquer outra causa não possa oferecer resistência) do revogado art. 224 do CP viram-se repetidas no *caput* e § 1º do art. 217-A, CP. Já a alínea *b* teve seu alcance reduzido. Referia-se a antiga norma à vítima "alienada ou débil mental". O conceito de débil mental ajusta-se ao de pessoa com deficiência mental atualmente empregado, tida como aquela com capacidade de aprendizado, mas "incapaz de sustentar a luta pela vida, de dirigir bem seus negócios" (GOMES, Hélio. *Medicina legal*, 1974, p. 167). Mas a expressão anterior, pessoa alienada, é mais ampla que pessoa com enfermidade, compreendendo, além dos doentes mentais, o alienado social.

Conjunção carnal é a relação sexual em que o pênis é introduzido na cavidade vaginal. Dispensável a penetração completa ou a ejaculação.

Ato libidinoso é todo aquele voltado à excitação ou satisfação da libido, bem como o ato destinado a humilhar ou desprezar a vítima, desde que com características de libidinoso. Mas, como ressaltamos nos comentários aos tipos de estupro e importunação sexual, nem todo ato libidinoso praticado com vulnerável é apto a tipificar o crime de estupro de vulnerável. Para tanto é imprescindível que a gravidade do ato possa ser equiparada à da conjunção carnal, o que se constata pela conjugação de contato físico (não havendo, assim, se falar em estupro de vulnerável "por contemplação" ou "virtual") com o envolvimento de órgãos genitais, que são os capazes de produzir a satisfação sexual.[39]

Necessário discernimento não se confunde com possibilidade de oferecer resistência. Para se resistir é necessário o discernimento, mas uma pessoa com discernimento pode, em determinadas circunstâncias, não ter como resistir.

1.3.1. Formas qualificadas

A reprovação penal é mais acentuada em caso de resultar, da conduta, lesão corporal grave ou morte, em que a pena será, respectivamente, de 10 a 20 ou de 12 a 30 anos.

Lesões corporais graves são as previstas no art. 129, §§ 1º e 2º, do CP. Será grave aquela de que resulte incapacidade para as ocupações habituais por mais de trinta dias, perigo de vida, debilidade permanente de membro, sentido ou função ou aceleração de parto. Gravíssimas são aquelas de que resulte incapacidade permanente para o trabalho, enfermidade incurável, perda ou inutilização de membro sentido ou função, deformidade permanente ou aborto.

O resultado qualificador pode resultar de culpa ou de dolo do agente, não se limitando, portanto, ao crime preterdoloso, em que há dolo na conduta consequente, mas em que o resultado mais gravoso resulta de culpa.

1.4. Elemento subjetivo

O dolo, elemento subjetivo do crime de estupro de vulnerável, tem de abranger, além da consciência da ação e do resultado, o nexo causal entre eles, a vontade de praticar a ação para obter o resultado, o conhecimento sobre a idade da vítima, ou sobre sua enfermidade ou deficiência mental, ou sobre a ausência do necessário discernimento, ou, por fim, sobre a impossibilidade de oferecer resistência.[40]

1.5. Elementos normativos

Ato libidinoso, necessário discernimento e impossibilidade de resistência são elementos normativos, que devem ter seu conteúdo determinado pelo juiz no caso concreto.

1.6. Consumação e tentativa

Consuma-se o crime com a conjunção carnal ou com a prática, com pessoa vulnerável, de outro ato libidinoso, sempre se observando a proporcionalidade, que, como recorrentemente destacamos nesta obra, impõe que se reservem ao delito de estupro de vulnerável apenas os atos libidinosos mais graves, assim entendidos aqueles minimamente intensos e duradouros em que haja o contato físico de corpos e que envolvam órgão genital da vítima, do agente ou de ambos, que são os capazes de produzir satisfação sexual.

Em edição anterior, dizíamos que, pretendendo o agente a cópula vagínica, se não chegasse a seu objetivo por circunstâncias alheias à sua vontade, mas antes disso praticasse qualquer ato li-

39 *Vide* comentários ao crime de importunação sexual contra vulnerável.

40 *Vide* comentários dos autores sobre dolo e erro de tipo no crime de estupro.

bidinoso, preparatório ao coito, teria consumado o estupro de vulnerável. Concluíamos que de nada aproveitaria ao sujeito ativo desistir voluntariamente da conjunção carnal se já tivesse praticado outro ato lascivo. A desistência voluntária somente seria efetiva se ocorresse antes da prática de qualquer ato libidinoso, caso em que o agente não teria ultrapassado os atos preparatórios.

Foram a entrada em vigor da Lei n. 13.718/2018 e o surgimento da nova e intermediária figura típica da importunação sexual que nos levaram à parcial mudança de posicionamento, pelo que as possibilidades de tentativa e desistência voluntária têm de ser analisadas agora com base nos seguintes aspectos:

a) o momento da interrupção do *iter criminis*;

b) a prática libidinosa pretendida pelo agente;

c) a qualidade do ato libidinoso diverso da conjunção carnal praticado.

Daí que não ultrapassará os atos preparatórios e, portanto, não responderá pelo estupro de vulnerável o agente que, desejando ter conjunção carnal ou praticar outro ato libidinoso com vítima impossibilitada de oferecer resistência, for impedido antes de qualquer prática lasciva, enquanto, por exemplo, retira as próprias vestes.

Como o constrangimento não é elemento do tipo de estupro de vulnerável, inexiste aquela fase intermediária, presente no estupro do art. 213, CP, entre o constrangimento e a conjunção carnal ou a prática libidinosa diversa, momento no que autores como Hungria e Magalhães Noronha veem possível a interrupção do *iter criminis*. Há julgado, entretanto, reconhecendo a tentativa na hipótese em que o agente, no momento em que propõe à vítima menor de 14 anos ter com ele relação sexual pelo valor de R$ 30,00, é flagrado pela polícia (TJSP, Ap. Crim. n. 734.274/SC, rel. Des. Marli Mosimann Vargas, j. 10.06.2011).

Haverá crime de estupro de vulnerável tentado quando, restando inequívoca a vontade do agente de chegar à cópula vaginal, não puder alcançar seu objetivo por circunstâncias alheias à sua vontade, e, mesmo que tenha praticado atos libidinosos, o sejam daqueles de menor gravidade – assim entendidos os atos em que não haja, concomitantemente, o contato físico entre agente e ofendido e que não envolvam órgão genital.

Obviamente, não se reconhecerá a tentativa em benefício do agente que, em circunstâncias semelhantes às acima expostas, no caminho interrompido para a conjunção carnal, chegar a praticar atos libidinosos mais graves, embora diversos da conjunção carnal – com contato físico e envolvendo órgão genital. A mesma solução se apresenta para o caso de sua única pretensão ter sido a prática dessa espécie de ato lascivo – e não a cópula vaginal –, responderá pelo estupro de vulnerável consumado.

Situando-se o problema em classificar a conduta entre o estupro de vulnerável tentado e a importunação sexual consumada, sua adequação será ao segundo crime quando, analisadas as circunstâncias, não se puder equiparar a gravidade dos atos libidinosos pretendidos e praticados pelo agente contra a vítima à gravidade da conjunção carnal. Lembrando que defendemos serem tão graves quanto a conjunção carnal aqueles atos em que houver o contato físico dos corpos, envolvendo órgão genital de agente e vítima ou ao menos de um deles.

E se, em vez de ser interrompido por circunstâncias externas, o agente voluntariamente desistir da inicialmente pretendida cópula vaginal, pode ter sua responsabilidade limitada ao novo crime do art. 215-A, CP, importunação sexual, ao crime de constrangimento ilegal do art. 146, CP, ou mesmo ter reconhecida a atipicidade de sua conduta, a depender da qualidade, intensidade e durabilidade dos atos praticados até o momento da desistência.

Observa-se, entretanto, que poucas têm sido as decisões judiciais, de segunda instância e em grau superior, a admitir a ocorrência do crime de estupro de vulnerável tentado ou de importunação sexual contra o vulnerável. Majoritariamente tribunais de todo o país não veem possível a desclassificação para o crime intermediário ou para a tentativa, mesmo na prática de ato libidinoso de menor gravidade, como o beijo na boca e o passar as mãos sobre as roupas do vulnerável.

Por fim, sobre as figuras qualificadas, em caso de o agente ter consumado o estupro do vulnerável e circunstâncias alheias à sua vontade o impedirem de chegar à pretendida lesão ou morte, responderá pelo crime do art. 217-A, *caput*, CP, na forma consumada, em concurso com o crime de lesão corporal ou com o de homicídio, na forma tentada.

1.7. Classificação

Crime comum, material, doloso, de dano, comissivo, plurissubsistente, hediondo.

2. JURISPRUDÊNCIA

2.1. Súmula

Súmula n. 593, STJ: "O crime de estupro de vulnerável se configura com a conjunção carnal ou prática de ato libidinoso com menor de 14 anos, sendo irrelevante eventual consentimento da vítima para a prática do ato, sua experiência sexual anterior ou existência de relacionamento amoroso com o agente".

2.2. Julgados

Desclassificação de estupro de vulnerável para importunação sexual. Possibilidade

Apelação. Estupro de vulnerável e crime previsto no ECA (coação de menor para enviar vídeos e fotos nuas – arts. 217-A do CP e 240, § 1º, do ECA). Alegada fragilidade probatória. Inocorrência. Crime do ECA e atos libidinosos diversos da conjunção carnal, consistente em passar a mão nos seios da vítima, sobre a blusa devidamente comprovados. Quadro probatório que se mostra seguro a embasar decreto condenatório. Palavras da vítima coesas, firmes e coerentes e que consoam com outros elementos de prova, e depoimentos de testemunhas. Imputação de crime do art. 217-A. Todavia, a conduta melhor se amolda ao art. 215-A do CP, eis que, apesar de causar revolta, não se reveste da mesma gravidade de outras condutas libidinosas, como sexo oral, anal ou masturbação. Desclassificação que se impõe. Circunstâncias judiciais favoráveis a impor a pena deste delito no mínimo legal. Concurso material com o delito previsto no ECA. Pena total reduzida com fixação de regime inicial semiaberto. Recurso parcialmente provido. (TJSP, APR n. 00014492420178260187/SP 0001449-24.2017.8.26.0187, 16ª Câm. de Direito Criminal, rel. Osni Pereira, j. 12.11.2021, publ. 16.11.2021)

Recurso especial. Estupro. Violação do art. 14, I e II, do CP. Prática de atos libidinosos diversos da conjunção carnal. Consumação configurada. Pleito de afastamento da forma tentada. Procedência. *Novatio legis in mellius*. Verificação. Ocorrência. Tipo penal adequado ao caso concreto: importunação sexual (art. 215-A do CP). *Habeas corpus*, de ofício. Aplicação do art. 654, § 2º, do CPP. Redimensionamento da pena privativa de liberdade, que se impõe. [...] 2. Diante da inovação legislativa, apresentada pela Lei n. 13.718, de 24 de setembro de 2018, foi criado o tipo penal da importunação sexual, inserida no Código Penal por meio do art. 215-A. A conduta do recorrido, conforme descrita na inicial acusatória, consistente em passar as mãos pelo corpo da infante (pernas e nádegas), bem como ao entorno da vagina da adolescente, no intuito de satisfazer sua lascívia, sem penetração, não mais se caracteriza como crime de estupro, sendo o novo tipo penal da importunação sexual. 3. Agora, "o passar de mãos lascivo nas nádegas", "o beijo forçado", aquilo que antes tinha que se adequar ao estupro para não ficar impune [...] "ganha" nova tipificação: o crime de importunação sexual. Não há mais dúvida: é crime! Dessa forma, verifica-se um tratamento mais adequado aos casos do mundo da vida e às hipóteses de absolvição forçada dada a única opção (estupro) [...] 4. Ao punir de forma mais branda a conduta perpetrada pelo recorrido, condiciona-se, no presente caso, a sua aplicação diante do princípio da superveniência da lei penal mais benéfica. [...] Em havendo a superveniência de *novatio legis in mellius*, ou seja, sendo a nova lei mais benéfica, de rigor que retroaja para beneficiar o réu (Ag. Reg. no AREsp n. 1.249.427/SP, Min. Maria Thereza de Assis Moura, 6ª T., *DJe* 29.06.2018). 5. Não obstante a correção da decisão agravada, nesse ínterim, sobreveio a publicação da Lei n. 13.718, de 24 de setembro 2018, no *DJU* de 25.09.2018, que, entre outras inovações, tipificou o crime de importunação sexual, punindo-o de forma mais branda do que o estupro, na forma de praticar ato libidinoso, sem violência ou grave ameaça (Ag. Reg. no REsp n. 1.730.341/PR, Min. Laurita Vaz, 6ª T., *DJe* 13.11.2018). 6. Recurso especial provido para afastar o reconhecimento da tentativa. De ofício, concedida a ordem de *habeas corpus* a fim de alterar a tipificação do delito para a prevista no art. 215-A do Código Penal e redimensionar a pena privativa de liberdade do recorrido nos termos da presente decisão. (STJ, REsp n. 1.745.333/RS 2018/0134332-9, 6ª T., rel. Min. Sebastião Reis Júnior, j. 26.02.2019, *DJe* 14.03.2019)

Quadro probatório que se mostra seguro e coeso para evidenciar autoria e materialidade do delito. Palavra das vítimas corroborada pelos demais elementos de prova. Manutenção da condenação. Possibilidade de alteração da capitulação delitiva para o art. 215-A, CP, mais adequado à realidade dos fatos. Ao tratarem sobre atos libidinosos, diferem-se os tipos entre si na medida em que, enquanto o do art. 213 do Código Penal exige, para sua configuração, a presença de violência ou grave ameaça e ainda que o ato libidinoso tenha sido praticado com a vítima, o art. 215-A prevê sanção àquele que, sem a anuência do ofendido, pratica ato libidinoso contra aquele. (TJSP, AC n. 0005731-38.2017.8.26.0565, 16ª Câm., rel. Newton Neves, j. 25.05.2019)

Revisão criminal. Condenação por estupro de vulnerável majorado pela relação de autoridade familiar do revisionando sobre a vítima (art. 217-A c/c art. 226, II, ambos do CP). Pleito desclassificatório ante a alegação de que a conduta "prevista no art. 215-A do Código Penal, tipo penal de importunação sexual surgido com o advento da Lei n. 13.718/2018, que, por lhe ser mais benéfico, aplica-se o princípio da continuidade normativa. Pedido revisional procedente. Em se verificando que, diante das circunstâncias do caso concreto, a conduta perpetrada pelo agente não se reveste de tamanha gravidade apta a configurar o crime de estupro de vulnerável (CP, art. 217-A, *caput*), adequada se mostra a desclassificação do comportamento delituoso para o crime de importunação sexual (CP, art. 215-A). (TJSC, RVCR Capital n. 4008006-21.2019.8.24.0000, 1º Grupo de Direito Criminal, rel. Júlio César M. Ferreira de Melo, j. 25.09.2019)

Penal. Estupro. Desclassificação para importunação sexual. Ameaça e vias de fato. Absolvição. Comprovada a prática de ato libidinoso sem anuência da vítima e não comprovada a violência ou a grave ameaça, desclassifica-se a conduta de estupro para importunação sexual do art. 215-A do Código Penal. Absolve-se da acusação de ameaça e vias de fato se as declarações da vítima, afirmando que o acusado lhe agrediu e lhe prometeu causar mal injusto e grave, no caso concreto, não se mostram firmes e coerentes, no conjunto probatório, para uma condenação. Apelação parcialmente provida. (TJDF, 0001314-30.2019.8.07.0006, 1ª T. Criminal, rel. George Lopes, j. 31.10.2019, DJe 20.11.2019)

Beijo lascivo e desclassificação de estupro de vulnerável para importunação sexual – voto favorável no STF

Em voto vencido no *HC* n. 134.591, o ministro Roberto Barroso ressaltou que os atos praticados pelo paciente (beijo lascivo em criança) não podem ser considerados simples perturbação à tranquilidade da criança ou mera importunação ofensiva ao pudor. Ao contrário, a conduta se revestiu de inequívoca conotação sexual, a configurar comportamento lascivo ou libidinoso em face de vítima de apenas cinco anos de idade. Em 24 de setembro de 2018 foi editada a Lei n. 13.718/2018, a qual criou a figura típica prevista no art. 215-A do CP. Partindo das premissas fixadas pelas instâncias de origem, registrou que o paciente praticou ato libidinoso diverso da conjunção carnal, com o objetivo de satisfazer a própria lascívia e contra a vontade da vítima. Assim, mostra-se possível a aplicação retroativa da Lei n. 13.718/2018. A pena prevista nessa nova figura típica mostra-se mais adequada e suficiente à reprovação e à prevenção da ação criminosa em comento. Afirmou não se tratar, no caso, de fazer incidir retroativamente lei penal incriminadora, o que implica em violação ao princípio da irretroatividade da lei penal. Na realidade, o ato praticado pelo paciente – ato libidinoso diverso da conjunção carnal –, de início passível de enquadramento no art. 217-A do CP, com pena de oito a quinze anos de reclusão, passou a ser incriminado, para condutas menos invasivas, de forma mais branda pelo crime de "importunação sexual", cuja pena varia de um a cinco anos (STF, *HC* n. 134.591, 1ª T., rel. Min. Marco Aurélio, j. 01.10.2019)

Desclassificação de estupro de vulnerável para importunação sexual. Impossibilidade

Penal. Recurso especial submetido ao rito dos recursos repetitivos. Estupro de vulnerável (art. 217-A do CP). Desclassificação para o crime de importunação sexual (art. 215-A do CP). Evolução histórica da proteção das crianças e dos adolescentes. Doutrina da proteção integral. Tratados internacionais. Conflito aparente de normas. Princípios da especialidade e da subsidiariedade. Reserva de plenário. Princípio da proporcionalidade. Mandamento de criminalização. Impossibilidade da desclassificação. Recurso especial provido. (STJ, REsp n. 1.959.697/SC, 3ª S., rel. Min. Ribeiro Dantas, j. 08.06.2022, *DJe* 01.07.2022)

Presente o dolo específico de satisfazer à lascívia, própria ou de terceiro, a prática de ato libidinoso com menor de 14 anos configura o crime de estupro de vulnerável (art. 217-A do CP), independentemente da ligeireza ou da superficialidade da conduta, não sendo possível a desclassificação para o delito de importunação sexual (art. 215-A do CP). (STJ, REsp n. 1.959.697/SC, 3ª S., rel. Min. Ribeiro Dantas, j. 08.06.2022 – recurso repetitivo – Tema n. 1.121 – *Info* 740)

A prática de atos libidinosos diversos da conjunção carnal contra vítima menor de 14 (quatorze) anos de idade, tal como ocorreu na hipótese dos autos, configura o tipo penal previsto no art. 217-A do Código Penal, não sendo possível desclassificar a conduta para as preconizadas no art. 215-A do mesmo Códex ou no art. 61 da Lei de Contravenção Penal. (STJ, Ag. Reg. no AREsp n. 1.702.517/PR, rel. Laurita Vaz, j. 15.09.2020)

No caso em apreço, o acusado, ao tocar nos seios da criança, ainda que por cima da roupa, praticou todos os atos necessários à tipificação do delito de estupro de vulnerável, que não exige atos invasivos, conforme jurisprudência deste Tribunal. 4. Não obstante a inovação trazida pelo art. 215-A do Código Penal (introduzido pela Lei n. 13.718/2018), "a Terceira Seção desta Corte Superior sedimentou a jurisprudência, então já dominante, pela presunção absoluta da violência em casos da prática de conjunção carnal ou ato libidinoso diverso com pessoa menor de 14 anos" (REsp n. 1.320.924/MG, rel. Min. Rogerio Schietti Cruz, 6ª T., j. 16.08.2016, *DJe* 29.08.2016), de modo que é "inaplicável o art. 215-A do CP para a hipótese fática de ato libidinoso diverso de conjunção carnal praticado com menor de 14 anos, pois tal fato se amolda ao tipo penal do art. 217-A do CP, devendo ser observado o princípio da especialidade" (Ag. Reg. nos EDcl no AREsp n. 1.225.717/RS, rel. Min. Joel Ilan Paciornik. (STJ, Ag. Reg. no REsp n. 1.824.358/MG, rel. Ribeiro Dantas, j. 12.11.2020)

Agravo regimental em revisão criminal. Condenação pelo crime de estupro de vulnerável (art. 217-A do CP). Pedido de reclassificação da conduta para o crime de importunação sexual (art. 215-A, CP – Lei n. 13.718/2018). [...] 5. De qualquer forma, sobre o tema meritório em tela, tem prevalecido no Superior Tribunal de Justiça a impossibilidade de desclassificação da figura do estupro de vulnerável para o art. 215-A do Código Penal, uma vez que referido tipo penal é praticado sem violência ou grave ameaça, e o tipo penal imputado ao agravante (art. 217-A do Código Penal) inclui a presunção absoluta de violência ou grave ameaça, por se tratar de menor de 14 anos. Precedentes da Quinta e da Sexta Turmas do STJ: Ag. Reg. no *HC* n. 491.481/SC, rel. Min. Ribeiro Dantas, 5ª T., j. 04.06.2019, *DJe* 11.06.2019; Ag. Reg. no AREsp n. 1.168.566/SP, rel. Min. Antonio Saldanha Palheiro, 6ª T., j. 23.04.2019, *DJe* 03.05.201 [*sic*]; Ag. Reg. no REsp n. 1.761.248/MG, rel. Min. Sebastião Reis Júnior, 6ª T., j. 23.04.2019, *DJe* 03.05.2019 e Ag. Reg. no AREsp n. 1.361.865/MG, rel. Min. Laurita Vaz, 6ª T., j. 07.02.2019, *DJe* 01.03.2019. Ressalva, no ponto, do entendimento do Relator em sentido diverso. Questão decidida na Primeira Turma do colendo STF (*HC* n. 134.591/SP, rel. Min. Marco Aurélio, Sessão de 01.10.2019 – *Informativo* 928). 6. Agravo regimental a que se nega provimento. (STJ, Ag. Reg. na Rev. Cr. n. 4969/DF 2019/0164791-8, 3ª S., rel. Min. Reynaldo Soares da Fonseca, j. 26.06.2019, *DJe* 01.07.2019)

Antiga presunção de violência e irrelevância do consentimento do ofendido menor de 14 anos

Embora o art. 214 do CP tenha sido revogado, a figura típica nele definida (atos libidinosos diversos da conjunção carnal) encontra-se, desde a Lei n. 12.015/2009, definida no art. 213 com o nome de "Estupro". A antiga combinação com o art. 224, agora está no art. 217-A, denominada "Estupro de vulnerável". (STJ, *HC* n. 146.768/DF, rel. Maria Thereza de Assis Moura, j. 06.12.2012)

Para a configuração do estupro ou do atentado violento ao pudor com violência presumida (previstos, respectivamente, nos arts. 213 e 214, c/c o art. 224, *a*, do CP, na redação anterior à Lei n. 12.015/2009), é irrelevante o consentimento da ofendida menor de 14 anos ou, mesmo, a sua eventual experiência anterior, já que a presunção de violência a que se refere a redação anterior da alínea *a* do art. 224 do CP é de caráter absoluto. Precedentes (*HC* n. 94.818, rel. Min. Ellen Gracie, *DJe* 15.08.2008). (STF, *HC* n. 97.052/PR, rel. Min. Dias Toffoli, j. 16.08.2011)

O consentimento do menor de 14 anos é irrelevante para a formação do tipo penal do estupro ou atentado violento ao pudor, pois a proibição legal é no sentido de coibir qualquer prática sexual com pessoa nessa faixa etária. [...]. Precedentes. (STJ, REsp n. 688.211/SC, 3ª S., rel. Min. Laurita Vaz, j. 08.10.2008)

Estupro de vulnerável com resultado gravidez e constituição de família – atipicidade

Apelação criminal. Estupro de vulnerável que resultou em gravidez. Continuidade delitiva. Absolvição. Atipicidade da conduta. Relativização da violência presumida. Consentimento da vítima. União estável com o acusado. Filha em comum. Reconhecimento. Pena. Redução. Prejudicado. 1) Se as provas dos autos atestam que a suposta vítima do estupro de vulnerável, desde os fatos, está em união estável com o acusado, criando a filha em comum, oriunda dos atos sexuais consentidos, por vontade própria, constitui um verdadeiro contrassenso a manutenção da condenação, que acarretará na desaglutinação de uma entidade familiar, protegida pela Carta Magna no art. 226, por ofensa aos postulados da proporcionalidade e razoabilidade, além dos demais princípios formadores da base legal pátria que norteiam a regência da vida em sociedade e da proteção à família. Não há que se falar, *in casu*, na incidência do Tema n. 918 e da Súmula n. 593 do STJ, sendo imperiosa a absolvição por atipicidade da conduta, nos termos do art. 386, III, do Código de Processo Penal, em especial porque o sentenciante reconheceu tais circunstâncias no momento da fixação do regime de cumprimento, definindo-o no aberto, porque o sentenciado e a vítima continuaram mantendo o relacionamento amoroso após a sua prisão, prejudicado o pedido de redução da pena imposta. 2) Apelação conhecida e provida. Sentença reformada. (TJGO, APR n. 153548820188090105, 1ª Câm. Criminal, rel. Des. Nicomedes Domingos Borges, j. 09.07.2019, *DJ* 2812 de 21.08.2019)

Admite-se o *distinguishing* quanto ao Tema n. 918/STJ (REsp n. 1.480.881/PI), na hipótese em que a diferença de idade entre o acusado e a vítima não se mostrou tão distante quanto do acórdão paradigma (o réu possuía 19 anos de idade, ao passo que a vítima contava com 12 anos de idade), bem como há concordância dos pais da menor somada à vontade da vítima de conviver com o réu e o nascimento do filho do casal, o qual foi registrado pelo genitor. (STJ, REsp n. 1.977.165/MS, 6ª T., rel. Min. Olindo Menezes (Desembargador convocado do TRF1), rel. para acórdão Min. Sebastião Reis Júnior, j. 16.05.2023, *Info* 777)

Estupro de vulnerável com posterior coabitação de autor e vítima – tipicidade e impossibilidade de extinção da punibilidade

Não cabe a distinção realizada no julgamento do REsp n. 1.977.165/MS – caso de dois jovens namorados, cujo relacionamento tinha aquiescência dos genitores da vítima, sobrevindo um filho – na hipótese em que não há consentimento da responsável legal – o que impossibilita qualquer relativização da presunção de vulnerabilidade de menor de 14 anos no crime de estupro de vulnerável. O fato de a vítima ter passado a viver em união estável com o réu tão somente reforça o contexto de sexualização precoce no qual se encontra inserida, sendo o seu consentimento infantil incapaz de afastar a tipicidade da conduta, consoante expressamente dispõe o art. 217-A, § 5º, do Código Penal. (STJ, Ag. Reg. no REsp n. 1.979.739/MT, 6ª T., rel. Min. Laurita Vaz, j. 14.08.2023, *Info* 787)

O crime foi praticado contra criança de nove anos de idade, absolutamente incapaz de se autodeterminar e de expressar vontade livre e autônoma. Portanto, inviável a extinção da punibilidade em razão do posterior convívio da vítima – a menor impúbere violentada – com o autor do estupro. Convívio que não pode ser caracterizado como união estável, nem mesmo para os fins do art. 226, § 3º, da Constituição Republicana, que não protege a relação marital de uma criança com seu opressor, sendo clara a inexistência de um consentimento válido, neste caso. Solução que vai ao encontro da inovação legislativa promovida pela Lei n. 11.106/2005 – embora esta seja inaplicável ao caso por ser lei posterior aos fatos –, mas que dela prescinde, pois não considera validamente existente a relação marital exigida pelo art. 107, VII, do CP. (STF, RE n. 418.376/MS, Pleno, rel. Min. Marco Aurélio, rel. p/ acórdão Min. Joaquim Barbosa, j. 09.02.2006)

Continuidade delitiva e dosagem da pena no estupro de vulnerável

Nos casos de estupro de vulnerável praticado em continuidade delitiva em que não é possível precisar o número de infrações cometidas, tendo os crimes ocorrido durante longo período de tempo, deve-se aplicar a causa de aumento de pena no patamar máximo de 2/3. (STJ, REsp n. 1.932.618/RJ, 6ª T., rel. Min. Jesuíno Rissato (Desembargador convocado do TJDFT), j. 08.08.2023, *Info* 782)

Não incide a regra da continuidade delitiva específica nos crimes de estupro praticados com violência presumida. (STJ, Ag. Reg. em ARESP n. 2.165.385/MG, 5ª T., rel. Min. Reynaldo Soares da Fonseca, j. 05.09.2023, *Info* 786)

Causa de aumento de pena do art. 9º da LCH. Inaplicabilidade

Com o advento da Lei n. 12.015, de 7 de agosto de 2009, os delitos de estupro e atentado violento ao pudor praticados contra menor de 14 anos passaram a ser regulados por um novo tipo penal, sob a denominação de estupro de vulnerável, previsto no art. 217-A do CP, não sendo mais admissível a aplicação do art. 9º da Lei n. 8.072/90 aos fatos posteriores a sua vigência. A lei posterior mais benéfica ao condenado deve ser aplicada aos fatos anteriores à sua vigência, nos termos do art. 2º, parágrafo único, do CP. Portanto, devem incidir, na espécie, os preceitos da Lei n. 12.015/2009 em sua integralidade, por ser mais favorável ao Paciente. (STJ, *HC* n. 171.534/SP, rel. Min. Laurita Vaz, j. 13.11.2012)

3. OBSERVAÇÕES

3.1. Estupro virtual: desclassificação para importunação sexual, outro crime ou, ainda, atipicidade

Não há conjunção carnal sem contato físico, que é imprescindível também, entre autor e vítima, na modalidade criminosa de estupro de vulnerável "praticar outro ato libidinoso". Se não houver esse contato, que deve ser minimamente intenso e duradouro, e se não for essa a pretensão do agente, não se pode falar em estupro de vulnerável, mesmo que a prática a distância envolva órgão genital, como no caso de o agente masturbar-se na presença remota da vítima vulnerável ou de levá-la a se masturbar, também remotamente, diante dele. É o que se convencionava chamar de estupro virtual, mas que, no primeiro caso, agora encontra melhor adequação ao tipo de importunação sexual (art. 215-A, CP), cuja pena pode o juiz, no caso concreto, fazer chegar aos cinco anos de reclusão, ou, no segundo caso, ao mero constrangimento ilegal (art. 146, CP).

3.2. Deficiente mental com vida marital ou união séria e duradoura é vítima de estupro de vulnerável?

É o nível de deficiência mental do ofendido e sua consequente incapacidade para discernir sobre a prática de atos sexuais que definirá a configuração do crime em tal caso. Nucci pondera que há casos em que a união do deficiente mental pode servir para amenizar seu sofrimento.

3.3. Relações sexuais com menor de 14 anos na constância de casamento, de união estável e de namoro: exclusão de ilicitude?

Como um mesmo fato não pode, a um só tempo, ser civilmente lícito e penalmente ilícito, o casamento legal do menor de 14 anos – hipótese que, com autorização judicial, era permitida pelo art. 1.520 do CC até março de 2019 (alteração pela Lei n. 13.811/2019 afastou a permissão) – servia de excludente de antijuridicidade do que mantivesse comunhão sexual com o adolescente vulnerável. Tal entendimento deveria estender-se à união estável, instituição que se equipara ao casamento, mas não a eventuais relações ocorridas em encontros isolados ou no namoro, ainda que consentido pelos representantes legais. Atualmente, ao casamento civil é inafastável a exigência da idade núbil (a partir dos 16 anos – art. 1517, CC), com o que deixou de ter previsão a excludente legal de ilicitude referida. Enxergamos em seu lugar, contudo, o princípio da adequação social como suficiente para afastar a tipicidade das práticas sexuais consentidas entre conviventes, como reconhecido pelo STJ no REsp n. 1.977.165/MS.

3.4. Declarações do ofendido como prova única do crime de estupro de vulnerável

"Não se pode elevar o depoimento especial a patamar mágico, isento de dúvida, que o faça prova mais valiosa que outras. Inexistindo hierarquia entre as provas, a falta de certeza não deve ser resolvida em favor de quem está no papel de vítima. A situação desenhada nos autos a partir das declaraçoes do reu repete cenario conhecido de desarranjo familiar e filhos por vezes utilizados como instrumento de sentimentos mal encaminhados. Se não há prova disso (e não há), a versão do acusado não deve, por outro lado, ser totalmente descartada, ante o que mostra a experiência forense".[41]

3.5. Falta de critérios objetivos na análise de condutas e desproporção das penas

Sobre a falta de critérios mais objetivos na análise das diversas espécies de condutas e certa desproporção das penas, no que vê "moralismo e subjetivismo" do legislador e da jurisprudência, Lenio Luiz Streck (2020) aponta o que entende ser o maior problema relacionado ao assunto: "a descompensada resposta penal prevista pelo legislador aos crimes sexuais contra vulnerável (art. 217-A), nos quais a pena mínima abstratamente prevista no tipo é – sempre – de 8 anos de reclusão, podendo alcançar, abstratamente, 15 anos. Como já se pode inferir, a situação como está reclama correção. Urgente. Passadas de mãos pelo corpo, pela genitália, por cima da roupa, ou por baixo dela, com a penetração de membros corpóreos, do pênis, língua, dedos, ou penetração de objetos outros que não corpóreos no corpo da vítima, configuram diversidade de condutas que, embora da mesma espécie, expressam graus diversos do injusto. Isso é fato. Por isso, é equivocado terem sempre a mesma resposta penal que parta de 8 anos de reclusão. Há aqui flagrante excesso de ação estatal/excesso de pena".[42]

Corrupção de menores[43]

Art. 218. Induzir alguém menor de 14 (catorze) anos a satisfazer a lascívia de outrem:

Pena – reclusão, de 2 (dois) a 5 (cinco) anos.

---

41 Trecho de parecer ministerial utilizado como razão de decidir em acórdão na Apelação Criminal n. 1500437-03.2021.8.26.0431 do Tribunal de Justiça de São Paulo, em que acusado de estupro de vulnerável foi absolvido por fragilidade probatória, em fevereiro de 2023).

42 STRECK, Lenio Luiz. "Artigo 217-A do CP: a vagueza que vitamina a desproporcionalidade". *Conjur*. Opinião. Disponível em: https://www.conjur.com.br/2020-abr-06/streck-kurtz-vagueza-vitamina-desproporcionalidade/; acesso em: 16.11.2023.

43 Essa é a rubrica que consta do Código Penal do sítio eletrônico da Presidência da República (www.planalto.gov.br/ccivil_03/Decreto-Lei/Del2848.htm; acessado em: 06.11.2020); há obras, porém, que não trazem rubrica ou que intitulam o crime como mediação de vulnerável para satisfazer a lascívia de outrem, que, a nosso ver, mais se adéqua ao tipo equivalente do art. 227 do CP.

Caput e pena com redação dada pela Lei n. 12.015, de 07.08.2009.

Parágrafo único. ***(Vetado.)***

Parágrafo acrescentado pela Lei n. 12.015, de 07.08.2009.

1. COMENTÁRIO

1.1. Objetividade jurídica

São bens jurídicos protegidos a dignidade sexual e a vulnerabilidade do menor de 14 anos, além de sua moral sexual. Diferentemente do art. 227 do CP, aqui a lei não cuida de proteger a moral e os costumes sociais.

O objeto do crime é o corpo da vítima, induzida a utilizá-lo para a satisfação da lascívia alheia.

1.2. Sujeitos

Crime comum, que não exige do sujeito ativo qualquer condição especial, podendo ser qualquer pessoa, de ambos os sexos, exceção feita ao que se beneficie do induzimento, tendo satisfeita a própria lascívia, que responderá, a depender do caso, pelo crime de estupro de vulnerável ou importunação sexual.

Sujeito passivo é a pessoa com menos de 14 anos, que esteja no gozo de suas faculdades mentais, para que possa ser induzido e deliberar, por vontade própria, a satisfazer a lascívia de outrem. Por tal razão o alienado mental, incapaz de ser induzido, não compõe a figura típica.

Discorda-se do entendimento de que a pessoa já sexualmente corrompida não possa ser vítima do induzimento,[44] pois, como já foi dito, o tipo do art. 218, CP, tutela a vulnerabilidade do menor de 14 anos, não a moral social ou os bons costumes. Mesmo ao menor anteriormente corrompido poderá haver um dano extra ao ser induzido a praticar atos libidinosos.

Como induzir é criar no pensamento de alguém uma ideia até então inexistente, é determinante à configuração da figura penal, mais que se apurar o grau de maturidade sexual do menor de 14 anos, que se verifique se a conduta do agente, de fato, foi capaz de induzi-lo a satisfazer a lascívia de outrem.

Possível o concurso de agentes, mas não daquele a quem o induzimento favorecerá – o "outrem" do tipo, porque incorrerá nas penas do crime de estupro de vulnerável ou de importunação sexual, a depender da gravidade e da qualidade do ato libidinoso praticado.

1.3. Análise da(s) conduta(s) descrita(s) no tipo

A conduta caracterizadora do crime é "induzir" pessoa menor de 14 anos a satisfazer a lascívia de outrem.

Induzir é persuadir, fazer germinar uma ideia inexistente. Hungria leciona que "o induzimento consiste no emprego de suasões, promessas, engodos, dádivas, súplicas, propostas reiteradas, numa palavra: todo expediente (não violento ou fraudulento) que tenha sido idôneo ou eficiente para levar a vítima a satisfazer a lascívia de outrem" (*Comentários ao Código Penal*, 1981, v. III, p. 272).

Muitos distinguem induzimento de instigação. Instiga-se reforçando uma ideia preexistente no pensamento do ofendido; induz-se criando ideia nele inexistente.

Induzido deve ser o menor de 14 anos, sendo irrelevante o seu discernimento quanto a práticas sexuais. O que eventualmente pode afastar o crime não é a maturidade sexual da vítima, é a falta de induzimento ou a inexistência de relação entre a persuasão pelo sujeito ativo e o ato praticado com ou pelo ofendido.

Dispensável que o receptor da conduta do menor alcance a satisfação da libido, bastando que o ato praticado, pelo ofendido ou com ele, tenha aptidão para proporcionar prazer lascivo.

Por lascívia entende-se o desejo sexual, a libido. É elemento normativo do tipo, que reclama avaliação subjetiva do julgador, no que André Copetti enxerga uma ofensa ao princípio da taxatividade e um aumento no poder discricionário do juiz (*Direito penal e Estado Democrático de Direito*, 2000, p. 182-3).

A satisfação da lascívia pelo terceiro pode ser obtida mediante qualquer tipo de ato, desde a mera contemplação do corpo do ofendido à prática da conjunção carnal.

Aquele a quem se destina a satisfação, que tem de ser pessoa (ou pessoas) determinada(s), é o "outrem" referido no tipo, que, praticando com o menor qualquer ato libidinoso, não responde por corrupção de menores e, sim, por crime diverso, que pode ser o estupro de vulnerável ou a importunação sexual, a depender da gravidade e da qualidade do ato. Para melhor esclarecimento sobre o tema, remete-se o leitor às distinções,

44 Em sentido contrário: "O crime de favorecimento para satisfazer a lascívia de outrem não se concretiza nos casos em que a suposta vítima já exerce a prostituição de forma contumaz, como meio de vida" (TJAP, Câm. Única, rel. Des. Carmo Antônio, j. 19.12.2005).

contidas nesta obra, apontadas entre os crimes de importunação sexual, estupro e estupro de vulnerável.

Em sendo o sujeito ativo do tipo penal do art. 218, CP, também o receptor da conduta do menor, induzindo-o a satisfazer a lascívia própria, incorrerá, em regra, em crime mais grave, do art. 217-A, CP, estupro de vulnerável, ou subsidiariamente no do art. 215-A, importunação sexual. E desloca-se para o tipo penal do 218-A, CP – satisfação de lascívia mediante presença de criança ou adolescente – a conduta do agente que, buscando a satisfação da lascívia própria, induz o menor a presenciá-lo durante a prática libidinosa com outrem.

Observe-se que, na falta do tipo penal em estudo, o agente que induzisse menor de 14 anos à satisfação da lascívia de terceiro seria partícipe do crime por este (o terceiro) praticado, não em razão do induzimento em si, porque estaria induzindo a vítima, não o autor, mas por estar, com sua conduta, concorrendo para crime praticado por outrem. De fato, o crime do art. 218, CP, é, de certa forma, uma modalidade privilegiada do crime do art. 217-A, CP,[45] no qual a lei optou por dar algum valor ao consentimento do menor de 14 anos e, em razão dele, abrandar a pena pelo induzimento.[46] Esse consentimento, em outras hipóteses, como no já citado estupro de vulnerável, é irrelevante.

Não é, o crime de corrupção de menores, uma espécie de lenocínio ou de incentivo à prostituição, pois não se exige que a vítima seja conduzida a degradação moral pública.

Por fim, o induzimento somente pode ser cometido por comissão, pois, omitindo-se o suposto agente, impossível que induza o menor.

1.4. Elemento subjetivo

O dolo deve vir representado pelo desejo do agente de praticar a conduta e de obter o resultado e pela ciência da relação entre seu induzimento e a satisfação, pelo ofendido, da lascívia alheia. O conhecimento do agente deve alcançar também a idade da vítima, ou seja, deve saber ter ela menos de 14 anos, ou, ao menos, agir, induzindo-a, na dúvida de ser ou não maior de 14. Mais que isso não é preciso, não existindo, assim, dolo específico.

Atípica a conduta culposa daquele que, descuidadamente, trate de assunto de caráter sexual com menor de 14 anos e, com isso, desperte nele a ideia de praticar libidinagem com alguém.

1.5. Elemento normativo

O termo "lascívia" é o elemento normativo do tipo, cujo sentido demanda uma avaliação subjetiva do julgador.

1.6. Consumação e tentativa

O delito exige, para a consumação, a prática de algum ato libidinoso, seja pelo menor induzido, seja por outrem, desde que com o menor, aí incluída a mera contemplação do seu corpo.

Possível a tentativa, quando, apesar dos esforços do agente, a vítima não se deixar convencer[47] ou, tendo havido o induzimento, ela não chegar a praticar nenhum ato capaz de proporcionar a satisfação da lascívia alheia.

1.7. Classificação

Crime comum, material, doloso, de dano, comissivo, plurissubsistente.

2. JURISPRUDÊNCIA

2.1. Julgados

Caracterização do crime

Se a ação da acusada se limitava a ir buscar a ofendida, por ordem do marido, sem contudo instigá-la, de qualquer modo, a entregar-se à lascívia daquele, não incide nas sanções do crime do art. 227 do CP. (TJSP, AC, rel. Des. Mendes Pereira, *RT* 497/303)

Não havendo provas suficientes de que os réus tinham conhecimento da menoridade das vítimas de prostituição, o decreto condenatório não se sustenta. (TJAP, Câm. Única, rel. Des. Carmo Antônio, j. 19.12.2005)

Satisfação de lascívia mediante presença de criança ou adolescente

Art. 218-A. Praticar, na presença de alguém menor de 14 (catorze) anos, ou induzi-lo a pre-

45 Com essa previsão, Guilherme Nucci mostra-se inconformado. O legislador criou modalidade privilegiada de estupro de vulnerável (art. 217-A, CP) punida com pena mínima quatro vezes menor (*Código Penal comentado*, 2014).

46 Quando a lei pretende que o induzimento seja punido de maneira diferenciada, capitula-o em tipo específico, empregando o verbo induzir como núcleo. Assim o faz, por exemplo, com o crime de induzimento, instigação ou auxílio ao suicídio.

47 Nélson Hungria, citando Ali-Mena, atenta para a cautela que exige a análise da tentativa, para que não se corra o risco de incriminar qualquer palavra (op. cit, 1981, v. III, p. 275).

senciar, conjunção carnal ou outro ato libidinoso, a fim de satisfazer lascívia própria ou de outrem:

Artigo acrescentado pela Lei n. 12.015, de 07.08.2009.

Pena – reclusão, de 2 (dois) a 4 (quatro) anos.

1. COMENTÁRIO

1.1. Objetividade jurídica

Tutela-se a vulnerabilidade, em matéria sexual, do menor de 14 anos e sua moral sexual. A vulnerabilidade do tipo tem marco objetivo e dura até o menor completar 14 anos, não bastando para afastá-la sua iniciação na atividade sexual.

Objeto do crime é o corpo do menor, que não participa da atividade, mas a presencia.

1.2. Sujeitos

Sujeitos são as pessoas de ambos os sexos. Sujeito ativo da primeira modalidade do crime é quem pratica a conjunção carnal ou outro ato libidinoso na presença do menor. Pela segunda modalidade, responde o que induz o menor a presenciar ato libidinoso próprio ou alheio.

Sobretudo no caso da conjunção carnal, que necessariamente envolve duas pessoas, o crime será, em regra, de concurso necessário, porém não é inimaginável que um dos parceiros desconheça e não deseje a presença do menor, caso em que não será coautor.

Sujeito passivo é a pessoa que não completou 14 anos, desde que tenha idade suficiente para compreender, ainda que minimamente, o que presencia e que por tal ato seja influenciado, expondo-se ao perigo da corrupção sexual. Uma criança de meses ou um deficiente mental sem nenhuma capacidade de entendimento, por exemplo, não têm o discernimento suficiente para se verem atingidos pelo sentido libidinoso do ato que presenciam, em que pese haver decisão do STJ em sentido contrário (*HC* n. 360.626/SP 2016/0166903-3, 5ª T., rel. Min. Jorge Mussi, j. 13.12.2016, *DJe* 01.02.2017).[48]

Na segunda modalidade do crime – induzir – exige-se mais, que o ofendido tenha capacidade para se deixar convencer, julgar e deliberar – presenciar o ato – por conta própria.

O que determina a ocorrência ou não do crime é a potencialidade da conduta para abalar psiquicamente a vítima, corrompendo-a sexualmente ou agravando a corrupção preexistente. A corrupção, como já se decidiu, admite progresso[49] e só não se caracterizará o crime se o menor já estiver totalmente corrompido, não havendo como se agravar tal situação.

1.3. Análise da(s) conduta(s) descrita(s) no tipo

As condutas descritas no tipo são "praticar na presença" ou "induzir" o menor de 14 anos a "presenciar conjunção carnal ou outro ato libidinoso".

O corpo do ofendido não se envolve na prática sexual, não há com ele contato físico. Apenas deverá presenciar o ato sexual, de forma que possa ser influenciado e ter atingida sua vulnerabilidade sexual. Daí o amplo sentido do verbo presenciar. A vítima pode ter o contato visual com a prática a certa distância física ou tê-lo por meio de aparelhos retransmissores de imagens[50] ou estar até mesmo em ambiente do qual não assista, apenas ouça a prática, desde que compreenda o sentido lascivo e isso a abale, tenha efeito sobre sua moral.

A lei presume que um ato libidinoso, praticado na presença de menor de 14 anos, tem potencialidade para causar-lhe abalo psíquico. Trata-se, porém, de uma presunção relativa, pelo que, se o ato não provocar qualquer efeito sobre o ofendido, não tiver potencialidade para causar-lhe dano, seja porque não o compreende, seja porque já atingiu maturidade sexual suficiente para não se ver por ele influenciado, inexistirá o crime.

Necessário que o fato de a vítima presenciar a conjunção carnal ou outro ato libidinoso destine-se à satisfação da lascívia de alguém, seja do próprio envolvido na prática, seja de terceiro. Este o dolo específico do agente.

1.4. Elemento subjetivo

O dolo é o de praticar conjunção carnal ou outro ato libidinoso na presença de adolescente com

---

48 É impossível a absolvição do paciente pelo crime do art. 218-A sob o argumento de que a vítima, uma bebê de cerca de 8 meses de idade, não teve o seu desenvolvimento ou a sua dignidade sexual atingidos pelo ato libidinoso, uma vez que o objeto jurídico do delito em questão é a liberdade sexual, tratando-se de ilícito formal, que prescinde do efetivo comprometimento do menor ou da satisfação da lascívia do agente para a sua configuração.

49 "A corrupção, à evidência, admite graduação ou progressão. Conforme sejam as circunstâncias de fato, pode ocorrer que a influência do agente sobre a vítima seja maior ou menor, nas consequências da perversão, em seu comportamento futuro" (TJSP, AC, rel. Des. Mendes França, *RJTJSP* 19/474).

50 Possibilidade aventada por Guilherme Nucci (*Crimes contra a dignidade sexual*, 2009, p. 50).

menos de catorze anos ou de criança, ou induzi-los a presenciá-lo, com o fim específico de "satisfazer lascívia própria ou alheia". Há, portanto, um dolo específico.

Observe-se que duas são as exigências do tipo: que o objetivo especial do agente seja satisfazer a lascívia e que deseje que seu ato seja presenciado pela vítima. Mas pouco importa se a satisfação sexual se dê em razão da presença da vítima ou como resultado da prática libidinosa em si.

Deve o agente, necessariamente, conhecer a idade da vítima ou, tendo dúvidas, assumir o risco de que não tenha, ainda, completado 14 anos. Se, por culpa, desconhecer esse dado, a conduta será atípica, por faltar previsão da modalidade culposa do crime.

1.5. Elemento normativo

Lascívia é elemento normativo, que deve ser interpretado pelo juiz no caso concreto, de acordo com o senso comum, a prática atual e os costumes.

1.6. Consumação e tentativa

Em qualquer de suas modalidades, o crime consuma-se com a prática da conjunção carnal ou outro ato libidinoso na presença da vítima, o menor de 14 anos, fazendo-se necessário, também, que o ato tenha potencialidade para abalar psíquica ou moralmente o ofendido.

A tentativa só se vislumbra em relação à modalidade induzir, e se verifica quando, realizadas pelo agente manobras com o fim de induzir a vítima, esta não se deixar convencer ou, ainda, quando já convencida, circunstâncias alheias à vontade do indutor impedirem que ela presencie a prática libidinosa.

Quando a finalidade do agente for praticar na presença de criança ato sexual, o crime não comporta tentativa, pois, tendo iniciado a prática de qualquer ato lascivo, consumado estará o crime. Se for impedido enquanto se prepara para a prática, não terá ultrapassado atos preparatórios.

Como o objetivo do agente não é a prostituição da vítima, dispensa-se a necessidade de habitualidade. A realização de uma única conduta configura o crime.

1.7. Classificação

Crime comum, material, doloso, de perigo, comissivo, plurissubsistente.

2. JURISPRUDÊNCIA

2.1. Julgados

Induzimento de menor de 18 e maior de 14 anos. Atipicidade

A Lei n. 12.015, de 07 de agosto de 2009, alterou, em profundidade, os crimes de corrupção de menores, previstos no CP e no ECA. Ela ainda revogou, expressamente, a Lei n. 2.252/54, que também tratava desse instituto. 2. O art. 218 do CP visa evitar a mácula sexual daqueles em processo de desenvolvimento, definindo corrupção de menores como a conduta de "induzir alguém menor de 14 (catorze) anos a satisfazer a lascívia de outrem". 3. O art. 244-B do ECA, por sua vez, tem o escopo de proteger a formação moral, punindo quem "corromper ou facilitar a corrupção de menor de 18 (dezoito) anos, com ele praticando infração penal ou induzindo-o a praticá-la", para evitar sua incursão no mundo da criminalidade. 4. Nesse contexto, verifica-se uma lacuna legislativa, em consonância com a nova sistemática para a delicada questão da tutela da dignidade sexual dos menores, no caso da prática consentida de conjunção carnal ou ato de libidinagem com adolescente maior de 14 (quatorze) e menor de 18 (dezoito) anos, que não esteja inserido em um contexto de favorecimento de prostituição ou outra forma de exploração sexual, como é o caso dos autos. (STJ, REsp n. 1.218.392/PR, rel. Min. Laurita Vaz, j. 17.05.2012)

O crime previsto no art. 218 do CP, de natureza formal, visa tutelar a moral sexual dos menores; assim, a prática de atos libidinosos aptos a corromper a vítima é o suficiente para a caracterização do delito, ainda que depois dos fatos ela não se torne pervertida. (TAPR, Ap. n. 126.105-2, 2ª Câm., rel. conv. Juíza Sônia Regina de Castro, j. 12.11.1998, *RT* 763/677)

3. OBSERVAÇÕES

3.1. Corrupção de menores e ato obsceno: absorção

O ato de exibicionismo de caráter libidinoso praticado em lugar público, aberto ou exposto ao público e que afronte a liberdade sexual de vítima determinada pode, eventualmente, caracterizar o crime de corrupção de menores ou outro crime, que absorverá o crime menos grave de ato obsceno.

Favorecimento da prostituição ou de outra forma de exploração sexual de criança ou adolescente ou de vulnerável

Nomen juris com redação dada pela Lei n. 12.978, de 21.05.2014.

Art. 218-B. Submeter, induzir ou atrair à prostituição ou outra forma de exploração sexual alguém menor de 18 (dezoito) anos ou que, por enfermidade ou deficiência mental, não tem o necessário discernimento para a prática do ato, facilitá-la, impedir ou dificultar que a abandone:

Artigo acrescentado pela Lei n. 12.015, de 07.08.2009.

Pena – reclusão, de 4 (quatro) a 10 (dez) anos.

§ 1º Se o crime é praticado com o fim de obter vantagem econômica, aplica-se também multa.

§ 2º Incorre nas mesmas penas:

I – quem pratica conjunção carnal ou outro ato libidinoso com alguém menor de 18 (dezoito) e maior de 14 (catorze) anos na situação descrita no *caput* deste artigo;

II – o proprietário, o gerente ou o responsável pelo local em que se verifiquem as práticas referidas no *caput* deste artigo.

§ 3º Na hipótese do inciso II do § 2º, constitui efeito obrigatório da condenação a cassação da licença de localização e de funcionamento do estabelecimento.

1. COMENTÁRIO

1.1. Objetividade jurídica

Protege-se a vulnerabilidade sexual do menor de 18 anos e do vulnerável, de quem se presume a inocência em assuntos relativos à degradação da moral sexual. Objeto do crime é o corpo da vítima.

1.2. Sujeitos

Qualquer pessoa, de qualquer sexo pode ser sujeito ativo do crime, e a relação de parentesco ou de autoridade sobre a vítima (art. 226, II, CP), desde que disso se valha o agente, faz incidir na pena um aumento de metade.

Sujeito passivo será somente criança ou adolescente. Guilherme Nucci defende que, em se tratando de vítima menor de 14 anos, o sujeito ativo será partícipe do estupro de vulnerável (*Crimes contra a dignidade sexual*, 2009, p. 55). Não se pode concordar. A indução, é sabido, constitui, em certos casos, uma forma de participação em crime. Mas, no tipo penal do art. 218-B, quem é convencido a, em última análise, ter relações sexuais, é o próprio menor. O sujeito ativo, então, não induz alguém a praticar um crime – hipótese em que poderia responder como partícipe, ele induz alguém a ser vítima.

Além de duas das já conhecidas categorias de vulnerável – menor de 14 anos e deficiente ou doente mental sem o necessário discernimento para a prática do ato – criou-se uma nova espécie de vulnerabilidade não tratada no art. 217-A, CP, que pode ser adjetivada com o termo "relativa", composta pelos adolescentes entre 14 e 18 anos.

A terceira categoria de vulneráveis tratada no art. 217-A, CP – a dos que por qualquer causa não podem oferecer resistência ou tenham impedida ou dificultada a livre manifestação de vontade – não é mencionada pelo dispositivo em estudo.

1.3. Análise da(s) conduta(s) descrita(s) no tipo

Perfaz-se o crime com a submissão, induzimento ou atração à prostituição, ou qualquer outra forma de exploração sexual, e com a sua facilitação ou pela dificultação ou impedimento de abandono pelo sujeito passivo.

Trata-se de modalidade especial do crime de lenocínio[51] do art. 228 do CP.

Os verbos do tipo têm uma aparente gradação. Submeter é impor, sem violência, mas sem deixar alternativa. Induzir é criar a ideia de prostituir-se no pensamento do vulnerável, que deve ter algum discernimento para, depois de induzido, deliberar pela prostituição. Atrair é menos que induzir e ainda menos que submeter, significando manobras que seduzam a vítima e lhe mostrem as vantagens da proposta.

Prostituição é o oferecimento habitual de serviços sexuais a pessoas indeterminadas, independentemente da exigência de contraprestação financeira ou de outra natureza, bem como da efetiva prática de atos libidinosos com tais pessoas. Para Bento de Faria: "[...] a mulher que engana o marido, a rapariga que tem vários amantes etc. serão mulheres corrompidas ou dissolutas, mas não prostitutas" (*Código Penal brasileiro comentado*, 1961, v. VI, p. 88).

Por "outra forma de exploração sexual" entende-se a utilização de alguém para praticar atos capazes de excitar ou de satisfazer a lascívia humana, como a conduta daquele que alicia um menor ou alguém sem o necessário discernimento para, por uma só vez, prestar favores sexuais a terceiro indeterminado, ou, como no exemplo citado por Prado, que leva menores a se despirem em público ou a servirem bebidas usando trajes

51 Lenocínio significa atividade de quem tira proveito da prostituição ou outra forma de dissolução sexual de alguém.

provocantes (*Curso de direito penal brasileiro*, 2002, v. 3, p. 294).

O crime também se perfaz quando se facilita a prostituição do ofendido ou quando se impede ou se dificulta o seu abandono. Facilitar é o lenocínio acessório, abrindo caminhos ou tornando viável a prostituição. Dificulta quem cria obstáculos, cujo limite extremo é impedir, não permitir qualquer alternativa à vítima.

No caso de o sujeito ativo visar a obter ganho econômico, representado por bem de qualquer natureza que possa ser convertido em moeda corrente, haverá, cumulativamente, a pena de multa.

1.3.1. Figuras equiparadas (§ 2º, I e II)

O tipo penal inovou ao equiparar ao favorecimento à prostituição de vulnerável a conduta de quem pratica conjunção carnal ou outro ato libidinoso, numa relação consentida, com o maior de 14 e menor de 18 anos, desde que tal pessoa esteja em estado de prostituição ou outra modalidade de exploração sexual e que isso seja do conhecimento do sujeito ativo.

Lembre-se que a prática sexual com o menor de 14 anos ou o doente ou deficiente mental que não tenha discernimento para o ato – independentemente de sua condição de prostituído ou não – pode caracterizar, a depender da gravidade e qualidade do ato libidinoso, estupro de vulnerável.

De outro lado, é lícita a relação sexual com pessoa maior de 14 anos desde que consentida e fora do ambiente da prostituição, mesmo que se trate de alguém prostituído.

O que a lei busca enfrentar como essa nova figura típica é a prostituição juvenil, não a iniciação do adolescente nas atividades sexuais. O consentimento do maior de 14 e menor de 18 anos, a princípio, é válido para afastar pretensa ilicitude de prática libidinosa, mas, no caso da pessoa sexualmente explorada, essa concordância não elide o crime do art. 218-B, § 2º, I, CP. A habitualidade por parte do cliente e a participação do proxeneta na negociação prévia têm sido entendidas como dispensáveis. Por tal razão, incide o aumento da continuidade delitiva no caso de pluralidade de encontros.

A inclusão, como sujeitos ativos, no inciso II do § 2º deste art. 218-B, da pessoa do proprietário, gerente ou responsável pelo local em que os vulneráveis sejam vítimas das práticas no *caput* referidas é um reforço à regra do concurso de pessoas do art. 29 do CP.

1.4. Elemento subjetivo

O dolo é genérico e caracteriza-se pela vontade consciente de submeter, induzir ou atrair à prostituição pessoa maior de catorze e menor de 18 anos, ou doente ou deficiente mental sem o necessário discernimento para o exercício da prostituição. Exige-se intuito especial apenas em relação ao § 1º do art. 218-B, CP, quando o agente objetiva obter vantagem econômica. Em qualquer caso, o sujeito ativo deve estar consciente de que sua conduta é apta a favorecer a prostituição ou exploração sexual.

Não se admite a modalidade culposa.

1.5. Elemento normativo

"Prostituição" e "outra forma de exploração sexual" são elementos normativos do tipo, cuja interpretação no caso concreto cabe ao juiz, valendo-se das circunstâncias da vida, do bom senso e dos costumes.

Destacou-se em outra obra que "prostituição, elemento normativo do tipo, é o oferecimento de serviços sexuais a terceiros indeterminados, feita habitualmente. A pessoa prostituída está disponível para a prática de atos libidinosos sem, inicialmente, ter como alvo pessoas certas, embora seja possível que possua uma determinada clientela, obtida por meio do desenrolar da própria atividade. É desnecessário que exista contraprestação, financeira ou de outra natureza, por conta da prática sexual desenvolvida com o cliente. Tampouco é necessário que a pessoa exerça a atividade com frequência, bastando a habitualidade, que é algo mais amplo do que frequência. Também estará caracterizada a prostituição quando alguém habitualmente apenas se ofereça a terceiros, sem que chegue a praticar atos libidinosos com eles. Estando na rua, disponível para o sexo com quem se interessar, ou anunciando seus serviços pelos classificados da imprensa, a pessoa já se prostituiu" (MARCÃO, Renato; GENTIL, Plínio. *Crimes contra a dignidade sexual*, 2011, p. 239).

1.6. Consumação e tentativa

É necessária a efetiva prostituição, com práticas habituais, ou a exploração sexual do ofendido de outra maneira, ainda que por apenas uma vez, para se ter por consumado o crime nas modalidades submeter, induzir, atrair e facilitar, mas já se julgou em sentido contrário.[52]

Nas formas dificultar ou impedir o abandono, classificadas como crime permanente, a consumação se dá no momento em que o agente consegue manter a vítima, já prostituída, naquela atividade. Por ser crime permanente, sua consumação se protrai no tempo. A propósito, tratando de crimes semelhantes, decidiu o TJPE "[...] os delitos previstos nos arts. 228 e 229 do CP são classificados objetivamente como crimes permanentes, sendo autorizada a prisão em flagrante do agente enquanto persistir a permanência do crime" (*HC* n. 136.4504-8, 1ª Câm. Crim., j. 23.05.2005).

Haverá a tentativa se, a despeito da conduta do sujeito ativo, o ofendido não se prostituir ou não se deixar explorar sexualmente, ou quando, por outras circunstâncias alheias a sua vontade, o agente seja impedido de prosseguir na execução.

Na figura equiparada do § 2º, I, dispensada está a habitualidade e o crime se consuma com a prática sexual, mesmo que eventual.

1.7. Classificação

Crime comum, material, doloso, de perigo, comissivo, plurissubsistente, habitual. Hediondo em todas as suas formas, por inserção feita pela Lei n. 12.978/2014.

2. JURISPRUDÊNCIA

2.1. Julgados

Efetivo exercício da prostituição e consentimento da vítima. Irrelevância

Crime do art. 244-A, § 1º, do ECA. Submeter adolescente à prostituição em casa de meretrício. Gerência e propriedade do prostíbulo. Delito que não exige atos de coerção contra a vítima ou o seu consentimento. (STJ, Ag. Reg. no REsp n. 1.075.052/RS, rel. Min. Laurita Vaz, j. 18.12.2012)

Caracteriza-se o crime de favorecimento à prostituição na hipótese em que o réu promovia festas, com bebidas alcoólicas, e pagava menores para que com ele tivessem relações sexuais, ainda que não existisse um número indeterminado de pessoas com as quais as vítimas se prostituíam, tendo em vista que o fato de as menores fazerem sexo com o réu mediante pagamento constitui prostituição, bem como foi o réu quem iniciou as vítimas nessa prática, e, ainda, não se há alegar que as menores só faziam sexo remunerado com o réu. (STJ, REsp n. 1.319.629/AC, rel. Min. Sebastião Reis Júnior, j. 02.08.2012)

Diante desse conjunto probatório não há que se falar em mera presunção a embasar a decisão monocrática. A prova colhida denota a habitualidade com que esse comércio carnal lá se devolvia, e a real atividade do processado, consistente em atrair, como fez com S., moças para trabalharem no local como meretrizes, mediante lucro para ele próprio, através da entrega, às mesmas, dos vales supra referidos. (TJSP, Ap. Crim. n. 928.032.3/3-00, 4ª Câm. Crim., rel. Des. Marco Antônio Cogan, j. 14.04.2009)

Aquele que facilita, dando condições favoráveis à continuação ou ao desenvolvimento da prostituição, pratica o crime de favorecimento da prostituição. (STJ, *HC* n. 94.168/MG, 6ª T., rel. Min. Jane Silva, des. convocada TJMG, *DJe* 22.04.2008)

Dispensa da habitualidade – crime instantâneo

O delito de favorecimento à exploração sexual de adolescente (art. 218-B do CP) não exige habitualidade. Trata-se de crime instantâneo, que se consuma no momento em que o agente obtém a anuência para práticas sexuais com a vítima menor de idade, mediante artifícios como a oferta de dinheiro ou outra vantagem, ainda que o ato libidinoso não seja efetivamente praticado. Esta interpretação da norma do art. 218-B do Código Penal é a única capaz de cumprir com a exigência de proteção integral da pessoa em desenvolvimento contra todas as formas de exploração sexual. (STJ, REsp n. 1.963.590/SP, 6ª T., rel. Min. Laurita Vaz, j. 20.09.2022, *Info* 754)

Art. 218-B, § 2º, I, do Código Penal. Favorecimento da prostituição ou de outra forma de exploração sexual de criança ou adolescente ou de vulnerável. Agente que pratica conjunção carnal ou outro ato libidinoso. Habitualidade. Desnecessária

O crime previsto no inciso I do § 2º do art. 218-B do Código Penal se consuma independentemente da manutenção de relacionamento sexual habitual entre o ofendido e o agente. Da leitura do art. 218-B, § 2º, I, do Código Penal, verifica-se que são punidos tanto aquele que capta a vítima, inserindo-a na prostituição ou outra forma de exploração sexual (*caput*), como também o cliente do menor prostituído ou sexualmente explorado (§ 1º). Sobre o tipo, diferentemente do *caput*

52 "Da leitura do tipo previsto no art. 218-B do CP, depreende-se que para a configuração do ilícito em comento não se exige, como aduz o impetrante, que a vítima efetivamente se prostitua, bastando que seja induzida a fazê-lo" (STJ, *HC* n. 2.433, rel. Min. Jorge Mussi, j. 18.10.2012).

do art. 218-B da Lei Penal que reclama a habitualidade para a sua configuração, a figura do inciso I do § 2º da aludida norma incriminadora, cuja caracterização independe da manutenção de relacionamento sexual habitual entre o ofendido e o agente. Sobre o assunto, a doutrina leciona que "nos núcleos 'submeter', 'induzir', 'atrair' e 'facilitar', a consumação se dá no momento em que a vítima passa a se dedicar com habitualidade ao exercício da prostituição ou de outra forma de exploração sexual, ainda que não venha a atender pessoa interessada em seus serviços", ao passo que o tipo do inciso I do § 1º do art. 218-B do Código Penal "não reclama a habitualidade no relacionamento sexual entre o agente e a pessoa menor de 18 e maior de 14 anos" (*Informativo* n. 645). (STJ, *HC* n. 371.633/SP, rel. Min. Jorge Mussi, p. u., j. 19.03.2019, *DJe* 26.03.2019)

Caracterização do crime de exploração sexual de menor não exige a figura do intermediador

Embargos de divergência em recurso especial. Favorecimento da prostituição ou de outra forma de exploração sexual de criança ou adolescente ou de vulnerável – art. 218-B, § 2º, I, do Código Penal. "Cliente". Prescindibilidade da figura do intermediador. Situação de exploração sexual. Embargos rejeitados. 1. O art. 218-B, § 2º, I, do Código Penal, na situação de exploração sexual, não exige a figura do terceiro intermediador. 2. É lícito concluir que a norma traz uma espécie de presunção relativa de vulnerabilidade das pessoas menores de 18 e maiores de 14 anos. Assim, quem, se aproveitando da idade da vítima, oferece-lhe dinheiro em troca de favores sexuais está a explorá-la sexualmente, pois se utiliza da sexualidade de pessoa ainda em formação como mercancia. 3. Embargos de divergência rejeitados. (STJ, EREsp n. 1.530.637/SP, 6ª T., rel. Min. Ribeiro Dantas, p. u., j. 24.03.2021 *DJe* 17.09.2021)

3. OBSERVAÇÕES

3.1. Código Penal e Estatuto da Criança e do Adolescente – conflito aparente de normas

Delito assemelhado, com a cominação da mesma pena, vem previsto no art. 244-A da Lei n. 8.069/80, Estatuto da Criança e do Adolescente: "Submeter criança ou adolescente, como tais definidos no *caput* do art. 2º, desta Lei, à prostituição ou à exploração sexual. Pena – reclusão de quatro a dez anos, e multa". Em vista maior amplitude da previsão do Código Penal, mais recente, o conflito aparente de normas é resolvido a favor da previsão do estatuto geral (CP). Demais eventuais conflitos devem ser resolvidos pela aplicação dos princípios da cronologia, especialidade, subsidiariedade e consunção.

Divulgação de cena de estupro ou de cena de estupro de vulnerável, de cena de sexo ou de pornografia

Art. 218-C. Oferecer, trocar, disponibilizar, transmitir, vender ou expor à venda, distribuir, publicar ou divulgar, por qualquer meio – inclusive por meio de comunicação de massa ou sistema de informática ou telemática –, fotografia, vídeo ou outro registro audiovisual que contenha cena de estupro ou de estupro de vulnerável ou que faça apologia ou induza a sua prática, ou, sem o consentimento da vítima, cena de sexo, nudez ou pornografia:

Pena – reclusão, de 1 (um) a 5 (cinco) anos, se o fato não constitui crime mais grave.

Nomen juris, *caput* e pena acrescentados pela Lei n. 13.718, de 24.09.2018.

Aumento de pena

§ 1º A pena é aumentada de 1/3 (um terço) a 2/3 (dois terços) se o crime é praticado por agente que mantém ou tenha mantido relação íntima de afeto com a vítima ou com o fim de vingança ou humilhação.

Nomen juris e parágrafo acrescentados pela Lei n. 13.718, de 24.09.2018.

Exclusão de ilicitude

§ 2º Não há crime quando o agente pratica as condutas descritas no *caput* deste artigo em publicação de natureza jornalística, científica, cultural ou acadêmica com a adoção de recurso que impossibilite a identificação da vítima, ressalvada sua prévia autorização, caso seja maior de 18 (dezoito) anos.

Nomen juris e parágrafo acrescentados pela Lei n. 13.718, de 24.09.2018.

---

1. COMENTÁRIO

1.1. Objetividade jurídica

A tutela penal recai sobre a liberdade e a vulnerabilidade sexual, a privacidade e a intimidade. Objetos materiais do crime são os registros audiovisuais que exponham a vítima em cenas sexuais violentas ou cenas íntimas.

1.2. Sujeitos

Qualquer pessoa, de qualquer sexo, pode ser sujeito ativo ou passivo do crime. Valendo-se o sujeito ativo de relação de parentesco ou de autoridade com o ofendido, a pena é majorada de metade (art. 226, II, CP) e se envolver relação intima de afeto, presente ou pretérita, o aumento é de um a dois terços (§ 1º).

Não é critério de diferenciação ou agravação de pena o fato de tratar-se de vítima vulnerável. Mas se a divulgação for de cena de sexo ou pornografia envolvendo criança ou adolescente, submete-se o agente, a depender do caso, aos arts. 241-A ou 241-B do Estatuto da Criança e do Adolescente. A divulgação de cena de nudez com conotação sexual ou pornográfica de criança e adolescente, por não encontrar correspondência na legislação especial, permanece regida por este art. 218-C do Código Penal.

1.3. Análise da(s) conduta(s) descrita(s) no tipo

O tipo, além de subsidiário – sobre ele prevalecendo, por exemplo e como já dito, crimes correlatos previstos no ECA – é misto alternativo em relação aos nove verbos nucleares que regem as duas figuras típicas. A prática de mais de um verbo, no mesmo contexto fático, caracteriza delito único, podendo influenciar na dosimetria da pena.

Oferecer é colocar à disposição de alguém determinado. Trocar é comutar, entregar o registro e por ele receber algo. Disponibilizar significa oferecer indistintamente a qualquer pessoa. Transmitir denota a ideia de passar adiante. Os verbos vender e expor à venda indicam haver ou esperar-se uma contraprestação. Distribuir significa repartir entre várias pessoas. Publicar e divulgar é tonar público ou conhecido. A posse, a aquisição e o armazenamento do material estão fora do tipo.

Na primeira parte, o crime se perfaz quando o agente põe em prática qualquer dos verbos do tipo, divulgando registro audiovisual que contenha cena de estupro ou de estupro de vulnerável ou que faça apologia ou induzimento à sua prática. O agente oferece, troca, disponibiliza, transmite, vende ou expõe à venda, distribui, publica ou divulga o material, ao vivo ou não, por qualquer meio, inclusive pelos de comunicação de massa ou por sistema de informática ou telemática.

O vulnerável do estupro cuja cena é divulgada é aquele que, por enfermidade ou deficiência mental, não tem o necessário discernimento para a prática do ato ou o que, por qualquer outra razão, não pode oferecer resistência. A divulgação de cena de estupro de vulnerável menor de 14 anos caracteriza crime correlato do ECA (arts. 241 ou 241-A).

Para a apologia e o induzimento à prática de estupro ou estupro de vulnerável referidos no tipo não se exige a divulgação de cena de crime já praticado, nem mesmo de cena sexual, bastando que o material, seja qual for seu conteúdo, faça apologia ou induza à prática criminosa.

A segunda parte do tipo se distingue porque o conteúdo do material audiovisual, em si, não é criminoso, referindo-se a registro de cena de sexo, nudez ou pornografia a que se dá divulgação sem o consentimento do envolvido. Por óbvio, se a divulgação foi prévia e expressa ou presumidamente autorizada por pessoa envolvida de quem se reconheça a capacidade para consentir, justificada e lícita será a conduta.

A natureza da divulgação, se jornalística, científica, cultural (carnaval) ou acadêmica, é apontada pelo § 2º como excludente de ilicitude, desde que utilizados recursos que impeçam a identificação da vítima.

1.4. Causas de aumento de pena

1.4.1. Agente que mantém ou tenha mantido relação de afeto com a vítima

Sobre a pena incidirá um aumento de um a dois terços se o agente mantém ou tenha mantido relação íntima ou de afeto com a vítima, cuja intimidade divulgou. Indiscutível que tal condição lhe facilitou o acesso ao registro produzido, quando não tenha sido ele mesmo quem o produziu, e daí o maior desvalor da ação.

1.4.2. Pornografia de vingança ou *revenge porn*

A terceira das condutas, traduzida em causa de aumento de um a dois terços, é a conhecida pornografia de vingança ou, em inglês, *revenge porn*. Como conceituado em outra obra, pornografia de vingança é "[...] a veiculação não consentida de mídia (fotos e/ou imagens) sexual que anteriormente foi dada de modo consentido. Surge quando, principalmente, um casal que trocava imagens ou vídeos íntimos torna-se ex-casal e um deles, em geral o homem, resolve divulgar mídias da antiga companheira em grupos de amigos ou nas redes sociais, tornando um caminho sem volta e sem controle sua propagação".

O elemento subjetivo específico é a vingança ou a humilhação motivadoras do crime, e, embora a prática da pornografia de vingança se verifique mais comumente entre casais e ex-casais, o aumento não é de aplicação restrita a quem tenha ou tenha mantido relação íntima ou de afeto com a vítima. A concomitância das duas circunstâncias deve servir para dosar o aumento, aproximando-o do máximo permitido.

1.5. Elemento subjetivo

O dolo é genérico e caracteriza-se pela vontade consciente de disponibilizar o registro audiovisual, com conteúdo criminoso ou não. Exige-se intuito especial apenas em relação à majorante da segunda parte do § 1º do art. 218-C, CP, quando o agente objetiva vingar-se da vítima ou humilhá-la e, para isso, divulga registros audiovisuais sem seu consentimento.

Não se admite a modalidade culposa.

1.6. Elemento normativo do tipo

Ato libidinoso, caráter íntimo e privado e pornografia são os elementos normativos do tipo, cujo sentido o juiz deve determinar no caso concreto.

1.7. Consumação e tentativa

O delito atinge a consumação com a prática das condutas previstas no tipo, independentemente de resultado especial eventualmente pretendido pelo agente, que, se presente, pode levar a um aumento de pena (§ 1º).

Em tese, admite-se a tentativa em relação a todos os verbos (trata-se de crime plurissubsistente), ainda que o autor da tentativa de divulgação mal sucedida tenha sido também autor ou partícipe da produção ilícita do registro, caso em que haverá concurso material de crimes.

Exceção se faz à hipótese em que o registro ilícito tenha sido exclusivamente produzido com o fim de uma única divulgação, caso em que, por ser crime-meio, o registro prévio ver-se-á absorvido pela divulgação posterior.

1.8. Classificação

Crime comum, material, doloso, comissivo, de dano, plurissubsistente.

CAPÍTULO III
DO RAPTO

Rapto violento ou mediante fraude

Art. 219. (***Revogado pela Lei n. 11.106, de 28.03.2005.***)

Rapto consensual

Art. 220. (***Revogado pela Lei n. 11.106, de 28.03.2005.***)

Diminuição de pena

Art. 221. (***Revogado pela Lei n. 11.106, de 28.03.2005.***)

Concurso de rapto e outro crime

Art. 222. (***Revogado pela Lei n. 11.106, de 28.03.2005.***)

CAPÍTULO IV
DISPOSIÇÕES GERAIS

Formas qualificadas

Art. 223. (***Revogado pela Lei n. 12.015, de 07.08.2009.***)

Presunção de violência

Art. 224. (***Revogado pela Lei n. 12.015, de 07.08.2009.***)

Ação penal

Art. 225. Nos crimes definidos nos Capítulos I e II deste Título, procede-se mediante ação penal pública incondicionada.

Caput com redação dada pela Lei n. 13.718, de 24.09.2018.

Parágrafo único. (***Revogado pela Lei n. 13.718, de 24.09.2018.***)

1. COMENTÁRIO

1.1. Regra geral

A ação penal, para todos os crimes contra a dignidade sexual, é pública incondicionada. Essa é a regra, que já não comporta exceções e que advém da soma das alterações promovidas pela Lei n. 13.718/2018, de incidência sobre os Capítulos I, I-A e II do Título IV, "Dos Crimes contra a Dignidade Sexual", e da ausência de previsão expressa sobre ação penal para os demais crimes, com o que se submetem ao estabelecido no art. 100, *caput* e § 1º, do Código Penal.

Na redação original, o art. 225, CP, trazia a regra da ação penal privada e, excepcionalmente, pública em circunstâncias específicas. A partir de 2009, a regra geral, tanto para os crimes contra a liberdade sexual (Capítulo I) como para aqueles contra vulnerável (Capítulo II), passou a ser a ação pública condicionada, prevista como exceção a ação pública incondicionada se a vítima fosse menor de 18 anos ou pessoa vulnerável.

O aspecto favorável de se impor, agora para todos os casos, a ação penal pública incondicionada é que se exclui a possibilidade de deixar ao critério da vítima a punição do agente.

Os inconvenientes antes enxergados na medida (CABETTE, Eduardo; disponível em: http://jusvi.com/artigos/41751. Acesso em 01/mar./2013), como o fato de a vítima, já traumatizada pelo abuso sofrido, ter de se sujeitar a outros procedimentos também traumatizantes, exame de corpo de delito, acareação, reconhecimento do autor etc., não se sobrepuseram ao interesse público de propositura da ação penal.

1.2. Súmula n. 608 do STF

Deixou de ter aplicação a Súmula n. 608 do STF, que estabelecia a obrigatoriedade da ação pública em casos de violência real. Mesmo antes da lei nova de 2018, já não fazia sentido falar em violência real, ante a revogação de dispositivo que tratava do termo contraposto, a violência presumida. A mais, a súmula, editada anteriormente à Lei n. 9.099/95, abrange qualquer violência real, inclusive aquela da qual resultem meras lesões corporais leves, majoritariamente entendidas como absorvidas pela violência normal dos crimes sexuais e tidas como de ação pública condicionada à representação.

1.3. Processos em andamento

As normas atinentes à ação penal são processuais e a elas não se aplica qualquer exceção ao princípio da irretroatividade da lei. São de aplicação imediata. É o que acontece com a Lei n. 13.718/2018, ao impor como regra geral a ação penal pública incondicionada.

Discussão que poderia surgir, e apenas em relação aos casos em que, antes da nova regra, a ação fosse condicionada à representação, seria sobre o que fazer com os casos em que o ofendido renunciou à representação mas, entrando em vigor a nova lei, ainda estava em curso o prazo decadencial, pelo que teria o direito a retratar-se (e representar). Solução mais adequada é que se aguarde o decurso do prazo. Se, dentro dele, o ofendido se retratar do desejo de não representar, implementada estará a titularidade incondicionada da ação para o Ministério Público. Caso não se retrate ou caso tenha se esgotado o prazo decadencial na vigência da lei antiga, deve ser declarada extinta a punibilidade do agente.

Não há dúvida, por outro lado, de que as ações intentadas após o advento da nova lei (n. 13.718/2018), mesmo por fatos ocorridos antes de sua vigência, devem seguir o rito por ela estabelecido.

2. JURISPRUDÊNCIA

2.1. Julgados

Ação penal. Legitimidade. Ministério Público

O Ministério Público possui legitimidade para promover a ação penal quando a vítima ou seus pais não puderem prover as despesas do processo, sem prejuízo da manutenção própria ou da família (art. 225, § 2º, do CP, com redação anterior à Lei n. 12.015/2009). A jurisprudência pacífica desta Corte é no sentido de que a representação realizada pela vítima ou seu representante legal nos crimes contra os costumes prescinde de formalidade e prova material de miserabilidade, sendo suficiente a mera declaração de pobreza. (STF, *HC* n. 113.071/RS, rel. Min. Ricardo Lewandowski, j. 28.08.2012)

Aumento de pena

Art. 226. A pena é aumentada:

Caput com redação dada pela Lei n. 11.106, de 28.03.2005.

I – de quarta parte, se o crime é cometido com o concurso de 2 (duas) ou mais pessoas;

Inciso com redação dada pela Lei n. 11.106, de 28.03.2005.

II – de metade, se o agente é ascendente, padrasto ou madrasta, tio, irmão, cônjuge, companheiro, tutor, curador, preceptor ou empregador da vítima ou por qualquer outro título tiver autoridade sobre ela;

Inciso com redação dada pela Lei n. 13.718, de 24.09.2018.

III – *(Revogado pela Lei n. 11.106, de 28.03.2005.)*

IV – de 1/3 (um terço) a 2/3 (dois terços), se o crime é praticado:

Inciso acrescentado pela Lei n. 13.718, de 24.09.2018.

Estupro coletivo

***a)* mediante concurso de 2 (dois) ou mais agentes;**

Nomen juris e alínea acrescentados pela Lei n. 13.718, de 24.09.2018.

Estupro corretivo

***b)* para controlar o comportamento social ou sexual da vítima.**

Nomen juris e alínea acrescentados pela Lei n. 13.718, de 24.09.2018.

---

1. COMENTÁRIO

1.1. Causas de aumento aplicáveis, em regra, a todos os crimes dos Capítulos I, I-A e II do Título "Dos Crimes contra a Dignidade Sexual"

Por terem sido inseridas em capítulo de disposições gerais, em não havendo ressalva expressa (como existe no caso do inciso IV, *a* e *b*, do presente artigo) ou outra incompatibilidade, as causas de aumento de pena do art. 226, CP, são de aplicação a todos os crimes dos capítulos que o antecedem (I, I-A e II – contra a liberdade sexual, de exposição da intimidade sexual e contra vulnerável).

Merece nota o aparente excesso em que incorreu o legislador na criação de sucessivas majorantes para os crimes contra a dignidade sexual. Veja-se que, além das que ora serão comentadas, outras há no último capítulo do título, de aplicação geral, além das previstas em parágrafos específicos, tudo por vezes incidindo sobre figuras já qualificadas, presentes também em considerável número no título dos crimes sexuais. Por isso, na dosagem da pena muito critério é esperado do juiz, para que a sanção não sirva de ferramenta para um indesejado moralismo penal, do que resultem, como se tem visto com frequência, a aplicação em cascata de majorantes e a fixação de reprimendas para crimes sexuais em patamares equiparados às de homicídios qualificados. Razoável se mostra a adoção da fórmula geral do art. 68 do CP, pela que, na concorrência de múltiplas causas de aumento da parte especial do Código prevaleça apenas uma, a que mais aumente.

1.2. Concurso de duas ou mais pessoas

A majorante do inciso I abrange, de maneira geral, qualquer espécie de concurso de pessoas, ou seja, o concurso necessário e o eventual, a coautoria e a participação.

O aumento na pena será de um quarto, ressalvada a majoração de um a dois terços específica para o estupro coletivo, sobre a qual se discorre em comentário ao inciso IV.

Autor é o que executa, diretamente ou por meio de terceiro, a conduta descrita no tipo. Partícipe é o que, de outra forma, colabora com a prática criminosa.

Há casos, porém, em que, embora refletindo a conduta dos agentes sobre o mesmo objeto, cada qual praticará um crime autônomo e, assim, não haverá falar-se em concurso. É o que ocorre, por exemplo, com o agente que induz a vítima menor de 14 anos a satisfazer a lascívia de outrem e aquele que, com a mesma ofendida já induzida, satisfaz seu desejo sexual. Incorrerá, o primeiro, no crime do art. 218 do CP, corrupção de menores, e o segundo, se com a vítima tiver conjunção carnal ou outro ato libidinoso característico de estupro, no crime do art. 217-A do CP, estupro de vulnerável, mas, nessas circunstâncias, nem a um nem a outro se imporá o aumento do art. 226, seja do inciso II, seja do IV, a, do CP.

Em contrapartida, outras hipóteses são de concurso necessário, sobre elas incidindo, sem dúvida, o aumento. Assim se dá no caso do crime do art. 218-A, CP, na modalidade de praticar, na presença de alguém menor de 14 anos ou induzi-lo a presenciar conjunção carnal. Exigindo tal ato (a conjun-ção carnal) o envolvimento de duas pessoas, homem e mulher, é crime de concurso necessário, exceto no caso de uma delas desconhecer a presença do menor.

Por fim, diversa e complexa é a solução para o concurso necessário que se verifica na participação decorrente de omissão imprópria em crime sexual executado diretamente por outrem. Ao executor do crime, que tem sua prática criminosa facilitada pela omissão penalmente relevante do garante, impõe-se o aumento do inciso I do art. 226, CP. Mas do partícipe, porque o concurso com o autor se vê intrincado a sua própria responsabilização pelo delito sexual (já que não seria partícipe se não houvesse autor), deve ser afastado o aumento, sob pena de se incorrer em *bis in idem*.

1.3. Qualidade do agente de ascendente, padrasto ou madrasta, tio, irmão, cônjuge, companheiro, tutor, curador, preceptor ou empregador da vítima ou que, por qualquer outro título, tiver autoridade sobre ela

É justificável o aumento de pena previsto no inciso II em razão da relação de autoridade entre agente e vítima. A posição do ofendido nessas hipóteses o torna, de certa forma, mais vulnerável, acentuando sua dificuldade ou impossibilidade de oferecer resistência à pretensão de seu ofensor, em razão da confiança que nele deposita ou mesmo devido à sua inferioridade ou desigualdade.

Não se incluiu no rol a figura do descendente, podendo-se afirmar que a este incidirá o aumento apenas quando se enquadrar na forma genérica, ou seja, quando tiver autoridade sobre a vítima, situação academicamente admissível, mas de rara verificação prática.

Aliás, essa é uma condição comum a todos os sujeitos elencados na majorante: não basta o mero parentesco ou a relação empregatícia entre ofensor e ofendido, é necessário que o agente de fato exerça autoridade sobre a vítima.

Trata-se de interpretação analógica, em que exemplos casuísticos são combinados com fórmula genérica, e os vínculos se apresentam como hipóteses nas quais se supõe haver autoridade de um sujeito (autor do crime) em relação ao outro (vítima). Mas, para a incidência do aumento, não se pode presumir a relação de autoridade, ela deve ser demonstrada caso a caso, por não ser intrínseca. Não há qualquer autoridade, por exemplo, entre dois irmãos de idade similar ou entre genitor e filho sem proximidade ou convívio.

Existe ainda uma vertente distinta de interpretação que aponta para uma imprecisão na utilização, pela lei, do termo "autoridade". A pretensão teria sido fazer referência a relações nas quais se verifica ascendência, mas ao final foi empregada expressão típica do direito administrativo, autoridade, pelo que a aplicação da majorante não seria automática aos sujeitos.

Verificou-se, com a Lei n. 13.718, de 25.09.2018, uma alteração da forma do verbo "ter", integrante da majorante, que, na antiga redação, vinha conjugado no presente do modo indicativo ("tem" autoridade sobre ela) e foi substituído pelo mesmo verbo conjugado no futuro do modo subjuntivo, resultando em "tiver" autoridade sobre ela.

Duas explicações são admissíveis para a mudança gramatical: por uma delas, o "tiver", no lugar do "tem" autoridade, serve para esclarecer que o aumento incide mesmo quando o vínculo entre agente e vítima não seja atual (ao tempo do julgamento), já que o importante é que o autor tenha tido autoridade sobre ela quando da conduta, em nada se descaracterizando a majorante se essa circunstância não perdurar após o fato; pela segunda explicação, a alteração se justifica pela maior abrangência da conjugação subjuntiva "tiver", que remete também a situações específicas do crime, nas que a relação de autoridade se estabeleceu apenas momentânea ou circunstancialmente.

A majorante do inciso II (assim como a anterior e as posteriores do art. 226, CP) é aplicável apenas aos crimes dos Capítulos I (crimes contra a liberdade sexual), I-A (exposição da intimidade sexual) e II (crimes sexuais contra vulnerável) do Título VI (dos crimes contra a dignidade sexual) e desde que a relação de autoridade entre agente e vítima não seja inerente ao tipo, em qualquer de suas modalidades. Não se aplica o aumento, por constituir bis in idem, assim, ao empregador que assedia a empregada, porque essa qualidade é essencial à caracterização do crime de assédio sexual.

1.4. Crime de estupro coletivo

A nova causa de aumento introduzida sob a alínea *a* do inciso IV do art. 226, CP, contempla as situações de estupro coletivo, conceituado pela lei como o praticado mediante o concurso de dois ou mais agentes, circunstância que acentua a repressão penal com um aumento entre um e dois terços na pena.

Sua concomitância com a majorante do inciso I do mesmo artigo, aplicável quando o crime é cometido com o concurso de duas ou mais pessoas, não pode deixar espaço para confusão, muito menos para *bis in idem*. Trata-se de um conflito só aparente de normas.

No estupro coletivo, o concurso de agentes é necessário e a majorante não se estende ao partícipe (a quem, eventualmente, pode incidir o aumento do inciso I). Por tal razão, cada autor deve, no mesmo contexto e contra a mesma vítima ou mesmas vítimas, praticar a conjunção carnal ou os atos libidinosos diversos.

Trata-se de um concurso específico, dirigido pelo dolo de prática coletiva, pela vontade dos agentes de agir em conjunto, pela identidade de seus ânimos.

Daí poder-se afirmar que no estupro coletivo se dá a soma de um elemento objetivo – qual seja a pluralidade de agentes envolvidos – com elementos subjetivos, representados pelo ânimo de dominação da vítima e pela afirmação da virilidade de cada um dos autores diante dos demais. "Consideram-se dois eixos de interpessoalidade: o primeiro, vertical, do agressor em relação à vítima, e o segundo, horizontal, relativo à comunhão dos agressores durante o ato."[53] Nas palavras de Sagato, "o estupro coletivo é, como nos pactos de sangue, a mistura de substâncias corporais de todos os que dele participam; o ato de compartilhar a intimidade em seu aspecto mais feroz, de expor o que se guarda com mais zelo" (disponível em: https://repositorio.unb.br/bitstream/10482/9644/1/ARTIGO_TerritorioSoberaniaCrimes.pdf; acesso em: 18.11.2019).

53 Conforme pesquisa "Semântica do estupro coletivo nos tribunais", publicada em http://www.emerj.tjrj.jus.br/publicacoes/relatorios_de_pesquisa_nupegre/edicoes/n1/relatorios-de-pesquisa-nupegre_n1_estupro-coletivo_54.pdf; acesso em: 07.12.2020).

Essa é a especialidade do inciso IV, *a*, que limita a aplicação do aumento aos autores diretos dos crimes de estupro e estupro de vulnerável. Os demais casos de concurso se submetem ao aumento genérico do inciso II do mesmo artigo.

Tratando-se de novidade legislativa prejudicial ao réu, a majorante se condiciona à anterioridade e à irretroatividade, portanto de aplicação aos crimes cometidos a partir de 25 de setembro de 2018, data da publicação da lei nova (n. 13.718).

1.5. Crime de estupro corretivo

O acentuado desvalor da conduta do agente que pratica crime de estupro motivado pelo desejo de controlar o comportamento social ou sexual da vítima justifica sua maior reprovação, com a possibilidade de um aumento de pena entre um e dois terços.

Comportamento social é o público, que permite a alguém uma convivência confortável, sem constrangimentos. O comportamento sexual é aquele voltado à orientação sexual.

O estupro tem, para o criminoso, uma finalidade ou mesmo uma justificativa corretiva ou curativa daquilo que enxerga como distúrbio de comportamento ou anormalidade: na maioria dos casos, a orientação sexual ou o gênero da vítima, que pode ser pessoa de qualquer sexo, mas que, no mais das vezes, é mulher lésbica, bissexual ou transexual. Como explica Rogério Sanches, "a violência é usada como um castigo pela negação da mulher à masculinidade do homem".

Em boa hora a novidade legislativa, em momento de forte tendência ao autoritarismo, do Estado controlando o comportamento das pessoas, em um clima político pelo qual, direta ou indiretamente, os agentes se sentem encorajados.

CAPÍTULO V
DO LENOCÍNIO E DO TRÁFICO DE PESSOA PARA FIM DE PROSTITUIÇÃO OU OUTRA FORMA DE EXPLORAÇÃO SEXUAL

Capítulo com denominação dada pela Lei n. 12.015, de 07.08.2009.

Mediação para servir a lascívia de outrem

Art. 227. Induzir alguém a satisfazer a lascívia de outrem:

Pena – reclusão, de 1 (um) a 3 (três) anos.

§ 1º Se a vítima é maior de 14 (catorze) e menor de 18 (dezoito) anos, ou se o agente é seu ascendente, descendente, cônjuge ou companheiro, irmão, tutor ou curador ou pessoa a quem esteja confiada para fins de educação, de tratamento ou de guarda:

Parágrafo com redação dada pela Lei n. 11.106, de 28.03.2005.

Pena – reclusão, de 2 (dois) a 5 (cinco) anos.

§ 2º Se o crime é cometido com emprego de violência, grave ameaça ou fraude:

Pena – reclusão, de 2 (dois) a 8 (oito) anos, além da pena correspondente à violência.

§ 3º Se o crime é cometido com o fim de lucro, aplica-se também multa.

---

1. COMENTÁRIO

1.1. Objetividade jurídica

São bens jurídicos protegidos a dignidade sexual, a moral e os costumes sociais, além da relativa vulnerabilidade[54] do menor de 18 e maior de 14 anos (figura do § 1º). Trata-se de espécie de lenocínio, da prestação de assistência à libidinagem de terceiro ou dela a extração de algum proveito.

O objeto do crime é o corpo da vítima, induzida a utilizá-lo para a satisfação da lascívia alheia.

1.2. Sujeitos

Sujeito ativo é o intermediário do sexo, chamado proxeneta, alcoviteiro ou alcaiote. Pratica o crime do *caput*, que é comum, qualquer pessoa, de ambos os sexos, exceto o destinatário da conduta da vítima, ou seja, aquele a quem ela será induzida a satisfazer a lascívia, para quem, em primeira análise, o fato será atípico, incorrendo no crime do art. 218-B, CP – figura equiparada de favorecimento à prostituição de vulnerável – apenas e tão somente no caso de o ofendido ser pessoa prostituída e ter entre 14 e 18 anos, se disso o destinatário tiver conhecimento.

Em relação à modalidade qualificada da parte final do § 1º, é crime próprio, por referir-se a agente que seja ascendente, descendente, cônjuge ou companheiro, irmão, tutor ou curador ou pessoa a quem esteja a vítima confiada para fins de educação, de tratamento ou de guarda.

Sujeito passivo, no tipo simples, é qualquer pessoa que tiver completado 18 anos, independentemente do sexo e da orientação sexual, des-

54 Relativamente vulneráveis entendem-se os que têm dificultada ou impedida sua livre manifestação de vontade. Especificamente no caso do § 1º do art. 227, CP, as pessoas com idade entre 14 e 18 anos incompletos.

de que tenha discernimento suficiente para que possa ser induzida.

Na primeira das figuras qualificadas (§ 1º, primeira parte), além do discernimento, o ofendido deve ter menos de 18 e mais de 14 anos e, não tendo completado essa idade mínima, a conduta do proxeneta se adéqua à figura do art. 218 do CP.

O final do § 1º exige, dos sujeitos ativo e passivo, a já citada relação especial de parentesco, educação, tratamento ou guarda.

Não se concorda com o entendimento de que o profissional do sexo não pode figurar como sujeito passivo do crime.[55] Embora, no mais das vezes, a pessoa prostituída entregue seu corpo a quem o solicite e sem muito critério, dela não se retira, por isso, a capacidade de autodeterminação de relacionar-se ou não com determinada pessoa. Nessa situação, e pelas mesmas razões por que pode figurar como vítima do crime de estupro, pode, sim, ser induzida a satisfazer a lascívia de outrem.

Possível o concurso de agentes, mas não daquele a quem o induzimento favorecerá.

1.3. Análise da(s) conduta(s) descrita(s) no tipo

O crime se caracteriza com a conduta de induzir alguém a satisfazer a lascívia de outrem.

Induzir é criar no pensamento do ofendido uma ideia inexistente, é persuadi-lo, convencê-lo por meios persuasivos. Denota, no dizer de Galdino Siqueira, "uma relação de eficiência causal, determinante entre o ato do agente e o da vítima" (*Direito penal brasileiro*: Parte Especial, 1924, p. 493-4). Seu sentido é mais amplo que o de instigar, verbo não contemplado no tipo e que remete à situação em que apenas se reforça uma ideia preexistente no pensamento do ofendido.

No tipo do art. 227, CP, o induzimento tem propósito específico, o de satisfazer a lascívia de outrem, que tem de ser pessoa ou pessoas determinadas, o que o distingue do crime do artigo seguinte, favorecimento à prostituição.

Lascívia é o desejo sexual, a libido, a luxúria.

Dispensa-se que o terceiro alcance a satisfação da libido. Basta que o ato praticado seja apto a proporcionar-lhe prazer lascivo.

1.3.1. Formas qualificadas

A gravidade da conduta e a resposta penal são mais acentuadas no caso de o ofendido ser adolescente entre 14 e 18 anos incompletos, de igual maneira se sujeito ativo for seu ascendente, descendente, cônjuge ou companheiro, irmão, tutor, curador ou pessoa a quem esteja confiada a vítima para fins de educação, de tratamento ou de guarda.

Justifica-se a maior reprovação da conduta também, conforme dispõe o § 2º do art. 227, CP, em relação aos meios empregados pelo agente: grave ameaça, violência e fraude, casos em que a manifestação de vontade da vítima é anulada ou viciada pelo engodo e, por isso, é levada a praticar o ato com o terceiro, mesmo não desejando livremente.

Ameaça é a coação moral e, adjetivada pelo termo "grave", tem de ser séria e idônea. O mal prometido deve parecer de viável execução e incutir na vítima temor suficiente para fazê-la ceder à pretensão do agente. Pode ser dirigida à própria vítima ou a terceiros e até a animais e coisas.

Violência é a força física sobre o corpo da vítima, que anula sua capacidade de resistência ou a faz desistir de resistir. Em tal caso a pena do lenocínio será aplicada em concurso material com a pena do crime decorrente da violência.

A fraude que qualifica o delito é o artifício que vicia a manifestação de vontade do ofendido, contorna seu dissenso por induzi-lo ao erro ou nele mantê-lo.

Para a análise acurada dessas elementares, remete-se o leitor às considerações feitas nos crimes de estupro e violação sexual mediante fraude.

Cuidado para uma importante distinção: se o expediente violento ou fraudulento contra o ofendido for empregado única e exclusivamente pelo proxeneta – sem a concorrência do "outrem" referido no tipo – o crime por ele (o proxeneta) praticado será o da forma qualificada de mediação para satisfazer a lascívia de outrem (art. 227, § 2º, CP), e não o crime de estupro, de violação sexual mediante fraude ou de importunação sexual, porque o constrangimento não terá partido daquele a quem se quer satisfazer a lascívia, e não há coautoria ou participação sem autor principal.

Entretanto, se concorrentemente houver contra a vítima o emprego de violência, grave ameaça ou fraude também pelo terceiro envolvido na prá-

55 "A meretriz não pode ser havida como vítima do delito previsto no art. 227 do CP, pois não é induzida, mas se presta, voluntariamente, à lascívia de outrem" (TJPR, Ap. Crim. n. 372/75, 1ª Câm. Crim., rel. Des. Costa Lima, j. 25.03.1976, RT 487/347).

tica lasciva, aí, sim, a adequação da conduta do proxeneta se desloca para o crime diverso que tiver praticado o terceiro (estupro, violação sexual mediante fraude, importunação sexual), do que será não o mediador, mas partícipe.

É conhecido como lenocínio lucrativo ou mercenário aquele em que o agente tenha intenção de lucro, e à pena privativa de liberdade cumula-se a de multa (art. 227, § 3º, CP).

1.4. Elemento subjetivo

O elemento subjetivo do agente é o dolo, a vontade de praticar a conduta e de obter o resultado, consciente da relação entre o induzimento da vítima e a satisfação, por ela, da lascívia alheia. No caso das figuras qualificadas, deve o sujeito ativo conhecer a presença das elementares ou, ao menos, agir na dúvida, assumindo o risco. Além disso, o tipo não exige dolo específico.

Não se pune o crime a título de culpa.

1.5. Elemento normativo

A expressão "satisfação da lascívia" é o elemento normativo do tipo, cujo sentido será determinado pelo juiz no caso concreto, de acordo com os dados da vida prática, o senso comum, os costumes.

1.6. Consumação e tentativa

Para a consumação, o crime exige a prática de algum ato libidinoso, ainda que a atividade da vítima se resuma a se deixar contemplar. Possível a tentativa, desde que iniciada e não concluída a execução do delito, como quando o agente consegue induzir a vítima, mas não se chega à prática de ato capaz de proporcionar a satisfação da lascívia alheia.

1.7. Classificação

Crime comum, em relação ao *caput* e à primeira parte do § 1º, e próprio quanto à segunda parte do mesmo parágrafo, material, doloso, de dano, comissivo, plurissubsistente.

2. JURISPRUDÊNCIA

2.1. Julgados

Prostituição. Possibilidade de caracterização do art. 227, CP

O exercício da prostituição não elimina a capacidade de autodeterminação, e, se, no livre exercício de suas garantias constitucionais, a pessoa já prostituída manifestar-se contrária à conjunção carnal com determinada pessoa, pode acontecer que venha a ser induzida em sentido contrário, nos moldes da tipificação penal ora estudada. (STF, Ext. n. 725, rel. Min. Maurício Corrêa, j. 02.09.1998)

Corrupção passiva e mediação para servir a lascívia de outrem. Concurso material

É descabido o pleito de absolvição pela prática dos delitos de corrupção passiva em concurso material com o crime de mediação para servir a lascívia de outrem, quando existem nos autos provas suficientes de autoria e materialidade delitivas. Em especial, quando resta comprovado que tais delitos ocorreram no interior de unidade prisional, por servidora pública, em ato de total desrespeito à dignidade dos presos que ali se encontravam, bem como da própria Administração Pública. (STF, AI n. 844.515/MG, rel. Min. Luiz Fux, j. 13.09.2011)

Mediação para servir a lascívia de outrem. Caracterização

Vítima submetida à exploração sexual por sua tia. Mediação para servir a lascívia de outrem. Auferimento de vantagem econômica comprovada. Réu R.H. que utilizou-se de seu poder e prestígio (delegado aposentado e advogado) para praticar o delito (atos libidinosos, diversos da conjunção carnal, com vítima menor de 18 anos e maior de 14 anos). Depoimento detalhado e coerente da vítima na fase policial e judicial. Laudos psicológicos e de estudos sociais dando conta da exploração sexual sofrida. Demais testemunhos colhidos em juízo. Contexto probatório suficiente para embasar a condenação. Apelante V.B. almejada desclassificação para o art. 218 do CP. Impossibilidade. Delito que trata de menores de 14 anos, o que não é o caso dos autos. Ademais, o contexto fático probatório atestou ter a recorrente submetido sua sobrinha à exploração sexual em troca de auferir lucro. Recursos defensivos conhecidos e desprovidos. (TJSC, Ap. Crim. n. 734.274/SC, rel. Des. Marli Mosimann Vargas, j. 10.06.2011)

Favorecimento da prostituição ou outra forma de exploração sexual

Art. 228. Induzir ou atrair alguém à prostituição ou outra forma de exploração sexual, facilitá-la, impedir ou dificultar que alguém a abandone:

Pena – reclusão, de 2 (dois) a 5 (cinco) anos, e multa.

Nomen juris, caput e pena com redação dada pela Lei n. 12.015, de 07.08.2009.

§ 1º Se o agente é ascendente, padrasto, madrasta, irmão, enteado, cônjuge, companheiro, tutor ou curador, preceptor ou empregador

da vítima, ou se assumiu, por lei ou outra forma, obrigação de cuidado, proteção ou vigilância:

Pena – reclusão, de 3 (três) a 8 (oito) anos.

Parágrafo e pena com redação dada pela Lei n. 12.015, de 07.08.2009.

§ 2º Se o crime é cometido com emprego de violência, grave ameaça ou fraude:

Pena – reclusão de 4 (quatro) a 10 (dez) anos, além da pena correspondente à violência.

§ 3º Se o crime é cometido com o fim de lucro, aplica-se também multa.

1. COMENTÁRIO

1.1. Objetividade jurídica

Protege-se com a norma a dignidade sexual, a moral e os costumes sociais.

Embora o ato de prostituir-se não seja considerado crime, o legislador optou por reprimir comportamentos que fomentem o comércio e a exploração sexual. A isso Guilherme Nucci expõe suas críticas: "a prostituição não é delito e a atividade de induzimento, atração, facilitação, impedimento (por argumento) ou dificultação (por argumento) também não têm o menor sentido constituir-se infração penal" (*Crimes contra a dignidade sexual*, 2009, p. 74).

Não nos parece em vão ou descabida a previsão legal repressiva, já que a pessoa que, por opção ou falta dela, entrega-se à prostituição não tem condições, intelectuais e morais, de resistir com igualdade de forças à ação do proxeneta. Daí o cabimento da proteção estatal.

Trata-se de espécie de lenocínio acessório ou secundário.

O objeto do crime é o corpo da vítima, levada a utilizá-lo para a satisfação da lascívia alheia.

1.2. Sujeitos

Qualquer pessoa, de qualquer sexo pode ser sujeito ativo da infração.

É crime comum nas modalidades do *caput*, e crime próprio em relação às figuras qualificadas do § 1º, exigindo-se do agente a qualidade especial de ascendente, padrasto, madrasta, irmão, enteado, cônjuge, companheiro, tutor ou curador, preceptor ou empregador da vítima, ou que tenha, por lei ou outra forma, assumido a obrigação de cuidado, proteção ou vigilância.

Esta fórmula, modificada pela Lei n. 12.015/2009, é mais ampla que a utilizada no tipo anterior, art. 227 do CP.

Nela, porém, é possível observar um evidente equívoco legislativo: o crime, se praticado pelo enteado, é qualificado; se praticado pelo filho, não o é, porque a figura do descendente foi deixada de fora da abrangência da qualificadora. A intenção do legislador obviamente não foi essa, mas só pela via legislativa se pode corrigir a falha.[56]

Sujeito passivo pode ser, em relação às condutas descritas no *caput*, qualquer pessoa maior de 18 anos e que não sofra de enfermidade ou deficiência mental que lhe retire o necessário discernimento para a prática do ato. Fora desses casos, não tendo o sujeito passivo completado os 18 anos ou sofrendo de enfermidade ou deficiência mental que lhe retire o necessário discernimento para a prática do ato, a tipificação desloca-se para o crime do art. 218-B do CP.

Exigem-se as qualidades especiais já mencionadas – vínculo de parentesco ou obrigação de cuidado, proteção ou vigilância – em relação ao crime qualificado do § 1º do artigo.

Não se pode induzir ou atrair à prostituição quem nessa atividade já esteja envolvido. Por isso, a prostituta não figura como vítima dessas modalidades (induzir ou atrair) do crime.[57] Por outro lado, só a pessoa prostituída ou explorada sexualmente pode ser vítima das demais modalidades de crime (facilitar, dificultar ou impedir que abandone) previstas no *caput*.

1.3. Análise da(s) conduta(s) descrita(s) no tipo

O crime é misto alternativo e configura-se pelo induzimento ou atração à prostituição, ou a qualquer outra forma de exploração sexual, ou com a facilitação, dificultação ou impedimento para o seu abandono pelo sujeito passivo.

Induz-se alguém criando nele a ideia de prostituir-se. Atrai-se por meio de expedientes sedutores, que encantem a vítima.

Prostituição é o oferecimento habitual de serviços sexuais a pessoas indeterminadas, com ou sem contraprestação financeira ou de outra natureza, independentemente da prática efetiva de atos libidinosos com tais pessoas.

---

56 Apenas no caso de o filho da vítima ter assumido obrigação de cuidado em relação ao ascendente e, nessa condição, praticar o crime de favorecimento à prostituição, é que incidirá a qualificadora.

57 "Não afasta o crime de favorecimento à prostituição o fato de ser a vítima já desencaminhada" (TJPR, Ap. Crim. n. 458/81, 1ª Câm. Crim., rel. Des. Eros Gradowsky, j. 01.04.1982, *RT* 560/353).

A habitualidade ou a reiteração está no oferecimento dos serviços. Daí que, ainda que a vítima, já instalada em prostíbulo e ali disponibilizando-se, tenha apenas um cliente e depois disso abandone a atividade, terá havido a prostituição.[58]

Qualquer outra utilização de pessoas para a prática de atos que excitem ou satisfaçam a lascívia humana subsome-se ao termo "outra forma de exploração sexual".

Caracteriza igualmente o crime a conduta de facilitar a prostituição e a de impedir ou dificultar o seu abandono. O que se facilita não é o ingresso na prostituição, mas o seu exercício, tornando-o mais viável ou de sucesso. Dificultar é criar obstáculos, cujo limite extremo é impedir, não permitindo alternativa à vítima. Essas três modalidades, obviamente, referem-se à vítima já dedicada às atividades de exploração sexual.

Assim, as condutas de induzir ou atrair reclamam da vítima moral sexual preservada. De outro modo, as condutas de facilitar, impedir ou dificultar o abandono da prostituição exigem a sua degradação sexual.

1.3.1. Formas qualificadas

Conforme previsto no § 1º do art. 228, CP, será maior a reprovação penal, com pena de reclusão de 3 a 8 anos, nos casos de o sujeito ativo ser ascendente, padrasto, madrasta, irmão, enteado, cônjuge, companheiro, tutor ou curador, preceptor ou empregador da vítima, ou se tiver assumido, por lei ou outra forma, obrigação de cuidado, proteção ou vigilância.

Empregando violência, grave ameaça ou fraude, a reprovação da conduta também é mais acentuada, cominando-se pena de reclusão de 4 a 10 anos, à que se cumula aquela referente ao crime resultante da violência (art. 228, § 2º, CP).

Grave ameaça é a chamada violência moral, que tem de ser séria, idônea, viável. A força física contra o corpo da vítima é que caracteriza a violência. Fraude é o artifício que vicia a manifestação de vontade do ofendido, contornando seu dissenso.

Análise mais profunda dessas elementares encontra-se nos comentários aos crimes de estupro e violação sexual mediante fraude, aos quais se remete o leitor.

Visando o sujeito ativo a obtenção de lucro, ganho econômico representado por bem de qualquer natureza que possa ser convertido em moeda corrente, haverá, cumulativamente, a pena de multa (art. 228, § 3º, CP).

1.4. Elemento subjetivo

O elemento subjetivo do tipo é o dolo, a vontade consciente e livre de induzir ou atrair alguém à prostituição ou outra forma de exploração sexual, facilitá-la, dificultar ou impedir que a abandone. Não se exige intuito especial, exceto em relação ao § 3º, em que o agente busca o lucro. Em qualquer caso, ele deve ter a consciência de que sua conduta é apta a favorecer a prostituição ou exploração sexual. Não se admite a modalidade culposa.

1.5. Elemento normativo

"Prostituição" e "outra forma de exploração sexual" são termos aos que o juiz deve dar interpretação com base nas circunstâncias da vida prática, do senso comum e dos costumes.

1.6. Consumação e tentativa

Exige-se à consumação do crime, nas formas induzir ou atrair à prostituição ou outra forma de exploração sexual, o ingresso do ofendido na atividade. Para consumar a facilitação, o sujeito ativo disponibiliza à vítima vantagens ou instrumentos que viabilizem maior proveito da exploração corporal. Nas formas dificultar ou impedir o abandono, classificadas como crime permanente, a consumação se dá no momento em que o agente impõe o empecilho ou embaraço, buscando que a vítima se mantenha naquela atividade. Assim já decidiu o TJPE "[...] os delitos previstos nos arts. 228 e 229 do CP são classificados objetivamente como crimes permanentes, sendo autorizada a prisão em flagrante do agente enquanto persistir a permanência do crime" (*HC* n. 136.4504-8, 1ª Câm. Crim., j. 23.05.2005).

Tratando-se de crime plurissubsistente, é possível a tentativa quando, a despeito da conduta do sujeito ativo, o ofendido não se prostituir, não se deixar explorar sexualmente, abandonar a atividade. Ter-se-á interrompido o *iter criminis*, ainda, quando, por outras circunstâncias alheias a sua vontade, o agente seja impedido de prosseguir na execução.

58 Rogério Greco tem o mesmo entendimento: "percebe-se, portanto, mediante as lições dos renomados autores, que a prostituição, como atividade profissional do sexo, somente se configura com o requisito da habitualidade (*Curso de direito penal*: Parte Especial, 2006, v. III, p. 633).

1.7. Classificação

Crime comum, exceto em relação ao § 1º, que é próprio, material, doloso, de dano, comissivo, plurissubsistente e habitual.

2. JURISPRUDÊNCIA

2.1. Julgados

Vítima já prostituída. Irrelevância

O fato de que as vítimas já eram prostitutas no Brasil é irrelevante em face dos arts. 149 e 230 do CP e, também, do art. 228 do mesmo Código, porque entre os tipos nele previstos está o de facilitar a prostituição, suficiente para nele incidir o extraditando mesmo no caso em que as vítimas já fossem prostitutas. (STF, Ext. n. 725, rel. Min. Maurício Corrêa, j. 02.09.1998)

Aquele que facilita, dando condições favoráveis à continuação ou ao desenvolvimento da prostituição, pratica o crime de favorecimento da prostituição. (STJ, *HC* n. 94.168/MG, 6ª T., rel. Min. Jane Silva, Des. convocada TJMG, *DJe* 22.04.2008)

Casa de prostituição

Art. 229. Manter, por conta própria ou de terceiro, estabelecimento em que ocorra exploração sexual, haja, ou não, intuito de lucro ou mediação direta do proprietário ou gerente:

Artigo com redação dada pela Lei n. 12.015, de 07.08.2009.

Pena – reclusão, de 2 (dois) a 5 (cinco) anos, e multa.

---

1. COMENTÁRIO

1.1. Objetividade jurídica

É a dignidade sexual, no contexto das alterações trazidas pela Lei n. 12.015/2009, o que se pretende tutelar com a norma, e não mais a moralidade sexual. Sobre o assunto, asseveram Zaffaroni e Pierangeli, que "sob nenhum ponto de vista a moral em sentido estrito pode ser considerada um bem jurídico. A 'moral pública' é um sentimento de pudor, que se supõe ter o direito de tê-la, e que é bom que a população a tenha, mas se alguém carece de tal sentimento, não se pode obrigar a que o tenha, nem que se comporte como se o tivesse, na medida em que não lesionem o sentimento daqueles que o têm" (*Manual de direito penal brasileiro*: Parte Geral, 1997, p. 467).

1.2. Sujeitos

Sujeito ativo do crime pode ser qualquer pessoa, de ambos os sexos, não se exigindo qualidade especial alguma. O concurso de agentes é possível e recorrente em crimes dessa natureza.

Como vítima figura a pessoa explorada sexualmente e, secundariamente, a sociedade.

1.3. Análise da(s) conduta(s) descrita(s) no tipo

Caracteriza-se o delito pela manutenção de "estabelecimento em que ocorra exploração sexual". A substituição dos antigos termos "casa de prostituição ou lugar destinado a encontros para fim libidinoso" por "estabelecimento em que ocorra exploração sexual" denota a vontade de atualização do legislador, embora tenha mantido na rubrica referência ao termo anterior. Guilherme Nucci não vê nisso mudança real alguma (*Crimes contra a dignidade sexual*, 2009, p. 79). Rogério Cunha, de outro modo, entende a nova expressão como mais abrangente (*Lei n. 12.015, de 7 de agosto de 2009*: comentários à reforma criminal de 2009, 2009, p. 69).

Não se exige, para fins de tipificação, que o estabelecimento referido no tipo esteja regularmente registrado junto aos órgãos públicos. Aliás, nem mesmo é preciso que o local seja dedicado exclusivamente à exploração sexual.[59] Pode ser que se trate de um bar, um hotel, um cinema, uma boate.

O núcleo do tipo é o verbo "manter", significando conservar, sustentar, prover do necessário, o que, por si, demanda habitualidade. Como bem lembrado por Nélson Hungria, citando Beni Carvalho, "não é possível manter qualquer coisa sem a ideia de permanecer, isto é, de perseverar, de insistir, de continuar a existir; e, em tais condições, manter uma casa de prostituição, ou lugar destinado a encontros para fins libidinosos, será perseverar nessa finalidade, insistir nela, o que requer, logicamente, para objetivá-la, a habitualidade daquelas práticas" (*Comentários ao Códi-*

---

59 Em sentido contrário, "no local que se denominou Casa de Prostituição a apelante desenvolvia outras atividades mercantis, como exploração de serviços de bar e de 'boite', não sendo utilizado especificamente para a exploração de 'casa de prostituição', circunstância que leva à não configuração do delito apontado ou denunciado" (TJMG, Ap. Crim. n. 1.0470.02.008246-2/001(1), rel. Antônio Carlos Cruvinel, j. 11.10.2005) e "casa de prostituição (art. 229 do CP). [...] *abolitio criminis*. Atípica a manutenção de estabelecimento destinado a encontros libidinosos, mesmo programas sexuais, uma vez não comprovada a presença do elemento do tipo consistente na 'exploração sexual', que foi acrescido ao dispositivo em comento após a reforma legislativa. Objetividade jurídica acrescida de tutela da dignidade sexual, com significado, portanto, relacionado às condutas marcadas pelo ardil, violência, grave ameaça, enfim, pelo prejuízo à vontade e dignidade da vítima prostituída" (TJSP, AC n. 10113487219998260506, rel. Amaro Thomé, j. 23.10.2014).

go Penal, 1956, v. VIII, p. 287). Por isso, atos ocasionais ou isolados não caracterizam a infração.[60]

Eventual aceitação social ou omissão na repressão criminal não são causa de atipicidade da conduta.[61]

"Exploração sexual" é o gênero, do qual uma das espécies é a prostituição. Entende-se como o comércio ou o mero oferecimento de favores sexuais ou libidinosos, do qual se retire alguma vantagem.

1.4. Elemento subjetivo

Somente se pune o crime a título de dolo, não se exigindo que o agente tenha a finalidade de obtenção de lucro ou qualquer outra finalidade específica. Basta a vontade consciente de praticar a conduta para obter o resultado.

1.5. Elemento normativo

Exploração sexual é termo cuja interpretação exige avaliação subjetiva do intérprete.

1.6. Consumação e tentativa

O crime terá atingido a consumação quando, com reiteradas ações, ocorrer a exploração sexual no estabelecimento. Ou seja, trata-se de crime habitual, consistente "na reiteração da mesma ação, de modo a constituir um hábito de vida que incide sob a reprovação penal" (HUNGRIA, Nélson. *Comentários ao Código Penal*, 1983, v. I, p. 221). Por isso, práticas ocasionais, isoladas, de encontros sexuais não bastam à configuração do delito, mas, como adverte José Frederico Marques, citando Grispigni, "o ato isolado, enquanto não reiterado, é simples situação jurídica, porque de sua prática não nasce, para o Estado, o direito de punir; todavia, tal ação é relevante (e daí configurar-se como situação jurídica) porque constitui uma parcela, ou segmento, 'daquilo que é necessário para que se produza um efeito jurídico'" (*Tratado de direito penal*, 1965, v. II, p. 370).

60 Bento de Faria alerta que a habitualidade caracteriza-se não pela diversidade dos concorrentes à casa ou local, mas pela repetição dos atos aí praticados, com as mesmas ou com diversas pessoas (*Código Penal brasileiro comentado*, 1961, v. VI, p. 102).

61 Mas já se decidiu em sentido contrário, que a infração do art. 229, CP, tornou-se letra morta diante da aceitação social e da tolerância das autoridades (TJMG, Ap. Crim. n. 1.0704.07.05333313-5/001, 3ª Câm. Crim., rel. Des. Antônio Armando dos Anjos, j. 12.05.2009).

1.7. Classificação

Crime comum, material, doloso, de perigo, comissivo, plurissubsistente, habitual.

2. JURISPRUDÊNCIA

2.1. Julgados

Exploração sexual em qualquer estabelecimento. Tipicidade

Ao editar o art. 229 do Código Penal, o legislador pretendeu abarcar todo e qualquer local onde se pratique a exploração sexual, e não apenas "em casa de prostituição ou lugar destinado a encontros para fim libidinoso". A vontade da nova lei é tornar mais amplas as hipóteses de incidência do dispositivo penal, pois nada mais faz do que trazer a prática inerente a quem detém a propriedade ou a gerência dos locais antes descritos. O novo dispositivo agrava a situação daqueles que, a partir da vigência da Lei n. 12.015/2009, levarem a efeito atos de exploração sexual em qualquer estabelecimento que seja, e não só naqueles outrora taxativamente descritos. (Ag. Reg. nos EDcl no Ag. Reg. no AREsp n. 1.536.522/MG, rel. Min. Rogerio Schietti, j. 26.05.2020, *DJe* 04.06.2020)

Casa de prostituição e ausência de exploração sexual. Atipicidade

O estabelecimento que não se volta exclusivamente à prática de mercancia sexual, tampouco envolve menores de idade ou do qual se comprove retirada de proveito, auferindo lucros da atividade sexual alheia mediante ameaça, coerção, violência ou qualquer outra forma de violação ou tolhimento à liberdade das pessoas, não dá origem a fato típico a ser punido na seara penal. A questão de direito delimitada na controvérsia trata da interpretação dada ao art. 229 do Código Penal. Registre-se que, mesmo após a alteração legislativa introduzida pela Lei n. 12.015/2009, a conduta consistente em manter Casa de Prostituição segue sendo crime. Todavia, com a novel legislação, passou-se a exigir a "exploração sexual" como elemento normativo do tipo, de modo que a conduta consistente em manter casa para fins libidinosos, por si só, não mais caracteriza crime, sendo necessário, para a configuração do delito, que haja exploração sexual, assim entendida como a violação à liberdade das pessoas que ali exercem a mercancia carnal. Dessa forma, crime é manter pessoa em condição de explorada, obrigada, coagida, não raro em más condições, ou mesmo em condição análoga à de escravidão, impondo-lhe a prática de sexo sem liberdade de escolha, ou seja, com tolhimento de sua liberdade sexual e em violação de sua dignidade sexual. Nesse sentido, o bem jurídico tutelado não é a moral pública mas sim a dignidade sexual como, aliás, o é em todos os crimes constantes do Título VI da Parte Especial do Código Penal, dentre os quais, o do art. 229. E o sujeito passivo do delito não é a sociedade mas sim a pessoa explorada, vítima da exploração sexual. Assim, se não se trata de estabelecimento voltado exclusivamente para a prática de mercancia sexual, tampouco há notícia de envolvimento de menores de idade, nem comprovação de que o recorrido tirava proveito, auferindo lucros da atividade sexual alheia mediante ameaça, coerção, violência ou qualquer outra forma de violação ou tolhimento à liberdade das pessoas, não há falar em fato típico a ser punido na seara penal. (STJ, REsp n. 1.683.375-SP, rel. Min. Maria Thereza de Assis Moura, p. u., j. 14.08.2018, *DJe* 29.08.2018) (*Informativo* n. 631)

Princípio da adequação social. Inaplicabilidade

Habeas corpus. Constitucional. Processual penal. Casa de prostituição. Aplicação dos princípios da fragmentariedade e da adequação social: impossibilidade. Conduta típica. Constrangimento não configurado. 1. No crime de manter casa de prostituição, imputado aos Pacientes, os bens jurídicos protegidos são a moralidade sexual e os bons costumes, valores de elevada importância social a serem resguardados pelo direito penal, não havendo que se falar em aplicação do princípio da fragmentariedade. 2. Quanto à aplicação do princípio da adequação social, esse, por si só, não tem o condão de revogar tipos penais. Nos termos do art. 2º da LINDB (com alteração da Lei n. 12.376/2010), "não se destinando à vigência temporária, a lei terá vigor até que outra a modifique ou revogue". 3. Mesmo que a conduta imputada aos Pacientes fizesse parte dos costumes ou fosse socialmente aceita, isso não seria suficiente para revogar a lei penal em vigor. 4. *Habeas corpus* denegado. (STF, *HC* n. 104.467/RS, rel. Min. Cármen Lúcia, j. 08.02.2011)

Princípio da adequação social. Aplicabilidade

A incidência do Princípio da Aceitação Social à espécie (irrelevância social do fato) é óbice ao reconhecimento da tipicidade da conduta descrita na peça inaugural acusatória. Isso porque a manutenção de estabelecimento destinado à prática da prostituição, embora não admitida pela totalidade da sociedade, é por ela amplamente tolerada, deixando, por isso, de realizar materialmente a descrição típica. Absolvição com fulcro no art. 386, III, do CPP. (TRF-3, RSE n. 00093446620164036000 MS, 11ª T., rel. Des. Fed. Nino Toldo, j. 25.07.2019, *e-DJF3 Judicial 1* 05.08.2019)

Habitualidade do crime

É indispensável à configuração da modalidade de lenocínio prevista no art. 229 do CP a prova da habitualidade nele empregada – a qual decorre do verbo "manter" – verificável através de prévia sindicância destinada à apuração das atividades desvirtuadas do estabelecimento. O que o texto legal incrimina é a manutenção de local destinado permanentemente e habitualmente ao agasalho de casais para fins sexuais, não bastando para a tipificação o comportamento ocasional (TJSP, rel. Des. Jarbas Mazzoni, *RT* 620/279). No mesmo sentido: *RT* 423/323, 532/327, 585/291, 588/317 e 595/339.

Omissão do poder público

A omissão e até eventual tolerância do poder público em relação aos estabelecimentos comerciais que se dedicam à atividade ilícita em nada altera a responsabilidade penal dos agentes. (TJSP, 12ª Câm. Crim., Ap. Crim. n. 993.076152-0, rel. Des. Aristóteles de Alencar Sampaio, j. 04.09.2009)

Absorção do crime de favorecimento da prostituição pelo crime de casa de prostituição

Pedido de aplicação do princípio da consunção. Tese de que crime do art. 229 consome o delito do art. 228. Procedência. Condutas que se resumem, no caso, na prática do crime de manutenção de casa de prostituição. Exclusão da condenação quanto ao crime de favorecimento da prostituição. (TJPR, Ap. Crim. n. 881.045-3/PR, rel. Rui Bacellar Filho, j. 25.10.2012)

Casa de prostituição e favorecimento a prostituição. Delitos caracterizados. Absorção do segundo crime pelo primeiro. Afastamento do concurso material. Necessidade: o crime de casa de prostituição possui como elemento subjetivo a figura do favorecimento, uma vez que o agente que possui esse estabelecimento indiretamente favorece a prostituição. (TJSP, Ap. n. 10404983200982600000/SP, 15ª Câm., rel. J. Martins, j. 17.03.2011)

Rufianismo

Art. 230. Tirar proveito da prostituição alheia, participando diretamente de seus lucros ou fazendo-se sustentar, no todo ou em parte, por quem a exerça:

Pena – reclusão, de 1 (um) a 4 (quatro) anos, e multa.

§ 1º Se a vítima é menor de 18 (dezoito) e maior de 14 (catorze) anos ou se o crime é cometido por ascendente, padrasto, madrasta, irmão, enteado, cônjuge, companheiro, tutor ou curador, preceptor ou empregador da vítima,

ou por quem assumiu, por lei ou outra forma, obrigação de cuidado, proteção ou vigilância:

Pena – reclusão, de 3 (três) a 6 (seis) anos, e multa.

Parágrafo e pena com redação dada pela Lei n. 12.015, de 07.08.2009.

§ 2º Se o crime é cometido mediante violência, grave ameaça, fraude ou outro meio que impeça ou dificulte a livre manifestação da vontade da vítima:

Pena – reclusão, de 2 (dois) a 8 (oito) anos, sem prejuízo da pena correspondente à violência.

Parágrafo e pena com redação dada pela Lei n. 12.015, de 07.08.2009.

1. COMENTÁRIO

1.1. Objetividade jurídica

A norma penal protege a dignidade sexual da pessoa prostituída.

Objeto do crime é o corpo da vítima.

1.2. Sujeitos

Sujeito ativo do crime pode ser qualquer pessoa que garanta sua subsistência com a atividade criminosa, tirando "proveito da prostituição alheia". É o chamado rufião, cafetão ou gigolô, que, como observa Bento de Faria, "é um desocupado (pode não ser) que vive às custas de uma ou mais meretrizes, ou participa diretamente de parte de seus lucros, sem intervir nas relações venais das vítimas com terceiros" (*Código Penal brasileiro comentado*, 1961, p. 104) e não se confunde com o amante profissional ou com o namorado ou namorada da pessoa prostituída que não vive dos lucros dessa atividade. Pode ser de ambos os sexos.

Sujeito passivo é o indivíduo que exerce a prostituição e que é explorado pelo sujeito ativo. Comumente, trata-se de mulher prostituída. Nada impede, porém, seja o explorado do sexo masculino.

Qualidade especial de agente e vítima somente se exige em relação ao § 1º do art. 230, CP, figura qualificada de rufianismo.

1.3. Análise da(s) conduta(s) descrita(s) no tipo

Perfaz-se a conduta com o proveito, por parte do sujeito ativo, do rendimento que a pessoa prostituída arrecada com a atividade.

Tirar proveito é obter qualquer vantagem econômica, em dinheiro ou outros bens, e ocorre quando o sujeito ativo participa dos lucros da prostituição exercida pela vítima, ou seja, quando com ela divide os ganhos (rufianismo ativo) ou quando se faz sustentar, ainda que parcialmente, pela pessoa prostituída (rufianismo passivo).

Portanto, caracterizado estará o delito, ainda que o sujeito ativo tenha renda própria, desde que seja ela complementada pelos ganhos advindos da prostituição alheia.

É essencial que a vítima esteja no exercício do comércio carnal e que dele provenha a renda com a qual sustente o rufião. Havendo mero desfrute das economias conquistadas por pessoa que já deixou a atividade ou sendo outra a fonte da renda que não a exploração sexual, como uma herança, por exemplo, a conduta será atípica.

Não se exige que a vítima seja constrangida a dividir os lucros ou a sustentar o agente. Pode ser que o faça espontaneamente, que tenha a iniciativa. Havendo violência ou grave ameaça, o crime se torna qualificado.

1.3.1. Formas qualificadas

Conforme previsto no § 1º do art. 230, CP, a pena será de 3 a 6 anos, e multa nos casos de o sujeito passivo ter menos de 18 anos – não os haver completado ainda – e mais de 14 anos – a partir do dia do seu 14º aniversário, ou se o sujeito ativo for ascendente, padrasto, madrasta, irmão, enteado, cônjuge, companheiro, tutor ou curador, preceptor ou empregado da vítima, ou se assumiu, por lei ou outra forma, obrigação de cuidado, proteção ou vigilância.[62]

Empregando violência, grave ameaça ou fraude, a reprovação da conduta também é mais acentuada, cominando-se pena de reclusão de 2 a 8 anos, à que se cumula aquela referente ao crime resultante da violência (art. 230, § 2º, CP).

Grave ameaça é a chamada violência moral, que tem de ser séria, idônea, viável. A força física contra o corpo da vítima é que caracteriza a violência. Fraude é o artifício que vicia a manifestação de vontade do ofendido, contornando seu dissenso.

Melhor análise dessas elementares encontra-se nos comentários desta obra aos crimes de estupro e violação sexual mediante fraude, aos quais se remete o leitor.

62 Novamente deixada de lado, por um lapso do legislador, a figura do descendente. É qualificado o crime se praticado pelo enteado, mas não o é se praticado pelo filho. A solução é a correção pela via legislativa, já que de outro modo se afrontaria o princípio da legalidade.

1.4. Elemento subjetivo

O elemento subjetivo do tipo é o dolo, que deve abranger o conhecimento, por parte do agente, da origem da vantagem econômica de que tira proveito, ou seja, deve ter consciência de que lucra ou é sustentado, ainda que parcialmente, pelo auferido pela vítima com a exploração sexual.

1.5. Elemento normativo

Prostituição é o elemento normativo do tipo, submetendo-se à análise subjetiva do intérprete.

1.6. Consumação e tentativa

É essencial à consumação do crime que o agente efetivamente receba os lucros advindos da prostituição alheia ou que seu sustento, mesmo parcial, tenha a mesma origem.

Por ser crime que exige habitualidade, não é possível a tentativa. Não há *iter criminis* para tais crimes.[63]

1.7. Classificação

Crime comum, material, doloso, de dano, comissivo, plurissubsistente, habitual.

2. JURISPRUDÊNCIA

2.1. Julgados

Rufianismo. Participação nos lucros da prostituta. Circunstância elementar

Sendo elementar do crime de rufianismo que a participação nos lucros da prostituta seja direta, como está na lei, o recebimento de aluguel e lucro de bebidas não integra o crime, porque não pode ser tido como participação direta. (TJPR, Ap. Crim. n. 458/81, 1ª Câm. Crim., rel. Des. Eros Gradowsky, j. 01.04.1982, *RT* 560/353)

As provas existentes no caderno processual são suficientes para o julgamento de procedência do pedido condenatório deduzido na denúncia com relação ao crime de rufianismo [...]. Acusados que tiravam proveito da prostituição alheia, participando diretamente dos lucros auferidos e fazendo-se sustentar, ao menos em parte, por P. F. S. e M. R. P. e outras mulheres, mediante cobrança de comissão sobre os valores que estas recebiam pelos serviços sexuais prestados no interior do estabelecimento do qual eram sócios ("Brunna Massoterapia"). (TRF-3, RSE n. 00093446620164036000 MS, 11ª T., rel. Des. Fed. Nino Toldo, j. 25.07.2019, *e-DJF3 Judicial 1* 05.08.2019)

Tráfico internacional de pessoa para fim de exploração sexual

Art. 231. (*Revogado pela Lei n. 13.344, de 06.10.2016.*)

Tráfico interno de pessoa para fim de exploração sexual

Art. 231-A. (*Revogado pela Lei n. 13.344, de 06.10.2016.*)

Art. 232. (*Revogado pela Lei n. 12.015, de 07.08.2009.*)

Promoção de migração ilegal

Art. 232-A. Promover, por qualquer meio, com o fim de obter vantagem econômica, a entrada ilegal de estrangeiro em território nacional ou de brasileiro em país estrangeiro:

Pena – reclusão, de 2 (dois) a 5 (cinco) anos, e multa.

Nomen juris, *caput* e pena acrescentados pela Lei n. 13.445, de 24.05.2017.

§ 1º Na mesma pena incorre quem promover, por qualquer meio, com o fim de obter vantagem econômica, a saída de estrangeiro do território nacional para ingressar ilegalmente em país estrangeiro.

Parágrafo acrescentado pela Lei n. 13.445, de 24.05.2017.

§ 2º A pena é aumentada de 1/6 (um sexto) a 1/3 (um terço) se:

Parágrafo acrescentado pela Lei n. 13.445, de 24.05.2017.

I – o crime é cometido com violência; ou

Inciso acrescentado pela Lei n. 13.445, de 24.05.2017.

II – a vítima é submetida a condição desumana ou degradante.

Inciso acrescentado pela Lei n. 13.445, de 24.05.2017.

§ 3º A pena prevista para o crime será aplicada sem prejuízo das correspondentes às infrações conexas.

Parágrafo acrescentado pela Lei n. 13.445, de 24.05.2017.

---

1. COMENTÁRIO

1.1. Objetividade jurídica

O tipo penal criado pela Lei n. 13.445/2017, Lei da Migração, e que substitui e complementa dispositivos penais da revogada Lei n. 6.815/80, tutela a administração pública e a administração pública estrangeira, com os procedimentos que

63 Lição de José Frederico Marques , Alberto Silva Franco, Celso Delmanto, Guilherme de Souza Nucci, Heleno Fragoso e outros.

compõem a atividade migratória. Portanto, desacertada e deslocada sua inserção, dentro do Código Penal, no título que cuida da dignidade sexual, especificamente no capítulo dos crimes de lenocínio e do tráfico de pessoa para fim de prostituição ou outra forma de exploração sexual, por não haver no tipo nenhum elemento com conotação sexual. Todavia, presentes esses contornos, por expressa previsão do § 3º deste artigo, caracterizar-se-á o concurso de crimes, que pode se dar com uma das figuras do crime de tráfico de pessoas, convertido pela Lei n. 13.344/2016 em crime contra a liberdade individual.

1.2. Sujeitos

Sujeitos são as pessoas de ambos os sexos, sem qualquer distinção.

É crime comum e unissubjetivo, admitindo, contudo, a coautoria e a participação. É coautor o que realiza as condutas descritas no tipo. No caso da figura do *caput*, todo aquele que, com o fim de obtenção de vantagem econômica, promove a entrada ilegal de estrangeiro em território nacional ou de brasileiro em país estrangeiro. Ao § 1º subsome-se a conduta de quem, com a mesma finalidade de vantagem econômica, promove a saída de estrangeiro do território nacional para, ilegalmente, ingressar em país estrangeiro. Tem-se por partícipe quem concorra para a infração de forma não descrita no tipo legal.

Qualquer pessoa pode figurar como sujeito passivo, inclusive, em certos casos e a depender da conduta do sujeito ativo, o próprio migrante.

1.3. Análise da(s) conduta(s) descrita(s) no tipo

O verbo núcleo do tipo é "promover". O delito perfaz-se com a prática dolosa de conduta que promova a entrada ou a saída, de brasileiros ou estrangeiros, descritas no tipo, desde que a finalidade especial do agente seja a de obter vantagem econômica. A forma é livre.

Promover é pôr em execução, ser a causa de algo (HOUAISS, Antônio; VILLAR, Mauro de Salles. *Minidicionário Houaiss da Língua Portuguesa*, 2001), e abrange as condutas facilitadoras do mesmo fim – embora o verbo "facilitar" não integre o tipo – quando, não sendo do agente a iniciativa, ele coopere para a consecução do resultado. Promove-se a entrada ilegal, no território nacional, de estrangeiro que aqui venha para qualquer fim, ou a entrada, também pela ilegalidade, de brasileiro em território estrangeiro, ou, ainda, a saída, mesmo que legal, de estrangeiro que se destine à entrada ilegal em outro país, sempre independentemente da licitude ou ilicitude dos fins pretendidos, pelo ou para o migrante, no país de destino. A elementar distintiva do tipo é, portanto, a ilegalidade de que se vale o agente que promove o deslocamento e com a qual visa driblar as regras migratórias nacionais e de outros países

A busca pela vantagem econômica[64] é o elemento subjetivo específico do tipo, descaracterizando o crime a pretensão do agente de obtenção de qualquer outra vantagem que não se possa quantificar em dinheiro, como a satisfação de um sentimento pessoal ou a retribuição de um favor não econômico. A vantagem econômica pretendida pode destinar-se ao agente ou a terceiro e não é preciso que seja efetivamente obtida.

Território, nacional ou estrangeiro, deve ser entendido sob o enfoque constitucional, como o espaço sobre o qual o Estado exerça a soberania.

Em relação à figura equiparada do § 1º – nas mesmas penas incorre quem promover, por qualquer meio, com o fim de obter vantagem econômica, a saída de estrangeiro do território nacional para ingressar ilegalmente em país estrangeiro – o crime se perfaz independentemente do ingresso do migrante no país estrangeiro, bastando que seja esse o intuito do agente e que, somado a isso, haja a saída, mesmo que legal, do território nacional. Por aplicação da teoria mista quanto ao lugar do crime, igualmente caracterizado o ilícito se o Brasil for apenas rota migratória, não sendo nem o ponto de origem nem o de destino.

1.3.1. Causas especiais de aumento de pena

O maior desvalor da conduta do agente justifica especial causa de aumento de pena, de um sexto a um terço: ser o crime cometido com violência ou ser a vítima submetida a condição desumana ou degradante.

Incidirá a majorante havendo emprego de violência, por ser expediente que, no mínimo, reduz a capacidade de resistência do ofendido.

Violência é a física, eventualmente praticada contra o migrante que não deseje ou o deslocamento ou a forma de proceder do agente, ou praticada contra outra pessoa, desde que no contexto da atividade migratória. A violência moral não foi inserida pelo legislador nas causas de aumen-

64 Benefício passível de quantificação em dinheiro.

to, por isso não cabe fazê-lo, seja por analogia ou por qualquer técnica interpretativa.

Por condição desumana ou degradante tem-se a que contraria ou avilta a própria natureza humana, e terá como objeto do delito o migrante.

1.4. Elemento subjetivo

O crime somente admite a forma dolosa. Exige o dolo específico do agente de obtenção de vantagem econômica. Consciência e vontade devem estar voltadas, concomitantemente, ao agir para alcançar dois resultados: o primeiro – relacionado diretamente ao migrante e, eventualmente, a terceiro – é o de possibilitar, pela ilegalidade, a entrada de estrangeiro no território nacional ou de brasileiro no estrangeiro, ou ainda viabilizar que saia do território nacional o estrangeiro que se queira, com ou contra sua vontade, fazer ingressar ilegalmente em outro país; o segundo resultado perseguido é a vantagem econômica que beneficie o agente ou terceiro, e que basta seja visada, por se tratar de um fim especial.

Dispensável a participação ou mesmo a vontade do migrante para a prática criminosa, como já se disse nesta obra. Porém estará estabelecido o concurso de pessoas entre o agente que promove a migração e o terceiro que para isso concorra, ou entre aquele e o migrante, se o deslocamento e a forma ilegal de obtê-lo forem de seu conhecimento e vontade. Em ambos os casos, necessário que o conluio anteceda a consumação. Para o migrante, o eventual concurso dar-se-á por participação.

Não é possível punir-se o resultado advindo de imprudência, negligência ou imperícia.

1.5. Consumação e tentativa

O delito consuma-se com a prática das condutas previstas no tipo, independentemente da obtenção do resultado especial pretendido pelo agente, que é a vantagem econômica. Para a figura principal do *caput*, o crime estará consumado com o ingresso ilegal, do estrangeiro ou do brasileiro, respectivamente, em território nacional ou estrangeiro. À consumação da figura equiparada do § 1º, basta que se dê a saída do migrante estrangeiro do Brasil, independentemente de se atingir o fim de ilegalmente ingressar em país estrangeiro.

Admissível o fracionamento do *iter criminis* e, desse modo, possível a tentativa em qualquer das modalidades do delito. Pode ser que o agente pratique todos os atos idôneos à entrada ilegal do migrante em território nacional ou estrangeiro ou que faça o necessário para sua saída com o fim ilegal e que, ainda assim, o resultado não ocorra por circunstâncias alheias à sua vontade. Pode ocorrer também que, antes de esgotar os meios de execução de que dispõe, haja a eficaz intervenção de terceiros, impedindo a entrada ou saída. Possíveis a desistência voluntária e, não havendo violência, o arrependimento eficaz.

1.6. Classificação

Crime comum, formal, doloso, de dano, comissivo, plurissubsistente.

2. JURISPRUDÊNCIA

2.1. Julgados

Alteração de classificação jurídica. Continuidade típico-normativa

1. A Lei n. 6.815, de 19.08.1980, foi expressamente revogada pela Lei n. 13.445, de 24.05.2017 (art. 124, II), que não mais tipifica a conduta específica de "introduzir estrangeiro clandestinamente ou ocultar clandestino ou irregular". Todavia, promover a entrada ilegal de estrangeiro em território nacional, com o fim de obter vantagem econômica, continua sendo crime, mas não pela legislação específica relativa ao estrangeiro, e sim pelo Código Penal, cujo art. 232-A prevê o crime de promoção de migração ilegal. 2. A conduta imputada ao acusado deixou de ser crime específico, nos termos da lei que regia a situação jurídica do estrangeiro no Brasil (Lei n. 6.815/80), porém, em princípio, subsome-se ao tipo descrito no art. 232-A do Código Penal. Alteração, de ofício, da capitulação jurídica do fato para o crime previsto neste dispositivo legal. 3. Recurso provido. (TRF-3, RSE n. 00093446620164036000 MS, 11ª T., rel. Des. Fed. Nino Toldo, j. 25.07.2019, *e-DJF3 Judicial 1* 05.08.2019)

CAPÍTULO VI
DO ULTRAJE PÚBLICO AO PUDOR

Ato obsceno

Art. 233. Praticar ato obsceno em lugar público, ou aberto ou exposto ao público:

Pena – detenção, de 3 (três) meses a 1 (um) ano, ou multa.

1. COMENTÁRIO

1.1. Objetividade jurídica

O bem jurídico tutelado pela norma é o pudor público, "sentimento de vergonha produzido pelo que pode ferir a decência" (FARIA, Bento de. *Código Penal brasileiro comentado*, 1961, v. VI, p. 117), conceito balizado em "hábitos sociais variáveis, no espaço e no tempo, no seio de um mesmo povo e até no âmbito de uma mesma cidade" (HUNGRIA, Nélson. *Comentários ao Código Penal*, 1981, v. VIII, p. 306). Por isso, comportamentos que, no passado, ofendiam o pudor, atualmente podem ser aceitos como irrelevantes ou socialmente adequados.

1.2. Sujeitos

É crime comum, que admite como sujeitos ativo e passivo qualquer pessoa humana, nascida de mulher, de ambos os sexos. A vítima primária ou principal será sempre a sociedade, podendo uma pessoa determinada compor a sujeição passiva secundária.[65]

Pode ser praticado por um único agente, por isso, unissubjetivo, mas admite eventualmente o concurso de pessoas.

1.3. Análise da(s) conduta(s) descrita(s) no tipo

Incrimina-se a conduta de praticar "ato obsceno" em "lugar público" ou "exposto ao público".

O verbo empregado, "praticar", supõe ação, exigindo movimento voluntário do corpo. Daí a inviabilidade do cometimento do crime por meio de palavras. Ato obsceno é o "impudico, que ofende o pudor público por estar carregado de lascívia; praticado com desprezo aos parâmetros vigentes numa determinada sociedade no que diz respeito a questões relacionadas com a sexualidade, o sentimento médio de pudor e os bons costumes" (MARCÃO, Renato; GENTIL, Plínio. *Crimes contra a dignidade sexual*, 2011, p. 393). Hungria ressalta que "não é necessário que o ato represente uma expansão erótica ou vise à excitação da lascívia alheia: desde que, sob o prisma objetivo, se preste a suscitar o sentimento comum de vergonha (*verecundia*), pouco importa que o agente, embora deva ter a consciência disso, haja procedido, por exemplo, *jocandi animo* ou *demonstrandi causa*, ou para exercer uma vingança, sem qualquer intuito de lubricidade" (*Comentários ao Código Penal*, 1981, v. VIII, p. 308).

Há quem classifique os atos em absoluta ou relativamente obscenos (MANZINI. *Trattato di diritto penale italiano*, 1951, v. 7, p. 397-8; FARIA, Bento de. Op. cit., 1961, v. VI, p. 118-9; FRAGOSO, Heleno. Op. cit., 1981, p. 539-40 e HUNGRIA, Nélson. Op. cit., 1981, v. VIII, p. 308), o que só interessa para questões acadêmicas, já que para a tipificação da conduta basta um mínimo de obscenidade.

Exige-se que o ato tenha publicidade, assim entendido o que é praticado em lugar público ou aberto ou exposto ao público. Mas é suficiente que a publicidade seja potencial, pelo que dispensável que pessoas o presenciem. Por outro lado, se, tendo caráter libidinoso, o ato for dirigido a vítima determinada, o crime de ato obsceno deve ser absorvido pelo mais grave que eventualmente tipificado.

"Lugar público" é o de irrestrito acesso a todos, como as ruas, avenidas, praças e praias. É aberto ao público o lugar que pode ser frequentado por qualquer pessoa que cumpra as restrições ou condições exigidas, tal como teatros, igrejas, cinemas, estádios etc. O lugar exposto ao público é o ambiente privado do qual tenha visão qualquer um que esteja em local público: jardim, varanda ou mesmo a janela de uma residência. Mirabete lembra que não haverá o crime se o ato, praticado em local privado, só é visível de outro local privado (*Manual de direito penal*, 2005, v. 2, p. 481).

1.4. Elemento subjetivo

O elemento subjetivo do tipo é o dolo, que pressupõe a consciência da ação e do resultado, a relação de causalidade e a vontade de praticar a conduta para obter o resultado. Não é preciso que o agente tenha como fim específico o de ofender determinada pessoa,[66] um grupo de pessoas ou a coletividade. Basta que tenha ciência de que pratica o ato em lugar com publicidade.

1.5. Elemento normativo

"Ato obsceno" é elemento cuja interpretação requer atividade judicial, sustentada nos costumes, nas regras gerais de comportamento, no senso comum.

---

65 Daí Fragoso afirmar que se o ato obsceno for praticado contra determinada pessoa, será ela sujeito passivo particular do delito (*Comentários ao Código Penal*, 1981, p. 538).

66 Tal hipótese pode caracterizar, a depender da natureza do ato praticado e da condição da vítima, crime mais grave, como por exemplo o do art. 215-A (importunação sexual) ou o do art. 218-A (satisfação de lascívia mediante presença de criança ou adolescente).

1.6. Consumação e tentativa

O delito atinge a consumação com a prática, em lugar público, aberto ou exposto ao público, de qualquer ato de natureza obscena. Possível a tentativa, como no caso de sujeito que tentando abaixar as calças com a intenção de desnudar-se publicamente, seja impedido por outrem. Iniciou a execução delituosa e não atingiu o resultado por circunstâncias alheias a sua vontade.

1.7. Classificação

Trata-se de crime comum, formal, doloso, de perigo, comissivo, plurissubsistente.

2. JURISPRUDÊNCIA

2.1. Julgados

Exibição de nádegas e genitália

Acusado que vai à residência de sua ex-companheira para buscar os filhos [...] e, em seguida, abaixa suas calças e exibe suas nádegas em local público. [...] Relato de testemunha dando conta do ato obsceno e de seu evidente contexto sexual, em face da clara intenção de ofender o senso comum e médio de pudor. (TJSP, APL n. 189424720108260320/SP 0018942-47.2010.8.26.0320, 5ª Cam., rel. Pinheiro Franco, j. 08.11.2012)

A exibição da genitália a uma adolescente de 13 anos de idade e a uma criança de 5 ofende o sentimento médio de recato e, portanto, se presta para caracterizar o delito. (TJRS, Rec. Crime n. 71.003.860.467/RS, rel. Eduardo Ernesto Lucas Almada, j. 22.10.2012)

Comete ato obsceno o agente que, em via pública, expõe acintosamente seus órgãos genitais a vítimas menores de idade, que se encontravam na garagem de suas residências. (TJRS, Rec. Crime n. 71.003.867.967, rel. Edson Jorge Cechet, j. 20.08.2012)

Gesto deseducado

Se o gesto deseducado do vereador, na Câmara, em meio a desentendimento, é hoje em dia, algo que dificilmente poderia ofender o sentimento médio de pudor, não há que se falar de ato obsceno. (STJ, *HC* n. 7.332/SP, rel. Min. Felix Fischer, j. 18.02.1999)

3. OBSERVAÇÕES

3.1. Micção em público

A micção em público, quando exponha o órgão sexual de forma que possa ser visto por outras pessoas, configura o crime. Praticada de outro modo, sem que outros possam ver o órgão sexual, não tem relevância penal.

3.2. Ato libidinoso praticado em lugar público, aberto ou exposto ao público

Desde que não afronte a liberdade sexual de vítima determinada, caracteriza o crime de ato obsceno, e não o de corrupção de menores ou de importunação sexual, o ato de exibicionismo, mesmo que com caráter libidinoso, praticado em lugar público, aberto ou exposto ao público.

Escrito ou objeto obsceno

Art. 234. Fazer, importar, exportar, adquirir ou ter sob sua guarda, para fim de comércio, de distribuição ou de exposição pública, escrito, desenho, pintura, estampa ou qualquer objeto obsceno:

Pena – detenção, de 6 (seis) meses a 2 (dois) anos, ou multa.

Parágrafo único. Incorre na mesma pena quem:

I – vende, distribui ou expõe à venda ou ao público qualquer dos objetos referidos neste artigo;

II – realiza, em lugar público ou acessível ao público, representação teatral, ou exibição cinematográfica de caráter obsceno, ou qualquer outro espetáculo, que tenha o mesmo caráter;

III – realiza, em lugar público ou acessível ao público, ou pelo rádio, audição ou recitação de caráter obsceno.

---

1. COMENTÁRIO

1.1. Objetividade jurídica

Tutela a norma incriminadora do art. 234, CP, o pudor público, visando resguardá-lo "de situações que possam, evidentemente, constituir constrangimento às pessoas nos lugares públicos" (STJ, *HC* n. 7.809/SP, 5ª T., rel. Min. Edson Vidigal, j. 14.11.1998). A obscenidade típica é, para Fragoso, "o propósito de excitar a sensualidade e a luxúria" (*Comentários ao Código Penal*, 1981, v. VIII, p. 546). Somente será obsceno aquilo com abordagem puramente pornográfica e não o artístico.

1.2. Sujeitos

Sujeito ativo pode ser qualquer pessoa, de ambos os sexos. Possível o concurso de agentes, embora se trate de crime unissubjetivo.

Sujeito passivo é, em sentido amplo, a sociedade ou a coletividade atingida com a conduta do agente ofensiva ao pudor. Vítima secundária é a pessoa determinada diretamente afetada pela prática.

Magalhães Noronha lembra que, em um caso concreto, podem um ou alguns indivíduos ser ofendidos, mas que isso não é requisito indeclinável do delito, que se contenta com a possibilidade de lesão ao interesse coletivo (*Direito penal*, 1991, v. 1, p. 83).

1.3. Análise da(s) conduta(s) descrita(s) no tipo

Com sua redação inalterada desde a vigência do CP de 1940, o art. 234 apresenta extrema dificuldade de interpretação e adequação social aos dias atuais, em razão dos novos conceitos e padrões culturais e morais.[67] A Constituição garante a liberdade de expressão e é vedada a censura à atividade intelectual, artística, científica e de comunicação (art. 5º, IX). Isso não significa, entretanto, deva-se reconhecer a inconstitucionalidade do dispositivo em estudo.

O crime de escrito ou objeto obsceno, também conhecido como lenocínio intelectual, está disposto na forma fundamental do *caput* e nas figuras equiparadas dos §§ 1º e 2º.

Perfaz-se, na forma fundamental, mediante as condutas de fazer, importar, exportar, adquirir ou ter sob guarda. Tipo misto alternativo ou de ação múltipla, ensejará o reconhecimento da progressão criminosa,[68] e não do concurso de crimes, o fato de o mesmo agente fazer, importar e ter sob sua guarda objeto obsceno.

"Fazer" é confeccionar, criar materialmente. "Importar" é trazer de outro país, e "exportar", o inverso, remeter a outro país. "Adquirir" é obter por meio da compra. "Ter sob a guarda" é a posse em nome de terceiro.

A todos os verbos exige-se uma finalidade especial, que sejam os objetos destinados ao comércio, à distribuição ou à exposição pública.

Enquanto no comércio há a entrega da coisa mediante recebimento de um bem de valor econômico, a distribuição é a entrega gratuita, sem contraprestação. Na exposição, o bem não é transferido e pode haver gratuidade ou onerosidade.

Constituem objeto material do crime escrito, desenho, pintura, estampa ou qualquer objeto obsceno.

Escritos são expressões gráficas, manuscritas, datilografadas ou digitadas, expressas em papel avulso, livros, revistas, panfletos. Desenhos são traçados que representam algo (HOUAISS, Antônio; VILLAR, Mauro de Sales. *Minidicionário Houaiss da língua portuguesa*, 2001). Pintura é o revestimento de uma superfície com tinta (ibidem). Estampa é a figura impressa, gravura (ibidem). Esses objetos e qualquer outra obra humana, para que sejam objeto do crime, devem dispor de caráter objetivamente obsceno, ofensivo ao pudor público. Lembre-se que o nu, por si só, não é considerado algo obsceno.

1.3.1. Figuras equiparadas (parágrafo único, I a III)

Na mesma pena incorre quem vende, distribui ou expõe à venda ou ao público qualquer dos objetos referidos no *caput*, e aquele que realiza, em lugar público ou acessível ao público, representação teatral, exibição cinematográfica de caráter obsceno ou qualquer outro espetáculo que tenha mesmo caráter.

"Vender" é transferir a propriedade, "distribuir" é espalhar, dividir a título gratuito. A "exposição à venda" tem como intuito atrair adquirentes, intenção que não existe na mera exposição ao público. Trata-se de tipo de interpretação analógica, em que há exemplos seguidos de fórmula genérica.

Interpretação analógica deve-se fazer ainda em relação à segunda figura, que criminaliza qualquer espetáculo com caráter obsceno. É essencial que se leve o conteúdo obsceno ao conhecimento de terceiros, porque é a obscenidade externa que se pune.

1.4. Elemento subjetivo

Não se admite o cometimento do crime a título de culpa. Necessário, portanto, que o agente atue com dolo, com consciência e vontade sobre o fato criminoso. Exige-se o dolo específico em relação à figura fundamental do *caput* do art. 234 do CP, em que o agente deve ter como finalidade o comércio, a distribuição ou a exposição pública dos objetos obscenos.

Basta o dolo genérico às figuras do parágrafo único do art. 234 do CP.

Para Hungria e Fragoso, com quem se concorda, "é indiferente que haja, ou não, o intuito de

67 A moral vigente não se dissocia do costume vigente. Assim, quando os costumes mudam, avançando contra os preconceitos, os conceitos morais também mudam. O conceito de obsceno de hoje não é mais o mesmo da inspiração do legislador do CP em 1940 (STJ, *HC* n. 7.809/SP, 5ª T., rel. Min. Edson Vidigal, j. 14.11.1998).

68 José Frederico Marques distingue progressão criminosa de crime progressivo: "No crime progressivo, há um só fato que por sua natureza intrínseca contém outro menos grave, pelo que a realização do primeiro sempre pressupõe a do segundo; na progressão criminosa, há referência a múltiplos fatos, isto é, a vários fatos típicos que se realizam de modo continuativo, em um só contexto, como geralmente se diz" (*Tratado de direito penal*, 1965, v. II, p. 367).

ofensa ao pudor público. Ainda que o fim do agente seja exclusivamente *lucri faciendi*, o crime existirá" (*Comentários ao Código Penal*, 1981, v. VIII, p. 325).

1.5. Elemento normativo

Objeto obsceno é elemento normativo do tipo, expressão genérica que deve ser interpretada em relação direta com as demais expressões do tipo, em cada caso, pelo juiz, considerando-o "o fato de natureza sexual publicamente praticado e gravemente ofensivo ao pudor" (LUNA, Everardo da Cunha. "A arte e o obsceno". *Revista Justitia*, n. 152/62).

1.6. Consumação e tentativa

A consumação se dá com a prática de qualquer das condutas descritas no tipo. Para a forma fundamental, essencial que haja o intuito de comércio, distribuição ou exposição pública. Admite-se a tentativa.

1.7. Classificação

Trata-se de crime comum, formal, doloso, de perigo, comissivo, plurissubsistente.

2. JURISPRUDÊNCIA

2.1. Julgados

Nudez artística

Se a peça publicitária de roupa íntima não incursiona pelo chulo, pelo grosseiro, tampouco pelo imoral, até porque exibe a nudez humana em forma de obra de arte, não há inequivocadamente, atentado ao CP, art. 234. 2. O CP, art. 234, se dirige a outras circunstâncias, visando, efetivamente, resguardar o pudor público de situações que possam evidentemente constituir constrangimento às pessoas nos lugares públicos. (STJ, *HC* n. 7.809, rel. Min. Edson Vidigal, j. 24.11.1998)

Princípio da adequação social. Inaplicabilidade

O princípio da adequação social não pode ser usado como neutralizador, *in genere*, da norma inserta no art. 234 do CP. II – Verificado, *in casu*, que a recorrente vendeu a duas crianças, revista com conteúdo pornográfico, não há se falar em atipicidade da conduta afastando-se, por conseguinte, o pretendido trancamento da ação penal. Recurso desprovido. (STJ, *HC* n. 15.093/SP, rel. Min. Felix Fischer, j. 16.03.2006)

Exibição de fitas pornográficas em motel

Não se considera "pública" a exibição de fitas com caráter pornográfico em quartos de motel, restrita aos que a eles se dirigem. (TRF-3ª Região, Ap. Crim. n. 22.035/SP, 1ª T., rel. Juíza convocada Salette Nascimento, j. 16.11.1993)

Crime militar e ECA

Escrito ou objeto obsceno – Inquilinato de adquirir I – Não há dúvida de que o agente adquiriu material pornográfico em lugar sujeito à administração militar, conforme notas fiscais, preenchendo, assim, as elementares do art. 239 do CPM. II – O material, contendo fotos pornográficas de menores, amolda-se à Lei n. 8.069/90, com as alterações inseridas pela de n. 11.829/2008, da competência da Justiça Comum. (STM, CP n. 92162009701030 1/RJ, rel. Sergio Ernesto Alves Conforto, j. 02.03.2010)

Delito de escrito ou objeto obsceno inclui outras condutas típicas, além da divulgação de material pornográfico. (STM, EMBDEC 0/RJ, rel. Antonio Apparicio Ignacio Domingues, j. 30.03.2006)

Quando os escritos obscenos são veiculados e divulgados por imprensa de publicação periódica, desclassifica-se a imputação delituosa do art. 234 do CP para a do art. 17 da Lei n. 5.250/67 – Lei de Imprensa. (TJPR, Ap. Crim. n. 1.401.681/PR, rel. Hirosê Zeni, j. 26.10.1999)

3. OBSERVAÇÕES

3.1. Adequação social

Como observa Mir Puig, com a abolição da censura pela nova Carta (art. 5º, IX), a sua repressão penal vem diminuindo ainda mais. Como exemplo, lembramos as salas especiais de cinema, autorizadas a exibir filmes pornográficos; as seções em locadoras de vídeo em que são oferecidos esses mesmos filmes; as películas do mesmo gênero exibidas nas televisões a cabo ou até mesmo em canais normais, só que de madrugada; as *sex shops* (lojas de objetos eróticos), que apenas não exibem seus artigos em vitrines; as revistas pornográficas vendidas em bancas de jornais, com invólucro plástico opaco etc., todas autorizadas pelo poder público, que recolhe impostos sobre a sua comercialização, e hoje toleradas pela sociedade. Embora o art. 234 do CP continue em vigor e só outra lei possa revogá-lo, tais condutas não devem ser punidas, uma vez que o sentimento comum de pudor público, bem jurídico tutelado, modificou-se, não restando mais atingido por elas, e ainda em face do princípio da adequação social, que é uma das causas supralegais de exclusão de tipicidade, hoje aceito pela moderna doutrina (DELMANTO, Celso et al. *Código Penal comentado*, 2007, p. 625).

3.2. Tipicidade conglobante

Como lembram Zaffaroni e Pierangeli, em sua teoria da tipicidade conglobante, "a lógica mais elementar nos diz que o tipo não pode proibir o que o direito ordena e nem o que ele fomenta [...] a tipicidade conglobante é um corretivo da tipicidade legal, posto que pode excluir do âmbito do típico aquelas condutas que apenas aparentemente estão proibidas [...]" (*Manual de direito penal brasileiro*: Parte Geral, 1997, p. 459-61).

CAPÍTULO VII
DISPOSIÇÕES GERAIS

Capítulo acrescentado pela Lei n. 12.015, de 07.08.2009.

Aumento de pena

Art. 234-A. Nos crimes previstos neste Título a pena é aumentada:

Nomen juris e *caput* acrescentados pela Lei n. 12.015, de 07.08.2009.

I – *(vetado)*

Inciso acrescentado pela Lei n. 12.015, de 07.08.2009.

II – *(vetado)*

Inciso acrescentado pela Lei n. 12.015, de 07.08.2009.

III – de metade a 2/3 (dois terços), se do crime resulta gravidez;

Inciso acrescentado pela Lei n. 12.015, de 07.08.2009, e com redação dada pela Lei n. 13.718, de 24.09.2018.

IV – de 1/3 (um terço) a 2/3 (dois terços), se o agente transmite à vítima doença sexualmente transmissível de que sabe ou deveria saber ser portador, ou se a vítima é idosa ou pessoa com deficiência.

Inciso acrescentado pela Lei n. 12.015, de 07.08.2009, e com redação dada pela Lei n. 13.718, de 24.09.2018.

---

1. COMENTÁRIO

1.1. Resultado gravidez

Se do crime resultar gravidez, a pena será aumentada de metade a dois terços. O dispositivo estende-se a qualquer dos crimes contra a dignidade sexual, ou seja, em tese, desde o crime de estupro até o de escrito ou objeto obsceno.

Parece ter falhado na técnica o legislador, ou ao menos ter-lhe faltado critério, ao impor, de forma genérica, um aumento de pena da metade se do crime resultar gravidez.

Melhor teria sido que empregasse, de forma semelhante ao que se fez no inciso IV (transmissão de doença sexualmente transmissível), a expressão "se o agente engravida a vítima".

De qualquer modo, entendemos que a única interpretação cabível é a de que somente incidirá a majorante se o próprio sujeito ativo do crime, mais especificamente, se o autor (o que não se estende ao partícipe) engravidar a vítima, ou seja, se a gravidez resultar de relação carnal entre autor (homem) e vítima (mulher). Pensar o contrário seria um absurdo. Imagine-se, por exemplo, que o agente tenha induzido uma mulher a satisfazer a lascívia de terceiro, e que este (o terceiro) venha a engravidá-la. De certa forma, a gravidez resultou do crime (do induzimento), mas incabível que, em tal caso, sofra o agente (que induziu a vítima) o aumento na pena.

Com a nova redação do crime de estupro, introduziu-se, ao menos nos meios acadêmicos, a discussão sobre a possibilidade de se aumentar a pena da mulher autora de crime sexual (estupro ou violação sexual mediante fraude, por exemplo) que, por vontade ou não, tenha engravidado de conjunção carnal criminosa com a vítima (homem).

Sanando qualquer dúvida, obviamente que a causa de aumento só incidirá nos crimes em que a mulher seja a vítima, lembrando-se que, em tal hipótese, admite-se o aborto impune, como dispõe o art. 128, II, do CP.

A gravidez exige prova pericial, que demonstre, no caso da majorante, inclusive a paternidade.

Não se exige o dolo específico. Necessário, contudo, que tenha havido, da parte do agente, o dolo genérico ou ao menos culpa. Afasta-se o aumento se a gravidez resulta de caso fortuito, como do rompimento involuntário do preservativo usado pelo agente. Por outro lado, é possível encontrar decisões em que o não uso do preservativo, em crime sexual, é considerado na primeira fase da dosimetria da pena como circunstância judicial negativa, pelo risco de gravidez e de transmissão de doenças.[69]

O inciso teve sua redação alterada pela Lei n. 13.718, publicada em 25 de setembro de 2018, que tornou mais gravosa a causa de aumento, estabelecendo-a com o mínimo de metade e o máximo de dois terços. Anteriormente, a previsão era em *quantum* fixo de metade. Por ser nova es-

---

69 As circunstâncias do crime também mostram-se capazes de elevar a pena-base em 1 ano e 4 meses porque a vítima era virgem ao tempo do fato, inexperiente para os assuntos sexuais e, em razão de o réu não ter feito uso de preservativo a expôs a possíveis doenças sexualmente transmissíveis e à gravidez (TJSC, Apelação Criminal n. 0001823-49.2017.8.24.0008, Blumenau, j. 07.06.2018).

pécie normativa prejudicial, não deve retroagir, valendo para condutas, das que resultar gravidez, ocorridas a partir de 25 de setembro de 2018. Para crimes anteriores a essa data, estará o juiz limitado a majorar de metade.

1.2. Transmissão de doença sexualmente transmissível e vítima idosa ou pessoa com deficiência

Ao agente que transmite à vítima doença sexualmente transmissível de que sabia ou devia saber ser portador, a pena é aumentada de um a dois terços. O mesmo aumento incide em sendo a vítima pessoa idosa ou com deficiência.

Para todos os casos, pouco importa o sexo do agente, mas deve haver o dolo, representado por conhecimento e vontade.

Na primeira hipótese, de transmissão de doença sexualmente transmissível, além do dolo direto, foi expressa a opção do legislador em admitir a caracterização do delito também por dolo eventual, representado pelo fato de o sujeito ativo, mesmo não tendo como intuito direto o de transmitir à vítima a doença, saber, ou ter meios de saber, ser dela portador.

Algumas das doenças apontadas como sexualmente transmissíveis: cancro duro ou sífilis, cancro mole, candidíase, herpes simples genital, gonorreia, condiloma acuminado/HPV, linfogranuloma venéreo, granuloma inguinal, pediculose do púbis, hepatite B, aids, infecção por clamídia, infecção por tricomonas, infecção por ureaplasma e infecção por gardnerella, além do molusco contagioso.

Dessas todas, a aids, ou síndrome imunológica adquirida, é a mais grave, para a qual ainda não existe cura, havendo apenas medicamentos que ajudam a combater as doenças chamadas de oportunistas.[70] Em relação à síndrome, discute-se se a sua transmissão seria causa de aumento da pena ou se configuraria tentativa de homicídio ou de lesão corporal gravíssima. Em vista dos avanços da medicina, melhor reservá-la, apenas, como causa de aumento de pena, mesmo quando o dolo do agente seja de transmissão e o ato sexual sirva como meio a esse fim.

As novas majorantes, introduzidas pela Lei n. 13.718/2018, incidem se figurar como vítima pessoa idosa ou com deficiência, mas sua natureza subjetiva exige que tais condições representem ao agente um facilitador da prática criminosa. Não se pode presumir em todo aquele que tenha completado os 60 anos ou que tenha uma deficiência física ou mental de qualquer extensão a vulnerabilidade que motiva o aumento. A mais, são circunstâncias que têm de ser de conhecimento do agente ou, estando na dúvida, que assuma o risco da prática. Faltando-lhe meios de atingir tal conhecimento, o erro de tipo afasta o dolo e, consequentemente, o aumento da pena.

Os limites do aumento, que, pela redação original do inciso, restringia-se aos casos em que o agente transmitisse à vítima doença sexualmente transmissível, foram agravados pela Lei n. 13.718/2018, passando dos antigos um sexto até a metade para os atuais mínimo de um e máximo de dois terços.

Dispondo de redação mais maléfica que a anterior, cabem as observações sobre sua irretroatividade. Tal como redigida atualmente, a causa de aumento para casos de vítima idosa ou com deficiência e os novos e mais gravosos limites de um a dois terços só podem incidir para condutas praticadas a partir de 25 de setembro de 2018, data em que publicada a nova lei.

2. OBSERVAÇÕES

2.1. Resultado gravidez – dosagem do aumento de pena

Na dosagem da majorante para o resultado gravidez, enxergamos dois critérios possíveis ao juiz. O primeiro vai permitir a oscilação do aumento pela análise da espécie do dolo ou de culpa do agente. Assim, se a gravidez resulta de dolo direito (dirigido à finalidade de engravidar a vítima), maior deve ser o aumento; se resulta de dolo eventual, deve ser em *quantum* intermediário; se resulta de culpa, que se aproxime do mínimo. O risco que a gravidez pode acarretar à vítima, seja por seu estado de saúde ou por sua idade, por exemplo, é um segundo critério válido, desde que ao agente sejam no mínimo previsíveis as condições do risco. Jamais poderá servir de parâmetro ao aumento a gravidade abstrata do crime sexual praticado pelo agente e do qual resulte a gravidez da vítima. Pensar o contrário seria admitir *bis in idem*.

2.2. Gravidade da doença transmitida – dosimetria da pena

A gravidade da doença transmitida à vítima deve servir de parâmetro ao juiz na dosagem do

70 Informação disponível em: www.globalmedic.com.br/saude/dst/dst.htm; acessado em: 03.11.2014.

aumento, entre o mínimo de um e o máximo de dois terços.

Art. 234-B. Os processos em que se apuram crimes definidos neste Título correrão em segredo de justiça.

Artigo acrescentado pela Lei n. 12.015, de 07.08.2009.

§ 1º O sistema de consulta processual tornará de acesso público o nome completo do réu, seu número de inscrição no Cadastro de Pessoas Físicas (CPF) e a tipificação penal do fato a partir da condenação em primeira instância pelos crimes tipificados nos arts. 213, 216-B, 217-A, 218-B, 227, 228, 229 e 230 deste Código, inclusive com os dados da pena ou da medida de segurança imposta, ressalvada a possibilidade de o juiz fundamentadamente determinar a manutenção do sigilo.

Parágrafo acrescentado pela Lei n. 15.035, de 27.11.2024.

§ 2º Caso o réu seja absolvido em grau recursal, será restabelecido o sigilo sobre as informações a que se refere o § 1º deste artigo.

Parágrafo acrescentado pela Lei n. 15.035, de 27.11.2024.

§ 3º O réu condenado passará a ser monitorado por dispositivo eletrônico.

Parágrafo acrescentado pela Lei n. 15.035, de 27.11.2024.

1. COMENTÁRIO

1.1. Segredo de justiça

A regra é a publicidade dos atos processuais, constituindo garantia a transparência do processo (art. 5º, LX, CF). Por outro lado, é também garantia constitucional o direito à intimidade (art. 5º, X, CF). E esse aparente conflito soluciona-se pela aplicação da regra mais específica (art. 5º, X, CF), daí a possibilidade da restrição da publicidade processual quando a defesa da intimidade ou o interesse social assim o exigirem.

O segredo de justiça imposto aos processos por crimes contra a dignidade sexual (de estupro a escrito ou objeto obsceno) decorre da defesa da intimidade, permitida constitucionalmente, e objetiva evitar constrangimentos às partes envolvidas – mais especificamente acusado e ofendido, como reforçam os tribunais superiores, "[...] O art. 234-B do Código Penal determina o segredo de justiça nos processos de apuração dos crimes contra a dignidade sexual, não fazendo distinção entre vítima e acusado. Deve o processo correr integralmente em segredo de justiça, preservando-se a intimidade do acusado em reforço à intimidade da própria vítima" (STJ, REsp n. 1.767.902 RJ 2018/0246710-2, 6ª T., rel. Min. Sebastião Reis Júnior, j. 13.12.2018, *DJe* 04.02.2019).

É claro que o segredo do processo não é absoluto. Dirige-se apenas ao público em geral. Em hipótese alguma, pode ser imposto ao acusado e a seu defensor, sob pena de se estar violando o princípio da ampla defesa.

Na prática, as audiências devem realizar-se a portas fechadas, e o contato com o material produzido nos autos será igualmente limitado a algumas pessoas.

Em resumo, o acesso aos autos e aos atos do processo ficará restrito ao juiz, aos servidores que nele oficiarem e às partes. Como lembra Guilherme Nucci, "não teria cabimento realizar a audiência a portas fechadas, para preservar, por exemplo, a intimidade da vítima de um crime, para, depois, liberar-se o acesso indiscriminado aos autos, onde constam todos os depoimentos produzidos" (*Código de Processo Penal comentado*, 2008, p. 1.092).

Questiona-se se o ofendido que não tenha sido admitido como assistente da acusação é atingido pelos efeitos do segredo do processo, já que, como sabido, não recebe no processo penal o *status* de parte. Parece que a melhor resposta é a negativa, sobretudo se a interpretação se der sob o enfoque das novas regras processuais, que permitem ao ofendido alguma atuação, impondo ao juiz, por exemplo, o dever de comunicá-lo dos atos processuais e do seu resultado.

O termo "processo" de que trata o art. 234-B, CP, deve ser compreendido no sentido amplo, para se estender aos autos de inquérito, à execução, a eventual processo administrativo e sindicância, pois, do contrário, por-se-ia em risco o intento da lei, que é proteger a intimidade das pessoas envolvidas.

A indevida divulgação das informações obtidas com a consulta ao material dos autos pode caracterizar os crimes dos arts. 154 e 325 do CP.

1.2. Acesso público a partir de condenação em primeira instância

Os parágrafos deste artigo foram introduzidos pela Lei n. 15.035, de 27 de novembro de 2024. Entendemos que o § 1º é de constitucionalidade duvidosa, por seu confronto com o princípio da presunção de inocência (CF, art. 5º, LVII), que apenas sucumbe após o trânsito em julgado da decisão condenatória; se publicidade pode haver, deixando de valer o segredo imposto a esse tipo de processo, ela somente se justificará depois de transitar em julgado a condenação. Já o § 2º, determinando o restabelecimento do sigilo após a absolvição em grau recursal, deixa de fazer sentido diante da inconstitucionalidade do § 1º: seu objetivo é restabelecer um sigilo que não deveria ter sido quebrado, e seu efeito é parcialmente inócuo, porquanto, nessa hipótese, a publicidade, antes do trânsito em julgado, já terá provocado consequências, possivelmente irreparáveis. O disposto nesses dois parágrafos, mais especificamente no primeiro, pode dar ensejo a declarações incidentais de inconstitucionalidade e a pedidos de reparação.

1.3. Monitoramento eletrônico

O monitoramento eletrônico de condenado, tratado no § 3º, é providência cabível apenas nas hipóteses de fruição de benefícios que impliquem sua ausência do estabelecimento prisional, ou restrição de frequência a lugares específicos, conforme se extrai do art. 146-B da Lei de Execução Penal. Segundo dispõe o art. 66, V, *j*, da LEP, depende de determinação judicial e ocorre nas hipóteses legais. Não haveria sentido imaginar que o preso em regime fechado deva ter monitoração eletrônica no âmbito da unidade prisional.

1.4. Cadastro Nacional de Pedófilos e Predadores Sexuais

Importa observar que a mesma Lei n. 15.035/2024, que introduziu os três parágrafos deste artigo, também modificou a Lei n. 14.069/2020, nela acrescentando o art. 2º-A, que prevê a criação de um "Cadastro Nacional de Pedófilos e Predadores Sexuais", como um "sistema desenvolvido a partir dos dados constantes do Cadastro Nacional de Pessoas Condenadas por Crime de Estupro", a fim de permitir "a consulta pública do nome completo e do número de inscrição no Cadastro de Pessoas Físicas (CPF) das pessoas condenadas por esse crime". Cuida-se de medida que tangencia a inconstitucionalidade, por possível afronta aos princípios constitucionais da dignidade e privacidade, em relação à qual foi acertado o veto presidencial a parágrafo que determinava a permanência dos registros mesmo dez anos após o cumprimento da pena, salvo reabilitação. Fique claro que, mesmo com a redação atualizada da Lei n. 14.069/2020, a permanência dos dados do condenado no tal cadastro fica restrita ao período entre o trânsito em julgado da condenação e o término do desconto da pena, por analogia ao disposto no art. 202 da Lei de Execução Penal, segundo o qual, "cumprida ou extinta a pena, não constarão da folha corrida, atestados ou certidões fornecidas por autoridade policial ou por auxiliares da Justiça, qualquer notícia ou referência à condenação, salvo para instruir processo pela prática de nova infração penal ou outros casos expressos em lei". O cadastro é claramente inspirado em providência assemelhada, criada nos Estados Unidos pela chamada Lei Federal de Megan, de 1994; a legislação portuguesa também adota esse tipo de cadastro, desde 2009. Por fim, cabe registrar que as medidas previstas pelos parágrafos do art. 234-B do Código Penal e art. 2º-A da Lei n. 14.069/2020, por seu caráter penalizador, somente serão aplicáveis a crimes cometidos após a publicação da Lei n. 15.035/2024 (*DOU* 28.11.2024), data do início de sua vigência.

2. JURISPRUDÊNCIA

2.1. Julgados

Súmula vinculante n. 14 e consulta a inquérito policial por advogado sem procuração

[...] a Lei n. 12.015/2009 acrescentou o art. 234-B ao CP: "Art. 234-B. Os processos em que se apuram crimes definidos neste Título [Título VI – Dos Crimes contra a Dignidade Sexual] correrão em segredo de justiça". Tal acréscimo normativo afastou a prerrogativa do reclamante de acesso ao IP n. 119/2009, porquanto tramita em segredo de justiça por imposição legal. É que o inciso XIII do art. 7º da Lei n. 8.906/94 veicula a exigência de procuração para o exame de autos que estejam sujeitos ao sigilo, *verbis*: "XIII – examinar, em qualquer órgão dos Poderes Judiciário e Legislativo, ou da Administração Pública em geral, autos de processos findos ou em andamento, mesmo sem procuração, quando não estejam sujeitos a sigilo, assegurada a obtenção de cópias, podendo tomar apontamentos;" [grifos meus]. Em reforço, o item "1" do § 1º do art. 7º da Lei n. 8.906/94 veda a vista e a retirada de processos ou procedimentos "sob o regime de segredo de justiça" a advogados sem procuração. Procuração essa que o próprio autor informou não possuir [...]. (STF, Recl. n. 9.705/SP, rel. Min. Ayres Britto, j. 22.02.2010)

Preservação da intimidade do acusado e da vítima

O art. 234-B do Código Penal determina o segredo de justiça nos processos de apuração dos crimes contra a dignidade sexual, não fazendo distinção entre vítima e acusado. Deve o processo correr integralmente em segredo de justiça, preservando-se a intimidade do acusado em reforço à intimidade da própria vítima. (STJ, REsp n. 1767902 RJ 2018/0246710-2, 6ª T., rel. Min. Sebastião Reis Júnior, j. 13.12.2018, *DJe* 04.02.2019)

3. OBSERVAÇÕES

3.1. Consulta eletrônica a decisões em processos por crimes contra a dignidade sexual

Em que pese a imposição do segredo de justiça aos processos por crimes contra a dignidade sexual, a prática nos mostra que ainda hoje é possível, por meio de consulta eletrônica permitida a qualquer pessoa, ter acesso a decisões de processos sem qualquer restrição a nome de acusado ou ofendido, como em: TJSP, APR n. 0018376-87.2016.8.26.0482, 30.09.2019, 2ª Câm. Crim., publ. 04.10.2019; e TJRS, ACR n. 70080621139, 30.05.2019, 6ª Câm. Crim., publ. 03.06.2019.

Art. 234-C. *(Vetado.)*

Artigo acrescentado pela Lei n. 12.015, de 07.08.2009.

TÍTULO VII
DOS CRIMES CONTRA A FAMÍLIA

CAPÍTULO I
DOS CRIMES CONTRA O CASAMENTO

Bigamia

Art. 235. Contrair alguém, sendo casado, novo casamento:

Pena – reclusão, de 2 (dois) a 6 (seis) anos.

§ 1º Aquele que, não sendo casado, contrai casamento com pessoa casada, conhecendo essa circunstância, é punido com reclusão ou detenção, de 1 (um) a 3 (três) anos.

§ 2º Anulado por qualquer motivo o primeiro casamento, ou o outro por motivo que não a bigamia, considera-se inexistente o crime.

1. COMENTÁRIO

1.1. Objetividade jurídica

A organização da família.

1.2. Sujeitos

Sujeito ativo é qualquer pessoa casada. O viúvo, o solteiro e o divorciado só podem praticar o delito previsto no art. 235, § 1º. Sujeito passivo é o Estado e o cônjuge do primeiro casamento.

1.3. Análise da(s) conduta(s) descrita(s) no tipo

"Contrair" (significa realizar), tendo como pressuposto a vigência de um casamento civil anterior (pode ser válido, nulo ou anulável). Só o casamento inexistente é que impede a bigamia. Porém, se for anulado o primeiro casamento, o crime deixa de existir (§ 2º).

1.4. Elemento subjetivo

É o dolo.

1.5. Consumação e tentativa

Consuma-se com o segundo casamento. A tentativa é possível. Iniciada a celebração, impede-se a consumação, por circunstâncias alheias à vontade do agente. A bigamia absorve o crime de falsidade ideológica, que é precedente. A falsidade ideológica consiste na declaração do agente de que é solteiro.

1.6. Subtipo da bigamia

Por se tratar de crime bilateral (necessidade de duas pessoas, podendo uma delas estar de boa-fé), a pena será inferior (metade da prevista no *caput*) se o participante solteiro souber do impedimento e assim mesmo contrair o casamento.

1.7. Classificação

Trata-se de crime próprio, material, instantâneo de efeitos permanentes, comissivo e de forma vinculada.

2. JURISPRUDÊNCIA

2.1. Julgados

Testemunha. Coautoria no crime de bigamia

TJSP: Bigamia. Coautoria. Configuração em tese. Testemunha, na celebração de casamento, advogado do nubente em ação de anulação. Justa causa para sua inclusão na ação penal. *Habeas corpus* denegado. Inteligência dos arts. 235 e 25 (art. 29 vigente) do CP e 648, I, do CPP. Sabendo do impedimento matrimonial do corréu mas do casamento participando como testemunha, é esta considerada coautoria do delito de bigamia. (*RT* 566/290)

Irrelevância da nulidade ou anulabilidade do casamento anterior

TJSP: Bigamia. Nulidade pretendida dos casamentos por tê-los contraído o acusado quando ainda menor de 21 anos de idade. Arguição repelida, Delito configurado. Condenação. Inteligência do art. 235 do CP de 1940. Para a configuração do delito de bigamia pouco importa que um ou ambos os casamentos sejam nulos ou anuláveis. Ele ocorrerá porque a lei atende à existência formal do casamento, à sua vigência, e não à sua validade. (*RT* 601/319)

Casamento religioso. Inexistência de crime

TJSP: Processo crime. Nulidade. Denúncia. Delito de bigamia sem prova do casamento anterior. Inadmissibilidade. Constrangimento ilegal decorrente do seu recebimento. Concessão de *habeas corpus*. Inteligência dos arts. 41 do CPP e 235 do CP. Delito de bigamia sem prova de casamento anterior: A forma religiosa de matrimônio não se constitui em pressuposto material da bigamia, segundo proclama Heleno Claudio Fragoso. (*RT* 460/285)

Irrelevância da separação judicial

TJSP: A jurisprudência dominante é no sentido de que mesmo o agente estando separado judicial ou consensualmente, praticará o delito de bigamia em se casando novamente, pois a separação põe fim à sociedade conjugal, mas não extingue o vínculo matrimonial. (*RT* 733/554)

Bigamia. Prova robusta da autoria e da materialidade

Atitude do réu, ao contrair o segundo matrimonio, declarando-se solteiro, que evidencia o dolo, não convencendo a alegação de que pensava ser suficiente a separação judicial quanto ao primeiro casamento. Condenação mantida. Pena mínima, porém com aplicação equivocada de sanção pecuniária, não prevista pelo dispositivo legal. Pena corporal substituída na forma do art. 44, do CP, eleito o regime aberto em caso de conversão. Apelo parcialmente provido, para a exclusão da pena pecuniária imposta cumulativamente. (TJSP, Ap. Crim. n. 990.10.391241-1/Jaú, rel. Tristão Ribeiro)

Induzimento a erro essencial e ocultação de impedimento

Art. 236. Contrair casamento, induzindo em erro essencial o outro contraente, ou ocultando-lhe impedimento que não seja casamento anterior:

Pena – detenção, de 6 (seis) meses a 2 (dois) anos.

Parágrafo único. A ação penal depende de queixa do contraente enganado e não pode ser intentada senão depois de transitar em julgado a sentença que, por motivo de erro ou impedimento, anule o casamento.

1. COMENTÁRIO

1.1. Objetividade jurídica

A instituição do casamento e a boa-fé da vítima.

1.2. Sujeitos

Sujeito ativo é qualquer pessoa (homem ou mulher). Sujeito passivo é o Estado e o outro contraente enganado.

1.3. Análise da(s) conduta(s) descrita(s) no tipo

"Contrair casamento" consiste na celebração do casamento por meio do induzimento em erro essencial do outro contraente ou da ocultação de impedimento que não seja casamento anterior (os impedimentos encontram-se regulamentadas no CC, nos arts. 1.521 e 1.522).

1.4. Elemento subjetivo

É o dolo.

1.5. Consumação e tentativa

Consuma-se com a celebração do casamento. Considerando que a conduta "contrair" é fracionável, a tentativa é possível.

1.6. Classificação

Trata-se de crime formal, instantâneo de efeitos permanentes, comissivo e de forma vinculada.

1.7. Ação penal

A ação penal é privada personalíssima, de titularidade do contraente enganado, cujo direito de queixa não é transmissível aos sucessores na hipótese de morte do ofendido.

Conhecimento prévio de impedimento

Art. 237. Contrair casamento, conhecendo a existência de impedimento que lhe cause a nulidade absoluta:

Pena – detenção, de 3 (três) meses a 1 (um) ano.

1. COMENTÁRIO

1.1. Objetividade jurídica

A instituição do casamento e a boa-fé da vítima.

1.2. Sujeitos

Sujeito ativo é qualquer pessoa (homem ou mulher). Sujeito passivo é o Estado e o outro contraente enganado.

1.3. Análise da(s) conduta(s) descrita(s) no tipo

"Contrair casamento" consiste na celebração do casamento, por meio do induzimento em erro essencial do outro contraente, ou da ocultação de impedimento que não seja casamento anterior (os impedimentos encontram-se regulamentadas no CC, nos arts. 1.521 e 1.522).

1.4. Elemento subjetivo

É o dolo.

1.5. Consumação e tentativa

Consuma-se com a celebração do casamento. Considerando que a conduta "contrair" é fracionável, a tentativa é possível.

1.6. Diferença entre os tipos previstos nos arts. 236 e 237

A diferença deste crime em relação ao anterior (art. 236) é a não exigência de emprego de qualquer fraude, bastando a omissão por parte do sujeito ativo do crime quanto à existência de impedimento que cause a nulidade absoluta do casamento. Se a omissão se referir ao impedimento que cause nulidade relativa, o fato será atípico, salvo se houver emprego de fraude, hipótese que caracterizará o crime antecedente.

1.7. Classificação

Trata-se de crime formal, instantâneo de efeitos permanentes, comissivo e de forma vinculada.

Simulação de autoridade para celebração de casamento

Art. 238. Atribuir-se falsamente autoridade para celebração de casamento:

Pena – detenção, de 1 (um) a 3 (três) anos, se o fato não constitui crime mais grave.

1. COMENTÁRIO

1.1. Objetividade jurídica

A instituição do casamento e a boa-fé da vítima.

1.2. Sujeitos

Sujeito ativo é qualquer pessoa (homem ou mulher). Sujeito passivo é o Estado e o outro contraente enganado.

1.3. Análise da(s) conduta(s) descrita(s) no tipo

O tipo penal prevê a conduta de "atribuir-se" que significa imputar-se a si mesmo uma qualidade. Nesse caso, o agente proclama-se autoridade para a celebração do casamento.

1.4. Elemento subjetivo

É o dolo, ou seja, a vontade de se atribuir a qualidade de quem não detém.

1.5. Consumação e tentativa

Consuma-se com a simples atribuição da falsa identidade para a celebração do casamento (crime de mera conduta). A tentativa é inadmissível.

1.6. Autoridade competente para celebração do casamento. Competência legislativa

Compete aos estados e ao Distrito Federal definir quem será a autoridade competente para a celebração do casamento. No caso de São Paulo, por exemplo, é o juiz de paz (nomeado pelo Secretário de Estado da Justiça e da Defesa da Cidadania).

1.7. Classificação

Crime subsidiário expresso, pois o tipo traz a expressão "se o fato não constituir crime mais grave" (como na hipótese do crime de falsidade ideológica – CP, art. 299). Formal, instantâneo, comissivo e de forma livre.

2. JURISPRUDÊNCIA

2.1. Julgados

Coação moral irresistível na simulação de casamento

TACrimSP: Simulação de casamento. Envolvimento, também, na denúncia, da "noiva". Jovem que, entretanto, foi iludida pelo corréu, que se dizia solteiro e que conseguiu juiz de paz para casá-los. Gravidez daquela a essa época. Farsa só descoberta quando estava tudo pronto para o consórcio. Coação irresistível caracterizada na espécie. Absolvição da corré mantida. Condenação, porém, dos demais. Apelação provida. Inteligência do art. 238 do CP. É irresistível a coação moral quando não pode ser superada senão com uma energia extraordinária e, portanto, juridicamente inexigível. (*RT* 488/382)

Simulação de casamento

Art. 239. Simular casamento mediante engano de outra pessoa:

Pena – detenção, de 1 (um) a 3 (três) anos, se o fato não constitui elemento de crime mais grave.

1. COMENTÁRIO

1.1. Objetividade jurídica

A regularidade do casamento.

1.2. Sujeitos

Sujeito ativo pode ser qualquer um dos nubentes. Pode, ainda, figurar como sujeito ativo o agente competente (oficial do registro civil) para realizar o casamento na hipótese de enganar os nubentes. Sujeito passivo é o Estado e o nubente de boa-fé.

1.3. Análise da(s) conduta(s) descrita(s) no tipo

"Simular casamento" implica a prática de determinada conduta que faça transparecer ao outro nubente a efetiva celebração do casamento.

1.4. Elemento subjetivo

É o dolo.

1.5. Consumação e tentativa

Consuma-se com a realização da falsa cerimônia. A tentativa é possível.

1.6. Classificação

Crime subsidiário expresso, pois o tipo traz a expressão "se o fato não constituir crime mais grave" (como na hipótese do crime de estelionato ou da posse sexual mediante fraude). Formal, instantâneo, comissivo e de forma vinculada.

2. JURISPRUDÊNCIA

2.1. Julgados

Inexistência do crime

TACrimSP: Simulação de casamento. Noiva enganada que, pouco antes da cerimônia falsa, vem a descobrir a fraude. Delito não configurado. [...] vindo a nubente enganada a tomar conhecimento da falsidade do casamento, ainda que pouco tempo antes da cerimônia, não há falar no delito do art. 239 do CP. (*RT* 34/425)

Adultério

Art. 240. (*Revogado pela Lei n. 11.106, de 28.03.2005.*)

CAPÍTULO II
DOS CRIMES CONTRA O ESTADO DE FILIAÇÃO

Registro de nascimento inexistente

Art. 241. Promover no registro civil a inscrição de nascimento inexistente:

Pena – reclusão, de 2 (dois) a 6 (seis) anos.

1. COMENTÁRIO

1.1. Objetividade jurídica

O estado civil de filiação visto sob a ótica da fé pública (parecida com a figura do crime de falsidade ideológica).

1.2. Sujeitos

Sujeito ativo é qualquer pessoa (crime comum). Sujeito passivo é o Estado e, eventualmente, a pessoa a quem registro semelhante puder causar algum tipo de prejuízo.

1.3. Análise da(s) conduta(s) descrita(s) no tipo

"Promover no registro civil a inscrição de nascimento inexistente" significa propiciar, requerer ou originar no Cartório de Registro Civil a inscrição de pessoa que não existe.

1.4. Elemento subjetivo

É o dolo.

1.5. Consumação e tentativa

Consuma-se com a efetiva inscrição no registro civil da pessoa inexistente (crime material). A tentativa é possível.

1.6. Classificação

Trata-se de crime formal, de forma livre, instantâneo e comissivo.

2. JURISPRUDÊNCIA

2.1. Julgados

Falsidade ideológica e não registro de nascimento inexistente

TJSP: Falsidade ideológica. Exclusão da hipótese do art. 241 do CP. Acusada que registra como filha, para obtenção de vantagem relativa ao abono familiar, criança já registrada. Condenação. Voto vencido. Inteligência do art. 299 do citado estatuto. Promover um segundo registro de nascimento, alterando dados constantes do registro anterior, constitui o delito de falsidade ideológica, e não o previsto no art. 241 do CP. (*RT* 482/315)

Parto suposto. Supressão ou alteração de direito inerente ao estado civil de recém-nascido

Art. 242. Dar parto alheio como próprio; registrar como seu o filho de outrem; ocultar recém-nascido ou substituí-lo, suprimindo ou alterando direito inerente ao estado civil:

Pena – reclusão, de 2 (dois) a 6 (seis) anos.

Caput com redação dada pela Lei n. 6.898, de 30.03.1981.

Parágrafo único. Se o crime é praticado por motivo de reconhecida nobreza:

Pena – detenção, de 1 (um) a 2 (dois) anos, podendo o juiz deixar de aplicar a pena.

Parágrafo com redação dada pela Lei n. 6.898, de 30.03.1981.

1. COMENTÁRIO

1.1. Objetividade jurídica

O bem jurídico tutelado é o estado civil da filiação.

1.2. Sujeitos

Sujeito ativo é a mulher ("dar parto alheio como próprio"). Nas demais condutas ("registrar", "ocultar" e "substituir") pode ser praticado por qualquer pessoa. Sujeito passivo é o Estado e as pessoas eventualmente prejudicadas pelo crime (mãe biológica do recém-nascido, pais biológicos, recém-nascido).

1.3. Análise da(s) conduta(s) descrita(s) no tipo

a) "Dar parto alheio como próprio": hipótese em que a mulher atribui a si a maternidade de filho alheio.

b) "Registrar como seu o filho de outrem": é a chamada "adoção à brasileira", em que o sujeito ativo do crime promove o registro em seu nome de filho alheio, sem observância das regras da adoção (Lei n. 8.069/90).

c) "Ocultar recém-nascido, suprimindo ou alterando direito inerente ao estado civil": o recém-nascido deixa de ser apresentado para assumir os direitos inerentes a seu estado civil, os quais acabam por ser suprimidos ou alterados. A ocultação se perfaz pela supressão ou alteração do direito inerente ao estado civil do recém-nascido.

d) "Substituir recém-nascido, suprimindo ou alterando direito inerente ao estado civil": a substituição física ou a troca de um recém-nascido por outro, o que acarreta a supressão ou a alteração do estado civil de ambos.

1.4. Elemento subjetivo

É o dolo.

1.5. Consumação e tentativa

Consuma-se com a prática de um dos verbos do tipo. A tentativa é possível.

1.6. Perdão judicial e a Lei n. 9.099/95

O parágrafo único dispõe que se o crime for cometido por motivo de reconhecida nobreza o juiz poderá deixar de aplicar a pena (perdão judicial). Motivo de reconhecida nobreza é o comportamento motivado por espírito de solidariedade e humanidade.

1.7. Classificação

Trata-se de crime próprio (primeira figura) ou comum (nas demais figuras), material, forma livre, instantâneo, permanente (na conduta ocultar).

2. JURISPRUDÊNCIA

2.1. Julgados

Parto suposto

Apelação. Parto suposto. Registrar, como seu, filho de outrem. Motivo de reconhecida nobreza. Perdão judicial. Cabimento: Reconhecido cabalmente nos autos que a conduta dos agentes revestiu-se de motivo de reconhecida nobreza, cabível a aplicação do perdão judicial e, consequentemente, a extinção da punibilidade. Recurso provido. (TJSP, Ap. n. 0005882-49.2004, rel. J. Martins, j. 05.08.2012)

Parto suposto. Registro de filho de outrem como seu. Desconhecimento da lei. Impossibilidade. Exegese dos art. 3º da LICC [atual LINDB] e art. 21, do CP. Condenação mantida. Registro de filho de outrem como seu. Alegação de ausência de dolo. Casal que estava inscrito no registro de pretendentes à adoção junto à Vara da Infância e Juventude. Evidente ciência de que deveriam ser respeitados procedimentos necessários à adoção de criança. Ação que derivou de vontade dirigida à prática do delito. Condenação mantida. Registro como seu de filho de outrem. Sentença que reconhece a nobreza do motivo. Art. 242, parágrafo único, do CP. Isenção da pena. Réus primários e sem antecedentes. Possibilidade. Recurso parcialmente provido. (TJSP, Ap. n. 0041614-25.2007.8.26.0071, 11ª Câm. de Dir. Crim., rel. Alexandre Almeida, j. 13.06.2012)

Sonegação de estado de filiação

Art. 243. Deixar em asilo de expostos ou outra instituição de assistência filho próprio ou alheio, ocultando-lhe a filiação ou atribuindo-lhe outra, com o fim de prejudicar direito inerente ao estado civil:

Pena – reclusão, de 1 (um) a 5 (cinco) anos, e multa.

---

1. COMENTÁRIO

1.1. Objetividade jurídica

O estado civil de filiação.

1.2. Sujeitos

Sujeito ativo é qualquer pessoa. Sujeito passivo é o Estado, bem como pessoa que é deixada em asilo ou instituição de assistência, cuja ocultação ou atribuição de outra filiação visa a prejudicar direito seu inerente ao estado civil, por exemplo, o direito de herança.

1.3. Análise da(s) conduta(s) descrita(s) no tipo

"Deixar" significa abandonar a criança em qualquer instituição pública ou particular. Exige-se que o agente oculte filiação do menor ou lhe atribua outra qualquer.

1.4. Elemento subjetivo

É o dolo com finalidade de "prejudicar direito inerente ao estado civil".

1.5. Consumação e tentativa

Consuma-se com o abandono do filho próprio ou alheio, a partir da ocultação ou alteração da filiação. A tentativa é admissível.

1.6. Concurso de crimes

Se o abandono se der em outro local que não uma instituição, caracterizará o crime dos arts. 133 e 134 do CP.

1.7. Classificação

Trata-se de crime formal, forma livre, instantâneo e comissivo.

2. JURISPRUDÊNCIA

2.1. Julgados

Inexistência do crime

TJSP: Sonegação de estado de filiação. Delito não configurado, Acusada que, ao entregar menor ao Juizado, por dificuldade econômica, oculta sua condição de avó. Ausência de intenção de prejudicar direitos relativos ao estado civil. Dolo específico, portanto, inexistente. Absolvição mantida. Inteligência do art. 243 do CP. O delito do art. 243 do CP somente poderá ser reconhecido se o elemento subjetivo do agente tiver um fim específico, mencionado no próprio artigo. (*RT* 542/341 e *RJTJESP* 58/390)

CAPÍTULO III
DOS CRIMES CONTRA A ASSISTÊNCIA FAMILIAR

Abandono material

Art. 244. Deixar, sem justa causa, de prover a subsistência do cônjuge, ou de filho menor de 18 (dezoito) anos ou inapto para o trabalho, ou de ascendente inválido ou maior de 60 (sessenta) anos, não lhes proporcionando os recursos necessários ou faltando ao pagamento de pensão alimentícia judicialmente acordada, fixada ou majorada; deixar, sem justa causa, de socorrer descendente ou ascendente, gravemente enfermo:

Caput com redação dada pela Lei n. 10.741, de 01.10.2003.

Pena – detenção, de 1 (um) a 4 (quatro) anos, e multa, de uma a dez vezes o maior salário mínimo vigente no País.

Pena com redação dada pela Lei n. 5.478, de 25.07.1968.

Parágrafo único. Nas mesmas penas incide quem, sendo solvente, frustra ou ilide, de qualquer modo, inclusive por abandono injustificado de emprego ou função, o pagamento de pensão alimentícia judicialmente acordada, fixada ou majorada.

Parágrafo acrescentado pela Lei n. 5.478, de 25.07.1968.

1. COMENTÁRIO

1.1. Objetividade jurídica

A proteção das necessidades materiais do cônjuge, do filho menor de 18 anos, do inapto para o trabalho, do ascendente inválido ou valetudinário, e do ascendente ou descendente gravemente enfermo.

1.2. Sujeitos

Trata-se de crime próprio e também comum. Na primeira hipótese, os sujeitos ativos e passivos estão no próprio tipo (cônjuge, quando deixar de prover à subsistência do outro; o pai ou a mãe, quando deixarem de prover a subsistência do filho menor de 18 anos ou inapto para o trabalho; o descendente, quando deixar de proporcionar recursos necessários ao ascendente inválido ou valetudinário). Poderá, ainda, ser comum, podendo ser praticado por qualquer pessoa, quando se deixar de socorrer ascendente ou descendente gravemente enfermo.

1.3. Análise da(s) conduta(s) descrita(s) no tipo

a) "Deixar, sem justa causa, de prover a subsistência do cônjuge, de filho menor de 18 anos ou inapto para o trabalho, ou de ascendente inválido ou maior de 60 anos", por meio da não prestação dos "recursos necessários" ou do "não pagamento de pensão alimentícia judicialmente acordada, fixada ou majorada": nesta conduta há a quebra do dever legal de assistência. Exige-se a "falta de justa causa" (elemento normativo). Exemplos de justa causa: desemprego ou dificuldades econômicas comprovadas. A expressão "subsistência" compreende vestuário, lazer, alimentação, saúde etc.

b) "Deixar, sem justa causa, de socorrer descendente ou ascendente gravemente enfermo": novamente há a quebra do dever legal de assistência. Exige-se que a vítima esteja gravemente enferma.

c) "Frustrar ou ilidir, embora solvente, de qualquer modo, inclusive por abandono injustificado de emprego ou função, o pagamento de pensão alimentícia judicialmente acordada, fixada ou majorada": novamente há a quebra do dever legal de assistência. Conduta prevista no parágrafo único, sendo cominada a mesma pena que a do *caput*. Qualidade de solvente é elemento normativo do tipo.

1.4. Elemento subjetivo

É o dolo.

1.5. Consumação e tentativa

Trata-se de crime omissivo. Não se admite a tentativa dada a inexistência de fracionamento do *iter criminis*. Assim, consuma-se com o não pagamento da pensão alimentícia (ainda que o débito seja quitado no curso da ação penal). Considerado, ainda, crime permanente, ou seja, enquanto perdurar o abandono. Impunível o ato meramente transitório.

1.6. Classificação

Trata-se de crime formal, forma livre, omissivo e permanente.

2. JURISPRUDÊNCIA

2.1. Julgados

Pensão alimentícia. Inadimplência. Art. 244 do CP

In casu, o paciente foi denunciado sob a acusação de deixar de prover a subsistência de seus dois filhos menores sem justa causa, faltando ao pagamento de pensão alimentícia acordada judicialmente. Assim, no *ha-*

beas corpus, discute-se o enquadramento de tal fato ao disposto no art. 244 do CP. Segundo a Min. Relatora, a caracterização do tipo penal exige que se demonstre que a conduta de não pagar a pensão alimentícia foi realizada por alguém que, podendo implementá-la, não o faz sem uma justificativa, o que não foi demonstrado na incoativa, que se limita a afirmar que a omissão do ora paciente foi "sem justa causa". Ressaltou que esse elemento não está no tipo penal apenas como adorno, mas, como o próprio nome indica, é uma parte essencial e a acusação dele deve se ocupar, demonstrando, em cada caso concreto, a razão do não pagamento da pensão, ou seja, se, pelos fatos ocorridos, há motivos justos para o alimentante deixar de solver as prestações, o que não ocorreu na hipótese. Registrou, ademais, que, se assim não fosse, estar-se-ia igualando os ilícitos penal e civil, pois não haveria mais diferença entre eles, bastando que o alimentante falte ao seu dever para cometer um crime, o que não é possível, não é esse o espírito da lei penal. Com esse entendimento, a Turma concedeu a ordem para trancar a ação penal, seja pela ausência de justa causa para a acusação, diante da atipicidade da conduta, seja pela inépcia da denúncia, visto que não suficientemente descritos os fatos. (STJ, *HC* n. 141.069/RS, rel. Min. Maria Thereza de Assis Moura, j. 22.08.2011)

Prestação suprida por outro cônjuge

TACrimSP: A obrigação prevista no art. 244 do CP é de ambos os pais. Se um deles presta a necessária assistência ao filho, inexiste o crime previsto naquele dispositivo penal. (*JTACrim* 93/56)

Prestação suprida por outro parente obrigado

Apelação. Abandono material. Art. 244 do Código Penal. Condenação em primeiro grau. Conjunto probatório insuficiente para gerar condenação. Caracterização. Hipótese em que dúvidas ensejadas pela instrução, por lacunas e reticências que a mesma apresenta, fazem com que o benefício da dúvida opere em favor da ré-apelante. Finalidade do processo penal. Verificação do fundamento da pretensão punitiva e não forçar a sua realização a todo custo. Precedentes do Supremo Tribunal Federal e do Superior Tribunal de Justiça. Recurso defensivo provido. Absolvição decretada, nos termos do art. 386, VII, do Código de Processo Penal. (TJSP, n. 0009141-16.2012.8.26.0457/Pirassununga, 7ª Câm. de Direito Criminal, rel. Alberto Anderson Filho, j. 10.10.2018)

TACrimSP: Abandono material. Assistência prestada por outro parente. Não configuração do delito. [...] A obrigação de prover a subsistência pode caber a mais de um parente, mas a assistência prestada por um supre a obrigação dos demais. (*JTACrim* 70/334)

Filho menor. Existência de crime

STF: Incide, em tese, nas penas do art. 244 do CP, quem não paga pensão alimentícia judicialmente fixada em favor dos filhos até a maioridade destes. (*RT* 506/449)

Entrega de filho menor a pessoa inidônea

Art. 245. Entregar filho menor de 18 (dezoito) anos a pessoa em cuja companhia saiba ou deva saber que o menor fica moral ou materialmente em perigo:

Pena – detenção, de 1 (um) a 2 (dois) anos.

Caput com redação dada pela Lei n. 7.251, de 19.11.1984.

§ 1º A pena é de 1 (um) a 4 (quatro) anos de reclusão, se o agente pratica delito para obter lucro, ou se o menor é enviado para o exterior.

Parágrafo acrescentado pela Lei n. 7.251, de 19.11.1984.

§ 2º Incorre, também, na pena do parágrafo anterior quem, embora excluído o perigo moral ou material, auxilia a efetivação de ato destinado ao envio de menor para o exterior, com o fito de obter lucro.

Parágrafo acrescentado pela Lei n. 7.251, de 19.11.1984.

---

1. COMENTÁRIO

1.1. Objetividade jurídica

É a integridade física e moral dos menores de 18 anos.

1.2. Sujeitos

O crime é próprio. Sujeito ativo somente será o pai ou a mãe. Sujeito passivo é o Estado e o filho menor de 18 anos.

1.3. Análise da(s) conduta(s) descrita(s) no tipo

"Entregar" significa colocar sob a responsabilidade de terceira pessoa, cuja companhia representa perigo potencial moral ou material ao menor. A situação de perigo moral ou material constitui o elemento normativo do tipo (crime de perigo concreto).

1.4. Elemento subjetivo

É o dolo. Exige-se que o agente saiba (dolo direto) ou deva saber (dolo eventual) que a pessoa a quem entrega o menor representa para este perigo moral ou material.

1.5. Consumação e tentativa

Consuma-se o crime com a entrega do menor à pessoa inidônea, independentemente de efetiva lesão, por ser crime de perigo. A tentativa é possível.

1.6. Qualificadora

Se há vontade de lucro ou que o menor seja enviado para o exterior, a pena será de 1 a 4 anos de reclusão. A pena será a mesma para todo aquele que, embora excluído o perigo moral ou material, auxilia na efetivação de ato destinado ao envio de menor para o exterior com o fito de obter lucro.

Aquele que promove ou auxilia na efetivação de ato destinado ao envio de criança ou adolescente para o exterior com inobservância das formalidades legais ou com o fito de obter lucro pratica o crime do art. 239 da Lei n. 8.069/90. Aplica-se a essa hipótese, ainda, a Convenção das Nações Unidas contra o Crime Organizado Transnacional, ratificado pelo Decreto n. 5.015/2004, que tem como um de seus objetos o tráfico internacional de crianças e adolescentes.

1.7. Classificação

Trata-se de crime próprio (comum na figura do § 2º), formal (material na figura da ida do menor ao exterior), de forma livre, instantâneo e comissivo.

2. JURISPRUDÊNCIA

2.1. Julgado

Inexistência de crime

TJSP: Não se configura o delito do art. 245 do CP no ato de quem consente no rapto da filha pelo namorado, posto que reprovável o seu procedimento. (*RT* 406/95)

Abandono intelectual

Art. 246. Deixar, sem justa causa, de prover à instrução primária de filho em idade escolar:

Pena – detenção, de 15 (quinze) dias a 1 (um) mês, ou multa.

---

1. COMENTÁRIO

1.1. Objetividade jurídica

O direito à educação.

1.2. Sujeitos

Crime é próprio. Sujeito ativo somente poderá ser o pai ou a mãe. Sujeito passivo é o filho em idade escolar.

1.3. Análise da(s) conduta(s) descrita(s) no tipo

"Deixar, sem justa causa, de prover a instrução primária de filho em idade escolar": trata-se de conduta omissiva. A expressão "sem justa causa" é elemento normativo do tipo. Exemplos de justa causa: falta de vagas ou quando há situação de miséria dos sujeitos ativos.

1.4. Elemento subjetivo

É o dolo.

1.5. Consumação e tentativa

Consuma-se com a não efetivação da matrícula na escola, ou, mesmo com a realização da matrícula, a omissão em fazer com que o filho frequente a escola no nível primário. A tentativa é inadmissível.

1.6. Classificação

Trata-se de crime próprio, formal, de forma livre, omissivo e permanente.

2. JURISPRUDÊNCIA

2.1. Julgados

Inexistência do crime pela incapacidade do omitente

TACrimSP: Para que se tipifiquem os delitos de abandono material e intelectual é necessário que o agente esteja capacitado física e mentalmente a praticar os deveres inerentes ao exercício do pátrio poder [atual poder familiar]. (*JTACrim* 70/290)

Inexistência do crime por falta de vaga

TACrimSP: Não se configura o abandono intelectual se deixa o réu pobre de promover a instrução primária do filho menor por falta de vaga no estabelecimento de ensino público local. (*JTACrim* 22/376)

Art. 247. Permitir alguém que menor de 18 (dezoito) anos, sujeito a seu poder ou confiado à sua guarda ou vigilância:

I – frequente casa de jogo ou mal-afamada, ou conviva com pessoa viciosa ou de má vida;

II – frequente espetáculo capaz de pervertê-lo ou de ofender-lhe o pudor, ou participe de representação de igual natureza;

III – resida ou trabalhe em casa de prostituição;

IV – mendigue ou sirva a mendigo para excitar a comiseração pública:

Pena – detenção, de 1 (um) a 3 (três) meses, ou multa.

---

1. COMENTÁRIO

1.1. Objetividade jurídica

A integridade moral do menor de 18 anos.

1.2. Sujeitos

Sujeito ativo é quem detenha o poder, guarda ou vigilância sobre a vítima (crime próprio). Sujeito passivo é o menor de 18 anos de idade.

1.3. Análise da(s) conduta(s) descrita(s) no tipo

"Permitir" (concordar, liberar, podendo ser praticada por ação ou omissão), de forma expressa ou tácita, que menor de 18 anos, sujeito a seu poder ou confiado a sua guarda ou vigilância:

a) "frequente casa de jogo ou mal-afamada" (visite com habitualidade – como casa de prostituição), "ou conviva" (contato íntimo) "com pessoa viciosa ou de má vida" (p. ex., a prostituta, viciado em drogas);

b) "frequente" espetáculo capaz de pervertê-lo ou de ofender-lhe o pudor (a moral), "ou participe" (faça parte) de representação de igual natureza (não se exige que a vítima seja pervertida ou se veja ofendida em seu pudor);

c) "resida ou trabalhe em casa de prostituição": local de potencialidade presumida à moral do menor de 18 anos;

d) "mendigue" (peça esmola) "ou sirva a mendigo para excitar a comiseração pública" (trabalhe para o pedinte).

1.4. Elemento subjetivo

É o dolo. No inciso IV, especificamente, exige-se uma finalidade particular do agente: "excitar a comiseração pública".

1.5. Consumação e tentativa

Consuma-se com a prática primeiro da conduta permitir e a subsequente às demais (frequentar, residir, mendigar). Admite-se a tentativa apenas na hipótese de conduta comissiva.

1.6. Conflito de normas

Caso a criança ou adolescente sejam submetidos à prostituição ou exploração sexual, o crime será o do art. 244-A da Lei n. 8.069/90 (ECA). Da mesma forma, se a criança ou o adolescente forem submetidos a vexame ou a constrangimento, o crime será o do art. 232 do ECA.

1.7. Classificação

Trata-se de crime próprio, formal, de forma livre, comissivo e instantâneo.

2. JURISPRUDÊNCIA

2.1. Julgado

Caracterização do crime

TACrimSP: Abandono moral. Agente que dá permissão para seis filhos mendigarem. Obtenção de proveito próprio. Caracterização. Incorre nas sanções do art. 247, IV, primeira parte, do CP, o agente que dá permissão a seus filhos, menores de 18 anos, para mendigação, consistente na entrega de bilhetes em que só solicita auxílio financeiro, auferindo, assim, proveito próprio. (*RJDTACrim* 22/41)

CAPÍTULO IV
DOS CRIMES CONTRA O PÁTRIO PODER, TUTELA OU CURATELA

A expressão "pátrio poder" foi atualizada para "poder familiar" pelo CC/2002.

Induzimento a fuga, entrega arbitrária ou sonegação de incapazes

Art. 248. Induzir menor de 18 (dezoito) anos, ou interdito, a fugir do lugar em que se acha por determinação de quem sobre ele exerce autoridade, em virtude de lei ou de ordem judicial; confiar a outrem sem ordem do pai, do tutor ou do curador algum menor de 18 (dezoito) anos ou interdito, ou deixar, sem justa causa, de entregá-lo a quem legitimamente o reclame:

Pena – detenção, de 1 (um) mês a 1 (um) ano, ou multa.

---

1. COMENTÁRIO

1.1. Objetividade jurídica

Os bens jurídicos tutelados são os interesses dos incapazes e daqueles que detêm sobre estes os respectivos deveres e direitos.

1.2. Sujeitos

Sujeito ativo pode ser qualquer pessoa (não há necessidade de vínculo entre o sujeito ativo e o sujeito passivo). Sujeito passivo é o menor de 18 anos e o interdito, bem como os pais, o tutor ou curador.

1.3. Análise da(s) conduta(s) descrita(s) no tipo

a) "Induzir menor de 18 anos, ou interdito, a fugir do lugar em que se acha por determinação de quem sobre ele exerce autoridade, em virtude de lei ou de ordem judicial": "induzir" significa convencer, com a finalidade de que o menor de 18 anos ou interdito fuja, por seus próprios meios. Não se exige a efetiva fuga.

b) "Confiar a outrem, sem ordem do pai, do tutor ou do curador, algum menor de 18 anos ou interdito": é a chamada "entrega arbitrária de incapaz", menor de 18 anos ou do interdito sem o conhecimento e o consentimento dos genitores, tutor ou curador. Exige-se a efetiva entrega do menor de 18 anos ou do interdito.

c) "Deixar, sem justa causa, de entregar o menor de 18 anos ou o interdito a quem legitimamente o reclame": é a chamada "sonegação de incapaz". Implica a retenção do menor de 18 anos ou do interdito a quem tenha o direito de reclamá-lo, como o pai, o tutor ou curador, seja em decorrência de disposição legal ou ordem judicial. No início, a posse do incapaz, pelo sujeito ativo, é legítima, tornando-se ilegítima a partir da recusa em sua entrega.

1.4. Elemento subjetivo

É o dolo.

1.5. Consumação e tentativa

Consuma-se com o induzimento, ou com a entrega arbitrária, ou com a sonegação do incapaz. A tentativa somente é possível nas condutas comissivas (induzir e confiar). Na conduta omissiva (deixar de entregar), a tentativa é inadmissível.

1.6. Classificação

Trata-se de crime comum, formal, de forma livre, comissivo (induzir e confiar), omissivo (deixar de entregar), instantâneo (induzir e confiar) e permanente (deixar de entregar).

2. JURISPRUDÊNCIA

2.1. Julgados

Inexistência de crime

TACrimSP: Sonegação de menor. Agente que, após tomar conhecimento da sentença que revogou a liminar a atribuiu a guarda da menor ao avô, comparece perante a autoridade policial para prestar declarações. Crime não configurado. [...] Não se pode cogitar do cometimento do delito por quem, uma vez conhecida a sentença que revogou a liminar, tratou de cumpri-la. (*JTACrim* 74/110)

Subtração de incapazes

Art. 249. Subtrair menor de 18 (dezoito) anos ou interdito ao poder de quem o tem sob sua guarda em virtude de lei ou de ordem judicial:

Pena – detenção, de 2 (dois) meses a 2 (dois) anos, se o fato não constitui elemento de outro crime.

§ 1º O fato de ser o agente pai ou tutor do menor ou curador do interdito não o exime de pena, se destituído ou temporariamente privado do pátrio poder, tutela, curatela ou guarda.

A expressão "pátrio poder" foi atualizada para "poder familiar" pelo CC/2002.

§ 2º No caso de restituição do menor ou do interdito, se este não sofreu maus-tratos ou privações, o juiz pode deixar de aplicar pena.

---

1. COMENTÁRIO

1.1. Objetividade jurídica

Tutela o poder familiar, a curatela e a tutela.

1.2. Sujeitos

Sujeito ativo é qualquer pessoa (inclusive o pai, tutor ou curador, quando estiver destituído ou temporariamente privado da guarda, poder familiar, tutela ou curatela (§ 1º). Sujeito passivo é a pessoa que detém a guarda do menor de 18 anos ou do interdito, em virtude de lei ou de ordem judicial (pai, curador, tutor).

1.3. Análise da(s) conduta(s) descrita(s) no tipo

"Subtrair" (retirar a vítima da sua esfera de atividade normal e rotineira) "menor de 18 anos ou interdito ao poder de quem o tem sob sua guarda" (vigilância daquele que sobre ela exerce a guarda) "em virtude de lei ou de ordem judicial". Atípica a conduta do incapaz que foge (*RJDTACrim* 24/379).

1.4. Elemento subjetivo

É o dolo.

1.5. Consumação e tentativa

Consuma-se com a subtração (retirada do incapaz da esfera de vigilância daquele que exerce a guarda sobre ele). A tentativa é possível.

1.6. Perdão judicial

Trata-se de causa extintiva da punibilidade prevista no § 2º, quando há a restituição do menor ou do interdito. A restituição tem de ser voluntária por parte do agente. Se houver busca e apreensao o crime estará caracterizado.

1.7. Conflito de normas

Se a finalidade da subtração da criança ou do adolescente for a colocação em lar substituto, o crime será o do art. 237 da Lei n. 8.069/90.

1.8. Classificação

Trata-se de crime formal, de forma livre, comissivo e instantâneo.

2. JURISPRUDÊNCIA

2.1. Julgados

Pai com poder familiar: inexistência de crime

TACrimSP: Os pais só podem ser sujeito ativo do crime definido no art. 249 do CP quando destituídos ou temporariamente privados do pátrio poder [atual poder familiar]. (*JTACrim* 22/189)

Exigência de dolo

TACrimSP: Para a tipificação do delito do art. 249 do CP é necessário o intuito doloso, a vontade consciente do agente de retirar o menor da guarda do seu responsável. (*RT* 525/353)

Crime consumado

TACrimSP: O crime do art. 249 do CP somente se consuma mediante a subtração do incapaz contra a vontade de quem o tem sob sua guarda em virtude de lei ou de ordem judicial. (*RT* 286/524)

Direito inexistente ao perdão judicial

TJSP: Subtração de incapazes. Perdão judicial. Art. 249, § 2º, do CP. Menor sob a sua guarda da mãe. Crime praticado pelo pai. Direito inexistente. Permanência com o filho por quase dois anos. Sentença confirmada. (*JTJ* 235/172)

Perdão judicial para o agente pai do menor

TACrimSP: É possível a aplicação do § 2º do art. 249 do CP ao pai que, privado da guarda da criança, apanha a menor em casa da mãe, levando-se consigo para outra cidade, sem o consentimento da genitora, devolvendo-a, entretanto, sem maus-tratos ou privações. (*RJDTACrim* 22/400)

TÍTULO VIII
DOS CRIMES CONTRA A INCOLUMIDADE PÚBLICA

CAPÍTULO I
DOS CRIMES DE PERIGO COMUM

Incêndio

Art. 250. Causar incêndio, expondo a perigo a vida, a integridade física ou o patrimônio de outrem:

Pena – reclusão, de 3 (três) a 6 (seis) anos, e multa.

Aumento de pena

§ 1º As penas aumentam-se de um terço:

I – se o crime é cometido com intuito de obter vantagem pecuniária em proveito próprio ou alheio;

II – se o incêndio é:

***a)* em casa habitada ou destinada a habitação;**

***b)* em edifício público ou destinado a uso público ou a obra de assistência social ou de cultura;**

***c)* em embarcação, aeronave, comboio ou veículo de transporte coletivo;**

***d)* em estação ferroviária ou aeródromo;**

***e)* em estaleiro, fábrica ou oficina;**

***f)* em depósito de explosivo, combustível ou inflamável;**

***g)* em poço petrolífero ou galeria de mineração;**

***h)* em lavoura, pastagem, mata ou floresta.**

Incêndio culposo

§ 2º Se culposo o incêndio, a pena é de detenção, de 6 (seis) meses a 2 (dois) anos.

1. COMENTÁRIO

1.1. Objetividade jurídica

O objeto jurídico do delito é a incolumidade pública.[1] Se na parte relativa aos "crimes contra as pessoas" o legislador elencou vários crimes de perigo individual, neste título há a previsão dos crimes que atentam contra um indeterminado número de pessoas, sem a necessidade de individualização de vítimas. São condutas que, por sua potencialidade lesiva, de considerável proporção, ocasionam um perigo geral à vida, à integridade física ou ao patrimônio de uma coletividade de pessoas,[2] passível de identificação de vítimas determinadas ou não, mas presente, no mínimo, o perigo comum.

Como observa Magalhães Noronha, "característico desses crimes é que ultrapassam a ofensa a determinada pessoa, para se propagarem, ou, pelo menos, podem estender-se a indeterminado número de indivíduos" (*Direito penal*, 1984, v. 3, p. 352). Nesse sentido, a norma penal busca tutelar esses bens jurídicos, bastando o mero perigo decorrente da conduta para ser efetivada a tutela penal.[3] Em relação ao objeto material do delito, este é a substância ou objeto incendiado.

1.2. Sujeitos

O sujeito ativo pode ser qualquer pessoa (crime comum), não havendo a previsão de qualquer qualidade especial para a prática do delito no que concerne aos seus autores ou partícipes. O sujeito passivo é a coletividade (crime vago), pois importa o perigo decorrente do incêndio a um indeterminado número de pessoas, além de todos que tiveram sua vida, integridade física ou patrimônio postos em perigo.

1.3. Análise da(s) conduta(s) descrita(s) no tipo

Causar incêndio é gerar, provocar, ocasionar uma combustão, mediante emprego de fogo, gás ou substância inflamável. A conduta pode ser comissiva, em que o agente pratica determinados atos para originar o incêndio, ou por omissão, na forma imprópria (comissiva por omissão), quando possui o dever jurídico de evitar o resultado (art. 13, § 2º, CP). Para falar-se em incêndio é necessário que haja a exposição da vida, integrida-

1 Como refere Hungria, "incolumidade (do latim *incolumitas*) é o estado de preservação ou segurança em face de possíveis eventos lesivos. Refere-se tanto a pessoas (*incolumitas* – definia Cícero – *est salutis tuta atque integra conservatio*), quanto a coisas" (*Comentários ao Código Penal*, 1959, v. IX, p. 9).

2 Conforme José de Faria Costa, "a ofensa a um bem jurídico é a chave que permite a intervenção do detentor do *ius puniendi* (Estado), enquanto única entidade susceptível de cominar, legitimamente, penas criminais. Deste modo, de acordo com o princípio da ofensividade (*nullum crimen sine injuria*) terá de existir, ao menos, um perigo de lesão a um bem jurídico para que se deva encontrar legitimada a intervenção do Estado" (*Noções fundamentais de direito penal*: fragmenta iuris poenalis, 2010, p. 171).

3 Sobre a discussão acerca da proteção dos bens jurídicos pela tutela penal, *vide*: ROXIN, Claus. *A proteção de bens jurídicos como função do direito penal*, 2006; JAKOBS, Günther. *Fundamentos do direito penal*, 2003; MERKEL, Adolf. *Derecho penal*: Parte General, 2006; GOMES, Luiz Flávio; BIANCHINI, Alice; MOLINA, Antônio García-Pablos de. *Direito penal*: introdução e princípios fundamentais, 2009; SCHÜNEMANN, Bernd. *Derecho penal contemporáneo*: sistema y desarrollo. Peligro y límites, 2010.

de física ou patrimônio a perigo concreto, impondo-se, assim, a existência de uma considerável dimensão do fogo a, realmente, gerar esse perigo à coletividade, não bastando o fogo, em si, em pequena proporção, que não ocasione, por sua própria falta de expressão, esse perigo generalizado. Assim, se em local ermo, afastado, sem essa exposição a perigo da vida, integridade física ou patrimônio, não há a caracterização do delito, caso que, subsidiariamente, resta configurado o crime de dano qualificado (art. 163, parágrafo único, II, CP). Observe-se que o fogo sendo ateado no próprio patrimônio, se propagado e gerador de perigo à coletividade, caracteriza o delito de incêndio.

O crime é de perigo comum e concreto, ou seja, não basta a queima de um objeto individual sem colocar em risco um considerável número de pessoas (em razão da dimensão do fogo), nem se admite mero perigo abstrato ou presumido.[4] É necessário que o incêndio seja expressivo, capaz de ocasionar danos e, concretamente, gere esse perigo, potencialmente capaz de atingir a vida, integridade física ou patrimônio de terceiros. Entretanto, como adverte Hungria, importa que a ação desenvolvida pelo agente produza perigo comum, mesmo que, no local em que o fato foi praticado esteja presente apenas uma pessoa (op. cit., 1959, v. IX, p. 12), ou, até mesmo, não haja qualquer pessoa, caso em que o perigo comum atinge o patrimônio (DELMANTO, Celso. *Código Penal comentado*, 2007, p. 657).

1.4. Elemento subjetivo

Trata-se de crime doloso, não exigindo qualquer fim especial. A forma culposa está prevista no § 2º. O dolo é de perigo, admitindo a forma direta ou eventual. O agente pode causar o incêndio intencionalmente (dolo direito) ou assumindo o risco de causar o resultado, no caso, o incêndio gerador do perigo (dolo eventual).

Imagine-se a situação em que o agente, usando material incendiário em local fechado, com inúmeras pessoas, fazendo uma "brincadeira", acaba por ocasionar um incêndio, o qual toma grande proporção. Embora o agente não tenha a intenção direta de causar o incêndio, a sua conduta é no sentido de quem assumiu totalmente o risco de produzir o resultado, observando-se o material inflamável utilizado, o local, a existência de várias pessoas, equiparando-se a um caso de "roleta-russa", exemplo clássico de dolo eventual.[5]

1.5. Causas especiais de aumento de pena

No § 1º do art. 250 do CP há a previsão de várias causas de aumento de pena (majorantes), com a tipificação de um aumento de 1/3 da pena.

A primeira delas, prevista no inciso I, dispõe se o crime de incêndio for cometido com intuito de obter vantagem pecuniária em proveito próprio ou alheio. Trata-se de uma motivação torpe, mercenária, em que o agente busca locupletação financeira com o crime.[6]

Para sua caracterização basta a prática da conduta criminosa com o especial fim de agir, qual seja, a busca de obtenção de vantagem econômica, em benefício do próprio agente ou terceiros, incidindo a majorante mesmo que não venha a receber efetivamente a vantagem, pois importa, sim, que a ação delituosa tenha sido desenvolvida com a intenção de auferir vantagem pecuniária.

No inciso II estão dispostas várias figuras específicas, as quais ensejam o aumento de pena

---

4 Sobre os crimes de perigo concreto ou abstrato, Bitencourt observa que "o perigo, nesses crimes, pode ser concreto ou abstrato. Concreto é aquele que precisa ser comprovado, isto é, deve ser demonstrada a situação de risco corrida pelo bem juridicamente protegido. O perigo só é reconhecível por uma valoração subjetiva da probalidade de superveniência de um dano. O perigo abstrato é presumido *juris et de jure*. Não precisa ser provado, pois a lei contenta-se com a simples prática da ação que pressupõe perigosa" (*Tratado de direito penal*, 2006, v. 1, p. 266).

5 Sobre a questão da presença do dolo, Ingeborg Puppe aponta que "o que se faz aqui não é presumir no autor individual uma vontade ou aprovação, ou trabalhar uma ficção, no estilo da primeira fórmula de Frank, segundo a qual o autor individual é todo como racional. Pergunta-se unicamente por uma regra prática genérica do agir dirigido a fins. Um perigo será doloso, que fundamenta o dolo, quando ele representar, em si, um método idôneo para a provocação do resultado" (*A distinção entre dolo e culpa*, 2004, p. 82).

6 Nesse aspecto, registre-se que a posição de Hungria é no sentido de que a majorante não poderia incluir o crime de incêndio mediante paga, observando que "cumpre que a vantagem seja visada como consequência do incêndio em si mesmo, e não como preço do crime" (op. cit., 1959, v. IX, p. 28). Entretanto, como pondera Nucci, discordando deste entendimento, "a obtenção de vantagem pecuniária é a origem da causa de aumento, pouco importando se ela foi auferida antes ou depois da prática do delito. O objetivo da elevação da pena é o ânimo de lucro, algo que pode ocorrer tanto no caso da paga quanto no de promessa de recompensa, pois há, por parte do agente, intuito de obter vantagem pecuniária" (*Código Penal comentado*, 2009, p. 955). Nossa posição: importa a finalidade do agente, bastando que cometa o delito com a intenção de obter a vantagem pecuniária, o que, o próprio Hungria definia como revelador de "supino egoísmo e maior perversidade do incendiário" (op. cit., 1959, v. IX, p. 28).

pela maior gravidade da conduta em face da possibilidade de maior propagação do incêndio e causação de danos a um maior número de pessoas. As situações são as seguintes:

a) Em casa habitada ou destinada à habitação: não é necessário que alguém esteja na residência, bastando, para a admissão da majorante, que o local seja uma habitação ou seja destinado a esse fim (como o amplo conceito de domicílio disposto no art. 150, § 4º, CP).

b) Em edifício público ou destinado a uso público ou a obra de assistência social ou de cultura: abrange não só as repartições públicas oficiais (União, estados, Distrito Federal, municípios, concessionárias de serviços públicos), mas qualquer estabelecimento que seja aberto ao público, para utilização de serviços, incluindo, museus, teatros, estádios, casas de eventos, boates.

c) Em embarcação, aeronave, comboio ou veículo de transporte coletivo: abrange esse dispositivo, os navios, barcos, balsas, aviões, helicópteros, trens, metrôs, ônibus, dentre outros, que possuem como característica o seu grande porte e, em consequência, a utilização de considerável carga de combustível, assim como, o próprio transporte de inúmeras pessoas.

d) Em estação ferroviária ou aeródromo: local destinado ao embarque e desembarque em trens e aeronaves, não havendo a inclusão de rodoviárias e portos. Entretanto, ambos são locais públicos, que podem ser abrangidos pela alínea *b*.

e) Em estaleiro, fábrica ou oficina: estaleiros são os locais em que há construção de embarcações e fábrica é o estabelecimento industrial em que há produção em geral. São locais de grande concentração de pessoas e, normalmente, com a utilização de produtos inflamáveis, químicos, potencializadores de maior propagação em casos de incêndio ou explosão. As oficinas são locais destinados a construções e reparos, como as oficinas mecânicas para veículos.

f) Em depósito de explosivo, combustível ou inflamável: são locais que, pela própria natureza das substâncias, geram enorme potencial de dano à coletividade.

g) Em poço petrolífero ou galeria de mineração: lugares em que há extração de petróleo ou minério.

h) Em lavoura, pastagem, mata ou floresta: igualmente, locais de fácil propagação do fogo e gerador de danos ao meio ambiente.

1.6. Qualificadora

Trata-se de uma forma de crime agravado pelo resultado, prevista para os crimes de perigo comum em geral. Se o crime for doloso e gerar lesão corporal grave, há aumento da metade da pena; se resultar morte, a pena é dobrada. Se o crime for culposo, caso resulte lesões corporais, o aumento é de metade; já se houver morte, deve ser aplicada a pena do homicídio culposo com aumento de um terço.[7]

Importante observar que o resultado posterior, que advém de um crime doloso ou culposo, é sempre decorrente de culpa. Se houvesse dolo direto ou eventual, o agente responderia por homicídio doloso ou lesões corporais graves, a depender da situação, com a cumulação com o delito de incêndio (se presente perigo comum).[8]

Assim, se o agente, por exemplo, sabendo que há alguém em uma residência, coloca fogo no prédio, provocando o incêndio, ao ocorrer o resultado morte, terá o agente incorrido na prática de homicídio qualificado pelo emprego de fogo e incêndio doloso, tendo em conta que em relação à vítima o agente quis ou assumiu o risco do resultado morte.[9] Já, por outro lado, se ateou fogo

7 Como ressalta Franco, "esses resultados, que atingem a vida e a integridade física, foram considerados pelo legislador para funcionarem como circunstâncias qualificadoras, agravando a pena. É de se observar que as qualificadoras se verificam quando o agente não quis a morte ou ofensa corporal. O agente desejou (por dolo), ou deu causa (por culpa) ao crime de perigo comum, mas aqueles resultados não estavam em sua vontade. Além disso, os delitos só serão qualificados se o evento, em qualquer das hipóteses, for previsível" (FRANCO, Alberto Silva. *Código Penal e sua interpretação jurisprudencial*, v. 1, t. II, 1997, p. 3.222).

8 Conforme o STJ, "os crimes de perigo comum são qualificados pelo resultado, nos termos do art. 258 do CP. Exige-se dolo ou culpa na conduta antecedente, devendo a conduta consequente ser culposa. Dessa forma, incabível a tese defensiva de que inexistiu dolo na conduta consequente, visto que se existisse o *animus necandi* seria um crime contra a vida e não crime de incêndio" (REsp n. 945.311/SP, 5ª T., rel. Min. Laurita Vaz, j. 27.03.2008).

9 Interessante a discussão sobre o tema do dolo e a caracterização do crime de homicídio doloso ou incêndio na forma qualificada pela morte, especificamente, no rumoroso caso da "Boate Kiss", ocorrido em Santa Maria/RS, no início de 2013, em que mais de 200 pessoas morreram após um incêndio no interior da boate. A acusação promovida pelo Ministério Público enquadrou o fato como homicídio qualificado, com entendimento de que houve dolo eventual em relação às mortes das vítimas. A defesa, por sua vez, discorda dessa posição, porém, o processo está ainda em fase de andamento, inexistindo o julgamento do mérito da demanda. Em sede de *HC*, o TJRS manifestou-se, em mais de uma oportunidade, pelo recebimento da denúncia, possibilitando o prosseguimento da instrução nos termos expostos pelo Ministério Público (TJRS, *HC* n.

no local, mas em situação que não se vislumbra a presença de dolo eventual em sua conduta, o agente responderá pelo incêndio qualificado (forma preterdolosa), previsto no art. 258, mesmo caso se a própria causação do incêndio for culposa, mas que venha a gerar a morte ou lesões corporais em alguém.

A diferença deverá levar em conta o que se extrai da conduta (ação ou omissão) do agente que se relaciona com o resultado agravador. De qualquer sorte, se for possível a constatação de existência de dolo direito ou, ao menos, dolo eventual quanto ao resultado morte, o caso é de homicídio doloso (qualificado pelo emprego de fogo), não se cogitando a aplicação do art. 258, que somente será observado nas situações da existência de culpa (imprudência, negligência ou imperícia) em relação à morte.[10]

De outra banda, é pacífico na doutrina, como aponta Delmanto (*Código Penal comentado*, 2007, p. 668), o entendimento de que a forma qualificada só poderá ser reconhecida se a vítima estiver no local no momento do incêndio, não sendo aplicável em casos em que socorristas ou pessoas que voltem ao local acabem por morrer ou ferir-se. Também, cabe observar que, caso haja mais de uma vítima, por exemplo, mais de uma morte, há apenas um aumento, devendo essa situação ser considerada na pena, que deve aproximar-se do máximo legal, de acordo com o número de vítimas e maior gravidade do delito.

Ressalta-se, ainda, que não há qualquer objeção para que a qualificadora seja aplicada nas situações previstas no § 1º, com a pena majorada. Como ocorre nos casos de homicídio qualificado com aumento de um terço da pena pelo fato de a vítima ser menor de 14 anos de idade (art. 121, § 2º, c/c § 4º, *in fine*, CP), no crime de incêndio, caso cometido em quaisquer das circunstâncias do § 1º do art. 250, essa pena deverá ser aumentada ou dobrada, dependendo se resultar do incêndio lesões corporais graves ou morte. O art. 258 é aplicável aos crimes de perigo comum, dos arts. 250 ao 257.

Por fim, observa-se que caso o incêndio doloso (dolo direito ou eventual) resulte em lesões leves (culposas), haverá concurso de crimes, não sendo aplicável a qualificadora do art. 258. Essa situação não ocorre se o incêndio for culposo, pois, se resultar também em lesões corporais (não importando se graves ou leves), haverá o aumento de um terço da pena do incêndio culposo.

1.7. Forma culposa

No § 2º do art. 250 há a previsão da forma culposa de incêndio. A punição é bem mais branda, sendo de seis meses a dois anos de detenção, *quantum* de pena que lança a competência para processar e julgar esse fato para o Juizado Especial Criminal, em razão do disposto na Lei n. 9.099/95.

Verificando-se que o agente não agiu com dolo direito ou eventual, mas, sim, com imprudência, negligência ou imperícia, deve ser responsabilizado na forma culposa de incêndio, casos em que o agente, não tendo a intenção, acaba, por algum descuido (falta do cuidado objetivo), provocando o incêndio (previsível em face da falta de cuidado), como, por exemplo, lançar para longe um cigarro ainda acesso que cai em um local em que há substância inflamável, gerando uma inesperada combustão e propagação de fogo.

Veja-se que há, pelo art. 258, a previsão de forma qualificada pelo resultado, casos em que, provocado o incêndio culposamente, sobrevenha a morte ou lesões corporais em alguém. As causas de aumento do § 1º não se aplicam à forma culposa (nesse sentido: ANDREUCCI, Ricardo. *Manual de direito penal*, 2011; DELMANTO, op. cit., 2007, p. 654).

1.8. Consumação e tentativa

A consumação do crime de incêndio ocorre com a efetiva causação da situação de perigo, independentemente da ocorrência de um dano. Sendo um delito de perigo concreto, basta a verificação da propagação das chamas com a capa-

70.054.351.861, 1ª Câm. Crim., rel. Des. Manuel José Martinez Lucas, j. 29.05.2013, e *HC* n. 70.055.207.757, j. 10.07.2013, também da lavra do Des. Manuel José Martinez Lucas, com a seguinte ementa: "*Habeas corpus*. Incêndio da Boate Kiss. Alegada incompatibilidade entre a tentativa e o dolo eventual. Pretendido trancamento da ação penal em relação às vítimas sobreviventes. Descabimento. Questão controvertida na doutrina e na jurisprudência. Matéria a ser examinada no momento oportuno, após a instrução criminal. Ordem de *habeas corpus* denegada".

10 No direito penal alemão, por exemplo, em um incêndio, mesmo que cometido com culpa, mas que venha a ocasionar a morte da vítima, a punição é de pena privativa de liberdade a partir de dez anos até prisão perpétua, conforme Urs Kindhäuser, ao comentar o § 306c do StGB (*Brandstiftung mit Todesfolge*), restando evidenciada a mesma lógica de distinção de graus de punição nos casos de incêndio a qual é utilizada no direito penal brasileiro, a depender do grau de perigo comum e concreto gerado pela conduta (*Strafgesetzbuch*: Lehr-und Praxiskommentar, 2013, p. 1.222).

cidade de gerar esse risco efetivo à vida, patrimônio ou integridade física de alguém. A tentativa é possível,[11] pois sendo um crime plurissubsistente (em regra), que sua prática pode ser desdobrada em vários atos, é perfeitamente possível que o agente seja impedido de consumar o crime por circunstâncias alheias à sua vontade, como no caso de ser agarrado por alguém quando já estivesse pronto para atear fogo em um prédio no qual tenha lançado grande quantidade de gasolina ou mesmo verificado que não tenha conseguido maior sucesso na sua empreitada criminosa por ação do vento, chuva, não conseguindo, assim, gerar o perigo concreto a terceiros.

De acordo com a posição amplamente majoritária da doutrina, trata-se de crime material, em que deve ser verificado, concretamente, o perigo, assim como, pela existência de vestígios, é necessária a realização de prova pericial a confirmar a ocorrência do ato criminoso. Em sentido oposto, em posição isolada, Nucci entende ser crime formal, por prescindir de resultado naturalístico.[12] A jurisprudência, da mesma forma, em sua maioria, entende ser crime material, que deve ser constatado que o incêndio causou efetivamente perigo à coletividade.

1.9. Classificação

Trata-se de crime comum, material (posição majoritária), de perigo comum e concreto, comissivo (excepcionalmente comissivo por omissão, por haver o dever jurídico de impedir o resultado), de forma livre, instantâneo, unissubsistente (se por um ato) ou plurissubsistente (desdobrado em mais de um ato, hipótese em que cabe a tentativa) e unissubjetivo.

11 Nesse sentido: "O crime de incêndio é de perigo comum, cuja consumação ocorre somente quando a situação de perigo se alastra a um número indeterminado de pessoas. Sendo o fogo debelado antes que as chamas se propagassem de maneira a expor a perigo a incolumidade pública, tem-se como figurado o delito previsto no art. 250 do CP, na modalidade tentada" (TJMG, Ap. Crim. n. 38.834-8, rel. Des. José Arthur, *RT* 726/718).

12 NUCCI, Guilherme de Souza. *Código Penal comentado*, 2009, p. 954. Cabe ressaltar, nessa questão, a observação de Toledo, ao apontar que os crimes de perigo podem ser materiais: "É oportuno frisar que os crimes de perigo não se equiparam rigorosamente aos formais. Conforme registra Eduardo Correia, o crime de perigo pode ser formal do ângulo do resultado final que se quer evitar, mas é um crime material, como no exemplo da fabricação de moeda falsa, considerando o fato que caracteriza o perigo" (TOLEDO, Francisco de Assis. *Princípios básicos de direito penal*, 1996, p. 143).

2. JURISPRUDÊNCIA

2.1. Julgados

Incêndio – necessidade de prova pericial

Perícia. Ausência. Suprimento por prova testemunhal. Possibilidade. Nos termos do art. 167 do CPP, a prova pericial pode ser suprida pela testemunhal, em tendo desaparecido os vestígios materiais do crime. (STJ, RHC n. 19.965/RS, rel. Min. Laurita Vaz, j. 22.04.2008)

Incêndio Majorado. Art. 250, § 1º, I e II, *a*, CP. Ausência de perícia. Suprimento pela prova testemunhal. Improvimento. 1. Devidamente comprovado nos autos que o acusado pôs fogo em residência destinada a habitação, impositiva a condenação pelo crime de incêndio majorado. 2. A ausência de perícia não é hábil a afastar a materialidade do fato. A prova testemunhal é apta a suprir a ausência de laudo técnico. Apelo improvido. (TJRS, Ap. Crime n. 70.041.957.705, 4ª Câm. Crim., rel. Des. Gaspar Marques Batista, j. 29.06.2011)

A realização de perícia por peritos não oficiais, que prestaram compromisso, mesmo que não possuam formação superior, não invalida o exame, especialmente se a matéria em análise não reclama conhecimento técnico específico. Constatada a existência de potencialidade lesiva para a vida, a integridade ou ao patrimônio de outrem, a condenação pelo delito de incêndio é medida imperativa. A ausência momentânea dos moradores não afasta a incidência da qualificadora. Apelo improvido. (TJRS, Ap. Crime n. 70.030.360.036, 4ª Câm. Crim., rel. Des. José Eugênio Tedesco, j. 24.09.2009)

Incêndio qualificado. Art. 250, § 1º, I, do CP. Delito praticado para obtenção de vantagem pecuniária em benefício próprio. Indenização de seguro. Exame de corpo de delito não realizado, mas que não obsta o juízo de condenação, pois a falta foi suprida por outras provas. Autoria comprovada. I – O exame de corpo de delito (art. 158, CPP) é indispensável para a infração que deixa vestígios, mas, excepcionalmente, a falta pode ser suprida por outros elementos probatórios, na forma do art. 167 do CPP. Há provas suficientes da existência do fato, por meio de fotografias, laudo de averiguação e da prova testemunhal. Ademais, a conduta do réu, desidiosa, é que impediu a realização do exame por órgão estatal. II – Agente que incendeia o depósito da própria empresa, assumindo o risco de o patrimônio alheio ser atingido pelas chamas, agindo com dolo direto e com a vontade de obtenção da indenização do seguro. III – Embora o acusado negue a autoria delitiva, esta resta comprovada dos demais elementos coligidos ao longo da instrução. Não somente os laudos periciais, que apontam ter sido o incêndio criminoso e o qual se iniciou no chão, como também outros fatores conferem certeza àquela conclusão, como o seguro contratado, acesso restrito ao prédio, a cobrança de mercadorias não localizadas, perda da contabilidade da empresa, e ainda, a forma como se comportou após o ocorrido Apelação desprovida. (TJRS, Ap. Crime n. 70.058.497.199, 4ª Câm. Crim., rel. Des. Rogerio Gesta Leal, j. 15.05.2014)

Incêndio. Perigo comum. Consumação e tentativa

Incêndio. Cometem o delito previsto no art. 250, § 1º, II, *a*, do CP, os agentes que ateiam fogo em residência habitada, expondo a perigo a integridade física e o patrimônio dos moradores. Condenação mantida. Consumação. Se o fogo é debelado imediatamente, apenas chamuscando a casa, o crime de incêndio não se consuma, esgotando-se na mera tentativa. Sentença confirmada. (TJRS, Ap. Crime n. 70.007.396.849, 4ª Câm. Crim., rel. Des. Constantino Lisbôa de Azevedo, j. 04.12.2003)

De acordo com o seguro conjunto probatório, o acusado, de forma livre e consciente, ateou fogo na cozinha, no quarto e na sala da casa em que residia com sua companheira, causando, com sua ação delituosa, incêndio na referida residência, tendo a perícia constatado que a ação do fogo provocou significativos danos materiais, causando a destruição dos objetos e áreas atingidas. Diante dessa realidade correta se apresenta a sentença proferida em primeiro grau de jurisdição, que condenou o acusado pela prática do crime de incêndio em casa destinada à habitação, não havendo que se falar em crime de dano na medida em que a conduta do apelante expôs a perigo efetivo e concreto a integridade e o patrimônio de número indeterminado de pessoas. (TJRS, Ap. Crim. n. 0000346-16.2006.8.19.0040, 6ª Câm. Crim., rel. Des. Paulo Baldez, j. 15.05.2012)

In casu, o perigo comum se fez presente com a ação confessada do apelante, que ateou fogo na borracharia onde trabalhava motivado por desavença fútil, originada da negativa do empréstimo de uma motocicleta de propriedade de um dos sócios do estabelecimento. O laudo pericial comprova que o incêndio assumiu proporções desastrosas, eis que levou a destruição total dos insumos (pneumáticos) e parcial do estabelecimento, bem como colocou em risco a integridade física de terceiros, sendo constatado que o imóvel incendiado é unidamente ladeado por outros imóveis de natureza comercial que, por certo, foram expostos a risco potencial de serem atingidos. A prova, portanto, não deixa qualquer dúvida de que o perigo causado pela conduta do apelante enquadra-se no conceito de perigo comum, não cabendo a desclassificação pretendida. (TJRS, Ap. Crim. n. 0110787-65.2009.8.19.0038, 8ª Câm. Crim., rel. Des. Gilmar Augusto Teixeira, j. 16.11.2011)

Conflito de jurisdição. Incêndio doloso, desclassificado para culposo. Delito de menor potencial ofensivo. Demonstrada a vontade direta do agente em incendiar a própria casa, com o que assumiu o risco de as casas lindeiras também serem atingidas pelo fogo, causando perigo, agiu com dolo direto e eventual, não podendo ocorrer a desclassificação para a modalidade culposa. Conflito de jurisdição julgado procedente para fixar a competência do Juízo Comum. Conflito procedente. (TJRS, Conflito de Jurisdição n. 70.054.633.268, 4ª Câm. Crim., rel. Des. Rogerio Gesta Leal, j. 04.07.2013)

Apelação. Incêndio. Pedido de Absolvição. Impossibilidade. Autoria e materialidade demonstradas. Apelante ateou fogo em imóvel onde residia com sua família. Imóvel rodeado por outras residências. Incêndio que consumiu a moradia e todos os bens pessoais dos integrantes da família. Condenação mantida. Pena bem dosada. Improvido. (TJSP, Ap. Crim. n. 0000401-54.2006.8.26.0627, 16ª Câm. Crim., rel. Des. Souza Nucci, j. 16.10.2012)

Incêndio. Incolumidade Pública. Lesão. Necessidade de configuração. Tese afastada. Condenação mantida. A intenção do legislador, como resta claro pela análise da norma incriminadora, foi abranger, no capítulo correspondente aos crimes de perigo comum, hipóteses de dano que se revestem de características especiais, como incêndio, explosão, inundação, que é o diferencial em relação a outros capítulos, estando tipificadas tais condutas mesmo quando atingida somente uma única pessoa ou apenas um patrimônio. A razão do capítulo à parte são as formas mais gravosas utilizadas para a perpetração do dano e não o fato de terem que, necessariamente, atingir uma coletividade de pessoas. Recurso da defesa improvido. (TJRS, Ap. Crime n. 70.029.300.563, 4ª Câm. Crim., rel. Des. Gaspar Marques Batista, j. 09.07.2009)

Apelação-crime. Incêndio majorado. Art. 250, II, *a*, do CP. Casa habitada ou destinada à habitação. Ameaça. Art. 147 do CP. Provas suficientes. Materialidade e autoria comprovada. I – Vontade direta do agente em incendiar a própria casa, assumindo o risco de os imóveis lindeiros serem atingidos, agindo com dolo direto e eventual. II – O acusado não negou ter danificado os objetos da residência e também ter dado causa ao incêndio, embora tivesse dito que teria sido acidental, hipótese afastada diante do contexto probatório. III – A ameaça restou perpetrada, na medida em que comprovada a intenção de provocar mal injusto à vítima. Apelação desprovida. (TJRS, Ap. Crime n. 70.056.586.449, 4ª Câm. Crim., rel. Des. Rogerio Gesta Leal, j. 24.10.2013)

Incêndio. Forma qualificada

Penal. *Habeas corpus* substitutivo de recurso próprio. Inadequação. Incêndio majorado. Desclassificação da conduta para dano qualificado. Impropriedade da via eleita. Óbice ao revolvimento fático-probatório. Perigo ao patrimônio da vítima. Residência desabitada. Crime Configurado. *Writ* não conhecido. 1. Esta Corte e o Supremo Tribunal Federal pacificaram orientação no sentido de que não cabe *habeas corpus* substitutivo do recurso legalmente previsto para a hipótese, impondo-se o não conhecimento da impetração, salvo quando constatada a existência de flagrante ilegalidade no ato judicial impugnado. 2. O *habeas corpus* não se presta para a apreciação de alegações que buscam a desclassificação da conduta imputada ao paciente, em virtude da necessidade de revolvimento do conjunto fático-probatório, o que é inviável na via eleita. 3. Se as instâncias ordinárias, mediante valoração do acervo probatório produzido nos autos, entenderam, de forma fundamentada, que a conduta descrita na peça acusatória subsume-se ao tipo penal do art. 250, § 1º, II, *a*, do CP, a análise das alegações concernentes ao pleito de desclassificação para o delito de dano qualificado demandaria exame detido de provas, inviável em sede de *writ*. 4. No caso, após o término da instrução criminal, foi reconhecida a prática do crime de incêndio, por ter o ora paciente exposto a perigo o patrimônio das vítimas, sendo desnecessária a comprovação do risco à higidez física, nos termos do defensivo nas razões da impetração. Em verdade, o art. 250, *caput*, do CP tipifica a conduta de causar incêndio, expondo a vida, a integralidade física ou o patrimônio das vítimas a perigo. 5. É exigível para a configuração do crime tão somente o dolo de perigo, independentemente de qualquer finalidade específica, sendo bastante a consciência da possibilidade de prejudicar terceiro, assim como a comprovação do efetivo risco de expor a vida, a integralidade física e o patrimônio do ofendido a perigo. 6. Quanto à causa de aumento do art. 250, § 1º, II, *a*, impõe-se a incidência da referida majorante ainda que a residência não estivesse desocupada no momento da prática delituosa, pois o texto legal menciona "casa habitada ou destinada a habitação". 7. *Writ* não conhecido. (STJ, *HC* n. 437.468/SP, 5ª T., rel. Min. Ribeiro Dantas, j. 28.06.2018)

Os crimes de perigo comum são qualificados pelo resultado, nos termos do art. 258 do CP. Exige-se dolo ou culpa na conduta antecedente, devendo a conduta consequente ser culposa. Dessa forma, incabível a tese defensiva de que inexistiu dolo na conduta consequente, visto que se existisse o *animus necandi* seria um crime contra vida e não crime de incêndio. (STJ, REsp n. 945.311/SP, 5ª T., rel. Min. Laurita Vaz, j. 27.03.2008)

3. OBSERVAÇÕES

3.1. Concurso de crimes

a) Incêndio e fraude para recebimento de indenização ou valor do seguro (art. 171, § 2º, V, CP). Como há bens jurídicos diversos sendo tutelados, pois ocorre um crime de perigo comum, que afeta a coletividade, e outro de dano ao patrimônio da seguradora, não há qualquer *bis in idem* ou incompatibilidade entre os tipos penais, sendo aplicável a regra do concurso material (nesse sentido, *vide*: NUCCI, op. cit., 2009, p. 954; DELMANTO, op. cit., 2007, p. 655; e MASSON, Cleber. *Direito penal esquematizado*, 2011, v. 3, p. 228), porém o crime de incêndio deve ser na forma simples, de modo a evitar *bis in idem* relativo à majorante do inciso I do § 1º do art. 250.

b) Incêndio e homicídio qualificado. Prevalece o entendimento de que há concurso formal de crimes, inocorrendo *bis in idem*, pois atentam contra bens jurídicos distintos, posição também sólida na doutrina e jurisprudência (veja-se, nesse sentido, STJ, *HC* n. 84.442/MS, 5ª T., rel. Min. Arnaldo Esteves Lima, j. 21.05.2008, caso em que foi reconhecido o concurso material entre as figuras do homicídio qualificado e incêndio).

3.2. Prova pericial

Como o crime de incêndio deixa vestígios, há necessidade de exame pericial. Nesse aspecto, o art. 173 do CPP dispõe, expressamente, que: "no caso de incêndio, os peritos verificarão a causa e o lugar em que houver começado, o perigo que dele tiver resultado para a vida ou para o patrimônio alheio, a extensão do dano e o seu valor e as demais circunstâncias que interessarem à elucidação do fato". Entretanto, há forte corrente jurisprudencial no sentido de que esse exame pericial não requer maior formalidade, servindo o auto de constatação e levantamento fotográfico como prova da materialidade do crime, conforme precedentes do STJ e tribunais estaduais. Porém, impende ressaltar a necessidade de verificação da extensão do incêndio e o fato de ter havido a exposição da vida, integridade física ou patrimônio de terceiros a efetivo perigo.

3.3. Incêndio e a Lei dos Crimes Ambientais (Lei n. 9.605/98)

a) art. 41 – Provocar incêndio em mata ou floresta. Nucci (op. cit., 2009, p. 956) entende ter havido a derrogação do art. 250, § 1º, II, *h*, pelo fato de o art. 41 da Lei n. 9.605/98 referir-se expressamente a matas ou florestas, o que deixaria o crime de incêndio apenas para os casos de lavouras e pastagens. Entretanto, como defende Masson, há compatibilidade entre os dispositivos, pois "a configuração do crime de incêndio agravado depende da provocação de perigo comum, isto é, a exposição a provável dano (físico ou patrimonial) no tocante a pessoas indeterminadas. No crime ambiental, por seu turno, basta a causação de incêndio em mata ou floresta" (op. cit., 2011, v. 3, p. 230). Observa-se que o crime ambiental possui pena de dois a quatro anos, bem mais branda que o delito de incêndio, o que evidencia a diferenciação pela existência do perigo comum. Assim, de acordo com a proporção do incêndio e a constatação de perigo à coletividade, há a possibilidade de incidência da figura do incêndio majorado (nesse sentido também é a posição de DELMANTO, op. cit., 2007, p. 656).

b) art. 42 – Fabricar, vender, transportar ou soltar balões que possam provocar incêndios nas florestas e demais formas de vegetação, em áreas urbanas ou qualquer tipo de assentamento humano. Essa conduta, prevista na Lei n. 9.605/98, possui o apenamento fixado de 1 a 3 anos de reclusão e multa. Para sua caracterização basta soltar tais balões. Entretanto, se houver incêndio e perigo comum, prevalece este delito, que absorve o crime ambiental, por ter sido o meio de provocação do incêndio, aplicando-se o princípio da consunção. Como aponta Masson, na conduta de soltar balões e causar incêndio vislumbra-se a presença de dolo eventual e não apenas mera culpa, pois a ação é extremamente perigosa e o agente tem plena consciência desse risco (MASSON, op. cit., 2011, p. 230).

3.4. Incêndio e Estatuto do Desarmamento (Lei n. 10.826/2003)

No art. 16, parágrafo único, III, da Lei n. 10.826/2003, há a incriminação da conduta de quem "possuir, detiver, fabricar ou empregar artefato explosivo ou incendiário, sem autorização ou em desacordo com determinação legal ou regulamentar", com previsão de pena de 3 a 6 anos de reclusão e multa. Mais uma vez, não há incompatibilidade entre os tipos penais, pois o crime de incêndio requer, para sua configuração, a existência de perigo comum e concreto, enquanto, no caso do crime previsto na Lei de Armas, basta o perigo presumido, em que a mera posse ou emprego (sem propagação geradora de perigo concreto à coletividade) já constitui a infração penal tipificada no Estatuto (com esse mesmo entendimento, CAPEZ, Fernando. *Curso de direito penal*, 2007, v. 3, p. 168; MASSON, op. cit., 2011, p. 230).

3.5. Incêndio e Lei de Segurança Nacional (Lei n. 7.170/83)

O crime de incêndio cometido por inconformismo político ou para obtenção de fundos destinados à manutenção de organizações políticas clandestinas ou subversivas está previsto no art. 20 da Lei de Segurança Nacional, aplicando-se o princípio da especialidade. Porém, no que diz respeito a essa última situação, a constitucionalidade da norma é totalmente questionável, tratando de organizações políticas "clandestinas" ou "subversivas", o que nos leva à posição de que essa lei não foi recepcionada pela CF/88. Tanto é que a referida lei foi revogada pela Lei n. 14.197/2021.

Art. 251. Expor a perigo a vida, a integridade física ou o patrimônio de outrem, mediante explosão, arremesso ou simples colocação de engenho de dinamite ou de substância de efeitos análogos:

Pena – reclusão, de 3 (três) a 6 (seis) anos, e multa.

§ 1º Se a substância utilizada não é dinamite ou explosivo de efeitos análogos:

Pena – reclusão, de 1 (um) a 4 (quatro) anos, e multa.

Aumento de pena

§ 2º As pena aumentam-se de um terço, se ocorre qualquer das hipóteses previstas no § 1º, I, do artigo anterior, ou é visada ou atingida qualquer das coisas enumeradas no n. II do mesmo parágrafo.

Modalidade culposa

§ 3º No caso de culpa, se a explosão é de dinamite ou substância de efeitos análogos, a pena é de detenção, de 6 (seis) meses a 2 (dois) anos; nos demais casos, é de detenção, de 3 (três) meses a 1 (um) ano.

---

1. COMENTÁRIO

1.1. Objetividade jurídica

O objeto jurídico é a incolumidade pública. O objeto material é o engenho de dinamite ou substância de efeitos análogos.

1.2. Sujeitos

Como no crime de incêndio, o sujeito ativo pode ser qualquer pessoa (crime comum). O sujeito passivo é a coletividade (crime vago), pois importa a situação de perigo concreto ocasionada pela conduta do agente a uma generalidade de pessoas, mesmo que possa haver, ocasionalmente, a identificação de determinado número de vítimas.

1.3. Análise da(s) conduta(s) descrita(s) no tipo

A conduta é expor a perigo a vida, a integridade física ou patrimônio de alguém. Expor é arriscar, submeter à determinada situação. Como no caso do crime de incêndio, essa exposição deve gerar perigo à vida, à integridade física ou ao patrimônio, tratando-se, também, de crime de perigo comum e concreto. Ocorre mediante explosão, arremesso ou a simples colocação de engenho de dinamite ou substância de efeitos análogos. Explosão é a forte perturbação geradora de intenso ruído e detonação com expansão de gases. Arremesso é o lançamento, e a simples colocação é a instalação em determinado local. Engenho de dinamite é um aparelho ou bomba contendo material explosivo confeccionado a partir de nitroglicerina. As substâncias de efeitos análogos, que o legislador admite via interpretação analógica, equiparando-as a engenho de dinamite, são outras substâncias utilizadas em engenhos com a finalidade explosiva, como cargas de TNT ou explosivos de ar líquido, por exemplo. Para a caracterização do delito é necessária a constatação de que o material utilizado continha efetivamente substância explosiva e com a considerável potencialidade de gerar uma situação de perigo concreto. Assim, como analisado no crime de incêndio, sem haver capacidade de produzir esse efetivo perigo, em razão da pouca expressão do material empregado, não há o delito em questão, pois há a necessidade de ser constatada a lesividade da conduta, concretamente. Apesar disso, deve ser observado que a própria lei penal cercou a conduta de quem utiliza explosivos, incriminando desde a própria explosão até o mero arremesso ou mesmo a simples colocação do artefato em certo local. Dessa forma, mesmo que não haja a explosão, pela potencialidade lesiva da substância, o perigo é concreto para terceiros, sendo a possibilidade de detonação um perigo palpável e visível, o que configura o crime. Nesse aspecto, não há exigência de qualquer resultado naturalístico, bastando o arremesso ou a colocação do objeto explosivo.

1.4. Elemento subjetivo

É o dolo, direto ou eventual, prescindindo de qualquer fim especial na conduta. Há previsão de forma culposa, no § 3º, com punição bem mais branda.

1.5. Causas especiais de aumento de pena e forma qualificada

As penas do crime de explosão, na forma dolosa, são aumentadas em um terço nas mesmas condições previstas no art. 250, § 1º, I e II, já analisadas anteriormente no crime de incêndio.

1.6. Qualificadora

A forma qualificada vem estipulada no art. 258, conforme analisado nos comentários ao crime de incêndio.

1.7. Forma privilegiada

Se o crime não for cometido com dinamite ou substância explosiva de efeitos análogos, a pena prevista é de 1 a 4 anos. Nesse aspecto, observa-se a importância da perícia para identificação da espécie de explosivo utilizado, fator relevante para o enquadramento legal da conduta.

1.8. Forma culposa

Se o crime for cometido por imprudência, negligência ou imperícia há punição a título de culpa, conforme o § 3º do art. 251, fazendo o legislador a mesma diferenciação prevista para a forma dolosa: se houve o emprego de dinamite ou substância de efeitos análogos, a pena é de seis meses a dois anos de detenção; utilizada outra espécie de substância explosiva, a pena é de três meses a um ano de detenção. Importante salientar que a forma culposa aplica-se apenas no caso de explosão e não nos casos de arremesso ou colocação do artefato explosivo, pois o tipo penal é expresso ao mencionar apenas a explosão (cf. DELMANTO, Celso. *Código Penal comentado*, 2007, p. 659).

1.9. Consumação e tentativa

O crime é de perigo concreto, consumando-se, assim, com a exposição da vida, integridade física ou patrimônio de terceiros (coletividade) a esse perigo. Necessário que o artefato possua potencialidade lesiva. Tanto a explosão, em si, como o arremesso ou colocação do engenho explosivo, necessita de verificação de sua capacidade de gerar o perigo concreto a um número indeterminado de pessoas. O crime, assim, é, para a doutrina majoritária, considerado material, sendo imprescindível a verificação do perigo concreto.[13] Não há necessidade de causar um dano, bastando a exposição ao perigo. Caso a explosão gere danos, trata-se de exaurimento, ou, dependendo do bem jurídico exposto e a gravidade, poderá haver concurso de crimes. Em qualquer das formas de conduta é necessária a realização de perícia, para comprovação da potencialidade lesiva do material utilizado, diante da própria regra prevista no § 1º do art. 251, que dispõe sobre uma forma privilegiada para casos em que utilizada outra espécie de explosivo que não seja dinamite ou substância de efeitos análogos.

Nas situações do mero arremesso ou colocação do artefato, sem haver detonação, vislumbra-se a cautela do legislador em prescindir a explosão, incriminando, *ab initio*, o simples arremesso ou a instalação do engenho explosivo, claramente, pelo grande risco de danos. Portanto, quem coloca uma "bomba" em certo local, comete o crime de explosão na forma consumada, não se falando em tentativa, pois é uma forma de consumação antecipada por opção legislativa, classificada, pela doutrina, como crime de atentado. Todavia, a tentativa é possível em caso de desdobramento de atos para a prática do delito, como no caso de eventual tentativa de arremesso do engenho explosivo. Mas, como há a incriminação, como delito consumado, da mera colocação do artefato explosivo, que seria, em regra geral, um ato preparatório, a tentativa é de difícil ocorrência.

1.10. Classificação

É crime comum, material, de forma livre, comissivo (omissivo somente na forma imprópria), instantâneo, de perigo comum e concreto, plurissubsistente (ou unissubsistente, se cometido em ato único) e unissubjetivo.

2. JURISPRUDÊNCIA

2.1. Julgados

Explosão e incêndio. Concurso formal. Possibilidade

Não há falar na aplicação do princípio da consunção (ou absorção) quando inexistir relação de progressividade; continente e conteúdo; de menor para maior; de crime-meio para crime-fim. No caso dos autos, o que existe é uma pluralidade de condutas (incêndio e explosão), independentes, praticadas no mesmo contexto, o que atrai a incidência da regra do concurso formal, prevista no art. 70 do CP. De mais a mais, para se chegar a conclusão diversa daquela adotada pelas instâncias ordinárias, seria indispensável o revolvimento do conjunto fático-probatório, providência incompatível com a via eleita. Precedentes. Ordem denegada. (STJ, *HC* n. 50.557/SC, rel. Min. Og Fernandes, j. 01.10.2009)

Explosão. Necessidade de perigo comum e concreto

Habeas corpus. Crime de explosão. Fogos de artifício. Inexistência de perigo concreto e de dano ao patrimônio de outrem. Estando o tipo do art. 251 do CP, crime de explosão, entre aqueles denominados de perigo comum, é de se exigir, como circunstância elementar, a comprovação de que a conduta explosiva causou efetiva afronta à vida e à integridade física das pessoas ou concreto dano ao patrimônio de outrem, sob pena de faltar à acusação a devida demonstração da tipicidade. Por isso, ação de arremessar fogos e artifícios em local ocasionalmente despovoado, cuja consequência danosa ao ambiente foi nenhuma, não pode ser tido pela vertente do crime de explosão, podendo, no máximo se referir à contravenção do art. 28 do DL n. 3.688/41, a qual se encontra abrangida pela prescrição. Ordem concedida para trancar a ação penal. (STJ, *HC* n. 104.952/SP, rel. Min. Maria Thereza de Assis Moura, j. 10.02.2009)

Crime de explosão culposa. Absolvição. Impossibilidade. Robustas provas da autoria e materialidade. Negligência e imprudência comprovada. Recurso do Ministério Público. Condenação de corréu. Ausência de responsabilidade. Absolvição mantida. Se a acusada é responsável pela execução do show pirotécnico e os fogos de artifícios vieram a explodir sobre a população, causando lesões corporais, ela responde pelo delito de explosão, diante da comprovação de que agira de forma negligente e imprudente, por montar os fogos em local próximo dos expectadores. Ausentes provas de que o corréu tenha contribuído de alguma forma para o delito, impõe-se a manutenção de sua absolvição. (TJMG, Ap. Crim. n. 10056040734669001, 6ª Câm. Crim., rel. Des. Denise Pinho da Costa Val, j. 12.04.2013)

Explosão. Art. 56 da Lei n. 9.605/98

Apelação. Crime ambiental. Art. 56 da Lei n. 9.605/98. Depósito de substância tóxica e inflamável. Gasolina, óleo diesel e álcool combustível. Grande quantidade. Comprovado o depósito de grande quantidade de combustível, em desacordo com as prescrições legais, correndo o risco de explosão, deve ser mantida a condenação pela prática do delito do art. 56 da Lei n. 9.605/98. Apelação da defesa, improvida. (TJRS, Ap. Crime n. 70.045.201.514, 4ª Câm. Crim., rel. Des. Gaspar Marques Batista, j. 17.11.2011)

---

13 Nesse sentido, MASSON, Cleber. *Direito penal esquematizado*, 2011, v. 3, p. 235; e JESUS, Damásio E. de. *Direito penal*: Parte Especial, 1999, v. 3, p. 268; em posição contrária, Nucci refere ser crime formal (*Código Penal comentado*, 2009, p. 957).

Explosão majorada. Escola

Explosão. Cometem o crime previsto no art. 251, §§ 1º e 2º, do CP, os agentes que provocam explosão em escola, expondo a perigo a vida, a integridade física ou o patrimônio de outrem. Condenação mantida. (TJRS, Ap. Crime n. 70.035.887.603, 4ª Câm. Crim., rel. Des. Constantino Lisbôa de Azevedo, j. 21.10.2010)

Explosão. Tentativa

Tentativa de Explosão. Não há ilegalidade na manutenção da prisão de jovem que, mal completando 18 anos de idade, já registrando dois feitos criminais, um por ameaça e outro por roubo, pelo que estivera preso preventivamente, tenta explodir, na residência da própria mãe, e com o fito de atingi-la, um botijão de gás, ação perpetrada perante a oficial de justiça que ali estava para citá-lo em procedimento infracional pela prática de furto qualificado. Desvios de conduta que se vinham manifestando desde os tempos de adolescência. Ordem denegada. (TJRS, *HC* n. 70.038.462.420, 4ª Câm. Crim., rel. Des. Marcelo Bandeira Pereira, j. 23.09.2010)

Explosão privilegiada. Inexistência de laudo pericial

Apelação criminal. Condenação pelo crime de explosão. Objetiva a desclassificação da conduta para a modalidade mais branda, sendo-lhe ofertada proposta de suspensão condicional do processo, ou, subsidiariamente, seja abrandada a medida de segurança imposta. Razão apenas em parte. Autoria e materialidade incontestes nos autos. Desclassificação de rigor. Laudo pericial não esclareceu a natureza da substância explosiva usada pelo réu. Pairando dúvida se o material empregado continha "dinamite ou explosivo de efeitos análogos", a conduta deve ser enquadrada no tipo penal privilegiado. Suspensão condicional, porém, incabível. Réu atestado como inimputável por junta médica oficial. Abrandamento da medida de segurança. Admissibilidade. Submissão a tratamento meramente ambulatorial recomendado por laudo médico. Período mínimo de dois anos fixado sem a devida fundamentação. De rigor a redução para um ano. Parcial provimento para desclassificar o crime para o art. 251, § 1º, do CP e atenuar a modalidade de medida de segurança, fixando o tratamento ambulatorial pelo prazo mínimo de um ano, mantida no mais a r. sentença. (TJSP, Ap. Crim. n. 0027425-37.2009.8.26.0050, 1ª Câm. Crim., rel. Des. Péricles Piza, j. 05.03.2012)

Apelação Criminal. Crime de explosão. Art. 251 do CP. Sentença condenatória. Inconformismo do réu. Desclassificação. Inviabilidade. A prova fotográfica, acostada a fls. 17 e 149/151, evidencia o risco próximo e imediato à integridade física da vítima e seus familiares, que por sorte não sofreram qualquer consequência corporal decorrente da explosão, o que inegavelmente poderia ter ocorrido. O laudo pericial de fls. 39 atestou que a substância utilizada possuía efeito análogo ao produzido por unidades de dinamite, podendo causar danos bem maiores do que os efetivamente causados. Assim, inviável o reconhecimento da modalidade privilegiada, bem como a desclassificação da imputação para um dos delitos menos graves indicados nas razões recursais. Pena aplicada com acerto e justeza no patamar mínimo de 3 anos de reclusão e 10 dias-multa, em regime aberto, substituída por multa e por uma restritiva de direitos consistente em prestação de serviços à comunidade. Desprovimento do recurso. (TJRJ, Ap. Crime n. 0015683-57.2009.8.19.0002, 2ª Câm. Crim., rel. Des. Leony Maria Grivet Pinho, j. 07.06.2011)

3. OBSERVAÇÕES

3.1. Concurso de crimes

a) Explosão e homicídio qualificado: prevalece o entendimento de que há concurso formal de crimes, inocorrendo *bis in idem*, observada a existência de bens jurídicos diversos tutelados pela norma penal.

b) Pesca mediante utilização de explosivos: crime previsto no art. 35, I, da Lei dos Crimes Ambientais (Lei n. 9.605/98). Se houver perigo comum, há concurso formal de crimes.

3.2. Prova pericial

Como nos casos de crime de incêndio, a prova pericial é de substancial importância para constatação da potencialidade lesiva do material utilizado, fator preponderante para a própria configuração do crime ou não, bem como para verificação se o caso deve ser enquadrado na figura simples, prevista no *caput* do art. 251, ou na figura privilegiada do § 1º. Entretanto, casos em que os vestígios tenham desaparecido, há possibilidade de suprimento por outras provas nos termos do art. 167 do CPP (MASSON, op. cit., 2011, v. 3, p. 235).

3.3. Explosão e Estatuto do Desarmamento (Lei n. 10.826/2003)

No art. 16, parágrafo único, III, da Lei n. 10.826/2003, há a incriminação da conduta de quem "possuir, detiver, fabricar ou empregar artefato explosivo ou incendiário, sem autorização ou em desacordo com determinação legal ou regulamentar", com previsão de pena de 3 a 6 anos de reclusão e multa. Como já analisado no crime de incêndio, não se vislumbra incompatibilidade entre os tipos penais, pois o crime de explosão, como também o de incêndio, requer, para sua configuração, a existência de perigo comum e concreto, enquanto no caso do crime previsto no Estatuto do Desarmamento basta o perigo presumido, em que a mera posse já constitui a infração penal tipificada no Estatuto.[14]

3.4. Explosão e Lei de Segurança Nacional (Lei n. 7.170/83)

O crime de explosão cometido por inconformismo político ou para obtenção de fundos destinados à manutenção de organizações políticas clandestinas ou subversivas, como o crime de incêndio, também está previsto no art. 20 da Lei de Segurança Nacional, aplicando-se o princípio da especialidade. Como referido nos comentários ao crime de incêndio, acreditamos que essa lei não foi recepcionada pela CF/88, por seu conteúdo oriundo de período de exceção, antidemocrático, tratando de organizações "clandestinas" ou "subversivas". Tanto é que a referida lei foi revogada pela Lei n. 14.197/2021.

Uso de gás tóxico ou asfixiante

Art. 252. Expor a perigo a vida, a integridade física ou o patrimônio de outrem, usando de gás tóxico ou asfixiante:

Pena – reclusão, de 1 (um) a 4 (quatro) anos, e multa.

Modalidade culposa

Parágrafo único. Se o crime é culposo:

Pena – detenção, de 3 (três) meses a 1 (um) ano.

1. COMENTÁRIO

1.1. Objetividade jurídica

O bem jurídico tutelado é a incolumidade pública. O objeto material é o gás tóxico ou asfixiante.

1.2. Sujeitos

Sujeito ativo pode ser qualquer pessoa (crime comum). O sujeito passivo é a coletividade (crime vago), podendo, entretanto, haver a identificação de vítimas.

1.3. Análise da(s) conduta(s) descrita(s) no tipo

Como nos crimes de incêndio e explosão, a conduta centra-se na exposição, ou seja, em submeter indeterminado número de pessoas à situação de perigo, que atinge a vida, a integridade física ou patrimônio, mediante emprego de gás tóxico (substância gasosa ou a vapor que envenena) ou asfixiante (produto químico que causa sufocação, atingindo as vias respiratórias).[15] É crime de perigo comum e concreto, devendo haver a comprovação, para a caracterização do delito, da potencialidade lesiva da substância tóxica ou asfixiante utilizada e que colocou em risco uma coletividade de pessoas, ou seja, se foi utilizado contra uma pessoa, sem haver propagação, pode haver tentativa de homicídio (ou homicídio consumado, caso haja a morte) ou lesão corporal. Porém, se houver propagação e perigo a diversas pessoas, há o crime do art. 252.

1.4. Elemento subjetivo

O elemento subjetivo do tipo é dolo, direto ou eventual, prescindindo de qualquer finalidade específica. Há previsão de forma culposa, com apenamento mais brando.

1.5. Qualificadora

Prevista no art. 258, conforme comentários lançados ao crime de incêndio.

1.6. Forma culposa

Se o delito for praticado por imprudência, negligência ou imperícia, a pena é de três meses a um ano de detenção.

1.7. Consumação e tentativa

Por haver necessidade da efetiva exposição a perigo, o crime é material, consumando-se no momento em que o agente, após empregar o gás tóxico ou asfixiante, coloca diversas pessoas em

14 Nesse sentido, CAPEZ, Fernando. *Curso de direito penal*, 2007, v. 3, p. 168; MASSON, op. cit., 2011, v. 3, p. 230. Igualmente, decisão do TJRS: "Apelação crime. Posse ilegal de artefato explosivo. A posse ilegal de artefato explosivo é considerada delito de perigo abstrato, não sendo necessária a ocorrência de resultado naturalístico para sua consumação. Basta a mera conduta de possuir artefato explosivo em desacordo com determinação legal para violar o bem jurídico tutelado. Condenação mantida. Pena alterada. Apelo parcialmente provido. Unânime" (Ap. Crime n. 70.057.763.021, 4ª Câm. Crim., rel. Des. Aristides Pedroso de Albuquerque Neto, j. 23.01.2014).

15 Como lembra Hungria, "gás tóxico é o que atua por envenenamento, enquanto gás asfixiante é o que afeta, de modo puramente mecânico, as vias respiratórias, determinando a sufocação. São tóxicos os gases do ácido cianídrico, do cloreto de fenilcarbina, do cloreto ou brometo de benzil, da cloropicrina, da iodacetona, do etilcarbazol etc.; são asfixiantes os gases de cloro, bromo, bromacetona, clorossulfato de metila, cloroformiato de triclorometila (palita), fósgeno etc." (*Comentários ao Código Penal*, 1959, v. IX, p. 42).

situação de risco, ou seja, de perigo concreto.[16] A tentativa é possível, pois o agente pode ser impedido por terceiros, quando no ato de empregar o gás tóxico ou asfixiante, sendo interrompido o *iter criminis*.

1.8. Classificação

Crime comum, material, de perigo comum e concreto, vago, instantâneo, unissubjetivo, plurissubsistente (em regra), de forma vinculada (emprego de gás tóxico ou asfixiante).

2. OBSERVAÇÕES

2.1. Concurso de crimes. Uso de gás tóxico ou asfixiante e homicídio qualificado

Prevalece o entendimento de que há concurso formal de crimes, inocorrendo *bis in idem*, havendo a comprovação da existência de perigo comum, além da morte da vítima visada pelo agente.

2.2. Prova pericial

Como nos casos de crime de incêndio e explosão, a prova pericial é de substancial importância para constatação da potencialidade lesiva do material utilizado, fator preponderante para a própria configuração do crime ou não. Entretanto, nos casos em que os vestígios tenham desaparecido, há possibilidade de suprimento por outras provas nos termos do art. 167 do CPP (MASSON, Cleber. *Direito penal esquematizado*, 2011, v. 3, p. 235).

2.3. Uso de gás tóxico ou asfixiante e Lei n. 9.605/98

No art. 56 da Lei n. 9.605/98, Lei dos Crimes Ambientais, há a incriminação de, entre várias condutas, "usar substância tóxica, perigosa ou nociva à saúde humana ou ao meio ambiente", com punição de 1 a 4 anos de reclusão. Delmanto entende que tal dispositivo revogou tacitamente o art. 252 (DELMANTO, Celso. *Código Penal comentado*, 2007, p. 660), por abranger, de modo geral, a conduta deste crime. Porém, não se pode concordar com essa posição, pois o crime do art. 252 exige, expressamente, a exposição do patrimônio, da vida ou da integridade física de alguém a perigo comum, ou seja, atingindo a coletividade. Se o uso do gás tóxico atingir o meio ambiente, mas sem haver perigo comum, há o crime previsto em lei especial, pela aplicação do princípio da especialidade. Por outro lado, se caracterizado o perigo comum, nas circunstâncias do art. 252, deverá ser aplicado esse dispositivo, pois específico à situação de causação de perigo comum e com pena idêntica. Nesse mesmo caminho, é a posição de Capez (CAPEZ, Fernando. *Curso de direito penal*, 2007, v. 3, p. 175).

Fabrico, fornecimento, aquisição, posse ou transporte de explosivos ou gás tóxico, ou asfixiante

Art. 253. Fabricar, fornecer, adquirir, possuir ou transportar, sem licença da autoridade, substância ou engenho explosivo, gás tóxico ou asfixiante, ou material destinado à sua fabricação:

Pena – detenção, de 6 (seis) meses a 2 (dois) anos, e multa.

---

1. COMENTÁRIO

1.1. Objetividade jurídica

O objeto jurídico é a incolumidade pública. Objeto material é a substância ou engenho explosivo, gás tóxico ou asfixiante, ou material destinado à sua fabricação.

1.2. Sujeitos

Sujeito ativo pode ser qualquer pessoa (crime comum). Sujeito passivo é a sociedade (crime vago).

1.3. Análise da(s) conduta(s) descrita(s) no tipo

Os verbos nucleares do tipo são "fabricar", "fornecer", "adquirir", "possuir" ou "transportar". Como refere Hungria, "trata-se de ato preparatório, que o legislador entendeu de bom aviso erigir em crime *sui generis* ou *per se stante*" (*Comentários ao Código Penal*, 1959, v. IX, p. 44). Pune-se desde a fabricação, que é o nascedouro da criação do engenho explosivo ou gás tóxico, até a posse e o transporte, o fornecimento e a aquisição, condutas interligadas. Diferentemente dos crimes de perigo comum, anteriormente analisados, trata-se de crime de perigo abstrato, em que o manuseio dessas substâncias tóxicas e altamente nocivas gera esse perigo comum, à coletividade, sendo um ato anterior aos delitos de explosão ou emprego dessas substâncias explosivas,

---

16 Conforme Damásio de Jesus, "o crime é de perigo concreto. Assim, é necessária a verificação da ocorrência do perigo para sua configuração. É material, uma vez que o legislador exige a ocorrência do resultado por ele descrito para a tipificação do fato" (*Direito penal*: Parte Especial, 1999, v. 3, p. 270).

tóxicas ou asfixiantes. Delmanto, mudando sua posição, entende ser crime de perigo concreto (*Código Penal comentado*, 2007, p. 663), contrariando, entretanto, a posição amplamente majoritária da doutrina, no sentido de que é crime de perigo abstrato.[17] É crime de ação múltipla ou conteúdo variado, em que mesmo tendo sido praticado mais de um verbo nuclear do tipo, há crime único.

1.4. Elemento subjetivo

É somente o dolo, não havendo previsão de forma culposa.

1.5. Elemento normativo

Para a configuração do crime, é essencial que os verbos nucleares do tipo tenham sido praticados "sem licença da autoridade". Trata-se de norma penal em branco heterogênea, devendo haver a licença da autoridade pública, a qual, caso exista, torna a conduta atípica.

1.6. Consumação e tentativa

O crime é formal e de perigo abstrato. Assim, a consumação ocorre com a própria prática da conduta, independente de qualquer resultado ou dano.[18] A tentativa é de difícil caracterização, pois o legislador incriminou, praticamente, todas as condutas possíveis que envolvam desde a fabricação, a posse, o transporte, e, nos outros tipos, o emprego, o uso desses explosivos ou substâncias análogas. Entretanto, a tentativa de aquisição, por exemplo, é um caso em que poderia ser visualizada a forma tentada (ANDREUCCI, Ricardo. *Manual de direito penal*, 2011, p. 408), diante da possibilidade de fracionamento da conduta.

1.7. Classificação

Crime comum, formal, de perigo comum e abstrato, de forma livre, instantâneo (nas formas "fabricar", "fornecer" e "adquirir") ou permanente ("possuir" ou "transportar"), unissubjetivo, unissubsistente (regra, mas é possível ser plurissubsistente).

2. JURISPRUDÊNCIA

2.1. Julgado

Porte ilegal de arma e artefato explosivo. Concurso formal. Possibilidade

Penal e processual penal. Recurso especial. Reincidência. Majoração da pena. Não configuração de *bis in idem*. Porte ilegal de arma de fogo e explosivo. Dois crimes. Concurso formal. Recurso conhecido e provido. O art. 16 da Lei 10.826/03 deve ser interpretado considerando o intuito primordial de disciplinar e reprimir os abusos cometidos em virtude do uso indiscriminado de arma de fogo. Com o Estatuto do Desarmamento, várias condutas que antes não eram apenadas passaram a ser, bem como outras que já o eram tiveram suas penas recrudescidas pelo legislador. A Lei n. 9.437/97 previa a mesma conduta em seu art. 10, § 3º, e cada inciso desse artigo constituía um crime diverso. Assim, não há nenhuma possibilidade, no cenário de enrijecimento do tratamento dado pelo legislador, de aplicação de exegese mais branda àqueles que têm consigo armas de uso restrito, bem como explosivos. Recurso especial conhecido e provido para determinar que o Tribunal de origem redimensione a pena privativa de liberdade do recorrido, considerando a agravante da reincidência e o concurso formal entre os crimes de porte de arma e porte de artefato explosivo. (STJ, REsp n. 995.319, rel. Min. Arnaldo Esteves Lima, j. 19.03.2009).

3. OBSERVAÇÕES

3.1. Derrogação tácita do art. 253 do CP pelo art. 16, parágrafo único, III e IV, da Lei n. 10.826/2003

O Estatuto do Desarmamento incrimina a posse, detenção, fabricação ou emprego de artefato explosivo ou incendiário, sem autorização legal, e, também, quem produzir, recarregar ou reciclar, sem autorização legal, ou adulterar munição ou explosivo, com previsão de pena de reclusão de 3 a 6 anos, mais multa. Nas condutas de possuir, deter e fabricar há a incriminação da mesma descrição típica do art. 253, com a disposição de apenamento bem mais severo. Trata-se de lei mais recente, abordando a mesma matéria, o que importa em revogação tácita de parte do art. 253. Nesse sentido é a

---

17 NUCCI, Guilherme de Souza. *Código Penal comentado*, 2009, p. 959; CAPEZ, Fernando. *Curso de direito penal*, 2007, v. 3, p. 177; HUNGRIA, op. cit., 1959, v. IX, p. 44); ANDREUCCI, Ricardo. *Manual de direito penal*, 2011, p. 408; MASSON, Cleber. *Direito penal esquematizado*, 2011, v. 3, p. 247. Damásio de Jesus aponta que "é desnecessário que das condutas advenha perigo à coletividade. Trata-se de crime de perigo abstrato, este é presumido pelo legislador, que não admite prova em contrário" (*Direito penal*: Parte Especial, 1999, v. 3, p. 274).

18 Conforme Edilson Mougenot Bonfim, ao analisar os crimes formais, "o tipo não exige a produção do resultado para a consumação do crime, embora seja possível a sua ocorrência. Assim, o resultado naturalístico, embora possível, é irrelevante para que a infração penal se consume. São os chamados de crimes de simples atividade – *Tätigkeitsdelikte* – na doutrina alemã" (BONFIM, Edilson Mougenot; CAPEZ, Fernando. *Direito penal*: Parte Geral, 2004, p. 460).

posição de Capez. Porém, nos demais verbos, não abrangidos especificamente pelo dispositivo, tratando-se de lei penal mais severa, não há possibilidade de estender a revogação às condutas de fornecer, adquirir ou transportar, pois a lei penal deve ser certa, não se admitindo uma interpretação *in malam parte* (CAPEZ, op. cit., 2007, v. 3, p. 176).

3.2. Fornecimento, entrega ou venda de explosivo a crianças e adolescentes

No caso, o art. 16, parágrafo único, V, da Lei n. 10.826/2003 é específico ao incriminar tais condutas dirigidas a crianças e adolescentes. Assim, houve revogação tácita do art. 242 da Lei n. 8.069/90 (Estatuto da Criança e do Adolescente), possuindo pena mais grave (inclui pena de multa) e a regra é mais nova e específica do que o art. 253, devendo, portanto, ser aplicado o Estatuto do Desarmamento nessas situações fáticas, quando o delito for direcionado a crianças e adolescentes (CAPEZ, op. cit., 2007, v. 3, p. 179).

3.3. Lei de Segurança Nacional

Há punição específica se o agente "importar ou introduzir, no território nacional, por qualquer forma, sem autorização da autoridade federal competente, armamento ou material militar privativo das Forças Armadas. Pena: reclusão, de 3 a 10 anos". Porém, a Lei de Segurança Nacional foi revogada pela Lei n. 14.197/2021.

3.4. Atividades nucleares

Aplicam-se os arts. 22 e 26 da Lei n. 6.453/77, quando se tratar de posse, fabricação, transporte, aquisição, guarda de material nuclear, sem autorização, ou houver omissão na observância das normas de segurança para esse transporte, uso, guarda ou posse, com penas de dois a seis anos e dois a oito anos de reclusão, respectivamente.

Inundação

Art. 254. Causar inundação, expondo a perigo a vida, a integridade física ou o patrimônio de outrem:

Pena – reclusão, de 3 (três) a 6 (seis) anos, e multa, no caso de dolo, ou detenção, de 6 (seis) meses a 2 (dois) anos, no caso de culpa.

---

1. COMENTÁRIO

1.1. Objetividade jurídica

O objeto jurídico é a incolumidade pública. Objeto material é a enorme quantidade de água utilizada para inundar.

1.2. Sujeitos

Sujeito ativo pode ser qualquer pessoa (crime comum). Sujeito passivo é a sociedade (crime vago).

1.3. Análise da(s) conduta(s) descrita(s) no tipo

Causar inundação é provocar, gerar ou produzir um alagamento, enchente, com uma grande vazão de água. Como afirma Hungria, "entende-se por inundação o alagamento de um local de notável extensão, não destinado a receber águas" (*Comentários ao Código Penal*, 1959, v. IX, p. 48). É crime de perigo comum e concreto, necessitando que haja uma considerável potencialidade lesiva decorrente da grande quantidade de água desviada de seus limites naturais ou artificiais, gerando perigo, como nos demais crimes de perigo comum, à vida, integridade física ou patrimônio de várias pessoas (embora possa ter apenas uma pessoa identificada, mas importando que a situação ocasionasse perigo à coletividade).

Deve, assim, para a verificação da ocorrência do delito, haver a constatação de que o alagamento seja generalizado, sem que o agente tenha o controle da força natural das águas, causando o alagamento de grande proporção.[19] O crime pode ser praticado por qualquer meio de execução, por ação ou omissão.

1.4. Elemento subjetivo

É o dolo, direto ou eventual, em que o agente pratica o ato de forma livre e consciente ou assume o risco de produzir o perigo comum pela inundação. Há, também, previsão de forma culposa.

1.5. Qualificadora

Prevista no art. 258, conforme comentários lançados ao crime de incêndio.

1.6. Forma culposa

No preceito secundário do tipo, há previsão de forma culposa, com pena mais branda (6 meses a 2 anos de detenção).

---

19 Conforme Alberto Silva Franco, "requisitos da inundação são a quantidade de águas e o perigo por elas causado. Com efeito, não é qualquer extravasamento que será inundação. A mudança do curso de um minúsculo arroio não produzirá a inundação que a lei aqui pune. É que a *ratio* desta é a incolumidade pública, sendo, pois, imprescindível que a inundação acarrete perigo para a coletividade. Consequentemente, é necessário o perigo comum, o que importa certa magnitude da inundação, circunstância a ser apurada no caso, já que se trata de crime de perigo concreto" (*Código Penal e sua interpretação jurisprudencial*, 1997, v. 1, t. II, p. 3.212).

1.7. Consumação e tentativa

A consumação ocorre com a efetiva inundação, com o grande fluxo de águas causando o alagamento generalizado e resultando perigo comum e concreto à vida, à integridade física ou patrimônio a indeterminado número de pessoas. É, dessa forma, crime material, que deve resultar esse perigo comum. A tentativa é possível, pois a conduta pode ser fracionada, sendo o agente impedido por terceiros de continuar os atos que teriam a finalidade de ocasionar a inundação ou, também, não atingir seu intento por circunstâncias alheias a sua vontade.

1.8. Classificação

Crime comum, material, de perigo comum e concreto, comissivo ou omissivo, de forma livre, instantâneo, unissubjetivo e plurissubsistente.

2. JURISPRUDÊNCIA

2.1. Julgado

Inundação. Forma omissiva. Posição de garante

Processual penal. *Habeas corpus*. Inundação e crime ambiental. Trancamento da ação penal. Ausência de justa causa. Ocorrência. Delitos omissivos. Garante. Art. 13, § 2º, do CP. Requisitos objetivo e subjetivo. Não preenchimento. Constrangimento ilegal configurado. Ordem concedida. 1. Para que um agente seja sujeito ativo de delito omissivo, além dos elementos objetivos do próprio tipo penal, necessário se faz o preenchimento dos elementos contidos no art. 13 do CP: a situação típica ou de perigo para o bem jurídico, o poder de agir e a posição de garantidor. 2. Ausente um dos elementos indispensáveis para caracterizar um agente sujeito ativo de delito omissivo – poder de agir –, previstos no art. 13 do CP, falta justa causa para o prosseguimento da ação penal, em face da atipicidade da conduta. 3. Ordem concedida. (STJ, *HC* n. 94.543/RJ, rel. Min. Arnaldo Esteves Lima, j. 17.09.2009)

3. OBSERVAÇÕES

3.1. Distinção do art. 38 da Lei n. 9.605/98

Destruir ou danificar floresta de preservação permanente. Se houver inundação com perigo comum e concreto, haverá concurso formal de crimes.

Perigo de inundação

Art. 255. Remover, destruir ou inutilizar, em prédio próprio ou alheio, expondo a perigo a vida, a integridade física ou o patrimônio de outrem, obstáculo natural ou obra destinada a impedir inundação:

Pena – reclusão, de 1 (um) a 3 (três) anos, e multa.

---

1. COMENTÁRIO

1.1. Objetividade jurídica

O objeto jurídico é a incolumidade pública. O objeto material é o obstáculo natural ou obra destinada a impedir inundação.

1.2. Sujeitos

Sujeito ativo pode ser qualquer pessoa (crime comum). Sujeito passivo é a sociedade (crime vago).

1.3. Análise da(s) conduta(s) descrita(s) no tipo

Os verbos nucleares do tipo são remover, destruir ou inutilizar, tratando-se, assim, de tipo misto alternativo ou de conteúdo variado. Essas condutas podem ser cometidas em prédio próprio ou alheio, expondo a perigo a vida, a integridade física ou o patrimônio de terceiros, por atingir obstáculo natural ou obra que seja destinada a impedir inundação. É crime de perigo comum e concreto, em que a remoção, destruição ou inutilização desses obstáculos ou obras, acaba por gerar o risco de inundação. Diferentemente do crime de inundação, no qual o agente quer causar esse resultado, neste o agente simplesmente pratica condutas que atingem esses obstáculos naturais ou artificiais, que geram um potencial risco de inundação.[20]

1.4. Elemento subjetivo

O crime é doloso, não exigindo qualquer finalidade especial. Não há previsão de forma culposa.

1.5. Consumação e tentativa

O crime é material, consumando-se com a remoção, destruição ou inutilização do obstáculo ou obra que impede a inundação, com a verificação do perigo concreto a um indeterminado número de pessoas. A tentativa é possível, embora de difícil caracterização, pois o legislador incriminou essas condutas que, na realidade, já estariam no *iter criminis* do próprio crime de inundação. No caso concreto, deverá ser muito bem

---

20 Como lembra Delmanto, "o que se pune, portanto, não é a remoção, a destruição ou a inutilização em si mesmas, mas sim, a exposição a perigo que tais comportamentos eventualmente ocasionem. Não basta o perigo abstrato ou presumido, devendo haver efetivo perigo concreto de inundação" (*Código Penal comentado*, 2007, p. 665).

delimitado o dolo do agente ao danificar tais obstáculos, verificando-se se intentava apenas a remoção ou a destruição do obstáculo, ou, isso sim, dar margem à inundação.[21]

1.6. Classificação

Crime comum, material, de perigo comum e concreto, de forma livre, instantâneo, unissubjetivo e plurissubsistente.

Desabamento ou desmoronamento

Art. 256. Causar desabamento ou desmoronamento, expondo a perigo a vida, a integridade física ou o patrimônio de outrem:

Pena – reclusão, de 1 (um) a 4 (quatro) anos, e multa.

Modalidade culposa

Parágrafo único. Se o crime é culposo:

Pena – detenção, de 6 (seis) meses a 1 (um) ano.

---

1. COMENTÁRIO

1.1. Objetividade jurídica

O objeto jurídico é a incolumidade pública. O objeto material é a construção, prédio, morro, pedreira.

1.2. Sujeitos

Sujeito ativo pode ser qualquer pessoa (crime comum). Sujeito passivo é a sociedade (crime vago), podendo, também, haver vítimas identificadas.

1.3. Análise da(s) conduta(s) descrita(s) no tipo

Causar desabamento ou desmoronamento é dar causar, provocar a queda de construções, prédios, morros, pedreiras, gerando a exposição de indeterminado número de pessoas a perigo concreto. É crime de perigo comum, devendo o desabamento ou desmoronamento levar efetivo perigo à vida, integridade física ou ao patrimônio de terceiros. Como nos demais delitos de perigo comum, deve haver potencialidade lesiva, ou seja, o desabamento ou desmoronamento deve ter considerável expressão com capacidade de gerar esse perigo concreto de dano à coletividade. Mesmo que não haja o desabamento integral do prédio ou construção poderá haver a configuração do delito em questão, pois importa que, embora apenas parcial a queda, tenha ocorrido perigo comum.

1.4. Elemento subjetivo

O elemento subjetivo do tipo é o dolo, direto ou eventual, sem necessidade de finalidade especial. Há previsão de forma culposa.

1.5. Qualificadora

Dá-se a qualificadora com a combinação do art. 256 com a previsão do art. 258 do CP, aplicando-se os comentários lançados ao crime de incêndio.

1.6. Forma culposa

Há previsão de forma culposa, em que o desabamento ou desmoronamento ocorre por imprudência, negligência ou imperícia, com punição de 6 meses a 1 ano de detenção, aplicando-se os institutos da Lei n. 9.099/95.

1.7. Consumação e tentativa

O crime consuma-se com a exposição da vida, da integridade física ou do patrimônio de indeterminado número de pessoas, a partir da ocorrência do desabamento ou desmoronamento com expressão suficiente a ser verificada uma situação de perigo concreto. A tentativa é possível, em casos de fracionamento da conduta (crime plurissubsistente), como o agente ser impedido de prosseguir na ação que levaria ao desabamento de um prédio ou por não conseguir, pelo meio empregado, sucesso na sua empreitada criminosa.

1.8. Classificação

Crime comum, material, de perigo comum e concreto, de forma livre, instantâneo, unissubjetivo e plurissubsistente.

2. JURISPRUDÊNCIA

2.1. Julgado

Desabamento. Configuração

Delito de desabamento ou desmoronamento na modalidade culposa. Comprovação, *in casu*, de inobservância das normas técnicas de construção civil que culminou na ocorrência de desmoronamento e resultado morte. Laudo técnico produzido a comprovar tal situação. Prova testemunhal produzida que não afastou as conclusões do laudo pericial. Substituição da pena restritiva de liberdade por restritiva de direitos que se fez em observância ao quanto disposto pelo art. 44 do CP, sendo fi-

---

21 Nesse aspecto, afirma Damásio de Jesus que "se a vontade do agente é causar inundação, o crime será o previsto no art. 254 do CP" (*Direito penal*: Parte Especial, 1999, v. 3, p. 282).

xada prestação pecuniária de modo equitativo e razoável. Sentença mantida em sua íntegra. Recurso desprovido. (TJSP, Ap. Crim. n. 0013784-61.2005.8.26.0554, 4ª Câm. Crim., rel. Des. Jarbas Luiz dos Santos, j. 04.08.2011)

3. OBSERVAÇÕES

3.1. Contravenção penal do art. 29 do DL n. 3.688/41

Caso não haja perigo comum e concreto, possível a aplicação da contravenção penal prevista no art. 29 do DL n. 3.688/41.

Subtração, ocultação ou inutilização de material de salvamento

Art. 257. Subtrair, ocultar ou inutilizar, por ocasião de incêndio, inundação, naufrágio, ou outro desastre ou calamidade, aparelho, material ou qualquer meio destinado a serviço de combate ao perigo, de socorro ou salvamento; ou impedir ou dificultar serviço de tal natureza:

Pena – reclusão, de 2 (dois) a 5 (cinco) anos, e multa.

---

1. COMENTÁRIO

1.1. Objetividade jurídica

O objeto jurídico é a incolumidade pública. O objeto material é o aparelho, material ou qualquer meio destinado a serviço de combate ao perigo, de socorro ou salvamento.

1.2. Sujeitos

Sujeito ativo pode ser qualquer pessoa (crime comum). Sujeito passivo é a sociedade (crime vago).

1.3. Análise da(s) conduta(s) descrita(s) no tipo

Trata-se de tipo misto alternativo ou de conteúdo variado, com a previsão de vários verbos nucleares, como subtrair, ocultar e inutilizar materiais ou aparelhos destinados a salvamento ou combate ao perigo, durante incêndio, inundação, naufrágio ou outro desastre ou calamidade, bem como quem busque impedir ou dificultar esse serviço de socorro ou salvamento. Em que pese haver divergência doutrinária sobre o termo "destinado" no que tange aos objetos usados para salvamento, entendemos que estes devem englobar aqueles que são circunstancialmente úteis nessas situações trágicas e de calamidade.[22] O crime é de perigo abstrato, em que há presunção do perigo que advém por quaisquer das condutas descritas no tipo. Essencial para a configuração do crime é o fato de ocorrer no momento em que há incêndio, naufrágio, inundação ou outra forma de desastre ou calamidade desta proporção.

1.4. Elemento subjetivo

É o dolo, direito ou eventual, não havendo previsão de forma culposa.

1.5. Consumação e tentativa

Consuma-se o delito com a efetiva subtração ou inutilização do material destinado ao salvamento ou combate ao perigo (crime instantâneo) ou o ocultamento desse material (crime permanente). Igualmente, com o ato de impedir ou dificultar essas ações de socorro e salvamento, situações em que basta a prática da ação, independentemente da causação de qualquer resultado ou dano. A tentativa é possível, quando a conduta desdobrar-se em mais de um ato (forma plurissubsistente).

1.6. Classificação

Crime comum, formal, comissivo (por omissão, apenas na forma imprópria[23]), de perigo comum e abstrato, instantâneo, de forma livre, unissubjetivo e plurissubsistente (regra).

Formas qualificadas de crime de perigo comum

Art. 258. Se do crime doloso de perigo comum resulta lesão corporal de natureza grave, a pena privativa de liberdade é aumentada de metade; se resulta morte, é aplicada em dobro. No caso de culpa, se do fato resulta lesão corporal, a pena aumenta-se de metade; se resulta morte, aplica-se a pena cominada ao homicídio culposo, aumentada de um terço.

---

22 Nessa posição, Damásio de Jesus (*Direito penal*: Parte Especial, 1999, v. 3) e Heleno Fragoso (*Lições de direito penal*: Parte Especial, 1965, v. 3). Em sentido contrário, Delmanto (*Código Penal comentado*, 2007, p. 667) e Hungria (*Comentários ao Código Penal*, 1959, v. IX, p. 54). Este último observa que "os meios sobre que recai a ação, na primeira hipótese, devem ser especificamente destinados ou manifestamente adequados ao serviço de debelação do perigo ou de salvamento (p. ex.: bombas de incêndio, caixas de alarma, extintores de fogo, salva-vidas, ambulâncias, padiolas, barcos, escadas, cordas, redes de salvamento, cisternas ou bocas d'água, medicamentos, desinfetantes etc. etc.)".

23 Como lembra Hungria (op. cit., 1959, v. IX, p. 54), "a simples recusa em prestar ajuda não concretiza o crime. O impedimento ou embaraço deve resultar de ação e não de omissão, salvo se ao omitente incumbia o dever legal de intervir ou de agir (assim, o bombeiro que permanece injustificadamente inerte diante do incêndio, será réu do crime)".

1. COMENTÁRIO

Trata-se da forma qualificada aplicável aos crimes deste Capítulo I do Título VIII (Dos Crimes de Perigo Comum). Os comentários a este dispositivo foram lançados no art. 250 do CP, crime de incêndio, no ponto 1.8.

Difusão de doença ou praga

Art. 259. Difundir doença ou praga que possa causar dano a floresta, plantação ou animais de utilidade econômica:

Pena – reclusão, de 2 (dois) a 5 (cinco) anos, e multa.

Modalidade culposa

Parágrafo único. No caso de culpa, a pena é de detenção, de 1 (um) a 6 (seis) meses, ou multa.

1. COMENTÁRIO

1.1. Observações: revogação tácita pelo art. 61 da Lei n. 9.605/98

Conforme posição pacífica da doutrina – Nucci (*Código Penal comentado*, 2009, p. 964), Delmanto (*Código Penal comentado*, 2007, p. 669), Capez (*Curso de direito penal*, 2007, v. 3, p. 188), entre outros –, houve revogação tácita deste tipo penal pelo art. 61 da Lei n. 9.605/98 (Lei dos Crimes Ambientais), que prevê: "Disseminar doença ou praga ou espécies que possam causar dano à agricultura, à pecuária, à fauna, à flora ou aos ecossistemas. Pena: reclusão, de 1 (um) a 4 (quatro) anos, e multa". Sem dúvida, o delito do art. 259 foi abrangido pelo crime específico descrito na Lei dos Crimes Ambientais, que atinge todas as condutas, sendo mais amplo e, além disso, uma lei mais nova e especial. Dessa forma, operada a revogação tácita do art. 259, esta engloba todo o tipo penal, incluindo a figura culposa, que passa a ser atípica (nesse sentido: NUCCI, op. cit., 2007, p. 964).

CAPÍTULO II
DOS CRIMES CONTRA A SEGURANÇA DOS MEIOS DE COMUNICAÇÃO E TRANSPORTE E OUTROS SERVIÇOS PÚBLICOS

Perigo de desastre ferroviário

Art. 260. Impedir ou perturbar serviço de estrada de ferro:

I – destruindo, danificando ou desarranjando, total ou parcialmente, linha férrea, material rodante ou de tração, obra de arte ou instalação;

II – colocando obstáculo na linha;

III – transmitindo falso aviso acerca do movimento dos veículos ou interrompendo ou embaraçando o funcionamento de telégrafo, telefone ou radiotelegrafia;

IV – praticando outro ato de que possa resultar desastre:

Pena – reclusão, de 2 (dois) a 5 (cinco) anos, e multa.

Desastre ferroviário

§ 1º Se do fato resulta desastre:

Pena – reclusão, de 4 (quatro) a 12 (doze) anos, e multa.

§ 2º No caso de culpa, ocorrendo desastre:

Pena – detenção, de 6 (seis) meses a 2 (dois) anos.

§ 3º Para os efeitos deste artigo, entende-se por estrada de ferro qualquer via de comunicação em que circulem veículos de tração mecânica, em trilhos ou por meio de cabo aéreo.

1. COMENTÁRIO

1.1. Objetividade jurídica

O bem juridicamente tutelado neste artigo é a incolumidade pública, especialmente no que tange à segurança dos meios de transportes, de comunicação e outros serviços públicos.

O que se busca com a tutela deste tipo penal é a segurança do transporte ferroviário, assim como a preservação da integridade física, da vida das pessoas, de sua saúde e de seu patrimônio, com isso impedindo desastres ferroviários.

O objeto material deste delito é a linha férrea, material rodante ou de tração, obra de arte ou instalação, telégrafo, telefone ou radiotelegrafia, conforme dispõe claramente o inciso I deste artigo.

1.2. Sujeitos

Por não se exigir nenhuma qualidade ou condição especial do agente praticante do delito, qualquer pessoa pode ser sujeito ativo deste crime. Quando tratamos de qualquer pessoa para ser o agente delituoso, incluímos neste rol os funcionários ou empregados da empresa ferroviária.

O sujeito passivo é o Estado, ou seja, a sociedade em geral, principalmente aquelas pessoas que sofrem lesões a seus bens jurídicos, que foram expostas a perigo ou mesmo que tenha sofrido qualquer dano pelas condutas proibidas praticadas pelo agente do delito em estudo.

1.3. Análise da(s) conduta(s) descrita(s) no tipo

Ao analisarmos a conduta nuclear do tipo penal descrito anteriormente, objeto deste estudo, verificamos que existem dois verbos importantes na prática do ato: impedir ou perturbar estrada de ferro.

Impedir significa inviabilizar, dificultar, obstruir, interromper, impossibilitar a execução, obstaculizar.

Perturbar significa alterar, modificar, abalar, criar desordem, atrapalhar, reduzir a mobilidade dos serviços de transporte por estrada de ferro para com isso causar desastres férreos.

Por apresentar dois verbos nucleares, vê-se que o tipo penal é um crime misto alternativo, no qual a prática de uma ou mais condutas implica o cometimento de um único delito, desde que, é claro, dentro do mesmo contexto fático.

Conforme consta do art. 260, § 3º, a expressão estrada de ferro significa qualquer via de comunicação em que circulem veículos de tração mecânica, em trilhos ou por meio de cabo aéreo.

Devemos ter em mente que a definição acima exarada, em uma exegese mais extensiva, pode se aplicar analogamente a linhas de metrô, linhas de bondes e filovias (via de comunicação entre altitudes realizada por meio de fios ou cabos aéreos; um exemplo destas filovias são os teleféricos).

Passemos a analisar os meios executórios deste delito exarados nos incisos I a IV:

• "I – destruindo [demolir, arruinar, deteriorar], danificando [causar danos, estragar] ou desarranjando [desmontar, causar confusão na estrutura ou gerar deformidade], total ou parcialmente, linha férrea, material rodante ou de tração, obra de arte ou instalação;"

Linha férrea ou ferrovia é uma via permanente fixa consolidada em trilhos, com a destinação de transporte de material rodante, ou seja, vagões, carros que andem sobre trilhos, material de tração (locomotiva ou carros a motores), obras de arte (pontes ou túneis), instalação (conjunto de aparelhos ou peças que possuem certa utilidade na ferrovia, como centrais de comando, estações de embarque e desembarque, cabos, cancelas, entre outros).

• "II – colocando obstáculos na linha;"

Neste inciso, tratamos da colocação de barreiras, impedimentos e tudo que possa descarrilar uma composição, que, nesse caso, pode ser férrea ou aérea.

Esses obstáculos podem ser vivos ou imóveis, fixos ou removíveis, e está inserido na prática do delito quem coloca tais objetos na linha tanto do trem como na filovia.

• "III – transmitindo falso aviso acerca do movimento dos veículos ou interrompendo ou embaraçando o funcionamento de telégrafo, telefone ou radiotelegrafia;"

Nesta terceira modalidade delitiva, o agente delituoso transmite falso aviso de perigo acerca do movimento dos veículos por qualquer meio descrito no inciso.

Tem-se, como verbo nuclear, interromper, ou seja, parar, cortar, impedir, romper a comunicação relativa à movimentação dos veículos, assim como embaraçar, que significa emperrar, impedir, prejudicar estas comunicações.

Regis Prado, em sua obra, versa a respeito do tema. Entende o autor que não só o telégrafo, ou telefone ou a radiotelegrafia podem ser interrompidas. Podemos utilizar também analogamente outras formas de comunicação elétrica ou eletrônica sobre o movimento dos veículos, como por exemplo, computadores e a rede mundial de internet (PRADO, Luiz Regis. *Curso de direito penal brasileiro*: Parte Especial: arts. 250 a 359-H, 2010, v. III, p. 78).

Um ataque *hacker* aos sistemas de comunicação de uma linha férrea ou de metrô, no sentido de relatar um falso aviso de quebra de composição de trens ou mesmo que não há nenhuma composição a frente de outra quando há, pode causar um grande estrago patrimonial além do risco pessoal aos passageiros que se encontram nestes transportes.

Por essa razão é que vem a ser de suma importância a correta comunicação entre os trens e a central, assim como entre a central e as plataformas, pois uma falha nesse sistema pode gerar um crime no qual há o perigo de dano às estruturas envolvidas nesses sistemas viários.

Importante ressaltar que o crime do art. 266 deste *Codex* fica absorvido por esse delito que comentamos em decorrência de sua especialidade e quando aquele ocorre pela omissão de aviso decorrente de impedimento ou embaraço de serviço telegráfico, telefônico ou radiotelegráfico, ou mesmo por meio de sistemas de computadores, como já mencionado (ibidem).

• "IV – Praticando outro ato de que possa resultar desastre:"

Verificamos neste quarto inciso que o delito é de forma livre, ou seja, que o agente pode praticá-lo de qualquer modo, não havendo nenhum vínculo para o cometimento.

Para que possamos entender este artigo como um todo, é necessário que se perceba que não basta colocar qualquer obstáculo na via férrea, pois este simples ato não configura o crime de perigo descrito no art. 260, IV. É necessário que haja um perigo concreto, objetivo, ou seja, que os atos descritos nos incisos deste artigo sejam potencialmente capazes de causar algum sinistro, de causar algum dano real aos princípios básicos garantidos na CF, como a vida, a saúde, o patrimônio das pessoas.

Nesse sentido já se decidiu da seguinte forma: "O crime contra incolumidade pública, previsto no art. 260 do CP, exige, para sua configuração, a existência de perigo concreto, ou seja, mais do que a simples possibilidade da ocorrência de dano, exige a verdadeira possibilidade a ocorrência de desastre ferroviário. Assim, não comete crime de perigo de desastre ferroviário, em face da atipicidade da conduta, o agente que pratica o chamado "*surf* ferroviário", pois o simples fato de viajar sobre o teto da composição férrea significa perigo direto e iminente apenas para ele próprio e não aos demais passageiros" (TJRJ, *RT* 760/690. No mesmo sentido: TJRJ, AC, rel. Antônio Carlos Amorim, *RDTJRJ* 12/339).

1.4. Elemento subjetivo

O elemento subjetivo do tipo é o dolo, sempre representado pela vontade clara e cristalina da prática do delito descrito no artigo, ou seja, a vontade de impedir ou perturbar perigosamente o serviço ferroviário, tendo em si a consciência de poder ocasionar um desastre ferroviário, expondo a risco concreto pessoas ou o patrimônio.

1.5. Qualificadora

Quando o art. 260, § 1º, versa sobre desastre ferroviário, devemos ter a clara noção de que é "todo o acidente grave ou complexo que expõe a perigo a incolumidade de pessoas e a integridade de coisas, de maneira indeterminada, sem que se exija um acontecimento extraordinário, excepcional e que ocasione a comoção pública" (BITENCOURT, Cezar Roberto. *Tratado de direito penal*: Parte Especial, v. 4, apud FRAGOSO, Heleno Cláudio. *Lições de direito penal*: Parte Especial, 1981, v. 2, p. 184).

Ainda na mesma esteira Nelson Hungria define: "não existe desastre sem uma situação de dano grave, complexo e extenso a pessoas (passageiros, pessoal do serviço ferroviário) ou coisas (cargas, materiais ferroviários). Se não há danos pessoais, nem relevante dano a coisas, o que se tem a configurar é o perigo de desastre (art. 260). Não basta, por exemplo, um descarrilamento, sem maiores consequências. Mesmo num caso de colisão de locomotivas, mas da qual, dada a oportunidade e violência do contravapor, não haja resultado senão mossas de parte a parte, não há identificar-se desastre" (GRECO, Rogério. *Curso de direito penal*: Parte Especial, apud HUNGRIA, Nélson. *Comentários ao Código Penal*, 1959, v. VIII, p. 71).

Ao analisarmos o § 1º, ressalvamos que ao mencionar "Se do fato resulta desastre", já parte-se do princípio de que o agente praticou alguma das condutas descritas nos incisos acima, e, desta forma, sua ação gerou uma situação de perigo que acabou se transformando em um desastre.

Assim, podemos dizer sem sombra de dúvidas que estamos diante de um crime preterdoloso, afinal o agente tem sua conduta dolosa e o resultado desastre lhe é atribuído a título de culpa, pois tal resultado não é desejado pelo agente (a esse respeito, todos citam o jurista Nélson Hungria e sua obra: op. cit., 1959, v. VIII, p. 71).

É perfeitamente possível a prática deste delito na modalidade omissiva, neste caso omissiva imprópria ou comissiva por omissão, ou seja, quando o sujeito tem o dever jurídico de agir para evitar o resultado e não o faz.

O agente tem o conhecimento necessário da situação, tem a capacidade para evitar um mal maior e deixa de realizá-lo.

Um exemplo claro desta situação é o do funcionário responsável pela vistoria de uma estrada de ferro que deixa de retirar um obstáculo da pista, objeto este capaz de provocar um descarrilamento de composições, podendo fazê-lo, dando lugar à situações de perigo de desastre ferroviário ou ao seu efetivo advento (PRADO, op. cit., 2010, v. III, p. 79).

1.6. Forma culposa

Está prevista esta modalidade delitiva no art. 260, § 2º, quando o desastre causado pelo agente ocorre em razão de imperícia, imprudência ou negligência deste, ou seja, quando há a inobservância do cuidado necessário exigido pelo mencionado dispositivo.

1.6.1. Agravamento da modalidade culposa

Utiliza-se o agravamento da modalidade culposa deste delito quando do desastre culposo resulta lesão corporal e a pena é aumentada da metade; porém, se do desastre culposo resultar a morte, aplica-se a pena cominada ao homicídio culposo, aumentada de um terço, conforme dispõe o art. 263 do CP.

Sobre o tema: "Não havendo prova suficiente de que o réu quis o resultado ou assumiu o risco de produzi-lo, nem tampouco de que o acusado conhecia as manobras necessárias para desconectar os vagões, sua ação se mostra profundamente imprudente, portanto culposa *stricto sensu*. Desclassificação para o delito culposo com a aplicação da pena do homicídio culposo aumentada de um terço, nos termos dos arts. 258, última hipótese, e 260, § 2º, do CP" (TJRS, *RJTJRS* 113/129).

1.7. Consumação e tentativa

Consuma-se este crime com a real produção da situação de perigo, ou seja, com a superveniência do desastre ferroviário, não bastando o perigo abstrato, como mencionado anteriormente. Há a necessidade do perigo concreto e que, diante deste, se verifique o risco causado às pessoas e ao patrimônio.

No caso da tentativa, sua admissão é dividida em dois casos:

No tocante ao *caput* e incisos do art. 260, a tentativa é admissível desde que o sujeito tenha iniciado a execução do descrito no *caput* e não tenha atingido sua meta por circunstâncias alheias a sua vontade.

Todavia, quando tratamos dos parágrafos, a tentativa não é admitida, afinal nas condutas preterdolosas não há a intenção da produção do resultado.

1.8. Classificação

Comum, formal, misto alternativo, de forma vinculada, comissivo, instantâneo, de perigo comum concreto, unissubjetivo, plurissubsistente.

2. OBSERVAÇÕES

2.1. Sabotagem com finalidade política

Caso o agente pratique o descrito neste crime agindo por motivações políticas, deverá ser responsabilizado pelo delito descrito no art. 359-R do Código Penal: "Art. 359-R. Destruir ou inutilizar meios de comunicação ao público, estabelecimentos, instalações, ou serviços destinados à defesa nacional, com o fim de abolir o Estado Democrático de Direito: Pena – reclusão, de 2 (dois) a 8 (oito) anos". A Lei de Segurança Nacional, anteriormente citada, foi revogada pela Lei n. 14.197/2021.

Atentado contra a segurança de transporte marítimo, fluvial ou aéreo

Art. 261. Expor a perigo embarcação ou aeronave, própria ou alheia, ou praticar qualquer ato tendente a impedir ou dificultar navegação marítima, fluvial ou aérea:

Pena – reclusão, de 2 (dois) a 5 (cinco) anos.

Sinistro em transporte marítimo, fluvial ou aéreo

§ 1º Se do fato resulta naufrágio, submersão ou encalhe de embarcação ou a queda ou destruição de aeronave:

Pena – reclusão, de 4 (quatro) a 12 (doze) anos.

Prática do crime com o fim de lucro

§ 2º Aplica-se, também, a pena de multa, se o agente pratica o crime com intuito de obter vantagem econômica, para si ou para outrem.

Modalidade culposa

§ 3º No caso de culpa, se ocorre o sinistro:

Pena – detenção, de 6 (seis) meses a 2 (dois) anos.

---

1. COMENTÁRIO

1.1. Objetividade jurídica

Neste artigo, o bem jurídico protegido é a incolumidade pública, principalmente no que tange à segurança coletiva dos meios de transportes marítimos, fluviais e aéreos.

Assim como no artigo anterior, o que se busca com tutela penal deste tipo é a segurança coletiva destes meios de transporte, assim como a preservação da integridade física da vida ou corporal e do patrimônio alheio.

O objeto material deste tipo é a embarcação ou aeronave contra a qual é dirigida a conduta do agente.

1.2. Sujeitos

Por não se exigir nenhuma qualidade ou condição especial do agente praticante do delito, qualquer pessoa pode ser sujeito ativo deste crime. Quando tratamos de qualquer pessoa, incluímos neste rol o proprietário da embarcação ou aeronave.

O sujeito passivo é o Estado, ou seja, a sociedade em geral, principalmente aquelas pessoas que sofrem lesões a seus bens jurídicos, que foram expostas a perigo ou mesmo que tenham sofrido qualquer dano pelas condutas proibidas praticadas pelo agente no delito em estudo, em especial em caso de sinistro.

1.3. Análise da(s) conduta(s) descrita(s) no tipo

Ao analisarmos a conduta nuclear do tipo penal descrito objeto deste estudo, verifica-se que existem dois verbos importantes na prática do ato: expor e praticar.

Expor significa colocar, pôr a perigo embarcação ou aeronave própria ou alheia.

Praticar significa fazer, executar, realizar qualquer ato tendente a impedir ou dificultar navegação marítima, fluvial ou aérea, excluída a lacustre.

Dentro dessa definição ainda separamos os verbos impedir, que significa obstruir, interromper, não permitir, barrar, tornar impraticável a navegação marítima, aérea ou fluvial, e dificultar, que significa atrapalhar, embaraçar, tornar difícil, empecilhar a navegação aérea, marítima e fluvial.

Quando se trata de navegação lacustre, mencionamos a navegação por lagos ou lagoas.

Nélson Hungria (*Comentários ao Código Penal*, 1959, v. IX, p. 79), em sua obra já citada em notas, justifica a exclusão da navegação lacustre do rol do art. 261, pois quando da criação do CP (1940), somente se navegava na Lagoa dos Patos e na Lagoa Mirim, pois esse tipo de navegação era muito incipiente no Brasil daquele tempo. Por isso o doutrinador defende a posição de inserir esta modalidade de navegação no art. 262, no qual lhe são imputadas penas mais leves a quem comete este tipo de delito, ou seja, detenção de 1 a 2 anos e se do fato resultar desastre, reclusão de 2 a 5 anos.

Todavia, em contraposição à opinião de Hungria, André Estafam defende que a desequiparação entre os meios citados não se justifica, sobretudo diante da comparação das penas cominadas. E diz ainda que não acredita por quais motivo as penas descritas no art. 261 deveriam ser maiores do que as descritas no art. 262 (*Direito penal*, 2011, v. 3).

Embarcação, como leciona Hungria (op. cit., 1959, v. IX, p. 80), não vem a ser apenas o navio propriamente dito, "senão também outra construção flutuante destinada a transporte coletivo (de pessoas ou coisas), seja qual for a sua força motriz, sua forma ou sua composição".

Aeronave, conforme dispõe o art. 106 do CBA, Lei n. 7.565/86, é todo aparelho manobrável em voo, que possa sustentar-se e circular no espaço aéreo, mediante reações aerodinâmicas, apto a transportar pessoas e coisas.

Ensina Hungria (op. cit., 1959, v. IX, p. 80) que veículo mais leve se chama aeróstato, que vem a ser um balão ou um dirigível; no entanto, se mais pesado, é um avião; um avião com asas fixas é um aeroplano, se com asas batentes, ornitóptero; se com asas rotativas se chama helicóptero; e com asas giratórias livres, um autogiro.

Navegação marítima é o transporte de natureza coletiva que se realiza pelos mares, já a aérea vem a ser aquela que realiza suas atividades no espaço aéreo, e a fluvial é a navegação que se realiza nos rios.

Com essa definição de navegação fluvial, completamos a explicação de Nélson Hungria sobre a navegação lacustre e a não aplicação ao art. 261.

Por tratar-se de crime de perigo concreto, a exigência do perigo faz parte do tipo penal, integrando-o como elemento normativo, de modo que o delito só se configura, ou seja, só se consuma com a real ocorrência do perigo para o bem jurídico tutelado. É necessário que se faça o exame do caso em questão para saber se houve ou não perigo de fato ao bem jurídico em tutela (PRADO, Luiz Regis. *Curso de direito penal brasileiro*: Parte Especial: arts. 250 a 359-H, 2010, v. 3, p. 84).

Embora haja divergência na doutrina, seguimos a corrente majoritária que entende que tanto a primeira parte do art. 261, que trata da exposição a perigo de embarcação ou aeronave, quanto a segunda parte, que versa sobre praticar qualquer ato tendente a impedir ou dificultar navegação marítima, fluvial ou aérea, expressam crimes de perigo concreto e comum, necessitando que, para que haja a consumação do delito em si, ocorra o real e efetivo perigo ao bem jurídico protegido (nesse sentido: PRADO, op. cit., 2010, v. 3, p. 84; BITENCOURT, Cezar Roberto. *Tratado de direito penal*: Parte Especial, 2010, v. 4; GRECO, Rogério. *Curso de direito penal*: Parte Especial, 2011, v. IV, p. 73; ESTEFAM, op. cit., 2011, v. 3).

Magalhães Noronha, no entanto, segue o lado que entende que a segunda parte do art. 261 contém um crime de perigo abstrato e não de perigo concreto, e defende esta posição argumentando que "nada na oração nos indica que este seja da mesma da mesma natureza, ao contrário, somos levados naturalmente a crer que se contemplou aí um delito de perigo abstrato, basta a prática de uma das ações agora mencionadas, sem haver o perigo real de acidente ou desastre para o meio de transporte" (*Direito penal*, 1961, v. 3, p. 521).

À guisa de exemplificação dos atos tipificados do *caput* em questão, segue o caso dos atentados terroristas realizados em aeronaves, nos quais o piloto é obrigado a pousar em locais desconhecidos, fugindo da rota original traçada pela torre de comando (*RTRF*, 4ª Região, 42/226). Também provocar o abalroamento ou colisão de embarcações ou aeronaves, ou o investimento de umas ou outras contra resistências passivas; fazer brechas em embarcações para que se inunde de água o interior; destruir ou remover aparelhos ou peças indispensáveis à orientação ou segurança da embarcação ou aeronave (PRADO, op. cit., 2010, v. 3, p. 85).

1.4. Elemento subjetivo

O tipo subjetivo nesse delito é o dolo e é representado pela vontade livre e consciente da prática do delito, ou seja, de expor a perigo embarcação própria ou alheia, ou de praticar qualquer ato tendente a impedir ou dificultar navegação fluvial, aérea ou marítima.

Não há qualquer exigência de um elemento subjetivo especial do injusto, e caso esta ocorra, como a obtenção de vantagem econômica, será aplicada a pena de multa, conforme dispõe o art. 261, § 2º.

1.5. Qualificadora

Versa o art. 261, § 1º: "Se do fato resultar naufrágio, submersão ou encalhe de embarcação ou queda ou destruição de aeronave: Pena – reclusão, de 4 (quatro) a 12 (doze) anos".

Por estarmos diante de uma qualificadora do delito tipificado no art. 261, na qual este é qualificado pelo resultado, entendemos da mesma forma que Regis Prado (op. cit., 2010, v. 3, p. 85) que naufrágio é: "A perda total ou parcial do navio por qualquer causa, por exemplo: abalroamento, colisão, investimento contra bancos de areia, explosão, incêndio etc., o que conduz ao rompimento, tombamento ou ruína da embarcação".

Submersão vem a ser o afundamento parcial ou total da embarcação.

Encalhe é o impedimento à flutuação, verificando-se usualmente quando a quilha do navio se encaixa em banco de areia ou qualquer outro obstáculo.

Queda da aeronave é a sua precipitação ou projeção ao solo ou sobre as águas.

Destruição é o seu perecimento parcial ou total.

Se analisarmos o texto do art. 261, § 1º, verificamos claramente que estamos diante de uma conduta preterdolosa, ou seja, a conduta deve ser dirigida no sentido da produção de uma situação de perigo, onde o resultado será atribuído ao agente a título de culpa.

A conduta preterdolosa sempre prevê uma ação dolosa no antecedente e um resultado culposo como consequência.

Dentro dessa qualificadora não se admite a tentativa e consuma-se o delito nessa modalidade com o efetivo sinistro nas embarcações aéreas, fluviais ou marítimas.

1.6. Forma culposa

Versa o § 3º: "No caso de culpa, se ocorre o sinistro: Pena – detenção de 6 (seis) meses a 2 (dois) anos".

A modalidade culposa do art. 261 ocorre quando o agente expõe a perigo embarcação provocando o naufrágio, submersão, ou encalhe e provocando a queda ou a destruição de aeronave, por meio da não observância dos cuidados exigidos pelas circunstâncias em questão.

É necessário que o agente cause o sinistro por imperícia, imprudência ou negligência e que haja um nexo causal entre o perigo causado pela conduta e o sinistro ocorrido.

Um caso clássico que deve ser citado é o do "Navio Bateau Mouche", que não possuía condições de transportar o número de pessoas que chegou a transportar na noite de *réveillon*, e, por péssimas condições de conservação, acabou afundando e ocasionando a morte de diversas pessoas.

Em trecho reproduzido a seguir do julgamento do STF, menciona-se a aplicação da forma culposa no delito ocorrido: "[...] por isso, não pode ser considerada inidônea, quanto à motivação da pena a decisão que, além de aludir, no item específico, às circunstâncias e gravíssimas consequências do crime, que são dados objetivos irretorquíveis do caso, ao fundamentar a condenação, já se esmerara em demonstrar a existência e a extrema gravidade da culpa, que, para o acórdão, chega a tangenciar o dolo eventual: são motivos explicitados de exasperação que, em seu conjunto, guardam congruência lógica e jurídica com a seveníssima quantificação da pena base. Não obstante a corrente afirmação apodítica em contrário, além da reincidência, outras circunstâncias agravantes podem incidir na hipótese de crime culposo; assim, as atinentes ao motivo, quando referidas à valoração da conduta, a qual, também nos delitos culposos é voluntária, independentemente da não voluntariedade do resultado: admissibilidade, no caso, da afirmação do motivo torpe, a obtenção do lucro fácil, que segundo o acórdão condenatório teria induzido o agente ao comportamento negligente e imprudente de que resultou o sinistro" (STF, *RT* 730/407).

1.7. Consumação e tentativa

Por tratar-se de crime de perigo concreto, o delito descrito no art. 261 consuma-se com a efetiva colocação em perigo das embarcações ou aeronaves, ou seja, com o efetivo dano ou desastre consequente da ação praticada.

Diante do princípio da lesividade, a demonstração da ocorrência de perigo deverá ser apresentada no caso concreto e não ser meramente presumida.

Se o agente pratica sabotagem contra instalações militares, meios de comunicações, meios e vias de transportes, estaleiros, portos, aeroportos, fábricas, usinas, barragens, depósitos e outras instalações congêneres incorre na prática do art. 359-R do Código Penal: "Art. 359-R. Destruir ou inutilizar meios de comunicação ao público, estabelecimentos, instalações, ou serviços destinados à defesa nacional, com o fim de abolir o Estado Democrático de Direito". A Lei de Segurança Nacional, anteriormente citada, foi revogada pela Lei n. 14.197/2021.

A tentativa é admissível por tratar- se de uma infração penal plurissubsistente.

1.8. Classificação

Crime comum, de forma livre, comissivo, instantâneo, de perigo comum concreto, unissubjetivo, plurissubsistente, de ação múltipla.

2. OBSERVAÇÕES

2.1. Competência da Justiça Federal

Compete à Justiça federal julgar e processar todos os delitos ocorridos dentro de embarcações e aeronaves, salvo os delitos de competência da Justiça Militar, inteligência do art. 109, IX, da CF.

2.2. Procedimento especial – Lei Antidrogas – Lei n. 11.343/2006

Não se confunde o disposto no art. 39 da Lei n. 11.343/2006 com o disposto no art. 261 do CP, pois o art. 39 menciona que é crime conduzir embarcação ou aeronave após o consumo de drogas, expondo a dano potencial a incolumidade de outrem.

A pena é de detenção de 6 meses a 3 anos, além da apreensão do veículo, cassação da habilitação respectiva ou proibição de obtê-la e o pagamento de 200 a 400 dias-multa. O parágrafo único menciona que se este veículo no qual se consumiu a droga e se expôs as pessoas a perigo for de transporte coletivo de passageiros, as penas de prisão e multa serão aplicadas cumulativas com as demais, sendo 4 a 6 anos e o pagamento de 400 a 600 dias-multa.

2.3. O caso do jato executivo Legacy

"Penal. Conflito de competência. Acidente aéreo. Atentado contra a segurança de transporte aéreo. Inobservância de lei, regulamento ou instrução e homicídio culposo. Delitos praticados por militares e controladores de voo. Crime de natureza militar e comum. Desmembramento. Princípio do *ne bis in idem*. Inexistência de conflito. 1. Não ofende o princípio do *ne bis in idem* o fato dos controladores de voo estarem respondendo a processo na Justiça Militar e na Justiça comum pelo mesmo fato da vida, qual seria o acidente aéreo que ocasionou a queda do Boeing 737/800 da Gol Linhas Aéreas no Município de Peixoto de Azevedo, no Estado do Mato Grosso, com a morte de todos os seus ocupantes, uma vez que as imputações são distintas. 2. Solução que se encontra, *mutatis mutandis*, no Enunciado da Súmula n. 90 do STJ: 'Compete à Justiça Militar processar e julgar o policial militar pela prática do crime militar, e à Comum, pela prática do crime comum simultâneo àquele. 3. Conflito não conhecido" (STJ, CC n. 91.016/MT, 3ª S., rel. Min. Paulo Gallotti, j. 27.02.2008, *RJP* 21/116).

A análise deste acórdão está em consonância com o disposto no art. 35 do DL n. 3.688/41, que dispõe sobre a prática de voos baixos por aeronaves, fora da zona em que lhes é permitida esta prática.

Os controladores de voo agiram de forma a colocar em perigo a vida dos passageiros do Boeing 737/800, ao orientar que o jato particular Legacy trafegasse sobre o mesmo espaço aéreo da aeronave comercial de transporte coletivo de passageiros.

Atentado contra a segurança de outro meio de transporte

Art. 262. Expor a perigo outro meio de transporte público, impedir-lhe ou dificultar-lhe o funcionamento:

Pena – detenção, de 1 (um) a 2 (dois) anos.

§ 1º Se do fato resulta desastre, a pena é de reclusão, de 2 (dois) a 5 (cinco) anos.

§ 2º No caso de culpa, se ocorre desastre:

Pena – detenção, de 3 (três) meses a 1 (um) ano.

1. COMENTÁRIO

1.1. Objetividade jurídica

Da mesma forma que nos artigos predecessores a este, o bem jurídico tutelado aqui é a incolumidade pública, no que tange à segurança dos meios de transporte públicos, possuindo a mesma abrangência se forem explorados por meio de concessionárias de serviço público (BITENCOURT, Cezar Roberto. *Tratado de direito penal*: Parte Especial, 2010, v. 4, p. 281), somando-se a isso a proteção à vida, à integridade física e ao patrimônio das pessoas envolvidas.

O que difere o art. 262 do disposto no artigo anterior é o fato de que nesse tipo penal abrange-se todos os meios de transporte público que não sejam o ferroviário, marítimo, o fluvial ou aéreo.

Enquadramos nesse tipo penal, por exemplo, os transportes viários, os lacustres (por via de lagos e lagoas) e toda sorte de transportes públicos que não se enquadram no antigo anterior.

O objeto material desse delito é qualquer meio de transporte público diverso de embarcação ou aeronave.

1.2. Sujeitos

O sujeito ativo, da mesma forma que os artigos anteriores, pode ser qualquer pessoa, inclusive o proprietário dos veículos de transporte público, não se exigindo nenhuma qualidade ou condição especial para a prática desse delito.

O sujeito passivo é a coletividade, o Estado, assim como os titulares dos bens jurídicos materiais lesados e as pessoas que foram expostas ao perigo causado pela conduta descrita no tipo penal, principalmente no caso de desastre.

1.3. Análise da(s) conduta(s) descrita(s) no tipo

Ao analisarmos a conduta nuclear do tipo penal objeto deste estudo, verifica-se que existem dois verbos importantes na prática do ato: expor e impedir ou dificultar.

Quando tratamos de "expor a perigo meio de transporte público", no caso em estudo definimos expor como pôr em perigo, arriscar.

Impedir significa impossibilitar, barrar, obstruir, não permitir o funcionamento do transporte público diverso do disposto no art. 261.

Dificultar significa tornar custoso, criar empecilho, tornar difícil o funcionamento do transporte público.

Entendemos que transporte público é todo aquele que serve a uma coletividade em geral, não apenas o exercido pelo Estado ou por uma autarquia, e sim aquele que atende a um interesse público de forma geral.

Podemos incluir, nesse caso, os ônibus, os micro-ônibus, os táxis, as vans etc., inclusive elevadores, sendo estes particulares ou públicos.

Quando tratamos de elevadores, mencionamos o exemplo de Hungria, que cita o elevador público de Salvador, o qual faz a conexão entre a cidade alta e a baixa (*Comentários ao Código Penal*, 1959, v. VIII, p. 84).

Porém, Hungria diverge sobre a questão dos elevadores particulares fazerem parte desse rol, pois para ele não são considerados meios de transporte público.

Estefam entende, nesse caso, que os elevadores particulares fazem sim parte do rol do art. 262 e devem ser considerados meio de transporte público quando estão a serviço justamente do público em geral (*Direito penal*, 2011, v. 3, p. 407).

Segue ainda o autor dizendo que é indiferente que o meio de transporte seja próprio ou alheio, porquanto não se cuida de infração patrimonial. Pouco importa, ainda, se pertence a pessoa jurídica de direito público ou privado, pois o fundamento é que se destina à locomoção das pessoas em geral (apud NORONHA, Edgard Magalhães. *Direito penal*, 1961, v. 3, p. 407. Nesse sentido congregam a mesma opinião Luiz Regis Prado, *Curso de direito penal brasileiro*: Parte Especial: arts. 250 a 359-H, 2010, v. 3, e Rogério Greco, *Curso de direito penal*).

Quem adapta seu veículo com um tanque de gás natural, de forma rudimentar, e este apresenta algum vazamento, está mais do que explícita a tipificação do art. 262, por expor a perigo claro os passageiros. No caso de esse veículo acabar explodindo, teremos a tipificação de outro delito mais grave (exemplo de BITENCOURT, op. cit., 2010, v. 4, p. 282).

1.4. Elemento subjetivo

O tipo subjetivo neste delito se consagra como sendo o dolo, a vontade clara e específica de expor a perigo, impedir ou dificultar o funcionamento de meio de transporte público.

Considera-se o dolo eventual neste delito quando das figuras de impedir ou dificultar o funcionamento de meio de transporte. Para isso é necessário que o agente tenha a consciência da prática da criação do perigo comum, embora esta não este seja o objeto de sua vontade (BITENCOURT, op. cit., 2010, v. 4, p. 282. Partilha do mesmo entendimento PRADO, op. cit., 2010, v. 3, p. 89).

1.5. Qualificadora

Dispõe o § 1º deste artigo que se do fato resultar desastre, a pena será de reclusão de 2 a 5 anos.

Entende-se claramente aí uma conduta preterdolosa, pois, até a ação do crime de exposição a perigo de meio de transporte público, temos o crime previsto no *caput*, todavia, se esta exposição gerar um desastre não representará um simples exaurimento do crime, e sim uma evolução para a forma qualificada do delito.

Na modalidade preterdolosa, o agente tem a vontade de agir para a prática da exposição ou impedimento do funcionamento do meio de transporte público, todavia, não deseja a ocorrência do desastre. Se este ocorrer, o agente responde pela qualificadora estudada.

Não se admite a tentativa na modalidade preterdolosa.

Vale lembrar que se o atentado contra a segurança de meio de transporte público for realizado por meio de explosão ou incêndio, o art. 262 será absorvido pelo art. 250, § 1º, II, *c*, ou § 2º do mesmo artigo.

Se do desastre ocorrido, conforme dispõe o art. 262, § 1º, resultar lesão corporal de natureza grave, a pena é aumentada da metade. Todavia se houver o resultado morte a pena é dobrada.

No entanto, na ocorrência de um desastre culposo, conforme o art. 262, § 2º, se resultar em lesão corporal, a pena é aumentada da metade, e na ocorrência do evento morte a pena será a do homicídio culposo, aumentada de um terço.

1.6. Forma culposa

Para que ocorra essa modalidade são necessários os requisitos inerentes da configuração do crime culposo, ou seja, a imperícia, a negligência e a imprudência.

Porém, aliado a isso, deve o agente também ocasionar o efetivo sinistro, isto é, por meio de sua conduta de desatenção deverá ocorrer desastre nos meios de transportes públicos.

1.7. Consumação e tentativa

O crime consuma-se com o efetivo advento da exposição a perigo, do impedimento ou da dificuldade do funcionamento de meio de transporte público, independentemente do advento de qualquer resultado naturalístico.

A situação de perigo, impedimento ou dificuldade de funcionamento de meio de transporte público deve ser demonstrada no caso concreto, não se podendo presumi-la, como dispõe o princípio da lesividade.

A tentativa é admissível.

1.8. Classificação

Crime comum, formal, de forma livre, comissivo, de perigo concreto, de dano ou lesão, nas modalidades culposa e preterdolosas, instantâneo, unissubjetivo, plurissubsistente.

2. OBSERVAÇÕES

2.1. Art. 15 da Lei de Segurança Nacional (lei revogada pela Lei n. 14.197/2021)

Caso o agente pratique sabotagem contra instalações militares, meios de comunicações, meios e vias de transportes, estaleiros, portos, aeroportos, fábricas, usinas, barragens, depósitos e outras instalações congêneres, incorre na prática descrita no tipo penal do art. 359-R do Código Penal.

2.2. Art. 27 da Lei n. 6.453/77

Responde civil e criminalmente por danos nucleares o agente que dificulta ou impede o funcionamento de instalação nuclear ou o transporte de material nuclear.

Forma qualificada

Art. 263. Se de qualquer dos crimes previstos nos arts. 260 a 262, no caso de desastre ou sinistro, resulta lesão corporal ou morte, aplica-se o disposto no art. 258.

O art. 263 menciona que se ocorrer desastre ou sinistro nos crimes previstos nos arts. 260 a 262 e desses fatos resultar lesão corporal ou morte aplicar-se á o disposto no art. 258.

Arremesso de projétil

Art. 264. Arremessar projétil contra veículo, em movimento, destinado ao transporte público por terra, por água ou pelo ar:

Pena – detenção, de 1 (um) a 6 (seis) meses.

Parágrafo único. Se do fato resulta lesão corporal, a pena é de detenção, de 6 (seis) meses a 2 (dois) anos; se resulta morte, a pena é a do art. 121, § 3º, aumentada de um terço.

---

1. COMENTÁRIO

1.1. Objetividade jurídica

Da mesma forma que nos artigos predecessores a este, o bem jurídico tutelado aqui é a incolumidade pública, no que tange à segurança dos meios de transporte públicos, somando-se a isso a proteção à vida, à integridade física e ao patrimônio das pessoas envolvidas.

1.2. Sujeitos

O sujeito ativo, da mesma forma que nos artigos anteriores, pode ser qualquer pessoa, não se exigindo nenhuma qualidade ou condição especial para a prática desse delito.

O sujeito passivo é a coletividade, o Estado, assim como os titulares dos bens jurídicos materiais lesados, e as pessoas que foram expostas ao perigo causado pela conduta descrita no tipo penal.

1.3. Análise da(s) conduta(s) descrita(s) no tipo

Ao analisarmos a conduta nuclear do tipo penal descrito acima objeto deste estudo, verifica-se que existe um verbo importante na prática do ato: arremessar.

Quando tratamos de arremessar, essa conduta significa lançar com força, atirar.

Projétil significa qualquer coisa ou objeto sólido ou pesado que se lança no espaço, contra veículo em movimento destinado ao transporte público por terra, por água ou pelo ar.

Somente será objeto desse crime veículo público em movimento. Por consequência, veículos particulares ou públicos estacionados não fazem parte do delito em questão.

O objeto material é o veículo em movimento encarregado do transporte público por água, por terra ou pelo ar.

Entende-se por veículo público todo aquele que serve ao interesse público, estando tanto em função do Estado como em função de uma empresa particular a serviço do poder público.

Há entendimento contrário a essa posição, sustentando que o objeto material desse delito vem a ser o projétil e não o veículo em movimento, porém partilhamos da primeira posição (em sentido contrário à maioria: NUCCI, Guilherme de Souza. *Manual de direito penal*, p. 909).

Trata-se de delito de perigo abstrato, já que o tipo penal não prevê o risco como elementar do tipo.

Para a configuração deste delito exige-se que o projétil seja capaz de produzir algum tipo de dano a pessoas ou coisas.

1.4. Elemento subjetivo

O tipo subjetivo é integrado exclusivamente pelo dolo, a vontade lícita e consciente de arremessar o projétil contra veículo de transporte público em movimento.

1.5. Consumação e tentativa

Consuma-se este delito com o simples ato de arremessar o projétil, não sendo necessário que este atinja o alvo desejado. Admite-se a tentativa.

1.6. Classificação

Crime comum, doloso, formal, comissivo, de perigo abstrato, de forma vinculada (a conduta delituosa deve ser específica ao arremesso de projétil), instantâneo, unissubjetivo, plurissubsistente e não transeunte.

Atentado contra a segurança de serviço de utilidade pública

Art. 265. Atentar contra a segurança ou o funcionamento de serviço de água, luz, força ou calor, ou qualquer outro de utilidade pública:

Pena – reclusão, de 1 (um) a 5 (cinco) anos, e multa.

Parágrafo único. Aumentar-se-á a pena de um terço até a metade, se o dano ocorrer em virtude de subtração de material essencial ao funcionamento dos serviços.

Parágrafo acrescentado pela Lei n. 5.346, de 03.11.1967.

---

1. COMENTÁRIO

1.1. Objetividade jurídica

Ao adentrarmos nesse delito, verificamos que a objetividade jurídica vem a ser a mesma, qual seja, a incolumidade pública, todavia, deve-se ter um especial cuidado ao analisar, pois a incolumidade refere-se aos serviços públicos, tais como a água, a luz, a força ou o calor, e também contra outros serviços que sejam de utilidade pública.

1.2. Sujeitos

Sujeito ativo neste delito em análise pode ser qualquer pessoa, não se exigindo nenhuma qualidade especial.

O sujeito passivo deste delito é a coletividade, a sociedade que é titular da incolumidade pública, as pessoas que foram expostas diretamente ao perigo criado pelo agente causador do atentado.

1.3. Análise da(s) conduta(s) descrita(s) no tipo

Quando verificamos a conduta nuclear do tipo penal descrito no delito em questão, observamos que existe um verbo importante para a prática do crime descrito: atentar.

Atentar significa perpetrar atentado, tornar incerta ou insegura a prestação do serviço, dirigir a conduta contra a segurança, praticar um atentado. Conforme preleciona Cezar Roberto Bitencourt acerca do tema: "A ação delituosa consiste em atentar contra a segurança, tornando incerta ou insegura a prestação dos serviços, ou contra o funcionamento destes, de modo que possa perturbar sua real atividade com o risco de paralisação" (*Tratado de direito penal*: Parte Especial, 2010, v. 4, p. 287).

Continua Bitencourt informando que atentar contra a segurança é fazer insegura a operação de serviço, tornando-o perigoso; atentar contra o funcionamento é colocar o serviço em risco de paralisação.

Quando o tipo penal menciona em seu *caput* o verbo nuclear atentar, este deve recair sobre a segurança ou o funcionamento dos serviços de água, luz, força ou calor, ou qualquer outro de utilidade pública.

Ao incluir na frase final da cabeça do artigo em questão o termo "ou qualquer outro tipo de utilidade pública", utiliza-se de uma fórmula genérica, com o fim de abranger outras situações parecidas com as descritas anteriormente.

Percebe-se, nesse caso, que há uma interpretação analógica para este tipo penal, pois o legislador utilizou-se de exemplos de serviços públicos, tais como água, luz e força, para, após essa exemplificação, generalizar e assim incluir outros serviços que possam vir a ser realizados por empresas estatais ou particulares, a exemplo do gás, dos serviços de limpeza e dos serviços hospitalares.

A respeito desse tema, vejamos a lição de Nélson Hungria: "O elemento material do crime é todo ato tendente a perturbar, de modo mais ou menos extenso, os serviços mencionados no texto legal. *In exemplis:* danificação ou utilização de usinas, represas, reservatórios, cabines de distribuição, aparelhos, fios, postes, encanamentos, ou quaisquer instalações necessárias à produção, prestação ou continuado fornecimento de luz, energia, gás, água etc. ao público em geral" (*Comentários ao Código Penal*, 1959, v. IX, p. 88).

Entendemos ser indiferente o meio empregado pelo agente para a prática delituosa, desde que seja idôneo a comprometer a segurança ou afetar o funcionamento dos serviços de utilidade pública, caracterizando o delito como sendo crime de forma livre.

A maioria da doutrina penal entende por este ser um crime abstrato, entendimento que partilhamos, pois com a prática do delito o sujeito ativo coloca em perigo um número indeterminado de pessoas, e isto faz com que, independente de prova, a probabilidade do perigo está presumida no tipo penal.

O perigo neste caso não aparece como elemento objetivo do tipo, e o delito se consuma ainda que no caso em questão, ou seja, no caso concreto, não haja se verificado qualquer perigo à incolumidade pública, não se exigindo, portanto, qualquer verificação da existência do perigo, pois este é inerente à ação praticada (PRADO, Luiz Regis. *Curso de direito penal brasileiro*: Parte Especial: arts. 250 a 359-H, 2010, v. 3, p. 96).

Todavia, existe a parte minoritária desta corrente doutrinária, da qual faz parte Rogério Greco, que defende ser não um crime de perigo abstrato e sim um crime de perigo concreto, pois entende que é necessário que seja demonstrada, caso a caso, a comprovação do efetivo dano causado, sob pena de reconhecer como um indiferente penal a conduta praticada pelo agente delituoso (*Curso de direito penal*: Parte Especial, 2011, v. IV, p. 98).

1.4. Elemento subjetivo

O tipo subjetivo é integrado exclusivamente pelo dolo, a vontade lícita e consciente de praticar o atentado contra a segurança e o funcionamento dos serviços de água, luz, força ou calor ou qualquer outro de utilidade pública.

Não existe a figura do elemento subjetivo específico do injusto nesse tipo penal.

1.5. Consumação e tentativa

Consuma-se o delito em questão com a execução de qualquer ato idôneo a perturbar a segurança assim como o funcionamento dos serviços de água, luz, força ou calor, ou quaisquer outros de utilidade pública, independente do resultado naturalístico do ato em si.

Por ser crime de perigo abstrato, configura-se com a simples prática do ato delituoso, não necessitando, portanto, da comprovação da efetividade do dano produzido, sendo sua mera presunção suficiente para a caracterização do mesmo.

Conforme já tratado no item 1.3 supra, existe corrente doutrinária contrária a este pensamento.

Quando tratamos da tentativa, novamente verificamos posições distintas dentro da doutrina penal no que tange a esta matéria, pois a maioria dos doutrinadores admite a tentativa neste crime, embora seja de difícil configuração dada a amplitude do tipo penal estudado (partilham desse pensamento: DELMANTO, Roberto. *Código Penal comentado*, p. 484; BITENCOURT, op. cit., 2010, v. 4, p. 288; PRADO, op. cit., 2010, v. 3, p. 96; COSTA JUNIOR, Paulo José da. *Direito penal*: curso completo. São Paulo, p. 583; ESTEFAM, André. *Direito penal*, 2011, v. 3, p. 415).

No entanto, Guilherme de Souza Nucci tem entendimento contrário à maioria da doutrina, e justifica sua posição argumentando que, por se tratar de crime de atentado, a lei já pune como sendo consumado o simples início da execução (*Manual de direito penal*. 6. ed. São Paulo, RT, p. 912).

Este autor partilha do entendimento da maioria doutrinária: por ser esse crime um delito plurissubsistente, em que o *iter ciminis* pode ser fracionado, a possibilidade da tentativa é completamente plausível.

1.6. Causa especial de aumento de pena

O art. 265, parágrafo único, do CP determina que: "Aumentar-se-á a pena de um terço até a metade, se o dano ocorrer em virtude de subtração de material essencial ao funcionamento dos serviços".

Esse dispositivo cuida de um crime de furto dentro de um crime de perigo, ou seja, se o dano ocorrer em virtude da subtração de material essencial ao funcionamento desses serviços, há uma causa de aumento de pena para o infrator.

Esta causa de aumento se impõe diante da magnitude do injusto que se apresenta frente ao desvalor da ação praticada.

Há um maior juízo de reprovação que recai sobre a atitude praticada, pois não é somente o dano em si, mas a subtração de materiais necessários para o bom funcionamento ou a segurança dos serviços elencados no *caput* que gera a gravidade do ato penal praticado.

Um exemplo comum, infelizmente recorrente nas grandes metrópoles, é o furto de cabos de cobre, que são colocados nos postes para a transmissão de energia para bairros inteiros.

O furto desses cabos de cobre, por si só, gera um dano essencial ao funcionamento dos serviços elencados no rol do art. 265 do CP, todavia, para que se caracterize o tipificado no parágrafo único em questão deve haver exclusivamente o dolo de subtrair os cabos para causar dano a esses serviços.

1.7. Classificação

Crime comum, formal, de forma livre, comissivo, de perigo abstrato, instantâneo, unissubjetivo e plurissubsistente.

2. OBSERVAÇÕES

2.1. Do concurso de normas

Quando tratamos deste assunto, verificamos que alguns crimes possuem semelhanças ao tipo penal descrito no art. 265, *caput*, do CP, todavia não podem ser confundidos com a regra em análise por possuírem elementos diversos do estudado até agora, senão vejamos:

Se por ventura o sujeito ativo praticar o fato descrito, tendo como motivação interesses políticos, não incorrerá no delito do art. 265, *caput*, do CP e sim no crime de sabotagem, consagrado no art. 15 da Lei n. 7.170/83.

Se o serviço cuja segurança ou o funcionamento se deseja atentar for de energia nuclear, fere-se não o artigo em análise agora, e sim o art. 27 da Lei n. 6.453/77 – Lei de Responsabilidade Civil e Criminal por Danos Nucleares.

Caso o atentado seja praticado contra serviços de utilidade militar, não se enquadra no disposto no art. 265 do CP e sim no art. 287 do CPM.

Interrupção ou perturbação de serviço telegráfico, telefônico, informático, telemático ou de informação de utilidade pública

Nomen juris com redação dada pela Lei n. 12.737, de 30.11.2012.

Art. 266. Interromper ou perturbar serviço telegráfico, radiotelegráfico ou telefônico, impedir ou dificultar-lhe o restabelecimento:

Pena – detenção, de 1 (um) a 3 (três) anos, e multa.

§ 1º Incorre na mesma pena quem interrompe serviço telemático ou de informação de utilidade pública, ou impede ou dificulta-lhe o restabelecimento.

Parágrafo acrescentado pela Lei n. 12.737, de 30.11.2012.

§ 2º Aplicam-se as penas em dobro se o crime é cometido por ocasião de calamidade pública.

Antigo parágrafo único renumerado pela Lei n. 12.737, de 30.11.2012.

---

1. COMENTÁRIO

1.1. Objetividade jurídica

Ao estudarmos esse delito, observamos que a objetividade jurídica vem a ser a mesma, qual seja, a incolumidade pública, todavia, existe um especial cuidado ao analisar este tipo penal, pois a incolumidade refere-se à regularidade nos serviços telegráficos, radiotelegráficos ou telefônicos, informático, telemático ou de informação de utilidade pública.

Protege-se, portanto, a normalidade dos serviços de telecomunicações e sistemas informáticos, telemáticos ou de informação de utilidade pública.

Importante ressaltar que o artigo que passaremos a analisar sofreu uma atualização necessária e emergente pela Lei n. 12.737/2012, que entrou em vigência no mês de abril de 2013, a qual regula os crimes informáticos, atualização que se fazia necessária, frente a todos os delitos informáticos que ocorrem diariamente.

Diante do fato de o sistema de telegráfico estar praticamente em desuso em nossa sociedade, a inclusão dos sistemas informáticos e telemáticos no art. 266, § 1º, reflete a necessidade de reforma de nossa legislação, que já se opera com esses avanços inseridos.

Os sistemas telemáticos podem ser compreendidos como sendo uma união de tecnologias para a transmissão de dados advindos de sistemas de telecomunicações, tais quais a telefonia, as fibras óticas, as transmissões via satélite, aliados a recursos informáticos, esse como os próprios computadores, os *softwares* inseridos nestes etc.

Com esta união de forças, permite-se o processamento e transmissão de uma enorme quantidade de dados, em diversos modos e de formas instantâneas, principalmente quando tratamos da transmissão de sons, imagens e dados.

Existem hoje, no universo informático, diversos *softwares* (programas de computadores) que possibilitam a transmissão instantânea de dados, seja por som, imagens ou dados, e estes programas podem facilmente ser instalados em aparelhos telefônicos inteligentes (*smartphones*).

Definem-se sistemas de informação de utilidade pública como sendo as ferramentas necessárias disponibilizadas a todo cidadão relativas a diversos e variados assuntos e interesses (PRADO, Luiz Regis. *Curso de direito penal brasileiro*, 2014, v. 3, p. 149), ou seja, todas as páginas de acesso a informações disponibilizadas na rede mundial de computadores.

1.2. Sujeitos

Sujeito ativo neste delito em análise pode ser qualquer pessoa, não se exigindo nenhuma qualidade especial, podendo ser inclusive aquela pessoa que executa os referidos serviços descritos no *caput*.

O sujeito passivo deste delito é a coletividade, a sociedade que é titular da incolumidade pública, ou pessoas que forem expostas diretamente ao perigo criado pelo agente causador do atentado.

1.3. Análise da(s) conduta(s) descrita(s) no tipo

Ao analisarmos as condutas descritas no tipo penal ora em estudo, constata-se a existência de dois verbos nucleares de extrema importância para a compreensão do delito praticado pelo sujeito ativo: interromper ou perturbar e impedir ou dificultar.

Interromper significa fazer cessar, parar.

Perturbar significa modificar, abalar, atrapalhar, desorganizar, alterar.

Impedir significa barrar, obstruir, não permitir, impossibilitar a execução.

Dificultar significa tornar difícil, custoso, colocar obstáculo ao reestabelecimento do serviço.

O objeto material deste delito é o serviço telegráfico, radiotelegráfico, telefônico, informático, telemático ou de informação de utilidade pública.

A norma tem alcance dentro dos mais modernos sistemas atualmente inseridos na modernidade eletrônica, pois congrega também, dentro do objeto material desse delito, a transmissão de sons, dados e imagens, por exemplo, a comunicação por meio da internet.

Com o advento dos telefones inteligentes (*smartphones*), hoje as comunicações atingiram um nível de aceleração e de interatividade como nunca antes feito, possibilitando que pessoas continuem a trabalhar mesmo que não se encontrem em seus espaços físicos, pois estes aparelhos de telefones inteligentes são considerados uma extensão de suas estações de trabalho físicas, pois possibilitam, com diversos programas instalados dentro desses aparelhos, a edição de textos, o envio de correspondências eletrônicas, e a troca de mensagens instantâneas, assim como unem, em um só programa, a questão da videoconferência, mesmo pela tela do celular.

Assim, esta possibilidade de objetividade material do delito em estudo do art. 266 do CP só é contemplada quando estas comunicações de sons, imagens e dados se realizem por meio de telefones. Caso o meio de transmissão seja ondas de rádio, transmissão via cabo, não há que se falar no enquadramento da prática desse delito.

Para vias de esclarecimento acerca do tema proposto no estudo do objeto material, Nélson Hungria ensina da seguinte forma: "O elemento material é tanto o emprego de violência contra as instalações ou aparelhos como contra as pessoas dos serviços mencionados no texto legal, de modo a resultar interrupção (paralisação) ou perturbação (desarranjo parcial, retardamento) de tais serviços, ou obstáculo ou embaraço ao seu restabelecimento. A enumeração dos serviços de telecomunicação é taxativa. Assim, não poderia, por analogia, ser incluído o serviço postal. Telégrafo é toda instalação que possibilita a comunicação do pensamento ou da palavra mediante a transmissão à distancia de sinais convencionais. Compreende o telegrafo elétrico (terrestre ou submarino) ou semafórico. Radiotelégrafo é o telégrafo sem fio, funcionando por meio de ondas eletromagnéticas ou ondas dirigidas. Telefone é a instalação que permite reproduzir à distância a palavra falada ou outro som" (GRECO, Rogério. *Curso de direito penal*: Parte Especial, 2011, v. IV, p. 103, apud HUNGRIA, Nélson. *Comentários ao Código Penal*, 1959, p. 88).

Informática é a ciência aplicada que trata do estudo e aplicação do processamento automático da informação, mediante a utilização de elementos eletrônicos e sistemas de informação (GRECO, op. cit., 2011, v. IV, p. 104).

Necessário se faz que o serviço abalado ou afetado em questão seja público, mesmo ainda quando esse serviço seja exercido por um concessionário.

O que se analisa e se pretende com a punição desta figura penal não é a simples interrupção do funcionamento de um só aparelho ou a dificuldade ou o simples impedimento de determinada comunicação, seja ela qual for, pois para este casos existem, *v. g.*, o art. 151, § 1º, III, do CP.

O que se busca é a punição de um ato que seja capaz de interromper ou perturbar o funcionamento de todo um sistema telegráfico ou telefônico, ou que seja ao menos parte dele.

Busca-se com a inovação legislativa introduzida no parágrafo primeiro deste artigo a proteção dos sistemas informáticos como um todo, no que tange à interrupção dos serviços telemáticos ou dos sistemas de informação de utilidade pública ou o impedimento e o dificultar de seu restabelecimento.

Importante mencionar que o ato de perturbar serviços telemáticos ou sistemas de informação de utilidade pública não constitui crime, pois a própria definição do termo perturbar, ou seja, atrapalhar sem interromper o funcionamento do serviço telemático, não gera qualquer dano à incolumidade pública e nem ao sistema, não devendo ser enquadrado no rol de condutas tipificadas penalmente.

Essa definição aplica-se somente ao art. 266, § 1º, sendo que perturbar serviço telegráfico, radiográfico ou telefônico, faz parte do rol taxativo do art. 266, *caput*, e assim vem a ser crime a conduta descrita.

Quem realiza uma interceptação de comunicação telefônica entre duas ou mais pessoas não está enquadrado nesse delito, pois o que dispõe o art. 266 do CP é o tratamento da questão em um sentido mais amplo, ou seja, a defesa da incolumidade pública ofendida com a prática do crime em estudo.

O que se protege neste caso é o interesse coletivo, e não somente o interesse individual.

Trata-se de um crime de perigo abstrato, no qual o motivo único e exclusivo do legislador é a razão da lei, ou seja, o perigo neste delito é presumido, não necessitando realmente que a ação venha a acontecer, não se exigindo, portanto, que o perigo inerente à ação seja demonstrado.

Trata-se de um crime de tipo misto alternativo, pois em seu *caput* o artigo elenca as condutas nucleares "interromper ou perturbar", podendo o agente, assim, praticar uma ou as duas ações e estaria caracterizado um só crime.

O delito em questão é cumulativo, visto que existem duas formas de agir, distintas entre si. Entre as condutas de "impedir" ou "dificultar" o restabelecimento do serviço, caso sejam praticadas ao mesmo tempo, a segunda conduta será caracterizada como fato posterior não punível, pois mero desdobramento da primeira.

1.4. Figura equiparada

Com introdução do § 1º do art. 266 pela da Lei n. 12.737/2012 equipara-se ao *caput* as práticas relativas aos serviços telemáticos e de sistemas de informação de utilidade pública, excluindo do rol de taxativo elencado no *caput* a ação de perturbar, frente ao fato que esta conduta, dentro dos sistemas informáticos, não gera dano algum à incolumidade pública e nem ao sistema, pois o simples ato de perturbar um sistema temático, sem que haja a interrupção do fornecimento dos seus serviços, não gera crime.

1.5. Elemento subjetivo

O tipo subjetivo é integrado exclusivamente pelo dolo, a vontade lícita e consciente de interromper ou perturbar qualquer dos serviços elencados no art. 226, *caput*, do CP, assim como impedir ou dificultar o restabelecimento destes serviços, pois agindo desta forma atingiria um número indeterminado de pessoas.

O dolo configura também como elemento subjetivo do parágrafo primeiro deste artigo.

Não existe a figura do elemento subjetivo específico do injusto neste tipo penal.

1.6. Consumação e tentativa

O crime se consuma com a prática das ações descritas no elemento objetivo do tipo penal, ou seja, as ações de interromper ou perturbar os serviços elencados no *caput*, ou mesmo quando o sujeito ativo, com sua prática, atinge o objetivo de impedir ou dificultar o restabelecimento destes serviços já mencionados.

Regis Prado versa que a violência empregada no tipo penal em análise pode recair não sobre os maquinários destinados a comunicação, mas sobre as pessoas que estão encarregadas da prestação destes serviços (op. cit., 2014, v. 3, p. 99).

A tentativa é admitida teoricamente, sendo que alguns doutrinadores a justificam por ser o crime configurado como de perigo abstrato e outros por ser o crime plurissubsistente.

1.7. Causa especial de aumento de pena

Dispõe o art. 266, § 2º: "Aplicam-se as penas em dobro, se o crime é cometido por ocasião de calamidade pública".

Terá prevalência a majorante descrita acima quando o delito ocorrer por calamidade pública, que se define como sendo um mal grave e extenso, que atinge um número considerável e indeterminado de pessoas e bens, a exemplos de naufrágios, incêndios, inundações, ciclone, epidemias etc.

1.8. Classificação

Crime comum, formal, de forma livre, comissivo, de perigo abstrato (há uma posição minoritária na doutrina que entende ser o crime de perigo comum e concreto, pois, para estes que defendem esta teoria, a conduta que o agente pratica ofende a incolumidade pública como um todo, e a situação real de perigo deve ser comprovada. Dizem ainda que apenas o comportamento que realmente tenha alguma potencialidade lesiva aos serviços elencados no artigo é que deve sofrer com as sanções penais impostas), instantâneo, unissubjetivo e plurissubsistente.

2. OBSERVAÇÕES

2.1. Art. 70 da Lei n. 4.117/62 (Código Brasileiro de Telecomunicações)

Caso o agente tenha instalado ou utilizado aparelhos clandestinos de telecomunicações, o fato é punido com pena de 1 a 2 anos de detenção, e, se por ventura houver dano a terceiro, a pena disposta no artigo aumenta da metade.

2.2. Art. 266, § 1º, do CP – alterado pela Lei n. 12.737/2012. Tipificação da conduta chamada de ataque de denegação de serviço (DOS/DDOS)

Entende-se o DOS – *denial of service* ou denegação de serviço –, não como uma invasão normal a um sistema informático, uma página de internet ou um serviço de fornecimento de banda larga, mas sim uma sobrecarga de acessos a este locais, os quais causam a interrupção do fluxo de dados desta rede.

Dentro da internet, o fluxo de dados é intenso e constante, fazendo com que informações cheguem aos interessados em uma velocidade compatível com a solicitação e atendam às suas necessidades. Todavia, se um computador estiver infectado por vírus, que o transforma em uma espécie de "zumbi", o agente delituoso, que infectou a máquina em questão, controlará a esta máquina para que, mesmo que o proprietário não deseje, sejam acessadas pela da internet, por diversas vezes, a página que se pretende "derrubar", ou fazendo com que este sistema informático seja travado e as informações não cheguem ao destino desejado na velocidade necessária, e por muitas vezes nem cheguem.

Para este tipo de travamento intencional do sistema telemático dá-se o nome de DDOS – *distributed denial of service* ou denegação de serviço distribuído.

E para evitar esta prática altamente comum em nossos dias, já que a informática está cada vez mais presente, é que o legislador criou a figura do art. 226, § 1º, do CP.

CAPÍTULO III
DOS CRIMES CONTRA A SAÚDE PÚBLICA

Epidemia

Art. 267. Causar epidemia, mediante a propagação de germes patogênicos:

Pena – reclusão, de 10 (dez) a 15 (quinze) anos.

Pena com redação dada pela Lei n. 8.072, de 25.07.1990.

§ 1º Se do fato resulta morte, a pena é aplicada em dobro.

§ 2º No caso de culpa, a pena é de detenção, de 1 (um) a 2 (dois) anos, ou, se resulta morte, de 2 (dois) a 4 (quatro) anos.

1. COMENTÁRIO

1.1. Objetividade jurídica

O bem jurídico tutelado é a incolumidade pública, e, neste caso específico, a saúde pública, enquanto bem consagrado pelo art. 6º da CF. Importante salientar que este dispositivo legal visa proteger a saúde física de todos os possíveis afetados pela conduta, tendo, portanto, como objetivo precípuo a preservação das condições saudáveis de vida de toda a coletividade, em complementação a tipos penais que tratam da preservação da integridade física e mental de um único indivíduo.

1.2. Sujeitos

No que diz respeito ao sujeito ativo, referido crime é comum, podendo ser praticado por qualquer pessoa. O sujeito passivo é a coletividade, porque no crime em comento, conforme já ressaltado, o autor não atua com vistas a prejudicar uma vítima específica, mas a expor um indeterminado número de pessoas ao contágio com aquela epidemia provocada por germes patogênicos.

O crime em comento, levando-se em conta o caráter difuso dos sujeitos passivos, é considerado vago, por não ser possível indicar, de forma exata, quais são as vítimas atingidas pela conduta.

1.3. Análise da(s) conduta(s) descrita(s) no tipo

A ação externada pelo tipo consiste no verbo "causar", que corresponde à conduta de produzir, no sentido de dar origem ou provocar a propagação de epidemia mediante a disseminação de germes patogênicos.

Por epidemia, podemos considerar o contágio por doença infecciosa que atinge uma enorme quantidade de pessoas aglutinadas em uma mesma localidade, bairro, município ou região. Importante salientar que outro componente do conceito de epidemia é a sua rápida capacidade de disseminação. Como exemplo, podemos considerar a propagação da febre amarela.

Como regra, o verbo "causar" exige uma conduta comissiva do sujeito ativo, contudo, não há qualquer impedimento à possibilidade de o agente causar a epidemia de forma omissiva imprópria, na forma do art. 13, § 2º, do CP, quando este, podendo agir para evitar o resultado, não o faz.

O art. 267, *caput*, faz menção expressa aos germes patogênicos. Conforme leciona Cezar Roberto Bitencourt (*Tratado de direito penal*: Parte Especial, 2012, v. 4, p. 305), esses "são apenas os seres unicelulares que produzem moléstias infecciosas". Disso, podemos concluir que os germes patogênicos são aqueles seres capazes de produzir doenças infecciosas nos seres humanos.

No § 1º, o legislador positivou a forma qualificada do delito, em razão da maior gravidade do resultado alcançado. Trata-se, portanto, de evidente hipótese de crime preterdoloso, em que há a presença do dolo na conduta inicial – causar epidemia –, ao passo que o resultado qualificador – morte – sobrevém a título de culpa.

Caso o agente tenha dado causa ao resultado morte dolosamente, será este responsabilizado pelo crime de epidemia, na forma do art. 267, *caput*, em concurso com o crime de homicídio, na forma dos arts. 69, 70 ou 71, do CP, de acordo com as circunstâncias fáticas.

A Lei n. 8.072/90, em seu art. 1º, VII, indicou expressamente a figura da epidemia com resultado morte como umas das modalidades de crimes considerados legalmente hediondos.

Também há a figura da epidemia culposa, conforme expressa previsão do art. 267, § 2º, do CP.

Seguindo as regras relativas aos crimes culposos, essa modalidade restará configurada quando o agente der causa à propagação de germes patogênicos, decorrendo essa conduta da inobservância do cuidado objetivo exigido pelas circunstâncias, ou seja, o crime decorre da imprudência, da negligência ou da imperícia do agente.

A segunda parte do já mencionado § 2º apresenta hipótese qualificadora da conduta perpetrada, com uma distinção aos tradicionais crimes preterdolosos, pois, nessa hipótese, a conduta antecedente praticada pelo sujeito ativo também será culposa, ou seja, há culpa na conduta antecedente – epidemia, e culpa no resultado qualificador – morte.

1.4. Elemento subjetivo

O elemento subjetivo é o dolo, revelado na vontade e na consciência por parte do agente de causar epidemia através da propagação de germes patogênicos. Não há exigência de elemento subjetivo especial, portanto, trata-se de dolo genérico.

Válido ressaltar que existem autores (BITENCOURT, op. cit., 2012, v. 4, p. 305; GRECO, Rogério. *Curso de direito penal*: Parte Especial, 2008, v. IV, p. 111) que entendem que referida conduta exige, para a sua configuração, um especial fim de agir do sujeito ativo, sendo, para estes, modalidade de dolo específico.

O art. 267, § 2º, primeira parte, apresenta hipótese de epidemia culposa.

1.5. Consumação e tentativa

O crime de epidemia restará configurado com a efetiva propagação dos germes patogênicos, ou seja, para a consumação do delito em tela, faz-se necessária a obtenção do resultado juridicamente previsto.

Trata-se, portanto, de crime material, em que, para a sua consumação, faz-se necessária, além da prática da conduta, a obtenção de um resultado previsto em lei.

A tentativa é perfeitamente cabível, vez que a conduta admite fracionamento, portanto, plurissubsistente.

1.6. Classificação

Crime comum, material, doloso, vago, comissivo (regra), instantâneo de efeitos permanentes, admite tentativa, plurissubsistente.

2. OBSERVAÇÕES

2.1. Necessidade de perícia

Por se tratar de infração que deixa vestígios, exige-se o exame de corpo de delito para se provar a materialidade do crime (art. 158, CPP).

2.2. Distinção entre epidemia, endemia e pandemia

Como deixa evidente o título deste comentário, há distinção entre as três modalidades de difusão de doenças contagiosas.

A epidemia, que é aquela consagrada pelo tipo penal em comento, é a modalidade de doença contagiosa que atinge simultaneamente um grande número de pessoas que vivem em uma mesma região, de forma repentina e inesperada. Como exemplo de epidemia, podemos indicar os surtos de febre amarela que acontecem em determinadas regiões do país.

A endemia abrange as enfermidades que acontecem comumente em determinadas regiões, tendo a sua incidência prolongada por muito tempo. Como hipóteses, podemos citar as doenças comuns nas comunidades ribeirinhas da bacia amazônica, ou a dengue em regiões tropicais.

Por último, há a pandemia, que apresenta características similares às da epidemia, contudo, tem como traço distintivo a quantidade de pessoas ou regiões afetadas, que é muito maior que na epidemia. Como exemplos de pandemia, podemos citar a febre espanhola que levou a óbito milhares de pessoas no continente europeu, ou, mais atualmente, o vírus H1N1, conhecido como gripe suína, o qual afetou milhares de pessoas, em vários continentes.

2.3. Princípio da Legalidade

Conforme já ressaltado, o art. 267 faz menção unicamente à epidemia. Face à essa constatação, surge a dúvida acerca da possibilidade de aplicação do referido dispositivo nas hipóteses de endemia e pandemia.

Entendemos pela possibilidade de aplicação nos casos de pandemia, desde que observadas, por óbvio, as regras de aplicação e territorialidade da lei penal.

No que diz respeito a endemia, por serem doenças comuns em determinadas regiões, não há que se falar em responsabilidade penal, exceto quando a sua incidência for alastrada pela ação humana.

Infração de medida sanitária preventiva

Art. 268. Infringir determinação do poder público, destinada a impedir introdução ou propagação de doença contagiosa:

Pena – detenção, de 1 (um) mês a 1 (um) ano, e multa.

Parágrafo único. A pena é aumentada de um terço, se o agente é funcionário da saúde pública ou exerce a profissão de médico, farmacêutico, dentista ou enfermeiro.

---

1. COMENTÁRIO

1.1. Objetividade jurídica

O bem jurídico penal tutelado é a saúde pública, aqui relacionada à função atribuída ao Estado de atuar com vistas a impedir/evitar a proliferação de doenças. Importante lembrar que a saúde pública é um bem jurídico constitucionalmente assegurado, e, em decorrência disso, a própria CF, em seu art. 196, aponta como função do Estado a promoção de políticas públicas para garantir esse direito.

1.2. Sujeitos

O sujeito ativo é qualquer pessoa, tratando-se, portanto, de crime comum. O fato de haver uma causa de aumento de pena disposta no § 1º do referido artigo, não torna o crime próprio, apenas indica o necessário agravamento da pena quando este crime for praticado por funcionário da saúde pública, médico, farmacêutico dentista ou enfermeiro. O sujeito passivo é a coletividade, sendo hipótese de crime vago.

1.3. Análise da(s) conduta(s) descrita(s) no tipo

O tipo legal do crime estabelece que o seu núcleo é estabelecido pelo verbo infringir, que é sinônimo de violar, transgredir ou desrespeitar determinação do poder público, destinada a impedir a introdução ou propagação de doença contagiosa.

Interessante observação diz respeito ao fato de o art. 268 conter uma norma penal em branco, a qual deverá ser complementada por intermédio das determinações do poder público, concernentes a impedir a introdução ou propagação de doença contagiosa.

No que diz respeito a essa norma penal em branco, vale lembrar que poderá ser complementada por outra lei – portanto, corresponde à norma penal em branco homogênea – ou por algum ato administrativo – portanto, norma penal em branco heterogênea.

1.4. Elemento subjetivo

O elemento subjetivo é o dolo. O agente deve ter a vontade e a consciência de estar infringindo as determinações do poder público, destinadas a impedir a propagação/introdução de doenças contagiosas. O tipo legal do crime não exige um especial fim de agir, tratando-se, portanto, da figura classificada como dolo genérico.

1.5. Causa especial de aumento de pena do parágrafo único

Conforme já ressaltado anteriormente, o delito em tela é crime comum, podendo, portanto, ser praticado por qualquer pessoa.

O que se pretende com a referida causa especial de aumento de pena é evitar que pessoas dotadas de maior capacidade técnica causem problemas, agindo em desconformidade com o dever que lhes é imposto por razões profissionais.

1.6. Consumação e tentativa

A consumação ocorre com a simples violação às determinações do poder público, independentemente da obtenção do resultado, ou seja, o tipo em tela é crime formal. Caso tais resultados ocorram, isso em nada influenciará a consumação do tipo legal de crime, podendo, contudo, ser levado em consideração no momento da aplicação da pena criminal, especificamente no elemento *consequências do crime* previsto no art. 59 do CP. A tentativa é admitida.[24]

1.7. Classificação

Crime comum, formal, vago, doloso, comissivo, instantâneo, de forma livre, admite a tentativa.

2. JURISPRUDÊNCIA

2.1. Julgados

Infração de medida sanitária e norma penal em branco

Apelação criminal. Infração de medida sanitária preventiva. *Perpetuatio jurisdictionis*. Norma penal em branco. Ausência de manifestação do dispositivo infringido. Absolvição mantida. Recurso desprovido. Em face do princípio da *perpetuatio jurisdictionis*, mesmo que o Juiz absolva o réu da infração que lhe deu a *vis attractiva*, continuará competente para o julgamento das demais infrações. (STJ, *HC* n. 2000/0084742-9, rel. Min. Édson Vidigal, publ. 19.03.2001)

Trata-se o art. 268 do CP de norma penal em branco e, como tal, exigente de complementação por outro dispositivo legal a ser devidamente mencionado na peça acusatória para permitir e possibilitar a plena e ampla defesa. Prescindindo o órgão de acusação na denúncia e no decorrer da instrução processual de apontar qual a norma legal estaria sendo infringida pelo acusado, o que lhe competia, de molde a conferir efetiva tipicidade ao seu comportamento, permanece atípica a conduta narrada na exordial, fazendo-se certeira a absolvição. (TAMG, Ap. n. 415.390-0, 1ª Câm. Mista, rel. Eduardo Brum, j. 29.10.2003, *DJ* 11.11.2003)

3. OBSERVAÇÕES

3.1. Crime de perigo abstrato

Por tratar-se de crime de perigo abstrato, a lei presume a existência do risco à saúde pública ocasionado pela prática da conduta criminosa, sen-

24 BITENCOURT, Cezar Roberto. *Tratado de direito penal*: Parte Especial, 2012, v. 4, p. 543; COSTA JUNIOR, Paulo José da. *Direito penal*: curso completo, 2000, p. 673; PRADO, Luiz Regis. *Curso de direito penal brasileiro*: Parte Especial, 2012, v. 3, p. 468. Contra, admitindo a tentativa somente no caso de o crime ser praticado por escrito: GRECO, Rogério. *Curso de direito penal*: Parte Especial, 2012, v. IV, p. 327.

do desnecessária, para a sua consumação, a demonstração do potencial ofensivo da conduta.

Omissão de notificação de doença

Art. 269. Deixar o médico de denunciar à autoridade pública doença cuja notificação é compulsória:

Pena – detenção, de 6 (seis) meses a 2 (dois) anos, e multa.

1. COMENTÁRIO

1.1. Objetividade jurídica

Protege-se a saúde pública.

1.2. Sujeitos

O sujeito ativo está expressamente indicado no tipo penal, qual seja, o médico. Trata-se, evidentemente, de crime próprio, por haver a necessidade de o sujeito ativo ser detentor de determinada qualidade específica, no caso, a condição de médico. Importante lembrar que, em conformidade com o disposto no art. 30 do CP, poderá haver o concurso de pessoas, especialmente aquelas que concorram para o ato profissional da medicina, como os enfermeiros e demais auxiliares. O sujeito passivo é a coletividade, sendo, portanto, crime vago.

1.3. Análise da(s) conduta(s) descrita(s) no tipo

O verbo núcleo do tipo é "deixar", que corresponde a uma conduta negativa. Essa omissão diz respeito ao médico que, no exercício de suas funções ou fora dela, tenha acesso a informações relativas a doenças as quais devem ser informadas às autoridades públicas.

Essa obrigação decorre do próprio exercício da medicina, especialmente por conta do compromisso profissional assumido por todos os médicos quando da sua inscrição nos Conselhos Regionais de Medicina, portanto, esse compromisso os obriga a informar essas hipóteses, mesmo que tenham acesso a elas fora do seu exercício profissional. Cezar Roberto Bitencourt (*Tratado de direito penal*: Parte Especial, 2012, v. 4, p. 316) indica a existência da Lei n. 6.259/75 e da Portaria n. 104/2011, essa da lavra do Ministério da Saúde.

Em oposição ao entendimento por nós indicado, há a posição de Cezar Roberto Bitencourt (ibidem, 2012, v. 4, p. 318), dizendo que: "[...] apesar de o legislador não ter feito nenhuma especificação a respeito, entendemos que o médico somente pratica o crime do art. 269 durante o exercício da atividade médica, de modo que a omissão da notificação passa a ser relevante para o direito penal quando o médico toma conhecimento da enfermidade no exercício legal e regular da sua profissão".

No que diz respeito ao verbo núcleo do tipo, trata-se de conduta omissiva própria, uma vez que a omissão está perfeitamente descrita no tipo penal. Ao médico que, dolosamente, permanece inerte, e, por conta dessa inércia, desrespeita o seu dever legal de informar a autoridade pública a existência de doença cuja notificação é compulsória será imputada a prática dessa conduta.

Por fim, o preceito do art. 269 configura norma penal em branco, pois não há a indicação no tipo de penal de quais são as doenças que ensejam a notificação compulsória, devendo a sua complementação se dar por outras leis ou atos administrativos.

A notificação compulsória referida no tipo é sinônimo da comunicação de cunho obrigatório a ser exarada pelo médico, quando da existência de determinadas doenças. A já indicada Lei n. 6.259/75 dispõe, no seu art. 7º, quais são, atualmente, as doenças que deverão ser, compulsoriamente, indicadas à autoridade pública.

1.4. Elemento subjetivo

O elemento subjetivo é o dolo. O agente, de forma livre e consciente, deixa de comunicar à autoridade pública a existência de doença cuja notificação é compulsória. Não há exigência de elemento subjetivo especial.

Não há previsão legal acerca da possibilidade de punição quando referida conduta for praticada sob a modalidade culposa.

1.5. Consumação e tentativa

O crime consuma-se com a simples omissão do médico em denunciar à autoridade pública doença de notificação compulsória. Trata-se, portanto, de crime de mera conduta, afinal, o tipo não indica qualquer resultado passível de ser ocasionado com a omissão do sujeito ativo.

Por ser crime omissivo próprio, a tentativa é incompatível, pois não é possível comprovar o fracionamento da conduta.

1.6. Classificação

Crime comum, vago, de mera conduta, doloso, omissivo próprio, instantâneo, não admite tentativa.

2. OBSERVAÇÕES

2.1. Crime de perigo abstrato

Por tratar-se de crime de perigo abstrato, a lei presume a existência do risco à saúde pública ocasionado pela prática da conduta omissiva, sendo desnecessária, para a sua consumação, a demonstração do potencial ofensivo da conduta.

2.2. Da distinção entre o disposto no art. 269 do CP e o disposto no art. 154 do CP – violação de segredo profissional

Em face da leitura conjunta dos dois tipos penais acima citados, surge a dúvida: o médico que denuncia à autoridade pública a existência de doença cuja notificação é compulsória estará sujeito a prática da conduta de violação de segredo profissional?

Entendemos que não, porque o tipo previsto no art. 154 do CP, prevê um elemento normativo do tipo, qual seja, a indicação da expressão "sem justa causa". Portanto, ao cumprir a sua obrigação de informar a existência de determinada doença de notificação obrigatória, o médico estará agindo em conformidade com preceitos legalmente previstos, razão apta a justificar a sua conduta.

Envenenamento de água potável ou de substância alimentícia ou medicinal

Art. 270. Envenenar água potável, de uso comum ou particular, ou substância alimentícia ou medicinal destinada a consumo:

Pena – reclusão, de 10 (dez) a 15 (quinze) anos.

Pena com redação dada pela Lei n. 8.072, de 25.07.1990.

§ 1º Está sujeito à mesma pena quem entrega a consumo ou tem em depósito, para o fim de ser distribuída, a água ou a substância envenenada.

Modalidade culposa

§ 2º Se o crime é culposo:

Pena – detenção, de 6 (seis) meses a 2 (dois) anos.

---

1. COMENTÁRIO

1.1. Objetividade jurídica

O bem jurídico tutelado é a incolumidade pública, que, no caso em tela, corresponde à saúde pública, inerente à preservação da saúde de um indeterminado número de pessoas que possam ter acesso ao consumo daquela substância.

Interessante ressaltar que sendo de fonte de água situada em propriedade particular, aquele que a envenenar, mesmo sendo o proprietário do terreno onde essa está situada, estará sujeito às penas do delito desde que haja a possibilidade de diversas pessoas a consumirem.

Como exemplo, podemos indicar o envenenamento de uma caixa d'água de um restaurante pelo seu proprietário. Referida hipótese configura o crime em tela, levando-se em conta que o bem jurídico penal tutelado – a saúde pública, ou seja, a possibilidade de várias pessoas terem a sua saúde prejudicada – estará sofrendo riscos. Supondo que o autor do envenenamento seja uma pessoa solitária, e que realize essa conduta na caixa-d'água da sua residência, onde só ele consome a substância, nessa hipótese não haverá crime contra a saúde pública, portanto a conduta será atípica.

1.2. Sujeitos

O sujeito ativo é qualquer pessoa, tratando-se de crime comum.

O sujeito passivo é a coletividade, por não ser possível determinar especificamente quais seriam os prejudicados. Trata-se de crime vago.

1.3. Análise da(s) conduta(s) descrita(s) no tipo

O verbo núcleo do tipo no *caput* do artigo é envenenar, que é sinônimo de ministrar substância apta a causar sérios danos ao organismo, podendo, inclusive, ocasionar a morte. Também há entendimento indicando o verbo intoxicar como sinônimo de envenenar (MASSON, Cleber. *Direito penal esquematizado*, 2012, v. 3, p. 309).

No § 1º, o legislador positivou duas figuras equiparadas ao crime de envenenamento, expressas por entregar a consumo e ter em depósito.

Entregar a consumo diz respeito à conduta daquele que transfere a terceiro o produto envenenado, para que este venha a ingeri-lo, ao passo que ter em depósito significa a manutenção, em determinado local, de produto que sabe estar envenenado.

O tipo nos indica expressamente três espécies de elementos materiais, quais sejam:

– Água potável: é aquela própria para o consumo, mesmo que determinados procedimentos químicos ainda não tenham sido realizados. De uso comum são aquelas acessíveis por qualquer pessoa, como o caso dos rios em áreas públicas, e as particulares são aquelas decorrentes de poços dentro de terrenos particulares;

– Substância alimentícia: é a matéria destinada à alimentação dos seres vivos, antes ou após processos de industrialização;

– Substância medicinal: é a matéria que serve como instrumento para a cura ou prevenção de algum mal que acomete os seres vivos.

Importante salientar, conforme já indicado anteriormente, que para a configuração do presente delito o objeto material deve, necessariamente, ser destinado ao consumo por um número indeterminado de pessoas, por tratar-se de crime contra a saúde pública. Ainda, temos que a pessoa que efetuou o envenenamento não pode ser responsabilizada pelas figuras equiparadas, ainda que venha a entregar ao consumo ou tenha em depósito. Nessas circunstâncias, haverá a aplicação do princípio da absorção, sendo as condutas de ter em depósito e entregar a terceiro meros desdobramentos da conduta anterior.

1.4. Elemento subjetivo

O elemento subjetivo é o dolo genérico, não havendo exigência da presença de elemento subjetivo especial.

A figura disposta no art. 270, § 2º, refere-se ao envenenamento culposo. Trata-se de hipótese bastante comum, afinal, o manejo de substâncias aptas a ensejar o envenenamento é costumeiro, especialmente em atividades rurais. Como exemplo, podemos indicar o caso do produtor agrícola que derrama determinada quantidade de agrotóxicos em um rio que margeia a sua plantação. É notório que não atuou com dolo, mas foi negligente ao não tomar os cuidados devidos no exercício da sua atividade.

1.5. Consumação e tentativa

No crime disposto no *caput* do art. 270 só há a indicação da conduta envenenar, não havendo a necessária obtenção do resultado envenenamento para a sua consumação. Disso, podemos concluir que referido crime é formal.

As duas figuras equiparadas, conforme disposição do § 1º, estão sujeitas às mesmas regras, sendo também crimes formais.

A tentativa é compatível, levando-se em conta o caráter plurissubsistente do delito.

1.6. Classificação

Crime comum, formal, doloso, comissivo, instantâneo, admite tentativa.

2. OBSERVAÇÕES

2.1. Necessidade de perícia

Por se tratar de infração penal que deixa vestígios, exige-se o exame de corpo de delito para se provar a materialidade do crime (art. 158, CPP).

2.2. Prisão temporária

O crime disposto no art. 270 é compatível com a prisão temporária, como se extrai da leitura do art. 1º, III, *j*, da Lei n. 7.960/89.

2.3. Lei dos Crimes Hediondos

A pena cominada ao delito em análise foi atribuída pela Lei n. 8.072/90, que, em sua redação original, considerava o envenenamento de água potável, ou substância alimentícia ou medicinal como crime hediondo.

Posteriormente, a Lei n. 8.930/94 excluiu este artigo do rol taxativo da Lei n. 8.072/90, deixando o crime de ser considerado hediondo. Apesar disso, a pena permanece a mesma, o que demonstra claramente mais uma das incongruências do nosso ordenamento jurídico.

2.4. Crime de perigo abstrato

A modalidade prevista no *caput* e as modalidades previstas no § 1º são crimes em que há a presunção do perigo, não sendo necessária a comprovação deste para a consumação do delito.

Corrupção ou poluição de água potável

Art. 271. Corromper ou poluir água potável, de uso comum ou particular, tornando-a imprópria para consumo ou nociva à saúde:

Pena – reclusão, de 2 (dois) a 5 (cinco) anos.

Modalidade culposa

Parágrafo único. Se o crime é culposo:

Pena – detenção, de 2 (dois) meses a 1 (um) ano.

---

1. COMENTÁRIO

1.1. Objetividade jurídica

O bem jurídico tutelado é a incolumidade pública, que, no caso em tela, corresponde à saúde pública, inerente à preservação da saúde de um indeterminado número de pessoas que possam ter acesso ao consumo da água potável.

1.2. Sujeitos

O sujeito ativo é qualquer pessoa, tratando-se de crime comum.

O sujeito passivo é a coletividade, por não ser possível determinar especificamente quais seriam os prejudicados. Trata-se de crime vago.

1.3. Análise da(s) conduta(s) descrita(s) no tipo

Da leitura do tipo legal do crime destacam-se duas condutas: a primeira consiste na corrupção, por meio da modificação da essência ou composição da água, o que a tornará nociva à saúde e, por consequência, imprópria ao consumo. Há também uma segunda conduta, composta pelo verbo poluir, que representa a conduta do agente que torna a água imprópria ao consumo após sujá-la.

Válido ressaltar que, para a configuração do delito, não basta que o agente pratique atos com vistas a poluir a água e a corrompê-la. É necessário que após estas condutas a água passe a ser imprópria ao consumo e/ou nociva à saúde.

Além disso, vale lembrar que o CP faz menção à expressão água potável, portanto, será atípica a conduta do agente que corromper ou poluir água destinada a outra finalidade, como a irrigação de plantações, a lavagem de áreas públicas, entre outras.

Ademais, o art. 271 apresenta dois verbos núcleos do tipo, correspondendo a um crime de conteúdo variado, ação múltipla ou tipo misto alternativo. Importante lembrar que caso o agente corrompa e polua água potável em uma mesma conduta, a ele será imputada a prática de um único crime.

Água potável é aquela própria para o consumo, mesmo que determinados procedimentos químicos ainda não tenham sido realizados.

1.4. Elemento subjetivo

O elemento subjetivo é o dolo genérico, revelado na vontade e na consciência por parte do agente de corromper ou poluir água potável. A ausência de consciência sobre tais elementos conduzirá ao erro de tipo (art. 20, CP). Não há exigência de elemento subjetivo especial.

A modalidade culposa está prevista no parágrafo único, e ocorrerá quando o agente, por imprudência, negligência ou imperícia, em evidente violação ao dever objetivo de cuidado a todos imposto, causar a poluição ou corrupção de água potável.

1.5. Consumação e tentativa

Trata-se de crime formal, porque estará consumado no instante em que a água potável estiver imprópria ao consumo ou nociva à saúde, independentemente de ser consumida por alguém.

A tentativa é compatível, por tratar-se de crime plurissubsistente.

1.6. Classificação

Crime comum, formal, doloso, comissivo, instantâneo de efeitos permanentes, admite tentativa.

2. JURISPRUDÊNCIA

2.1. Julgados

Corrupção ou poluição de água potável. Conceituação

Crime contra a saúde pública. Corrupção ou poluição de água potável. Conceito. Corromper ou poluir água potável é torná-la imprópria para consumo ou à saúde. Assim, não pode o agente responder pelo delito se, antes de iniciar pesquisa para exploração de minério de ouro em leito do rio, as águas já estavam poluídas por outros fatores. Recurso conhecido e improvido. (TJMG, Ap. n. 1.0000.00.257481-2/000, 1ª Câm. Crim., rel. Marcia Milanez, j. 23.04.2002, *DJ* 26.04.2002)

3. OBSERVAÇÕES

3.1. Necessidade de perícia

Por se tratar de um delito de falsificação, exige-se o exame de corpo de delito para se provar a materialidade do crime (art. 158, CPP).

3.2. Crime de perigo abstrato

A modalidade prevista no *caput* e as modalidades previstas no parágrafo único são crimes em que há a presunção do perigo, não sendo necessária a comprovação deste para a consumação do delito.

3.3. Da distinção entre o art. 271 do CP e o art. 54, § 2º, III, da Lei n. 9.605/98. Aplicação do princípio da especialidade

Dispõe o art. 54, § 2º, III, da Lei dos Crimes Ambientais: "Causar poluição de qualquer natureza em níveis tais que resultem ou possam resultar em danos à saúde humana, ou que provoquem a mortandade de animais ou a destruição significativa da flora: [...] § 2º Se o crime: [...] III – causar poluição hídrica que torne necessária a interrupção do abastecimento público de água de uma comunidade".

Apesar das diversas semelhanças entre os tipos analisados, a Lei dos Crimes Ambientais, quando da previsão do artigo em comento, indicou um critério que torna a conduta especial em relação à do CP, qual seja, a necessária interrupção do abastecimento público de água. Portanto, caso haja a poluição da água que a torne imprópria para o consumo, haverá a figura do art. 271 do CP; contudo, caso haja poluição da água que a torne imprópria para o consumo, e, por essa razão, seja necessária a suspensão do seu fornecimento, haverá a imputação do crime disposto na Lei dos Crimes Ambientais, por apresentar um elemento especial, presente no exemplo citado.

Falsificação, corrupção, adulteração ou alteração de substância ou produtos alimentícios

Art. 272. Corromper, adulterar, falsificar ou alterar substância ou produto alimentício destinado a consumo, tornando-o nocivo à saúde ou reduzindo-lhe o valor nutritivo:

Pena – reclusão, de 4 (quatro) a 8 (oito) anos, e multa.

Caput com redação dada pela Lei n. 9.677, de 02.07.1998.

§ 1º-A. Incorre nas penas deste artigo quem fabrica, vende, expõe à venda, importa, tem em depósito para vender ou, de qualquer forma, distribui ou entrega a consumo a substância alimentícia ou o produto falsificado, corrompido ou adulterado.

Parágrafo com redação dada pela Lei n. 9.677, de 02.07.1998.

§ 1º Está sujeito às mesmas penas quem pratica as ações previstas neste artigo em relação a bebidas, com ou sem teor alcoólico.

Parágrafo com redação dada pela Lei n. 9.677, de 02.07.1998.

Modalidade culposa

§ 2º Se o crime é culposo:

Pena – detenção, de 1 (um) a 2 (dois) anos, e multa.

Parágrafo com redação dada pela Lei n. 9.677, de 02.07.1998.

1. COMENTÁRIO

1.1. Objetividade jurídica

O bem jurídico tutelado é a incolumidade pública, que, no caso em tela, corresponde à saúde pública, inerente à preservação da saúde de um indeterminado número de pessoas que possam ter acesso ao consumo destes produtos ou substâncias alimentícias.

1.2. Sujeitos

O sujeito ativo é qualquer pessoa, tratando-se de crime comum.

O sujeito passivo é a coletividade, por não ser possível determinar especificamente quais seriam os prejudicados. Trata-se de crime vago.

1.3. Análise da(s) conduta(s) descrita(s) no tipo

Da leitura inicial do tipo legal do crime podemos perceber que são quatro os verbos núcleos, o que indica a existência de um crime de conteúdo variado, ação múltipla ou tipo misto alternativo. Importante lembrar que caso o agente pratique, simultaneamente, em uma mesma conduta, os quatro verbos núcleos do tipo, a ele será imputada a prática de um único crime.

O verbo corromper é sinônimo de adulterar, perverter ou estragar. O verbo adulterar é sinônimo de transformar de forma imprópria ou alterar, enquanto o verbo falsificar corresponde à alteração por meio de fraude. Por último, o verbo alterar corresponde aos verbos modificar e mudar.

Para a configuração deste delito é necessário, também, que todos esses verbos ensejem a transformação em um produto nocivo à saúde, ou seja, que tal produto possa trazer algum malefício às funções vitais dos seres humanos, ou que haja a redução do seu valor nutritivo, que corresponde à redução do equilíbrio existente na composição dos alimentos.

O *caput* do artigo faz menção às substâncias ou produtos alimentícios destinados a consumo. Podemos considerar como compatíveis com essa conceituação as matérias sólidas ou líquidas, naturais ou industrializadas, destinadas ao consumo de um número indeterminado de pessoas, porque, caso fosse realizada a corrupção com vistas a atingir uma pessoa específica, o crime não seria contra a saúde pública, havendo, portanto, a sua desclassificação.

1.4. Figuras equiparadas

O § 1º-A apresenta as figuras equiparadas às do *caput* do presente delito. Assim como a sua referência, este parágrafo apresenta sete verbos, tidos como as condutas nucleares, tratando-se, portanto, de crime de ação múltipla ou conteúdo variado. São eles:

- fabricar (produzir);
- vender (comercializar com vistas à obtenção de lucro);
- expor à venda (oferece para aquisição);
- importar (trazer do exterior);
- ter em depósito para vender (manter acondicionado para posterior alienação);
- distribuir (entregar);
- entregar a consumo (transferir a terceiro, para que este venha a consumi-lo).

O § 1º também faz uma equiparação, só que em relação aos objetos materiais, dando às bebidas, mesmo que alcoólicas, o mesmo patamar dos demais produtos alimentícios. Trata-se de norma penal explicativa, indicando que as bebidas, mesmo as com teor alcoólico, são consideradas objeto material para o crime em tela.

1.5. Elemento subjetivo

O elemento subjetivo é o dolo, revelado na vontade e na consciência por parte do agente de corromper, adulterar, falsificar ou alterar substâncias ou produtos alimentícios. Nas modalidades do *caput* não há exigência de elemento subjetivo especial.

No que diz respeito às figuras equiparadas do § 1º-A, todas necessitam da presença do dolo genérico para a sua configuração, exceção feita à conduta de ter em depósito para vender, na qual a expressão "para vender" revela o especial fim de agir do sujeito ativo, tratando-se, portanto, de dolo específico.

O § 2º apresenta uma modalidade culposa, a qual ocorrerá quando o agente, por imprudência, negligência ou imperícia, em evidente violação ao dever objetivo de cuidado a todos imposto, causar qualquer das condutas dispostas no art. 272.

1.6. Consumação e tentativa

Tanto as figuras dispostas no *caput* como as figuras dispostas no § 1º-A independem da obtenção do resultado para a sua consumação. Trata-se, portanto, de crimes formais, afinal basta a mera prática da conduta para que se considere o delito consumado.

No que tange à tentativa, esta é perfeitamente possível, levando-se em conta o caráter plurissubsistente do delito.

1.7. Classificação

Crime comum, formal, doloso, comissivo, instantâneo (exceção feita às modalidades "expor à venda e ter em depósito", que são crimes permanentes), admitem tentativa.

2. JURISPRUDÊNCIA

2.1. Julgados

Art. 272 do CP. Laudo pericial. Necessidade

Apelação criminal. Falsificação, corrupção, adulteração ou alteração de substância ou produtos alimentícios. Condenação. Impossibilidade. Provas frágeis e insuficientes para sustentar um édito condenatório. Recurso desprovido. Forçoso reconhecer que no crime tipificado no art. 272 do CP, o laudo pericial é de suma importância, a fim de se apurar se estão presentes os elementos configuradores do tipo penal. No caso em comento, não restou caracterizada a nocividade à saúde ou a redução do valor nutritivo do leite fornecido pelo apelado, razão pela qual deve ser mantido o édito absolutório. (TJMG, Ap. n. 1.0344.05.025479-8/001, 4ª Câm. Crim., rel. Min. rel. Herbert Carneiro, j. 24.02.2010, *DJ* 17.03.2010)

3. OBSERVAÇÕES

3.1. Necessidade de perícia

Por se tratar de um delito de falsificação, exige-se o exame de corpo de delito para se provar a materialidade do crime (art. 158, CPP).

3.2. Crime de perigo abstrato

A modalidade prevista no *caput* e as modalidades previstas nos §§ 1º-A e 2º são crimes em que há a presunção do perigo, não sendo necessária a comprovação deste para a consumação do delito.

3.3. Da distinção com os crimes dispostos no art. 2º, III e IV, da Lei n. 1.521/51 – crimes contra a economia popular. Aplicação do princípio da especialidade

"Art. 2º São crimes desta natureza: [...] III – expor à venda ou vender mercadoria ou produto alimentício, cujo fabrico haja desatendido a determinações oficiais, quanto ao peso e composição; [...] V – misturar gêneros e mercadorias de espécies diferentes, expô-los à venda ou vendê-los, como puros; misturar gêneros e mercadorias de qualidades desiguais para expô-los à venda ou vendê-los por preço marcado para os de mais alto custo".

Válido ressaltar que, conforme a própria denominação legal indica, os crimes dispostos pela Lei n. 1.521/51 visam tutelar as práticas nocivas à economia popular, enquanto o crime agora analisado – art. 272 do CP – tem como bem jurídico penal tutelado a saúde pública. Portanto, quando a ação tiver como objetivo a imposição de nocividade a produto ou substância alimentícia ou a diminuição do seu valor nutritivo, em respeito ao princípio da especialidade, haverá aplicação da regra do CP.

Falsificação, corrupção, adulteração ou alteração de produto destinado a fins terapêuticos ou medicinais

Art. 273. Falsificar, corromper, adulterar ou alterar produto destinado a fins terapêuticos ou medicinais:

Pena – reclusão, de 10 (dez) a 15 (quinze) anos, e multa.

Caput com redação dada pela Lei n. 9.677, de 02.07.1998.

§ 1º Nas mesmas penas incorre quem importa, vende, expõe à venda, tem em depósito para vender ou, de qualquer forma, distribui ou entrega a consumo o produto falsificado, corrompido, adulterado ou alterado.

Parágrafo com redação dada pela Lei n. 9.677, de 02.07.1998.

§ 1º-A. Incluem-se entre os produtos a que se refere este artigo os medicamentos, as matérias-primas, os insumos farmacêuticos, os cosméticos, os saneantes e os de uso em diagnóstico.

Parágrafo acrescentado pela Lei n. 9.677, de 02.07.1998.

§ 1º-B. Está sujeito às penas deste artigo quem pratica as ações previstas no § 1º em relação a produtos em qualquer das seguintes condições:

Parágrafo acrescentado pela Lei n. 9.677, de 02.07.1998.

I – sem registro, quando exigível, no órgão de vigilância sanitária competente;

Inciso acrescentado pela Lei n. 9.677, de 02.07.1998.

II – em desacordo com a fórmula constante do registro previsto no inciso anterior;

Inciso acrescentado pela Lei n. 9.677, de 02.07.1998.

III – sem as características de identidade e qualidade admitidas para a sua comercialização;

Inciso acrescentado pela Lei n. 9.677, de 02.07.1998.

IV – com redução de seu valor terapêutico ou de sua atividade;

Inciso acrescentado pela Lei n. 9.677, de 02.07.1998.

V – de procedência ignorada;

Inciso acrescentado pela Lei n. 9.677, de 02.07.1998.

VI – adquiridos de estabelecimento sem licença da autoridade sanitária competente.

Inciso acrescentado pela Lei n. 9.677, de 02.07.1998.

Modalidade culposa

§ 2º Se o crime é culposo:

Pena – detenção, de 1 (um) a 3 (três) anos, e multa.

Parágrafo acrescentado pela Lei n. 9.677, de 02.07.1998.

---

1. COMENTÁRIO

1.1. Objetividade jurídica

O bem jurídico tutelado é a saúde pública, inerente à preservação da saúde de um indeterminado número de pessoas que possam ter acesso ao consumo desses produtos.

1.2. Sujeitos

O sujeito ativo é qualquer pessoa, tratando-se de crime comum.

O sujeito passivo é a coletividade, por não ser possível determinar especificamente quais seriam os prejudicados. Trata-se de crime vago.

1.3. Análise da(s) conduta(s) descrita(s) no tipo

Da leitura inicial do tipo legal do crime podemos perceber que são quatro os verbos núcleos, o que indica a existência de um crime de conteúdo variado, ação múltipla ou tipo misto alternativo. Importante lembrar que caso o agente pratique, simultaneamente, em uma mesma conduta, os quatro verbos núcleos do tipo, a ele será imputada a prática de um único crime.

O verbo falsificar corresponde à alteração por meio de fraude, enquanto corromper é sinônimo de adulterar, perverter ou estragar. O verbo adulterar é sinônimo de transformar de forma imprópria ou alterar. Por último, o verbo alterar corresponde aos verbos modificar e mudar.

1.4. Figuras equiparadas

O § 1º apresenta as figuras equiparadas às do *caput* do presente delito. Assim como a sua referência, este parágrafo apresenta seis verbos, tidos como as condutas nucleares, tratando-se, portanto, de crime de ação múltipla ou conteúdo variado. São eles:

- importar (traz do exterior);
- vender (comercializar com vistas à obtenção de lucro);
- expor à venda (oferece para aquisição);
- ter em depósito para vender (manter acondicionado para posterior alienação);
- distribuir (entregar);
- entregar a consumo (transferir a terceiro, para que este venha a consumi-lo).

Trata-se de tipo derivado do *caput*, porque os objetos importados, vendidos, expostos à venda, que são mantidos em depósito para a venda, distribuídos ou entregues para consumo já foram falsificados, corrompidos, adulterados ou alterados, portanto, já houve a prática do crime disposto no *caput* do mesmo artigo.

O art. 273, § 1º-B apresenta, já na sua introdução, uma incongruência legislativa, decorrente, muito provavelmente, da falta de técnica ao transcrever o artigo.

Ao indicar o objeto material desta conduta equiparada, o legislador só fez menção ao termo produtos, em total desconformidade com o *caput* e com o § 1º, nos quais há a devida especificação dos produtos destinados a fins terapêuticos e medicinais e/ou os falsificados, corrompidos, adulterados ou alterados.

Em respeito ao princípio da taxatividade, que é corolário lógico do princípio da legalidade, deve-se interpretar o termo produtos, disposto no § 1º-B, de forma restritiva, entendendo que aí só estão abarcados os produtos destinados a fins terapêuticos e medicinais, e os falsificados, corrompidos, adulterados e alterados.

Ademais, outra crítica necessária ao § 1º-B diz respeito à criminalização de condutas com evidente caráter de infração administrativa.

É notório que o direito penal encontra-se atualmente em uma fase evolutiva, na qual, a expansiva criminalização de determinadas condutas vem cedendo espaço à moderna Teoria do Direito Penal de *Ultima Ratio*, segundo a qual o direito penal só atuará em casos extremos, quando os demais ramos do direito não forem suficientes para elucidar aquela situação concreta.

Resta evidente que a conversão de algumas infrações administrativas em crimes implica em um verdadeira "administrativização do direito penal" (BITENCOURT, Cezar Roberto. *Tratado de direito penal*: Parte Especial, 2012, v. 4, p. 346), e indica que a política legislativa no Brasil está em dissonância com as mais modernas correntes político-criminais.

1.4.1. Art. 273, § 1º-A: norma penal explicativa

O artigo em comento constitui evidente norma penal de natureza explicativa, pois indica quais produtos estão incluídos no rol do art. 273 e podem ser considerados objetos materiais dos crimes de falsificação, corrupção, adulteração ou alteração.

São objetos indicados pelo referido artigo:

– Medicamentos: a previsão legal e a indicação do seu conceito estão na Lei n. 5.991/73, art. 4º, II: "produto farmacêutico, tecnicamente obtido ou elaborado, com finalidade profilática, curativa, paliativa ou para fins de diagnóstico".

– Matérias-primas: sua previsão legal e a indicação do seu conceito estão na Lei n. 6.360/76: "substâncias ativas ou inativas que se empregam na fabricação de medicamentos e de outros produtos abrangidos por esta Lei, tanto as que permanecem inalteradas quanto as passíveis de sofrer modificações".

– Insumo farmacêutico: a sua previsão legal e a indicação do seu conceito estão no art. 4º, III, da Lei n. 5.991/73, qual seja: "droga ou matéria-prima aditiva ou complementar de qualquer natureza, destinada a emprego em medicamentos, quando for o caso, e seus recipientes".

– Cosméticos: sua definição está disposta no art. 3º, V, da Lei n. 6.360/76: "produtos para uso externo, destinados à proteção ou ao embelezamento das diferentes partes do corpo, tais como pós faciais, talcos, cremes de beleza, creme para as mãos e similares, máscaras faciais, loções de beleza, soluções leitosas, cremosas e adstringentes, loções para as mãos, bases de maquiagem e óleos cosméticos, ruges, *blushes*, batons, lápis labiais, preparados antissolares, bronzeadores e simulatórios, rímeis, sombras, delineadores, tinturas capilares, agentes clareadores de cabelos, preparados para ondular e para alisar cabelos, fixadores de cabelos, laquês, brilhantinas e similares, loções capilares, depilatórios e epilatórios, preparados para unhas e outros".

– Saneantes: dispostos no art. 3º, XII, da Lei n. 6.360/76: "produtos para uso externo, destinados à proteção ou ao embelezamento das diferentes partes do corpo, tais como pós faciais, talcos, cremes de beleza, creme para as mãos e similares, máscaras faciais, loções de beleza, soluções leitosas, cremosas e adstringentes, loções para as mãos, bases de maquiagem e óleos cosméticos, ruges, *blushes*, batons, lápis labiais, preparados antissolares, bronzeadores e simulatórios, rímeis, sombras, delineadores, tinturas capilares, agentes clareadores de cabelos, preparados para ondular e para alisar cabelos, fixadores de cabelos, laquês, brilhantinas e similares, loções capilares, depilatórios e epilatórios, preparados para unhas e outros".

– Produtos de uso em diagnóstico: são aqueles necessários para a correta verificação e determinação de doenças.

1.5. Elemento subjetivo

O elemento subjetivo é o dolo, revelado na vontade e na consciência por parte do agente de falsificar, corromper, adulterar ou alterar substâncias ou produtos com fins terapêuticos ou medicinais. Nas modalidades do *caput* não há exigência de elemento subjetivo especial.

No que diz respeito às figuras equiparadas do § 1º, todas necessitam da presença do dolo genérico para a sua configuração, exceção feita a conduta de ter em depósito para vender, onde a expressão "para vender" revela o especial fim de agir do sujeito ativo, tratando-se, portanto, de dolo específico.

O § 2º apresenta uma modalidade culposa, a qual ocorrerá quando o agente, por imprudência, negligência ou imperícia, em evidente violação ao dever objetivo de cuidado a todos imposto, causar qualquer das condutas dispostas no art. 273.

1.6. Consumação e tentativa

Tanto as figuras dispostas no *caput* como as figuras dispostas nos parágrafos independem da obtenção do resultado para a sua consumação.

Tratam-se, portanto, de crimes formais, afinal, basta a mera prática da conduta para que se considere o delito como consumado.

No que tange à tentativa, essa é perfeitamente possível, levando-se em conta o caráter plurissubsistente do delito.

1.7. Classificação

Crime comum, formal, doloso, comissivo, instantâneo (exceção feita às modalidades "expor à venda e ter em depósito", que são crimes permanentes), admite tentativa.

2. JURISPRUDÊNCIA

2.1. Julgados

Constitucionalidade do art. 273 do CP

Embargos de declaração no *habeas corpus*. Inconstitucionalidade do preceito secundário do art. 273, § 1º-B, do Código Penal. Aplicação da pena cabível para o crime de tráfico de drogas. Delito praticado na vigência da Lei n. 6.368/76. Contradição sanada. Embargos acolhidos. 1. A teor do art. 619 do Código de Processo Penal, os embargos de declaração destinam-se a suprir omissão, afastar obscuridade ou eliminar contradição ou ambiguidade existentes no julgado. 2. No julgamento da Arguição de Inconstitucionalidade no *HC* n. 239.363/PR, a Corte Especial deste Superior Tribunal de Justiça reconheceu a inconstitucionalidade do preceito secundário do tipo penal no art. 273, § 1º-B, do Código Penal, por violação dos princípios da proporcionalidade e da razoabilidade. Diante disso, restou pacificado no âmbito da Terceira Seção ser cabível, na hipótese, o preceito secundário insculpido no art. 33 da Lei n. 11.343/2006. Precedentes. 3. No caso, porém, a pena deve ser aplicada nos patamares definidos no vetusto art. 12 da Lei n. 6.368/76, por se tratar da legislação de drogas vigente à época dos fatos apurados nos autos, praticados em 30.04.2003. Precedentes. 4. Descabe falar em omissão quanto à minorante do crime de tráfico de drogas, pois "aplicado o preceito secundário da Lei n. 6.368/76 para dosar a pena, descabida a aplicação do art. 33, § 4º, da Lei n. 11.343/2006, porquanto é vedada a combinação de leis, conforme recurso especial repetitivo n. 1.117.068/PR" (Ag. Reg. no AREsp n. 571.532/PR, 5ª T., rel. Min. Joel Ilan Paciornik, j. 22.09.2016, *DJe* 05.10.2016). 5. Embargos de declaração acolhidos tão somente para sanar contradição no julgado e determinar que o Tribunal de origem proceda à nova dosimetria da pena imposta ao paciente pela prática do delito do art. 273, § 1º-B, I, do Código Penal, com a aplicação do preceito secundário do art. 12 da Lei n. 6.367/76, ficando mantido, no mais, o teor do acórdão embargado. (STJ, EDcl no *HC* n. 406.430/SP, rel. Min. Ribeiro Dantas, *DJe* 12.03.2018).

Nulidade preliminar. Falsificação, corrupção, adulteração ou alteração de produto destinado a fins terapêuticos ou medicinais. Inconstitucionalidade do art. 273 do CP, em face da penalidade excessiva e exacerbada, violando os princípios da proporcionalidade e da ofensividade. Inocorrência. Constitucionalidade reconhecida pelo Colendo Órgão Especial nos autos do Incidente de Inconstitucionalidade n. 9301787-57.2008.8.26.000. Nulidade. Preliminar. Falsificação, corrupção, adulteração ou alteração de produto destinado a fins terapêuticos ou medicinais. Alegação de não comprovação da ofensividade dos produtos. Desnecessidade. Crime de perigo abstrato. Falsificação, corrupção, adulteração ou alteração de produto destinado a fins terapêuticos ou medicinais. Absolvição. Inadmissibilidade. Existência de prova segura da autoria e materialidade do delito. Hipótese em que os apelados vendiam e mantinham em depósito produtos sem registro no Ministério da Saúde e na Vigilância Sanitária. Recurso parcialmente provido para outro fim. (TJSP, Ap. n. 0095926-92.1999.8.26.0050, 2ª Câm. Crim., rel. Des. Alex Zilenovski, j. 17.09.2012)

Art. 273 do CP. Configuração

Art. 273, § 1º-B, III e V e no art. 278, na forma do art. 70, todos do Código Penal. Apelante condenado à pena total de 07 (sete) anos, 03 (três) meses e 15 (quinze) dias de reclusão, em regime semiaberto, e pagamento de 729 (setecentos e vinte e nove) dias-multa, cada um no valor mínimo legal. A defesa obsecra: 1) a absolvição do Apelante por falta de materialidade; 2) a absolvição do Apelante quanto ao crime do art. 278 do Código Penal pela aplicação do princípio da consunção; 3) a fixação da pena-base no seu mínimo legal; 4) a incidência da causa de redução prevista no art. 33, § 4º, da Lei n. 11.343/2006 no seu patamar máximo; 5) a fixação do regime aberto; e 6) a aplicação da suspensão condicional da pena. Por fim, deduziu prequestionamento. Em 24.05.2017, policiais militares foram acionados para apurar denúncia anônima de que havia uma pessoa vendendo e aplicando anabolizantes. Ao chegarem ao local apontado, os policiais foram recebidos pelo Apelante. No local também havia uma mulher. Em revista no local, foram encontrados medicamentos de uso veterinário (Potenay injetável), invólucros com substâncias não identificadas, seringas descartáveis (usadas e lacradas), agulhas hipodérmicas, álcool etílico hidratado, pedaços de papel higiênico sujos de sangue. Crime do art. 273, § 1º-B, III e V, do Código Penal restou plenamente comprovado. A defesa alega que não existe prova da materialidade do crime por não ter sido feito o laudo pericial respectivo apontando que o medicamento "Potenay" é de uso proibido pela ANVISA. Ocorre que o apelante foi condenado pelo crime em tela pelo fato de terem sido encontrados em sua residência outros frascos com substâncias sem rótulo e não identificadas, conforme se observa no Laudo de Descrição de Material. Crime do art. 278, do Código Penal, também restou comprovado. Conforme se depreende da prova oral coligida aos autos, o Apelante sabia que entre as substâncias encontradas em sua casa estava o medicamento veterinário "Potenay". Assumindo, inclusive que sabia ser de uso veterinário, mas que desconhecia o seu uso proibido, tendo alegado que seria um "termogênico". Inaplicável o princípio da consunção. Crime do art. 278, do Código Penal, NÃO é um crime meio em relação àquele do art. 273, do mesmo Diploma Legal. Inviável, também, a aplicação da causa especial de redução de pena prevista no art. 33, § 4º, da Lei n. 11.343/2006. Restou comprovado que o Apelante se dedicava a esse tipo de atividade criminosa, haja vista que em seu interrogatório ele admitiu que havia feito outras aplicações. Pena-base não pode ser fixada no seu mínimo legal. Conforme bem ponderou a sentenciante, os motivos do crime e o fato de o Apelante ter sido preso apenas três dias após ter sido colocado em liberdade pela prática de delito idêntico, devem ser valorados na 1ª fase da dosimetria. Contudo, a dosimetria deve ser reajustada. Aumentos relativos às circunstâncias do art. 59 do Código Penal devem incidir sobre a pena-base. Manutenção do regime semiaberto. Art. 33, § 2º, *b*, do Código Penal. Prequestionamento não conhecido. Não houve qualquer tipo de violação à norma constitucional ou infraconstitucional. Descumprimento do requisito da impugnação específica e localizada. RECURSO DEFENSIVO CONHECIDO E PARCIALMENTE PROVIDO, para reduzir as penas-base e, com isso, reduzir a pena relativa aos crimes do art. 273, § 1º-B, III e V, e no art. 278, na forma do art. 70, todos do Código Penal para 06 (seis) anos e 27 (vinte) dias de reclusão, em regime semiaberto, e pagamento de 607 (seiscentos e sete) dias-multa, cada um no valor mínimo legal. (TJRJ, Ap. 0013589-22.2017.8.19.0014, 4ª Câm. Crim., rel. Des. Márcia Perrini Bodart, j. 05.06.2018)

Apelação defensiva. Crime de falsificação, corrupção, adulteração ou alteração de produto destinado a fins terapêuticos ou medicinais (art. 273, § 1º-B, I, do Código Penal), com aplicação das sanções do crime de tráfico de drogas (art. 33, *caput*, da Lei n. 11.343/2006). Pena de 07 anos de reclusão e 700 dias-multa. Regime fechado. Defesa técnica que requer a absolvição por ausência de provas, aplicando-se o princípio do *in dubio pro reo*. Subsidiariamente, requer a fixação da pena-base no mínimo legal, o reconhecimento da atenuante genérica prevista no art. 66 do Código Penal, a aplicação por analogia do § 4º do art. 33, da Lei n. 11.343/2006, a determinação do regime aberto, bem como a substituição da pena privativa de liberdade pela restritiva de direitos. Prisão em flagrante. Autoria e materialidade do delito comprovadas. Depoimentos de policiais militares uníssonos e harmônicos. Aplicação do Enunciado n. 70 do TJERJ. Apelante que foi preso transportando diversos medicamentos falsificados, de procedência ignorada, além de outros, os quais, inclusive, têm a sua comercialização proibida no país pela Agência de Vigilância Sanitária (ANVISA). Laudo de Exame de Produto Farmacêutico que atesta as naturezas e as características dos inúmeros remédios falsificados (cialis, viagra, "durateston", hemogeni etc.). Forma de acondicionamento e transporte dos medicamentos que também confere certeza ao édito condenatório. Não aplicação do art. 33, § 4º, da Lei n. 11.343/2006, e tampouco do art. 66 do Código Penal, visto que o acusado fazia deste atuar o seu meio de vida, a par de não ser o Estado o responsável por ato de pessoa que tem como fonte de subsistência a difusão e venda de medicamentos falsificados. Dosimetria da pena que não pode levar em consideração inquérito ou ação penal em curso por vedação do Enunciado n. 444 do STJ. Redução da pena ao mínimo legal. Regime semiaberto que é o que melhor se adéqua ao Acusado, ora Apelante, na forma do art. 33, § 2º, *b*, do Código Penal, por conta do *quantum* de pena. Enunciados dos Verbetes das Súmulas ns. 718 e 719 do STF. Em conta de tais considerações, conheço do recurso defensivo e, no mérito, DOU-LHE PARCIAL PROVIMENTO, para REDUZIR A PENA PARA 05 ANOS DE RECLUSÃO E 500 DM, ALÉM DE MODIFICAR O REGIME INICIAL PARA O SEMIABERTO, mantendo-se, no mais, a sentença prolatada. (TJRJ, Ap. n. 0004238-76.2010.8.19.0044, 3ª Câm. Crim., rel. Des. Paulo Sérgio Rangel do Nascimento, j. 26.09.2017)

Penal. Embargos infringentes. Falsificação, corrupção, adulteração ou alteração de produto destinado a fins terapêuticos ou medicinais. Forma equiparada. Art. 273, § 1º-B, I, V e VI, do CP. Introdução em território nacional de comprimidos de Cytotec. Pena. Ofensa ao princípio da proporcionalidade. Redução. Parâmetro. Delito de tráfico ilícito de entorpecentes. 1. Quem introduz clandestinamente em solo nacional produto de origem estrangeira destinado a fins terapêuticos ou medicinais, sem registro, de procedência ignorada e adquirido de estabelecimento sem licença do

Órgão de Vigilância Sanitária competente, pratica o delito capitulado no art. 273, § 1º-B, I, V e VI, do CP. 2. A pena do delito previsto no art. 273 do CP – com a redação que lhe deu a Lei n. 9.677, de 2 de julho de 1998 – (reclusão, de 10 (dez) e 15 (quinze) anos, e multa) deve, por excessivamente severa, ficar reservada para punir apenas aquelas condutas que exponham a sociedade e a economia popular a "enormes danos" (exposição de motivos). Nos casos de fatos que, embora censuráveis, não assumam tamanha gravidade, deve-se recorrer, tanto quanto possível, ao emprego da analogia em favor do réu, recolhendo-se, no corpo do ordenamento jurídico, parâmetros razoáveis que autorizem a aplicação de uma pena justa, sob pena de ofensa ao princípio da proporcionalidade. "A criação de solução penal que descriminaliza, diminui a pena, ou de qualquer modo beneficia o acusado, não pode encontrar barreira para a sua eficácia no princípio da legalidade, porque isso seria uma ilógica solução de aplicar-se um princípio contra o fundamento que o sustenta" (Fábio Bittencourt da Rosa. In: *Direito penal*: Parte Geral. Rio de Janeiro, Impetus, 2003, p. 4). Hipótese em que ao réu, denunciado por introduzir, no território nacional, 200 comprimidos de Cytotec, medicamento desprovido de registro e de licença do órgão de Vigilância Sanitária competente (art. 273, § 1º-B, I, V, e VI, do CP), foi aplicada a pena de 3 anos de reclusão (vigente ao tempo dos fatos em apuração), adotado, como parâmetro, o delito de tráfico ilícito de entorpecentes, o qual tem como bem jurídico tutelado também a saúde pública. (TRF4, Emb. Infring. e de Nulidade n. 2006.70.02.001187-1/PR, 4ª Seção, rel. Juiz Fed. Paulo Afonso Brum Vaz, j. 19.06.2008, *DJ* 30.06.2008)

3. OBSERVAÇÕES

3.1. Necessidade de perícia

Por se tratar de um delito de falsificação, exige-se o exame de corpo de delito para se provar a materialidade do crime (art. 158, CPP).

3.2. Crime de perigo abstrato

A modalidade prevista no *caput* e as modalidades previstas nos §§ 1º, 1º-A e 2º são crimes em que há a presunção do perigo, não sendo necessária a comprovação deste para a consumação do delito.

3.3. O art. 273 e a Lei dos Crimes Hediondos

Dispõe expressamente o art. 1º, VII-B, da Lei n. 8.072/90, que são consideradas hediondas todas as figuras dolosas dispostas no art. 273 do CP.

Em 1990, quando da edição da Lei dos Crimes Hediondos, os crimes do art. 273, CP, não eram considerados hediondos. Ocorre que, passados oito anos da edição desta, o legislador entendeu por bem incluir essas condutas nesse rol, o que ocorreu por meio da Lei n. 9.605/98.

Apesar das diversas tentativas, não há uma razão político-criminal para inclusão desse crime no rol dos crimes mais graves do nosso ordenamento, como o homicídio qualificado, o tráfico de drogas e o estupro. O que de fato ocorreu foi uma "resposta legislativa" a um caso notório ocorrido em 1998 – ano da inclusão deste no rol dos crimes hediondos – em que um famoso laboratório de manipulação de São Paulo teria alterado algumas fórmulas de suas substâncias terapêuticas.

Essa informação deixa evidente dois aspectos acerca da previsão do art. 273 do CP, como crime hediondo:

– o desconhecimento do legislador pátrio de questões atinentes à política criminal, como forma de combate às modalidades criminosas, e, especialmente, a utilização do direito penal como instrumento de organização social e não como forma de resposta a crimes notórios e que causem repercussão social;

– o total desrespeito ao princípio da proporcionalidade/razoabilidade, afinal, àquele que porventura altere a fórmula de um cosmético, sem que essa conduta ocasione qualquer dano a terceiro, será imposta uma pena mínima superior (dez anos) à daquele que cause a morte de outra pessoa (pena mínima do homicídio é de seis anos). Além disso, o sujeito ativo que falsificar o cosmético deverá cumprir a sua pena em regime inicialmente fechado, não poderá ser beneficiado com a graça, com a anistia ou com o indulto, e os patamares para que possa progredir no regime de pena serão majorados, enquanto ao matar outra pessoa não estará sujeito a essas consequências.

Emprego de processo proibido ou de substância não permitida

Art. 274. Empregar, no fabrico de produto destinado a consumo, revestimento, gaseificação artificial, matéria corante, substância aromática, antisséptica, conservadora ou qualquer outra não expressamente permitida pela legislação sanitária:

Pena – reclusão, de 1 (um) a 5 (cinco) anos, e multa.

Pena com redação dada pela Lei n. 9.677, de 02.07.1998.

1. COMENTÁRIO

1.1. Objetividade jurídica

O bem jurídico tutelado é a saúde pública, inerente à preservação da saúde de um indeterminado número de pessoas que possam ter acesso ao consumo dos produtos que, porventura, sofram alguma das modalidades de alteração na sua formulação.

1.2. Sujeitos

O sujeito ativo é qualquer pessoa, tratando-se de crime comum. Importante salientar que a ocorrência efetiva do crime depende da atuação de um sujeito que tenha ao menos acesso ao procedimento de fabricação do produto destinado ao consumo. Apesar disso, não há a exigência desta condição para a configuração deste.

O sujeito passivo é a coletividade, por não ser possível determinar especificamente quais seriam os prejudicados. Trata-se de crime vago.

1.3. Análise da(s) conduta(s) descrita(s) no tipo

O verbo "empregar" corresponde à utilização ou aplicação de determinado produto destinado ao consumo, revestimento, gaseificação artificial, matéria corante, substância aromática, antisséptica, conservadora ou não expressamente permitida pela legislação sanitária.

Por revestimento podemos entender a embalagem que cobre o produto; gaseificação artificial é a inserção de gás carbônico em bebidas; matéria corante é a matéria química utilizada para dar cor aos alimentos; substância aromática é a matéria que visa dar paladar ou perfume específico ao produto; substância antisséptica é a que tem como principal função retardar ou evitar a alteração natural do produto; e as substâncias conservadoras são aquelas que, quando adicionadas aos alimentos, evitam a sua alteração natural.

O objeto material desta conduta é o produto destinado ao consumo, que pode ser compreendido, conforme lição de Cleber Masson (*Direito penal esquematizado*, 2012, v. 3, p. 330), como "[...] todo material produzido em razão da intervenção humana, resultante de qualquer processo ou atividade, para ser realizado ou ingerido por um número indeterminado de pessoas".

Quando da indicação do objeto material da conduta, o legislador cometeu um equívoco, porque não delimitou quais seriam as espécies de produtos destinados ao consumo que dariam ensejo à configuração do crime em tela. É notório que o direito penal é incompatível com a interpretação extensiva, sendo, portanto, inadmissível o entendimento defendido por alguns autores, segundo o qual o tipo engloba qualquer produto destinado ao consumo, seja ele de natureza alimentícia, medicinal ou de qualquer outra natureza, como brinquedos, roupas ou calçados.

Defendemos a posição que só serão abarcados pelo tipo em análise os produtos cuja realização de uma das modalidades de fraude previstas no tipo penal enseje um prejuízo ao bem jurídico penal objeto de proteção no presente capítulo do CP: a saúde pública.

Qualquer outra modalidade de fraude poderá ser punida em conformidade com preceitos penais específicos, ou, em respeito ao direito penal de *ultima ratio*, em conformidade com a legislação administrativa ou consumerista vigente no nosso ordenamento jurídico.

1.4. Elemento subjetivo

O elemento subjetivo é o dolo, revelado na vontade e na consciência por parte do agente de empregar qualquer das substâncias indicadas no tipo penal. Não há exigência de elemento subjetivo especial, portanto, trata-se de dolo genérico.

Não prevê a lei a modalidade culposa.

1.5. Consumação e tentativa

O crime em análise restará configurado com o efetivo emprego das substâncias indicadas, independentemente da obtenção de qualquer resultado previsto em lei.

Trata-se, portanto, de crime formal.

A tentativa é perfeitamente cabível, vez que a conduta admite fracionamento, portanto, plurissubsistente.

Ademais, constitui-se como crime de perigo abstrato, vez que a extração da situação de perigo não fica claramente evidenciada.

1.6. Classificação

Crime comum, formal, doloso, vago, comissivo (em regra), admite tentativa, plurissubsistente, de perigo abstrato.

Invólucro ou recipiente com falsa indicação

Art. 275. Inculcar, em invólucro ou recipiente de produtos alimentícios, terapêuticos ou medicinais, a existência de substância que não se

encontra em seu conteúdo ou que nele existe em quantidade menor que a mencionada:

Pena – reclusão, de 1 (um) a 5 (cinco) anos, e multa.

Artigo com redação dada pela Lei n. 9.677, de 02.07.1998.

1. COMENTÁRIO

1.1. Objetividade jurídica

O bem jurídico tutelado é a saúde pública, inerente à preservação da saúde de um indeterminado número de pessoas que possam ter acesso ao consumo dos produtos que, porventura, apresentem distinções entre as informações prestadas e o seu conteúdo efetivo.

1.2. Sujeitos

O sujeito ativo é qualquer pessoa, tratando-se de crime comum. Importante salientar que a ocorrência efetiva do crime depende da atuação de um sujeito que tenha ao menos ciência das desconformidades relatadas no invólucro ou recipiente. Apesar disso, não há a exigência desta condição para a configuração deste.

O sujeito passivo é a coletividade, por não ser possível determinar especificamente quais seriam os prejudicados. Trata-se de crime vago.

1.3. Análise da(s) conduta(s) descrita(s) no tipo

O verbo "inculcar" é sinônimo de imprimir, relatar, dar a entender ou demonstrar. De forma sucinta, o tipo exige que o sujeito ativo insira informações de forma incorreta.

O objeto material desta conduta é o produto destinado ao consumo, que pode ser compreendido, conforme lição de Cleber Masson (*Direito penal esquematizado*, v. 3, p. 330), como "[...] todo material produzido em razão da intervenção humana, resultante de qualquer processo ou atividade, para ser realizado ou ingerido por um número indeterminado de pessoas".

Quando da indicação do objeto material da conduta, o legislador cometeu um equívoco, porque não delimitou quais seriam as espécies de produtos destinados ao consumo que dariam ensejo à configuração do crime em tela. É notório que o direito penal é incompatível com a interpretação extensiva, sendo, portanto, inadmissível o entendimento defendido por alguns autores, segundo o qual o tipo engloba qualquer produto destinado ao consumo, seja ele de natureza alimentícia, medicinal ou de qualquer outra natureza, como brinquedos, roupas ou calçados.

Defendemos a posição de que só serão abarcados pelo tipo em análise os produtos cuja realização de uma das modalidades de fraude previstas no tipo penal enseje um prejuízo ao bem jurídico penal objeto de proteção no presente capítulo do CP: a saúde pública.

Qualquer outra modalidade de fraude poderá ser punida em conformidade com preceitos penais específicos, ou, em respeito ao direito penal de *ultima ratio*, em conformidade com a legislação administrativa ou consumerista vigente no nosso ordenamento jurídico.

1.4. Elemento subjetivo

O elemento subjetivo é o dolo, revelado na vontade e na consciência por parte do agente de empregar qualquer das substâncias indicadas no tipo penal. Não há exigência de elemento subjetivo especial, portanto, trata-se de dolo genérico.

Não prevê a lei a modalidade culposa.

1.5. Consumação e tentativa

O crime em análise restará configurado com o efetivo emprego das substâncias indicadas, independentemente da obtenção de qualquer resultado previsto em lei.

Trata-se, portanto, de crime formal.

A tentativa é perfeitamente cabível, vez que a conduta admite fracionamento, portanto, plurissubsistente.

Ademais, constitui-se como crime de perigo abstrato, vez que a extração da situação de perigo não fica claramente evidenciada.

1.6. Classificação

Crime comum, formal, doloso, vago, comissivo (em regra), admite tentativa, plurissubsistente, de perigo abstrato.

Produto ou substância nas condições dos dois artigos anteriores

Art. 276. Vender, expor à venda, ter em depósito para vender ou, de qualquer forma, entregar a consumo produto nas condições dos arts. 274 e 275:

Pena – reclusão, de 1 (um) a 5 (cinco) anos, e multa.

Pena com redação dada pela Lei n. 9.677, de 02.07.1998.

1. COMENTÁRIO

1.1. Objetividade jurídica

O bem jurídico tutelado é a saúde pública, inerente à preservação da saúde de um indeterminado número de pessoas que possam ter acesso ao consumo de produtos eivados pelas irregularidades mencionadas nos arts. 274 e 275.

1.2. Sujeitos

Qualquer pessoa pode ser sujeito ativo do crime, ainda que não seja comerciante. O sujeito passivo é a coletividade e, eventualmente, a pessoa sujeita ao consumo do produto irregular.

1.3. Análise da(s) conduta(s) descrita(s) no tipo

As condutas previstas no tipo penal são "vender" (alienar ou ceder por preço certo), "expor à venda" (exibir um bem com a intenção de aliená-lo), "ter em depósito para vender" (armazenar um bem com a intenção de aliená-lo no futuro) e "entregar a consumo" (transferir um bem a terceiro para utilização). É um tipo misto alternativo, uma vez que a prática de mais de uma conduta a respeito do mesmo objeto material configura um único delito. Trata-se, ainda, de crime remetido, uma vez que as condutas descritas devem se reportar necessariamente a produtos dotados das irregularidades mencionadas nos arts. 274 e 275 do CP.

1.4. Elemento subjetivo

O elemento subjetivo é o dolo, genérico em relação às condutas "vender", "expor à venda" e entregar a consumo" e específico em relação à conduta de "ter em depósito para vender", uma vez que esta última exige a intenção de aliená-lo, não bastando o simples depósito. Exige-se também que o agente tenha consciência de que o produto se encontra nas condições do art. 274 ou do art. 275 do CP. Não se admite a modalidade culposa.

1.5. Consumação e tentativa

O crime em análise se consuma no momento em que o agente pratica qualquer das condutas descritas em relação a produto nas condições do art. 274 ou do art. 275 do CP, sendo irrelevante o consumo efetivo ou a superveniência de dano a terceiro. Em relação às condutas "vender" e "entregar a consumo" o crime é instantâneo; nas modalidades "expor à venda" e "ter em depósito para vender" é permanente, perdurando enquanto não cessar a exposição ou o depósito.

1.6. Classificação

Crime comum, formal, de perigo comum e abstrato, de forma livre, instantâneo (nas modalidades "vender" e "entregar a consumo") ou permanente (nas modalidades "expor à venda" e "ter em depósito para vender"), em regra comissivo, unissubjetivo e em regra plurissubsistente.

Substância destinada à falsificação

Art. 277. Vender, expor à venda, ter em depósito ou ceder substância destinada à falsificação de produtos alimentícios, terapêuticos ou medicinais:

Pena – reclusão, de 1 (um) a 5 (cinco) anos, e multa.

Artigo com redação dada pela Lei n. 9.677, de 02.07.1998.

---

1. COMENTÁRIO

1.1. Objetividade jurídica

O bem jurídico tutelado é a saúde pública, inerente à preservação da saúde de um indeterminado número de pessoas que possam ter acesso a produtos falsificados.

1.2. Sujeitos

Qualquer pessoa pode ser sujeito ativo do crime, ainda que não seja comerciante. O sujeito passivo é a coletividade e, eventualmente, a pessoa sujeita ao consumo de produtos falsificados.

1.3. Análise da(s) conduta(s) descrita(s) no tipo

As condutas previstas no tipo penal são "vender" (alienar ou ceder por preço certo), "expor à venda" (exibir um bem com a intenção de aliená-lo), "ter em depósito" (armazenar um bem) e "ceder" (transferir um bem a terceiro). O artigo se destina à incriminação de atos preparatórios à consumação dos crimes dos arts. 272 e 273 do CP.

É um tipo misto alternativo, uma vez que a prática de mais de uma conduta a respeito do mesmo objeto material configura um único delito. Trata-se, ainda, de crime remetido, uma vez que as condutas descritas devem se reportar necessariamente a substâncias destinadas à falsificação de produtos alimentícios (art. 272), terapêuticos ou medicinais (art. 273).

1.4. Elemento subjetivo

O elemento subjetivo é o dolo genérico em relação às quatro condutas, sendo imprescindível que o agente tenha consciência de que a substância se destina à falsificação de produtos alimentícios, terapêuticos ou medicinais. Não se admite a modalidade culposa.

1.5. Consumação e tentativa

O crime em análise se consuma no momento em que o agente pratica qualquer das condutas descritas em relação a substância destinada à falsificação de produtos alimentícios, terapêuticos ou medicinais, sendo irrelevante o uso efetivo da substância ou a superveniência de dano a terceiro. Em relação às condutas "vender" e "ceder" o crime é instantâneo; nas modalidades "expor à venda" e "ter em depósito" é permanente, perdurando enquanto não cessar a exposição ou o depósito.

1.6. Classificação

Crime comum, formal, de perigo comum e abstrato, de forma livre, instantâneo (nas modalidades "vender" e "ceder") ou permanente (nas modalidades "expor à venda" e "ter em depósito"), em regra comissivo, unissubjetivo e em regra plurissubsistente.

Outras substâncias nocivas à saúde pública

Art. 278. Fabricar, vender, expor à venda, ter em depósito para vender ou, de qualquer forma, entregar a consumo coisa ou substância nociva à saúde, ainda que não destinada à alimentação ou a fim medicinal:

Pena – detenção, de 1 (um) a 3 (três) anos, e multa.

Modalidade culposa

Parágrafo único. Se o crime é culposo:

Pena – detenção, de 2 (dois) meses a 1 (um) ano.

---

1. COMENTÁRIO

1.1. Objetividade jurídica

O bem jurídico tutelado é a saúde pública, inerente à preservação da saúde de um indeterminado número de pessoas que possam ter acesso a produtos nocivos à saúde pública, ainda que sem finalidade alimentar ou medicinal. Vale ressaltar que se a coisa ou substância nociva também é qualificada como droga – isto é, substância ou produto passível de causar dependência – por lei ou ato administrativo, incidirá o art. 33 da Lei n. 11.343/2006 (Lei de Drogas) em vez deste artigo.

1.2. Sujeitos

Qualquer pessoa pode ser sujeito ativo do crime, ainda que não seja comerciante. O sujeito passivo é a coletividade e, eventualmente, a pessoa sujeita ao consumo da substância nociva.

1.3. Análise da(s) conduta(s) descrita(s) no tipo

As condutas previstas no tipo penal são "fabricar" (produzir, criar), "vender" (alienar ou ceder por preço certo), "expor à venda" (exibir um bem com a intenção de aliená-lo), "ter em depósito para vender" (armazenar um bem com a intenção de aliená-lo no futuro) e "entregar a consumo" (transferir um bem a terceiro para utilização). É um tipo misto alternativo, uma vez que a prática de mais de uma conduta a respeito do mesmo objeto material configura um único delito.

1.4. Elemento subjetivo

O elemento subjetivo do *caput* é o dolo, genérico em relação às condutas "fabricar", "vender", "expor à venda" e entregar a consumo" e específico em relação à conduta de "ter em depósito para vender", uma vez que esta última exige a intenção de aliená-lo, não bastando o simples depósito. Exige-se também que o agente tenha consciência de que a coisa ou substância é nociva à saúde. O crime admite a modalidade culposa em seu parágrafo único.

1.5. Consumação e tentativa

O crime em análise se consuma no momento em que o agente pratica qualquer das condutas descritas no *caput* em relação à coisa ou substância nociva à saúde, sendo irrelevante o consumo efetivo ou a superveniência de dano a terceiro. Exige-se, porém, que a coisa ou substância seja efetivamente nociva à saúde humana, de modo que a conduta do agente gera perigo concreto. Em relação às condutas "fabricar", "vender" e "entregar a consumo" o crime é instantâneo; nas modalidades "expor à venda" e "ter em depósito para vender" é permanente, perdurando enquanto não cessar a exposição ou o depósito.

1.6. Classificação

Crime comum, formal, de perigo comum e concreto, de forma livre, instantâneo (nas modalidades "fabricar", "vender" e "entregar a consumo") ou permanente (nas modalidades "expor à venda" e "ter em depósito"), em regra comissivo, unissubjetivo e em regra plurissubsistente.

2. JURISPRUDÊNCIA

2.1. Julgados

Comercialização de medicamento de origem estrangeira

Penal. Comercialização de medicamento de origem estrangeira. Cytotec. Art. 278 do CP. Competência estadual. Crime de descaminho. Art. 334 do CP. Conexão instrumental. Inexistência. 1. Investigação que culminou na denúncia dos corréus na Justiça Estadual, pelo delito de comercialização de medicamento de origem estrangeira (art. 278, CP), e cisão do feito quanto ao delito de manutenção em depósito de outras mercadorias estrangeiras (art. 334, CP) para a Justiça Federal. 2. Não se configura o delito de contrabando especializado (art. 273, CP), de competência federal, quando ausente comprovação da internalização dos medicamentos por parte dos réus (precedente). 3. Inexistência de elementos hábeis nos autos a afirmar a conexão instrumental dos delitos de competência estadual e federal, mostrando-se inaplicável a Súmula N. 122 do STJ. (TRF-4ª Região, RESE n. 2002.70.01.029764-8/PR, 7ª T., rel. Juiz federal Tadaaqui Hirose, j. 07.11.2006, *DJ* 22.11.2006)

Substância avariada

Art. 279. *(Revogado pela Lei n. 8.137, de 27.12.1990.)*

Medicamento em desacordo com receita médica

Art. 280. Fornecer substância medicinal em desacordo com receita médica:

Pena – detenção, de 1 (um) a 3 (três) anos, ou multa.

Modalidade culposa

Parágrafo único. Se o crime é culposo:

Pena – detenção, de 2 (dois) meses a 1 (um) ano.

1. COMENTÁRIO

1.1. Objetividade jurídica

O bem jurídico tutelado é a saúde pública, inerente à preservação da saúde de um indeterminado número de pessoas que possam ter acesso indevido a medicamentos em desacordo com a necessária prescrição médica. Vale ressaltar que se a substância medicinal também é qualificada como droga – isto é, substância ou produto passível de causar dependência – por lei ou ato administrativo, incidirá o art. 33 da Lei n. 11.343/2006 (Lei de Drogas) em vez deste artigo.

1.2. Sujeitos

Qualquer pessoa pode ser sujeito ativo do crime, ainda que não seja médico, farmacêutico ou comerciante. O sujeito passivo é a coletividade e, eventualmente, a pessoa sujeita ao consumo da substância fornecida em desacordo com a receita médica.

1.3. Análise da(s) conduta(s) descrita(s) no tipo

A conduta prevista no tipo penal é "fornecer" (entregar a alguém, ou permitir-lhe o acesso) substância medicinal em desacordo com receita médica. Por substância medicinal é de se entender não só o medicamento, tal como definido pelo art. 4º, II, da Lei n. 5.991/73, mas toda e qualquer substância utilizada para a cura, prevenção ou tratamento de doenças ou patologias em geral.

A expressão "receita médica", por sua vez, é elemento normativo do tipo, e compreende a prescrição feita por escrito a pessoa determinada por profissional habilitado em Medicina, regularmente inscrito como tal em Conselho Regional de Medicina. Assim, não há crime no fornecimento de substância medicinal em desacordo com receitas emitidas por outros profissionais da área de saúde, a exemplo dos dentistas e das parteiras, em razão da redação taxativa do tipo.

O desacordo entre a receita médica e a substância efetivamente fornecida pode se dar em razão da espécie (fornecer medicamento diverso do que foi prescrito), quantidade (fornecer mais do que o prescrito) e qualidade (fornecer medicamento cujo princípio ativo apresenta dosagem diversa do que foi prescrito). Fornecer medicamento similar (art. 3º, XX, Lei n. 6.360/76) ou genérico (art. 3º, XXI, Lei n. 6.360/76) não caracteriza o delito, desde que a única divergência em relação à prescrição seja o nome comercial ou marca.

1.4. Elemento subjetivo

O elemento subjetivo do *caput* é o dolo na sua forma genérica, sendo irrelevante a finalidade do agente ao fornecer a substância. Para o enquadramento neste crime, porém, é preciso que o agente não tenha por fim causar lesão a outro bem jurídico além da saúde pública; caso contrário, aplicar-se-á o princípio da consunção (se houver *animus necandi* no fornecimento da substância, por exemplo, o presente crime será absorvido pelo art. 121, § 2º, III, CP). O crime admite a modalidade culposa em seu parágrafo único.

1.5. Consumação e tentativa

O crime em análise se consuma no momento em que o agente fornece a substância, sendo irrelevante o consumo efetivo ou a superveniência de dano a terceiro. O crime se considera consumado ainda que o terceiro a quem foi fornecida a substância, além de não sofrer dano, tenha uma melhora na sua saúde, uma vez que é abstrato o perigo decorrente da inobservância dos termos da receita médica. Admite-se a tentativa, uma vez que o fornecimento pode ser interrompido por circunstâncias alheias à vontade do agente.

1.6. Classificação

Crime comum, formal, de perigo comum e abstrato, de forma livre, instantâneo, em regra comissivo, unissubjetivo e em regra plurissubsistente.

Art. 281. ***(Revogado pela Lei n. 6.368, de 21.10.1976.)***

Exercício ilegal da medicina, arte dentária ou farmacêutica

Art. 282. Exercer, ainda que a título gratuito, a profissão de médico, dentista ou farmacêutico, sem autorização legal ou excedendo-lhe os limites:

Pena – detenção, de 6 (seis) meses a 2 (dois) anos.

Parágrafo único. Se o crime é praticado com o fim de lucro, aplica-se também multa.

1. COMENTÁRIO

1.1. Objetividade jurídica

O bem jurídico tutelado é a saúde pública, inerente à preservação da saúde de um indeterminado número de pessoas que possam sofrer danos pelo exercício indevido de profissões relacionadas à saúde. O art. 5º, XIII, da CF prevê a liberdade de trabalho, ofício ou profissão como regra geral, mas também estabelece que a lei pode definir requisitos para o desempenho de atividades específicas. Tal é o caso das profissões contempladas neste tipo penal.

1.2. Sujeitos

Em relação ao exercício sem autorização legal, qualquer pessoa pode ser sujeito ativo do crime; já no exercício além dos limites funcionalmente definidos para a profissão, tem-se de crime próprio: somente o médico, dentista ou farmacêutico pode praticá-lo. O sujeito passivo é a coletividade e, eventualmente, a pessoa atendida pelo agente em condição irregular.

1.3. Análise da(s) conduta(s) descrita(s) no tipo

A conduta descrita no tipo é "exercer" (praticar, desempenhar ou atuar) a profissão de médico, dentista ou farmacêutico de modo ilegal. O verbo "exercer" sinaliza que a conduta do agente deve ser habitual, exigindo-se a reiteração de atos próprios da profissão irregularmente desempenhada pelo agente. O exercício ilegal pode ocorrer de duas formas: quando o sujeito exerce, ainda que gratuitamente, a profissão de médico, dentista ou farmacêutico, sem autorização legal para tanto; ou quando ele a exerce, ainda que gratuitamente, além dos limites funcionais definidos para a profissão.

A exigência de autorização legal para as profissões elencadas representa um elemento normativo do tipo: o sujeito não está autorizado a exercer a profissão por falta de capacidade profissional (p. ex.: ausência de titulação acadêmica que seja requisito obrigatório da profissão) ou legal (p. ex.: ausência de registro do sujeito perante o órgão de classe, ainda que dotado de capacidade profissional). Já em relação à extrapolação dos limites, trata-se de lei penal em branco homogênea: deve-se verificar os requisitos previstos em lei para se constatar o exercício além do quanto autorizado (p. ex.: médico pediatra que realiza cirurgias cardíacas).

1.4. Elemento subjetivo

O elemento subjetivo é o dolo genérico em relação tanto ao exercício sem autorização legal quanto ao exercício além dos limites funcionais, sendo imprescindível que o agente tenha consciência de sua situação irregular. Não se admite a modalidade culposa.

1.5. Qualificadora

Se o crime do art. 282 é praticado com o objetivo de lucro, incide a forma qualificada do parágrafo único com a cumulação de multa. A forma qualificada também é de menor potencial ofensivo, uma vez que não há alteração nas penas previstas no *caput*.

1.6. Consumação e tentativa

O crime se consuma com a prática reiterada de atos próprios da profissão indevidamente exercida pelo agente, ainda que de tais atos não sobrevenha qualquer resultado naturalístico, lesivo a terceiros ou não. Por se tratar de crime formal, o entendimento majoritário é de que não se admite a tentativa neste crime.[25]

1.7. Classificação

Crime comum ("exercer a profissão sem autorização legal") ou próprio ("exercer a profissão

---

25 Em sentido contrário, admitindo a tentativa: MASSON, Cleber. *Direito penal esquematizado*, 2012, v. 3, p.8.

excedendo-lhe os limites"), formal, habitual, de perigo comum e abstrato, de forma livre, instantâneo, em regra comissivo, unissubjetivo e em regra plurissubsistente.

2. JURISPRUDÊNCIA

2.1. Julgados

Exercício ilegal da medicina. Configuração

Penal e processual penal. *Habeas corpus* substitutivo de recurso ordinário. Exercício ilegal da medicina. Tráfico de drogas. Trancamento da ação penal quanto ao crime do art. 33 da Lei n. 11.343/2006. Impossibilidade. Substâncias prescritas previstas na Portaria n. 344/98 da Secretaria de Vigilância Sanitária do Ministério da Saúde (SVS/MS) na lista "C1" que trata das substâncias sujeitas a controle especial e que de acordo com os arts. 1º, parágrafo único, e 66, *caput*, ambos da Lei n. 11.343/2006 são consideradas drogas. Prescindibilidade de realização de exame pericial para a constatação de que tais substância podem causar dependência. Dado verificado a partir da mera constatação de que tais substâncias encontram-se elencadas na referida listagem administrativa. Possibilidade de concurso formal entre os crimes previstos no art. 282 do CP e no art. 33, *caput*, da Lei n. 11.343/2006. Precedente desta Corte. [...] VII – O tipo penal previsto no art. 282 do CP (exercício ilegal da medicina, arte dentária ou farmacêutica) pune a conduta daquele que sem autorização legal, é dizer, sem qualquer título de habilitação ou sem registro deste na repartição competente (Nélson Hungria in *Comentários ao Código Penal* – v. IX, Ed. Forense, 2ª ed., 1959, p. 145), ou ainda, exorbitando os limites desta, exerce, ainda que à título gratuito a profissão de médico, dentista ou farmacêutico. Trata-se de crime de perigo abstrato, habitual, que procura tutelar a saúde pública do dano que pode resultar do exercício ilegal e abusivo da medicina, bem como da arte dentária ou farmacêutica (Heleno Cláudio Fragoso in *Lições de direito penal*: Parte Especial – v. II, Ed. Forense, 1ª ed., 1989, p. 275) cuja prática em concurso formal com o delito de tráfico de drogas é perfeitamente possível. VIII – Não existe a vinculação necessária, que se pretende estabelecer, da prática do crime previsto no art. 282 do CP com o crime de tráfico de drogas. De fato, não se exige para a configuração do crime de exercício ilegal da medicina que o agente prescreva substância tida pela legislação como droga para os fins da Lei n. 11.343/2006. O vulgar exercício da medicina por parte daquele que não possui autorização legal para tanto é suficiente para a delimitação do tipo em destaque. Se o agente ao exercer irregularmente a medicina ainda prescreve droga, resta configurado, em tese, conforme já reconhecido por esta Corte em outra oportunidade (*HC* n. 9.126/GO, 6ª T., rel. Min. Hamilton Carvalhido, *DJ* 13.08.2001) o concurso formal entre o art. 282 do CP e o art. 33, *caput*, da Lei n. 11.343/2006. *Habeas corpus* denegado. Cassada a medida liminar anteriormente concedida. (STJ, *HC* n. 139.667/RJ, 5ª T., rel. Min. Felix Fischer, j. 17.12.2009, *DJ* 01.02.2010)

3. OBSERVAÇÕES

3.1. Exercício ilegal e exclusão da tipicidade

Não se reconhece a tipicidade para o presente delito quando ausente o dolo do agente, tal como ocorre na prática, ainda que reiterada, de atos de auxílio a enfermos no âmbito doméstico ou familiar (p. ex.: mãe que habitualmente ministra xaropes ou chás caseiros a seu filho para cura de enfermidades).

3.2. Exercício ilegal e exclusão de ilicitude

Atua em estado de necessidade (CP, arts. 23, I, e 24) a pessoa que, sem estar devidamente habilitada para o exercício da profissão, desempenha atividade inerente às profissões de médico, dentista ou farmacêutico na ausência de tais profissionais, fazendo-o para preservar direito alheio cujo sacrifício, nas circunstâncias, não era razoável exigir-se em situação de perigo atual, que não provocou por sua vontade nem podia de outro modo evitar.

3.3. Falsificação de documento público e exercício ilegal

Eventual falsidade documental ou uso de documento falso praticada com o fim de assegurar o exercício ilegal da medicina, arte dentária ou farmacêutica fica absorvida pelo presente delito por se tratar de meio de execução para a prática do crime contra a saúde pública.

Charlatanismo

Art. 283. Inculcar ou anunciar cura por meio secreto ou infalível:

Pena – detenção, de 3 (três) meses a 1 (um) ano, e multa.

---

1. COMENTÁRIO

1.1. Objetividade jurídica

O bem jurídico tutelado é a saúde pública, inerente à preservação da saúde de um indeterminado número de pessoas que possam sofrer danos pelo anúncio de falsas curas, o qual pode induzi-las a dispensar o devido atendimento médico.

1.2. Sujeitos

Qualquer pessoa pode ser sujeito ativo do crime. O sujeito passivo é a coletividade e, eventualmente, a pessoa sujeita a erro pelo anúncio ou inculca da cura por método secreto ou infalível.

1.3. Análise da(s) conduta(s) descrita(s) no tipo

As condutas descritas no tipo são "inculcar" (sugerir, propor, aconselhar) e "anunciar" (propagandear, noticiar, divulgar por quaisquer meios) tratamento de doença mediante cura secreta ou infalível. Por cura secreta entende-se o tratamento de doença mediante a utilização de procedimentos ignorados pela Medicina, enquanto a cura infalível é aquela que o sujeito afirma ser dotada de eficácia plena, sendo supostamente capaz de restabelecer a saúde do paciente de modo inafastável.

Vale ressaltar que a ilicitude das condutas reside, por um lado, no segredo quanto aos meios empregados na cura, à margem das ciências médicas; de outro, na suposta infalibilidade, uma vez que mesmo procedimentos médicos reconhecidamente eficazes não são tidos como infalíveis.

1.4. Elemento subjetivo

O elemento subjetivo é o dolo genérico, independentemente de qualquer finalidade específica. É imprescindível que o sujeito tenha ciência da inidoneidade do meio secreto ou infalível por si inculcado ou anunciado. Não se admite a modalidade culposa.

1.5. Consumação e tentativa

A consumação se dá com o ato de inculcar ou anunciar a cura por meio secreto ou infalível, sendo irrelevante se terceiro se submete ao tratamento proposto pelo agente. A tentativa é, em tese, possível: se a inculca ou o anúncio não chega ao conhecimento de terceiros por circunstâncias alheias à vontade do agente, é de se reconhecer a forma tentada.

1.6. Classificação

Crime comum, formal, de perigo comum e abstrato, de forma livre, instantâneo, em regra comissivo, unissubjetivo e em regra plurissubsistente.

2. OBSERVAÇÕES

2.1. Charlatanismo e exercício ilegal da medicina, arte dentária ou farmacêutica

Embora as condutas descritas nos arts. 282 e 283 sejam bastante próximas em determinados contextos fáticos, há diferenças relevantes entre os dois crimes. O charlatanismo é crime instantâneo e nele o agente tem prévio conhecimento da ineficácia da suposta cura inculcada ou anunciada, enquanto no exercício ilegal da medicina, arte dentária ou farmacêutica exige-se a habitualidade do agente, o qual em regra confia na sua própria habilidade e acredita na eficácia do tratamento por si ministrado.

Curandeirismo

Art. 284. Exercer o curandeirismo:

I – prescrevendo, ministrando ou aplicando, habitualmente, qualquer substância;

II – usando gestos, palavras ou qualquer outro meio;

III – fazendo diagnósticos:

Pena – detenção, de 6 (seis) meses a 2 (dois) anos.

Parágrafo único. Se o crime é praticado mediante remuneração, o agente fica também sujeito à multa.

---

1. COMENTÁRIO

1.1. Objetividade jurídica

O bem jurídico tutelado é a saúde pública, inerente à preservação da saúde de um indeterminado número de pessoas que possam sofrer danos pelo emprego de curas estranhas à ciência médica e potencialmente ineficazes, o qual impede ou retarda o tratamento correto do enfermo por profissional habilitado.

1.2. Sujeitos

Qualquer pessoa pode ser sujeito ativo do crime. O sujeito passivo é a coletividade e, eventualmente, a pessoa sujeita aos procedimentos descritos no artigo.

1.3. Análise da(s) conduta(s) descrita(s) no tipo

A conduta descrita no tipo é "exercer" (praticar, desempenhar ou atuar) o curandeirismo por meio das atividades descritas nos incisos I a III. Entende-se por curandeirismo a atividade destinada ao restabelecimento da saúde de outrem por quem não possui a capacidade (técnica ou legal) ou o poder de fazê-lo. O curandeiro é usualmente um indivíduo sem idoneidade técnica ou profissional para o fim almejado, que confia em meios mágicos ou sobrenaturais para alcançar resultados próprios da ciência médica.

O verbo "exercer" sinaliza que a conduta do agente deve ser habitual, exigindo-se a reiteração dos atos próprios da condição de curandeiro definidos pelo tipo, a saber: a) prescrever (receitar, indicar, recomendar); ministrar (entregar a consumo) ou aplicar (utilizar no corpo de outrem) qualquer substância de origem vegetal, animal ou mineral, ainda que sem nocividade à saúde humana; b) usar gestos (movimentos corporais destinados a expressar uma ideia, sentimento ou manifestação de vontade), palavras (elementos de comunicação interpessoal mediante linguagem escrita ou falada) ou qualquer outro meio (atos análogos aos gestos e às palavras); c) fazer diagnósticos (ato privativo do médico pelo qual se dá a constatação de doença ou enfermidade a partir da análise de seus sintomas ou sinais característicos). Ao praticar qualquer das condutas descritas, o curandeiro acaba por retardar a cura ou tratamento de uma doença, colocando em risco a vida e a integridade física de terceiros.

1.4. Elemento subjetivo

O elemento subjetivo é o dolo genérico, independentemente de qualquer finalidade específica. É irrelevante a eventual crença do agente na eficácia dos procedimentos por si adotados. Não se admite a modalidade culposa.

1.5. Consumação e tentativa

O crime se consuma com a prática reiterada dos atos descritos nos incisos I a III do art. 284, ainda que de tais atos não sobrevenha qualquer resultado naturalístico, lesivo a terceiros ou não. Havendo mais de uma conduta no mesmo contexto fático é de se reconhecer um único crime, em especial pela exigência da habitualidade. Por se tratar de crime formal, o entendimento majoritário é de que não se admite a tentativa neste crime.[26]

1.6. Forma qualificada

Se o crime do art. 284 é praticado com o objetivo de lucro, incide a forma qualificada do parágrafo único com a cumulação de multa. A forma qualificada também é de menor potencial ofensivo, uma vez que não há alteração nas penas previstas no *caput*.

1.7. Classificação

Crime comum, formal, habitual, de perigo comum e abstrato, de forma vinculada, instantâneo, em regra comissivo, unissubjetivo e em regra plurissubsistente.

1.8. Ação penal

A ação penal é pública incondicionada, principalmente por tratar-se de crime no qual a coletividade figura como sujeito passivo da conduta.

Válido ressaltar que, em conformidade com a pena disposta – detenção de seis meses a dois anos –, o referido crime será considerado de menor potencial ofensivo, de acordo com o disposto no art. 61 da Lei n. 9.099/95, e passível de aplicação de todas as medidas despenalizadoras dispostas nesta Lei.

O limite mínimo da pena em abstrato – seis meses – também torna a figura compatível com a suspensão condicional do processo, conforme previsão do art. 89 da Lei n. 9.099/95.

2. JURISPRUDÊNCIA

2.1. Julgados

Exercício ilegal de arte farmacêutica e curandeirismo. Concurso de crimes

Habeas corpus. Exercício ilegal de arte farmacêutica e curandeirismo. Laudo pericial. Exigência. Princípio do livre convencimento motivado (art. 158 c/c art. 167, CPP). Diversidade, independência e autonomia de condutas denunciadas. *Bis in idem*, concurso de crimes e consunção. Não configuração. [...] Embora o curandeirismo seja prática delituosa típica de pessoa rude, sem qualquer conhecimento técnico-profissional da medicina e que se dedica a prescrever substâncias ou procedimentos com o fim de curar doenças, não se pode descartar a possibilidade de existência do concurso entre tal crime e o de exercício ilegal de arte farmacêutica, se o agente também não tem habilitação profissional específica para exercer tal atividade. Reconhecida a prática de duas condutas distintas e independentes, não há como se proclamar ilegal a condenação por cada uma delas, não se mostrando, *in casu*, ter havido *bis in idem* ou indevida atribuição de concurso de crimes, não cabendo, ainda, aplicação da consunção entre os delitos, tanto mais na estreita via do habeas corpus, por demandar incursão profunda e valorativa em seara fático-probatória. *Habeas corpus* denegado. (STJ, *HC* n. 36.244/DF, 5ª T., rel. Min. José Arnaldo da Fonseca, j. 22.02.2005)

3. OBSERVAÇÕES

3.1. Curandeirismo e liberdade religiosa

Diante da previsão do art. 5º, VI, da CF, o qual garante a liberdade de consciência e de crença, além do livre exercício dos cultos religiosos, atual-

26 Em sentido contrário, admitindo a tentativa: MASSON, Cleber. *Direito penal esquematizado*, 2012, v. 3, p. 9.

mente é de se reconhecer que atos inerentes aos rituais religiosos ("passes" espíritas, benzeduras em cultos católicos ou afro-brasileiros, "descarregos" em cultos evangélicos neopentecostais etc.), ainda que praticados fora de ambientes de culto (em ambiente familiar ou doméstico, por exemplo), não são típicos para os fins do art. 284, uma vez que não há a intenção, ainda que remota, de colocar em risco a saúde pública. Eventuais abusos no exercício da liberdade religiosa, entretanto, podem ser objeto de responsabilidade penal por outras figuras típicas, conforme o resultado decorrente do abuso (lesões corporais, morte etc.).

3.2. Curandeirismo e charlatanismo

Há importantes distinções entre o charlatanismo (art. 283, CP) e o curandeirismo. No charlatanismo, o agente é um estelionatário que anuncia a cura de determinada enfermidade por meio secreto ou infalível, e o faz ciente da inidoneidade do procedimento proposto, enquanto no curandeirismo o agente se dedica a promover habitualmente a cura por métodos desprovidos de base técnico-científica, mas nos quais acredita e atribui eficácia. Ainda, o charlatanismo admite qualquer meio para o ludibrio de incautos, enquanto o curandeirismo somente se configura por meio das práticas elencadas nos incisos I a III do art. 284.

Forma qualificada

Art. 285. Aplica-se o disposto no art. 258 aos crimes previstos neste Capítulo, salvo quanto ao definido no art. 267.

1. COMENTÁRIO

O presente artigo estende aos crimes contra a incolumidade pública, excetuado o crime de epidemia (art. 267), a incidência das regras do art. 258 do CP. Como já visto, o art. 258 trata de causas de aumento da pena, ainda que incorretamente denominadas "formas qualificadas".

Desse modo, e feita a ressalva quanto ao art. 267, se a prática de crime contra a incolumidade pública na forma dolosa resultar em lesão corporal de natureza grave ou gravíssima (art. 129, §§ 1º e 2º, CP), a pena privativa de liberdade será aumentada de metade; se resultar morte, a pena será aplicada em dobro. Exige-se, aqui, que o resultado se efetive a título de culpa.

Se a prática de crime contra a incolumidade pública na forma culposa resultar em lesão corporal leve, grave ou gravíssima (art. 129, *caput* e §§ 1º e 2º), a pena aumenta-se de metade; e, se resulta morte, aplica-se a pena cominada ao homicídio culposo, aumentada de um terço. Aqui também o resultado deve ser fruto de culpa do agente.

TÍTULO IX
DOS CRIMES CONTRA A PAZ PÚBLICA

Incitação ao crime

Art. 286. Incitar, publicamente, a prática de crime:

Pena – detenção, de 3 (três) a 6 (seis) meses, ou multa.

Parágrafo único. Incorre na mesma pena quem incita, publicamente, animosidade entre as Forças Armadas, ou delas contra os poderes constitucionais, as instituições civis ou a sociedade.

Parágrafo acrescentado pela Lei n. 14.197, de 01.09.2021.

1. COMENTÁRIO

1.1. Notas introdutórias

Ao tratarmos do delito tipificado no artigo acima, temos que ter em mente que o Título IX deste *Codex* faz referência aos crimes contra a paz pública.

Todavia, em códigos estrangeiros, como o Código Rocco, que vem a ser o código penal italiano, e na legislação penal argentina, o *nomen iuris* utilizado faz referência aos crimes contra a ordem pública.

Diferenciam-se estas formas de terminologia devido à ênfase que se aplica aos aspectos característicos destes delitos.

Quando se tutela a ordem pública, como fazem os já citados legisladores, buscam-se proteções para os aspectos objetivos dos delitos, compreendidos como o estado de vida pacífica entre os cidadãos.

Todavia, quando se é abordado o aspecto subjetivo da ordem pública em uma legislação penal, visa-se, com isso, a proteger o sentimento de paz e tranquilidade.

Países como a Suíça, o Uruguai, a França e o Brasil adotam a análise subjetiva dos delitos ora em estudo e assim utilizam a terminologia crimes contra a paz pública.

Como ministra o ensinamento de Magalhães Noronha: "São quase todos estes crimes atos preparatórios e a razão de puni-los está ou não no relevo que o legislador dá ao bem ameaçado ou porque sua frequência está a indicar a necessidade de repressão, em qualquer caso, em nome da paz social" (*Direito penal*, 1983, v. 4, p. 86).

O que se deve entender é que toda infração penal atenta contra a ordem pública, causando dano ou perigo de sua produção a bens e interesses indispensáveis à convivência social. Na diferenciação entre essas terminologias, Cezar Roberto Bitencourt em sua obra, colaciona da seguinte forma: "A locução 'ordem pública' por vezes é substituída por ordem jurídica, é utilizada com frequência para referir-se a outras instituições, sejam elas de natureza constitucional, política ou processual, como ocorre, por exemplo, com a propriedade privada, a prisão preventiva etc. Na realidade, estes crimes de incitação, apologia e quadrilha, atingem a ordem pública, assim como qualquer outro delito, sendo portanto incapaz, por isso mesmo, de identificar com precisão qual bem jurídico destinam-se a proteger" (*Tratado de direito penal*: Parte Especial, 2010, v. 4, p. 343).

Assim, passaremos a esmiuçar melhor o bem jurídico no tratamento individualizado dos crimes inseridos neste Título IX.

1.2. Objetividade jurídica

O bem jurídico tutelado neste delito é a paz pública.

Essa terminologia será empregada conforme já explanado na introdução deste Título.

Assim, paz pública é o sentimento coletivo de paz, segurança e confiança nas instituições governamentais, segurança essa garantida pelo ordenamento jurídico.

Todavia, não podemos levar em consideração tão somente essa definição. Entendemos que esse sentimento é, em verdade, uma opinião da população em relação a essa segurança, ou seja, aquela sensação de bem-estar, de proteção e de segurança em geral, que não deixa de ser, em outros termos, uma espécie de reforço ou fator a mais da própria segurança, qual seja, o de sentir-se seguro e protegido (BITENCOURT, op. cit., 2010, v. 4, p. 346).

Dessa forma, todo crime ofende a ordem pública, toda infração penal traz em si uma ofensa à paz pública independentemente da natureza do fato cometido e da espécie de bem jurídico especialmente atingido (ibidem, p. 346).

1.3. Sujeitos

Por não se exigir nenhuma qualidade ou condição especial do agente praticante do delito, qualquer pessoa pode ser sujeito ativo deste crime.

O sujeito passivo é eminentemente a coletividade e, em segundo plano, o Estado, que possui a obrigação de garantir a segurança e o estabelecimento do ordenamento jurídico.

Com a inserção do parágrafo único neste artigo, os sujeitos ativos não se alteram em relação ao *caput*.

No que tange ao sujeito passivo, há a inserção das Forças Armadas como agentes sofredores dos delitos e a sociedade de forma abrangente em segundo plano.

1.4. Análise da(s) conduta(s) descrita(s) no tipo

Ao analisarmos a conduta nuclear do tipo penal descrito acima objeto deste estudo, verifica-se que o verbo inserido no tipo vem a ser o de "incitar".

Incitar significa instigar, induzir, estimular, provocar, excitar publicamente a prática de um crime.

Verifica-se desnecessária a menção ao nome do delito, pois, como se descreve no tipo penal que a incitação vem a ser para a prática de um delito, de um crime. Observe que não se incluem, aqui, as contravenções penais ou os fatos considerados imorais.

Esta instigação deve ser feita para a prática de crimes determinados, não se punindo a instigação genérica, por esta ser vaga e não possuir eficácia ou idoneidade.

Um exemplo de instigação específica a crimes determinados seria instigar a realização de determinado roubo ou a certo homicídio, não se admitindo expressões genéricas.

A vontade de incitar alguém à prática de um crime deve ser clara e específica.

O tipo penal em análise contém, em sua descrição, a necessidade de o fato deve ser público, ou seja, a incitação a determinado crime deve ocorrer publicamente.

Essa elementar normativa do tipo, a publicidade do ato, é indispensável para a consecução da prática do ato, pois somente atingindo o maior número de pessoas possível é que caracteriza a ofensa a paz pública.

Nélson Hungria asseverava que "a nota essencial ou a condição *sine qua non* do crime é a publicidade: a incitação deve ser feita *coram multis personis*, isto é, deve ser percebida ou perceptível por indeterminado de pessoas" (apud BITENCOURT, op. cit., 2010, v. 4, p. 349).

Essa publicidade deve atingir um número indeterminado de pessoas, não se caracterizando a prática deste delito quando é realizado em uma reunião familiar ou de amigos em um determinado lugar.

E deve o agente se utilizar de um meio para a consecução da prática do delito que seja realmente capaz de atingir um número indeterminado de pessoas.

Conforme já mencionado anteriormente, a incitação deve atingir um número indeterminado de pessoas, porém, se essa incitação atingir somente uma determinada pessoa, não se aplica o disposto no tipo penal em análise, mas configura a participação no delito que o agente praticar.

Dessa forma, o agente não responde pela incitação e sim pelo crime cometido pelo agente determinado e incitado, na modalidade de concurso material, pela participação.

Se por ventura retirarmos o caráter público da incitação, a conduta deixa de ser considerada crime e volta a sua condição essencial de atos preparatórios, os quais não são puníveis pelo ordenamento penal.

Vide, nesse sentido, STF, *HC* n. 75.755/GO, 1ª T., rel. Min. Sepúlveda Pertence, j. 17.02.1998 (participação como modalidade de concurso de pessoas).

1.4.1. Da alteração legislativa – a inclusão do parágrafo único

Com o advento da Lei n. 14.197/2021, promulgada em 01.09.2021, a qual acrescenta o Título XII à Parte Especial do Código Penal, esta, além de trazer inúmeras alterações legislativas, apenas a título de comento, vem a ser a consagração dos crimes contra o Estado Democrático de Direito, rol de delitos que anteriormente não existia, e estes passaram a ser considerados infrações penais a partir de 01.01.2022.

A inserção legislativa desses dispositivos penais, trazidos à luz por essa nova lei, já foi amplamente comentada nesta obra como um todo, e ao que devemos nos atentar neste comento vem a ser a modificação do art. 286, com a inclusão do parágrafo único em seu bojo descritivo.

O legislador pátrio não necessitaria ter criado um parágrafo para a inserção do texto legal que ora se comenta, deveria simplesmente ter modificado o *caput* e ter abarcado as novas condutas descritivas as quais foram inseridas neste parágrafo, porém, essa foi a técnica utilizada pelo atual legislador; certo ou errado, é o que está posto em lei.

Quando o legislador menciona que "incorre na mesma pena quem incita, publicamente, animosidade entre as Forças Armadas, ou delas contra os Poderes constitucionais, as instituições civis ou a sociedade", este mesmo inclui no rol do *caput* conceitos dúbios que podem levar à confusão quem analisa mais profundamente o texto legal.

Ocorre que, como já mencionado no item 1.4, a descrição típica da conduta nuclear do parágrafo único versa de forma equivocada seus conceitos, pois se incitar significa "induzir", "provocar" a prática de um crime, não havia a necessidade de se incluir a palavra "publicamente".

Conforme já exarado em missivas anteriores nos comentários deste artigo, a conduta central desse delito se versa quando este é praticado publicamente, não se punindo tal ato quando é desferido em uma reunião familiar ou até mesmo entre amigos em um determinado espaço.

Trazendo novamente os ensinamentos do mestre Hungria, já versados antes, a condição sem a qual não haveria a prática delituosa que se enquadra no parágrafo único do art. 286 vem a ser que a publicidade seja percebida ou perceptível a um número indeterminado de pessoas, não havendo, portanto, a necessidade de se colocar no texto legal que a conduta deva ser realizada publicamente.

O núcleo do tipo penal, já em seu âmago, traz essa característica que amplamente versamos no comentário a esse crime; assim, erra o legislador na construção da mudança legislativa do parágrafo único deste artigo.

Não bastasse um erro legislativo, o legislador incorre novamente em erro ao duplamente mencionar característica ínsita do verbo nuclear do tipo penal em comento. Trata-se do substantivo "animosidade", colocado como adjetivo para superlativar a conduta do tipo penal.

Nítido se faz, como já se fez anteriormente em missivas acima, principalmente no item 1.4 deste comentário, toda vez que se ativa o núcleo do tipo penal exarado neste art. 286, já se tem consagrada nele mesmo a chama da animosidade, posto que quem incita algo já o faz com excitação, com um comportamento exaltado de quem busca a discussão. Não há nenhum sentido léxico na inserção do substantivo animosidade no texto legal, sendo que ele é núcleo do próprio verbo incitar.

Nota-se claramente um viés ideológico do texto legal em comento, ou seja, o parágrafo único do art. 286, pois, além da enfatização de termos desnecessários à construção do tipo penal, o mesmo dispositivo consagra como sujeitos passivos do delito capitulado acima as Forças Armadas, os Poderes constitucionais, as instituições civis e a sociedade como um todo.

Trato o parágrafo acima dessa forma, posto que a lei nova, de n. 14.197/2021, revogou a Lei n. 7.170/83, também conhecida como Lei de Segurança Nacional, que estabelecia os crimes contra a segurança nacional e a ordem pública e social, e em seu lugar inseriu o Título XII no *Codex* Criminal Pátrio e o nomeia como "Crimes contra o Estado Democrático de Direito".

Cristalino se faz, portanto, que o sujeito ativo desse delito consagrado no parágrafo único somente consegue seu intento ao incitar que há animosidade entre as Forças Armadas, ou seja, que a Marinha, o Exército e a Aeronáutica, por meio de um instigador, criem um conflito entre si. E em seguida, na segunda parte do parágrafo único deste artigo, o legislador trata da incitação das Forças Armadas em face dos Poderes constitucionais, das instituições civis e da sociedade. Nesse caso, o sujeito ativo do tipo penal em comento incitaria as Forças Armadas a ferirem os dispositivos da Carta Magna a, por exemplo, fecharem o Congresso Nacional e decretarem uma ditadura no país.

Apenas a título de comentário, diversas turbas reuniam-se em vários locais do país no período eleitoral de 2018 e logo após a vitória do candidato eleito para requererem o retorno do Ato Institucional n. 5, principal instrumento repressor e medida máxima da ditadura, o qual fechou o Congresso Nacional e todos os direitos e garantias constitucionais vigentes em 13 de dezembro de 1968.

Outro exemplo que o tipo penal abarcaria seria a incitação das Forças Armadas em face das instituições civis ou a sociedade. No parágrafo acima, encontramos mais uma *aberratio legis* realizada pelo Poder Legislativo, que coloca instituições civis e sociedade como sendo entes dissociativos e completamente distantes entre si.

De fato, quando tratamos do conceito de sociedade, evocamos os ensinamentos do Émile Durkheim, segundo os quais o ser humano estaria subordinado a uma série de regras e costumes sociais que deveria seguir, sob pena de sanção em caso de desobediência.

Assim, sociedade é um conjunto de pessoas sujeitas a uma organização social, leis e instituições que regulam a vida da comunidade. Sociedade é a parte da totalidade da vida social do ser humano, é a interligação dos indivíduos que dependem uns dos outros na execução de suas funções.

Ao mencionar instituições civis, o legislador não se atentou que se trata de um conceito vago, pois definem-se instituições como um conjunto de regras formais ou informais que determinam o comportamento social para que se viva inserido em uma sociedade.

Quando tratamos de instituições civis, remete-se ao conceito de conjunto de regras da sociedade civil como um todo, e enfatizar tal assunto em um parágrafo único, sendo que seu bojo já abordara a Carta Magna, não faz sentido. O que o legislador quis evocar com esses escritos foi a enfatização das Forças Armadas como sujeitos desse delito.

Outro ponto a se destacar neste parágrafo único é o fato de a incitação ter como sujeito passivo as Forças Armadas, pois o ato de incitar seria entre as Forças maiores militares ou fica consagrado que também é delito se incitar os militares a praticarem delitos contra a República e a sociedade de uma forma geral.

Apenas por amor ao argumento, reiterando o comentado acima, não havia a necessidade da criação legislativa, sendo somente preciso, se fosse o caso, a modificação do *caput* para a inserção das Formas Armadas como sujeitos passivos do crime.

1.5. Elemento subjetivo

O elemento subjetivo do tipo é o dolo, sempre representado pela vontade clara e cristalina da prática do delito descrito no artigo, ou seja, a vontade de incitar, de estimular a prática de um delito, tendo o agente a consciência de que esse fato se dirige a um número indeterminado de pessoas. Não se admite a modalidade culposa para este delito.

1.6. Consumação e tentativa

Consuma-se este crime com a simples incitação pública, desde que esta seja perceptível por um número indeterminado de pessoas. Por ser um delito de mera atividade não é necessário que o delito incitado seja efetivamente praticado.

Admite-se a tentativa quando o meio para a incitação pública for a forma escrita. Um exemplo é a preparação de cartazes, mas outras pessoas, por circunstâncias alheias a vontade do agente, não leem os dizeres.

1.7. Classificação

Comum, formal, comissivo, de forma livre, instantâneo, de perigo comum abstrato, unissubjetivo, plurissubsistente e vem a ser um crime subsidiário.

2. JURISPRUDÊNCIA

2.1. Julgados

Instigação e induzimento ao uso de entorpecentes

Instigação e induzimento ao uso de entorpecentes. Hipótese na qual o impetrante alega a inépcia da exordial oferecida contra o réu, denunciado por instigação e induzimento ao uso de entorpecentes e associação para o tráfico, pois, na qualidade de cantor de funk, teria instigado e induzido o uso de substâncias ilícitas, especialmente as comercializadas pela facção criminosa da qual seria membro. Embora não se exija a descrição pormenorizada das condutas do agente, isso não significa que o órgão acusatório pode oferecer denúncia sem a devida descrição dos fatos, como no caso dos autos, em que a acusação nem sequer transcreveu trechos das músicas que fariam apologia ao crime, não tendo, ainda, demonstrado de que forma o réu teria concorrido para a divulgação das músicas na rede mundial de computadores. (STJ, *HC* n. 63.966/RJ, rel. Min. Gilson Dipp, j. 24.04.2007)

3. OBSERVAÇÕES

3.1. Lei de Segurança Nacional

Quando a incitação obtiver conotação politica, o agente poderá responder pelas praticas do crime descrito no art. 23 da Lei n. 7.170/83 (revogada pela Lei n. 14.197/2021).

3.2. Código Penal Militar

O crime de incitamento também esta previsto no CPM em seu art. 155.

3.3. Código Brasileiro de Telecomunicações

Responde pelas penas também da Lei n. 4.117/62, o agente incitador por meio do disposto no art. 53, *a* a *l*.

3.4. Lei de Drogas

O agente que é incitador também responde pelas penas descritas na Lei n. 11.343/2006, de acordo com o art. 33, § 1º.

3.5. Crime de genocídio

Se a intenção do agente for a destruição de todo ou de uma parte de um grupo étnico ou racial ou religioso, responderá pelas penas impostas pelo art. 3º da Lei n. 2.889/56.

3.6. Crimes de preconceito racial

O agente incitador incorre nas penas previstas pela Lei n. 7.716/89, em seu art. 20, se a intenção do mesmo for incitar a respeito de discriminação ou preconceito racial, de cor, etnia, religião ou procedência nacional.

Apologia de crime ou criminoso

Art. 287. Fazer, publicamente, apologia de fato criminoso ou de autor de crime:

Pena – detenção, de 3 (três) a 6 (seis) meses, ou multa.

---

1. COMENTÁRIO

1.1. Objetividade jurídica

O bem jurídico deste delito, como versado anteriormente, é a paz pública, ou seja, a ameaça ao sentimento coletivo de paz, tranquilidade e segurança garantido pelo ordenamento jurídico.

Essa ameaça não é apenas individual, mas também coletiva, por exemplo, a proteção à própria atividade estatal de assegurar o bem comum.

O ato de exaltar um criminoso ou uma prática criminosa, feito publicamente, além de moralmente reprovável, configura este delito.

Bitencourt, tem entendimento diverso do consagrado na doutrina dominante a respeito deste tema, versa que a conduta descrita no *caput* do artigo não gera alarde social, não reproduz nenhuma repercussão perturbadora, não passando de simples manifestação pacífica de um pensamento, por vezes, um desabafo, um exercício de liderança, e, na opinião deste autor, a coletividade aceita se quiser as palavras ditas pelo autor do fato (*Tratado de direito penal*: Parte Especial, 2010, v. 4, p. 355).

Discordamos dessa forma de pensar do nobre autor, e corroboram este pensamento Luiz Regis Prado, Cleber Masson e Rogério Greco (PRADO, Luiz Regis. *Curso de direito penal brasileiro*: Parte Especial: arts. 250 a 359-H, 2014, v. 3, p. 184; GRECO, Rogério. *Curso de direito penal*: Parte Especial, 2011, v. 4, p. 203; MASSON, Cleber. *Direito penal esquematizado*, 2014, v. 3, p. 327.)

1.2. Sujeitos

O sujeito ativo deste crime pode ser qualquer pessoa, não havendo qualidade especial para tanto.

O sujeito passivo deste delito, como sempre neste Título, é a coletividade em geral em uma primeira análise e o Estado secundariamente, pois é este quem tem a obrigação de garantir a segurança e o bem-estar da população.

1.3. Análise da(s) conduta(s) descrita(s) no tipo

A conduta descrita no tipo penal em estudo consiste em fazer apologia publicamente de fato criminoso ou de autor de crime.

Apologia significa exaltar, elogiar, enaltecer, louvar, aprovar, defender, destacar.

Heleno Claudio Fragoso, em sua obra *Lições de direito penal*, já asseverava sobre a apologia, que o elogio e a exaltação do malefício ou do malfeitor "constituem estímulo e sugestão às vontades débeis e as pessoas propensas ao crime" (v. 2, p. 277).

Nucci menciona que fazer apologia não pode ser confundido com realizar a defesa de alguém, ou de alguma conduta ou defender alguém acusado de algum crime (*Código Penal comentado*, p. 918).

A exaltação, nesse caso, faz referência a crimes e fatos delituosos.

Não configura crime o elogio a fatos jurídicos praticados culposamente ou a contravenções ou a fatos futuros.

Os crimes aos quais se faz referência são os já praticados, ou seja, infrações penais já cometidas e não futuras infrações, conforme posicionamento de Magalhães Noronha: "A lei fala em fato criminoso, isto é, que se realizou ou aconteceu. Não fosse isso e, realmente, mínima seria a diferença entre esse crime e o antecedente. Mas assim não é. Enquanto o do art. 286 só pode ter por objeto um crime futuro, pois não se pode incitar ou instigar ao que já se consumou, o presente dispositivo alcança somente o crime praticado. É elogiando ou exaltando-o (fazendo apologia) que o agente indiretamente incita" (*Direito penal*, 1983, v. 4, p. 89).

No entanto, Nélson Hungria, discorda da posição de Noronha e entende que a apologia de crime alcança tantos os delitos praticados no passado como os do futuro, como a seguir veremos seu pensamento: "Em se tratando de apologia de 'fato criminoso' (que outra coisa não quer dizer senão crime, como deixa claro, aliás, a rubrica lateral do artigo), pouco importa que o mesmo seja considerado in concreto ou in abstrato, como episódio já ocorrido ou acontecimento futuro. A lei não distingue, nem podia distinguir. O alarma coletivo tanto pode ser provocado pela possibilidade de que o crime seja repetido por outrem, quanto, como é óbvio, pela possibilidade de que alguém tenha a iniciativa de praticá-lo" (*Comentários ao Código Penal* apud MASSON, Cleber. *Direito penal esquematizado*, 2014, v. 3, p. 327).

Além dos caracteres já enunciados neste tipo penal, fundamental mesmo, além desta discussão, vem a ser a questão da elementar publicidade, ou seja, requer-se que o fato torna-se público para um número indeterminado de pessoas, conforme já tratado no artigo anterior.

Damásio de Jesus ressalta que exige-se que o elogio feito pelo agente ao sujeito ativo do delito anteriormente realizado verse sobre a conduta criminosa deste e não sobre seus atributos morais ou intelectuais (*Direito penal*, v. 3, p. 410).

Torna-se fato atípico se o autor da incitação, no momento do elogio, trata da pessoa do criminoso, sobre sua vida humilde, sobre seu passado honesto.

O simples comentário sobre a situação jurídica de um criminoso, quanto ao enquadramento jurídico do fato imputado ao agente, também é fato atípico.

Este crime em análise pode ocorrer da mesma forma que a incitação, ou seja, por qualquer meio de consecução.

1.4. Elemento subjetivo

O tipo subjetivo neste delito é o dolo, e é representado pela vontade livre e consciente da prática do delito ou seja, vontade de fazer apologia de crime ou do autor de crime publicamente.

Não basta somente a vontade do agente em elogiar uma conduta criminosa ou um agente criminoso, este deve estar com uma vontade clara e inequívoca de exaltar uma futura prática criminosa e, além disso, deve estar ciente e consciente de que sua ação poderá ser percebida por um número indeterminado de pessoas, ou seja, volta-se a questão da publicidade já debatida anteriormente.

Assim, não há necessidade de qualquer elemento subjetivo especial do injusto.

Não existe previsão para a modalidade culposa.

1.5. Consumação e tentativa

Consuma-se o delito de apologia do crime com a exaração do *nomen iuris* deste tipo penal, ou seja, a apologia de um fato criminoso ou de um autor de crime, de forma pública, perceptível a um número indeterminado de pessoas.

Para a consumação desta infração penal necessita-se somente a ofensa constante no próprio elogio.

No tocante à tentativa, a doutrina diverge a este respeito, tanto que Bitencourt não admite a tentativa, pois não é juridicamente possível admitir uma tentativa de meros atos preparatórios (op. cit., 2010, v. 4, p. 363).

No entanto, Luiz Regis Prado, Rogério Greco, Magalhães Noronha e Cleber Masson (PRADO, op. cit., 2014, v. 3, p. 186; GRECO, op. cit., 2011, v. 4, p. 206; NORONHA, op. cit., apud prado, op. cit., 2014, v. 3, p. 186; MASSON, op. cit., 2014, v. 3, p. 330.) seguem no sentido contrário do pensamento de Bitencourt, quando afirmam que vem a ser admissível a tentativa de apologia de fato criminoso ou de autor de crime.

Versam os referidos autores que, dependendo do meio utilizado pelo agente para fazer a apologia de um fato criminoso ou de um autor de crime, é possível a tentativa; assim como entendem ser possível a tentativa no caso de um agente que está para distribuir panfletos em uma via pública e vem a ser detido ou do agente apologista que está para fixar cartazes e é preso.

1.6. Classificação

Crime comum, de forma livre, formal, comissivo, instantâneo, de perigo comum e concreto/abstrato (embora haja divergência na doutrina), unissubjetivo, unissubsistente, plurissubsistente, instantâneo, transeunte.

2. JURISPRUDÊNCIA

2.1. Julgados

Apologia de contravenção penal. Atipicidade

Apologia de crime ou criminoso. Contravenção penal. Paz pública. A denúncia deve descrever a infração penal, com todas as suas circunstâncias. No caso do art. 287, CP, indicar a conduta que elogia ou incentiva "fato criminoso", ou "autor do crime". A apologia de contravenção penal não satisfaz elemento constitutivo desse delito. Além disso, imprescindível registrar que a apologia se deu publicamente, isto é, dirigida ou presenciada por número indeterminado de pessoas, ou em circunstância em que a elas possa chegar a mensagem. Só assim será relatado o resultado (perigo a paz pública), juridicamente entendido como a probabilidade (perigo concreto) de o crime ser repetido por outrem, ou seja, estimular terceiros a delinquência. (STJ, RHC n. 4.660/RJ, rel. Min. Luiz Vicente Cernicchiaro, j. 05.09.1995)

No caso do art. 287, CP, indicar a conduta que elogia ou incentiva "fato criminoso", ou "autor do crime". A apologia de contravenção penal não satisfaz elemento constitutivo desse delito. (STJ, RHC n. 3.997/RJ, rel. Min. Luiz Vicente Cernicchiaro, j. 08.11.1994)

3. OBSERVAÇÕES

3.1. Lei de Segurança Nacional

Incorre nas penas do art. 22 da Lei n. 7.170/83, quem realiza apologia com conotações políticas, para a alteração da ordem política ou social (revogada pela Lei n. 14.197/2021).

3.2. Do concurso de crimes

No tocante a esta matéria em específico, mais uma vez a doutrina encontra-se dividida, não tornando pacífica a questão.

Rogério Greco e Bitencourt entendem pela inviabilidade da ocorrência do concurso de crimes, tanto formal quanto material, diante do argumento de que se o agente fizer apologia de mais de um fato criminoso ou a mais de um autor de crime, estará este agente delituoso cometendo um crime único, não se podendo falar em concurso de crimes.

Todavia, Regis Prado, Magalhães Noronha e Heleno Cláudio Fragoso já tratam o assunto em pauta de maneira diversa dos autores citados acima, sendo favoráveis pela ocorrência do concurso de crimes, tanto o formal como o material.

Argumentam os referidos autores dessa corrente doutrinária que, se há repetição do delito elogiado, pode haver concurso material; no entanto, o concurso será formal se o agente fizer apologia de vários delitos ou de vários autores (PRADO, op. cit. apud NORONHA, op. cit., 1983, v. 4, p. 87; HUNGRIA, Nélson. *Comentários ao Código Penal*, 1959, v. IX, p. 173; FRAGOSO, Heleno Cláudio, op. cit., v. 2, p. 284).

Associação criminosa

Art. 288. Associarem-se 3 (três) ou mais pessoas, para o fim específico de cometer crimes:

Pena – reclusão, de 1 (um) a 3 (três) anos.

Nomen juris, caput e pena com redação dada pela Lei n. 12.850, de 02.08.2013.

Parágrafo único. A pena aumenta-se até a metade se a associação é armada ou se houver a participação de criança ou adolescente.

Parágrafo com redação dada pela Lei n. 12.850, de 02.08.2013.

---

1. COMENTÁRIO

1.1. Objetividade jurídica

Com a mudança legislativa ocorrida em agosto de 2013, pela Lei n. 12.850/2013, o *nomen iuris* deste artigo alterou-se para "Associação criminosa", ao invés de quadrilha ou bando.

A diferença é gritante nestes dois *nomen iuris*, pois debateu-se, durante muito tempo, a diferença entre quadrilha e bando e as dificuldades para configurá-las.

Esta modificação veio atender a um clamor da doutrina que há muito tempo vinha pedindo uma reforma deste instituto.

Uma das modificações legislativas propostas pela Lei n. 12.850/2013, no que tange a este artigo em questão, vem a ser o fato da modificação do número de integrantes para o cometimento da infração penal, ou seja, na associação criminosa agora bastam três pessoas para a configuração do tipo penal, diferentemente da definição anterior, que exigia a presença de, no mínimo, quatro pessoas.

Importante mencionarmos que essa modificação legislativa trouxe uma *novatio legis in pejus*, ou seja, essa alteração da lei não pode retroagir para prejudicar o réu. Portanto, se agentes delituosos praticaram um fato no qual somente três pessoas participaram e estas foram absolvidas por não se enquadrarem no tipo penal anterior, não podem ser prejudicadas pela nova definição legal.

Por ser uma aplicação mais gravosa da forma da lei, somente poderá entrar em vigor para delitos que foram cometidos após a sua promulgação.

Outra modificação legislativa ocorreu no parágrafo único deste artigo, pois na definição anterior, que tratava de quadrilha ou bando, a pena aplicava-se em dobro se esta quadrilha ou bando encontrava-se armado. Pela nova redação do art. 288, esta causa de aumento de pena foi reduzida para a metade da pena do *caput* se a associação criminosa encontrar-se armada.

No entanto, podemos verificar que houve o incremento do aumento de pena para a participação de criança ou adolescente nesta modalidade delituosa. O acréscimo da causa de aumento de 1/6 até a metade somente se aplicará aos delitos cometidos após a vigência desta nova lei, por ser medida mais gravosa, não devendo, portanto, retroagir para prejudicar o réu.

Outra modificação legislativa trazida a este novo art. 288 é a definição de "fim específico de cometer crimes".

Essa modificação crucial no tipo penal, que gerou a necessidade da especificidade da conduta para o cometimento de crime, tornou-se o grande debate jurídico na Ação Penal n. 470, julgada pelo STF, processo conhecido também como "Mensalão".

O bem jurídico tutelado neste delito, conforme já vimos tratando ao longo deste Título IX, é a paz pública, e sua definição já fora tratada nas explanações dos outros artigos.

1.2. Sujeitos

O sujeito ativo deste delito pode ser qualquer pessoa, independente de possuir qualquer situação fática ou jurídica.

Analisemos agora outros fatores desses sujeitos ativos, por exemplo, a participação de inimputáveis nas associações criminosas.

Com a nova definição legislativa, o número de componentes com o fim de cometer crimes foi reduzido de quatro para três, e, por ser qualquer pessoa detentora de qualidade para ingressar em uma associação criminosa, esta pode ser formada por um maior de idade e dois adolescentes, por exemplo.

Essa possibilidade existe frente à plurissubjetividade desse crime, que reclama uma necessidade plúrima de indivíduos para o cometimento da ação penal e, dessa forma, caracteriza o concurso necessário.

Mas o ingresso de crianças e adolescentes em uma associação criminosa deve ser observado com muita cautela, pois esse infantes devem estar em plena função de suas faculdades mentais e discernimento completo para entenderem o que estão fazendo.

Em uma associação criminosa na qual um dos membros é menor e os outros são menores, o maior de idade responde pelo crime do artigo em questão e os menores serão enquadrados pelo ECA.

Nesse delito em análise deve-se levar em consideração a associação de pessoas para o fim específico de cometimento de crimes na qual somente uma delas é conhecida.

Para que se possa enquadrar esta pessoa no cometimento desse delito, necessário se faz que, durante as investigações policiais, provas e evidências sejam elencadas para a comprovação de que este agente delituoso uniu-se a, pelo menos, mais outros dois agentes com o fim específico de cometimento de crimes.

Estas provas devem ser interceptações telefônicas, testemunhas, documentos, evidências que façam um liame entre o agente identificado na prática da conduta e outras pessoas com o mesmo fim específico.

Outra questão a ser levantada e que está gerando discussão na doutrina é o fato da possibilidade da participação, na modalidade de concurso de pessoas, no delito de associação criminosa.

Duas posições surgem neste debate sobre o assunto.

Aquele que concorre para o cometimento do crime de associação criminosa deve ser considerado autor do fato, pois figura como integrante dessa associação. Isso ocorre diante do caráter plurissubjetivo desse delito, já transcorrido anteriormente.

Outra posição é a de que é considerado partícipe do delito de associação criminosa aquele que concorre para a prática do crime sem que tenha praticado qualquer ato executório.

Para a caracterização desta participação em associação criminosa é necessário que esta pessoa seja diversa das outras três pessoas que associaram para a prática delituosa, e esta pessoa diversa deve ter a consciência clara e específica de que está auxiliando uma associação criminosa para que se configure esta modalidade de participação.

Dentro desta seara, outro ponto que chama a atenção é a necessidade de descrição de todos os detalhes da conduta de cada um dos membros da associação criminosa.

De acordo com o art. 5º, LV, da CF, para que se configure a ampla defesa dentro de um processo a denúncia deve contar todos os descritivos das condutas dos agentes delituosos para que a defesa dos acusados tenha ciência exata do que pode ser arguido em prol do réu.

Todavia, esse pensamento não vem a ser uma constante em nosso pretório excelso, posto que no entendimento dos ministros, tanto do STJ quanto do STF, a simples atribuição genérica dos fatos aos acusados na denúncia já é suficiente para que possam ser defendidos (STF, *HC* n. 87.463, 5ª T., rel. Min. Felix Fisher, j. 19.08.2008; STJ, *HC* n. 240.126, 5ª T., rel. Min. Marco Aurélio Bellizze, j. 18.02.2014).

Devemos nos atentar também ao fato de membros de associações criminosas quando da pratica específica de seus ilícitos penais, os fazerem em concurso de pessoas, concurso material e o *ne bis in idem*.

Duas posições novamente formam-se no tocante a este assunto.

Há os defensores da tese de que não cabe a dupla punição pelo mesmo fato quando os agentes cometem um crime contra o patrimônio, em concurso de pessoas e associação criminosa em concurso material.

Alegam que pelo fato de a associação criminosa ser um crime de natureza formal, permanente, de perigo comum e abstrato, e ter como objeto jurídico a paz pública, coloca-se, como já versado anteriormente, em risco a *pax societatis,* inquietando seus membros e não a uma pessoa determinada. Ainda, a consumação se prolonga no tempo.

Em contrapartida, o crime contra o patrimônio, por exemplo, um furto ou roubo, vem a ser um crime de dano material e instantâneo, exigindo o efetivo dano ao patrimônio do indivíduo. Verifica-se que são delitos completamente distintos, não devendo, portanto, ser caracterizados como mesmo fato.

Esse pensamento é o entendimento de nossas cortes supremas no tocante ao assunto (STJ, *HC* n. 123.932/SP, 5ª T., rel. Min. Arnaldo Esteves Lima, j. 16.06.2009).

Há outra posição que entende que a pluralidade de pessoas já fora punida pelo delito de associação criminosa, e, dessa forma, a incidência de uma qualificadora, por exemplo, em um crime de furto, já seria suficiente para o conhecimento do *bis in idem*.

São pontos de vista que devem ser analisados com cautela, qualquer que seja o lado que se queira adotar.

Não devemos também considerar a extinção de punibilidade de algum membro de uma associação criminosa, posto que esta extingue somente a punibilidade, deixando intacto o crime em si.

Analisemos de forma mais concisamente o sujeito passivo deste crime exarado no art. 288 deste códex.

O sujeito passivo, nesse caso, é a sociedade, a coletividade como um todo.

1.3. Análise da(s) conduta(s) descrita(s) no tipo

O núcleo do tipo que devemos analisar a partir de agora é o descrito no *caput* deste delito, ou seja, associarem-se.

Associar-se significa aliar-se, congregar-se, reunir-se, juntar-se, unir-se, integrar-se.

A este interim dever haver o número de três ou mais pessoas para o fim específico de cometer crimes.

O que se deve ter em mente nesse crime é o caráter de união estável e permanente de seus membros.

Essa união estável não se basta somente nos chamados atos preparatórios, mas deve ir muito além disso. Deve ter um propósito firme e conciso, uma resolução muito bem arquitetada para a colocação do plano de ação criminosa em prática muito em breve, para que se lese o bem jurídico do delito que se propõe a cometer.

Para a caracterização do crime de associação criminosa, é necessária a intenção de praticar um número indeterminado de crimes, quaisquer que sejam as suas naturezas.

Este crime se diferencia do concurso de pessoas, elencado no art. 29 do CP, pois, além de exigir um caráter permanente na associação, a sua consumação se dá com a simples associação estável e permanente para a prática de crimes, enquanto que no concurso de pessoas, a consumação se dá com a realização do crime em si.

Por ser um crime de natureza formal, a simples associação de mais de duas pessoas, esta feita de forma permanente e estável, já caracteriza o delito, não havendo a necessidade do cometimento do delito no futuro.

Dentro do organograma de uma associação criminosa, nem sempre os membros se conhecem, ou residem em uma mesma região, ou têm um local para a realização de suas reuniões, basta que sejam comunicados para a prática de suas atividades pelos meios de comunicações diversos.

Exemplo claro deste tipo de atividade são os denominados *black blocs*, uma associação de pessoas com o fim específico do cometimento de crimes.

Certamente, se questionarem um membro dessa associação criminosa, ele não sabe por que está nas ruas protestando, nem sabe a causa do movimento pelo qual está lutando, mas certamente sabe que seu dever é causar o terror a sociedade, por meio de seus atos de vandalismo e do cometimento de crimes.

A título de conhecimento histórico, essa denominação *black blocs* surgiu na Alemanha na década de 1980, quando um promotor da cidade de Frankfurt tentava acusar um grupo violento de manifestantes do crime de associação criminosa para o terrorismo (GRECO, Rogério. *Movimentos populares e associações criminosas*).

Essas associações se reúnem em células independentes umas das outras, mas que combinam suas atividades por intermédio de mensagens de texto em aplicativos para telefones celulares.

Daí a desnecessidade, muitas vezes, de todos os membros se conhecerem, somente os líderes desta associação se comunicam e transmitem as ordem para o cometimento dos crimes.

Mas uma associação criminosa não necessariamente se fixa somente no exemplo desses *black blocs*. Temos outros claros exemplos, como a associação para o tráfico de drogas e tantos outros delitos elencados em nossa legislação penal.

Quando três ou mais pessoas se unem para a prática de crimes em continuidade, existe a configuração da associação criminosa ou do concurso de pessoas? Duas posições se colocam contrapostas a esta prática.

Na primeira, entende-se que os indivíduos estão agrupados com o fim específico de cometer crimes, portanto, configura-se a associação criminosa.

A segunda posição entende que se trata de um concurso de pessoas, pois a continuidade delitiva está desassociada da estabilidade e da permanência da união destas três ou mais pessoas, razão pela qual deve ser reconhecida a coautoria ou a participação.

Diferente do antigo *nomen iuris* quadrilha ou bando, conforme já mencionado anteriormente neste item, o número de agentes delituosos para a prática de crime diminuiu de quatro ou mais para três ou mais, isto é, a lei nova ficou mais gravosa no tocante à definição dos participantes e somente poderá ser aplicada esta modificação legislativa para os crimes que ocorrerem a partir da vigência da Lei n. 12.850/2013.

O *caput* deste artigo em exame também versa sobre uma modificação legislativa importante que diferencia do antigo crime de quadrilha ou bando, quem vem a ser a especificidade para o cometimento de crime.

Específico significa exclusivo, peculiar, privativo, particular.

O fim a qual se destina essa associação deve ter um único mote, um único norte: o cometimento de crime.

Se três ou mais pessoas se associarem, em uma união estável e permanente, para a prática de qualquer outro fato que não seja uma ação delituosa, não podemos caracterizar este tipo penal.

Associações surgem diversamente e aos milhares todos os dias, porém nenhuma delas jamais colocaria uma cláusula em seu estatuto e em seu contrato social, uma cláusula penal sobre a realização de atos ilícitos.

Isso seria um completo absurdo, assim, a especificidade da qual tratamos é para o cometimento único e exclusivo de crimes.

Mas deve-se ter em mente que não se pune com o disposto no art. 288 do CP a união estável de três ou mais pessoas para o cometimento de contravenções penais, pois estas não são crimes.

1.4. Elemento subjetivo

O tipo subjetivo neste delito se consagra como sendo o dolo, a vontade clara e específica de três ou mais pessoas se associarem com o fim específico do cometimento de crimes.

Desta feita, inconcebível é a modalidade culposa, pois nesta modalidade o resultado naturalístico é involuntário, sendo inacreditável que alguém se associe a outras duas pessoas não buscando um resultado ou sequer assumindo o risco de produzi-lo.

1.5. Causa especial de aumento de pena

O parágrafo único diz que a pena aumenta-se da metade se a associação for armada ou se houver a participação de criança ou adolescente.

Nesse caso do parágrafo único, a majorante imposta abrange a armas próprias e impróprias, inclusive armas brancas.

O tratamento penal mais rigoroso fundamenta-se no maior risco de lesividade da associação criminosa quando esta é armada, pois isso provoca um sentimento de intranquilidade no meio social, gerando uma ofensa maior à paz pública.

A causa de aumento de pena do parágrafo único é aplicada se apenas um dos integrante da associação estiver armado, desde que os demais membros tenham ciência disto.

Para aqueles que desconheciam o fato, não será aplicada a causas de aumento de pena do aludido dispositivo penal.

Nosso Pretório Excelso, assim como o STJ, entende que no caso de uma associação criminosa armada praticar um roubo, utilizando-se as armas para a intimidação das vítimas, esses indivíduos responderão pelo crime de associação criminosa, art. 288, parágrafo único, 1ª parte e por roubo circunstanciado, art. 157, § 2º, I (STF, RHC n. 102.984/RJ, 1ª T., rel. Min. Dias Toffoli, j. 08.02.2011).

Há entendimento jurisprudencial e doutrinário em sentido contrário.

A segunda parte dispositiva deste parágrafo único trata das crianças e dos adolescentes como integrantes destas associações.

Para a caracterização deste delito e consequente majoração da pena pelo parágrafo único, basta que haja apenas um maior de idade nesta associação, quando ela for formada de apenas três pessoas.

Este maior de idade responderá pelas penas do art. 288 e parágrafo único, e os menores incidirão nas penas do ECA, desde que tenham ciência e potencial conhecimento do ilícito que praticam.

Em se tratando de ECA, o maior de idade também responderá pelas penas impostas pelo art. 244-B, qual seja, o crime de corrupção de menores.

1.6. Consumação e tentativa

Por ser um crime formal, consuma-se esse delito com a simples união estável e permanente de três ou mais pessoas para o cometimento de crimes.

Mesmo que nenhum crime venha a ser cometido no futuro, a simples convergência de vontades já é motivo para a caracterização desse delito.

Cleber Masson entende que a associação criminosa é juridicamente independente dos delitos que venham a ser cometidos pelos agentes reunidos no agrupamento espúrio, e subsiste autonomamente ainda que os crimes para os quais foi organizada sequer venham a ser realizados (*Direito penal esquematizado*, 2014, v. 3, p. 337).

Todos os que se associarem para o cometimento de um delito responderão pelo disposto no art. 288, porém, se estes agentes associados realmente cometerem um ilícito penal, respondem pela associação criminosa em concurso material com o crime cometido, conforme dispõe o art. 69 do CP.

Por ser um delito permanente, a consumação se prolonga no tempo, enquanto perdurar a união destas três ou mais pessoas.

Assim, é possível falar em prisão em flagrante a qualquer tempo, enquanto subsistir a associação criminosa, frente ao prolongamento no tempo que a associação criminosa permite.

Outra questão importante é o termo inicial da prescrição da pretensão punitiva, qual seja, a data da cessação da permanência, a teor da regra disposta no art. 111, III, do CP.

Desta forma, se qualquer dos delitos for cometido no território de duas ou mais comarcas, a competência será firmada pelo critério da prevenção, conforme dispõe o art. 83 do CPP.

Não existe a hipótese do arrependimento eficaz ou desistência voluntária constante do art. 15 do CP, pois se em uma associação de três ou mais pessoas, um destes membros resolve sair, não está excluído o delito para este que deixar a associação, tendo em vista que o momento consumativo do crime se deu com a união estável desse número de pessoas.

No entanto, caso esta associação seja somente de três pessoas e uma dela resolva se retirar, por estar composta por um número inferior ao disposto em lei, neste único caso, o delito é afastado.

Se após a instauração da denúncia de associação criminosa esses mesmos membros ainda praticarem novos delitos, o Ministério Público deverá intentar nova denúncia, não cabendo a hipótese de defesa de dupla punição pelo mesmo fato, pois após o oferecimento da denúncia, outros crimes foram cometidos, desta forma, devem ser elencados em uma nova ação penal, afinal existe mais de um delito no plano fático.

No caso de uma associação ilícita composta de três pessoas, sendo que somente duas delas efetivamente cometeram o delito ao qual estavam irmanados e acertados a realizar, essas duas pessoas que praticaram a ação respondem em concurso material pelo crime praticado e pela associação criminosa e o terceiro, que não participou, somente pelo disposto no art. 288 do CP, pois o fato de estar associado a esta irmandade de cometimentos de ilícitos não quer dizer que este os pratique. Assim, responde somente pelo art. 288.

Não existe a possibilidade de tentativa para este crime, posto que não há a hipótese de se impedir alguém de se unir a outras pessoas.

1.7. Classificação

Crime simples, comum, formal, de consumação antecipada, de forma livre, comissivo, permanente, de perigo comum e abstrato, vago, instantâneo, plurissubjetivo, obstáculo, de condutas paralelas e plurissubsistente.

2. OBSERVAÇÕES

2.1. Lei dos Crimes Hediondos – Lei n. 8.072/90

Aplica-se este dispositivo legal nos casos de associações criminosas com o fim específico de praticar crimes hediondos, e serão responsabilizados os agentes delituosos por meio do art. 8º desta Lei, com exceção ao tráfico de drogas, que será tratado logo a seguir.

2.2. Associação para o tráfico de drogas

Quando a Lei n. 12.850/2013 entrou em vigor, estatuiu a modalidade de associação criminosa. Porém, a Lei n. 11.343/2006, em seu art. 35, já havia definido de associação criminosa com o fim específico de perpetrar os delitos constantes dos arts. 33, *caput* e § 1º, e 34 desta Lei.

Assim, a nova legislação acabou por deixar em vigor duas formas de associação criminosa, uma para crimes em geral e a lei de drogas para crimes específicos desta legislação.

Outra diferenciação é a quantidade de membros que cada uma deve possuir para se caracterizar o ilícito. O art. 288 do CP fala em três ou mais, e a da Lei de Drogas fala de no mínimo duas pessoas.

O STJ já vem decidindo que para a caracterização da associação para o tráfico de drogas há a necessidade da união estável, duradoura e permanente para o cometimento destes delitos específicos, caso contrário, exclui-se o crime do art. 35 da referida lei. Delito (STJ, *HC* n. 149.330/SP, 1ª T., rel. Min. Nilson Naves, j. 06.04.2010, *Informativo* n. 429).

2.3. Diferenças entre associação criminosa e organização criminosa: alguns aspectos

A mesma Lei que instituiu a novo *nomen iuris* do art. 288 do CP também criou a definição jurídica de organização criminosa, em seu art. 1º, § 1º.

Em princípio, considera-se organização criminosa quando associarem-se para a prática de crimes quatro ou mais pessoas e na associação são no mínimo três.

Somente ocorre a organização criminosa quando os agentes se unirem sólida e permanentemente para a prática de delitos com pena máxima superior a quatro anos ou que estes tenham caráter transnacional.

No caso dos agentes unirem-se estavelmente para a prática de crimes de menor intensidade, enquadram-se no art. 288 do CP.

A finalidade da associação criminosa é a de praticar crimes, sejam eles de que natureza forem. Já a finalidade da organização criminosa é a de obtenção de vantagem direta ou indireta de qualquer natureza, por meio da prática de delitos cujas penas sejam superiores a quatro anos ou os crimes sejam transnacionais.

O fim específico do delito do art. 288 vem a ser o de cometer crimes, já o da organização criminosa pode ser crimes ou contravenções penais.

A associação criminosa, em muitos caso, não necessita de uma estrutura muito organizada, com hierarquias e divisões estruturadas; já a organização criminosa possui estas definições dentro de um organograma estruturado, como se fosse uma empresa do crime.

Um exemplo claro disto vem a ser as máfias, como as dos bingos, dos cassinos, do lixo, dos transportes e diversas outras estruturas organizadas para o cometimento de ilícitos penais.

Outro exemplo a ser citado são as organizações criminosas que lideram as penitenciárias brasileiras, conhecidas como Comando Vermelho e Primeiro Comando da Capital, com estruturas organizacionais empresariais voltadas para a práticas de ilícitos penais de todos os gêneros.

O art. 2º, *caput*, da Lei n. 12.850/2013 incrimina a conduta de promover, constituir, financiar ou integrar, pessoalmente ou por interposta pessoa, organização criminosa, resultando na pena de reclusão, de três a oitos anos e multa, sem prejuízo das penas correspondentes às demais infrações penais praticadas pela organização criminosa.

Esta nova lei ainda inova em alguns aspectos no tocante à investigação policial, por exemplo, a colaboração premiada, instituto copiado do Direito norte-americano, lá denominado *plea bargaining*.

Há também a ação controlada e a infiltração de policiais em organizações para a obtenção de provas.

2.4. Lei de Segurança Nacional – Lei n. 7.170/83

Os agentes que se associarem a grupos com intenções de praticar crimes contra o Estado de Direito ou contra a mudança do regime vigente responderão pelas penas do art. 16 desta Lei.

Responderão pelas penas do art. 24 da mesma Lei aqueles que criarem associações com caráter militar (revogada pela Lei n. 14.197/2021).

2.5. Crime de genocídio – Lei n. 2.889/56

Nas associações que forem criadas com o intuito de praticar crimes de genocídio, seus membros responderão pelas penas impostas pelo art. 2º desta Lei.

2.6. Formação de cartel e acordo de leniência – Lei n. 12.529/2011

Se a associação criminosa relacionar-se diretamente à formação de cartel, a celebração de acordo de leniência determina a suspensão da prescrição e impede o oferecimento da denúncia com relação ao agente beneficiário da leniência.

Constituição de milícia privada

Art. 288-A. Constituir, organizar, integrar, manter ou custear organização paramilitar, milícia particular, grupo ou esquadrão com a finalidade de praticar qualquer dos crimes previstos neste Código:

Artigo acrescentado pela Lei n. 12.720, de 27.09.2012.

Pena – reclusão, de 4 (quatro) a 8 (oito) anos.

---

1. COMENTÁRIO

1.1. Objetividade jurídica

O artigo em questão foi criado pela Lei n. 12.720/2012, porém o legislador pátrio deveria ter sido mais cauteloso ao criar novos tipos penais, posto que o definido neste artigo já se encontrava exarado em outros diplomas penais, como a Lei n. 11.343/2006, Lei de Drogas, e a Lei do Crime Organizado, Lei n. 12.850/2013.

A conduta descrita no *caput* deste crime poderia ter sido incluída como um parágrafo dentro do art. 288, porém a ânsia legislativa fez com que se criasse mais um tipo penal, para repetir o que já se fala em outros institutos, e assim confundir cada vez mais o aplicador do direito nacional.

O objeto jurídico do art. 288-A, assim como todos os outros em estudo neste Título IX, é a paz pública.

1.2. Sujeitos

No crime de constituição de milícia privada, o sujeito ativo pode ser qualquer pessoa, por ser um crime comum.

Por ser um crime plurissubjetivo, há a necessidade de uma pluralidade de agentes para a prática desse delito.

Neste delito, diversos agentes auxiliam-se mutuamente na consecução da prática do crime, e por esta razão é que se trata de um crime de condutas paralelas.

Fato que se deve destacar neste art. 288-A é o silêncio do legislador em não mencionar a quantidade de pessoas necessárias para o cometimento da ação delituosa. Diferente dos artigos anteriormente analisados, neste caso o legislador preferiu não mencionar nada, deixando o tipo penal aberto.

No entanto, conforme menciona Cleber Masson, "ao contrário do que se verifica na associação criminosa, disciplinada no art. 288 do CP, em que se exigem ao menos três pessoas, o legislador calou-se. Seria razoável a preservação desta coerência, mas infelizmente isto não ocorreu". "Diante da omissão normativa, é seguro afirmar que devem existir ao menos três pessoas. Com efeito, quando o CP quer a presença de pelo menos duas (p. ex.: art. 155, § 4º, IV; art. 157, § 2º, II; e art. 158, § 1º) ou então de quatro pessoas (p. ex.: art. 146, § 1º, I), ele o faz expressamente. De seu turno, nas situações em que se exige a pluralidade de indivíduos, sem indicação do número, devem existir ao menos três pessoas. Esta é a técnica de elaboração legislativa adotada no Brasil, e presente em diversos dispositivos do CP, destacando-se, entre outros, os arts. 137 e 141, III, 1ª parte" (*Direito penal esquematizado*, 2014, v. 3, p. 348).

Semelhante ao art. 288, por possuir no mínimo três pessoas para constituição dessa milícia, a participação de menores de idade, desde novamente mencionando, que estejam em suas plenas faculdades mentais, é reconhecida, e, conforme já caracterizado no art. 288, existe a possibilidade de haver a constituição dessa milícia somente com um maior de idade e dois adolescentes. Isso ocorre por este crime ser de concurso necessário ou plurissubjetivo.

Quando casos como o elencado acima ocorrem, o maior de idade será julgado pela Justiça comum e os menores responderão por atos infracionais perante a Vara da Infância e Juventude.

Igualmente ao art. 288, existe a possibilidade de haver a denúncia ministerial somente contra uma ou duas pessoas de uma milícia quando não se souber quem são os outros integrantes, sempre tendo em mente que, para que isso ocorra, é necessário que existam provas contundentes do fato ocorrido, como interceptações telefônicas, documentos, testemunhas etc.

Seguindo na mesma esteira do art. 288, a denúncia do *parquet* deve ser minuciosa, no relato dos fatos ocorridos, para que haja o respeito ao princípio da ampla defesa e do contraditório, consagrados no art. 5º, LV, da Carta Magna.

Porém, é sabido que este entendimento nos tribunais superiores, tanto o STJ como o STF, não é tese majoritária, pois consideram válida uma denúncia genérica de constituição de milícia privada, da mesma forma como aceitam uma denúncia geral no delito do art. 288 do CP.

Assim como ocorre no art. 288, a extinção da punibilidade pode ocorrer neste crime também, porém é sabido que essa extinção somente afeta a punibilidade, e não o crime.

O sujeito passivo deste crime é a coletividade, a sociedade de uma forma geral.

1.3. Análise da(s) conduta(s) descrita(s) no tipo

Ao analisarmos o núcleo do tipo penal do art. 288-A, verificamos que possui cinco verbos do tipo: constituir, organizar, integrar, manter e custear.

Passemos a analisar cada um deles.

Constituir significa compor, formar, instituir, estabelecer.

Organizar significa aparelhar, preparar, arranjar.

Integrar significa agregar, associar, juntar, unificar.

Manter significa alimentar, nutrir, sustentar.

Custear significa fornecer provisões, pagar, alimentar.

Por ser um tipo penal misto, possui vários núcleos e, portanto, se os sujeitos realizarem mais de um desses núcleos do tipo contra o mesmo objeto material, ou seja, a organização paramilitar, milícia particular, grupo ou esquadrão, estará configurado um único crime.

Fundamental para a configuração deste delito, assim como para a caracterização do crime de associação criminosa, que a união dos membros desta milícia seja estável e permanente.

Na ausência dessa união permanente e estável entre os membros da milícia, estaremos diante da configuração do disposto no art. 29 do CP, ou seja, concurso de pessoas.

Similar ao disposto no art. 288, é indiferente se o membros dessa milícia praticarão ou não o ato para o qual se uniram estavelmente; a simples agregação dessas pessoas para a prática do que se propõem a fazer ilicitamente já configura o delito em questão.

Diferente do concurso de pessoas elencado no art. 29 do CP, a constituição de milícia privada se configura com a simples associação para o fim a qual se propõe, sendo que o concurso de pessoas não, somente com a execução dos atos da ação penal.

Conforme já exarado nas explicações do artigo anterior, a constituição de milícia privada limita-se à prática dos crimes previsto no CP, não sendo extensiva às leis penais extravagantes, nem às contravenções penais.

Por se aplicar a qualquer crime disposto no CP, esse dispositivo somente se aplica aos crimes dolosos, não se aplicando aos culposos nem aos preterdolosos ou eventuais.

1.4. Elemento subjetivo

O tipo subjetivo é integrado exclusivamente pelo dolo, a vontade lícita e consciente de constituir organizar, integrar, manter ou custear organização paramilitar, milícia particular, grupo ou esquadrão com a finalidade de praticar qualquer dos crimes previstos no CP.

Além do que está explicitado acima, existe também o fim específico da prática de qualquer dos crimes previstos no CP.

Essa especificidade é um dos fatores que diferenciam a milícia privada do concurso de pessoas como já fora dito anteriormente.

1.5. Consumação e tentativa

Consuma-se este crime com a simples associação de três ou mais pessoas para a prática de qualquer delito que esteja disposto neste CP, mesmo que estes crimes nunca aconteçam.

Se a organização paramilitar já existe e outras pessoas se associarem a ela, estas já incorreram no delito com a simples associação.

Por ser um crime de perigo abstrato, a simples reunião de pessoas para a prática dos delitos previstos neste Código já gera um temor substancial na sociedade, um abalo na paz pública e uma intranquilidade na sociedade.

Assim como no art. 288, aqueles que não somente se associarem a essa organização paramilitar, mas também praticarem os delitos aos quais se predispuseram, respondem também pelo disposto no art. 69 do CP, ou seja, concurso material.

Igualmente ao crime de associação criminosa, a constituição de milícia privada é crime permanente, pois a consumação se prolonga no tempo, pela vontade dos agentes, resultando, portanto, em três importantes consequências:

a) a admissão da prisão em flagrante a qualquer tempo, enquanto subsistir o delito;

b) a prescrição da pretensão punitiva tem como termo inicial a data da cessação da permanência, conforme dispõe o art. 111, III, do CP;

c) sendo o delito cometido no território de duas ou mais comarcas, a competência será firmada pelo critério da prevenção, conforme dispõe o art. 83 do CPP.

Não cabe o arrependimento eficaz ou a desistência voluntária disposta no art. 15 do CP, pois o momento consumativo se dá no ato da constituição da milícia ou organização paramilitar.

Mas se um dos membros resolver abandonar essa organização paramilitar e restar um número inferior os disposto em lei, afasta-se este delito contra a paz pública.

Assim como no delito do art. 288, não existe o *ne bis in idem*.

A tentativa não é admissível.

1.6. Classificação

Crime simples, comum, de forma livre, formal, de consumação antecipada, comissivo, de perigo comum e abstrato, vago, permanente, plurissubjetivo, de condutas paralelas e obstáculo.

TÍTULO X
DOS CRIMES CONTRA A FÉ PÚBLICA

CAPÍTULO I
DA MOEDA FALSA

Moeda falsa

Art. 289. Falsificar, fabricando-a ou alterando-a, moeda metálica ou papel-moeda de curso legal no país ou no estrangeiro:

Pena – reclusão, de 3 (três) a 12 (doze) anos, e multa.

§ 1º Nas mesmas penas incorre quem, por conta própria ou alheia, importa ou exporta, adquire, vende, troca, cede, empresta, guarda ou introduz na circulação moeda falsa.

§ 2º Quem, tendo recebido de boa-fé, como verdadeira, moeda falsa ou alterada, a restitui à circulação, depois de conhecer a falsidade, é punido com detenção, de 6 (seis) meses a 2 (dois) anos, e multa.

§ 3º É punido com reclusão, de 3 (três) a 15 (quinze) anos, e multa, o funcionário público ou diretor, gerente, ou fiscal de banco de emissão que fabrica, emite ou autoriza a fabricação ou emissão:

I – de moeda com título ou peso inferior ao determinado em lei;

II – de papel-moeda em quantidade superior à autorizada.

§ 4º Nas mesmas penas incorre quem desvia e faz circular moeda, cuja circulação não estava ainda autorizada.

1. COMENTÁRIO

1.1. Objetividade jurídica

A moeda é uma medida de valores empregada para se aferir o valor dos bens econômicos. Para Hungria, moeda é "valorímetro dos bens econômicos, o denominador comum a que se reduz o valor das coisas úteis" (*Comentários ao Código Penal*, 1969, v. 9, p. 202-3). O crime de falsificação de moeda tem por objetividade jurídica a fé pública naquilo que diz respeito ao interesse em se preservar a relação de confiabilidade nas moedas em circulação no Brasil ou no estrangeiro, tendo em vista a sua relevância enquanto "símbolo de valor estabelecido pelo Estado" (FRAGOSO, Heleno Cláudio. *Lições de direito penal*: Parte Especial, 1959, v. 3, p. 771). Nos dizeres de Maggiore, a fé pública implica a confiança que toda a sociedade tem em relação a "*algunos actos externos, signos y formas, a los que el Estado atribuye valor jurídico*" (*Derecho penal*: Parte Especial, 1955, v. 3, p. 507). De forma secundária, outros bens jurídicos acabam sendo protegidos, como é o caso do patrimônio.

1.2. Sujeitos

O autor de um delito é aquele que deu causa ao injusto, ou seja, quem contribuiu de alguma forma à lesão ou perigo de lesão ao bem jurídico que se pretende tutelar (WELZEL, Hans. *Direito penal*, 2004, p. 156). Assim, o sujeito ativo no crime de moeda falsa pode ser qualquer pessoa, uma vez que se trata de crime comum, em que não há a indicação de uma qualidade especial do agente. Já o sujeito passivo é o Estado, diretamente atingido pela quebra na relação de confiança na autenticidade das moedas em circulação no país ou no estrangeiro. A pessoa eventualmente lesada pela ação concreta do agente pode também ser considerada vítima do delito.

1.3. Análise da(s) conduta(s) descrita(s) no tipo

O tipo penal prevê o verbo "falsificar" como seu núcleo, o que significa imitação da verdade. Porém, indo mais além, traça as formas de realização do ato de falsificar, quais sejam: fabricando ou alterando moeda metálica ou papel-moeda de curso legal no país ou no estrangeiro. Isso significa dizer que se faz imprescindível a distinção precisa entre os verbos fabricar e alterar para se identificar de forma clara a conduta realizada pelo agente.

Fabricar significa produzir, fazer ou formar, completamente, a moeda metálica ou papel-moeda. Nesse caso, por não ter sido produzida pela entidade legitimada, e sim por uma pessoa desautorizada a fazê-lo, a moeda é em si falsa. É espécie de contrafação, em que o agente irá "fabricá-la, sem autorização legítima, por forma a imitar a moeda tutelada pelo dispositivo em apreço" (BENTO DE FARIA, Antônio. *Código Penal brasileiro comentado*: Parte Especial, 1959, v. 7, p. 18).

Alterar, por seu turno, implica uma espécie de falsificação parcial, em que a moeda é verdadeira, isto é, foi produzida pela entidade autorizada a fazê-lo – Banco Central –, contudo o agente vem a alterá-la, modificando algum de seus aspectos, normalmente transformando para maior o seu valor numérico ou outros dados identificadores do valor da moeda. Na alteração o sujeito vai modificar a natureza, o aspecto e a substância de algo de modo a quase transformá-la ou convertê-la em uma outra coisa (MAGGIORE, op.

cit., 1955, v. 3, p. 518). Se o agente altera uma moeda fora de circulação, a fim de torná-la similar à moeda em circulação, o crime será o do *caput*, na modalidade fabricar.

A alteração implica sempre fraude contra a fé pública, de modo a fazer com que a moeda aparente um maior valor. E por essa razão que a modificação dos sinais identificadores da moeda para um valor menor é atípica em relação ao delito de moeda falsa. A justificativa deste entendimento pela doutrina é de que o presente tipo não é um fim em si mesmo (nesse sentido: HUNGRIA, op. cit., 1969, v. 9, p. 207; FRAGOSO, op. cit., 1959, v. 9, p. 775). Nesse caso, quando a alteração da moeda não implica aumento do seu valor, nem haveria vantagem para o agente, tampouco poderíamos verificar algum prejuízo a terceiros decorrente da falsificação, daí a atipicidade da conduta em relação ao delito do art. 289, ainda que o tipo não exija o fim de lucro, nem a necessidade de prejuízo.

Tanto na fabricação como na alteração a pena em abstrato é a mesma, não obstante possa ser aplicada uma pena concreta maior ao agente que fabricou a moeda, caso possa ser da sua conduta extraída uma maior potencialidade lesiva ou um mais elevado grau de reprovação.

O tipo penal deixa claro que não se trata de qualquer moeda, mas somente daquela que esteja em curso legal no Brasil ou no exterior, deixando de fora aquelas moedas já retiradas de circulação. "Curso legal" significa que "no respectivo país, o devedor pode constranger o seu credor a recebê-la em pagamento" (BENTO DE FARIA, op. cit., 1959, v. 7, p. 16). O legislador agiu corretamente ao exigir o curso legal, pois não é mais considerada, juridicamente, como moeda, aquela que não mais esteja em circulação, em que pese possa ter ainda algum valor econômico (nesse sentido: FRAGOSO, op. cit., 1959, v. 4, p. 773). Esse dado é bastante importante, sobretudo com as inúmeras mudanças de moedas ocorridas no nosso país e no mundo. Assim, a falsificação de uma nota de cruzeiro, por exemplo, jamais poderá ser configurada como crime do art. 289 do CP, uma vez que tal moeda já há muitas décadas não se encontra em circulação no nosso país.

Não obstante, poderá tal conduta configurar outro delito, como o crime de estelionato, caso a moeda tenha um valor como peça de coleção e seja um determinado colecionador enganado pelo agente, que o fez pensar estar comprando um papel-moeda ou moeda metálica fora de circulação legítima, quando, na realidade, adquiriu uma falsificação, sem valor econômico algum.

A *immitatio veritatis* é um dos requisitos essenciais à existência do crime, ou seja, "é a falsificação, a aparência de verdade, diversa da realidade, mediante a provocação de um juízo errôneo" (SABINO JÚNIOR, Vicente. *Direito penal*: Parte Especial, 1967, v. 4, p. 1.143). Assim, é preciso que verifiquemos a idoneidade da falsificação, isto é, sua capacidade ou aptidão em aparentar ser moeda verdadeira. Trata-se da exigência de uma imitação seguindo-se o critério do homem médio, ou seja, não precisa ter a aptidão para enganar um perito, mas sim uma pessoa comum (HUNGRIA, op. cit., 1969, v. 9, p. 214; FRAGOSO, op. cit., 1959, v. 4, p. 774).

1.4. Figura equiparada

O art. 289, § 1º, estabelece uma outra modalidade delitiva envolvendo moeda falsa, que consiste no ato de importar, exportar, adquirir, vender, trocar, ceder, emprestar, guardar ou introduzir na circulação moeda falsa. Aqui o legislador, assim como o fez em relação ao delito de uso de documento falso (art. 304, CP), resolveu punir a conduta daquele que, embora não tenha falsificado a moeda, de alguma forma reverberou os efeitos nocivos da falsificação, colocando-a em circulação ou realizando algum dos demais verbos descritos no art. 289, § 1º. A tentativa é admissível, salvo na modalidade guardar, conforme já alertamos anteriormente.

Exportar significa fazer sair a moeda falsificada do território nacional. Adquirir consiste em obter, a título oneroso ou gratuito, a moeda falsificada. Vender é alienar a moeda falsa a terceiro. Trocar implica a permuta da moeda falsa por algum objeto com valor econômico, inclusive moeda verdadeira. Ceder é abdicar da moeda em favor de um terceiro. Emprestar é ceder a moeda a terceiro na condição de que seja restituída posteriormente. Guardar é ter sob seus cuidados a moeda falsa. Introduzir na circulação consiste em colocar a moeda em circulação, utilizando-a como se fosse moeda verdadeira.

Trata-se de um tipo misto alternativo derivado do tipo principal (art. 289, *caput*, CP), pelo qual somente responderá aquele que não realizou o tipo principal, ou seja, quem não falsificou a moeda, seja fabricando-a, seja alterando-a, uma vez que se assim tivesse atuado o agente, a conduta de colocar em circulação a moeda por ele falsificada implicaria *post factum* impunível.

1.5. Elemento subjetivo

A ação que se pode extrair dos tipos penais, segundo leciona Welzel, é aquela em que é possível identificar "a direção finalista do acontecer causal" (op. cit., 2004, p. 83). É por meio dessa direção que "o homem estrutura, consciente de sua finalidade, as obras de sua vida de relação civilizada" (ibidem, 2004, p. 83). Desse modo, há sempre de se identificar, em cada existir causal, essa direção finalista. Sob esse prisma, ao analisarmos o delito de moeda falsa, podemos identificá-lo como crime doloso, isto é, em que se faz necessária a consciência e vontade de realizar os elementos descritos no tipo penal. O agente sabe e deseja falsificar moeda de curso legal no Brasil ou no exterior.

Não se exige um elemento subjetivo especial, como o fim de obter lucro, por exemplo, contentando-se o tipo com o dolo de falsificar. É importante frisarmos que também não exige o presente tipo penal o ato de colocar a moeda falsificada em circulação, sendo tal conduta elementar do delito descrito no art. 289, § 1º, conforme analisaremos adiante.

Assim, se o agente simplesmente fabrica a moeda, responderá pelo *caput* do art. 289; porém, caso, além de falsificar, venha a pôr a moeda em circulação, continuará respondendo pelo *caput*, sendo o ato que se seguir à falsificação mero exaurimento da conduta. Colocar em circulação exige que a moeda saia da esfera de custódia daquele que a retém e passe para terceira pessoa, a título oneroso ou gratuito (cf. MAGGIORE, op. cit., 1955, v. 3, p. 521). Também não se exige nenhum fim especial do agente ou elemento subjetivo especial do tipo, contentando-se o tipo subjetivo com a vontade livre do agente de fabricar ou alterar moeda em curso legal no país ou no estrangeiro.

É possível o agente responder por esse delito a título de dolo eventual, na hipótese em que não há a certeza de que a moeda continua em circulação. Imaginemos a hipótese de alguém que resolve falsificar uma cédula de florim, mesmo tendo dúvidas se ainda permanece em circulação a moeda húngara ou se foi substituída pelo euro, quando da entrada da Hungria na União Europeia. Nesse caso, o falsário irá responder pelo crime do art. 289 do CP, por meio de dolo eventual, uma vez que mesmo diante da incerteza quanto à circulação da moeda húngara, ainda assim colocou em curso o ato de fabricá-la.

1.6. Forma privilegiada (§ 2º)

Aqui estamos diante da situação do agente que, de boa-fé, recebe moeda falsa, isto é, que "a admite sem conhecer sua falsificação" (MAGGIORE, op. cit., 1955, v. 3, p. 524) e que, após tomar conhecimento da falsidade, em vez de inutilizá-la ou entregá-la à autoridade competente, devolve a moeda à circulação. Nesse tipo penal o dolo será superveniente, uma vez que o agente recebeu a moeda de boa-fé, pouco importando se "a sua intenção seja a de *damno vitando* e não a de *lucro capitando*" (BENTO DE FARIA, op. cit., 1959, v. 7, p. 24).

Podemos constatar nessa conduta uma séria ofensa à fé pública, obviamente com um menor grau de reprovação do agente, porém com considerável violação ao bem jurídico tutelado, daí justificar-se a criminalização da conduta, bem como o menor rigor punitivo, já que a pena é de 6 meses a 2 dois anos de detenção, cabível, portanto, suspensão condicional do processo. Trata-se, ainda, de uma infração penal de menor potencial ofensivo. O crime se consuma quando o agente restitui a moeda à circulação, mesmo após ter tomado conhecimento da falsidade. Para Fragoso, "a simples devolução da moeda à pessoa de quem a recebeu, não é punível" (op. cit., 1959, v. 4, p. 781).

1.7. Qualificadoras

O § 3º estabelece uma outra espécie delitiva, na qual o funcionário público ou diretor, gerente, ou fiscal de banco de emissão emite, fabrica ou autoriza a emissão ou fabricação de moeda com título[1] ou peso inferior ao determinado em lei ou papel-moeda em quantidade superior à autorizada. Trata-se de crime próprio, em que se exige uma qualidade especial do sujeito ativo, que é a condição de diretor, gerente, funcionário público ou fiscal de banco autorizado a emitir moeda metálica ou papel-moeda. Em razão do maior grau de reprovação, a pena é mais rigorosa do que a pena do crime do *caput*, podendo variar de 3 a 15 anos de reclusão.

O § 4º estabelece uma hipótese em que o agente desvia e faz circular moeda cuja circulação não estava ainda autorizada. Trata-se de crime comum que pode ser praticado por qualquer pessoa, que acaba por desviar e, em seguida, colocar

---

1 "Título é a proporção ou o teor da liga metálica empregada na moeda, que, no caso do crime é de inferior qualidade" (cf. MIRABETE, Julio Fabbrini. *Manual de direito penal*: Parte Especial – arts. 235 a 361 do CP, 2001, p. 214).

em circulação, moeda cuja circulação não estava ainda autorizada. Este delito compartilha da mesma pena do art. 289, *caput*, e não da pena do parágrafo anterior (PRADO, Luiz Regis. *Curso de direito penal brasileiro*: Parte Especial, 2001, v. 4, p. 72). Trata-se de tipo em que se exige a execução de duas condutas: desviar e colocar em circulação. Assim, num primeiro momento, temos a mudança da destinação inicial, passando a moeda a ter seu curso desviado; num segundo momento, então, teremos a circulação da moeda antes do prazo previsto. Portanto, caso haja o desvio, mas a moeda não seja colocada em circulação, haverá tentativa (MIRABETE, op. cit., 2001, v. 3, p. 215). Se o agente obtiver proveito econômico já com o desvio, haverá concurso formal entre este crime e os crimes de furto, apropriação indébita ou peculato (PRADO, op. cit., 2001, v. 4, p. 72).

1.8. Consumação e tentativa

Trata-se de crime formal, que se consuma quando o agente realiza a conduta descrita no tipo, independentemente de qualquer resultado. A consumação se dá quando a moeda já está apta a entrar em circulação, capaz, portanto, de passar-se como moeda verdadeira (cf. HUNGRIA, op. cit., 1969, v. 9, p. 215). A fabricação, total ou parcial, de várias cédulas ou moedas configura crime único.

A tentativa é perfeitamente possível, uma vez que a infração penal não se restringe a um único ato. Podemos citar como exemplo de tentativa o fato do agente que é surpreendido no momento em que está iniciando o processo de fabricação de uma cédula de real. Nessa hipótese seria possível interrompermos o *iter criminis* no momento em que já teria ocorrido o início da execução, sem que houvesse sido concluída a falsificação.

Em relação ao tipo derivado do § 1º deste mesmo artigo, na modalidade guardar, por se tratar de delito permanente, cuja consumação se protrai no tempo, não é possível fracionar-se o *iter criminis*, de modo que não seria admissível a tentativa. Desse modo, ou guardou e o crime se consumou, ou não estaremos diante de guarda de moeda falsa e o crime sequer chegou a se configurar, ainda que na modalidade tentada (nesse sentido: PRADO, op. cit., 2001, v. 4, p. 61; em sentido contrário: NORONHA, E. Magalhães. *Direito penal*, 1998, v. 4, p. 112).

1.9. Classificação

Trata-se de crime doloso, comum, formal, misto alternativo, anormal e congruente.

2. JURISPRUDÊNCIA

2.1. Julgados

Moeda falsa e agravantes do art. 61, CP

Direito penal. Agravantes no crime de introdução de moeda falsa em circulação. Nos casos de prática do crime de introdução de moeda falsa em circulação (art. 289, § 1º, CP), é possível a aplicação das agravantes dispostas nas alíneas *e* e *h* do inciso II do art. 61 do CP, incidentes quando o delito é cometido "contra ascendente, descendente, irmão ou cônjuge" ou "contra criança, maior de 60 (sessenta) anos, enfermo ou mulher grávida". De fato, a fé pública do Estado é o bem jurídico tutelado no delito do art. 289, § 1º, do CP. Isso, todavia, não induz à conclusão de que o Estado seja vítima exclusiva do delito. Com efeito, em virtude da diversidade de meios com que a introdução de moeda falsa em circulação pode ser perpetrada, não há como negar que vítima pode ser, além do Estado, uma pessoa física ou um estabelecimento comercial, dado o notório prejuízo experimentado por estes últimos. Efetivamente, a pessoa a quem, eventualmente, são passadas cédulas ou moedas falsas pode ser elemento crucial e definidor do grau de facilidade com que o crime será praticado, e a fé pública, portanto, atingida. A propósito, a maior parte da doutrina não vê empecilho para que figure como vítima nessa espécie de delito a pessoa diretamente ofendida. (STJ, *HC* n. 211.052/RO, 6ª T., rel. Min. Sebastião Reis Júnior, j. 05.06.2014)

Competência. Falsificação de moeda

Conflito negativo de competência. Crime de moeda falsa. Falsificação de boa qualidade constatada pela perícia. Aptidão para enganar terceiros. Competência da Justiça Federal. (STJ, CC n. 117.751/PR, 3ª S., rel. Min. Marco Aurélio Bellizze, j. 14.05.2012)

Moeda falsa. Princípio da insignificância

Habeas corpus. Moeda falsa. Aplicação do princípio da insignificância. Impossibilidade. Desclassificação para o delito de estelionato. Necessidade de revolvimento do conjunto fático-probatório. Incompatibilidade com a via eleita. Ordem denegada. 1. Segundo iterativa jurisprudência desta corte e do supremo tribunal federal, o princípio da insignificância não é aplicável ao delito de moeda falsa, independentemente, da quantidade de notas ou do valor por elas ostentado. 2. No caso, houve a apreensão de vinte cédulas de cinco reais, das quais quatro foram introduzidas em circulação. 3. Reconhecido na origem que a falsificação não seria grosseira, descabe falar em desclassificação da imputação para estelionato. 4. Ademais, para se chegar a conclusão diversa, seria indispensável o revolvimento do conjunto fático-probatório, providência de todo incompatível com a via eleita. 5. Ordem denegada. (STJ, *HC* n. 149.552/RS, 5ª T., rel. Min Marco Aurélio Bellizze, j. 22.08.2012. Precedentes: STF, *HC* n. 97.220/MG; STJ, *HC* n. 132.614/MG; STF, *HC* n. 96.153/MG; STJ, *HC* n. 129.592/AL)

Tráfico de drogas. Moeda falsa. Conexão

A Seção, ao conhecer do conflito, decidiu que, inexistindo conexão entre os delitos de tráfico de drogas e o de moeda falsa, não seria o caso de reunião do feito sob o mesmo juízo para julgamento conjunto. Na espécie, o réu foi surpreendido trazendo consigo, dentro de uma mochila, um tablete de maconha e certa quantidade de dinheiro aparentemente falso. Sustentou-se que, embora os fatos tenham sido descobertos na mesma circunstância temporal e praticados pela mesma pessoa, os delitos em comento não guardam qualquer vínculo probatório ou objetivo entre si, a teor do disposto no art. 76, II e III, do CPP. Logo, deve o processo ser desmembrado para que cada juízo processe e julgue o crime de sua respectiva competência. Assim, declarou-se competente, para processar e julgar o crime de tráfico de entorpecentes, o juízo de Direito estadual, o suscitado, mantida a competência da Justiça Federal para o julgamento do delito de moeda falsa. Precedente citado: CC n. 104.036/SC, *DJe* 23.09.2009. (STJ, CC n. 116.527/BA, 3ª S., rel. Min. Marco Aurélio Bellizze, j. 11.04.2012)

3. OBSERVAÇÕES

3.1. Distinção entre moeda falsa e falsidade documental

O crime de moeda falsa, em que pese ser similar ao de falsidade documental, dela se distingue ao atingir um número indefinido de pessoas, eis que na falsidade documental é possível identificarmos um número determinado de indivíduos prejudicados com a ação criminosa do falsário.

3.2. Competência

A competência é da Justiça Federal (art. 109, IV, CF). Quando, porém, a falsificação não conta com a potencialidade de a moeda poder circular como se fosse verdadeira, mas tenha sido empregada para a prática do crime de estelionato, então a competência será da Justiça Estadual. É importante sublinharmos que mesmo em se tratando de falsificação de moeda brasileira ocorrida no estrangeiro, em razão da aplicação do princípio da extraterritorialidade incondicionada o agente estará sujeito à lei brasileira (art. 7º, I, *b*, e § 1º, CP), assim como no caso da moeda ser estrangeira e a falsificação ocorrer no Brasil, neste último caso, todavia, em razão da aplicação do princípio da extraterritorialidade condicionada (art. 7º, II, *a*, e § 2º, CP).

3.3. Concurso de crimes

Não obstante o crime do § 1º ser subsidiário em relação ao delito do *caput*, somente respondendo pelo § 1º aquele que não tiver falsificado a moeda, é possível vislumbramos a hipótese de concurso de crimes entre o *caput* e o § 1º mesmo na hipótese de se tratar do mesmo agente, desde que as condutas tenham sido cometidas em contextos fáticos distintos. Imaginemos, por exemplo, a situação do agente que importa euros falsos e fabrica moedas de real. Nesse nosso exemplo, o agente responderá por dois delitos em concurso material, uma vez que os atos de importar e fabricar não possuem uma relação de interdependência entre si, de modo que não podemos afirmar, nem é isso que de fato ocorre, ser um deles derivado ou meio para a realização do outro.

Crimes assimilados ao de moeda falsa

Art. 290. Formar cédula, nota ou bilhete representativo de moeda com fragmentos de cédulas, notas ou bilhetes verdadeiros; suprimir, em nota, cédula ou bilhete recolhidos, para o fim de restituí-los à circulação, sinal indicativo de sua inutilização; restituir à circulação cédula, nota ou bilhete em tais condições, ou já recolhidos para o fim de inutilização:

Pena – reclusão, de 2 (dois) a 8 (oito) anos, e multa.

Parágrafo único. O máximo da reclusão é elevado a 12 (doze) anos e o da multa a Cr$ 40.000 (quarenta mil cruzeiros), se o crime é cometido por funcionário que trabalha na repartição onde o dinheiro se achava recolhido, ou nela tem fácil ingresso, em razão do cargo.

---

1. COMENTÁRIO

1.1. Objetividade jurídica

O bem jurídico protegido é também a fé pública, pautada na relação de confiabilidade e segurança no tocante às moedas emitidas e postas em circulação, independentemente do seu valor (STF, *HC* n. 105.638/GO, rel. Min. Rosa Weber, *DJe* 11.06.2012). O objeto material da conduta é a cédula, nota ou bilhete representativo de moeda, excluindo-se, portanto, a moeda metálica (FRAGOSO, Heleno Cláudio. *Lições de direito penal*: Parte Especial, 1959, v. 4, p. 784).

1.2. Sujeitos

O sujeito ativo é qualquer pessoa, uma vez que se trata de crime comum. Em sendo o agente funcionário público incidirá a causa de aumento prevista no parágrafo único (MIRABETE, Julio Fabbrini. *Manual de direito penal*: Parte Especial – arts. 235 a 361 do CP, 2001, v. 3, p. 216; FRAGOSO, op. cit., 1959, v. 4, p. 784). O sujeito passivo é o Estado, eis que é a fé pública o bem jurídico tutelado. Eventualmente, as pessoas diretamente lesadas pela ação típica, sejam elas físicas ou jurídicas, poderão ser também vítimas deste crime.

1.3. Análise da(s) conduta(s) descrita(s) no tipo

O presente tipo descreve três modalidades distintas de realização do crime. São elas: formar cédula, nota ou bilhete representativo de moeda com fragmentos de cédulas, notas ou bilhetes verdadeiros; suprimir em nota, cédula ou bilhete recolhido, para o fim de restituí-los à circulação, sinal indicativo de sua inutilização; restituir à circulação cédula, nota ou bilhete em tais condições, ou já recolhidos para o fim de inutilização.

Na modalidade formar, o agente vai utilizar fragmentos de cédula, nota ou bilhete verdadeiros para confeccionar uma nova cédula, nota ou bilhete falso. É importante sublinharmos que os fragmentos são verdadeiros, formando o agente uma nova cédula, aparentemente legítima, a partir da justaposição desses fragmentos (BITENCOURT, Cezar Roberto. *Tratado de direito penal*: Parte Especial, 2004, v. 4, p. 295).

Não há também como se confundir este delito com o de alteração de moeda verdadeira, justamente porque aqui os fragmentos empregados para serem justapostos ou aderidos à moeda verdadeira não alteram o conteúdo da moeda que se está a fabricar, ao contrário do que ocorre com a alteração de moeda verdadeira, em que sempre haverá modificação da cédula (nesse sentido: FRAGOSO, op. cit., 1959, v. 4, p. 785). Para Noronha, quando ocorre a "aposição de números e dizeres de uma cédula verdadeira em outra para que represente maior valor" (*Direito penal*, 1998, v. 4, p. 117-8), haveria alteração e não formação. De fato, no crime do art. 290 do CP não há alteração de uma moeda verdadeira, o que ocorreria com a substituição, inclusão ou supressão de dizeres ou números,[2] mas sim a "composição de algo novo" (PRADO, Luiz Regis. *Curso de direito penal brasileiro*: Parte Especial, 2001, v. 4, p. 81).

A outra modalidade deste crime se dá com a supressão de sinal indicativo de inutilização de nota, cédula ou bilhete recolhidos, para o fim de restituí-lo à circulação. Neste caso, a nota ou cédula verdadeira possui a indicação de sua inutilização, justamente para que não venha a ser colocada em circulação. O agente, então, suprime este sinal indicativo da sua inutilização (eliminando-o, apagando-o etc.), seja através de raspagem, lavagem ou outro meio, com o fim especial de colocar a nota, bilhete ou cédula em circulação. Trata-se de crime formal, não sendo necessária a sua efetiva circulação, bastando a supressão do sinal de inutilização com o fim de colocá-la em circulação. Caso o agente não venha a suprimir o sinal indicativo de inutilização da moeda, mas mesmo assim venha a lançá-la em circulação, responderá por estelionato, e não pelo crime do art. 290 (nesse sentido: BENTO DE FARIA, Antônio. *Código Penal brasileiro comentado*: Parte Especial, 1959, v. 7, p. 29).

Por fim, o agente responderá também pelo crime do art. 290 quando restituir à circulação nota, cédula ou bilhete confeccionado a partir de fragmentos de outras notas com o sinal de inutilização suprimido, ou que, embora ainda não inutilizados, já tenham sido recolhidos para o fim de sua inutilização. Nessa conduta, o agente não contribuiu para nenhum dos atos anteriores (formar ou suprimir), tão somente faz com que tais notas, bilhetes ou cédulas sejam colocados em circulação.

Conforme bem afirmado pela doutrina, no caso do crime precedente de suprimir sinal de inutilização ou formar cédula, nota ou bilhete a partir de fragmentos de cédulas, notas ou bilhetes verdadeiros, a restituição à circulação de tais cédulas constituiria mero exaurimento da conduta, de modo que o agente responderia por este delito na modalidade de suprimir ou formar, sendo a conduta de restituir *post factum* impunível (nesse sentido: PRADO, op. cit., 2001, v. 4, p. 82; MIRABETE, op. cit., 2001, v. 3, p. 217; NORONHA, op. cit., 1998, v. 4, p. 118).

1.4. Elemento subjetivo

Trata-se de crime doloso, ou seja, exige-se a consciência e vontade do agente em realizar algumas das condutas descritas no tipo. Na modalidade suprimir, contudo, podemos identificar a presença de um elemento subjetivo especial do tipo – o fim de promover a restituição do dinhei-

2 Nesse sentido: MIRABETE, op. cit., 2001, v. 3, p. 216; HUNGRIA, Nélson. *Comentários ao Código Penal*, 1969, v. 9, p. 227. Se a alteração se der por meio da aposição de fragmentos de outras moedas, a fim de aparentar maior valor, o agente responderá pelo crime do art. 289, e não pelo do art. 290, conforme já entendeu o STF no RE n. 55.697, j. 20.05.1967.

ro à circulação (cf. MIRABETE, op. cit., 2001, v. 3, p. 217). Desse modo, ausente o fim especial do agente, mesmo existindo o dolo de suprimir o sinal identificativo da inutilização de cédula, nota ou bilhete, o fato será atípico. Por fim, não podemos negar que na modalidade formar, muito embora não seja exigível, normalmente o agente realizará a conduta pretendendo restituir a cédula nova à circulação.

1.5. Elemento normativo

Podemos identificar alguns elementos normativos neste tipo penal, os quais, como se sabe, exigem um juízo de valor jurídico ou extrajurídico para a sua compreensão, tornando possível identificarmos o real alcance do tipo. Entre eles, destacam-se: cédula, nota e bilhete. Cédula é papel representativo de dinheiro, possuindo o mesmo significado que nota. Os bilhetes, por sua vez, são considerados os precursores das cédulas no nosso país, tendo sido emitidos, primeiramente, pelo Banco do Brasil, ainda no ano de 1810.

1.6. Qualificadora

O tipo penal em comento, no seu parágrafo único, estabelece como forma qualificada o fato do agente ser funcionário público da repartição onde o dinheiro se achava recolhido, ou nela teve fácil acesso em razão do cargo. Trata-se de delito funcional (cf. NORONHA, op. cit., 1998, v. 4, p. 119), em que é imprescindível ser funcionário público da repartição em que se encontra guardado o dinheiro ou que naquele local tenha acesso em razão do cargo que ocupa (MIRABETE, op. cit., 2001, v. 3, p. 217; HUNGRIA, op. cit., 1969, v. 9, p. 229).

O legislador, ao estabelecer tal qualificadora, entendeu ser necessária uma resposta penal mais rigorosa, tendo em vista a maior reprovação do agente em razão de sua qualidade de funcionário público, que, mesmo tendo o dever de zelar pela segurança de notas, cédulas e bilhetes nas condições descritas no *caput* deste dispositivo penal, ao contrário disso, acaba se aproveitando da facilidade decorrente do cargo justamente para cometer o delito. Segundo Noronha, nesse caso haveria "dupla violação – contra a fé pública e contra os deveres do cargo" (op. cit., 1998, v. 4, p. 119). Diante disso, não resta dúvida de que a sanção penal mais elevada é plenamente justificável na hipótese.

A pena na forma qualificada do delito possui o limite máximo de doze anos de reclusão, mantendo-se inalterada a pena mínima, que permaneceu em dois anos. No que tange à pena de multa, pela edição da Lei n. 7.209/84, em seu art. 2º, "ab-rogou o presente comando, devendo a multa cumulativa ser calculada com observância dos artigos 49 e 60, e seus respectivos parágrafos, do Código Penal" (PRADO, op. cit., 2001, v. 4, p. 84; no mesmo sentido: NORONHA, op. cit., 1998, v. 4, p. 119; CAPEZ, Fernando. *Curso de direito penal*, 2004, v. 3, p. 285).

1.7. Consumação e tentativa

O crime é instantâneo, de modo que sua consumação ocorre no momento da realização de quaisquer das condutas descritas no tipo. É preciso a presença da *imitatio veri*, isto é, necessário que a moeda formada seja capaz de induzir alguém em erro (STF, *HC* n. 96.080/DF, rel. Min. Cármen Lúcia, *DJe* 20.08.2009), que "seja apta a iludir ou enganar a generalidade das pessoas" (NORONHA, op. cit., 1998, v. 4, p. 118). Na modalidade formar, consuma-se no momento em que o agente, de posse dos fragmentos de notas, cédulas ou bilhetes, forma uma nota, cédula ou bilhete novo. Na modalidade suprimir, consuma-se com a eliminação do sinal identificador da inutilização de nota, bilhete ou cédula. Por fim, na modalidade restituir, a consumação se dá no momento em que o agente consegue pôr em circulação a nota, cédula ou bilhete que se encontre numa das condições anteriormente descritas.

A tentativa é perfeitamente possível em todas as modalidades de realização do delito, uma vez que podemos fracionar o *iter criminis*, de modo a traçar um marco divisório entre o início da execução e a sua consumação. Todavia, muito embora possível, é de difícil verificação na prática, uma vez que o limite entre tentativa e atos preparatórios é bastante tênue. Haverá tentativa, por exemplo, quando o agente, já com todos os fragmentos em mãos, tenha iniciado a formação da cédula nova, sendo, porém, surpreendido, antes de concluir sua empreitada criminosa com a formação integral da nova cédula a partir daqueles fragmentos que possuía (nesse sentido: CAPEZ, op. cit., 2004, v. 3, p. 284-5; PRADO, op. cit., 2001, v. 4, p. 83; NORONHA, op. cit., 1998, v. 4, p. 118-9).

1.8. Classificação

É crime doloso, comum, formal (suprimir), misto alternativo, anormal e congruente (salvo na conduta suprimir).

2. JURISPRUDÊNCIA

2.1. Julgados

Princípio da insignificância. Fé pública. Inaplicabilidade

Habeas corpus. Crime de moeda falsa. Fé pública tutelada pela norma penal. Princípio da insignificância. Inaplicabilidade. Consoante jurisprudência deste Tribunal, inaplicável o princípio da insignificância aos crimes de moeda falsa, em que objeto de tutela da norma a fé pública e a credibilidade do sistema financeiro, não sendo determinante para a tipicidade o valor posto em circulação. Circunstâncias do caso que já levaram à imposição de penas restritivas de direito proporcionais ao crime. (STF, *HC* n. 105.638/GO, 1ª T., rel. Min. Rosa Weber, j. 11.06.2012)

Moeda falsa. Imitação da verdade

Habeas corpus. Constitucional. Penal. Pacientes denunciados e condenados pela infração do art. 289, § 1º, do CP. Decisão que acolhe o relatório e os argumentos lançados no parecer do Ministério Público: idoneidade. Alegação de incidência do princípio da insignificância. Precedente do Supremo Tribunal: não aplicação à espécie vertente. Precedentes. *Habeas corpus* denegado. 1. Fundamentada a decisão que adota o parecer do Ministério Público Estadual como razão de decidir: o que se exige é que o arrazoado acolhido contenha argumentação pertinente e suficiente ao quanto posto em exame, o que, no caso, foi plenamente atendido. Precedentes. 2. A existência de decisão neste Supremo Tribunal no sentido pretendido pela Impetrante, inclusive admitindo a incidência do princípio da insignificância ao crime de moeda falsa, não é bastante a demonstrar como legítima sua pretensão. 3. Nas circunstâncias do caso, o fato é penalmente relevante, pois a moeda falsa apreendida, além de representar um valor cinquenta vezes superior ao do precedente mencionado, seria suficiente para induzir a engano, o que configura a expressividade da lesão jurídica da ação do Paciente. 4. A jurisprudência predominante do STF é no sentido de reverenciar – em crimes de moeda falsa – a fé pública, que é um bem intangível, que corresponde, exatamente, à confiança que a população deposita em sua moeda. Precedentes. 5. *Habeas corpus* denegado. (STF, *HC* n. 96.080/DF, 1ª T., rel. Min. Cármen Lúcia, j. 20.08.2009)

Alteração de papel-moeda. Maior valor. Crime do art. 289

Moeda falsa. Alteração de cédula com fragmentos de outra. Alterar moeda-papel, com aposição de fragmentos de uma cédula sobre outra, para aparentar maior valor, e delito punido pelo art. 289 e não pelo art. 290 do CP. (STF, RE n. 55.697, Pleno, rel. Min. Victor Nunes, j. 20.05.1965)

3. OBSERVAÇÕES

3.1. Crimes assemelhados ao de moeda falsa e receptação

A doutrina divide-se quanto ao delito praticado pelo agente que, de boa-fé, recebe a moeda nas condições indicadas pelo art. 290, cujo conhecimento da falsidade somente se dá após o recebimento da nota, cédula ou bilhete. Uma primeira posição define essa conduta como crime de receptação (CAPEZ, op. cit., 2004, v. 3, p. 285; MIRABETE, op. cit., 2001, v. 3, p. 217), enquanto que o outro entendimento seria o de que o agente, na verdade, deveria responder pelo crime tipificado no art. 290 (PRADO, op. cit., 2001, v. 4, p. 82). Entendemos que não se trata de receptação, uma vez que o dolo do agente verificar-se-ia após a realização das condutas descritas no art. 180 do CP (adquirir, receber, guardar etc.). De fato, o agente que recebe uma nota com sinal de inutilização suprimido, cuja ilegalidade somente tomou conhecimento posteriormente, somente a partir deste teria sua conduta a incidir sobre a norma do art. 290 do CP.

3.2. Realização das condutas típicas e crime único

O tipo em análise é de ação múltipla, descrevendo-se três modalidades de condutas típicas – formar, suprimir e restituir –, de modo que mesmo realizando mais de um dos verbos-núcleo do tipo o agente responderá por crime único. Assim, caso o sujeito forme cédula nova a partir de fragmentos de cédulas verdadeiras, e, em seguida, venha a restituí-la à circulação, responderá por crime único, na modalidade de formar cédula nova, sendo a restituição à circulação um mero exaurimento da conduta anterior (cf. BITENCOURT, op. cit., 2004, v. 4, p. 296) (*post factum* impunível).

Petrechos para falsificação de moeda

Art. 291. Fabricar, adquirir, fornecer, a título oneroso ou gratuito, possuir ou guardar maquinismo, aparelho, instrumento ou qualquer objeto especialmente destinado à falsificação de moeda:

Pena – reclusão, de 2 (dois) a 6 (seis) anos, e multa.

---

1. COMENTÁRIO

1.1. Objetividade jurídica

Assim como nos delitos anteriores, protege-se a fé pública, ou seja, a confiabilidade e credibilidade em relação às moedas em circulação. É uma espécie de punição antecipada dos atos preparatório, em razão do perigo que representam à fé pública aqueles instrumentos utilizados nas falsificações. Neste ponto, inclusive, Noronha reconhece a existência de uma situação de perigo ainda maior do que o da moeda falsa, uma vez que no delito do art. 291 haveria uma potencialidade indefinida, expondo o bem jurídico a uma maior situação de perigo (*Direito penal*, 1998, v. 4, p. 120). Apesar de não concordarmos com tal posição, de fato não restam dúvidas quanto à potencialidade lesiva do maquinismo e objeto especialmente empregado na falsificação de moeda, cuja fabricação, guarda, posse ou fornecimento foram devidamente criminalizados pelo legislador.

São objetos materiais do delito o maquinismo, aparelho ou instrumento especialmente destinado à falsificação de moeda, ou seja, máquinas, aparelhos, utensílios ou engenhos destinados a este fim.[3]

1.2. Sujeitos

Trata-se de crime comum, podendo ser cometido por qualquer pessoa. Inexigível, portanto, qualidade especial ao sujeito ativo. Não precisa que a ação típica seja executada pessoalmente pelo agente, sendo cabível, portanto, a responsabilidade penal a título de coautoria ou participação.

O sujeito passivo é o Estado, titular do bem jurídico tutelado pelo tipo. Diferentemente do crime do art. 289, não há vítimas diretas nesta infração penal, uma vez que se trata de atos preparatórios em relação ao delito de moeda falsa que o legislador decidiu criminalizar.

1.3. Análise da(s) conduta(s) descrita(s) no tipo

O presente tipo descreve uma pluralidade de condutas que, se realizadas, configurarão o delito. Por ser de ação mista alternativa, basta a realização de uma das condutas descritas no tipo para a ocorrência do crime. As condutas são: "fabricar", "adquirir", "fornecer", "possuir" ou "guardar" aparelho, instrumento ou qualquer objeto especialmente destinado à falsificação de moeda.

Fabricar significa produzir, construir, elaborar ou manufaturar aparelho, instrumento ou qualquer objeto que se destine especialmente à falsificação de moeda. Adquirir é comprar ou obter tais objetos, ainda que a título gratuito, como ocorreria numa doação, por exemplo. Fornecer consiste em dispor, abastecer ou entregar o maquinário a uma outra pessoa, não sendo exigível a habitualidade, tampouco o intuito de lucro, bastando a simples entrega da coisa. Nesta modalidade inclui-se a "cessão, venda, comodato, permuta, doação ou qualquer outra forma, com ou sem ônus por parte do beneficiário" (PRADO, Luiz Regis. *Curso de direito penal brasileiro*: Parte Especial, 2001, v. 4, p. 90). Possuir é ter o aparelho, instrumento ou objeto destinado à falsificação, seja na qualidade de proprietário, possuidor ou mero detentor. Guardar significa conservar e proteger os objetos, ainda que em nome de terceiros.

O agente que adquire e fornece o objeto material descrito no tipo responderá por crime único. No entanto, é preciso ter cuidado com os aspectos fático-delitivos, pois aquele que, em contextos fáticos distintos, adquire um cunho e fornece uma matriz poderá responder por dois crimes (nesse sentido: NORONHA, op. cit., 1998, v. 4, p. 123).

1.4. Elemento subjetivo

É o dolo, direto ou eventual. O tipo, entretanto, ao estabelecer a necessidade da destinação especial do objeto, acaba por exigir que a guarda, posse, fabricação, aquisição ou fornecimento seja realizada pelo agente objetivando conferir-lhe a especial destinação prevista no tipo.

1.5. Elemento normativo

O legislador brasileiro resolveu afastar a exclusividade do objeto à falsificação de moedas (cf. FRAGOSO, Heleno Cláudio. *Lições de direito penal*: Parte Especial, 1959, v. 4, p. 789; BENTO DE FARIA, Antônio. *Código Penal brasileiro comentado*: Parte Especial, 1959, v. 7, p. 30), bastando que o maquinismo pudesse ser usado na falsificação. Assim, qualquer instrumento que, objetivamente, possa ser destinado à falsificação de moedas, estará abrangido pelo tipo. Desse modo, nos dizeres de Noronha, "matrizes, formas, cunhos, moldes, clichês" (op. cit., 1998, v. 4, p. 121) podem ser enquadrados como meios mecânicos aptos a falsificar moedas. O legislador, ao utilizar o termo "especialmente", acabou por abranger aqueles instrumentos exclusivamente fabricados para o fim de falsificar moedas, também aqueles objetos que eventualmente possam se prestar à falsificação, bem como os objetos legitimamente empregados à fabricação de moedas, que foram

---

3 "Substâncias químicas, tintas, negativos fotográficos, desde que sejam adequadamente utilizados para aquele fim" (cf. SABINO JÚNIOR, Vicente. *Direito penal*: Parte Especial, 1967, v. 4, p. 1.151).

todavia apossados pelo agente (cf. ibidem, 1998, v. 4, p. 122).

1.6. Consumação e tentativa

Esta infração, muito embora implique a punição dos atos preparatórios (HUNGRIA, Nélson. *Comentários ao Código Penal*, 1969, v. 9, p. 229; FRAGOSO, op. cit., 1959, v. 4, p. 788) relacionados ao crime do art. 289, por se tratar de delito autônomo, acaba por tornar possível a tentativa. Assim, o agente que se encontra construindo maquinismo com a finalidade ilícita, sem, contudo, concluir a fabricação, tornando o utensílio apto a cumprir com sua finalidade, responderá pela tentativa. Tal posição, contudo, não é uníssona, já que há autores que entendem ser inadmissível a tentativa em razão da "excepcionalidade da punição de atos que, em tese, não passariam de meros atos preparatórios" (BITENCOURT, Cezar Roberto. *Tratado de direito penal*: Parte Especial, 2004, v. 4, p. 300).

1.7. Classificação

É crime doloso, comum, formal, permanente ("possuir" e "guardar"), misto alternativo, anormal e congruente.

2. JURISPRUDÊNCIA

2.1. Julgados

Moeda falsa. Art. 291 do CP. Petrechos para falsificação. Uso exclusivo. Prescindibilidade

De início, ressalta-se que o art. 291 do CP tipifica, entre outras condutas, a posse ou guarda de maquinismo, aparelho, instrumento ou qualquer objeto especialmente destinado à falsificação de moeda. A expressão "especialmente destinado" não se refere a uma característica intrínseca ou inerente do objeto. Se assim fosse, só a posse ou guarda de maquinário exclusivamente voltado para a fabricação ou falsificação de moedas consubstanciaria o crime, o que implicaria a inviabilidade de sua consumação (crime impossível), pois nem mesmo o maquinário e insumos utilizados pela Casa de Moeda são direcionados exclusivamente para a fabricação de moedas. Tal dicção está relacionada ao uso que o agente pretende dar a esse objeto, ou seja, a consumação depende da análise do elemento subjetivo do tipo (dolo), de modo que se o agente detém a posse de impressora, ainda que manufaturada visando ao uso doméstico, mas com o propósito de a utilizar precipuamente para contrafação de moeda, incorre no referido crime. (STJ, REsp n. 1.758.958/SP, 6ª T., rel. Min. Sebastião Reis Júnior, p. u., j. 11.09.2018, *DJe* 25.09.2018, *Inf.* n. 633.)

Petrechos para falsificação de moeda. Competência

Conflito de competência. Penal e processual. Crimes de moeda falsa e petrechos para sua fabricação. Competência da Justiça Federal. 1. Restando dúvida quanto à qualidade da falsificação, bem como havendo conexão com o crime do art. 291 do CP, a competência é da Justiça Federal. 2. Conflito conhecido para declarar competente o Juízo Federal, o suscitado. (STJ, CC n. 30.147/RS, 3ª S., rel. Min. Hélio Quaglia Barbosa, j. 12.09.2005)

Petrechos de falsificação de moeda – *emendatio libelli*

Apelação criminal. Moeda falsa. Sentença absolutória. *Emendatio libelli*. Art. 291 do CP. Petrechos para falsificação de moeda. Materialidade comprovada. Provas insuficientes de autoria. *In dubio pro reo*. Recurso improvido. 291 CP. I – Réu denunciado como incurso nas sanções do art. 289, § 1º, do CP. Art. 289, § 1º, CP. II – Sentença absolutória com fulcro no art. 386, III, do CPP. Art. 386, III, CPP. III – *Emendatio libelli*. De ofício, correção da capitulação jurídica para o delito do art. 291 do CP. Restou claro que o material apreendido destina-se à falsificação de moeda, porquanto se trata de papéis utilizados na contrafação de cédulas de R$ 50,00 (cinquenta reais) que já haviam passado por determinadas etapas de um processo apurado de falsificação, similar ao da revelação fotográfica. Art. 291, CP. IV – A acusação não logrou comprovar, de maneira segura, que o material apreendido pertencia ao apelado. *In dubio pro reo*. V – Mantida a r. sentença absolutória, por fundamento diverso, nos termos do art. 386, VII, do CP. Código Penal. VI – Apelação a que se nega provimento. (TRF-3ª Região, Ap. Crim. n. 0003387-22.2005.4.03.6113/SP, 1ª T., rel. Des. Vesna Kolmar, j. 04.09.2012)

3. OBSERVAÇÕES

3.1. Interpretação analógica

O tipo prevê uma cláusula genérica caracterizadora da interpretação analógica, ao estabelecer um modelo que possibilita ao intérprete ampliar o alcance do tipo, trazendo para o núcleo incriminador aqueles instrumentos que, embora não descritos expressamente, possuam similaridade com maquinismo, aparelho ou instrumento especialmente destinado à falsificação de moedas.

3.2. Subsidiariedade

O crime de petrechos para falsificação de moeda é subsidiário em relação ao delito do art. 289. No entanto, é possível responder pelos dois crimes, em concurso material, quando o agente realizar a conduta de possuir ou guardar petrechos da falsificação, que se trata de infração permanente, e, em seguida, utilizando tais instrumentos, vem a falsificar moeda. Assim, se o agente guarda uma matriz e falsifica uma cédula de real poderá responder pelos crimes do art. 289 (falsificação de moeda) e art. 291 (possuir objeto especialmente destinado à falsificação de moedas) (no sentido contrário: NORONHA, op. cit., 1998, v. 4, p. 123).

3.3. Prova pericial e idoneidade do objeto

A eficácia do objeto quanto à falsificação representa uma qualidade objetiva que parte da doutrina entende somente ser comprovada através da prova pericial. Para Bitencourt, "em razão da natureza dos objetos materiais torna-se indispensável a realização de perícia para comprovar a eficácia na produção de moeda falsa" (op. cit., 2004, v. 4, p. 299). Esse posicionamento é o que entendemos ser o mais acertado na espécie, uma vez que não apenas a eficiência do objeto há de ser avaliada, como também a sua própria idoneidade em se destinar à falsificação de moedas.

Emissão de título ao portador sem permissão legal

Art. 292. Emitir, sem permissão legal, nota, bilhete, ficha, vale ou título que contenha promessa de pagamento em dinheiro ao portador ou a que falte indicação do nome da pessoa a quem deva ser pago:

Pena – detenção, de 1 (um) a 6 (seis) meses, ou multa.

Parágrafo único. Quem recebe ou utiliza como dinheiro qualquer dos documentos referidos neste artigo incorre na pena de detenção, de 15 (quinze) dias a 3 (três) meses, ou multa.

---

1. COMENTÁRIO

1.1. Objetividade jurídica

O tipo protege a fé pública, especialmente no que tange à prevenção da circulação de títulos ilegais em substituição à moeda de circulação legal. Procura-se evitar uma eventual afetação ou perturbação da circulação de moeda verdadeira, em razão do risco da sua substituição por esses títulos paralelos. A configuração deste delito independe da capacidade do emitente em adimplir com a obrigação assumida no título (cf. NORONHA, Edgard Magalhães. *Direito penal*, 1998, v. 4, p. 125).

O objeto material do delito é a nota, bilhete, ficha, vale ou título que contenha promessa de pagamento em dinheiro, ao portador ou no qual não haja a indicação de quem deva ser pago, emitido pelo agente sem permissão legal. Esses títulos são transferidos pela tradição, colocando, assim, em risco a circulação das moedas, eis que são lançados na circulação como substitutos da moeda verdadeira.

As notas, bilhetes, vales, fichas ou títulos são documentos substitutivos da moeda corrente, sendo empregados como uma espécie de dinheiro paralelo. Conforme dissemos, este delito exige que se trate de títulos ao portador, de modo que aqueles títulos denominados nominativos, ou seja, em que há a indicação do credor, estão fora da abrangência do tipo (nesse sentido: CAPEZ, Fernando. *Curso de direito penal*, 2004, v. 3, p. 290). Buscou-se, portanto, "evitar a concorrência desses títulos de crédito com a moeda nacional" (BITENCOURT, Cezar Roberto. *Tratado de direito penal*: Parte Especial, 2004, v. 4, p. 303).

1.2. Sujeitos

Trata-se de crime comum, tendo como sujeito ativo qualquer pessoa, não lhe sendo exigida nenhuma qualidade especial. O sujeito passivo é o Estado, titular do bem jurídico e maior prejudicado com o desprestígio dos títulos legais postos em circulação. O sujeito que recebe o título ilegal não é sujeito passivo deste delito, justamente porque ao adquirir um crédito junto ao emitente não chega mesmo a sofrer nenhum prejuízo.

1.3. Análise da(s) conduta(s) descrita(s) no tipo

Há três condutas descritas no tipo. A primeira delas é a ação de "emitir", que significa colocar em circulação, sem permissão legal, nota, bilhete, ficha, vale ou título que contenha promessa de pagamento em dinheiro ao portador ou que lhe falte a indicação do nome da pessoa a quem deva ser pago. É preciso, portanto, não apenas a formação do título, mas que o emitente o coloque em circulação (MIRABETE, Julio Fabbrini. *Manual de direito penal*: Parte Especial – arts. 235 a 361 do CP, 2001, v. 3, p. 221). A ação delituosa se completa a partir da realização de dois atos distintos – criar e emitir (NORONHA, op. cit., 1998, v. 4, p. 125) –, uma vez que não é punível a criação do título, mas sim a sua colocação em circulação sem que haja autorização legal para fazê-lo (BENTO DE FARIA, Antônio. *Código Penal brasileiro comentado*: Parte Especial, 1959, v. 7, p. 32). O agente, então, deve subscrever o título e, em seguida, emiti-lo, colocando-o em circulação. Nada obsta que haja dois agentes atuando em concurso de pessoas, quando aquele que subscreve o título não é a mesma pessoa que o emite.

1.4. Elemento subjetivo

O crime é doloso, exigindo-se consciência e vontade do agente em realizar a conduta descrita no tipo. É preciso que o agente tenha ciência da ausência de previsão legal ou que, mesmo sem ter certeza quanto à sua ilegalidade, põe o título em circulação.

1.5. Elemento normativo

A "permissão legal" é a autorização determinada por lei para a emissão de títulos ou para o seu recebimento ou utilização. Portanto, o agente não possui permissão legal para emitir título que contenha promessa de pagamento em dinheiro ao portador ou a que falte indicação do nome da pessoa a quem deva ser pago.

1.6. Consumação e tentativa

Na modalidade emitir, por se tratar de crime formal, consuma-se com a realização da emissão do título, independentemente de qualquer resultado naturalístico. Desse modo, basta o ato de entregar o título ao tomador, isto é, colocando-o em circulação, para a consumação do delito. A tentativa é possível (CAPEZ, op. cit., 2004, v. 3, p. 291; PRADO, Luiz Regis. *Curso de direito penal brasileiro*: Parte Especial, 2001, v. 4, p. 101; em sentido contrário: FRAGOSO, Heleno Cláudio. *Lições de direito penal*: Parte Especial, 1959, v. 4, p. 793), como no exemplo do agente que emite o título, mas este não é aceito pelo recebedor.

Nas modalidades receber ou utilizar, o crime se consuma quando o agente obtém para si o título, seja de forma onerosa ou gratuita, recebendo-o como se dinheiro fosse, ou quando utiliza do título, empregando-o na sua destinação específica, ou seja, utilizando-o em substituição à moeda de curso legal. No que tange à tentativa, esta se mostra impossível na modalidade receber, pois ou o agente recebe o título e o delito se consuma, ou não o recebe e o fato é atípico. O mesmo já não ocorre na ação de utilizar, pois nesta hipótese o agente pode entregar o título a outrem e este recusar-se a recebê-lo (nesse sentido: PRADO, op. cit., 2001, v. 4, p. 102).

1.7. Classificação

É crime doloso, comum, formal, instantâneo, anormal e congruente.

2. JURISPRUDÊNCIA

2.1. Julgados

Traveler's check. Moeda falsa

Traveler's check: não equivale a moeda falsa, pois sua circulação é restrita, sendo competente a Justiça Estadual. (TFR-2ª Região, CC n. 7.397/RJ, rel. Min. Flaquer Scartezzini, j. 29.10.1987)

Nota promissória. Crime do art. 292 do CP

Também em relação à nota promissória existe a autorização genérica da Lei n. 2.044, para a sua emissão sem o nome da pessoa a quem deva ser paga, não havendo incidência, quando tal se verifique, na figura criminal prevista no art. 292, segunda parte, do CP. (TACrimSP – *RT* 249/341)

3. OBSERVAÇÕES

3.1. Receber ou utilizar, como dinheiro, quaisquer dos documentos do art. 292, *caput*

O parágrafo único deste artigo prevê duas outras condutas, que sejam as ações de receber ou utilizar, como dinheiro, quaisquer dos documentos referidos neste artigo (*caput*). Receber significa obter ou aceitar o título. Utilizar, por sua vez, consiste em empregar o título na sua finalidade, utilizando-o como moeda corrente e colocando-o em circulação. Conforme bem definido pela doutrina, na modalidade receber este crime é especial em relação ao delito de receptação (PRADO, op. cit., 2001, v. 4, p. 102). O agente, ao receber o título, está contribuindo, decisivamente, para colocá-lo em circulação. Há quem defenda, inclusive, ser essa conduta ainda mais grave do que a do *caput*, de modo que mereceria maior punição (NORONHA, op. cit., 1998, v. 4, p. 127). Contudo, não foi essa a vontade do legislador, que conferiu ao parágrafo único uma pena menor que aquela estabelecida no *caput* a quem emite o título sem permissão legal. O erro de proibição é perfeitamente possível na modalidade receber, uma vez que o tomador do título pode não ter o conhecimento de que a emissão ou o recebimento sejam proibidos.

3.2. Emissão de títulos representativos de crédito

Para a existência do crime de emissão de título ao portador sem permissão legal é imprescindível que se trate de "promessa de pagamento em dinheiro" (PRADO, op. cit., 2001, v. 4, p. 100). Assim, sendo o título representativo de crédito, não se configurará o delito do art. 292.

3.3. Norma penal em branco

O presente tipo representa hipótese de norma penal em branco ao exigir a permissão legal para emissão do título. Assim, deverá o intérprete verificar se aquele título ao portador representativo de dinheiro está ou não autorizado por lei e, somente no caso de ausência da permissão legal, é que se configurará esta infração penal.

3.4. Emissão de *warrant* e títulos representativos de mercadorias, utilidades e serviços

Quando se tratar de emissão indevida de *warrant* estaremos diante da infração penal do art. 178 do CP. Na emissão de títulos que não representam dinheiro, mas mercadorias e serviços, o fato também será atípico em relação ao delito do art. 292 do CP. Os "vales de caixa", que são aqueles vales emitidos pelo comércio para suprir a eventual falta de dinheiro, segundo Noronha, não se destinam à circulação, nem são transferidos pela tradição, de modo que sua emissão é atípica (NORONHA, op. cit., 1998, v. 4, p. 126; HUNGRIA, Nélson. *Comentários ao Código Penal*, 1969, v. 9, p. 233).

CAPÍTULO II
DA FALSIDADE DE TÍTULOS E OUTROS PAPÉIS PÚBLICOS

Falsificação de papéis públicos

Art. 293. Falsificar, fabricando-os ou alterando-os:

I – selo destinado a controle tributário, papel selado ou qualquer papel de emissão legal destinado à arrecadação de tributo;

Inciso com redação dada pela Lei n. 11.035, de 22.12.2004.

II – papel de crédito público que não seja moeda de curso legal;

III – vale postal;

IV – cautela de penhor, caderneta de depósito de caixa econômica ou de outro estabelecimento mantido por entidade de direito público;

V – talão, recibo, guia, alvará ou qualquer outro documento relativo a arrecadação de rendas públicas ou a depósito ou caução por que o poder público seja responsável;

VI – bilhete, passe ou conhecimento de empresa de transporte administrada pela União, por Estado ou por Município:

Pena – reclusão, de 2 (dois) a 8 (oito) anos, e multa.

§ 1º Incorre na mesma pena quem:

Parágrafo com redação dada pela Lei n. 11.035, de 22.12.2004.

I – usa, guarda, possui ou detém qualquer dos papéis falsificados a que se refere este artigo;

Inciso acrescentado pela Lei n. 11.035, de 22.12.2004.

II – importa, exporta, adquire, vende, troca, cede, empresta, guarda, fornece ou restitui à circulação selo falsificado destinado a controle tributário;

Inciso acrescentado pela Lei n. 11.035, de 22.12.2004.

III – importa, exporta, adquire, vende, expõe à venda, mantém em depósito, guarda, troca, cede, empresta, fornece, porta ou, de qualquer forma, utiliza em proveito próprio ou alheio, no exercício de atividade comercial ou industrial, produto ou mercadoria:

Inciso acrescentado pela Lei n. 11.035, de 22.12.2004.

***a)* em que tenha sido aplicado selo que se destine a controle tributário, falsificado;**

Alínea acrescentada pela Lei n. 11.035, de 22.12.2004.

***b)* sem selo oficial, nos casos em que a legislação tributária determina a obrigatoriedade de sua aplicação.**

Alínea acrescentada pela Lei n. 11.035, de 22.12.2004.

§ 2º Suprimir, em qualquer desses papéis, quando legítimos, com o fim de torná-los novamente utilizáveis, carimbo ou sinal indicativo de sua inutilização:

Pena – reclusão, de 1 (um) a 4 (quatro) anos, e multa.

§ 3º Incorre na mesma pena quem usa, depois de alterado, qualquer dos papéis a que se refere o parágrafo anterior.

§ 4º Quem usa ou restitui à circulação, embora recebido de boa-fé, qualquer dos papéis falsificados ou alterados, a que se referem este artigo e o seu § 2º, depois de conhecer a falsidade ou alteração, incorre na pena de detenção, de 6 (seis) meses a 2 (dois) anos, ou multa.

§ 5º Equipara-se a atividade comercial, para os fins do inciso III do § 1º, qualquer forma de comércio irregular ou clandestino, inclusive o exercido em vias, praças ou outros logradouros públicos e em residências.

Parágrafo acrescentado pela Lei n. 11.035, de 22.12.2004.

---

1. COMENTÁRIO

1.1. Objetividade jurídica

O bem jurídico tutelado é a fé pública, ou seja, a relação de confiança e credibilidade na veracidade e autenticidade de "certos papéis públicos representativos de valores ou concernentes a valores de responsabilidade do Estado, ou à arrecadação das rendas públicas" (HUNGRIA, Nélson. *Comentários ao Código Penal*, 1969, v. 9, p. 237).

O tipo estabelece vários objetos materiais do delito, todos relacionados aos papéis especificamente listados nos incisos I a VI, cujo alcance e significado trataremos a seguir.

O selo a que se refere o inciso I é a estampilha utilizada como forma de controle fiscal. "Papel de emissão legal destinado à arrecadação de tributos" são aquelas guias ou formulários oficiais destinados à comprovação da arrecadação e quitação de tributos. O inciso I foi alterado pela Lei n. 11.035/2004 que substituiu "imposto ou taxa" por "tributo", de modo que desde então qualquer tributo pode ser objeto da falsificação.

"Papel de crédito público" são os títulos da dívida pública e quaisquer outros papéis de crédito emitidos pelo poder público,[4] salvo as moedas em circulação.

O vale postal é a "letra de câmbio postal" (HUNGRIA, op. cit., 1969, v. 9, p. 239), isto é, aquele título emitido pela agência postal com a indicação de um determinado valor entregue aos correios para ser resgatado pelo beneficiário. Sua previsão legal encontra-se no art. 47 da Lei n. 6.538/78. Assim, a falsificação ou alteração de vale postal implica no cometimento do delito do art. 36, *caput*, da Lei n. 6.538/78.

A cautela de penhor, após a edição do Decreto n. 24.427/34 que extinguiu as casas de penhores de natureza privada, não mais possui previsão legal. A caderneta de depósito é um documento que descreve toda a movimentação bancária do depositante.

Há, ainda, os talões, guias, recibos, alvarás ou qualquer outro documento que seja relacionado com arrecadação de rendas públicas, depósito ou caução de responsabilidade do poder público. Percebemos, aqui, a aplicação da interpretação analógica a fim de se possibilitar a inclusão no tipo de diversos outros documentos que possam ser destinados ao mesmo fim.

Bilhete ou passe de empresas de transporte administradas pelo poder público constituem aqueles papéis confeccionados para serem utilizados pelo usuário no transporte público. O bilhete é adquirido a título oneroso e o passe a título gratuito. Já o conhecimento é um papel comprobatório do recebimento de valores ou bens pela empresa de transporte administrada pelo poder público, sendo posteriormente apresentado no momento da devolução do objeto ou valor transportado.

4 "Apólices, debêntures, obrigações, bilhetes e letras do Tesouro Nacional etc." (cf. FRAGOSO, Heleno Cláudio. *Lições de direito penal*: Parte Especial, 1959, v. 4, p. 980).

1.2. Sujeitos

Trata-se de crime comum, cujo sujeito ativo pode ser qualquer pessoa. O sujeito passivo é o Estado, que, enquanto sociedade organizada, detém o interesse em assegurar a segurança e confiabilidade dos papéis públicos em circulação. Eventualmente podemos identificar vítimas diretamente prejudicadas com a falsificação.

1.3. Análise da(s) conduta(s) descrita(s) no tipo

O crime de falsificação de papéis públicos, assim como ocorre com o delito de falsificação de documento público, tem como núcleo do tipo a ação de falsificar, englobando a fabricação e a alteração dos papéis públicos.

Na primeira hipótese temos o que se denomina de contrafação, que significa a produção ou fabricação do papel público. Para Maggiore, na contrafação cria-se uma coisa tão semelhante à verdadeira que induz ao erro sobre sua própria essência, sendo, pois, exigida, a *imitatio veri* (*Derecho penal*: Parte Especial, 1955, v. 3, p. 515-7). Aqui podemos dizer que o papel público é materialmente falso, isto é, não foi confeccionado por quem de direito. É uma imitação de um papel público verdadeiro.

Na alteração, por outro lado, os papéis públicos e os demais documentos elencados nos incisos de I a VI são materialmente verdadeiros, porém o agente vem a alterá-los, modificando-os ou transformando-os.

O § 1º será analisado em subtópico específico.

Já o § 2º trata da supressão de carimbo ou sinal de identificação da inutilização dos papéis legítimos indicados no art. 293, *caput*. É imprescindível, portanto, que se trate de papel público autêntico, no qual tenha sido inserido sinal indicativo de sua inutilização (FRAGOSO, op. cit., 1959, v. 4, p. 985). O agente irá suprimir a identificação da inutilização dos papéis públicos, não sendo necessária nenhuma outra conduta, tampouco algum prejuízo a terceiros para a configuração do crime. Suprimir significa apagar, excluir ou eliminar sinal ou marca de inutilização de papel público legítimo. A eliminação do sinal de utilização pode ocorrer em razão de "lavagem química, processos térmicos, raspagem ou qualquer outra forma capaz de permitir a reutilização do papel" (PRADO, Luiz Regis. *Curso de direito penal brasileiro*: Parte Especial, 2001, v. 4, p. 121). Exige-se, além do dolo, um elemento subjetivo especial do tipo, que é a finalidade de tornar os referidos papéis públicos novamente utilizáveis. Muito embora haja esta finalidade especial do agente, não se faz necessária a sua ocorrência para a consumação do crime, bastando a supressão do carimbo ou marca de inutilização com o fim de torná-lo utilizável, não sendo necessário o seu efetivo uso.

O § 3º tipifica a conduta de usar os papéis públicos, cujo sinal de inutilização tenha sido suprimido, nos moldes do que prevê o § 2º. Na realidade, a lei penal procurou punir a concretização da finalidade da conduta do § 2º ao equiparar "o uso do papel à supressão do seu sinal" (NORONHA, Edgard Magalhães. *Direito penal*, 1998, v. 4, p. 134). Todavia, somente responderá por esta infração penal o agente que não alterou o papel público ao suprimir a marca de sua inutilização, mas sim aquele que utilizou o título fraudulento. Desse modo, o agente que suprimiu a marca de inutilização e, em seguida, veio a utilizar o papel público alterado, responderá apenas pela supressão, e não pelo uso, que será considerado *post factum* impunível.[5]

No § 4º o legislador tipificou o uso ou a restituição à circulação dos papéis públicos referidos no *caput* e § 2º do art. 293, que foram recebidos de boa-fé pelo agente, mas cujo conhecimento da falsidade se deu posteriormente ao recebimento, embora antes do uso ou restituição à circulação. Trata-se de *dolus superveniens* (HUNGRIA, op. cit., 1969, v. 9, p. 243), ou seja, aquele que se verifica após o recebimento do papel público falsificado ou alterado, de modo que a restituição à circulação somente ocorreria "após ter ciência da imitação" (BITENCOURT, Cezar Roberto. *Tratado de direito penal*: Parte Especial, 2004, v. 4, p. 310). A restituição do papel público falsificado ou alterado à própria pessoa que o entregou é fato atípico (cf. ibidem, 2004, v. 4, p. 311).

1.4. Figuras equiparadas

O § 1º pune o uso, guarda, posse ou detenção de quaisquer dos papéis falsificados nos moldes do que estabelece o art. 293, *caput*; pune, também, aquele que importa, exporta, adquire, vende, troca, cede, empresta, guarda, fornece, ou restitui à circulação selo falsificado destinado a controle tributário; e, finalmente, aquele que importa, exporta, adquire, vende, expõe à venda, mantém em depósito, guarda, troca, cede, empresta, fornece, porta ou, de qualquer forma, utiliza em proveito próprio ou alheio, no exercício de atividade comercial ou industrial, produto ou mercadoria: em que tenha sido aplicado selo que se destine a controle tributário, falsificado, ou sem selo oficial, nos casos em que a legislação tributária determina a obrigatoriedade de sua aplicação. Nesta última hipótese, o art. 293, § 5º, do estabelece que se equipara à atividade comercial qualquer forma de comércio irregular ou clandestino, inclusive o exercido em vias públicas, praças ou outros logradouros públicos e em residências (incluído pela Lei n. 11.035/2004).

O legislador acertou ao modificar a dicção anterior deste § 1º, que somente previa a hipótese do uso de "qualquer dos papéis falsificados a que se refere este artigo", uma vez que o verbo "usar", ainda que na sua acepção ampla, não comportaria algumas das modalidades mais comuns de execução deste delito, como no caso da guarda, por exemplo, que para Hungria seria hipótese de receptação ou favorecimento real, mas jamais poderia configurar o delito do art. 293 (cf. HUNGRIA, op. cit., 1969, v. 9, p. 242) ainda sem a alteração determinada pela Lei n. 11.035/2004. Agora, acertadamente, não só a guarda, como também a posse e a detenção, que também não se confundem com o uso, foram abrangidas pelo tipo após redação dada pela Lei n. 11.035/2004.

1.5. Elemento subjetivo

Trata-se de crime doloso, em que se exige a vontade do agente em falsificar os papéis públicos descritos no tipo. Não se exige nenhum elemento subjetivo especial do tipo. Assim, basta a vontade livre e consciente em realizar a conduta de fabricar ou alterar papéis públicos para que o agente venha a responder por esta infração penal.

1.6. Consumação e tentativa

A consumação dá-se com a falsificação ou alteração do objeto material da conduta, independentemente de qualquer outro resultado. Assim, podemos conceituar este delito como uma espécie de crime de perigo, contentando-se o tipo com a mera potencialidade lesiva da conduta, ou seja, o risco que ela representa ao bem jurídico, independentemente do dano efetivo que venha a produzir naqueles indivíduos eventualmente atingidos pela falsificação.

A tentativa é matéria controversa, porém entendemos ser admissível. Um exemplo de tentativa seria o do agente surpreendido no momento em que iniciava a alteração de um papel público

5 Em sentido contrário: FRAGOSO, op. cit., 1959, v. 4, p. 985, para quem haveria "crime continuado".

verdadeiro, sem que a tenha completado (nesse sentido: PRADO, op. cit., 2001, v. 4, p. 118).

1.7. Forma privilegiada

O § 4º estabelece a forma privilegiada de realização das figuras típicas do art. 293, *caput* e § 2º. Assim, responderá pela forma privilegiada o agente que, embora tenha recebido de boa-fé algum papel falsificado ou com sinal de inutilização suprimido, após tomar conhecimento da falsificação, utiliza-o ou o restitui à circulação. Por ter inicialmente agido de boa-fé, no momento em que recebeu o papel público falsificado, reconheceu-se um menor grau de reprovação do agente, daí a sanção penal ser inferior àquela imposta a quem falsifica o título (seis meses a dois anos de detenção). Desse modo, a boa-fé é imprescindível à configuração desta modalidade delitiva, uma vez que se o agente recebeu o papel público de má-fé, ou seja, já ciente da falsificação, e, posteriormente, utiliza-o ou o restitui à circulação, irá responder pelas infrações do art. 293, §§ 1º ou 3º, e não pela forma privilegiada (nesse sentido: PRADO, op. cit., 2001, v. 4, p. 122).

1.8. Classificação

É crime doloso, comum, formal, instantâneo, anormal e congruente (salvo no § 2º).

2. JURISPRUDÊNCIA

2.1. Julgados

Art. 293, § 3º, CP. Configuração. Desnecessidade de constituição definitiva do crédito tributário

Direito penal e processual penal. Desnecessidade de constituição definitiva do crédito tributário para a consumação do crime previsto no art. 293, § 1º, III, *b*, do CP. É dispensável a constituição definitiva do crédito tributário para que esteja consumado o crime previsto no art. 293, § 1º, III, *b*, do CP. Isso porque o referido delito possui natureza formal, de modo que já estará consumado quando o agente importar, exportar, adquirir, vender, expuser à venda, mantiver em depósito, guardar, trocar, ceder, emprestar, fornecer, portar ou, de qualquer forma, utilizar em proveito próprio ou alheio, no exercício de atividade comercial ou industrial, produto ou mercadoria sem selo oficial. Não incide na hipótese, portanto, a Súmula vinculante n. 24 do STF, segundo a qual "Não se tipifica crime material contra a ordem tributária, previsto no art. 1º, I a IV, da Lei n. 8.137/90, antes do lançamento definitivo do tributo". Com efeito, conforme já pacificado pela jurisprudência do STJ, nos crimes tributários de natureza formal é desnecessário que o crédito tributário tenha sido definitivamente constituído para a instauração da persecução penal. Essa providência é imprescindível apenas para os crimes materiais contra a ordem tributária, pois, nestes, a supressão ou redução do tributo é elementar do tipo penal. (STJ, REsp n. 1.332.401/ES, 6ª T., rel. Min. Maria Thereza de Assis Moura, j. 19.08.2014)

Falsificação de bilhetes de metrô. Crime único

Dosimetria. Falsificação de papéis públicos. Continuidade delitiva. Manutenção pelo tribunal originário. Acerto. Tese de ocorrência de crime único. Impropriedade do meio eleito. 1. Acertada a decisão colegiada que reconheceu a continuidade delitiva no cometimento de quarenta e oito falsificações de bilhetes de metrô pelo acusado, dado o preenchimento dos requisitos de ordem objetiva – mesmas condições de tempo, lugar e forma de execução – e subjetiva – unidade de desígnios ou vínculo subjetivo entre os eventos (art. 71, CP). (STJ, *HC* n. 112.650, 5ª T., rel. Min. Jorge Mussi, j. 29.03.2010)

Falsificação de DARF. Posterior pagamento do tributo devido. Competência da Justiça Estadual

Conflito negativo de competência. Processual penal. Crime de falsificação de papéis públicos. Guia de recolhimento da Receita Federal. DARF. Pagamento do tributo *a posteriori*. Competência da Justiça estadual. 1. A suposta fraude ocorrida na guia de pagamento DARF – Documento de Arrecadação da Receita Federal – acarretou prejuízo ao próprio particular, que efetuou novo pagamento do tributo devido, não lesionando, portanto, a Receita Federal, eis que se perfez a arrecadação do valor. Precedentes. 2. Conflito conhecido para declarar competente o Juízo de Direito da Vara Criminal de São Paulo/SP, ora suscitante. (STJ, CC n. 110.529/SP, 3ª S., rel. Min. Maria Thereza de Assis Moura, j. 18.06.2010)

Falsificação de papéis públicos. Exame pericial atestando a idoneidade lesiva

Apelação. Réu condenado pelo crime de falsificação de papéis públicos (art. 293, VI, CP), na modalidade consumada. Recurso da defesa em que pleiteia a absolvição. Invocação de crime impossível. Absoluta impropriedade do objeto material. Falsidade grosseira, percebida de pronto por aqueles que viessem a ter contato com os passes, supostamente comercializados pelo acusado. Inocorrência. Exame pericial atestando a falsidade do documento em questão e respectiva aptidão ao fim a que se destinava. Participação do acusado referida pelos testemunhos prestados em ambas as fases da persecução penal. Objeto material e petrechos de falsificação, ademais, apreendidos em poder do acusado, fazendo evidenciar tivesse, aquele efetivamente praticado a conduta a ele imputada. Materialidade e autoria delitiva bem caracterizadas. Condenação que efetivamente se impunha. Recurso improvido. Sentença confirmada. (TJSP, Ap. Crim. n. 1198562380000000, rel. Des. Salles Abreu, j. 05.09.2008)

Falsificação de papéis públicos. Ausência de perícia. Impossibilidade de comprovação da materialidade

Penal e processo penal. Apelação criminal. Sentença absolutória. Recurso ministerial. Violação de sigilo funcional. Decretação da extinção da pretensão punitiva do estado pela prescrição relativamente ao crime de violação de sigilo funcional. Falsificação de papéis públicos. Ausência de perícia. Impossibilidade de comprovar a materialidade ou autoria do delito. Apelo improvido. Decisão unânime. (TJPE, Ap. n. 2167520018170260, rel. Des. Mauro Alencar de Barros, j. 12.07.2011)

3. OBSERVAÇÕES

3.1. Competência

A competência será da Justiça Federal se o papel público for emitido por órgão federal; do contrário, será competente a Justiça Estadual caso seja o papel originário de órgão ou instituição estadual ou municipal.

Petrechos de falsificação

Art. 294. Fabricar, adquirir, fornecer, possuir ou guardar objeto especialmente destinado à falsificação de qualquer dos papéis referidos no artigo anterior:

Pena – reclusão, de 1 (um) a 3 (três) anos, e multa.

---

1. COMENTÁRIO

1.1. Objetividade jurídica

Protege-se a fé pública, no que tange ao perigo que tais instrumentos representam ao bem jurídico. Trata-se da punição de atos que seriam meramente preparatórios caso não houvesse a previsão da sua criminalização por meio do art. 294 (HUNGRIA, Nélson. *Comentários ao Código Penal*, 1969, v. 9, p. 244).[6] Buscou-se, com isso, proteger-se ainda mais a fé pública, em razão da importância e consequente repercussão dos papéis públicos falsificados nas relações entre Estado e sociedade. A falsificação de títulos ou papéis particulares configura falsidade documental (cf. SABINO JÚNIOR, Vicente. *Direito penal*: Parte Especial, 1967, v. 4, p. 1.155).

1.2. Sujeitos

Trata-se de crime comum, podendo ser praticado por qualquer pessoa. Se o agente for funcionário público e cometer o delito prevalecendo-se do cargo, incidirá a majorante estabelecida no art. 295,[7] aumentando-se a pena da sexta parte. É importante sublinharmos que não basta ser o agente servidor público, exige-se que se aproveite de tal condição para a realização do delito. Acertadamente, ao estabelecer essa vinculação entre o fato de ser funcionário público e o de se aproveitar do cargo para cometer o crime, o legislador acabou por fixar um critério mais justo à aplicação dessa causa de aumento de pena. Não importa se o cargo, emprego ou função pública é exercido de maneira transitória ou sem remuneração (SABINO JÚNIOR, op. cit., 1967, v. 4, p. 1.159).

1.3. Análise da(s) conduta(s) descrita(s) no tipo

O tipo é misto alternativo, de modo que basta a realização de uma das condutas para a configuração do crime. "Fabricar" significa produzir ou construir objeto especialmente destinado à falsificação dos papéis públicos referidos no art. 293. "Adquirir" consiste em comprar ou obter tais objetos, ainda que a título gratuito. "Fornecer" quer dizer entregar o objeto à outra pessoa. "Possuir" é ter o objeto destinado à falsificação, seja na qualidade de proprietário, possuidor ou mero detentor. "Guardar" significa conservar o objeto.

1.4. Elemento subjetivo

O crime descrito no art. 294 exige o dolo para sua configuração, não exigindo, contudo, nenhum fim especial do agente para a realização típica.

1.5. Elemento normativo

O objeto material da conduta deve ser especialmente destinado à falsificação dos papéis públicos elencados pelo artigo anterior. "Especialmente destinado" significa que o objeto deve ser apto à falsificação de papéis públicos. Não precisa que o objeto seja exclusivamente destinado à falsificação, mas sim que possa ser empregado na falsificação a que se refere o art. 293. Uma prensa, por exemplo, que é comumente empregada

6 Para Fragoso, "erigiu o legislador em crime autônomo a atividade preparatória descrita no art. 294, que praticamente reproduz o que se contém no art. 294" (*Lições de direito penal*: Parte Especial, 1959, v. 4, p. 986).

7 Fragoso entende tratar-se de agravante especial (cf. op. cit., 1959, v. 4, p. 979).

na produção de jornais, pode ser, todavia, especialmente utilizada na falsificação de papéis públicos. Entretanto, somente quando o objeto tenha esta destinação fraudulenta é que poderá configurar o delito.

1.6. Consumação e tentativa

Na fabricação, a consumação se dá quando o agente finaliza a construção do objeto, isto é, quando ele já está composto de todos os mecanismos que o tornam apto a realizar a falsificação. Na aquisição, a consumação ocorrerá quando o agente receber o objeto, tornando-se o seu proprietário. Na modalidade fornecer, o crime se consuma quando o agente transfere o objeto a terceiro, isto é, com a tradição da coisa. A consumação da posse ocorrerá quando o agente estiver com o objeto em seu poder. Já a guarda se consuma quando o agente estiver com o objeto sob seus cuidados, ainda que em nome de terceiros.

As condutas descritas no tipo admitem a tentativa, porém há posição no sentido de que não haveria tentativa nas modalidades possuir e guardar, uma vez que a própria guarda ou posse já afastaria a possibilidade da tentativa. Assim, ou o agente guarda a coisa, recebendo-a e conservando-a em benefício do seu titular, ou não a guarda, não sendo possível, então, fracionar-se o *iter criminis* de modo a estabelecer um marco divisório preciso entre início de execução e consumação. O mesmo se diga em relação à ação nuclear de possuir, pois ou o agente detém a coisa, possuindo-a, seja como proprietário ou possuidor, ou a coisa sequer chegou às mãos do agente e o fato será atípico. Em última análise, podemos dizer que o início da execução acabaria coincidindo com a própria consumação do crime nestas duas hipóteses de sua realização.

1.7. Classificação

É tipo doloso, comum, misto alternativo, permanente (guarda e posse), anormal e congruente.

2. JURISPRUDÊNCIA

2.1. Julgados

Petrechos de falsificação. Receptação. Desmembramento do feito

Agravo regimental. Direito penal e processual penal. Conflito negativo de competência. Crime de receptação e petrechos de falsificação. Conexão não configurada. Desmembramento do feito. Cabimento. Precedente. Agravo regimental a que se nega provimento. 1. Ausente conexão entre os crimes de receptação e petrechos de falsificação, não há que falar na competência da Justiça Federal para processar e julgar ação penal para o crime de receptação, mas apenas para o crime de petrechos de falsificação. 2. Necessidade de desmembramento dos processos. 3. Agravo regimental a que se nega provimento. (STJ, CC n. 94.288, 3ª S., rel. Min. Celso Limongi, j. 18.06.2010)

Petrechos de falsificação. Falsificação de selo ou sinal público. *Emendatio libelli*

Penal e processual. Apelação criminal. Petrechos de falsificação (art. 294, CP). Desclassificação. *Emendatio libelli* (art. 383, CPP). Nova tipificação. Falsificação do selo ou sinal público (art. 296, § 1º, III, CP). Materialidade e autoria. Dolo. Demonstração. Dosimetria da pena. (TRF 1ª Região, Ap. Crim. n. 1.687, rel. Des. Mário César Ribeiro, j. 03.04.2012)

3. OBSERVAÇÕES

3.1. Subsidiariedade implícita

O art. 294 é subsidiário em relação ao art. 293, de modo que somente responderá o agente por aquele delito quando não for o autor da falsificação descrita no art. 293. Isso ocorre porque a falsificação indicada no art. 293 depende da utilização de algum dos objetos descritos no delito do art. 294. Desse modo, o agente que além de fabricar aparelho destinado à falsificação o utiliza efetivamente na produção de um papel público falso responderá apenas pelo delito do art. 293 (nesse sentido: PRADO, Luiz Regis. *Curso de direito penal brasileiro*: Parte Especial, 2001, v. 4, p. 133).

3.2. Competência

A competência será da Justiça Federal quando os instrumentos se destinarem à falsificação de papel público de responsabilidade da União, sendo, todavia, de competência da Justiça dos Estados, caso se destinem à falsificação de papéis públicos dos estados e municípios.

Art. 295. Se o agente é funcionário público, e comete o crime prevalecendo-se do cargo, aumenta-se a pena de sexta parte.

---

1. COMENTÁRIO

O legislador pretendeu aqui punir com maior rigor os crimes de falsidade de papéis públicos em que o agente é funcionário público. É preciso, todavia, que o funcionário esteja no exercício de suas funções, pois somente dessa maneira poderá prevalecer-se do cargo para cometer o delito (cf. BENTO DE FARIA, Antônio. *Código Penal brasileiro comentado*: Parte Especial, 1959, v. 7, p. 38). Para a compreensão do conceito de funcionário público devemos recorrer ao disposto no art. 327 do CP, ou seja, aquele que, embora transitoriamente, exerce cargo, emprego ou função pública, bem como aquele que exerce cargo, emprego ou função em entidade paraestatal e quem trabalhe para empresa prestadora de serviço contratada ou conveniada para a execução de atividade típica da administração pública.

CAPÍTULO III
DA FALSIDADE DOCUMENTAL

Falsificação do selo ou sinal público

Art. 296. Falsificar, fabricando-os ou alterando-os:

I – selo público destinado a autenticar atos oficiais da União, de Estado ou de Município;

II – selo ou sinal atribuído por lei a entidade de direito público, ou a autoridade, ou sinal público de tabelião:

Pena – reclusão, de 2 (dois) a 6 (seis) anos, e multa.

§ 1º Incorre nas mesmas penas:

I – quem faz uso do selo ou sinal falsificado;

II – quem utiliza indevidamente o selo ou sinal verdadeiro em prejuízo de outrem ou em proveito próprio ou alheio;

III – quem altera, falsifica ou faz uso indevido de marcas, logotipos, siglas ou quaisquer outros símbolos utilizados ou identificadores de órgãos ou entidades da Administração Pública.

Inciso acrescentado pela Lei n. 9.983, de 14.07.2000.

§ 2º Se o agente é funcionário público, e comete o crime prevalecendo-se do cargo, aumenta-se a pena de sexta parte.

1. COMENTÁRIO

1.1. Notas introdutórias

O selo e o sinal público são objetos destinados a conferir autenticação, origem ou legitimidade a um documento, integrando-o somente após sua utilização. Para fins penais, entretanto, são tratados como documentos. O crime em análise não abrange a falsificação de selos e sinais utilizados pela Administração Tributária, referidos no art. 293, I, do CP, bem como não abrange selos e sinais utilizados pelo Distrito Federal ou por Estado estrangeiro. Nos dois últimos casos, há autênticas lacunas, insanáveis diante da vedação da analogia *in malam partem* no direito penal.

1.2. Objetividade jurídica

Busca-se a tutela da fé pública por meio da proteção dos objetos hábeis a conferir autenticidade a documentos públicos ou particulares: o selo público destinado a autenticar atos oficiais da União, de estado ou de município (inciso I), e o selo ou sinal atribuído por lei a entidade de direito público, ou a autoridade, ou sinal público de tabelião (inciso II).

1.3. Sujeitos

Trata-se de crime comum, cuja prática pode ser promovida por qualquer pessoa. Caso o crime seja praticado por funcionário público, prevalecendo-se do cargo, a pena será aumentada da sexta parte por força da causa especial de aumento de pena do art. 296, § 2º, do CP. O aumento de pena exige a caracterização em concreto das duas circunstâncias simultaneamente, caso contrário será vedada a aplicação da majorante. O sujeito passivo direto é o Estado, e indiretamente a pessoa física ou jurídica prejudicada com a falsificação. Não há modalidade culposa.

1.4. Análise da(s) conduta(s) descrita(s) no tipo

O núcleo do tipo consiste em "falsificar" – isto é, imitar, reproduzir inidoneamente – selo ou sinal público, o que pode ser feito de duas formas: pela fabricação, na qual há a criação de simulacro ou cópia não autorizada de selo ou sinal público; e pela alteração, com a modificação não autorizada do selo ou sinal público, de modo que tal selo ou sinal consigne informação diversa da correta.

1.5. Figuras equiparadas

Há ainda três condutas equiparadas ao ilícito do *caput*, a saber:

- Inciso I: o núcleo da conduta, aqui, é utilizar ("faz uso") selo ou sinal falsificado. Em relação ao próprio falsificador do selo ou sinal, a referida conduta constitui *post factum* impunível, e este deve ser responsabilizado unicamente pela falsificação em homenagem ao princípio da consunção. Caso o selo ou sinal seja utilizado por outrem, entretanto, o usuário responderá na forma deste inciso I. Trata-se de crime formal, independendo de vantagem ou proveito como consequência do uso.

- Inciso II: a conduta deste inciso é utilizar indevidamente – isto é, fora das hipóteses regulares de utilização – o selo ou sinal verdadeiro em prejuízo de outrem, ou em proveito próprio ou alheio. A simples irregularidade no uso, de acordo com parte significativa da doutrina e da jurisprudência pátrias, já seria suficiente para caracterizar a conduta prevista neste inciso, sendo suficiente a potencialidade para causar prejuízo ou obter proveito. Entendemos, contudo, que nesse caso a previsão típica quanto a um prejuízo a outrem ou proveito próprio ou alheio são consequências necessárias da utilização indevida, não bastando a mera potencialidade lesiva. Caso o legislador quisesse realmente estabelecer a irrelevância do prejuízo ou do proveito, não teria mencionado tais desdobramentos em relação ao uso (tal como ocorre, por exemplo, no art. 304 do CP, ou mesmo no inciso seguinte deste artigo). Trata-se, a nosso ver, de crime material.

• Inciso III: o referido inciso trata das condutas de alterar, falsificar ou fazer uso indevido de marcas, logotipos, siglas ou quaisquer outros símbolos utilizados ou identificadores de órgãos ou entidades da administração pública. As três figuras têm natureza formal, conforme considerações feitas ao *caput* e inciso I do artigo. Vale ressaltar que os símbolos nacionais (bandeira, hino, armas e selo) encontram previsão autônoma na Lei n. 5.700/71, que dispõe sobre a forma e a apresentação dos símbolos nacionais; e, portanto, a nosso ver não se encontram abrangidos por este inciso. Há, no entanto, entendimento em sentido contrário no âmbito do STJ (ver o item Jurisprudência).

1.6. Causa especial de aumento de pena

Se o crime for praticado por funcionário público, prevalecendo-se do cargo, a pena será aumentada da sexta parte por força da causa especial de aumento de pena do art. 296, § 2º, do CP. O aumento de pena exige a caracterização em concreto das duas circunstâncias simultaneamente, caso contrário será vedada a aplicação da majorante.

1.7. Consumação e tentativa

O crime se consuma no momento da falsificação, mediante fabricação ou alteração, do selo ou sinal público, ainda que este não venha a ser utilizado ou não dê margem a vantagem indevida ou prejuízo a outrem. Trata-se de crime formal. As condutas de fabricar ou alterar, por serem plurissubsistentes, tornam possível o reconhecimento da tentativa.

1.8. Classificação

Crime comum; formal; doloso; comissivo; unissubjetivo; plurissubsistente; admite tentativa.

2. JURISPRUDÊNCIA

2.1. Julgados

Uso indevido do brasão republicano. Art. 296, § 1º, III. Configuração

Recurso ordinário em *habeas corpus*. Uso indevido de brasão da República. Art. 296, § 1º, III, do CP. Pedido de trancamento da ação. Alegação de atipicidade. Improcedência. 1. O trancamento da ação penal por meio do *habeas corpus* – ou do recurso ordinário – é medida excepcional, só admissível se emergente dos autos, de forma inequívoca, a ausência de indícios de autoria e de prova da materialidade delitiva, a atipicidade da conduta ou a extinção da punibilidade. 2. Ao recorrente se imputa a utilização indevida do brasão da República em documentos particulares. Segundo a acusação, a aposição das armas nacionais, associada à qualificação como deputado federal suplente, causou confusão na identificação da natureza dos documentos, fazendo crer tratar-se de papéis oficiais. 3. O brasão da República constitui notório símbolo identificador da Administração Pública federal, porquanto obrigatória a sua utilização por seus órgãos, por força da Lei n. 5.700/71. 4. Segundo a denúncia, as cartas assinadas pelo recorrente tratavam de interesse particular, nada se relacionando, inclusive, com a função, eventualmente por ele ocupada, de suplente de deputado federal. 5. Não há como reconhecer, nesta sede, a atipicidade da conduta imputada ao recorrente, uma vez que, como se sabe, o crime é de mera conduta e não exige, para a sua consumação, a existência de prejuízo material. 6. A denúncia narra a ocorrência de fato típico em tese, não padecendo de vício de inépcia, pois satisfaz todos os requisitos do art. 41 do CPP, apta ao exercício da ampla defesa. 7. Recurso a que se nega provimento. (STJ, *HC* n. 29.397/SP, 6ª T., rel. Min. Og Fernandes, j. 14.06.2011, *DJe* 15.08.2011)

Falsificação de documento público

Art. 297. Falsificar, no todo ou em parte, documento público, ou alterar documento público verdadeiro:

Pena – reclusão, de 2 (dois) a 6 (seis) anos, e multa.

§ 1º Se o agente é funcionário público, e comete o crime prevalecendo-se do cargo, aumenta-se a pena de sexta parte.

§ 2º Para os efeitos penais, equiparam-se a documento público o emanado de entidade paraestatal, o título ao portador ou transmissível por endosso, as ações de sociedade comercial, os livros mercantis e o testamento particular.

§ 3º Nas mesmas penas incorre quem insere ou faz inserir:

Parágrafo acrescentado pela Lei n. 9.983, de 14.07.2000.

I – na folha de pagamento ou em documento de informações que seja destinado a fazer prova perante a previdência social, pessoa que não possua a qualidade de segurado obrigatório;

Inciso acrescentado pela Lei n. 9.983, de 14.07.2000.

II – na Carteira de Trabalho e Previdência Social do empregado ou em documento que deva produzir efeito perante a previdência social, declaração falsa ou diversa da que deveria ter sido escrita;

Inciso acrescentado pela Lei n. 9.983, de 14.07.2000.

III – em documento contábil ou em qualquer outro documento relacionado com as obrigações da empresa perante a previdência social, declaração falsa ou diversa da que deveria ter constado.

Inciso acrescentado pela Lei n. 9.983, de 14.07.2000.

§ 4º Nas mesmas penas incorre quem omite, nos documentos mencionados no § 3º, nome do segurado e seus dados pessoais, a remuneração, a vigência do contrato de trabalho ou de prestação de serviços.

Parágrafo acrescentado pela Lei n. 9.983, de 14.07.2000.

1. COMENTÁRIO

1.1. Notas introdutórias

Para o direito penal, entende-se por documento o escrito elaborado por pessoa determinada a fim de consignar uma declaração de vontade ou a existência de fato, direito ou obrigação, com relevância jurídica e força probante. Nesse sentido, vale lembrar a definição do art. 232 do CPP: "Consideram-se documentos quaisquer escritos, instrumentos ou papéis, públicos ou particulares". Documento público, por sua vez, é o documento criado por funcionário público, nacional ou estrangeiro, no desempenho de suas atividades e de acordo com formalidades previstas em lei.

1.2. Objetividade jurídica

O crime em análise tutela a fé pública ao se ocupar do documento público em seu aspecto físico, pois a falsificação recai sobre sua materialidade. A natureza pública do documento justifica a maior reprovabilidade da conduta do falsificador em comparação com o documento particular.

1.3. Sujeitos

O crime pode ser praticado por qualquer pessoa (crime comum ou geral) em todas as suas modalidades. Se o agente é funcionário público, e comete o crime prevalecendo-se do cargo, incorrerá em causa especial de aumento de pena em 1/6 prevista no § 1º do art. 297 do CP. Não basta a mera condição de funcionário público do agente, devendo restar provado que sua conduta criminosa foi favorecida em razão do cargo por si exercido. O sujeito passivo direto é o Estado, e indiretamente a pessoa física ou jurídica prejudicada com a falsificação ou alteração. Não há modalidade culposa.

1.4. Análise da(s) conduta(s) descrita(s) no tipo

São duas as condutas previstas no tipo: "falsificar" e "alterar". A falsificação consiste na criação de documento público sem observância das exigências legais quanto a sua materialidade, o que pode ocorrer "no todo ou em parte": na falsificação total, o documento é integralmente criado pelo agente; na falsificação parcial, o agente cria apenas partes do documento, o qual pode ser complementado a partir de documento público preexistente. Já a alteração consiste na mudança do conteúdo de um documento público preexistente, distinguindo-se da falsificação parcial na medida em que nesta última o documento público inexistia antes da conduta do agente. Há a exigência, na alteração, de que o documento público modificado seja verdadeiro, o que corresponde a uma autenticidade na forma e no conteúdo, sendo este último modificado pelo agente.

As condutas do tipo podem ter por objeto não só documentos públicos em sentido estrito – isto é, aqueles que, em regra, são lavrados a partir das atividades da administração pública –, mas também os chamados "documentos públicos por equiparação", elencados em rol taxativo no § 2º do artigo em tela. O legislador, aqui, optou por reforçar a tutela penal da fé pública em relação a tais documentos, embora particulares na essência, por força dos relevantes reflexos jurídicos que eventual falsificação pode impor a terceiros.

1.5. Figuras equiparadas

Vale destacar, ainda, a falsificação de documento previdenciário, prevista no § 3º e incisos do art. 297, que se traduz nas seguintes condutas: "inserir" (introduzir, registrar) e fazer inserir (criar condições para que terceiro introduza ou registre) informação falsa ou inidônea. Ambas as condutas são dolosas. Os documentos passíveis de falsificação, bem como as informações que podem ser falseadas, são os seguintes:

- Inciso I: Folha de pagamento ou em documento de informações que seja destinado a fazer prova perante a Previdência Social, com a inclusão indevida de pessoa que não possua a qualidade de segurado obrigatório (art. 11, Lei n. 8.213/91).

• Inciso II: Carteira de Trabalho e Previdência Social do empregado ou documento que deva produzir efeito perante a Previdência Social, com a inclusão de declaração falsa ou diversa da que deveria ter sido escrita.

• Inciso III: Documento contábil ou qualquer outro documento relacionado com as obrigações da empresa perante a Previdência Social, com a inclusão de declaração falsa ou diversa da que deveria ter constado.

A falsificação de documento previdenciário pode se dar, ainda, pela omissão dolosa das informações indicadas no § 4º do art. 297.

A crítica que se faz a esses dois parágrafos decorre da natureza das condutas neles descritas, que se amoldam com mais nitidez à falsidade ideológica prevista no art. 299 do CP do que à falsidade material tratada neste artigo.

1.6. Causa especial de aumento de pena

Se o crime for praticado por funcionário público prevalecendo-se do cargo, a pena será aumentada da sexta parte por força da causa especial de aumento de pena do art. 296, § 2º, do CP. O aumento de pena exige a caracterização em concreto das duas circunstâncias simultaneamente, caso contrário será vedada a aplicação da majorante.

1.7. Consumação e tentativa

O crime se consuma com a falsificação, no todo ou em parte, de documento público, ou com a alteração de documento público verdadeiro, sendo irrelevante o uso posterior, a obtenção de vantagem ou o efetivo prejuízo a terceiro. As condutas de falsificar ou alterar, por serem plurissubsistentes, tornam possível o reconhecimento da tentativa. Por se tratar de crime que deixa vestígios materiais, a prova pericial é imprescindível na ação penal.

1.8. Classificação

Crime comum; formal; doloso; comissivo; unissubjetivo; plurissubsistente; admite tentativa.

2. JURISPRUDÊNCIA

2.1. Julgados

Apelação. Falsidade de documento público e uso de documento falso. Recurso da defesa. Absolvição. Improcedência. Materialidade e autoria demonstradas. Confissão judicial do acusado corroborada pelo firme e coerente depoimento do policial que participou das diligências. Conjunto probatório seguro e coeso. Condenação de rigor. Dosimetria da pena que comporta reparo. Necessidade de afastamento do concurso material entre os crimes dos arts. 297 e 304 do Código Penal. Crimes que ferem o mesmo bem jurídico. Redução da reprimenda. Substituição penal. Inaplicabilidade. Medida não se mostra socialmente recomendada. Regime inicial fechado mantido. Recurso parcialmente provido. (TJSP, Ap. n. 0024472-61.2013.8.26.0050, rel. Salles Abreu, publ. 25.10.2018)

Embargos de declaração. Apelação crime. Crime de tráfico de drogas (art. 33, *caput*, da Lei n. 11.343/2006) e falsificação de documento público (art. 297 do Código Penal). Atipicidade do delito de falsificação de documento público. Alega a defesa, no tópico, que o acórdão embargado carece de fundamentação idônea, já que o embargante sequer fez uso do documento. Da leitura do acórdão realmente não há referência quanto ao fato do recorrente não ter feito uso do documento falso. Esclareço, então, que o delito tipificado no art. 297 do Código Penal, por ser formal e de perigo comum, se consuma com a contrafação ou alteração do documento público, prescindindo-se, portanto, de seu posterior uso, hipótese em que se verificaria a prática do crime previsto no art. 304 do Código Penal. Assim, o fato do recorrente não ter se utilizado do documento não desnatura o delito a ele imputado. Precedente. De outro lado, a falsificação de documento público, com o intuito de ocultar a sua condição de foragido, é conduta típica, não caracterizando o exercício de autodefesa. Precedente. (TJRS, EDecl. n. 70060534609, 2ª Câm. Crim., rel. José Antônio Cidade Pitrez, j. 29.11.2018)

Omissão de registro na carteira de trabalho. Fato atípico. Curto período sem registro. Princípio da insignificância. Ordem concedida. [...] a Carteira de Trabalho não submetida a registro pelo empregador não sofre, em face da conduta negativa, nenhuma alteração material ou ideológica capaz de lesar sua autenticidade, perpetuação e função probatória. O documento continua o mesmo, nele não se produzindo nenhum efeito lesivo efetivo ou potencial. Sob o aspecto da autenticidade, pela omissão de registro o documento não passa a ser falso, nulo ou de valor reduzido. Sob o prisma probatório, não perde seu valor de fazer prova em juízo das declarações materialmente nele produzidas. Quanto à perpetuação, os enunciados de pensamento nele contidos não são afetados, acrescidos ou reduzidos. (STJ, *HC* n. 107.572/SP, 6ª T., rel. Min. Celso Limongi, j. 14.04.2009, *DJe* 11.05.2009)

Falsificação de documento público. Crime formal. Inexistência de prejuízo. Irrelevância. Consumação no momento da falsificação ou alteração. [...] O delito de falsificação de documento público é crime formal, cuja consumação se dá no momento da falsificação ou da alteração do documento. (STF, *HC* n. 91.189/PR, 2ª T., rel. Min. Cezar Peluso, j. 09.03.2010)

Falsificação de documento particular

Art. 298. Falsificar, no todo ou em parte, documento particular ou alterar documento particular verdadeiro:

Pena – reclusão, de 1 (um) a 5 (cinco) anos, e multa.

Falsificação de cartão

Parágrafo único. Para fins do disposto no *caput*, equipara-se a documento particular o cartão de crédito ou débito.

Nomen juris e parágrafo acrescentado pela Lei n. 12.737, de 30.11.2012.

1. COMENTÁRIO

1.1. Notas introdutórias

O presente delito se diferencia do art. 297 apenas em razão da natureza do documento falsificado. O legislador entende que a falsificação de documento cuja elaboração não é incumbência estatal não apresenta a mesma lesividade à fé pública, o que justificaria a pena atenuada do art. 298.

1.2. Objetividade jurídica

O crime em análise tutela a fé pública ao se ocupar do documento particular em seu aspecto físico, pois a falsificação recai sobre sua materialidade. A natureza privada do documento justifica a menor reprovabilidade da conduta do falsificador em comparação com o documento público.

1.3. Sujeitos

O crime pode ser praticado por qualquer pessoa (crime comum ou geral) em todas as suas modalidades. O sujeito passivo direto é o Estado, e indiretamente a pessoa física ou jurídica prejudicada com a falsificação ou alteração. Não há modalidade culposa.

1.4. Análise da(s) conduta(s) descrita(s) no tipo

São duas as condutas previstas no tipo: "falsificar" e "alterar". A falsificação consiste na criação de documento particular sem observância de eventuais exigências legais quanto a sua materialidade ou, ainda, de documento sem lastro em prévia manifestação de vontade, o que pode ocorrer no todo ou em parte. Na falsificação total, o documento é integralmente criado pelo agente; na falsificação parcial, o agente cria apenas partes do documento, o qual pode ser complementado a partir de documento particular preexistente. Já a alteração consiste na mudança do conteúdo de um documento particular preexistente, distinguindo-se da falsificação parcial na medida em que nesta última o documento particular inexistia antes da conduta do agente. Há a exigência, na alteração, de que o documento particular modificado seja verdadeiro, o que corresponde a uma autenticidade na forma e no conteúdo, sendo este último modificado pelo agente.

As condutas do *caput* podem incidir também sobre cartão eletrônico de crédito e débito, o qual é equiparado a documento particular pelo parágrafo único apesar de se tratar de um objeto. Mesmo o cartão emitido por instituição financeira estatal ou de economia mista, nacional ou estrangeira, se enquadra nesta previsão.

1.5. Consumação e tentativa

O crime se consuma com a falsificação, no todo ou em parte, de documento particular, ou com a alteração de documento particular verdadeiro, sendo irrelevante o uso posterior, a obtenção de vantagem ou o efetivo prejuízo a terceiro. As condutas de falsificar ou alterar, por serem plurissubsistentes, tornam possível o reconhecimento da tentativa. Por se tratar de crime que deixa vestígios materiais, a prova pericial é imprescindível na ação penal.

1.6. Classificação

Crime comum; formal; doloso; comissivo; unissubjetivo; plurissubsistente; admite tentativa.

2. JURISPRUDÊNCIA

2.1. Julgados

Habeas corpus. Falsificação de documento particular. Sonegação de papel ou objeto de valor probatório. Persecução penal trancada pela Justiça eleitoral. Posterior instauração de inquérito na Justiça federal para apuração dos mesmos fatos. Constrangimento ilegal. Petição inicial. Documento. Impossibilidade de equiparação. Ausência de prejuízo e dolo. Atipicidade. Ordem concedida. 1. Alteração de petição inicial. Persecução penal trancada pela Justiça eleitoral. Inquérito instaurado, posteriormente, pela Polícia Federal para apurar os mesmos fatos. Constrangimento ilegal. Súmula n. 524 do STF. 2. Petição inicial. Caráter propositivo. A exordial não se equipara a documento, pois as alegações ali deduzidas serão objeto de análise pelo Poder Judiciário, bem como poderão ser contraditadas pela parte adversa e por todos os meios de prova admitidos em Direito. 3. Requerimento ajuizado, com fim de desconsiderar suposto equívoco na exordial. Ausência de prejuízo. Inexistência de dolo. Atipicidade. 4. Ordem concedida, a fim de trancar o inquérito instaurado pela Polícia Federal e tornar insubsistente o requisitório, por ausência de justa causa. Efeitos da ordem estendidos ao advogado coinvestigado. (STJ, *HC* n. 222.613/IO, 6ª T., rel. Min. Vasco Della Giustina, j. 24.04.2012, *DJe* 07.05.2012)

Falsidade ideológica

Art. 299. Omitir, em documento público ou particular, declaração que dele devia constar, ou nele inserir ou fazer inserir declaração falsa ou diversa da que devia ser escrita, com o fim de prejudicar direito, criar obrigação ou alterar a verdade sobre fato juridicamente relevante:

Pena – reclusão, de 1 (um) a 5 (cinco) anos, e multa, se o documento é público, e reclusão de 1 (um) a 3 (três) anos, e multa, se o documento é particular.

Parágrafo único. Se o agente é funcionário público, e comete o crime prevalecendo-se do cargo, ou se a falsificação ou alteração é de assentamento de registro civil, aumenta-se a pena de sexta parte.

1. COMENTÁRIO

1.1. Notas introdutórias

Enquanto os arts. 297 e 298 se ocupam da falsidade material de documentos, o crime em tela se reporta à chamada falsidade ideológica. A distinção é clara: naqueles artigos, a conduta do agente se destina a lesar a fé pública pela adulteração de documentos em sua forma, enquanto aqui o que se incrimina é a elaboração de documentos que, embora formalmente autênticos, possuem conteúdo ilegítimo pela discrepância entre o que é consignado e o que deveria ser consignado.

1.2. Objetividade jurídica

O crime em análise tutela a fé pública ao se ocupar do documento, público ou particular, em seu aspecto intelectual, pois a falsidade recai sobre o teor das informações nele contidas. A natureza privada do documento justifica a menor reprovabilidade da conduta do falsificador em comparação com o documento público.

1.3. Sujeitos

O crime pode ser praticado por qualquer pessoa (crime comum ou geral) em todas as suas modalidades. Se o agente é funcionário público, e comete o crime prevalecendo-se do cargo, incorrerá em causa especial de aumento de pena em 1/6 prevista no parágrafo único do art. 299 do CP. Não basta a mera condição de funcionário público do agente, devendo restar provado que sua conduta criminosa foi favorecida em razão do cargo por si exercido. O sujeito passivo direto é o Estado, e indiretamente a pessoa física ou jurídica prejudicada com a omissão ou inserção indevidas. Não há modalidade culposa.

1.4. Análise da(s) conduta(s) descrita(s) no tipo

São três as condutas descritas no tipo: "omitir" (abster, deixar de fazer), "inserir" (incluir, registrar) e "fazer inserir" (determinar que terceiro inclua ou registre). Na primeira conduta, o agente viola um dever de agir ao sonegar informação relevante para que o documento reflita a realidade em sua elaboração, em conduta omissiva própria; nas duas últimas, por sua vez, há uma ação do agente no sentido de fazer com que o documento contenha declaração falsa ou diversa da correta, o que pode ocorrer diretamente pelos próprios esforços do agente (falsidade ideológica direta ou imediata) ou por meio da intervenção de terceiro sob sua determinação (falsidade ideológica indireta ou mediata).

Em todos os casos, a conduta do agente se reveste de finalidades específicas contidas no próprio tipo: prejudicar direito, criar obrigação ou alterar a verdade sobre fato juridicamente relevante. O que se exige, em síntese, é que o falso tenha aptidão lesiva para interferir em relações jurídicas cuja definição ou reconhecimento dependa das informações contidas no documento, o que é deliberadamente pretendido pelo agente.

1.5. Causa especial de aumento de pena

Se o agente é funcionário público, e comete o crime prevalecendo-se do cargo, incorrerá em causa especial de aumento de pena em 1/6 prevista no parágrafo único do art. 299 do CP. Não basta a mera condição de funcionário público do agente, devendo restar provado que sua conduta criminosa foi favorecida em razão do cargo por si exercido.

1.6. Consumação e tentativa

O crime se consuma com a omissão ou inserção indevidas no momento da lavratura do documento, sendo irrelevante o uso posterior, a obtenção de vantagem ou o efetivo prejuízo a terceiro. As condutas de inserir ou fazer inserir, por serem plurissubsistentes, tornam possível o reconhecimento da tentativa, o que não é admitido na conduta de omitir declaração. Por se tratar de crime que não deixa vestígios materiais, a prova pericial é inviável na ação penal, devendo a falsidade do conteúdo ser identificada pela comparação entre o que foi omitido ou registrado e o que deveria efetivamente constar no documento.

1.7. Classificação

Crime comum; formal; doloso; omissivo próprio ("omitir") ou comissivo ("inserir" ou "fazer inserir"); unissubjetivo; unissubsistente ("omitir") ou plurissubsistente ("inserir" ou "fazer inserir"); admite tentativa nas formas comissivas.

2. JURISPRUDÊNCIA

2.1. Julgados

Crime de falsidade ideológica. Atipicidade da conduta de inserir, em currículo Lattes, dado que não condiz com a realidade

A plataforma Lattes é virtual e nela o usuário, mediante imposição de *login* e senha, insere as informações. Não se trata de um escrito palpável, ou seja, um papel do mundo real, mas de uma página em um sítio eletrônico. Nesse sentido, embora possa existir "documento eletrônico", não está ele presente no caso concreto, porquanto somente pode ser assim denominado aquele constante de página ou sítio na rede mundial de computadores que possa ter sua autenticidade aferida por assinatura digital. A regulamentação que garante a autenticidade, a integridade e a validade jurídica de documentos em forma eletrônica se dá pela MP n. 2.200-2, de 24 de agosto de 2001, que instituiu a Infraestrutura de Chaves Públicas Brasileira (ICP-Brasil) e a responsabilidade por essa base é da Autarquia Federal, o Instituto Nacional de Tecnologia da Informação (ITI), ligado à Presidência da República. Reitere-se que, na hipótese, não se pode ter como documento o currículo inserido na plataforma virtual Lattes do CNPq, porque desprovido de assinatura digital e, pois, sem validade jurídica. No entanto, ainda que pudesse ser considerada a sua validade, para fins penais, tem-se que, como qualquer currículo, seja clássico (papel escrito) ou digital, o currículo Lattes é passível de averiguação, ou seja, as informações nele contidas deverão ser objeto de aferição por quem nelas tem interesse, o que denota atipicidade. Nesse sentido, a doutrina afirma que "havendo necessidade de comprovação – objetiva e concomitante –, pela autoridade, da autenticidade da declaração, não se configura o crime, caso ela seja falsa ou, de algum modo, dissociada da realidade". (STJ, RHC n. 81.451/RJ, 6ª T., rel. Min. Maria Thereza de Assis Moura, p. u., j. 22.08.2017, *DJe* 31.08.2017)

Agravo regimental no *habeas corpus*. Imputação na denúncia de crime de falsidade e uso de documento falso. Declaração de pobreza para obtenção do benefício da justiça gratuita. Falsificação perpetrada pelo paciente em detrimento de cliente. Pedido de trancamento. Atipicidade não configurada. Uso de documento falso. Art. 304 do Código Penal. Exame pericial. Ausência. Comprovação da falsidade por outros meios de prova. Possibilidade. Impossibilidade de revolvimento fático-probatório na via estreita do *writ*. Agravo regimental desprovido. 1. A atipicidade do delito de estelionato judiciário é incontroversa nos autos e não há falar em flagrante constrangimento no trâmite da ação penal ao fundamento de que a denúncia também imputa ao acusado a prática dos delitos de falsidade ideológica bem como uso e falsificação de documento, de tal forma que a apuração de tais fatos deve ser submetida ao devido processo legal. Precedentes. 2. O caso concreto não trata de conduta de cliente que afirma falsamente situação de pobreza, situação em que a jurisprudência desta Corte Superior já se pronunciou inúmeras vezes pela atipicidade da contuda em razão da presunção relativa da veracidade da declaração de hipossuficiência. Precedentes. A denúncia imputa ao ora recorrente a conduta de falsificar a assinatura de uma declaração de pobreza. Em outras palavras, conforme acusação, a declaração de pobreza não teria sido assinada pelo beneficiário. Destarte, o fato narrado não se mostra flagrantemente atípico, circunstância que impede a concessão da ordem pretendida. Precedente. 4. [*sic*] Extrai-se do extrato do andamento processual que, durante a instrução, foi realizada uma primeira perícia a pedido da acusação, havendo, portanto, lastro probatório mínimo suficiente para o prosseguimento da ação penal. Verifica-se, ainda, que o Magistrado, considerando o fato da suposta vítima não ter sido localizada, entendeu impossível a colheita de padrões gráficos para a realização de nova perícia conforme requerido pela defesa, a menos que esta tenha êxito em localizá-la. Ademais, ao contrário do que supõe o impetrante, o exame pericial pode ser realizado no curso do processo e não constitui o único meio de prova possível para o falso. Mormente no caso concreto, em que, havendo dificuldade de se localizar a vítima, o exame grafotécnico pode ser substituído por outros meios de provas. Precedentes. 5. Não havendo falta de justa causa revelada *primo oculi* no tocante à falsidade, o *habeas corpus* constitui via inadequada ao trancamento da ação penal, uma vez que o pleito demandaria revolvimento fático-probatório, não condizente com o procedimento célere e estreito do *writ*. Agravo regimental desprovido. (STJ, Ag. Reg. no *HC* n. 404.232/RJ, rel. Min. Joel Ilan Paciornik, *DJe* 25.05.2018)

Ação penal (trancamento). Justa causa (ausência). Falsidade ideológica (atipicidade). 1. É possível a concessão de *habeas corpus* para a extinção de ação penal sempre que se constatar ou imputação de fato atípico, ou inexistência de qualquer elemento que demonstre a autoria do delito, ou extinção da punibilidade. 2. Na espécie, não há justa causa para a ação penal com base no art. 299 do CP. A denúncia fundada na divulgação de comunicados em folhas de papel sem assinatura não é suficiente para caracterizar o crime de falsidade ideológica. 3. Ensina Fragoso, em suas *Lições*, que "documento é todo escrito devido a um autor determinado, contendo exposição de fatos ou declaração de vontade, dotado de significação ou relevância jurídica". Assim, escrito anônimo não é documento, porque constitui a mais clara manifestação da vontade de não documentar. 4. Ora, a fé pública não há de sofrer perigo quando falta ao documento requisito necessário à configuração do próprio falso; o fato, evidentemente, não constitui crime. 5. *Habeas corpus* concedido. (STJ, *HC* n. 67.519/MG, 6ª T., rel. Min. Nilson Naves, j. 01.10.2009, *DJe* 08.02.2010)

Falso reconhecimento de firma ou letra

Art. 300. Reconhecer, como verdadeira, no exercício de função pública, firma ou letra que o não seja:

Pena – reclusão, de 1 (um) a 5 (cinco) anos, e multa, se o documento é público; e de 1 (um) a 3 (três) anos, e multa, se o documento é particular.

1. COMENTÁRIO

1.1. Objetividade jurídica

O bem jurídico tutelado é a fé pública; que, no caso em tela, corresponde à autenticação da firma ou letra. Os objetos materiais são a firma, que corresponde à assinatura objeto do reconhecimento pelo funcionário público; e a letra, que corresponde ao sinal gráfico representativo de vocábulos de linguagem transcritos e postos à análise do funcionário público.

Haverá a configuração do tipo tanto nas hipóteses de reconhecimento por autenticidade como nas hipóteses de reconhecimento por semelhança.

1.2. Sujeitos

O sujeito ativo, conforme indicação expressa do tipo penal, é o funcionário público que, no exercício de sua função pública, reconhece como verdadeira firma ou letra que não o seja. Para a configuração do tipo, é necessário que o reconhecimento da firma ou letra corresponda à função exercida pelo funcionário público de forma regular, sob pena de, na ausência desta, haver a desclassificação para o crime de falsidade ideológica.

O sujeito passivo é a coletividade, por não ser possível determinar especificamente quais os possíveis prejudicados. Trata se de crime vago.

1.3. Análise da(s) conduta(s) descrita(s) no tipo

O verbo nuclear do crime em tela é o verbo "reconhecer", sendo, nessa hipótese, sinônimo de proclamar, autenticar ou declarar.

Para a configuração desse delito, é necessário, também, que o reconhecimento incida sobre uma assinatura falsa ou proveniente de signatário diverso do titular daquela, tendo o funcionário público ciência dessa circunstância.

1.4. Elemento subjetivo

O elemento subjetivo é o dolo, revelado na vontade e na consciência por parte do funcionário público em apor sua autenticação em assinatura ou letra cuja falsidade tem ciência. Não há exigência de elemento subjetivo especial.

Ademais, o delito não é compatível com a modalidade culposa. Apesar disso, há entendimento doutrinário (MASSON, Cleber. *Direito penal esquematizado*, v. 3, p. 490) indicando a compatibilidade deste com o dolo eventual na hipótese na qual o tabelião tem dúvidas acerca da autenticidade da assinatura e ainda assim a reconhece como autêntica.

1.5. Consumação e tentativa

O delito independe da obtenção de qualquer forma de lesão para sua consumação. Trata-se, portanto, de crime formal, pois basta a mera prática da conduta para que se considere o delito consumado.

No que tange à tentativa, essa é perfeitamente possível levando-se em conta o caráter plurissubsistente do delito.

1.6. Classificação

Crime próprio; formal; doloso; comissivo; unissubjetivo; plurissubsistente; admite tentativa.

2. OBSERVAÇÕES

2.1. Necessidade de perícia

Por se tratar de um delito de falsificação, exige-se o exame de corpo de delito para se provar a materialidade do crime (art. 158, CPP).

2.2. Suspensão condicional do processo

A quantidade de pena mínima é de até um ano, havendo compatibilidade, portanto, com o instituto previsto no art. 89, § 1º, da Lei n. 9.099/95.

2.3. Procedimento

Levando-se em consideração a quantidade de pena máxima, que corresponde a cinco anos, o procedimento adotado será o ordinário.

Certidão ou atestado ideologicamente falso

Art. 301. Atestar ou certificar falsamente, em razão de função pública, fato ou circunstância que habilite alguém a obter cargo público, isenção de ônus ou de serviço de caráter público, ou qualquer outra vantagem:

Pena – detenção, de 2 (dois) meses a 1 (um) ano.

Falsidade material de atestado ou certidão

§ 1º Falsificar, no todo ou em parte, atestado ou certidão, ou alterar o teor de certidão ou de atestado verdadeiro, para prova de fato ou circunstância que habilite alguém a obter cargo público, isenção de ônus ou de serviço de caráter público, ou qualquer outra vantagem:

Pena – detenção, de 3 (três) meses a 2 (dois) anos.

§ 2º Se o crime é praticado com o fim de lucro, aplica-se, além da pena privativa de liberdade, a de multa.

---

1. COMENTÁRIO

1.1. Notas introdutórias

O presente delito se destina a evitar desvios nas funções públicas que envolvem prestação de informações idôneas a terceiros, na medida em que, aqui, o prejuízo à Administração Pública é duplo: não só o agente público está agindo ilicitamente, mas terceiro também se locupleta a partir desse agir ilícito. Nem todo fato ou circunstância apresenta idoneidade para caracterização do delito: o atestado ou certidão deve ser pertinente à habilitação para cargo público, isenção de ônus ou de serviço de caráter público ou qualquer outra vantagem nas relações entre particulares e o Estado.

1.2. Objetividade jurídica

O bem jurídico tutelado é a fé pública; que, no caso em tela, corresponde à autenticidade do teor de atestados e certidões destinados a provar fatos ou circunstâncias de interesse público.

1.3. Sujeitos

O crime em tela somente pode ser cometido pelo funcionário público autorizado a emitir atestados ou certidões (crime próprio) na forma do *caput*, e por qualquer pessoa na forma do § 1º (crime comum). O sujeito passivo direto é o Estado e indiretamente, a pessoa física ou jurídica prejudicada com a falsificação ou alteração.

1.4. Análise da(s) conduta(s) descrita(s) no tipo

Duas são as condutas previstas no tipo: "atestar" (afirmar a ocorrência de fato ou situação de conhecimento direto do agente) e "certificar" (afirmar a existência ou inexistência de documento, registro ou informação em bancos de dados públicos). O agente deve atestar ou "certificar falsamente", ou seja, em consciente descompasso com a realidade. A analogia com o crime de falsidade ideológica, aqui, é evidente: da mesma forma que naquele delito, o documento é formalmente verdadeiro, elaborado por quem de direito, mas seu conteúdo é inverídico.

A conduta do agente deve ocorrer de forma originária, por meio da produção de falso atestado ou certidão. Caso contrário, podemos ter um crime de falsidade material (arts. 297 e 298, CP) pela reprodução ou cópia inidôneas de atestado ou certidão, ou mesmo um crime de falsidade ideológica (art. 299, CP) pela elaboração de certidão falsa a respeito do teor de documento oficial verdadeiro (p. ex., certidão de objeto e pé discrepante do real teor dos autos de um processo judicial ou administrativo).

Há, ainda, a falsidade material de atestado ou certidão, prevista no § 1º do art. 301. Aqui as condutas são "falsificar" ou "alterar" o teor de certidão ou atestado verdadeiro, para prova de fato ou circunstância que habilite alguém a obter cargo público, isenção de ônus ou de serviço de caráter público, ou qualquer outra vantagem de natureza pública. Reportamo-nos às observações feitas quanto às condutas do art. 297 do CP, em tudo semelhantes às previstas no dispositivo ora analisado.

A conduta do agente deve ser dolosa, sem se exigir qualquer finalidade específica. Se o crime é praticado com fim de lucro, entretanto, cumula-se a pena de multa à pena privativa de liberdade (art. 301, § 2º, CP). Não há forma culposa.

1.5. Consumação e tentativa

O crime do art. 301, *caput*, se consuma no momento em que o agente finaliza a produção da certidão ou atestado ideologicamente falso e o entrega ao terceiro interessado, ainda que o documento não venha a ser utilizado ou não dê margem a vantagem indevida ou prejuízo a outrem. Já o crime do § 1º se consuma no momento em que o agente finaliza a falsificação ou alteração, ainda que o documento não venha a ser entregue a terceiro, utilizado ou não dê margem a vantagem indevida ou prejuízo a outrem.

Trata-se de crime formal nas duas modalidades. As condutas do *caput* e do § 1º, por serem plurissubsistentes, tornam possível o reconhecimento da tentativa. Em relação ao *caput*, se o funcionário público permanece com certidão ou atestado ideologicamente falso em seu poder não há ofensa à fé pública.

1.6. Classificação

Crime próprio; formal; doloso; comissivo; unissubjetivo; plurissubsistente; admite tentativa.

Falsidade de atestado médico

Art. 302. Dar o médico, no exercício da sua profissão, atestado falso:

Pena – detenção, de 1 (um) mês a 1 (um) ano.

Parágrafo único. Se o crime é cometido com o fim de lucro, aplica-se também multa.

---

1. COMENTÁRIO

1.1. Notas introdutórias

Os profissionais da medicina, ainda que não integrem os quadros da Administração Pública, trabalham com informações cuja idoneidade é de interesse público. Daí a importância do presente dispositivo, que incrimina violações à confiança depositada pela coletividade nas informações consignadas por médicos em seus atestados.

1.2. Objetividade jurídica

O bem jurídico tutelado é a fé pública; que, no caso em tela, corresponde à autenticidade do teor de atestados médicos.

1.3. Sujeitos

O crime em tela somente pode ser cometido por profissional da medicina (crime próprio), independentemente de sua especialidade. Outros profissionais da área de saúde (dentistas, psicólogos, fisioterapeutas etc.) não são compreendidos neste artigo, o que pode gerar situações desproporcionais na medida em que a mesma conduta deste artigo, por eles praticada, configuraria, em tese, o crime de falsidade ideológica (art. 299, CP), com pena mais gravosa. O sujeito passivo direto é o Estado e indiretamente, a pessoa física ou jurídica prejudicada pela inidoneidade do atestado.

A conduta do agente deve ser dolosa, sem se exigir qualquer finalidade específica. Se o crime é praticado com fim de lucro, entretanto, cumula-se a pena de multa à pena privativa de liberdade (art. 302, parágrafo único, CP). Não há forma culposa.

1.4. Análise da(s) conduta(s) descrita(s) no tipo

A conduta descrita no tipo é "dar" (produzir e entregar) atestado no qual o agente atesta fato médico que, embora relevante em tese, não guarda relação com a realidade. O agente não deve ter qualquer finalidade específica ao dar o atestado falso. Quando praticada com o fim de colaborar na execução de outro delito mais grave, a conduta ora prevista será por aquele absorvida, e o agente será responsabilizado como coautor ou partícipe.

Exige-se que o agente produza e forneça o falso atestado "no exercício da sua profissão", de modo que o teor do documento deve ter relação com o estado de saúde de terceiro.

1.5. Consumação e tentativa

O crime se consuma no momento em que o agente finaliza a produção do atestado ideologicamente falso e o entrega ao terceiro interessado, ainda que o documento não venha a ser utilizado ou não dê margem a vantagem indevida ou prejuízo a outrem. Trata-se de crime formal. A conduta do *caput*, por ser plurissubsistente, torna possível o reconhecimento da tentativa.

1.6. Classificação

Crime próprio; formal; doloso; comissivo; unissubjetivo; plurissubsistente; admite tentativa.

Reprodução ou adulteração de selo ou peça filatélica

Art. 303. Reproduzir ou alterar selo ou peça filatélica que tenha valor para coleção, salvo quando a reprodução ou a alteração está visivelmente anotada na face ou no verso do selo ou peça:

Pena – detenção, de 1 (um) a 3 (três) anos, e multa.

Parágrafo único. Na mesma pena incorre quem, para fins de comércio, faz uso do selo ou peça filatélica.

---

1. COMENTÁRIO

O tipo penal em comento foi tacitamente revogado pelo art. 39 da Lei n. 6.538/78. Diante dessa constatação, referido tipo não será objeto de análise pormenorizada por tratar-se de legislação extravagante. Indicamos abaixo o texto legal mencionado: "Reprodução e adulteração de peça filatélica – Art. 39. Reproduzir ou alterar selo ou peça filatélica de valor para coleção, salvo quando a reprodução ou a alteração estiver visivelmente anotada na face ou no verso do selo ou peça: Pena: detenção, até dois anos, e pagamento de três a dez dias-multa".

Uso de documento falso

Art. 304. Fazer uso de qualquer dos papéis falsificados ou alterados, a que se referem os arts. 297 a 302:

Pena – a cominada à falsificação ou à alteração.

---

1. COMENTÁRIO

1.1. Objetividade jurídica

O bem jurídico tutelado é a fé pública, que recai sobre a crença acerca da veracidade dos documentos públicos e particulares.

1.2. Sujeitos

O sujeito ativo é qualquer pessoa, tratando-se de crime comum. Há discussão versando sobre a possibilidade da imputação da prática do crime em tela ao responsável pela falsificação do documento. Entendemos pela adoção do princípio da absorção, segundo o qual a realização da falsificação e a posterior utilização deste pelo mesmo sujeito configura um único crime, do contrário, estar-se-ia entendendo pela possibilidade da adoção do *bis in idem*.

Diante dessa constatação, surge nova discussão acerca de qual crime deve prevalecer em relação ao outro, ou seja, qual deles deve absorver e qual deles deve ser absorvido. André Estefam apresenta as duas possibilidades, indicando que, no caso de prevalecimento do falso, servirá o uso posterior como mero *post factum* impunível – crime progressivo –, ou, na hipótese de prevalecimento do crime de uso, servirá a falsificação como meio para o perfazimento do objetivo maior, que corresponde a esta utilização – crime meio e crime fim. Apesar de entendermos mais acertado o primeiro posicionamento, prevalece o segundo entendimento, conforme lições de Cezar Roberto Bitencourt, Damásio de Jesus e o entendimento jurisprudencial a seguir indicado.

O sujeito passivo é a coletividade, por não ser possível determinar especificamente quais os possíveis prejudicados. Trata-se de crime vago.

1.3. Análise da(s) conduta(s) descrita(s) no tipo

A conduta nuclear corresponde à utilização dos documentos indicados entre os arts. 297 a 302 do CP. De forma bastante sucinta, fazer uso é sinônimo de utilizar, empregar.

1.3.1. Crime remetido

Ademais, o crime em análise é modalidade de crime remetido, pois há expressa remissão aos tipos dispostos entre os arts. 297 a 302 do CP.

Para a perfeita caracterização do crime de uso de documento falso, faz-se necessária a utilização de um dos documentos indicados entre os arts. 297 a 302 do CP.

Os crimes classificados nesta espécie são atrelados à existência do crime anterior, não tendo existência autônoma. A falta do pressuposto anterior enseja a atipicidade da conduta.

Doutrinariamente, esse crime é conhecido como crime vassalo, delito parasitário, delito de fusão ou acessório.

1.4. Elemento subjetivo

O elemento subjetivo é o dolo, revelado na vontade e na consciência por parte do agente de fazer uso de documento objeto de falsificação. Não há exigência de elemento subjetivo especial.

A modalidade culposa também é incompatível por falta de expressa previsão legal.

1.5. Consumação e tentativa

Sua consumação independe da obtenção do resultado, tratando-se, portanto, de crime formal. Basta a mera utilização do documento para que se considere o delito consumado. O encontro fortuito deste documento falsificado, sem que o agente o utilize, não tem o condão de configurar o crime, porque o tipo exige a efetiva utilização.

No que tange à tentativa, essa não é admissível levando-se em conta o caráter unissubsistente do delito.

1.6. Classificação

Crime comum; formal; doloso; comissivo; instantâneo; unissubsistente; remetido; norma penal em branco às avessas; monossubjetivo ou de concurso eventual.

2. JURISPRUDÊNCIA

2.1. Julgados

Agravo regimental no agravo em recurso especial. Uso de documento falso. Atipicidade. Ausência de voluntariedade. Caracterização do delito. Súmula n. 83 do STJ. Impropriedade do objeto (falsificação grosseira). Verificação. Impossibilidade. Súmula n. 7 do STJ. Possibilidade de consulta em sistema de informações. Mais de um fundamento no acórdão recorrido. Falta de impugnação de um deles. Súmula n. 283 do STF. Agravo regimental não provido. 1. É firme a jurisprudência desta Corte em afirmar que a utilização de documento falsificado, ainda que solicitado pela autoridade policial, configura o delito tipificado no art. 304 do CP. Súmula n. 83 do STJ. 2. A análise da alegada impropriedade do objeto (falsificação grosseira) implica reexame fático-probatório dos autos, vedado, em recurso especial, pelo disposto na Súmula n. 7 do STJ. 3. Ao afastar a tese de que as autoridades policiais possuiriam condições de consultar a autenticidade do documento em sistema de informações e aferir, de pronto, sua falsidade, o Tribunal estadual valeu-se de dois fundamentos suficientes por si sós a amparar o acórdão. Entretanto, o recorrente só impugnou um deles, o que leva à incidência da Súmula n. 283 do STF. 4. Agravo regimental não provido. (STJ, Ag. Reg. no AREsp n. 871.502/RS, rel. Min. Rogerio Schietti Cruz, *DJe* 29.05.2018)

Apelação criminal. Arts. 171, 297, c/c 304 e 332 do Código Penal. Estelionatos. Autoria e materialidade comprovadas. Dolo evidenciado. Palavra das vítimas. Testemunhos colhidos em juízo. Condenação mantida em relação a dois crimes. Terceiro delito. *Emendatio libelli*. Configuração do crime de exploração de prestígio. Uso de documento falso. Princípio da consunção. Absolvição decretada. Assistência judiciária gratuita. Concessão. Pena reduzida. Havendo prova cabal da autoria e materialidade de dois dos crimes de estelionato descritos na denúncia, consubstanciada na palavra das vítimas, em consonância com testemunhos colhidos em Juízo, resulta inviável a súplica absolutória. Comete o crime de exploração de prestígio, e não o de tráfico de influência, o agente que solicita quantia em dinheiro, a pretexto de influir em magistrado para obter êxito em demanda judicial, sendo que tal delito absorve o estelionato. Aplica-se o princípio da consunção quando o uso do documento falso foi apenas o meio utilizado pelo agente para a prática do estelionato, com o propósito de obter a vantagem indevida. Precedentes. O apelante que, embora patrocinado por advogado particular, declare não possuir condições de arcar com as custas do processo e os honorários advocatícios, sem prejuízo próprio e de sua família, faz jus aos benefícios da assistência judiciária gratuita, nos termos do art. 98, § 3º, da Lei n. 13.105/2015. (TJMG, Ap. Crim. n. 1.0271.17.002669-1/001 0026691-84.2017.8.13.0271, rel. Des. Renato Martins Jacob, publ. 03.12.2018)

Uso de documento falso para ocultar antecedentes criminais. Art. 304. Não configuração.

Habeas corpus. Art. 304 do CP. Uso de documento falso para ocultar antecedentes criminais e evitar prisão. Autodefesa que abrange somente o direito a mentir e omitir sobre os fatos e não quanto à identificação. Conduta típica. Absolvição. Necessidade de revolvimento aprofundado de matéria fático-probatória. Impossibilidade na via estreita do *writ*. Ordem denegada. 1. No âmbito desta Corte Superior de Justiça, consolidou-se o entendimento no sentido de que não configura o crime disposto no art. 304, tampouco no art. 307, ambos do CP, a conduta do acusado que apresenta falso documento de identidade perante a autoridade policial com intuito de ocultar antecedentes criminais e manter o seu *status libertatis*, tendo em vista se tratar de hipótese de autodefesa, já que amparado pela garantia consagrada no art. 5º, LXIII, da CF. 2. Contudo, o STF, ao examinar o RE n. 640.139/DF, cuja repercussão geral foi reconhecida, entendeu de modo diverso, assentando que o princípio constitucional da ampla defesa não alcança aquele que atribui falsa identidade perante autoridade policial com o objetivo de ocultar maus antecedentes, sendo, portanto, típica a conduta praticada pelo agente. 3. Embora a aludida decisão, ainda que de reconhecida repercussão geral, seja desprovida de qualquer caráter vinculante, é certo que se trata de posicionamento adotado pela maioria dos integrantes da Suprema Corte, órgão que detém a atribuição de guardar a CF e, portanto, dizer em última instância quais situações são conformes ou não com as disposições colocadas na Carta Magna, motivo pelo qual o posicionamento até então adotado por este STJ deve ser revisto, para que passe a incorporar a interpretação constitucional dada ao caso pela Suprema Corte. 4. A absolvição do paciente é questão que demanda aprofundada análise de provas, o que é vedado na via estreita do remédio constitucional, que possui rito célere e desprovido de dilação probatória. 5. No processo penal brasileiro, vigora o princípio do livre convencimento, em que o julgador, desde que de forma fundamentada, pode decidir pela condenação, não cabendo, na angusta via do *writ*, o exame aprofundado de prova no intuito de reanalisar as razões e motivos pelos quais as instâncias anteriores formaram convicção pela prolação de decisão repressiva em desfavor do paciente. 6. Ordem denegada. (STJ, *HC* n. 151.866/RJ, 5ª T., rel. Min. Jorge Mussi, j. 01.12.2011, *DJe* 13.12.2011)

Uso de documento falso e exercício ilegal da profissão. Princípio da consunção. Inaplicabilidade

Habeas corpus. Penal. Princípio da consunção. Alegação de que o crime de falso (art. 304, CP) constitui meio de execução para a consumação da infração de exercício ilegal da profissão (art. 47 do DL n. 3.688/41). Não ocorrência. Impossibilidade de um tipo penal previsto no CP ser absolvido por uma infração tipificada na lei de contravenções penais. Ordem denegada. 1. O princípio da consunção é aplicável quando um delito de alcance menos abrangente praticado pelo agente for meio necessário ou fase preparatória ou executória para a prática de um delito de alcance mais abrangente. 2. Com base nesse conceito, em regra geral, a consunção acaba por determinar que a conduta mais grave praticada pelo agente (crime-fim) absorve a conduta menos grave (crime-meio). 3. Na espécie, a aplicabilidade do princípio da consunção na forma pleiteada encontra óbice tanto no fato de o crime de uso de documento falso (art. 304, CP) praticado pelo paciente não ter sido meio necessário nem fase para consecução da infração de exercício ilegal da profissão (art. 47 do DL n. 3.688/41) quanto na impossibilidade de um crime tipificado no CP ser absorvido por uma infração tipificada na LCP. 4. *Habeas corpus* denegado. (STF, *HC* n. 121.652/SC, 1ª T., rel. Min. Dias Toffoli, j. 22.04.2014, *DJe* 04.06.2014)

3. OBSERVAÇÕES

3.1. Necessidade de perícia

Por se tratar de um delito de falsificação, exige-se o exame de corpo de delito para se provar a materialidade do crime (art. 158, CPP).

3.2. Norma penal em branco às avessas

No que diz respeito ao preceito penal secundário, percebe-se que há evidente remissão ao *quantum* de pena ao qual está sujeito o crime remetido. Portanto, há a necessária complementação da norma penal para sua efetiva aplicação.

Em razão dessa possibilidade, estamos diante de evidente hipóteses de norma penal em branco, a qual convencionou-se classificar como às avessas por conta da complementação ao preceito penal secundário – pena – e não do preceito penal primário, hipótese mais comum e classificada como norma penal em branco heterogênea ou homogênea.

3.3. Do procedimento

Diante do conteúdo do art. 394, § 1º, I a III, do CPP, que estabelece a adoção do critério material (quantidade de pena) para a definição do procedimento a ser adotado para o julgamento dos crimes dispostos no CP, é prudente indicar que o crime do art. 304 estará sujeito aos três procedimentos previstos em nosso ordenamento e sua definição seguirá a regra procedimental utilizada para o julgamento do delito de falsidade, equiparando a gravidade do crime de uso à da conduta anterior.

3.4. Da competência

Em regra, esta também será determinada pela competência para o julgamento do crime anterior. De forma sucinta: caso o delito de falsificação seja da competência da Justiça estadual, o uso posterior será julgado por esta. E, como consequência, a mesma regra será aplicável à Justiça Federal.

Apesar dessa previsão, entendemos que, em determinadas hipóteses, estaremos diante de situações que colocarão tal regra em discussão. É o caso, por exemplo, da apresentação por um brasileiro de passaporte falsificado quando compelido a tanto pela autoridade policial na via pública. É sabido que a falsificação de um passaporte será julgada pela Justiça federal, mas sua utilização, como qualquer outro documento, também seguirá essa regra.

Supressão de documento

Art. 305. Destruir, suprimir ou ocultar, em benefício próprio ou de outrem, ou em prejuízo alheio, documento público ou particular verdadeiro, de que não podia dispor:

Pena – reclusão, de 2 (dois) a 6 (seis) anos, e multa, se o documento é público, e reclusão, de 1 (um) a 5 (cinco) anos, e multa, se o documento é particular.

---

1. COMENTÁRIO

1.1. Objetividade jurídica

O bem jurídico tutelado é a fé pública, relativa, especificamente neste tipo penal, não a formação de um documento falsificado, como nos demais tipos previstos neste capítulo do CP, mas a impossibilidade de produção dos efeitos inerentes a estes. Os objetos materiais serão os documentos públicos ou particulares, desde que verdadeiros e que disponham de valor probatório.

1.2. Sujeitos

O sujeito ativo é qualquer pessoa, tratando-se de crime comum. O sujeito passivo é o Estado e eventuais prejudicados pela supressão, ocultação ou destruição do documento.

1.3. Análise da(s) conduta(s) descrita(s) no tipo

São três as condutas nucleares, tratando-se, portanto, de crime de ação múltipla, conteúdo variado ou tipo misto alternativo. O primeiro é o verbo "destruir", sinônimo de inutilizar, eliminar ou extinguir. O segundo verbo é "suprimir", sinônimo de fazer desaparecer. E, por último, há o terceiro verbo, "ocultar", sinônimo de esconder ou tornar inacessível.

1.4. Elemento subjetivo

O elemento subjetivo é o dolo, revelado na vontade e na consciência por parte do agente em realizar qualquer dos verbos núcleos do tipo. Há exigência da presença de elemento subjetivo especial; que, no caso em tela, corresponde à obtenção de um benefício próprio ou de outrem, ou em prejuízo a terceiro.

A modalidade culposa também é incompatível por falta de expressa previsão legal.

1.5. Consumação e tentativa

Sua consumação independe da obtenção do resultado, tratando-se, portanto, de crime formal, servindo a obtenção do benefício próprio ou de terceiro, ou o prejuízo alheio, como mero exaurimento do crime.

A tentativa é admissível levando-se em conta o caráter plurissubsistente do delito.

1.6. Classificação

Crime comum; formal; doloso; comissivo; instantâneo; plurissubsistente; admite tentativa; monossubjetivo; ou de concurso eventual.

2. JURISPRUDÊNCIA

2.1. Julgado

Supressão de documento particular. Filme fotográfico. Configuração

Processual penal. Recurso ordinário em *habeas corpus*. Matéria não decidida na origem. Não conhecimento sob pena de supressão de instância. Ação penal. Trancamento. Justa causa. Falta. Demonstração inequívoca. Não ocorrência. Supressão de documento particular. Art. 305 do CP. Filme fotográfico. Ocultação ou destruição. Configuração do delito em tese. Ocorrência. 1. Se as matérias suscitadas no recurso ordinário não foram decididas no acórdão do *habeas corpus*, na origem, não merecem conhecimento, sob pena de supressão de instância. 2. O *habeas corpus* não se apresenta como via adequada ao trancamento da ação penal, quando intenta amplo revolvimento fático-probatório, não condizente com a via angusta do *writ*. 3. Nesse sentido, conforme corrente doutrinária e jurisprudencial majoritária, somente se justifica a interrupção, desde logo, da marcha processual quando perceptível, *primo ictu oculi*, a falta de justa causa para a *persecutio criminis*, evidenciada pela simples enunciação dos fatos a demonstrar a ausência de mínimo suporte fático que dê base à acusação. 4. O delito do art. 305 do CP exige para a sua tipificação a ocultação ou destruição de documento particular em prejuízo alheio, daí porque não há razão plausível para excluir o filme fotográfico dessa definição, subtraído, segundo denúncia, deliberada e abusivamente de seu proprietário com o fim de dificultar ou até mesmo obstar a apuração de outros crimes praticados pelo autor do delito em comento, flagrado em plena ação por fotografias tiradas pela pessoa que viria a ser a própria vítima. 5. Recurso ordinário parcialmente conhecido e, nessa parte, não provido. (STJ, *HC* n. 20.618/MG, 6ª T., rel. Min. Maria Thereza de Assis Moura, j. 19.08.2010, *DJe* 06.09.2010)

3. OBSERVAÇÕES

3.1. Necessidade de perícia

Por se tratar de um delito de falsificação, exige-se o exame de corpo de delito para se provar a materialidade do crime (art. 158, CPP).

3.2. Da aplicação da suspensão condicional do processo

A quantidade de pena mínima é de até um ano, havendo compatibilidade, portanto, com o instituto previsto no art. 89, § 1º, da Lei n. 9.099/95.

3.3. Procedimento

Levando-se em consideração a quantidade de pena máxima, que corresponde a cinco anos, quando o objeto for documento particular, ou seis anos, quando o documento for público, o procedimento adotado será o ordinário.

CAPÍTULO IV
DE OUTRAS FALSIDADES

Falsificação do sinal empregado no contraste de metal precioso ou na fiscalização alfandegária, ou para outros fins

Art. 306. Falsificar, fabricando-o ou alterando-o, marca ou sinal empregado pelo poder público no contraste de metal precioso ou na fiscalização alfandegária, ou usar marca ou sinal dessa natureza, falsificado por outrem:

Pena – reclusão, de 2 (dois) a 6 (seis) anos, e multa.

Parágrafo único. Se a marca ou sinal falsificado é o que usa a autoridade pública para o fim de fiscalização sanitária, ou para autenticar ou encerrar determinados objetos, ou comprovar o cumprimento de formalidade legal:

Pena – reclusão ou detenção, de 1 (um) a 3 (três) anos, e multa.

1. COMENTÁRIO

1.1. Objetividade jurídica

O bem jurídico tutelado é a fé pública, que consiste na credibilidade e na confiança que os indivíduos depositam nos documentos públicos. O objeto material do delito é a marca ou o sinal empregado pelo poder público.

1.2. Sujeitos

O sujeito ativo é qualquer pessoa, tratando-se de crime comum. O sujeito passivo é o Estado, que tem a credibilidade de seus documentos abalada pela prática do delito, bem como eventuais pessoas que possam sofrer lesão por conta da falsificação.

1.3. Análise da(s) conduta(s) descrita(s) no tipo

Da leitura do tipo legal de crime destacam-se duas condutas: a primeira consiste na falsificação, por meio da fabricação (contrafação integral com a criação de um objeto novo) ou da alteração (modificação de um objeto já existente), de marca[8] ou sinal empregado pelo poder público no contraste de metal precioso ou na fiscalização alfandegária; a segunda consiste no uso de marca ou sinal da mesma natureza, falsificado por outrem. Diversamente da primeira conduta, em que é o próprio agente que realiza a falsificação, na segunda conduta o sujeito ativo apenas faz uso da marca ou do sinal que já foi falsificado por outrem anteriormente.

No parágrafo único o legislador positivou a forma privilegiada do delito, em razão da menor gravidade da conduta. Nessa modalidade, a marca ou o sinal é utilizado para a finalidade de fiscalização sanitária, ou, então, para autenticar ou encerrar determinados objetos, ou comprovar o cumprimento de formalidade legal. Essa forma privilegiada não descaracteriza o tipo legal de crime, apenas incidirá o novo patamar mínimo e máximo da pena, em razão do fim a que se destina a marca ou o sinal.

1.4. Elemento subjetivo

O elemento subjetivo é o dolo, revelado na vontade e na consciência por parte do agente de estar a falsificar, a alterar ou a usar a marca ou o sinal empregado pelo Poder Público. A ausência de consciência sobre tais elementos conduzirá ao erro de tipo (art. 20, CP). Não há exigência de elemento subjetivo especial.

1.5. Consumação e tentativa

Na conduta *falsificar por meio da fabricação* o delito consuma-se no momento em que a contrafação se perfaz, ou seja, com a formação completa da marca ou do sinal. Na conduta *falsificar por meio da alteração* a consumação ocorre no momento em que o agente termina a alteração, não bastando, portanto, o início do ato executório. Na modalidade *usar*, basta que o agente, de qualquer forma, utilize a marca ou o sinal, ainda que somente uma vez. Em todas das condutas típicas, não se exige que o agente obtenha qualquer vantagem ulterior, financeira ou não.

A tentativa é cabível apenas na conduta *falsificar*, seja por meio da fabricação, seja por meio da alteração. Na conduta típica, usar a tentativa é incabível, em razão de se tratar de crime unissubsistente.[9]

1.6. Classificação

Crime comum; formal; doloso; comissivo, instantâneo; admite tentativa somente na conduta *falsificar*.

2. OBSERVAÇÕES

2.1. Necessidade de perícia

Por se tratar de um delito de falsificação, que deixa vestígios, exige-se o exame de corpo de delito para se provar a materialidade do crime (art. 158, CPP).

8 Conforme lembram BITENCOURT, Cezar Roberto. *Tratado de direito penal*: Parte Especial 4, 2012, p. 540, e PRADO, Luiz Regis. *Curso de direito penal brasileiro*: Parte Especial, 2012, v. 3, p. 461, a marca a que o tipo legal de crime faz menção não se confunde com aquela marca de natureza industrial prevista no art. 122 da Lei n. 9.279/96.

9 No mesmo sentido: BITENCOURT, op. cit., 2012, p. 540; COSTA JR., Paulo José da. *Direito penal*: curso completo, 2000, p. 671; FRAGOSO, Heleno Cláudio. *Lições de direito penal*: Parte Especial, 1965, v. 4, p. 1.047; e PRADO, op. cit., 2012, v. 3, p. 462. Contra, entendendo que a tentativa é cabível indistintamente: GRECO, Rogério. *Curso de direito penal*: Parte Especial, 2012, v. IV, p. 322.

2.2. Uso de marca ou sinal falsificado por outrem e natureza acessória

Há duas questões relevantes ligadas à segunda conduta de usar marca ou sinal falsificado por outrem. Em primeiro lugar, diversamente da primeira conduta, em que é o próprio agente que realiza a falsificação, na segunda conduta, o sujeito ativo apenas faz uso da marca ou do sinal que já foi falsificado por outrem anteriormente. Além de as condutas serem praticadas em momentos diversos, são necessários dois agentes: um que falsificou a marca ou o sinal anteriormente, e outro, que o usou. Nota-se que na segunda conduta o próprio tipo legal de crime exclui da falsificação o agente que faz o uso, razão pela qual, por exigência típica, o autor do uso de marca ou sinal não pode ser o mesmo da falsificação. Assim, para que haja a prática da conduta de usar, é necessário que tenha se consumado a primeira conduta de falsificação praticada por outra pessoa. Por essa razão, pode-se afirmar que esse delito configura um crime acessório.[10] Logo, por questões processuais, para que ele exista, é imprescindível a prova da existência do crime de falsificação praticado anteriormente, inclusive, com o laudo pericial para confirmar a falsidade produzida. Caso essa prova não seja produzida, não se poderá falar na prática desse delito. Em segundo lugar, para a configuração desse delito não é necessário que o autor da falsidade anterior seja conhecido, assim como não há necessidade da instauração de inquérito policial ou de processo criminal, bastando a prova da falsidade anteriormente praticada.

2.3. Falsificação de várias marcas ou sinais e concurso de crimes

Caso o agente falsifique ou use diversas marcas ou sinais, pensa-se haver apenas um crime, não se falando em concurso de crimes, uma vez que o legislador fez menção à falsificação ou ao uso de marca ou sinal, independentemente no número dos objetos falsificados ou usados. Entretanto, essa maior quantidade pode ser valorada e utilizada no momento da aplicação da pena criminal, especificamente na pena-base.

2.4. Mesmo agente falsifica e usa a marca ou o sinal

Como fica a hipótese em que o mesmo agente falsifica a marca ou o sinal e depois o usa? Responde por apenas um crime ou por dois crimes? Viu-se anteriormente que o próprio tipo legal de crime exclui da conduta de uso o agente que falsifica. Assim, caso as duas condutas sejam praticadas no mesmo contexto fático, pensa-se que o agente responde apenas pelo delito de falsificação. A questão deve ser resolvida no plano da tipicidade formal, não havendo que se falar em conflito aparente de normas. O fundamento não é ser o uso um *post factum* impunível. Com efeito, para que se possa falar em conflito aparente de normas, deve ser possível a incidência de dois ou mais tipos penais sobre a conduta, o que não é a hipótese aqui tratada, uma vez que, de acordo com o próprio tipo legal, o crime de uso não pode incidir, tendo em vista que o legislador, ao utilizar as expressões *falsificado por outrem*, exclui do crime de uso o agente que falsificou a marca ou o sinal anteriormente.

2.5. Idoneidade da falsificação

A falsificação, pela fabricação ou pela alteração, deve ser idônea a iludir outras pessoas. A falsificação grosseira, que não tem o condão de enganar, porque mal feita e facilmente detectável por alguém, não configura esse delito.

2.6. Enumeração taxativa

A enumeração legal é taxativa,[11] e, em homenagem ao princípio da legalidade, não estão abrangidas outras espécies de sinal ou de marca. Da mesma forma, caso a falsidade ocorra não na marca ou no sinal, mas sim em qualquer outro documento utilizado pelo poder público, não estará configurado esse tipo legal, e sim de falsificação de documento público (art. 297, CP).

Falsa identidade

Art. 307. Atribuir-se ou atribuir a terceiro falsa identidade para obter vantagem, em proveito próprio ou alheio, ou para causar dano a outrem:

Pena – detenção, de 3 (três) meses a 1 (um) ano, ou multa, se o fato não constitui elemento de crime mais grave.

---

10 Por crime acessório entende-se aquele que, para a sua existência, depende da prática anteriormente de outro crime, a exemplo do delito de receptação, que depende da existência de um crime anterior, do qual o objeto material seja adquirido.

11 FRAGOSO, op. cit., v. 4, p. 1.046.

1. COMENTÁRIO

1.1. Objetividade jurídica

A objetividade jurídica protegida é a fé pública, relacionada à identidade de alguém, que consiste no conjunto de informações que individualizam a pessoa.

1.2. Sujeitos

O sujeito ativo é qualquer pessoa. Trata-se de crime de mão própria (no mesmo sentido: BITENCOURT, Cezar Roberto. *Tratado de direito penal*: Parte Especial 4, 2012, p. 542; e PRADO, Luiz Regis. *Curso de direito penal brasileiro*: Parte Especial, 2012, v. 3, p. 467), que exige a atuação pessoal do agente. O sujeito passivo é o Estado e, eventualmente, a pessoa enganada pelo agente que atribui a si ou a terceiro a falsa identidade.

1.3. Análise da(s) conduta(s) descrita(s) no tipo

O tipo legal de crime estabelece uma forma de falsidade pessoal, e não documental, material ou ideológica (nesse sentido: HUNGRIA, Nélson. *Comentários ao Código Penal*, 1944, v. IX, p. 251; e PRADO, op. cit., 2012, v. 3, p. 465).

O tipo legal de crime encerra duas condutas. Na primeira, o agente atribui (imputa) a si a falsa identidade e, na segunda, a atribui a terceira pessoa. A identidade não se resume ao nome (ibidem, 2012, p. 468), abarcando todo e qualquer elemento que identifique a pessoa, como o nome, o estado civil,[12] o sexo, a nacionalidade, a profissão, a filiação etc.[13,14] Os elementos identificadores que o agente imputa a si ou a terceiro podem ser verdadeiros, por existirem e pertencerem a uma determinada pessoa, ou falsos, por não pertencerem a alguém especificamente (no mesmo sentido: NORONHA, E. Magalhães. *Direito penal*, 1980, v. 4, p. 196). Além de o agente se fazer passar por outra pessoa, ele oculta a sua real identidade. O mesmo ocorre em relação ao terceiro. Tendo em vista que o tipo não exige nenhuma forma específica de conduta, a atribuição da falsa identidade pode ser de forma escrita, em documento público ou particular, ou verbal. A omissão do agente, silenciando sobre a errônea identidade que lhe é imputada não configura esse delito, pois ele não pode ser praticado por omissão (nesse sentido: COSTA, Álvaro Mayrink da. *Direito penal*: Parte Especial. Injustos contra a sociedade, 2010, v. 6, p. 887).

O tipo legal de crime faz menção à *vantagem* e à causação de dano a outrem, como finalidades para as quais o agente pratica a conduta típica. A vantagem não pode ser de cunho econômico, sob pena de configurar o delito de estelionato (art. 171, CP).[15]

1.4. Elemento subjetivo

O elemento subjetivo é o dolo. O agente deve ter a vontade e a consciência de estar atribuindo a si ou a terceiro algum ou alguns elementos de identificação falsos. O tipo legal de crime exige um especial fim de agir, consistente na obtenção de vantagem ou na causação do dano. Caso o agente pratique a conduta típica, mas sem essa finalidade específica, a sua conduta será atípica em relação a esse delito.

1.5. Consumação e tentativa

A consumação ocorre no momento em que o agente efetivamente faz a imputação da identidade falsa a si ou ao terceiro, independentemente da obtenção da vantagem ou da causação de dano a outrem. Caso tais resultados ocorram, isso em nada influenciará a consumação do tipo legal de crime, podendo, contudo, serem levados em consideração no momento da aplicação da pena criminal, especificamente no elemento consequências do crime previsto no art. 59 do CP. A tentativa é admitida.[16]

1.6. Classificação

Crime comum; formal; doloso; comissivo, instantâneo; admite a tentativa.

12 Paulo José da Costa Jr. considera que o "fato de alguém declarar-se solteiro, sendo casado, não configura o crime, por não haver alteração na identidade física" (*Direito penal*: curso completo, 2000, p. 672). Discordamos desse posicionamento, uma vez que a identidade a que o legislador fez menção não diz respeito tão somente às características físicas do agente.

13 Os elementos telefone e endereço de alguém não estão incluídos no conceito de identidade. Nesse sentido: NUCCI, Guilherme de Souza. *Manual de direito penal*, 2012, p. 999.

14 Bento de Faria entendia que o uso de um nome pelo qual o agente é habitualmente designado, apesar de não ser o seu, não pode ser considerado nome falso, uma vez que ausente os fins previstos no tipo penal (*Código Penal brasileiro comentado*: Parte Especial, 1961, v. VII, p. 68).

15 GRECO, Rogério. *Curso de direito penal*: Parte Especial, 2012, v. IV, p. 326. Contra, entendendo que a vantagem pode ter ou não natureza patrimonial: FRAGOSO, Heleno Cláudio. *Lições de direito penal*: Parte Especial, 1965, v. 4, p. 1.050; NORONHA, op. cit., 1980, v. 4, p. 197.

16 BITENCOURT, op. cit., 2012, p. 543; COSTA JR., op. cit., 2000, p. 673; e PRADO, op cit., 2012, v. 3, p. 468. Contra, admitindo a tentativa somente no caso de o crime ser praticado por escrito: GRECO, op. cit., 2012, v. IV, p. 327.

2. JURISPRUDÊNCIA

2.1. Súmula

Súmula n. 522 do STJ: "A conduta de atribuir-se falsa identidade perante autoridade policial é típica, ainda que em situação de alegada autodefesa".

2.2. Julgados

Art. 307 do CP. Atribuição de falsa identidade perante a autoridade policial. Tipicidade da conduta. I – O STF manifestou-se, nos autos do RE n. 640.139/DF, submetido ao rito previsto no art. 543-B do CPC, pela tipicidade da conduta de atribuir-se falsa identidade perante autoridade policial, com o objetivo de ocultar maus antecedentes. Essa orientação foi recentemente adotada pela 3ª Seção desta Corte Superior de Justiça, nos autos do REsp n. 1.362.524/MG, submetido ao rito dos recursos repetitivos, de relatoria do Ministro Sebastião Reis Júnior, julgado em 23.10.2013. II – A decisão agravada não merece reparos, porquanto proferida em consonância com a jurisprudência desta Corte Superior. III – Agravo Regimental improvido" (Ag. Reg. no REsp n. 1.385.271/MG, rel. Min. Regina Helena Costa, *DJe* 07.04.2014); "Recurso especial. Falsa identidade. Réu que se atribuiu falsa identidade, com finalidade de ocultar maus antecedentes. Art. 307 do CP. Tipicidade da conduta, que extrapola os limites do exercício da autodefesa. Roubo majorado. Tentativa não configurada. Momento da consumação que se dá com a simples posse da *res furtiva*. Recurso provido. 1. O entendimento desta Corte Superior, acompanhando a orientação firmada pelo STF no julgamento do RE n. 640.139/DF, submetido ao rito da repercussão geral, é no sentido de considerar típica a conduta do indivíduo que se atribui falsa identidade perante a autoridade policial com a intenção de esconder seus maus antecedentes (art. 307, CP). 2. Prevalece nesta Corte a orientação de que o delito de roubo, assim como o de furto, se consuma com a simples posse, ainda que breve, da coisa alheia, mesmo que haja imediata perseguição do agente, não sendo necessário que o objeto do crime saia da esfera de vigilância da vítima. Precedentes. 3. Recurso especial provido. (STJ, REsp n. 1.291.312/RS, rel. Min. Moura Ribeiro, *DJe* 25.02.2014).

Preso. Identidade falsa. O Tribunal, no REsp n. 640.139/DF, assentou ser fato típico o ato de o agente identificar-se com nome falso, por ocasião de prisão em flagrante, com o objetivo de ocultar maus antecedentes. Recurso extraordinário. Matéria fática e legal. O recurso extraordinário não é meio próprio ao revolvimento da prova, também não servindo à interpretação de normas estritamente legais (ARE n. 792.561-Ag. Reg.-segundo/SP, rel. Min. Marco Aurélio, j. 25.08.2014); Ambas as Turmas desta Corte já se pronunciaram no sentido de que comete o delito tipificado no art. 307 do CP aquele que, conduzido perante a autoridade policial, atribui a si falsa identidade com o intuito de ocultar seus antecedentes (*HC* n. 112.176/MS, rel. Min. Ricardo Lewandowski, j. 27.08.2012); Atribuir-se falsa identidade com o fito de acobertar maus antecedentes perante a autoridade policial consubstancia fato típico, porquanto não encontra amparo na garantia constitucional de autodefesa, prevista no art. 5°, LXIII, da CF" (STF, RE n. 639.732-Ag. Reg./DF, rel. Min. Luiz Fux, j. 13.09.2011).

Falsa identidade. Elemento subjetivo. Necessária a intenção de obter vantagem

A conduta de declarar falsa identidade, em hipótese em que não fica patente o propósito de obter vantagem, revela-se atípica em face do art. 307, CP. Precedentes. (STJ, *HC* n. 198.326/SP, rel. Min. Gilson Dipp, *DJe* 20.08.2012)

3. OBSERVAÇÕES

3.1. Natureza subsidiária do tipo

O preceito secundário do tipo revela tratar-se de um crime expressamente subsidiário. Caso a conduta constitua um crime mais grave, o agente responderá por esse delito, desaparecendo o crime ora comentado.

3.2. Falsa atribuição da condição de funcionário público

Caso a falsa identidade refira-se à condição de funcionário público, o agente responde pela contravenção penal prevista no art. 45 ou 46 da LCP. Se a falsa identidade for imputada para usurpar função pública, com a prática de atos típicos da função usurpada, como fazer-se passar por autoridade policial e realizar uma diligência, o agente pratica o delito do art. 328 do CP.

3.3. Recusa de dados sobre a própria identidade ou qualificação

O crime ora comentado não se confunde com a contravenção penal prevista no art. 68, parágrafo único, da LCP, tendo em vista que nesta última infração penal há somente a prática de declarações inverídicas sobre a identidade do agente, sem que ele tenha o especial fim de agir para obter vantagem ou de causar dano a outrem.

3.4. Falsa identidade e violação sexual mediante fraude

Caso o agente atribua a si a qualidade de um médico para, com isso, obter vantagem de natureza sexual, realizando exames médicos íntimos na vítima, responderá pelo delito de violação sexual mediante fraude (art. 215, CP) (nesse sentido: GRECO, op. cit., 2012, v. IV, p. 326).

3.5. Idoneidade da identidade falsa e potencialidade para causar dano

A identidade falsa atribuída deve ser apta a enganar terceiras pessoas, o que não seria o caso de um "um sujeito louro, de olhos azuis, apresentar-se a alguém como sendo o conhecido futebolista Edson Arantes do Nascimento, o Pelé". Ainda de acordo com o tipo legal de crime, a atribuição da falsa identidade deve ser apta a causar dano. Caso seja inócua, o tipo não se configura, como na hipótese de o "sujeito que, só para atrair a atenção das moças, diz-se primo de um galã de cinema algo parecido com ele" (os dois exemplos são dados por PRADO, op. cit., 2012, v. 3, p. 468).

3.6. Falsa identidade e direito de autodefesa

Questão relevante versa sobre a configuração deste crime na hipótese de o agente atribuir-se falsa identidade para eximir-se da responsabilidade criminal, como evitar uma prisão em flagrante ou uma prisão preventiva ou, então, para ocultar antecedentes criminais. Imagine-se que o agente tem um mandado de prisão expedido contra si, por ter sido condenado de forma irrecorrível em um processo criminal. Se ele atribuir-se identidade falsa para impedir a prisão, está configurado esse crime? Em doutrina, sustenta-se que a atribuição de falsa identidade não está abrangida pelo direito de autodefesa, uma vez que essa "diz respeito a *fatos*, e não a atribuição de falsa identidade. O agente até pode dificultar a ação da Justiça Penal no sentido de não revelar situações que seriam indispensáveis à elucidação dos fatos. No entanto, não poderá eximir-se de se identificar. É um direito do Estado saber em face de quem propõe a ação penal e uma obrigação do indiciado/acusado revelar sua identidade" (GRECO, Rogério. *Curso de direito penal*: Parte Especial, v. IV, 2012, p. 330).

O STJ e o STF têm posições firmadas no sentido de que essa conduta é típica, por não considerarem a conduta abrangida pela autodefesa (*v.* os julgados REsp n. 1.291.312 e RE n. 639.732 e a Súmula n. 522 do STJ no item Jurisprudência).

3.7. Falsa identidade e uso de documento falso

O delito ora comentado não se confunde com o de uso de documento falso (art. 304, CP). No primeiro, como visto, o agente imputa a si ou a terceiro a falsa identidade para obter vantagem ou para causar dano a outrem. No segundo, o agente apenas faz uso de documentos anteriormente falsificados, sem nenhum especial fim de agir, isso é, sem nenhuma finalidade além do uso. Dessa forma, se, em vez de o agente atribuir a si ou a terceiro a falsa identidade, apenas fizer uso de um documento falsificado, pratica o delito do art. 304 do CP.[17]

Art. 308. Usar, como próprio, passaporte, título de eleitor, caderneta de reservista ou qualquer documento de identidade alheia ou ceder a outrem, para que dele se utilize, documento dessa natureza, próprio ou de terceiro:

Pena – detenção, de 4 (quatro) meses a 2 (dois) anos, e multa, se o fato não constitui elemento de crime mais grave.

---

1. COMENTÁRIO

1.1. Objetividade jurídica

Protege-se a fé pública, nomeadamente em relação à identidade da pessoa, e tem como objeto material documentos de identificação.

1.2. Sujeitos

O sujeito ativo é qualquer pessoa, não havendo exigência de nenhuma qualidade específica do agente. O sujeito passivo é o Estado, bem como qualquer pessoa que possa ser iludida pelo uso dos documentos que não digam respeito ao agente.

1.3. Análise da(s) conduta(s) descrita(s) no tipo

Trata-se de um crime que é modalidade especial do delito de falsa identidade (art. 307, CP). A primeira conduta consiste em *usar* (empregar) qualquer outro documento de identificação alheia, como o passaporte, título de eleitor, caderneta de reservista, como se fosse próprio. Com isso, o agente faz-se passar pela pessoa que consta do documento, ocultando a sua real identidade.

A segunda conduta consiste em o agente *ceder* (entregar) o documento a outrem, para que ele o utilize e se faça passar pela pessoa constante do

---

17 Essa distinção foi destacada pelo STJ, nos seguintes termos: "*Habeas corpus*. Uso de documento falso. Tipicidade. Ocorrência. 1. O uso de documento falso não se confunde com a atribuição de falsa identidade. Neste, o agente apenas assume verbalmente outra identidade que não a sua, enquanto naquele, o agente apresenta papel falsificado ou adulterado de identidade" (*HC* n. 205.007/SP, rel. Min. Og Fernandes, *DJe* 09.05.2012).

documento. A preocupação do legislador foi em relação à entrega do documento para o terceiro, independentemente de o documento entregue pertencer ao próprio agente que o entrega. Da mesma forma, é irrelevante que o terceiro venha a usar o documento, bastando que haja a entrega.

1.4. Elemento subjetivo

O elemento subjetivo é o dolo. O agente deve ter a vontade de praticar a conduta típica, somada à consciência de que o documento não lhe pertence ou não pertence ao terceiro a quem ele cedeu. Com isso, conclui-se que o uso de um documento pertencente a outrem por mero engano não configura esse tipo, como na hipótese de a esposa, por engano, sacar o documento de identidade do marido que estava dentro de sua bolsa e entregá-lo à pessoa do caixa do supermercado, somente percebendo o engano após ser alertada pelo funcionário do mercado. Não há exigência de elemento subjetivo especial.

1.5. Consumação e tentativa

Na primeira conduta, o crime consuma-se com o efetivo uso do documento por parte do agente. Como o tipo legal de crime dispõe "usar", o mero porte do documento não o configura. Assim, enquanto o agente apenas portar o documento, sem, contudo, usá-lo, o crime não está configurado. Na segunda conduta, o crime se consuma no momento em que o agente ceder o documento ao terceiro, sem que seja necessário que o terceiro venha a efetivamente usá-lo.

A tentativa é admissível somente na segunda conduta de ceder o documento.[18]

1.6. Classificação

Crime comum; formal; doloso; comissivo, instantâneo; admite tentativa somente na conduta *ceder*.

2. OBSERVAÇÕES

2.1. Natureza subsidiária do tipo

A exemplo do art. 307 do CP, esse delito revela a natureza de crime expressamente subsidiário, razão pela qual caso a conduta constitua um crime mais grave, o agente responderá por esse delito.

2.2. Documento verdadeiro

O documento a que o tipo legal de crime faz menção deve ser verdadeiro. Não é possível a configuração desse crime caso o documento seja falso. Com efeito, o legislador usou as expressões "ou qualquer documento de identidade alheia", bem como "documento dessa natureza próprio ou de terceiro". Dessa redação legal, pode-se extrair a conclusão de que o documento deve efetivamente ser real e pertencer a alguém, não podendo ser um documento falso. Portanto, caso o agente use um documento de identidade falso, a sua conduta poderá configurar o crime do art. 304 do CP.

2.3. Interpretação analógica

O legislador utilizou a interpretação analógica para abranger na incriminação qualquer documento que possa servir como documento de identificação, desde que verdadeiro, como a carteira nacional de habilitação.[19] Note-se que não é qualquer documento, mas, sim, qualquer documento de *identidade*.

Fraude de lei sobre estrangeiros

Art. 309. Usar o estrangeiro, para entrar ou permanecer no território nacional, nome que não é o seu:

Pena – detenção, de 1 (um) a 3 (três) anos, e multa.

Parágrafo único. Atribuir a estrangeiro falsa qualidade para promover-lhe a entrada em território nacional:

Pena – reclusão, de 1 (um) a 4 (quatro) anos, e multa.

Parágrafo acrescentado pela Lei n. 9.426, de 24.12.1996.

---

1. COMENTÁRIO

1.1. Objetividade jurídica

A proteção penal deste tipo legal de crime é a fé pública, especificamente o interesse no controle de entrada e de saída do estrangeiro no território nacional.

---

18 Nesse sentido: BITENCOURT, Cezar Roberto. *Tratado de direito penal*: Parte Especial 4, 2012, p. 545; NORONHA, E. Magalhães. *Direito penal*, 1980, v. 4, p. 198; e PRADO, Luiz Regis. *Curso de direito penal brasileiro*: Parte Especial, 2012, v. 3, p. 474. Contra, entendendo que a tentativa é cabível em ambas as hipóteses: GRECO, Rogério. *Curso de direito penal*: Parte Especial, 2012, v. IV, p. 336.

19 O art. 159 da Lei n. 9.503/97 (CTB) dispõe que "a Carteira Nacional de Habilitação, expedida em modelo único e de acordo com as especificações do Contran, atendidos os pré-requisitos estabelecidos neste Código, conterá fotografia, identificação e CPF do condutor, terá fé pública e equivalerá a documento de identidade em todo o território nacional".

1.2. Sujeitos

Na conduta do *caput*, o sujeito ativo é o estrangeiro. Trata-se de crime próprio. Na conduta descrita no parágrafo único, qualquer pessoa pode ser sujeito ativo. O sujeito passivo é o Estado, nomeadamente o interesse na fiscalização da zona imigratória.

1.3. Análise da(s) conduta(s) descrita(s) no tipo

A primeira conduta descrita no *caput* consiste em o estrangeiro fazer uso de um nome que não seja o seu para entrar ou permanecer no território brasileiro. Essa conduta pode ser praticada antes ou depois de o estrangeiro ingressar no território nacional. Na primeira hipótese, a finalidade é entrar no território nacional; na segunda, é permanecer depois de já ter ingressado, caso em que se pressupõe que o estrangeiro tenha ingressado legalmente. Portanto, nas duas condutas do *caput*, a fraude consistente no uso, pelo estrangeiro, de nome que não seja o seu, pode variar no tempo, de forma que na primeira hipótese, a fraude é praticada antes do ingresso no território nacional; na segunda, a fraude é empregada depois do ingresso.

A conduta descrita no parágrafo único trata da conduta do agente que atribui ao estrangeiro a falsa qualidade para que ele possa ingressar no território nacional. Trata-se do indivíduo denominado "agenciador", encarregado de promover, por meio fraudulento, o ingresso de estrangeiro no território nacional. Note-se que, em razão do princípio da legalidade, caso o agente atribua ao estrangeiro a qualidade falsa para que ele permaneça no território nacional, não se poderá falar na prática desse crime. Enquanto no *caput* o legislador empregou a expressão "nome", no parágrafo único utilizou a expressão "qualidade", abrangendo, portanto, outros elementos diversos do nome, ligados à pessoa do estrangeiro.

1.4. Elemento subjetivo

O elemento subjetivo é o dolo, de forma que o agente tenha a vontade de praticar a conduta típica e a consciência de que está a usar nome diverso do seu para ingressar no território nacional (*caput*) e a atribuir a estrangeiro a falsa qualidade (parágrafo único). Na segunda hipótese, caso o agente não tenha a consciência de tratar-se de estrangeiro, por exemplo, a sua conduta será atípica em relação a esse delito.

O tipo legal de crime exige um especial fim de agir, consistente na finalidade de ingressar ou permanecer no território nacional (*caput*) ou na finalidade de promover a entrada do estrangeiro no território brasileiro (parágrafo único). Na hipótese de o agente praticar a conduta despido dessa finalidade específica, não haverá a prática desse delito, como no caso de atribuir a um estrangeiro a falsa qualidade para conseguir a obtenção de um empréstimo bancário ou para a realização de um contrato de locação de um imóvel.

1.5. Consumação e tentativa

Na conduta descrita no *caput*, a consumação ocorre com o efetivo uso do nome que não seja o seu, independentemente de conseguir entrar ou permanecer no território nacional. Assim, o crime estará consumado caso o estrangeiro, na zona de controle de imigração, use o nome diverso do seu e a polícia brasileira descubra e não permita o seu ingresso. Da mesma forma, o delito estará consumado na hipótese de o estrangeiro usar um nome diverso para renovar o seu visto temporário de estudante (art. 13, IV, Lei n. 6.815/85) para permanecer no território nacional e a fraude for descoberta com a posterior deportação do estrangeiro para o seu país de origem. Na conduta descrita no parágrafo único, o crime consuma-se com a atribuição da qualidade falsa ao estrangeiro, independentemente do seu efetivo ingresso no território nacional. A tentativa é cabível.[20]

1.6. Classificação

Crime próprio no *caput* e comum no parágrafo único; formal; doloso; comissivo, instantâneo; admite tentativa.

2. OBSERVAÇÕES

2.1. Competência para o processo e o julgamento

A prática desse delito viola o interesse da União no que toca à fiscalização da zona de imigração. Além disso, o art. 22 da Lei n. 6.815/83 (Estatuto do Estrangeiro) dispõe que a entrada no território nacional far-se-á somente pelos locais onde houver fiscalização dos órgãos competentes dos Ministérios da Saúde, da Justiça e da Fazenda. Portanto, nos moldes do art. 109, IV, da Constituição da República, a competência para o processo e o julgamento desse delito é da Justiça Federal.

---

20 Luiz Regis Prado admite a tentativa apenas na conduta descrita no parágrafo único (*Curso de direito penal brasileiro*: Parte Especial, 2012, v. 3, p. 479-82).

2.2. Abrangência do território nacional

O conceito de território utilizado pelo legislador é jurídico, e não geográfico (FRAGOSO, Heleno Cláudio. *Lições de direito penal*: Parte Especial, 1965, v. 4, p. 1.053). Assim, por território nacional entenda-se o solo, o mar territorial (que compreende uma faixa de doze milhas marítimas de largura, medidas a partir da linha de baixa-mar do litoral continental e insular, tal como indicada nas cartas náuticas de grande escala, reconhecidas oficialmente no Brasil – art. 1º, Lei n. 8.617/93) e o espaço aéreo correspondente.

2.3. Possibilidade de expulsão

De acordo com o art. 65, parágrafo único, *a*, da Lei n. 6.815/83 (Estatuto do Estrangeiro), é passível de expulsão o estrangeiro que praticar fraude a fim de obter a sua entrada ou permanência no Brasil.

2.4. O nome utilizado pode ser verdadeiro ou falso

O tipo legal de crime não exigiu expressamente que o nome usado pelo estrangeiro fosse falso. Assim, tem-se que o nome pode ser verdadeiro, por pertencer a alguém especificamente, ou então falso, por ser fictício e não pertencer a alguém. O que se torna relevante para a configuração do delito é o fato de o agente "não dar próprio nome, e em lugar dele um outro qualquer" (HUNGRIA, Nélson. *Comentários ao Código Penal*, 1944, v. IX, p. 255).

2.5. Diferença para o art. 338 do CP

O art. 338 do CP trata do crime de reingresso de estrangeiro expulso e pressupõe, portanto, a sua expulsão prévia e formal do território nacional. O crime ora comentado não exige a prévia expulsão formal do estrangeiro. Assim, caso tenha havido a prévia e formal expulsão do estrangeiro e depois ele utilize de nome que não seja o seu para ingressar no território nacional, praticará o delito previsto no art. 338 do CP. Logo, para a configuração do art. 309 do CP, não pode ter havido a prévia expulsão do estrangeiro.

2.6. Diferença para o art. 125, XII, da Lei n. 6.815/83 (Estatuto do Estrangeiro)

O art. 125, XII da Lei n. 6.815/83 (Estatuto do Estrangeiro) tipifica a conduta de introduzir estrangeiro clandestinamente ou ocultar clandestino ou irregular, que não deve ser confundido com o delito do parágrafo único do art. 309 do CP. Com efeito, nesse o agente apenas atribui ao estrangeiro a falsa qualificação para que ele entre no território brasileiro. Naquele, o agente efetivamente faz o estrangeiro ingressar no território nacional.

2.7. Diferença para o crime de estelionato

Destacam-se algumas diferenças entre o crime ora comentado e o delito de estelionato (art. 171, CP). No estelionato, o dolo do agente é enganar o particular para auferir lucro em seu prejuízo. No crime de fraude de lei sobre estrangeiro não há o fim de lucro, o agente age sem nenhuma intenção de enriquecer; no estelionato, protege-se o conteúdo econômico, consistente no enriquecimento do agente e no empobrecimento correlativo da vítima. No crime de fraude de lei sobre estrangeiro, protege-se a fé pública (as diferenças são trazidas por HUNGRIA, op. cit., v. IX, 1944, p. 255).

2.8. Outros elementos de identificação

No *caput* do artigo, o legislador empregou apenas a expressão *nome*. Assim, caso o estrangeiro utilize outros elementos de identificação, como o número de identidade ou a profissão, em homenagem ao princípio da legalidade, a sua conduta será atípica em relação a esse crime. Tal raciocínio não pode ser feito para a modalidade do parágrafo único, tendo em vista que o legislador foi mais genérico e utilizou a expressão *qualidade*, não restringindo o alcance do tipo ao nome.

Art. 310. Prestar-se a figurar como proprietário ou possuidor de ação, título ou valor pertencente a estrangeiro, nos casos em que a este é vedada por lei a propriedade ou a posse de tais bens:

Pena – detenção, de 6 (seis) meses a 3 (três) anos, e multa.

Artigo com redação dada pela Lei n. 9.426, de 24.12.1996.

---

1. COMENTÁRIO

1.1. Objetividade jurídica

O bem jurídico protegido é a fé pública, nomeadamente o interesse estatal na manutenção da regularidade da ordem econômica.

1.2. Sujeitos

O sujeito ativo é qualquer pessoa. O sujeito passivo é o Estado, que tem a regularidade econômico-financeira atingida pela prática do delito.

1.3. Análise da(s) conduta(s) descrita(s) no tipo

A conduta típica consiste em o agente utilizar-se de expediente fraudulento, ao fazer-se passar por possuidor ou proprietário de ações, título ou valor que, na realidade, pertençam a estrangeiro, em razão de vedação legal feita a ele. Tendo em vista que a legislação brasileira veda ao estrangeiro a posse ou a propriedade desses valores, quando o agente presta-se a figurar como proprietário ou possuidor, está burlando a legislação, ao ocultar o real possuidor ou proprietário. O agente presta-se ao papel conhecido como "testa de ferro",[21] também chamado de "laranja" ou "homem de palha", por meio do qual intencionalmente aceita fazer-se passar, aparentemente, por outra pessoa.

O tipo exige que haja vedação legal ao estrangeiro no tocante à possibilidade de ser proprietário ou possuidor de ações, valores ou bens. Caso a vedação legal não exista, a conduta será atípica.

1.4. Elemento subjetivo

O elemento subjetivo é o dolo, consistente na vontade de prestar-se a figurar como proprietário ou possuidor dos valores vedados ao estrangeiro e na consciência de que está figurando dessa forma. Não há exigência de elemento subjetivo especial.

1.5. Consumação e tentativa

O delito consuma-se com a prática de qualquer ato idôneo e apto a aparentar ser o agente proprietário ou possuidor das ações, títulos ou valores pertencentes ao estrangeiro. A tentativa é admissível.

1.6. Classificação

Crime comum; formal; doloso; comissivo, instantâneo; admite tentativa.

2. OBSERVAÇÕES

2.1. Norma penal em branco

O tipo penal constitui norma penal em branco, tendo em vista que é necessário o recurso a outro dispositivo legal para a definição do seu alcance, uma vez que nas hipóteses em que a propriedade ou a posse de ações, títulos ou valores vedados ao estrangeiro estão previstas em outros dispositivos, como o art. 106 da Lei n. 6.815/83 (Estatuto do Estrangeiro), que veda ao estrangeiro a condição de proprietário de navio nacional (inclusive nos serviços de navegação fluvial e lacustre), empresa jornalística de qualquer espécie, empresas de televisão, empresa de radiodifusão, de aeronave brasileira (ressalvado o disposto na legislação específica), entre outras hipóteses.

2.2. Diferença para o estelionato

O tipo legal de crime do art. 310 do CP não exige que o agente obtenha qualquer vantagem indevida, tal como ocorre no estelionato. O agente não pretende obter qualquer espécie de vantagem ulterior, tampouco causar dano a outrem. Pensa-se que, caso o agente figure como proprietário ou possuidor de ações, títulos ou valores pertencentes a estrangeiro, para, com isso, obter vantagem indevida em prejuízo alheio, a sua conduta estará tipificada no crime de estelionato (art. 171, CP).

Adulteração de sinal identificador de veículo

Nomen juris com redação dada pela Lei n. 14.562, de 26.04.2023.

Art. 311. Adulterar, remarcar ou suprimir número de chassi, monobloco, motor, placa de identificação, ou qualquer sinal identificador de veículo automotor, elétrico, híbrido, de reboque, de semirreboque ou de suas combinações, bem como de seus componentes ou equipamentos, sem autorização do órgão competente:

Caput com redação dada pela Lei n. 14.562, de 26.04.2023.

Pena – reclusão, de 3 (três) a 6 (seis) anos, e multa.

Pena com redação dada pela Lei n. 9.426, de 24.12.1996.

§ 1º Se o agente comete o crime no exercício da função pública ou em razão dela, a pena é aumentada de 1/3 (um terço).

Parágrafo acrescentado pela Lei n. 9.426, de 24.12.1996.

§ 2º Incorrem nas mesmas penas do *caput* deste artigo:

Parágrafo acrescentado pela Lei n. 9.426, de 24.12.1996, e com redação dada pela Lei n. 14.562, de 26.04.2023.

I – o funcionário público que contribui para o licenciamento ou registro do veículo remarcado ou adulterado, fornecendo indevidamente material ou informação oficial;

Inciso acrescentado pela Lei n. 14.562, de 26.04.2023.

II – aquele que adquire, recebe, transporta, oculta, mantém em depósito, fabrica, fornece, a título oneroso ou gratuito, possui ou guarda maquinismo, aparelho, instrumento ou objeto

---

21 Segundo Nélson Hungria, o "testa de ferro" é o "sujeito que se presta ao papel de pseudônimo alheio, para que assim se fintem as leis de nacionalização da sociedade" (*Comentários ao Código Penal*, 1944, v. IX, p. 259).

especialmente destinado à falsificação e/ou adulteração de que trata o *caput* deste artigo; ou

Inciso acrescentado pela Lei n. 14.562, de 26.04.2023.

III – aquele que adquire, recebe, transporta, conduz, oculta, mantém em depósito, desmonta, monta, remonta, vende, expõe à venda, ou de qualquer forma utiliza, em proveito próprio ou alheio, veículo automotor, elétrico, híbrido, de reboque, semirreboque ou suas combinações ou partes, com número de chassi ou monobloco, placa de identificação ou qualquer sinal identificador veicular que devesse saber estar adulterado ou remarcado.

Inciso acrescentado pela Lei n. 14.562, de 26.04.2023.

§ 3º Praticar as condutas de que tratam os incisos II ou III do § 2º deste artigo no exercício de atividade comercial ou industrial:

Parágrafo acrescentado pela Lei n. 14.562, de 26.04.2023.

Pena – reclusão, de 4 (quatro) a 8 (oito) anos, e multa.

Pena acrescentada pela Lei n. 14.562, de 26.04.2023.

§ 4º Equipara-se a atividade comercial, para efeito do disposto no § 3º deste artigo, qualquer forma de comércio irregular ou clandestino, inclusive aquele exercido em residência.

Parágrafo acrescentado pela Lei n. 14.562, de 26.04.2023.

---

1. COMENTÁRIO

1.1. Objetividade jurídica

A objetividade jurídica tutelada pelo art. 311 do Código Penal é a fé pública, especificamente quanto à confiança que a sociedade deposita na veracidade dos sinais identificadores de veículos. O legislador buscou, por meio do direito penal, tutelar a propriedade e a segurança no registro de automóveis, pois a adulteração de um sinal identificador compromete essa confiança e favorece a prática de crimes como furto, roubo e receptação de veículos.

1.2. Sujeitos

Na figura típica do *caput*, o sujeito ativo pode ser qualquer pessoa, não havendo a exigência de uma qualidade especial do agente. Os sujeitos passivos, por sua vez, são o Estado, que vê sua autoridade e controle sobre o registro e fiscalização de veículos comprometidos, e, secundariamente, as pessoas prejudicadas pelas condutas delitivas.

1.3. Análise das condutas descritas no tipo

No *caput*, são três as condutas nucleares previstas: adulterar, que significa alterar, mudar, falsificar; remarcar, que diz sobre tornar a marcar, fazer nova marca; e suprimir, conduta inserida no tipo penal pela Lei n. 14.562, de 26.04.2023, que expressa a ideia de eliminar, extinguir ou abolir. Trata-se, pois, de tipo penal misto alternativo, pois possui mais de um verbo nuclear e a prática de uma ou mais dessas condutas, no mesmo contexto fático, caracteriza crime único.

As mencionadas condutas recaem sobre a *numeração* (caracteres inscritos que identificam o veículo) de *chassi* (estrutura rígida sobre a qual é montado o veículo), *monobloco* (conjunto de peças unidas que formam a estrutura de um veículo), *motor* (mecanismo que produz a energia que movimenta o veículo), *placa de identificação* (chapa de metal em que são inscritos letras e números que identificam o veículo) ou *qualquer sinal identificador* (por exemplo, numeração de chassi inscrita nos vidros automotivos).

Esses objetos materiais são pertencentes a *veículo* (máquina que transporta pessoa ou carga) *automotor* (movido por tração própria, gerada por um motor), *elétrico* (movido por energia elétrica), *híbrido* (movido a partir da energia gerada por combustão e, também, por energia elétrica), de *reboque* (veículo que não tem energia própria e se movimenta quando engatado em outro com tração própria), de *semirreboque* (veículo que não tem energia própria e que é acoplado e segue apoiado em outro com tração própria), *de suas combinações* (mesclas de ambos) e dos *componentes* (peças) e *equipamentos* (apetrechos, instrumentos) *instalados nos veículos, sem autorização do órgão competente* (Departamento Nacional de Trânsito – Denatran ou Departamento Estadual de Trânsito – Detran).

1.4. Elemento subjetivo

No tocante ao tipo penal básico do *caput*, o elemento subjetivo é o dolo. Não há previsão de forma culposa, nem de um especial fim de agir, como o eventual intuito de fraudar ou obter vantagem econômica.

1.5. Consumação e tentativa

O crime em questão consuma-se com a efetiva adulteração, remarcação ou supressão de sinal identificador de veículo, sem a necessidade de resultado posterior (crime formal). Admite-se a forma tentada, que ocorre quando as condutas não se consumam por circunstâncias alheias à vontade do agente.

1.6. Classificação

Trata-se de crime *comum*, pois pode ser praticado por qualquer pessoa; *comissivo*, porque suas condutas denotam ações; *formal*, uma vez que não exige a ocorrência de um resultado naturalístico para se consumar; *de forma livre*, por ser possível a prática por diversas maneiras; *instantâneo de efeitos permanentes*, pois se consuma em um único momento e seus efeitos prolongam-se no tempo; *de perigo abstrato*, porquanto a prática das condutas típicas já presumem a ofensa ao bem jurídico tutelado; *unissubjetivo*, dado que pode ser praticado por um único agente; e *plurissubsistente*, visto que a execução delitiva, em regra, dá-se pela prática de diversos atos.

1.7. Causa de aumento de pena

Na hipótese do § 1º, aumenta-se a pena de um terço se o agente comete o crime no exercício da função pública ou em razão dela. Cuida-se, nesse caso, de crime próprio, pois a figura típica exige do agente a condição especial de funcionário público (conceito do art. 327 do Código Penal), que se prevalece dela para cometer o crime.

Justifica a majoração da pena a maior facilidade que a função pública proporciona ao agente para cometer o delito, bem como a violação de dever funcional ínsita à conduta, uma vez que só configurará o delito quando a adulteração, remarcação ou supressão do sinal identificador de veículo se der sem autorização do órgão competente.

1.8. Condutas equiparadas

Embora configurem crimes autônomos, o legislador equiparou à adulteração de sinal identificador de veículo algumas condutas bem distintas, dispostas nos incisos I a III do § 2º, para as quais culminou a mesma pena do *caput* (reclusão, de 3 a 6 anos, e multa).

§ 2º, I: a primeira hipótese versa sobre a participação de funcionário público no licenciamento ou registro do veículo remarcado ou adulterado, fornecendo indevidamente material ou informação oficial. Trata-se, também, de crime próprio, que exige a qualidade especial de funcionário público, o qual, nesse caso, contribui para que o veículo objeto do delito seja licenciado ou registrado perante órgão público competente, dificultando ainda mais a atividade estatal de controle e fiscalização da circulação dos variados tipos de veículos.

§ 2º, II: a segunda figura equiparada versa sobre petrechos para a prática do tipo penal básico, punindo com a mesma pena do *caput* o agente que "adquire, recebe, transporta, oculta, mantém em depósito, fabrica, fornece, a título oneroso ou gratuito, possui ou guarda maquinismo, aparelho, instrumento ou objeto especialmente destinado à falsificação e/ou adulteração" de sinal identificador de veículo. Verifica-se, nesse caso, que o legislador optou pela tipificação, como crime autônomo, de condutas que são, como regra, preparatórias do crime-fim, dada sua gravidade. Assim, a posse de maquinismo especialmente destinado à adulteração de sinal identificador de veículos, por si só, e desde que dolosa, configura o crime em apreço, ainda que não tenha ocorrido qualquer adulteração efetiva.

§ 2º, III: a terceira hipótese de crime equiparado prevê uma figura especial de receptação, cujo bem é o veículo objeto de adulteração ou remarcação. Foi introduzida pela Lei n. 14.562/2023 e buscou sanar certa divergência doutrinária e jurisprudencial até então existente, a respeito da incidência ou não do crime de receptação (art. 180, CP) quando o "produto de crime" fosse veículo com sinal de identificação remarcado ou adulterado. Assim, incorre nas mesmas penas do *caput* aquele que "adquire, recebe, transporta, conduz, oculta, mantém em depósito, desmonta, monta, remonta, vende, expõe à venda, ou de qualquer forma utiliza, em proveito próprio ou alheio, veículo automotor, elétrico, híbrido, de reboque, semirreboque ou suas combinações ou partes, com número de chassi ou monobloco, placa de identificação ou qualquer sinal identificador veicular que devesse saber estar adulterado ou remarcado". No que concerne ao elemento subjetivo, observa-se que o legislador não exigiu o dolo direto (saber "estar adulterado ou remarcado"), mas satisfez-se com o dolo eventual ("devesse saber"), tal como dispõe a figura da receptação qualificada do art. 180, § 1º, do Código Penal.

1.9. Forma qualificada

O legislador, de forma coerente, optou por qualificar as condutas dispostas no § 2º, II e III, quando praticadas no exercício de atividade comercial ou industrial, culminando pena de reclusão, de 4 a 8 anos, e multa.

A medida se justifica em virtude da maior facilidade que os agentes profissionais possuem de dispor de petrechos para adulteração ou remarcação, bem como de adquirir e comercializar veículos com sinais de identificação alterados.

Ainda, o legislador equipara a atividade comercial qualquer forma de comércio irregular ou clandestino, inclusive aquele exercido em residência (§ 4º), de modo a esclarecer que a atividade comercial que qualifica o delito não necessita ser formal e regular.

2. JURISPRUDÊNCIA

2.1. Julgados

STJ. Fita isolante na placa veicular

Recurso especial. Adulteração de sinal identificador de veículo automotor. Aposição de fita isolante na placa. Falsificação grosseira. Conduta típica. 1. É típica a conduta, ainda que a adulteração do número da placa da motocicleta tenha sido com o uso de fita isolante, de forma grosseira, facilmente perceptível a olho nu pelos agentes que efetuaram a abordagem. 2. Conforme precedente recente desta Sexta Turma, o delito de adulteração de sinal identificador de veículo automotor (art. 311 do Código Penal) busca resguardar a autenticidade dos sinais identificadores dos veículos automotores, sendo, pois, típica, a simples conduta de alterar a placa de automóvel, mesmo que de maneira grosseira e ainda que não caracterizada a finalidade específica de fraudar a fé pública (Ag. Reg. no *HC* n. 570.975/SC, 6ª T., rel. Min. Antonio Saldanha Palheiro, j. 22.06.2021, *DJe* 29.06.2021). 3. Recurso especial provido, para restabelecer a sentença e condenar o recorrido pela prática de adulterar sinal identificador de veículo automotor, crime tipificado no art. 311 do CP, às penas de 3 anos e 2 meses de reclusão, e ao pagamento de 15 dias-multa, como determinado na primeira instância. (REsp n. 2.050.396/MG, 6ª T., rel. Min. Jesuíno Rissato (Des. convocado do TJDFT), j. 12.12.2023, *DJe* 15.12.2023)

STJ. Conexão. Adulteração de sinal identificador de veículo automotor, receptação e uso de documento falso

Conflito de competência. Uso de documento falso perante a Polícia Rodoviária Federal (Certificado de Registro de Veículo – CRV), adulteração de sinal identificador de veículo automotor (chassi), receptação na modalidade conduzir. Incontroversa a competência da Justiça Federal para julgar a falsidade documental e respectivo uso de documento falso perante agente federal. Súmula n. 546 do Superior Tribunal de Justiça – STJ. Conexão teleológica e probatória quanto aos demais delitos. Incidência da Súmula n. 122 do Superior Tribunal de Justiça – STJ. Conflito conhecido para declarar a competência do juízo federal suscitado para apuração de todos os delitos. 1. O presente conflito de competência deve ser conhecido, por se tratar de incidente instaurado entre juízos vinculados a Tribunais distintos, nos termos do art. 105, I, *d*, da Constituição Federal – CF. 2. A competência da Justiça Federal quanto aos delitos previstos nos arts. 297 e 304 do CP é incontroversa nos autos. O núcleo da controvérsia consiste em verificar a incidência da Súmula n. 122/STJ, ou seja, se há conexão apta a atrair para a Justiça Federal a competência quanto aos delitos descritos nos arts. 180 e 311 do CP. 3. Segundo a jurisprudência desta Corte Superior, a verificação dos crimes no mesmo contexto fático não implica necessariamente conexão probatória ou teleológica entre eles. Em outras palavras, a descoberta dos delitos na mesma circunstância, por si só, não é fundamento válido para justificar que a Justiça Federal julgue crimes de competência da Justiça Estadual. Para que a Justiça Federal atraia crimes de competência da Justiça Estadual é indispensável que os fatos estejam interligados, a caracterizar a conexão probatória ou que um crime tenha sido praticado para a ocultação dos demais. Precedentes. 4. Os crimes de adulteração de sinal identificador de veículo automotor (art. 311 do CP), receptação (art. 180 do CP) e uso de documento falso (art. 304 do CP) estão diretamente relacionados, porquanto o uso do registro do veículo falso, bem como a adulteração das características do automóvel objetivavam acobertar o crime de receptação. 5. Conforme jurisprudência consolidada do STJ, o crime de receptação na modalidade conduzir é um crime permanente. Precedentes. Considerando que a consumação do delito de receptação na modalidade conduzir se protrai no tempo, podemos dizer que referido delito foi praticado simultaneamente ao crime de uso de documento falso. Nesse contexto, não se pode ignorar a possibilidade de os policiais federais rodoviários servirem como testemunha para ambos os crimes. 6. Ademais, na espécie, constata-se conexão teleológica entre o crime de uso de documento falso e demais delitos. As falsidades imputadas, quer do documento de registro do veículo, quer do chassi de identificação, objetivavam ocultar o delito de receptação, proporcionando aparência de legalidade da propriedade do veículo que fora objeto de crime contra o patrimônio. Precedente da Terceira Seção: CC n. 163.381/RS, *DJe* 09.09.2019; CC n. 162.888/MG, *DJe* 25.03.2019, CC n. 156.497/SC, *DJe* 02.03.2018 e CC n. 147.543/RS, *DJe* 20.04.2018, todos de minha relatoria. 7. Na singularidade do caso concreto, além da descoberta dos delitos na mesma circunstância, verifica-se a existência de conexão teleológica e probatória entre eles. Deve incidir, portanto, o teor da Súmula n. 122 do STJ. 8. Ante o exposto, voto no sentido de conhecer do conflito para declarar a competência do Juízo Federal da Vara Cível e Criminal de Paulo Afonso – SJ/BA, o suscitado, para julgar todos os delitos que foram objeto de questionamento no presente incidente. (CC n. 178.020/BA, 3ª S., rel. Min. Joel Ilan Paciornik, j. 22.09.2021, *DJe* 27.09.2021)

STF e STJ. Troca da placa original do veículo por placa de outro veículo

Habeas corpus. Direito processual penal e direito penal. Pressupostos de admissibilidade do recurso especial. Competência precípua do Superior Tribunal de Justiça. Crime de adulteração de sinal identificador de veículo automotor. Dolo específico. Inexigência. Troca de placas. Tipicidade da conduta. 1. Compete constitucionalmente ao Superior Tribunal de Justiça o julgamento do recurso especial, cabendo-lhe, enquanto órgão *ad quem*, o segundo, e definitivo, juízo de admissibilidade positivo ou negativo quanto a tal recurso de fundamentação vinculada. Salvo hipóteses de flagrante ilegalidade ou abuso de poder, inadmissível o reexame dos pressupostos de admissibilidade do recurso especial pelo Supremo Tribunal Federal. Precedentes. 2. Configura-se o crime de adulteração de sinal identificador de veículo automotor, previsto no art. 311 do Código Penal, a prática dolosa de adulteração e troca das placas automotivas, não exigindo o tipo penal elemento subjetivo especial ou alguma intenção específica. Precedentes. 3. *Habeas corpus* extinto sem resolução de mérito. (*HC* n. 134.713, 1ª T., rel.(a) Min. Rosa Weber, j. 16.08.2016, processo eletrônico *DJe*-116 divulg. 01.06.2017, public. 02.06.2017). 2. Este Superior Tribunal de Justiça já se manifestou no sentido de que "o agente que substitui as placas originais de veículo automotor por placas de outro veículo enquadra-se na conduta prevista no art. 311 do Código Penal, tendo em vista a adulteração dos sinais identificadores" (REsp n. 799.565/SP, 5ª T., rel. Min. Laurita Vaz, j. 28.02.2008, *DJe* 07.04.2008. (REsp n. 1.722.894/RJ, 5ª T., rel. Jorge Mussi, 17.05.2018, v.u.)

CAPÍTULO V
DAS FRAUDES EM CERTAMES DE INTERESSE PÚBLICO

Capítulo acrescentado pela Lei n. 12.550, de 15.12.2011.

Fraudes em certames de interesse público

Art. 311-A. Utilizar ou divulgar, indevidamente, com o fim de beneficiar a si ou a outrem, ou de comprometer a credibilidade do certame, conteúdo sigiloso de:

Artigo acrescentado pela Lei n. 12.550, de 15.12.2011.

I – concurso público;

II – avaliação ou exame públicos;

III – processo seletivo para ingresso no ensino superior; ou

IV – exame ou processo seletivo previstos em lei:

Pena – reclusão, de 1 (um) a 4 (quatro) anos, e multa.

§ 1º Nas mesmas penas incorre quem permite ou facilita, por qualquer meio, o acesso de pessoas não autorizadas às informações mencionadas no *caput*.

§ 2º Se da ação ou omissão resulta dano à administração pública:

Pena – reclusão, de 2 (dois) a 6 (seis) anos, e multa.

§ 3º Aumenta-se a pena de 1/3 (um terço) se o fato é cometido por funcionário público.

1. COMENTÁRIO

1.1. Objetividade jurídica

O bem jurídico tutelado é a fé pública, nomeadamente a transparência e a lisura na realização dos certames de interesse público.

1.2. Sujeitos

O sujeito ativo é qualquer pessoa, tratando-se de crime comum, tendo em vista que o tipo legal de crime não exige nenhuma condição específica do agente. O sujeito passivo é o Estado e todas as pessoas que prestam os certames de interesse público e são afetadas pela fraude praticada.

1.3. Análise da(s) conduta(s) descrita(s) no tipo

O *caput* do tipo legal de crime trata de duas condutas típicas: "utilizar" e "divulgar". Na primeira hipótese, o agente (candidato às vagas no certame) faz uso das informações sigilosas que chegaram até ele. Na segunda, o agente transmite a outrem a informação sigilosa, podendo o destinatário ser um candidato ou não, bastando pensar na hipótese em que um membro da comissão do concurso público, ciente de uma questão de prova, a divulgue para um fiscal de local de prova para que ele, por sua vez, a transfira a um amigo, caso em que tanto o membro da comissão de concurso, quanto o fiscal praticam o verbo típico *divulgar*.

Nos quatro incisos, o legislador elencou algumas espécies de certames públicos e, no último inciso, inseriu uma espécie de fórmula residual, de forma a abranger qualquer espécie de certame de interesse público que tenha previsão em lei. Pensa-se que o legislador incorreu em excesso ao elencar nos três primeiros incisos algumas espécies de certames e, no último inciso, utilizar a fórmula genérica. Tem-se que bastava que fosse positivado no *caput* do artigo a redação do inciso IV, que já estaria a abranger qualquer espécie de certame de interesse público.

No § 1º, o legislador dispôs sobre a conduta daquele que *permite* ou *facilita*, de qualquer forma, o acesso de pessoas não autorizadas às informações cobertas pelo sigilo. A primeira conduta consiste simplesmente em o agente diretamente conceder, dar, possibilitar o acesso às informações sigilosas. Na segunda, o agente torna mais fácil o acesso às informações. Nota-se que o legislador permitiu que essa conduta fosse praticada por qualquer meio, como no caso de um agente que entrega o gabarito final da prova a um candidato ou, então, fornece a sua senha pessoal ao candidato para que ele acesse, pelo sistema informatizado, detalhes sobre a prova do concurso público.

1.4. Elemento subjetivo

O elemento subjetivo é o dolo, consistente na vontade de praticar a conduta típica e na consciência sobre todos os seus elementos. O *caput* do artigo exige o elemento subjetivo específico, consistente no fim de beneficiar a si ou a outrem, ou de comprometer a credibilidade do certame. Assim, pode acontecer de o agente querer obter vantagem para si ou para outrem, ou simplesmente retirar a credibilidade do certame, como no caso de o agente querer apenas anular o concurso público ou retirar a credibilidade da instituição que organiza o certame. Caso o elemento subjetivo específico esteja ausente, o delito não se configura.

1.5. Elemento normativo

O tipo faz menção ao elemento *indevidamente*, que pode ser entendido como não permitido por lei, sem justa causa. A lisura do certame de interesse público é assegurada pela igualdade de condições oferecidas a todos os candidatos. Logo, a revelação de um dado sigiloso será indevida e, portanto, não autorizada, na medida em que beneficia algum candidato em detrimento dos demais.

1.6. Consumação e tentativa

Na figura delitiva descrita no *caput*, no verbo *utilizar* o delito consuma-se com a efetiva utilização do conteúdo sigiloso, independentemente de qualquer resultado ulterior, como a aprovação no certame. Na conduta *divulgar*, o delito consuma-se quando a informação chegar ao conhecimento de terceiros, mesmo que eles não a utilizem. Na figura descrita no § 1º, o crime consuma-se com a prática de qualquer ato idôneo a permitir ou facilitar o acesso de pessoas não autorizadas às informações sigilosas, independentemente de elas virem a ser usadas. A tentativa é admitida.

1.7. Causas de aumento de pena

O § 2º trata da causa de aumento de pena para a hipótese de a prática da conduta causar dano à Administração Pública. Trata-se de dano financeiro. Pensa-se que essa majorante sempre será aplicada, uma vez que a fraude realizada em qualquer certame público gera gastos extras, tendo em vista que a administração pública terá novas despesas com a realização de um novo certame, como elaboração de novo material, locação do local de prova etc.

1.8. Qualificadora

O art. 3º dispõe que a pena aumenta se o fato for cometido por funcionário público, que pode ser aplicada aos §§ 1º e 2º, caso em que não poderá incidir a agravante da violação de dever inerente a cargo (art. 61, II, *g*, CP), sob pena de se incorrer *bis in idem*, uma vez que tal circunstância já funciona como causa de aumento de pena no tipo legal de crime.

1.9. Classificação

Crime comum, formal; doloso; comissivo, instantâneo; admite tentativa.

2. OBSERVAÇÕES

2.1. Fraude no certame de interesse público e corrupção ativa e passiva

Questão relevante versa sobre a possibilidade de concurso de crimes entre o tipo legal de crime ora comentado e os delitos de corrupção ativa e passiva. Questiona-se qual a tipificação na hipótese de um particular que oferece ou promete ao funcionário público vantagem indevida para que esse lhe forneça uma informação sigilosa sobre o concurso público, e o funcionário público, por sua vez, recebe a vantagem e facilita ao particular o acesso às questões da prova que ele venha a efetivamente usar. Em doutrina, há respeitável entendimento no sentido de que o particular pratica os delitos de corrupção ativa (art. 333, CP) e fraude em certame de interesse público (art. 311-A, CP), em concurso material; o funcionário público responde por corrupção passiva (art. 317, CP) e por fraude em certame de interesse público (art. 311-A, CP) (GRECO, Rogério. *Curso de direito penal*: Parte Especial, 2012, v. IV, p. 365).

Discorda-se da solução dada anteriormente. Pensa-se que, se o dolo do particular for obter a informação sigilosa, a oferta ou promessa da vantagem indevida foi um meio necessário para a obtenção da informação e, por isso, fica absorvido por se tratar de *ante factum* impunível, respondendo o agente tão somente pelo delito de fraude em certame de interesse público. Da mesma forma, em relação ao funcionário público, o recebimento da vantagem foi meio necessário para a facilitação do acesso do particular às informações sigilosas. Assim, o delito de corrupção passiva fica absorvido, considerado *ante factum* impunível, respondendo o funcionário público apenas pelo delito de fraude em certame de interesse público.

TÍTULO XI
DOS CRIMES CONTRA A ADMINISTRAÇÃO PÚBLICA

CAPÍTULO I
DOS CRIMES PRATICADOS POR FUNCIONÁRIO PÚBLICO CONTRA A ADMINISTRAÇÃO EM GERAL

Peculato

Art. 312. Apropriar-se o funcionário público de dinheiro, valor ou qualquer outro bem móvel, público ou particular, de que tem a posse em razão do cargo, ou desviá-lo, em proveito próprio ou alheio:

Pena – reclusão, de 2 (dois) a 12 (doze) anos, e multa.

§ 1º Aplica-se a mesma pena, se o funcionário público, embora não tendo a posse do dinheiro, valor ou bem, o subtrai, ou concorre para que seja subtraído, em proveito próprio ou alheio, valendo-se de facilidade que lhe proporciona a qualidade de funcionário.

Peculato culposo

§ 2º Se o funcionário concorre culposamente para o crime de outrem:

Pena – detenção, de 3 (três) meses a 1 (um) ano.

§ 3º No caso do parágrafo anterior, a reparação do dano, se precede à sentença irrecorrível, extingue a punibilidade; se lhe é posterior, reduz de metade a pena imposta.

1. COMENTÁRIO

1.1. Notas introdutórias

Antes de discorrer sobre o que dispõe os Capítulos I e II propriamente ditos, do Título XI do Código Penal (Dos Crimes contra a Administração Pública), versando, respectivamente, acerca dos crimes praticados por funcionário público (arts. 312 a 327) e por particular (arts. 328 a 337-A) contra a administração pública em geral, importante estabelecer algumas noções introdutórias atinentes à Administração Pública. A CF, de 05.10.1988, evidenciou a tripartição dos Poderes em seu art. 2º, dispondo o seguinte: "são Poderes da União independentes e harmônicos entre si, o Legislativo, o Executivo e o Judiciário".

Assegurou, mais adiante, em seu art. 60, § 4º, III, a vedação de qualquer deliberação tendente a abolir *a separação dos Poderes*. Mas, se por um lado atribuiu a cada um destes determinadas funções típicas, por outro lado, teceu ressalvas ao princípio da separação dos Poderes, tendo-lhes conferido determinadas funções atípicas, ou seja, características de outros órgãos, não havendo, portanto, exclusividade no exercício de tais funções.

Assim, em que pese a ideia de que a função administrativa estivesse inicialmente relacionada ao Poder Executivo, a teor do princípio da separação dos Poderes estatais enunciado por Montesquieu, uma concepção mais moderna atribui contornos cada vez mais amplos entre as funções do Estado, significando dizer que ainda que a atividade administrativa seja uma função típica do Poder Executivo, os demais Poderes também a exercem, de modo atípico, no que concerne à sua estruturação e funcionamento. Em resumo, podemos afirmar que a Administração Pública não está adstrita ao Poder Executivo, embora seja predominantemente exercida por este. Consoante ensinamentos de Cretella Júnior: "Administração não é só governo, poder executivo, como também a complexa máquina administrativa, o pessoal que a movimenta, a atividade por esse aparelhamento que possibilita ao Estado o preenchimento dos seus fins [...]. É a atividade que o Estado desenvolve, através de atos concretos e executórios, para a consecução direta, ininterrupta e imediata dos interesses públicos" (*Tratado de direito administrativo*, 1999, p. 16).

No direito penal, o conceito de Administração Pública deve ser tomado em um sentido amplo, compreendendo não só o sentido subjetivo, ou seja, todos os órgãos, agentes e pessoas jurídicas, em quaisquer dos Poderes que estejam a desempenhar a função administrativa, mas também o sentido objetivo, consubstanciado na consecução da atividade administrativa propriamente dita.

Como muito bem prelecionado por Antonio Pagliaro e Paulo José da Costa Júnior (*Dos crimes contra a administração pública*, 2006, p. 16), "por administração pública, portanto, o Código Penal não entende apenas a atividade administrativa em sentido estrito, distinta da atividade legislativa ou jurisdicional. Muito ao contrário, o Código Penal leva em consideração toda a atividade estatal, num sentido subjetivo e noutro objetivo. Sob a angulação subjetiva, a administração pública é entendida como o conjunto de entes que desempenham funções públicas. Sob o aspecto objetivo, considera-se como administração pública toda e qualquer atividade desenvolvida para satisfação do bem comum. Em outras palavras: em direito penal, administração pública equivale a sujeito-administração e atividade administrativa". Cumpre registrar, igualmente, que, após a Constituição de 1988, evidenciou-se a necessidade de novas interpretações a diversos institutos jurídicos, de modo a compatibilizá-los com os novos valores constitucionais, em plena observância ao princípio da unidade da Constituição e, consequentemente, aos enunciados ali contidos, merecendo destaque os direitos fundamentais individuais e sociais.

A Constituição cidadã inaugurou uma nova jornada, tendo, inclusive, reservado um capítulo específico sobre a Administração Pública (Capítulo VII), dispondo sobre princípios norteadores de toda atividade administrativa, cuja observância é obrigatória para todos os Poderes e em todas as esferas de governo, funcionando como verdadeiros mandados de otimização (ALEXY, Robert. *Teoria de los derechos fundamentales*, 1993, p. 86-7).

E, de modo expresso, o art. 37, *caput*, da CF cuidou de relacionar cinco princípios fundamentais para o exercício da Administração Pública, quais sejam, o da legalidade, o da impessoalidade, o da publicidade, o da moralidade e o da eficiência, valendo ressaltar que em seu § 4º tratou especificamente da lesão à moralidade, com menção à improbidade administrativa, cujo objetivo foi o combate à corrupção e à impunidade, preservando-se a ética no setor público.

Além desses princípios constitucionais expressos, há outros princípios implícitos a serem observados para o bom desempenho da atividade administrativa, por exemplo, os preceitos da supremacia do interesse público (sobre o privado), o da proporcionalidade e razoabilidade, quando não, da autotutela, e o da indisponibilidade.

Em um Estado de Direito, não se pode olvidar que o Estado deve agir sempre em benefício da coletividade, tutelando o interesse público. Trata-se de poder-dever do Estado de sobrepujar o seu interesse em prol do bem-estar coletivo, respeitados, no entanto, os direitos e garantias fundamentais, valendo frisar que essa supremacia não poderá ser tida como escudo protetor para prática de condutas abusivas, sob pena de desvio de finalidade.

O administrador público igualmente só poderá fazer aquilo que a lei permitir, não bastando que a conduta esteja adstrita à legalidade formal, sendo imprescindível a observância dos preceitos da ética e da moral, a teor do que dispõe o princípio da moralidade administrativa. Assim, as atividades da Administração também deverão ser realizadas de modo desvinculado da figura do administrador, bem como perpetradas objetivando o bem-estar social, de modo eficaz e adequado aos anseios da coletividade.

Saliente-se que, além dos princípios já referidos, o exercício da atividade administrativa igualmente deverá estar pautado nos objetivos delineados no art. 3º da Carta Magna, dos quais se obrigam os Poderes da União (art. 2º). Não teria sido em vão o legislador constitucional dispor o segundo (os Poderes do Estado) antes do terceiro (objetivos), que dispõem: "Art. 2º São Poderes da União, independentes e harmônicos entre si, o Legislativo, o Executivo e o Judiciário. Art. 3º Constituem objetivos fundamentais da República Federativa do Brasil: I – construir uma sociedade livre, justa e solidária; II – garantir o desenvolvimento nacional; III – erradicar a pobreza e a marginalização e reduzir as desigualdades sociais e regionais; IV – promover o bem de todos, sem preconceitos de origem, raça, sexo, cor, idade e quaisquer outras formas de discriminação".

Impende lembrar que o STF (ADIn n. 4.578/DF, rel. Min. Luiz Fux, *DJ* 29.06.2012), apreciando a validade da denominada "Lei da Ficha Limpa"[1] (LC n. 135, de 04.06.2010), nas ações declaratórias de constitucionalidade (ADCs ns. 29 e 30) e na ação direta de inconstitucionalidade (ADIn n. 4.578), além de reconhecer a sua constitucionalidade, reforçou, em mais de uma oportunidade, a supremacia do interesse público, ao dispor que o objetivo da excogitada lei era o de ajustar a realidade da representação política nacional às exigências de probidade, moralidade administrativa e não abuso no exercício da função pública. Dessa forma, a defesa de tais preceitos deve sobrepujar eventuais interesses individuais.

Como se vê, a administração deve visar ao interesse da coletividade e à consecução do bem comum, havendo a necessidade de meios eficazes de controles advindos do próprio Estado e de toda a coletividade, de modo a fulminar com a má administração e impunidade existentes no

1 A "Lei da Ficha Limpa" pode ser considerada um marco para a democracia, bem como para a luta contra a corrupção e a impunidade no país. Torna inelegível por oito anos um candidato que tiver o mandato cassado, renunciar para evitar a cassação ou for condenado por decisão de órgão colegiado, ainda que haja possibilidade de recursos.

setor público e que assolam a Administração Pública brasileira.[2]

Especificamente quanto ao direito penal, como sabemos, este deve se restringir sempre aos conflitos sociais de maior gravidade, exercendo a função de *ultima ratio*, de modo a criminalizar condutas que não sejam suficientemente inibidas pelas sanções menos gravosas.

As condutas tipificadas na lei penal, especialmente as inseridas no Título XI do CP, intituladas "Dos Crimes contra a Administração Pública", preveem sanções em face daqueles que objetivarem obstar ou abalar de algum modo a normalidade funcional, o decoro, a incolumidade e o prestígio da Administração Pública, compreendida esta, como já explanado alhures, em seu sentido amplo (sujeito-administração e atividade administrativa). O bem jurídico tutelado inserido nos capítulos que compõem o aludido título é o funcionamento regular das atividades levadas a efeito pela Administração Pública em geral, o seu decoro, a probidade administrativa, a moralidade administrativa. De modo secundário, protege-se o interesse de particular.

Em que pese atingirem frontalmente a Administração Pública, de modo oblíquo igualmente resvalam perante toda a coletividade, impedindo que o Estado desempenhe suas funções e prejudicando a satisfação das necessidades de um número indeterminado de pessoas, tratando-se, portanto, de crimes nefastos, entre eles, os crimes de corrupção ativa ou passiva.

Tais condutas afetam sobremaneira os interesses sociais e econômicos de uma sociedade. Se por um lado propiciam o enriquecimento ilícito de poucos, por outro, fomentam a fome de um número indeterminado de pessoas, também culminando com a precariedade nos setores da educação, segurança e saúde. Colocam em risco não só a dignidade da Administração, como também a do indivíduo considerado isoladamente, e comprometem a própria execução das políticas públicas.

Não se olvide a grande dificuldade de repressão e combate a tais crimes, notadamente no que concerne à obtenção de provas, muitas das vezes prejudicada ante a manifesta prática de manobras ilícitas, impedindo a individualização das condutas e, via de consequência, a apuração da prática delitiva.

Não raras vezes, com a prática de um só ato, o agente público poderá incidir em várias esferas de responsabilização, podendo citar, a título exemplificativo, um funcionário público que, agindo contra a Administração Pública, com o intuito de auferir vantagem econômica, poderá se enquadrar não só no crime de peculato delineado no art. 312 do CP, sujeitando-se às sanções penais do referido normativo, mas também ensejar a propositura de ação cível com fundamento no art. 9º da Lei de Improbidade Administrativa, amparada na hipótese de suposto enriquecimento ilícito, cujas sanções estão previstas no art. 12 da referida legislação, além das punições administrativas cabíveis.

No entanto, ainda assim, permanece incólume a distinção entre as condutas, notadamente em virtude de os fatos serem aferidos sob óticas distintas em cada uma das esferas de responsabilidade, o que rechaça a alegação de *bis in idem*.

Neste ponto, o próprio art. 12 da Lei n. 8.429, de 02.06.1992, ao relacionar diversas cominações aos atos considerados ímprobos, mencionou que a sua aplicação seria feita independentemente das sanções penais, civis ou administrativas previstas em legislação específica, tutelando-se, assim,

---

2 Vale lembrar que a Controladoria-Geral da União criou o programa Brasil Transparente para auxiliar Estados e Municípios na implementação das medidas de governo transparente previstas na Lei de Acesso à Informação (Lei n. 12.527, de 18.11.2011). O Portal da Transparência do Governo Federal é uma iniciativa da Controladoria-Geral da União, lançada em novembro de 2004, para assegurar a boa e correta aplicação dos recursos públicos. O objetivo é aumentar a transparência da gestão pública, permitindo que o cidadão acompanhe como o dinheiro público está sendo utilizado e ajude a fiscalizar. Essa iniciativa considera a transparência o melhor antídoto contra corrupção, por ser ela um mecanismo indutor de que os gestores públicos ajam com responsabilidade e propicia que a sociedade, com informações, colabore com o controle das ações de seus governantes, no intuito de checar se os recursos públicos estão sendo usados como deveriam. A força da transparência seguramente é de grande relevância para o aprimoramento das políticas de Estado. Aliás, a transparência e o acesso à informação estão previstos como direito do cidadão e dever do Estado na Constituição Federal do Brasil, possuem o objetivo de repelir atos de corrupção e estão inseridos em diversas leis, não só na Lei de Acesso à Informação supramencionada, mas também na Lei de Responsabilidade Fiscal (LC n. 101, de 04.05.2000), que disciplina como deve a verba pública ser empregada com prioridade em programas sociais e na manutenção e desenvolvimento da saúde, educação e segurança, e na Lei da Transparência (LC n. 131, de 27.05.2009). Vale mencionar a Lei Anticorrupção (Lei n. 12.846, de 01.08.2013) que também cria no âmbito do Poder Executivo Federal o Cadastro Nacional de Empresas Punidas (CNEP), dando publicidade e facilitando a consulta das sanções aplicadas em desfavor das pessoas jurídicas pela prática de atos contra a Administração Pública.

não só o interesse da Administração, como também o de toda a coletividade.

O art. 37, § 4º, da Constituição da República, de 05.10.1988, foi categórico ao mencionar a independência entre as instâncias, tendo se utilizado da expressão "sem prejuízo da ação penal cabível", fato que reforça ainda mais a ideia do caráter não penal das cominações previstas na Lei de Improbidade Administrativa.

Ao referir-se às sanções previstas no art. 12 da Lei n. 8.429, de 02.06.1992, Fábio Medina Osório testificou: "Não se trata de normas típicas penais ou sanções rigorosamente penais, seja pela dicção inquestionável do constituinte de 1988 (art. 37, § 4º, CF/88), seja pela legítima opção do legislador ordinário, seja, finalmente, pela ausência de vedação constitucional a que se consagrem sanções extrapenais nos moldes previstos na Lei n. 8.429/92" ("As sanções da Lei Federal n. 8.429 de 1992 aos atos de improbidade administrativa". *Revista do Foro*, 1999. v. 103, p. 89).

Assim, as cominações previstas na Lei de Improbidade Administrativa, tais como a suspensão dos direitos políticos, a perda da função pública, a proibição de contratar com o poder público ou de receber benefícios ou incentivos fiscais ou creditícios, a perda dos bens ou valores acrescidos ilicitamente ao patrimônio, o ressarcimento integral do dano e multa civil, deverão ser aplicadas independentemente das previstas em outras esferas.

Segundo Mônica Nicida Garcia, a previsão de ressarcimento ao erário e a indisponibilidade de bens não se cuidariam efetivamente de sanções, mas sim consequências pelos atos de improbidade: "O ressarcimento ao erário, com efeito, apenas conduz ao restabelecimento das coisas ao seu estado anterior, sem que haja o efeito aflitivo característico das sanções. A indisponibilidade dos bens, por sua vez, só tem razão de ser enquanto garantidora da aplicação das sanções, ou seja, enquanto medida cautelar, de natureza processual, instrumental ao atingimento das finalidades de ressarcimento ao erário e de perda dos bens ilicitamente acrescidos ao patrimônio" (*Responsabilidade do agente público*, 2007, p. 262-3).

Fica claro, dessa forma, que os atos de improbidade administrativa delineados na lei supramencionada não têm cunho criminal, em que pese igualmente possam ser considerados crime, desde que a lei penal assim os defina.

Como se vê, há um limiar tênue entre as condutas relacionadas na Lei n. 8.429, de 02.06.1992, e as tipificadas na lei penal, especialmente as inseridas no Título XI do CP, intituladas "Dos Crimes contra a Administração Pública", mas ainda assim, repise-se, permanece incólume a distinção entre elas, notadamente em virtude de os fatos serem aferidos sob óticas distintas em cada uma das esferas de responsabilidade.

Certo é que a condenação no âmbito criminal tem o condão de repercutir, de certo modo, em todas as outras esferas de responsabilização. No entanto, em caso de aplicação de idêntica sanção – já que muitas das vezes estas são coincidentes, por exemplo, a perda de bens acrescidos ilicitamente, aplicáveis tanto pela prática do ato ímprobo quanto pelo ilícito penal – a comunicação das esferas deverá ocorrer quando da fase de execução de cada uma delas, remanescendo, no mais, as demais sanções aplicáveis em cada uma das esferas.

Ressalte-se que a existência de sentença penal com trânsito em julgado que venha atestar a inexistência do fato ou da autoria repercutirá em todas as outras esferas de responsabilização, não ocorrendo algo semelhante em caso de absolvição por ausência de provas.

Como já mencionou o STJ, "não havendo sentença penal que declare a inexistência do fato ou a negativa de autoria, remanesce a independência das esferas penal, cível e administrativa, permitindo-se que a Administração imponha ao servidor a pena de demissão, pois não há interferência daquelas premissas no âmbito da ação por improbidade administrativa" (STJ, Ag. Reg. no AREsp n. 17.974/SP, rel. Min. Benedito Gonçalves, *DJ* 11.11.2011).

Fora do âmbito criminal, não menos oportuno mencionar a regulamentação da responsabilização civil e administrativa das pessoas jurídicas pela prática de atos contra a Administração Pública (Lei Anticorrupção n. 12.846, de 01.08.2013, inicialmente fora regulamentada pelo Decreto n. 8.420, de 18.03.2015, posteriormente revogado pelo Decreto n. 11.129, de 11.07.2022), que teve sua sanção motivada em parte por conta das manifestações populares, a partir de junho de 2013, as quais evidenciaram a rejeição da sociedade a atos de corrupção e o descrédito das instituições pátrias

Esse diploma legal, que já se encontrava na Câmara dos Deputados, buscou frear a corrupção e outras práticas atentatórias que assolam o setor público brasileiro e foi remetido ao Senado, em regime de urgência, seguramente em razão das manifestações da sociedade civil.

A elaboração da lei anticorrupção brasileira valeu-se em boa medida de instrumentos internacionais de combate à corrupção, entre eles, a Foreign Corrupt Practices Act – FCPA (Lei de Práticas Corruptas no Exterior), criada nos Estados Unidos da América, inovadora legislação americana, em vigor desde 1977, que proíbe o suborno de funcionários públicos estrangeiros por empresas americanas, e a lei britânica UK Bribery Act, de 2011.

Justamente inserido em um contexto crítico, de quebra de compromissos nacionais de responsabilidade e transparência, o Projeto de Lei n. 6.826/2001 foi convalidado na denominada Lei Anticorrupção, visando a atender aos compromissos internacionais assumidos pelo Brasil,[3] cuja principal singularidade foi a adoção da responsabilização objetiva (administrativa e civil) das pessoas jurídicas pela prática de atos perpetrados contra a Administração Pública, nacional ou estrangeira.

A legislação não eximiu a responsabilidade individual dos dirigentes e administradores das empresas ou de qualquer outro indivíduo que venha a atuar na condição de coautor ou partícipe do ato ilícito, mas procurou penalizar as próprias empresas que atuem em desfavor da Administração Pública. Basta, portanto, que qualquer funcionário da empresa tenha perpetrado a infração. Passou-se a responsabilizar as empresas pelo pagamento de subornos a agentes públicos, assegurando a aplicação de sanções que possam dissuadir a prática de tais condutas.

A lei entrou em vigor em janeiro de 2014, havendo destaque para as severas sanções constantes do art. 19 a serem impostas às pessoas jurídicas infratoras (perdimento de bens, direitos ou valores que representem vantagem ou proveito, direta ou indiretamente obtidos da infração, suspensão ou interdição parcial de suas atividades, dissolução compulsória da pessoa jurídica, proibição de receber incentivos, subsídios, subvenções, doações ou empréstimos de órgãos ou entidades públicas e de instituições financeiras públicas ou controladas pelo poder público).

Além disso, na esfera administrativa, vale destacar a possibilidade de serem aplicadas às empresas consideradas responsáveis pelos atos lesivos, multa no valor de até 20% do faturamento bruto, que nunca poderá ser inferior à vantagem auferida, sendo certo que na hipótese de não ser possível a utilização do critério "valor do faturamento", a multa poderá ser de até sessenta milhões de reais. A lei menciona, ainda, que quaisquer das sanções não eximem a obrigação da reparação integral do dano causado (inteligência do art. 6º).

Como se vê, a Lei Anticorrupção[4] possui mecanismos eficazes de recuperação do patrimônio

3 A corrupção possui uma abrangência transnacional, não sendo um mal inerente apenas à sociedade brasileira, o que motivou a comunidade internacional a adotar Tratados e Convenções, tendo o Brasil sido signatário da Convenção das Nações Unidas contra a Corrupção (Convenção de Mérida), promulgada pelo Decreto n. 5.687, de 31.01.2006, marco legal do combate a esta modalidade delitiva. No âmbito da Organização dos Estados Americanos (OEA), o Brasil também é signatário da Convenção Interamericana contra a Corrupção, promulgada pelo Decreto n. 4.410, de 07.10.2002, sendo parte, ainda, da Convenção sobre o Combate da Corrupção de Funcionários Públicos Estrangeiros em Transações Comerciais Internacionais (Convenção da OCDE), promulgada pelo Decreto n. 3.678, de 30.11.2000.

4 Outro ponto de destaque na nova legislação é a possibilidade de as autoridades máximas de cada órgão ou entidade pública celebrar acordo de leniência com as empresas responsáveis pelos atos lesivos, desde que colaboradoras efetivas com as investigações e o processo administrativo. Embora o acordo de leniência não exima o infrator da obrigação de restaurar integralmente o dano, oferece-lhe benefícios como redução de multas em até dois terços e dispensa da publicação da decisão condenatória e da proibição de incentivos, subsídios ou empréstimos de instituições públicas. Porém, tal acordo de leniência deve estar cercado do necessário sigilo, de modo a não ferir a presunção de inocência dos envolvidos. O sigilo das contribuições da empresa é a tônica determinante do instituto, sob pena de causar-lhe graves prejuízos. Está condicionado a que cessem por completo sua participação na infração logo após a proposta de leniência e admitam seu envolvimento no delito. Além disso, está condicionado à colaboração efetiva com as investigações, com o processo administrativo – pressupondo a identificação de outros infratores – e ao recebimento de informações e documentação em tempo hábil que demonstrem a prática delitiva. O art. 7º, VIII, da Lei n. 12.846/2013, também prevê que serão levados em consideração na aplicação das sanções "a existência de mecanismos e procedimentos internos de integridade, auditoria e incentivo à denúncia de irregularidades e a aplicação efetiva de códigos de ética e de conduta no âmbito da pessoa jurídica". Sanções são importantes medidas que auxiliam a obstar a prática de infrações, no entanto, elas devem compor um conjunto mais amplo de atividades envolvidas no âmbito de prevenção de riscos. Assim, assumem grande relevância os programas efetivos de *compliance* que podem servir como atenuantes das sanções impostas. Esta regra, uma das alterações mais salutares trazidas pela lei, estimula a implementação ou aprimoramento de programas de *compliance* empresarial, cujo objetivo é agir de acordo com uma regra. Trata-se de um avanço da legislação, que sopesará os procedimentos e políticas internas das empresas como mecanismo para minimizar punições. A lei anticorrupção traz instrumentos que facilitam a identificação dos responsáveis

público na medida em que impõe sanções que atingem o faturamento da empresa, o perdimento de bens, entre outros, sinalizando maior probabilidade de recuperação de ativos.

Quanto às condutas tipificadas na esfera penal, cumpre registrar que o Título XI da Parte Especial do CP não esgota toda a proteção de crimes perpetrados contra a Administração Pública, valendo citar outros normativos, como o DL n. 201, de 27.02.1967 (responsabilidade dos prefeitos e vereadores),a Lei n. 13.869, de 05.09.2019 (abuso de autoridade), e a Lei n. 14.133, de 01.04.2021 (Lei de Licitações e Contratos Administrativos), que remeteu para o Código Penal os crimes em licitações e em contratos administrativos (incorporando no CP o Capítulo II-B – Dos Crimes em Licitações e Contratos Administrativos – arts. 337-E a 337-P), que também versam acerca do tema.

De acordo com o Relatório Final da Comissão de Juristas para a elaboração de Anteprojeto do Código Penal, criado pelo Requerimento n. 756/2011 e aditado pelo de n. 1.034/2011, de relatoria do Senador Pedro Taques, convertido no Projeto de Lei n. 236, de 2012,[5] do Senado Federal, de autoria do Senador José Sarney, no entanto, os crimes contra a Administração Pública que se encontram em legislações esparsas passariam para o bojo do Estatuto Penal Repressivo.

Sob este viés, a atualização do Estatuto Penal Repressivo vem ao encontro da tentativa de adequar toda a sistemática penal a uma nova realidade e está em consonância com a Lei Maior, inclusive no que diz respeito aos crimes contra a Administração Pública. Cumpre destacar, outrossim, que a Lei n. 13.964, de 24.12.2019 (Lei Anticrime), ante aos anseios da população, estabeleceu medidas mais rigorosas ao enfrentamento da criminalidade, especialmente no que diz respeito ao combate à corrupção e ao crime organizado, além dos delitos perpetrados com grave violência. Aperfeiçoou, para tal consecução, a legislação penal e processual penal. Especificamente em seu art. 2º, corrigiu a distorção que havia entre a pena prevista no *caput* do art. 316 (concussão – 2 a 8 anos) com as previstas nos arts. 317 (corrupção passiva – 2 a 12 anos) e 333 (corrupção ativa – 2 a 12 anos), todos do Estatuto Penal Repressivo, equiparando-as na medida em que punia mais severamente as condutas de "solicitar" e "oferecer e prometer" do que "exigir" a vantagem indevida, esta última mais grave, o que revelava uma imprecisão técnica do legislador. Neste ponto, por se tratar de lei mais gravosa, o novo patamar somente poderá ter incidência para delitos perpetrados a partir da vigência da referida legislação.

De outra senda, a referida legislação, em seu art. 3º, alterando o Código de Processo Penal, acrescentou-lhe o art. 28-A, permitindo ao Ministério Público Federal, desde que não seja a hipótese de arquivamento do inquérito policial ou de quaisquer elementos informativos da mesma natureza, bem ainda tendo o investigado confessado formal e circunstancialmente a prática de infração penal (sem violência ou grave ameaça e com pena mínima inferior a quatro anos), e desde que necessário e suficiente para a reprovação e prevenção do crime, propor acordo de não persecução penal, com o autor do fato delituoso, assistido por seu defensor, mediante o cumprimento de condições não privativas de liberdade, abarcando alguns dos crimes contra a Administração Pública.

A busca da solução dos conflitos por medidas menos ortodoxas, na hipótese, a celebração de acordo de não persecução penal, no entanto, deve estar alinhada à tutela da própria Administração Pública, devendo as condições impostas ao investigado serem compatíveis com o delito aparentemente cometido. Sob esse enfoque, o inciso V do art. 28-A do CPP possibilita a implementação de "outra condição indicada pelo Ministério Público, desde que proporcional e compatível com a infração penal imputada".

A Lei n. 13.964/2019, em seu art. 15, alterou ainda a Lei n. 13.608, de 10.01.2018, acrescentando-lhe os arts. 4º-A, 4º-B e 4º-C, promovendo um detalhamento maior atinente à figura do "informante do bem", ou *whistleblower*, que se disponha a colaborar com a atividade investigativa. Assegura-se o direito de relatar informações sobre crimes contra a Administração Pública, ilícitos administrativos ou quaisquer ações ou omissões lesivas ao interesse público, inclusive nas hipóteses em que as informações disponibilizadas resultarem em recuperação do produto do crime contra a Administração Pública, haverá a possibilidade de instituir recompensa em favor do informante em até 5% do valor recuperado.

---

pelos atos, incentiva a delação, bem como apresenta mecanismos para que as próprias empresas incorporem práticas éticas, devendo ser muito mais eficaz para prevenir e reprimir condutas que, há muito, deviam ter sido extirpadas da relação entre o ente privado e o gestor público.

5 Em trâmite no Senado Federal.

A União, os estados, o Distrito Federal e os municípios e suas autarquias e fundações, empresas públicas e sociedades de economia mista manterão unidade de ouvidoria ou correição, de molde a assegurar a qualquer pessoa o direito de noticiar práticas ilícitas levadas a efeito no bojo da instituição, sendo certo que a tônica é a proteção do informante contra retaliações e isenção de responsabilização civil ou penal em relação ao relato, exceto se conscientemente tiver apresentado informações ou provas falsas. Deverá ser preservada a sua identidade, a qual somente será levantada em caso de relevante interesse público ou interesse concreto para apuração dos fatos. Nesse caso, a teor do que dispõe o parágrafo único do art. 4º-B: "A revelação da identidade somente será efetivada mediante comunicação prévia ao informante e com sua concordância formal".

Tal previsão normativa igualmente vai ao encontro dos acordos internacionais dos quais o Brasil é signatário, por exemplo, da Convenção das Nações Unidas contra a Corrupção (Convenção de Mérida), promulgada pelo Decreto n. 5.687, de 31.01.2006, notadamente em seu art. 8º, § 4º, bem como em seus arts. 13 e 33, além do que, no âmbito interno, ainda que no espectro administrativo e civil, da Lei n. 12.846, de 01.08.2013 (Lei Anticorrupção), que em seu art. 7º, VIII, prevê "a existência de mecanismos e procedimentos internos de integridade, auditoria e incentivo à denúncia de irregularidades e a aplicação efetiva de códigos de ética e de conduta no âmbito da pessoa jurídica".

A Lei n. 13.964/2019 também introduziu o confisco alargado de bens no art. 91-A do CP. Trata-se de importante instrumento no combate ao enriquecimento ilícito. Nas hipóteses de condenação por infrações às quais a lei comine pena máxima superior a seis anos de reclusão, tornou-se possível a decretação da perda, como produto ou proveito do crime, dos bens correspondentes à diferença entre o valor do patrimônio do condenado e aquele que seja compatível com o seu rendimento lícito, devendo ser entendidos como patrimônio do condenado todos os bens de sua titularidade, ou em relação aos quais ele tenha o domínio e o benefício direto ou indireto, na data da infração penal ou recebidos posteriormente, além dos transferidos a terceiros a título gratuito ou mediante contraprestação irrisória, a partir do início da atividade criminal.

Cuida-se de medida incisiva ao combate das complexas estruturas criminosas, mediante a retomada de bens adquiridos ilicitamente ao patrimônio do Estado, a partir da demonstração de que os bens são incompatíveis com o rendimento lícito do increpado. Pode recair, portanto, sobre todos os bens que não tenham origem lícita comprovada. O objetivo é justamente esmaecer a mola propulsora da prática delitiva em crimes de tal jaez, qual seja, a obtenção de vantagem financeira.

Como bem explicitado por Renato Brasileiro de Lima, "o confisco não está mais restrito aos instrumentos e ao produto direto ou indireto da infração penal (CP, art. 91, II – confisco clássico), nem tampouco aos bens que lhes sejam equivalentes (CP, art. 91, § 1º – confisco subsidiário), podendo igualmente recair sobre todos os bens do condenado que não tenham origem lícita efetivamente comprovada. Não há, portanto, a efetiva necessidade de determinação de qualquer vinculação desse patrimônio real do condenado a qualquer prática criminosa específica" (*Nova lei de abuso de autoridade*. Salvador, JusPodivm, 2020, p. 39).

Presume-se, portanto, que a diferença patrimonial apurada adveio de outras práticas criminosas, incumbindo ao condenado a demonstração da origem lícita do patrimônio.

1.2. Objetividade jurídica

Em que pese guardar certa semelhança com os delitos praticados contra o patrimônio, o crime de peculato é crime contra a Administração Pública, perpetrado por funcionário público.

Não só o aspecto patrimonial estatal resta vilipendiado, mas também o interesse da Administração. Cuida-se, portanto, de crime pluriofensivo.

O bem jurídico tutelado é a Administração Pública, considerada sob o aspecto patrimonial (proteção do próprio erário público) e aspecto moral (dever de todo o agente de ser probo), tutelando-se, portanto, além do patrimônio público, o funcionamento regular da atividade estatal, a sua moralidade, probidade e eficácia.

1.3. Sujeitos

O sujeito ativo do crime é o funcionário público em sentido amplo (art. 327, CP), podendo, no entanto, ser comunicável aos particulares, a teor do que dispõe o art. 30 do Estatuto Penal Repressivo. Havendo concurso de pessoas em que ao menos um deles seja funcionário público, os demais agentes particulares responderão por idêntico crime, desde que cientes da condição especial de que se reveste o funcionário público.

Nesse viés, sendo a condição de funcionário público elementar do tipo estampado no art. 312 do CP, deverá se comunicar ao particular em coautoria (STF, *HC* n. 90.337/SP, 1ª T., rel. Min. Carlos Ayres Britto, *DJ* 06.09.2007).

O Superior Tribunal de Justiça já decidiu que o "peculato corresponde à infração penal praticada por funcionário público contra a administração em geral. Denominado crime próprio, exige a condição de funcionário público como característica especial do agente – de caráter pessoal – elementar do crime, admitindo-se o concurso de agentes entre funcionários públicos (ou equiparados, nos termos do art. 327, § 1º, do Código Penal) e terceiros, desde que esses tenham ciência da condição pessoal daqueles, pois referida condição é elementar do crime em tela (art. 30 do Código Penal)" (*HC* n. 213.143/RJ, 5ª T., rel. Min. Ribeiro Dantas, *DJ* 09.06.2017).

De acordo com o magistério de Cezar Roberto Bitencourt, ao tratar especificamente acerca do peculato-apropriação: "Desconhecendo essa condição, o dolo do particular não abrange todos os elementos constitutivos do tipo, configurando-se o conhecido erro de tipo, que afasta a tipicidade da conduta. Responderá, no entanto, por outro crime, consoante o permissivo contido no art. 29, § 2º, do Código Penal, que abriga a chamada cooperação dolosamente distinta, autorizando-o a responder, em princípio, pelo crime de apropriação indébita, exatamente o crime que pretendia praticar, cuja pena cominada (1 a 4 anos de reclusão) é consideravelmente inferior à de peculato (2 a 12 anos de reclusão)" (*Tratado de direito penal*: Parte Especial, 2012, v. 5, p. 41).

O tutor, curador, inventariante, testamenteiro e depositário judicial que se apropriarem de valores que lhes forem confiados responderão pelo delito de apropriação indébita, mas não pelo peculato do *caput* do art. 312 do CP, ante a disposição expressa contida no art. 168, § 1º, II, do CP.

O sujeito passivo é o Estado. Também compreende os demais entes públicos e o particular eventualmente lesado.

1.4. Análise das condutas descritas no tipo

1.4.1. Peculato-apropriação e peculato-desvio

Há diversas modalidades de peculato. Duas são as condutas típicas estampadas no *caput* do art. 312 do CP (peculato próprio), quais sejam, apropriar-se ou desviar. Fala-se, portanto, em peculato-apropriação e peculato-desvio. O § 1º descreve a conduta do peculato-furto, bem ainda o § 2º incrimina a figura do peculato culposo.

A seu turno, o art. 313 do CP traz o peculato mediante erro de outrem, enquanto os arts. 313-A e 313-B cuidam do peculato eletrônico.

No *caput* do art. 312 do CP estão descritas as condutas do peculato-apropriação e do peculato-desvio. Na primeira hipótese, o agente assenhora-se, apossa-se, torna como sua a coisa, invertendo o ânimo da posse, atuando como se dono fosse, em proveito próprio ou alheio.

Pressuposto do crime é a posse legítima, considerada esta em um sentido amplo, abarcando a detenção e a posse indireta (disponibilidade jurídica do bem, sem apreensão material) (STJ, RHC n. 10.845/SP, 5ª T., rel. Min. Gilson Dipp, *DJ* 23.04.2001), devendo o funcionário público ter a posse da coisa em virtude do cargo que desempenha, sendo suficiente o poder de disposição indireta sobre bens que detém o superior hierárquico.

O Superior Tribunal de Justiça já decidiu que "o conceito de 'posse' de que cuida o art. 312 do Código Penal tem sentido amplo e abrange a disponibilidade jurídica do bem, de modo que resta configurado o delito de peculato na hipótese em que o funcionário público apropria-se de bem ou valor, mesmo que não detenha a sua posse direta" (REsp n. 1.695.736/SP, 6ª T., rel. Min. Maria Thereza de Assis Moura, *DJ* 16.05.2018).

No caso de a posse ser ilegítima, poderá haver outro crime, mas não o peculato.

O objeto material do crime é o dinheiro, valor ou qualquer outro bem móvel, sendo indiferente que seja público ou particular, exigindo-se somente que o agente tenha a posse em razão do cargo, de modo que perpetrará o delito o funcionário público que se apropriar de um bem móvel pertencente ao Estado ou de bem particular que se encontra sob a custódia da Administração, denominando-se, neste último caso, peculato-malversação.

Portanto, a Administração Pública também responde por eventuais danos causados por seus agentes públicos quanto a bens pertencentes a particulares que estejam sob a sua custódia.

Na segunda hipótese (peculato-desvio), a conduta desviar compreende o fato de o agente da Administração Pública alterar o destino do objeto de que tenha posse para um fim diverso, em proveito próprio ou de terceiro, sendo certo que esse proveito poderá ser patrimonial ou moral, havendo a necessidade de que a posse seja lícita, para que ulteriormente o bem possa ser desviado.

Segundo os ensinamentos de Celso Delmanto: "Na modalidade de peculato-desvio (segunda parte do *caput*), o núcleo é desviar. Pune-se o funcionário que dá ao objeto material destinação diferente daquela para a qual o objeto lhe fora confiado. O desvio deve ser, porém, em proveito (patrimonial ou moral) próprio ou alheio. Se o desvio for praticado em benefício da própria Administração, poderá ocorrer outro delito (como é o caso do crime de emprego irregular de verbas ou rendas públicas – CP, art. 315), mas não o peculato" (*Código Penal comentado*, 2010, p. 891).

Como se vê, imperioso que o desvio seja em proveito próprio ou alheio, notadamente em virtude de que, se ocorrer em prol da própria Administração Pública, haverá crime diverso do peculato, subsumindo-se os fatos à norma contida no art. 315 do CP, que versa acerca do emprego irregular de verbas ou rendas públicas.

Tanto no peculato-apropriação como no peculato-desvio, a posse do bem, valor ou dinheiro deverá ser anterior à apropriação ou ao desvio. Ausente a posse, ainda que indireta ou jurídica, não há de se falar em peculato (STJ, AP n. 335/ES, Corte Especial, rel. Min. Carlos Alberto Menezes Direito, *DJ* 01.07.2005).

Em ambas as condutas haverá um dano ao sujeito ao qual a coisa pertença, ainda que não seja patrimonial. Frise-se, em tais casos, é prescindível a natureza pública do bem para a configuração do crime de peculato, importando apenas que o objeto material tenha sido confiado ao funcionário público em razão de sua qualidade, podendo se tratar de bens particulares.

Predomina o entendimento de que não há a necessidade da existência de desaprovação das contas pelo Tribunal de Contas para a apuração do crime. Assim, a aprovação de contas não exclui o crime, notadamente em virtude de não se tratar de um requisito para a sua configuração.

O Supremo Tribunal Federal, nos autos do IPL n. 2.449/PI, vislumbrou a suposta ocorrência de peculato-desvio, tendo sido descrito um esquema de nomeação de "assessores fantasmas" consistente na destinação de recursos públicos para fins diversos daqueles que foram confiados à gestão dos então denunciados, em detrimento da Administração Pública e em favor destes (Inq. n. 2.449, Pleno, rel. Min. Ayres Britto, *DJ* 18.02.2011).

Em outro julgado, o Pretório Excelso novamente bem elucidou que "a enunciação de esquema voltado ao desvio de verbas públicas por meio da nomeação de 'funcionários fantasmas' para o gabinete de Deputado em Assembleia Legislativa denota a presença dos elementos típicos do crime de peculato, o que autoriza a formulação, ainda que provisória, de um juízo positivo de tipicidade entre os fatos veiculados na denúncia e o modelo instituído pelo tipo penal do art. 312, *caput*, do Código Penal" (STF, Inq. n. 3.508, 1ª T., rel. Min. Alexandre de Moraes, *DJ* 20.09.2018).

Por outro lado, a Suprema Corte decidiu que "o uso de secretário parlamentar que, de fato, exercia as atribuições inerentes a seu cargo para prestar outros serviços de natureza privada constitui conduta penalmente atípica" (STF, AP n. 504, 2ª T., rel. Min. Cármen Lúcia, rel. p/ acórdão Min. Dias Toffoli, *DJ* 31.07.2017).

Igualmente perpetra o delito de peculato-desvio o particular que atua em conluio com o agente público na consecução de desvio de verbas públicas atinente a serviços pagos e não prestados por agência de publicidade, em decorrência de contrato firmado com a Câmara dos Deputados (STF, Inq. n. 2.245, Pleno, rel. Min. Joaquim Barbosa, *DJ* 09.11.2007). Houve a extensão da qualidade de funcionário público ao particular, nos termos do art. 30 do Código Penal, porquanto se comunicam as condições de caráter pessoal quando elementares do crime.

O peculato-desvio também se caracteriza quando terceiro recebe armas emprestadas pelo juiz, depositário fiel dos instrumentos do delito, os quais estavam sob sua cautela em virtude de apreensão realizada em feito criminal, que tramitava na Vara da qual era titular. Com a entrega das pistolas ao policial federal, houve o desvio de bem do qual tinha posse em razão da função, tendo emprestado finalidade distinta da assumida ao se tornar depositário fiel (STF, RHC n. 103.559, 1ª T., rel. Min. Luiz Fux, *DJ* 30.09.2014).

Fatos recorrentes na atualidade têm demonstrado, especificamente no que tange ao peculato-desvio, a dificuldade de sua comprovação, sendo imperioso um aprofundamento na análise dos elementos probatórios para que se possa compreender a forma pela qual o delito fora perpetrado, isto porque, na maioria das vezes, o desvio de bens, valores e dinheiro confiados ao agente público tem sido realizado de forma dissimulada, a partir de mecanismos complexos, como forma de aparentar a sua aplicação em prol do interesse público, havendo em verdade o benefício de particular em detrimento da coisa pública.

No peculato-desvio há uma tendência em dar aparência de regularidade aos atos perpetrados, traduzida na pretensa realização do interesse público, quando é certo que a conduta realizada objetiva o desvio em proveito particular, próprio ou de terceiro (STF, AP n. 470, Pleno, rel. Min. Joaquim Barbosa, *DJ* 22.04.2013).

O Plenário do Pretório Excelso recebeu denúncia contra Governador de Estado, investigado no âmbito do Inquérito n. 2.606, pela suposta prática do crime de peculato, ante a existência de indícios materiais patentes nos autos no sentido de que o denunciado, juntamente com outros acusados em relação aos quais o feito foi desmembrado, dispensou licitação referente a convênio por ele celebrado com o Ministério da Saúde, o que configuraria, em tese, o crime de peculato, por meio do superfaturamento dos preços de equipamentos e materiais adquiridos. Note-se que em tal hipótese houve a extinção da punibilidade do crime de dispensa ilegal de licitação (art. 337-E do CP), tendo em vista a ocorrência da prescrição (STF, Inq. n. 2.606, Pleno, rel. Min. Luiz Fux, *DJ* 02.12.2014).

1.4.2. Peculato-furto

Quanto ao peculato-furto previsto no § 1º do art. 312, há dois comportamentos tipificados. O primeiro evidencia a conduta do funcionário público que subtrai e o segundo o de concorrer para que seja subtraído, não se exigindo, como ocorre no *caput*, que o funcionário público tenha a posse da coisa. Trata-se aqui do peculato impróprio.

O funcionário público vale-se de sua condição para assim atuar, quer seja para subtrair, quer seja concorrendo dolosamente para que outro subtraia. Basta que se beneficie das facilidades de que dispõe em virtude de seu cargo.

Perpetra o delito o agente da Polícia Federal que subtrai estepe de veículo apreendido que se encontra no pátio do Departamento de Polícia Federal, bem como o funcionário público que de forma intencional deixa a porta da Secretaria do juízo aberta para que alguém subtraia um computador.

1.4.3. Peculato culposo

Nesta hipótese, pune-se o funcionário público que falta com o seu dever de cuidado, agindo com imperícia, imprudência ou negligência, permitindo que outrem perpetre um delito. Perfaz-se a necessidade de que o funcionário público concorra para que o outro pratique o ilícito, sendo certo que este último se aproveita das facilidades proporcionadas pela atuação culposa do primeiro.

Comete peculato culposo o funcionário público que se descuida e deixa a porta da Secretaria do juízo aberta e terceiro se aproveita da circunstância e subtrai um computador, respondendo este último pelo delito estampado no art. 155 do Código Penal. Nessa hipótese, percebe-se que o agente público não participa diretamente do fato perpetrado pelo terceiro. Não obstante, propicia involuntariamente que outrem perpetre um crime doloso, não existindo, nesse caso, um liame subjetivo entre eles.

Luiz Regis Prado, ao tecer comentários acerca do tema, assevera: "O legislador expressa no tipo uma conduta culposa do funcionário público que depende, para a sua caracterização, de uma ação dolosa de terceiro. Trata-se, destarte, de um concurso não intencional, já que na hipótese o funcionário não atua com vontade de concorrer com a própria ação para a conduta dolosa de outrem. Não é por outra razão que não se pode versar sobre participação dolosa em delito culposo, ou em participação culposa em delito doloso" (*Curso de direito penal brasileiro*: Parte Especial, 2010, v. 3, p. 444).

1.5. Elemento subjetivo

1.5.1. Figuras descritas no *caput* e § 1º

O elemento subjetivo é o dolo, consubstanciado, no *caput*, respectivamente, na vontade livre e consciente de se *apropriar* da coisa de que tenha posse ou poder de disposição, ou *desviar* dinheiro ou qualquer outro bem móvel, em proveito próprio ou alheio.

É irrelevante a intenção de restituir a coisa, não havendo a possibilidade de compensação do dinheiro desviado.

No § 1º o elemento subjetivo também é o dolo, consistente na vontade livre e consciente de subtrair ou concorrer para que outro subtraia, com a ciência da facilidade que detém em virtude do cargo. Deve existir a intenção de não devolver o bem.

1.5.2. Figura descrita no § 2º

No § 2º, o elemento subjetivo necessário para caracterizar a conduta descrita é a culpa.

1.6. Consumação e tentativa

1.6.1. Peculato-apropriação

Trata-se de crime formal, não se exigindo o resultado naturalístico, havendo a consumação no momento em que o agente, em razão do cargo que ocupa, inverte o título da posse, sendo irrelevante a obtenção da vantagem com a prática do delito.

Admite-se a tentativa.

1.6.2. Peculato-desvio

Consuma-se o peculato-desvio com a ocorrência do desvio propriamente dito, independentemente da obtenção do efetivo proveito, dando-se ao dinheiro ou valor destino distinto do determinado pela Administração Pública objetivando seu próprio benefício ou de outrem.

Seria a hipótese de administrador que desconta valores da folha de pagamento dos servidores públicos para quitação de empréstimo consignado contraído por estes e não os repassa para a instituição financeira, procedendo à indevida retenção. Não há necessidade de demonstração de obtenção de proveito próprio ou alheio.

A Corte Especial do STJ, ao julgar essa questão, entendeu, por maioria, que "1. Peculato-desvio é crime formal para cuja consumação não se exige que o agente público ou terceiro obtenha vantagem indevida mediante prática criminosa, bastando a destinação diversa daquela que deveria ter o dinheiro. Os aspectos formais da descrição típica da conduta estão preenchidos na medida em que é desviado dinheiro destinado ao pagamento de empréstimos consignados de servidores públicos. 2. Configura peculato-desvio a retenção dos valores descontados da folha de pagamento dos servidores públicos que recebiam seus vencimentos já com os descontos dos valores de retenção a título de empréstimo consignado, mas, por ordem de administrador, os repasses às instituições financeiras credoras não eram realizados. 3. Na modalidade peculato-desvio, não se discute o deslocamento de verbas públicas em razão de gestão administrativa, mas o deslocamento de dinheiro particular em posse do Estado. Assim, a consumação do crime não depende da prova do destino do dinheiro ou do benefício obtido por agente ou terceiro" (AP n. 814/DF, Corte Especial, rel. Min. Mauro Campbell Marques, rel. para acórdão Min. João Otávio de Noronha, *DJe* 04.02.2020).

Em tema semelhante envolvendo apropriação de valores retidos dos empréstimos consignados de servidores por prefeito, o STF decidiu que: "1. Se o acusado, consciente e voluntariamente, se apropria de verbas cuja detenção se dá em razão do cargo que ocupa e se as emprega em finalidade diversa daquelas a que se destinam, pratica o delito de peculato-desvio, desimportante não tenha o desvio se dado em proveito próprio. 2. No caso sob exame, o Município é mero depositário das contribuições, descontadas dos contracheques de seus servidores para pagamento de empréstimos consignados, os quais pertencem ao Banco" (AP n. 916, 1ª T., rel. Min. Roberto Barroso, *DJe*-207 divulg. 27.09.2016, publ. 28.09.2016).

Portanto, cuidando-se de valores de particulares, em posse do servidor público, em razão do seu cargo, a sua utilização em finalidade diversa da estabelecida pela Administração Pública configura peculato-desvio, ainda que não fique demonstrado o proveito do próprio servidor ou de outrem.

Admite-se a tentativa.

1.6.3. Peculato-furto

Consuma-se o delito com a subtração indevida de dinheiro, valor ou bem.

A perfectibilização do peculato-furto exige, como resultado naturalístico, a obtenção de vantagem por meio da subtração indevida pelo agente de valores que estavam sob a sua guarda, de forma que não ressoa prudente, por exemplo, sufragar a inferência de que ocorra apropriação espúria de numerários em razão do descumprimento de normativa de tesouraria bancária de empresa pública (por exemplo, a CEF) sem a efetiva comprovação da subtração, ponderação que, em verdade, equivaleria a transformar o tipo analisado em crime de mera conduta.

O Ministério Público Federal, ao formular a acusação, deve apontar a proveniência ilícita de recursos aportados em favor do réu. Exigir que este comprove a origem de transações comezinhas ao longo de anos constituiria ônus exacerbado, invertendo a lógica processual penal, segundo a qual incumbe à acusação comprovar a alegação de que a conta bancária do acusado teria se abastecido do produto dos peculatos (art. 156 do CPP).

Há necessidade de se comprovar a responsabilidade dolosa do agente consubstanciadora da apropriação indevida consistente na vontade livre e consciente de subtrair ou concorrer para que outrem subtraia, com a ciência da facilidade que detém em virtude do cargo.

A tentativa é admissível.

1.6.4. Peculato culposo

O funcionário público somente responderá pelo delito se o terceiro consumar o crime, a partir de uma atuação dolosa. Perfectibiliza-se o delito de peculato culposo, portanto, quando consumado o crime de outrem, havendo a necessidade de ao menos dois indivíduos para que se possa cogitar na ocorrência do delito.

Não há que se falar em tentativa, porquanto se trata de crime na modalidade culposa.

1.7. Reparação do dano no peculato culposo

O parágrafo terceiro do aludido normativo prevê causa de extinção da punibilidade ou de redução da pena, sendo aplicável somente a modalidade culposa de peculato. Assim, no caso de o funcionário público reconhecer que a sua atuação propiciou o cometimento de delito por terceiro, e desejando reparar o dano, permite-se a aplicação de referido instituto, extinguindo-se a punibilidade, desde que o ato ocorra antes do trânsito em julgado da sentença. Na hipótese de a reparação ocorrer após a sentença irrecorrível, haverá a redução da pena pela metade.

Vale notar que embora não seja possível a extinção da punibilidade no peculato doloso, o ressarcimento do dano pode configurar o arrependimento posterior, se verificada a presença de seus requisitos (STJ, RHC n. 120.906/BA, 5ª T., rel. Min. Ribeiro Dantas, *DJ* 23.06.2020).

1.8. Classificação

1.8.1. Peculato-apropriação, peculato-desvio e peculato-furto

Trata-se de crimes próprios (exigem a qualidade especial de funcionário público do agente), dolosos, comissivos (excepcionalmente omissivo impróprio, nos termos do § 2º do art. 13 do CP), formais (não exigem o resultado naturalístico para a consumação, sendo irrelevante a obtenção da vantagem com a prática do delito) de forma livre (admitem vários meios de execução), instantâneos, pluriofensivos (atingem mais de um bem jurídico), unissubjetivos (podem ser cometidos por apenas uma pessoa) e plurissubsistentes (podem ser constituídos por mais de um ato executório)

1.8.2. Peculato culposo

Cuida-se de crime próprio, culposo, unissubjetivo, instantâneo, de forma livre.

2. JURISPRUDÊNCIA

2.1. Súmula

Súmula n. 599, STJ: "O princípio da insignificância é inaplicável aos crimes contra a administração pública".

2.2. Julgados

Peculato-apropriação. *Caput* do art. 312 do Código Penal

Apelação criminal. Peculato (art. 312, *caput*, do Código Penal). Pleito de absolvição por insuficiência de provas. Impossibilidade. Materialidade e autoria delitivas sobejamente demonstradas pelas provas oral e documental colhidas durante a instrução. Dolo evidenciado na conduta dos réus. Confissão extrajudicial que foi suficientemente ratificada por outros elementos de convicção amealhados sob o crivo do contraditório. Réus que foram devidamente reconhecidos pela vítima. Assenhoramento de aparelhos celulares supostamente produto de contrabando, em decorrência do cargo de policial civil ocupado pela corré (*ratione offici*). Condenação mantida. Penas, regime e substituição da sanção corporal por restritivas de direitos corretamente impostos. Apelos desprovidos. (TJSP, Ap. n. 0042738-96.2013.8.26.0050, 4ª Câm. de Direito Criminal, rel. Des. Camilo Léllis, *DJ* 12.11.2018)

Peculato-apropriação. Aplicação de *emendatio libelli* pelo Tribunal

Penal. Processo penal. Apelação criminal. Apropriação indébita. Funcionário público. *Emendatio libelli*. Recurso exclusivo da defesa. Limites do art. 617 do Código de Processo Penal. Peculato. Preliminar rejeitada. Citação por hora certa válida. Inaplicabilidade do princípio da insignificância. Materialidade, autoria e dolo comprovados. Recurso não provido. 1. A conduta narrada pela acusação amolda-se ao delito de peculato, na modalidade apropriação, nos termos da primeira parte do *caput* do art. 312 do Código Penal, e não à capitulação jurídica do crime de apropriação indébita. 2. Necessidade de adequação do fato narrado na denúncia ao tipo penal previsto em lei, mediante a aplicação da *emendatio libelli*, nos termos do art. 383 do Código de Processo Penal, uma vez que o réu defende-se dos fatos e não da capitulação jurídica, não havendo que se falar em cerceamento de defesa, tampouco em violação do princípio do contraditório. 3. Inexistência de óbice à aplicação da *emendatio libelli* pelo Tribunal, observado o princípio do *non reformatio in pejus* na hipótese de recurso exclusivo da defesa (CPP, art. 617). 4. Ainda que a aplicação da *emendatio libelli* em sede recursal implique a subsunção dos fatos a um tipo penal mais gravoso, em apelação exclusiva da defesa, remanesce a autorização legal do art. 617 do Código de Processo Penal para a aplicação do aludido instituto, desde que não piore a situação do acusado. 5. Evidenciada a ocultação do réu para não ser citado, deve ser aplicado o art. 362 do Código de Processo Penal e o disposto nos arts. 227 a 229 do Código de Processo Civil de 1973, vigente à época da realização do ato. Validade da citação por hora certa. Ausência de nulidade. Preliminar da defesa afastada. 6. Afastamento da aplicação do princípio da insignificância no caso concreto, uma vez que o delito de peculato trata-se de crime praticado por funcionário público em face da Administração. Ou seja, o bem jurídico tutelado é a Administração, considerada sob o aspecto patrimonial (proteção do próprio erário) e aspecto moral (dever de todo o agente de ser probo), tutelando-se, além do seu patrimônio, o funcionamento regular das atividades estatais. 7. Comprovada a autoria e a materialidade delitivas. Elemento subjetivo caracterizado. Afastada a tese defensiva de inexistência do dolo porque o réu acreditava estar praticando o direito de retenção. No crime de peculato-apropriação o elemento subjetivo é o dolo, consubstanciado na vontade livre e consciente de se apropriar da coisa de que tenha posse ou poder de disposição, não se exigindo, portanto, a presença do dolo específico. O direito de retenção pressupõe a boa-fé do possuidor e não é isso o que se afere das provas carreadas aos autos. Comprovação de que o réu tinha plena consciência acerca da ilicitude de seu comportamento. 8. Pena fixada pela prática do crime estampado no *caput* do art. 312 do Código Penal, consoante art. 383 do Código de Processo Penal, nos limites estabelecidos pelo art. 617 do mesmo Diploma Legal. 9. Em relação à condenação do acusado à reparação dos danos causados pela infração (CPP, art. 387, IV), a ausência de pedido do Ministério Público Federal para a aferição desses valores e, consequentemente, manifestação da defesa acerca do tema, impossibilita sua aplicação. Segundo entendimento recorrente dos Tribunais, a existência de um requerimento expresso de arbitramento do montante civilmente devido é imprescindível, mas não suficiente ao seu acolhimento. A jurisprudência tem exigido, também, que seja concedida ao acusado a oportunidade de, especificamente sobre o tema, se pronunciar e produzir provas, o que evidentemente não ocorreu no caso concreto. Com isso deve ser excluída a condenação do acusado ao pagamento de valor mínimo para reparação dos danos causados pela infração. 10. A destinação da prestação pecuniária para entidade pública ou privada com destinação social, na forma a ser estabelecida pelo Juízo da Execução, alcança fins sociais precípuos que o direito penal visa alcançar, de maneira eficaz e objetiva. 11. *Emendatio libelli* aplicada de ofício, preliminar rejeitada e apelação não provida, com exclusão, de ofício, da condenação ao pagamento de valor mínimo para reparação dos danos causados pela infração. (TRF3, ACR n. 2013.61.81.011106-4/SP, 11ª T., rel. Des. Federal Fausto De Sanctis, rel. p/ acórdão Nino Toldo, *DJ* 06.03.2018)

Peculato-desvio. Restituição da *res* desviada. Arrependimento posterior.

Agravo regimental no agravo em recurso especial. Peculato-desvio. Dosimetria. Terceira fase. Arrependimento posterior. Ofensa ao art. 16 do CP. Restituição da *res* desviada antes do recebimento da denúncia e somente após veiculação dos fatos na imprensa televisiva. Mitigada voluntariedade pelo arrependido. Constatação. Redimensionamento devido. Modulação do patamar em 1/2 (metade). Proporcionalidade observada. Critérios da celeridade e voluntariedade. Agravo regimental parcialmente provido. 1. É devido o reconhecimento da causa de diminuição de pena do arrependimento posterior, previsto no art. 16 do CP, ao crime de peculato doloso, em suas diversas vertentes, desde que procedida pelo agente, de forma voluntária, a restituição da coisa, apropriada ou desviada, ou reparado o dano o Erário, até o recebimento da denúncia, sob pena de se configurar aplicação da atenuante genérica estatuída no art. 65, III, *b*, do CP. 2. O *quantum* de redução da pena deve ser modulado, de 1/3 a 2/3 (um a dois terços), de forma proporcional à presteza e ao grau de voluntariedade por este externados. 3. Merece reparos a decisão agravada, quando aplicou a fração mínima de 1/3 (um terço), não obstante a restituição do bem tenha ocorrido 3 (três) anos antes do recebimento da denúncia. Entretanto, não é cabível a aplicação do patamar máximo de 2/3 (dois terços). 4. Conforme evidenciado no aresto proferido pelo Tribunal de origem, como o referido bem desviado somente regressou à garagem da DIGEF "após" a TV Record ter divulgado cenas do corréu, conduzindo o veículo desguarnecido dos adesivos que o caracterizaram como veículo oficial – de forma a denotar que a referida restituição do bem consubstanciou mera tentativa dos autores de se isentarem do crime em comento –, reputa-se razoável e proporcional, com base nas peculiaridades do caso concreto, a modulação da referida causa de diminuição de pena, para o delito em exame, à razão de 1/2 (metade), em atenção aos conjugados critérios do grau de presteza e voluntariedade por este externados. 5. Agravo regimental parcialmente provido. (STJ, Ag. Reg. no AREsp n. 1.467.975/DF, 6ª T., rel. Min. Laurita Vaz, *DJ* 04.08.2020)

Peculato-desvio. Esquema de nomeação de "assessores fantasmas"

Inquérito. Competência originária do STF. Denúncia que descreve esquema de nomeação de assessores fantasmas e consequente impacto financeiro à administração pública. Quadro empírico sinalizador de delito de peculato. Descrição e individualização das condutas imputadas aos acusados. Morte de um dos denunciados. Extinção da punibilidade. Denúncia recebida quanto aos demais. 1. Comprovado o falecimento do denunciado [...], o caso é de extinção da sua punibilidade, nos exatos termos do inciso I do art. 107 do CP. 2. Quanto aos demais denunciados, a peça acusatória é de ser recebida, pois os fatos nela descritos são, ao menos em tese, constitutivos do delito de peculato (art. 312, CP). Por igual, os autos contêm indícios suficientes de autoria, de modo a atrair a incidência do art. 41 do CPP, sem que se possa falar em qualquer causa de rejeição da denúncia. 3. A descrição de fatos consistentes na montagem e operacionalização de esquema de nomeação de "assessores fantasmas" no âmbito da Secretaria de Administração no Estado do Piauí sinaliza a ocorrência das circunstâncias elementares do tipo penal do peculato. Isso porque, em primeiro lugar, a Administração Pública (bem jurídico tutelado pela norma incriminadora da conduta) foi aquela que, mais diretamente, sofreu com o ruinoso impacto patrimonial do delito imputado aos denunciados; em segundo, porque os fatos narrados na inicial acusatória consistem na destinação de recursos públicos para fins diversos daqueles para os quais foram confiados à gestão dos acusados. Finalmente, há na peça acusatória a descrição do elemento subjetivo do tipo (e de seu especial fim de agir): a vontade livre e consciente de desviar dinheiro, valor ou qualquer outro bem móvel "em proveito próprio ou alheio". No caso, em proveito da campanha do primeiro denunciado e do "empoderamento" de seus correligionários. 4. Não há que se falar em crime eleitoral, pois o caso não revela a "abordagem direta a eleitores, com o objetivo de lhes obter promessa de voto a candidato" (Inq. n. 1.811, da relatoria do Min. Cezar Peluso; RE n. 15.326, da relatoria do Min. Maurício Corrêa). Ao contrário: o quadro empírico até aqui tracejado dá conta de que os beneficiários do suposto esquema ilícito eram, centralmente (mas não exclusivamente, portanto), ocupantes e ex-ocupantes de cargos políticos no Piauí (participantes do processo eleitoral da época). Não singelos eleitores, cujos votos se pretendiam "comprar" mediante promessa de vantagem. 5. Denúncia recebida" (STF, Inq. n. 2.449, Pleno, rel. Min. Ayres Britto, *DJ* 18.02.2011)

Peculato-apropriação. Inexistência da inversão do título da posse

Habeas corpus. Crime de peculato-apropriação. 1. Conduta descrita na denúncia que não se subsume ao tipo previsto no art. 312 do CP. Ausência de demonstração do elemento volitivo. Inversão do título da posse não indicada na peça acusatória. Flagrante ilegalidade. Constatação de plano. Possibilidade na via do *writ*. 2. Absolvição em primeiro grau. Condenação pelo tribunal de origem. Acórdão que inverteu o ônus da prova e cassou a decisão absolutória. Afronta ao princípio da não culpabilidade e ao art. 156, primeira parte, do CPP. Constrangimento ilegal evidente a ser sanado, excepcionalmente, na via do *mandamus*. Ordem concedida. 1. O recurso especial é o meio recursal ordinariamente previsto no ordenamento jurídico para que esta Corte analise eventual ofensa à legislação federal relativa à condenação penal, não podendo tal matéria ser submetida à apreciação deste Sodalício pela via excepcional do *habeas corpus*, que se encontra atrelada, tão somente, às hipóteses em que se tenha presente verdadeira violência, coação, ilegalidade ou abuso direto e imediato à liberdade de locomoção. Não se mostra admissível o *mandamus* que investe contra decisão transitada em julgado, exceto em situações de cristalina e evidente ilegalidade, nulidade ou teratologia, tal como ocorre no caso dos autos. 2. No caso, o paciente foi condenado por se apropriar, na qualidade de servidor público, de bem móvel de que tinha a posse em razão do cargo (art. 312, CP). Contudo, os fatos narrados na denúncia, por si só, não permitem a adequação típica pretendida pelo Ministério Público e visualizada pelo acórdão condenatório, pois ausente a demonstração da presença de elemento volitivo indispensável à configuração do delito. Art. 156, CPP. Art. 312, CP. 3. A denúncia não expôs condutas do paciente que pudessem evidenciar a inversão do título da posse, a intenção de fazer sua a coisa de que tinha a posse *(animus rem sibi habendi)*, tampouco atos que demonstrassem ter ele agido como proprietário da coisa. Ao contrário, a imputação de peculato-apropriação decorreu de efeito automático de suposta não devolução das armas confiadas ao paciente pela própria corporação policial, logo após a suspensão preventiva do exercício do cargo. 4. Embora a não devolução imediata das armas acauteladas, após a suspensão do cargo, possa eventualmente caracterizar infração funcional, em hipótese alguma basta para a configuração do delito previsto no art. 312 do CP, uma vez que o tipo em questão exige o dolo de transformar a posse em propriedade, em ter a coisa como sua, elemento volitivo esse cuja constatação foi dispensada pelo *parquet*, que somente se deteve a imputar o crime ao paciente sem qualquer análise mais acurada sobre a presença das elementares do tipo e sobre a intenção do agente. Tanto foi assim, que o cometimento do suposto crime teria ocorrido exatamente um dia após a expedição da portaria de suspensão do paciente do cargo, levando a crer que não houve qualquer investigação no sentido de se aferir a real vontade do paciente de se apoderar das armas. Art. 312, CP. 5. Ademais, o Tribunal de origem, ao dar provimento ao apelo ministerial a fim de cassar a sentença absolutória e condenar o paciente, inverteu equivocadamente o ônus da prova, atribuindo à defesa o dever não só de demonstrar sua alegação de inocência, como também de refutar as imputações do parquet, em manifesta ofensa ao sistema processual penal acusatório, ao princípio constitucional da não culpabilidade (art. 5°, LVII, CF), bem como ao comando insculpido no art. 156, primeira parte, do CPP, que preceitua que "a prova da alegação incumbirá a quem a fizer". Art. 5°, LVII, CF. 6. *Habeas corpus* concedido para, cassado o acórdão condenatório proferido em grau de apelação, restabelecer a sentença absolutória de primeiro grau, nos autos da Ação Penal que tramitou perante a 7ª Vara Federal Criminal da Seção Judiciária do Rio de Janeiro. (STJ, *HC* n. 120.426, 5ª T., rel. Min. Marco Aurélio Bellizze, *DJ* 13.12.2011)

Peculato-desvio. Princípio da insignificância

Habeas corpus. Peculato. Bens avaliados em R$ 50,00. Inaplicabilidade do princípio da insignificância. Bem jurídico tutelado: administração pública. Precedentes da 3ª Seção do STJ. Parecer do MPF pela denegação da ordem. Ordem denegada. 1. A 3ª Seção desta Corte possui jurisprudência pacífica sobre a inaplicabilidade do princípio da insignificância nos crimes contra a Administração Pública, pois não se busca resguardar apenas o aspecto patrimonial, mas principalmente a moral administrativa. 2. Ordem denegada, em consonância com o parecer ministerial. (STJ, *HC* n. 115.562/SC, 5ª T., rel. Min. Napoleão Nunes Maia Filho, *DJ* 20.05.2010)

Caso "Mensalão". Ação Penal n. 470

[...] Capítulo III da denúncia. Subitem III. 2. Peculato. Desvio de recursos pertencentes ao Banco do Brasil, a título de "bônus de volume", apropriados pela agência de publicidade contratada pela instituição financeira, coautoria entre o diretor de marketing da entidade pública e sócios da agência de publicidade. Denúncia julgada procedente. Apropriação indevida de valores pertencentes ao Banco do Brasil, denominados "bônus de volume", devolvidos por empresas contratadas pelo Banco, a título de desconto à entidade pública contratante. Os três corréus controladores da empresa de publicidade contratada pelo Banco do Brasil, em coautoria com o diretor de marketing da instituição financeira, desviaram os recursos que, nos termos das normas regimentais, estavam sob a posse e fiscalização do mencionado diretor. Crime de peculato comprovado. [...] Capítulo III da denúncia. Subitem III. 3. Corrupção passiva, corrupção ativa, peculato e lavagem de dinheiro. Desvio de recursos oriundos de participação do Banco do Brasil no fundo Visanet. Acusação julgada procedente. 1. Comprovou se que o diretor de marketing do Banco do Brasil recebeu vultosa soma de dinheiro em espécie, paga pelos réus acusados de corrupção ativa, através de cheque emitido pela agência de publicidade então contratada pelo Banco do Brasil. Pagamento da vantagem indevida com fim de determinar a prática de atos de ofício da competência do agente público envolvido, em razão do cargo por ele ocupado. Condenação do réu [...], pela prática do delito descrito no art. 317 do CP (corrupção passiva), bem como dos réus [...], pela prática do crime tipificado no art. 333 do CP (corrupção ativa). 2. Caracteriza o crime de lavagem de capitais o recebimento de dinheiro em espécie, que o réu sabia ser de origem criminosa, mediante mecanismos de ocultação e dissimulação da natureza, origem, localização, destinação e propriedade dos valores, com auxílio dos agentes envolvidos no pagamento do dinheiro, bem como de instituição financeira que serviu de intermediária à lavagem de capitais. O emprego de um subordinado da confiança do então diretor de marketing do Banco do Brasil, como intermediário do recebimento dos recursos no interior de agência bancária, foi apenas uma das etapas empregadas para consumar o crime de lavagem de dinheiro, que teve por fim assegurar o recebimento da soma, em espécie, por seu real destinatário. Ausência de registro do procedimento no sistema bancário. Condenação do réu [...] pela prática do delito de lavagem de dinheiro, nos termos do art. 1°, V e VI, da Lei n. 9.613/98, na redação em vigor à época do fato. 3. Ficou comprovada a prática do crime de peculato, consistente na transferência de vultosos recursos pertencentes ao Banco do Brasil, na condição de quotista do Fundo de Incentivo Visanet, em proveito da agência dos réus do denominado "núcleo publicitário", inexistente qualquer contrato entre as partes e mediante antecipações ilícitas, para pagamento de serviços que não haviam sido prestados. Ordens de transferência dos recursos emanadas do diretor de marketing do Banco do Brasil, em troca da vantagem financeira indevida por ele recebida dos beneficiários. 4. Ausência de prova da participação do então Ministro da Secretaria de Comunicação e Gestão Estratégica da Presidência da República, [...], na prática do crime de peculato que lhe foi imputado. Absolvição. 5. Condenação dos réus [...], pela prática do crime de peculato (art. 312, CP) [...]. (STF,

AP n. 470, Pleno, rel. Min. Joaquim Barbosa, *DJe* 22.04.2013)

Peculato-furto. Não configuração. Fatos que se amoldam ao peculato-desvio.

Penal e processual penal. Desvio de dinheiro público de empresas estatais. Peculato. Simulação de patrocínio a eventos esportivos. Introdução dos recursos no sistema financeiro e integração à economia formal. Lavagem de capitais. Materialidade e autoria. Dolo. Condenação. Princípio do livre convencimento motivado. Elementos de informação e de provas colhidas durante a instrução criminal. Reexame fático-probatório. Vedação. Súmula n. 7/STJ. [...] Configuração típica. Desvio de recursos públicos por agente do Estado que tem a posse ou a disponibilidade jurídica do dinheiro em razão do cargo. Peculato-desvio. Art. 312, *caput*, segunda parte, do CP. 1. Consoante doutrina especializada, a posse referida pelo art. 312, *caput*, do CP "deve ser entendida em sentido amplo, compreendendo a simples detenção, bem como a posse indireta (disponibilidade jurídica sem detenção material, ou poder de disposição exercível mediante ordens, requisições ou mandados" (Hungria, *Comentários ao Código Penal*, v. 9, p. 339, op. cit. Nucci, Guilherme de Souza. *Curso de Direito Penal:* Parte Especial: arts. 213 a 361 do Código Penal. V. 3 – Rio de Janeiro: Forense, 2017, p. 467), posição que guarda sintonia com a jurisprudência dos Tribunais Superiores sobre a matéria. Precedentes. 2. Na espécie, o recorrente, enquanto Governador de Minas Gerais, exercia plena ingerência nas empresas do estado, mediante imposição da autoridade de seu cargo sobre os respectivos dirigentes, e a autonomia gerencial própria das entidades da administração indireta não representava óbice ao acesso e ao controle fático das disponibilidades financeiras das estatais. 3. A convicção da instância ordinária acerca da disponibilidade jurídica dos recursos públicos em prol do ex-governador decorre da leitura dos elementos de prova encartados nos autos. Com efeito, verificou-se que o recorrente se utilizou do cargo político que ocupava e da posse indireta do dinheiro público para determinar, por pessoas interpostas, a aquisição de cotas de patrocínio de eventos esportivos que jamais receberam os aportes financeiros, visto que, antes disso, os recursos respectivos sofreram criminoso desvio em proveito de sua campanha pela reeleição para o governo estadual. 4. Assim, correta, à toda evidência, a subsunção do fato à norma do art. 312, *caput*, segunda parte, do Código Penal (sete vezes), não havendo espaço, pois, para se cogitar a ocorrência da figura do peculato-furto [...]. (STJ, REsp n. 1.776.680/MG, 5ª T., rel. Min. Jorge Mussi, *DJ* 21.02.2020)

Peculato-furto. Desnecessidade da posse do dinheiro

Habeas corpus. Peculato-furto (art. 312, § 1º, CP). Subtração de folhas de cheque da prefeitura por funcionário público que atuava como vigia. Desconto de uma das cártulas em agência bancária. Desnecessidade de posse do dinheiro, valor ou outro bem em razão do cargo ocupado. Atipicidade. Inocorrência. 312, § 1º, CP. 1. É típica a conduta de funcionário público, vigia de Prefeitura, que, aproveitando-se dessa condição, subtrai folhas de cheque pertencentes ao Município logrando descontar uma delas em agência bancária. 2. Para a configuração do delito de peculato-furto não é necessário que o agente detenha a posse de dinheiro, valor ou outro bem móvel em razão do cargo que ocupa, exigindo-se apenas que a sua qualidade de funcionário público facilite a prática da subtração. 3. O crime do art. 312, § 1º, do CP se consuma quando o agente consegue subtrair o dinheiro, valor ou bem, mantendo a posse tranquila sobre a coisa, ainda que por breve espaço de tempo. (STJ, *HC* n. 145.275/MS, 5ª T., rel. Min. Jorge Mussi, *DJ* 04.05.2010)

Peculato-furto. Insuficiência de provas para a condenação

[...] 06. Do mérito – insuficiência de provas para a condenação pelos crimes de peculato-furto (art. 312, § 1º, c/c o art. 71, ambos do CP). Resumidamente, a acusação aponta que o réu teria se valido de três estratagemas diversos para a subtração indevida de valores que estavam sob a sua guarda enquanto tesoureiro da Agência Ribeirão Pires da Caixa Econômica Federal, quais sejam: i) em 123 oportunidades em que foi apurado crédito em favor de diversas casas lotéricas, ao invés de proceder aos acertos devidos na conta corrente mantida pela casa lotérica, registrou o crédito em um Documento de Lançamento de Evento – DLE no Sistema de Controle Financeiro – SISFIN, mas deixou de efetuar o devido registro contábil e a contrapartida financeira no terminal por ele operado, gerando crédito de pequenas somas de dinheiro em seu terminal de caixa, subtraindo-as para si ao final da jornada, totalizando R$ 17.664,00; ii) em 40 oportunidades, simulou a ocorrência de situações em que o Terminal de Autoatendimento – ATM não dispensa o valor total solicitado pelo correntista, entregando quantia menor ou maior do que a solicitada, situações nas quais era necessário proceder ao registro da divergência de numerário na máquina ou o ressarcimento do valor faltante ao cliente por meio de Documento de Lançamento de Evento – DLE. Assim, registrava um DLE ideologicamente falso, discriminando a falta de numerário nos terminais em decorrência de falha no equipamento ou o saque sem a disponibilização de numerário integral ao cliente. Após, contabilizava prejuízo à agência bancária, sem o conhecimento de seu superior hierárquico, e retirava do cofre o valor respectivo, gerando um caixa de excedentes ao final da sua jornada; iii) entre os dias 13 e 14.03.2012, subtraiu uma cédula de R$ 20,00 da Associação Com. Ind. Agrícola de Ribeirão Pires – ACIARP, mediante termo de retenção por suspeita de falsidade, vindo a autenticar o Documento de Lançamento de Evento – DLE e remeter uma nota verdadeira ao BACEN, sem efetuar o registro contábil e a contrapartida em favor do cliente, vindo então a subtrair o numerário. 07. A tese acusatória incorre em salto lógico, não referenciado pela prova dos autos, quando infere que os lançamentos contábeis questionados teriam sido dissimulados visando a promoção de subtrações sistemáticas de caixa. Ignora a possibilidade de o réu ter efetuado, ainda que ao seu despojado modo, as compensações bancárias com pagamento de numerários devidos aos lotéricos e ao cliente titular da cédula de R$ 20,00 suposta como falsa (itens i e iii), e a sanação de falhas ou fraudes em Terminais de Autoatendimento – ATMs mediante reposição dos cassetes de numerários com dinheiro retirado do cofre (item ii). 08. Quanto ao único dos 123 eventos que resultou em condenação pelo item i (diferenças devidas aos lotéricos), referente a R$ 500,00 que não teriam sido creditados na conta de certo lotérico em 31.12.2014, é plausível a alegação defensiva de que o dinheiro estava separado dentro do cofre. De modo semelhante, a ausência de contrapartida expressa da cédula de R$ 20,00 apreendida como supostamente falsa pode ter sido paga em espécie, fora dos trâmites ordinários. 09. No tocante aos 40 eventos de autenticação contábil de falha ou fraude no Terminal de Autoatendimento – ATM, o motivo alegado pelo réu para desrespeitar a normativa técnica diz respeito à habitualidade com que os Terminais de Autoatendimento – ATMs apresentavam problemas ou eram objeto de furtos, transformando um evento de certa singularidade em fato corriqueiro do dia a dia, fato corroborado por prova testemunhal. 10. Seria oportuna, outrossim, a oitiva do gerente que teria acordado verbalmente com o acusado o procedimento informal de sanação dos problemas em Terminal de Autoatendimento – ATM. Sem qualquer justificativa, entretanto, tal providência não foi adotada na instância disciplinar ou mesmo judicial. 11. A afirmação da responsabilidade penal a título doloso não deveria ignorar as circunstâncias laborais vivenciadas por muitos dos bancários no que tange à carga de trabalho excessiva, pressão por resultados e ambiente insidioso. Compete ao magistrado, assim, "aplicar as regras de experiência comum subministradas pela observação do que ordinariamente acontece" (art. 375 do CPC, analogamente aplicado). 12. Dado o contexto ora esmiuçado, mostra-se prudente considerar que no contexto de desordem administrativa e imposição de metas, como o que comprovadamente acometia a Agência Ribeirão Pires da CEF no período questionado, rotinas inerentes ao rigorismo técnico certamente ficaram prejudicadas. 13. Razoável inferir, portanto, que um índice exorbitante de falhas nos Terminais de Autoatendimento – ATMs somado ao volume significativo de trabalho, enquanto realidade fática experienciada pelo réu (funcionário de longa data da CEF, não possuía qualquer apontamento em seu assento funcional), poderia ser até mesmo determinante da sua conduta desajustada. 14. Demais disto, a perfectibilização do peculato enquanto delito material exige, como resultado naturalístico, a obtenção de vantagem indevida, de forma que não ressoa prudente sufragar a inferência rasa de que teria havido apropriação espúria de numerários simplesmente em razão do descumprimento da normativa da tesouraria bancária, ponderação que, em verdade, equivaleria a transformar o tipo analisado em crime de mera conduta. 15. Em suma, os elementos probatórios ora coligidos revelam que efetivamente a condenação do acusado não se ampara em prova robusta o bastante no que tange à prática delitiva em si, sendo inseguro concluir objetivamente pelos peculatos indigitados. O decreto condenatório resta, portanto, desamparado de suporte probatório mínimo, quando deveria alicerçar-se em provas robustas, razão pela qual incide o princípio *in dubio pro reo*. [...]. (TRF 3ª Região, Ap. Crim. n. 0002450-76.2015.4.03.6140, 11ª T., rel. Des. Fed. Fausto Martin De Sanctis, *DJEN* 11.10.2023)

Peculato culposo. Reparação

Penal. Apelação criminal. Peculato doloso. Reparação do dano. Extinção de punibilidade. Impossibilidade. Pena. Dosimetria. Multa. Custas. Isenção. Pena restritiva de direitos. Prestação pecuniária. Redução. 1. Incabível na espécie a extinção da punibilidade ou redução da pena pela reparação do dano, uma vez que essa foi apenas parcial. Ademais, o § 3º do art. 312 (CP), que autoriza a extinção de punibilidade pela reparação do dano antes da sentença irrecorrível ou sua diminuição pela metade se é posterior, refere-se exclusivamente ao peculato culposo previsto no § 2º do mencionado artigo, o que não é o caso dos presentes autos. 2. Dificuldade financeira não afasta a pena de multa, mas tão somente influência na fixação do valor do dia-multa, o que já foi devidamente considerado na sentença. [...] (TRF-1ª Região, Ap. Crim. n. 120.544/GO, 4ª T., rel. Des. Federal Mário César Ribeiro, *DJ* 08.05.2007)

Peculato de uso

Processual penal e constitucional. Agravo regimental no *habeas corpus*. *Habeas corpus* substitutivo de recurso ordinário constitucional. Inadmissibilidade. Competência do STF para julgar *habeas corpus*: CRFB/88, art. 102, I, *d* e *i*. Hipótese que não se amolda ao rol taxativo de competência desta Suprema Corte. Peculato-desvio. Não configuração. Peculato-uso. Atipicidade da conduta. Relevância da argumentação. Concessão *ex officio* da ordem. Agravo regimental a que se dá provimento. 1. É indispensável a existência do elemento subjetivo do tipo para a caracterização do delito de peculato-uso, consistente na vontade de se apropriar definitivamente do bem sob sua guarda. 2. Há duas correntes jurisprudenciais, uma que entende pela revogação do art. 350 do CP pela Lei n. 4.898/65 e outra que vê a permanência desse crime na disciplina do CP. A desclassificação da conduta competirá ao Juiz monocrático, que, ao analisar as provas dos autos, entenderá pela existência ou não do crime e qual a sua melhor capitulação. 3. A competência originária do STF para conhecer e julgar *habeas corpus* está definida, exaustivamente, no art. 102, I, *d* e *i*, da CR, sendo certo que o paciente não está arrolado em qualquer das hipóteses sujeitas à jurisdição desta Corte. 4. A concessão, *ex officio*, da ordem para trancar a ação penal se justifica ante a atipicidade da conduta. 5. Agravo regimental provido. (STF, *HC* n. 108.433 Ag. Reg./MG, 1ª T., rel. Min. Luiz Fux, *DJ* 14.08.2013)

Peculato-furto por omissão relevante

Processual penal. Inserção de dado falso em Currículo Lattes. Falsidade ideológica. Atipicidade. Ocorrência. Trancamento da ação penal. Peculato-furto por omissão relevante. Descrição fática insuficiente. Inépcia da denúncia. 1. Documento digital que pode ter a sua higidez aferida e, pois, produzir efeitos jurídicos, é aquele assinado digitalmente, conforme a Infraestrutura de Chaves Públicas Brasileira (ICP-Brasil). 2. O currículo inserido na página digital Lattes do CNPq não é assinado digitalmente, mas decorrente da inserção de dados, mediante imposição de login e senha, não ostentando, portanto, a qualidade de "documento digital" para fins penais. 3. Além disso, como qualquer currículo, material ou virtual, necessita ser averiguado por quem tem nele interesse, o que, consoante consagradas doutrina e jurisprudência, denota atipicidade na conduta do crime de falsidade ideológica. 4. A consumação do crime de peculato-furto por meio de omissão (crime comissivo por omissão) é excepcional e, como tal, há de constar na denúncia narrativa de como a atuação do recorrente ou, melhor, de como a sua falta de ação deu causa à figura do ilícito penal. 5. Descrição, na espécie, insuficiente que limita-se a fazer constar ser o recorrente Procurador-Geral da Universidade, o que, por óbvio, não é possível aceitar. Inépcia da incoativa. 6. Recurso provido para trancar a ação penal quanto ao crime de falsidade ideológica, por falta de justa causa, ante a constatada atipicidade e para declarar nula a denúncia, por inépcia, no tocante ao crime de peculato, sem prejuízo de que outra peça acusatória seja apresentada com observância da lei processual penal. (STJ, RHC n. 81.451/RJ, 6ª T., rel. Min. Maria Thereza de Assis Moura, *DJ* 31.08.2017)

Peculato-desvio. Utilização de secretária parlamentar para fins particulares. Atipicidade.

Apelação. Ação penal. Peculato-desvio (art. 312, CP). Deputado federal. Utilização de secretária parlamentar para fins particulares. Prática de inúmeros atos na condição de administradora, de fato, da empresa da qual o parlamentar é sócio. Funcionária pública que também exerceu as atribuições inerentes a seu cargo. Inteligência do art. 8º do Ato da Mesa n. 72/97, da Câmara dos Deputados. Atividades que não se circunscreveram ao interesse exclusivamente particular do apelante nem se restringiram àquelas típicas de secretário parlamentar. Fato penalmente atípico. Recurso provido, para o fim de se absolver o apelante, com fundamento no art. 386, III, do Código de Processo Penal. 1. Como já decidido pelo Supremo Tribunal Federal, existe significativa "diferença entre usar funcionário público em atividade privada e usar a Administração Pública para pagar salário de empregado particular, o que configura peculato" (Inq. n. 3.776/TO, 1ª T., rel. Min. Rosa Weber, *DJe* 04.11.2014). 2. A atividade de secretário parlamentar não se limita ao desempenho de tarefas burocráticas (pareceres, estudos, expedição de ofícios, acompanhamento de proposições, redação de minutas de pronunciamento, emissão de passagens aéreas, emissão de documentos, envio de mensagens eletrônicas oficiais etc.), compreendendo outras atividades de apoio intrinsecamente relacionadas ao exercício do mandato parlamentar, como o atendimento à população (art. 8º do Ato da Mesa n. 72/97, da Câmara dos Deputados). 3. Essas atribuições devem ser desempenhadas no gabinete parlamentar na Câmara dos Deputados ou no escritório político do deputado federal em seu estado de representação (art. 2º do Ato da Mesa n. 72/97). 4. Na espécie, a secretária parlamentar efetivamente exerceu as atribuições inerentes a seu cargo público, ainda que também tenha desempenhado outras atividades no estrito interesse particular do deputado federal, na condição de administradora, de fato, da empresa da qual ele é sócio. 5. Hipótese em que não houve a utilização da Administração Pública para pagar o salário de empregado particular, mas sim o uso de mão de obra pública em desvio para atender interesses particulares. 6. O uso de secretário parlamentar que, de fato, exercia as atribuições inerentes a seu cargo para prestar outros serviços de natureza privada constitui conduta penalmente atípica. Precedentes. 7. Apelação provida, para o fim de se absolver o apelante, por atipicidade dos fatos a ele imputados, com fundamento no art. 386, III, do Código de Processo Penal. (STF, AP n. 504, 2ª T., rel. Min. Cármen Lúcia, rel. p/ acórdão Min. Dias Toffoli, *DJ* 31.07.2017)

3. OBSERVAÇÕES

3.1. Peculato de uso

No que tange ao denominado "peculato de uso", é dominante o entendimento de que não perpetra crime o agente público que faz mero uso indevido da coisa pública. Melhor explicando: aquele que faz uso momentâneo de coisa infungível, restituindo-a, na sequência, de modo intacto. Tal fundamento encontra alicerce no fato de o uso não ter sido tipificado pelo CP, podendo, no entanto, caracterizar infração de outra natureza, como as previstas na Lei de Improbidade Administrativa.

Em se tratando da alegação de utilização de dinheiro para ulterior restituição, entende-se que por se tratar de bem fungível, incidirá o agente na hipótese de apropriação de pecúnia de outrem, de modo a caracterizar o peculato-apropriação.

Nessa linha há preleção no magistério de Luiz Regis Prado, ao citar Hungria, no sentido de que pode "ocorrer, no entanto, o peculato em relação ao combustível consumido, no caso de o agente se utilizar de uma viatura de determinado órgão público, da qual tem a posse", em virtude do bem ser fungível (*Curso de direito penal brasileiro*: Parte Especial, 2010, v. 3, p. 440).

De acordo com o *Informativo* n. 712 do STF, é atípica a conduta de peculato de uso. Com base nesse entendimento, a 1ª Turma deu provimento a agravo regimental para conceder a ordem de ofício. Observou-se que tramitaria no Parlamento projeto de lei para criminalizar essa conduta (*HC* n. 108.433 Ag. Reg./MG, rel. Min. Luiz Fux, *DJ* 25.06.2013). Na hipótese, a conduta imputada ao paciente consistia na utilização de veículo pertencente ao Estado de Minas Gerais, do qual tinha a posse em virtude do cargo de Delegado de Polícia, para realizar encontros sexuais com prostituta.

Insta destacar, por outro lado, que a legislação pátria previu o peculato de uso no DL n. 201/67, que dispõe acerca da responsabilidade dos Prefeitos e Vereadores, ainda que o bem seja infungível, consoante dicção do art. 1º, II, do referido normativo. Aqui, o sujeito ativo do crime utiliza-se, indevidamente, de bens, rendas ou serviços públicos, em proveito próprio ou alheio, agente público ou não.

Saliente-se que aludido Decreto também faz menção ao peculato-apropriação e ao peculato-desvio, razão pela qual eventual conduta de prefeito municipal restará enquadrada nessa legislação específica, e não no *caput* do art. 312 do CP, podendo o referido agente político ser responsabilizado, no entanto, pelo peculato culposo (§ 2º do art. 312 do CP), na medida em que o DL n. 201/67 não previu essa ação típica.

Como já salientado pelo STJ: "Não há diferenciação típica entre os delitos previstos no art. 1º, I, do Decreto-lei n. 201/67 e no art. 312 do Código Penal. Ambos tratam da apropriação pelo funcionário público ou pessoa a ele equiparada de dinheiro de que tem a posse em razão do cargo (peculato-apropriação) ou do seu desvio em proveito próprio ou alheio (peculato-desvio)" (AP n. 358/MT, Corte Especial, rel. Min. Fernando Gonçalves, j. 03.11.2004).

De acordo com o Projeto de Lei n. 236, de 2012, do Senado Federal, de autoria do Senador José Sarney, a redação atribuída ao crime de peculato no art. 272[6] parece incluir a conduta do peculato de uso, na medida em que tipifica o comportamento de quem usar indevidamente dinheiro, valor ou qualquer outro bem móvel, público ou particular, de que tenha posse em razão do cargo.

3.2. Princípio da insignificância

O Ministro Herman Benjamin, do STJ, ao fazer menção acerca da impossibilidade de aplicar o princípio da insignificância aos casos de improbidade administrativa, revelou que "a moralidade dos atos da Administração Pública não pode ser relativizada, pois ocupa o patamar de sobrebem ou hiperbem, representando para a integridade e viabilidade do Estado o que a vida e a liberdade simbolizam para a existência das pessoas naturais" (STJ, REsp n. 892.818/RS, 2ª T., rel. Min. Herman Benjamin, *DJ* 10.02.2010).

Quanto à aplicação do princípio aos delitos perpetrados contra a Administração Pública, a jurisprudência do STJ também é refratária à sua

6 "Art. 272. Apropriar-se o servidor público de dinheiro, valor ou qualquer outro bem móvel, público ou particular, de que tem a posse em razão do cargo, usá-lo indevidamente ou desviá-lo, em proveito próprio ou alheio: Pena – prisão, de dois a oito anos." O Projeto está em trâmite no Senado Federal.

incidência, ainda que o valor seja irrisório (Ag. Reg. no AREsp n. 487.715/CE, 5ª T., rel. Min. Gurgel de Faria, *DJ* 01.09.2015).

A Terceira Seção da aludida Corte refuta a tese de sua utilização, ao fundamento de que em tais crimes não se resguarda apenas o aspecto patrimonial, mas também a moral administrativa, insuscetível de valoração econômica (Ag. Reg. no REsp n. 1.382.289/PR, 5ª T., rel. Min. Jorge Mussi, *DJ* 11.06.2014), valendo destacar o julgamento do *Habeas Corpus* n. 115.562, de relatoria do Ministro Napoleão Nunes Maia Filho, em que o paciente, servidor do quadro da Universidade Federal de Santa Catarina (autarquia federal), fora acusado de ter subtraído livros da editora da Universidade, dos quais tinha acesso em virtude de seu cargo, tendo-os repassado a terceiro para venda com preço inferior (avaliados em R$ 50,00), tendo a ordem, pois, sido denegada (STJ, *HC* n. 115.562, 5ª T., *DJ* 21.06.2010).

Nessa linha de entendimento foi o teor da Súmula n. 599, STJ, bem consignando que "o princípio da insignificância é inaplicável aos crimes contra a administração pública" (Corte Especial, *DJ* 27.11.2017).

A despeito disso, mais recentemente a referida Corte mitigou excepcionalmente o referido enunciado, quando do julgamento do RHC n. 85.272/RS, de relatoria do Ministro Nefi Cordeiro, no âmbito da 6ª Turma, *DJ* 23.08.2018, diante das peculiaridades do caso concreto – "réu primário, com 83 anos na época dos fatos e avaria de um cone avaliado em menos de R$ 20,00, ou seja, menos de 3% do salário mínimo vigente à época dos fatos –, que justificam a mitigação da referida súmula, haja vista que nenhum interesse social existe na onerosa intervenção estatal diante da inexpressiva lesão jurídica provocada", consignando que "a subsidiariedade do direito penal não permite tornar o processo criminal instrumento de repressão moral, de condutas típicas que não produzam efetivo dano. A falta de interesse estatal pelo reflexo social da conduta, por irrelevante dado à esfera de direitos da vítima, torna inaceitável a intervenção estatal-criminal".

O STF tem reconhecido o preceito em alguns casos, entretanto, para tal requerem-se quatro condições essenciais: a mínima ofensividade da conduta, a inexistência de periculosidade social do ato, o reduzido grau de reprovabilidade do comportamento e a inexpressividade da lesão provocada (*HC* n. 84.412, 2ª T., rel. Min. Celso de Mello, *DJ* 19.11.2004). Logo, a jurisprudência de nossa Corte maior determina a aplicação do princípio de forma criteriosa e realizada caso a caso, de forma que para se conduzir à atipicidade da conduta seria necessário ir além da irrelevância penal prevista em lei. Seria indispensável averiguar o significado social da ação, a adequação da conduta, a fim de que a finalidade da lei fosse alcançada (*Informativo* n. 793, Plenário).

Por exemplo, não é considerada insignificante a posse, por militar, de pequena quantidade de entorpecente em estabelecimento castrense (*HC* n. 107.688, 2ª T., rel. Min. Ayres Britto, *DJ* 19.12.2011). O Plenário do Supremo Tribunal Federal afirmou a inaplicabilidade do princípio da insignificância em tais circunstâncias, esclarecendo que a questão da posse de entorpecente por militar no âmbito castrense não é de quantidade, tampouco da espécie de droga apreendida, mas sim da qualidade da relação jurídica entre o particularizado portador da substância e a instituição da qual fazia parte (*HC* n. 103.684, Pleno, rel. Min. Ayres Britto, *DJ* 13.04.2011).

O Supremo também já reconheceu a inadmissibilidade da aplicação do princípio em caso de crime contra a Administração Pública, ao argumento de que a norma penal objetiva não só o resguardo do patrimônio público, mas também da moral administrativa (*HC* 85.184, 1ª T., rel. Min. Marco Aurélio, *DJ* 08.04.2005), havendo, todavia, o registro de precedentes em sentido contrário (*HC* n. 112.388, 2ª T. rel. Min. Ricardo Lewandowski, rel. p/ acórdão: Min. Cezar Peluso, *DJ* 13.09.2012).

Por outro lado, também impende mencionar que o Pretório Excelso já aplicou o referido princípio em alguns julgados, por exemplo, no bojo da AP n. 921, em que o então acusado, denunciado pela prática do crime definido no art. 1º, I, do Decreto-lei n. 201/67, em razão de supostamente ter desviado renda pública em proveito próprio, diante do fato de ter autorizado a instalação de uma escultura metálica (fazendo alusão a sua pessoa) em praça pública de município do qual então era prefeito. Entendeu-se, nessa oportunidade, que a despeito de a conduta ter maculado os princípios da impessoalidade e da moralidade administrativa, a lesividade não se perfizera em grau suficiente a atrair a intervenção do direito penal como *ultima ratio*, reputando suficientes à reparação da ordem jurídica violada as sanções cíveis já alcançadas na ação popular e aquelas perseguidas na ação de improbidade em curso (AP n. 921, 1ª T., rel. Min. Luiz Fux, *DJ* 30.06.2017).

De toda forma, não há como nos coadunar com ofensas à Administração Pública, ainda que o prejuízo seja de valor ínfimo, quando se é sabido que não só o aspecto patrimonial se visa tutelar, mas também a incolumidade da moral administrativa, não havendo como se admitir a relativização do princípio da moralidade.

Demais disso, a aplicação de aludido instituto em crimes desta natureza poderia incentivar a sua prática, diante da certeza da impunidade de que estaria acobertado o agente.

Vale ressaltar que o atual Projeto de alteração do CP, de Relatoria do Senador José Sarney, prevê o princípio da insignificância em seu art. 28, § 1º, como excludente do fato criminoso, tendo acolhido três elementos tidos como essenciais a configurá-lo, desde que cumulativos, consistentes na mínima ofensividade da conduta do agente, reduzidíssimo grau de reprovabilidade do comportamento e inexpressiva lesividade da conduta.

3.3. Peculato culposo – JECrim – aplicabilidade

Tratando-se de infração de menor potencial ofensivo, aplicam-se as disposições estatuídas na Lei n. 9.099, de 26.09.1995, sendo compatível com a transação penal e o rito sumaríssimo. Como se admite a transação penal, não será possível a celebração de acordo de não persecução penal (art. 28-A, § 2º, do CPP).

O relatório final da Comissão de Juristas para a elaboração de Anteprojeto do Código Penal, criado pelo Requerimento n. 756/2011 e aditado pelo de n. 1.034/2011, de relatoria do Senador Pedro Taques, convertido no Projeto de Lei n. 236, de 2012 (em trâmite no Senado Federal), do Senado Federal, de autoria do Senador José Sarney, prevê a descriminalização do peculato culposo, tendo mencionado em sua Exposição de Motivos que, grave outrora, atualmente mais se adequaria a sanções cíveis ou administrativas.

3.4 Peculato e crimes de licitação

As espécies delitivas previstas no art. 312 do CP e os crimes licitatórios tipificados nos arts. 337-E a 337-P do CP (previstos anteriormente na Lei n. 8.666/93) coadunam-se com o concurso material de crimes (art. 69 do CP), sendo possível observar, por exemplo, a fraude licitatória praticada como método de acessar os recursos públicos alocados para a realização do objeto contratado, para em seguida desviá-los.

Com efeito, o crime de frustrar o caráter competitivo de licitação ostenta natureza nitidamente formal, consumando-se com o cometimento doloso de expediente malicioso dirigido à adjudicação do contrato com a Administração Pública, constituindo o peculato subsequente espúria apropriação dos respectivos valores, a qual não se configura mero exaurimento do crime licitatório, tampouco se consubstanciado o crime licitatório em etapa necessária para a consumação do peculato, de sorte a se admitir plenamente a coexistência de ambas as figuras penais dentro de um mesmo esquema delitivo.

Nesse sentido, já se manifestou o STJ: "[...] 1. A orientação dominante desta Corte Superior é no sentido de que o art. 90 da Lei n. 8.666/93 estabelece um 'crime em que o resultado exigido pelo tipo penal não demanda a ocorrência de prejuízo econômico para o poder público, haja vista que a prática delitiva se aperfeiçoa com a simples quebra do caráter competitivo entre os licitantes interessados em contratar, ocasionada com a frustração ou com a fraude no procedimento licitatório' (REsp n. 1.498.982/SC, 6ª T., rel. Min. Rogerio Schietti Cruz, *DJe* 18.04.2016). Crime de peculato. Autoria e materialidade. Súmula n. 7 do STJ. 1. O Tribunal local, após aprofundada análise dos elementos colhidos no curso da instrução criminal, concluiu que restou provada a materialidade e a autoria que dão suporte à condenação do réu pelo crime de peculato e, entender de modo diverso, no intuito de abrigar o pleito defensivo de absolvição do acusado demandaria o revolvimento no material fático-probatório, providência exclusiva das instâncias ordinárias e vedada a este Sodalício em sede de recurso especial, ante o óbice da Súmula n. 7 do STJ. Licitação. Fraude. Peculato. Princípio da consunção. Inaplicabilidade. 1. Firmou-se neste Sodalício que 'Reconhecida a autonomia dos desígnios do paciente e a distinção dos bens jurídicos tutelados pelas normas penais, evidencia-se, no caso, a inaplicabilidade do princípio da consunção, dada a ocorrência isolada dos crimes, o que torna inviável a absorção de um delito pelo outro' (*HC* n. 415.900/SP, 5ª T., rel. Min. Ribeiro Dantas, j. 20.02.2018, *DJe* 26.02.2018). Dosimetria. Pena-base. Exasperação. Culpabilidade. Fundamentação idônea. 1. A jurisprudência do STJ é no sentido de que a pena-base pode ser exasperada pelo magistrado no seu exercício discricionário juridicamente vinculado, mediante aferição negativa dos elementos concretos dos autos a denotar maior reprovabilidade da conduta imputada. 2. A Corte estadual considerou desfavorável ao acusado para ambas as condutas imputadas, a vetorial da culpabilidade, diante da destacada função exercida pelo agente na empreitada criminosa por ser considerado um de seus principais artífices e beneficiários. 3. Agravo regimental desprovido" (STJ, Ag. Reg. no REsp n. 1.728.967 2018.00.51736-4, 5ª T., rel. Min. Jorge Mussi, *DJe* 07.05.2019).

Consequentemente, não se trata de consunção, não havendo que se falar em *bis in idem* nessas hipóteses, exatamente por se tratar de condutas e bens jurídicos distintos atingidos por cada qual dos crimes.

Peculato mediante erro de outrem

Art. 313. Apropriar-se de dinheiro ou qualquer utilidade que, no exercício do cargo, recebeu por erro de outrem:

Pena – reclusão, de 1 (um) a 4 (quatro) anos, e multa.

---

1. COMENTÁRIO

1.1. Objetividade jurídica

O bem jurídico tutelado é a Administração Pública, o seu patrimônio, a moralidade.

1.2. Sujeitos

O sujeito ativo é o funcionário público, tendo como sujeito passivo a Administração Pública e a pessoa eventualmente lesada.

Admissível o concurso de pessoas, inclusive no que concerne ao particular estranho ao serviço público. Inteligência do art. 30 do CP (STJ, RHC n. 12.506/MG, 5ª T., rel. Min. Gilson Dipp, *DJ* 21.10.2002).

1.3. Análise da(s) conduta(s) descrita(s) no tipo

O funcionário se apropria de dinheiro ou de qualquer utilidade quando do exercício de seu cargo, a partir da ocorrência de erro alheio, que deve ser espontâneo. O agente não induz a vítima ao erro, como ocorre no estelionato. Ele percebe o equívoco do outro e apodera-se do bem, sendo a posse advinda desse erro, ou seja, o funcionário público não tem a posse prévia do objeto material.

O erro pode suceder não só de particular, mas também de outro funcionário público.

O objeto material é o dinheiro ou qualquer outra utilidade. Entende-se por utilidade qualquer bem móvel.

Há a exigência de que a obtenção do dinheiro ou de qualquer outra utilidade se dê no exercício do cargo.

Se o agente remove o objeto do local em que fora colocado e o introduz em sua bolsa, por exemplo, apropriando-se dele, não há peculato mediante erro de outrem, mas sim peculato-furto (art. 312, § 1º, do CP) (STJ, RHC n. 12.506/MG, 5ª T., rel. Min. Gilson Dipp, *DJ* 21.10.2002).

1.4. Elemento subjetivo

O elemento subjetivo do tipo é o dolo.

1.5. Consumação e tentativa

Consuma-se o delito quando o funcionário público atua como se dono fosse da coisa.

Perpetra o delito o servidor público federal que percebe vencimento pago a mais pela União e não o devolve, havendo jurisprudência no sentido de que o crime somente se consuma quando este, chamado a dar conta, cai em mora e não o restitui (TRF-3ª Região, AC n. 20000399011516-0/SP, 5ª T., rel. Des. Fed. André Nabarrete, j. 17.09.2002). O crime resta caracterizado, portanto, quando o agente público que recebeu o objeto material por erro de outrem se recusa a devolvê-lo após ter sido cientificado do equívoco. Por outro lado, há julgado do Superior Tribunal de Justiça no sentido da desnecessidade de prévia comunicação do Tribunal de Justiça do Estado de Minas Gerais acerca de valores depositados por equívoco na conta bancária do acusado. Reputou-se que por diversas formas o paciente poderia ter conhecimento da origem do dinheiro e, consequentemente, providenciar a sua devolução, de forma que, tal fato, por si só, não elidiria a ocorrência do delito (RHC n. 12.506, 5ª T., rel. Min. Gilson Dipp, *DJ* 21.10.2002).

A tentativa é admissível.

1.6. Classificação

Trata-se de crime próprio, doloso, comissivo (podendo ser perpetrado via omissão imprópria, consoante § 2º do art. 13, CP), material, de forma livre, instantâneo, unissubjetivo e plurissubsistente.

2. JURISPRUDÊNCIA

2.1. Julgados

Valores recebidos indevidamente no curso de licença sem remuneração

Habeas corpus. Peculato mediante erro de outrem (art. 313, CP). Apropriação de valores recebidos indevidamente no curso de licença sem remuneração. Necessidade de revolvimento aprofundado de matéria fático-probatória. Impossibilidade na via estreita do *mandamus*. Desnecessidade de prévia sindicância para a deflagração de ação penal. Inexistência de ilegalidade pela ausência da oitiva de testemunhas no curso do inquérito policial. Denegação da ordem. 1. O trancamento de ação penal na via do *habeas corpus* é medida excepcional, só admitida quando restar provada, inequivocamente, sem a necessidade de exame valorativo do conjunto fático ou probatório, a atipicidade da conduta, a ocorrência de causa extintiva da punibilidade, ou, ainda, a ausência de indícios de autoria ou de prova da materialidade do delito. Precedentes. 2. Na hipótese vertente, para se constatar se o paciente agiu ou não com dolo de se apropriar indevidamente da remuneração recebida durante o período de licença, para se verificar se não conseguiu devolver as quantias diante da negativa da Administração Pública e da Promotoria Fazendária, bem como para se analisar se os fatos decorreram exclusivamente da desídia de outros servidores públicos, seria necessária análise aprofundada de matéria fático-probatória, o que é vedado na via estreita do remédio constitucional [...]. (STJ, *HC* n. 122.673/MT, 5ª T., rel. Min. Jorge Mussi, *DJ* 14.04.2011)

3. OBSERVAÇÕES

O Projeto de alteração do CP citado reconduz esse delito à figura essencial da conduta, entendendo desnecessário o desdobramento existente na atualidade.

Inserção de dados falsos em sistema de informações

Art. 313-A. Inserir ou facilitar, o funcionário autorizado, a inserção de dados falsos, alterar ou excluir indevidamente dados corretos nos sistemas informatizados ou bancos de dados da Administração Pública com o fim de obter vantagem indevida para si ou para outrem ou para causar dano:

Pena – reclusão, de 2 (dois) a 12 (doze) anos, e multa.

Artigo acrescentado pela Lei n. 9.983, de 14.07.2000.

---

1. COMENTÁRIO

1.1. Notas introdutórias

O referido artigo foi inserido no CP por meio da Lei n. 9.983, de 14.07.2000, com entrada em vigor noventa dias após a sua publicação no *DOU* de 17.07.2000, ou seja, em 15.10.2000, tendo sido feita alusão ao termo "peculato eletrônico" no Projeto de Lei n. 933/99, que lhe deu origem.

Diante do desenvolvimento e modernização sistematizada que se inseriu no âmbito da administração, objetivou-se criminalizar condutas que colocassem em risco a segurança das informações contidas em seus sistemas e bancos de dados, ante a ocorrência de fraudes e desvios que se assolaram no seio do Estado.

1.2. Objetividade jurídica

O bem jurídico tutelado é a Administração Pública, considerada sob os aspectos patrimonial e moral. É a probidade administrativa, a moralidade e o patrimônio público, além da confiabilidade social nos sistemas e/ou banco de dados mantidos pela Administração Pública e respectivo conjunto de informações neles contidas.

1.3. Sujeitos

O sujeito ativo é o funcionário público autorizado, ou seja, aquele que tem acesso ao sistema informatizado e ao banco de dados da Administração Pública.

Antonio Pagliaro e Paulo José da Costa Jr. ensinam que: "Não se trata porém de um funcionário qualquer, mas de um funcionário autorizado, que estiver em repartição incumbida de manter os sistemas informatizados, ou o banco de dados da Administração Pública" (*Dos crimes contra a administração pública*, 2006, p. 69).

Trata-se de crime próprio, que somente pode ser praticado por funcionário público (ou alguém a ele equiparado, nos termos do art. 327, *caput* e respectivos parágrafos, do CP). Além disso, apenas pode figurar como sujeito ativo o funcionário público que, além de ostentar essa qualidade, é autorizado a acessar/operar, por meio de senha ou qualquer outro comando, determinado sistema de informações da Administração Pública não aberto a outros funcionários ou ao público em geral.

É possível o concurso de agentes com um particular estranho ao serviço público. Na hipótese de um dos indivíduos não ostentar a condição de funcionário público autorizado (STJ, Ag. Reg. no REsp n. 1.290.279/AP, 5ª T., rel. Min. Gurgel de Faria, *DJ* 09.10.2015), nada impede de a ele ser imputado o delito estampado no art. 313-A do Código Penal, porquanto tal qualidade, sendo uma elementar do tipo, comunica-se com todos os autores e partícipes (art. 30 do Código Penal) (TRF3, ACR n. 00033830920044036181, 1ª T., rel. Juiz Convocado Márcio Mesquita, *DJ* 05.08.2009 e TRF3, ACR n. 0001204-89.2007.4.03.6119, 11ª T., rel. Des. Federal José Lunardelli, *DJ* 14.02.2017).

É necessária, no entanto, a demonstração acerca do conhecimento da condição pessoal do outro corréu e que dela se valeu para a prática do delito (TRF4, ACR n. 00004563920084047010, rel. Des. Federal Márcio Antônio Rocha, *DJ* 17.11.2015).

Consequentemente, imprescindível, para a extensão da qualidade de caráter pessoal elementar do tipo a quem não a detenha, que se comprove a unidade de desígnios entre o servidor público que insere dados inverídicos no sistema da Administração Pública e o particular que concorre para tal intento.

Dada a acessoriedade da conduta imputada ao *extraneus* para com o autor do delito (pois somente servidor pode praticar os elementos do tipo penal sob análise), a ausência de descrição, pelo órgão acusatório, do elo subjetivo entre tais agentes inviabiliza a responsabilização do terceiro.

Cumpre ressaltar, por outro lado, precedente do Superior Tribunal de Justiça no sentido de que se a intenção do agente que não detém cargo público foi a de apenas obter a vantagem indevida, por exemplo, o recebimento de benefício previdenciário, ainda que para esse fim tivesse sido necessária a inserção de informações incorretas no banco de dados do INSS, o elemento subjetivo esteve direcionado apenas à obtenção fraudulenta do benefício, o que não tolhe a possibilidade de o agente ser julgado por estelionato (art. 171, § 3º, do CP) e o servidor da autarquia previdenciária pelo delito capitulado no art. 313-A do CP, ante as distintas intenções de cada um dos agentes. Em tal oportunidade, asseverou-se que "ainda que se admita a sua participação para a consumação do crime contra a Administração Pública, ele não passa de crime-meio para a execução do estelionato, não sendo, por isso, punível" (*HC* n. 147.248/SP, 5ª T., rel. Min. Laurita Vaz, *DJ* 07.08.2014).

O funcionário que não detenha autorização somente poderá praticar o delito seguido de outro com autorização. Em se tratando o agente de funcionário público "não autorizado", ficará afastada a subsunção dos fatos ao tipo penal previsto no art. 313-A do CP, podendo se caracterizar, nessa hipótese, o delito de falsidade ideológica (inteligência do art. 299 do CP) ou, ainda, o delito previsto no art. 171, § 3º, do Código Penal, por exemplo.

O sujeito passivo é o Estado e demais entidades de direito público. O particular também poderá ser sujeito passivo, no caso de o comportamento criminoso lhe causar prejuízo.

1.4. Análise da(s) conduta(s) descrita(s) no tipo

Tem como ação nuclear o comportamento do funcionário público autorizado que insere ou facilita para que outro insira dados falsos, bem como a conduta de alterar ou excluir indevidamente dados corretos existentes nos sistemas informatizados ou de bancos de dados da Administração Pública.

O objeto material do crime são os dados pertencentes à Administração Pública e inseridos nos sistemas informatizados ou banco de dados, ou ainda aqueles que deveriam constar em tais meios.

José Paulo Baltazar Junior bem elucida que "se a alteração ou exclusão se dá no interesse público, em cumprimento de lei ou ato administrativo, ou mesmo de ordem da autoridade competente, não haverá o crime" (*Crimes federais*, 2015, p. 279).

Há subsunção dos fatos à norma daquele que se vale da condição de funcionário do INSS para inserir dados falsos no sistema informatizado da autarquia previdenciária, permitindo a concessão indevida de benefício previdenciário a terceiro.

Saliente-se não haver necessidade de se perquirir na via administrativa a eventual existência de direito aos créditos pelos beneficiários, tendo em vista que a aferição da existência da autoria e materialidade delitivas independe de procedimento administrativo prévio (STF, *HC* n. 84.487/SP, 2ª T., rel. Min. Cezar Peluso, *DJ* 26.06.2009).

Perpetra o crime, ainda, o indivíduo que, na condição de agente administrativo do Ministério da Saúde, insere dados falsos nos sistemas informatizados da Administração Pública, com a finalidade de obter vantagem patrimonial indevida. Entendeu o Superior Tribunal de Justiça que a denunciada teria alterado no sistema SIAPE os valores que percebia relativos a férias e auxílio-transporte, de forma consciente e voluntária, majorando-os de forma indevida, o que culminou com o recebimento fraudulento dos valores. Rechaçou-se a tese da defesa de que a denunciada não teria atribuição para inserir ou excluir dados no sistema, ao argumento de que a acusada, enquanto agente administrativa, gozava de livre e autorizado acesso ao sistema informatizado, não tendo sido acolhida a possibilidade de desclassificação do feito para estelionato (Ag. Reg. no AREsp n. 308.989/RJ, rel. Min. Marco Aurélio Bellizze, *DJ* 10.06.2013).

1.5. Elemento subjetivo

A configuração do crime requer o dolo, consistente na vontade livre e consciente de perpetrar as condutas típicas, acrescido de um especial fim de agir, qual seja a obtenção da vantagem indevida para si ou para outrem, ou de causar dano.

Portanto, para que se possa atribuir a um sujeito a autoria do delito de inserção de dados falsos em sistema de informações, é indispensável a presença do dolo, isto é, da vontade livre e consciente de inserir/facilitar a inserção de dados sabidamente falsos (ou de alterar/excluir indevidamente dados corretos) em sistema ou banco de dados da Administração, bem como é imprescindível que o agente atue com a especial finalidade (elemento subjetivo que transcende ao dolo) de causar dano ou de obter vantagem indevida (de qualquer natureza) para si ou para outrem. Há de se ressaltar que a vantagem indevida pode ser de outra ordem que não somente a econômica, por exemplo, a obtenção de prestígio profissional.

1.6. Consumação e tentativa

Cuida-se de crime formal, consumando-se o delito quando o agente insere ou facilita para que outro insira dados falsos, bem como quando altera ou exclui indevidamente dados corretos, sendo desnecessária a ocorrência de efetivo dano ou da obtenção da vantagem indevida. Portanto, não se exige a efetiva produção de um resultado naturalístico para sua consumação.

O delito de "inserção de dados falsos em sistema de informações" ou "peculato eletrônico" é misto alternativo (ou de ação múltipla), que possui, no seu bojo, vários verbos nucleares, de modo que, praticada qualquer das condutas descritas, estará consumado o crime. Inclusive, a prática, em um mesmo contexto fático, de dois ou mais dos comportamentos previstos enseja, em princípio, a responsabilização por uma única infração penal, não se havendo de falar em concurso de crimes.

Admite-se a tentativa.

1.7. Classificação

Trata-se de crime próprio, doloso, comissivo (excepcionalmente omissivo impróprio, nos termos do § 2º do art. 13 do CP), formal, de forma livre, instantâneo, pluriofensivo, unissubjetivo e plurissubsistente.

2. JURISPRUDÊNCIA

2.1. Julgados

Cumpre destacar precedente do Superior Tribunal de Justiça apontando que o delito previsto no art. 313-A do Código Penal é especial ao crime de peculato estampado no art. 312 do Código Penal, não havendo de se falar em concurso de crimes (*HC* n. 213.179/SC, 5ª T., rel. Min. Jorge Mussi, *DJ* 03.05.2012). A obtenção de vantagem indevida auferida em detrimento da Administração Pública é alcançada por meio de um especial modo de agir, consubstanciado na inserção de informações falsas nos sistemas informatizados ou banco de dados. Tal circunstância evidencia a ocorrência de apenas uma lesão ao bem jurídico tutelado (a dupla incidência dos tipos penais para penalizar uma mesma conduta implica *bis in idem*, o que é vedado em nosso ordenamento jurídico), de forma que, diante do concurso aparente de normas, a especial deve prevalecer sobre a geral.

Peculato eletrônico. Princípio da especialidade

Penal e processual penal. Art. 313-A do Código Penal. Inserção de dados falsos no sistema informatizado do INSS. Obtenção indevida de benefício previdenciário. Estelionato previdenciário. Art. 171, § 3º, do Código Penal. Preliminar de inépcia da denúncia rejeitada. Materialidade, autoria e dolo comprovados. Dosimetria da pena. Substituição da pena privativa de liberdade. 1. Preliminar de inépcia da denúncia rejeitada. A denúncia narrou adequadamente os fatos relativos aos crimes imputados aos acusados, descrevendo satisfatoriamente a atuação deles, o conteúdo e a extensão da acusação, possibilitando-lhe o pleno exercício da ampla defesa e do contraditório. 2. Comprovados nos autos a materialidade, a autoria e o dolo. 3. Restou demonstrado que foram inseridas informações falsas nos sistemas informatizados do INSS com o fim de garantir que a segurada cumprisse a carência necessária à concessão da aposentadoria por tempo de contribuição, de modo que deve ser mantida a condenação dos apelantes prática do crime previsto no art. 313-A do Código Penal. 4. O delito em questão, por ser crime formal, não exige a comprovação da ocorrência de resultado naturalístico para a sua consumação. Portanto, é irrelevante para a sua configuração a demonstração da efetiva obtenção de vantagem indevida. 5. A conduta narrada na denúncia – inserção de dados falsos no sistema da Previdência a fim de obter vantagem para si ou para outrem – subsume-se ao delito tipificado no art. 313-A do Código Penal, que foi aplicado com base no princípio da especialidade. 6. Dosimetria das penas. 7. A qualidade de funcionário público já constitui elementar do tipo descrito no art. 313-A do Código Penal, o que enseja o afastamento da agravante relativa à violação de dever inerente a cargo (CP, art. 61, II, *g*). 8. Inaplicáveis as atenuantes previstas no art. 65, II e III, *d*, do Código Penal. Embora a apelante tenha admitido a ciência acerca do não preenchimento dos requisitos necessários à aposentadoria, não confessou que participou da fraude perpetrada pelos corréus para a sua obtenção. Por esse mesmo motivo, não há como alegar desconhecimento da lei, pois a acusada não possui baixa escolaridade e tinha condições de entender o caráter ilícito da sua conduta. 9. O estelionato previdenciário praticado pela apelante mostra-se incompatível com a figura da continuidade delitiva (CP, art. 71), isso porque a execução do crime se protraiu no tempo, enquanto perdurou o recebimento das parcelas do benefício. 10. Pena de multa fixada de forma proporcional à pena corporal. 11. Mantidos o regime inicial para cumprimento da pena e a substituição da pena privativa de liberdade por duas penas restritivas de direitos. 12. Apelações desprovidas e parcialmente providas. (TRF3, ACR n. 63.559, rel. Des. Federal Nino Toldo, *DJ* 27.03.2018)

Desnecessidade de procedimento administrativo prévio

Ação penal. Concurso de crimes contra a Previdência Social. Inserção de dados falsos em sistema de informações, estelionato qualificado e formação de quadrilha. Arts. 313-A, 171, § 3º, e 288 do CP. Necessidade de prévia definição de procedimento administrativo. Inexistência. Crimes comuns cujos tipos independem dessa providência. *HC* denegado na parte conhecida. A perfeição dos tipos de crimes comuns contra a Previdência Social independe da definição de prévio procedimento administrativo. (STF, *HC* n. 84.487, 2ª T., rel. Min. Cezar Peluso, *DJ* 02.06.2009)

Há julgado do Pretório Excelso encampando a tese de que a conduta de agente policial consistente na inserção de dados falsos em sistema de registro da Polícia Civil antes do advento da Lei n. 9.983/2000, que introduziu o art. 313-A, não implicaria atipicidade, porquanto da análise do caso concreto, os fatos amoldavam-se perfeitamente ao delito insculpido no art. 299, parágrafo único, do CP (STF, RHC n. 100.849/SP, 2ª T., rel. Min. Ayres Britto, *DJ* 21.06.2011).

O entendimento foi no sentido de que tal alteração legislativa, ao criar o novo tipo penal, objetivou apenar mais severamente o funcionário público autorizado a realizar as operações nos sistemas informatizados ou em sistema de dados da administração pública, tendo deixado de fora o funcionário não detentor dessa autorização, razão pela qual se aplicaria o disposto no parágrafo único do art. 299 do CP.

Conduta de inserir informação falsa anterior à Lei n. 9.983/2000

Recurso ordinário constitucional em *habeas corpus*. Crime contra a fé pública. Falsidade ideológica cometida por funcionário público. Denúncia que descreve robustamente as circunstâncias elementares do crime do parágrafo único do art. 299 do CP. Superveniência do tipo do art. 313-A do CP. Irrelevância para o deslinde da causa. Tipicidade da conduta devidamente assentada pelas instâncias precedentes. 1. Ao contrário das alegações feitas pelo acionante, a denúncia descreve com suficiência fatos que se amoldam ao delito de falsidade ideológica, com a causa majorante do parágrafo único do art. 299 do CP. 2. Não há como encampar a tese defensiva de que, até a inclusão do art. 313-A na Parte Especial do CP, a conduta de inserir informação falsa no sistema de registros da Polícia Civil de São Paulo é de ser considerada atípica. 3. Recurso ordinário em *habeas corpus* desprovido. (STF, RHC n. 100.849, 2ª T., rel. Min. Ayres Britto, *DJ* 29.03.2011)

Desnecessidade de prova pericial

Penal. Processual penal. Apelação criminal. Art. 313-A do CP. Inserção de dados falsos no sistema informatizado do INSS visando à concessão de aposentadoria indevida. Prova pericial. Delito formal. Materialidade. Autoria. Dolo. Comprovados. Dosimetria da pena. Exasperação da pena. Circunstâncias desfavoráveis. Regime aberto. Redução da quantidade de dias-multa. Redução da prestação pecuniária. Destinação União. Execução provisória da pena. [...] III. O crime do art. 313-A do CP é formal, não exigindo para sua consumação a ocorrência de resultado naturalístico. Consuma-se, portanto, com a prática de qualquer uma das condutas descritas no tipo penal, independentemente de efetiva obtenção de vantagem indevida ou ocorrência de prejuízo, que configuram mero exaurimento do crime. IV. A ausência do laudo pericial, por si só, não macula o processo quando autoria e materialidade delitivas podem ser comprovadas nos autos por outros elementos. [...] (TRF3, ACR n. 0000264-40.2004.4.03.6181, 11ª T., rel. Des. Federal José Lunardelli, *DJ* 26.02.2019)

Art. 313-A do Código Penal. Não aplicação do princípio da insignificância

Penal. Processo penal. Inserção de dados falsos em sistema informatizado da administração pública. CP, art. 313-A. Nulidades. Cessação do exercício da função pública. Art. 514 do Código de Processo Penal. Inaplicabilidade. Defesa do art. 514 do Código de Processo Penal. Omissão. Prejuízo. Comprovação. Exigibilidade. Sentença condenatória. Pretensão prejudicada. Princípio da insignificância. Inaplicabilidade. Materialidade e autoria comprovadas. Dosimetria. Pena-base. Maus antecedentes. STJ, Súmula n. 444. Apelações desprovidas. 1. Conforme precedentes do Supremo Tribunal Federal, o procedimento previsto no art. 514 do Código de Processo Penal não é aplicado se o funcionário público deixou de exercer a função na qual estava investido (STF, AP n. 465, rel. Min. Cármen Lúcia, j. 24.04.2014; STF, RHC n. 114.116, rel. Min. Gilmar Mendes, j. 11.12.2012 e STF, *HC* n. 110.361, rel. Min. Ricardo Lewandowski, j. 05.06.2012). 2. Embora o inquérito policial não supra a defesa prevista no art. 514 do Código de Processo Penal, a omissão desta somente enseja nulidade se comprovado o efetivo prejuízo, consoante os precedentes do Supremo Tribunal Federal. (STF, Ag. Reg. no RHC n. 121.094, rel. Min. Roberto Barroso, j. 19.08.2014 e STF, RHC n. 120.569, rel. Min. Ricardo Lewandowski, j. 11.03.2014). Para o Supremo Tribunal Federal, a prolação de sentença condenatória prejudica a alegação de nulidade por inobservância do art. 514 do Código de Processo Penal (STF, RHC n. 127.296, rel. Min. Dias Toffoli, j. 12.06.2015 e STF, Ag. Reg. no RHC n. 121.094, rel. Min. Roberto Barroso, j. 19.08.2014). 3. Segundo entendimento do Superior Tribunal de Justiça, é inaplicável o princípio da insignificância aos crimes cujo objeto jurídico é a Administração Pública, não só no seu aspecto material mas também no moral, como sucede nos casos de peculato e inserção de dados falsos em sistema de informações (STJ, *HC* n. 165.725, rel. Min. Laurita Vaz, j. 16.06.2011; REsp n. 1.378.710, rel. Min. Jorge Mussi, j. 20.06.2013, decisão monocrática; TRF da 3ª Região, ACR n. 00063043820044036181, rel. Des. Fed. Antonio Cedenho, j. 30.01.2013). 4. Comprovadas a materialidade e a autoria do delito, é mantida a condenação da ré. 5. Dosimetria. No tocante a personalidade voltada para o crime, em consideração às condenações da ré pelo mesmo delito por outros fatos, não cabe valorá-los em prejuízo da ré sem a comprovação de trânsito em julgado, conforme dispõe a Súmula n. 444 do Superior Tribunal de Justiça. 6. Preliminar rejeitada. 7. Apelações desprovidas. (TRF3, Ap. Crim. n. 0009695-23.2013.4.03.6104, 5ª T., rel. André Nekatschalow, *DJ* 18.10.2019).

Modificação ou alteração não autorizada de sistema de informações

Art. 313-B. Modificar ou alterar, o funcionário, sistema de informações ou programa de informática sem autorização ou solicitação de autoridade competente:

Pena – detenção, de 3 (três) meses a 2 (dois) anos, e multa.

Artigo acrescentado pela Lei n. 9.983, de 14.07.2000.

Parágrafo único. As penas são aumentadas de um terço até a metade se da modificação ou alteração resulta dano para a Administração Pública ou para o administrado.

1. COMENTÁRIO

1.1. Notas introdutórias

Aludido normativo igualmente fora introduzido ao Estatuto Penal Repressivo por intermédio da Lei n. 9.983, de 14.07.2000.

1.2. Objetividade jurídica

Tutela-se a segurança das informações inseridas nos sistemas informatizados e em bancos de dados da Administração Pública.

1.3. Sujeitos

O sujeito ativo é o funcionário público, não havendo a necessidade, nesta hipótese, de que detenha autorização para laborar com sistema de informações ou programa de informática, como ocorre na modalidade anterior. Portanto, qualquer agente público que faça uso de computador no exercício de suas atribuições poderá cometer o delito, admitindo-se o concurso de pessoas com o particular.

O sujeito passivo é o Estado e eventualmente o particular, no caso deste sofrer dano.

1.4. Análise da(s) conduta(s) descrita(s) no tipo

Tem como ação nuclear o comportamento do funcionário público que modifica ou altera o sistema de informações ou programa de informática, sem autorização ou solicitação de autoridade competente.

O objeto material é o sistema de informações ou programa de informática.

As condutas devem ser realizadas sem autorização ou solicitação de autoridade competente.

1.5. Elemento subjetivo

O elemento subjetivo é o dolo, consubstanciado na vontade livre e consciente de modificar o sistema de informações ou o programa de informática, não se exigindo um especial fim de agir.

1.6. Consumação e tentativa

Trata-se de crime formal, aperfeiçoando-se com a modificação ou alteração do sistema de informações ou programa de informática, não se exigindo o resultado ou a ocorrência do dano. Portanto, para a configuração do crime é irrelevante o prejuízo (TRF4, ACR n. 2005.71.00016873-9, rel. Des. Federal Maria de Fátima Freitas Labarrère, *DJ* 11.10.2006), o qual, se ocorrer, poderá ensejar a causa de aumento de pena estatuída no parágrafo único.

Admite-se a tentativa.

1.7. Causa de aumento de pena (parágrafo único)

O parágrafo único do artigo em análise prevê causa de aumento (de 1/3 até 1/2) no caso de a modificação ou alteração resultar dano para a Administração Pública ou para o administrado.

1.8. Classificação

Trata-se de crime próprio, doloso, comissivo (excepcionalmente omissivo impróprio, nos termos do § 2º do art. 13 do CP), formal, de forma livre, instantâneo, unissubjetivo e plurissubsistente.

2. JURISPRUDÊNCIA

O STF, quando do julgamento do Inquérito n. 1.879/DF (Pleno, rel. Min. Ellen Gracie, *DJ* 07.05.2004, p. 8), no episódio conhecido como violação do painel eletrônico envolvendo parlamentares, esclareceu que os fatos narrados na peça vestibular, consistentes em alteração nos programas de informática, não se amoldariam ao disposto no art. 305 do CP (supressão de documento), mas sim ao disposto no art. 313-B do CP (modificação ou alteração não autorizada de sistema de informações).

Evidenciou-se que a conduta tida como criminosa teria se consubstanciado no comportamento de neutralizar momentaneamente o dispositivo eletrônico que ocultaria a qualidade dos votos, a partir da alteração temporária do programa, cujo objetivo era o de vantagem indevida, o que revelaria a subsunção dos fatos à norma do art. 313-B do CP.

Vale ressaltar, no entanto, que a peça vestibular foi rejeitada por atipicidade dos fatos, ao argumento da impossibilidade de retroação da norma penal a fatos perpetrados anteriormente à sua vigência, *in casu*, a Lei n. 9.983/2000, que inseriu o art. 313-B ao Estatuto Penal Repressivo.

2.1. Julgado

Violação do painel do Senado

Supressão de documento (CP, art. 305). Violação do painel do Senado. A obtenção do extrato de votação secreta, mediante alteração nos programas de informática, não se amolda ao tipo penal previsto no art. 305 do CP, mas caracteriza o crime previsto no art. 313-B da Lei n. 9.989, de 14.07.2000. Impossibilidade de retroação da norma penal a fatos ocorridos anteriormente a sua vigência (CF, art. 5º, XL). Extinção da punibilidade em relação ao crime de violação de sigilo funcional (CP, art. 325). Denúncia rejeitada por atipicidade de conduta. Inquérito n. 1.879. (STF, Inq. n. 1.879, Pleno, rel. Min. Ellen Gracie, *DJ* 07.05.2004)

3. OBSERVAÇÕES

Aplicam-se ao menos inicialmente as disposições estatuídas na Lei n. 9.099/95, sendo compatível com a transação penal e o rito sumaríssimo. Como se admite a transação penal, não será possível a celebração de acordo de não persecução penal (art. 28-A, § 2º, do CPP).

Extravio, sonegação ou inutilização de livro ou documento

Art. 314. Extraviar livro oficial ou qualquer documento, de que tem a guarda em razão do cargo; sonegá-lo ou inutilizá-lo, total ou parcialmente:

Pena – reclusão, de 1 (um) a 4 (quatro) anos, se o fato não constitui crime mais grave.

---

1. COMENTÁRIO

1.1. Objetividade jurídica

O bem jurídico tutelado é o regular funcionamento da atividade administrativa, especialmente no que diz respeito ao resguardo dos livros oficiais e documentos públicos ou particulares que se encontram sob os cuidados do Estado.

1.2. Sujeitos

O sujeito ativo é o funcionário público, devendo este estar incumbido do dever de guarda do livro oficial ou documento. Exige-se, portanto, que eles tenham sido confiados ao funcionário em virtude do cargo que exerce.

O magistério de Cezar Roberto Bitencourt assevera que "a guarda pode existir tanto na repartição pública como em qualquer outro lugar destinado a esse fim segundo determinação da própria Administração Pública" (*Tratado de direito penal*: Parte Especial, 2012, v. 5, p. 83).

Poderá haver o concurso de pessoas com o particular, desde que haja ciência da condição de funcionário público do outro agente.

No caso de um particular perpetrar isoladamente referido comportamento (não concorrendo com o funcionário público para a prática do delito do art. 314, CP), incidirá nas penas do art. 337 do Estatuto Penal Repressivo (subtração ou inutilização de livro ou documento). Também responderá por este último delito o funcionário público que não for responsável pela guarda do livro ou documento.

A seu turno, o sujeito passivo é o Estado e as entidades de direito público. Eventualmente o particular prejudicado com a conduta do agente também poderá ser sujeito passivo.

1.3. Análise da(s) conduta(s) descrita(s) no tipo

As três condutas delineadas em referido artigo consistem em extraviar, sonegar ou inutilizar (total ou parcialmente) livro oficial ou qualquer documento, de que tem a guarda, em razão do cargo, o funcionário público.

O objeto material é o livro oficial ou qualquer documento (público ou privado).

Nélson Hungria assevera que: "Para que o livro oficial ou documento (público ou particular) seja idôneo objeto do crime do art. 314, basta que, de qualquer modo, afete o interesse administrativo ou de qualquer serviço público ou de particulares" (*Comentários ao Código Penal*, 1959, v. 9, p. 355).

Comete o crime delineado no art. 314 do Código Penal o funcionário público que inutiliza folha em que consta manifestação do Procurador da República, notadamente em virtude de que o processo judicial também é objeto material do crime ora em comento, valendo esclarecer que no caso de o particular inutilizar a folha de ação judicial, praticará o delito estampado no art. 337 do Estatuto Penal Repressivo, mas não o ora em comento, como mencionado alhures.

A seu turno, em se tratando de advogado ou procurador, incidirá nas penalidades do art. 356 do CP, consistentes na sonegação de papel ou objeto de valor probatório.

O STJ também já decidiu que o réu, na condição de juiz federal, ao determinar a inutilização de provas importantes para a persecução criminal, incorrera nas penas do art. 314 do CP, reputando que o elemento normativo documento, inserido no tipo penal, não estaria adstrito à concepção isolada de escrito, abarcando também as "fitas cassetes, que continham gravações oriundas de monitoramento telefônico em investigação criminal" (*HC* n. 65.499/SP, 5ª T., rel. Min. Laurita Vaz, *DJ* 28.04.2008).

Ainda, consoante entendimento da referida Corte, também se amoldaria ao tipo penal constante no art. 314 do Código Penal a conduta de escrivão de polícia que supostamente teria sonegado inquéritos policiais e termos circunstanciados da fiscalização, ao informar aos inspetores que várias peças policiais se encontravam no Fórum, quando, na verdade, estariam na Delegacia sindicada ou no interior de um automóvel (*HC* n. 237.964/SP, 5ª T., rel. Min. Laurita Vaz, *DJ* 19.12.2013).

1.4. Elemento subjetivo

O elemento subjetivo é o dolo.

1.5. Consumação e tentativa

Cuida-se de crime formal, não se exigindo o efetivo prejuízo para a Administração Pública ou para o administrado.

Consuma-se o delito com a prática de uma das condutas típicas.

Na hipótese extraviar, o crime é permanente, protraindo-se no tempo, a depender da vontade de seu agente. Esse é o entendimento de Luiz Regis Prado e Damásio E. de Jesus (*Código Penal anotado*, 1996, p. 828). Em sentido oposto, ou seja, de que não se trataria de crime permanente, mas sim de crime instantâneo de efeitos permanentes, Cezar Roberto Bitencourt (*Tratado de direito penal*: Parte Especial, 2012, v. 5, p. 85).

Já na conduta sonegar, a consumação perfaz-se quando exigida a sua apresentação e o funcionário que tem o dever jurídico de apresentá-lo não o faz. No que tange ao comportamento inutilizar, basta que este seja parcial, de modo que o delito restará consumado quando iniciada a inutilização do livro ou documento.

A tentativa é admissível somente com relação ao extravio e à inutilização, porquanto no que tange à sonegação, como visto, o crime resta consumado quando se exige do funcionário público a exibição do objeto escondido.

1.6. Classificação

Trata-se de crime próprio, doloso, comissivo (nas condutas "extraviar" e "inutilizar", podendo ser praticado excepcionalmente via omissão imprópria, nos termos do § 2º do art. 13 do CP) e omissivo (na conduta sonegar), formal, de forma livre, instantâneo (instantâneo de efeitos permanentes na conduta "extraviar"), unissubjetivo e plurissubsistente.

2. JURISPRUDÊNCIA

2.1. Julgado

Fitas cassetes. Enquadramento como documentos para fins do art. 314 do CP

Habeas corpus. Penal e processo penal. "Operação anaconda". Juiz federal. Condenação. Art. 350, parágrafo único, IV (abuso de poder), e art. 314 (extravio, sonegação ou inutilização de livro ou documento), ambos do CP. Atipicidade penal não configurada. Reexame do material fático-probatório. Impossibilidade. 1. A Lei n. 4.898/65 não trouxe dispositivo expresso para revogar o crime de abuso de poder insculpido no CP. Assim, nos termos do art. 2º, §§ 1º e 2º, da Lei de Introdução ao Código Civil [atual LINDB], aquilo que não for contrário ou incompatível com a lei nova, permanece em pleno vigor, como é o caso do inciso IV do parágrafo único do art. 350 do CP. 2. O Réu, na condição de Juiz Federal, agiu com abuso de poder, determinando a inutilização de provas relevantes para a investigação criminal em andamento. Essa conclusão a que chegou a instância ordinária, soberana na análise do material fático-probatório, é insuscetível de revisão por este STJ na estreita via do *habeas corpus* em que, como se sabe, não se admite dilação probatória. 3. O verbete "documento", por certo, não está restrito à ideia de escrito, como em tempos passados. Fitas cassetes, que continham gravações oriundas de monitoramento telefônico em investigação criminal, se enquadram na concepção de "documento" para fins da tipificação do crime do art. 314 do CP. Ausência de ofensa ao princípio da reserva legal. 4. Ordem denegada. (STJ, *HC* n. 65.499/SP, 5ª T., rel. Min. Laurita Vaz, *DJ* 27.03.2008)

3. OBSERVAÇÕES

Trata-se de crime subsidiário, restando absorvido no caso de ser praticado crime mais severo, como ocorre quando é cometido o delito do art. 317 do CP (corrupção passiva), o delineado no inciso I do art. 3º da Lei n. 8.137, de 27.12.1990 (crime contra a ordem tributária), o do art. 305 do CP (supressão de documentos), entre outros.

Como bem lecionado por Celso Delmanto: "Se há especial fim de agir, art. 305 do CP. Se o agente não tiver a guarda ou não for funcionário, art. 337 do CP. Se a sonegação é de papel ou objeto de valor probatório, recebido pelo agente na qualidade de advogado ou procurador, art. 356 do CP. Se o extravio, sonegação ou inutilização acarretar pagamento indevido ou inexato de tributo ou contribuição social, art. 3º, I, da Lei n. 8.137/90 (Lei dos Crimes contra a Ordem Tributária, Econômica e contra as Relações de Consumo)" (*Código Penal comentado*, 2010, p. 901).

Emprego irregular de verbas ou rendas públicas

Art. 315. Dar às verbas ou rendas públicas aplicação diversa da estabelecida em lei:

Pena – detenção, de 1 (um) a 3 (três) meses, ou multa.

---

1. COMENTÁRIO

1.1. Objetividade jurídica

Tutela-se a regularidade das atividades da Administração Pública, a probidade e o seu patrimônio.

1.2. Sujeitos

O sujeito ativo é o funcionário público, cumprindo salientar a necessidade de que este tenha poder de disposição sobre o numerário. É pressuposto do delito a existência desse poder de administração.

No caso de o sujeito ativo cuidar-se de prefeito municipal deverão ser aplicadas as disposições estatuídas no DL n. 201, de 27.02.1967.

O sujeito passivo é o Estado ou a entidade de direito público eventualmente lesada.

1.3. Análise da(s) conduta(s) descrita(s) no tipo

A lei penal pune aquele que emprega irregularmente verbas ou rendas públicas, dando-lhes aplicação diversa da estabelecida em lei, sem qualquer observação da dotação orçamentária, alterando a destinação dos recursos públicos.

O objeto material são as verbas ou rendas públicas.

1.4. Elemento subjetivo

O elemento subjetivo do tipo é o dolo, consistente na vontade livre e consciente de efetivar emprego diverso do estatuído em lei.

Não se exige a existência de elemento subjetivo específico, por exemplo, a intenção de lesar o Estado.

1.5. Consumação e tentativa

Consuma-se a espécie delitiva com a efetiva aplicação das verbas ou rendas públicas, não se fazendo necessária a existência do efetivo prejuízo.

Sob esse espeque, bem salienta Luiz Regis Prado: "O delito se consuma com a aplicação efetiva da verba ou renda pública a um fim diverso daquele estabelecido na lei, não bastando a simples destinação diversa, já que em tal fase, o delito se encontra na fase tentada, em face da permanência do fundo público no erário" (*Curso de direito penal brasileiro*: Parte Especial, 2010, v. 3, p. 466).

Admite-se a tentativa.

1.6. Classificação

Trata-se de crime próprio, doloso, formal, comissivo (podendo ser praticado via omissão imprópria, nos termos do § 2º do art. 13 do Estatuto Penal Repressivo), de forma livre, instantâneo, unissubjetivo e plurissubsistente.

2. JURISPRUDÊNCIA

O termo "lei" a que faz menção o tipo penal deverá ser interpretado de modo restritivo, em sentido formal, excluindo-se, portanto, os decretos e quaisquer atos administrativos dispondo acerca da aplicação dos recursos públicos (STF, RHC n. 64.570, 2ª T., rel. Min. Francisco Rezek, *DJ* 20.03.1987).

2.1. Julgados

Lei em sentido formal

Habeas corpus. Emprego irregular de verbas ou rendas públicas. Justa causa. A norma do art. 315 do CP não pune irregularidades administrativas, mas o comportamento do administrador que desvia numerário de meta especificada em lei – requisito que não se materializa nos casos em que o orçamento da pessoa de direito público e aprovado não por lei, mas por decreto do próprio executivo. Ordem concedida. (STF, RHC n. 64.570, 2ª T., rel. Min. Francisco Rezek, *DJ* 10.02.1987)

Peculato. Art. 312 do CP. Verba pública. Longe fica de configurar crime de peculato o emprego de verba pública em obra diversa da programada, fazendo-se ausente quer a apropriação, quer o desvio em proveito próprio ou alheio. Emprego irregular de verba pública – art. 315 do CP. A configuração do crime tipificado no art. 315 do CP não prescinde da existência de lei, em sentido formal e material, a prever a destinação da verba. (STF, AP n. 375, Pleno, rel. Min. Marco Aurélio, *DJ* 17.12.2004)

Emprego irregular de verbas ou rendas públicas. Competência

Habeas corpus. Penal e Processual Penal. Emprego irregular de verbas ou rendas públicas. Verbas recebidas em razão de convênio já incorporadas à municipalidade. Competência da Justiça Estadual. Incidência das Súmulas ns. 150 e 209 desta Corte. 1. A verba que a União Federal entrega ao Município, mediante convênio, incorpora-se ao patrimônio municipal. Precedentes do Superior Tribunal de Justiça. 2. Incorporada a verba federal ao patrimônio municipal e ocorrendo desvio, a competência para processar e julgar o Prefeito acusado é do Tribunal de Justiça do Estado (CF, art. 29, X). 3. Ordem denegada. (STJ, *HC* n. 63.941/PE, 5ª T., rel. Min. Laurita Vaz, *DJ* 08.09.2008)

Art. 315 do CP. Emprego irregular de verbas públicas

Inquérito. Competência criminal originária. Penal. Processo penal. 2. Inépcia da denúncia. Peculato. Denúncia que descreve que desvio em proveito da administração. Descrição suficiente da finalidade. Denúncia apta. 3. Inépcia da denúncia. Inexigibilidade de licitação. Prejuízo à administração ou finalidade específica de favorecimento. Elementos não mencionados no texto da lei. Construção jurisprudencial. Não é exigível que a petição inicial os descreva com minudência. Denúncia apta. 4. Art. 312, *caput*, do Código Penal (peculato desvio). O desvio de recursos para finalidades publicas não configura o crime de peculato. O proveito à administração pública não se enquadra no conceito de proveito próprio ou alheio exigido pelo tipo penal. Desclassificação para o art. 315 do CP. Pronúncia da prescrição da pretensão punitiva em abstrato. 5. Art. 89 da Lei n. 8.666/93 (inexigibilidade indevida de licitação). Prova da inexigibilidade fora das hipóteses legais. Indícios de autoria. 6. Necessidade de demonstração de prejuízo ao erário e da finalidade específica de favorecimento indevido. Secretária de Estado. Pareceres pela conveniência e oportunidade da licitação e pela juridicidade da contratação direta. Ausência de indicativo de influência na escolha ou relação com a contratada. Preponderância da prova no sentido da inexistência do propósito de causar prejuízo ou favorecer indevidamente. 7. Denúncia rejeitada. (STF, Inq. n. 3.731, 2ª T., rel. Min. Gilmar Mendes, *DJ* 01.03.2016)

3. OBSERVAÇÕES

Ainda que não haja dano patrimonial à Administração Pública, remanescerá a aplicação do numerário em desacordo com o estabelecido na lei orçamentária ou em lei especial, em pleno desrespeito ao regular emprego dos recursos públicos, cumprindo salientar que se o desvio tiver como escopo beneficiar funcionário público ou terceiro, haverá o crime de peculato (art. 312, CP), mas não o ora sob análise.

O Supremo Tribunal Federal já teve a oportunidade de consignar que diante da existência de indícios de desvio de verba pública em favor de terceiro, descaberia a desclassificação do art. 1º, I, do Decreto-lei n. 201/67 para o art. 315 do Código Penal. Na hipótese, não se cuidaria de mera aplicação de verba distinta da prevista em lei no espectro da satisfação da própria Administração Pública, mas sim de peculato mediante desvio em proveito de outrem (Inq. n. 4.019, 2ª T., rel. Dias Toffoli, *DJ* 11.04.2016).

De outra senda, valho-me aqui, mais uma vez, dos ensinamentos de Cezar Roberto Bitencourt elucidando que: "Dar destinação diversa da prevista em lei não se confunde com 'ordenação de despesa não autorizada por lei'; são coisas diversas: naquela, existe lei prevendo a destinação da aplicação que, no entanto, é desviada para outra finalidade; nesta, determina-se a realização de despesa sem a autorização legal, violando-se a proibição penal constante do art. 359-D do Código Penal, acrescido pela Lei n. 10.028/2000" (*Tratado de direito penal*: Parte Especial, 2012, v. 5, p. 91).

Tratando-se de delito de menor potencial ofensivo, aplicável as disposições estatuídas na Lei n. 9.099/95. Como é cabível a transação penal, não será possível a celebração de acordo de não persecução penal (art. 28-A, § 2º, do CPP).

Concussão

Art. 316. Exigir, para si ou para outrem, direta ou indiretamente, ainda que fora da função ou antes de assumi-la, mas em razão dela, vantagem indevida:

Pena – reclusão, de 2 (dois) a 12 (doze) anos, e multa.

Pena com redação dada pela Lei n. 13.964, de 24.12.2019.

Excesso de exação

§ 1º Se o funcionário exige tributo ou contribuição social que sabe ou deveria saber indevido, ou, quando devido, emprega na cobrança meio vexatório ou gravoso, que a lei não autoriza:

Pena – reclusão, de 3 (três) a 8 (oito) anos, e multa.

Parágrafo com redação dada pela Lei n. 8.137, de 27.12.1990.

§ 2º Se o funcionário desvia, em proveito próprio ou de outrem, o que recebeu indevidamente para recolher aos cofres públicos:

Pena – reclusão, de 2 (dois) a 12 (doze) anos, e multa.

---

1. COMENTÁRIO

1.1. Objetividade jurídica

O bem jurídico tutelado é a Administração Pública, a moralidade e a probidade administrativa.

1.2. Sujeitos

No crime de concussão o sujeito ativo é o funcionário público. No delito de excesso de exação o sujeito ativo é o funcionário público fazendário.

Admite-se o concurso de pessoas, desde que o particular tenha conhecimento da condição de funcionário público do outro agente (art. 30 do Código Penal).

O sujeito passivo é o Estado e a pessoa que sofre a concussão ou excesso na exação.

1.3. Análise da(s) conduta(s) descrita(s) no tipo

No *caput* a figura criminosa consiste na conduta de o funcionário público exigir, para si ou para outrem, vantagem indevida, em virtude da função. Trata-se do crime de concussão.

O objeto material é a vantagem indevida.

Há a necessidade de que a exigência da vantagem indevida seja em decorrência do cargo, ainda que fora da função, ou antes de assumi-la. O agente, fazendo-se valer de sua autoridade, exige a vantagem indevida sob pena de retaliação à vítima, subsistindo um vínculo entre a exigência formulada e a desforra prometida.

Não há de se falar em retribuição pelo ato a ser praticado pelo funcionário público, o que revelaria a prática por este último do delito de corrupção passiva. Na concussão o indivíduo compelido é vítima, enquanto na corrupção passiva, o particular que oferece ou promete a vantagem indevida é agente do crime de corrupção ativa.

Há preleção doutrinária no sentido da diferenciação da vantagem indevida no delito de concussão e no de corrupção passiva, senão vejamos: "Na corrupção passiva subsiste ainda uma diferença com respeito à vantagem indevida na concussão. Pode ser ela apontada como a necessidade, mencionada por quase toda a doutrina, de que a vantagem em questão represente uma retribuição, ou seja, uma recompensa, pelo ato do funcionário público" (PAGLIARO, Antonio; COSTA JR., Paulo José da. *Dos crimes contra a administração pública*, 2006, p. 105).

O pagamento da vantagem indevida pelo particular ao funcionário público, tomado no âmbito do delito de concussão, não se perfaz para que sejam praticados atos contrários aos deveres funcionais, mas sim para evitá-los, não remanescendo a ideia do acordo de vontades entre o *extraneus* e o *intraneus*.

O funcionário público atua ameaçando ou intimidando a vítima, de modo que o particular não cometerá o crime de corrupção ativa estampado no art. 333 do CP, porquanto, nesse caso, haveria a necessidade de que o particular oferecesse ou prometesse o benefício indevido ao agente público.

No delito de concussão, a vítima está sob pressão, não havendo a obtenção de proveito por ela, sendo certo que, ao assim atuar, evidencia o temor de represália frente ao funcionário público, cedendo à vantagem indevida ante ao constrangimento sofrido.

A exigência pode ocorrer direta ou indiretamente, valendo dizer, inclusive por interposta pessoa, bem como implícita ou explicitamente, quer seja por ameaça, intimidação ou de modo velado. Caracteriza-se, portanto, ainda que atrelada a uma exigência implícita no comportamento do funcionário público.

Há quem entenda que a vantagem indevida deve ter cunho patrimonial, econômico. Por outro lado, há entendimento no sentido de que além do caráter patrimonial também estaria abrangido outro tipo de vantagem que não a material (TRF3, ACR n. 0001583-71.1999.4.03.6002, 2ª T., rel. Des. Federal Henrique Herkenhoff, *DJ* 08.10.2009).

Amolda-se ao delito em comento o médico particular que atua perante o Sistema Único de Saúde e promove a cobrança indevida de honorários, ofendendo, ao assim agir, não só a Administração Pública, mas também a vítima que sofreu a exigência.

Também perpetra o crime de concussão o policial rodoviário federal que exige dinheiro para liberação de caminhão retido em posto de fiscalização (TRF 1ª Região, ACR n. 0001722-44.2006.401.7200, 7ª T., rel. Des. Federal Élcio Pinheiro de Castro, *DJ* 15.03.2012).

O Superior Tribunal de Justiça considerou que o fato de um Desembargador do Tribunal de Justiça do Ceará exigir vantagem indevida consistente no rateio de vencimentos percebidos por duas servidoras comissionadas, como condição para a indicação a cargo em comissão e sua posterior manutenção, amoldar-se-ia ao delito estampado no *caput* do art. 316 do Código Penal (concussão). Na hipótese, o magistrado, valendo-se de sua posição hierárquica, passou a exigir, para si, vantagem mensal indevida de cada uma delas. Os pagamentos ocorriam "mediante envelopes depositados sobre a mesa de trabalho do acusado ou mediante transferências bancárias, com manutenção de rigoroso controle por parte do réu, que mantinha contracheque das vítimas e caderno de registro de créditos, artefatos esses recolhidos em busca e apreensão realizada em seu local de trabalho" (AP n. 825/DF, Corte Especial, rel. Min. Herman Bemjamin, *DJ* 24.04.2019).

A seu turno, o § 1º prevê duas condutas típicas de excesso de exação:[7] exigir o funcionário público tributo ou contribuição social que sabe ou deveria saber indevido, bem ainda exigir tributo devido empregando meio gravoso ou vexatório quando de sua cobrança, que a lei não autoriza.

Observe-se que neste parágrafo, o objeto material do crime é o tributo ou a contribuição social. Tributo, de acordo com o art. 3º do CTN, "é toda prestação pecuniária compulsória, em moeda ou cujo valor nela se possa exprimir, que não constitua sanção de ato ilícito, instituída em lei e cobrada mediante atividade administrativa plenamente vinculada".

As contribuições sociais estão abarcadas nos arts. 149 e 195, ambos da CF, e também são consideradas tributos.

7 Exação é a cobrança rigorosa do tributo. O § 1º do artigo ora em comento diz respeito ao excesso de exação, cuja redação fora determinada pela Lei n. 8.137, de 21.12.1990.

Em ambos os casos, a finalidade é a do recolhimento dos valores aos cofres públicos, não visando o agente locupletar-se, como ocorre no delito de concussão, em que a vantagem indevida é exigida para si ou para outrem.

De acordo com os ensinamentos de Damásio Evangelista de Jesus, o crime de excesso de exação trata-se de: "Subtipo de concussão, diferenciando-se da figura fundamental pela característica de que, aqui, o sujeito ativo não visa o proveito próprio ou alheio, porém, no desempenho de sua função, excede-se nos meios de sua execução" (*Código Penal anotado*, 1996, p. 934).

Quer seja no crime de concussão ou no de excesso de exação, há a identidade do verbo exigir, fato revelador da existência de uma ameaça ou intimidação em ambos os delitos, causando temor à vítima, ainda que de forma implícita.

Oportuno destacar trecho do voto do Desembargador Federal Johonsom di Salvo elucidando a diferença entre os crimes contra a Administração Pública (concussão e excesso de exação) e o estelionato: "Nos referidos crimes contra a administração pública a malícia não é elemento essencial do tipo, mas, eventualmente, pode constituir uma forma de despertar o temor na vítima. No estelionato, a vítima entrega a vantagem indevida não por medo da represália, mas, necessariamente, em razão da fraude, porque é enganada pelo agente que lhe provoca uma falsa percepção da realidade. A vítima do estelionato não tem medo do agente, pelo contrário, confia nele. Na concussão e no excesso de exação a entrega da vantagem indevida é impulsionada pelo receio de ser punida pela autoridade pública, ao passo que no estelionato a vantagem indevida é entregue na confiança debaixo de falha de percepção da realidade induzida pela artimanha do estelionato" (TRF-3ª Região, ACR n. 2003.03.99.025065-8, 1ª T., rel. Des. Federal Johonsom di Salvo, *DJ* 20.03.2007).

Por sua vez, na forma qualificada do excesso de exação descrita no § 2º, pune-se de forma mais severa o funcionário público que desvia o que recebeu indevidamente para recolher aos cofres públicos, em proveito próprio ou alheio, deixando de repassar ao Estado.

Faz-se necessário que a conduta desviar ocorra antes de os valores serem integrados aos cofres públicos, porquanto, se o desvio ocorrer após esse ingresso, haverá a subsunção dos fatos à norma inserida no art. 312 do CP (peculato).

1.4. Elemento subjetivo

No crime de concussão, o elemento subjetivo do tipo é o dolo, acrescido do elemento subjetivo específico consistente na vontade livre e consciente de exigir a vantagem indevida. Há a necessidade de que o agente seja sabedor de que a vantagem que está a exigir seja indevida.

No § 1º (excesso de exação), o elemento subjetivo do tipo também é o dolo, consistente na vontade livre e consciente de exigir o pagamento de tributo ou contribuição social indevidos, ou ainda, o de empregar meio vexatório ou gravoso na cobrança de tributo ou contribuição social que são devidos.

A seu turno, o § 2º (forma qualificada do excesso de exação) igualmente exige a presença do dolo, eis que a intenção do agente é desviar, em proveito próprio ou de outrem, o que recebeu indevidamente para recolher aos cofres públicos.

1.5. Consumação e tentativa

O crime de concussão previsto no *caput* do art. 316 do CP possui natureza formal e exige para a sua configuração a mera imposição da vantagem indevida, prescindindo-se do recebimento do benefício. Não se exige para a sua configuração, nessa toada, o consentimento do indivíduo que venha a sofrer com a imposição da obrigação (STJ, *HC* n. 18.162/RS, 5ª T., rel. Min. José Arnaldo da Fonseca, *DJ* 25.03.2002).

Consuma-se, desse modo, quando a exigência chega ao conhecimento da vítima, sendo certo que a efetiva obtenção da vantagem é mero exaurimento do crime. Portanto, a imposição, exigência, deve preceder à obtenção da vantagem indevida.

Embora de difícil ocorrência, a tentativa pode restar caracterizada, quando, por exemplo, a exigência ocorre por meio de carta ou *e-mail* que se extravia e não chega ao conhecimento do destinatário.

A seu turno, na primeira hipótese do § 1º (excesso de exação), consuma-se com a simples exigência (crime formal).

No segundo caso, a cobrança é devida, mas o funcionário público, ao procedê-la, emprega meio gravoso ou humilhante, ocasião em que o crime resta consumado, independentemente de qualquer valor recebido. Há julgado do Superior Tribunal de Justiça explicitando que se trata de "crime material, que exige o resultado naturalístico consistente no emprego de meio vexatório ou humilhante pelo agente ao exigir o pagamento do tributo" (*HC* n.201.562/RR, 5ª T., rel. Min. Gilson Dipp, *DJ* 01.02.2012).

A tentativa é, em tese, admissível, quando se admitir o seu fracionamento, como no caso de carta ou *e-mail* que se extravia.

Já na forma qualificada do excesso de exação (§ 2º) consuma-se o delito com o efetivo desvio, ainda que este não ocorra integralmente. Admite-se a tentativa.

1.6. Forma qualificada (§ 2º)

A forma qualificada do excesso de exação está insculpida no § 2º do art. 316 do CP.

1.7. Classificação

As figuras descritas no *caput* e nos §§ 1º e 2º, cuida-se de crimes próprios, dolosos, formais, comissivos (podendo ser praticado via omissão imprópria, nos termos do § 2º do art. 13 do CP), de forma livre, instantâneos, unissubjetivos, unissubsistentes ou plurissubsistentes (a depender do modo que for praticado).

2. JURISPRUDÊNCIA

2.1. Excesso de exação

Questão que já se pôs em análise foi a da possibilidade ou não da prática do delito de excesso de exação no caso de cobrança de multa, tendo o STJ salientado que em decorrência do princípio da estrita legalidade não se poderia abarcar tal conceito de multa ao de tributo estampado no art. 3º do CTN, de modo que a sua cobrança indevida não configuraria o tipo analisado (REsp n. 476.315/DF, 6ª T., rel. Min. Celso Limongi (Des. convocado do TJSP), *DJ* 22.02.2010). Saliento que a redação original do § 1º do art. 316 do CP fazia menção a taxa ou emolumento, tendo sido suprimida pela Lei n. 8.137, de 27.12.1990.

Sob este enfoque, o STJ já se pronunciou no sentido de que o conceito de tributo não abarcaria as custas e os emolumentos, de modo que a exigibilidade pelo oficial registrador de emolumento em valor superior ao estatuído no Regimento de Custas e Emolumentos não seria hábil a tipificar o crime de excesso de exação (RHC n. 8.842/SC, 6ª T., rel. Min. Fernando Gonçalves, *DJ* 13.12.1999).

Posteriormente, no entanto, o STJ asseverou que as custas e os emolumentos concernentes aos serviços notariais e registrais possuem natureza tributária, qualificando-se como taxas remuneratórias de serviços públicos, razão pela qual comete o crime de excesso de exação aquele que exige custas ou emolumentos que sabe ou deveria saber indevidos (REsp n. 899.486/RJ, 5ª T., rel. Min. Felix Fischer, *DJ* 03.09.2007). Em idêntico sentido, cite-se o REsp n. 1.181.417/SC, 2ª T., rel. Min. Humberto Martins, *DJ* 03.09.2010.

O STF também se pronunciou na mesma linha de compreensão, ou seja, de que os emolumentos judiciais são tributos da espécie taxa, razão pela qual abarcados pela expressão *tributo* inserida no art. 316 do CP (*HC* n. 74.131, 1ª T., rel. Min. Moreira Alves, *DJ* 11.04.1997). No mesmo sentido, a Corte Maior explicitou que "é da jurisprudência do Tribunal que as custas e os emolumentos judiciais ou extrajudiciais têm caráter tributário de taxa"(ADI n. 3694, Pleno, rel. Min. Sepúlveda Pertence, *DJ* 06.11.2006).

Para Cezar Roberto Bitencourt, o abuso na cobrança de tarifas, emolumentos ou custas não configura excesso de exação, porquanto não constituem tributo, tampouco contribuição social, tratando-se de conduta atípica, nos termos do § 1º do art. 316 do CP, com a redação da Lei n. 8.137, de 27.12.1990 (*Tratado de direito penal*: Parte Especial, 2012, v. 5, p. 106).

2.2. Súmula

Súmula n. 599, STJ: "O princípio da insignificância é inaplicável aos crimes contra a administração pública".

2.3. Julgados

Concussão. Crime formal. Prisão em flagrante

Habeas corpus substitutivo do recurso próprio (não conhecimento). Concussão (crime formal). Ilegalidade do flagrante (delito previamente consumado). Justa causa (presença). Fase inquisitorial válida (elementos indiciários meramente informativos). Flagrante preparado (inocorrência). 1. O *habeas corpus* não pode ser utilizado como substitutivo de recurso próprio, a fim de que não se desvirtue a finalidade dessa garantia constitucional, com a exceção de quando a ilegalidade apontada é flagrante, hipótese em que se concede a ordem de ofício (Precedentes). 2. Trata-se a concussão de delito formal, que se consuma com a realização da exigência, independentemente da obtenção da vantagem indevida. A entrega do dinheiro se consubstancia como exaurimento do crime previamente consumado. 3. Caso em que não havia situação de flagrância delitiva no momento em que a prisão foi efetuada, de modo que o Magistrado deveria ter relaxado o cárcere, não havendo que se cogitar de liberdade provisória, tampouco de arbitramento de fiança. 4. Todavia, estando já o paciente solto e tendo levantado os valores referentes ao pagamento da fiança, cumpre ressaltar que a constatação de ilegalidade do flagrante não há de condenar os elementos indiciários colhidos quando da lavratura do auto, que mantém sua qualidade informativa, para que se inicie a ação penal. 5. Reclamada a indevida vantagem antes da intervenção policial, não há falar em flagrante preparado. Se a atividade policial se restringiu a aguardar o melhor momento para executar a prisão, fica afastado o crime impossível. 6. *Habeas corpus* não conhecido. (STJ, *HC* n. 266.460/ES, 5ª T., rel. Min. Reynaldo Soares da Fonseca, *DJ* 17.06.2015)

Concussão. Crime formal

Habeas corpus. Art. 316 do CP. Alegação de inocência e falta de provas a corroborar a condenação. Dilação probatória inviável na via eleita. Art. 316 do CP. Crime formal. Inviável, na via estreita do *habeas corpus*, reexame profundo das provas carreadas de forma a atestar a inocência do paciente ou a ausência de provas suficientes a corroborar a condenação, tendo em vista que tais circunstâncias não se afiguram flagrantes nos autos. O crime capitulado no art. 316, *caput*, do CP é formal, e consuma-se com a mera imposição do pagamento indevido, não se exigindo o consentimento da pessoa que sofre e, sequer, a consecução do fim visado pelo agente. Ordem denegada. (STJ, *HC* n. 18.162/RS, 5ª T., rel. Min. José Arnaldo da Fonseca, *DJ* 07.02.2002)

Concussão. Elementar do tipo e ganho fácil

Agravo regimental em recurso ordinário em *habeas corpus*. 2. Concussão. Condenação. Apelação. 3. Decisão que negou seguimento ao recurso, dado que a apreciação do pedido da defesa implicaria supressão de instância. 4. Alegação de que as matérias são cognoscíveis de ofício: a) policial condenado por concussão não deve ter a pena agravada por ser policial, sob pena de *bis in idem*; e b) não se agrava a pena do delito de concussão pelo motivo de ganhar dinheiro fácil, por se tratar, igualmente, de elemento do tipo. 4.a. A inserção do servidor público no quadro estrutural do Estado deve e pode ser considerada no juízo de culpabilidade. Na aferição da culpabilidade deve-se também considerar o maior ou menor grau de dever de obediência à norma. Não ocorrência de *bis in idem*. 4.b. Vício de fundamentação na valoração da circunstância judicial do motivo do crime. 5. Recurso provido parcialmente e concessão parcial da ordem para determinar ao Juízo sentenciante, mantidas a condenação e seus efeitos, a correção do vício na individualização da pena, mormente para afastar a elementar do tipo por ocasião da valoração dos motivos do crime. (STF, RHC n. 117.488-Ag. Reg., 2ª T., rel. Min. Gilmar Mendes, *DJ* 15.10.2013)

Concussão. Dosimetria da pena. Elementar inerente ao tipo penal. Lucro fácil e cobiça.

Penal. Embargos de divergência em recurso especial. Condenação de ex-deputado estadual por formação de quadrilha e concussão. Dosimetria. Valoração indevida de uma das seis circunstâncias judiciais reputadas desfavoráveis ao réu. Utilização de elementar inerente ao tipo penal de concussão (obtenção de lucro fácil) como motivo do crime. Inexistência de utilização de elementar (prejuízo aos cofres públicos e à coletividade) no exame das consequências do delito. Recurso provido em parte. 1. A dosimetria da pena está inserida no âmbito de discricionariedade do julgador, estando atrelada às particularidades fáticas do caso concreto e subjetivas dos agentes, elementos que somente podem ser revistos por esta Corte em situações excepcionais, quando malferida alguma regra de direito. 2. Embora inserida no Código Penal no Título dos crimes contra a administração pública, a concussão (art. 316, CP) possui várias das características dos crimes contra o patrimônio, com a peculiaridade da qualificação do agente como servidor público. Assim sendo, no exame das circunstâncias judiciais envolvendo a prática desse delito, a jurisprudência desta Corte vem entendendo que a cobiça, a ganância e a intenção de obter lucro fácil constituem elementares do delito, não podendo, assim, serem utilizadas novamente na apreciação das circunstâncias judiciais para justificar a elevação da pena-base. Precedentes. No caso concreto, o acórdão do Tribunal de Justiça de Rondônia incorreu em ilegalidade ao indicar como motivo da conduta do agente a intenção de obter lucro fácil e a cobiça, pois ambas constituem elementares do tipo de concussão, devendo tal quesito ser decotado da pena-base. 3. Examinando-se o conjunto dos aspectos referidos pelo julgador para valorar as consequências do crime, vê-se que o acórdão recorrido não utilizou dados genéricos e vagos para justificar a exasperação da pena-base em razão dessa circunstância judicial em particular, pois levou em conta tanto as manifestações públicas que culminaram na depredação do prédio da Assembleia, quanto o fato de que a atuação da quadrilha prejudicou a vontade do povo em prol de interesses ilícitos de um grupo determinado, resultando em um débito democrático. Assim sendo, a elevação da pena-base fundada no desvalor identificado nesta circunstância judicial encontra-se plenamente justificada. 4. Se o aumento da pena-base foi efetuado com base em 6 circunstâncias judiciais reputadas desfavoráveis e apenas em relação a uma delas (o motivo) o desvalor atribuído pelo acórdão condenatório é reconhecido como ilegal, é forçoso reconhecer a necessidade de redução proporcional do aumento reputado ilegal no delito de concussão. 5. Embargos de divergência providos, em parte, para reconhecer a existência de *bis in idem* na dosimetria efetuada pelo acórdão recorrido, ao utilizar elementar do tipo de concussão (obtenção de lucro fácil) como desvalor apto a justificar a elevação da pena-base no exame do motivo do crime, e, por consequência, reformar o acórdão embargado no ponto, de forma a decotar, proporcionalmente, a fração da pena elevada correspondente à circunstância em questão. (STJ, EDv nos EREsp n. 1.196.136/RO, 3ª Seção, rel. Min. Reynaldo Soares da Fonseca, *DJ* 01.08.2017)

Concussão. Médico particular que presta serviços ao SUS

Embargos de declaração em *habeas corpus*. 1. Crime de concussão praticado por médico particular que presta serviço a hospital conveniado ao SUS. 2. Ordem denegada pela 2ª Turma do STF. 3. Inexistência de ambiguidade, obscuridade, contradição ou dúvida. 3. [*sic*] Embargos rejeitados. (STF, *HC* n. 97.710, 1ª T., rel. Min. Roberto Barroso, *DJ* 22.10.2013)

Concussão. Cobrança indevida de cirurgias realizadas pelo SUS. Majoração da pena-base. Vulnerabilidade dos pacientes

Recurso especial. Penal e processo penal. Ofensa ao art. 619 do CPP. Não ocorrência. Concussão. Cobrança indevida de cirurgias realizadas pelo SUS. Ofensa aos arts. 155 e 156 do CPP. Higidez do decreto condenatório. Princípio do livre convencimento motivado. Revisão. Súmula n. 7/STJ. Pena-base. Majoração. Fundamento idôneo. Situação de especial vulnerabilidade dos pacientes. Circunstância que exorbita dos normais à espécie. Inobservância a dever inerente à profissão. Circunstância intrínseca aos elementos do tipo. Afastamento. Pleito de aplicação da continuidade delitiva também quanto ao quarto fato. Prazo superior a trinta dias. Dicção da turma. Circunstâncias do caso concreto. Possibilidade de incidência. Multa por litigância de má-fé. Descabimento. Multa afastada. Recurso parcialmente provido. 1. Em se constatando que o Tribunal manifestou-se acerca de todos os pontos aventados pela defesa, não há falar em ofensa ao art. 619 do CPP. 2. A atual sistemática processual adotou o princípio da persuasão racional ou do livre convencimento motivado, previsto no art. 155 do CPP, o qual dispõe que o magistrado pode apreciar livremente a prova, desde que apresente fundamentos concretos sobre a sua convicção. 3. Tendo as instâncias ordinárias entendido pela existência de provas suficientes a embasar o decreto condenatório, aferir a fragilidade do conjunto fático-probatório encontra óbice no enunciado sumular n. 7/STJ, o qual veda o reexame de provas na estreita via do recurso especial. 4. O fato de ter o acusado exigido pagamento indevido mesmo diante da situação de vulnerabilidade dos pacientes – à beira de uma cirurgia que definiria suas vidas ou em estágio terminal – é circunstância apta a majorar a pena-base, pois não é inerente ao tipo penal previsto no art. 316 do CPP. 5. Esta Corte já teve oportunidade de manifestar entendimento de que a mencionada agravante do abuso de poder não deve ser aplicada quando o tipo penal pressupor a violação a dever funcional, na vertente do abuso. 6. Quanto à continuidade delitiva, filio-me, também na hipótese, ao entendimento segundo o qual não há falar em aplicação da regra quando os delitos tiverem sido praticados em período superior a 30 dias. Precedentes. 7. Todavia, na dicção da douta maioria da Turma, na hipótese, dadas as circunstâncias concretas do caso – cujo lapso temporal supera apenas em alguns dias mencionado período e em que se tem um mesmo contexto fático para a prática das condutas –, incide a referida regra processual, de modo que deve ser reconhecida a continuidade delitiva entre todos os crimes. 8. Consolidou-se neste STJ a orientação no sentido da impossibilidade de aplicação de multa por litigância de má-fé na esfera criminal, a despeito de se ter, no processo penal, a boa-fé processual como um de seus princípios elementares. Precedentes. 9. Recurso especial parcialmente provido para reduzir a pena imposta ao recorrente a 2 anos, 9 meses e 18 dias de reclusão e 13 dias-multa e afastar a multa por litigância de má-fé. (STJ, REsp n. 1.627.014/SC, 6ª T., rel. Min. Nefi Cordeiro, *DJ* 29.08.2017)

Custas e emolumentos dos serviços notariais e registrais. Natureza jurídica de tributo – § 1º do art. 316 do CP

Penal e processual penal. Recurso especial. Art. 316, § 1º, do CP. Lei n. 8.137/90. Nova redação do dispositivo em análise. Extirpados de seu texto os termos taxas e emolumentos. Incluídos os elementos normativos do tipo tributo e contribuição social. Discussão a respeito da natureza jurídica das custas e emolumentos concernentes aos serviços notariais e registrais. Natureza jurídica de tributo. Condenação mantida. I – O crime previsto no art. 316, § 1º, do CP (excesso de exação) se dá com a cobrança, exigência por parte do agente (funcionário público) de tributo ou contribuição social que sabe ou deveria saber indevido. II – A Lei n. 8.137/90 ao dar nova redação ao dispositivo em análise extirpou de sua redação os termos taxas e emolumentos, substituindo-os por tributo e contribuição social. III – De acordo com a jurisprudência desta Corte e do Pretório Excelso as custas e os emolumentos concernentes aos serviços notariais e registrais possuem natureza tributária, qualificando-se como taxas remuneratórias de serviços públicos. (Precedentes do STJ e do STF e *Informativo* n. 461/STF). IV – Dessa forma, comete o crime de excesso de exação aquele que exige custas ou emolumentos que sabe ou deveria saber indevido. Recurso desprovido. (STJ, REsp n. 899.486/RJ, 5ª T., rel. Min. Felix Fischer, *DJ* 22.05.2007)

Excesso de exação. Titular de cartório

Recurso ordinário em *habeas corpus*. Denúncia. Excesso de exação. Titular de cartório. Trancamento da ação penal. Impossibilidade. Medida excepcional. Requisitos legais do art. 41, do CPP, atendidos. Ausência de dolo na conduta. Necessidade de exame aprofundado. Recurso não provido. 1. Sendo o recorrente titular de cartório e uma vez atendidos os requisitos legais do art. 41, do CPP, o trancamento da ação penal se mostra prematuro na medida em que o dolo do agente na conduta afirmada deve ser demonstrado no curso da ação. 2. Recurso ordinário em *habeas corpus* não provido. (STJ, RHC n. 44.492/SC, 5ª T., rel. Min. Laurita Vaz, rel. p/ acórdão Min. Moura Ribeiro, *DJ* 19.11.2014)

Excesso de exação. Impossibilidade de interpretação extensiva.

Habeas corpus impetrado em substituição ao recurso previsto no ordenamento jurídico. 1. Não cabimento. Modificação de entendimento jurisprudencial. Restrição do remédio constitucional. Exame excepcional que visa privilegiar a ampla defesa e o devido processo legal. 2. Excesso de exação. Valores cobrados ilegalmente equiparados a taxa. Impossibilidade de interpretação extensiva. Princípio da estreita legalidad*e. 3. Habeas corpus* não conhecido. Ordem concedida de ofício. 1. A jurisprudência do Superior Tribunal de Justiça, buscando a racionalidade do ordenamento jurídico e a funcionalidade do sistema recursal, vinha se firmando, mais recentemente, no sentido de ser imperiosa a restrição do cabimento do remédio constitucional às hipóteses previstas na Constituição Federal e no Código de Processo Penal. Nessa linha de evolução hermenêutica, o Supremo Tribunal Federal passou a não mais admitir *habeas corpus* que tenha por objetivo substituir o recurso ordinariamente cabível para a espécie. Precedentes. Contudo, devem ser analisadas as questões suscitadas na inicial, no afã de verificar a existência de constrangimento ilegal evidente, a ser sanado mediante a concessão de *habeas corpus* de ofício, evitando-se prejuízos à ampla defesa e ao devido processo legal. 2. A questão cinge-se em reconhecer a possibilidade, ou não, de o delito de excesso de exação ser praticado quando há cobrança de valores ilegais da sociedade para realização de procedimentos médicos custeados pelo SUS e pelo CISA. 3. O tipo do art. 316, § 1º, do Código Penal incrimina a conduta de funcionário público que exige tributo ou contribuição social que sabe ou deveria saber indevido, ou quando devido, emprega na cobrança meio vexatório ou gravoso, que a lei não autoriza. 4. Nos termos da definição conferida pelo art. 3º do Código Tributário Nacional, "tributo é toda prestação pecuniária, compulsória, em moeda ou cujo valor nela se posse exprimir, que não constitua sanção de ilícito, instituída em lei e cobrada mediante atividade administrativa". 5. No caso, é incontroverso que os valores exigidos pelos pacientes não possuem previsão legal, característica que afasta, indubitavelmente, a natureza tributária da cobrança. 6. Na medida em que os valores cobrados não se inserem no conceito de tributo, é defeso considerar que sua cobrança, ainda que eventualmente indevida, tenha o condão de configurar o delito de excesso de exação, sob pena de violação ao princípio da legalidade consagrado no art. 5º, XXXIX, da Constituição Federal e no art. 1º do Código Penal. 7. *Habeas corpus* não conhecido. Ordem concedida de ofício para absolver os pacientes pelo delito de excesso de exação. (STJ, *HC* n. 259.971/PR, 5ª T., rel. Min. Marco Aurélio Bellizze, *DJ* 16.04.2013)

Forma qualificada do excesso de exação

Pratica crime de estelionato e não excesso de exação o funcionário público que exige a cobrança de Imposto Territorial Rural – ITR que sabia ser indevido, retendo-o para proveito próprio, quando da análise do caso concreto for possível entrever a ausência de temor da vítima em face do agente público, em virtude deste último tê-la induzido em erro, mediante utilização de artifícios fraudulentos. (TRF-3ª Região, Ap. Crim. n. 2003.03.99.025065-8, 1ª T., rel. Des. Fed. Johonsom Di Salvo, *DJ* 20.03.2007)

Estelionato e não excesso de exação

Apelação criminal. Denúncia por suposta prática de concussão. Ausência de temor da vítima. Afastadas as hipóteses de concussão, excesso de exação, peculato mediante erro de outrem e corrupção. Falsa percepção da realidade induzida por fraude do agente. Desclassificação da conduta para estelionato. Mantida a competência da Justiça Federal, *perpetuatio jurisdictionis*. Materialidade e autoria comprovadas. Inaplicável o princípio da insignificância. A conduta criminosa não é de menor potencial ofensivo. Perda do cargo mantida. Regime aberto e substituição da pena mantida pelo *non reformatio in pejus*. 1. O apelante foi condenado nos termos do art. 316, § 2º, do CP ao cumprimento de 2 (dois) anos de reclusão, em regime inicial aberto e ao pagamento de 10 (dez) dias-multa, no valor de 1/30 (um trigésimo) do salário mínimo. A pena privativa de liberdade foi substituída por duas restritivas de direitos consistentes em prestação pecuniária em favor da União no valor de R$ 500,00 (quinhentos reais) e multa no valor de R$ 700,00 (setecentos reais), sem prejuízo da pena de 10 (dez) dias multa não atingida pela substituição. Foi expressamente declarado, como efeito da condenação criminal, a perda da função pública nos termos do art. 92, I, *a*, do estatuto repressivo. 2. Diz a denúncia que o réu, no dia 15 de abril de 1997, em horário incerto, na Agência da Receita Federal em Tupã/SP, na qualidade de funcionário público, "exigiu" de [...] tributo que sabia indevido e o desviou em proveito próprio. Segundo a exordial, o acusado, após verificar a existência de um débito de Imposto Territorial Rural (ITR) em nome da contribuinte no valor de 2,85 UFIRs, equivalentes à época a meros R$ 2,74 (dois reais e setenta e quatro centavos), exigiu R$ 400,00 (quatrocentos reais) para regularizar a situação de [...] junto ao Fisco Federal, deixando claro que, se o valor dos impostos fosse menor ou maior, acertariam posteriormente. 3. A conduta descrita na denúncia não é a de concussão, mas de excesso de exação, sob a forma do § 2º do art. 316 do CP, porquanto foi narrado que o acusado "exigiu" Imposto Territorial Rural (ITR), que sabia indevido, e ficou com o numerário para si, sendo certo que imposto é a espécie mais importante do gênero "tributo". Ainda segundo a acusação, houve exaurimento da conduta delituosa. 4. De qualquer sorte, concussão e excesso de exação possuem em comum o núcleo, que é o verbo exigir. Logo, esta exigência implica necessariamente uma ameaça à vítima, ainda que implícita, sutil, velada. Ou seja, é imprescindível que o particular se sinta atemorizado independentemente de ceder ou não à exigência. 5. A vítima não afirmou em momento algum que o réu lhe exigiu a quantia entregue, ao contrário apenas lhe "disse" qual seria o valor necessário para regularizar a situação fiscal do imóvel. Deve ser descartada qualquer possibilidade de haver alguma ameaça implícita, porquanto o que motivou a vítima a procurar a Delegacia não foi o temor, mas sim a desgostosa constatação de que teria sido ENGANADA. 6. Não se ignora que o ardil também pode constituir uma forma de se incutir medo. Não raras vezes o agente no delito de concussão utiliza-se de expediente astucioso para que o particular se sinta intimidado e atemorizado em uma situação que não justifica qualquer preocupação. Mas neste delito, mesmo na hipótese de exigência capciosa, a artimanha ou esperteza não implicam anular o medo da autoridade pública. É exatamente nesse ponto que a concussão e excesso de exação se diferem do estelionato. Nos referidos crimes contra a administração pública a malícia não é elemento essencial do tipo, mas, eventualmente, pode constituir uma forma de despertar o temor na vítima. 7. No estelionato, a vítima entrega a vantagem indevida não por medo de represália, mas, necessariamente, em razão da fraude, porque é enganada pelo agente que lhe provoca uma falsa percepção da realidade. A vítima do estelionato não tem medo do agente, pelo contrário, confia nele. Na concussão e no excesso de exação a entrega da vantagem indevida é impulsionada pelo receio de ser punida pela autoridade pública, ao passo que no estelionato a vantagem indevida é entregue na confiança debaixo de falha de percepção da realidade induzida pela artimanha do estelionato. 8. O emprego da fraude é evidente no caso concreto. O servidor fingiu ver o débito no computador e o mostrou para a contribuinte. É significativo também o fato de que entregou um "recibo" para a viúva, iludindo-a acerca da legalidade de sua conduta. Fez falsas promessas de devolver o dinheiro, caso excedesse a dívida. A vítima, que inicialmente não tinha a quantia indicada pelo funcionário, levantou os valores em um mês e voltou a procurar o mesmo servidor público, confiante de que ele era a pessoa indicada para resolver seu problema. Não tinha medo do agente; confiava nele. 9. Não há qualquer elemento nos autos que permita concluir que a contribuinte cedeu à suposta pressão do funcionário da Receita Federal. Percebe-se que o denunciado utilizou-se do carisma próprio dos estelionatários sem se valer da intimidação que caracteriza o excesso de exação. Luci descreveu uma espécie de acordo de "prestação de serviços" feito com [...], e que ele não a colocou em situação difícil. Pelo contrário: aparentemente desejava ajudá-la. 10. Afastada a hipótese de peculato mediante erro de outrem. No delito descrito no art. 313 do CP, a entrega da vantagem indevida deve ser feita espontaneamente pela vítima. No caso concreto, o comportamento do réu foi decisivo para receber o proveito criminoso. Não houve espontaneidade e sim indução. Se num primeiro momento a vítima pensava dever ao Fisco, cabia ao réu esclarecer que sua dívida era tão ínfima que sequer seria cobrada. Mas, aproveitando-se da ingenuidade da "presa fácil" que aparentava ser a viúva [...], mentiu-lhe acerca dos valores e se mostrou solícito em prestar seus serviços para "quitar" o débito. 11. O quadro fático não aponta corrupção ativa do pagar com cheque, e a denúncia da vítima à Delegacia são circunstâncias que afastam a intenção de pagamento de propina para ocultação da dívida. 12. Em vista da ausência de temor da vítima frente ao réu, em razão deste tê-la induzido, mediante artifícios fraudulentos, a entregar dinheiro de que se apoderou, aproveitando-se da falta de experiência e ingenuidade da particular que acreditava estar regularmente saldando dívida fiscal, constata-se que foi praticado o crime de estelionato [...]. (TRF-3ª Região, Ap. Crim. n. 2003.03.99.025065-8, 1ª T., rel. Des. Fed. Johonsom Di Salvo, *DJ* 20.03.2007)

Desclassificação de concussão para extorsão

Agravo regimental no recurso especial. Processo penal. Inadequação das circunstâncias fáticas ao tipo penal. Desclassificação de concussão para extorsão. Inaplicabilidade do óbice da Súmula n. 7/STJ. 1. Segundo a orientação do Superior Tribunal de Justiça, "o emprego de violência ou grave ameaça é elementar do crime tipificado no art. 158 do Código Penal. Assim, se o funcionário público se utiliza desse meio para obter vantagem indevida, comete o crime de extorsão, e não o de concussão" (*HC* n. 149.132/MG, 6ª T., rel. Min. Sebastião Reis, j. 02.08.2011). 2. Não se constata a pretensa violação da Súmula n. 7/STJ na hipótese, uma vez que as circunstâncias fáticas que embasaram a decisão monocrática foram expressamente descritas no aresto da apelação, sendo prescindível a análise do acervo fático-probatório dos autos. 3. Agravo regimental desprovido. (STJ, Ag. Int. no REsp n. 1.048.381/RS, 6ª T., rel. Min. Antonio Saldanha Palheiro, *DJ* 30.04.2018)

Concussão. Majoração da pena-base

Agravo regimental no agravo em recurso especial. Concussão. Audiência de instrução. Não comparecimento. Revelia. Nulidade. Não ocorrência. Presença da defesa em todos os atos processuais. Dosimetria da pena. Fundamentação idônea. Agravo improvido. 1. Inexiste ilegalidade quando o juiz processante decreta a revelia do réu que, regularmente citado e intimado pessoalmente, não comparece, de forma injustificada, à audiência de instrução e julgamento. 2. Encontrando-se o acusado assistido em todos os atos processuais, não há falar em nulidade processual por alegada ausência de defesa técnica. 3. É legítima a exasperação da pena-base pela culpabilidade em razão da modalidade de cargo público ocupado, não se confundindo com a elementar com funcionário público do tipo penal, por denotar maior reprovabilidade da conduta. 4. Agravo regimental improvido. (STJ, Ag. Reg. no AREsp n. 1.195.418/PR, 6ª T. rel. Min. Nefi Cordeiro, *DJ* 29.10.2019)

3. OBSERVAÇÕES

O delito de concussão guarda similitude com o crime de extorsão, todavia é perpetrado por funcionário público, enquanto na hipótese estampada no art. 158 do Código Penal o crime é comum, podendo ser perpetrado por qualquer pessoa. Além disso, na extorsão há a necessidade de que o constrangimento seja realizado mediante violência ou grave ameaça.

O Superior Tribunal de Justiça vem adotando o entendimento de que o emprego de violência ou grave ameaça é circunstância elementar do delito de extorsão, de modo que, na hipótese de o funcionário público utilizar-se desse meio para a obtenção da vantagem indevida, perpetrará o delito de extorsão, mas não concussão (Ag. Reg. nos EDcl no REsp n. 1.732.520/RS, 5ª T., rel. Min. Ribeiro Dantas, *DJ* 12.11.2019).

O Supremo Tribunal Federal já afirmou que a grave ameaça imposta à vítima é elemento objetivo do tipo que faz parte do crime de extorsão, mas não do delito de concussão (*HC* n. 102.730/MG, 1ª T., rel. Min. Carmen Lúcia, *DJ* 13.04.2011). Em outra oportunidade, a referida Corte também já decidiu que não basta ser o agente funcionário público e haver apregoado essa condição, com o intuito de intimidar a vítima, para converter, em concussão, o delito de extorsão, quando a vantagem tiver sido obtida por meio de constrangimento (grave ameaça) (*HC* n. 72.936/MG, 1ª T., rel. Min. Octavio Gallotti, *DJ* 06.10.1995).

Por outro lado, cumpre destacar que muito embora a conduta do delito de concussão seja mais grave do que a da corrupção passiva (primeira figura), considerando que neste último crime o comportamento previsto é o de "solicitar" e não o de "exigir", a pena cominada era menor, o que revelava uma imprecisão técnica do legislador.

No entanto, a Lei n. 13.964, de 24.12.2019, corrigiu a distorção que havia entre a pena prevista no *caput* do art. 316 (concussão – 2 a 8 anos) com as previstas nos arts. 317 (corrupção passiva – 2 a 12 anos) e 333 (corrupção ativa – 2 a 12 anos), todos do Estatuto Penal Repressivo, equiparando-as na medida em que punia mais severamente os atos de "solicitar" e "oferecer e prometer" do que "exigir" a vantagem indevida.

A pena máxima atribuída ao crime de concussão anteriormente à Lei Anticrime era de oito anos, enquanto as dos crimes de corrupção passiva e de corrupção ativa, de doze anos, evidenciando certamente uma falta de precisão legislativa. Neste ponto, por se tratar de lei mais gravosa, o novo patamar somente poderá ter incidência para delitos perpetrados a partir da vigência da referida legislação.

Sob esse viés, a atualização do Estatuto Penal Repressivo vem ao encontro da tentativa de adequar toda a sistemática penal a uma nova realidade e em consonância com a Lei Maior, inclusive no que diz respeito aos crimes contra a Administração Pública.

O Pretório Excelso também já adotou linha de argumentação no sentido de que a condição de deputado federal não se confunde com a qualidade funcional ativa exigida para a prática do delito de concussão, motivo pelo qual a exasperação da pena-base em decorrência da responsabilidade do cargo exercido pelo agente (na primeira fase da dosimetria da pena) não implica *bis in idem* (RHC n. 132.657, 2ª T., rel. Min. Teori Zavascki, *DJ* 01.03.2016).

O Projeto de Lei n. 236, de 2012,[8] do Senado Federal, de autoria do Senador José Sarney, não logrou tecer comentários ao crime de concussão, sendo certo, no entanto, que a conduta *exigir* vem abarcada com os demais comportamentos no crime de corrupção passiva, em um único artigo.

Ressalto que a Lei n. 8.137, 27.12.1990 (crimes contra a ordem tributária), ao versar acerca dos crimes perpetrados por funcionários públicos, notadamente em seu art. 3º, II, abarcou as condutas *exigir* e *solicitar* em um único artigo, de modo diverso do CP.

Assim, ante a existência de lei específica, o fiscal que exigir, solicitar ou receber, para si ou para outrem, direta ou indiretamente, ainda que fora da função ou antes de iniciar seu exercício, mas em razão dela, vantagem indevida; ou aceitar promessa de tal vantagem, para deixar de lançar ou cobrar tributo ou contribuição social, ou cobrá-lo parcialmente, incidirá nas penas do art. 3º da Lei n. 8.137/90, e não no crime de concussão ou corrupção passiva do CP.

O referido Projeto de Lei n. 236, de 2012,[9] do Senado Federal também realoca o crime de excesso de exação, tendo-o incluído no Capítulo dos "Crimes contra a Ordem Tributária e a Previdência Social".

Corrupção passiva

Art. 317. Solicitar ou receber, para si ou para outrem, direta ou indiretamente, ainda que fora da função ou antes de assumi-la, mas em razão dela, vantagem indevida, ou aceitar promessa de tal vantagem:

Pena – reclusão, de 2 (dois) a 12 (doze) anos, e multa.

Pena com redação dada pela Lei n. 10.763, de 12.11.2003.

§ 1º A pena é aumentada de um terço, se, em consequência da vantagem ou promessa, o funcionário retarda ou deixa de praticar qualquer ato de ofício ou o pratica infringindo dever funcional.

§ 2º Se o funcionário pratica, deixa de praticar ou retarda ato de ofício, com infração de dever funcional, cedendo a pedido ou influência de outrem:

Pena – detenção, de 3 (três) meses a 1 (um) ano, ou multa.

1. COMENTÁRIO

1.1. Notas introdutórias

A questão da corrupção é de tamanha relevância que tem sido objeto de preocupação inclusive no âmbito internacional, tendo o Brasil, por exemplo, sido signatário da Convenção das Nações Unidas contra a Corrupção (Convenção de Mérida), promulgada pelo Decreto n. 5.687, de 31.01.2006. Já no âmbito da Organização dos Estados Americanos (OEA), o Brasil também é signatário da Convenção Interamericana contra a Corrupção, promulgada pelo Decreto n. 4.410, de 07.10.2002, sendo parte, ainda, da Convenção sobre o Combate da Corrupção de Funcionários Públicos Estrangeiros em Transações Comerciais Internacionais (Convenção da OCDE), promulgada pelo Decreto n. 3.678, de 30.11.2000.

A globalização decorrente da vida moderna evidenciou uma criminalidade com ela compatível, de abrangência transnacional, cuja atuação vem se perpetrando no território de diversos países e em tempo exíguo, sendo certo que os tratados e convenções internacionais afiguram-se como uma tentativa de os Estados combaterem a prática delitiva, inclusive nos casos de corrupção.

O crime de corrupção deixou de ser um problema local, afetando todas as sociedades e colocando em xeque o próprio desenvolvimento dos Estados, sendo necessária a cooperação internacional entre as nações de modo a preveni-la e a combatê-la.

E imbuída da necessidade da erradicação da corrupção, inclusive a partir da apresentação de políticas e práticas de prevenção, a Convenção de Mérida teceu diversas diretrizes a serem tomadas pelos Estados soberanos, tendo em seu art. 1º evidenciado a finalidade de promover e fortalecer

8 Em trâmite no Senado Federal.
9 Em trâmite no Senado Federal.

medidas eficientes a evitá-la e a combatê-la; propiciar a cooperação internacional e a assistência técnica na sua prevenção e banimento, incluída a recuperação de ativos, bem ainda promover a integridade, obrigação de render contas e a devida gestão dos assuntos e dos bens públicos.

Questão importante foi a de também prever a possibilidade de cada um dos Estados-partes adotarem medidas legislativas e de outras índoles para qualificar como delito o enriquecimento ilícito, consoante dicção do art. 20 da Convenção.

Como bem prelecionado José Paulo Baltazar Junior: "Uma das grandes dificuldades do controle da corrupção, do ponto de vista prático, é a dificuldade da produção de prova do ato criminoso, ou da vinculação com atos determinados que tenham sido praticados pelo funcionário. Em minha posição, a mais relevante medida que poderia ser adotada, caso exista vontade política efetiva no controle da corrupção, seria a incriminação do enriquecimento ilícito do funcionário, de modo a dar cumprimento ao compromisso assumido pelo Brasil ao firmar a Convenção de Mérida" (*Crimes federais*, 2015, p. 296).

A seu turno, a Convenção Interamericana contra a Corrupção, promulgada pelo Decreto n. 4.410, de 07.10.2002, em seu art. IX, elucidou que: "Sem prejuízo de sua Constituição e dos princípios fundamentais de seu ordenamento jurídico, os Estados Partes que ainda não o tenham feito adotarão as medidas necessárias para tipificar como delito em sua legislação o aumento do patrimônio de um funcionário público que exceda de modo significativo sua renda legítima durante o exercício de suas funções e que não possa justificar razoavelmente".

O Projeto de Lei de alteração do CP, de relatoria do Senador José Sarney, apresenta a criminalização do enriquecimento ilícito dos funcionários públicos, punindo o comportamento daquele que adquirir, vender, emprestar, alugar, receber, ceder, utilizar ou usufruir de maneira não eventual de bens ou valores móveis ou imóveis, cujo valor seja incompatível com os rendimentos auferidos por ele em razão de seu cargo ou por outro meio lícito (art. 277).

O enriquecimento ilícito está previsto na Lei de Improbidade Administrativa (Lei n. 8.429, de 12.06.1992), que, regulamentando o dispositivo constitucional delineado no § 4º do art. 37, dispôs em três artigos as condutas tidas como inadequadas ao exercício da função pública (alteração trazida pela Lei n. 14.230, de 25.10.2021), tendo tratado dos atos de improbidade que importam em enriquecimento ilícito no art. 9º, para, na sequência (art. 12), relacionar diversas cominações, independentemente das sanções penais, civis ou administrativas previstas em legislação específica.

Ora, o funcionário público que seja detentor de patrimônio incompatível com os seus rendimentos e não saiba como justificá-lo, deve ser investigado criminalmente, havendo a necessidade de adequação da lei penal a uma nova realidade. Não há mais como nos coadunar com a prática de crimes, notadamente daqueles que devastam a Administração Pública e a sociedade como um todo, a partir do tráfico da função pública, comprometendo a execução das políticas públicas e desmoralizando a ética e os bons costumes.

Como mencionado alhures, outros importantes instrumentos ao combate ao enriquecimento ilícito foram novamente trazidos à tona, valendo citar, de modo exemplificativo, o confisco alargado disposto no art. 91-A do CP (introduzido pela Lei n. 13.964, de 24.12.2019), sendo de possível aplicação às hipóteses de condenação por infrações às quais a lei comine pena máxima superior a seis anos de reclusão. A intenção é esmaecer a mola propulsora da prática delitiva consubstanciada na obtenção de vantagem financeira, a partir da retomada ao Estado dos valores obtidos com os esquemas delitivos.

Sob esse espeque, torna-se viável a decretação da perda, como produto ou proveito do crime, dos bens correspondentes à diferença entre o valor do patrimônio do condenado e aquele que seja compatível com o seu rendimento lícito, devendo ser entendidos como patrimônio do condenado todos os bens de sua titularidade, ou em relação aos quais ele tenha o domínio e o benefício direto ou indireto, na data da infração penal ou recebidos posteriormente, além dos transferidos a terceiros a título gratuito ou mediante contraprestação irrisória, a partir do início da atividade criminal.

Como se vê, trata-se de medida de grande valia ao combate das estruturas criminosas, a partir da retomada dos bens adquiridos de forma ilícita novamente ao patrimônio estatal, por meio da demonstração de que os bens adquiridos pelo infrator são incompatíveis com seu rendimento lícito. Recai, portanto, sobre todos os bens que não tenham origem lícita comprovada.

1.2. Objetividade jurídica

O crime de corrupção passiva estatuído no art. 317 do Estatuto Penal Repressivo tutela o regular funcionamento da Administração Pública, a moralidade e a probidade administrativa.

1.3. Sujeitos

O sujeito ativo é o funcionário público, admitindo-se o concurso com o particular, valendo ressaltar, no caso de o particular oferecer ou prometer vantagem indevida ao funcionário público, perpetrará o crime de corrupção ativa (art. 333, CP).

O sujeito passivo é o Estado, a entidade de direito público e eventualmente a pessoa prejudicada.

1.4. Elemento subjetivo

O elemento subjetivo do tipo é o dolo, consistente na vontade de receber, solicitar ou aceitar promessa de vantagem indevida.

Na figura descrita no § 2º, o elemento subjetivo é o dolo, consubstanciado na vontade livre e consciente de perpetrar o ato, deixar de praticá-lo ou retardá-lo, cedendo a pedido ou influência de outrem.

1.5. Análise da(s) conduta(s) descrita(s) no tipo

São três as condutas incriminadas pela legislação infraconstitucional, quais sejam: solicitar a vantagem indevida; recebê-la ou aceitar a promessa de tal.

Na hipótese *solicitar*, parte do funcionário público a ideia da corrupção, sendo suficiente a mera solicitação da vantagem indevida, restando caracterizado o crime ainda que o particular não a entregue, o que significa dizer que é possível a existência da corrupção passiva sem a corrupção ativa.

Nas outras duas modalidades, consubstanciadas em *receber* e *aceitar promessa*, a iniciativa da corrupção advém do particular, ao que se segue a concordância do funcionário público, hipóteses em que também resta caracterizada a corrupção ativa.

A vantagem indevida mencionada no tipo penal abarca não só o aspecto econômico, mas também de outra ordem.

A solicitação, recebimento ou aceitação desta pode ocorrer direta ou indiretamente, inclusive por interposta pessoa, caracterizando-se, portanto, ainda que atrelada a uma solicitação implícita no comportamento do funcionário público, cujo objetivo é o de dar menos aparência à ilicitude. Também haverá corrupção ainda que a vantagem indevida seja recebida ou prometida a alguém da família.

Comete o crime de corrupção passiva o policial rodoviário federal que, em razão de seu cargo, solicita dinheiro a particular, ao fundamento de que deixaria de multá-lo.

Igualmente perpetra o delito o policial civil que solicita vantagem indevida a fim de condescender com a prática habitual de exploração sexual e jogos de azar (STF, *HC* n. 128.984, 1ª T., rel. Min. Edson Fachin, *DJ* 15.12.2015).

Nessa espécie delitiva, há uma troca de interesses, ao contrário do que ocorre com o crime de concussão (art. 316, *caput*, do Código Penal).

No crime de corrupção passiva, notadamente da leitura detida do *caput* do art. 317 do CP, ao contrário do que ocorre no crime de corrupção ativa (art. 333 do Código Penal), não se vislumbra a presença do elemento normativo "ato de ofício", o qual vem expresso apenas nos §§ 1º e 2º, ambos do art. 317 do CP, de forma que não seria possível deduzir sua presença no *caput*.

Deve-se notar que a expressão a que é feita alusão no *caput* é "em razão dela", ou seja, da função, mas não de um ato de ofício especificamente considerado. Sob essa ordem de ideias, a relação de causalidade entre a vantagem indevida deve se dar em razão da função pública, e não em virtude da realização de um ato de ofício específico.

Sob esse enfoque, o Superior Tribunal de Justiça bem elucidou a questão no sentido de que "o crime de corrupção passiva não exige nexo causal entre a oferta ou promessa de vantagem indevida e eventual ato de ofício praticável pelo funcionário público. O nexo de causalidade a ser reconhecido é entre a mencionada oferta ou promessa e eventual facilidade ou suscetibilidade usufruível em razão da função pública exercida pelo agente" (STJ, REsp n. 1.745.410/SP, 6ª T., rel. Min. Sebastião Reis Júnior, *DJ* 23.10.2018).

Por outro lado, vale registrar que o Supremo Tribunal Federal já teve o entendimento acerca da necessidade de indicação na denúncia do "ato de ofício", muito embora, como mencionado, o crime ora em comento não contenha aludido termo, como se verifica do julgamento da AP n. 307, de relatoria do Ministro Ilmar Galvão, em que o então Presidente da República fora absolvido da imputação de corrupção passiva por não ter sido apontado ato de ofício configurador de transação ou comércio com o cargo por ele exercido (STF, AP n. 307, 2ª T., rel. Min. Ilmar Galvão, *DJ* 13.10.1995).

Notadamente, a partir do julgamento do "Mensalão", na Ação Penal n. 470, como bem apontou o Ministro Luís Roberto Barroso, por ocasião de seu voto no âmbito do julgamento do Inquérito n. 4.506/DF (rel. Min. Marco Aurélio, rel. p/ acórdão Min. Roberto Barroso, 1ª T., *DJ* 03.09.2018), "a Corte passou a aceitar um grau muito maior de indeterminação do 'ato de ofício'".

O entendimento foi pela necessidade de um nexo de causalidade entre a vantagem indevida e o ato de ofício, tendo o Pretório Excelso, inclusive, já rejeitado denúncia justamente diante do nexo improvável entre a prática do ato de ofício e a vantagem indevida (Inq. n. 3.705, 2ª T., rel. Min. Gilmar Mendes, *DJ* 14.09.2015).

Ainda por ocasião do julgamento da AP n. 470, no caso "Mensalão", também se considerou a desnecessidade de que o funcionário público praticasse efetivamente o ato de ofício, bastando que este fosse potencial, sendo imperioso mencionar, neste ponto, o voto do Ministro Luiz Fux, asseverando que à caracterização do crime de corrupção passiva, suficiente a possibilidade de que a vantagem indevida venha a influir na prática do ato de ofício pelo funcionário público.

Sob essa ordem de ideias, não se exige a demonstração da prática do ato para a caracterização do delito, bastando que o funcionário público seja sabedor do motivo pelo qual esteja a receber a vantagem indevida.

Consoante consignado no julgado em questão (item III da denúncia), "o ato de ofício não precisa se concretizar na realização sensorial para que o crime de corrupção ocorra. É necessário, porém, que exista em potência, como futuro resultado prático pretendido, em comum, pelos sujeitos envolvidos (corruptor e corrupto). O corruptor deseja influenciar, em seu próprio favor ou em benefício de outrem. O corrupto 'vende' o ato em resposta à vantagem indevidamente recebida. Se o ato de ofício 'vendido' foi praticado pouco importa. O crime de corrupção consuma-se com o mero tráfico da coisa pública" (STF, AP n. 470, Pleno, rel. Min. Joaquim Barbosa, *DJ* 22.04.2013).

Maior flexibilização quanto ao tema foi bem elucidada no voto da Ministra Rosa Weber, quando do julgamento da Ação Penal n. 695, ao ser consignado que "exige-se, para a configuração do delito, apenas o nexo causal entre a oferta (ou promessa) de vantagem indevida e a função pública exercida, sem que necessária a demonstração do mesmo nexo entre a oferta (ou promessa) e o ato de ofício esperado, seja ele lícito ou ilícito. Ou seja, não é necessário estabelecer uma subsunção precisa entre um específico ato de ofício e as vantagens indevidas, mas sim uma subsunção causal entre as atribuições do funcionário público e as vantagens indevidas, passando este a atuar não mais em prol do interesse público, mas em favor de seus interesses pessoais" (STF, AP n. 695, 1ª T., rel. Min. Rosa Weber, *DJ* 12.12.2016).

Portanto, nossas Cortes Superiores, no espectro do crime de corrupção passiva, têm acenado hodiernamente para uma relação de causalidade entre a vantagem indevida e a função pública, pouco importando, ademais, que essa vantagem espúria guarde vinculação com as atividades formais do agente público, bastando que esteja relacionada com seus poderes de fato inerentes ao exercício do cargo.

O Superior Tribunal de Justiça, por ocasião do julgamento do REsp n. 1.745.410/SP, testificou que "o crime de corrupção passiva consuma-se ainda que a solicitação ou recebimento de vantagem indevida, ou a aceitação da promessa de tal vantagem, esteja relacionada com atos que formalmente não se inserem nas atribuições do funcionário público, mas que, em razão da função pública, materialmente implicam alguma forma de facilitação da prática da conduta almejada". Em idêntico sentido, o julgamento da ACR n. 5046512-94.2016.4.04.7000, no âmbito do Tribunal Regional Federal da 4ª Região, rel. Des. Federal João Pedro Gebran Neto, juntado aos autos em 06.02.2018 (Operação Lava-Jato).

Vale mencionar, outrossim, que a eventual destinação que o agente venha a dar aos recursos percebidos é irrelevante para a tipificação do comportamento, porquanto, uma vez sob sua disposição, os valores podem ser utilizados à sua maneira.

Como bem pontuado na Ação Penal n. 841/DF, no âmbito do Superior Tribunal de Justiça, cujos fatos foram relativos a Desembargador de Tribunal de Justiça, a quem se imputou a venda de liminares a presos provisórios e condenados, cujas tratativas prévias foram intermediadas por seu filho, ainda que o produto da corrupção tenha tido como destinatário o intermediador (circunstância que não foi desvelada no processo, diante da evolução patrimonial do magistrado), ainda assim fica tonalizada a ocorrência do delito de corrupção passiva em relação ao magistrado (STJ, AP n. 841/DF, Corte Especial, rel. Min. Herman Benjamin, *DJ* 22.05.2019).

Para que se perfaça a corrupção passiva afigura-se indispensável a prova de que determinada vantagem tenha sido recebida em virtude do cargo, conforme acentuado pela doutrina de Cezar Roberto Bitencourt: "necessário que a ação do funcionário corrupto seja inequívoca, demonstrando o propósito do agente de traficar com a função que exerce. É indispensável que a ação do sujeito ativo tenha o propósito de 'vender', isto é, de 'comercializar' a função pública" (*Tratado de direito penal*, 2015, p. 114).

Por mais aberto ou indefinido que seja o objeto do crime em questão a ponto de abarcar, em tese, a fórmula da compra de boas relações, mostra-se imperiosa a comprovação do pacto injusto enquanto elemento essencial ao preceito incriminador enfocado, pelo qual o legislador diferenciou o que entendeu como corrupção passiva do mero favor/presente, objetivando punir especificamente a colocação do interesse à disposição do particular.

A realidade social indica, por exemplo, que nem todo favor a político ou a servidor público necessariamente importa em oferecimento de uma contrapartida, de modo que ressoa inconsequente presumir que toda vantagem a descoberto recebida por tais agentes públicos arrastaria consigo a subjugação do cargo público ao interesse particular.

Nesses moldes, o órgão ministerial, ao formular a acusação, possui o inflexível ônus de demonstrar nexo concreto entre a vantagem obtida e a função parlamentar ou cargo público exercido, a fim de que se configure o delito do art. 317 do Código Penal.

Assim, se houver dúvida razoável sobre a prova do nexo entre a vantagem recebida pelo agente público e seu cargo, ressoa impossível depreender a sua disposição psicológica em mercadejar a função pública.

1.6. Consumação e tentativa

Trata-se de crime formal, prescindindo do resultado naturalístico para a sua consumação (modalidade *solicitar*). Basta, portanto, a simples solicitação da vantagem indevida em razão da função para a subsunção dos fatos à norma (ainda que a oferta não seja aceita pelo *extraneus*), em que pese posteriormente possa efetivamente vir a recebê-la, ou seja, suficiente que a solicitação chegue ao conhecimento do terceiro. Na hipótese *solicitar* parte do funcionário público a ideia da corrupção. Se praticada verbalmente, inadmissível a tentativa.

Na modalidade *aceitar* o crime resta consumado no momento em que o funcionário público aceita a promessa da entrega da vantagem indevida. Basta a mera aceitação (crime formal). O posterior recebimento é mero exaurimento do crime.

A seu turno, na hipótese *receber*, trata-se de crime material, consumando-se o crime com o efetivo recebimento. Nestes dois casos, *aceitar* e *receber*, não se admite a tentativa, bem como se caracteriza o delito de corrupção ativa (art. 333, CP).

Na figura descrita no § 2º, consuma-se o delito com a prática do ato de ofício, com a omissão ou com o seu retardamento. Cuida-se de crime material.

1.7. Classificação

Cuida-se de crime próprio, doloso, comissivo, instantâneo, formal na modalidade "solicitar" e material nas formas "receber" e "aceitar", de forma livre, unissubjetivo (na forma "solicitar") e plurissubjetivo (nas formas "receber" e "aceitar"), unissubsistente ou plurissubsistente (a depender do modo que for perpetrado).

1.8. Forma qualificada (§ 1º)

A seu turno, a pena é aumentada em 1/3, se, em consequência da vantagem ou promessa, o funcionário público retardar ou deixar de perpetrar qualquer ato de ofício, ou ainda, pratica infringindo dever funcional. Trata-se do crime de corrupção passiva qualificada.

A pena é majorada em decorrência de ter o agente público, em virtude da vantagem indevida ou da promessa de recebê-la, efetivamente atrasado ou deixado de praticar o ato de ofício, ou ainda, praticado violando dever de sua função.

1.9. Forma privilegiada (§ 2º)

Por outro lado, o § 2º prevê a figura privilegiada do crime de corrupção passiva, quando o funcionário público praticar, deixar de praticar ou retardar ato de ofício, infringindo dever funcional, sucumbindo a pedido ou influência de terceiro.

Neste caso, o agente público atua não para obter vantagem indevida, mas em decorrência de pedido ou influência, de modo a satisfazer, agradar, bajular terceiro. A motivação aqui é diversa da estatuída no *caput* e no § 1º, bem como a atuação do funcionário público não se dá por clemência, indulgência, porquanto nessa hipótese poder-se-ia caracterizar o crime de condescendência criminosa (art. 320, CP).

1.10. Corrupção passiva e concussão praticadas no âmbito dos crimes tributários

O delito insculpido no art. 3º, II, da Lei n. 8.137/90 (crimes contra a ordem tributária) tipifica a conduta do servidor público corrupto de modo diverso do Código Penal, abarcando as condutas exigir, solicitar, receber ou aceitar promessa de vantagem, todas no mesmo dispositivo legal, e possui como objeto material específico a vulneração da conduta de lançar ou cobrar tributo ou contribuição social em descompasso com a legislação tributária, constituindo-se lei especial em relação aos crimes de concussão e de corrupção passiva.

Cuida-se de crimes funcionais específicos, porém o próprio artigo faz menção aos crimes previstos no Código Penal (Título XI, Capítulo I, arts. 312 a 327 – Dos Crimes Praticados por Funcionário Público contra a Administração em Geral).

No inciso II, a conduta "exigir" (determinar) é entendida como delito formal, assim como a conduta "solicitar" (pedir); já na hipótese "receber" (obter), o crime é material; "aceitar promessa" (anuir) afigura-se formal. Esse inciso guarda relação com os arts. 316 (concussão) e 317 (corrupção passiva), ambos do CP, embora voltado para os crimes contra a ordem tributária.

A Lei n. 8.137/90 abarcou os delitos de concussão e de corrupção passiva em um único artigo, de modo diverso do CP. Assim, ante a existência de lei específica, o fiscal que exigir, solicitar ou receber, para si ou para outrem, direta ou indiretamente, ainda que fora da função ou antes de iniciar seu exercício, mas em razão dela, vantagem indevida; ou aceitar promessa de tal vantagem, para deixar de lançar ou cobrar tributo ou contribuição social, ou cobrá-lo parcialmente, incidirá nas penas do art. 3º da Lei n. 8.137/90, e não no crime de concussão ou corrupção passiva do CP.

A exigência e a solicitação podem ser explícitas ou veladas, bastando para a caracterização da exigência o temor de represálias por parte do agente público, em razão da condição de autoridade. Não se exige a promessa de causar mal determinado. O elemento normativo, a vantagem indevida, pode ser de qualquer ordem, não somente vantagem financeira, econômica.

Trata-se de crime próprio, somente podendo ser praticado pelo funcionário público fazendário. Sujeito ativo é o funcionário público fazendário. Admite-se o concurso de agentes com o particular, nos termos do art. 30 do CP, desde que haja ciência por parte deste da condição especial de que se reveste o funcionário público fazendário.

Os sujeitos passivos são a União, estados, municípios, Distrito Federal e autarquias, além do indivíduo que sofre com concussão e corrupção fazendárias.

O elemento subjetivo está evidenciado pela expressão "para deixar de lançar ou cobrar tributo ou contribuição social, ou cobrá-los parcialmente". Caso não seja essa a finalidade da cobrança, restarão configurados os crimes tipificados no Código Penal.

2. JURISPRUDÊNCIA

2.1. Súmula

Súmula n. 599, STJ: "O princípio da insignificância é inaplicável aos crimes contra a administração pública".

2.2. Julgados

Nexo de causalidade entre a vantagem indevida e o ato de ofício

Habeas corpus. Corrupção passiva. Alegação de atipicidade da conduta. Necessidade de que o ato de ofício exigido para a configuração do tipo penal possa ser efetivamente realizado. Paciente condenado por supostamente ter recebido vantagem indevida em troca da prática irregular de ato relacionado com o exercício de sua função, além de ter, em tese, recebido vantagem indevida para que outra servidora acelerasse o trâmite de ação judicial. Constrangimento ilegal não verificado. Denegação da ordem. 1. Para a configuração do crime previsto no art. 317 do CP exige-se que a solicitação, o recebimento ou a promessa de vantagem se faça pelo funcionário público em razão do exercício de sua função, ainda que fora dela ou antes de seu início, mostrando-se indispensável, desse modo, a existência de nexo de causalidade entre a conduta do servidor e a realização de ato funcional de sua competência. Precedentes. [...]. (STJ, *HC* n. 135.142/MS, 5ª T., rel. Min. Jorge Mussi, *DJ* 10.08.2010)

Caso "Mensalão" – Ação Penal n. 470

Capítulo III da denúncia. Subitem III. 1. Corrupção passiva. Corrupção ativa. Peculato. Lavagem de dinheiro. Ação penal julgada parcialmente procedente. 1. Restou comprovado o pagamento de vantagem indevida ao então Presidente da Câmara dos Deputados, por parte dos sócios da agência de publicidade que, poucos dias depois, viria a ser contratada pelo órgão público presidido pelo agente público corrompido. Vinculação entre o pagamento da vantagem e os atos de ofício de competência do ex-Presidente da Câmara, cuja prática os réus sócios da agência de publicidade pretenderam influenciar. Condenação do réu [...], pela prática do delito descrito no art. 317 do CP (corrupção passiva), e dos réus [...] pela prática do crime tipificado no art. 333 do CP (corrupção ativa). [...] Capítulo III da denúncia. Subitem III. 3. Corrupção passiva, corrupção ativa, peculato e lavagem de dinheiro. Desvio de recursos oriundos de participação do Banco do Brasil no fundo Visanet. Acusação julgada procedente. 1. Comprovou-se que o Diretor de Marketing do Banco do Brasil recebeu vultosa soma de dinheiro em espécie, paga pelos réus acusados de corrupção ativa, através de cheque emitido pela agência de publicidade então contratada pelo Banco do Brasil. Pagamento da vantagem indevida com fim de determinar a prática de atos de ofício da competência do agente público envolvido, em razão do cargo por ele ocupado. Condenação do réu [...], pela prática do delito descrito no art. 317 do CP (corrupção passiva), bem como dos réus [...], pela prática do crime tipificado no art. 333 do CP (corrupção ativa). [...] Capítulo VI da denúncia. Subitens VI.1, VI.2, VI.3 e VI.4. Corrupção ativa e corrupção passiva. Esquema de pagamento de vantagem indevida a parlamentares para formação de "base aliada" ao governo federal na câmara dos deputados. Comprovação. Recibos informais. Destinação dos recursos recebidos. Irrelevância. Ação penal julgada procedente, salvo em relação a dois acusados. Condenação dos demais. 1. Conjunto probatório harmonioso que, evidenciando a sincronia das ações de corruptos e corruptores no mesmo sentido da prática criminosa comum, conduz à comprovação do amplo esquema de distribuição de dinheiro a parlamentares, os quais, em troca, ofereceram seu apoio e o de seus correligionários aos projetos de interesse do Governo Federal na Câmara dos Deputados. 2. A alegação de que os milionários recursos distribuídos a parlamentares teriam relação com dívidas de campanha é inócua, pois a eventual destinação dada ao dinheiro não tem relevância para a caracterização da conduta típica nos crimes de corrupção passiva e ativa. Os parlamentares receberam o dinheiro em razão da função, em esquema que viabilizou o pagamento e o recebimento de vantagem indevida, tendo em vista a prática de atos de ofício. 3. Dentre as provas e indícios que, em conjunto, conduziram ao juízo condenatório, destacam-se as várias reuniões mantidas entre os corréus no período dos fatos criminosos, associadas a datas de tomadas de empréstimos fraudulentos junto a instituições financeiras cujos dirigentes, a seu turno, reuniram-se com o organizador do esquema; a participação, nessas reuniões, do então Ministro-Chefe da Casa Civil, do publicitário encarregado de proceder à distribuição dos recursos e do tesoureiro do partido político executor das ordens de pagamento aos parlamentares corrompidos; os concomitantes repasses de dinheiro em espécie para esses parlamentares corrompidos, mediante atuação direta do ex-tesoureiro do Partido dos Trabalhadores e dos publicitários que, à época, foram contratados por órgãos e entidades públicas federais, dali desviando recursos que permitiram o abastecimento do esquema; existência de dezenas de "recibos", meramente informais e destinados ao uso interno da quadrilha, por meio dos quais se logrou verificar a verdadeira destinação (pagamento de propina a parlamentares) do dinheiro sacado em espécie das contas bancárias das agências de publicidade envolvidas; declarações e depoimentos de corréus e de outras pessoas ouvidas no curso da ação penal, do inquérito e da chamada "CPMI dos Correios"; tudo isso, ao formar um sólido contexto fático probatório, descrito no voto condutor, compõe o acervo de provas e indícios que, somados, revelaram, além de qualquer dúvida razoável, a procedência da acusação quanto aos crimes de corrupção ativa e passiva. Ficaram, ainda, devidamente evidenciadas e individualizadas as funções desempenhadas por cada corréu na divisão de tarefas estabelecida pelo esquema criminoso, o que permitiu que se apontasse a responsabilidade de cada um. 4. A organização e o controle das atividades criminosas foram exercidos pelo então Ministro-Chefe da Casa Civil, responsável pela articulação política e pelas relações do Governo com os parlamentares. Conluio entre o organizador do esquema criminoso e o então Tesoureiro de seu partido; os três publicitários que ofereceram a estrutura empresarial por eles controlada para servir de central de distribuição de dinheiro aos parlamentares corrompidos, inclusive com a participação intensa da Diretora Financeira de uma das agências de publicidade. Atuação, nas negociações dos repasses de dinheiro para parte dos parlamentares corrompidos, do então Presidente do partido político que ocupava a chefia do Poder Executivo Federal (subitens VI.1 e VI.3). Atuação, ainda, do advogado das empresas de publicidade, que também pagou vantagens indevidas para parte dos parlamentares corrompidos (subitem VI.1). 5. Parlamentares beneficiários das transferências ilícitas de recursos detinham poder de influenciar os votos de outros parlamentares de seus respectivos partidos, em especial por ocuparem as estratégicas funções de Presidentes de partidos políticos, de líderes parlamentares, líderes de bancadas e blocos partidários. Comprovada a participação, no recebimento da propina, de intermediários da estrita confiança dos parlamentares, beneficiários finais do esquema. Depoimentos e recibos informais apreendidos no curso das investigações compõem as provas da prática criminosa. 6. Condenação dos réus [...], pela prática dos crimes de corrupção ativa que lhes foram imputados. 7. Absolvição dos réus [...], por falta de provas suficientes à condenação. 7. [*sic*] Condenação dos réus [...], pela prática do crime de corrupção passiva. (STF, AP n. 470, Pleno, rel. Min. Joaquim Barbosa, *DJe* 22.04.2013)

Caso "Mensalão". Décimos sextos embargos infringentes. Marco consumativo da corrupção passiva. Modalidade "receber"

Embargos infringentes na AP n. 470. Lavagem de dinheiro. 1. Lavagem de valores oriundos de corrupção passiva praticada pelo próprio agente: 1.1. O recebimento de propina constitui o marco consumativo do delito de corrupção passiva, na forma objetiva "receber", sendo indiferente que seja praticada com elemento de dissimulação. 1.2. A autolavagem pressupõe a prática de atos de ocultação autônomos do produto do crime antecedente (já consumado), não verificados na hipótese. 1.3. Absolvição por atipicidade da conduta. 2. Lavagem de dinheiro oriundo de crimes contra a Administração Pública e o Sistema Financeiro Nacional. 2.1. A condenação pelo delito de lavagem de dinheiro depende da comprovação de que o acusado tinha ciência da origem ilícita dos valores. 2.2. Absolvição por falta de provas. 3. Embargos acolhidos para absolver o embargante da imputação de lavagem de dinheiro. (STF, AP n. 470, EI-décimos sextos, Pleno, rel. Min. Luiz Fux, rel. p/ acórdão Min. Roberto Barroso, *DJ* 20.08.2014)

Corrupção passiva. Crime formal. Inexigência da prática de ato de ofício

Agravo regimental no agravo em recurso especial. Corrupção passiva. Crime formal. Atipicidade da conduta. Inocorrência. Insurgência improvida. 1. Esta Corte Superior de Justiça firmou a compreensão de que o crime de corrupção passiva possui natureza formal e independe de resultado, razão pela qual não exige a prática de ato de ofício, o que afasta a alegação quanto à necessidade de que o agente detenha competência funcional específica para a prática do ato. 2. Na hipótese, restou devidamente demonstrado pelo contexto fático produzido em juízo que o agravante, aproveitando-se do cargo de agente responsável pela organização dos atendimentos aos requerentes dos processos de anistia, participava de esquema que privilegiava algumas pessoas, fazendo as tratativas do ato criminoso e recebendo vantagem indevida para tanto, conduta que se subsume às elementares do tipo descrito no art. 317 do Código Penal, não havendo como afastar as conclusões do Tribunal Regional sem adentrar na seara fático-probatória dos autos, em razão do óbice da Súmula 7/STJ. Pena-base. Fixação acima do mínimo legal. Fundamentação idônea. Ausência de ilegalidade na decisão impugnada. 1. A ponderação das circunstâncias judiciais do art. 59 do Código Penal não é uma operação aritmética, mas sim um exercício de discricionariedade vinculada, devendo o magistrado eleger a sanção que melhor servirá para a prevenção e repressão do fato-crime praticado, exatamente como realizado na espécie. 2. Na hipótese, a decisão agravada, em observância ao princípio da individualização da pena, manteve a sanção inicial estabelecida na origem, considerando que "diversos estrangeiros burlaram as filas e procedimentos de agendamento, em nítido prejuízo aos demais requerentes da anistia" de forma que "em razão da sua conduta, inúmeros alienígenas foram indevidamente agraciados com benefícios previstos na Lei de Anistia", fundamentos que imprimem maior reprovabilidade à conduta imputada, justificando o aumento procedido, nos termos da jurisprudência desta Corte Superior. Pretendido afastamento da continuidade delitiva. Requisitos objetivos e subjetivos do art. 71 do Código Penal atendidos. Reexame de matéria fático-probatória. Impossibilidade. Recurso improvido. 1. Para a caracterização da continuidade delitiva é imprescindível o preenchimento dos requisitos previstos no art. 71 do Código Penal, quais sejam, cometimento de crimes da mesma espécie, perpetrados nas mesmas condições de tempo, lugar e maneira de execução, devendo os subsequentes ser havidos como continuação do primeiro. Precedentes. 2. Hipótese em que, da análise do contexto probatório, o magistrado singular reconheceu a existência de continuidade delitiva entre os crimes, em razão de os fatos terem ocorrido nas mesmas condições de tempo, lugar e modo, o que foi devidamente descrito pelo órgão ministerial na inicial acusatória e comprovado nos autos. 3. Para se concluir de forma diversa, no sentido de que não se trataria de reiteração delitiva, seria imprescindível o reexame do conjunto fático-probatório, providência inviável de ser adotada no âmbito do presente remédio constitucional, diante da celeridade do seu rito procedimental. 4. Agravo regimental improvido. (STJ, Ag. Reg. no AREsp n. 1.292.332/SP, 5ª T., rel. Min. Jorge Mussi, *DJ* 22.11.2018)

Operação Lava-Jato. Corrupção ativa e passiva. Ato de ofício. Poderes de fato do agente público.

"Operação lava-jato". Penal e processual penal. Competência do Juízo da 13ª Vara Federal de Curitiba/PR. Conexão. Esquema criminoso no âmbito da Petrobras. Suspeição do magistrado e dos Procuradores da República. Não configurada. Cerceamento de defesa. Poder instrutório do juiz. Art. 400, § 1º, do CPP. Prejuízo não comprovado. Gravação de interrogatório pela própria defesa. Higidez da gravação realizada pela serventia do juízo. Indeferimento de perguntas aos colaboradores. Diligências complementares. Fase do art. 402 do CPP. Reinterrogatório. Art. 616 do CPP. Faculdade do juízo recursal. Violação à autodefesa e à presunção de inocência. Não configurada. Correlação entre denúncia e sentença. Existência. Preliminares afastadas. Mérito. *Standard* probatório. Depoimentos de corréus. Corrupção ativa e passiva. Ato de ofício. Causa de aumento de pena. Agente político. Capacidade de indicar ou manter servidores públicos em cargos de altos níveis na estrutura do Poder Executivo. Lavagem de dinheiro. Inexistência de título translativo. Caracterização do ilícito. Acervo presidencial. Modificação do fundamento da absolvição. Ausência de interesse recursal. Ofensas aos advogados. Exclusão de termos da sentença. Pedido destituído de razões e descontextualizado. Devolução da totalidade de bens apreendidos. Não conhecimento dos apelos nos pontos. Dosimetria da pena. Readequação. Benefícios decorrentes da colaboração. Reparação do dano. Juros de mora. Execução provisória. 1. A competência para o processamento e julgamento dos processos relacionados à "Operação Lava-Jato" perante o Juízo de origem é da 13ª Vara Federal de Curitiba/PR, especializada para os crimes financeiros, de lavagem de dinheiro e conexos. 2. A competência do Juízo da 13ª Vara Federal de Curitiba/PR firmou-se em razão da inequívoca conexão dos fatos denunciados na presente ação penal com o grande esquema criminoso de corrupção e lavagem de dinheiro no âmbito da empresa Petróleo Brasileiro S/A. 3. Inexistente no polo passivo ou como investigados autoridades com foro privilegiado, não há falar em usurpação de competência do Supremo Tribunal Federal. Questões solvidas por aquela Corte no Inquérito n. 2.245 (Ação Penal n. 470), na Reclamação n. 17.623 e nas Ações Penais ns. 871 a 878. 4. O rol do art. 254 do CPP constitui *numerus clausus*, e não *numerus apertus*, sendo taxativas as hipóteses de suspeição. Precedentes desta Corte e do STF (Exceção de Suspeição Criminal n. 5052962-04.2016.404.0000, Des. Federal Cláudia Cristina Cristofani, por unanimidade, juntado aos autos em 16.12.2016). 5. Não gera impedimento do magistrado, tampouco implica antecipação do juízo de mérito, a externalização das razões de decidir a respeito de diligências, prisões e recebimento da denúncia, comuns à atividade jurisdicional e exigidas pelo dever de fundamentar estampado na Constituição Federal. 6. A determinação de diligências na fase investigativa ou mesmo a condução coercitiva de investigados ou decretação de prisões cautelares fazem parte do cotidiano jurisdicional e não acarretam a quebra de imparcialidade do julgador ou a nulidade do feito. 7. A publicação de matérias jornalísticas a respeito do caso e da participação dos envolvidos é típica dos sistemas democráticos, não conduzindo à suspeição do juízo. 8. A participação em eventos, com ou sem a presença de políticos, não macula a isenção do magistrado, em especial porque possuem natureza meramente acadêmica, informativa ou cerimonial, sendo notório que em tais aparições não há pronunciamentos específicos a respeito dos processos em andamento. 9. Não é razoável exigir-se isenção dos Procuradores da República, que promovem a ação penal. A construção de uma tese acusatória – procedente ou não –, ainda que possa gerar desconforto ao acusado, não contamina a atuação ministerial. 10. No sistema processual vigente o juiz é o destinatário da prova, podendo ele recusar a realização daquelas que se mostrarem irrelevantes, impertinentes ou protelatórias, conforme previsão do art. 400, §1º, do Código de Processo Penal. 11. O processo penal é regido pelo princípio *pas de nullité sans grief*, não sendo possível o reconhecimento de nulidade, ainda que absoluta, sem a demonstração do efetivo prejuízo. Precedentes STJ e STF. 12. Não há ilegalidade na decisão acerca da prescindibilidade das provas requeridas, mormente se as pretensões defensivas foram todas e cada uma examinadas e, na porção indeferida, há fundamentação idônea. 13. Não há nulidade no indeferimento de gravação autônoma do interrogatório pessoal do réu, tendo em vista que a gravação realizada pela própria serventia do juízo mostra-se suficiente à garantia da ampla defesa e do contraditório. Inaplicável, no caso, regra expressa do Código de Processo Civil, tendo em vista que o Código de Processo Penal tem previsão própria. 14. O acordo de colaboração configura "negócio jurídico personalíssimo", não podendo seus termos serem questionados por terceiros, ainda que réus delatados. As perguntas indeferidas pelo juízo não dizem respeito aos fatos do processo, não se verificando qualquer ilegalidade. 15. Não configura cerceamento de defesa o indeferimento de diligência na fase do art. 402 do CPP quando esta não resultou de circunstâncias ou fatos apurados na instrução, bem como quando, diante das informações e elementos existentes nos autos, desde o princípio o requerimento formulado mostra-se evidentemente despiciendo. Tal momento processual não se destina à reabertura ampla da instrução, mas apenas a complementá-la com as diligências que se mostrem necessárias e relevantes no curso natural do processo. 16. No julgamento das apelações criminais, poderá o Colegiado proceder a novo interrogatório do acusado, reinquirir testemunhas ou determinar outras diligências (CPP, art. 616). A adoção de tal expediente é mera faculdade do Tribunal competente para o julgamento do apelo interposto, devendo a produção das provas das alegações tanto da acusação quanto da defesa ficar adstrita ao âmbito da instrução criminal. 17. Oportunizado ao réu em seu interrogatório o direito de permanecer em silêncio e de se manifestar livremente durante e ao final do ato, direitos dos quais fez uso em diversas oportunidades por orientação da defesa técnica, não se há de falar em violação à autodefesa ou mesmo de ato inquisitorial. Hipótese em que as perguntas formuladas pelo magistrado estão em conformidade com os fatos narrados e na linha da responsabilização criminal atribuída na denúncia. 18. A denúncia é bastante clara e indica todas as circunstâncias em que teriam sido cometidos os crimes de corrupção e de lavagem de dinheiro. Todos os temas que permeiam as condutas imputadas foram exaustivamente avaliados na sentença, que deve ser examinada no todo, e não apenas por um ou outro seguimento isoladamente, não havendo falar em alteração essencial em relação aos fatos ou em ausência de correlação entre denúncia e sentença. 19. Rejeitadas integralmente todas as preliminares invocadas pelas defesas. 20. "A presunção de inocência, princípio cardeal no processo criminal, é tanto uma regra de prova como um escudo contra a punição prematura. Como regra de prova, a melhor formulação é o *standard* anglo-saxônico – a responsabilidade criminal há de ser provada acima de qualquer dúvida razoável –, consagrado no art. 66, item 3, do Estatuto de Roma do Tribunal Penal Internacional", consoante precedente do STF, na AP n. 521, rel. Min. Rosa Weber, *DJe* 05.02.2015. 21. As palavras do corréu podem ser utilizadas se reveladas com espontaneidade e coerência, suportadas por outros indícios, bem como sujeitas ao contraditório. Tal exegese é extraída do disposto nos arts. 188 a 197 do CPP, destacando-se o direito a reperguntas às partes e a interpretação da confissão segundo os demais elementos de convicção porventura existentes. É dizer, são válidos os depoimentos prestados por colaboradores e por corréus, sendo que seu valor probatório está a depender da sintonia com os demais elementos de convicção existentes nos autos. 22. Pratica o crime de corrupção passiva, capitulado no art. 317 do Código Penal, aquele que solicita ou recebe, para si ou para outrem, direta ou indiretamente, ainda que fora da função ou antes de assumi-la, mas em razão dela, vantagem indevida, ou aceita promessa de tal vantagem. 23. Comete o crime de corrupção ativa, previsto no art. 333 do Código Penal, quem oferece ou promete vantagem indevida a agente público, para determiná-lo a praticar, omitir ou retardar ato de ofício. 24. A prática efetiva de ato de ofício não consubstancia elementar de tais tipos penais, mas somente causa de aumento de pena (CP, § 1º do art. 317 e parágrafo único do art. 333). 25. O ato de ofício deve ser representado no sentido comum, como o representam os leigos, e não em sentido técnico-jurídico, bastando, para os fins dos tipos penais dos arts. 317 e 333 do Código Penal, que o ato subornado caiba no âmbito dos poderes de fato inerentes ao exercício do cargo do agente (STF, AP n. 470, rel. Min. Joaquim Barbosa, Tribunal Pleno, *DJe* 22.04.2013). 26. Não se exige que o oferecimento da vantagem indevida guarde vinculação com as atividades formais do agente público, bastando que esteja relacionado com seus poderes de fato. No caso de agente político, esse poder de fato está na capacidade de indicar ou manter servidores públicos em cargos de altos níveis na estrutura direta ou indireta do Poder Executivo, influenciando ou direcionando suas decisões, conforme venham a atender interesses escusos, notadamente os financeiros. 27. Hipótese em que a corrupção passiva perpetrada por um dos acusados difere do padrão dos processos já julgados relacionados à "Operação Lava-Jato", não se exigindo a demonstração de sua participação ativa em cada um dos contratos. 28. Mantida a condenação por crime único de corrupção – ativa e passiva – em observância aos limites do apelo do Ministério Público Federal, que não tem alcance suficiente para desfazer a lógica da sentença. 29. A lavagem de ativos é delito autônomo em relação ao crime antecedente (não é meramente acessório a crimes anteriores), já que possui estrutura típica independente (preceito primário e secundário), pena específica, conteúdo de culpabilidade própria e não constitui uma forma de participação *post-delictum* ou mero exaurimento da corrupção. 30. O tipo penal da lavagem de dinheiro abarca o propósito de ocultar ou dissimular a localização, disposição, movimentação ou propriedade de bens, direitos ou valores. A ausência de título translativo do imóvel é compatível com a prática do delito, revelando a intenção de ocultar ou dissimular a titularidade ou a origem do bem. 31. Preservada a condenação por crime único de lavagem de dinheiro. As práticas narradas (aquisição, reforma e decoração do imóvel), embora pareçam distintas, inserem-se no mesmo contexto de ocultação e dissimulação. 32. Apenas haverá interesse recursal na alteração do fundamento absolutório com o objetivo de salvaguardar os denunciados de eventuais repercussões na esfera cível, o que somente é possível nos casos de reconhecimento de inexistência do fato ou de negativa de autoria (art. 386, I e IV). 33. Não conhecimento da pretensão defensiva no ponto, formulada independentemente de qualquer consideração acerca da utilidade prática de tal providência ou de eventual prejuízo decorrente da manutenção da decisão como proferida. 34. O pedido de exclusão de termos da sentença foi lançado genericamente em apelação sem apresentação de fundamentos para o exame pelo juízo recursal e descontextualizado das circunstâncias examinadas na decisão. Matéria preclusa, que deveria, ao seu tempo, ter sido discutida em primeiro grau pela via dos embargos de declaração e que não possui aptidão para modificar o conteúdo condenatório e declaratório do título judicial. Não conhecimento da apelação no ponto. 35. O pedido de devolução de todos os bens apreendidos é questão estranha à apelação criminal, devendo ser formulado junto ao juízo de primeiro grau, a quem cabe avaliar a necessidade ou não dos materiais para outras investigações, sendo que, somente após, inaugura-se a competência do Tribunal para exame da matéria. 36. A legislação pátria adotou o critério trifásico para fixação da pena, a teor do disposto no art. 68, do Código Penal. A pena-base atrai o exame da culpabilidade do agente (decomposta no art. 59 do Código Penal nas circunstâncias do crime) e em critérios de prevenção. Não há, porém, fórmula matemática ou critérios objetivos para tanto, pois a dosimetria da pena é matéria sujeita a certa discricionariedade judicial. O Código Penal não estabelece rígidos esquemas matemáticos ou regras absolutamente objetivas para a fixação da pena (*HC* n. 107.409/PE, 1ª T. do STF, rel. Min. Rosa Weber, un., j. 10.04.2012, *DJe*-091, 09.05.2012). 37. Regra geral, a culpabilidade é o vetor que deve guiar a dosimetria da pena. Readequadas as penas-base impostas. 38. Na segunda etapa da dosimetria das sanções, adequada a redução por aplicação de atenuante no patamar de 1/6. 39. Os benefícios previstos no art. 1º, § 5º, da Lei n. 9.613/98, concedidos nestes autos, não podem se estender a outros feitos, alguns inclusive em diferentes jurisdições. A pretensão à benesse deve ser submetida a cada um dos processos, individualmente. 40. As concessões nos termos em que aplicadas em sentença extrapolam a previsão legal e devem ser afastadas, tendo em vista que as Leis ns. 9.613/98 e 9.807/99 (art. 1º, § 5º, e arts. 13 e 14, respectivamente) não contemplam a possibilidade de fixação de regime diferenciado ou de dispensa da reparação do dano como condição para progressão de regime. 41. Considerando a relevante contribuição de alguns dos acusados, nesta ação penal, para o esclarecimento da verdade, cabível a redução das penas a eles impostas no patamar de 2/3, com fundamento no art. 1º, § 5º, da Lei n. 9.613/98. 42. Ainda que a lei trate de valor mínimo, a recomposição dos prejuízos causados visa à adequada reparação dos danos sofridos pela vítima dos crimes, devendo, para tanto, ser composta não apenas de atualização monetária, mas, também, da incidência de juros, nos termos da legislação civil. 43. Não há inconstitucionalidade ou ilegalidade em condicionar a progressão de regime à reparação do dano, nos termos do art. 33, § 4º, do Código Penal. 44. Híqida a pretensão punitiva, tendo em vista que não decorridos os lapsos prescricionais entre os marcos interruptivos. 45. Em observância ao quanto decidido pelo Plenário do Supremo Tribunal Federal no *Habeas Corpus* n. 126.292/SP, tão logo decorridos os prazos para interposição de recursos dotados de efeito suspensivo, ou julgados estes, deverá ser oficiado à origem para dar início à execução das penas. (TRF-4ª Região, Ap. Crim. n. 5046512-94.2016.4.04.7000, 8ª T., rel. Des. Fed. Tadaaqui Hirose, juntado aos autos em 06.02.2018)

Corrupção passiva. Art. 317, *caput*, do Código Penal. Expressão "em razão dela" que não pode ser equiparada a "ato de ofício"

Recurso especial. Direito penal e processual penal. Imputação de corrupção ativa a um dos recorridos. Imputação de corrupção passiva aos outros dois. Absolvição dos três recorridos nas instâncias ordinárias. Pedido ministerial de condenação. Inviabilidade quanto ao recorrido acusado de corrupção ativa. Exigência explícita, no tipo penal, de "ato de ofício". Viabilidade quanto aos recorridos acusados do crime de corrupção passiva. Expressão "em razão dela" que não pode ser equiparada a "ato de ofício". Possibilidade de condenação ainda que as ações ou omissões indevidas não estejam dentro das atribuições formais do funcionário público. Recurso especial parcialmente provido, para condenar os réus que foram denunciados por corrupção passiva. 1. Hipótese em que um dos réus foi absolvido da prática do crime de corrupção ativa (art. 333 do Código Penal) e os outros dois foram absolvidos da prática do crime de corrupção passiva (art. 317 do CP). 2. Ao contrário do que ocorre no crime de corrupção ativa, o tipo penal de corrupção passiva não exige a comprovação de que a vantagem indevida solicitada, recebida ou aceita pelo funcionário público esteja causalmente vinculada à prática, omissão ou retardamento de "ato de ofício". 3. A expressão "ato de ofício" aparece apenas no *caput* do art. 333 do CP, como um elemento normativo do tipo de corrupção ativa, e não no *caput* do art. 317 do CP, como um elemento normativo do tipo de corrupção passiva. Ao contrário, no que se refere a este último delito, a expressão "ato de ofício" figura apenas na majorante do art. 317, § 1º, do CP e na modalidade privilegiada do § 2º do mesmo dispositivo. 4. Nem a literalidade do art. 317 do CP, nem sua interpretação sistemática, nem a política criminal adotada pelo legislador parecem legitimar a ideia de que a expressão "em razão dela", presente no tipo de corrupção passiva, deve ser lida no restrito sentido de "ato que está dentro das competências formais do agente". 5. Não é lícito ao intérprete simplesmente pressupor que, no crime de corrupção passiva, o legislador praticou alguma sorte de atecnia, ou que falou menos do que desejava, ou que é possível "deduzir" do dispositivo a exigência de ato de ofício, como se ali estivesse uma limitação implícita ao poder-dever de punir. Ao contrário, a redação do dispositivo constitui nítida opção legislativa direcionada a ampliar a abrangência da incriminação por corrupção passiva, quando comparada ao tipo de corrupção ativa, a fim de potencializar a proteção ao aspecto moral do bem jurídico protegido, é dizer, a probidade da Administração Pública. 6. A desnecessidade de que o ato pretendido esteja no âmbito das atribuições formais do funcionário público fornece uma visão mais coerente e íntegra do sistema jurídico. A um só tempo, são potencializados os propósitos da incriminação – referentes à otimização da proteção da probidade administrativa, seja em aspectos econômicos, seja em aspectos morais – e os princípios da proporcionalidade e da isonomia. Exigir nexo de causalidade entre a vantagem e ato de ofício de funcionário público levaria à absurda consequência de admitir, por um lado, a punição de condutas menos gravosas ao bem jurídico, enquanto se nega, por outro, sanção criminal a manifestações muito mais graves da violação à probidade pública: "o guarda de trânsito que pede dinheiro para deixar de aplicar uma multa seria punível, mas o senador que vende favores no exercício do seu mandato passaria impune" (STF, Voto do Ministro Luís Roberto Barroso no Inq. n. 4.506/DF, p. 2.052). 7. O âmbito de aplicação da expressão "em razão dela", contida no art. 317 do CP, não se esgota em atos ou omissões que detenham relação direta e imediata com a competência funcional do agente. O crime de corrupção passiva não exige nexo causal entre a oferta ou promessa de vantagem indevida e eventual ato de ofício praticável pelo funcionário público. O nexo causal a ser reconhecido é entre a mencionada oferta ou promessa e eventual facilidade ou suscetibilidade usufruível em razão da função pública exercida pelo agente. 8. O crime de corrupção passiva consuma-se ainda que a solicitação ou recebimento de vantagem indevida, ou a aceitação da promessa de tal vantagem, esteja relacionada com atos que formalmente não se inserem nas atribuições do funcionário público, mas que, em razão da função pública, materialmente implicam alguma forma de facilitação da prática da conduta almejada. 9. No caso, irrelevante, para a consumação do crime de corrupção passiva, o fato de que aos Recorridos não competia, à época dos fatos, a prática de função inerente ao controle imigratório no Aeroporto Internacional de São Paulo/SP. Mostra-se suficiente à configuração do delito a constatação, presente no acórdão impugnado – e, por conseguinte, imune ao reexame de fatos e provas –, de que "exerciam a função de auxiliar de serviços gerais em empresa concessionária do uso de área destinada a carga e descarga de aeronaves no Aeroporto Internacional de São Paulo", e de que, em razão dessa função, aceitaram "proposta de vantagem indevida para que auxiliassem o ingresso irregular de estrangeiro em território nacional". 10. Recurso parcialmente provido para, por um lado, manter a absolvição do Réu acusado por corrupção ativa, e, por outro, condenar os Corréus acusados por corrupção passiva, com determinação de retorno dos autos ao Tribunal de origem para que proceda à dosimetria da pena. (STJ, REsp n. 1.745.410/SP, 6ª T., rel. Min. Sebastião Reis Júnior, rel. p/ acórdão Min. Laurita Vaz, *DJ* 23.10.2018)

3. OBSERVAÇÕES

O Código Eleitoral (Lei n. 4.737, de 15.07.1965) prevê crime similar às corrupções passiva e ativa em seu art. 299: "Dar, oferecer, prometer, solicitar ou receber, para si ou para outrem, dinheiro, dádiva, ou qualquer outra vantagem, para obter ou dar voto e para conseguir ou prometer abstenção, ainda que a oferta não seja aceita: Pena – reclusão até quatro anos e pagamento de cinco a quinze dias-multa".

A Lei de Abuso de Autoridade n. 13.869, de 05.09.2019, no parágrafo único do art. 33, dispõe que incorre na mesma pena do *caput* (detenção de 6 meses a 2 anos, e multa) "quem se utiliza de cargo ou função pública ou invoca a condição de agente público para se eximir de obrigação legal ou para obter vantagem ou privilégio indevido". Cuida-se da famosa "carteirada", em que o agente público alega em seu favor sua condição funcional a fim de obter vantagem ou privilégio indevidos. Nesta hipótese, não há qualquer contraprestação por parte do funcionário público, ou seja, não se está transacionando nenhum ato em razão da sua função pública, porquanto, nesta última hipótese, restaria configurado o crime de corrupção passiva, disposto no art. 317 do CP.

Por fim, há que se observar que a corrupção passiva privilegiada, disposta no § 2º do art. 317 do CP (detenção de 3 meses a 1 ano, ou multa), trata-se de infração de menor potencial ofensivo, sendo compatível com a transação penal e o rito sumaríssimo. Como se admite a transação penal, não será possível a celebração de acordo de não persecução penal (art. 28-A, § 2º, do CPP).

Facilitação de contrabando ou descaminho

Art. 318. Facilitar, com infração de dever funcional, a prática de contrabando ou descaminho (art. 334):

Pena – reclusão, de 3 (três) a 8 (oito) anos, e multa.

Pena com redação dada pela Lei n. 8.137, de 27.12.1990.

1. COMENTÁRIO

1.1. Notas introdutórias

A Lei n. 13.008, de 26.06.2014, que deu nova redação ao art. 334 e acrescentou o art. 334-A ao Estatuto Penal Repressivo, trouxe à evidência o que há tempos a doutrina e a jurisprudência já balizavam, tornando explícita a distinção entre os crimes de contrabando e descaminho, anteriormente versados em um mesmo tipo penal (art. 334), aos quais também se cominava pena idêntica (reclusão, de 1 a 4 anos).

Em linhas gerais, sem a pretensão de aprofundar o tema que será tratado adiante, com a aludida redação, os tipos penais passaram a ser tratados separadamente, tendo o crime de descaminho sido abordado no próprio art. 334 e o contrabando realocado para o art. 334-A, inclusive, com cominação de pena mais gravosa para este último.

No entanto, muito embora tenha havido a alteração no tocante aos crimes de contrabando e descaminho, o delito insculpido no art. 318 do CP ("Facilitação de contrabando ou descaminho") permaneceu incólume.

1.2. Objetividade jurídica

O bem jurídico protegido é a Administração Pública, o seu regular funcionamento, a moralidade e a probidade administrativa.

1.3. Sujeitos

O sujeito ativo é o funcionário público responsável pela fiscalização e repressão aos crimes de contrabando e descaminho, devendo o agente ser encarregado por lei para reprimir e fiscalizar o contrabando ou cobrar direitos ou impostos devidos em razão da entrada ou saída de mercadorias, valendo salientar que a mera desídia não realiza o crime em análise (TRF-4ª Região, AC n. 2005.04.01.046448-5, rel. Des. Fed. Paulo Afonso Brum Vaz, *DJ* 16.07.2008).

Nesse viés, se o funcionário não tiver o dever de repressão ao descaminho ou ao contrabando, poderá incidir nas penas do art. 334 ou do art. 334-A, ambos do CP, e não no crime ora em comento. Nesse sentido os ensinamentos de José Paulo Baltazar Junior: "Para que o funcionário público incida na regra do art. 318 do CPB, é indispensável a infração de dever funcional, cuidando-se de crime *ratione oficii*, caso contrário, o agente incidirá no crime previsto [...] de contrabando ou descaminho" (*Crimes federais*, 2015, p. 306).

O art. 144, § 1º, II, da Constituição Federal testifica que incumbe à Polícia Federal prevenir e reprimir o contrabando e o descaminho.

A despeito do interesse da União relativo aos crimes estampados nos arts. 334 e 334-A, ambos do Código Penal, deve-se registrar que na hipótese de o policial civil infringir dever funcional, facilitando a prática do contrabando ou descaminho, também incorrerá nas sanções do delito do art. 318 do Estatuto Penal Repressivo.

O Superior Tribunal de Justiça pronunciou-se no sentido de que "é completamente descabida a alegação de que a facilitação não pode ser cometida por Policial Civil, sob o fundamento de que a ele não compete reprimir e investigar infrações cujo processamento e julgamento cabem à Justiça Comum Federal", isso porque "a Polícia Civil se trata de órgão cuja finalidade imediata é a de preservar a ordem pública, a incolumidade das pessoas e do patrimônio (art. 144, *caput*, da Constituição da República), não se lhe cabendo omitir de tais deveres gerais ainda que a infração tenha sido cometida em detrimento de bens, serviços e interesses da União ou de suas entidades autárquicas e empresas públicas" (RHC n. 24.998/RJ, 5ª T., rel. Min. Laurita Vaz, *DJ* 02.02.2012).

Também cumpre notar que a 11ª Turma do Tribunal Regional Federal da 3ª Região entendeu que houve violação de dever funcional por parte dos réus que, na condição de servidores das equipes de trânsito aduaneiro atuantes no terminal de cargas do aeroporto internacional de Guarulhos/SP, do Posto Fiscal da Receita Federal no Dry Port e da vigilância aduaneira (auditores fiscais e analistas tributários da Receita Federal), facilitaram a prática do delito de descaminho, porquanto a eles incumbia a execução de atos de fiscalização e controle aduaneiro ou o seu auxílio (ACR n. 0010251-82.2010.4036119/SP, Operação Trem Fantasma, rel. Des. Fed. Fausto De Sanctis, *DJ* 16.10.2020).

O sujeito passivo é o Estado.

1.4. Análise da(s) conduta(s) descrita(s) no tipo

A conduta do funcionário público é a de *facilitar*, de modo comissivo ou omissivo, a prática do contrabando ou descaminho. Em ambos os casos é indispensável a violação do dever funcional.

Em resumo, não há a necessidade de o funcionário público participar dos delitos estampados nos arts. 334 e 334-A, ambos do CP, bastando que os facilite. Enquanto o agente público comete o crime do art. 318 do CP, o particular perpetra o crime de descaminho ou de contrabando, tratando-se de exceção dualista à Teoria Monista no tocante ao concurso de agentes.

Desdobrando a responsabilização do corruptor e do corrompido em tipos penais específicos, o Código Penal excepcionou a teoria monista, pela qual todos os sujeitos que concorram para a infração penal respondem pelo mesmo delito na medida de sua culpabilidade (art. 29 do CP).

Com relação ao delito de corrupção ativa, apesar de a atuação criminosa ter por propósito desvirtuar a prática de determinado ato de ofício mediante a contrapartida de uma vantagem qualquer, por ser crime formal, são dispensadas para a sua consumação tanto a obtenção de tal vantagem como a prática deturpada do ato público em si, sendo este último aspecto considerado causa de aumento de pena. Assim, considera-se consumada a corrupção ativa quando o agente oferece ou promete referida vantagem.

Já no que concerne à prática da facilitação do contrabando ou descaminho, trata-se de figura penal especial em relação à corrupção passiva, tutelando especificamente a atuação do agente público que favorece ou contribui de qualquer modo para a degeneração da ordem pública instalada relativa ao ingresso de bens no País, dispensando o devido controle alfandegário.

Há julgado do Tribunal Regional Federal da 3ª Região bem explicitando que "o crime de facilitação de contrabando ou descaminho representa, isso sim, exceção pluralista à Teoria Monista adotada pelo Código Penal, pois o funcionário não é considerado coautor ou partícipe do contrabando ou descaminho cometido pelo particular, mas autor do crime próprio previsto no art. 318" (EIFNU n. 43747, 4ª S., rel. Des. Federal Nino Toldo, *DJ* 26.06.2015).

Na hipótese de o funcionário não violar dever funcional, poderá ser coautor ou partícipe dos crimes de contrabando ou descaminho.

O objeto material é a mercadoria contrabandeada ou o imposto que deixou de ser recolhido aos cofres públicos.

O incentivo financeiro contumaz para a facilitação sistemática do descaminho levado a efeito dentro do contexto de uma associação criminosa agride de forma mais severa a moralidade administrativa e constrange o regular funcionamento da fiscalização aduaneira, potencializando as consequências do crime em questão, aspecto esse que deve ser assinalado como desfavorável ao agente no momento da prolação da sentença.

1.5. Elemento subjetivo

Tem como elemento subjetivo o dolo, consciente de que viola o dever funcional.

Ausente a consciência de que viola esse dever, poderá responder pelos crimes de descaminho ou de contrabando.

1.6. Consumação e tentativa

Consuma-se o crime quando o funcionário público facilita a prática dos crimes de descaminho ou de contrabando, violando o seu dever funcional, independentemente da efetivação dos delitos do art. 334 ou 334-A, ambos do CP. Nessa toada, pouco importa a consumação do outro crime para que reste perfectibilizado o delito estampado no art. 318 do Código Penal. Trata-se, pois, de crime formal.

Sob esse enfoque, o Superior Tribunal de Justiça teve a oportunidade de elucidar que "o crime do art. 318 do CP é formal e consuma-se com a efetiva concreção da conduta descrita no tipo penal, vale dizer, com a facilitação, mediante infração de dever funcional, da prática do descaminho, independentemente da consumação do crime de descaminho", bem ainda que "todas as alegações atinentes ao crime de descaminho são irrelevantes para a tipificação do crime previsto no art. 318 do CP" (REsp n. 1.304.871/SP, 6ª T., rel. Min. Rogerio Schietti Cruz, *DJ* 01.07.2015).

Note-se, outrossim, que, para a consumação da facilitação de descaminho, basta a prática de qualquer ato nesse sentido, ainda que se trate de mero retardamento.

A tentativa, em tese, é admissível.

1.7. Classificação

Cuida-se de crime próprio, doloso, formal (dispensando o resultado naturalístico para a sua consumação), comissivo ou omissivo próprio (verbo "facilitar" pode se dar por omissão do agente), de forma livre, instantâneo, unissubjetivo, unissubsistente ou plurissubsistente (a depender da forma que o delito for perpetrado).

2. JURISPRUDÊNCIA

2.1. Súmula

Súmula n. 151, STJ: "A competência para o processamento e julgamento por crime de contrabando ou descaminho define-se pela prevenção do juízo federal do lugar da apreensão dos bens".

2.2. Julgados

Há julgado perfilando que subsistirá a condenação pelo delito de facilitação de contrabando/descaminho ainda que não haja apreensão da mercadoria (TRF-1ª Região, Ap. Crim. n. 199934000312639, 3ª T., rel. Des. Fed. Assusete Magalhães, *DJ* 05.03.2010).

Cite-se como exemplo, outrossim, o agente da Polícia Federal que trabalha em Aeroporto e que viabiliza a entrada de grande quantidade de mercadorias estrangeiras no país, sem o pagamento dos tributos devidos (TRF-3ª Região, *HC* n. 0069607-37.2007.4.03.0000, 1ª T., rel. Des. Fed. Luiz Stefanini, *DJ* 09.02.2009).

Facilitação de contrabando ou descaminho

Penal. Formação de quadrilha ou bando, corrupção passiva e facilitação de contrabando ou descaminho praticados no aeroporto de Guarulhos/SP. Inépcia da denúncia e cerceamento de defesa inocorrentes – denegação da ordem. 1. Paciente que, na qualidade de agente da Polícia Federal, é acusado de participar de organização criminosa dedicada a viabilizar a entrada de grande quantidade de mercadorias estrangeiras no país sem o pagamento de tributos devidos. 2. Exordial acusatória que indica com clareza a atividade delituosa, os aspectos temporais e espaciais, bem como a forma de conduta dos agentes, corroborada pela transcrição de diálogos travados entre os mesmos na consecução dos fins almejados. 3. Ausência do cerceamento de defesa alegado, na medida em que oportunizada aos advogados do paciente o acesso à interceptação telefônica, com possibilidade de pegar cópia do DVD e/ou CD, conforme informações do impetrado. 4. Inocorrência de nulidade por falta de fundamentação no recebimento da denúncia, face à observância dos requisitos legais. 5. Ordem denegada. (TRF-3ª Região, *HC* n. 0069607-37.2007.4.03.0000, 1ª T., rel. Des. Fed. Luiz Stefanini, *DJ* 09.02.2009)

Facilitação de descaminho e crime de corrupção passiva

Penal. Processo penal. Apelação criminal. Facilitação de descaminho. Corrupção passiva. Inépcia da denúncia. Preliminares. Rejeitadas. Materialidade e autoria do crime de facilitação de descaminho comprovadas. Crime de corrupção passiva. Ausência de provas. Mantida a absolvição. Dosimetria redimensionada. Culpabilidade. Elementar do crime. Afastada. Apelação parcialmente provida. 1 – A peça acusatória delineou os elementos de convicção que a embasaram, narrando satisfatoriamente o comportamento engendrado pelo réu para a prática delitiva, ou seja, da sua análise extrai-se, com clareza, tanto o fato típico imputado ao apelante, como a conduta por ele praticada, fazendo-se alusão expressa à prova da materialidade delitiva. Afastada a aventada inépcia da denúncia. 2 – Desnecessária a juntada da integralidade dos autos em que extraídas as provas que embasaram a presente ação, haja vista ser devida somente a juntada das peças que guardam correlação com o delito apurado, bem como as degravações pertinentes, relacionadas aos fatos trazidos a lume pela denúncia. 3 – A materialidade, hábil a amparar a condenação pela prática do delito de facilitação de descaminho, se extrai do Auto de Apresentação e Apreensão, Laudo de Exame Merceológico, transcrições telefônicas, bem como da tabela de tratamento tributário, a qual demonstra que sobre as mercadorias importadas incidem os tributos federais denominados Imposto de Importação, Imposto sobre Produtos Industrializados, PIS/Pasep e Cofins, cujo recolhimento foi sonegado. 4 – Comprovada a autoria. Réu que atuava como o intermediador para a entrada de mercadorias, informando o momento em que indivíduos interessados em praticar contrabando e descaminho deveriam atravessar a linha de fronteira com as mercadorias estrangeiras desacompanhadas de documentação fiscal, a fim de não serem abordados em barreiras realizadas por policiais e/ou fiscais no posto "Leão da Fronteira" e na ponte "Ayrton Senna", que liga Mundo Novo/MS e Guairá/PR. Tratativas sobre a empreitada criminosa que foram descortinadas através da interceptação telefônica de intensos diálogos, travados entre os envolvidos, alguns dias antes e também no dia dos fatos não deixam dúvidas acerca da efetiva participação do réu. 5 – Não há provas de que o réu teria solicitado ou recebido vantagem indevida para permitir a entrada de mercadorias em solo nacional sem o pagamento dos tributos devidos. 6 – Mesmo considerando que o delito de corrupção é de natureza formal, consumando-se com a simples aceitação de promessa de vantagem indevida pelo funcionário público, em razão de sua função, sendo desnecessária a efetiva entrega ou percepção da vantagem, não se pode presumir que tenha ocorrido. Para embasar uma condenação no âmbito penal mister se faz a demonstração inequívoca da materialidade. 7 – Dosimetria. Redimensionamento das penas. 7.1 – O fato de o réu ser, à época dos fatos, servidor da Receita Federal, o que caracterizaria maior reprovabilidade de sua conduta, ao fundamento de que "um de seus deveres funcionais era, justamente, o de fiscalizar a entrada de mercadorias no país e, assim, de coibir a prática de descaminho, conduta criminosa que, efetivamente, acabou por facilitar", não se presta à exasperação da pena-base, como entendeu o magistrado. A culpabilidade do agente é elementar do crime, de maneira que a fixação da pena-base acima do mínimo legal somente se justifica nos casos em que a censurabilidade da conduta supere a reprovação social inerente à tipificação do fato, o que inocorre na hipótese. O tipo penal em questão já tipifica a conduta do funcionário público que utiliza seu cargo e, por extensão, seus conhecimentos, para a prática delitiva. 7.2. – A perda do cargo público, decretada como decorrência lógica da condenação imposta ao réu, amparada em permissivo legal, foi corretamente aplicada, não cabendo reparo. 7.3. – À apuração da pena de multa aplicam-se os mesmos parâmetros utilizados na fixação da pena privativa de liberdade. 8 – Rejeitadas as preliminares. 9 – Parcialmente provida a apelação do réu. 10 – Desprovida a apelação do Ministério Público Federal. (TRF-3ª R., ACR n. 0000837-16.2007.4.03.6006/MS, 11ª T., rel. Des. Fed. José Lunardelli, *DJ* 14.11.2018)

Penal. Apelação criminal. Facilitação de contrabando. Art. 318 CP. Nulidade. Ausência de citação. Notificação nos termos do art. 514 do CP. Intimação para apresentação de nova defesa escrita nos termos do art. 396-A após processo anulado. Finalidade da citação alcançada. Comparecimento do réu nos atos processuais subsequentes. Vício sanado. Preliminar afastada. Possibilidade do policial civil incorrer no delito de facilitação de contrabando. Art. 144 da CF. Dever funcional de coibir ilícitos. Materialidade e autoria comprovadas. Dosimetria mantida. Recurso desprovido. 1. Apelação Criminal contra sentença que condenou o réu à pena de 03 (três) anos de reclusão, em regime inicial aberto, e pagamento de 10 (dez) dias-multa, no valor mínimo legal em razão da prática do crime tipificado no art. 318 do Código Penal. 2. Nulidade por ausência de citação. Devida notificação para cumprimento do art. 514 do CPP. Inexistência de citação formal posterior. Comparecimento do réu devidamente acompanhado de sua defensora aos atos processuais subsequentes supera o referido vício e não enseja nulidade do feito. Inexistência de qualquer prejuízo para a Defesa. Não apresentação de defesa preliminar, nos termos do art. 396-A do CPP, por opção da Defesa, pois devidamente intimada para tanto, após anulação do feito por decisão proferida pela 1ª Turma deste Tribunal Regional Federal da 3ª Região, no *HC* n. 0025563-59.2009.403.0000. Finalidade da citação, qual seja, a de cientificar o acusado do teor da denúncia e o seu chamamento ao processo para que possa exercer seu direito de defesa, plenamente alcançada com as notificações e intimações ocorridas. Preliminar afastada. 3. Possibilidade ou não da prática da conduta de facilitação de contrabando por policial civil. Aos órgãos de polícia compete, na dicção do art. 144 da CF, o exercício de atividade que vise à preservação da ordem pública, da incolumidade das pessoas e do patrimônio. Aos policiais civis, em específico, também na redação da norma constitucional, ressalvada a competência da União e militar, cabe a função de polícia judiciária que tem por fim a apuração das infrações e penais e de sua autoria. Neste contexto, delineado pela própria Constituição Federal, qualquer que seja órgão de polícia (polícia federal, polícia rodoviária federal, polícia ferroviária federal, polícia civil, polícia militar e corpo de bombeiros), não é possível excluir o dever funcional de coibir delitos, seja de competência estadual ou federal, *prima facie*, pela própria natureza da atividade policial. Precedente do Superior Tribunal de Justiça (RHC n. 24.998/RJ, 5ª T., rel. Min. Laurita Vaz, j. 15.12.2011, *DJe* 02.02.2012). 4. Materialidade e autoria delitivas que se extraem das provas coligidas nos autos. 5. Dosimetria mantida. Pena fixada no mínimo legal e substituída por duas restritivas de direitos consistentes em prestação de serviços à comunidade e prestação pecuniária, esta revertida, de ofício, em favor da ofendida, a União. 6. Recurso desprovido. (TRF-3ª Região, ACR n. 00018540620114036117, 1ª T., rel. Des. Fed. Hélio Nogueira, *DJ* 18.10.2019)

3. OBSERVAÇÕES

Deve-se atentar para o fato de que nas hipóteses em que o funcionário facilita a entrada de armas de fogo, acessório ou de munição em território nacional, sem a autorização da autoridade competente, restará caracterizado o delito do art. 18 da Lei n. 10.826/2003 (Estatuto do Desarmamento), cuja pena prevista é a de reclusão, de 8 (oito) a 16 (dezesseis) anos, e multa, ante a aplicação do princípio da especialidade, prevalecendo, portanto, o crime de tráfico internacional de arma de fogo sobre o delito de facilitação do contrabando.

Prevaricação

Art. 319. Retardar ou deixar de praticar, indevidamente, ato de ofício, ou praticá-lo contra disposição expressa de lei, para satisfazer interesse ou sentimento pessoal:

Pena – detenção, de 3 (três) meses a 1 (um) ano, e multa.

1. COMENTÁRIO

1.1. Objetividade jurídica

O bem jurídico tutelado é o regular funcionamento da Administração Pública, sua moralidade, a probidade administrativa.

1.2. Sujeitos

O sujeito ativo é o funcionário público, podendo o particular concorrer para a sua prática, desde que conhecedor da condição especial do autor.

O sujeito passivo é o Estado, a entidade de direito público e o terceiro eventualmente prejudicado.

1.3. Análise da(s) conduta(s) descrita(s) no tipo

São três as condutas previstas: *retardar*, *deixar de praticar* e *praticar o ato*.

Referido delito prevê uma modalidade comissiva, consubstanciada na prática de ato de ofício contra expressa disposição de lei. Há também a forma omissiva, consistente no retardamento do ato de ofício (não praticar no tempo adequado, prolongando-o) ou no ato de deixar de praticá-lo (quedando-se inerte com o intuito de não perpetrá-lo), em ambos os casos de forma indevida.

Também se consubstancia em delito funcional, exigindo-se, na hipótese omissiva, a especial qualidade consistente no poder/dever de intervir diante de determinada situação fática. Pressupõe um não fazer a tempo e a modo, evidenciando infidelidade à função pública.

O objeto material do crime é o ato de ofício do funcionário público.

Como bem elucidado por Luiz Regis Prado, inclusive fazendo menção ao mestre Hely Lopes Meirelles: "Se o funcionário público detém certa discricionariedade na conveniência ou não de se praticar o ato, não há falar em prevaricação, desde que a conduta do agente não enverede para a arbitrariedade" (*Curso de direito penal brasileiro*: Parte Especial, 2010, p. 500).

No crime ora em comento há a traição, a deslealdade do funcionário público ao seu dever de ofício que lhe é inerente, impulsionado por interesse ou sentimento pessoal. O ato de ofício deve estar compreendido dentro da esfera de atribuição do agente. Há de se salientar que o interesse impulsionador do delito pode ser material ou moral. Esse é o entendimento de boa parte da doutrina, por exemplo, o de Cezar Roberto Bitencourt (*Tratado de direito penal*: Parte Especial, 2012, v. 5, p. 134). No entanto, para que o interesse material componha o crime de prevaricação, é necessário que não haja um acordo entre o *intraneus* e o *extraneus*, já que nele o agente não mercadeja sua função, como ocorre no delito de corrupção passiva. Significa dizer: a ação ou omissão do funcionário público pode até objetivar o recebimento de alguma recompensa, desde que não tenha sido pactuada com o outro indivíduo, quer seja implícita ou explicitamente (STF, *HC* n. 80.814, 1ª T., rel. Min. Ellen Gracie, *DJ* 22.02.2002).

Em sentido contrário, ou seja, de que o interesse é somente o moral, deve-se mencionar Antonio Pagliaro e Paulo José da Costa Jr. (*Dos crimes contra a administração pública*, 2006, p. 127), citando Basileu Garcia, ao esclarecerem que no caso de o funcionário visar à satisfação de interesse pecuniário o crime será o de corrupção passiva, mas não o de prevaricação.

1.4. Elemento subjetivo

O elemento subjetivo é o dolo, imbuído de um especial fim de agir, consistente em "satisfazer interesse ou sentimento pessoal", assim entendida, por exemplo, eventual ambição ou pretensão que reflita variadas formas de desígnios íntimos, como o amor, o ódio, a piedade, a vingança etc.

Referida expressão, propositadamente genérica, abrange qualquer motivação que não seja característica de outro crime, como é o caso, por exemplo, da concussão, cujo especial fim de agir consiste na obtenção de determinada vantagem.

Nessa toada, a prevaricação constitui autêntico crime subsidiário frente aos demais delitos contra a Administração Pública, o qual subsiste em dado quadro fático em que não se possa extrair outra finalidade específica do agente infiel ao respectivo ofício.

O Supremo Tribunal Federal já decidiu que "o crime de prevaricação exige para sua consumação o elemento subjetivo especial – dolo específico – no sentido de ser o ato praticado para 'satisfazer interesse ou sentimento pessoal', motivação que, no caso sob exame, teria sido de natureza moral, pelo fato de o indiciado ter ligação histórica com o Partido dos Trabalhadores. No entanto, afirmei que o vínculo pessoal do prolator da decisão, anterior aos fatos, não é suficiente para afirmar que a decisão tenha sido proferida para satisfazer sentimento pessoal, justamente porque o indiciado se utilizou de fundamentos jurídicos minimamente plausíveis, não se verificando excesso de linguagem" (Inq. n. 4.744-Ag. Reg., 1ª T., rel. Min. Roberto Barroso, *DJ* 11.10.2019).

1.5. Consumação e tentativa

Referido delito prevê uma modalidade comissiva, consubstanciada na prática de ato de ofício contra expressa disposição de lei, realizando-se, portanto, com a sua mera execução. Também prevê a forma omissiva, consistente no retardamento do ato de ofício (não praticar no tempo adequado, prolongando-o) ou no ato de deixar de praticá-lo (quedando-se inerte com o intuito de não perpetrá-lo), em ambos os casos de forma indevida. Na modalidade omissiva, o crime consuma-se com o retardamento ou com a omissão do ato.

A tentativa é admissível na modalidade comissiva.

1.6. Classificação

Trata-se de crime próprio, formal, doloso, comissivo ou omissivo próprio, de forma livre, instantâneo, unissubjetivo, unissubsistente ou plurissubsistente (a depender do modo como o crime é perpetrado).

2. JURISPRUDÊNCIA

O STF já se pronunciou no sentido de ser imprescindível no delito de prevaricação a indicação do interesse ou sentimento pessoal que propulsiona o funcionário público, de modo que ilações genéricas no sentido de que o agente atuara com parcialidade não se mostram suficientes à sua caracterização (*HC* n. 85.180, 2ª T., rel. Min. Carlos Velloso, *DJ* 03.02.2006).

Na mesma vertente pontuou o Pretório Excelso quanto a fatos imputados a desembargador em virtude de retenção de autos de processo, sem submetê-lo a julgamento, porquanto a peça vestibular deixara de indicar o fato que caracterizaria o sentimento próprio ou interesse (*HC* n. 80,788, 1ª T., rel. Min. Sydney Sanches, *DJ* 07.03.2003).

Também já decidiu aquela Corte não ser ínsito que a motivação do delito seja egoística ou torpe, inclusive podendo coincidir com o interesse social (*HC* n. 80.311, 1ª T., rel. Min. Octavio Gallotti, *DJ* 01.12.2000).

Em outra oportunidade, na qual delegado de polícia possibilitara a *preso de confiança* o recebimento na Delegacia de menor infrator portando arma de fogo, entendeu a Egrégia Corte que o agente público deixara de praticar ato de ofício que lhe incumbiria em razão de seu cargo, de modo consciente, com a intenção de satisfazer sentimento pessoal de comodismo e desídia, perfazendo-se, portanto, o crime de prevaricação (*HC* n. 84.987, 2ª T., rel. Min. Ellen Gracie, *DJ* 06.05.2005).

O STJ também entendeu ser típica a conduta de procurador regional da República que perpetrou ato de ofício consistente em requisitar informações sigilosas a entidades públicas e privadas (operadoras de telefonia, ABIN, Serasa), notadamente para perquirir a eventual existência de Procedimento de Interceptação Telefônica em seu desfavor, ante sua condição de investigado, ou seja, sem amparo de procedimento administrativo de sua competência, evidenciando a satisfação de interesse exclusivamente pessoal (AP n. 642/DF, Corte Especial, rel. Min. Felix Fischer, *DJ* 10.03.2011).

2.1. Julgados

Crime de prevaricação. Vedação ao crime de hermenêutica

Criminal. Ação penal originária. Denúncia. Prevaricação. Descumprimento de decisões do TST. Prerrogativa de membro do Ministério Público do Trabalho. Satisfação de interesse ou sentimento pessoal. Elemento Subjetivo não configurado. Denúncia rejeitada. Hipótese em que a denúncia trata da suposta prática de crime de prevaricação, pois os acusados teriam deixado de praticar ato de ofício consistente no cumprimento de decisões emanadas do TST referentes à prerrogativa institucional de membro do MPU de ter assento no mesmo plano e imediatamente à direita dos juízes singulares ou presidentes dos órgãos judiciários perante os quais oficiem na condição de parte ou de fiscal da lei, além de terem praticado outros atos contra expressa disposição de lei, com vistas a satisfazer interesse ou sentimento pessoal. Esta Corte já firmou posicionamento, concordante com a doutrina penal, no sentido de que a intenção de satisfazer interesse ou sentimento pessoal é essencial à tipificação do delito do art. 319 do Estatuto Repressor. Precedente. A controvérsia quanto à interpretação da legislação, como ocorreu no caso dos autos, não é hábil a configurar o elemento subjetivo do crime de prevaricação. Se não resta caracterizada a satisfação de interesse ou sentimento pessoal na conduta dos acusados, afasta-se a tipicidade da conduta. Ante a ausência de correspondência do fato, tal como narrado na peça acusatória, à norma jurídica, vislumbra-se a inexistência de fato típico, afetando a possibilidade de responsabilização penal dos acusados pela prática do delito descrito no art. 319 do CP. Denúncia rejeitada. (STJ, AP n. 471/MG, Corte Especial, rel. Min. Gilson Dipp, *DJ* 10.03.2000)

Ato de ofício descrito na denúncia

Penal. Crime de prevaricação. Tipicidade. Na tipificação do crime de prevaricação (art. 319, CP), exige-se que o ato de ofício do funcionário seja descrito na denúncia, com perfeição. Exige-se ainda a indicação do fim, do motivo que levou o autor à ação ou inação ilegal, não bastando afirmar que o acusado agiu para satisfazer interesse ou sentimento pessoal. É inepta a denúncia que não descreve com perfeição os fatos capazes de identificar os elementos do tipo. Denúncia rejeitada por inépcia. Art. 319, CP. (STJ, CE n. 2005/0189626-4, rel. Min. Eliana Calmon, *DJ* 18.06.2008)

Elemento subjetivo específico do tipo – vontade de satisfazer "interesse" ou "sentimento pessoal"

Ação penal. Crime de prevaricação (art. 319, CP) e de responsabilidade de prefeito (art. 1º, DL n. 201/67). Ausência de provas. Improcedência. Absolvição dos réus. 1. A configuração do crime de prevaricação requer a demonstração não só da vontade livre e consciente de deixar de praticar ato de ofício, como também do elemento subjetivo específico do tipo, qual seja, a vontade de satisfazer "interesse" ou "sentimento pessoal". Instrução criminal que não evidenciou o especial fim de agir a que os denunciados supostamente cederam. Elemento essencial cuja ausência impede o reconhecimento do tipo incriminador em causa. 2. A acusação ministerial pública carece de elementos mínimos necessários para a condenação do parlamentar pelo crime de responsabilidade. Os depoimentos judicialmente colhidos não evidenciaram ordem pessoal do Prefeito de não autuação dos veículos oficiais do Município de Santa Cruz do Sul/RS. A mera subordinação hierárquica dos secretários municipais não pode significar a automática responsabilização criminal do Prefeito. Noutros termos: não se pode presumir a responsabilidade criminal do Prefeito, simplesmente com apoio na indicação de terceiros – por um "ouvir dizer" das testemunhas –; sabido que o nosso sistema jurídico penal não admite a culpa por presunção. 3. O crime do inciso XIV do art. 1º do DL n. 201/67 é delito de mão própria. Logo, somente é passível de cometimento pelo Prefeito mesmo (unipessoalmente, portanto) ou, quando muito, em coautoria com ele. Ausência de comprovação do vínculo subjetivo, ou psicológico, entre o Prefeito e a Secretária de Transportes para a caracterização do concurso de pessoas, de que trata o art. 29 do CP. 4. Improcedência da ação penal. Absolvição dos réus por falta de provas, nos termos do inciso VII do art. 386 do CPP. (STF, AP n. 447, Pleno, rel. Min. Carlos Britto, *DJ* 28.05.2009)

Prevaricação. Atipicidade da conduta. Ato praticado por desembargador não considerado como ilegal, tampouco indevido. Magistrado competente, na condição de plantonista, para julgar o feito

Processo penal. Agravo regimental. Arquivamento de inquérito. Prevaricação. Ausência de ilegalidade na prática do ato. Atipicidade da conduta. Princípio da subsidiariedade. Desprovimento do agravo. 1. No caso dos autos, verifica-se, de plano, a atipicidade da conduta, tendo em vista a legalidade do ato praticado pelo indiciado, na medida em que competente para proferir a decisão apontada como ilegal. 2. Decisão que ostenta fundamentação razoável. Observância dos princípios da independência e da livre convicção motivada dos magistrados. Ausência de excesso de linguagem. Impossibilidade de se criminalizar a atividade hermenêutica. 3. Inexistência de vício declarada, em sede administrativa, pelo Conselho Nacional de Justiça. Circunstância que reclama a observância do princípio da subsidiariedade do Direito Penal. Ausência de razoabilidade no prosseguimento da persecução penal para apuração de conduta considerada lícita e não viciada por órgão de controle administrativo específico da atividade objeto da investigação. 4. O art. 28 do Código de Processo Penal se limita a impedir que, pedido o arquivamento pelo Ministério Público e confirmado este entendimento no âmbito do próprio Ministério Público, possa o juiz se negar a deferi-lo, mas não obriga o Juiz a arquivar o inquérito somente quando o arquivamento for expressamente requerido pelo Ministério Público. 5. Desprovimento do recurso. (STF, Inq. n. 4.744 Ag. Reg., 1ª T., rel. Min. Roberto Barroso, *DJ* 11.10.2019)

3. OBSERVAÇÕES

Difere-se da corrupção passiva porquanto nesta o agente objetiva a obtenção de vantagem indevida, enquanto no crime de prevaricação a satisfação é de interesse ou sentimento pessoal.

No que tange ao sentimento pessoal, este diz respeito à disposição afetiva de ordem moral ou intelectual, como a afeição, simpatia ou inimizade.

Trata-se de delito de menor potencial ofensivo, aplicando-se as disposições da Lei n. 9.099/95. Como se admite a transação penal, não será possível a celebração de acordo de não persecução penal (art. 28-A, § 2º, do CPP).

O art. 23 da Lei n. 7.492, de 16.06.1986, trata de uma forma especial de prevaricação no âmbito do Sistema Financeiro Nacional ("Omitir, retardar ou praticar, o funcionário público, contra disposição expressa de lei, ato de ofício necessário ao regular funcionamento do sistema financeiro nacional, bem como a preservação dos interesses e valores da ordem econômico-financeira: Pena – Reclusão, de 1 (um) a 4 (quatro) anos, e multa").

Destaque-se, ainda, que o Código Penal Militar (DL n. 1.001, de 21.10.1969) prevê em seu art. 319 o crime de prevaricação: "Retardar ou deixar de praticar, indevidamente, ato de ofício, ou praticá-lo contra expressa disposição de lei, para satisfazer interesse ou sentimento pessoal: Pena – detenção, de seis meses a dois anos".

Cumpre registrar, ademais, que a Lei n. 13.869, de 05.09.2019 (Abuso de Autoridade), em seu art. 29, incrimina o agente público que "prestar informação falsa sobre procedimento judicial, policial, fiscal ou administrativo com o fim de prejudicar interesse de investigado". Atento a este delito, Renato Brasileiro de Lima assevera que, "na eventualidade de a conduta ser praticada com a finalidade de beneficiar o investigado, por conta, por exemplo, de relação de amizade entre este e o agente público, não há falar em tipificação do delito em comento, subsistindo, todavia, e a depender do caso concreto, a figura delituosa de prevaricação (CP, art. 319)" (*Nova lei de abuso de autoridade*. Salvador, JusPodivm, 2020, p. 276).

Referida legislação, em seu art. 31, *caput*, igualmente incrimina a conduta do agente público que "estender injustificadamente a investigação, procrastinando-a em prejuízo do investigado ou fiscalizado", cominando a pena de 6 meses a 2 anos, e multa, bem ainda em seu parágrafo único dispõe que "incorre na mesma pena quem, inexistindo prazo para execução ou conclusão de procedimento, o estende de forma imotivada, procrastinando-o em prejuízo do investigado ou do fiscalizado".

Como bem explicitado por Rogério Greco e Rogério Sanches Cunha, "se a autoridade ou o agente agir para beneficiar o indigitado, outro poderá ser o crime, como o de prevaricação (art. 319 do CP), a depender das circunstâncias do caso concreto" (*Abuso de autoridade. Lei n. 13.869/2019*: comentada artigo por artigo. Salvador, JusPodivm, 2020, p. 259).

A referida legislação de Abuso de Autoridade, em seu art. 37, também estatuiu: "Demorar demasiada e injustificadamente no exame do processo de que tenha requerido vista em órgão colegiado, com o intuito de procrastinar seu andamento ou retardar o julgamento", cominando a pena de detenção, de 6 meses a 2 anos, e multa.

Note-se que incumbirá ao intérprete a análise do caso concreto, sendo a Lei n. 13.869/2019 especial em relação ao art. 319 do Código Penal.

Art. 319-A. Deixar o Diretor de Penitenciária e/ou agente público, de cumprir seu dever de vedar ao preso o acesso a aparelho telefônico, de rádio ou similar, que permita a comunicação com outros presos ou com o ambiente externo:

Pena – detenção, de 3 (três) meses a 1 (um) ano.

Artigo acrescentado pela Lei n. 11.466, de 28.03.2007.

---

1. COMENTÁRIO

1.1. Notas introdutórias

A Lei n. 11.466, de 28.03.2007, alterando a LEP, passou a prever falta grave do preso que estiver na posse de telefone celular ou aparelho similar, a teor do que dispõe o inciso VII do art. 50 da LEP. De acordo com o Superior Tribunal de Justiça: "Com a edição da Lei n. 11.466, de 29 de março de 2007, passou-se a considerar falta grave tanto a posse de aparelho celular, como a de seus componentes, tendo em vista que a *ratio essendi* da norma é proibir a comunicação entre os presos ou destes com o meio externo" (RHC n. 46.945/SP, 5ª T., rel. Min. Laurita Vaz, *DJ* 21.08.2014).

A referida legislação igualmente alterou o Estatuto Penal Repressivo, tendo inserido o art. 319-A, tipificando como crime a conduta do diretor de penitenciária ou agente público que deixar de cumprir o seu dever de vedar ao preso o acesso a aparelho de telefonia ou similar.

Certo é que a criminalização da conduta supramencionada objetivou reprimir a daquele que propicia a utilização de meios de comunicação pelos aprisionados, permitindo a continuidade das atividades delitivas dentro mesmo do cárcere.

É a denominada prevaricação imprópria.

1.2. Objetividade jurídica

O bem jurídico tutelado é a Administração Pública.

1.3. Sujeitos

Verifica-se que o crime é perpetrado pelo funcionário público, especificamente aquele que tenha contato com o preso, que atua na administração penitenciária, como é o caso do diretor penitenciário ou agente público penitenciário.

Insta consignar que não perpetra o crime o preso, pois a ele fora cominada falta grave pela LEP.

O sujeito passivo é o Estado.

1.4. Análise da(s) conduta(s) descrita(s) no tipo

A conduta incriminada, portanto, é a de deixar de vedar o acesso de preso a aparelho telefônico ou similar, tratando-se de crime omissivo próprio. O objeto material é o aparelho telefônico, de rádio ou similar.

1.5. Elemento subjetivo

O elemento subjetivo é o dolo, independentemente de qualquer finalidade específica. Não se admite a modalidade culposa.

1.6. Consumação e tentativa

Consuma-se o delito no momento em que existir o descumprimento pelo funcionário público do dever de obstar o acesso a aparelho telefônico, rádio ou similar, prescindindo-se de que o preso efetivamente venha a se comunicar com outros aprisionados ou com o meio externo. Cuida-se de crime formal.

Não se admite a tentativa, por se tratar de crime omissivo próprio.

1.7. Classificação

Cuida-se de crime próprio, doloso, omissivo próprio, formal, de forma livre, instantâneo, unissubjetivo e unissubsistente.

2. JURISPRUDÊNCIA

2.1. Julgado

Art. 319-A do Código Penal

Processual Penal. Operação Lava-Jato. Recurso Criminal em Sentido Estrito. Art. 319-A do Código Penal. Prevaricação Especial. Elemento Subjetivo de Satisfação de Interesse ou Sentimento Pessoal. Inexigibilidade. Tipicidade Configurada. Reforma da decisão que rejeitou a denúncia. 1. O tipo penal insculpido no art. 319-A do Código Penal busca vedar o acesso do preso a aparelho telefônico que permita a comunicação com outros presos ou com o ambiente externo punindo o responsável por essa vedação, qual seja, o diretor de penitenciária e/ou agente público que infringe o dever a ele imposto. 2. Trata-se, ainda, de crime formal, não se exigindo resultado consistente em efetivo dano ou prejuízo para a Administração Pública. 3. Diferentemente do crime de prevaricação do art. 319 do Código Penal, o tipo penal do art. 319-A do Código Penal não exige para sua configuração a presença do elemento subjetivo consistente na satisfação de interesse ou sentimento pessoal. 4. Recurso em sentido estrito provido para receber a denúncia e remeter ao juízo de origem para processamento do feito. (TRF4 n. 5025810-93.2017.4.04.7000, 8ª T., rel. João Pedro Gebran Neto, juntado aos autos em 04.02.2018)

3. OBSERVAÇÕES

Trata-se de crime de menor potencial ofensivo, aplicando-se as disposições estatuídas na Lei n. 9.099/95, sendo compatível, portanto, com a transação penal e o rito sumaríssimo. Como se admite a transação penal, não será possível a celebração de acordo de não persecução penal (art. 28-A, § 2º, do CPP).

O particular que ingressa, promove, intermedeia, auxilia ou facilita a entrada de aparelho telefônico de comunicação móvel, de rádio ou similar, sem autorização legal, em estabelecimento prisional, perpetra o crime estampado no art. 349-A do Código Penal.

Atente-se para o fato de que o atual projeto de alteração do CP, de relatoria do Senador José Sarney, insere nova figura típica[10] ao Estatuto Repressivo, consubstanciada na utilização de celulares por pessoas presas. Atualmente, como visto, somente a introdução desses aparelhos nos estabelecimentos penais é conduta típica.

Condescendência criminosa

Art. 320. Deixar o funcionário, por indulgência, de responsabilizar subordinado que cometeu infração no exercício do cargo ou, quando lhe falte competência, não levar o fato ao conhecimento da autoridade competente:

Pena – detenção, de 15 (quinze) dias a 1 (um) mês, ou multa.

---

10 "Introdução e uso irregular de aparelho móvel de comunicação – Art. 306. Ingressar, promover, intermediar, auxiliar ou facilitar a entrada de aparelho telefônico de comunicação móvel, de rádio ou similar, sem autorização legal, em estabelecimento prisional: Pena-prisão, de três meses a um ano. Parágrafo único. Nas mesmas penas incorre o preso que utiliza o aparelho telefônico de comunicação móvel, de rádio ou similar, indevidamente ou sem autorização, em estabelecimento penal."

1. COMENTÁRIO

1.1. Objetividade jurídica

O bem jurídico tutelado é a Administração Pública.

1.2. Sujeitos

O sujeito ativo é o funcionário público, enquanto superior hierárquico do infrator.

O sujeito passivo é o Estado.

1.3. Análise da(s) conduta(s) descrita(s) no tipo

A condescendência criminosa consiste em deixar o funcionário público (superior hierárquico), por indulgência, tolerância, clemência de responsabilizar subordinado que cometeu infração (administrativa ou penal) no exercício do cargo, ou ainda, quando lhe falte competência, não levar o fato ao conhecimento da autoridade competente para tal consecução.

São previstas, portanto, duas condutas típicas. A primeira está consubstanciada em deixar o funcionário público, por indulgência, de responsabilizar o subordinado que tenha cometido infração no exercício do cargo. Nesta hipótese, o superior hierárquico tem a competência para responsabilizar, mas deixa de fazê-lo por benevolência. A segunda consiste em deixar de levar ao conhecimento da autoridade competente a infração cometida por funcionário subalterno, quando lhe falte competência para responsabilizá-lo. Ambas as condutas são omissivas.

Para a subsunção dos fatos à norma do art. 320 do CP, importante salientar que a omissão do superior hierárquico deverá se dar por indulgência, porquanto, caso venha a ser perpetrado para a satisfação de interesse ou sentimento pessoal, restará caracterizado o crime de prevaricação.

Demais disso, tem-se como pressuposto do crime que a infração imputada ao subalterno esteja atrelada ao exercício de suas funções públicas.

1.4. Elemento subjetivo

O elemento subjetivo do tipo é o dolo. Não há previsão para a modalidade culposa.

1.5. Consumação e tentativa

O crime resta consumado quando o superior hierárquico toma conhecimento da infração e não promove a responsabilização, ou ainda, quando deixa de levá-la ao conhecimento da autoridade competente. Consuma-se, portanto, com a simples omissão.

A tentativa é inadmissível, por se tratar de crime omissivo próprio.

Mas qual seria o prazo que o superior hierárquico teria para responsabilizar o subalterno, já que a lei nada dispõe a respeito?

Cezar Roberto Bitencourt bem aduz que: "Ter-se-á o crime consumado desde que, tendo conhecimento da infração cometida pelo subalterno, o superior hierárquico deixa de providenciar imediatamente a apuração de sua responsabilidade, salvo a existência de força maior devidamente justificada" (*Tratado de direito penal*: Parte Especial, 2012. v. 5, p. 150).

A seu turno, José Paulo Baltazar Junior esclarece que "de imediato significa tão logo possível, levando-se em conta as circunstâncias do fato e as providências necessárias para a apuração da responsabilidade" (*Crimes federais*, 2015, p. 314).

Cleber Masson, por sua vez, entende que pode ser utilizado como vetor de interpretação o disposto no art. 143 da Lei n. 8.112/90, que dispõe sobre o regime jurídico dos servidores públicos civis da União, das autarquias e das empresas públicas federais ("A autoridade que tiver ciência de irregularidade no serviço público é obrigada a promover a sua apuração imediata, mediante sindicância ou processo administrativo disciplinar, assegurada ao acusado a ampla defesa"), concluindo que "o dever do superior hierárquico em promover a responsabilização do subordinado não está sujeito a prazo. Sua obrigação é imediata. Consequentemente, é correto concluir que a condescendência criminosa é delito omissivo próprio ou puro" (*Direito penal:* parte especial – arts. 213 a 359-H, 2020, v. 3, p. 653).

Comete o crime o Chefe Administrativo que tardou meses em responsabilizar subordinados pelo cometimento do crime de peculato (STF, RHC n. 62.938, 2ª T., rel. Min. Djaci Falcão, *DJ* 31.05.1985).

1.6. Classificação

Cuida-se de crime próprio, formal, doloso, omissivo próprio, de forma livre, instantâneo, unissubjetivo e unissubsistente.

2. JURISPRUDÊNCIA

2.1. Julgados

Superior hierárquico que deixa de providenciar a apuração de responsabilidade de subordinado

Chefe administrativo que tardou meses em responsabilizar subordinados de sua confiança por peculato.

Crime em tese. Dever da autoridade policial de proceder a inquérito. Inexistência de coação ilegal a aconselhar o trancamento do inquérito policial. Recurso improvido. (STF, RHC n. 62.938, 2ª T., rel. Min. Djaci Falcão, *DJ* 31.05.1985)

Administrativo. Processo administrativo disciplinar. Instauração contra ex-servidor. Possibilidade. Apuração de irregularidades praticadas quando do exercício das funções públicas. Obrigatoriedade da apuração pela autoridade pública. 1. De acordo com o regramento legal, ao qual a Administração Pública está jungida em face da obediência ao Princípio da Legalidade, a responsabilidade civil-administrativa do servidor público federal, resultante de sua atuação no exercício do cargo, deve ser obrigatoriamente apurada pelo respectivo Ente Público, por meio da instauração de sindicância ou do processo administrativo disciplinar, nos termos do art. 143 da Lei n. 8.112/90; sob pena de a autoridade competente incorrer no crime de condescendência criminosa, capitulado no art. 320 do Código Penal. Precedentes. 2. Na apuração da responsabilidade administrativa do servidor público, outros desdobramentos, diferentes da penalidade administrativa, podem advir, tais como: remessa do relatório ao Ministério Público para eventual propositura de ação penal, obrigatoriedade de a Advocacia-Geral da União de ingressar com ação de reparação de danos civis e registro nos assentamentos funcionais, para efeito de reincidência no caso de reingresso no serviço público. 3. O simples fato de o Indiciado em processo administrativo disciplinar não mais ostentar a condição de servidor público, por já ter sido anteriormente demitido, não implica o cessamento da apuração de irregularidades por ele praticadas quando do exercício de suas funções relativas ao cargo ocupado. 4. Segurança denegada. (STJ, MS n. 13.916/DF, 3ª S., rel. Min. Laurita Vaz, *DJ* 23.02.2012)

3. OBSERVAÇÕES

A Lei n. 8.112, de 11.12.1990, dispondo acerca do Regime Jurídico dos Servidores Públicos Civis da União, das Autarquias e das Fundações Públicas Federais, disciplinou a apuração da Responsabilidade Administrativa do funcionário público, salientando que a autoridade que tiver ciência de irregularidade no serviço público estará obrigada a promover a sua apuração, mediante sindicância ou processo administrativo disciplinar, bem como realçando que o servidor infrator responderá civil, penal e administrativamente pelo exercício irregular de suas atribuições, de modo que as esferas de responsabilização são independentes entre si.

Na apuração da responsabilidade administrativa do servidor público, como bem ponderou o STJ, podem ocorrer diversos desdobramentos, como a remessa de relatório ao Ministério Público para eventual propositura de ação penal, entre outros. Salientou, ademais, que o fato de indiciado em processo administrativo disciplinar não mais ostentar a condição de funcionário público, em decorrência da demissão, não impediria a apuração das irregularidades por ele perpetradas quando do exercício de suas funções atreladas ao cargo que exercia (MS n. 13.916/DF, 3ª S., rel. Min. Laurita Vaz, *DJ* 23.02.2012).

Trata-se de crime de menor potencial ofensivo, sujeitando-se às disposições da Lei n. 9.099/95. Como se admite a transação penal, não será possível a celebração de acordo de não persecução penal (art. 28-A, § 2º, do CPP).

O Relatório Final da Comissão de Juristas para a elaboração de Anteprojeto do CP, criado pelo Requerimento n. 756/2011 e aditado pelo de n. 1.034/2011, de relatoria do Senador Pedro Taques, convertido no Projeto de Lei n. 236, de 2012,[11] do Senado Federal, de autoria do Senador José Sarney, passou a prever a descriminalização deste crime, tendo mencionado em sua Exposição de Motivos que, grave outrora, hoje mais se adequaria a sanções cíveis ou administrativas.

O art. 322 do Código Penal Militar prevê uma modalidade específica do crime de condescendência criminosa: "Deixar de responsabilizar subordinado que comete infração no exercício do cargo, ou, quando lhe falte competência, não levar o fato ao conhecimento da autoridade competente: Pena – se o fato foi praticado por indulgência, detenção até seis meses; se por negligência, detenção até três meses".

Advocacia administrativa

Art. 321. Patrocinar, direta ou indiretamente, interesse privado perante a administração pública, valendo-se da qualidade de funcionário:

Pena – detenção, de 1 (um) a 3 (três) meses, ou multa.

Parágrafo único. Se o interesse é ilegítimo:

Pena – detenção, de 3 (três) meses a 1 (um) ano, além da multa.

---

11 Em trâmite no Senado Federal.

1. COMENTÁRIO

1.1. Objetividade jurídica

O bem jurídico tutelado é a Administração Pública, o seu bom funcionamento, a moralidade e a probidade administrativa, notadamente em virtude de que, ao assim atuar, o funcionário público colide frontalmente com os interesses públicos.

1.2. Sujeitos

O sujeito ativo é o funcionário público, valendo-se das condições e facilidades que o cargo lhe proporciona.

Admite-se o concurso de agentes com o particular, desde que este seja sabedor da condição especial de funcionário público do outro. No entanto, de forma isolada, o *extraneus* não pratica esse delito.

A conduta pode ser exercida diretamente pelo funcionário ou a partir da interposição de terceira pessoa (de modo transverso).

O sujeito passivo é o Estado, demais entidades de direito público e eventualmente a pessoa prejudicada.

1.3. Análise da(s) conduta(s) descrita(s) no tipo

O delito consiste em patrocinar, direta ou indiretamente, interesse privado (legítimo ou ilegítimo) perante a Administração Pública, valendo-se das condições e facilidades que o cargo de funcionário público lhe proporciona.

Patrocinar significa defender, interceder em benefício de outrem.

O objeto material é o interesse privado frente à Administração Pública.

Vale salientar que, embora tenha sido intitulado advocacia administrativa, dispensa-se que o agente seja advogado, bastando atuar como tal, quer seja formulando petições, quer seja acompanhando o andamento de processos perante a Administração Pública.

Além disso, não existe crime quando o funcionário público pleitear interesse próprio.

Portanto, o interesse patrocinado deve ser particular e alheio (STJ, AP n. 567/GO, Corte Especial, rel. Min. João Otávio de Noronha, *DJ* 22.10.2009).

1.4. Elemento subjetivo

O elemento subjetivo é o dolo, independentemente de qualquer finalidade específica. Na forma qualificada requer-se a ciência da ilegitimidade do interesse.

1.5. Consumação e tentativa

Consuma-se o delito com o exercício do patrocínio, independentemente da ocorrência do resultado. Trata-se, portanto, de crime formal, dispensando eventual êxito no interesse patrocinado, o que se ocorrer será mero exaurimento do crime.

A tentativa é admissível.

1.6. Classificação

Cuida-se de delito próprio, doloso, formal, comissivo (podendo ser praticado via omissão imprópria, nos termos do § 2º do art. 13 do CP), de forma livre, instantâneo, unissubjetivo e plurissubsistente.

1.7. Forma qualificada (parágrafo único)

O parágrafo único do art. 321 do CP dispõe acerca da forma qualificada do crime de advocacia administrativa, nos casos de o interesse patrocinado ser ilegítimo, consubstanciado em tudo aquilo que for contrário ao direito, fato justificador do aumento da reprimenda.

2. JURISPRUDÊNCIA

2.1. Julgados

Desclassificação

Ação penal originária. Desembargador. Advocacia administrativa qualificada. Art. 321, parágrafo único, do CP. Patrocínio indireto. Interesse ilegítimo indemonstrado. Forma simples. *Caput*. Prescrição. A figura do crime de advocacia administrativa qualificada deve vir cabalmente delineada pelo interesse ilegítimo, sob pena de não ser aceita a capitulação da denúncia em torno deste tipo. *In casu*, não está presente o interesse ilegítimo, mas tão só o patrocínio indireto de interesse privado, encaminhando para a capitulação do *caput* do art. 321. Em razão disso, observa-se que, pela figura simples, a pretensão punitiva foi alcançada pela prescrição em abstrato. (STJ, AP n. 362/MT, Corte Especial, rel. Min. José Arnaldo da Fonseca, *DJ* 21.09.2005)

Art. 3º, III, da Lei n. 8.137/90. Norma especial em relação ao delito previsto no art. 321 do Código Penal

Recurso especial. Art. 3º, III, da Lei n. 8.137/90 (advocacia administrativa perante a administração fazendária). Utilização da qualidade de funcionário. Não ocorrência. Atipicidade da conduta. Recurso Especial provido. 1. A conduta tipificada no art. 3º, III, da Lei n. 8.137/90 – tipo especial em relação ao delito previsto no art. 321 do Código Penal – pressupõe que o agente, valendo-se da sua condição de funcionário público, patrocine, perante a administração fazendária, interesse alheio em processo administrativo. Pressupõe-se que o agente postule o interesse privado, direta ou indiretamente, utilizando-se da sua condição de funcionário para influenciar os responsáveis pela análise do pleito. 2. No caso, as instâncias ordinárias não noticiam que a recorrente tenha atuado, valendo-se da sua qualidade de funcionária, perante a administração fazendária, para facilitar ou influenciar eventual julgamento favorável ao terceiro. 3. Desse modo, não se pode tomar como típica a conduta da recorrente de proceder à correção, "quanto aos aspectos gramatical, estilístico e técnico", das impugnações administrativas anteriormente confeccionadas pelos causídicos do administrado. Não se pode inferir que o conhecimento técnico a respeito de alguma área profissional seja decorrência exclusiva da ocupação de determinado cargo público. 4. Muito embora a conduta perpetrada pela recorrente possa ser avaliada sob o aspecto ético, tem-se que ela não se justapõe à conduta típica descrita no art. 3°, III, da Lei dos Crimes contra a Ordem Tributária. 5. Recurso especial provido para absolver a recorrente, ante o reconhecimento da atipicidade da sua conduta. (STJ, REsp n. 1.770.444/DF, 6ª T., rel. Min. Antonio Saldanha Palheiro, *DJ* 03.12.2018)

3. OBSERVAÇÕES

Trata-se de crime de menor potencial ofensivo, sujeitando-se às disposições da Lei n. 9.099/95. Como se admite a transação penal, não será possível a celebração de acordo de não persecução penal (art. 28-A, § 2º, do CPP).

Esclareça-se que no caso de o patrocínio ser exercido em face da administração fazendária incidirá a norma estampada no art. 3º, III, da Lei n. 8.137, de 27.12.1990 (crimes contra a ordem tributária, econômica e contra as relações de consumo), que dispõe constituir crime funcional contra a ordem tributária o agente que patrocinar, direta ou indiretamente, interesse privado, tendo a pena cominada sido superior a do CP, ou seja, reclusão, de 1 a 4 anos, e multa.

A Lei n. 8.666, de 21.06.1993 (Lei de Licitações), ao tratar dos crimes e penas (Seção III), dispunha em seu art. 91, revogado pela Lei n. 14.133/2021 e com correspondente atual no art. 337-G do CP, que perpetrará crime aquele que patrocinar, direta ou indiretamente, interesse privado perante a Administração Pública, dando causa à instauração de licitação ou à celebração de contrato, cuja invalidação venha a ser determinada pelo Poder Judiciário. O crime de patrocínio de contratação indevida, ora previsto no Código Penal, tem a pena cominada de reclusão, de 6 meses a 3 anos, e multa.

Também cumpre registrar que o Código Penal Militar (Decreto-lei n. 1.001, de 21.10.1969) prevê o patrocínio indébito em seu art. 334, nos seguintes termos. "Patrocinar, direta ou indiretamente, interesse privado perante a administração militar, valendo-se da qualidade de funcionário ou de militar: Pena – detenção, até três meses. Parágrafo único. Se o interesse é ilegítimo: Pena – detenção, de três meses a um ano".

Como se vê, a advocacia administrativa também foi prevista em leis especiais, razão pela qual se o patrocínio estiver atrelado à licitação ou for perpetrada em face da administração fazendária, deverão prevalecer ao disposto no art. 321 do CP, dada a especificidade.

Por fim, há de se registrar que o art. 117, XI, da Lei n. 8.112, de 11.12.1990, dispõe ser proibido ao servidor "atuar, como procurador ou intermediário, junto a repartições públicas, salvo quando se tratar de benefícios previdenciários ou assistenciais de parentes até o segundo grau, e de cônjuge ou companheiro".

Violência arbitrária

Art. 322. Praticar violência, no exercício de função ou a pretexto de exercê-la:

Pena – detenção, de 6 (seis) meses a 3 (três) anos, além da pena correspondente à violência.

---

1. COMENTÁRIO

1.1. Notas introdutórias

Sempre houve controvérsia doutrinária e jurisprudencial acerca da revogação do aludido tipo penal pela Lei n. 4.898, de 09.12.1965, que regulava o direito de representação e o processo de responsabilidade administrativa civil e penal, nos casos de abuso de autoridade.

O art. 3º, *i*, bem como o art. 6º, §§ 3º a 5º, daquela legislação dispunha o seguinte: "Art. 3º Constitui abuso de autoridade qualquer atentado: [...] *i)* à incolumidade física do indivíduo; [...] Art. 6º O abuso de autoridade sujeitará o seu autor à sanção administrativa civil e penal. [...] § 3º A sanção penal será aplicada de acordo com as regras dos artigos 42 a 56 do Código Penal e consistirá em: *a)* multa de cem a cinco mil cruzeiros; *b)* detenção por dez dias a seis meses; *c)* perda do cargo e a inabilitação para o exercício de qualquer outra função pública por prazo até três anos. § 4º As penas previstas no parágrafo anterior poderão ser aplicadas autônoma ou cumulativamente. § 5º Quando o abuso for cometido por agente de autoridade policial, civil ou militar, de qualquer categoria, poderá ser cominada a pena autônoma ou acessória, de não poder o acusado exercer funções de natureza policial ou militar no município da culpa, por prazo de um a cinco anos".

A doutrina que invocava a revogação amparava-se no fato de que a aludida legislação disciplinava integralmente os crimes de abuso de autoridade, gênero do qual a violência arbitrária seria espécie. Nesse sentido o entendimento de Fernando Capez, Luiz Regis Prado e Rogério Greco.

Pela não revogação do referido dispositivo penal, a doutrina de Cezar Roberto Bitencourt, Antonio Pagliaro e Paulo José da Costa Jr. estatuía que: "Os crimes contra a Administração Pública e abuso de poder, inserido este último entre os delitos contra a administração da justiça, não se confundem em nosso sistema legal. Desse modo, o crime de violência arbitrária, praticado por funcionário no exercício de sua função ou a pretexto de exercê-la, não foi absorvido pelo abuso de poder, previsto na Lei n. 4.898" (*Dos crimes contra a administração pública*, 2006, p. 142). O STF manifestou-se no sentido de que não restou absorvida a figura da violência arbitrária do art. 322 do CP pelo crime de abuso de autoridade da Lei n. 4.898, de 09.12.1965, quando do julgamento do Recurso Especial n. 73.914/SP, tendo como relator o Ministro Oswaldo Trigueiro.

Posteriormente, o Pretório Excelso novamente pontificou a vigência do art. 322 do Estatuto Penal Repressivo, por ocasião do julgamento do RHC n. 95.617/MG, cujo relator foi o Ministro Eros Grau.

A aludida Corte manifestou-se inúmeras vezes no sentido da não revogação do art. 322 do Estatuto Penal Repressivo, inclusive, asseverando que eventos configuradores de abuso de autoridade e de violência arbitrária autorizariam a condenação por ambos os delitos.

A 5ª Turma do STJ igualmente adotou esse posicionamento (*HC* n. 48.083, rel. Min. Laurita Vaz, *DJ* 07.04.2008).

A se adotar que o art. 322 do Estatuto Penal Repressivo não fora revogado pelo art. 3º, *i*, da Lei n. 4.898/65, tese encetada pela jurisprudência de nossas Cortes Superiores, bem ainda considerando que a Lei n. 13.869/2019 revogou expressamente a Lei de Abuso de Autoridade anterior, não tendo feito menção acerca da matéria específica disposta na alínea *i* do art. 3º da lei revogada, conclui-se remanescerem incólumes as disposições do art. 322 do CP.

Vale ressaltar que ainda para quem entenda que o art. 322 do CP teria sido revogado pela anterior legislação de Abuso de Autoridade, ainda assim, reputou não ter havido hipótese de *abolitio criminis*, "pois a conduta revogada era norma especial em relação ao crime do art. 129 do CP" (Rogério Sanches Cunha, Rogério Greco. *Abuso de autoridade. Lei n. 13.869/2019*: comentada artigo por artigo. Jus Podivm, 2020, p. 321).

1.2. Objetividade jurídica

O bem jurídico tutelado é a Administração Pública, o funcionamento de suas atividades, a atuação de seus agentes, a probidade e a moralidade administrativa, além da integridade dos indivíduos em geral.

1.3. Sujeitos

O sujeito ativo é o funcionário público (crime próprio), tendo como sujeito passivo o Estado e, de forma mediata, a pessoa que sofre a violência arbitrária.

1.4. Análise da(s) conduta(s) descrita(s) no tipo

A conduta consistente em praticar a violência deve ser realizada quando o agente estiver no exercício da função pública ou a pretexto de exercê-la. Enquanto na primeira hipótese o agente está a exercer a função pública, na segunda ele apenas a utiliza como desculpa para perpetrá-la.

Deve-se observar que a violência abarcada pelo tipo penal é somente a física, compreendendo as vias de fato, a lesão corporal e o homicídio, mas não a moral. Portanto, a grave ameaça não está abarcada pelo referido tipo penal.

Nada impede que a autoridade, quando do desempenho de suas funções públicas, atue de forma violenta, no entanto, deverá estar respaldada por lei autorizadora (cite-se, como exemplo, a causa de exclusão de ilicitude consubstanciada no estrito cumprimento do dever legal, disposta no art. 23, III, do CP, e da legítima defesa, estatuída no art. 25 do mesmo diploma legal), havendo a proibição somente nos casos em que a atuação for arbitrária, ilegítima.

1.5. Elemento subjetivo

O elemento subjetivo é o dolo, consistente na vontade livre e consciente de praticar violência injustificada.

Não há previsão para a modalidade culposa.

1.6. Consumação e tentativa

Consuma-se o crime com a prática da violência, no exercício da função ou a pretexto de exercê-la.

Admite-se a tentativa.

1.7. Classificação

Cuida-se de crime próprio, material, doloso, comissivo (podendo ser omissivo impróprio, nos termos do § 2º do art. 13 do CP), de forma livre, instantâneo, unissubjetivo e plurissubsistente.

2. JURISPRUDÊNCIA

2.1. Julgado

Não revogação do crime de violência arbitrária pela Lei de Abuso de Autoridade

Habeas corpus. Penal. Art. 322 do CP. Crime de violência arbitrária. Eventual revogação pela Lei n. 4.898/65. Inocorrência. Precedentes do STF. 1. O crime de violência arbitrária não foi revogado pelo disposto no art. 3º, *i*, da Lei de Abuso de Autoridade. Precedentes da Suprema Corte. 2. Ordem denegada. (STJ, *HC* n. 48.083/MG, 5ª T., rel. Min. Laurita Vaz, *DJ* 07.04.2008)

3. OBSERVAÇÕES

O preceito secundário da norma dispõe que a pena cominada é de detenção, de 6 meses a 3 anos, além da pena correspondente à violência. Significa dizer, haverá igualmente a aplicação da pena atinente à violência quando esta constituir crime autônomo.

Sob este enfoque, quando a violência perpetrada resultar em morte, por exemplo, haverá a cumulação das penas atinentes à violência arbitrária e ao homicídio.

Registre-se que o Código Penal Militar prevê, em seu art. 333, a violência arbitrária: "Praticar violência, em repartição ou estabelecimento militar, no exercício de função ou a pretexto de exercê-la: Pena – detenção, de seis meses a dois anos, além da correspondente à violência".

Abandono de função

Art. 323. Abandonar cargo público, fora dos casos permitidos em lei:

Pena – detenção, de 15 (quinze) dias a 1 (um) mês, ou multa.

§ 1º Se do fato resulta prejuízo público:

Pena – detenção, de 3 (três) meses a 1 (um) ano, e multa.

§ 2º Se o fato ocorre em lugar compreendido na faixa de fronteira:

Pena – detenção, de 1 (um) a 3 (três) anos, e multa.

---

1. COMENTÁRIO

1.1. Objetividade jurídica

O bem jurídico tutelado é a Administração Pública, o seu regular funcionamento.

1.2. Sujeitos

O sujeito ativo é o funcionário público investido no cargo público (criado por lei na estrutura hierárquica da administração, com denominação e padrão de vencimentos próprios), não abrangendo o conceito ampliativo fornecido pelo art. 327 do CP, de modo que o delito ora em epígrafe deveria ter sido intitulado *abandono de cargo público*, e não como *abandono de função pública*, sendo certo que o atual Projeto de alteração do CP, de relatoria do Senador José Sarney, corrige a denominação para *abandono de cargo público*.

Portanto, não perpetra o delito os ocupantes de emprego ou função pública, exigindo-se, portanto, que o agente esteja investido em um cargo público. Trata-se de crime de mão própria.

O sujeito passivo é o Estado.

1.3. Análise da(s) conduta(s) descrita(s) no tipo

A conduta nuclear está consubstanciada no fato de o funcionário público deixar, afastar-se intencionalmente do cargo público, por tempo juridicamente relevante e fora dos casos permitidos em lei.

No caso da existência de pedido de demissão ou de aposentadoria pelo funcionário público, imprescindível que tenham sido deferidos para que não haja responsabilização pelo delito em questão.

Como bem lecionado por Rogério Greco: "Na hipótese de não ter havido qualquer perigo de dano à Administração Pública, o fato deverá ser resolvido na própria esfera administrativa, com a aplicação das sanções disciplinares que forem pertinentes ao caso" (*Código Penal comentado*, 2010, p. 858).

1.4. Elemento subjetivo

Tem como elemento subjetivo do tipo o dolo, consistente na vontade livre e consciente de abandonar o cargo. Não há previsão para a modalidade culposa.

Não haverá crime quando o abandono do cargo se der em decorrência de força maior ou estado de necessidade, porquanto em tais hipóteses não haveria a vontade livre e consciente de deixar o cargo.

1.5. Consumação e tentativa

Consuma-se o delito quando do efetivo abandono por interregno relevante, ainda que não ocorra prejuízo à administração pública, sendo suficiente, portanto, a probabilidade da ocorrência do dano (crime formal).

Na hipótese da ocorrência de prejuízo, incide a figura qualificada do § 1º.

De acordo com julgado do Supremo Tribunal Federal, o "crime de abandono de função (art. 323, CP) é punido apenas na modalidade dolosa, consumando-se com o efetivo abandono do cargo público, fora das hipóteses legais, por período de tempo juridicamente relevante" (Pet. n. 3.309, rel. Min. Carlos Velloso, *DJ* 15.02.2005).

Não se admite a tentativa.

1.6. Forma qualificada pelo prejuízo (§ 1º)

O § 1º prevê a forma qualificada, se do fato ocorrer efetivo prejuízo público, majorando a pena (detenção, de três meses a um ano e multa). O aumento justifica-se em razão do efetivo dano causado à Administração Pública.

1.7. Figura qualificada pelo abandono do cargo em lugar de fronteira (§ 2º)

O § 2º do art. 323 do CP também dispõe que a pena será aumentada se o fato ocorrer em lugar compreendido na faixa de fronteira, entendida esta até 150 quilômetros de largura ao longo das fronteiras terrestres, nos termos do art. 20, § 2º, da CF/88. A majoração justifica-se em razão do fato de colocar em risco a própria Segurança Nacional.

1.8. Classificação

Cuida-se de crime próprio, doloso, formal, omissivo próprio, de mão própria, de forma livre, instantâneo, unissubjetivo e unissubsistente.

2. JURISPRUDÊNCIA

2.1. Julgado

Conduta dolosa e por período relevante

Decisão: Vistos. O eminente Procurador-Geral da República, Prof. Claudio Fonteles, pelo parecer de fls. 95-97, assim equacionou a controvérsia: "[...] Trata-se de petição, instaurada no STF mediante requerimento do Ministério Público do Estado de Minas Gerais, instruída por Inquérito Policial no qual se investigou a suposta a prática do delito previsto no art. 323 do CP, em desfavor de [...], atualmente exercendo o cargo de Deputado Federal. 2. Relatam os autos, que o indigitado, certo tempo após se eleger Vice-Prefeito do município de Teófilo Otoni/MG e assumir simultaneamente o posto de Secretário Municipal de Saúde, em 2 de janeiro de 2001, deixou de exercer as atribuições do cargo público estadual de Médico-Legista da Polícia Civil de Minas Gerais, Classe I. 3. Contudo, o fato ora narrado não se enquadra na figura típica prevista no art. 323 do CP. 4. *O crime de abandono de função (art. 323, CP) é punido apenas na modalidade dolosa, consumando-se com o efetivo abandono do cargo público, fora das hipóteses legais, por período de tempo juridicamente relevante*. 5. No caso em apreço, não restou demonstrado o dolo do investigado em abandonar deliberadamente o cargo público por ele ocupado na Polícia Civil de Minas Gerais, nem muito menos a ilegalidade do afastamento. 6. Nesse contexto, consta que [...], logo que assumiu concomitantemente os dois cargos municipais, buscou administrativa e judicialmente a declaração da legalidade da acumulação daquelas funções com o cargo estadual de médico legista, revelando, desde o início, a sua intenção em não deixar a Polícia Civil/MG (fls. 13 e 19/23). 7. Em consequência, só depois de decidida a pretensão de [...] na justiça, concluindo-se pela ilegalidade da acumulação dos cargos públicos por ele ocupados, é que o parlamentar se afastou das funções de Médico Legista, todavia, no intuito de regularizar sua situação funcional (fls. 11 e 56). 8. Diante disso, teve que se licenciar da Polícia Civil/MG, conforme lhe permitia o estatuto funcional, e desligar-se da Secretaria Municipal de Saúde de Teófilo Otoni, para continuar exercendo o mandato de vice-prefeito. 9. Ademais, comprovou-se que o imputado, no decorrer de 2001, continuou desempenhando as atribuições como médico legista, inclusive substituindo dois outros colegas, conforme atestam os documentos às fls. 58/60, e isso sob a guarida do próprio Departamento de Pessoal da Polícia Civil/MG, que autorizou o trabalho do servidor até a conclusão do processo administrativo sobre o acúmulo de cargos públicos, a qual se deu só em 11/09/2001 (fls. 43 e 72/74). 10. Assim, analisando todo o conjunto probatório, não se pode afirmar que, em decorrência da assunção nos cargos de vice-prefeito e Secretário Municipal de Saúde, em 02.01.2001, o investigado, automaticamente, abandonou ilegalmente as suas funções como médico legista da Polícia Civil/MG. 11. Pelo contrário, o que se viu foi apenas um afastamento legítimo, não obstante tardio, outorgado pelo estatuto funcional, necessário à ocupação de cargo eletivo municipal. No caso de eventuais irregularidades confirmadas nesse procedimento, restringiram-se à esfera administrativa, não havendo razão para a atuação do direito penal. 12. Destarte, em face da legalidade do abandono verificado, não se configurou o delito previsto no art. 323 do CP. 13. Ante o exposto, requer o Ministério Público Federal o arquivamento do presente feito. [...]." (fls. 95-97) Autos conclusos em 09.02.2005. Decido. Acolho o parecer. Em consequência, determino o arquivamento do presente feito (art. 3º, I, da Lei n. 8.038/90, c/c o art. 231, § 4º, do RISTF). Publique-se. Brasília, 15 de fevereiro de 2005. Ministro Carlos Velloso – Relator. (STF, Pet. n. 3.309, rel. Min. Carlos Velloso, *DJ* 15.02.2005) [grifos do autor]

3. OBSERVAÇÕES

Saliente-se que a Lei n. 8.112, de 11.12.1990, ao dispor acerca do Regime Jurídico dos Servidores Públicos Civis da União, das Autarquias e das Fundações Públicas Federais, previu, em seu Capítulo V (Das Penalidades), notadamente em seu art. 138, o abandono de cargo do servidor público que se ausentar intencionalmente por mais de trinta dias consecutivos, o que nada tem a ver com a hipótese em comento, tendo em vista tratar-se de penalidade disciplinar.

Na hipótese delitiva, ocorre o abandono do cargo pelo funcionário público que não mais aparece para trabalhar, havendo o afastamento total, porém, pelo tempo considerado suficiente para evidenciar a intenção de se afastar.

O processo e julgamento do feito competirão aos Juizados Especiais no que concerne ao disposto no *caput* e no § 1º do art. 323 do CP. Tratando-se de infração de menor potencial ofensivo, aplicam-se as disposições estatuídas na Lei n. 9.099/95, sendo compatível com a transação penal e o rito sumaríssimo. Como se admite a transação penal, não será possível a celebração de acordo de não persecução penal (art. 28-A, § 2º, do CPP).

Também insta destacar que o Código Penal Militar prevê em seu art. 330 o abandono de cargo: "Abandonar cargo público, em repartição ou estabelecimento militar: Pena – detenção, até dois meses", estatuindo em seus parágrafos as formas qualificadas: "§ 1º Se do fato resulta prejuízo à administração militar: Pena – detenção, de três meses a um ano" e "§ 2º Se o fato ocorre em lugar compreendido na faixa de fronteira: Pena – detenção, de um a três anos".

Exercício funcional ilegalmente antecipado ou prolongado

Art. 324. Entrar no exercício de função pública antes de satisfeitas as exigências legais, ou continuar a exercê-la, sem autorização, depois de saber oficialmente que foi exonerado, removido, substituído ou suspenso:

Pena – detenção, de 15 (quinze) dias a 1 (um) mês, ou multa.

1. COMENTÁRIO

1.1. Objetividade jurídica

O bem jurídico tutelado é a Administração Pública, o seu regular funcionamento.

1.2. Sujeitos

O sujeito ativo é o funcionário público, valendo citar os ensinamentos de Antonio Pagliaro e Paulo José da Costa Jr.: "Na primeira modalidade de conduta (exercício antecipado da função), sujeito ativo é o funcionário público nomeado, mas não regularmente investido. Na segunda espécie delitiva (permanência no exercício da função), sujeito ativo é o antigo funcionário, se exonerado; ou o funcionário afastado, se removido, substituído ou suspenso" (*Dos crimes contra a administração pública*, 2006, p. 150).

No caso de serem perpetradas pelo particular haverá a subsunção dos fatos à norma inserida no art. 328 do CP (usurpação de função pública), mas não o crime ora em comento.

O sujeito passivo é o Estado.

1.3. Análise da(s) conduta(s) descrita(s) no tipo

São duas as condutas incriminadas: entrar no exercício da função pública antes de satisfeitas as exigências legais, havendo a necessidade de que já tenha sido nomeado; continuar a exercê-la, sem autorização, depois de saber oficialmente que foi exonerado, removido, suspenso ou substituído. Nesta última hipótese, imprescindível que o agente tenha o conhecimento oficial dessa impossibilidade, devendo a notificação ser pessoal. Cumpre revelar, ademais, que o objeto material é a função pública ilegalmente exercida, abarcando, portanto, o cargo e o emprego.

1.4. Elemento subjetivo

O elemento subjetivo é o dolo, consubstanciado na vontade livre e consciente de exercer a função pública, ainda que sabedor de que não satisfeitas às exigências legais ou depois de saber oficialmente ter sido exonerado, removido, substituído ou suspenso. Não se exige elemento subjetivo específico, tampouco prevê a forma culposa.

1.5. Consumação e tentativa

Consuma-se o delito com a antecipação do exercício da função pública ou com a continuidade em exercê-la irregularmente, a partir da prática de ato de ofício.

Admite-se a tentativa.

1.6. Classificação

Cuida-se de crime próprio, formal, de mão própria, doloso, comissivo, de forma livre, instantâneo, unissubjetivo e plurissubsistente.

2. OBSERVAÇÕES

Trata-se de crime de menor potencial ofensivo, estando sujeito às disposições estatuídas na Lei n. 9.099/95. Como se admite a transação penal, não será possível a celebração de acordo de não persecução penal (art. 28-A, § 2º, do CPP).

Observo que o Projeto de alteração do CP,[12] de relatoria do Senador José Sarney, prevê a descriminalização deste crime, tendo sido mencionado na Exposição de Motivos do Anteprojeto, de relatoria do Senador Pedro Taques, que, grave outrora, hoje mais se adequaria a sanções cíveis ou administrativas.

O Código Penal Militar prevê em seu art. 329 o exercício funcional ilegal, estatuindo: "Entrar no exercício de posto ou função militar, ou de cargo ou função em repartição militar, antes de satisfeitas as exigências legais, ou continuar o exercício, sem autorização, depois de saber que foi exonerado, ou afastado, legal e definitivamente, qualquer que seja o ato determinante do afastamento: Pena – detenção, até quatro meses, se o fato não constitui crime mais grave".

Violação de sigilo funcional

Art. 325. Revelar fato de que tem ciência em razão do cargo e que deva permanecer em segredo, ou facilitar-lhe a revelação:

Pena – detenção, de 6 (seis) meses a 2 (dois) anos, ou multa, se o fato não constitui crime mais grave.

§ 1º Nas mesmas penas deste artigo incorre quem:

Parágrafo acrescentado pela Lei n. 9.983, de 14.07.2000.

I – permite ou facilita, mediante atribuição, fornecimento e empréstimo de senha ou qualquer outra forma, o acesso de pessoas não autorizadas a sistemas de informações ou banco de dados da Administração Pública;

Inciso acrescentado pela Lei n. 9.983, de 14.07.2000.

II – se utiliza, indevidamente, do acesso restrito.

Inciso acrescentado pela Lei n. 9.983, de 14.07.2000.

§ 2º Se da ação ou omissão resulta dano à Administração Pública ou a outrem:

Pena – reclusão, de 2 (dois) a 6 (seis) anos, e multa.

Parágrafo acrescentado pela Lei n. 9.983, de 14.07.2000.

---

1. COMENTÁRIO

1.1. Objetividade jurídica

O bem jurídico tutelado é a Administração Pública, o seu regular funcionamento. É o sigilo funcional, de evidente interesse da administração.

1.2. Sujeitos

O sujeito ativo é o funcionário público, inclusive o aposentado, o colocado em disponibilidade, ou seja, mesmo após o término da função pública poderá haver a subsunção dos fatos à norma, já que remanesce o interesse público da Administração em preservar o sigilo de informação que o indivíduo obtivera quando do exercício de suas atividades.

É irrelevante, portanto, que a propagação do segredo tenha se dado após a desvinculação do funcionário com a administração pública, quando for possível entrever que os dados sigilosos foram obtidos quando ainda desempenhava a função pública.

É possível o concurso de agentes, inclusive com o particular, a teor do que dispõe o art. 30 do CP, devendo-se salientar, no caso deste não contribuir para a sua prática, tornando-se apenas sabedor do fato sigiloso, não responderá pelo crime.

O sujeito passivo é o Estado e eventualmente o particular lesado.

1.3. Análise da(s) conduta(s) descrita(s) no tipo

São duas as condutas nucleares estampadas no *caput*, quais sejam divulgar fato de que têm ciência em virtude do cargo e que deva permanecer em segredo, bem como facilitar-lhe a revelação.

Cumpre registrar ser imprescindível a existência de um nexo causal entre o cargo exercido pelo

12 Em trâmite no Senado Federal.

funcionário público e a ciência do fato sigiloso que deva permanecer em segredo, de modo que se a ciência do fato advier de outros meios que não em virtude do cargo público, não haverá subsunção dos fatos à norma contida no art. 325 do CP.

1.4. Elemento subjetivo

O elemento subjetivo é o dolo (*caput* e § 1º).

1.5. Consumação e tentativa

Consuma-se o crime quando o agente revela ou facilita a revelação do segredo de que tem ciência em virtude do cargo que exerce, prescindindo-se da ocorrência do efetivo prejuízo, bastando que uma única pessoa fique ciente do fato sigiloso (*caput*). Cuida-se de crime formal.

A tentativa, em tese, é admissível.

Na hipótese do § 1º, consuma-se o delito no momento em que se permite ou facilita o acesso de pessoas não detentoras de autorização, ou ainda, quando o acesso restrito é utilizado indevidamente pelo funcionário. Trata-se de crime formal, prescindindo-se da ocorrência do efetivo resultado.

1.6. Figuras assemelhadas (§ 1º)

Quanto ao disposto no § 1º do art. 325 do Estatuto Penal Repressivo, tem-se que foi inserido ao tipo penal pela Lei n. 9.983, de 14.07.2000, tendo sido previstas condutas perpetradas no âmbito dos sistemas de informática, a partir da utilização de senhas.

O inciso I do § 1º discrimina a conduta daquele agente público que permite ou facilita, mediante atribuição, o fornecimento e empréstimo de senha ou qualquer outra forma, o acesso de pessoas não autorizadas a sistemas de informações ou bancos de dados da administração pública.

A seu turno, o inciso II do aludido parágrafo incrimina a conduta daquele que se utiliza, indevidamente, do acesso restrito, ou seja, o funcionário autorizado que faz uso inapropriado do acesso ao sistema de informações ou de banco de dados da Administração, utilizando-os para fins outros que não o do interesse público.

1.7. Figura qualificada (§ 2º)

A Lei n. 9.983/2000 também incluiu o § 2º ao art. 325 do CP, prevendo a figura qualificada quando resultar dano para a administração pública.

1.8. Classificação

Cuida-se de crime próprio, doloso, formal, comissivo ou omissivo próprio (pois a conduta "facilitar" pode ser comissiva ou omissiva), de forma livre, instantâneo, unissubjetivo e plurissubsistente.

2. JURISPRUDÊNCIA

2.1. Julgados

Não comprovação do crime de violação de sigilo funcional

[...] 44. Quanto à infração penal capitulada no art. 325 do Código Penal, tem-se que não há prova suficiente da materialidade delitiva. A r. sentença, aderindo à formulação da acusação, compreendeu que teria sido comprovada "a veiculação da notícia ao acusado [...] sobre sua prisão, caso aparecesse em qualquer agência da CEF, os depoimentos dos réus [...] não deixam qualquer dúvida sobre a sua autoria". 45. Ocorre que, primeiramente, a condenação pelo crime de violação de sigilo funcional baseou-se exclusivamente nas declarações deste e de seu pai, [...] o que, ausentes provas idôneas de corroboração, é insuficiente para obter o substrato fático da conduta presumivelmente típica. 46. Demais disto, o teor dos depoimentos dos réus colaboradores diz respeito, pelo que se pode inferir, ao fato deste corréu abordar possibilidade de prisão como mera análise da situação em que a associação criminosa se encontrava, não se amoldando ao tipo penal aventado pela acusação, que alega ter havido a revelação de uma notícia sigilosa. Não há evidência de que tenha sido compartilhada com a CEF a ordem da segregação cautelar ou de que esta tenha sido frustrada de algum modo. 47. Nestes moldes, não restou provada a comunicação de qualquer dado sigiloso concernente à prisão de [...], devendo o corréu [...] ser absolvido por não restar comprovada a materialidade do crime de violação de sigilo funcional, nos termos do art. 386, II, do Código de Processo Penal. [...]. (TRF-3, Ap. Crim. n. 0005098-18.2007.4.03.6105, 11ª T., rel. Des. Fed. Fausto Martin De Sanctis, *DJEN* 17.10.2023)

Nexo de causalidade entre a função ocupada e a ciência do fato sigiloso

Reputo pertinente colacionar trecho do voto da Ministra Ellen Gracie quando do julgamento do Inquérito n. 1.879/DF perante o STF (violação do painel eletrônico do Senado), asseverando que: "O delito de violação de sigilo funcional exige que o fato revelado tenha chegado ao conhecimento do agente em razão do cargo, ou seja, em razão da competência funcional decorrente do exercício regular do cargo, sendo mister um nexo de causalidade entre a função ocupada e a ciência do fato sigiloso. Se, para alcançar o sigilo, for preciso uma anterior conduta anômala e abusiva ao exercício regular do cargo – no caso, classificada pelo MP como ofensa ao art. 305 do CP –, resta evidente que o conhecimento dos dados sigilosos não é decorrência natural do desempenho das funções ocupadas pelo agente revelador" (STF, Inq. n. 1.879, rel. Min. Ellen Gracie, Pleno, *DJ* 07.05.2004).

Dano para a Administração Pública

Vale mencionar, ainda, a sentença prolatada em 09.08.2011, pelo M.M. Juiz Federal Dr. Márcio Rached Millani, quando de sua atuação junto à 10ª Vara Federal Criminal de São Paulo/SP, condenando réus pelo cometimento do delito estampado no art. 325, § 2º, do CP, porquanto, na condição de contratados de empresa responsável pela impressão e organização das provas do Exame Nacional do Ensino Médio (Enem), os quais inclusive assinaram termos de sigilo e confidencialidade em razão da natureza do serviço a ser desenvolvido, revelaram fato de que tiveram ciência em razão do cargo que desempenharam e que deviam permanecer em segredo, tendo apresentado as provas a veículos de comunicação com o intuito de auferir lucro, logo após a subtração delas.

Reputou-se, em tal oportunidade, que a violação de sigilo funcional decorrente da subtração das provas resultara em danos à administração e aos candidatos, porquanto o exame fora adiado e as notas do Enem não puderam ser computadas, tendo-lhes sido majorada a pena em virtude da qualificadora do § 2º do art. 325 do Estatuto Penal Repressivo (Processo n. 0013379-55.2009.4.03.6181/SP. Disponível em: web.trf3.jus.br/noticias/ClippingOnline/Noticia. Acesso em: 05.11.2012).

3. OBSERVAÇÕES

No *caput* e no § 1º, aplicam-se as disposições estatuídas na Lei n. 9.099/95, sendo compatível com a transação penal e o rito sumaríssimo. Como se admite a transação penal, não será possível a celebração de acordo de não persecução penal (art. 28-A, § 2º, do CPP).

Trata-se de delito subsidiário, se o fato não constituir crime mais grave, por exemplo, no caso da Lei n. 9.296, de 24.07.1996 (Lei das Interceptações Telefônicas), que, em seu art. 10, dispõe "constituir crime realizar interceptação de comunicações telefônicas, de informática ou telemática, promover escuta ambiental ou quebrar segredo da Justiça, sem autorização judicial ou com objetivos não autorizados em lei", constituindo delito especial mais grave com pena de reclusão, de 2 a 4 anos, e multa.

Outras legislações também dispõem acerca do tema. Cite-se o art. 18 da Lei n. 7.492, de 16.06.1986, que define crimes contra o Sistema Financeiro Nacional e prevê pena de reclusão, de 1 a 4 anos, e multa, para quem "violar sigilo de operação ou de serviço prestado por instituição financeira ou integrante do sistema de distribuição de títulos mobiliários de que tenha conhecimento, em razão de ofício".

A Lei Complementar n. 105, de 10.01.2001, que dispõe acerca do sigilo das operações de instituições financeiras e dá outras providências, de idêntico modo, em seu art. 10, testifica que "a quebra de sigilo, fora das hipóteses autorizadas nesta Lei Complementar, constitui crime e sujeita os responsáveis à pena de reclusão, de um a quatro anos, e multa, aplicando-se, no que couber, o Código Penal, sem prejuízo de outras sanções cabíveis".

A seu turno, o CP, em seu art. 337-J, prevê o crime de violação de sigilo em licitação a conduta de "devassar o sigilo de proposta apresentada em processo licitatório ou proporcionar a terceiro o ensejo de devassá-lo: Pena – detenção, de 2 (dois) anos a 3 (três) anos, e multa".

A Lei n. 14.197, de 01.09.2021, revogou a Lei n. 7.170, de 14.12.1983, que definia os crimes contra a Segurança Nacional, a Ordem Política e Social, incluindo no Código Penal o art. 359-K, o qual prevê como crime de espionagem as condutas de "entregar a governo estrangeiro, a seus agentes, ou a organização criminosa estrangeira, em desacordo com determinação legal ou regulamentar, documento ou informação classificados como secretos ou ultrassecretos nos termos da lei, cuja revelação possa colocar em perigo a preservação da ordem constitucional ou a soberania nacional: Pena – reclusão, de 3 (três) a 12 (doze) anos. § 1º Incorre na mesma pena quem presta auxílio a espião, conhecendo essa circunstância, para subtraí-lo à ação da autoridade pública. § 2º Se o documento, dado ou informação é transmitido ou revelado com violação do dever de sigilo: Pena – reclusão, de 6 (seis) a 15 (quinze) anos. § 3º Facilitar a prática de qualquer dos crimes previstos neste artigo mediante atribuição, fornecimento ou empréstimo de senha, ou de qualquer outra forma de acesso de pessoas não autorizadas a sistemas de informações: Pena – detenção, de 1 (um) a 4 (quatro) anos".

A Lei n. 12.850, de 02.08.2013 (Lei das Organizações Criminosas), em seus arts. 18 e 20, dispõe, respectivamente: "Revelar a identidade, fotografar ou filmar o colaborador, sem sua prévia autorização por escrito: Pena – reclusão, de 1 (um) a 3 (três) anos, e multa"; e "Descumprir determinação de sigilo das investigações que envolvam a ação controlada e a infiltração de agentes: Pena – reclusão, de 1 (um) a 4 (quatro) anos, e multa".

A Lei n. 8.021, de 12.04.1990 (dispõe sobre a identificação dos contribuintes para fins fiscais, e dá outras providências), no art. 7º, § 3º, elucida que: "A autoridade fiscal do Ministério da Economia, Fazenda e Planejamento poderá proceder a exames de documentos, livros e registros das Bolsas de Valores, de mercadorias, de futuros e assemelhadas, bem como solicitar a prestação de esclarecimentos e informações a respeito de operações por elas praticadas, inclusive em relação a terceiros [...]. § 3º O servidor que revelar informações que tiver obtido na forma deste artigo estará sujeito às penas previstas no art. 325 do Código Penal Brasileiro".

Por sua vez, a Lei n. 11.101, de 09.02.2005 (regula a recuperação judicial, a extrajudicial e a falência do empresário e da sociedade empresária), prevê como crime a violação de sigilo empresarial no art. 169: "Violar, explorar ou divulgar, sem justa causa, sigilo empresarial ou dados confidenciais sobre operações ou serviços, contribuindo para a condução do devedor a estado de inviabilidade econômica ou financeira: Pena – reclusão, de 2 (dois) a 4 (quatro) anos, e multa".

A Lei n. 13.431, de 04.04.2017, que estabelece o sistema de garantia de direitos da criança e do adolescente vítima ou testemunha de violência e altera a Lei n. 8.069, de 13.07.1990, prevê como crime, em seu art. 24: "Violar sigilo processual, permitindo que depoimento de criança ou adolescente seja assistido por pessoa estranha ao processo, sem autorização judicial e sem o consentimento do depoente ou de seu representante legal. Pena – reclusão, de 1 (um) a 4 (quatro) anos, e multa".

Por fim, destaque-se que o art. 326 do Código Penal Militar prevê a pena de detenção, de seis meses a dois anos, se o fato não constitui crime mais grave, àquele que: "Revelar fato de que tem ciência em razão do cargo ou função e que deva permanecer em segredo, ou facilitar-lhe a revelação, em prejuízo da administração militar".

Violação do sigilo de proposta de concorrência

Art. 326. Devassar o sigilo de proposta de concorrência pública, ou proporcionar a terceiro o ensejo de devassá-lo:

Pena – detenção, de 3 (três) meses a 1 (um) ano, e multa.

1. COMENTÁRIO

O dispositivo encontra-se tacitamente revogado pelo art. 337-J do CP (violação de sigilo em licitação), mais abrangente, por englobar mais de uma modalidade de licitação, bem como por cominar pena mais severa: "Devassar o sigilo de proposta apresentada em processo licitatório ou proporcionar a terceiro o ensejo de devassá-lo: Pena – detenção, de 2 (dois) anos a 3 (três) anos, e multa".

Funcionário público

Art. 327. Considera-se funcionário público, para os efeitos penais, quem, embora transitoriamente ou sem remuneração, exerce cargo, emprego ou função pública.

§ 1º Equipara-se a funcionário público quem exerce cargo, emprego ou função em entidade paraestatal, e quem trabalha para empresa prestadora de serviço contratada ou conveniada para a execução de atividade típica da Administração Pública.

Parágrafo com redação dada pela Lei n. 9.983, de 14.07.2000.

§ 2º A pena será aumentada da terça parte quando os autores dos crimes previstos neste Capítulo forem ocupantes de cargos em comissão ou de função de direção ou assessoramento de órgão da administração direta, sociedade de economia mista, empresa pública ou fundação instituída pelo poder público.

Parágrafo acrescentado pela Lei n. 6.799, de 23.06.1980.

1. COMENTÁRIO

1.1. Classificação

Os crimes perpetrados contra a Administração Pública podem ser praticados por funcionários públicos ou por particulares. Quando cometidos pelos primeiros, devem ser tidos como crimes funcionais, os quais podem ser classificados como próprios ou impróprios.

Diz-se próprio quando a qualidade de funcionário público é essencial à configuração do delito, como é o caso da corrupção passiva (art. 317,

CP) e do delito de prevaricação (art. 319, CP). Ausente tal condição, a conduta é atípica.

No que concerne à exigência dessa particular qualificação, Antonio Pagliaro e Paulo José da Costa Jr. asseveram que os "delitos funcionais dispõem, entretanto, entre os crimes próprios, de uma característica de todo particular. Neles, a qualificação subjetiva não precede o fato, mas deriva do sujeito por uma atividade que ele exercita no momento do fato. Ao contrário, no caso de crime militar e do cidadão, tais qualificações derivam do sujeito de modo autônomo com relação ao fato praticado" (*Dos crimes contra a administração pública*, 2006, p. 29), significando dizer que, nos crimes funcionais próprios, deverá ser analisado, em cada caso concreto, se o agente está no exercício de uma função pública.

Por outro lado, diz-se crime funcional impróprio quando, ausente a qualificação de funcionário público do agente, sobrevém a desclassificação para crime de natureza diversa. É o caso do peculato (art. 312, CP). Ao se verificar que o agente não se trata de funcionário público, o crime poderá ser desclassificado para apropriação indébita, por exemplo. Fala-se em atipicidade relativa.

É possível atribuir a terceiro que não se revista da condição de funcionário público, crime funcional próprio, quando da análise do caso concreto, for possível entrever que era sabedor de que o outro agente detinha essa qualidade especial, em função da norma contida no art. 30 do Estatuto Penal Repressivo, evidenciando que não se comunicam as circunstâncias e as condições de caráter pessoal, salvo quando elementares do crime.

Como muito bem asseverado por Rogério Greco: "Assim, mesmo os crimes funcionais próprios poderão, dependendo da hipótese concreta, ser atribuídos ao terceiro que não goza dessa qualidade, desde que seja de seu conhecimento que o outro agente se amolda ao conceito de funcionário público, aplicando-se, portanto, a regra correspondente ao concurso de pessoas" (*Curso de direito penal*: Parte Especial, 2007, v. 4, p. 359).

Dessa feita, outros indivíduos igualmente poderão concorrer como coautores ou partícipes para a prática de crimes funcionais, bastando que um só se revista da condição de funcionário público para que todos respondam por idêntico delito, exigindo-se, todavia, que o terceiro tenha o conhecimento da condição de funcionário público do outro agente.

Saliente-se que a conceituação de funcionário público, para fins penais, é diversa da apresentada pelo direito administrativo, tratando-se de normativo deveras abrangente, estendendo-se, inclusive, aos comportamentos definidos em legislação penal extravagante.

O que define a noção conceitual de funcionário público é o exercício da função pública, abarcando aquele que exerce cargo, emprego ou função pública, ainda que de forma transitória ou sem remuneração, voluntário ou não, podendo resultar de "eleição, de nomeação, de contrato ou de simples situação de fato, desde que não usurpe a função pública" (PAGLIARO; COSTA JR., op. cit., 2006, p. 24).

Como bem elucidado por José Paulo Baltazar Junior, o Código Penal traz, em seu art. 327, um conceito ampliativo de funcionário público para fins penais, determinado pelo exercício da função pública, ou seja, por um critério objetivo, "e não pela natureza do vínculo com a administração, o que representaria a adoção de um critério subjetivo" (*Crimes federais*, 2015, p. 249).

O conceito extensivo de funcionário público está intrinsecamente relacionado à própria concepção ampla fornecida pelo direito penal à Administração Pública, enquanto bem jurídico penalmente tutelado, tendo, inclusive, o § 1º do aludido artigo, disposto acerca dos agentes equiparados a funcionário público, como forma de assegurar o interesse da Administração Pública mesmo fora dos órgãos públicos da administração direta.

Entende-se como cargo público, a teor do que dispõe o art. 3º da Lei n. 8.112, de 11.12.1990 (dispõe sobre o regime jurídico dos servidores públicos da União, das autarquias e das fundações públicas federais), o conjunto de atribuições e responsabilidades previstas na estrutura organizacional que devem ser acometidas a um servidor com vínculo estatutário, criado por lei, com denominação própria e remunerados pelos cofres públicos, para provimento em caráter efetivo ou em comissão. É o caso do analista judiciário federal e do delegado de polícia.

Igualmente são considerados funcionários públicos os magistrados, membros do Ministério Público, da Defensoria Pública, da advocacia pública, os servidores estaduais e municipais, além dos ocupantes de cargo eletivo (Presidente da República, governadores, prefeitos, senadores, deputados e vereadores).

Há preleção de Marcelo Alexandrino e Vicente Paulo elucidando que: "Vê-se que todo cargo, por representar um conjunto de atribuições, obrigatoriamente está relacionado a uma função pública. É possível haver servidores com função pública e sem cargo, mas não o inverso" (*Direito administrativo*, 2006, p. 252).

A seu turno, emprego público (JESUS, Damásio E. de. *Código Penal anotado*, 1996, p. 858) denota o ocupante de vínculo contratual com a administração pública, com prazo determinado, em regime especial ou em consonância com a CLT, como é o caso dos diaristas, mensalistas e contratados.

Já a função pública abarca qualquer conjunto de atribuições públicas que não correspondam a cargo ou emprego público, como por exemplo, os jurados e mesários, devendo-se ressaltar que a transitoriedade ou a ausência de remuneração não afasta a qualidade de funcionário público para os fins penais.

Segundo Maria Sylvia Zanella Di Pietro função pública "é o conjunto de atribuições às quais não corresponde um cargo ou emprego" (*Direito administrativo*, 2000, p. 422).

É possível entrever, desse modo, que ainda que o indivíduo não esteja vinculado contratualmente com a Administração Pública ou exerça cargo perante ela, ainda assim, estará incluído no conceito de funcionário público para fins penais, desde que exerça uma função pública.

Luiz Regis Prado, ao tratar acerca da nominação conceitual de funcionário público, asseverou que "não são funcionários públicos aqueles que exercem um múnus público ou em representação pública, como os curadores e dativos, os inventariantes judiciais, entre outros, em que há prevalência de um interesse privado" (*Curso de direito penal brasileiro*: Parte Especial, 2010, v. 3, p. 542).

De toda sorte, em relação ao advogado dativo, o STJ tem precedente no sentido de que "os advogados dativos, nomeados para exercer a defesa de acusado necessitado nos locais onde a Defensoria Pública não se encontra instituída, são considerados funcionários públicos para fins penais, nos termos do art. 327 do CP" (Ag. Reg. no REsp n. 1.828.956/SC, 5ª T., rel. Min. Ribeiro Dantas, *DJ* 14.02.2020).

No que tange ao § 1º do art. 327 do CP, com a redação dada pela Lei n. 9.983, de 14.07.2000, tem-se que o normativo tratou do funcionário público por equiparação, abarcando o agente que exerce cargo, emprego ou função nas entidades paraestatais, bem como aqueles que trabalham em empresas prestadoras de serviço contratadas ou conveniadas, quando as atividades estiverem atreladas à execução de tarefas essenciais do Estado (atividade típica).

A sua antiga redação já equiparava a funcionário público aquele que exercia cargo, emprego ou função em entidade paraestatal, tendo a novel legislação ampliado a equivalência para incluir aquele que labora em empresa prestadora de serviço contratada ou conveniada, quando em execução de atividade típica da Administração Pública.

Quanto à expressão entidade paraestatal há que se registrar que esta não deve se restringir às autarquias, devendo compreender as sociedades de economia mista, empresas públicas e fundações instituídas pelo poder público. Tal restrição não teria sido a vontade do legislador, notadamente porque o próprio *caput* do art. 327 do CP é deveras ampliativo ao definir funcionário público para fins penais, bem ainda o seu § 2º, ao elevar a pena dos ocupantes de cargos em comissão ou de função de direção ou assessoramento, abarcou não só a administração direta, mas também a sociedade de economia mista, a empresa pública e a fundação instituída pelo poder público.

Reforçava tal ideia o fato de o art. 84 da Lei n. 8.666, de 21.06.1993 (Lei de Licitações), em seu parágrafo único, ter equiparado a servidor público aquele que exerce cargo, emprego ou função em entidade paraestatal, compreendendo além das fundações, empresas públicas e sociedades de economia mista, as demais entidades sob controle, diretas ou indiretas, do poder público.

À exceção da parte penal, revogada antes, essa Lei teve sua vigência até 30.12.2023, passando em seguida a ter vigência a Lei n. 14.133, de 01.04.2021.

O agente de contratação, a partir da sistemática da nova Lei de Licitações, deve ser servidor efetivo ou empregado público dos quadros permanentes da Administração Pública, conforme estatuído em seus arts. 6º, LX, e 8º, ambos da Lei n. 14.133/2021. Observe-se, entretanto, que, estando os crimes licitatórios alocados no Código Penal, o conceito de funcionário público será o previsto no art. 327 do CP.

Equipara-se a funcionário público o estagiário da Caixa Econômica Federal e o da autarquia, podendo sua conduta subsumir-se, por exemplo, ao crime disposto no art. 312, § 1º, do CP, notadamente em virtude de que a equiparação abarca não só o cargo e o emprego público, mas também a função pública, que é mais abrangente.

2. JURISPRUDÊNCIA

O Pretório Excelso já decidiu que aquele que atua na prestação jurisdicional ou a pretexto de exercê-la é funcionário público para fins penais (no caso concreto, um juiz federal) (RHC n. 103.559, 1ª T., rel. Min. Luiz Fux, *DJ* 30.09.2014).

Quanto aos oficiais de registro e notários, para fins penais, o STF também já decidiu que são servidores públicos em sentido lato (*HC* n. 74.131, 1ª T., rel. Min. Moreira Alves, *DJ* 11.04.1997).

O Superior Tribunal de Justiça entendeu que o depositário judicial não é considerado funcionário público para fins penais "porque não ocupa cargo público, mas a ele é atribuído um múnus, pelo juízo, em razão de bens que, litigiosos, ficam sob sua guarda e zelo" (STJ, *HC* n. 402.949/SP, 6ª T., rel. Min. Maria Thereza de Assis Moura, *DJ* 26.03.2018).

A referida Corte também considerou que o administrador de loteria se equipara a funcionário público para fins penais "porquanto executa atividade típica da Administração Pública que lhe foi delegada por regime de permissão" (STJ, AREsp n. 679.651/RJ, 5ª T., rel. Min. Joel Ilan Paciornik, *DJ* 17.09.2018).

O Pretório Excelso também já decidiu que o diretor de organização social é considerado funcionário público para fins penais, nos termos do § 1º do art. 327 do CP (STF, *HC* n. 138.484, 1ª T., rel. Min. Marco Aurélio, *DJ* 18.10.2018).

Questão que ganhou relevância com o advento da Lei n. 9.983, de 17.07.2000, foi o fato de saber se o médico particular em atendimento pelo Sistema Único de Saúde poderia ser equiparado a funcionário público. Há diversos entendimentos.

Em acórdão proferido pela 6ª Turma do STJ (*HC* n. 115.179/RS, rel. Min. Maria Thereza de Assis Moura, *DJ* 19.02.2009), entendeu-se que o conceito legal de funcionário público não alcançaria o indivíduo que trabalha em empresa prestadora de serviço contratada ou conveniada, quando em execução de atividade típica da administração, nos casos em que a conduta for anterior à entrada em vigor da excogitada lei, ao argumento de violação ao princípio da irretroatividade da lei penal, porquanto a lei nova não poderia atingir fatos pretéritos.

Adotou-se o entendimento da não aplicação da legislação posterior a fatos pretéritos, porquanto a equiparação a que faz alusão o § 1º do art. 327 do CP ocorrera tão somente a partir da vigência da Lei n. 9.983/2000, asseverando que o *caput* de aludido normativo também não abarcaria o conceito de tais indivíduos como funcionários públicos. Sob esta ótica, não haveria que se falar na qualidade de funcionário público para o médico particular em atendimento pelo Sistema Único de Saúde, no que tange a fatos perpetrados anteriormente à referida legislação.

Nesse sentido, concluiu o STF quando do julgamento do *Habeas Corpus* n. 83.830/RS (1ª T., *DJ* 09.03.2004), de relatoria do Ministro Marco Aurélio, testificando que os pacientes, na condição de médicos particulares que prestavam serviços em hospital credenciado ao SUS, não estariam equiparados a funcionário público, razão pela qual não poderiam ser enquadrados nos crimes estampados nos arts. 316 e 317, ambos do CP. Considerou-se que somente com o advento da Lei n. 9.983/2000 ocorrera tal equiparação.

De outra senda, sob a vertente de que o médico particular em atendimento pelo Sistema Único de Saúde, para fins penais, ostentaria a qualidade de funcionário público, em decorrência da regra do *caput* do art. 327 do CP, foi o tomado pela 5ª Turma do STJ, por ocasião do julgamento do Recurso Especial n. 898.170/PR, de relatoria do Ministro Felix Fischer.

O Pretório Excelso já teceu considerações nesse sentido, ou seja, de que o médico particular em atendimento pelo SUS equiparar-se-ia a funcionário público em virtude das disposições do *caput* do art. 327 do CP, e não em virtude do contido no § 1º do aludido dispositivo (RHC n. 90.523/ES, 2ª T., rel. Min. Ayres Britto, *DJ* 19.10.2011).

De acordo com essa tese, seria descabida a alegação dos fatos serem anteriores à nova redação do § 1º no art. 327 do CP, porquanto independentemente da alteração do normativo, a condição de funcionário público seria em virtude de o médico conveniado ao SUS exercer uma função pública delegada, exegese do disposto no *caput* do referido artigo.

Certo é que a leitura da parte final do § 1º do art. 327 do CP nos conduz à compreensão de que o objetivo de referido normativo é estancar a possibilidade de se considerar funcionário público o indivíduo que trabalha em empresa conveniada ou contratada cuja atividade não seja típica da

Administração, por exemplo, o serviço de transporte e de vigilância.

No entanto, há a necessidade de se analisar cada caso concreto, valendo registrar entendimento expendido pelo Eg. TRF da 5ª Região, considerando como funcionário público, para efeitos penais, indivíduos que participaram da prática do art. 312, § 1º, do CP, na condição de vigilantes, ante o fundamento de que em seus contratos de trabalho havia a previsão que lhes obrigava a velar pelo patrimônio da entidade pública (AC n. 9405391275/PE, 1ª T., rel. Des. Federal Ubaldo Cavalcante, *DJ* 22.03.2006).

Há julgado também do STJ no sentido de que o indivíduo que lança informações em sistema de dados da Caixa Econômica Federal deve ser considerado funcionário público, nos termos do § 1º do art. 327 do CP, porquanto a empresa que celebra contrato com a administração pública tem como objetivo a consecução do interesse público, assim como as demais empresas que com ela celebram convênio, podendo seus funcionários responderem pelos crimes contra a Administração Pública (REsp n. 1.023.103/CE, 5ª T., rel. Min. Felix Fischer, *DJ* 08.09.2008).

Dúvidas não há, por outro lado, quanto àqueles que laboram para empresas prestadoras de serviço contratadas ou conveniadas que executam atividades típica da Administração Pública, devendo, portanto, ser equiparados a funcionário público.

Cabe destacar a existência de entendimento no sentido de que a equiparação estampada no § 1º do art. 327 do CP é de aplicação abrangente, incidindo não só em relação ao sujeito ativo do crime, mas também quando o funcionário figurar no polo passivo. Esse é o entendimento de José Paulo Baltazar Junior (op. cit., 2015, p. 257), havendo julgado do STF (*Habeas Corpus* n. 79.823/RJ, rel. Min. Moreira Alves, *DJ* 07.02.2001), alicerçando essa ideia. Sob este espeque, perpetra o crime de corrupção ativa aquele que oferece vantagem indevida ao Presidente de uma autarquia.

Em sentido contrário, de que a equiparação somente recai em face do sujeito ativo do crime, destaque-se o entendimento de Damásio E. de Jesus (op. cit., 1996, p. 859). De acordo com esta corrente restritiva, a paridade somente se aplicaria ao sujeito ativo do delito. Quem ofende um funcionário de uma empresa pública perpetra injúria, mas não desacato.

Quanto à causa de aumento de pena prevista no § 2º do art. 327, insta destacar que o objetivo do legislador foi o de punir mais severamente os autores dos crimes praticados pelos ocupantes de cargos em comissão e de função de direção ou assessoramento de órgão da administração direta, sociedade de economia mista, empresa pública ou fundação instituída pelo poder público, tendo majorado a pena em um terço.

O STF, por ocasião do recebimento da denúncia no Inquérito n. 1.769-8/DF (Pleno, rel. Min. Carlos Velloso, *DJ* 03.06.2005), asseverou que a aludida causa de aumento também se aplicaria aos agentes políticos, espécie de agente público, por se tratarem de dirigentes da administração pública e detentores de maior responsabilidade do que o exercente de cargo em comissão.

Em *decisum* proferido no Inquérito n. 2.191/DF (Pleno, rel. Min. Ayres Britto, *DJ* 08.05.2009), o Pretório Excelso novamente trouxe à baila a questão, assegurando que a referida causa de aumento também se aplicaria aos detentores de mandato eletivo, em virtude de englobar como funcionários públicos não só os agentes administrativos, mas também os agentes políticos. No caso concreto, um parlamentar ocupante de cargo de direção na Câmara dos Deputados.

O Pretório Excelso, no Inquérito n. 2.606/MT, recebeu denúncia em face de senador, à época ocupante do cargo de governador de estado, quanto ao crime de peculato (art. 312 do CP), reputando aplicar-se a ele o disposto no § 2º do art. 327 do CP. Argumentou-se que o chefe do Poder Executivo, consoante o art. 84 da CF, exerce o cargo de direção da Administração Pública, exegese que não configura analogia *in malam partem*, tampouco interpretação extensiva da norma penal no tocante à expressão "função de direção" (Pleno, rel. Min. Luiz Fux, *DJ* 11.11.2014).

O Superior Tribunal de Justiça pronunciou-se, no âmbito do Ag. Reg. no AREsp n. 1.147.214, no sentido de que não pode incidir a referida causa de aumento apenas em razão do exercício da função pública, no caso de ocupantes de cargo político-eletivo, uma vez que a norma penal não admite a analogia *in malam partem* (5ª T., rel. Jorge Mussi, *DJ* 17.08.2018).

3. OBSERVAÇÕES

O Projeto de alteração do CP, de relatoria do Senador José Sarney, tece considerações acerca de servidor público (art. 282), em vez de funcionário público, por reputar ser a denominação mais abrangente, tendo abarcado neste conceito os titulares de mandato eletivo, bem como refinado a equiparação para constar aquele que exerce cargo, emprego ou função pública em autarquia, empresa pública, sociedade de economia mista e quem labora para empresas que prestam serviços contratados ou conveniados da Administração Pública, se típicos do poder público.

A exposição de motivos do aludido Projeto também evidencia que o conceito se aplica tanto se o servidor público é sujeito ativo quanto se é vítima do crime.

Os arts. 513 a 518 do CPP dispõem acerca de um rito procedimental especial aos delitos funcionais típicos descritos nos arts. 312 a 326 do CP. Significa dizer que a simples condição de funcionário público não atrai a incidência do disposto no art. 514 do CPP, havendo a necessidade de que se trate de crime funcional próprio, ou seja, em que a condição de funcionário público é indispensável à tipicidade do fato. Nesse sentido já decidiu o STJ no âmbito no RHC n. 99.266/SP, 5ª T., rel. Min. Ribeiro Dantas, *DJ* 26.03.2019.

Quanto à notificação prévia estatuída no art. 514 do CPP, dispondo acerca da apresentação de resposta escrita, no interregno de quinze dias, antes do recebimento da denúncia, nos crimes afiançáveis, certo é que a maioria da jurisprudência adota o entendimento no sentido da sua dispensabilidade quando da existência de Inquérito Policial, inclusive, tendo sido editada a Súmula n. 330 do STJ: "É desnecessária a resposta preliminar de que trata o art. 514, do Código de Processo Penal, na ação penal instruída por inquérito policial".

O STF posicionou-se no sentido de que não mais se dispensa a notificação prévia, ainda que a denúncia esteja lastreada em inquérito (*HC* n. 85.779/RJ, Pleno, rel. Min. Cármen Lúcia, *DJ* 28.06.2007 e *HC* n. 89.686, 1ª T., rel. Min. Sepúlveda Pertence, *DJ* 16.08.2007). Portanto, para o Pretório Excelso é indispensável a observância do procedimento ainda que a denúncia esteja respaldada por inquérito policial.

Havendo imputação de crimes funcionais e não funcionais, o STF entende ser prescindível a resposta preliminar. É da jurisprudência da Corte Suprema que o procedimento aludido reserva-se aos casos em que a denúncia veicula somente crimes funcionais típicos (RHC n. 127.296, 2ª T., rel. Min. Dias Toffoli, *DJ* 30.06.2015). Há precedente do Superior Tribunal de Justiça nesse sentido (RHC n. 21.731/MA, 6ª T., rel. Des. Conv. do TJRS Vasco Della Giustina, *DJ* 03.11.2011).

Por outro lado, o STJ permanece com o entendimento consolidado, nos crimes funcionais, no sentido de ser desnecessária a resposta preliminar de que trata o art. 514 do CPP quando a ação penal estiver instruída com inquérito policial (Ag. Reg. no AREsp n. 614.524/MG, 6ª T., rel. Min. Sebastião Reis Júnior, *DJ* 23.04.2015).

Especificamente no que tange às consequências atinentes à não observância da resposta escrita, cuida-se de nulidade relativa, incumbindo à parte a demonstração do prejuízo. Vale mencionar o julgado do Superior Tribunal de Justiça em cujo voto restou decidido que "o paciente foi denunciado pela prática de crime de peculato. Porém, tratando-se de crime funcional típico, o art. 514 do Código de Processo Penal igualmente prevê a necessidade de notificação do denunciado para a apresentação de defesa preliminar. 3. Nos moldes da Súmula/STJ n. 330, quando a denúncia for precedida de inquérito policial, hipótese dos autos, mostra-se despicienda a observância do procedimento do art. 514 do CPP. Por certo, embora tal posicionamento não seja adotado pelo Supremo Tribunal Federal, é pacífico no âmbito das Cortes Superiores o entendimento de que a inobservância do rito retromencionado configura nulidade relativa, cuja arguição deve ser feita oportunamente, sob pena de preclusão, exigindo, ainda, a demonstração do prejuízo suportado pela parte, já que o art. 563 do Código de Processo Penal consagra o princípio *pas de nullité sans grief*. *In concreto*, malgrado a inobservância do rito legal tenha sido aventada na primeira oportunidade em que a defesa manifestou-se nos autos, já em sede de resposta à acusação, o dano causado ao paciente não restou concretamente demonstrado, razão pela qual não deve ser reconhecida a nulidade do procedimento" (*HC* n. 369.182/AP, 5ª T., rel. Min. Ribeiro Dantas, *DJ* 17.02.2017). Em idêntico sentido, STJ, RHC n. 99.266/SP, 5ª T., rel. Min. Ribeiro Dantas, *DJ* 26.03.2019.

Consigne-se, ademais, julgados do Pretório Excelso no sentido de que a nulidade pela ausência da notificação prévia é relativa (STF, *HC* n. 111.711, 2ª T., rel. Min. Carmem Lúcia, *DJ* 13.11.2012), sendo necessária a demonstração do efetivo prejuízo causado à parte (STF, *HC* n. 128.109, 2ª T., rel. Min. Teori Zavascki, *DJ* 23.09.2015).

Mais recentemente, o Pretório Excelso, no que diz respeito ao pleito de nulidade processual pela alegação de ausência de notificação prévia, em voto do Min. Luiz Fux, pronunciou-se no sentido de que "a orientação pacífica desta Corte fixou-se pela aplicação do princípio *pas de nullité sans grief*, razão pela qual se faz necessária a demonstração do efetivo prejuízo para a invalidação do ato ou procedimento" (ARE n. 1.161.052 Ag. Reg., 1ª T., rel. Min. Luiz Fux, *DJ* 28.06.2019).

Não menos oportuno registrar, sob a ótica do Pretório Excelso, que "a superveniência de sentença condenatória, que denota a viabilidade da ação penal, prejudica a preliminar de nulidade processual por falta de defesa prévia à denúncia" (STF, *HC* n. 89.517, 2ª T., *DJ* 12.02.2010, e STF, ARE n. 1.072.424-Ag. Reg./SC, 2ª T., rel. Min. Dias Toffoli, j. 07.05.2018).

Demais disso, referido procedimento especial não deve ser aplicado ao funcionário público que deixou de exercer a função na qual estava investido (STF, AP n. 465, Pleno, rel. Min. Carmen Lúcia, *DJ* 30.10.2014). Consoante o *Informativo* n. 418 do STJ, não tem validade a notificação prévia se, ao tempo da ação penal, o agente não mais exercia a função pública, oportunidade em que também restou esclarecido que a violação ao disposto no art. 514 do CPP gera nulidade relativa (*HC* n. 129.266, 5ª T., rel. Min. Napoleão Nunes Maia Filho, *DJ* 15.12.2009).

Os crimes funcionais cuja pena máxima abstrata não seja superior a dois anos amoldam-se ao que dispõe o art. 61 da Lei n. 9.099/95, ou seja, infração de menor potencial ofensivo, de modo que se aplicará o rito sumaríssimo, e não o rito especial disposto nos arts. 513 e segs. do CPP.

CAPÍTULO II
DOS CRIMES PRATICADOS POR PARTICULAR CONTRA A ADMINISTRAÇÃO EM GERAL

Usurpação de função pública

Art. 328. Usurpar o exercício de função pública:

Pena – detenção, de 3 (três) meses a 2 (dois) anos, e multa.

Parágrafo único. Se do fato o agente aufere vantagem:

Pena – reclusão, de 2 (dois) a 5 (cinco) anos, e multa.

---

1. COMENTÁRIO

1.1. Notas introdutórias

Os crimes praticados por particular contra a Administração em geral estão previstos no Capítulo II do Título XI do CP, sendo certo que as normas inseridas visam a tutelar os interesses da Administração Pública, assim como no Capítulo I, divergindo ambos, no que tange ao sujeito ativo do delito, de modo que o bem jurídico tutelado pode ser resvalado não só pelo funcionário público, mas também pelo particular.

No primeiro Capítulo, os delitos são reputados próprios (delitos funcionais). No segundo, comuns, valendo ressaltar, nesta última hipótese, em que pese a qualidade do sujeito ativo fazer referência a particulares, há a possibilidade de o funcionário público também perpetrá-lo, desde que a atuação esteja completamente fora da sua área de atribuição.

De acordo com o relatório final da Comissão de Juristas para a elaboração de Anteprojeto do CP, criado pelo Requerimento n. 756/2011 e aditado pelo de n. 1.034/2011, de relatoria do Senador Pedro Taques, convertido no Projeto de Lei n. 236, de 2012,[13] do Senado Federal, de autoria do Senador José Sarney, há a previsão do fim da distinção entre os crimes cometidos por funcionários e por particulares, mencionando em sua Exposição de Motivos, que a separação não se revela útil, como se uns não pudessem praticar os crimes dos outros ou se a condição de servidor público fosse sempre estável e permanente.

1.2. Objetividade jurídica

O bem jurídico tutelado é a Administração Pública, o seu regular funcionamento, a probidade e a moralidade administrativa, afetados em decorrência da conduta do indivíduo que usurpa o exercício da função pública.

1.3. Sujeitos

O sujeito ativo é o particular, podendo também ser perpetrado pelo funcionário público, quando este estiver arrebatando função diversa da qual fora investido, ou seja, completamente fora da sua área de atribuição.

O STJ, por ocasião do julgamento do RHC n. 20.818/AC, aduziu que o delito de usurpação de função pública, embora previsto no capítulo referente aos crimes perpetrados por particulares contra a Administração Pública "pode ser praticado por funcionário público, porquanto, quando o CP se refere a particular, é porque indica que os delitos ali (Capítulo II do Título XI), ao contrário do Capítulo I, são crimes comuns e não es-

---

13 Em trâmite no Senado Federal.

peciais (próprios)" (5ª T., rel. Min. Felix Fischer, *DJ* 03.09.2007, p. 192).

A mera atribuição da qualidade de funcionário público, fazendo-se passar como tal, não caracteriza o tipo penal ora em estudo, sendo imperioso que efetivamente venha a usurpar o exercício da função pública, com a prática do ato de ofício, não bastando, portanto, a simples irrogação, o que poderia configurar contravenção penal, notadamente a prevista no art. 45 do DL n. 3.688, de 03.10.1941 (Lei das Contravenções Penais), que dispõe caracterizar contravenção contra a fé pública aquele que se fingir funcionário público.

Também cumpre registrar que existem algumas situações em que há a mera exorbitância dos limites das atribuições do funcionário público, situação que, s.m.j., não configuraria o crime ora sob análise, ante o fato de haver uma relação de proximidade, ainda que mínima, entre a função para a qual originalmente fora investido. Sob este espeque, "não comete crime o Delegado e Investigador da Polícia Civil que efetuam prisão em flagrante de tráfico internacional de entorpecentes, ainda que a competência para a investigação e julgamento seja dos órgãos federais (Polícia Federal e Justiça Federal)" (TRF4, RSE n. 2000.70.02.003573-3, 8ª T., rel. Manoel Lauro Volkmer de Castilho, *DJ* 12.06.2002).

O sujeito passivo é o Estado e eventualmente o particular lesado.

1.4. Análise da(s) conduta(s) descrita(s) no tipo

A conduta incriminada é a de usurpar, exercer indevidamente ato de uma função pública que não lhe é devida, ou seja, desempenhar função própria da Administração de forma ilegítima. É pressuposto do crime que o agente perpetre algum ato funcional.

O objeto material é a função pública.

1.5. Elemento subjetivo

O elemento subjetivo é o dolo, consistente na vontade livre e consciente de perpetrar a ação típica, ou seja, de usurpar o exercício da função pública sem que esteja devidamente investido para tal consecução. Independe de qualquer finalidade específica. Não se admite a modalidade culposa.

1.6. Consumação e tentativa

Consuma-se o delito com a usurpação da função pública, a partir da efetiva prática de ao menos um ato de ofício alheio, independentemente da ocorrência do resultado, tratando-se, pois, de crime formal. Se em virtude da usurpação da função pública o agente auferir vantagem, restará perfectibilizada a figura qualificada.

Admite-se a tentativa.

1.7. Forma qualificada

O parágrafo único do art. 328 do CP prevê a forma qualificada do crime, tendo sido majorada a pena (reclusão, de dois a cinco anos, e multa), nos casos em que o agente usurpar o exercício da função pública e auferir vantagem (moral ou material), quer seja para ele próprio ou para outrem, justificando-se o aumento da reprimenda ante a maior reprovação social.

1.8. Classificação

Cuida-se de crime comum, doloso, formal, comissivo (podendo, no entanto, ser praticado via omissão imprópria, consoante § 2º do art. 13, CP), de forma livre, instantâneo, unissubjetivo e plurissubsistente.

2. JURISPRUDÊNCIA

2.1. Julgados

Inexistência de crime funcional

Penal e processual penal. Recurso ordinário em *habeas corpus*. Arts. 328, parágrafo único, e 296, § 1º, III, ambos do CP. Inobservância do rito referente aos crimes de responsabilidade dos funcionários públicos. Aplicação restrita aos crimes funcionais inexistentes no caso. Trancamento da ação penal. Ausência de justa causa. Erro de proibição. Necessidade de exame de material probatório. Impossibilidade na via eleita. Crime de usurpação de função pública. Crime previsto no capítulo referente aos crimes praticados por particular contra a administração pública. Possibilidade de o agente ser funcionário público. Crime comum que não se confunde com os crimes especiais (próprios). Uso indevido de marcas, logotipos, siglas ou quaisquer outros símbolos utilizados ou identificadores de órgãos ou entidades da administração pública. Atipicidade da conduta descrita na exordial acusatória não verificada. I – A resposta preliminar, de que trata o art. 514 do CPP, diz respeito aos crimes praticados por funcionário contra a administração pública em geral, *i. e.*, aqueles previstos nos arts. 312 a 326 do CP (Precedentes desta Corte). II – Não basta que o agente seja funcionário público para que tenha aplicação o art. 514 do CPP, pois exige-se, na verdade, que o delito por ele, em tese, praticado seja funcional em que a condição de funcionário público é inerente à prática do crime (Precedente do Pretório Excelso).

III – Da forma como está posta nos autos, para se acolher a alegação de que o recorrente "Ao emitir os atestados de conformidade do leite bovino destinado ao mercado boliviano, o fez seguindo autorização de seus superiores hierárquicos, sem ter a consciência da questionada ilicitude" (erro de proibição), seria imprescindível o exame do material fático-probatório existente nos autos, o que, à toda evidência, é medida inviável em sede de recurso ordinário em *habeas corpus* (Precedentes desta Corte). IV – Comete o delito previsto no art. 328 do CP (usurpação de função pública) aquele que pratica função própria da administração indevidamente, ou seja, sem estar legitimamente investido na função de que se trate. Não bastando, portanto, que o agente se arrogue na função, sendo imprescindível que este pratique atos de ofício como se legitimado fosse, com o ânimo de usurpar, consistente na vontade deliberada de praticá-lo (Precedente). V – O crime de usurpação de função pública, muito embora previsto no capítulo destinado aos crimes praticados por particular contra a administração pública, pode ser praticado por funcionário público, porquanto, quando o CP se refere a particular é por que indica que os delitos ali (Capítulo II do Título XI), ao contrário do Capítulo I, são crimes comuns e não especiais (próprios). VI – O tipo penal previsto no art. 296, § 1º, III, do CP, acrescido pela Lei n. 9.983/2000, pune aquele que faz uso indevido de marcas, logotipos, siglas ou quaisquer outros símbolos utilizados ou identificadores de órgãos ou entidades da administração pública. VII – Da forma como está descrita na inicial acusatória o recorrente teria, em tese, utilizado indevidamente formulário timbrado pertencente à Secretaria Executiva de Agricultura e Pecuária-SEAP – sucedido Instituto de Defesa Agropecuária e Florestal. Destarte, ao mesmo no presente momento, seria prematuro o trancamento da ação penal deflagrada em desfavor do recorrente. Recurso desprovido. (STJ, RHC n. 20.818/AC, 5ª T., rel. Min. Felix Fischer, *DJ* 22.05.2007)

Usurpação de função pública

Penal. Apelação. Crimes previstos nos arts. 328 e 147 do Código Penal. Usurpação de Função pública e ameaça. Autoria e materialidade comprovadas. Dosimetria adequada e suficiente a prevenção e repressão do crime. 1. Autoria e materialidade comprovadas. As provas que instruem o inquérito policial, dentre os quais, o auto de prisão em flagrante, o auto de apreensão e os depoimentos colhidos no curso do IPL, aliadas as provas produzidas em juízo, demonstram que o réu efetivamente se fez passar por fiscal eleitoral e ameaçou a vítima na data dos fatos, formando um quadro probatório francamente desfavorável ao apelante, que infirmam sua versão exculpatória ofertada, que, além de inverossímil, não encontra eco nos elementos carreados aos autos. 2. A fixação da pena-base pelo juízo de 1º grau foi devidamente fundamentada, tendo sido fixada acima do mínimo legal em virtude das circunstâncias judiciais do art. 59 do Código Penal. Como afirma o próprio artigo mencionado, o juiz fixará a pena-base atendendo a essas circunstâncias, da forma que ache necessária e suficiente para reprovação e prevenção do crime, o que foi observado, no presente caso. 3. Embora o art. 59 do Código Penal trace diretrizes a serem observadas na fixação da pena, o Magistrado tem liberdade para fixá-la de acordo com os elementos constantes dos autos. 4. Apelação do réu desprovida. (TRF2, ACR n. 0490323-94.2012.4.02.5101, 1ª T., rel. Des. Federal Paulo Espírito Santo, *DJ* 02.12.2015)

3. OBSERVAÇÕES

À forma estampada no *caput* aplicam-se as disposições estatuídas na Lei n. 9.099/95. Tratando-se de infração de menor potencial ofensivo, aplicam-se as disposições estatuídas na Lei n. 9.099/95, sendo compatível com a transação penal e o rito sumaríssimo. Como se admite a transação penal, não será possível a celebração de acordo de não persecução penal (art. 28-A, § 2º, do CPP).

O Código Penal Militar prevê o delito de usurpação de função em seu art. 335: "Usurpar o exercício de função em repartição ou estabelecimento militar: Pena – detenção, de três meses a dois anos".

Resistência

Art. 329. Opor-se à execução de ato legal, mediante violência ou ameaça a funcionário competente para executá-lo ou a quem lhe esteja prestando auxílio:

Pena – detenção, de 2 (dois) meses a 2 (dois) anos.

§ 1º Se o ato, em razão da resistência, não se executa:

Pena – reclusão, de 1 (um) a 3 (três) anos.

§ 2º As penas deste artigo são aplicáveis sem prejuízo das correspondentes à violência.

---

1. COMENTÁRIO

1.1. Objetividade jurídica

O bem jurídico tutelado é a Administração Pública, a moralidade e a probidade administrativa, o prestígio da função pública.

Com percuciência Luiz Regis Prado aponta que "quando o cidadão resiste à atividade funcional, não está insurgindo-se contra a vontade particular do funcionário público, mas, sim, está resistindo à vontade estatal sedimentada no ordenamento jurídico" (*Curso de direito penal brasileiro*: Parte Especial, 2010, v. 3, p. 555).

1.2. Sujeitos

O sujeito ativo é qualquer pessoa que se oponha à execução do ato legal, não sendo privativo daquele contra o qual o ato é exercido, podendo ser autor do delito, por exemplo, o pai que ofereça resistência à prisão do filho. O funcionário público também pode ser autor do delito, nas situações em que age como particular.

O sujeito passivo é o Estado e o funcionário público competente para a execução do ato legal, bem como o terceiro que lhe esteja prestando auxílio na concreção do ato, desde que sua conduta esteja associada à do agente público.

Guilherme de Souza Nucci aduz que não "se configura o delito de resistência contra o particular que resolva prender alguém em flagrante [...], caso haja oposição, ainda que violenta. Qualquer do povo está autorizado a realizar prisão em flagrante, mas isso não o transforma em funcionário competente para realizá-la, razão pela qual aquele que resiste responderá pelo mal causado – por exemplo, por lesões corporais –, mas não como incurso no art. 329 do Código Penal" (*Código Penal anotado*, p. 1.368).

1.3. Análise da(s) conduta(s) descrita(s) no tipo

A conduta incriminada é a de se opor à execução de ato legal, com o emprego de violência (emprego de força física) ou ameaça (real ou verbal), havendo a necessidade de o ato estar sendo executado, de modo que a "violência anterior ou posterior à prática do ato não seria oposição à execução" (NORONHA, E. Magalhães. *Curso de direito penal*, 1998, v. 4, p. 305), caracterizando outro delito. Na hipótese de se tratar de ameaça anterior ou posterior poderá caracterizar outros crimes, por exemplo os delineados nos arts. 129 (lesão corporal) ou 147 do CP (crime de ameaça).

Não comete o crime de resistência o indivíduo que ao ser abordado por policiais em uma rodovia enquanto dormia em seu carro, disseram-lhes, em tom arrogante, que ali não era área de circunscrição policial, arrancando, na sequência, com o veículo em alta velocidade, isto porque para a subsunção dos fatos à norma, há a necessidade de que a oposição ao ato legal ocorra mediante violência ou ameaça (STJ, *HC* n. 149.650/PB, 6ª T., rel. Min. Haroldo Rodrigues (des. convocado do TJCE), *DJ* 06.06.2011).

Nessa toada, a mera fuga empreendida à perseguição policial não é hábil a caracterizar o delito de resistência.

Especificamente quanto ao emprego da violência, esta deve ser direcionada ao executor do ato legal, e não à coisa.

A conduta também deverá ser comissiva, pois se omissiva, poderá se afigurar o delito de desobediência (art. 330, CP).

Guilherme de Souza Nucci, ao versar acerca da resistência ativa e passiva, esclarece que "a ativa consiste justamente no emprego de violência ou ameaça contra o funcionário público, servindo para configurar o crime; a passiva é a oposição sem ataque ou agressão por parte da pessoa, que se pode dar de variadas maneiras: fazendo 'corpo mole' para não ser preso e obrigando os policiais a carregá-lo para a viatura, não se deixar algemar, escondendo as mãos [...]" (*Código Penal anotado*, p. 1.370).

Sob esse enfoque, a passividade, como atirar-se ao chão para não ser preso, não se amolda ao crime de resistência, podendo subsistir o crime de desobediência (art. 330 do CP).

Também é pressuposto do crime que o ato a ser executado seja legal, bem como seja executado por funcionário competente, havendo a necessidade de ter se iniciado a execução.

Os ensinamentos de José Paulo Baltazar Junior apontam para o fato de que: "A ilegalidade do ato não se confunde com a justiça ou injustiça da decisão de que deriva, de modo que, sendo o ato regular na sua forma e se fundamente, em tese, em preceito legal, já não é permitida a resistência" (*Crimes federais*, 2015, p. 328).

1.4. Elemento subjetivo

O elemento subjetivo é o dolo, caracterizado pela vontade livre e consciente de se opor à execução de ato legal (elemento subjetivo específico) oriundo de funcionário público competente. Não há previsão para a modalidade culposa.

1.5. Consumação e tentativa

Consuma-se o delito com a efetiva oposição ao ato em execução, a partir do emprego de violência ou ameaça, a funcionário público competente para executá-lo ou a quem lhe esteja prestando auxílio, independentemente do efetivo impedimento do ato, que caracteriza a sua forma qualificada. No *caput*, o crime é formal.

Admite-se a tentativa.

1.6. Forma qualificada (§ 1º)

O § 1º do art. 329 do CP prevê a forma qualificada do crime de resistência, quando o agente efetivamente impedir a execução do ato, significando dizer: "o exaurimento da resistência já consumada", a teor dos ensinamentos de Celso Delmanto, Roberto Delmanto, Roberto Delmanto Junior e Fabio M. de Almeida Delmanto (*Código Penal anotado*, 2010, p. 934). Nessa hipótese, o crime é material.

No caso de a resistência oferecida não ser suficiente a obstar o ato, obviamente, não haverá como se imputar a qualificadora supramencionada.

1.7. Classificação

Cuida-se de crime comum, doloso, formal, comissivo, instantâneo, de forma livre, unissubjetivo e plurissubsistente.

2. JURISPRUDÊNCIA

O STJ, por ocasião do julgamento do *Habeas Corpus* n. 154.949/MG, de relatoria do Ministro Felix Fischer, asseverou que o reconhecimento do princípio da insignificância com relação ao delito do art. 155, *caput*, do CP (furto), referente à subtração de sacos de cimento avaliados em R$ 45,00, não descaracterizaria a legalidade da ordem de prisão em flagrante, ato contra o qual o agente se opusera violentamente. Argumentou que se trataria de delitos autônomos, tutelando bens jurídicos distintos (5ª T., *DJ* 23.08.2010).

2.1. Julgados

Necessidade de que a oposição ao ato legal ocorra mediante violência ou ameaça

Penal. *Habeas corpus*. Crime de resistência. Trancamento da ação penal. Via imprópria. Atipicidade do delito. Inocorrência. Alteração da capitulação jurídica conferida pela denúncia. *Emendatio libelli*. Possibilidade. Ordem denegada. 1. O trancamento de uma ação penal é medida excepcional, cabível apenas quando se mostre evidente a atipicidade do fato, se verifique a absoluta falta de indícios de materialidade e de autoria do delito ou que esteja presente uma causa extintiva da punibilidade, conforme a pacífica jurisprudência desta Corte e do STF. 2. Hipótese em que a inicial acusatória narra os fatos de forma clara, apresentando conduta que, muito embora possa não configurar o crime de resistência, previsto no art. 329 do CP, uma vez que sua tipificação exige que a oposição ao ato legal ocorra mediante violência ou ameaça, elementares essas não observadas no caso, poderia se enquadrar em outras figuras típicas previstas pelo legislador, a exemplo dos delitos de desobediência ou desacato, não sendo caso, portanto, de encerramento prematuro do processo criminal. 3. Destaque-se que o indivíduo, quando denunciado, defende-se dos fatos, e não do resultado da definição jurídica feita pelo Ministério Público. Isso se torna lógico quando se analisa os requisitos que devem conter a denúncia, previstos no art. 41 do CPP, juntamente com a possibilidade de aditamento da denúncia pelo Ministério Público ou de *emendatio libelli* pelo próprio Juiz da causa que, nos termos do art. 383 daquele estatuto legal, poderá dar nova definição jurídica aos fatos nela narrados quando da prolação da sentença. 4. *Habeas corpus* denegado. (STJ, *HC* n. 149.650/PB, 6ª T., rel. Min. Haroldo Rodrigues (Des. convocado do TJCE), *DJ* 14.04.2011)

Não aplicação do princípio da consunção

Apelação. Desacato e resistência. Recurso da defesa. Absolvição. Improcedência. Materialidade e autoria demonstradas. Firmes e coerentes depoimentos das vítimas. Provas robustas. Condenação de rigor. Impossibilidade de aplicação do princípio da consunção. Inteligência do art. 329, § 2º, do Código Penal. Condutas praticadas em momentos distintos e provenientes de desígnios autônomos. Precedentes do STJ. Dosimetria. Penas-base fixadas no mínimo legal. Compensação da reincidência com a confissão para o delito de desacato. Majoração da pena de resistência em razão da reincidência. Concurso material que enseja somatória das reprimendas. Regime inicial semiaberto mantido. Recurso improvido. (TJSP, ACR n. 00058368920168260099, 11ª Câm. de Direito Criminal, rel. Salles Abreu, *DJ* 28.11.2018).

Resistência e desacato. Princípio da consunção. Impossibilidade

Penal. Resistência à prisão e desacato a policiais militares. Consunção. Absorção do segundo crime pelo primeiro. Impossibilidade na espécie. Ordem denegada. 1. A consunção do crime de desacato pelo delito de resistência é possível, a depender das circunstâncias do caso concreto. 2. Na espécie, consoante análise probatória realizada pelo acórdão, é possível concluir que as ações, embora em um mesmo contexto, foram praticadas em momentos distintos, tendo sido as ofensas verbais irrogadas pelo paciente quando já estava dominado pelos policiais e dentro da viatura. Descrição, portanto, de dois ilícitos penais. 3. Ordem denegada. (STJ, *HC* n. 375.019/RS, 6ª T., rel. Min. Maria Thereza de Assis Moura, *DJ* 23.06.2017)

Ausência de comprovação da ameaça perpetrada contra os agentes públicos. Inviabilidade de condenação pelo crime de resistência

Crimes de roubo duplamente majorados e resistência. Recursos ministerial e defensivo. Recurso ministerial. Pleito de condenação do acusado pelo delito previsto no art. 329 do Código Penal. Inviabilidade. Ausência de comprovação da ameaça perpetrada contra os agentes públicos. Recurso improvido. Recurso defensivo. Pleito de absolvição por insuficiência probatória no tocante ao delito de roubo. Impossibilidade. Conjunto probatório harmônico e coeso que comprova a materialidade e autoria do delito. Recurso improvido. (TJSP, ACR n. 00816797620178260050, 16ª Câm. de Direito Criminal, rel. Lemes Garcia, *DJ* 24.10.2018)

Violência para resistir. Disparos com arma de fogo contra agentes públicos para evitar a prisão. Pena-base majorada

Agravo regimental no *habeas corpus*. Tráfico ilícito de entorpecentes, Lavagem de dinheiro e resistência. Dosimetria quanto aos crimes de lavagem e tráfico. Matéria não apreciada pela corte de origem. Supressão de instância. Resistência. Circunstância judicial desfavorável. Fundamentação concreta. Agravo desprovido. 1. A insurgência acerca da dosimetria dos delitos de tráfico de drogas e lavagem de dinheiro não foi objeto de análise pelo Colegiado estadual, o que impede o conhecimento da tese por este Superior Tribunal, sob pena de indevida supressão de instância. 2. Em relação ao crime de resistência, a exasperação da pena-base acima do mínimo legal foi concretamente fundamentada pelo Tribunal de origem, demonstrando-se, de forma concreta, a maior reprovabilidade da conduta, tendo em vista que o crime foi consumado por meio de disparos de arma de fogo contra agentes do estado. 3. Agravo regimental desprovido. (STJ, Ag. Reg. no *HC* n. 444.664/RS, 6ª T. rel. Min. Laurita Vaz, *DJ* 03.10.2018)

3. OBSERVAÇÕES

Ao *caput* aplicam-se as disposições estampadas na Lei n. 9.099/95, tratando-se, portanto, de delito de menor potencial ofensivo. Como se admite a transação penal, não será possível a celebração de acordo de não persecução penal (art. 28-A, § 2º, do CPP).

De outra senda, o § 2º do art. 329 do CP enuncia que as penas serão aplicadas sem prejuízo das correspondentes à da violência.

Não há que se falar, desse modo, em concurso formal quanto aos delitos de lesão corporal e resistência, na hipótese de o acusado resistir ao mandado de prisão e ferir o policial que executa o ato legal (STJ, REsp n. 184.644/PR, 5ª T., rel. Min. José Arnaldo da Fonseca, *DJ* 21.02.2000, p. 152). Em resumo, quando o crime é perpetrado com o emprego de violência, as penas serão aplicadas cumulativamente (concurso material), por expressa determinação legal, não havendo também que se falar na hipótese de absorção.

Mencione-se a ocorrência de fato que repercutiu na mídia em que um oficial de justiça, acompanhado de outra pessoa que lhe prestava auxílio (enfermeiro), foram recebidos a tiros por indivíduo que se recusou a receber ordem de internação, configurando, em tese, não só o crime de resistência, mas possivelmente o delito de homicídio, em sua forma tentada (disponível em: g1.globo.com/sao-paulo/noticia/2012/10/homem-que-atirou-em-tres-pessoas-em-sp-tinha-armas-facao-e-espada.html; acesso em: 20.10.2023). Aqui, haveria a possibilidade de aplicação do cúmulo material, pois a violência empregada constituiria delito autônomo e não mera elementar do crime de resistência.

Cleber Masson assevera que referida regra apenas tem aplicação na hipótese de resistência cometida mediante violência à pessoa, de modo que "o crime de ameaça é absorvido pela resistência, uma vez que funciona como seu meio de execução e não há previsão legal de concurso material obrigatório" (*Direito penal*: parte especial – arts. 213 a 359-H, 2020, v. 3, p. 692).

Registre-se, ademais, que, a despeito de controvérsias, a embriaguez não afasta a responsabilidade penal pelo delito de resistência, salvo nas hipóteses de embriaguez completa, proveniente de caso fortuito ou força maior (art. 28, § 1º, do Código Penal).

De outra senda, o delito de desobediência (art. 330 do CP), na hipótese de ser perpetrado dentro do mesmo contexto fático, restará absorvido pelo crime de resistência (art. 329 do CP), notadamente porque não há resistência sem que haja desobediência, estando esta compreendida na primeira. Em síntese, a desobediência seria um meio de execução da resistência.

Há, ainda, discussão, no que tange aos crimes de resistência e desacato, especificamente em relação à possibilidade de aplicação do concurso de crimes, quando perpetrados em um mesmo contexto fático. Perfilho do entendimento de que pode haver o concurso entre os delitos, não sendo o desacato um meio para a execução do crime de resistência, tal como ocorre com o delito de desobediência. Os desígnios seriam distintos. O desprestígio da função pública no crime de desacato e a atuação do funcionário público quando da execução de seus atos no delito de resistência. Tais circunstâncias revelam com maior rigor a aplicação do disposto no art. 69 do Código Penal. Em sentido contrário, há o entendimento de que o desacato absorveria a resistência, bem como o de que a resistência absorveria o delito de desacato.

Vale destacar que no âmbito da Lei n. 9.605, de 12.02.1998, que dispõe acerca das sanções penais e administrativas derivadas de condutas e atividades lesivas ao meio ambiente, em seu art. 69, há uma modalidade especial de resistência: "Obstar ou dificultar a ação fiscalizadora do Poder Público no trato de questões ambientais: Pena – detenção, de um a três anos, e multa".

O art. 177 do Código Penal Militar também prevê o crime de resistência mediante ameaça ou violência: "Opor-se à execução de ato legal, mediante ameaça ou violência ao executor, ou a quem esteja prestando auxílio: Pena – detenção, de seis meses a dois anos".

O Estatuto da Criança e do Adolescente (Lei n. 8.069, de 13.07.1990), em seu art. 236, testifica: "Impedir ou embaraçar a ação de autoridade judiciária, membro do Conselho Tutelar ou representante do Ministério Público no exercício de função prevista nesta Lei: Pena – detenção de seis meses a dois anos".

Desobediência

Art. 330. Desobedecer a ordem legal de funcionário público:

Pena – detenção, de 15 (quinze) dias a 6 (seis) meses, e multa.

1. COMENTÁRIO

1.1. Objetividade jurídica

O bem jurídico tutelado é a Administração Pública, o prestígio da função pública, o regular andamento da administração em geral (que se encontra maculado pela conduta daquele que desobedeceu a ordem legal de funcionário público).

1.2. Sujeitos

O sujeito ativo é o particular que desobedece a ordem legal, nada impedindo que o funcionário público também seja autor do delito. Trata-se de crime comum.

Quanto a esta questão em particular, ou seja, da possibilidade de o funcionário público desobedecer a ordem legal de outro funcionário público, há diversos entendimentos.

Há quem se posicione pela impossibilidade, ante ao argumento de que o crime em tela estaria compreendido entre os crimes perpetrados por particular contra a administração pública em geral, o que refutaria a ideia de sua prática pelo agente público quando do desempenho de suas funções.

No sentido de que o funcionário público não pode ser autor do delito, ou ainda, de que até possa ser, desde que o cumprimento da ordem não esteja adstrito no âmbito de suas atribuições, é o entendimento de Luiz Regis Prado (*Curso de direito penal brasileiro*: Parte Especial, 2010, v. 3, p. 561).

Cezar Roberto Bitencourt assevera que o funcionário público pode ser sujeito ativo do crime de desobediência, desde que não esteja no exercício de suas funções, ou seja, no caso de desobedecer à ordem como se fosse particular. Para o referido autor, a depender da situação, entende-se que o funcionário público, ao desobedecer ordem legal de outro agente público, quando no desempenho de suas atividades, poderia cometer o delito de prevaricação (art. 319, CP), mas não o de desobediência, porquanto estaria amparado no elemento normativo "satisfazer interesse ou sentimento pessoal".

Ocorre que, em alguns casos, o descumprimento de ordem judicial, por exemplo, não estaria assentado em sentimento ou interesse pessoal, razão pela qual ficaria afastado o crime de prevaricação e aplicar-se-ia o disposto no art. 330 do CP.

Há julgado do STJ que relativiza o entendimento de que o funcionário público não poderia ser sujeito ativo do crime, consignando a possibilidade de o agente público perpetrá-lo mesmo quando no exercício de suas funções. Vale colacionar trecho do voto do Ministro Felix Fischer quando do julgamento do RHC n. 12.780/MS: "O argumento de que esse delito somente pode ser praticado por particular – porque está elencado, no CP, no capítulo dos crimes praticados por particular contra a administração em geral – não deve prevalecer, visto que tornaria a decisão judicial destituída de imperatividade. Seria, ela, apenas um 'palpite', um 'conselho'. A ausência de sanção, no caso de seu descumprimento, retiraria o poder de coação sobre o destinatário específico, abrindo espaço para que este, certo da inexistência de uma pena, simplesmente deixasse de executar a determinação judicial. Assim, de nada adiantaria proferir-se uma decisão em mandado de segurança contra uma autoridade renitente. Da mesma forma, absolutamente ineficaz seria a reclamação contra o descumprimento de acórdão do Tribunal. O funcionário cumpriria se assim o desejasse. Por isso é que, nessas hipóteses, é possível o funcionário público praticar o delito de desobediência. Ele é, aí, um destinatário (*in casu*, repetindo, específico e de atuação necessária, obrigatória) do *decisum* como qualquer outro cidadão, pois não há o vínculo, a subordinação entre ele e o juiz (ou tribunal). Não se trata de ordem administrativa – *interna corporis* – que, ressalvada a prevaricação ou outro delito especial, implicaria apenas em ilícito extrapenal. O funcionário, *data venia* de entendimento diverso, quando destinatário de ordem judicial, principalmente em mandado de segurança, é o destinatário que pode, eventualmente, cometer o delito geral previsto no art. 330 do CP porquanto, aí, estaria atingindo, de forma penalmente reprovável, o princípio da autoridade (objeto da tutela jurídica) fora dos limites da vinculação funcional-administrativa. [...] Ademais, quando o CP se refere a particular é por que indica os delitos ali (Capítulo II do Título XI), ao contrário do Capítulo I, são crimes comuns e não especiais (próprios). Ou, será que funcionário não pode praticar a corrupção ativa? [...]" (RHC n. 12.780/MS, 5ª T., rel. Min. Felix Fischer, *DJ* 30.06.2003, p. 266).

A 5ª Turma do STJ reiterou o entendimento supramencionado por ocasião do julgamento do REsp n. 1.173.226/RO, rel. Min. Gilson Dipp, *DJ* 04.04.2011.

Em linhas gerais, o funcionário público pode ser sujeito ativo do crime ora em comento, ainda que no exercício da função, desde que não seja hierarquicamente subordinado ao emitente da ordem, bem como detenha atribuições para cumpri-la (STJ, RHC n. 85.031/DF, 6ª T., rel. Min. Maria Thereza de Assis Moura, *DJ* 27.10.2017).

O sujeito passivo é o Estado e o funcionário público que emanou a determinação.

1.3. Análise da(s) conduta(s) descrita(s) no tipo

Pune-se a conduta daquele que desobedece a ordem legal advinda de funcionário público competente.

Desobedecer significa não se submeter à determinação, devendo a ordem ser legal, emanada por autoridade competente, bem como dirigida diretamente ao seu destinatário, que deverá ter o dever jurídico de cumpri-la, não sendo suficiente o mero pedido, solicitação, para a configuração do delito.

Ordem é requisição, determinação. Em se tratando de solicitação a conduta é atípica (STJ, *HC* n. 86.429/SP, 5ª T., rel. Min. Napoleão Nunes Maia Filho, *DJ* 01.10.2007). Acordo judicial igualmente não se encontra abarcado na elementar do tipo penal ("ordem" legal) (STJ, RHC n. 67.452/RJ, 6ª T., rel. Min. Rogerio Schietti Cruz, *DJ* 12.09.2016).

Consoante o *Informativo* n. 506 do STJ, não se caracteriza o crime de desobediência na hipótese em que as notificações do responsável pelo cumprimento da ordem foram encaminhadas via postal, sendo os avisos de recebimento subscritos por terceiros. Para a caracterização do crime em comento, exige-se a notificação pessoal do responsável pelo cumprimento da ordem, demonstrando a ciência inequívoca da sua existência (*HC* n. 226.512/RJ, 6ª T., rel. Min. Sebastião Reis Júnior, *DJ* 30.11.2012). Nessa toada, a ordem deve ser transmitida diretamente ao destinatário.

A ordem deve ser legal. Consigne-se o caso de um delegado de polícia que venha expedir ofício à operadora de telefonia requisitando o monitoramento de linhas telefônicas e o responsável por fazer cumprir a ordem na prestadora de serviços telefônicos recusa-se a cumpri-la. Nesse caso, não cometerá o crime de desobediência, porquanto a ordem emanada deve ser legal, ou seja, deveria ter sido oriunda de um juiz (cláusula de reserva de jurisdição). Em resumo: haveria a subsunção dos fatos à norma do art. 330 do Código Penal somente no caso de a determinação ser judicial.

Portanto, na hipótese de a ordem ser ilegal, não há crime, como é o caso de ordem emanada por autoridade incompetente.

Diverge do delito de resistência no tocante ao emprego da violência ou ameaça, notadamente em virtude de que no crime de desobediência resiste-se pacificamente.

A desobediência pode ocorrer mediante omissão, quando a ordem legal emanada determinar uma ação e o agente quedar-se inerte, bem como mediante ação, quando a ordem impuser uma abstenção de agir, mas o agente o faz.

Frise-se, é pressuposto do crime que o funcionário público seja competente para emanar a determinação, bem ainda que o indivíduo que a receba tenha o dever jurídico de cumpri-la.

1.4. Elemento subjetivo

O elemento subjetivo é o dolo, consistente na vontade livre e consciente de não obedecer à ordem legal emanada de funcionário público competente. Não há previsão para a modalidade culposa.

1.5. Consumação e tentativa

Consuma-se o delito com a efetiva ação ou omissão, esta última após o decurso do interregno para o seu cumprimento, sendo escorreito o ensinamento de E. Magalhães Noronha, ao sustentar que: "O crime é comissivo ou omissivo e, consequentemente, se consuma no momento da ação ou da omissão constitutiva da desobediência. Tratando-se de omissão, ficará naturalmente subordinada a prazo, ou, na ausência deste, lapso suficiente que caracterize o descumprimento da ordem" (*Curso de direito penal*, 1998. v. 4, p. 305). Portanto, se a ordem legal for para fazer algo e o destinatário quedar-se inerte, haverá a consumação do crime com a omissão do agente, que deixou de perpetrar o ato pelo interregno fixado, ou, na ausência deste, por tempo juridicamente relevante. Ao revés, no caso de a ordem legal determinar a abstenção de algo, mas o indivíduo o faz, consuma-se o delito com a ação vedada.

Trata-se de crime formal, não necessitando de resultado naturalístico para a sua consumação. Basta a desobediência da ordem legal.

A tentativa é admissível na forma comissiva.

1.6. Classificação

Cuida-se de crime comum, doloso, formal, comissivo ou omissivo próprio (dependendo da forma como é praticado), de forma livre, instantâneo, unissubjetivo, plurissubsistente ou unissubsistente.

2. JURISPRUDÊNCIA

Comete o crime de desobediência, após o decurso do interregno estipulado para o cumprimento da determinação, de acordo com entendimento do Eg. TRF da 4ª Região, o advogado que desatende ordem judicial para restituir valores levantados mesmo depois de estar ciente do falecimento de seu cliente (Ap. Crim. n. 200004010232692, 8ª T., rel. Des. Manoel Lauro Volkmer de Castilho, *DJ* 27.02.2002, p. 714).

Também há entendimento de que não haverá o crime de desobediência na hipótese de existir lei cominando penalidade administrativa ou civil para o descumprimento de ordem legal de funcionário público, salvo se nesta última houver ressalva para aplicação cumulativa com a reprimenda penal, de modo que, em não havendo menção a tal possibilidade, entende-se pela atipicidade do crime de desobediência (TRF3, ACR n. 20166005002211-3, 11ª T., rel. Des. Federal José Lunardelli, *DJ* 05.04.2018).

Todavia, s.m.j., não se pode reconhecer a subsidiariedade do crime previsto no art. 330 do Código Penal em relação à ausência de punição para a conduta de desobediência nos demais ramos do Direito. Diz-se isso tendo em vista que as eventuais normas que concorreriam à espécie (norma penal insculpida no indigitado artigo e norma prevista em qualquer outra senda do Direito punindo a desobediência) teriam o condão de proteger objetividades jurídicas distintas.

Cite-se como exemplo o preceito constante do art. 195 da Lei n. 9.503, de 23.09.1997, que almeja tutelar a regularidade das relações de trânsito e que comina apenas a pena de multa para quem "desobedecer às ordens emanadas das autoridades competentes de trânsito ou de seus agentes".

O art. 330 do Código Penal, como mencionado alhures, visa proteger o regular andamento da Administração em geral (que se encontra maculado pela conduta daquele que desobedece a ordem legal de funcionário público), tendo por escopo impor a todos os cidadãos o necessário respeito à autoridade que detém o funcionário público, inclusive no âmbito das regras de trânsito, sob pena de a sociedade transmudar-se em verdadeira terra de ninguém ao se sufragar posicionamento que ilide a infração penal em razão da existência de mera infração administrativa cuja pena redunda em efêmera multa.

Deve ser lembrado que as instâncias (administrativa, cível, tributária, penal etc.) são independentes entre si, de modo que nada obsta a aplicação de sanção por infringência a norma de natureza administrativa ao lado de punição por menoscabo de conduta tipificada como crime pelo direito penal.

A despeito disso, o Superior Tribunal de Justiça vinha se pronunciando no sentido de que, "em atenção ao princípio de intervenção mínima do Direito Penal – *ultima ratio* –, esta Corte tem entendido que, para configurar o crime de desobediência (art. 330 do Código Penal), não basta o descumprimento de ordem legal emanada por funcionário público competente, é indispensável que inexista sanção administrativa ou civil determinada em lei específica no caso de descumprimento do ato". Na hipótese em julgamento inferiu-se que "o paciente não obedeceu à ordem legal dos policiais rodoviários federais para que parasse, conduta esta prevista pelo Código de Trânsito Brasileiro em seu art. 195. Assim, havendo previsão, na seara administrativa, para a conduta do cidadão que não obedece à ordem de parada do agente de trânsito, gênero do qual é espécie o policial rodoviário federal, e não sendo cumulada a possibilidade da infração administrativa com a de natureza penal, não há que se falar na tipificação do delito descrito no art. 330 do CP. Precedentes" (STJ, *HC* n. 348.265/SC, 5ª T., rel. Min. Reynaldo Soares da Fonseca, *DJ* 26.08.2016).

Como se vê, a orientação do STJ era no sentido de que "a desobediência de ordem de parada dada pela autoridade de trânsito ou por seus agentes, ou mesmo por policiais ou outros agentes públicos no exercício de atividades relacionadas ao trânsito, não constitui crime de desobediência, pois há previsão de sanção administrativa específica no art. 195 do Código de Trânsito Brasileiro, o qual não estabelece a possibilidade de cumulação de sanção penal. Assim, em razão dos princípios da subsidiariedade do Direito Penal e da intervenção mínima, inviável a responsabilização da conduta na esfera criminal" (*HC* n. 369.082/SC, 5ª T., rel. Min. Felix Fischer, *DJ* 01.08.2017).

Situação oposta ocorreria, no entanto, quando a ordem de parada não é emanada por autoridade de trânsito, mas por policiais no exercício da atividade ostensiva, quando o objetivo é a prevenção e repressão de crimes. Nessa situação não está se cogitando na incidência ou não na regra delineada no art. 195 do Código de Trânsito Brasileiro e, via de consequência, no questionamento acerca da possibilidade de condenação pelo delito estampado no art. 330 do Estatuto Penal Repressivo.

O Ministro Felix Fisher, quando do julgamento do *HC* n. 369.082/SC (STJ, 5ª T., *DJ* 01.08.2017), bem explicitou em seu voto que não haveria que se falar "em atipicidade da conduta pelo exercício do direito ao silêncio e de não produzir prova contra si mesmo, o que supostamente justificaria a fuga empreendida pelo paciente para evitar sua prisão em flagrante. Com efeito, os direitos ao silêncio e de não produzir prova contra si mesmo não são absolutos, razão pela qual não podem ser invocados para a prática de outros delitos". Para tal desiderato, ponderou, ademais, que embora por fatos diversos, aplicar-se-ia ao presente caso a solução jurídica disposta na Súmula n. 522 do STJ: "A conduta de atribuir-se falsa identidade perante autoridade policial é típica, ainda que em situação de alegada autodefesa" (Súmula n. 522, 3ª Seção, *DJ* 06.04.2015).

Há de se notar, contudo, que, em sessão virtual realizada aos 25.08.2020, a Terceira Seção do STJ, por unanimidade, afetou o REsp n. 1.859.933/SC (de relatoria do Ministro Antonio Saldanha Palheiro) ao rito dos recursos repetitivos, tendo como delimitação da controvérsia a "caracterização do crime de desobediência quando a ordem de parada a veículo for emitida por policial no exercício de atividade ostensiva de segurança pública", em razão de a matéria ter sido por inúmeras vezes objeto de julgamento perante aquela Corte.

No julgamento realizado em 09.03.2022, a 3ª Seção firmou a seguinte tese jurídica: "A desobediência à ordem legal de parada, emanada por agentes públicos em contexto de policiamento ostensivo, para a prevenção e repressão de crimes, constitui conduta penalmente típica, prevista no art. 330 do Código Penal Brasileiro" (REsp n. 1.859.933/SC, 3ª S., rel. Min. Antonio Saldanha Palheiro, j. 09.03.2022, *DJe* 01.04.2022).

Entendeu-se que o direito a não autoincriminação não é absoluto, motivo pelo qual não pode ser invocado para justificar a prática de condutas consideradas penalmente relevantes pelo ordenamento jurídico.

O STF já decidiu que não se reveste de tipicidade penal, descaracterizando-se, portanto, o delito de desobediência, quando o agente se dispõe a pagar multa diária (*astreinte*) na esfera civil, fixada pelo magistrado para instá-lo a cumprir ordem legal proferida (*HC* n. 86.254, 2ª T., rel. Min. Celso de Mello, *DJ* 10.03.2006).

A jurisprudência do Pretório Excelso igualmente já entendeu que no caso do não cumprimento da transação penal prevista no art. 76 da Lei n. 9.099/95, o feito deverá ser submetido ao seu estado anterior, não havendo que se cogitar na propositura de nova ação criminal para apuração do delito de desobediência (*HC* n. 84.976/SP, 1ª T., rel. Min. Carlos Britto, *DJ* 23.03.2007).

Hipótese diversa ocorre com o disposto no art. 458 do CPP, porquanto evidencia que à testemunha faltosa no Tribunal do Júri o juiz poderá aplicar a multa prevista no § 2º do art. 436 do mesmo diploma legal, mas também, sem qualquer prejuízo, responder criminalmente pelo delito de desobediência ora sob análise.

2.1. Julgados

Desobediência. Consumação

Recurso especial. Penal. Desobediência. Art. 330 do Código Penal. Conduta Omissiva. Momento Consumativo. Crime instantâneo. Marco inicial da prescrição da pretensão punitiva. Recurso provido. 1. O crime de desobediência, previsto no art. 330 do Código Penal, pode ser praticado mediante conduta omissiva ou comissiva. No caso, a Ré se absteve de cumprir ordem judicial, consistente no bloqueio de valores para o pagamento de verbas reconhecidas em reclamação trabalhista. Foi concedido à Ré o prazo de 10 (dez) dias para o cumprimento do mandado. 2. O delito se consumou no momento em que findou o prazo para atendimento da ordem emanada da autoridade competente, não se prolongando no tempo. Configurada a natureza de crime puramente formal e instantâneo, tem-se como marco inicial para a prescrição da pretensão punitiva o dia em que se consumou a infração. 3. Recurso provido. (STJ, REsp n. 1.365.383/MG, 5ª T., rel. Min. Laurita Vaz, *DJ* 19.12.2013)

Prefeito municipal

Habeas corpus. Desobediência. Inquérito policial instaurado contra prefeito. Ordem de pagamento derivada de demanda trabalhista da qual o município sequer fez parte. Descumprimento motivado. Ordem concedida. 1. Configura constrangimento ilegal a submissão de prefeito municipal a inquérito policial, em virtude de suposta desobediência a ordem judicial derivada de demanda que não teve o Município no polo passivo. 2. A justificativa consistente, realizada por escrito, endereçada à autoridade competente dando conta do não pagamento, reforça a tese de atipicidade da conduta, sobretudo se não se trata de parte da demanda judicial. 3. Ordem concedida. (STJ, *HC* n. 120.588/PE, 6ª T., rel. Min. Jane Silva (des. convocada do TJMG), *DJ* 16.12.2008)

Desobediência. Atipicidade. Mera solicitação e não ordem legal

Habeas corpus em face de denegação de liminar em *writ* anterior. Mitigação da Súmula n. 691/STF. Crime de desobediência. Art. 330 do CPB. Atipicidade da conduta do paciente, arrolado como testemunha em processo judicial. Mera solicitação de agendamento do dia e hora para prestar depoimento. Ausência de ordem judicial. Constrangimento ilegal. Trancamento da ação penal. *HC* concedido. 1. É assente na jurisprudência do STF e do STJ a possibilidade de mitigação da Súmula n. 691/STF, em hipóteses excepcionais de imputação de ilícito, quando emergir dos autos situação de flagrante violação de direito subjetivo, tal quando a decisão monocrática de Relator deixa de outorgar a tutela mandamental evidentemente cabível, como ocorre no caso de conduta atípica objeto de Ação Penal por crime de desobediência de ordem judicial. 2. O crime de desobediência (art. 330 do CPB) sempre pressupõe a presença de ordem inequívoca emitida por Funcionário Público, comunicada ao seu destinatário de forma legal, e, uma vez caracterizado o delito, não se elide pelo ulterior cumprimento da determinação judicial (art. 219 do CPP). 3. Ofícios expedidos pelo Juiz, solicitando o agendamento de dia e hora para a prestação de depoimento em juízo, encaminhados a quem detém essa prerrogativa processual, não podem ser tidos como ordens judiciais, para o fim do art. 330 do CPB, caso o destinatário não atenda àquelas solicitações. 4. *HC* concedido, para trancar a Ação Penal n. 2007.61.81.002324-2-2/SP, em trâmite perante a 9ª Vara Federal Criminal da Seção Judiciária de São Paulo, por falta de justa causa, em que pese o parecer ministerial em sentido contrário. (STJ, *HC* n. 86.429/SP, 5ª T., rel. Min. Napoleão Nunes Maia Filho, *DJ* 01.10.2007)

Possibilidade de o funcionário público ser sujeito ativo do crime de desobediência

Processual penal. Delegado de polícia. Descumprimento de requisição de promotor justiça. Sonegação de documentos e desobediência. Ação penal. Falta de justa causa. Ausência de dolo. Trancamento. Revolvimento fático. Impossibilidade na via eleita. 1. O *habeas corpus* não se apresenta como via adequada ao trancamento da ação penal, quando o pleito se baseia em falta justa causa (ausência de dolo), não relevada, *primo oculi*. Intento que demanda revolvimento fático-probatório, não condizente com a via restrita do *writ*. 2. Segundo doutrina de escol, o funcionário público pode ser sujeito ativo do crime de desobediência, desde que, como na espécie, não seja hierarquicamente subordinado ao emitente da ordem legal e tenha atribuições para cumpri-la. 3. O fato de o delito de desobediência estar inserido no capítulo dos ilícitos penais praticados por particular contra a administração pública não impede a sua consumação, porquanto haverá, em tal caso, violação ao princípio da autoridade que é objeto da tutela jurídica. Precedentes desta Corte. 4. Recurso ordinário não provido. (STJ, RHC n. 85.031/DF, 6ª T., rel. Min. Maria Thereza de Assis Moura, *DJ* 27.10.2017)

Crime de desobediência. Defensor Geral. Não cumprimento de requisição para nomeação judicial de defensor público

Penal. Processual penal. *Habeas corpus* substitutivo. Trancamento de investigação penal. Crime de desobediência. Ação penal. Renúncia de defensor dativo. Requisição judicial. Nomeação de defensor público. Não cumprimento. Ato de gestão do defensor público geral. Autonomia administrativa e financeira. Atipicidade. Ocorrência. 1. Ressalvada pessoal compreensão diversa, uniformizou o Superior Tribunal de Justiça ser inadequado o *writ* em substituição a recursos especial e ordinário, ou de revisão criminal, admitindo-se, de ofício, a concessão da ordem ante a constatação de ilegalidade flagrante, abuso de poder ou teratologia. 2. Somente é cabível o trancamento da ação penal por meio do *habeas corpus* quando houver comprovação, de plano, da ausência de justa causa, seja em razão da atipicidade da conduta supostamente praticada pelo acusado, seja da ausência de indícios de autoria e materialidade delitiva, ou ainda da incidência de causa de extinção da punibilidade. 3. A autonomia administrativa e a independência funcional asseguradas constitucionalmente às defensorias públicas não permitem a ingerência do Poder Judiciário acerca da necessária opção de critérios de atuação pelo Defensor Geral e a independência da atividade da advocacia. 4. Não configura o tipo penal de desobediência o não atendimento a requisição judicial de defensor público, pois lícita a designação de advogados pelo critério do possível, por seu gestor. Atipicidade reconhecida. 5. *Habeas corpus* não conhecido, mas concedida a ordem de ofício para trancar o procedimento investigatório n. 0042254-22.2013.8.24.0023, em trâmite no Juizado Especial Criminal da Capital do Estado de Santa Catarina. (STJ, *HC* n. 310.901/SC, 6ª T., rel. Min. Nefi Cordeiro, *DJ* 28.06.2016)

3. OBSERVAÇÕES

Trata-se de delito de menor potencial ofensivo, aplicando-se as disposições da Lei n. 9.099/95. Como se admite a transação penal, não será possível a celebração de acordo de não persecução penal (art. 28-A, § 2º, do CPP).

O delito de desobediência (art. 330 do CP), na hipótese de ser perpetrado dentro do mesmo contexto fático, restará absorvido pelo crime de resistência (art. 329 do CP), notadamente porque não há resistência sem que haja desobediência, estando esta compreendida na primeira. A desobediência seria um meio de execução da resistência.

O prefeito municipal que injustificadamente deixar de cumprir ordem judicial não responde pelo crime estampado no art. 330 do Estatuto Penal Repressivo, mas sim pelo delito do art. 1º, XIV, do Decreto-lei n. 201/67 (STJ, Ag. Reg. no REsp n. 679.499/AM, 5ª T., rel. Min. Arnaldo Esteves Lima, *DJ* 09.06.2008).

Outras legislações preveem modalidades específicas do crime de desobediência, valendo citar a Lei n. 13.641, de 03.04.2018, que incluiu o art. 24-A na Lei n. 11.340, de 07.08.2006 (Lei Maria da Penha), cujo crime de desobediência está relacionado especificamente àquele que descumprir decisão judicial que defere medidas protetivas de urgência previstas em lei. Tratando-se de *novatio legis in pejus*, cuja irretroatividade se impõe, conforme os arts. 5º, XL, da CF e 1º do CP, não incide o art. 24-A da Lei Maria da Penha aos fatos anteriores à publicação da Lei n. 13.641/2018, que criou tipo penal específico para a conduta de descumprir decisões judiciais que deferem medidas protetivas de urgência previstas na Lei Maria da Penha (Ag. Reg. no AREsp n. 1.216.126/MG, 6ª T., rel. Min. Nefi Cordeiro, *DJe* 03.09.2018).

O Código Penal Militar, em seu art. 301, também prevê uma modalidade específica de desobediência.

De idêntica forma, a Lei n. 10.741, de 01.10.2003 (Estatuto do Idoso), em seus arts. 100, IV, e 101, contemplam formas especiais do delito de desobediência, além do art. 347 do Código Eleitoral (Lei n. 4.737, de 15.07.1965).

Desacato

Art. 331. Desacatar funcionário público no exercício da função ou em razão dela:

Pena – detenção, de 6 (seis) meses a 2 (dois) anos, ou multa.

---

1. COMENTÁRIO

1.1. Objetividade jurídica

O bem jurídico tutelado é a Administração Pública, o prestígio da função pública.

1.2. Sujeitos

O sujeito ativo é qualquer pessoa, inclusive o funcionário público no exercício da função pública. Trata-se de crime comum, não se exigindo uma qualificação especial do sujeito ativo, bastando que haja adequação ao tipo penal, de molde a abalar o prestígio da função pública, independentemente de quem seja o agente.

Pouco importa a hierarquia funcional existente entre os funcionários públicos, sendo suficiente que um diga expressões abusivas em relação ao outro, por exemplo, um delegado de Polícia Federal que as propala em relação ao agente de Polícia Federal.

Rogério Greco, citando, inclusive, Heleno Cláudio Fragoso, argumenta que o sujeito ativo desse crime é toda e qualquer pessoa, inclusive o funcionário público, independentemente da posição de hierarquia que ocupa: "Isso porque, como é cediço, o funcionário público é protegido de forma mediata, pois o que está em questão é a Administração Pública em si. Quando um funcionário público desacata outro funcionário, ele, na verdade, despe-se dessa qualidade e atua como um particular. Simplesmente pelo fato de ser um superior hierárquico não pode ofender a Administração Pública, ali representada pelo seu funcionário, não importando o tipo de função que exerça, bem como a sua hierarquia, comparativamente ao agente" (*Código Penal comentado*, 2010, p. 878).

Para Damásio Evangelista de Jesus, o funcionário público pode cometer crime de desacato, pois, ao assim agir, equipara-se a um particular, sendo certo que se o bem jurídico é o prestígio da função pública, não poderia haver lesão jurídica tão somente quando perpetrada pelo *extraneus* (*Código Penal anotado*, 1996, p. 871). É a posição majoritária.

Há julgado do STJ, nos autos do *Habeas Corpus* n. 104.921/SP, evidenciando sempre haver a possibilidade da prática do crime de desacato por funcionário público quando do exercício de sua função pública. Em tal oportunidade, registrou-se essa viabilidade, porquanto se trataria de crime comum em que a vítima imediata é o Estado e a mediata aquela que está sendo ofendida (*HC* n. 104.921/SP, 6ª T., rel. Min. Jane Silva (Des. convocada do TJMG), *DJ* 26.10.2009).

Para uma segunda corrente, o funcionário público pode ser sujeito ativo do delito, desde que ostente posição hierárquica inferior ao do ofendido. É o posicionamento de Luiz Regis Prado, salientando que: "Se ambos exercem a mesma função, e o sujeito ativo é hierarquicamente inferior, subsiste a infração em epígrafe, em face não só do atentado à autoridade estatal, mas também pelo desrespeito à subordinação hierárquica" (*Curso de direito penal brasileiro*: Parte Especial, 2010, v. 3, p. 566).

Para Cezar Roberto Bitencourt, o sujeito ativo também pode ser o funcionário público, independentemente da questão hierárquica. No entanto, ressalta que é preciso que o agente público não esteja atuando no exercício de sua função pública, porquanto, nesta hipótese, outro seria o crime, que não o desacato (*Tratado de direito penal*: Parte Especial, 2012, v. 5, p. 215). Sob este espeque, se um funcionário público federal que se encontre no exercício de suas funções desprestigiar a função pública de outro agente público federal, que também está a desempenhar suas atividades, não se fala em crime de desacato. A ofensa subsistiria como eventual injúria, lesão corporal ou mesmo ameaça.

Há julgado do Eg. TRF da 3ª Região abarcando essa tese, ou seja, de que qualquer pessoa pode ser sujeito ativo, inclusive o funcionário público, desde que não esteja a exercer suas funções públicas (Ap. Crim. n. 0000519-80.2010.4.03.6118, 1ª T., rel. Des. Fed. José Lunardelli, *DJ* 20.08.2012).

Todavia, há quem negue a possibilidade de o funcionário público ser sujeito ativo do crime, pela simples localização topológica no Estatuto Penal Repressivo, na medida em que o Capítulo II, do Título XI, versaria acerca dos crimes praticados por particulares contra a Administração Pública em geral, o que arredaria esta suposição.

A despeito da existência de mais de uma corrente acerca do tema, prevalece na doutrina e na jurisprudência a de que o funcionário público pode ser sujeito ativo no crime de desacato, pouco importando a hierarquia funcional entre os funcionários públicos.

No que concerne à possibilidade de o advogado ser sujeito ativo do crime de desacato, tem-se que a CF menciona que os advogados são invioláveis por seus atos e manifestações no exercício da profissão, nos limites da lei, tendo a Lei n. 8.906, de 04.07.1994 (Estatuto da OAB), notadamente em seu art. 7º, § 2º, disposto acerca do tema, no sentido de que o advogado, em virtude da imunidade profissional, não perpetraria os delitos de injúria, difamação e desacato quando do exercício de sua atividade, em juízo ou fora dele.

Este parágrafo, que garantia a imunidade profissional dos advogados, fora revogado quando a lei que alterou o Estatuto da Advocacia foi sancionada, tendo sido tal revogação considerada uma falha da redação final da Lei n. 14.365, de 02.06.2022. Foi proposta a ADI n. 7.231 em 22.08.2022, com o parecer da Procuradoria da República pela procedência do pedido para declarar a inconstitucionalidade do art. 2º da Lei n. 14.365/2022, na parte em que promoveu a revogação dos §§ 1º e 2º do art. 7º da Lei n. 8.906/94. Até o fechamento desta edição, tal questão ainda não fora objeto de deliberação.

Vale salientar que o inciso I do art. 142 do CP, todavia, ao tratar acerca das imunidades judiciárias, abarcara somente os crimes contra a honra (injúria e difamação), mas não o de desacato, que é perpetrado contra a Administração Pública.

O dispositivo legal do Estatuto da OAB fora questionado por meio da ADIn n. 1.127-8, tendo sido suspensa a sua eficácia pelo STF, que, por maioria, julgou parcialmente procedente a ação para declarar a inconstitucionalidade da expressão "ou desacato", contida no § 2º do art. 7º, fato revelador de que o advogado poderia perpetrar o aludido delito.

O sujeito passivo imediato é o Estado. O funcionário público desacatado é sujeito passivo mediato.

1.3. Análise da(s) conduta(s) descrita(s) no tipo

Pune-se a conduta daquele que desacata, humilha, desprestigia o funcionário público no exercício de sua função ou em razão dela, não havendo a necessidade de que se sinta ofendido para a sua caracterização, porquanto o que se visa tutelar precipuamente é o prestígio, a dignidade da função pública.

O desacato deve ser perpetrado contra funcionário público quando este estiver no desempenho de suas atribuições, ainda que fora da repartição pública, o que ocorre com os Oficiais de Justiça. Também poderá ser cometido quando o agente público estiver fora do seu exercício funcional, desde que o desprestígio ocorra em virtude de sua função, como, por exemplo, quando estiver de folga.

Registre-se que a simples ofensa, sem qualquer relação com a atividade funcional do sujeito passivo, não caracteriza o delito estampado no art. 331 do CP.

Demais disso, a exaltação de ânimo também é matéria questionada na doutrina e jurisprudência, havendo pensamento de que, se for mútua, não configura o tipo penal, ante a ausência de dolo específico.

O Tribunal Regional Federal da 4ª Região decidiu que "não se configura o tipo, por ausência do elemento subjetivo, se houve discussão motivada pela exaltação mútua de ânimos. Mesmo havendo proferido palavras ofensivas, quando encontrava-se no cumprimento de suas atribuições, face às informações que possuía dos assaltos que estariam ocorrendo nos veículos em trânsito pela rodovia em que fazia o patrulhamento, não há demonstração da intenção do patrulheiro de ofender ou de desprestigiar o encargo dos funcionários da Fazenda, mas tão somente o esmero, embora eivado de exaltação, em desempenhar a guarda das pessoas e bens do local" (ACR n. 199904010858606, rel. Des. Fed. Vladimir Passos de Freitas, *DJ* 17.04.2002).

O STJ também entendeu não caracterizar o crime quando a exaltação de ânimos envolver a troca de ofensas, tendo no caso concreto havido ataques mútuos entre o réu e o escrivão, com a impossibilidade de entrever quem dera início às agressões (REsp n. 13.946/PR, 5ª T., rel. Min. Cid Flaquer Scartezzini, *DJ* 17.08.1992, p. 12.507). Há, entretanto, quem admita que a irritação do ânimo não desnatura o crime.

Para a configuração do crime estampado no art. 331 do CP também se exige que a humilhação seja cometida na presença do funcionário público, prescindindo-se, no entanto, que esteja frente ao agressor, sendo suficiente que possa ouvi-lo, ainda que não o veja, não se perfazendo, desse modo, quando perpetrado por escrito. Do contrário, responderá por crime contra a honra.

Destaque-se, ainda, a desnecessidade de o crime ser perpetrado na presença de terceiros, especialmente porque a publicidade não é elemento normativo do tipo.

Por se tratar de tipo aberto, o crime poderá ser praticado por meio de gestos, palavras, entre outras formas, inclusive com violência ou ameaça, valendo citar o indivíduo que rasga o mandado de intimação na presença do oficial de justiça.

O STJ já decidiu que "o desacato é crime de forma livre, porquanto admite qualquer meio de execução, podendo ser cometido por meio de palavras, gestos, símbolos, ameaças, vias de fato ou lesão corporal. Se a ofensa foi perpetrada na presença de funcionário público, no exercício de suas funções ou em razão delas, ainda que se trate de comportamento que importe em afronta à sua honra subjetiva, deve ser reconhecida a subsunção do fato ao tipo penal do art. 331 do CP" (*HC* n. 462.665/SP, 5ª T., rel. Min. Ribeiro Dantas, *DJ* 25.09.2018).

Não caracteriza o tipo penal se o sujeito ativo desconhece a qualidade de funcionário público da vítima, bem como quando há mera reclamação ou insurgência quanto aos atos funcionais. Como bem prelecionado por Cezar Roberto Bitencourt: "A crítica irrogada pelo indivíduo, sem o propósito de ofender, relativamente ao serviço prestado pela Administração Pública, não configura o crime de desacato. É um direito do cidadão fiscalizar e criticar a qualidade do serviço público prestado de forma insatisfatória" (op. cit., 2012, v. 5, p. 222).

A 5ª Turma do STJ decidiu que a reação indignada do cidadão em repartição pública, onde esbarra com intolerância de servidor com quem discute, não configura o crime analisado. Asseverou, em tal oportunidade, que contra a má prestação de serviços públicos restaria ao contribuinte a indignação, esclarecendo que somente com esse sentimento de indignidade e denúncia seria possível repor o Estado brasileiro na compatibilidade da Constituição e das leis infraconstitucionais, de modo a resgatar a verdadeira cidadania (RHC n. 9.615/RS, rel. Min. Edson Vidigal, *DJ* 25.09.2000, p. 113).

As palavras grosseiras também não se confundem com o delito analisado, pois estão atreladas apenas à falta de educação ou nível cultural, enquanto o delito de desacato significa o menosprezo à função exercida pelo funcionário público (STJ, *HC* n. 7.515/RS, 6ª T., rel. Min. Luiz Vicente Cernicchiaro, *DJ* 02.08.1999, p. 223), exigindo, portanto, o menoscabo.

1.4. Elemento subjetivo

O elemento subjetivo do tipo é o dolo, consistente na vontade livre e consciente de ofender, tendo como objetivo o menosprezo da função pública exercida pelo funcionário público.

Como mencionado, não haverá crime quando o propósito do agente for apenas criticar, ainda que o faça com excesso, quando a intenção não for o desprestígio à função pública.

O STJ já decidiu que "o delito de desacato pressupõe o dolo de ultrajar, faltar com o respeito ou menosprezar funcionário público, sendo fundamental a demonstração da vontade livre do agente. Entrementes, a teor do art. 28, II, do CP, a emoção e a paixão não excluem a imputabilidade penal. Decerto, a perda momentânea do autocontrole, ainda que motivada por sentimento de indignação ou cólera impelidas por injusta provação da vítima, não elidem a culpabilidade, podendo, ao máximo, justificar a redução da pena com fulcro no art. 65, III, *c*, do mesmo diploma legal" (RHC n. 81.292/DF, 5ª T., rel. Min. Ribeiro Dantas, *DJ* 11.10.2017).

Não se admite a modalidade culposa.

1.5. Consumação e tentativa

Consuma-se o delito no momento em que o agente público é atacado, sendo indiferente se o funcionário público se sentiu ou não ofendido. Cuida-se de crime formal.

A tentativa não seria admissível, pois esse delito exige a presença da vítima.

1.6. Classificação

Cuida-se de crime comum, doloso, formal, comissivo, instantâneo, de forma livre, unissubjetivo, unissubsistente ou plurissubsistente (a depender da forma como for perpetrado).

2. JURISPRUDÊNCIA

2.1. Julgados

Desnecessidade de que esteja no regular exercício da função

Processual penal. Recurso ordinário em *habeas corpus*. Desacato (art. 331, CP). Tipicidade. O crime de desacato (conforme dicção do art. 331 do CP, parte final) configura-se, em tese, mesmo quando o funcionário público não está no regular exercício de suas atribuições, e é ofendido em razão de sua condição funcional. Recurso desprovido. (STJ, RHC n. 11.396/SP, 5ª T., rel. Min. Felix Fischer, *DJ* 07.08.2001)

Desacato. Descriminalização. Não ocorrência

Agravo regimental no *habeas corpus*. Crime de desacato (art. 331 do Código Penal – CP). Convenção Americana de Direitos Humanos. Descriminalização. Não ocorrência. Agravo desprovido. 1. A Terceira Seção desta Corte Superior, em julgamento realizado em 24.05.2017, no *HC* n. 379.269/MS, por maioria de votos firmou o entendimento de que o crime de desacato está em perfeita harmonia com o ordenamento jurídico brasileiro, mesmo após a internalização da Convenção Americana de Direitos Humanos. 2. Agravo regimental desprovido. (STJ, Ag. Reg. no *HC* n. 401.820/MG, 5ª T., rel. Min. Joel Ilan Paciornik, *DJ* 06.11.2018)

Recurso especial. Desacato. Configuração. Conduta típica. Pacto de São José da Costa Rica. Vetores interpretativos. Caráter relativo. Efeito vinculante. Inexistência. Corrupção ativa. Necessidade de revolvimento de fatos e provas. Recurso parcialmente provido. 1. A Corte de origem absolveu a acusada da imputação relativa ao delito previsto no art. 331 do Código Penal sob o fundamento de que a figura típica do desacato não se coaduna com o disposto no art. 13 da Convenção Americana Sobre Direitos Humanos, diante da predominância do referido Tratado sobre a norma interna em razão de sua natureza supra legal e ampliativa do exercício de direitos fundamentais. 2. O Superior Tribunal de Justiça, por sua vez, orienta-se no sentido de que, embora a Corte Interamericana de Direitos Humanos tenha emitido recomendações aos Estados signatários do Pacto de

São José da Costa Rica, para fins de proteção dos direitos fundamentais, tais regras são desprovidas de qualquer valor jurídico, não possuindo efeito vinculante, mas função meramente instrutória. Entende-se desse modo que, não obstante se reconheça a liberdade de expressão e acesso à informação como garantia fundamental, no ordenamento jurídico vigente inexiste qualquer direito de caráter absoluto, de modo que, possuindo a mesma proteção jurídica, devem ser compatibilizados com outros de igual valor para a sociedade. 3. Destarte, não foi descriminalizado o crime de desacato tipificado no art. 331 do Código Penal, estando a regra incólume, mesmo diante dos vetores interpretativos emitidos pelo Pacto de São José da Costa Rica. 4. No que se refere ao crime de corrupção ativa, a Corte de origem afastou a condenação por entender que inexistem elementos concretos a demonstrar que a recorrida ofereceu ou prometeu vantagem indevida ao agente público. Destacou ainda que a pergunta dirigida ao policial não corresponde à ação exigida para a configuração da figura típica imputada, uma vez que a tratativa não se desenvolveu. Assim, ao apreciar os elementos probatórios contidos nos autos, entendeu ausentes os elementos caracterizadores da conduta descrita no art. 333 do Código Penal. 5. A modificação de tais conclusões depende de novo e aprofundado exame de fatos e provas, providência inviável em sede de recurso especial, a teor do enunciado n. 7 da Súmula do Superior Tribunal de Justiça. 6. Recurso Especial a que se dá parcial provimento, a fim de afastar os fundamentos adotados para absolver a acusada quanto ao crime de desacato e determinar que o Tribunal de origem prossiga na análise da apelação defensiva. (STJ, REsp n. 1.717.019/RJ, 5ª T., rel. Min. Jorge Mussi, *DJ* 24.08.2018)

3. OBSERVAÇÕES

A 5ª Turma do STJ, em sede de controle de convencionalidade, no REsp n. 1.640.084/SP (rel. Min. Ribeiro Dantas, *DJ* 01.02.2017), decidiu pelo afastamento da tipificação criminal do crime de desacato, diante da verificação da inconformidade do delito disposto no art. 331 do Código Penal com o disposto no art. 13 do Pacto de São José da Costa Rica, que estipula mecanismos de proteção à liberdade de pensamento e de expressão.

Em tal oportunidade, entendeu-se que "a criminalização do desacato está na contramão do humanismo, porque ressalta a preponderância do Estado – personificado em seus agentes – sobre o indivíduo", sendo que "a existência de tal normativo em nosso ordenamento jurídico é anacrônica, pois traduz desigualdade entre funcionários e particulares, o que é inaceitável no Estado Democrático de Direito". Consignou-se, ainda, que "punir o uso de linguagem e atitudes ofensivas contra agentes estatais é medida capaz de fazer com que as pessoas se abstenham de usufruir do direito à liberdade de expressão, por temor de sanções penais, sendo esta uma das razões pelas quais a CIDH estabeleceu a recomendação de que os países aderentes ao Pacto de São Paulo abolissem suas respectivas leis de desacato".

No entanto, a 3ª Seção daquela Corte, responsável pelo julgamento dos feitos criminais no STJ, pacificou o entendimento de que o crime de desacato estampado no art. 331 do CP compatibiliza-se perfeitamente com o direito à liberdade de expressão estatuído no art. 13 da Convenção Americana de Direitos Humanos, restando incólume em nosso ordenamento jurídico pátrio (STJ, *HC* n. 379.269/MS, 3ª Seção, Min. Reynaldo Soares da Fonseca, rel. p/ acórdão Min. Antonio Saldanha Palheiro, *DJ* 30.06.2017).

A seu turno, o STF igualmente assentou a plena compatibilidade do crime de desacato com o disposto no art. 13 do Pacto de São José da Costa Rica (*HC* n. 141.949, 2ª T., rel. Min. Gilmar Mendes, *DJ* 23.04.2018).

Trata-se de crime de menor potencial ofensivo, aplicando-se as disposições da Lei n. 9.099/95. Como se admite a transação penal, não será possível a celebração de acordo de não persecução penal (art. 28-A, § 2º, do CPP).

Registre-se, ademais, que a embriaguez não deve afastar a responsabilidade penal pelo delito de desacato, salvo nas hipóteses de embriaguez completa, proveniente de caso fortuito ou força maior (art. 28, § 1º, do CP).

A denúncia deve descrever os pormenores do meio de execução, por exemplo, as palavras de menoscabo mencionadas pelo agente, sob pena de inépcia.

O Código Penal Militar, em seus arts. 298, 299 e 300, dispõe acerca de três espécies de desacato (desacato a superior, desacato a militar e desacato a assemelhado ou funcionário).

Por fim, o Projeto de alteração do novo CP[14] não mais prevê o delito de desacato no Título XI,

14 "Aumento de pena – Art. 140. As penas cominadas neste Capítulo são aplicadas até o dobro se qualquer dos crimes é cometido: I – na presença de várias pessoas; II – por meio jornalístico, inclusive o eletrônico ou digital, ou qualquer outro meio de comunicação que facilite a divulgação da calúnia, da difamação ou da injúria; III – por servidor público, ou quem exerça cargo, emprego ou função pública, inclusive em entida-

tendo sido realocado para a condição de Crime contra a honra, que também oferece tutela funcional dos servidores públicos, determinando-se a aplicação em dobro das penas dos crimes contra a honra, tratando-se, portanto de injúria qualificada.

Tráfico de influência

Art. 332. Solicitar, exigir, cobrar ou obter, para si ou para outrem, vantagem ou promessa de vantagem, a pretexto de influir em ato praticado por funcionário público no exercício da função:

Pena – reclusão, de 2 (dois) a 5 (cinco) anos, e multa.

Rubrica, *caput* e pena com redação dada pela Lei n. 9.127, de 16.11.1995.

Parágrafo único. A pena é aumentada da metade, se o agente alega ou insinua que a vantagem é também destinada ao funcionário.

Parágrafo com redação dada pela Lei n. 9.127, de 16.11.1995.

1. COMENTÁRIO

1.1. Notas introdutórias

A Lei n. 9.127, de 16.11.1995, alterou a redação do CP no que concerne ao art. 332, tendo-lhe, inclusive, atribuído nova denominação, passando a ser intitulado "tráfico de influência" em vez de "exploração de prestígio", como anteriormente era designado, sendo que atualmente subsistem os dois tipos penais, respectivamente, nos arts. 332 e 357, ambos do Estatuto Penal Repressivo.

No delito descrito no art. 357 do CP (exploração de prestígio), o pretexto de influir diz respeito a juiz, jurado, órgão do Ministério Público, funcionário da justiça, perito, tradutor, intérprete ou testemunha, enquanto no tráfico de influência (art. 332, CP) a desculpa é a de influir em ato praticado por funcionário público no exercício da função.

De acordo com o relatório final da Comissão de Juristas para a elaboração de Anteprojeto do CP, criado pelo Requerimento n. 756/2011 e aditado pelo de n. 1.034/2011, de relatoria do Senador Pedro Taques, convertido no Projeto de Lei n. 236, de 2012,[15] do Senado Federal, de autoria do Senador José Sarney, é prevista a unificação do crime de tráfico de influência com o crime de exploração de prestígio, sendo certo que, nos termos da Exposição de Motivos, a junção seria relevante em virtude de serem ontologicamente idênticos, distinguindo-se apenas no tocante a quem seria o destinatário da influência pretextada.

1.2. Objetividade jurídica

O bem jurídico tutelado é a Administração Pública, o seu prestígio, pois o tráfico de influência promove o descrédito dos setores públicos.

1.3. Sujeitos

O sujeito ativo é qualquer pessoa, inclusive o funcionário público. Trata-se de crime comum.

O sujeito passivo é o Estado. De modo secundário, o funcionário público e o indivíduo a quem se promete a vantagem.

1.4. Análise da(s) conduta(s) típica(s) descrita(s) no tipo

A conduta típica prevê quatro verbos nucleares, consubstanciados em solicitar, exigir, cobrar e obter vantagem ou promessa desta, para si ou para outrem, a pretexto de influir em ato perpetrado por funcionário público no exercício da função.

Aqui, o comprador negocia algo que nunca efetivamente terá, porquanto o prestígio não existe.

O objeto material é a vantagem ou a promessa desta, de qualquer natureza.

Perpetra o crime ora em comento, bem como o estampado no art. 357 do CP, o indivíduo que solicita dinheiro de terceiro a pretexto de influir em atos de deputados federais e membros do Judiciário Federal, insinuando que a vantagem se destinaria aos referidos agentes públicos. (TRF-4ª Região, Ap. Crim. n. 2005.70.00.034324-9, 7ª T., rel. Des. Federal Tadaaqui Hirose, *DJ* 02.06.2011)

Também é pressuposto do delito a existência de três indivíduos, consistentes no funcionário público, que não tem consciência de que está sendo utilizado, o que objetiva a vantagem ou promessa dela, bem como o comprador do prestígio.

O Superior Tribunal de Justiça já decidiu que o crime de tráfico de influência exige o elemen-

de paraestatal, prestadora de serviço contratada ou conveniada, que revele ou facilite a revelação de fato que, em razão da atividade, deva permanecer em segredo, ou que viole sigilo legal ou juridicamente assegurado; IV – contra servidor público, em razão de suas funções; V – mediante paga ou promessa de recompensa."

15 Em trâmite no Senado Federal.

to fraude para a sua configuração (AP n. 510/BA, Corte Especial, rel. Min. João Otávio de Noronha, *DJ* 17.03.2014).

Além disso, a influência prometida deve ser sobre o ato do funcionário público.

1.5. Elemento subjetivo

O elemento subjetivo do tipo é o dolo, não havendo previsão para a modalidade culposa.

1.6. Consumação e tentativa

O crime se consuma no momento em que o agente solicita, exige, cobra ou obtém a vantagem ou promessa de vantagem, para si ou para outrem, tratando-se de crime formal.

Como bem lecionado por Cezar Roberto Bitencourt: "Acreditamos que nem mesmo na conduta de obter seja necessário o efetivo recebimento da 'vantagem' para que o crime possa ser consumado, na medida em que o tipo penal se satisfaz com a simples promessa de vantagem, e, convenhamos, 'obter promessa de vantagem' representa algo que estará por acontecer e não que tenha efetivamente ocorrido. O ato do funcionário não pode ser passado, pois é impossível influir em algo que já ocorreu, sendo irrelevante, contudo, que tal ato seja lícito ou ilícito, pois o texto legal não faz essa distinção e tampouco sugere que se possa fazê-la" (*Tratado de direito penal*: Parte Especial, 2012, v. 3, p. 240).

Como se vê, não há a necessidade de que o agente efetivamente receba a vantagem por ele solicitada, sendo suficiente a prática de uma das condutas descritas no tipo.

A tentativa é admissível.

1.7. Classificação

Cuida-se de crime comum, doloso, formal, comissivo (podendo ser praticado via omissão imprópria, nos termos do art. 13, § 2º, CP), instantâneo, de forma livre, plurissubjetivo, plurissubsistente ou unissubjetivo (a depender de como a conduta for praticada).

Sendo o delito de tráfico de influência de índole formal, dispensa a ingerência prometida, na medida em que, existindo real solicitação que repercuta no ato de ofício de servidor público, o ato passa a tipificar corrupção ativa (art. 333 do CP).

1.8. Forma qualificada (parágrafo único)

A pena é aumentada quando o sujeito ativo alega ou insinua que a vantagem também será destinada ao funcionário público, sendo certo que se este último estiver envolvido, poderá perpetrar o delito de corrupção passiva (art. 317, CP), enquanto o *extraneus* o de corrupção ativa (art. 333, CP), no caso de efetivamente exercer influência perante o agente público.

Cite-se o exemplo daquele que solicita vantagem a um segurado do INSS a pretexto de influir em ato de servidor da autarquia federal no exercício da função, consubstanciado na aceleração do pedido de aposentadoria, insinuando que parte do pagamento seria destinada ao funcionário público (TRF3, ACR n. 00064427720114036110/SP, 5ª T., rel. Des. Federal Nadré Nekatschalow, *DJ* 29.02.2016).

2. JURISPRUDÊNCIA

2.1. Julgados

Tráfico de influência e exploração de prestígio – concurso formal

Penal. Tráfico de influência. Exploração de prestígio. Constrangimento ilegal. Crimes na forma majorada. Arts. 332, *caput* e parágrafo único, 357, *caput* e parágrafo único, e 146, *caput* e § 1º, do CP. Consistência do conjunto probatório. Condenação. Penas-bases. Culpabilidade e personalidade. Vetoriais desfavoráveis nos três delitos. Circunstâncias dos dois primeiros crimes negativas. Concurso formal entre os dois primeiros fatos. Prescrição em relação ao terceiro. 1. Satisfatoriamente comprovado, pelo confronto entre os testemunhos, interrogatórios e gravações ambientais, que o acusado solicitou dinheiro de terceiro a pretexto de influir em atos de deputados federais e membros do Judiciário Federal, insinuando que a vantagem destinava-se a estes agentes públicos, deve ser condenado pela prática dos crimes inscritos nos arts. 332, *caput* e parágrafo único, e 357, *caput* e parágrafo único, c/c art. 70 todos do CP. 2. Demonstrado que, posteriormente, o réu constrangeu a mesma pessoa, mediante emprego de arma de fogo, a não divulgar a gravação de conversa havida entre ambos, com o fim de ocultar e garantir a impunidade dos crimes anteriores, impõe-se a condenação pelo cometimento do delito descrito no art. 146, *caput* e parágrafo único, c/c art. 61, II, *b*, ambos do CP. 3. Culpabilidade acentuada, pois, pelas suas condições pessoais e a profissão de advogado, o réu tinha consciência plena da ilicitude de sua conduta e inteira possibilidade de agir diversamente. 4. A personalidade do acusado mostrou-se desvirtuada a partir do seu comportamento desrespeitoso e ofensivo em audiência, dos relatos de uso de violência física contra mais de uma pessoa e das conversas gravadas sobre compra clandestina de armamento de uso restrito. 5. As circunstâncias do tráfico de influência são dignas de nota, eis que a propalada influência seria exercida perante membros da CPI do Banestado, caso de grande notoriedade e que teve significativo impacto no Sistema Financeiro Nacional. 6. As circunstâncias da exploração de prestígio são dignas de nota, eis que o propalado prestígio seria exercido em relação a desembargadores federais para obter decisões favoráveis em *habeas corpus*. 7. Conforme art. 109, V, do CP, se o máximo da pena é igual a um ano ou, sendo superior, não excede a dois, caso do crime de constrangimento ilegal majorado, a prescrição se verifica em quatro anos, lapso temporal já transcorrido entre a data do recebimento da denúncia e o presente momento. 8. Tendo sido os crimes descritos nos arts. 332 e 357 do CP praticados no mesmo contexto, cabível o reconhecimento do concurso formal entre eles. (TRF-4ª Região, Ap. Crim. n. 2005.70.00.034324-9, 7ª T., rel. Des. Fed. Tadaaqui Hirose, *DJ* 25.05.2011)

Tráfico de influência. Crime formal

Apelação criminal. Imputação pela prática de tráfico de influência (art. 332, *caput* e parágrafo único, do CP). Prova uníssona em afirmar a solicitação, pelo réu (intermediador de benefícios previdenciários), de valores indevidos de seus clientes, para que fossem avaliados por determinado perito médico do INSS, a fim de que este promovesse o deferimento de seus benefícios em decorrência de uma suposta barganha. Crime formal, que dispensa a efetiva concessão dos benefícios visados. Dosimetria penal revista para abrandar a reprimenda, com substituição da pena corporal por penas restritivas de direito. Apelação da defesa provida em parte. 1. Trata-se de Apelação defensiva em face de sentença que condenou o acusado às penas de 06 (seis) anos, 02 (dois) meses e 20 (vinte) dias de reclusão, regime inicial SEMIABERTO, e 20 (vinte) dias-multa, calculados em um salário mínimo, pela prática do delito de tráfico de influência, tipificado no art. 332, *caput* e parágrafo único, do Código Penal, em continuidade delitiva, em razão de ter solicitado e obtido vantagem indevida de clientes a pretexto de influir em ato praticado pelo funcionário público perito do INSS, no exercício de sua função. 2. Prova da autoria e materialidade extraída dos depoimentos de clientes que procuraram o acusado para que intermediasse a concessão de benefícios por incapacidade, negados administrativamente por peritos do INSS lotados em Bauru/SP, bem como do perito do INSS, servidor público que teve seu nome envolvido na promessa de influência. 3. Do acervo probatório encontrado nos autos, depreende-se que realmente o acusado prometeu a clientes que influiria na conduta do perito médico do INSS, a fim de que obtivessem êxito na demanda de benefícios previdenciários por incapacidade. 4. Destaca-se que as testemunhas mencionaram o fato de o réu ter falado em esquema e em troca de favores como forma de lhes garantir que conseguiriam acesso ao benefício previdenciário. Inclusive, desceram a detalhes sobre a argumentação utilizada pelo acusado para afiançar o resultado de sua intermediação. 5. Importante ressaltar que a defesa renunciou expressamente à contradita das testemunhas, de forma que não merece acolhida o apelo do réu quando afirma que "não se pode dar total credibilidade às narrativas das testemunhas, pois se trata de pessoas que estavam contrariadas por não terem suas aposentadorias deferidas pelo INSS", até porque todos os relatos são coesos em demonstrar a iniciativa de o acusado valer-se do expediente malicioso como argumento de reforço no convencimento dos clientes. 5. Acrescenta se, ainda, que o réu abriu mão da oportunidade de se fazer ouvir em juízo, e na fase policial, quando foi interrogado, não explicou satisfatoriamente a existência de recibos que consignavam o pagamento de clientes em favor do seu escritório por consultas médicas. 6. A prova dos autos é uníssona em afirmar a prática dolosa do crime de tráfico de influência, relativamente à cobrança de valores indevidos de duas clientes, para que fossem avaliadas por determinado perito médico do INSS, a fim de que este promovesse o deferimento de seus benefícios previdenciários em decorrência de uma suposta barganha para com o acusado. 7. Finalmente, refuta-se a alegação empregada nas razões de Apelação no sentido de que o fato de os seus clientes não conseguirem se aposentar por incapacidade revelaria a inexistência de esquema ou fraude na concessão de benefícios, eis que o delito de tráfico de influência é de índole formal, dispensando a ingerência prometida, na medida em que, existindo real solicitação que repercuta no ato de ofício de servidor público, o ato passa a tipificar corrupção ativa (art. 333 do CP). 8. Não se tratando de condenação baseada em meros indícios, mas em prova robusta, deve ser mantida a responsabilização penal do réu como incurso no art. 332, *caput* e parágrafo único, do Código Penal, em continuidade delitiva. 9. Dosimetria penal retificada, para reduzir a pena-base ao mínimo legal, ante a inexistência de circunstâncias judiciais desfavoráveis que não sejam inerentes ao tipo, bem como para extirpar a agravante relativa à ocasião de desgraça particular do ofendido (art. 61, II, *j*, do Código Penal), hipótese à qual não se equipara o presente caso, mantendo a pena intermediária no mínimo legal, em 02 (dois) anos de reclusão. Presente a causa de aumento decorrente da afirmação, pelo réu, de que a vantagem solicitada seria dirigida a funcionário público, a pena torna-se definitiva em 03 (três) anos de reclusão. Frente à continuidade delitiva (a implicar o aumento na fração de 1/6), resta unificada a pena em 03 (três) anos e 06 (seis) meses de reclusão. 10. Pena de multa mantida em 20 (vinte) dias-multa, sob pena de *reformatio in pejus*, cada qual no valor unitário de 1/30 (um trigésimo) do salário mínimo vigente à época dos fatos. 11. Regime inicial de cumprimento de pena ABERTO. 12. Preenchidos os requisitos do art. 44 do Código Penal, deve haver a substituição da pena privativa de liberdade por duas restritivas de direito, consistente na prestação de serviços à comunidade e na prestação pecuniária, no valor de 02 (dois) salários mínimos, em favor de entidade assistencial, ambas definidas pelo juízo da execução penal. 13. Apelação da defesa provida em parte. (TRF3, ACR n. 20076108004862-2, 11ª T., rel. Des. Federal Fausto De Sanctis, j. 11.12.2018)

3. OBSERVAÇÕES

Na hipótese de os fatos guardarem pertinência com transação comercial internacional, haverá a subsunção dos fatos à norma do art. 337-C do Código Penal.

Em seu art. 336, o Código Penal Militar também prevê o delito de tráfico de influência.

Corrupção ativa

Art. 333. Oferecer ou prometer vantagem indevida a funcionário público, para determiná-lo a praticar, omitir ou retardar ato de ofício:

Pena – reclusão, de 2 (dois) a 12 (doze) anos, e multa.

Pena com redação dada pela Lei n. 10.763, de 12.11.2003.

Parágrafo único. A pena é aumentada de um terço, se, em razão da vantagem ou promessa, o funcionário retarda ou omite ato de ofício, ou o pratica infringindo dever funcional.

---

1. COMENTÁRIO

1.1. Notas introdutórias

O CP de 1940 teceu disposições relativas à corrupção passiva e à corrupção ativa, considerando-as como crimes autônomos, valendo dizer, afastou-lhes a bilateralidade, tratando-as como exceção à Teoria Monista, que dispõe que todo aquele que de algum modo contribui para a prática de um delito responderá por ele.

Em que pese o tratamento dispendido pela legislação infraconstitucional, há uma interligação entre os tipos penais, de modo que poderão ocorrer simultaneamente, não obstante também possam se perfazer isoladamente, de modo que a configuração de um não implica a existência do outro.

Insta consignar que o Projeto de alteração do CP, de relatoria do Senador José Sarney, em virtude de considerar o fim da distinção entre os crimes perpetrados por funcionários públicos e por particulares, prevê a tipificação do crime de corrupção em uma só versão.[16] De acordo com a Exposição de Motivos do Anteprojeto, de Relatoria do Senador Pedro Taques, o objetivo foi o de evidenciar o comum caráter bilateral e colaborativo deste crime, tendo incluído, ainda, os elementos típicos da concussão.

O Supremo Tribunal Federal já se posicionou acerca da independência entre as corrupções ativa e passiva (AP n. 477 Ag. Reg., Pleno, rel. Min. Ricardo Lewandowski, *DJ* 08.11.2013).

No caso de o agente público aceitar a vantagem indevida ou a promessa desta, deverá ser responsabilizado pelo crime de corrupção passiva (art. 317 do Código Penal), enquanto o corruptor, pelo delito estampado no art. 333 do Código Penal, evidenciando, nesse viés, a exceção à Teoria Monista.

1.2. Objetividade jurídica

O crime de corrupção ativa busca tutelar o regular funcionamento da Administração Pública, a moralidade e a probidade administrativa, punindo-se a mercancia da função pública referente à conduta de oferecer ou prometer vantagem indevida a funcionário público, com o objetivo de ver omitido, retardado ou praticado em desconformidade com o Direito determinado ato de ofício.

1.3. Sujeitos

O sujeito ativo é o particular, nada obstando que o perpetre o funcionário público.

O sujeito passivo é o Estado.

---

16 "Corrupção passiva – Art. 276. Exigir, solicitar, receber ou aceitar promessa de receber, para si ou para outrem, vantagem indevida, direta ou indiretamente, valendo-se da condição de servidor público: Pena – prisão, de três a oito anos. § 1º A pena é aumentada de até um terço se, em consequência da vantagem ou promessa, o servidor retarda ou deixa de praticar qualquer ato de ofício ou o pratica infringindo dever funcional. Corrupção ativa – § 2º Nas mesmas penas do *caput* e do § 1º incorre quem oferece, promete, entrega ou paga a servidor público, direta ou indiretamente, vantagem indevida. Corrupção ativa em transação comercial internacional – § 3º Nas mesmas penas do *caput* e do § 1º incorre quem oferece, promete, entrega ou paga vantagem indevida para determinar servidor público estrangeiro a praticar, omitir ou retardar ato de ofício relacionado à transação comercial internacional."

1.4. Análise da(s) conduta(s) descrita(s) no tipo

São duas as condutas incriminadas, quais sejam oferecer ou prometer vantagem indevida a funcionário público, cuja finalidade é ver retardado, praticado ou omitido ato de ofício.

Como mencionado anteriormente, no crime de corrupção ativa está presente no *caput* o elemento normativo "ato de ofício", ao contrário do que ocorre no crime de corrupção passiva, cujo nexo de causalidade, neste último caso, deve ser aferido entre a vantagem indevida e a função pública exercida pelo agente.

Assim como na corrupção passiva, o propósito do legislador é o de punir a mercancia da função pública.

A vantagem indevida mencionada no tipo penal abarca não só o aspecto econômico, mas também o moral, sendo certo que o objetivo é a compra de um ato de ofício do funcionário público, para determinar a praticá-lo, retardá-lo ou omiti-lo.

A oferta ou promessa da vantagem indevida pode ocorrer direta ou indiretamente, inclusive por interposta pessoa.

Nota-se, ademais, uma flexibilização no sentido de não se exigir que a vantagem indevida guarde vinculação com as atividades formais do agente público, bastando que esteja relacionada com os poderes de fato inerentes ao exercício do cargo do agente (STF, AP n. 470, Pleno, rel. Min. Joaquim Barbosa, *DJ* 22.04.2013 e TRF4, ACR n. 5046512-94.2016.4.04.7000, rel. Des. Federal João Pedro Gebran Neto, juntado aos autos em 06.02.2018).

Também registro que o oferecimento da vantagem indevida deve se dar antes da prática do ato, significando dizer que a oferta ou promessa de vantagem indevida deve preceder o ato, justamente para estimular que o agente público pratique, omita ou retarde o ato de ofício.

Não há a necessidade da efetiva prática do ato de ofício, bastando que seja potencial, sendo suficiente a possibilidade de que a vantagem indevida influa na prática do ato de ofício pelo funcionário público.

Por ocasião do julgamento da AP n. 470 perante o STF, no repercutido "Caso Mensalão", bem elucidou o Ministro Luiz Fux (item III da denúncia): "O ato de ofício funciona como elemento atrativo ou justificador da vantagem indevida, mas jamais pressuposto para a configuração da conduta típica de corrupção. [...] É necessário, porém, que exista em potência, como futuro resultado prático pretendido, em comum, pelos sujeitos envolvidos (corruptor e corrupto). O corruptor deseja influenciar, em seu próprio favor ou em benefício de outrem" (AP n. 470, Pleno, rel. Min. Joaquim Barbosa, *DJ* 22.04.2013).

A 5ª Turma do STJ também já decidiu que a falta de identificação, na denúncia, do policial ou agente público corrompido, não descaracteriza o crime de corrupção ativa, se há provas da oferta e promessa de vantagem; até mesmo porque a corrupção ativa é delito formal que independe da aceitação do funcionário público para sua caracterização, e o sujeito passivo direto é o Estado (*HC* n. 112.019/RS, rel. Min. Napoleão Nunes Maia Filho, *DJ* 13.04.2009).

1.5. Elemento subjetivo

O elemento subjetivo do tipo é o dolo, evidenciado por um especial fim de agir, qual seja, a expressão "para determiná-lo a praticar, omitir ou retardar ato de ofício". Não há previsão para a modalidade culposa.

1.6. Consumação e tentativa

Trata-se de crime formal, prescindindo do resultado naturalístico para a sua consumação. Basta, portanto, o simples oferecimento ou promessa da vantagem indevida para a subsunção dos fatos à norma, ainda que a oferta não seja aceita pelo funcionário público, ou seja, suficiente que a oferta ou promessa chegue ao conhecimento do *intraneus*. É irrelevante, nessa toada, que o funcionário público aceite a vantagem indevida para que se caracterize o crime de corrupção ativa.

Apesar de a atuação criminosa ter por propósito desvirtuar a prática de determinado ato de ofício mediante a contrapartida de uma vantagem qualquer, por ser crime formal, é dispensada para a sua consumação tanto a obtenção de tal vantagem quanto a prática deturpada do ato público em si, sendo este último aspecto considerado como causa de aumento da pena prevista no parágrafo único do art. 333 do CP.

Assim, considera-se consumada a corrupção ativa quando o agente oferece ou promete referida vantagem.

Especificamente quanto à eventual ausência de evidência do quanto o corruptor pagou ao funcionário público, cuida-se de elemento não essencial à caracterização do tipo penal do art. 333 do CP, bastando que haja suficiente prova de que havia, por exemplo, um fluxo de propinas pagas como contrapartida para a realização de determinado ato de ofício, ainda que ocorresse às escondidas, longe da presença de outras pessoas e sem deixar qualquer rastro documental ou material.

Vale dizer que a identificação de cada uma das promessas eventualmente formuladas pelo corruptor, embora possa ser de difícil revelação e quantificação, não impede que a prova possa demonstrar um *modus operandi* realizado de maneira sistemática de pagamento de propinas por meio dos mais diversos arranjos e estratagemas. O conjunto probatório tem que oportunizar a essencial visualização dos delitos, podendo-se valer também de elementos indiciários que corroborem a execução de atos correlacionados com a mercancia da função pública.

Rememore-se que o art. 239 do CPP arrola o indício como espécie de prova, constituindo tarefa do magistrado considerá-lo na formação de seu livre convencimento motivado ao preceituar que: "Considera-se indício a circunstância conhecida e provada, que, tendo relação com o fato, autorize, por indução, concluir-se a existência de outra ou outras circunstâncias".

A propósito, Guilherme de Souza Nucci (*Código de Processo Penal comentado*, 2017, p. 634) testifica: "Os indícios são perfeitos tanto para sustentar uma condenação quanto para a absolvição. Há autorização legal para sua utilização e não se pode descurar que há muito preconceito contra essa espécie de prova, embora seja absolutamente imprescindível ao juiz utilizá-la. Nem tudo se prova diretamente, pois há crimes camuflados – a grande maioria – que exigem a captação de indícios para a busca da verdade real".

Inclusive, os Tribunais Superiores já tiveram oportunidade de se manifestar nesse sentido: "[...] Uma sucessão de indícios e circunstâncias, coerentes e concatenadas, pode ensejar a certeza fundada que é exigida para a condenação (REsp n. 130.570/SP, 5ª T., rel. Min. Felix Fischer, *DJ* 06.10.1997). 5. Para rever se, no caso concreto, os indícios seriam coerentes e veementes, de forma a autorizar um juízo de certeza acerca da culpabilidade do agravante, seria necessária uma análise do seu conteúdo, bem como das circunstâncias fáticas que envolveram as práticas delitivas, providência vedada em recurso especial, por força da Súmula n. 7/STJ. 6. Agravo regimental improvido" (STJ, Ag. Reg. no AI n. 1206993 2009.01.82827-6, 6ª T., rel. Min. Sebastião Reis Júnior, *DJe* 13.03.2013).

Confira-se, ainda, o seguinte julgado: "[...] 3. O princípio processual penal do *favor rei* não ilide a possibilidade de utilização de presunções *hominis* ou *facti*, pelo juiz, para decidir sobre a procedência do *ius puniendi*, máxime porque o Código de Processo Penal prevê expressamente a prova indiciária, definindo-a no art. 239 como a circunstância conhecida e provada, que, tendo relação com o fato, autorize, por indução, concluir-se a existência de outra ou outras circunstâncias. Doutrina (LEONE, Giovanni. *Trattato di Diritto Processuale Penale*. v. II. Napoli: Casa Editrice Dott. Eugenio Jovene, 1961. p. 161-2). Precedente (*HC* n. 96.062, 1ª T., rel. Min. Marco Aurélio, j. 06.10.2009, *DJe*-213 12.11.2009 publ. 13.11.2009 Ement vol. 02382-02 pp. 00336). 4. Deveras, o julgador pode, mediante um fato devidamente provado que não constitui elemento do tipo penal, utilizando raciocínio engendrado com supedâneo nas suas experiências empíricas, concluir pela ocorrência de circunstância relevante para a qualificação penal da conduta. 5. A criminalidade dedicada ao tráfico de drogas organiza-se em sistema altamente complexo, motivo pelo qual a exigência de prova direta da dedicação a esse tipo de atividade, além de violar o sistema do livre convencimento motivado previsto no art. 155 do CPP e no art. 93, IX, da Carta Magna, praticamente impossibilita a efetividade da repressão a essa espécie delitiva. [...] 8. Ordem denegada" (STF, *HC* n. 111.666/MG, 1ª T., rel. Min. Luiz Fux, j. 08.05.2012, v.u.).

Tais circunstâncias, compondo o conjunto probatório, podem prestar-se a demonstrar que o particular e o funcionário público concorreram em dada situação para deturpar um ato de ofício, emaranhando-se em clara violação ética e em descompromisso para com a moralidade administrativa ao procederem de modo legalmente injustificável, fora dos padrões de conduta profissional.

A Carta Constitucional de 1988 estabeleceu os deveres e direitos dos servidores públicos (arts. 37 a 41), destacando-se, dentre aqueles, o de lealdade à Administração Pública e o de obediência às ordens superiores.

O dever de lealdade institucional exige do agente público maior dedicação ao serviço e integral respeito à lei e às instituições e se opõe às atividades que possam subvertê-las. O dever de obediência impõe o acatamento às ordens legais de seus superiores e sua fiel execução, sendo essencial ao bom andamento do serviço público e à harmonia do funcionamento do aparelho administrativo.

Comete o crime de corrupção ativa o particular, por exemplo, um motorista, que oferece dinheiro ao policial rodoviário federal para que este deixe de multá-lo, caracterizando-se o crime no instante em que há oferta da vantagem indevida.

Admite-se a tentativa, ainda que de difícil ocorrência.

1.7. Causa de aumento de pena (parágrafo único)

A pena é aumentada em um terço, se, em consequência da vantagem ou promessa, o funcionário público retardar ou deixar de perpetrar qualquer ato de ofício, ou ainda, pratica-o infringindo dever funcional.

1.8. Classificação

Cuida-se de crime comum, doloso, formal, comissivo, instantâneo, de forma livre, unissubjetivo, plurissubsistente ou unissubsistente (a depender da forma que for praticado).

2. JURISPRUDÊNCIA

2.1. Súmula

Súmula n. 599, STJ: "O princípio da insignificância é inaplicável aos crimes contra a administração pública".

2.2. Julgados

A 11ª Turma do TRF da 3ª Região, por ocasião do julgamento da Operação Trem Fantasma, refutou a tese aventada pela defesa no sentido de aplicação do princípio da consunção entre os crimes de corrupção ativa e de descaminho. Em tal oportunidade, restou consignado que "o crime de corrupção ativa não representa uma fase necessária para a prática de descaminho, tampouco um meio para tal prática, a qual está direcionada à ilusão de tributos devidos. Ainda, o dano social originado do crime de corrupção ativa não se encontra na linha causal de desdobramento do crime de descaminho ou nele se esgota, uma vez que envolve o oferecimento ou promessa de vantagem a funcionário público, acontecimento desnecessário à prática do crime de descaminho. (TRF3, ACR n. 0010251-82.20104036119/SP, 11ª T., rel. Des. Fed. Fausto De Sanctis, *DJ* 16.10.2020)

Corrupção ativa. Prescindível a aceitação da vantagem pelo funcionário público

Habeas corpus. Exploração de máquinas de caça-níqueis. Estelionato, formação de quadrilha, corrupção ativa qualificada, inépcia da denúncia e ausência de justa causa. Trancamento da ação penal na via exígua do *writ*. Não ocorrência das hipóteses autorizadoras da medida extrema. Exordial acusatória que permite, satisfatoriamente, a articulação defensiva. Precedentes deste STJ. Parecer do MPF pela denegação do *writ*. Ordem denegada. 1. É firme a jurisprudência desta Corte de que o trancamento de ação penal, pela via excepcional do *habeas corpus*, somente é possível quando transparece dos autos, de forma inequívoca, a inocência do acusado, a atipicidade da conduta, a extinção da punibilidade ou a inépcia da denúncia, situações que não se verificam na hipótese em julgamento. 2. Ao contrário do que afirma a impetração, a denúncia atende aos requisitos elencados no art. 41 do CPP, pois contém a exposição clara dos fatos tidos como delituosos, a qualificação dos acusados e a imputação dos crimes, de maneira a permitir a articulação defensiva. 3. A ausência de especificação do sujeito passivo do crime de estelionato, *in casu*, por si só, não torna inepta a denúncia, pois o réu se defende dos fatos narrados e não da capitulação que lhes dá a acusação; assim, havendo a descrição na peça inaugural de fato tido por delituoso, ainda que a narrativa trate de elementar do tipo diverso da definição jurídica adotada pela acusação, não se justifica o prematuro trancamento da ação penal. 4. A falta de identificação, na denúncia, do policial ou agente público corrompido não descaracteriza o crime de corrupção ativa, se há provas da oferta e promessa de vantagem; até mesmo porque, a corrupção ativa é delito formal que independe da aceitação do funcionário público para sua caracterização e o sujeito passivo direto é o Estado. 5. Outrossim, na mesma denúncia há indicação e identificação de seis policiais civis como corréus na atividade delituosa, todos eles respondendo pelo crime de corrupção passiva. Destarte, apesar de a peça acusatória não vincular a oferta de vantagem a este ou aquele policial específico, traz em sua narrativa a descrição da conduta dos prováveis agentes corrompidos, identificando-os. 6. Ordem denegada, em conformidade com o parecer ministerial. (STJ, *HC* n. 112.019/RS, 5ª T., rel. Min. Napoleão Nunes Maia Filho, *DJ* 24.03.2009)

Independência entre as corrupções ativa e passiva

Agravo regimental na ação penal. Diligências complementares indeferidas. Art. 10 da Lei n. 8.038/90. Ausência de razoabilidade e pertinência. Agravo não provido. I – As diligências requeridas não se mostram pertinentes à elucidação dos fatos narrados na inicial, especialmente em relação ao agravante. II – As cartas rogatórias apenas serão expedidas se demonstrada previamente a sua imprescindibilidade. III – Independência entre as corrupções ativa e passiva, arts. 317 e 333 do CP. IV – É descabido o requerimento de quebra de sigilo de delações premiadas realizadas em outros procedimentos criminais. V – Agravo regimental a que se nega provimento. (STF, AP n. 477-Ag. Reg., Pleno, rel. Min. Ricardo Lewandowski, *DJ* 08.11.2013)

Caso "Mensalão". Sétimos embargos de declaração na Ação Penal n. 470

Ação penal. Embargos de declaração. Metodologia de votação. Supressão de trechos de debates. Alegada obscuridade. Ausência. Incompetência do STF. Improcedência. Matéria reiteradamente decidida. Alegações de omissão e contradição na análise da prova produzida pela defesa. Inocorrência. Reexame das provas dos autos. Impossibilidade. Dúvida sobre a data da consumação do crime de corrupção ativa. Inexistência. Aplicabilidade da Lei n. 10.763/2003 e incidência da Súmula n. 711. Reanálise da dosimetria. Descabimento. Desproporcionalidade das penas. Ausência. Confissão. Irrelevância das informações. Continuidade delitiva. Critério para elevação da pena fixado pelo plenário. Validade. Desproporcionalidade da pena de multa. Inexistência. Embargos declaratórios rejeitados. A revisão e o cancelamento das notas taquigráficas estão previstas no RISTF e não acarretam nulidade do Acórdão. Precedentes. A metodologia empregada para o julgamento e a lavratura do acórdão é matéria absolutamente estranha à finalidade dos embargos de declaração. Ausente prejuízo à compreensão do julgado. A competência deste STF para julgamento de todos os denunciados foi reafirmada inúmeras vezes, não havendo contradição com a decisão de desmembrar o processo nos casos específicos em que a separação se fez necessária. Está claro, no acórdão, que foram aplicadas, nesta ação penal, as bases teóricas fixadas na Ação Penal n. 307. Além disso, em vários pontos do acórdão e dos votos proferidos foram indicadas as diferenças entre os fatos concretos narrados nestes autos e aqueles fatos julgados nos autos da AP n. 307. Os depoimentos das testemunhas de defesa não foram desconsiderados, mas sim analisados dentro de todo o conjunto de provas documentais e testemunhais dos autos, que conduziu à convicção externada, à unanimidade, por esta Corte, a respeito da prática dos crimes de corrupção ativa pelo embargante, consistentes na distribuição de milhões de reais, principalmente em espécie, aos parlamentares corrompidos, tendo em vista sua fidelidade nas votações de interesse dos corruptores. Todas as provas dos autos foram analisadas minuciosamente, evidenciando-se que o embargante foi um dos autores dos crimes de corrupção ativa, responsável pela concretização dos pagamentos de quantias milionárias a parlamentares que passaram a compor a denominada "base-aliada", tendo por finalidade determiná-los à prática de atos de ofício. O acórdão definiu, de modo claro e exaustivo, o posicionamento da Corte acerca da necessidade de indicação do ato de ofício cuja prática se pretendeu influenciar mediante o pagamento de propina. Ausente omissão ou contradição. A dosimetria das penas impostas ao embargante foi expressa em termos claros, coerentes e de modo exaustivo, com análise e ponderação de todos os elementos necessários ao fiel cumprimento do sistema trifásico estabelecido no art. 68 do CP. Procedeu-se à individualização da reprimenda para os delitos de formação de quadrilha e corrupção ativa, conforme fundamentos expostos no acórdão embargado. Ausência de omissão ou contradição. O acórdão embargado afastou, fundamentadamente, a incidência de qualquer circunstância atenuante, inclusive a confissão, sobre a qual a Corte reafirmou a necessidade da espontaneidade do ato confessional e da importância da informação prestada à elucidação do delito desconhecido, requisitos estes não observados no caso. Ausente a alegada desproporcionalidade entre os parâmetros utilizados na dosimetria das penas dos crimes de corrupção ativa e formação de quadrilha, sobretudo porque se tratam de delitos cujas objetividades jurídicas são distintas e que apresentam diferentes intervalos penais nos respectivos preceitos secundários. Descabimento de comparação meramente matemática entre as penas e absolutamente inaceitável a alegação de que a pena aplicada pelo crime de formação de quadrilha teria se baseado em alegada "majorante do risco de prescrição", sobretudo quando se consideram todos os fundamentos cuidadosamente lançados no acórdão. Salientou-se, dentre outros motivos para a elevação da pena-base, a profunda lesão que a prática desse crime, por meio do aparelhamento de órgãos estatais, produz contra bens jurídicos da mais alta relevância para o país, em especial o regime democrático e representativo de governo, nos estritos termos definidos em nosso ordenamento e na CR. A dosimetria de cada uma das penas, por este Plenário, foi realizada com extrema profundidade, com descrição de todas as circunstâncias judiciais, inclusive daquelas que não foram valoradas negativamente. Portanto, a fixação da pena-base foi um reflexo da compreensão global da Corte sobre todas essas circunstâncias, que caracterizaram o comportamento criminoso do embargante. As dosimetrias foram fixadas em cumprimento aos fins visados pela condenação criminal. Não houve qualquer omissão ou contradição na dosimetria da pena de multa, que tem natureza diversa da pena de prisão. A fundamentação do acórdão está consentânea com as circunstâncias judiciais e com os demais requisitos cuja observância é imposta pelo CP. Não ficou caracterizada a alegada contradição ou *bis in idem* na dosimetria da pena pela prática do crime de formação de quadrilha. Não foram consideradas circunstâncias elementares do tipo penal para a elevação da pena-base. Há clareza no acórdão quanto às razões da aplicabilidade da Lei n. 10.763/2003 aos crimes de corrupção ativa praticados pelo embargante. A data do falecimento do então Deputado Federal José Carlos Martinez não teve qualquer relação com a determinação da data de consumação de delitos narrados nestes autos. As datas dos fatos estão claramente indicadas no acórdão, sem qualquer margem para dúvida. Ausente a alegada contradição. A aplicabilidade, no caso, da Súmula n. 711/STF, foi feita com base nos fundamentos expostos no acórdão, sem qualquer omissão, contradição ou erro material. A elevação da pena com base na continuidade delitiva foi fixada à luz de critérios expostos de modo claro e objetivo, sem qualquer necessidade de esclarecimento. Não houve a alegada desproporcionalidade nem contradição na dosimetria das penas, decorrente do critério adotado para a elevação da pena por continuidade delitiva pela prática dos crimes de corrupção ativa, que resultou em aumentos idênticos para réus condenados por números de crimes diversos. Não há qualquer contradição na dosimetria da pena de multa aplicada ao embargante, tampouco omissão na análise da sua capacidade econômica. Não foi aplicado, unicamente, o critério financeiro para estipular a penalidade, como está claro no acórdão embargado, que se apoiou em todos os elementos do art. 59 do CP, seguindo o método trifásico estabelecido no art. 68 do mesmo Código. Ausentes os vícios apontados pelo embargante. Embargos de declaração rejeitados. (STF, AP n. 470-EDj-sétimos, Pleno, rel. Min. Joaquim Barbosa, *DJ* 09.10.2013)

Corrupção ativa – crime comum

Penal. Recurso especial. Corrupção ativa. Crime comum. Tese de crime impossível. Súmula n. 7/STJ. Dosimetria da pena. Pena-base. Desproporcionalidade. Art. 61, II, *g*, do CP. Incidência. Pena de multa. Critério de fixação. Revisão da capacidade econômica do réu. Impossibilidade. Regime inicial fechado. Observância do art. 33, § 3º, do CP. Circunstâncias judiciais desfavoráveis. 1. O crime de corrupção ativa exige, tão somente, que a conduta de oferecer ou prometer vantagem indevida seja dirigida a um funcionário público, com a finalidade de determiná-lo a praticar, omitir ou retardar ato de ofício. É um crime comum no que diz respeito ao sujeito ativo e, como tal, pode ser praticado por qualquer pessoa. 2. No caso em análise, o recorrente, embora ocupasse o cargo de auditor fiscal, apenas se aproveitou das facilidades que possuía para ter acesso ao superior hierárquico a quem ofereceu a vantagem indevida. 3. Quanto à tese de crime impossível, a Corte de origem concluiu, após analisar o acervo probatório dos autos, que o sujeito passivo secundário do crime detinha atribuições para indicar, em caráter excepcional, determinado auditor para realizar fiscalizações. A revisão desta conclusão demandaria o reexame de matéria fático-probatória, vedado em sede de recurso especial, a teor do Enunciado Sumular n. 7 do STJ. 4. A individualização da pena é regulada por princípios e regras constitucionais e legais previstos, respectivamente, no art. 5º, XLVI, da CF, e nos arts. 68 do CP e 387 do CPP. 5. No caso vertente, de acordo com as singularidades do caso e os vetores do art. 59 do CP, fixou-se a pena-base muito acima do mínimo legal, de forma desproporcional, motivo pelo qual impõe-se a redução da pena aplicada. 6. Incide a agravante genérica do art. 61, II, *g*, do CP, pois o recorrente praticou a conduta ilícita com violação de dever inerente ao cargo público, sob o viés da moralidade e da probidade administrativa, e tal circunstância, além de não constituir elementar ou qualificadora do crime, denota a maior reprovabilidade da conduta. 7. A pena de multa deve ser fixada em duas etapas, a primeira, com vista a definir a quantidade de dias-multa – de acordo com as circunstâncias do art. 59 do CP – e a segunda que objetiva arbitrar o valor de cada dia-multa, levando-se em consideração a capacidade econômica do réu. 8. A revisão da capacidade econômica do réu é incabível na sede do recurso especial, por demandar dilação probatória. 9. O condenado não reincidente, cuja pena seja superior a 4 anos e não exceda a 8, poderá, desde o princípio, cumpri-la em regime fechado, se desfavoráveis quaisquer das circunstâncias previstas no art. 59 do CP. Inteligência do art. 33, § 3º, do CP. Precedentes. 10. Recurso especial parcialmente conhecido e, nesta parte, parcialmente provido, apenas para reduzir a pena-base e fixar a reprimenda final em 5 anos e 6 meses de reclusão, além de 160 dias-multa. (STJ, REsp n. 906.185/RJ, 6ª T., rel. Min. Rogerio Schietti Cruz, *DJ* 22.08.2014)

Corrupção ativa. Desnecessidade da prática do ato de ofício

Processo penal. Agravo regimental da decisão que não conheceu do *habeas corpus*. Sucedâneo. Recurso próprio. Flagrante ilegalidade. Ausente. Sustentação oral. Agravo interno. Inadmissibilidade. Atipicidade. Condutas. Corrupção ativa. Lavagem de dinheiro. Dosimetria. Confissão. Causa de aumento. Crime continuado. Fração. Concurso material. Agravo regimental desprovido. I – Na esteira do que dispõe o art. 159, IV, do Regimento Interno do Superior Tribunal de Justiça, "não haverá sustentação oral no julgamento de agravo". II – O Supremo Tribunal Federal, por sua Primeira Turma e a Terceira Seção deste Superior Tribunal de Justiça, diante da utilização crescente e sucessiva do *habeas corpus*, passaram a restringir a sua admissibilidade quando o ato ilegal for passível de impugnação pela via recursal própria, sem olvidar a possibilidade de concessão da ordem, de ofício, nos casos de flagrante ilegalidade. III – Para a configuração do delito de corrupção ativa, a norma penal sequer exige que o ato de ofício tenha sido efetivamente praticado, até porque, em se constatando que o funcionário retardou ou omitiu ato de ofício, ou o praticou infringindo dever funcional, incidirá a causa de aumento de pena prevista no parágrafo único do art. 333 do Código Penal. IV – A demonstração, pelo Colegiado *a quo*, dos fundamentos que moldaram a tipicidade, inclusive a majorante prevista no art. 333, parágrafo único, do Código Penal, afasta, dentro dos limites cognitivos do *writ*, a patente ilegalidade apontada na presente irresignação. V – *In casu*, o voto condutor objurgado demonstra, de forma inequívoca, a autonomia do crime de lavagem de dinheiro frente ao crime antecedente, não havendo como se conceber a ocorrência de mero exaurimento. Os fatos, dentro da moldura fática apresentada no *mandamus*, adequam-se perfeitamente ao tipo penal, não havendo elementos hábeis a elidir a tipicidade. VI – Em relação à dosimetria da pena, a via do *writ* somente se mostra adequada para a respectiva análise se não for necessário o exame aprofundado do conjunto probatório, devendo a suposta nulidade estar demonstrada de plano. VII – No caso em tela, não se vislumbra a ilegalidade apontada pela Defesa, quanto mais ao se levar em consideração que os respectivos aumentos se encontram devidamente justificados na existência de circunstâncias judiciais desfavoráveis, valoradas negativamente com base em elementos concretos, enfatizando maior reprovabilidade da conduta. VIII – A análise jurídica dos delitos de corrupção ativa e lavagem de dinheiro é realizada de forma distinta, sobretudo porque são delitos autônomos. A escorreita fundamentação do acórdão de origem, deduzida pela instância que detém soberania na análise do conjunto probatório, aliada ao arbitramento da fração advinda da continuidade delitiva, em harmonia com a orientação firmada por esta Corte, afasta a pecha de flagrante ilegalidade. IX – O exame dos requisitos objetivos e subjetivos para a configuração de concurso formal nas modalidades própria e imprópria e sobre a existência de unicidade de conduta ou de desígnios demanda revolvimento do conjunto fático-comprobatório dos autos, inviável na via estreita do *habeas corpus*. Agravo regimental desprovido. (STJ, Ag. Reg. no *HC* n. 446.612/PR, 5ª T., rel. Min. Felix Fischer, *DJ* 18.09.2018)

Penal. Crime de corrupção ativa. Vantagem indevida a funcionário público. Emissão de guia de recolhimento de imposto em montante menor do que o devido. Pagamento da diferença antes do recebimento da denúncia. Causa de extinção da punibilidade. Aplicação analógica ao delito de corrupção. Impossibilidade. 1 – Não há razão plausível para reconhecer que o crime de corrupção ativa tenha extinta a punibilidade porque a autora pagou, antes do recebimento da denúncia, o montante de tributo que havia elidido, indevidamente, com o oferecimento da vantagem indevida a servidor público encarregado de emitir a guia de recolhimento respectiva. 2 – São delitos totalmente distintos, com bem jurídicos tutelados também diversos. Na corrupção, protege-se o prestígio da Administração Pública, enquanto que o crime de sonegação visa tutelar a ordem tributária e, em última análise, a própria arrecadação estatal. 3 – Recurso não provido. (STJ, RHC n. 95.557/GO, 6ª T., rel. Min. Maria Thereza de Assis Moura, *DJ* 01.08.2018)

3. OBSERVAÇÕES

No que tange ao oferecimento de pequenos agrados, colaciono os ensinamentos de Rogério Greco, asseverando que: "Não é incomum no serviço público o oferecimento de pequenos agrados, feitos por particulares, com a finalidade de angariar a simpatia dos funcionários públicos. Assim, são oferecidas caixas de bombons, canetas, garrafas de vinho etc. Se tais comportamentos não são destinados a fazer com que o *intraneus* pratique, omita ou retarde ato de ofício, não terão eles a importância exigida pelo direito penal" (*Código Penal comentado*, 2010, p. 885).

O Código Eleitoral (Lei n. 4.737, de 15.07.1965) prevê crime similar às corrupções passiva e ativa em seu art. 299: "Dar, oferecer, prometer, solicitar ou receber, para si ou para outrem, dinheiro, dádiva, ou qualquer outra vantagem, para obter ou dar voto e para conseguir ou prometer abstenção, ainda que a oferta não seja aceita: Pena – reclusão até quatro anos e pagamento de cinco a quinze dias-multa".

Por fim, vale lembrar que o Brasil possui diversos diplomas legais voltados a coibir práticas delitivas contra a Administração Pública, cabendo citar, nesse passo, a regulamentação da responsabilização civil e administrativa das pessoas jurídicas pela prática de atos contra a Administração Pública (a Lei Anticorrupção, n. 12.846, de 01.08.2013, regulamentada pelo Decreto n. 11.129, de 11.07.2022).

Tal legislação não eximiu a responsabilidade individual dos dirigentes e administradores das empresas ou de qualquer outro indivíduo que venha a atuar na condição de coautor ou partícipe do ato ilícito, mantendo as sanções previstas no Código Penal, mas procurou penalizar as próprias empresas que atuem em desfavor da Administração Pública. Passou-se a responsabilizá-las, por exemplo, pelo pagamento de subornos a agentes públicos, assegurando a aplicação de sanções que possam dissuadir a prática de tais condutas.

Empresas que tenham por estratégia o oferecimento de vantagens indevidas a servidores públicos para alavancar seu crescimento encontrarão sério obstáculo à sua frente, e a Administração Pública estará mais protegida contra a prática de atos fraudulentos.

Descaminho

Nomen juris com redação dada pela Lei n. 13.008, de 26.06.2014.

Art. 334. Iludir, no todo ou em parte, o pagamento de direito ou imposto devido pela entrada, pela saída ou pelo consumo de mercadoria:

Pena – reclusão, de 1 (um) a 4 (quatro) anos.

Caput e pena com redação dada pela Lei n. 13.008, de 26.06.2014.

§ 1º Incorre na mesma pena quem:

Parágrafo com redação dada pela Lei n. 13.008, de 26.06.2014.

I – pratica navegação de cabotagem, fora dos casos permitidos em lei;

Inciso com redação dada pela Lei n. 13.008, de 26.06.2014.

II – pratica fato assimilado, em lei especial, a descaminho;

Inciso com redação dada pela Lei n. 13.008, de 26.06.2014.

III – vende, expõe à venda, mantém em depósito ou, de qualquer forma, utiliza em proveito próprio ou alheio, no exercício de atividade comercial ou industrial, mercadoria de procedência estrangeira que introduziu clandestinamente no País ou importou fraudulentamente ou que sabe ser produto de introdução clandestina no território nacional ou de importação fraudulenta por parte de outrem;

Inciso com redação dada pela Lei n. 13.008, de 26.06.2014.

IV – adquire, recebe ou oculta, em proveito próprio ou alheio, no exercício de atividade comercial ou industrial, mercadoria de procedência estrangeira, desacompanhada de documentação legal ou acompanhada de documentos que sabe serem falsos.

Inciso com redação dada pela Lei n. 13.008, de 26.06.2014.

§ 2º Equipara-se às atividades comerciais, para os efeitos deste artigo, qualquer forma de comércio irregular ou clandestino de mercadorias estrangeiras, inclusive o exercido em residências.

Parágrafo com redação dada pela Lei n. 13.008, de 26.06.2014.

§ 3º A pena aplica-se em dobro se o crime de descaminho é praticado em transporte aéreo, marítimo ou fluvial.

Parágrafo com redação dada pela Lei n. 13.008, de 26.06.2014.

---

1. COMENTÁRIO

1.1. Notas introdutórias

Faz-se necessário, antes mesmo de adentrarmos na análise do tipo penal ora abordado, mencionar que a Lei n. 13.008, de 26.06.2014, conferiu nova redação ao art. 334 do CP, bem ainda lhe acrescentou o art. 334-A.

Anteriormente à excogitada lei, o Estatuto Penal Repressivo versava acerca dos crimes de contrabando e descaminho em um só tipo penal (art. 334), inclusive, atribuindo pena idêntica aos delitos.

Com nova redação, os crimes passaram a ser tratados em artigos distintos, evidenciando expressamente o que a doutrina e a jurisprudência já vinham testificando há algum tempo.

Nesse sentido, muito embora a redação primitiva do CP de 1940 tivesse versado acerca de ambos em um mesmo dispositivo legal, a diferença existente sempre restou clara, valendo mencionar as ponderações do Desembargador Federal Tadaaqui Hirose, do Eg. TRF da 4ª Região: "A diferença fundamental entre os dois delitos é que no contrabando a entrada ou saída da mercadoria é proibida, enquanto no descaminho é permitida, porém não se efetua o pagamento dos tributos devidos pela sua entrada ou saída. O direito brasileiro encara a exportação ou importação de mercadoria proibida e a fraude ao pagamento dos encargos fiscais como ilícitos penais. Assim, no contrabando, não se cogita de incidência e recolhimento de encargos fiscais, diferentemente do que ocorre no delito de descaminho, onde a repressão da conduta dá-se justamente em função da ausência de pagamento de tributo" (*HC* n. 0000173-26.2010.404.0000, 7ª T., rel. Des. Fed. Tadaaqui Hirose, *DJ* 23.02.2010).

Ainda com relação a esta diferenciação, Luiz Regis Prado já prelecionava que "contrabando passou a denotar a importação e exportação de mercadoria proibida por lei, enquanto que descaminho significa a fraude ao pagamento de tributos aduaneiros" (*Curso de direito penal brasileiro*: Parte Especial, 2011, v. 3, p. 582).

O fato de não haver provas de que o réu tenha utilizado meios fraudulentos para iludir os tributos não descaracteriza o crime, haja vista que a norma fala em "iludir o pagamento", e não a fiscalização.

José Paulo Baltazar Junior preleciona que: "uma das muitas acepções do verbo [iludir] é frustrar o pagamento, simplesmente deixar de pagar. [...] A ilusão poderá dar-se no todo, quando o ingresso da mercadoria não é declarado, ocorrendo sem passar por alfândega ou evitando intencionalmente que isso ocorra, seja por fronteira seca, atravessando lavouras ou campos, bem como por estradas secundárias ou rurais, aeroporto particular ou porto clandestino" (*Crimes federais*, 2015, p. 358).

Com o advento da Lei n. 13.008/2014, o delito de descaminho continua a ser tratado no art. 334 do CP, sem qualquer alteração da pena (reclusão, de 1 a 4 anos), enquanto que o crime de contrabando foi realocado para o novo art. 334-A, este último com pena mais gravosa (reclusão, de 2 a 5 anos).

Aliás, tais crimes desde muito tempo vêm sendo objeto de reprimenda, tendo surgido com o advento das alfândegas.

Em linhas gerais, o contrabando diz respeito à entrada ou saída de mercadoria proibida (parcial ou relativamente), enquanto o descaminho corresponde à burla ao pagamento de direito ou imposto devido, no todo ou em parte, pela entrada, saída ou consumo de mercadoria permitida, havendo, pois, nesta última hipótese, fraude na quitação dos encargos fiscais.

Em que pese essa diversidade, notadamente no que se diz respeito ao desvalor da conduta, já que no contrabando a mercadoria é proibida e no descaminho é permitida, porém sem o pagamento do tributo devido, ambos os delitos propiciam um enorme impacto não só em face da Administração Pública, mas também em ordens outras, como a social, sendo, portanto, de enorme gravidade.

Cumpre asseverar que mesmo no descaminho, este não se afigura como delito de mera tutela ao interesse arrecadador do Estado, mas subjacente ao tipo estão inseridos valores outros mais palpáveis e de grande preocupação do legislador.

1.2. Objetividade jurídica

O bem jurídico tutelado no crime de descaminho é a própria Administração Pública, a sua moralidade, o erário público, sendo certo que o espectro de proteção não se restringe ao interesse arrecadador do Estado, mais do que isso, valores outros como a livre concorrência e até mesmo a própria educação, atingida que é indiretamente com a falta de recurso derivada com a sua prática.

1.3. Sujeitos

O sujeito ativo é qualquer pessoa, tratando-se, pois, de crime comum, podendo ser perpetrado, inclusive, por funcionário público, desde que não seja detentor do dever funcional de fiscalizar e reprimir o descaminho, porquanto, nesta hipótese, os fatos subsomem-se à norma do art. 318 do CP (facilitação de contrabando ou descaminho). Ausente esse dever, a conduta do funcionário público amolda-se ao crime delineado no art. 334 do CP, na condição de coautor ou partícipe.

O sujeito passivo é o Estado.

1.4. Análise da(s) conduta(s) descrita(s) no tipo

É possível entrever da leitura do *caput* do art. 334 do CP, com a redação conferida pela Lei n. 13.008/2014, que a conduta incriminada é a de iludir, no todo ou em parte, o pagamento de direito ou imposto devido pela entrada, saída ou pelo consumo de mercadoria, o que configura o delito de descaminho.

O verbo iludir exprime a ideia de burlar, lesar ou frustrar o pagamento de direito ou imposto devido, valendo lembrar que imposto é espécie de tributo e a falta de pagamento pode ser total ou parcial.

No descaminho, pune-se a sonegação do imposto devido pela entrada clandestina da mercadoria de procedência estrangeira, não sendo admitida qualquer interpretação extensiva em desfavor do réu.

Sob esta ótica, o PIS e o COFINS, por se tratarem de espécies de contribuição e não impostos (que no caso seria apenas o Imposto de Importação e IPI), devem ser excluídos do cálculo efetuado para fins de se aferir o montante do tributo não recolhido quando da entrada da mercadoria no território nacional.

Questão controversa diz respeito ao sujeito que ingressa no território nacional, em local onde há alfândega, e se omite na declaração ao fisco de mercadorias sujeitas à tributação.

O Desembargador Tourinho Neto, do Eg. TRF da 1ª Região, em trecho de seu voto, demonstra o viés flexível de interpretar a ação de iludir, salientando que o simples fato de omitir o excesso de cota após viagem internacional, já demonstraria a intenção de burlar a Receita Federal: "A fraude à fiscalização é claramente perpetrada ao deixar o agente de, como lhe exige a lei, declarar à autoridade aduaneira que está internando tal ou qual mercadoria estrangeira. Só o fato de o agente não declarar o excesso de cota significa que está iludindo o Fisco, pois a entrada lícita de bens, acima da cota, pressupõe o pagamento dos tributos" (Ap. Crim. n. 2006.35.03.005273-5, 3ª T., rel. Des. Fed. Tourinho Neto, *DJ* 20.09.2011).

Ratificando esse entendimento, Cezar Roberto Bitencourt menciona que a simples introdução no território nacional de mercadoria estrangeira sem pagamento dos direitos alfandegários, independentemente de qualquer prática ardilosa visando iludir a fiscalização, tipifica o crime de descaminho. Aduz existir uma espécie *sui generis* de meio fraudulento, de modo que pode ocorrer tanto por ação ou omissão. Na primeira hipótese, cita o exemplo do "agente que procura demonstrar que determinada mercadoria é outra e não aquela, ou que tem outras propriedades que não as verdadeiras para incidir carga tributária menor etc. Quanto à segunda, o agente, indagado pelo agente alfandegário, se traz consigo objeto ou mercadoria tributável, finge que não entendeu, deixa de responder ou simplesmente não toma a iniciativa de expor sua mercadoria tributável" (*Tratado de direito penal*: Parte Especial, 2012, v. 5, p. 256).

Por outro lado, Celso Delmanto, ao tratar acerca de descaminho e alfândega, elucida que: "Não obstante a ressalva prevista no art. 508 do Decreto n. 91.030/85 (Regulamento Aduaneiro), no sentido de que a imposição de penalidade fiscal não prejudica a 'aplicação das penas cominadas para o mesmo fato pela legislação criminal e especial', entendemos não haver dolo de fraudar o Fisco, naquelas situações em que o agente – não procurando desviar-se das barreiras alfandegárias e tampouco se utilizando de fraude para diminuir o valor dos bens adquiridos no exterior (p. ex., notas ideologicamente falsas) – não se dirige espontaneamente à autoridade aduaneira para declarar o excesso de cota de isenção sobre aquisição de bens no estrangeiro que componham a sua bagagem – ou seja, o 'conjunto de bens de viajante que, pela quantidade ou qualidade, não revele destinação comercial' (art. 228, § 1º, do referido decreto). Nessas hipóteses, em que a singela fiscalização das autoridades aduaneiras constataria o excesso, mesmo que o agente não tenha trazido recibos das suas compras, haverá somente ilícito fiscal. [...] O que a lei penal deve punir, e com rigor, são os autores de grandes descaminhos e não o mero turista que em viagens ao exterior compra bens para uso pessoal ou para presentear parentes ou pessoas próximas (como roupas, *compact disks* etc.), que acabam porventura excedendo a cota de isenção" (*Código Penal comentado*, 2010, p. 957).

Há julgado do Supremo Tribunal Federal exigindo que seja demonstrada a fraude para a caracterização do delito (RHC n. 66.980, 2ª T., rel. Min. Carlos Madeira, *DJ* 22.11.1988).

Todavia, referida Corte, mais recentemente, apresentou julgado acerca da desnecessidade do emprego de fraude destinada a iludir a autoridade alfandegária, bastando ao tipo penal que não se declare na alfândega a mercadoria excedente à cota.

1.5. Elemento subjetivo

O elemento subjetivo é o dolo, não havendo previsão para a modalidade culposa.

1.6. Consumação e tentativa

No descaminho, se o delito se concretizar via aduana, a consumação se efetivará com a liberação da mercadoria pela alfândega, sem o pagamento do imposto. De modo diverso, se a entrada ou a saída da mercadoria ocorrer por quaisquer outros locais, o crime se consumará com a entrada (importação) ou saída (exportação) de mercadoria do território nacional.

O delito de descaminho é formal, configurando-se com o simples ato de iludir o pagamento do imposto devido, não havendo a necessidade de prévia constituição do crédito tributário como justa causa para instauração da ação penal.

O Pretório Excelso já decidiu que, "em se tratando de delito formal, inadequado é assentar a necessidade de procedimento administrativo fiscal com a constituição do crédito tributário" (*HC* n. 121.798, 1ª T., rel. Min. Marco Aurélio, *DJ* 13.06.2018).

Admite-se a tentativa, com base na possibilidade de fracionamento do *iter criminis*.

1.7. Figuras assemelhadas (§ 1º)

Observa-se que o legislador penal, ao redigir o § 1º do art. 334 do CP, equiparou outras quatro condutas ao tipo penal descrito no *caput*, tendo-lhes atribuído as mesmas penas.

O inciso I do § 1º do art. 334 do CP assemelhou à pena do descaminho a prática de navegação de cabotagem fora dos casos permitidos em lei, sendo imperioso recorrer às disposições estatuídas na Lei n. 9.432, de 08.01.1997 (ordenação dos transportes aquaviários), notadamente no inciso IX do art. 2º, que conceituou a navegação de cabotagem, tratando-se, portanto, de complemento da norma penal em branco: "IX – navegação de cabotagem: a realizada entre portos ou pontos do território brasileiro, utilizando a via marítima ou esta e as vias navegáveis interiores".

Cuida-se de atividade restrita ao território nacional, em regra, privativa de embarcações pátrias, tendo como objetivo precípuo a troca de informações e mercadorias entre os portos do país. No Brasil, a cabotagem é uma atividade com grande potencial de desenvolvimento, notadamente em decorrência da crescente dinamização comercial interna, suprindo, inclusive, as demandas de grandes eventos que ocorrem no Brasil, além, é claro, de manter a posição econômica do país no plano mundial. Estas, em conjunto, compõem a razão pela qual a tutela dos casos não permitidos em lei se fez de modo acertado pelo legislador, resguardando, desde logo, possíveis falhas no controle da atividade, tendo, inclusive, ante a sua importância, sido objeto de disposição no art. 178 da CF/88.

O parágrafo único de aludido dispositivo constitucional estatui que a lei estabelecerá as condições em que o transporte de mercadorias na cabotagem poderá ser feito por embarcações estrangeiras.

O elemento subjetivo é representado pelo dolo, consistente na vontade livre e consciente de o agente praticar a navegação de cabotagem fora dos casos previstos em lei. Ocorrendo a referida navegação, dá-se por consumado o crime, sendo admissível a tentativa.

A seu turno, o inciso II do § 1º do art. 334 do CP versa acerca da prática de fato assimilado, em lei especial, a descaminho, tratando-se, mais uma vez, de norma penal em branco, já que o complemento é trazido pelas normas especiais.

Cezar Roberto Bitencourt toma o cuidado de estabelecer o significado de "fato assimilado": "A concepção de fato assimilado a 'contrabando ou descaminho' não se confunde com seu sentido vernacular, simplesmente, mas se refere a fatos que juridicamente são tratados similarmente a contrabando ou descaminho" (*Tratado de direito penal*: Parte Especial, 2012, v. 5, p. 258).

O elemento subjetivo do delito é representado pelo dolo, consistente na vontade livre e consciente de o agente perpetrar fato assimilado, em lei especial, a descaminho. Na ocorrência de qualquer um desses fatos, dá-se o crime por consumado. É admissível a tentativa.

O inciso III do § 1º do art. 334 do CP comina a mesma pena do descaminho a quem "vende, expõe à venda, mantém em depósito ou, de qualquer forma, utiliza em proveito próprio ou alheio, no exercício da atividade comercial ou industrial, mercadoria de procedência estrangeira que introduziu clandestinamente no País ou importou fraudulentamente ou que sabe ser produto de introdução clandestina no território nacional ou de importação fraudulenta por parte de outrem".

A primeira parte do dispositivo refere-se ao próprio autor do descaminho que objetiva tirar proveito da conduta por ele perpetrada, valendo destacar que na hipótese de ter cometido descaminho e ulteriormente ser surpreendido vendendo a mercadoria, responderá por um único crime, o do inciso III do § 1º, mas não o do *caput* do art. 334 do CP, em consonância com o princípio da especialidade.

A segunda parte do referido inciso refere-se ao terceiro, ou seja, aquele que não pratica o descaminho, mas perpetra alguma das condutas elencadas no inciso III, sendo sabedor da conduta ilícita de descaminho perpetrado por outrem. Assemelha-se ao crime de receptação, tipificado no art. 180 do Estatuto Penal Repressivo, no entanto, afasta-se a sua incidência diante da aplicação do princípio da especialidade.

Como se vê, o objetivo também é coibir a exploração comercial e econômica das mercadorias.

O objeto material é a mercadoria estrangeira clandestina ou de forma fraudulenta introduzida no país.

O texto legal estabelece que a conduta tipificada se dê por meio de atividade comercial ou industrial, tendo equiparado às atividades comerciais (§ 2º do art. 334 do CP) o comércio irregular ou clandestino de mercadorias estrangeiras, inclusive o exercido em residências, quedando-se inerte, no entanto, quanto à equiparação relativa às atividades industriais.

Como se vê, o legislador abarcou inclusive a conduta daqueles que laboram na clandestinidade, como é o caso dos vendedores ambulantes e camelôs, e não só a dos comerciantes regularmente estabelecidos.

Interpreta-se, portanto, que o agente do delito, necessariamente, deve atuar como comerciante ou industrial (ainda que na clandestinidade) para que haja a subsunção dos fatos à norma. Por este raciocínio, em se tratando de uma exigência profissional, inerente se faz às atividades em questão as características de *continuidade* ou *habitualidade*. Estas detêm a função de excluir dos cuidados deste inciso aquelas atividades que se constituam num ato único, isolado.

Luiz Regis Prado bem alude que: "Constata-se o amplo alcance da norma incriminadora, abrangendo não só aqueles que exercem atividade comercial púbica sem a devida autorização legal, como também aqueles que praticam tal atividade furtivamente, inclusive em residências, para nao serem fiscalizados pelos agentes do poder público" (op. cit., 2011, v. 3, p. 587).

O elemento subjetivo do delito é representado pelo dolo.

A consumação é concretizada por meio da venda, depósito ou utilização, em proveito próprio ou alheio, no exercício de atividade comercial ou industrial, de mercadoria estrangeira introduzida clandestinamente no país ou importada fraudulentamente, pelo próprio agente ou por outrem. É admissível a tentativa.

Por fim, o inciso IV diz respeito à receptação de produto de descaminho, tendo sido descrita a conduta de quem "adquire, recebe ou oculta, em proveito próprio ou alheio, no exercício de atividade comercial ou industrial, mercadoria de procedência estrangeira, desacompanhada de documentação legal, ou acompanhada de documentos que sabem serem falsos".

O objeto material é a mercadoria oriunda do exterior que ingressa no país desacompanhada de documentação legal.

Tal conduta, como a anterior, corresponde ao crime de receptação (art. 180, CP), no entanto, prevalece diante da sua especialidade.

A extensão do conceito de prática comercial trazida pelo § 2º do art. 334 do CP, também é cabível para esta hipótese, sendo pressuposto, portanto, que o agente atue como comerciante ou industrial, exigindo-se, ainda, a habitualidade das atividades. Quanto a questão da atividade comercial, já decidiu o Desembargador Élcio Pinheiro de Castro do Eg. TRF da 4ª Região que: "Não faz parte da concepção desse elemento normativo da ação delituosa a exigência de que o agente pratique atos de comércio com a mercadoria ilícita, bastando que ele a adquira, a receba ou a oculte no exercício de atividade comercial" (*HC* n. 1998.04.01.043071-7, 2ª T., rel. Des. Fed. Élcio Pinheiro de Castro, *DJ* 20.10.1999).

O elemento subjetivo do tipo é o dolo.

Para a caracterização do crime, é requisito que a mercadoria esteja desacompanhada da documentação legal, sendo certo que no caso da comprovação de que a importação foi legal, a ilicitude resta descaracterizada. No caso da apresentação de documentação falsa, o agente deve ser sabedor dessa falsidade.

É admissível a tentativa.

1.8. Causa de aumento de pena (§ 3º)

O § 3º do art. 334 do CP, com a redação conferida pela Lei n. 13.008/2014, dispõe a aplicação em dobro da pena no caso de o delito ser perpetrado por meio de transporte aéreo, marítimo ou fluvial.

As expressões "marítimo" e "fluvial" foram acrescidas pela novel legislação, suplantando o descompasso havido com a redação original, que restringia a aplicação da pena em dobro à prática do descaminho via transporte aéreo.

Na antiga redação, o motivo da aplicação da majorante, teoricamente, seria a maior problemática existente na fiscalização das aeronaves e do grande fluxo de mercadorias por essa via, todavia, ficava à revelia outras formas de transportes igualmente muito utilizadas, fato que ensejava diversos embates jurídicos.

Na primeira edição desta obra, vinha entendendo que essa majorante só seria plausível quando justificada a dificuldade em exercer o controle alfandegário, o que seria factível de observarmos em importações ou exportações advindas de aeronaves ou embarcações clandestinas, ante o fundamento de que não seria razoável estabelecer uma relação de igualdade entre voos e embarcações clandestinas e regulares, especialmente porque estes últimos possuiriam a seu dispor estruturas de fiscalização.

Esse entendimento encontra-se sedimentado na doutrina de Cezar Roberto Bitencourt: "Contudo, a mesma racionalidade interpretativa leva à conclusão de que tal majorante é inaplicável quando o contrabando ou descaminho ocorre por meio dos chamados voos regulares ou de aviões de carreira, que são objeto de fiscalização alfandegária permanente" (*Tratado de direito penal*: Parte Especial, 2012, v. 5, p. 270).

Todavia, reconsiderei meu posicionamento, de modo que a referida majorante deve ser aplicada independentemente da clandestinidade do transporte, notadamente porque se a própria lei não faz essa distinção não caberia ao intérprete fazê-la.

Nesse sentido, transcrevo trecho de voto prolatado pelo Desembargador Federal Luiz Stefanini, do Eg. TRF da 3ª Região: "A pena pela prática do crime de descaminho quando praticado por meio de transporte aéreo, seja regular ou clandestino, deve sofrer o aumento previsto no § 3º do art. 334 do CP" (*HC* n. 42.856, 5ª T., rel. Des. Fed. Luiz Stefanini, *DJ* 21.03.2011).

A 4ª Seção do Tribunal Regional Federal da 3ª Região também decidiu que: "o § 3º do art. 334 do Código Penal prevê causa de aumento de pena para o contrabando ou descaminho, devendo ser aplicada em dobro a pena do crime praticado em transporte aéreo, nos exatos termos da norma penal, que não estabeleceu qualquer distinção entre voo regular e clandestino" (EI n. 2014.61.19.007782-7/SP, 4ª S., rel. Des. Fed. André Nekatschalow, j. 21.02.2019).

O Superior Tribunal de Justiça igualmente tem decidido ser irrelevante que o transporte seja clandestino ou regular, já que a própria lei não faz essa discriminação (*HC* n. 390.899/SP, 5ª T., rel. Min. Ribeiro Dantas, *DJ* 28.11.2017).

1.9. Classificação

Cuida-se de crime comum, doloso, formal, comissivo ou omissivo próprio (a conduta "iludir" pode ser praticada das duas formas), de forma livre, instantâneo, pluriofensivo, unissubjetivo, unissubsistente ou plurissubsistente (a depender do caso concreto, se houver a possibilidade de fracionar o *iter criminis*).

2. JURISPRUDÊNCIA

2.1. Súmula

Súmula n. 151, STJ: "A competência para o processo e julgamento por crime de contrabando ou descaminho define-se pela prevenção do Juízo Federal do lugar da apreensão dos bens".

2.2. Julgados

Descaminho. Princípio da insignificância. Atipicidade da conduta. Art. 20 da Lei n. 10.522/2002

Penal. *Habeas corpus*. Crime de descaminho. Valor sonegado inferior ao fixado no art. 20 da Lei n. 10.522/2002, atualizado pelas Portarias ns. 75/2012 e 130/2012 do Ministério da Fazenda. Retroatividade da norma mais benéfica. Princípio da insignificância. Aplicabilidade. Precedentes. Ordem concedida. I – Nos termos da jurisprudência deste Tribunal, o princípio da insignificância deve ser aplicado ao delito de descaminho quando o valor sonegado for inferior ao estabelecido no art. 20 da Lei n. 10.522/2002, atualizado pelas Portarias ns. 75/2012 e 130/2012 do Ministério da Fazenda, que, por se tratar de normas mais benéficas ao réu, devem ser imediatamente aplicadas, consoante o disposto no art. 5º, XL, da Carta Magna. II – Ordem concedida para restabelecer a sentença de primeiro grau, que reconheceu a incidência do princípio da insignificância e absolveu sumariamente o ora paciente com fundamento no art. 397, III, do CPP. (STF, *HC* n. 122.213, 2ª T., rel. Min. Ricardo Lewandowski, *DJ* 11.06.2014)

Descaminho. Princípio da insignificância. Atipicidade da conduta

A 1ª Turma, por maioria, declarou extinto *habeas corpus* pela inadequação da via processual, mas concedeu a ordem de ofício para trancar ação penal ante a atipicidade da conduta imputada ao paciente (CP, art. 334, *caput*). A Ministra Rosa Weber (relatora), observou que, em se tratando de crime de descaminho, a jurisprudência da Turma seria firme no sentido de reconhecer a atipicidade da conduta se, além de o valor elidido ser inferior àquele estabelecido pelo art. 20 da Lei n. 10.522/2002, atualizado por portaria do Ministério da Fazenda, não houvesse reiteração criminosa ou, ainda, introdução de mercadoria proibida em território nacional. O Ministro Roberto Barroso, embora acompanhasse a relatora, ressaltou a existência de julgados da Turma afastando, no tocante ao patrimônio privado, a aplicação do princípio da bagatela quando a *res* alcançasse o valor de R$ 500,00. Assim, não seria coerente decidir-se em sentido contrário quando se buscasse proteger a coisa pública em valores de até R$ 20.000,00. Ademais, aduziu que, ao se adotar o entendimento de que o princípio da insignificância acarretaria a atipicidade da conduta, o cometimento anterior de delitos similares não se mostraria apto para afastar o aludido princípio, uma vez que a atipicidade da conduta não poderia gerar reincidência. Vencido o Ministro Marco Aurélio, que conhecia do *writ*, porém negava a ordem por vislumbrar que o objeto jurídico protegido pelo art. 334 do CP seria a Administração Pública e não apenas o erário. Considerava, ainda, que as esferas cível e penal seriam independentes e que adotar portaria do Ministério da Fazenda como parâmetro para se aferir eventual cometimento do delito seria permitir que o Ministro da Fazenda legislasse sobre direito penal. (STF, *HC* n. 121.717/PR, 1ª T., rel. Min. Rosa Weber, j. 03.06.2014, *Informativo* n. 749)

Descaminho. Reiteração da conduta. Princípio da insignificância. Inaplicabilidade

Direito penal. Inaplicabilidade do princípio da insignificância na hipótese de reiteração da prática de descaminho. A reiterada omissão no pagamento do tributo devido nas importações de mercadorias de procedência estrangeira impede a incidência do princípio da insignificância em caso de persecução penal por crime de descaminho (art. 334 do CP), ainda que o valor do tributo suprimido não ultrapasse o limite previsto para o não ajuizamento de execuções fiscais pela Fazenda Nacional. Com efeito, para que haja a incidência do princípio da insignificância, não basta que seja considerado, isoladamente, o valor econômico do bem jurídico tutelado, mas, também, todas as circunstâncias que envolvem a prática delitiva, ou seja, "é indispensável que a conduta do agente seja marcada por ofensividade mínima ao bem jurídico tutelado, reduzido grau de reprovabilidade, inexpressividade da lesão e nenhuma periculosidade social" (STF, *HC* n. 114.097/PA, 2ª T., *DJe* 14.04.2014). Nessa linha, o princípio da insignificância revela-se, segundo entendimento doutrinário, importante instrumento que objetiva restringir a aplicação literal do tipo formal, exigindo-se, além da contrariedade normativa, a ocorrência efetiva de ofensa relevante ao bem jurídico tutelado (tipicidade material). A par disso, se de um lado a omissão no pagamento de tributo relativo à importação de mercadorias é suportada como irrisória pelo Estado, nas hipóteses em que uma conduta omissiva do agente (um deslize) não ultrapasse o valor de R$ 10 mil, de outro lado não se pode considerar despida de lesividade (sob o aspecto valorativo) a conduta de quem, reiteradamente, omite o pagamento de tributos sempre em valor abaixo da tolerância estatal, amparando-se na expectativa sincera de inserir-se nessa hipótese de exclusão da tipicidade. Nessas circunstâncias, o desvalor da ação suplanta o desvalor do resultado, rompendo-se, assim, o equilíbrio necessário para a perfeita adequação do princípio bagatelar, principalmente se considerada a possibilidade de que a aplicação desse instituto, em casos de reiteração na omissão do pagamento de tributos, serve, ao fim, como verdadeiro incentivo à prática do descaminho. Desse modo, quanto à aplicação do princípio da insignificância é preciso considerar que, "se de um lado revela-se evidente a necessidade e a utilidade da consideração da insignificância, de outro é imprescindível que sua aplicação se dê de maneira criteriosa. Isso para evitar que a tolerância estatal vá além dos limites do razoável em função dos bens jurídicos envolvidos. Em outras palavras, todo cuidado é preciso para que o princípio não seja aplicado de forma a estimular condutas atentatórias aos legítimos interesses dos supostos agentes passivos e da sociedade" (STJ, Ag. Reg. no REsp n. 1.406.355/RS, 5ª T., *DJe* 07.04.2014). Ante o exposto, a reiteração na prática de supressão ou de elisão de pagamento de tributos justifica a continuidade da persecução penal. Precedente citado do STJ: RHC n. 41.752/PR, 6ª T., *DJe* 07.04.2014. Precedente citado do STF: *HC* n. 118.686/PR, 1ª T., *DJe* 03.12.2013. (STJ, RHC n. 31.612/PB, rel. Min. Rogerio Schietti Cruz, j. 20.05.2014, *Informativo* n. 541)

Descaminho. Princípio da insignificância e contumácia da conduta

Habeas corpus. Processual Penal. Descaminho (CP, art. 334, § 1º, *d*). Trancamento da ação penal. Pretensão à aplicação do princípio da insignificância. Contumácia na conduta. Não cabimento. Ausência de constrangimento ilegal. Ordem denegada. 1. Não obstante a expressividade financeira do tributo em tese sonegado delituosamente pelo paciente seja inferior ao patamar estipulado pelo art. 20 da Lei n. 10.522/2002 – atualizado pelas Portarias ns. 75 e 130/2012 do Ministério da Fazenda –, entendo não ser possível acatar a tese de irrelevância material da conduta praticada, tendo em vista que as informações presentes nos autos dão conta de que o ora paciente seria um infrator contumaz na modalidade delituosa, ainda que, formalmente, não se possa reconhecer, na espécie, a existência da reincidência. 2. Ordem denegada. (STF, *HC* n. 121.383, 1ª T., rel. Min. Dias Toffoli, *DJ* 23.06.2014)

Descaminho. Princípio da insignificância. Recurso especial afetado ao rito dos repetitivos. Adequação ao entendimento do STF. Parâmetro de R$ 20.000,00

Recurso especial afetado ao rito dos repetitivos para fins de revisão do Tema n. 157. Aplicação do princípio da insignificância aos crimes tributários federais e de descaminho, cujo débito não exceda R$ 10.000,00 (dez mil reais). Art. 20 da Lei n. 10.522/2002. Entendimento que destoa da orientação consolidada no STF, que tem reconhecido a atipicidade material com base no parâmetro fixado nas portarias n. 75 e 130/MF – R$ 20.000,00 (vinte mil reais). Adequação. 1. Considerando os princípios da segurança jurídica, da proteção da confiança e da isonomia, deve ser revisto o entendimento firmado, pelo julgamento, sob o rito dos repetitivos, do REsp n. 1.112.748/TO – Tema n. 157, de forma a adequá-lo ao entendimento externado pela Suprema Corte, o qual tem considerado o parâmetro fixado nas Portarias ns. 75 e 130/MF – R$ 20.000,00 (vinte mil reais) para aplicação do princípio da insignificância aos crimes tributários federais e de descaminho. 2. Assim, a tese fixada passa a ser a seguinte: incide o princípio da insignificância aos crimes tributários federais e de descaminho quando o débito tributário verificado não ultrapassar o limite de R$ 20.000,00 (vinte mil reais), a teor do disposto no art. 20 da Lei n. 10.522/2002, com as atualizações efetivadas pelas Portarias ns. 75 e 130, ambas do Ministério da Fazenda. 3. Recurso especial improvido. Tema n. 157 modificado nos termos da tese ora fixada. (STJ, RESP n. 201702016211, 3ª S., rel. Min. Sebastião Reis Júnior, *DJ* 04.04.2018)

Descaminho. Crime formal

Habeas corpus. Descaminho. Importação de produtos de informática e de telecomunicações. Simulação de operações comerciais. Mercadorias importadas de forma irregular. Desnecessidade de constituição definitiva do débito tributário. Ordem denegada. 1. A jurisprudência do STF é firme em considerar excepcional o trancamento da ação penal pela via processualmente acanhada do *habeas corpus* (*HC* n. 86.786, da minha relatoria; *HC* n. 84.841, da relatoria do Min. Marco Aurélio). *Habeas corpus* que se revela como trilha de verdadeiro atalho, somente admitida quando de logo avulta o desatendimento das coordenadas objetivas dos arts. 41 e 395 do CPP. 2. Quanto aos delitos tributários materiais, esta nossa Corte dá pela necessidade do lançamento definitivo do tributo devido, como condição de caracterização do crime. Tal direção interpretativa está assentada na ideia-força de que, para a consumação dos crimes tributários descritos nos cinco incisos do art. 1º da Lei n. 8.137/90, é imprescindível a ocorrência do resultado supressão ou redução de tributo. Resultado aferido, tão somente, após a constituição definitiva do crédito tributário (Súmula Vinculante n. 24). 3. Por outra volta, a consumação do delito de descaminho e a posterior abertura de processo-crime não estão a depender da constituição administrativa do débito fiscal. Primeiro, porque o delito de descaminho é rigorosamente formal, de modo a prescindir da ocorrência do resultado naturalístico. Segundo, porque a conduta materializadora desse crime é "iludir" o Estado quanto ao pagamento do imposto devido pela entrada, pela saída ou pelo consumo de mercadoria. E iludir não significa outra coisa senão fraudar, burlar, escamotear. Condutas, essas, minuciosamente narradas na inicial acusatória. 4. Acresce que, na concreta situação dos autos, o paciente se acha denunciado pelo descaminho, na forma da alínea *c* do § 1º do art. 334 do CP. Delito que tem como elementos nucleares as seguintes condutas: vender, expor à venda, manter em depósito e utilizar mercadoria estrangeira introduzida clandestinamente no País ou importada fraudulentamente. Pelo que não há necessidade de uma definitiva constituição administrativa do imposto devido para, e só então, ter-se por consumado o delito. 5. Ordem denegada. (STF, *HC* n. 99.740/SP, 2ª T., rel. Min. Ayres Britto, j. 23.11.2010)

Descaminho. Crime formal

Habeas corpus substitutivo de recurso ordinário. *Writ* não conhecido, por ser errônea a impetração originária em substituição à via de impugnação cabível, qual seja, o recurso ordinário constitucional. Descaminho. Crime formal. Desnecessidade de constituição definitiva do crédito tributário. Ausência de ilegalidade flagrante que, eventualmente, ensejasse a concessão da ordem de ofício. *Habeas corpus* não conhecido. 1. Na esteira dos precedentes atuais deste STJ, o *writ* não pode ser conhecido, por se tratar de errônea impetração originária de *habeas corpus* em substituição à via de impugnação cabível, qual seja, o recurso ordinário constitucional. Contudo, em respeito ao fato de a impetração ter sido anterior à mudança do referido entendimento, é feita a análise da insurgência, a fim de verificar a eventual possibilidade de concessão da ordem de ofício. 2. O crime de descaminho se perfaz com o ato de iludir o pagamento de imposto devido pela entrada de mercadoria no país. Não é necessária, assim, a apuração administrativo-fiscal do montante que deixou de ser recolhido para a configuração do delito. Trata-se, portanto, de crime formal, e não material, razão pela qual o resultado da conduta delituosa relacionada ao *quantum* do imposto devido não integra o tipo legal. Precedente da 5ª Turma do STJ e do STF. 3. A norma penal do art. 334 do CP – elencada sob o Título XI: "Dos Crimes Contra a Administração Pública" – visa proteger, em primeiro plano, a integridade do sistema de controle de entrada e saída de mercadorias do país, como importante instrumento de política econômica. O agente que ilude esse controle aduaneiro para importar mercadorias, sem o pagamento dos impostos devidos – estes fixados, afinal, para regular e equilibrar o sistema econômico-financeiro do país – comete o crime de descaminho, independentemente da apuração administrativo-fiscal do valor do imposto sonegado. 4. O bem jurídico protegido pela norma em tela é mais do que o mero valor do imposto. Engloba a própria estabilidade das atividades comerciais dentro do país, refletindo na balança comercial entre o Brasil e outros países. O produto inserido no mercado brasileiro, fruto de descaminho, além de lesar o fisco, enseja o comércio ilegal, concorrendo, de forma desleal, com os produzidos no país, gerando uma série de prejuízos para a atividade empresarial brasileira. 5. Em suma: a configuração do crime de descaminho, por ser formal, independe da apuração administrativo-fiscal do valor do imposto iludido, embora este possa orientar a aplicação do princípio da insignificância quando se tratar de conduta isolada. 6. *Habeas cor-*

pus não conhecido. (STJ, *HC* n. 218.961/SP, 5ª T., rel. Min. Laurita Vaz, *DJ* 25.10.2013)

Processual penal. Recurso em *habeas corpus*. Descaminho. Pedido de trancamento da ação penal. Crime formal. Crédito tributário definitivamente constituído, relacionado com os fatos em apuração. Integridade do lançamento realizado não afetada. Independência entre as instâncias. I – "Desnecessária a constituição definitiva do crédito tributário na esfera administrativa para configuração dos crimes de contrabando e descaminho" (*HC* n. 120.783, 1ª T., rel. Min. Rosa Weber, *DJe* 11.04.2014). II I – "A existência de ação cível anulatória do crédito tributário não impede a persecução penal dos agentes em juízo, em respeito à independência das esferas cível e criminal. Precedentes. Ainda que obtido êxito no pedido de antecipação de tutela na seara cível, a fim de impedir a inscrição dos agentes em dívida ativa, condição de procedibilidade da execução fiscal, inadmissível o trancamento da ação penal, notadamente quando a decisão a eles favorável não afetou diretamente o lançamento do tributo devido, que, até decisão definitiva em contrário, não pode ser considerado nulo ou por qualquer outro modo maculado" (RHC n. 21.929/PR, 5ª T., rel. Min. Jane Silva – Desembargadora Convocada do TJMG –, *DJU* 10.12.2007). Recurso ordinário desprovido. (STJ, RHC n. 201600195011, 5ª T., rel. Min. Félix Fischer, *DJ* 31.08.2016)

Descaminho – configuração

Agravo regimental em *habeas corpus*. 1. Julgamento por decisão monocrática de relator. Previsão legal e regimental. 2. Crime de descaminho. Delito formal. Ausência de similitude com os crimes elencados no art. 9º da Lei n. 10.684/2003. Inexistência de lacuna na lei. Impossibilidade do uso da analogia. Parcelamento do débito fiscal que, diferentemente do que ocorre com os crimes citados na Lei n. 10.684/2003, não suspende a punibilidade estatal. Ilegalidade não verificada. 3. Recurso improvido. 1. Nos termos do art. 557, *caput*, do CPC c/c o art. 3º do CPP, é possível, em matéria criminal, que o relator negue seguimento ao recurso ou ao *habeas corpus* manifestamente inadmissível, improcedente, prejudicado ou em confronto com súmula ou jurisprudência dominante, sem que, em tese, se configure ofensa ao princípio da colegialidade, desde que o tema tratado seja exclusivamente de direito. Ademais, o cabimento de agravo regimental contra decisão proferida singularmente pelo relator, por si só, afasta a alegada violação ao princípio da colegialidade. Precedentes. 2. Na espécie, a decisão monocrática impugnada encontra-se de acordo com a atual jurisprudência da 5ª Turma desta Corte, que passou a se orientar no sentido de que a consumação do delito de descaminho se dá com a simples conduta de iludir o Estado quanto ao pagamento dos tributos devidos quando da importação ou exportação de mercadorias, assim como se extrai da própria literalidade do art. 334 do CP, cabendo destacar, ainda, que o comando legal que se pretende aplicar ao caso (art. 9º da Lei n. 10.684/2003) restringe-se, por expressa previsão legal, aos delitos de sonegação fiscal, apropriação indébita previdenciária e sonegação de contribuição previdenciária, constatação esta que, por si só, já afasta a pretensão de se ver o benefício da suspensão da pretensão punitiva estatal estendido ao crime de descaminho, uma vez que não há falar em analogia quando inexistente lacuna involuntária na lei, como ocorre na hipótese em comento. 3. Assim, verificado que: a) o crime do art. 334 do CP não se encontra no rol dos delitos que o art. 9º da Lei n. 10.684/2003 suspende a punibilidade estatal em caso de parcelamento do débito fiscal; b) que não há lacuna a ser resolvida mediante o uso da analogia; e c) que inexistem razões para se equiparar o delito de sonegação fiscal ao de descaminho, notadamente porque o primeiro é material e o segundo formal, há de ser mantida a decisão monocrática impugnada. 4. Agravo regimental que se nega provimento. (STJ, Ag. Reg. no *HC* n. 209.437/PE, 5ª T., rel. Min. Marco Aurélio Bellizze, *DJ* 18.02.2014)

Descaminho. Concurso de agentes. Valor do tributo iludido para fins de aplicação do princípio da insignificância

Recurso especial. Penal e processo penal. Descaminho. Crime único em concurso de pessoas. Valor do tributo iludido para fins de insignificância. Fracionamento entre os partícipes. Impossibilidade. 1. No crime único de descaminho em concurso de pessoas, em que os partícipes adquirem em conjunto mercadorias com redução ou supressão de tributos, os acusados respondem pelo crime com base no valor total dos tributos iludidos, que deve ser considerado para fins de aplicação do princípio da insignificância. 2. Recurso improvido. (STJ, REsp n. 1.324.191, 6ª T., rel. Min. Maria Thereza de Assis Moura, *DJ* 19.09.2013)

Princípio da insignificância. Delito de descaminho praticado em concurso de pessoas

Penal e processual penal. Apelação. Descaminho. Justiça gratuita. Princípio da insignificância. Materialidade, autoria e dolo. Dosimetria da pena. Pena-base reduzida. Confissão espontânea. Substituição da pena privativa de liberdade. Inabilitação para dirigir veículos. 1. Deferido o pedido de concessão dos benefícios da assistência judiciária gratuita a um dos apelantes. A isenção do pagamento de custas é matéria a ser examinada em sede de execução penal. 2. Segundo a jurisprudência do STJ e desta Corte, não é cabível a divisão do valor dos tributos iludidos a fim de aplicar o princípio da insignificância ao delito de descaminho praticado em concurso de pessoas, haja vista tratar-se de crime único. Além disso, prevalece no STF o entendimento de que a conduta é atípica quando o valor dos impostos incidentes não ultrapassa o limite de R$ 20.000,00 (vinte mil reais), previsto no art. 20 da Lei n. 10.522/2002 e atualizado pela Portaria n. 75/2012, do Ministério da Fazenda. Inaplicabilidade do princípio da insignificância. 3. Materialidade, autoria e dolo comprovados. 4. Dosimetria da pena. Redução da pena-base, em razão do afastamento da valoração negativa atribuída à personalidade e à conduta social. 5. Redução do patamar utilizado para majorar a pena-base por conta das circunstâncias do crime, em atenção aos princípios da proporcionalidade e da razoabilidade. 6. Reconhecida a circunstância atenuante da confissão espontânea com relação a ambos os apelantes, tendo em vista que as declarações dos réus foram expressamente consideradas para fundamentar a condenação, em consonância com a Súmula n. 545 do STJ. 7. Mantidos o regime inicial aberto para cumprimento da pena e a substituição da pena privativa de liberdade por duas penas restritivas de direitos. Reduzido o valor da pena de prestação pecuniária. 8. Mantida a inabilitação dos denunciados para dirigir veículos. A inabilitação para dirigir mostra-se medida necessária para coibir e desestimular novas práticas delituosas relacionadas ao transporte de mercadorias descaminhadas. 9. Apelações parcialmente providas." (TRF-3ª Região, Ap. Crim. n. 0002206-48.2012.4.03.6110, 11ª T., rel. Des. Fed. Nino Toldo, *DJ* 31.01.2019)

Descaminho. Causa de aumento prevista no § 3º do art. 334 do Código Penal

Processo penal. *Habeas corpus* substitutivo de recurso próprio. Inadequação. Descaminho. Crime praticado em transporte aéreo. Voo regular. Incidência da causa de aumento. Pena mínima superior a 1 ano. Óbice à suspensão condicional do processo. Flagrante ilegalidade não evidenciada. *Writ* não conhecido. 1. Esta Corte e o Supremo Tribunal Federal pacificaram orientação no sentido de que não cabe *habeas corpus* substitutivo do recurso legalmente previsto para a hipótese, impondo-se o não conhecimento da impetração, salvo quando constatada a existência de flagrante ilegalidade no ato judicial impugnado. 2. Para o oferecimento da denúncia, exige-se apenas a descrição da conduta delitiva e a existência de elementos probatórios mínimos que corroborem a acusação. Provas conclusivas acerca da materialidade e da autoria do crime são necessárias apenas para a formação de um eventual juízo condenatório. Embora não se admita a instauração de processos temerários e levianos ou despidos de qualquer sustentáculo probatório, nessa fase processual deve ser privilegiado o princípio do *in dubio pro societate*. De igual modo, não se pode admitir que o Julgador, em juízo de admissibilidade da acusação, termine por cercear o *jus accusationis* do Estado, salvo se manifestamente demonstrada a carência de justa causa para o exercício da ação penal. 3. O art. 334, § 3º, do Código Penal prevê a aplicação da pena em dobro, se "o crime de contrabando ou descaminho é praticado em transporte aéreo". Ainda, nos termos da jurisprudência desta Corte, se a lei não faz restrições quanto à espécie de voo que enseja a aplicação da majorante, não cabe ao intérprete restringir a aplicação do dispositivo legal, sendo irrelevante que o transporte seja clandestino ou regular. 4. Considerando a pena mínima prevista para o crime de descaminho, que corresponde a 1 ano de reclusão, que deve ser aplicada em dobro em virtude da incidência da causa de aumento do art. 334, § 3º, do CP, chega-se à sanção corporal superior a 1 ano, o que afasta a possibilidade de oferta da vindicada proposta de suspensão condicional do processo. 5. A teor da Súmula n. 337/STJ, "é cabível a suspensão condicional do processo na desclassificação do crime e na procedência parcial da pretensão punitiva. Assim, caso o Julgador de 1º grau, após a análise dos elementos probatórios produzidos durante a persecução penal, entenda que a conduta deve se tipificada como descaminho, nos moldes do *caput* do art. 334 do CP, deverá abrir prazo para o Ministério Público, a fim de que este verifique a possibilidade de oferecimento dos benefícios previstos na Lei n. 9.099/95. 6. *Writ* não conhecido. (STJ, *HC* n. 390.899/SP, 5ª T., rel. Min. Ribeiro Dantas, *DJ* 28.11.2017)

Descaminho. Competência federal, independentemente da existência de indícios de transnacionalidade do crime

Agravo regimental em conflito negativo de competência. Inquérito policial. Justiça Federal e Justiça Estadual. Contrabando de cigarros. Dissenso acerca da existência de indícios de transnacionalidade na conduta, para fins de fixação da competência da Justiça Federal. Questão decidida no julgamento do CC n. 160.748/SP. Desnecessidade. Competência da Justiça Federal. 1. Por ocasião do julgamento do CC n. 160.748/SP, a Terceira Seção desta Corte, por unanimidade, reconheceu a necessidade de restabelecimento do entendimento outrora fixado na Súmula n. 151/STJ, dando tratamento igual ao contrabando e ao descaminho, e atribuindo à Justiça Federal a competência para o seu julgamento. Isso porque os crimes de contrabando e descaminho tutelam prioritariamente interesses da União, que é a quem compete privativamente (arts. 21, XXII, e 22, VII, ambos da CF) definir os produtos de ingresso proibido no país, além de exercer a fiscalização aduaneira e das fronteiras, mediante atuação da Receita Federal e da Polícia Federal. De consequência, é despiciendo perquirir sobre a existência de indícios de transnacionalidade do *iter criminis*, seja dizer da participação do investigado na internalização da mercadoria estrangeira no país (Ag. Reg. no CC n. 160.633/SP, Min. Reynaldo Soares da Fonseca, 3ª Seção, *DJe* 22.10.2018). 2. Agravo regimental improvido). (AGRCC – Agravo Regimental no Conflito de Competência – n. 161.282, rel. Min. Sebastião Reis Júnior, 3ª Seção, *DJe* 05.12.2018)

3. OBSERVAÇÕES

3.1. Princípio da insignificância

Como é cediço, o direito penal deve ser a *ultima ratio*, de modo que sua atuação se torne necessária em casos de relevante violação dos bens jurídicos tutelados pelo Estado.

O princípio da insignificância surge como instrumento de interpretação restritiva do tipo penal, no sentido de excluir ou afastar a própria tipicidade penal nos delitos de violação mínima e assegurar que a intervenção penal somente ocorra nos casos de lesão de certa gravidade.

Dentro desse contexto, a insignificância tem o condão de afastar a tipicidade da conduta sob o aspecto material ao reconhecer que ela possui um reduzido grau de reprovabilidade e que houve pequena ofensa ao bem jurídico tutelado, remanescendo apenas a tipicidade formal, ou seja, adequação entre fato e lei penal incriminadora.

Nesse diapasão, a jurisprudência do Pretório Excelso tem exigido para a aplicação do referido princípio o preenchimento concomitante dos seguintes requisitos: 1) mínima ofensividade da conduta do agente; 2) ausência de periculosidade social da ação; 3) reduzido grau de reprovabilidade do comportamento; e 4) relativa inexpressividade da lesão jurídica. Logo, a jurisprudência de nossa Corte maior determina a aplicação do princípio de forma criteriosa e realizada caso a caso.

Especificamente no que tange ao crime de descaminho, o bem jurídico tutelado não se restringe aos valores a que tem direito a receber a Fazenda Pública, mas também abarca a própria Administração Pública, sua moralidade, bem como os valores da livre concorrência, motivo pelo qual não seria possível a aplicação do princípio da insignificância no crime de descaminho.

Como se vê, não apenas o caráter patrimonial visa ser resguardado, de modo que, nesse ponto, haveria a impossibilidade de aplicação do princípio da insignificância quanto ao crime de descaminho, porquanto ainda que se possa, em princípio, em determinados casos, considerar de pequena expressão o valor do tributo iludido, não há de se falar no reduzido grau de reprovabilidade da conduta típica, tampouco na inexpressividade da lesão jurídica, considerando que o delito em comento atinge igualmente o aspecto do interesse público (caráter dúplice).

A despeito disso, no que tange ao delito de descaminho, os Tribunais pátrios vêm aceitando a aplicação de aludido preceito, ao fundamento de que a repressão da conduta dar-se-ia em decorrência da ausência do pagamento do tributo, ostentando nítida natureza tributária, naquelas hipóteses em que não houver lesão significativa ao bem jurídico penalmente tutelado.

Com efeito, a Administração Tributária edita normas sobre o valor a ser inscrito em dívida ativa. Assim, tem-se entendido que se a Fazenda não executa uma dívida civilmente em razão do valor, não se justificaria a persecução penal. Adviria dessa constatação a aplicação do princípio da insignificância, que, analisado em conjunto com os postulados da fragmentariedade e da mínima intervenção estatal na seara penal, afasta a tipicidade penal em determinadas situações.

O *quantum* fixado pela Fazenda Nacional para fins de arquivamento das execuções fiscais vem sendo o parâmetro para fins de aplicação do princípio da insignificância, ante o argumento de que se a conduta é considerada irrelevante na seara administrativa, deve, de igual modo, ser tida na seara penal.

Sob essa ótica, o valor a ser considerado deve ser o aferido no momento da constituição definitiva do crédito tributário, excluídos os juros e multa aplicados ao valor do tributo sonegado já no momento da inscrição do crédito em dívida ativa.

Antes o valor era de R$ 10 mil, com fundamento no art. 20 da Lei n. 10.522, de 19.07.2002, com a redação dada pela Lei n. 11.033, de 21.12.2004, e no art. 14 da Lei n. 11.941, de 27.05.2009.

Esse valor foi elevado pela edição da Portaria n. 75, de 22.03.2012, do Ministério da Fazenda, a saber: "Art. 1º Determinar: I – a não inscrição na Dívida Ativa da União de débito de um mesmo devedor com a Fazenda Nacional de valor consolidado igual ou inferior a R$ 1.000,00 (mil reais);

e II – o não ajuizamento de execuções fiscais de débitos com a Fazenda Nacional, cujo valor consolidado seja igual ou inferior a R$ 20.000,00 (vinte mil reais)".

No âmbito do Superior Tribunal de Justiça, a jurisprudência foi originalmente firmada no Recurso Especial Representativo de Controvérsia n. 1.112.748/TO, oportunidade em que se fixou a orientação de que incide o princípio da insignificância aos crimes federais contra a Ordem Tributária e de descaminho, na hipótese de o débito tributário não ultrapassar a quantia de R$ 10 mil, nos termos do art. 20 da Lei n. 10.522/2002.

Naquela ocasião, tanto o Supremo Tribunal Federal como o Superior Tribunal de Justiça passaram a adotar a possibilidade de aplicação do princípio com base no parâmetro estatuído no art. 20 da Lei n. 10.522/2002.

Com o advento da edição das Portarias ns. 75 e 130, ambas do Ministério da Fazenda, a 3ª Seção do Superior Tribunal de Justiça revisou a tese fixada no paradigma mencionado (REsp n. 1.112.748/TO), a fim de adequá-la ao entendimento externado pela Suprema Corte, no sentido de considerar o parâmetro estabelecido nestes atos infralegais, que estabeleceram o patamar de R$ 20 mil como limite da aplicação do princípio da insignificância aos crimes tributários federais e de descaminho (REsp n. 1.709.029/MG).

Luiz Regis Prado critica este viés metodológico judiciário, destacando que: "os tribunais vêm atrelando suas decisões a parâmetros díspares fixados pela oscilante política fiscal e econômica do governo (*v. g.*, ora R$ 5.000,00, ora R$ 10.000,00) [...] A restrição típica decorrente da aplicação do princípio da insignificância – que elide a tipicidade da conduta – não deve ficar ao sabor de tais elásticos critérios, ou mesmo de simples interpretações pessoais do julgador, mas sim deve ater-se à valoração socioeconômica média vigente no país, em determinado momento histórico" (*Curso de direito penal brasileiro*: Parte Especial, 2011, v. 3, p. 591).

A despeito da orientação jurisprudencial, quanto à aplicação do princípio ora sob análise, deve-se proceder a uma maior reflexão do intérprete em confronto com o bem jurídico protegido. Não basta, pois, realizar simples operação matemática quanto ao valor dos tributos que deixaram de ser pagos pela prática do descaminho, quando é certo que bens outros, que não apenas o interesse arrecadatório, estão em pauta, como a moralidade pública, dentre outros.

Sob este espeque, Rogério Greco testifica que não se pode considerar a falta de interesse da Fazenda Pública em processar suas execuções fiscais, para fins de reconhecimento da insignificância. "Uma coisa é o desinteresse em dar início à execução fiscal por razões de ordem econômica, outra coisa é se, no caso concreto, existe tipicidade material, o que nos parece evidente" (*Curso de direito penal*: Parte Especial, 2007, v. 4, p. 532).

Vale notar, no entanto, que a Primeira Turma do STF também já acenou pela impossibilidade de se cogitar de atipicidade da conduta ante a insignificância do valor devido cujo valor do tributo não recolhido foi no importe de R$ 14.364,51, ao fundamento de estar-se "diante da proteção do erário público, não se podendo adotar postura conducente a levar à sonegação fiscal" (STF, *HC* n. 128.063/PR, 1ª T., rel. Min. Marco Aurélio, j. 10.04.2018).

Por fim, vale ressaltar que o atual Projeto de alteração do CP, de relatoria do Senador José Sarney, prevê o princípio da insignificância em seu art. 28, § 1º, como excludente do fato criminoso, tendo acolhido três elementos tidos como essenciais a configurá-lo, desde que cumulativos, consistentes na mínima ofensividade da conduta do agente, reduzidíssimo grau de reprovabilidade do comportamento e inexpressiva lesividade da conduta.

3.1.1. Incompatibilidade do princípio da insignificância à hipótese de contumácia delitiva

Conforme exposto anteriormente, para a aplicação do princípio da insignificância exige-se a presença dos requisitos da mínima ofensividade da conduta do agente; ausência de periculosidade social da ação; reduzido grau de reprovabilidade do comportamento e relativa inexpressividade da lesão jurídica. A ausência de qualquer desses requisitos caracteriza a relevância material do fato formalmente típico.

Na hipótese de conduta praticada em contexto de habitualidade delitiva, visualiza-se obstinação deliberada de oposição à convivência de acordo com as normas jurídicas.

A contumácia criminosa, a escolha do meio de vida criminoso, não pode importar em inexpressividade da lesão jurídica, nem em mínima ofensividade da conduta, ou mesmo ausência de periculosidade social e tampouco reduzido grau de reprovabilidade, mas exatamente o seu oposto, inviabilizando a aplicação do princípio em tela, o qual se restringe a condutas despidas de ofensividade mínima.

Em relação aos crimes tributários federais e descaminho, não basta que os valores iludidos no caso concreto sejam inferiores ao paradigma de R$ 20 mil para que determinada conduta seja reputada inofensiva. A lesão constante do Fisco por meio de comedidos delitos adquire vulto pelo desvalor da própria ação global do agente, observável pelo conjunto da obra criminosa.

O Pretório Excelso proferiu orientação para as hipóteses em que o delito de descaminho seja perpetrado pelo agente de forma habitual, fato que rechaça a incidência do princípio da insignificância, ainda que o valor dos tributos devidos aos cofres públicos seja inferior ao parâmetro estabelecido para o ajuizamento das execuções fiscais (*HC* n. 114.548, 1ª T., rel. Min. Rosa Weber, *DJ* 26.11.2012).

Dessa forma, a habitualidade delitiva constitui fator idôneo ao afastamento do princípio da insignificância, ainda que a conduta criminosa não supere o referencial de R$ 20 mil em matéria de crimes tributários federais e descaminho.

A existência de feitos administrativos fiscais é suficiente à caracterização da habitualidade delitiva e, via de consequência, tem o condão de afastar a incidência do princípio da insignificância, por força do desvalor da própria ação de quem faz do crime meio de vida, atentando contra a ordem jurídica.

A reiteração de comportamentos antinormativos por parte do agente impede a aplicação do princípio em questão, já que não se pode considerar irrelevantes repetidas lesões a bens jurídicos tutelados pelo direito penal (TRF3, Ap. Crim. n. 5007162-80.2020.4.03.6000, 11ª T., rel. Des. Fed. Nino Oliveira Toldo, Intimação via sistema 16.09.2022).

A comprovação de processos administrativos fiscais anteriores, independentemente do trânsito em julgado na esfera criminal, configura a reiteração da conduta delitiva de descaminho pelo agente e impede a aplicação do princípio da insignificância (TRF3, Ap. Crim. n. 5000076-95.2020.4.03.6117, 5ª T., rel. Juíza Federal Convocada Louise Vilela Leite Filgueiras, *DJEN* 07.10.2022).

3.1.2. Da exclusão do PIS e Cofins para fins de aplicação do princípio da insignificância

A conduta prevista no art. 334, *caput*, do Código Penal refere-se à ilusão de pagamento de direito ou imposto devido pela entrada, pela saída ou pelo consumo de mercadoria. No caso do crime de descaminho, busca-se coibir a sonegação do imposto que seria devido pela entrada furtiva da mercadoria de origem estrangeira, não se admitindo interpretação extensiva em desfavor do réu.

Portanto, considerando que o PIS e Cofins são espécies de contribuição e não impostos (que no caso seria apenas o II – Imposto de Importação – e IPI – Imposto sobre Produtos Industrializados), devem ser excluídos do cálculo efetuado para incidência do princípio da insignificância.

No mais, conforme preconizado no art. 2º, III, da Lei n. 10.865, de 30.04.2004, citadas contribuições (Contribuição para os Programas de Integração Social e de Formação do Patrimônio do Servidor Público incidente na Importação de Produtos Estrangeiros ou Serviços – PIS/Pasep-Importação e a Contribuição Social para o Financiamento da Seguridade Social devida pelo Importador de Bens Estrangeiros ou Serviços do Exterior – Cofins-Importação) não incidem sobre bens estrangeiros que tenham sido objeto de pena de perdimento.

Nesse sentido, destaco os seguintes julgados: "[...] 1. Esta Corte Superior possui entendimento pacífico no sentido de que se afere o montante do tributo não recolhido quando da entrada de mercadoria no território nacional sem a incidência do PIS e da Cofins. [...]" (STJ, Emb. Decl. no Ag. Reg. no REsp n. 1.320.130, 5ª T., rel. Min. Joel Ilan Paciornik, v.u., *DJe* 04.04.2018).

Confira-se, ainda: "[...]. 3. O crime de descaminho pune apenas a sonegação do imposto devido pela entrada clandestina da mercadoria de procedência estrangeira, não sendo admitida qualquer interpretação extensiva em prejuízo do réu. Desse modo, tendo em vista que PIS e Cofins não constituem impostos, mas espécies de contribuição, devem ser excluídos do cálculo efetuado pela Receita Federal. 4. Em que pese o pequeno valor dos impostos suprimidos, não é possível a aplicação ao caso do princípio da insignificância. Isso porque também é consagrado no STF que a reiteração de comportamentos antinormativos por parte do agente impede a aplicação do princípio em questão, já que não se pode considerar irrelevantes repetidas lesões a bens jurídicos tutelados pelo Direito Penal. 5. Recurso provido" (TRF3, RSE n. 0009511-78.2015.4.03.6110, 11ª T., rel. Des. Fed. Nino Toldo, v.u., *e-DJF3 Judicial* 14.02.2018).

Dessa forma, para a apuração do valor de tributos devidos na prática do delito de descaminho, a fim de verificar a aplicação do princípio da insignificância, deve ser excluído o montante referente ao PIS e Cofins.

3.2. Do concurso de pessoas (art. 29 do Código Penal)

Nos termos do art. 29 do Código Penal, quem, de qualquer modo, concorre para o crime incide nas penas a este cominadas, na medida de sua culpabilidade.

O concurso de pessoas ocorre quando duas ou mais pessoas agem em cooperação para a prática da mesma infração penal, seja na qualidade de coautoras ou partícipes, sendo autor aquele que pratica a figura típica e partícipe aquele que, de algum modo, presta auxílio material ou suporte moral. Dessa forma, não se exige, para a verificação da coautoria, que todos os agentes efetuem, necessariamente, a ação descrita pelo verbo componente do núcleo do tipo, sendo suficientes a adesão ao plano criminoso e a ajuda àquele que, efetivamente, pratica os atos de execução (TJMG, AC n. 1.0512.06.031578-9/001, rel. Des. Walter Pinto da Rocha, *DJ* 06.02.2007 – In: GRECO, Rogério. *Código Penal comentado*. 11.ed. Rio de Janeiro, Impetus, 2017, p. 123).

No caso do descaminho, especialmente para a aplicação do princípio da insignificância, como já se afirmou, praticado o delito em concurso de pessoas, o valor do tributo iludido não pode ser fracionado, devendo ser considerado em sua totalidade.

3.3. Extinção da punibilidade

Alega-se que o delito de descaminho se insere como crime que atenta contra a ordem tributária. Tal entendimento consagra uma série de benefícios, como a extinção da pretensão punitiva pelo pagamento, o que gera sérias discussões.

De acordo com essa orientação seria aplicável o art. 34 da Lei n. 9.249, de 26.12.1995, que dispõe "extingue-se a punibilidade dos crimes definidos na Lei n. 8.137, de 27 de dezembro de 1990, e na Lei n. 4.729, de 14 de julho de 1965, quando o agente promover o pagamento do tributo ou contribuição social, inclusive acessórios, antes do recebimento da denúncia", em que pese não faça menção acerca do crime de descaminho.

A despeito disso, no delito de descaminho há o interesse fiscal do Estado, sendo que o não pagamento dos tributos devidos com a sua prática afeta sobremaneira o erário público. Mas não é só. O bem jurídico tutelado pela norma não se restringe a esse interesse, mas também ao resguardo da própria Administração Pública, da moralidade administrativa, da própria economia do país, dentre outros valores, tendo sido classificado como crimes contra a Administração Pública, não se confundindo com os delitos perpetrados contra a ordem tributária. Trata-se, pois, de norma especial em relação a esta, ante a complexidade do bem jurídico tutelado.

Entendido dessa forma, não se pode, pois, ante o argumento do preceito constitucional isonômico proceder a essa correlação pura e simples, ou seja, de aplicação da extinção da punibilidade pelo pagamento no crime de descaminho.

Consoante o *Informativo* n. 555 do Superior Tribunal de Justiça, consignou-se que o pagamento do tributo não extingue a punibilidade do delito de descaminho, sendo que "a partir do julgamento do *HC* n. 218.961-SP (*DJe* 25.10.2013), a Quinta Turma do STJ, alinhando-se ao entendimento da Sexta Turma e do STF, passou a considerar ser desnecessária, para a persecução penal do crime de descaminho, a apuração administrativa do montante de tributo que deixou de ser recolhido, tendo em vista a natureza formal do delito, o qual se configura com o simples ato de iludir o pagamento do imposto devido pela entrada de mercadoria no país. Na ocasião, consignou-se que o bem jurídico tutelado pelo art. 334 do CP vai além do valor do imposto sonegado, pois, além de lesar o Fisco, atinge a estabilidade das atividades comerciais dentro do país, dá ensejo ao comércio ilegal e à concorrência desleal, gerando uma série de prejuízos para a atividade empresarial brasileira. Verifica-se, assim, que o descaminho não pode ser equiparado aos crimes materiais contra a ordem tributária, o que revela a impossibilidade de que o agente acusado da prática do crime de descaminho tenha a sua punibilidade extinta pelo pagamento do tributo. Ademais, o art. 9º da Lei n. 10.684/2003 prevê a extinção da punibilidade pelo pagamento dos débitos fiscais apenas no que se refere aos crimes contra a ordem tributária e de apropriação ou sonegação de contribuição previdenciária – arts. 1º e 2º da Lei n. 8.137/90, 168-A e 337-A do CP. Nesse sentido, se o crime de descaminho não se assemelha aos crimes acima mencionados, notadamente em razão dos diferentes bens jurídicos por cada um deles tutelados, inviável a aplicação analógica da Lei n. 10.684/2003" (RHC n. 43.558/SP, rel. Min. Jorge Mussi).

Demais disso, por ser o crime de descaminho formal, irrelevante o questionamento do pagamento do tributo para fins de extinção da punibilidade, já que para a sua consumação independe da constituição definitiva do crédito.

3.4. Desnecessidade do esgotamento da via administrativa

O crime de descaminho, como sedimentado, possui natureza jurídica de crime formal, consumando-se no momento em que a mercadoria irregular adentra em território nacional.

O objetivo do legislador é proteger a Administração Pública em seus mais diversos matizes, ou seja, proteção não só do sistema arrecadatório estatal – o que permite certa aproximação com os delitos contra a ordem tributária –, mas principalmente a tutela das atividades comerciais de maneira isonômica, nunca podendo ser esquecido o intento de se fortalecer o comportamento probo e íntegro daqueles que se relacionam com a coisa pública.

A jurisprudência do Pretório Excelso, por meio da Súmula Vinculante n. 24, ressaltou que a ausência de constituição definitiva do crédito tributário impede a persecução penal dos crimes materiais contra a ordem tributária. Entretanto, sendo o crime de descaminho formal, consuma-se com a conduta de iludir o pagamento de tributo e não se exige o esgotamento da via administrativa para a sua consecução, sendo inaplicável, portanto, o teor da referida Súmula vinculante (STF, *HC* n. 122.325, 2ª T., rel. Min. Gilmar Mendes, *DJ* 11.06.2014).

Não é raro, entretanto, nos depararmos com alegações de ausência de justa causa da ação penal no crime de descaminho, ante o fundamento da não ocorrência do lançamento fiscal definitivo, o que seria requisito essencial para se perquirir acerca de eventual conduta criminosa. Todavia, como consignado acima, não há necessidade de prévia constituição do crédito tributário como justa causa para instauração da ação penal (STJ, RHC n. 201600195011, 5ª T., rel. min. Félix Fischer, *DJ* 31.08.2016).

Não há necessidade de encerramento do procedimento administrativo fiscal para que haja condenação como condição de tipicidade, haja vista a independência das instâncias administrativa e penal. Ademais, a Súmula n. 560 do Supremo Tribunal Federal, que estendia aos crimes de contrabando e descaminho a extinção da punibilidade pelo pagamento de tributos, foi cancelada (TRF3, Processo n. 0000454-03.2019.403.6108, 11ª T., rel. Des. Fed. Nino Toldo, *e-DJF3 Judicial* 1 05.02.2020).

3.5. Independência de instâncias. Não afastamento da tipicidade pelo fato de que a instância administrativa determinou o perdimento dos bens apreendidos

Cumpre salientar a completa autonomia de instâncias (penal, administrativa, cível e tributária), de modo que o fato de a Administração aplicar a pena de perdimento às mercadorias que eventualmente forem apreendidas na posse do agente – na realidade, tal penalidade tem cunho estritamente aduaneiro, encontrando-se seu fundamento de validade no Decreto-lei n. 37, de 18.11.1966, que dispõe sobre o Imposto de Importação (II) e especialmente reorganiza os serviços aduaneiros no país, ato normativo este que acabou sendo regulamentado pela Administração Pública por meio da edição do Decreto n. 6.759, de 05.02.2009, que, por seu turno, regulamentou as atividades aduaneiras e a fiscalização, o controle e a tributação das operações de comércio exterior – não tem o condão de obstar a responsabilização na esfera penal.

A regulamentação aduaneira sofreu alteração pela entrada em vigor da Lei n. 14.651, de 23.08.2023, que dispõe sobre a aplicação e o julgamento da pena de perdimento de mercadoria, veículo e moeda; contudo, essa normatização não se relaciona à incidência penal do crime de descaminho.

Em razão de ser plenamente possível que uma única conduta reverbere nos campos penal, cível, administrativo e tributário, a conclusão imposta pelo ordenamento jurídico para cada uma de tais searas, de regra, não impacta nas demais, sendo que a imposição da pena de perdimento de mercadoria importada (de matiz eminentemente aduaneira) não possui o condão de afastar a tipicidade do crime de descaminho (cuja precípua função está em punir, no campo criminal, a execução de atos que culminem na ilusão de tributos nas hipóteses tratadas pelo preceito primário do art. 334 do Código Penal). Corroborando o ora exposto: TRF3, ACR n. 0001893-14.2017.4.03.6110, 5ª T., rel. Des. Fed. André Nekatschalow, *DJ* 28.06.2019.

3.6. Da competência federal

Definido no art. 109 da Constituição Federal de 1988, é competência dos juízes federais o julgamento de infrações penais praticadas em detrimento de bens, serviços ou interesse da União ou de suas entidades autárquicas ou empresas públicas (inciso IV).

Especificamente no que tange ao crime de descaminho, o bem jurídico tutelado não se restringe aos valores a que tem direito a receber a Fazenda Pública, mas também abarca a própria Administração Pública, sua moralidade, bem como os valores da livre concorrência, portanto, não apenas o caráter patrimonial visa ser resguardado, considerando que o delito em comento atinge igualmente o aspecto do interesse público (caráter dúplice).

Nessa toada, o delito de descaminho, assim como o de contrabando, é de competência federal, independentemente da existência de indícios de transnacionalidade na internacionalização da mercadoria estrangeira no país (STJ, CC n. 160.748/SP, 3ª Seção, rel. Min. Sebastião Reis Júnior, *DJ* 04.10.2018).

3.7. Fixação da competência em hipótese de apreensão de mercadoria em trânsito

3.7.1. Súmula n. 151 do STJ

Este enunciado preconiza que "a competência para o processo e julgamento por crime de contrabando ou descaminho define-se pela prevenção do Juízo Federal do lugar da apreensão dos bens".

A 2ª Câmara de Coordenação e Revisão do Ministério Público Federal, na 179ª Sessão Virtual de Coordenação, de 27.04.2020, aprovou o Enunciado n. 95, nos seguintes termos: "É da atribuição do membro do Ministério Público Federal oficiante no local do domicílio do investigado a persecução penal dos crimes de descaminho, contrabando, tráfico internacional de drogas ou contra a saúde pública, quando a importação irregular ocorrer via postal ou seja resultante de comércio eletrônico, hipóteses diversas daquelas verificadas nos precedentes de 1994 e 1995 que motivaram a edição da Súmula n. 151 do STJ".

Assim, se o envio das mercadorias ocorreu por meio de transportadora e o investigado reside em outro município, a competência para analisar o feito e decidir sobre as providências penais cabíveis é da Procuradoria da República no Município onde se localiza a sede da empresa adquirente do produto.

De certo, em julgado proferido no Conflito de Competência de n. 172.392/PR, na data de 24.06.2020, a 3ª Seção do Superior Tribunal de Justiça relativizou a aplicação da Súmula n. 151, nos seguintes termos: "[...] 1. O presente conflito de competência deve ser conhecido, por se tratar de incidente instaurado entre juízos vinculados a Tribunais distintos, nos termos do art. 105, I, *d*, da Constituição Federal – CF. 2. Consta dos autos que foi encaminhada ao Ministério Público Federal no Paraná uma Representação Fiscal Para Fins Penais em face da empresa [...], com sede na cidade de Cajamar/SP. Conforme procedimento administrativo, durante operação de repressão ao contrabando e descaminho, servidores da Receita Federal do Brasil, de ofício, em procedimento de fiscalização aduaneira na área urbana de Curitiba/PR, autuaram a [...] porque, na abordagem da transportadora [...] encontraram mercadorias de origem estrangeira, de responsabilidade da empresa autuada, desprovidas de documentação comprobatória de regular introdução no país. 3. O núcleo da controvérsia consiste em avaliar a aplicabilidade da Súmula n. 151 do STJ – que fixa a competência do Juízo Federal do local da apreensão dos bens nos crimes de contrabando e descaminho – ou a conveniência de fixação da competência do Juízo Federal do local da sede da empresa importadora, em razão da facilidade de colheita de provas e em prestígio ao princípio da celeridade processual. 4. A apreensão ocorrida em locais distantes da sede da empresa importadora, quando a mercadoria está em trânsito quer por meio do correio, quer por meio de transportadora particular, enseja a notificação postal do fato, como ocorreu no caso concreto. De igual forma, todos os atos necessários à investigação da possível ocorrência do delito serão realizados à distância. 'Em situações excepcionais, a jurisprudência desta Corte tem admitido a fixação da competência para o julgamento do delito no local onde tiveram início os atos executórios, em nome da facilidade para a coleta de provas e para a instrução do processo, tendo em conta os princípios que atendem à finalidade maior do processo que é a busca da verdade real' (CC n. 151.836/GO, 3ª S., rel. Min. Reynaldo Soares da Fonseca, *DJe* 26.06.2017). 5. Os paradigmas que ensejaram a redação da Súmula n. 151/STJ tratavam de contrabandos e descaminhos realizados por pessoas que se deslocavam para o Paraguai a fim de lá adquirirem mercadorias para revendê-las no Brasil. Todos os conflitos que precederam o verbete sumular foram instaurados entre o Juízo Federal de Foz do Iguaçu/PR e os Juízos Federais do local de apreensão das mercadorias. Assim, nos idos de 1995 e 1996, para fins de definição da competência para a persecução penal muito se discutia acerca da natureza jurídica dos delitos de contrabando e descaminho, ou seja, se o crime era instantâneo ou instantâneo de efeitos permanentes. Todavia, a par de tal discussão havia uma preocupação pragmática acerca da eficiência na colheita de provas. A divergência de precedentes foi pacificada com a edição da Súmula n. 151/STJ. Naquela oportunidade concluiu-se que não seria producente concentrar todas as ações penais de contrabando e descaminho em Foz do Iguaçu/PR, local onde acontecia de forma recorrente o ingresso irregular da mercadoria no território nacional, mas distante, na maior parte das vezes, do local de apreensão da mercadoria, o que dificultava a colheita de provas. Observe-se que os delitos daqueles casos eram praticados pelos chamados sacoleiros ou camelôs e não por empresas regularmente constituídas e com sede em endereço conhecido. Prevaleceu o entendimento de que ‘a regra do art. 70, do Código de Processo Penal, encerra um princípio que busca a atuação do Estado no espaço social em que houve a quebra do equilíbrio e da harmonia causada pelo crime. Por isso, a exegese do mencionado preceito legal deve situar-se numa visão teleológica, de modo a alcançar os verdadeiros objetivos do comando social.’ Constata-se que a Súmula n. 151/STJ objetivou sobretudo prestigiar ‘o princípio da utilidade, um dos fundamentos basilares do processo judicial, que é instrumento que busca, em suma, a verdade real’ (CC n. 12.257-0/PR, 3ª S., rel. Min. Vicente Leal, *DJ* 08.05.1995). 6. No caso em análise, à luz da mesma interpretação teleológica do art. 70 do Código de Processo Penal – CPP que inspirou a Súmula n. 151/STJ, na singularidade do caso concreto, em que o delito de descaminho em tese praticado foi constatado em procedimento de fiscalização aduaneira, quando a mercadoria encontrava-se em trânsito em local distante da sede da empresa importadora, excepcionalmente, deve ser fixada a competência do Juízo do local da sede da pessoa jurídica, onde haverá maior facilidade de colheita de provas bem como do exercício da ampla defesa. 7. Conflito conhecido para declarar competente o Juízo Federal da 1ª Vara de Jundiaí – SJ/SP, o suscitante" (STJ, CC n. 172.392/PR, 3ª S., rel. Min. Joel Ilan Paciornik, v.u., j. 24.06.2020, *DJe* 29.06.2020).

Portanto, segundo entendimento atual adotado pelo C. Superior Tribunal de Justiça, no caso de descaminho constatado em procedimento de fiscalização aduaneira, quando a mercadoria apreendida estiver em trânsito, deverá ser fixada a competência para apreciação e julgamento do feito no juízo do local da sede da pessoa jurídica importadora a fim de maior facilidade para a colheita de provas, bem como para o exercício da ampla defesa.

3.7.2. Competência territorial (relativa)

Ainda que se desconsiderasse a questão da relativização da incidência da Súmula n. 151 do STJ, há que mencionar que o tema afeto à competência territorial possui natureza relativa, razão pela qual deve ser alegada a tempo e a modo previstos no ordenamento (qual seja, no prazo de defesa e por meio do protocolo de "Exceção de Incompetência" – art. 108 do Código de Processo Penal: "A exceção de incompetência do juízo poderá ser oposta, verbalmente ou por escrito, no prazo de defesa"), sob pena de prorrogar-se com a consequente preclusão da questão. Aliás, justamente porque a natureza jurídica da competência territorial é relativa, entendeu por bem o C. Superior Tribunal de Justiça firmar posicionamento, ainda nos idos de 1991, no sentido de ser defeso ao magistrado, de ofício, declarar-se incompetente em tal contexto (Súmula n. 33/STJ: "a incompetência relativa não pode ser declarada de ofício").

A propósito, encampando a argumentação declinada acima, *vide* os julgados que seguem tanto da lavra do C. Superior Tribunal de Justiça como do TRF3: "[...] 1. Embora o Código de Processo Penal seja omisso no tocante à competência relativa, seu art. 3º admite a utilização de ‘interpretação extensiva e aplicação analógica, bem como o suplemento dos princípios gerais de direito.’ Como decorrência, mostra-se perfeitamente possível aplicar o Código de Processo Civil, para, de forma subsidiária, reconhecer a possibilidade de modificação de competência em razão do território (art. 102 do CPC), assim como a perpetuação da jurisdição (art. 87 do CPC), caso a competência relativa não seja arguida a tempo e modo. 2. O questionamento sobre o Juízo Federal competente para julgar ação penal em que o réu é acusado de ter cometido estelionato previdenciário em proveito próprio envolve apenas competência territorial relativa, já que a competência absoluta da Justiça Federal para o julgamento da ação penal não é posta em dúvida. 3. A competência em razão do local é relativa, não podendo ser decretada de ofício. Enunciado n. 33 da Súmula do STJ. Precedentes desta Corte. 4. Conflito negativo conhecido para declarar a competência do Juízo Federal da 4ª Vara Criminal da Seção Judiciária do Rio de Janeiro/RJ, o suscitado" (STJ, CC n. 134.272, 3ª S., rel. Min. Reynaldo Soares da Fonseca, j. 14.10.2015, *DJe* 02.12.2015).

Em idêntico sentido: "[...] 1. A acusação imputou ao réu a prática do delito de estelionato em detrimento da Caixa Econômica Federal, nos termos do art. 171, § 3°, do Código Penal. 2. Considerando que a Caixa Econômica Federal arcou com o prejuízo decorrente dos empréstimos bancários fraudulentos, não resta dúvida que o juízo competente seria do local onde se situa a Agência Brooklin da Caixa Econômica Federal localizada no município de São Paulo/Capital. 3. Contudo, após o encerramento da instrução processual penal é vedado ao magistrado, de ofício, declinar a competência territorial, que possui natureza relativa. 4. Conflito procedente para declarar competente o Juízo Federal da 1ª Vara de Catanduva/SP" (TRF3, CJ n. 5003809-03.2022.4.03.6181, 4ª S., Des. Fed. José Lunardelli, j. 16.12.2022, publ. 20.12.2022).

Portanto, em se tratando de competência de natureza relativa, deve ser alegada a tempo e a modo previstos no ordenamento, sob pena de prorrogar-se com a consequente preclusão da questão, sendo defeso ao magistrado, de ofício, declarar-se incompetente em tal contexto.

3.8. Licitude de prova e busca veicular

Uma questão que reiteradamente tem sido objeto de discussão refere-se à localização de produtos descaminhados/contrabandeados ou objetos de crimes de outra espécie por ocasião de busca veicular feita por agentes estatais no regular desempenho da atividade policial (em atividades de fiscalização ou em caso de acidente envolvendo veículo).

Ao flagrarem a prática delitiva, não há outra conduta a ser adotada pelos policiais para coibi-la que não a comunicação de sua ocorrência à autoridade policial competente, sob pena de, agindo de forma diversa, incorrerem em prevaricação. Esse foi o entendimento adotado, em 07.06.2022, pela Sexta Turma do C. STJ. Confira-se: "[...] 3. Não foi demonstrada a existência de indícios de que, no momento do acidente, havia situação de flagrância, aptos a autorizar, em caso de crime permanente, o ingresso dos policiais no caminhão (domicílio) do Acusado independentemente de prévio mandado judicial. 4. Entretanto, considerado o contexto fático do caso concreto, não há falar em ilicitude das provas, pois o ingresso no caminhão e subsequente encontro do artefato bélico decorreu do natural desdobramento da atividade policial no contexto de prestação de socorro a Vítima envolvida em acidente automobilístico, o que encontra amparo no inciso XI do art. 5º da Constituição Federal. 5. Ao flagrar a prática delitiva, era dever dos policiais atuar, ainda que de ofício, para coibi-la e comunicá-la aos órgãos competentes, sob pena de prevaricação e, por conseguinte a condenação, por outros fundamentos, deve ser mantida incólume. 6. Recurso especial parcialmente conhecido e, nessa extensão, desprovido" (REsp n. 1.859.003/SP, 6ª T., rel. Min. Laurita Vaz, *DJe* 13.06.2022).

Vale destacar que a abordagem levada a efeito por policiais militares é inerente à atividade policial, agindo os agentes estatais no cumprimento do dever insculpido no art. 144 da Constituição Federal, *in verbis*: "Art. 144. A segurança pública, dever do Estado, direito e responsabilidade de todos, é exercida para a preservação da ordem pública e da incolumidade das pessoas e do patrimônio, através dos seguintes órgãos: I – polícia federal; II – polícia rodoviária federal; III – polícia ferroviária federal; IV – polícias civis; V – polícias militares e corpos de bombeiros militares. § 1º A polícia federal, instituída por lei como órgão permanente, estruturado em carreira, destina-se a: I – apurar infrações penais contra a ordem política e social ou em detrimento de bens, serviços e interesses da União ou de suas entidades autárquicas e empresas públicas, assim como outras infrações cuja prática tenha repercussão interestadual ou internacional e exija repressão uniforme, segundo se dispuser em lei; II – prevenir e reprimir o tráfico ilícito de entorpecentes e drogas afins, o contrabando e o descaminho, sem prejuízo da ação fazendária e de outros órgãos públicos nas respectivas áreas de competência; III – exercer as funções de polícia marítima, aérea e de fronteiras; IV – exercer, com exclusividade, as funções de polícia judiciária da União. § 2º A polícia rodoviária federal, órgão permanente, estruturado em carreira, destina-se, na forma da lei, ao patrulhamento ostensivo das rodovias federais. § 3º A polícia ferroviária federal, órgão permanente, estruturado em carreira, destina-se, na forma da lei, ao patrulhamento ostensivo das ferrovias federais. § 4º Às polícias civis, dirigidas por delegados de polícia de carreira, incumbem, ressalvada a competência da União, as funções de polícia judiciária e a apuração de infrações penais, exceto as militares. § 5º Às polícias militares cabem a polícia ostensiva e a preservação da ordem pública; aos corpos de bombeiros militares, além das atribuições definidas em lei, incumbe a execução de atividades de defesa civil [...]".

Remarque-se, portanto, ser permitida a abordagem policial nos municípios, estradas e rodovias com o propósito de se verificar se o veículo está de acordo com todas as exigências legais, sendo normal, e até esperado, que em averiguações dessa natureza se analise itens de segurança e as demais condições em que transita, existindo, portanto, a possibilidade de os agentes policiais se depararem com o corpo de delito no porta-malas ou até em outras partes ocultas do veículo.

A legalidade das provas obtidas por meio de diligências dessa natureza é amplamente reconhecida pela jurisprudência, conforme se constata nos julgados a seguir: "2. Se o Tribunal de origem, mediante valoração do acervo probatório produzido nos autos, entendeu, de forma fundamentada, ser 'legítima' a abordagem policial questionada, tendo em vista o local e o horário em que o paciente foi abordado, não cabe a esta Corte análise acerca da alegada ausência de 'fundada suspeita', na medida em que demandaria exame detido de provas, inviável em sede de *writ*. 3. A abordagem policial decorre do poder de polícia inerente à atividade do Poder Público que, calcada na lei, tem o dever de prevenir delitos e condutas ofensivas à ordem pública. 4. Hipótese em que a ação dos policiais foi efetiva, pois resultou na prisão em flagrante do paciente por crime permanente, no qual não se exige mandado de busca e apreensão para sua efetivação. Precedentes. [...] 8. *Habeas corpus* não conhecido" (STJ, *HC* n. 385.110/SC, 5ª T., rel. Min. Ribeiro Dantas, *DJe* 14.06.2017).

Nesse mesmo sentido: "1. Não se vislumbra a ilicitude da prova da existência do crime, já que as mercadorias apreendidas foram descobertas em mera fiscalização de rotina realizada por Policiais Militares Rodoviários, em horário, rota e forma comumente utilizados no transporte clandestino de mercadorias" (TRF3, Recurso em Sentido Estrito n. 5000981-68.2019.4.03.6139, 5ª T., rel. Des. Fed. Paulo Gustavo Guedes Fontes, Intimação via sistema 12.05.2021).

Contrabando

Art. 334-A. Importar ou exportar mercadoria proibida:

Artigo acrescentado pela Lei n. 13.008, de 26.06.2014.

Pena – reclusão, de 2 (dois) a 5 (cinco) anos.

§ 1º Incorre na mesma pena quem:

I – pratica fato assimilado, em lei especial, a contrabando;

II – importa ou exporta clandestinamente mercadoria que dependa de registro, análise ou autorização de órgão público competente;

III – reinsere no território nacional mercadoria brasileira destinada à exportação;

IV – vende, expõe à venda, mantém em depósito ou, de qualquer forma, utiliza em proveito próprio ou alheio, no exercício de atividade comercial ou industrial, mercadoria proibida pela lei brasileira;

V – adquire, recebe ou oculta, em proveito próprio ou alheio, no exercício de atividade comercial ou industrial, mercadoria proibida pela lei brasileira.

§ 2º Equipara-se às atividades comerciais, para os efeitos deste artigo, qualquer forma de comércio irregular ou clandestino de mercadorias estrangeiras, inclusive o exercido em residências.

§ 3º A pena aplica-se em dobro se o crime de contrabando é praticado em transporte aéreo, marítimo ou fluvial.

---

1. COMENTÁRIO

1.1. Notas introdutórias

A Lei n. 13.008, de 26.06.2014, atribuiu redação ao art. 334 do CP e acrescentou-lhe o art. 334-A, passando os crimes de descaminho e contrabando a serem tratados em artigos distintos.

Não houve alteração substancial quanto aos tipos penais. O delito de contrabando, em linhas gerais, foi realocado para o art. 334-A do CP, bem como teve a sua pena base majorada (reclusão, de 2 a 5 anos).

1.2. Objetividade jurídica

O bem jurídico tutelado é a própria Administração Pública, a sua moralidade, o erário público, sendo certo que o espectro de proteção não se restringe ao interesse arrecadador do Estado, mais do que isso, valores outros como o controle do ingresso e saída de mercadorias do país, o produto nacional, a livre concorrência e a própria saúde (cite-se o exemplo de cigarros contrabandeados).

1.3. Sujeitos

O sujeito ativo é qualquer pessoa, tratando-se, pois, de crime comum, podendo ser perpetrado, inclusive, por funcionário público, desde que não seja detentor do dever funcional de fiscalizar e reprimir o contrabando, porquanto, nesta hipótese, os fatos subsomem-se à norma do art. 318 do CP (facilitação de contrabando ou descaminho). Ausente esse dever, a conduta do funcionário público amolda-se ao crime delineado no art. 334-A do CP, na condição de coautor ou partícipe.

O sujeito passivo é o Estado.

1.4. Análise da(s) conduta(s) descrita(s) no tipo

O contrabando diz respeito à entrada ou saída de mercadoria proibida por lei (parcial ou relativamente), propiciando um enorme impacto não só em face da Administração Pública, mas também em ordens outras, como a social, sendo, portanto, de enorme gravidade.

É possível entrever da leitura do *caput* do art. 334-A do CP que são duas as condutas incriminadas consubstanciadas nas ações de "importar ou exportar".

Importar ou exportar mercadoria proibida consiste no ato de fazer entrar ou sair do território nacional (compreendido este em todos os seus limites geográficos, sejam eles territoriais, marítimos ou aéreos), bem móvel, cuja proibição é fornecida por uma norma complementar, elencando quais as mercadorias que não são permitidas, tratando-se, pois, de norma penal em branco.

Cumpre revelar que essa proibição pode ser absoluta ou relativa. Na primeira hipótese, o bem móvel não poderá sair ou entrar no país de forma alguma, em decorrência da sua própria natureza. Na segunda, a proibição vem condicionada a certos critérios e geralmente é temporária, ou seja, a mercadoria pode circular no país desde que preenchidos alguns requisitos. Cite-se, como exemplo, o objetivo de fomentar a indústria nacional quando se obsta a importação de certos produtos industrializados, bem ainda o de proteger a saúde, vedando-se o ingresso de certos alimentos atingidos por contaminação no exterior.

1.5. Elemento subjetivo

O elemento subjetivo é o dolo, não havendo previsão para a modalidade culposa.

1.6. Consumação e tentativa

No contrabando, a consumação se dá no momento em que a mercadoria proibida ingressa no país – caracterizando a importação – ou quando ultrapassa os seus limites territoriais, o que implica na exportação, devendo salientar que no caso de o contrabando ser perpetrado via alfândega, a consumação ocorrerá com a liberação da mercadoria.

É consagrado o entendimento de que o contrabando consubstancia delito de índole essencialmente federal, a despeito da perquirição de indícios de transnacionalidade do crime. Se os produtos apreendidos foram contrafeitos em território nacional, não há que se cogitar no cometimento do crime de contrabando.

Incide na hipótese o princípio da legalidade estrita ou da taxatividade da norma penal, segundo o qual a conduta incriminada deve ser expressamente disposta pela lei em sentido estrito, não se admitindo equiparação ou ampliação para alcançar comportamentos não previstos pelo legislador.

Admite-se a tentativa com base na possibilidade de fracionamento do *iter criminis*.

A gradação da fração a incidir quando assentada a ocorrência de uma infração penal na forma tentada guarda relação com o quanto do *iter criminis* foi percorrido até o momento em que obstada a consecução do crime por circunstâncias alheias à vontade do agente.

Dessa forma, na situação de pouco tramitar do *iter criminis*, a fração redutora tenderá a ser próxima da maior possível prevista no parágrafo único do art. 14 do Código Penal (qual seja, 2/3); por outro lado, quanto mais percorrida a empreitada criminosa, menor o redutor a incidir na espécie (restando, assim, mais aproximado da fração de 1/3). Em hipótese de procedimento de importação realizado, por exemplo, com a carga praticamente internalizada no país, impedida, apenas, por ação fiscalizatória da Receita Federal, o percentual de diminuição da pena deve ser fixado no patamar de 1/3.

1.7. Figuras assemelhadas (§ 1º)

Observa-se que o Legislador Penal, ao redigir o § 1º do art. 334-A do CP, equiparou outras cinco condutas ao tipo penal descrito no *caput*, tendo-lhes atribuído a mesma pena.

O inciso I do § 1º do art. 334-A do CP versa acerca da prática de fato assimilado, em lei especial, a contrabando, tratando-se, mais uma vez, de norma penal em branco, já que o complemento é trazido pelas normas especiais.

Quanto às leis especiais, vale destacar, como exemplo, o art. 39 do DL n. 288, de 28.02.1967, considerando contrabando a saída de mercadorias da Zona Franca de Manaus sem a autorização legal expedida pelas autoridades competentes.

Também cumpre registrar que os arts. 2º e 3º, ambos do DL n. 399, de 30.12.1968, incluem entre os fatos assimilados ao contrabando o transporte de cigarros de procedência estrangeira, não se verificando da tipificação contida no art. 334-A, § 1º, I, do CP, complementada por força do referido Decreto-lei, qualquer ofensa aos princípios da taxatividade da lei penal e da estrita legalidade exigida na seara criminal.

Verifica-se que a técnica de construção de tipos penais por meio da alocação de norma penal em branco é praxe por demais recorrente no Direito Penal brasileiro, não havendo precedentes que a refute em razão de pretensa ofensa ao princípio da taxatividade da lei penal ou a qualquer outro postulado incidente em matéria penal. Aliás, pode ser citado, apenas a título ilustrativo, que a construção legal do tipo penal que tipifica o tráfico de drogas se utiliza de uma norma penal em branco no que tange à conceituação do que deve ser compreendido (ou não) como droga, não havendo cogitação de que o art. 33 da Lei n. 11.343/2006 seria inconstitucional ou ilegal à luz do princípio da taxatividade que deve recair sobre a lei penal.

Não há que se falar, ainda, em ofensa ao princípio da legalidade amparado no argumento de que o DL n. 399/68 não poderia ser considerado lei a adimplir o elemento normativo "lei especial" constante do art. 334-A, § 1º, I, do CP. Isso porque a natureza jurídica de mencionado ato normativo deve ser perquirida com supedâneo na Ordem Constitucional então vigente ao tempo de sua edição. Nessa toada, o Decreto-lei mencionado foi editado tendo como base a previsão normativa contida no art. 2º, § 1º, do Ato Institucional n. 5/68, segundo o qual a competência para legislar encontrava-se atribuída ao então Presidente da República, que acabou por editar o ato normativo mencionado possuidor de força de lei em razão da Ordem Constitucional reinante à época. Assim, impossível acolher qualquer ilação no sentido de não reconhecer força de lei a ato normativo que foi editado sob o pálio do que se considerava devido processo legal legislativo nos idos do final do ano de 1968.

Ademais, a Constituição Federal de 1988 recepcionou os decretos-leis editados ao tempo do Regime Militar com o efetivo *status* de lei (como se tivessem sido editados pelo Parlamento), desde que compatíveis com a nova ordem, inferência esta constatável a partir da plena vigência, nos dias atuais, tanto do CP (DL n. 2.848, de 07.12.1940) como do CPP (DL n. 3.689, de 03.10.1941). Poder-se-ia alegar que esses dois últimos diplomas normativos indicados não são contemporâneos ao último período de exceção vivido no Brasil (no qual editado o DL n. 399/68) e, assim, a argumentação ora tecida seria impertinente. Todavia, importante ser relembrado que os Decretos-leis citados (de 1940 e de 1941) foram produzidos também sob estado de exceção constitucional, o que ficou conhecido historicamente como "Estado Novo", momento em que o Presidente da República ostentava a plena competência de legislar por meio da edição de decretos-leis a teor do art. 180 da Constituição de 1937.

Ainda que formalmente o DL n. 399/68 ostente o *nomen juris* de "Decreto-Lei", infere-se que sua recepção pela Ordem Constitucional inaugurada a partir de 05.10.1988 se deu com a natureza jurídica de efetiva lei ordinária e, nesse passo, nota-se a plena possibilidade de preenchimento do elemento normativo ("lei especial") contido no art. 334-A, § 1º, I, do CP, por meio do conteúdo constante daquele originário Decreto-lei do ano de 1968, cujo objetivo estava em dispor acerca de regras de fiscalização de mercadorias de procedência estrangeira relacionadas com o fumo, cabendo salientar que seu art. 2º delegava tais expedientes à competência do Ministro da Fazenda, que deveria editar regramentos dispondo sobre medidas especiais de controle fiscal para o desembaraço aduaneiro, para a circulação, para a posse e para o consumo de fumo, charuto, cigarrilha e cigarros de procedência estrangeira.

Outrossim, consigne-se que a recepção em tela também ocorreu sob o aspecto material, uma vez que seu conteúdo se coaduna com os valores que a Constituição Federal de 1988 procura fazer prevalecer: proteção à saúde pública, sem se descurar, ademais, do cuidado dispensado à ordem econômica e fiscal.

O art. 3º do DL n. 399/68 é textual ao indicar que aqueles que desafiarem as medidas baixadas pelo Ministro da Fazenda atinentes ao desembaraço aduaneiro, à circulação, à posse e ao consumo de fumo, de charuto, de cigarrilha e de cigarros de procedência estrangeira por meio da aquisição, do transporte, da venda, da exposição à venda, da manutenção em depósito, da posse ou simplesmente do consumo incorrem nas penas previstas no art. 334 do CP (remissão referente à pretérita redação do art. 334, que tipificava no mesmo artigo tanto a conduta de contrabando como a de descaminho, devendo, atualmente, o preceito indicado ser lido como se houvesse a indicação do art. 334-A, por força da sobrevinda da Lei n. 13.008/2014).

Portanto, impossível cogitar-se de qualquer ofensa ao princípio da estrita legalidade penal, uma vez que o sistema penal atualmente vigente permite a complementação de uma norma incriminadora por outra (por meio da aquiescência à figura da "norma penal em branco"), sendo que o complemento normativo exigido pelo inciso I do § 1º do art. 334-A do CP (expressão "lei especial") é executado exatamente pela conjunção dos arts. 2º e 3º, ambos do DL n. 399/68, que foram recepcionados pela Ordem Constitucional de 1988 com o *status* de lei ordinária federal.

O mero transporte de cigarros de origem estrangeira configura o cometimento do crime em estudo, pois o art. 334-A, § 1º, I, do CP prescreve que incorre na mesma pena estipulada para o crime de contrabando aquele que praticar fato assimilado previsto em lei especial. Portanto, o DL n. 399/68, em seus arts. 2º e 3º, complementa a norma prevista no art. 334-A do Código Penal, englobando o transporte de mercadoria proibida pela lei, sendo desnecessário que o agente transportador seja o proprietário da mercadoria ou que a tenha introduzido no país.

Não há a necessidade de que o agente tenha participado da internação do produto proibido no país para que esteja configurado o crime de contrabando, bastando o cometimento da conduta de transportar cigarros de origem estrangeira sem a regular documentação de importação da mercadoria (TRF3, Ap. Crim. n. 5005073-11.2021.4.03.6110, 5ª T., rel. Des. Fed. Paulo Gustavo Guedes Fontes, Intimação via sistema 15.08.2022).

O fato de não ser o proprietário das mercadorias não afasta a responsabilidade do acusado pela prática do crime de contrabando. Com efeito, comprovado que ele contribuiu, de forma consciente, para a prática do crime, ainda que como motorista não proprietário da carga, responde por ele, nos termos do art. 29 do Código Penal (TRF3, Processo n. 0000273-60.2018.4.03.6003, 11ª T., rel. Des. Fed. Nino Toldo, publ. 22.03.2021).

Portanto, ainda que a conduta seja a de transportar cigarros estrangeiros, independentemente de ter ou não auxiliado na introdução irregular da mercadoria no território nacional, tem-se a configuração do crime de contrabando.

A tipificação desse delito também resta configurada no caso de recebimento da mercadoria, ainda que a conduta tenha se resumido a efetuar o transbordo de um local para outro.

Ainda que os agentes argumentem que não tinham conhecimento do caráter proibitivo da carga e que desconheciam o tipo de carga que foram contratados para baldear e transportar, "a situação de ignorância dissipou-se a partir do momento em que começaram a executar a atividade acordada. Quando da prisão em flagrante, os réus já estavam praticando a conduta por tempo hábil a terem conhecimento do conteúdo da carga a ser transportada" (TRF3, Ap. Crim. n. 0005163-10.2008.4.03.6127, 5ª T., rel. Des. Fed. Paulo Gustavo Guedes Fontes, *DJEN* 11.05.2023).

O elemento subjetivo do delito é representado pelo dolo, consistente na vontade livre e consciente de o agente perpetrar fato assimilado, em lei especial, a contrabando. Na ocorrência de qualquer um desses fatos, dá-se o crime por consumado. É admissível a tentativa.

O inciso II do § 1º do art. 334-A do CP comina idêntica pena a quem "importa ou exporta clandestinamente mercadoria que dependa de registro, análise ou autorização de órgão público competente", bem ainda o inciso III a quem "reinsere no território nacional mercadoria brasileira destinada à exportação".

Na primeira hipótese, cite-se o caso da importação de alguns alimentos sem autorização da vigilância sanitária. Na segunda hipótese, exemplifique-se com os cigarros produzidos no Brasil e que são destinados à exportação, não podendo ser reintroduzidos no país (questão de política tributária).

Portanto, as mercadorias produzidas no Brasil e destinadas exclusivamente à exportação não podem ser reintroduzidas no país, porquanto proibida a sua importação.

A seu turno, o inciso IV do § 1º do art. 334-A do CP comina a mesma pena do contrabando a quem "vende, expõe à venda, mantém em depósito ou, de qualquer forma, utiliza em proveito próprio ou alheio, no exercício da atividade comercial ou industrial, mercadoria proibida pela lei brasileira".

O texto legal estabelece que a conduta tipificada se dê por meio de atividade comercial ou industrial, tendo equiparado às atividades comerciais (§ 2º do art. 334-A do CP) o comércio irregular ou clandestino de mercadorias estrangeiras, inclusive o exercido em residências, quedando-se inerte, no entanto, quanto à equiparação relativa às atividades industriais.

Como se vê, o legislador abarcou inclusive a conduta daqueles que laboram na clandestinidade, como é o caso dos vendedores ambulantes e camelôs, e não só a dos comerciantes regularmente estabelecidos.

Interpreta-se, portanto, que o agente do delito, necessariamente, deve atuar como comerciante ou industrial para que haja a subsunção dos fatos à norma. Por este raciocínio, em se tratando de uma exigência profissional, inerente se faz às atividades em questão as características de *continuidade* ou *habitualidade*. Estas detêm a função de excluir dos cuidados desta alínea aquelas atividades que se constituam num ato único, isolado.

O elemento subjetivo do delito é representado pelo dolo.

A consumação é concretizada por meio da venda, depósito ou utilização, em proveito próprio ou alheio, no exercício de atividade comercial ou industrial (ainda que exercida na clandestinidade), de mercadoria proibida pela lei brasileira. É admissível a tentativa.

Por fim, o inciso V diz respeito à receptação de produto de contrabando, tendo sido descrita a conduta de quem "adquire, recebe ou oculta, em proveito próprio ou alheio, no exercício de atividade comercial ou industrial, mercadoria proibida pela lei brasileira".

Tal conduta corresponde ao crime de receptação (art. 180, CP), no entanto, prevalece diante da sua especialidade.

A extensão do conceito de prática comercial trazida pelo § 2º do art. 334-A do CP, também é cabível para esta hipótese, sendo pressuposto, portanto, que o agente atue como comerciante ou industrial, exigindo-se, ainda, a habitualidade das atividades.

O elemento subjetivo do tipo é o dolo.

É admissível a tentativa.

1.8. Causa de aumento de pena (§ 3º)

O § 3º do art. 334-A do CP, com a redação conferida pela Lei n. 13.008/2014, dispõe a aplicação em dobro da pena no caso de o delito ser perpetrado por meio de transporte aéreo, marítimo ou fluvial.

As expressões "marítimo" e "fluvial" foram acrescentadas pela lei supramencionada, porquanto a anterior ficava adstrita à aplicação da pena em dobro tão somente quando o contrabando fosse perpetrado via transporte aéreo.

O motivo da aplicação da majorante, na antiga redação, seria a maior problemática existente na fiscalização das aeronaves e do grande fluxo de mercadorias por essa via, ficando à revelia outras formas de transportes igualmente muito utilizadas, fato que ensejava diversos conflitos jurídicos.

Na primeira edição desta obra, vinha entendendo que essa majorante só seria plausível quando justificada a dificuldade em exercer o controle alfandegário, o que seria factível de observarmos em importações ou exportações advindas de aeronaves ou embarcações clandestinas, sob o fundamento de que não seria razoável estabelecer uma relação de igualdade entre voos e embarcações clandestinas e regulares, notadamente porque estes últimos possuiriam a seu dispor estruturas de fiscalização. No entanto, readequei meu posicionamento, como tratado anteriormente no item 1.8 do delito de descaminho (art. 334, CP), no sentido de que a referida majorante deve ser aplicada independentemente da clandestinidade do transporte, especialmente porque se a própria lei não faz esta distinção não caberia ao intérprete fazê-la.

Nesse sentido, a 4ª Seção do Tribunal Regional Federal da 3ª Região decidiu que: "o § 3º do art. 334 do Código Penal prevê causa de aumento de pena para o contrabando ou descaminho, devendo ser aplicada em dobro a pena do crime praticado em transporte aéreo, nos exatos termos da norma penal, que não estabeleceu qualquer distinção entre voo regular e clandestino" (EI n. 2014.61.19.007782-7/SP, 4ª S., rel. Des. Fed. André Nekatschalow, j. 21.02.2019). O Superior Tribunal de Justiça igualmente tem decidido ser irrelevante que o transporte seja clandestino ou regular, já que a própria lei não faz essa discriminação (*HC* n. 390.899/SP, 5ª T., rel. Min. Ribeiro Dantas, *DJ* 28.11.2017).

1.9. Classificação

Cuida-se de crime comum, doloso, formal, comissivo, de forma livre, instantâneo, pluriofensivo, unissubjetivo, unissubsistente ou plurissubsistente (a depender do caso concreto, se houver a possibilidade de fracionar o *iter criminis*).

2. JURISPRUDÊNCIA

2.1. Julgados

Contrabando de gasolina. Combustível. Princípio da insignificância. Inaplicabilidade

Agravo regimental no recurso especial. Art. 334 do CP. Contrabando de gasolina. Princípio da insignificância. Inaplicabilidade. I – Inaplicável o princípio da insignificância ao crime de contrabando de gasolina, uma vez que a importação desse combustível, por ser monopólio da União, sujeita-se à prévia e expressa autorização da Agência Nacional de Petróleo, sendo concedida apenas aos produtores ou importadores, de modo que sua introdução, por particulares, em território nacional, é conduta proibida. Precedentes. II – Agravo regimental improvido. (STJ, Ag. Reg. no AREsp n. 348.408/RR, 5ª T., rel. Min. Regina Helena Costa, *DJ* 24.02.2014)

Penal e processual penal. *Habeas corpus*. Contrabando de gasolina (art. 334, § 1º, *c*, CP). Princípio da insignificância. Inaplicabilidade. Necessidade, ou não, da prévia conclusão de procedimento administrativo fiscal antes da propositura da ação penal. Matéria não submetida à apreciação das instâncias precedentes. Supressão de instância. Vedação. Ordem denegada. 1. O princípio da insignificância incide quando presentes, cumulativamente, as seguintes condições objetivas: (a) mínima ofensividade da conduta do agente, (b) nenhuma periculosidade social da ação, (c) grau reduzido de reprovabilidade do comportamento, e (d) inexpressividade da lesão jurídica provocada. 2. A aplicação do princípio da insignificância deve, contudo, ser precedida de criteriosa análise de cada caso, a fim de evitar que sua adoção indiscriminada constitua verdadeiro incentivo à prática de pequenos delitos patrimoniais. 3. No crime de descaminho, o princípio da insignificância deve ser aplicado quando o valor do tributo sonegado for inferior a R$ 10.000,00 (dez mil reais), limite estabelecido no art. 20 da Lei n. 10.522/2002, na redação conferida pela Lei n. 11.033/2004, para o arquivamento de execuções fiscais. Todavia, ainda que o quantum do tributo não recolhido aos cofres públicos seja inferior a este patamar, não é possível a aplicação do aludido princípio quando tratar-se de crime de contrabando, tendo vem vista que, neste delito, não há apenas uma lesão ao erário e à atividade arrecadatória do Estado, mas também a outros interesses públicos. Precedentes: *HC* n. 110.841, 2ª T., rel. Min. Cármen Lúcia, *DJe* 14.12.2012; *HC* n. 110.964, 2ª T., rel. Min. Gilmar Mendes, *DJe* 02.04.2012; *HC* n. 100.367, 1ª T., rel. Min. Luiz Fux, *DJe* 08.09.2011. 4. *In casu*, conforme decidido pelas instâncias precedentes, a conduta praticada pelo paciente – ingressar no território nacional com 585 (quinhentos e oitenta e cinco) litros de gasolina proveniente da Venezuela, sem recolher aos cofres públicos o respectivo tributo, com o finalidade de revenda – amolda-se ao tipo de contrabando, provocando, além da lesão ao erário, violação à "política pública no país na área de energia, onde são reguladas produção, refino, distribuição e venda de combustíveis derivados do petróleo". 5. Destarte, em que pese o valor do tributo sonegado ser inferior ao limite estabelecido no art. 20 da Lei n. 10.522/2002, na redação conferida pela Lei n. 11.033/2004, não é possível aplicar-se o princípio da insignificância, porquanto trata-se de crime de contrabando. 6. A instauração de procedimento administrativo fiscal antes da propositura da ação penal sobre ser ou não necessária não foi submetida à apreciação das instâncias precedentes, razão pela qual é inviável o conhecimento do *habeas corpus* neste ponto, sob pena de supressão de instância. Precedentes: *HC* n. 100.616, 2ª T., rel. Min. Joaquim Barbosa, *DJ* 14.03.2011; *HC* n. 103.835, 1ª T., rel. Min. Ricardo Lewandowski, *DJ* 08.02.2011. 7. Ordem denegada. (STF, *HC* n. 116.242, 1ª T., rel. Min. Luiz Fux, *DJ* 16.09.2013)

Contrabando. Máquina de caça-níqueis. Princípio da insignificância. Inaplicabilidade

Recurso especial. Penal. Delito de contrabando. Máquinas caça-níqueis e materiais relacionados com a exploração de jogos de azar. Recurso ministerial. Princípio da insignificância. Inaplicabilidade. Ausência de demonstração da divergência. Recurso parcialmente conhecido e, nessa extensão, provido. 1. Para demonstrar o dissídio jurisprudencial, é indispensável o cotejo analítico de sorte a demonstrar a devida similitude fática entre os julgados recorrido e paradigma, o que não se verifica na espécie. 2. Considerando as peculiaridades do caso concreto, as condutas imputadas aos recorridos não se inserem na concepção doutrinária e jurisprudencial de crime de bagatela. 3. Com efeito, trata-se de contrabando de máquinas caça-níqueis, bem assim de outros materiais relacionados com a exploração de jogos de azar, por um grupo organizado e com atividades bem definidas. Na hipótese, não é possível considerar tão somente o valor dos tributos suprimidos, pois os atos imputados aos Acusados têm, ao menos em tese, relevância na esfera penal. 4. "A tipicidade penal não pode ser percebida como o trivial exercício de adequação do fato concreto à norma abstrata. Além da correspondência formal, para a configuração da tipicidade, é necessária uma análise materialmente valorativa das circunstâncias do caso concreto, no sentido de se verificar a ocorrência de alguma lesão grave, contundente e penalmente relevante do bem jurídico tutelado" (STF, *HC* n. 97.772/RS, 1ª T., rel. Min. Cármen Lúcia, *DJe* 19.11.2009). 5. Recurso parcialmente conhecido e, nessa extensão, provido. (STJ, REsp n. 1.212.946/RS, 5ª T., rel. Min. Laurita Vaz, *DJ* 11.12.2012)

Contrabando. Competência federal, independentemente da existência de indícios de transnacionalidade do crime

AGRCC – Agravo Regimental no Conflito de Competência – n. 161.282, 3ª Secão, rel. Min. Sebastião Reis Júnior, *DJe* 05.12.2018 (*vide* comentário ao art. 334).

Arma de pressão. Crime de contrabando

Agravo regimental no agravo em Recurso Especial. Impugnação ao fundamento da decisão atacada. Conhecimento do agravo. Arma de pressão. Importação não autorizada. Crime de contrabando. Princípio da insignificância. Inaplicabilidade. Agravo Regimental provido para conhecer do agravo em Recurso Especial, mas lhe negar provimento. 1. Reconhecida a impugnação a todos os fundamentos da decisão atacada, deve ser conhecido o agravo em recurso especial. 2. A importação de arma de pressão, mercadoria de proibição relativa, sem a prévia autorização ou licença da autoridade administrativa, configura o delito de contrabando, por tutelar não apenas interesse econômico, mas também a segurança e a incolumidade pública, afastando a incidência do princípio da insignificância. Precedentes. 3. Agravo regimental provido para conhecer do agravo em recurso especial, mas lhe negar provimento. (STJ, Ag. Reg. no AREsp n. 1.685.158/SP, 6ª T., rel. Min. Nefi Cordeiro, *DJ* 07.08.2020)

3. OBSERVAÇÕES

3.1. Aumento da pena-base

A majoração da pena-base conferida pela Lei n. 13.008/2014 ao crime de contrabando (reclusão, de 2 a 5 anos) revela-se de grande importância, na medida em que obsta a aplicação da suspensão condicional do processo (art. 89, Lei n. 9.099/95), desestimulando positivamente a prática desse crime de efeitos deletérios, ao qual, antes dessa redação, era possível aplicar o referido instituto, considerando que a sua pena mínima era de um ano.

Além disso, o prazo prescricional que antes era de oito anos, consoante o inciso IV do art. 109 do CP, passou a ser de doze anos (inciso III do art. 109) do mesmo diploma legal.

3.2. Princípio da especialidade

A importação ou exportação de drogas (mercadoria proibida) tipifica delito previsto na Lei n. 11.343, de 23.08.2006, mas não o previsto no art. 334-A do Código Penal. Incidência do princípio da especialidade.

Na hipótese de a importação ou exportação estiver relacionada com arma de fogo, acessório ou munição, sem autorização da autoridade competente, haverá subsunção dos fatos ao delito de tráfico internacional de arma de fogo, disposto no art. 18 da Lei n. 10.826/2003 (Estatuto do Desarmamento).

Contudo, tratando-se de simulacros de armas de fogo importados sem autorização do Comando do Exército, restará configurado o crime de contrabando. A importação desses produtos é típica e antijurídica à consideração de que pressupõe prévia autorização do Exército Brasileiro, nos termos da legislação específica (art. 26 da Lei n. 10.826/2003), regulamentada pela Portaria n. 02 do COLOG (Comando Logístico do Exército Brasileiro), de 26.02.2010, justamente pela semelhança que apresentam com armas de fogo reais, propícias, assim, à prática de crimes.

De acordo com o inciso I do art. 2º da aludida Portaria, réplica ou simulacro de arma de fogo "é um objeto que pode ser confundido com arma de fogo, mas que não possui aptidão para a realização de tiro de qualquer natureza [...]", de maneira que a sua aquisição "somente será permitida diretamente do fabricante nacional ou por importação para fins de instrução, adestramento ou colecionamento de usuário registrado ou autorizado pelo Exército, mediante autorização prévia da Diretoria de Fiscalização de Produtos Controlados" (art. 5º, *caput*, da Portaria n. 02-COLOG/2010).

Assim, cuidando-se de mercadorias que possuem sua comercialização submetida à proibição relativa, a internalização no país e comercialização sem a observância dos requisitos legais implicam o cometimento do crime de contrabando.

Tratando-se de possível comercialização de produto contrafeito de procedência estrangeira, por exemplo, tênis falsificado, a conduta subsume-se ao tipo penal descrito no art. 190 da Lei n. 9.279, de 14.05.1996 (Lei de Propriedade Industrial).

Com efeito, o tipo penal previsto no art. 190 da Lei n. 9.279/96, que regula direitos e obrigações relativos à propriedade industrial, dispõe: "comete crime contra registro de marca quem importa, exporta, vende, oferece ou expõe à venda, oculta ou tem em estoque: I – produto assinalado com marca ilicitamente reproduzida ou imitada, de outrem, no todo ou em parte; ou II – produto de sua indústria ou comércio, contido em vasilhame, recipiente ou embalagem que contenha marca legítima de outrem. Pena – detenção, de 1 (um) a 3 (três) meses, ou multa".

De certo, a mercadoria contrafeita é espécie do gênero mercadoria proibida, de forma que sua internação se amolda à norma específica do art. 190 da Lei n. 9.279/96, e não ao crime de contrabando, prevalecendo, em aparente conflito de normas, a lei especial, cujo processamento e julgamento compete à Justiça Estadual, pois constitui mera ofensa a interesses particulares. Nesse sentido (STJ, CC n. 36.398/GO, 3ª Seção, rel. Min. Arnaldo Esteves Lima, *DJ* 04.04.2005, e TRF3, ACR n. 0010149-10.2006.4.03.6181/SP, 11ª T., rel. Juíza Federal Convocada Monica Bonavina, *DJ* 11.12.2019).

O art. 190 do aludido diploma legal é especial em relação ao crime de contrabando, sobre este prevalecendo, na solução do conflito aparente de normas, pelo princípio da especialidade.

A persecução penal se procede mediante queixa da parte lesada, conforme determina o art. 199 da Lei n. 9.279/96. Se não houver provocação da instância penal pelo legitimado, cabe apenas a atuação fiscal-aduaneira da autoridade administrativa com aplicação de pena de perdimento, apreensão e destruição (art. 105, VIII, do DL n. 37/96 c/c arts. 544 e seguintes do Decreto n. 4.543/2002).

O tipo penal do art. 334 do Código Penal "visa tutelar a política estatal de comércio exterior, pois através da proibição de importação de determinada mercadoria, ou da tributação sobre a sua importação, o Estado pode estimular ou proteger determinado setor da indústria nacional. Já o crime do art. 190 da Lei n. 9.279/96 visa proteger o interesse do detentor da marca comercial, tanto que é crime que somente se procede mediante queixa. 6. Não há interesse do Estado na proteção da regularidade do comércio exterior, no caso de mercadorias contrafeitas. Essas têm sua importação proibida, não em razão da política estatal de comércio exterior, mas pelo fato de serem contrafeitas. Tanto que é proibida a comercialização de qualquer mercadoria contrafeita, seja ela importada ou nacional" (STJ, AREsp n. 1.421.131, rel. Min. Reynaldo Soares da Fonseca, d.m. publ. 29.05.2019).

De outra senda, a conduta prevista no art. 273, § 1º-B, I, do Código Penal, na modalidade importar produtos destinados a fins terapêuticos ou medicinais, sem o devido registro no órgão de vigilância sanitária competente, assemelha-se à trazida pelo crime de contrabando (importar ou exportar mercadoria proibida). Contudo, considero que o tipo penal inscrito no primeiro dispositivo mencionado objetiva tutelar a saúde pública, de modo que não é possível a incidência do art. 334-A do Código Penal, que traz previsão genérica, em detrimento da caracterização do tipo penal específico do art. 273, § 1º-B, I, do CP.

Portanto, quando houver a demonstração da origem estrangeira dos produtos apreendidos e a proibição expressa pela Anvisa de utilização desses medicamentos em território nacional, não há de se falar em desclassificação da conduta, havendo incidência do art. 273, §1º-B, I, do Código Penal, que é norma especial em relação ao crime de contrabando. A prática de importar substâncias proibidas por norma da Anvisa caracteriza esse crime, bem como quando há intenção de comércio. Nesse sentido (TRF3, ACR n. 0003191-26.2012.4.03.6107/SP, 11ª T., rel. Fausto De Sanctis, *DJ* 07.10.2019).

Vale salientar, entretanto, que o STJ, no que tange ao contrabando de remédios, aplicou excepcionalmente o princípio da insignificância em hipótese de pequena quantidade de medicamento para uso pessoal por considerar a mínima ofensividade da conduta do agente, a ausência de periculosidade social da ação, o reduzidíssimo grau de reprovabilidade do comportamento e a inexpressividade da lesão jurídica provocada (REsp n. 1.341.470/RS, 6ª T., rel. Min. Maria Thereza de Assis Moura, *DJ* 21.08.2014; e Ag. Reg. no REsp n. 1.724.405/RS, 6ª T., rel. Min. Antonio Saldanha Palheiro, *DJe* 06.11.2018).

3.3. Importação e transporte de essência de narguilé

A importação e o transporte de essência de narguilé sem a documentação de sua regular entrada no território nacional são considerados crime de contrabando. A Lei n. 9.782, de 26.01.1999, que instituiu o Sistema Nacional de Vigilância Sanitária e criou a Agência Nacional de Vigilância Sanitária, dispõe que: "Art. 8º Incumbe à Agência, respeitada a legislação em vigor, regulamentar, controlar e fiscalizar os produtos e serviços que envolvam risco à saúde pública. § 1º Consideram-se bens e produtos submetidos ao controle e fiscalização sanitária pela Agência: […] X – cigarros, cigarrilhas, charutos e qualquer outro produto fumígeno, derivado ou não do tabaco".

No que concerne ao registro e comercialização dos produtos fumígenos, relevante destacar as seguintes determinações da Anvisa contidas na Resolução da Diretoria Colegiada RDC n. 226, de 30.04.2018 (que substituiu a RDC n. 90, de 27.12.2007): "Art. 4º É obrigatório o registro junto à Anvisa de todos os produtos fumígenos derivados do tabaco com vistas à: I – fabricação e comercialização no território nacional; e II – importação e comercialização no território nacional […]"; "Art. 29. É proibida a importação, a exportação e a comercialização no território nacional de qualquer produto fumígeno que não esteja devidamente regularizado na forma desta Resolução".

Em relação aos aditivos, a Resolução da Diretoria Colegiada da Anvisa – RDC n. 14, de 15.03.2012, estabelece o que segue: "Art. 6º Ficam proibidas a importação e a comercialização no país de produto fumígeno derivado do tabaco que contenha qualquer um dos seguintes aditivos: I. substâncias sintéticas e naturais, em qualquer forma de apresentação (substâncias puras, extratos, óleos, absolutos, bálsamos, dentre outras), com propriedades flavorizantes ou aromatizantes que possam conferir, intensificar, modificar ou realçar sabor ou aroma do produto, incluindo os aditivos identificados como agentes aromatizantes ou flavorizantes [...]".

No que se refere à questão fiscal e tributária, o importador comercial de fumo deve ser constituído na forma de sociedade, sujeitando-se ao Registro Especial e fornecimento de selos de controle junto à Receita Federal (IN/SRF n. 770, de 21.08.2007, e alterações posteriores – a última IN/RFB n. 2.115, de 18.11.2022; Lei n. 9.532, de 10.12.1997, arts. 47 e 48; DL n. 1.593, de 21.12.1977, art. 1º), sem os quais não poderá desenvolver suas atividades.

Nesse contexto, não estando atendidas tais exigências, mostra-se igualmente ilícito o comércio de essências de fumo para narguilé procedentes do exterior, caracterizando, portanto, mercadoria proibida. Confira-se, nesse sentido, os seguintes precedentes jurisprudenciais: "[…] 3. No presente caso, houve a apreensão de tabaco para narguilé de procedência estrangeira e carente de autorização de importação e comercialização pela Agência Nacional de Vigilância Sanitária – Anvisa, o que o torna mercadoria de importação proibida, configuradora do tipo penal do contrabando. Tratando-se de crime de contrabando, inviável a aplicação do princípio da insignificância, na medida em que o bem jurídico tutelado envolve, sobremaneira, o interesse estatal no controle da entrada e saída de produtos, assim como a saúde e a segurança públicas […]" (TRF3, Ap. Crim. n. 0001977-39.2017.4.03.6005, 11ª T., rel. Des. Fed. Jose Marcos Lunardelli, v.u., Intimação via sistema 16.02.2023)"; "Contrabando de narguilé. A Lei n. 9.782, de 26 de janeiro de 1999, que instituiu o Sistema Nacional de Vigilância Sanitária e criou a Agência Nacional de Vigilância Sanitária, determinou que compete a esta agência, respeitada a legislação em vigor, regulamentar, controlar e fiscalizar os produtos e serviços que envolvam risco à saúde pública, entre eles cigarros, cigarrilhas, charutos e qualquer outro produto fumígeno, derivado ou não do tabaco (art. 8º, § 1º, X). Nos termos das determinações da Anvisa (Resolução da Diretoria Colegiada – RDC n. 226, de 30.04.2018, arts. 4º e 29; e RCD n. 14, de 15.03.2012, art. 6º), é proibida a importação e a comercialização no país de produto fumígeno derivado do tabaco sem o devido registro junto à agência, cujo importador comercial de fumo deve ser constituído na forma de sociedade, sujeitando-se ao Registro Especial e fornecimento de selos de controle junto à Receita Federal (IN/SRF n. 770/2007 e Lei n. 9.532/97, arts. 47 e 48; DL n. 1.593/77, art. 1º). No caso em concreto, o transporte de essências de fumo para narguilé procedentes do exterior, sem a documentação de sua regular entrada no território nacional, revelou a ilicitude da conduta, o que configura o crime de contrabando" (TRF3, Ap. Crim. n. 5005720-16.2019.4.03.6000, 11ª T., rel. Des. Fed. Fausto Martin De Sanctis, Intimação via sistema 06.06.2023).

3.4. Importação ou exportação de cigarros. Crime de contrabando e não de descaminho

Quanto à importação ou exportação de cigarros, vale esclarecer que a importação de cigarros não é prática proibida, no entanto, somente será possível após a devida autorização do órgão competente. Caso tenha sido levada a efeito sem ela, o fato importará no crime de contrabando (GRECO, Rogério. *Código Penal comentado*, 2017, p. 1.176).

Ressalte-se que o STF firmou posição no sentido de que a introdução clandestina de cigarros, ou seja, desacompanhados da respectiva documentação comprobatória de sua regular entrada no território nacional, configura crime de contrabando, e não descaminho (*HC* n. 120.783/DF, 1ª T., rel. Min. Rosa Weber, *DJ* 11.04.2014).

No mais, precedentes do Pretório Excelso (*HC* n. 100.367, 1ª T., rel. Min. Luiz Fux, j. 09.08.2011; *HC* n. 110.841, 2ª T., rel. Min. Cármen Lúcia, j. 27.11.2012) e STJ indicam que o contrabando de cigarros é crime pluriofensivo, sendo irrelevante a fixação do valor do tributo eventualmente incidente e iludido, porque o delito se consuma com a simples entrada ou saída do produto proibido (Ag. Reg. no REsp n. 1.497.526/PR, 5ª T., rel. Min. Joel Ilan Paciornik, *DJ* 23.09.2016).

Com efeito, a introdução irregular de cigarros de origem estrangeira no mercado interno tem o condão de gerar malefícios conhecidos à saúde, ostentando um elevado potencial de disseminação no comércio popular, apto a atingir um número indeterminado de consumidores, em sua ampla maioria de baixa renda e sem acesso à informação a respeito da origem e prejudicialidade da mercadoria que consomem.

Portanto, a importação ou exportação de cigarros configura crime de contrabando, mas não de descaminho, pois não se trata apenas de sonegação tributária e sim de lesão à segurança e à saúde públicas.

3.5. Princípio da insignificância

Como frisado anteriormente, o bem jurídico tutelado é a Administração Pública, nos seus interesses regulamentares que transcendem a mera tutela do aspecto patrimonial, bem como a saúde pública, de forma que o valor do tributo sonegado não pode ser empregado como referencial para aplicação do princípio da insignificância, pois a questão relativa à evasão tributária é secundária (STJ, RHC n. 89.755, 5ª T., rel. Min. Ribeiro Dantas, *DJ* 11.10.2017).

Na data de 13.09.2023, a 3ª Seção do Superior Tribunal de Justiça, no julgamento do Recurso Especial n. 1.971.993, em acórdão de relatoria do Ministro Sebastião Reis Júnior, firmou a seguinte tese relacionada ao Tema Repetitivo n. 1.143: "O princípio da insignificância é aplicável ao crime de contrabando de cigarros quando a quantidade apreendida não ultrapassar 1.000 (mil) maços, seja pela diminuta reprovabilidade da conduta, seja pela necessidade de se dar efetividade à repressão ao contrabando de vulto, excetuada a hipótese de reiteração da conduta, circunstância apta a indicar maior reprovabilidade e periculosidade social da ação".

No próprio julgado foram modulados os efeitos da incidência da tese firmada, determinando-se a aplicabilidade apenas aos feitos ainda em curso na data em que encerrado o presente julgamento, sendo inaplicáveis aos feitos transitados em julgado, notadamente considerando os fundamentos que justificaram a alteração jurisprudencial no caso e com a impossibilidade de rescisão de coisa julgada calcada em mera modificação de orientação jurisprudencial (Ag. Reg. no *HC* n. 821.959/SP, 6ª T., rel. Min. Laurita Vaz, *DJe* 21.08.2023), conforme pode ser destacado do julgado a seguir: "Recurso especial representativo da controvérsia. Contrabando de cigarros. Saúde pública. Princípio da insignificância. Aplicabilidade restrita (apreensão de até 1.000 maços), salvo reiteração. Diminuta reprovabilidade da conduta e necessidade de se conferir primazia à repressão ao contrabando de vulto. Modulação de efeitos. Novel orientação aplicável aos feitos ainda em curso quando do encerramento do julgamento. 1. O crime de contrabando de cigarros tutela, entre outros bens jurídicos, a saúde pública, circunstância apta a não recomendar a aplicação do princípio da insignificância. 2. Obstar a aplicação do princípio da insignificância para todos os casos, notadamente para aqueles em que verificada a apreensão de quantidade de até 1.000 (mil) maços, é uma medida ineficaz à luz dos dados estatísticos apresentados, além do que não é razoável do ponto de vista de política criminal e de gestão de recursos dos entes estatais encarregados da persecução penal, razão pela qual se revela adequado admitir a incidência do princípio em comento para essa hipótese – apreensão de até 1.000 (mil) maços –, salvo reiteração da conduta, circunstância que, caso verificada, é apta a afastar a atipicidade material, ante a maior reprovabilidade da conduta e periculosidade social da ação. 3. Modulados os efeitos do julgado, de modo que a tese deve ser aplicada apenas aos feitos ainda em curso na data em que encerrado o julgamento, sendo inaplicáveis aos processos com trânsito em julgado, notadamente considerando os fundamentos que justificaram a alteração jurisprudencial no caso e a impossibilidade de rescisão de coisa julgada calcada em mera modificação de orientação jurisprudencial. 4. Recurso especial desprovido. Acolhida a seguinte tese: O princípio da insignificância é aplicável ao crime de contrabando de cigarros quando a quantidade apreendida não ultrapassar 1.000 (mil) maços, seja pela diminuta reprovabilidade da conduta, seja pela necessidade de se dar efetividade à repressão ao contrabando de vulto, excetuada a hipótese de reiteração da conduta, circunstância apta a indicar maior reprovabilidade e periculosidade social da ação" (REsp n. 1.971.993/SP, 3ª S., rel. Min. Joel Ilan Paciornik, rel. para acórdão Min. Sebastião Reis Júnior, *DJe* 19.09.2023).

3.6. Desnecessidade de prévia constituição do crédito tributário

O contrabando consuma-se quando da entrada (importação) ou saída (exportação) do território nacional da mercadoria proibida, de modo que não há a necessidade de prévia constituição do crédito tributário como justa causa para instauração da ação penal (STJ, RHC n. 201600195011, 5ª T., rel. Min. Felix Fischer, *DJ* 31.08.2016).

Não há também exigência de encerramento do procedimento administrativo fiscal para que haja condenação ou ainda constituição definitiva do crédito tributário como condição de tipicidade, dada a independência das instâncias administrativa e penal. Como já se afirmou, a Súmula n. 560 do STF, que estendia aos crimes de contrabando e descaminho a extinção da punibilidade pelo pagamento do tributo devido, foi cancelada.

3.7. Efeitos da condenação

Prescreve o inciso III do art. 92 do Código Penal ser efeito da condenação a inabilitação para dirigir veículo automotor quando este tiver sido utilizado como mecanismo para a prática de infração penal punida a título doloso. A propósito: "Art. 92. São também efeitos da condenação: [...] III – a inabilitação para dirigir veículo, quando utilizado como meio para a prática de crime doloso". Consigne-se, por oportuno, nos termos do parágrafo único de mencionado preceito legal, que o efeito em tela não é automático, devendo, assim, ser declarado motivadamente no bojo de r. provimento judicial ("Os efeitos de que trata este artigo não são automáticos, devendo ser motivadamente declarados na sentença").

Assim, se o réu utilizou veículo automotor com o fito de transportar carga de cigarros contrabandeada, deve, com o intuito de se atingir os objetivos de repressão e de prevenção, haver a decretação a indicado agente, como efeito secundário da sua condenação, da inabilitação para dirigir veículos automotores (de qualquer categoria).

A propósito, cumpre trazer à colação os julgados que seguem, da lavra do C. Superior Tribunal de Justiça e de Corte Regional Federal: "1. Constatada a prática de crime doloso e que o veículo foi utilizado como instrumento para a realização do crime, é possível a imposição da inabilitação para dirigir veículo (com fundamento no art. 92, III, do Código Penal), desde que fundamentada a necessidade de aplicação da medida no caso concreto. Precedentes. 2. Agravo regimental improvido" (STJ, Ag. Reg. no REsp n. 1.509.078/PR, 6ª T., rel. Min. Maria Thereza de Assis Moura, *DJe* 01.10.2015). E ainda: "[...] 8. É admissível a declaração do efeito da condenação estabelecido no inciso III do art. 92 do Código Penal na hipótese de contrabando ou descaminho, constituindo a inabilitação para dirigir veículos medida eficaz para desestimular a reiteração delitiva (TRF3, ACR n. 0004776-06.2009.4.03.6112, rel. Des. Fed. José Lunardelli, j. 20.08.2013; TRF4, ENUL n. 50000077020114047210, 4ª S., rel. Des. Fed. José Paulo Baltazar Junior, j. 04.06.2014) [...]" (TRF3, Ap. Crim. n. 80.230-0000061-69.2010.4.03.6116, 5ª T., rel. Des. Fed. André Nekatschalow, *e-DJF3 Judicial* 1 17.12.2019).

Consigne-se, por oportuno, que a inabilitação para dirigir veículo automotor não tem o condão de ofender o direito social ao trabalho previsto na Constituição Federal de 1988 na justa medida em que o acusado condenado pelo crime de contrabando, ainda que motorista de profissão, optou, de forma livre, consciente e voluntária, por fazer uso de seu labor para fins criminosos, de molde que não tem o menor cabimento alegar que seu ganha-pão está justamente no transporte profissional.

Em outras palavras, deveria o acusado ter pensado nessa situação que poderia lhe afligir antes da perpetração delitiva com o escopo até mesmo de não adentrar à criminalidade, não sendo lícita arguição de que o trabalho que potencialmente poderia executar estaria sendo comprometido com a medida em tela. Acrescente-se, ademais, que o agente poderá se dedicar a outro labor com o desiderato de manter-se, juntamente com sua família, provendo, assim, seus sustentos.

De certo, o art. 92 do Código Penal não estabelece prazo de duração para o efeito extrapenal ora em comento, porém, em observância aos princípios da proporcionalidade e da razoabilidade, a jurisprudência que se formou é no sentido de que a inabilitação para dirigir veículo deverá perdurar por prazo igual ao da pena corporal aplicada.

Nesse sentido, destaco o julgado: "[...] 5. Quanto ao pedido de atribuição de efeito permanente dirigir veículo automotor, à acusação não assiste razão. 6. Com efeito, acerca dos efeitos condenação, dispõe o art. 92, III, do Código Penal (*in verbis*): 'Art. 92. São também efeitos da condenação: [...] III – a inabilitação para dirigir veículo, quando utilizado como meio para a prática de crime doloso'. 7. *In casu*, tem-se dos termos da sentença, ora transcrita, que o réu foi condenado pela prática do crime de contrabando e, como efeito específico da sentença, teve decretada a inabilitação para dirigir veículo automotor pelo prazo de 02 (dois) anos, tendo em vista a sua utilização para a prática delitiva. 8. Nesse contexto, tendo em vista que a lei nada dispôs sobre o prazo do efeito condenatório ora impugnado, a jurisprudência desta Corte Regional é no sentido de que o tempo de duração da medida deve corresponder ao da pena aplicada. 9. A duração da inabilitação pelo prazo da condenação atende aos princípios da proporcionalidade e razoabilidade, razão pela qual a atribuição do efeito permanente requerido pela acusação não deve ser acolhido. 10. Recurso da acusação não provido" (TRF3, Processo n. 0001638-48.2015.4.03.6006, 5ª T., rel. Des. Fed. Paulo Fontes, *e-DJF3 Judicial* 1 17.09.2019).

Observe-se que o art. 278-A do Código de Trânsito Brasileiro estabelece que: "O condutor que se utilize de veículo para a prática do crime de receptação, descaminho, contrabando, previstos nos arts. 180, 334 e 334-A do Decreto-Lei n. 2.848, de 7 de dezembro de 1940 (Código Penal), condenado por um desses crimes em decisão judicial transitada em julgado, terá cassado seu documento de habilitação ou será proibido de obter a habilitação para dirigir veículo automotor pelo prazo de 5 (cinco) anos".

Importante consignar que aludido dispositivo foi inserido no Código de Trânsito Brasileiro por meio da Lei n. 13.804, de 10.01.2019, no capítulo das medidas administrativas, cuja vigência iniciou-se na data de sua publicação (inteligência de seu art. 6º).

Todavia, a despeito de, em tese, aplicar-se a casos ocorridos após a sua entrada em vigor, observa-se que referida norma possui caráter administrativo e constitui efeito automático da existência de sentença transitada em julgado que condena o condutor pela prática dos crimes de contrabando, descaminho ou receptação, cujo destinatário é a autoridade de trânsito, não vinculando de nenhuma forma a autoridade judicial. Nesse sentido já decidiu o TRF3: "[...] 1. A inabilitação para conduzir veículo automotor do art. 92, III, do Código Penal é efeito secundário da condenação, exigindo-se para a sua aplicação apenas que o veículo tenha sido utilizado como meio para a prática de crime doloso, como no caso em tela, em que o veículo foi empregado, de forma dolosa, para a prática dos delitos de contrabando e descaminho. O art. 92, III, não traz em seu bojo qualquer prazo para a duração desse efeito extrapenal, porém, como o art. 5º, XLVII, *b*, da Constituição Federal proíbe penas de caráter perpétuo, tal inabilitação é limitada à duração dos efeitos da condenação, consoante entendimento adotado pelo C. Superior Tribunal de Justiça. 2. O crime foi cometido já na vigência da Lei n. 13.804/2019, que dispõe sobre medidas de prevenção e repressão ao contrabando, ao descaminho, ao furto, ao roubo e à receptação, alterou o Código de Trânsito Brasileiro, acrescentando a ele o art. 278-A. 3. Referido dispositivo, de caráter administrativo, restou inserido no capítulo do Código de Trânsito Brasileiro que trata das medidas administrativas e constitui efeito automático do trânsito em julgado da sentença proferida em ações penais que versem sobre a prática dos crimes de contrabando, descaminho ou receptação. Tal norma tem como destinatária a autoridade de trânsito. De outro lado, o art. 92, III, do CP é norma vigente, direcionada ao magistrado e contém previsão de sanção para a prática de crimes dolosos de qualquer espécie, praticados mediante uso de veículo automotor, permitindo a aplicação, desde que fundamentada, da sanção de inabilitação. 4. Tendo em vista o comando do art. 92, III, do Código Penal, mantida a aplicação da pena de inabilitação para dirigir veículo ao réu, mas reduzida pelo prazo da pena imposta, ou seja, dois anos, a partir do trânsito em julgado. 5. Redução do valor da prestação pecuniária para o equivalente a 01 (um) salário mínimo, considerando a gravidade da infração penal e a situação econômica do réu. 6. Apelação da defesa parcialmente provida" (TRF3, Ap. Crim. n. 0000001-66.2020.4.03.6142, 11ª T., rel. Des. Fed. José Marcos Lunardelli, v.u., Intimação via sistema 17.03.2023).

Observa-se, portanto, que a norma adequada ao caso é a inabilitação para conduzir veículo prescrita no inciso III do art. 92 do Código Penal, a qual configura efeito secundário da condenação e depende de motivação no bojo de provimento judicial.

3.8. Da competência federal

O delito de contrabando é de competência federal, independentemente da existência de indícios de transnacionalidade na internacionalização da mercadoria estrangeira no país (STJ, CC n. 160.748/SP, 3ª Seção, rel. Min. Sebastião Reis Júnior, *DJ* 04.10.2018).

3.9. Desnecessidade de realização de exame pericial

O crime de contrabando não se inclui entre os que necessariamente deixam vestígios, de forma que a origem estrangeira das mercadorias contrabandeadas e a proibição de comercialização dos cigarros podem ser reveladas por qualquer meio de prova, não havendo exigência de realização de laudo merceológico com o objetivo de certificar a sua procedência.

O entendimento jurisprudencial tem sido no sentido de que a materialidade delitiva pode ser comprovada sem a realização do exame pericial, consistente no laudo merceológico. Nessa toada, a origem estrangeira das mercadorias apreendidas pode ser apurada por outros meios de prova (TRF3, ACR n. 0000624-19.2017.4.03.6116, 5ª T., rel. Des. Federal Maurício Kato, *DJ* 12.02.2019). Em idêntico sentido, confira-se: "não é indispensável a realização de exame pericial (laudo merceológico) que ateste a origem estrangeira das mercadorias para a comprovação da materialidade do delito de contrabando ou descaminho, que pode ser apurada por outros meios de prova. Há ainda entendimento no sentido de que o exame pericial não seria necessário em razão do delito de contrabando ou descaminho não deixar vestígios, sendo desnecessária, portanto, a aplicação do art. 158 do Código de Processo Penal" (TRF3, Ap. Crim. n. 0001354-92.2016.4.03.6139, 5ª T., rel. Des. Fed. Andre Custodio Nekatschalow, *DJEN* 13.10.2022). Portanto, o boletim de ocorrência, o auto de infração e o termo de apreensão e guarda fiscal de veículos, a representação fiscal para fins penais, as fotografias acostadas aos autos e os depoimentos de testemunhas podem validamente testificar a materialidade delitiva.

3.10. Impossibilidade de desclassificação para a conduta de favorecimento real

O fato de um acusado ter pego o veículo carregado com os cigarros evidencia que, se não realizou pessoalmente a transposição, ao menos conhecia a origem estrangeira e a internalização irregular dos produtos, sendo o que basta para a configuração do crime de contrabando (TRF4, ACR n. 5001140-76.2013.4.04.7017, 7ª T., rel. Luiz Carlos Canalli, juntado aos autos em 10.12.2019).

Assim, não há que se falar na desclassificação para o delito insculpido no art. 349 do Código Penal (favorecimento real: "Prestar a criminoso, fora dos casos de coautoria ou de receptação, auxílio destinado a tornar seguro o proveito do crime"), já que a participação no transporte de mercadorias proibidas configura coautoria na prática do delito de contrabando.

O crime de favorecimento real exige que não seja o agente coautor ou receptador, de modo que se ele utiliza, no exercício de atividade comercial, de cigarros de importação e comercialização proibidas no país, tem-se presente o crime de contrabando.

Impedimento, perturbação ou fraude de concorrência

Art. 335. Impedir, perturbar ou fraudar concorrência pública ou venda em hasta pública, promovida pela administração federal, estadual ou municipal, ou por entidade paraestatal; afastar ou procurar afastar concorrente ou licitante, por meio de violência, grave ameaça, fraude ou oferecimento de vantagem:

Pena – detenção, de 6 (seis) meses a 2 (dois) anos, ou multa, além da pena correspondente à violência.

Parágrafo único. Incorre na mesma pena quem se abstém de concorrer ou licitar, em razão da vantagem oferecida.

---

1. COMENTÁRIO

O dispositivo encontra-se tacitamente revogado pelos arts. 337-I ("Impedir, perturbar ou fraudar a realização de qualquer ato de processo licitatório") e 337-K ("Afastar ou tentar afastar licitante por meio de violência, grave ameaça, fraude ou oferecimento de vantagem de qualquer tipo"), ambos do CP.

O entendimento acerca da revogação deste dispositivo pelos crimes de licitação então previstos na Lei n. 8.666, de 21.06.1993, já havia sido objeto de deliberação pelo Ministro Jorge Mussi (*HC* n. 203.945/SP, 5ª T., *DJe* 03.02.2014).

Em caso de leilão judicial, José Paulo Baltazar Junior (*Crimes federais*, 2015, p. 393) preconiza que deve ter aplicação o art. 358 do CP ("Impedir, perturbar ou fraudar arrematação judicial; afastar ou procurar afastar concorrente ou licitante, por meio de violência, grave ameaça, fraude ou oferecimento de vantagem").

Inutilização de edital ou de sinal

Art. 336. Rasgar ou, de qualquer forma, inutilizar ou conspurcar edital afixado por ordem de funcionário público; violar ou inutilizar selo ou sinal empregado, por determinação legal ou por ordem de funcionário público, para identificar ou cerrar qualquer objeto:

Pena – detenção, de 1 (um) mês a 1 (um) ano, ou multa.

---

1. COMENTÁRIO

1.1. Objetividade jurídica

O bem jurídico tutelado é a Administração Pública.

1.2. Sujeitos

O sujeito ativo é qualquer pessoa, inclusive o funcionário público.

O sujeito passivo é o Estado. De modo secundário, o particular prejudicado com a conduta do agente.

1.3. Análise da(s) conduta(s) descrita(s) no tipo

São duas as figuras típicas estampadas no referido artigo. A primeira consiste em rasgar, inutilizar, macular edital (judicial, legislativo ou administrativo) afixado por funcionário público competente. A segunda está consubstanciada na violação ou inutilização de selo ou sinal empregado (como o lacre, a fita, arame), por determinação legal ou por ordem de funcionário público competente, para identificar ou cerrar qualquer objeto.

Perpetra o delito ora em comento o agente que viola lacre colocado pela Anatel sobre equipamentos para restabelecer atividade interrompida legalmente, atinente em fazer operar estação de rádio clandestina (TRF-4ª Região, Ap. Crim. n. 2003.72.05.006472-8, 8ª T., rel. Des. Fed. Élcio Pinheiro de Castro, *DJ* 28.03.2007).

1.4. Elemento subjetivo

O elemento subjetivo é o dolo.

1.5. Consumação e tentativa

Consuma-se o crime quando o agente realiza a conduta típica, independente do resultado naturalístico.

Admite-se a tentativa.

1.6. Classificação

Cuida-se de crime comum, doloso, formal, de forma livre, instantâneo, comissivo, unissubjetivo e plurissubsistente.

2. JURISPRUDÊNCIA

2.1. Julgado

Violação do lacre afixado por ordem da autoridade competente

Penal. Inutilização de edital ou sinal. Art. 336 do CP. Materialidade e autoria demonstrados. Dolo. Ilegalidade do ato violado. Inexistência de proibição de retirada de bens móveis do interior do estabelecimento interditado. Exaurimento. Dosimetria da pena. Análise das circunstâncias judiciais. Art. 59 do CP. 1. Nos termos do art. 336, do CP, duas as figuras descritas no tipo: a primeira, consistente em rasgar, inutilizar ou macular qualquer edital – seja este judicial, administrativo ou legislativo – emanado de funcionário público competente, e a segunda, caracterizada pela violação ou inutilização de selo ou sinal de qualquer espécie (lacre, chumbo, papel, arame), aposto de qualquer modo (amarrado, pregado, colado) que determine a identificação ou fechamento de qualquer objeto, desde que legalmente e, da mesma forma, emanada por funcionário público competente para o ato. 2. Afastada, *in casu*, a hipótese de ilegalidade do ato violado, porquanto o documento de lacração, interdição e fechamento do estabelecimento emana de funcionário público (delegados da Polícia Federal), cuja competência se encontra corroborada pela prova produzida nos autos. 3. Presente a vontade consciente do agente dirigida à violação do lacre afixado por ordem da autoridade competente, tem-se por irrelevante a finalidade específica de seu agir, pois que basta à configuração do delito em foco o dolo genérico. 4. A remoção dos móveis e equipamentos do estabelecimento, após violada a determinação de interdição, em que o réu teria inovado artificiosamente, na pendência de processo civil ou administrativo, o estado de coisa, com o fim de induzir a erro juiz ou perito, trata-se de exaurimento, pois que incidente outro tipo penal (Fraude processual – art. 347, CP). 5. Segundo entendimento firmado nesta Turma (Ap. Crim. n. 2003.04.01.003269-2, rel. Des. Fed. Fábio Rosa, *DJU* 02.07.2003: e no STF (*HC* n. 81.759, rel. Min. Maurício Corrêa, *Informativo* 262 do STF), inquéritos e processos penais em andamento caracterizam maus antecedentes. 6. A personalidade do agente deve ser entendida em seu aspecto técnico, sendo necessário, para fins de ponderação negativa do vetor, embasamento em laudo específico. (TRF-4ª Região, Ap. Crim. n. 2001.71.07.000855-0, 7ª T., rel. Des. Fed. Tadaaqui Hirose, *DJ* 14.07.2004)

3. OBSERVAÇÕES

Trata-se de delito de menor potencial ofensivo, aplicando-se as disposições da Lei n. 9.099/95. Como se admite a transação penal, não será possível a celebração de acordo de não persecução penal (art. 28-A, § 2º, do CPP).

Subtração ou inutilização de livro ou documento

Art. 337. Subtrair, ou inutilizar, total ou parcialmente, livro oficial, processo ou documento confiado à custódia de funcionário, em razão de ofício, ou de particular em serviço público:

Pena – reclusão, de 2 (dois) a 5 (cinco) anos, se o fato não constitui crime mais grave.

---

1. COMENTÁRIO

1.1. Objetividade jurídica

O bem jurídico tutelado é o regular funcionamento da atividade administrativa, especialmente no que diz respeito ao resguardo dos livros oficiais e documentos públicos ou particulares que se encontram sob os cuidados do funcionário público ou de particular em serviço público.

1.2. Sujeitos

O sujeito ativo é qualquer pessoa, inclusive o funcionário público.

No caso de o crime ser perpetrado por funcionário público que esteja incumbido do dever de guarda do livro oficial ou documento, caracteriza-se o delito do art. 314 do Estatuto Penal Repressivo. Na hipótese de o agente público não ser responsável pela guarda do livro ou documento, perpetrará o delito do art. 337 do CP. Por outro lado, em se tratando de procurador ou advogado, perfaz-se o delito do art. 356 do CP.

A seu turno, o sujeito passivo é o Estado. Eventualmente o particular prejudicado com a conduta do agente.

1.3. Análise da(s) conduta(s) descrita(s) no tipo

A conduta típica é a de subtrair, inutilizar, sendo que em relação a esse último comportamento, basta que seja parcial, de modo que o delito restará consumado quando iniciada a inutilização do livro ou documento.

O objeto material é o livro oficial ou qualquer documento (público ou privado) confiado à custódia de funcionário, em razão do ofício, ou de particular em serviço público.

Comete o crime ora em questão, por exemplo, o particular que inutiliza a folha de ação judicial.

1.4. Elemento subjetivo

O elemento subjetivo do tipo é o dolo.

1.5. Consumação e tentativa

Consuma-se o delito com a efetiva subtração ou inutilização (completa ou parcial).

Admite-se a tentativa.

1.6. Classificação

Cuida-se de crime comum, doloso, formal, de forma livre, instantâneo, comissivo (podendo ser praticado via omissão imprópria, conforme § 2º do art. 13 do CP), unissubjetivo, unissubsistente (conduta inutilizar) ou plurissubsistente (conduta subtrair).

2. OBSERVAÇÕES

Trata-se de crime subsidiário, restando absorvido no caso de ser praticado crime mais severo.

Sonegação de contribuição previdenciária

Art. 337-A. Suprimir ou reduzir contribuição social previdenciária e qualquer acessório, mediante as seguintes condutas:

Artigo acrescentado pela Lei n. 9.983, de 14.07.2000.

I – omitir de folha de pagamento da empresa ou de documento de informações previsto pela legislação previdenciária segurados empregado, empresário, trabalhador avulso ou trabalhador autônomo ou a este equiparado que lhe prestem serviços;

II – deixar de lançar mensalmente nos títulos próprios da contabilidade da empresa as quan-

tias descontadas dos segurados ou as devidas pelo empregador ou pelo tomador de serviços;

III – omitir, total ou parcialmente, receitas ou lucros auferidos, remunerações pagas ou creditadas e demais fatos geradores de contribuições sociais previdenciárias:

Pena – reclusão, de 2 (dois) a 5 (cinco) anos, e multa.

§ 1º É extinta a punibilidade se o agente, espontaneamente, declara e confessa as contribuições, importâncias ou valores e presta as informações devidas à previdência social, na forma definida em lei ou regulamento, antes do início da ação fiscal.

§ 2º É facultado ao juiz deixar de aplicar a pena ou aplicar somente a de multa se o agente for primário e de bons antecedentes, desde que:

I – *(vetado)*

II – o valor das contribuições devidas, inclusive acessórios, seja igual ou inferior àquele estabelecido pela previdência social, administrativamente, como sendo o mínimo para o ajuizamento de suas execuções fiscais.

§ 3º Se o empregador não é pessoa jurídica e sua folha de pagamento mensal não ultrapassa R$ 1.510,00 (um mil, quinhentos e dez reais), o juiz poderá reduzir a pena de um terço até a metade ou aplicar apenas a de multa.

§ 4º O valor a que se refere o parágrafo anterior será reajustado nas mesmas datas e nos mesmos índices do reajuste dos benefícios da previdência social.

1. COMENTÁRIO

1.1. Notas Introdutórias

A Lei n. 9.983, de 14.07.2000, inseriu o art. 337-A (sonegação de contribuição previdenciária) ao Código Penal.

1.2. Objetividade jurídica

O bem jurídico tutelado é a Administração Pública, especificamente no que diz respeito à Previdência Social, não se limitando, no entanto, ao seu patrimônio, à arrecadação tributária. Vai além, mostrando-se supraindividual e relativo à higidez da Previdência Social, sendo, assim, muito mais amplo do que a mera tributação em si.

Marisa Santos compreende ser somente o patrimônio da Previdência Social o bem protegido penalmente (*Direito previdenciário esquematizado*, 2012, p. 545).

Há preleção de Luiz Regis Prado sedimentando que: "A sonegação e a fraude fiscal apresentam inegáveis efeitos deletérios no cumprimento das prestações públicas por parte do Estado, como nos programas sociais inseridos no âmbito da Seguridade Social, visando à sedimentação da justiça social" (*Curso de direito penal brasileiro*: Parte Especial, 2010, v. 3, p. 607).

Cezar Roberto Bitencourt também assevera que: "Bem jurídico protegido são as fontes de custeio da seguridade social, particularmente os direitos relativos à saúde, à previdência e à assistência social (art. 194 da CF) ou, sinteticamente, a seguridade social" (*Tratado de direito penal*: Parte Especial, 2012, v. 5, p. 286).

1.3. Sujeitos

O sujeito ativo pode ser qualquer pessoa.

Quanto ao sujeito ativo, Luiz Regis Prado assinala que: "Tanto podem ser o empresário individual como aqueles que ocupam cargos administrativos ou técnico-contábil-financeiro nas sociedades empresariais, como os sócios-gerentes, os membros do Conselho de Administração, os diretores, os contadores, os gerentes de contabilidade, os gerentes administrativos e financeiros, os chefes do setor, de divisão ou de departamento de emissão de documentos fiscais de interesse do INSS etc." (op. cit., 2010, v. 3, p. 608).

Em síntese, é o responsável pelo lançamento das informações nos documentos endereçados à autarquia federal.

Cumpre registrar que o fato de ser sócio, por si só, não pode ensejar a imputação da prática delitiva. É preciso a análise do caso concreto, sob pena de responsabilidade objetiva.

O STJ já entendeu que não se exige qualidade especial do sujeito ativo, podendo ser perpetrado o crime por qualquer pessoa, independentemente de ser o responsável pelo lançamento das informações nos documentos pertinentes.

Importante salientar que o procedimento administrativo fiscal se presta à apuração do crédito tributário devido pela pessoa jurídica, e a responsabilidade fiscal não se confunde com a responsabilidade penal, a qual será constatada em devido processo penal, no qual o acusado pela sonegação poderá exercer seu direito ao contraditório e à ampla defesa, produzindo, inclusive, as provas que poderia ter feito no procedimento administrativo, naquilo que pertinente à materialidade e autoria delitivas.

Na seara criminal, será apurado o autor da fraude que ensejou a supressão ou redução de tributo, e não a responsabilidade pelo pagamento do débito tributário, de modo que os participantes da esfera administrativa e criminal não se correlacionam necessariamente.

No sentido da desnecessidade de participação do réu no procedimento administrativo, colaciono precedente do Superior Tribunal de Justiça: "[...] 2. Quando os ilícitos tributários são praticados na gestão de pessoas jurídicas e em favor destas, é irrelevante, para a persecução penal, que os responsáveis pelas condutas delituosas tenham integrado pessoalmente a relação procedimental deflagrada na esfera administrativa com a finalidade de constituir o crédito. 3. No caso dos autos, após a constituição definitiva do crédito previdenciário, o recorrente impetrou mandado de segurança que foi julgado procedente para determinar o reinício do procedimento administrativo fiscal tão somente no que se refere a ele, excluindo seu nome da CDA de n. 31.138.871-1 e intimando-o do lançamento para, querendo, providenciar sua defesa. 4. O simples fato de o procedimento administrativo haver sido anulado quanto ao recorrente não interfere na comprovação da materialidade dos delitos a ele assestados, uma vez que teriam sido praticados no âmbito de pessoa jurídica com relação a quem o crédito previdenciário permanece definitivamente constituído, o que é suficiente para que possa ser deflagrada a persecução penal. 5. Recurso improvido" (STJ, RHC n. 40.411/RJ, 5ª T., rel. Min. Jorge Mussi, *DJe* 30.09.2014).

Ao término da instrução processual, para que possa haver a responsabilização penal, não deve remanescer controvérsia quanto ao acusado ser o responsável pela administração da empresa, e nessa qualidade, portanto, possuir total domínio sobre sua gestão financeira e tributária.

Ademais, sendo o gestor, tem o dever de controlar os atos de quem exerceu os serviços de contabilidade e, ainda que não praticasse os trâmites burocráticos fiscais, a ele incumbia a responsabilidade gerencial e a verificação do cumprimento das obrigações tributárias.

O sujeito passivo é o Estado.

1.4. Análise da(s) conduta(s) descrita(s) no tipo

O delito é omissivo próprio, tendo como verbos nucleares "suprimir" e "reduzir" contribuição social previdenciária e qualquer acessório, cujas condutas a serem evitadas encontram-se estampadas nos incisos I a III do art. 337-A.

O verbo "suprimir" é tido no sentido de eliminar a obrigação principal ou acessória e pode ser praticado pelo agente mediante quaisquer dos comportamentos previstos nos incisos I a III. De outra parte, o verbo "reduzir" deve ser interpretado no sentido de diminuir, declarando valor menor do que o devido.

O inciso I incrimina quem omite da folha de pagamento da empresa ou de documento de informações previsto pela legislação previdenciária segurados empregado, empresário, trabalhador avulso ou trabalhador autônomo ou a este equiparado que lhe prestem serviços.

O sujeito ativo deixa de lançar todos os segurados que estão a seu serviço, não lançando informações exigidas pela lei previdenciária.

O inciso II pune a conduta daquele que deixa de lançar mensalmente nos títulos próprios da contabilidade da empresa as quantias descontadas dos segurados ou as devidas pelo empregador ou pelo tomador de serviços.

Já o inciso III reprime o agente que omite, total ou parcialmente, receitas ou lucros auferidos, remunerações pagas ou creditadas e demais fatos geradores de contribuições sociais previdenciárias.

Vale realçar que contribuição previdenciária é espécie de tributo, fato revelador de que igualmente fica submetida a princípios norteadores do direito tributário. Neste inciso não se exige que a conduta se perfaça no âmbito de uma pessoa jurídica, podendo ocorrer, por exemplo, quando o empregador faz o pagamento "por fora" ao empregado doméstico, deixando, nessa toada, de recolher corretamente a contribuição previdenciária devida pelo empregador.

Pratica o delito insculpido no art. 337-A do Estatuto Penal Repressivo, a título exemplificativo, aquele que deixa de incluir o nome de funcionário na folha de pagamento, procedendo "ao pagamento por fora", ainda que os empregados estejam registrados em uma empresa e prestem serviços para outras do mesmo grupo financeiro.

1.5. Elemento subjetivo

Restou pacificado que basta o dolo consistente na omissão voluntária em apresentar ao órgão arrecadador informações que ensejariam obrigações tributárias, prescindindo de um especial fim de agir. Irrelevante, portanto, a existência de um especial fim de agir, perfectibilizando-se a conduta com a omissão das informações.

O Plenário do Supremo Tribunal Federal já teve a oportunidade de esclarecer que não se exige o dolo específico (AP n. 516, Pleno, rel. Min., Ayres Britto, *DJ* 06.12.2010).

O Superior Tribunal de Justiça igualmente vem decidindo que, assim como no delito de apropriação indébita previdenciária (art. 168-A do CP), é suficiente o dolo à configuração do delito de sonegação de contribuição previdenciária, prescindindo-se do *animus rem sibi habendi* (Ag. Reg. no AREsp n. 493.584/SP, 5ª T., rel. Min. Reynaldo Soares da Fonseca, *DJ* 08.06.2016).

Considerando-se que o fornecimento de informações refere-se ao implemento de obrigações tributárias acessórias que balizarão, em momento futuro, a tributação em si (obrigação tributária principal), a omissão de dados tem o condão de culminar em tributação aquém da devida. Assim, tendo o responsável pela administração da empresa autuada feito a opção por não informar os fatos geradores dos tributos, fica configurada a prática do delito de sonegação de contribuição previdenciária.

1.6. Elemento normativo

Trata-se de norma penal em branco cuja integração advém do direito previdenciário e do direito tributário, como é a hipótese dos elementos normativos "acessório" e "contribuição social previdenciária", cabendo ao intérprete, pois, buscar o complemento adequado.

Vale realçar que contribuição previdenciária é espécie de tributo, fato revelador de que igualmente fica submetida a princípios norteadores do direito tributário.

A previsão contida neste tipo penal é restritiva, aplicando-se tão somente à sonegação de contribuição previdenciária. Assim, os demais casos de sonegação fiscal devem ser enquadrados no art. 1º da Lei n. 8.137/90, de modo que, havendo a prática simultânea dos respectivos ilícitos, resta configurado o cometimento de dois crimes.

Caso se comprove que os acusados tenham suprimido/reduzido contribuições previdenciárias e contribuições a terceiras entidades (que são espécie tributária diversa das contribuições previdenciárias), será possível a condenação por ambos os delitos, de sonegação previdenciária e sonegação fiscal.

Nesse sentido, confira-se o seguinte julgado: STJ, Ag. Reg. no REsp n. 1.949.471/RS, 5ª T., rel. Min. Ribeiro Dantas, *DJe* 27.10.2021. Frise-se que esse julgamento abordou exatamente as contribuições devidas a terceiras entidades, conforme se verifica do trecho do voto que ora se transcreve: "Não obstante os argumentos expendidos pela agravante, estes não possuem o condão de infirmar os fundamentos insertos na decisão agravada. Conforme destaquei anteriormente, a questão atinente à prática dos crimes capitulados nos arts. 337-A do Código Penal (sonegação de contribuição previdenciária) e 1º da Lei n. 8.137/90 (sonegação fiscal), foi tratada pelo Tribunal de origem nos seguintes termos: 'O art. 1º da Lei n. 8.137/90 prevê a supressão ou redução de tributo, ou contribuição social e qualquer acessório. Similarmente, o art. 337-A do CP tipifica a supressão ou redução de contribuição social previdenciária e qualquer acessório. Sendo assim, o primeiro tipo é mais amplo, abrangendo todas as espécies de tributos, enquanto o segundo é específico, referindo-se apenas a contribuições sociais previdenciárias e seus acessórios. Nesse passo, a sonegação de tributos referentes ao SESC, SENAC, SEBRAE, FNDE e INCRA (contribuições sociais destinadas a terceiros – não previdenciárias) configura o crime do art. 1º da Lei n. 8.137/90, e não do art. 337-A do CP, sob pena de aplicação analógica do Direito Penal e violação ao princípio da taxatividade".

1.7. Consumação e tentativa

Consuma-se o delito com a supressão ou redução, ainda que parcial, das contribuições previdenciárias e acessórios.

Trata-se de crime material, conforme sedimentado entendimento jurisprudencial, perfectibilizando-se após a constituição definitiva, no âmbito administrativo, das exações que são objeto das condutas.

Por muito tempo houve discussão acerca do tema, no sentido de se tratar de crime material ou formal.

O Supremo Tribunal Federal, assim como o Superior Tribunal de Justiça, entendeu que se trata de crime omissivo material, havendo a necessidade da constituição definitiva do crédito tributário para que se possa dar início à persecução penal, ou seja, somente se tipifica o delito após o lançamento definitivo da contribuição social previdenciária.

A jurisprudência do Supremo Tribunal Federal, por meio da Súmula vinculante n. 24, ressaltou que a ausência de constituição definitiva do crédito tributário impede a persecução penal dos crimes materiais contra a Ordem Tributária (incisos I a IV do art. 1º da Lei n. 8.137/90).

Em que pese o entendimento sumular não seja de aplicação obrigatória ao crime do art. 337-A do Código Penal, por não se referir expressamente sobre o assunto, é importante lembrar que o Pretório Excelso vem entendendo que as contribuições devidas à Previdência Social ostentam nítido caráter tributário (STF, RE n. 146.733/SP, Pleno, rel. Min. Moreira Alves, *DJ* 06.11.1992), razão pela qual referida Corte reputa que devem se submeter ao mesmo regime dos crimes perpetrados contra a Ordem Tributária, no que tange à necessidade do lançamento definitivo do crédito para o oferecimento da denúncia (Inq. n. 3.102, Pleno, rel. Min. Gilmar Mendes, *DJ* 18.09.2013).

Desse modo, carecerá de justa causa qualquer ato investigatório levado a efeito antes da ocorrência do lançamento fiscal definitivo, que se perfaz como requisito essencial para o início da persecução penal.

Cabe ressaltar que a sentença trabalhista condenatória é título executivo judicial das contribuições previdenciárias dela decorrentes, sendo capaz de dispensar a instauração de procedimento administrativo, tornando-se suficiente para constituir o crédito tributário após sua liquidação.

Sobre o tema, confira-se o teor da Súmula vinculante n. 53 do Supremo Tribunal Federal: "A competência da Justiça do Trabalho prevista no art. 114, VIII, da Constituição Federal alcança a execução de ofício das contribuições previdenciárias relativas ao objeto da condenação constante das sentenças que proferir e acordos por ela homologados".

A jurisprudência do Superior Tribunal de Justiça e de Cortes Regionais reconhece a justa causa da ação penal em situações semelhantes, conforme se confere nos julgados a seguir colacionados: "[...] Na origem, trata-se de Ação Declaratória de Inexistência de Relação Jurídica Tributária cumulada com Pedido de Repetição de Indébito ajuizada pela recorrente, que alega a incompetência da Justiça do Trabalho para constituir os créditos tributários relacionados às Contribuições Previdenciárias incidentes sobre as verbas reconhecidas em Reclamatórias Trabalhistas após 5 (cinco) anos do mês da efetiva prestação de serviços. [...] 4. O Superior Tribunal de Justiça entende que a sentença proferida pela Justiça do Trabalho, ao condenar o empregador a cumprir obrigação trabalhista e recolher as verbas a ela relacionadas, também reconhece uma obrigação tributária, consistindo a própria sentença no título que fundamenta o crédito. Precedentes: REsp n. 1.591.141/SP, 3ª T., rel. Min. Paulo De Tarso Sanseverino, j. 05.12.2017, *DJe* 18.12.2017; REsp n. 1.170.750/SP, 4ª T., rel. Min. Luis Felipe Salomão, j. 27.08.2013, *DJe* 19.11.2013; REsp n. 967.626/RS, 2ª T., rel. Min. Castro Meira, j. 09.10.2007, *DJe* 27.11.2008. [...]" (REsp n. 1.764.790/SC, 2ª T., rel. Min. Herman Benjamin, *DJe* 25.06.2020).

Nesse sentido, confira-se ainda: "4. A sentença trabalhista constitui título executivo judicial das contribuições sociais a dispensar a instauração de procedimento administrativo para a formação do título extrajudicial (STJ, REsp n. 200902395252, rel. Min. Luis Felipe Salomão, j. 27.08.2013; TRF3, Ap. Ree. Nec. n. 00016084420104036117, rel. Des. Fed. Antonio Cedenho, j. 21.07.2015), de modo que igualmente faz prova da materialidade delitiva em atendimento à Súmula vinculante n. 24 do Supremo Tribunal Federal (TRF3, ACr n. 2016.61.15.003851-0, rel. Des. Fed. Mauricio Kato, j. 07.05.2018). [...]" (TRF3, *HC* n. 5001999-14.2019.4.03.0000, 5ª T., rel. Des. Fed. Andre Custodio Nekatschalow, *e-DJF3 Judicial* 1 15.04.2019).

A materialidade delitiva resta, nessas hipóteses, demonstrada pela cópia dos processos trabalhistas que evidenciam a supressão de contribuições previdenciárias mediante a omissão de segurados empregados e remunerações pagas pela empresa. A constituição definitiva do crédito tributário dá-se com o trânsito em julgado das sentenças condenatórias trabalhistas, após o transcurso *in albis* do prazo para interposição de recurso contra as sentenças.

Não se admite a forma tentada.

1.8. Extinção da punibilidade (§ 1º)

O § 1º do art. 337-A do CP dispõe acerca da extinção da punibilidade quando o agente, espontaneamente, declara e confessa as contribuições, importâncias ou valores e presta as informações devidas à Previdência Social, na forma definida em lei ou em regulamento, antes do início da ação fiscal.

O legislador infraconstitucional ao versar acerca do tema tratou essa questão mais severamente na apropriação indébita previdenciária, porquanto exigiu o pagamento para o reconhecimento da extinção da punibilidade, enquanto na hipótese de sonegação previdenciária, entendeu suficiente a declaração ou a confissão dos valores devidos, antes do início da ação fiscal, quedando-se inerte quanto à necessidade do pagamento, fato revelador de mais uma inconsistência no CP.

O projeto de alteração do Estatuto Penal Repressivo, de relatoria do Senador José Sarney, incorpora a orientação consagrada pelo Pretório Excelso, no que tange à Súmula vinculante n. 24, evidenciando que o crime de fraude previdenciária não se tipifica antes do lançamento definitivo da contribuição social.

Especificamente quanto à extinção da punibilidade, o projeto prevê essa possibilidade desde que o pagamento seja efetuado até o recebimento da denúncia, tendo, no entanto, considerado esta como o momento posterior à resposta preliminar do acusado, asseverando que se a quitação ocorrer após esse momento processual, haverá a redução da pena de um sexto até a metade (art. 348, § 4º).

1.9. Perdão judicial ou aplicação de multa (§ 2º)

O § 2º do aludido artigo versa acerca da faculdade de o juiz deixar de aplicar a pena ou aplicar somente a multa, a partir da análise do caso concreto, se o agente for primário e de bons antecedentes, desde que o valor das contribuições devidas, inclusive acessórios, seja igual ou inferior àquele estabelecido pela previdência social, administrativamente, como sendo o mínimo para o ajuizamento de suas execuções fiscais.

Como bem salientado por Cezar Roberto Bitencourt, as hipóteses do perdão judicial ou da pena de multa são alternativas, mas os requisitos são cumulativos (op. cit., 2012, v. 5, p. 290).

1.10. Causa especial de diminuição de pena (§§ 3º e 4º)

O § 3º do art. 337-A prevê uma causa de diminuição de pena, na hipótese de o empregador não ser pessoa jurídica, ou seja, quando se tratar de pessoa física ou contribuinte individual, e sua folha de pagamento mensal não ultrapassar R$ 1.510,00 (um mil quinhentos e dez reais), oportunidade em que o juiz poderá reduzir a pena até a metade ou aplicar apenas a pena de multa, sendo certo que tal valor será reajustado nas mesmas datas e com idênticos índices do reajuste dos benefícios previdenciários, a teor do que dispõe o § 4º do artigo ora em estudo.

1.11. Classificação

Cuida-se de crime comum, doloso, omissivo próprio, material, de forma livre, instantâneo, unissubjetivo e unissubsistente.

2. JURISPRUDÊNCIA

2.1. Súmula

Súmula vinculante n. 24, STF: "Não se tipifica crime material contra a ordem tributária, previsto no art. 1º, incisos I a IV, da Lei n. 8.137/90, antes do lançamento definitivo do tributo".

2.2. Julgados

Já decidiu o STJ que o crime do art. 337-A e o do art. 168-A, este também inserido ao CP pela Lei n. 9.983/2000, apesar de estarem alocados em títulos diversos do Estatuto Penal Repressivo, refletem delitos que guardam estreita relação entre si, sendo cabível, portanto, a aplicação da continuidade delitiva, nos termos do art. 71 do CP (REsp n. 1.212.911/RS, 6ª T., rel. Min. Sebastião Reis Júnior, *DJ* 09.04.2012).

O STF, quando do julgamento da AP n. 516 (Pleno, rel. Min. Ayres Britto, *DJ* 03.12.2010), igualmente realçou a possibilidade de aplicar a continuidade delitiva a crimes autônomos de idêntica espécie, perpetrados nas mesmas condições de tempo, lugar e maneira de execução, considerando-se um só delito por *fictio iuris*.

Mais recentemente, no entanto, a 5ª Turma do STJ apresentou entendimento no sentido de que os delitos de apropriação indébita previdenciária e de sonegação de contribuição previdenciária, embora sejam do mesmo gênero, são de espécies distintas, porquanto os tipos penais descrevem condutas absolutamente diversas, de modo que seria impossível o reconhecimento da continuidade delitiva (Ag. Reg. no AREsp n. 1.172.428/SP, 5ª T., rel. Min. Felix Fischer, *DJ* 20.06.2018).

Coaduno-me com este último entendimento, porquanto, s.m.j., os crimes estampados nos arts. 168-A e 337-A, ambos do Código Penal, constituem condutas distintas e na hipótese de ocorrência simultânea evidenciam a hipótese de concurso material (art. 69 do CP).

Continuidade delitiva

Ação penal originária. Crimes de apropriação indébita previdenciária e sonegação de contribuição previdenciária (inciso I do § 1º do art. 168-A e inciso III do art. 337-A, ambos do CP). Continuidade delitiva e concurso material. Elemento subjetivo do tipo. Dolo específico. Não exigência para ambas as figuras típicas. Materialidade e autoria comprovadas em relação ao corréu detentor do foro por prerrogativa de função. Precária condição financeira da empresa. Excludente de culpabilidade. Inexigibilidade de conduta diversa. Não comprovação. Inaplicabilidade ao delito de sonegação de contribuição previdenciária. Procedência da acusação. Absolvição da corré insuficiência de provas. Pena de 3 (três) anos e 6 (seis) meses de reclusão e 30 (trinta) dias multa, para cada delito, totalizando 7 (sete) anos de reclusão e 60 (sessenta) dias-multa, fixados em ½ (um meio) salário mínimo. Regime inicial de cumprimento da pena. Semiaberto. Substituição da pena privativa de liberdade. Sursis. Descabimento. 1. O acusado, detentor do foro por prerrogativa de função, na condição de sócio-gerente da empresa [...], deixou de repassar ao INSS, no prazo legal, no período de janeiro de 1995 a agosto de 2002, valores arrecadados pela empresa a título de contribuições incidentes sobre a remuneração de empregados, relacionados em folha de pagamento mensal e rescisões de contrato de trabalho. Além disso, no período de maio de 1999 a agosto de 2002, omitiu fatos geradores de contribuições previdenciárias nas Guias de Recolhimento do Fundo de Garantia por Tempo de Serviço e Informações à Previdência Social – GFIP referentes a remunerações pagas a segurados empregados e contribuintes individuais e à diferença de remuneração paga a segurados empregados. Valores consolidados em 14 de março de 2003, respectivamente, em R$ 259.574,72 (duzentos e cinquenta e nove mil, quinhentos de setenta e quatro reais e setenta e dois centavos) e R$ 618.587,06 (seiscentos e dezoito mil, quinhentos e oitenta e sete reais e seis centavos). 2. A materialidade delitiva ressai do procedimento fiscal já encerrado, acompanhado de farta de documentação, que resultou nos valores indevidamente apropriados e sonegados, detalhados nas notificações fiscais de lançamento de débito lavradas pela autoridade fazendária e não impugnadas na esfera administrativa. 3. A orientação jurisprudencial do STF é firme no sentido de que, para a configuração do crime de apropriação indébita previdenciária, basta a demonstração do dolo genérico, sendo dispensável um especial fim de agir, conhecido como *animus rem sibi habendi* (a intenção de ter a coisa para si). Assim como ocorre quanto ao delito de apropriação indébita previdenciária, o elemento subjetivo animador da conduta típica do crime de sonegação de contribuição previdenciária é o dolo genérico, consistente na intenção de concretizar a evasão tributária. 4. Não se presta para a suspensão da pretensão punitiva estatal, nos moldes do art. 9° da Lei n. 10.684/2003, a juntada de "Recibo de Pedido de Parcelamento da Lei n. 11.941, de 27 de maio de 2009", cuja primeira prestação não foi paga no prazo previsto no referido documento, porque não comprova a efetiva obtenção do parcelamento administrativo do débito fiscal. 5. A mera participação no quadro societário como sócio-gerente não pode significar a automática, ou mecânica, responsabilização criminal, porquanto não se pode presumir a responsabilidade criminal daquele que se acha no contrato social como sócio-gerente, devido apenas a essa condição, pois tal increpação mecânica ou linear acarretaria a aplicação de inadmissível figura de responsabilidade penal objetiva. 6. Os elementos probatórios confrontados com as diferentes versões externadas pela defesa no curso da persecução penal, bem como a juntada de alteração contratual com registro falso da junta comercial excluindo o acusado da sociedade permitem chegar à conclusão da responsabilidade penal deste. No procedimento fiscal, ganha destaque e corrobora inequivocamente a condição contratual de sócio-gerente do acusado o instrumento procuratório por ele outorgado, representando a empresa, em que concede poderes a mandatário para os atos relacionados à ação fiscal. Mandatário que efetivamente assinou todas as notificações fiscais de lançamento de débito e os atos com ela relacionados. A transmissão de poderes, típicos de administração societária, confere certeza do grau de envolvimento do acusado com a administração da empresa. De outra parte, a concessão de procuração pelo acusado a terceiro, com outorga de poderes de gerência da empresa, não conferiu exclusividade de poderes ao outorgado, preservando os poderes de gestão do acusado. 7. A prova testemunhal produzida durante a instrução criminal não infirma a condição do acusado de responsável pela administração da sociedade, se nenhuma das pessoas ouvidas mantinha contato direto ou tinha vínculo com a empresa. Se não mantiveram contato com o dia a dia da empresa, não há de se atribuir ao depoimento de empregados de pessoas jurídicas outras – ainda que de empresas de um mesmo grupo familiar – a força de afastar do acusado a condição de responsável pela administração da sua empresa. 8. No âmbito dos crimes contra a ordem tributária, tem-se admitido, tanto em sede doutrinária quanto jurisprudencial, como causa supralegal de exclusão de culpabilidade a precária condição financeira da empresa, extrema ao ponto de não restar alternativa socialmente menos danosa que não a falta do não recolhimento do tributo devido. Configuração a ser aferida pelo julgador, conforme um critério valorativo de razoabilidade, de acordo com os fatos concretos revelados nos autos, cabendo a quem alega tal condição o ônus da prova, nos termos do art. 156 do CPP. Deve o julgador, também, sob outro aspecto, aferir o elemento subjetivo do comportamento, pois a boa-fé é requisito indispensável para que se confira conteúdo ético a tal comportamento. 9. Não é possível a aplicação da referida excludente de culpabilidade ao delito do art. 337-A do CP, porque a supressão ou redução da contribuição social e quaisquer acessórios são implementadas por meio de condutas fraudulentas – incompatíveis com a boa-fé – instrumentais à evasão, descritas nos incisos do *caput* da norma incriminadora. 10. Hipótese em que o conjunto probatório não revela, em absoluto, a precária condição financeira da empresa. Nítida é a deficiência da prova de tal condição, não havendo nos autos um só documento que permita concluir por modo diverso. De mais a mais, a posterior autuação da empresa, referente ao período de setembro de 2002 a abril de 2004, demonstra a plena continuidade dos seus negócios, de maneira a patentear que os elementos de convicção constantes dos autos caminham em sentido contrário à tese defensiva. 11. A continuidade delitiva se configura pela sucessão de crimes autônomos de idêntica espécie – praticados nas mesmas condições de tempo, lugar e maneira de execução – e que se considera um só crime por *fictio iuris* (ficção de direito). 12. Não há nos autos prova ou evidência de que a corré detivesse poder de mando, ou houvesse exercido qualquer atividade na empresa. O que afasta, por completo, a sua responsabilidade penal pelos crimes cometidos. 13. Réu condenado à pena-base de 3 (três) anos de reclusão e 30 (trinta) dias-multa, para cada delito, que, na ausência de circunstâncias atenuantes e agravantes e aumentada de 1/6 (um sexto) ante a continuidade delitiva, foi tornada definitiva em 3 (três) anos e 6 (seis) meses e 30 (trinta) dias-multa. Pena que, somada, devido ao concurso material, totalizou 7 (sete) anos de reclusão e 60 (sessenta) dias-multa, fixados no valor unitário de ½ (um meio) salário mínimo, vigente em agosto de 2002 (término da continuidade delitiva), atualizados monetariamente desde então. Fixação do regime semiaberto para o início do cumprimento da pena, seguido do reconhecimento da impossibilidade de conversão das penas privativas de liberdade por restritivas de direitos ou da falta de direito ao sursis da pena. 14. Corré absolvida por insuficiência de provas, nos termos do inciso V do art. 386 do CPP. (STF, AP n. 516, Pleno, rel. Min. Ayres Britto, *DJ* 03.12.2010)

Sonegação de contribuição previdenciária. Crime de falso. Aplicação do princípio da consunção

Penal. Rejeição da denúncia. Recurso em sentido estrito. Ilegitimidade ativa do Ministério Público Federal em 1ª Instância. Réu com prerrogativa de foro. Legitimidade do Procurador-Geral da República. Falsificação de documento Público (GFIP). Sonegação de contribuição previdenciária. Falso utilizado como crime-meio para a sonegação. Princípio da consunção. Ausência de constituição definitiva do crédito. Súmula Vinculante n. 24 do STF. Recurso não provido. (STF, Inq. n. 3.102, Pleno, rel. Min. Gilmar Mendes, *DJ* 18.09.2013)

Sonegação de contribuição previdenciária. Crime material. Constituição definitiva do crédito

Penal e processual penal. Apelação criminal. Crime do art. 337-A do Código Penal. Sonegação de contribuição previdenciária. Constituição definitiva. Súmulas vinculantes ns. 24 e 53. Competência da justiça do trabalho. Justa causa configurada. Extinção da punibilidade. Pagamento. Ausência de comprovação. Ônus da defesa. Materialidade e autoria do delito. Ausência de impugnação. Dosimetria. Revisão de ofício. Apelo defensivo desprovido. 1. Ação penal que preenche a condição inserta na Súmula vinculante n. 24, pois a sentença condenatória proferida pela Justiça do Trabalho é título executivo das contribuições previdenciárias dela decorrentes e, portanto, naquela seara se discute o valor do tributo e após a liquidação, considera-se constituído o crédito tributário. Súmula vinculante n. 53. 2. Rejeitado o pedido de reconhecimento de extinção da punibilidade, formulado com espeque no art. 9º, § 2º, da Lei n. 10.684/2003, pois ausente demonstração de pagamento do crédito tributário. Ônus da defesa, nos termos do art. 156 do Código de Processo Penal. 3. Materialidade e autoria do crime que restaram incontroversas e não foram objeto de impugnação no recurso defensivo. 4. Demonstrada, portanto, a responsabilidade penal do acusado quanto ao delito do art. 337-A, I, c.c. o art. 71, ambos do Código Penal, por ter omitido, na condição de sócio e administrador da pessoa jurídica empregadora, informações acerca da remuneração paga a um empregado, no período de 02.02.1992 a 10.02.2006, reduzindo, mediante tal conduta, contribuições previdenciárias no montante de R$ 71.815,35 (setenta e um mil oitocentos e quinze reais e trinta e cinco centavos). 5. Mantida a valoração negativa dos antecedentes criminais do acusado, que conta com condenação transitada em julgado pela prática de crime contra a ordem tributária. 6. Pena de multa e regime inicial de cumprimento da pena revistos de ofício. 7. Apelação defensiva desprovida. (TRF3, ACR n. 0001704-43.2007.4.03.6124, 11ª T., rel. Des. Fed. José Lunardelli, *DJ* 18.04.2017)

3. OBSERVAÇÕES

3.1. Dificuldades financeiras

Não deve ser aceita a alegação de excludente de culpabilidade por inexigibilidade de conduta diversa em razão de dificuldades financeiras enfrentadas pela empresa nas hipóteses do crime de sonegação de contribuição previdenciária.

Referida causa supralegal tem sido aceita, de forma restrita, nas situações de tributos descontados ou cobrados do contribuinte de fato, como nos casos do art. 168-A do Código Penal e art. 2º, II, da Lei n. 8.137/90, cujas condutas prescindem de fraude e, em tese, a existência de graves dificuldades financeiras poderia levar à conclusão de que era inexigível conduta diversa nas circunstâncias em que o acusado se encontrava.

Para que se justifique a exclusão da culpabilidade nesses casos, tais dificuldades devem ser intensas, devem extrapolar a mera situação de penúria, isto é, deve-se analisar se estava em risco a própria sobrevivência da empresa, se não foi o próprio agente quem, por meio de gestão temerária ou fraudulenta, deu causa à má situação financeira, e se a prática da conduta tipificada foi medida última, excepcional e ocasional (e não rotineira).

Contudo, referida causa supralegal de culpabilidade da inexigibilidade da conduta diversa não se aplica ao delito do art. 337-A do Código Penal, pois a sonegação pressupõe o emprego de fraude por parte do agente, o que torna absolutamente irrelevante a existência de dificuldades financeiras da pessoa jurídica e sua capacidade econômica para eventual recolhimento do tributo. Crimes dessa natureza não consubstanciam um mero inadimplemento, mas punem os artifícios para ludibriar os órgãos de arrecadação e fiscalização de tributos, os quais geram a supressão e redução de tributos. Portanto, tais dificuldades podem até impedir o pagamento do tributo, mas não justificam a omissão de informações à autoridade fazendária.

Este crime relaciona-se à administração tributária das empresas e ao correto lançamento de sua contabilidade, não havendo, assim, como entender-se que eventual dificuldade financeira possa justificar a errônea anotação contábil da empresa, com o fim de prejudicar a fiscalização tributária (TRF3, ACr n. 00008783020134036181, 5ª T., rel. Des. Fed. Paulo Fontes, *e-DJF3 Judicial* 05.07.2017).

A alegação de dificuldades financeiras como excludente da culpabilidade é inaceitável quando a conduta omissiva resulta de uma ação fraudulenta engendrada para reduzir ou suprimir as obrigações tributárias do contribuinte (TRF3, Ap. Crim. n. 66557-0006904-10.2014.4.03.6181, 5ª T., rel. Des. Fed. Mauricio Kato, *e-DJF3 Judicial* 1 26.03.2018).

3.2. Princípio da insignificância

O crime de sonegação de contribuição previdenciária não admite a aplicação do princípio da insignificância tendo em vista o bem jurídico tutelado, que se mostra supraindividual e relativo à higidez da Previdência Social (sendo, assim, muito mais amplo do que a mera tributação em si), de modo que se mostra imperiosa a necessidade de assegurar a solidez do sistema contributivo, baseado na solidariedade social e de cunho obrigatório e indisponível ao particular. Ademais, há de ser sopesado que na conduta de sonegação levada a efeito não se vislumbra reduzida reprovabilidade, ainda mais tendo como supedâneo os constantes déficits previdenciários. Nesse sentido: TRF3, ACR n. 0003200-56.2015.4.03.6115, 11ª T., rel. Des. Federal José Lunardelli, *DJ* 30.08.2017).

Nesse sentido, o Superior Tribunal de Justiça já decidiu pela impossibilidade de aplicação do aludido princípio, bem elucidando que: "1. Ambas as Turmas que compõem o Supremo Tribunal Federal entendem ser inaplicável o princípio da insignificância aos crimes de sonegação de contribuição previdenciária e apropriação indébita previdenciária, tendo em vista a elevada reprovabilidade dessas condutas, que atentam contra bem jurídico de caráter supraindividual e contribuem para agravar o quadro deficitário da Previdência Social", ressaltando, ademais, que: "2. A Terceira Seção desta Corte Superior concluiu que não é possível a aplicação do princípio da insignificância aos crimes de apropriação indébita previdenciária e de sonegação de contribuição previdenciária, independentemente do valor do ilícito, pois esses tipos penais protegem a própria subsistência da Previdência Social, de modo que é elevado o grau de reprovabilidade da conduta do agente que atenta contra este bem jurídico supraindividual" (Ag. Reg. no REsp n. 1.783.334/PB, 6ª T., rel. Min. Laurita Vaz, *DJ* 02.12.2019).

3.3. Interpretação estrita da elementar "contribuições previdenciárias"

O art. 337-A do CP, introduzido pela Lei n. 9.983/2000, passou a tipificar condutas consistentes em sonegação de contribuições previdenciárias, passando a abarcar, de forma mais específica, parte do tema anteriormente tratado no art. 1º da Lei n. 8.137/90 (crime de sonegação fiscal).

Consoante se depreende da própria leitura do tipo inserto no art. 337-A do CP, sua aplicação está adstrita tão somente aos casos de supressão ou redução das contribuições previdenciárias que tem fulcro no art. 195 da CF, haja vista que esta é a única espécie que se encontra afetada exclusivamente ao orçamento da Seguridade Social, nos termos do art. 167, XI, da CF. Por seu turno, os recursos financeiros provenientes das demais espécies de contribuições podem ser livremente aplicados pela União.

Sob essa ótica, a correta subsunção dos fatos ao tipo estatuído no art. 337-A do CP pressupõe a interpretação estrita da elementar "contribuições previdenciárias", uma vez que o tipo penal em questão visa à proteção do orçamento público destacado da Seguridade Social (art. 165, § 5º, III, da CF), o qual não se confundiria com o orçamento do Tesouro Nacional.

O Supremo Tribunal Federal já havia fixado entendimento de que seria possível a cobrança de COFINS – Contribuição para o Financiamento da Seguridade Social e CSLL – Contribuição Social sobre o Lucro Líquido diretamente pela União, que atuaria como simples intermediária e repassaria os recursos correspondentes ao INSS.

Não bastasse, a Lei n. 11.457, de 16.03.2007, que dispõe sobre a Administração Tributária Federal, transferiu à Receita Federal do Brasil a arrecadação das contribuições para a Seguridade Social, de forma que o INSS foi retirado da condição de sujeito ativo da obrigação tributária.

Dessa forma, uma conduta consubstanciada na omissão de informações às autoridades fazendárias em DCTF (Declaração de Contribuições e Tributos Federais), sobre fatos gerados da COFINS – Contribuição para o Financiamento da Seguridade Social, por exemplo, e que ensejasse a supressão do tributo, amolda-se ao tipo previsto no art. 1º, I, da Lei n. 8.137/90, que é mais amplo, haja vista que alude ao gênero "tributo" e absorve a conduta inserta no inciso III do art. 337-A do CP.

Pois bem. As contribuições sociais apresentam duas subespécies: as contribuições sociais gerais e as contribuições sociais da Seguridade Social. Se a destinação legal da receita for custear saúde, assistência ou previdência, será uma contribuição para a Seguridade Social; se outras áreas, como educação ou moradia, tratar-se-á de contribuição geral.

O art. 195 da CF prevê as contribuições sociais para a Seguridade Social: "Art. 195. A seguridade social será financiada por toda a sociedade, de forma direta e indireta, nos termos da lei, mediante recursos provenientes dos orçamentos da União, dos Estados, do Distrito Federal e dos Municípios, e das seguintes contribuições sociais: I – do empregador, da empresa e da entidade a ela equiparada na forma da lei, incidentes sobre: *a*) a folha de salários e demais rendimentos do trabalho pagos ou creditados, a qualquer título, à pessoa física que lhe preste serviço, mesmo sem vínculo empregatício; *b*) a receita ou o faturamento; *c*) o lucro; II – do trabalhador e dos demais segurados da previdência social, podendo ser adotadas alíquotas progressivas de acordo com o valor do salário de contribuição, não incidindo contribuição sobre aposentadoria e pensão concedidas pelo Regime Geral de Previdência Social; III – sobre a receita de concursos de prognósticos; IV – do importador de bens ou serviços do exterior, ou de quem a lei a ele equiparar".

Por sua vez, dentro das contribuições para a seguridade social, existe outra subdivisão, pois há aquelas que são destinadas especificamente à previdência, chamadas de contribuições sociais previdenciárias, quais sejam: contribuição da empresa sobre a folha de pagamento (art. 195, I, *a*, CF) e contribuição do segurado (art. 195, II, CF). As contribuições devidas às terceiras entidades não cuidam de contribuições previdenciárias, porquanto não se amoldam às contribuições dispostas no art. 195, I, *a*, e II, da CF.

CAPÍTULO II-A
DOS CRIMES PRATICADOS POR PARTICULAR CONTRA A ADMINISTRAÇÃO PÚBLICA ESTRANGEIRA

Capítulo acrescentado pela Lei n. 10.467, de 11.06.2002.

Corrupção ativa em transação comercial internacional

Art. 337-B. Prometer, oferecer ou dar, direta ou indiretamente, vantagem indevida a funcionário público estrangeiro, ou a terceira pessoa, para determiná-lo a praticar, omitir ou retardar ato de ofício relacionado à transação comercial internacional:

Pena – reclusão, de 1 (um) a 8 (oito) anos, e multa.

Artigo acrescentado pela Lei n. 10.467, de 11.06.2002.

Parágrafo único. A pena é aumentada de 1/3 (um terço), se, em razão da vantagem ou promessa, o funcionário público estrangeiro retarda ou omite o ato de ofício, ou o pratica infringindo dever funcional.

1. COMENTÁRIO

O Capítulo II-A, do Título XI do CP, que trata dos crimes contra a administração pública estrangeira, foi inserido no CP pela Lei n. 10.467, de 11.06.2002, editada para dar efetividade à Convenção sobre o Combate da Corrupção de Funcionários Públicos Estrangeiros em Transações Comerciais, concluída em Paris em 1997, e promulgada no direito interno por meio do Decreto n. 3.678/2000. Essa Lei, além de acrescentar ao CP os tipos descritos nos arts. 337-B (corrupção ativa em transação comercial internacional), 337-C (tráfico de influência em transação comercial internacional) e 337-D (conceito de funcionário público estrangeiro), também acrescentou os referidos crimes ao rol de crimes antecedentes à lavagem de dinheiro previsto no art. 1º da Lei n. 9.613/98. Anote-se, contudo, que após a Lei n. 9.613/98 ter sido alterada pela Lei n. 12.683/2012, o rol de crimes antecedentes deixa de existir, tornando possível a lavagem de dinheiro que tenha como antecedente qualquer infração penal.

A necessidade e a efetividade desse tipo penal é questionável. Não se nega, por óbvio, que, em um mundo altamente globalizado, devam os Estados buscar a lisura das transações comerciais internacionais. Contudo, bastaria, para tanto, a previsão do próprio tipo de corrupção ativa do art. 333 do CP. E isso por duas razões. A primeira porque, no que toca à jurisdição, o CP adotou a teoria da territorialidade temperada (arts. 5º e 7º, CP), punindo, em regra, o crime cometido no território nacional, seja por brasileiros ou por estrangeiros, mas também o crime cometido no exterior por brasileiros. Assim, se alguém, não importando se brasileiro ou estrangeiro, mas aqui no Brasil, oferecer, prometer ou dar (o tipo do art. 333 do CP não pune a conduta de *dar*, conforme comentado adiante) vantagem indevida a funcionário público – igualmente não importando se o funcionário é estrangeiro ou não – para determiná-lo a praticar, retardar ou omitir ato de ofício, bastaria o art. 333 do CP para puni-lo. Por outro lado, se um brasileiro, no exterior, oferecer ou prometer vantagem indevida a funcionário público estrangeiro, basta a existência de previsão típica no país estrangeiro para que ele seja punido lá ou, na hipótese de fuga para o Brasil, aqui – bastando, para tanto, e tão somente que a conduta seja punível tanto aqui como no estrangeiro onde praticada –, por força do princípio da justiça universal, que tem como razão de ser a necessidade de não se deixar impune o agente responsável pela prática de um crime, esteja ele onde estiver. A segunda razão é que, em virtude do lugar do crime, o CP adotou a teoria da ubiquidade (art. 6º), pela qual se considera "praticado o crime no lugar em que ocorreu a ação ou omissão, no todo ou em parte, bem como onde se produziu ou deveria produzir-se o resultado". Assim, na hipótese de a promessa, oferta ou dação ter sido feita em um país, para que funcionário público estrangeiro pratique, omita ou retarde ato de ofício em outro país, o agente igualmente estaria sujeito à punição pela lei brasileira, pois a ação foi praticada aqui, embora o resultado se devesse produzir no estrangeiro. Assim, para se dar efetividade à Convenção sobre o Combate da Corrupção de Funcionários Públicos Estrangeiros em Transações Comerciais, bastaria que os países que a ratificaram previssem a punição do crime de corrupção ativa, nos moldes do art. 333 do CP, isto é, relativamente a funcionários públicos em geral, não sendo necessária a criação de um tipo penal específico para se punir a corrupção dirigida a funcionário público estrangeiro. A criação de um tipo penal específico, com elementares específicas e próprias, pode acabar, na contramão de sua intenção, restringindo a punição de condutas, pois o tipo em tela restringe-se à corrupção relativa a "transações comerciais", ou seja, exclusivamente à compra e à venda, deixando impune a promessa, a oferta ou a dação de vantagem indevida a funcionário público estrangeiro que não seja relacionada à compra e à venda, por exemplo, doações, importações de bens próprios etc.

1.1. Objetividade jurídica

O objeto jurídico do crime de corrupção ativa em transação comercial internacional é a administração pública estrangeira, mas com uma especificidade: o tipo protege exclusivamente a lisura das relações *comerciais* internacionais, ou seja, restringe-se às relações de compra e venda, e não a outras transações, como doações, importações de bens próprios etc.

1.2. Sujeitos do crime

O tipo não exige nenhuma qualidade do sujeito ativo, que, portanto, pode ser qualquer pessoa. O sujeito passivo é o Estado estrangeiro. Tal como no crime de corrupção ativa previsto no art. 333 do CP, diverge a doutrina sobre considerar o funcionário público (estrangeiro) como sujeito passivo mediato. Contudo, Guilherme de Souza Nucci (*Código Penal comentado*, 2007, p. 1.067) sustenta com razão que o funcionário público não sofre nenhum prejuízo, mas somente a administração pública por ele representada.

1.3. Análise da(s) conduta(s) descritas(s) no tipo

As condutas previstas no art. 337-B do CP são as de "prometer", "oferecer" e "dar". Prometer significa obrigar-se a fazer. Oferecer é exibir ou propor para que seja aceito. São condutas formais que não dependem de aceitação pelo funcionário público para a consumação do delito. Prometer e oferecer são condutas igualmente previstas no crime de corrupção ativa previsto no art. 333 do CP. A diferença existente entre a corrupção ativa e o crime de corrupção ativa em transação comercial internacional é a previsão típica da conduta típica de dar. Dar é ceder ou entregar gratuitamente, doar, presentear. Na figura do art. 333 do CP, não está prevista a conduta de dar. Isso porque, segundo parte da doutrina, o que se pretende punir é a iniciativa do particular em prometer ou oferecer algo ao funcionário público, e não a conduta do particular, que, diante da iniciativa do funcionário público em solicitar ou exigir a propina, acaba cedendo, por medo de contrariar a autoridade e sofrer represálias.

"Direta ou indiretamente": o tipo expressamente prevê a possibilidade da promessa ou oferta ser feita por terceiros, o que, apesar de aumentar a possibilidade de punição do agente, é previsão que se entende desnecessária, haja vista a possibilidade de que todo e qualquer crime seja cometido de forma direta ou indireta. Se indiretamente – ou seja, por intermédio de outra pessoa –, estará abrangida pelo concurso de pessoas, previsto no art. 29 do CP.

Objeto material: o objeto material desse crime é a "vantagem indevida". Por vantagem indevida entende-se aquela que a lei não permite. Por lei deve-se entender aquela à qual está submetido o funcionário público estrangeiro. Interessante notar que, no direito interno, por exemplo, a Lei n. 8.112/90, que dispõe sobre o regime jurídico dos servidores públicos civis da União, das autarquias e das fundações públicas federais, proíbe o funcionário de receber presente ou vantagem de qualquer espécie, em razão de suas atribuições (art. 117, XII). Contudo, a Resolução n. 3/2000, da Presidência da República, estabeleceu orientação prática sobre o conceito de presente, dizendo não o caracterizar os brindes que não tenham valor comercial ou os que sejam distribuídos a título de cortesia, habitualmente ou por ocasião de eventos ou datas comemorativas desde que não ultrapassem o valor unitário de R$ 100,00, tenham periodicidade não inferior a doze meses e não se destinem a agraciar exclusivamente determinada autoridade. Trata-se de exemplo de vantagem dada a funcionário que não é considerada indevida. Assim, é preciso, sempre, levar em conta se o regime jurídico do funcionário público ao qual se fez a promessa, oferta ou dação considera o ato legal ou não.

Vantagem indevida pode ser qualquer tipo de vantagem, não só a econômica. A promessa, oferta ou dação tem de ser dirigida a "funcionário público estrangeiro", cujo conceito está previsto no art. 337-D do CP, ou a "terceira pessoa". Atente-se, contudo, que a expressão "terceira pessoa" vem seguida do complemento "para determiná-lo", ou seja, a promessa, oferta ou dação para a terceira pessoa não é para que ela, terceira pessoa, pratique ou retarde o ato de ofício, pela razão óbvia de que o ato de ofício só pode ser praticado pelo próprio funcionário público. A promessa, oferta ou dação à terceira pessoa precisa ter como objetivo que ela determine o funcionário público estrangeiro a praticar, retardar ou omitir o ato de ofício. Trata-se de previsão desnecessária, ao nosso entender, exatamente pela previsão do próprio tipo no sentido de a promessa ou oferta poder ser feita "direta ou indiretamente". Ainda, nos termos do art. 29 do CP, todos que concorrem, de qualquer modo, para o crime, incidem nas penas a este cominadas.

Determinar tem o sentido de decidir, ou seja, fazer que o funcionário público se decida a "praticar", "retardar" ou "omitir" o ato de ofício. "Ato de ofício" é o inerente ao cargo do funcionário público estrangeiro. O art. 333-B do CP pune exclusivamente o ato de ofício "relacionado à transação comercial internacional", ou seja, se o ato de ofício for relacionado à transação não comercial, não haverá crime. Pense-se o exemplo de uma pessoa que importa determinada mercadoria que há no exterior. Não existe comércio, pois não se está comprando nem vendendo a mercadoria que já lhe pertence. Se, nessa hipótese, promete, oferece ou dá vantagem indevida a funcionário público estrangeiro para determiná-lo, por exemplo, a liberar a mercadoria, não estará caracterizado o crime do art. 333-B do CP.

1.4. Elemento subjetivo

O crime é doloso. O dolo é a vontade de oferecer, prometer ou dar a vantagem ilícita. O tipo exige um especial fim de agir, que é a vontade dirigida para determinar o funcionário a praticar, retardar ou omitir ato de ofício relacionado à transação comercial internacional, o que, segundo parte da doutrina, é chamado de dolo específico. O crime não é punido na forma culposa.

1.5. Consumação e tentativa

As condutas "oferecer" e "prometer" se consumam com a simples prática dos verbos que compõem o núcleo do tipo penal, tratando-se, portanto, de um tipo formal que, via de regra, não admite a tentativa. É possível, entretanto, pensar-se na promessa ou oferta ser feita por carta ou *e-mail* e ocorrer extravio, hipótese em que a tentativa é factível. Já a modalidade "dar" configura um tipo penal que exige resultado – tipo penal material –, ou seja, a efetiva entrega da vantagem indevida, admitindo, portanto, a tentativa.

1.6. Causa especial de aumento de pena

O parágrafo único prevê o aumento de um terço da pena se, em razão da "vantagem ou promessa", o funcionário público estrangeiro retarda ou omite o ato de ofício, ou o pratica infringindo dever funcional. Note-se que, por evidente defeito legislativo, o parágrafo único não prevê o aumento de pena para a modalidade de dar vantagem indevida.

1.7. Classificação

Formal, nas modalidades "oferecer" e "prometer", e material, na modalidade "dar". Comum quanto ao sujeito ativo, que pode ser qualquer pessoa. Quanto ao sujeito passivo, é próprio no que toca ao funcionário público estrangeiro, mas, no que toca à "terceira pessoa" prevista no tipo, é comum, ou seja, pode ser qualquer pessoa.

Tráfico de influência em transação comercial internacional

Art. 337-C. Solicitar, exigir, cobrar ou obter, para si ou para outrem, direta ou indiretamente, vantagem ou promessa de vantagem a pretexto de influir em ato praticado por funcionário público estrangeiro no exercício de suas funções, relacionado a transação comercial internacional:

Pena – reclusão, de 2 (dois) a 5 (cinco) anos, e multa.

Artigo acrescentado pela Lei n. 10.467, de 11.06.2002.

Parágrafo único. A pena é aumentada da metade, se o agente alega ou insinua que a vantagem é também destinada a funcionário estrangeiro.

---

1. COMENTÁRIO

1.1. Objetividade jurídica

O objeto jurídico do crime de tráfico de influência em transação comercial internacional é o mesmo do art. 337-B do CP, qual seja, a administração pública estrangeira, com a especificidade de o tipo proteger exclusivamente a lisura das relações comerciais internacionais, ou seja, restringe-se às relações de compra e venda, não atingindo outras transações, como doações, importações de bens próprios etc.

1.2. Sujeitos do crime

O sujeito ativo é qualquer pessoa, não se exigindo nenhuma qualidade ou característica especial, que pode ser tanto o particular como o funcionário público, nacional ou estrangeiro. O sujeito passivo é o Estado estrangeiro. Aqui, diferentemente do crime de corrupção ativa em transação comercial internacional, não há a figura do sujeito passivo mediato.

1.3. Análise da(s) conduta(s) descrita(s) no tipo

"Solicitar" significa pedir; "exigir" significa pedir enfaticamente ou reclamar com aparência de direito; "cobrar" significa pedir para que seja pago ou fazer pagar; "obter" significa conseguir, alcançar, receber. "Para si ou para outrem" significa que o agente solicita a vantagem em interesse próprio ou em benefício de outra pessoa, ou seja, sem se beneficiar da vantagem. "Direta ou indiretamente" quer dizer que as condutas podem ser praticadas tanto pelo próprio agente como por interpostas pessoas. Veja-se aqui que as previsões de que as condutas típicas podem ser praticadas "para si ou para outrem" e "direta ou indiretamente" podem se confundir. Bastaria, para que o tipo penal tivesse a eficácia pretendida, a previsão de que o pedido pode ser feito para si ou para outrem – como é a redação do art. 332 do CP, que prevê o tráfico de influência cometido, após a inserção do artigo comentado, somente em âmbito interno. Isso porque, se o agente pede a vantagem para si, comete o crime na forma direta, mas, se pede para outrem, na forma indireta. Caso solicite para outrem sem que exista, de fato, a outra pessoa, cometerá o crime na forma direta. A previsão do crime cometido direta ou indiretamente está, pois, contida na possibilidade de que a vantagem seja pedida para si ou para outrem. A inserção concomitante das duas previsões é, portanto, desnecessária e decorre, por certo, da falta de técnica legislativa, não obstante com a intenção de enfatizar a punição. Tanto assim o é que figura típica do art. 332 do CP, que pune o tráfico de influência, não contém a previsão de que a conduta pode ser praticada direta ou indiretamente.

"Vantagem ou promessa de vantagem": note-se que diferentemente do quanto disposto no art. 337-B do CP, aqui o tipo não exige que a vantagem seja ilícita. Diverge a doutrina, contudo, sobre a possibilidade de a vantagem ser lícita. Delmanto (*Código Penal comentado, acompanhado de comentários, jurisprudência, súmulas em matéria penal e legislação complementar*, 2010, p. 981) sustenta que a vantagem precisa ser indevida, pois o ordenamento jurídico não pode punir o que é devido, ou seja, lícito. Já Nucci (*Código Penal comentado*, 2007, p. 1.067) afirma que a vantagem é qualquer ganho ou lucro, tanto o lícito quanto o ilícito. Pode-se imaginar as duas situações: se o agente, por exemplo, solicita um serviço lícito ou cobra por ele, como de transporte ou de despachante aduaneiro, efetivamente realizado, mas com o "pretexto de influir em ato praticado por funcionário público estrangeiro", pode-se ter uma vantagem lícita. Contudo, se o agente cobra um valor apenas a pretexto de influir no ato do funcionário, sem prestar nenhum serviço lícito, a vantagem, nesse caso, será ilícita, indevida. Isso porque, ao prever que a vantagem é solicitada a pretexto de influir em ato de funcionário público, o que o Código pune é a conduta de quem ilude a vítima dizendo que tem influência sobre o funcionário público, sem, contudo, ter qualquer poder de influir no ato do funcionário, por isso "a pretexto". Trata-se de tipo penal que se assemelha ao tráfico de influência previsto no art. 332 do CP, ao qual a doutrina se refere como sendo "venda de fumaça".

"Ato praticado por funcionário público": é o ato administrativo inerente à atividade do funcionário público que, para o tipo, precisa ser estrangeiro. Não caracteriza o crime previsto neste artigo a solicitação feita com o pretexto de influir em ato de particular ou ato de funcionário público nacional, hipótese esta em que se caracterizará o tráfico de influência previsto no art. 332 do CP.

"No exercício de suas funções": evidentemente que, ao prever que a influência é sobre ato de funcionário público, o tipo se refere ao ato praticado no exercício da função pública, e não a outro qualquer.

"Relacionado a transação comercial internacional": o ato que caracteriza esse crime precisa ser necessariamente relacionado à transação comercial internacional, cabendo aqui as observações já feitas sobre a necessidade de se tratar de compra e venda internacional.

1.4. Elemento subjetivo

O crime é doloso, não se exige especial finalidade específica de agir e não há punição na forma culposa.

1.5. Consumação e tentativa

Nas modalidades "solicitar", "exigir" e "cobrar", o crime é formal, bastando, para a consumação, que o agente solicite, exija ou cobre, não sendo necessário que receba a vantagem efetivamente, não se admitindo, portanto, a tentativa. Na modalidade "obter", o crime é de resultado, só se consumando quando o agente recebe a vantagem efetivamente, admitindo-se a tentativa. Note-se que não se exige que o agente de fato influencie o ato do funcionário público, uma vez que, como já foi mencionado, a vantagem é solicitada "a pretexto de".

1.6. Causa especial de aumento de pena

O parágrafo único prevê aumento de metade da pena se o agente que solicita, exige, cobra ou obtém a vantagem alega ou insinua que a vantagem também é destinada ao funcionário público estrangeiro, porque tal conduta se revela mais grave do que a prevista no *caput*, sendo a reprovabilidade da conduta maior, já que atinge a honra do funcionário público e a própria lisura da administração pública estrangeira.

1.7. Classificação

O crime é comum, não demandando nenhuma característica especial tanto do sujeito ativo como do sujeito passivo; formal nas modalidades "solicitar", "exigir" e "cobrar", e de resultado na modalidade "obter"; de forma livre, pois as condutas não exigem uma forma especial para serem praticadas; via de regra é delito do tipo comissivo, porque os verbos empregados no tipo penal revelam ações, mas também pode ser praticado por omissão imprópria, nos termos do art. 13, § 2º, do CP.

Funcionário público estrangeiro

Art. 337-D. Considera-se funcionário público estrangeiro, para os efeitos penais, quem, ainda que transitoriamente ou sem remuneração, exerce cargo, emprego ou função pública em entidades estatais ou em representações diplomáticas de país estrangeiro.

Artigo acrescentado pela Lei n. 10.467, de 11.06.2002.

Parágrafo único. Equipara-se a funcionário público estrangeiro quem exerce cargo, emprego ou função em empresas controladas, diretamente ou indiretamente, pelo Poder Público de país estrangeiro ou em organizações públicas internacionais.

1. COMENTÁRIO

Tal como fez no art. 327 do CP, definiu-se o conceito do que é funcionário público estrangeiro para fins penais, sendo certo que tal conceito não se confunde com aquele proposto pelo direito administrativo, muito embora se possa identificar, nele, noções e elementos que podem ajudar no entendimento e complementação do significado conferido ao termo na esfera do direito penal.

"Ainda que transitoriamente ou sem remuneração": é expressão idêntica à encontrada no art. 327 do CP. Exemplo clássico de "funcionário público" transitório e sem remuneração é o jurado do Tribunal do Júri, que exerce função pública e, portanto, é considerado funcionário público e responde por corrupção passiva (art. 317, CP), na hipótese de receber vantagem indevida em razão de tal função. Como exemplo de funcionário público estrangeiro transitório, pode-se imaginar pessoa nomeada para exercer função de adido comercial ou cultural, durante um mandato de um governo estrangeiro.

"Cargo": só pode ser criado por lei (art. 37, I, CF). Pode ser vitalício, como os juízes de direito; pode ser efetivo, galgado mediante concurso público e representado pela estabilidade; e pode ser em comissão, que é de livre nomeação e exoneração, preenchido sem concurso público e que não possui estabilidade.

"Emprego público": refere-se à pessoa que trabalha na administração pública pelo regime celetista. Também depende da prévia aprovação em concurso público de provas ou de provas e títulos.

"Função pública": refere-se às atribuições, às atividades estabelecidas por lei que devem ser realizadas pelo funcionário e pelo empregado público. Contudo, pode também ser praticada pelo particular, ou seja, aquele que não tem cargo nem é empregado celetista, mas que trabalha na administração pública.

"Entidades estatais": são pessoas jurídicas de direito público que integram o Estado, ou seja, que integram a União, os Estados, os Municípios e, no Brasil, o Distrito Federal. Lembremos, nesse ponto, que outros países também possuem distritos federais, por exemplo, o Distrito de Columbia, onde está localizada Washington, capital dos Estados Unidos.

"Representações diplomáticas": trata-se de expressão que abrange qualquer pessoa nomeada por um Estado estrangeiro para representá-lo, incluindo-se nesse conceito todos os funcionários das embaixadas e consulados, mas também adidos comerciais e culturais.

Equiparação: o parágrafo único deste artigo, a exemplo do que existe no art. 327 do CP, estende o conceito de funcionário público às pessoas que trabalham em órgãos que não são próprios da administração pública, mas são controlados pelo Poder Público, como as empresas estatais ou governamentais sobre as quais o Poder Público tem controle acionário. Ainda, o parágrafo único estende o conceito de funcionário público estrangeiro às pessoas que trabalham em *organizações públicas internacionais*, das quais são exemplos a ONU, a OMS e a OIT.

CAPÍTULO II-B
DOS CRIMES EM LICITAÇÕES E CONTRATOS ADMINISTRATIVOS

Capítulo acrescentado pela Lei n. 14.133, de 01.04.2021.

Contratação direta ilegal

Art. 337-E. Admitir, possibilitar ou dar causa à contratação direta fora das hipóteses previstas em lei:

Pena – reclusão, de 4 (quatro) a 8 (oito) anos, e multa.

Artigo acrescentado pela Lei n. 14.133, de 01.04.2021.

1. COMENTÁRIO

1.1. Notas introdutórias

Este Capítulo foi introduzido pela Lei n. 14.133, de 01.04.2021, diploma este que alterou a antiga legislação que regia as licitações e contratos administrativos (Lei n. 8.666/93). Os crimes previstos nesta última lei revogada foram inseridos nesta codificação repressora, com algumas modificações, inclusive criando-se tipos penais novos.

A Administração Pública é regida, entre outros, pelos seguintes princípios: legalidade, impessoalidade, moralidade, publicidade e eficiência, probidade administrativa, igualdade, eficácia, motivação, vinculação ao instrumento convocatório, julgamento objetivo, segurança jurídica, razoabilidade, competitividade, proporcionalidade, celeridade, economicidade e sustentabilidade (*v.* art. 37, *caput*, da CF e art. 5º da nova Lei de Licitações e Contratos Administrativos). Tais vetores axiológicos representam os alicerces basilares aptos a conduzir e orientar a conduta, o comportamento de gestores e servidores públicos. A própria CF, em seu art. 37, XXI, dispõe que "ressalvados os casos especificados na legislação, as obras, serviços, compras e alienações serão contratados mediante processo de licitação pública que assegure igualdade de condições a todos os concorrentes, com cláusulas que estabeleçam obrigações de pagamento, mantidas as condições efetivas da proposta, nos termos da lei, o qual somente permitirá as exigências de qualificação técnica e econômica indispensáveis à garantia do cumprimento das obrigações". Para aplicar-se o fundamento constitucional apontado em relação às licitações e contratos públicos, o art. 11 da Lei n. 14.133/2021 prescreve os seguintes objetivos: "I – assegurar a seleção da proposta apta a gerar o resultado de contratação mais vantajoso para a Administração Pública, inclusive no que se refere ao ciclo de vida do objeto; II – assegurar tratamento isonômico entre os licitantes, bem como a justa competição; III – evitar contratações com sobrepreço ou com preços manifestamente inexequíveis e superfaturamento na execução dos contratos; IV – incentivar a inovação e o desenvolvimento nacional sustentável". A finalidade precípua do procedimento administrativo licitatório é, pois, salvo as hipóteses legais de inexigibilidade e dispensa[17] (*v.* arts. 74 e 75, ambos da Lei n. 14.133/2021), proporcionar oportunidades idênticas a todos os que pretendem contratar com órgãos da Administração Pública direta, autárquica, fundacional, e demais entidades controladas direta ou indiretamente pela União, pelos estados, pelo Distrito Federal e pelos municípios[18], inclusive, os órgãos dos Poderes Legislativo e Judiciário da União, dos Estados e do Distrito Federal e os órgãos do Poder Legislativo dos Municípios, quando no desempenho de função administrativa, selecionando a proposta mais vantajosa para fins de negócios envolvendo obras, serviços, inclusive de publicidade, compras, alienações e locações, preservando, assim, o interesse, patrimônio e finanças públicos. Portanto impõe-se à alta administração o dever de implementar processos e estruturas, inclusive de gestão de riscos e controles internos, para avaliar, direcionar e monitorar os processos licitatórios e os respectivos contratos, com o intuito de alcançar os objetivos estabelecidos pela lei, promover um ambiente íntegro e confiável, assegurar o alinhamento das contratações ao planejamento estratégico e às leis orçamentárias e promover eficiência, efetividade e eficácia em suas contratações (*v.* art. 11, parágrafo único, Lei n. 14.133/2021).

1.2. Hipóteses legais de dispensa e inexigibilidade de licitação

1.2.1. Inexigibilidade

O art. 74 da nova Lei de Licitações e Contratos Administrativos indica algumas situações em que sequer admite procedimento licitatório por que a competição se mostra inviável, assim contempla as seguintes hipóteses de inexigibilidade: a) aquisição de materiais, de equipamentos ou de gêneros ou contratação de serviços que só possam ser fornecidos por produtor, empresa ou representante comercial exclusivos;[19] b) contratação de profissional do setor artístico, diretamente ou por meio de empresário exclusivo,[20]

---

17 Ressaltamos que o art. 76, I e II, da referida lei prevê a "licitação dispensada", como classifica a doutrina administrativista, nos casos de alienação de bens (móveis e imóveis) da Administração Pública. Nesta hipótese a dispensa é obrigatória (o que difere do art. 75 em que a dispensa é opcional). Da mesma forma, no caso de pequenas compras ou prestação de serviços de pronto pagamento, assim entendidas aquelas de valor não superior a R$ 10.000,00, é admissível a contratação "verbal" direta (*v.* art. 95, § 2º, da Lei n. 14.133/2021). Porém, deixamos de incluir esta hipótese, pois não incide no tipo penal em comento que versa somente da contratação direta a qual, a teor do *caput* do art. 71, engloba os casos de dispensa e inexigibilidade.

18 No caso das sociedades de economia mista e empresas públicas as regras para procedimentos licitatórios e contratos estão nos arts. 31 e segs. da Lei n. 13.303/2016.

19 A exclusividade que torna inviável a competição deverá ser demonstrada por documentos que confirme a exclusividade, como atestado, contrato, declaração do fabricante ou outro documento idôneo capaz de comprovar que o objeto é fornecido ou prestado por produtor, empresa ou representante comercial exclusivos, não sendo permitida a preferência por marca específica (art. 74, §1º).

20 Nos termos da lei empresário exclusivo é a "pessoa física ou jurídica que possua contrato, declaração, carta ou outro documento que ateste a exclusividade permanente e contínua de representação, no País ou em Estado específico, do profissional do setor artístico, afastada a possibilidade de con-

desde que consagrado pela crítica especializada ou pela opinião pública; c) contratação dos seguintes serviços técnicos especializados de natureza predominantemente intelectual com profissionais ou empresas de notória especialização,[21] vedada a inexigibilidade para serviços de publicidade e divulgação: c.1) estudos técnicos, planejamentos e projetos básicos ou executivos; c.2) pareceres, perícias e avaliações em geral; c.3) assessorias ou consultorias técnicas e auditorias financeiras ou tributárias; c.4) fiscalização, supervisão ou gerenciamento de obras ou serviços; c.5) patrocínio ou defesa de causas judiciais ou administrativas; c.6) treinamento e aperfeiçoamento de pessoal; c.7) restauração de obras de arte e bens de valor histórico; c.8) controles de qualidade e tecnológico, análises, testes e ensaios de campo e laboratoriais, instrumentação e monitoramento de parâmetros específicos de obras e do meio ambiente e demais serviços de engenharia que se enquadrem na definição deste inciso; d) objetos que devam ou possam ser contratados por meio de credenciamento;[22] e) aquisição ou locação de imóvel cujas características de instalações e de localização tornem necessária sua escolha.[23]

1.2.2. Dispensa

Em regra, o procedimento licitatório é obrigatório (art. 37, XXI, da CF), contudo, em determinadas circunstâncias fáticas, por questões peculiares, embora admitida a licitação, está autorizada a sua dispensa por atender melhor o interesse público (licitação dispensável). Eis o teor do art. 75 da Lei n. 14.133/2021: "I – para contratação que envolva valores inferiores a R$ 100.000,00 (cem mil reais), no caso de obras e serviços de engenharia ou de serviços de manutenção de veículos automotores; II – para contratação que envolva valores inferiores a R$ 50.000,00 (cinquenta mil reais), no caso de outros serviços e compras; III – para contratação que mantenha todas as condições definidas em edital de licitação realizada há menos de 1 (um) ano, quando se verificar que naquela licitação: *a)* não surgiram licitantes interessados ou não foram apresentadas propostas válidas; *b)* as propostas apresentadas consignaram preços manifestamente superiores aos praticados no mercado ou incompatíveis com os fixados pelos órgãos oficiais competentes; IV – para contratação que tenha por objeto: *a)* bens componentes ou peças de origem nacional ou estrangeira necessários à manutenção de equipamentos, a serem adquiridos do fornecedor original desses equipamentos durante o período de garantia técnica, quando essa condição de exclusividade for indispensável para a vigência da garantia; *b)* bens, serviços, alienações ou obras, nos termos de acordo internacional específico aprovado pelo Congresso Nacional, quando as condições ofertadas forem manifestamente vantajosas para a Administração; *c)* produtos para pesquisa e desenvolvimento, limitada a contratação, no caso de obras e serviços de engenharia, ao valor de R$ 300.000,00 (trezentos mil reais); *d)* transferência de tecnologia ou licenciamento de direito de uso ou de exploração de criação protegida, nas contratações realizadas por Instituição Científica, Tecnológica e de Inovação (ICT) pública ou por agência de fomento, desde que demonstrada vantagem para a Administração; *e)* hortifrutigranjeiros, pães e outros gêneros perecíveis, no período necessário para a realização dos processos licitatórios correspondentes, hipótese em que a contratação será realizada diretamente com base no preço do dia; *f)* bens ou serviços produzidos ou prestados no País que envolvam, cumulativamente, alta complexidade tecnológica e defesa nacional; *g)* materiais de uso das Forças Armadas, com exceção de materiais de uso pessoal e administrativo, quando houver necessidade de manter a padronização requerida pela estrutura de apoio logístico dos meios navais, aéreos e terrestres, me-

---

tratação direta por inexigibilidade por meio de empresário com representação restrita a evento ou local específico" (art. 74, § 2º).

21 A notória especialização ficará demonstrada no caso de "profissional ou a empresa cujo conceito no campo de sua especialidade, decorrente de desempenho anterior, estudos, experiência, publicações, organização, aparelhamento, equipe técnica ou outros requisitos relacionados com suas atividades, permita inferir que o seu trabalho é essencial e reconhecidamente adequado à plena satisfação do objeto do contrato". As contratações por notória especialização impedem subcontratações de empresas ou a atuação de profissionais distintos daqueles que tenham justificado a inexigibilidade (art. 74, §§ 3º e 4º).

22 "Processo administrativo de chamamento público em que a Administração Pública convoca interessados em prestar serviços ou fornecer bens para que, preenchidos os requisitos necessários, se credenciem no órgão ou na entidade para executar o objeto quando convocados" (art. 6º, XLIII).

23 Eis os requisitos para essa contratação: avaliação prévia do bem, do seu estado de conservação e dos custos de adaptações, quando imprescindíveis às necessidades de utilização, e prazo de amortização dos investimentos; certificação da inexistência de imóveis públicos vagos e disponíveis que atendam ao objeto; justificativas que demonstrem a singularidade do imóvel a ser comprado ou locado pela Administração e que evidenciem vantagem para ela (art. 74, § 5º).

diante autorização por ato do comandante da força militar; *h)* bens e serviços para atendimento dos contingentes militares das forças singulares brasileiras empregadas em operações de paz no exterior, hipótese em que a contratação deverá ser justificada quanto ao preço e à escolha do fornecedor ou executante e ratificada pelo comandante da força militar; *i)* abastecimento ou suprimento de efetivos militares em estada eventual de curta duração em portos, aeroportos ou localidades diferentes de suas sedes, por motivo de movimentação operacional ou de adestramento; *j)* coleta, processamento e comercialização de resíduos sólidos urbanos recicláveis ou reutilizáveis, em áreas com sistema de coleta seletiva de lixo, realizados por associações ou cooperativas formadas exclusivamente de pessoas físicas de baixa renda reconhecidas pelo poder público como catadores de materiais recicláveis, com o uso de equipamentos compatíveis com as normas técnicas, ambientais e de saúde pública; *k)* aquisição ou restauração de obras de arte e objetos históricos, de autenticidade certificada, desde que inerente às finalidades do órgão ou com elas compatível; *l)* serviços especializados ou aquisição ou locação de equipamentos destinados ao rastreamento e à obtenção de provas previstas nos incisos II e V do *caput* do art. 3º da Lei n. 12.850, de 2 de agosto de 2013, quando houver necessidade justificada de manutenção de sigilo sobre a investigação; *m)* aquisição de medicamentos destinados exclusivamente ao tratamento de doenças raras definidas pelo Ministério da Saúde; V – para contratação com vistas ao cumprimento do disposto nos arts. 3º, 3º-A, 4º, 5º e 20 da Lei n. 10.973, de 2 de dezembro de 2004, observados os princípios gerais de contratação constantes da referida Lei; VI – para contratação que possa acarretar comprometimento da segurança nacional, nos casos estabelecidos pelo Ministro de Estado da Defesa, mediante demanda dos comandos das Forças Armadas ou dos demais ministérios; VII – nos casos de guerra, estado de defesa, estado de sítio, intervenção federal ou de grave perturbação da ordem; VIII – nos casos de emergência ou de calamidade pública, quando caracterizada urgência de atendimento de situação que possa ocasionar prejuízo ou comprometer a continuidade dos serviços públicos ou a segurança de pessoas, obras, serviços, equipamentos e outros bens, públicos ou particulares, e somente para aquisição dos bens necessários ao atendimento da situação emergencial ou calamitosa e para as parcelas de obras e serviços que possam ser concluídas no prazo máximo de 1 (um) ano, contado da data de ocorrência da emergência ou da calamidade, vedadas a prorrogação dos respectivos contratos e a recontratação de empresa já contratada com base no disposto neste inciso;[24] IX – para a aquisição, por pessoa jurídica de direito público interno, de bens produzidos ou serviços prestados por órgão ou entidade que integrem a Administração Pública e que tenham sido criados para esse fim específico, desde que o preço contratado seja compatível com o praticado no mercado; X – quando a União tiver que intervir no domínio econômico para regular preços ou normalizar o abastecimento; XI – para celebração de contrato de programa com ente federativo ou com entidade de sua Administração Pública indireta que envolva prestação de serviços públicos de forma associada nos termos autorizados em contrato de consórcio público ou em convênio de cooperação; XII – para contratação em que houver transferência de tecnologia de produtos estratégicos para o Sistema Único de Saúde (SUS), conforme elencados em ato da direção nacional do SUS, inclusive por ocasião da aquisição desses produtos durante as etapas de absorção tecnológica, e em valores compatíveis com aqueles definidos no instrumento firmado para a transferência de tecnologia; XIII – para contratação de profissionais para compor a comissão de avaliação de critérios de técnica, quando se tratar de profissional técnico de notória especialização; XIV – para contratação de associação de pessoas com deficiência, sem fins lucrativos e de comprovada idoneidade, por órgão ou entidade da Administração Pública, para a prestação de serviços, desde que o preço contratado seja compatível com o praticado no mercado e os serviços contratados sejam prestados exclusivamente por pessoas com deficiência; XV – para contratação de instituição brasileira que tenha por finalidade estatutária apoiar, captar e executar atividades de ensino, pesquisa, extensão, desenvolvimento institucional, científico e tecnológico e estímulo à inovação, inclusive para gerir administrativa e financeiramente essas ativida-

24 O art. 75, § 6º, considera emergencial a contratação por dispensa com objetivo de manter a continuidade do serviço público, devendo ser observados os valores praticados pelo mercado na forma do art. 23 da mesma lei e adotadas as providências necessárias para a conclusão do processo licitatório, sem prejuízo de apuração de responsabilidade dos agentes públicos que deram causa à situação emergencial.

des, ou para contratação de instituição dedicada à recuperação social da pessoa presa, desde que o contratado tenha inquestionável reputação ética e profissional e não tenha fins lucrativos; XVI – para a aquisição, por pessoa jurídica de direito público interno, de insumos estratégicos para a saúde produzidos por fundação que, regimental ou estatutariamente, tenha por finalidade apoiar órgão da Administração Pública direta, sua autarquia ou fundação em projetos de ensino, pesquisa, extensão, desenvolvimento institucional, científico e tecnológico e de estímulo à inovação, inclusive na gestão administrativa e financeira necessária à execução desses projetos, ou em parcerias que envolvam transferência de tecnologia de produtos estratégicos para o SUS, nos termos do inciso XII do *caput* deste artigo, e que tenha sido criada para esse fim específico em data anterior à entrada em vigor desta Lei, desde que o preço contratado seja compatível com o praticado no mercado".

Oportunos destacarmos, em relação aos incisos I e II do art. 75 da mencionada lei (*v.* §§ 1º a 3º) que: a) os limites indicados deverão ser observados:[25] i) o somatório do que for despendido no exercício financeiro pela respectiva unidade gestora; ii) o somatório da despesa realizada com objetos de mesma natureza, entendidos como tais aqueles relativos a contratações no mesmo ramo de atividade; iii) no caso de compras, obras e serviços contratados por consórcios públicos ou autarquias ou fundação qualificadas como agências executivas na forma da lei, esses limites serão duplicados; iv) as contratações serão preferencialmente precedidas por divulgação em sítio eletrônico oficial, pelo prazo mínimo de 3 dias úteis, de aviso com a especificação do objeto pretendido e com a manifestação de interesse da Administração em obter propostas adicionais de eventuais interessados, devendo ser selecionada a proposta mais vantajosa; v) as contratações serão preferencialmente pagas por meio de cartão de pagamento, cujo extrato deverá ser divulgado e mantido à disposição do público no Portal Nacional de Contratações Públicas.

25 Esses aspectos não devem ser observados no caso de contratações de até R$ 8.000,00 (oito mil reais) de serviços de manutenção de veículos automotores de propriedade do órgão ou entidade contratante, incluído o fornecimento de peças (art. 75, § 7º).

1.3. Formalidades legais a serem observadas para a contratação direta

O art. 72 da Lei n. 14.133/2021 descreve os seguintes documentos a serem exigidos para a contratação direta: a) documento de formalização de demanda e, se for o caso, estudo técnico preliminar, análise de riscos, termo de referência, projeto básico ou projeto executivo; b) estimativa de despesa, que deverá ser calculada na forma estabelecida no art. 23 da mesma lei; c) parecer jurídico e pareceres técnicos, se for o caso, que demonstrem o atendimento dos requisitos exigidos; d) demonstração da compatibilidade da previsão de recursos orçamentários com o compromisso a ser assumido; e) comprovação de que o contratado preenche os requisitos de habilitação e qualificação mínima necessária; f) razão de escolha do contratado; g) justificativa de preço; h) autorização da autoridade competente.

A mencionada forma excepcional de contratação, em respeito aos princípios da publicidade e transparência, deve ser divulgada e exibida no sítio (página) eletrônico oficial do órgão público contratante (art. 72, parágrafo único, da Lei n. 14.133/2021).

Essas são formalidades essenciais que legitimam o instituto da contratação direta, cuja inobservância pode materializar a conduta delituosa prevista no art. 337-E e, inclusive, se constatadas irregularidades "[...] o contratado e o agente público responsável responderão solidariamente pelo dano causado ao erário [...]" (art. 73 da nova Lei de Licitações e Contratos Administrativos).

É válida a observação, porém, de que a própria lei de licitações e contratos (art. 149), com base na vedação do enriquecimento ilícito, sem prejuízo de apurar-se responsabilidades e punir-se os envolvidos em caso de irregularidades na contratação direta, ainda que seja suspenso ou anulação referida contratação "não exonerará a Administração do dever de indenizar o contratado pelo que houver executado até a data em que for declarada ou tornada eficaz, bem como por outros prejuízos regularmente comprovados, desde que não lhe seja imputável, e será promovida a responsabilização de quem lhe tenha dado causa".

A formalização de contratação direta em razão de inexigibilidade ou dispensa que não se enquadre perfeitamente nas hipóteses autorizadoras poderá ensejar a configuração do crime em questão.

1.4. Objetividade jurídica

A norma penal tutela a regularidade, moralidade e probidade na Administração Pública, assim considerada a administração direta e indireta da União, dos estados, do Distrito Federal e dos municípios, inclusive as entidades com personalidade jurídica de direito privado sob controle do poder público e as fundações por ele instituídas ou mantidas (*v.* art. 6º, III, da Lei n. 14.133/2021).

1.5. Sujeitos

Trata-se de crime próprio, exigindo qualidade especial do agente. Assim, o sujeito *ativo* é, somente, pessoa integrante da Administração Pública.[26] O art. 6º da Lei n. 14.133/2021 define em seu inciso V, agente público, o indivíduo que, em virtude de eleição, nomeação, designação, contratação ou qualquer outra forma de investidura ou vínculo, exerce mandato, cargo, emprego ou função em pessoa jurídica integrante da Administração Pública. No inciso VI do mesmo artigo autoridade é conceituada como o agente público dotado de poder de decisão. Em regra, é o chefe do Executivo (presidente da República, governador do estado ou do Distrito Federal ou prefeito municipal[27]), Ministros, Secretários, administradores responsáveis por órgãos da administração direta ou dirigentes de entidades integrantes da administração indireta (autarquias, fundações, sociedade de economia mista ou empresa pública), os quais em razão do cargo, por atribuições constitucionais ou legais, são aqueles que *autorizam ou ordenam a contratação*. A figura criminosa em comento aplica-se também aos chefes dos Poderes Legislativo e Judiciário e do Ministério Público, mesmo porque realizam atos de gestão administrativa, por exemplo, contratação de produtos e serviços. Em determinadas situações concretas, é admissível a prática do ato ilícito por parte de servidores ou agentes políticos que possuam atribuição funcional para efetivar a contratação direta. A coautoria e a participação (instigação ou auxílio à conduta delituosa) são permitidas ao agente sem qualificação especial, eis que as circunstâncias subjetivas de caráter pessoal poderão se comunicar quando elementares do crime, emprestando-se, para fins de aplicabilidade da norma penal, a característica de servidor público/agente político conforme as regras dos arts. 29 e 30 deste Código.

O sujeito passivo é a Administração Pública (direta ou indireta), os órgãos dos Poderes Legislativo e Judiciário da União, dos estados e do Distrito Federal e os órgãos do Poder Legislativo dos Municípios, quando no desempenho de função administrativa, e os fundos especiais e as demais entidades controladas direta ou indiretamente pela Administração Pública e, secundariamente, a sociedade em geral.

1.6. Análise da(s) conduta(s) descrita(s) no tipo

Os núcleos verbais "admitir", "possibilitar" ou "dar causa" se relacionam a condutas cujo objetivo é viabilizar a formalização contratual indevida ou em desrespeito aos preceitos legais. O ato de "contratar" é caracterizado pelo comando que concretiza a operação negocial pretendida. Em regra, a contratação direta exige certas formalidades (art. 72 da Lei de Licitações e Contratos Administrativos), ressaltamos, porém, que no caso de pequenas compras ou prestação de serviços de pronto pagamento, assim entendidas aquelas de valor não superior a R$ 10.000,00, é admissível a contratação "verbal" com a simples exteriorização da vontade ou intento (*v.* art. 95, § 2º, da mencionada lei).

Não necessariamente o ato é praticado pelo chefe do Executivo ou ente que contrata, mas sim por servidor que tenha competência para determinar a ordem de contratação.

1.6.1. Norma penal em branco

O texto do art. 337-E materializa tipo penal aberto. Trata-se de norma penal homogênea, cujo entendimento exige a leitura ou conhecimento acerca do conteúdo de outra lei, no caso, a Lei n. 14.133/2021 que, em seus arts. 74 (inexigibilidade de licitação) e 75 (dispensa de licitação), elenca as hipóteses de contratação direta. Portanto, é permitida essa modalidade somente com base

26 *V.* conceito de funcionário público previsto no art. 327 deste Código e, para fins integrativos da norma, merece destaque também, o art. 6º, V, da Lei n. 14.133/2021, o qual define agente público como o indivíduo que, em virtude de eleição, nomeação, designação, contratação ou qualquer outra forma de investidura ou vínculo, exerce mandato, cargo, emprego ou função em pessoa jurídica integrante da Administração Pública

27 Responderão, também, por crime de responsabilidade o Presidente da República, Ministro de Estado, Governador do Estado e Secretários dos Estados (*v.* arts. 1º, V, 9º, 13 e 74, todos da Lei n. 1.079/50), bem como o Prefeito Municipal (art. 1º, I, II e XII, DL n. 201/67), se praticarem atos que atentarem contra a probidade da administração.

em dispensa ou inexigibilidade (hipóteses legais), obedecendo o regramento pertinente.[28]

1.7. Elemento subjetivo

A conduta delituosa é punível na forma dolosa, não sendo exigido, a princípios, finalidade específica. No entanto, merece destaque posicionamento jurisprudencial em sentido diverso nos casos envolvendo conduta ilícita muito próxima, então prevista no art. 89 da Lei n. 8.666/93: hipóteses em que se autoriza a dispensa ou inexigibilidade de licitação fora das hipóteses da lei, o que, ao que parece, a princípio, contém a mesma intenção legislativa proibitiva, que é vedar contratações diretas, salvo quando autorizadas pela lei. O STF e o STJ entendem que, nesses casos (antigo art. 89 da Lei n. 8.666/93), para caracterização do crime, é necessária a presença de finalidade específica (dolo especial) que é causar dano ao erário.[29] Embora estejamos analisando crime diverso, o posicionamento recente dos tribunais superiores sobre a conduta delituosa parecida revela grande possibilidade de adotar-se entendimento semelhante.

1.8. Independência de instâncias: prescrição do ilícito administrativo acarreta a inexistência de crime?

O art. 158, § 4º, da nova Lei de Licitações e Contrato Administrativos define, para a punição do ilícito no âmbito administrativo, prazo prescricional de 5 anos, cujo termo inicial é a data da ciência da infração pela Administração, devendo ser considerando ainda quanto à prescrição que será: "I – interrompida pela instauração do processo de responsabilização a que se refere o *caput* deste artigo; II – suspensa pela celebração de acordo de leniência, nos termos da Lei n. 12.846, de 1º de agosto de 2013; III – suspensa por decisão judicial que inviabilize a conclusão da apuração administrativa.

Porém, ainda que essa causa extintiva de punibilidade impossibilite o poder público de exercer seu *ius puniendi* na esfera administrativa (*v.* sanções do art. 156 da Lei de Licitações), no âmbito criminal a persecução poderá ser exercida de forma paralela, distinta, portanto, a prescrição do ilícito administrativo não acarreta a inexistência de crime, pois vigora entre nós o princípio da independência de instâncias (*v.*, entre outros, os arts. 73 e 156, § 9º, ambos da Lei n. 14.133/2021 – a última norma equiparada, quanto ao aspecto da responsabilização civil, ao art. 82 da Lei de Licitações – Lei n. 8.666/93, os arts. 66 e 67, ambos do CPP e o art. 935 do CC). Por outro lado, a apuração e punição da esfera administrativa será influenciada se no âmbito criminal houver uma sentença absolutória e o fundamento for: a) a inexistência do fato que constituiu a única razão de punição; b) não há provas sobre a existência do fato, c) não existe prova de que o reu/agente concorreu para a infração penal; d) reconheça a excludente de criminalidade; e) eximentes de pena.

1.9. Consumação e tentativa

Nas condutas de "admitir, possibilitar ou dar causa", a consumação criminosa ocorre com a simples prática de quaisquer atos, ainda que omissivo, que permita, facilite, viabilize ou dê ensejo para que se formalize a negociação, não exigindo a efetivação da despesa decorrente da contratação (resultado danoso), pois representa crime formal. Se por outro lado, por qualquer circunstância alheia à vontade do agente este é impedido de finalizar seu intento de viabilizar a contratação por inexigibilidade ou dispensa, estaremos diante de crime tentado.

1.10. Classificação

Crime próprio, comissivo (excepcionalmente omissivo quando restar configurada conduta silenciosa, por exemplo, fazer algum gesto de concordância com as mãos ou cabeça, no sentido de conferir aval à contratação ao arrepio das formalidades legais e fora das hipóteses em que se permite a contratação direta), formal, misto alternativo, de perigo abstrato, instantâneo, doloso, unissubjetivo, unissubsistente (plurissubsistente quando para a efetivação da contratação forem necessários inúmeros atos).

2. JURISPRUDÊNCIA

2.1. Súmula

Súmula n. 645, STJ: "O crime de fraude à licitação é formal, e sua consumação prescinde da comprovação do prejuízo ou da obtenção de vantagem".

---

28 Aqui não está se considerando as hipóteses dos arts. 75 (licitação dispensável) e 94, § 2º (contratação de pronto pagamento).

29 STF: Inq. n. 3.962/DF, 1ª T., rel. Min. Rosa Weber, j. 20.02.2018, *DJe* 12.09.2018; Inq. n. 3.753/DF, 1ª T., rel. Min. Luiz Fux, j. 18.04.2017, *DJe* 30.05.2017; AP n. 580, 1ª T., rel. Min. Rosa Weber, j. 13.12.2016, *DJe* 26.06.2017. STJ: RHC n. 108.813/SP, 6ª T., rel. Min. Sebastião Reis Junior, j. 05.09.2019, *DJe* 17.09.2019.

2.2. Julgados

Os julgados indicados a seguir, embora não versem especificamente sobre o art. 337-E, referem-se as hipóteses de dispensa e inexigibilidade relacionadas à norma hoje revogada (art. 89 da Lei n. 8.666/93), contudo revela, por óbvio, o entendimento dos tribunais superiores quanto a aplicabilidade da proteção penal aos institutos em questão que estão englobados no conteúdo da norma em comento, basta verificar a expressão "**fora das hipóteses previstas em lei**", presente na primeira parte da redação do *caput*.

Inexigibilidade de licitação e tipicidade da conduta

A Primeira Turma, por maioria, rejeitou denúncia oferecida em face de parlamentar federal pela suposta prática do crime previsto no art. 89 da Lei n. 8.666/1993. [...] O delito em questão exige, além do dolo genérico – representado pela vontade consciente de dispensar ou inexigir licitação com descumprimento das formalidades –, a configuração do especial fim de agir, que consiste no dolo específico de causar dano ao erário ou de gerar o enriquecimento ilícito dos agentes envolvidos na empreitada criminosa [...]. (STF, Inq. n. 3.962/DF, 1ª T., rel. Min. Rosa Weber, j. 20.02.2018)

Dispensa ou inexigibilidade indevida de licitação. Crime formal

A Primeira Turma, em conclusão e por maioria, rejeitou denúncia oferecida em face de deputado federal pela suposta prática dos crimes previstos no art. 89 da Lei n. 8.666/1993 [...] e no art. 1º, XIII, do DL n. 201/1967 [...]. No tocante ao crime previsto no art. 89 da Lei n. 8.666/1993, consignou que a dispensa ou inexigibilidade é incriminada, de acordo com o tipo penal, quando o fato não se enquadra nas hipóteses legais de dispensa ou de inexigibilidade (Lei n. 8.666/1993, arts. 24 e 25), ou as formalidades pertinentes à dispensa ou à inexigibilidade não são observadas (Lei n. 8.666/1993, art. 26). Ressaltou, ademais, que o tipo penal do art. 89 da Lei de Licitações prevê crime formal, que dispensa o resultado danoso para o erário [...]. (STF, Inq. n. 3674 RJ, rel. Min. Luiz Fux, 1ª T., j. 07.03.2017, *DJe* 15.09.2017)

Dispensa de licitação. Não configuração de crime. Ausência de dolo específico

A Primeira Turma, por maioria, rejeitou denúncia oferecida contra deputado federal, pela suposta prática do crime de dispensa de licitação fora das hipóteses previstas em lei [Lei n. 8.666/93, art. 89]. No caso, o investigado, na qualidade de secretário estadual de Educação e com base em parecer da Procuradoria Jurídica, teria homologado procedimento de inexigibilidade de licitação para aquisição de licenças de *software* para a sistematização organizacional de horários e grades escolares na rede pública estadual de Santa Catarina. [...] Por fim, asseverou que o crime previsto no art. 89 da Lei 8.666/1993 reclama o dolo, consubstanciado na vontade livre e consciente de praticar o ilícito penal, que não se faz presente quando o acusado atua com fulcro em parecer da Procuradoria Jurídica no sentido da inexigibilidade da licitação. Vencido o ministro Marco Aurélio, que recebia a denúncia. Para ele, o crime de afastamento de licitação teria natureza formal, sem necessidade, portanto, da exigência de dolo específico. (STF, Inq. n. 3.753/DF, 1ª T., rel. Min. Luiz Fux, j. 18.04.2017)

No mesmo sentido: STF, Inq. n. 3.674/RJ, rel. Min. Luiz Fux, j. 07.03.2017, AP n. 580, Plenário, rel. Min. Rosa Weber, j. 13.12.2016; STJ, RHC n. 108.813/SP, 6ª T., rel. Min. Sebastião Reis Jr., j. 05.09.2019, *DJe* 17.09.2019.

Frustração do caráter competitivo de licitação

Art. 337-F. Frustrar ou fraudar, com o intuito de obter para si ou para outrem vantagem decorrente da adjudicação do objeto da licitação, o caráter competitivo do processo licitatório:

Pena – reclusão, de 4 (quatro) anos a 8 (oito) anos, e multa.

Artigo acrescentado pela Lei n. 14.133, de 01.04.2021.

---

1. COMENTÁRIO

1.1. Objetividade jurídica

A norma penal tutela a regularidade, a moralidade e a probidade quanto à gestão pública.

1.2. Sujeitos

Trata-se de crime próprio, assim, o sujeito *ativo* é o participante[30] (concorrente/licitante) do procedimento licitatório, ressaltamos, inclusive, que na maioria dos casos agentes públicos figuram como partícipes ou coautores nesse fato criminoso, aplicando-se as regras do concurso de pessoas – *v.* arts. 29 e 30 deste Código. O art. 6º da Lei 14.133/2021 define em seu inciso V, agen-

30 Pessoa física ou jurídica, ou consórcio de pessoas jurídicas, que participa ou manifesta a intenção de participar de processo licitatório, sendo-lhe equiparável, para os fins de aplicabilidade dessa norma penal, o fornecedor ou o prestador de serviço que, em atendimento à solicitação da Administração, oferece proposta (art. 6º, IX, Lei de Licitações e Contratos Administrativos).

te público, o indivíduo que, em virtude de eleição, nomeação, designação, contratação ou qualquer outra forma de investidura ou vínculo, exerce mandato, cargo, emprego ou função em pessoa jurídica integrante da Administração Pública. No inciso VI do mesmo artigo autoridade é conceituada como o agente público dotado de poder de decisão. No caso em que ocorre o ajuste ou a combinação de agentes, é evidente a hipótese de crime plurissubjetivo, isto é, com a presença de mais de uma pessoa. Se, por outro lado, o participante, por conta própria e por si só empregar expediente fraudulento para vencer a disputa, estaremos diante de crime monossubjetivo, isto é, praticado apenas por um sujeito ativo.

O sujeito passivo é a Administração Pública (direta ou indireta), os órgãos dos Poderes Legislativo e Judiciário da União, dos Estados e do Distrito Federal e os órgãos do Poder Legislativo dos municípios, quando no desempenho de função administrativa e os fundos especiais e as demais entidades controladas direta ou indiretamente pela Administração Pública e, secundariamente, a sociedade em geral.

1.3. Análise da(s) conduta(s) descrita(s) no tipo

"Frustrar" significa enganar a expectativa, não suceder o que se esperava. "Fraudar" consiste em iludir, induzir ou manter em erro, enganar. No caso das licitações, os agentes, em regra, realizam atos concertados e concorrentes, revelando inegável ajuste e intento comum no sentido de descaracterizar a competição, estabelecendo-se, entre si, por exemplo, um vencedor prévio de forma indevida.

Como esclarecido anteriormente (*v.* item 1.1 do art. 337-E), o objetivo precípuo da licitação é possibilitar a ampla concorrência, a isonomia entre os participantes, almejando-se a melhor proposta técnica e financeira para o poder público. Quaisquer atos que desencadeiem, previamente ou não, acordos escusos para afastar a finalidade da salutar disputa, viola o justo anseio que está por trás do conteúdo dessa norma proibitiva, desrespeitando o interesse público que exige um regular procedimento licitatório. A prática das duas condutas descritas no tipo (*frustrar* e *fraudar*) não gera concurso de crimes, respondendo o agente por apenas um delito, pois se trata de tipo misto alternativo.

É possível a ocorrência de concurso de crimes entre esta norma incriminadora e o art. 337-L, V, deste Código, sem que isso configure *bis in idem*. Isso porque as fraudes perpetradas em cada um dos delitos podem materialmente ser distintas, representando condutas diversas e com finalidades diferentes ou, ainda, por exemplo, se no primeiro crime indicado (art. 337-F) estivermos diante de ajuste prévio de agentes que antecede a apresentação das propostas e, no segundo delito (art. 337-L, V), a fraude incidir em fase posterior, por exemplo, na execução do contrato quando o vencedor, agora já contratado: entregando mercadoria não prevista em edital ou em contrato presta serviço inadequado ou indevido, dando causa a vantagem indevida por qualquer pessoa; vende, como verdadeira ou perfeita, mercadoria falsificada ou deteriorada; entrega uma mercadoria por outra; ou ainda, altera substância, qualidade ou quantidade da mercadoria ou do serviço fornecido. A mesma situação se repete em relação ao art. 337-K, pois poderá ser empregada fraude, mediante pagamento de vantagem, para que determinado licitante sai da disputa licitatória.

Por fim, destacamos que a anulação do procedimento licitatório, não afasta a tipicidade da conduta do agente, pois trata-se de crime formal, isto é, independe de resultado e, até, do não reconhecimento da infração administrativa nas esferas próprias da Administração Pública.

1.3.1. Norma penal em branco

Norma penal homogênea exigindo complementação de outro diploma legal (mesma espécie legislativa). No *caput* destacamos a expressão "procedimento licitatório", cujos objetivos, documentos exigidos, fases, modalidades, critérios de julgamento e demais regras estão previstos nos arts. 11 e segs. da Lei n. 14.133/2021.

1.4. Elemento subjetivo

A conduta delituosa é punível na forma dolosa, exigindo-se finalidade específica (dolo especial): a obtenção de vantagem de qualquer natureza em relação ao objeto da licitação que será adjudicado. A ausência dessa finalidade subjetiva gera a atipicidade da conduta.

1.5. Consumação e tentativa

A consumação das condutas criminosas ocorre com prática de todo os quaisquer atos que revelem ou materializem o intuito ludibriar a concorrência, independentemente do resultado a ser produzido, portanto, por ser crime formal, para a configuração do crime prescinde a vantagem ilícita pretendida. A tentativa é admissível se, no *iter criminis*, por circunstâncias alheias à vontade do agente, a conduta criminosa é interrompida, por exemplo, na hipótese de conluio prévio de licitantes para combinação de propostas descoberto antes de finalizar o certame.

1.6. Classificação

Crime próprio (cometido por aquele que participa do certame licitatório), comissivo, formal, misto alternativo, de perigo abstrato, instantâneo, doloso, plurissubjetivo (no caso em que ocorre o ajuste e a combinação de agentes) ou unissubjetivo (quando o participante, por conta própria e por si só, empregar expediente fraudulento para vencer a disputa) e unissubsistente (excepcionalmente plurissubsistente se houver necessidade da prática de mais de um ato para que se realize o tipo penal).

Patrocínio de contratação indevida

Art. 337-G. Patrocinar, direta ou indiretamente, interesse privado perante a Administração Pública, dando causa à instauração de licitação ou à celebração de contrato cuja invalidação vier a ser decretada pelo Poder Judiciário:

Pena – reclusão, de 6 (seis) meses a 3 (três) anos, e multa.

Artigo acrescentado pela Lei n. 14.133, de 01.04.2021.

---

1. COMENTÁRIO

1.1. Objetividade jurídica

A norma penal tutela a regularidade, moralidade e probidade quanto à gestão pública.

1.2. Sujeitos

Trata-se de crime comum, permitindo que qualquer pessoa o pratique. O sujeito passivo é a Administração Pública (direta ou indireta), os órgãos dos Poderes Legislativo e Judiciário da União, dos estados e do Distrito Federal e os órgãos do Poder Legislativo dos municípios, quando no desempenho de função administrativa e os fundos especiais e as demais entidades controladas direta ou indiretamente pela Administração Pública e, secundariamente, a sociedade em geral.

1.3. Análise da(s) conduta(s) descrita(s) no tipo

"Patrocinar" corresponde ao pedido, a defesa da intenção particular (própria ou de outrem) desvinculada e contrária ao interesse público. O propósito ilícito é beneficiar-se ou beneficiar alguém. Mesmo que esse interesse privado seja legítimo, haverá a prática do delito. Para a configuração do crime em questão, é necessária que a licitação ou o contrato sejam invalidados pelo Poder Judiciário, isto é, se o patrocínio indevido ocorrer, produzir resultado favorável a determinado interessado, mas não for alvo de questionamento judicial, não restará configurado o crime. E mais. Ainda que a própria Administração Pública, utilizando-se da autotutela, anule o procedimento licitatório ou o contrato, o delito também não estará caracterizado, pois necessário, como dito, de intervenção judicial, o que nos parece, em ambos os exemplos sugeridos, inconcebível, pois o propósito é resguardar a moralidade e a probidade dos atos administrativos.

Pelo princípio da especialidade e, evidentemente, considerando a situação concreta, o tipo penal em questão é aplicável e tem preferência ao art. 321 do CP.

1.3.1. Norma penal em branco

As expressões "licitação" e "contrato" referem-se a institutos de direito administrativo previstos na Lei n. 14.133/2021, cuja leitura se faz essencial para o entendimento da proibição.

1.4. Elemento subjetivo

A conduta delituosa é punível na forma dolosa, não se exigindo propósito especial.

1.5. Consumação e tentativa

A consumação da conduta criminosa ocorre com a prática de quaisquer atos que materializem o propósito de beneficiar a si ou a terceiro perante a Administração Pública, desde que, é claro: a) tenha sido instaurado procedimento licitatório ou celebrado contrato em razão dessa provocação; b) o Poder Judiciário formalmente invalide o contrato ou a licitação, ainda que o resultado indevido almejado tenha se produzido (condição objetiva de punibilidade).

A tentativa é, pois, admissível se o agente, por circunstâncias alheias à sua vontade não consegue viabilizar seu intento delituoso, por exemplo, apesar de esforços empregados, o procedimento licitatório não é instaurado ou o contrato não é formalizado ou, ainda, apesar de ter sido confirmado concretamente, tais atos ou etapas em razão da conduta indevida do agente (patrocínio indevido de interesses privados), o Poder Judiciário não vier a declarar a nulidade da licitação ou contrato.

1.6. Classificação

Crime comum/comissivo, material, unissubjetivo, unissubsistente/plurissubsistente, doloso, de dano.

Modificação ou pagamento irregular em contrato administrativo

Art. 337-H. Admitir, possibilitar ou dar causa a qualquer modificação ou vantagem, inclusive prorrogação contratual, em favor do contratado, durante a execução dos contratos celebrados com a Administração Pública, sem autorização em lei, no edital da licitação ou nos respectivos instrumentos contratuais, ou, ainda, pagar fatura com preterição da ordem cronológica de sua exigibilidade:

Pena – reclusão, de 4 (quatro) anos a 8 (oito) anos, e multa.

Artigo acrescentado pela Lei n. 14.133, de 01.04.2021.

1. COMENTÁRIO

1.1. Notas introdutórias

Instrumentos essenciais na fiscalização e gestão dos contratos administrativos, a medição e o respectivo recebimento do produto ou da prestação de serviço por parte do adjudicatário devem obedecer às seguintes regras (art. 140 da Lei n. 14.133/2021): "I – em se tratando de obras e serviços: *a)* provisoriamente, pelo responsável por seu acompanhamento e fiscalização, mediante termo detalhado, quando verificado o cumprimento das exigências de caráter técnico; *b)* definitivamente, por servidor ou comissão designada pela autoridade competente, mediante termo detalhado que comprove o atendimento das exigências contratuais; II – em se tratando de compras: *a)* provisoriamente, de forma sumária, pelo responsável por seu acompanhamento e fiscalização, com verificação posterior da conformidade do material com as exigências contratuais; *b)* definitivamente, por servidor ou comissão designada pela autoridade competente, mediante termo detalhado que comprove o atendimento das exigências contratuais". Portanto, na execução contratual periodicamente é necessário que o gestor público analise e confira se o objeto do contrato foi disponibilizado conforme as especificações técnicas, quantidade, enfim definições e características previamente definidas, caso contrário, esse "objeto" entre (produto/serviço) poderá ser rejeitado (art. 140, § 1º). Obviamente, quaisquer desvios, fraudes, omissões, nessa fiscalização que resultem em modificação ou vantagens em favor do adjudicatário, poderá acarretar a extinção do contrato (art. 137), bem como penalidades administrativas e, da mesma forma, poderá ensejar a prática da conduta prevista nesta norma penal. É importante consignar que, nos termos dos arts. 124 e segs. da Lei de Licitações a alteração contratual é admissível: "I – unilateralmente pela Administração: *a)* quando houver modificação do projeto ou das especificações, para melhor adequação técnica a seus objetivos; *b)* quando for necessária a modificação do valor contratual em decorrência de acréscimo ou diminuição quantitativa de seu objeto, nos limites permitidos por esta Lei; II – por acordo entre as partes: *a)* quando conveniente a substituição da garantia de execução; *b)* quando necessária a modificação do regime de execução da obra ou do serviço, bem como do modo de fornecimento, em face de verificação técnica da inaplicabilidade dos termos contratuais originários; *c)* quando necessária a modificação da forma de pagamento por imposição de circunstâncias supervenientes, mantido o valor inicial atualizado e vedada a antecipação do pagamento em relação ao cronograma financeiro fixado sem a correspondente contraprestação de fornecimento de bens ou execução de obra ou serviço; *d)* para restabelecer o equilíbrio econômico-financeiro inicial do contrato em caso de força maior, caso fortuito ou fato do príncipe ou em decorrência de fatos imprevisíveis ou previsíveis de consequências incalculáveis, que inviabilizem a execução do contrato tal como pactuado, respeitada, em qualquer caso, a repartição objetiva de risco estabelecida no contrato".

Quanto à duração dos contratos administrativos, devem ser respeitados os seguintes prazos (*v.* arts. 106, 108 e 110, todos da Lei n. 14.133/2021): a) até 5 anos de serviços e fornecimentos contínuos, mediante algumas diretrizes previstas na lei; b) até 10 anos nas seguintes hipóteses: b.1) de bens ou serviços produzidos ou prestados no País que envolvam, cumulativamente, alta complexidade tecnológica e defesa nacional; b.2) materiais de uso das Forças Armadas, com exceção de materiais de uso pessoal e administrativo, quando houver necessidade de manter a padronização requerida pela estrutura de apoio logístico dos meios navais, aéreos e terrestres, mediante autorização por ato do comandante da força militar; b.3) para contratação com vistas ao cumprimento do disposto nos arts. 3º, 3º-A, 4º, 5º e 20 da Lei n. 10.973, de 2 de dezembro de 2004, observados os princípios gerais de contratação constantes da referida Lei; b.4) para contratação que possa acarretar comprometimento da segurança nacional, nos casos estabelecidos pelo Ministro de Estado da Defesa, mediante demanda dos comandos das Forças Armadas ou dos demais ministérios; para aquisição, por pessoa jurídica de direito público interno, de insumos estratégicos para a saúde produzidos por fundação que, regimental ou estatutariamente, tenha por finalidade apoiar órgão da Administração Pública direta, sua autarquia ou fundação em projetos de ensino, pesquisa, extensão, desenvolvimento institucional, científico e tecnológico e de estímulo à inovação, inclusive na gestão administrativa e financeira necessária à execução desses projetos, ou em parcerias que envolvam transferência de tecnologia de produtos estratégicos para o SUS, nos termos do inciso XII do *caput* deste artigo, e que tenha sido criada para esse fim específico em data anterior à entrada em vigor desta Lei, desde que o preço contratado seja compatível com o praticado no mercado; c) até 35 (trinta e cinco) anos, nos contratos que requisitem investimento, assim considerados aqueles que impliquem a elaboração de benfeitorias permanentes, realizadas exclusivamente a expensas do contratado, que serão revertidas ao patrimônio da Administração Pública ao término do contrato; d) prazo indeterminado nos contratos em que ao Poder Público seja usuário de serviço público oferecido em regime de monopólio, desde que comprovada, a cada exercício financeiro, a existência de créditos orçamentários vinculados à contratação.

Em relação aos pagamentos na execução contratual, o art. 141 da Lei de Licitações e Contratos elenca, para cada modalidade de contratação e respectiva fonte de custeio, a seguinte ordem cronológica para fins de pagamento: I – fornecimento de bens; II –locações; III –prestação de serviços; IV –realização de obras. Para preservar essa norma e, em respeito ao princípio da transparência que vigora em relação à coisa pública, o § 3º do mencionado artigo prescreve que o órgão ou entidade deverá disponibilizar, mensalmente, na seção específica de acesso à informação de seu sítio da internet, a ordem cronológica de seus pagamentos, bem como as justificativas que fundamentarem a eventual alteração da ordem.

Essa regra temporal (ordem cronológica), contudo, contempla exceções (§ 1º do art. 141), admitindo-se modificação desde que sejam preenchido três requisitos: a) justificativa prévia da autoridade competente; b) posterior comunicação tanto ao órgão de controle interno da Administração quanto ao tribunal de contas competente para apreciação; c) se configurada essas situações fáticas: c.1) grave perturbação da ordem, situação de emergência ou calamidade pública; c.2) pagamento a microempresa, empresa de pequeno porte, agricultor familiar, produtor rural pessoa física, microempreendedor individual e sociedades cooperativas, desde que demonstrado o risco de descontinuidade do cumprimento do objeto do contrato; c.3) pagamento de serviços necessários ao funcionamento dos sistemas estruturantes, desde que demonstrado o risco de descontinuidade do cumprimento do objeto do contrato; c.4) pagamento de direitos oriundos de contratos em caso de falência, recuperação judicial ou dissolução da empresa contratada; c.5) pagamento de contrato cujo objeto seja imprescindível para assegurar a integridade do patrimônio público ou para manter o funcionamento das atividades finalísticas do órgão ou entidade, quando demonstrado o risco de descontinuidade da prestação de um serviço público de relevância, ou o cumprimento da missão institucional.

Consignamos, inclusive, que, nos termos do art. 145, não será permitido, a princípio, pagamento antecipado, parcial ou total, relativo a parcelas contratuais vinculadas ao fornecimento de bens, à execução de obras ou à prestação de serviços, ou seja, essa espécie de "vantagem" em favor do contratado não pode ser ofertada pela Administração Pública, exceto se para preservar o erário, a antecipação de pagamento propiciar sensível economia de recursos ou se representar condição indispensável para a obtenção do bem ou para a prestação do serviço, hipótese que deverá ser previamente justificada no processo licitatório e expressamente prevista no edital de licitação ou instrumento formal de contratação direta (§ 1º do art. 145), ainda assim, o poder público poderá exigir a prestação de garantia adicional como condição para o pagamento antecipado (§ 2º do art. 145). Na hipótese de inadimplência por parte do contratado, se o objeto não seja executado no prazo contratual, o valor antecipado deverá ser devolvido (§ 3º do art. 145), servindo as garantias ofertadas como instrumentos exequíveis para tanto.

1.2. Objetividade jurídica

A norma penal tutela a regularidade, moralidade e probidade quanto à gestão púbica.

1.3. Sujeitos

Trata-se de crime próprio, pois só pode ser praticado pelo servidor público. O art. 6º da Lei 14.133/2021 define em seu inciso V, agente público, o indivíduo que, em virtude de eleição, nomeação, designação, contratação ou qualquer outra forma de investidura ou vínculo, exerce mandato, cargo, emprego ou função em pessoa jurídica integrante da Administração Pública. No inciso VI do mesmo artigo autoridade é conceituada como o agente público dotado de poder de decisão. A figura criminosa em comento aplica-se também aos chefes dos Poderes Legislativo e Judiciário e do Ministério Público, mesmo porque realizam atos de gestão administrativa, por exemplo, contratação de produtos e serviços. Em determinadas situações concretas, é admissível a prática do ato ilícito por parte de servidores ou agentes políticos que possuam atribuição funcional para efetivar a contratação direta. A coautoria e a participação (instigação ou auxílio à conduta delituosa) são permitidas ao agente sem qualificação especial, eis que as circunstâncias subjetivas de caráter pessoal poderão se comunicar quando elementares do crime, emprestando-se, para fins de aplicabilidade da norma penal, a característica de servidor público/agente político conforme as regras dos arts. 29 e 30 deste Código.

O sujeito passivo é a Administração Pública (direta ou indireta), os órgãos dos Poderes Legislativo e Judiciário da União, dos estados e do Distrito Federal e os órgãos do Poder Legislativo dos municípios, quando no desempenho de função administrativa, e os fundos especiais e as demais entidades controladas direta ou indiretamente pela Administração Pública e, secundariamente, a sociedade em geral.

1.4. Análise da(s) conduta(s) descrita(s) no tipo

A norma penal em questão praticamente é a mesma daquela então prevista no art. 92 da Lei n. 8.666/93. "Admitir" significa acolher, aceitar. "Possibilitar" consiste em viabilizar. "Dar causa" é originar, produzir. O legislador puniu a conduta de favorecer o contratado durante a execução do contrato oriundo do procedimento licitatório, com vantagem não prevista em lei, no ato convocatório ou no próprio contrato. Buscam-se, com o presente tipo penal, a manutenção e a observância do princípio da legalidade, com obediência aos estritos termos do contrato, evitando-se qualquer desvio de finalidade. Nas três primeiras condutas incriminadoras, exige-se que o contrato já esteja em andamento. Dessa forma, o crime não estará configurado se as mencionadas condutas forem praticadas durante o processo de licitação, antes da efetiva celebração do contrato. O núcleo verbal da quarta conduta típica (pagar) resta caracterizado quando o agente público satisfaz determinado crédito, preterindo outros que estariam em posição cronológica antecedente, ou seja, ordena-se a quitação de um débito mesmo que outro(s) deva(m) ser pago(s) na ordem preferencial.

Trata-se de tipo penal alternativo, assim a prática de duas ou mais condutas descritas no tipo não gera concurso de crimes, respondendo o agente por apenas um delito.

1.4.1 Norma penal em branco

Na redação do *caput* as expressões "sem autorização em lei", de outro diploma normativo: a Lei n. 14.133/2021 (*v.* arts. 124 e segs. e 141 e segs.).

1.5. Elemento subjetivo

A conduta delituosa é punível na forma dolosa, não sendo exigido finalidade específica.[31]

1.6. Consumação e tentativa

A consumação se concretiza com a prática das condutas típicas descritas no *caput* do artigo, não se exigindo qualquer prejuízo para a Administração Pública. O crime é, portanto, formal. Destacamos, porém, que o STJ já entendeu de forma contrária em relação ao crime praticamente igual (art. 92 da Lei n. 8.666/93): para a consumação desse delito semelhante seria necessário o efetivo dano ao erário.[32]

Admite-se a tentativa.

31 *V.* entendimento jurisprudencial em relação ao art. 92 da Lei n. 8.666/93, praticamente igual à norma em comento: "O tipo subjetivo no injusto do art. 92 da Lei n. 8.666/93 se esgota no dolo, sendo despiciendo qualquer outro elemento subjetivo diverso" (STJ, REsp n. 702.628/PR, rel. Min. Felix Fischer, *DJ* 05.09.2005).

32 "Agravo regimental. Recurso especial. Penal. Lei n. 8.666/93. Art. 92. Necessidade de demonstração de efetivo dano ao erário e do dolo específico. 1. Esta Corte Superior entende que a configuração do delito do art. 92 da Lei n. 8.666/1993 depende da demonstração do dolo específico do agente e da ocorrência de prejuízo ao erário [...]" (STJ, Ag. Reg. no REsp n. 1.360.216/SP, rel. Min. Jorge Mussi, j. 03.03.2015, *DJe* 11.03.2015).

1.7. Classificação

Crime próprio, comissivo, formal, misto alternativo, de perigo abstrato, formal; instantâneo; doloso.

Perturbação de processo licitatório

Art. 337-I. Impedir, perturbar ou fraudar a realização de qualquer ato de processo licitatório:

Pena – detenção, de 6 (seis) meses a 3 (três) anos, e multa.

Artigo acrescentado pela Lei n. 14.133, de 01.04.2021.

---

1. COMENTÁRIO

1.1. Objetividade jurídica

A norma penal tutela a moralidade no trato da gestão pública.

1.2. Sujeitos

Trata-se de crime que pode ser praticado por qualquer agente, dispensado, assim, qualidade especial. O sujeito passivo é a Administração Pública (direta ou indireta), os órgãos dos Poderes Legislativo e Judiciário da União, dos estados e do Distrito Federal e os órgãos do Poder Legislativo dos municípios, quando no desempenho de função administrativa, e os fundos especiais e as demais entidades controladas direta ou indiretamente pela Administração Pública e, secundariamente, a sociedade em geral.

1.3. Análise da(s) conduta(s) descrita(s) no tipo

"Impedir" significa obstar, não permitir. Perturbar consiste em atrapalhar, embaraçar. Fraudar é iludir, induzir ou manter em erro, enganar. Com o tipo penal ora comentado, quis o legislador reprimir qualquer ato atentatório à manutenção da estrita ordem, garantia da lisura e da obediência ao procedimento licitatório, proibido atos que configurem quaisquer dos três verbos presentes no núcleo do tipo (impedir, perturbar ou fraudar). A prática de duas ou mais condutas descritas no tipo não gera concurso de crimes, respondendo o agente por apenas um delito (tipo penal misto alternativo).

1.4. Norma penal em branco

A complementação de conteúdo necessária para interpretar-se a norma, mas precisamente a palavra "procedimento licitatório" provém de outro diploma legal: Lei de Licitações e Contratos Administrativos (arts. 11 e segs.).

1.5. Elemento subjetivo

A conduta delituosa é punível na forma dolosa, não sendo exigida finalidade específica.

1.6. Consumação e tentativa

A consumação das condutas criminosas ocorre com a simples prática dos núcleos verbais presentes no *caput* do tipo penal. Não se exige, pois, resultado danoso (crime formal). A tentativa é admissível nos verbos nucleares "impedir" ou "fraudar", já quanto ao verbo "perturbar", não é possível, pois todo e qualquer ato único (unissubsistente) no sentido de atrapalhar, desarranjar a disputa opera-se a consumação, independentemente de maiores consequências para o procedimento licitatório.

1.7. Classificação

Crime comum, comissivo, formal, misto alternativo, de perigo abstrato, instantâneo, doloso, unissubjetivo.

Violação de sigilo em licitação

Art. 337-J. Devassar o sigilo de proposta apresentada em processo licitatório ou proporcionar a terceiro o ensejo de devassá-lo:

Pena – detenção, de 2 (dois) anos a 3(três) anos, e multa.

Artigo acrescentado pela Lei n. 14.133, de 01.04.2021.

---

1. COMENTÁRIO

1.1. Objetividade jurídica

A norma penal tutela a regularidade, moralidade e probidade quanto à gestão pública.

1.2. Sujeitos

Trata-se de crime próprio, exigindo qualidade especial do agente. Assim, o sujeito *ativo* é, somente, pessoa integrante da Administração Pública ou participante da licitação. O art. 6º da Lei 14.133/2021 define em seu inciso V, agente público, o indivíduo que, em virtude de eleição, nomeação, designação, contratação ou qualquer outra forma de investidura ou vínculo, exerce mandato, cargo, emprego ou função em pessoa jurídica integrante da Administração Pública. No inciso VI do mesmo artigo, autoridade é conceituada como o agente público dotado de poder de decisão. A figura criminosa em comento aplica-se também aos chefes dos Poderes Legislativo e Judiciário e do Ministério Público, mesmo porque realizam atos de gestão administrativa, por exemplo, contratação de produtos e serviços. Em determinadas situações concretas, é admissível a prática do ato ilícito por parte de servidores ou agentes políticos que possuam atribuição funcional para efetivar a contratação direta. A coautoria e a participação (instigação ou auxílio à conduta delituosa) são permitidas ao agente sem qualificação especial, eis que as circunstâncias subjetivas de caráter pessoal poderão se comunicar quando elementares do crime, emprestando-se, para fins de aplicabilidade da norma penal, a característica de servidor público/agente político conforme regras dos arts. 29 e 30 deste Código.

O sujeito passivo é a Administração Pública (direta ou indireta), os órgãos dos Poderes Legislativo e Judiciário da União, dos Estados e do Distrito Federal e os órgãos do Poder Legislativo dos Municípios, quando no desempenho de função administrativa, e os fundos especiais e as demais entidades controladas direta ou indiretamente pela Administração Pública e, secundariamente, a sociedade em geral.

1.3. Análise da(s) conduta(s) descrita(s) no tipo

Esta norma tem a mesma redação do antigo art. 93 da Lei n. 8.666/93. O sigilo das propostas apresentada no procedimento licitatório corresponde a princípio protegido em lei (*v.* arts. 13, I, e 56, II, ambos da Lei n. 14.133/2021 e, anteriormente, art. 3º, § 3º, da Lei n. 8.666/93). O legislador quis manter íntegro o sigilo das propostas, pois estaria frustrado o caráter competitivo do procedimento licitatório caso um concorrente pudesse ter acesso à proposta oferecida por outro concorrente. Aqui se pretende punir quem, de forma antecipada, extemporânea e indevida, exterioriza para terceiro o conteúdo de uma proposta ou, ainda, propicia, oportuniza, que terceiro o faça. A prática das duas condutas descritas no tipo (*devassar* e *proporcionar*) não gera concurso de crimes, respondendo o agente por apenas um delito (tipo penal misto alternativo).

1.3.1. Norma penal em branco

"Proposta" e "procedimento licitatório" são expressões cuja compreensão exige ao intérprete conhecimento prévio das regras e preceitos ali existentes nos arts. 11 e segs. da Lei n. 14.133/2021.

1.4. Elemento subjetivo

A conduta delituosa é punível na forma dolosa, não sendo exigida finalidade específica.

1.5. Consumação e tentativa

O delito previsto na primeira parte do *caput* se consuma com a prática de quaisquer atos comissivos que materializem a devassa e com a revelação inoportuna e antecipada do sigilo das propostas, ainda que o comportamento seja, apenas, por conduta passiva silenciosa de permitir ou possibilitar (comissivo por omissão) que outrem realize essa descoberta, sendo crime unissubsistente, portanto, aqui a modalidade tentada não é admitida. Na segunda parte (patrocinar) com a simples viabilização de meios para que terceiro acesse a proposta, ainda que esse sigilo não seja acessado por essa pessoa. Neste último caso, portanto, estamos diante de crime de mera conduta, em que não se prevê sequer resultado.

Em ambas as hipóteses não se exige dano patrimonial à Administração Pública, o prejuízo é presumido.

1.6. Classificação

Crime comum, comissivo (excepcionalmente comissivo impróprio ou comissivo por omissão), formal (primeira parte do *caput* – devassar) e mera conduta (segunda parte do *caput* – patrocinar), de perigo abstrato, instantâneo, doloso, unissubsistente (primeira parte – devassar)/plurissubsistente (segunda parte do *caput* – patrocinar) unissubjetivo.

Afastamento de licitante

Art. 337-K. Afastar ou tentar afastar licitante por meio de violência, grave ameaça, fraude ou oferecimento de vantagem de qualquer tipo:

Pena – reclusão, de 3 (três) anos a 5 (cinco) anos, e multa, além da pena correspondente à violência.

Parágrafo único. Incorre na mesma pena quem se abstém ou desiste de licitar em razão de vantagem oferecida.

Artigo acrescentado pela Lei n. 14.133, de 01.04.2021.

---

1. COMENTÁRIO

1.1. Objetividade jurídica

A norma penal tutela a regularidade, moralidade e probidade quanto à gestão pública.

1.2. Sujeitos

Na conduta descrita no *caput*, o crime pode ser praticado por qualquer pessoa (comum): pelos licitantes envolvidos na disputa, por terceiros, agentes políticos ou servidores públicos interessados que determinado concorrente sagre-se vencedor. No parágrafo único, na primeira parte (aquele que se abstém) também é crime comum, no entanto, na segunda parte (aquele que desiste de licitar), exige condição especial do agente: o participante já devidamente inserido no procedimento licitatório.

O sujeito passivo é a Administração Pública (direta ou indireta), os órgãos dos Poderes Legislativo e Judiciário da União, dos estados e do Distrito Federal e os órgãos do Poder Legislativo dos municípios, quando no desempenho de função administrativa, e os fundos especiais e as demais entidades controladas direta ou indiretamente pela Administração Pública e, secundariamente, a sociedade em geral.

1.3. Análise da(s) conduta(s) descrita(s) no tipo

A conduta de "*afastar*" significa tirar do caminho. Aqui pune-se não só o ato consumado, mas a própria tentativa de retirar, apartar, remover concorrentes da disputa licitatória. Essas condutas devem ser praticadas com as seguintes circunstâncias: a) *violência* consiste no emprego de força física; b) *grave ameaça* é a promessa de mal injusto e severo, rigoroso, apto a não deixar alternativa ou reduzir as chances de recusa por parte da vítima; c) *fraude* significa induzir ou manter o adversário em erro mediante ato, conduta engenhosa, ardil, artifício, burla que esconde o verdadeiro intento inapropriado; d) *oferecimento de qualquer vantagem* é ofertar ao competidor antagonista algo (ainda que sem conteúdo econômico, por exemplo, um favor) em troca de sua retirada da disputa. Aqui, mais uma vez, o legislador quis evitar a frustração do caráter competitivo da licitação, coibindo condutas por parte dos próprios licitantes. Por ser crime misto alternativo, a prática das duas condutas descritas no tipo (*afastar* ou *procurar afastar*) não gera concurso de crimes, respondendo o agente por apenas um delito. No parágrafo único, o legislador pretende punir a conduta do licitante que se absteve ou desistiu de licitar em razão da vantagem oferecida pelo autor do *caput*. Neste caso o delito é próprio, pois só pode ser praticado pelo licitante. Comissivo na conduta *desistir*, admitindo a tentativa, mas omissivo próprio na conduta *se abster*, não admitindo a tentativa.

1.3.1. Norma penal em branco

A expressão "licitante" encontra descrição em outra norma prevista na Lei de Licitações e Contratos Administrativos (art. 6º, IX): pessoa física ou jurídica, ou consórcio de pessoas jurídicas, que participa ou manifesta a intenção de participar de processo licitatório, sendo-lhe equiparável, para os fins desta Lei, o fornecedor ou o prestador de serviço que, em atendimento à solicitação da Administração, oferece proposta.

1.4. Elemento subjetivo

A conduta delituosa é punível na forma dolosa, não sendo exigido finalidade específica.

1.5. Consumação e tentativa

O delito se consuma com a prática das condutas descritas no tipo (afastar ou procurar afastar), na primeira hipótese é necessário que a consequência do ato seja atingida (o efetivo afastamento do concorrente), por isso é crime material, na segunda hipótese não se exige qualquer resultado naturalístico causador de prejuízo à Administração Pública. O crime é classificado como "de atentado", ou seja, aquela que já traz a figura da tentativa como elemento do tipo, no caso presente nas palavras "tentar afastar". Se a tentativa da conduta incriminada já esgota a figura típica na conduta do agente, com a sua prática, o delito já está consumado. A tentativa já consuma o tipo penal, dessa forma, não se admite essa modalidade.

1.6. Classificação

Crime comum, comissivo, material na modalidade "afastar" e formal na conduta "tentar afastar", misto alternativo, de atentado, de perigo abstrato, instantâneo, doloso, unissubjetivo, unissubsistente.

2. OBSERVAÇÕES

2.1. Pena aplicável

No preceito secundário do tipo penal, isto é, ao indicar a sanção aplicável, o legislador determinou que se cumulasse a pena correspondente à violência. Em primeiro lugar, esclareça-se que isso somente poderá ocorrer se o meio empregado pelo agente for a violência, e, não, grave ameaça, fraude ou oferecimento de vantagem. Em segundo lugar, não se está diante de concurso de crimes, mas, sim, cumulação de penas. Dessa forma, caso o agente utilize violência para afastar ou tentar afastar licitante, a sua conduta estará tipificada somente no artigo em questão, não havendo adequação típica em relação ao art. 129 do CP (lesão corporal). Entretanto, no momento de o juiz aplicar a pena correspondente ao tipo penal comentado, deverá observar também as sanções relativas à lesão corporal.

2.2. Revogação do art. 335 do CP

O art. 95 da Lei n. 8.666/93 (revogado) já havia revogado tacitamente o art. 335 do CP. Esse entendimento se aplica ao artigo ora comentado.

Fraude em licitação ou contrato

Art. 337-L. Fraudar, em prejuízo da Administração Pública, licitação ou contrato dela decorrente, mediante:

I – entrega de mercadoria ou prestação de serviços com qualidade ou em quantidade diversas das previstas no edital ou nos instrumentos contratuais;

II – fornecimento, como verdadeira ou perfeita, de mercadoria falsificada, deteriorada, inservível para consumo ou com prazo de validade vencido;

III – entrega de uma mercadoria por outra;

IV – alteração da substância, qualidade ou quantidade da mercadoria ou do serviço fornecido;

V – qualquer meio fraudulento que torne injustamente mais onerosa para a Administração Pública a proposta ou a execução do contrato:

Pena –reclusão, de 4 (quatro) anos a 8 (oito) anos, e multa.

Artigo acrescentado pela Lei n. 14.133, de 01.04.2021.

---

1. COMENTÁRIO

1.1. Notas introdutórias

Quanto às regras para formalização, duração e execução contratual, *v.* apontamentos do item 1.1 do art. 337-H deste Código.

Essencial para que sejam respeitados os princípios da legalidade, moralidade, interesse público, probidade administrativa, igualdade, da vinculação ao edital, do julgamento objetivo, da competitividade, da proporcionalidade, da celeridade, da economicidade (*v.* art. 5º da Lei n. 14.133/2021), para que se cumpram os objetivos do processo licitatório (art. 11 da referida lei), quais sejam: a) assegurar a seleção da proposta apta a gerar o resultado de contratação mais vantajoso para a Administração Pública, inclusive no que se refere ao ciclo de vida do objeto; b) assegurar tratamento isonômico entre os licitantes, bem como a justa competição; c) evitar contratações com sobrepreço ou com preços manifestamente inexequíveis e superfaturamento na execução dos contratos; d) incentivar a inovação e o desenvolvimento nacional sustentável.

Nessa linha de raciocínio, no primeiro momento, a lisura e a boa-fé por parte dos licitantes e, em etapa posterior, na execução contratual esses mesmos predicativos, agora do adjudicatário, deverão estar presentes. Neste último estágio, aliás, a atividade de fiscalização e gestão dos contratos é realizada pela pasta ou pelo órgão públicos responsáveis pela contratação, pelos órgãos de controle interno (como controladorias municipais, estaduais, distrital e a Controladoria-Geral da União – CGU), os órgãos de controle externo (Tribunal de Contas dos município, Tribunal de Contas dos estados e Tribunal de Constas da União) e o próprio Ministério Público cuja missão precípua é proteger a ordem jurídica, do regime democrático e dos interesses sociais e individuais indisponíveis e, para tanto, deve zelar pelo efetivo respeito dos poderes públicos e dos serviços de relevância pública aos direitos assegurados nesta Constituição, promovendo as medidas necessárias à sua garantia e promover o inquérito civil e a ação civil pública, para a proteção do patrimônio público e social, do meio ambiente e de outros interesses difusos e coletivos (arts. 127 e 129, ambos da CF).

1.2. Objetividade jurídica

Cuida-se da regularidade e probidade da gestão e patrimônio públicos.

1.3. Sujeitos

Somente o licitante ou contratado (fornecedor de mercadoria/produto ou prestador de serviço) pode figurar como sujeito ativo do crime em questão (crime próprio). A coautoria e a participação (instigação ou auxílio à conduta delituosa) são permitidas ao agente sem qualificação especial, eis que as circunstâncias subjetivas de caráter pessoal poderão se comunicar quando elementares do crime, emprestando-se, para fins de aplicabilidade da norma penal, conforme regras dos arts. 29 e 30 deste Código.

O sujeito passivo é a Administração Pública (direta ou indireta), os órgãos dos Poderes Legislativo e Judiciário da União, dos estados e do Distrito Federal e os órgãos do Poder Legislativo dos Municípios, quando no desempenho de função administrativa, e os fundos especiais e as demais entidades controladas direta ou indiretamente pela Administração Pública e, secundariamente, a sociedade em geral.

1.4. Análise da(s) conduta(s) descrita(s) no tipo

O ardil, engenho enganoso, fraude empregada ocorre: a) ainda no primeiro momento, previamente à declaração do vencedor da licitação, quando o concorrente de forma ilícita apresenta proposta mais onerosa, desconsiderando os custos reais ou margem de lucro e, até, por exemplo, considerando eventual propina que será paga, com o objetivo de favorecer a si ou outra pessoa (inciso V, no caso de formulação da proposta com preços injustificado ou com sobrepreço, que é o preço orçado para licitação ou contratado em valor expressivamente superior aos preços referenciais de mercado, seja de apenas um item, se a licitação ou a contratação for por preços unitários de serviço, seja do valor global do objeto, se a licitação ou a contratação for por tarefa, empreitada por preço global ou empreitada integral, semi-integrada ou integrada – *v.* art. 6º, LVI, da Lei n. 14.133/2021); b) após a assinatura do contrato com o vencedor, quando na execução do serviço ou entrega de produto, o prestador de serviço ou fornecedor contratado: b.1) disponibiliza material não indicado no edital/contrato ou realiza serviço em inapropriado, em desacordo com os padrões exigidos ou em desacordo com o pactuado, proporcionado, assim vantagem imprópria a determinada(s) pessoa(s) (inciso I); b.2) comercializa produto falsificado, adulterado, danificado, estragado, no lugar do material verdadeiro e correto previsto na licitação/contrato (inciso II); b.3) oferta produto diverso daquele pretendido pela Administração Pública, realiza serviço inapropriado ou fora dos padrões exigidos; b.4) modifica características essenciais do produto/serviço, como a quantidade e a qualidade (em regra essa alteração produz prejuízo qualitativo/quantitativo vantajoso em prol do adjudicatário – inciso IV); b.5) na apresentação da proposta o licitante se fundamenta em dados e informações inverídicas e destoantes da realidade de mercado, ou execução contratual o sujeito ativo pede, por exemplo, realinhamento de preços ou equilíbrio econômico do contrato baseando-se em causas fáticas irreais, desarrazoadas. Quanto aos incisos I, IV e V, a ideia do legislador é coibir, por exemplo, o superfaturamento, que, de acordo com o art. 6º, LVII, da Lei de Licitações e Contratos Administrativos: é o dano provocado ao patrimônio da Administração caracterizado, entre outras situações, por: "*a)* medição de quantidades superiores às efetivamente executadas ou fornecidas; *b)* deficiência na execução de obras e de serviços de engenharia que resulte em diminuição da sua qualidade, vida útil ou segurança; *c)* alterações no orçamento de obras e de serviços de engenharia que causem desequilíbrio econômico-financeiro do contrato em favor do contratado; *d)* outras alterações de cláusulas financeiras que gerem recebimentos contratuais antecipados, distorção do cronograma físico-financeiro, prorrogação injustificada do prazo contratual com custos adicionais para a Administração ou reajuste irregular de preços". Os incisos I a IV referem-se a condutas praticadas em fase posterior, isto é, no início ou no decorrer da execução contratual. O inciso V coíbe atos que irão desnaturar o ambiente competitivo, inviabilizando a disputa pretendida.

O extinto art. 96 da Lei n. 8.666/93, cuja redação era muito próxima à atual norma, referia-se, apenas, às fraudes envolvendo fornecedores de bens e mercadorias. Houve significativo avanço na proteção penal abarcando, agora, também os serviços prestados à Administração Pública.

O inciso LVI do art. 6º da Lei n. 14.133/2021 considera sobrepreço, "preço orçado para licitação ou contratado em valor expressivamente superior aos preços referenciais de mercado, seja de apenas 1 (um) item, se a licitação ou a contratação for por preços unitários de serviço, seja do valor global do objeto, se a licitação ou a contratação for por tarefa, empreitada por preço global ou empreitada integral, semi-integrada ou integrada".

1.4.1 Norma penal em branco

V. comentário ao subitem 1.3.1 do art. 337-G.

1.5. Elemento subjetivo

Para caracterização do delito exige-se a presença do dolo, elemento subjetivo este que não necessita de finalidade especial. Não se admite o crime culposo.

1.6. Consumação e tentativa

A conduta principal descrita " fraudar" é consumada com a exteriorização de condutas positivas (crime comissivo) no sentido de: 1) "entregar"/"fornecer"/"alterar" produto/serviço que foi objeto de adjudicação ou, ainda, empregar ato fraudulento que torne a licitação ou contrato prejudicial à Administração Pública, por exemplo, conluio ou ajuste prévio entre concorrentes ou combinação indevida entre contratado e servidor responsável pela medição (análise sobre os serviços prestados ou mercadorias fornecidas) para fins de majorar quantidade ou desconsiderar qualidade inferior de produto ofertado.

Trata-se de crime material, exigindo-se resultado danoso naturalístico para que se configurem tais condutas, e essa consequência é constatável de imediato a partir do momento em que aquilo contratado ou objeto de licitação não foi prestado ou fornecido nas condições ou características técnicas previamente definidas, obviamente se terá evidente prejuízo patrimonial, pois se pagará por algo que não foi contratado, que foi contratado de forma diversa, ou por preço injustificável.

1.7. Classificação

Crime próprio, comissivo, material, misto alternativo, de perigo abstrato, instantâneo, doloso, unissubjetivo, unissubsistente.

Contratação inidônea

Art. 337-M. Admitir à licitação empresa ou profissional declarado inidôneo:

Pena – reclusão, de 1 (um) ano a 3 (três) anos, e multa.

§1º Celebrar contrato com empresa ou profissional declarado inidôneo:

Pena – reclusão, de 3 (três) anos a 6 (seis) anos, e multa.

§ 2º Incide na mesma pena do *caput* deste artigo aquele que, declarado inidôneo, venha a participar de licitação e, na mesma pena do § 1º deste artigo, aquele que, declarado inidôneo, venha a contratar com a Administração Pública.

Artigo acrescentado pela Lei n. 14.133, de 01.04.2021.

---

1. COMENTÁRIO

1.1. Objetividade jurídica

A norma penal tutela a regularidade, moralidade e probidade quanto à gestão pública.

1.2. Sujeitos

Trata-se de crime próprio, exigindo qualidade especial do agente. Assim, o sujeito *ativo* é, somente, pessoa integrante da Administração Pública. O art. 6º da Lei n. 14.133/2021 define em seu inciso V agente público, o indivíduo que, em virtude de eleição, nomeação, designação, contratação ou qualquer outra forma de investidura ou vínculo, exerce mandato, cargo, emprego ou função em pessoa jurídica integrante da Administração Pública. No inciso VI do mesmo artigo autoridade é conceituada como o agente público dotado de poder de decisão. Em regra, é o chefe do Executivo (presidente da República, governador do estado ou prefeito municipal[33]) ou dirigentes de entidades integrantes da administração indireta (autarquias, fundações, sociedade de economia mista ou empresa pública), os quais em razão do cargo, por atribuições constitucionais ou legais, são aqueles que *autorizam, aceitam*, pessoas físicas ou jurídicas impróprias para licitar. A figura criminosa em comento aplica-se aos chefes dos Poderes Legislativo e Judiciário e do Ministério Público, mesmo porque, ainda que excepcionalmente, podem realizar operações de crédito não autorizadas em lei. A coautoria e a participação (instigação ou auxílio à conduta delituosa) são permitidas ao agente sem qualificação especial, eis que as circunstâncias subjetivas de caráter pessoal poderão se comunicar quando elementares do crime, emprestando-se, para fins de aplicabilidade da norma penal, a característica de servidor público/agente político, conforme regras dos arts. 29 e 30 deste Código.

O sujeito passivo é a Administração Pública (direta ou indireta), os órgãos dos Poderes Legislativo e Judiciário da União, dos estados e do Distrito Federal e os órgãos do Poder Legislativo dos Municípios, quando no desempenho de função administrativa, e os fundos especiais e as demais entidades controladas direta ou indiretamente pela Administração Pública e, secundariamente, a sociedade em geral.

1.3. Análise da(s) conduta(s) descrita(s) no tipo

"Admitir" (*caput*) compreende a aceitação, a permissão, isto é, o agente que consente, aceita, permite, que pessoa física ou jurídica inapropriada, ou seja, que já foi sancionada administrativamente com a pena de "declaração de inidoneidade para licitar ou contratar" (art. 156, IV, da Lei n. 12.133/2021). "Celebrar" (§ 1º), por sua vez, consiste em formalizar a contratação de empresa ou profissional inaptos em razão da reprimenda antes descrita. Portanto, nessas modalidades de ações delitivas é necessária posição hierárquica prevista na estrutura funcional do órgão ou do ente, revelando a autoridade competente para

33 Responderão, também, por crime de responsabilidade o presidente da República e o governador do estado (arts. 10 e 74 da Lei n. 1.079/50), bem como o prefeito municipal (art. 1º, XX, do DL n. 201/67), se ordenarem ou autorizarem operações de crédito em desacordo com a lei.

ordem ou permissão e efetivação da contratação. Por se tratar de estrutura típica mista alternativa, a prática das duas condutas (*admitir* e *celebrar*) não gera concurso de crimes, respondendo o agente por apenas um delito. Oportuno esclarecermos que a nova Lei de Licitações e Contratos Administrativos, talvez para afastar a celeuma doutrinária e jurisprudencial antes existente, esclarece que essa declaração de inidoneidade só terá validade se observada no mesmo âmbito da pessoa política que decretou essa mesma sanção, assim, o profissional ou empresa que sofreu essa severa pena poderá participar de licitação ou ser contratado por outro ente político, o que nos parece um retrocesso inegável dessa lei, pois aquele que sofre uma reprimenda dessa, obviamente deveria ser inapto ou inapropriado para contratar com todo ou qualquer ente ou órgão público pelo período definido (3 a 6 anos), aqui visa proteger a supremacia do interesse público em detrimento de direitos individuais.

1.3.1. Norma penal em branco

O art. 337-M, por ser norma penal homogênea, necessita de complementação interpretativa proveniente da mesma espécie legislativa, isto é, a Lei de Licitações e Contratos Administrativos. As palavras "licitação", "contrato" e "empresa ou profissional declarado inidôneo" possuem descrições e regras peculiares na Lei n. 12.433/2021, os quais devem ser observadas na interpretação dessa norma.

Empresa ou profissional considerado "inidôneo" é aquele inapto, incapaz, portanto, inadequado para que o mesmo ente político que aplicou a sanção em questão permita sua participação na licitação ou contrate, pois com sua conduta ou atividade pode causar algum dano (moral, técnico, financeiro, entre outros). Reiteramos que a declaração de inidoneidade impede o responsável de licitar ou contratar especificamente no âmbito do mesmo município, estado, Distrito Federal ou da União, que tenha aplicado a sanção, permitindo, pois, participar de procedimentos licitatórios ou formalizar contratos com outros entes federativos, pelo prazo mínimo de 3 anos e máximo de 6 anos. Essa sanção é aplicável nas seguintes hipóteses descritas, respectivamente nos incisos VIII a XII, do art. 155 da referida lei, em que o licitante: "VIII – apresentar declaração ou documentação falsa exigida para o certame ou prestar declaração falsa durante a licitação ou a execução do contrato; IX – fraudar a licitação ou praticar ato fraudulento na execução do contrato; X – comportar-se de modo inidôneo ou cometer fraude de qualquer natureza; XI – praticar atos ilícitos com vistas a frustrar os objetivos da licitação; XII – praticar ato lesivo previsto no art. 5º da Lei n. 12.846, de 1º de agosto de 2013". Vale destacar que, a depender da gravidade do caso concreto e desde que existam causas que a justifiquem, também as situações fáticas descritas nos incisos II a VII do art. 155 poderão ocasionar essa séria reprimenda. Em todos os casos, a severa sanção que acarreta a "declaração de idoneidade" deverá se submeter a prévia análise jurídica e observará essas regras de competência para fins de definição desta reprimenda: "I – quando aplicada por órgão do Poder Executivo, será de competência exclusiva de ministro de Estado, de secretário estadual ou de secretário municipal e, quando aplicada por autarquia ou fundação, será de competência exclusiva da autoridade máxima da entidade; II – quando aplicada por órgãos dos Poderes Legislativo e Judiciário, pelo Ministério Público e pela Defensoria Pública no desempenho da função administrativa, será de competência exclusiva de autoridade de nível hierárquico equivalente às autoridades referidas no inciso I deste parágrafo, na forma de regulamento" (§ 6º do art. 156).

1.4. Elemento subjetivo

A conduta delituosa é punível na forma dolosa, não sendo exigido finalidade específica.

1.5. Consumação e tentativa

A consumação ocorre com a simples autorização para que a empresa ou o profissional inadequado participe do processo licitatório ou seja contratado, não se exige qualquer resultado causador de prejuízo à Administração Pública. O crime é formal. Admite a forma tentada.

1.6. Classificação

Crime próprio, comissivo, formal, doloso, de perigo abstrato, misto alternativo, instantâneo.

Impedimento indevido

Art. 337-N. Obstar, impedir ou dificultar injustamente a inscrição de qualquer interessado nos registros cadastrais ou promover indevidamente a alteração, a suspensão ou o cancelamento de registro do inscrito:

Pena – reclusão, de 6 (seis) meses a 2 (dois) anos, e multa.

Artigo acrescentado pela Lei n. 14.133, de 01.04.2021.

1. COMENTÁRIO

1.1. Notas introdutórias

O registro cadastral unificado, sistema eletrônico que disponibiliza e confere publicidade no meio digital (Portal Nacional de Contratações Públicas – PNCP – *v.* art. 87 da Lei de Licitações e Contratos Administrativos) tem o objetivo permitir a interessados a realizar sua respectiva inscrição a apresentação de documentos com o objetivo de participar de procedimentos licitatórios, apresentarem suas propostas e, oportunamente, contratar com o poder público.

1.2. Objetividade jurídica

A norma penal tutela a regularidade, a moralidade e a probidade da Administração Pública.

1.3. Sujeitos

Trata-se de crime próprio, exigindo qualidade especial do agente. Assim, o sujeito *ativo* é, somente, pessoa integrante da Administração Pública o qual, em razão do cargo, por atribuições constitucionais ou legais, são aqueles que podem atuar ou têm poderes para realizar quaisquer condutas típicas descritas. O art. 6º da Lei n. 14.133/2021 define em seu inciso V, agente público, o indivíduo que, em virtude de eleição, nomeação, designação, contratação ou qualquer outra forma de investidura ou vínculo, exerce mandato, cargo, emprego ou função em pessoa jurídica integrante da Administração Pública. No inciso VI do mesmo artigo autoridade é conceituada como o agente público dotado de poder de decisão. A figura criminosa em comento aplica-se aos chefes do Poderes Legislativo e Judiciário e do Ministério Público, mesmo porque, ainda que excepcionalmente, realizam atos de administração. A coautoria e a participação (instigação ou auxílio à conduta delituosa) é permitida ao agente sem qualificação especial, eis que as circunstâncias subjetivas de caráter pessoal poderão se comunicar quando elementares do crime, emprestando-se, para fins de aplicabilidade da norma penal, a característica de servidor público/agente político conforme regras dos arts. 29 e 30 deste Código.

O sujeito passivo é a Administração Pública (direta ou indireta), os órgãos dos Poderes Legislativo e Judiciário da União, dos estados e do Distrito Federal e os órgãos do Poder Legislativo dos municípios, quando no desempenho de função administrativa e os fundos especiais e as demais entidades controladas direta ou indiretamente pela Administração Pública e, secundariamente, a sociedade em geral.

1.4. Análise da(s) conduta(s) descrita(s) no tipo

"Obstar" e "dificultar" externam atuação no sentido de embaraçar, inibir, prejudicar, já o verbo "impedir", revela intento de impossibilitar, frustrar, todos eles com o objetivo de evitar a inscrição de interessado nos registros cadastrais de órgãos públicos, cuja finalidade é servir como base de dados para habilitações em futuras e oportunas licitações. Na segunda parte do tipo está descrita a conduta de "promover", isto é, impulsionar, estimular, instigar a modificação (alteração), interrupção (suspensão) ou eliminação (cancelamento) desse registro, alterando a base de dados mencionada anteriormente.

A prática de duas ou mais condutas descritas no tipo não gera concurso de crimes, respondendo o agente por apenas um delito (crime misto alternativo).

1.4.1. Elemento normativo do tipo

As condutas proibidas (obstar, impedir, dificultar ou impedir) não podem se fundamentar e causas legais ou escusáveis que as tornem "justas" ou "devidas". Assim, se a inscrição do interessado for obstada, impedida ou dificultada de forma *justa*, ou então, se a promoção da alteração, suspensão ou cancelamento do registro for *devida*, a conduta do agente será atípica, estando excluída, portanto, a tipicidade formal da conduta do agente (*v.* art. 88, § 5º, da Lei n. 14.133/2021). "Injustamente" e "indevidamente" são elementos normativos descritos, respectivamente, na primeira e segunda partes do tipo, os quais demandam interpretação valorativa aplicável ao caso concreto.

1.4.2. Norma penal em branco

As expressões "registro cadastral" e "registro do inscrito" têm sua complementação conceitual e de entendimento nos arts. 87 e segs. da Lei n. 14.133/2021.

1.5. Elemento subjetivo

A conduta delituosa é punível na forma dolosa, não sendo exigida finalidade específica.

1.6. Consumação e tentativa

O delito se consuma com a prática das condutas descritas no tipo (obstar, impedir, dificultar ou promover), não se exigindo qualquer resultado causador de prejuízo à Administração Pública. O crime é formal, não se exigindo consequência danosa ao sujeito passivo. A tentativa é admissível.

1.7. Classificação

Crime próprio, comissivo, formal, misto alternativo, de perigo abstrato, instantâneo, doloso.

Omissão grave de dado ou de informação por projetista

Art. 337-O. Omitir, modificar ou entregar à Administração Pública levantamento cadastral ou condição de contorno em relevante dissonância com a realidade, em frustração ao caráter competitivo da licitação ou em detrimento da seleção da proposta mais vantajosa para a Administração Pública, em contratação para a elaboração de projeto básico, projeto executivo ou anteprojeto, em diálogo competitivo ou em procedimento de manifestação de interesse:

Pena – reclusão, de 6 (seis) meses a 3 (três) anos, e multa.

§ 1º Consideram-se condição de contorno as informações e os levantamentos suficientes e necessários para a definição da solução de projeto e dos respectivos preços pelo licitante, incluídos sondagens, topografia, estudos de demanda, condições ambientais e demais elementos ambientais impactantes, considerados requisitos mínimos ou obrigatórios em normas técnicas que orientam a elaboração de projetos.

§ 2º Se o crime é praticado com o fim de obter benefício, direto ou indireto, próprio ou de outrem, aplica-se em dobro a pena prevista no *caput* deste artigo.

Artigo acrescentado pela Lei n. 14.133, de 01.04.2021.

---

1. COMENTÁRIO

1.1. Objetividade jurídica

A norma penal tutela a regularidade, a moralidade e a probidade quanto à gestão pública.

1.2. Sujeitos

Trata-se de crime próprio, exigindo qualidade especial do agente. Assim, o sujeito *ativo* é, somente, o projetista, o interessado em licitar ou, então licitante (já participante da disputa), pessoa física ou jurídica que pretende participar da disputa. A coautoria e a participação (instigação ou auxílio à conduta delituosa) são permitidas ao agente sem qualificação especial, eis que as circunstâncias subjetivas de caráter pessoal poderão se comunicar quando elementares do crime, emprestando-se, para fins de aplicabilidade da norma penal, a característica de servidor público/agente político, conforme regras dos arts. 29 e 30 deste Código.

O sujeito passivo é a Administração Pública (direta ou indireta), os órgãos dos Poderes Legislativo e Judiciário da União, dos estados e do Distrito Federal e os órgãos do Poder Legislativo dos municípios, quando no desempenho de função administrativa e os fundos especiais e as demais entidades controladas direta ou indiretamente pela Administração Pública e, secundariamente, a sociedade em geral.

1.3. Análise da(s) conduta(s) descrita(s) no tipo

Tipo penal novo, não previsto anteriormente na Lei n. 8.666/93. "Omitir" corresponde ao objetivo de ocultar, não revelar propositalmente. "Modificar" proporciona alteração de dados essenciais. "Entregar" significa disponibilizar, dar acesso, todos esses atos visam esconder, corromper, adulterar, apresentar informações irreais, inverídicas referentes ao levantamento cadastral ou condição de contorno em relevante, impedindo, pois, a regular disputa, a natureza competitiva do procedimento licitatório ou, ainda, em desfavor da proposta mais vantajosa que poderia favorecer a Administração Pública, caso não tivessem sido realizada tais condutas antes descritas.

O projeto básico deverá conter, entre outros estudos, o levantamento cadastral que informe as características técnicas, descriminando, de forma detalhada, os elementos construtivos essenciais que farão parte do projeto de construção da obra ou serviço que será contratado. A necessária regularidade, veracidade e exatidão dos dados constantes nesse trabalho, pois, é essencial, ao ponto de ensejar responsabilização criminal por parte de seu autor, isto é, o projetista.

1.3.1. Norma penal em branco

A expressão "condição de contorno", afeta à área administrativa, encontra definição no § 2° da própria norma em comento.

Por outro lado, as palavras "projeto básico", "projeto executivo", "anteprojeto", "diálogo competitivo" e "procedimento de manifestação de interesse", para seu entendimento, nos forçam a leitura de normas específicas previstas na Lei de

Licitações e Contratos Administrativos, respectivamente: a) conjunto de elementos necessários e suficientes, com nível de precisão adequado para definir e dimensionar a obra ou o serviço, ou o complexo de obras ou de serviços objeto da licitação, elaborado com base nas indicações dos estudos técnicos preliminares, que assegure a viabilidade técnica e o adequado tratamento do impacto ambiental do empreendimento e que possibilite a avaliação do custo da obra e a definição dos métodos e do prazo de execução, devendo conter os seguintes elementos (art. 6º, XXV): a.1) levantamentos topográficos e cadastrais, sondagens e ensaios geotécnicos, ensaios e análises laboratoriais, estudos socioambientais e demais dados e levantamentos necessários para a execução da solução escolhida; a.2) soluções técnicas glo bais e localizadas, suficientemente detalhadas, de forma a evitar, por ocasião da elaboração do projeto executivo e da realização das obras e montagem, a necessidade de reformulações ou variantes quanto à qualidade, ao preço e ao prazo inicialmente definidos; a.3) identificação dos tipos de serviços a executar e dos materiais e equipamentos a incorporar à obra, bem como das suas especificações, de modo a assegurar os melhores resultados para o empreendimento e a segurança executiva na utilização do objeto, para os fins a que se destina, considerados os riscos e os perigos identificáveis, sem frustrar o caráter competitivo para a sua execução; a.4) informações que possibilitem o estudo e a definição de métodos construtivos, de instalações provisórias e de condições organizacionais para a obra, sem frustrar o caráter competitivo para a sua execução; a.5) subsídios para montagem do plano de licitação e gestão da obra, compreendidos a sua programação, a estratégia de suprimentos, as normas de fiscalização e outros dados necessários em cada caso; a.6) orçamento detalhado do custo global da obra, fundamentado em quantitativos de serviços e fornecimentos propriamente avaliados, obrigatório exclusivamente para os regimes de execução previstos nos incisos I, II, III, IV e VII do *caput* do art. 46 da Lei n. 14.133/2021; b) conjunto de elementos necessários e suficientes à execução completa da obra, com o detalhamento das soluções previstas no projeto básico, a identificação de serviços, de materiais e de equipamentos a serem incorporados à obra, bem como suas especificações técnicas, de acordo com as normas técnicas pertinentes art. 6º, XXVI); c) peça técnica com todos os subsídios necessários à elaboração do projeto básico, que deve conter, no mínimo, os seguintes elementos (art. 6º, XXIV); d) modalidade de licitação para contratação de obras, serviços e compras em que a Administração Pública realiza diálogos com licitantes previamente selecionados mediante critérios objetivos, com o intuito de desenvolver uma ou mais alternativas capazes de atender às suas necessidades, devendo os licitantes apresentar proposta final após o encerramento dos diálogos (art. 6º, XLII); e) procedimento aberto de manifestação de interesse a ser iniciado com a publicação de edital de chamamento público, a propositura e a realização de estudos, investigações, levantamentos e projetos de soluções inovadoras que contribuam com questões de relevância pública, na forma de regulamento (art. 81).

1.4. Elemento subjetivo

No *caput*, a conduta delituosa é punível na forma dolosa, não sendo exigido finalidade específica, ao contrário, se o agente tiver propósito específico (dolo especial) de obter para si ou terceiro alguma vantagem, de qualquer espécie e ainda que indireta, revelará desígnio mais intenso, grave, o que justifica definição de pena majorada, correspondente ao dobro daquela prevista inicialmente.

1.5. Consumação e tentativa

A consumação delitiva ocorre com: a exclusão deliberada, a alteração intencional, ou a apresentação de dados técnicos ou documentos relevantes destoantes da realidade, gerando prejuízo ao interesse público. A modalidade tentada é admitida, exceto na conduta omissiva.

1.6. Causa especial de aumento

O § 2º contempla hipótese que exige maior reprobabilidade, eis que o agente demonstra dolo mais grave, neste caso a intenção não é, apenas, omitir, modificar ou entregar informações técnicas incorretas, mas sim aproveitar-se (direta ou indiretamente, em favor próprio ou de outrem) dessa imperfeição deliberadamente materializada.

1.7. Classificação

Crime próprio, comissivo (omissivo na modalidade "ocultar"), formal, misto alternativo, de perigo abstrato, instantâneo, doloso, unissubjetivo, unissubsistente.

Art. 337-P. A pena de multa cominada aos crimes previstos neste Capítulo seguirá a metodologia de cálculo prevista neste Código e não poderá ser inferior a 2% (dois por cento) do valor do contrato licitado ou celebrado com contratação direta.

Artigo acrescentado pela Lei n. 14.133, de 01.04.2021.

1. COMENTÁRIO

A norma orienta que seja observado o regramento geral aplicável a pena de multa (*v.* art. 49): fixa-se o número de dias-multa (10 a 360) e, inclusive, define-se valor unitário de cada dia-multa (1/30 do salário mínimo vigente a até 5 vezes esse salário). Nesse cálculo, ao final, porém, o montante definido não poderá ser inferior a 2% do valor do contrato licitado ou formalizado via contratação direta. Portanto, a própria norma estabelece de forma específica um *quantum* mínimo para reprimenda. O valor arrecadado com a multa será revertido em favor do Fundo Penitenciário Nacional – Funpen. Se porventura algum crime previsto neste Capítulo ocorrer após ter sido formalizado contrato, as garantias ofertadas pelo adjudicatário (*v.* arts. 22, XII, e 96 e segs., todos da Lei n. 14.133/2021) poderão ser utilizadas para fins de pagamento desta multa e demais prejuízos para a Administração Pública.

CAPÍTULO III
DOS CRIMES CONTRA A ADMINISTRAÇÃO DA JUSTIÇA

Reingresso de estrangeiro expulso

Art. 338. Reingressar no território nacional o estrangeiro que dele foi expulso:

Pena – reclusão, de 1 (um) a 4 (quatro) anos, sem prejuízo de nova expulsão após o cumprimento da pena.

1. COMENTÁRIO

1.1. Objetividade jurídica

O bem jurídico tutelado é a administração da Justiça em seu sentido *lato* – tudo o que se refira ao escopo último da Justiça –, pois são protegidas a autoridade e a eficácia das medidas administrativas de expulsão de migrante ou visitante do território nacional, como previstas pelos arts. 54 a 60 da Lei n. 13.455/2017 (Lei de Migração, que revogou o Estatuto do Estrangeiro).

Importante salientar que os arts. 192 a 206, que tratam da expulsão, estabelecem a necessidade de instauração de um Inquérito Policial de Expulsão pela Polícia Federal, bem como análise e decisão pelo Ministro de Estado da Justiça e Segurança Pública, não sendo mais competência do Presidente da República.

1.2. Sujeitos

O sujeito ativo é especial, pois apenas o estrangeiro – aquele que não é brasileiro nato ou naturalizado (art. 12, CF) – que tenha sido anteriormente expulso poderá ser autor do crime. Trata-se, assim, de crime próprio. Outras pessoas quaisquer poderão ser partícipes (arts. 29 e 30, CP), mas nunca coautores (crime de mão própria).

O sujeito passivo é o Estado, que vê atacado o respeito às suas decisões soberanas.

1.3. Análise da(s) conduta(s) descrita(s) no tipo

O núcleo do tipo é "reingressar", de maneira que o legislador exige nova entrada do estrangeiro em território nacional após dele ter efetivamente saído em razão de expulsão – não basta a recusa em sair do território nacional, portanto.

Considera-se território nacional os espaços terrestre, aéreo marítimo e fluvial onde o Brasil exerce sua soberania, incluindo-se o território por extensão ou por ficção (embarcações ou aeronaves).[34]

1.4. Elemento subjetivo

O elemento subjetivo é o dolo, a vontade livre e consciente por parte do agente estrangeiro de reingressar no território nacional após dele ter sido expulso. A ausência de consciência sobre tais elementos conduzirá ao erro de tipo (art. 20, CP). Se o estrangeiro equivocadamente imaginar que seu reingresso foi autorizado, poderá incorrer em erro de proibição (art. 21, CP). Não se exige elemento subjetivo especial e não se pune a modalidade culposa.

1.5. Consumação e tentativa

Consuma-se o crime com a efetiva entrada do estrangeiro expulso no território nacional, ainda que nele permaneça por pouquíssimo tempo. Assim, basta constatar a efetiva transposição de nos-

34 Nesse sentido: MIRABETE, Julio Fabbrini; FABBRINI, Renato N. *Manual de direito penal*, 2012, v. III, p. 370; NORONHA, E. Magalhães. *Direito penal*, 2003, v. 4, p. 364; NUCCI, Guilherme de Souza. *Código Penal comentado*, 2010, p. 1.176. Pela exclusão do território por extensão, opinam, entre outros: TELES, Ney Moura. *Direito penal*, 2006, v. III, p. 417; ESTEFAM, André. *Direito penal*, 2011, v. 4, p. 345.

sas fronteiras para que o crime esteja consumado,[35] não sendo necessário ultrapassar a área de imigração de portos, aeroportos ou postos de fiscalização rodoviários.

A doutrina, pacificamente, afirma cabível a tentativa em razão de entender o crime como plurissubsistente.[36]

1.6. Classificação

Crime próprio, mais especificamente de mão própria; formal; doloso; comissivo, instantâneo, havendo entendimento jurisprudencial no sentido de ser ele permanente, de forma que seria admissível prisão em flagrante a qualquer tempo; plurissubsistente.

2. JURISPRUDÊNCIA

2.1. Julgados

Crime instantâneo x Crime permanente

Criminal. Conflito de competência. Reingresso de estrangeiro expulso. Cidadão chileno que retorna ao Brasil logo após a efetivação de sua expulsão. Crime permanente x crime instantâneo. Consumação no momento do reingresso. Delito instantâneo. Competência firmada pelo art. 70 do CPP. Conflito conhecido. Competência do juízo de Corumbá/MS declarada. (STJ, CC n. 40.112/MS, 3ª S., rel. Min. Gilson Dipp, j. 10.12.2003, *DJU* 16.02.2004)

Penal e processo penal. Apelação criminal. Reingresso de estrangeiro expulso. Art. 338 do CP. Crime instantâneo. [...] 2. O crime descrito no art. 338 do CP é de natureza instantânea, porquanto o verbo núcleo do tipo é reingressar, consuma-se tão somente pelo reingresso do estrangeiro no território do país do qual foi expulso [...]. (TRF-3ª Região, Ap. Crim. n. 0.010.401-42.2008.4.03.6.181/SP, 1ª T., rel. Des. Fed. José Lunardelli, j. 06.09.2011, *DJ* 15.09.2011)

Penal. Conflito de competência. Reingresso de estrangeiro expulso. Art. 338 do CP. Crime permanente. Regra da prevenção. Competência do juízo do local onde ocorreu a prisão em flagrante. (STJ, CC n. 40.338/RS, 3ª S., rel. Min. Arnaldo Esteves Lima, j. 23.02.2005, *DJU* 21.03.2005)

[...] 2. Não há que se cogitar de nulidade decorrente da ilegal condução compulsória do apelante às dependências da Polícia Federal, após a expedição de alvará de soltura, para averiguação da regularidade de sua permanência no país, eis que é perfeitamente razoável que a Delemig, a quem compete o controle migratório, tenha a cautela de verificar a situação do estrangeiro em território nacional, se ele tem condições de aqui permanecer, antes do cumprimento de alvará de soltura, tendo tal expediente se revelado eficaz e salutar uma vez que impediu a soltura do apelante, que se encontrava em situação irregular no país. Além disso, devidamente verificada a ilicitude da permanência de [...] no Brasil, e tratando-se o art. 338 do CP de crime permanente, conclui-se que a prisão se deu em razão de flagrante delito. Nesse sentido já se manifestou esta Egrégia Corte: *HC* n. 0.001.010-40.2012.4.03.0.000, 1ª T., rel. Des. Johonsom Di Salvo, j. 06.03.2012, *DJ* 16.03.2012; CJ n. 0.006.545-81.2011.4.03.0.000, 1ª S., rel. Des. Cotrim Guimarães, j. 07.04.2011, *DJ* 19.04.2011; Ap. Crim. n. 0.011.255-02.2009.4.03.6181, 2ª T., rel. Juíza Eliana Marcelo, j. 31.08.2010, *DJ* 09.09.2010. (TRF-3ª Região, Ap. Crim. n. 0.010.634-34.2011.4.03.6181/SP, 1ª T., rel. Des. Johonsom Di Salvo, j. 11.09.2012, *DJ* 21.09.2012)

Inviabilidade de análise, pelo magistrado, quanto à justiça do decreto de expulsão

Processual civil e administrativo. *Habeas Corpus*. Expulsão de alienígena do território nacional. Medida já efetivada. Pretensão de reingresso por meio de salvo-conduto. Impossibilidade de discussão do mérito do ato de expulsão como condição à tipificação do delito de reingresso de estrangeiro expulso. 1. Não cabe ao magistrado avaliar se o decreto de expulsão do paciente do território nacional foi justo ou não, para caracterização de eventual tipificação do crime previsto no art. 338 do Código Penal. Precedente: *HC* n. 218.279/DF, 1ª Seção, rel. Min. Teori Albino Zavascki, *DJe* 16/11/2011. Ordem denegada. (STJ, *HC* n. 290.849/DF, 1ª S., rel. Min. Benedito Gonçalves, j. 11.06.2014, *DJe* 20.06.2014)

Estado de necessidade – situação excepcional

Rejeito a alegação da existência do estado de necessidade, pois a alegação do apelante de que seu reingresso no País, após ter sido expulso, somente se deu por necessidade de sustentar sua família não exclui a ilicitude da conduta ou a culpabilidade do réu. Com efei-

35 Adiante se verá divisão jurisprudencial a respeito da classificação desse crime como permanente ou instantâneo.

36 Mirabete e Fabbrini (op. cit., 2012, v. III, p. 371) assim exemplificam: "É possível a tentativa, como no caso de ser o agente impedido de penetrar em navio público brasileiro ancorado em porto estrangeiro". Estefam (op. cit., 2011, v. 4, p. 346) assim o faz: "Pode o agente ser impedido, por circunstâncias alheias à sua vontade, de desembarcar da aeronave e, dessa forma, não logre reingressar em solo brasileiro". Como se vê, o conceito de tentativa variará conforme o entendimento relativo ao território nacional. Em nossa concepção, será bastante difícil a ocorrência da modalidade tentada.

to, o art. 24 do Código Penal dispõe que se considera "em estado de necessidade quem pratica o fato para salvar de perigo atual, que não provocou por sua vontade, nem podia de outro modo evitar, direito próprio ou alheio, cujo sacrifício, nas circunstâncias, não era razoável exigir-se". No caso o apelante não demonstrou ter praticado a conduta típica em razão de sua família estar em situação de perigo atual. Por outro lado, também não provou que a prática do delito era inevitável para igual fim. Desse modo, não há que se falar em estado de necessidade. O estado de necessidade exculpante ou a inexigibilidade de conduta diversa não tem previsão expressa na legislação brasileira, sendo considerado causa extralegal (ou supralegal) de exclusão da culpabilidade, que ocorre quando é inexigível conduta diversa do agente, que ascrifica um valor em função de outro (*v.* TOLEDO, Francisco de Assis, *Princípios básicos de direito penal*. 5.ed., S. Paulo: Saraiva, 1994, pp. 176/181). Quando presente a causa, afasta-se a culpabilidade do agente, embora a conduta permaneça típica e antijurídica. Exige-se, todavia, proporcionalidade entre o valor salvo e o valor sacrificado. No caso, isso não ocorre. A alegada necessidade financeira da família do apelante poderia ter sido suprida por outra forma, independentemente do seu reingresso no País após ter sido expulso. Aceitar o cometimento de crime como justificativa para satisfação de necessidades individuais significaria abrir mão do mínimo sentido de civilidade e de organização social, na medida em que cada ser humano passaria a satisfazer suas próprias necessidades a qualquer custo, o que levaria a evidente caos social. (TRF-3ª Região, Ap. Crim. n. 0002409-54.2013.4.03.6181, 11ª T., rel. Des. Nino Toldo, j. 04.06.2019, *e-DJF3* 10.06.2019)

3. OBSERVAÇÕES

3.1. Há diferenças entre expulsão, deportação e extradição

A Lei de Migração (Lei n. 13.455/2017) deixa claro que há diferenças fundamentais entre expulsão (arts. 54 a 60), deportação (arts. 50 a 53) e extradição (arts. 81 a 89).

Portanto, considerando que o tipo penal em estudo trata apenas do reingresso no território nacional do estrangeiro que foi dele expulso, não há que se falar em tipicidade para as hipóteses de reingresso de estrangeiro anteriormente deportado ou extraditado.

3.2. Prazo de vigência da medida de expulsão

O revogado Estatuto do Estrangeiro estabelecia que o expulso somente poderia retornar ao Brasil se o Presidente da República revogasse o decreto anterior. A nova Lei de Migração (Lei n. 13.455/2017), porém, mudou essa situação, já que o impedimento agora tem necessariamente prazo determinado, conforme o art. 54, § 4º, cabendo ao Ministro de Estado da Justiça e Segurança Pública decidir sobre a revogação da medida (art. 204, § 4º, do Decreto n. 9.199/2017).

Denunciação caluniosa

Art. 339. Dar causa à instauração de inquérito policial, de procedimento investigatório criminal, de processo judicial, de processo administrativo disciplinar, de inquérito civil ou de ação de improbidade administrativa contra alguém, imputando-lhe crime, infração ético-disciplinar ou ato ímprobo de que o sabe inocente:

Caput com redação dada pela Lei n. 14.110, de 18.12.2020.

Pena – reclusão, de 2 (dois) a 8 (oito) anos, e multa.

§ 1º A pena é aumentada de sexta parte, se o agente se serve de anonimato ou de nome suposto.

§ 2º A pena é diminuída de metade, se a imputação é de prática de contravenção.

---

1. COMENTÁRIO

1.1. Objetividade jurídica

Pelas razões mais variadas, que podem ir do interesse em prejudicar o direito de um trabalhador que demanda na Justiça trabalhista, ou o do cônjuge em ação de separação judicial, até o prazer da vingança, o agente pode "dar causa" à instauração de uma investigação policial contra alguém, sabendo-o inocente. Embora se tutele a correção e o prestígio da administração da Justiça, é evidente que a vítima da tramoia é duramente atingida tanto em sua reputação (honra) como em sua tranquilidade e, não raro, em seu patrimônio. Também a liberdade da vítima pode ficar comprometida. Para as pessoas em geral, não há nada mais gravoso (às vezes trágico) do que ser investigado pela polícia ou sofrer uma ação penal marcada pela perversidade de uma encenação (armação). Negócios podem ser desfeitos ou perdidos por conta do mau nome que um inquérito policial e uma ação possam gerar. Idem no que concerne à perda de emprego e até o desfazimento de relações afetivas. Por isso, pode-se dizer que o crime de denunciação caluniosa é de dupla objetividade jurídica. O tipo penal protege dois ou mais bens jurídicos. A vítima da denunciação caluniosa poderá se habilitar como assistente de acusação na ação penal correspondente. O art. 30 da nova Lei de Abuso de Autoridade, n. 13.869/2019, trouxe modificações que merecem não apenas nossa atenção, mas também preocupação (cf. *infra*, item 1.10). A Lei n. 14.110/2020, com duvidoso acerto, ampliou e esgarçou a tutela penal para alcançar também a falsa imputação de infração ético-disciplinar ou ato ímprobo de que o sabe inocente.

1.2. Sujeitos do crime

Qualquer pessoa pode figurar como agente do delito (sujeito ativo), inclusive o delegado de Polícia, membro do Ministério Público e da Magistratura. Trata-se, portanto, de crime comum. O advogado, como os demais profissionais do foro, também poderá ser responsabilizado pelo crime em exame, mas apenas na hipótese de ter agido com a consciência da inocência da vítima. Se a sua conduta se restringiu a deduzir em juízo ou na polícia as informações obtidas com o constituinte, atuando, portanto, com correção, não poderá ser responsabilizado. Salvo hipóteses muito claras de inverossimilhança, não lhe cabe o papel de fiscal do cliente e, sim, o de vocalizar seus interesses perante a Justiça e seus órgãos auxiliares. As mesmas observações, com as adaptações necessárias, valem para os ocupantes dos cargos públicos acima referidos. Nos crimes de ação penal privada ou condicionada à representação, ressalvados os casos de participação, somente o titular do direito de ação ou representação é que poderá ser sujeito ativo do crime em exame. Pouco importa que o tipo penal aluda apenas à investigação, sem prever as formalidades do inquérito. No ponto, importa dizer que só se pode iniciar a investigação nesses casos quando aquele que é legitimado para agir o faça. Fora daí, se não se tratar de um abuso por parte da autoridade, a investigação é anômala, írrita e, portanto, um nada do ponto de vista jurídico. Assim, não pode tipificar o crime de denunciação caluniosa. São sujeitos passivos do crime de denunciação caluniosa o Estado e o particular atingido.

1.3. Análise da(s) conduta(s) descrita(s) no tipo

Na versão original do CP de 1940, o dispositivo estava limitado à investigação policial ou de processo judicial. O foco era a imputação de crime quando o agente soubesse da inocência do imputado. Daí a doutrina de então interpretar o "processo judicial" referido como processo de natureza exclusivamente penal. Todavia, a conduta incriminada, com os acréscimos dados pela Lei n. 10.028/2000, foi ampliada e consiste em "dar causa" à instauração de investigação policial, de processo judicial, de investigação administrativa, inquérito civil ou ação de improbidade administrativa "contra alguém, imputando-lhe crime" de que o sabe inocente. Portanto, depois de 2000, o processo judicial referido no dispositivo não pode mais ser lido apenas como o penal. Agora, com o advento da Lei n. 14.110/2020, que acrescentou a imputação de "infração ético-disciplinar ou ato ímprobo de que o sabe inocente", ampliaram-se as fronteiras do crime de denunciação caluniosa. Assim, o delito só se caracterizará se:

a) o sujeito passivo for determinado ou, ao menos, determinável;

b) houver a imputação de crime, infração ético-disciplinar e ato ímprobo; e

c) o agente souber da inocência do imputado.

"Dar causa" é originar, motivar ou provocar a ocorrência de uma das hipóteses previstas no tipo. Dar causa a investigação policial é mais do que simplesmente noticiar um fato à autoridade policial. Se esta arquivou liminarmente o boletim de ocorrência ou a petição de requerimento de instauração, não há falar no crime em estudo, pois este só se verifica quando a conduta do agente teve alguma consequência, isto é, quando efetivamente tenha havido alguma investigação. Pode haver, no caso, tentativa (ver a seguir). Não é necessária a instauração de inquérito policial. Diferente é a hipótese de ação penal. Esta há de ter sido instaurada, vale dizer, deve haver despacho determinando a citação do imputado. Se houver rejeição liminar da queixa ou ação penal subsidiária da pública, não estará configurado o crime de denunciação caluniosa, pois não houve instauração da ação penal. Na sistemática processual penal em vigor, malgrado as controvérsias, a instauração da ação penal se dá com o primeiro despacho que recebe a denúncia, pois o réu é citado (CPP, art. 396) e se interrompe a prescrição. Afinal, se o sujeito passivo do crime foi citado e teve de se defender, apresentando resposta a acusação, sua absolvição sumária não exclui o crime de denunciação caluniosa. Em se tratando de processo de outra natureza, a determinação da citação basta para se o considerar instaurado.

O(s) atingido(s) pela manobra espúria há(ão) de ser pessoa(s) certa(s) e determinada(s). Não há denunciação caluniosa contra pessoa incerta. Todavia, se a pessoa for determinável, como no caso do coletivo de vereadores de uma pequena cidade, o crime poderá se configurar. Idem se se tratar de associação ou conselho de empresa.

Em quaisquer das hipóteses referidas no art. 339 do CP, é indispensável que a imputação se refira a fato criminoso, infração ético-disciplinar ou ato ímprobo. Se o fato tipificar uma contravenção, o crime se perfaz na sua forma minorada ou privilegiada (§ 2º). Assim a investigação administrativa, o inquérito civil, a ação de improbidade ou mesmo o processo ético-disciplinar hão de ter como mote um fato definido como crime (*caput*), contravenção (§ 2º), infração ético-disciplinar ou ato ímprobo. Fora daí não há denunciação caluniosa. Questão interessante é a de saber por que o legislador trata com mais benignidade a imputação de uma contravenção e não, identicamente, a de infração ético-disciplinar? Parece evidente a ofensa à proibição de excesso, ou de proporcionalidade, tratar a imputação de infração ético-disciplinar com o mesmo rigor que se trata a imputação de crime e que deve ser objeto de correção por parte do Judiciário por evidente ofensa ao devido processo legal em sentido substantivo. No julgamento do RE n. 374.981, o STF, pela voz do Min. Celso de Mello, advertiu para que "O princípio da proporcionalidade – que extrai a sua justificação dogmática de diversas cláusulas constitucionais, notadamente aquela que veicula a garantia do *substantive due process of law* – acha-se vocacionado a inibir e a neutralizar os abusos do poder público no exercício de suas funções, qualificando-se como parâmetro de aferição da própria constitucionalidade material dos atos estatais" (*DJ* 08.04.2005). Há, ainda, outro aspecto nessa matéria. O crime de denunciação caluniosa está inserido entre os crimes contra a administração da justiça. Agora, porém, passa a tutelar a correção do funcionamento de órgãos administrativos como a Ordem dos Advogados do Brasil (OAB), Conselhos Federais de Medicina, Odontologia, Psicologia etc. O tipo penal, afora a desproporcionalidade, passa a tutelar a correção do funcionamento de órgãos punitivos das diferentes profissões e com a mesma intensidade com que responde a condutas mais graves.

A falsidade da atribuição de crime a alguém pode ser tanto representada por um crime inexistente, como no caso da doméstica que, ao ser despedida, para frustrar seus direitos trabalhistas, tem contra si requerida a abertura de inquérito por suposto furto de utensílios do lar, como pela atribuição a quem sabidamente não o praticou. Aqui, porém, é preciso deixar claro que o crime em tela só se verifica quando o agente sabe que o sujeito sobre o qual recaia a investigação é inocente. Há nesses casos, sempre e necessariamente, o que popularmente se chama de uma "armação" ou encenação. Se, porém, subjetivamente o denunciante acreditar que determinada pessoa seja autora de um delito ou mesmo tiver dúvida, ou caso se trate de questão interpretativa relativa à tipicidade como, para exemplificar, no caso do cheque dado em garantia configurar, ou não, estelionato, não haverá o crime de denunciação caluniosa. Este pressupõe uma encenação, uma armação (construção artificial, falsa) para movimentar a máquina policial ou judicial contra alguém que, sabidamente, é inocente. Admitir o contrário, isto é, que se pudesse punir aquele que, na dúvida, preferiu narrar os fatos à autoridade policial oferecendo os dados de que dispunha, implicaria tolher a ação daquele que se sentindo vítima, ou sabendo de fatos relevantes, viesse a deixar de noticiá-los à autoridade com medo de vir a ser, posteriormente, processado. Com isso se permitiria que casos eventualmente graves ficassem à margem da repressão e, assim, a própria ação da Justiça, que se procura proteger, ficaria prejudicada. Portanto, há forte razão de política criminal para não se incriminar a título de denunciação caluniosa casos duvidosos, nos quais reina a incerteza sobre a inocência de alguém. Na dúvida sobre a inocência, não se configura o crime de denunciação. O mesmo vale para a imputação de violação a dispositivo ético-disciplinar instaurado em razão de representação de que o agente saiba da inocência do representado.

A denunciação caluniosa se distingue da calúnia porque nesta o agente, embora faça a falsa imputação de crime contra alguém, não dá causa à instauração de investigação policial ou a processo judicial. Tudo fica na esfera da ofensa à honra alheia. Mas é perfeitamente possível que de uma calúnia possa nascer um processo judicial ou uma investigação policial. Nessa hipótese será necessário verificar o dolo do agente, pois, como é sabido, a denunciação caluniosa pode surgir indiretamente, isto é, por meio de terceiro que, enganado, ou sabidamente ingênuo, leva o fato ao conhecimento da autoridade policial. Nesse caso, responderá pelo crime de denunciação quem propalou a calúnia. Esta, porém, ficará absorvida por aquele. Distingue-se a denunciação da falsa comunicação de crime ou contravenção, pois nesta não há pessoa certa e definida (ou definível) que é atingida pela falsa imputação de crime. Ademais, no crime previsto no art. 340, o agente sabe que o crime não se verificou. Na figura típica do art. 339 o crime pode ter ocorrido, mas a imputação a determinada pessoa é que é falsa.

Deve se lembrar que, em se tratando de representação por ato de improbidade na qual haja a falsa imputação de fato que não seja crime, o agente responderá pelo delito previsto no art. 19 da Lei n. 8.429/92.

1.4. Elemento subjetivo

A denunciação caluniosa, como regra, só se configura com o dolo direto do agente no que diz com o conhecimento da inocência. O estado de dúvida, como dito anteriormente, afasta o crime. Sem embargo, é perfeitamente possível que o agente, sabendo da inocência, espalhe, "à boca pequena", uma calúnia e esta dê causa à instauração de uma investigação policial ou a uma investigação administrativa contra o funcionário atingido. Nesse caso, o agente criminoso pode ter agido com dolo indireto, pois com seu comportamento assumiu o risco de que se abrisse uma investigação policial ou sindicância contra alguém. Tudo dependerá de um cuidadoso exame da prova para se aferir a real intenção do agente.

Também se tem afastado a denunciação caluniosa quando se trata de falsa afirmação feita em interrogatório policial ou judicial como estratégia de defesa. Tanto pode ser a atribuição da autoria a outrem como a afirmação de crime inexistente por parte da autoridade policial para deslegitimar a confissão extrajudicial. O direito de autodefesa exclui o dolo necessário à caracterização da denunciação.

1.5. Consumação e tentativa

A doutrina, em uníssono, afirma ser possível a ocorrência da tentativa, pois o crime em apreço é material na medida em que o resultado da instauração de investigação policial, processo judicial, investigação administrativa, inquérito civil ou ação de improbidade administrativa é exigido. Pode ocorrer a tentativa quando o agente promova a delação, mas esta é liminarmente rejeitada, sem dar causa a qualquer das consequências previstas no tipo.

A retratação do denunciante, posterior à instauração da investigação policial ou qualquer outra referida no art. 339, não afasta o crime, mas pode implicar na redução prevista no art. 16 (arrependimento posterior) ou até no eficaz (art. 15), caso, oferecida a representação para a apuração do crime, antes da tomada de qualquer providência, o agente se retrate.

1.5.1. Cronologia para a apuração da denunciação

Pode a apuração da denunciação caluniosa preceder o encerramento da apuração do crime investigado? Em tese sim, pois se está diante de um crime instantâneo. Todavia, mais que o perigo de decisões antinômicas (imagine se aquele sobre o qual recaiu a suposta denunciação caluniosa venha a ser condenado pela prática do crime imputado e que, em tese, seria falso e, de outro lado, o acusado de tê-la promovido venha, igualmente, a ser condenado). Afinal, a imputação de crime era falsa? A Justiça errou quando? Ao condenar o primeiro ou o segundo? Para evitar decisões contraditórias, no caso excludentes, o caminho é aguardar a apuração do crime imputado para, só após o arquivamento deste, iniciar-se a perseguição da denunciação. Mas não é apenas por uma questão de lógica que se deve proceder dessa maneira. A elementar típica relativa ao conhecimento da inocência só aflorará com a evolução das investigações. Portanto, antes da conclusão dessas, ou mesmo do processo judicial, não há justa causa para a ação penal que vise a apurar o crime de denunciação caluniosa.

1.6. Classificação doutrinária

Trata-se de crime comum, pois pode ser praticado por qualquer pessoa; unissubjetivo, pois pode ser cometido por uma única pessoa; comissivo, pois reclama uma ação; material, na medida em que implica na produção de um resultado (investigação policial; processo judicial etc.); plurissubsistente, pois a ação criminosa pode ser fracionada; e instantâneo, pois se esgota com o resultado.

1.7. Forma qualificada

O anonimato, que é vedado pela CF (art. 5º, IV), quando utilizado para a perpetração da denunciação caluniosa agrava a pena em 1/6. Idem, quando o agente se vale de nome suposto (inventado). Justifica-se a especial majoração punitiva não apenas em razão do maior trabalho que a Justiça terá para desvendar o crime, mas em razão da dissimulação que merece especial reprovação.

1.8. Forma privilegiada

A pena é diminuída pela metade se a falsa imputação é da prática de contravenção. A economia punitiva gira em torno do desvalor da ação e do desvalor do resultado. Se este é menor, justifica-se plenamente a minoração da pena, que, nos termos do art. 89 da Lei n. 9.099/95, poderá comportar a suspensão condicional do processo. Não é o caso de se descriminalizar essa modalidade de ação como, invocando simetria de tratamento com a calúnia, propõe Cezar Bitencourt (*Tratado de direito penal*: Parte Especial, 2007, v. V, p. 279), pois aqui a máquina da Justiça é movimentada e as consequências são mais gravosas para a vítima que na calúnia.

1.9. Confronto com o art. 27 da nova Lei de Abuso de Autoridade (n. 13.869/2019)

O art. 27 da nova Lei de Abuso de Autoridade comina pena de 6 meses a 2 anos de detenção e multa à autoridade que "requisitar instauração ou instaurar procedimento investigatório de infração penal ou administrativa, em desfavor de alguém, à falta de qualquer indício da prática de crime, de ilícito funcional ou de infração administrativa". Diferentemente da denunciação caluniosa, aqui o agente não sabe da inocência do atingido pela investigação, mas atua em seu desfavor à mingua de indícios da prática do crime. O crime previsto no CP é mais grave e, obviamente, absorve o constante da Lei especial.

1.10. Confronto com o art. 30 da nova Lei de Abuso de Autoridade (n. 13.869/2019)

O art. 30 do novo diploma especial tem a seguinte redação: "Dar início ou proceder à persecução penal, civil ou administrativa sem justa causa fundamentada *ou contra quem sabe inocente*" e é punido com detenção de 1 a 4 anos, portanto, comporta a suspensão condicional do processo nos termos do art. 89 da Lei n. 9.099/95. A primeira parte do art. 30 não interfere no tipo da denunciação caluniosa porque essa figura criminosa, mais que a falta de justa causa, exige que o agente criminoso saiba da inocência da pessoa atingida pela investigação ou processo, o que é coisa diferente da falta de justa causa, que atina com a falta de elementos probatórios mínimos para se iniciar uma investigação ou ação penal. Todavia, a segunda parte do art. 30 não deixa dúvidas: também cuida de quem "dá início ou procede à persecução penal, civil ou administrativa [...] contra quem sabe inocente". Ora, dar início ou proceder à persecução penal ou administrativa contra quem se saiba inocente outra coisa não é senão a conhecida prática da denunciação caluniosa (dar causa a investigação ou a processo), prevista no art. 339, mas com outras palavras. Vale frisar, para escoimar dúvidas, que a persecução penal se desenvolve, ordinariamente, em duas fases: a investigatória, que se dá por meio de um inquérito policial, e outra, a do processo judicial (GUSTAVO BADARÓ. *Processo penal*. 3.ed. São Paulo, Revista dos Tribunais, p. 112). A prevalecer o tipo penal da nova Lei de Abuso de Autoridade, teremos o disparate de a conduta do particular que der causa a uma investigação contra quem saiba inocente vir a ser punida mais severamente do que a praticada por agente público, por exemplo, um delegado de polícia que instaura (abra ou dê início) a um inquérito sabendo da inocência do investigado, ou membro do Ministério Público que ofereça uma denúncia, ou mesmo o juiz, quando dá início ao processo recebendo a denúncia contra o réu. Um *non sense* que ofende o princípio da razoabilidade e da proporcionalidade e, por isso, deve ser deve ser declarado inconstitucional. O *substantive due process of law* não tolera tal iniquidade. Como advertiu o Ministro Roberto Barroso em decisão monocrática no conhecido caso do indulto natalino do presidente Temer: "Para assegurar que a atuação estatal na garantia de valores constitucionais se dê em justa medida, o mandamento da proporcionalidade comporta, além de uma vertente de proibição do excesso, que paralisa a eficácia de restrições irrazoáveis a direitos fundamentais, uma dimensão de vedação à proteção insuficiente. De acordo com essa ideia, as normas jurídicas que deixem de estabelecer patamares adequados de proteção a valores resguardados pela Constituição são inválidas. Em tais casos, o poder público descumpre o dever de adotar as ações necessárias à defesa de valores de estatura constitucional, justificando-se, portanto, a atuação corretiva do Supremo Tribunal Federal" (ADI n. 5.874MC, *DJe* 14.03.2018). Mas, caso não se declare a inconstitucionalidade do dispositivo nessa parte, qual regra deve prevalecer em relação ao particular, a do art. 339 do CP ou a do art. 30 do diploma especial? Considerando-se que a conduta do particular é menos grave que a do agente público, de quem se deve exigir um respeito maior ao ordenamento jurídico e, portanto, o desvalor da sua ação é sempre maior, é preciso fazer uma interpretação abrogante, eliminando-

-se a regra mais antiga ou punindo-se o particular que der causa a uma investigação quando saiba da inocência de alguém, com a pena do art. 30 da Lei de Abuso de Autoridade para se evitar a desproporção e a iniquidade na forma do tratamento punitivo entre o agente público e o particular.

2. JURISPRUDÊNCIA

2.1. Julgados

Convicção da inocência

Este tribunal já firmou o entendimento de que a configuração do crime de denunciação caluniosa (art. 339, CP) exige o dolo direto quanto ao conhecimento da inocência do acusado. Portanto, para a configuração do tipo é imprescindível a demonstração inequívoca da consciência do agente quanto à falsidade da imputação, sendo insuficiente a presença de mero dolo eventual. Assim, tem o Ministério Público o ônus de, já na denúncia, aduzir um lastro probatório mínimo que evidencie, com suficiente plausibilidade, o elemento subjetivo do tipo penal em questão, qual seja, o dolo direto do agente de provocar investigação policial, processo judicial, investigação administrativa, inquérito civil ou a ação de improbidade administrativa, mediante imputação de crime a alguém cuja inocência seja inequivocamente conhecida pelo agente. Cf. Inq. n. 1.547, rel. p/ o acórdão Min. Marco Aurélio, Pleno, *DJ* 19.08.2005; decisão monocrática no Inq. n. 2.094, rel. Min. Sepúlveda Pertence, *DJ* 30.03.2005; decisão monocrática no Inq. n. 1.920, rel. Min. Maurício Corrêa, *DJ* 04.06.2003 (STF, RHC n. 85.023, 2ª T., rel. Min. Joaquim Barbosa, *DJe* 01.02.2008, corpo do acórdão). Para a configuração do delito previsto no art. 339 do CP, é mister que a imputação seja objetiva e subjetivamente falsa, exigindo-se do sujeito ativo a certeza quanto à inocência daquele a quem atribui a prática do ilícito penal (STJ, *HC* n. 109.658, 6ª T., rel. p/ acórdão Min. Og Fernandes, *DJe* 04.05.2009). O tipo do art. 339 do CP exige que a denunciação seja objetiva e subjetivamente falsa, caracterizando o dolo específico; o autor da denunciação deve saber que a imputação do crime recai sobre um inocente (STJ, AP n. 409, rel. Min. Ari Pargendler, Corte Especial, *DJe* 23.10.2008). No mesmo sentido: Ap. n. 0231061-46.2010.8.26.0000, rel. Des. Geraldo Wolhers, j. 05.02.2013, m.v.

O crime de denunciação caluniosa (art. 339 do CP) exige, para sua configuração, que o agente tenha dolo direto de imputar a outrem, que efetivamente sabe ser inocente, a prática de fato definido como crime, não se adequando ao tipo penal a conduta daquele que vivencia uma situação conflituosa e reporta-se à autoridade competente para dar o seu relato sobre os acontecimentos. (STF, Inq. n. 3.133, 1ª T., rel. Min. Luiz Fux, *DJe* 10.09.2014)

Na hipótese de caracterização do crime de denunciação caluniosa é essencial a certeza do sujeito ativo de que o imputado é inocente, conforme entendimento firmado nesta Corte. (STJ, REsp n. 1.171.451, rel. Min. Sebastião Reis Júnior, *DJe* 04.08.2014). Idem na 5ª Turma no Ag. Reg. no *HC* n. 622.955, rel. Min. Ribeiro Dantas: "para caracterização do crime de denunciação caluniosa é imprescindível que o sujeito ativo saiba que a imputação do crime é objetivamente falsa ou que tenha a certeza de que a vítima é inocente" (RHC n. 106.998-MA, 6ª T., rel. Min. Rogério Schietti, *DJe* 12.03.2019). Daí a pertinência de se exigir o dolo específico do agente (Ag. Reg. no AREsp n. 1.895.015, 5ª T., rel. Min. Reynaldo Soares da Fonseca, *DJe* 17.08.2021).

Pedido de investigações

Simples pedido de apuração de irregularidades, sem a descrição de qualquer fato que corresponda a uma figura típica, não caracteriza, por si só, o delito de denunciação caluniosa, por estar evidente que as condutas narradas não constituem crime, ensejando o trancamento da ação penal, por atipicidade da conduta. (STJ, *HC* n. 58.961, 5ª T., rel. Min. Napoleão Nunes Maia Filho, *DJ* 27.08.2007)

Não se deve confundir a denunciação caluniosa com a conduta de quem solicita à autoridade que apure e investigue determinado delito, fornecendo-lhe os elementos de que dispõe. A vontade de realização da justiça choca-se com desejo de ver punido um inocente. (TJSP, Ap. Crim. n. 123.324, rel. Des. Adriano Marrey, j. 16.09.1974)

Boletim de ocorrência e imputação de crime à vítima

Ao registrar Boletim de Ocorrência, descreveu fatos ocorridos em 10.08.2002 sem, contudo, apontar, em sua manifestação perante a autoridade policial, a prática de qualquer crime a ser imputado à vítima, restringindo-se, tão somente, a delatar os fatos que teriam ocorrido. [...] restou atípica sua conduta, sendo imperioso o trancamento da ação penal relativa à prática do delito de denunciação caluniosa. (STJ, *HC* n. 71.476, 5ª T., rel. Min. Felix Fischer, *DJe* 14.04.2008)

Verificado que o registro de boletim de ocorrência não deu causa à deflagração de inquérito policial ou de qualquer outro procedimento criminal, falta o elemento objetivo do tipo para configurar o crime do art. 339 do CP. (STJ, *HC* n. 115.935, 5ª T., rel. Min. Jorge Mussi, *DJe* 15.06.2009)

Representação

O simples rótulo de "representação" não desnatura a finalidade do instituto: apurar a veracidade das infrações penais increpadas aos representados. Pelo que não há como deixar de vê-la como uma típica "investigação administrativa". Representação criminal que mereceu regular tramitação no TRF da 3ª Região, inclusive com a notificação dos representados para o oferecimento de resposta escrita, bem como deliberação do respectivo Órgão Especial quanto ao conteúdo das acusações penais formalizadas pelo acusado. (STF, *HC* n. 106.466, rel. Min. Ayres Britto, *DJe* 06.03.2012)

Fato determinado e típico

Para configurar o crime de denunciação caluniosa, é necessário que o fato descrito na falsa denunciação constitua típico ilícito penal. (STJ, *HC* n. 8.341, 6ª T., rel. Min. Vicente Leal, *DJ* 19.04.1999)

Em qualquer caso, será indispensável que a imputação se refira a fato típico e determinado. (STF, RHC n. 64.175, 2ª T., rel. Min. Francisco Rezek, *DJ* 05.09.1986)

Crime certo

A moldura típica do crime de denunciação caluniosa circunscreve-se a duas ordens de situação, uma envolvendo a conduta de "dar causa (motivar, provocar, originar) à instauração de investigação policial, de processo judicial, instauração de investigação administrativa, inquérito civil ou ação de improbidade administrativa contra alguém" (Luiz Regis Prado Júnior, *Curso de direito penal*, v. 4, p. 584); e outra de imputar um fato definido como crime. Se a denúncia deixa de descrever qual o crime a que o paciente teria creditado ao magistrado, então não se pode ter em conta a tipicidade da denunciação caluniosa, sendo a peça de acusação formalmente inepta. (STJ, *HC* n. 240.970, rel. Min. Maria Thereza de Assis Moura, *DJe* 18.08.2014)

Pessoa determinada

A conspirar contra a tipicidade delituosa, a expressão vereadores não se ajusta ao vocábulo "alguém" referido no tipo, não sendo pessoa certa e determinada, e nem mesmo determinável (todos os vereadores?) ou sujeita à determinação. (TJSP, Ap. n. 9128154-83.2000.8.26.0000, rel. Des. Walter de Almeida Guilherme, *DOE* 24.08.2001)

Acusação a alguém

O recorrente não imputou a prática do delito de roubo a "alguém", como exige o tipo penal do crime de denunciação caluniosa, mas apenas noticiou um fato criminoso à autoridade policial que, em verdade, não ocorreu. E essa conduta amolda-se ao delito de comunicação falsa de crime ou contravenção, previsto no art. 340 do CP. (TJSP, Ap. n. 0002443-60.2009.8.26.0275, rel. Des. Newton Neves, *DOE* 04.12.2012)

Falsidade objetiva e subjetiva

O delito de denunciação caluniosa exige que a acusação seja objetiva e subjetivamente falsa. (STJ, *HC* n. 25.593, 5ª T., rel. Min. Jorge Scartezzini, *DJ* 03.05.2004)

Para a configuração do crime de denunciação caluniosa, é indispensável que a conduta imputada à vítima também seja definida como crime, bem como que a imputação seja objetiva e subjetivamente falsa, vale dizer, que, além de a suposta vítima ser inocente, o sujeito ativo tenha inequívoca ciência dessa inocência. Precedentes. (STJ, *HC* n. 160.893, rel. Min. Sebastião Reis Júnior, *DJe* 23.08.2013)

Autodefesa

No exercício de sua autodefesa, ainda mais em sede policial, ao atribuir falsamente a outrem a autoria ou participação, não incide no tipo penal previsto no art. 339, *caput*. (TJSP, Reex. Necess. n. 0001511-43.2011.8.26.0650, rel. Des. Jair Martins, *DOE* 31.01.2013)

Induzimento fraudulento para terceiro provocar a investigação

Comete o delito de denunciação caluniosa, o agente que induz menor a registrar ocorrência, imputando falsamente fato criminoso, sabendo da inocência do acusado. (TJRS, Ap. n. 70.04.594791-8, rel. Des. Gaspar Marques Batista, *DOE* 22.02.2013)

Réu que, em relato perante assembleia de órgão de classe, induzindo em erro terceiros de boa-fé, leva-os a instaurar inquérito policial imputando a pessoa sabidamente inocente a prática de crime. Irrelevância de não ter sido o causador direto da instauração. (TJSP, Ap. n. 71.737-3, rel. Des. Dante Busana, j. 13.03.1989)

Advogado

O exercício regular da advocacia, com estreita observância das orientações de seu cliente, não faz o advogado coautor do crime referido (STJ, *HC* n. 5.610, 5ª T., rel. Min. Edson Vidigal, *DJ* 29.09.1997). No mesmo sentido: STJ, *HC* n. 25.593, 5ª T., rel. Min. Jorge Scartezzini, *DJe* 03.05.2004.

Inexiste justa causa para ação penal, se o advogado limitou-se a agir obedecendo orientação do cliente. O mero exercício de um múnus público, sem desvio ou excesso, não pode ensejar a responsabilidade criminal.

(STJ, RHC n. 908, 5ª T., rel. Min. Jesus Costa Lima, *DJ* 17.12.1990)

Todavia:

O fato de tratar-se de advogado, no exercício de mandato, ainda que tenha agido sob as estritas orientações de seu cliente, não o exime da prática do crime, se restar comprovado que tinha ciência da falsidade da acusação, o que o torna coautor do delito. (STJ, RHC n. 19.036, 5ª T., rel. Min. Laurita Vaz, *DJ* 16.04.2007)

Subordinação ao inquérito ou processo iniciado

Repugna a admissão de que possa o aparelho repressivo estatal, simultaneamente, estar a investigar a veracidade de uma delação e a processar o autor dela por denunciação caluniosa. (STF, *HC* n. 82.941, 1ª T., rel. Min. Sepúlveda Pertence, *DJ* 27.06.2003)

Somente com o arquivamento do inquérito policial ou absolvição irrecorrível em favor do denunciado, é possível qualquer iniciativa no sentido do processo por denunciação caluniosa. (STJ, RHC n. 7.137, 5ª T., rel. Min. Edson Vidigal, *DJ* 04.05.1998)

No que concerne ao crime de denunciação caluniosa é inviável, por ora, a instauração de inquérito policial para averiguá-lo enquanto ainda em investigação os delitos que, teoricamente, teriam sido indevida e mentirosamente noticiados à autoridade policial, por evidente ausência de justa causa. (TJSP, *HC* n. 9003997-77.1996.8.26.0000, rel. Des. Sinésio de Souza, *DOE* 07.10.1997)

Contrário: A denúncia, por isso, não está condicionada ao arquivamento da investigação na polícia. Outros elementos idôneos podem arrimar a imputação do Ministério Público. (STJ, REsp n. 91.158, 6ª T., rel. Min. Luiz Vicente Cernicchiaro, *DJ* 30.06.1997)

Necessidade de instauração de inquérito

O crime de denunciação caluniosa tem como elemento objetivo do tipo a efetiva instauração de procedimento investigatório, seja em sede judicial, policial ou administrativa. (STJ, *HC* n. 115.935, 5ª T., rel. Min. Jorge Mussi, *DJe* 15.06.2009)

O substantivo, importa em buscar esclarecimento sobre o que sucedeu e ainda permanece nebuloso, tudo mercê de coleta de subsídios, tarefa que pode assumir a forma de expedição de ofícios, oitiva de testemunhas, requisição ou confrontação de documentos, realização de perícias etc. Porém, nada disso ocorreu. (TJSP, Ap. n. 0231061-46.2010.8.26.0000, rel. Des. Geraldo Wohlers, j. 05.02.2013, m.v.)

Simples sindicância

Para fins do art. 339 do CP, como investigação administrativa deve ser entendido o procedimento instaurado para a apuração de falta disciplinar pelo agente público, decorrente de falsa imputação de crime ou contravenção pelo réu. Por conseguinte, a abertura de sindicância no âmbito de órgão correcional, de *per si*, não denota a prática do delito de denunciação caluniosa, ainda que os fatos apurados sejam penalmente relevantes, já que tal procedimento, de caráter inquisitório e sumário, corresponde ao conjunto de atos e diligências preliminares destinados à apuração de conduta anômala atribuída a funcionário público, a fim de que se possa eventualmente instaurar, de pronto, um procedimento disciplinar (STJ, 5ª T., Ag. Reg. no RHC n. 88.132, rel. Min. Ribeiro Dantas, *DJe* 11.05.2021). No mesmo, da mesma Turma: 2. A alteração legislativa no art. 339 do CP substituiu o termo "investigação policial" por "inquérito policial" e "procedimento investigatório", e o termo "investigação administrativa" por "processo administrativo disciplinar", além de acrescentar que também tipifica o crime a falsa imputação de infração ético-disciplinar ou ato ímprobo. 3. O embargante deu causa a investigações e a procedimento administrativo, os quais, no entanto, não ensejaram a abertura de inquérito policial ou de procedimento investigatório criminal contra a vítima, nem de procedimento administrativo disciplinar. Assim, em observância ao disposto na primeira parte do art. 2º, *caput*, do CP, reconheço a atipicidade superveniente da conduta imputada ao embargante, julgando extinta sua punibilidade, com fundamento no art. 107, III, do CP. (STJ, Ag. Reg. nos EDcl na PET no AREsp n. 1.770.572, rel. Min. Reynaldo Soares da Fonseca, DJe 27.04.2021)

Pedido de informações ao Ministro da Justiça

Mero pedido de informações do Ministro da Justiça não pode ser considerado "investigação administrativa", não havendo na denúncia informações sobre a efetiva instauração de uma investigação a respeito da conduta do Delegado de Polícia, o que afasta a incidência do tipo previsto no art. 339 do CP. (STJ, RHC n. 35.494, rel. Min. Laurita Vaz, *DJe* 21.08.2014)

Competência: praticado por civil contra militar

Nos termos do disposto no art. 125, § 4º, da Constituição da República, compete à Justiça Comum Estadual o processo e julgamento do crime de denunciação caluniosa, praticado por civil contra policial militar estadual. Incidência da Súmula n. 53 deste STJ, segundo a qual: "compete à justiça comum estadual processar e julgar civil acusado de prática de crime contra instituições militares estaduais". (STJ, *HC* n. 253.828, rel. Min. Laurita Vaz, *DJe* 02.09.2014)

Comunicação falsa de crime ou de contravenção

Art. 340. Provocar a ação de autoridade, comunicando-lhe a ocorrência de crime ou de contravenção que sabe não se ter verificado:

Pena – detenção, de 1 (um) a 6 (seis) meses, ou multa.

1. COMENTÁRIO

1.1. Objetividade jurídica

O bem jurídico tutelado na comunicação falsa de crime ou de contravenção é a administração da Justiça. Era comum, sobretudo antes da tecnologia que permite a imediata identificação e rastreamento das chamadas telefônicas, ligações anônimas à central da Polícia Militar ou da Civil comunicando falsamente a ocorrência de crime. São os chamados trotes. "Brincadeira" de péssimo gosto que não só ocupa as linhas telefônicas e os ocupadíssimos atendentes das polícias como, mais grave, mobiliza policiais para atender falsas ocorrências, prejudicando os serviços, que são essenciais. Também não são incomuns falsas comunicações de crime para se obter do seguro o pagamento de indenização indevida. Enfim, com a prática criminosa descrita no art. 340 compromete-se a eficácia e a correção do funcionamento dos órgãos auxiliares da Justiça e eventualmente a própria ação do Poder Judiciário, afetando a administração da Justiça.

1.2. Sujeitos do crime

Trata-se de crime comum, qualquer pessoa pode praticá-lo. Sujeito passivo é a administração da Justiça e, mais particularmente, a eficácia dos serviços prestados por seu órgão auxiliar, a polícia.

1.3. Análise da(s) conduta(s) descrita(s) no tipo

"Provocar" é sinônimo de dar causa, suscitar e motivar. Assim, aquele que dá causa à ação da autoridade (policial ou qualquer outra) por conta da falsa comunicação de crime ou contravenção, isto é, que sabe não ter ocorrido, incide nas penas cominadas no art. 340. Se houve crime ou contravenção diversos da comunicação realizada pelo agente à autoridade, não se configura o tipo penal em apreço, pois os cidadãos comuns, sobretudo os mais humildes, além de não conhecerem as especificidades e sutilezas do direito, não tem a obrigação de fazer a correta tipificação do que veem. O ponto relevante é que não haverá na hipótese "falsa comunicação", mas imprecisão, o que é coisa bem diferente e afasta a tipicidade do crime que, ademais, só se pune a título de dolo. Embora se possa relevar o erro quanto ao *nomen juris* do crime comunicado, o mesmo já não se pode dizer quando se trata da descrição da ocorrência, isto é, do fato verificado. O importante não é a qualificação dada aos fatos na comunicação, mas o conteúdo desta. Por isso, merece ser vista com reservas e repensada a ideia tão aceita pela doutrina de que só não se afasta o crime em apreço quando "haja identidade estrutural" entre o crime comunicado e o ocorrido. Como procedentemente registra Bitencourt, "O que o legislador pretendeu com o dispositivo em exame é evitar exatamente a má-fé do cidadão, a deliberada ação de levar a máquina pública a desvirtuar-se de seus fins específicos" (*Tratado de direito penal*: Parte Especial, 2007, v. V, p. 282). Portanto, sem má-fé, independentemente da identidade estrutural entre o crime comunicado e o ocorrido, não haverá o crime em exame.

No mais, como já realçado anteriormente, não há a imputação de crime a pessoa determinada como ocorre na denunciação caluniosa; embora se possa criar, inventar um personagem (estatura, cor, cabelos etc.), não há pessoa certa.

Quando a lei fala em "autoridade", a falsa comunicação de crime feita à Polícia Militar ensejaria a tipificação do crime em apreço? Pensa-se que sim, malgrado as respeitáveis opiniões em contrário. É que a expressão "autoridade" no CP deve ser tomada em sentido amplo, como sinônimo de agente da lei. Tanto que o crime se consuma ainda que a autoridade "não vá além de indagações preliminares, isto é, não se chegando a abrir inquérito formalizado" (MIRABETE, Julio. *Manual de direito penal*, 2006, v. III, p. 399). Ora, é contraditório que, movimentada a polícia para verificar a falsa ocorrência de crime, o agente fique impune por conta de uma concepção restritiva do conceito de autoridade, quando salta aos olhos que se quer evitar exatamente a sua descabida movimentação.

1.4. Elemento subjetivo

Pune-se a conduta descrita no art. 340 a título de dolo. Como o tipo penal alude ao conhecimento do agente de que o crime ou a contravenção não se verificaram, isto é, o agente "sabe não ter se verificado", não se pune aquele que comunica crime tendo dúvida sobre a sua ocorrência. A dúvida afasta a ideia de falsidade e, consequentemente, a própria tipicidade.

1.5. Consumação e tentativa

O crime em apreço não se consuma no momento da falsa comunicação, mas apenas quando a ação da autoridade é provocada. Não há sequer necessidade da formalização de um boletim de ocorrência; basta a iniciativa de apuração mediante o deslocamento de um policial ao local para averiguar que o crime estará consumado. A tentativa é admissível pela natureza do crime, mas de dificílima ocorrência.

1.6. Concurso com o estelionato

É mais frequente do que se imagina a hipótese de o agente praticar o crime do art. 340 para receber dinheiro do seguro ou artimanha assemelhada para obter vantagem patrimonial. Nesse caso, se a potencialidade lesiva da comunicação falsa de crime ou contravenção se esgotar no estelionato, isto é, for etapa (o ardil) para a obtenção da vantagem ilícita, este absorverá aquele. Pouco importa que mais de um bem jurídico tenha sido lesado. No ponto, vale lembrar que a Súmula n. 17 do STJ, que considera o falso absorvido pelo estelionato, também tem dois bens jurídicos ofendidos, mas considera-se relevante para fins penais a ação do agente como um todo, na sua dinâmica e finalidade.

1.7. Classificação

O crime em tela é material, pois depende da "ação da autoridade"; é comum, pois não exige qualidade especial do agente (pode ser cometido por qualquer um); de forma livre, pois pode ser cometido de qualquer maneira e unissubjetivo, uma vez que não reclama o concurso de agentes para a sua prática.

2. JURISPRUDÊNCIA

2.1. Julgados

Desnecessidade de formalização

Basta a notícia falsa, não sendo necessária a sua formalização por escrito e sua consumação se dá no instante da lavratura do boletim de ocorrência. (TJSP, Ap. Crim. n. 0050311-45.2006.8.26.0564, rel. Des. Salles Abreu, *DOE* 30.06.2008)

Dolo

[...] no que pertine à falsa comunicação de crime, é bem de ver que a doutrina exige que o agente tenha certeza de não haver sido praticado um ilícito penal, pois se suspeita de seu cometimento, falta o requisito objetivo. (TJSP, *HC* n. 0077690-00.2005.8.26.0000, rel. Des. Mário Devienne Ferraz, *DJ* 27.04.2005)

Crime verdadeiro, mas diverso do comunicado

Não houve ilícito, pois um fato criminoso ocorreu, embora de outra espécie, porém da mesma natureza (roubo ao invés de furto). (TACrimSP, Ap. n. 255.495, rel. Dias Filho, j. 16.12.1982)

Consumação

Delito, aliás, formal, cuja consumação se dá no instante da lavratura do boletim de ocorrência. (TJSP, Ap. Crim. n. 0003097-09.2010.8.26.0050, rel. Des. França Carvalho, j. 05.03.2012)

A simples comunicação de ocorrência de crime que se saiba inexistente já é suficiente para a caracterização do delito de falsa comunicação de crime. (TJSP, Ap. Crim. n. 193.849-3/0, rel. Des. Pereira Silva, j. 09.11.1995)

Basta à concretização do delito de comunicação falsa de crime ou de contravenção fazer com que a autoridade policial aja sem qualquer motivo, perdendo tempo e comprometendo a administração da Justiça, pois deixa de atuar em casos verdadeiramente importantes. (TJRS, Ap. n. 0006083-90.2010.8.21.9000, rel. Des. Cristina Pereira Gonzales, *DOE* 19.04.2010)

Possibilidade de tentativa

O delito do art. 340 do CP permite a tentativa, bastando para sua configuração que o agente pratique atos materiais e juridicamente bastantes para provocarem a ação da autoridade policial, chegando o momento consumativo da infração, quando tal autoridade se põe a campo para esclarecer a ocorrência com atos configurativos de sua ação específica. (TACrimSP, Ap. n. 128.097, rel. Onei Raphael, j. 29.06.1976)

Basta à concretização do delito de comunicação falsa de crime ou de contravenção fazer com que a autoridade policial aja sem qualquer motivo, perdendo tempo e comprometendo a administração da Justiça, pois deixa de atuar em casos verdadeiramente importantes. Diante da prova dos autos, é forçoso reconhecer que o delito de comunicação falsa de crime restringiu-se à sua forma tentada (art. 14, II, do CP), uma vez que a autoridade tomou ciência da falsidade antes de dar início à efetiva investigação. Logo, iniciada a execução do delito, este não se consumou por circunstância alheia à vontade do agente, pois a real intenção do réu foi descoberta antes do empreendimento de quaisquer diligências com o fim de apurar o suposto crime de roubo. (TRF-4ª Região, Ap. Crim. n. 0005561-65.2006.404.7107, rel. Des. Cláudia Cristina Cristofani, *DE* 23.07.2010)

Direito de defesa

Jamais poderia ser atribuído ao paciente o cometimento de "comunicação falsa de crime" na condição de réu no processo e usando de direito subjetivo de defesa. (TJAP, *HC* n. 327/97, rel. Des. Mello Castro, *DOE* 03.07.1997)

Concurso

A comunicação falsa de roubo formulada pelo réu Remilson serviu apenas de meio para assegurar a inversão da posse do dinheiro, ou seja, a comunicação foi crime-meio (menos grave) para a consecução do crime-fim, qual seja, apropriação indébita (mais grave). Aplica-se, neste caso, o princípio da consunção. (TJSP, Ap. Crim. n. 0060147-95-2007.8.26.0050, rel. Des. Roberto Martins de Souza, *DJ* 22.07.2009)

Retratação e arrependimento eficaz

Não havendo, nos autos, qualquer elemento a contrariar sua afirmativa, notadamente no sentido de que os policiais tivessem realizado algum tipo de diligência, a fim de apurar a autoria delitiva do crime de roubo noticiado, impõe-se reconhecer que a apelante disse a verdade. Consequentemente, admite-se o instituto do arrependimento eficaz, pois, ao se retratar, a apelante evitou que houvesse, de fato, crime contra a administração da Justiça, já que o aparelho estatal não se mobilizou para desvendar crime inexistente. (TJSP, Ap. n. 0003817-71.2010.8.26. 0180, rel. Des. Toloza Neto, *DOE* 14.05.2012)

Autoacusação falsa

Art. 341. Acusar-se, perante a autoridade, de crime inexistente ou praticado por outrem:

Pena – detenção, de 3 (três) meses a 2 (dois) anos, ou multa.

---

1. COMENTÁRIO

1.1. Objetividade jurídica

O bem jurídico tutelado pelo art. 341 é a administração da Justiça no que diz com sua correção e eficiência. A autoacusação falsa desvirtua o objetivo da atuação da Justiça, que é impedir a condenação de um inocente e, na contraface, punir o culpado. O crime em tela é mais frequente em presídios, quando um preso, às vezes forçado pelas circunstâncias, outras por conveniência, assume a autoria de um crime para isentar um companheiro de cárcere. Mas não é incomum que em família, ou mesmo entre amigos, alguém possa fazê-lo para aliviar a situação do verdadeiro autor do crime. Também por dinheiro se vê a ocorrência do crime ora examinado.

O crime é de menor potencial ofensivo (art. 61, Lei n. 9.099/95). Portanto, sujeito à jurisdição dos juizados especiais criminais.

1.2. Sujeitos do crime

Pode ser praticado por qualquer pessoa, menos o autor, coautor ou partícipe do crime. É, nada obstante, crime de mão própria, pois o ato típico só pode ser executado por aquele que realiza a autoacusação perante a autoridade. Não se exclui a participação daquele que instruiu ou instigou o agente que se autoacusou falsamente. Assim, só não se admite a coautoria. Todavia, se o sujeito que se autoacusa, de alguma forma, tiver concorrido para o crime que narra, já não se está diante do crime em foco, mas de confissão, ainda que se trate de participação secundária. Sujeito passivo do crime é o Estado.

1.3. Análise da(s) conduta(s) descrita(s) no tipo

A conduta descrita no art. 340 cifra-se na falsa assunção da autoria de um crime. Pode se dar: i) por quem não o praticou ou ii) em relação a delito que nunca existiu. Não haverá o crime em foco se o agente se autoacusar falsamente de contravenção penal. Só a falsa autoimputação de crime tipifica o delito em exame.

A conduta *exame* se aparta da denunciação caluniosa porque aqui o agente não atribui falsamente o crime a terceiro, mas, sim, a si próprio. Difere a falsa autoacusação da falsa comunicação de crime, pois, enquanto na conduta do art. 340 tudo fica na esfera do abstrato, sem apontamento de nomes, aqui, no crime em estudo, o agente se nomeia como autor do crime que aponta.

O ato típico, como já realçado, só pode ser executado por aquele que realiza a falsa autoacusação. E esta deve ser "perante a autoridade". *Perante*, segundo a unanimidade dos nossos dicionaristas, quer dizer "na presença de"; "diante de". Portanto, ao contrário do que sustenta a doutrina (BITENCOURT, Cezar Roberto. *Tratado de direito penal*: Parte Especial, 2007, v.

V, p. 286; GRECO, Rogério. *Código Penal comentado*, 2012, p. 1.034; e, entre outros, PRADO, Luiz Regis. *Curso de direito penal brasileiro*, 2006, v. IV, p. 602), o crime em foco não pode ser praticado por qualquer meio (gravação, carta, e-mail, petição etc.), ainda que destinado à autoridade (polícia, Ministério Público ou ao juiz) para se autoacusar. Portanto, não é plurissubsistente. É que a forma de se fazer a autoacusação falsa não é outra senão perante a autoridade o que só se faz mediante o depoimento ou o interrogatório. Tudo o que se fizer antes não tem valor se não for repetido perante a autoridade. E esta deve ser a competente para a apuração criminal dos fatos. Se for outra, como um prefeito ou chefe de seção administrativa, mas o agente não reiterar a autoacusação falsa, não haverá crime a punir. É uma autoacusação inócua ou inidônea. Daí porque, como se verá a seguir, a tentativa é inadmissível, a não ser em hipóteses cerebrinas, infactíveis.

1.4. Elemento subjetivo

O crime em exame é doloso, representado pela vontade de se autoacusar falsamente. Se houver coação ou qualquer constrangimento que vicie a vontade do agente, o dolo fica afastado.

1.4.1. Autodefesa

No caso de a falsa autoacusação ocorrer em interrogatório (judicial ou policial) para o acusado se defender do que está sendo concretamente acusado, não deve ser reconhecida a prática do art. 341. É que o direito a autodefesa, expresso na garantia de não autoincriminação (CF, art. 5º, LXIII) compreende tanto o de ficar calado como o de mentir.

Do ponto de vista da tipicidade subjetiva, não é de todo indiferente se o agente atua por piedade ou por interesse pecuniário. A censurabilidade é diversa. Num e noutro caso, obviamente, o dolo estará presente, mas com intensidades diversas.

1.5. Consumação e tentativa

O crime se consuma quando a autoridade vem tomar conhecimento da autoacusação falsa. Antes disso, o que se tem são atos inidôneos, ineficazes, ao fim perseguido pelo agente. A doutrina é pródiga em lembrar a hipótese daquele que grava um vídeo ou remete uma carta que, no entanto, se extravia. Isso é um nada, pois o bem jurídico tutelado nem remotamente chegou a ser atingido. Aliás, não se cumpriu a elementar típica que determina, seja a autoincriminação feita perante a autoridade. Rogério Greco refere que a autoacusação deve ser feita à autoridade com os "poderes necessários para verificar a existência de crime" (op. cit., 2012, p. 1.033). Se ela for realizada perante o prefeito municipal, entende aquele doutrinador que "não haverá o delito em exame" (ibidem). Ora, isso indica que, sendo o crime em tela formal, a tentativa não existe. Ou bem se terá a imediata autoincriminação perante a autoridade, com consumação imediata, ou bem atos que, no máximo, poderiam ser tomados como preparatórios.

1.6. Classificação

Crime comum, pois pode ser praticado por qualquer pessoa, mas de mão própria, pois só pode praticar a ação típica quem faz a autoacusação perante a autoridade, monossubsistente, pois só pode ser praticado perante a autoridade e não por qualquer meio, fracionando-se a conduta; instantâneo, pois o resultado é produzido com a ação.

2. JURISPRUDÊNCIA

2.1. Julgados

Perante autoridade

Para a tipificação do crime aqui estudado é imprescindível que o agente se acuse perante a autoridade. (TJSP, Ap. Crim. n. 140.608, rel. Des. Camargo Sampaio, j. 24.09.1979)

O delito do art. 341 do CP exige para sua configuração que a autoacusação falsa seja formulada perante uma autoridade. (TACrimSP, Ap. n. 75.135, rel. Cunha Bueno, j. 13.11.1973)

Autodefesa

Se nemo tenetur se acusare e se, contando a verdade sobre o sucedido, estaria o acusado confessando a coautoria em contravenção, sua conduta deixa de ser punível a título de autoacusação falsa. (TJSP, Ap. Crim. n. 138.950, rel. Des. Cunha Bueno, j. 12.11.1979)

Só em boletim de ocorrência

É necessário que a autoacusação falsa seja feita por meio de comunicação escrita à autoridade, em declarações ou confissão tomada por termo e assinada; não basta a feita em boletim de ocorrência ou registro de ocorrência, se depois o agente a corrigiu. (TJSP, Ap. Crim. n. 140.608, rel. Des. Camargo Sampaio, j. 24.09.1979)

Retratação

Se o falso testemunho deixa de ser punível desde que o agente se retrate antes da sentença, a confissão do crime de outrem (que tipifica o delito do art. 341 do CP e não deixa de ser testemunho), que não é prestada sob compromisso, também não pode ser punida se igualmente retratada. (TACrimSP, Ap. n. 259.511, rel. Mário Vitiritto, j. 21.06.1982)

Contrário: Tratando-se de autoacusação falsa da prática de crime de responsabilidade de outrem, a retratação em juízo não tem nenhuma influência sobre a sua consumação, pois o mal à administração da Justiça se perfaz no momento em que foi comunicada a falsa acusação à autoridade policial judiciária, não importando as ulteriores consequências. (TJMG, Ap. n. 4.431, rel. Des. Fiúza Campos, j. 06.05.1976)

Consumação

O momento consumativo do crime de autoacusação falsa é aquele em que à autoridade policial ou judiciária chega o conhecimento da autoacusação falsa, pouco importando as ulteriores consequências. (STF, RHC n. 54.020, 1ª T., rel. Min. Eloy da Rocha, *DJ* 18.02.1977)

É crime de mera conduta, independendo, assim, para sua consumação, de qualquer resultado. (TJSP, Ap. n. 9154436-32.1998.8.26.0000, rel. Des. Salles Abreu, *DOE* 23.09.1999)

Inexistência de subordinação em relação à apuração do crime delatado

A apuração do homicídio não era pré-requisito da chamada à autoria do crime contra a administração da Justiça, que é normalmente aceita por nossos tribunais quando o delator não tem motivo conhecido para prejudicar o delatado e igualmente se incrimina, como aconteceu neste caso. (TJSP, *HC* n. 0018167-42.1998.8.26.0000, rel. Des. Marcos Zanuzzi, *DJ* 15.07.1998)

Possibilidade de coautoria ou participação

Nada impede de um terceiro, que não tenha sido o autor, coautor ou partícipe do delito, exigir, ou incitar, ou instigar, ou auxiliar outrem a fazer afirmação inverídica, se autoacusando. (TACrimSP, *HC* n. 218.986-1, rel. Silva Rico, j. 13.02.1992)

Autoacusação de fato atípico

Não sendo considerado criminoso, por inexistência de culpa, o fato de que o agente se acusou e do qual foi o seu verdadeiro autor absolvido, não ficou tipificado o delito do art. 341. (TACrimSP, Ap. n. 62.842, rel. Azevedo Júnior, j. 02.03.1967)

Erro de proibição

O apelante, andarilho sem teto e sem nenhum dinheiro, com fome, criou a estória do espancamento de Joel, filho do também inexistente "João Barulho" para ganhar alguma atenção de quem lhe pudesse alcançar alguma ajuda. Admitiu tudo, desde o início (fls. 9). Aliás, não foi bem ouvido por Flademir Sulzback (fls. 70). No estado em que se apresentou para este, famélico, cansado, andarilho, não podia ter tido o crédito que teve. O interrogatório judicial (fls. 46 e verso) impressiona. É a miséria humana, ali escancarada. É claro que o andarilho, como ele próprio disse, "não sabia que estava cometendo um delito ao confessar a autoria de um crime que não existia". Penso evidente o erro de proibição, inevitável para o andarilho, o que importa isenção de pena. (TJRS, Ap. n. 70.002.460.376, rel. Des. Aristides Pedroso de Albuquerque Neto, *DJ* 01.02.2002)

Falso testemunho ou falsa perícia

Art. 342. Fazer afirmação falsa, ou negar ou calar a verdade, como testemunha, perito, contador, tradutor ou intérprete em processo judicial, ou administrativo, inquérito policial, ou em juízo arbitral:

Caput com redação dada pela Lei n. 10.268, de 28.08.2001.

Pena – reclusão, de 2 (dois) a 4 (quatro) anos, e multa.

Pena com redação dada pela Lei n. 12.850, de 02.08.2013.

§ 1º As penas aumentam-se de um sexto a um terço, se o crime é praticado mediante suborno ou se cometido com o fim de obter prova destinada a produzir efeito em processo penal, ou em processo civil em que for parte entidade da administração pública direta ou indireta.

Parágrafo com redação dada pela Lei n. 10.268, de 28.08.2001.

§ 2º O fato deixa de ser punível se, antes da sentença no processo em que ocorreu o ilícito, o agente se retrata ou declara a verdade.

Parágrafo com redação dada pela Lei n. 10.268, de 28.08.2001.

---

1. COMENTÁRIO

1.1. Objetividade jurídica

Malgrado os avanços da tecnologia e mais especificamente da criminalística nas suas diferentes vertentes (medicina, engenharia, elétrica, genética, fonética etc.), a prova testemunhal é, em muitos casos, essencial, se não a única, para a descoberta da verdade, ou algo próximo dela. Por outro lado, a prova pericial, sempre que possível a partir dos vestígios do crime, pode, muitas vezes com segurança absoluta, definir a autoria e a dinâmica do crime. Daí a necessidade, em ambos os casos, de se proteger a atividade probatória de desvios criminosos. A higidez da prova é essencial para que a administração da Justiça possa se realizar de forma íntegra, correta, sem distorções e, muito menos, com deformações criminosas. Bem por isso é que, além da incriminação das condutas referidas neste artigo, o próprio CPP protege a instrução criminal prevendo, como hipótese legitimadora da prisão preventiva, a conveniência da instrução criminal (*v.* CPP, art. 312). Esta, por seu turno, tem em conta a importância da escorreita administração da Justiça. Portanto, o legislador, acertadamente, cerca a higidez da atividade probatória de diversos lados. O bem jurídico protegido na espécie é, portanto, a correção da administração da Justiça e, secundariamente, o particular cujo interesse foi lesado pelo crime em exame.

1.2. Sujeitos do crime

Trata-se de crime de mão própria, vale dizer, apenas a pessoa que funcione na condição de "testemunha, perito, contador, tradutor ou intérprete" em processo judicial ou administrativo, inquérito policial, ou em juízo arbitral pode ser sujeito ativo do crime. Portanto, a coautoria não é admissível porque só os agentes indicados no tipo penal é que podem praticar a ação típica. Todavia, a participação é plenamente possível tanto nas hipóteses de suborno, instigação ou mesmo quando se trata da orientação para a prática do falso.

O sujeito passivo por excelência é o Estado, mas, sobretudo nos processos cíveis, é, secundariamente, a parte lesada com a prática do delito. Há aqui uma dupla subjetividade jurídica, pois o interesse do particular está diretamente em jogo no caso de uma disputa judicial e, para exemplificar, a falsa perícia pode comprometer o direito do litigante de forma indevida. Bem por isso, pode se habilitar como assistente de acusação em eventual processo decorrente dessa prática criminosa. Se o falso foi praticado no curso de uma ação penal, a vítima poderá, pelas mesmas razões, habilitar-se no processo que apurar o falso. No caso de alguma das condutas indicadas no art. 342 vir a ser praticada no âmbito do juízo arbitral, o Estado também é vítima, pois esta modalidade alternativa de composição dos litígios é reconhecida e regulada pelo ordenamento jurídico que, inclusive, dá o tratamento de funcionários públicos aos árbitros no exercício de suas funções (art. 17, Lei n. 9.307/96) e torna a decisão por eles proferida insuscetível a recurso no âmbito do Poder Judiciário (art. 18), produzindo entre as partes, ademais, os mesmos efeitos da sentença proferida pelos órgãos do Poder Judiciário (art. 31). Por óbvio, no caso de verificação do crime em exame no juízo arbitral o particular também é vítima, uma vez que é atingido em seus interesses, podendo, igualmente, habilitar-se como assistente de acusação em processo pela prática do falso.

1.3. Análise da(s) conduta(s) descrita(s) no tipo

O crime é de conduta múltipla e consiste em: i) fazer afirmação falsa; ii) negar; ou iii) calar a verdade: são essas as três condutas incriminadas pelo legislador em relação à testemunha, perito, contador, tradutor ou intérprete.

Testemunha: "é a pessoa, distinta das partes e de seus representantes legais, que depõe sobre percepções sensoriais concretas, relativas a fatos e circunstâncias pretéritas" (CAMARGO ARANHA, Adalberto José Q. T. *Da prova no processo penal*, 1987, p. 109). Ou, no dizer de Vicente Greco Filho, é "pessoa desinteressada que presta depoimento sobre fatos pertinentes e relevantes do processo" (*Manual de processo penal*, 2009, p. 222).

Perito: também chamado de experto, é um profissional técnico, conhecedor de determinada área, que, nomeado pelo juiz ou funcionando em órgão técnico da Polícia Científica ou outra entidade, ainda que privada, mas também designada pelo magistrado (CPP, arts. 275 e 277), atua no processo para realizar uma perícia que é expressa por um laudo. O perito contratado pela parte, também chamado de assistente técnico produz um parecer (CPP, art. 159, § 5º, II).

Contador: especialista em cálculos e operações contábeis. Cabe-lhe, entre outras coisas, apurar a quantia a ser paga a título de indenização, correções e atualizações monetárias. Fraudes nessa atividade reclamaram a inserção do contador como sujeito ativo do delito que, no entanto, antes da Lei n. 10.268/2001, poderia responder por falsidade ideológica, uma vez que, salvo quando se trata de perícia contábil, seu trabalho atuário, ordinariamente, não representa uma perícia propriamente dita.

Tradutor ou intérprete: o art. 236 do CPP dispõe: "Os documentos em língua estrangeira, sem prejuízo de sua juntada imediata, serão, se necessário, traduzidos por tradutor público, ou, na falta, por pessoa idônea nomeada pela autoridade".

Tradutor é o profissional que faz a versão dos documentos em língua estrangeira para o idioma pátrio. Já o intérprete é aquele que faz a mediação, normalmente oral, entre duas pessoas de idiomas diferentes. Na cena forense o intérprete traduz o que a testemunha (CPP, art. 223) ou o réu (CPP, art. 193) falam para o juiz, o membro do Ministério Público e o advogado. Por força de lei o intérprete se equipara ao perito (CPP, art. 281).

"Fazer afirmação falsa" é expressar coisa diferente do ocorrido ou verificada pelo sujeito que as viu ou, no caso do perito, examinou. Aqui o agente do crime, testemunha ou perito, com a intenção de apresentar relato diverso do que ocorreu e/ou verificou, portanto, dolosamente, narra coisa falsa, inocorrente, ainda que parcialmente. É o caso clássico de quem afirma que o semáforo era favorável ao acusado de um homicídio no trânsito, quando sabia que estava desfavorável ou o de quem afirma, falsamente, ter visto uma arma na mão da vítima fatal apenas para dar suporte à versão do acusado de que agira em legítima defesa diante da agressão daquela. No caso da perícia, exemplo clássico é o do perito que afirma serem descoincidentes as raias do projétil encontrado na vítima fatal com os disparos feitos em laboratório com a arma encontrada em poder do acusado, afastando criminosamente um importante dado para identificação da autoria do crime.

"Negar ou calar a verdade" é, no primeiro caso, a outra face da mesma moeda de quem faz a afirmação falsa. Aqui o agente não fala ou escreve algo diverso do que ocorreu ou constatou; nessa hipótese o sujeito ativo do crime se limita a negar a verdade do que viu ou constatou. Assim, a testemunha, ao ser indagada se o semáforo estava vermelho, responde não. É também o caso do perito que responde não ao quesito que deveria ser respondido afirmativamente. No caso do que cala a verdade tem-se a situação de quem, por exemplo, é perguntado e nada diz sobre o que viu ou constatou. Aqui, porém, uma observação importante: ninguém é obrigado a responder indagações cujas respostas possam resultar em autoincriminação. O *privilege against self incrimination* ou, na versão latina, *nemo tenetur se detegere*, que o direito constitucional ao silêncio materializa (CF, art. 5º, LXIII), assegura que ninguém, inclusive a testemunha, pode ser obrigado a produzir qualquer tipo de prova contra si mesmo, razão pela qual é de se admitir que, dentro desses limites, possa falsear a verdade, negá-la ou calá-la, deixando de responder a alguma indagação, no exercício regular do direito de autodefesa.

Outra questão relevante atina com o fato de que, em matéria de relato feito pela testemunha, o que importa é como ela viu e apreendeu os fatos. Não tem aceitação, entre nós, a denominada teoria objetiva, segundo a qual há de ser aferida a veracidade do relato exclusivamente a partir de como ocorreu o fato. Vigora entre nós, sem a menor discrepância, a teoria subjetiva. Importa, portanto, como o sujeito viu e apreendeu os fatos. Distorções decorrentes do local em que a testemunha se encontrava, o que lhe dava certa angulação, nem sempre a melhor, ou a própria apreensão dos fatos, pode, ainda, ser distorcida por conta de valores e experiências pessoais. Imagine uma freira relatando ofensas e, de outro lado, uma prostituta. A primeira pode se aterrorizar com certas expressões. Já a outra pode nem se impressionar e, talvez, nem identificar ofensas no que ouviu. Não há, portanto, falso testemunho quando a testemunha relata os fatos que sabe, como os viu e apreendeu. A essência da antijuridicidade no falso testemunho é "a transgressão da obrigação de dizer a verdade" (PRADO, Luiz Regis. *Curso de direito penal brasileiro*, 2006, v. IV, p. 613). Por isso, como ressalta Cezar Bitencourt, "é atípica a conduta da testemunha que declara o que sabe (verdade subjetiva), embora seja divergente do que efetivamente ocorreu" (*Tratado de direito penal*: Parte Especial, 2007, v. 5, p. 291). Quando se trata de perícia, a situação é diferente, pois aqui deve imperar a objetividade técnica. Ocorre que esta também apresenta possibilidades interpretativas e, quando isso ocorrer com razoabilidade, não há falar no crime da falsa perícia. A mesma ideia vale para as hipóteses de tradução e interpretação.

Por fim, não há o crime em foco se não houver potencialidade lesiva no fato de a testemunha fazer afirmação falsa; negar ou calar a verdade. Só pode configurar o crime em foco a conduta que, de alguma forma, interfira no deslinde da causa, isto é, seja algo que o juiz, ao decidi-la deva considerar. Do contrário, sem potencialidade lesiva para afetar o bem jurídico tutelado, isto é, a correta administração da Justiça, faltará tipicidade à conduta.

O crime em apreço pode ser praticado no âmbito do processo judicial, isto é, que tramita perante o Poder Judiciário em quaisquer de seus ramos, inclusive o juizado de pequenas causas, ou o administrativo, que se desenvolve em repartições públicas para apurar faltas de servidores públicos e demais pessoas sujeitas a regime funcional estatutário. Também no âmbito do inquérito policial, que é procedimento preparatório da ação penal, pode ocorrer o falso. Boletim de ocorrência não se confunde com inquérito policial. Este reclama despacho declarando a sua instauração. Antes dele pode haver investigação preliminar, que é coisa distinta e não dá ensejo ao reconhecimento do falso. Por fim, pode ocorrer no juízo arbitral, que vem regulado pela Lei n. 9.307/96.

1.4. Elemento subjetivo

A conduta descrita pelo art. 342 só pode ser praticada mediante dolo. Malgrado o entendimento majoritário da doutrina, entende-se que o dolo há de ser direto. Não há espaço para o "assumir o risco". Quem tem dúvida a respeito de um fato e o apresenta como certo está falseando a verdade subjetiva e comprometendo a correta administração da Justiça. Quem tem dúvida, às vezes intransponível, e a expõe, não pratica o crime em foco. Quem, do mesmo modo, representa como possível a realização do tipo e persiste na mentira, age com dolo direto e não indireto. Enfim, para que o crime se caracterize é preciso que o agente tenha um fim especial no seu agir, vale dizer, "a vontade de prejudicar a Justiça" (NUCCI, Guilherme de Souza. *Manual de direito penal*, 2009, p. 1.057).

1.5. O compromisso de dizer a verdade é essencial para a caracterização do falso testemunho?

É de Norberto Bobbio a advertência de que o ordenamento jurídico não é um amontoado de normas sem relações particulares entre si (*Teoria dell'ordinamento giuridico*, 1960, p. 3). Vale dizer, se o legislador diz que todos podem funcionar como testemunha (CPP, art. 202), mas não se deferirá o compromisso de dizer a verdade aludido no art. 203 do mesmo diploma a certas pessoas (CPP, art. 208) nem aos que tiverem a contradita aceita parcialmente para serem ouvidos sem o compromisso (CPP, art. 214), é porque tais pessoas serão ouvidas em condição diferenciada da de testemunha. Se paira uma suspeição sobre o depoente, que o torna suspeito de parcialidade, como o filho do acusado ou a companheira deste, ou mesmo, eventualmente, a namorada, tais pessoas serão ouvidas como informantes e não mais como testemunhas. Assim, em atenção ao princípio da legalidade, não se pode tomar como agente do crime quem não está elencado entre os sujeitos ativos descritos no art. 342 do CP. Mesmo que se diga que o compromisso é ato formal e extrínseco ao depoimento, informante não é sinônimo de testemunha. Ademais, o peso do relato de um informante, ainda que verse sobre o cerne da questão debatida, é tênue e traz consigo o *parti pris*, da dúvida. A liberdade do juiz em matéria de livre convencimento não vai ao ponto de ignorar as distinções legais claramente definidas. Guilherme Nucci, sem embargo, faz importante distinção: se o juiz olvidar de tomar o compromisso de quem tinha a obrigação de dizer a verdade, isto é, não se encontrava em nenhuma situação de impedimento, a preterição formal do compromisso não afasta, nesse caso específico, o falso testemunho (cf. op. cit., 2009, p. 1.059).

1.5.1. Falso sobre a qualificação da testemunha

A qualificação da testemunha, a rigor, não integra o seu depoimento e, portanto, não deveria ser considerado para os fins do art. 342 do CP. Todavia, se a qualificação da testemunha se projetar como algo importante para firmar a convicção do magistrado ou a falsa informação puder esconder situação que descredibilize o depoimento, o falso não fica afastado.

1.6. Consumação e tentativa

O crime em apreço, nas três modalidades (fazer afirmação falsa, negar ou calar a verdade) é formal e, portanto, não admite tentativa (diferente é o escólio de PRADO, op. cit., 2006, v. IV, p. 620). Só mesmo uma artificial e fecunda atividade imaginária pode conceber a tentativa no falso testemunho, pois o crime se consuma no momento em que o depoimento é prestado e firmado pelo agente. Não é diferente a hipótese de um laudo no qual a tentativa, aparentemente, é viável, pois entre a elaboração deste e a entrega no fórum ou na polícia pode ocorrer, por circunstâncias alheias à vontade do agente, que o trabalho pericial não chegue às mãos da autoridade. Ocorre que não chegando aos autos, ou ao conhecimento do juiz, houve só ação sem nenhuma afetação ao bem jurídico. O nada, aquilo que não se conhece, não produz qualquer efeito na verificação do delito em tela. Mas se o laudo, posteriormente, vier a ser encontrado? Das duas uma: se for juntado sem ressalvas e o falso for detectado, o crime será considerado consumado. Se o agente se retratar antes da sentença, declarando a verdade, "o fato deixa de ser punível" (art. 342, § 2º).

1.7. Causas de aumento de pena

Se o crime de falso é praticado pela testemunha, contador, perito, intérprete ou tradutor mediante paga (suborno), é obrigatória a elevação das penas de 1/6 a 1/3. Esta majorante aplica-se a todas as hipóteses do *caput* e não apenas nos casos de prova destinada a processo criminal ou processo civil no qual tomem parte entidade da administração pública direta ou indireta. A motivação do agente torna sua conduta mais censurável e, portanto, é pertinente a elevação da pena. Quem faz a paga (sujeito ativo) responde pelo crime do art. 343 com penas diferentes. A promessa de recompensa implicaria na incidência da majorante? Pensa-se que não, embora isso represente um "cochilo" do legislador. Primeiramente porque o tipo penal não o diz e não se pode fazer interpretação analógica. A interpretação restritiva se impõe. Depois, quando o legislador que alcançar a promessa expressamente o faz como se vê no art. 343 ou no delito de corrupção passiva (CP, art. 317). Se o agente, no caso da falsa perícia, for funcionário público e receber dinheiro para fazer a falsa perícia, incide a majorante em exame, e não o art. 317 do CP.

Se o crime é praticado com o fim de produzir efeito em processo penal, abrangendo-se aqui não apenas o inquérito policial, mas a justificação incidental ou preparatória da revisão criminal, ou em processo civil em que for parte entidade da administração pública direta ou indireta, tem-se uma afetação mais significativa do bem jurídico tutelado. É que num caso está a liberdade ou, na contraface, a legítima repressão penal e, no outro, entes como a União, os estados e os municípios que representam a coletividade e, portanto, com repercussão mais danosa a todos. Nessas duas hipóteses, o desvalor da ação do agente é maior e, consequentemente, a pena. Daí a obrigatoriedade da incidência da majorante em foco, sempre que uma dessas hipóteses ocorrer. Deve se lembrar que: i) pode haver concurso entre a primeira majorante (suborno) e as demais. Isso, porém, não acarretará a dupla aplicação da majorante, mas sim a sua exasperação até o limite ou próximo dele; e ii) a última parte da majorante não se aplica a processos administrativos nem aos juízos arbitrais.

1.8. Retratação antes da sentença

Com o intuito de permitir a maximização da proteção ao bem jurídico protegido, isto é, a correta administração da Justiça, o legislador possibilita que o agente do falso tenha afastada a punibilidade do crime. Deve ser feita obrigatoriamente antes de ser prolatada a sentença na qual se deu o falso. Com isso, procura-se minimizar os perigos de graves erros judiciários provocados por falsos testemunhos ou falsas perícias. Estimula-se que o agente volte atrás, desdiga-se, retrate-se, para que a Justiça seja feita sem distorções. Obviamente, a retratação deve ser cabal, sem deixar margem a dúvidas. Não é qualquer retratação, portanto, que tem o condão de afastar a punibilidade do crime.

Não há forma preestabelecida para a realização da retratação. Pode ser feita por meio de novo depoimento, mas também de petição ou declaração. Se for por petição subscrita por advogado, o retratante deverá assiná-la em conjunto. Pensa-se que a retratação, no caso, é ato pessoal e intransferível. Em situações excepcionais, como a de quem está enfermo ou fora do país, pode-se admitir que a declaração seja feita por procurador com poderes especiais.

A retratação do agente é circunstância pessoal, mas de caráter misto. Pode se comunicar ao partícipe ou a outros agentes do crime. Não é razoável que, evaporado o perigo para o bem jurídico com a retratação, remanescesse o crime para o agente secundário, que, ademais, não pode se retratar. A doutrina majoritária é no sentido de que se extingue a punibilidade do agente, mas não o crime. Portanto, o partícipe continuará a responder pelo falso testemunho. Melhor o entendimento de Roberto Delmanto para quem, "em vista dos termos em que foi redigido o § 2º (o fato deixa de ser punível), entendemos que ele tem caráter misto não apenas subjetivo, ao contrário da retratação prevista no art. 143 do CP. Por isso, e em razão também do desaparecimento do perigo que representava o falso testemunho ou perícia, cremos possível a extensão aos coautores ou partícipes" (*Código Penal comentado*, 2010, p. 995).

1.9. Ação penal. Momento

É pública incondicionada. Embora o crime em exame seja formal e de natureza instantânea, consumando-se no momento em que o falso depoimento é prestado ou a perícia apresentada, a sua apuração só poderá se iniciar quando o juiz pronunciar a sentença. O art. 211 do CPP é taxativo ao dispor: "Se o juiz, ao pronunciar sentença final, reconhecer que alguma testemunha fez afirmação falsa, calou ou negou a verdade, remeterá cópia do depoimento à autoridade policial para a instauração de inquérito". Portanto, a despeito do entendimento majoritário, há uma verdadeira condição de procedibilidade que impede a perseguição do falso testemunho ou da falsa perícia antes da prolação da sentença onde eles foram praticados. Em primeiro lugar, porque o agente pode se retratar do crime e quem julga a validade da retratação é o juiz da causa onde se deu o falso (art. 342, § 2º). Depois, não pode haver espaço para pronunciamentos judiciais contraditórios, antitéticos. Imagine-se, de um lado, a condenação pela prática do falso testemunho com a prematura instauração da ação penal e, de outro, a absolvição do acusado na ação penal onde supostamente se praticou o crime de falso com base no depoimento que, ao final, o juiz não considerou falso, mas verídico. Um contrassenso inadmissível. Por fim, não se pode desprezar o fato de que sendo o Ministério Público o titular da ação penal, por descontentamento com o teor de determinado depoimento ou perícia, poderia, para pressionar, determinar a instauração de inquérito ou propor ação penal com o intuito de ver a prova produzida na conformidade da perspectiva acusatória. Embora anômala a situação, não é infactível e deve ser evitada com a observância do disposto no art. 211 do CPP.

1.9.1. O juiz deprecado, onde o falso foi praticado, pode determinar a sua apuração?

Não. O crime só pode ter início mediante provocação do juiz onde tramita a causa ou pelo titular da ação penal, seja por expressa disposição legal (CPP, art. 211), seja, ainda, para se evitar pronunciamentos jurisdicionais colidentes (TORON, Alberto Zacharias. "A persecução do falso testemunho praticado no juízo deprecado". *Boletim do IBCCrim* n. 10, nov./1993).

1.10. Classificação

Crime de mão própria, portanto, próprio (a conduta típica só pode ser praticada pelos agentes enumerados no *caput* do art. 342. Formal, comissivo, de múltipla conduta (fazer afirmação falsa ou negar a verdade) ou omissivo (calar a verdade), instantâneo e unissubjetivo.

2. JURISPRUDÊNCIA

2.1. Súmula

Súmula n. 165, STJ: "Compete à Justiça Federal processar e julgar crime de falso testemunho cometido no processo trabalhista".

2.2. Julgados

Potencialidade lesiva

Não obstante se cuide de um crime formal, a objetividade jurídica do tipo – erigido no interesse da administração da Justiça – como é de regra nos crimes de falso, reclama a potencialidade lesiva da declaração inverídica. (STF, *HC* n. 69.047, rel. Min. Sepúlveda Pertence, *DJ* 24.04.1992)

Trancamento da ação penal proposta pelo Ministério Público contra o paciente, denunciado pelo crime do art. 342, § 1º, do CP (falso testemunho em processo penal), a vista de que os acusados pela prática do crime previsto no art. 305 do CP (ocultação de documento), em outro processo, foram absolvidos por não constituir o fato infração penal (art. 386, III, CPP). Nas circunstâncias do caso não há a potencialidade lesiva à administração da Justiça. Provimento do recurso para trancar a ação penal, por falta de justa causa. (STF, RHC n. 60.774, 2ª T., rel. Min. Djaci Falcão, *DJ* 06.05.1983)

Para a caracterização do crime em questão é insuficiente que a testemunha faça afirmação que não corresponde à verdade. É imprescindível que a menção aconteça sobre fato ou situação relevante, capaz de influenciar ou prejudicar a prova do processo. (TJSP, Ap. Crim. n. 0004195-92.2006.8.26.0236, rel. Des. Alexandre Almeida, *DJe* 29.01.2013)

Este é de natureza formal, caracterizando-se pela simples potencialidade de dano à administração da Justiça. (STJ, REsp n. 4.454, 6ª T., rel. Min. William Patterson, *DJ* 03.12.1990)

Necessidade de falsidade sobre fato juridicamente relevante

É pacífico o entendimento desta Corte Superior no sentido de que o crime de falso testemunho é de natureza formal, consumando-se no momento da afirmação a respeito de fato juridicamente relevante. (STJ, *HC* n. 238.395, 5ª T., rel. Min. Gilson Dipp, *DJe* 01.08.2012)

Realmente o crime de falso testemunho somente é configurado quando os fatos declarados pela testemunha incidirem sobre fato juridicamente relevante no processo em que forem lançados. (TJSP, Ap. n. 0009452-

64.2005.8.26.0291, rel. Des. Luiz Antonio Carrer, *DJ* 16.04.2008)

Não há que se falar em crime de falso testemunho, se o depoimento falso não incide sobre fato juridicamente relevante e pertinente ao objeto do processo, com possibilidade de influência em seu futuro julgamento. (TJSP, Ap. Crim. n. 101.158-3/8, rel. Des. Péricles Piza, j. 14.10.1991)

Necessidade de potencialidade do dano

Esta Corte tem entendido que para a caracterização do crime de falso testemunho basta a potencialidade do dano à administração da Justiça, independentemente de qualquer resultado posterior que o depoimento venha ou não a produzir, cuidando-se, pois, de delito formal. (STJ, REsp n. 248.809, 6ª T., rel. Min. Paulo Gallotti, *DJ* 18.02.2002)

Para a configuração do crime de falso testemunho deve existir potencialidade de dano para a administração da Justiça, restando descaracterizado o delito se a inveracidade da informação, por ser óbvia, não deixa subsistir a mínima possibilidade a ser considerada na solução do litígio. (TRF-2ª Região, Ap. n. 98.02.19268-6, rel. Des. Tania Heine, *DJ* 23.11.1999)

Dessa forma, percebe-se que o depoimento do ora acusado nem sequer foi considerado na referida sentença originária, e como nenhuma referência a ele foi feita, o que demonstra sua irrelevância para o deslinde da referida causa, logo, sem potencialidade lesiva o falso testemunho será um ato imoral, mas não antijurídico. (TJSP, Ap. n. 0006206-14.2001.8.26.0481, rel. Des. Christiano Kuntz, *DJ* 19.02.2010)

Contra: O crime de falso testemunho, previsto no art. 342 do CP consuma-se quando, após proferida a inverdade, encerra-se o depoimento, reduzido a termo e assinado pela testemunha, pelo juiz e pelas partes, sendo irrelevante se o seu efeito ou influência venha ou não a interferir na decisão da causa. (STJ, *HC* n. 4.343, 6ª T., rel. Min. Adhemar Maciel, *DJ* 03.03.1997)

Contradições secundárias

Divergência de teor periférico e secundário, esquadrinhadas em testemunho presencial da cena delituosa não aperfeiçoam por si sós a falsidade a que alude o art. 342 do CP, porque variações desse jaez merecem recebidas como naturais a tal tipo de prova, máxime se o confronto se abalançou tão só entre a narrativa perante autoridade policial, ainda palpitante o apreendido sensorialmente, e o depoimento havido sob a atmosfera solene do contraditório. (TJSP, Ap. Crim. n. 134.447-3, rel. Des. Gonçalves Nogueira, j. 12.07.1994)

Simples divergência entre depoimentos prestados no inquérito e em juízo. Insuficiência, por si só, para a configuração do delito. (TJSP, Ap. Crim. n. 67.679-3, rel. Des. Gentil Leite, j. 24.04.1989)

Princípio da insignificância no falso testemunho

Inquérito policial. Trancamento recomendado pela insignificância penal do fato da desavença entre familiares afinal harmonizados, na exata conceituação do chamado crime bagatela. (STJ, RHC n. 3.725, 5ª T., rel. Min. José Dantas, *DJ* 01.08.1994)

Verdade subjetiva

Para fins de comprovação do crime de falso testemunho (art. 342, CP), necessário que reste demonstrado a dissensão entre o depoimento e a ciência da testemunha (teoria subjetiva), e não a mera existência de contraste entre o depoimento da testemunha e o que efetivamente sucedeu (teoria objetiva). (TRF-4ª Região, Ap. n. 2003.70.01.007149-3, rel. Des. Tadaaqui Hirose, *DJ* 13.12.2006)

Não basta, para que se caracterize o delito, que haja antagonismo entre o fato afirmado e o efetivamente ocorrido, que o depoimento seja inexato. Torna-se imperioso que o desencontro se verifique entre o fato conhecido pela testemunha e aquele que ela revelou ao formular suas declarações. Em suma: há de ocorrer a desfiguração intencional da verdade ou o silêncio proposital. (TJSP, *HC* n. 85.341, rel. Des. Valentim Silva, j. 23.11.1965)

Diferença entre o que o depoente viu e disse

Falso testemunho. Caracterização. O núcleo do tipo penal é a diferença entre o que diz e o que sabe o depoente. O réu declara ter visão do local do evento e da sinaleira que definiria a culpa pelo acidente. Constatada a impossibilidade de testemunhar, pela falta de ângulo de visão, impõe-se a condenação. Unânime. (TJRS, Ap. n. 00696153295, rel. Des. Nelson Souza Soares Rassier, j. 12.12.1996)

Informante

Não incide nas penas do art. 342, § 1º, do CP, o agente que, em fase judicial, ouvido como informante do juízo, sem comprometer-se a dizer a verdade, em razão dos laços estreitos de amizade mantidos com o réu do processo em que prestava informações, se contradiz em sua narrativa, uma vez que, diante do nítido estado emocional abalado do declarante, não se pode afirmar que intencionava falsear afirmação, com o fim específico de obter prova destinada a produzir efeito em processo penal. (TJSP, Ap. Crim. n. 9061329-26.2001.8.26.0000, rel. Des. Péricles Piza, *DJ* 03.03.2005)

Sem o compromisso legal, transformou-se o apelado em mero informante, mesmo porque não lhe seria exigível depor contra o próprio irmão. Diante disso, dispensado do compromisso legal e como simples informante, o recorrido não poderia praticar o delito de falso testemunho. (TJSP, Ap. n. 9138364-33.1999.8.26.0000, rel. Des. Egydio de Carvalho, *DJ* 04.12.2002)

Contrário: Tendo o Código abolido a condição ou pressuposto do juramento ou compromisso, não há distinguir entre testemunha numerária e testemunha informante. Assim, já não pode esta prestar impunemente testemunho falso. (TJSP, Ap. n. 93.196, rel. Des. Humberto da Nova, j. 28.12.1967)

Testemunha não compromissada, mas advertida

Quem não é obrigado a depor como testemunha, mas se dispõe a fazê-lo e é advertido pelo juiz, mesmo sem ter prestado compromisso, pode ficar sujeito às penas do falso testemunho. (STF, *HC* n. 69.358, 2ª T., rel. Min. Paulo Brossard, *DJ* 09.12.1994)

Impossibilidade de equiparação entre declarante e testemunha em inquérito policial

O paciente, todavia, foi ouvido como simples declarante em inquérito policial, na qualidade de coautor, não podendo figurar como sujeito ativo do crime de falso testemunho. (STF, *HC* n. 75.599, 1ª T., rel. Min. Ilmar Galvão, *DJ* 10.10.1997)

Se as informações prestadas em inquérito policial foram feitas por pessoa que estava apenas na condição de declarante e não de testemunha, descabe-lhe a imputação do crime de falso testemunho, previsto no art. 342 do CP. (STF, *HC* n. 83.254, rel. p/ acórdão Min. Joaquim Barbosa, *DJ* 03.09.2004)

Parentesco

[...] Tratando-se de testemunha com fortes laços de afetividade (esposa) com o réu, não se pode exigir-lhe diga a verdade, justamente em detrimento da pessoa pela qual nutre afeição, pondo em risco até a mesmo a própria unidade familiar. Ausência de ilicitude na conduta. 3. Conclusão condizente com o art. 206 do CPP que autoriza os familiares, inclusive o cônjuge, a recusarem o depoimento. (STJ, *HC* n. 92.836, rel. Min. Maria Thereza de Assis Moura, *DJe* 17.05.2010)

Não constitui crime de falso testemunho, porque, por muito natural se tem que o parente, o amigo íntimo, o criado, o dependente não sejam capazes de se libertarem da influência afetiva ou econômica decorrente dessas relações. (TJSP, Ap. Crim. n. 138.870-3/2, rel. Des. Gentil Leite, j. 05.10.1995)

Impossibilidade da prática do crime por irmão do réu

Não incide na letra do art. 342, § 1º, do CP – falso testemunho – a irmã do acusado, em depoimento no Plenário do Júri, ainda que sob compromisso, buscando obter prova favorável ao irmão. Neste caso, significativo o vínculo familiar. Não se pode exigir, humanamente, e, por isso, também pelo Direito, que a irmã deponha contra o irmão. (STJ, REsp n. 198.426, 6ª T., rel. p/ acórdão Min. Fernando Gonçalves, *DJ* 05.11.2001)

Compromisso

Para a caracterização do crime de falso testemunho não é necessário o compromisso (STJ, *HC* n. 92.836, rel. Min. Maria Thereza de Assis Moura, *DJe* 17.05.2010). No mesmo sentido: *HC* n. 20.924/SP, rel. Min. Laurita Vaz, *DJ* 07.04.2003; STF, *HC* n. 69.358/RS, rel. Min. Paulo Brossard, *DJ* 09.12.1994.

Merece ser mantida a decisão embargada, por seus próprios fundamentos, eis que, de acordo com o entendimento firmado pelo STJ, mostra-se prescindível o compromisso, para a configuração do delito de falso testemunho. Precedentes. (STJ, Ag. Reg. no *HC* n. 190.766, rel. Min. Assusete Magalhães, *DJe* 13.09.2013)

Autodefesa

Não configura o crime de falso testemunho, quando a pessoa, depondo como testemunha, ainda que compromissada, deixa de revelar fatos que possam incriminá-la. (STF, *HC* n. 73.035, rel. Min. Carlos Velloso, *DJ* 19.12.1996)

A medida se impõe mesmo quando não criminoso o fato que precisaria ser admitido. Uma vez que a dignidade humana constitui princípio fundamental da ordem jurídica, suficiente que se trate de situação ignominiosa. Em tais circunstâncias, a falta de sinceridade decorre do exercício da autodefesa. (TJSP, Ap. Crim. n. 0005578-93.2002.8.26.0156, rel. Des. Vico Mañas, *DJ* 29.03.2011)

[...] 4. O Paciente, ao testemunhar em juízo, negou ter adquirido o produto do furto de que eram acusados os réus, com claro intuito de não ser acusado da prática do crime de receptação. 5. Ao contradizer as declarações prestadas na fase de inquérito, o paciente não buscou isentar os réus de sua responsabilidade penal. Logo, não há como se reconhecer a prática do crime de falso testemunho, porquanto é atípica a conduta do depoente que se exime de autoincriminar-se. (STJ, *HC* n. 283.627, rel. Min. Laurita Vaz, *DJe* 11.06.2014)

Não autoincriminação e falso testemunho

O princípio constitucional *nemo tenetur se detegere*, insculpido no art. 5º, LXIII, da *Lex Fundamentalis*, não alcança aqueles que comparecem em juízo com o propósito deliberado de produzir, falsamente, prova contra terceiros, ainda que, neste propósito, possam, acidentalmente, autoincriminar-se. (STJ, *HC* n. 98.629, rel. Min. Felix Fischer, *DJe* 03.08.2009)

Flagrante por falso testemunho em CPI

I – Não configura o crime de falso testemunho, quando a pessoa, depondo como testemunha, ainda que compromissada, deixa de revelar fatos que possam incriminá-la. II – Nulidade do auto de prisão em flagrante lavrado por determinação do Presidente da Comissão Parlamentar de Inquérito, dado que não se consignou qual a declaração falsa feita pelo depoente e a razão pela qual assim a considerou a Comissão. III – Auto de prisão em flagrante lavrado por quem não preenche a condições de autoridade. (STF, *HC* n. 73.035, rel. Min. Carlos Velloso, *DJ* 19.12.1996)

Silêncio da testemunha

Para a caracterização do crime de falso testemunho é necessário que o fato falso ou silenciado pelo agente verse sobre fato juridicamente relevante, apto a causar, ao menos potencialmente, lesão à administração da Justiça. Se a questão silenciada pelo agente não tinha relação direta com o fato que lhe cabia testemunhar, mostrando-se adjacente ao mérito da causa e irrelevante para o processo, não há falar na prática do crime previsto no art. 342, § 2º, do CP. (TJMG, Ap. Crim. n. 2033788-48.2006.8.13.0672, rel. Des. Júlio Cezar Guttierrez, *DJ* 14.09.2011)

Participação de advogado

Falso testemunho. Testemunha. Influência de advogado. Mera orientação do testemunho. Inexistência de oferta de dinheiro ou outra vantagem. O falso testemunho é crime de mão própria. Só o agente indicado no tipo pode ser autor. Tal delito não se confunde com o crime próprio. Em tese porém, é admissível a participação, de que é exemplo orientar testemunha para fazer afirmação falsa, negar ou calar a verdade. O CP do Brasil em alguns casos, secionou a unidade jurídica, resultante do concurso de pessoas (CP, art. 29). Exemplos o aborto consentido (art. 124) e o aborto praticado por terceiro com o consentimento da gestante (CP, art. 126), a facilitação de contrabando ou descaminho (CP, art. 318) e o contrabando ou descaminho (CP, art. 334), a corrupção passiva (CP, art. 317) e corrupção ativa (CP, art. 333). O mesmo ocorreu com o falso testemunho (CP, art. 342), e o art. 343 (sem *nomen iuris*). Há um crime para cada agente. O delito do partícipe é dar, oferecer ou prometer dinheiro ou qualquer vantagem à testemunha para fazer afirmação falsa, negar ou calar a verdade. A pena cominada, de outro lado, é a mesma para ambas as infrações. Logicamente, estabeleceu distinção entre a conduta de quem influencia oferecendo, ou não, dinheiro ou outra recompensa. Vale dizer, só incriminou o comportamento de terceiro que oferece a contraprestação. Resta, por isso, atípica, a conduta, sem dúvida, imoral, contrária à ética, do advogado que se restringe a solicitar que o depoimento se oriente no sentido favorável ao réu. (STJ, REsp n. 9.084, 6ª T., rel. Min. Luiz Vicente Cernicchiaro, *DJ* 06.04.1992)

A conduta do advogado que se limita a instruir a testemunha a dizer isso ou aquilo em juízo trabalhista sem dar, oferecer ou prometer qualquer vantagem é atípica, não configurando o crime de falso testemunho. (STJ, REsp n. 169.212, 6ª T., rel. Min. Fernando Gonçalves, *DJU* 23.08.1999)

Contrário: O advogado que orienta testemunhas a falsearem a verdade é coautor do crime de falso testemunho, pois, sem a orientação do causídico, as testemunhas não iriam mentir em juízo; desse modo, não há falar em falta de justa causa para instauração da ação penal. (STJ, *HC* n. 3.046, 6ª T., rel. Min. Anselmo Santiago, j. 05.04.1994)

É considerado partícipe do crime de falso testemunho o advogado que instrui testemunha a prestar depoimento falso objetivando resultado positivo a favor de seu cliente em demanda judicial, devendo ser aplicado o art. 29 do CP, eis que, embora se consagre a tese de que o crime do art. 342 do CP é de mão própria, somente atribuível à testemunha, perito, tradutor ou intérprete, pode contribuir moralmente para o crime a pessoa que faça nascer no agente a vontade delitiva. (STF, RHC n. 81.327, rel. Min. Ellen Gracie, *DJ* 05.04.2002)

Participação criminosa pelo induzimento no falso testemunho

É punível, em tese, a coautoria no delito de falso testemunho. (STF, RE n. 107.862, rel. Min. Francisco Rezek, j. 04.02.1986)

Os crimes de mão própria não admitem a autoria mediata. A participação, via induzimento ou instigação, no entanto, é, ressalvadas exceções, plenamente admissível. A comparação entre os conteúdos dos injustos previstos nos arts. 342 e 343 do CP não conduz a uma lacuna intencional quanto à participação do delito de falso testemunho. O delito de suborno (art. 343, CP) tem momento consumativo diverso, anterior, quando, então, a eventual instigação, sem maiores consequências, se mostra, aí, inócua e penalmente destituída de relevante desvalor de ação. Cometido o falso testemunho (art. 342, CP), a participação se coloca no mesmo patamar das condutas de consumação antecipada (art. 343, CP), merecendo, também, censura criminal (art. 29, *caput*, CP). (STJ, REsp n. 200.785, 5ª T., rel. Min. Felix Fischer, *DJ* 21.08.2000)

Consumação

O crime de falso testemunho é de natureza formal, consumando-se no momento da afirmação falsa a respeito de fato juridicamente relevante, aperfeiçoando-se quando encerrado o depoimento, podendo, inclusive, a testemunha ser autuada em flagrante delito. (STJ, *HC* n. 208.576, 5ª T., rel. Min. Jorge Mussi, *DJe* 13.10.2011)

O crime de falso testemunho, previsto no art. 342 do CP consuma-se quando, após proferida a inverdade, encerra-se o depoimento, reduzido a termo e assinado pela testemunha, pelo juiz e pelas partes, sendo irrelevante se o seu efeito ou influência venha ou não a interferir na decisão da causa. (STJ, *HC* n. 4.343, 6ª T., rel. Min. Adhemar Maciel, *DJ* 03.03.1997)

Contrário: Considera-se que o crime de falso testemunho somente se consuma quando o depoimento prestado torna-se irrevogável, ou seja, quando transitada em julgado a decisão no processo em que foi prestado. (TJSP, *HC*, rel. Gentil Leite)

Subordinação

Embora o momento consumativo do crime de falso testemunho se verifique quando do encerramento do depoimento inverídico, somente no instante em que proferir a sentença final é que o Juiz determinará a instauração de inquérito policial contra o depoente, não se exigindo para a providência o trânsito em julgado dessa decisão (CP, art. 342, § 3º, CPP, art. 211, *caput*). (STJ, REsp n. 2.452, rel. Min. Carlos Thibau, *DJ* 22.10.1990)

A apuração da responsabilidade criminal pelo delito de falso testemunho só é possível após o trânsito em julgado da sentença proferida no processo em que prestado o depoimento acoimado de falsidade. Enquanto pendente recurso da sentença que determina a apuração do delito do art. 342, impossível a instauração de inquérito, porque passível de retratação. Outra interpretação não se pode dar ao § 3º do artigo referido, pois, ademais, a superior instância, ao apreciar o apelo, pode considerar verdadeiro o depoimento até então tido como falso. (TJSP, *HC* n. 86.446, rel. Des. Castro Duarte, j. 20.11.1989)

Contrário: [...] II – A prolação de sentença no processo em que ocorreu o falso testemunho não é condição de procedibilidade da ação penal pelo referido delito contra a administração da Justiça. III – A decisão acerca do falso depoimento, todavia, não pode preceder a do feito no qual ocorrera o eventual ilícito. Recurso provido. (STJ, *HC* n. 33.735, 5ª T., rel. Min. Felix Fischer, *DJ* 23.08.2004)

Reforma da sentença pelo tribunal

Não há justa causa para a ação penal por falso testemunho, se o tribunal, ao apreciar depois o processo original, julga válidos os depoimentos que a sentença considerara falsos. (TJSP, *HC* n. 138.799, rel. Des. Baptista Garcia, *RT* 533/305)

Falsa perícia

Com efeito, não é bastante para a tipificação da falsa perícia a simples diversidade de declarações sobre determinado fato, a qual não implica, necessariamente, que o depoente esteja mentindo, sendo indispensável que o declarante tenha consciência de que presta perícia em desconformidade com o que realmente presenciou, o que, no caso, não ficou demonstrado. (TJRS, Ap. n. 70.023.108.301, rel. Des. Constantino Lisbôa de Azevedo, *DJ* 26.03.2008)

Para a instauração da ação penal por falsa perícia, mister se faz a existência de indícios do falseamento da verdade sobre dados objetivos colhidos pelo perito, ou mendacidade no seu parecer, não se configurando como tal a simples disparidade dos diagnósticos fornecidos por vários peritos (epilepsia, neurose e psicose maníaco-depressiva), ou o nexo entre o estado de saúde e o trabalho. Concessão da ordem para trancar a ação penal instaurada contra um dos peritos, por falta de justa causa. (TJRJ, *HC* n. 8.775, rel. Des. Nicolau Mary Júnior, j. 27.10.1983)

Retratação do falso testemunho extensiva ao copartícipe

A retratação oportuna do crime de falso testemunho, apresentada pela testemunha autora do falso, comunica-se ao coautor que a orientou, induziu ou a instigou, pois, com a retratação, o fato deixa de ser punível, nos termos do § 3º do art. 342 do CP, constituindo constrangimento ilegal o oferecimento de denúncia contra o partícipe. (TJMG, *HC* n. 194.975-9, rel. Des. Reynaldo Ximenes Carneiro, *DOMG* 03.10.2000)

Inadmissibilidade de extensão da retratação em falsa perícia

A retratação, admitida no crime de falsa perícia, é causa de extinção da punibilidade e tem caráter exclusivamente pessoal, pois só se justifica pelo arrependimento que encerra e pela índole honesta que manifesta, o que faz com que a pena não tenha mais finalidade para seu autor. É, portanto, incomunicável. (STF, RHC n. 85.483, rel. Min. Moreira Alves, j. 20.02.1981)

Validade da retratação apenas até a sentença

A retratação, de acordo com o § 3º do art. 342 do CP, deverá ser feita até a prolação da sentença e no mesmo processo no qual o agente praticou o delito. Tendo o paciente se retratado somente quando da instauração do inquérito policial, não há que se falar em extinção da punibilidade. (TRF-1ª Região, *HC* n. 96.01.41757-5, rel. Des. Hilton Queiroz, *DJ* 25.03.1997)

A retratação, prevista como causa de extinção da punibilidade do delito de falso testemunho, deve ser realizada antes da sentença e no próprio processo no qual a afirmação inverídica foi feita. (STJ, RHC n. 33.350, rel. Min. Jorge Mussi, *DJe* 14.10.2013)

Retratação após a sentença

A retratação deve anteceder a sentença no processo em que se cometeu o crime de falso testemunho. Se feita posteriormente, mesmo que a decisão ainda seja passível de recurso, a retratação só terá efeito atenuante. (TJSP, Ap. Crim. n. 26.304-3, rel. Des. Djalma Lofrano, j. 07.05.1984)

Crime formal

O STJ entende que o crime de falso testemunho é de natureza formal, consumando-se no momento da afirmação falsa a respeito de fato juridicamente relevante, aperfeiçoando-se quando encerrado o depoimento. (STJ, Ag. Reg. no REsp n. 1.269.635, rel. Min. Sebastião Reis Júnior, *DJe* 23.09.2013)

Art. 343. Dar, oferecer, ou prometer dinheiro ou qualquer outra vantagem a testemunha, perito, contador, tradutor ou intérprete, para fazer afirmação falsa, negar ou calar a verdade em depoimento, perícia, cálculos, tradução ou interpretação:

Pena – reclusão, de 3 (três) a 4 (quatro) anos, e multa.

Caput com redação dada pela Lei n. 10.268, de 28.08.2001.

Parágrafo único. As penas aumentam-se de um sexto a um terço, se o crime é cometido com o fim de obter prova destinada a produzir efeito em processo penal ou em processo civil em que for parte entidade da administração pública direta ou indireta.

Parágrafo com redação dada pela Lei n. 10.268, de 28.08.2001.

---

1. COMENTÁRIO

1.1. Objetividade jurídica

O crime em exame não apresenta *nomen juris*. Como no delito anterior, protege-se a correção da administração da Justiça, mas aqui, com foco especial na probidade da atividade probatória. Dar, oferecer ou prometer dinheiro ou qualquer outra vantagem a testemunha, perito, contador, tradutor ou intérprete para praticar o crime previsto no artigo anterior representa o que se convencionou chamar de corrupção ativa de testemunha ou perito. Depois da Lei n. 10.268/2001 cabe acrescentar o contador.

1.2. Sujeitos do crime

Sujeito ativo pode ser qualquer pessoa. É, portanto, delito comum. Sujeito passivo é o Estado, mas, secundariamente, o particular que teve seu direito atingido pela ação do corruptor.

1.3. Análise da(s) conduta(s) descrita(s) no tipo

De acordo com a teoria monista, "quem, de qualquer modo, concorre para o crime incide nas penas a este cominadas, na medida de sua culpabilidade" (CP, art. 29). Assim, como regra, a paga poderia funcionar como uma forma de participação no delito previsto no art. 342 que, inclusive, no seu § 1º, contempla a majorante pela ação da testemunha ou perito que falseiam a verdade mediante suborno. Por vezes, porém, o legislador rompe esta unidade. É exemplo o caso do aborto consentido. A mulher que o sofre tem a pena prevista no art. 124. Já o terceiro que o provoca tem pena muito mais grave (art. 125). Idem quando se trata da facilitação de contrabando ou descaminho (art. 318) e o contrabando ou descaminho propriamente ditos (art. 334). O rompimento no tratamento paritário se justifica tendo em vista a maior gravidade de certo comportamento, que passa a ser disciplinado autonomamente e com maior rigor. É o caso do crime em apreço, cuja pena mínima corresponde ao máximo do *caput* do crime anterior.

A conduta incriminada ostenta três vertentes alternativas: "dar, oferecer ou prometer" dinheiro ou qualquer outra vantagem às pessoas indicadas no tipo (testemunha, perito etc.). "Dar" é sinônimo de transferir a título não oneroso, mas pode, no contexto do tipo penal, ser entendido como entregar. "Oferecer" é colocar à disposição ou propiciar. Já "prometer" representa a ação de cumprir avença futura. Assim, quem praticar qualquer dessas condutas para que a testemunha, perito, contador, tradutor ou intérprete façam afirmação falsa, neguem ou calem a verdade em depoimento, perícia, cálculos, tradução ou interpretação incorrerá no crime previsto no art. 343 do CP.

O objeto material do crime é o dinheiro ou qualquer outra vantagem. Esta, compreendida de forma ampla, pode ser representada pela entrega de um valor (joia, carro, casa etc.) ou mesmo, conforme o caso, a promoção funcional.

No crime de corrupção ativa de testemunha, perito e outros sujeitos enumerados no art. 343, além da proteção que se procura dar ao trabalho do intérprete, à realização da tradução e das provas testemunhal e pericial, o legislador incluiu a realização de cálculos. Com isso amplia-se o tipo penal para alcançar a atividade ordinária do contador que, entre outras coisas, elabora os cálculos judiciais para o pagamento de indenizações.

1.4. Elemento subjetivo

É o dolo, a vontade livre e consciente do agente de realizar a ação descrita no tipo. Há na espécie um fim especial no agir do agente que é o de dar, oferecer ou prometer dinheiro ou outra vantagem para o fim de que as pessoas indicadas no *caput* do art. 343 façam afirmação falsa, neguem ou calem a verdade. Sem que a ação do agente se dê para este fim especial, não há falar no crime em foco por falta do elemento subjetivo do tipo. Assim, aquele que oferece dinheiro à testemunha para que ela compareça à audiência não pratica o crime em foco. Da mesma forma, o indivíduo que dá os meios para a realização da perícia não pratica corrupção de que trata este artigo.

1.5. Consumação e tentativa

Trata-se de crime formal, que independe do resultado produzido quanto ao falso depoimento, cálculo ou perícia. Portanto, quaisquer dessas ações (dar, oferecer ou prometer dinheiro ou vantagem) já caracterizam o crime consumado, independentemente de ter ocorrido o falso. Todavia, dependendo do *modus operandi* do agente, na modalidade de "dar" admite-se a tentativa. É que a paga pode não se realizar por circunstâncias alheias à vontade do agente. De qualquer modo, sempre se poderá dizer – e com acerto – que houve prévio oferecimento e, portanto, a consumação anterior independentemente da entrega da coisa ou dinheiro. Se o oferecimento for por meio de carta, bilhete ou outra forma de mensagem e estes forem interceptados antes que cheguem ao destinatário também poderá haver tentativa. Idem no caso da promessa ou vantagem indevida por meio de carta, bilhete ou meios assemelhados.

1.6. Causa de aumento de pena

Aumenta-se a pena prevista no *caput* de 1/6 a 1/3 se o crime for praticado com o fim de obter prova destinada a produzir efeito em processo penal (abrange-se aqui, como na majorante do artigo anterior, não apenas o inquérito policial, mas a justificação incidental ou preparatória da revisão criminal) ou processo civil no qual for parte entidade da administração pública direta ou indireta. Como no artigo anterior, tem-se uma afetação mais significativa do bem jurídico tutelado. É que num caso está a liberdade ou, na contraface, a legítima repressão penal e, no outro, entes como a União, os estados e os municípios que representam a coletividade e, portanto, com repercussão mais danosa a todos. Nessas duas hipóteses o desvalor da ação do agente é maior e, consequentemente, a pena. Daí a obrigatoriedade da incidência da majorante em foco sempre que uma dessas hipóteses ocorrer.

1.7. Classificação

É crime comum, pois qualquer um pode praticá-lo; formal, uma vez que independe de resultado; de forma livre, já que pode ser cometido por qualquer meio; instantâneo, pois se consuma imediatamente com a prática das ações descritas no tipo; unissubjetivo, pois pode ser cometido por uma só pessoa e plurissubsistente (pode ser praticado em mais de um ato).

2. JURISPRUDÊNCIA

2.1. Julgados

Mesmo após o depoimento pode haver corrupção da testemunha

1. O fato de a testemunha já ter prestado o seu depoimento não lhe retira essa condição, uma vez que, até o final do processo, pode ser chamada a depor novamente ou mesmo comparecer em juízo, espontaneamente, a fim de apresentar uma nova versão dos fatos (*v. g.*, art. 342, § 2º, do CP). [...] a condição de testemunha não se perde nem mesmo com o trânsito em julgado da condenação ou a execução da pena, uma vez que, nos termos do art. 622 do CPP, a revisão criminal pode ser requerida a qualquer tempo. (STJ, REsp n. 1.188.125/ES, rel. Min. Sebastião Reis Jr., *DJe* 13.03.2013)

Qualquer vantagem

O delito previsto no art. 343 do CP estabelece duas possibilidades alternativas de oferta ou promessa: dinheiro ou qualquer outra vantagem. A promessa de prestação de serviços profissionais gratuitos, para que a testemunha preste depoimento falso, constitui uma promessa de vantagem e caracteriza, em tese, o delito de corrupção ativa de testemunha ou perito. (TJSP, *HC* n. 139.285, rel. Des. Camargo Aranha, j. 12.06.1979)

Pessoa que pode vir a ser testemunha, perito ou intérprete

O crime previsto no art. 343 do CP somente ocorre quando o oferecimento da vantagem se faz a testemunha, perito ou tradutor, não a quem eventualmente possa vir a ser. (TRF-5ª Região, *HC* n. 99.05.14457-9, rel. Des. Nereu Santos, *DJU* 05.08.2002)

Não basta a condição de testemunha em potencial para configurar o delito gizado no art. 343 do CP. A tipificação verificar-se-á quando o agente efetuar a promessa de dinheiro ou qualquer outra vantagem a testemunha arrolada pelas partes ou convocada pelo juiz a depor. (TJSP, *HC* n. 339.873-3, rel. Des. Andrade Cavalcanti, j. 12.02.2001)

Vítima

O delito previsto no art. 343 do CP somente se configura se o dinheiro for oferecido à pessoa que ostenta a condição de testemunha, não se caracterizando em relação à vítima. Absolvição mantida. (TJRS, Ap. n. 70.006.849.822, rel. Des. Constantino Lisbôa de Azevedo, *DJ* 16.09.2003)

Testemunha que não conhece os fatos

Testemunha que nada sabia sobre os fatos criminosos atribuídos aos acusados. Se a testemunha, supostamente procurada pelos réus para silenciar sobre os fatos da causa, deles ficou sabendo apenas quando desse contato, e através dos próprios réus, nada, assim, de relevante, tendo a calar sobre as imputações que lhes eram atribuídas, não se configura a infração de corrupção ativa de testemunha, apelação do Ministério Público não provida. (TJRS, Ap. n. 70.000.513.184, rel. Des. Marcelo Bandeira Pereira, j. 17.02.2000)

Consumação e não aceitação pela testemunha

Com efeito, diversamente do alegado pela defensoria, a conduta irrogada ao acusado é classificada como delito formal, ou seja, não exige resultado naturalístico para sua consumação. (TJSP, Ap. n. 0000448-59.2006.8.26.0067, rel. Des. Guilherme Strenger, *DOE* 17.12.2009)

O momento consumativo do delito de corrupção ativa de testemunha verifica-se com a simples oferta ou promessa de remuneração ou recompensa, independentemente de aceitação. (TJSP, *HC* n. 102.182-3, rel. Des. Renato Nalini, j. 09.01.1991)

O crime do art. 343 do CP é formal e não exige, para a sua consumação, a prática do ato pelo subornado ou sequer a sua aceitação. (STJ, REsp n. 769.281, rel. Min. Arnaldo Esteves Lima, *DJe* 03.08.2009)

Coação no curso do processo

Art. 344. Usar de violência ou grave ameaça, com o fim de favorecer interesse próprio ou alheio, contra autoridade, parte, ou qualquer outra pessoa que funciona ou é chamada a intervir em processo judicial, policial ou administrativo, ou em juízo arbitral:

Pena – reclusão, de 1 (um) a 4 (quatro) anos, e multa, além da pena correspondente à violência.

Parágrafo único. A pena aumenta-se de 1/3 (um terço) até a metade se o processo envolver crime contra a dignidade sexual.

Parágrafo acrescentado pela Lei n. 14.245, de 22.11.2021.

---

1. COMENTÁRIO

1.1. Objetividade jurídica

O bem jurídico protegido pelo dispositivo em exame é a correta administração da Justiça. Ao mesmo tempo, porém, são atingidas em sua liberdade e, por vezes, em sua integridade física e psíquica, as pessoas que sofrem grave ameaça ou violência para favorecer interesse próprio ou alheio quando chamadas a intervir no processo judicial, administrativo, no juízo arbitral, na fase policial. Portanto, além da correta administração da Justiça, também se resguarda a liberdade de agir e a integridade física e psíquica, entre outros, das autoridades, funcionários, litigantes, testemunhas e peritos que atuam em processo judicial, administrativo, no juízo arbitral e na fase policial. Se nos artigos precedentes havia a falsidade como meio de se deturpar a ação da Justiça e, eventualmente, o suborno para motivar a falsidade na produção da prova, aqui os meios são outros, tem-se a grave ameaça ou a própria violência. Tão grave é este comportamento que também pode ensejar a decretação da prisão preventiva para garantia da correta instrução criminal (CPP, art. 312). Portanto, tem-se, na espécie, dupla subjetividade jurídica e pode a pessoa atingida pela violência ou grave ameaça habilitar-se como assistente de acusação no processo que apura a coação no curso do processo. Apesar da gravidade da conduta, cabe a suspensão do processo quando há grave ameaça (art. 89, Lei n. 9.099/95). Não, porém, na hipótese do emprego de violência, quando há concurso material de penas (STJ, Súmula n. 243, 11.12.2000 – *DJ* 05.02.2001: "Suspensão do processo. Concurso material ou formal ou continuidade delitiva. Somatório ou incidência de majorante. Limite aplicável: O benefício da suspensão do processo não é aplicável em relação às infrações penais cometidas em concurso material, concurso formal ou continuidade delitiva, quando a pena mínima cominada, seja pelo somatório, seja pela incidência da majorante, ultrapassar o limite de um ano").

1.2. Sujeitos do crime

Trata-se de crime comum que, portanto, pode ser praticado por qualquer pessoa. Os sujeitos passivos são todos aqueles chamados a intervir no processo judicial ou administrativo, juízo arbitral e também na fase policial. Portanto, além das autoridades (delegado de polícia, juiz e promotor) e partes, a ação criminosa pode recair sobre testemunhas, peritos, intérpretes, funcionários, advogados etc.

1.3. Análise da(s) conduta(s) descrita(s) no tipo

Os meios para a execução do delito são dois: "violência ou grave ameaça". A primeira consiste na força física empregada quer para quebrar a resistência da vítima como para mostrar a seriedade das consequências no caso de não se seguir determinada orientação para favorecer os interesses próprios ou alheios. Normalmente, nesses casos, a violência se presta mais à intimidação do que a outros fins. A violência, assim entendida, pode atingir não apenas o sujeito passivo do crime, mas pessoa próxima ou querida como filho, mulher, mãe, irmão, namorada etc. Seria inconcebível que, praticada violência (p. ex., um espancamento) contra o filho da testemunha para que esta preste seu depoimento de modo a favorecer alguém em processo, portanto, havendo o fim especial de coagir, ficasse afastada a coação no curso do processo. O tipo penal não contém limitação alguma no que diz com o reconhecimento da violência mediata. Já a grave ameaça é a promessa séria da prática de um mal. Há de existir gravidade na promessa da prática futura de um mal. Não é qualquer ameaça que tipifica o crime, pois a lei fala em "grave ameaça". Assim, advertências, bazófias ou fanfarronices, do tipo "se não falar o que eu quero, vai ser expulso do time de futebol", não podem ser tomadas como a grave ameaça de que trata o art. 344. Tampouco, "se não me atender eu vou à Justiça". Nessas frases pode até haver ameaça, mas não gravidade. Ademais, ir à Justiça, embora possa ser grave, não se identifica com a grave ameaça, elementar em estudo, pois mostra a civilidade do agente que procura meios institucionais para resolver pendências. Todavia, convém alertar para o fato de que a grave ameaça pode vir encoberta como na hipótese de quem diz: "se não falar o que eu quero, vai se complicar na minha mão". Aqui é preciso ver, com cautela, o perfil de quem lança a mensagem e o do que a recebe. Assim, contexto social, idade, sexo e outros aspectos devem ser examinados para se aferir a realidade (efetividade) da grave ameaça. Como na violência, a ameaça não precisa recair diretamente sobre a vítima. Basta, como referido antes, que a alcance por meio de entes próximos ou mesmo queridos.

Favorecimento de interesse próprio ou alheio: só haverá o crime de coação no curso do processo quando o agente tiver o propósito de favorecer seu próprio interesse ou de terceiro. Do contrário, poderá haver outro crime, como o constrangimento ilegal, ameaça, lesões corporais, mas não o estudado. Está-se aqui diante de um fim especial no agir do agente.

O crime só ocorrerá se se estiver em meio a um processo judicial, isto é, que tramita em algum ramo da Justiça (cível, criminal, eleitoral, militar estadual ou federal, trabalhista) ou no juízo arbitral ou em processo administrativo. A redação do tipo dá a entender que a coação possa ocorrer em "processo policial". Talvez o legislador de 1940 quisesse se referir apenas ao processo judicialiforme, que não mais existe. Todavia, a doutrina, sem discrepância, mais coerente com a proteção que se pretende dar à atividade da administração da Justiça como um todo e até mesmo considerando-se a inclusão do processo administrativo, sempre entendeu a expressão como "inquérito policial". Portanto, também a fase inquisitiva pode ser palco para a coação em exame.

1.4. Elemento subjetivo

É o dolo. O agente tem a vontade e a consciência de constranger a vítima, por meio de violência ou grave ameaça. Age com um fim especial: favorecer interesse próprio ou alheio, o qual deve estar ligado ao processo judicial ou administrativo no qual a pessoa que nele intervém (parte, perito, autoridade ou funcionário público) atua. Idem, no inquérito policial e no juízo arbitral.

Como registra Cezar Bitencourt: "se a coação for praticada para satisfazer pretensão legítima, ou se a violência for praticada no exercício da função ou em razão dela, poderá configurar exercício arbitrário das próprias razões (art. 345) ou violência arbitrária (art. 322), de acordo com as demais circunstâncias" (*Tratado de direito penal*: Parte Especial, 2007, v. 5, p. 311).

1.5. Consumação e tentativa

Trata-se de crime formal que se consuma no momento em que se dá a violência ou grave ameaça sobre a autoridade, parte ou qualquer das pessoas chamadas a intervir em processo judicial, administrativo, juízo arbitral ou na fase inquisitiva (inquérito policial). O crime se consuma ainda que a vítima não ceda à violência ou ameaça. A tentativa é possível, mas pouco factível. Só mesmo quando a coação exercida por meio de violência ou da grave ameaça não se consumou por circunstâncias alheias à vontade do agente. Assim, se no instante em que o agente ia agredir a vítima, foi impedido pela chegada da polícia ou outro motivo, pode-se considerar o crime tentado. Hoje com o monitoramento telefônico é possível à polícia descobrir planos de facções e quadrilhas contra testemunhas e autoridades que podem não se concretizar, porque, fracionados na execução, são impedidos.

1.6. Concurso com outros crimes

Além do explicitado anteriormente, quanto ao exercício arbitrário das próprias razões ou violência arbitrária, quando houver violência, o art. 344 é expresso em afirmar o concurso material com a "pena correspondente à violência". Na prática, lesões corporais (art. 129) serão somadas. Não parece haver, como propõe Cezar Bitencourt (op. cit., 2007, v. 5, p. 312), concurso formal impróprio, pelo simples fato de que o agente criminoso não age com desígnios autônomos quando, por exemplo, surra uma testemunha para os fins da coação descrita no art. 344. O crime e o desígnio são únicos.

1.7. Classificação

Trata-se de crime comum, pois pode ser praticado por qualquer pessoa; formal,[37] pois independe de resultado, ou seja, o favorecimento, unissubjetivo, pode ser praticado por um único agente, mas é pluriofensivo, pois atinge a mais de um bem jurídico (administração da Justiça, liberdade e, eventualmente, integridade física e psíquica) e plurissubsistente, uma vez que pode ser praticado em mais de um ato.

1.8. Causa de aumento de pena

Nos termos da Lei n. 14.245/2021, também conhecida como Lei Mariana Ferrer, alterou-se o art. 344 do CP para introduzir a causa de aumento em foco, quando alguma das condutas previstas no *caput* for praticada no âmbito de investigação ou processo penal que verse sobre crime contra a dignidade sexual. Nesse caso, a pena será aumentada de 1/3 (um terço) até a metade. Os crimes contra a dignidade sexual têm merecido a especial atenção do legislador especialmente para se evitar a dupla vitimização do sujeito passivo do crime. São crimes contra a dignidade sexual e, portanto, compreendidos na causa de aumento de pena todos os previstos no Título VI da Parte Especial do CP, que abrange os Capítulos I (dos crimes contra a liberdade sexual), II (dos crimes sexuais contra vulnerável), III (do rapto), V (lenocínio, tráfico de pessoa para fim de prostituição ou outra forma de exploração sexual) e VI (ultraje público ao pudor). É preciso recordar que a Lei Mariana Ferrer encontrou sua razão de ser em uma arguição áspera do advogado de defesa no caso em que ela era vítima. A reprovação que se possa ter a uma arguição equivocada, dura, mal-educada e grosseira não se confunde com os núcleos do tipo do art. 344

37 Magalhães Noronha considerava crime material a coação no curso do processo (*Direito penal*, 1992, v. IV, p. 378, n. 1.477).

do CP. Violência ou grave ameaça, como referida no tipo penal em questão, dificilmente têm a ver com a forma pela qual, em audiência, se inquire a vítima ou outra pessoa. Como dito anteriormente (item 1.3), a violência consiste na força física empregada quer para quebrar a resistência da vítima como para mostrar a seriedade das consequências no caso de não se seguir determinada orientação para favorecer os interesses próprios ou alheios. Ela não é simbólica, tem de ser real. Do contrário, o tipo penal ficaria sujeito a mais vaga e elástica interpretação, ao sabor do aplicador da lei. Já a grave ameaça é a promessa séria da prática de um mal contra alguém. Há de existir gravidade na promessa da prática futura de um mal. Isso, sim, pode ocorrer em uma audiência, e tal comportamento pode ensejar até mesmo a prisão em flagrante de quem assim agir. Mais uma vez, no entanto, vale a advertência de que não se pode confundir a inquirição incisiva, dura e até grosseira com a ameaça de que trata o art. 344 do CP.

2. JURISPRUDÊNCIA

2.1. Julgados

Grave ameaça

É possível que a vítima interpretasse o fato como ameaçador. Contudo, essa impressão pessoal, que não a impediu de comparecer posteriormente à instrução do processo e reiterar a acusação ao agente do imputado crime contra a filha, não era bastante para demonstrar a ocorrência da grave ameaça na conduta do agente. (TJSP, *HC* n. 9016359-62.2006.8.26.0000, rel. Des. Figueiredo Gonçalves, *DJ* 07.11.2006)

Em que pese a exaltação de ânimo do réu, apenas alertou a testemunha das penas do falso testemunho e, como tem-se entendido, tal advertência não configura o tipo previsto no art. 344 do CP. (TJRS, Ap. n. 70.025.858.804, rel. Des. José Eugênio Tadesco, *DJ* 12.01.2009)

Se o mal ameaçado, segundo exsurge do espírito legal, não é grave, de natureza grave, sem que por si acarrete à pessoa ameaçada temor reverencial a ponto de render sua vontade ao que o agente determina, o crime do art. 344 do CP não se aperfeiçoa em sua inteireza jurídica. (TJAC, Ap. n. 02.002077-5, rel. Des. Feliciano Vasconcelos, j. 21.08.2003)

Diante da realidade do mercado de trabalho brasileiro, é grave a ameaça de demissão às vítimas para que desistam de ações trabalhistas ajuizadas. (TRF-4ª Região, Ap. n. 2003.04.01.034109-3, rel. Des. Luiz Fernando Wowk Penteado, *DJ* 11.05.2005)

O crime de coação no curso do processo requer a demonstração do uso de violência ou grave ameaça, sendo que, não evidenciada sua ocorrência não resta configurado o delito descrito no art. 344 do CP. (STJ, Ag. Reg. na Sindicância n. 384, Corte Especial, rel. Min. Gilson Dipp, *DJe* 29.09.2014)

A grave ameaça, utilizada pelo juízo sentenciante para majorar a pena-base, constitui elemento inerente ao delito de coação no curso do processo. (STJ, *HC* n. 265.685, rel. Min. Laurita Vaz, *DJe* 06.06.2013)

Advogado

O pedido à vítima para que aduzisse versão mais benéfica aos réus daquele processo, refutando a causa especial de aumento do emprego de arma, não traz, ainda implicitamente, alguma promessa de mal, quanto menos de malefício grave, conforme elementar do tipo imputado ao ora paciente. (TJSP, Ap. n. 0018312-56.2003.8.26.0604, rel. Des. Figueiredo Gonçalves, *DJ* 25.04.2011)

A advertência feita por advogado de defesa a vítima de estelionato, de que se não recebesse dinheiro a título de reparação do dano poderia vir a ser processada, não caracteriza o delito do art. 344 do CP; a perspectiva de se ver envolvido em processo pode assustar, especialmente as pessoas mais simples, mas não chega a constituir a grave ameaça necessária a configurar o delito. (TJSP, *HC* n. 131.636-3/4, rel. Des. Álvaro Cury, j. 02.09.1992)

Fase pré-processual

Não só durante o processo penal, como no decorrer do inquérito policial, pode haver a coação incriminada pelo art. 344. (TJSP, Ap. Crim. n. 44.985, rel. Des. Djalma Lofrano, j. 21.05.1986)

Para que se configure o crime de coação no curso do processo (art. 344, CP) mister se faz a coexistência de um feito judicial, policial, administrativo ou simplesmente arbitral. A grave ameaça, com o fito de obstar ou dificultar a apuração de abuso de poder, proferida antes da instauração de inquérito policial – não dirigida, portanto, a autoridade, parte ou qualquer outra pessoa que estivesse funcionando ou tivesse sido chamada a intervir no processo policial – obriga a desclassificar a conduta para a figura típica do art. 147 do CP. (TJSP, Rev. Crim. n. 79.046-3, Seção Criminal, rel. Des. Dante Busana, j. 17.04.1990)

Tipo subjetivo

O delito do art. 344 do CP exige, para a sua configuração, o dolo específico, que se caracteriza pelo fim de favorecer interesse próprio ou alheio. Tratando-se de testemunha, consiste em obrigá-la a depor falsamente. Se esta já havia deposto, quando feita a ameaça, não há que se falar, portanto, na infração em tela. (TJSP, *HC* n. 106.282, rel. Des. Acácio Rebouças, *RT* 420/62)

O dolo específico do crime previsto no art. 344 do CP caracteriza-se pelo fim de favorecer interesse próprio ou alheio, objetivando evitar o andamento da ação proposta. (TJSP, Ap. Crim. n. 135.078, rel. Des. Ítalo Galli, j. 15.12.1980, *RT* 555/343)

Consumação

Tratando-se de crime formal, a consumação do delito de coação no curso do processo se dá com a ocorrência da violência ou grave ameaça, essa última entendida como ação capaz de intimidar a vítima, não sendo necessário que o mal pretendido seja alcançado pelo sujeito ativo, pois tal circunstância consiste no exaurimento da ação delituosa. (TRF-4ª Região, Ap. n. 2003.04.01.034109-3, rel. Des. Luiz Fernando Wowk Penteado, *DJU* 11.05.2005)

Ameaça depois do depoimento

Todavia, o certo é que, conforme delineado no feito e lembrado pela Egrégia Procuradoria-Geral de Justiça, a ameaça teria ocorrido posteriormente ao depoimento, o que significa que não tenha influído neste [...]. Destarte, a situação fática é no sentido de que, atípica é a imputação do fato como sendo criminoso, vez que, a ação desencadeada já não mais guardava relação com o que almejado pelo apelante, no tocante à ação da testemunha em juízo. (TJSP, Ap. n. 9251172-68.2005.8.26.0000, rel. Des. Sérgio Ribas, *DOE* 12.12.2006)

O delito do art. 344 do CP exige, para a sua configuração, o dolo específico, que se caracteriza pelo fim de favorecer interesse próprio ou alheio. Tratando-se de testemunha, consiste em obrigá-la a depor falsamente. Se esta já havia deposto, quando feita a ameaça, não há que se falar, portanto, na infração em tela. (TJSP, *HC* n. 106.282, rel. Des. Acácio Rebouças, *RT* 420/62)

Exercício arbitrário das próprias razões

Art. 345. Fazer justiça pelas próprias mãos, para satisfazer pretensão, embora legítima, salvo quando a lei o permite:

Pena – detenção, de 15 (quinze) dias a 1 (um) mês, ou multa, além da pena correspondente à violência.

Parágrafo único. Se não há emprego de violência, somente se procede mediante queixa.

---

1. COMENTÁRIO

1.1. Objetividade jurídica

É, como nos crimes analisados anteriormente, a administração da Justiça, mas não especificamente no que diz com a sua correção e sim no que diz com o monopólio estatal de dizer o direito ou, por outra, de compor o litígio entre as partes. Embora se tenha formas alternativas, não estatais, de composição de conflitos, da qual é exemplo o juízo arbitral, não se tolera que o particular faça justiça com as próprias mãos. Previne-se, assim, o possível agravamento dos conflitos como a seguir se explica. No caso do juízo arbitral, há um consenso entre os litigantes e não arbitrariedade da solução do litígio. Desde a Lei n. 9.099/95, o exercício arbitrário é considerado crime de menor potencial ofensivo (art. 61) e, portanto, com a composição dos danos com a vítima, extingue-se o crime.

1.2. Sujeitos do crime

Trata-se de crime comum. Portanto, pode ser praticado por qualquer pessoa. Se praticado por funcionário público no exercício de suas funções ou em razão do cargo, pode haver crime funcional como o abuso de autoridade (Lei n. 4.898/65). Sujeito passivo é a administração da Justiça e o particular sobre o qual recaiu a ação arbitrária.

1.3. Análise da(s) conduta(s) descrita(s) no tipo

Exemplo clássico de fazer justiça com as próprias mãos para satisfazer pretensão legítima é o do proprietário de um imóvel alugado que, diante da longa inadimplência do locatário e ante a momentânea ausência deste, ingressa no imóvel, coloca as coisas do inquilino na rua ou em um depósito e muda a fechadura da casa para impedir a sua entrada. O agente se substitui à ação da Justiça, realiza-a ao seu modo com os seus meios e modos. Como parece evidente, o locador deveria colocar em mora o inquilino e propor em juízo a competente ação de despejo e não fazê-lo por conta própria, *manu militari*. Eventos como o exemplificado, mais que a preterição da Justiça estatal, trazem consigo o perigo do alastramento do conflito de interesses. Imagine-se o despejado indo à forra armado. O que era um litígio civil pode transformar-se em um homicídio.

1.3.1. Pretensão legítima e ilegítima

A existência de uma pretensão legítima, ou a crença na sua legitimidade, é elementar típica e representa a base para o comportamento do agente. Para exemplificar, determinado sócio não comparece ao trabalho ou se comporta de maneira prejudicial aos outros. Os majoritários resolvem excluí-lo, sem a sua concordância. Há uma tensão crescente no ambiente de trabalho. Têm a aspiração (pretensão) de se ver livres do sócio indesejável. Acreditam que a condição majoritária lhes dá o direito de agir independentemente da Justiça. Assim, acreditando na legitimidade de sua pretensão, colocam, *manu militari*, o minoritário para fora. Essa crença na legitimidade da pretensão basta para configurar o crime em foco. Todavia, se a pretensão for ilegítima e o agente tiver consciência disso, como a do rufião que pretenda forçar a prostituta a trabalhar, não haverá o crime do exercício arbitrário, mas outro mais grave, como o constrangimento ilegal e/ou rufianismo (arts. 146 e/ou 230). Idem, no caso do que sequestra para que a vítima lhe pague uma dívida forjada. Não haverá aqui o crime do art. 345, mas extorsão mediante sequestro (art. 159). A locução "embora legítima", constante do tipo penal, não pode ser compreendida como abrangente da pretensão ilegítima. No texto, o advérbio serve unicamente para reforçar a ideia de que a legitimidade não exclui o exercício arbitrário das próprias razões, portanto, a criminalidade da ação. Por isso, "embora legítima", a pretensão não pode ser realizada pelas próprias mãos. Dessa maneira, se a pretensão for ilegítima, estar-se-á diante de outro crime que não o do art. 345.

1.4. Elemento subjetivo

É o dolo representado pela vontade de fazer justiça com as próprias mãos. Na espécie, o agente tem um fim especial no seu agir, representado pelo elemento subjetivo especial do tipo, que é a satisfação de pretensão legítima ou que assim a crê. Como dito anteriormente, se o agente sabe que a sua pretensão é ilegítima, não haverá o crime em foco, mas outro mais grave conforme a hipótese.

1.4.1. Elemento normativo – "Salvo quando a lei o permite"

Há casos em que a própria lei admite que o particular defenda o seu direito. São exemplos: as excludentes de ilicitude previstas no art. 23 do CP (estado de necessidade, legítima defesa e estrito cumprimento do dever legal ou no exercício regular de direito). Afora essas hipóteses, o art. 1.210, § 1º, do CC, no caso de esbulho possessório, dispõe "O possuidor turbado, ou esbulhado, poderá manter-se ou restituir-se por sua própria força, contanto que o faça logo; os atos de defesa, ou desforço, não podem ir além do indispensável à manutenção, ou restituição da posse". Quem age nessas condições não pratica fato típico, pois o próprio art. 345 exclui a tipicidade ao introduzir elemento da antijuridicidade na descrição do comportamento. Assim, "fazer justiça com as próprias mãos", "quando a lei o permite" não ostenta tipicidade. O tipo penal, ao mesclar um elemento de antijuridicidade se autoconfina, restringindo seu alcance. Portanto, o possuidor turbado que reagir à turbação da posse não pratica conduta típica – tema, aliás, que pode ser agitado pela via do *habeas corpus*.

1.5. Emprego de violência e ação penal

O uso de violência acarreta duas consequências: i) a pena correspondente às consequências da violência é aplicada cumulativamente; e ii) a ação penal passa a ser pública incondicionada. Caso contrário, somente se procede mediante queixa (art. 345, parágrafo único).

1.6. Consumação e tentativa

O crime em estudo é material. Admite a tentativa. Depende da satisfação da pretensão para a sua consumação. Não basta a execução da arbitrariedade para que seja considerado consumado. Assim, será considerada tentada a ação do locador que colocou as coisas do locatário inadimplente para fora do imóvel, mas sem conseguir retirá-lo. A satisfação da pretensão, a despeito das respeitabilíssimas opiniões em contrário (BITENCOURT, Cezar Roberto. *Tratado de direito penal*: Parte Especial, 2007, v. 5, p. 316), é condição necessária para a consumação do crime, pois o agente não consumou a realização da justiça com as próprias mãos quando colocou em marcha os meios executórios. Apenas isso não realiza o tipo.

1.7. Classificação

Crime comum, pois pode ser praticado por qualquer pessoa, doloso, comissivo, unissubjetivo (pode ser praticado por uma única pessoa) e plurissubsistente (admite fraccionamento).

2. JURISPRUDÊNCIA

2.1. Julgados

Fim do agente

Este especial fim na conduta do recorrente evidencia o elemento subjetivo do tipo de exercício arbitrário das próprias razões, consistente na vontade consciente de fazer justiça com as próprias mãos e convicto de que sua pretensão seria legítima. (STJ, RHC n. 33.166, 5ª T., rel. Min. Jorge Mussi, *DJe* 05.09.2012)

É pressuposto do delito de exercício arbitrário das próprias razões que o comportamento, seja para satisfazer uma pretensão, embora legítima. Pretensão é o direito que o sujeito ativo tem ou crê ter. No caso, antes da vítima, embriagada, ter retornado para casa e alegado que não pagaria pelo serviço pela apelante, ela já havia subtraído a arma. (TJRS, Ap. n. 70.016.497.422, rel. Des. Marco Antônio Ribeiro de Oliveira, *DJ* 22.11.2006)

O delito do art. 345 do CP tem por pressuposto uma presunção ligada a um direito que o agente tem ou julga ter, e, para cuja satisfação ou defesa possa ser invocada a intervenção da Justiça, a qual não é efetuada. (TACrimSP, RSE n. 888.061, rel. Des. Passos de Freitas, j. 14.02.1995)

Pretensão e crença na sua legitimidade

No ponto, de destacar que para caracterização do delito do art. 345 do CP, desnecessário perquirir a efetiva legitimidade da pretensão do agente, bastando restar demonstrado que ele a acreditava ser, o que é o caso dos autos. (TJRS, Ap. n. 70.04.556763-3, rel. Des. Luís Gonzaga da Silva Moura, *DJ* 09.02.2012)

Basta que o agente, de boa-fé, acredite que sua pretensão corresponda a um direito seu. (TACrimSP, Ap. n. 339.891, rel. Estevam Mônaco, j. 22.09.1983)

Conflito aparente de normas. Exercício arbitrário e falsidade ideológica

A simulação de dívida, através da emissão de notas promissórias, para alcançar, de forma mais célere, meação em bem imóvel, diante de processo de separação com a esposa, não configura o crime de falsidade ideológica, mas o de exercício arbitrário das próprias razões. A simulação, a fraude, ou outro qualquer artifício utilizado corresponde a meio de execução, ficando absorvido pelo tipo do art. 345 do CP no que tem como elemento subjetivo o dolo específico, ou seja, o objetivo de satisfazer pretensão, legítima ou ilegítima. (STF, *HC* n. 74.672, rel. Min. Marco Aurélio, j. 18.02.1997)

Conflito aparente de normas. Exercício arbitrário e constrangimento ilegal

A conduta do agente de constranger a vítima a praticar algo que poderia ser obtido através de medida judicial própria configura o delito do art. 345 do CP e, não, o do art. 146, já que este exige ser a pretensão ilegítima. (TJRJ, *HC* n. 886/2000, rel. Des. Marcus Basílio, *DORJ* 20.09.2000)

Conflito aparente de normas. Exercício arbitrário e com dano

Desde que o dano é (*sic*) praticado para satisfazer uma pretensão legítima ou supostamente tal, e, em se tratando de questão possessória, não se venha a provar o "desforço *incontinenti*" (que, quando regularmente exercida, é descriminante), o crime passa para o quadro dos crimes contra a administração da Justiça, ou, mais precisamente, passa a constituir elemento do exercício arbitrário das próprias razões. (STF, *HC* n. 58.191, rel. Min. Xavier de Albuquerque, j. 23.09.1980)

Conflito aparente de normas. Exercício arbitrário e sequestro e cárcere privado

Por óbvio que a vítima, ao ser retirada de sua casa e levada para lugar onde não queria ir, sofreu constrangimento ilegal na sua liberdade de ir e vir. Porém, não era essa a intenção dos agentes. Eles. Com inegável excesso, tão somente pretendiam fazer justiça com as próprias mãos. [...] opera-se, aqui e agora, a desclassificação do fato para a infração do art. 345 do CP. (TJSP, Ap. Crim. n. 993.06.011022-5, rel. Des. Lopes da Silva, *DJ* 31.07.2009)

Conflito aparente de normas. Exercício arbitrário e com roubo

1. A hipótese fática dos autos – subtração, mediante grave ameaça, de bens para a satisfação de crédito preexistente – revela a ocorrência de conflito aparente de normas entre os crimes de roubo e de exercício arbitrário das próprias razões. 2. Conflito resolvido, para determinar que a denúncia descrevera o delito de exercício arbitrário das próprias razões. (STF, *HC* n. 83.761, 1ª T., rel. Min. Joaquim Barbosa, *DJ* 25.06.2004)

Assim, tendo o Ministério Público narrado em sua peça de acusação que os recorrentes agiram com o fim de serem ressarcidos de suposto prejuízo que entendiam ter sofrido, a ação penal não poderia ser processada de outra forma senão atribuindo-lhes a prática da conduta prevista no art. 345 do CP. (STJ, RHC n. 33.166, 5ª T., rel. Min. Jorge Mussi, *DJe* 05.09.2012)

Diante de tal situação fática não vislumbro a configuração do roubo qualificado como pretende a acusação, porque a motivação da subtração foi a existência da dívida que não foi negada pela vítima, além disso, a res furtiva foi devolvida logo depois que a vítima fez o boletim de ocorrência. (TJSP, Ap. n. 9051509-07.2006.8.26.0000, rel. Des. Airton Vieira, *DJ* 21.11.2008)

Contrário: Para a configuração do crime de exercício arbitrário das próprias razões é necessário que a pretensão seja legítima, o que não ocorre se o agente, mediante o uso de violência e grave ameaça, subtrai bens e exige o pagamento de juros oriundos do crime de usura. (STJ, REsp n. 1.101.831, 5ª T., rel. Min. Laurita Vaz, *DJe* 11.05.2009)

Defesa da posse

Constitui elemento normativo do tipo do exercício arbitrário das próprias razões (CP, art. 345) o não enquadrar-se o fato numa das hipóteses excepcionais em que os ordenamentos modernos, por imperativos de eficácia, transigem com a autotutela de direitos privados, que, de regra, incriminam: o exemplo mais frequente de tais casos excepcionais de licitude da autotutela privada está na defesa da posse, nos termos admitidos no art. 502 do CC. (STF, *HC* n. 75.169, 1ª T., rel. Min. Sepúlveda Pertence, *DJ* 22.08.1997)

Recesso do Judiciário

[...] recesso do Judiciário não obsta, como é de todos sabido, a tomada de providências consideradas urgentes, não se justificando a tomada precipitada de atitude pelo próprio paciente. (STJ, *HC* n. 128.937, rel. Min. Maria Thereza de Assis Moura, *DJe* 03.08.2009)

Ação penal

Se praticado sem violência à pessoa, a ação penal é privada (STF, *HC* n. 74.672, rel. Min. Marco Aurélio, j. 18.02.1997). O crime de exercício arbitrário das próprias razões praticado sem violência somente se procede mediante queixa. (STJ, RHC n. 33.166, 5ª T., rel. Min. Jorge Mussi, *DJe* 05.09.2012)

Art. 346. Tirar, suprimir, destruir ou danificar coisa própria, que se acha em poder de terceiro por determinação judicial ou convenção:

Pena – detenção, de 6 (seis) meses a 2 (dois) anos, e multa.

---

1. COMENTÁRIO

1.1. Objetividade jurídica

O tipo penal em estudo, embora mais específico que o anterior e por muitos considerado um subtipo do exercício arbitrário das próprias razões, tem o mesmo foco protetivo que o anterior, isto é, a administração da Justiça. Contudo, centrado na proteção ao monopólio estatal para a solução dos conflitos. Valem aqui as considerações anteriores com o destaque para o fato de que o agente atenta não apenas contra outro particular, mas diretamente contra determinação judicial ou convenção. Portanto, representa conduta mais grave e, bem por isso, é mais gravemente apenada. Todavia, ainda assim, é considerada infração de menor potencial ofensivo (art. 61, Lei n. 9.099/95). O particular que detinha a coisa por determinação judicial ou por força de convenção também é vítima.

1.2. Sujeitos do crime

Embora qualquer pessoa possa ser partícipe, somente o proprietário pode ser sujeito ativo deste crime. Trata-se, portanto, de delito próprio (em sentido contrário, BITENCOURT, Cezar Roberto. *Tratado de direito penal*: Parte Especial, 2007, v. V, p. 318). Sujeito passivo é o Estado e aquele que detinha a coisa por força de determinação judicial ou convenção.

1.3. Análise da(s) conduta(s) descrita(s) no tipo

O objeto material do crime em exame é a "coisa própria" do agente criminoso. Sua conduta, alternativamente, consiste em tirar (subtrair), suprimir (eliminar), destruir (desfazer, desmanchar ou inutilizar) ou danificar (estragar) a coisa própria em mãos de terceiro por força de determinação (ordem) judicial ou convenção (acordo). Diferencia-se o crime em foco do furto, pois neste o objeto material do crime é a "coisa alheia" e não a *própria*, como define o art. 346.

1.4. Elemento subjetivo

É o dolo, não há qualquer fim específico no agir do agente a não ser a vontade de praticar alguma das ações descritas no tipo.

1.5. Consumação e tentativa

Consuma-se o delito com a efetiva retirada, destruição ou danificação da coisa própria em poder de terceiro na forma preconizada pelo art. 346. Admite-se a tentativa, pois se trata de crime material e a conduta pode ser fracionada de modo que a ação do agente pode ser impedida por circunstâncias alheias à sua vontade.

1.6. Classificação

Crime próprio, pois o ato típico só pode ser praticado pelo proprietário da coisa. Material, pois exige resultado naturalístico, de forma vinculada, pois só comporta as ações descritas no tipo; unissubjetivo, pois pode ser praticado por uma única pessoa e plurissubsistente, pois pode ser fracionado na fase executória.

2. JURISPRUDÊNCIA

2.1. Julgados

Outrossim, mesmo com a propositura de ação cautelar de produção antecipada de provas pela empresa de que o paciente é sócio e em desfavor da pessoa jurídica representada pela vítima, após a retirada do *laptop* e objetivando sua perícia, o bem jurídico tutelado pelo art. 346 do CP foi, em tese, atingido, visto que com a suposta retomada sem prévia autorização judicial a tanto, o delito, repise-se, teoricamente já teria se consumado. (TJSP, *HC* n. 0004974-08.2008.8.26.0000, rel. Des. Poças Leitão, *DOE* 19.02.2009)

Nem se diga, por outro lado, que o fato de a retomada do bem ter sido chancelada, posteriormente, pelo juízo cível, ao deferir medida de busca e apreensão do bem em ação cautelar de produção antecipada de provas, tem o condão de tornar hígida a conduta perpetrada. (STF, *HC* n. 100.459, 2ª T., rel. Min. Gilmar Mendes, *DJe* 24.05.2012)

É irrelevante à Justiça Penal eventual acordo celebrado entre autor e réu em pendência civil que deu origem ao fato típico penal. Assim, responde pelo crime do art. 346 do CP quem, embora posteriormente acordado com a contraparte em ação cível, tendo bem patrimonial sequestrado por ordem judicial, aproveita-se de descuido do meirinho para, do poder deste, retirar a *res*. (TACrimSP, Ap. n. 63.231, rel. Rezende Junqueira, j. 28.06.1973)

Inconstitucionalidade da parte final do art. 346

Não há que se falar em inconstitucionalidade da parte final do art. 346 do CP, porque não importa em prisão por dívida, sendo o objeto jurídico tutelado a boa administração da Justiça, que possui dignidade penal. (STJ, *HC* n. 128.937, rel. Min. Maria Thereza de Assis Moura, *DJe* 03.08.2009)

Fraude processual

Art. 347. Inovar artificiosamente, na pendência de processo civil ou administrativo, o estado de lugar, de coisa ou de pessoa, com o fim de induzir a erro o juiz ou o perito:

Pena – detenção, de 3 (três) meses a 2 (dois) anos, e multa.

Parágrafo único. Se a inovação se destina a produzir efeito em processo penal, ainda que não iniciado, as penas aplicam-se em dobro.

---

1. COMENTÁRIO

1.1. Objetividade jurídica

Ao buscar evitar meios fraudulentos que tenham por escopo levar juiz ou peritos a erro, novamente o bem jurídico tutelado é a administração da Justiça em seu sentido *lato* – tudo que se refira ao escopo último da Justiça.

1.2. Sujeitos

Qualquer pessoa pode figurar como sujeito ativo, uma vez que o legislador não exigiu especial interesse na causa. Trata-se, assim, de crime comum.

O sujeito passivo é o Estado, titular da administração da Justiça e, por materializar a organização da sociedade, especial interessado em evitar os erros judiciários.

1.3. Análise da(s) conduta(s) descrita(s) no tipo

O tipo costuma ser chamado de "estelionato processual" pelos doutrinadores, pois possui como núcleo o termo "inovar artificiosamente", isto é, de forma maliciosa ou ardilosa, trazer novidade a algo (modificar, substituir, deformar etc.).

As inovações devem necessariamente incidir em estado de: 1) lugar (ambiente físico; p. ex., plantio ou derrubada de árvores – NORONHA, E. Magalhães. *Direito penal*, 2003, v. 4, p. 244); 2) coisa (móvel ou imóvel: p. ex., eliminar os vestígios de sangue em uma peça que indica autoria de homicídio, para fazer crer em suicídio – HUNGRIA, Nélson. *Comentários ao Código Penal*, 1958, v. VIII, p. 501); 3) pessoa (p. ex., realizar cirurgia plástica no réu para prejudicar sua identificação – ESTEFAM, André. *Direito penal*, 2011, v. 4, p. 383). É evidente que as inovações não podem ter ocorrido naturalmente (p. ex., crescimento de barba ou bigode, queda natural de árvores etc.), pois o legislador exige inovação artificiosa.

Além disso, deve a inovação ser produzida na pendência de: 1. processo civil (processo judicial na área de família, trabalhista etc.); 2. administrativo (em sentido estrito, não abrangendo as sindicâncias – princípio da legalidade); ou 3. penal (de acordo com o parágrafo único, estão abrangidas as fases de investigação policial e ação judicial).[38]

1.4. Elemento subjetivo

O elemento subjetivo exclusivo é o dolo, a vontade livre e consciente por parte do agente de modificar fraudulentamente o estado de lugar, coisa ou pessoa, na pendência de processo civil, administrativo ou penal. Além disso, é exigido o elemento subjetivo específico de levar a erro o juiz (sentido *lato*, já que no procedimento administrativo não haverá necessariamente um juiz de direito) ou o perito.

Evidente, assim, que é inadmissível a modalidade culposa ou mesmo o dolo eventual.[39]

1.5. Causa especial de aumento de pena

Pune-se de forma mais grave, aplicando-se o dobro da pena, se a inovação se destina a produzir efeito em processo penal, ainda que não iniciado.

1.6. Consumação e tentativa

Trata-se de crime formal, uma vez que se consuma com a alteração de coisa, lugar ou pessoa, mesmo que o juiz ou perito não venha a ser enganado – o que, se ocorresse, caracterizaria mero exaurimento do tipo.

Perfeitamente possível a tentativa – crime como plurissubsistente.

1.7. Classificação

Crime comum; formal; doloso; comissivo; instantâneo; plurissubsistente.

38 Lembre-se a lição de Guilherme de Souza Nucci: "Evidentemente, para a concretização típica, torna-se indispensável aguardar o desfecho do inquérito, pois a inovação artificiosa há de produzir efeito em futuro processo penal. Se este não puder ser iniciado, porque houve o arquivamento do inquérito policial, não há que se falar em fraude processual" (*Código Penal comentado*, 2010, p. 1.206).

39 Cite-se novamente o escólio de André Estefam: "[...] inexistindo má-fé processual, não se reconhecerá o crime em estudo. É o caso, por exemplo, da mulher vítima de violência sexual que, traumatizada, toma banho e retira de seu corpo grande parte dos vestígios materiais do estupro. A mesma conclusão se aplicará quando o sujeito atuar buscando realizar algum salvamento ou socorro. Assim, *v.g.*, se uma pessoa der causa, por imprudência, negligência ou imperícia, a um acidente laborativo e ferir gravemente algum trabalhador, toda ação praticada no lugar, na coisa ou na pessoa visando ao salvamento desta, ainda que possa alterar substancialmente a cena do crime e, portanto, dificultar ou prejudicar totalmente a realização da perícia que instruirá a futura ação penal, não se subsumirá ao tipo" (op. cit., 2001, v. 4, p. 384-5).

2. JURISPRUDÊNCIA

2.1. Julgados

Necessidade de a acusação indicar na pendência de qual processo penal, ainda que não iniciado ao tempo dos fatos, a conduta foi praticada

Apelação. Defesa. Fraude processual majorada. Art. 347, parágrafo único, do Código Penal. Preliminar rejeitada. Prescrição não verificada. Mérito. Pleito absolutório acolhido. Dúvida quanto à tipicidade da conduta. Acusação que não indicou na pendência de qual processo penal, mesmo que não iniciado ao tempo dos fatos, a conduta foi praticada. *In dubio pro reo*. Sentença reformada. Preliminar rejeitada. Recurso provido. (TJSP, Ap. 0006071-51.2020.8.26.0007, 16ª Câm. Crim., rel. Des. Camargo Aranha Filho, j. 10.11.2022)

Juntada de cópia parcial da Carteira de Trabalho e Previdência Social para instruir pedido de liberdade provisória. Fraude perceptível *ictu oculi*. Inovação irrelevante. Fato atípico

Crime de fraude processual. Recurso defensivo visando a absolvição do sentenciado por atipicidade da conduta. Apresentação de cópia parcial de apenas uma das folhas de Carteira de Trabalho e Previdência Social que, por não implicar risco efetivo à administração da justiça, não afetou o bem jurídico protegido pela norma incriminadora. Recurso provido. (TJSP, Ap. 0001561-50.2010.8.26.0312, 7ª Câm. Crim., rel. Des. Otavio Rocha, j. 20.10.2016, reg. 2016.0000781284)

Alteração do corpo da vítima de homicídio. Absorção pelo crime de ocultação de cadáver

1. Ação penal. Crime de fraude processual. Homicídio doloso praticado dentro de clínica médica. Limpeza do local para eliminação de vestígios de sangue. Artifício que tenderia a induzir em erro o juiz de ação penal. Fato típico em tese. Inexistência de processo civil ou de procedimento administrativo. Irrelevância. Ato dirigido a produzir efeito em processo penal, ainda que não iniciado. Correspondência ao tipo autônomo previsto no parágrafo único do art. 347 do CPP. Hipótese normativa que não é de causa de aumento de pena. Inteligência do texto do art. 347, que contém duas normas. O art. 347 do CP contém duas normas autônomas: a do *caput*, que pune artifício tendente a produzir efeitos em processo civil ou procedimento administrativo já em curso; e a do parágrafo único, que pune ato voltado a produzir efeitos em processo criminal, ainda que não iniciado. 2. Ação penal. Crime de fraude processual penal. Não caracterização. Delito de caráter subsidiário. Homicídio doloso praticado dentro de clínica médica. Limpeza do local para eliminação de vestígios de sangue. Ato de execução que, inserindo-se no *iter* do delito mais

grave de ocultação de cadáver (art. 211 do CP), é por este absorvido. Imputação de ambos os delitos em concurso. Inadmissibilidade. *Bis in idem*. Exclusão da acusação de fraude na pronúncia. *HC* concedido, por empate na votação, para esse fim. Interpretação conjugada dos arts. 211 e 347, parágrafo único, do CP. O suposto homicida que, para ocultar o cadáver, apaga ou elimina vestígios de sangue, não pode ser denunciado pela prática, em concurso, dos crimes de fraude processual penal e ocultação de cadáver, senão apenas deste, do qual aquele constitui mero ato executório. (STF *HC* n. 88.733/SP, 2ª T., rel. Min. Gilmar Mendes, j. 17.10.2006, *DJ* 15.12.2006)

Fraude processual *x* estelionato

O crime de fraude processual, consoante a própria leitura do dispositivo, é aquele praticado pelo agente que, no curso do processo inova o estado de lugar, coisa ou pessoa no intuito de induzir a erro o juiz ou perito. No caso em tela, a ação judicial já foi instruída com o documento sabidamente falso, a fim de demonstrar a condição de segurado do autor da ação e induzir o juiz em erro, no intuito de obter a vantagem patrimonial indevida (aposentadoria por invalidez). Sendo assim, restaram preenchidos todos os requisitos do art. 171 do Código Penal: a) conduta dolosa do sujeito ativo; b) meio fraudulento; c) obtenção de vantagem ilícita; d) induzimento de terceiro em erro. Não prospera, portanto, o pedido da defesa para que a conduta da ré seja desclassificada para aquela prevista no art. 347 do Código Penal. Outrossim, descabido o pleito de reconhecimento da absorção do crime de estelionato pelo crime de fraude processual. O princípio da consunção, suscitado pela defesa, impõe que uma infração penal constitua, unicamente, ato preparatório, meio necessário ou fase da execução de outro fato descrito por norma mais ampla (crime-fim), de modo que o agente só responderá pelo delito mais grave, e o crime-meio será por ele absorvido (AGARESP – Agravo Regimental no Agravo em Recurso Especial n. 992223 2016.02.58251-0, Rogerio Schietti Cruz, STJ – 6ª T., *DJe* 11.10.2018). Assim, resta afastado o referido princípio seja porque o crime praticado foi, de fato, estelionato, seja porque não há que se cogitar que o crime de estelionato (crime mais grave) tenha sido o crime-meio para a consecução do crime de fraude processual (crime menos grave). (TRF-3ª Região, Ap. Crim. n. 0000476-93.2018.4.03.6141, 11ª T., rel. Des. José Lunardelli, j. 10.10.2019, *e-DJF3* 21.10.2019)

3. OBSERVAÇÕES

Atenção especial merece a Lei n. 13.869/2019, que considera abuso de autoridade, em seu art. 23, "inovar artificiosamente, no curso de diligência, de investigação ou de processo, o estado de lugar, de coisa ou de pessoa, com o fim de eximir-se de responsabilidade ou de responsabilizar criminalmente alguém ou agravar-lhe a responsabilidade", incorrendo na mesma pena (detenção de 1 a 4 anos e multa) quem pratica a conduta com o intuito de eximir-se de responsabilidade civil ou administrativa por excesso praticado no curso de diligência ou de omitir dados ou informações ou divulgar dados ou informações incompletos para desviar o curso da investigação, da diligência ou do processo.

Há, nesse caso, sujeito ativo especial, que, conforme o art. 2º da referida lei, é todo aquele que exerce, ainda que transitoriamente ou sem remuneração, por eleição, nomeação, designação, contratação ou qualquer outra forma de investidura ou vínculo, mandato, cargo, emprego ou função em órgão da entidade da administração direta, indireta ou fundacional de qualquer dos Poderes da União, dos estados, do Distrito Federal, dos municípios e de territórios.

Favorecimento pessoal

Art. 348. Auxiliar a subtrair-se à ação de autoridade pública autor de crime a que é cominada pena de reclusão:

Pena – detenção, de 1 (um) a 6 (seis) meses, e multa.

§ 1º Se ao crime não é cominada pena de reclusão:

Pena – detenção, de 15 (quinze) dias a 3 (três) meses, e multa.

§ 2º Se quem presta o auxílio é ascendente, descendente, cônjuge ou irmão do criminoso, fica isento de pena.

---

1. COMENTÁRIO

1.1. Objetividade jurídica

A administração da Justiça, em seu aspecto relacionado à eficaz punição de autores de crimes, que não devem contar com auxílio de terceiros para se furtarem à devida responsabilização pelos seus atos.

1.2. Sujeitos

A lei não exige uma qualidade específica do autor, de forma que se trata de crime comum, podendo ser praticado por qualquer pessoa.

Evidentemente, não pode ser sujeito ativo o autor, coautor ou partícipe do crime anterior (por aquele já responderá) e, por disposição expressa do § 2º (escusa absolutória), também não respondem pelo crime ascendente, descendente, cônjuge ou irmão do responsável pelo crime antecedente (nem poderia ser diferente, uma vez que os laços que unem essas pessoas naturalmente poderiam levá-las ao auxílio).

O sujeito passivo é o Estado, que vê dificultada a atuação da Justiça penal.

1.3. Análise da(s) conduta(s) descrita(s) no tipo

Auxiliar a subtrair-se é a conduta nuclear descrita no tipo. Significa, basicamente, ajudar o autor (em sentido amplo, abrangendo também o coautor e o partícipe) de crime anterior a fugir, a não ser localizado pela autoridade pública (delegado, promotor, juiz etc.) que o persegue. Não basta induzir ou instigar a fugir, é preciso efetivamente agir.

É imprescindível que: 1) o favorecido esteja solto (art. 351, CP, se estiver preso); 2) tenha anteriormente ocorrido um crime (em sentido estrito, estando excluídas as contravenções) punido com reclusão (*caput*) ou detenção (§ 1º – crime privilegiado); 3) o sujeito ativo não tenha prometido o auxílio antes ou durante o crime anterior (hipótese que caracterizaria participação e, portanto, responsabilização apenas pelo crime anterior); 4) o auxílio seja dado exclusivamente para evitar a localização da pessoa, não se constituindo na supressão de vestígios do crime (fraude processual – art. 347, CP) ou na preocupação em assegurar o proveito do crime (favorecimento real – art. 349, CP).

Como se vê, trata-se de crime acessório, uma vez que depende da prática anterior de outro crime.

1.4. Elemento subjetivo

O elemento subjetivo é o dolo, a vontade livre e consciente por parte do agente de auxiliar autor de crime anterior a subtrair-se à ação de autoridade pública. Não se exige elemento subjetivo especial e não se pune a modalidade culposa.

1.5. Forma privilegiada

Se o crime pelo qual será favorecida determinada pessoa não for apenado com reclusão, a pena é de detenção de 15 dias a 3 meses e multa.

1.6. Isenção de pena

Se o agente for ascendente, descendente, cônjuge ou irmão do criminoso não estará sujeito às penas desta figura típica.

1.7. Consumação e tentativa

Consuma-se o crime com a ação capaz de ajudar a evitar a ação da autoridade, seguida de efetiva subtração do beneficiado à ação da autoridade pública, mesmo que por curto período de tempo.

É, portanto, crime material, sendo considerado consumado ainda que, após esse curto período, venha o favorecido a se submeter à ação da autoridade.

Perfeitamente admissível é a tentativa (crime claramente plurissubsistente).

1.8. Classificação

Crime comum; material; doloso; comissivo; instantâneo; plurissubsistente.

2. JURISPRUDÊNCIA

2.1. Julgados

Necessidade de a pessoa auxiliada ser determinada e identificada

Favorecimento pessoal. Ação policial que não era dirigida a pessoa certa e determinada. Acusado que auxilia alguém a fugir da casa. Não caracterização. (TJSP, Ap. 0008580-56.2007.8.26.0072, 4ª Câm. Crim. Extraordinária, rel. Des. Alexandre Almeida, j. 13.05.2015, reg. 2015.0000338247)

Subtração dos autos de prova documental, com o fim de beneficiar o autor de infração penal anterior. Inaplicabilidade do art. 348 do CP

[...] III. Favorecimento pessoal: (CP, art. 348): não configuração, no caso. 1. Há de logo duas circunstâncias que, ambas, bastariam a ilidir a incidência do art. 348, CP: primeiro, o cuidar-se de favorecimento a autor de contravenção e não de crime; o segundo, o já estar morto o autor da aludida contravenção. 2. Ademais, só substantiva o favorecimento pessoal a conduta que "ocasione a frustração da captura ou prisão do criminoso, seja a exequível em razão de flagrante, seja a decretada pela autoridade (judicial-penal ou administrativa)" (Nélson Hungria). 3. Desse modo, à subtração dos autos de prova documental, com o fim de beneficiar o autor de infração penal – ou, como no caso, à sua memória –, jamais poderia atribuir-se o crime de favorecimento pessoal, o que faz impertinente o problema de concurso aparente de normas com relação ao delito do art. 337, CP, que corretamente se entendeu ajustado ao fato [...]. (STF, *HC* n. 84.283/SC, 1ª T., rel. Min. Sepúlveda Pertence, j. 22.06.2004, *DJU* 03.09.2004)

Necessidade de efetivo auxílio à subtração

Penal. Não se tem como configurado crime ter o advogado – a admitir-se tal versão, o que é por ele negado – declarado a um policial (que não era o encarregado do inquérito) que o seu cliente, acusado de receptação, entregaria os anéis que adquirira, se ficasse dito, no inquérito, pelo delegado dele incumbido, que tais joias haviam sido apreendidas em poder do gatuno. E que o crime não configura, como pretende a denúncia, a hipótese do art. 343, paragrafo único, do CP, pois não só não houve oferecimento de qualquer vantagem a testemunhas, perito, tradutor ou intérprete, como também porque o policial não se enquadra em qualquer daquelas categorias expressamente nominadas no dispositivo legal. Não se pode, outrossim, ter o ato praticado como tentativa de falsidade ideológica, eis que a par de não ter havido qualquer início de execução, a proposta – se verdadeira a versão – foi mencionada a um policial e não ao encarregado do inquérito, nada havendo quanto a ter ela chegado a este último. Não se tem, por fim, como tipificado o crime de favorecimento pessoal, na conduta do paciente (art. 348, CP), pois nenhum auxílio foi prestado ao cliente do paciente para subtraí-lo à ação da autoridade pública, e nem tentativa de tal crime se anteve, pelas mesmas razões mencionadas quanto à tentativa de *falsum*. A conduta, por reprovável que seja, não encontra tipificação penal. *Habeas corpus* que se concede para cancelar-se a condenação, com base no inciso III, do art. 386, do CPP. (STF, *HC* n. 66.308/MG, 2ª T., rel. Min. Aldir Passarinho, j. 03.03.1989, *DJ* 26.05.1989)

Habeas corpus. Penal. Crime de favorecimento pessoal (art. 348, CP). Ausência de justa causa. Trancamento da ação penal. 1. A conduta descrita, denúncia, não se amolda ao tipo penal descrito no art. 348 do CP: o auxílio prestado pelo paciente ao suposto assaltante não objetivava sua fuga, mas sim para que recebesse atendimento médico. 2. Ordem concedida para trancar a ação penal movida em desfavor do paciente, pelo crime previsto no art. 348 do CP. (STJ, *HC* n. 46.209/BA, 6ª T., rel. Min. Hélio Quaglia Barbosa, j. 30.05.2006, *DJU* 26.06.2006)

Causa de isenção de pena reconhecida em *habeas corpus*. Favorecimento que não pode ser confundido com participação no crime

Penal e Processo Penal. Recurso em *Habeas Corpus*. 1. Trancamento da ação penal. Excepcionalidade presente. 2. Crime de roubo majorado. Recorrente que mentiu para a autoridade policial. Criação de álibi para o filho. Denunciado como coautor do crime do filho. Ausência de indícios de autoria. Justa causa inexistente. 3. Narrativa que tipifica o crime de favorecimento pessoal. Isenção de pena ao ascendente. Art. 348, § 2º, do CP. Hipótese dos autos. 4. Prisão cautelar. Ausência de pressuposto. Revogação com expedição de contramandado. 5. Recurso em *Habeas Corpus* provido para trancar a ação penal. (STJ, RHC n. 103.816/SP, 5ª T., rel. Min. Reynaldo Soares da Fonseca, j. 26.03.2019, *DJe* 22.04.2019)

3. OBSERVAÇÕES

3.1. Consequências de o art. 348, CP, ser um crime acessório

Tendo em vista o fato de o texto legal exigir a prática de crime anterior, não estará tipificado o art. 348 do CP caso a infração anterior esteja coberta por alguma causa excludente de ilicitude, de culpabilidade, extintiva da punibilidade ou escusa absolutória.

Também não restará caracterizado o crime caso o agente da conduta anterior venha a ser absolvido – o auxílio teria sido legítimo.

Favorecimento real

Art. 349. Prestar a criminoso, fora dos casos de coautoria ou de receptação, auxílio destinado a tornar seguro o proveito do crime:

Pena – detenção, de 1 (um) a 6 (seis) meses, e multa.

---

1. COMENTÁRIO

1.1. Objetividade jurídica

A Administração da Justiça, em sua face relativa à proibição de obtenção de vantagens por meio de atos ilícitos. De forma mediata, é também tutelado o patrimônio da vítima do crime anterior.

1.2. Sujeitos

A lei novamente não exige uma qualidade específica do autor, de forma que, assim como o anterior, se trata de crime comum, podendo ser praticado por qualquer pessoa.

Aqui também é evidente que não pode ser sujeito ativo o autor, coautor ou partícipe do crime anterior (por aquele já responderá).

O sujeito passivo imediato é o Estado, que vê dificultada a atuação da Justiça penal.

1.3. Análise da(s) conduta(s) descrita(s) no tipo

Prestar auxílio a criminoso é a conduta nuclear descrita no tipo, sendo certo que a ajuda deve necessariamente ser destinada a tornar seguro o proveito do crime anterior.

Ao contrário do favorecimento pessoal, que utilizou o termo "autor" (em sentido amplo, abrangendo também o coautor e o partícipe), neste tipo preferiu o legislador se referir a criminoso, o que gerou duas posições:

1) "Criminoso" seria sinônimo de sujeito ativo, de forma que seria "irrelevante a inexistência de condenação do crime precedente, ao contrário do que se chegou a afirmar no passado, sendo suficiente a comprovação de sua existência, algo que pode ser feito no próprio processo que investiga o favorecimento real" (BITENCOURT, Cezar Roberto. *Tratado de direito penal*: Parte Especial 5, 2009, p. 354);

2) "Criminoso" é diferente de *acusado de crime*, de forma que, tendo em vista os princípios do estado de inocência e da reserva legal (art. 5º, XXXIX e LVII, CF), somente poderá ser aquele efetivamente condenado criminalmente, com trânsito em julgado. Concordamos com essa segunda posição. Evidentemente, argumenta-se que "tal interpretação poderá ter consequências morais danosas, deixando impunes aqueles que, em evidente conduta antissocial, por exemplo, favorecerem acusado de um crime hediondo como a extorsão mediante sequestro. Mas, então, que se altere o Código Penal, pois é este, como lei ordinária, que deve se adaptar à CR/88, e não o contrário" (DELMANTO, Celso et al. *Código Penal comentado*, 2002, p. 718).

É imprescindível que: 1) tenha anteriormente ocorrido um crime (em sentido estrito, estando excluídas as contravenções); 2) o sujeito ativo não tenha prometido o auxílio antes ou durante o crime anterior (hipótese que caracterizaria participação e, portanto, responsabilização apenas pelo crime anterior); 3) o autor do crime não pode ser levado ao seu cometimento para satisfazer interesse econômico seu ou de terceiro. Se o fizer, responderá por receptação. Para responder por favorecimento real, o interesse a ser satisfeito deve ser exclusivo do autor do crime anterior.

Como se vê, mais uma vez criou o legislador um crime acessório (depende da prática anterior de outro crime).

1.4. Elemento subjetivo

O elemento subjetivo é o dolo, a vontade livre e consciente por parte do agente de auxiliar criminoso, exigindo-se, ainda, elemento subjetivo especial, consistente na finalidade de tornar seguro proveito do crime anterior.

Não se pune a modalidade culposa.

1.5. Consumação e tentativa

Consuma-se o crime com a ação capaz de ajudar a tornar seguro proveito do crime anterior, sendo, porém, desnecessária a efetiva obtenção de tal intento. Trata-se, portanto, de crime formal, sendo perfeitamente admissível a tentativa (crime plurissubsistente).

1.6. Classificação

Crime comum; formal; doloso; comissivo; instantâneo; plurissubsistente.

2. JURISPRUDÊNCIA

2.1. Julgados

Importância do momento do ajuste e da finalidade do auxílio

[...] 2. Não é admissível a coautoria após a consumação do crime, salvo se comprovada a existência de ajuste prévio. 3. A pessoa que participa apenas no momento do exaurimento do crime comete crime de favorecimento real, se sabe prestar auxílio destinado a tornar seguro o proveito do crime. (STJ, *HC* n. 39.732/RJ, 6ª T., rel. Min. Maria Thereza de Assis Moura, j. 26.06.2007, *DJU* 03.09.2007)

Apelação. Receptação continuada (art. 180, *caput*, c/c arts. 29 e 71, CP). Alegada atipicidade da conduta, ao argumento de que inexiste a conduta de "consumir" no tipo penal. Inocorrência. Três furtos praticados por menor, que residia com os réus, sendo estes mãe, irmão e cunhada daquela, os quais, sabedores da origem espúria dos produtos, a maioria de gêneros alimentícios, acabaram por consumi-los. Crime caracterizado, porquanto, antes de consumi-los, naturalmente os receberam. Desclassificação para favorecimento real (art. 349, CP) igualmente afastada. Conduta dos réus não dirigida a contribuir na preservação do proveito criminoso da menor, senão que o de receber em proveito próprio [...]. (TJSP, Ap. n. 0.004.570-97.2011.8.26.0.081, 15ª Câm. Crim., rel. Des. Walter de Almeida Guilherme, j. 28.02.2013)

Nulidade da sentença que condena por favorecimento real aquele que foi denunciado por roubo sem a aplicação do art. 384 do Código de Processo Penal

Apelação criminal. Favorecimento real. Preliminar de nulidade. Ocorrência. Denúncia que descreve um delito de roubo circunstanciado. Sentença que condena o réu por favorecimento real, sem aplicação da regra contida no art. 384 do CPP (*mutatio libelli*). Inegável ofensa ao princípio da correlação. Necessidade de que se declare a nulidade da r. sentença a fim de que outra seja proferida, após a observância das exigências legais, prejudicado o exame do mérito recursal. "[...] o apelante [...] foi denunciado, porque, na manhã de 24 de setembro de 2013, na Rua São Paulo, esquina com a Rua

Fartura [...], previamente ajustado e com unidade de desígnios com o corréu [...], mediante violência, subtraiu, para proveito comum, pertences da ofendida [...]. Sucede, no entanto, que, encerrada a instrução, sobreveio sentença que o condenou pelo crime de favorecimento real, previsto no art. 349 do Código Penal. Assim, a r. decisão recorrida atribuiu ao apelante conduta não contemplada na denúncia [...] sob o argumento de que ele prestou auxílio ao corréu ao ocultar a *res furtiva* na sua residência (cf. fls. 117), incorrendo, portanto, em evidente nulidade, na medida em que tal fato sequer foi articulado na denúncia, de forma a propiciar o exercício da ampla defesa". (TJSP, Ap. n. 0002064-39.2013.8.26.0515, 1ª Câm. Crim. Extraordinária, rel. Des. Nelson Fonseca Júnior, j. 10.12.2015, reg. 2015.0000938639)

3. OBSERVAÇÕES

3.1. Diferenças básicas relativamente ao favorecimento pessoal

O crime anterior do presente tipo penal deve ter sido consumado e gerado alguma espécie de proveito ao criminoso – afinal, o objetivo do autor é tornar seguro o proveito do crime. Isso não é necessário no favorecimento pessoal (crime anterior pode ser de qualquer natureza, consumado ou tentado – o objetivo é auxiliar a pessoa).

Não há previsão de escusa absolutória no favorecimento real, já o art. 348, § 2º, do CP a prevê quando o agente é ascendente, descendente, cônjuge ou irmão do autor do crime antecedente.

Por fim, apesar de ambos serem acessórios, enquanto não estará tipificado o art. 348 do CP caso a infração anterior esteja coberta por alguma causa excludente de ilicitude, de culpabilidade, extintiva da punibilidade ou escusa absolutória, o mesmo não acontecerá com o art. 349, prevalecendo o entendimento de que somente a *abolitio criminis* ou a anistia terão tal influência (crime anterior deixa de existir).

Art. 349-A. Ingressar, promover, intermediar, auxiliar ou facilitar a entrada de aparelho telefônico de comunicação móvel, de rádio ou similar, sem autorização legal, em estabelecimento prisional.

Artigo acrescentado pela Lei n. 12.012, de 06.08.2009.

Pena – detenção, de 3 (três) meses a 1 (um) ano.

---

1. COMENTÁRIO

1.1. Objetividade jurídica

A administração da Justiça, em sua face relativa à preservação da ordem nos estabelecimentos prisionais e da segurança pública.

1.2. Sujeitos

A lei não exige uma qualidade específica do autor, de forma que se trata de crime comum, podendo ser praticado por qualquer pessoa.

O sujeito passivo é o Estado, que vê dificultado o cumprimento do escopo maior da Justiça penal, que é o correto cumprimento da pena.

1.3. Análise da(s) conduta(s) descrita(s) no tipo

O tipo foi acrescido ao CP pela Lei n. 12.012/2009, a reboque das notícias que davam conta de inúmeros casos de presidiários que controlavam atividades criminosas no meio social por meio de tais aparelhos.

Ingressar (adentrar, fazer entrar), promover (causar, providenciar), intermediar (interceder, fazer a ligação) auxiliar ou facilitar (tornar mais simples) a entrada de aparelho telefônico de comunicação móvel, rádio ou similar (telefones celulares, radiocomunicadores, aparelhos que se conectem à internet etc.), sem autorização legal (elemento normativo: evidentemente que, se houver autorização no caso concreto, não há que se falar em crime), em estabelecimento prisional (em sentido amplo, abrangendo qualquer lugar em que regularmente o Estado exerça custódia).

1.4. Elemento subjetivo

O elemento subjetivo é o dolo, a vontade livre e consciente por parte do agente de praticar um dos núcleos previstos pelo tipo. Não há elemento subjetivo específico, embora exista entendimento contrário.[40]

A modalidade culposa não é punida.

1.5. Consumação e tentativa

Consuma-se o crime com a prática de um dos núcleos, pouco importando saber se algum pre-

---

40 André Estefam afirma: "Pode-se dizer que há um *elemento subjetivo implícito*, consistente no intuito de fazer com que o objeto chegue às mãos de um preso, isso porque o escopo da norma é evitar que este receba o dispositivo capaz de viabilizar sua comunicação a distância com outras pessoas" (*Direito penal*: Parte Especial, 2011, v. 4, p. 397).

so teve acesso ao equipamento. Trata-se, assim, de crime formal, sendo admissível a tentativa (crime plurissubsistente).

1.6. Classificação

Crime comum; formal; doloso; comissivo; instantâneo, plurissubsistente.

2. JURISPRUDÊNCIA

2.1. Julgados

Falta de *chip* no aparelho celular não exclui o dolo

[...] Agentes de segurança penitenciária [...] relataram que, durante revista em uma cela especial, que era ocupada tão somente pela acusada, encontraram, dentro da caixa de luz, um aparelho celular [...]. Convém lembrar que a lei pune de forma taxativa o ingresso de aparelho de comunicação móvel em estabelecimento prisional, de modo que a falta de *chip* não tem o condão de afastar o dolo do agente. (TJSP, Ap. n. 006318-86.2013.8.26.0634, 16ª Câm. Crim., rel. Des. Osni Pereira, j. 30.10.2018, reg. 2018.0000873824)

Ingresso com *chip* de celular. Atipicidade

[...] A conduta de ingressar em estabelecimento prisional com *chip* de celular não se subsume ao tipo penal previsto no art. 349-A do Código Penal, em estrita observância ao princípio da Legalidade, pois o legislador limitou-se em punir o ingresso ou o auxílio na introdução de aparelho telefônico móvel ou similar em estabelecimento prisional, não fazendo qualquer referência a outro componente ou acessório utilizados no funcionamento desses equipamentos. (STJ, *HC* n. 619.776/DF, 5ª T., rel. Min. Ribeiro Dantas, j. 20.04.2021, *DJe* 26.04.2021)

Irretroatividade da lei incriminadora

Apelação criminal. Corrupção passiva. Pleito de absolvição. Impossibilidade. Fragilidade probatória. Inocorrência. Comprovadas a autoria e materialidade. Réu professor da Funap. Função pública da qual emerge a qualidade de funcionário público para fins penais. Recebimento de vantagem pecuniária para ingressar no estabelecimento prisional onde atuava. Delito configurado. Crime formal que se consumou com o recebimento da vantagem espúria. Ingresso dos aparelhos que constitui exaurimento do crime, conduta esta que não pode ser tipificada no art. 349-A, eis que sua redação é posterior aos fatos. Condenação mantida Penas. Reprimendas bem dosadas e escorreitamente substituídas. Recurso desprovido. (TJSP, Ap. n. 0.001.761-79.2008.8.26.0.198, 15ª Câm. Crim., rel. Des. Camilo Léllis, j. 08.03.2012)

Atipicidade da conduta de preso flagrado com aparelho celular quando dá entrada em estabelecimento prisional já estando no sistema penitenciário

Colégio Recursal. Apelação Criminal. Jecrim. Crime do art. 349-A do Código Penal. Sentença de absolvição mantida, porém, por fundamento diverso. Fato atípico. Réu que estava vindo de outro estabelecimento prisional (Cadeia Pública ou CDP), conforme testemunhos dos agentes penitenciários antes de adentrar à nova unidade prisional (CDP Suzano). Detector de metal que flagrou o réu trazendo consigo, em suas vestes íntimas, aparelho celular. Impossibilidade de ingressar ou promover a entrada de aparelho celular por parte de réu que já estava dentro do sistema penitenciário, vindo de outro estabelecimento prisional, sob custódia do Estado. Não faz sentido quem está dentro entrar com, ou promover a entrada de, quando já trazendo consigo o objeto. Absolvição mantida, porém pelo inciso III do art. 386 do CPP. Apelação Ministerial não provida. (Colégio Recursal – Mogi das Cruzes/SP, 2ª T. Recursal Cível e Criminal, rel. Juiz Gioia Perini, j. 18.07.2019, Registro n. 2019.0000083282)

Art. 350. (*Revogado pela Lei n. 13.869, de 05.09.2019.*)

Fuga de pessoa presa ou submetida a medida de segurança

Art. 351. Promover ou facilitar a fuga de pessoa legalmente presa ou submetida a medida de segurança detentiva:

Pena – detenção, de 6 (seis) meses a 2 (dois) anos.

§ 1º Se o crime é praticado a mão armada, ou por mais de uma pessoa, ou mediante arrombamento, a pena é de reclusão, de 2 (dois) a 6 (seis) anos.

§ 2º Se há emprego de violência contra pessoa, aplica-se também a pena correspondente à violência.

§ 3º A pena é de reclusão, de 1 (um) a 4 (quatro) anos, se o crime é praticado por pessoa sob cuja custódia ou guarda está o preso ou o internado.

§ 4º No caso de culpa do funcionário incumbido da custódia ou guarda, aplica-se a pena de detenção, de 3 (três) meses a 1 (um) ano, ou multa.

---

1. COMENTÁRIO

1.1. Objetividade jurídica

O objeto jurídico é a administração da justiça. É dever do Estado zelar pelo regular cumprimento das penas e medidas de segurança, punindo aqueles que promovem ou facilitam a fuga do preso ou detento. Entretanto, em razão do instinto de liberdade inerente ao ser humano,[41] o legislador não tipificou penalmente a fuga em si, exceto se mediante violência (art. 352, CP).

1.2. Sujeitos

Sujeito ativo é quem promove ou facilita a fuga de pessoa legalmente presa ou submetida a medida de segurança detentiva. Assim, excetuando-se o favorecido, ou seja, o próprio preso ou o detento, o sujeito ativo pode ser qualquer pessoa. Sujeito passivo é o Estado, titular da administração da justiça e, casualmente, a pessoa vítima da violência.

1.3. Análise da(s) conduta(s) descrita(s) no tipo

O art. 351 do CP estabelece em seu *caput* duas condutas que caracterizam o delito de "fuga de pessoa presa ou submetida a medida de segurança": "promover" (no sentido de possibilitar, dando causa) ou "facilitar" (no sentido de colaborar, prestando auxílio). Assim, promove a fuga de preso ou interno aquele que, mesmo sem o conhecimento do favorecido, torna possível a sua evasão, propiciando a ocasião para sua realização. Por outro lado, facilita aquele que auxilia, fornecendo instrumentos ou informações para que o favorecido realize a sua fuga. Na hipótese do sujeito subordinado ao dever de ofício, como garantidor do bem jurídico, portanto, com a responsabilidade de evitar o resultado (fuga), o delito pode ser cometido por omissão: é o caso do funcionário que deixa de trancar a cela, por exemplo. O objeto das condutas é a fuga definitiva ou temporária. Consideram-se todas as formas de prisão, provisória ou definitiva, inclusive em decorrência de flagrante delito. A medida de segurança se refere à internação em hospital de custódia e tratamento psiquiátrico, conforme disposição do art. 96, I, do CP. Não é necessário que o preso ou internado esteja recolhido ao estabelecimento prisional, podendo o crime se consumar numa viatura ao ser transportado ou até mesmo no corredor do fórum ao aguardar uma audiência. Basta que esteja sob a custódia de autoridade legal. Como elemento normativo do tipo, exige-se a legalidade da prisão ou medida de segurança, ou seja, que tenham sido emanadas via ordem judicial. Em hipótese de ilegalidade da medida privativa de liberdade, a tipicidade da conduta do agente está excluída por agir em legítima defesa do favorecido.

1.4. Elemento subjetivo

O dolo genérico, consistente na vontade livre e consciente de praticar uma das condutas descritas no tipo, promovendo ou facilitando a fuga de pessoa presa ou submetida a medida de segurança. A forma culposa está prevista no § 4º, na hipótese de inobservância do dever de ofício ou desatenção do funcionário incumbido da guarda ou custódia.

1.5. Qualificadoras

O § 1º deste artigo estabelece o aumento de pena (de 2 a 6 anos) quando o crime é cometido à "mão armada, ou por mais de uma pessoa, ou mediante arrombamento". O emprego de arma dificulta a defesa do funcionário encarregado da vigilância, justificando o aumento da pena. Entende-se por arma qualquer instrumento de poder ofensivo, valendo as armas próprias ou impróprias: revólver, fuzil, faca, bastão, pedra, caco de vidro etc. Não se exige a efetiva utilização da arma, bastando o poder intimidatório de sua ameaça. O concurso de pessoas, ao menos duas, também qualifica o crime em questão, em razão do aumento da gravidade da ameaça e da dificuldade de defesa do bem jurídico. O arrombamento significa destruição ou rompimento de obstáculo material existente para impedir a fuga e por isso qualifica o delito. Pode ser realizado de inúmeras formas, por exemplo, perfurando parede, serrando grade, quebrando porta, arrebentando cadeado etc.

O § 2º determina a aplicação da regra do concurso material (somam-se as penas dos crimes), "se o crime é praticado com emprego de violência contra pessoa". Ocorrendo a ação violenta contra pessoa, que pode variar desde as vias de fato até o homicídio, somam-se as penas correspondentes. A violência à coisa (material) é prevista no parágrafo anterior.

Na sequência, o § 3º qualifica o delito, aumentando a pena (1 a 4 anos) "se o crime é praticado por pessoa sob cuja custódia ou guarda está o preso ou o internado". Trata-se de crime próprio, do responsável legal pela vigilância, qualificado pela

41 "O legislador pátrio não pune a fuga de preso, isto é, não pune o preso que foge. Considera que o anseio à liberdade é insopitável e irreprimível no homem; tem em vista que o amor à liberdade é mesmo instintivo em todo indivíduo e, consequentemente, não sufragou a ideia de querer abafá-lo com ameaça de pena. Seguiu, aliás, a tradição de nossas leis" (NORONHA, op. cit., 2003, v. IV, p. 416).

violação de dever de ofício, razão pela qual a reprovabilidade pessoal é agravada na medida em que há um "aumento do desvalor da ação não apenas pela maior facilidade e pelo menor risco para a prática do crime, mas, fundamentalmente por frustrar a expectativa e confiança que a Administração Pública confiou a seu representante legal" (BITENCOURT, Cezar Roberto. *Tratado de direito penal*: Parte Especial, 2007, v. 5, p. 359). Entretanto, na hipótese de alguém do povo prender um criminoso em flagrante delito, mantê-lo em sua guarda e depois soltá-lo, não comete qualquer infração, pois não tem o dever legal de mantê-lo preso.

1.6. Forma culposa

Por último, o § 4º, prevê a forma culposa do delito, ao dispor: "No caso de culpa do funcionário incumbido da custódia ou guarda, aplica-se a pena de detenção, de 3 (três) meses a 1 (um) ano". Trata-se de crime próprio, do funcionário responsável pela custódia ou guarda. A fuga ocorre em razão da desatenção às regras do cuidado objetivo exigidas. A atividade de custódia ou guarda requer atenção especial inerente ao cargo, de modo que o vigilante não pode dormir ou deixar a cela destrancada, por exemplo.

1.7. Consumação e tentativa

Consuma-se o delito com o êxito da fuga de pessoa presa ou submetida a medida de segurança. A simples ação do sujeito ativo não é o suficiente para a consumação do delito, na medida em que o êxito somente ocorre no instante em que o fugitivo extrapola os limites da guarda ou vigilância. Admissível a tentativa quando a fuga, iniciada, não se concretiza: nas hipóteses em que o fugitivo é flagrado ao serrar a grade da janela ou ao escalar o muro do estabelecimento prisional, por exemplo.

1.8. Classificação

Crime comum (qualquer pessoa pode ser o sujeito ativo), com exceção dos §§ 3º e 4º (crime próprio da "pessoa sob cuja custódia ou guarda está o preso ou internado" ou do "funcionário incumbido da custódia ou guarda"), unissubjetivo (pode ser cometido por um sujeito ativo), material (exige-se resultado consistente no êxito da fuga), comissivo (nas ações de promover ou facilitar) ou omissivo (no caso em que o agente tem o dever de evitar a fuga), plurissubsistente, doloso e instantâneo. Admite-se a tentativa.

2. JURISPRUDÊNCIA

2.1. Súmula

Súmula n. 75, STJ: "Compete à Justiça Comum Estadual processar e julgar o policial militar por crime de promover ou facilitar a fuga de preso de estabelecimento penal".

2.2. Julgados

Facilitação de fuga de pessoa presa. Apreensão de equipamento. Ato preparatório

Crimes contra a Administração da Justiça. Facilitação de fuga de pessoa presa. Art. 351, c/c art. 14, ambos do CP. Tentativa. Inadmissibilidade. Broca de vídea utilizada para perfurar concreto apreendida antes de chegar às mãos do presidiário. Mero ato preparatório. Absolvição decretada. Recurso parcialmente provido para esse fim. (TJSP, Ap. n. 289.527-3/5-00, 6ª Câm. Criminal, rel. Debatin Cardoso, j. 13.04.2000)

Facilitação de fuga de pessoa presa. Crime comum

Promoção da fuga de pessoa presa. Crime comum, de natureza material. Confissão. Autoria, tipicidade e materialidade comprovadas. Extinção da punibilidade quanto ao crime de peculato. Prescrição. Modificação do regime prisional. Substituição da pena. Recurso parcialmente provido. O crime de facilitação ou promoção da fuga de pessoa presa ou submetida a medida de segurança é crime comum, que pode ser cometido por qualquer pessoa que tenha a guarda de preso. (TJMG, Ap. n. 1.0498.03.001366-4/001, 2ª Câm. Crim., rel. Herculano Rodrigues, j. 10.11.2005, *DJ* 25.11.2005)

Apelação criminal. Fuga de pessoa presa ou submetida a medida de segurança e roubo impróprio majorado. Uso de arma de fogo. Sentença condenatória em relação ao primeiro crime e absolutória no tocante ao roubo. Ministério Público aduz, em síntese, que o delito de roubo não foi mero intermédio para a fuga dos agentes encarcerados e sim delito autônomo pelo que não poderia ser considerado absorvido pelo crime do art. 351, do Código Penal. Subsidiariamente, pleiteia o reconhecimento do furto em concurso com o delito pelo qual o Recorrido foi condenado. Possibilidade. Seguro e claro arcabouço probatório. Apelantes reconhecidos pelos agentes penitenciários. Desígnios autônomos entre o roubo impróprio e a promoção de fuga de detentos. Dosimetria da pena-base fixada acima do mínimo, ante os maus antecedentes. Acusado reincidente. Presentes três causas de aumento. Fixação do regime inicial fechado. Recurso provido. (TJSP, Ap. n. 0005510-

06.2007.8.26.0145, 9ª Câm. de Direito Criminal, rel. Andrade Sampaio, j. 13.12.2018)

3. OBSERVAÇÕES

A exigência da legalidade da prisão, como elemento normativo do tipo, é formal e não substancial, portanto, "a conveniência ou não da medida não desnatura sua legalidade formal, suficiente para a configuração do crime em exame" (PRADO, Luiz Regis. *Curso de direito penal brasileiro*: Parte Especial, 2002, v. 4, p. 731). O preso que já cumpriu a sua pena não está legalmente preso, de modo que quem favorece sua fuga age em legítima defesa do favorecido. O menor inimputável não é objeto de prisão. Fica custodiado e sujeito à medida socioeducativa. Assim, aquele que promove ou facilita a fuga do menor inimputável custodiado não comete o delito deste artigo. Não se confunde com o delito de favorecimento pessoal (art. 348, CP), na qual o auxílio é prestado ao criminoso em liberdade com o fim de ajudá-lo a se furtar à ação da autoridade.

Evasão mediante violência contra a pessoa

Art. 352. Evadir-se ou tentar evadir-se o preso ou o indivíduo submetido a medida de segurança detentiva, usando de violência contra a pessoa:

Pena – detenção, de 3 (três) meses a 1 (um) ano, além da pena correspondente à violência.

1. COMENTÁRIO

1.1. Objetividade jurídica

O objeto jurídico é a administração da justiça. A tipificação penal da fuga do preso ou internado mediante violência tutela o interesse da justiça em garantir o cumprimento de suas decisões e o regular desenvolvimento da atividade judicial, figurando como objeto material a pessoa agredida, protegida em sua incolumidade física.

1.2. Sujeitos

Sujeito ativo próprio: somente o preso ou a pessoa submetida a medida de segurança detentiva. Sujeito passivo é o Estado, titular da administração da justiça e, secundariamente, a pessoa que sofre a violência.

1.3. Análise da(s) conduta(s) descrita(s) no tipo

O art. 352 estabelece como conduta incriminada "evadir-se ou tentar evadir-se" o preso ou internado, de modo a equiparar a tentativa da consumação. Evasão, aqui, tem sentido de fuga, extrapolando os limites de guarda ou vigilância. Não importa se o sujeito está recolhido no estabelecimento prisional ou fora dele, pois "é irrelevante estar o preso efetivamente recolhido ao estabelecimento carcerário correspondente (*v. g.*, em penitenciária, cadeia, presídio) ou sendo para ele conduzido (*v. g.*, em viatura ou escoltado pela autoridade policial) ou transportado para local distinto (*v. g.*, fórum, transferência de presídio)" (PRADO, Luiz Regis. *Curso de direito penal brasileiro*: Parte Especial, 2002, v. 4, p. 740; no mesmo sentido, BITENCOURT, Cezar Roberto. *Tratado de direito penal*: Parte Especial, 2009, v. 5, p. 362-3). Em sentido contrário: "o agente deve estar encarcerado no estabelecimento carcerário ou de segurança. Se a fuga ocorre extra muros, eximindo-se violentamente o agente ao poder de quem o conduz ou transporta, o crime serão de resistência (art. 329)" (HUNGRIA, Nélson. *Comentários ao Código Penal*, 1959, v. IX, p. 520). Pode ser o preso (em qualquer modalidade de prisão) ou indivíduo submetido a medida de segurança detentiva, estando implícita a legalidade da medida restritiva de liberdade. Como elemento normativo do tipo, exige-se o uso de violência contra pessoa. A violência deve ser física (vias de fato até homicídio) e contra pessoa responsável pela guarda, hipótese em que incidirá, conforme comando normativo, o acréscimo da pena correspondente à ação violenta (concurso material de penas). Salienta-se que a evasão sem violência é atípica.

1.4. Elemento subjetivo

O dolo específico, consistente na vontade de fugir, com o uso de violência física contra pessoa. Exige-se o fim especial de evadir-se da prisão, pois a fuga pode ser motivada por outras razões além do desejo de evasão.

1.5. Consumação e tentativa

A ação física do delito consiste em "evadir-se" ou "tentar evadir-se", "usando de violência contra pessoa", de modo a equiparar a tentativa ao crime consumado. Assim, o crime se consuma com a efetiva violência contra pessoa com a finalidade de fuga. Se o preso agride um agente penitenciário, inicia fuga, mas é pego por outro agente, o crime se consumou, uma vez que tentou evadir-se mediante violência contra pessoa.

Assim, não se admite a tentativa, pois esta se equipara à forma consumada.

1.6. Classificação

Crime próprio (somente o preso ou o internado), unissubjetivo (pode ser cometido por um sujeito ativo), material (exige-se resultado naturalístico: violência contra pessoa), comissivo (ação violenta), plurissubsistente (pode ser praticado com mais de um ato), doloso e instantâneo.

2. JURISPRUDÊNCIA

2.1. Julgados

Evasão mediante violência contra pessoa. Desnecessária comprovação de lesão corporal

Direito penal. Evasão mediante violência contra pessoa. Lesões corporais. Desnecessidade. Coação irresistível. Alegação improcedente. Participação de menor importância. Descabimento. 1. Desnecessária a prova das lesões corporais para caracterizar o delito do art. 352 do CP, bastando restar demonstrado que houve efetiva agressão ao carcereiro. 2. Se o agente policial foi derrubado e imobilizado com violência, não há falar em mera ameaça. 3. Para incidir a excludente da coação irresistível, o dano cominado deve ser real e imediato, o que não restou evidenciado na hipótese dos autos. 4. Se o apelante era o responsável para conduzir os demais à saída da cidade, tendo contribuído com a fuga e se aproveitado da violência por todos perpetrada para também evadir-se do cárcere, responde efetivamente na condição de coautor do delito, não se afigurando participação de menor importância. (TRF-4ª Região, Ap. Crim. n. 2003.70.04.002242-3/PR, 8ª T., rel. Elcio Pinheiro de Castro, j. 26.08.2005, *DJ* 09.11.2005)

Evasão mediante violência contra pessoa. Atipicidade do fato

Apelação criminal. Evasão mediante violência contra pessoa. Atipicidade do fato. Absolvição. Impossibilidade. Autoria e materialidade devidamente comprovadas. A violência é elemento objetivo do tipo penal do art. 352 do CP. Assim, não há falar-se em atipicidade do delito quando se tratar de disparo de arma de fogo contra a vítima. Improvimento do recurso que se impõe. (TJMG, Ap. n. 1.0647.04.041450-8/001, 3ª Câm. Crim., rel. Antonio Carlos Cruvinel, j. 22.05.2007, *DJ* 18.07.2007)

Tentativa de evasão mediante violência contra a pessoa e lesão corporal contra integrante do sistema prisional (art. 352 e art. 129, § 12, ambos do CP). Condenação das rés [...] às penas de três (3) meses e onze dias de detenção, em regime aberto, quatro (4) meses e dezesseis (16) dias de detenção, em regime semiaberto, e três (3) meses e quinze (15) dias de detenção, em regime aberto, respectivamente. 1) apelo da acusada [...] não conhecido. Ausência de impugnação específica aos fundamentos da sentença. Mera reprodução literal das alegações finais. Ofensa ao princípio da dialeticidade. Recursos das rés [...]. 2) absolvição pautada na atipicidade da conduta e insuficiência probatória. Desacolhimento. Conjunto probatório que demonstra de forma suficiente a prática dos elementos típicos da lesão corporal e evasão mediante violência contra a pessoa. Materialidade e autoria comprovadas. Palavra da vítima em conformidade com as demais provas colhidas. Condenação mantida. 3) crime impossível por absoluta impropriedade do meio. Alegação de que as chaves que estariam na posse do agente carcerário não seriam capazes de abrir todos os portões necessários. Descabimento. Tentativa de evasão que somente não se concretizou em razão da eficaz e pronta intervenção policial. 4) pleito de aplicação do princípio da consunção. Lesão corporal que teria sido meio para possibilitar a fuga. Rejeição. Preceito secundário do art. 352 do CP que prevê expressamente a aplicação da pena correspondente à violência. Concurso material obrigatório. Recurso [...] não conhecido e apelos [...] desprovidos. (TJPR, Rec. n. 0016586-79.2019.8.16.0017/Maringá, 1ª Câm. Criminal, rel. Des. Miguel Kfouri Neto, j. 22.10.2022, *DJPR* 24.10.2022)

Habeas corpus. Impetração originária. Substituição ao recurso ordinário cabível. Impossibilidade. Tentativa de homicídio qualificado. Cárcere privado. Receptação. Evasão mediante violência contra a pessoa. Prisão preventiva decretada em sede de pronúncia. Excesso de prazo posterior à aptidão da peça acusatória para o júri. Designação da sessão plenária. Julgamento para data próxima. Eventual delonga superada. Observância ao princípio da razoabilidade. Requisitos do art. 312 do CPP. Presença. Circunstâncias do delito. Gravidade concreta. Histórico criminal do réu. Risco efetivo de reiteração. Periculosidade social. Necessidade de acautelamento da ordem pública. Custódia justificada e necessária. Apontada nulidade da sentença de pronúncia e suspensão do benefício da progressão ao regime semiaberto conquistado em outro processo. Supressão de instância. Coação ilegal não evidenciada. *Writ* não conhecido. 1. O STF passou a não mais admitir o manejo do *habeas corpus* originário em substituição ao recurso ordinário cabível, entendimento que foi aqui adotado, ressalvados os casos de flagrante ilegalidade, quando a ordem poderá ser concedida de ofício. 2. Eventual retardo na tramitação processual posterior à aptidão da peça acusatória para o Júri encontra-se superado diante das circunstâncias do caso concreto, especialmente em se considerando que a sessão plenária foi designada para ser realizada em data próxima, qual seja, o dia 09.03.2017. 3. Não há ilegalidade na manutenção da prisão preventiva quando demonstrado, com base em fatores concretos, que a segregação se mostra necessária, dada a gravidade da conduta incriminada e o histórico criminal do agente. 4. Caso em que o paciente/impetrante foi pronunciado por tentativa de homicídio qualificado praticado com o fim de assegurar a execução, a ocultação, a impunidade ou a vantagem em outro crime, cárcere privado (por três vezes), evasão mediante violência contra a pessoa e receptação, porque, juntamente com outros três indivíduos, tentou fugir do presídio onde encontrava-se recluso, disfarçando-se de mulher, tendo efetuado disparos de arma de fogo contra dois agentes carcerários, após mantê-los sob ameaça em situação de cárcere privado, não logrando êxito por razões alheias a sua vontade. 5. O fato de o agente ostentar diversos registros criminais é circunstância que revela sua periculosidade social e a inclinação à prática de crimes, demonstrando a real possibilidade de que, solto, volte a delinquir, autorizando a preventiva. 6. Impossível a apreciação diretamente por esta Corte Superior de Justiça, sob pena de se incidir em indevida supressão de instância, das teses de nulidade da sentença de pronúncia e da possibilidade do acusado permanecer segregado no regime semiaberto conquistado na execução de pena oriunda de outro processo, tendo em vista que tais questões não foram analisadas no aresto combatido. 7. *Habeas corpus* não conhecido. (STJ, *HC* n. 291.497/SP, 5ª T., rel. Min. Jorge Mussi, j. 14.02.2017, *DJe* 03.03.2017)

Evasão mediante violência contra pessoa. Caracterização

Evasão mediante violência contra pessoa, lesão corporal, resistência e ameaça. Impossibilidade de concurso material entre evasão com violência e resistência, quando existe apenas uma conduta. Não pratica o delito de resistência, tipo do art. 329, mas os previstos nos arts. 352 e 129 do CP, aquele que pretendendo fugir da prisão, utiliza violência física contra os policiais dispostos na cadeia para impedir a fuga, causando-lhes lesões corporais. No caso, não há sequer possibilidade de se reconhecer a prática de duas condutas distintas, uma para se opor à pratica de ato legal e outra dirigida ao objetivo de livrar-se da prisão. A promessa feita aos policiais, de causar-lhes mal injusto e grave, feita oralmente após frustrada a fuga, caracteriza outra conduta, e sendo crime, correta a aplicação da regra do concurso material. Recurso parcialmente provido para afastar a incidência do crime de resistência. (TJMG, Ap. n. 1.0024.03.150316-2/001, 1ª Câm. Crim., rel. Sergio Braga, j. 07.11.2006, *DJ* 14.11.2006)

3. OBSERVAÇÕES

Por se tratar de delito em que a forma tentada se equipara à consumada, o julgador deve levar em consideração esta diferença ao dosar a pena. E, por esta mesma razão, discute-se a respeito da constitucionalidade do artigo em comento, no que tange ao princípio da razoabilidade (sobre o tema, ver comentário de BITENCOURT, op. cit., 2009, v. 5, p. 365).

Arrebatamento de preso

Art. 353. Arrebatar preso, a fim de maltratá-lo, do poder de quem o tenha sob custódia ou guarda:

Pena – reclusão, de 1 (um) a 4 (quatro) anos, além da pena correspondente à violência.

---

1. COMENTÁRIO

1.1. Objetividade jurídica

O objeto jurídico é a administração da justiça e a incolumidade física do preso arrebatado. A tipificação penal do "arrebatamento de preso" tutela o interesse da justiça em garantir o cumprimento de suas decisões e o regular desenvolvimento da atividade judicial, bem como a integridade física de quem está sob custódia ou guarda do Estado.

1.2. Sujeitos

Sujeito ativo pode ser qualquer pessoa, tratando-se de crime comum. O arrebatamento de preso pode ser cometido por uma ou por várias pessoas. Até mesmo a vítima do encarcerado pode ser o sujeito ativo. Sujeito passivo é o Estado, titular da administração da justiça, bem como o preso maltratado. Não se inclui a figura do internado a medida de segurança, como previsto nos artigos anteriores.

1.3. Análise da(s) conduta(s) descrita(s) no tipo

O art. 353 do CP estabelece como núcleo do tipo o verbo "arrebatar", no sentido de arrancar, tirar à força ou retirar com violência sobre pessoa ou coisa. O objeto material é a pessoa presa. Vale todas as modalidades de prisão, seja definitiva ou cautelar, inclusive a prisão em flagrante delito. Não inclui o internado submetido a medida de segurança. Como elemento normativo do tipo, exige-se que o preso esteja sob a custódia do poder estatal, podendo estar dentro ou fora do estabelecimento prisional (sendo transportado, por exemplo). Não importa se a prisão é ilegal, na medida em que a finalidade do sujeito ativo é maltratar o preso e não livrá-lo de uma ilegalidade. Os maus-tratos vão desde as vias de fato até o homicídio, observando a figura do "linchamento" em alguns casos. Pune-se com a regra do concurso material, somando-se as penas do arrebatamento mais a da violência cometida (pena – 1 a 4 anos mais, além da pena correspondente à violência).

1.4. Elemento subjetivo

O dolo específico consistente na vontade de maltratar o preso, arrebatando-o de quem o tenha sob custódia ou guarda. Não há forma culposa.

1.5. Consumação e tentativa

Consuma-se o delito com o arrebatamento, ou seja, com a retirada forçada do preso. Não é necessário que haja a violência, na medida em que esta ocorrência apenas exaure o delito. Nesse caso, a violência cometida influenciará no cálculo da pena. Admite-se a tentativa.

1.6. Classificação

Crime comum (qualquer pessoa pode ser o sujeito ativo), formal (não exige resultado naturalístico para sua consumação), unissubjetivo (pode ser cometido por um sujeito ativo), comissivo (ação: arrebatar), e, eventualmente, omissivo (no caso em que o agente tem o dever de evitar o resultado), plurissubsistente (pode ser cometido por com mais de um ato), instantâneo e doloso. Admite-se a tentativa.

2. JURISPRUDÊNCIA

Habeas corpus. Prisão domiciliar. Mulher com filho menor de doze anos (CPP, art. 318, V). Tráfico de drogas. Organização criminosa. Posse de artefato explosivo. Paciente mantida em companhia do filho no presídio. Não é devida a substituição da prisão preventiva por prisão domiciliar, na hipótese de mulher com filho menor de 12 anos de idade, se a agente foi presa em razão da prática de tráfico de drogas, organização criminosa e posse de explosivos; se os artefatos se destinavam, em tese, a ação violenta para efetuar o arrebatamento de um preso; e se, no estabelecimento prisional, a paciente é mantida em companhia de sua prole, em ala destinada a essa finalidade, e recebe a assistência que sua condição demanda. Ordem denegada. (TJSC, Processo n. 5002327-81.2023.8.24.0000, 2ª Câm. Criminal, rel. Sérgio Rizelo, j. 31.01.2023)

3. OBSERVAÇÕES

As legislações penais pátrias anteriores, o Código Penal do Império (1830) e o Código Penal de 1890, incriminavam o arrebatamento de preso quando realizado por meio de arrombamento ou acometimento do estabelecimento prisional: "fazer arrombamento, ou acometer qualquer prisão, com força, para maltratar os presos". Assim, limitava-se a conduta típica para o preso efetivamente recolhido (dentro do estabelecimento prisional). O atual CP (1940) ampliou a possibilidade de tipificação, ao exigir apenas que o preso esteja sob custódia ou guarda de autoridade, ou seja, em qualquer lugar, inclusive fora do estabelecimento prisional.

Motim de presos

Art. 354. Amotinarem-se presos, perturbando a ordem ou disciplina da prisão:

Pena – detenção, de 6 (seis) meses a 2 (dois) anos, além da pena correspondente à violência.

---

1. COMENTÁRIO

1.1. Objetividade jurídica

Objeto jurídico é a administração da justiça. A tipificação penal do "motim de presos" tutela o interesse da justiça em garantir o cumprimento de suas decisões e o regular desenvolvimento da atividade judicial, figurando como objeto material "a ordem ou disciplina da prisão".

1.2. Sujeitos

Sujeito ativo próprio: os presos, exigindo-se a participação coletiva ("presos"). Embora não conste no tipo um número mínimo de sujeitos ativos, o amotinamento somente se perfaz com a participação significativa de presos capaz de perturbar a ordem e disciplina da prisão. Sujeito passivo é o Estado, titular da administração da Justiça e, eventualmente, a vítima da violência dos amotinados.

1.3. Análise da(s) conduta(s) descrita(s) no tipo

O art. 354 do CP estabelece como núcleo do tipo o verbo *amotinar-se*, no sentido de levantar-se de forma rebelde, dando início ao movimento coletivo de desordem e indisciplina carcerária. O motim não se confunde com meros atos de indisciplina ou desobediência, pois é "um movimento coletivo de rebeldia dos presos, seja para o fim de justas ou injustas reivindicações, seja para coagir funcionários a tal ou qual medida, ou para tentativa de evasão, ou para objetivos de pura vingança" (HUNGRIA, Nélson. *Comentários ao Código Penal*, 1959, v. IX, p. 522). Assim, o elemento normativo do tipo "perturbando a ordem ou disciplina da prisão" requer uma ação coletiva e violenta contra pessoa ou coisa capaz de alterar a normalidade da atividade prisional, seja quebrando paz interna (ordem) ou desrespeitando as regras disciplinares (disciplina). O núcleo verbal vem no plural ("amotinarem-se"), exigindo-se, assim, a participação considerável de presos apta a causar um tumulto. Pode ser o preso definitivo (condenado) ou provisório, inclusive o decorrente de flagrante delito. Exclui-se o internado por medida de segurança, em razão da ausência de plena capacidade cognitiva.

1.4. Elemento subjetivo

Dolo genérico consistente na vontade de amotinarem-se, com a consciência da perturbação da ordem e disciplina carcerária. Irrelevantes os motivos, justos ou injustos, do motim. Não há previsão de forma culposa.

1.5. Consumação e tentativa

Consuma-se o delito com a perturbação da ordem ou disciplina da prisão. Aplica-se a regra do concurso material em caso de violência contra pessoa ou coisa que resulte em outro crime. Admite-se a tentativa.

1.6. Classificação

Crime próprio (sujeito ativo só pode ser o preso), plurissubjetivo (necessidade de mais de um sujeito ativo), material (exige resultado naturalístico: perturbação da ordem e disciplina da prisão), instantâneo, comissivo (quebrar móveis) ou omissivo (não atender comando de voltar à cela), uni ou plurissubsistente (pode ser praticado com um ou vários atos), instantâneo (resultado imediato) e doloso. Admite-se a tentativa.

2. JURISPRUDÊNCIA

2.1. Julgados

Motim de presos. Configuração do delito

Motim de presos. *Quorum* mínimo necessário de três agentes para a configuração do delito. Ocorrência. O *quorum* mínimo necessário para a configuração do crime do art. 354 do CP é de três agentes, pois no Estatuto Penal inexiste menção expressa do número mínimo de pessoas, sendo certo que o referido diploma legal manifesta-se expressamente quando se contenta com a participação de duas pessoas na realização da conduta. (TACrimSP, Ap. n. 1.169.283/2, 5ª Câm., rel. Pedro de Alcântara, j. 15.03.2000)

Motim de presos. Atipicidade da conduta

Apelação criminal. Motim de presos. Condenação. Absolvição do terceiro agente denunciado, com trânsito em julgado para a acusação. Imputação delitiva que recai sobre apenas dois detentos. Atipicidade da conduta. Doutrina e jurisprudência prevalentes. Impossibilidade da configuração do delito de motim sem um mínimo de três envolvidos. Procedência do pedido de absolvição. Recurso conhecido e provido, com a extensão de seus efeitos ao corréu também condenado. (TJMG, Ap. n. 1.0110.03.000143-9/001, 1ª Câm. Crim., rel. Marcia Milanez, j. 19.04.2005, *DJ* 27.04.2005)

Motim de presos e crime de dano

Revisão criminal. Motim de presos e dano qualificado. Sentença condenatória de primeiro grau transitada em julgado sem interposição de recurso. Defesa pede a aplicação do princípio da consunção. Inatendível. Não é hipótese de consunção. Crime de dano não constituiu meio necessário para a prática do outro delito, motim de presos. Crimes autônomos e independentes. Pedido revisional indeferido. (TJSP, Rev. Crim. n. 990.08.197103-8, 1º Grupo de Câm. Criminais, rel. Péricles Piza, j. 14.09.2009)

Recurso em *habeas corpus*. Motim de presos. Art. 354 do CP. Abrangência daqueles que cumprem medida socioeducativa. Possibilidade. Precedentes. 1. Discute-se se a prática da conduta descrita no art. 354 do Código Penal abrange ou não quem cumpre medida socioeducativa. 2. A decisão proferida pelo Tribunal de origem encontra-se em perfeita sintonia com a jurisprudência desta Corte Superior de Justiça, que entende ser possível que se estenda a prática de motim a socioeducando cumprindo pena em unidade destinada à submissão a medida socioeducativa de internação. 3. Da doutrina, colhe-se que o termo preso abrange a todos, excluindo apenas as pessoas sujeitas à medida de segurança detentiva. 4. Recurso em *habeas corpus* improvido. (STJ, RHC n. 127.982/DF, 6ª T., rel. Min. Sebastião Reis Júnior, j. 14.06.2022, *DJe* 23.06.2022)

3. OBSERVAÇÕES

Em nossa legislação, o crime de "motim de presos" só passou a ser tipificada no CP atual (1940). Antes, não havia tipificação penal dessa conduta. Em geral, o motim de presos ocorre em razão de reivindicações acerca das deficiências do sistema carcerário. Alimentação de baixa qualidade, superlotação, instalações precárias e tratamento inadequado são as principais causas dos levantes. Por outro lado, rivalidades entre facções aumentam os conflitos internos e a possibilidade de motim.

Patrocínio infiel

Art. 355. Trair, na qualidade de advogado ou procurador, o dever profissional, prejudicando interesse, cujo patrocínio, em juízo, lhe é confiado:

Pena – detenção, de 6 (seis) meses a 3 (três) anos, e multa.

Patrocínio simultâneo ou tergiversação

Parágrafo único. Incorre na pena deste artigo o advogado ou procurador judicial que defende na mesma causa, simultânea ou sucessivamente, partes contrárias.

---

1. COMENTÁRIO

1.1. Objetividade jurídica

Objeto jurídico é a administração da justiça. A tipificação penal do "patrocínio infiel" tutela o interesse da justiça em garantir o regular desenvolvimento da atividade judicial, impondo à função pública do advogado ou do procurador o dever de fidelidade ao patrocínio judicial, sob pena de sanção criminal. O preceito constitucional é estabelecido pelo art. 133 da CF/88: "o advogado é indispensável à administração da justiça".

1.2. Sujeitos

Sujeito ativo próprio: advogado ou procurador judicial, incluindo-se o estagiário. Advogado é o bacharel em direito inscrito na OAB (art. 3º, Lei n. 8.906/94), e procuradores são "os integrantes da Advocacia-Geral da União, da Procuradoria da Fazenda Nacional, da Defensoria Pública e das Procuradorias e Consultorias Jurídicas dos Estados, do Distrito Federal, dos Municípios e das respectivas entidades de administração indireta e fundacional" (art. 3º, § 1º, Lei n. 8.906/94). A previsão legal do estagiário está no art. 3º, § 2º, da Lei n. 8.906/94. Sujeito passivo é o Estado, titular da administração da justiça, bem como o cliente prejudicado pela infidelidade do patrocínio.

1.3. Análise da(s) conduta(s) descrita(s) no tipo

O art. 355, *caput*, do CP estabelece como núcleo do tipo o verbo "trair", no sentido de ser desleal ao dever profissional ou enganar o cliente.

1.4. Figura equiparada

O parágrafo único incrimina à mesma pena o "patrocínio simultâneo" (defender na mesma causa) ou "tergiversação" (defender sucessivamente) de partes contrárias. Partes contrárias são titulares de interesses antagônicos numa mesma relação jurídico-processual. No primeiro caso (patrocínio simultâneo) há a defesa de partes contrárias ao mesmo tempo e, no segundo (tergiversação), o advogado ou procurador patrocina interesse da parte contrária após se desligar ou ser dispensado da outra. Além do preceito constitucional do art. 133 da CF/88, o delito em questão ("patrocínio infiel") encontra respaldo no EAOAB (Lei n. 8.906/94), o qual impõe em seu art. 33, dentre outros deveres inerentes ao advogado, a obrigação de fidelidade ao cliente. Assim, trai o advogado ou procurador que não cumpre seu mandato judicial no legítimo interesse de seu cliente, o enganando por meio de ato ou manobra jurídica que o prejudique (por exemplo: fazer acordo ou revelar segredo profissional à parte contrária ou, ainda, deixar de cumprir prazo processual). Destaca-se a necessidade de um interesse legítimo do cliente, uma vez que a pretensão ilegítima não possui a proteção legal. Como elemento normativo do tipo, exige-se que haja prejuízo concreto ao cliente, seja moral ou patrimonial. Caso não haja efetivo prejuízo à parte, o crime não se tipifica, restando a reprovação ética da conduta profissional passível de punição no respectivo órgão de classe. Indispensável também que o prejuízo decorra da inobservância do dever profissional, ou seja, em razão de conduta praticada "em juízo", conforme determina o texto legal. Tratando-se de interesse disponível, o consentimento do cliente exclui a tipicidade (o que não ocorre no âmbito penal por tratar de interesse indisponível). Irrelevante a remuneração ou gratuidade do mandato, bem como se contratado ou nomeado judicialmente, pois o dever de fidelidade engloba todas as formas de patrocínio judicial. Não se exige a formalidade do mandato, bastando que haja a postulação em juízo, aferindo a real relação patrono-cliente.

1.5. Elemento subjetivo

Dolo genérico, consistente na vontade consciente de atuar judicialmente de forma infiel ou de patrocinar interesses antagônicos numa mesma causa judicial. Não há previsão de modalidade culposa, de modo que a negligência, a imperícia ou a imprudência profissional não tipificam o crime, embora sejam passíveis de sanção ético-disciplinar.

1.6. Consumação e tentativa

Consuma-se o delito de "patrocínio infiel" com o efetivo prejuízo ao cliente, resultado da conduta processual infiel. No caso do "patrocínio simultâneo" ou da "tergiversação", a consumação se dá com o ato judicial prejudicial à parte contrária, não se exigindo o resultado material. Admite-se a tentativa.

1.7. Classificação

Crime próprio (sujeito ativo só pode ser o advogado ou o procurador), unissubjetivo (pode ser praticado por um sujeito ativo), material no *caput* (exige resultado naturalístico: prejuízo) ou formal nas condutas do parágrafo único (mera conduta), instantâneo, comissivo ou omissivo (ação ou omissão), plurissubsistente (pode ser praticado com um ou vários atos), instantâneo (resultado imediato), doloso. Admite-se a tentativa.

2. JURISPRUDÊNCIA

2.1. Julgados

Patrocínio simultâneo. Atipicidade da conduta

Penal. Patrocínio simultâneo. Art. 355, parágrafo único, do CP. Atipicidade da conduta. Absolvição mantida. Art. 386, III, do CPP. 1. O crime de patrocínio simultâneo pressupõe a efetiva prática de ato processual (omissivo ou comissivo) em prol de interesses de partes contrárias, porquanto o núcleo do tipo em comento é defender (no sentido de postular). Assim, a simples juntada de instrumento de mandato que habilite o advogado a atuar em determinado processo judicial, por não se constituir, de per si, num ato de defesa em si , não viola o bem jurídico tutelado pela norma penal incriminadora (art. 355, parágrafo único, do CP). 2. Ausência de tipicidade objetiva que se reconhece. Absolvição mantida (art. 386, III, do CPP). (TRF-4ª Região, Ap. Crim. n. 2004.70.02.004129-5/PR, 8ª T., rel. Paulo Afonso Brum Vaz, j. 18.11.2009, *DJ* 26.11.2009)

Patrocínio infiel. Atipicidade da conduta

Recurso criminal em sentido estrito. Patrocínio infiel. Art. 355 do CP. Elementos normativos do tipo não caracterizados. Ameaça e estelionato. Arts. 147 e 171 do mesmo diploma. Ausência de prejuízo por parte da união. Declinação da competência para o juízo estadual. Ainda que admitida a ocorrência de prejuízo aos clientes dos acusados, esse não adveio da atuação dos causídicos durante o processo, mas de possível ardil por eles montado quando da assinatura dos contratos de honorários advocatícios. Não houve a prática do verbo núcleo do tipo (trair) nas condições impostas pelos seus elementos normativos (o dever profissional em juízo). A assinatura do contrato dos honorários não implicou a utilização da Justiça Federal, porquanto a prática do estelionato foi anterior ao ajuizamento das ações. Configurando-se prejuízo apenas de particulares, e não da União – falece competência à Justiça Federal para apreciar e julgar os delitos de ameaça e estelionato. Recurso em sentido estrito a que se nega provimento. (TRF-4ª Região, RESE n. 2004.72.06.000917-2/SC, 7ª T., rel. Maria de Fátima Freitas Labarrère, j. 28.11.2006, *DJ* 06.12.2006)

Penal. Recurso especial. Corrupção passiva e patrocínio infiel. Absolvição. Atipicidade da conduta. Não ocorrência de traição. Recurso especial improvido. 1. Na hipótese dos autos, não ficou configurado o crime de corrupção passiva, uma vez que a conduta atribuída à acusada não foi por ela praticada durante o exercício de função pública, haja vista a extinção de seu contrato de prestação de serviços com a administração pública municipal anos antes do fato. 2. Para a caracterização do delito de patrocínio infiel, deve haver a traição do dever profissional. Na espécie, a orientação errônea e aventureira da acusada ao seu cliente configura, no máximo, infração ética, e não o crime de patrocínio infiel. 3. Recurso especial improvido. (STJ, REsp n. 1.716.072/MG, 6ª T., rel. Min. Sebastião Reis Júnior, j. 15.03.2018, *DJe* 30.04.2018)

3. OBSERVAÇÕES

O abandono da causa criminal que não cause efetivo prejuízo ao cliente não configura o delito de patrocínio infiel, estando sujeito apenas à sanção ética do respectivo órgão de classe.

Sonegação de papel ou objeto de valor probatório

Art. 356. Inutilizar, total ou parcialmente, ou deixar de restituir autos, documento ou objeto de valor probatório, que recebeu na qualidade de advogado ou procurador:

Pena – detenção, de 6 (seis) meses a 3 (três) anos, e multa.

---

1. COMENTÁRIO

1.1. Objetividade jurídica

Objeto jurídico é a administração da justiça. A tipificação penal da "sonegação de papel ou objeto de valor probatório" tutela o interesse da justiça em garantir o regular desenvolvimento da atividade judicial, na medida em que busca a preservação dos elementos probatórios, permitindo ao judiciário a prolação de uma decisão segura.

1.2. Sujeitos

Sujeito ativo próprio: advogado ou procurador judicial, inclusive o estagiário. Advogado é o bacharel em direito inscrito na OAB (art. 3º, Lei n. 8.906/94), e procuradores são "os integrantes da Advocacia-Geral da União, da Procuradoria da Fazenda Nacional, da Defensoria Pública e das Procuradorias e Consultorias Jurídicas dos Estados, do Distrito Federal, dos Municípios e das respectivas entidades de administração indireta e fundacional" (art. 3º, § 1º, Lei n. 8.906/94). A previsão legal do estagiário está no art. 3º, § 2º, Lei n. 8.906/94. Sujeito passivo é o Estado, titular da administração da Justiça, bem como a pessoa prejudicada pela sonegação da prova judicial.

1.3. Análise da(s) conduta(s) descrita(s) no tipo

O art. 356 estabelece alternativamente duas condutas que tipificam o crime de "sonegação de papel ou objeto de valor probatório": "inutilizar" ou "deixar de restituir". Inutilizar é a modalidade comissiva do delito e consiste em destruir ou anular por qualquer meio os autos, documento ou objeto de valor probatório. Conforme texto legal, a inutilização pode ser total ou parcial, de modo a equiparar a consumação à tentativa. Assim, a destruição, a mancha, o recorte, que torne a prova imprestável, são exemplos desta forma comissiva de conduta. "Deixar de restituir" é a modalidade omissiva e consiste em sonegar ou reter, mantendo em seu poder. Para a caracterização do crime é imprescindível que haja a regular intimação ao advogado para devolução, pois, tratando-se de crime doloso, a negligência (esquecer) não é tipificada. O objeto material é representado pelos "autos, documento ou objeto de valor probatório". "Autos" é o conjunto de peças que formam um processo; "documento" é o papel ou instrumento para fins probatórios e "objeto de valor probatório" pode ser qualquer coisa material utilizado como prova judicial. Como elemento normativo do tipo, exige-se que o objeto material tenha sido entregue em confiança ao advogado ou procurador judicial. É crime próprio, cujo sujeito ativo só pode ser o advogado ou procurador judicial. Há tipificação penal específica para o sujeito ativo particular (supressão de documento, art. 305, CP) ou funcionário público (extravio, sonegação ou inutilização de livro ou documento, art. 314, CP).

1.4. Elemento subjetivo

Dolo genérico, consistente na vontade de inutilizar ou deixar de restituir os autos, documento ou objeto de valor probatório que recebeu na qualidade de advogado ou procurador. Não há previsão de modalidade culposa.

1.5. Consumação e tentativa

Consuma-se o delito, na modalidade "inutilizar", no momento em que a prova se torna imprestável. Admite-se a tentativa. Na modalidade "deixar de restituir", a consumação ocorre 24 horas após a intimação legal para devolução do objeto material (conforme preceito do art. 196, CC). Nessa modalidade omissiva não se admite a tentativa.

1.6. Classificação

Crime próprio (sujeito ativo só pode ser o advogado ou o procurador), unissubjetivo (pode ser cometido por um sujeito ativo), material na modalidade "inutilizar" (exige resultado naturalístico: inutilidade da prova) e formal na modalidade "deixar de restituir" (não exige resultado naturalístico), instantâneo, comissivo (ação inutilizar) ou omissivo (deixar de restituir), plurissubsistente (pode ser praticado com um ou vários atos), instantâneo (resultado imediato), doloso. Admite-se a tentativa na modalidade comissiva inutilizar.

2. JURISPRUDÊNCIA

2.1. Julgados

Retenção dos autos por advogado. Atipicidade

Apelação criminal. Art. 356 do CP. Retenção de autos por advogado. Atraso na devolução após intimação. Ausência de dolo. Negligência. Absolvição mantida. I – O crime definido no art. 356 do CP exige para sua caracterização o dolo genérico, que consiste na vontade conscientemente dirigida a reter os autos que recebeu na qualidade de advogado. II – A negligência quanto ao retardamento da devolução de processo a cartório, ainda que grave, não configura o delito imputado. (TJMG,

Ap. n. 1.0024.07.593048-7/001, 5ª Câm. Crim., rel. Adilson Lamounier, j. 23.02.2010, *DJ* 08.03.2010)

Art. 356, CP. Documento irrelevante juridicamente. Não caracterização

Habeas corpus. Advogado. Sonegação de papel ou objeto de valor probatório (art. 356, CP). Denúncia inepta. Trancamento da ação penal. 1. Exige-se, para a tipificação do delito previsto no art. 356 do CP, que o documento ou objeto de valor probatório tenha relevância jurídica. É inepta a denúncia omissa na descrição dessa circunstância. 2. Ainda que apta a denúncia, ausente estaria a justa causa para a ação penal. Os documentos a que se refere eram do interesse exclusivo de seu constituinte, entranhados nos autos de ação cível da qual desistira antes de o juiz determinar a citação do réu. (TJDFT, *HC* n. 2004.00.2.002935-1, 2ª T. Crim., rel. Getulio Pinheiro, j. 13.05.2004)

Penal e processo penal. Recurso em mandado de segurança. 1. Assistente de acusação. Ingresso indeferido. Ausência de legitimidade. Crime do art. 356 do Código Penal. Sonegação de papel ou objeto de valor probatório. Crime contra a administração da Justiça. Pessoa jurídica que não é a vítima. 2. Bem jurídico tutelado. 3. Art. 268 do CPP. Rol taxativo. Precedentes desta Corte. Eventual interesse econômico. Discussão em sede própria. Ausência de direito líquido e certo. 4. Recurso em mandado de segurança a que se nega provimento. 1. É verdade que o instituto da assistência à acusação está ligado à "visão democrática do Estado e do processo e com a capacidade dele ser um instrumento hábil a viabilizar o controle, em caráter complementar àquele exercido pelo Poder Judiciário, da atividade acusatória do Ministério Público". Contudo, para o deferimento da habilitação mostra-se imprescindível o preenchimento dos requisitos legais correspondentes. Assim, "para que alguém – pessoa física ou jurídica – possa ingressar no feito como assistente de acusação, deve demonstrar, nos termos do disposto no art. 268 do Diploma Processual Penal, ser titular do bem jurídico lesado ou posto em perigo pela conduta típica, o que, *in casu*, não ocorre". 2. Na hipótese vertente, cuida-se do delito de sonegação de papel ou objeto de valor probatório, previsto no art. 356 do Código Penal – cujo bem jurídico tutelado é a administração da justiça, de titularidade do Estado, enquanto responsável pelo regular andamento das atividades judiciárias. Tutela-se, portanto, a administração da justiça, lesada com a conduta do advogado ou procurador que interfere, de modo ilegítimo, nos elementos de prova. Nessa linha de raciocínio, resta atingida a proteção do interesse público, afetado pela atuação do Poder Judiciário e, não, do interesse individualizado da parte litigante nos autos extraviados. 3. Nos termos do art. 268 do CPP, a legitimidade para figurar como assistente de acusação é restrita ao ofendido, ao seu representante legal ou, na falta, ao seu cônjuge, ascendente, descendente ou irmão. Dessa forma, a elasticidade que se pretende imprimir ao instituto da assistência contraria o sistema acusatório e o princípio constitucional da duração razoável do processo, causando, ainda, desequilíbrio na relação processual. Em consequência, não se vislumbra, na hipótese, o direito líquido e certo invocado na impetração. Precedentes do STJ. 4. Recurso em mandado de segurança a que se nega provimento. (STJ, RMS n. 55.901/SP, 3ª S., j. 14.11.2018, *DJe* 19.12.2018)

3. OBSERVAÇÕES

É direito do advogado, conforme determina o art. 7º, XV, do EAOAB (Lei n. 8.906/94): "ter vista dos processos judiciais ou administrativos de qualquer natureza, em cartório ou na repartição competente, ou retirá-los pelos prazos legais". Por outro lado, o mesmo Estatuto, em seu art. 34, XXII, estabelece como infração disciplinar: "reter, abusivamente, ou extraviar autos recebidos com vista ou em confiança".

Exploração de prestígio

Art. 357. Solicitar ou receber dinheiro ou qualquer outra utilidade, a pretexto de influir em juiz, jurado, órgão do Ministério Público, funcionário de justiça, perito, tradutor, intérprete ou testemunha:

Pena – reclusão, de 1 (um) a 5 (cinco) anos, e multa.

Parágrafo único. As penas aumentam-se de um terço, se o agente alega ou insinua que o dinheiro ou utilidade também se destina a qualquer das pessoas referidas neste artigo.

---

1. COMENTÁRIO

1.1. Objetividade jurídica

Objeto jurídico é a administração da Justiça, no que tange à credibilidade de seus servidores e ao normal funcionamento da atividade judicial. A tipificação penal da "exploração de prestígio" coíbe, em particular, a venda inescrupulosa de pretensa influência sobre pessoas que servem à justiça.

1.2. Sujeitos

Sujeito ativo pode ser qualquer pessoa, tratando-se de crime comum, embora seja mais frequente a figura do advogado ou procurador judicial. Sujeito passivo é o Estado, titular da administração da justiça e, secundariamente, o iludido que é explorado pela falsa influência, ou portando prejuízo em seu patrimônio.

1.3. Análise da(s) conduta(s) descrita(s) no tipo

O art. 357 estabelece duas condutas que tipificam o crime de "exploração de prestígio": "solicitar" (pedir, requerer) ou "receber" (aceitar, obter). Objeto material é o "dinheiro" ou "qualquer outra utilidade". "Dinheiro" no sentido de pecúnia, ou seja, moeda corrente nacional ou de outros países. "Qualquer outra utilidade" é a forma abrangente de vantagem, seja moral ou material. A fraude se verifica no elemento normativo do tipo representado pela expressão "a pretexto de influir". Assim, o inescrupuloso vende uma falsa influência, ou seja, uma ascendência que não existe, iludindo o comprador de ilusões e, ao mesmo tempo, denegrindo a imagem da justiça. O tipo penal elenca as pessoas que servem à justiça e que são taxadas pelo delinquente como de sua influência: juiz, jurado, órgão do Ministério Público, funcionário da justiça, perito, tradutor, intérprete ou testemunha. Caso a suposta influência não seja relacionada ao taxativo rol dos servidores da justiça, o engodo utilizado para tirar vantagem do iludido pode caracterizar estelionato. Nessa esteira, conclui-se que o objetivo do sujeito ativo do delito de exploração de prestígio é a obtenção de vantagem representada pelo dinheiro ou qualquer outra utilidade, mediante fraude consistente no pretexto de influir nos servidores da justiça.

1.4. Elemento subjetivo

Dolo específico, consistente na vontade de solicitar ou receber a pecúnia ou outra utilidade com especial fim de influir em juiz, jurado, promotor de justiça, funcionário de justiça, perito, tradutor, intérprete ou testemunha. Não se pune a forma culposa.

1.5. Causa especial de aumento de pena

"Se o agente alega ou insinua que o dinheiro ou utilidade também se destina a qualquer das pessoas referidas" configura-se a agravante do parágrafo único, aumentando-se a pena de um terço. Tal agravante se justifica na medida em que demonstra maior reprovabilidade da conduta, bem como um maior descrédito na administração da justiça.

1.6. Consumação e tentativa

Consuma-se o delito no momento em que é feita a solicitação (crime formal) ou do efetivo recebimento do dinheiro da utilidade (crime material). É irrelevante a aceitação da proposta pela vítima. Admite-se a tentativa na modalidade material, consistente na ação "receber".

1.7. Classificação

Crime comum (qualquer um pode ser o sujeito ativo), unissubjetivo (pode ser cometido por um sujeito ativo), formal na modalidade "solicitar" (não exige resultado naturalístico) e material na modalidade "receber" (exige resultado naturalístico), instantâneo, comissivo (ações: solicitar ou receber), plurissubsistente (pode ser praticado com um ou vários atos), instantâneo (resultado imediato), doloso. Admite-se a tentativa na modalidade receber.

2. JURISPRUDÊNCIA

2.1. Julgados

Tráfico de influência. Desclassificação para exploração de prestígio

Apelação criminal. Crime contra a administração da justiça. Tráfico de influência. Desclassificação. Exploração de prestígio. Possibilidade. Autoria e materialidade comprovadas. Condenação mantida. Constitui ilícito contra a administração da justiça, na modalidade delituosa de exploração de prestígio, o causídico que solicita dinheiro de seu constituinte, a pretexto de influir na agilização de processo judicial, à alegação de destinar-se à satisfação de funcionário do fórum. Provimento parcial ao recurso que se impõe. (TJMG, Ap. n. 1.0686.06.171582-3/001, 3ª Câm. Crim., rel. Antonio Carlos Cruvinel, j. 06.10.2009, *DJ* 24.11.2009)

Exploração de prestígio praticada por advogado

Penal. Crime de exploração de prestígio. Alegação de obtenção de liminar mediante paga. Advogado. Poder judiciário. Repulsa. Prestação jurisdicional. Calúnia. Crime-meio. Consunção. 1. Merece firme repulsa o crime de exploração de prestígio praticado por advogado, porquanto referido profissional, ao invés de tentar desprestigiar o magistrado e o próprio Poder Judiciário, deveria envidar esforços na busca de uma melhor prestação jurisdicional. 2. A calúnia é meio de consumação do crime de exploração de prestígio, porque a assertiva de que o dinheiro recebido se destina a influenciar a decisão de um magistrado, pressupõe que se lhe atribua a prática de fatos definidos como crimes: corrupção passiva (solicitar) ou concussão (exigir). 3. Recurso parcialmente provido. (TJMG, Ap. n. 1.0000.00.156384-0/000, 3ª Câm. Crim., rel. Roney Oliveira, j. 26.12.2000, *DJ* 07.02.2001)

Pedido de extensão do corréu [...]. Processual penal. Recurso em *habeas corpus.* Art. 357 do Código Penal. Trancamento da ação penal. Ausência de similitude fático-jurídica. Pedido indeferido. 1. O trancamento da ação penal por ausência de justa causa exige comprovação, de plano, da atipicidade da conduta, da ocorrência de causa de extinção da punibilidade, da ausência de lastro probatório mínimo de autoria ou de materialidade, o que se verifica na presente hipótese. 2. Dispõe o art. 357 do Código Penal que, para a configuração do delito de exploração de prestígio, deve o agente "solicitar ou receber dinheiro ou qualquer outra utilidade, a pretexto de influir em juiz, jurado, órgão do Ministério Público, funcionário de justiça, perito, tradutor, intérprete ou testemunha". 3. Na linha da jurisprudência desta Corte, "o crime de exploração de prestígio é, por assim dizer, uma 'subespécie' do crime previsto no art. 332 do Código Penal (tráfico de influência). É a exploração de prestígio, a venda de influência, a ser exercida especificamente sobre pessoas que possuem destacada importância no desfecho de processo judicial (APn n. 549/SP, Corte Especial, rel. Min. Felix Fischer, *DJe* 18.11.2009). 4. Na hipótese, ao realizar o cotejo entre a conduta – narrada na denúncia – do corréu [...] com a do recorrente [...], verifica-se que não há identidade de situação fático-jurídica, pois, como expresso na incoativa, o corréu (requerente) figurava como um dos "mentores dos meios pelos quais são atingidos os objetivos do patrocinador, detendo domínio de toda a rede que operacionaliza suas diretrizes". É dizer, enquanto a narrativa fática constante da exordial acusatória, referente ao recorrente, é no sentido de que este figurava somente como patrocinador – ou seja, quem de fato comprava o prestígio ("comprador de fumaça") –, a função do corréu cingir-se-ia, outrossim, ao papel de mentor da operação, cujo domínio da rede a ele era incumbido, independentemente se também teria encomendado "os serviços ilícitos dos demais denunciados", o que torna prematura a extinção *ante tempus* da persecução penal. (STJ, PExt no RHC n. 55.940/SP, 6ª T., rel. Min. Antônio Saldanha Palheiro, j. 11.12.2018, *DJe* 04.02.2019)

3. OBSERVAÇÕES

Embora haja semelhanças, o crime de "exploração de prestígio" do art. 357 do CP tem como figuras nucleares as ações "solicitar" e "receber", não contemplando a conduta "obter", e especifica em rol taxativo as pessoas relacionadas à justiça que estariam sob a influência do sujeito ativo. Já o delito de "tráfico de influência" do art. 332 do CP, além de contemplar a conduta "obter", generaliza a influência do sujeito ativo para todo e qualquer "funcionário público".

Violência ou fraude em arrematação judicial

Art. 358. Impedir, perturbar ou fraudar arrematação judicial; afastar ou procurar afastar concorrente ou licitante, por meio de violência, grave ameaça, fraude ou oferecimento de vantagem:

Pena – detenção, de 2 (dois) meses a 1 (um) ano, ou multa, além da pena correspondente à violência.

---

1. COMENTÁRIO

1.1. Objetividade jurídica

O presente artigo busca tutelar a administração da Justiça no que tange às atividades de execução de títulos extrajudiciais e cumprimento de sentenças, em favor das quais são efetuadas as arrematações judiciais.

1.2. Sujeitos

Qualquer pessoa, ainda que sem interesse direto na arrematação, pode ser sujeito ativo do crime. O sujeito passivo imediato é o Estado, enquanto a pessoa física ou jurídica prejudicada pela conduta criminosa é sujeito passivo mediato.

1.3. Análise da(s) conduta(s) descrita(s) no tipo

Por arrematação judicial, também conhecida como leilão (bens móveis) ou praça (bens imóveis), é de se entender o ato de alienação de bens penhorados do devedor, com sua aquisição, em hasta pública, pelo maior lance. Trata-se, aqui, de atividade própria do Poder Judiciário, voltada à satisfação de créditos não adimplidos de forma voluntária em juízo. Não se pode confundir, aqui, a arrematação judicial com aquela efetuada diretamente pela administração pública (federal, estadual ou municipal), na qual se aplicará os novéis arts. 337-I e 337-K deste Código, com redação dada pela Lei n. 14.133/2021, que revogou os tipos penais previstos pela Lei n. 8.666/93.

O artigo reúne duas condutas típicas relativas à arrematação judicial. Na primeira delas, fala-se em "impedir" (obstruir, impossibilitar), "perturbar" (atrapalhar, causar distúrbio) e "fraudar" (ludibriar, enganar, induzir terceiro a erro) a arrematação judicial. Já na segunda conduta, fala-se em "afastar" (dissuadir ou impedir a participação de terceiro) e "procurar afastar" (tentar dissuadir ou impedir a participação de terceiro, ainda que sem êxito). Temos aqui, na segunda conduta, hipótese de crime de empreendimento ou de atentado, com a equiparação da tentativa à consumação. A pena é a mesma tanto quando se afasta como quando o comportamento criminoso se limita a buscar afastar o concorrente ou licitante. Para tanto, o agente se vale de violência (emprego de força física contra pessoa), grave ameaça (promessa de mal injusto e grave, cuja materialização pelo agente é possível), fraude (artifício, ardil ou qualquer outro meio apto a induzir ou manter alguém em erro) ou oferecimento de vantagem (proposta de entrega de bem ou realização de conduta em favor de outrem, com valor patrimonial ou de outra natureza).

1.4. Elemento subjetivo

É o dolo, entendido aqui de forma genérica, uma vez que o tipo não exige qualquer finalidade específica: as condutas podem ser praticadas, por exemplo, pela simples vontade livre e consciente de atrapalhar as atividades do Poder Judiciário, sem qualquer interesse do agente na arrematação em si. Não há modalidade culposa.

1.5. Consumação e tentativa

Na primeira conduta ("impedir, perturbar ou fraudar arrematação judicial"), a consumação se dá no momento em que ocorre o impedimento, perturbação ou fraude em desfavor da realização regular da arrematação judicial: trata-se de crime material. Já na segunda conduta temos um crime de natureza formal: a consumação se dá com o emprego da violência ou grave ameaça, a indução ou manutenção de terceiro em erro pela fraude ou o oferecimento de vantagem, sendo irrelevante o efetivo afastamento da vítima. Pelo exposto, a tentativa é possível apenas na primeira conduta.

1.6. Classificação

Crime comum (qualquer um pode ser o sujeito ativo), material (na primeira conduta) ou formal (na segunda conduta), de dano, em regra comissivo, unissubjetivo (pode ser cometido por um sujeito ativo), instantâneo (resultado imediato), plurissubsistente (pode ser praticado com um ou vários atos).

2. JURISPRUDÊNCIA

2.1. Julgados

Fraude a arrematação judicial. Atipicidade da conduta

Fraude à arrematação. Desconstituição do certame. Fato que não constitui crime. Não existe fraude à arrematação quando a penhora que gerou a hasta foi desconstituída em sede de agravo de instrumento. Quando o fato narrado na denúncia não constitui crime deve o Magistrado impedir o prosseguimento da ação penal, porque esvaziado de conteúdo o fato imputado, pela ausência superveniente de ilicitude. Sentença mantida. (TJDFT, Proc. n. 2004.01.1.123757-2, 2ª T. Recursal dos Juizados Especiais Cíveis e Criminais, rel. Iran de Lima, j. 14.12.2005)

Hasta pública. Arrematante. Desistência. Aquele que desistir da arrematação, não efetuar o depósito do saldo remanescente, sustar os cheques ou emitir cheques sem fundos perderá o sinal dado em garantia da execução e a comissão paga ao leiloeiro, sendo automaticamente excluído do cadastro de arrematantes pelo prazo de 3 (três) anos, além de poder ser responsabilizado penalmente, conforme o disciplinado no art. 358 do Código Penal (Provimento Conjunto TRT5 GP/CR n. 001/2020, art. 22, § 3º). (TRT5, Rec n. 0000087-76.2018.5.05.0028; 1ª T., rel. Des. Marcos Oliveira Gurgel, *DEJTBA* 26.08.2021)

3. OBSERVAÇÕES

Ocorre crime único quando dois ou mais concorrentes são afastados em decorrência de uma mesma conduta ilícita, salvo no emprego de violência. Isso porque neste caso para cada concorrente que seja alvo da violência haverá um desígnio autônomo por parte do agente, e este responderá pelo presente crime por cada concorrente que seja vítima, em concurso material obrigatório. Da mesma forma, haverá concurso material obrigatório entre o presente crime, quando há o emprego de violência, e o resultado decorrente dessa violência. Nesse sentido é a disposição contida no tocante à pena: detenção, de dois meses a um ano, ou multa, "além da pena correspondente à violência".

É de se destacar, ainda, que se trata de tipo misto alternativo: há um único crime quando o agente pratica as duas condutas num mesmo contexto fático (perturbando a arrematação judicial e, posteriormente, afastando concorrente mediante violência), desde que as condutas se refiram ao mesmo objeto material (uma mesma arrematação, por exemplo).

Trata-se de crime de menor potencial ofensivo, a ser julgado perante o Juizado Especial Criminal salvo quando do concurso material necessário resultar uma pena máxima superior a dois anos de prisão.

Desobediência a decisão judicial sobre perda ou suspensão de direito

Art. 359. Exercer função, atividade, direito, autoridade ou múnus, de que foi suspenso ou privado por decisão judicial:

Pena – detenção, de 3 (três) meses a 2 (dois) anos, ou multa.

---

1. COMENTÁRIO

1.1. Objetividade jurídica

O presente artigo busca tutelar a administração da Justiça no que tange à autoridade das decisões judiciais, em especial aquelas que impõem restrição a direitos alheios. Trata-se de modalidade específica do delito de desobediência (art. 330, CP).

1.2. Sujeitos

O sujeito ativo deve ser necessariamente a pessoa que, por decisão judicial, foi suspensa ou privada relativamente ao exercício de determinada função, atividade, direito, autoridade ou múnus. O sujeito passivo é o Estado.

1.3. Análise da(s) conduta(s) descrita(s) no tipo

A conduta prevista no tipo é "exercer", ou seja, praticar ou desempenhar uma função (prática de ato próprio de determinado cargo ou emprego), atividade (prática de ato próprio de determinada profissão, ofício ou ministério), direito (possibilidade legal de fazer ou deixar de fazer algo), autoridade (poder de emitir comandos e exigir seu cumprimento de terceiros) ou múnus (encargo atribuído por força de lei ou decisão judicial).

É necessário que o exercício da função, atividade, direito, autoridade ou múnus esteja vedado ao agente em razão de decisão judicial, em especial por força dos efeitos da condenação elencados no art. 92 do CP. Não se caracteriza o crime quando há sanção expressa em lei para o descumprimento da decisão judicial, ainda que a sanção não seja propriamente de caráter penal: a reconversão da pena alternativa de interdição de direitos em pena privativa de liberdade (CP, art. 44, § 4º, 1ª parte) por descumprimento dos termos da substituição, por exemplo, já é, em si, uma reprimenda, de modo que enquadrar a conduta do agente também no presente crime caracterizaria inaceitável *bis in idem*. Desse modo, o âmbito prático de incidência do presente crime fica restrito ao descumprimento de efeitos secundários de decisão penal condenatória.

1.4. Elemento subjetivo

É o dolo, entendido aqui de forma genérica, uma vez que o tipo não exige qualquer finalidade específica: são irrelevantes os motivos que levam o agente a descumprir a ordem judicial, bem como os fins pelos quais a função, atividade, direito, autoridade ou múnus volta a ser exercida ilegalmente. Não há modalidade culposa.

1.5. Consumação e tentativa

A consumação se dá com o mero exercício da função, atividade, direito, autoridade ou múnus do qual o agente foi suspenso ou privado por decisão judicial, mesmo sem qualquer resultado decorrente desse exercício: trata-se de crime formal.

1.6. Classificação

Crime próprio (somente aquele que foi suspenso pela decisão judicial pode ser o sujeito ativo), formal, de dano, em regra comissivo, unissubjetivo (pode ser cometido por um sujeito ativo), instantâneo (resultado imediato) e plurissubsistente (pode ser praticado com um ou vários atos).

2. JURISPRUDÊNCIA

2.1. Julgados

Crime de desobediência. Descumprimento de decisão judicial. Atipicidade

1. Ação penal. Crime de desobediência a decisão judicial sobre perda ou suspensão de direito. Atipicidade. Caracterização. Suposta desobediência a decisão de natureza civil. Proibição de atuar em nome de sociedade. Delito preordenado a reprimir efeitos extrapenais. Inteligência do art. 359 do CP. Precedente. O crime definido no art. 359 do CP pressupõe decisão judiciária de natureza penal, e não civil. 2. Ação penal. Crime de desobediência. Atipicidade. Caracterização. Desatendimento a ordem judicial expedida com a cominação expressa de pena de multa. Proibição de atuar em nome de sociedade. Descumprimento do preceito. Irrelevância penal. Falta de justa causa. Trancamento da ação penal. *HC* concedido para este fim. Inteligência do art. 330 do CP. Precedentes. Não configura crime de desobediência o comportamento da pessoa que, suposto desatenda a ordem judicial que lhe é dirigida, se sujeita, com isso, ao pagamento de multa cominada com a finalidade de a compelir ao cumprimento do preceito. Ordem concedida. (STF, *HC* n. 88.572/RS, 2ª T., rel. Min. Cezar Peluso, j. 08.08.2006, *DJ* 08.09.2006)

Crime de desobediência e medidas protetivas da Lei Maria da Penha (Lei n. 11.340/2006). Atipicidade

Apelação criminal. Ameaça e desobediência (arts. 147 e 359, ambos do CP). Inconformismo defensivo e ministerial. [...] Assim, vai mantida a condenação do acusado pelo delito previsto no art. 147 do Código Penal. Por outro lado, não assiste razão ao *parquet* quando busca a condenação do acusado pelo delito de desobediência. É que se mostra impositiva a absolvição quanto ao delito de desobediência, previsto pelo art. 359 do CP, no caso, por ter o réu descumprido medidas protetivas impostas em razão da Lei Maria da Penha, pois tal descumprimento possui cláusula resolutiva própria, consistente na prisão preventiva do infrator. Nesse sentido, a Lei Maria da Penha prevê consequência específica para o descumprimento das medidas cautelares. E, considerando o caráter de subsidiariedade do delito de desobediência, não há razões para aplicá-lo diante da especificidade prevista no diploma supracitado. Portanto, quando da imposição da medida protetiva, o agente já é notificado previamente de que seu comportamento violador da mesma importará em prisão preventiva. Assim, não há desobediência na forma prevista no art. 359 do Código Penal, mas situação que implica na observância da sanção respectiva elencada na Lei n. 11.340/2006, devendo ser mantida a absolvição do réu por tal delito, com base no art. 386, III, do CPP [...] Assim, considerando a pena imposta ao réu (um mês), bem com a data da publicação da sentença (12.08.2015) e o presente momento, tenho que se mostra impositivo o reconhecimento da ocorrência da prescrição, com base na pena concretamente aplicada. Apelos desprovidos. Prescrição reconhecida. (TJRS, Ap. Crim. n. 70073099897, 2ª Câm. Crim., rel. Des. José Antônio Cidade Pitrez, j. 29.11.2018)

Penal. Agravo regimental no agravo em recurso especial. Violência doméstica. Descumprimento de medidas protetivas. Crime de desobediência. Atipicidade. Precedentes do STJ. Art. 24-A da Lei n. 11.340/2006. *Novatio legis in pejus*. Irretroatividade. Agravo improvido. 1. A jurisprudência do Superior Tribunal de Justiça firmou-se no sentido de que o descumprimento de medidas protetivas impostas nos termos da Lei n. 11.340/2006 não configura o delito do art. 359 do Código Penal. 2. Em se tratando de *novatio legis in pejus*, cuja irretroatividade se impõe, conforme os arts. 5º, XL, da CF e 1º do CP, não incide o art. 24-A da Lei Maria da Penha aos fatos anteriores à publicação da Lei n. 13.641/2018, que criou tipo penal específico para a conduta de desobedecer decisões judiciais que impõem medidas protetivas. 3. Agravo regimental improvido. (STJ, Ag. Reg. no AREsp n. 1.216.126/MG, 6ª T., rel. Min. Nefi Cordeiro, j. 21.08.2018)

3. OBSERVAÇÕES

De acordo com o STF, a decisão judicial a que se refere o presente artigo deve ser de natureza penal, seja ela provisória ou definitiva (com trânsito em julgado para acusação e defesa). Dessa forma, não se caracteriza o crime em análise quando a decisão restritiva é de natureza administrativa: nesse caso, o crime será o previsto no art. 205 do CP. Ainda, a Lei n. 13.641/2018, que criou o crime do art. 24-A da Lei n. 11.340/2006 (Lei Maria da Penha), criou o tipo penal autônomo para aquele que descumprir a decisão judicial que deferir medidas protetivas de urgência previstas na Lei. Logo, por se tratar de uma nova lei que desfavorece o réu, o novel delito não incidirá em crimes praticados antes de sua vigência.

CAPÍTULO IV
DOS CRIMES CONTRA AS FINANÇAS PÚBLICAS

Capítulo acrescentado pela Lei n. 10.028, de 19.10.2000.

Contratação de operação de crédito

Art. 359-A. Ordenar, autorizar ou realizar operação de crédito, interno ou externo, sem prévia autorização legislativa:

Pena – reclusão, de 1 (um) a 2 (dois) anos.

Artigo acrescentado pela Lei n. 10.028, de 19.10.2000.

Parágrafo único. Incide na mesma pena quem ordena, autoriza ou realiza operação de crédito, interno ou externo:

I – com inobservância de limite, condição ou montante estabelecido em lei ou em resolução do Senado Federal;

II – quando o montante da dívida consolidada ultrapassa o limite máximo autorizado por lei.

1. COMENTÁRIO

1.1. Notas introdutórias

Este Capítulo foi introduzido pela Lei n. 10.028, de 19.10.2000, em consequência ao advento da Lei de Responsabilidade Fiscal (LC n. 101/2000), importante instrumento para fins de planejamento de uma administração orçamentária equilibrada, em que receita e despesa estejam congruentes. De fato, com a edição da LC n. 101/2000 uma nova fase quanto à sistematização, controle e administração das contas públicas foi implementada em nosso país, com objetivo de racionalizar e moralizar padrões de condutas administrativas outrora praticados em prol de uma gestão fiscal tal qual preconizada pelo Capítulo II (Finanças Públicas), Título VI (Da Tributação e do Orçamento), da CF. Consoante prevê o art. 1º, § 1º, da referida Lei: "A responsabilidade na gestão fiscal pressupõe a ação planejada e transparente, em que se previnem riscos e corrigem desvios capazes de afetar o equilíbrio das contas públicas, mediante o cumprimento de metas de resultados entre receitas e despesas e a obediência a limites e condições no que tange a renúncia de receita, geração de despesas com pessoal, da seguridade social e outras, dívidas consolidada e mobiliária, operações de crédito, inclusive por antecipação de receita, concessão de garantia e inscrição em Restos a Pagar".

Como os crimes do Capítulo são sancionatórios de violação de condutas exigidas pela LC n. 101/2000, as normas dessa lei integram, na forma de lei penal em branco, em sentido amplo ou estrito, os tipos penais, de modo que constantemente a compreensão do tipo penal deverá recorrer aos conceitos e preceitos da referida lei.

1.2. Objetividade jurídica

A norma penal tutela a regularidade, moralidade e probidade quanto à gestão das finanças públicas.

1.3. Sujeitos

Trata-se de crime próprio, exigindo qualidade especial do agente. Assim, o sujeito *ativo* é, somente, pessoa integrante da administração pública. Em regra é o chefe do Executivo (Presidente da República, Governador do Estado ou Prefeito Municipal[42]) ou dirigentes de entidades integrantes da administração indireta (autarquias, fundações, sociedade de economia mista ou empresa pública), os quais em razão do cargo, por atribuições constitucionais ou legais, são aqueles que *autorizam*, *ordenam* ou *realizam* a operação de crédito indevida. Especificamente quanto a conduta de "realizar", o servidor público que a pratica deverá, da mesma forma, ser responsabilizado. A figura criminosa em comento aplica-se aos chefes do Poder Legislativo, Judiciário e do Ministério Público, mesmo porque, ainda que excepcionalmente, podem realizar operações de crédito não autorizadas em lei. O sujeito passivo é a administração pública (direta ou indireta) e, secundariamente, a sociedade em geral.

1.4. Análise da(s) conduta(s) descrita(s) no tipo

"Ordenar" corresponde a externar uma ordem, um comando dotado de obrigatoriedade. "Autorizar" significa permitir, consentir, que algo seja feito. Portanto, nestas modalidades de ações delitivas é necessária relação hierárquica prevista na estrutura funcional do órgão ou ente, revelando a autoridade competente para ordem ou permissão da contratação da operação de crédito. "Realizar" é o ato de concretizar, efetivar, no caso, fazer a operação de crédito sem autorização legislativa. Não necessariamente o ato é praticado pelo chefe do Executivo ou ente que contrata a operação de crédito, mas sim por servidor que tenha competência para realizá-la.

1.4.1. Elemento normativo do tipo

Integra o tipo penal elemento normativo imprescindível para a compreensão da conduta proibida: a expressão "sem autorização legislativa".

42 Responderão, também, por crime de responsabilidade o Presidente da República e o Governador do Estado (arts. 10 e 74, Lei n. 1.079/50), bem como o Prefeito Municipal (art. 1º, XX, DL n. 201/67), se ordenarem ou autorizarem operações de crédito em desacordo com a lei.

Portanto, é permitida, somente, a realização de operação de crédito autorizada previamente por lei orçamentária ou especial. Operação realizada com a devida autorização é conduta atípica; caso contrário o agente deverá ser responsabilizado criminalmente.

1.4.2. Norma penal em branco

No *caput* destacamos a expressão "operação de crédito", assim definida no art. 29, III, da Lei de Responsabilidade Fiscal – LC n. 101/2000: "compromisso financeiro assumido em razão de mútuo, abertura de crédito, emissão e aceite de título, aquisição financiada de bens, recebimento antecipado de valores provenientes da venda a termo de bens e serviços, arrendamento mercantil e outras operações assemelhadas, inclusive com o uso de derivativos financeiros". O § 1º do mencionado artigo equipara operação de crédito a "assunção, o reconhecimento ou a confissão de dívida pelo ente da Federação [...]".

1.4.3. Figuras equiparadas

De acordo com o parágrafo único deste artigo, incide nas mesmas penas definidas no *caput* aquele que ordena, autoriza ou realiza operação de crédito, interno ou externo: a) desrespeitando o "limite, condição ou montante" previamente estabelecido em "lei ou em resolução do Senado"; b) ultrapassando o "limite" da "dívida consolidada" previamente autorizado em lei.

Portanto, também nestes casos a norma incriminadora proíbe operações de crédito internas (realizadas no âmbito nacional) ou externas (realizadas com o exterior) irregulares, em descompasso.

No primeiro caso, o ato lesivo consiste em ultrapassar o limite, condição ou montante estabelecido na legislação específica ou em resolução do Senado Federal, eis que compete ao Senado Federal a atribuição de fixar os limites máximos de endividamento de estados e municípios.

No segundo, o excesso não se refere à lei específica mas ao teto de dívida consolidada possível para estado e município. Por força do disposto no art. 30 da Lei de Responsabilidade Fiscal (LRF), LC n. 101/2000, o Senado Federal aprovou as Resoluções ns. 40 e 43, de 20 e 21 de dezembro de 2001 (*vide* também Resoluções posteriores), respectivamente, que estabeleceram limites globais de endividamento e sobre operações de crédito para os estados, Distrito Federal e municípios. No caso de determinada operação de crédito vir a exceder o limite geral, pode haver autorização expressa e específica do Senado Federal, mas deve ser prévia para excluir a ilicitude do ato.

A dívida consolidada, ou seja, aquela considerada de longo prazo, com vigência superior a doze meses, deve obedecer agora aos limites fixados, de 1,2 vez a receita corrente líquida (RCL) para os municípios e duas vezes a RCL para os estados e o Distrito Federal.

Ressalte-se que os entes que apresentarem dívidas superiores aos referidos limites não estão infringindo a legislação, uma vez que o respectivo enquadramento deverá acontecer em até quinze anos, ou seja, até 2016. Interessante notar que os precatórios judiciais não pagos no orçamento em que foram incluídos devem constar no montante da dívida consolidada.

Em tais modalidades, diferentemente do que ocorre no *caput*, a autorização legislativa existe, todavia o agente ignora os limites, condições ou montantes definidos por "lei" ou "resolução do Senado" (Assembleia Legislativa ou Câmara Municipal) ou, ainda, o patamar da dívida pública consolidada autorizado por *lei*.

1.4.3.1. Norma penal em branco

Os limites globais e condições das operações de crédito interna ou externa bem como os limites globais para o montante da dívida consolidada são definidos por lei ou resolução do Senado (art. 52, VI e VII, CF e art. 30, I, LC n. 101/2000). Trata-se, pois, de tipo penal em branco heterogêneo eis que o complemento está em norma penal proveniente de outra espécie legislativa (se tiver que observar "resolução" do Senado, e homogêneo, se for "lei").

Quanto à expressão "operação de crédito" vide comentário anterior (item 1.4.2). O parágrafo único prevê, ainda, a expressão "dívida consolidada" a qual consiste no "montante total, apurado sem duplicidade, das obrigações financeiras do ente da Federação, assumidas em virtude de leis, contratos, convênios ou tratados e da realização de operações de crédito, para amortização em prazo superior a doze meses", conforme art. 29, I, da LC n. 101/2000.

1.5. Elemento subjetivo

A conduta delituosa é punível na forma dolosa, não sendo exigido finalidade específica (dolo genérico).

1.6. Consumação e tentativa

A consumação das condutas criminosas ocorre com a simples prática das mesmas, ou seja, a realização de tais ações. Não está previsto resultado naturalístico nas modalidades "ordenar" e "autorizar" pois representam crime de mera conduta. Não concordamos, respeitosamente, com Luiz Flávio Gomes, Alice Bianchini (*Crimes de responsabilidade fiscal*, 2011, apud BITENCOURT, Cezar Roberto. *Tratado de direito penal*: Parte Especial, 2004, v. 4, p. 609) e Cezar Roberto Bitencourt (ibidem), os quais lecionam inexistir antijuridicidade da conduta nas hipóteses em que a operação de crédito contratada ultrapassa, em pequeno montante, o limite definido em lei, quantia esta desprezível, incapaz de gerar prejuízo às finanças públicas. Ora, ao praticar tal conduta proibida viola-se não só o princípio da legalidade, um dos pilares fundamentais a ser observado por qualquer agente público, mas também e sobretudo o princípio da moralidade, vetor de conduta funcional, também essencial, que deve ser respeitado por todo e qualquer integrante da administração pública. Assim, qualquer valor que ultrapasse o limite previamente estabelecido, ainda que insignificante, ao nosso entender, caracteriza o crime em questão, mesmo porque antes de atingir-se o patamar definido em lei, existe uma série de medidas administrativas efetivas anteriores as quais forçam o administrador a obedecer os limites impostos, como controle periódicos (trimestrais, quadrimestrais), recondução da dívida aos limites exigidos, entre outros – nesse sentido ver, por exemplo, art. 31 da LC n. 101/2000. Ademais, o crime é formal, de modo que não se indaga de prejuízo concreto como resultado exigível. Basta a operação em desacordo com a lei ou em excesso.

Admite-se tentativa na modalidade "realizar" (porque exige-se um ato material, um resultado naturalístico na conduta que é a efetiva realização da operação de crédito), pois para que seja efetivada a operação de crédito, obviamente, deverá ser praticada uma série de atos até conclusão final do intento do agente (o resultado pretendido, a concretização da operação de crédito). Assim é possível um fracionamento do *iter criminis*.

1.7. Classificação

Crime próprio, comissivo (excepcionalmente comissivo por omissão ou omissivo impróprio, na hipótese em que o agente tem o dever de evitar o resultado, ou seja, atua como "garante" do bem jurídico – art. 13, § 2º, CP), de mera conduta porque independe do prejuízo à administração, misto alternativo (porque quem autoriza também pode realizar subsistindo crime único), de perigo abstrato, instantâneo, doloso, unissubjetivo, unissubsistente (na modalidade "realizar", pode configurar crime plurissubsistente em caso de fracionamento do *iter criminis*).

2. JURISPRUDÊNCIA

2.1. Julgado

Operação de crédito. Limites

Penal. Processo penal. Crime contra as finanças públicas. Crime de responsabilidade de prefeito. Programa RELUZ. Atipicidade da conduta. Precedentes da Corte. 1. O pedido de arquivamento formulado pelo Ministério Público, quando tem por fundamento a prescrição ou a atipicidade da conduta, não vincula o Magistrado. 2. A Lei n. 11.131/2005 alterou a Medida Provisória n. 2.185-31 para admitir que as operações de crédito relativas ao Programa RELUZ não se submetam aos limites ordinários de refinanciamento das dívidas dos municípios. 3. A disposição legal está a indicar que referidas operações são autorizadas por lei, afastando-se, assim, o elemento normativo do tipo "sem autorização legislativa" mencionado no *caput* do art. 359 do CP. 4. A previsão contida na Lei n. 11.131/2005 autoriza descaracterizar qualquer violação em torno dos incisos VIII, XVII e XX do art. 1º da Lei de Responsabilidade Fiscal. 5. Inquérito arquivado. (STF, Inq. n. 2.591/SP, rel. Min. Menezes Direito, Plenário, j. 08.05.2008)

3. OBSERVAÇÕES

O art. 10, item 9, da Lei n. 1.079/50 define como crime de responsabilidade contra lei orçamentária a ser praticado pelo Presidente da República e governadores: "ordenar ou autorizar, em desacordo com a lei, a realização de operação de crédito com qualquer um dos demais entes da Federação, inclusive suas entidades da administração indireta, ainda que na forma de novação, refinanciamento ou postergação de dívida contraída anteriormente". Prefeito municipal, por sua vez, incorre nesta espécie delituosa quando "ordenar ou autorizar, em desacordo com a lei, a realização de operação de crédito com qualquer um dos demais entes da Federação, inclusive suas entidades da administração indireta, ainda que na forma de novação, refinanciamento ou postergação de dívida contraída anteriormente" (art. 1º, XX, DL n. 201/67).

Inscrição de despesas não empenhadas em restos a pagar

Art. 359-B. Ordenar ou autorizar a inscrição em restos a pagar, de despesa que não tenha sido previamente empenhada ou que exceda limite estabelecido em lei:

Pena – detenção, de 6 (seis) meses a 2 (dois) anos.

Artigo acrescentado pela Lei n. 10.028, de 19.10.2000.

1. COMENTÁRIO

1.1. Objetividade jurídica

A norma penal tutela a regularidade, moralidade e probidade quanto à gestão das finanças públicas.

1.2. Sujeitos

Trata-se de crime próprio, exigindo qualidade especial do agente. Assim, o sujeito ativo é o chefe do Executivo ou dirigentes de entidades integrantes da administração indireta (autarquias, fundações, sociedade de economia mista ou empresa pública), bem como os responsáveis pela gestão das finanças dos Poderes Legislativo (em todas as esferas da Federação), Judiciário (também em todas as esferas), dos Tribunais de Contas, e, por fim, do Ministério Público, ou seja as pessoas que exercem funções administrativas, por atribuições constitucionais ou legais, entre elas as funções de "autorizar" ou "ordenar" a inscrição em restos a pagar de despesas não empenhadas ou que excedam os limites da lei. O sujeito passivo é a administração pública (direta ou indireta) e, secundariamente, a sociedade em geral.

1.3. Análise da(s) conduta(s) descrita(s) no tipo

"Ordenar" corresponde a externar uma ordem, um comando proveniente de relação hierárquica (ainda que informal) dotado de obrigatoriedade. "Autorizar" significa permitir, consentir que algo seja feito. Assim, pune-se a ordem ou autorização com a finalidade de inscrever despesa não previamente empenhada ou empenhada mas que supere os limites legais. Despesa pública representa o conjunto de desembolsos ou dispêndios efetivados pelo poder público e previamente autorizado em lei orçamentária, com a finalidade de custear os serviços públicos prestados à sociedade, incluindo-se dotações para contribuições e subvenções destinadas a atender à manifestação de outras entidades de direito público ou privado, ou para a realização de investimentos, inversões financeiras e transferências de capital.[43]

1.3.1. Norma penal em branco

O tipo em questão classifica-se como norma penal em branco homogênea, pois o complemento está em norma proveniente da mesma espécie legislativa (lei).

"Restos a pagar" consiste nas "despesas empenhadas mas não pagas até o dia 31 de dezembro, distinguindo-se as processadas[44] das não processadas" (art. 36, *caput*, Lei n. 4.320/64). "Empenhadas" provém do ato administrativo de empenho que, por sua vez, corresponde ao primeiro estágio do processamento de uma da despesa pública, "é o ato emanado de autoridade competente que cria para o Estado obrigação de pagamento pendente ou não de implemento de condição"

43 As despesas classificam-se como correntes e estas são divididas em: a) despesas de custeio – dotações para manutenção de serviços anteriormente criados, inclusive as destinadas a atender a obras de conservação e adaptação de bens imóveis; b) transferências correntes – dotações para despesas as quais não corresponda contraprestação direta em bens ou serviços, inclusive para contribuições e subvenções destinadas a atender à manifestação de outras entidades de direito público ou privado; e de capital e estas se dividem em: a) investimentos – dotações para o planejamento e a execução de obras, inclusive as destinadas à aquisição de imóveis considerados necessários à realização destas últimas, bem como para os programas especiais de trabalho, aquisição de instalações, equipamentos e material permanente e constituição ou aumento do capital de empresas que não sejam de caráter comercial ou financeiro; b) inversões financeiras – dotações para aquisição de imóveis, ou de bens de capital já em utilização, ou de títulos representativos do capital de empresas ou entidades de qualquer espécie, já constituídas, quando a operação não importe aumento do capital, ou, por fim, constituição ou aumento do capital de entidades ou empresas que visem a objetivos comerciais ou financeiros, inclusive operações bancárias ou de seguros; c) transferências de capital – as dotações para investimentos ou inversões financeiras que outras pessoas de direito público ou privado devam realizar, independentemente de contraprestação direta em bens ou serviços, constituindo essas transferências auxílios ou contribuições, segundo derivem diretamente da Lei de Orçamento ou de lei especialmente anterior, bem como as dotações para amortização da dívida pública (art. 12, Lei n. 4.320/64).

44 Processadas são aquelas despesas que já foram liquidadas. Liquidação é o segundo estágio de processamento da despesa pública e "[...] consiste na verificação do direito adquirido pelo credor, tendo por base os títulos e documentos comprobatórios do respectivo crédito" (arts. 58 e 63, Lei n. 4.320/64). A finalidade desta etapa é, portanto, apurar se houve ou não o implemento de condição por parte do credor, legitimando a cobrança por parte deste, devendo ser verificado a origem e o objeto do que se deve pagar, a importância exata a pagar, a quem se deve pagar a importância, para extinguir-se a obrigação. O processamento da despesa pública finda-se em seu terceiro estágio, qual seja o pagamento que consiste no efetivo pagamento bancário ao credor.

(art. 58, Lei n. 4.320/64). A lei veda o empenho de despesa que ultrapasse o limite dos créditos concedidos, bem como a realização de despesa sem o prévio empenho (arts. 59 e 60, Lei n. 4.320/64). É proibida, também, a assunção de despesas que excedam os créditos orçamentários ou adicionais[45] (art. 167, II, CF).

1.4. Elemento subjetivo

A conduta delituosa é punível na forma dolosa, não sendo exigido finalidade específica.

1.5. Consumação e tentativa

A consumação das condutas criminosas ocorre com a simples prática do ato de "ordenar" ou "autorizar" inscrição de despesa em resto a pagar, não exigindo a efetivação de tal despesa (resultado danoso) pois representam crime de mera conduta, não admitindo, pois, tentativa.

1.6. Classificação

Crime próprio, comissivo (excepcionalmente comissivo por omissão ou omissivo impróprio), de mera conduta, misto alternativo, de perigo abstrato, instantâneo, doloso, unissubjetivo, unissubsistente (excepcionalmente plurissubsistente, na modalidade "realizar").

Assunção de obrigação no último ano do mandato ou legislatura

Art. 359-C. Ordenar ou autorizar a assunção de obrigação, nos 2 (dois) últimos quadrimestres do último ano do mandato ou legislatura, cuja despesa não possa ser paga no mesmo exercício financeiro ou, caso reste parcela a ser paga no exercício seguinte, que não tenha contrapartida suficiente de disponibilidade de caixa:

Pena – reclusão, de 1 (um) a 4 (quatro) anos.

Artigo acrescentado pela Lei n. 10.028, de 19.10.2000.

---

45 Orçamentários são os créditos devidamente previstos na lei orçamentária, já os adicionais são o créditos autorizados e abertos durante o exercício financeiro referentes a despesas não computadas ou previstas de forma insuficiente na lei orçamentária, em razão de erros no planejamento ou de fatos imprevistos, bem como para utilização de recursos os quais ficaram sem a despesa correspondente em razão de veto, emenda ou rejeição da lei orçamentária anual (ver arts. 40 e segs., Lei n. 4.320/64).

1. COMENTÁRIO

1.1. Objetividade jurídica

A norma penal tutela a regularidade, moralidade e probidade quanto à gestão das finanças públicas.

1.2. Sujeitos

Trata-se de crime próprio, exigindo qualidade de servidor público ou agente político responsáveis por ordenar ou autorizar a assunção de obrigação previamente definidos em lei. O sujeito passivo é a administração pública (direta ou indireta) e, secundariamente, a sociedade em geral.

1.3. Análise da(s) conduta(s) descrita(s) no tipo

"Ordenar" corresponde a externar uma ordem, um comando proveniente de relação hierárquica (ainda que informal) dotado de obrigatoriedade. "Autorizar" significa permitir, consentir que algo seja feito. Pune-se a ordem ou autorização com a finalidade de assumir obrigação indevida nos últimos quatro meses de mandato ou legislatura.

1.3.1. Norma penal em branco

A ordem ou autorização deve ser realizada na terça parte final de "mandato" ou "legislatura", expressões encontradas na legislação constitucional (na esfera federal, *vide* arts. 44, parágrafo único, 46, 55 e 56, todos da CF) ou eleitoral.

1.4. Elemento subjetivo

A conduta delituosa é punível na forma dolosa, não sendo exigida finalidade específica.

1.5. Consumação e tentativa

A consumação das condutas criminosas ocorre com a simples prática do ato de "ordenar" ou "autorizar" inscrição de despesa em resto a pagar, não exigindo a efetivação de tal despesa (resultado danoso) pois representam crime de mera conduta, não se admitindo, pois, tentativa.

1.6. Classificação

Crime próprio, comissivo (excepcionalmente comissivo por omissão ou omissivo impróprio – art. 13, § 2º, CP), de mera conduta, misto alternativo, de perigo abstrato, doloso, unissubjetivo, unissubsistente.

2. JURISPRUDÊNCIA

2.1. Julgado

Assunção de obrigação no último ano do mandato ou legislatura. Crime próprio cometido por agentes públicos titulares de mandato ou legislatura

Processual penal e penal. Agravo em recurso especial. Agravo conhecido. Crime de peculato-desvio e de assunção de obrigação no último semestre do mandato. Arts. 312 e 359-C do Código Penal – CP. Sentença absolutória. Inexistência de dolo específico no delito de peculato. Não impugnação específica. Incidência da Súmula n. 283 do Supremo Tribunal Federal – STF. Inexistência de confronto com julgado desta Corte. Art. 359-C do Código Penal. Delito próprio. Sujeito ativo. Titular de mandato ou legislatura. Participação criminosa. Ausência de prequestionamento. Súmulas n. 282 e n. 356 do Supremo Tribunal Federal. Recurso especial desprovido. 1. A argumentação do recorrente não é capaz de infirmar os fundamentos do acórdão recorrido na medida em que não impugna especificamente a necessidade de configuração do dolo específico da parte recorrida no delito insculpido no art. 312, *caput*, do Código Penal, que é a obtenção de proveito próprio ou alheio. Impõe-se o óbice da Súmula n. 283 do Supremo Tribunal Federal. 2. "No delito de peculato-desvio, previsto no art. 312, *caput*, segunda figura do Código Penal, o dolo é representado pela consciência e vontade de empregar a coisa para fim diverso daquele determinado, aliado ao elemento subjetivo do injusto, consistente no especial fim de agir, que é a obtenção do proveito próprio ou alheio" (REsp n. 1.257.003/RJ, 6ª T., rel. Min. Nefi Cordeiro, *DJe* 12.12.2014). 3. A pretensão de demonstrar o dolo na conduta delitiva demandaria incursão no acervo fático-probatório dos autos (Súmula n. 7 do Superior Tribunal de Justiça – STJ). 4. O delito do art. 359-C, do Código Penal é próprio ou especial, só podendo ser cometido por agentes públicos titulares de mandato ou legislatura [...]. (STJ, AREsp n. 1.415.42/AP, 5ª T., rel. Min. Joel Ilan Paciornik, p. u., j. 19.09.2019, *DJe* 24.09.2019)

Ordenação de despesa não autorizada

Art. 359-D. Ordenar despesa não autorizada por lei:

Pena – reclusão, de 1 (um) a 4 (quatro) anos.

Artigo acrescentado pela Lei n. 10.028, de 19.10.2000.

---

1. COMENTÁRIO

1.1. Objetividade jurídica

A norma penal tutela a regularidade, moralidade e probidade quanto à gestão das finanças públicas.

1.2. Sujeitos

Trata-se de crime próprio, exigindo qualidade de servidor público ou agente político responsáveis por ordenar despesa não autorizada em lei.

O sujeito passivo é a administração pública (direta ou indireta) e, secundariamente, a sociedade em geral.

1.3. Análise da(s) conduta(s) descrita(s) no tipo

A conduta incriminada veda a exteriorização de uma ordem com a finalidade de contrair despesa não permitida ou proibida pela prévia lei orçamentária. Nos termos do art. 15 da LC n. 101/2000: "Serão consideradas não autorizadas, irregulares e lesivas ao patrimônio público a geração de despesa ou assunção de obrigação que não atendam o disposto nos arts. 16 e 17". As determinações legais previstas nos arts. 16 e 17 da mencionada lei estão destacadas a seguir:

a) "Art. 16. A criação, expansão ou aperfeiçoamento de ação governamental que acarrete aumento da despesa será acompanhado de: I – estimativa do impacto orçamentário-financeiro no exercício em que deva entrar em vigor e nos dois subsequentes; II – declaração do ordenador da despesa de que o aumento tem adequação orçamentária e financeira com a lei orçamentária anual e compatibilidade com o plano plurianual e com a lei de diretrizes orçamentárias. § 1º Para os fins desta Lei Complementar, considera-se: I – adequada com a lei orçamentária anual, a despesa objeto de dotação específica e suficiente, ou que esteja abrangida por crédito genérico, de forma que somadas todas as despesas da mesma espécie, realizadas e a realizar, previstas no programa de trabalho, não sejam ultrapassados os limites estabelecidos para o exercício; II – compatível com o plano plurianual e a lei de diretrizes orçamentárias, a despesa que se conforme com as diretrizes, objetivos, prioridades e metas previstos nesses instrumentos e não infrinja qualquer de suas disposições. § 2º A estimativa de que trata o inciso I do *caput* será acompanhada das premissas e metodologia de cálculo utilizadas. § 3º Ressalva-se do disposto neste artigo a despesa considerada irrelevante, nos termos em que dispuser a lei de diretrizes orçamentárias. § 4º As normas do *caput* constituem condição prévia para: I – empenho e licitação de serviços, fornecimento de bens ou execução de obras; II – desapropriação de imóveis urbanos a que se refere o § 3º do art. 182 da Constituição".

b) "Art. 17. Considera-se obrigatória de caráter continuado a despesa corrente derivada de lei, medida provisória ou ato administrativo normativo que fixem para o ente a obrigação legal de sua execução por um período superior a dois exercícios".

1.3.1. Elemento normativo do tipo

Para que o ato comissivo (ordenar) seja tipificado, é necessário que a despesa se caracterize como "não autorizada", ou seja, a obrigação pecuniária assumida refira-se a dispêndio ou desembolso não previsto ou inadmitido em prévia lei orçamentária ou especial.

1.4. Elemento subjetivo

Pune-se a título de dolo genérico, não se admitindo a forma culposa.

1.5. Consumação e tentativa

A consumação do delito é efetivada a partir do momento em que o agente realiza o ato de "ordenar" despesa não autorizada em lei orçamentária, não exigindo a efetivação de tal despesa (resultado danoso) pois representam crime de mera conduta, não se admitindo, pois, tentativa.

1.6. Classificação

Crime próprio, comissivo (excepcionalmente comissivo por omissão ou omissivo impróprio – art. 13, § 2º, CP), de mera conduta, misto alternativo, de perigo abstrato, doloso, instantâneo, unissubjetivo, unissubsistente.

2. JURISPRUDÊNCIA

2.1. Julgados

Art. 359-D do CP e remanejamento de despesa prevista em lei orçamentária anual

A 1ª Turma, por maioria, julgou improcedente acusação formulada contra parlamentar federal pela suposta prática do delito previsto no art. 359-D do CP ("Ordenar despesa não autorizada por lei"). A denúncia narrava que o parlamentar, então Governador, teria realizado, por decreto, remanejamento de verba prevista em lei orçamentária anual destinada ao pagamento de precatórios para outra área também inerente do orçamento do Poder Judiciário. O Ministro Luiz Fux (relator) destacou que a *ratio essendi* do art. 359-D do CP seria a geração de uma despesa sem que houvesse uma lei autorizadora. Ressaltou, entretanto, que – no âmbito da legislação estadual – haveria arcabouço jurídico que admitiria interpretação de que as despesas destinadas ao pagamento de precatórios pudessem ser realocadas mediante decreto. Assim, pontuou que o princípio da legalidade não teria sido desobedecido, mas, eventualmente, interpretado de forma equivocada. Ademais, aduziu que, em razão de o remanejamento ter ocorrido no âmbito do próprio Poder e de a despesa já ter sido prevista em lei, ela não teria sido criada pelo administrador, de modo que não se configuraria a justa causa para a imputação penal. Acrescentou que o Tribunal de Contas local teria aprovado as contas do estado-membro. Vencido o Ministro Marco Aurélio, que recebia a denúncia. Considerava que, para viabilizar-se a atuação do Ministério Público no ajuizamento da ação penal em defesa da sociedade, bastaria que houvesse indícios de autoria e que o contido na denúncia se revelasse prática criminosa. Observava que a assembleia legislativa aprovara dotações orçamentárias e o chefe do Executivo simplesmente cassara a lei, mediante decreto, para destinar os recursos a uma finalidade diversa. Consignava que teriam sido justamente os abusos cometidos que teriam levado o legislador a prever esse tipo penal, cujo objeto jurídico protegido seria o equilíbrio das contas públicas, especialmente o controle legislativo do orçamento. Registrava que, em 2002, teriam sido modificados o equivalente a 60,88% da previsão inicial das dotações destinadas ao pagamento de precatórios e, no exercício de 2003, se chegara a anulação equivalente a 91,33% da dotação aprovada pela assembleia. Concluía que a aprovação de contas não ditaria a atuação do STF, uma vez que a responsabilidade cível e a responsabilidade criminal seriam independentes. (STF, Inq. n. 3.393/PB, 1ª T., rel. Min. Luiz Fux, j. 23.09.2014)

Art. 359-D. Irretroatividade da norma penal incriminadora

Ação penal originária. Ordenação de despesa não autorizada por lei. Princípio da irretroatividade aplicação). Art. 359-D do CP (norma penal em branco). Norma integradora (falta). Crime (não ocorrência). Denúncia (rejeição). 1. A lei penal incriminadora não tem efeito retroativo. Assim, porque, à data da prática dos atos por um dos acusados, não existia lei que tipificasse sua conduta como crime, nem deveria ter sido oferecida denúncia em relação a ele. 2. O art. 359-D, segundo o qual é crime "ordenar despesa não autorizada por lei", consiste em norma penal em branco, uma vez que o rol das despesas permitidas e das não autorizadas haverá de constar de outros textos legais, entre os quais, por exemplo, o da Lei de Responsabilidade Fiscal (LC n. 101/2000). 3. Se, na peça acusatória, inexiste referência à norma integradora, falha é a denúncia. 4. Ademais, quando devidamente explicável a despesa, deslegitima-se a possibilidade de punição da conduta ao menos no âmbito penal. A inexistência de autorização de despesa em lei constitui, tão somente, indício de irregularidade. Para se criminalizar a conduta, é necessária a existência de lesão não justificada ao bem jurídico, isto é, às finanças públicas, o que, no caso, não ocorreu. O fato narrado evidentemente não constitui crime. 5. Denúncia rejeitada. (STJ, Ap n. 289/ES, Corte Especial, rel. Min. Nilson Naves, j. 15.03.2006)

3. OBSERVAÇÕES

O art. 10, item 4, da Lei n. 1.079/50 define como crime de responsabilidade contra lei orçamentária a ser praticado pelo Presidente da República e Governadores: "Infringir, patentemente, e de qualquer modo, dispositivo da lei orçamentária" (se o chefe do Executivo ordena a realização de despesa não autorizada pela lei orçamentária, incorrerá em referida infração). Prefeito municipal, por sua vez, incorre nesta espécie delituosa quando "ordenar ou efetuar despesas não autorizadas por lei, ou realizá-las em desacordo com as normas financeiras pertinentes" (art. 1º, V, DL n. 201/67).

Prestação de garantia graciosa

Art. 359-E. Prestar garantia em operação de crédito sem que tenha sido constituída contragarantia em valor igual ou superior ao valor da garantia prestada, na forma da lei:

Pena – detenção, de 3 (três) meses a 1 (um) ano.

Artigo acrescentado pela Lei n. 10.028, de 19.10.2000.

---

1. COMENTÁRIO

1.1. Objetividade jurídica

A norma penal tutela a moralidade e probidade quanto à gestão das finanças públicas.

1.2. Sujeitos

Trata-se de crime próprio, exigindo qualidade de servidor público ou agente político integrante do Poder Executivo responsáveis por prestar a garantia na forma da lei. Norma penal inaplicável ao Poder Legislativo, Judiciário e ao Ministério Público. O sujeito passivo é a administração pública (direta ou indireta) e, secundariamente, a sociedade em geral.

1.3. Análise da(s) conduta(s) descrita(s) no tipo

A conduta incriminada proíbe a oferta de garantia em operação de crédito desacompanhada de contragarantia no montante igual ou superior ao contratado, conforme previsão legal. Concessão de garantia, nos termos do art. 29, IV, da LC n. 101/2000 corresponde ao "compromisso de adimplência de obrigação financeira ou contratual assumida por ente da Federação ou entidade a ele vinculada". Assim, ao prestar garantia o ente da federação ou entidade a ele vinculada integrante da administração indireta assume obrigaçao de adimplir com a dívida contraída, e responde solidariamente pela operação de crédito, eis que apresenta caução (de qualquer espécie) a qual será utilizada caso a contraprestação (pagamento) da operação contratada não seja honrada.[46] De acordo com o art. 40 da mesma Lei: " Os entes poderão conceder garantia em operações de crédito internas ou externas, observados o disposto neste artigo, as normas do art. 32 e, no caso da União, também os limites e as condições estabelecidos pelo Senado Federal". O § 1º do mesmo artigo estabelece que a garantia "[...] estará condicionada ao oferecimento de contragarantia, em valor igual ou superior ao da garantia a ser concedida, e à adimplência da entidade que a pleitear relativamente a suas obrigações junto ao garantidor e às entidades por este controladas, observado o seguinte: I – não será exigida contragarantia de órgãos e entidades do próprio ente; II – a contragarantia exigida pela União a Estado ou Município, ou pelos Estados aos Municípios, poderá consistir na vinculação de receitas tributárias diretamente arrecadadas e provenientes de transferências constitucionais, com outorga de poderes ao garantidor para retê-las e empregar o respectivo valor na liquidação da dívida vencida". Já o § 2º define que: "No caso de operação de crédito junto a organismo financeiro internacional, ou a instituição federal de crédito e fomento para o repasse de recursos externos, a União só prestará garantia a ente que atenda, além do disposto no § 1º, as exigências legais para o recebimento de transferências voluntárias".

É vedada a oferta de garantia acima dos limites fixados pelo Senado Federal bem como realizada por entidades da administração indireta, inclusive suas empresas controladas e subsidiá-

---

46 LC n. 101/2000, art. 40, § 10: "O ente da Federação cuja dívida tiver sido honrada pela União ou por Estado, em decorrência de garantia prestada em operação de crédito, terá suspenso o acesso a novos créditos ou financiamentos até a total liquidação da mencionada dívida".

rias, conceder garantia, ainda que com recursos de fundos[47] (art. 40, §§ 5º e 6º).

1.3.1. Norma penal em branco

Exige-se o complemento normativo da norma penal em questão a partir de outra lei, pois as expressões "garantia" e "contragarantia", estão previstas, respectivamente no art. 40, *caput* e § 1º, da Lei de Responsabilidade Fiscal - LC n. 101/2000. A mesma Lei define, em seu art. 29, III, "operação de crédito", como: "compromisso financeiro assumido em razão de mútuo, abertura de crédito, emissão e aceite de título, aquisição financiada de bens, recebimento antecipado de valores provenientes da venda a termo de bens e serviços, arrendamento mercantil e outras operações assemelhadas, inclusive com o uso de derivativos financeiros". O § 1º do art. 29 equipara operação de crédito a "assunção, o reconhecimento ou a confissão de dívida pelo ente da Federação [...]".

1.4. Elemento subjetivo

Pune-se a título de dolo genérico, não se admitindo a forma culposa.

1.5. Consumação e tentativa

O crime em questão se consuma quando o agente formaliza (por meio de caução ou outro instrumento idôneo) a garantia em operação de crédito em favor de outro ente independente de contragarantia em valor igual ou superior à oferta graciosa prestada. Admite-se a modalidade tentada pois até a formalização final da garantia a conduta do agente pode ser interrompida.

1.6. Classificação

Crime próprio, comissivo (excepcionalmente comissivo por omissão ou omissivo impróprio – art. 13, § 2º, CP), de mera conduta, misto alternativo, de perigo abstrato, doloso, instantâneo, unissubjetivo, unissubsistente (excepcionalmente plurissubsistente, na modalidade tentada).

Não cancelamento de restos a pagar

Art. 359-F. Deixar de ordenar, de autorizar ou de promover o cancelamento do montante de restos a pagar inscrito em valor superior ao permitido em lei:

Pena – detenção, de 6 (seis) meses a 2 (dois) anos.

Artigo acrescentado pela Lei n. 10.028, de 19.10.2000.

---

1. COMENTÁRIO

1.1. Objetividade jurídica

A norma penal tutela a moralidade e probidade quanto à gestão das finanças públicas.

1.2. Sujeitos

Trata-se de crime próprio, exigindo qualidade de servidor público ou agente político responsáveis por ordenar, autorizar ou promover o cancelamento do montante, acima do limite previsto em lei, inscrito como restos a pagar. O sujeito passivo é a administração pública (direta ou indireta) e, secundariamente, a sociedade em geral.

1.3. Análise da(s) conduta(s) descrita(s) no tipo

A norma penal incriminadora é preceptiva, isto é, requer um comportamento positivo do autor, ou seja, o agente responde criminalmente pois permite, indevidamente, a inscrição em restos a pagar de quantia acima do limite previsto em lei, portanto, omite-se, renuncia o seu dever de agir (ordenar, autorizar ou promover o cancelamento dos valores exorbitantes), sabedor da situação ilícita.

1.3.1. Norma penal em branco

Exige-se o complemento normativo da norma penal em questão a partir de outra lei, no caso, o art. 36, *caput*, Lei n. 4.320/64, o qual define "restos a pagar" como "despesas empenhadas mas não pagas até o dia 31 de dezembro, distinguindo-se as processadas das não processadas" (art. 36, *caput*, Lei n. 4.320/64). Por outro lado, o limite a ser observado é aquele previsto na lei orçamentária, a qual definirá o montante inscrito como "restos a pagar", vedando-se, assim, a existência de valores superiores àquele contemplado em lei.

47 Essa proibição, de acordo com o § 7º, não se aplica a concessão de garantia por: "I – empresa controlada a subsidiária ou controlada sua, nem à prestação de contragarantia nas mesmas condições; II – instituição financeira a empresa nacional, nos termos da lei". Extrai do § 8º a seguinte redação: "excetua-se do disposto neste artigo a garantia prestada: I – por instituições financeiras estatais, que se submeterão às normas aplicáveis às instituições financeiras privadas, de acordo com a legislação pertinente; II – pela União, na forma de lei federal, a empresas de natureza financeira por ela controladas, direta e indiretamente, quanto às operações de seguro de crédito à exportação".

1.4. Elemento subjetivo

Pune-se a título de dolo genérico, não se admitindo a forma culposa.

1.5. Consumação e tentativa

O crime em questão se consuma quando o agente se abstém de agir, não pratica ato de ofício (nesse sentido existe o dever de elaboração de Relatório de Gestão Fiscal ao final de cada quadrimestre, exatamente para fins de evitar despesas que ultrapassem a disponibilidade de caixa e dos valores previamente autorizados na lei orçamentária – art. 55, III, *b*, LC n. 101/2000), promovendo a regularidade e probidade na escrituração da contabilidade pública por meio do corte de possíveis excessos. Aliás, o próprio art. 42 da LC n. 101/2000 veda ao titular de Poder ou ente, nos últimos dois quadrimestres do seu mandato, contrair obrigação de despesa que não possa ser cumprida integralmente dentro dele, ou que tenha parcelas a serem pagas no exercício seguinte sem que haja suficiente disponibilidade de caixa para este efeito. Esclarece o parágrafo único do referido artigo que "na determinação da disponibilidade de caixa serão considerados os encargos e despesas compromissadas a pagar até o final do exercício".

A tentativa é inadmissível, mesmo porque trata-se de crime omissivo puro.

1.6. Classificação

Crime próprio, omissivo puro, de mera conduta, misto alternativo, de perigo abstrato, doloso, instantâneo, unissubjetivo, unissubsistente.

Aumento de despesa total com pessoal no último ano do mandato ou legislatura

Art. 359-G. Ordenar, autorizar ou executar ato que acarrete aumento de despesa total com pessoal, nos 180 (cento e oitenta) dias anteriores ao final do mandato ou da legislatura:

Pena – reclusão, de 1 (um) a 4 (quatro) anos.

Artigo acrescentado pela Lei n. 10.028, de 19.10.2000.

---

1. COMENTÁRIO

1.1. Objetividade jurídica

A norma penal tutela a regularidade, moralidade e probidade quanto à gestão das finanças públicas.

1.2. Sujeitos

Trata-se de crime próprio, exigindo qualidade de servidor público ou agente político responsáveis por ordenar, autorizar ou executar o ato que proporcione o incremento das despesas públicas relacionadas ao pagamento do pessoal nos 180 dias anteriores ao final do mandato ou da legislatura. O subordinado hierárquico que *executa* o comando que proporciona o aumento da despesa *poderá* ser acobertado pelo manto de excludente de culpabilidade (obediência hierárquica – art. 22, CP), se ficar demonstrado que a ordem não é manifestamente ilegal. O sujeito passivo é a Administração Pública (direta ou indireta) e, secundariamente, a sociedade em geral.

1.3. Análise da(s) conduta(s) descrita(s) no tipo

Exige-se, para configuração do crime em comento, a exteriorização de uma ordem, um comando dotado de obrigatoriedade ou uma permissão, consentimento, ou ainda a materialização, efetivação de qualquer ato que provoque o acréscimo das despesas totais com o pessoal nos últimos 180 dias do mandato ou legislatura.

Questão importante a saber é o que significa despesa total com pessoal: trata-se do montante monetário efetivo ou o montante admitido legalmente por lei anterior aos 180 dias finais do mandato ou legislatura. Seria absurdo entender-se que a lei proibisse, por exemplo, a concessão de um quinquênio adquirido por funcionário no período somente porque haveria aumento de despesa com pessoal! Deve-se, então, entender o montante das despesas como o referente e encargos novos, seja por via de legislação nova, por exemplo, concedente de gratificações, seja pela admissão de pessoal. Com isso, a conclusão é inevitável: fica proibida a nomeação, no período, de servidores públicos ainda que aprovados, em concurso. Não fica, porém, vedada a nomeação de um servidor em comissão em cargo anteriormente vago porque o valor do pagamento correspondente ao seu cargo já estava incluído entre as despesas com pessoal. Com relação a nomeações e contratações de agentes públicos, há que se respeitar, também, a lei eleitoral, que traz normas a respeito no período que antecede as eleições e consequentemente a extinção dos mandatos.

1.3.1. Norma penal em branco

A ordem, autorização ou execução do ato que acarrete no aumento da despesa pública com pessoal deve ser realizado nos cento e oitenta dias finais do "mandato" ou "legislatura", expressões encontradas na legislação constitucional (na esfera federal, vide arts. 44, parágrafo único, 46, 55 e 56, todos da CF) ou eleitoral.

1.4. Elemento subjetivo

Pune-se a título de dolo genérico, não se admitindo a forma culposa.

1.5. Consumação e tentativa

Os dois primeiros verbos do tipo ("ordenar" e "autorizar") se consumam com a simples exteriorização, por meio hábil, de tais atos, não exigindo o efetivo aumento das despesas com pessoal. A última conduta ("executar"), por sua vez, necessita a ocorrência do de resultado naturalístico (a efetiva despesa no prazo estipulado). A tentativa é admissível na modalidade "realizar".

1.6. Classificação

Crime próprio, comissivo, de mera conduta (material na modalidade "realizar"), misto alternativo, de perigo abstrato, doloso, instantâneo, unissubjetivo, unissubsistente ou plurissubsistente (na modalidade "realizar").

Oferta pública ou colocação de títulos no mercado

Art. 359-H. Ordenar, autorizar ou promover a oferta pública ou a colocação no mercado financeiro de títulos da dívida pública sem que tenham sido criados por lei ou sem que estejam registrados em sistema centralizado de liquidação e de custódia:

Pena – reclusão, de 1 (um) a 4 (quatro) anos.

Artigo acrescentado pela Lei n. 10.028, de 19.10.2000.

---

1. COMENTÁRIO

1.1. Objetividade jurídica

A norma penal tutela a moralidade e probidade quanto à gestão das finanças públicas.

1.2. Sujeitos

Trata-se de crime próprio, exigindo qualidade de servidor público ou agente político responsáveis por ordenar, autorizar ou promover a oferta pública ou inserção no mercado financeiro de títulos de dívida pública sem previa autorização legal ou, ainda, sem o devido registro no sistema competente de autorização e custódia. O sujeito passivo é a administração pública (direta ou indireta) e, secundariamente, a sociedade em geral.

1.3. Análise da(s) conduta(s) descrita(s) no tipo

Exige-se, para configuração do crime em comento, a exteriorização de uma ordem, um comando dotado de obrigatoriedade ou uma permissão, consentimento, ou ainda a materialização, efetivação de qualquer ato que insira, coloque ou disponibilize no mercado financeiro títulos da dívida pública sem anterior autorização por intermédio de lei ou, ainda, sem o respectivo registro na entidade competente, atualmente a Cetip S/A. A Cetip é a integradora do mercado financeiro, uma companhia de capital aberto que oferece serviços de registro, central depositária, negociação e liquidação de ativos e títulos, empresa que realiza a autorização e custódia. A intenção da norma proibitiva em comento é evitar o descontrole e deve ser combinada com o art. 359-A quanto aos limites máximos de endividamento público.

1.3.1. Norma penal em branco

Exige-se o complemento normativo da norma penal em questão a partir de outra lei. A expressão "títulos da dívida pública", conforme art. 29, II, da Lei de Responsabilidade Fiscal – LC n. 101/2000 refere-se àqueles emitidos pela União, inclusive os do Banco Central do Brasil, estados e municípios.

1.4. Elemento subjetivo

Pune-se a título de dolo genérico, não se admitindo a forma culposa.

1.5. Consumação e tentativa

Os dois primeiros verbos do tipo ("ordenar" e "autorizar") se consumam com a simples exteriorização, por meio hábil, de tais atos, não exigindo o efetivo desequilíbrio das finanças públicas. A última conduta ("promover"), representa um agir no sentido de impulsionar, dar causa e ensejo ao resultado naturalístico que se via proibir: "a oferta pública ou a colocação no mercado financeiro de títulos da dívida pública sem que tenham sido criados por lei ou sem que estejam registrados em sistema centralizado de liquidação e de custódia". A tentativa é admissível, a depender do caso concreto, na modalidade "promover", possibilitando-se o fracionamento da conduta.

1.6. Classificação

Crime próprio, comissivo, de mera conduta (material na modalidade "promover"), misto alternativo, de perigo abstrato, doloso, instantâneo, unissubjetivo, unissubsistente ou plurissubsistente (na modalidade "promover").

TÍTULO XII
DOS CRIMES CONTRA O ESTADO DEMOCRÁTICO DE DIREITO

Título acrescentado pela Lei n. 14.197, de 01.09.2021.

1. CONSIDERAÇÕES PRELIMINARES

A Lei n. 14.197/2021 trouxe ao Código Penal, em título especial e sob a nomenclatura de "crimes contra o Estado Democrático de Direito", delitos contra a segurança nacional que se encontravam sob o manto da revogada Lei n. 7.170/83 (Lei de Segurança Nacional – LSN). A alteração da terminologia, mais do que sua incorporação no Código Penal, parece remeter ao traço mais simbólico da nova legislação, uma ruptura em relação ao modelo então vigente, oriundo do regime de exceção inaugurado em 1964, marcado por traços do arbítrio. Impulsionada por uma crítica antiga[1] aos diplomas voltados ao resguardo da segurança nacional, a de seu manejo contra opositores do regime, a lei teria sido aprovada em resposta a um incremento das investigações e processos baseados na LSN.[2,3] Fato é que havia muito se reclamava um ajuste na legislação em questão aos ditames de uma Constituição democrática como a de 1988, ainda que se reconhecesse que a lei revogada fosse, quando confrontada com a anterior (Lei n. 6.620/78), uma versão atenuada de rigor punitivo.[4] Tal reforma se verificara com o Código Penal português de 1982, cujas linhas foram mantidas nas reformas posteriores. A posição sistemática de tais delitos reafirma o caráter instrumental do Estado[5] e "denota claramente a primazia que, num Estado de direito democrático, se pretende reconhecer à pessoa humana e a seus direitos fundamentais".[6]

Com efeito, o Estado é a coroação da estrutura política e jurídica da sociedade. Ele não é mais do que uma superestrutura de um determinado tipo de sociedade. Da existência do Estado deri-

1 De há muito, por meio de pronunciamentos de seus órgãos mais representativos, a classe dos advogados se comprometeu a propugnar pela revogação da LSN, diploma de natureza totalitária, de todo excrescente em um regime que se pretenda liberal-democrata. Agora, na oportunidade em que o Poder Executivo se dispõe a enviar ao Congresso uma série de projetos reformuladores dos Códigos integrantes de nosso sistema jurídico-penal, chegou o momento de resgatarmos o compromisso assumido perante a sociedade brasileira e de pugnarmos, como é dever estatutário, pela extirpação de um guante que aprisiona toda a Nação, porque despreza os direitos da cidadania e reduz a letra morta as garantias individuais consolidadas na Declaração Universal dos Direitos Humanos e reproduzidas, em essência, na Constituição Federal. Aliás, é natural a recíproca repelência entre a lei sub examen e uma sociedade arejada pela liberdade, porque a primeira constitui mera emanação e instrumento executório de uma ideologia totalitarista – a da Segurança Nacional – que "tende, por si, ao absoluto" e "é insaciável", pois "descobre cada vez mais inimigos" a combater (JOSEPH COMBLIN, in "A ideologia da Segurança Nacional", trad. de Veiga Fialho, 1978, p. 226). (FRAGOSO, Heleno. "A Reforma da Lei de Segurança Nacional (Lei n. 6.620, 17.12.1978)". Disponível em: http://www.fragoso.com.br/wp-content/uploads/2019/05/20190524151613-Evaristo-e--Heleno-sobre-a-LSN.pdf; acesso em: 09.11.2021).

2 No relatório legislativo pela aprovação do PL n. 2.108/2021, assim constou: "A LSN constitui um dos últimos diplomas normativos de cunho autoritário ainda vigentes após a redemocratização. A atual Lei, é preciso reconhecer, revela-se mais branda do que as que a precederam, mas nela continuam presentes resquícios, traduzidos em regras punitivas, da famigerada doutrina de segurança nacional, que, numa linguagem belicista, identificava os críticos e opositores ao regime autoritário com a figura do 'inimigo interno'. Até mesmo como reação dos novos ares democráticos, a Lei de Segurança Nacional permaneceu, nas primeiras décadas de vigência da Constituição de 1988, quase que esquecida, com sua aplicação limitada a casos como os que envolviam a introdução ilegal, em território nacional, de armamento privativo das Forças Armadas. No entanto, esse quadro se modificou nos últimos anos, com a crescente invocação da lei com o objetivo de punir manifestações críticas ao governante de plantão e calar adversários políticos". Disponível em: https://legis.senado.leg.br/sdleg-getter/documento?dm=8986057&ts=1631106647566; acesso em: 03.11.2021.

3 Um dos exemplos mais emblemáticos dessa indevida compreensão dos delitos da LSN é aquele relatado no RQS n. 01640/2021, subscrito pelo Senador Randolfe Rodrigues: "Um dos casos mais recentes de violação do direito constitucional de livre manifestação do pensamento ocorreu em Trindade (GO), onde um policial militar deu voz de prisão a um professor que se negou a retirar do seu carro uma faixa em que chamava Bolsonaro de 'genocida'. O agente de segurança citou como justificativo artigo da LSN que trata como crime 'caluniar' o presidente da República, com pena de até quatro anos de detenção. A Polícia Federal, no entanto, não viu ilegalidade e liberou o professor". Disponível em: https://legis.senado.leg.br/sdleg-getter/documento?dm=8977428&ts=1623275240961&disposition=inline; acesso em: 03.11.2021.

4 SANTOS, F. F. F. *Lei de Segurança Nacional*: de Vargas a Temer, uma necessária releitura: a doutrina da segurança nacional sob a perspectiva da segurança humana, 2019, p. 131.

5 CAEIRO, P. "Dos crimes contra a realização do Estado de Direito". In: DIAS, J. F. [Dir.]. *Comentário Conimbrense do Código Penal, Parte Especial, Tomo III, Artigos 308º a 386º*, 2001, p. 177.

6 CUNHA, C. F. "Dos crimes contra o Estado: dos crimes contra a segurança do Estado". In: DIAS, J. F. [Dir.]. *Comentário Conimbrense do Código Penal, Parte Especial, Tomo III, Artigos 308º a 386º*, 2001, p. 1.

vam uma série de interesses que ele protege, inclusive de modo mais forte do que outros valores comunitários e pessoais, com ameaça de sanção à lesão ou à mera colocação em perigo de determinado interesse. E tal proteção se faz dentro das bases do Estado social e democrático de Direito.[7]

Dito isso, é preciso demarcar que a existência de delitos que atentam contra a segurança externa da nação ou contra a estrutura política dela não são propriamente uma novidade em nosso ordenamento. Nem mesmo sua inserção no Código Penal é portadora de ineditismo. No Código Criminal do Império (1830), sob o título "Dos crimes contra a existência política do Império", eram encontradas diversas figuras assemelhadas de alguma proximidade com os delitos que atentam contra a segurança externa da nação e sua organização interna. Nesse rol eram encontradas as condutas de tentar destruir a independência ou integridade do Império (art. 68), a provocação de declaração de guerra por parte de nação estrangeira (art. 69), figuras relacionadas a atentados ao livre exercício dos poderes políticos (arts. 91 a 99) e os crimes contra a segurança interna do Império (arts. 107 a 115).[8] O Código Penal da República (Decreto n. 847, de 11 de outubro de 1890), de modo similar, previu "crimes contra a existência política da República" (arts. 87 a 114) e "crimes contra a segurança interna da República" (Arts. 115 a 135).[9]

O tratamento dessa espécie de delito, fortemente marcado pelas mudanças histórico-políticas,[10] sofreu uma guinada com a Lei n. 38/35,[11] que definia os *crimes contra a ordem política e social*. Essa lei foi "uma resposta à revolta comunista de 1935 vista pelo alto comando das Forças Armadas não apenas como um ataque ao Estado, mas como uma traição interna que contou com algum apoio militar".[12,13] Não havia, entretanto, qualquer menção ao conceito de segurança nacional.[14] Poucos meses depois, por meio do Decreto Legislativo n. 6/35, foi aprovada uma emenda à Constituição permitindo ao Presidente da República, mediante prévia autorização do parlamento, declarar estado de commoção clandestina, vale dizer, um estado equiparável ao de guerra: "EMENDA N. 1 A Camara dos Deputados, com a collaboração do Senado Federal, poderá autorizar o Presidente da Republica a declarar a commoção intestina grave, com finalidades subversivas das instituições politicas e sociaes, equiparada ao estado de guerra, em qualquer parto do territorio nacional, observando-se o disposto no artigo 175, n. 1, §§ 7º, 12 e 13, e devendo o decreto de declaração de equiparação indicar as garantias constitucionaes que não ficarão suspensas".[15]

A citada lei era uma reação ao que as Forças Armadas entenderam como um ataque ao Estado e, também, uma "traição interna" por contar com algum apoio militar.[16] Seu manejo pelo governo tinha por fim afastar os opositores do regime e atribuir-lhes a pecha de "inimigos".[17] A referência à necessidade de segurança para condições de sobrevivência da coletividade e de suas entidades políticas tornava-se constante.[18] Data desse período uma aproximação das Forças Armadas brasileiras com as escolas de guerra americanas dentro de um ambiente em que a paz mundial ainda parecia algo distante.[19]

---

7 MUÑOZ CONDE, F. *Derecho Penal, Parte Especial*, 2010, p. 765.

8 Em sentido próximo, por não incluir os crimes contra os poderes políticos, na doutrina: FERREIRA, C. L. *Crimes contra a segurança do Estado*, 1982, p. 39.

9 Ibidem.

10 MUÑOZ CONDE, F. "Delito político y Derecho penal del enemigo". In: *Derecho y justicia penal en el siglo XXI*: liber amicorum en homenaje al profesor Antonio González-Cuéllar García, 2006, p. 403-10.

11 Posteriormente a esta lei, vieram os DL ns. 431/38 (definia crimes contra a personalidade internacional, a estrutura e a segurança do Estado e contra a ordem social) e 4.766/42 (definia crimes militares e contra a segurança do Estado e dava outras providências).

12 SANTOS, F. F. F., op. cit., p. 68.

13 Relevante traço da excepcionalidade desse tipo de legislação, como relembra Ferreira, estava no Art. 67 do Decreto n. 4.766/42, que determinava a retroatividade, em relação a crimes contra a segurança externa, à data da ruptura de relações diplomáticas com Alemanha, Itália e Japão. Nesse sentido: FERREIRA, C. L., op. cit., p. 40.

14 SANTOS, F. F. F., op. cit., p. 68-9.

15 Disponível em: https://www2.camara.leg.br/legin/fed/decleg/1930-1939/decretolegislativo-6-18-dezembro-1935--532805-publicacaooriginal-15177-pl.html; acesso em: 08.11.2021.

16 No interior das Forças Armadas a revolta comunista de novembro de 1935 foi um evento chave que desencadeou a construção de um pensamento anticomunista. As Forças Armadas teriam sido feridas em seus dois pilares fundamentais, a hierarquia e a disciplina (TIBOLA, A. P. L. "A Escola Superior de Guerra e a doutrina da Segurança Nacional (1949-1966)". Dissertação (Mestrado em História). Instituto de Filosofia e Ciências Humanas, Universidade de Passo Fundo, 2007, p. 125. Disponível em: http://tede.upf.br:8080/jspui/handle/tede/57; acesso em: 09.11.2021.

17 SANTOS, F. F. F., op. cit., p. 68.

18 PESSOA, M. *O Direito da Segurança Nacional*, 1971, p. 3.

19 TIBOLA, A. P. L., op. cit., p. 18.

O fim do Estado Novo, a redemocratização e a aprovação de uma nova Constituição, em 1946, levaram à elaboração de uma nova legislação para os crimes contra o "Estado e a Ordem Política e Social" (Lei n. 1.802/53). A legislação era silente quanto a uma ideia de "segurança nacional" tal como surgiria nas regulamentações posteriores. Entretanto, registre-se, um setor da doutrina opta por se referir a todas as legislações surgidas desde a Lei n. 38/35 como legislações de segurança nacional.[20]

De fato, a doutrina da segurança nacional (DSN), que inspirará diversas legislações, surgirá na Escola Superior de Guerra (ESG) baseada numa estratégia militar, o comprometimento de todos com o objetivo maior ("vencer a guerra"), mas tendo em vista objetivos nacionais que orientariam a conquista do bem-estar nacional. Dentro dessa perspectiva, a integridade das Forças Armadas seria essencial para a manutenção e a ordem do Estado Nacional.[21] É essa doutrina que sugere uma maior aproximação com a sociedade civil e a utilização do termo "segurança nacional" em lugar de "defesa nacional", que tinha uma conotação mais restrita, enquanto aquela expressão estava ligada à ideia de uma "guerra total" em prol dos objetivos maiores da nação.[22] A Revolução de 1964, invocando poder constituinte originário decorrente do poder revolucionário, emendou a Constituição de 1946 alterando regra de competência da Justiça Militar para julgar civis por "crimes contra a segurança nacional ou as instituições militares".[23] Posteriormente, com a institucionalização definitiva do regime de exceção, em 1967, editou-se uma nova Constituição. A regra de competência fora preservada com alguma modificação[24] e foi expedido pelo Presidente da República, General Castello Branco, primeiro presidente do regime militar, o DL n. 314/67, que definia os "crimes contra a segurança nacional, a ordem política e social".[25] Esse decreto positivou a doutrina da segurança nacional (DSN) atribuindo o dever de defendê-la a toda pessoa natural e jurídica.[26]

A segurança nacional aparece, assim, definida como a garantia para o alcance dos objetivos nacionais contra antagonismos internos e externos (art. 2º). Nela estariam compreendidas as medidas destinadas à preservação da segurança externa e interna, inclusive a prevenção e repressão da guerra psicológica adversa e da guerra revolucionária ou subversiva (art. 3º). Em sua interpretação, deveria o Poder Judiciário (juiz ou tribunal) se inspirar no conceito de segurança nacional ali definido. Consagrava-se a terminologia *crimes contra a segurança nacional* em linha com a DSN. Evidenciava-se uma abordagem própria do confronto (guerra, segundo o decreto) entre os detentores do poder na ditadura civil-militar e aqueles que se opunham ao regime, convenientemente identificados como inimigos.[27] Dentro desse quadro, a remessa de tais crimes à esfera da Justiça Militar, aquela que seria mais capacitada a compreender a lógica do confronto ali embutido, tornava-se uma necessidade. Esse decreto foi alterado pelo DL n. 510/69, que modificou a redação de alguns tipos e elevou a pena de outros. Posteriormente, a EC n. 1/69, introduzida por meio do Ato Institucional n. 6/69 (AI-6),[28] marcou o recrudescimento do regime revolucionário. Na esteira da "nova" Constituição,

20 Sustenta-se que a citada lei teria deixado ao intérprete conceituar o que seria segurança nacional. Nesse sentido: SANTOS, F. F. F., op. cit., p. 68.

21 TIBOLA, A. P. L., op. cit., p. 62.

22 Ibidem, p. 62 e 117.

23 O art. 8º do Ato Institucional assim proclamava: O § 1º do art. 108 da Constituição passa a vigorar com a seguinte redação: "§ 1º – Esse foro especial poderá estender-se aos civis, nos casos expressos em lei para repressão de crimes contra a segurança nacional ou as instituições militares".

24 Ver a seguir tópico sobre competência.

25 O citado decreto-lei foi alterado posteriormente pelo DL n. 510/69, que modificou a redação de alguns tipos e elevou a pena de outros.

26 SANTOS, F. F. F., op. cit., p. 69.

27 "O termo 'segurança nacional' foi utilizado pelo Brasil para garantir a manutenção da coesão do sistema político implantado, como forma de defesa do governo imposto e não como defesa dos interesses nacionais e da nação de maneira geral e irrestrita" (SANTOS, F. F. F., op. cit., p. 71).

28 O AI-6 invocou, para editar a EC n. 1/69, o poder constituinte originário que teria sido deixado expresso no AI-5, talvez o mais duro dos atos institucionais. O AI-5 declinou em suas justificativas que: "não se disse que a Revolução foi, mas que é e continuará" e, portanto, o processo revolucionário em desenvolvimento não pode ser detido. Com isso, tornavam-se possíveis os objetivos proclamados na ementa: "O Presidente da República poderá decretar a intervenção nos estados e municípios, sem as limitações previstas na Constituição, suspender os direitos políticos de quaisquer cidadãos pelo prazo de 10 anos e cassar mandatos eletivos federais, estaduais e municipais, e dá outras providências". Disponível em: http://www.planalto.gov.br/ccivil_03/ait/ait-05-68.htm; acesso em: 09.11.2021.

foi editado o DL n. 898/69,[29] que definia os "crimes contra a segurança nacional, a ordem política e social", a mais dura de todas as legislações,[30] revogava a legislação precedente e inseria a integralidade dos crimes ali previstos na competência militar.

O regime de 1964 foi gradualmente perdendo suas bases de apoio. A crise econômica da década de 1970, provocada pela alta dos preços do petróleo e o fim do período do "milagre" brasileiro, empurraram o regime na direção do que seria uma distensão lenta, gradual e segura para a democracia.[31] Na esteira da perda de apoio, editou-se a citada Lei n. 6.620/78, que surge após a EC n. 11/78, emenda essa que eliminou a pena de morte de nosso ordenamento jurídico, como prevista no DL n. 898/69 para alguns delitos.[32] Apesar do abrandamento geral de penas, paralelamente, eram adotadas medidas duras como a incomunicabilidade de presos por dez dias,[33] além de ser mantida a DSN como fonte de inspiração e interpretação de seus dispositivos (arts. 1º a 5º).[34] Não obstante, a aprovação, no ano seguinte, da Lei de Anistia (Lei n. 6.683/79), que alcançava alguns autores de crimes da LSN, acabou esvaziando parte do potencial arbitrário que ainda se poderia inferir daquela legislação.

A edição da Lei n. 7.170/83, em substituição à legislação de 1978, veio definir "crimes contra a segurança nacional e a ordem política e social" e eliminou de suas disposições gerais conteúdos relacionados com a DSN, ainda que a terminologia utilizada na ementa para referir-se aos delitos tenha mantido a referência à expressão. A nova LSN adotava uma estrutura distinta em suas disposições gerais. Indicava os bens jurídicos que seriam objeto de tutela (art. 1º)[35] e o critério distintivo de tais delitos da legislação penal comum ou militar (art. 2º).[36] Tal fato conduziu à interpretação, por parte do Supremo Tribunal Federal,[37] no sentido da observância de critérios subjetivo (motivação política) e objetivo (lesão ou perigo para integridade territorial, à soberania nacional, ao regime representativo e democrático, à Federação ou ao Estado de Direito) para a incidência da conduta na Lei n. 7.170/83.

A eliminação da referência expressa à DSN levou Fragoso[38] a defender que a última legislação do regime de 1964 teria se afastado dessa doutrina. O tema era, entretanto, controvertido. Santos,[39] por exemplo, diante da previsão de inúmeros dispositivos passíveis de serem utilizados contra opositores do governo afirma: "não obstante tenha havido amenização dos rigores da DSN, a atual LSN apresenta em seu conteúdo diversos dispositivos legais que mantêm a estratégia de ameaça constante utilizada no passado autoritário brasileiro". Embora pudesse ser alvo de merecidas críticas e, inclusive, de discussões acerca

29 Além do citado ato normativo, seguiram-se o DL n. 975/69, que ampliou os crimes contra a segurança nacional para neles incluir, entre outros, o contrabando de aeronave e o transporte de terroristas, e a Lei n. 5.786/72, que definiu como crime dessa natureza a assunção ilícita do controle de aeronave.

30 "Sem dúvida o mais rígido dos diplomas legais sobre a segurança nacional, ante a previsão de pena de morte e prisão perpétua para alguns delitos" (SANTOS, F. F. F., op. cit., p. 69).

31 Ibidem, p. 125-6.

32 Ibidem, p. 126.

33 Ibidem, op. cit., p. 127.

34 A interpretação em linha com a DSN e de forma draconiana pela Justiça Militar foi uma marca de sua vigência. Nesse sentido: FRAGOSO, H. C. "A nova Lei de Segurança Nacional". Disponível em: http://www.fragoso.com.br/wp-content/uploads/2017/10/20171002195930-nova_lei_seguranca_nacional.pdf; acesso em: 19.11.2021.

35 "Art. 1º Esta Lei prevê os crimes que lesam ou expõem a perigo de lesão: I – a integridade territorial e a soberania nacional; II – o regime representativo e democrático, a Federação e o Estado de Direito; III – a pessoa dos chefes dos Poderes da União."

36 "Art. 2º Quando o fato estiver também previsto como crime no Código Penal, no Código Penal Militar ou em leis especiais, levar-se-ão em conta, para a aplicação desta Lei: I – a motivação e os objetivos do agente; II – a lesão real ou potencial aos bens jurídicos mencionados no artigo anterior."

37 RC n. 1.473/SP, 1ª T., rel. Min. Luiz Fux, rev. Min. Rosa Weber, *DJe* 291 18.12.2017.

38 "A característica mais saliente e significativa da nova lei é a do abandono da doutrina da segurança nacional. Em doutrina, profundamente antidemocrática, foi introduzida na lei de segurança pelo Decreto-Lei n. 314, de 13 de março de 1967. De acordo com essa doutrina, objeto de proteção jurídica certos objetivos nacionais permanentes, entre os quais se incluem a paz pública e a prosperidade nacional, elementos que levam a confundir a criminalidade comum com a criminalidade política. A nova lei emprega a expressão 'segurança nacional' ao lado de 'ordem política e social'. Na lei não há, em princípio, palavras inúteis, e por isso o intérprete deve entender que 'segurança nacional' é coisa diversa de 'ordem política e social'. A nova lei restringiu o conceito de segurança nacional, de acordo com a tendência mais liberal e democrática. Segurança Nacional é o que se refere à nação como um todo, e diz respeito à própria existência do Estado e à sua independência e soberania. Trata-se de segurança nacional, ou seja, da nação. Ela não se confunde com segurança do governo ou da ordem política e social, que é coisa bem diversa" (FRAGOSO, H. C. "A nova Lei de Segurança Nacional". Disponível em: http://www.fragoso.com.br/wp-content/uploads/2017/10/20171002195930-nova_lei_seguranca_nacional.pdf; acesso em: 19.11.2021).

39 SANTOS, F. F. F., op. cit., p. 133.

de sua incompatibilidade com a vigente ordem constitucional, nem todos os tipos penais ali postos poderiam ser reputados inconstitucionais.[40] A lógica de exceção ainda manifesta no diploma não contaminava, como é intuitivo, a integralidade da lei, o que comprova o oferecimento de denúncia pela Procuradoria-Geral da República contra deputado federal em razão da publicação de vídeos contendo, entre outras, frases como "Na ditadura você é livre, na democracia é preso!" e "Convoquei as Forças Armadas para intervir no STF".[41] Ao parlamentar foram imputados os delitos de tentativa de impedir o livre exercício de um dos Poderes da União (art. 18, LSN), incitação à animosidade entre Forças Armadas e instituições civis (art. 23, II, LSN) e incitação à prática de delitos previstos na LSN (art. 23, IV, LSN), tendo sido a acusação recebida pelo STF.

Não se deve ignorar, entretanto, que iniciativas anteriores de revogação da LSN, como aquela decorrente dos trabalhos da comissão instituída pela Portaria n. 413, de 30.05.2000, do Ministro da Justiça, já indicavam a necessidade de superação da doutrina subjacente à LSN, com a criação de crimes para a defesa do novo modelo democrático: "A doutrina foi concebida sob o espectro da guerra – da guerra fria, da guerra revolucionária e da terceira guerra mundial, tida por longo tempo como uma inevitabilidade histórica. Em nome da segurança nacional, disseminou-se nos países periféricos do bloco ocidental um truculento sentimento anticomunista, fundamento da repressão, da censura e da perseguição política. Quase todos os países da América Latina sofreram o impacto antidemocrático da ideologia da segurança nacional, com o colapso das instituições constitucionais e a ascensão de regimes militares. Bem antes do desenvolvimento de uma específica doutrina, a locução *segurança nacional* já era parte integrante do direito constitucional brasileiro. A Constituição de 1934, por exemplo, a ela dedicava o seu título VI, voltado, todavia, predominantemente, para questões afetas à segurança externa e às Forças Armadas. Foi sob a égide desta carta que surgiu a Lei n. 38, de 4 de abril de 1935, editada após a denominada *Intentona Comunista*, e que deu início à tipificação, em lei especial, dos crimes contra a segurança nacional, seguida de outros textos legislativos. A Constituição de 1988 foi a superação histórica do regime que tinha como um de seus fundamentos a ideologia da segurança nacional, e toda carga autoritária que dela decorria. Por tal razão, a própria locução segurança nacional ficou praticamente fora de seu texto, salvo uma intempestiva menção no art. 173, onde se cuida das hipóteses excepcionais de exploração da atividade econômica pelo Estado. Pelas razões expostas, e em cumprimento ao inciso I do art. 1º da Portaria, o ponto de vista da Comissão é o de que se impõe a elaboração de uma nova lei, não mais inspirada pela ideologia da segurança nacional, mas voltada para a defesa do Estado Democrático de Direito. Até o advento da nova legislação, o entendimento da Comissão é no sentido de que a velha Lei de Segurança Nacional, salvo tipos que indubitavelmente devem subsistir (como, por exemplo, traição ou atentado à soberania), não deva ser aplicada".[42]

Desse modo, ao que parece, a Lei n. 14.197/2021 surge, para além da revogação da Lei n. 7.170/83, como a definitiva superação de uma abordagem que esteve presente nas legislações brasileiras desde 1935. Doravante, volta-se para o enfrentamento de condutas que atentem contra o Estado Democrático de Direito, e não simplesmente contra a vetusta segurança nacional.

2. CRIME POLÍTICO E CRIMES CONTRA O ESTADO DEMOCRÁTICO DE DIREITO

Um dos pontos mais sensíveis a serem tratados pelo intérprete dos novos delitos trazidos pela Lei n. 14.197/2021 diz respeito à qualificação ou não dessas condutas como crimes políticos. Tal discussão se faz relevante na medida em que a interpretação da jurisprudência ao tempo da Lei n. 7.170/83, conjugação dos critérios subjetivo e objetivo, estava baseada no texto posto.[43] É preciso não olvidar que a definição do que se deva ter por crime político torna-se relevante, ao nível constitucional, para fins extradicionais em razão sua vedação (art. 5º, LII, CR), bem como sob o prisma da competência jurisdicional (art. 109,

40 CUNHA, R. S.; SILVARES, R., op. cit., p. 29.

41 Inq. n. 4.828 (processo em segredo de justiça no *site* do STF). Denúncia disponível em: https://www.conjur.com.br/2021-fev-18/leia-integra-denuncia-pgr-deputado-daniel-silveira; acesso em: 20.11.2021.

42 BARROSO, L. R. "A superação da ideologia da segurança nacional e a tipificação dos crimes contra o Estado democrático de Direito". *Revista de Estudos Criminais*, n. 34, v. 2, n. 9, p. 71-9, 2003.

43 STF: RC n. 1.468 segundo/RJ, Pleno, rel. Ilmar Galvão, rel. p/ acórdão: Maurício Corrêa, j. 23.03.2000, *DJ* 16.08.2002.

IV) e recursal (art. 102, II, b, CR). Há, ao que parece, uma dupla dimensão de relevância atinente ao interesse penal veiculado nas disposições. Em relação aos delitos praticados no país ou submetidos, excepcionalmente, a regras de extraterritorialidade, importa definir o juiz natural para o processamento do autor. Por outro lado, em relação a fins extradicionais, o interesse veiculado é do Estado estrangeiro que pleiteia a entrega de pessoa para ser processada naquele país ou nele ter cumprida uma pena.[44]

Aliás, a duplicidade de compreensão em torno de uma mesma expressão utilizada pela Constituição segundo sua localização não é uma questão nova.[45,46] Nesse sentido, é preciso não ignorar que a extradição remotamente se prestava à perseguição dos *inimigos* do regime. Era um instrumento para viabilizar a punição dos inimigos pessoais do soberano, em especial autores de crimes de deserção, políticos ou religiosos.[47] Esse panorama começa a mudar ao longo do século XVIII e, em especial, na virada para século XIX, quando, por influência do Iluminismo, a extradição se converte em uma forma de cooperação internacional destinada a combater crimes comuns. O Estado de Direito, ao estabelecer limitações ao poder estatal, viu surgir a figura do *asilo político*, conduzindo a extradição a limites destinados ao enfrentamento da criminalidade comum.[48] No Tratado de Paz de Amiens (1802), Espanha, França e Inglaterra ajustaram assegurar a extradição para casos de delinquência comum, com total exclusão da delinquência política.[49] No final do século XVIII, o avanço dos meios de transporte, o maior acesso aos territórios estrangeiros e a circulação de mão de obra fizeram surgir a necessidade de captura de fugitivos por esses mesmos canais.

Apesar de um panorama relativo aos direitos humanos absolutamente distinto, ainda hoje, como repulsa à marca indelével da perseguição que movia a extradição, os tratados fazem constar expressamente a vedação da extradição em crimes políticos e de opinião. O próprio Estado Democrático de Direito lança mão da vedação quase que automaticamente.[50] É possível afirmar, sem maiores dificuldades, que a cláusula do art. 5º da Constituição vem impregnada de um odor histórico, o da repulsa ao manejo de criminalizações excepcionais destinada à proteção dos detentores do poder e não da Nação ou do Estado. A extradição que é vedada é aquela relacionada a um delito (político) especialmente destinado a alcançar os opositores de um regime opressor.[51]

"Um Estado totalitário, negador das liberdades políticas fundamentais, que não reconhece os partidos políticos, que impede a oposição política de alcançar o poder por meios legais, é um Estado que cria um Direito penal totalitário e antidemocrático, porque o utiliza como uma arma mais de defesa de seus interesses e dessa situação. A luta contra um Estado desse tipo converte aquele que a intenta em 'delinquente', ao que, por mais que adicionemos o qualificativo 'político', nunca se poderá salvar as medidas repressivas punitivas que tal pessoa tem de enfrentar para defender uma alternativa política mais livre".[52]

Todavia, nem tudo se justifica no âmbito do crime político. Parece revelar um juridicismo asséptico e descomprometido, por exemplo, justificar atentados terroristas contra a vida e a integridade física de pessoas qualificando-os como crime político ou neles impregnando a motivação política como forma de reduzir-lhes a repro-

44 SOUZA, Artur de Brito Gueiros; JAPIASSÚ, Carlos Eduardo Adriano. *Curso de direito penal*: Parte Geral: arts. 1º a 120. 2.ed. Rio de Janeiro, Forense, 2015, p. 134.

45 A guisa de exemplo é possível colacionar as diferentes dimensões que assumem a propriedade privada e a função social dela nos arts. 5º e 170 da Constituição. No primeiro, a propriedade privada assume a feição de direito individual e a função social corresponde ao uso da propriedade dentro dos limites jurídicos estabelecidos para não afetar terceiros. Por outro lado, no segundo a propriedade assume uma função social ativa, isto é, inserida num determinado modo de produção (capitalista), ela obriga o empresário a explorá-la não apenas em benefício próprio, mas do desenvolvimento econômico e da própria coletividade. Nesse sentido: GRAU, Eros Roberto. *A ordem econômica na Constituição de 1988*. 12.ed. São Paulo, Malheiros, 2007, p. 239.

46 A criminalização no âmbito do direito penal falimentar converte o que seria o exercício de um direito (o de propriedade) em crime por atentar contra sua função social. Nesse sentido: BATISTA, Nilo. *Lições de direito penal falimentar*. Rio de Janeiro, Revan, 2006, p. 64-5.

47 ABADE, Denise Neves. *Direitos fundamentais na cooperação jurídica internacional*: extradição, assistência jurídica, execução de sentença estrangeira e transferência de presos. São Paulo, Saraiva, 2013, p. 47-8.

48 ABADE, op. cit., 2013, p. 48.

49 ABADE, op. cit., 2013, p. 49.

50 ABADE, op. cit., 2013, p. 49-50.

51 STF: Ext n. 1.085, rel. Min. Cezar Peluso, j. 16.12.2009, *DJe* 16.04.2010.

52 MUÑOZ CONDE, Francisco. "*Delito político y derecho penal del enemigo*". In: *Derecho y justicia penal en el siglo XXI*: liber amicorum en homenaje al profesor Antonio González-Cuéllar García, 2006, p. 403-10.

vabilidade.[53,54] A própria construção do delito de terrorismo foi marcada pela pretensão de sua exclusão do âmbito dos delitos políticos,[55] o que tem pertinência com a denominada cláusula belga.[56,57] Conquanto a Constituição não defina crime político,[58] a doutrina sempre se ocupou dele. Para fins extradicionais, o Brasil tem seguido a solução de submeter à Suprema Corte a apreciação do caráter político do crime cuja extradição é solicitada;[59] é uma solução pragmática[60] que pode dar soluções diversas a casos aparentemente próximos.[61] É como consta regulado hoje na Lei de Migração (art. 82, VII, § 4º, Lei n. 13.445/2017). Todavia, o socorro à doutrina para investigar a natureza dos crimes trazidos pela Lei n. 14.197/2021 torna-se relevante na medida em que um setor da doutrina advoga a tese de que não existiriam mais crimes políticos no ordenamento brasileiro.[62] Temos que a compreensão não pode escapar daquelas linhas trazidas pela Constituição.

"O penalista deve ser consciente da ambiguidade do conceito de delito político, elaborado em função de um sistema de valores que não pode ser outro que não o do Estado social e democrático de direito. A missão do penalista deve consistir, nesta matéria, em aprofundar a proteção penal das garantias e direitos fundamentais reconhecidos na Constituição".[63]

A doutrina reconhece três critérios distintos para identificação de um crime político: 1) crime político é aquele que atinge um bem ou interesse jurídico de natureza política, como a organização do Estado; 2) crime político é aquele motivado por razões ideológicas, independentemente de sua localização na legislação penal comum; e 3) crime político é, segundo uma concepção mista, aquele que atenta contra bens jurídicos relacionados à organização político-social, como aquele praticado por motivação política.[64] Para Hungria,[65] crimes políticos seriam aqueles dirigidos, subjetiva e objetivamente, de modo imediato, contra o Estado como unidade orgânica das instituições políticas e sociais. Em sentido próximo, advoga-se como crime político aqueles que atentam contra a segurança externa, assim como os que afetam o funcionamento de determinados órgãos do Estado e o exercício de certos direitos inerentes ao próprio regime político vigente.

"Somente as ações que se dirigem contra os interesses políticos da Nação. Esses interesses gravitam na órbita da segurança externa (existência,

---

53 Ibidem.

54 "No passado, ele (o terrorismo) se vinculava aos movimentos clandestinos locais de libertação nacional ou de descolonização, a partir de meados do século XX passou-se a experimentar uma crescente internacionalização do terrorismo com o emprego de meios cada vez mais destrutivos e uso de novas tecnologias, a ponto de comprometer a paz e a segurança das nações. Com efeito, apesar de ser um fenômeno de longa data, é certo que o terrorismo em escala universal experimentou uma dimensão nunca antes imaginada já no início do século XXI" (SOUZA, Artur de Brito Gueiros. "A cooperação internacional na luta contra o terrorismo: uma visão brasileira acerca dos desafios jurídicos frente aos atos terroristas". *Revista Portuguesa de Ciência Criminal*, ano 24, n. 3, jul.-set. 2014, p. 361-2).

55 JIMÉNEZ DE ASÚA, Luis. *Tratado de derecho penal*. Tomo III. 5.ed. Buenos Aires, Losada, 1992, p. 185.

56 "Com a eclosão dos movimentos anarquistas, ainda no século XIX, os tratados de colaboração penal da generalidade dos países passaram a conter regras prevendo restrições à classificação de certos delitos como **políticos**. Outra não foi a razão para a adoção da chamada **cláusula belga ou de atentado** – difundida, na prática internacional, a partir do Tratado de Extradição Franco-Belga de 1856 – que proibiu ser qualificado como crime político – submetido, pois, ao regime da entrega do inculpado –, o atentado contra a vida e a integridade da pessoa do chefe de governo estrangeiro ou dos membros de sua família" (SOUZA, Artur de Brito Gueiros. "A cooperação internacional na luta contra o terrorismo: uma visão brasileira acerca dos desafios jurídicos frente aos atos terroristas", op. cit., 2014, p. 365).

57 Registre-se que um setor da doutrina defende, com o que não concordamos, que o delito de terrorismo conforme regulamentado pela Lei n. 13.260/2016 representaria uma restauração da doutrina de segurança nacional que corroboraria a violência do Estado em face de seu cidadão. Nesse sentido: SANTOS, Fabiana Figueiredo Felício dos, op. cit., p. 133.

58 STF: RC n. 1.468 segundo/RJ, Pleno, rel. Ilmar Galvão, rel. p/ acórdão: Maurício Corrêa, j. 23.03.2000, *DJ* 16.08.2002.

59 FERREIRA, op. cit., p. 31.

60 SOUZA, op. cit., 2014, p. 365.

61 Reflexo das soluções conforme o caso concreto aparece nos casos Falco e Norambuena. No primeiro dos casos enunciados, a invasão do quartel de La Tablada com cometimento de diversos outros crimes que não atingiram a população em geral foi afastada da quadra do terrorismo e reconhecido o caráter político do delito. A extradição solicitada pela República Argentina foi negada (STF: Ext n. 493/ República Argentina, Pleno, rel. Min. Sepúlveda Pertence, *DJ* 03.08.1990 PP-07235). No segundo dos casos enunciados, o STF entendeu pela ocorrência de terrorismo, em especial por se estar diante da normalidade democrática no Chile. A extradição foi deferida ante o afastamento do caráter político do fato (STF: Ext n. 855/CL – Chile, Pleno, rel. Min. Celso de Mello, *DJ* 01.07.2005 PP-00005).

62 CUNHA; SILVARES, op. cit., p. 182.

63 MUÑOZ CONDE, Francisco. *Derecho penal*: Parte Especial. 18.ed. Valencia: Tirant lo blanch, 2010, p. 767.

64 SOUZA; JAPIASSÚ, op. cit., p. 138.

65 HUNGRIA, Nelson. *Comentários ao Código Penal*. Vol. 1. 4.ed. Rio de Janeiro, Forense, 1958, p. 187.

independência e integridade do Estado, inclusive defesa contra agressão exterior), ou gravitam na órbita da segurança interna. A segurança interna refere-se à existência e à incolumidade dos órgãos supremos do Estado e a inviolabilidade do regime político vigente. Os crimes contra a segurança externa têm seu fulcro na traição à pátria. Os crimes contra a segurança interna dizem respeito à subversão ou à sedição".[66]

Temos que a estruturação dos crimes contra o Estado Democrático de Direito dentro do Código Penal, com revogação da legislação então vigente, aponta para a natureza *política* da incriminação. A tutela penal se dirige, como é intuitivo, não apenas ao resguardo dos interesses da nação, em relação aos atentados à sua soberania ou a integridade territorial, mas, igualmente, a outros interesses correlatos ao Estado Democrático de Direito estruturado a partir da Constituição. Ao incriminar tais condutas, o legislador já pondera a afetação dos interesses maiores da Constituição na vigência do Estado Democrático a partir da conduta realizada. Não é outra a compreensão da doutrina portuguesa.

"É este um dos domínios onde, ainda hoje, podem ganhar particular relevância os '**crimes políticos**', os crimes cuja prática presidem motivações políticas. Todavia, a sedimentação das democracias e da ideia de Estado de direito, ao *substancializar* o Estado enquanto objecto de tutela penal, levou a uma crescente intolerância em relação aos crimes políticos: os crimes politicamente motivados que atingem o Estado já não são apenas crimes contra o Estado (enquanto forma contingente de organização do poder e da força), mas também *crimes contra os próprios fundamentos ético-políticos da comunidade*".[67]

Dessarte, não há como se negar a natureza política, por exemplo, da infração correspondente a atentar contra o exercício dos poderes constitucionais (art. 359-L, CP). Por outro lado, ainda a título de exemplo, o delito de interrupção do processo eleitoral (art. 359-N, CP) em nada se confunde com figuras típicas previstas no Código Eleitoral consistentes na promoção de desordem que prejudique os trabalhos eleitorais (art. 296) ou no impedimento/embaraço ao exercício do sufrágio (art. 297). A pena cominada aponta para a gravidade da conduta, que se afasta dessas infrações de menor potencial ofensivo da legislação eleitoral. Exige-se a afetação do processo eleitoral, uma dimensão maior, e não simplesmente do sufrágio de uma pessoa ou a mera perturbação do funcionamento da Justiça Eleitoral. Não bastassem tais argumentos, é possível vislumbrar nos crimes contra o Estado Democrático de Direito a mesma perspectiva que se tem em outros ordenamentos jurídicos para o que por lá se denomina delitos contra a Constituição.

"No Estado de Direito, a norma fundamental que regula a atividade do próprio Estado e serve de base a todas as demais normas jurídicas é a Constituição. Da existência de uma Constituição ou Lei Fundamental decorrem, portanto, várias consequências para toda a Ordem Jurídica, mas especialmente para o direito penal e para a proteção que o Estado se outorga por meio do direito penal. Por um lado, a Constituição configura a organização e o funcionamento das instituições políticas fundamentais de acordo com o princípio democrático de que o poder político emana do povo, gerando, assim, a expectativa de uma correta aplicação delas com base nas normas que disciplinam a citada atuação, que se contêm ou derivam diretamente da própria Constituição. Por outo lado, a atuação dessas instituições e do Estado em seu conjunto devem estar encaminhadas para o alcance de metas de liberdade, justiça, igualdade e pluralismo político que constituem os valores superiores de seu ordenamento jurídico respeitando, ao mesmo tempo, a dignidade da pessoa, os direitos invioláveis que lhe são inerentes, o livre desenvolvimento da personalidade, a lei e os direitos fundamentais que se reconhecem na Declaração de Direitos Humanos e nos tratados e acordos internacionais sobre eles ratificados pela Espanha".[68]

Por essas razões entendemos que, diante da alteração promovida, os crimes políticos no ordenamento brasileiro são encontrados sob a rubrica de *Crimes contra o Estado Democrático de Direito*; graves atentados contra a ordem constitucional vigente.

66 FRAGOSO, Heleno Cláudio. *Para uma interpretação democrática da Lei de Segurança Nacional*. Disponível em: http://www.fragoso.com.br/wp-content/uploads/2017/10/20171003012614--interpretacao_democratica_lei_seguranca_nacional.pdf. Acesso em: 20/.11/.2021.

67 CAEIRO, op. cit., p. 185.

68 MUÑOZ CONDE, Francisco. *Derecho penal*: Parte Especial. 22.ed. Valencia: Tirant lo blanch, 2019, p. 717.

3. NATUREZA NACIONAL OU UNIVERSAL DO BEM JURÍDICO

Como visto, após uma longa trajetória político-institucional, consolidou-se, no Brasil, o *Estado Democrático de Direito*. Cuida-se de bem ou interesse jurídico de *status* constitucional, irradiando seus efeitos axiológicos para todo o nosso ordenamento jurídico e, em especial, para o direito penal, com se pode observar pelo conjunto de incriminações a seguir expostos.

Contudo, uma questão que se apresenta é se os crimes dos arts. 359-I e segs. protegem, unicamente, o Estado Democrático de Direito instituído pela (nossa) Constituição de 1988, ou se eles também tutelariam idêntico modelo político existente nos demais países, de maneira que, desde que parte do crime ocorra no território nacional (cf. arts. 5º e 6º, CP), e a motivação política dos infratores esteja direcionada contra o Estado Democrático de outra nação, há de incidir a nossa lei penal. Sobre o assunto, é certo que há, em algumas passagens do Código Penal, expressa referência à tutela de bens jurídicos estrangeiros, como, *v.g.*, os crimes contra a honra de chefe de governo estrangeiro (arts. 138 a 140 c/c art. 141, I, 2ª parte, CP), e os crimes praticados por particular contra a administração pública estrangeira (arts. 337-B a 337-D, CP). Naturalmente, o fato de não haver referência explícita no Título XII, da Parte Especial do CP, não é, de *per si*, impeditivo da incidência dos tipos penais dos arts. 359-I e segs. do CP. Na verdade, o mesmo ocorre, *v.g.*, com os crimes contra a fé pública, visto que, apesar de não haver menção expressa à tutela de bem jurídico estrangeiro, os tipos penais da moeda falsa e da falsificação de documento público (arts. 297 e 298, CP), velam não somente pelo interesse nacional, mas também de outros países. Por outro lado, entre os princípios consagrados no art. 4º da CF/88, encontram-se a autodeterminação dos povos e a prevalência dos direitos humanos, comandos estes que, s.m.j., não se coadunam com ilícitas pretensões de instauração de "ditaduras" ou de "estados déspotas" em algum lugar do mundo. Em suma, tem-se que Democracia e Estado de Direito são *valores universais*, cabendo ao concerto das nações – e, obviamente, ao Brasil – velar pela sua (auto)proteção, inclusive por intermédio das normas penais incriminadoras. Tudo isso sem olvidar, naturalmente, a possível aplicação das incriminações contidas em diplomas multilaterais, como é o caso do Estatuto do Tribunal Penal Internacional (TPI). Todavia, é certo que, pelo exame de alguns dos tipos abaixo analisados, fica patente que se direcionam – exclusivamente – para a tutela do *nosso* Estado Democrático de Direito, como, por exemplo, é o caso dos delitos de atentado à soberania e de atentado à integridade nacional (arts. 359-I e 359-J, CP). No entanto, o mesmo não se pode se dito de outros que, como será visto, consagram a democracia, o *rule of law* e a defesa dos direitos humanos, tomando-os como *bens jurídicos supranacionais*. É o que se verifica, por exemplo, com os crimes de abolição violenta do Estado Democrático de Direito e golpe de Estado (arts. 359-L e 359-M, CP), eventualmente praticado visando derrubar as instituições democráticas de outros países, desde que – repita-se – parte do *iter criminis* se dê no território brasileiro, nos termos da regra da territorialidade da lei penal brasileira.

Por óbvio, caso o Estado estrangeiro se trate de uma *ditadura* – quiçá um Estado *tirânico* – não há bem jurídico Estado Democrático de Direito, de sorte que eventual ação dessa ordem constituir-se-ia crime impossível, em razão da absoluta impossibilidade do objeto.

4. COMPETÊNCIA PARA JULGAMENTO

A definição da competência para julgamento dos crimes tratados neste Título evoca reflexões sobre o tratamento dispensado ao longo do tempo aos delitos que lhes guardaram alguma proximidade. Deixando de lado a Constituição Imperial de 1824 e seu sucinto tratamento destinado ao Poder Judicial (arts. 151 a 164), coube à Constituição Republicana de 1891 prever a competência dos Juízes e Tribunais Federais para julgamento dos denominados crimes políticos (art. 60, *h*), expressão que alcançaria os *crimes contra a existência da República* e os que *atentavam contra a segurança interna da República*.[69]

A aprovação da Lei n. 38/1935 marcou, como descrito, uma guinada no manejo desse tipo de legislação, destinada a punir os crimes contra a ordem política e social, o traço de legislação destinada a evitar a repetição da revolta comunista.

69 Segundo a doutrina, civis eram julgados pelos juízes federais enquanto militares tinham suas condutas apreciadas no foro militar. Todavia, havendo concurso de agentes entre civis e militares, decidiu o STF, em 18.08.1900, pela prevalência da competência da Justiça Federal. Neste sentido: FERREIRA, C. L., op. cit., p. 39-40.

Seguiu-se, então, a aprovação da Lei n. 244/36, que criou o Tribunal de Segurança Nacional (TSN), órgão da Justiça Militar, para funcionar sempre que fosse decretado o estado de guerra,[70] mas ao qual se equiparavam os casos de comoção intestina grave se assim decretado pelo Presidente da República. Após o fim do Estado Novo, a Lei Constitucional n. 14/45 extinguiu o TSN, passando os delitos contra a segurança externa para a competência da Justiça militar, e aqueles relacionados à segurança interna, para a Justiça comum.[71] A remessa de tais fatos à Justiça comum se devia, ao que parece, ao fato do desaparecimento da Justiça federal a partir da Constituição de 1937. Editada em meio à Ditadura Vargas, a Carta Política a ela não se referia entre os órgãos do Poder Judiciário (art. 90).[72]

A restauração da democracia, com Constituição de 1946, impactou na definição da competência para julgamento dos delitos contra a segurança nacional. Na Carta Maior, havia previsão de que, além dos crimes militares, a Justiça Militar julgasse os civis, nos casos expressos em lei, por *crimes contra a segurança externa do país ou as instituições militares* (art. 108 § 1º).[73] Desse modo, havia uma competência compartilhada para a apuração dos fatos, cumprindo ao Supremo Tribunal Federal o papel de instância recursal dos feitos que tramitassem na Justiça comum (art. 101, II, *c*). Aprovada a Lei n. 1.802/53, que tratou dos *crimes contra o Estado e a ordem política e social*, foi revogada a Lei n. 38/35 (art. 47) e definidos os delitos que, ainda quando praticados por civis, seriam julgados pela Justiça militar (art. 42).[74]

A autointitulada Revolução de 1964, por meio do Ato Institucional n. 2, de 27 de outubro de 1965 (AI-2), invocando poder constituinte originário, promoveu, inicialmente, alterações (emendas) na Constituição de 1946 para estender o foro especial militar, em casos expressos em lei, para julgamento de civis por *crimes contra a segurança nacional ou as instituições militares*.[75] A Constituição de 1967 preservou o foro militar para civis nos casos já definidos no Ato Institucional mencionado. Todavia, foi prevista a possibilidade, nesses casos, de recurso ordinário para o Supremo Tribunal Federal (art. 122, § 1º). Para dar cumprimento à previsão constitucional, o Presidente da República, General Castello Branco, primeiro presidente do regime militar, editou o DL n. 314/67 para definir os "crimes contra a segurança nacional, a ordem política e social".

A EC n. 1/69, que promoveu o endurecimento do regime, manteve a previsão, nos casos expressos em lei, de julgamento de civis pela Justiça castrense. Contudo, a marca autoritária aparecia na supressão da apreciação, em recurso ordinário de tais condenações, pelo Supremo Tribunal Federal (art. 122, § 1º). Na esteira da "nova", constituição foi editado o DL n. 898/69, que definia os "crimes contra a segurança nacional, a ordem política e social", revogava a legislação precedente e inseria a integralidade dos crimes ali previstos na competência militar.[76]

O arrefecimento do regime implantado em 1964 conduziu à edição da Lei n. 6.620/78 e, posteriormente, à Lei n. 7.170/83, que revogou a primeira. Entre ambas veio a Lei de Anistia (Lei n. 6.683/79), que marcou o distensionamento do regime. Não obstante, a competência para os crimes contra a segurança nacional seguiu sendo atribuída, ordinariamente, à Justiça militar.[77] Entretanto, a superveniência da Constituição de 1988, com a clara delimitação das competências das Justiças federal (art. 109, CR) e militar (art. 124, CR), alterou esse panorama. Tomando por referência a natureza dos delitos (crime político) e os bens jurídicos protegidos (integridade territorial, soberania nacional, regime representativo

70 FERREIRA, C. L., op. cit., p. 40.

71 Tal distribuição de competência se dava em razão da prescrição do art. 111 da Constituição de 1937 (ibidem, p. 41).

72 O restabelecimento parcial se deu com a criação, na Constituição de 1946, do Tribunal Federal de Recursos (art. 94, II), e pleno com a recriação da Justiça federal de primeira instância pelo Ato Institucional n. 2, de 1965.

73 FERREIRA, C. L., op. cit., p. 41.

74 Dentro dessa seleção de delitos, a tentativa de mudar a ordem política ou social estabelecida na Constituição poderia ser de competência da Justiça militar, quando houvesse cooperação de Estado estrangeiro ou organização alienígena ou internacional. Entretanto, quando houvesse tentativa de subversão dessa mesma ordem, por meios violentos, com o fim de estabelecer ditadura de classe social, de grupo ou de indivíduo, nesse caso o crime seria de competência da Justiça comum.

75 O art. 8º do Ato Institucional assim proclamava: "O § 1º do art. 108 da Constituição passa a vigorar com a seguinte redação: '§ 1º Esse foro especial poderá estender-se aos civis, nos casos expressos em lei para repressão de crimes contra a segurança nacional ou as instituições militares'".

76 Além do citado ato normativo, seguiram-se o DL n. 975/69, que ampliou os crimes contra a segurança nacional para neles incluir, entre outros, o contrabando de aeronave e o transporte de terroristas, e a Lei n. 5.786/72, que definiu como crime dessa natureza a assunção ilícita do controle de aeronave.

77 Art. 52 da Lei n. 6.620/78 e art. 30 da Lei n. 7.170/83. Esta última, porém, trazia uma ressalva relativa à competência originária do STF.

e democrático, a federação e o Estado de Direito, entre outros), conduziu-se a doutrina[78] e a jurisprudência[79] a assentar a competência da Justiça federal para o julgamento de tais delitos, ressaltando a natureza de crime político das incriminações da LSN. Compreendeu a jurisprudência que os delitos da LSN revogada consistiriam em crimes políticos, expressão que substituiu crimes contra a segurança nacional, e, portanto, de competência da Justiça federal.

Com a entrada em vigor da Lei n. 14.197/2021, como dissemos, um setor da doutrina passou a advogar o desaparecimento da figura do crime político.[80] Para tais autores, haveria uma divisão de competências em relação aos crimes contra o Estado Democrático de Direito. Os crimes contra a soberania nacional (dos arts. 359-I a 359-K), contra as instituições democráticas (arts. 359-L e 359-M), a violência política contra detentor de mandato federal (art. 359-P) e a sabotagem (art. 359-R) seriam de competência da Justiça federal. Por outro lado, no delito de violência política contra detentor de mandato estadual ou municipal, a competência seria da Justiça estadual.[81] Por derradeiro, entendem que o delito de interrupção do processo eleitoral é de competência da Justiça eleitoral.[82]

Divergimos de tal posicionamento por reconhecermos, como afirmado acima, que as infrações submetidas ao título em comento configuram modalidades de crimes políticos, fazendo operar, assim, a competência da Justiça federal (art. 109, IV, CR).

5. JURISPRUDÊNCIA

5.1. Julgados

Crime político e Constituição de 1988

1. Como a Constituição não define crime político, cabe ao intérprete fazê-lo diante do caso concreto e da lei vigente. 2. Só há crime político quando presentes os pressupostos do art. 2º da Lei de Segurança Nacional (Lei n. 7.170/82), ao qual se integram os do art. 1º: a materialidade da conduta deve lesar real ou potencialmente ou expor a perigo de lesão a soberania nacional, de forma que, ainda que a conduta esteja tipificada no art. 12 da LSN, é preciso que se lhe agregue a motivação política. (STF, RC n. 1.468/RJ, Pleno, rel. min. Ilmar Galvão, j. 23.03.2000, *DJ* 16.08.2002)

Crime político e Lei n. 7.170/83 (requisitos)

O enquadramento jurídico-legal de condutas, em tese, criminosas, nos tipos penais previstos na Lei de Segurança Nacional cobra, à luz destes abalizados magistérios, o preenchimento de requisitos de ordem objetiva – atinentes ao bem jurídico protegido pela norma – e de ordem subjetiva – atinentes à motivação do agente. Deveras, o Plenário deste Supremo Tribunal Federal definiu, a partir do julgamento do RC n. 1.468, rel. p/ acórdão Min. Maurício Corrêa, que "Só há crime político quando presentes os pressupostos do artigo 2º da Lei de Segurança Nacional (Lei n. 7.170/82), ao qual se integram os do artigo 1º: a materialidade da conduta deve lesar real ou potencialmente ou expor a perigo de lesão a soberania nacional". (STF, RC n. 1.473/SP, 1ª T., rel. Min. Luiz Fux, *DJe*-291 15.12.2017)

Crime político, LSN, Constituição de 1988 (competência)

Crime político. Competência. [...] (art. 12 da LSN). Inexistência de motivação política: crime comum. Preliminares de competência: 1ª) Os juízes federais são competentes para processar e julgar os crimes políticos e o Supremo Tribunal Federal para julgar os mesmos crimes em segundo grau de jurisdição (CF, arts. 109, IV, e 102, II, *b)*, a despeito do que dispõem os arts. 23, IV, e 6º, III, *c*, do Regimento Interno, cujas disposições não mais estão previstas na Constituição. 2ª) Incompetência da Justiça Militar: a Carta de 1969 dava competência à Justiça Militar para julgar os crimes contra a segurança nacional (art. 129 e seu § 1º); entretanto, a Constituição de 1988, substituindo tal denominação pela de crime político, retirou-lhe esta competência (art. 124 e seu parágrafo único), outorgando-a à Justiça Federal (art. 109, IV). 3ª) Se o paciente foi julgado por crime político em primeira instância, esta Corte é competente para o exame da apelação, ainda que reconheça inaplicável a Lei de Segurança Nacional. (STF, RC n. 1.468/RJ, Pleno rel. Min. Ilmar Galvão, j. 23.03.2000, *DJ* 16.08.2002)

Extradição, crime político e resistência a regime de exceção

Não configura crime político, para fim de obstar o acolhimento de pedido de extradição, homicídio praticado por membro de organização revolucionária clan-

78 SANTOS, F. F. F., op. cit., p. 27-8. CUNHA, R. S.; SILVARES, R. *Crimes contra o Estado Democrático de Direito*: Lei n. 14.197, de 2 de setembro de 2021, 2021, p. 181.

79 STF, RC n. 1.468/RJ, rel. p/ ac. Min. Maurício Corrêa, *DJ* 16.08.2002; STJ, CC n. 21735/MS, 3ª S. rel. Min. José Dantas, *DJ* 15.06.1998.

80 CUNHA, R. S.; SILVARES, R., op. cit., p.182.

81 Ibidem, p. 182-3.

82 Ibidem, p. 182.

destina, em plena normalidade institucional de Estado Democrático de Direito, sem nenhum propósito político imediato ou conotação de reação legítima a regime opressivo. (STF, Ext n. 1.085, Pleno, rel. Min. Cezar Peluso, j. 16.12.2009, *DJE* 16.04.2010)

Terrorismo e crime político

O repúdio ao terrorismo: um compromisso ético-jurídico assumido pelo Brasil, quer em face de sua própria Constituição, quer perante a comunidade internacional. Os atos delituosos de natureza terrorista, considerados os parâmetros consagrados pela vigente CF, não se subsumem à noção de criminalidade política, pois a Lei Fundamental proclamou o repúdio ao terrorismo como um dos princípios essenciais que devem reger o Estado brasileiro em suas relações internacionais (CF, art. 4°, VIII), além de haver qualificado o terrorismo, para efeito de repressão interna, como crime equiparável aos delitos hediondos, o que o expõe, sob tal perspectiva, a tratamento jurídico impregnado de máximo rigor, tornando-o inafiançável e insuscetível da clemência soberana do Estado e reduzindo-o, ainda, à dimensão ordinária dos crimes meramente comuns (CF, art. 5°, XLIII). A CF, presentes tais vetores interpretativos (CF, art. 4°, VIII, e art. 5°, XLIII), não autoriza que se outorgue, às práticas delituosas de caráter terrorista, o mesmo tratamento benigno dispensado ao autor de crimes políticos ou de opinião, impedindo, desse modo, que se venha a estabelecer, em torno do terrorista, um inadmissível círculo de proteção que o faça imune ao poder extradicional do Estado brasileiro, notadamente se se tiver em consideração a relevantíssima circunstância de que a Assembleia Nacional Constituinte formulou um claro e inequívoco juízo de desvalor em relação a quaisquer atos delituosos revestidos de índole terrorista, a estes não reconhecendo a dignidade de que muitas vezes se acha impregnada a prática da criminalidade política. (STF, Ext n. 855, rel. Min. Celso de Mello, j. 26.08.2004, *DJ* 01.07.2005)

CAPÍTULO I
DOS CRIMES CONTRA A SOBERANIA NACIONAL

Capítulo acrescentado pela Lei n. 14.197, de 01.09.2021.

Atentado à soberania

Art. 359-I. Negociar com governo ou grupo estrangeiro, ou seus agentes, com o fim de provocar atos típicos de guerra contra o País ou invadi-lo:

Pena – reclusão, de 3 (três) a 8 (oito) anos.

§ 1º Aumenta-se a pena de metade até o dobro, se declarada guerra em decorrência das condutas previstas no *caput* deste artigo.

§ 2º Se o agente participa de operação bélica com o fim de submeter o território nacional, ou parte dele, ao domínio ou à soberania de outro país:

Pena – reclusão, de 4 (quatro) a 12 (doze) anos.

Nomen juris e artigo acrescentados pela Lei n. 14.197, de 01.09.2021.

1. COMENTÁRIOS

1.1. Objetividade jurídica

O bem jurídico protegido no presente delito é a soberania nacional, como o *nomen juris* do tipo penal indica e o próprio nome do capítulo previamente ressalta. Em outros ordenamentos encontramos referências variáveis para títulos, capítulos e *nomen juris* do delito, como "Dos crimes contra a segurança do Estado", "Dos crimes contra a soberania nacional" e "Dos crimes contra a independência e a integridade nacionais" (Código Penal português), "Traição", "Delitos que comprometem a paz ou a independência do Estado" e "Delitos relativos à defesa nacional" (Código Penal espanhol), ou "Delitos contra a segurança da nação" e "traição" (Código Penal argentino). Todos expressam a mesma ideia. Está em causa, em delitos como o de "Traição à pátria" (Código português), "a segurança exterior do Estado, mais especificamente, a soberania nacional, a qual abrange a unidade do Estado, a integridade territorial e a independência (autonomia) do País".[83] Para um setor da doutrina, reflexamente, o próprio Estado Democrático de Direito seria atingido.[84,85]

Nos termos da vigente Constituição, cuida-se aqui da soberania externa (art. 1º, CRFB), aquela relativa ao plano transnacional e que se funda no princípio da independência nacional, e não propriamente a soberania interna, soberania popular (art. 14, CRFB). Em que pese o quadro valorativo distinto daquele sobre o qual foram estruturados os precedentes crimes contra a segurança nacional, o objeto da tutela não se dis-

83 CUNHA, C. F., op. cit., p. 6.
84 CUNHA, R. S.; SILVARES, R., op. cit., p. 82.
85 Postulados como o princípio da territorialidade da lei penal, por exemplo, decorrem diretamente da soberania: MUÑOZ CONDE, F.; GARCÍA ARÁN, M. *Derecho Penal*: Parte General, 2015, p. 165.

tancia da ideia de segurança externa do país,[86] postulado necessário para a própria autogestão da comunidade.

1.2. Sujeitos do crime

O sujeito ativo dos delitos descritos no art. 359-I (caput e § 2º) pode ser qualquer pessoa (crime comum), brasileiro ou estrangeiro, inclusive o apátrida.[87] Por sua vez, o sujeito passivo é o Estado enquanto pessoa jurídica de direito internacional.[88] Para um setor da doutrina, atinge-se de forma mediata (secundária) a sociedade.[89]

Questão relevante se apresenta se o autor do delito for um militar, diante da previsão do delito de "Entendimento para gerar conflito ou divergência com o Brasil" na legislação castrense (art. 141, CPM).[90]

O exame, contudo, da possibilidade de um militar ser sujeito ativo do delito contra o Estado Democrático de Direito aqui lançado pressupõe uma investigação prévia da revogação do delito militar pelo art. 8º da Lei n. 7.170/83.[91] Percebe-se no confronto da LSN com o crime do art. 141 do CPM que a exigência de um elemento subjetivo especial seria o móvel da especialidade a afastar o delito militar (art. 2º, Lei n. 7.170/83). O crime político não se confundiria com o crime militar. Nesse sentido, um setor da doutrina entendia que a LSN havia revogado a maior parte do tipo penal militar e que sua aplicabilidade estaria restrita à perturbação de relações diplomáticas.[92] Todavia, a questão não parece ser tão simples e direta. No crime militar indicado também sobressai o perigo para a integridade e soberania nacionais (art. 2º, I, Lei n. 7.170/83). Tal circunstância levava outro setor da doutrina a defender a aplicação da LSN para civis, enquanto militares ficariam sujeitos ao delito militar.[93] Voltando ao art. 6º da Lei n. 6.620/78,[94] que incriminava idêntica conduta, a doutrina advogava que o militar que entrasse em entendimento com governo estrangeiro, sinônimo de país estrangeiro, e seus agentes responderia na LSN. Por outro lado, quando o entendimento fosse com organização estrangeira permaneceria tipificado no Código Penal Militar.[95] *Quid iuris*, qual seria a solução diante da nova configuração dos crimes políticos? Tem razão o entendimento pela revogação do CPM na parte em que coincide com o crime contra o Estado Democrático de Direito, seja pela prévia revogação por parte da Lei n. 7.170/83, seja pela institucionalização de um novo regime para os crimes políticos a importar em idêntica responsabilidade para aquele que trai a pátria. A condição de militar a implicar uma vinculação jurídica maior à defesa da pátria deve servir tão somente para que o juiz gradue a pena levando em conta tal condição.

1.3. Análise da(s) conduta(s) descrita(s) no tipo

Preliminarmente à análise da conduta incriminada, é preciso concordar com a advertência de um setor da doutrina estrangeira[96] que afirma que delitos dessa ordem, como o de *traição* espanhol,[97] atenderiam a uma realidade ultrapassada. De fato, a soberania territorial própria da modernidade "sólida" foi substituída pela modernidade "líquida", que possibilita um intenso tráfego humano, em nome da globalização, que não encontra barreira nas fronteiras de um país.[98] A globalização fez ruir o paradigma sob o qual se estruturou o Estado nacional. Ademais, é difícil que uma declaração de guerra possa depender de uma indução individual, como se daria, no caso brasileiro, por meio de negociações, a estrangeiros que tenham o poder de decisão para tanto.

---

86 FERREIRA, C. L., op. cit., p. 61.

87 No sentido de ser crime comum e, portanto, da irrelevância da nacionalidade: CUNHA, R. S.; SILVARES, R., op. cit., p. 83-4.

88 Neste sentido, sobre o delito correspondente na Lei n. 6.620/78: FERREIRA, C. L., op. cit., p. 61.

89 CUNHA, R. S.; SILVARES, R., op. cit., p. 84.

90 "Art. 141. Entrar em entendimento com país estrangeiro, ou organização nele existente, para gerar conflito ou divergência de caráter internacional entre o Brasil e qualquer outro país, ou para lhes perturbar as relações diplomáticas: [...]."

91 "Art. 8º Entrar em entendimento ou negociação com governo ou grupo estrangeiro, ou seus agentes, para provocar guerra ou atos de hostilidade contra o Brasil. Pena: reclusão, de 3 a 15 anos. Parágrafo único. Ocorrendo a guerra ou sendo desencadeados os atos de hostilidade, a pena aumenta-se até o dobro."

92 CUNHA, R. S.; SILVARES, R., op. cit., p. 195-6.

93 NUCCI, G. S. *Código Penal Militar comentado*, 2014, p. 372.

94 "Art. 6º Entrar em entendimento ou negociação com governo estrangeiro ou seus agentes, a fim de provocar guerra ou atos de hostilidade contra o Brasil. Pena: reclusão, de 2 a 15 anos. Parágrafo único. Se os atos de hostilidade forem desencadeados. Pena: reclusão, de 8 a 30 anos."

95 FERREIRA, C. L., op. cit., p. 61.

96 MUÑOZ CONDE, F. *Derecho Penal*: Parte Especial, 2019, p. 704.

97 "Art. 581. O espanhol que induzir uma potência estrangeira a declarar guerra à Espanha ou com ela compor para o mesmo efeito, é punido com pena de prisão de quinze a vinte anos."

98 BAUMAN, Z. *Modernidade líquida*, 2001, p. 14-5.

Na mesma vertente, exigir-se-ia que tais negociações se dessem de modo direto e eficaz.[99]

A conduta descrita na cabeça do artigo em comento alude à **ação de negociar**, com Estado ou grupo estrangeiro, **a prática de atos de guerra ou a invasão do território nacional.** Negociar significa entrar em composição, ajustar, transacionar. É o ajuste com pessoas aptas a realizarem aqueles fins pretendidos pelo agente, a prática de atos típicos de guerra ou a invasão do país. Em outras palavras, atos que atingem diretamente um dos fundamentos da República, a soberania (art. 1º, I, CRFB), e um dos princípios que devem reger as relações internacionais do Brasil, a independência nacional (art. 4º, I, CRFB). A realização de negociação para que ocorram atos de guerra[100] ou a invasão do território nacional afeta tais postulados do Estado.

Tanto no *caput* como no § 2º, o que se evidencia na incriminação é o atentado à soberania e à independência do Estado brasileiro (da União, nos termos da Constituição), que é una enquanto pessoa jurídica de direito internacional. Estado esse que, na larga acepção que lhe atribui a doutrina, exige a reunião de três elementos: uma população, um território fixo sobre o qual os órgãos do Estado exercem a autoridade e um governo ou organização política.[101] Território é o espaço geográfico ocupado pelo Brasil.[102] É a área dentro da qual o país exerce sua soberania e alcança o mar territorial, a plataforma continental e a zona econômica exclusiva.[103,104] Portanto, embora só apareçam no § 2º os vocábulos "domínio" e "soberania", que se equivalem, são subjacentes à conduta descrita no *caput*. O país perderá sua independência e soberania se qualquer parte de seu território ficar sob domínio ou soberania de outro país.[105]

A conduta incriminada no *caput* não exige que se consumem atos de guerra ou a invasão do território nacional; pune-se a negociação para a realização daquele fim. Negociação idônea, ou seja, que pressupõe interlocutores capazes de deflagrar os atos já mencionados. É prudente advertir que não é necessário que o ato de guerra que se objetiva ocorra em território nacional[106] ou que elimine por completo a soberania.[107] O ato que a aeronaves militares brasileiras no exterior, por exemplo, além de consistir em um ato típico de guerra, pode inibir qualquer ação do Estado brasileiro contra uma atuação ilegal em seu território (exploração de petróleo em mar territorial brasileiro, *v.g.*). A invasão, por outro lado, pressupõe a violação do território nacional. No direito comparado, o delito guarda proximidade com o crime de "Inteligência com o estrangeiro" (art. 592, Código Penal espanhol).[108] Trata-se de um dos delitos que comprometem a independência do Estado espanhol. Como ressalta a doutrina, a manutenção de contato com organismos estrangeiros para denunciar limitações aos direitos fundamentais ocorridas em território espanhol não tem guarida no delito, devendo a conduta se dirigir a interesses vitais da Espanha.[109]

A conduta descrita no **§ 2º** pune o comportamento daquele que, ajustado com agentes de outro país, se engaje em ações bélicas, ou seja, pratique atos de agressão armada. Remete, portanto, aos precedentes delitos constantes das Leis ns. 6.620/78 (art. 7º) [110] e 7.170/83 (art. 9º).[111] No direito comparado, a conduta remete ao delito argentino de *traição* (art. 214, Código Penal da Nação Argentina)[112] e ao já revogado delito português

99 MUÑOZ CONDE, F., op. cit., p. 704.

100 "Por **guerra** dever-se-á entender 'todo o conflito armado entre dois ou mais Estados independentemente da sua declaração." (CUNHA, C. F., op. cit., p. 33).

101 FERREIRA, C. L., op. cit., p. 63.

102 Ibidem, p. 71.

103 CUNHA, R. S.; SILVARES, R., op. cit., p. 89-90.

104 Concordamos com a doutrina que afirma que não é alcançado nesse delito o conceito de território por extensão do § 2º do art. 5º do CP. Nesse sentido: CUNHA, R. S.; SILVARES, R., op. cit., p. 90. Silenciando quanto a tal extensão ao tratar do conceito de território nacional: FERREIRA, C. L., op. cit., p. 71-2.

105 FERREIRA, C. L., op. cit., p. 71.

106 Tratando da tomada de aeronave ou embarcação pública brasileira como ato típico de guerra: CUNHA, R. S.; SILVARES, R., op. cit., p. 90.

107 FERREIRA, C. L., op. cit., p. 73.

108 "Art. 592. 1. Aqueles que, para prejudicar a autoridade do Estado ou comprometer a dignidade ou interesses vitais da Espanha, mantêm inteligência ou qualquer tipo de relação com governos estrangeiros, com seus agentes ou com grupos, Organizações ou Associações internacionais ou estrangeiras. 2. Quem praticar os atos referidos no número anterior com o intuito de provocar guerra ou rebelião é punido nos termos dos arts. 581º, 473º ou 475º deste Código, consoante o caso."

109 MUÑOZ CONDE, F., op. cit., p. 712.

110 "Art. 7º Tentar, com ou sem auxílio estrangeiro, submeter o território nacional, ou parte dele, ao domínio ou soberania de outro país, ou suprimir ou pôr em perigo a independência do Brasil."

111 "Art. 9º Tentar submeter o território nacional, ou parte dele, ao domínio ou à soberania de outro país."

112 "Art. 214. Será punido com reclusão ou reclusão de dez a vinte e cinco anos ou reclusão ou prisão perpétua e em um ou outro caso, absoluta inibição perpétua, desde que o fato não

de "Serviço militar em Forças Armadas Inimigas" (art. 309º, Código Penal português),[113] delito cuja tutela se dirigia à soberania, independência, integridade de Portugal.[114] Deve o agente ser destacado para exercer funções nas forças combatentes, ou seja, há de "tomar armas",[115] afinal o tipo exige que participe de uma operação bélica. Torna-se o sujeito combatente, parte da coletividade armada. Exige um setor da doutrina, portanto, ato concreto de agressão visando a submissão do território nacional à potência estrangeira, pois o termo "operação bélica" importaria em praticar atos de agressão armada e no uso de violência.[116] Cumpre notar que as operações bélicas têm início, ordinariamente, com o deslocamento de tropas para a fronteira do país a ser atacado, ainda que nos dias atuais a tecnologia dos mísseis de longo alcance (míssil balístico intercontinental) permitam que se ataque um país sem movimentar qualquer tropa. Desse modo, não estando explícita, como ocorre no delito de "Atentado à integridade nacional", a exigência de violência, tem-se que não é necessário o emprego dela para o aperfeiçoamento da conduta. Exige-se, para que a soberania nacional se veja ameaçada, uma proximidade do ataque de sorte a anular a capacidade de exercício da soberania do Estado brasileiro sobre seu território. Assim, reconhecido internacionalmente o espaço territorial sob o qual o Brasil exerce sua soberania, e esse é um dado sobre o qual não pairam dúvidas, o ato de agressão periclita tal autoridade. Não se exige que o território seja, de fato, submetido ao domínio estrangeiro.

1.4. Elemento subjetivo

O crime é doloso e exige, alternativamente, um especial fim de agir (dolo específico) consistente na prática de atos típicos de guerra ou a invasão do território nacional. Visa o autor atingir a integridade territorial e a soberania do país.[117] No § 2º, o comportamento é igualmente doloso e são identificados dois especiais fins de agir, o agente atua com o fim de submeter o território nacional, ou parte dele, ao domínio ou à soberania de outro país.

1.5. Elemento normativo

Elementos normativos do tipo são aquelas expressões cuja exata compreensão demanda uma atividade valorativa no campo da tipicidade. Exigem um juízo de valor e sua apreensão não é imediata. Podem compreender um conceito cultural ou uma expressão jurídica.[118] O art. 359-I, caput, apresenta alguns elementos normativos que merecem exame. O termo "governo estrangeiro" tem o sentido de Estado estrangeiro por meio de uma de suas instituições constitucionais.[119] É qualquer país, mesmo aqueles com os quais o Brasil não mantenha relações diplomáticas.[120] Por outro lado, "Agente de estado estrangeiro" é todo aquele que preste serviço, oficial ou extraoficialmente, a um Estado estrangeiro.[121] Por sua vez, o elemento normativo "grupo estrangeiro" talvez suscite dúvidas sobre sua natureza: alcançaria um grupo econômico? Organizações não governamentais? Grupos criminosos estrangeiros? Parece clara a exclusão dos grupos terroristas, afinal o ataque em território nacional se resolve na legislação própria (Lei n. 13.260/2016). Quanto ao sentido desses grupos mencionados, segundo um setor da doutrina, exige-se ao menos quatro pessoas associadas de modo estável e permanente, como uma organização criminosa, que sirva de intermediário ou executor dos atos típicos de guerra.[122] Essa interpretação alcançaria e, portanto, seria adequada, grupos mercenários que possam,

---

conste de outra disposição deste código, todo argentino ou aquele que deve obediência à Nação em razão de seu emprego ou função pública, que se levantar contra ela, se juntar a seus inimigos ou lhes dar qualquer ajuda ou socorro."

113 "Art. 309º Serviço militar em forças armadas inimigas. 1 – Quem, sendo português, tomar armas debaixo de bandeira de nação estrangeira contra Portugal é punido com pena de prisão de 5 a 15 anos. 2 – Se, antes das hostilidades ou da declaração de guerra, o agente estiver ao serviço de Estado inimigo com autorização do Governo Português, a pena pode ser especialmente atenuada. 3 – Não é punível quem, estando em território de Estado inimigo antes da declaração de guerra ou das hostilidades, for forçado pelas leis militares desse Estado a tomar armas debaixo de bandeira estrangeira contra Portugal."

114 CUNHA, C. F., op. cit., p. 29.

115 É a lição da doutrina portuguesa que pode ser aqui aplicada em razão da própria expressão "operação bélica". Nesse sentido: CUNHA, C. F., op. cit., p. 34.

116 CUNHA, R. S.; SILVARES, R., op. cit., p. 89.

117 CUNHA, R. S.; SILVARES, R., op. cit., p. 90-1.

118 SOUZA, A. B. G.; JAPIASSÚ, C. E. A., op. cit., p. 228.

119 CUNHA, R. S.; SILVARES, R., op. cit., p. 85.

120 FERREIRA, C. L., op. cit., p. 63.

121 Ibidem, p. 63. Em sentido próximo, dispensando o vínculo funcional com o Estado: CUNHA, R. S.; SILVARES, R., op. cit., p. 85.

122 CUNHA, R. S.; SILVARES, R., op. cit., p. 86.

por exemplo, promover ataques a alvos brasileiros atendendo a interesses de grandes potências.[123]

Outro elemento normativo do tipo é encontrado em "atos típicos de guerra". Tal elementar deve ser compreendida como atos praticados por força armada de país estrangeiro, ainda que não ocorram em território nacional.[124] Derrubar uma aeronave militar brasileira ou afundar uma fragata da Marinha do Brasil que se achem nas proximidades do Estado estrangeiro são exemplos da conduta.[125] Não se confunda o ato típico de guerra com declaração formal de guerra, o que não é necessário.[126]

No § 2º, é incriminada a participação do agente em "operação bélica". O sentido é o da materialização concreta de uma operação militar que já coloca em risco a integridade territorial do país e sua soberania. O elemento normativo aponta para operações de guerra, como consta da Lei n. 5.315/67 ("Art. 1º Considera-se ex-combatente, para efeito da aplicação do artigo 178 da Constituição do Brasil, todo aquele que tenha participado efetivamente de operações bélicas, na Segunda Guerra Mundial, como integrante da Força do Exército, da Força Expedicionária Brasileira, da Força Aérea Brasileira, da Marinha de Guerra e da Marinha Mercante, e que, no caso de militar, haja sido licenciado do serviço ativo e com isso retornado à vida civil definitivamente"). Operações bélicas não parecem representar a mera participação em treinamento das forças estrangeiras em território alienígena. Sobre o tema, a doutrina esclarece: "a mera concentração de tropas, prontas para invasão, ou mesmo algumas escaramuças na fronteira podem configurar atos de execução da conduta do § 2º, desde que configurem operação bélica".[127]

1.6. Consumação e tentativa

Para um setor da doutrina, o delito se consuma quando o agente tiver iniciado negociações, não sendo necessário o acordo.[128] Em sentido contrário, acerca de legislação precedente (Lei n. 6.620/78), em cujo tipo constava "entrar em entendimento ou negociação", o delito se consumaria quando houvesse acordo de vontades.[129] Ao que parece, o melhor entendimento seria o de reconhecer a consumação quando estabelecidas conversações sérias no sentido da realização da ação por parte de terceiros. Não bastaria que o agente tivesse a iniciativa de procurar pessoas que pudessem intermediar o encontro com terceiros capazes de deflagrar aqueles atos. Por outro lado, não parece necessário que haja um acordo de vontades entre o autor e os entes ou agentes estrangeiros.

Trata-se de um crime de perigo abstrato, não é necessário qualquer perigo para a soberania ou integridade do território nacional.[130] A tentativa é admitida quando o sujeito ainda não tenha iniciado as negociações com os emissários do Estado ou grupo estrangeiro, embora já programado o início de tais conversas. Não é, porém, suficiente a proclamação de tal intenção por meio de discurso ou textos escritos.[131]

O delito do § 2º se consuma com a participação em operação bélica que tenha por objetivo aqueles especiais fins de agir descritos (submeter o território nacional, ou parte dele, ao domínio ou à soberania de outro país).[132] A tentativa é possível quando o agente, após ter feito tudo para se engajar na campanha militar, não logra integrar-se a tal campanha. A efetiva submissão total ou parcial do território nacional a controle alienígena configura exaurimento do delito.[133]

1.7. Classificação

O delito do art. 359-I, *caput*, é um crime comissivo, comum, doloso, formal (não se exige o alcance do resultado consistente na prática de atos de guerra ou invasão do território nacional) e de perigo abstrato. A ocorrência de declaração de guerra, que gera a aplicação da majorante do § 1º, não se confunde com o objetivo visado pela conduta descrita no *caput*. A declaração formal de guerra é manifestação soberana de um país em face do outro, o que pode ocorrer com a declaração tanto do Brasil como da outra nação, nos termos do diploma constitucional (art. 84, XIX, c/c art. 49, II, CRFB), observado ou condi-

123 Tal leitura poderia ser extraída, por exemplo, do fato de ser possível ajuste com agente que sirva a Estado estrangeiro sem ser formalmente a ele vinculado: FERREIRA, C. L., op. cit., p. 63.

124 CUNHA, R. S.; SILVARES, R., op. cit., p. 87.

125 No mesmo sentido, dispensando que os atos de guerra ocorram em território nacional: CUNHA, R. S.; SILVARES, R., op. cit., p. 90.

126 FERREIRA, C. L., op. cit., p. 63.

127 CUNHA, R. S.; SILVARES, R., op. cit., p. 92.

128 Ibidem, p. 91.

129 FERREIRA, C. L., op. cit., p. 64.

130 Ibidem, p. 61.

131 CUNHA, R. S.; SILVARES, R., op. cit., p. 91.

132 No mesmo sentido: ibidem, p. 91

133 Ibidem, p. 92.

cionado ao disposto na Carta das Nações Unidas, promulgada, no Brasil, pelo Decreto n. 19.841/45. No caso de guerra, o juiz poderá majorar a pena levando em conta o exaurimento da conduta do *caput*.[134] No § 2º, o legislador incrimina o engajamento (participação) em operação bélica, o que remete à prática de atos de guerra. Destarte, repete-se a classificação proclamada para o *caput*, com distinção quanto à natureza do perigo, que aqui é concreto e o delito é de concurso necessário, exige a atuação em conluio com agentes de outro país.[135]

2. OBSERVAÇÕES

Interessante discussão era travada ao tempo da precedente Lei n. 6.620/78 quanto à submissão do território nacional ao domínio ou à soberania estrangeira. Afirmava a doutrina de então que a referência a território nacional ou parte dele abrangia não apenas a anexação, no todo ou em parte, do território nacional, mas também as hipóteses de vassalagem, protetorado e Estado cliente.[136] A figura do Estado cliente correspondia aos Estados da América Central que entregavam aos Estados Unidos a administração de suas alfândegas e do Exército. Semelhante modelo, porém, subservientes à desaparecida URSS eram os Estados satélites. Resquício dessa forma de dependência subsiste na relação entre Porto Rico e os Estados Unidos.[137] Na vigente estrutura típica, a discussão permaneceria válida, exceto em relação à invasão do país (caput), que pressupõe ocupação territorial. O crime se satisfaz com as negociações, porém, especial fim está relacionado à violação territorial. Nas demais formas consistentes no fim especial de viabilizar "atos de guerra" ou na realização de "operações bélicas", não há necessidade de ocupação do território nacional para que se viole ou coloque em risco a soberania do país. É possível o ataque a alvos brasileiros no exterior ou em águas internacionais, desde que realizado por pessoas a mando de Estado estrangeiro e com o fim de solapar a soberania nacional. Do mesmo modo, é possível a movimentação de tropas em operação militar típica com posicionamento nas proximidades da fronteira do Brasil, indicando iminente ataque. Nossa história remete à ameaça da Inglaterra de fechar, no contexto da denominada Questão Christie (1862-1865), a baía de Guanabara com navios de sua Marinha, fato que nunca se concretizou. A questão foi resolvida por meio de uma mediação internacional, não obstante representar a possibilidade de ataque à soberania sem que seja disparado um único tiro. Em relação aos precedentes delitos dos arts. 8º e 9º da LSN, a nova lei se revela mais benéfica.

Atentado à integridade nacional

Art. 359-J. Praticar violência ou grave ameaça com a finalidade de desmembrar parte do território nacional para constituir país independente:

Pena – reclusão, de 2 (dois) a 6 (seis) anos, além da pena correspondente à violência.

Nomen juris e artigo acrescentados pela Lei n. 14.197, de 01.09.2021.

---

1. COMENTÁRIOS

1.1. Objetividade jurídica

O bem jurídico protegido no presente delito seria, como no anterior, a soberania nacional, e da qual a integridade nacional é um corolário dos arts. 1º, *caput*, ("Art. 1º A República Federativa do Brasil, formada pela união indissolúvel dos Estados e Municípios e do Distrito Federal, constitui-se em Estado Democrático de Direito e tem como fundamentos: [...]") e 34, I ("Art. 34. A União não intervirá nos Estados nem no Distrito Federal, exceto para: I – manter a integridade nacional;") da Constituição da República. Defende-se, ainda, que a tutela seria concernente à segurança externa do país, por se tratar de subtração de "direitos de soberania" do Brasil.[138] Para outros, a tutela se dirigiria, além da soberania nacional, de forma reflexa, à Federação e ao próprio Estado Democrático de Direito.[139] Por certo que a ruína da soberania pelo desmembramento violento de parte do território nacional para constituir outro país afetará todos os interesses relacionados.

1.2. Sujeitos do crime

O sujeito ativo pode ser qualquer pessoa, civil ou militar, brasileiro ou estrangeiro. No que diz respeito ao militar, tal como cogitamos no de-

134 Ibidem, p. 92.
135 Ibidem, p. 89.
136 FERREIRA, C. L., op. cit., p. 72.
137 Ibidem.
138 FERREIRA, C. L., op. cit., p. 76.
139 CUNHA, R. S.; SILVARES, R., op. cit., p. 96.

lito precedente, a LSN revogara[140] o delito militar correspondente (art. 142, II, CPM).[141] Serve de argumento aqui a própria doutrina acerca do delito durante a vigência da Lei n. 6.620/76: "A redação do Código Penal Militar deixa muito a desejar. Como é possível praticar-se os atos descritos no preceito normativo sem atentar contra, repito, a soberania, contra a segurança externa do Brasil? Note-se, ainda, que o atentado à soberania constitui-se, também, em atentado à segurança externa. Incidirá o art. 28, pelo princípio da especialidade, quando a ação do agente objetiva-se por meio de movimento armado ou tumultos planejados, ainda que a finalidade seja a de constituir país independente (art. 28)".

O sujeito passivo é o Estado, como pessoa de direito internacional.[142] Alguns entendem que a coletividade é, também, atingida pela prática da infração.[143]

1.3. Análise da(s) conduta(s) descrita(s) no tipo

O delito de "Atentado à integridade nacional" trouxe importante modificação em relação ao panorama legal anterior. Na Lei n. 7.170/83 (art. 11),[144] assim como na Lei n. 6.620/78 (art. 28),[145] o delito não exigia o emprego de violência ou grave ameaça. Qualquer tentativa de desmembrar parte do território nacional já encontrava abrigo no tipo penal. Exigia-se, para caracterização do delito, que os atos praticados tivessem aptidão para ocasionar a separação do território nacional, para se transformar em país independente.[146]

Na nova configuração, o delito passou a exigir o emprego dos meios executórios da violência ou da grave ameaça. A violência em questão há de ser compreendida como violência física (*vis in personam*), é a *vis corpore illata*, o emprego de força física sobre o corpo da vítima.[147] A grave ameaça, por outro lado, a violência moral (*vis compulsiva*) é a *vis animo illata*, devendo concretizar-se em grave ameaça, isto é, ameaça tendente a criar no espírito da vítima o fundado receio de iminente e grave mal, físico ou moral, injusto ou não, à sua pessoa, ou a pessoa que lhe seja particularmente cara, tornando-se idônea, pelo menos no caso concreto, a paralisar qualquer atuação em contrário.[148]

É necessário que se esteja diante de uma tentativa violenta de desmembramento de parte do território nacional para formação de outro país.[149] Passou o delito a ter proximidade com uma das formas do delito de rebelião no Código Penal espanhol ("Art. 472: São réus do crime de rebelião aqueles que se levantam violenta e publicamente para qualquer um dos seguintes fins: [...] 5. Declarar a independência de uma parte do território nacional").

Como parece evidente, sem a tomada de armas e a participação de membros das Forças Armadas, resta difícil viabilizar a independência de parte do território nacional. Por isso, a exigência de violência ou grave ameaça se apresentam como meios adequados a viabilizar o desmembramento: "Uma mera declaração puramente simbólica de independência, embora seja acompanhada por manifestações, protestos de rua, desobediência, desordem pública, etc., perante um regime constitucional estatal que controla as forças militares e outras instituições armadas, sem que haja indícios de que existiram forças armadas por parte dos independentistas militares ou paramilitares com capacidade de enfrentamento às Forças Armadas do Governo Central do Estado, dificilmente podem ter adequação para comprometer seriamente a integridade territorial do Estado".[150]

O desmembramento tratado no tipo penal brasileiro refere-se exclusivamente à finalidade de fazer surgir um país independente. Se a atuação se dirige a desmembrar parte do território nacional para fazê-lo um estado federado de outro país, o delito é o do art. 359-I, § 2º. Nesse caso, exige-se a realização de operação bélica, o que pode partir de quem já se encontra em território nacional.[151] É preciso ressaltar que o preceito secun-

140 No mesmo sentido: ibidem, p. 196.

141 "Art. 142. Tentar: [...] II – desmembrar, por meio de movimento armado ou tumultos planejados, o território nacional, desde que o fato atente contra a segurança externa do Brasil ou a sua soberania; [...]."

142 No mesmo sentido sobre delito correspondente na Lei n. 6.620/78: FERREIRA, C. L., op. cit., p. 76.

143 CUNHA, R. S.; SILVARES, R., op. cit., p. 97.

144 "Art. 11. Tentar desmembrar parte do território nacional para constituir país independente."

145 "Art. 28. Tentar desmembrar parte do território nacional, para constituir país independente."

146 FERREIRA, C. L., op. cit., p. 77.

147 HUNGRIA, N. *Comentários ao Código Penal*: v. VII, arts. 155 a 196, 1955, p. 51.

148 Ibidem, p. 52.

149 CUNHA, R. S.; SILVARES, R., op. cit., p. 97.

150 MUÑOZ CONDE, F. *Derecho Penal*: Parte Especial, 2019, p. 720.

151 No Direito comparado, o crime português de "Traição à pátria" ("Art. 308º: Aquele que, por meio de usurpação ou abuso de funções de soberania: a) Tentar separar da Mãe-Pátria ou entregar a país estrangeiro ou submeter à soberania estrangeira todo o território português ou parte dele; ou b) Ofender

dário do delito determina que seja aplicada, também, a "pena correspondente à violência". Tal expressão não é objeto de entendimento pacífico na doutrina. Para um setor, seria representativa de um concurso formal de crimes,[152] para outros um concurso material,[153] para terceiros, ainda, cuidando especificamente do crime em questão, um concurso formal impróprio.[154] Há, porém, um setor minoritário da doutrina que sustenta, com razão, o que parece ser um concurso de penas. Discorrendo sobre o constrangimento ilegal, em que tal fórmula aparece no § 2º do art. 146 do Código Penal, afirma-se que há ali um único delito: "Não se pode reconhecer no constrangimento ilegal a ocorrência de vários crimes, mas apenas de um. O constrangimento ilegal. O constrangimento ilegal constitui crime único, no qual a violência é um de seus meios executórios. Se o emprego da violência constitui um de seus meios executórios, os crimes decorrentes do seu emprego devem ser absorvidos pelo crime-fim, conforme determina o princípio da consunção. Por isso, o emprego da violência não pode ser caracterizado um crime distinto a ser considerado no contexto de um concurso de crimes. Para crime único, crime de constrangimento ilegal, o legislador estabeleceu uma cominação de penas diferenciada, que concilia uma parte fixa com outra variável. A parte variável da cominação corresponde à cominação estabelecida para a violência que produz resultados naturalísticos que ofendem a vida, a integridade física e a saúde da vítima".[155]

Apesar da compreensão de se tratar de um concurso de penas, a indicação de que o juiz deveria estabelecer uma pena seguindo o método trifásico (art. 68, CP) com base na parte fixa e outra com base na parte variável, somando-se os resultados indica aproximação da proposta de concurso material ou de concurso formal impróprio.[156,157]

1.4. Elemento subjetivo

Trata-se de um crime doloso que exige, além do dolo geral, um especial fim de agir (dolo específico) consistente na finalidade de desmembrar parte do território nacional, com o objetivo de formar Estado independente.

1.5. Elemento normativo

O tipo penal possui como elemento normativo "território nacional". É o espaço geográfico ocupado pelo Brasil[158] alcançando o território terrestre, fluvial, marítimo, lacustre e o espaço aéreo correspondente.[159]

1.6. Consumação e tentativa

Consuma-se com o emprego da violência e da grave ameaça com vistas ao desmembramento de parte do território nacional. O efetivo desmembramento constitui exaurimento do crime, que deve ser ponderado na aplicação da pena, e não impede a punição da conduta realizada.[160] É preciso, porém, que os atos realizados se revelem idôneos a viabilizar o desmembramento do território.[161] Não bastaria, por exemplo, que um governador de Estado proclamasse a independência daquele ente da Federação e ameaçasse o Presidente da República diante da iminência deste de determinar às Forças Armadas o restabelecimento da ordem.

Por outro lado, não se poderia recusar a ocorrência do delito quando, subjacente à ameaça de enfrentamento, foi possível verificar a cooptação das unidades militares daquelas Forças sediadas no Estado, que passam a dar cobertura à independência. A tentativa, segundo um setor da doutrina, embora admissível por se tratar de crime plurissubsistente, seria de ocorrência improvável.[162] Na legislação anterior, conformava-se como um

---

ou puser em perigo a independência do País;"), que tem uma redação mais genérica, alcança tanto as condutas contidas no precedente art. 359-I como o art. 359-J, há crime no desmembramento para criar país independente assim como para tornar parte de Portugal uma unidade autônoma de outro: CUNHA, C. F., op. cit., p.16.

152 GRECO, R. *Curso de direito penal, parte especial*, 2011, p. 473, v. II.

153 PIERANGELI, J. H. Manual de direito penal brasileiro, 2007, p. 147, v. 2. HUNGRIA, N.; FRAGOSO, H. C. *Comentários ao Código Penal*, v. VII, arts. 137 a 154, 1980, p. 156.

154 CUNHA, R. S.; SILVARES, R., op. cit., p. 126.

155 GALVÃO, F. *Direito Penal*: crimes contra a pessoa, 2013, p. 331-2.

156 Ibidem, p. 332.

157 É de relevo registrar que a mencionada doutrina, que entende pelo cúmulo de penas, sustenta a não absorção das lesões leves no contexto do constrangimento ilegal (GALVÃO, F., op. cit., p. 332). Entretanto, a jurisprudência trilha outro caminho: "A lesão corporal constituiu, no caso, meio à consecução do crime de roubo, sendo por este absorvida" (STF, Ext n. 1.124, Pleno, rel. Eros Grau, j. 18.09.2008, DJe 13.11.2008).

158 FERREIRA, C. L., op. cit., p. 71.

159 Ibidem, p. 76-7.

160 CUNHA, R. S.; SILVARES, R., op. cit., p. 99.

161 No mesmo sentido, em relação ao delito da Lei n. 6.620/78: FERREIRA, C. L., op. cit, p. 77.

162 CUNHA, R. S.; SILVARES, R., op. cit., p. 99.

delito de atentado e não comportava tentativa como objeto de punição autônoma.[163] A mera tentativa já representava consumação. Não obstante a configuração se torne difícil, a estrutura típica do delito não a impede. Suponhamos que parte das unidades das Forças Armadas do Estado venham a aderir ao movimento separatista e, juntamente com tropas da Polícia Militar e equipes da Polícia Civil, planejem uma ação de tomada das unidades que seguiram leais ao governo central. No dia aprazado para o ataque, iniciado o deslocamento, mas antes do emprego de violência ou grave ameaça, tais tropas são rendidas por tropas leais ao governo central, que se encontravam em treinamento no Estado e entenderam por estranha a movimentação, acabando por interromper a execução.

1.7. Classificação

Trata-se de crime comissivo, eventualmente omissivo (quando o agente tem o dever de impedir a ocorrência do delito),[164] comum, doloso, formal (não se exige que se materialize o desmembramento com surgimento de um Estado independente) e de perigo concreto (à soberania nacional).

2. OBSERVAÇÕES

Interessante questão se passou na recente tentativa de separação da Região Autônoma da Catalunha de todo o restante da Espanha, como consta de seu julgamento pelo Tribunal Supremo da Espanha (STS 2997/2019). O Parlamento da região aprovou a Lei n. 19/2017 que regulamentava um "referendo de autodeterminação". Em seu preâmbulo afirmava-se que na aprovação desta Lei convergiam a legitimidade histórica e a tradição jurídica e institucional do povo catalão, com o direito à autodeterminação dos povos consagrado na legislação e jurisprudência internacional. A aprovação do referendo era vista como um "ato de soberania". O texto legal especificou que se na contagem dos votos validamente expressos houvesse mais votos afirmativos do que negativos, o resultado implicaria a independência da Catalunha com consequente declaração formal pelo Parlamento e início do processo de elaboração de uma Constituição. Embora tenha o Ministério Público lançado acusação pelo delito de rebelião, que exige o emprego de violência, parte da doutrina espanhola recusou tal enquadramento no processo de independência da Catalunha, pois não teria havido um levantamento público e violento.[165] Essa também foi a conclusão do Tribunal Supremo (STS 2997/2019) ao fixar a capitulação definitiva dos fatos: "A conclusão a que chegamos é que os fatos constituem crimes de sedição, desvio de recursos públicos e desobediência, e que não incluem os crimes de rebelião e organização criminosa. Este é o resultado ponderado e unânime da apreciação probatória dos fatos e de sua adequação aos preceitos para os quais a acusação foi feita".[166]

Caso tal situação ocorresse no Brasil, quer por meio de iniciativa de um governador de estado ou de sua Assembleia Legislativa, nos termos do revogado art. 11 da LSN, haveria crime. Entretanto, com a vigente redação, a conduta não seria criminosa, pois careceria de violência ou grave ameaça.[167] O fato de não encontrar adequação típica para expediente de igual natureza não significa que tais comportamentos restem indiferentes. Procedimentos dessa natureza autorizam a intervenção federal no Estado rebelde (art. 34, I, CR). Nada obsta, em tese, que se discuta eventual descumprimento de decisão judicial emanada da Corte Constitucional (STF), crime de desobediência e, como no caso espanhol, o desvio de recursos públicos pela realização de uma consulta popular absolutamente descabida em face da Constituição Federal. Apenas em caso de enfrentamento violento ou do emprego de grave ameaça de violência contra tropas federais encaminhadas para restabelecer a ordem se poderá cogitar do delito.

---

163 FERREIRA, C. L., op. cit., p. 77.

164 O comandante de unidade militar que é acionado para enfrentar as tropas que dão suporte ao movimento separatista e se omite em fazê-lo pode responder por omissão imprópria.

165 MUÑOZ CONDE, F. *Derecho Penal*: Parte Especial, 2019, p. 722.

166 O crime de sedição, previsto no ordenamento espanhol como um dos crimes que atentam contra a ordem pública, por meio de um levantamento público, e, sob a forma de tumulto,o o exercício legítimo das funções de determinadas autoridade ou entidades ("Art. 544: São réus por sedição aqueles que, sem estarem incluídos no crime de rebelião, levantam-se publicamente e sob a forma de tumulto para impedir, pela força ou fora das vias legais, a aplicação das Leis ou a qualquer autoridade, empresa estatal ou funcionário público, o legítimo exercício de suas funções ou cumprimento de acordos, ou decisões administrativas ou judiciais").

167 No mesmo sentido: CUNHA, R. S.; SILVARES, R., op. cit., p. 100.

Espionagem

Art. 359-K. Entregar a governo estrangeiro, a seus agentes, ou a organização criminosa estrangeira, em desacordo com determinação legal ou regulamentar, documento ou informação classificados como secretos ou ultrassecretos nos termos da lei, cuja revelação possa colocar em perigo a preservação da ordem constitucional ou a soberania nacional:

Pena – reclusão, de 3 (três) a 12 (doze) anos.

§ 1º Incorre na mesma pena quem presta auxílio a espião, conhecendo essa circunstância, para subtraí-lo à ação da autoridade pública.

§ 2º Se o documento, dado ou informação é transmitido ou revelado com violação do dever de sigilo:

Pena – reclusão, de 6 (seis) a 15 (quinze) anos.

§ 3º Facilitar a prática de qualquer dos crimes previstos neste artigo mediante atribuição, fornecimento ou empréstimo de senha, ou de qualquer outra forma de acesso de pessoas não autorizadas a sistemas de informações:

Pena – detenção, de 1 (um) a 4 (quatro) anos.

§ 4º Não constitui crime a comunicação, a entrega ou a publicação de informações ou de documentos com o fim de expor a prática de crime ou a violação de direitos humanos.

Nomen juris e artigo acrescentados pela Lei n. 14.197, de 01.09.2021.

1. COMENTÁRIOS

1.1. Objetividade jurídica

O bem jurídico protegido no presente delito, como indica o *nomen juris* do Capítulo, é a soberania nacional e, reflexamente, o Estado Democrático de Direito.[168] É precipuamente o interesse concernente **à segurança externa,**[169] mas não exclusivamente este, pois o tipo faz referência ao resguardo da própria ordem constitucional.

1.2. Sujeitos do crime

O sujeito ativo no *caput* pode ser qualquer pessoa. Nos §§ 2º e 3º, o crime é próprio, exige, respectivamente, dever de sigilo e acesso aos sistemas de informações.[170] Por sua vez, o sujeito passivo é o Estado.[171]

1.3. Análise da(s) conduta(s) descrita(s) no tipo

O delito em questão adotou o *nomen juris* "espionagem" para designar, como em outros ordenamentos jurídicos, a conduta de colaborar com o exterior no intuito de revelar segredos de Estado.[172] A espionagem, embora seja pensada inicialmente para tempos de guerra[173] – o Código de 1890 só a previa em tempos de guerra (art. 87, §§ 3º e 4º) –, foi incluída no elenco dos delitos políticos, em tempos de paz.[174] Afinal, nem todas as informações relevantes do Estado devem ser públicas. Espionagem seria o ato do indivíduo que, clandestinamente, colhe ou procura colher dados, informações ou documentos sobre segredos políticos ou recursos militares de um Estado para, com intenção de causar-lhe dano, divulgá-los ou comunicá-los a outro Estado.[175]

A conduta incriminada no *caput* consiste na entrega de informações ou documentos secretos ou ultrassecretos. É de relevo notar que, embora exista na doutrina discussão sobre o critério a ser manejado para definição dos objetos que são alcançados pelo caráter secreto, a Lei de Acesso à Informação (Lei n. 12.527/2011) trouxe novas balizas à questão. A regra para os atos oficiais é a publicidade (art. 1º), entretanto, a lei indica as informações que são passíveis de classificação para fins de restrição (art. 23). Porém, não se está diante da adoção do critério objetivo segundo o qual o segredo existe independentemente de qualquer manifestação de vontade.[176] Ao permitir a classificação em três níveis, ultrassecreto, secreto e reservado (art. 24), a lei conferiu a determinadas autoridades o poder de classificar (art. 27). Portanto, resta superada a compreensão de que caberia ao Poder Judiciário definir se, no caso concreto, as informações são, ou não, secretas em razão do interesse de não ser conhecidas.[177]

Não basta que sejam classificados segundo aqueles graus de sigilo, devem ter o condão de colocar em perigo a soberania nacional ou a ordem constitucional. Tais elementos já foram objeto de valoração por parte da autoridade quando da classificação da informação. A conduta é comissiva, porém, se um agente tem o dever de

---

168 CUNHA, R. S.; SILVARES, R., op. cit., p. 102.

169 FERREIRA, C. L., op. cit., p. 112.

170 CUNHA, R. S.; SILVARES, R., op. cit., p. 104.

171 Nesse sentido, em relação ao delito da Lei n. 6.620/78: FERREIRA, C. L., op. cit., p. 112. Na vigente redação: CUNHA, R. S.; SILVARES, R., op. cit., p. 104.

172 CUNHA, C. F., op. cit., p. 124.

173 CUNHA, R. S.; SILVARES, R., op. cit., p. 112-3.

174 FERREIRA, C. L., op. cit., p. 113.

175 Ibidem, p. 117.

176 Ibidem, p. 118.

177 Defendendo a legitimidade do Poder Judiciário para decidir sobre o grau de sigilo: ibidem, p. 119.

impedir a ocorrência do resultado, como seria o caso daqueles que atuam em setor de inteligência e contrainteligência, é possível a responsabilidade por omissão. Em essência, o delito consiste em uma violação de sigilo por quem não está obrigado a tanto. Caso esteja obrigado e realize a conduta descrita no *caput*, incidirá na figura qualificada do § 2º. É de relevo notar que, nesse caso, restará afastado o delito funcional do art. 325 do Código Penal em razão do princípio da especialidade.

No § 1º, o legislador incrimina a conduta de prestar auxílio a espião, assim entendido aquele que realiza espionagem. Trata-se de uma forma especial de favorecimento pessoal.[178] Diante da similitude, um setor da doutrina exige que o espião já tenha cometido o ato de espionagem, que fosse autor de crime de espionagem, quando da ação de prestar auxílio.[179] Divergimos de tal entendimento. O ato de espionagem não é elemento do tipo. Basta que o agente se qualifique como espião para que a conduta de quem o favorece possa ser incriminada.[180] No favorecimento pessoal comum, constitui favorecimento todo e qualquer ato que ocasione a frustração da captura e prisão do criminoso, seja exequível em razão de flagrante, seja decretada pela autoridade judicial. Tal fato pode se dar com a provocação de tumulto para viabilizar a fuga, lançamento de falsos informes ou dissimulação do paradeiro, tudo com vistas a tornar difícil o alcance do espião pelas autoridades. Não é necessário que haja definitiva subtração do favorecido a ação da autoridade, é suficiente retardamento, ainda que breve, da captura ou detenção.[181] A lição é, em tudo, transposta ao favorecimento do espião. Dispensado, como dito, o cometimento de crime. É lapidar o exemplo de favorecimento colhido da doutrina italiana (Manzini) no subterfúgio de São Francisco de Assis, que, interpelado sobre a direção tomada por um criminoso, que não teria como negar ter visto, enfiando as mãos pelas mangas do hábito diz: "Por aqui não passou".[182]

No § 3º, está incriminado o comportamento de quem facilita a prática dos crimes previstos no *caput* e § 1º do artigo. O verbo "facilitar" indica uma concorrência tanto por ação como por omissão; é o ato de coadjuvar a conduta de outrem.[183] O legislador criou uma modalidade privilegiada de conduta, punida de forma mais branda do que o seria se incidisse a norma relativa ao concurso de agentes (art. 29, CP).[184] A lei especificou algumas formas pelas quais o acesso pode se dar (atribuição, fornecimento ou empréstimo de senha), mas, em seguida, usou de uma fórmula genérica (qualquer outra forma de acesso de pessoas não autorizadas) que deem acesso ao sistema de informações. Atribuir significa qualificar junto ao sistema para fins de atribuir uma senha. Fornecer é entregar a própria senha e difere de emprestar, que consiste na entrega temporária. Na fórmula genérica, é possível inserir, por exemplo, a conduta do sujeito que deixa sua senha à vista de todos sobre uma mesa ou, ainda, o acesso ao sistema sem desconexão formal, possibilitando o uso por terceiros.

O § 4º do presente artigo veicula uma causa de exclusão da tipicidade[185] relativa à conduta de informar a governo estrangeiro a ocorrência de crime ou a violação de direitos humanos. Parece desprovido de sentido comunicar a uma organização criminosa estrangeira estar agasalhado pela lei. Remete-se aqui aos comentários feitos ao art. 359-T, que se utiliza da mesma expressão ("não constitui"). Para um setor da doutrina, o dispositivo poderia ser aplicado, por analogia, a outros delitos que punam a violação de sigilo (art. 325, CP, *v.g.*).[186]

1.4. Elemento subjetivo

O crime é doloso, e não se exige nenhum especial fim de agir. A doutrina admite o dolo eventual quando, por exemplo, há dúvida quanto à classificação da informação ou documento, mas o agente prossegue (*caput*) ou tem dúvida sobre estar o destinatário da senha autorizado a recebê-la (§ 3º).[187] Em relação ao § 1º, um setor da doutrina defende que a conduta exige dolo direto, ou seja, o conhecimento da condição de espião. Todavia, como dizia a melhor doutrina, era possível o dolo eventual e, caso afastado este, a conduta poderia desclassificada para o favoreci-

178 CUNHA, R. S.; SILVARES, R., op. cit., p. 111.
179 Ibidem, p. 114.
180 No mesmo sentido, cuidado da conduta de dar asilo a espião na Lei n. 6.620/78: FERREIRA, C. L., op. cit., p. 136.
181 HUNGRIA, N. *Comentários ao Código Penal*: vol. IX, arts. 250 a 361, 1958, p. 501.
182 Ibidem, nota de rodapé 99, p. 501.
183 Ibidem, p. 373.
184 No mesmo sentido: CUNHA, R.; SILVARES, R., op. cit., p. 115.
185 No mesmo sentido: ibidem, p. 121.
186 Ibidem, p. 120-1.
187 Ibidem, p. 115.

mento pessoal (art. 348, CP).[188] Seria exemplo de tal situação a hipótese em que se tem dúvida sobre a condição de espião, embora elementos concretos assim indiquem, e se presta a auxiliar ainda assim.

1.5. Elemento normativo

O delito de espionagem apresenta no *caput* alguns elementos normativos que exigem a compreensão. O tipo penal faz referência a documento ou informação. É sabido que documento é todo escrito especialmente destinado a servir ou eventualmente utilizável como meio de prova de fato juridicamente relevante. É a prova por escrito de algo.[189] Não obstante esse conceito doutrinário consolidado, é preciso que ele passe pelo filtro das definições da Lei de Acesso à Informação (art. 4º, I e II, Lei n. 12.527/2011): "Art. 4º Para os efeitos desta Lei, considera-se: I – informação: dados, processados ou não, que podem ser utilizados para produção e transmissão de conhecimento, contidos em qualquer meio, suporte ou formato; II – documento: unidade de registro de informações, qualquer que seja o suporte ou formato".

O objeto do delito é exclusivamente a informação ou o documento que sejam classificados como secretos ou ultrassecretos. Tal classificação deriva de um dever de sigilo atribuído ao Estado quanto às informações sigilosas.[190] A esse dever corresponde a possibilidade de classificar as informações que possam produzir o perigo para a ordem constitucional ou para a soberania nacional se forem de conhecimento amplo (art. 23, Lei n. 12.527/2011).[191] Assim sendo, uma vez classificadas como secretas ou ultrassecretas pelas autoridades competentes (art. 27, I e II, Lei n. 12.527/2011), passam a ser objeto material do delito em questão.

O *caput* veicula ainda um elemento relativo à contrariedade à disciplina legal ou regulamentar. Toda informação produzida no âmbito da Administração Pública tem uma utilidade e disso não destoam aquelas classificadas como secreta e ultrassecreta. Desse modo, na hipótese de o Brasil compartilhar com nações amigas informações que possuem tal classificação, como ocorre havendo relação de confiança entre os países, o repasse das informações não configurará delito.[192] O que se incrimina é a violação da disciplina legal ou regulamentar de compartilhamento daquelas informações, o que pode estar autorizado em normas diversas das previstas na Lei de Acesso à Informação.

1.6. Consumação e tentativa

No *caput*, o delito se consuma com a entrega do documento ou informação,[193] inclusive por meio digital. A tentativa é possível quando o documento ou informação é remetido, porém, não chega às mãos do destinatário (governo estrangeiro ou organização criminosa estrangeira.

Parte da doutrina afirma que o delito do § 1º se consuma com a prestação do auxílio ao espião, sendo irrelevante que este escape à ação da autoridade e, consequentemente, a tentativa é de difícil configuração.[194] A razão parece estar com aqueles que entendem que não se exige que o agente escape definitivamente à ação da autoridade, porém, é necessário que o auxílio que se presta gere, ainda que provisoriamente ou por breve espaço de tempo, uma isenção da ação da autoridade.[195] Discorrendo sobre o favorecimento pessoal, aponta a doutrina a distinção de estrutura típica deste (auxiliar a subtrair-se) em relação ao delito de favorecimento real (prestar

188 Neste sentido, cuidado da conduta de dar asilo a espião na Lei n. 6.620/78: FERREIRA, C. L., op. cit., p. 136.

189 HUNGRIA, N. *Comentários ao Código Penal*, vol. IX, arts. 250 a 361, 1958, p. 250.

190 "Art. 25. É dever do Estado controlar o acesso e a divulgação de informações sigilosas produzidas por seus órgãos e entidades, assegurando a sua proteção."

191 "Art. 23. São consideradas imprescindíveis à segurança da sociedade ou do Estado e, portanto, passíveis de classificação as informações cuja divulgação ou acesso irrestrito possam: I – pôr em risco a defesa e a soberania nacionais ou a integridade do território nacional; II – prejudicar ou pôr em risco a condução de negociações ou as relações internacionais do País, ou as que tenham sido fornecidas em caráter sigiloso por outros Estados e organismos internacionais; III – pôr em risco a vida, a segurança ou a saúde da população; IV – oferecer elevado risco à estabilidade financeira, econômica ou monetária do País; V – prejudicar ou causar risco a planos ou operações estratégicos das Forças Armadas; VI – prejudicar ou causar risco a projetos de pesquisa e desenvolvimento científico ou tecnológico, assim como a sistemas, bens, instalações ou áreas de interesse estratégico nacional; VII – pôr em risco a segurança de instituições ou de altas autoridades nacionais ou estrangeiras e seus familiares; ou VIII – comprometer atividades de inteligência, bem como de investigação ou fiscalização em andamento, relacionadas com a prevenção ou repressão de infrações."

192 CUNHA, R. S.; SILVARES, R., op. cit., p. 110.

193 No mesmo sentido: ibidem, p. 117.

194 Ibidem, p. 117.

195 É a lição de Hungria sobre o favorecimento pessoal em tudo aplicável ao delito em comento: HUNGRIA, N. *Comentários ao Código Penal*: Vol. IX, Arts. 250 a 361, 1958, p. 504.

auxílio). Este último não exige nenhum resultado, bastando a prestação do auxílio, ao passo que naquele é necessário que ocorra uma subtração à ação da autoridade por lapso de tempo relevante.[196] Se não sobrevém qualquer retardamento à ação da autoridade, o agente responde por tentativa de favorecimento.[197] No § 3º, o delito se consuma com o fornecimento, a entrega ou o empréstimo da senha, ou, ainda, com a realização de outra conduta destinada a permitir o acesso aos sistemas de informação. A tentativa é possível.[198]

1.7. Classificação

O delito do *caput* é um crime comissivo, comum, doloso, material (aperfeiçoa-se com a entrega do objeto material) e de perigo abstrato, na medida em que a classificação dos documentos e informações já define o perigo à soberania em sua revelação. No § 1º, tem-se um crime comissivo, comum, doloso, material (aperfeiçoa-se com o retardamento, ainda que breve, da ação da autoridade). No § 3º, o crime é comissivo, comum, doloso e material (completa-se com o fornecimento, a entrega ou o empréstimo da senha).

CAPÍTULO II
DOS CRIMES CONTRA AS INSTITUIÇÕES DEMOCRÁTICAS

Capítulo acrescentado pela Lei n. 14.197, de 01.09.2021.

Abolição violenta do Estado Democrático de Direito

Art. 359-L. Tentar, com emprego de violência ou grave ameaça, abolir o Estado Democrático de Direito, impedindo ou restringindo o exercício dos poderes constitucionais:

Pena – reclusão, de 4 (quatro) a 8 (oito) anos, além da pena correspondente à violência.

Nomen juris e artigo acrescentados pela Lei n. 14.197, de 01.09.2021.

1. COMENTÁRIOS

1.1. Objetividade jurídica

Com efeito, o bem jurídico protegido é o próprio Estado Democrático de Direito. Todavia, questão interessante que se apresenta acerca da objetividade jurídica do delito em tela – bem assim no tipo penal seguinte – diz respeito a se o crime também tutelaria a Democracia e o Estado de Direito de outro país, ou somente o brasileiro.

Cite-se, como exemplo, a hipotética ação de um grupo extremista, cujos integrantes estariam homiziados no Brasil, que despachasse uma "bomba" ou um "engenho diabólico" para explodir em um dos Poderes constitucionais de outro país, com o fito de tentar abolir o Estado Democrático de Direito na nação coirmã.

No caso exemplificado, o crime de tentar abolir ocorreu, ao menos em parte, em solo brasileiro, portanto, é aplicável a lei penal brasileira, nos termos do princípio da territorialidade (art. 5º, *caput*, CP). Como já mencionado, diferentemente de outros crimes do Título XII, nos quais há referência ao figurino constitucional brasileiro, a Democracia e o Estado de Direito são valores compartilhados no concerto das nações; são interesses universais, a despeito de, infelizmente, ainda existirem ditaduras e governos tiranos em partes do orbe.

Sendo assim, não nos parece que o crime do art. 359-L do CP direcione-se a tutelar, exclusivamente, as nossas instituições democráticas, abarcando, também, idênticas instituições adotadas pelas constituições de outras nações.

1.2. Sujeitos do crime

O sujeito ativo pode ser qualquer pessoa (crime comum),[199] brasileiro ou estrangeiro, inclusive o integrante de um dos Poderes constitucionais. Não se exclui da possibilidade de cometimento as autoridades civis ou militares, inclusive o Presidente da República, Ministros de Estado ou Governadores, por exemplo.[200] O sujeito passivo é o Estado, como pessoa jurídica de direito público.[201] De forma mediata, atinge-se toda a sociedade.[202]

196 GALVÃO, F. *Direito Penal*: Parte Especial: crimes contra a Administração Pública, 2020, p. 513.
197 HUNGRIA, N. *Comentários ao Código Penal*: vol. IX, arts. 250 a 361, 1958, p. 504.
198 CUNHA, R. S.; SILVARES, R., op. cit., p. 117.
199 No mesmo sentido e reconhecendo a proximidade com os arts. 17 e 18 da Lei n. 7.170/83: CUNHA, R. S.; SILVARES, R., op. cit., p. 127.
200 A proximidade com os delitos dos arts. 24 e 38 da Lei 6.620/78 remete às lições da doutrina existente ao tempo da citada lei: FERREIRA, C. L., op. cit., p. 190 e 299.
201 FERREIRA, C. L., op. cit., p. 299.
202 No mesmo sentido, reconhecendo o atingimento de modo secundário da sociedade: CUNHA, R. S.; SILVARES, R., op. cit., p. 127.

1.3. Análise da(s) conduta(s) descrita(s) no tipo

A conduta típica consiste em tentar abolir o Estado Democrático de Direito por meio de violência ou grave ameaça obstaculizando a atuação dos Poderes constitucionais. Cumpre salientar que existem formas legítimas para a modificação do modelo de Estado estabelecido pela Constituição, entretanto, entre elas não estão a violência e a grave ameaça como meio para tanto, segundo a doutrina.[203] É preciso destacar que, embora o legislador tenha se distanciado da fórmula utilizada anteriormente, por exemplo, nos precedentes art. 24 da Lei n. 6.620/78[204] e arts. 17 e 18 da Lei n. 7.170/83,[205] aquela leitura prevalece válida. A incriminação se volta à perturbação do funcionamento das instituições democráticas: "o elemento objetivo consiste na ação de impedir ou tentar impedir, através de violência ou ameaça de violência, que os órgãos dos Poderes Legislativo, Judiciário e Executivo da União e dos Estados exerçam, livremente, suas respectivas atividades previstas na Constituição, na lei e em regimentos internos, além de outros diplomas legais".[206] O delito tem estreita proximidade com os delitos de "alteração violenta do Estado de direito" e "coacção de órgãos constitucionais" previstos, respectivamente, nos arts. 325º e 333º do Código Penal português.[207] No direito espanhol, a infração penal guarda proximidade com algumas das hipóteses do delito de "rebelião", um dos delitos contra a Constituição (art. 472, 1º e 4º)[208] e, de forma mais restrita, com o crime de invasão do parlamento (art. 493).[209] Os meios executórios são a violência e a grave ameaça, que estão presentes em inúmeros outros tipos penais da Parte Especial do Código Penal.

A violência e a grave ameaça[210] são dirigidas à abolição do Estado Democrático de Direito, o que se passaria com a perturbação do funcionamento daqueles Poderes constitucionais. É o posicionamento da doutrina portuguesa sobre o delito correlato: "A execução do crime requer sempre o emprego de violência ou ameaça de violência dirigido ao conseguimento da destruição, alteração ou subversão do Estado de direito constitucionalmente estabelecido".[211] Urge que se esteja diante de violência grave e que a ameaça de violência, além de idônea, seja crível.[212] Como dito acima, em lugar de uma fórmula mais simples, quis indicar a afetação do Estado Democrático de Direito diante do embaraço à independência dos Poderes (art. 2º, CR). Entretanto, seguiu a fórmula já utilizada anteriormente, que suscitava algumas dificuldades, a de configurar um de-

203 CUNHA, R. S.; SILVARES, R., op. cit., p. 132-3.

204 "Art. 24. Impedir ou tentar impedir, por meio de violência ou ameaça de violência, o livre exercício de qualquer dos Poderes da União ou dos Estados."

205 "Art. 17. Tentar mudar, com emprego de violência ou grave ameaça, a ordem, o regime vigente ou o Estado de Direito. Art. 18. Tentar impedir, com emprego de violência ou grave ameaça, o livre exercício de qualquer dos Poderes da União ou dos Estados."

206 FERREIRA, C. L., op. cit., p. 190.

207 "Artigo 325º (Alteração violenta do Estado de direito). 1 – Quem, por meio de violência ou ameaça de violência, tentar destruir, alterar ou subverter o Estado de direito constitucionalmente estabelecido é punido com pena de prisão de 3 a 12 anos. 2 – Se o facto descrito no número anterior for praticado por meio de violência armada, o agente é punido com pena de prisão de 5 a 15 anos. 3 – No caso previsto no número anterior a pena é especialmente atenuada se o agente, não tendo exercido funções de comando, se render sem opor resistência, ou entregar ou abandonar as armas antes ou imediatamente depois de advertência da autoridade. [...] Artigo 333º (Coacção contra órgãos constitucionais). 1 – Quem, por violência ou ameaça de violência, impedir ou constranger o livre exercício das funções de órgão de soberania ou de ministro da República é punido com pena de prisão de 1 a 8 anos, se pena mais grave lhe não couber por força de outra disposição legal. 2 – Se os factos descritos no número anterior forem praticados contra órgão de governo próprio das Regiões Autónomas, o agente é punido com pena de prisão de 1 a 5 anos, se pena mais grave lhe não couber por força de outra disposição legal. 3 – Se os factos descritos no n. 1 forem praticados contra órgão de autarquia local, o agente é punido com pena de prisão até 3 anos. 4 – Se os factos descritos no n. 1 forem praticados: a) Contra membro de órgão referido no n. 1, o agente é punido com pena de prisão até 5 anos; b) Contra membro de órgão referido no n. 2, o agente é punido com pena de prisão até 3 anos. c) Contra membro de órgão referido no n. 3, o agente é punido com pena de prisão até 2 anos."

208 "Artigo 472. Serão réus pelo crime de rebelião aqueles que se levantam violenta e publicamente para qualquer um dos seguintes fins: 1. Revogar, suspender ou modificar a Constituição no todo ou em parte. [...] 4. Dissolver as Cortes Gerais, o Congresso dos Deputados, o Senado ou qualquer Assembleia Legislativa de Comunidade Autónoma, **impedindo-os de se reunir, deliberar ou resolver**, retirar delas qualquer resolução ou **subtrair-lhes qualquer dos seus poderes ou competências**. [tradução livre – sem grifos no original]

209 "Artigo 493. Quem, sem se levantar publicamente, invadir com força, violência ou intimidação a sede do Congresso dos Deputados, do Senado ou de uma Assembleia Legislativa da Comunidade Autônoma, caso esteja reunida, será punido com pena de prisão de três a cinco anos." [tradução livre]

210 Para maiores considerações sobre a elementar violência e grave ameaça, ver comentários acerca de tais elementares na análise da conduta no delito de "Atentado à integridade nacional".

211 CAEIRO, Pedro. "Crimes contra a realização do Estado de Direito". In: DIAS, Jorge de Figueiredo [Dir]. *Comentário Conimbrense do Código Penal*, Parte Especial, Tomo III, Artigos 308º A 386º. Coimbra: Coimbra, 2001, p. 188.

212 Ibidem.

lito de atentado. O uso exclusivo do verbo típico "tentar" conduziu um setor majoritário da doutrina a sustentar que, em tais hipóteses, houve elevação da tentativa à condição de crime autônomo.[213,214] Tentar significa "tender voluntária e conscientemente para um fim".[215] A dificuldade estaria em identificar o tipo de conduta que consubstanciaria a ação de tentar. Um comício? Uma manifestação em rede social? A recusa em cumprir uma ordem judicial? A incitação à desobediência civil? Além disso, se tentar é tender a um fim, qual seria esse fim? Como parece claro, a abolição do Estado Democrático de Direito. Com todas as vênias que merece, o legislador não andou bem. Afinal, se o delito se satisfaz com uma ação dirigida a um determinado fim e este fim consiste na abolição do modelo de Estado estruturado na Constituição, urge indagar: que tipo de ação seria, de fato, idônea a realizar o objetivo proclamado no tipo penal? A rigor, embora se possa sugerir que uma ação que periclite o funcionamento do parlamento ou de um tribunal constitucional, por exemplo, não teria o condão de abolir o Estado de Direito, não há sentido em tal interpretação. O legislador disse mais do que o necessário. Em essência, ainda que preservado formalmente o modelo constitucional, ele foi posto em perigo. E tal é suficiente para realização do tipo penal. É neste sentido a compreensão da doutrina portuguesa diante da expressão "tentar destruir, alterar ou subverter o Estado de direito constitucionalmente".

"§ 3 Uma primeira abordagem deste segmento induz a ideia de que a área de tutela típica se circunscreve às características do Estado português que permitem qualificá-lo como 'de direito' – *v.g.*, o respeito pela dignidade humana e pelos direitos, liberdades e garantias, o princípio democrático, bem como os princípios da igualdade, da constitucionalidade do Estado, da legalidade da administração, da separação de poderes e da independência do poder judicial (cf. GOMES CANOTILHO, *Estado de Direito,* Cadernos Democráticos, 7 1999). Assim, a punibilidade abarcaria apenas a tentativa de destruição, alteração ou subversão das características do Estado sem as quais não há Estado de direito. Fora da área de tutela ficariam, portanto, outros princípios estruturantes do Estado que não são essenciais, em abstracto, à ideia de Estado de direito (*v.g.* a forma republicana do Estado e o princípio do Estado social). § 4 Sucede que a proteção dispensada pelo tipo não se limita à vigência abstracta da ideia de Estado de direito na ordem jurídico-constitucional (ao modelo escolhido pelo legislador constituinte), mas estende-se às concretas manifestações que lhe vão dando corpo em cada momento histórico do seu processo evolutivo ('Estado de direito constitucionalmente *estabelecido*')."[216]

Quando o meio executório de que se vale o autor é a violência, a fórmula legal se aproxima do delito espanhol de rebelião, que exige levantamento violento. Destarte, não é impróprio reconhecer que algumas das finalidades que empolgam a conduta analisada aparecem, também, nos delitos espanhóis de rebelião e terrorismo: "subverter a ordem constitucional, suprimir ou desestabilizar gravemente o funcionamento das instituições políticas."[217] Essa compreensão nos remete aos resultados previstos no tipo penal e que materializam sua realização. Como descrito, em lugar de usar a fórmula mais simples da LSN revogada, o legislador preferiu fazer referência expressa à abolição do Estado Democrático de Direito; todavia, indicou o modo como tal abolição se expressa: "impedindo ou restringindo o exercício dos poderes constitucionais". Portanto, a conduta de tentar abolir se complementa pelo manejo da violência ou da grave ameaça (meios

213 Sobre os delitos de tal estrutura no Código Penal de 1890 discorria Bento de Faria: "o atentado contra a segurança do Estado é justamente considerado uma tentativa, porque consumado o delito a sua repressão não se tornaria possível. Tentar diretamente e por fatos, significa que se torna necessário um começo de execução" (FARIA, Antônio Bento de. *Anotações teórico-práticas ao Código Penal do Brasil*, v. II. Rio de Janeiro, 1919, p. 10 *apud* FERREIRA, C. L., op. cit., p. 70). Em sentido próximo, cuidando do delito do art. 142 do Código Penal Militar: NUCCI, Guilherme de Souza. *Código Penal Militar comentado.* 2.ed. Rio de Janeiro, Forense, 2014, p. 374.

214 "Posicionando-se contrariamente a essa posição, mas sem maiores repercussões práticas, Ferreira esclarece: O núcleo do tipo é tentar. Não deve ser confundido com o crime tentado. Tentativa é conceito jurídico, enquanto tentar – um dos elementos objetivos do tipo – é conceito fático. A diferença ressalta quando verificamos que, no crime tentado, existe o fato definido como crime, fato esse que o agente elege como a meta optata e não atinge por circunstâncias alheias a sua vontade, enquanto na figura delituosa a lei pune a ação de pretender, empreender" (FERREIRA, C. L., op. cit., p. 70-1).

215 HUNGRIA, Nelson. *Comentários ao Código Penal.* Vol. I, Tomo II, arts. 11 a 27. 5.ed. Rio de Janeiro, Forense, 1978, p. 86.

216 CAEIRO, P., op. cit., p. 187.

217 MUÑOZ CONDE, Francisco. *Derecho penal, Parte Especial.* 22.ed. Valencia: Tirant lo blanch, 2019, p. 721.

executórios) visando impedimento ou restrição ao funcionamento dos Poderes constitucionais. *Impedir* significa impossibilitar, obstar, enquanto *restringir* tem o sentido de coarctar ou cercear. Portanto, estão inseridas nas condutas incriminadas não apenas a impossibilidade absoluta de funcionamento dos Poderes, mas, também, o embaraço ou cerceamento ao seu livre funcionamento, o que torna *manco* o Estado. É preciso atentar, porém, que nem todo ataque à funcionalidade dos Poderes terá lugar no tipo penal. Embora a jurisprudência pátria já tenha admitido a ocorrência de um crime contra a segurança nacional na recusa ao cumprimento de ordem judicial, por certo que tal embaraço não pode ser compreendido dentro do tipo penal.[218] Para esse tipo de descumprimento, o ordenamento jurídico já apresenta soluções por meio de diversos delitos de desobediência (art. 330, CP; art. 1º, XIV, Decreto-lei n. 201/67; art. 26, Lei n. 12.016/2009 etc.). Admitir que qualquer embaraço seja interpretado como impedimento ou restrição ao livre exercício dos Poderes conduziria, por exemplo, os delitos contra a Administração da Justiça, ao menos em alguns casos, para esse dispositivo. Suponhamos, por hipótese, que o chefe de uma Casa Legislativa se recuse a cumprir a ordem de um Tribunal Superior. Por certo que existem inúmeros meios para fazer cumprir a decisão sem a necessidade de se lançar mão do tipo penal, porque não há, nesse caso, ameaça ao Estado de Direito. A conduta aqui deve estar marcada pela perda de identidade do modelo de Estado institucionalizado, que deixa de desempenhar livremente suas funções.

"§ 6 Se é certo que a **área de tutela típica** não se cinge aos elementos essenciais à ideia de Estado de direito, não é menos certo que não abrange toda a orgânica e funcionamento do Estado. Decisivo é o critério de saber se o êxito da conduta empreendida conduziria a concreta ordem estadual constitucionalmente legitimada à **perda da sua identidade**, pois só aí se dá uma *alteração* do Estado de direito estabelecido. Assim, a acção violenta (ou a ameaça de violência) que visa imediatamente a paralisação da actividade, *v.g.*, do Governo, integra o crime de alteração violenta (por subversão) do Estado constitucionalmente estabelecido, pois a ordem estadual hipoteticamente resultante da conduta **não seria a mesma** da que lhe preexistia."[219]

Embora tenha se valido da fórmula extremamente genérica "poderes constitucionais", houve-se por bem o legislador. O tipo penal alcança, diversamente dos antecedentes arts. 18 da Lei n. 7.170/83 e 24 da Lei n. 6.620/78,[220] também os Poderes Legislativo e Executivo municipais e do Distrito Federal.[221] Atende-se, com isso, o art. 1º, caput, da Constituição da República.

1.4. Elemento subjetivo

O crime é doloso e possui um elemento subjetivo especial (dolo específico), a finalidade de abolir o Estado Democrático de Direito).[222] Como ressalta Caeiro,[223] a finalidade de "destruir, alterar ou subverter" presente no tipo penal português correspondente, que equivaleria ao verbo "abolir" do tipo brasileiro, consiste no dolo específico que empolga a conduta.

1.5. Elemento normativo

O tipo dispõe de dois elementos normativos "Estado Democrático de Direito" e "poderes constitucionais" como elementos normativos do tipo. A primeira expressão pode ser extraída de todo o modelo constitucional, mas, de forma especial, do art. 1º da Constituição da República.[224] Os Poderes constitucionais são os Poderes Executivo, Legislativo e Judiciário da União, estados e do Distrito Federal e, diante da opção constitucional, os Poderes Executivo e Legislativo municipais.

1.6. Consumação e tentativa

O tipo penal descreve um delito de atentado, ou seja, pune-se tanto a tentativa de embaraço ou restrição como o efetivo embaraço ou restrição.[225] O crime não comporta, portanto, tentativa. Entretanto, a circunstância de ser um delito de atentado não pode dispensar do intérprete a apreciação, sob o prisma da conduta de "tentar", da

218 Ibidem.

219 CAEIRO, P., op. cit., p. 188.

220 Sobre o alcance na Lei n. 6.620/78, cuja disciplina foi repetida na Lei n. 7.170/83: FERREIRA, C. L., op. cit., p. 191.

221 No mesmo sentido: CUNHA, R. S.; SILVARES, R., op. cit., p. 128.

222 No mesmo sentido: ibidem, p. 128.

223 CAEIRO, Pedro, op. cit., p. 190.

224 No mesmo sentido: CUNHA, R. S.; SILVARES, R., op. cit., p. 9.

225 Comentando delito correlato do Código português, Caeiro afirma que foi equiparada a tentativa à consumação: CAEIRO, P., op. cit., p. 191.

idoneidade da conduta para a realização do objetivo a que se propõe. A consumação (preenchimento de todos os elementos do tipo legal) ocorre quando o agente, empregando meio idôneo, inicia a ação destinada a impedir ou embaraçar (restringir) o livre exercício dos Poderes constitucionais.

1.7. Classificação

Trata-se de crime comissivo, eventualmente omissivo (quando o agente tem o dever de impedir a ocorrência do delito),[226] comum, doloso, formal (não se exige o alcance do resultado de abolição do Estado Democrático de Direito)[227] e de perigo concreto.

2. OBSERVAÇÕES

A manifestação de uma pessoa, aos berros, ameaçando magistrados ou parlamentares, durante uma sessão do Supremo Tribunal Federal ou no Parlamento, não constitui o delito.[228] Basta o uso das respectivas equipes de segurança para fazer cessar a perturbação. Em tempos recentes a internet e, de modo especial, algumas redes sociais e plataformas de compartilhamento de vídeos se tornaram o veículo por onde passam inúmeras críticas às autoridades constituídas. Não bastassem a falta de educação e as ofensas à honra, em alguns casos, o autor do vídeo ou da postagem evoca a destituição dos ocupantes de determinadas funções constitucionais e, inclusive, o fechamento dos respectivos órgãos. Tais manifestações ganharam um potencial de difusão nunca visto. Todavia, há que se ter o cuidado para diferenciar aquelas manifestações que representam meras bravatas sem nenhuma capacidade de se constituir em grave ameaça de outras que, em razão do contexto ou da pessoa que a faz, assumem a feição de grave ameaça ao livre exercício dos Poderes constitucionais. Em caso relativo a crimes da LSN revogada, o Ministério Público Federal se pronunciou,[229] com apoio em Hungria, no sentido de que "o mal ameaçado deve caber dentro das possibilidades do agente ou de pessoa ao seu dispor, pois, de outro modo, não passará de uma jactância ridícula".[230] E, ainda, que a aferição da conformação típica da ameaça lançada há de ser assim compreendida: "o critério justo é o de considerar-se a ameaça sob um prisma objetivo, isto é, de acordo com a média da sensibilidade humana. A lei penal não exige heroísmos, mas também não é tutela dos que temem assombrações ao meio-dia".[231] É como se deve aferir da eventual ameaça ao funcionamento dos Poderes constitucionais. Os delitos previstos nos arts. 17 e 18 da Lei n. 7.170/83 seguem vigentes no presente delito (continuidade normativo-típica). Por outro lado, o delito do art. 16 da LSN, que incriminava uma modalidade especial de delito associativo voltada para a prática da mudança violenta do regime vigente, por ausência de reprodução, teve sua tipicidade deslocada para o delito de associação criminosa (art. 288, CP) ou de organização criminosa (art. 2º c/c § 1º do art. 1º, Lei n. 12.850/2013, caso esteja presente um grupo criminoso estruturalmente organizado e com divisão de tarefas.[232]

Dentro do momento de atualização da presente obra, soa inescapável tecer considerações sobre os ataques antidemocráticos de 08.01.2023. Nessa data, um grupo de manifestantes que se encontrava na capital nacional acampado em frente ao Quartel General do Exército, em processo de vigília manifestando-se por uma intervenção militar (golpe de Estado), deslocou-se em

226 Diante do compromisso necessário do Presidente da República com a manutenção e defesa da ordem constitucional nos termos da vigente Constituição ("Art. 78. O Presidente e o Vice-Presidente da República tomarão posse em sessão do Congresso Nacional, prestando o compromisso de manter, defender e cumprir a Constituição, observar as leis, promover o bem geral do povo brasileiro, sustentar a união, a integridade e a independência do Brasil"), bem como de sua posição de comandante supremo das Forças Armadas, conforme o art. 1º da LC n. 97/99 ("Art. 1º As Forças Armadas, constituídas pela Marinha, pelo Exército e pela Aeronáutica, são instituições nacionais permanentes e regulares, organizadas com base na hierarquia e na disciplina, sob a autoridade suprema do Presidente da República e destinam-se à defesa da Pátria, à garantia dos poderes constitucionais e, por iniciativa de qualquer destes, da lei e da ordem"), é possível sua responsabilização por omissão. O presidente que queda inerte diante da orquestração por parte de um setor das Forças Armadas para constranger o Congresso Nacional pode, em tese, ser responsabilizado por omissão.

227 No mesmo sentido, dispensando o golpe de Estado: CUNHA, R. S.; SILVARES, R., op. cit., p. 130.

228 Neste sentido, sobre delito similar na Lei n. 6.620/78: FERREIRA, C. L., op. cit., p. 192.

229 Processo n. 5033892-10.2018.4.02.5101 (5ª Vara Federal Criminal/SJRJ).

230 HUNGRIA, Nelson. *Comentários ao Código Penal.* Vol. VI. 4.ed. Rio de Janeiro, Forense, 1958, p. 186.

231 Ibidem, p. 185.

232 Sobre a distinção entre associação e organização criminosa: BALTAZAR JUNIOR, Jose Paulo; GONÇALVES, Victor Eduardo Rios; LENZA, Pedro. Legislação penal especial esquematizada. 6.ed. São Paulo, Saraiva, 2020, p. 1.426. No mesmo sentido do texto acerca dos precedentes delitos da LSN: CUNHA, R. S.; SILVARES, R., op. cit., p. 131-2.

direção à Praça dos Três Poderes e, agrupando-se com outros que chegaram à capital, sem resistência presente, invadiu os prédios do Congresso Nacional, do Palácio do Planalto e do Supremo Tribunal Federal promovendo ampla depredação de bens públicos. Não tardou para que o ato de vandalismo por meio de associação criminosa de pessoas fosse nominado de Capitólio Tupiniquim, em um verdadeiro paralelo com a invasão, ocorrida em 06.01.2021, do principal símbolo do poder político dos Estados Unidos.

A similaridade fática dos eventos se encerra na ocupação de símbolos de poder em nossa República. Nos Estados Unidos o ato ocorreu no exato dia da sessão que proclamaria a eleição de Joe Biden para a presidência daquele país e tinha por escopo impedir a tomada de tal decisão. Interrompida a sessão, que era presidida pelo vice-presidente do país, a audiência foi retomada no dia seguinte com a proclamação do novo presidente norte-americano. Tomado em outros termos, o ataque promovido efetivamente impediu o funcionamento regular do Congresso americano, o que, nos termos de nossa legislação, encontraria adequação típica no crime de abolição violenta do Estado Democrático de Direito (art. 359-L, CP). Por outro lado, os atos criminosos ocorridos em Brasília, em 08.01.2023, se deram em período de recesso legislativo e judiciário, portanto, não houve de forma imediata risco ao funcionamento de tais instituições. E quanto ao Palácio do Planalto, cumpre perquirir se a ação desenvolvida seria adequada para impedir o exercício do poder pelo Presidente da República, tendo em vista que ocorreu em pleno domingo, quando o mandatário maior não dá expediente ordinariamente ali. Não se deve olvidar que nesse mesmo dia foi decretada a intervenção federal na Segurança Pública do Distrito Federal por parte do Presidente da República (Decreto n. 11.377, de 08.01.2023, publicado no *Diário Oficial* na mesma data). Além disso, ministro do STF determinou diversas medidas judiciais, entre as quais o afastamento do governador daquela unidade da federação.

A reprovabilidade das manifestações que clamavam por intervenção militar e dos atos praticados, o financiamento de manifestantes para se dirigirem a Brasília para participação nos eventos e outras questões relacionadas a ações ou omissões criminosas, como parece claro, dependem de elementos probatórios próprios de uma investigação. Não podem, entretanto, retirar a serenidade e a técnica com que os fatos precisam ser apreciados. Destarte, é preciso refutar qualquer referência ao terrorismo na medida em que representaria maltrato ao princípio da legalidade (art. 5º, XXXIX, Constituição da República): "A importância do princípio da legalidade na nova arquitetura jurídica é primordial, para que o direito penal surja como modelo de coerência interna que ambiciona evitar qualquer tipo de contradições, ao ser construído sobre princípios fundamentais ancorados na racionalidade e num conjunto de princípios humanistas (VIVES ANTÓN). Este sistema é construído no curso do movimento de codificação e é em grande parte o herdeiro do Iluminismo".[233]

Assim, por mais repulsivos que sejam os atos praticados, eles não têm lugar naquilo que se compreende por terrorismo segundo a Lei n. 13.260/2016: "Art. 2º O terrorismo consiste na prática por um ou mais indivíduos dos atos previstos neste artigo, por razões de xenofobia, discriminação ou preconceito de raça, cor, etnia e religião, quando cometidos com a finalidade de provocar terror social ou generalizado, expondo a perigo pessoa, patrimônio, a paz pública ou a incolumidade pública". Falta claramente nas ações desenvolvidas qualquer uma das motivações específicas exigidas por lei.

Talvez aqui tenha lugar a serena crônica de Modesto Carvalhosa em *O Globo*, edição de 17.01.2023, em que faz interessante paralelo com o levante integralista de 11.05.1938: "Deve-se analisar a inescapável semelhança do 8 de janeiro com fatos de nossa História. E, em seguida, começar a refletir sobre o possível confronto entre o poder hegemônico hoje exercido pelo Supremo, sobrepondo-se às prerrogativas constitucionais do Poder Executivo. Precedente semelhante foi o levante integralista de 11 de maio de 1938, que culminou com o assalto dos camisas-verdes ao Palácio Guanabara, residência do Presidente da República, alta madrugada. Visavam a tomada do poder, com assassinato de Getúlio Vargas e a conclamação, pela Rádio Nacional, aos militares integralistas para que tomassem o comando de suas unidades e convergissem para a capital federal. O malogrado movimento insurrecional não contou com a liderança de Plínio Salgado,

233 ORTS BERENGUER, Enrique; GONZÁLEZ CUSSAC, José L. *Compendio de derecho penal*: Parte General. 8.ed. Valencia, Tirant lo Blanch, 2019, p. 92.

que, deprimido pela exclusão e perseguição aos integralistas pela ditadura Vargas, recolhera-se da política, num autoexílio, numa cidade do interior paulista. O líder da mal-ajambrada revolta era um simples tenente, Severo Fournier, coadjuvado por um obscuro ideólogo do movimento, Belmiro Valverde, cuja avançada tuberculose não o impediu de participar, cambaleante, da atabalhoada invasão ao palácio. Outra semelhança óbvia. O oficial comandante da guarda do palácio naquele dia era um simpatizante do movimento integralista, que, ao dispensar o contingente de guarda, permitiu a invasão do Palácio Guanabara pelos insurgentes, que aí permaneceram por algumas poucas horas, até que o ministro da Guerra, Eurico Gaspar Dutra, juntasse esquálidos 26 soldados amealhados no Forte do Leme para escorraçar os sublevados das instalações palacianas. A violenta repressão fico por conta do sinistro Filinto Müller, com as costas quentes de outra figura patética, o General Góis Monteiro, tudo com o efetivo respaldo do dissimulado e glacial ditador. Em ambos os assaltos às instalações do poder – o de agora e o de 1938 –, não houve uma organização plausível, a liderança da ação era insignificante e irrelevante, e as invasões foram facilitadas por agentes do Estado. Os danos políticos foram e são muito significativos nos dois eventos. O levante integralista resultou numa falsa legitimação do regime do Estado Novo, cuja propaganda ao estilo Goebels, a cargo do tenebroso Departamento de Imprensa e Propaganda (DIP), promoveu o getulismo, intenso culto da personalidade do Doutor Getúlio, apresentado como o grande pacificador da nação, o Pai dos Pobres, o condutor providencial do povo brasileiro. Essa imagem fabricada pelo DIP foi de tal ordem exitosa que o ex-ditador, recolhido em São Borja por cinco anos após sua deposição, voltou nos braços do povo em 1950. O fracassado assalto de um punhado de alucinados integralistas à sede do poder provocou prisões em massa de opositores (comunistas e integralistas) sem formação de culpa, jogados nos calabouços da ditadura como o da Ilha Grande, retratado por Graciliano Ramos. Na presente invasão, a repressão se funda na Lei 14.197, de 2021, que instituiu os crimes contra o Estado Democrático de Direito. Sua execução está a cargo do ministro Alexandre de Moraes, com respaldo do plenário do STF, que excede em muito as funções jurisdicionais outorgadas pela Constituição Federal à Corte Suprema".

Reconhecer a semelhança entre os fatos históricos e saber distinguir condutas penalmente relevantes dentro do quadro que devem ter lugar é, talvez, a mais difícil das tarefas em um ambiente político fortemente radicalizado. Dentro de tal quadro, o que se deve perquirir é o seguinte: tinham as condutas realizadas aptidão para, de fato, impedir o funcionamento dos Poderes constitucionais? Violência (contra pessoa) e grave ameaça foram exercidas de modo a impedir tal funcionamento? Eram aptas a tanto? Por outro lado, se no levante de 1938 havia um objetivo claro, o assassinato de Getúlio Vargas e deposição de seu governo, nos atos de 2023, há algumas nuances que merecem ponderação. A intenção de provocar um golpe de Estado parece clara em alguns dos manifestantes, em especial aqueles que participaram diretamente das depredações. O móvel da ação, em que pesem os meses de manifestação diante de quartéis do Exército, parecia ser o de provocar atos de vandalismo de modo a tirar da inércia as Forças Armadas na direção de encampar o pleito ilegítimo. Não obstante, é de bom alvitre ter em vista que, mesmo para a tentativa, não basta a intenção, é preciso o início de execução de uma ação apta à consecução do objetivo: "a mera existência de intenção de consumar o crime, sem início da execução do crime e sem perigo objetivo ao bem jurídico, não é fundamento suficiente para fundamentar a imposição de pena".[234] E não parece haver no fato qualquer levante por parte das Forças Armadas na direção de um golpe de Estado. A suposta omissão do Batalhão da Guarda Presidencial, questão a ser apreciada à vista das provas e dos requisitos para a omissão penalmente relevante (dever jurídico, perigo para o bem jurídico e ação apta à proteção do bem jurídico), se correlaciona com os delitos evidenciados nas depredações (dano qualificado, *v.g.*), mas não parece, de forma imediata, a indicar o compromisso das forças militares com um golpe de Estado. Rememore-se que, em 1938, a liderança de um tenente não foi suficiente para arrastar as Forças Armadas para um golpe que, pelo contrário, atuaram para debelar. Outrossim, apenas o tempo dirá dos elementos de

234 MUÑOZ CONDE, Francisco; GARCÍA ARÁN, Mercedes. *Derecho penal, Parte General.* 9.ed. Valencia: Tirant lo Blanch, 2015, p. 421.

prova existentes à comprovação de uma efetiva idoneidade das condutas perpetradas para deflagrar a realização do tipo penal. A existência, por exemplo, do envolvimento de altas autoridades militares no ajuste de tais ações pode indicar a idoneidade do movimento. Porém, no plano meramente teórico, a questão deve ser tomada hoje com as reservas que a prudência recomenda.

Questão ainda relevante diz respeito à possibilidade da presença de uma causa de justificação. Ao que parece não haveria espaço para cogitar de legítima defesa, estado de necessidade ou exercício regular de direito que possam autorizar a tentativa de abolição do Estado Democrático de Direito. Entretanto, no âmbito da exclusão de culpabilidade e tendo em conta a obediência hierárquica dentro de uma organização militar. É sabido que a ordem não manifestamente criminosa pode excluir a culpabilidade no âmbito da legislação penal militar (art. 38, § 2º, CPM). Dentro de tal quadro, pode surgir uma situação de fato em que não é evidente para os subordinados que a ordem é criminosa. Casos dessa natureza remeteriam à falta de consciência do ilícito a conformar uma exculpação.[235] No ordenamento português, aquele que atua para impedir um resultado não compreendido no tipo, como seria caso da abolição do Estado Democrático de Direito, se beneficia da exclusão da punição da tentativa pela regra da desistência: "Artigo 24º 1 – A tentativa deixa de ser punível quando o agente voluntariamente desistir de prosseguir na execução do crime, ou impedir a consumação, ou, não obstante a consumação, impedir a verificação do resultado não compreendido no tipo de crime".[236] Não existe tal previsão no ordenamento jurídico pátrio, portanto, a atuação depois da consumação do delito para evitar a materialização da abolição do modelo de Estado constitucional poderá configurar tão somente uma atenuante (art. 65, III, *b*, CP). Ademais, não se confunda o mero abandono da conduta criminosa posterior à relevante contribuição prestada com a efetiva atuação para impedir a materialização na abolição. O mero abandono não assume o significado jurídico de arrependimento.[237]

235 CAEIRO, P., op. cit., p. 190-1. No mesmo sentido, na doutrina brasileira: SOUZA, A. B. G.; JAPIASSÚ, C. E. A., op. cit., p. 295.

236 CAEIRO, P., op. cit., p. 192.

237 Ibidem.

Golpe de Estado

Art. 359-M. Tentar depor, por meio de violência ou grave ameaça, o governo legitimamente constituído:

Pena – reclusão, de 4 (quatro) a 12 (doze) anos, além da pena correspondente à violência.

Nomen juris e artigo acrescentados pela Lei n. 14.197, de 01.09.2021.

1. COMENTÁRIOS

1.1. Objetividade jurídica

O bem jurídico protegido no presente delito é o Estado Democrático de Direito, que é abalado com a derrubada de um governo legitimamente constituído,[238] ou seja, um governo escolhido segundo o princípio democrático e a soberania popular (art. 1º, I, CR).

Conforme supramencionado, o bem jurídico objeto de tutela no crime de Golpe de Estado é de *natureza universal*. Importa dizer, protege-se não somente as instituições democráticas brasileiras, mas, também, de outros países que, como o nosso, adotam similar modelo político-institucional (democracias constitucionais). Cite-se, por hipótese, que o primeiro-ministro alemão, em visita oficial ao Brasil, na cidade de Pomerode/SC, sofra um atentado que, na verdade, vem a ser o "estopim" de um deplorável complô arquitetado pelo grupo extremista *Reichsbürger* (Cidadãos do Reich), disposto a derrubar a democracia na Alemanha, para instituir um "governo imperial" sob a regência do Príncipe Heinrich XIII de Reuss, descendente de uma antiga família real do século XII. Nesse caso hipotético, indiscutivelmente, há o enquadramento penal do crime sob consideração.[239]

1.2. Sujeitos do crime

O sujeito ativo pode ser qualquer pessoa (crime comum). É interessante notar que a lei aprovada se distanciou do projeto de lei elaborado pela comissão constituída a partir da edição da Portaria n. 413, de 30.05.2000, do Ministro da Justiça, que previa o delito de golpe de Estado como um

238 No mesmo sentido: CUNHA, R. S.; SILVARES, R., op. cit., p. 136.

239 A propósito: https://oglobo.globo.com/mundo/noticia/2022/12/alemanha-prende-25-pessoas-de-grupo-de-extrema-direita-que-planejava-atacar-parlamento.ghtml. *Vide*, ainda: https://oglobo.globo.com/mundo/noticia/2022/12/militar-alemao-preso-por-complo-para-derrubar-governo-viveu-em-sc-e-tem-empresas no brasil.ghtml.

crime próprio: "Instituiu-se o crime de golpe de Estado, imputável a servidor público civil ou militar que tentar depor o governo constituído ou impedir o funcionamento das instituições constitucionais".[240] Em outros ordenamentos, como o espanhol, o delito de rebelião, que tem entre suas condutas retirar de suas prerrogativas (total ou parcialmente), o rei ou a rainha ou o regente, o crime consiste em um delito de convergência.[241] Exige-se o cometimento por mais de uma pessoa. No Brasil, embora o golpe de Estado seja, ordinariamente, promovido em concurso, a lei não impede que uma única pessoa o cometa. Assim, nada obsta, por exemplo, que uma única pessoa ameace o presidente e seu vice para que renunciem aos seus cargos visando promover a assunção, por exemplo, do presidente da Câmara dos Deputados (art. 80, CR), com o qual tem proximidade política. O sujeito passivo é o Estado e, mediatamente, a sociedade.[242]

1.3. Análise da(s) conduta(s) descrita(s) no tipo

O tipo penal do golpe de Estado é um desmembramento da conduta anteriormente prevista no Projeto de Lei que decorreu dos trabalhos da comissão instituída pela Portaria n. 413, de 30.05.2000, do Ministro da Justiça. A conduta descrita nesse projeto de lei abarcava o precedente delito de "Abolição violenta do Estado Democrático de Direito" e o presente crime: "**Golpe de Estado** Art. 366. Tentar, o funcionário público civil ou militar, depor o governo constituído ou impedir o funcionamento das instituições constitucionais: Pena – reclusão, de quatro a doze anos".[243]

Diante de tal fato, é compreensível a crítica da doutrina acerca da distinção das penas entre o delito de "Golpe de Estado" e o de "Abolição violenta do Estado Democrático de Direito".[244] Se ambos se estruturam sob a ideia de golpe de Estado, tanto que estavam reunidos sob a mesma rubrica, em projeto de lei anterior, qual seria a razão para um tratamento distinto quanto à Lei n. 14.197/2021? Não há maiores explicações. Talvez apenas a compreensão da própria conduta permita encontrar uma justificativa. A violência e a grave ameaça,[245] que antes foram dirigidas à abolição do Estado Democrático de Direito, aqui se movem para depor um governo legitimamente constituído. O tipo penal pune a tentativa de retirada do exercício das funções, por meio de violência ou coação moral, antes do fim do mandato popular, de um governo legitimamente constituído.[246] Nesse ponto, a incriminação encontra ressonância na previsão constitucional relativa à imprescritibilidade e inafiançabilidade da ação de grupos armados, civis ou militares, contra a ordem constitucional (art. 5º, LXIV).[247] O crime de "golpe de Estado" guardaria correspondência com algumas das figuras previstas no delito espanhol de rebelião.[248] A história espanhola, como a brasileira, registra inúmeros golpes de Estado, bem-sucedidos ou não.[249] "Historicamente, o crime de rebelião refere-se fundamentalmente a Golpe de Estado, tão frequente em nossa história, organizado e planejado por altos cargos militares com o acompanhamento de forças armadas e possibilidade, portanto, do confronto armado com as forças leais ao regime contra quem eles se rebelam; capaz, portanto, não só de modificar ou destruir o atual regime constitucional e substituí-lo por outro, mas mesmo para provocar uma guerra civil. Foi o caso, por exemplo, do Golpe de Estado de 18 de julho de 1936, planejado por altos oficiais militares contra o legítimo regime republicano que depois de ser derrotado em uma cruel guerra civil (1936/1939) foi suplantado por uma ditadura militar que governou a Espanha por quase quarenta anos. Já no estágio

240 BARROSO, L. R. "A superação da ideologia da segurança nacional e a tipificação dos crimes contra o Estado Democrático de Direito". *Revista de Estudos Criminais*, n. 34, v. 2, n. 9, p. 71-9, 2003.
241 MUÑOZ CONDE, F. *Derecho Penal*: Parte Especial, 2019, p. 721.
242 CUNHA, R. S.; SILVARES, R., op. cit., p. 136.
243 BARROSO, L. R., op. cit., n. 34, v. 2, n. 9, p. 71-9, 2003.
244 CUNHA, R. S.; SILVARES, R., op. cit., p. 136.
245 Para maiores considerações sobre a elementar violência e grave ameaça, ver comentários acerca de tais elementares na análise da conduta no delito de "Atentado à integridade nacional".
246 CUNHA, R. S.; SILVARES, R., op. cit., p. 136-7.
247 Ibidem, p. 135.
248 "Art. 472. São réus do delito de rebelião aqueles que se levantarem violenta e publicamente para qualquer um dos seguintes fins: [...] 2º **Retirar ou privar, no todo ou em parte, das prerrogativas e poderes do Rei ou da Rainha, do Regente ou dos membros da Regência**, ou obrigá-los a praticar ato contrário à sua vontade. [...] 6º **Substituir o Governo da Nação** ou o Conselho de Administração de uma Comunidade Autônoma por outro, ou usar ou exercer por si mesmo ou privar o Governo ou Conselho de Administração de uma Comunidade Autônoma, ou qualquer de seus membros de seus poderes, ou impedir ou restringir seu livre exercício, ou obrigar qualquer um deles a praticar atos contrários à sua vontade" – tradução livre, sem grifos no original.
249 Em 1955, uma tentativa de golpe foi impedida pelo General Henrique Teixeira Lott, Ministro da Guerra, garantindo a posse de Juscelino Kubitschek e João Goulart: TIBOLA, A. P. L., op. cit., p. 66.

democrático, houve outra tentativa de golpe em 23 de fevereiro de 1981, quando um grupo bastante grande de Guardas Civis sob o comando de um Tenente-Coronel ocupou o Congresso dos Deputados, sequestrando durante várias horas todos os Deputados e membros do Governo aí presentes, tudo isso perfeitamente planejado em relação aos altos cargos militares, que simultaneamente em outros lugares e cidades do país levaram tropas tanques às ruas para ocupar alguns centros políticos relevantes. Essa tentativa, muito semelhante à anterior de 18 de julho de 1936, não teve, no entanto, sucesso e alguns de seus principais perpetradores foram condenados pelo crime de rebelião a longas penas de prisão (ver STS de 22 de abril de 1983 e comentário sobre isso em Muñoz Conde, *Derecho Penal*: Parte Especial, 5ª ed., 1983)."[250]

A tutela penal que, no ordenamento espanhol, se dirige à defesa da Constituição,[251] no delito brasileiro, como previsto no artigo anterior, indica que a deposição do presidente, mais do que atentar contra sua pessoa, corrompe o modelo de Estado constitucional. Diversamente do que ocorre no ordenamento espanhol, em que o delito de rebelião pode ser praticado, por previsão expressa, contra os Poderes constituídos das Comunidades Autônomas, que têm autonomia legislativa e executiva, o golpe de Estado aqui se limita à deposição do Presidente da República. Concordamos com o entendimento de que o Estado indicado no *nomen juris* é aquele detentor de personalidade jurídica de direito internacional.[252] Tal fato parece justificado na medida em que a tentativa de deposição de Governadores ou sua efetiva destituição autorizam a intervenção federal no Estado (art. 34, IV, CR). Em outras palavras, a Constituição já possui mecanismos próprios para restabelecer a ordem constitucional com a restauração do governo legítimo naquele Estado. Diversamente, com a deposição do Presidente da República, inexiste mecanismo de solução para tamanha ilegalidade, que consiste em verdadeira afronta à própria Constituição.

250 MUÑOZ CONDE, F. *Derecho Penal*: Parte Especial, 2019, p. 719.
251 Ibidem, p. 721.
252 CUNHA, R. S.; SILVARES, R., op. cit., p. 137.

1.4. Elemento subjetivo

O crime é doloso, consistente na intenção de depor o governo constituído. Para um setor da doutrina, o delito só comporta dolo direto.[253]

1.5. Elemento normativo

O tipo dispõe de um elemento normativo do tipo, "governo legitimamente constituído". A compreensão do elemento remete à ideia de um governo legitimamente eleito nos termos da Constituição da República. É aquele instituído a partir do exercício da soberania popular (arts. 1º, parágrafo único, e 14 da Constituição da República). Consiste na deposição do Presidente da República.[254]

1.6. Consumação e tentativa

O delito se consuma com a tentativa de golpe, isto é, pelo uso dos meios executórios da violência e da grave ameaça (idôneos)[255] com o fim de depor o Presidente eleito ou quem lhe tenha substituído nos termos da constituição vigente. Portanto, não se cogita de punição autônoma da tentativa, que já representa a realização completa do delito (crime de atentado).[256]

1.7. Classificação

Trata-se de crime comissivo, eventualmente omissivo (quando o agente tem o dever de impedir a ocorrência do delito),[257] comum, doloso, formal (não se exige o alcance do resultado de deposição do Presidente da República)[258] e de perigo concreto (exigem-se atos idôneos).

2. JURISPRUDÊNCIA

2.1. Julgado

A soberania, dicotomizada em interna e externa, tem na primeira a exteriorização da vontade popular (art.

253 Ibidem, p. 136.
254 Ibidem, p. 137.
255 Tratando do delito de subversão da ordem política, exige a doutrina a prática de atos idôneos capazes de viabilizar o resultado visado: FERREIRA, C. L., op. cit., p. 175.
256 No mesmo sentido: CUNHA, R. S.; SILVARES, R., op. cit., p. 138.
257 O comandante militar que tem o dever de lealdade em relação ao Presidente da República e se omite diante da atuação de outros militares de mesma ou de inferior patente que atuam no sentido da deposição do chefe do Poder Executivo Federal.
258 No mesmo sentido, dispensando a abolição do Estado Democrático de Direito: CUNHA, R. S.; SILVARES, R., op. cit., p. 166.

14 da CRFB) através dos representantes do povo no parlamento e no governo. (STF, Rcl n. 11.243, rel. p/ o ac. Min. Luiz Fux, j. 08.06.2011, *DJe* de 05.10.2011)

3. OBSERVAÇÕES

A expressão *golpe* foi banalizada na história recente do Brasil, como que a designar um *golpe de Estado*, em razão do processo de afastamento da chefe do Executivo por meio de processo de *impeachment*. Entretanto, o afastamento de um presidente pelas vias constitucionalmente previstas não pode ser tomado juridicamente como um golpe de Estado. Soaria estranho que o manejo de um instrumento constitucional pudesse ser contrário à própria Constituição. De rigor, pressões e juízos de conteúdo político envolvem não apenas as relações entre parlamento e presidência como o próprio pronunciamento das casas legislativas no citado processo de afastamento. Se existe ilegalidade em tal processo, ela deve ser corrigida pela via adequada, recorrendo-se ao Poder Judiciário. Quando o golpe de Estado (ou a rebelião, na Espanha) não triunfa, restam apenas alegações de estado de necessidade ou de cumprimento de um dever (defesa da Constituição, por exemplo).[259] O sentido assumido em relação ao cumprimento de um dever não pode ser outro senão quando estamos diante de um Presidente da República que promove atos de violação frontal da Constituição. Sem essa compreensão, poder-se-ia atribuir às Forças Armadas um poder de deposição do Presidente que não encontra guarida no regime democrático vigente.[260] Assim, por exemplo, se o presidente se reúne com um setor das forças militares para a dissolução do Congresso Nacional, o que configuraria o delito do art. 359-L, pode ter contra si as Forças Armadas. Tais instituições poderiam, no cumprimento do dever constitucional de garantir o funcionamento dos demais Poderes, bem como a lei e a ordem, depor o presidente, e os envolvidos poderiam argumentar o estrito cumprimento do dever. Neste ponto remete-se à leitura dos comentários feitos no tópico "observações" do delito anterior acerca dos episódios ocorridos em Brasília, em 08.01.2023, quando manifestantes promoveram larga depredação de prédios do Congresso Nacional, do Palácio do Planalto e do STF.

259 MUÑOZ CONDE, Francisco. *Derecho penal*, Parte Especial. 22.ed. Valencia: Tirant lo Blanch, 2019, p. 722.
260 Em sentido próximo, recusando o papel de poder moderador às Forças Armadas: CUNHA, R. S.; SILVARES, R., op. cit., nota de rodapé 119, p. 166.

CAPÍTULO III
DOS CRIMES CONTRA O FUNCIONAMENTO DAS INSTITUIÇÕES DEMOCRÁTICAS NO PROCESSO ELEITORAL

Capítulo acrescentado pela Lei n. 14.197, de 01.09.2021.

Interrupção do processo eleitoral

Art. 359-N. Impedir ou perturbar a eleição ou a aferição de seu resultado, mediante violação indevida de mecanismos de segurança do sistema eletrônico de votação estabelecido pela Justiça Eleitoral:

Pena – reclusão, de 3 (três) a 6 (seis) anos, e multa.

Nomen juris e artigo acrescentados pela Lei n. 14.197, de 01.09.2021.

1. COMENTÁRIOS

1.1. Objetividade jurídica

O bem jurídico protegido é o funcionamento das instituições democráticas relacionadas ao processo eleitoral, como identifica o próprio capítulo. Para um setor da doutrina, tutela-se a intangibilidade do processo eleitoral.[261] Todavia, pensamos que é o funcionamento das instituições representativas da democracia o elemento de enlace com o delito de violência política. O delito em comento embaraça o processo por meio do qual ocorre a manifestação da soberania popular (eleição) e, também, a funcionalidade do sistema eletrônico utilizado em tal processo.

1.2. Sujeitos do crime

O sujeito ativo pode ser qualquer pessoa. O sujeito passivo é o Estado, o que alcança, como ocorre nos crimes contra a Administração Pública, a funcionalidade de órgãos da Justiça eleitoral durante as eleições. Para um setor da doutrina, a coletividade, inclusos os participantes do pleito, constitui sujeito passivo mediato.[262]

1.3. Análise da(s) conduta(s) descrita(s) no tipo

O tipo penal descreve duas ações, "Impedir ou perturbar a eleição" e "Impedir ou perturbar a aferição de seu resultado", e um móvel comum de realização de tais condutas, "mediante viola-

261 CUNHA, R. S.; SILVARES, R., op. cit., p. 141.
262 Ibidem, p. 141.

ção indevida de mecanismos de segurança do sistema eletrônico de votação". É preciso ter em vista que o tipo penal surge diante de um debate, ao menos em parte, importado da eleição norte-americana de 2020. Com um sistema eleitoral muito mais complexo, foram lançados questionamentos aos resultados eleitorais que criaram uma excitação no seio social, que explodiu com o discurso do candidato derrotado, em 06.01.2021, e culminou com a invasão do Congresso dos EUA no mesmo dia. O par de verbos típicos aparece em outra três incriminações (arts. 208, 209 e 260) e pode ser tomado nos seguintes termos: a) impedir significa evitar que comece ou que prossiga; e b) perturbar é desnormalizá-lo, quebrar-lhe a regularidade.[263] Significam a impossibilidade, a evitação (impedir) e a criação de embaraço ou dificuldades para a realização das eleições ou de sua apuração. No impedimento, a realização das eleições, isto é, do conjunto de atos necessários à colheita da manifestação popular, seu processamento, apuração e divulgação do resultado, fica impossibilitada.[264] Na perturbação, a realização, embora possível, sofre percalços como atrasos, interrupções, dificuldade em sua continuidade.

O objeto material do delito é o sistema eletrônico de votação, que corresponderia à urna eletrônica[265] ou qualquer outro sistema que possa ser institucionalizado pelo Tribunal Superior Eleitoral (voto pelo telefone celular, *v.g.*). A conduta, portanto, se dirige a burlar mecanismo de segurança, ao que remete a expedientes lógicos ou de funcionalidade do dispositivo (chave de acesso, criptografia, mecanismos de certificação, assinatura digital etc.),[266] mas não restam excluídos, como no crime de *invasão de dispositivo informático* (art. 154-A, CP), mecanismos mecânicos (portas, travas que liberem o funcionamento do mecanismo eletrônico).[267] Os fins visados são o de impedir a própria votação (eleição), ou dificultá-la, ou, ainda, se já realizada a eleição, a aferição do resultado. Assim, por exemplo, um candidato insatisfeito com os resultados da pesquisa de boca de urna que lhe dão por derrotado poderia, por meio de um *hacker*, valer-se de alguma tecnologia para, burlando o mecanismo de segurança, invadir a urna e invalidar todos os votos lançados.

1.4. Elemento subjetivo

O crime é doloso, admitindo-se, como no Direito comparado, tanto a forma direta como a eventual.[268]

1.5. Elemento normativo

O tipo contém um elemento normativo extrajurídico ("mecanismos de segurança do sistema eletrônico de votação"), cuja compreensão deve ser feita a partir de conhecimentos de informática, bem como da definição do mecanismo de votação (tecnologia escolhida) por parte da Justiça eleitoral.

1.6. Consumação e tentativa

O delito se consuma com o efetivo impedimento ou perturbação à eleição ou aferição de seu resultado (crime material). A tentativa é possível se, idôneo o meio executório, **não se chega aos resultados que consumam o delito.**[269]

1.7. Classificação

Trata-se de crime comissivo, eventualmente omissivo (quando o agente tem o dever de impedir a ocorrência do delito), comum, doloso e material.

2. OBSERVAÇÕES

O delito configura uma modalidade especial do crime de violação de dispositivo (art. 154-A, CP) e, segundo um setor da doutrina, não teria revogado o delito do art. 72 da Lei n. 9.504/97.[270] É válida a observação colhida na doutrina portuguesa para estabelecer a distinção dos delitos eleitorais para esse crime contra o Estado Democrático de Direito. Em Portugal, a distinção entre o delito de "perturbação de assembleia eleitoral" (art. 338º) e o delito de "Coacção de eleitor" (art. 340º), embora ambos sejam lá tratados como crimes eleitorais, está no fato de que "no art. 338º se procura tutelar o normal funcionamento do acto eleitoral, o bem

263 HUNGRIA, N.; LACERDA, R. C.; FRAGOSO, H. C. *Comentários ao Código Penal*, 1981, p. 61, v. VIII.

264 Sobre tal verbo, no delito de "Perturbação de assembleia eleitoral" do Código Penal de Portugal: SEIÇA, A. M. "Dos crimes eleitorais". In: DIAS, J. F. [Dir]. *Comentário Conimbrense do Código Penal*, Parte Especial, Tomo III, Artigos 308º A 386º, 2001, p. 298.

265 CUNHA, R. S.; SILVARES, R., op. cit., p. 141.

266 Ibidem, p. 142.

267 PRADO, L. R.; CARVALHO, É. M.; CARVALHO, G. M. *Curso de Direito Penal Brasileiro*, 2014, p. 864-5.

268 No direito português: SEIÇA, A. M., op. cit., p. 299.

269 Nesse sentido a doutrina comenta a consumação do delito do art. 208, que se vale dos mesmos verbos: HUNGRIA, N.; LACERDA, R. C. FRAGOSO, H. C. *Comentários ao Código Penal*, 1981, p. 64, v. VIII.

270 CUNHA, R. S.; SILVARES, R., op. cit., p. 142.

jurídico protegido no crime de coacção de eleitor é a liberdade de decisão do concreto eleitor".[271]

Art. 359-O. (*Vetado.*)

Artigo acrescentado pela Lei n. 14.197, de 01.09.2021.

Violência política

Art. 359-P. Restringir, impedir ou dificultar, com emprego de violência física, sexual ou psicológica, o exercício de direitos políticos a qualquer pessoa em razão de seu sexo, raça, cor, etnia, religião ou procedência nacional:

Pena – reclusão, de 3 (três) a 6 (seis) anos, e multa, além da pena correspondente à violência.

Nomen juris e artigo acrescentados pela Lei n. 14.197, de 01.09.2021.

1. COMENTÁRIOS

1.1. Objetividade jurídica

O bem jurídico tutelado é a liberdade no exercício dos direitos políticos, tal como expressa o capítulo onde está inserido o dispositivo relativo à soberania popular na Constituição (art. 14, *caput*, CR).

1.2. Sujeitos do crime

O crime é comum quanto ao sujeito ativo e próprio quanto ao sujeito passivo, pois só pode atingir pessoas que estejam no gozo de direitos políticos. O sujeito passivo pode ser eleitor, candidato ou detentor de mandato eletivo.[272]

1.3. Análise da(s) conduta(s) descrita(s) no tipo

As ações típicas são restringir, impedir ou dificultar. Como visto anteriormente, impedir significa impossibilitar o exercício de forma completa. Dificultar indica embaraçar e restringir aponta para uma limitação ao exercício. É a coação sobre o exercício dos direitos políticos em razão da orientação sexual, o que inclui todo tipo de orientação, raça, cor, etnia, religião ou procedência nacional. O delito é estruturado para alcançar todas as formas de violência que já eram objeto de compreensão, como a violência física, mas que não escapava da definição contida na Lei Maria da Penha para as demais (art. 7º, I, II, e III, Lei n. 11.340/2006): "Art. 7º São formas de violência doméstica e familiar contra a mulher, entre outras: I – a violência física, entendida como qualquer conduta que ofenda sua integridade ou saúde corporal; II – a violência psicológica, entendida como qualquer conduta que lhe cause dano emocional e diminuição da autoestima ou que lhe prejudique e perturbe o pleno desenvolvimento ou que vise degradar ou controlar suas ações, comportamentos, crenças e decisões, mediante ameaça, constrangimento, humilhação, manipulação, isolamento, vigilância constante, perseguição contumaz, insulto, chantagem, violação de sua intimidade, ridicularização, exploração e limitação do direito de ir e vir ou qualquer outro meio que lhe cause prejuízo à saúde psicológica e à autodeterminação; III – a violência sexual, entendida como qualquer conduta que a constranja a presenciar, a manter ou a participar de relação sexual não desejada, mediante intimidação, ameaça, coação ou uso da força; que a induza a comercializar ou a utilizar, de qualquer modo, a sua sexualidade, que a impeça de usar qualquer método contraceptivo ou que a force ao matrimônio, à gravidez, ao aborto ou à prostituição, mediante coação, chantagem, suborno ou manipulação; ou que limite ou anule o exercício de seus direitos sexuais e reprodutivos".

A lei parece reconhecer que as estruturas democráticas nem sempre favorecem a representatividade de determinados setores reputados mais vulneráveis. Busca, portanto, evitar que seja manejada uma dessas formas de violência para impedir o exercício daqueles direitos. O legislador não fez expressa a grave ameaça, não obstante, a definição de violência psicológica é de tal sorte ampla que ali encontramos o controle das ações mediante ameaça ou constrangimento. Um setor da doutrina aponta que o preconceito relativo à procedência nacional envolve o lugar de origem da pessoa (russo, português, americano venezuelano etc.).[273] Todavia, é preciso assentar que estrangeiros não gozam dos direitos políticos em relação ao processo eleitoral brasileiro segundo a vigente Constituição ("Art. 14. [...] *§ 2º Não podem alistar-se como eleitores os estrangeiros e, durante o período do serviço militar obrigatório, os conscritos.*"). Ao que parece, o legislador quis copiar a redação contida, por exemplo, na Lei do Racismo (art. 1º, Lei. n. 7.716/89) sem se atentar para tal limitação. O alcance da disposição segun-

271 SEIÇA, A. M. "Dos crimes eleitorais". In: DIAS, J. F. [Dir]. *Comentário Conimbrense do Código Penal*: Parte Especial, Tomo III, Artigos 308º A 386º, 2001, p. 304.

272 CUNHA, R. S.; SILVARES, R., op. cit., p. 154.

273 Ibidem, p. 157.

do a procedência interna no país (nordestino, mineiro, paulista, gaúcho, fluminense, carioca etc.) deve ser tomado dentro do tipo por guardar pertinência com a discriminação que poderia se manifestar no exercício dos direitos políticos.

1.4. Elemento subjetivo

O crime é doloso, e a vontade é dirigida a restringir, perturbar ou impedir o exercício dos direitos políticos.

1.5. Elemento normativo

O tipo apresenta como elementos normativos a "violência psicológica" e a "sexual", que estão definidas, conforme já descrito acima (1.3), na Lei Maria da Penha. Apresenta, ainda, como elemento normativo "direitos políticos", que são aqueles elencados no art. 14 da Constituição.

1.6. Consumação e tentativa

O delito se consuma quando ocorrer alguma restrição, embaraço ou o impedimento ao exercício dos direitos políticos. A tentativa é possível se, empregado o meio executório, não há tal periclitação dos citados direitos.

1.7. Classificação

Trata-se de crime comissivo, eventualmente omissivo (quando o agente tem o dever de impedir a ocorrência do delito), comum, doloso e material.

2. JURISPRUDÊNCIA

Os integrantes do grupo LGBTQIA+, como qualquer outra pessoa, nascem iguais em dignidade e direitos e possuem igual capacidade de autodeterminação quanto às suas escolhas pessoais em matéria afetiva e amorosa, especialmente no que concerne à sua vivência homoerótica. Ninguém, sob a égide de uma ordem democrática justa, pode ser privado de seus direitos (entre os quais o direito à busca da felicidade e o direito à igualdade de tratamento que a Constituição e as leis da República dispensam às pessoas em geral) ou sofrer qualquer restrição em sua esfera jurídica em razão de sua orientação sexual ou de sua identidade de gênero! Garantir aos integrantes do grupo LGBTQIA+ a posse da cidadania plena e o integral respeito tanto à sua condição como às suas escolhas pessoais pode significar, nestes tempos em que as liberdades fundamentais das pessoas sofrem ataques por parte de mentes sombrias e retrógradas, a diferença essencial entre civilização e barbárie: "As várias dimensões conceituais de racismo. O racismo, que não se resume a aspectos estritamente fenotípicos, constitui manifestação de poder que, ao buscar justificação na desigualdade, objetiva viabilizar a dominação do grupo majoritário sobre integrantes de grupos vulneráveis (como a comunidade LGBTI+), fazendo instaurar, mediante odiosa (e inaceitável) inferiorização, situação de injusta exclusão de ordem política e de natureza jurídico-social" (STF, ADO n. 26, Pleno, rel. Min. Celso Mello, *DJe* 06.10.2020).

Em caso similar, no qual o agente delitivo proferiu declarações preconceituosas relacionadas a judeus, negros e nordestinos, dirigindo-as a dois usuários de um fórum virtual do jornal Correioweb, a Suprema Corte decidiu pela competência da Justiça estadual (*HC* n.121.283/DF, rel. Min. Roberto Barroso, *DJ* 29.04.2014).

3. OBSERVAÇÕES

O delito em questão, conforme acertadamente o registrou a doutrina,[274] acabou por revogar o recente crime do art. 326-B do Código Eleitoral, que previa a violência política contra a mulher trazida pela Lei n. 14.192/2021. O crime guarda proximidade com o delito do art. 498 do Código Penal Espanhol,[275] quando tem como sujeito passivo um parlamentar, que está inserido entre os delitos contra as instituições do Estado e a divisão de Poderes.

Art. 359-Q. (*Vetado.*)

CAPÍTULO IV
DOS CRIMES CONTRA O FUNCIONAMENTO DOS SERVIÇOS ESSENCIAIS

Capítulo acrescentado pela Lei n. 14.197, de 01.09.2021.

Sabotagem

Art. 359-R. Destruir ou inutilizar meios de comunicação ao público, estabelecimentos, ins-

---

274 CUNHA, Rogério Sanches; SILVARES, Ricardo, p. 150-151.

275 "Art. 498. Quem usa de força, violência, intimidação ou ameaça grave para impedir a participação de deputado do Congresso dos Deputados, do Senado ou de Assembleia Legislativa da Comunidade Autônoma em suas reuniões, ou, pela mesma via, restringe a livre manifestação de suas opiniões ou a emissão do seu voto, será punido com pena de prisão de três a cinco anos" (tradução livre).

talações ou serviços destinados à defesa nacional, com o fim de abolir o Estado Democrático de Direito:

Pena – reclusão, de 2 (dois) a 8 (oito) anos.

Nomen juris e artigo acrescentados pela Lei n. 14.197, de 01.09.2021.

1. COMENTÁRIOS

1.1. Objetividade jurídica

O bem jurídico protegido é o próprio Estado Democrático de Direito, cuja abolição é objetivo do autor.

1.2. Sujeitos do crime

O sujeito ativo pode ser qualquer pessoa (crime comum), brasileiro ou estrangeiro, militar ou civil, inclusive os responsáveis pelos bens. O sujeito passivo é o Estado.[276] Para um setor da doutrina, atinge-se também, como sujeito passivo secundário, a sociedade.[277]

1.3. Análise da(s) conduta(s) descrita(s) no tipo

Ao estruturar o delito de sabotagem, em substituição ao anterior art. 15 da LSN, o legislador se utilizou, no *nomen juris*, de expressão que não era estranha ao Código Penal, a *sabotagem*. Ela consta expressamente da rubrica de um dos delitos contra a Organização do Trabalho para referir-se a uma das condutas descritas no art. 202, "Invasão de estabelecimento industrial, comercial ou agrícola. Sabotagem".[278] Na LSN, a descrição típica era objeto de crítica por suposta violação ao princípio da legalidade ("Art. 15. Praticar sabotagem contra instalações militares, meios de comunicações, meios e vias de transporte, estaleiros, portos, aeroportos, fábricas, usinas, barragem, depósitos e outras instalações congêneres").[279] Sabotagem é uma palavra de origem francesa que significa inutilizar, destruir, danificar os bens descritos na norma penal.[280] Em sua nova estrutura, o legislador, superando as críticas que lhe eram lançadas, optou por uma construção similar ao tipo penal do art. 202. Embora neste o tipo penal se valha do verbo "danificar", como parece claro, o sentido não destoa de "destruir" ou "inutilizar", constantes do delito contra o Estado Democrático de Direito: "Danificar é destruir, estragar, inutilizar, total ou parcialmente, coisas móveis ou imóveis. O objeto da danificação tanto pode ser um estabelecimento quanto as coisas nele existentes".[281] O delito de *sabotagem* guarda alguma proximidade com o crime de interrupção ou perturbação de serviço ou meio de comunicação do Código Penal Militar (art. 288).[282] Entretanto, com ele não se confunde, por se tratar de uma conduta que afeta exclusivamente a funcionalidade da atividade das organizações militares. Falta aqui a intenção de fazer abolir o Estado Democrático de Direito. O tipo em questão guarda, ainda, proximidade com a sabotagem que se apresenta no contexto do delito de terrorismo (art. 2º, § 1º, IV, Lei n. 13.260/2016),[283] mas com ele, igualmente, não se confunde. O tipo penal do terrorismo exige violência, grave ameaça, elementares não presentes no tipo penal em comento. Porém, dada a admissão da utilização de *hackers* e a dispensa de força bruta,[284] o ataque cibernético pode ser o móvel para a inutilização ou destruição do meio de comunicação. Aqui sobressai o elemento subjetivo que empolga cada uma das condutas. No delito contra a organização do trabalho, o especial fim de agir é "intuito de embaraçar o curso normal do trabalho". No delito de delito de terroris-

276 No mesmo sentido, acerca do delito similar na Lei n. 6.620/78: FERREIRA, C. L., op. cit., p. 153.

277 CUNHA, R. S.; SILVARES, R., op. cit., p. 164.

278 "Art. 202. Invadir ou ocupar estabelecimento industrial, comercial ou agrícola, com o intuito de impedir ou embaraçar o curso normal do trabalho, ou **com o mesmo fim danificar o estabelecimento ou as coisas nele existentes ou delas dispor**" (sem grifos no original).

279 CUNHA, R. S.; SILVARES, R., op. cit., p. 164.

280 FERREIRA, C. L., op. cit., p. 154.

281 HUNGRIA, N.; LACERDA, R. C.; FRAGOSO, H. C. *Comentários ao Código Penal, 1981*, p. 39, v. VIII.

282 "Art. 288. Interromper, perturbar ou dificultar serviço telegráfico, telefônico, telemétrico, de televisão, telepercepção, sinalização, ou outro meio de comunicação militar; ou impedir ou dificultar a sua instalação em lugar sujeito à administração militar, ou desde que para esta seja de interesse qualquer daqueles serviços ou meios."

283 "Art. 2º O terrorismo consiste na prática por um ou mais indivíduos dos atos previstos neste artigo, por razões de xenofobia, discriminação ou preconceito de raça, cor, etnia e religião, quando cometidos com a finalidade de provocar terror social ou generalizado, expondo a perigo pessoa, patrimônio, a paz pública ou a incolumidade pública. § 1º São atos de terrorismo: [...] IV – sabotar o funcionamento ou apoderar-se, com violência, grave ameaça a pessoa ou servindo-se de mecanismos cibernéticos, do controle total ou parcial, ainda que de modo temporário, de meio de comunicação ou de transporte, de portos, aeroportos, estações ferroviárias ou rodoviárias, hospitais, casas de saúde, escolas, estádios esportivos, instalações públicas ou locais onde funcionem serviços públicos essenciais, instalações de geração ou transmissão de energia, instalações militares, instalações de exploração, refino e processamento de petróleo e gás e instituições bancárias e sua rede de atendimento".

284 CUNHA, R. S.; SILVARES, R., op. cit., p. 165.

mo, exige-se uma dupla motivação subjetiva, ter sido a ação cometida por razões de "xenofobia, discriminação ou preconceito de raça, cor, etnia e religião" e com "a finalidade de provocar terror social ou generalizado".[285] O terrorista tem por objetivo atemorizar o povo e seus governantes.[286] No delito contra o Estado Democrático de Direito, a finalidade que empolga a conduta é a de abolir o Estado Democrático de Direito. Ausente qualquer dessas finalidades especiais, restaria configurado o delito de dano (art. 163, CP) ou, alternativamente, algum delito de perigo comum, por exemplo, os delitos de incêndio ou de explosão (arts. 250 e 251, CP).

Apesar do avanço, o novo tipo penal não foi tão preciso quanto aquele manejado pelo legislador português. Frente ao tipo, pode surgir dúvida no enquadramento típico da momentânea inutilização do meio de comunicação ou dos serviços destinados à defesa nacional, o que não existe em relação ao delito do art. 329º do Código lusitano ("Quem destruir, impossibilitar o funcionamento ou desviar dos seus fins normais, definitiva ou temporariamente, total ou parcialmente, meios ou vias de comunicação, instalações de serviços públicos ou destinadas ao abastecimento e satisfação de necessidades vitais da população, infraestruturas de relevante valor para a economia, a segurança ou a defesa nacional, com intenção de destruir, alterar ou subverter o Estado de direito constitucionalmente estabelecido, é punido com pena de prisão de três a dez anos"). A referência à inutilização temporária como digna de afetação ao bem jurídico é relevante, pois invoca interpretação do tipo penal brasileiro de que a inutilização tem o sentido de paralisar, de fazer cessar a funcionalidade, de deixar de ser útil. E tal ocorre tanto quando há uma inutilização definitiva, o que tem abrigo no verbo *destruir*, como na hipótese de paralisação do funcionamento ou inutilização momentânea. Ao cuidar da expressão "impossibilitar o funcionamento", a doutrina portuguesa esclarece a questão: "Nessa modalidade de acção, não está já em causa o aniquilamento da instalação mas antes a diminuição de sua operacionalidade de forma tal que torne impossível o seu funcionamento. Incluem-se nesta modalidade, *v.g.*, o bloqueio de estradas e pontes, a difusão de vírus informáticos que paralise os serviços de telecomunicações".[287]

Tal fato não dispensará, para o reconhecimento da ofensividade da conduta, que se trate de um meio de comunicação ou de uma instalação que tenha, no momento da conduta, efetivo e relevante uso. A explosão de uma antena de telefonia já defasada e que está em reduzidíssimo uso diante da substituição por antenas e sistemas mais modernos de telecomunicações não revelará tipicidade neste artigo. Ademais, ainda que admitida essa interrupção temporária na funcionalidade como inserida, como defendido, no contexto da inutilização, exige seriedade do ataque e lapso de tempo relevante da interrupção.

1.4. Elemento subjetivo

O crime é doloso e possui um elemento subjetivo especial (dolo específico), a finalidade de abolir o Estado Democrático de Direito.[288] Segundo Caeiro, tratando da finalidade de "destruir, alterar ou subverter", presente no delito correlato do Código Penal português, que seria a correspondente a "abolir o Estado Democrático de Direito", trata-se de uma intenção específica além do dolo.[289]

1.5. Elemento normativo

O tipo penal possui três elementos normativos do tipo: "meios de comunicação ao público", "estabelecimentos, instalações ou serviços destinados à defesa nacional" e "Estado Democrático de Direito". A expressão "meios de comunicação ao público", primeiro elemento normativo do tipo, guarda identidade, ao menos em parte, com a expressão "meio de comunicação militar", contida no art. 288 do Código Penal Militar.[290] Entende-se por meios de comunicação o desempenho de atividades ligadas aos sistemas de transmissão de mensagens por envio de sinais (telégrafo), transmissão da palavra falada (telecomunicações), transmissão de dados à distância (telemetria), de transmissão de imagem e som, por ondas eletro-

285 No mesmo sentido, sobre o delito de terrorismo: JÚNIOR, J. P. B.; GONÇALVES, V. E. R.; LENZA, P. *Legislação penal especial esquematizada*, 2020, p. 353.

286 FERREIRA, C. L., op. cit., p. 153.

287 CAEIRO, P., op. cit., p. 236.

288 No mesmo sentido: CUNHA, R. S.; SILVARES, R., op. cit., p. 165-6.

289 CAEIRO, P., op. cit., p. 236.

290 "Art. 288. Interromper, perturbar ou dificultar serviço telegráfico, telefônico, telemétrico, de televisão, telepercepção, sinalização, ou outro meio de comunicação militar; ou impedir ou dificultar a sua instalação em lugar sujeito à administração militar, ou desde que para esta seja de interesse qualquer daqueles serviços ou meios" (sem grifos no original).

magnéticas ou via cabo (televisão), entre outros.[291,292] Meios de comunicação são os instrumentos, mecanismos ou sistemas que permitem a transmissão da informação: "nas palavras de Faria Costa, *Direito Penal da Comunicação*, 1998, 87, os 'elos de ligação pelos quais corre o fluxo informacional que permite o acto comunicacional'".[293] Como parece intuitivo, alcança a locução o serviço dos correios e, também, a imprensa escrita, tanto em sua produção como em sua distribuição, e a radiodifusão. Com a inclusão de todos esses serviços concorda parte da doutrina, invocando o art. 220 da Constituição da República, mas acrescenta, também, meios de comunicação (digitais) que se utilizam da internet e que podem ser alvo de *hackers*.[294] O segundo elemento normativo do tipo "estabelecimentos, instalações ou serviços destinados à defesa nacional" diria respeito aos objetos de que se utilizam as Forças Armadas para a proteção do país frente a forças estrangeiras.[295] É todo equipamento ou serviço para o cumprimento da destinação constitucional de tais Forças (art. 142, CR).[296] Por "Estado Democrático de Direito" deve-se compreender o modelo de Estado constitucional, aquele estabelecido na Constituição, mas, de forma especial, do art. 1º da Constituição da República.

1.6. Consumação e tentativa

O delito se consuma com a ocorrência de destruição ou inutilização, no caso desta, ainda que temporária, dos meios de comunicação. Em outras palavras, consuma-se com a destruição dos objetos da ação, ainda que não alcançado o objetivo que empolga a conduta, a abolição do Estado Democrático de Direito (delito de resultado cortado). A tentativa é admissível sempre que a destruição ou a inutilização não se verifiquem, mas o agente se valha de meios idôneos para tanto (explosivos em quantidade suficiente para a explosão, *v.g.*).

1.7. Classificação

Trata-se de crime comissivo, eventualmente omissivo (quando o agente tem o dever de impedir a ocorrência do delito),[297] comum, doloso, formal (não se exige o alcance do resultado de abolição do Estado Democrático de Direito)[298] e de perigo concreto.

2. OBSERVAÇÕES

Um dos problemas que se apresentam em sede do delito de sabotagem é a discussão, em especial diante da ausência de violência ou grave ameaça a pessoa, de possível causa de justificação que estaria amparada em credenciais constitucionais, por exemplo, o direito de greve.[299] O funcionário de uma empresa de vigilância que tem o dever de velar pela segurança de um prédio onde se encontra um equipamento imprescindível para a funcionalidade de determinado meio de comunicação (telefonia ou internet). Se tal funcionário se furta em adotar as providências para impedir a entrada de um único sabotador sob a alegação de que a categoria entrou em greve, poderia alegar exercício regular de um direito? Como afirma a doutrina portuguesa, os direitos e liberdades fundamentais em si mesmos considerados encontram seu limite imanente sempre que preencham um tipo legal de crime.[300] Todavia, a própria necessidade de um elemento subjetivo especial já esvazia em grande medida a discussão. Não se poderia admitir o exercício de um direito outorgado por um Estado que, no caso concreto, importe na garantia do exercício que conduz à própria destruição daquele Estado.[301] Por outro lado, se instalado um Estado totalitário e o agente se põe a realizar a conduta típica com vistas ao restabelecimento da ordem vigente, mas desconsiderada, o fato é atípico. Carece de adequação típica diante da provável ocorrência anterior de um golpe de Estado. O confronto com o anterior delito de sabotagem (art. 15, LSN)

291 Nesse sentido, em relação ao delito militar: NUCCI, G. S. *Código Penal Militar* comentado, 2014, p. 660.

292 Tratando do delito de sabotagem na Lei n. 6.620/78, assim discorria a doutrina: "Como meios de comunicação entende-se qualquer um capaz de transmitir o pensamento de uma pessoa a outra, através de palavras, imagens, som, sinais, etc." (FERREIRA, C. L., op. cit., p. 156).

293 CAEIRO, P., op. cit., p. 232.

294 CUNHA, R. S.; SILVARES, R., op. cit., p. 165.

295 Ibidem.

296 FERREIRA, C. L., op. cit., p. 156.

297 O guarda militar de uma instalação que deixa os sabotadores agirem sem qualquer obstáculo incorreria em responsabilidade por omissão imprópria por descumprir seu dever legal de vigilância.

298 No mesmo sentido, dispensando a abolição do Estado Democrático de Direito: CUNHA, R. S.; SILVARES, R., op. cit., p. 166.

299 CAEIRO, P., op. cit., p. 236.

300 Ibidem, p. 236-7.

301 Ibidem, p. 237.

aponta para uma continuidade típico-normativa reduzida no âmbito do art. 359-R. Como descrito acima, as condutas descritas na LSN deveriam estar permeadas pelo especial fim de motivação política. Entretanto, o confronto com o delito revogado aponta para o fato de que o ataque a determinados objetos materiais não subsiste mais como crime contra o Estado Democrático de Direito ("meios e vias de transporte, estaleiros, portos, aeroportos, fábricas, usinas, barragem, depósitos e outras instalações congêneres"). Nesses casos, bem como no caso dos resultados lesão grave ou morte, previstos no § 1º do tipo penal revogado, a eventual motivação política torna-se irrelevante, podendo, entretanto, a tipicidade se deslocar para outros delitos da legislação penal comum, especial ou militar.[302]

CAPÍTULO V

Capítulo acrescentado pela Lei n. 14.197, de 01.09.2021.
(*Vetado.*)

CAPÍTULO VI
DISPOSIÇÕES COMUNS

Capítulo acrescentado pela Lei n. 14.197, de 01.09.2021.

Art. 359-T. Não constitui crime previsto neste Título a manifestação crítica aos poderes constitucionais nem a atividade jornalística ou a reivindicação de direitos e garantias constitucionais por meio de passeatas, de reuniões, de greves, de aglomerações ou de qualquer outra forma de manifestação política com propósitos sociais.

Artigo acrescentado pela Lei n. 14.197, de 01.09.2021.

---

1. COMENTÁRIOS

O dispositivo em comento declina algo que é de todo evidente, que o exercício adequado de determinados direitos outorgados ou reconhecidos pela Constituição não podem constituir delito contra o Estado Democrático de Direito.[303] Como é evidente, todo exercício da liberdade possui limites imanentes ao modelo constitucional adotado pela Carta Política e que agora se vê tutelado nos crimes descritos dentro do mesmo Título. Manifestações de cunho político, reivindicatório, greves, atividade jornalística, entre outras mencionadas, não podem ser reputadas criminosas. Entretanto, não se deve olvidar que a própria liberdade de imprensa pode ser constrangida, nos termos de legislação pertinente, diante do Estado de Sítio (art. 139, III, CR). Por outro lado, da interpretação dos dispositivos constitucionais relativos ao direito de greve se extrai a impossibilidade de greve das carreiras policiais,[304] portanto, nesse caso, não incidiria a exclusão constante do dispositivo.

Quanto à natureza do dispositivo, segundo um setor da doutrina,[305] duas possibilidades interpretativas se apresentam, a da ausência de dolo (excludente de tipicidade) dirigido à prática de atos contra o Estado Democrático ou de estarmos diante de um exercício regular de direito (excludente de ilicitude). Após aventar as duas possibilidades, Cunha e Silvares[306] se inclinam pela tese da excludente de tipicidade. O dispositivo em comento apresenta estrutura semelhante à norma prevista no delito de violação de domicílio (art. 150, § 3º, CP),[307] que se utiliza da expressão "não constitui crime". Tomemos por empréstimo, ante a similaridade das disposições, a discussão ali presente. Autores como Nucci[308] e Prado[309] sustentam que estamos diante de uma causa de exclusão da ilicitude, por se tratar de conduta autorizada, portanto, típica, mas lícita, conforme a própria Constituição. Em sentido diverso, para Galvão,[310] as situações previstas na Constituição são impeditivas de uma imputação objetiva do delito de violação de domicílio. Não haveria tipicidade quando o comportamento é formalmente reconhecido como legítimo e adequado na própria Constituição.

Em nossa compreensão, poder-se-ia agregar aqui a leitura significativa do comportamento. As

302 A doutrina indica a desclassificação para os arts. 121, 129, 163, parágrafo único, III, 260, 261 e 265 do CP, para o art. 70 do Código Brasileiro de Telecomunicações, ou, finalmente, para os arts. 263 e 264 do CPM. Nesse sentido: CUNHA, R. S.; SILVARES, R., op. cit., p. 168-9.

303 No mesmo sentido, sustentando que o dispositivo anuncia o óbvio: CUNHA, R. S.; SILVARES, R., op. cit., p. 176.

304 STF, ARE n. 654.432, Pleno, rel. Min. Edson Fachin, j. 05.04.2017, *DJe* 08.06.2018.

305 CUNHA, R. S.; SILVARES, R., op. cit., p. 176-7.

306 Ibidem, p. 177.

307 "Art. 150. [...] § 3º Não constitui crime a entrada ou permanência em casa alheia ou em suas dependências: I – durante o dia, com observância das formalidades legais, para efetuar prisão ou outra diligência; II – a qualquer hora do dia ou da noite, quando algum crime está sendo ali praticado ou na iminência de o ser."

308 NUCCI, G. S. *Código Penal comentado*, 2017, p. 533.

309 PRADO, L. R.; CARVALHO, E. M.; CARVALHO, G. M. *Curso de direito penal brasileiro*, 2014, p. 834-5.

310 GALVÃO, F., op. cit., p. 832-3.

ações humanas devem ser compreendidas dentro de seu significado e não simplesmente a partir da interpretação literal de dispositivos. Destarte, o comportamento penalmente relevante há de ser compreendido segundo seu significado e não simplesmente descrito. Fatos da vida podem ser explicados por múltiplas leis (física, química, matemática, biologia etc.), porém, ações humanas devem ser interpretadas de acordo com as regras ou regulamentos.[311] E se a Constituição reconhece todos aqueles direitos ali elencados, não pode seu exercício ser interpretado como criminoso. Tal interpretação retira o significado de uma ação dirigida à afetação do Estado Democrático de Direito. Em outras palavras, não autoriza que se extraia da interpretação da conduta um elemento subjetivo necessário à configuração daqueles ataques ao Estado Democrático de Direito. O eventual excesso que surja desprovido do contexto examinado (tutela do modelo de Estado) pode se resolver no âmbito de outros crimes (dano, lesão corporal, homicídio, *v.g.*). Trata-se, portanto, segundo pensamos, de causa de exclusão da tipicidade.

2. JURISPRUDÊNCIA

2.1. Julgado

Greve e carreiras policiais (impossibilidade)

Constitucional. Garantia da segurança interna, ordem pública e paz social. Interpretação teleológica do art. 9º, § 1º, art. 37, VII, e art. 144 da CF. Vedação absoluta ao exercício do direito de *greve* aos servidores públicos integrantes das carreiras de segurança pública. 1. A atividade *policial* é carreira de Estado imprescindível à manutenção da normalidade democrática, sendo impossível sua complementação ou substituição pela atividade privada. A carreira *policial* é o braço armado do Estado, responsável pela garantia da segurança interna, ordem pública e paz social. E o Estado não faz *greve*. O Estado em *greve* é anárquico. A Constituição Federal não permite. 2. Aparente colisão de direitos. Prevalência do interesse público e social na manutenção da segurança interna, da ordem pública e da paz social sobre o interesse individual de determinada categoria de servidores públicos. *Impossibilidade* absoluta do exercício do direito de *greve* às carreiras *policiais*. Interpretação teleológica do texto constitucional, em especial dos arts. 9º, § 1º, 37, VII e 144. 3. Recurso provido, com afirmação de tese de repercussão geral: "1 – O exercício do direito de greve, sob qualquer forma ou modalidade, é vedado aos policiais civis e a todos os servidores públicos que atuem diretamente na área de segurança pública. [...] (STF, ARE n. 654.432, Pleno, rel. Edson Fachin, j. 05.04.2017, *DJe* 11.06.2018)

Art. 359-U. (*Vetado.*)

Artigo acrescentado pela Lei n. 14.197, de 01.09.2021.

DISPOSIÇÕES FINAIS

Art. 360. Ressalvada a legislação especial sobre os crimes contra a existência, a segurança e a integridade do Estado e contra a guarda e o emprego da economia popular, os crimes de imprensa e os de falência, os de responsabilidade do Presidente da República e dos Governadores ou Interventores, e os crimes militares, revogam-se as disposições em contrário.

---

1. COMENTÁRIO

As normas gerais previstas na Parte Geral deste Código aplicam-se às demais legislações penais (leis especiais) previstas em nosso ordenamento, ressalvando-se, obviamente, normas específicas elencadas em tais diplomas, as quais derrogam àquelas (*lex especialis derrogar lex generelli*).

Art. 361. Este Código entrará em vigor no dia 1º de janeiro de 1942.

---

1. COMENTÁRIO

O legislador definiu a *vacatio legis* de um ano, após a publicação, para o Código iniciar sua vigência, esclarecendo, contudo, que as alterações promovidas com o advento da Lei n. 7.209/84, a qual reformou a Parte Geral do atual CP, começaram a viger seis meses após sua publicação, ocorrida em 13 de julho de 1984.

Rio de Janeiro, 07 de dezembro de 1940;
119º da Independência e 52º da República.

GETÚLIO VARGAS

---

311 ORTS BERENGUER, E.; GONZÁLEZ CUSSAC, J. L. *Compendio de derecho penal*: Parte General, 2019, p. 207.

ÍNDICE ALFABÉTICO-REMISSIVO DO CÓDIGO PENAL

REFERÊNCIAS BIBLIOGRÁFICAS

ABADE, Denise Neves. *Direitos fundamentais na cooperação jurídica internacional*: extradição, assistência jurídica, execução de sentença estrangeira e transferência de presos. São Paulo, Saraiva, 2013.

ABBAGNANO, Nicola. *Dicionário de filosofia*. São Paulo, Martins Fontes, 2003.

ALEXANDRINO, Marcelo; PAULO, Vicente. *Direito administrativo*. 11.ed. Rio de Janeiro, Impetus, 2006.

ALEXY, Robert. *Teoria de los derechos fundamentales*. Madrid, Centro de Estúdios Constitucionales, 1993.

AMARAL, Cláudio do Prado. *Despenalização pela reparação do dano*: a terceira via. Leme, J.H. Mizuno, 2005.

ANDREUCCI, Ricardo Antonio. *Manual de direito penal*. 7.ed. São Paulo, Saraiva, 2011.

__________. *Manual de direito penal*. 6.ed. São Paulo, Saraiva, 2010.

ANTOLISEI, Francisco. *Manual de derecho penal*: Parte General. 8.ed. Bogotá, Temis, 1988.

__________. *Manuale de diritto penale*: Parte Generali, 1952.

ANTUNES, Flavio Augusto. "Arma de brinquedo e o seu reflexo penal de acordo com o novo Estatuto do Desarmamento". In: *Boletim IBCCrim*. São Paulo, IBCCrim, ano 12, n. 145, p. 12-3, abr. 2005.

ARAS, Vladimir. "A investigação criminal na nova Lei de Lavagem de Dinheiro". In: *Boletim IBCCrim*. São Paulo, IBCCrim, ano 20, n. 237, p. 5-7, ago. 2012.

ARAÚJO JÚNIOR, José Ribamar Vieira de. "A nacionalização do trabalho na CLT e a nova ordem econômica mundial: aspectos constitucionais da exigência da proporcionalidade de empregados brasileiros". Disponível em: http://dspace.idp.edu.br:8080/xmlui/handle/123456789/211; acesso em: 28.12.2012.

ARGENTINA. *Código Penal*. Buenos Aires, Zavalía, 2003.

ASSIS TOLEDO, Francisco de. *Do erro no direito penal*. São Paulo, Saraiva, 1977.

__________. *Princípios básicos de direito penal*. 5.ed. São Paulo, Saraiva, 1994.

ASÚA, Luis Jiménez de. *Principios de derecho penal*: la ley y el delito. Buenos Aires, Abeledo-Perrot, 1997.

__________. *Tratado de derecho penal*: el delito. Buenos Aires, Editorial Losada, 1965, v. III.

ÁVILA, Thiago André Pierobom de. "O art. 94 do Estatuto do Idoso e a aplicação do procedimento da Lei n. 9.099/95". *Jus Navigandi*, Teresina, ano 9, n. 441, 21.09.2004. Disponível em: http://jus.com.br/revista/texto/5728; acesso em: 05.01.2013.

BACIGALUPO, Enrique. *Direito penal*: Parte Geral. Trad. André Estefam. Revisão, prólogo e notas de Edilson Mougenot Bonfim. São Paulo, Malheiros, 2005.

__________. *Principios de derecho penal*: Parte General. 5.ed. Madrid, Akal, 1998.

BADARÓ, Gustavo Henrique; BOTTINI, Pierpaolo Cruz. *Lavagem de dinheiro*: aspectos penais e processuais penais: comentários à Lei 9.613/1998, com alterações da Lei 12.683/2012. São Paulo, RT, 2012.

BALTAZAR JÚNIOR, José Paulo. *Crimes federais*. 7.ed. Porto Alegre, Livraria do Advogado, 2011.

__________; GONÇALVES, Victor Eduardo Rios; LENZA, Pedro. Legislação penal especial esquematizada. 6.ed. São Paulo, Saraiva, 2020.

BARBOSA, Telles. *A tentativa em face do novo Código Penal*. 5.ed. São Paulo, Saraiva, 1946.

BARRETO, Tobias. "Fundamentos do direito de punir". *Estudos de Direito*. Brasília, Senado Federal, 2004.

BARROS, Flávio Augusto Monteiro de. *Direito penal*: Parte Geral. São Paulo, Saraiva, 2008, v. 1.

__________. *Direito penal*: Parte Geral. 9.ed. São Paulo, Saraiva, 2011, v. 1.

BARROS MONTEIRO, Washington de. *Curso de direito civil*. São Paulo, Saraiva, 1978, v. 2.

BARROSO, Luís Roberto. "A superação da ideologia da segurança nacional e a tipificação dos crimes contra o Estado Democrático de Direito". *Revista de Estudos Criminais*, n. 34, v. 2, n. 9, 2003.

BASTOS, Celso Ribeiro. *Curso de direito administrativo*. São Paulo, Saraiva, 1994.

__________. *Curso de direito constitucional*. São Paulo, Saraiva, 2002.

BATISTA, Nilo. *Concurso de agentes*. Rio de Janeiro, Liber Juris, 1979.

__________. *Introdução crítica ao direito penal brasileiro*. 8.ed. Rio de Janeiro, Revan, 2006.

__________. *Lições de direito penal falimentar*. Rio de Janeiro, Revan, 2006.

BATISTA, Weber Martins. *O furto e o roubo no direito e no processo penal*. Rio de Janeiro, Forense, 1995.

BATTAGLINI, Giulio. *Direito penal*: Parte Geral. Trad. Paulo José da Costa Jr. e Ada Pellegrini Grinover, com notas de Euclides Custódio da Silveira. São Paulo, Saraiva, 1964.

BAUMAN, Zygmunt. *Modernidade líquida*. Trad. Plínio Dentzien. Rio de Janeiro, Jorge Zahar, 2001.

BECCARIA, Cesare. *Dos delitos e das penas*. Trad. Torrieri Guimarães. São Paulo, Hemus, 1983.

BENTO DE FARIA, Antônio. *Código Penal brasileiro comentado*: Parte Especial. Rio de Janeiro, Record, 1959, 7 v.

BERNARDES, Fátima Carolina Pinto. "Dignidade da pessoa humana". *Revista dos Tribunais*. São Paulo, jul. 2006, n. 849, p. 727-35.

BETTIOL, Giuseppe. *Direito penal*. 8.ed. italiana. 2.ed. brasileira. Trad. Paulo José da Costa Jr. e Alberto Silva Franco. São Paulo, RT, 1977, v. I.

__________. *Diritto penale*. 1950.

BITENCOURT, Cezar Roberto. "A inconstitucionalidade da nova tipificação do crime de 'sequestro relâmpago'". In: *Revista Brasileira de Ciências Criminais*. São Paulo, IBCCrim/RT, ano 18, n. 82, p. 7-23, jan./fev. 2010.

__________. *Código Penal comentado*. 10.ed. Rio de Janeiro, Saraiva Jur, 2019.

__________. *Código Penal comentado*. 3.ed. São Paulo, Saraiva, 2005.

__________. *Código Penal comentado*. São Paulo, Saraiva, 2002.

__________. *Lições de direito penal*. Porto Alegre, Livraria Editora Acadêmica, 1993.

__________. *Manual de direito penal*: Parte Geral, v. 1. 6.ed. rev. e atual. pelas Leis ns. 9.099/95, 9.268/96, 9.271/96, 9.455/97 e 9.714/98, do livro *Lições de direito penal*. São Paulo, Saraiva, 2000.

__________. *Manual de direito penal*: Parte Especial. São Paulo, Saraiva, 2001, v. 2 e 3.

__________. *Tratado de direito penal*: Parte Especial 2. 11.ed. São Paulo, Saraiva, 2011.

__________. *Tratado de direito penal*: Parte Especial 3. 7.ed. São Paulo, Saraiva, 2011.

__________. *Tratado de direito penal*: Parte Especial. 12.ed. São Paulo, Saraiva, 2012, v. 2.

__________. *Tratado de direito penal*: Parte Especial. São Paulo, Saraiva, 2009, v. 2.

__________. *Tratado de direito penal*: Parte Especial 3. 7.ed. São Paulo, Saraiva, 2011.

__________. *Tratado de direito penal*: Parte Especial. 6.ed. São Paulo, Saraiva, 2010, v. 3.

__________. *Tratado de direito penal*: Parte Especial. 4.ed. São Paulo, Saraiva, 2008, v. 3.

__________. *Tratado de direito penal*: Parte Especial 4. 6.ed. São Paulo, Saraiva, 2012.

__________. *Tratado de direito penal*: Parte Especial. 4.ed. rev. atual. e ampl. São Paulo, Saraiva, 2010, v. 4.

__________. *Tratado de direito penal: Parte Especial*. 6.ed. São Paulo, Saraiva, 2012, v. 5.

__________. *Tratado de direito penal*: Parte Especial. 3.ed. São Paulo, Saraiva, 2009, v. 5.

__________. *Tratado de direito penal*: Parte Especial. São Paulo, Saraiva, 2007, v. 5.

__________. *Tratado de direito penal*: Parte Especial. São Paulo, Saraiva, 2004, 4 v.

__________. *Tratado de direito penal: Parte Geral*. 17.ed. São Paulo, Saraiva, 2012, v. 1.

__________. *Tratado de direito penal*. 10.ed. São Paulo, Saraiva, 2006, v. 1.

__________. *Tratado de direito penal*: Parte Geral. 13.ed. São Paulo, Saraiva, 2008, v. 1.

__________. *Tratado de direito penal*: Parte Geral. 11.ed. São Paulo, Saraiva, 2007, v. 1.

__________. *Tratado de direito penal*: Parte Geral. 8.ed. São Paulo, Saraiva, 2003, v. 1.

__________. "Lei cria medidas para proteção a vítimas de *bullying* e *cyberbullying*". *Consultor Jurídico*, 07.02.2024. Disponível em: https://www.conjur.com.br/2024-fev-07/lei-cria-medidas-para-protecao-a-vitimas-de-bullying-e-cyberbullying/.

BITENCOURT, Edgard de Moura. *Vítima*. 3.ed. São Paulo, Leud, 1987.

BITTAR, Eduardo C. B. *Teorias sobre a justiça*. São Paulo, Juarez de Oliveira, 2000.

BITTAR, Eduardo C. B.; ALMEIDA, Guilherme de (orgs.). *Minicódigo de direitos humanos*. Associação Nacional de Direitos Humanos (ANDHEP) e Secretaria Especial de Direitos Humanos (SEDH). Ed. rev. e ampl. Brasília, Teixeira, 2010.

BOBBIO, Norberto. *Teoria dell'ordinamento giuridico*. Torino, Giappichelli, 1960.

BONFIM, Edilson Mougenot; CAPEZ, Fernando. *Direito penal*: Parte Geral. São Paulo, Saraiva, 2004.

BRANDÃO, Cláudio. *Curso de direito penal*: Parte Geral. Rio de Janeiro, Forense, 2008.

BRASIL. *Código Civil brasileiro*. São Paulo, Saraiva, 2009.

BRASIL. *Código de Processo Penal*. São Paulo, Saraiva, 2009.

BRASIL. *Código Penal*. São Paulo, Saraiva, 2009.

BRASIL. *Código Penal*. São Paulo, Saraiva, 1975.

BRASIL. *Constituição da República Federativa do Brasil*. São Paulo, Saraiva, 2009.

BRASIL. Ministério Público Federal. *Roteiro de atuação contra a escravidão contemporânea*. 2ª Câmara de Coordenação e Revisão. Brasília, MPF/2ª CCR, 2012.

BRUNO, Aníbal. *Direito penal*. Rio de Janeiro, Forense, 2009.

__________. *Direito penal*. São Paulo, Forense, 1967, t. 3.

__________. *Direito penal*: Parte Geral. 3.ed. Rio de Janeiro, Forense, 1967, t. 2.

__________. *Direito penal*: Parte Geral. 2.ed. Rio de Janeiro, Forense, 1959, t. 1; 1967, t. 1; 3.ed. 1978, t. 1; 3.ed. 1967, t. 2.

__________. *Direito penal*: Parte Especial I. Forense, 1966, v. IV.

BUSTOS RAMÍRES, Juan. *Manual de derecho penal español*: Parte General. Barcelona, Ariel, 1984.

CABETTE, Eduardo Luiz Santos. "Ação penal nos crimes contra a dignidade sexual". Disponível em: http://jus.com.br/artigos/13479/acao-penal-nos-crimes-contra-a-dignidade-sexual; acesso em: 03.11.2014.

CAEIRO, Pedro. "Crimes contra a realização do Estado de Direito". In: DIAS, Jorge de Figueiredo (Dir.). *Comentário Conimbrense do Código Penal*: Parte Especial, Tomo III, Artigos 308º a 386º. Coimbra, Coimbra, 2001.

CAMARGO, Antonio Luiz Chaves. Sistemas de penas, dogmática jurídico-penal e política criminal. São Paulo, Cultural Paulista, 2002.

CAMARGO ARANHA, Adalberto José Q. T. *Crimes contra a honra*. São Paulo, Juarez de Oliveira, 2007.

__________. *Da prova no processo penal*. 2.ed. São Paulo, Saraiva, 1987.

CAMPOS, Pedro Franco de et al. *Direito penal aplicado*: Parte Especial do Código Penal (arts. 121 a 361). 5.ed. São Paulo, Saraiva, 2013.

CAMPOS JUNIOR, Miguel de. "Do lenocínio e do tráfico de mulheres". Revista *Justitia*, Órgão do Ministério Público de São Paulo, n. 85.
CANTON FILHO, Fabio. *O bem jurídico penal*. Rio de Janeiro, Elsevier, 2012.
CAPEZ, Fernando. *Código Penal comentado*. 3.ed. São Paulo, Saraiva, 2012.
__________. *Curso de direito penal*: Parte Especial. 15.ed. São Paulo, Saraiva, 2015, v. 2.
__________. *Curso de direito penal*: Parte Especial. 12.ed. São Paulo, Saraiva, 2012, v. 2.
__________. *Curso de direito penal*: Parte Geral. 16.ed. São Paulo, Saraiva, 2012, v. 1.
__________. *Curso de direito penal*: Parte Geral. 11.ed. São Paulo, Saraiva, 2011, v. 2.
__________. *Curso de direito penal*. 5.ed. São Paulo, Saraiva, 2007, v. 3.
__________. *Curso de direito penal*. São Paulo, Saraiva, 2006, v. 3.
__________. *Curso de direito penal*: Parte Especial. 3.ed. São Paulo, Saraiva, 2004, v. 2 e 3.
CAPEZ, Fernando; PRADO, Stela. *Código Penal comentado*. Porto Alegre, Verbo Jurídico, 2007.
CAROLLO, João Carlos. *Os crimes de furto, roubo e latrocínio*: doutrina e jurisprudência. 2.ed. Rio de Janeiro, Lumen Juris, 2010.
CARRARA, Francesco. *Programa do curso de direito criminal*: Parte Geral. Trad. Ricardo Rodrigues Gama. Campinas, LZN, 2002.
CARVALHO, Salo de (org.). *Crítica à execução penal*. Rio de Janeiro, Lumen Juris, 2007.
CASTILHO, Ela Wiecko V. de. "Tráfico de pessoas: da Convenção de Genebra ao Protocolo de Palermo". Disponível em: http://pfdc.pgr.mpf.mp.br/atuacao-e-conteudos-de-apoio/publicacoes/trafico-de-pessoas/artigo_trafico_de_pessoas.pdf; acesso em: 07.04.2016.
CASTRO, Viveiros de. *Os delictos contra a honra da mulher*. Rio de Janeiro, Freitas Bastos, 1936.
CAVALCANTE, Márcio André Lopes. "Primeiros comentários à Lei n. 12.737/2012, que tipifica a invasão de dispositivo informático". Disponível em: www.dizerdireito.com.br; acesso em: 07.04.2016.
CEREZO MIR, José. *Derecho penal*: Parte General. *Coleção Obras Completas*. São Paulo, RT; Lima, Ara, 2007.
CERNICCHIARO, Luiz Vicente. *Vacatio legis*: lei penal inconstitucional. *Boletim do Instituto Brasileiro de Ciências Criminais*, São Paulo, n. 35, p. 16, nov. 1995.
CERONI, Carlos Roberto Barros. *Revisão criminal*: características, consequências e abrangência. São Paulo, Juarez de Oliveira, 2005.
CINTRA JUNIOR, Dyrceu Aguiar Dias. "Brinquedo não é arma (crítica à Súmula n. 174 do STJ)". In: *Boletim IBCCrim*. São Paulo, IBCCrim, n. 50, p. 1, jan. 1997.
COGAN, Arthur. *Crimes contra a Administração Pública*. São Paulo, Juarez de Oliveira, 2003.
COPETTI, André. *Direito penal e Estado Democrático de Direito*. Porto Alegre, Livraria do Advogado, 2000.
COSTA, Álvaro Mayrink da. *Direito penal*: Parte Especial. Injustos contra a sociedade. 6.ed. Rio de Janeiro, Gen, 2010, v. 6.
__________. *Direito penal*: Parte Especial. Rio de Janeiro, Forense, 1986, v. 2.
COSTA, José de Faria. *Linhas de direito penal e de filosofia*: alguns cruzamentos reflexivos. Coimbra, Coimbra, 2005.
__________. *Noções fundamentais de direito penal*: *fragmenta iuris poenalis*. 2.ed. Coimbra, Coimbra, 2010.
COSTA JR., Paulo José da. *Código Penal comentado*. 8.ed. São Paulo, DPJ, 2005.
__________. *Comentários ao Código Penal*. 7.ed. São Paulo, Saraiva, 2002.
__________. *Comentários ao Código Penal*. São Paulo, Saraiva, 1996.
__________. *Comentários ao Código Penal*: Parte Especial. São Paulo, Saraiva, 1989, v. 2.
__________. *Curso de direito penal*. 10.ed. São Paulo, Saraiva, 2011.
__________. *Curso de direito penal*. 9.ed. São Paulo, Saraiva, 2008.
__________. *Curso de direito penal*. 8.ed. São Paulo, DPJ, 2005.
__________. *Direito penal*: curso completo. 8.ed. São Paulo, Saraiva, 2000.
__________. *Direito penal*: curso completo. São Paulo, Saraiva, 1999.
__________. *Direito penal objetivo*: comentários atualizados ao Código Penal e ao Código de Propriedade Industrial. Rio de Janeiro, Forense, 2003.
__________. *Direito penal objetivo*. Rio de Janeiro, Forense Universitária, 1989.
COSTA, Paulo José da; COSTA, Fernando José da. *Código Penal comentado*. São Paulo, Saraiva, 2011.
CRESPO, Marcelo Xavier de Freitas. "Os crimes digitais e as Leis ns. 12.735/2012 e 12.737/2012. *Boletim IBCCrim*. São Paulo, IBCCrim, ano 21, n. 244, p. 9-10, mar. 2013.
CRETELLA JÚNIOR, José. *Tratado de direito administrativo*. Rio de Janeiro, Forense, 1999.
CUNHA, Antônio Geraldo da. *Dicionário etimológico da língua portuguesa*. Rio de Janeiro, Nova Fronteira, 1986.
CUNHA, Conceição Ferreira da. "Dos crimes contra o Estado: dos crimes contra a segurança do Estado". In: DIAS, Jorge de Figueiredo (Dir.). *Comentário Conimbrense do Código Penal*: Parte Especial, Tomo III, Artigos 308º a 386º. Coimbra, Coimbra, 2001.
CUNHA, Rogério Sanches. *Direito penal*: Parte Especial. 3.ed. São Paulo, RT, 2010.
__________. *Lei n. 12.015, de 7 de agosto de 2009*: comentários à reforma criminal de 2009. São Paulo, RT, 2009.
__________; SILVARES, Ricardo. *Crimes contra o Estado Democrático de Direito*: Lei n. 14.197, de 2 de setembro de 2021. São Paulo, JusPodivm, 2021.
DE BRITO, Alexis A. C. *Execução penal*. São Paulo, RT, 2011.

DELGADO, Julio A. Rodrigues. *La reparación como sanción jurídico-penal*: nueva doctrina penal. Buenos Aires, Editores del Puerto, 1999.

DELMANTO, Celso et al. *Código Penal comentado* (acompanhado de comentários, jurisprudência, súmulas em matéria penal e legislação complementar). 10.ed. rev. atual. e ampl. Rio de Janeiro, Saraiva Jur, 2021.

__________. *Código Penal comentado*. 8.ed. São Paulo, Saraiva, 2010.

__________. *Código penal comentado*. 7.ed. Rio de Janeiro, Renovar, 2006.

__________. *Código Penal comentado*. 6.ed. Rio de Janeiro, Renovar, 2002.

__________. *Código Penal comentado*. 5.ed. Rio de Janeiro, Renovar, 2000.

__________. *Código Penal comentado*. 4.ed. Rio de Janeiro, Renovar, 1998.

DEVOTO, Eleonora. "Expropiación del conflicto, reparación del dano causado y probation". *Cuadernos de Doctrina y Jurisprudencia Penal*, ano III, ns. 4 e 5. Buenos Aires, Ad Hoc, 1997, p. 438.

DIAS, Jorge de Figueiredo. *Direito penal*: Parte Geral. Tomo I: questões fundamentais: a doutrina geral do crime. 1.ed. brasileira, 2.ed. portuguesa. São Paulo, RT; Coimbra, Coimbra, 2007.

__________. *Direito penal português*: as consequências jurídicas do crime. Lisboa, Aequitas, 1993.

__________. *Questões fundamentais do direito penal revisitadas*. São Paulo, RT, 1999.

__________. *Temas básicos da doutrina penal*. Coimbra, Coimbra, 2001.

DIAS, Jorge de Figueiredo; ANDRADE, Manoel Costa. *Criminologia*: o homem delinquente e a sociedade criminógena. Coimbra, Coimbra, 1997.

DIMOULIS, Dimitri; MARTINS, Leonardo. *Teoria geral dos direitos fundamentais*. São Paulo, RT, 2008.

DI PIETRO, Maria Sylvia Zanella. *Direito administrativo*. 12.ed. São Paulo, Atlas, 2000.

DIX SILVA, Tadeu Antônio. *Crimes sexuais*: reflexões sobre a nova Lei n. 11.106/2005. Leme, Mizuno, 2006.

DOTTI, René Ariel. *Curso de direito penal*: Parte Geral. 4.ed. São Paulo, RT, 2012.

__________. *Curso de direito penal*: Parte Geral. 2.ed. Rio de Janeiro, Forense, 2004.

__________. *Curso de direito penal*: Parte Geral. 1.ed. Rio de Janeiro, Forense, 2001.

__________. "A situação jurídico-penal do indígena: hipóteses de responsabilidade e de exclusão". In: VILLARES, Luiz Fernando (coord.). *Direito penal e povos indígenas*. Curitiba, Juruá, 2010.

DREW, Katherine Fischer. *The laws of the Salian Franks*. University of Pennsylvania Press, 1991.

DRUMMOND, J. de Magalhães. *Comentários ao Código Penal*. Rio de Janeiro, Forense, 1944, v. IX.

DUPRET, Cristiane. *Manual de direito penal*. Niterói, Impetus, 2008.

DURKHEIM, Émile. *Da divisão do trabalho social*. Trad. Eduardo Brandão. 2. ed. São Paulo, Martins Fontes, 1999.

DUTRA, Mário Hoeppner. *O furto e o roubo*. São Paulo, Max Limonad, 1955.

EAGLEMAN, David. *Incógnito*: as vidas secretas do cérebro. Rio de Janeiro, Rocco, 2012.

ELIAS, Norbert. *O processo civilizador*. Trad. Ruy Jungmann. Rio de Janeiro, Jorge Zahar, 1990, v. I.

ELUF, Luiza Nagib. *Crimes contra os costumes e assédio sexual*. São Paulo, Jurídica Brasileira, 1999.

ESPANHA. *Código Penal*. Navarra, Aranzadi, 2005.

ESPÍNOLA FILHO, Eduardo. *Código de Processo Penal brasileiro anotado*. Rio de Janeiro, Borsoi, 1965, v. IX.

ESTEFAM, André. *Crimes sexuais*: comentários à Lei n. 12.015/2009. São Paulo, Saraiva, 2009.

__________. *Direito penal*. 4.ed. São Paulo, Saraiva, 2011.

__________. *Direito penal*. São Paulo, Saraiva, 2011, v. 3.

__________. *Direito penal*. São Paulo, Saraiva, 2010, v. 2.

FARIA, Bento de. *Código Penal brasileiro comentado*: Parte Especial. Rio de Janeiro, Record, 1961, v. VII.

__________. *Código Penal brasileiro comentado*. 2.ed. Rio de Janeiro, Record, 1959, v. IV.

__________. *Código Penal brasileiro comentado*. Rio de Janeiro, Record, 1959 e 1961, v. V e VI.

FARIA, Ernesto (org.). *Dicionário escolar latino-português*. Rio de Janeiro, Departamento Nacional de Educação. Ministério da Educação e Cultura, 1967.

FELTRIN, Sebastião Oscar; GUASTINI, Vicente Celso da Rocha; NINNO, Wilson. *Código Penal e sua interpretação jurisprudencial*. São Paulo, RT, 1995.

FELTRIN, Sebastião Oscar; KURIKI, Patrícia Cristina. *Código Penal e sua interpretação jurisprudencial*: da suspensão condicional da pena. São Paulo, RT, 2007.

FERNANDES, Francisco. *Dicionário de sinônimos e antônimos da língua portuguesa*. Porto Alegre, Globo, 1953.

FERRAJOLI, Luigi. *Direito e Razão*: Teoria do Garantismo Penal. Trad. Ana Paula Zomer, Fauzi Hassam Choukr, Juarez Tavares e Luiz Flávio Gomes. São Paulo, RT, 2002.

FERRARI, Eduardo Reale. *Medidas de segurança e direito penal no Estado Democrático de Direito*. São Paulo, RT, 2001.

FERREIRA, Aurélio Buarque de Hollanda. *Médio dicionário Aurélio da língua portuguesa*. Rio de Janeiro, Nova Fronteira, 1985.

__________. *Novo dicionário Aurélio da língua portuguesa*. Rio de Janeiro, Nova Fronteira, 1986.

FERREIRA, Célio Lobão. *Crimes contra a segurança do Estado*. Rio de Janeiro, Liber Juris, 1982.

FERREIRA FILHO, Roberval Rocha. *STF – Supremo Tribunal Federal – Súmulas*. Organizadas por assunto, anotadas e comentadas. 2.ed. Salvador, Jus Podivm, 2009.

FIANDACA, Giovanni; MUSCO, Enzo. *Diritto penale*: Parte Speciale. Bolonha, Zanicchelli, 1996, v. II.

FIGUEIREDO, Lúcia Valle. *Curso de direito administrativo*. 2.ed. São Paulo, Malheiros, 1995.

FLORÊNCIO FILHO, Marco Aurélio. "A aplicação dogmática do princípio da insignificância no crime de roubo". *Boletim IBCCrim*. São Paulo, IBCCrim, ano 18, n. 217, p. 9, dez. 2010.

FRAGOSO, Christiano. *Repressão penal da greve*: uma experiência antidemocrática. São Paulo, IBCCrim, 2009.

FRAGOSO, Heleno Cláudio. *Lições de direito penal*: Parte Especial. 11.ed. atualiz. por Fernando Fragoso. 16.ed. Rio de Janeiro, Forense, 2005, v. 2.

__________. *Lições de direito penal*. São Paulo, Forense, 2003.

__________. *Lições de direito penal*: Parte Especial. 11.ed. atual. por Fernando Fragoso. Rio de Janeiro, Forense, 1995, v. I.

__________. *Lições de direito penal*. Rio de Janeiro, Forense, 1987.

__________. *Lições de direito penal*: Parte Especial. 5.ed. Rio de Janeiro, Forense, 1986, v. II.

__________. *Lições de direito penal*: Parte Especial. 3.ed. Rio de Janeiro, Forense, 1981, v. 2.

__________. *Lições de direito penal*: Parte Especial. 6.ed. Rio de Janeiro, Forense, 1981.

__________. *Lições de direito penal*: Parte Especial 2. 5.ed. Rio de Janeiro, José Bushatsky, 1980.

__________. *Lições de direito penal*: Parte Especial 1. 4.ed. São Paulo, José Bushatsky, 1977.

__________. *Lições de direito penal*: Parte Especial. 2.ed. São Paulo, José Bushatsky, 1965, v. 3.

__________. *Lições de direito penal*: Parte Especial. 2.ed. São Paulo, José Bushatsky, 1965, v. 4.

__________. *Lições de direito penal*: Parte Especial. São Paulo, José Bushatsky, 1959, v. 3.

__________. *Lições de direito penal*: Parte Especial. São Paulo, José Bushatsky, 1959, v. 4.

__________. *Lições de direito penal*: Parte Especial 1. São Paulo, José Bushatsky, 1958.

__________. "A nova Lei de Segurança Nacional". Disponível em: http://www.fragoso.com.br/wp-content/uploads/2017/10/20171002195930-nova_lei_seguranca_nacional.pdf; acesso em: 19.11.2021.

__________. "Para uma interpretação democrática da Lei de Segurança Nacional". Disponível em: http://www.fragoso.com.br/wp-content/uploads/2017/10/20171003012614-interpretacao_democratica_lei_seguranca_nacional.pdf; acesso em: 20.11.2021.

FRANCO, Alberto Silva; STOCO, Rui et al. *Código Penal e sua interpretação jurisprudencial*. 7.ed. rev., atual. e ampl. São Paulo, RT, 2012.

__________. *Código Penal e sua interpretação jurisprudencial*. 8.ed. São Paulo, RT, 2007.

__________. *Código Penal e sua interpretação jurisprudencial*: Parte Especial. 7.ed. São Paulo, RT, 2001, v. 2.

__________. *Código Penal e sua interpretação jurisprudencial*. 6.ed. São Paulo, RT, 1997, v. 1, t. II.

__________. *Código Penal e sua interpretação jurisprudencial*. 5.ed. São Paulo, RT, 1995.

__________. *Código Penal e sua interpretação jurisprudencial*. 2.ed. São Paulo, RT, s.d.

__________. *Código Penal e sua interpretação*: doutrina e jurisprudência. 8.ed. rev., atual. e ampl. São Paulo, RT, 2007.

__________. "Sua excelência, o veículo automotor". In: *Boletim IBCCrim*. São Paulo, IBCCrim, n. 38, fev. 1996.

FRANCO, Alberto Silva; NUCCI, Guilherme Souza. *Doutrinas essenciais: direito penal*. São Paulo, RT, 2010, v. I.

FÜHRER, Maximiliano Roberto Ernesto; FÜHRER, Maximilianus Cláudio Américo. *Código Penal comentado*. São Paulo, Malheiros, 2008.

GALVÃO, Fernando. *Direito penal*: Parte Especial: crimes contra a Administração Pública. 3.ed. Belo Horizonte, D'Plácido, 2020.

__________. *Direito penal*: crimes contra a pessoa. São Paulo, Saraiva, 2013.

GARCIA, Basileu. *Instituições de direito penal*. 4.ed. São Paulo, Max Limonad, 1969, t. II, v. 1.

__________. *Instituições de direito penal*. 2.ed. São Paulo, Max Limonad, 1954, v. I, t. I.

GARCIA, Mônica Nicida. *Responsabilidade do agente público*. 2.ed. Belo Horizonte, Fórum, 2007.

GARCÍA-PABLOS DE MOLINA, Antônio. *Derecho penal*: introducción. Madrid, Servicio de Publicaciones de la Facultad de Derecho de la Universidad Complutense de Madrid, 1994.

GENTIL, Plínio Antônio Britto. *O direito penal como objeto do conhecimento na sociedade contemporânea*: a superação do positivismo jurídico no ensino do Direito (org. João Virgílio Tagliavini). Araraquara, Junqueira & Marin, 2008.

GENTIL, Plínio Antônio Britto; JORGE, Ana Paula. "O novo estatuto legal dos crimes sexuais: do estupro do homem ao fim das virgens". Disponível em: http://www.ambito-juridico.com.br/site/index.php?n_link=revista_artigos_leitura&artigo_id=6763; acesso em: 08.04.2016.

GOFFMAN, Erving. *Manicômios, prisões e conventos*. 5.ed. São Paulo, Perspectiva, 1996.

GOMES, Hélio. *Medicina legal*. Rio de Janeiro, Freitas Bastos, 1974.

GOMES, Luiz Flávio. *As ciências criminais no século XXI*. São Paulo, RT, 2002, v. 5.

__________. *Princípio da ofensividade no direito penal*. Série *As ciências criminais no século XXI*. São Paulo, RT, 2002, v. 6.

GOMES, Luiz Flávio; BIANCHINI, Alice. *Crimes de responsabilidade fiscal*. São Paulo, RT, 2011.

GOMES, Luiz Flávio; BIANCHINI, Alice; GARCÍA-PABLOS DE MOLINA, Antônio. *Direito penal*: introdução e princípios fundamentais. 2.ed. São Paulo, RT, 2009.

GOMES, Luiz Flávio; CUNHA, Rogério Sanches (coords.). *Direito penal*: Parte Especial. São Paulo, RT, 2008, v. 3.

GOMES, Luiz Flávio; CUNHA, Rogério Sanches. *Direito penal*: Parte Especial. São Paulo, RT, 2011.

GOMES, Luiz Flávio; CUNHA, Rogério Sanches; MAZZUOLI, Valerio de Oliveira. *Comentários à reforma criminal de 2009*. São Paulo, RT, 2009.

GOMES, Luiz Flávio; GARCÍA-PABLOS DE MOLINA, Antônio. *Direito penal*: Parte Geral. 2.ed. São Paulo, RT, 2009, v. II.

__________. *Direito penal*: Parte Geral. São Paulo, RT, 2007, v. 2.

GOMES, Mariângela Gama de Magalhães. "A Lei n. 11.923/2009 e outra vez a desproporcionalidade no ordenamento jurídico penal". In: *Boletim IBCCrim*. São Paulo, IBCCrim, ano 17, n. 199, p. 8-9, jun. 2009.

GOUVEIA, Carlos Marcelo; HOFFMAN, Luiz Augusto A. de Almeida [coord.]. *Atual panorama da Constituição Federal*. São Paulo, Saraiva, 2008.

GRAU, Eros Roberto. *A ordem econômica na Constituição de 1988*. 12.ed. São Paulo, Malheiros, 2007.

GRECO FILHO, Vicente. "Uma interpretação de duvidosa dignidade". Disponível em: http://jus.com.br/artigos/13530/uma-interpretacao-de-duvidosa-dignidade; acesso em: 08.04.2016.

__________. *Manual de processo penal*. 7.ed. São Paulo, Saraiva, 2009.

GRECO, Rogério. *Código Penal comentado*. 7.ed. Rio de Janeiro, Impetus, 2013.

__________. *Código Penal comentado*. 6.ed. Niterói, Impetus, 2012.

__________. *Código Penal comentado*. 4.ed. Niterói, Impetus, 2010.

__________. *Código Penal comentado*. Niterói, Impetus, 2008.

__________. *Curso de direito penal*: Parte Especial. 9.ed. Niterói, Impetus, 2012, v. III.

__________. *Curso de direito penal*: Parte Especial. 8.ed. Niterói, Impetus, 2012, v. IV.

__________. *Curso de direito penal*: Parte Especial. 8.ed. Rio de Janeiro, Impetus, 2011, v. II.

__________. *Curso de direito penal*: Parte Especial. 7.ed. Rio de Janeiro, Impetus, 2011, v. IV.

__________. *Curso de direito penal*: Parte Especial. 4.ed. Niterói, Impetus, 2008, v. IV.

__________. *Curso de direito penal*: Parte Especial. 3.ed. Niterói, Impetus, 2007, v. 4.

__________. *Curso de direito penal*: Parte Especial. Niterói, Impetus, 2006, v. III.

__________. *Curso de direito penal*: Parte Especial. Rio de Janeiro, Impetus, 2005, v. 2.

__________. *Curso de direito penal: Parte Geral*. 14.ed. Niterói, Impetus, 2012, v. 1.

__________. *Curso de direito penal: Parte Geral*. 11.ed. Niterói, Impetus, 2009, v. 1.

__________. "Movimentos populares e associações criminosas". Disponível em: http://atualidadesdodireito.com.br/rogeriogreco/2014/02/24/movimentos-populares-e-associacao-criminosa; acesso em: 13.04.2014.

GUZZO, A.; AMERIO, R. (coords.). *Opere di Giordano Bruno e Tommaso Campanella*. Milano, Ricciardi, 1956.

HADDAD, Carlos Henrique Borlido. "Infanticídio indígena". *Boletim IBCCrim*. São Paulo, IBCCrim, ano 20, n. 232, mar. 2012, p. 17.

HASSEMER, Winfried. "Fines de la pena en el derecho penal de orientación científico-social". In: *Derecho penal y ciencias sociales*. Barcelona, Santiago Mir, 1982.

HASSEMER, Winfried; CONDE, Francisco Muñoz. *Introducción a la criminología y al derecho penal*. Valencia, Tirant to Blanch, 1989.

HOUAISS, Antônio. *Dicionário Houaiss da língua portuguesa*. Rio de Janeiro, Objetiva, 2001.

__________. *Dicionário eletrônico da língua portuguesa*. Rio de Janeiro, Objetiva, 2011.

HOUAISS, Antônio; VILLAR, Mauro de Salles. *Minidicionário Houaiss da língua portuguesa*. Rio de Janeiro, Objetiva, 2001.

HUERTA, Mariano Jiménez. *Derecho penal mexicano*. México, Porrúa, 1971-1974, t. III.

HUNGRIA, Nélson Hoffbauer. *Comentários ao Código Penal*. Rio de Janeiro, Forense, 1983, v. 1.

__________. *Comentários ao Código Penal*. 5.ed. Rio de Janeiro, Forense, 1978. v. I, t. II, arts. 11 a 27.

__________. *Comentários ao Código Penal*. 5.ed. Rio de Janeiro, Forense, 1977, v. 1, t. 1; 6.ed. 1981, v. 5.

__________. *Comentários ao Código Penal*. Rio de Janeiro, Forense, 1969, 9 v.

__________. *Comentários ao Código Penal*. Rio de Janeiro, Forense, 1959, v. I.

__________. *Comentários ao Código Penal*. 2.ed. Rio de Janeiro, Forense, 1959, v. I, t. I.

__________. *Comentários ao Código Penal*: arts. 197 a 249. 4.ed. Rio de Janeiro, Forense, 1959, v. VIII.

__________. *Comentários ao Código Penal*. 2.ed. Rio de Janeiro, Forense, 1959, v. 9.

__________. *Comentários ao Código Penal*. 4.ed. Rio de Janeiro, Forense, 1958, v. I, t. II.

__________. *Comentários ao Código Penal*. 2.ed. Rio de Janeiro, Forense, 1958, v. VI.

__________. *Comentários ao Código Penal*. 4.ed. Rio de Janeiro, Forense, 1958, v. VI.

__________. *Comentários ao Código Penal*. 2.ed. Rio de Janeiro, Forense, 1958, v. VII.

__________. *Comentários ao Código Penal*. 4.ed. Rio de Janeiro, Forense, 1958, v. VIII.

__________. *Comentários ao Código Penal*, Rio de Janeiro, Forense, 1958, v. IX, arts. 250 a 361.

__________. *Comentários ao Código Penal*. 3.ed. Rio de Janeiro, Forense, 1956, v. VIII.

__________. *Comentários ao Código Penal*: Decreto n. 2.848, de 7 de dezembro de 1940. Rio de Janeiro, Forense, 1955, v. VII.

__________. *Comentários ao Código Penal*. 1.ed. Rio de Janeiro, Forense, 1955, v. VII.

__________. *Comentários ao Código Penal*. Rio de Janeiro, Forense, 1949, v. I.

__________. *Comentários ao Código Penal*. Rio de Janeiro, Forense, 1944, v. IX.

__________. *Compêndio de direito penal*: Parte Especial. Rio de Janeiro, Jacyntho, 1936.

__________. *Fraude penal*. Rio de Janeiro, Est. Graphico, 1932, p. 11.

__________. FRAGOSO, Heleno Cláudio. *Comentários ao Código Penal*. 5.ed. Rio de Janeiro, Forense, 1980, v. VII, arts. 137 a 154.

HUNGRIA, Nélson Hoffbauer; LACERDA, Romão Côrtes de; FRAGOSO, Heleno. *Comentários ao Código Penal.* 5.ed. Rio de Janeiro, 1981, v. VIII.

IBRAHIM, Fábio Zambitte. *Curso de direito previdenciário.* 14.ed. Niterói, Impetus, 2009.

JAKOBS, Günther. *Fundamentos do direito penal.* Trad. André Luís Callegari. São Paulo, RT, 2003.

JALIL, Daniela Schaun. "Direitos autorais sobre a música na internet". In: *Jus Navigandi.* Teresina, ano 8 n. 139. Disponível em: http://jus.com.br/revista/texto/4410 <http://jus.com.br/revista/texto/4410/direitos-autorais-sobre-a-musica-na-internet; acesso em: 08.04.2016.

JALIL, Maurício Schaun. *Criminalidade econômica e as novas perspectivas de repressão penal.* São Paulo, Quartier Latin, 2009.

JALIL, Mauricio S.; FILHO, Vicente G. *Código Penal comentado*: doutrina e jurisprudência. 6.ed. Santana de Parnaíba, Manole, 2023.

JESCHECK, Hans-Heinrich. *Tratado de derecho penal.* 4.ed. Granada, Comares, 1993.

JESUS, Damásio E. de. "Breves notas ao furto, roubo e receptação na Lei n. 9.426/96". In: *Boletim IBCCrim.* São Paulo, IBCCrim, n. 51, fev. 1997.

__________. *Código Penal anotado.* São Paulo, Saraiva, 2012.

__________. *Código penal anotado.* 19.ed. São Paulo, Saraiva, 2009.

__________. *Código Penal anotado.* 16.ed. São Paulo, Saraiva, 2004.

__________. *Código Penal anotado.* 13.ed. São Paulo, Saraiva, 2002.

__________. *Código Penal anotado.* 6.ed. São Paulo, Saraiva, 1996.

__________. *Código Penal comentado.* 21.ed. São Paulo, Saraiva, 2012.

__________. *Direito penal.* 34.ed. São Paulo, Saraiva, 2013.

__________. *Direito penal*: Parte Especial. São Paulo, Saraiva, 2012.

__________. *Direito penal.* 32.ed. São Paulo, Saraiva, 2012, v. 2.

__________. *Direito penal*: Parte Especial. São Paulo, Saraiva, 2010, v. 2.

__________. *Direito penal*: Parte Especial. 13.ed. São Paulo, Saraiva, 1999, v. 3.

__________. *Direito penal.* 19.ed. São Paulo, Saraiva, 1997, v. 2.

__________. *Direito penal*: Parte Especial. 17.ed. São Paulo, Saraiva, 1995, v. 2.

__________. *Direito penal*: Parte Especial. São Paulo, Saraiva, 1988, v. 4.

__________. *Direito penal*: Parte Geral. 19.ed. São Paulo, Saraiva, 2013, v. 1.

__________. *Direito penal*: Parte Geral. 33.ed. São Paulo, Saraiva, 2012, v. 1.

__________. *Direito penal*: Parte Geral. 10.ed. São Paulo, Saraiva, 1985.

__________. *Tráfico internacional de mulheres e crianças*: Brasil. São Paulo, Saraiva, 2003.

JIMÉNEZ DE ASÚA, Luis. *La ley y el delito*: principios de derecho penal. 2.ed. Buenos Aires, Hermes, 1954.

JORGE, Ana Paula. "Representação da vítima de crimes sexuais como condição de prosseguibilidade da ação penal". *Revista Jurídica da UEMG.* Frutal, 2010.

JÚNIOR, Miguel R. *Código Penal comentado.* 2.ed. Rio de Janeiro, Saraiva Jur, 2023.

KANT, Emmanuel. *Crítica da razão pura.* Trad. J. Rodrigues de Merege. Acrópolis. E-book disponível em: www.ebooksbrasil.org/eLibris/critica.html; acesso em: 08.04.2016.

KINDHÄUSER, Urs. *Strafgesetzbuch*: Lehr-und Praxiskommentar. 5.ed. Baden-Baden, Nomos, 2013.

KUEHNE, Mauricio. *Lições de execução penal*: aspectos objetivos. 2.ed. Curitiba, Juruá, 2012.

LANGE, Deise Fabiana. *O impacto da tecnologia digital sobre o direito de autor e conexos.* Porto Alegre, Unisinos, 1996.

LENZI, Danielle. "Direito sindical". *Jus Navigandi*, Teresina, ano 5, n. 41, 01.05.2000. Disponível em: http://jus.com.br/revista/texto/1214; acesso em: 08.04.2016.

LIMA, André Estefam Araújo. *Direito penal*: Parte Especial. São Paulo, Saraiva, 2011, v. 4.

LOPES, José Reinaldo de Lima. *O Direito na história*: lições introdutórias. São Paulo, Max Limonad, 2000.

LOPES, Mauricio Antonio Ribeiro. *Princípios políticos do direito penal.* 2.ed. São Paulo, RT, 1999.

LUHMANN, Niklas. *Sociologia do Direito I.* Trad. Gustavo Bayer. Rio de Janeiro, Tempo Universitário, 1983.

LUNA, Everardo da Cunha. "A arte e o obsceno". *Revista Justitia*, Órgão do Ministério Público de São Paulo, n. 152.

__________. *Capítulos de direito penal*: Parte Geral. São Paulo, Saraiva, 1985.

__________. Verbete "*atentado violento ao pudor.* In: *Enciclopédia Saraiva do Direito.* São Paulo, Saraiva, 1978, v. 8, p. 375.

MAGGIORE, Giuseppe. *Diritto penale.* Bolonha, Nicola Zanichelli, 1950-1951.

__________. *Derecho penal*: Parte Especial. Trad. José J. Ortega Torres. Bogotá, Temis, 1955, v. 3.

MALULY, Jorge Assaf. "Reforma do Código Penal: uma proposta perdida"; disponível em: www.midia.apmp.com.br/arquivos/pdf/artigos/2012_reforma_cp.pdf; acessado em: 25.01.2016.

MANFREDINI, Mario. *Trattato di diritto penale.* Milão, Vallardi, 1934.

MANZINI, Vincenzo. *Trattato di diritto penale*, v. IX. Turim, UTET, 1952.

__________. *Trattato di diritto penale italiano.* Turim, UTET, 1987.

__________. *Trattato di diritto penale italiano.* Turim, UTET, 1987.

__________. *Trattato di diritto penale italiano.* Turim, Unione Tipografico – Editrice Torinense, 1951, v. 7.

MARCÃO, Renato Flávio. *Curso de execução penal.* São Paulo, Saraiva, 2010.

__________. *Curso de execução penal.* 10.ed. São Paulo, Saraiva, 2012.

MARCÃO, Renato Flávio; GENTIL, Plínio Antônio Britto. *Crimes contra a dignidade sexual.* São Paulo, Saraiva, 2011.

MARQUES DA SILVA, Germano. *Direito penal português*: Parte Geral. Teoria do Crime. Lisboa, Verbo, 1998.

MARQUES, José Frederico. *Tratado de direito penal.* Campinas, Bookseller, 1997, v. 1; Campinas, Millennium, 2002, v. 2, 3 e 4.

__________. *Tratado de direito penal.* Campinas, Bookseller, 1997, v. II.

__________. *Tratado de direito penal.* 2.ed. São Paulo, Saraiva, 1965, v. 2.

MARTINS, Flademir Jerônimo Belinati. *Dignidade da pessoa humana.* Curitiba, Juruá, 2008.

MARX, Karl; ENGELS, Friedrich. *A ideologia alemã.* São Paulo, Martins Fontes, 2002.

MASSON, Cleber. *Código Penal comentado.* São Paulo, Método, 2013.

__________. *Direito penal esquematizado.* São Paulo, Método, 2014, v. 3.

__________. *Direito penal esquematizado.* 2.ed. São Paulo, Método, 2012, v. 3.

__________. *Direito penal esquematizado*: Parte Geral. 3.ed. São Paulo, Método, 2011, v. 1.

__________. *Direito penal*: Parte Especial. 5.ed. São Paulo, Método, 2013, v. 2.

MAURACH, Reinhart; GÖSSEL, Karl Heinz; ZIPF, Heinz. *Derecho penal*: Parte General 2. Buenos Aires, Astrea, 1994.

MAXIMILIANO, Carlos. *Direito intertemporal.* Rio de Janeiro, Freitas Bastos, 1955.

__________. *Hermenêutica e aplicação do Direito.* Rio de Janeiro, Forense, 1997.

MEIRA, Affonso Renato. *Código de Ética Médica*: comparações e reflexões. São Paulo, Scortecci, 2010.

MELLO, Celso Antonio Bandeira de. *Curso de direito administrativo.* 26.ed. São Paulo, Malheiros, 2009.

MERKEL, Adolf. *Derecho penal*: Parte General. Trad. Pedro Dorado Montero. Buenos Aires, Bdef, 2006.

MEZGER, Edmund. *Derecho penal*: Parte General. Buenos Aires, Valleta Ediciones, 2004, t. I.

__________. *Strafrecht.* Berlim, Beck'sche Verlagsbuchhandlung, 1951.

MINISTÉRIO DA JUSTIÇA. "Combate à pirataria". Disponível em: http://www.justica.gov.br/sua-protecao/combate-a-pirataria; acesso em: 08.04.2016.

MIR PUIG, Santiago. *Derecho penal*: Parte General. 4.ed. Barcelona, PPU, 1996.

__________. *Direito penal*: fundamentos e teoria do delito. Trad. Cláudia Viana Garcia e José Carlos Nobre Porciúncula Neto. São Paulo, RT, 2007.

__________. *Función de la pena y teoria del delito en el estado social e democrático de derecho.* Barcelona, Bosch, 1982.

MIRABETE, Julio Fabbrini. *Código Penal interpretado.* 6.ed. São Paulo, Atlas, 2007.

__________. *Código Penal interpretado.* São Paulo, Atlas, 1999.

__________. *Manual de direito penal.* 28.ed. São Paulo, Atlas, 2012, v.1.

__________. *Manual de direito penal.* 21.ed. São Paulo, Atlas, 2006, v. III.

__________. *Manual de direito penal.* São Paulo, Atlas, 2005, v. I e II.

__________. *Manual de direito penal.* 20.ed. São Paulo, Atlas, 2003, v. 2.

__________. *Manual de direito penal*: Parte Especial. 22.ed. São Paulo, Atlas, 2008, v. III.

__________. *Manual de direito penal*: Parte Especial. 23.ed. São Paulo, Atlas, 2005, v. 2; 20.ed. 2005, v. 3.

__________. *Manual de direito penal*: Parte Especial. 20.ed. São Paulo, Atlas, 2003, v. 2.

__________. *Manual de direito penal*: Parte Especial – arts. 235 a 361 do CP. 17.ed. São Paulo, Atlas, 2001, 3 v.

__________. *Manual de direito penal*: Parte Geral. 7.ed. São Paulo, Atlas, 1992.

__________. *Manual de direito penal.* São Paulo, Atlas, 1986, v. 2.

MIRABETE, Julio Fabbrini; FABBRINI, Renato N. *Manual de direito penal.* 29.ed. São Paulo, Atlas, 2012.

__________. *Manual de direito penal.* 26.ed. São Paulo, Atlas, 2012, v. III.

__________. *Manual de direito penal.* 25.ed. São Paulo, Atlas, 2008, v. II.

__________. *Manual de direito penal*: Parte Especial. 29.ed. São Paulo, Atlas, 2012, v. 2.

__________. *Manual de direito penal*: Parte Especial (arts. 121 a 234-B do CP). 27.ed. rev. e atual. São Paulo, Atlas, 2010.

__________. *Manual de direito penal*: Parte Geral. 27.ed. São Paulo, Atlas, 2011, v. 1.

MIRANDA, Acacio; SILVA, Leonardo Henriques da. *Juizados Especiais Criminais. Coleção Saberes do Direito*, v. 49. São Paulo, Saraiva, 2013.

MONTERO, Pedro Dorado. *Bases para un nuevo derecho penal.* Buenos Aires, Depalma, 1973.

__________. *Naturaleza y función del derecho.* Madrid, Reus, 1927.

MONTORO, André Franco. *Introdução à ciência do Direito.* São Paulo, RT, 1997.

MOREIRA, José Carlos Barbosa. *Temas de direito processual.* São Paulo, Saraiva, 2001.

MOREIRA, Reinaldo Daniel. "A Lei n. 11.923/2009 e a tipificação do 'sequestro relâmpago'". In: *Boletim do Instituto de Ciências Penais*, n. 99, v. 7, p. 5-6, out. 2009.

MOREIRA, Rômulo de Andrade. "Ação penal nos crimes contra a liberdade sexual e nos delitos sexuais contra vulnerável – a Lei n. 12.015/2009". Disponível em: http://www.ambito-juridico.com.br/site/index.php?n_link=revista_artigos_leitura&artigo_id=6762; acesso em: 08.04.2016.

MORGADO, Helena Zani. "Criminalização do *bullying* e do *cyberbullying*: o Estado Penal ataca novamente". *Boletim do IBCCrim*, Ano 32, n. 376, mar./2024, p. 27-30.

MOURA TELES, Ney. *Direito penal*: Parte Especial (arts. 121 a 212). São Paulo, Atlas, 2004, v. 2.
__________. *Direito penal*: Parte Especial (arts. 121 a 212). São Paulo, Atlas, 2004.
MUCCIO, Hidejalma. *Curso de processo penal*. 2.ed. São Paulo, Método, 2011.
MUÑOZ CONDE, Francisco. *Derecho penal*: Parte Especial. 22.ed. Valência, Tirant lo Blanch, 2019.
__________. *Derecho penal*: Parte Especial. 18.ed. Valência, Tirant lo Blanch, 2010.
__________. "Delito político y Derecho penal del enemigo". In: *Derecho y justicia penal en el siglo XXI*. liber amicorum en homenaje al profesor Antonio González-Cuéllar García, 2006.
__________; GARCÍA ARÁN, Mercedes. *Derecho penal*: Parte General. 9.ed. Valencia, Tirant lo Blanch, 2015.
__________; __________. *Derecho penal*: Parte General. 2.ed. Valência, Tirant lo Blanch, 1996.
NAHUM, Marco Antonio R. "A Constituição, o roubo e a arma de fogo ineficaz". In: *Boletim IBCCrim*. São Paulo, IBCCrim, n. 166, set. 2006.
NORONHA, E. Magalhães. *Curso de direito penal*. 21.ed. São Paulo, Saraiva, 1998, v. 4.
__________. *Direito penal*. 24.ed. São Paulo, Saraiva, 2003, v. 4.
__________. *Direito penal*. São Paulo, Saraiva, 2000, v. 3.
__________. *Direito penal*. São Paulo, Saraiva, 1999.
__________. *Direito penal*. 29.ed. São Paulo, Saraiva, 1998, 4 v.
__________. *Direito penal*. 28.ed. São Paulo, Saraiva, 1996, v. 2.
__________. *Direito penal*. 27.ed. São Paulo, Saraiva, 1995, v. 2.
__________. *Direito penal*. São Paulo, Saraiva, 1993.
__________. *Direito penal*. 19.ed. São Paulo, Saraiva, 1992, v. IV.
__________. *Direito penal*: crimes contra a pessoa e crimes contra o patrimônio. São Paulo, Saraiva, 1973.
__________. *Direito penal*: Parte Especial. 21.ed. São Paulo, Saraiva, 1986, v. 2.
__________. *Direito penal*: Parte Geral. 24.ed. São Paulo, Saraiva, 2008.
__________. *Direito penal*: Parte Geral. 29.ed. atual. por Adalberto José Q. T. de Camargo Aranha. São Paulo, Saraiva, 1991, v. 1.
__________. *Direito penal*. 17.ed. São Paulo, Saraiva, 1984, v. 3.
__________. *Direito penal*. 16.ed. São Paulo, Saraiva, 1983, v. 4.
__________. *Direito penal*. São Paulo, Saraiva, 1980, v. 4.
__________. *Direito penal*. 7.ed. São Paulo, Saraiva, 1972, v. 2.
__________. *Direito penal*. 2.ed. São Paulo, Saraiva, 1963, v. 2.
__________. *Direito penal*. São Paulo, Saraiva, 1961, v. 3.
__________. *Direito penal*: Parte Geral. 24.ed. São Paulo, Saraiva, 2008.
NUCCI, Guilherme de Souza. *Código de Processo Penal comentado*. São Paulo, RT, 2008.
__________. *Código Penal comentado*. 24.ed. Rio de Janeiro, Forense, 2024.
__________. *Código Penal comentado*. 14.ed. São Paulo, RT, 2014.
__________. *Código Penal comentado*. 13.ed. São Paulo, RT, 2013.
__________. *Código Penal comentado*. 11.ed. rev., atual. e ampl. São Paulo, RT, 2012.
__________. *Código Penal comentado*. 12.ed. São Paulo, RT, 2012.
__________. *Código Penal comentado*. 10.ed. São Paulo, RT, 2010.
__________. *Código Penal comentado*. 9.ed. São Paulo, RT, 2009.
__________. *Código Penal comentado*. 7.ed. rev., atual. e ampl. São Paulo, RT, 2007.
__________. *Código Penal comentado*. São Paulo, RT, 2006.
__________. *Código Penal comentado*. 4.ed. São Paulo, RT, 2003.
__________. *Crimes contra a dignidade sexual*. São Paulo, RT, 2009.
__________. *Individualização da pena*. 2.ed. rev. atual. e ampl. São Paulo, RT, 2007.
__________. *Leis penais e processuais penais comentadas*. São Paulo, RT, 2008.
__________. *Manual de direito penal*: Parte Geral, Parte Especial. 8.ed. rev., atual. e ampl. São Paulo, RT, 2012.
__________. *Manual de direito penal*. 6.ed. São Paulo, RT, 2009.
__________. *Manual de direito penal*: Parte Geral, Parte Especial. 4.ed. São Paulo, RT, 2008.
__________. *Manual de direito penal*. São Paulo, Revista dos Tribunais, 2005.
__________. *Princípios constitucionais penais e processuais penais*. São Paulo, RT, 2010.
__________. *Tratado jurisprudencial e doutrinário*: direito penal. São Paulo, RT, 2011, v. I, II e IV.
NUCCI, Guilherme de Souza. *Código Penal comentado*. 17.ed. Rio de Janeiro, Forense, 2017.
__________. *Código Penal comentado*. 24.ed. Rio de Janeiro, Forense, 2024.
__________. *Código Penal Militar comentado*. 2.ed. Rio de Janeiro, Forense, 2014.
NUVOLONE, Pietro. "La victime dans la genese du crime". *Victimité et Civilisation*, ns. 26/28, 1975.
ORTS BERENGUER, Enrique; GONZÁLEZ CUSSAC, José L. *Compendio de Derecho Penal*: Parte General. 8.ed. Valência, Tirant lo Blanch, 2019.
OSÓRIO. Fábio Medina. "As sanções da Lei Federal n. 8.429 de 1992 aos atos de improbidade administrativa". *Revista do Foro*, 1999, v. 103.
PAGLIARO, Antonio. "Sottrazione di cose comuni". *Digesto delle Discipline Penalistische*. 4.ed. Turim, Utet, 1997, v. XIII, p. 514-20.

PAGLIARO, Antonio; COSTA JR., Paulo José da. *Dos crimes contra a Administração Pública*. 3.ed. São Paulo, Perfil, 2006.

PASCHOAL, Janaina Conceição. "Droga e crime: algumas das diversas interfaces". *Revista Criminal*: ensaios sobre a atividade policial. Ano 5, v. 13, jan.-abr./2011, p. 93-108.

_________. *Ingerência indevida*: os crimes comissivos por omissão e o controle pela punição do não fazer. Porto Alegre, Fabris, 2011.

_________. "Infanticídio indígena: novos velhos discursos". *Revista Criminal*: ensaios sobre a atividade policial. Ano 5, v. 14, mai./ago. 2011, p. 57-68.

_________. "O índio, a inimputabilidade e o preconceito". In: VILLARES, Luiz Fernando (coord.). *Direito penal e povos indígenas*. Curitiba, Juruá, 2010.

PEDRAZZI, Cesare; COSTA JÚNIOR, Paulo José da. *Direito penal societário*. São Paulo, Malheiros, 1996, p. 14.

PELUSO, Vinícius de Toledo Piza. "O crime de estupro e a Lei n. 12.015/2009: um debate desenfocado". Disponível em: http://delegadosdepolicia.blogspot.com/2009/10/ o-crime-de-estupro-e-lei-n-1201509-um.html; acesso em: 03.11.2014.

PEÑA, Diego-Manuel Luzón. "Libertad, culpabilidad e neurociencias". *InDret – Revista para el Analisis Del Derecho*, Barcelona, julio 2012, p. 2-50. Disponível em: www.indret.com; acesso em: 08.04.2016.

PESSOA, Mário. *O direito da segurança nacional*. São Paulo, Revista dos Tribunais, 1971.

PIERANGELI, José Henrique. *Códigos Penais do Brasil*: evolução histórica. São Paulo, RT, 2004.

_________. *Escritos jurídico-penais*. São Paulo, RT, 1992.

_________. *Manual de direito penal brasileiro*: Parte Especial. São Paulo, RT, 2005.

_________. *Manual de direito penal brasileiro*. São Paulo, Revista dos Tribunais, 2007, v. 2.

PIMENTEL, Manoel Pedro. "Crime e pena: problemas contemporâneos". *Revista de Direito Penal*, v. 28, jul./dez. 1979, p. 62.

_________. *O crime e a pena na atualidade*. São Paulo, RT, 1983.

PLATÃO. *As leis*, Trad. E. Bini. Bauru, Edipro, 2010.

PONTE, Antonio Carlos da. *Inimputabilidade e processo penal*. 2.ed. São Paulo, Quartier Latin, 2007.

PONTES, Ribeiro. *Código Penal comentado*. 11.ed. Rio de Janeiro, Freitas Bastos, 2000.

PORTUGAL. *Código Penal*. Lisboa, Quid Juris, 2007.

PRADO, Luiz Regis. *Comentários ao Código Penal*. 7.ed. São Paulo, RT, 2012.

_________. *Comentários ao Código Penal*. 6.ed. rev., atual. e ampl. São Paulo, RT, 2011.

_________. *Comentários ao Código Penal*: doutrina, jurisprudência selecionada, conexões lógicas com os vários ramos do Direito. 4.ed. rev., atual. e ampl. São Paulo, RT, 2007.

_________. *Curso de direito penal brasileiro*. 13.ed. São Paulo, RT, 2014, v. 3.

_________. *Curso de direito penal brasileiro*: Parte Especial. 8.ed. São Paulo, RT, 2012, v. 3.

_________. *Curso de direito penal brasileiro*. 11.ed. São Paulo, RT, 2011, v. 1.

_________. *Curso de direito penal brasileiro*. 10.ed. São Paulo, RT, 2011.

_________. *Curso de direito penal brasileiro*. 8.ed. São Paulo, RT, 2010, v. 2.

_________. *Curso de direito penal brasileiro*. 4.ed. São Paulo, RT, 2006, v. IV.

_________. *Curso de direito penal brasileiro*. São Paulo, RT, 2000, v. 2.

_________. *Curso de direito penal brasileiro: Parte Especial*. 7.ed. São Paulo, RT, 2010, v. 3.

_________. *Curso de direito penal brasileiro*: Parte Especial, arts. 250 a 359-H. 6.ed. rev., atual. e ampl. São Paulo, RT, 2010, v. 3.

_________. *Curso de direito penal brasileiro*: Parte Especial. São Paulo, RT, 2007, v. 2.

_________. *Curso de direito penal brasileiro*: Parte Especial. São Paulo, RT, 2001, 4 v.

_________. *Curso de direito penal brasileiro*. São Paulo, RT, 2005.

_________. *Curso de direito penal brasileiro*. São Paulo, RT, 2000, v. 2.

_________. *Curso de direito penal brasileiro*: Parte Geral. 2.ed. São Paulo, RT, 2002, v. 1, 2, 3 e 4.

_________; CARVALHO, Érika Mendes de; CARVALHO, Gisele Mendes de. *Curso de direito penal brasileiro*. 13.ed. São Paulo, Revista dos Tribunais, 2014.

PRUDENTE, Wilson. *Crime de escravidão*. Rio de Janeiro, Lumen Juris, 2006.

PUGGINA, Rodrigo Tonniges. "O direito de voto dos presos". *Revista Sociológica Jurídica*, 2006, n. 3. Disponível em: www.sociologiajuridica.net.br/numero-3/174--o-direito-de-voto-dos-presos; acesso em 08.04.2016.

PUPPE, Ingeborg. *A distinção entre dolo e culpa*. Trad. Luís Greco. Barueri, Manole, 2004.

QUEIROZ FILHO, Antônio de. *Lições de direito penal*. São Paulo, RT, 1966.

QUEIROZ, Paulo de Souza. *Direito penal*: introdução crítica. São Paulo, Saraiva, 2001.

_________. *Direito penal*: Parte Geral. 6.ed. Rio de Janeiro, Lumen Juris, 2010.

_________. *Direito penal*: Parte Geral. 5.ed. São Paulo, Saraiva, 2009.

RADBRUCH, Gustav. *Filosofia do Direito*. Trad. L. Cabral de Moncada. 6.ed. Coimbra, Armênio Amado, 1997.

REALE JÚNIOR, Miguel. "Algumas ideias sobre o chamado fundamento do direito de punir". In: *Estudos de Filosofia*. São Paulo, Grijalbo, 1977, p. 17.

_________. "Despenalização no direito penal econômico: uma terceira via entre o crime e a infração administrativa?" In: *Revista Brasileira de Ciências Criminais*, n. 28, out./dez. 1999, p. 128.

_________. *Instituições de direito penal*: Parte Geral. Rio de Janeiro, Forense, 2004, v. 1.

__________. *Instituições de direito penal*: Parte Geral, Rio de Janeiro, Forense, 2003, v. II.
__________. *Instituições de direito penal*: Parte Geral, Rio de Janeiro, Forense, 2002, v. I.
__________. *Novos rumos do sistema criminal*. Rio de Janeiro, Forense, 1983.
REZEK, Fernando. *Direito internacional público*. 10.ed. São Paulo, Saraiva, 2006.
RIBEIRO, Bruno de Moraes. *Medidas de segurança*. Porto Alegre, Fabris, 1998.
RIBEIRO, Jorge Severiano. *Código Penal dos Estados Unidos do Brasil*. 2.ed. Rio de Janeiro, Jacinto, 1945, v. 4.
RIPOLLÉS, José Luis Díez. *A racionalidade das leis penais*. Trad. Luiz Regis Prado, São Paulo, RT, 2005.
ROCHA, Cármen Lúcia Antunes (coord.). *O direito à vida digna*. Belo Horizonte, Fórum, 2004.
ROCHA, Fernando A. N. Galvão da. *Direito penal*: curso completo. Parte Geral. 2.ed. rev., atual. e ampl. Belo Horizonte, Del Rey, 2007.
RODRÍGUEZ DEVESA, José María. *Derecho penal español*: Parte Especial. 9.ed. Madri, Artes Gráficas Carasa, 1983.
ROMANGNOSI, Gian Domenico. *Genesi del diritto penale*,par. 400, p. 40, in: FERRAJOLI, Luigi. *Direito e Razão* – Teoria do Garantismo Penal. Trad. Ana Paula Zomer, Fauzi Hassam Choukr, Juarez Tavares e Luiz Flávio Gomes. São Paulo, RT, 2002.
ROSA, Emanuel Motta da. "Os crimes sexuais e as alterações realizadas pela Lei n. 12.015/2009". Disponível em: www.lfg.com.br; acesso em: 20.09.2009.
ROSA JÚNIOR, João Augusto de. "Crimes contra a honra". In: FRANCO, Alberto Silva; NUCCI, Guilherme de Souza. *Direito penal. Coleção Doutrinas Essenciais*. São Paulo, RT, 2010, v. I.
ROSS, Alf. *Lógica de las normas*. Granada, Comares, 2000.
RÖSSNER, Dieter. "Compensation and sanctioning: the Court Assistance, as aid to the resolution of conflicts". In: *Victims and criminal justice*: victimological research stocktaking and prospects. Freiburg, Max-Plank Institute, 1991.
__________. "La mediación penal". In: *Justitita i Societat*, n. 19.
ROXIN, Claus. *A proteção de bens jurídicos como função do direito penal*. Porto Alegre, Livraria do Advogado, 2006.
__________. *Culpabilidad e prevención en el derecho penal*. Madrid, Reus, 1981.
__________. *Derecho penal*: Parte General. Fundamentos. La estructura de la teoría del delito. Civitas, s.l., 2006, t. I.
__________. *Derecho penal*: Parte General. 2.ed. Trad. Diego-Manuel Luzón Pena et al. Madrid, Civitas, 1997.
__________. "*Las nuevas corrientes de Política Criminal en la República Federal Alemana*". In: *Nuevo Pensamiento Penal*. Trad. Erique Bacigalupo. Buenos Aires, Depalma, 1972.
__________. *Problemas fundamentais de direito penal*. Trad. Ana Paula dos Santos Luís Natscheradetz. Lisboa, Vega, 1986.
__________. "A culpabilidade como critério limitativo da pena". *Revista de Direito Penal*, ns. 11/12. Trad. Fernando Fragoso, Rio de Janeiro, RT, jul./dez. 1973.
__________. "Pena y reparación". *Anuário de Derecho Penal y Ciencias Penales*. Tomo LII, MCMXCIX. Madrid, Centro de Publicaciones del Ministerio de Justicia, 2002.
__________. *Problemas fundamentais de direito penal*. 2.ed. Trad. Ana Paula dos Santos Luís. Lisboa, Vega, 1993.
SAADI, Ricardo Andrade. "O combate à lavagem de dinheiro". *Boletim IBCCrim*. São Paulo, IBCCrim, ano 20, n. 237, ago. 2012.
SABINO JÚNIOR, Vicente. *Direito penal*: Parte Especial. São Paulo, Sugestões Literárias, 1967, 4 v.
SALVADOR, Humberto. *Esquema sexual*. Providência, Zig-Zag, 1939.
SANCHEZ, Jesús-Maria Silva. *Aproximación al derecho penal contemporáneo*. Barcelona, Bosch, 1992.
SANDRONI, Júlia Thomaz; FERNANDES, Maíra. "O injusto penal sofre *bullying*: reflexões sobre o novo tipo penal previsto na Lei 14.711". *Consultor Jurídico*, 24.01.2024. Disponível em: https://www.conjur.com.br/2024-jan-24/o-injusto-penal-sofre-bullying-reflexoes-sobre-o-novo-tipo-penal-previsto-na-lei-14-811/.
SANTOS, Christiano Jorge. *Direito penal*: Parte Geral. Rio de Janeiro, Elsevier, 2007.
SANTOS, Fabiana Figueiredo Felício dos. *Lei de Segurança Nacional*: de Vargas a Temer, uma necessária releitura: a doutrina da segurança nacional sob a perspectiva da segurança humana. Rio de Janeiro, Lumen Juris, 2019.
SANTOS, Juarez Cirino dos. *A moderna teoria do fato punível*. Rio de Janeiro, Freitas Bastos, 2000.
SANTOS, Marisa. *Direito previdenciário esquematizado*. São Paulo, Saraiva, 2012.
SARLET, Ingo Wolfgang. *A eficácia dos direitos fundamentais*. Porto Alegre, Livraria do Advogado, 1998.
__________. *Dignidade da pessoa humana e direitos fundamentais na Constituição Federal de 1988*. Porto Alegre, Livraria do Advogado, 2001.
SCHOPENHAUER, Arthur. *Metafísica do amor*: metafísica da morte. São Paulo, Martins Fontes, 2000.
__________. *Crítica da Filosofia Kantiana*. Coleção "Os Pensadores", 1999.
SCHÜNEMANN, Bernd. *Derecho penal contemporáneo*: sistema y desarrollo. Peligro y límites. Buenos Aires, Hammurabi, 2010.
SEIÇA, A. Medina de. "Dos crimes eleitorais". In: DIAS, Jorge de Figueiredo (Dir.). *Comentário Conimbrense do Código Penal*: Parte Especial, Tomo III, Artigos 308º a 386º. Coimbra, Coimbra, 2001.
SHECAIRA, Sérgio Salomão. *Estudo crítico do direito penal juvenil*. Tese (Titularidade). Faculdade de Direito, Universidade de São Paulo, São Paulo, 2007.

__________. *Estudos de direito penal II.* Rio de Janeiro, Forense, 2010.
__________. *Estudos de direito penal.* São Paulo, Método, 2007.
SHECAIRA, Sergio Salomão; CORRÊA JR., Alceu. *Teoria da pena.* São Paulo, RT, 2002.
SILVA, José Afonso da. *Curso de direito constitucional positivo.* São Paulo, Malheiros, 2000.
__________. *Instituições de direito civil.* 26.ed. atual. por Maria Celina Bodin de Moraes. Rio de Janeiro, Forense, 2013.
SILVA PEREIRA, Caio Mário da. *Instituições de direito civil.* 27.ed. Rio de Janeiro, Forense, 2014, v. I.
__________. *Instituições de direito civil.* 22.ed. Rio de Janeiro, Forense, 2014, v. IV.
__________. *Instituições de direito civil*: direito reais. 21.ed. rev. por Carlos Edison do Rêgo Monteiro Filho. Rio de Janeiro, Forense, 2013, v. IV.
__________. *Instituições de direito civil*: direito das sucessões. 20.ed. rev. por Carlos Roberto Barbosa Moreira. Rio de Janeiro, Forense, 2013, v. VI.
SIQUEIRA, Galdino. *Direito penal brazileiro*: Parte Especial. Rio de Janeiro, Jacyntho Ribeiro dos Santos, 1924 e 1932.
__________. *Tratado de direito penal*: Parte Especial. 2.ed. Rio de Janeiro, José Konfino, 1951, t. II.
SIQUEIRA JR., Paulo Hamilton; OLIVEIRA, Miguel Augusto Machado de. *Direitos humanos e cidadania.* São Paulo, RT, 2007.
SOLER, Sebastián. *Derecho penal argentino.* Buenos Aires, Tipografica Editora Argentina, 1999, v. 1.
__________. *Derecho penal argentino.* 3.ed. 6ª reimpr. Buenos Aires, Tipografica Editora Argentina, 1973, v. III.
SOUZA, Artur de Brito Gueiros. "A cooperação internacional na luta contra o terrorismo: uma visão brasileira acerca dos desafios jurídicos frente aos atos terroristas". *Revista Portuguesa de Ciência Criminal*, ano 24, n. 3, jul.-set. 2014, p. 359-379.
SOUZA, Artur de Brito Gueiros; JAPIASSÚ, Carlos Eduardo Adriano. *Curso de direito penal*: Parte Geral: arts. 1º a 120. 2.ed. Rio de Janeiro, Forense, 2015.
SOUZA, T. L. E.; FREITAS, B. G. "A criminalização do *bullying* e do *cyberbullying*: uma análise do artigo 146-A do Código Penal". *Boletim do IBCCrim*, Ano 32, n. 376, mar./2024, p. 8-11.
SPENA, Alessandro. "Accidentalia delicti? Le circostanze nella struttura del reato". *Rivista Italiana di Diritto e Procedura Penale*, 2009, p. 639.
SPOSATO, Karyna Batista. *O direito penal juvenil no Estatuto da Criança e do Adolescente.* Dissertação (Mestrado). Faculdade de Direito, Universidade de São Paulo, São Paulo, 2003.
STRATENWERTH, Günter. *Acción y resultado en derecho penal.* Trad. Marcelo A. Sancinetti e Patrícia S. Ziffer. Buenos Aires, Hammurabi S.R.L., 1991.
__________. *Derecho penal*: Parte Parte General I. Trad. Gladys Romero. Madri, Edersa, 1982.
SZNICK, Valdir. *Assédio sexual e crimes sexuais violentos.* São Paulo, Ícone, 2001.
TAVARES, Juarez. *A controvérsia em torno dos crimes omissivos.* Rio de Janeiro, Instituto Latino-Americano de Cooperação Penal, 1996.
__________. *Teoria do injusto penal.* Belo Horizonte, Del Rey, 2000.
TELES, Ney Moura. *Direito penal*: Parte Especial. 2.ed. São Paulo, Atlas, 2006, v. III.
TIBOLA, Ana Paula Lima. "A Escola Superior de Guerra e a Doutrina da Segurança Nacional (1949-1966)". Dissertação (Mestrado em História) – Instituto de Filosofia e Ciências Humanas, Universidade de Passo Fundo, 2007. Disponível em: http://tede.upf.br:8080/jspui/handle/tede/57; acesso em: 09.11.2021.
TOLEDO, Francisco de Assis. *Princípios básicos de direito penal.* 5.ed. São Paulo, Saraiva, 2007.
__________. *Princípios básicos de direito penal.* São Paulo, Saraiva, 2000.
__________. *Princípios básicos de direito penal.* 5.ed. São Paulo, Saraiva, 1996.
TORON, Alberto Zacharias. "A persecução do falso testemunho praticado no juízo deprecado". *Boletim do IBCCrim.* São Paulo, IBCCrim, n. 10, nov. 1993.
VERGARA, Pedro. *Dos motivos determinantes em direito penal.* Rio de Janeiro, Forense, 1980.
WELZEL, Hans. *Derecho penal alemán*: Parte General. 11.ed. 4.ed. castelhana, trad. Juan Bustos Ramírez e Sergio Yáñez Pérez. Santiago, Editorial Jurídica de Chile, 1997.
__________. *Direito penal.* Trad. Afonso Celso Rezende. Campinas, São Paulo, 2004.
WESSELS, Johannes. *Direito penal*: Parte Geral. Porto Alegre, Sergio Fabris, 1976.
ZAFFARONI, Eugenio Raúl. *Hacia un realismo marginal.* Caracas, Monte Avila Latinoamericana, 1992.
__________. *Moderna dogmática del tipo penal.* Lima, ARA, 2009.
__________. *Tratado de derecho penal*: Parte General. Buenos Aires, 1998.
ZAFFARONI, Eugenio Raúl et al. *Direito penal brasileiro.* Rio de Janeiro, Revan, 2010, v. II.
__________. *Direito penal brasileiro.* Rio de Janeiro, Revan, 2003, v. I.
ZAFFARONI, Eugenio Raúl; PIERANGELI, José Henrique. *Da tentativa.* 6.ed. São Paulo, RT, 2000.
__________. *Manual de direito penal brasileiro*: Parte Geral. 7.ed. rev. e atual. 2ª tir. São Paulo, RT, 2008, v. 1.
__________. *Manual de direito penal brasileiro.* São Paulo, RT, 2006.
__________. *Manual de direito penal brasileiro*: Parte Geral. 2.ed. São Paulo, RT, 1999.
__________. *Manual de direito penal brasileiro*: Parte Geral. São Paulo, RT, 1997.